Tarifvertragsgesetz und Arbeitskampfrecht
Kompaktkommentar

Berg/Kocher/Schumann (Hrsg.)

Tarifvertragsgesetz und Arbeitskampfrecht

Kompaktkommentar

Berg/Dierßen/Heilmann/Kocher/Schumann/Wankel

5., vollständig überarbeitete Auflage

BUND VERLAG

Zitiervorschlag:
Berg/Kocher/Schumann-Bearbeiter, § 2 Rn. 21 bzw. AKR, Rn. 33 oder
BKS-Bearbeiter, § 2 Rn. 21 bzw. AKR, Rn. 33

Bibliografische Information Der Deutschen Nationalbibliothek
Die Deutsche Nationalbibliothek verzeichnet diese Publikation in der Deutschen Nationalbibliografie; detaillierte bibliografische Daten sind im Internet über http://dnb.d-nb.de abrufbar.

5., vollständig überarbeitete Auflage 2015
Bis zur 2. Auflage erschienen in der Reihe »Basiskommentar«

Herstellung: Kerstin Wilke
Umschlag: Ute Weber, Geretsried
Titelbild: fotolia
Satz: Dörlemann Satz, Lemförde
Druck: Druckerei C.H. Beck, Nördlingen
Printed in Germany 2015
ISBN 978-3-7663-6420-3

www.bund-verlag.de

Vorwort zur 5. Auflage

Tarifverträge und Streikrecht sind gerade in Zeiten hoher Arbeitslosigkeit, der Austeritätspolitik in Europa und des globalisierten Wettbewerbs unentbehrlich. Sie bieten den Beschäftigten Schutz, den Unternehmen geordnete Wettbewerbsbedingungen und den Tarifvertragsparteien autonome Gestaltungsmöglichkeiten. Deren Wahrnehmung setzt die Konfliktbereitschaft und Streikfähigkeit der Gewerkschaften voraus. Nach einem viel zitierten Satz des Bundesarbeitsgerichts sind »Tarifverhandlungen ohne Streikrecht nichts anderes als kollektives Betteln«. Dem tragen wir durch die gemeinsame Behandlung des Tarifrechts und des Arbeitskampfrechts in einem Kommentar Rechnung.

Seit dem Erscheinen der Vorauflage ist das Tarifrecht durch unterschiedliche gesetzgeberische Aktivitäten in Bewegung geraten. Einerseits wurden durch das Tarifautonomiestärkungsgesetz (gesetzlicher Mindestlohn, Erleichterung der Allgemeinverbindlichkeit von Tarifverträgen, Ausweitung des Geltungsbereichs des Arbeitnehmerentsendegesetzes auf alle Branchen) der Niedriglohnsektor begrenzt und der Schutz tariflicher Mindeststandards verbessert. Andererseits erfolgte durch die gesetzliche Regelung des Grundsatzes der Tarifeinheit in § 4a TVG ein verfassungsrechtlich höchst problematischer Eingriff in die Koalitionsfreiheit der Gewerkschaften, der mit einer indirekten Einschränkung des Streikrechts verbunden und ungeeignet ist, Konflikte konkurrierender Gewerkschaften zu lösen. Zeitgleich werden Forderungen nach einer gesetzlichen Einschränkung des Streikrechts von Teilen der Politik, der Arbeitgeberseite und der Rechtswissenschaft nachdrücklich vorgetragen. Die gesetzlichen Neuerungen im Tarifrecht und die rechtspolitischen und rechtswissenschaftlichen Diskussionen über die Zukunft des Streikrechts werden in der 5. Auflage des Kompaktkommentars eingehend kommentiert.

Das Tarifvertragssystem und die Rechte der Gewerkschaften stehen auch im internationalen Rahmen zunehmend unter Druck. Den Akteuren der unregulierten Finanzmärkte ist es in den vergangenen Jahren gelungen, nahezu alle gesellschaftlichen Bereiche den Renditeerwartungen von Kapitalvertretern, Aktionären und Finanzinvestoren zu unterwerfen. Die Folgen der dadurch verursachten Finanz-, Schulden- und Wirtschaftskrise bedrohen die gesamte Wirtschaft und die sozialen Sicherungssysteme, ja sogar ganze Staaten und die Zukunft der Europäischen Union. Die Austeritätspolitik in Europa wird durch die Verschärfung neoliberaler Arbeitsmarktreformen, Senkung von Mindestlöhnen und Zurückdrängung der Flächentarifverträge zugunsten der Verlagerung der Lohnfindung auf die Unternehmens- und Betriebsebene begleitet. Das verursacht bei weiten Teilen der betroffenen Arbeitnehmer und Arbeitnehmerinnen Armut und gefährdet Arbeitsplätze, arbeits- und sozialpolitische Standards sowie Mitbestimmung und Tarifautonomie. Nicht zuletzt kann dies eine Schwächung der Gewerkschaften und eine Destabilisierung von

Demokratie und Sozialstaat zur Folge haben. Dem sind die positiven gesellschaftlichen Funktionen von Koalitionsfreiheit, Tarifautonomie und Streikrecht entgegen zu setzen: Statt autoritärer Lösungen bedarf es des sozialen Schutzes und existenzsichernder Einkommen für Millionen abhängig Beschäftigter, des Ausbaus von Mitbestimmung und Demokratie in der Arbeitswelt, des sozialen Fortschritts und fairer Teilhabe an den erarbeiteten Werten.
Im Mittelpunkt dieses Kommentars stehen aktuelle rechtliche Fragestellungen aus der Tarif- und Arbeitskampfpraxis. Die Handlungsmöglichkeiten der Tarifvertragsparteien werden unter Berücksichtigung der Rechtsprechung des Bundesverfassungsgerichts, des Bundesarbeitsgerichts und des Europäischen Gerichtshofs aufgezeigt.
Schwerpunkte der 5. Auflage sind neben der Kommentierung der Neuregelungen des Tarifeinheits- und Tarifautonomiestärkungsgesetzes insbesondere die kontrovers diskutierten Themen Tarifflucht durch Unternehmensumstrukturierung, Betriebsübergang/-verlagerung, Privatisierung, OT-Mitgliedschaft und Leiharbeit, Zulässigkeit von Sozialtarifverträgen, Vorteilsregelungen für Gewerkschaftsmitglieder, Tarifeinheit und Tarifpluralität, gewerkschaftliches Klagerecht bei Verstößen gegen Tarifverträge, Tariftreue bei der Vergabe öffentlicher Aufträge, Solidaritätsstreik, Flash Mob und Tarifautonomie und Streik im Europarecht.
Die besonders hervorgehobenen Hinweise für den Betriebs- und Personalrat und über 80 Stichworte zum Arbeitskampfrecht von A bis Z unterstreichen die Praxisorientierung der Kommentierung.
Veränderungen sind bei der Zusammensetzung der Autoren/innen anzuzeigen: die Mitbegründer des Kommentars und langjährigen Mitstreiter Helmut Platow und Christian Schoof sind zu unserem Bedauern aus dem Kreis der Autoren/innen ausgeschieden. Sie haben als Juristen bei ver.di bzw. der IG Metall viele Jahre lang u.a. die gewerkschaftliche Tarifpolitik und Streikpraxis mitgestaltet, durch zahlreiche Veröffentlichungen an der Entwicklung des Arbeitsrechts aus Arbeitnehmerperspektive mitgewirkt und ihre Kenntnisse und Erfahrungen in die Konzeption und Weiterentwicklung dieses Kommentars eingebracht. Dafür danken wir und wünschen ihnen für ihren weiteren Lebensweg alles Gute.
Zu den Herausgebern/innen Peter Berg, Eva Kocher und Dirk Schumann sind Martina Dierßen (Rechtsanwältin, Justitiarin und Leiterin Rechtsabteilung des ver.di – Landesbezirks Niedersachsen-Bremen), Micha Heilmann (Rechtsanwalt, Leiter der Rechtsabteilung und des Hauptstadtbüros der Gewerkschaft NGG) und Sibylle Wankel (Bezirksjuristin und Tarifkoordinatorin bei der IG Metall Bezirksleitung Bayern) als Autoren/innen neu hinzugekommen. Die Veränderungen im Kreis der Autoren/innen haben wir zum Anlass genommen, die Bearbeiter/innen der einzelnen Teile des Kommentars namentlich auszuweisen. Dennoch verantworten wir den Kommentar nachwievor gemeinsam. Kritik und Anregungen sind wie schon bisher sehr willkommen. Rechtsprechung und Literatur sind bis April 2015 berücksichtigt.

Peter Berg, Eva Kocher, Dirk Schumann
(Düsseldorf, Frankfurt/Main, Frankfurt/Oder, im April 2015)

Inhaltsverzeichnis

Abkürzungsverzeichnis

a. A.	anderer Ansicht
a.a.O.	am angegebenen Ort
abl.	ablehnend
ABl.	Amtsblatt
ABM	Arbeitsbeschaffungsmaßnahmen
Abs.	Absatz
abw.	abweichend
a. E.	am Ende
AEntG	Arbeitnehmer-Entsendegesetz
AEUV	Vertrag über die Arbeitsweise der Europäischen Union (in Kraft ab Dezember 2009)
a. F.	alte Fassung
AFG	Arbeitsförderungsgesetz
AG	Amtsgericht
AGB	Allgemeine Geschäftsbedingungen
AGG	Allgemeines Gleichbehandlungsgesetz
AGV	Arbeitgeberverband
AiB	Arbeitsrecht im Betrieb (Zeitschrift)
AK-GG	Alternativkommentar zum Grundgesetz
AktG	Aktiengesetz
AKR	Arbeitskampfrecht
Alg II	Arbeitslosengeld II
AltTZG	Altersteilzeitgesetz
AMP	Arbeitgeberverband mittelständischer Personaldienstleister
Anm.	Anmerkung
AOG	(NS-)Gesetz zur Ordnung der nationalen Arbeit
AP	Arbeitsrechtliche Praxis (Entscheidungssammlung)
ArbG	Arbeitsgericht
ArbGG	Arbeitsgerichtsgesetz
ArbR	Arbeitsrecht aktuell (Zeitschrift)
ArbRB	Der Arbeits-Rechts-Berater
ArbSchG	Arbeitsschutzgesetz
ArbStättV	Arbeitsstättenverordnung
Art.	Artikel
AT-Angestellte	außertarifliche Angestellte

Abkürzungsverzeichnis

ATG	Altersteilzeitgesetz
Aufl.	Auflage
AÜG	Arbeitnehmerüberlassungsgesetz
AuR	Arbeit und Recht (Zeitschrift)
AVE	Allgemeinverbindlicherklärung
ArbZG	Arbeitszeitgesetz
BA	Bundesagentur für Arbeit
BAG	Bundesarbeitsgericht
BAnz.	Bundesanzeiger
BArbBl.	Bundesarbeitsblatt (Zeitschrift)
BAT	Bundesangestelltentarif
BayOblG	Bayerisches Oberstes Landgericht
BB	Betriebs-Berater (Zeitschrift)
BBiG	Berufsbildungsgesetz
BDA	Bundesvereinigung der Deutschen Arbeitgeberverbände
BEEG	Bundeselterngeld- und Elternzeitgesetz
Beil.	Beilage
BeschFG	Beschäftigungsförderungsgesetz
BetrAVG	Gesetz zur Verbesserung der betrieblichen Altersversorgung
BetrVG	Betriebsverfassungsgesetz
BFH	Bundesfinanzhof
BGB	Bürgerliches Gesetzbuch
BGBl.	Bundesgesetzblatt
BGH	Bundesgerichtshof
BKMT	Bachner/Köstler/Matthießen/Trittin, Arbeitsrecht bei Unternehmensumwandlung und Betriebsübergang
Blätter	Blätter für deutsche und internationale Politik (Zeitschrift)
BlStSozArbR	Blätter für Steuer-, Sozial- und Arbeitsrecht (Zeitschrift)
BMAS	Bundesministerium für Arbeit und Soziales
BnotO	Bundesnotarordnung
BPersVG	Bundespersonalvertretungsgesetz
BR	Betriebsrat
BRTV	Bundesrahmentarifvertrag
BSG	Bundessozialgericht
BT-Drucks.	Bundestags-Drucksache
BUrlG	Bundesurlaubsgesetz
BVerfG	Bundesverfassungsgericht
BVerwG	Bundesverwaltungsgericht
bzgl.	bezüglich
CGB	Christlicher Gewerkschaftsbund Deutschlands
CGM	Christliche Gewerkschaft Metall
CGZP	Tarifgemeinschaft Christlicher Gewerkschaften für Zeitarbeit und Personalserviceagenturen

CR	Computer und Recht (Zeitschrift)
DAG	Deutsche Angestelltengewerkschaft
DAV	Deutscher Anwaltsverein
DB	Der Betrieb (Zeitschrift)
DBB	Beamtenbund und Tarifunion
DDR	Deutsche Demokratische Republik
DGB	Deutscher Gewerkschaftsbund
Ders.	derselbe
d.h.	das heißt
DHV	Deutscher Handlungsgehilfenverband – Die Berufsgewerkschaft
DJV	Deutscher Journalisten-Verband
DKKW	Däubler/Kittner/Klebe/Wedde (Hrsg.), BetrVG, Kommentar
DO	Dienstordnung
DÖD	Der öffentliche Dienst (Zeitschrift)
DPG	Deutsche Postgewerkschaft
DRiZ	Deutsche Richterzeitung
DVO	Durchführungsverordnung
EGMR	Europäischer Gerichtshof für Menschenrechte
Einl.	Einleitung
EFZG	Entgeltfortzahlungsgesetz
EG	Europäische Gemeinschaft
EGBGB	Einführungsgesetz zum Bürgerlichen Gesetzbuch
EGV	Vertrag zur Gründung der Europäischen Gemeinschaft (Fassung bis 2009)
ELR	European Law Reporter (Zeitschrift)
EMRK	Europäische Menschenrechtskonvention
ERA	Entgeltrahmenabkommen
ErfK	Erfurter Kommentar zum Arbeitsrecht (Hrsg. Müller-Glöge/Preis/Schmidt)
ESC	Europäische Sozialcharta
EStG	Einkommenssteuergesetz
EU	Europäische Union
EuGH	Europäischer Gerichtshof
EUV	Vertrag über die Europäische Union
EuZA	Europäische Zeitschrift für Arbeitsrecht
EVG	Eisenbahn- und Verkehrsgewerkschaft
evtl.	eventuell
EWG	Europäische Wirtschaftsgemeinschaft
EWS	Europäisches Wirtschafts- und Steuerrecht (Zeitschrift)
EzA	Entscheidungssammlung zum Arbeitsrecht
FA	Fachanwalt Arbeitsrecht (Zeitschrift)
f./ff.	folgende/fortfolgende

Abkürzungsverzeichnis

Fn.	Fußnote
FR	Frankfurter Rundschau
FS	Festschrift
GBR	Gesamtbetriebsrat
GdF	Gewerkschaft der Flugsicherung
GDL	Gewerkschaft Deutscher Lokomotivführer
gem.	gemäß
GEW	Gewerkschaft Erziehung und Wissenschaft
GewO	Gewerbeordnung
GG	Grundgesetz
ggf.	gegebenenfalls
GK-BetrVG	Gemeinschaftskommentar zum BetrVG (Hrsg. Wiese u.a.)
GmbH	Gesellschaft mit beschränkter Haftung
GMBl.	Gemeinsames Ministerialblatt (von Bundesministerien)
GMH	Gewerkschaftliche Monatshefte (Zeitschrift)
GRC	Grundrechte-Charta der Europäischen Union
Grundl.	Grundlagen
GS	Gedächtnisschrift bzw. Großer Senat (z.B. des BAG)
GWB	Gesetz gegen Wettbewerbsbeschränkungen
GVBl.	Gesetz- und Verordnungsblatt
HAG	Heimarbeitsgesetz
HandWO	Handwerksordnung
HBS	Hans-Böckler-Stiftung
HGB	Handelsgesetzbuch
HK-ArbR	Däubler/Hjort/Hummel/Wolmerath (Hrsg.), Arbeitsrecht, Handkommentar
h.M.	herrschende Meinung
HPR	Hauptpersonalrat
HRG	Hochschulrahmengesetz
Hrsg.	Herausgeber
HSWGN	Hess/Schlochauer/Worzalla/Glock/Nicolai, BetrVG, Kommentar
HWK	Henssler/Willemsen/Kalb, Arbeitsrecht Kommentar
i.d.F.	in der Fassung
i.d.R.	in der Regel
IGBCE	Industriegewerkschaft Bergbau, Chemie, Energie
IGM	Industriegewerkschaft Metall
ILO	Internationale Arbeitsorganisation (International Labour Organisation)
inkl.	inklusive
insbes.	insbesondere
InsO	Insolvenzordnung
i.S.d.	im Sinne des
i.V.m.	in Verbindung mit

JArbR	Jahrbuch des Arbeitsrechts »Arbeitsrecht der Gegenwart«
JAV	Jugend- und Auszubildendenvertretung
JKOS	Jacobs/Krause/Oetker/Schubert, Tarifvertragsrecht
KBR	Konzernbetriebsrat
KeZa	Kempen/Zachert, TVG, Kommentar
KJ	Kritische Justiz (Zeitschrift)
KR	Gemeinschaftskommentar zum Kündigungsschutzgesetz (Hrsg. Etzel/Bader u.a.)
KRG	Kontrollratsgesetz
krit.	kritisch
KSchG	Kündigungsschutzgesetz
KSchR	Kündigungsschutzrecht, Kommentar (Hrsg. Kittner/Däubler/Zwanziger)
KuG	Kurzarbeitergeld
LAG	Landesarbeitsgericht
LAGE	Entscheidungen der Landesarbeitsgerichte (Urteilssammlung)
LG	Landgericht
Ls.	Leitsatz
LSG	Landessozialgericht
MB	Marburger Bund
MiArbG	Gesetz zur Festlegung von Mindestarbeitsbedingungen
MiLoAufzV	Mindestlohnaufzeichnungsverordnung
MiLoDokV	Mindestlohndokumentationsverordnung
MiLoG	Mindestlohngesetz
Mio.	Million(en)
MitbestG	Mitbestimmungsgesetz
MTV	Manteltarifvertrag
MünchArbR	Münchener Handbuch zum Arbeitsrecht (Hrsg. Richardi/Wlotzke u.a.)
MuSchG	Mutterschutzgesetz
m.w.N.	mit weiteren Nachweisen
NachwG	Nachweisgesetz
NGG	Gewerkschaft Nahrung-Genuss-Gaststätten
n.F.	neue Fassung
NJW	Neue Juristische Wochenschrift
n.rkr.	nicht rechtskräftig
NRW	Nordrhein-Westfalen
NZA	Neue Zeitschrift für Arbeitsrecht
NZA-RR	NZA-Rechtsprechungsreport (Zeitschrift)
NZS	Neue Zeitschrift für Sozialrecht

Abkürzungsverzeichnis

OLG	Oberlandesgericht
OT	ohne Tarifbindung
OVG	Oberverwaltungsgericht
PersR	Der Personalrat (Zeitschrift)
PR	Personalrat
RdA	Recht der Arbeit (Zeitschrift)
RGBl.	Reichsgesetzblatt
RGRK	Großkommentar zum BGB
RGZ	Entscheidungen des Reichsgerichts in Zivilsachen
rkr.	rechtskräftig
Rn.	Randnummer
Rspr.	Rechtsprechung
s.	siehe
S.	Seite
s. a.	siehe auch
SG	Sozialgericht
SGB	Sozialgesetzbuch
s. o.	siehe oben
sog.	so genannt
SozSich	Soziale Sicherheit (Zeitschrift)
ständ.	ständige
StGB	Strafgesetzbuch
SZ	Süddeutsche Zeitung
TranspR	Transportrecht (Zeitschrift)
TV	Tarifvertrag
TVG	Tarifvertragsgesetz
TV-L	Tarifvertrag für die Länder
TVöD	Tarifvertrag für den Öffentlichen Dienst
TzBfG	Teilzeit- und Befristungsgesetz
u. a.	unter anderem/und andere
u. Ä.	und Ähnliches
UmwG	Umwandlungsgesetz
UrhG	Urheberrechtsgesetz
usw.	und so weiter
u. U.	unter Umständen
UWG	Gesetz gegen unlauteren Wettbewerb
VC	Vereinigung Cockpit
ver.di	Vereinte Dienstleistungsgewerkschaft
VG	Verwaltungsgericht

VGH	Verwaltungsgerichtshof
vgl.	vergleiche
WBl	Wirtschaftsrechtliche Blätter (Zeitschrift)
WHSS	Willemsen/Hohenstatt/Schweibert/Seibt, Umstrukturierung und Übertragung von Unternehmen
WissZeitVG	Gesetz über befristete Arbeitsverträge in der Wissenschaft
WRV	Weimarer Reichsverfassung
WSI	Wirtschafts- und Sozialwissenschaftliches Institut in der Hans-Böckler-Stiftung
WSI-Mitt.	Mitteilungen des WSI (Zeitschrift)
ZfA	Zeitschrift für Arbeitsrecht
Ziff.	Ziffer
ZTR	Zeitschrift für Tarif-, Arbeits- und Sozialrecht des öffentlichen Dienstes
ZUM	Zeitschrift für Urheber- und Medienrecht
ZMV	Zeitschrift für die Praxis der Mitarbeitervertretung in den Einrichtungen der katholischen und evangelischen Kirche
zust.	zustimmend
zutr.	zutreffend

Literaturübersicht

Die in dieser Übersicht genannten Titel werden in den Erläuterungen in der Regel nur mit dem Namen des/der Verfasser/s zitiert; bei Kommentaren wird in der Regel auf die Randnummer des entsprechenden Paragrafen verwiesen.

Abendroth, Antagonistische Gesellschaft und politische Demokratie, 2. Aufl., 1972, darin: Die Berechtigung gewerkschaftlicher Demonstrationen für die Mitbestimmung der Arbeitnehmer in der Wirtschaft (1953), S. 203 ff.; Zum Begriff des demokratischen und sozialen Rechtsstaates im Grundgesetz der Bundesrepublik Deutschland (1954), S. 109 ff.

Achten, Flächentarifvertrag & betriebsnahe Tarifpolitik, 2007

Achten/Zachert, Wir verteidigen den Tarifvertrag, 2003

Adamek/Otto, Der gekaufte Staat. Wie bezahlte Konzernvertreter in deutschen Ministerien sich ihre Gesetze selbst schreiben, 2008

Ahlers/Oez/Ziegler, Standortverlagerungen in Deutschland, 2007

Altvater/Baden/BergKröll/Noll/Seulen, BPersVG, Kommentar, 8. Aufl., 2013; zitiert: Altvater-Bearbeiter

Alternativkommentar zum Grundgesetz (Hrsg. *Denninger/Hoffmann-Riem u. a.),* 3. Aufl., 2001; zitiert: AK-GG-Bearbeiter

Anzinger/Koberski, Arbeitszeitgesetz, Kommentar, 4. Aufl., 2014

Apitzsch/Klebe/Schumann (Hrsg.), § 116 AFG – Kampf um das Streikrecht, 1986

Auktor, Der Wellenstreik im System des Arbeitskampfrechts, 2002

Bachner/Köstler/Matthießen/Trittin, Arbeitsrecht bei Unternehmensumwandlung und Betriebsübergang, 4. Aufl., 2012; zitiert: BKMT-Bearbeiter

Baeck/Deutsch, Arbeitszeitgesetz, Kommentar, 3. Aufl., 2014

Bauer, Flucht aus Tarifverträgen: Königs- oder Irrweg?, in: Festschrift für Schaub, 1998, S. 19 ff.; zitiert: Bauer, FS Schaub

Bayreuther, Tarifautonomie als kollektiv ausgeübte Privatautonomie, 2005

Bayreuther/Franzen/Greiner/Krause/Oetker/Preis/Rebhahn/Thüsing/Waltermann, Tarifpluralität als Aufgabe des Gesetzgebers, 2011; zitiert: Bayreuther u. a.

Bepler, Der Abschied von der Tarifeinheit – Voraussetzungen und Resonanzen, JArbR 48 (2011), S. 23 ff.

Bepler, Tarifgeltung bei Gewerkschaftspluralität – Ein Diskussionspapier –, in: Brennpunkte des Arbeitsrechts 2007. Schriftenreihe des Deutschen Anwaltsinstituts e. V., 2008, S. 109 ff.; zitiert: Bepler, Schriftenreihe DAI

Bepler, Aktuelle tarifrechtliche Fragen aus Anlass eines BAG-Urteils vom 23. März 2005, in: Festschrift 25 Jahre Arbeitsgemeinschaft Arbeitsrecht im DAV, 2006, S. 791ff.; zitiert: Bepler, FS DAV

Bepler, Deutsches Streikrecht und Europäische Sozialcharta (ESC), in: Festschrift für Wißmann, 2005, S. 97ff.; zitiert: Bepler, FS Wißmann

Bepler, Gutachten B zum 70. Deutschen Juristentag, 2014; zitiert Bepler, Gutachten

Berg, Das Arbeitskampfrecht in der rechtspolitischen Auseinandersetzung, in: Gedächtnisschrift für Zachert, 2010, S. 469ff.; zitiert: Berg, GS Zachert

Berg, Die Auswirkungen der Leiharbeit auf die gewerkschaftliche Interessenvertretung, JArbR 46 (2009), S. 69ff.

Berg, Folgenabschätzung für Tarifverträge, in: Folgenabschätzung im Arbeitsrecht, Tagung am Bundesarbeitsgericht, 2007, S. 127ff.

Berg, Streikverbot durch Verfahren – »Tariffrieden« statt Tarifautonomie in der Daseinsvorsorge? in: Festschrift für Kempen, 2013, S. 276ff.; zitiert: Berg, FS Kempen

Berg, Tarifwidrige Arbeitsbedingungen im Betrieb, in: Festschrift für Däubler, 1999, S. 492ff.; zitiert Berg, FS Däubler

Berg/Bobke, Das Betriebsverfassungsgesetz. Ein Leitfaden für die aktive Betriebsratsarbeit, 1982

Berg/Bobke, Friedensarbeit im Betrieb oder »Betriebsfrieden«. Rechtsprobleme gewerkschaftlicher Friedensinitiativen, in: Bäcker/Bispinck/Bobke u.a., Friedensarbeit im Betrieb. Handbuch für gewerkschaftliche Friedenspolitik, 1985; zitiert: Berg/Bobke, Friedensarbeit

Berthold/VDMA, Betriebliche Bündnisse für Arbeit, 2003

Besgen, Mitgliedschaft im Arbeitgeberverband ohne Tarifbindung. Tarifflucht statt Verbandsflucht, 1998

Bichlmeier/Wroblewski, Das Insolvenzhandbuch für die Praxis. Insolvenzrecht, Arbeitsrecht, Sozialrecht, 3. Aufl., 2010

Bieback/Dieterich/Hanau/Kocher/Schäfer, Tarifgestützte Mindestlöhne, 2007; zitiert: Bieback u.a.

Bieback/Kocher, Gesetzliche Festlegung eines Mindestentgelts durch erleichterte Allgemeinverbindlicherklärung oder Verweis auf unterste Tarifentgelte, in: Bieback/Dieterich/ Hanau/Kocher/Schäfer, Tarifgestützte Mindestlöhne, 2007, S. 43ff.

Binkert, Gewerkschaftliche Boykottmaßnahmen im System des Arbeitskampfrechts, 1981

Birk, Die Rechtmäßigkeit von gewerkschaftlichen Unterstützungsmaßnahmen, 1978

Birk/Konzen/Löwisch/Raiser/Seiter, Gesetz zur Regelung kollektiver Arbeitskonflikte, 1988

Bispinck, Wirklich alles Gold, was glänzt? Zur Rolle der Berufs- und Spartengewerkschaften in der Tarifpolitik, Gegenblende, Ausgabe 32, 3–4/15, 11.5.15 (http://www.gegenblende.de/++co++ebcfc60c-f7b6-11e4-bce0–52540066f352)

Bispinck (Hrsg.), Wohin treibt das Tarifsystem?, 2007

Bispick/Schulten (Hrsg.), Zukunft der Tarifautonomie. 60 Jahre Tarifvertragsgesetz: Bilanz und Ausblick, 2010

Blank, Die Tarifzuständigkeit der DGB-Gewerkschaften, 1996

Blank, Tarifzuständigkeiten nach der Gründung von ver.di, in: Festschrift 50 Jahre Bundesarbeitsgericht, 2004, S. 597ff.

Blanke/Erd/Mückenberger/Stascheit (Hrsg.), Kollektives Arbeitsrecht. Quellentexte zur Geschichte des Arbeitsrechts in Deutschland, 2 Bände, 1975; zitiert: Blanke u.a.

Blanke/Trümner (Hrsg.), Handbuch Privatisierung, 1998
Boecken, Unternehmensumwandlungen und Arbeitsrecht, 1996
Boll, Streik und Aussperrung, in: Schroeder/Weßels (Hrsg.), 2003, S. 478ff.
Boldt/Durand/Horion/Kayser/Mengoni/Molenaar (Bearb.), Streik und Aussperrung, 1961 (Europäische Gemeinschaft für Kohle und Stahl, Sammlung des Arbeitsrechts)
Bosch/Weinkopf (Hrsg.), Arbeiten für wenig Geld, Frankfurt 2007
Bosch/Weinkopf, Wirkungen der Mindestlohnregelungen in acht Branchen, Expertise im Auftrag der Abteilung Wirtschafts- und Sozialpolitik der Friedrich-Ebert-Stiftung, 2012
Bosch/Weinkopf/Kalina, Mindestlöhne in Deutschland, Expertise im Auftrag der Friedrich-Ebert-Stiftung, 2009
Brecht-Heitzmann, Das Kombinationsprinzip als Lösung der Tarifpluralität, in: Gedächtnisschrift für Zachert, 2010, S. 502ff.; zitiert: Brecht-Heitzmann, GS Zachert
Brox/Rüthers, Arbeitskampfrecht, 2. Aufl., 1982
Brors in: Zimmer (Hrsg.), Rechtsprobleme der tariflichen Unterbietungskonkurrenz, 2011, S. 59ff.
Buchholz, CGM – »Sie können nur billig«. Christliche Gewerkschaften und wie sie die Arbeitnehmerinteressen verkaufen, Hrsg. IG Metall Vorstand, 2002, zitiert: Buchholz, CGM
Buchholz, Ratgeber Freie. Kunst und Medien, 6. Aufl., 2002
Buchner, Tarifpluralität und Tarifeinheit, in: Festschrift 50 Jahre Bundesarbeitsgericht, 2004, S. 631ff.; zitiert Buchner, FS BAG
Buschmann, Abbau des gesetzlichen Arbeitnehmerschutzes durch kollektives Arbeitsrecht? In: Festschrift für Richardi, 2007, S. 93ff.; zitiert Buschmann, FS Richardi
Buschmann, Gewerkschaften im Betrieb, in: Festschrift für Nagel, 2007, S. 245ff.; zitiert Buschmann FS Nagel
Clauwaert/Schömann, The crisis and national labour law reform: a mapping exercise, ETUI Working Paper 4/2012
Clauwaert/Schömann, Arbeitsrechtsreformen in Krisenzeiten – eine Bestandsaufnahme in Europa, Working Papier des Europäischen Gewerkschaftsinstituts, 2012
Däubler, Gutachten zum Gesetzentwurf der Bundesregierung zum Tarifeinheitsgesetz, 2015 (www.linksfraktion.de); zitiert: Däubler, Gutachten
Däubler, Gewerkschaftsrechte im Betrieb, 11. Aufl., 2010; zitiert: Däubler, GewR
Däubler, Das Arbeitsrecht 1, 16. Aufl., 2006; zitiert: Däubler, AR 1
Däubler, Tarifvertragsrecht, 3. Aufl., 1993; zitiert: Däubler, TVR
Däubler, Das soziale Ideal des Bundesarbeitsgerichts, in: Kittner (Hrsg.), Streik und Aussperrung, 1974, S. 411ff.
Däubler, Der Streik im Öffentlichen Dienst, 2. Aufl., 1971; zitiert: Däubler, Streik ÖD
Däubler (Hrsg.), TVG. Kommentar, 3 Aufl., 2012; zitiert: Däubler-Bearbeiter
Däubler (Hrsg.), Arbeitskampfrecht, 3. Aufl., 2011; zitiert: Däubler-Bearbeiter, AKR
Däubler (Hrsg.), Arbeitskampfrecht, 2. Aufl., 1987; zitiert: Däubler-Bearbeiter, AKR (2. Aufl.)
Däubler/Bepler, Das neue Tarifeinheitsrecht, 2015
Däubler/Bertzbach (Hrsg.), Allgemeines Gleichbehandlungsgesetz. Handkommentar, 2. Aufl., 2008; zitiert: Däubler/Bertzbach-Bearbeiter

Däubler/Hjort/Schubert, M./Wolmerath (Hrsg.), Arbeitsrecht. Individualarbeitsrecht mit kollektiven Bezügen. Handkommentar, 3. Aufl., 2013; zitiert: HK-ArbR-Bearbeiter

Däubler/Kittner/Klebe/Wedde (Hrsg.), BetrVG mit Wahlordnung, Kommentar, 14. Aufl. 2014; zitiert: DKKW-Bearbeiter

Däubler/Kittner/Lörcher (Hrsg.), Internationale Arbeits- und Sozialordnung, 2. Aufl., 1994; zitiert: Däubler/Kittner/Lörcher

Derleder, Die Verhaltenspflichten der sozialen Gegenspieler bei Fortsetzung der Betriebstätigkeit in einem vom Arbeitskampf unmittelbar betroffenen Betrieb, in: Festschrift für Gnade, 1992, S. 419ff.

Detje/Ehlscheid/Unterhinninghofen, Perspektiven des Streiks. Arbeitskampfkonzepte der IG Metall, 2003; zitiert: Detje u.a.

Dieterich/LeFriant/Nogler/Kezuka/Pfarr (Hrsg.), Individuelle und kollektive Freiheit im Arbeitsrecht, Gedächtnisschrift für Ulrich Zachert, 2010; zitiert: GS Zachert

Dieterich/Ulber, D., Zur Verfassungsmäßigkeit von Tariftreuepflicht und Repräsentativitätserfordernis in § 4 Abs. 2 i.V.m. § 21 Abs. 1 und 2 TVgG NRW, Gutachten für das WSI in der HBS, 2012

Diehn, BNotO, Bundesnotarordnung, Kommentar, 2015; zitiert: Diehn-Bearbeiter

di Fabio, Gesetzlich auferlegte Tarifeinheit als Verfassungsproblem. Gutachten 2014 (www.marburger-bund.de); zitiert: di Fabio, Gutachten

Dorndorf/Weiss, Warnstreiks und vorbeugender Rechtsschutz gegen Streiks, 1983

Dzielak u.a., Belegschaften und Gewerkschaften im Streik. Am Beispiel der chemischen Industrie, 1978

Dribbusch, Tarifkonkurrenz als gewerkschaftliche Herausforderung: Ein Beitrag zur Debatte um die Tarifeinheit, WSI-Diskussionspapier Nr: 172, 2010

Etzel/Bader/Becker/Fischermeiner/Friederich/Griebeling/Lipke/Pfeiffer/Rost/Spilger/Vogt/Weigand/Wolff, Gemeinschaftskommentar zum Kündigungsschutzrecht, 10. Aufl. 2013; zitiert: KR-Bearbeiter

Farthmann/Coen, Tarifautonomie, Unternehmensverfassung und Mitbestimmung, in: Benda/Maihofer/Vogel (Hrsg.), Handbuch des Verfassungsrechts der Bundesrepublik Deutschland, 2. Aufl., 1994

Fischer-Lescano, Verfassungs-,völker- und europarechtlicher Rahmen für die Gestaltung von Mindestlohnausnahmen, Gutachten, 2014; zitiert: Fischer-Lescano, Gutachten

Fischinger, Arbeitskämpfe bei Standortverlagerung und -schließung, 2006

Fitting/Engels/Schmidt/Trebinger/Linsenmaier, BetrVG, Kommentar, 27. Aufl., 2014; zitiert: Fitting

Flassbeck/Spiecker, Das Ende der Massenarbeitslosigkeit, 2007

Franzen/Thüsing/Waldhoff, Arbeitskampf in der Daseinsvorsorge, Vorschläge zur Gesetzlichen Regelung von Streik und Aussperrung in Unternehmen der Daseinsvorsorge, 2012 <http://www.cfvw.org/stiftung/images/stories/downloads/Mono_17.10._final_Web-Version.pdf> (25.10.12)

Gagel, SGB III, Kommentar, Loseblattwerk; zitiert: Gagel-Bearbeiter

Gallas/Nowak/Wilde, Politische Streiks im Europa der Krise, 2012

Gamillscheg, Kollektives Arbeitsrecht, Band 1, 1997

Geffken, Seeleutestreik und Hafenarbeiterboykott, 1979

Gemeinschaftskommentar zum Arbeitsförderungsrecht, 1997/2011; zitiert: GK-SGB III-Bearbeiter

Germelmann/Matthes/Prütting/Müller-Glöge, Arbeitsgerichtsgesetz, 8. Aufl., 2013

Greiner, Rechtsfragen der Koalitions-, Tarif- und Arbeitskampfpluralität, 2. (unveränderte) Auflage 2012

Grunsky/Waas/Benecke/Greiner, Arbeitsgerichtsgesetz, 8. Aufl., 2014

Hammer, Kirchliches Arbeitsrecht, 2002

Hammer, Grundfragen der Tarifautonomie im öffentlichen Dienst, in: Festschrift für Gnade, 1992, S. 11 ff.

Hanau/Thüsing, Neue Herausforderungen der Sozialpartner: Tarifverträge zur Beschäftigungssicherung, sowie: Neue Sensibilisierung im Arbeitskampfrecht. Der Streik in der Luftfahrt, in: Thüsing (Hrsg.), Tarifautonomie im Wandel, 2003, S. 7 ff. bzw. S. 35 ff.

Hanau/Wackerbarth, Unternehmensmitbestimmung und Koalitionsfreiheit. Interessenkonflikte von Gewerkschaftsvertretern im Aufsichtsrat, 2004

Hartwich, Streikfähigkeit als Voraussetzung für Tarifautonomie und Demokratie, in: Muhr (Hrsg.), Streikrecht, Demokratie und Sozialstaat, 1987, S. 23 ff.

Hartwich, Sozialstaat und Arbeitskampf, in: Kittner (Hrsg.), Streik und Aussperrung, 1974, S. 349 ff.

HBV-Hauptvorstand, Neue Arbeitskampf- und Aktionsformen, 2001

Henniges, Einstweiliger Rechtsschutz gegen gewerkschaftliche Streiks?, 1987

Hensche, Notwendigkeit flexibler Kampfmittel der Gewerkschaften, in: Muhr (Hrsg.), Streikrecht, Demokratie und Sozialstaat, 1987, S. 127 ff.

Hensche, Zur rechtlichen Zulässigkeit der OT-Mitgliedschaft, 2004

Hensche, Hände weg von Koalitionsfreiheit, Tarifautonomie und Streikrecht. Über das Gesetz der Bundesregierung zur Tarifeinheit, 2014; zitiert: Hensche, Tarifeinheit (http://www.rosalux.de/fileadmin/rls_uploads/pdfs/Analysen/Analysen17_Gesell_HaendeWeg.pdf)

Henssler, Unternehmensumstrukturierung und Tarifrecht, in: Festschrift für Schaub, 1998, S. 311 ff.; zitiert: Henssler, FS Schaub

Henssler/Moll/Bepler, Der Tarifvertrag. Handbuch für das gesamte Tarifrecht, 2013

Henssler/Willemsen/Kalb (Hrsg.), Arbeitsrecht Kommentar, 6. Aufl., 2014; zitiert: HWK-Bearbeiter

Hess/Worzalla/Glock/Nicolai/Rose/Huke, Betriebsverfassungsgesetz, 9. Aufl., 2014; zitiert: HWGNRH-Bearbeiter

Hindrichs/Mäulen/Scharf, Neue Technologien und Arbeitskampf, 1990

Hobsbawm, Das Zeitalter der Extreme. Weltgeschichte des 20. Jahrhunderts, 1995

Höland/Reim/Brecht, Flächentarifvertrag und Günstigkeitsprinzip, 2000

Hoffmann, Der Grundsatz der Parität und die Zulässigkeit der Aussperrung, in: Kittner (Hrsg.), Streik und Aussperrung, 1974, S. 47 ff.

Hoffmann, Rechtsfortbildung durch Gewerkschaften, in: Festschrift für Brenner, 1967, S. 95 ff.

Hromadka, Tarifeinheit bei Tarifpluralität, in: Gedächtnisschrift für Heinze, 2005, S. 383 ff.; zitiert Hromadka, FS Heinze

Huber/Burkhard/Wagner (Hrsg.), Perspektiven der Tarifpolitik. Im Spannungsfeld von Fläche und Betrieb, 2006

Hueck/Nipperdey, Lehrbuch des Arbeitsrechts, 7. Aufl., 1967 bzw. 1970
IG Druck und Papier – Hauptvorstand (Hrsg.), Schwarzbuch über das Unternehmerverhalten im Arbeitskampf der Druckindustrie 1978, 1979
IG Druck und Papier – Hauptvorstand (Hrsg.), »So haben wir gekämpft«. Analyse des dreizehnwöchigen Arbeitskampfes in der Druckindustrie und im Verlagsgewerbe 1984, 1985
IG Metall-Vorstand, Im Dienst der Führung. Wie Wilhelm Schelsky die AUB im Auftrag von Siemens-Verantwortlichen aufbaute, 2. Aufl., 2007; zitiert: IG Metall, AUB
IG Metall-Vorstand, Sie können nur billig. Christliche Gewerkschaften und wie sie Arbeitnehmerinteressen verkaufen, 2002; zitiert: IG Metall, Christliche Gewerkschaften
Jacobs, Tariffrieden bei Gewerkschaftspluralität, in: Festschrift für Buchner, 2009, S. 342 ff.; zitiert: Jacobs, FS Buchner
Jacobs/Krause/Oetker/Schubert, Tarifvertragsrecht, 2. Aufl., 2013; zitiert: JKOS-Bearbeiter
Junker, Grundkurs Arbeitsrecht, 14. Aufl., 2015
Kalbitz, Aussperrungen in der Bundesrepublik. Die vergessenen Konflikte, 1979
Keller/Seifert, Atypische Beschäftigung – Flexibilisierung und soziale Risiken, 2007
Kempen, Allgemeinverbindlicher Tarifvertrag zwischen Tarifeinheit, Tarifkonkurrenz und Spezialitätsprinzip, in: Festschrift zum 50-jährigen Bestehen der Zusatzversorgungskasse des Baugewerbes, 2007, S. 77 ff.; zitiert: Kempen, FS Zusatzversorgungskasse
Kempen, Die »Tarifeinheit« der Koalitionsfreiheit – ein Zwischenruf –, in: Festschrift für Hromadka, 2008, S. 169 ff.; zitiert: Kempen, FS Hromadka
Kempen/Zachert (Hrsg. *Brecht-Heitzmann/Kempen/Schubert/Seifert*), Tarifvertragsgesetz, Kommentar für die Praxis, 5. Aufl., 2014; zitiert: KeZa-Bearbeiter
Kissel, Arbeitskampfrecht, München 2002
Kittner, Arbeitskampf. Geschichte, Recht, Gegenwart, 2005; zitiert: Kittner, Arbeitskampf
Kittner, Arbeits- und Sozialordnung, 40. Aufl., 2015, zitiert: Kittner, ASO
Kittner, Die Rechtsprechung des Bundesverfassungsgerichts zu Tarifautonomie und Arbeitskampf, in: Festschrift für Jaeger, 2011, S. 483 ff.; zitiert: Kittner, FS Jaeger
Kittner, Öffnung des Flächentarifvertrages, in: Festschrift für Schaub, 1998, S. 389 ff.; zitiert: Kittner, FS Schaub
Kittner, Kommen die »Gelben« zurück? in: Gedächtnisschrift für Zachert, 2010, S. 595 ff.; zitiert: Kittner, GS Zachert
Kittner, Rechtsschutz für Tarifverträge, in: Festschrift für Stahlhacke, 1995, S. 247 ff.; zitiert: Kittner, FS Stahlhacke
Kittner, Verbot der Aussperrung, 1978; zitiert: Kittner, Verbot
Kittner (Hrsg.), Streik und Aussperrung. Protokoll der wissenschaftlichen Veranstaltung der Industriegewerkschaft Metall vom 13.–15. September 1973 in München, 1974; zitiert: Kittner, Streik und Aussperrung
Kittner/Däubler/Zwanziger, Kündigungsschutzrecht, Kommentar, 8. Aufl., 2011
Kittner/Zwanziger/Deinert (Hrsg.), Arbeitsrecht – Handbuch für die Praxis, 7. Aufl., 2013; zitiert: Kittner/Zwanziger/Deinert-Bearbeiter
Koberski/Asshoff/Eustrup/Winkler, Arbeitnehmerentsendegesetz. Mindestarbeitsbedingungengesetz, 3. Aufl., 2011
Koberski/Clasen/Menzel, TVG, Kommentar, Loseblattwerk, Stand 1998
Kocher, Gesetzentwurf für eine Verbandsklage im Arbeitsrecht, 2002
Kocher, Hausarbeit als Erwerbsarbeit: Der Rechtsrahmen in Deutschland. Voraussetzungen

einer Ratifikation der ILO-Domestic Workers Convention durch die Bundesrepublik Deutschland, 2012 <http://www.boeckler.de/pdf_fof/S-2012-524-3-1.pdf> [29. 8. 12])

Kocher, Osterweiterung und Arbeitnehmerfreizügigkeit, in: Kocher/Nowak (Hrsg.), Freie Fahrt für Arbeitnehmer/innen zwischen Ost und West. Perspektiven des Ablaufs beitrittsbedingter Übergangsfristen zum 1. Mai 2011, Schriften des Frankfurter Instituts für das Recht der Europäischen Union, Bd. 1, 2012, S. 29ff.

Kocher, Stoppt den EuGH? Zum Ort der Politik in einer europäischen Arbeitsverfassung, in: Fischer-Lescano/Rödl/Schmid (Hrsg.), Europäische Gesellschaftsverfassung. Zur Konstitutionalisierung sozialer Demokratie in Europa, 2009, S. 161ff.

Kocher, Wer schützt die Beschäftigten im transnationalen Standortwettbewerb? Zum Verhältnis von Recht und Politik nach der EuGH-Entscheidung »Viking«, in: Gedächtnisschrift für Zachert, 2010, S. 37ff.; zitiert: Kocher, GS Zachert

König/Stamm/Wendl (Hrsg.), Erosion oder Erneuerung? Krise und Reform des Flächentarifvertrages, 1998

Korinth, Einstweiliger Rechtsschutz im Arbeitsgerichtsverfahren, 2. Aufl., 2007

Köstler/Müller/Sick, Aufsichtsratspraxis. Handbuch für die Arbeitnehmervertreter im Aufsichtsrat, 10. Aufl., 2013

Krause, Die Konkretisierung der Grenzen von Streiks durch einstweilige Verfügung, JArbR 45 (2008), S. 23ff.

Krause, Standortsicherung und Arbeitsrecht, 2007

Lakies, Mindestlohngesetz, Basiskommentar zum MiLoG, 2015

Linsenmaier, Kollektives Arbeitsrecht im Spannungsfeld von Freiheit und Ordnung, in: JArbR, Band 44, 2007, S. 111ff.

Litschen, Tarifrecht für Anwender. Leitfaden für die Praxis, 2012

Löwisch (Hrsg.), Schlichtungs- und Arbeitskampfrecht, 2. Aufl., 1997; zitiert: Löwisch-Bearbeiter, AKR

Löwisch/Rieble, TVG, Kommentar, 3. Aufl., 2012; zitiert: Löwisch/Rieble

Löwisch/Rieble, TVG, Kommentar, 2. Aufl., 2004; zitiert: Löwisch/Rieble, 2. Aufl.

Loscher, Arbeitgeberreaktion auf Wellenstreiks in der Druckindustrie, 2007

Matthöfer, Streiks und streikähnliche Formen des Kampfes der Arbeitnehmer im Kapitalismus, in: D. Schneider (Hrsg.), Theorie und Praxis des Streiks, S. 155ff.

Maunz/Dürig, Kommentar zum Grundgesetz, 69. Aufl., 2013; zitiert: Maunz/Dürig-Bearbeiter

Meine/Ohl/Rohnert (Hrsg.), Handbuch Arbeit-Entgelt-Leistung, 5. Auflage, 2011

Meine/Wagner (Hrsg.), Handbuch Arbeitszeit, 2014

Melot de Beauregard, Mitgliedschaft im Arbeitgeberverband und Tarifbindung, 2002

Mückenberger, Produktionsverflechtung und Risikoverantwortung. Verfassungsfragen zur Neufassung von § 116 AFG, 1992

Müller-Glöge/Preis/Schmidt (Hrsg.), Erfurter Kommentar zum Arbeitsrecht, 15. Aufl., 2015; zitiert: ErfK-Bearbeiter

Muhr (Hrsg.), Streikrecht, Demokratie und Sozialstaat. Protokoll der wissenschaftlichen Konferenz des Deutschen Gewerkschaftsbundes am 17. und 18. März 1987 in Ludwigshafen, 1987

Nassibi, Schutz vor Lohndumping in Deutschland, 2012

Nautz, Die Durchsetzung der Tarifautonomie in Westdeutschland, 1985

Nielebock, Probleme bei Tarifpluralität im Betrieb, in: Festschrift zum 50-jährigen Bestehen der Zusatzversorgungskasse des Baugewerbes, 2007, S. 107 ff.; zitiert Nielebock, FS Zusatzversorgungskasse

Niesel/Brand, SGB III, Kommentar, 5. Aufl., 2010

Oetker, Nachwirkende Tarifnormen und Betriebsverfassung, in: Festschrift für Schaub, 1988, S. 535 ff.; zitiert Oetker, FS Schaub

Ohl/Platow/Stang/Unterhinninghofen/Fergen/Vogt/Köhlinger/Wiedemuth/Schwitzer, Handbuch Manteltarifverträge. Gestaltung – Auslegung – Umsetzung, 2000; zitiert: Ohl u.a.

Oppolzer/Zachert (Hrsg.), Krise und Zukunft des Flächentarifvertrages, 2000

von Olenhusen, Freie Mitarbeit in den Medien, 2002

Ostendorf, Kriminalisierung des Streikrechts. Ein strafrechtliches Gutachten zu alten und neuen Streikformen, 1987

Otto, Arbeitskampf- und Schlichtungsrecht, 2006

Palandt, Bürgerliches Gesetzbuch, 73. Aufl., 2014; zitiert: Palandt-Bearbeiter

Perels, Die Rechtmäßigkeit des politischen Demonstrationsstreiks, in: Recht Justiz Kritik, Festschrift für Richard Schmid, 1985, S. 141 ff.

Peter, Gesetzlicher Mindestlohn. Eine Maßnahme gegen Niedriglöhne von Frauen, 1995

Peter/Kempen/Zachert, Die Sicherung tariflicher Mindeststandards. Rechtliche und rechtspolitische Aspekte, 2004

Peters, Handbuch der Sozialversicherung, 1983 ff. (Stand 2003); zitiert: Peters-Bearbeiter

Pfarr/Kocher, Kollektivverfahren im Arbeitsrecht, 1998

Platow, Arbeitskampfbedingungen im Medienbereich – insbesondere am Beispiel der Wellenstreiks, in: JArbR, Band 37, 2000, S. 73 ff.

Redler, Politischer Streik in Deutschland nach 1945, 2007

Rehder/Deinert/Callsen, Arbeitskampfmittelfreiheit und atypische Arbeitskampfformen. Rechtliche Bewertung atypischer Arbeitskampfformen und Grenzen der Rechtsfortbildung, 2012

Reichold, Verfassungsrechtliche Grenzen der Arbeitskampfverfügung, in: Festschrift für Buchner, 2009, S. 721 ff.; zitiert Reichold. FS Buchner

Renneberg, Arbeitskämpfe von morgen? Arbeitsbedingungen und Konflikte im Dienstleistungsbereich, 2005

Renneberg, Handbuch Tarifpolitik und Arbeitskampf, 2011; zitiert: Renneberg, Handbuch.

Rheinisch-Westfälisches Institut für Wirtschaftsforschung (RWI), Empirische Analyse der Auswirkungen der Tarifpluralität auf das deutsche Tarifvertragssystem und auf die Häufigkeit von Arbeitskämpfen, 2011

Richardi (Hrsg.), Betriebsverfassungsgesetz, 14. Aufl., 2014; zitiert: Richardi-Berarbeiter

Richardi/Wlotzke/Wißmann/Oetker (Hrsg.), Münchener Handbuch zum Arbeitsrecht, 3. Aufl., 2009; zitiert: MünchArbR-Bearbeiter

Richter/Spitzley, Unternehmenskrise = Arbeitsplatzabbau … »Es geht auch anders!«. Der Tarifvertrag zur Beschäftigungssicherung in der Praxis, 2003

Rieble, Arbeitsmarkt und Wettbewerb, 1996, zitiert: Rieble, Arbeitsmarkt

Rieble, Relativität der Tariffähigkeit, in Festschrift für Wiedemann, 2002, S. 519 ff.; zitiert Rieble, FS Wiedemann

RGRK, Das Bürgerliche Gesetzbuch. Großkommentar (hrsg. von Mitgliedern des Bundesgerichtshofs), Bd. 2 Teil 3, 12. Aufl. 1997; zitiert: RGRK-Bearbeiter

Röhm/Voigt, Das Lohndumping-Kartell. Großverlage bekämpfen den Post-Mindestlohn, 2007

Rosenau, Koalitionsbetätigungsfreiheit im gewandelten Kontext, 2013

Rost, Kündigungsschutz im Konzern, in: Festschrift für Schwerdtner, 2003, S. 169ff.; zitiert Rost, FS Schwerdtner

Rothermund/Temming, Diskriminierung aufgrund des Alters, Expertise für die Antidiskriminierungsstelle des Bundes, 2010

Rüb/Platzer/Müller, Transnationale Unternehmensvereinbarungen. Zur Neuordnung der Arbeitsbeziehungen in Europa, 2011

Sachs (Hrsg.), Grundgesetz. Kommentar, 6. Aufl., 2011

Sachverständigenrat, Jahresgutachten 2010/2011

Säcker/Oetker, Grundlagen und Grenzen der Tarifautonomie, 1992

Säcker/Rixecker (Hrsg.), Münchener Kommentar zum Bürgerlichen Gesetzbuch; BGB Band 4: Schuldrecht besonderer Teil II, 6. Aufl. 2012

Schäfer, Entwicklungsland Deutschland. Niedriglohnregulierung ohne Mindestlohn, in: Bieback/Dieterich/Hanau/Kocher/Schäfer, Tarifgestützte Mindestlöhne, 2007, S. 9ff.

Schaub, Arbeitsrechts-Handbuch, 16. Aufl., 2015; zitiert: Schaub-Bearbeiter

Schiek, Europäisches Arbeitsrecht, 3. Aufl., 2007

Schlachter, Das Verbot der Altersdiskriminierung und der Gestaltungsspielraum der Tarifvertragsparteien, 2014

Schlachter, Die Vereinbarkeit gesetzlicher vorgeschriebener Tarifeinheit mit internationalem Recht. Gutachten, 2015 (http://www.vaa.de/fileadmin/www.vaa.de/Inhalte/Sonstiges/Gutachten_zur_Vereinbarkeit_der_Tarifeinheit_mit_internationalem_Recht.pdf); zitiert: Schlachter, Gutachten

Schmid, Aussperrung – Recht oder Unrecht?, 1972

Schmidt, B., Tarifpluralität im System der Arbeitsrechtsordnung, 2011

Schmidt, I., Die Ausgestaltung der Koalitionsfreiheit durch die Gerichte, in: Festschrift für Richardi, 2007, S. 765ff.

Schneider, D. (Hrsg.), Theorie und Praxis des Streiks, 1981

Schneider, M., Aussperrung. Ihre Geschichte und Funktion vom Kaiserreich bis heute, 1980

Schneider, M., Die Auswirkungen von Tarifmehrheiten im Betrieb auf die Betriebsverfassung, 2014

Scholz/Lingemann/Rutloff, Tarifeinheit und Verfassung. Gutachten, 2015, NZA-Beilage 15/3, 1ff.

Schoof, Betriebsratspraxis von A bis Z, 11. Aufl., 2014; zitiert: Schoof, Betriebsratspraxis

Schoof, Rechtsprechung zum Arbeitsrecht von A bis Z, 6. Aufl. 2010; zitiert: Schoof, Rechtsprechung

Schopp, Generalstreik – Rechtliche Rahmenbedingungen und Streikkultur im Vergleich. Deutscher Bundestag, Wissenschaftliche Dienste, 2006

Schricker/Loewenheim, Urheberrecht. Kommentar, 4. Aufl., 2010

Schroeder/Kalass/Greef, Berufsgewerkschaften in der Offensive. Vom Wandel des deutschen Gewerkschaftsmodells, 2011

Schroeder/Weßels (Hrsg.), Die Gewerkschaften in Politik und Gesellschaft der Bundesrepublik Deutschland: ein Handbuch, 2003

Schubert, Der Vorschlag der EU-Kommission für eine Monti-II-Verordnung – eine kritische Analyse unter Einbeziehung der Überlegungen zur der Enforcement-Richtlinie, 2012
Schubert/Düwell (Hrsg.), Mindestlohngesetz. Handkommentar, 2015, zitiert: Schubert/Düwell-Bearbeiter
Schubert/Jerchel/Düwell, Das neue Mindestlohngesetz. Grundlagen und Auswirkungen, 2014
Schüren (Hrsg.), Arbeitnehmerüberlassungsgesetz. Kommentar, 4. Auflage 2010
Schulten, Tarifpolitik in Europa unter dem Druck von Krise und Austeritätspolitik. Die Herausbildung eines neuen europäischen Interventionismus, Vortrag auf der Tarifpolitischen Tagung des WSI 26.9.2012
Schulz/Teichmüller, Betriebsnahe Tarifpolitik, in: *Wagner* (Hrsg.), Interventionen wider den Zeitgeist, 2001, S. 194ff.
Seifert, Betriebliche Bündnisse für Arbeit, 2002
Seitenzahl/Zachert/Pütz, Vorteilsregelungen für Gewerkschaftsmitglieder, 1976
Seiter, Streikrecht und Aussperrungsrecht, 1975
*Siebenhüte*r, Werkverträge in Bayern. Das neue Lohndumping-Instrument, 2013
Silberberger, Veränderungsprozesse in Betrieb, Unternehmen und Konzern, 2000
Spelbrink/Eich (Hrsg.), Kasseler Handbuch des Arbeitsförderungsrechts, 2003
Staudingers Kommentar zum BGB, Bearbeitung 2005; zitiert: Staudinger-Bearbeiter
Stein, Tarifvertragsrecht, 1997
Stein, Tarifvorrang nach § 87 Abs. 1 BetrVG bei Bestehen von Tarifverträgen konkurrierender Gewerkschaften, in: Festschrift für Wendeling-Schröder, 2009, S. 35ff.; zitiert: Stein, FS Wendeling-Schröder
Steinbrück, Streikposten und einstweiliger Rechtsschutz im Arbeitskampfrecht der Bundesrepublik Deutschland, 1992
Sterkel/Schulten/Wiedemuth (Hrsg.), Mindestlöhne gegen Lohndumping, 2006
Thüsing (Hrsg.), Arbeitnehmer-Entsendegesetz, Mindestarbeitsbedingungengesetz. Kommentar, 2010, zitiert: Thüsing-AEntG-Bearbeiter
Thüsing/Braun, Tarifrecht. Handbuch, 2011
Thüsing/Burg, Grenzen der Bestreikbarkeit – Tariffreiheit zwischen Meistbegünstigungsklauseln und Spartentarifverträgen, Festschrift für Otto, 2008, S. 555ff.; zitiert Thüsing/Braun, FS Otto
Treber, Aktiv produktionsbehindernde Maßnahmen. Zur Zulässigkeit von Betriebsbesetzungen und Betriebsblockaden unter Berücksichtigung des Funktionszusammenhangs von Privatautonomie, Tarifautonomie und Arbeitskampfrecht, 1996
Ulber, Arbeitnehmerüberlassungsgesetz. Kommentar für die Praxis, 4. Aufl., 2011
Umbach, Rechtsfragen des Anerkennungstarifvertrages, 2004
Unterhinninghofen, »Gelber Anachronismus«? Zu Fehlentwicklungen im Koalitionsrecht, in: Gedächtnisschrift für Zachert, 2010, S. 676ff.; zitiert: Unterhinninghofen, GS Zachert
Vanselow/Mahnkopf, Zeitarbeit in europäischen Ländern – Lehren für Deutschland?, Arbeitspapier 182 der Hans-Böckler-Stiftung, 2009
Vielmeier, Tarifzensur, 2013
Waas, Der Regelungsentwurf von DGB und BDA zur Tarifeinheit – Verfassungs- und internationalrechtliche Aspekte, Gutachten HSI, zitiert Waas, Gutachten

Wagner/Schild (Hrsg.), Der Flächentarif unter Druck. Die Folgen von Verbetrieblichung und Vermarktlichung, 2003

Wahsner/Bayh, »... Widerstand bis hin zum Generalstreik ...« Gewerkschaften, Streikrecht und Widerstand gegen Raketenstationierung. Zugleich ein Beitrag zum politischen Streik, 1983

Walker, Der tarifvertragliche Einstellungsanspruch, in: Festschrift für Schaub, 1998, 743ff.; zitiert Walker, FS Schaub

Wallisch, Die tarifliche Einwirkungspflicht, 1998

Wedde (Hrsg.), Arbeitsrecht. Kompaktkommentar zum Individualarbeitsrecht mit kollektivrechtlichen Bezügen, 3. Aufl., 2013; zitiert: Wedde-Bearbeiter.

Weick, Theorien des Streiks, in: D. Schneider (Hrsg.), S. 97ff.

Weiss, Der soziale Dialog als Katalysator koordinierter Tarifpolitik, in: Festschrift für Kissel, 1994, S. 1253ff.; zitiert Weiss, FS Kissel

Weiss, Transnationale Kollektivvertragsstrukturen in der EG: Informalität oder Verrechtlichung?, Festschrift für Birk, 2008, S. 957ff.; zitiert: Weiss, FS Birk

Wendeling-Schröder, Gewerkschaftskooperation und Gewerkschaftswettbewerb, in: Festschrift für Richardi, 2007, S. 801ff.; zitiert Wendeling-Schröder, FS Richardi

Wendt, Die Betriebsbesetzung. Rechtstatsächliche und rechtsvergleichende Untersuchung einer neuen Arbeitskampfform in Großbritannien, Frankreich, Italien und der Bundesrepublik Deutschland, 1984

Wiedemann, Tarifvertragsgesetz, Kommentar, 7. Aufl., 2007; zitiert: Wiedemann-Bearbeiter

Wiese/Kreutz/Oetker/Raab/Weber/Franzen, Gemeinschaftskommentar zum Betriebsverfassungsgesetz, 10. Aufl., 2014; zitiert: GK-Bearbeiter

Wilhelmy, Der politische Streik. Materialien zu einem Tabu, 2008

Willemsen/Hohenstatt/Schweibert/Seibt, Umstrukturierung und Übertragung von Unternehmen, 4. Aufl., 2011; zitiert: WHSS-Bearbeiter

Wirtschaft- und Sozialwissenschaftliches Institut in der Hans-Böckler-Stiftung (Hrsg.), WSI-Tarifhandbuch

Wirtschaft- und Sozialwissenschaftliches Institut in der Hans-Böckler-Stiftung (Hrsg.), Statistisches Taschenbuch Tarifpolitk (erscheint jährlich)

Wißmann, Die aktuelle Rechtsprechung des Bundesarbeitsgerichts zum Arbeitskampfrecht, in: JArbR, Band 35, 1998, S. 115ff.

Zachert, Der Streik der Lokführer und die Phantasie der Juristen, in: Festschrift für Wendeling-Schröder, 2009, S. 23ff.; zitiert: Zachert, FS Wendeling-Schröder

Zachert, Die Wirkung des Tarifvertrages in der Krise, 1991

Zachert, Ende der juristischen Fahnenstange – Tariföffnungsklausel in der chemischen Industrie, in: König/Stamm/Wendl, S. 165ff.

Zachert, Tarifeinheit durch Satzungsrecht der Gewerkschaften, Gutachten 2009; zitiert: Zachert, Tarifeinheit

Zachert, Tarifvertrag. Eine problemorientierte Einführung, 1979

Zachert/Metzke/Hamer, Die Aussperrung. Zur rechtlichen Zulässigkeit und praktischen Durchsetzungsmöglichkeit eines Aussperrungsverbots, 1978

Zechlin, Streik, Strafrecht und Polizei, 1986.

Kommentare zu Tarifverträgen

Banken:

Kappes/Sauer/Grimmke/Thau, Tarifverträge für das Bankgewerbe, Loseblattwerk, 11. Aufl., 2013 *(AGV)*

Baugewerbe:

Stang/Bachner/Asshoff, Arbeitsrecht im Baugewerbe, 2002

Einzelhandel:

Decruppe, Tarifverträge des Einzelhandels in Nordrhein-Westfalen. Kommentar für die betriebliche Praxis. Teil 1: Manteltarifvertrag, 4. Aufl. 2004

Nies, Manteltarifvertrag für die Arbeitnehmerinnen und Arbeitnehmer im Einzelhandel in Bayern. Kommentar, 2006

Gebäudereinigung:

Meier, Tarif- und Arbeitsrecht in der Gebäudereinigung 2012/2013. Praxis- und anwendungsorientierte Erläuterungen, 2012

Groß- und Außenhandel:

Bell/Windirsch/Britschgi/Koll, Manteltarifvertrag Groß- und Außenhandel NRW. Kommentar für die Praxis, 3. Aufl. 2014

Metallwirtschaft:

Ziepke/Weiss, Kommentar zum MTV Metall NRW, 5. Aufl., 2012 (*AGV*)

Weiss/Galperin, Kommentar zum ETV 13. Monatseinkommen Metallindustrie NRW (*AGV*)

Reinecke/Stumpfe, Kommentar zum MTV Stahl NRW vom 15. März 1989, 3. Aufl. 1990 (*AGV*)

Öffentlicher Dienst:

Bepler/Böhle/Meerkamp/Stöhr, Kommentar zum TVöD, 26. Aufl., 2014

Bepler/Böhle/Meerkamp/Russ/Stöhr, Kommentar zum TV-L, 17. Aufl., 2014

Bruno-Lachota, Das kleine ABC des TVöD (GEW), 2. Aufl., 2007

Görg/Guth/Hamer/Pieper, TVöD – Tarifvertrag für den öffentlichen Dienst, 2007

Görg/Guth/Hamer, Tarifvertrag für den öffentlichen Dienst. Basiskommentar zum TVöD 6. Aufl., 2015

Görg/Guth/Hamer, Tarifvertrag für den öffentlichen Dienst der Länder. Basiskommentar zum TV-L, 3. Aufl. 2014

ver.di Landesbezirk NRW, Tarifhandbuch für Beschäftigte in den Kommunen in Nordrhein-Westfalen, 2. Aufl. 2010

ver.di Landesbezirk NRW/Fachbereich Verkehr, Spartentarifvertrag Nahverkehrsbetriebe (TV-N NW), o.J.

Zepf/Gussone, Handbuch zum TVöD/TV-L für Krankenhäuser, Universitätskliniken, Heime, soziale Einrichtungen, 2009

Versicherungswirtschaft:
Hopfner (Hrsg.), Tarifverträge der privaten Versicherungswirtschaft, 9. Aufl. 2013 (*AGV*)

Internet-Adressen

Gerichte und Ministerien

Bundesarbeitsgericht:	www.bundesarbeitsgericht.de
Bundesministerium für Arbeit und Soziales:	www.bmas.de → Unsere Themen → Arbeitsrecht
Bundessozialgericht:	www.bundessozialgericht.de
Bundesverfassungsgericht:	www.bundesverfassungsgericht.de
Bundesverwaltungsgericht:	www.bundesverwaltungsgericht.de
Europäischer Gerichtshof:	http.//curia.europa.eu/de/transitpage/htm
Europäischer Gerichtshof für Menschenrechte:	www.echr.coe.int oder www.coe.int/T/D/Menschenrechtsgerichtshof/Dokumente_auf_Deutsch

Gewerkschaften im DGB

Deutscher Gewerkschaftsbund:	www.dgb.de
Industriegewerkschaft Bauen-Agrar-Umwelt:	www.igbau.de
Industriegewerkschaft Chemie-Bergbau-Energie:	www.igbce.de
Gewerkschaft Erziehung und Wissenschaft:	www.gew.de
IG Metall:	www.igmetall.de
Gewerkschaft Nahrung-Genuss-Gaststätten:	www.ngg.net
Gewerkschaft der Polizei:	www.gdp.de
Eisenbahn- und Verkehrsgewerkschaft (EVG):	www.evg-online.org
Vereinte Dienstleistungsgewerkschaft (ver.di):	www.verdi.de
WSI-Tarifarchiv:	www.tarifvertrag.de
Europäischer Gewerkschaftsbund:	www.etuc.org

Arbeitgeberverbände
Bundesvereinigung der Deutschen Arbeitgeberverbände:www.bda-online.de

Gesetzestexte im Internet
www.gesetze-im-internet.de (Hrsg.: Bundesjustizministerium)
www.bmas.de → Service → Gesetze (Hrsg.: Bundesarbeitsministerium, u.a. die Mindestlohnverordnungen nach AEntG)

Tarifverträge im Internet
www.bmas.de → Service → Arbeitsrecht (Hrsg.: Bundesarbeitsministerium, Verzeichnis der allgemeinverbindlichen Tarifverträge, keine Texte!)

Gesetzestexte

Grundgesetz (GG)

Grundgesetz vom 23. Mai 1949 (BGBl. 1), Artikel 9 Abs. 3
Das Recht, zur Wahrung und Förderung der Arbeits- und Wirtschaftsbedingungen Vereinigungen zu bilden, ist für jedermann und alle Berufe gewährleistet. Abreden, die dieses Recht einschränken oder zu behindern suchen, sind nichtig, hierauf gerichtete Maßnahmen sind rechtswidrig. Maßnahmen nach den Artikeln 12a, 35 Abs. 2 und 3, Artikel 87a Abs. 4 und Artikel 91 dürfen sich nicht gegen Arbeitskämpfe richten, die zur Wahrung und Förderung der Arbeits- und Wirtschaftsbedingungen von Vereinigungen im Sinne des Satzes 1 geführt werden.

Europäische Konvention zum Schutz der Menschenrechte und Grundfreiheiten (EMRK)

(Rom, 4. XI.1950, unter Berücksichtigung des Protokolls Nr. 141, Stand: 1. Juni 2010, BGBl. 2010 II S. 1198)

Artikel 11 Versammlungs- und Vereinigungsfreiheit

(1) Jede Person hat das Recht, sich frei und friedlich mit anderen zu versammeln und sich frei mit anderen zusammenzuschließen; dazu gehört auch das Recht, zum Schutz seiner Interessen Gewerkschaften zu gründen und Gewerkschaften beizutreten.
(2) Die Ausübung dieser Rechte darf nur Einschränkungen unterworfen werden, die gesetzlich vorgesehen und in einer demokratischen Gesellschaft notwendig sind für die nationale oder öffentliche Sicherheit, zur Aufrechterhaltung der Ordnung oder zur Verhütung von Straftaten, zum Schutz der Gesundheit oder der Moral oder zum Schutz der Rechte und Freiheiten anderer. Dieser Artikel steht rechtmäßigen Einschränkungen der Ausübung dieser Rechte für Angehörige der Streitkräfte, der Polizei oder der Staatsverwaltung nicht entgegen.

Europäische Sozialcharta (ESC)

Europäische Sozialcharta vom 18. Oktober 1961 (BGBl 1964 II S. 1262), Art. 6 Nr. 4

Um die wirksame Ausübung des Rechtes auf Kollektivverhandlungen zu gewährleisten, verpflichten sich die Vertragsparteien: ... und anerkennen 4. das Recht der Arbeitnehmer und der Arbeitgeber auf kollektive Maßnahmen einschließlich des Streikrechts im Fall von Interessenkonflikten, vorbehaltlich etwaiger Verpflichtungen aus geltenden Gesamtarbeitsverträgen.

Charta der Grundrechte der Europäischen Union (GRC) in der Fassung vom 13. Dezember 2007, in Kraft ab 1. Dezember 2009

Artikel 12 Versammlungs- und Vereinigungsfreiheit

(1) Jede Person hat das Recht, sich insbesondere im politischen, gewerkschaftlichen und zivilgesellschaftlichen Bereich auf allen Ebenen frei und friedlich mit anderen zu versammeln und frei mit anderen zusammenzuschließen, was das Recht jeder Person umfasst, zum Schutz ihrer Interessen Gewerkschaften zu gründen und Gewerkschaften beizutreten.
(2) Politische Parteien auf der Ebene der Union tragen dazu bei, den politischen Willen der Unionsbürgerinnen und Unionsbürger zum Ausdruck zu bringen.

Artikel 28 Recht auf Kollektivverhandlungen und Kollektivmaßnahmen

Die Arbeitnehmerinnen und Arbeitnehmer sowie die Arbeitgeberinnen und Arbeitgeber oder ihre jeweiligen Organisationen haben nach dem Unionsrecht und den einzelstaatlichen Rechtsvorschriften und Gepflogenheiten das Recht, Tarifverträge auf den geeigneten Ebenen auszuhandeln und zu schließen sowie bei Interessenkonflikten kollektive Maßnahmen zur Verteidigung ihrer Interessen, einschließlich Streiks, zu ergreifen.

Vertrag über die Europäische Union (EUV) in der Fassung vom 13. Dezember 2007, in Kraft ab 1. Dezember 2009

Art. 6 (1) Die Union erkennt die Rechte, Freiheiten und Grundsätze an, die in der Charta der Grundrechte der Europäischen Union vom 7. Dezember 2000 in der am 12. Dezember 2007 in Straßburg angepassten Fassung niedergelegt sind; die Charta der Grundrechte und die Verträge*) sind rechtlich gleichrangig.
Durch die Bestimmungen der Charta werden die in der Verträgen*) festgelegten Zuständigkeiten der Union in keiner Weise erweitert.
Die in der Charta niedergelegten Rechte, Freiheiten und Grundsätze werden gemäß den allgemeinen Bestimmungen des Titels VII der Charta, der ihre Auslegung und Anwendung regelt, und unter gebührender Berücksichtigung der in der Charta aufgeführten Erläuterungen, in denen die Quellen dieser Bestimmungen angegeben sind, ausgelegt.
(2) Die Union tritt der Europäischen Konvention zum Schutz der Menschenrechte und Grundfreiheiten bei. Dieser Beitritt ändert nicht die in den Verträgen[1]) festgelegten Zuständigkeiten der Union.
(3) Die Grundrechte, wie sie in der Europäischen Konvention zum Schutze der Menschenrechte und Grundfreiheiten gewährleistet sind und wie sie sich aus den gemeinsamen Verfassungsüberlieferungen der Mitgliedsstaaten ergeben, sind als allgemeine Grundsätze Teil des Unionsrechts.

---

1 Gemeint sind jeweils der Vertrag über die Europäische Union und der Vertrag über die Arbeitsweise der Europäischen Union.

Tarifvertragsgesetz

Tarifvertragsgesetz vom 9. April 1949 (WiGBl. 1949, 55, 68), in der Fassung vom 25. April 1969 (BGBl. I 1323), zuletzt geändert durch das Gesetz zur Tarifeinheit (Tarifeinheitsgesetz) vom 3. Juli 2015 (BGBl. I S. 1130).

§ 1 Inhalt und Form des Tarifvertrages

(1) Der Tarifvertrag regelt die Rechte und Pflichten der Tarifvertragsparteien und enthält Rechtsnormen, die den Inhalt, den Abschluss und die Beendigung von Arbeitsverhältnissen sowie betriebliche und betriebsverfassungsrechtliche Fragen ordnen können.
(2) Tarifverträge bedürfen der Schriftform.

§ 2 Tarifvertragsparteien

(1) Tarifvertragsparteien sind Gewerkschaften, einzelne Arbeitgeber sowie Vereinigungen von Arbeitgebern.
(2) Zusammenschlüsse von Gewerkschaften und von Vereinigungen von Arbeitgebern (Spitzenorganisationen) können im Namen der ihnen angeschlossenen Verbände Tarifverträge abschließen, wenn sie eine entsprechende Vollmacht haben.
(3) Spitzenorganisationen können selbst Parteien eines Tarifvertrages sein, wenn der Abschluss von Tarifverträgen zu ihren satzungsgemäßen Aufgaben gehört.
(4) In den Fällen der Absätze 2 und 3 haften sowohl die Spitzenorganisationen wie die ihnen angeschlossenen Verbände für die Erfüllung der gegenseitigen Verpflichtungen der Tarifvertragsparteien.

§ 3 Tarifgebundenheit

(1) Tarifgebunden sind die Mitglieder der Tarifvertragsparteien und der Arbeitgeber, der selbst Partei des Tarifvertrages ist.
(2) Rechtsnormen des Tarifvertrages über betriebliche und betriebsverfassungsrechtliche Fragen gelten für alle Betriebe, deren Arbeitgeber tarifgebunden ist.
(3) Die Tarifgebundenheit bleibt bestehen, bis der Tarifvertrag endet.

§ 4 Wirkung der Rechtsnormen

(1) Die Rechtsnormen des Tarifvertrages, die den Inhalt, den Abschluss oder die Beendigung von Arbeitsverhältnissen ordnen, gelten unmittelbar und zwingend zwischen den beiderseits Tarifgebundenen, die unter den Geltungsbereich des Tarifvertrages fallen. Diese Vorschrift gilt entsprechend für Rechtsnormen des Tarifvertrages über betriebliche und betriebsverfassungsrechtliche Fragen.
(2) Sind im Tarifvertrag gemeinsame Einrichtungen der Tarifvertragsparteien vorgese-

hen und geregelt (Lohnausgleichskassen, Urlaubskassen usw.), so gelten diese Regelungen auch unmittelbar und zwingend für die Satzung dieser Einrichtung und das Verhältnis der Einrichtung zu den tarifgebundenen Arbeitgebern und Arbeitnehmern.
(3) Abweichende Abmachungen sind nur zulässig, soweit sie durch den Tarifvertrag gestattet sind oder eine Änderung der Regelungen zugunsten des Arbeitnehmers enthalten.
(4) Ein Verzicht auf entstandene tarifliche Rechte ist nur in einem von den Tarifvertragsparteien gebilligten Vergleich zulässig. Die Verwirkung von tariflichen Rechten ist ausgeschlossen. Ausschlussfristen für die Geltendmachung tariflicher Rechte können nur im Tarifvertrag vereinbart werden.
(5) Nach Ablauf des Tarifvertrages gelten seine Rechtsnormen weiter, bis sie durch eine andere Abmachung ersetzt werden.

§ 4a Tarifkollision

(1) Zur Sicherung der Schutzfunktion, Verteilungsfunktion, Befriedungsfunktion sowie Ordnungsfunktion von Rechtsnormen des Tarifvertrags werden Tarifkollisionen im Betrieb vermieden.
(2) DerArbeitgeberkannnach§ 3anmehrere Tarifverträge unterschiedlicher Gewerkschaften gebunden sein. Soweit sich die Geltungsbereiche nicht inhaltsgleicher Tarifverträge verschiedener Gewerkschaften überschneiden (kollidierende Tarifverträge), sind im Betrieb nur die Rechtsnormen des Tarifvertrags derjenigen Gewerkschaft anwendbar, die zum Zeitpunkt des Abschlusses des zuletzt abgeschlossenen kollidierenden Tarifvertrags im Betrieb die meisten in einem Arbeitsverhältnis stehenden Mit-glieder hat. Kollidieren die Tarifverträge erst zu einem späteren Zeitpunkt, ist dieser für die Mehrheitsfeststellung maßgeblich. Als Betriebe gelten auch ein Betrieb nach§ 1 Absatz 1 Satz 2 des Betriebsverfassungsgesetzes und ein durch Tarifvertrag nach § 3 Absatz 1 Nummer 1 bis 3 des Betriebsverfassungsgesetzes errichteter Betrieb, es sei denn, dies steht den Zielen des Absatzes 1 offensichtlich entgegen. Dies ist insbesondere der Fall, wenn die Betriebe von Tarifvertragsparteien unterschiedlichen Wirtschaftszweigen oder deren Wertschöpfungsketten zugeordnet worden sind.
(3) Für Rechtsnormen eines Tarifvertrags über eine betriebsverfassungsrechtliche Frage nach § 3 Absatz 1 und § 117 Absatz 2 des Betriebsverfassungsgesetzes gilt Absatz 2 Satz 2 nur, wenn diese betriebsverfassungsrechtliche Frage bereits durch Tarifvertrag einer anderen Gewerkschaft geregelt ist.
(4) Eine Gewerkschaft kann vom Arbeitgeber oder von der Vereinigung der Arbeitgeber die Nachzeichnung der Rechtsnormen eines mit ihrem Tarifvertrag kollidierenden Tarifvertrags verlangen. Der Anspruch auf Nachzeichnung beinhaltet den Abschluss eines die Rechtsnormen des kollidierenden Tarifvertrags enthaltenden Tarifvertrags, soweit sich die Geltungsbereiche und Rechtsnormen der Tarifverträge überschneiden. Die Rechtsnormen eines nach Satz 1 nachgezeichneten Tarifvertrags gelten unmittelbar und zwingend, soweit der Tarifvertrag der nachzeichnenden Gewerkschaft nach Absatz 2 Satz 2 nicht zur Anwendung kommt.
(5) Nimmt ein Arbeitgeber oder eine Vereinigung von Arbeitgebern mit einer Gewerkschaft Verhandlungen über den Abschluss eines Tarifvertrags auf, ist der Arbeitgeber oder

die Vereinigung von Arbeitgebern verpflichtet, dies rechtzeitig und in geeigneter Weise bekanntzugeben. Eine andere Gewerkschaft, zu deren satzungsgemäßen Aufgaben der Abschluss eines Tarifvertrags nach Satz 1 gehört, ist berechtigt, dem Arbeitgeber oder der Vereinigung von Arbeitgebern ihre Vorstellungen und Forderungen mündlich vorzutragen.

§ 5 Allgemeinverbindlichkeit

(1) Das Bundesministerium für Arbeit und Soziales kann einen Tarifvertrag im Einvernehmen mit einem aus je drei Vertretern der Spitzenorganisationen der Arbeitgeber und der Arbeitnehmer bestehenden Ausschuss (Tarifausschuss) auf gemeinsamen Antrag der Tarifvertragsparteien für allgemeinverbindlich erklären, wenn die Allgemeinverbindlicherklärung im öffentlichen Interesse geboten erscheint. Die Allgemeinverbindlicherklärung erscheint in der Regel im öffentlichen Interesse geboten, wenn

1. der Tarifvertrag in seinem Geltungsbereich für die Gestaltung der Arbeitsbedingungen überwiegende Bedeutung erlangt hat oder
2. die Absicherung der Wirksamkeit der tarifvertraglichen Normsetzung gegen die Folgen wirtschaftlicher Fehlentwicklung eine Allgemeinverbindlicherklärung verlangt.

(1a) Das Bundesministerium für Arbeit und Soziales kann einen Tarifvertrag über eine gemeinsame Einrichtung zur Sicherung ihrer Funktionsfähigkeit im Einvernehmen mit dem Tarifausschuss auf gemeinsamen Antrag der Tarifvertragsparteien für allgemeinverbindlich erklären, wenn der Tarifvertrag die Einziehung von Beiträgen und die Gewährung von Leistungen durch eine gemeinsame Einrichtung mit folgenden Gegenständen regelt:

1. den Erholungsurlaub, ein Urlaubsgeld oder ein zusätzliches Urlaubsgeld,
2. eine betriebliche Altersversorgung im Sinne des Betriebsrentengesetzes,
3. die Vergütung der Auszubildenden oder die Ausbildung in überbetrieblichen Bildungsstätten,
4. eine zusätzliche betriebliche oder überbetriebliche Vermögensbildung der Arbeitnehmer,
5. Lohnausgleich bei Arbeitszeitausfall, Arbeitszeitverkürzung oder Arbeitszeitverlängerung.

Der Tarifvertrag kann alle mit dem Beitragseinzug und der Leistungsgewährung in Zusammenhang stehenden Rechte und Pflichten einschließlich der dem Verfahren zugrunde liegenden Ansprüche der Arbeitnehmer und Pflichten der Arbeitgeber regeln. § 7 Absatz 2 des Arbeitnehmer-Entsendegesetzes findet entsprechende Anwendung.

(2) Vor der Entscheidung über den Antrag ist Arbeitgebern und Arbeitnehmern, die von der Allgemeinverbindlicherklärung betroffen werden würden, den am Ausgang des Verfahrens interessierten Gewerkschaften und Vereinigungen der Arbeitgeber sowie den obersten Arbeitsbehörden der Länder, auf deren Bereich sich der Tarifvertrag erstreckt, Gelegenheit zur schriftlichen Stellungnahme sowie zur Äußerung in einer mündlichen und öffentlichen Verhandlung zu geben.

(3) Erhebt die oberste Arbeitsbehörde eines beteiligten Landes Einspruch gegen die beantragte Allgemeinverbindlicherklärung, so kann das Bundesministerium für Arbeit und Soziales dem Antrag nur mit Zustimmung der Bundesregierung stattgeben.

(4) Mit der Allgemeinverbindlicherklärung erfassen die Rechtsnormen des Tarifvertrages in seinem Geltungsbereich auch die bisher nicht tarifgebundenen Arbeitgeber und Arbeitnehmer. Ein nach Absatz 1a für allgemeinverbindlich erklärter Tarifvertrag ist vom Arbeitgeber auch dann einzuhalten, wenn er nach § 3 an einen anderen Tarifvertrag gebunden ist.
(5) Das Bundesministerium für Arbeit und Soziales kann die Allgemeinverbindlicherklärung eines Tarifvertrages im Einvernehmen mit dem in Absatz 1 genannten Ausschuss aufheben, wenn die Aufhebung im öffentlichen Interesse geboten erscheint. Die Absätze 2 und 3 gelten entsprechend. Im Übrigen endet die Allgemeinverbindlichkeit eines Tarifvertrages mit dessen Ablauf.
(6) Das Bundesministerium für Arbeit und Soziales kann der obersten Arbeitsbehörde eines Landes für einzelne Fälle das Recht zur Allgemeinverbindlicherklärung sowie zur Aufhebung der Allgemeinverbindlichkeit übertragen.
(7) Die Allgemeinverbindlicherklärung und die Aufhebung der Allgemeinverbindlichkeit bedürfen der öffentlichen Bekanntmachung. Die Bekanntmachung umfasst auch die von der Allgemeinverbindlicherklärung erfassten Rechtsnormen des Tarifvertrages.

§ 6 Tarifregister

Bei dem Bundesministerium für Arbeit und Soziales wird ein Tarifregister geführt, in das der Abschluss, die Änderung und die Aufhebung der Tarifverträge sowie der Beginn und die Beendigung der Allgemeinverbindlichkeit eingetragen werden.

§ 7 Übersendungs- und Mitteilungspflicht

(1) Die Tarifvertragsparteien sind verpflichtet, dem Bundesministerium für Arbeit und Soziales innerhalb eines Monats nach Abschluss kostenfrei die Urschrift oder eine beglaubigte Abschrift sowie zwei weitere Abschriften eines jeden Tarifvertrages und seiner Änderungen zu übersenden; sie haben ihm das Außerkrafttreten eines jeden Tarifvertrages innerhalb eines Monats mitzuteilen. Sie sind ferner verpflichtet, den obersten Arbeitsbehörden der Länder, auf deren Bereich sich der Tarifvertrag erstreckt, innerhalb eines Monats nach Abschluss kostenfrei je drei Abschriften des Tarifvertrages und seiner Änderungen zu übersenden und auch das Außerkrafttreten des Tarifvertrages innerhalb eines Monats mitzuteilen. Erfüllt eine Tarifvertragspartei die Verpflichtungen, so werden die übrigen Tarifvertragsparteien davon befreit.
(2) Ordnungswidrig handelt, wer vorsätzlich oder fahrlässig entgegen Absatz 1 einer Übersendungs- oder Mitteilungspflicht nicht, unrichtig, nicht vollständig oder nicht rechtzeitig genügt. Die Ordnungswidrigkeit kann mit einer Geldbuße geahndet werden.
(3) Verwaltungsbehörde im Sinne des § 36 Abs. 1 Nr. 1 des Gesetzes über Ordnungswidrigkeiten ist die Behörde, der gegenüber die Pflicht nach Absatz 1 zu erfüllen ist.

§ 8 Bekanntgabe des Tarifvertrags

Der Arbeitgeber ist verpflichtet, die im Betrieb anwendbaren Tarifverträge sowie rechtskräftige Beschlüsse nach § 99 des Arbeitsgerichtsgesetzes über den nach § 4a Absatz 2 Satz 2 anwendbaren Tarifvertrag im Betrieb bekanntzumachen.

§ 9 Feststellung der Rechtswirksamkeit

Rechtskräftige Entscheidungen der Gerichte für Arbeitssachen, die in Rechtsstreitigkeiten zwischen Tarifvertragsparteien aus dem Tarifvertrag oder über das Bestehen oder Nichtbestehen des Tarifvertrags ergangen sind, sind in Rechtsstreitigkeiten zwischen tarifgebundenen Parteien sowie zwischen diesen und Dritten für die Gerichte und Schiedsgerichte bindend.

§ 10 Tarifvertrag und Tarifordnungen

(1) Mit dem Inkrafttreten eines Tarifvertrages treten Tarifordnungen, die für den Geltungsbereich des Tarifvertrages oder Teile desselben erlassen worden sind, außer Kraft, mit Ausnahme solcher Bestimmungen, die durch den Tarifvertrag nicht geregelt worden sind.
(2) Das Bundesministerium für Arbeit und Soziales kann Tarifordnungen aufheben; die Aufhebung bedarf der öffentlichen Bekanntmachung.

§ 11 Durchführungsbestimmungen

Das Bundesministerium für Arbeit und Soziales kann unter Mitwirkung der Spitzenorganisationen der Arbeitgeber und der Arbeitnehmer die zur Durchführung des Gesetzes erforderlichen Verordnungen[1] erlassen, insbesondere über
1 die Errichtung und die Führung des Tarifregisters und des Tarifarchivs;
2 das Verfahren bei der Allgemeinverbindlicherklärung von Tarifverträgen und der Aufhebung von Tarifordnungen und Anordnungen, die öffentlichen Bekanntmachungen bei der Antragstellung, der Erklärung und Beendigung der Allgemeinverbindlichkeit und der Aufhebung von Tarifordnungen und Anordnungen sowie die hierdurch entstehenden Kosten;
3. den in § 5 genannten Ausschuss.

§ 12 Spitzenorganisationen

Spitzenorganisationen im Sinne dieses Gesetzes sind – unbeschadet der Regelung in § 2 – diejenigen Zusammenschlüsse von Gewerkschaften oder von Arbeitgebervereinigungen, die für die Vertretung der Arbeitnehmer- oder der Arbeitgeberinteressen im Arbeitsleben des Bundesgebietes wesentliche Bedeutung haben. Ihnen stehen gleich Gewerkschaften

1 Vgl. Verordnung zur Durchführung des Tarifvertragsgesetzes i. d. F. vom 16. 1. 1989 (BGBl. I 76).

und Arbeitgebervereinigungen, die keinem solchen Zusammenschluss angehören, wenn sie die Voraussetzungen des letzten Halbsatzes in Satz 1 erfüllen.

§ 12a Arbeitnehmerähnliche Personen

(1) Die Vorschriften dieses Gesetzes gelten entsprechend

1. für Personen, die wirtschaftlich abhängig und vergleichbar einem Arbeitnehmer sozial schutzbedürftig sind (arbeitnehmerähnliche Personen), wenn sie aufgrund von Dienst- oder Werkverträgen für andere Personen tätig sind, die geschuldeten Leistungen persönlich und im wesentlichen ohne Mitarbeit von Arbeitnehmern erbringen und
   a) überwiegend für eine Person tätig sind oder
   b) ihnen von einer Person im Durchschnitt mehr als die Hälfte des Entgelts zusteht, das ihnen für ihre Erwerbstätigkeit insgesamt zusteht; ist dies nicht voraussehbar, so sind für die Berechnung, soweit im Tarifvertrag nichts anderes vereinbart ist, jeweils die letzten sechs Monate, bei kürzerer Dauer der Tätigkeit dieser Zeitraum, maßgebend,
2. für die in Nummer 1 genannten Personen, für die die arbeitnehmerähnlichen Personen tätig sind, sowie für die zwischen ihnen und den arbeitnehmerähnlichen Personen durch Dienst- oder Werkverträge begründeten Rechtsverhältnisse.

(2) Mehrere Personen, für die arbeitnehmerähnliche Personen tätig sind, gelten als eine Person, wenn diese mehreren Personen nach der Art eines Konzerns (§ 18 des Aktiengesetzes) zusammengefaßt sind oder zu einer zwischen ihnen bestehenden Organisationsgemeinschaft oder nicht nur vorübergehenden Arbeitsgemeinschaft gehören.
(3) Die Absätze 1 und 2 finden auf Personen, die künstlerische, schriftstellerische oder journalistische Leistungen erbringen, sowie auf Personen, die an der Erbringung, insbesondere der technischen Gestaltung solcher Leistungen unmittelbar mitwirken, auch dann Anwendung, wenn ihnen abweichend von Absatz 1 Nr. 1 Buchstabe b erster Halbsatz von einer Person im Durchschnitt mindestens ein Drittel des Entgelts zusteht, das ihnen für ihre Erwerbstätigkeit insgesamt zusteht.
(4) Die Vorschrift findet keine Anwendung auf Handelsvertreter im Sinne des § 84 des Handelsgesetzbuchs.

§ 13 Inkrafttreten

(1) Dieses Gesetz tritt mit seiner Verkündung in Kraft.
(2) Tarifverträge, die vor dem Inkrafttreten dieses Gesetzes abgeschlossen sind, unterliegen diesem Gesetz.
(3) § 4a ist nicht auf Tarifverträge anzuwenden, die am 10. Juli 2015 gelten.

Gesetz zur Regelung eines allgemeinen Mindestlohns (Mindestlohngesetz – MiLoG)

Artikel 1 des Gesetzes zur Stärkung der Tarifautonomie (Tarifautonomiestärkungsgesetz) vom 11. August 2014 (BGBl. I. S. 1348). Das Mindestlohngesetz tritt gem. Art. 15 Abs. 1 am 16. August 2014 in Kraft. § 24 tritt gem. Art. 15 Abs. 2 mit Ablauf des 31. Dezember 2017 außer Kraft.

Abschnitt 1
Festsetzung des allgemeinen Mindestlohns

Unterabschnitt 1
Inhalt des Mindestlohns

§ 1 Mindestlohn

(1) Jede Arbeitnehmerin und jeder Arbeitnehmer hat Anspruch auf Zahlung eines Arbeitsentgelts mindestens in Höhe des Mindestlohns durch den Arbeitgeber.
(2) Die Höhe des Mindestlohns beträgt ab dem 1. Januar 2015 brutto 8,50 Euro je Zeitstunde. Die Höhe des Mindestlohns kann auf Vorschlag einer ständigen Kommission der Tarifpartner (Mindestlohnkommission) durch Rechtsverordnung der Bundesregierung geändert werden.
(3) Die Regelungen des Arbeitnehmer-Entsendegesetzes, des Arbeitnehmerüberlassungsgesetzes und der auf ihrer Grundlage erlassenen Rechtsverordnungen gehen den Regelungen dieses Gesetzes vor, soweit die Höhe der auf ihrer Grundlage festgesetzten Branchenmindestlöhne die Höhe des Mindestlohns nicht unterschreitet. Der Vorrang nach Satz 1 gilt entsprechend für einen auf der Grundlage von § 5 des Tarifvertragsgesetzes für allgemeinverbindlich erklärten Tarifvertrag im Sinne von § 4 Absatz 1 Nummer 1 sowie §§ 5 und 6 Absatz 2 des Arbeitnehmer-Entsendegesetzes.

§ 2 Fälligkeit des Mindestlohns

(1) Der Arbeitgeber ist verpflichtet, der Arbeitnehmerin oder dem Arbeitnehmer den Mindestlohn
1. zum Zeitpunkt der vereinbarten Fälligkeit,
2. spätestens am letzten Bankarbeitstag (Frankfurt am Main) des Monats, der auf den Monat folgt, in dem die Arbeitsleistung erbracht wurde,

zu zahlen. Für den Fall, dass keine Vereinbarung über die Fälligkeit getroffen worden ist, bleibt § 614 des Bürgerlichen Gesetzbuchs unberührt.
(2) Abweichend von Absatz 1 Satz 1 sind bei Arbeitnehmerinnen und Arbeitnehmern die über die vertraglich vereinbarte Arbeitszeit hinausgehenden und auf einem schriftlich vereinbarten Arbeitszeitkonto eingestellten Arbeitsstunden spätestens innerhalb von

zwölf Kalendermonaten nach ihrer monatlichen Erfassung durch bezahlte Freizeitgewährung oder Zahlung des Mindestlohns auszugleichen, soweit der Anspruch auf den Mindestlohn für die geleisteten Arbeitsstunden nach § 1 Absatz 1 nicht bereits durch Zahlung des verstetigten Arbeitsentgelts erfüllt ist. Im Falle der Beendigung des Arbeitsverhältnisses hat der Arbeitgeber nicht ausgeglichene Arbeitsstunden spätestens in dem auf die Beendigung des Arbeitsverhältnisses folgenden Kalendermonat auszugleichen. Die auf das Arbeitszeitkonto eingestellten Arbeitsstunden dürfen monatlich jeweils 50 Prozent der vertraglich vereinbarten Arbeitszeit nicht übersteigen.
(3) Die Absätze 1 und 2 gelten nicht für Wertguthabenvereinbarungen im Sinne des Vierten Buches Sozialgesetzbuch. Satz 1 gilt entsprechend für eine im Hinblick auf den Schutz der Arbeitnehmerinnen und Arbeitnehmer vergleichbare ausländische Regelung.

§ 3 Unabdingbarkeit des Mindestlohns

Vereinbarungen, die den Anspruch auf Mindestlohn unterschreiten oder seine Geltendmachung beschränken oder ausschließen, sind insoweit unwirksam. Die Arbeitnehmerin oder der Arbeitnehmer kann auf den entstandenen Anspruch nach § 1 Absatz 1 nur durch gerichtlichen Vergleich verzichten; im Übrigen ist ein Verzicht ausgeschlossen. Die Verwirkung des Anspruchs ist ausgeschlossen.

Unterabschnitt 2
Mindestlohnkommission

§ 4 Aufgabe und Zusammensetzung

(1) Die Bundesregierung errichtet eine ständige Mindestlohnkommission, die über die Anpassung der Höhe des Mindestlohns befindet.
(2) Die Mindestlohnkommission wird alle fünf Jahre neu berufen. Sie besteht aus einer oder einem Vorsitzenden, sechs weiteren stimmberechtigten ständigen Mitgliedern und zwei Mitgliedern aus Kreisen der Wissenschaft ohne Stimmrecht (beratende Mitglieder).

§ 5 Stimmberechtigte Mitglieder

(1) Die Bundesregierung beruft je drei stimmberechtigte Mitglieder auf Vorschlag der Spitzenorganisationen der Arbeitgeber und der Arbeitnehmer aus Kreisen der Vereinigungen von Arbeitgebern und Gewerkschaften. Die Spitzenorganisationen der Arbeitgeber und Arbeitnehmer sollen jeweils mindestens eine Frau und einen Mann als stimmberechtigte Mitglieder vorschlagen. Werden auf Arbeitgeber- oder auf Arbeitnehmerseite von den Spitzenorganisationen mehr als drei Personen vorgeschlagen, erfolgt die Auswahl zwischen den Vorschlägen im Verhältnis zur Bedeutung der jeweiligen Spitzenorganisationen für die Vertretung der Arbeitgeber- oder Arbeitnehmerinteressen im Arbeitsleben des Bundesgebietes. Übt eine Seite ihr Vorschlagsrecht nicht aus, werden die Mitglieder dieser Seite durch die Bundesregierung aus Kreisen der Vereinigungen von Arbeitgebern oder Gewerkschaften berufen.

(2) Scheidet ein Mitglied aus, wird nach Maßgabe des Absatzes 1 Satz 1 und 4 ein neues Mitglied berufen.

§ 6 Vorsitz

(1) Die Bundesregierung beruft die Vorsitzende oder den Vorsitzenden auf gemeinsamen Vorschlag der Spitzenorganisationen der Arbeitgeber und der Arbeitnehmer.
(2) Wird von den Spitzenorganisationen kein gemeinsamer Vorschlag unterbreitet, beruft die Bundesregierung jeweils eine Vorsitzende oder einen Vorsitzenden auf Vorschlag der Spitzenorganisationen der Arbeitgeber und der Arbeitnehmer. Der Vorsitz wechselt zwischen den Vorsitzenden nach jeder Beschlussfassung nach § 9. Über den erstmaligen Vorsitz entscheidet das Los. § 5 Absatz 1 Satz 3 und 4 gilt entsprechend.
(3) Scheidet die Vorsitzende oder der Vorsitzende aus, wird nach Maßgabe der Absätze 1 und 2 eine neue Vorsitzende oder ein neuer Vorsitzender berufen.

§ 7 Beratende Mitglieder

(1) Die Bundesregierung beruft auf Vorschlag der Spitzenorganisationen der Arbeitgeber und Arbeitnehmer zusätzlich je ein beratendes Mitglied aus Kreisen der Wissenschaft. Die Bundesregierung soll darauf hinwirken, dass die Spitzenorganisationen der Arbeitgeber und Arbeitnehmer eine Frau und einen Mann als beratendes Mitglied vorschlagen. Das beratende Mitglied soll in keinem Beschäftigungsverhältnis stehen zu
1. einer Spitzenorganisation der Arbeitgeber oder Arbeitnehmer,
2. einer Vereinigung der Arbeitgeber oder einer Gewerkschaft oder
3. einer Einrichtung, die von den in der Nummer 1 oder Nummer 2 genannten Vereinigungen getragen wird.

§ 5 Absatz 1 Satz 3 und 4 und Absatz 2 gilt entsprechend.
(2) Die beratenden Mitglieder unterstützen die Mindestlohnkommission insbesondere bei der Prüfung nach § 9 Absatz 2 durch die Einbringung wissenschaftlichen Sachverstands. Sie haben das Recht, an den Beratungen der Mindestlohnkommission teilzunehmen.

§ 8 Rechtsstellung der Mitglieder

(1) Die Mitglieder der Mindestlohnkommission unterliegen bei der Wahrnehmung ihrer Tätigkeit keinen Weisungen.
(2) Die Tätigkeit der Mitglieder der Mindestlohnkommission ist ehrenamtlich.
(3) Die Mitglieder der Mindestlohnkommission erhalten eine angemessene Entschädigung für den ihnen bei der Wahrnehmung ihrer Tätigkeit erwachsenden Verdienstausfall und Aufwand sowie Ersatz der Fahrtkosten entsprechend den für ehrenamtliche Richterinnen und Richter der Arbeitsgerichte geltenden Vorschriften. Die Entschädigung und die erstattungsfähigen Fahrtkosten setzt im Einzelfall die oder der Vorsitzende der Mindestlohnkommission fest.

§ 9 Beschluss der Mindestlohnkommission

(1) Die Mindestlohnkommission hat über eine Anpassung der Höhe des Mindestlohns erstmals bis zum 30. Juni 2016 mit Wirkung zum 1. Januar 2017 zu beschließen. Danach hat die Mindestlohnkommission alle zwei Jahre über Anpassungen der Höhe des Mindestlohns zu beschließen.
(2) Die Mindestlohnkommission prüft im Rahmen einer Gesamtabwägung, welche Höhe des Mindestlohns geeignet ist, zu einem angemessenen Mindestschutz der Arbeitnehmerinnen und Arbeitnehmer beizutragen, faire und funktionierende Wettbewerbsbedingungen zu ermöglichen sowie Beschäftigung nicht zu gefährden. Die Mindestlohnkommission orientiert sich bei der Festsetzung des Mindestlohns nachlaufend an der Tarifentwicklung.
(3) Die Mindestlohnkommission hat ihren Beschluss schriftlich zu begründen.
(4) Die Mindestlohnkommission evaluiert laufend die Auswirkungen des Mindestlohns auf den Schutz der Arbeitnehmerinnen und Arbeitnehmer, die Wettbewerbsbedingungen und die Beschäftigung im Bezug auf bestimmte Branchen und Regionen sowie die Produktivität und stellt ihre Erkenntnisse der Bundesregierung in einem Bericht alle zwei Jahre gemeinsam mit ihrem Beschluss zur Verfügung.

§ 10 Verfahren der Mindestlohnkommission

(1) Die Mindestlohnkommission ist beschlussfähig, wenn mindestens die Hälfte ihrer stimmberechtigten Mitglieder anwesend ist.
(2) Die Beschlüsse der Mindestlohnkommission werden mit einfacher Mehrheit der Stimmen der anwesenden Mitglieder gefasst. Bei der Beschlussfassung hat sich die oder der Vorsitzende zunächst der Stimme zu enthalten. Kommt eine Stimmenmehrheit nicht zustande, macht die oder der Vorsitzende einen Vermittlungsvorschlag. Kommt nach Beratung über den Vermittlungsvorschlag keine Stimmenmehrheit zustande, übt die oder der Vorsitzende ihr oder sein Stimmrecht aus.
(3) Die Mindestlohnkommission kann Spitzenorganisationen der Arbeitgeber und Arbeitnehmer, Vereinigungen von Arbeitgebern und Gewerkschaften, öffentlich-rechtliche Religionsgesellschaften, Wohlfahrtsverbände, Verbände, die wirtschaftliche und soziale Interessen organisieren sowie sonstige von der Anpassung des Mindestlohns Betroffene vor Beschlussfassung anhören. Sie kann Informationen und fachliche Einschätzungen von externen Stellen einholen.
(4) Die Sitzungen der Mindestlohnkommission sind nicht öffentlich; der Inhalt ihrer Beratungen ist vertraulich. Die übrigen Verfahrensregelungen trifft die Mindestlohnkommission in einer Geschäftsordnung.

§ 11 Rechtsverordnung

(1) Die Bundesregierung kann die von der Mindestlohnkommission vorgeschlagene Anpassung des Mindestlohns durch Rechtsverordnung ohne Zustimmung des Bundesrates für alle Arbeitgeber sowie Arbeitnehmerinnen und Arbeitnehmer verbindlich machen. Die Rechtsverordnung tritt am im Beschluss der Mindestlohnkommission bezeichneten

Tag, frühestens aber am Tag nach Verkündung in Kraft. Die Rechtsverordnung gilt, bis sie durch eine neue Rechtsverordnung abgelöst wird.
(2) Vor Erlass der Rechtsverordnung erhalten die Spitzenorganisationen der Arbeitgeber und Arbeitnehmer, die Vereinigungen von Arbeitgebern und Gewerkschaften, die öffentlich-rechtlichen Religionsgesellschaften, die Wohlfahrtsverbände sowie die Verbände, die wirtschaftliche und soziale Interessen organisieren, Gelegenheit zur schriftlichen Stellungnahme. Die Frist zur Stellungnahme beträgt drei Wochen; sie beginnt mit der Bekanntmachung des Verordnungsentwurfs.

§ 12 Geschäfts- und Informationsstelle für den Mindestlohn; Kostenträgerschaft

(1) Die Mindestlohnkommission wird bei der Durchführung ihrer Aufgaben von einer Geschäftsstelle unterstützt. Die Geschäftsstelle untersteht insoweit fachlich der oder dem Vorsitzenden der Mindestlohnkommission.
(2) Die Geschäftsstelle wird bei der Bundesanstalt für Arbeitsschutz und Arbeitsmedizin als selbständige Organisationseinheit eingerichtet.
(3) Die Geschäftsstelle informiert und berät als Informationsstelle für den Mindestlohn Arbeitnehmerinnen und Arbeitnehmer sowie Unternehmen zum Thema Mindestlohn.
(4) Die durch die Tätigkeit der Mindestlohnkommission und der Geschäftsstelle anfallenden Kosten trägt der Bund.

Abschnitt 2
Zivilrechtliche Durchsetzung

§ 13 Haftung des Auftraggebers

§ 14 des Arbeitnehmer-Entsendegesetzes findet entsprechende Anwendung.

Abschnitt 3
Kontrolle und Durchsetzung durch staatliche Behörden

§ 14 Zuständigkeit

Für die Prüfung der Einhaltung der Pflichten eines Arbeitgebers nach § 20 sind die Behörden der Zollverwaltung zuständig.

§ 15 Befugnisse der Behörden der Zollverwaltung und anderer Behörden; Mitwirkungspflichten des Arbeitgebers

Die §§ 2 bis 6, 14, 15, 20, 22 und 23 des Schwarzarbeitsbekämpfungsgesetzes sind entsprechend anzuwenden mit der Maßgabe, dass
1. die dort genannten Behörden auch Einsicht in Arbeitsverträge, Niederschriften nach § 2 des Nachweisgesetzes und andere Geschäftsunterlagen nehmen können, die mittel-

bar oder unmittelbar Auskunft über die Einhaltung des Mindestlohns nach § 20 geben, und

2. die nach § 5 Absatz 1 des Schwarzarbeitsbekämpfungsgesetzes zur Mitwirkung Verpflichteten diese Unterlagen vorzulegen haben.

§ 6 Absatz 3 sowie die §§ 16 bis 19 des Schwarzarbeitsbekämpfungsgesetzes finden entsprechende Anwendung.

§ 16 Meldepflicht

(1) Ein Arbeitgeber mit Sitz im Ausland, der eine Arbeitnehmerin oder einen Arbeitnehmer oder mehrere Arbeitnehmerinnen oder Arbeitnehmer in den in § 2a des Schwarzarbeitsbekämpfungsgesetzes genannten Wirtschaftsbereichen oder Wirtschaftszweigen im Anwendungsbereich dieses Gesetzes beschäftigt, ist verpflichtet, vor Beginn jeder Werk- oder Dienstleistung eine schriftliche Anmeldung in deutscher Sprache bei der zuständigen Behörde der Zollverwaltung nach Absatz 6 vorzulegen, die die für die Prüfung wesentlichen Angaben enthält. Wesentlich sind die Angaben über

1. den Familiennamen, den Vornamen und das Geburtsdatum der von ihm im Geltungsbereich dieses Gesetzes beschäftigten Arbeitnehmerinnen und Arbeitnehmer,
2. den Beginn und die voraussichtliche Dauer der Beschäftigung,
3. den Ort der Beschäftigung,
4. den Ort im Inland, an dem die nach § 17 erforderlichen Unterlagen bereitgehalten werden,
5. den Familiennamen, den Vornamen, das Geburtsdatum und die Anschrift in Deutschland der oder des verantwortlich Handelnden und
6. den Familiennamen, den Vornamen und die Anschrift in Deutschland einer oder eines Zustellungsbevollmächtigten, soweit diese oder dieser nicht mit der oder dem in Nummer 5 genannten verantwortlich Handelnden identisch ist.

Änderungen bezüglich dieser Angaben hat der Arbeitgeber im Sinne des Satzes 1 unverzüglich zu melden.

(2) Der Arbeitgeber hat der Anmeldung eine Versicherung beizufügen, dass er die Verpflichtungen nach § 20 einhält.

(3) Überlässt ein Verleiher mit Sitz im Ausland eine Arbeitnehmerin oder einen Arbeitnehmer oder mehrere Arbeitnehmerinnen oder Arbeitnehmer zur Arbeitsleistung einem Entleiher, hat der Entleiher in den in § 2a des Schwarzarbeitsbekämpfungsgesetzes genannten Wirtschaftsbereichen oder Wirtschaftszweigen unter den Voraussetzungen des Absatzes 1 Satz 1 vor Beginn jeder Werk- oder Dienstleistung der zuständigen Behörde der Zollverwaltung eine schriftliche Anmeldung in deutscher Sprache mit folgenden Angaben zuzuleiten:

1. den Familiennamen, den Vornamen und das Geburtsdatum der überlassenen Arbeitnehmerinnen und Arbeitnehmer,
2. den Beginn und die Dauer der Überlassung,
3. den Ort der Beschäftigung,
4. den Ort im Inland, an dem die nach § 17 erforderlichen Unterlagen bereitgehalten werden,
5. den Familiennamen, den Vornamen und die Anschrift in Deutschland einer oder eines Zustellungsbevollmächtigten des Verleihers,

6. den Familiennamen, den Vornamen oder die Firma sowie die Anschrift des Verleihers.

Absatz 1 Satz 3 gilt entsprechend.

(4) Der Entleiher hat der Anmeldung eine Versicherung des Verleihers beizufügen, dass dieser die Verpflichtungen nach § 20 einhält.

(5) Das Bundesministerium der Finanzen kann durch Rechtsverordnung im Einvernehmen mit dem Bundesministerium für Arbeit und Soziales ohne Zustimmung des Bundesrates bestimmen,

1. dass, auf welche Weise und unter welchen technischen und organisatorischen Voraussetzungen eine Anmeldung, eine Änderungsmeldung und die Versicherung abweichend von Absatz 1 Satz 1 und 3, Absatz 2 und 3 Satz 1 und 2 und Absatz 4 elektronisch übermittelt werden kann,
2. unter welchen Voraussetzungen eine Änderungsmeldung ausnahmsweise entfallen kann, und
3. wie das Meldeverfahren vereinfacht oder abgewandelt werden kann, sofern die entsandten Arbeitnehmerinnen und Arbeitnehmer im Rahmen einer regelmäßig wiederkehrenden Werk- oder Dienstleistung eingesetzt werden oder sonstige Besonderheiten der zu erbringenden Werk- oder Dienstleistungen dies erfordern.

(6) Das Bundesministerium der Finanzen kann durch Rechtsverordnung ohne Zustimmung des Bundesrates die zuständige Behörde nach Absatz 1 Satz 1 und Absatz 3 Satz 1 bestimmen.

§ 17 Erstellen und Bereithalten von Dokumenten

(1) Ein Arbeitgeber, der Arbeitnehmerinnen und Arbeitnehmer nach § 8 Absatz 1 des Vierten Buches Sozialgesetzbuch oder in den in § 2a des Schwarzarbeitsbekämpfungsgesetzes genannten Wirtschaftsbereichen oder Wirtschaftszweigen beschäftigt, ist verpflichtet, Beginn, Ende und Dauer der täglichen Arbeitszeit dieser Arbeitnehmerinnen und Arbeitnehmer spätestens bis zum Ablauf des siebten auf den Tag der Arbeitsleistung folgenden Kalendertages aufzuzeichnen und diese Aufzeichnungen mindestens zwei Jahre beginnend ab dem für die Aufzeichnung maßgeblichen Zeitpunkt aufzubewahren. Satz 1 gilt entsprechend für einen Entleiher, dem ein Verleiher eine Arbeitnehmerin oder einen Arbeitnehmer oder mehrere Arbeitnehmerinnen oder Arbeitnehmer zur Arbeitsleistung in einem der in § 2a des Schwarzarbeitsbekämpfungsgesetzes genannten Wirtschaftszweigen überlässt. Satz 1 gilt nicht für Beschäftigungsverhältnisse nach § 8a des Vierten Buches Sozialgesetzbuch.

(2) Arbeitgeber im Sinne des Absatzes 1 haben die für die Kontrolle der Einhaltung der Verpflichtungen nach § 20 in Verbindung mit § 2 erforderlichen Unterlagen im Inland in deutscher Sprache für die gesamte Dauer der tatsächlichen Beschäftigung der Arbeitnehmerinnen und Arbeitnehmer im Geltungsbereich dieses Gesetzes, mindestens für die Dauer der gesamten Werk- oder Dienstleistung, insgesamt jedoch nicht länger als zwei Jahre, bereitzuhalten. Auf Verlangen der Prüfbehörde sind die Unterlagen auch am Ort der Beschäftigung bereitzuhalten.

(3) Das Bundesministerium für Arbeit und Soziales kann durch Rechtsverordnung ohne Zustimmung des Bundesrates die Verpflichtungen des Arbeitgebers oder eines Entleihers nach § 16 und den Absätzen 1 und 2 hinsichtlich bestimmter Gruppen von Arbeitneh-

merinnen und Arbeitnehmern oder der Wirtschaftsbereiche oder den Wirtschaftszweigen einschränken oder erweitern.
(4) Das Bundesministerium der Finanzen kann durch Rechtsverordnung im Einvernehmen mit dem Bundesministerium für Arbeit und Soziales ohne Zustimmung des Bundesrates bestimmen, wie die Verpflichtungen des Arbeitgebers, die tägliche Arbeitszeit bei ihm beschäftigter Arbeitnehmerinnen und Arbeitnehmer aufzuzeichnen und diese Aufzeichnungen aufzubewahren, vereinfacht oder abgewandelt werden kann, sofern Besonderheiten der zu erbringenden Werk- oder Dienstleistungen oder Besonderheiten des jeweiligen Wirtschaftsbereiches oder Wirtschaftszweiges dies erfordern.

§ 18 Zusammenarbeit der in- und ausländischen Behörden

(1) Die Behörden der Zollverwaltung unterrichten die zuständigen örtlichen Landesfinanzbehörden über Meldungen nach § 16 Absatz 1 und 3.
(2) Die Behörden der Zollverwaltung und die übrigen in § 2 des Schwarzarbeitsbekämpfungsgesetzes genannten Behörden dürfen nach Maßgabe der datenschutzrechtlichen Vorschriften auch mit Behörden anderer Vertragsstaaten des Abkommens über den Europäischen Wirtschaftsraum zusammenarbeiten, die diesem Gesetz entsprechende Aufgaben durchführen oder für die Bekämpfung illegaler Beschäftigung zuständig sind oder Auskünfte geben können, ob ein Arbeitgeber seine Verpflichtungen nach § 20 erfüllt. Die Regelungen über die internationale Rechtshilfe in Strafsachen bleiben hiervon unberührt.
(3) Die Behörden der Zollverwaltung unterrichten das Gewerbezentralregister über rechtskräftige Bußgeldentscheidungen nach § 21 Absatz 1 bis 3, sofern die Geldbuße mehr als zweihundert Euro beträgt.

§ 19 Ausschluss von der Vergabe öffentlicher Aufträge

(1) Von der Teilnahme an einem Wettbewerb um einen Liefer-, Bau- oder Dienstleistungsauftrag der in § 98 des Gesetzes gegen Wettbewerbsbeschränkungen genannten Auftraggeber sollen Bewerberinnen oder Bewerber für eine angemessene Zeit bis zur nachgewiesenen Wiederherstellung ihrer Zuverlässigkeit ausgeschlossen werden, die wegen eines Verstoßes nach § 21 mit einer Geldbuße von wenigstens zweitausendfünfhundert Euro belegt worden sind. (Das Gleiche gilt auch schon vor Durchführung eines Bußgeldverfahrens, wenn im Einzelfall angesichts der Beweislage kein vernünftiger Zweifel an einer schwerwiegenden Verfehlung im Sinne des Satzes 1 besteht. (Satz 2 wird aufgehoben)
(2) Die für die Verfolgung oder Ahndung der Ordnungswidrigkeiten nach § 21 zuständigen Behörden dürfen öffentlichen Auftraggebern nach § 98 Nummer 1 bis 3 und 5 des Gesetzes gegen Wettbewerbsbeschränkungen und solchen Stellen, die von öffentlichen Auftraggebern zugelassene Präqualifikationsverzeichnisse oder Unternehmer- und Lieferantenverzeichnisse führen, auf Verlangen die erforderlichen Auskünfte geben.
(3) Öffentliche Auftraggeber nach Absatz 2 fordern im Rahmen ihrer Tätigkeit beim Gewerbezentralregister Auskünfte über rechtskräftige Bußgeldentscheidungen wegen einer Ordnungswidrigkeit nach § 21 Absatz 1 oder Absatz 2 an oder verlangen von Bewerberinnen oder Bewerbern eine Erklärung, dass die Voraussetzungen für einen Ausschluss nach

Absatz 1 nicht vorliegen. Im Falle einer Erklärung der Bewerberin oder des Bewerbers können öffentliche Auftraggeber nach Absatz 2 jederzeit zusätzlich Auskünfte des Gewerbezentralregisters nach § 150a der Gewerbeordnung anfordern.

(4) Bei Aufträgen ab einer Höhe von 30 000 Euro fordert der öffentliche Auftraggeber nach Absatz 2 für die Bewerberin oder den Bewerber, die oder der den Zuschlag erhalten soll, vor der Zuschlagserteilung eine Auskunft aus dem Gewerbezentralregister nach § 150a der Gewerbeordnung an.

(5) Vor der Entscheidung über den Ausschluss ist die Bewerberin oder der Bewerber zu hören.

§ 20 Pflichten des Arbeitgebers zur Zahlung des Mindestlohns

Arbeitgeber mit Sitz im In- oder Ausland sind verpflichtet, ihren im Inland beschäftigten Arbeitnehmerinnen und Arbeitnehmern ein Arbeitsentgelt mindestens in Höhe des Mindestlohns nach § 1 Absatz 2 spätestens zu dem in § 2 Absatz 1 Satz 1 Nummer 2 genannten Zeitpunkt zu zahlen.

§ 21 Bußgeldvorschriften

(1) Ordnungswidrig handelt, wer vorsätzlich oder fahrlässig

1. entgegen § 15 Satz 1 in Verbindung mit § 5 Absatz 1 Satz 1 des Schwarzarbeitsbekämpfungsgesetzes eine Prüfung nicht duldet oder bei einer Prüfung nicht mitwirkt,
2. entgegen § 15 Satz 1 in Verbindung mit § 5 Absatz 1 Satz 2 des Schwarzarbeitsbekämpfungsgesetzes das Betreten eines Grundstücks oder Geschäftsraums nicht duldet,
3. entgegen § 15 Satz 1 in Verbindung mit § 5 Absatz 3 Satz 1 des Schwarzarbeitsbekämpfungsgesetzes Daten nicht, nicht richtig, nicht vollständig, nicht in der vorgeschriebenen Weise oder nicht rechtzeitig übermittelt,
4. entgegen § 16 Absatz 1 Satz 1 oder Absatz 3 Satz 1 eine Anmeldung nicht, nicht richtig, nicht vollständig, nicht in der vorgeschriebenen Weise oder nicht rechtzeitig vorlegt oder nicht, nicht richtig, nicht vollständig, nicht in der vorgeschriebenen Weise oder nicht rechtzeitig zuleitet,
5. entgegen § 16 Absatz 1 Satz 3, auch in Verbindung mit Absatz 3 Satz 2, eine Änderungsmeldung nicht, nicht richtig, nicht vollständig, nicht in der vorgeschriebenen Weise oder nicht rechtzeitig macht,
6. entgegen § 16 Absatz 2 oder 4 eine Versicherung nicht, nicht richtig oder nicht rechtzeitig beifügt,
7. entgegen § 17 Absatz 1 Satz 1, auch in Verbindung mit Satz 2, eine Aufzeichnung nicht, nicht richtig, nicht vollständig oder nicht rechtzeitig erstellt oder nicht oder nicht mindestens zwei Jahre aufbewahrt,
8. entgegen § 17 Absatz 2 eine Unterlage nicht, nicht richtig, nicht vollständig oder nicht in der vorgeschriebenen Weise bereithält oder
9. entgegen § 20 das dort genannten Arbeitsentgelt nicht oder nicht rechtzeitig zahlt.

(2) Ordnungswidrig handelt, wer Werk- oder Dienstleistungen in erheblichem Umfang ausführen lässt, indem er als Unternehmer einen anderen Unternehmer beauftragt, von dem er weiß oder fahrlässig nicht weiß, dass dieser bei der Erfüllung dieses Auftrags

1. entgegen § 20 das dort genannte Arbeitsentgelt nicht oder nicht rechtzeitig zahlt oder
2. einen Nachunternehmer einsetzt oder zulässt, dass ein Nachunternehmer tätig wird, der entgegen § 20 das dort genannte Arbeitsentgelt nicht oder nicht rechtzeitig zahlt.

(3) Die Ordnungswidrigkeit kann in den Fällen des Absatzes 1 Nummer 9 und des Absatzes 2 mit einer Geldbuße bis zu fünfhunderttausend Euro, in den übrigen Fällen mit einer Geldbuße bis zu dreißigtausend Euro geahndet werden.

(4) Verwaltungsbehörden im Sinne des § 36 Absatz 1 Nummer 1 des Gesetzes über Ordnungswidrigkeiten sind die in § 14 genannten Behörden jeweils für ihren Geschäftsbereich.

(5) Für die Vollstreckung zugunsten der Behörden des Bundes und der bundesunmittelbaren juristischen Personen des öffentlichen Rechts sowie für die Vollziehung des dinglichen Arrestes nach § 111d der Strafprozessordnung in Verbindung mit § 46 des Gesetzes über Ordnungswidrigkeiten durch die in § 14 genannten Behörden gilt das Verwaltungs-Vollstreckungsgesetz des Bundes.

Abschnitt 4
Schlussvorschriften

§ 22 Persönlicher Anwendungsbereich

(1) Dieses Gesetz gilt für Arbeitnehmerinnen und Arbeitnehmer. Praktikantinnen und Praktikanten im Sinne des § 26 des Berufsbildungsgesetzes gelten als Arbeitnehmerinnen und Arbeitnehmer im Sinne dieses Gesetzes, es sei denn, dass sie

1. ein Praktikum verpflichtend aufgrund einer schulrechtlichen Bestimmung, einer Ausbildungsordnung, einer hochschulrechtlichen Bestimmung oder im Rahmen einer Ausbildung an einer gesetzlichen geregelten Berufsakademie leisten,
2. ein Praktikum von bis zu drei Monaten zur Orientierung für eine Berufsausbildung oder für die Aufnahme eines Studiums leisten,
3. ein Praktikum von bis zu drei Monaten begleitend zu einer Berufs- oder Hochschulausbildung leisten, wenn nicht zuvor ein solches Praktikumsverhältnis mit demselben Ausbildenden bestanden hat oder
4. an einer Einstiegsqualifizierung nach § 54a des Dritten Buches Sozialgesetzbuch oder an einer Berufsausbildungsvorbereitung nach §§ 68 bis 70 des Berufsbildungsgesetzes teilnehmen.

Praktikantin oder Praktikant ist unabhängig von der Bezeichnung des Rechtsverhältnisses, wer sich nach der tatsächlichen Ausgestaltung und Durchführung des Vertragsverhältnisses für eine begrenzte Dauer zum Erwerb praktischer Kenntnisse und Erfahrungen einer bestimmten betrieblichen Tätigkeit zur Vorbereitung auf eine berufliche Tätigkeit unterzieht, ohne dass es sich dabei um eine Berufsausbildung im Sinne des Berufsbildungsgesetzes oder um eine damit vergleichbare praktische Ausbildung handelt.

(2) Personen im Sinne von § 2 Absatz 1 und 2 des Jugendarbeitsschutzgesetzes ohne abgeschlossene Berufsausbildung gelten nicht als Arbeitnehmerinnen und Arbeitnehmer im Sinne dieses Gesetzes.

(3) Von diesem Gesetz nicht geregelt wird die Vergütung von zu ihrer Berufsausbildung Beschäftigten sowie ehrenamtlich Tätigen.
(4) Für Arbeitsverhältnisse von Arbeitnehmerinnen und Arbeitnehmern, die unmittelbar vor Beginn der Beschäftigung langzeitarbeitslos im Sinne des § 18 Absatz 1 des Dritten Buches Sozialgesetzbuch waren, gilt der Mindestlohn in den ersten sechs Monaten der Beschäftigung nicht. Die Bundesregierung hat den gesetzgebenden Körperschaften zum 1. Juni 2016 darüber zu berichten, inwieweit die Regelung nach Satz 1 die Wiedereingliederung von Langzeitarbeitslosen in den Arbeitsmarkt gefördert hat, und eine Einschätzung darüber abzugeben, ob diese Regelung fortbestehen soll.

§ 23 Evaluation

Dieses Gesetz ist im Jahr 2020 zu evaluieren.

§ 24 Übergangsregelung[1]

(1) Bis zum 31. Dezember 2017 gehen abweichende Regelungen eines Tarifvertrages repräsentativer Tarifvertragsparteien dem Mindestlohn vor, wenn sie für alle unter den Geltungsbereich des Tarifvertrages fallenden Arbeitgeber mit Sitz im In- oder Ausland sowie deren Arbeitnehmerinnen und Arbeitnehmer verbindlich gemacht worden sind; ab dem 1. Januar 2017 müssen abweichende Regelungen in diesem Sinne mindestens ein Entgelt von brutto 8,50 Euro je Zeitstunde vorsehen. Satz 1 gilt entsprechend für Rechtsverordnungen, die auf der Grundlage von § 11 des Arbeitnehmer-Entsendegesetzes sowie § 3a des Arbeitnehmerüberlassungsgesetzes erlassen worden sind.
(2) Zeitungszustellerinnen und Zeitungszusteller haben ab dem 1. Januar 2015 einen Anspruch auf 75 Prozent und ab dem 1. Januar 2016 auf 85 Prozent des Mindestlohns nach § 1 Absatz 2 Satz 1. Vom 1. Januar 2017 bis zum 31. Dezember 2017 beträgt der Mindestlohn für Zeitungszustellerinnen und Zeitungszusteller brutto 8,50 Euro je Zeitstunde. Zeitungszustellerinnen und Zeitungszusteller im Sinne der Sätze 1 und 2 sind Personen, die in einem Arbeitsverhältnis ausschließlich periodische Zeitungen oder Zeitschriften an Endkunden zustellen; dies umfasst auch Zustellerinnen und Zusteller von Anzeigenblättern mit redaktionellem Inhalt.

1 § 24 MiLoG tritt gem. Art. 15 Abs. 2 Tarifautonomiestärkungsgesetz vom 11.08.2014 (BGBl. I. S. 1348, 1360) mit Ablauf des 31.12.2017 außer Kraft.

Gesetz über zwingende Arbeitsbedingungen für grenzüberschreitend entsandte und für regelmäßig im Inland beschäftigte Arbeitnehmer und Arbeitnehmerinnen (Arbeitnehmer-Entsendegesetz – AEntG)

vom 20. April 2009 (BGBl. I S. 799), das zuletzt durch Artikel 6 des Gesetzes vom 11. August 2014 (BGBl. I S. 1348) geändert worden ist.

Eingangsformel

Der Bundestag hat mit der Mehrheit seiner Mitglieder und mit Zustimmung des Bundesrates das folgende Gesetz beschlossen:

Abschnitt 1
Zielsetzung

§ 1 Zielsetzung

Ziele des Gesetzes sind die Schaffung und Durchsetzung angemessener Mindestarbeitsbedingungen für grenzüberschreitend entsandte und für regelmäßig im Inland beschäftigte Arbeitnehmer und Arbeitnehmerinnen sowie die Gewährleistung fairer und funktionierender Wettbewerbsbedingungen durch die Erstreckung der Rechtsnormen von Branchentarifverträgen. Dadurch sollen zugleich sozialversicherungspflichtige Beschäftigung erhalten und die Ordnungs- und Befriedungsfunktion der Tarifautonomie gewahrt werden.

Abschnitt 2
Allgemeine Arbeitsbedingungen

§ 2 Allgemeine Arbeitsbedingungen

Die in Rechts- oder Verwaltungsvorschriften enthaltenen Regelungen über
1. die Mindestentgeltsätze einschließlich der Überstundensätze,
2. den bezahlten Mindestjahresurlaub,
3. die Höchstarbeitszeiten und Mindestruhezeiten,
4. die Bedingungen für die Überlassung von Arbeitskräften, insbesondere durch Leiharbeitsunternehmen,
5. die Sicherheit, den Gesundheitsschutz und die Hygiene am Arbeitsplatz,

6. die Schutzmaßnahmen im Zusammenhang mit den Arbeits- und Beschäftigungsbedingungen von Schwangeren und Wöchnerinnen, Kindern und Jugendlichen und
7. die Gleichbehandlung von Männern und Frauen sowie andere Nichtdiskriminierungsbestimmungen

finden auch auf Arbeitsverhältnisse zwischen einem im Ausland ansässigen Arbeitgeber und seinen im Inland beschäftigten Arbeitnehmern und Arbeitnehmerinnen zwingend Anwendung.

Abschnitt 3
Tarifvertragliche Arbeitsbedingungen

§ 3 Tarifvertragliche Arbeitsbedingungen

Die Rechtsnormen eines bundesweiten Tarifvertrages finden unter den Voraussetzungen der §§ 4 bis 6 auch auf Arbeitsverhältnisse zwischen einem Arbeitgeber mit Sitz im Ausland und seinen im räumlichen Geltungsbereich dieses Tarifvertrages beschäftigten Arbeitnehmern und Arbeitnehmerinnen zwingend Anwendung, wenn der Tarifvertrag als Tarifvertrag nach § 4 Absatz 1 Nummer 1 für allgemeinverbindlich erklärt ist oder eine Rechtsverordnung nach § 7 oder § 7a vorliegt. Eines bundesweiten Tarifvertrages bedarf es nicht, soweit Arbeitsbedingungen im Sinne des § 5 Nr. 2 oder 3 Gegenstand tarifvertraglicher Regelungen sind, die zusammengefasst räumlich den gesamten Geltungsbereich dieses Gesetzes abdecken.

§ 4 Branchen

(1) § 3 gilt für Tarifverträge

1. des Bauhauptgewerbes oder des Baunebengewerbes im Sinne der Baubetriebe-Verordnung vom 28. Oktober 1980 (BGBl. I S. 2033), zuletzt geändert durch die Verordnung vom 26. April 2006 (BGBl. I S. 1085), in der jeweils geltenden Fassung einschließlich der Erbringung von Montageleistungen auf Baustellen außerhalb des Betriebssitzes,
2. der Gebäudereinigung,
3. für Briefdienstleistungen,
4. für Sicherheitsdienstleistungen,
5. für Bergbauspezialarbeiten auf Steinkohlebergwerken,
6. für Wäschereidienstleistungen im Objektkundengeschäft,
7. der Abfallwirtschaft einschließlich Straßenreinigung und Winterdienst,
8. für Aus- und Weiterbildungsdienstleistungen nach dem Zweiten oder Dritten Buch Sozialgesetzbuch und
9. für Schlachten und Fleischverarbeitung.

(2) § 3 gilt darüber hinaus für Tarifverträge aller anderen als der in Absatz 1 genannten Branchen, wenn die Erstreckung der Rechtsnormen des Tarifvertrages im öffentlichen Interesse geboten erscheint, um die in § 1 genannten Gesetzesziele zu erreichen und dabei insbesondere einem Verdrängungswettbewerb über die Lohnkosten entgegen zu wirken.

§ 5 Arbeitsbedingungen

Gegenstand eines Tarifvertrages nach § 3 können sein
1. Mindestentgeltsätze, die nach Art der Tätigkeit, Qualifikation der Arbeitnehmer und Arbeitnehmerinnen und Regionen differieren können, einschließlich der Überstundensätze,
2. die Dauer des Erholungsurlaubs, das Urlaubsentgelt oder ein zusätzliches Urlaubsgeld,
3. die Einziehung von Beiträgen und die Gewährung von Leistungen im Zusammenhang mit Urlaubsansprüchen nach Nummer 2 durch eine gemeinsame Einrichtung der Tarifvertragsparteien, wenn sichergestellt ist, dass der ausländische Arbeitgeber nicht gleichzeitig zu Beiträgen zu der gemeinsamen Einrichtung der Tarifvertragsparteien und zu einer vergleichbaren Einrichtung im Staat seines Sitzes herangezogen wird und das Verfahren der gemeinsamen Einrichtung der Tarifvertragsparteien eine Anrechnung derjenigen Leistungen vorsieht, die der ausländische Arbeitgeber zur Erfüllung des gesetzlichen, tarifvertraglichen oder einzelvertraglichen Urlaubsanspruchs seines Arbeitnehmers oder seiner Arbeitnehmerin bereits erbracht hat, und
4. Arbeitsbedingungen im Sinne des § 2 Nr. 3 bis 7.

Die Arbeitsbedingungen nach Satz 1 Nummer 1 bis 3 umfassen auch Regelungen zur Fälligkeit entsprechender Ansprüche einschließlich hierzu vereinbarter Ausnahmen und deren Voraussetzungen.

§ 6 Besondere Regelungen

(1) Dieser Abschnitt findet keine Anwendung auf Erstmontage- oder Einbauarbeiten, die Bestandteil eines Liefervertrages sind, für die Inbetriebnahme der gelieferten Güter unerlässlich sind und von Facharbeitern oder Facharbeiterinnen oder angelernten Arbeitern oder Arbeiterinnen des Lieferunternehmens ausgeführt werden, wenn die Dauer der Entsendung acht Tage nicht übersteigt. Satz 1 gilt nicht für Bauleistungen im Sinne des § 101 Abs. 2 des Dritten Buches Sozialgesetzbuch und nicht für Arbeitsbedingungen nach § 5 Nr. 4.

(2) Im Falle eines Tarifvertrages nach § 4 Absatz 1 Nr. 1 findet dieser Abschnitt Anwendung, wenn der Betrieb oder die selbstständige Betriebsabteilung im Sinne des fachlichen Geltungsbereichs des Tarifvertrages überwiegend Bauleistungen gemäß § 101 Abs. 2 des Dritten Buches Sozialgesetzbuch erbringt.

(3) Im Falle eines Tarifvertrages nach § 4 Absatz 1 Nr. 2 findet dieser Abschnitt Anwendung, wenn der Betrieb oder die selbstständige Betriebsabteilung überwiegend Gebäudereinigungsleistungen erbringt.

(4) Im Falle eines Tarifvertrages nach § 4 Absatz 1 Nr. 3 findet dieser Abschnitt Anwendung, wenn der Betrieb oder die selbstständige Betriebsabteilung überwiegend gewerbs- oder geschäftsmäßig Briefsendungen für Dritte befördert.

(5) Im Falle eines Tarifvertrages nach § 4 Absatz 1 Nr. 4 findet dieser Abschnitt Anwendung, wenn der Betrieb oder die selbstständige Betriebsabteilung überwiegend Dienstleistungen des Bewachungs- und Sicherheitsgewerbes oder Kontroll- und Ordnungsdienste erbringt, die dem Schutz von Rechtsgütern aller Art, insbesondere von Leben, Gesundheit oder Eigentum dienen.

(6) Im Falle eines Tarifvertrages nach § 4 Absatz 1 Nr. 5 findet dieser Abschnitt Anwendung, wenn der Betrieb oder die selbstständige Betriebsabteilung im Auftrag eines Dritten überwiegend auf inländischen Steinkohlebergwerken Grubenräume erstellt oder sonstige untertägige bergbauliche Spezialarbeiten ausführt.
(7) Im Falle eines Tarifvertrages nach § 4 Absatz 1 Nr. 6 findet dieser Abschnitt Anwendung, wenn der Betrieb oder die selbstständige Betriebsabteilung gewerbsmäßig überwiegend Textilien für gewerbliche Kunden sowie öffentlich-rechtliche oder kirchliche Einrichtungen wäscht, unabhängig davon, ob die Wäsche im Eigentum der Wäscherei oder des Kunden steht. Dieser Abschnitt findet keine Anwendung auf Wäschereidienstleistungen, die von Werkstätten für behinderte Menschen im Sinne des § 136 des Neunten Buches Sozialgesetzbuch erbracht werden.
(8) Im Falle eines Tarifvertrages nach § 4 Absatz 1 Nr. 7 findet dieser Abschnitt Anwendung, wenn der Betrieb oder die selbstständige Betriebsabteilung überwiegend Abfälle im Sinne des § 3 Absatz 1 Satz 1 des Kreislaufwirtschaftsgesetzes sammelt, befördert, lagert, beseitigt oder verwertet oder Dienstleistungen des Kehrens und Reinigens öffentlicher Verkehrsflächen und Schnee- und Eisbeseitigung von öffentlichen Verkehrsflächen einschließlich Streudienste erbringt.
(9) Im Falle eines Tarifvertrages nach § 4 Absatz 1 Nr. 8 findet dieser Abschnitt Anwendung, wenn der Betrieb oder die selbstständige Betriebsabteilung überwiegend Aus- und Weiterbildungsmaßnahmen nach dem Zweiten oder Dritten Buch Sozialgesetzbuch durchführt. Ausgenommen sind Einrichtungen der beruflichen Rehabilitation im Sinne des § 35 Abs. 1 Satz 1 des Neunten Buches Sozialgesetzbuch.
(10) Im Falle eines Tarifvertrages nach § 4 Absatz 1 Nummer 9 findet dieser Abschnitt Anwendung in Betrieben und selbstständigen Betriebsabteilungen, in denen überwiegend geschlachtet oder Fleisch verarbeitet wird (Betriebe der Fleischwirtschaft) sowie in Betrieben und selbstständigen Betriebsabteilungen, die ihre Arbeitnehmer und Arbeitnehmerinnen überwiegend in Betrieben der Fleischwirtschaft einsetzen. Das Schlachten umfasst dabei alle Tätigkeiten des Schlachtens und Zerlegens von Tieren mit Ausnahme von Fischen. Die Verarbeitung umfasst alle Tätigkeiten der Weiterverarbeitung von beim Schlachten gewonnenen Fleischprodukten zur Herstellung von Nahrungsmitteln sowie deren Portionierung und Verpackung. Nicht erfasst ist die Verarbeitung, wenn die Behandlung, die Portionierung oder die Verpackung beim Schlachten gewonnener Fleischprodukte direkt auf Anforderung des Endverbrauchers erfolgt.

§ 7 Rechtsverordnung für die Fälle des § 4 Absatz 1

(1) Auf gemeinsamen Antrag der Parteien eines Tarifvertrages im Sinne von § 4 Absatz 1 sowie §§ 5 und 6 kann das Bundesministerium für Arbeit und Soziales durch Rechtsverordnung ohne Zustimmung des Bundesrates bestimmen, dass die Rechtsnormen dieses Tarifvertrages auf alle unter seinen Geltungsbereich fallenden und nicht an ihn gebundenen Arbeitgeber sowie Arbeitnehmer und Arbeitnehmerinnen Anwendung finden, wenn dies im öffentlichen Interesse geboten erscheint, um die in § 1 genannten Gesetzesziele zu erreichen.
(2) Kommen in einer Branche mehrere Tarifverträge mit zumindest teilweise demselben fachlichen Geltungsbereich zur Anwendung, hat der Verordnungsgeber bei seiner Ent-

scheidung nach Absatz 1 im Rahmen einer Gesamtabwägung ergänzend zu den in § 1 genannten Gesetzeszielen die Repräsentativität der jeweiligen Tarifverträge zu berücksichtigen. Bei der Feststellung der Repräsentativität ist vorrangig abzustellen auf
1. die Zahl der von den jeweils tarifgebundenen Arbeitgebern beschäftigten unter den Geltungsbereich des Tarifvertrages fallenden Arbeitnehmer und Arbeitnehmerinnen,
2. die Zahl der jeweils unter den Geltungsbereich des Tarifvertrages fallenden Mitglieder der Gewerkschaft, die den Tarifvertrag geschlossen hat.

(3) Liegen für mehrere Tarifverträge Anträge auf Allgemeinverbindlicherklärung vor, hat der Verordnungsgeber mit besonderer Sorgfalt die von einer Auswahlentscheidung betroffenen Güter von Verfassungsrang abzuwägen und die widerstreitenden Grundrechtsinteressen zu einem schonenden Ausgleich zu bringen.

(4) Vor Erlass der Rechtsverordnung gibt das Bundesministerium für Arbeit und Soziales den in den Geltungsbereich der Rechtsverordnung fallenden Arbeitgebern sowie Arbeitnehmern und Arbeitnehmerinnen, den Parteien des Tarifvertrages sowie in den Fällen des Absatzes 2 den Parteien anderer Tarifverträge und paritätisch besetzten Kommissionen, die auf der Grundlage kirchlichen Rechts Arbeitsbedingungen für den Bereich kirchlicher Arbeitgeber zumindest teilweise im Geltungsbereich der Rechtsverordnung festlegen, Gelegenheit zur schriftlichen Stellungnahme innerhalb von drei Wochen ab dem Tag der Bekanntmachung des Entwurfs der Rechtsverordnung.

(5) Wird in einer Branche nach § 4 Absatz 1 erstmals ein Antrag nach Absatz 1 gestellt, wird nach Ablauf der Frist nach Absatz 4 der Ausschuss nach § 5 Absatz 1 Satz 1 des Tarifvertragsgesetzes (Tarifausschuss) befasst. Stimmen mindestens vier Ausschussmitglieder für den Antrag oder gibt der Tarifausschuss innerhalb von zwei Monaten keine Stellungnahme ab, kann eine Rechtsverordnung nach Absatz 1 erlassen werden. Stimmen zwei oder drei Ausschussmitglieder für den Antrag, kann eine Rechtsverordnung nur von der Bundesregierung erlassen werden. Die Sätze 1 bis 3 gelten nicht für Tarifverträge nach § 4 Absatz 1 Nummer 1 bis 8.

§ 7a Rechtsverordnung für die Fälle des § 4 Absatz 2

(1) Auf gemeinsamen Antrag der Parteien eines Tarifvertrages im Sinne von § 4 Absatz 2 sowie §§ 5 und 6 Absatz 1 kann das Bundesministerium für Arbeit und Soziales durch Rechtsverordnung ohne Zustimmung des Bundesrates bestimmen, dass die Rechtsnormen dieses Tarifvertrages auf alle unter seinen Geltungsbereich fallenden und nicht an ihn gebundenen Arbeitgeber sowie Arbeitnehmer und Arbeitnehmerinnen Anwendung finden, wenn dies im öffentlichen Interesse geboten erscheint, um die in § 1 genannten Gesetzesziele zu erreichen und dabei insbesondere einem Verdrängungswettbewerb über die Lohnkosten entgegenzuwirken.

(2) § 7 Absatz 2 und 3 findet entsprechende Anwendung.

(3) Vor Erlass der Rechtsverordnung gibt das Bundesministerium für Arbeit und Soziales den in den Geltungsbereich der Rechtsverordnung fallenden und den möglicherweise von ihr betroffenen Arbeitgebern sowie Arbeitnehmern und Arbeitnehmerinnen, den Parteien des Tarifvertrages sowie allen am Ausgang des Verfahrens interessierten Gewerkschaften, Vereinigungen der Arbeitgeber und paritätisch besetzten Kommissionen, die auf der Grundlage kirchlichen Rechts Arbeitsbedingungen für den Bereich kirchlicher Arbeit-

geber festlegen, Gelegenheit zur schriftlichen Stellungnahme innerhalb von drei Wochen ab dem Tag der Bekanntmachung des Entwurfs der Rechtsverordnung. Die Gelegenheit zur Stellungnahme umfasst insbesondere auch die Frage, inwieweit eine Erstreckung der Rechtsnormen des Tarifvertrages geeignet ist, die in § 1 genannten Gesetzesziele zu erfüllen und dabei insbesondere einem Verdrängungswettbewerb über die Lohnkosten entgegenzuwirken.
(4) Wird ein Antrag nach Absatz 1 gestellt, wird nach Ablauf der Frist nach Absatz 3 der Ausschuss nach § 5 Absatz 1 Satz 1 des Tarifvertragsgesetzes (Tarifausschuss) befasst. Stimmen mindestens vier Ausschussmitglieder für den Antrag oder gibt der Tarifausschuss innerhalb von zwei Monaten keine Stellungnahme ab, kann eine Rechtsverordnung nach Absatz 1 erlassen werden. Stimmen zwei oder drei Ausschussmitglieder für den Antrag, kann eine Rechtsverordnung nur von der Bundesregierung erlassen werden.

§ 8 Pflichten des Arbeitgebers zur Gewährung von Arbeitsbedingungen

(1) Arbeitgeber mit Sitz im In- oder Ausland, die unter den Geltungsbereich eines für allgemeinverbindlich erklärten Tarifvertrages nach § 4 Absatz 1 Nummer 1 sowie §§ 5 und 6 Absatz 2 oder einer Rechtsverordnung nach § 7 oder § 7a fallen, sind verpflichtet, ihren Arbeitnehmern und Arbeitnehmerinnen mindestens die in dem Tarifvertrag für den Beschäftigungsort vorgeschriebenen Arbeitsbedingungen zu gewähren sowie einer gemeinsamen Einrichtung der Tarifvertragsparteien die ihr nach § 5 Nr. 3 zustehenden Beiträge zu leisten. Satz 1 gilt unabhängig davon, ob die entsprechende Verpflichtung kraft Tarifbindung nach § 3 des Tarifvertragsgesetzes oder kraft Allgemeinverbindlicherklärung nach § 5 des Tarifvertragsgesetzes oder aufgrund einer Rechtsverordnung nach § 7 oder § 7a besteht.
(2) Ein Arbeitgeber ist verpflichtet, einen Tarifvertrag nach § 4 Absatz 1 Nummer 1 sowie §§ 5 und 6 Absatz 2, der durch Allgemeinverbindlicherklärung sowie einen Tarifvertrag nach §§ 4 bis 6, der durch Rechtsverordnung nach § 7 oder § 7a auf nicht an ihn gebundene Arbeitgeber sowie Arbeitnehmer und Arbeitnehmerinnen erstreckt wird, auch dann einzuhalten, wenn er nach § 3 des Tarifvertragsgesetzes oder kraft Allgemeinverbindlicherklärung nach § 5 des Tarifvertragsgesetzes an einen anderen Tarifvertrag gebunden ist.
(3) Wird ein Leiharbeitnehmer oder eine Leiharbeitnehmerin vom Entleiher mit Tätigkeiten beschäftigt, die in den Geltungsbereich eines für allgemeinverbindlich erklärten Tarifvertrages nach § 4 Absatz 1 Nummer 1 sowie §§ 5 und 6 Absatz 2 oder einer Rechtsverordnung nach § 7 oder § 7a fallen, hat der Verleiher zumindest die in diesem Tarifvertrag oder in dieser Rechtsverordnung vorgeschriebenen Arbeitsbedingungen zu gewähren sowie die der gemeinsamen Einrichtung nach diesem Tarifvertrag zustehenden Beiträge zu leisten; dies gilt auch dann, wenn der Betrieb des Entleihers nicht in den fachlichen Geltungsbereich dieses Tarifvertrages oder dieser Rechtsverordnung fällt.

§ 9 Verzicht, Verwirkung

Ein Verzicht auf den entstandenen Anspruch auf das Mindestentgelt nach § 8 ist nur durch gerichtlichen Vergleich zulässig; im Übrigen ist ein Verzicht ausgeschlossen. Die Verwirkung des Anspruchs der Arbeitnehmer und Arbeitnehmerinnen auf das Mindestentgelt nach § 8 ist ausgeschlossen. Ausschlussfristen für die Geltendmachung des Anspruchs können ausschließlich in dem für allgemeinverbindlich erklärten Tarifvertrag nach den §§ 4 bis 6 oder dem der Rechtsverordnung nach § 7 zugrunde liegenden Tarifvertrag geregelt werden; die Frist muss mindestens sechs Monate betragen.

Abschnitt 4
Arbeitsbedingungen in der Pflegebranche

§ 10 Anwendungsbereich

Dieser Abschnitt findet Anwendung auf die Pflegebranche. Diese umfasst Betriebe und selbstständige Betriebsabteilungen, die überwiegend ambulante, teilstationäre oder stationäre Pflegeleistungen oder ambulante Krankenpflegeleistungen für Pflegebedürftige erbringen (Pflegebetriebe). Pflegebedürftig ist, wer wegen einer körperlichen, geistigen oder seelischen Krankheit oder Behinderung für die gewöhnlichen und regelmäßig wiederkehrenden Verrichtungen im Ablauf des täglichen Lebens vorübergehend oder auf Dauer der Hilfe bedarf. Keine Pflegebetriebe im Sinne des Satzes 2 sind Einrichtungen, in denen die Leistungen zur medizinischen Vorsorge, zur medizinischen Rehabilitation, zur Teilhabe am Arbeitsleben oder am Leben in der Gemeinschaft, die schulische Ausbildung oder die Erziehung kranker oder behinderter Menschen im Vordergrund des Zweckes der Einrichtung stehen, sowie Krankenhäuser.

§ 11 Rechtsverordnung

(1) Das Bundesministerium für Arbeit und Soziales kann durch Rechtsverordnung ohne Zustimmung des Bundesrates bestimmen, dass die von einer nach § 12 errichteten Kommission vorgeschlagenen Arbeitsbedingungen nach § 5 Nr. 1 und 2 auf alle Arbeitgeber sowie Arbeitnehmer und Arbeitnehmerinnen, die unter den Geltungsbereich einer Empfehlung nach § 12 Abs. 4 fallen, Anwendung finden.
(2) Das Bundesministerium für Arbeit und Soziales hat bei seiner Entscheidung nach Absatz 1 neben den in § 1 genannten Gesetzeszielen die Sicherstellung der Qualität der Pflegeleistung sowie den Auftrag kirchlicher und sonstiger Träger der freien Wohlfahrtspflege nach § 11 Abs. 2 des Elften Buches Sozialgesetzbuch zu berücksichtigen.
(3) Vor Erlass einer Rechtsverordnung gibt das Bundesministerium für Arbeit und Soziales den in den Geltungsbereich der Rechtsverordnung fallenden Arbeitgebern und Arbeitnehmern und Arbeitnehmerinnen sowie den Parteien von Tarifverträgen, die zumindest teilweise in den fachlichen Geltungsbereich der Rechtsverordnung fallen, und paritätisch besetzten Kommissionen, die auf der Grundlage kirchlichen Rechts Arbeitsbedingungen für den Bereich kirchlicher Arbeitgeber in der Pflegebranche festlegen, Gelegenheit zur schriftlichen Stellungnahme innerhalb von drei Wochen ab dem Tag der Bekanntmachung des Entwurfs der Rechtsverordnung.

§ 12 Kommission

(1) Das Bundesministerium für Arbeit und Soziales errichtet eine Kommission zur Erarbeitung von Arbeitsbedingungen oder deren Änderung. Die Errichtung erfolgt im Einzelfall auf Antrag einer Tarifvertragspartei aus der Pflegebranche oder der Dienstgeberseite oder der Dienstnehmerseite von paritätisch besetzten Kommissionen, die auf der Grundlage kirchlichen Rechts Arbeitsbedingungen für den Bereich kirchlicher Arbeitgeber in der Pflegebranche festlegen.

(2) Die Kommission besteht aus acht Mitgliedern. Das Bundesministerium für Arbeit und Soziales benennt je zwei geeignete Personen sowie jeweils einen Stellvertreter aufgrund von Vorschlägen

1. der Gewerkschaften, die in der Pflegebranche tarifzuständig sind,
2. der Vereinigungen der Arbeitgeber in der Pflegebranche,
3. der Dienstnehmerseite der in Absatz 1 genannten paritätisch besetzten Kommissionen sowie
4. der Dienstgeberseite der in Absatz 1 genannten paritätisch besetzten Kommissionen.

(3) Die Sitzungen der Kommission werden von einem oder einer nicht stimmberechtigten Beauftragten des Bundesministeriums für Arbeit und Soziales geleitet. Die Kommission kann sich eine Geschäftsordnung geben.

(4) Die Kommission beschließt unter Berücksichtigung der in den §§ 1 und 11 Abs. 2 genannten Ziele Empfehlungen zur Festsetzung von Arbeitsbedingungen nach § 5 Nr. 1 und 2. Sie kann eine Ausschlussfrist empfehlen, die den Anforderungen des § 9 Satz 3 entspricht. Empfehlungen sind schriftlich zu begründen.

(5) Die Kommission ist beschlussfähig, wenn alle Mitglieder anwesend oder vertreten sind. Ein Beschluss der Kommission bedarf jeweils einer Mehrheit von drei Vierteln der Mitglieder

1. der Gruppe der Mitglieder nach Absatz 2 Nr. 1 und 2,
2. der Gruppe der Mitglieder nach Absatz 2 Nr. 3 und 4,
3. der Gruppe der Mitglieder nach Absatz 2 Nr. 1 und 3 sowie
4. der Gruppe der Mitglieder nach Absatz 2 Nr. 2 und 4.

Die Sitzungen der Kommission sind nicht öffentlich; der Inhalt ihrer Beratungen ist vertraulich.

(6) Mit Beschlussfassung über Empfehlungen nach Absatz 4 wird die Kommission aufgelöst.

§ 13 Rechtsfolgen

Eine Rechtsverordnung nach § 11 steht für die Anwendung der §§ 8 und 9 sowie der Abschnitte 5 und 6 einer Rechtsverordnung nach § 7 gleich.

Abschnitt 4a
Arbeitsbedingungen im Gewerbe des grenzüberschreitenden Straßentransports von Euro-Bargeld

§ 13a Gleichstellung

Die Verordnung (EU) Nr. 1214/2011 des Europäischen Parlaments und des Rates vom 16. November 2011 über den gewerbsmäßig grenzüberschreitenden Straßentransport von Euro-Bargeld zwischen den Mitgliedstaaten des Euroraums (ABl. L 316 vom 29.11.2011, S. 1) steht für die Anwendung der §§ 8 und 9 sowie der Abschnitte 5 und 6 einer Rechtsverordnung nach § 7 gleich.

Abschnitt 5
Zivilrechtliche Durchsetzung

§ 14 Haftung des Auftraggebers

Ein Unternehmer, der einen anderen Unternehmer mit der Erbringung von Werk- oder Dienstleistungen beauftragt, haftet für die Verpflichtungen dieses Unternehmers, eines Nachunternehmers oder eines von dem Unternehmer oder einem Nachunternehmer beauftragten Verleihers zur Zahlung des Mindestentgelts an Arbeitnehmer oder Arbeitnehmerinnen oder zur Zahlung von Beiträgen an eine gemeinsame Einrichtung der Tarifvertragsparteien nach § 8 wie ein Bürge, der auf die Einrede der Vorausklage verzichtet hat. Das Mindestentgelt im Sinne des Satzes 1 umfasst nur den Betrag, der nach Abzug der Steuern und der Beiträge zur Sozialversicherung und zur Arbeitsförderung oder entsprechender Aufwendungen zur sozialen Sicherung an Arbeitnehmer oder Arbeitnehmerinnen auszuzahlen ist (Nettoentgelt).

§ 15 Gerichtsstand

Arbeitnehmer und Arbeitnehmerinnen, die in den Geltungsbereich dieses Gesetzes entsandt sind oder waren, können eine auf den Zeitraum der Entsendung bezogene Klage auf Erfüllung der Verpflichtungen nach den §§ 2, 8 oder 14 auch vor einem deutschen Gericht für Arbeitssachen erheben. Diese Klagemöglichkeit besteht auch für eine gemeinsame Einrichtung der Tarifvertragsparteien nach § 5 Nr. 3 in Bezug auf die ihr zustehenden Beiträge.

Abschnitt 6
Kontrolle und Durchsetzung durch staatliche Behörden

§ 16 Zuständigkeit

Für die Prüfung der Einhaltung der Pflichten eines Arbeitgebers nach § 8, soweit sie sich auf die Gewährung von Arbeitsbedingungen nach § 5 Satz 1 Nummer 1 bis 3 beziehen, sind die Behörden der Zollverwaltung zuständig.

§ 17 Befugnisse der Behörden der Zollverwaltung und anderer Behörden

Die §§ 2 bis 6, 14, 15, 20, 22 und 23 des Schwarzarbeitsbekämpfungsgesetzes sind entsprechend anzuwenden mit der Maßgabe, dass
1. die dort genannten Behörden auch Einsicht in Arbeitsverträge, Niederschriften nach § 2 des Nachweisgesetzes und andere Geschäftsunterlagen nehmen können, die mittelbar oder unmittelbar Auskunft über die Einhaltung der Arbeitsbedingungen nach § 8 geben, und
2. die nach § 5 Abs. 1 des Schwarzarbeitsbekämpfungsgesetzes zur Mitwirkung Verpflichteten diese Unterlagen vorzulegen haben.

Die §§ 16 bis 19 des Schwarzarbeitsbekämpfungsgesetzes finden Anwendung. § 6 Abs. 3 des Schwarzarbeitsbekämpfungsgesetzes findet entsprechende Anwendung. Für die Datenverarbeitung, die dem in § 16 genannten Zweck oder der Zusammenarbeit mit den Behörden des Europäischen Wirtschaftsraums nach § 20 Abs. 2 dient, findet § 67 Abs. 2 Nr. 4 des Zehnten Buches Sozialgesetzbuch keine Anwendung.

§ 18 Meldepflicht

(1) Soweit die Rechtsnormen eines für allgemeinverbindlich erklärten Tarifvertrages nach § 4 Absatz 1 Nummer 1, § 5 Satz 1 Nummer 1 bis 3 und § 6 Absatz 2 oder einer Rechtsverordnung nach § 7 oder § 7a, soweit sie Arbeitsbedingungen nach § 5 Satz 1 Nummer 1 bis 3 vorschreibt, auf das Arbeitsverhältnis Anwendung finden, ist ein Arbeitgeber mit Sitz im Ausland, der einen Arbeitnehmer oder eine Arbeitnehmerin oder mehrere Arbeitnehmer oder Arbeitnehmerinnen innerhalb des Geltungsbereichs dieses Gesetzes beschäftigt, verpflichtet, vor Beginn jeder Werk- oder Dienstleistung eine schriftliche Anmeldung in deutscher Sprache bei der zuständigen Behörde der Zollverwaltung vorzulegen, die die für die Prüfung wesentlichen Angaben enthält. Wesentlich sind die Angaben über
1. Familienname, Vornamen und Geburtsdatum der von ihm im Geltungsbereich dieses Gesetzes beschäftigten Arbeitnehmer und Arbeitnehmerinnen,
2. Beginn und voraussichtliche Dauer der Beschäftigung,
3. Ort der Beschäftigung, bei Bauleistungen die Baustelle,
4. Ort im Inland, an dem die nach § 19 erforderlichen Unterlagen bereitgehalten werden,
5. Familienname, Vornamen, Geburtsdatum und Anschrift in Deutschland des oder der verantwortlich Handelnden,
6. Branche, in die die Arbeitnehmer und Arbeitnehmerinnen entsandt werden sollen, und

7. Familienname, Vornamen und Anschrift in Deutschland eines oder einer Zustellungsbevollmächtigten, soweit dieser oder diese nicht mit dem oder der in Nummer 5 genannten verantwortlich Handelnden identisch ist.

Änderungen bezüglich dieser Angaben hat der Arbeitgeber im Sinne des Satzes 1 unverzüglich zu melden.

(2) Der Arbeitgeber hat der Anmeldung eine Versicherung beizufügen, dass er seine Verpflichtungen nach § 8 einhält.

(3) Überlässt ein Verleiher mit Sitz im Ausland einen Arbeitnehmer oder eine Arbeitnehmerin oder mehrere Arbeitnehmer oder Arbeitnehmerinnen zur Arbeitsleistung einem Entleiher, hat der Entleiher unter den Voraussetzungen des Absatzes 1 Satz 1 vor Beginn jeder Werk- oder Dienstleistung der zuständigen Behörde der Zollverwaltung eine schriftliche Anmeldung in deutscher Sprache mit folgenden Angaben zuzuleiten:

1. Familienname, Vornamen und Geburtsdatum der überlassenen Arbeitnehmer und Arbeitnehmerinnen,
2. Beginn und Dauer der Überlassung,
3. Ort der Beschäftigung, bei Bauleistungen die Baustelle,
4. Ort im Inland, an dem die nach § 19 erforderlichen Unterlagen bereitgehalten werden,
5. Familienname, Vornamen und Anschrift in Deutschland eines oder einer Zustellungsbevollmächtigten des Verleihers,
6. Branche, in die die Arbeitnehmer und Arbeitnehmerinnen entsandt werden sollen, und
7. Familienname, Vornamen oder Firma sowie Anschrift des Verleihers.

Absatz 1 Satz 3 gilt entsprechend.

(4) Der Entleiher hat der Anmeldung eine Versicherung des Verleihers beizufügen, dass dieser seine Verpflichtungen nach § 8 einhält.

(5) Das Bundesministerium der Finanzen kann durch Rechtsverordnung im Einvernehmen mit dem Bundesministerium für Arbeit und Soziales ohne Zustimmung des Bundesrates bestimmen,

1. dass, auf welche Weise und unter welchen technischen und organisatorischen Voraussetzungen eine Anmeldung, Änderungsmeldung und Versicherung abweichend von Absatz 1 Satz 1 und 3, Absatz 2 und 3 Satz 1 und 2 und Absatz 4 elektronisch übermittelt werden kann,
2. unter welchen Voraussetzungen eine Änderungsmeldung ausnahmsweise entfallen kann, und
3. wie das Meldeverfahren vereinfacht oder abgewandelt werden kann, sofern die entsandten Arbeitnehmer und Arbeitnehmerinnen im Rahmen einer regelmäßig wiederkehrenden Werk- oder Dienstleistung eingesetzt werden oder sonstige Besonderheiten der zu erbringenden Werk- oder Dienstleistungen dies erfordern.

(6) Das Bundesministerium der Finanzen kann durch Rechtsverordnung ohne Zustimmung des Bundesrates die zuständige Behörde nach Absatz 1 Satz 1 und Absatz 3 Satz 1 bestimmen.

§ 19 Erstellen und Bereithalten von Dokumenten

(1) Soweit die Rechtsnormen eines für allgemeinverbindlich erklärten Tarifvertrages nach § 4 Absatz 1 Nummer 1, § 5 Satz 1 Nummer 1 bis 3 und § 6 Absatz 2 oder einer entsprechenden Rechtsverordnung nach § 7 oder § 7a über die Zahlung eines Mindestentgelts oder die Einziehung von Beiträgen und die Gewährung von Leistungen im Zusammenhang mit Urlaubsansprüchen auf das Arbeitsverhältnis Anwendung finden, ist der Arbeitgeber verpflichtet, Beginn, Ende und Dauer der täglichen Arbeitszeit der Arbeitnehmer und Arbeitnehmerinnen spätestens bis zum Ablauf des siebten auf den Tag der Arbeitsleistung folgenden Kalendertages aufzuzeichnen und diese Aufzeichnungen mindestens zwei Jahre beginnend ab dem für die Aufzeichnung maßgeblichen Zeitpunkt aufzubewahren. Satz 1 gilt entsprechend für einen Entleiher, dem ein Verleiher einen Arbeitnehmer oder eine Arbeitnehmerin oder mehrere Arbeitnehmer oder Arbeitnehmerinnen zur Arbeitsleistung überlässt.
(2) Jeder Arbeitgeber ist verpflichtet, die für die Kontrolle der Einhaltung eines für allgemeinverbindlich erklärten Tarifvertrages nach § 4 Absatz 1 Nummer 1, § 5 Satz 1 Nummer 1 bis 3 und § 6 Absatz 2 oder einer entsprechenden Rechtsverordnung nach § 7 oder § 7a erforderlichen Unterlagen im Inland für die gesamte Dauer der tatsächlichen Beschäftigung der Arbeitnehmer und Arbeitnehmerinnen im Geltungsbereich dieses Gesetzes, mindestens für die Dauer der gesamten Werk- oder Dienstleistung, insgesamt jedoch nicht länger als zwei Jahre in deutscher Sprache bereitzuhalten. Auf Verlangen der Prüfbehörde sind die Unterlagen auch am Ort der Beschäftigung bereitzuhalten, bei Bauleistungen auf der Baustelle.
(3) Das Bundesministerium für Arbeit und Soziales kann durch Rechtsverordnung ohne Zustimmung des Bundesrates die Verpflichtungen des Arbeitgebers oder eines Entleihers nach § 18 und den Absätzen 1 und 2 hinsichtlich einzelner Branchen oder Gruppen von Arbeitnehmern und Arbeitnehmerinnen einschränken.
(4) Das Bundesministerium der Finanzen kann durch Rechtsverordnung im Einvernehmen mit dem Bundesministerium für Arbeit und Soziales ohne Zustimmung des Bundesrates bestimmen, wie die Verpflichtung des Arbeitgebers, die tägliche Arbeitszeit bei ihm beschäftigter Arbeitnehmer und Arbeitnehmerinnen aufzuzeichnen und diese Aufzeichnungen aufzubewahren, vereinfacht oder abgewandelt werden kann, sofern Besonderheiten der zu erbringenden Werk- oder Dienstleistungen oder Besonderheiten der Branche dies erfordern.

§ 20 Zusammenarbeit der in- und ausländischen Behörden

(1) Die Behörden der Zollverwaltung unterrichten die zuständigen örtlichen Landesfinanzbehörden über Meldungen nach § 18 Abs. 1 und 3.
(2) Die Behörden der Zollverwaltung und die übrigen in § 2 des Schwarzarbeitsbekämpfungsgesetzes genannten Behörden dürfen nach Maßgabe der datenschutzrechtlichen Vorschriften auch mit Behörden anderer Vertragsstaaten des Abkommens über den Europäischen Wirtschaftsraum zusammenarbeiten, die diesem Gesetz entsprechende Aufgaben durchführen oder für die Bekämpfung illegaler Beschäftigung zuständig sind oder Auskünfte geben können, ob ein Arbeitgeber seine Verpflichtungen nach § 8 erfüllt. Die

Regelungen über die internationale Rechtshilfe in Strafsachen bleiben hiervon unberührt.
(3) Die Behörden der Zollverwaltung unterrichten das Gewerbezentralregister über rechtskräftige Bußgeldentscheidungen nach § 23 Abs. 1 bis 3, sofern die Geldbuße mehr als zweihundert Euro beträgt.
(4) (weggefallen)

§ 21 Ausschluss von der Vergabe öffentlicher Aufträge

(1) Von der Teilnahme an einem Wettbewerb um einen Liefer-, Bau- oder Dienstleistungsauftrag der in § 98 des Gesetzes gegen Wettbewerbsbeschränkungen genannten Auftraggeber sollen Bewerber oder Bewerberinnen für eine angemessene Zeit bis zur nachgewiesenen Wiederherstellung ihrer Zuverlässigkeit ausgeschlossen werden, die wegen eines Verstoßes nach § 23 mit einer Geldbuße von wenigstens zweitausendfünfhundert Euro belegt worden sind. Das Gleiche gilt auch schon vor Durchführung eines Bußgeldverfahrens, wenn im Einzelfall angesichts der Beweislage kein vernünftiger Zweifel an einer schwerwiegenden Verfehlung im Sinne des Satzes 1 besteht.
(2) Die für die Verfolgung oder Ahndung der Ordnungswidrigkeiten nach § 23 zuständigen Behörden dürfen öffentlichen Auftraggebern nach § 98 Nr. 1 bis 3 und 5 des Gesetzes gegen Wettbewerbsbeschränkungen und solchen Stellen, die von öffentlichen Auftraggebern zugelassene Präqualifikationsverzeichnisse oder Unternehmer- und Lieferantenverzeichnisse führen, auf Verlangen die erforderlichen Auskünfte geben.
(3) Öffentliche Auftraggeber nach Absatz 2 fordern im Rahmen ihrer Tätigkeit beim Gewerbezentralregister Auskünfte über rechtskräftige Bußgeldentscheidungen wegen einer Ordnungswidrigkeit nach § 23 Abs. 1 oder 2 an oder verlangen von Bewerbern oder Bewerberinnen eine Erklärung, dass die Voraussetzungen für einen Ausschluss nach Absatz 1 nicht vorliegen. Im Falle einer Erklärung des Bewerbers oder der Bewerberin können öffentliche Auftraggeber nach Absatz 2 jederzeit zusätzlich Auskünfte des Gewerbezentralregisters nach § 150a der Gewerbeordnung anfordern.
(4) Bei Aufträgen ab einer Höhe von 30 000 Euro fordert der öffentliche Auftraggeber nach Absatz 2 für den Bewerber oder die Bewerberin, der oder die den Zuschlag erhalten soll, vor der Zuschlagserteilung eine Auskunft aus dem Gewerbezentralregister nach § 150a der Gewerbeordnung an.
(5) Vor der Entscheidung über den Ausschluss ist der Bewerber oder die Bewerberin zu hören.

§ 22 (weggefallen)

§ 23 Bußgeldvorschriften

(1) Ordnungswidrig handelt, wer vorsätzlich oder fahrlässig
1. entgegen § 8 Abs. 1 Satz 1 oder Abs. 3 eine dort genannte Arbeitsbedingung nicht oder nicht rechtzeitig gewährt oder einen Beitrag nicht oder nicht rechtzeitig leistet,
2. entgegen § 17 Satz 1 in Verbindung mit § 5 Abs. 1 Satz 1 des Schwarzarbeitsbekämpfungsgesetzes eine Prüfung nicht duldet oder bei einer Prüfung nicht mitwirkt,

3. entgegen § 17 Satz 1 in Verbindung mit § 5 Abs. 1 Satz 2 des Schwarzarbeitsbekämpfungsgesetzes das Betreten eines Grundstücks oder Geschäftsraums nicht duldet,
4. entgegen § 17 Satz 1 in Verbindung mit § 5 Abs. 3 Satz 1 des Schwarzarbeitsbekämpfungsgesetzes Daten nicht, nicht richtig, nicht vollständig, nicht in der vorgeschriebenen Weise oder nicht rechtzeitig übermittelt,
5. entgegen § 18 Abs. 1 Satz 1 oder Abs. 3 Satz 1 eine Anmeldung nicht, nicht richtig, nicht vollständig, nicht in der vorgeschriebenen Weise oder nicht rechtzeitig vorlegt oder nicht, nicht richtig, nicht vollständig, nicht in der vorgeschriebenen Weise oder nicht rechtzeitig zuleitet,
6. entgegen § 18 Abs. 1 Satz 3, auch in Verbindung mit Absatz 3 Satz 2, eine Änderungsmeldung nicht, nicht richtig, nicht vollständig, nicht in der vorgeschriebenen Weise oder nicht rechtzeitig macht,
7. entgegen § 18 Abs. 2 oder 4 eine Versicherung nicht, nicht richtig oder nicht rechtzeitig beifügt,
8. entgegen § 19 Absatz 1 Satz 1, auch in Verbindung mit Satz 2, eine Aufzeichnung nicht, nicht richtig, nicht vollständig oder nicht rechtzeitig erstellt oder nicht oder nicht mindestens zwei Jahre aufbewahrt oder
9. entgegen § 19 Abs. 2 eine Unterlage nicht, nicht richtig, nicht vollständig oder nicht in der vorgeschriebenen Weise bereithält.

(2) Ordnungswidrig handelt, wer Werk- oder Dienstleistungen in erheblichem Umfang ausführen lässt, indem er als Unternehmer einen anderen Unternehmer beauftragt, von dem er weiß oder fahrlässig nicht weiß, dass dieser bei der Erfüllung dieses Auftrags

1. entgegen § 8 Abs. 1 Satz 1 oder Abs. 3 eine dort genannte Arbeitsbedingung nicht oder nicht rechtzeitig gewährt oder einen Beitrag nicht oder nicht rechtzeitig leistet oder
2. einen Nachunternehmer einsetzt oder zulässt, dass ein Nachunternehmer tätig wird, der entgegen § 8 Abs. 1 Satz 1 oder Abs. 3 eine dort genannte Arbeitsbedingung nicht oder nicht rechtzeitig gewährt oder einen Beitrag nicht oder nicht rechtzeitig leistet.

(3) Die Ordnungswidrigkeit kann in den Fällen des Absatzes 1 Nr. 1 und des Absatzes 2 mit einer Geldbuße bis zu fünfhunderttausend Euro, in den übrigen Fällen mit einer Geldbuße bis zu dreißigtausend Euro geahndet werden.

(4) Verwaltungsbehörden im Sinne des § 36 Abs. 1 Nr. 1 des Gesetzes über Ordnungswidrigkeiten sind die in § 16 genannten Behörden jeweils für ihren Geschäftsbereich.

(5) Für die Vollstreckung zugunsten der Behörden des Bundes und der bundesunmittelbaren juristischen Personen des öffentlichen Rechts sowie für die Vollziehung des dinglichen Arrestes nach § 111d der Strafprozessordnung in Verbindung mit § 46 des Gesetzes über Ordnungswidrigkeiten durch die in § 16 genannten Behörden gilt das Verwaltungs-Vollstreckungsgesetz des Bundes.

Abschnitt 7
Schlussvorschriften

§ 24 Evaluation

Die nach § 7 festgesetzten Mindestentgeltsätze sind im Hinblick auf ihre Beschäftigungswirkungen, insbesondere auf sozialversicherungspflichtige Beschäftigung sowie die Schaffung angemessener Mindestarbeitsbedingungen, fünf Jahre nach Inkrafttreten des Gesetzes zu überprüfen.

§ 24a Übergangsregelung

In der Zeit vom 1. Januar 2015 bis zum 31. Dezember 2017 gilt § 1 mit der Maßgabe, dass eine Unterschreitung des nach dem Mindestlohngesetz vorgeschriebenen Mindestlohns mit den Zielen des § 1 vereinbar ist, wenn diese Unterschreitung erforderlich ist, um in der betreffenden Branche eine schrittweise Heranführung des Lohnniveaus an die Vorgaben des Mindestlohngesetzes zu bewirken und dabei faire und funktionierende Wettbewerbsbedingungen und den Erhalt sozialversicherungspflichtiger Beschäftigung zu berücksichtigen.

§ 25 Inkrafttreten, Außerkrafttreten

Dieses Gesetz tritt am Tag nach der Verkündung in Kraft.

Teil 1
Grundlagen des Streik- und Tarifrechts

Inhaltsübersicht Rn.

1. Vorbemerkungen

1 Der **Streik** ist nötig, um die Unterlegenheit der Arbeitnehmer abzumildern. Streiks dienen der Verbesserung der Arbeits- und Lebenssituation, dem sozialen Fortschritt. Sie sind ein Eckpfeiler sozialstaatlicher Demokratie (Rn. 19ff.). Streiks dienen nicht nur der Durchsetzung von Tarifverträgen (zur **rechtlichen** Beschränkung zulässiger Streiks durch die h.M. in Rspr. und Literatur auf die Durchsetzung von Tarifverträgen vgl. AKR Rn. 21ff.), aber ohne Streikrecht wären Tarifverhandlungen »kollektives Betteln« (BAG[1]). Streiks erfordern breite Zustimmung der Arbeitnehmer und Arbeitnehmerinnen zu den Zielen und deren aktive Beteiligung (Rn. 27ff.). Das Streikrecht ist verfassungs- völker- und europarechtlich garantiert (Rn. 69ff.). Die Rechtsprechung hat eine Reihe von Voraussetzungen und Grenzen entwickelt (AKR Rn. 21ff.). Gewerkschaftliche Streiks kommen in vielen Formen vor (Rn. 39ff.).

Die **Aussperrung** wird den Unternehmern – trotz ihrer realen Übermacht – von der Rechtsprechung zugebilligt (AKR Rn. 322ff.). Außerdem können die Arbeitgeber mit **Stilllegung** (AKR Rn. 316ff.) reagieren. Bei **Fernwirkungen** des Arbeitskampfes können sie ggf. den Lohn verweigern (AKR Rn. 354ff.), § 160 SGB III (früher § 146 SGB III bzw. § 116 AFG, vgl. dazu AKR Rn. 379) entzieht den betroffenen Beschäftigten in den meisten Fällen das **Kurzarbeitergeld** (AKR Rn. 386ff.). Durch freiwillige **Schlichtung** kann eine Lösung von Tarifkonflikten versucht werden (AKR Rn. 416ff.).

Es ist üblich, den Streik und die sog. atypischen Kampfmittel (vgl. Rn. 39, AKR Rn. 209ff.) der Arbeitnehmer und Arbeitnehmerinnen, alle sonstigen Austragungsformen kollektiver Arbeitskonflikte[2] sowie die Aussperrung und andere Streikabwehrmaßnahmen der Arbeitgeber zusammenfassend als »**Arbeitskampfmaßnahmen**« zu bezeichnen. In der Rspr. und juristischen Literatur werden dementsprechend der Streik, die Aussperrung usw. gemeinsam unter dem Begriff »**Arbeitskampfrecht**« behandelt. Dies kann dazu verleiten, entgegen den realen Machtverhältnissen die Kampfmittel der Arbeitgeber- und der Arbeitnehmerseite als gleich anzusehen und rechtlich entsprechend einzuordnen.[3] Trotz dieser Vorbehalte werden auch wir diese Begrifflichkeit im Folgenden verwenden.

2 **Tarifverträge regeln autonom** die Gesamtheit der Arbeits- und Wirtschaftsbedingungen. Sie sollen die **Unterlegenheit der Arbeitnehmer** durch kollektives Handeln ausgleichen und die Bedingungen abhängiger Arbeit sozial und gerecht gestalten (Rn. 49ff.). Tarifverträge sind **für die Mitglieder** der Tarifvertragsparteien **verbindlich** (§§ 3 Abs. 1, 4 Abs. 1 TVG). Tarifverträge haben **Vorrang** vor Betriebsvereinbarungen und Arbeitsverträgen,

1 BAG 10.6.80 – 1 AZR 168/79, AP Nr. 65 zu Art. 9 GG Arbeitskampf (Rn. 22).
2 Vgl. zu diesem Begriff und seiner Abgrenzung zum Begriff »Arbeitskampf« Däubler-Däubler, AKR, § 8 Rn. 1ff, 6ff.; Schaub-Treber, § 191 Rn. 5f.
3 Zur Herkunft des Begriffs vgl. Kittner, Arbeitskampf, S. 4; zum ideologischen Charakter des Ausdrucks und der Arbeitskampfparitätslehre vgl. Schmid, S. 14f.

sie müssen Grundrechte und Gesetze respektieren, können sie aber auch verbessern (Rn. 125ff.). Infolge wirtschaftlicher, sozialer und politischer Entwicklungen ändern sich die **Funktionsbedingungen** (Rn. 159ff., 196ff.); politisch motivierte Angriffe häufen sich (Rn. 212ff., 234ff.). Koalitionsfreiheit, Streikrecht und Tarifautonomie sind **verfassungs- völker- und europarechtlich gewährleistet** (Rn. 69ff.). Erkämpftes zu bewahren und Neues zu gestalten, setzt die **Kenntnis der Geschichte** voraus (Rn. 3ff.).

2. Zur Geschichte von Streik und Tarifvertrag

3 Entwicklung, Praxis und Garantie von Koalitionsfreiheit, Streikrecht und Tarifautonomie gehen auf die Auseinandersetzungen gegen die katastrophalen Zustände, Ausbeutung, Recht- und Machtlosigkeit der arbeitenden Menschen zu Beginn der Industrialisierung im 19. Jahrhundert zurück. **Rechte** wurden nicht gewährt, sondern von der Arbeiterbewegung gegen den Widerstand von Unternehmern und Staat **erkämpft**. Jedes Recht musste bzw. muss verteidigt und neu erkämpft werden, wenn es in Frage gestellt oder abgeschafft wurde bzw. werden soll. Man kann **Phasen** unterscheiden[4]: Repression, Duldung 1869, Anerkennung 1918, Repression 1933, Anerkennung 1945 – ohne, dass Errungenschaften und Rechte für immer garantiert wären.[5]

4 Dieser **Prozess** ist **in Bewegung**. Wir befinden uns in einer historischen Phase, in der fundamentale Rechte der Arbeitnehmer und Gewerkschaften eingeschränkt und zurückgedreht wurden und insbesondere vor dem Hintergrund der aktuellen **Euro- und Finanzkrise** und der **Globalisierung** neuen Gefährdungen ausgesetzt sind (§ 116 AFG – jetzt § 160 SGB III, Sozialabbau, Deregulierung, Angriffe auf die Tarifautonomie und das Streikrecht; vgl. Rn. 196ff., 234ff.). Wie die Entstehungsgeschichte belegt, sind Koalitionsfreiheit, Streikrecht und Tarifautonomie **in erster Linie Arbeitnehmer-Grundrechte**. Dies ist u.a. bei der Auslegung von Tarifverträgen (Rn. 152ff.), der Bestimmung der Reichweite der Regelungsbefugnis der Tarifvertragsparteien (vgl. TVG § 1 Rn. 154ff.), der Zulässigkeit von Streikformen und der Aussperrung (AKR Rn. 180ff. bzw. 326ff.) zu berücksichtigen.

2.1 Kaiserreich bis 1918

5 Mit der **Industrialisierung unter kapitalistischen Vorzeichen** waren zwölf bis 14 Stunden Arbeitszeit, Kinderarbeit, keine dauerhafte Beschäftigung, gesundheitsschädliche Arbeit sowie Alleinbestimmung des Unternehmers die Regel. Wer dagegen aufbegehrte oder sich mit anderen absprach, wurde vor die Tür gesetzt und/oder bekam es oft mit der Obrigkeit zu tun. Der Einzelne hatte keine Chance gegen die Macht des Kapitals; der »freie Arbeitsvertrag« verschleierte und verstärkte die Unterlegenheit. Aus dieser Erkenntnis entwickelten sich erste **gemeinsame Kämpfe** um besseren Lohn und Arbeitszeit. Sie führten zu **Koalitionen**, d.h. Zusammenschlüssen von Beschäftigten des gleichen Berufs, zu-

4 In Anlehnung an Kittner, Arbeitskampf, S. 399.

5 Vgl. zur Geschichte von Tarifautonomie und Streikrecht die Darstellungen bei Däubler-Däubler, AKR, § 1 – 6; ders., TVG Einl. Rn. 5ff.; Gamillscheg, S. 79ff.; KeZa-Kempen/Zachert, Grundl. Rn. 1ff.; Kittner, Arbeitskampf, S. 227ff.; Wiedemann-Oetker, Geschichte Rn. 1ff.

nächst auf örtlicher Ebene. 1865 wurde zunächst der Verband der Zigarrenarbeiter gegründet, weitere Berufe und Verbände sollten folgen. 1873 erreichten die Buchdrucker, nach fast vierjährigem Kampf, den ersten reichsweiten Tarifvertrag.

Der **Staat** betrachtete die sich entwickelnde Arbeiterbewegung und deren politische Ziele sowie ihre sozialen Forderungen mit Argwohn. Er reagierte widersprüchlich. Hatte er sich zunächst aus dem **Arbeitsschutz** herausgehalten, wurde 1832 die Kinderarbeit eingeschränkt. Die nach der bürgerlichen Revolution von 1848 zugelassene **Koalitionsfreiheit** wurde mit Erstarken der Reaktion beseitigt, 1869 wurden die Koalitionsverbote aber wieder aufgehoben (§§ 152, 153 GewO). Durch Kaiserliche Botschaft vom 17.11.1881 wurde die **Sozialversicherung** eingeführt, durchaus auch mit dem Ziel, die Arbeiterbewegung zu schwächen. Im gleichen Jahr folgte das **Sozialistengesetz**, was die Verfolgung der Sozialdemokraten und die Auflösung vieler Gewerkschaften nach sich zog. **Streiks** wurden geduldet, waren aber ständig durch Polizeimaßnahmen gefährdet. Das 1900 in Kraft getretene Bürgerliche Gesetzbuch erwähnte die Begriffe Arbeitsvertrag und Tarifvertrag nicht einmal. **Tarifverträge** entwickelten sich in einem rechtlichen Niemandsland, lange Zeit wurden sie wie »nicht einklagbare Spielschulden« behandelt und erst 1910 wurde die Einklagbarkeit anerkannt. 6

Die **Arbeitgeber** pochten auf ihr »natürliches Eigentumsrecht« und versuchten, die erstarkende Bewegung mit »Zuckerbrot« (freiwillige Leistungen) und »Peitsche« (Entlassung, schwarze Listen) zu ersticken. Als Reaktion auf die Bildung der Gewerkschaften gründeten sie **Antistreikvereine**, aus denen sich die Arbeitgeberverbände entwickelten. Anders als die kleingewerblich strukturierten Bau-, Druck-, Holz- und Handwerksbetriebe blieben Schwer- und Großindustrie (Chemie, Elektro, Metall, Stahl) sowie Banken und Versicherungen bei ihrer strikten **Ablehnung von Tarifverträgen.** »*Kein Blatt Papier darf sich zwischen den Unternehmer und seine Arbeiter drängen und keine werksfremde Macht vorschreiben, welche Arbeitsbedingungen der Arbeitgeber mit seinen Arbeitern vereinbart*«, sagte 1899 der saarländische Stahl- und Zechenbaron von Stumm. 7

Viele Gewerkschaften standen Tarifverträgen zunächst skeptisch bis ablehnend gegenüber (»Klassenharmonie«). Bernstein meinte, dass materielle und politische Verbesserungen auf diesem Wege nicht zu erreichen seien (»ehernes Lohngesetz«), Marx und Engels setzten dagegen auf die Verteidigung des Wertes der Arbeitskraft i.V.m. dem Kampf um die Abschaffung des Lohnsystems. **1899** akzeptierten die freien Gewerkschaften Tarifverträge als vorübergehenden »Waffenstillstand« und begrenzten Ausdruck der Anerkennung der Gleichberechtigung der Arbeitnehmer. 8

Die **Zahl der Tarifverträge** nahm um die Jahrhundertwende deutlich zu. 1906 galten ca. 3000 Tarifverträge für 900000 Beschäftigte, 1913 waren es ca. 13000 Tarifverträge für 213000 Betriebe mit 2 Mio. Beschäftigten, meistens aus dem Bau-, Druck- und Holzgewerbe. Weiße Flecken in der Tariflandschaft blieben Großindustrie und Banken (Rn. 7), bei denen es bis 1918 nahezu keine Tarifverträge gab. 9

2.2 Weimarer Republik 1918 bis 1933

In den Tagen nach der **Novemberrevolution**, die das autokratische Kaiserreich stürzte und die demokratische Republik brachte, sicherten die Arbeitgeber (auch der Schwerindustrie) den Gewerkschaften zu: Anerkennung als Verhandlungspartner, keine Unterstüt- 10 zung für sog. gelbe (unternehmerhörige) Verbände, Sicherung der Koalitionsfreiheit, Abschluss von Tarifverträgen, 8-Stunden-Tag und gleichberechtigte Mitwirkung in der Wirtschaft.[6] Ein Teil davon wurde bald darauf rechtlich abgesichert: **Tarifverträge** in der Tarifvertrags-Verordnung vom 23. 12. 1918, **Koalitionsfreiheit**, **Streikfreiheit**[7] und **Tarifautonomie** in Art. 159 und 165 der Weimarer Reichsverfassung vom 11. 8. 1919 und **Betriebsräte** im Betriebsrätegesetz von 1920. Andere Teile wurden aber nicht umgesetzt. 1922 galten Tarifverträge für ca. 900 000 Betriebe mit 14,6 Mio. Beschäftigten. Der Sturz der Republik durch rechtsgerichtete Kreise 1920 (**Kapp-Putsch**) wurde durch den **Generalstreik** der Gewerkschaften abgewendet.

11 Mit dem **Wiedererstarken der alten Kräfte** wurden Errungenschaften in Frage gestellt. In der Inflation 1922/23 konnten die Unternehmer Lohnsenkungen und längere Arbeitszeiten durchsetzen. Die Schlichtungsverordnung vom 30. 10. 1923 ermöglichte die **staatliche Zwangsschlichtung**: Tarifverträge konnten für verbindlich erklärt und damit Streiks beendet werden, auch gegen den Willen einer oder beider Seiten. Trotzdem war dies die arbeitskampfintensivste Zeit in der deutschen Geschichte.[8] Die Industrieverbände legten 1925 weitgehende Sozialabbau-Forderungen vor. Die **Ruhreisen-Aussperrung** von über 200 000 Beschäftigten gegen einen verbindlichen Schlichtungsspruch Ende 1928 war die offene Kampfansage gegen das Tarifvertragssystem und die soziale Ordnung der Republik.

12 In der **Wirtschaftskrise** ab 1929 stieg die Zahl der Arbeitslosen auf 8 Mio., ein Drittel der Beschäftigten arbeitete kurz. Mit **Notverordnungen** griff die Regierung direkt in Tarifverträge ein und senkte die Löhne. »*Durch die Angriffe des Unternehmertums … auf die Unabdingbarkeit der Tarifverträge ist das Kernstück des kollektiven Arbeitsrechts in den Brennpunkt der politischen Debatte gerückt … Deshalb zielt der Angriff … nicht einmal in erster Linie auf eine Verlagerung der wirtschaftlichen und sozialen Kräfteverteilung, er zielt der deutschen Republik mitten ins Herz, um … die Staatsordnung selbst zu stürzen*« (Ernst Fraenkel).[9] Kurz darauf waren diese Kräfte am Ziel.

2.3 NS-Zeit 1933 bis 1945

13 Die **politische Rechte** im Verein mit **Teilen des Groß- und Finanzkapitals**, die die soziale Ordnung der Republik bekämpft hatten, sahen die Zeit für einen »starken Mann« gekommen; am 30. Januar 1933 wurde die Regierungsmacht auf Hitler übertragen. Die Gewerkschaften, geschwächt, politisch zerstritten und ohne strategische Antworten auf die wirtschaftliche und politische Krise, versuchten zunächst – vergeblich –, durch Anpassung die Organisation vor dem Zugriff der Nazis zu retten. Bald nach der Ausschaltung der politischen Opposition und der Entlassung sozialistischer, demokratischer und jüdischer Beamter folgte der **Schlag gegen die freien Gewerkschaften**: Am **2. Mai 1933** wurden ihre Häuser gestürmt und das Vermögen konfisziert, hunderte Gewerkschafter wurden verhaftet, in Gefängnisse und Konzentrationslager verbracht oder umgebracht, andere in die

6 Sog. Stinnes-Legien-Abkommen v. 15. 11. 1918, RArbBl. 1918, 874.

7 Ein Streik*recht* lehnte die h.M. ab. Streiks setzten die Kündigung der Arbeitsverträge voraus. Sie wurden am Maßstab des § 826 BGB gemessen.

8 Vgl. die Zahlen bei Kittner, Arbeitskampf, S. 499.

9 Fraenkel, Die Gesellschaft 1932, 36.

Emigration gezwungen. Christliche Gewerkschaften und die Arbeitgeberverbände mussten sich selbst auflösen.

Koalitionsfreiheit und **Tarifautonomie** wurden **abgeschafft, Streiks verboten**. An die Stelle von Gewerkschaften und Arbeitgeberverbänden trat die »**Deutsche Arbeitsfront**«, ein Zwangssyndikat, das im Auftrag der NSDAP handelte. Zwölf Jahre herrschten »Ruhe und Ordnung«. In den Betrieben wurde das »**Führerprinzip**« eingeführt. Die Arbeitnehmer wurden im Nazi-Jargon zur »Gefolgschaft«, das Millionenheer der Zwangsarbeiter stand außerhalb. Statt Betriebsräten gab es einflusslose »Vertrauensräte«. Tarifverträge wurden durch **Tarifordnungen** ersetzt, die von einem (staatlichen) »Treuhänder der Arbeit« erlassen wurden – betriebliche Regelungen hatten Vorrang. 1938 wurde der im Krieg verfügte **Lohnstopp** vorbereitet. 14

2.4 Nach 1945: Demokratischer Neubeginn

Bald nach der Befreiung vom Faschismus bildeten sich, von den Besatzungsmächten z.T. misstrauisch beobachtet, erneut Gewerkschaften und Betriebsräte. Länderverfassungen garantierten Koalitionsfreiheit, Tarifautonomie und Streikrecht (in Hessen wurde die Aussperrung verboten) sowie die Mitbestimmung der Arbeitnehmer in der Wirtschaft. Die von breiten Kräften geforderte »**Neuordnung von Grund auf**« scheiterte zunächst am Veto der US-Besatzungsmacht, dann wurde sie von wieder erstarkten restaurativen Kräften verhindert. Die Gewerkschaften konnten sich im Westen 1948 überregional konstituieren, nach Ende des Lohnstopps im November 1948 nahm die Verhandlung von Tarifverträgen zu. 15

In den **Westzonen** bestand über das **Streikrecht** im Parlamentarischen Rat im Grundsatz Übereinstimmung. Man konnte sich aber nicht über die Grenzen und einen evtl. Gesetzesvorbehalt (z.B. betr. Beamte, »politische« Streiks) einigen. Daraufhin verzichtete man auf eine ausdrückliche Streikregelung.[10] Heute ist die **verfassungsrechtliche Garantie** des Streikrechts anerkannt (vgl. Rn. 72ff.). 16

Ende 1947 begannen die Vorarbeiten für das **TVG**. Letztlich entschieden sich Gewerkschaften, Arbeitgeber und Parteien für die »liberale« Variante der »**autonomen Gestaltung** von Arbeit und Wirtschaft durch die Tarifvertragsparteien« – ohne staatliche Beteiligung.[11] Das TVG trat am 22.4.1949 in Kraft, wenige Wochen vor dem Grundgesetz.

In der **Ostzone** wurden Gewerkschaften im Juni 1945 zugelassen, Arbeitgeberverbände dagegen nicht. **Tarifverträge** wurden zunächst mit der Arbeitgeberseite der IHK vereinbart. Leistungs- und Produktivitätssteigerung standen bald an erster Stelle. In der **DDR** entstand eine **staatssozialistische Wirtschaftsordnung**, in der für Streiks und Tarifautonomie offiziell kein Platz war. Arbeitskonflikte und bisweilen auch Streiks gab es trotzdem, wie z.B. am 17. Juni 1953. Löhne und Arbeitsbedingungen wurden von staatlichen Organen nach Vereinbarung mit den Gewerkschaften festgelegt. Gewerkschaften und Kollektivverträge hatten andere Funktionen als »im Westen« (vgl. Arbeitsgesetzbuch von 1977). Nach der »Wende« verabschiedete die DDR-Volkskammer im März 1990 ein Ge- 17

---

10 Zu den Entwürfen und Diskussionen vgl. Blanke u.a., Bd. 2, S. 200 ff; Däubler-Däubler, AKR § 6 Rn. 10ff.; Kittner, Arbeitskampf, S. 567ff.

11 Vgl. dazu Nautz; Kittner, Arbeitskampf, S. 560ff.; die Entwürfe sind dokumentiert bei Herschel, ZfA 1973, 129ff., 183ff. u. Wiedemann-Oetker, TVG, Geschichte Rn. 22ff.

werkschaftsgesetz, ab Juli 1990 galt das TVG (vgl. TVG § 13 Rn. 2), ab Oktober 1990 das Grundgesetz.

18 **Zeittafel zur Geschichte von Streik und Tarifvertrag**

Mitte 19. Jhd.:	Übergang von handwerklicher zu kapitalistisch-industrieller Produktion. In den Kämpfen und Streiks um die Arbeitsbedingungen gründen sich Koalitionen/Gewerkschaften
1865	Verband der Zigarrenarbeiter gegründet
1869	Aufhebung der Koalitionsverbote
1873	erster Tarifvertrag (Buchdrucker)
1878–1890	Sozialistengesetz
ab 1895	zahlreiche Streiks, auch in den »tariffreien« Branchen, wie z.B. Bergbau, Schwerindustrie
1899	Gewerkschaften erklären – nach kontroversen Debatten – Tarifverträge zum erstrebenswerten Ziel
1910	Organisationsgrad ca. 12 %; Tarifverträge für ca. 2 Mio. Beschäftigte; praktisch keine Tarifverträge in Großindustrie und Banken
1918/20	November-Revolution: Anerkennung der Gewerkschaften und Tarifverträge, 8 Stunden-Tag; Weimarer Verfassung: Koalitions- und Streikfreiheit, Tarifautonomie TarifvertragsVO: Tarifverträge rechtsverbindlich; staatliche (Zwangs-) Schlichtung Betriebsrätegesetz
1933–1945	Hitler-Faschismus zerschlägt und verfolgt Gewerkschaften, schafft Betriebsräte und Tarifverträge ab; stattdessen: »Deutsche Arbeitsfront« (DAF) und »Tarifordnungen«, im Krieg Lohnstopp
1945	Alliierte heben NS-Gesetze auf, erlauben – zögernd – Gewerkschaften; nach und nach wieder Streiks und Tarifverträge

	West		Ost
1949	TVG; GG Art. 9 Abs. 3		
1952	BetrVG	1954	RKV Metallindustrie
		1958	Gesetzbuch der Arbeit
1972	BetrVG		
		1977	Arbeitsgesetzbuch
1986	AFG § 116 (heute § 160 SGB III)		
		1990	12 März: Tarif- und Gewerkschaftsgesetz 1. Juli: TVG (West) gilt erste Tarifverträge; 3. Oktober: GG gilt
		1990/91	»Übertragung« der Tarifverträge
		ab 1993	Streiks für Angleichung der Tarifverträge

2003/2004 rechtspolitische Forderungen zur Aushöhlung der Tarifautonomie durch gesetzliche Öffnungsklauseln zur Zulassung ungünstiger betrieblicher Abweichungen von den Tarifverträgen konnten abgewehrt werden.

2010 gemeinsame Initiative von BDA und DGB für eine gesetzliche Regelung der Tarifeinheit im Betrieb nach dem Mehrheitsprinzip und Einschränkung des Streikrechts der Minderheitsgewerkschaft, die nach Widerstand von Teilen der Gewerkschaften und massiver Kritik aus den Kreisen der Rechtswissenschaft und Arbeitsgerichtsbarkeit von der Bundesregierung nicht umgesetzt wurde

2014 Inkrafttreten des Tarifautonomiestärkungsgesetzes v. 11. 8. 2014,[12] mit dem vor allem durch das Mindestlohngesetz (MiLoG) ein flächendeckender gesetzlicher Mindestlohn in Höhe von 8,50 Euro eingeführt und die Allgemeinverbindlichkeitserklärung von Tarifverträgen (s. § 5 TVG) erleichtert wurde.

2015 Inkrafttreten des Tarifeinheitsgesetzes v. 3. 7. 2015,[13] mit dem durch die Ergänzung des TVG durch die neue Vorschrift des § 4a TVG bei Tarifpluralität die ausschließliche Anwendung des von der Mehrheitsgewerkschaft abgeschlossenen Tarifvertrages im Betrieb angeordnet wird, verbunden mit einer indirekten Einschränkung des Streikrechts der Minderheitsgewerkschaft.
Forderungen nach einer gesetzlichen Einschränkung des Streikrechts in der Daseinsvorsorge aus den Arbeitgeberverbänden, der CDU/CSU und Teilen der Rechtswissenschaft.
Ca. 70 000 Tarifverträge (viele mit Öffnungsklauseln), davon ca. 40 000 Firmentarifverträge und ca. 500 für allgemeinverbindlich erklärte Tarifverträge[14]

3. Streik

3.1 Funktionen des Streiks

Streiks sollen die **Unterlegenheit** der abhängig Beschäftigten im Vergleich zu den Unternehmern abmildern. Sie basieren auf dem Interessengegensatz zwischen Kapital und Arbeit. Die Unternehmer verfügen über Produktionsmittel und haben damit die Macht, über Einkommen, Arbeitsplätze, Investitionen, Produktionsprozesse und Arbeitsergebnisse zu bestimmen. Die Arbeitnehmer sind existenziell auf Arbeit und die Verwertung ihrer Arbeitskraft angewiesen. **19**

Angesichts des **strukturellen Machtgefälles** sind die Interessen an Arbeit, existenzsicherndem Einkommen usw. nicht durch individuellen Einsatz oder Protest, sondern nur durch **gemeinsames Handeln** vieler zu erreichen. Koalitionen oder Gewerkschaften bilden sich oft während eines Konflikts oder eines Streiks gegen einen oder mehrere Un- **20**

12 BGBl. I S. 1348.
13 BGBl. I S. 1130.
14 WSI-Tarifarchiv 2015 (Quelle BMA-Tarifregister Stand 31. 12. 14 [1. 1. 14 für allgemeinverbindliche Tarifverträge]).

ternehmer. Streiks sind ein Mittel, um den Machtvorsprung der Unternehmer einzuschränken. Solange die Ursachen für die Unterlegenheit in der Wirtschafts- und Eigentumsordnung bestehen und sich sogar verschärfen (vgl. Rn. 159ff.), ist fraglich, ob damit strukturell ein Gleichgewicht hergestellt werden kann.[15] Die durch Streik und Streikrecht ermöglichte Austragung der Arbeitskonflikte auf »gleicher Augenhöhe« wird in Frage gestellt, wenn den Unternehmern die Aussperrung zur Verfügung steht (vgl. AKR Rn. 322ff.).

21 Streiks sollen die **einseitige Festsetzung** (das »Diktat«) der Arbeits- und Wirtschaftsbedingungen durch die Unternehmer **verhindern**. Die Arbeitnehmer entziehen dem Unternehmer die Arbeitskraft, die dieser braucht. Sie setzen damit einerseits den Lohn aufs Spiel, auf den sie existenziell angewiesen sind, andererseits wird ihnen ermöglicht, sich für ihre Interessen einzusetzen und Einfluss auf Arbeits- und Wirtschaftsbedingungen, auf ausreichenden Lohn und menschliche Arbeitszeiten auszuüben. Dies ist Ausdruck **kollektiver Selbstbestimmung.**

22 Im Gegensatz zu Aussperrungen waren und sind Streiks oftmals Motor **sozialen Fortschritts**: z.B. Verkürzung der Arbeitszeit von 14 auf 8 Stunden täglich, von 60 über 40 auf 35 Stunden, Lohnfortzahlung bei Krankheit oder Kündigungsschutz für Ältere.

23 Die **wirtschaftliche Funktion** besteht darin, dass der marktwirtschaftliche Mechanismus der Preisbildung der Ware Arbeitskraft durch kollektive Interessenvertretung und Streikrecht partiell außer Kraft gesetzt wird. Der angemessene Anteil am Volkseinkommen bestimmt sich somit teilweise nach dem Kräfteverhältnis zwischen den Sozialparteien.

24 **Politisch** ermöglichen Gewerkschaften und Streiks **Gegenmacht**, also ein Gegengewicht gegen die unkontrollierte wirtschaftliche und politische Macht des Unternehmertums (das verlangt mehr, als das Paritätskonzept zugesteht, vgl. AKR Rn. 3ff.). Das wird besonders deutlich bei Arbeitsniederlegungen wegen aus kurzfristigen Gewinnmotiven getroffenen Konzernbeschlüssen (z.B. Verlagerungen) oder als unsozial bewertetem Regierungshandeln. Wirtschaftliche Macht zu kontrollieren und einzuschränken sowie alle Lebensbereiche einschließlich der Wirtschaft zu demokratisieren, ist auch eine Forderung des **Sozialstaatsprinzips** (Art. 20 GG; vgl. Rn. 58).[16]

25 Die **soziale Funktion** wird bei den meisten Streiks sichtbar. Sie werden zwar um konkrete Inhalte und Ziele geführt, es stellt sich aber immer auch die betriebliche und gesellschaftliche Macht- und Herrschaftsfrage. Ein Streik bedeutet nicht nur die Störung des Produktionsprozesses, sondern **praktizierte Solidarität** und auch ein politisches Kräftemessen. Er hinterfragt die Gerechtigkeit der Einkommens- und Vermögensverteilung in der globalisierten Marktwirtschaft, macht Widersprüche zwischen den Gewinn- und Lohninteressen transparent, stellt den **Herrschaftsanspruch der Unternehmer** über die Arbeitskraft, die Menschen, die Arbeitsorganisation und die Wirtschaft in Frage. Es wird sichtbar, dass es auch anders geht. Das ist auch für das **betriebliche Machtgefüge** nach Ende des Streiks wichtig. »Der Streik ist tendenziell immer Auflehnung gegen diese gesellschaftlichen Verhältnisse und damit auch immer ein Akt der Befreiung von ihnen. Den Doppelcharakter der Arbeit unter kapitalistischen Produktionsverhältnissen bricht ein Streik

15 HK-ArbR-Hensche, Art. 9 GG Rn. 27.
16 BVerfG 9.2.10 – 1 BvL 1/09, 1 BvL 3/09, 1 BvL 4/09, NJW 10, 505.

auf«.[17] Die Störung des »Normalzustandes«, des Betriebsfriedens und der aufgekündigten Loyalität ist für viele Arbeitgeber schwerer zu bewältigen als vorübergehender Umsatzausfall.[18]

Streiks haben die Funktion, **Konflikte zu lösen**, die sonst nicht lösbar sind, z.B. bei festgefahrenen Tarifverhandlungen. Die Alternative hieße staatliche Lohnfestsetzung, Zwangsschlichtung oder unternehmerisches Diktat, allesamt Vorgehensweisen, die aus demokratischen, sozialen und verfassungsrechtlichen Gründen abzulehnen sind. 26

3.2 Soziale Bedingungen für Streiks

Ein Streik kann nicht auf Knopfdruck, etwa von einem Gewerkschaftsvorstand, ausgelöst werden. Im Gegenteil – es gibt »**nichts demokratischeres als den »Streik**«.[19] Die wichtigsten Bedingungen sind: 27

- Die Mitglieder und ihre Angehörigen müssen von den Forderungen und ihrer Durchsetzbarkeit überzeugt sein;
- sie müssen bereit sein, sich aktiv dafür einzusetzen und ggf. Opfer zu bringen;
- Die Gewerkschaft muss über eine ausreichende Basis nicht nur in der Branche, sondern in jedem Streikbetrieb verfügen;
- Auch nicht und anders Organisierte sowie die Öffentlichkeit, vor allem die Medien, spielen eine große Rolle;
- Die wirtschaftlichen, betrieblichen und politischen Bedingungen für Druckausübung durch einen Streik müssen gegeben sein.

Die »**Folgebereitschaft**« muss grundsätzlich während des gesamten Konflikts bestehen, auch bezüglich der passiv in den Konflikt (z.B. durch Aussperrung) Einbezogenen. Dem dienen Information, Aufklärung, Mobilisierung, Beteiligung, Warnstreiks, Urabstimmung u.a. (vgl. AKR Rn. 235ff.).

Die Überzeugung von der **Berechtigung der Streikziele** und der Möglichkeit ihrer Durchsetzung muss tagtäglich aufs Neue bestätigt und gegenüber Unorganisierten, Streikbrechern, Arbeitgebern und Öffentlichkeit unter Beweis gestellt werden. 28

Die Streikenden müssen bereit sein, ihre **Meinung gegenüber dem Arbeitgeber** zu vertreten und sich mit den Antistreikmaßnahmen sowie Streikbrechern auseinanderzusetzen. Dies ist gerade in Klein- und Mittelbetrieben, wo persönliche Bindungen eine größere Rolle spielen, nicht so einfach, stärkt aber das Selbstwertgefühl. Denn das Direktionsrecht des Arbeitgebers wird sichtbar in Frage gestellt. 29

Über den Kreis der Streikenden hinaus ist **Solidarität** und Unterstützung durch die Beschäftigten des Betriebs und der Branche vonnöten, auch und besonders die der Spezialisten mit hoher Durchsetzungskraft. Ebenso wichtig ist ein Mindestmaß an Verständnis in der **Öffentlichkeit**[20]. Das Angewiesensein auf Beschäftigung und Lohn, die Furcht vor Konkurrenznachteilen, wird vom Streik nur überlagert. 30

17 Weick, S. 100.
18 Däubler-Däubler, AKR § 8 Rn. 34 m.w.N.; Hoffmann, S. 215.
19 Däubler-Wolter, AKR § 16 Rn. 1.
20 Beides war problematisch z.B. im Metallstreik Ost 2003; vgl. R. Schmidt, Prokla 132, 449.

31 Ein Streik setzt die **Bereitschaft** voraus, **materielle Opfer** zu bringen. Die gewerkschaftliche **Streikunterstützung** gleicht den Lohnverlust nur teilweise aus. Einem Streik bis zum Sankt-Nimmerleins-Tag sind schon von daher Grenzen gesetzt, besonders wenn Nichtstreikende mit ungeschmälertem Einkommen oder einer Extra-Prämie (vgl. AKR Rn. 301, 508) nach Hause gehen.

32 **Wirtschaftlich** muss der Streik »weh tun« und **Druck auf Arbeitgeber** und Arbeitgeberverbände ausüben (können). Phasen der Absatzflaute oder zurückgehender Konjunktur schaffen keine günstigen Bedingungen. Technologische Veränderungen (z.B. neue Satztechniken in der Druckindustrie), veränderte Zusammensetzung der Belegschaften (z.B. mehr prekäre Beschäftigungsverhältnisse, vgl. dazu Rn. 159ff.), neue Logistik- und Produktionskonzepte (Möglichkeit der Verlagerung von Produktion und Dienstleistungen, ggf. ins Ausland) können die Gewichte verschieben. Besonders in Dienstleistungsbetrieben wiegt der Imageschaden für manche Arbeitgeber schwerer als der wirtschaftliche Verlust. Massenarbeitslosigkeit erschwert Streiks, macht sie aber nicht unmöglich.[21]

3.3 Streiks und Streikzahlen

33 Nach 1945 entwickelten sich tarifbezogene Streiks nur schleppend, weil andere Themen vorrangig waren und wegen des bis Ende 1948 bestehenden Lohnstopps. In der Bundesrepublik waren vor allem folgende **Streiks (und Aussperrungen) um Arbeitsbedingungen** von Bedeutung:[22]

1950	Baugewerbe Hessen
1951	18000 Landarbeiter in Niedersachsen; 80000 Metallarbeiter in Hessen
1952	Druckindustrie, 51000 Beteiligte
1953	Textilarbeiterstreik in Westfalen; 18 Netzemacher streiken wochenlang gegen Hochseefischereibetrieb, »Vorlage« für BAG 28.1.55 (vgl. AKR Rn. 326)
1953	15000 Werftarbeiter in Bremen
1954	Tischler in Hessen
1954	Bayernstreik in der Metallindustrie, ca. 100000 Beteiligte
1956	12000 Holzarbeiter in Ostwestfalen-Lippe
1956/57	16 Wochen Streik der Metaller in Schleswig-Holstein für Lohnfortzahlung bei Krankheit, »Vorlage« für BAG vom 31.10.58 (vgl. AKR Rn. 258)
1958	14000 Textilarbeiter/innen in Niedersachsen und Hessen
1962	6000 Beschäftigte in der Papierindustrie
1963	Metallerstreik in Baden-Württemberg; erste Flächenaussperrung seit 1928 (vgl. Rn. 11), »für die das BAG 1955 ohne viel Nachdenken die Schleusen geöffnet hatte«[23]
1967	Croupiers einer Spielbank, »Vorlage« für BAG 21.4.71 (vgl. AKR Rn. 326)
1967	Hessische Gummiindustrie, 13000 Beteiligte
1969	Spontane, nicht gewerkschaftliche »September-Streiks« für höhere Löhne

21 Vgl. Detje u.a., S. 25ff., 101ff.; Boll, S. 492ff.
22 Vgl. zum Ganzen Detje u.a., S. 111ff.; Gamillscheg, S. 917; Boll, S. 482ff.; Kittner, Arbeitskampf, S. 603ff., 647ff.; WSI Tarifhandbuch 2010, S. 141ff.
23 Gamillscheg, S. 918.

1971	Chemische Industrie
1971	Lohnstreik der Metaller in Baden-Württemberg wird mit Aussperrung beantwortet, über 100 000 werden außerhalb des Kampfgebietes beschäftigungslos (»kalte Aussperrung«, vgl. AKR Rn. 380)
1973	Neun Tage Streik für Humanisierung der Arbeit und Kündigungsschutz für Ältere (Lohnrahmentarifvertrag II in der Metallindustrie Nordwürttemberg)
1974	Streik im öffentlichen Dienst, ca. 200 000 Beschäftigte
1974	Metallindustrie Unterwesergebiet, ca. 30 000 Beteiligte
1975	Fluglotsen-»Bummelstreiks«[24]
1976	Tischlerstreik in Norddeutschland
1976	Streik in der Druckindustrie, Aussperrung
1978	Streik in den Seehäfen, 19 000 Beschäftigte
1978	Streiks in der Metallindustrie Baden-Württemberg und der Druckindustrie wegen Rationalisierungsschutz und neuer Techniken; Massenklagen gegen die Aussperrung (vgl. AKR Rn. 326 ff.)[25]
1978/79	Streik (und Aussperrung) in der Stahlindustrie NRW für den Einstieg in die 35-Stunden-Woche; Ergebnis u. a. sechs Wochen Urlaub
1980	Modellbauerhandwerk Berlin
1980	Postlerstreik; Beamte werden auf bestreikten Arbeitsplätzen eingesetzt (vgl. AKR Rn. 462, 507)[26]
1981	Warnstreiks im Rahmen der »neuen Beweglichkeit« in der Metall- und Elektroindustrie und in anderen Branchen (AKR Rn. 239 f.)[27]
1984	Streik in der Metallindustrie (Nordwürttemberg und Hessen) und in der Druckindustrie für die 35-Stunden-Woche; sieben bzw. 13 Wochen; hohe Aussperrungszahlen; ca. 370 000 Beschäftigte kalt ausgesperrt und Bundesanstalt zahlt rechtswidrig kein Kurzarbeitergeld[28]; 1986 wird der damals geltende § 116 AFG (jetzt: § 160 SGB III) verschlechtert (AKR Rn. 380 ff.)[29]
1985	Sanitärhandwerk NRW: Arbeitszeitverkürzung
1990	Dreitägiger Streik bei der Reichsbahn wegen Arbeitszeit
1992	Streik im öffentlichen Dienst (BAG-Urteile zur sog. Stilllegung, vgl. AKR Rn. 316 ff.)
1993	Streik in der ostdeutschen Metall- und Stahlindustrie wegen der fristlosen Kündigung des Stufentarifvertrags Streik bei der Computerfirma DEC, Streik bei Banken Kurze befristete Streiks in wechselnden Abteilungen der Druck-

24 BGH 16. 6. 77 – III ZR 179/75; 31. 1. 78 – VI ZR 32/77, AP Nrn. 53, 61 zu Art. 9 GG Arbeitskampf.
25 BAG 10. 6. 80 – 1 AZR 822/79, 1 AZR 168/79, 1 AZR 331/79, 1 AZR 690/79, AP Nrn. 64–67 zu Art. 9 GG Arbeitskampf.
26 BAG 10. 9. 85 – 1 AZR/262/84, AP Nr. 86 zu Art. 9 GG Arbeitskampf; BVerwG 10. 5. 84 – 2 C 18/32, AP Nr. 87 zu Art. 9 GG Arbeitskampf; BVerfG 2. 3. 93 – 1 BvR 1213/85, AP Nr. 126 zu Art. 9 GG Arbeitskampf.
27 BAG 12. 9. 84 – 1 AZR 342/83, DB 84, 2563; 21. 6. 88 – 1 AZR 651/86, DB 88, 1952.
28 S. BSG 5. 6. 91 – 7 RAr 26/89, NZA 91, 982.
29 Dazu BVerfG 4. 7. 95 – 1 BvF 2/86, 1 BvF 1/87, 1 BvF 2/87, 1 BvF 3/87, 1 BvF 4/87, 1 BvR 1421/86, AuR 96, 33.

	industrie für freies Wochenende (»Wellenstreik«-Urteile des BAG, vgl. AKR Rn. 525)
1993	Streik im Kfz-Handwerk für kürzere Arbeitszeit
1995	Streik in der Metallindustrie Bayern, vor allem gegen Endhersteller
2002	Metall- und Elektroindustrie Baden-Württemberg und Berlin-Brandenburg (jeweils auf einen Tag befristete Streiks, ca. 200 Betriebe, 200 000 Beschäftigte)
2002	Baugewerbe
2003	Neue Bundesländer: Stahlindustrie Stufenplan zur 35-Stunden-Woche; in der Metallindustrie wird der Streik ohne Ergebnis abgebrochen Heidelberger Druckmaschinen in Kiel wegen Sozialtarifvertrag[30] BDA und konservative Kräfte fordern Einschränkung der Tarifautonomie und des Streikrechts (vgl. Rn. 212 ff., 217 f., 234 ff.)
2004	Redakteure, Abwehr von Verschlechterungen; Einzelhandel
2005	Versicherungen; Uni-Kliniken Baden-Württemberg
2006	Gate Gourmet sechs Monate wegen Tarifvertrag; Öffentlicher Dienst Gemeinden Abwehr Arbeitszeitverlängerung, Länder Übernahme TVöD; Ärzte; AEG Nürnberg, Bosch-Siemens Hausgeräte Berlin u. a. für Sozialtarifvertrag (AKR Rn. 31 ff.)
2007	Baugewerbe Nord; Einzelhandel: Entgelt und Spätarbeit; Telekom; Lokführer[31]
2008	Öffentlicher Dienst; Lufthansa (Boden u. Kabine)
2009	Erzieher und Erzieherinnen im kommunalen Öffentlichen Dienst wegen Gesundheitsschutz; Reinigungskräfte wegen Entgelt
2010	Papier und Pappe verarbeitende Industrie und RWE-Tarifgruppe wegen Entgelt
2011	Telekom wegen Entgelt und Beschäftigungssicherung (ca. 80 000 Streikende); Druckindustrie wegen Entgelt und unveränderter Wiederinkraftsetzung des Manteltarifvertrages (ca. 10 000 Streikende); Einzelhandel wegen Entgelt und Leiharbeit (ca. 90 000 Streikende)
2012	Öffentlicher Dienst des Bundes und der Kommunen wegen Entgelt (über 300 000 Streikende); Warnstreiks in der Metall- und Elektroindustrie (ca. 800 000 Streikende)
2013	Einzelhandel (Streikaktionen in mehr als 950 Betrieben wegen der Wiederinkraftsetzung des von den Arbeitgebern gekündigten Manteltarifvertrages); Warnstreiks in der Tarifrunde der Metall- und Elektroindustrie (über 700 000 Streikende); Warnstreiks in der Tarifrunde des Öffentlichen Dienstes der Länder (ca.150 000 Streikende, darunter mehr als zehntausend von der GEW aufgerufene Lehrerinnen und Lehrer)
2014	Warnstreiks in der Tarifrunde des Öffentlichen Dienstes des Bundes und der Kommunen (ca. 300 000 Streikende); mehrere befristete Streiks der Lokomotivführer (GDL) bei der der Deutschen Bahn AG wegen Entgelterhöhungen, Arbeitszeitverkürzung und Durchsetzung eigenständiger Tarifverträge und

30 BAG 24. 4. 07 – 1 AZR 252/06, AiB 07, 732.
31 Sächsisches LAG 2. 11. 07 – 7 SaGa 19/07, AuR 08, 64.

der Piloten (VC) bei der Lufthansa AG wegen des Erhalts der Ruhestandsregelungen (jeweils mehrere tausend Streikende)

2015 Warnstreiks in der Tarifrunde der Metall- und Elektroindustrie wegen Entgelt und Bildungsteilzeit (ca. 870 000 Streikende); Warnstreiks in der Tarifrunde des Öffentlichen Dienstes der Länder wegen Entgelt und Abwehr einer Kürzung der betrieblichen Altersversorgung (ca. 250 000 Streikende); Warnstreiks und unbefristeter Streik wegen tariflicher Aufwertung der Beschäftigten des Sozial- und Erziehungsdienstes der Kommunen mit dem Schwerpunkt auf Kindertagesstätten (mehrere zehntausend Streikende); Streik der Beschäftigten der Deutschen Post AG wegen einer Verkürzung der Wochenarbeitszeit aus Anlass der Ausgliederung der Paketzustellung (mehrere zehntausend Streikende); einwöchiger Streik der GDL bei der Deutschen Bahn AG wegen Entgelterhöhungen, Arbeitszeitverkürzung und Durchsetzung eigenständiger Tarifverträge (mehrere tausend Streikende)

Politische Streiks/Demonstrations-/Proteststreiks:[32] **34**

1946 Firma Bode Panzer, Hannover, wegen Mitbestimmungsrechten

1947 ca. 300 000 Bergarbeiter an der Ruhr

1948 ca. 9 Millionen, Proteststreik für höhere Löhne, Mitbestimmung, Sozialisierung

1951 Streikaufruf in Bergbau und Stahlindustrie für Montanmitbestimmung

1952 2-tägiger Zeitungsstreik gegen rückschrittliches Betriebsverfassungsgesetz (»Vorlage« für die Nipperdey'sche Sozialadäquanzlehre und »Eingriff in Gewerbebetrieb«, vgl. AKR Rn. 190)

1953 Aufruf wegen Arbeiteraufstand am 17. Juni in der DDR

1955 Aufruf gegen Liquidierung der Montanmitbestimmung

1961 DGB-Aufruf wegen Mauerbau

1972 Proteststreiks gegen Misstrauensvotum zum Sturz Willy Brandts

1977 DGB-Aufruf wegen Ermordung des BDA-Präsidenten Schleyer

1979 RFFU-Aufruf zu 4-stündigem Protest gegen Zerschlagung des NDR[33]

1983 DGB-Aufruf »5 Mahnminuten für den Frieden«

1986 mehrere Hunderttausende folgen dem DGB-Aufruf gegen Verschlechterung des § 116 AFG[34]

1993 DGB-Aufruf »Aktion Gegenwehr« gegen Sozialabbau

1996 Arbeitsniederlegungen wegen Absenkung der gesetzlichen Lohnfortzahlung

2000 Arbeitsniederlegungen aus Protest gegen die Rentenreform

2003 Arbeitsniederlegungen gegen Einschränkung der Tarifautonomie

2006 Hafenarbeiterproteste gegen EU-Deregulierung »Port Package II«

2007 Proteste gegen »Rente mit 67«.

---

32 Vgl.dazu auch die Übersicht zur Streikpraxis bei Däubler-Däubler, AKR § 13 Rn. 51; Gamillscheg, S. 922f.

33 Untersagt von LAG München 19.12.79 – 9 Sa 1015/79, NJW 80, 957.

34 Zu den ArbG-Urteilen: Wolter, AiB 86, 81.

35 Die (auszugsweise) **Streik-Statistik** belegt, dass **in Deutschland relativ wenig** gestreikt wird. Durch **Streik und Aussperrung** fielen in folgendem Umfang Arbeitstage (in 1000 bzw. Mio) aus:

Jahr	ausgefallene Arbeitstage	Jahr	ausgefallene Arbeitstage
1963	1,84 Mio	1999	79000
1969	249000	2000	11000
1971	4,48 Mio	2001	27000
1972	66000	2002	310000
1976	534000	2003	163000
1978	4,28 Mio	2004	51000
1981	58000	2005	19000
1984	5,6 Mio	2006	429000
1990	364000	2007	286000
1992	1,5 Mio	2008	132000
1993	608000	2009	64000
1994	229000	2010	26000
1995	247000	2011	70000
1996	98000	2012	86000
1997	53000	2013	150000
1998	16000		

Quelle: Bundesarbeitsministerium/ Bundesagentur für Arbeit

Das Wirtschafts- und Sozialwissenschaftliche Institut (WSI) weist teilweise höhere Zahlen aus (Ausfalltage [in 1000]):[35] *2002*: 515000; *2005*: 175000; *2006*: 1607000; *2007*: 725000; *2008*: 542000; *2009*: 398000; *2010*: 173000; *2011*: 304000; *2012*: 630000; *2013*: 550000; *2014*: 392000.[36]

Im **Durchschnitt der Jahre 1949 bis 1975** gingen pro Jahr und Arbeitnehmer **17 Minuten** Arbeitszeit durch Streik verloren. Selbst in dem streikintensivsten Jahr 1984 war der – überwiegend durch Aussperrung verursachte – Arbeitsausfall nicht größer als der durch ¼ Feiertag. Die amtliche Statistik unterscheidet nicht mehr zwischen Streik und Aussperrung. Sie zählte früher nur die Arbeitnehmer als ausgesperrt, die vorher nicht streikten; sie müsste bis zu einem Drittel, teilweise bis zur Hälfte mehr Ausgesperrte ausweisen.[37]

35 Zur Methode der Arbeitskampfstatistik des WSI s. die Einzelheiten unter http://www.boeckler.de/wsi-tarifarchiv_42406.htm

36 WSI-Tarifhandbuch 2010, S. 149; http://www.boeckler.de/wsi-tarifarchiv_42406.htm

37 Däubler-Däubler, AKR, § 8 Rn. 31 ff.; Gamillscheg, S. 923 f.; Kalbitz, S. 11 ff.; Kittner, Arbeitskampf, S. 561 ff.; WSI-Tarifhandbuch 2008, S. 127 ff.; zur Aussagekraft der offiziellen Statistik vgl. Däubler-Däubler, a.a.O., Rn. 33.

Firmenbezogene Streiks nehmen zu, sie werden teilweise heftig geführt und sind nicht selten mit Maßregelungen der Streikenden und rechtlichen Auseinandersetzungen um die Verhinderung von Streikbrecherarbeit verbunden. Die **Gründe** dafür sind u.a.: Dezentralisierung der Tarifpolitik, steigende Zahl von Firmentarifverträgen (vgl. Rn. 183); das Bemühen, nach Verbandsautritt, Wechsel in OT-Status, Privatisierung, Aufspaltung oder Umwandlung, um Verschlechterungen abzuwehren und wieder eine Tarifbindung herzustellen, bei Betriebsverlagerung/-stilllegung zumindest die sozialen Folgen zu regeln. Die zum Teil beträchtliche **Dauer** der Firmenstreiks erklärt sich u.a. aus der teilweise irrationalen Art der Konfliktaustragung durch Arbeitgeber, grundsätzliche Ablehnung von Tarifverträgen und auch durch die Billigung von Streikbruchaktivitäten der Arbeitgeber durch die Rechtsprechung;[38] zur Erstreikbarkeit von Tarifverträgen bei Verbandsmitgliedschaft des Arbeitgebers vgl. AKR Rn. 47ff. 36

Beispiele: 37

Fa. Amazon Versandhandel wegen erstmaliger Tarifbindung;[39] Fa. Neupack Verpackungen GmbH & Co. KG wegen erstmaliger Tarifbindung[40]; Fa. Zamek nach Tarifflucht[41]; Fa. LNK Klinik wegen Tarifvertrag für Pflegekräfte[42]; Fa. Deutsches Rotes Kreuz Blutspendedienst West wegen erstmaliger Tarifbindung[43]; Fa. Bauer Druck wegen Schließung[44]; Fa. Vacuumschmelze nach Tarifflucht[45]; Fa. Sparkassen-Informationssysteme wegen Schließung[46]; Telekom wegen Auslagerung[47]; Fa. Walcker Offset wegen Anerkennungstarifvertrag[48]; Fa. Gate Gourmet sechs Monate Streik nach Tarifflucht; AEG-Elektrolux, BSHG und CNH Baumaschinen wegen Betriebsstilllegung bzw. Verlagerung (Sozialtarifvertrag); Fa. Otis wegen Betriebsstilllegung (Sozialtarifvertrag)[49]; Fa. Cinemaxx wegen Tarifbindung nach Verbandsaustritt[50]; Fa. Heidelberger Druckmaschinen wegen Betriebseinschränkung (Sozialtarifvertrag)[51]; Fa. SRD wegen Tarifvertrag für Busfahrer[52]; Fa. Becker Klinikgesellschaft wegen Tarifbindung[53]; Fa. Vogt wegen Tarifvertrag nach OT-Wechsel[54]; Fa. Rhein-Bus Verkehrsbetrieb wegen Tarifbindung nach Privatisierung[55]; Fa. Dagma wegen Betriebsstillegung (Sozialtarifvertrag)[56]; Fa. Messer wegen

---

38 Vgl. auch Kittner, Arbeitskampf, S. 720f.
39 ArbG Koblenz 30.3.15 – 7 Ga 18/15.
40 LAG Hamburg 6.2.13 – 5 SaGa 1/12, AiB 13, 726.
41 LAG Düsseldorf 17.8.12 – 8 SaGa 14/12; ArbG Düsseldorf 21.5.12 – 4 Ga 32/12.
42 ArbG Detmold 28.10.09 – 1 Ga 20/09.
43 LAG Hamm 16.1.07 – 8 Sa 74/07.
44 ArbG Köln 15.12.09 – 12 Ga 179/09.
45 Hessisches LAG 17.9.08 – 9 SaGa 1442/08 und 9 SaGa 1443/08, AuR 09,140.
46 ArbG Köln 21.6.07 – 1 Ga 104/07.
47 ArbG Bonn 4 Ca 1163/07; Klagerücknahme nach Tarifergebnis.
48 ArbG Ulm 6 Ga 4/07, Vergleich.
49 LAG Niedersachsen 2.6.04 – 7 Sa 819/04, AuR 04, 471.
50 ArbG Berlin 22.12.03 – 34 Ga 32723/03, AuR 04, 165 (Ls.).
51 LAG Schleswig-Holstein 27.3.03 – 5 Sa 137/03, AuR 04, 152; BAG 24.4.07 – 1 AZR 252/06, DB 07, 1924.
52 ArbG Duisburg 18.4.02 – 1 Ga 6/02.
53 ArbG Berlin 17.4.02 – 97 Ga 3085/01.
54 ArbG Passau 9.7.02 – 4 Ga 9/02.
55 ArbG Düsseldorf 21.12.01 – 6 Ga 110/01.
56 ArbG Lübeck 29.5.01 – 6 Ga 21/01, AiB 02, 122.

Tarifvertrag nach Ausgründung[57]; Fa. Häring Logistik nach Outsourcing[58]; Fa. Schilder-Warweg wegen Tarifbindung[59]6; Fa. Mackensen wegen Tarifbindung.[60]

38 Im **Ausland** gehen Streiks zwar zurück, sind aber nach wie vor zahlreicher als in Deutschland. Im Durchschnitt der Jahre 1995 bis 2006 gingen durch Arbeitskämpfe (pro Tausend Beschäftigte) Arbeitstage in folgender Höhe verloren: Kanada 203, Dänemark 141, Spanien 135, Finnland 100, Frankreich 91, Italien 84, USA 35, Österreich 34, Schweden 30, Großbritannien 23, Niederlande 17, Deutschland 3,6, Schweiz 2,8.[61] In den Jahren 2005–2013 fielen im Jahresmittel in Deutschland pro 1000 Beschäftigte rechnerisch 16 Arbeitstage aus, während z. B. in Frankreich 139, in Dänemark 135 und in Irland 28 Arbeitstage ausfielen. Ein geringeres Streikvolumen als in Deutschland ist in Österreich, Polen und der Schweiz zu verzeichnen.[62]

3.4 Streikarten und Streikformen

39 Man kann **unterscheiden** (zu aktuellen Veränderungen der Streikformen vgl. Rn. 186ff.)

- nach Umfang: Vollstreik/Flächenstreik (alle wesentlichen Betriebe des Tarifgebiets werden bestreikt) und Teilstreik oder Schwerpunktstreik (nur ein Teil davon)
- Verbandsstreik oder Firmenstreik
- Erzwingungsstreik (Ende bei Erreichen des Ziels); Warnstreik (bei stockenden Tarifverhandlungen (AKR Rn. 237ff.); Demonstrations- oder Proteststreik (AKR Rn. 188ff.)
- Hauptstreik und Solidaritäts- oder Unterstützungsstreik (AKR Rn. 181ff.)
- gewerkschaftlich getragener bzw. nicht gewerkschaftlicher, »wilder« Streik (Rn. AKR 201ff.)
- Streik um Tarifvertrag, um sonstige Inhalte und »politischer« Streik (Rn. AKR 188ff.)
- Generalstreik: Beschäftigte aller oder der wesentlichen Gewerbezweige beteiligen sich, meist mit politischer Zielsetzung (Beispiele: Kapp-Putsch 1920, Proteststreik 1948, vgl. AKR Rn. 188ff., 198)
- Angriffs- und Abwehrstreik
- Boykott (AKR Rn. 204ff.)
- Streikformen: befristete, unbefristete Streiks; flexible Streiks; rollierende Streiks; Wechselstreiks (in wechselnder Folge werden Belegschaften unterschiedlicher Betriebe in den – befristeten – Streik gerufen); Wellenstreiks (AKR Rn. 525); Bummelstreik, Dienst nach Vorschrift (AKR Rn. 231); Blockade, Besetzung (vgl. AKR Rn. 225ff.).[63]

---

57 ArbG Frankfurt/M. 24.3.99 – 2 BVGa 12/99, AuR 99, 412.
58 ArbG Wuppertal 31.10.97 – 7 Ga 55/97, AuR 98, 426.
59 ArbG Bielefeld 24.9.97 – 2 Ga 37/97; 24.2.99 – 4 (3) Ga 3/99, AiB 99, 479, mit Anm. Wagner.
60 ArbG Göttingen 28.11.88 – 1 Ga 9/88; 13.12.88 – 1 Ga 10/88.
61 Vgl. Boll, S. 484, 508; Gamillscheg, S. 923f.; Lesch, IW-Trends 3/2001; WSI-Tarifhandbuch 2010, S. 150.
62 http://www.boeckler.de/wsi-tarifarchiv_42406.htm (dort auch Erläuterungen zur Vergleichbarkeit internationaler Arbeitskampfstatistiken)
63 Vgl. Däubler-Däubler, AKR, § 8 Rn. 11ff.; Dribbusch, WSI-Tarifhandbuch 2008, S. 55, 74ff.; Gamillscheg, S. 912ff.; ErfK-Linsenmaier, GG Art. 9 Rn. 162; Kissel, § 14 Rn. 1ff.; Matthöfer, S. 167ff.; Renneberg, S. 215ff.; Schaub-Treber, § 191 Rn. 9f.

Streikarten und -formen sind **Ergebnis historischer Entwicklungen**. Die Gewerkschaften reagieren damit u.a. auf veränderte wirtschaftliche, politische und soziale Gegebenheiten. So hat sich seit 1945 z.B. der **Schwerpunktstreik** als eine wichtige Form durchgesetzt. Er ermöglicht auch in großen Tarifgebieten, wirksamen Druck auf die Arbeitgeber und den Verband auszuüben. Allerdings kann dies dazu führen, dass ein Teil der Mitglieder in einer passiven »Zuschauerrolle« verharrt. Dem zu begegnen ist das Bemühen, das Kampfgeschehen beweglicher zu gestalten und mehr Beschäftigte einzubeziehen. Dem dienen z.B. Warnstreiks oder **flexible Streikformen** wie befristete, Wechsel- und Wellenstreiks. Die Streikformen zielen auch darauf ab, Streikbruch und Aussperrung zu erschweren.[64] Die hauptsächlich betroffenen Branchen wechseln, neue Akteure kommen hinzu (Rn. 187). 40

Es besteht die **Freiheit der Wahl der Kampfmittel**. Die Gewerkschaften entscheiden frei über Streikarten und -formen sowie den Einsatz anderer Kampfmittel (z.B. Boykott, AKR Rn. 204ff.). »*Die Koalitionsfreiheit ... überlässt ihnen (den Koalitionen) grundsätzlich die Wahl der Mittel, die sie zur Erreichung ihres Zwecks für geeignet halten*«.[65] Es gibt keinen abschließenden Katalog zulässiger Kampfmittel, keinen Typenzwang, es können neue Kampfmittel entwickelt werden. 41

3.5 Unverzichtbarkeit des Streiks

Trotz der notorischen Streikarmut erfolgen **periodisch Vorstöße**, die das Freiheitsrecht Streik als schädlich, als überholtes Mittel aus der »Mottenkiste« des Klassenkampfes denunzieren, ihn durch »intelligente« Formen der Konfliktaustragung ersetzen oder das **Streikrecht begrenzen** wollen. Als klassisch gilt die Formulierung des BAG von 1955: »*Arbeitskämpfe (Streik und Aussperrung) sind im Allgemeinen unerwünscht, da sie volkswirtschaftliche Schäden mit sich bringen und den im Interesse der Gesamtheit liegenden sozialen Frieden beeinträchtigen*«.[66] 1986 wurde die Veränderung des § 116 AFG u.a. damit begründet, dass in der vernetzten Wirtschaft schon kleine Streiks Riesenschäden verursachen könnten. Ähnlich wird die Forderung nach Begrenzung von Streiks in der Daseinsversorge begründet; 2003 schlägt die BDA u.a. einen Schlichtungszwang und eine Abkühlungsphase vor den Streiks vor (vgl. Rn. 217f.). 42

Schäden werden häufig allein der Gewerkschaft angelastet, überzeichnet und nebenbei die Rolle der Arbeitgeber oder die Auswirkungen von Aussperrungen großzügig übergangen. Welchen Schaden verursacht z.B. ein Arbeitgeber, der sich nicht auf die Gewerkschaft zubewegt, stattdessen den Streik »koste es, was es wolle« durchhält? Was ist schon ein zeitlich begrenzter Streik gegen eine dauerhafte Betriebs- oder Streckenstilllegung, was der Streik für einen »Sozialtarifvertrag« gegen die Vernichtung von Arbeitsplätzen? Was ist ein Flächenstreik gegen die hunderte Milliarden Kosten der Finanzkrise 2008/2010? 43

---

64 S. Detje u.a., S. 111ff.; Dribbusch, WSI-Mitt. 06, 582ff.; Renneberg, S. 215ff.

65 BVerfG 6.5.64 – 1 BvR 79/62, DB 64, 700; 26.6.91 – 1 BvR 779/85, AuR 92, 29 mit Anm. Däubler; BAG 22.9.09 – 1 AZR 972/08, NZA 09, 1347, 1350; 19.6.07 – 1 AZR 396/06, DB 07, 2038; Däubler-Bieback/Wroblewski, AKR § 17 Rn. 2ff.; ErfK-Linsenmaier, GG Art. 9 Rn. 271; Gamillscheg, S. 983f.; Kissel, § 23 Rn. 2.

66 BAG 28.1.55 GS 1/54, AP Nr. 1 zu Art 9 GG Arbeitskampf.

44 In der Tat: Streiks sollen und müssen Wirkung zeigen. Betriebs- und volkswirtschaftliche Folgen sind mit Streik (und Aussperrung) zwangsläufig verbunden[67], sonst wären sie überflüssig. Das Grundgesetz garantiert das **Streikrecht vorbehaltlos** (Rn. 73), akzeptiert also die Folgen und Drittwirkungen. Es »*soll und darf durch jede Kampfmaßnahme ... Druck auf den Gegner dadurch ausgeübt werden, dass ihm möglichst viele Kosten entstehen, damit er möglichst schnell einem Tarifvertrag zustimmt ...*«.[68] »*Die Tarifparteien sind auch insoweit vor staatlicher Einflussnahme geschützt, als sie zum Austragen ihrer Interessengegensätze Kampfmittel mit beträchtlichen Auswirkungen auf den Gegner und die Allgemeinheit einsetzen*«.[69] Unternehmen ziehen Gewinn aus der Arbeitskraft, die Vorenthaltung der Arbeit ist die Kehrseite. Von Verfassung wegen verbietet es sich, wegen des (vermuteten) Umfangs von Schäden Streiks zu zensieren oder gar zu untersagen[70] oder Streikmaßnahmen generell dem Verhältnismäßigkeitsprinzip zu unterwerfen (vgl. AKR Rn. 137ff.).

45 Zudem halten sich die Schäden in Grenzen. Es gibt keine verlässlichen Daten. Auch die Protagonisten der Streikbegrenzung nennen keine. **Umsatzausfälle** sind im Grunde wenig aussagekräftig, da sie meist nachgeholt werden. Aufträge fallen nicht auf Dauer weg.

> **Beispiele:**
> Von 460 ausgefallenen Anzeigenseiten einer Tageszeitung waren schon vier Wochen nach Streik-Ende 400 veröffentlicht; bei einem Autohersteller war der Ausfall von 46000 Autos 1984 in fünf Monaten praktisch aufgeholt.[71]

Der Hinweis auf die **Vernetzung der Wirtschaft** fällt auf die Urheber zurück. Denn nicht der Streik ist die Ursache dieser Entwicklung, sondern die zunehmende, auch internationale Arbeitsteilung, die Konzentration in der Wirtschaft, die Steigerung von Effektivität und Profitabilität dieser Organisationsformen (vgl. AKR Rn. 352f.).

46 Die **Alternativen** wären **abschreckend**. **»Kollektives Betteln«** (BAG)[72] verbietet sich von selbst. Der wissenschaftliche Beirat beim BMWA schlägt die **Zwangsschlichtung** vor und muss selbst eingestehen, dass das verfassungswidrig wäre. Eine **freiwillige Schlichtung** existiert in den großen Branchen (vgl. AKR Rn. 417ff.), muss aber ebenfalls eine Lösung vorsehen, wenn die Schlichtung ohne Erfolg endet. **Staatliche Festsetzung** der Arbeitsbedingungen – das will eigentlich niemand, und zwar aus gutem Grund. Eine **Verlagerung in die Betriebe** oder auf die **Arbeitsvertragsparteien**? Die Vorschläge zur Änderung des Tarifvorrangs und des Günstigkeitsprinzips (vgl. Rn. 196ff., 235ff.) zielen auch auf die Umgehung der Gewerkschaften und des Streikrechts. Manchen mag die Vorstellung elektrisieren: Reduzierung der Tarifverträge auf Rahmenregelungen, Möglichkeit der Unterschreitung von Tarifverträgen gepaart mit Friedenspflicht für Gewerkschaften und Betriebsrat. Allerdings stellt sich die Frage nach der Verfassungsmäßigkeit (vgl. Rn. 236ff.);

---

67 BAG 28.1.55, a.a.O.

68 BAG 11.5.93 – 1 AZR 649/92, DB 93, 1724.

69 BVerfG 4.7.95 – 1 BvF 2/86, 1 BvF 1/87, 1 BvF 2/87, 1 BvF 3/87, 1 BvF 4/87, 1 BvR 1421/86, AuR 96, 33; BAG 19.6.07 – 1 AZR 396/06, DB 07, 2038.

70 Sächsisches LAG 2.11.07 – 7 SaGa 19/07, AuR 08, 64 (Lokführerstreik).

71 S. Däubler-Däubler, AKR, § 8 Rn. 28 Fn. 46.

72 BAG 12.9.84 – 1 AZR 342/83, DB 84, 2563.

die Friedenspflicht aus dem Tarifvertrag (vgl. AKR Rn. 59ff.) ließe sich für Betriebs- und Personalräte kaum halten.[73] Kurzum: Eine demokratische Gesellschaft ist ohne Streikrecht nicht denkbar, die demokratische Beteiligung vieler ist dem Diktat des Marktes oder weniger Unternehmen vorzuziehen.

3.6 Streikbekämpfung durch Arbeitgeber

Fast immer bekämpft der Arbeitgeber den Streik, je nach Interessenlage und Machtbedingungen mit unterschiedlichen Mitteln. Will er den durch den Streik intendierten Produktions- bzw. Verkaufsrückgang-/stopp vermeiden oder einschränken oder will er aus anderen, z.B. propagandistischen Mitteln die »Streikfront« aufbrechen, wird er versuchen, die (potenziellen) Streikenden vom Streik abzubringen, auf die Folgen hinweisen oder einzuschüchtern und **Streikbrecher** anzuwerben. Die Palette der Mittel der **betrieblichen Streikabwehr** mit dem Ziel, Produktion/Verkauf/Dienstleistungen aufrecht zu erhalten, ist groß und wird laufend erweitert. Sieht der Arbeitgeber aus wirtschaftlichen oder anderen Gründen keinen Sinn darin, kann er den Streik hinnehmen und den bestreikten Betriebs(teil) stilllegen. Bei entsprechendem Beschluss des AGV sperrt er die Belegschaft oder Teile davon aus, d.h. er verweigert ihnen Beschäftigung, Lohn und den Zutritt zum Betrieb. Die **Aussperrung** soll die Beschäftigten unter Druck setzen, zielt auf ihren Geldbeutel und die Gewerkschaft. Sie ist für den einzelnen Arbeitgeber evtl. zweischneidig, weil sie auch die Produktion/Dienstleistung unterbricht (vgl. AKR Rn. 322ff., 355ff.). 47

Die **rechtliche Zulässigkeit** der Arbeitgebermaßnahmen ist **z. T. ungeklärt, z.T. umstritten**. Die h.M. gesteht den Arbeitgebern eine breite Palette von Anti-Streikmaßnahmen zu: Organisation von Streikbruch, »offene Tür«, Einschränkung von BR/PR-Mitbestimmungsrechten, Stilllegung, Lohnverweigerung bei Fernwirkungen, Aussperrung (vgl. AKR Rn. 294ff.). Es geht im Kern um die Frage, ob und welche Mittel des Arbeitgebers die Ausübung eines Grundrechts durch die Streikenden behindern (Art. 9 Abs. 3 Satz 2 GG). Das wird z.B. für die nachträgliche Zahlung von sog. Streikbruchprämien auch von der h.M. bejaht, bei anderen, viel weitergehenden Eingriffen wie z.B. der Aussperrung aber verneint. Das BAG lässt die **Aussperrung** in gewissen Grenzen und als »Antwort« auf einen Streik zu; ob sie im gleichen Maß wie das Streikrecht grundgesetzlich garantiert ist, ist offen. Die Aussperrung entwertet das Streikrecht, auf das die Beschäftigten und die Gewerkschaften zwecks Einschränkung der Unterlegenheit angewiesen sind (näheres vgl. AKR Rn. 301ff., 324ff.). 48

4. Tarifautonomie und Tarifvertrag

4.1 Ziele und Aufgaben des Tarifvertrages

Rund **70000 Tarifverträge**[74] (Aufteilung auf Verbands- und Firmentarifverträge vgl. Rn. 183) **regeln** autonom, selbstverantwortlich und ohne Staatsbeteiligung die **Bedingungen der abhängigen Arbeit** für Millionen Menschen. Lohnsteigerungen, Höchst- 49

73 Skeptisch auch Kissel, § 77; Otto, § 6 Rn. 26; Rieble, ZfA 04, 1, 63f.
74 WSI-Tarifarchiv 2015 (Quelle BMA-Tarifregister Stand 31.12.14).

arbeitszeiten, Urlaub und Urlaubsgeld oder Kündigungsschutz für ältere Beschäftigte scheinen selbstverständlich. Doch sie sind das Ergebnis langer Auseinandersetzungen. Den Arbeitnehmern wird nichts geschenkt, die Bedingungen sind hart erkämpft. Zunehmend werden sie in Frage gestellt, müssen verteidigt und weiterentwickelt werden.

50 Tarifverträge sollen die **Unterlegenheit** der einzelnen abhängig Beschäftigten **abmildern**. Die Unternehmer können aufgrund ihrer Machtposition, die aus Eigentum und Verfügungsrecht über Produktionsmittel und Arbeitsplätze abgeleitet wird, Arbeitsbedingungen, Entgelt, Arbeitszeit, Leistung, Arbeitsabläufe und Produktion weitestgehend bestimmen, je nach Arbeitsmarktlage und Marktbedingungen Menschen einstellen und entlassen. Der **einzelne Beschäftigte** kann dieses **Machtgefälle** nicht ausgleichen, nicht auf gleicher Augenhöhe verhandeln, schon gar nicht in Zeiten hoher Arbeitslosigkeit – von Einzelfällen bei hochqualifizierten und gesuchten Fachkräften einmal abgesehen. Das gilt auch heute noch[75], die Gerichte sprechen von »struktureller Unterlegenheit«.[76] Daraus folgt die **Schutzfunktion** der Tarifautonomie und Tarifverträge.

51 Tarifverträge kommen durch **kollektives Handeln** zustande. Der Einzelne kann gegenüber der Übermacht der Unternehmer nichts ausrichten. Es bedarf des Zusammenschlusses in **Gewerkschaften**, um der Übermacht Paroli bieten zu können. Dagegen haben sich Unternehmen lange gewehrt (vgl. Rn. 3ff.) und damit bis heute nicht abgefunden. Aktuelle Vorschläge, die Aushandlung der Löhne in die Betriebe zu verlagern (vgl. Rn. 196ff., 234ff.), sind ein Beleg dafür.

52 In der Regel sind Tarifverträge **überbetriebliche Regelungen** der Arbeits- und Wirtschaftsbedingungen. Sie werden als **Flächentarifvertrag** vereinbart zwischen Gewerkschaft und einem AGV. Sie gelten dann nicht nur für einzelne Betriebe sondern für die Unternehmen einer Branche oder eines Wirtschaftszweigs (z.B. Baugewerbe, Einzelhandel, öffentlicher Dienst, KFZ-Handwerk; vgl. TVG § 4 Rn. 24ff.). Die **Konkurrenz zwischen den Beschäftigten** um Arbeitsplätze und Arbeitsbedingungen soll eingedämmt, der Unterbietungswettbewerb verhindert werden. Möglich sind aber auch Tarifverträge mit einzelnen Unternehmen (§ 2 Abs. 1 TVG; vgl. TVG § 2 Rn. 66ff.). Die Zahl der **Firmentarifverträge** nimmt allerdings stark zu; vgl. Rn. 183).

53 Die Regelung der Entgelt- und Arbeitsbedingungen sichert für die **Tarifbeschäftigten** und Arbeitnehmerinnen bessere Standards und insbesondere ein **besseres Entgeltniveau** als für andere Arbeitnehmer und Arbeitnehmerinnen. Beschäftigte mit Tarifbindung an einen Firmentarifvertrag verdienen 8,2 Prozent und mit einer Tarifbindung an einen Flächentarifvertrag 5,6 Prozent mehr als Beschäftigte in tariflosen Unternehmen.[77] Das **Ziel ausreichender Einkommen und humaner Arbeitsbedingungen** lässt sich nicht erreichen, wenn sie sich jeweils nach der Lage des Einzelbetriebs und des Marktes richten. Tarifverträge sind ein **Schutz** gegen die maßlose Unterwerfung des Arbeitsverhältnisses unter die Bedingungen des **Weltmarktes**. Der Durchsetzung der Kapitalinteressen im Arbeits- und Wirtschaftsleben werden Grenzen gesetzt. Menschen sollen nicht

---

75 Z.B. Gamillscheg, S. 3ff.; Wiedemann-Wiedemann, Einl. Rn. 3f.

76 BVerfG 28.1.92 – 1 BvR 1025/82, 1 BvL 16/83, 1 BvL 10/91, AiB 92, 289; BAG 16.3.94 – 5 AZR 339/92, DB 94, 1726.

77 Amlinger, WSI-Report 20, 12/14: http://www.boeckler.de/wsi_5356.htm?produkt=HBS-005990&chunk=1&jahr=

zum Spielball der Marktkräfte werden. »*Der Markt muss sich weltweit vor der Demokratie rechtfertigen – nicht umgekehrt*«.[78]

Tarifverträge müssen **nicht nur in Schönwetterzeiten**, sondern gerade auch in Wirt- 54
schaftskrisen und Zeiten hoher Arbeitslosigkeit Schutz bieten und – wenn möglich – vorbeugen. Hier zeigt sich, ob sich die **Mindestfunktion des Tarifvertrages** bzw. seine zwingende Wirkung gemäß § 4 Abs. 1 TVG zu jeder Zeit als rechtlich und tatsächlich verbindliche Vorgabe gegenüber den Begehrlichkeiten nach Gewinnsteigerung und Kostensenkung durchsetzen kann. Die **Unabdingbarkeit** (TVG § 4 Rn. 3ff.) ist Markenzeichen und fundamentales Wirkprinzip des Tarifvertrages, sie ist verfassungsrechtlich abgesichert (vgl. Rn. 81), steht aber unter politischem Druck (vgl. Rn. 234ff.) Dort wo Tarifverträge die Mindestfunktion nicht mehr erfüllen können, muss über andere – gesetzliche – Mindestsicherungen nachgedacht werden (vgl. TVG § 5 Rn. 47ff.).

Tarifverträge haben **Vorrang vor Betriebsvereinbarungen und Arbeitsverträgen.** Die 55
Möglichkeit der Unterbietung würde die Unabdingbarkeit und die Schutzfunktion der Tarifverträge aushöhlen und zur Unterlegenheit und Abhängigkeit zurückführen (Näheres Rn. 133ff., 206f.).

4.2 Funktionen des Tarifvertrages

Vergleich Arbeitsvertrag – Betriebsvereinbarung – Tarifvertrag 56

Arbeitsvertrag	Betriebsvereinbarung	Tarifvertrag
einzelne Arbeitnehmer werden gegeneinander ausgespielt	gemeinsame Interessendurchsetzung	
		Einschränkung der Konkurrenz
individuelle Arbeitsverweigerung zwecklos	Betriebsrat/Personalrat: Friedenspflicht	gemeinsame Aktionen, Streik als Kampfmittel
kaum Möglichkeit, Verbesserungen durchzusetzen	begrenzte Möglichkeiten der Mitbestimmung	mehr Regelungs- und bessere Durchsetzungsmöglichkeiten, z.B. bei Entgelt, Arbeitszeit, Urlaub
kann vom Unternehmer durch (Änderungs-) Kündigung ohne Nachwirkung beseitigt werden	Nachwirkung nur in bestimmten Fällen (nicht bei den wichtigen Dingen)	Nachwirkung – Tarifvertrag gilt so lange, bis ein neuer abgeschlossen ist

Tarifverträge sind Akte kollektiver Selbstbestimmung. Die Beschäftigten in Betrieben 57
und Verwaltungen mischen sich in ihre eigenen Angelegenheiten ein. Sie bestimmen über die Bedingungen ihrer Arbeit mit. Sie sollen die Abhängigkeit vom Arbeitgeber, vom Markt, von angeblichen Sachzwängen eindämmen. Das schafft Voraussetzungen dafür, dass sich **individuelle Fähigkeiten, Bedürfnisse und Wünsche** eher entfalten können.

78 Hengsbach, IG Medien-Forum 8/97, 32.

»Das Maß der wirtschaftlichen Freiheit des einzelnen Arbeitnehmers wird im Durchschnitt nicht durch ihn, sondern durch die kollektive Macht der Organisationen bestimmt« (Sinzheimer).

58 Tarifverträge waren und sind oft **Motor sozialen Fortschritts**. Bezahlter Urlaub oder die Lohnfortzahlung bei Krankheit standen zunächst in Tarifverträgen, bevor sie durch Gesetze verallgemeinert wurden. Tarifautonomie ist Garant und Bestandteil des **demokratischen Sozialstaates**, dem Strukturprinzip der sozialen und politischen Verhältnisse in der Bundesrepublik, auch im Verhältnis der Bürger untereinander: In allen Lebensbereichen einschließlich der Wirtschaft sind Abhängigkeiten zu reduzieren, demokratisch organisierte Selbst- und Mitbestimmung zu ermöglichen und die Verhältnisse demokratisch und sozial auszugestalten. Eine Aufgabe sei, »wirkliche *Ausbeutung, nämlich Ausnutzung der Arbeitskraft zu unwürdigen Bedingungen und unzureichendem Lohn zu unterbinden*«.[79] *»Das Grundrecht auf Gewährleistung eines* menschenwürdigen Existenzminimums *aus Art. 1 GG in Verbindung mit dem Sozialstaatsprinzip des Art. 20 GG sichert jedem Hilfebedürftigen diejenigen materiellen Voraussetzungen zu, die für seine physische Existenz und für ein Mindestmaß an* Teilhabe *am gesellschaftlichen, kulturellen und politischen Leben unerlässlich sind.«*[80]

59 **Ökonomische Funktion:** Tarifverträge legen – in Abhängigkeit vom gesellschaftlichen Kräfteverhältnis – den **Preis der Arbeitskraft** in gleicher Weise für eine Vielzahl von Unternehmen eines Bereichs fest. Die **Konkurrenz der Unternehmen um Löhne und Arbeitsbedingungen** wird eingedämmt. Dies ermöglicht und zwingt die Unternehmen zu Wettbewerb um Innovation, Produktivität, Qualität, Service und anderes statt per Lohndumping. Diese Vereinheitlichung wird auch »**Kartellfunktion**« genannt. Die Abwehr von »**Schmutzkonkurrenz**« liegt auch und gerade im Interesse der Unternehmen.

60 **Verteilungsfunktion:** Tarifverträge sollen den Beschäftigten einen angemessenen Anteil an den ihnen erarbeiteten Werten und am Volkseinkommen sichern; dieses Ziel wurde in den letzten 15 Jahren nicht erreicht. Dies wird zum Teil ausgedrückt durch die »**Lohnquote**«. Bei der Verteilung und Umverteilung der Gesamteinkommen und Vermögen spielen Steuern, Abgaben und Transferleistungen eine entscheidende Rolle.

61 **Orientierungsfunktion:** Tarifverträge gelten rechtsverbindlich nur für Mitglieder (TVG § 4 Rn. 9). Faktisch werden sie aber auf weit mehr Personen angewandt – aufgrund vertraglicher Bezugnahme (TVG § 3 Rn. 245ff.) oder betrieblicher Übung. Tarifverträge dienen als Orientierungspunkt für die Arbeitsbedingungen insgesamt: Etwa ¼ der nicht tarifgebundenen Betriebe richtet sich beim Entgelt nach den Tarifverträgen (der Anteil geht allerdings zurück; vgl. Rn. 177).

62 **Entlastungsfunktion:** Tarifverträge sollen den Staat vom konfliktträchtigen Ringen um Löhne, Urlaub usw. entlasten. Die Tarifvertragsparteien seien näher am Geschehen und könnten flexibler auf die Besonderheiten und aktuellen Bedürfnisse des jeweiligen Wirtschaftszweiges reagieren. Tarifautonomie bedeute die **staatsfreie Aushandlung** der Arbeits- und Wirtschaftsbedingungen.[81] Dem widersprechen z.B. Lohnleitlinien[82] oder

79 BVerfG 17.8.56 – 1 BvB 2/51, BVerfGE 5, 85, 206; vgl. auch Abendroth, S. 109ff.; Hartwich, S. 367ff.; Hohmann-Dennhardt, AuR 06, 77; Perels, KJ 07, 295.
80 BVerfG 9.2.10 – 1 BvL 1/09, 1 BvL 3/09, 1 BvL 4/09, NJW 10, 505, 508.
81 Däubler-Däubler, Einl. Rn. 82; ErfK-Linsenmaier, Art. 9 GG Rn. 53.

Zwangsschlichtung (AKR Rn. 420). **Gesetzliche Mindestlöhne** sind grundsätzlich zulässig und angesichts der Funktionsdefizite der Tarifautonomie rechtspolitisch angebracht (vgl. TVG § 5 Rn. 47ff.), Lohnregelungen unter Ausschaltung der Gewerkschaften durch den Staat sind dagegen unzulässig.[83]

Tarifverträge haben eine **ordnende Wirkung**. Sie schaffen durch die **Vereinheitlichung** der arbeitsbezogenen Regelungen überschaubare und stabile Strukturen für die Arbeitsbeziehungen. Daraus eine Ordnungsaufgabe im Sinne einer inhaltlichen Begrenzung von Tarifverträgen abzuleiten, wäre jedoch verfehlt.[84] 63

Tarifverträge und ihr Inhalt sind **Ausdruck der Kräfteverhältnisse** in der Gesellschaft. Der **Kompromiss**, auf den sich beide Seiten geeinigt haben, hebt den sozialen Konflikt nicht auf, legt aber für einen bestimmten Zeitraum die Untergrenzen für die Tarifnormen fest. Während dieser Zeit sind Arbeitskämpfe zur Veränderung dieser Inhalte nicht erlaubt (vgl. AKR Rn. 59ff.). Man spricht – etwas überhöht und verschleiernd – von der »**Friedensfunktion**« des Tarifvertrags. Daran haben besonders die Arbeitgeberverbände und Betriebe ein Interesse, weil sie ihnen Kalkulationssicherheit, Berechenbarkeit und »Ruhe im Betrieb« verspricht. 64

Funktionen der Tarifautonomie 65

- Schutzfunktion: erträgliche, humane Arbeitsbedingungen durch Gegenmacht
- Verteilungsfunktion: Beteiligung am gesellschaftlichen Wohlstand
- Mindestfunktion: verbindliche Mindestbedingungen
- demokratische Funktion: kollektive Selbstbestimmung über die Verwertung der Arbeitskraft, individuelle Fähigkeiten und Bedürfnisse
- ökonomische Funktion: gleiche Wettbewerbsbedingungen
- Ordnungswirkung: überschaubare und stabile Entgeltstrukturen
- Orientierungsfunktion: für die Arbeitsbedingungen insgesamt
- Friedensfunktion: kein Arbeitskampf während der Laufzeit

Tarifverträge setzen eine **demokratische Beteiligung** der Arbeitnehmer an der Aufstellung und Durchsetzung von Forderungen sowie bei deren Umsetzung voraus. Dies geschieht auf gewerkschaftlicher Seite durch **Tarifkommissionen**, die an allen maßgeblichen Schritten beteiligt werden; ggf. auch durch Mitgliederversammlungen oder -befragungen. Die breite Verankerung in der Mitgliedschaft, ihre Aktivierung und Mobilisierung in der Tarifbewegung sind wesentliche Voraussetzungen für die Kompromiss- und Konfliktfähigkeit der Tarifvertragsparteien. 66

Die meisten Tarifverträge kommen durch **Verhandlungen**, ohne Schlichtung oder Streik, zustande. Verweigert die andere Seite (meist die Arbeitgeber, die das aufgrund ihres Machtvorsprungs ja eher »aussitzen« können) Verhandlungen oder unterbreitet keine ausreichenden Zugeständnisse, muss der Konflikt auf andere Weise gelöst werden: durch **Schlichtung** (AKR Rn. 416ff.) oder **Streik**. 67

82 KeZa-Kempen, Grundl. Rn. 229.
83 Wie 2007 für die Beschäftigten des Landes Hessen; krit. Weiss/Schmidt, NZA 08, 18.
84 KeZa-Kempen, Grundl. Rn. 124.

68 »Das Mittel *zur Überwindung der Sprachlosigkeit zwischen den Tarifvertragsparteien ist … der Arbeitskampf*«,[85] richtig müsste es heißen: »… der Streik«. Streiks sind in Deutschland im Vergleich zu anderen Ländern selten. Wenige Arbeitsstunden fallen durch Streiks aus, weniger als durch einen Feiertag (vgl. Rn. 35). Trotzdem: Entscheidend für das materielle Ergebnis, für das Niveau der Tarifstandards ist letztlich die Durchsetzungs- und Streikfähigkeit der Gewerkschaften. Das **Streikrecht** ist für die Tarifverträge so notwendig wie die Luft zum Atmen. Treffend hat das BAG formuliert, dass Tarifverhandlungen ohne Streikrecht »kollektives Betteln« wären.[86] Das Streikrecht ist als demokratisches Grundrecht in der Verfassung garantiert (vgl. Rn. 72 ff.).[87]

5. Verfassungs-, völker- und europarechtliche Garantien von Koalitionsfreiheit, Streikrecht und Tarifautonomie

69 Gewerkschaftsfreiheit sowie Kollektivverhandlungsfreiheit sind völkerrechtlich und europarechtlich als **Menschenrechte** geschützt.

Dabei versteht man unter der **Gewerkschaftsfreiheit** i.d.R. die Freiheit zur Gründung von Gewerkschaften und zu typisch gewerkschaftlicher Betätigung, einschließlich des Verbots, wegen einer Gewerkschaftsmitgliedschaft diskriminiert zu werden. Im internationalen und europäischen Recht gibt es zwar den Begriff der »Tarifautonomie« nicht; an dessen Stelle ist in aller Regel von »**Kollektivverhandlungsfreiheit**« die Rede. Gemeint ist damit aber das Recht, mit dem Arbeitgeber in Kollektivverhandlungen zu treten und bindende Verträge abzuschließen (dazu Rn. 94 für internationales und Rn. 96 für europäisches Recht).

Im Gegensatz zum internationalen und europäischen Recht und auch im Gegensatz zu vielen deutschen Landesverfassungen ist in Art. 9 Abs. 3 GG zwar nicht ausdrücklich von Tarifautonomie und Streikrecht die Rede. Die Norm erfasst ihrem Wortlaut nach nur das Recht, Gewerkschaften und Arbeitgeberverbände zu gründen (»**Koalitionsfreiheit**«, vgl. Rn. 69aff.). Nach allgemeiner Meinung geht aber Art. 9 Abs. 3 GG über diesen Wortlaut hinaus und erfasst insbesondere auch den Abschluss von Kollektivverträgen, also die **Tarifautonomie** (vgl. Rn. 79 ff.). Auch die verfassungsrechtliche Garantie des **Streikrechts** hat das BVerfG zwar erst relativ spät ausgesprochen,[88] aber seither mehrmals wiederholt (vgl. Rn. 72 ff.).

5.1 Koalitionsfreiheit nach dem GG

5.1.1 Reichweite

69a Art. 9 Abs. 3 GG schützt sowohl die **individuelle Koalitionsfreiheit** der Arbeitnehmerinnen und Arbeitnehmer als auch die Koalitionen selbst (**kollektive Koalitionsfreiheit**). *»Das Grundrecht schützt […] ebenso die Koalition selber in ihrem Bestand, ihrer organisa-*

85 Löwisch/Rieble, Einl. Rn. 55.
86 BAG 12.9.84 – 1 AZR 342/83, DB 84, 2563.
87 BVerfG 26.6.91 – 1 BvR 779/85, AuR 92, 29.
88 BVerfG 26.6.91 – 1 BvR 779/85, AuR 92, 29.

torischen Ausgestaltung und ihrer Betätigung, soweit diese gerade in der Wahrung und Förderung der Arbeits- und Wirtschaftsbedingungen besteht«.[89] Die Koalitionsfreiheit ist ein **Doppelgrundrecht**, das sowohl die Arbeitnehmer als auch die Koalition selbst berechtigt.[90]

Die Koalitionsfreiheit erfasst **»jede spezifisch koalitionsgemäße Betätigung«**[91], z.B. Mitgliederwerbung, Zugang zum Betrieb, Streik, Kollektivvereinbarungen. Die frühere Rechtsprechung des Bundesarbeitsgerichts, die den Schutzbereich auf »unerlässliche Tätigkeiten« in einem »Kernbereich« reduzierte und restriktive Auslegungen zur Folge hatte,[92] beruhte auf einer »unvollständigen Wiedergabe« früherer Aussagen des BVerfG und ist mittlerweile aufgegeben worden.[93] **69b**

In die vorbehaltlos garantierte Koalitionsfreiheit kann – unter Beachtung der Verhältnismäßigkeit – nur zum Schutz der Grundrechte Dritter und anderer mit Verfassungsrang ausgestatteter Rechte **eingegriffen** werden. Allerdings erkennt das BVerfG sogar den Schutz von Störungen des Betriebsablaufs als **Grundrecht des Arbeitgebers** an;[94] als **»Belange von Verfassungsrang«** gelten z.B. ein hoher Beschäftigungsstand, die finanzielle Stabilität der Sozialversicherung oder die Bekämpfung der Massenarbeitslosigkeit. Wenn außerdem dem Gesetzgeber bei Fragen der Arbeits-, Sozial- und Wirtschaftsordnung »besonders weitgehende[r] Einschätzungs- und Prognosevorrang« zugestanden wird (genauer Rn. 88ff.),[95] besteht die Gefahr, dass letztlich jedes irgendwie legitime Interesse einen Vorrang gegenüber Koalitionsfreiheit, Tarifautonomie und Streikrecht geltend machen kann. Dem wäre stärker die Handlungsautonomie der Koalitionen, d.h. insbesondere der **Einschätzungsspielraum (und -vorrang) der Tarifparteien** entgegen zu stellen.[96] **69c**

Koalitionen sind Vereinigungen, die sich die Wahrung und Förderung der Arbeits- und Wirtschaftsbedingungen zum Ziel gesetzt haben. Reine Wirtschaftsverbände, Mieter- oder Lohnsteuervereine sind deshalb keine Koalitionen. Weitere Anforderungen sind: Interessenvertretung nach dem Gegenmachtprinzip: **Gewerkschaften** werden in Art. 9 Abs. 3 GG als Kampfverbände und Interessenvertretung gegenüber dem »sozialen Gegenspieler« geschützt, nicht im Allgemeininteresse oder weil man von ihnen einen »neutra- **70**

---

89 BVerfG 26.6.91 – 1 BvR 779/85, AuR 92, 29 m. Anm. Däubler.

90 BVerfG seit 18.11.54 – 1 BvR 629/52, AuR 55, 29.

91 BVerfG 14.11.95 – 1 BvR 601/92, AuR 96, 151; 3.4.01 – 1 BvL 32/97, AuR 01, 777; BAG 28.2.06 – 1 AZR 460/04, DB 06, 1381; vgl. die Darstellung der geschützten individuellen und kollektiven Betätigungen in HK-ArbR-Hensche, Art. 9 GG Rn. 37ff., 49ff.

92 Z.B. BVerfG 19.2.75 – 1 BvR 418/71, AuR 75, 350; 18.11.54 – 1 BvR 629/52, AuR 55, 29; BAG 23.9.86 – 1 AZR 597/85, DB 87, 440; 23.2.79 – 1 AZR 540/77, DB 79, 1185; krit. Däubler-Däubler, Einl. Rn. 131ff.; KeZa-Kempen, Grundl. Rn. 114ff.

93 BVerfG 14.11.95 – 1 BvR 601/92, AuR 96, 151; BAG 28.2.06 – 1 AZR 460/04, DB 06, 1381; vgl. auch BVerfG 24.2.99 – 1 BvR 123/93, BVerfGE 100, 214 ff; zur Entwicklung der Argumentationsfigur »Kernbereich« vgl. Gester/Kittner, RdA 71, 161, 169f. Bezugspunkt waren Aussagen in BVerfG 18.11.54 – 1 BvR 629/52, BVerfGE 4, 96, 106.

94 Vgl. z.B. BAG 20.1.09 – 1 AZR 515/08, NZA 09, 615.

95 BVerfG 3.4.01 – 1 BvL 32/97, BVerfGE 103, 293ff.; 27.4.99 – 1 BvR 2203/93, 1 BvR 897/95, BVerfGE 100, 271, 283f.

96 Genauer zu dieser Argumentation im Rahmen des Europarechts Kocher, GS Zachert, 37, 45ff.

len« Standpunkt erwarten würde.[97] Erforderlich sind deshalb Gegnerfreiheit und Gegnerunabhängigkeit, Unabhängigkeit von Staat, Parteien und Kirchen, freie Bildung und demokratische Struktur.

Dauerhaftigkeit der Organisation, soziale Mächtigkeit und Kampfbereitschaft gehören nicht zu den Voraussetzungen der Koalitionsfreiheit, sondern sind nur für die **Tariffähigkeit** erforderlich (§ 2 Rn. 6ff.). Eine Koalition kann den Schutz des Art. 9 Abs. 3 GG genießen, auch wenn sie nicht tariffähig ist.[98] Dieser Unterschied ist gerade für die **Neugründung** von Organisationen von Bedeutung; schließlich muss Organisationsfähigkeit und Durchsetzungsfähigkeit erst entwickelt werden; Leistungsfähigkeit, wie sie für den Abschluss und die Verwirklichung von Tarifverträgen erforderlich ist, entsteht erst mit der Erfahrung.

70a Die gesetzlichen Rechte von Arbeitnehmervereinigungen (und Arbeitgebervereinigungen) verlangen häufig die **Gewerkschaftseigenschaft** (vor allem TVG, BetrVG, MitbestG). Einige Rechtsschutz- und Beteiligungsrechte setzen aber nur voraus, dass eine »selbstständige **Vereinigung von Arbeitnehmern mit sozial- oder berufspolitischer Zwecksetzung**« vorliegt.[99]

Die **Arbeitnehmerkammern**, die es in Bremen und im Saarland gibt, sind keine Koalitionen und haben deshalb keine Rechte aus Art. 9 Abs. 3 GG, da sie nicht auf freier Gründung und freiem Beitritt, sondern auf Zwangsmitgliedschaft beruhen. Eine solche staatsnahe Konkurrenz zu Gewerkschaften ist verfassungsrechtlich problematisch. Das BVerfG hat sie in Bremen und im Saarland für zulässig gehalten, weil sie dort »historische organisch gewachsene Bestandteile der Sozialverfassung« seien; sie haben im Gegensatz zu den Gewerkschaften vor allem Servicefunktionen im Allgemeininteresse.[100]

70b Die individuelle Koalitionsfreiheit umfasst nicht nur die **Gründung** einer Koalition und den **Beitritt** und die Beibehaltung der Mitgliedschaft,[101] sondern auch den Schutz vor **Diskriminierung** wegen der Gewerkschaftsmitgliedschaft (vgl. auch § 75 Abs. 1 BetrVG).

70c Zu den (jenseits von Tarifautonomie und Streik) wichtigsten kollektiven Rechten der Koalitionen gehören die **Mitgliederwerbung**[102] und die Satzungsautonomie. Selbstverständlich gehört zum Recht auf Werbung auch die Mitgliederwerbung durch betriebsfremde gewerkschaftliche Beauftragte; ansonsten wäre eine Mitgliedergewinnung in bisher nicht organisierten Bereichen kaum möglich; das Recht gilt unabhängig davon, ob es Mitglieder

---

97 BVerfG 18.12.74 – 1 BvR 430/65, 1 BvR 259/66, BVerfGE 38, 281, 306f.

98 BAG 17.2.98 – 1 AZR 364/97, AuR 98, 335; vgl. AK-GG-Kittner/Schiek, Art. 9 Abs. 3 Rn. 113ff.; Däubler-Däubler, Einl. Rn. 86ff.; ErfK-Linsenmaier, GG Art. 9 Rn. 21ff.; Gamillscheg, S. 394ff.; MünchArbR-Löwisch/Rieble, § 155 Rn. 55ff.

99 § 11 ArbGG; § 73 Abs. 6 Satz 2 SGG; vgl. auch für die Benennung der ehrenamtlichen Richterinnen und -richter § 43 Abs. 2 Satz 2 ArbGG; §§ 12, 14 SGG; zur Mitgliedschaft in den Selbstverwaltungsorganen der Sozialversicherung vgl. §§ 43 ff SGB IV, insbesondere § 48a Abs. 1 SGB IV.

100 BVerfG 18.12.74 – 1 BvR 430/65, 1 BvR 259/66, BVerfGE 38, 281, 306f.

101 BVerfG 3.7.00 – 1 BvR 945/00, AP Nr. 36 zu § 4 TVG Nachwirkung.

102 Vgl. z.B. zur Gewerkschaftswerbung per E-Mail BAG 20.1.09 – 1 AZR 515/08, NZA 09, 615ff.; anders BAG 15.10.13 – 1 ABR 31/12, wenn der betriebliche E-Mail-Account dafür genutzt wird, für den Arbeitskampf zu mobilisieren; genauer Klebe/Wedde, AuR 00, 401ff.

im Betrieb gibt.[103] Das **Zutrittsrecht externer Gewerkschaftsangehöriger zum Betrieb** wird allerdings vom BVerfG für kirchliche Einrichtungen eingeschränkt.[104]
Wichtig ist auch die Erkenntnis des BVerfG, dass Gewerkschaften als Gegenmachtorganisationen auf eine gewisse **innere Geschlossenheit** als Voraussetzung für Durchsetzungsfähigkeit angewiesen sind; sie dürfen diese deshalb auch gegenüber Gegnerinnen und Gegnern in den eigenen Reihen schützen – soweit tatsächlich gegnerschaftliches Verhalten vorliegt.[105]
Die Koalitionsfreiheit schützt allerdings grundsätzlich nicht vor Konkurrenz. Mitgliederwerbung durch **Konkurrenzorganisationen** ist erst dann rechtswidrig, wenn sie aggressiv durch unwahre, beleidigende/unsachliche oder täuschende Angaben betrieben wird, oder wenn es eine Organisation auf die Existenzvernichtung der Konkurrenz anlegt, z.B. indem sie Sonderkonditionen bei Austritt aus der Konkurrenzorganisation gewährt.[106]

Der Schutz der Koalitions- und Gewerkschaftsfreiheit ist sozialhistorisch vor allem als Instrument zum Schutz gewerkschaftlicher Tätigkeit und zur Begründung einer demokratischen Sozialordnung von Bedeutung gewesen. Es ist deshalb problematisch, wenn die Grundgesetznorm in dem Sinn »wertneutral« interpretiert wird, dass die »**negative Freiheit**« des Fernbleibens von einer Gewerkschaft oder einem Arbeitgeberverband in gleicher Weise geschützt wird wie die aktive Wahrnehmung gewerkschaftlicher Rechte. **71**
Dabei ist es noch nachvollziehbar, dass das Diskriminierungsverbot, das in Art. 9 Abs. 3 GG enthalten ist (Rn. 70b) auch die Außenseiterinnen und Außenseiter davor schützt, wegen einer fehlenden Gewerkschaftsmitgliedschaft diskriminiert zu werden: Die Entscheidung für den Beitritt zu einer Gewerkschaft muss frei und darf nicht erzwungen sein. Ein »**Closed shop**«, der Außenseitern an der Beschäftigung in bestimmten Unternehmen oder Bereichen hindert, ist deshalb unzulässig; die Gewerkschaftsmitgliedschaft darf nicht Voraussetzung für Abschluss eines Arbeitsverhältnisses sein. Auch muss eine Gewerkschaftssatzung eine zumutbare Kündigungs-/Austrittsmöglichkeit vorsehen.
»Zwang« und »**Anreize**« sind aber zwei verschiedene Dinge: Selbstverständlich muss es in einer demokratischen Sozialverfassung, die kollektives Handeln fördern will und muss, möglich sein, wirtschaftliche Anreize für eine Gewerkschaftsmitgliedschaft zu setzen (zur Diskussion um die Erstreckung der normativen Tarifbindung auf »Außenseiter« sowie zu höheren tariflichen Leistungen für Gewerkschaftsmitglieder (»Differenzierungsklauseln«) siehe § 1 Rn 214ff; § 4 Rn 351ff.).

---

103 BAG 28.2.06 – 1 AZR 460/04 und 461/04, NZA 2006, 798; vgl. auch LAG Berlin-Brandenburg 3.8.2011 – 4 Sa 839/11.

104 BVerfG 17.2.81 – 2 BvR 384/78, BVerfGE 57, 220ff.; BAG 19.1.82 – 1 AZR 279/81, AP Nr. 10 zu Art. 140 GG.

105 BVerfG 24.2.99 – 1 BvR 123/93, BVerfGE 100, 214ff.

106 BAG 31.5.05 – 1 AZR 141/04, NJW 05, 3019; vgl. auch schon BAG 11.11.68 – 1 AZR 16/68, BAGE 21, 201; BGH 6.10.64 – VI ZR 176/63, AP Nr. 6 zu § 54 BGB; BAG 14.2.67 – 1 AZR 494/65, BAGE 19, 217. Zur (zulässigen) Mitgliederwerbung nicht-tariffähiger Organisationen, auch im Rahmen einer Betriebsversammlung, siehe BAG, 22.5.12 – 1 ABR 11/11, NZA 12, 1176.

5.1.2 Rechtsschutz

71a Die besondere Bedeutung des Grundrechts der Koalitionsfreiheit wird auch daraus deutlich, dass Art. 9 Abs. 3 Satz 2 GG jegliches Verhalten, Verabredungen sowie Maßnahmen, die sich gegen die koalitionsspezifischen Rechte richten, für rechtswidrig und damit unwirksam erklärt (»**unmittelbare Drittwirkung**«).

Dazu gehört, dass bei Verstößen gegen das Grundrecht durch Arbeitgeber oder andere Personen Ansprüche auf Unterlassung und Schadensersatz bestehen (§ 1004 BGB analog; § 823 Abs. 1 BGB). Diesen so genannten »**koalitionsrechtlichen Unterlassungsanspruch**« erkennt das BAG schon sehr lange an; er kann sich z. B. gegen Maßnahmen von Arbeitgebern richten, mit denen Gewerkschaftsmitglieder diskriminiert werden,[107] oder gegen Arbeitgeber, die das Streikrecht verletzen[108] (zur Anwendung auf tarifwidrige Betriebsvereinbarungen vgl. ausführlich § 4 Rn. 223 ff.).

5.2 Das Grundrecht auf Streik nach deutschem Recht

5.2.1 Grundgesetz

72 Art. 9 Abs. 3 GG erwähnt das Streikrecht nicht (abgesehen von der Notstandsklausel in Satz 3). Es ist aber allgemein anerkannt, dass das **Streikrecht verfassungsrechtlich garantiert** ist. »*Das Grundrecht schützt als koalitionsmäßige Betätigung auch Arbeitskampfmaßnahmen, die auf den Abschluss von Tarifverträgen gerichtet sind. Sie werden jedenfalls insoweit von der Koalitionsfreiheit erfasst, als sie erforderlich sind, um eine funktionierende Tarifautonomie sicherzustellen. Dazu gehört auch der Streik*«.[109] Der Schutz umfasst alle Kampfmaßnahmen, die dem Koalitionszweck dienen, also nicht nur die schlichte Arbeitsniederlegung und Streik (vgl. AKR Rn. 14). Er ist entgegen der Auffassung der Rechtsprechung nicht auf den tariflichen Bereich beschränkt (genauer dazu AKR, Rn. 22). Auch Solidaritäts- und nichtgewerkschaftliche Streiks, Boykott und Blockaden fallen unter den **verfassungsrechtlichen Arbeitskampfbegriff** – ob sie im Einzelfall rechtmäßig sind, ist ggf. nach anderen Kriterien zu entscheiden (vgl. AKR Rn. 209 ff.).

73 Auch für das **Streikrecht** gilt: »*Die Koalitionsfreiheit ist ein* vorbehaltlos gewährtes Grundrecht. *Grundsätzlich können ihr daher nur zur Wahrung verfassungsrechtlich geschützter Güter Schranken gesetzt werden*«.[110] Zur Frage, ob und ggf. wie die in diesem Zusammenhang entwickelten Grundsätze der Verhältnismäßigkeit und Parität auf den Streik ange-

---

107 Ausführlich in BAG 2. 6. 87 – 1 AZR 651/85, AP Nr. 49 zu Art. 9 GG; vgl. schon zum Unterlassungsanspruch BAG 8. 12. 78 – 1 AZR 303/77, AP Nr. 28 zu Art. 9 GG (Antrag auf Duldung und Unterlassung der Behinderung von Vertrauensleutewahlen; hier wurde der Unterlassungsanspruch im Ergebnis aber verneint).

108 LAG Berlin-Brandenburg 13. 4. 11 – 7 Ta 804/11, juris.

109 BVerfG 26. 6. 91 – 1 BvR 779/85, AuR 92, 29 m. Anm. Däubler; 4. 7. 95 – 1 BvF 2/86, 1 BvF 1/87, 1 BvF 2/87, 1 BvF 3/87, 1 BvF 4/87, 1 BvR 1421/86, AiB 95, 598 m. Anm. Däubler; 2. 3. 93 – 1 BvR 1213/85, DB 93, 837.

110 BVerfG 10. 1. 95 – 1 BvF 1/90, 1 BvR 342/90, 1 BvR 348/90, DB 95, 483; 24. 2. 99 – 1 BvR 123/93, AuR 99, 406; 26. 6. 91 – 1 BvR 779/85, AuR 92, 29.

wendet werden können und dürfen, ohne »*sich der Gefahr einer gerichtlichen Kontrolle der Tarifziele*«[111] auszusetzen, vgl. AKR Rn. 137ff.

Über folgende **Grundsätze** besteht weitgehend **Einigkeit**[112]: 74

- Freiheit der Koalitionen, über die Mittel zur Erreichung der Koalitionszwecke frei zu entscheiden (u.a. Verbot der Tarifzensur, AKR Rn. 159),
- verfassungsrechtliche Garantie des Streikrechts, zumindest soweit es um Tarifverträge geht,
- Freiheit der Wahl der Kampfmittel im Rahmen der Tarifautonomie (AKR Rn. 13; Rn. 41).

Differenzen bestehen über die **Grenzen**: Sind Streiks und andere Kampfmittel allgemein zur Förderung der Arbeits- und Wirtschaftsbedingungen möglich – oder ist der Streik nur als Annex der Tarifautonomie gewährleistet (AKR Rn. 21ff.)? Kann das Streikrecht als vorbehaltlos gewährleistetes Freiheitsrecht nur durch den Schutz anderer Grundrechte beschränkt werden – oder (wie) begrenzen das »Gemeinwohl« und weitere Verhältnismäßigkeits- und Paritätsprinzipien Streiks (AKR Rn. 137ff.)? Wie steht es mit Solidaritäts-, nichtgewerkschaftlichen und »politischen« Streiks (AKR Rn. 181ff., 188ff., 201ff.)?[113] Viele lange etablierte Regeln des deutschen Rechts haben sich hier schon als zu eng und **völker- und europarechtlich problematisch** erwiesen, insbesondere was die Verhältnismäßigkeitskontrolle, den Ausschluss des Beamtenstreiks und die Beschränkung des Streiks auf tarifliche Ziele angeht (genauer unten Rn. 97a-b). 75

Die **Aussperrung** kann – als reaktives Abwehrinstrument der Arbeitgeber – nicht wie der Streik durch das Grundgesetz garantiert sein. Selbst BVerfG und BAG, die die Aussperrung in Grenzen zulassen, haben sich noch nicht abschließend zur verfassungsrechtlichen Seite geäußert (vgl. AKR Rn. 327, 330). Da die Arbeitgeber häufig den Grundsatz der »Parität« im Arbeitskampf rein formal betrachten, betrachten sie die Aussperrung als dem Streik gleichwertig; bei jedem neuartigen Arbeitskampfinstrument der Arbeitgeberseite werden Forderungen nach einer weitergehenden Zulassung der Aussperrung wieder neu aufgelegt (genauer dazu AKR Rn. 3ff.; Rn. 13f.; Rn. 137ff.). 76

5.2.2 Bundesgesetze

Das Arbeitskampfrecht ist **nicht durch Gesetz** geregelt. »Vom Gesetzgeber sich selbst überlassen« (Gamillscheg), füllt die Rechtsprechung die Lücke. Sie hat nicht nur einzelne Fälle entschieden, sondern mit einer Reihe von Grundsatzurteilen **Richterrecht** geschaffen. Sie hat Streik- und Arbeitskampfrecht synchron betrachtet und das Arbeitskampfrecht entlang der Begriffe Parität, Verhältnismäßigkeit und freie Kampfmittelwahl ausgestaltet. Diese »Weichenstellungen für die Wirtschaftsordnung« werden in Öffentlichkeit 77

111 BVerfG 26.6.91 – 1 BvR 779/85, AuR 92, 29; vgl. auch HK-ArbR-Hensche, Art. 9 GG Rn. 120.
112 Vgl. ErfK-Linsenmaier, GG Art. 9 Rn. 102 ff; Gamillscheg, S. 939ff.
113 Vgl. AK-GG-Kittner/Schiek, Art. 9 Abs. 3 Rn. 141; Däubler-Schumann, AKR Rn. 147ff.; Blanke, AuR 89, 2, jeweils m.w.N.

und Wissenschaft durchaus kontrovers diskutiert;[114] teilweise wird der Rechtsprechung die Legitimation abgesprochen – so weitgehende Aussagen könne und dürfe nur der Gesetzgeber treffen.[115] Die Rolle der Rechtsprechung wird aber insgesamt überwiegend akzeptiert – und zwar schon deshalb, weil weder die Alternative Rechtsverweigerung noch die Alternative zufälliger politischer Kompromisse über wesentliche Grundrechte akzeptabel erscheint.

Das heißt nicht, dass es nicht immer wieder einzelne Anläufe gäbe, ein **Arbeitskampfgesetz** zur Einschränkung von Streikrechten in die Diskussion zu bringen. Seit einigen Jahren wird aus unterschiedlichen Richtungen eine gesetzliche Korrektur neuerer Rechtsprechung etwa zur Tarifeinheit (siehe dazu jetzt § 4a TVG), zum Warn- oder Solidaritätsstreik sowie eine Rückkehr zu den Grundsatzurteilen der 1950er bis 70er Jahre gefordert – also in eine Zeit, in der die Tätigkeitsgarantie der Koalitionen auf das unabdingbar Notwendige (Kernbereichslehre) reduziert und der Streik als verfassungsmäßiges Freiheitsrecht noch nicht allgemein anerkannt war. Für einen solchen Rückschritt gibt es keinen rationalen Anlass; zudem müsste das Vorhaben den **begrenzten Spielraum des Gesetzgebers** beachten (vgl. im Einzelnen und Kritik Rn. 212ff.; vgl. auch AKR Rn. 13f).[116] So wäre es sicher verfassungswidrig, Arbeitnehmerinnen und Arbeitnehmer faktisch vom Streikrecht auszuschließen, indem vor dem Beginn eines Arbeitskampfs zunächst Gerichte, Schieds- und Schlichtungsstellen über alle möglichen zahlreiche Einzelfragen und Kautelen zu entscheiden haben (vgl. Rn. 110; AKR Rn. 13a).[117]

Die Begriffe »**Streik**« oder »**Arbeitskampf**« werden jedoch **in einigen Gesetzen erwähnt**. Dabei werden Grundlagen oder Umfang aber nicht geregelt, sondern vorausgesetzt (Ausnahme: § 160 SGB III, siehe AKR, Rn. 379ff.). Die wichtigsten Bestimmungen sind: § 2 Abs. 1 Satz 2 ArbGG: Zuständigkeit der Arbeitsgerichte in Arbeitskampfsachen; § 11 Abs. 5 AÜG: Leistungsverweigerungsrecht von Leiharbeitern; § 74 Abs. 2 BetrVG/§ 66 Abs. 2 BPersVG: Arbeitskampfverbot für die Betriebsparteien; § 25 KSchG: »Kampfkündigungen«; § 36 Abs. 3 SGB III: Vermittlungsverbot im Arbeitskampf; §§ 160, 174 SGB III: Arbeitslosen- bzw. Kurzarbeitergeld im Arbeitskampf; § 192 SGB V: Krankenversicherung; § 91 Abs. 6 SGB IX: Wiedereinstellungsgebot für fristlos gekündigte Schwerbehinderte.[118]

---

114 Kittner, Arbeitskampf, S. 606ff.,vgl. z.B. die grundsätzliche Kritik bei Däubler und Hoffmann, in: Kittner, Streik und Aussperrung, S. 411ff. bzw. 47ff.; s.a. Ramm, JZ 64, 494ff., 546ff., 582ff; Kittner, FS Jaeger, S. 483ff.

115 Vgl. z.B. »Professorenentwurf« von Birk u.a., S. 31; siehe auch Franzen/Thüsing/Waldhoff, Arbeitskampf in der Daseinsvorsorge; zur Debatte AKR, Rn. 2b. Die sog. Wesentlichkeitstheorie findet aber zwischen gleichgeordneten Grundrechtsträgern keine Anwendung, vgl. BVerfG 26.6.91 – 1 BvR 779/85, AuR 92, 29 u. 2.3.93 – 1 BvR 1213/85, DB 93, 837.

116 Vgl. Däubler-Wolter, AKR, Rn. 897; AK-Kittner Art. 9 GG Rn. 66.

117 So aber Franzen/Thüsing/Waldhoff, Arbeitskampf in der Daseinsvorsorge; dazu auch Berg, FS Kempen, 276ff.

118 Das BAG sieht das Arbeitskampfrecht auch durch das TVG konkretisiert: BAG 10.6.80 – 1 AZR 822/79, DB 80, 1266.

5.2.3 Landesverfassungen

Einige Landesverfassungen garantieren das **Streikrecht ausdrücklich**: Berlin Art. 18 Abs. 3; Brandenburg Art. 51 Abs. 2; Bremen Art. 51 Abs. 3; Hessen Art. 29 Abs. 4 und 5; Rheinland-Pfalz Art. 66 Abs. 2; Saarland Art. 56 Satz 2 und 3; Thüringen Art. 37 Abs. 2. Die Verfassungen von Bayern Art. 170 Abs. 1, Sachsen Art. 25 Satz 1 und Sachsen-Anhalt Art. 13 Abs. 3 gewährleisten das Streikrecht mittelbar durch die Garantie der Koalitionsfreiheit. Die Aussperrung wird jeweils entweder nicht erwähnt bzw. in Hessen ausdrücklich verboten. Diese Streikgarantien fristen ein **bescheidenes Dasein**. Anfangs von den Gerichten praktisch ignoriert, dann nicht als Grundrecht anerkannt,[119] wurden sie schließlich dem bundesrechtlichen Grundsatz der Kampfparität untergeordnet und – zu Unrecht – zur Bedeutungslosigkeit verdammt.[120] 78

5.3 Die Tarifautonomie nach dem GG

»*Die Tarifautonomie ist darauf angelegt, die strukturelle Unterlegenheit der einzelnen Arbeitnehmer beim Abschluss von Arbeitsverträgen durch kollektives Handeln auszugleichen und damit ein annähernd gleichgewichtiges Aushandeln der Lohn- und Arbeitsbedingungen zu ermöglichen*«.[121] Letztlich ist die Tarifautonomie aus der Autonomie der Arbeitnehmerinnen und Arbeitnehmer selbst legitimiert (»**kollektive Ausübung von Privatautonomie**«). Kollektive und individuelle Freiheit sind insofern kein Widerspruch, im Gegenteil: Individuelle Freiheit der Beschäftigten kann im Machtverhältnis zur Arbeitgeberseite nur kollektiv effektiv wahrgenommen werden. 79

Aus dem GG ergibt sich für die Tarifautonomie eine Betonung der **Eigenverantwortung** der staatsfrei agierenden Koalitionen und damit der **demokratischen Funktion** sowie der **Staatsentlastung**: »*Den Koalitionen ist durch Art. 9 Abs. 3 GG … die im öffentlichen Interesse liegende Aufgabe zugewiesen …, insbesondere Löhne und sonstige materielle Arbeitsbedingungen in einem von staatlicher Rechtsetzung frei gelassenen Raum in eigener Verantwortung und im Wesentlichen ohne staatliche Einflussnahme durch unabdingbare Gesamtvereinbarungen sinnvoll zu ordnen*«.[122] 80

Damit werden die **Schutzfunktion**, die zwingende Wirkung von Tarifnormen, also die Unabdingbarkeit und die Garantie des tarifvertraglichen Mindestniveaus sowie die **demokratische Teilhabe** verfassungsrechtlich abgesichert und dem Unterlaufen des Tarifvertrags durch einseitiges Arbeitgeberhandeln, durch Arbeitsverträge oder Betriebsvereinbarungen ein Riegel vorgeschoben.[123] Dies ist ein entscheidender Aspekt in der rechtspolitischen Debatte um die Aufweichung der Tarifautonomie (vgl. Rn. 234ff.). 81

---

119 So BAG 28.1.55 – GS 1/54, BB 55, 605.

120 So das BAG 26.4.88 – 1 AZR 399/86, AuR 90, 98 zum hessischen Aussperrungsverbot; vgl. dazu Däubler-Däubler, AKR, § 9 Rn. 46ff.; Däubler-Wolter, AKR, Rn. 916a ff.; ErfK-Linsenmaier, GG Art. 9 Rn. 104; Kissel, § 19.

121 BVerfG 26.6.91 – 1 BvR 779/85, AuR 92, 29.

122 BVerfG 24.5.77 – 2 BvL 11/74, AuR 77, 380 m. Anm. Kempen.

123 BVerfG 24.5.77 – 2 BvL 11/74, AuR 77, 380; Däubler-Däubler, Einl. Rn. 99f.; Hanau, RdA 93, 1, 4; KeZa-Kempen, Grundl. Rn. 149ff.

82 Ein »Zurücktreten des Staates« wird neben der demokratischen Funktion mit der großen **Sachnähe** der Tarifvertragsparteien begründet, »*aus dem Gesichtspunkt, dass die Beteiligten besser wissen und besser aushandeln können, was ihren beiderseitigen Interessen und dem gemeinsamen Interesse entspricht, als der demokratische Gesetzgeber …*«.[124] Dies bedeutet insbesondere, dass den Tarifparteien Einschätzungsspielräume zustehen müssen, in die auch die Gerichte nicht eingreifen dürfen. Daraus ergibt sich u.a. ein **Verbot der (gerichtlichen und staatlichen) Tarifzensur**, d.h. Staat oder Gerichte dürfen nicht die Tarifforderungen und Tarifziele auf Angemessenheit oder Zweckmäßigkeit kontrollieren.[125]

83 Die Tarifautonomie bedarf allerdings der gesetzlichen Ausgestaltung, denn ohne eine rechtliche Regelung, die den kollektiv ausgehandelten Verträgen bindende Rechtswirkungen zuspricht, bliebe sie im gesellschaftlichen Raum ineffektiv. Der **Gesetzgeber** ist verpflichtet, ein **Tarifvertragssystem** zur Verfügung zu stellen.[126] Das Verhältnis von Autonomie und Ausgestaltung ist nicht endgültig geklärt. Ziel und gleichzeitig Grenze jeder gesetzlichen Ausgestaltung sind jedenfalls die Funktionsfähigkeit der Tarifautonomie und der Ausgleich der strukturellen Unterlegenheit der Arbeitnehmerseite.[127] Behält er dies im Blick, kann der Gesetzgeber die Tarifautonomie auch dadurch schützen, dass er durch Allgemeinverbindlicherklärung und ähnliche Instrumente von der Richtigkeitsvermutung von Tarifverträgen selbst Gebrauch macht (vgl. TVG § 5 Rn. 13ff.; Rn. 47ff.).[128]

84 Das TVG gestaltet die Tarifautonomie nicht abschließend. Deshalb sind z.B. auch **Vereinbarungen zu Arbeits- und Wirtschaftsbedingungen** zulässig, die keinen Tarifvertragscharakter haben (vgl. auch TVG § 1 Rn. 159, 432). Soweit Kollektivverträge Arbeits- und Wirtschaftsbedingungen i.S.d. Art. 9 Abs. 3 GG gestalten, ist die mit jedem Kollektivvertrag notwendig verbundene Absprache der Unternehmen erlaubt und unterliegt keiner kartellrechtlichen Kontrolle (zum Europarecht vgl. insofern unten Rn. 110).[129]

Auch § 12a TVG erweitert die Tarifautonomie nicht, sondern gestaltet sie nur aus (vgl. TVG § 12a Rn. 1a). Darüber hinaus können auch **abhängige Selbständige**, die nicht von § 12a TVG erfasst sind, Rechte aus Art. 9 Abs. 3 GG haben.

84a Gegenstand der Garantie von Tarifautonomie sind alle **Arbeits- und Wirtschaftsbedingungen**. Das sind z.B. Lohn, Arbeitszeit, Urlaub, Rationalisierungsschutz, Beschäftigungssicherung, aber auch Regelungen, die wirtschaftliche und Unternehmensentscheidungen beeinflussen und betreffen.

Die Tarifautonomie nach Art. 9 Abs. 3 GG geht aber über die in § 1 TVG genannten Materien hinaus. Das spricht dagegen, dass § 1 TVG eine inhaltliche Begrenzung für die Aufgaben der Koalitionen darstellt (näheres vgl. TVG § 1 Rn. 154ff.; AKR Rn. 19ff.).[130]

---

124 BVerfG 27.2.73 – 2 BvL 27/69, NJW 73, 1320.

125 BVerfG 26.6.91 – 1 BvR 779/85, AuR 92, 29; BAG 24.4.07 – 1 AZR 252/06, DB 07, 1924; vgl. auch Dieterich, RdA 02, 13f.; Kissel, § 10 Rn. 51; Löwisch/Rieble, Grundl. Rn. 193f.

126 BVerfG 18.11.54 – 1 BvR 629/52, AuR 55, 29; 1.3.79, BVerfG1.3.79 – 1 BvR 532/77, 1 BvR 533/77, 1 BvR 419/78, 1 BvL 21/78, BVerfGE 50, 290 (Mitbestimmungsurteil); 18.7.00 – 1 BvR 948/00, DB 00, 1768.

127 Vgl. ErfK-Linsenmaier, GG Art. 9 Rn. 82ff.

128 BVerfG 20.3.07 – 1 BvR 1047/05, NZA 07, 609.

129 Zur Problematik Mohr/Wolf, JZ 11, 1091ff.

130 Däubler-Däubler, Einl. Rn. 105f.; Dieterich, RdA 02, 1, 10; KeZa-Kempen, Grundl. Rn. 108; Wolter, RdA 02, 218, 222ff.; a.A. Löwisch/Rieble, Grundl. Rn. 133ff.; vgl. auch Krause, AuR 12,

Art. 9 Abs. 3 GG ist ein **soziales Teilhaberecht**. Die Koalitionsfreiheit ist eine Ausformung des **Sozialstaatsprinzips** sowie des **Demokratieprinzips** (vgl. auch Rn. 82). Es legitimiert nicht nur den sozialen Schutz abhängiger Arbeit, sondern auch die Weiterentwicklung der wirtschaftlichen und sozialen Verhältnisse.[131] Koalitionsfreiheit und Sozialstaatsprinzip sind Gegengewichte zum Eigentum an Produktionsmitteln und zu einer vorrangig an Unternehmerinteressen ausgerichteten Marktwirtschaft. Die Koalitionsfreiheit ist deshalb **soziales Schutzrecht primär der Arbeitnehmerinnen und Arbeitnehmer.**[132] 85

Koalitionsfreiheit und Tarifautonomie sind ein absolutes Recht im Sinne des bürgerlichen Rechts (§ 823 BGB); ein Verstoß durch einzelne Unternehmen kann **Schadensersatz- und Unterlassungsansprüche** einer Gewerkschaft zur Folge haben (vgl. dazu oben Rn. 71a). Da die Tarifautonomie verletzt wird, wenn der einzelne Arbeitgeber den **Geltungsanspruch des Tarifvertrags systematisch unterläuft**, können die Tarifvertragsparteien/Gewerkschaften in solchen Fällen gerichtlich gegen den Arbeitgeber vorgehen. Dies hat das BAG im »Burda-Urteil«[133] anerkannt (Näheres vgl. Rn. 150 und TVG § 4 Rn. 223ff.). 86

Zwar enthält Art. 9 Abs. 3 GG keinen Gesetzesvorbehalt und ist sogar 1968 »notstandsfest« gemacht worden; dennoch sind die Rechte nicht grenzenlos garantiert. Auch **Eingriffe in die Tarifautonomie** sind deshalb aber (nur) zum »*Schutz der Grundrechte Dritter und anderer mit Verfassungsrang ausgestatteter Rechte*« zulässig, wobei das Verhältnismäßigkeitsprinzip gewahrt werden muss.[134] Die Tarifautonomie darf aber nicht funktionsunfähig[135] oder »zur Seite gedrängt« werden.[136] 87

Beispiele:
- Die zwingenden gesetzlichen Befristungsregeln für den Wissenschaftsbereich im Jahre 2007 (durch das WissZeitVG) folgten der Ablehnung entsprechender Tarifbestimmungen durch die Gewerkschaft ÖTV.
- Nachdem Tarifverhandlungen zu Einkommensverbesserungen im öffentlichen Dienst Hessens im Jahr 2007 ergebnislos geblieben waren, wurde eine gesetzliche Einkommensverbesserung beschlossen, die einen verfassungswidrigen Eingriff in die Tarifautonomie darstellte.[137]

Da das BVerfG sich als sehr »kreativ« bei der Anerkennung von »Belangen mit Verfassungsrang« gezeigt hat (vgl. oben Rn. 69), lässt sich kaum allgemein sagen, was diese 88

2ff. zur Zulässigkeit tariflicher Verpflichtungen von Entleihunternehmen gegenüber den Leiharbeiterinnen und Leiharbeitern.

131 BAG 3.4.90 – 1 AZR 123/89, NZA 90, 886.

132 Vgl. AK-GG-Kittner/Schiek, Art. 9 Abs. 3 Rn. 80ff.; KeZa-Kempen, Grundl. Rn. 76ff.; abl. Gamillscheg, S. 263ff., 365f.

133 BAG 20.4.99 – 1 ABR 72/98, AiB 99, 538.

134 BVerfG 26.6.91 – 1 BvR 779/85, AuR 92, 29; 3.4.01 – 1 BvL 32/97, DB 01, 1367; Näheres bei Däubler-Däubler, Einl. Rn. 132ff.; KeZa-Kempen, Grundl. Rn. 119ff., 139ff.

135 BVerfG 4.7.95 – 1 BvF 2/86, 1 BvF 1/87, 1 BvF 2/87, 1 BvF 3/87, 1 BvF 4/87, 1 BvR 1421/86, AiB 95, 595; 1.3.79 – 1 BvR 532/77, 1 BvR 533/77, 1 BvR 419/78, 1 BvL 21/78, DB 79 Beil. 5.

136 JKOS-Krause, § 1 Rn. 95.

137 Weiss/M.Schmidt, NZA 08, 18ff.

Grundsätze konkret und im Einzelnen bedeuten. Nach dem BVerfG hängt die **Intensität des Schutzes der Tarifautonomie** zum einen davon ab, ob die Tarifvertragsparteien Materien schon geregelt haben oder nicht, zum anderen davon, ob es sich um Löhne und materielle Arbeitsbedingungen handelt.[138]

89 So hat das BVerfG etwa den Eingriff in Tarifverträge über **befristete Arbeitsverträge** an **Hochschulen** mit dem Argument gerechtfertigt, sie seien kein zentraler Bestandteil der Tarifautonomie;[139] die Absenkung der »**ABM-Löhne**« auf 80 % wurde gebilligt, weil Koalitionsbetätigung auf dem zweiten Arbeitsmarkt eher atypisch sei.[140]

90 Das BVerfG beruft sich auch auf das gesetzgeberische Ziel »**Bekämpfung der Massenarbeitslosigkeit**«, das es aus Art. 1 und 20 GG herleitet.[141] Das ist unklar und konturenlos und darf nicht als Blankoscheck für Eingriffe in die Tarifautonomie und konkrete Tarifverträge aufgefasst werden.[142]

91 Die Regelung im Gesetz über das »**2. Schiffsregister**«, die den deutschen Tarifparteien die Regelung der Arbeitsverhältnisse ausländischer Seeleute auf deutschen Schiffen faktisch unmöglich macht, rechtfertigt das BVerfG unter Hinweis auf die Gegebenheiten des internationalen Arbeitsmarktes und mit dem Ziel, zu verhindern, dass deutsche Schiffe ausgeflaggt und völlig dem deutschen Recht entzogen werden.[143]

92 Für **Beamtinnen und Beamte** wird nach wie vor angenommen, dass sie zwar das Koalitionsrecht haben (sie haben den höchsten gewerkschaftlichen Organisationsgrad aller Beschäftigtengruppen), aber nicht Tarifautonomie und Streikrecht. Das wird aus den »hergebrachten Grundsätzen des Berufsbeamtentums« abgeleitet, die aus vordemokratischen Zeiten des Kaiserreichs stammen, aber in Art. 33 Abs. 5 GG niedergelegt sind. Völker- und europarechtlich ist dies zwar rechtswidrig (vgl. Rn. 97). Des ungeachtet werden die **Arbeitsbedingungen** der Beamten in Deutschland noch üblicherweise durch Gesetz festgelegt. Die öffentlichen Arbeitgeber haben es damit in der Hand, über die einseitige gesetzliche Gestaltung der Arbeitsbedingungen für Beamte mittelbar auf die Tarifverträge für die Arbeiter und Angestellten im **Öffentlichen Dienst** Einfluss zu nehmen und ihre Verhandlungsmacht gegenüber der Gewerkschaft erheblich zu stärken. Durch eine systematische »Verbeamtungspolitik« könnte auch so der Anwendungsbereich des Art. 9 Abs. 3 GG und der Tarifautonomie durch die Arbeitgeberseite eingeschränkt werden (zum Streikrecht vgl. AKR Rn. 462).[144]

---

138 BVerfG 24.4.96 – 1 BvR 712/86, AuR 96, 371.

139 BVerfG 24.4.96 – 1 BvR 712/86, AuR 96, 371; vgl. auch zum Antistreikparagraphen BVerfG 4.7.95 – 1 BvF 2/86, 1 BvF 1/87, 1 BvF 2/87, 1 BvF 3/87, 1 BvF 4/87, 1 BvR 1421/86, AiB 95, 59538.

140 BVerfG 27.4.99 – 1 BvR 2203/93, 1 BvR 897/95, NZA 99, 992; krit. dazu Bieback, AuR 00, 201.

141 BVerfG 3.4.01 – 1 BvL 32/97, AuR 01, 279, betr. Anrechnung von Kuren auf Urlaub.

142 Krit. Däubler-Däubler, Einl. Rn. 136ff.; Dieterich, AuR 01, 390; KeZa-Kempen, Grundl. Rn. 126; vgl. auch Otto-Brenner-Stiftung, 2002.

143 BVerfG 10.1.95 – 1 BvF 1/90, 1 BvR 342/90, 1 BvR 348/90, AuR 95, 61; krit. Geffgen, NZA 95, 504.

144 Zur Kritik vgl. Däubler, TVR Rn. 325; ders., Streik ÖD, S. 143ff.; Lörcher, PersR 96, 302; Plander, PersR 92, 81ff.

Beispiel:
Die gesetzliche Verlängerung der Arbeitszeit und Kürzung von Entgeltbestandteilen für Beamte ging einem entsprechenden Ansinnen an die Arbeiter/innen und Angestellten voraus, was den Streik im Öffentlichen Dienst 2005/2006 auslöste.

Die **Kirchen** einschließlich ihrer karitativen und diakonischen Einrichtungen werden von der h.M. von Tarifautonomie und Streikrecht ausgenommen: wegen der »Kirchenautonomie« in Art. 140 GG i.V.m. Art. 137 WRV könnten sie nicht mit entsprechenden privatwirtschaftlichen Tätigkeiten gleichgestellt werden.[145] Als Konsequenz gesteht man ihnen zu, die Arbeitsbedingungen kollektiv auf dem sogenannten »Dritten Weg« zu gestalten, d.h. über »Arbeitsrechtliche Kommissionen« (Definition laut § 11 Abs. 3 AEntG: »paritätisch besetzte Kommissionen, die auf der Grundlage kirchlichen Rechts Arbeitsbedingungen für den Bereich kirchlicher Arbeitgeber […] festlegen«). Unter der Voraussetzung, dass die Gewerkschaften in diesen Kommissionen hinreichend eingebunden sind und ihnen ein Zugang zu einer Schiedskommission offen steht, hat das BAG nun aber einen Streik in Kirche und Diakonie verneint.[146] Dies wird zu Recht in Frage gestellt; wählt die Kirche den Arbeitsvertrag und das damit verbundene Machtverhältnis, dann muss sie sich auch den hierfür geltenden Regeln unterwerfen.[147] (vgl. auch AKR Rn. 484). Eine Entscheidung des BVerfG hierzu steht noch aus. 93

5.4 Völkerrechtliche Garantien

Die **Koalitionsfreiheit** wird garantiert durch 94
- die (**UN**-)Allgemeine Erklärung der Menschenrechte vom 10.12.1948 (Art. 23 Abs. 4);
- den Internationalen **Pakt** über **bürgerliche Rechte** vom 19.12.1966 (Art. 22);
- den Internationalen **Pakt** über **wirtschaftliche, soziale und kulturelle Rechte** vom 16.12.1966 (Art. 8);
- die **ILO**-Übereinkommen Nr. 87 vom 9.7.1948, Nr. 98 vom 1.7.1949 sowie 135 vom 23.6.1971 (dort Art. 5).

Die **Tarifautonomie/Kollektivvertragsfreiheit** wird verbürgt in
- **ILO**-Übereinkommen Nr. 87 vom 9.7.1948 (Art. 3);
- **ILO**-Übereinkommen Nr. 98 vom 1.7.1949 (Art. 2 und 4).

Das **Streikrecht** wird gewährleistet durch[148]
- den **Internationalen Pakt** über wirtschaftliche, soziale und kulturelle Rechte vom 16.12.1966 (Art. 8);
- das **ILO**-Übereinkommen Nr. 87 vom 9.7.1948 und das Übereinkommen Nr. 102 vom 28.6.1952.

---

145 BVerfG 16.10.68 – 1 BvR 241/66, DB 68, 2119; Richardi, NZA 02, 929; a.A. Hammer, S. 328ff.; KeZa-Kempen, Grundl. Rn. 180ff.; Kühling, AuR 01, 241.
146 BAG, 20.11.2012 – 1 AZR 611/11 und 179/11.
147 Kocher/Krüger/Sudhof, NZA 2014, 880ff.
148 Vgl. zum Ganzen Däubler-Lörcher, AKR § 10; Gamillscheg, S. 50ff.; Wiedemann-Thüsing, Einl. Rn. 119ff.

95 Vor allem im Streikrecht wurde schon verschiedentlich einen **Widerspruch zwischen deutschem Recht und internationalem Abkommen** festgestellt, z.B.:

- Der Ausschluss von **Beamten** von Tarifautonomie und Streikrecht ist unvereinbar mit dem ILO-Übereinkommen Nr. 98[149] und mit Art. 11 EMRK.[150]
- Die Beschränkung des **Streikrechts auf tarifliche Ziele**, z.B. beim Demonstrations-, Solidaritäts- und »wilden« Streik, verstößt nicht nur gegen ILO-Übereinkommen, sondern auch gegen die Europäische Sozialcharta, so das Ministerkomitee des Europarats am 3.2.98.[151]

95a Aufgrund der speziellen Zuständigkeit der ILO für den Bereich der Arbeitsbeziehungen, ihrer Durchsetzungsverfahren sowie wegen der Konkretisierung der Rechte in Übereinkommen und durch Interpretationen des Sachverständigenausschusses haben die Übereinkommen der ILO im völkerrechtlichen Bereich für das Arbeitsrecht besondere Bedeutung.[152] Insbesondere das Übereinkommen der Internationalen Arbeitsorganisation (ILO) Nr. 87 von 1948 (über die **Vereinigungsfreiheit** und den Schutz des Vereinigungsrechts) sowie das Übereinkommen Nr. 98 von 1949 über das Recht zu **Kollektivverhandlungen** schreiben nach Auffassung der ILO grundlegende Menschenrechte in der Arbeit fest. Diese beiden Übereinkommen stellen die »Verfassungsgrundlagen« der ILO dar. Jeder Staat, der Mitglied der ILO ist – ob er diese beiden Übereinkommen ratifiziert hat oder nicht – an diese Konventionen gebunden.[153]

Das ILO-Abkommen Nr. 87 erwähnt zwar nicht ausdrücklich das **Streikrecht**, wird aber vom ILO-Sachverständigenausschuss so interpretiert, mit weitgehenden Garantien, z.B. für ein Streikrecht der Beamten (AKR Rn. 462), Solidaritätsstreiks und Proteststreiks gegen staatliche Maßnahmen der Wirtschafts- und Sozialpolitik (vgl. AKR Rn. 181ff., 188ff.) und für friedliche Blockaden und Besetzungen (vgl. AKR Rn. 225ff.); die Einstellung von Streikbrechern wird als »schwerwiegende Verletzung der Vereinigungsfreiheit« beurteilt (vgl. auch AKR Rn. 306, 311).[154]

95b Die ILO-Übereinkommen sind als solche kein unmittelbar geltendes Recht. Mit Ratifizierung durch die Bundesrepublik Deutschland (Art. 59 GG) sind sie jedoch zu **bindendem Gesetzesrecht** geworden.[155] Auch bei der Auslegung von Verfassungsnormen und bei der Auslegung von EU-Recht sind sie durch die Gerichte zu berücksichtigen (»völkerrechts-

149 Vgl. dazu Däubler-Lörcher, AKR, § 10 Rn. 78.

150 Entschieden für die Türkei durch EGMR 12.11.08 – 34503/97 u. 21.4.09 – 68959/01, AuR 09, 269 m. Anm. Lörcher S. 229.

151 AuR 98, 154ff., dazu Däubler, S. 144; zur ähnlichen Spruchpraxis der ILO-Gremien vgl. Däubler-Lörcher, AKR, § 10 Rn. 83ff.

152 Die Texte aller Übereinkommen sind leicht recherchierbar (auch auf Deutsch) unter <www.ilo.org> (»labour standards«).

153 »Erklärung der ILO über grundlegende Prinzipien und Rechte bei der Arbeit und ihre Folgemaßnahmen« von 1998 (auf <http://www.ilo.org/public/german/region/eurpro/bonn/download/ilo-erklaerung.pdf> (4.1.2013).

154 Zur Auslegung der Konventionen durch die ILO Fachausschüsse siehe detailliert International Labour Organisation (Hrsg.), Freedom of Association. Digest of decisions and principles of the Freedom of Association Committee of the Governing Body of the ILO, 5. Aufl., 2006.

155 Siehe z.B. BVerfG, 23.3.11 – 2 BvR 882/09, Rn 52 für die UN-Behindertenrechtskonvention.

freundliche Auslegung«). Sie bieten jedoch keine Grundlage für **internationale Tarifverträge** (zu diesen vgl. Rn. 113ff.).[156]

5.5 Europäische Grundrechte und EU-Grundfreiheiten

Die **Koalitionsfreiheit** wird garantiert durch 96
- die **EMRK – Europäische Menschenrechtskonvention** vom 4.11.1950 (Art. 11 Abs. 1);
- die **ESC – Europäische Sozialcharta** vom 18.10.1961 (Art. 6);
- die **EU-Grundrechtecharta (GRC-EU)** vom 12.12.2007[157] (Art. 12 u. 28).

Die **Tarifautonomie/Kollektivvertragsfreiheit** wird verbürgt in
- die **EMRK** (Art. 11);
- die **ESC** (Art. 6).
- die **GRC-EU** (Art. 28);

Das **Streikrecht** wird gewährleistet durch[158]
- die **EMRK** (Art. 11);[159]
- die **ESC** (Art. 6);
- die **GRC-EU** (Art. 28).

Die Europäische Menschenrechtskonvention sowie die Europäische Sozialcharta von 1964 sind Normen des **Europarats**, an die Deutschland völkerrechtlich gebunden ist (vgl. dazu Rn. 95b). Aufgrund der Möglichkeit der Individualbeschwerde (Art. 34 EMRK) kann der **Europäische Gerichtshof für Menschenrechte** (EGMR, Straßburg) über die Auslegung und Anwendung der EMRK verbindlich entscheiden. Für die Europäische Sozialcharta gibt es einen solchen Mechanismus nicht; hier erfolgt eine Konkretisierung und Anwendung lediglich durch den zugehörigen Sachverständigenausschuss (Europäischer Sozialausschuss). 96a

Auch diese Normen gelten in Deutschland seit ihrer Ratifizierung wie Gesetze.[160] Darüber hinaus können sie aber auch für die Auslegung des Art. 9 Abs. 3 GG von Bedeutung sein. Das BAG meint deshalb jetzt, die Gerichte müssten die ESC als **völkerrechtliche Verpflichtung** »beachten [...], wenn sie die im Gesetzesrecht bestehenden Lücken anhand von Wertentscheidungen der Verfassung ausfüllen«.[161]

Die EU-Grundrechte-Charta hingegen bindet nur die Mitgliedstaaten sowie Organe der **Europäischen Union** (vgl. Art. 6 Abs. 1 EUV); diese Bindung ist allerdings stärker als das Recht des Europarats, da das (supranationale) Recht der EU anders als Völkerrecht in 96b

---

156 Zu den möglichen Konstruktionen sowie Regeln über Rechtswahl vgl. auch TVG § 2 Rn. 91ff. und umfassend Däubler-Schiek, Einl. Rn. 586ff., 661ff., zu europäischen Kollektivverträgen vgl. Rn. 117ff; allgemein zum Recht der ILO auch Zimmer, FS Lörcher, 2013, 29ff.

157 Die GRC stammt aus dem Jahr 2000, wurde jedoch erst mit dem Lissabon-Vertrag und Art. 6 Abs. 1 EUV rechtsverbindlich.

158 Vgl. zum Ganzen Däubler-Lörcher, AKR, § 10; Gamillscheg, S. 50ff.; Wiedemann-Thüsing, Einl. Rn. 119ff.

159 EGMR 12.11.08 – 34503/97 u. 21.4.09 – 68959/01, AuR 09, 269; dazu Lörcher, AuR 09, 229.

160 Für die EMRK siehe BVerfG 14.10.04 – 2 BvR 1481/04 (Görgülü), Rn. 31ff.

161 BAG 19.6.07 – 1 AZR 396/06, DB 07, 2038; weitergehend Däubler-Lörcher, AKR, § 10 Rn. 24ff.

Deutschland unmittelbar und ohne weitere Umsetzungsakte wirken kann. Für die Auslegung und Anwendung ist der **Europäische Gerichtshof** in Luxemburg (EuGH) zuständig.

Eine gewisse Verschränkung der beiden Institutionen erfolgt allerdings dadurch, dass der EU-Vertrag in Art. 6 Abs. 3 die **Rechte der EMRK als »allgemeine Grundsätze«** für verbindlich erklärt und die EU zum Beitritt zur EMRK verpflichtet wird (Art. 6 Abs. 2 EUV). Wie sich dies auf die Grundrechtsauslegung des EuGH auswirken kann und inwiefern hier eine gegenseitige Einflussnahme der beiden Gerichtshöfe EuGH und EGMR stattfinden kann, ist derzeit noch unklar.[162]

Als Bestandteil des Arbeitsvölkerrechts fließen insbesondere die Maßstäbe der ILO-Übereinkommen 87 und 98 in die Auslegung des Art. 11 EMRK und damit auch des Art. 28 GRC ein.[163] Ähnliches gilt aus systematischen Gründen für Art. 6 ESC; die Tatsache, dass nicht alle Mitgliedstaaten diese Norm ratifiziert haben, ändert nichts an deren Maßgeblichkeit als Auslegungsmaßstab, da hierdurch keine unmittelbare Bindung begründet wird.[164]

96c Viele der Grundrechte, die in der **Grundrechte-Charta-EU** anerkannt werden, wurden bereits in den Jahrzehnten davor vom EuGH anerkannt und entwickelt – nicht zuletzt auf Druck des BVerfG, das europäisches Recht nur als wirksam anerkennt, solange auch grundlegende Rechte gewährleistet sind.[165] Zwar geht das **BVerfG** in seinem Demokratieverständnis noch immer von allein nationalen Bezugspunkten aus. In der Praxis hat es bislang die Rechtsprechung des EuGH und die Normsetzung der EU in der Sozialpolitik noch immer anerkannt, selbst dort wo sie höchst problematisch war (Beispiele Rn. 104ff.).[166]

5.5.1 EMRK und ESC

97 Art. 11 Abs. 1 EMRK enthält die Gewerkschaftsfreiheit, d.h. das Recht, »zum Schutz [der] Interessen Gewerkschaften zu gründen und Gewerkschaften beizutreten«.

Der EGMR entnimmt dieser Norm insbesondere ein weitreichendes **Diskriminierungsverbot.** Danach ist es z.B. rechtswidrig, wenn Arbeitgeber Vorteile wie Gehaltserhöhungen versprechen dafür, dass Beschäftigte auf tarifliche Rechte oder andere Gewerkschaftsrechte verzichten.[167]

---

162 Z.B. Dieterich, FS Renate Jaeger, S. 95ff.

163 Kingreen, Soziales Fortschrittsprotokoll, 2014, 53; Fischer-Lescano, KJ 2014, 2; Thüsing/Traut, RdA 12, 69f; vgl. auch Heuschmid, SR 14, 1, 8; zur Rechtsprechung des EGMR siehe EGMR, 12.11.08, Beschwerde-Nr. 34503/97 (Demir und Baykara), NZA 10, 1425ff.; EGMR, 21.4.09 Beschwerde-Nr. 68959/01 (Enerji Yapi-Yol Sen), NZA 10, 1423ff.

164 Bryde, SR 12, 2, 8; siehe auch EGMR, 3.7.13, Beschwerde Nr. 85/2012 (LO und TCO/Schweden), Rn. 121.

165 BVerfG 22.10.86 – 2 BvR 197/83 (Solange II); 12.10.93 – 2 BvR 2134/92, 2 BvR 2159/92 (Maastricht); 30.6.09 – 2 BvE 2/08, 2 BvE 5/08, 2 BvR 1010/08, 2 BvR 1022/08, 2 BvR 1259/08, 2 BvR 182/09 (Lissabon-Vertrag), NJW 09, 2267.

166 Vgl. Fisahn, KJ 09, 220, 225; Kocher, AuR 09, 332ff.

167 EGMR 2.7.02 – 30668/96, 30671/96, 30678/96, (Wilson), AuR 03, 77 mit Anm. Zachert, AuR 03, 370ff.

Darüber hinaus vertritt der EGMR mittlerweile die Auffassung, dass zur Gewerkschaftsfreiheit notwendig ein **Recht auf Kollektivverhandlungen** gehört einschließlich eines damit verbundenen **Streikrechts.**[168] In zwei Entscheidungen über türkische Fälle hat er diese Grundsätze auf den öffentlichen Dienst angewandt und ein **Streikrecht für Beamtinnen und Beamte** anerkannt.[169] Dies bedeutet einen Einschnitt für die bisherige deutsche Auffassung, die ein solches Recht leugnete und nun die Rechtsprechung des EGMR umsetzen muss[170] (genauer AKR Rn. 462).

In der **ESC** (von Deutschland 1964 ratifiziert, also wie Gesetzesrecht gültig, vgl. Rn. 95b) sind insbesondere Art. 5 (Vereinigungsrecht) und Art. 6 (Recht auf Kollektivverhandlungen und Arbeitskampfrecht) von Bedeutung für das deutsche Tarif- und Arbeitskampfrecht. In Art. 6 Nr. 4 gewährleistet die ESC ausdrücklich »kollektive Maßnahmen einschließlich des Streikrechts im Falle von Interessenkonflikten«.[171] **97a**

Anders als das deutsche Recht kennt die ESC auch kein gewerkschaftliches Streikmonopol und **keine Beschränkung des Streiks auf tariflich regelbare Ziele.** Das Ministerkomitee des Europarats hat deshalb 1998 die BRD gerügt: Die Rechtswidrigkeit nichtgewerkschaftlicher, politischer und von Demonstrations- und Solidaritätsstreiks verstoße gegen die ESC; es »empfahl« der Bundesregierung, dies in angemessener Weise zu berücksichtigen (vgl. auch AKR Rn. 21ff., 180ff., 190ff., 201ff.).[172]

Zumindest bei der »**Tarifbezogenheit**« hat sich das BAG der ESC angenähert. 2002 hat es eine Überprüfung der Aussage angedeutet, »Arbeitskämpfe seien stets nur zur Durchsetzung tarifvertraglich regelbarer Ziele zulässig«. 2007 hat es – unter Aufgabe seiner bisherigen Rechtsprechung – **Solidaritätsstreiks** für grundsätzlich zulässig erklärt (vgl. Rn 181ff.; AKR Rn. 150a und Rn. 181ff.).[173] **97b**

5.5.2 Die Europäische Union

Hauptziele der **Europäischen Gemeinschaften** waren bei ihrer Gründung 1957 die Überwindung kriegerischer Konflikte und die wirtschaftliche Integration durch Aufbau eines gemeinsamen Marktes. Trotz starker planwirtschaftlicher Elemente (EGKS, Euratom) **98**

---

168 Siehe zuletzt EGMR, 27.11.14 – Nr. 36701/09 (HLS/Kroatien), AuR 15, 33 m. Anm. Lörcher, HSI-Newsletter 5/2014, Anm. 2.

169 EGMR 21.4.09 – 68959/01 (Enerji yapi-Yol Sen), AuR 09, 274; 12.11.08 – 34503/97 (Demir, Baykara), NZA 10, 1423ff. Genauer zum Stand des Rechts der EMRK Schlussfolgerungen 2013 des Europäischen Ausschusses für Soziale Rechte (Conclusions XX-2 (2013)).

170 Vgl. z.B. Lörcher, AuR 09, 229 ff; Seifert, KritV 09, 357ff. Das BVerwG hält des ungeachtet am Streikverbot für Beamte als »hergebrachtem Grundsatz« weiterhin fest (BVerwG 27.2.14 – 2 C 1/13, NZA 14, 616ff.).

171 Ausführlich zur Reichweite des Streikrechts nach der ESC siehe Dumke, Streikrecht i.S. des Art. 6 Nr. 4 ESC und deutsches Arbeitskampfrecht – Vorgaben, Vereinbarkeit und Umsetzung, 2013 (Rezension Lörcher, EuZA 15, 126ff.).

172 AuR 98, 154ff.; dazu Däubler, AuR 98, 144; Bepler, FS Wißmann, S. 97; Waltermann, EuZA 15, 15, 28f hält eine Änderung der deutschen Herangehensweise zwar nicht für rechtlich erforderlich, erwartet sie aber politisch dennoch.

173 BAG 10.12.02 – 1 AZR 96/02, AuR 04, 149 m. Anm. Blanke; BAG 19.6.07, DB 07, 2038 für Solidaritätsstreiks. Siehe auch ArbG Gelsenkirchen 13.3.98 – 3 Ca 3173/97, AiB 98, 655, das unter Hinweis auf Art. 6 Nr. 4 ESC sog. »wilde Streiks« für rechtmäßig erklärt hat.

und z.T. intensiver Regulierung (z.B. Agrarwirtschaft) wurden die unternehmerischen **Grundfreiheiten** zum ordoliberalen Credo einer marktwirtschaftlich orientierten EWG.[174]

99 Im Laufe verschiedener Revisionsprozesse auf dem Weg zur **Europäischen Union** wurde die ursprüngliche Wirtschaftsgemeinschaft um **demokratische Elemente** (Europaparlament) und **sozialpolitische Aufgaben** und Kompetenzen erweitert, wobei deren Schwerpunkt entsprechend dem Subsidiaritätsprinzip nach wie vor bei den Mitgliedsstaaten liegt.[175] Obwohl eine »in hohem Maße wettbewerbsfähige soziale Marktwirtschaft« angestrebt werden soll und der Binnenmarkt auf »Vollbeschäftigung und sozialen Fortschritt« zielt (Art. 2 Abs. 3 EUV), bleiben die (wirtschaftlichen) Grundfreiheiten die rechtliche Richtschnur zur Erreichung des gemeinsamen Marktes. Andererseits ist die **Charta der Grundrechte** (GRC-EU) mit ihren vielfältigen Verbürgungen auch sozialer Grundrechte Bestandteil der Verträge; die Charta und die Verträge sind rechtlich gleichrangig (Art. 6 Abs. 1 EUV).

Die EU hat zwar in den vergangenen Jahrzehnten eine neoliberale Wirtschaftspolitik betrieben und die Entwicklung des Finanzmarktkapitalismus nicht gebremst, sondern sogar gefördert. Daraus ist aber **keine rechtliche Festlegung auf ein bestimmtes Wirtschafts- und Sozialmodell** zu folgern.[176] Im Gegenteil müssen die sozialpolitischen Grundsätze als Hemmnis für eine Politik des Sozialdumpings anerkannt werden.

100 Die EU ist mittlerweile eine **supranationale Einheit** mit eigener Rechtspersönlichkeit und teilweise unmittelbar wirkenden und verbindlichen **Rechtsnormen**. Ein großer und wachsender Teil der nationalen Gesetzgebung und Rechtsprechung wird von EU-Vorgaben beeinflusst, auch in der Erwerbsarbeit. Die Instrumente sind vor allem:

- unmittelbar geltende Normen der EU-Verträge;
- EU-Verordnungen und
- EU-Richtlinien.

101 Die **EU-Grundrechtecharta** garantiert in Art. 12 und 28 Koalitionsfreiheit, Streikrecht und Kollektivvertragsfreiheit/Tarifautonomie (vgl. Rn. 96ff.).[177] Die EU hat jedoch **keine eigenen Rechtssetzungskompetenzen** bei Koalitionsfreiheit und Streikrecht (Art. 153 Abs. 5 AEUV; für das Tarifrecht ist das nicht so eindeutig, siehe Art. 153 Abs. 1f) AEUV). Jedoch beeinflussen die **EU-Grundfreiheiten** (Niederlassungs- und Dienstleistungsfreiheit) durch die Rechtsprechung des EuGH mittlerweile auch die grenzüberschreitende Tarifautonomie; wie entsprechenden Einschränkungen von Tarifautonomie und Streikrecht durch die Rechtsprechung begegnet werden kann, ist rechtlich noch keineswegs geklärt.

102 Die **Grundfreiheiten** dienen dem Ziel des Binnenmarktes. Es sind dies die Freiheit des Warenverkehrs (Art. 28 AEUV), die Arbeitnehmerfreizügigkeit (Art. 45 AEUV), die Niederlassungs- und die Dienstleistungsfreiheit (Art. 49 bzw. 56 AEUV) sowie die Freiheit des Kapital- und Zahlungsverkehrs (Art. 63 AEUV).[178] Der EuGH wendet sie bei grenz-

---

174 Nach Kocher, AuR 08, 13, 18 ein »Geburtsfehler« der EWG; vgl. auch Joerges/Rödl, KJ 08, 149ff.
175 Zum Ganzen Schiek, S. 92ff.
176 Schiek, S. 121ff., 148ff.
177 AblEU C 303 v. 14.12.07, 1; dazu Colneric, Weiss und Däubler, AuR 01, 366, 374 bzw. 380.
178 Entsprechen den Art. 23, 39, 43, 49, 56 EGV.

überschreitendem Bezug an. Er sieht die meisten von ihnen nicht nur als Diskriminierungsverbot, die die Ungleichbehandlung von EU-Ausländern verhindern sollen, sondern als **Beschränkungsverbote**, die den tatsächlichen Marktzutritt gewährleisten sollen.[179] Dadurch werden die Grundfreiheiten zum wohl wichtigsten Prüfungsmaßstab für staatliche, aber auch gesellschaftliche Maßnahmen; zu Konflikten mit Streikrecht und Tarifautonomie vgl. Rn. 103ff.

Bedeutsam sind weiter Art. 21 AEUV (Gleichbehandlung der Unionsbürger) und Art. 157 AEUV zur Entgeltgleichheit, der insbesondere auch bei Tarifverträgen zu beachten ist (vgl. Rn. 120).

Die Chance, dem hohen Stellenwert des Streikrechts entsprechend ein entscheidendes soziales Gegengewicht gegen die EU-Grundfreiheiten zu setzen, hat der EuGH anlässlich von Streiks mit Auslandsberührung in zwei Urteilen des Jahres 2007 vertan. In zwei weiteren Urteilen erschwerte er Versuche, dem Tarif- und Sozialdumping bei grenzüberschreitender unternehmerischer Tätigkeit einen Riegel vorzuschieben (TVG § 5 Rn. 102ff.). **103**

Bei den Streiks mit Auslandsberührung ging es in einem Fall (»**Viking**«) um einen Streik der Internationalen Transportarbeiter-Föderation (ITF) und der finnischen Seeleutegewerkschaft gegen die Ausflaggung einer Fähre von Finnland nach Estland. Im anderen Fall (»Laval«) richteten sich Streik und Blockade der schwedischen Bauarbeitergewerkschaft gegen eine lettische Firma, die mit aus Lettland entsandten Beschäftigten auf einer schwedischen Baustelle arbeitete.[180] **104**

Der EuGH erkennt in diesen Urteilen zwar erstmals das **Streikrecht als europäisches Grundrecht** an, das gleichwertig mit den Grundfreiheiten sei; es spielt jedoch in seiner Argumentation letztlich keine Rolle. Der archimedische Punkt in diesen Urteilen ist nicht das Streikrecht, sondern die Beschränkung der Niederlassungs- und Dienstleistungsfreiheit der Art. 49 und 56 AEUV durch das Verhalten der Gewerkschaften. Dies könne zwar durch zwingende Gründe des Allgemeininteresses wie den Arbeitnehmerschutz gerechtfertigt sein. Insofern hält der EuGH Kampfmaßnahmen zur Sicherung von Arbeitsplätzen und Arbeitsbedingungen zwar grundsätzlich für zulässig – behält es aber den Gerichten vor zu überprüfen, ob der Arbeitskampf tatsächlich Ziele des »Arbeitnehmerschutzes« verfolge.[181] Dies geht über eine bloße Verhältnismäßigkeitsprüfung hinaus in Richtung einer Kontrolle der tariflichen Ziele (Tarifzensur, zum deutschen Recht insofern vgl. AKR Rn. 159).

Die Urteile haben zu Recht vielfältige **Kritik** hervorgerufen (zu den anders gelagerten Rechtsfragen um die Tariftreue – »Rüffert« – vgl. unten Rn. 109).[182] Sie bezieht sich einmal auf das Verhältnis der EU-Grundrechte zu den Grundfreiheiten. Zwar ist es auch im deutschen Verfassungsrecht durchaus üblich, jegliche wirtschaftlichen Interessen der Un- **105**

---

179 Schiek, S. 131f.

180 EuGH 11.12.07 – C 438/05 (Viking) und 18.12.07 – C 341/05 (Laval), AuR 08, 55 bzw. 59.

181 Die Viking-Entscheidung wird positiv in Bezug genommen durch EuGH 8.7.14, Rs. C-83/13 (Fonnship), Rn. 41.

182 Blanke, AuR 07, 248 und AuR 06, 1; Bücker, NZA 08, 212; EGB-Stellungnahme v. 4.3.08; Fisahn, KJ 09, 104; Koberski/Schierle, RdA 08, 233; Kocher, AuR 08, 13; Nagel, AuR 09, 155; Rebhahn, ZESAR 08, 109.

ternehmen als hochrangig geschützte Rechtsgüter anzuerkennen. Der EuGH wendet die Grundfreiheiten aber im Sinne einer »unmittelbaren Drittwirkung« direkt auf gesellschaftliche Akteure wie die Gewerkschaften an, die doch selbst Grundrechtsträger sind; er geht damit so vor, als ginge es um staatliche Maßnahmen und nicht um die Ausübung eines Grundrechts.[183] Deshalb missachtet er die grundrechtlich geschützten Handlungsspielräume der Gewerkschaften; ob eine gewerkschaftliche Maßnahme dem Arbeitnehmerschutz dient oder nicht, ist entgegen der Meinung des EuGH nicht von den Gerichten, sondern von den Gewerkschaften im Einklang mit den Mitglieder- und Beschäftigteninteressen zu entscheiden.[184]

106 Es ist fraglich, ob die vom EuGH praktizierte Einschränkung des Koalitions- und Streikrechts Bestand vor der EMRK hat, der die EU beitreten will (Art. 6 Abs. 2 EUV) und die dazu führen müssten, die GRC-EU im Einklang mit EMRK und ESC zu interpretieren (vgl. auch Art. 153 Abs. 5 AEUV, dazu Rn. 101).

Das **BVerfG** legt insofern zwar eine gewisse Zurückhaltung an den Tag, betont aber, dass es von seinen Kompetenzen wieder Gebrauch machen wird, wenn der EU-Grundrechtsschutz generell hinter dem deutschen Niveau zurückbleibt.[185] Allerdings hat das Gericht sich in einigen Nebenbemerkungen bereits zustimmend zur Viking-Entscheidung geäußert. Auch die blassen Aussagen des BVerfG zur europäischen Marktordnung und ihren Folgen für Koalitions- und Streikfreiheit lassen Skepsis angezeigt erscheinen, ob dieses Gericht hier eingreifen wird (vgl. auch Rn. 96c).[186]

107 Die unmittelbare **praktische Bedeutung der Urteile** ist auf grenzüberschreitende Konflikte begrenzt und unterschiedlich. Bei Konflikten im nationalen Rahmen sind die vom EuGH für die europarechtliche Bewertung verwendeten Verhältnismäßigkeitsgrundsätze nicht zugrunde zu legen.[187]

Europarechtliche Probleme in grenzüberschreitenden Arbeitskämpfen können sich vor allem bei **Streiks gegen grenzüberschreitende Verlagerungen** (oder aus deren Anlass) ergeben.[188] Die vom EuGH an die mitgliedstaatlichen Gerichte delegierte Prüfung der Verhältnismäßigkeit des Streiks ist grds. aus denselben Gründen zu kritisieren wie die BAG-Rechtsprechung (dazu AKR Rn. 137ff.). Sie führt aber zu deutlich schärferen Anforderungen und einer Reduzierung des gewerkschaftlichen Beurteilungsspielraums für die Eignung eines Kampfmittels.[189]

---

183 Nach Rebhahn hat der EuGH dies *»auf dem Weg von Rn. 44 zu Rn. 79 bereits wieder vergessen«*, WBl 08, 63, 68; vgl. auch ZESAR 08, 109ff.

184 Ausführlich Kocher, GS Zachert, S. 37ff; vgl. auch den Hinweis Kocher, AuR 08, 13, 17ff, dass es in beiden Arbeitskämpfen um (zumindest aus Sicht des deutschen Rechts) »untypische« Solidaritätsarbeitskämpfe ging; kritisch zur schwedischen Gesetzgebung in Umsetzung des EuGH-Urteils »Laval« (EuGH 18.12.07, Rs. C-341/05 (Laval)) auch die Entscheidung des Europäischen Ausschusses für Soziale Rechte, EGMR 3.7.13, Beschwerde Nr. 85/2012 (LO und TCO/Schweden).

185 BVerfG 30.6.09 – 2 BvE 2/08, 2 BvE 5/08, 2 BvR 1010/08, 2 BvR 1022/08, 2 BvR 1259/08, 2 BvR 182/09 (Lissabon-Vertrag), NJW 09, 2267.

186 Vgl. Fisahn, KJ 09, 220, 225; Kocher, AuR 09, 332ff.

187 So aber z.B. Junker, ZfA 09, 281, 291f.

188 Zwanziger, RdA Beilage 5/09, 10, 20; a.A. Krieger/Wiese, BB 10, 568.

189 Kocher, AuR 08, 13 ff.;a.A. Zwanziger, RdA Beilage 5/09, 10, 20; a.A. Junker, ZfA 09, 281, 291f.

Um das Tarifrecht im engeren Sinne ginge es in anderen Entscheidungen, die sich mit der **Anerkennung von Tarifverträgen als Regelungsinstrument** beschäftigten. Insofern hat der EuGH zwar bereits wiederholt und zu Recht festgestellt, dass Tarifverträge »aufgrund ihrer Natur und ihres Gegenstands« nicht unter das Kartellverbot des Art. 101 AEUV fallen[190] (vgl. auch TVG § 5, Rn. 6). Allerdings kontrolliert das Gericht tarifliche Eingriffe in andere Märkte als den Arbeitsmarkt nach strengen Maßstäben; so wurden Tarifverträge, die für die Entgeltumwandlung konkrete (kommunale) Dienstleister vorschrieben, für rechtswidrig erklärt.[191] (Zum Verhältnis zu den **Grundfreiheiten** siehe oben Rn. 102ff.) 108

Um einen **Kollektivvertrag in diesem Sinn** handelt es sich, wenn die Vereinbarung das Ziel verfolgt, die Beschäftigungs- und Arbeitsbedingungen der Arbeitnehmer/innen zu verbessern. Es kommt nicht darauf an, ob die Vereinbarung im nationalen Recht verbindlich ist.[192] Sondern der Begriff erfasst auch abhängige Selbstständige und »arbeitnehmerähnliche Personen« (vgl. § 12a TVG).[193] Er gilt jedoch nicht für selbstständig Tätige im engeren Sinn, insbesondere Angehörige freier Berufe.[194]

Um ein anderes Problem ging es in den Entscheidungen »Rüffert« und »Luxemburg«, wo jeweils die Frage behandelt wurde, inwieweit ein Mitgliedstaat Tarifverträge für verbindlich für entsandte Beschäftigte erklären durfte.[195] 109

Im Fall **Rüffert** erklärt der EuGH ein niedersächsisches Gesetz für EU-widrig, das die **Vergabe öffentlicher Aufträge** von der Zahlung von Tariflöhnen an die Arbeitnehmer/innen abhängig macht. Die Beschränkung der Dienstleistungsfreiheit sei durch den Schutz der Arbeitnehmer in diesem Fall nicht gerechtfertigt, denn eine Mindestregelung, die schon in Deutschland nicht allgemein gelte, weil sie nur bei öffentlichen, nicht aber bei privaten Aufträgen anwendbar sei, dürfe nicht grenzüberschreitend als Mindestschutz angewandt werden. Den ausländischen Arbeitgebern könnten nach der EU-Entsenderichtlinie nur allgemeinverbindliche Löhne vorgeschrieben werden. Diese Rechtsprechung hat in Deutschland zur Aussetzung der meisten Tariftreuegesetze einerseits und zu wenigen neugefassten Gesetzen mit kleinerem Zuschnitt sowie insbesondere zur Entwicklung der Vergabe-Mindestlöhne geführt (vgl. § 5 TVG Rn. 75, 81). In der Entscheidung »Bundesdruckerei« hat der EuGH auch solche Mindestlöhne für Verstöße gegen die Dienstleistungsfreiheit gehalten,[196] allerdings in einem Fall, in dem die Entsende-Richtlinie schon deshalb nicht an-

190 EuGH 21.9.99 – C-67/96 (»Albany«), AuR 00, 26 m. Anm. Blanke; bestätigt z.B. in EuGH 3.3.11 – C-437/09 (»AG2R Prévoyance«); siehe auch Latzel/Serr, Kartellkontrollprivileg für Tarifverträge als formeller Rahmen eines Unionstarifrechts, EuZW 14, 41.

191 EuGH 15.7.10 – C-271/08 (Entgeltumwandlung), AuR 10, 521.

192 Vgl. EuGH 21.9.99, Rs. C-67/96 (Albany), Rn. 54ff., 59; 21.9.99, Rs. C-115/97 (Brentjens), Rn. 61; 21.9.99, Rs. C-219/97 (Drijvende Bokken), Rn. 51; 9.7.09, Rs. C-319/07 (P-3F/Kommission), Rn. 5; EuGH 4.12.14, Rs. C-413/13 (FNV) m. Anm. Heuschmid/Hlava, HSI-Newsletter 5/2014, Anm. 1; a.A. Latzel/Serr, EuZW 14, 410, 413.

193 Genauer EuGH 4.12.14, Rs. C-413/13 (FNV) m. Anm. Heuschmid/Hlava, HSI-Newsletter 5/2014, Anm. 1; a.A. Latzel/Serr, EuZW 14, 410, 413.

194 EuGH 12.9.00, verb. Rs. C-180/98 bis 184/98 (Pavlov u.a.), Rn. 68f.

195 EuGH 3.4.08 – C-346/06 (Rüffert), NZA 08, 537; EuGH 19.6.08 – C-319/06, NZA 08, 865 (Kommission/Luxemburg); krit. auch Däubler-Lakies, TVG § 5 Anh 1 Rn. 10c.

196 EuGH 18.9.14 – C-549/13 (Bundesdruckerei); die Entscheidung wird z.T. auch als »Rüffert II« bezeichnet; siehe Anm. Däubler, NZA 14, 694.

wendbar war, weil die Arbeitsleistungen vollständig im Ausland erbracht werden sollten. Dennoch ist erkennbar, dass Mindestentgelte im Vergabeverfahren nur dort als europarechtskonform angesehen werden, wo es sich entweder um allgemeinverbindliche Mindestentgelte oder einen gesetzlichen allgemeinen Mindestlohn handelt, oder wenn die Anwendung auf Aufträge beschränkt wird, in denen sich keine Unternehmen als anderen EU-Mitgliedstaaten bewerben.[197]

110 Dezidiert tritt der EGB in dem Entwurf für ein **Sozialfortschritts**-Protokoll dafür ein, dass die Ausübung der Grundrechte nicht durch die Grundfreiheiten eingeschränkt werden darf.[198] Als »Lösung« des Problems schlug die EU-Kommission im Jahr 2012 eine »Verordnung über die Ausübung des Rechts auf Durchführung kollektiver Maßnahmen« (sog. Monti II-VO-Vorschlag, mittlerweile zurückgezogen),[199] die allerdings nicht nur die häufig eingeforderte »praktische Konkordanz« von kollektiven Grundrechten und Marktfreiheiten gewährleisten sollte (Art. 2 des Vorschlags),[200] sondern darüber hinaus durch Schlichtung und Ankündigungspflichten (»Frühwarnsystem für Arbeitskämpfe«) erheblich in die Autonomie der Sozialpartner eingreifen, also in diejenigen Grundrechte, die hier vorgeblich geschützt werden sollen.

111 Die Entwicklungen in der Rechtsprechung werden ohnehin mittlerweile durch die **Krisenpolitik** zahlreicher Mitgliedstaaten der Europäischen Union überrannt. Hier werden außerhalb des EU-Rechts, jedoch unter Beteiligung von Organen und Mitgliedstaaten der Europäischen Union Verabredungen getroffen, die zwar rechtlich unverbindlich, politisch jedoch so mächtig und durchsetzungsfähig sind, dass sie schwerwiegende Gefahren für Kollektivverhandlungsfreiheit und Streikrecht darstellen. Eine hochrangige Expertenkommission der ILO hat im September 2011 nach einem Besuch in **Griechenland** die Troika-Politik gerade wegen der Gefahren für das Menschenrecht der Kollektivverhandlungsfreiheit kritisiert[201] (vgl. zu den entsprechenden ILO-Garantien Rn. 94ff.).

Von sozialpolitischer Bedeutung ist insbesondere der »**Euro-Plus-Pakt**«, ein Maßnahmenpaket der 17 Staats- und Regierungschefs der Eurozone sowie einiger weiterer EU-Mitgliedstaaten (Bulgarien, Dänemark, Lettland, Litauen, Polen, Rumänien)[202]. Denn

---

197 Zur Interpretation und Kritik der EuGH-Rechtsprechung siehe Däubler, NZA 14, 694, 698; Simon, RdA 14, 165; Glaser/Kahl, ZHR 177 (2013), 643, 669. Es steht eine weitere Entscheidung des EuGH an (C-115/14); Vorlage OLG Koblenz, 19.2.14 – 1 Verg 8/13.

198 EGB, Resolution Sozialen Fortschritt im Binnenmarkt erzielen: Vorschläge für den Schutz der sozialen Grundrechte und die Entsendung von Arbeitnehmern vom 7./8.12.11, abzurufen unter <http://www.etuc.org/a/9505> (27.10.12); kritisch Kocher, Stoppt den EuGH?, S. 161ff, S. 175ff.

199 EU-Kommission, KOM(2012) 130. Kritisch ausführlich Schubert, Vorschlag der EU-Kommission für eine Monti-II-Verordnung.

200 Zur Kritik der Forderung nach praktischer Konkordanz vgl. auch Kocher, Stoppt den EuGH?, S. 161ff, S. 175ff m.w.N.

201 Report on the High Level Mission to Greece (Athens, 19–23 September 2011), http://www.ilo.org/wcmsp5/groups/public/---ed_norm/---normes/documents/missionreport/wcms_170433.pdf (3.9.12).

202 Schlussfolgerungen des Europäischen Rates der Tagung vom 24./25.3.11; er sollte kein völkerrechtliches Abkommen darstellen und basiert insofern allein auf freiwilliger Zusammenarbeit (genauer Fischer-Lescano/Kommer KJ 11, 412ff.).

dieser Pakt schreibt vor, dass die Staaten sich über ihre Fortschritte bei der »Förderung der Wettbewerbsfähigkeit« berichten – und diese Fortschritte werden vorrangig auf der Grundlage der Entwicklung von Löhnen und Produktivität bewertet. In diesem Zusammenhang wird allen beteiligten Staaten eine **Dezentralisierung der Lohnbildungsverfahren und damit der Tarifpolitik angeraten.** Darin liegen rechtswidrige Eingriffe in das europarechtliche Grundrecht der Tarifverhandlungsfreiheit.[203]

5.6 Menschenrechtsbindung transnationaler Unternehmen?

Die ILO ist ein völkerrechtlicher Zusammenschluss, und dementsprechend binden die 112
ILO-Übereinkommen nur die ratizifierenden Staaten. Die Politik **transnationaler Unternehmen** hat jedoch aufgrund von deren wirtschaftlicher Bedeutung ebenfalls gravierende Konsequenzen für die Arbeitnehmerinnen und Arbeitnehmer weltweit. Es gibt deshalb zahlreiche Bemühungen, transnationale Unternehmen selbst an bestimmte globale Mindeststandards zu binden. Auf Ebene der Vereinten Nationalen wurde mit dem Ruggie-Report ein gewisser Rahmen für die Menschenrechtsbindung privater Unternehmen beschlossen.[204]

Einzelne internationale Gewerkschaften haben z.B. (häufig gemeinsam mit Europäischen Betriebsräten) entsprechende **Internationale Rahmenvereinbarungen** (International Framework Agreements) abgeschlossen, bei denen es sich um transnationale Tarifverträge handelt (dazu unten Rn. 113ff.). Dies ist ein wichtiges Instrument, um einerseits zu betonen, dass für die »soziale Verantwortung« von Unternehmen nicht nur deren Umweltpolitik, sondern auch Arbeits- und Beschäftigungsbedingungen von Bedeutung sind. Andererseits verleiht es den »freiwilligen Verhaltenskodizes« eine größere rechtliche Verbindlichkeit.[205] Ein Ersatz für bindende Festlegungen kann dies jedoch nicht sein.

6. Grenzüberschreitende Tarifpolitik

Aufgrund zunehmender Globalisierung der Arbeitsmärkte findet auch die Beschäftigung 113
von Arbeitnehmerinnen und Arbeitnehmern zunehmend grenzüberschreitend statt, insbesondere in Form der Versetzung oder der vorübergehenden Entsendung. In solchen **grenzüberschreitenden Arbeitsverhältnissen** gilt grundsätzlich, dass das Tarifrecht und die Tarifverträge derjenigen Rechtsordnung gelten, die ohnehin auf das Arbeitsverhältnis

203 Fischer-Lescano, KJ 14, 2, 2; für einen Überblick über die länderspezifischen Empfehlungen und ihre Umsetzung siehe ausführlich Waas, FS Kempen, 2013, S. 38; Clauwaert/Schömann, FS Lörcher, S. 239ff.; Seifert, SR 14, 14, 27ff.; vgl. auch Bryde, SR 12, 2, 13 für das Europäische Semester.

204 Die »Guiding Principles for the Implementation of the UN »Protect, Respect and Remedy« Framework« wurden am 16.7.11 vom Menschenrechtsrat der UN angenommen (Leitlinien und Texte auf <http://www.unglobalcompact.org/docs/issues_doc/human_rights/A.HRC.17. RES. 17.4.pdf> (29.10.12).

205 Genauer zu diesen Politiken Dzida/Reinhard, BB 12, 2241; empirisch: Müller/Platzer/Rüb, WSI-Mitt. 12, 457ff.

anwendbar ist. Dies ist in aller Regel das Recht des »ständigen Arbeitsorts« (im Fall der vorübergehenden Entsendung ist dies das Herkunftsland).[206]

114 Eine **grenzüberschreitende tarifliche Regelung** kann aber auch aufgrund von Betriebsverlagerungen ins Ausland oder aus dem Ausland erforderlich werden. Und bei grenzüberschreitenden Arbeitsmärkten ist eine nationale Tarifpolitik häufig ebenfalls nicht mehr in der Lage, die Konkurrenz der Beschäftigten untereinander effektiv genug so zu beschränken, dass die Gefahr des gegenseitigen Unterbietens aufgehoben wird. Mangels einer expliziten Rechtsgrundlage für transnationale Kollektivverträge kann hier entweder ein Tarifvertrag nach einer der beteiligten Rechtsordnungen abgeschlossen werden, oder **parallele Tarifverträge** zwischen nationalen Gewerkschaften und Arbeitgeberverbänden bzw. Unternehmen (z.B. mit dem französisch-deutschen Fernsehsender Arte). Weniger verbindlich ist die mögliche **Koordinierung der nationalen/regionalen Tarifpolitiken**, wie z.B. in der Doorn-Initiative der Chemie- und Metallgewerkschaften Belgiens, Deutschlands, Luxemburgs und der Niederlande, im Raum »Saar-Lor-Lux« oder Südbaden/Elsass.[207]

115 In diesem Zusammenhang können auch **grenzüberschreitende Aktionen** stattfinden, z.B. bei Verlagerungen und Stilllegungen.[208] Die Möglichkeiten von **Solidaritätsaktionen** und **-streiks** (vgl. AKR Rn. 181 ff.) können genutzt werden. Für Arbeitskämpfe gilt das Recht des Staates, in dem die Arbeitskampfmaßnahme erfolgt bzw. erfolgen soll (vgl. Art. 9 der Rom II-VO (VO 864/2007/EG).

116 **Europäische Betriebsräte** haben zwar keine ausdrücklichen Vereinbarungs-Kompetenzen, doch haben gerade internationale Konzerne z.T. einen Bedarf an grenzüberschreitenden Regelungen. Die Gewerkschaften sollten sinnvollerweise daran beteiligt werden, auch wenn dies institutionell nicht immer vorgesehen ist. Einzelne Vereinbarungen sind im Zusammenhang mit Produktionsverlagerungen und Fusionen erfolgt[209] (genauer zu solchen Internationalen Rahmenvereinbarungen oben Rn. 112).

117 Das EU-Recht enthält lediglich in Art. 155 AEUV **eine ausdrückliche rechtliche Grundlage für europäische Kollektivvereinbarungen**. Inwieweit es sinnvoll ist, angesichts einer defizitären und uneinheitlichen Praxis »von oben« ein bestimmtes Modell vorzugeben, ist umstritten. Jedenfalls solange die Union keine Kompetenzen für Koalitionsfreiheit und Streikrecht hat (Art. 153 Abs. 5 AEUV, vgl. Rn. 101), scheint eine Regelung transnationaler Kollektivvereinbarungen verfrüht, solange es an entsprechender Tarifpraxis fehlt.[210]

---

206 Rechtsgrundlage ist Art. 8 Rom I-VO, insbesondere dessen Abs. 2 (genauer zu Begründung und Herleitung, KeZa-Kocher, § 4 TVG Rn. 25 ff.).

207 Allg. Däubler-Schiek, Einl. Rn. 664; Weiss, FS Birk, S. 957, 966.

208 Vgl. Blanke, AuR 07, 248.

209 Z.B. bei der Allianz General Motors – Opel – Fiat, dabei waren auch IG Metall und EMB eingebunden, vgl. AuR 01, 183; ähnlich die Vereinbarung bei General Motors Europe (vgl. Weiss, FS Birk, S. 957, 971); Überblick bei Rüb/Platzer/Müller, Transnationale Unternehmensvereinbarungen.

210 Vgl. insbesondere Weiss, FS Birk, S. 957, 972. Eine europäische Arbeitsgruppe hat schon einen Vorschlag entworfen, wie der Rechtsrahmen aussehen könnte (Ales/Engblom/Jaspers/Laulom/Sciarra/Sobczak/Valdés dal-Ré European Commission, Transnational Collective Bargaining: Past, Present, Future, 2006, S. 38 ff.; zusammenfassend Ales, ZESAR 2007, 150).

Art. 155 AEUV enthält lediglich eine Regelung über sogenannte **Sozialpartnervereinbarungen**. Die Sozialpartner (Gewerkschaften und Arbeitgeberverbände auf europäischer Ebene) können danach im Rahmen der Anhörung durch die Kommission gem. Art. 154 Abs. 4 oder autonom gem. Art. 155 Abs. 1 AEUV ein Thema aufgreifen und verhandeln. Bislang ist dies insbesondere durch Rahmenvereinbarungen für alle Branchen durch die europäischen »Spitzenorganisationen« EGB, UNICE/Business Europe, CEEP genutzt worden. Aber auch auf Branchen-/Sektorsebene gibt es entsprechende Sozialpartnervereinbarungen. 118

Dem Verfahren ist eine Katalysatorwirkung für die Einübung europäischer Kollektivverhandlungen zugetraut worden,[211] eine Hoffnung, die es nicht erfüllen konnte. Das hat nicht nur, aber auch damit zu tun, dass die Vereinbarungen schwache Wirkungen haben: Eine Vereinbarung hat nur schuldrechtlichen Charakter, auf die Arbeitsverhältnisse wirkt sie nur nach vorheriger **Umsetzung** ein. Für die Umsetzung sieht Art. 155 Abs. 2 AEUV (früher Art. 139 Abs. 2 EUV) **zwei Verfahren** vor: Entweder unterbreiten die Sozialpartner der Kommission den Vorschlag für einen entsprechenden **Ratsbeschluss**, wodurch die Vereinbarung in Unionsrecht umgewandelt wird;[212] in diesem Fall muss der Inhalt der Vereinbarung sich im Rahmen der EU-Kompetenzen halten (Vereinbarung über Arbeitszeiten und Arbeitsbedingungen z. B. sind möglich, über Entgelt nicht). Die Sozialpartner können aber alternativ auch versuchen, die Vereinbarung **autonom** nach »den jeweiligen Verfahren und Gepflogenheiten der Sozialpartner und Mitgliedstaaten« umzusetzen. Ein Beispiel ist die Sozialpartnervereinbarung zu »Stress am Arbeitsplatz« (von 2004), die jedoch ähnlich wie die Vereinbarungen über Telearbeit (2002) und Gewalt am Arbeitsplatz (2007) wenig Effekte zeigten.[213] Größere Effektivität würde voraussetzen, dass die Arbeitgeber verpflichtet werden, den Vereinbarungsinhalt auf die Arbeitsverhältnisse anzuwenden. Dies ist bisher nicht geschehen, weil die Arbeitgeber solche Vereinbarungen ablehnen, aber auch weil es erhebliche Unterschiede in den mitgliedstaatlichen Systemen und Wirkungen von Tarif-/Kollektivverträgen gibt.[214] Eine Möglichkeit zur Umsetzung autonomer europäischer Sozialpartnervereinbarungen wären auch parallele/koordinierte nationale Tarif-/Kollektivverträge.

7. Verhältnis des Tarifvertrags zu anderen Rechtsquellen

7.1 Tarifvertrag und Europäisches Recht

EU-Recht geht dem nationalen Recht grundsätzlich vor. Bei der Verbindlichkeit ist aber zwischen EU-Verordnungen und EU-Richtlinien zu unterscheiden (zur EMRK und ESC vgl. oben Rn. 97a). **EU-Verordnungen** sind unmittelbar geltendes Recht, auf das sich alle 119

211 Weiss, FS Kissel, S. 1253 ff.

212 So z. B. bei den Richtlinie zu Teilzeit (RL 97/81/EG), Befristung (RL 99/70/EG) und Elternzeit (RL 2010/18/EG).

213 Vgl. die Evaluation der EU-Kommission SEC (2011) 241 fin; vgl. auch die Bewertung der IG Metall, <http://www.igmetall.de/cps/rde/xbcr/SID-4114275C-0AC26742/internet/docs_ig_metall_xcms_174496__2.pdf> (29. 10. 12).

214 Vgl. im einzelnen Däubler-Schiek, Einl. Rn. 806 ff., 824 ff; Schiek, S. 101 ff.

Bürgerinnen und Bürger berufen können und die auch von Tarifparteien zu beachten sind. Für die Tarifpolitik sind nur wenige EU-Verordnungen relevant; ein Beispiel ist die Verordnung 561/2006/EG über Lenk- und Ruhezeiten.

119a **EU-Richtlinien** verpflichten dagegen nur die Mitgliedstaaten, den Inhalt innerhalb des festgelegten Zeitraums in nationale Gesetze umzusetzen. Die im Fluss befindliche EuGH-Rechtsprechung nähert Richtlinien aber den Verordnungen an: Kommt ein Staat der Umsetzungspflicht nicht, nicht rechtzeitig oder ungenügend nach, kann er sich gegenüber seinen Bürgern nicht mehr auf das alte, richtlinienwidrige Recht berufen. Auch im Verhältnis zwischen Privaten, z.B. Arbeitnehmer und Arbeitgeber, können EU-widrige Arbeits- und Tarifverträge unanwendbar sein.[215] Jedenfalls sind EU-Richtlinien bei der Auslegung zu berücksichtigen.[216]

So zählt z.B. nach der **Arbeitszeitrichtlinie** 2003/88/EG (umgesetzt im ArbZG) auch die Rufbereitschaft zur Arbeitszeit, eine Auslegung, die für das deutsche Tarifrecht erhebliche Bedeutung hatte.[217] Auch ältere Tarifverträge dürfen die in der Richtlinie festgesetzte 48-Stunden-Grenze nicht überschreiten.[218]

Von Bedeutung für das deutsche Tarifrecht ist auch die **Entsenderichtlinie** 96/71/EG (umgesetzt im AEntG, dazu genauer TVG § 5 Rn. 52ff.).

120 Weitere Richtlinien, die große Auswirkungen auf das deutsche Tarifrecht hatten, waren und sind die **Antidiskriminierungsrichtlinien** 2000/43/EG, 2000/78/EG, 2006/54/EG (umgesetzt im AGG); sie verbieten die Diskriminierung wegen des **Geschlechts, der Rasse oder ethnischen Herkunft, der Behinderung, des Alters, wegen Religion/Weltanschauung oder der sexuellen Orientierung**. Diese Richtlinien konkretisieren die Gleichbehandlungsgebote der europäischen Grundrechte, wie sie in Art. 20/21 der GRC (Rn. 96) geregelt sind (ähnliche Vorgaben enthält das Grundgesetz, vgl. Rn. 121).

Unmittelbare Diskriminierung betrifft Fälle, in denen ausdrücklich Leistungen nach dem Alter, Geschlecht oder anderen verbotenen Kriterien differenziert werden. Mittelbare Diskriminierung bedeutet, dass z.B. die Regelung zwar an neutrale Merkmale anknüpft, die Schlechterstellung aber im Wesentlichen nur die Angehörigen einer benachteiligten Gruppe trifft und es für die unterschiedliche Behandlung keinen sachlichen Grund gibt.

120a Von besonderer Bedeutung für Tarifverträge ist insbesondere das Verbot einer Benachteiligung wegen des **Lebensalters**.

---

215 EuGH 19.1.10 – C-555/07, NZA 10, 85 betr. Berechnung der Kündigungsfristen in § 622 Abs. 2 Satz 2 BGB; EuGH 5.10.04 – C-397/01 bis C-403/01, AuR 04, 424 (Pfeiffer); BAG 14.10.04 – 6 AZR 564/03, AuR 05, 332; vgl. auch Däubler-Schiek, Einl. Rn. 355ff., 385f; KeZa-Kocher, Einl, Rn. 17ff.

216 BAG 24.1.06 – 1 ABR 6/05, NZA 06, 862.

217 EuGH 5.10.04 – C-397/01 bis C-403/01, DB 04, 2270.

218 BAG 24.1.06 – 1 ABR 6/05, DB 06, 1161.

Beispiele:

- Eine **tarifliche Altersgrenze** (»Zwangsversetzung in den Ruhestand«), wonach das Arbeitsverhältnis automatisch mit Erreichen des Rentenalters endet, wird grundsätzlich akzeptiert, auch wenn noch keine auskömmliche Rente erreicht wurde.[219]
- Niedrigere tarifliche **Altersgrenzen für einzelne Berufsgruppen** sind nur zulässig, wenn sie nachweislich zum Schutz wichtiger Rechtsgründe erforderlich sind, was weder für Flugbegleiter noch für Pilotinnen und Piloten bejaht wurde, da nach öffentlich-rechtlichen Vorschriften Piloten auch im höheren Alter als 60 Jahre sicher fliegen können.[220]
- Eine **Staffelung des Urlaubsanspruchs** nach dem Alter ist allenfalls zulässig, wenn sie aus Gründen des Gesundheitsschutzes erforderlich ist; die Staffelung der Urlaubsdauer bereits ab dem 30. bzw. 40. Lebensjahr in § 26 Abs. 1 Satz 2 TVöD wurde deshalb für rechtswidrig erklärt.[221]
- **Lebensaltersstufen in Tarifverträgen** (früherer BAT) lassen sich nicht sachlich rechtfertigen.[222]
- Die mittelbare Benachteiligung von Jüngeren durch die Anknüpfung an die **Betriebszugehörigkeit** kann allerdings gerechtfertigt sein, einerseits durch erworbene Berufserfahrung, andererseits als Belohnung von Betriebstreue.[223]

Außerdem ist zu beachten, dass tarifliche Regelungen, die Leistungen für Ehepartnerinnen und Ehepartner vorsehen, Diskriminierungen wegen der sexuellen Orientierung beinhalten, wenn nicht die gleichen Rechte an die Partnerinnen und Partner von **eingetragenen Lebenspartnerschaften** gewährt werden (vgl. zum Ganzen auch § 1 Rn. 383ff.).[224]

Weiter von großer Bedeutung für Tarifverträge sind die Vorschriften gegen Geschlechts- **120b**
diskriminierung. Nach Art. 157 AEUV und Art. 4 der Richtlinie 2006/54 über die **Entgeltgleichheit von Männern und Frauen** dürfen Gesetze, Tarifverträge, Betriebsvereinbarungen und Arbeitsverträge Beschäftigte nicht wegen ihres Geschlechts unmittelbar oder mittelbar diskriminieren. Der EuGH wendet diese Bestimmungen nicht nur auf das Entgelt, sondern auch auf Einstufungssysteme und Sozialleistungen wie z.B. Altersversorgung usw. an. Er hat in zahllosen Entscheidungen tarifvertragliche Bestimmungen geprüft und ggf. moniert.[225] Da die Vorschriften im AGG und in § 4 Abs. 1 TzBfG auch in deutsches Recht umgesetzt sind, ist primärer Prüfungsmaßstab insofern das deutsche Recht, das aber in Übereinstimmung mit EuGH-Rechtsprechung auszulegen ist.

---

219 EuGH 16.10.07 – C-411/05, DB 07, 2427 (Palacios de la Villa); EuGH 5.3.09 – C-388/07 (Age Concern England); EuGH 12.10.10 – C-45/09 (Rosenbladt) erlaubt auch die Allgemeinverbindlicherklärung.

220 EuGH 13.9.11 – C-447/09.

221 BAG 20.3.12 – 9 AZR 529/10; siehe aber auch BAG, 21.10.14 – 9 AZR 956/12: Zulässigkeit zusätzlicher zwei Urlaubstage ab dem 58. Lebensjahr bei körperlich ermüdender und schwerer Arbeit.

222 EuGH 8.9.11 – C-297/10, NZA 11, 1100; BAG 10.11.11 – 6 AZR 148/09, NZA 12, 161.

223 EuGH 30.9.03 – C-224/2001 (Köbler); BAG 11.4.06 – 9 AZR 528/05); vgl. auch EuGH, 15.1.98 – C-15/96 (Schöning-Kougebetopoulou).

224 BAG 18.3.10 – 6 AZR 434/07, AP Nr. 321 zu Art. 3 GG.

225 Überblick bei Däubler-Schiek, Einl. Rn. 395ff.; Wiedemann-Wiedemann, Einl. Rn. 135, 139; Wißmann, ZTR 94, 223ff.

Beispiele:
- »Leichtlohngruppen« für Frauen sind unzulässig; Entgeltregelungen müssen »durchschaubar« sein und »objektive Kriterien« enthalten; es sind im Gesamtsystem des Tarifvertrags auch Kriterien zu bewerten, die sich stärker auf den Arbeitsplätzen der weiblichen Beschäftigten finden;[226]
- Ausschluss von Teilzeitbeschäftigten in der betrieblichen Altersversorgung trifft überwiegend Frauen und ist nicht gerechtfertigt.[227]

120c Rechtsfolge eines Verstoßes gegen Diskriminierungsverbote ist in der Regel eine »**Angleichung nach oben**« (vgl. genauer § 1 Rn. 390). Die Unwirksamkeit der Lebensaltersstufen in einem Tarifvertrag führt deshalb z.B. dazu, dass grundsätzlich allen Beschäftigten das Grundgehalt der jeweils höchsten Lebensaltersstufe ihrer Vergütungsgruppe zusteht.[228] Eine **Übergangsregelung**, mit der von einem diskriminierenden in ein diskriminierungsfreies Vergütungssystem übergeleitet wird, darf allerdings vorübergehend noch Reste von Diskriminierungen mitschleppen.[229]

7.2 Tarifvertrag und Grundgesetz

121 Die Frage, ob die Grundrechte auch für die Tarifvertragsparteien gelten, ist nicht einfach zu beantworten. Seit seinem Verdikt, dass »Frauenlöhne«/Abschläge für Frauen beim Tariflohn verfassungswidrig und nichtig sind,[230] befand das BAG, dass die Tarifparteien an das Grundgesetz gebunden sind wie der Gesetzgeber (»**Drittwirkung der Grundrechte**«). Inzwischen wird zunehmend nur von »mittelbarer Wirkung« ausgegangen. Das BVerfG spricht von Schutzpflichten des Grundgesetzes, wenn es die Bindung von Privatpersonen an die Grundrechte begründet.[231] Unterschiede werden auch sichtbar im Geltungsgrund und in der Legitimation tariflicher Normsetzung: Während das BAG eher eine staatliche Delegation von Rechtssetzungsbefugnis annahm, sehen andere die besondere Legitimation in der kollektiven Privatautonomie. Neuere BAG-Urteile sind uneinheitlich.[232] Auch wenn man die Tarifvertragsparteien nicht als unmittelbar grundrechtsgebunden ansieht, ist aber für die Praxis zu beachten: Es führt letztlich ebenfalls zu einer Wirksamkeitskontrolle von Tarifverträgen, wenn die Gerichte bei Auslegung und Anwendung der Tarifnormen Grundrechte beachten und damit grundrechtswidrigen Tarifnormen die Durchsetzung verweigern.[233]

226 EuGH 17.10.89 – C-109/88 (Danfoss); EuGH 1.7.86 – C-237/85 (Rummler); Tondorf, AiB 02, 757 zeigt, wie die Kriterien auf einen konkreten Tarifvertrag angewandt werden können.
227 EuGH 13.5.86, DB 86, 1525.
228 BAG 10.11.11 – 6 AZR 148/09, NZA 12, 161.
229 EuGH 8.9.11 – C-298/10, NZA 11, 1100; BAG 8.12.11 – 6 AZR 319/09.
230 BAG 15.1.55 – 1 AZR 305/54, AuR 55, 250.
231 BVerfG 19.10.93 – 1 BvR 567/89, 1 BvR 1044/89, DB 93, 2580 »Bürgschaft«; vom 7.2.90 – 1 BvR 26/84, DB 90, 574 »Handelsvertreter«.
232 Vgl. zum Ganzen Däubler-Schiek, Einl. Rn. 169ff.; Dieterich, FS Schaub, S. 117; ErfK-Linsenmaier, Art. 9 GG Rn. 77ff.; Gamillscheg, S. 666ff.; HK-ArbR-Hensche, Art. 9 GG Rn. 94ff.; JKO-Krause, § 1 Rn. 37ff.; KeZa-Kempen, Grundl. Rn. 191ff.; Schliemann, FS Hanau, S. 577; Wiedemann-Wiedemann, Einl. Rn. 184ff.; Zachert, AuR 02, 330.
233 BAG 8.12.11 – 6 AZR 319/09, BB 12, 1608; BAG 18.12.08 – 6 AZR 287/07, NZA 09, 391.

Insgesamt spricht viel für eine Bindung an **Gleichbehandlungsgrundsätze** (Art. 3 GG); die Tarifparteien sind ohnehin über das europäische Recht an Gleichbehandlung und Diskriminierungsschutz gebunden (vgl. Rn. 120). Zudem besteht hinsichtlich der horizontalen Wirkungen, also im Verhältnis zwischen den Arbeitnehmerinnen und Arbeitnehmern, keine Richtigkeitsvermutung des Tarifvertrags. Aufgrund der Tarifautonomie steht den Tarifparteien allerdings insoweit ein weiter Gestaltungsspielraum zu; dessen Umfang hängt davon ab, welche Differenzierungsmerkmale im Einzelnen verwendet werden,[234] insbesondere im Geltungsbereich des Diskriminierungsschutzes (Art. 2 und 3 GG).[235] 122

Beispiele (vgl. näher § 1 Rn. 383 ff.):[236]
- Bei Festlegung des **persönlichen Geltungsbereichs** dürfen nicht einzelne Arbeitnehmergruppen ohne sachlichen Grund ausgeschlossen werden; das BAG hat aber die Nichteinbeziehung von Lektoren akzeptiert, wenn diese als einzige Gruppe vom Grundrecht auf Freiheit von Forschung und Lehre profitieren.[237]
- Die **Bewertung von Tätigkeiten** ist integraler Bestandteil der Tarifautonomie; die Tarifparteien haben hier eine »Typisierungsbefugnis«, deren Grenzen allerdings überschritten sind, wenn einzelne Beschäftigtengruppen (z.B. Ältere) systematisch bevorzugt werden.[238]

Hingegen ist die Frage der Grundrechtsbindung für die **Grundrechte der Unternehmen** anders zu beantworten, da es Sinn und Zweck des Tarifvertrags ist, das Machtungleichgewicht zwischen Arbeitnehmer und Arbeitgeber durch kollektive Regelung auszugleichen und damit in Unternehmerfreiheiten einzugreifen; die Richtigkeitsvermutung des Tarifvertrags darf insofern nicht durch Berufung auf Grundrechte unterlaufen werden. So kann insbesondere das Grundrecht der unternehmerischen (Berufs- und Eigentums-) Freiheit (Art. 12 und 14 GG) gegenüber Tarifnormen nicht angewandt werden, was für Rationalisierungsschutz, beschäftigungssichernde Tarifverträge oder tarifliche Regelungen der Wirtschaftsbedingungen von Bedeutung ist.[239] 123

Beispiele (vgl. näher § 1 Rn. 383 ff.):[240] 124
- **Arbeitszeit-Höchstgrenzen:** Das BAG geht von der Zulässigkeit aus;
- **Auszubildende**, Übernahme in Arbeitsverhältnis;
- **Besetzungsregeln** (Besetzung von Arbeitsplätzen mit einer bestimmten Zahl oder Qualifikation der Beschäftigten);
- **Koalitionsfreiheit**: Pflicht zum Verbleib im Arbeitgeberverband verstößt gegen Art. 9 Abs. 3 GG; Tarifvertrag über gewerkschaftliche Vertrauensleute ist zulässig;
- **Ladenschluss:** Das Arbeitszeitende am Tag/Ladenschluss kann im Tarifvertrag geregelt werden, ebenso die Betriebsschließung der Banken an Silvester;

---

234 BAG 18.12.08 – 6 AZR 287/07, NZA 09, 391; BAG 8.12.11 – 6 AZR 319/09, BB 12, 1608.
235 S. a. zur Bindung an Art. 6 GG: BAG 18.12.08 – 6 AZR 287/07, NZA 09, 391; BAG 30.10.08 – 6 AZR 712/07, NZA 09, 214.
236 S. a. die Überblicke bei Däubler-Schiek, Einl. Rn. 237 ff.; KeZa-Kempen, Grundl. Rn. 217 ff.; Wiedemann-Wiedemann, Einl. Rn. 201 ff.
237 BAG 27.5.04 – 6 AZR 129/03, NZA 04, 1399.
238 BAG 8.12.11 – 6 AZR 319/09, BB 12, 1608.
239 Zum Hintergrund vgl. Blanke, KJ 04, 2.
240 Dort finden sich auch die Nachweise; s.a. die Überblicke bei Däubler-Schiek, Einl. Rn. 237 ff.; KeZa-Kempen, Grundl. Rn. 217 ff.; Wiedemann-Wiedemann, Einl. Rn. 201 ff.

- **Personalbemessung:** Tarifvertrag ist zulässig;
- **Stilllegung:** Tarifverträge können zumindest die Folgen regeln, z.B. durch Qualifizierung und Abfindungen (s.a. § 1 Rn. 168ff., 185ff.; AKR Rn. 27ff., 31ff.);

125 7.3 Tarifvertrag und Gesetz

Regelungen von Arbeitsbedingungen im Überblick

Die gesetzlichen Bestimmungen sind *hierarchisch* gegliedert
(Über- und Unterordnung der Wirkungsbereiche und Regelungsbestimmungen; vgl. aber Rn. 124)

Die höhere Bestimmung setzt *Mindestnormen* für die unteren
D.h. keine Bestimmung darf gegen die nächst höhere verstoßen

***Verbesserungen zugunsten der Arbeitnehmer* sind in der Regel möglich**
(z.B. kann ein Tarifvertrag die Mitbestimmungsmögichkeiten des BR ausweiten, im Arbeitsvertrag können günstigere Bedingungen für Arbeitnehmer vereinbart werden; das Günstigkeitsprinzip gilt nicht zwischen Betriebsvereinbarung und Tarifvertrag, vgl. Rn. 134f.)

126 Das oft gebrauchte Bild »Gesetz steht über Tarifvertrag« ist schief. Der Gesetzgeber muss nämlich die **»Normsetzungsprärogative«** der Tarifvertragsparteien beachten. Die Tarifparteien sind für bestimmte (Kern-)Materien der Tarifautonomie vorrangig zuständig (Rn. 82ff.).[241]

127 An den verfassungsrechtlichen Garantien der Tarifautonomie sind auch die Möglichkeiten des Gesetzgebers für **zweiseitig zwingende Gesetze** zu messen, die dann von Tarifvertragsparteien nicht abgeändert werden können. Diese sind nur in Ausnahmefällen bei be-

241 BVerfG 24.5.77 – 2 BvL 11/74, AuR 77, 380; 24.4.96 – 1 BvR 712/86, AuR 96, 371.

sonderen öffentlichen Interessen zulässig. Im Zweifel müssen Arbeitnehmerschutzgesetze aber **einseitig zwingend** sein, d.h. sie müssen von den Tarifvertragsparteien nach dem Günstigkeitsprinzip verbessert werden können. Einige Gesetze sind **tarifdispositiv**, d.h. sie können (nur) von den Tarifvertragsparteien verändert, aber auch verschlechtert werden (Rn. 130ff.).[242]

Zweiseitig zwingende Gesetze sind die **Ausnahme**. Sie können auch von den Tarifvertragsparteien nicht abgeändert/verbessert werden. 128

Beispiele:
- **BetrVG**: die Vorschriften über Organisation und Wahl des Betriebsrats; aber: § 3 BetrVG 2001 erweitert die tarifvertraglichen Möglichkeiten zur Bildung anderer Betriebsratsgremien (vgl. dazu TVG § 1 Rn. 216ff.).[243] Die **Mitbestimmungsrechte** können erweitert werden, zumindest in personellen und sozialen Angelegenheiten;[244] §§ 111ff. BetrVG sind keine Grenze für tarifliche Forderungen bezüglich der Folgen von Betriebsstilllegungen (vgl. TVG § 1 Rn. 185ff.; AKR Rn. 31ff.).[245]
- **BPersVG** § 3: Nach h.M. können Tarifverträge das Personalvertretungsrecht inkl. der Beteiligungsrechte nicht abweichend regeln.[246]

Einseitig zwingende Rechtsnormen sind bei Arbeitnehmerschutzgesetzen die Regel. Sie können von den Tarifvertragsparteien für die Arbeitnehmer verbessert werden, Verschlechterungen durch Tarifvertrag sind hingegen i.d.R. unwirksam. 129

Beispiele:
- Die meisten Regelungen im **Arbeitszeitgesetz** und **Bundesurlaubsgesetz**, Betriebliche Altersversorgung, Entgeltfortzahlung bei Krankheit (Ausnahmen siehe Rn. 130);
- § 622 Abs. 4 BGB (**Kündigungsfristen**);
- **§ 1 KSchG** erlaubt bessere Regelungen, z.B. zur »Unkündbarkeit« älterer Beschäftigter. **§ 2 KSchG** darf nicht unterlaufen werden, z.B. durch längere Arbeitszeit[247] oder einseitige Zuweisung anderer Arbeit bei geringerem Entgelt.[248]
- **§ 14 TzBfG**: Tariflich kann vorgesehen werden, dass es für die Wirksamkeit einer arbeitsvertraglichen Befristung immer eines sachlichen Grundes bedarf.[249]38 Durch Tarifvertrag

---

242 Vgl. zum Ganzen Däubler-Schiek, Einl. Rn. 309ff.; Gamillscheg, S. 687ff.; KeZa-Kempen, Grundl. Rn. 267ff.; Kittner/Zwanziger/Deinert-Deinert, § 6 Rn. 2ff.; Löwisch/Rieble, § 1 Rn. 910ff.; Wiedemann-Wiedemann, Einl. Rn. 350ff.

243 BAG 29.7.09 – 7 ABR 27/08, DB 10, 117; DKKW-Trümner, BetrVG § 3 Rn. 21ff.

244 BAG 21.6.00 – 4 AZR 379/99, DB 01, 389; 9.5.95 – 1 ABR 56/94, DB 95, 2610; 10.2.88 – 1 ABR 70/86, DB 88, 1397; 18.8.87 – 1 ABR 30/86, DB 87, 2257; DKKW-Däubler, BetrVG Einl. Rn. 78ff.; Däubler-Hensche, § 1 Rn. 896ff.

245 BAG 24.4.07 – 1 AZR 252/06, DB 07, 1924; vgl. auch Kühling/Bertelsmann, NZA 05, 1017; Wolter, RdA 02, 218.

246 BAG 20.3.74 – 4 AZR 266/73, AP MTB II § 29 Nr. 2; st. Rspr.; abw. sind nach Altvater u.a., BPersVG § 3 Rn. 2, Tarifregelungen zulässig, die den gesetzlichen Rahmen ausfüllen, aber nicht in Frage stellen.

247 BAG 10.2.99 – 2 AZR 422/98, AiB 99, 472 = AuR 99, 326.

248 Däubler-Schiek, Einl. Rn. 317; a.A. BAG 22.5.85 – 4 AZR 427/83, NZA 86, 166; offen gelassen bei BAG 19.11.02 – 3 AZR 591/01, NZA 03, 880.

249 BAG 25.9.87 – 7 AZR 315/86, AiB 88, 262; BAG 11.8.88 – 2 AZR 95/88, NZA 89, 891, beides noch zur Vorgängernorm § 1 BeschFG 1985.

können sowohl die Höchstdauer als auch die Anzahl der zulässigen Verlängerungen eines sachgrundlos befristeten Arbeitsvertrags abweichend von den Vorgaben des TzBfG geregelt werden.[250]

Von der Möglichkeit der Abweichung nach oben machen die Tarifvertragsparteien in der Regel Gebrauch:

	Gesetz	Tarifvertrag
Arbeitszeit	48 Stunden	35 (38) Stunden
Urlaub	4 Wochen	6 Wochen
zusätzliches Urlaubsgeld	–	50 %
Sonderzahlung/Weihnachtsgeld	–	30–100 %
Lohn/Gehalt	–	verbindliche Ansprüche
Übernahme Auszubildende	–	6 oder 12 Monate

130 Ein zweischneidiges Schwert sind **tarifdispositive gesetzliche Normen.** Sie sehen vor, dass die Tarifvertragsparteien (nur sie, nicht die Betriebs- oder Arbeitsvertragsparteien) nach beiden Seiten vom Gesetz abweichen, d.h. es auch zu Lasten der Beschäftigten verschlechtern können. Einerseits sind damit Anpassungen an branchenspezifische Gegebenheiten möglich (so z.B. Arbeitszeit in der Landwirtschaft, Kündigungsfristen in saisonabhängigen Betrieben) sowie die Umsetzung sozialpolitischer Vorhaben (z.B. bei der Altersteilzeit oder Entgeltumwandlung). Andererseits wird die Tarifpolitik zunehmend für staatliche Sozialpolitik in Dienst genommen mit dem Versuch, ihr den »Schwarzen Peter« für Sozialabbau zuzuschieben.

Beispiele:
- **ArbZG** §§ 7, 11: Verlängerung der Arbeitszeit, des Ausgleichszeitraums, Bereitschaftsdienst, Ausnahmen zur Sonntagsarbeit
- **BetrAVG** § 17 Abs. 3: Anwartschaften, Anpassungspflicht
- **BGB** § 622 Abs. 4: andere Kündigungsfristen
- **BUrlG** § 13: Aufteilung Jahresurlaub, andere Berechnung, aber nicht: gesetzlicher Mindesturlaub inkl. Bezahlung und Abgeltung
- **EFZG** § 4 Abs. 4: andere Berechnung des weiter zu zahlenden Entgelts
- **MiLoG** § 24: In einer Übergangszeit bis 31.12.17 können abweichende tarifliche Regelungen dem Mindestlohn vorgehen.
- **TzBfG** §§ 12 Abs. 3, 13 Abs. 4, 14 Abs. 2: Arbeit auf Abruf, Arbeitsplatzteilung, längere Befristung.

130a Eine besonders ungewöhnliche Regelung findet sich seit 2002 im AÜG für die **Leiharbeit**: Danach kann der gesetzliche Zwang zum gleichen Entgelt durch Tarifvertrag unterschritten werden; hier bezieht sich die die Tarifdispositivität erstmals auch auf die Entgeltrege-

250 BAG 15.8.12 – 7 AZR 184/11.

lung, was eine äußerst gefährliche Anreizkonstellation für Arbeitgeber und letztlich die Bildung der Scheingewerkschaft CGZP zur Folge hatte (genauer hierzu § 2 TVG, Rn 41).[251]

Nur wenn das Gesetz es ausdrücklich vorsieht, reicht für die Verschlechterung tarifdispositiver Gesetzesnormen eine **Bezugnahme auf einen Tarifvertrag** im Arbeitsvertrag (TVG § 3 Rn. 245ff.). Beispiele finden sich in § 13 BUrlG oder § 3 Abs. 1 Nr. 3 Satz 2, § 9 Nr. 2 3. Halbsatz AÜG. Dazu ist in der Regel erforderlich, dass auf den Tarifvertrag insgesamt verwiesen wird. Einige Gesetze (z.B. § 13 BUrlG) lassen es ausreichen, dass im Arbeitsvertrag nur auf den entsprechenden Sachkomplex verwiesen wird; wenn nur auf einzelne Tarifbestimmungen Bezug genommen wird, ist dagegen »Rosinenpicken« durch den Arbeitgeber nicht ausgeschlossen. 131

Zur problematischen Situation bei **Nachwirkung** eines auf einem tarifdispositiven Gesetz beruhenden Tarifvertrags vgl. TVG § 4 Rn. 336ff. 132

7.4 Tarifvertrag und betriebliche Vereinbarung – Tarifvertrag geht vor

Tarifverträge haben **Vorrang vor Betriebs- und Dienstvereinbarungen** aufgrund ihrer verfassungsrechtlichen Sonderstellung und mitgliedschaftlichen Legitimation. §§ 77 Abs. 3 und 87 Abs. 1 Einleitungssatz BetrVG sowie § 75 Abs. 5 und 3 BPersVG sind Ausdruck davon. 133

§ 77 Abs. 3 BetrVG und **§ 75 Abs. 5 BPersVG** legen fest, dass die **Lohnpolitik** und die allgemeine Regelung der Arbeits- und Wirtschaftsbedingungen **Aufgabe der Tarifvertragsparteien** ist. Die Betriebsparteien sind davon ausgeschlossen, trotzdem abgeschlossene **Vereinbarungen** sind **rechtsunwirksam** (»Sperrwirkung des Tarifvertrags«). Das gilt auch, wenn die Vereinbarung günstiger ist[252]; ebenso, wenn die tarifliche Regelung der Arbeitsbedingungen nur »üblich« ist, konkret: auch für OT-, nicht tarifgebundene Arbeitgeber oder wenn der Tarifvertrag nur nachwirkt.[253] 134

Ausnahmen (zu Einzelheiten vgl. TVG § 4 Rn. 179, 205): 135

- Der **Tarifvertrag** lässt ausdrücklich **ergänzende Betriebs-/Dienstvereinbarungen** zu, z.B. zur Verteilung der Arbeitszeit auf Tage, Wochen bzw. ein Jahr; Auszahlung der Arbeitsentgelte und der Sonderzahlung; Auswahl verschiedener Entgeltsysteme;
- nach h.M. bei Materien, bei denen der Betriebsrat nach § 87 BetrVG bzw. der Personalrat gem. § 75 Abs. 3 BPersVG ein **erzwingbares Mitbestimmungsrecht** hat,[254] was allerdings bei Kernthemen wie Höhe des Entgelts oder Dauer der Arbeitszeit[255] nicht der Fall ist. Die tariflichen Mindestbedingungen sind einzuhalten.

Die **Arbeitsteilung zwischen Tarifvertrags- und Betriebsparteien** funktionierte bis Mitte der 80er Jahre ohne größere rechtliche Konflikte. Probleme bringen zwei Entwick- 136

---

251 Gamillscheg, S. 698, sprach schon früh von einem »Danaer-Geschenk«, vor allem für die Gewerkschaften; kritisch und zu den Grenzen von Öffnungen in tarifdispositiven Gesetzen: Buschmann, FS Richardi, S. 93ff.; Däubler-Hensche, § 1 Rn. 789f.; ErfK-Wank, § 3 AÜG Rn. 29; vgl. auch KeZa-Kempen, § 1 TVG Rn. 450.

252 Vgl. z.B. BAG 24.1.96 – 1 AZR 597/95, DB 96, 1882; LAG Hamm 17.7.96 – 3 Sa 1623/95, AiB 97, 290.

253 BAG 24.1.96, a.a.O.

254 Vgl. z.B. BAG 24.2.87 – 1 ABR 18/85, DB 87, 1435.

255 A. A. zur Dauer der Arbeitszeit DKKW-Klebe, § 87 Rn. 87ff.

lungen: Im Rahmen der »**Flexibilisierung**« werden mehr Fragen und größere Bereiche auf die Betriebsparteien delegiert, die zudem teilweise zu Abweichungen bei Arbeitszeit oder Entgelt ermächtigen; im Rahmen der sog. »**Standortdiskussion**« werden teilweise Abweichungen ohne die Tarifvertragsparteien vereinbart (Näheres vgl. Rn. 205ff.).

137 Die Reichweite von **Öffnungsklauseln in Tarifverträgen** ist **nicht schrankenlos** (vgl. TVG § 4 Rn. 189ff.).[256] Der Tarifautonomie drohen Gefahren durch weitgehende Verlagerung von Kompetenzen auf die Betriebsparteien (vgl. Rn. 205ff.).[257] Ein Blankoscheck oder eine Optionsklausel, die inhaltlich nichts strukturiert, sind rechtlich zweifelhaft. Es wird deshalb – teilweise in Anlehnung an gesetzliche Ermächtigungen für Rechtsverordnungen in Art. 80 GG – als Grenze diskutiert, dass die Tarifvertragsklausel einen Rahmen nach Inhalt, Zweck und Ausmaß vorgibt und die betrieblichen Kompetenzen umschreibt.[258]

Ein **Firmentarifvertrag** oder firmenbezogener Verbandstarifvertrag (TVG § 1 Rn. 25f.) vermeidet diese rechtlichen Probleme.

138 **§ 87 Abs. 1 Einleitungssatz BetrVG/§ 75 Abs. 3 BPersVG** verfolgen eine ergänzende, wenn auch etwas andere Zielrichtung. Eine gesetzliche oder tarifvertragliche Regelung in **mitbestimmungspflichtigen Angelegenheiten** verdrängt das Mitbestimmungsrecht des Betriebsrats.

Beispiel:
Nach dem Tarifvertrag beträgt der Ausgleichszeitraum für die Verteilung der Arbeitszeit längstens ein Jahr. Dies ist damit tarifvertraglich abschließend geregelt. Der Betriebsrat kann trotz seines Mitbestimmungsrechts nach § 87 Abs. 1 Nr. 2 BetrVG nicht durchsetzen, dass der Ausgleichszeitraum verlängert oder Guthabenstunden ins nächste Jahr übertragen werden können.[259]

139 **Ausnahmen:** das Mitbestimmungsrecht bleibt erhalten,

- **wenn der Tarifvertrag nur nachwirkt** (anders als bei § 77 Abs. 3 BetrVG),
- wenn der **Tarifvertrag keine abschließende inhaltliche Regelung** der Materie enthält oder das Alleinbestimmungsrecht des Arbeitgebers vorsieht (Näheres vgl. TVG § 1 Rn. 391, § 4 Rn. 198ff., 205).[260]

7.5 Tarifvertrag und Arbeitsvertrag

140 Der Tarifvertrag wirkt **unmittelbar** und **zwingend** auf den Arbeitsvertrag (§ 4 Abs. 1 TVG). Eine arbeitsvertragliche **Abweichung** vom Tarifvertrag ist unwirksam, es sei denn sie ist für den Arbeitnehmer günstiger oder im Tarifvertrag zugelassen; umgekehrt darf ein Tarifvertrag arbeitsvertragliche Rechte nicht verschlechtern (»**Günstigkeitsprinzip**«,

256 Zur Verbreitung von tariflichen Öffnungsklauseln: WSI-Tarifhandbuch 2006, 53ff.
257 BAG 18.8.87 – 1 ABR 30/86, DB 87, 2257; Kissel, NZA 86, 73, 78ff.
258 Vgl. Kittner, FS Schaub, S. 389, 408; Schaub, NZA 98, 623; Zachert, KJ 97, 411, 427.
259 BAG 29.4.04 – 1 ABR 30/02, NZA 04, 670.
260 Z.B. BAG 18.4.89 – 1 ABR 100/87, AiB 89, 290 (betr. Mehrarbeit); 27.1.94 – 6 AZR 541/93, DB 95, 279 (betr. Kurzarbeit in § 15 BAT-Ost); DKKW-Klebe, § 87 Rn. 36.

§ 4 Abs. 3 TVG). Auch ein vertraglicher **Verzicht** auf tarifliche Leistungen ist nach § 4 Abs. 4 TVG unwirksam. Wegen Einzelheiten vgl. TVG § 4 Rn. 3ff., 140ff., 241ff. Die **Unabdingbarkeit** der Tarifnormen ist ein grundlegendes, verfassungsrechtlich abgesichertes Prinzip, auf das die Deregulierer zielen (vgl. Rn. 81, 235ff.).

I.d.R. wirkt der Tarifvertrag **automatisch**, es ist **kein Umsetzungsakt** notwendig. Bestimmt z.B. der Tarifvertrag, dass ab einem bestimmten Datum das Entgelt 2500 Euro beträgt, hat der Beschäftigte ab diesem Datum Anspruch auf den Betrag – wenn er und der Arbeitgeber tarifgebunden sind. Anders kann es z.B. bezgl. einer **Eingruppierung** sein (vgl. TVG § 1 Rn. 285ff.): Der Arbeitgeber muss – unter Beachtung der BR-/PR-Rechte gem. § 99 BetrVG/ § 75 BPersVG) – in Vollzug des Tarifvertrags den Beschäftigten bzw. die Tätigkeit eingruppieren oder Arbeitgeber und BR stufen die Tätigkeit gemeinsam ein. Das geschieht üblicherweise bei der Einstellung, Versetzung oder Änderung der Tätigkeit. Gruppiert der Arbeitgeber nicht oder unrichtig ein, können der Betriebs- bzw. Personalrat nach §§ 100f. BetrVG bzw. § 69 BPersVG und der Beschäftigte mit Zahlungs- oder Eingruppierungsklage vorgehen.[261] 141

8. Durchsetzung des (vereinbarten) Tarifvertrags

Ein Tarifvertrag schafft individuelle Rechtsansprüche, konkretisiert Betriebsratsrechte, begründet Rechte und Pflichten der Tarifvertragsparteien. Der Arbeitgeber hat den Tarifvertrag zu erfüllen. Aber was ist zu tun, wenn er dem nicht nachkommt, z.B. weil er eine Bestimmung anders auslegt oder meint, er sei nicht (mehr) daran gebunden? Beschäftigte, Betriebs- und Personalräte sowie die Gewerkschaft haben **unterschiedliche Durchsetzungsmöglichkeiten**. Die Durchsetzung vereinbarter Tarifverträge setzt ebenso wie das Erstreiten eines Tarifvertrags persönliches Engagement und Kraft voraus. 142

8.1 Einzelne Beschäftigte

(Organisierte) Beschäftigte können ihre **tariflichen Rechtsansprüche einklagen**. Oft hilft es, vorher den Betriebsrat/Personalrat einzuschalten. Wenn das erfolglos bleibt, müssen sie ihre Ansprüche beim Arbeitgeber **geltend machen**. Dabei sind die tarifvertraglichen **Ausschlussfristen**/Verfallfristen zu beachten (TVG § 4 Rn. 254ff.), ansonsten gehen die Ansprüche praktisch unter. Wenn der Arbeitgeber auch dann noch nicht leistet, ist eine **Klage beim Arbeitsgericht** zu prüfen. Möglich ist auch eine **Musterklage**. Gewerkschaftsmitglieder können **Rechtsschutz** von ihrer Gewerkschaft erhalten; vgl. die »**Checkliste**«.[262] 143

---

261 Einzelheiten bei Altvater-Baden, BPersVG § 75 Rn. 33ff., 36ff.; § 69 Rn. 60ff.; Däubler-Deinert, § 4 Rn. 319ff.; DKKW-Bachner, BetrVG § 99 Rn. 66ff., 200ff.; KeZa-Zeibig/Stein, TVG § 1 Rn. 195ff.

262 In Anlehnung an Kittner, ASO 2010, S. 1466.

Checkliste »Anspruch aus einem Tarifvertrag«

I. Wirksamer Tarifvertrag
1. Tarifvertragsparteien
   - Tariffähigkeit
   - Tarifzuständigkeit
2. Zustandekommen des Tarifvertrags
3. Schriftform
4. Verweisung auf andere Normen oder Dritte
   - Verweisung auf anderen Tarifvertrag
   - Verweisung auf eine staatliche Norm
   - Bestimmung des Tarifinhalts durch Dritte/Bestimmungsklausel

II. Geltung der konkreten Tarifnorm
1. Zeitliche Geltung
   Inkrafttreten des Tarifvertrags/Rückwirkung
   Beendigung des Tarifvertrags
2. Sachliche Geltung
   Fachlicher Geltungsbereich
   Räumlicher Geltungsbereich
   Persönlicher Geltungsbereich
3. Auslegung der Tarifnorm
4. Mögliche Unwirksamkeit der Tarifnorm
   Binnenschranken/Tarifmacht
   Verstoß gegen Grundrechte
   Verstoß gegen zwingendes Recht
   Verstoß gegen EG-Recht

III. Zuordnung des Anspruchs zu einem tarifvertraglichen Normtyp
1. Inhalts-, Abschluss- und Beendigungsnorm
2. Betriebsnorm

IV. Originäre Tarifgebundenheit bei Inhalts-, Abschluss- und Beendigungsnormen
1. Tarifgebundenheit des Arbeitgebers
   Mitglied im Arbeitgeberverband mit Tarifbindung
   Partei eines Firmentarifvertrags
2. Tarifgebundenheit des Arbeitnehmers/Gewerkschaftsmitgliedschaft

V. Originäre Tarifgebundenheit bei Betriebsnormen
Tarifgebundenheit des Arbeitgebers

VI. Geltung des Tarifvertrags trotz fehlender originärer Tarifgebundenheit
1. Allgemeinverbindlicherklärung
2. Vertragliche Bezugnahme auf Tarifvertrag

VII. Verdrängung des Tarifvertrags durch Tarifkonkurrenz oder -pluralität

VIII. Einsetzen der Tarifgebundenheit

IX. Ende der Tarifbindung
1. Veränderungen bei Weitergeltung des Tarifvertrags
   Austritt aus dem Arbeitgeberverband/Wechsel in OT-Status
   Austritt aus der Gewerkschaft
   Sonstige Veränderungen
2. Ablauf des Tarifvertrags
   Nachwirkung
   Ablösung der nachwirkenden Tarifnorm

Einige Tarifverträge sehen vor, dass **vor** einer Klage **innerbetriebliche Gespräche** stattfinden oder die Tarifvertragsparteien hinzugezogen werden, und dass erst dann »der Rechtsweg offen steht«. Bei Streitigkeiten aus dem **Ausbildungsverhältnis** kann u.a. ein Tarifvertrag vorschreiben, dass eine Verhandlung vor dem Ausschuss vorgeschaltet wird (§ 111 Abs. 2 ArbGG; so in einigen Handwerksberufen). Der Weg zu den Arbeitsgerichten kann aber durch Tarifvertrag nicht ausgeschlossen werden, ausgenommen für Bühnenkünstler und Seeleute (§ 101 Abs. 2 ArbGG). 144

8.2 Betriebsrat/Personalrat

Der Betriebsrat bzw. Personalrat ist weder Tarifvertragspartei noch Vertreter der Beschäftigten. Doch BetrVG bzw. BPersVG weisen ihm Aufgaben zu, die die korrekte **Anwendung und Durchführung der Tarifverträge** absichern sollen. Sie haben eine **Überwachungspflicht** dahingehend, »dass die zugunsten der Arbeitnehmer geltenden Gesetze und Tarifverträge durchgeführt werden« (§ 80 Abs. 1 Nr. 1 BetrVG; § 67 Abs. 1 Nr. 2 BPersVG). Gegebenenfalls muss der Betriebsrat beim Arbeitgeber auf tarifkonformes Verhalten drängen. Der Betriebsausschuss kann **Einblick in die Lohn- und Gehaltslisten** nehmen (§ 80 Abs. 2 BetrVG)[263]; damit kann er die korrekte tarifvertragliche Bezahlung und indirekt die Eingruppierung überprüfen. Er hat **Beschwerden** von Arbeitnehmern nachzugehen und auf Abhilfe hinzuwirken (§§ 81 ff. BetrVG; § 68 Abs. 1 Nr. 3 BPersVG); über individuelle Rechtsansprüche, z.B. aus Tarifverträgen, kann in diesem Verfahren zwar beraten und befunden, aber nicht verbindlich entschieden werden (§ 85 Abs. 2 Satz 3 BetrVG). Der Betriebsrat/Personalrat kann aber **Individualansprüche nicht** – sozusagen stellvertretend – für die einzelnen Beschäftigten beim Gericht einklagen.[264] 145

Weist der Tarifvertrag den Betriebsparteien im Rahmen einer »**Öffnungsklausel**« (näher TVG § 4 Rn. 189 ff.) Aufgaben zu, hängen individuelle Rechtsverwirklichung und Betriebsrat-/Personalrat-Handeln noch enger zusammen. Eine Eingruppierung, eine Betriebs-/Dienstvereinbarung über Arbeitszeitverteilung oder über Entgelt- und Leistungssysteme entscheiden auch über die Tragweite der Umsetzung des Tarifvertrags und damit über die Qualität der Rechtsansprüche. Mit der Stärke der betrieblichen Interessenvertretung steigt die Chance, dass der Tarifvertrag gut umgesetzt wird. 146

Werden **tarifvertragliche Mindestvorgaben nicht eingehalten**, Tarifnormen unterschritten oder der Rahmen für ergänzende Betriebs-/Dienstvereinbarungen überschritten, sind entsprechende Vereinbarungen oder Einigungsstellen-Sprüche **rechtsunwirksam**. Bei beiderseitiger Tarifbindung können die Beschäftigten ihre tariflichen Ansprüche trotzdem geltend machen und einklagen.[265] Ebenso kann der Einzel-Betriebs-/Personalrat vor- 147

---

263 Entsprechendes ergibt sich für den Personalrat aus § 68 Abs. 2 Satz 1 BPersVG: BVerwG 22.12.93 – 6 P 15/92, PersR 94, 78; Altvater-Altvater, § 68 Rn. 35.

264 Vgl. zum Ganzen die Kommentierungen bei DKKW-Buschmann zu §§ 80, 81, 84, 85 BetrVG bzw. Altvater-Altvater zu §§ 67, 68 BPersVG.

265 Z.B. ArbG Marburg 3.1.06 – 1 Ca 671/05, AuR 06, 133; LAG Nürnberg 23.11.01 – 8 Sa 15/01, AuR 02, 157; Hessisches LAG 18.9.00 – 6 Sa 69/00; LAG Düsseldorf 2.12.99 – 5 Sa 992/99, DB 00, 431; LAG Hamm 9.3.00 – 8 Sa 1895/99, NZA-RR 01, 42; LAG Schleswig-Holstein 28.1.99 – 4 TaBV 41/98, AiB 00, 105; vgl. auch BAG 10.2.99 – 2 AZR 422/98, AiB 99, 472 = AuR 99, 326; BAG 18.12.97 – 2 AZR 709/96, AuR 98, 212.

gehen, wenn die – tarifwidrige – Vereinbarung vom GBR oder HPR abgeschlossen wurde. Daneben können Betriebsrat/Personalrat sowie ggf. die Gewerkschaft auf Unterlassung klagen; vgl. TVG § 4 Rn. 209ff., 223ff.

8.3 Tarifvertragsparteien

148 **Gewerkschaft und Arbeitgeberverband** (bzw. beim Firmentarifvertrag: der Arbeitgeber) haben dafür zu sorgen, dass der Tarifvertrag in den Betrieben und Dienststellen bekanntgemacht (vgl. § 8 TVG), angewandt und korrekt durchgeführt wird (**»Durchführungspflicht«**, vgl. TVG § 1 Rn. 407ff.). Bei Nichteinhaltung oder falscher Anwendung kann die eine Tarifvertragspartei von der anderen verlangen, dass diese auf ihr Mitglied einwirkt, tarifwidrige Maßnahmen zu unterlassen; das kann ggf. auch eingeklagt werden (**»Einwirkungspflicht«**, vgl. TVG § 1 Rn. 409). Beim **Firmentarifvertrag** kann die Gewerkschaft den Arbeitgeber direkt auf **Erfüllung** verklagen.[266] Ein **Streik** zur Durchsetzung von Rechtsansprüchen wird für unzulässig gehalten; anders ist z. T. die Meinung bei der ILO und ESC (vgl. AKR Rn. 175).[267]

149 Den Streit über die korrekte Anwendung und Auslegung eines Tarifvertrags können die Tarifvertragsparteien von einem **Tarifschiedsgericht** (§ 101 ArbGG) bzw. von dem **Arbeitsgericht** (§ 9 TVG; dort Rn. 2ff.) klären lassen.

150 Die **Defizite in der Durchsetzbarkeit** von Verbandstarifverträgen verletzen Koalitionsfreiheit und Tarifautonomie. Stellt ein Arbeitgeber sich offen gegen den Tarifvertrag (**»Tarifbruch«**, zu dem BDI-Chef Henkel 1998 öffentlich aufgerufen hatte) oder verstößt er gegen die tariflichen Regeln, verletzt dies **Koalitionsfreiheit und Tarifautonomie**. Der **Schutz der Koalitionsfreiheit** und der Grundsatz der **Effektivität der Grundrechte** erfordern die Möglichkeit, dass die Gewerkschaft unmittelbar gegen einen – tarifgebundenen – Arbeitgeber vorgehen kann, der die Tarifverträge in der betrieblichen Wirklichkeit durch eine andere Ordnung ersetzen will. Das BAG hat mit dem **»Burda-Urteil«** der Gewerkschaft – wegen Verletzung eigener Rechte – einen **Unterlassungsanspruch** zuerkannt. Das Koalitionsrecht werde verletzt, wenn der Arbeitgeber eine Art betriebliche Konkurrenzordnung zu den Tarifverträgen aufstelle – durch Betriebsvereinbarung, Regelungsabrede, betriebliche Einheitsregelung oder einheitliche Arbeitsverträge – und dadurch die Geltung des Tarifvertrags untergrabe (näheres vgl. TVG § 4 Rn. 206ff., 213ff., 223ff.).[268]

151 Angesichts bestehender Durchsetzungsdefizite und der Unstetigkeit der Rechtsprechung ist eine gesetzliche **Verbandsklage** der Gewerkschaft gegen tarifverletzende Arbeitgeber angezeigt und an eine allgemeine **Erfüllungsklage** der Gewerkschaft gegen den tarifbrüchigen Arbeitgeber zu denken (vgl. dazu weiter Rn. 242).[269]

---

266 BAG 14. 6. 95 – 4 AZR 915/93, NZA 96, 43.

267 Dagegen Berg/Bobke, WSI-Mitt. 82, 239; Plander, ZTR 97, 151.

268 BAG 20. 4. 99 – 1 ABR 72/98, AiB 99, 538 m. Anm. Däubler = AuR 99, 382 m. Anm. Kocher; dazu Berg/Platow, DB 99, 2362. Zur früheren, wechselvollen BAG-Rechtsprechung vgl. TVG § 4 Rn. 125, 131.

269 Dazu KeZa-Stein, § 4 Rn. 246ff.; Kocher; Pfarr/Kocher, NZA 99, 358.

9. Auslegung von Tarifverträgen

Häufig sind die Tarifvertragsparteien oder Arbeitgeber und Arbeitnehmer unterschiedlicher Meinung über **den Inhalt des Tarifvertrags und den Willen der Tarifvertragsparteien**. Sie streiten über die Auslegung des Tarifvertrags. Dass dies so ist, wundert nicht. Denn beim Zustandekommen der Tarifverträge sind unterschiedliche, teils gegensätzliche Interessen in einen Kompromiss eingegangen. Dieser wird teils hastig formuliert, teils können die Folgen nicht bedacht oder geklärt werden, manche Punkte bleiben offen, weil man sich nicht hat einigen können oder festlegen wollen.[270] 152

Die **Arbeitsgerichte** bekommen diese Aufgabe zugewiesen und nehmen dadurch auch einen Teil der »richtigen Anwendung des Tarifvertrags« wahr. In einer Vielzahl von Urteilen wird über Worte, Wort- und Satzteile, Kommas, Satzbau, Zusammenhang des Textes, Wortlaut ähnlicher Tarifbestimmungen usw. gestritten.[271]

9.1 Auslegungsgrundsätze

Die **Standardformulierung** des **BAG** zu den **Auslegungsgrundsätzen** lautet: 153

> »*Die Tarifauslegung hat zwar – entsprechend den Grundsätzen der Gesetzesauslegung – von dem* Tarifwortlaut *auszugehen. Hierbei ist jedoch über den reinen Tarifwortlaut hinaus der wirkliche* Wille der Tarifvertragsparteien *und der damit von ihnen beabsichtigte* Sinn und Zweck *der Tarifnormen mit zu berücksichtigen, soweit sie in den tariflichen Normen ihren Niederschlag gefunden haben. … Hierzu ist auch auf den* tariflichen Gesamtzusammenhang *abzustellen, der häufig schon deswegen mit berücksichtigt werden muss, weil nur daraus und nicht aus der einzelnen Tarifnorm auf den wirklichen Willen der Tarifvertragsparteien geschlossen und so nur bei Mitberücksichtigung des tariflichen Gesamtzusammenhangs der Sinn und Zweck der Tarifnormen ermittelt werden kann … Verbleiben hingegen bei entsprechender Auswertung des Tarifwortlautes und des tariflichen Gesamtzusammenhangs als den stets und in erster Linie heranzuziehenden Auslegungskriterien im Einzelfall noch Zweifel, so kann zur Ermittlung des wirklichen Willens der Tarifvertragsparteien auf weitere Kriterien wie* Tarifgeschichte, *die* praktische Tarifübung *und die* Entstehungsgeschichte *des jeweiligen Tarifvertrags zurückgegriffen werden. Dabei gibt es jedoch für die Gerichte keine Bindung an eine bestimmte Reihenfolge bei der Heranziehung dieser weiteren Auslegungsmittel*«.[272]

Die Rechtslehre folgt dem BAG überwiegend. Nach Däubler und Brecht-Heitzmann/Zachert ist vorrangig der **Wille der Tarifvertragsparteien** maßgebend.[273]

---

270 Zu den Unterschieden des Zustandekommens von Gesetzen und Tarifverträgen vgl. Berg, Folgenabschätzung, S. 127ff.

271 Vgl. zum Ganzen Däubler-Däubler, Einl. Rn. 489ff.; Gamillscheg, S. 641 ff.; Henssler/Moll/Bepler – Bepler, Teil 3, Rn. 128ff.; KeZa-Brecht-Heitzmann/Zachert, Grundl. Rn. 486ff.; Löwisch/Rieble, § 1 Rn. 1459ff.; Wiedemann-Wank, § 1 Rn. 982ff.

272 BAG 12.9.84 – 4 AZR 336/82, AuR 84, 343; vgl. auch BAG 22.10.02 – 3 AZR 468/01, 3 AZR 664/01, AP Nrn. 184 und 185 zu § 1 TVG Auslegung.

273 Däubler-Däubler, Einl. Rn. 491 bzw. KeZa-Brecht-Heitzmann/Zachert, Grundl. Rn. 507.

154 Der **Wortlaut** meint in der Regel die Bedeutung eines Ausdrucks oder einer Wortverbindung im allgemeinen Sprachgebrauch[274], manchmal in einer Fachsprache. Der **Wille der Tarifvertragsparteien** kann sich z.B. aus Verhandlungsniederschriften, Protokollnotizen oder aus einer authentischen Interpretation der Parteien erschließen.
Oft ergeben sich Wortsinn und Wille erst aus dem **Gesamtzusammenhang** der tariflichen Normen oder der Stellung eines Satzes in einem Paragrafen oder Abschnitt des Tarifvertrags (»systematische Auslegung«).
Sinn und Zweck der Tarifnorm wird man in vielen Fällen anhand des grundsätzlichen Ziels des Tarifvertrags feststellen können. Dabei ist auch zu berücksichtigen, dass sie generell **Schutznormen** zugunsten der abhängig Beschäftigten sind (»teleologische Auslegung«).
Die **Entstehungsgeschichte** des Tarifvertrags kann Hinweise auf den Willen der Tarifvertragsparteien geben. Dabei können u.U. die jeweiligen Forderungen oder Normen aus Vorgänger-Tarifverträgen eine Rolle spielen (»historische Auslegung«).

155 **Lücken im Tarifvertrag:**

- Lassen die Tarifvertragsparteien eine Frage **bewusst** ungeregelt, dürfen Gerichte diese Lücke nicht schließen. Es bleibt bei der unvollständigen Regelung.
- Enthält ein Tarifvertrag eine **»unbewusste Lücke«** (z.B. weil das Problem übersehen wurde), ist sie nach Sinn und Zweck des Tarifvertrags zu schließen, wobei auch ähnliche Regelungen herangezogen werden können.

156 Eine **ergänzende Auslegung** nehmen die Gerichte vor, wenn eine Tarifnorm nachträglich wegfällt oder wegen eines Verstoßes gegen höherrangiges Recht für unwirksam erklärt wird. Das Motto ist dann: Was hätten die Tarifvertragsparteien unter Berücksichtigung der übrigen Vorschriften des Tarifvertrages wohl getan? Bei einem **Verstoß gegen Diskriminierungsverbote** (z.B. des AGG) oder den **Gleichbehandlungsgrundsatz** mit der Folge der Unwirksamkeit der entsprechenden Tarifnorm wird allerdings die benachteiligte Gruppe grundsätzlich auf das Niveau der besser gestellten Gruppe angehoben (»Angleichung nach oben«); so z.B. wenn Teilzeitbeschäftigte von Leistungen ausgeschlossen werden (vgl. Rn. 127, 122; TVG § 1 Rn. 392f.).

156a Von der Orientierung der Auslegung der Tarifverträge an den Grundsätzen der Gesetzesauslegung ist nach überwiegender Auffassung abzuweichen, wenn im sog. **schuldrechtlichen Teil** (vgl. § 1 TVG Rn. 394ff.) des Tarifvertrages die **beiderseitigen Angelegenheiten der Tarifvertragsparteien** selbst geregelt werden, z.B. in einer Schlichtungs- oder Schiedsvereinbarung. Derartige Regelungen sind wie ein **Vertrag** auszulegen.[275] Anderes gilt allerdings, wenn im schuldrechtlichen Teil des Tarifvertrages oder in einem sonstigen Koalitionsvertrag **Vertragsbestimmungen zugunsten Dritter** (§ 328 BGB) enthalten sind. Derartige Tarifvorschriften wirken gegenüber den von ihnen erfassten Personen grundsätzlich nicht anders als Tarifnormen gegenüber tarifgebundenen Arbeitnehmern und Arbeitnehmerinnen. Aus diesem Grund bleibt es in diesen Fällen bei der Anwendung der Grundsätze der Gesetzesauslegung.[276] Die vertragsrechtlichen Auslegungsgrundsätze kommen außerdem zu Anwendung, wenn durch Auslegung zu ermitteln ist, ob ein Tarifvertrag oder

274 Vgl. Sprachwörterbücher wie »Duden« oder »Wahrig«.
275 Däubler-Däubler, Einl. Rn. 536 m.w.N.
276 BAG 5.11.97 – 4 AZR 872/95, NZA 98, 654, 658; Däubler-Däubler, a.a.O.; HWK-Henssler, § 1 TVG Rn. 75.

eine sonstige schuldrechtliche Koalitionsvereinbarung vorliegt oder ob es sich bei bestimmten Tarifvorschriften um normative oder schuldrechtliche Bestimmungen handelt.[277]

9.2 Konstitutive/deklaratorische Tarifregelungen

Oft regeln die Tarifvertragsparteien bestimmte Fragen nicht im Einzelnen, sondern übernehmen ganz oder teilweise entsprechende Gesetzestexte oder verweisen darauf. Dann stellt sich die Frage nach dem Charakter der Tarifbestimmung: 157

- eine **konstitutive/eigenständige Tarifregelung** bleibt bei einer Gesetzesänderung bestehen;
- bei einer **deklaratorischen Tarifregelung** ändert sich mit der Gesetzesänderung automatisch auch der Inhalt der Tarifnorm.

Dies ist z.B. bei der Länge der **Kündigungsfristen** und bei der Höhe der **Entgeltfortzahlung** bei Krankheit akut geworden und hat zu hunderten von Gerichtsverfahren geführt: Das BVerfG hatte 1990 die unterschiedliche Länge der Kündigungsfristen von Arbeitern und Angestellten für verfassungswidrig erklärt, 1993 sind die gesetzlichen Kündigungsfristen in § 622 BGB vereinheitlicht worden. 1996 hatte die Kohl-Regierung die gesetzliche Entgeltfortzahlung auf 80 % gesenkt; sie ist 1999 von der rot-grünen Regierung wieder auf 100 % angehoben worden. Es waren die Auswirkungen auf tarifliche Regelungen der Kündigungsfristen bzw. Entgeltfortzahlung zu klären.

Nach der Rspr. des **BAG** ergeben sich folgende **Lösungen:** 158

- Der **Tarifvertrag verweist** auf ein Gesetz (z.B. »Es gilt § x des … Gesetzes« oder »Es gelten die gesetzlichen Bestimmungen«): deklaratorische Regelung (derartige Regelungen lösen keine Friedenspflicht für den entsprechenden Regelungsgegenstand aus, vgl. AKR Rn. 107ff.).
- Die **gesetzliche Regelung** wird übernommen, aber inhaltlich **verändert**: im Zweifel konstitutive Regelung (»eigener Regelungswille«).
- Die **gesetzliche Regelung** wird wörtlich oder inhaltlich **unverändert** in den Tarifvertrag aufgenommen: im Zweifel deklaratorische Wirkung, da nicht eigenständig.[278]
- Der Tarifvertrag regelt die Materie **anders als im Gesetz** oder ohne Bezug auf das Gesetz: konstitutive Tarifnorm.

10 Neuere Entwicklungen und Probleme

10.1 Allgemeines

Mehr als **sechzig Jahre** haben Art. 9 Abs. 3 GG und das TVG textlich und inhaltlich fast unverändert überstanden – das klingt nach einer Erfolgsgeschichte. Doch der 1949 formulierte Auftrag zur sozialen Evolution wurde zunächst durch die wirtschaftliche und 159

---

277 BAG 26.1.11 – 4 AZR 159/09, NZA 11, 808.

278 Z.B. BAG 16.6.98 – 5 AZR 638/97, AuR 99, 67 (betr. Lohnfortzahlung); 5.10.95 – 2 AZR 1028/94, DB 96, 1187 (betr. Kündigungsfristen); a.A. zu Recht Däubler-Däubler, Einl. Rn. 534; KeZa-Brecht-Heitzmann/Zachert, Grundl. Rn. 554f.; Preis, FS Schaub, S. 571; Wedde, AuR 96, 423f.

politische Restauration erschüttert. Zudem veränderten wirtschaftliche, soziale und politische Umwälzungen die 1949 vorausgesetzten sozialstaatlichen Grundlagen grundsätzlich und verschieben insbesondere in den letzten 20, 30 Jahren die Gewichte weiter zu Lasten der Arbeitnehmer und Gewerkschaften.[279]

Zunächst hatte sich in den westlichen Ländern eine Wirtschaftsweise entwickelt, die sowohl eine gewaltige Ausweitung der Produktion und eine bis dahin nicht gekannte Steigerung der Masseneinkommen, sowohl eine **Wirtschaftsblüte wie den Ausbau des Wohlfahrtsstaates** ermöglichte. Sozialversicherung, das Tarifsystem, öffentliche Unternehmen und Kulturleistungen gehörten ebenso dazu wie eine moderate Wirtschaftssteuerung und Umverteilung. In der Rückschau wird diese Phase als »**Goldenes Zeitalter**« des Kapitalismus (Hobsbawm), in der deutschen Variante als »rheinischer Kapitalismus« bezeichnet.

Anfang der 1980er Jahre geriet das System, zunächst unbemerkt, in eine tiefe Krise. Die Phase wurde zunächst in den USA und Großbritannien, dann auch in Deutschland von einer Wirtschaftspolitik verdrängt, die zum Ziel hatte, diese Verknüpfung von Wirtschaft, Gesellschaft und Politik aufzulösen. Die **Marktideologie** lebt vom Glauben, dass sich die Gesellschaft in Individualismus auflöst und Egoismus Voraussetzung von wirtschaftlichem Erfolg und Wohlstand ist. Der britische Historiker Hobsbawm resümiert, dass die Welt ihre »*Orientierung verloren hat und in Instabilität und Krise geschlittert ist. Und doch war vor den 80er Jahren nicht klar geworden, wie unwiederbringlich die Fundamente des Goldenen Zeitalters bereits zerstört waren. Erst nachdem ein Teil der Welt … vollständig zusammengebrochen war, haben die entwickelten, nichtkommunistischen Regionen das globale Ausmaß der Krise erkannt oder* zugegeben.«[280]

Die Deregulierung des Finanzwesens, die Ortsunabhängigkeit des Kapitals und die Entwicklung des finanzmarktgesteuerten Kapitalismus haben weitere strukturelle Machtverschiebungen zwischen Kapital und Arbeit, zwischen Kapital und Staat bewirkt.

160 Wenn heute aus bestimmten Kreisen der Rechtswissenschaft beklagt wird, dass das BAG den Gewerkschaften zusätzliche Streikmöglichkeiten eröffnet habe,[281] und auf eine »veränderte Wirtschafts- und Arbeitswelt« verweisen, blenden sie meist die negativen Konsequenzen für das Machtgefüge, die Durchsetzungs- und Streikfähigkeit zu Lasten der Arbeitnehmer aus und kommen deshalb zu Positionen (»zurück zur guten alten Zeit des BAG Großer Senat 1971«) mit einem grds. Infragestellen des Streik(recht)s, zur Bejahung der Aussperrung, Schlichtungszwang etc. Sie übersehen zudem, dass den in 1970/80er Jahren entwickelten **Paritätsszenarien** (von einem gesellschaftlichen und tarifpolitischen Gleichgewicht der Tarifparteien – wenn sie denn je gestimmt haben; zur Kritik vgl. AKR Rn. 6, 10, 331) und **Verhältnismäßigkeitspostulate** durch die Entwicklung **der Boden entzogen** worden ist. Beide atmen noch den Geist des ›Goldenen Zeitalters‹ mit seinen Vorstellungen (und teilweise Realitäten) der gleichen Wertigkeit von Kapital und Arbeit (»Sozialstaats- und Tarifkonsens«). Sie können aber angesichts der **fundamentalen Ver-**

---

279 Zur tarifpolitischen und rechtlichen Bilanz und Perspektiven vgl. Bispinck/Schulten, WSI-Mitt. 09, 201; Zachert, WSI-Mitt. 09, 179; Beiträge in Bispinck/Schulten (Hrsg.).

280 Hobsbawm, S. 503.

281 So z.B. Henssler, ZfA 10, 397, 408; Otto, RdA 10, 135ff.; Rüthers, NZA 10, 6ff.; Thüsing/Waldhoff, ZFA 12, 329ff.; m.w.N.

schiebungen der Gewichte zugunsten der Arbeitgeberseite und zu Lasten der Arbeitnehmerseite nicht mehr die Zuteilung und Ausübung von Arbeitnehmer- und Gewerkschaftsrechten beschränken. Im Gegenteil nötigt der gravierender Wandel bei der Bewertung der tarifpolitischen Entwicklung und der effektiven Streikmöglichkeiten zu Überlegungen, ob stärkere Eingriffe in die Positionen von Unternehmen erforderlich sind.

- **Technisch** gab es mehrere »Revolutionen«: Der Automatisierung folgten das Ende des Taylorismus und die Computerisierung – mit Folgen für Arbeitsinhalte, Datenprobleme und Streikkonzepte (Rn. 161 f.).
- **Wirtschaftlich** wurden höhere Löhne, kürzere Arbeitszeit und Produktivitätssteigerungen erreicht, aber auch Arbeitslosigkeit, Umweltzerstörungen und Ungleichheiten produziert. Gewinnerwartungen der shareholder und Finanzmarktkapitalismus lasten zusätzlich auf Arbeitnehmern und Betrieben (Rn. 163 ff.).
- **Politisch** ist der Tarif- und Sozialstaatskonsens zerbrochen, das Ende der Systemkonkurrenz hat Fliehkräfte freigesetzt und die Durchsetzung der neoliberalen Politik mit Deregulierung und Abbau von Schutzrechten befördert (Rn. 167 f.).
- Die **soziale Katastrophe** ist die Massenarbeitslosigkeit. Die sozialen Sicherungssysteme wurden erst ausgebaut – und jetzt die paritätische Finanzierung abgebaut und eine ausreichende Sicherung zum Spielball von Finanzinvestoren gemacht. Die Arbeitsbeziehungen sind von Ausdifferenzierung und Prekarisierung gekennzeichnet (Rn. 170 ff.).
- Die **Verbände** von Kapital und Arbeit verlieren Mitglieder, Durchsetzungs- und Bindekraft. OT-Verbände einerseits sowie Dumping- und Berufsgewerkschaften machen das Streik- und Tarifbild bunter, das andererseits von Deregulierung, Flexibilisierung, Verbetrieblichung und zunehmenden Firmenverträgen gekennzeichnet wird (Rn. 176 ff.).
- **Rechtlich** leiden Tarifverträge und Streiks unter schwierigeren Durchsetzungsbedingungen: einheitliche Interessenvertretung erschwert durch abgesenkte Standards für Tariffähigkeit; Zulassung von zwitterhaftem OT-Status; Änderung des § 116 AFG/§ 160 SGB III; Duldung von Aussperrung und aggressiven Streikbruchtaktiken; weiße Flecken bei Mitbestimmung für ausländische und europäische Gesellschaften (Rn. 186 ff., 196 ff.).

Die **technisch-organisatorischen Umwälzungen** durch Automation und den Einzug der Computer in die Arbeitswelt führen einerseits zu erhöhter Rationalisierung, Abhängigkeit und Arbeitsplatzvernichtung, andererseits eröffnen sie Chancen zu kürzerer Arbeitszeit, zur Arbeitsanreicherung und mehr Entscheidungsmöglichkeiten der Beschäftigten. Berufsbilder wurden verändert, manche verschwanden, neue Branchen entstanden. Die **entscheidende Frage** ist, wer die Herrschaft über den Arbeitsprozess hat und wem die Früchte dieser Entwicklungen zukommen: den Unternehmen durch Einsparung von Arbeitskraft und höhere Gewinne oder den Beschäftigten durch höhere Löhne, kürzere Arbeitszeit, bessere Arbeitsbedingungen, mehr Demokratie? Tarifabkommen wie der Lohnrahmentarifvertrag II haben die Entwicklung abgefedert und »Werktage menschlicher«[282] **161**

282 Vgl. die IG Metall-Broschüre »Werktage werden besser«, 1977.

gemacht; der RTS-Tarifvertrag verhinderte, dass der Beruf des Setzers von heute auf morgen verschwand.[283] Eingruppierungs- und Entgeltsysteme wurden gründlich überholt, die Trennung zwischen Arbeitern und Angestellten überwunden.[284]

162 Die **Ablauf- und Prozesssteuerung durch Computer** erlaubt einerseits in Teilbereichen »mannlose« Fertigungsprozesse, Lagerwirtschaft und Distribution. Das ist z.B. in der Druckindustrie nach der Einführung digitaler Satzsysteme der Fall, was für die Streikwirksamkeit erhebliche Auswirkungen haben kann.[285] Zum anderen eröffnet die EDV einerseits ungeahnte Möglichkeiten der Kommunikation – auch zwischen den Beschäftigten, den Mitgliedern und ihren Gewerkschaften. Andererseits ermöglicht sie die Erfassung, Speicherung und Verarbeitung nicht nur technischer und wirtschaftlicher Daten, sondern einer wachsenden Fülle von persönlichen **Leistungs- und Verhaltensdaten**, die die Neugier nicht nur des »big brother«, sondern auch vieler Unternehmensleitungen und anderer Dienste beflügeln. Die Privatsphäre ist laut D. Grimm, ehem. BVerfG-Richter, von den Unternehmen mindestens so stark bedroht wie vom Staat. Die Speicherung sowie der Ge- und Missbrauch dieser sensiblen Daten, z.B. über Wahrnehmung von Grundrechten oder gewerkschaftsnahe Aktivitäten (vgl. z.B. das »Datenmonster« ELENA; vgl. auch AKR Rn. 300), ist bisher weder gesetzlich noch tariflich hinreichend eingeschränkt.[286]

163 Die **wirtschaftliche Entwicklung** ist – angetrieben von Gewinninteresse und privater Aneignung – einerseits von gewaltiger Steigerung von Produktion, Handel, des Lebensstandards vieler Menschen, der Ausweitung des Dienstleistungssektors, Rationalisierung, Automation und Computerisierung und andererseits von Arbeitslosigkeit, erhöhter Ungleichheit, Ausbeutung der Dritten Welt, Zerstörung der Umwelt geprägt. »*Die Marktwirtschaft hat sich … zwar als ein leistungsfähiges Wirtschaftssystem erwiesen. Diese Einschätzung darf jedoch nicht darüber hinwegtäuschen, dass ihr bedrohliche Mängel anhaften. Der Glaube, man brauche die Wirtschaft nur dem sog. freien Spiel der Kräfte überantworten, um optimale Ergebnisse zu erzielen, hat sich eindeutig als ein Irrglaube erweisen*«, resümierte der IG Metall-Vorsitzende Otto Brenner 1971.[287] Doch genau dieser neoliberale Glaube sollte die vorherrschende Wirtschaftsdoktrin werden und zur Finanz- und Wirtschaftskrise ab 2008 führen.

164 Nachdem, gefördert von den Staaten, der EU u.a., Handelsschranken gefallen sind, haben sich **Märkte und Unternehmen internationalisiert**. Das **Produktions- und Handelskapital** ist – anders als vor 60 Jahren – zunehmend ortsunabhängig und **mobil**. Zunächst auf international agierende Großkonzerne beschränkt, können heute viele Unternehmen Produktionsstandorte auch nach der Lohnhöhe aussuchen oder zumindest damit drohen. Was mit Branchen wie Leder- oder Textilindustrie begonnen hatte, prägt heute weite Teile der Wirtschaft: die Verlagerung in Billiglohnländer und der **Wettbewerb über den Lohn**.

283 Dazu IG Druck und Papier, Schwarzbuch, S. 23ff., 187ff.
284 So z.B. durch den Bundesentgelttarifvertrag Chemische Industrie, die Entgeltrahmentarifverträge in der Metallindustrie und den TVöD.; vgl. Bahnmüller/Schmidt, WSI-Mitt. 09, 19.
285 Hindrichs/Mäulen/Scharf, S. 229ff.; Treber, S. 219ff.
286 Grimm, FR 11.4.09, S. 9; FR 4.1.10, S. 6; grds. Däubler, Gläserne Belegschaften?, 2009; Wedde, AuR 09, 373 u. AuR 10, 94ff.
287 Referat auf dem 10. IGM-Gewerkschaftstag 1971, Protokoll S. 314.

Die davon ausgeschlossenen Branchen fordern entsprechende Vorteile ein, die ihnen durch Deregulierung und Absenkung der Arbeitskosten gewährt werden. Die soziale Komponente droht zu einer Restgröße zu werden. Die **Konzentration der Unternehmen** verbunden mit weitgehender **Dezentralisierung** (besonders durch Umwandlung, Ausgliederung, Outsourcing), die Privatisierung im öffentlichen Dienst und die Zunahme des Dienstleistungssektors verschieben die Gewichte und trennen bisherige Arbeitszusammenhänge. Dies setzt wiederum nachgelagerte Industrien und Dienstleistungszweige unter Druck.[288]

Die wirtschaftlichen und sozialen Umwälzungen, Massenarbeitslosigkeit und das Ende der Systemkonkurrenz werden für einen **Angriff auf soziale und demokratische Errungenschaften** und Arbeitnehmerrechte genutzt. Kräfte aus Wirtschaft, Politik und Wissenschaft versuchen, Arbeitnehmerrechte zurückzudrehen (Kündigungsschutz, befristete Arbeitsverträge), Niveau und Struktur der sozialen Sicherung massiv zu unterhöhlen (Umbau der Renten-, Kranken- und Arbeitslosenversicherung) und die Tarifautonomie und das Streikrecht zu unterminieren (vgl. Rn. 217ff.; AKR Rn. 382ff.). Die vorherrschende neoliberale Doktrin zielt darauf, die kurzfristig auf den Kapitalmärkten erzielbare Rendite zur zentralen Messlatte der Unternehmensführung zu machen, Arbeits- und Sozialbeziehungen »marktkonform« zu gestalten, konkret: den Arbeitsmarkt zu deregulieren und zu flexibilisieren, die **Arbeitskraft** wieder den **Marktgesetzen** zu unterwerfen und durch eine generelle Absenkung des Entgeltniveaus zugunsten stärkerer Unternehmergewinne zu verbilligen. Die sog. Globalisierung dient als Folie für einen Generalangriff auf Lohnniveau, Tarifautonomie und Sozialstaat.[289] Der **Sozialstaatskonsens**, also die ursprünglich von allen politischen Lagern und den Arbeitgebern getragene Erkenntnis, dass das autonome Aushandeln der Tarifverträge für Arbeitnehmer, Unternehmen, Staat, Wirtschaft und Gesellschaft vorteilhaft ist (Rn. 58, 160), ist von Teilen der Wirtschaft, Politik und Wissenschaft aufgekündigt worden. 165

Dies wurde verschärft durch den – nach dem Abbau von Regeln – entstandenen gewaltigen, explosiven **Finanzmarkt**, vielfach umfangreicher als das Produktivkapital. Er versorgt nicht nur Unternehmen, Staaten und Bürger mit Geld, sondern zeugte zur Befriedigung des Profittriebes immer neue »strukturierte« Finanzprodukte, spekulativ gespeist aus Unternehmensgewinnen, Vermögen, steuerlicher Privilegierung, gestiegener Produktion, Stagnation der Löhne und Rückgang der Lohnquote. Eine Folge war die Unterwerfung der Unternehmenspolitik unter verschärfte, kurzfristige Gewinnerwartungen: 15 % bis 25 % **shareholder value** – mit Vernachlässigung der Zukunftssicherung, Ausbildung, Forschung und Entwicklung und **weniger Ressourcen für die abhängig Beschäftigten**. Eine lächerlich kleine Ursache brachte die Finanzblase zum Platzen, führte zu einem Schaden von 2,2 Billionen Dollar (vorläufige Schätzung des IWF; außerdem lagern »toxische Wertpapiere«, faule Kredite im Volumen von mehreren Billionen Dollar in den Kellern der Finanzinstitute). Ohne Zutun staatlicher, europäischer und internationaler Instanzen sind weder der rasante Aufstieg, noch die immensen Rettungsaktionen zum Überleben des maroden Finanzsystems aus dem Säckel der Steuerbürger zu erklären. 166

288 Hindrichs/Mäulen/Schärf, S. 353ff.
289 Zusammenfassend Bispinck, WSI-Mitt. 03, 395 und 97, 551; Bispinck, S. 9ff.; Wagner/Schild, S. 9ff., 229ff.

167 Man müsste meinen, dass spätestens nach dieser Finanzmarktkrise die **staatliche Politik** den wirtschaftspolitischen Hebel umlegt. Das zeichnet sich jedoch nicht ab.[290] Seit den 1970er Jahren predigen Milton Friedman und seine Schüler in Wirtschaft, Finanzwesen und Politik den Rückzug des Staates aus der Wirtschaft und den Glauben an die Selbstheilungskräfte des Marktes. In Deutschland haben Unternehmen und Verbände, Sachverständigenrat und Bundesregierung/en die Entwicklung zum ungeregelten (Finanz-) Markt geduldet und aktiv befördert

168 **Deregulierung** der wirtschaftlichen, technischen, steuerlichen und sozialen Normen wurden zum Programm erhoben und durchgeführt – zum Wohle eines entfesselten Marktes, konkret im Sinne einer steigenden **sozialen Ungleichheit**: Die Vermögenssteuer blieb abgeschafft, die Einkommens- und Vermögensverteilung wurde zunehmend schief. Die **Lohnquote** (= der Anteil der Löhne und Gehälter am Volkseinkommen), die in den Jahren vor 2003 stets zwischen 71 und 73 % lag, fiel im Jahr 2007 auf einen historischen Tiefstand von rund 64 % und stieg bis zum Jahr 2014 auf rund 67 %.[291] Die Löhne stagnierten (brutto und netto) zwischen 1995 und 2007, während die privaten **Gewinne und Vermögenseinkommen** um 30 % stiegen. Dies hat u.a. zu einer Verfestigung der Vermögensungleichheit geführt:[292] die oberen 10 % der Bevölkerung besitzen 61 %, die untere Hälfte der Bevölkerung überhaupt kein Vermögen.[293] Der Spielraum für die Primärverteilung durch Tarifverträge wird beeinträchtigt, die Sekundärverteilung wird in Zukunft wohl noch wichtiger für die abhängig Beschäftigten werden.[294]

169 Wirtschaftskrise, Beschäftigtenabbau und anhaltende Massenarbeitslosigkeit machen ein **Umsteuern durch staatliches Handeln** nötig; die Wirtschaft und die Märkte sind (von allein) offenbar dazu nicht in der Lage und willens. Neben der Stabilisierung der Märkte ist die Regulierung des Banken- und Finanzsektors sowie die Reform Kapitalmarkts angesagt. Der Einstieg in den Umbau und die Demokratisierung der Wirtschaft – weg von der Konkurrenzwirtschaft, hin zur Orientierung an den Bedürfnissen der Bevölkerung – ist überfällig.[295]

170 Auf dem **Gebiet der Sozialpolitik** waren das Anwachsen und Verharren der Massenarbeitslosigkeit auf hohem Niveau, die Zunahme ungeschützter Beschäftigungsverhältnisse und die Unterminierung der paritätisch finanzierten Sozialversicherung die markantesten Änderungen – mit wesentlichen Auswirkungen auf Streikfähigkeit und Tarifautonomie. Die **Massenarbeitslosigkeit**, 1980 noch unter 1 Mio., verschärft den Wettbewerb um freie Arbeitsplätze und verlangt einen wesentlich höheren Einsatz für eine solidarische Interessenvertretung der Arbeitnehmer. Der teilweise vollzogene und sich für weitere Teile anbahnende, von CDU/FDP unterstützte (schrittweise) **Ausstieg** der Unternehmer **aus der paritätischen Finanzierung der Sozialversicherung** verschärft auch die Schieflage bei der Einkommensverteilung.

290 Z.B. BASF-Aufsichtsratschef E. Voscherau, FR 23.6.09, S. 15; vgl. weiter Flassbeck, SZ 24.11.09.
291 http://de.statista.com/statistik/daten/studie/30461/umfrage/hoehe-der-lohnquote-in-deutschland/; Bofinger, Deutschland – (k)ein Vorbild für Europa? Zeit Online, 22.9.14.
292 DIW-Wochenbericht 9/2014, S. 151ff.: http://www.diw.de/documents/publikationen/73/diw_01.c.438708.de/14–9.pdf
293 Gestiegene Vermögensungleichheit in Deutschland, DIW-Wochenbericht 4/2009, S. 59.
294 Urban, Sozialismus 9/09, 31ff.
295 Vgl. z.B. AG Alternative Wirtschaftspolitik, Memorandum 2009, S. 38ff.

Durch die **Zunahme prekärer** bzw. **atypischer Beschäftigung** verringert sich die Basis für die Tarifanwendung. Knapp **40 % der Arbeitnehmer** war im Jahr 2014 geringfügig oder befristet beschäftigt, arbeitet in Teilzeit oder Leiharbeit.[296] 10 % sind befristet beschäftigt, bei den 20–25jährigen fast 50 %. Die Zahl der Vollzeitbeschäftigten nahm zwischen 1999 und 2008 um 6 % auf 22,4 Mio. ab, die Zahl der Teilzeitbeschäftigten stieg um 36 % auf 5 Mio. Anteil und Zahl der sozialversicherungspflichtigen Beschäftigten sinken, von ¾ der Erwerbstätigen 1995 auf ⅔ im Jahr 2007. Der Anteil der **Geringverdiener** (mit einem Verdienst von weniger als ⅔ des mittleren Stundenlohns) stieg auf 22 %, die Zahl der **nicht sozialversicherungspflichtigen Beschäftigten,** insbes. sog. **Minijobs**, auf 7 Mio.[297] Ihr Status ist unsicher, ihre Arbeitsbedingungen sind schlechter. So verdienen z. B. Teilzeitbeschäftigte im Durchschnitt ⅓ weniger als Vollzeitbeschäftigte, bei geringfügig Beschäftigten und im Dienstleistungsbereich sind die Unterschiede noch größer. Hinzu kommt eine wachsende Zahl von »informellen Jobs«, ohne Vertrag und soziale Absicherung.[298] Der unsichere Status lastet nicht nur auf den prekär Beschäftigten, sondern erhöht den **Druck auf alle Beschäftigten.** »*Das Hartz-System zielt eben auch darauf, Beschäftigte zu verunsichern und damit die Verhandlungsmacht von Interessenvertretungen und Gewerkschaften zu schwächen.*«[299] 171

Leiharbeit hat stark zugenommen, von 318 000 (2002) auf ca. 900 000 im Jahr 2012 (rund 840 000 im Jahr 2013).[300] Ein großer Teil des Beschäftigtenzuwachses 2006–2007 geht auf ihr Konto, ebenso der Arbeitsplatzabbau in der Krise (ca. 300 000). Fast die Hälfte der Mittel- und Großbetriebe beschäftigen Leiharbeiter, vereinzelt stellen sie 30 % bis 50 % der Belegschaft. Früher meist bei Auftragsspitzen eingesetzt, arbeiten sie zunehmend auf **Dauerarbeitsplätzen**. Vorteile für die Entleiher sind u. a.: weniger Personal- und Verwaltungskosten; kein Kündigungsschutz; Einstellung, Befristung und Entlassung nach Bedarf (»Heuern und Feuern nach Marktlage«). Wesentlich war die 2003 erfolgte Beseitigung fast aller Restriktionen der Leiharbeit. Das »Synchronisationsverbot« (= Verbot der Befristung des Arbeitsvertrags für die Verleihdauer) und die Höchstdauer des Verleihs wurden gestrichen. Dies hat zu einer **grundlegenden Veränderung der Leiharbeit** geführt. Sie verliert weitgehend den Charakter als Ventil für Auftragsspitzen. Stattdessen wird die »teure« Stammbelegschaft gegen »billigere« Leiharbeitnehmer ausgetauscht. Nur über eine Leiharbeitsfirma werden neue oder bisherige Beschäftigte eingestellt, und zwar zu schlechteren Konditionen, wie z. B. bei einer Drogeriekette.[301] Fast ein Drittel der von der Bundesagentur für Arbeit vermittelten Arbeitslosen kommt auf diesem Weg in die Leiharbeitsbranche.[302] Im Gegenzug zum Schutzabbau wurde mit 172

296 WSI-Datenbank »Atypische Beschäftigung«, Böckler-Impuls 6/15, S. 4: http://www.boeckler.de/impuls_2015_06_4.pdf
297 Vgl. FR 16. 12. 09, S. 1; Bosch/Kalina/Weinkopf, WSI-Mitt. 08, 423; Keller/Seifert, insbes. S. 12 ff.
298 FR 8. 4. 09, S. 14; FR 16. 12. 09, S. 1–3.
299 Urban, SozSich 10, 45.
300 BT-Drucks. 18/4683, 16. 4. 15; S. 5 f.
301 Vgl. den Sachverhalt in BAG 21. 7. 09 – 1 ABR 35/08, DB 09, 2157; »Schlecker steht am Pranger«, FR 8. 1. 10; ver.di publik 12/09, S. 4; vgl. auch AÜG-Bericht 2005, BT-Drucks. 15/6008, S. 22.
302 FR 26. 2. 15.

der Chance auf Zugang zum regulären Arbeitsmarkt und zur Stammbelegschaft geworben. Der sog. »Klebeeffekt« traf aber nur ca. 13 % der Leiharbeiter.[303]

173 Der **Anspruch auf gleiches Entgelt und Arbeitsbedingungen** wie der Arbeitnehmer des Entleihers (»equal pay«, »equal treatment«; § 3 Abs. 1 Nr. 3, § 9 Nr. 2 AÜG)[304] geht auf eine EU-Richtlinie zurück, die in einigen Ländern auch faktisch umgesetzt wird: Leiharbeiter verdienen teilweise sogar mehr.[305] In Deutschland dagegen steht der Grundsatz bis heute weitgehend auf dem Papier. Denn Tarifverträge können davon nach unten abweichen. Das hat u.a. zu willkürlicher arbeitsvertraglicher Verweisung auf (Billig-)Tarifverträge geführt.[306] Der erste Vertrag von 2003 zwischen einem AGV der Leiharbeit und der »Christlichen Tarifgemeinschaft« CGZP brachte niedrige Löhne und massives **Lohndumping**. Inzwischen ist höchstrichterlich geklärt, dass die CGZP nicht tariffähig ist und dass die mit ihr abgeschlossenen Tarifverträge unwirksam sind (näheres vgl. TVG § 2 Rn. 40ff.). Mit den von der DGB-Tarifgemeinschaft abgeschlossenen Tarifverträgen für die Leiharbeitsbranche ist es dennoch bisher nicht gelungen, den Abstand von mehr als einem Drittel zu den Tarifentgelten der meisten Entleiherbetriebe – von Übertarif und anderen Leistungen abgesehen – deutlich zu verringern. Mit neuen tarifpolitischen Ansätzen der Gewerkschaften soll durch **Tarifverträge mit den Entleihern** die Situation der Leiharbeitnehmer verbessert werden (vgl. Rn. 174, TVG § 1 Rn. 199ff.). Die Arbeitgeber versuchen der Begrenzung des Lohndumping in der Leiharbeit durch das Ausweichen auf den **Einsatz von Fremdfirmen** und auf **Werkvertragsarbeit** zu begegnen (vgl. TVG § 1 Rn. 213a).

174 Folge ist die **Spaltung der Belegschaften**. Durch den verstärkten Einsatz von Leiharbeitern wird der Grundsatz »gleicher Lohn für gleiche Arbeit« verletzt.[307] Auf vier Wegen wird versucht, diesen Tendenzen entgegenzuwirken:

- Im Jahr 2011 wurde im Rahmen einiger Änderungen des AÜG, u.a. »zur Verhinderung des Missbrauchs in der Arbeitnehmerüberlassung«, mit **§ 3a AÜG eine Lohnuntergrenze** eingeführt. Nach dieser Vorschrift, die sich weitgehend an den Regelungsinhalten der §§ 3–9 AEntG orientiert, können auf Vorschlag der für die Leiharbeit zuständigen Tarifvertragsparteien durch **Rechtsverordnung Mindeststundenentgelte** festgelegt werden (zu den Einzelheiten vgl. Anhang TVG 2. Rn. 3ff.).
- Es werden **Vereinbarungen** angestrebt und abgeschlossen, die den **Leiharbeitern das gleiche (Tarif-)Entgelt wie der Stammbelegschaft** sichern (also den gesetzlichen Regelzustand wieder herstellen) und ihren Anteil begrenzen.[308] Dies erfolgt durch **(Tarif-) Verträge mit Entleiherbetrieben**, ggf. zusätzlich mit den Verleihfirmen: Sie sichern entweder den Leiharbeitern equal-pay-Ansprüche gegen den Verleiher oder dieser verpflichtet sich, nur Leihfirmen einzusetzen, die ihren Beschäftigten equal pay garantieren (zu Beispielen und zur tariflichen Regelbarkeit vgl. TVG § 1 Rn. 207ff.;

303 Zum Ganzen vgl. Ulber, AÜG, Einl. F 56; zu den Zahlen IAB-Kurzberichte 14/2006, 15/2007.
304 Vgl. dazu Schindele, AuR 08, 31; Ulber, AÜG § 9 Rn. 196ff.
305 Vanselow/Mahnkopf; böckler impuls 12/09; vgl. auch Ulber, AuR 10, 10, zur neuen EU-Leiharbeitsrichtlinie 2008/104/EG v. 19.11.08.
306 Krit. zu dieser Art der Unterhöhlung rechtlicher Standards Buschmann, FS Richardi, S. 93ff.
307 Vgl. Berg, JArbR 46 (2009), 69ff.; Wölfle, WSI-Mitt. 08, 38.
308 Vgl. Huber, AiB 07, 681; Wetzel, FR 11.3.10, S. 17.

zur Position der Leiharbeiter im Streik des Entleiherbetriebes vgl. AKR Rn. 307, 488).

- Im Koalitionsvertrag der Großen Koalition vom 27. 11. 2013 ist zur Leiharbeit u. a. vorgesehen, Leiharbeitnehmer spätestens nach neun Monaten hinsichtlich des **Entgelts mit der Stammbelegschaft gleichzustellen** und die Überlassungshöchstdauer auf 18 Monate zu begrenzen.[309]

Diese Entwicklung wird durch weitere Tendenzen des **Abbaus arbeitsrechtlicher Schutzstandards** ergänzt. Es ist kein Wunder, dass angesichts unsicherer Beschäftigung der Arbeitsvertrag als Regelungsinstrument der Arbeitsbeziehungen »wieder entdeckt« bzw. Schritte zum Ausbau **einseitiger Festsetzung der Arbeitsbedingungen** getan werden.[310] Das BAG akzeptiert derartige, arbeitsvertraglich verschleierte Klauseln und gesteht den Arbeitgebern ein einseitig festzulegendes Kontingent von 25 % bis 30 % der Arbeitszeit oder des Entgelts zu.[311] **175**

Ein hoher **Organisationsgrad der Tarifvertragsparteien,** vom TVG vorausgesetzt und zur Zeit der Entstehung tatsächlich vorhanden, ist signifikant **gesunken**. Die **Verbandsbindung** nimmt ab. Die **Gewerkschaften** des **DGB** haben seit einigen Jahren zum Teil erhebliche **Mitgliederverluste** hinnehmen müssen. Der Organisationsgrad liegt bei ca. 20 %, konnte sich in den letzten Jahren aber auf dem niedrigeren Niveau stabilisieren (2014 hatten die Gewerkschaften im DGB knapp 6 200 000 Mitglieder).[312] Auf **Arbeitgeberseite** werden »Flucht-Strategien« gefördert. Ziele sind u. a. das »Abschütteln der Tariffesseln«, also die einseitige Festlegung der Arbeitsbedingungen und das Drohpotenzial in Tarifauseinandersetzungen mit der »Tarifunwilligkeit« auch in Form des OT-Status oder -Verbandes. Dabei spielt – neben dem abnehmenden und teilweise von den AGV herbeigeführten – Zerbrechen des Tarifkonsenses wohl auch die Überlegung eine Rolle, die Gunst der Massenarbeitslosigkeit zu nutzen sowie allein mit – schwächer werdenden – Gewerkschaften fertig werden zu können. Davon ist auch der **öffentliche Dienst** betroffen: z. B. Tarifflucht des Landes Berlin durch Austritt aus dem Arbeitgeberverband,[313] Austritt des Landes Hessen aus der Tarifgemeinschaft deutscher Länder, Privatisierung bzw. Ausgründung öffentlicher Betriebe mit dem Ziel der Tarifflucht. **176**

Durch **Verbandsflucht**, Austritt, Übertritt in den **»OT-Status«** (dazu TVG § 2 Rn. 80; § 3 Rn. 42 ff.) oder Nichteintritt in die Arbeitgeberverbände (besonders bei neuen oder outgesourcten Betrieben) nimmt die Basis für die Tarifgeltung ab. Es entstehen zunehmend »weiße Flecken« in der Tariflandschaft. Der **Grad der Flächentarifbindung sinkt** bezogen auf alle Beschäftigten seit 1996 im Westen um 17, im Osten um 20 Prozentpunkte (in der Privatwirtschaft stärker).[314] 2013 arbeiteten 52 % (2009: 64 %) der Beschäftigten in West- und 35 % (2009: 51 %) in Ostdeutschland in tarifgebundenen Betrieben (davon 8 % bzw. 12 % mit Firmentarifvertrag). Die **Tarifbindung der Betriebe** betrug im Westen 30 % **177**

---

309 ErfK-Wank, AÜG Einl. Rn. 11 f.

310 Vgl. z. B. Tagungsreferate, NZA Beilage 3/06.

311 BAG 11. 10. 06 – 5 AZR 721/05, DB 07, 170; 27. 7. 05 – 7 AZR 488/04, DB 05, 2823; 12. 1. 05 – 5 AZR 364/04, DB 05, 669.

312 Einblick 2/15, S. 5.

313 Vgl. ArbG Berlin 8. 5. 03 – 96 Ca 5296/03, DB 03, 1518.

314 Ellguth/Kohaut, WSI-Mitt. 14, 286, 289.

(2009: 35 %) und im Osten 17 % (2009: 23 %).[315] Im Ergebnis hat sich damit auch im Jahr 2013 die rückläufige Entwicklung der Tarifbindung seit 1996 bestätigt.[316] Der **Wirkungsgrad** bzw. die **Orientierungsfunktion von Tarifverträgen** geht allerdings nach wie vor über ihre rechtliche Geltung hinaus: 53 % (West) bzw. 48 % Ost) der nicht tarifgebundenen Betriebe orientieren sich beim Entgelt am Tarifvertrag.

Tarifbindung 2013	BranchenTV	FirmenTV	kein TV*)
Beschäftigte in %			
West	52	8	40
Ost	35	12	53
Betriebe in %			
West	30	2	67
Ost	17	3	80

*) 48 % – 53 % dieser Betriebe orientiert sich beim Entgelt am Tarifvertrag. Quelle: IAB-Betriebspanel 2011; WSI

Tarifbindung 1996	BranchenTV	FirmenTV	kein TV*)
Beschäftigte **in %**			
West	70	11	19
Ost	56	16	27
Betriebe **in %**			
West	49	10	41
Ost	28	14	58

Abweichungen von 100 % durch Auf- und Abrundungen.
*) ca. 50 % dieser Betriebe orientiert sich beim Entgelt am Tarifvertrag. Quelle: IAB-Betriebspanel 1996

Der Rückgang der Tarifbindung ist eine der maßgeblichen **Ursachen** für die seit den 1990er Jahren stark gestiegene **Lohnungleichheit** und das Entstehen eines wachsenden **Niedriglohnsektors.**[317]

178 Gründe für den Rückgang der Zahl der Gewerkschaftsmitglieder sind u.a.: **Lebensstile, Bedürfnisse und Wertorientierungen** von Beschäftigten werden vielfältiger, die Einstellung zur Arbeit differenzierter. Die Anforderungen an die **Tarifinhalte** sowie das Verlangen nach Beteiligung ändern sich. Darauf sind die Tarifparteien teilweise eingegangen, z.B. durch die Möglichkeit unterschiedlicher Arbeitszeitmodelle. Es gibt aber offenbar weiteren Handlungsbedarf.

Die **Flexibilisierung** der Tarifvertragsstrukturen ist – allerdings weitgehend den betrieblichen Bedürfnissen und nicht den Arbeitnehmerinteressen etwa an familiengerechten Arbeitszeiten folgend – weit fortgeschritten, sowohl was die Differenzierung der Arbeitsbedingungen zwischen den Betrieben als auch unterschiedliche Arbeitsbedingungen in den Betrieben angeht (vgl. Rn. 193, 200).

315 Ellguth/Kohaut, a.a.O., 286ff.; dies., WSI-Mitt. 10, 204ff.
316 Ellguth/Kohaut, WSI-Mitt. 14, 286ff.
317 Felbermayr/Baumgarten/Lehwald, Wachsende Lohnungleichheit in Deutschland. Welche Rolle spielt der internationale Handel? Bertelsmann-Stiftung 2014, S. 36ff.

Um das Jahr 2000 war der Prozess der **Restrukturierung der DGB-Gewerkschaften** mit jetzt noch acht Einheitsgewerkschaften abgeschlossen. Sie organisieren alle Beschäftigten einer Branche nach dem Prinzip »Ein Betrieb – eine Gewerkschaft – ein Tarifvertrag«. Seit den 1980er Jahre traten **zusätzliche Arbeitnehmer-Verbände** in Erscheinung, teils branchenbezogen mit mehreren 10000, teils berufsbezogen mit mehreren 100 Mitgliedern. Sie sind in Geschichte, Auftreten, Stärke, Funktion und Verhältnis zu Arbeitgebern und Gesellschaft sehr unterschiedlich: Schwachen Verbänden, die für Lohndumping und **Unterbietungswettbewerb** genutzt werden, stehen starke, streikfähige Berufsorganisationen gegenüber, die auf **Überbietungswettbewerb** setzen. Trotz der erheblichen Unterschiede werden sie gleichermaßen mit der juristischen Elle »Gewerkschaftspluralismus, Tarifeinheit, Arbeitsfrieden« gemessen, teilweise begleitet vom stillen Wunsch nach Schwächung der Einheitsgewerkschaft und wiederholten Rufen nach Streikeinschränkungen. 179

Einerseits bestehen **schwache Arbeitnehmerverbände** mit der objektiven Funktion des **Tarifdumpings.** Sie nennen sich christlich (wie der CGB, die CGM), unabhängig (wie die AUB – Arbeitsgemeinschaft Unabhängiger Betriebsangehöriger) oder neu (wie die Gewerkschaft der Neuen Brief- und Zustelldienste – GNBZ). Erstere haben jahrelang vor allem Tarifverträge der DGB-Gewerkschaften abgeschrieben. Später wurden sie hier und da eingesetzt, wenn Tarifverträge mit DGB-Gewerkschaften scheiterten oder Tarifstandards unterschritten werden sollten (so bei der equal pay-Verhinderung, vgl. Rn. 173; die GNBZ beim Postmindestlohn, vgl. TVG § 2 Rn. 23).[318] Sie sind i.d.R. Branchenverbände, moderat bis arbeitgebernah, weder streikwillig noch streikfähig. Ihre Nischenrolle verdanken sie u.a. dem Zerfall des Tarifkonsenses, Deregulierungswünschen der Arbeitgeber und der Schwäche der Gewerkschaften, dem Dumping Einhalt zu gebieten. Sie profitieren von den abgesenkten Anforderungen an die rechtlichen Voraussetzungen der Gewerkschaftseigenschaft (dazu TVG § 2 Rn. 33ff.).[319] 180

Andererseits sind Sparten- oder **Berufsgruppengewerkschaften** (z.B. Ärzte, Fluglotsen, Lokführer, Piloten, vgl. zu diesen Gewerkschaften näher § 4 Rn. 85) tarifpolitisch aktiv geworden, haben bisherige Tarifgemeinschaften verlassen, eigenständig Forderungen gestellt, Tarifverhandlungen und Streiks geführt und Tarifverträge vereinbart. Ihre (Berufs-)Verbände vertreten Arbeitnehmer mit ausgeprägtem Berufsstolz und Traditionen. Sie arbeiten meist in kleinen, homogenen Branchen, überwiegend im (privatisierten) öffentlichen Dienst, oft in Schlüsselpositionen. Ihre Arbeitsbedingungen sind jeweils sehr ähnlich. Die Zahl der betroffenen Betriebe und Beschäftigten ist relativ gering. 181

Einige Verbände wurden früher von den Arbeitgebern – vor allem als betriebliches – Gegengewicht zu DGB-Gewerkschaften hofiert. Die Verbände haben ihre tarifpolitischen Ziele jahrzehntelang gemeinsam mit DGB-Gewerkschaften oder DAG vertreten. Als Gründe für den **Zerfall der Tarifgemeinschaften** werden vor allem genannt: Strukturverschiebungen zwischen Industrie- und Dienstleistungssektor, Differenzierung der Interessen der Beschäftigten, Nachlassen der betrieblichen Solidarität, Übergehen ihrer spezifischen Interessen bei der Tarif- und Lohnpolitik der letzten Jahre. Einerseits wird den Berufsverbänden angelastet, Sonder- oder Standesinteressen auf Kosten der übrigen Be-

318 Praxisbeispiel betreffend CGM bei Unterhinninghofen, AuR 06, 7.
319 Vgl. »CGM«-Urteil des BAG 28.3.06 – 1 ABR 58/04, DB 06, 2070.

schäftigten zu verfolgen, Solidarität, betriebliche Kampfkraft und die Tarifeinheit zu gefährden. Andere verteidigen ihr Verhalten als konsequente Vertretung von Arbeitnehmerinteressen und mahnen die Aufarbeitung organisations- und tarifpolitischer Versäumnisse sowie die Überwindung der Spaltung durch Konzepte solidarischer und differenzierter Interessenpolitik an[320] (zu den tarif- und arbeitskampfrechtlichen Problemen vgl. Rn. 182). Die Berufsgewerkschaften haben die Anwendung eigenständiger Tarifverträge durchgesetzt und dadurch die die frühere Rspr. zur Tarifeinheit im Betrieb bereits vor deren Änderung durch das BAG im Jahr 2010 (vgl. dazu TVG § 4 Rn. 53f.) faktisch beiseite geschoben.

182 Diese Entwicklungen haben u. a. folgende rechtlichen Fragen aufgeworfen:

- Kann jede Arbeitnehmerorganisation Tarifverträge abschließen, wann ist sie eine »Gewerkschaft« im arbeitsrechtlichen Sinn (vgl. TVG § 2 Rn. 12ff., 31ff.)?
- Kann ein (schlechterer) Tarifvertrag einer nahezu mitgliedslosen »Gewerkschaft« Ansprüche aus dem Flächentarifvertrag einer DGB – Gewerkschaft verdrängen, hat umgekehrt der – (bessere) – Spartentarifvertrag (k)eine Chance gegenüber dem Flächentarifvertrag der DGB-Gewerkschaft (vgl. TVG § 4 Rn. 50ff., 82ff.)?
- Kann eine Gewerkschaft trotz bestehenden Tarifvertrags einer anderen Gewerkschaft zum Streik zur Durchsetzung eines konkurrierenden Tarifvertrages aufrufen (vgl. AKR Rn. 20, 114ff., 151ff., 512)?
- Was ist von den rechtspolitischen Forderungen nach Einschränkungen des Streikrechts zu halten (vgl. Rn. 217ff., 221ff., 240)?

183 Folge der Verbandsflucht ist u. a. eine Tendenz zur **Dezentralisierung** der Tarifpolitik und eine **starke Zunahme von Firmentarifverträgen**. Ihre Zahl ist von rund 2550 im Jahr 1990 auf 15 371 im Jahr 1996 und 40 265 im Jahr 2014 gestiegen:[321]

	1996	2014
Verbands-TV		
Gesamt	**29 777**	**29 951**
West	26 257	25 227
Ost	3520	4742
Firmen-TV		
Gesamt	**15 371**	**40 265**
West	12 251	32 879
Ost	3120	7386
TV gesamt	**45 148**	**70 2016**

Quelle: WSI-Tarifarchiv 2015 (Quelle BMA-Tarifregister Stand 31. 12. 14)

184 Der **Staat** ist in den letzten Jahrzehnten seiner **sozialstaatlichen Schutzpflicht gegenüber der** Koalitionsfreiheit und Tarifautonomie nicht ausreichend nachgekommen. Die **neoliberale Doktrin** erhöhte durch den Abbau von Sozialstandards und arbeitsrechtlichen

320 Böhm/Esser, AiBplus 7/07, 6, 8; Dörre, WSI-Mitt. 08, 3, 7; Hensche, Blätter 07, 1029ff.; Hoffmann, Mitbestimmung 10–11/07, 28f.

321 WSI-Tarifarchiv 2015 (Quelle BMA-Tarifregister Stand 31. 12. 14); WSI-Tarifarchiv 2012.

Schutzgesetzen die Beschäftigungsprobleme und den Druck auf das Tarifvertragssystem. Die Regierung Kohl (CDU) hatte 1986 die Streikmöglichkeiten erheblich eingeschränkt (AKR Rn. 382). Die »Agenda 2010-Politik« der Regierung Schröder (SPD) brachte ab 2003 eine tiefgreifende Umgestaltung des Arbeitsmarktes und drohte – dem Druck marktliberaler und konservativer Kräfte nachgebend – mit Eingriffen in die Tarifautonomie; die konkreten Gesetzespläne von CDU, CSU und FDP (Rn. 235ff.) konnten abgewehrt werden, allerdings um den Preis einer weiteren tarifvertraglich umgesetzten Verbreitung und »Normalisierung« der Abweichung von Tarifstandards (vgl. Rn. 198ff.).

Ob mit der Einführung eines flächendeckenden gesetzlichen Mindestlohns **und der** Erleichterung der Allgemeinverbindlichkeitserklärung **von Tarifverträgen durch das Tarifautonomiestärkungsgesetz**[322] **vom 11.8.2014 von der Großen Koalition aus CDU/CSU und SPD im Jahr 2014 eine nachhaltige Trendwende eingeleitet wurde, ist fraglich. Gleichzeitig wurde nämlich durch das Tarifeinheitsgesetz mit einer gesetzlichen Regelung**[323] **des Grundsatzes der Tarifeinheit in die** Koalitionsfreiheit von Minderheitsgewerkschaften eingegriffen **und deren Streikrecht indirekt eingeschränkt. Gleichzeitig fordern die CSU und Politiker aus den Reihen der CDU** Einschränkungen des Streikrechts in der Daseinsvorsorge (**vgl. dazu Rn. 222**). 185

10.2 Veränderungen bei Streiks

Die teilweise höheren **Streikzahlen** der letzten fünf Jahren (Rn. 33, 35ff.) sind einerseits Ausdruck verschärfter Verteilungskonflikte, Antwort auf Zumutungen der privaten und öffentlichen Arbeitgeber und des Staates und zeigen damit, dass die Beschäftigten trotz Massenarbeitslosigkeit und Krise nicht alles zu schlucken bereit sind, sondern dass es für sie Grenzen des materiell Zumutbaren und der sozialen Ungerechtigkeit gibt. Sie sind aber auch ein Beleg dafür, dass die glaubwürdige »Drohung« mit einem Streik in vielen Fällen nicht zu einem entsprechenden Abschluss führt, was nicht unbedingt ein Zeichen von Stärke ist. 186

Die **Streikhäufigkeit** in den **Dienstleistungsbranchen** (insbesondere Öffentlicher Dienst, Einzelhandel, Telekommunikation, Verkehr) ist gestiegen[324] und in der Industrie, namentlich der Druck- und der Metallindustrie, die bis vor einigen Jahren für fast 4/5 der Streiktage zeichneten[325], gefallen. Dies kann sich einerseits dadurch erklären, dass z.B. der Handel unter der strukturellen Kaufkraftschwäche und der öffentliche Dienst unter der Auszehrung der öffentlichen Finanzen leiden. Andererseits zeigt dies, dass neben die traditionellen Träger des Streiks wie Facharbeiter, Setzer, Müllwerker neue Arbeitnehmerschichten treten: Erzieher und Erzieherinnen, Krankenpflegepersonal, Lehrkräfte, IT-Beschäftigte, Reinigungskräfte sowie Spezialisten wie Ärzte, Lokführer und Piloten.[326] 187

322 BGBl. I S. 1348.
323 BGBl. I S. 1130.
324 Ver.di publik 6/7–09, S. 2; eingehend zur Arbeitskampfentwicklung im Dienstleistungssektor Bernewitz/Dribbusch, WSI-Mitt. 14, 393.
325 Kittner, Arbeitskampf, S. 655ff.
326 Dribbusch, WSI-Tarifhandbuch 2008, S. 55, 74ff.

188 Die **Streikformen und -arten** haben sich deutlich gewandelt. **Abwehrstreiks**, mit denen Verschlechterungen der Arbeitsbedingungen oder gesetzlicher Rahmenbedingungen aufgefangen werden sollen, nehmen zu. Neben den seltener werdenden großflächigen Streik treten häufiger kurze oder Warnstreiks, mit denen überhaupt erst einmal die (ernsthafte) Verhandlungsbereitschaft der Gegenseite erzwungen werden muss. **Flexible Streikformen** sind z.T. eine Antwort auf offensive unternehmerische Streikbruchkonzepte, können auf die Ausdifferenzierung der Branchen und Unterschiedlichkeit der Unternehmen Rücksicht nehmen, den streikenden Belegschaften mehr Handlungs- und Entscheidungsmöglichkeiten eröffnen und einen Konflikt wieder über einen längeren Zeitraum führbar machen (auch, ohne die gewerkschaftliche Streikkasse über die Maßen zu belasten). Sie sind aber teilweise (bes. in der Metallindustrie) auch die Reaktion auf die gesetzliche Beschneidung der freien Wahl der Kampfmittel durch § 160 SGB III[327] (vgl. AKR Rn. 383).

189 Die **Firmenstreiks** reflektieren die Zergliederung des Flächentarifsystems und in vielen Fällen das Bemühen, das bisherige Tarifniveau trotz Ausgliederung, Verbandsaustritt, Privatisierung, Übergang in eine OT-Mitgliedschaft zu halten. Zum anderen spiegelt sich darin der Versuch, den demokratischen Prozess der kollektiven Vereinbarung der einseitigen Festlegung der Entgelte usw. durch den Arbeitgeber entgegen zu setzen. Schließlich signalisieren die z.B. im Zusammenhang mit Massenentlassungen, Betriebsverlagerungen/-stilllegungen, Ausgliederung und Privatisierung durchgeführten Streiks um Sozialtarifverträge (vgl. AKR Rn. 30ff.) Lücken bei der Beschäftigungssicherung, Struktur- und Regionalpolitik und sozialen Absicherung wie auch die teilweise Perspektivlosigkeit der betroffenen Menschen. Dass dabei ggf. auch einzelne **verbandsangehörige Arbeitgeber** bestreikt werden, ist systemgerecht (vgl. AKR Rn. 111).

190 Die **Gewerkschaftskonkurrenz** (vgl. oben Rn. 179ff.) hat Auswirkungen auf die Kampfbedingungen. Der vorherige Abschluss mit einer Organisation kann den Streik für ein besseres Ergebnis erschweren. Das gilt auch bei der Vereinbarung mit einer »Dumpingorganisation« (vgl. das Beispiel Leiharbeit, Rn. 173). Auf starke Vorbehalte und Proteste trifft dies vor allem bei **Arbeitgebern**, weil sie befürchten, sich trotz der Friedenspflicht aus dem Abschluss mit der Gewerkschaft A auch mit einem Streik durch die Gewerkschaft B auseinandersetzen zu müssen. Dies ist allerdings auch die Folge des bundesdeutschen Tarifsystems, das von der Bindung nur der jeweiligen Verbandsmitglieder an die Normen des von ihnen vereinbarten Tarifvertrags ausgeht. Nichtsdestotrotz drängen Arbeitgeber und Wissenschaftler auf Einschränkungen des Streikrechts (vgl. Rn. 214).

191 Die **Internationalisierung des Kapitals** hat zu einem entscheidenden Geländegewinn geführt, weil den Arbeitnehmern noch nichts Gleichwertiges zur Verfügung steht und die Konflikte zumeist noch auf nationaler Ebene ausgefochten werden. Hinzu kommen die abzulehnenden Streikbeschränkungen bei grenzüberschreitenden Konflikten durch den EuGH (vgl. Rn. 101ff.). Die fehlenden Grundlagen für europäische oder internationale Tarifverträge (Rn. 113, 117) sind zwar ein Erschwernis, aber kein rechtlicher Hinderungsgrund für **konzertierte Streikaktionen in mehreren Ländern** mit einem gleichartigen Ziel, z.B. Entgelterhöhung, kürzere Arbeitszeit, Beschäftigungssicherung. Das Ergebnis

327 Vgl. BVerfG 4.7.95 – 1 BvF 2/86, 1 BvF 1/87, 1 BvF 2/87, 1 BvF 3/87, 1 BvF 4/87, 1 BvR 1421/86, AuR 96, 33, 35.

müsste dann entsprechend den Gepflogenheiten der jeweiligen Länder umgesetzt werden.

Verschlechterungen der Bedingungen für Streiks und eine **Verschiebung der Gewichte** zwischen den Sozialparteien zu Lasten der Arbeitnehmer und Gewerkschaften, die auch die von der h.M. vorausgesetzte »**Kampfparität**« (AKR Rn. 3ff.) unterminieren, folgen auch aus technisch-organisatorischen Entwicklungen (Rn. 161f.), dem Finanzmarktkapitalismus und der neoliberalen Politik (Rn. 163ff.), der Änderung des Streikparagrafen und den Überlegungen für gesetzlich ermöglichte Tarifabweichungen. In einigen Branchen ermöglichen **hoher Automatisierungsgrad** in Verbindung mit der **digitalen Prozesssteuerung** bei Streiks zumindest für einige Zeit die Weiterproduktion – entweder »mannlos« also automatisch oder mit wenigen, schnell ausgebildeten oder aus dem Betrieb bzw. von außen geholten Ersatzkräften (z.B. technische Angestellte, Rentner, Leiharbeiter) oder durch Vergabe des Auftrags nach außen. Die hergestellte »Notausgabe« unterscheidet sich manchmal nicht von der normalen Zeitung. Diese Folgen können selbst bei hohem/höchsten Mobilisierungsgrad und weitestgehender Befolgung des Streikaufrufs eintreten. Auch die Taktik des »Wellenstreiks« (vgl. AKR Rn. 525) ändert im Grundsatz nichts an diesem Befund. Ist in diesen Fällen die **Effektivität des Streikrechts ausgehöhlt**, sind entweder die Kampfmittel der Arbeitgeber zu begrenzen oder es können Kampfformen, die über die bloße Arbeitsverweigerung hinausgehen und das gestörte Gleichgewicht der Kampfparteien wieder ein wenig zurecht rücken, wie z.B. Blockade oder Besetzung, legitim sein (vgl. AKR Rn. 225ff., 311ff.).[328] 192

Prekäre Arbeitsverhältnisse schließen Streiks nicht grundsätzlich aus (vgl. den Streik 2009 der GebäudereinigerInnen, die vielfach Mini-Jobs haben), können aber die Streikfähigkeit und -effektivität massiv beeinträchtigen. Sie fördern zudem die sowieso schon bedenklichen Erleichterungen der Streikbruchaktivitäten und -organisation des Arbeitgebers (vgl. AKR Rn. 294ff.). Die Beschäftigten sind aufgrund ihrer unsicheren Arbeitssituation dem Druck des Arbeitgebers oft stärker ausgesetzt, insbesondere was die Bereitschaft zum Streik und die Übernahme von Streikbrucharbeiten betrifft. Leiharbeiter können zwar zur Arbeit im bestreikten Betrieb nicht verpflichtet werden, doch hat das unter den jetzigen Arbeitsmarktverhältnissen in der Vergangenheit ihren Missbrauch zum Streikbruch nur unzureichend verhindern können. Die Ausweitung und der strukturelle Wandel der Leiharbeit (Rn. 172ff.) haben die Problematik weiter zugespitzt. Zu Recht wird deshalb gefordert, wie in anderen Ländern, z.B. Frankreich, den Leiharbeitereinsatz in Streikbetrieben zu verbieten (vgl. auch AKR Rn. 307).[329] 193

Der **Anti-Streikparagraf** 160 SGB III (früher § 116 AFG) wurde 1986 mit dem Ziel geändert, durch Entzug bisher i.d.R. gezahlter Arbeitsamtsunterstützung für nicht streikende, aber mittelbar vom Arbeitskampf betroffene Arbeitnehmer Streiks einzuschränken oder zu unterbinden. Die koalitionsfeindliche, das Streikverhalten sanktionierende Absicht kam u.a. in der Äußerung des damaligen Wirtschaftsministers Lambsdorff zum Aus- 194

328 Anders die h.M., z.B. Gamillscheg, S. 1059; Kissel, § 61 Rn. 78ff.; Otto, § 11 Rn. 6ff.; vgl. aber Däubler, AR 1, Rn. 715ff.; Däubler-Bieback/Unterhinninghofen, AKR § 17 Rn. 212ff.; Däubler-Wolter, AKR § 16 Rn. 46ff.; Treber, S. 108ff., 112ff., 466ff.; differenzierend ErfK-Linsenmaier, Art. 9 GG Rn. 277.

329 Vgl. Gamillscheg, S. 1021.

druck, dass dann eben die Mitgliedsbücher containerweise zurückgegeben würden. Die hauptsächlich betroffene IG Metall muss die Anlage ihrer Streiks massiv umstellen, sie kann in den für einen effektiven Streik (am meisten) geeigneten Branchen und Betrieben nicht mehr oder nur noch eingeschränkt streiken. Das BVerfG sieht darin denn auch zu Recht eine **Verletzung der Koalitionsfreiheit**, u.a. weil die freie Wahl der Kampfmittel eingeschränkt wird; es mahnt für den Fall weiterer Störungen der Kampfparität, also der Streikeffektivität, Korrekturen durch den Gesetzgeber bzw. die Rechtsprechung an.[330] Es hat sich allerdings nicht zum – richtigerweise gebotenen – Verdikt der Verfassungswidrigkeit durchringen können (vgl. Näheres AKR Rn. 382ff.).

195 **Gesetzespläne,** die die **Unabdingbarkeit der Tarifnormen** faktisch beseitigen (gesetzliche Verschlechterung durch Betriebsvereinbarung oder Einzelvertrag; vgl. unten Rn. 235ff.), haben massive **Folgen für das Koalitions- und Streikrecht**: Einmal sollen Außenstehende den von den Tarifparteien abgeschlossenen Vertrag ändern, die Gewerkschaft als eine »Mutter des Tarifvertrags« also aus der Gestaltung der Arbeitsbedingungen verdrängen können – so als könnten Vermieter und Mieter die Höhe der an die Bank zu zahlenden Hypothekenzinsen herabsetzen oder die an die Gemeinde zu zahlenden Müllgebühren. Zum anderen wären den Arbeitnehmern und Gewerkschaften während der Laufzeit des Tarifvertrags die Hände gebunden, während die Arbeitgeber trotz Friedenspflicht das Tarifergebnis zerpflücken könnten. Das innere Gleichgewicht des Tarifvertrags – Unabdingbarkeit gegen Friedenspflicht – wird zerrissen, die auch und gerade von den Arbeitgebern als Sicherheit auf Zeit geschätzte **Friedenspflicht unhaltbar** (vgl. auch AKR Rn. 117ff.). Verbindliche Inhalte, die möglicherweise durch Streiks durchgesetzt wurden, werden unter der Hand zu unverbindlichen Preisempfehlungen. Was ist dann noch eine Urabstimmung über das Streikergebnis und was der Beschluss über die Beendigung des Streiks wert? Ähnliche Fragen stellen sich auch bei tariflichen Abweichungsklauseln – allerdings sind es hier immerhin die Tarifparteien selbst, die ihren Vertrag später verändern oder den Arbeitsvertrags- oder Betriebsparteien die – ggf. eingeschränkte – Vollmacht zur Abweichung ausstellen (vgl. Rn. 205f.).

10.3 Veränderungen in der Tariflandschaft

196 Die skizzierte **Entwicklung folgt keinen Naturgesetzen**, sondern den Gesetzen kapitalistischer Produktionsweise unter Weltmarktbedingungen. Sie wird genutzt, um Errungenschaften zurückzudrehen, die Lohnkosten für Unternehmen und Verwaltungen zu senken, die Verbindlichkeit von Tarifverträgen einzuschränken und die Gewerkschaften aus der Gestaltung der Arbeits- und Wirtschaftsbedingungen für die Betriebe herauszuhalten. **Ideologische Vorreiter** Anfang der 1980er Jahre waren Albrecht, George, Lambsdorff und der Kronberger Kreis, der seine Vorstellungen unter dem programmatischen Titel »Mehr Markt im Arbeitsrecht« zusammenfasste. Vieles davon ist inzwischen konkretisiert und abgearbeitet, teilweise verschärft worden. Die angeführten Begründungen sind vor allem:

330 BVerfG 4.7.95 – 1 BvF 2/86, 1 BvF 1/87, 1 BvF 2/87, 1 BvF 3/87, 1 BvF 4/87, 1 BvR 1421/86, AuR 96, 33, 36.

- Tarifverträge machten den Standort Deutschland zu teuer und wettbewerbsfeindlich (dazu Rn. 198),
- Tarifverträge seien nicht flexibel genug, das »Tarifkartell« verhindere »markträumende« Löhne (Rn. 199f., 205ff.),
- Tarifverträge seien beschäftigungsfeindlich und die Ursache der Arbeitslosigkeit (Rn. 201ff.) und
- die Tarifparteien würden die Beschäftigten bevormunden.

Diese Annahmen sind **empirisch nicht belegt und nicht belegbar,** sondern eher politische Wunschvorstellungen wie: *»Die Erfahrungen … lehren, dass der Einfluss … vorrangig der Tarifvertragsparteien, auf die betrieblichen Arbeitsbeziehungen zu beschneiden ist«.*[331] Die Finanzmarktkrise (Schaden laut IWF (vorläufig): über 2 Billionen Dollar) ist offensichtlich nicht wegen zu hoher Löhne, ausuferndem Sozialstaat oder zu viel Regulierung entstanden, im Gegenteil. Kurz: Die Annahmen sind zum Teil wirtschaftlich unsinnig, zur Überwindung der Wirtschaftskrise und Arbeitslosigkeit ungeeignet und verfassungsrechtlich mehr als zweifelhaft (dazu Rn. 236ff.). **197**

Nach Ansicht des Deutschen Instituts für Wirtschaftsforschung hat die Bundesrepublik »kein Lohnproblem«.[332] Durch die nur schwach gestiegenen **Lohnstückkosten** hat die **Wettbewerbsfähigkeit** der deutschen Wirtschaft im internationalen Vergleich zugenommen.[333] Nach Ansicht der **Bundesbank** ist die preisliche Wettbewerbsfähigkeit seit der Euro-Einführung gegenüber den Ländern außerhalb der Euro-Zone um 10% günstiger als im Durchschnitt der Jahre seit 1975.[334] In der EU hatte Deutschland in den letzten Jahren die geringsten Lohnsteigerungen,[335] aber trotzdem eine hohe Arbeitslosigkeit.[336] **198**

Tarifverträge sollen **gleiche Arbeitsbedingungen** für alle Unternehmen eines Wirtschaftszweiges herstellen. Das hat den Vorteil, dass der Wettbewerb nicht über die Löhne ausgetragen wird, sondern über Qualifizierung und Innovation. Andere Parameter wie Zinsen, Steuern, Energiepreise oder technische Normen variieren auch nicht von Betrieb zu Betrieb. Vor allem: Der Arbeitsmarkt ist kein Kartoffelmarkt, es geht um Menschen, nicht um Waren. Wenn der Tarifvertrag als Damm gegen die ungehinderte Durchsetzung der Marktanforderungen durchlöchert oder beseitigt wird oder die Arbeitsbedingungen der jeweiligen Lage der Betriebe und Gewinnvorgaben der shareholder unterworfen würden, wäre das ein Rückfall ins 19. Jahrhundert. **199**

Die **Flexibilität in den Arbeitsbeziehungen** ist entgegen mancher Kritik und trotz Klagen über starres Arbeitsrecht, Tarifverträge und Kündigungsschutz groß. Die Mobilität zwischen den Betrieben ist hoch; flexible Arbeitszeiten, Schicht- und Wochenendarbeit, Abkoppelung der Arbeits- von den Betriebsnutzungszeiten, Entkoppelung der Arbeitszeit vom **200**

---

331 So Berthold, S. 73; in diese Richtung auch die FDP-Gesetzesentwürfe und die Monopolkommission, 10. Hauptgutachten 1994, Nr. 848, deren Argumente Gamillscheg, S. 6, »leichtfertig« nennt; tendenziös der Wissenschaftliche Beirat beim BMWA: egal wo die Ursachen der Beschäftigungsprobleme lägen, bei den Löhnen könne am leichtesten gehandelt werden …, Gutachten vom 27.11.03, S. 3.

332 DIW-Wochenbericht 43/02, 745.

333 RWI Konjunkturbericht 54–1, 2003, 36.

334 Monatsbericht 10/03, 20f.

335 Schulten, WSI-Mitt. 13, 588, 595.

336 Schulten, WSI-Mitt. 04, 347ff.

Entgelt, ertragsabhängige Entgelte, befristete und Leiharbeit, Teilzeit, lange Ausgleichszeiträume usw. ermöglichen vielfältige Anpassung an Bedarf und Umsatzschwankungen.

201 **Beschäftigung** zu schaffen und zu erhalten, ist in allererster Linie **Sache der Unternehmen**. Sie verfügen über die Produktionsmittel, sie entscheiden über Investitionen, Rationalisierung und Arbeitsplätze. Diese (angeblichen) »Unternehmer-Vorrechte« werden heftig verteidigt und von der herrschenden Rechtsmeinung geschützt (TVG § 1 Rn. 167 ff.; AKR Rn. 27 ff.), obwohl Massenentlassungen auch bei bester Geschäftslage stattfinden. In zweiter Linie ist dies eine **staatliche Aufgabe**, die ausdrücklich, z. B. im Stabilitätsgesetz, hervorgehoben ist. Diese reduzierte sich in den letzten 25 Jahren mehr auf Haushaltssanierung und Einschnitte bei den Arbeitslosen als auf aktive Wirtschafts-, Struktur- und Arbeitsmarktpolitik.

202 Auf Initiative der **Gewerkschaften** haben die Tarifvertragsparteien seit Anfang der 1980er Jahre, im Rahmen ihrer Möglichkeiten, **beschäftigungspolitisch wirksame Vereinbarungen** getroffen:

- Die **allgemeinen Arbeitszeitverkürzungen** haben gesamtwirtschaftlich mehrere hunderttausend Arbeitsplätze stabilisiert, gesichert und teilweise neue geschaffen.[337]
- Die **Tarifverträge zur Beschäftigungssicherung** z. B. bei VW, in der Metall- und Elektro-, Druck- und Holzindustrie und im öffentlichen Dienst ermöglichen, bei wirtschaftlichen Schwierigkeiten die Arbeitszeit ohne oder mit teilweisem Lohnausgleich zu verkürzen, wenn für eine bestimmte Zeit Kündigungen ausgeschlossen werden. In der Metall- und Elektroindustrie haben dies etwa ein Drittel der Firmen genutzt.[338] Während der **Finanzmarktkrise** konnte mit einer Tarifpolitik der Beschäftigungssicherung in Kombination mit der Gewährung von **Kurzarbeitergeld** in den Industriebranchen ein tiefgreifender Verlust von Arbeitsplätzen verhindert werden.[339]
- Die **Härteregelungen** in Ostdeutschland[340] ermöglichen Not leidenden Betrieben die vorübergehende Absenkung von Tarifstandards.
- Die **Arbeitszeiten** können kaum noch flexibler gestaltet werden. In manchen Betrieben gibt es 200 verschiedene Arbeitszeitsysteme.

203 **Lohnverzicht** oder unbezahlte Arbeitszeitverlängerung aber **können keine Arbeitsplätze erhalten** oder schaffen. Die Erfahrungen einzelner Belegschaften und Betriebsräte/Personalräte in besonders gelagerten Fällen belegen nur scheinbar das Gegenteil **gesamtwirtschaftlicher Fakten**. Trotz der niedrigsten Lohnquote seit den 70er Jahren, trotz geringer Lohnsteigerungen und Reallohnverluste seit den 90er Jahren ist die Beschäftigung in Deutschland zurückgegangen. Ein Vergleich zwischen Ost- und Westdeutschland sowie mit den größten westlichen Industrieländern zeigt: Die Arbeitslosigkeit war dort am höchsten, wo die Lohnsteigerungen am geringsten waren und umgekehrt.[341] Die Lohnzu-

337 Seifert, WSI-Mitt. 93, 736.

338 Vgl. Rosdücher, WSI-Mitt. 97, 459 und 94, 744; Richter/Spitzley, S. 30 ff.

339 S. dazu Stein/Seifert, Deutsches »Beschäftigungswunder« und flexible Arbeitszeiten, WSI-Diskussionspapier Nr. 169 2/10: http://www.boeckler.de/pdf/p_wsi_diskp_169.pdf.; Dribbusch/Birke, Die DGB-Gewerkschaften seit der Krise, Entwicklungen, Herausforderungen, Strategien, Studie Friedrich-Ebert-Stiftung, 4/14, S. 16 f.

340 Vgl. Hickel/Kurtzke, WSI-Mitt. 97, 98.

341 Flassbeck/Spiecker, S. 49 f. Die Löhne sind in Deutschland geringer gestiegen als in anderen EU-Staaten: FR v. 13. 8. 09, S. 15 »Schwache Gewerkschaften, schwacher Lohnzuwachs«.

rückhaltung ab 2000 hat – entgegen anders lautenden Berichten – nicht zu einem entsprechenden Beschäftigungszuwachs geführt.[342]

Eine Reaktion auf die veränderten Bedingungen waren Konzepte zur (Re-)**Aktivierung der Tarifpolitik**. Ziele waren vor allem: der zunehmenden Delegation auf die Betriebsparteien entgegenzutreten, den Flächentarifvertrag zu stabilisieren, zusätzliche Inhalte zu tarifieren – möglichst nah an den betrieblichen Bedingungen, neue Themen wie Betriebsaufspaltung etc. tariflich zu regeln, die Beschäftigten und Mitglieder stärker in Aufstellung und Durchsetzung von Forderungen und Umsetzung einzubeziehen, neben oder anstelle der BetrVG-Mitbestimmungsrechte die weitergehenden gewerkschaftlichen Möglichkeiten zu nutzen.[343] Die Umsetzung soll u.a. durch »**Ergänzungstarifverträge**« erfolgen, also zusätzlich zu den Flächentarifverträgen. Öffnungsklauseln sollen die Erstreikbarkeit der Ergänzungstarifverträge ermöglichen (vgl. AKR Rn. 117ff.).[344] 204

Damit wollte man an Konzepte der »**betriebsnahen Tarifpolitik**« der 1950er bis 70er Jahre anknüpfen. Sie zielte auf die weitgehende tarifliche Gestaltung der betrieblichen Arbeitsbedingungen, die Beseitigung von betrieblichem Wildwuchs und Bereichen unternehmerischer Alleinbestimmung bis hin zur Arbeitsorganisation, die Verringerung der Schere zwischen Effektiv- und Tarifeinkommen, die stärkere Einbeziehung und Aktivierung der Mitglieder und eine Stärkung der Präsenz in den Betrieben. Dies sollte u.a. durch möglichst umfassende Regulierung durch Flächentarifverträge und durch betriebsbezogene **Zusatztarifverträge** erreicht werden. Den nötigen Spielraum sollten entsprechende Öffnungsklauseln in den Flächentarifverträgen bringen.[345]

Überwiegend wurden aber unter dem Druck der Verhältnisse, teilweise auch als vermeintlich notwendige Anpassung an die vorherrschende neoliberale Angebotspolitik **andere Wege** beschritten. Zwei wesentliche Strömungen verstärkten sich gegenseitig: 205

- **Geringe Lohnsteigerungen**, die den Verteilungsspielraum oft nicht ausschöpften und zur Stagnation und zum teilweisen Rückgang der Reallöhne führten, jedenfalls die verteilungspolitische Schieflage erhöhten.
- In manchen Branchen sind sogar »Löhne zum Leben« nicht mehr durchsetzbar. Die tarifliche Mindestsicherung versagt teilweise, es sind gesetzliche Mindestlöhne notwendig (vgl. TVG § 5 Rn. 47ff.).
- Im Rahmen der »Verbetrieblichung« und »**Dezentralisierung**« der Tarifverträge[346] wurden vielfältige **Öffnungs- oder Sonderklauseln in Tarifverträgen** geschaffen, mit denen Tarifstandards betrieblich unterschritten, z.B. Löhne gesenkt oder die Arbeitszeit verlängert werden können. Sie waren zunächst nur für Notfälle und Zusatzleistungen vorgesehen, wurden aber später auf Löhne, Arbeitszeit und andere Bedingungen ausgedehnt und nicht nur zur Behebung von akuten wirtschaftlichen Problemen sondern auch »zur Erhaltung der Wettbewerbsfähigkeit« geregelt (vgl. näher TVG § 4 Rn. 130)[347]

---

342 Von der Vring, WSI-Mitt. 09, 319ff.

343 Vgl. Schulz/Teichmüller, S. 194ff.

344 Wendeling-Schröder, NZA 98, 624.

345 Vgl. zur Diskussion und Praxis umfassend Achten, insbes. S. 44ff.

346 S. zur Entwicklung der Dezentralisierung des Tarifvertrages Mergener/Décieux/Nachtwey, WSI-Mitt. 15, 86, 87ff.

347 Bispinck, WSI-Tarifhandbuch 2006, S. 52ff.; zum Pforzheim-Abkommen in der Metallindustrie vgl. Huber/Burkhard/Klebe, WSI-Mitt. 05, 656ff.

- Gravierender ist, die **Betriebsparteien** über Abweichungen von Tarifvertrag entscheiden zu lassen[348] (es geht hier nicht um Öffnungsklauseln zur Ergänzung von Tarifverträgen; vgl. dazu TVG § 4 Rn. 189ff.). Das Abweichen vom Tarifvertrag bleibt zwar vielfach noch in der Hand der Gewerkschaften (und Arbeitgeberverbände), teilweise aber werden auch die Betriebsparteien ermächtigt, bei Löhnen und Arbeitszeit Hand an den Tarifvertrag zu legen.

Das »Ende der Fahnenstange«[349] ist teilweise erreicht.

206 Die wettbewerbsorientierte (teilweise) **Verlagerung der Tarifpolitik** auf die betriebliche oder einzelvertragliche Ebene hat **Nachteile:**

- Der Grundsatz »**gleicher Lohn für gleiche Arbeit**« wird angetastet. Einzelne Betriebe können sich Wettbewerbsvorteile gegenüber Konkurrenten verschaffen. Ziehen diese nach, ist eine »**Spirale nach unten**«[350] die unvermeidbare Folge.
- Der **Konflikt um die Lohnfindung** wird in die **Betriebe** verlagert. Einige kampffähige Belegschaften werden das nicht scheuen, ihre Arbeitgeber sich aber umso mehr nach dem »sozialen Frieden« des Flächentarifvertrags sehnen.
- Im Großteil der Betriebe verstärkt sich aber das **Machtgefälle** zu Lasten der Arbeitnehmer. Unter den Bedingungen verschärften, globalen Wettbewerbs und dem Druck der Finanzmärkte, der betrieblichen Friedenspflicht und fehlendem Streikrecht fehlen die Voraussetzungen für Verhandlungen auf gleicher Augenhöhe.
- Die Tarifverträge würden von Mindestbedingungen, die betrieblich aufgestockt werden können, zu **Höchstbedingungen** werden, weil sie je nach Lage und Stärke des Betriebs und unter dem Druck der Märkte unterschritten werden können.[351]
- Die **Friedenspflicht** wird ausgehöhlt, wenn Betriebe während der Laufzeit wichtige tarifliche Bausteine herausbrechen können.
- Das austarierte **Tarifvertragssystem** wird untergraben und **entwertet**, wenn jeder Betrieb Tarifverträge unterbieten kann. Tarifautonomie und Gewerkschaften werden ins Abseits gestellt, die demokratischen und sozialen Errungenschaften gefährdet. Dann gibt es »freie Fahrt« für die Senkung der Löhne, längere Arbeitszeit und Verstärkung der Kapital-Kräfte auf breiter Front (zu den rechtlichen Fragen vgl. Rn. 234ff.).

  Auch die tarifvertraglich mehr oder weniger kontrollierte Dezentralisierung kann nicht die Erosion des Tarifvertragssystems vollständig verhindern, sondern schafft günstigere Rahmenbedingungen für die schleichende Durchsetzung zusätzlicher informeller Tarifabweichungen auf betrieblicher Ebene.[352]
- Die **ökonomische Funktion des Tarifvertrags gleicher Wettbewerbsbedingungen** in einer Branche schwindet; es wächst die **Gefahr des Wettbewerbs** über Lohn und Arbeitszeit. Die **gesellschaftliche Funktion von Lohn**, Leistung, Arbeitzeit und der Arbeitsbedingungen geht verloren, wenn sie primär von einzelwirtschaftlichen Kriterien abhängig gemacht werden.

---

348 Vgl. dazu Behrens, WSI-Mitt. 09, 102ff.
349 Vgl. Zachert, in: König/Stamm/Wendl, S. 165.
350 Gamillscheg, S. 287.
351 Bahnmüller/Schmidt, WSI-Mitt. 07, 358ff., 364; Ehlscheid/Urban, WSI-Mitt. 07, 398, 401.
352 Mergener/Décieux/Nachtwey, WSI-Mitt. 15, 86, 90ff.

Das Dilemma – Öffnung der Tarifverträge einerseits, Weiterentwicklung von Mindeststandards und Kontrolle der Abweichungen andererseits – versucht man, durch stärkere **Einbeziehung der Mitglieder** bei der Durchsetzung von Tarifverträgen und eine **betriebsbezogenere Tarifpolitik** zu lösen. Ob damit das Tarifvertragssystem re-stabilisiert werden kann, ist fraglich (zu den arbeitskampfrechtlichen Fragen vgl. AKR Rn. 117ff.).[353]

Neoliberale Wirtschaftsdoktrin und finanzmarktgesteuerte Unternehmenspolitik haben **207**
Spuren im Tarifvertragssystem hinterlassen. Sie sind den Zielen – Senkung der Lohnkosten und -quote, Aufspaltung des Tarifsystems und Öffnung für verschlechternde Absprachen, Schwächung der Gewerkschaften – ein Stück näher gekommen, unterschiedlich stark in den Sektoren von Industrie und Dienstleistungen. Andererseits haben gesellschaftliche Gegenkräfte für eine Politik der sozialen Gerechtigkeit an Bedeutung gewonnen. Für eine **Zwischenbilanz** der sog. **»kontrollierten Dezentralisierung«** sei auf folgende Punkte hingewiesen:

Die **Gewinnung** neuer Mitglieder und die **Aktivierung der Mitglieder** sind notwendig.[354] **208**
Ihr Bewusstsein ist zwiespältig. Einerseits stellen sich viele die Frage, wozu sich in einer Organisation engagieren, die einem kurz- oder mittelfristig eine Stagnation oder eine Absenkung des materiellen Standards zumutet – während gleichzeitig die Gewinne sprudeln, Managergehälter absurde Höhen erklimmen und die Vermögensverteilung immer schiefer wird. Andererseits prägt die Erfahrung, dass die Gewerkschaft sie in der Not (z.B. Drohung mit Verlagerung) nicht allein lässt und vor dem Schlimmsten bewahrt. Das ermuntert Manche zu mehr Engagement und Gewerkschaftsbeitritt. Mehr Einbeziehung und Mitentscheidung können die Gewerkschaften betriebspolitisch stärken und das Bewusstsein zurückbringen, dass das Niveau arbeitspolitischer Standards nicht von Sachzwang, dem Markt oder einem höheren Wesen diktiert wird, sondern entscheidend von der eigenen Stärke und Einmischung abhängt. Dies gilt für die Abwehr und Abmilderung von Verschlechterungen, aber noch fundamentaler für die Durchsetzung überbetrieblicher Verbesserungen.

Viele **Betriebs- und Personalräte** fühlen sich durch die zusätzliche tarifpolitische Rolle **209**
überfordert – kein Wunder bei den zwiespältigen Erfahrungen eines oft betriebswirtschaftlich ausgerichteten Co-Managements, das auf materielle Zugeständnisse setzt, aber an Grenzen stößt und der vom BetrVG vorausgesetzten lohnpolitischen Enthaltsamkeit. Notwendig erscheinen inhaltliche Anforderungen, die Alternativen zur Spaltung der Belegschaften und der neoliberalen Sichtweise der »Verbetrieblichung« aufzeigen. Die »Betriebsorientierung« i. S. einer breiten Partizipation der Mitglieder, gewerkschaftliche Verankerung in den Betrieben und größere betriebliche Konfliktfähigkeit bleiben Voraussetzung für die Durchsetzung von betrieblichen Alternativen und die Stabilisierung des Flächentarifvertrags. Letztlich hilft nur kollektiver Druck.

In der **Tarifpolitik** sind Alternativen zur teilweisen Orientierung an der neoliberalen **210**
Lohn- und Beschäftigungstheorie, Lohnzurückhaltung, Umverteilung in der Klasse und Öffnung je nach wirtschaftlicher Lage der Betriebe zu diskutieren und umzusetzen. Es

353 Zu den vielfältigen Problemen und offenen Fragen vgl. Bahnmüller/Schmidt, WSI-Mitt. 09, 19; Bispinck/Bahnmüller, in: Bispinck, S. 9ff.; Bispinck, WSI-Tarifhandbuch 2006, 52ff.; Bispinck/Schulz/Wagner, in: Achten, S. 15 ff; Huber/Burkhard/Wagner; Zachert, AiB 08, 7.

354 Vgl. dazu auch die Überlegungen bei Renneberg, Handbuch, S. 84f., 218, 230.

gibt zu denken, dass just in der Periode, in der Errungenschaften abgebaut und die Reallöhne teilweise nicht gesichert wurden, bestimmte qualifizierte Beschäftigtengruppen ihre Interessen nicht ausreichend gewahrt sehen und ihr Heil in **Berufsgruppengewerkschaften** und separaten Tarifverträgen suchen. Ziele einer offensiven Tarifpolitik sollte weiter sein: Lohn, Arbeitszeit und andere Bedingungen guter Arbeit dem betriebswirtschaftlichen Rentabilitätskalkül und der Standort- und Globalisierungsideologie entgegenzusetzen, die Verteilungsspielräume auszuschöpfen und Bereiche für **allgemeine Tarifregelungen** zurückzugewinnen, z.B. kürzere Arbeitszeiten. Sie müsste sowohl solidarisch sein, indem sie mit den starken Beschäftigtengruppen auch für die anderen kämpft, als auch differenziert, indem sie unterschiedliche Interessen der Beschäftigten aufnimmt. **Wettbewerbsorientierte Öffnungen**, die Verschlechterungen der Mindestnormen erlauben, zerstören mittelfristig die Schutz- und Gestaltungsfunktion des Tarifvertrags. Nötig erscheinen strategische Überlegungen zum Verhältnis überbetrieblicher Tarifnormen und betrieblicher Regelungen mit dem Ziel, inhaltliche Kriterien und Verfahren für Abweichungen zu entwickeln, mit den Mitgliedern ihre Einhaltung zu kontrollieren und solche Tariföffnungen zu begrenzen.

211 Die Gewerkschaften sollten sich stärker auf ihr **gesellschaftspolitisches Mandat** besinnen. Die Angriffe auf Arbeitsplätze, Entgelte, Arbeitsbedingungen, Tarifvertragssystem, soziale Standards und Sicherungen sind Bestandteil eines neoliberalen Politikkonzepts, mit dem die Gewerkschaften sich kritisch auseinandersetzen müssen. Es gilt die alte und ewig neue, zentrale Aufgabe der Gewerkschaften: Konkurrenz unter den Beschäftigten einschränken und Solidarität herstellen, gesellschaftlich konfliktfähig bleiben, kollektiv Druck machen. In der jetzigen Phase konkret: über die Widersprüche und Auswirkungen des Finanzmarkt-Kapitalismus und der neoliberalen Wirtschafts- und Sozialpolitik aufzuklären, sich bei Mitgliedern und Bevölkerung mit sozialstaatlichen Gegenentwürfen zur neoliberal verzerrten Gesellschaft zu profilieren und konkrete Alternativen zu entwickeln, dafür zu werben und zu mobilisieren (z.B. gute Arbeit, Mindestlohn, Wiederaufbau solidarischer Sozialversicherung, Erschwerung von Arbeitsplatzabbau, sozial gerechte Umverteilung des gesellschaftlichen Reichtums).

11. Rechtspolitische Diskussionen

11.1 Streikrecht, Arbeitskampf

212 Da eine gesetzliche Ausgestaltung des Arbeitskampfrechts nicht existiert, ist das Arbeitskampfrecht traditionell **Richterrecht** (vgl. Rn. 77). Im historischen Kontext unerwünschter Entwicklungen der höchstrichterlichen Arbeitskampfrechtsprechung (im Sinne einer Lockerung bestehender Beschränkungen des Streikrechts) ergeht seit Ende der 1980er-Jahre aus der Perspektive einer eher distanzierten bis weitgehend ablehnenden Haltung zur Streikfreiheit der Gewerkschaften regelmäßig der **Ruf nach einer Regelung des Arbeitskampfrechts durch den Gesetzgeber.**[355]

Ausgangspunkt für die Forderung nach einer derartigen Intervention des Gesetzgebers war der sog. **Professoren-Entwurf zur Regelung kollektiver Arbeitskonflikte aus dem**

355 Zu dieser Reaktion für die 1980er-Jahre Kittner, GMH 86, 606.

Jahr 1988[356], der veröffentlicht wurde, nachdem zuvor das BAG in zwei Grundsatzentscheidungen die Aussperrungsbefugnis der Arbeitgeber beschränkt[357] und die Zulässigkeit verhandlungsbegleitender Warnstreiks festgeschrieben[358] hatte. Die in den vorhergehenden Jahrzehnten ausnahmslos sehr enge Interpretation der arbeitskampfrechtlichen Handlungsmöglichkeiten der Gewerkschaften durch die Arbeitsgerichtsbarkeit war zunächst kein Anlass für die grundsätzliche Ablehnung der **Rolle des BAG als »Ersatzgesetzgeber«** im Arbeitskampfrecht gewesen, wurde dann aber als Reaktion auf die unerwünschte Rechtsprechungsentwicklung in Form einer Fundamentalkritik am BAG vorgetragen (vgl. dazu auch Rn. 216).[359]

213 In der aktuellen Debatte wird von den Befürwortern einer entsprechenden Kodifikation des Arbeitskampfrechts auf einen vom Gesetzgeber – in vermeintlich rechtlich problematischer Weise – nicht erledigten Verfassungsauftrag und eine unterstellte Überforderung der Arbeitsgerichtsbarkeit und die Unvorhersehbarkeit der Rechtsprechungsergebnisse auf dem Gebiet des Arbeitskampfrechts abgestellt. Lenkt man den Blick auf die konkreten Kodifikationsvorschläge, wird deutlich, dass es im Kern um eine **einfachgesetzliche Begrenzung des Streikrechts** der Gewerkschaften geht,[360] und dass man sich vor allem eine **Korrektur der für falsch gehaltenen Ergebnisse der höchstrichterlichen Arbeitskampfrechtsprechung** zu Lasten der Streikfreiheit durch den Gesetzgeber erhofft.[361]
Dem ist entgegenzuhalten, dass die Rechtsprechung vor dem Hintergrund einer entsprechenden Zurückhaltung des Gesetzgebers wegen des verfassungsrechtlichen Verbots der Rechtsverweigerung dazu berufen ist, das Arbeitskampfrecht mit den anerkannten Methoden der Rechtsfindung aus den allgemeinen Rechtsgrundlagen abzuleiten.[362] Das mag man rechtspolitisch für bedenklich halten, ist aber jedenfalls im Ergebnis verfassungsrechtlich durchgreifend nicht zu beanstanden. Den **Gesetzgeber** tritt auch nach der sog. Wesentlichkeitstheorie **keine Pflicht zu einer umfassenden Kodifikation des Arbeitskampfrechts**, da die Austarierung der Rechte gleichgeordneter Grundrechtsträger nicht zwingend durch den Gesetzgeber erfolgen muss.[363]

214 Für ein **»Arbeitskampfgesetzbuch«** besteht **weder ein rechtliches noch ein praktisches Bedürfnis.**[364] Ausgehend davon, dass die Koalitionsfreiheit die freie Entscheidung der Koalitionen über die Mittel der Erreichung ihrer Koalitionszwecke im Allgemeinen und die Wahl der Arbeitskampfmittel im Besonderen umfasst, lässt sich das Streikrecht nicht im

356 Birk/Konzen/Löwisch/Raiser/Seiter.
357 BAG 10.6.80 – 1 AZR 822/79, DB 80, 1266; 1 AZR 168/79, DB 80, 1274.
358 BAG 21.6.88 – 1 AZR 651/86, DB 88, 1952; 12.9.84 – 1 AZR 342/83, DB 84, 2563.
359 Zachert, FS Wendeling-Schröder, S. 23, 30.
360 Z.B. Buchner, BB 08, 106, 109; Franzen/Thüsing/Waldhof, Gesetz zur Regelung kollektiver Arbeitskonflikte der Daseinsvorsorge, http://www.cfvw.org/stiftung/projektbereich-zukunft-der-arbeit/arbeitskampf/gesetzentwurf (2011); Henssler, ZFA 10, 397ff.; Rieble, DRiZ 07, 340; die sich nahezu ausnahmslos auf den sog. Professorenentwurf (vgl. Rn. 212) beziehen.
361 Buchner, BB 08, 106, 109; Henssler, a.a.O.; Höfling/Engels, NJW 07, 3102, 3103; Rieble, a.a.O.
362 ErfK-Linsenmaier, GG Art. 9 Rn. 111.
363 BVerfG 26.6.91 – 1 BvR 779/85, AiB 92, 29 m. Anm. Däubler = AP Nr. 117 zu Art. 9 GG Arbeitskampf; ErfK-Linsenmaier, a.a.O.; Zachert, FS Wendeling-Schröder, S. 23, 28; kritisch Otto, § 4 Rn. 60ff.; Wank, RdA 09, 1, 2.
364 Berg, GS Zachert, S. 469, 470f.; differenzierend U. Fischer, RdA 09, 287, 294 u. NJW-Editorial 3/10.

statischen Sinne rechtlich einfrieden. Eine **detaillierte gesetzliche Regelung** des Streikrechts könnte im besten Fall eine adäquate Reaktion auf die aktuellen Problemlagen sein, würde aber von der sich weiter entwickelnden Arbeitskampfpraxis der Koalitionen mit Sicherheit in kürzester Zeit wieder überholt (bzw. von den Akteuren umgangen) werden. Würde sich der Gesetzgeber deshalb auf **allgemeine Rahmenregelungen** beschränken, würde im Hinblick auf die zentrale Rolle der Rechtsprechung bei der Ausgestaltung und Weiterentwicklung des Arbeitskampfrechts keine durchgreifende Änderung eintreten: die Arbeitsgerichte wären bei der Anwendung und der in diesem Zusammenhang erforderlichen Konkretisierung der allgemeinen gesetzlichen Rahmenregelungen nicht weniger gefordert als bei der Anwendung der heute maßgeblichen höchstrichterlichen Rechtsprechungsgrundsätze.

215 Streikstrategien und konkrete Arbeitskampfmittel entwickeln sich notwendig in Abhängigkeit von der Dynamik des Wandels in der Gesellschaft und der Arbeitswelt. Der Streik erfordert als ein soziales Geschehen ein **entwicklungsoffenes System des Arbeitskampfrechts**, auf dessen Anpassungsbedarfe die Rechtsprechung zeitnäher, konkreter und damit auch mit einer größeren Chance auf sozialen Ausgleich und Akzeptanz bei den Tarifvertragsparteien reagieren kann als der Gesetzgeber. Trotz unterschiedlicher Sichtweisen und bei aller Kritik an einer Reihe von – auch grundsätzlichen – Urteilen kann gesagt werden: Die Arbeitskampfrechtsprechung hat in den letzten Jahren zum sozialen Ausgleich im Arbeitskampf beigetragen und auf neue Entwicklungen flexibel und problembewusst reagiert.[365] Die Ablehnung einer gesetzlichen Regelung des Arbeitskampfrechts und das damit auch verbundene Vertrauen in die Fähigkeit der Tarifvertragsparteien zur – rechtlich gebundenen, aber autonomen – Gestaltung der Arbeitskampfpraxis wurde daher durchaus auch »lagerübergreifend« geteilt.[366]

216 Wegen des richterrechtlichen Charakters des Arbeitskampfrechts steht seit Jahrzehnten die **kritische Auseinandersetzung mit der Rechtsprechung des BAG** im Mittelpunkt der rechtspolitischen Diskussion.[367] Aus Perspektive der **Gewerkschaften** werden in erster Linie Forderungen zur **Sicherung und Effektivierung des Streikrechts** an die Rechtsprechung gerichtet und darüber hinaus die **Rücknahme gesetzlicher Einschränkungen des Streikrechts** vom Gesetzgeber (§ 160 SGB III/§ 116 AFG alt, vgl. dazu AKR Rn. 382 ff.) gefordert. Die rechtspolitischen Vorschläge und Initiativen der **Arbeitgeberverbände** und **konservativer Wissenschaftler** zielen dagegen regelmäßig darauf ab, die Rechtsprechung wegen behaupteter unzureichender Beschränkungen des Streikrechts der Gewerkschaften einer **Fundamentalkritik** zu unterziehen und den Gesetzgeber zu **massiven Beschränkungen des Streikrechts** zu veranlassen: »*Im Ergebnis hatte diese Rechtsprechung des Bundesarbeitsgerichts das Streikführungsinteresse der … Gewerkschaften zu Lasten der Arbeitgeberseite begünstigt, das Ultima-Ratio-Prinzip ausgehöhlt und damit die kaum noch*

365 Zachert, DRiZ 07, 341.

366 Rede des damaligen Bundesministers für Arbeit und Soziales Olaf Scholz auf der 8. NZA-Jahrestagung 2008 am 11.10.08 in Frankfurt am Main (http://www.olafscholz.de/1/pages/index/p/5/965/year/2008); Kannegiesser, ZfA 08, 305, 308 f.

367 Zur Bewertung aus gewerkschaftlicher Sicht und zur Entwicklung der gewerkschaftlichen Forderungen an die Rechtsprechung seit 1945 vgl. den Überblick bei Däubler, AR 1, Rn. 471 ff.; Däubler-Däubler, AKR, § 7 Rn. 19 ff.; Protokoll der Wissenschaftlichen Konferenz des DGB zum Streikrecht im Jahr 1987, in: Muhr (Hrsg.).

begrenzte Arbeitskampftaktik der neuen Beweglichkeit für rechtmäßig erklärt … Durch den zusätzlichen Missbrauch großer Mittel der Arbeitslosenversicherung nach den Vorschriften des § 116 AFG a.F. … musste man insgesamt um die Funktionsfähigkeit des Tarifvertragssystems ernstlich fürchten«.[368]45 Die Zusammenfassung der aus der Perspektive der Arbeitgeber notwendigen rechtlichen Beschränkungen des Streikrechts kann dem Gutachten des früheren BAG-Präsidenten, G. Müller, entnommen werden, das er im Auftrag des Bundesarbeitsministeriums aus Anlass der Änderungspläne zum § 116 AFG (heute § 160 SGB III) erstellte.[369] In die gleiche Richtung zielt auch der sog. »Professoren-Entwurf« zu einem Arbeitskampfgesetz aus dem Jahr 1988[370] (vgl. Rn. 212).

Die Befürworter einer Beschränkung des Streikrechts blenden aus, dass Deutschland zu 217
den streikärmsten Ländern zählt (vgl. Rn. 35, 38), die Streikfreiheit durch die Rechtsprechung erheblichen Beschränkungen unterliegt (vgl. AKR Rn. 16) und die tatsächliche **Streikfähigkeit der Gewerkschaften** aufgrund der Veränderung der sozialen, finanz- und wirtschaftspolitischen Rahmenbedingungen von Tarifauseinandersetzungen, ständigen Veränderungsprozessen in der Unternehmens- und Betriebsorganisation und der Reduzierung der in geschützten Arbeitsverhältnissen beschäftigten Kernbelegschaften aktuell erheblichen Belastungsproben ausgesetzt ist (vgl. dazu Rn. 159 ff.).[371] Damit beschwören die Befürworter einer Beschränkung des Streikrechts mit der Behauptung, Streiks verursachten untragbare wirtschaftliche Schäden und vernichteten Arbeitsplätze, **Bedrohungsszenarien für den Wirtschaftsstandort Deutschland** herauf. Die viel zitierte Bewertung des Streiks durch den Großen Senat des BAG,[372] Streiks seien »*im Allgemeinen unerwünscht, da sie volkswirtschaftliche Schäden mit sich bringen und den im Interesse der Allgemeinheit liegenden sozialen Frieden beeinträchtigen*«, prägen auch 50 Jahre später immer noch das Denken der maßgeblichen Führungspersönlichkeiten der **BDA**. So heißt es im Beschluss des Präsidiums der BDA vom 15.9.2003, »Streik und Aussperrung« seien »*Relikte einer vergangenen Epoche unter besonderen historischen, heute nicht mehr existierenden wirtschaftlichen Bedingungen*«. In diesem Beschluss hat die BDA unter dem verharmlosenden Titel »Für eine neue Balance in der modernen Tarifautonomie« ihre rechtspolitische Programmatik zur Tarifautonomie und zum Streikrecht aktualisiert und einen **flächendeckenden Forderungskatalog zur gesetzlichen Einschränkung des Streikrechts der Gewerkschaften** vorgelegt:

- Einführung eines **zwingenden Schlichtungsverfahrens** von mindestens einmonatiger 218
Dauer als Zulässigkeitsvoraussetzung für einen Streik,
- **Einschränkung des Streikrechts** sog. Spezialisten, Minderheiten und **Funktionseliten** (z.B. Flugkapitäne, Fluglotsen, Lokführer) zur Verhinderung der »Lahmlegung ganzer Betriebe« durch derartige Arbeitnehmer und ihre Gewerkschaften,
- Effektivierung der **Streikbruchorganisation durch die Arbeitgeber** durch eine ausdrückliche gesetzliche Gewährleistung des Streikbruchs und Verbot der Streikpos-

368 BDA Jahresbericht 1988, S. 12.
369 Handelsblatt vom 22.8.85.
370 Birk/Konzen/Löwisch/Raiser/Seiter.
371 Zur Durchführung von Streiks unter den Bedingungen des flexiblen Kapitalismus Detje u.a., S. 42 ff., sowie Däubler, AR 1, Rn. 700 ff.
372 BAG 28.1.55 – GS 1/54, AP Nr. 1 zu Art 9 GG Arbeitskampf.

tentätigkeit durch Gewerkschaftssekretäre und Gewerkschaftsmitglieder, die nicht im bestreikten Betrieb beschäftigt sind,
- gesetzliche **Ankündigungsfrist** von mindestens drei Tagen für **Wellenstreiks**,
- **Einschränkung des Streikrechts im Öffentlichen Dienst** und sonstigen Unternehmen der Daseinsvorsorge (z.B. Personenbeförderung, Gesundheitswesen, Energieversorgung),
- gesetzliche **Verpflichtung von Beamten zur Streikbrucharbeit**,
- gesetzliche Verschärfung der Rechtsprechung des BAG zur **Einschränkung der Informations- und Mitbestimmungsrechte des Betriebsrats** im Arbeitskampf,
- generelle Befreiung des Arbeitgebers von der **Entgeltzahlungspflicht bei »kalter Aussperrung«**.

219 Die von der BDA zum wiederholten Male erhobene Forderung nach **Einschränkung des Streikrechts im Öffentlichen Dienst** und **sonstigen Unternehmen der Daseinsvorsorge**[373] wurde auch in der Literatur immer wieder aufgegriffen, vor allem im Hinblick auf die **gesetzliche Einführung einer Zwangsschlichtung** und **ausufernder Notdienstverpflichtungen** der Gewerkschaften konkretisiert[374] und mit der Erwägung eines »totalen Arbeitskampfverbots« im Allgemeinen und für den Öffentlichen Dienst im Besonderen auf die Spitze getrieben.[375]

220 In Ergänzung der **Angriffe auf die Tarifautonomie** durch Verlagerung der Regelungskompetenzen der Tarifvertragsparteien auf die betriebliche Ebene (vgl. Rn. 186ff.) und im Anschluss an Versuche der **gesellschaftspolitischen Ausgrenzung und Schwächung der Gewerkschaften** wurde die rechtspolitische und **rechtswissenschaftliche Kritik** an der Arbeitskampfrechtsprechung des BAG **konzentriert** und **verschärft**. Im Zentrum der (teilweise polemischen) Kritik stehen dabei in jüngerer Zeit die neueren Entscheidungen des BAG zur Rechtmäßigkeit eines **Solidaritäts- bzw. Unterstützungsstreiks** (vgl. dazu AKR Rn. 181ff.), der Erstreikbarkeit von **Sozialtarifverträgen** (vgl. dazu AKR Rn. 30ff.) und von streikbegleitenden Betriebsstörungen wie einer **Flashmob-Aktion** (vgl. dazu AKR Rn. 213ff.). Diese werden u.a. zum Anlass genommen, die »Auflösung der Strukturen des Arbeitskampfrechts« zu behaupten[376] und dem Richterrecht des BAG vorzuwerfen, ihm sei im Zusammenhang mit Streiks »der Schutz der Allgemeinheit und einzelner Dritter fremd«.[377] Vom Gesetzgeber wird die Korrektur dieser Rechtsprechung durch ein **gesetzliches Verbot von Unterstützungsstreiks, Flashmob-Aktionen und von Streiks für Sozialtarifverträge gefordert**.[378] Unabhängig davon wurden bereits zuvor nicht nur generell »Fehlentwicklungen im Arbeitskampfrecht« beklagt[379], sondern auch der Betriebsrat als »Trojanisches Pferd« im Arbeitskampf he-

373 Zur Kontinuität entsprechender Vorschläge und der daraus resultierenden Gefährdungen der Tarifautonomie im Öffentlichen Dienst vgl. Hammer, FS Gnade, S. 111ff.
374 Vgl. etwa Hanau/Thüsing, S. 35ff.; Rieble, DRiZ 07, 340; Rudkowski; Rüthers, RdA 03, 317f.; Scherer.
375 So Zöllner auf dem NZA-Symposion »Arbeitskampfrecht im Wandel« am 28.11.2003, zitiert nach Meyer, NZA 04, 15f.
376 Buchner, BB 08, 106.
377 Rieble, DRiZ 07, 340.
378 Bauer, NZA 09, 1190, 1192.
379 Z.B. Rolff/Clemens, NZA 04, 410.

raufbeschworen.[380] Darüber hinaus wird gefordert, die von den Autoren wohl selbst erfundenen »Arbeitskämpfe gegen den Willen der Mehrheit«[381] und Streiks zur »Verhinderung der Rentenreform in Deutschland«[382] zu untersagen. Schließlich sollen unorganisierte Arbeitnehmer durch gesetzlich angeordnete Einbeziehung in gewerkschaftliche Urabstimmungen über die Durchführung von gewerkschaftlichen Streiks mitentscheiden können und der Streik von Spartengewerkschaften zur Durchsetzung von Tarifverträgen für einzelne Berufsgruppen verboten werden.[383]

221 Vor allem die **Streiks der Lokomotivführer** der GDL seit dem Jahr 2007 und die Tarifkonflikte der **Piloten, Flugbegleiter, Fluglotsen und Krankenhausärzte** in den letzten Jahren haben die BDA dazu veranlasst, eine Einschränkung der Streikfreiheit der Gewerkschaften vom Gesetzgeber zu fordern; andernfalls drohten ständig Streiks unterschiedlicher Gewerkschaften[384] – die Fakten bestätigen dieses Szenario nicht. Das Ansinnen ist (auf der Grundlage eines ausformulierten Gesetzesvorschlags) auch an die Bundesregierung und die Gewerkschaften herangetragen, von den Gewerkschaften aber aus politischen und verfassungsrechtlichen Gründen (zunächst) abgelehnt worden.[385] Später wurde dann allerdings im Juni 2010 eine gemeinsame **Gesetzesinitiative von BDA und DGB** zu einer Festschreibung des Grundsatzes der Tarifeinheit öffentlich bekannt, die auch eine Einschränkung des Streikrechts im Wege einer Ausweitung der Friedenspflicht bei Gewerkschaftskonkurrenz umfasste. Aufgrund starker innergewerkschaftlicher Ablehnung und Kritik von gewerkschaftsnahen Fachkreisen wurde die gewerkschaftliche Unterstützung dieses Vorhabens im Jahr 2011 beendet (vgl. dazu näher Rn. 240, § 4 Rn. 98a). Aus dem Arbeitgeberlager wird darüber hinaus sogar ein generelles **»Streikverbot für Splittergewerkschaften«** gefordert; aus dem Wissenschaftsbereich wurden zahlreiche weitere Vorschläge veröffentlicht, die **verbindliche Urabstimmungen, zwingende Schlichtungsverfahren und Zwangstarifgemeinschaften konkurrierender Gewerkschaften** (Verpflichtung zur Abstimmung von Tarifinhalten, Verhandlungs- und Arbeitskampfstrategien und Laufzeiten der Tarifverträge) vorschreiben wollen.[386] Diese vordergründig gegen die Berufsgruppengewerkschaften gerichteten rechtspolitischen Initiativen zur Einschränkung des Streikrechts sind nicht hinnehmbar und aus gewerkschaftlicher Sicht uneingeschränkt zurück zu weisen.[387] Ihre Verwirklichung würde mittel- und langfristig alle

380 Reichold, NZA 04, 247.
381 Hettlage, BB 04, 714.
382 Zielke, BB 03, 1785.
383 Vgl. Meyer, NZA 04, 145, Bericht über das NZA-Symposion »Arbeitskampfrecht im Wandel« vom 28.11.03.
384 BDA-Präsident Dr. Hundt, FAZ 11.9.07; vgl. auch den Gesetzentwurf von Hromadka, NZA 08, 384, und die Große Anfrage der FDP, Bundestags-Drucksache 16/789 v. 16.1.2008.
385 Vgl. einerseits Giesen, Gesetzliche Regelungen von Tarifkonkurrenz, Tarifpluralität und diesbezüglicher Friedenspflicht. Gutachten im Auftrag der BDA Februar 2008; zitiert nach Zachert, FS Wendeling-Schröder, S. 23, 25 Fn. 6; andererseits Klebe, AuR 10, 137.
386 So der Hauptgeschäftsführer Handke des Bundesverbandes Großhandel, Außenhandel, Dienstleistungen (BGA), HB 24.2.10. Vgl. Bayreuther, NZA 08, 12, 16f.; Franzen, ZfA 09, 297, 316; Hromadka, NZA 08, 384, 389f.; Kamanabrou, ZfA 08, 241; Meyer, NZA 09, 993; dazu kritisch Zachert, FS Wendeling-Schröder, S. 23, 25ff.
387 Vgl. dazu auch Bsirske, Grundsatzrede auf dem ver.di-Bundeskongress 2007: http://bundeskongress2007.verdi.de/reden_berichte/frank_bsirske_1

streikfähigen und streikbereiten Gewerkschaften treffen und das Kräfteverhältnis erheblich zugunsten der Arbeitgeberseite verändern.

222 Das vermehrte Auftreten von **Berufsgruppen- und Spartengewerkschaften** nahmen die Kritiker der Streikfreiheit der Gewerkschaften darüber hinaus bereits in den Jahren 2007 und 2008 zum Anlass, ihren Ruf nach dem Gesetzgeber zur generellen **Beschränkung des Streikrechts im Bereich der Daseinsvorsorge** für alle Gewerkschaften zu erneuern.[388] Neben der Rechtspflicht zur Bildung einer Tarifgemeinschaft durch konkurrierende Gewerkschaften[389] werden von den genannten Autoren die wenig originellen Vorschläge (vgl. Rn. 218ff.) einer Urabstimmungs- und Vorankündigungspflicht der Gewerkschaft, einer staatlichen Schlichtung und einer generellen Einschränkung des Streikrechts, etwa in bestimmten Bereichen des Gesundheitswesens, präsentiert. Als »Vorbild« wird dafür sogar eine Verordnung zu einer – mit Gefängnis- und Geldstrafen bewehrten – Beschränkung von Streiks in öffentlichen Versorgungsbetrieben aus dem Jahr 1920 in die rechtspolitische Diskussion gebracht[390], die auch eine Ermächtigung des Innenministers zur Sicherung von Notstandsarbeiten und einer Notstandsversorgung vorsieht.

222a Im Anschluss an diese Vorstellungen haben sich im Jahr 2011einige Unternehmen und ein Arbeitgeberverband der **Verkehrsbranche**[391], die **Carl-Friederich-von-Weizsäcker-Stiftung**[392] und einer **Gruppe von drei Rechtswissenschaftlern**[393] in einer Art konzertierten Aktion öffentlich zu Wort gemeldet und einen **Gesetzesvorschlag**[394] **zur Einschränkung des Streikrechts in der Daseinsvorsorge** vorgestellt. Die Initiatoren beklagen eine Übermacht der (Berufsgruppen-) Gewerkschaften im Bereich der Daseinsvorsorge, stellen sich vorrangig als Sachwalter (dritt-) betroffener Bevölkerungsgruppen dar und verfolgen eine Regelungskonzept, das im Ergebnis zu einer erheblichen Erschwerung, unter Umständen auch zu einer **vollständigen Verhinderung von Streiks in der Daseinsvorsorge** führen würde. Die intendierte Beschränkung des Streikrechts soll nicht nur für die Daseinsvorsorge im engeren Sinne, sondern auch für weite Bereiche des privaten und privatisierten Dienstleistungsbereichs gelten. Die Gewerkschaften sollen zur Durchführung einer Urabstimmung und zu einer viertägigen Ankündigungsfrist für jede Art von Streikmaßnahme (einschließlich Warnstreik) verpflichtet werden. Streiks ohne eine vorherige Einigung mit dem Arbeitgeber über die Aufrechterhaltung einer elementaren »Grundversorgung« der Bevölkerung und ohne vorherige Durchführung eines Schlichtungsverfahrens sind nach dem Gesetzesvorschlag außerdem grundsätzlich unzulässig. Schließlich soll durch eine spezielle Vorschrift der Streik von Berufsgruppengewerkschaften faktisch verboten werden. Daran anknüpfend hat die **CSU im Jahr 2015** einen Beschluss gefasst, in dem die Er-

---

388 Vgl. Bayreuther, NZA 08, 12, 13ff.; Buchner, BB 08, 106; Höfling/Engels, NJW 07, 3102; Rieble, DRiZ 07, 340; dagegen Sunnus, AuR 08, 1, 8f.; Zachert, DRiZ 07, 341.

389 Buchner, a.a.O., 108.

390 Rieble, DRiZ 07, 340.

391 Lufthansa, Arbeitgeberverband Luftverkehr e. V., Deutsche Flugsicherung, Fraport.

392 http://www.cfvw.org/stiftung/projektbereich-zukunft-der-arbeit/arbeitskampf.

393 Prof. Dr. Martin Franzen, Prof. Dr. Gregor Thüsing und Prof. Dr. Christian Waldhoff.

394 http://www.cfvw.org/stiftung/projektbereich-zukunft-der-arbeit/arbeitskampf/gesetzentwurf; abl. Berg, FS Kempen, S. 276ff.; Fischer, FA 12, 131; Mayer, AuR 12, 207; grds. zustimmend mit Kritik im Detail Bayreuther, NZA 13, 704; Greiner, NZA 12, 529, 534f.; Rieble, FA 12, 5; Rudkowski, ZFA 12, 467; zustimmend von Steinau-Steinrück, BB 12. Heft 26, I.

wartung geäußert wird, dass der Gesetzgeber das Streikrecht in der Daseinsvorsorge i.S. der vorstehend geschilderten Vorschläge zeitnah gesetzlich einschränkt.[395] Im Rahmen des **Gesetzgebungsverfahrens zur Tarifeinheit** wurde diese Initiative von Politikern aus den Reihen der CDU/CSU-Fraktion aufgegriffen und ihre Umsetzung in Kombination mit der gesetzlichen Regelung des Grundsatzes der Tarifeinheit gefordert.[396] Diese Vorschläge sind mit der verfassungsrechtlich verbürgten Streikfreiheit aus Art. 9 Abs. 3 GG nicht vereinbar. Auch werden sie nicht ansatzweise dem Anspruch ihrer Initiatoren gerecht, mehr Rechtssicherheit für die Praxis und eine Entlastung für die Arbeitsgerichte zu schaffen.[397]

Im Windschatten der aktuellen Debatte über die Einschränkung des Streikrechts in der **222b** Daseinsvorsorge bringen inzwischen die Metallarbeitgeber öffentlich ihre Sympathie für Einschränkungen des Streikrechts auch in der Privatwirtschaft zum Ausdruck. In einem Interview nach der Tarifrunde in der Metall- und Elektroindustrie des Jahres 2015 bezichtigte der Gesamtmetall-Präsident Dulger die IG Metall, in dieser Tarifrunde in unverantwortlichem Umfang Warnstreiks durchgeführt und zu große Schäden verursacht zu haben und forderte (»notfalls«) eine gesetzliche Einschränkung der »Grauzone Warnstreik«.[398]

Die Kritiker der aktuellen Streikpraxis der Gewerkschaften und der Arbeitskampfrecht- **223** sprechung des BAG nehmen als Ausgangspunkt ihrer an Gesetzgebung und Rechtsprechung gerichteten Forderungen die Behauptung, die Gewerkschaften hätten sich auf Grundlage des geltenden Arbeitskampfrechts zu einer erpresserischen Übermacht entwickelt, die der Gesellschaft und den ihnen ausgelieferten Arbeitgebern wiederholt erheblichen wirtschaftlichen Schaden zufüge. Die Arbeitgeber seien wegen ihrer Wehrlosigkeit gezwungen, **überhöhte** und für die Unternehmen **wirtschaftlich nicht tragbare Tarifabschlüsse** hinzunehmen, was wiederum den Wirtschaftsstandort Deutschland unattraktiv mache und der eigentliche **Grund für die verfestigte Massenarbeitslosigkeit** sei. Deshalb müsse diese »Übermacht der Gewerkschaften« gesetzlich eingeschränkt werden.

Das (Zerr-)Bild von übermächtigen Gewerkschaften, streikbedingter Erpressung des so- **224** zialen Gegenspielers und dauerhaften Verlusten von Marktanteilen und Arbeitsplätzen sowie Unternehmenskrisen durch überhöhte Tarifabschlüsse entspricht nicht annähernd der Realität. Wissenschaftlich haltbare Begründungen für die Realitätsnähe dieser Schuldzuweisungen an die Gewerkschaften fehlen (vgl. Rn. 197ff.). Wenn eine »**neue Balance**« **in der Tarifautonomie** (vgl. Rn. 218) auf der Tagesordnung steht, dann sicherlich nicht zu Lasten der Arbeitnehmer und ihrer Gewerkschaften, die in Zeiten der Globalisierung, der fortschreitenden Ökonomisierung der gesamten gesellschaftlichen Verhältnisse, der Dominanz der Aktienkurse und hoher Massenarbeitslosigkeit ohnehin aus der Defensive

395 Beschluss des CSU-Parteivorstandes 26.1.15: »Für ein modernes Streikrecht – Koalitionsfreiheit achten – Daseinsvorsorge sicherstellen«: http://www.csu.de/common/csu/content/csu/hauptnavigation/dokumente/Streikrecht_Beschluss_komplett_.pdf.

396 Schreiben des Abgeordneten Dr. Fuchs u.a. vom 14.4.15 mit einem Non-Paper »Änderungsvorschläge zum Gesetzentwurf in Sachen Tarifeinheit«: http://www.labournet.de/wp-content/uploads/2015/04/tarifeinheit_cdu.pdf

397 S. dazu näher Berg, FS Kempen.

398 Rheinische Post 30.4.15: http://www.rp-online.de/wirtschaft/rainer-dulger-gewerkschaften-sind-in-der-sinnkrise-aid-1.5054836

heraus agieren müssen und nur noch unzureichend durchsetzungsfähig sind (vgl. dazu Rn. 35ff., 42ff., 159ff.).[399]

225 Die verschiedenen Initiativen der Arbeitgeberverbände, insbesondere der BDA, zur Einschränkung des Streikrechts (vgl. Rn. 217f.) und die entsprechende Unterstützung durch die Vorschläge aus Kreisen konservativer Rechts- und Wirtschaftswissenschaftler dienen dazu, die Gunst der Stunde zu nutzen, um für die Tarifautonomie und das Streikrecht eine Phase der **gesellschaftlichen Restauration** und **Verfassungsrevision** einzuleiten. Die Vorschläge zielen darauf ab, Arbeitskämpfe nach Möglichkeit zu vermeiden, vor allem Streiks zu erschweren oder faktisch zu unterbinden. Sie leben damit entweder von der Illusion, den grundlegenden Interessengegensatz – auch im zugespitzten Konfliktfall – friedlich lösen zu können.[400] Oder man sucht Zuflucht zu mehr oder weniger autoritären Lösungen, die letztlich die Koalitionsfreiheit und das Streikrecht beschädigen.[401]

226 Die Tatsache, dass die Arbeitnehmer überhaupt erst durch den **Zusammenschluss zur gewerkschaftlichen Organisation** und auf der Basis eines **verfassungsrechtlich garantierten Streikrechts** die strukturelle Überlegenheit der Arbeitgeberseite annähernd kompensieren können, macht das Streikrecht nach wie vor nicht nur unverzichtbar (vgl. Rn. 42ff.), sondern erfordert auch seine Sicherung und seinen Ausbau und die Rücknahme gesetzlicher Beschränkungen des Streikrechts.

227 Der **19. Ordentliche Bundeskongress des DGB** 2010 wendete sich »gegen alle Einschränkungen des gewerkschaftlichen Streikrechts auf europäischer und nationaler Ebene« (zu der dazu im Widerspruch stehenden gemeinsamen Gesetzesinitiative von BDA und DGB für eine Festschreibung des Grundsatzes der Tarifeinheit aus dem Jahr 2010 vgl. Rn. 221, § 4 Rn. 98a). Weiter forderte der DGB die Sicherung des Streikrechts und die Stärkung der Tarifautonomie, konkret: die **Änderung von § 146 SGB III/§ 116 AFG alt** (jetzt § 160 SGB III, vgl. dazu AKR Rn. 382ff.), das **Streikrecht für Beamte** und ein **gesetzliches Verbandsklagerecht** bei Tarifbruch und Verstoß gegen gesetzliche Mindestarbeitsbedingungen.[402] Diese Forderungen wurden vom **20. Ordentlichen Bundeskongress des DGB** 2015 erneut bekräftigt. Im Zusammenhang mit der von der Großen Koalition aus CDU/CSU und SPD beabsichtigten **gesetzlichen Regelung des Grundsatzes der Tarifeinheit** beschloss der DGB-Kongress außerdem, »jegliche Eingriffe« in die bestehenden Regelungen, »die das Streikrecht oder die verfassungsrechtlich geschützte Tarifautonomie beeinträchtigen«, abzulehnen.[403] Das hinderte den DGB und einige DGB-Gewerkschaften allerdings nicht, das Gesetzvorhaben grundsätzlich zu unterstützen und wohlwollend mitzutragen.

228 Der **Gesetzgeber** hat die wiederholt erhobenen gewerkschaftlichen Forderungen zur Sicherung des Streikrechts nicht aufgegriffen und umgesetzt. Nachdem die **rot-grüne Bundesregierung** 1998 zunächst in ihrem ersten Koalitionsvertrag versprochen hatte, den Antistreik-Paragraphen 160 SGB III/§ 116 AFG alt zu revidieren, und die Realisierung dieses Versprechens dann auf die folgende Legislaturperiode verschoben hatte, wurde im Koalitionsvertrag von Oktober 2002 nur noch die folgende interpretationsfähige Feststellung

399 Vgl. auch Däubler, AR 1, Rn. 700ff.; Detje u.a., S. 25ff.
400 Kittner, AiB 98, 505, nennt das den »Traum vom ewigen Arbeitsfrieden«.
401 S. ErfK-Linsenmaier, GG Art. 9 Rn. 70, 286ff.; Kissel, § 70 Rn. 35f.
402 Beschlüsse A 001 bzw. H 001, vgl. unter www.dgb.de/uber-uns/dgb-heute/Bundeskongress
403 Beschluss A 001 »Für eine Neue Ordnung der Arbeit«, Rn. 145–148.

aufgenommen: »Tarifautonomie und Flächentarifvertrag … setzen durchsetzungsfähige Tarifvertragsparteien und deren Chancengleichheit voraus.«[404] Die ab dem Jahr 2005 regierende **rot-schwarze Große Koalition** hat in ihrem Koalitionsvertrag auf inhaltliche Festlegungen zur Tarifautonomie und zum Arbeitskampfrecht ganz verzichtet (die CDU/CSU konnte sich mit ihrer Forderung nach einer gesetzlichen Öffnung für sog. »betriebliche Bündnisse für Arbeit«, vgl. dazu 235ff., in den Koalitionsverhandlungen nicht durchsetzen). Auch im Koalitionsvertrag der seit dem Jahr 2009 regierenden **schwarz-gelben Koalition** hat es keine Festlegungen zu den Themen Tarifautonomie und Arbeitskampfrecht gegeben. Ein von der Fraktion **Die Linke** am 8.3.2006 in den Bundestag eingebrachter Gesetzentwurf[405] zur Änderung des § 146 SGB III im Sinne der gewerkschaftlichen Forderungen fand dort keine Mehrheit,[406] ebenso erging es ihrem Antrag vom 21.9.2006 »Für das Recht auf Generalstreik«.[407]

Schließlich steht seit den 1980er Jahren die **Beseitigung** weiterer **Defizite des gewerkschaftlichen Streikrechts** auf der Tagesordnung.[408] Konkrete Vorstellungen zur Sicherung des Streikrechts stellte 1984 der Hamburger Senator für Arbeit, Jugend und Soziales mit dem Entwurf eines »Gesetzes zur materiellen Sicherung des Streikrechts der Arbeitnehmer« zur Diskussion.[409] Der Gesetzentwurf enthält u.a. folgende Vorschläge: 229

- Entgeltsicherung für die Arbeitnehmer im Fall der Aussperrung und mittelbarer arbeitskampfbedingter Produktionsstörungen,
- Mindestsicherung des Kündigungsschutzes der Arbeitnehmer im Arbeitskampf,
- Sicherung der Mitbestimmungsrechte des Betriebsrats im Arbeitskampf.

Nach dem Urteil des BVerfG vom 4.7.95 zu § 116 AFG (vgl. AKR Rn. 383) wurde das Thema mit ähnlichen Zielsetzungen wieder aufgegriffen. Die Gesetzentwürfe der SPD[410], der Grünen[411] und der PDS[412] scheiterten an der CDU/FDP-Mehrheit im Bundestag.

Forderungen zur Sicherung und zum Ausbau des Streikrechts müssen zukünftig vor allem berücksichtigen, dass zunehmend die Gefahr besteht, dass **traditionelle gemeinsame Arbeitsniederlegungen** unter veränderten Kampfbedingungen (vgl. Rn. 159ff., 186ff.; AKR Rn. 210) als einziges Mittel wirksamer Druckausübung der Arbeitnehmer ins Leere laufen. Die Gewerkschaften sind daher gezwungen, ihre **Kampfmittel** und **Streikformen weiter zu entwickeln**, zu verfeinern und flexibler einzusetzen[413] und **zusätzliche Formen der Druckausübung** wie Boykott, Öffentlichkeitskampagnen und Vernetzung mit außerbetrieblichen sozialen Aktionsbündnissen einzubeziehen (vgl. dazu AKR Rn. 204ff., 209ff.).[414] 230

---

404 Zur rot-grünen Arbeitsrechtsbilanz und zum Stellenwert von Streikrecht und Tarifautonomie in der Programmatik von SPD und von Bündnis 90/Die Grünen vgl. Buschmann, AuR 05, 298.
405 BT-Drucks. 16/856.
406 Zu dieser rechtspolitischen Auseinandersetzung vgl. auch Karasch, AuR 07, 257.
407 BT-Drucksache 16/2681; Ablehnung abgedruckt bei Wilhelmy, S. 16ff.
408 Vgl. zur Begründung die Beiträge in Muhr, 1987.
409 Vgl. Berichte und Dokumente der Staatlichen Pressestelle des Senats der Freien Hansestadt Hamburg Nr. 736 vom 12.9.84.
410 BT-Drucks. 13/715; AuR 95, 137.
411 BT-Drucks. 13/961.
412 BT-Drucks. 13/531.
413 Detje u.a., S. 101ff.
414 Däubler, AR 1, Rn. 705a; HBV-Hauptvorstand, S. 1ff., 24ff.; Renneberg, S. 215ff.

231 Unter Berücksichtigung vorstehender Überlegungen ist besonders zu fordern: Die rechtlichen Beschränkungen des **Zugangs** streikender Arbeitnehmer und von Gewerkschaftsbeauftragten **zum bestreikten Betrieb**, der **Kommunikation mit Kunden und Geschäftspartnern** des bestreikten Arbeitgebers und mit den Belegschaften unter **Nutzung der innerbetrieblichen elektronischen Kommunikationsmittel** und der verschiedenen **Formen des Verweilens am Arbeitsplatz** während des Arbeitskampfes sind aufzuheben und die **rechtliche Privilegierung der Streikbruchorganisation** durch den Arbeitgeber (vor allem durch die Rechtsprechung zur Rechtswidrigkeit des Absperrens bzw. der Blockade bestreikter Betriebe, vgl. dazu AKR Rn. 262ff., 509) einzuschränken.

232 Bei der Bewertung dieser Forderungen ist zu berücksichtigen, dass **Tarifautonomie und Streikrecht** nicht im statischen Sinne auf Dauer rechtlich eingegrenzt sind, sondern unter Berücksichtigung des ständigen gesellschaftlichen Wandels **entwicklungsoffen** verstanden werden müssen: »*Die Koalitionen … sollen die Mittel, die sie zur Erreichung ihres Zwecks für geeignet halten, selbst wählen können. Zu den geschützten Mitteln zählen jedenfalls die Arbeitskampfmaßnahmen, die erforderlich sind, um eine funktionierende Tarifautonomie sicher zu stellen*«.[415]

233 Der rechtspolitische und rechtliche Kampf um die Reichweite des Streikrechts sollte aus gewerkschaftlicher Sicht nicht auf den »**Appell an den Gesetzgeber**« setzen, sondern in erster Linie durch die praktische **Wahrnehmung bestehender Rechte**, eine **aktivierende und beteiligungsorientierte Tarif- und Betriebspolitik** und eine **gesellschafts- und rechtspolitisch** angelegte **Informations- und Mobilisierungsarbeit** geführt werden. Oben wurde bereits dargelegt, dass für eine Kodifikation des Streikrechts weder rechtlich noch praktisch ein Bedürfnis besteht (vgl. Rn. 214). Bei realistischer Beurteilung der politischen Rahmenbedingungen und Kräfteverhältnisse und unter Berücksichtigung historischer Erfahrungen gibt es auch keinen plausiblen Grund zu der Annahme, dass eine gesetzliche Regelung des Streikrechts in absehbarer Zeit zu einer Ausweitung der gewerkschaftlichen Handlungsmöglichkeiten führen könnte. Würde sich der Gesetzgeber des Streikrechts annehmen, wäre eher das Gegenteil zu befürchten. Unabhängig davon ist es in gewisser Weise widersprüchlich, vom Gesetzgeber die Aufhebung (richter-) rechtlich und tatsächlich (noch) bestehender Beschränkungen des Streikrechts (z.B. keine Erstreikbarkeit der tarifvertraglichen Gestaltung von Unternehmerentscheidungen, ausschließliche Tarifbezogenheit, Verbot politischer Demonstrations- und Proteststreiks) zu fordern, die nach eigener Überzeugung mit den völkerrechtlichen, europarechtlichen und verfassungsrechtlichen Garantien des Streikrechts ohnehin nicht vereinbar sind.[416] Das gilt entsprechend für die Forderung nach einem **gesetzlichen Verbot der Aussperrung**.[417]

---

415 BVerfG 10.9.04 – 1 BvR 1191/03; 2.3.93 – 1 BvR 1213/85, AP Nrn. 167, 126 zu Art. 9 GG Arbeitskampf; BAG 19.6.07 – 1 AZR 396/06, NZA 07, 1055.

416 So etwa der sog. Wiesbadener Appell für eine gesetzliche und verfassungsrechtliche Garantie des politischen Streiks, abrufbar unter http://politischer-streik.de/.

417 S. dazu Kittner, AuR 15, G5, G7, der im Rahmen seiner Schilderung der Entwicklung der gewerkschaftlichen Willensbildung zur Ausrichtung des Kampfes gegen Aussperrung unter der Überschrift »Otto Brenners Arbeitskampfvermächtnis« den Staatsrechtslehrer Helmut Ridder auf der wissenschaftlichen Veranstaltung »Streik und Aussperrung« im Jahr 1973 aus dessen Vortrag wie folgt zitiert: »Die Aussperrung darf nicht verboten, sie kann nicht verboten werden, weil sie bereits verboten ist«.

Bei der Auseinandersetzung um die Reichweite des Streikrechts wäre es nicht zielführend, aktuelle **rechtliche Beschränkungen** der Kampfmittel der Gewerkschaften zur absoluten **Grenze gewerkschaftlicher Strategiebildung und Kampfführung** zu machen.[418] Es entspricht verbreiteter Erkenntnis, dass das Streikrecht seine historischen Wurzeln auch im **Rechtsbruch** hat[419] und dass **Grenzüberschreitungen bzw. ziviler Ungehorsam** bei entsprechender sozialer Plausibilität und gesellschaftlicher Akzeptanz selbst Einfluss auf zukünftige Normierungsprozesse haben bzw. bestehende rechtliche Restriktionen in ihrer Wirkung relativieren.[420] »*Hätten Arbeitnehmer und Gewerkschaften stets nur auf das gehört, was Unternehmer und ihnen nahe stehende Kreise als aus ihrer Sicht allein rechtens bezeichnet haben, dann stünden sie heute noch dort, wo sie zu Beginn der industriellen Revolution einmal gestanden haben.*«.[421]

11.2 Tarifvertragsrecht, Tarifautonomie

234 CDU/CSU, FDP sowie einzelne Bundesländer haben 2002/2003 einen Teil der in Rn. 185ff. mitgeteilten Vorschläge aufgegriffen und entsprechende **Gesetzentwürfe** eingebracht. Diese haben im Bundestag und Bundesrat nicht die erforderliche Mehrheit gefunden. Erneute gesetzgeberische Aktivitäten sind im Koalitionsvertrag 2009 nicht vereinbart, aber nicht auszuschließen.

235 Der Gesetzentwurf der **CDU/CSU**[422] legitimiert Tarifunterschreitungen durch Berücksichtigung der Beschäftigungschancen beim **Günstigkeitsvergleich**; einzelvertragliche Abreden sollen als günstiger gelten, wenn Betriebsrat und ⅔ der Belegschaft zustimmen. Betriebsrat und Arbeitgeber sollen in einer »**Beschäftigungsvereinbarung**« vom Tarifvertrag nach unten abweichen können, wenn zwei Drittel der Beschäftigten zustimmen und keine Tarifvertragspartei der Vereinbarung widerspricht. Die vielfältige – gesetzeswidrige – Praxis in Betrieben gelte es zu legalisieren.[423] Die gleichen Ziele verfolgten die Entwürfe der **FDP-Fraktion.**[424]

236 Die **Gesetzentwürfe** wurden im Dezember 2003 **abgelehnt**. In einer Erklärung wird die Erwartung ausgesprochen, dass sich die Tarifparteien auf eine neue Balance zwischen tarifvertraglichen und betrieblichen Regelungen verständigen (das ist erfolgt, z.B. in der Metallindustrie durch den »Pforzheim«-Vertrag; vgl. Rn. 205).

Die **Gesetzentwürfe** kehren das bisherige Verständnis von Tarifautonomie um, verkennen die Praxis der letzten Jahre und wollen nicht nur in einzelnen Betrieben, sondern mittelfristig allgemeine Lohnsenkungen oder (unbezahlte) Arbeitszeitverlängerungen ermöglichen. Sie erlauben Unternehmen – bei bestehender Laufzeit – von Tarifverträgen abzuweichen; damit würde freilich die Geschäftsgrundlage für die tarifliche **Friedens-**

418 Dazu Hoffmann, FS Brenner, S. 95ff.
419 Vgl. Wißmann, JArbR 1998, S. 115, 130; Hartwich, in Muhr, S. 23, 28ff.
420 Detje u.a., S. 88.
421 Muhr, S. 290.
422 BT-Drucks. 15/1182; bestätigt auf dem CDU-Parteitag 2006.
423 Zust. Hromadka, NZA 96, 1239; DB 03, 42; DB 6.2.04, S. I; Buchner, DB 03, 1510; Rüthers, NJW 03, 44.
424 BT-Drucks. 15/590 und 15/1225.

pflicht (Rn. 195 und AKR Rn. 59ff.) entfallen.[425] Sie verstoßen gegen Art. 9 Abs. 3 GG und sind **verfassungswidrig.**

237 Das **Günstigkeitsprinzip**, d.h. die Verbesserung tariflicher Standards durch Einzelvertrag (vgl. § 4 Rn. 140ff.) würde umgedreht, das TVG umgestaltet. Die **zwingende Wirkung** von Tarifnormen entfiele, sobald die Gefahr einer Kündigung glaubhaft wird; also genau dann, wenn sich die Unabdingbarkeit bewähren muss.[426]

238 Dieses Verdikt gilt auch für die »Beschäftigungsvereinbarung« (geplanter § 88a BetrVG), die den **Tarifvorbehalt in § 77 Abs. 3 BetrVG** unterläuft. Die **zwingende Wirkung** der Tarifverträge wird beseitigt. Das unterminiert die Unabdingbarkeit der Tarifnormen; die Garantie des tarifvertraglichen Mindestniveaus ist aber Bestandteil der verfassungsrechtlichen Schutzfunktion (vgl. oben Rn. 81).[427] Die tarifliche Normsetzung würde zu Lasten der Tarifvertragsparteien auf Dritte (Arbeitgeber und Betriebsrat) übertragen. § 77 Abs. 3 BetrVG ist aus Art. 9 Abs. 3 GG abgeleitet und verfassungsrechtlich geschützt.[428]

239 Der Referendums-Vorbehalt und das **Veto-Recht der Tarifvertragsparteien** ändern an diesem Ergebnis nichts. Den Tarifvertragsparteien wird in einem »Kernbereich« koalitionsmäßiger Betätigung, dem Aushandeln der Arbeits- und Wirtschaftsbedingungen[429], nur die Nebenrolle des Notars zugewiesen, bildlich wird ihnen – gegen Ende der Mahlzeit – ein Platz am »Katzentisch« überlassen. Ihre Aufgabe ist aber nicht das Zuschauen, sondern die aktive Gestaltung der Arbeitsbedingungen. Sie wären nicht mehr Herren des Verfahrens.[430]

240 Die Große Koalition aus CDU/CSU und SPD hat entsprechend der Vereinbarungen aus dem Koalitionsvertrag im Jahr 2013 mit dem **Tarifautonomiestärkungsgesetz** vom 11.8.2014[431] u.a. durch das **Mindestlohngesetz** (MiLoG) einen flächendeckenden gesetzlichen Mindestlohn in Höhe von 8,50 Euro eingeführt (s. dazu TVG Anhang 1) und die **Allgemeinverbindlichkeitserklärung** von Tarifverträgen (s. dazu die Kommentierung bei § 5 TVG) erleichtert.

241 Trotz der Ablehnung einer **gesetzlichen Regelung des Grundsatzes der Tarifeinheit** durch ver.di, die NGG und die GEW, den DBB und die die sog. Berufsgruppengewerkschaften sowie ihre Ablehnung durch große Teile der Rechtswissenschaft und der Arbeits-

---

425 Vgl. Zachert, AuR 04, 126.

426 So Dieterich, RdA 02, 1ff.; KeZa-Kempen, Grundl. Rn. 189ff.; nach Zachert, AuR 04, 122, sind Tarifverträge »unter Vorbehalt des jederzeitigen Widerrufs« gestellt und die Parität der Tarifvertragsparteien im Arbeitskampf gestört; vgl. auch Wolter, NZA 03, 1317.

427 BVerfG 24.5.77 – 2 BvL 11/74, AuR 77, 380 mit Anm. Kempen.

428 Zachert, AuR 04, 122, 124; vgl. auch BVerfG 24.4.96 – 1 BvR 712/86, AuR 96, 371; G. Müller, AuR 92, 257, 258; Däubler-Däubler, Einl. Rn. 100; DKKW-Berg, BetrVG, § 77 Rn. 126f., 156; Dieterich, RdA 02, 2; KeZa-Kempen, Grundl. Rn. 189ff.; Kittner, FS Stahlhacke, S. 247, 255; Wolter, NZA 03, 1317; zurückhaltend Wiedemann-Wank, § 4 Rn. 598ff.

429 So BVerfG 24.4.96 – 1 BvR 712/86, AuR 96, 371; 26.6.91 – 1 BvR 779/85, AuR 92, 29 m. Anm. Däubler.

430 So Zachert, AuR 04, 126, der auch einen Verstoß gegen Art. 5 des ILO-Abkommens Nr. 135 sieht; vgl. auch KeZa-Kempen, Grundl. Rn. 193; Kittner, FS Schaub, S. 389, 415; Schaub, NZA 98, 623; Wolter, NZA 03, 1317; ein Abweichen mit Veto-Recht billigen unter bestimmten Voraussetzungen Dieterich/Hanau u.a., RdA 04, 65, 70.

431 BGBl. I S. 1348.

gerichtsbarkeit, wurde das am 10.7.2015 in Kraft getretene Tarifeinheitsgesetz[432] durch den Bundestag verabschiedet. Durch den **in das TVG neu eingefügten § 4a TVG** wird gesetzlich angeordnet, dass bei der Kollision von Tarifverträgen im Betrieb nur der Tarifvertrag der Mehrheitsgewerkschaft zur Anwendung kommt. Mit dieser gesetzlichen Neuregelung sind ein **verletzender Eingriff in die in Art. 9 Abs. 3 GG geregelte Koalitionsfreiheit** und eine **indirekte Einschränkung des Streikrechts** verbunden (zu den Einzelheiten s. die Kommentierung zu § 4a TVG).

Um die **»Durchsetzungsschwäche« des Tarifvertrags** zu kompensieren und die **Einhaltung gesetzlicher Mindestarbeitsbedingungen** erfolgreicher realisieren zu können, ist die Schaffung eines **gesetzlichen Verbandsklagerechts der Gewerkschaften** erforderlich (vgl. dazu Rn. 151). Ein entsprechender Beschluss wurde vom 19. DGB-Bundeskongress gefasst (vgl. oben Rn. 227). Die Forderung nach einem derartigen Verbandsklagerecht bekommt durch die Einführung eines flächendeckenden **gesetzlichen Mindestlohns** (vgl. dazu Anhang TVG 1.) am 1.1.2015 neue Aktualität. **242**

432 BGBl. I 1130.

Teil 2
Kommentierung Tarifvertragsgesetz (TVG)

§ 1 Inhalt und Form des Tarifvertrags

(1) Der Tarifvertrag regelt die Rechte und Pflichten der Tarifvertragsparteien und enthält Rechtsnormen, die den Inhalt, den Abschluss und die Beendigung von Arbeitsverhältnissen sowie betriebliche und betriebsverfassungsrechtliche Fragen ordnen können.
(2) Tarifverträge bedürfen der Schriftform.

Inhaltsübersicht Rn.

1. Vorbemerkungen

1 § 1 TVG liefert – zusammen mit § 2 Abs. 1 TVG – die Merkmale des Begriffs »Tarifvertrag« (vgl. Rn. 7).

Die Vorschrift legt den möglichen **Inhalt von Tarifverträgen** fest (§ 1 Abs. 1 TVG, vgl. Rn. 103 ff., 154 ff.) und schreibt für den Tarifvertrag zwingend die **Schriftform** (§ 1 Abs. 2 TVG, vgl. Rn. 46 ff.) vor.

2 Soweit der Tarifvertrag **Rechtsnormen** mit unmittelbarer und zwingender Wirkung enthält, unterscheidet er sich als **Kollektivvertrag** vom zivilrechtlichen Vertrag individueller Vertragsparteien (vgl. Grundl. Rn. 50 ff.). Zur entsprechenden Anwendung bürgerlichrechtlicher Vorschriften auf Tarifnormen vgl. Rn. 31 ff.

3 Tarifverträge werden mit dem Ziel abgeschlossen, die **Arbeits- und Wirtschaftsbedingungen** (vgl. Art. 9 Abs. 3 GG; dazu Rn. 154, 171) durch **Rechtsnormen** (vgl. Rn. 103 ff.) oder **schuldrechtliche Vereinbarungen** (vgl. Rn. 400) zu gestalten.

4 Trotz rückläufiger Tarifbindung (vgl. Grundl. Rn. 49) werden die Arbeitsbedingungen für den **größten Teil der Arbeitnehmer** unmittelbar (aufgrund beiderseitiger Tarifbindung; vgl. § 3 Rn. 4) oder mittelbar (aufgrund vertraglicher Bezugnahme; vgl. § 3 Rn. 245 ff. oder stillschweigender »Tarifanwendung«) durch Tarifvertragsinhalte bestimmt (vgl. Grundl. Rn. 177).

5 Nach Ansicht des BVerfG ist das Tarifvertragssystem darauf angelegt, die **strukturelle Unterlegenheit** der einzelnen Arbeitnehmer beim Abschluss von Arbeitsverträgen durch kollektives Handeln auszugleichen und damit ein **annähernd gleichgewichtiges Aushandeln** der Löhne und Arbeitsbedingungen zu ermöglichen (zur Bedeutung des Streikrechts bei der Schaffung von Verhandlungsparität vgl. AKR Rn. 1, 3 ff.).[1] Vor diesem Hintergrund sind Tarifverträge Ausdruck eines »Machtausgleichs«[2] zwischen Arbeitnehmern und Arbeitgebern. Von Verfassung wegen werde eine Verhandlungsparität vorausgesetzt, so das BAG.[3]

Aus dem »annähernden Gleichgewicht« folgert die Rspr., dass Tarifverträge eine **materielle Richtigkeitsvermutung bzw. Richtigkeitsgewähr** bieten und »im Normalfall« ihre Regelungen den Interessen beider Seiten gerecht werden und keiner Seite ein unzumutbares Übergewicht vermitteln (zur Kritik an den tatsächlichen Annahmen vgl. Grundl.

1 BVerfG 4. 7. 95 – 1 BvF 2/86, AiB 95, 595.
2 BAG 24. 9. 08 – 6 AZR 76/07, NZA 09, 154.
3 BAG 21. 5. 14 – 4 AZR 50/13, NZA 15, 135.

Rn. 159ff.).[4] Auch dem **Firmentarifvertrag** (vgl. Rn. 26) komme eine Richtigkeitsgewähr zu. Sie gelte auch für schuldrechtliche Vereinbarungen zwischen den Tarifpartnern, z.B. wenn diese dort Leistungen (z.B. Erholungsbeihilfen) für Gewerkschaftsmitglieder vereinbaren.[5] Die Mächtigkeit im Einzelfall sei kein taugliches Differenzierungskriterium für eine unterschiedlich intensive **Inhaltskontrolle** von Tarifverträgen.[6]

Ausgehend hiervon findet eine **Angemessenheitskontrolle** von Tarifverträgen – etwa nach §§ 305ff. BGB – gem. § 310 Abs. 4 BGB nicht statt (vgl. Rn. 43).[7] 6

Es entstehen allerdings mit Blick auf »**Billigtarifverträge**« gelegentlich Zweifel, ob die Annahme einer den Tarifverträgen innewohnenden materiellen Richtigkeitsgewähr immer zutrifft.[8] Der Umstand, dass die tarifliche Stundenvergütung etwa einer in Sachsen beschäftigten Friseurin im ersten Jahr nach der Gesellenprüfung nur 3,82 Euro bzw. ab dem 2. Jahr 4,69 Euro 2012 betrug[9], beruht nicht auf der »Richtigkeit« einer solchen Vergütungsregelung als darauf, dass es der Gewerkschaft nicht gelang, Beschäftigte in hinreichender Zahl zu organisieren und zur Mitwirkung an der Durchsetzung von besseren Tarifverträgen – ggf. in Form von Streiks – zu bewegen. Tarifverhandlungen unter solchen Umständen sind – um ein Wort des BAG aufzugreifen[10] – nichts anderes als Ausdruck »kollektiven Bettelns«.[11] Tarifverträge mit derartig niedrigen Entgelten sind allerdings durch die Einführung des allgemeinen gesetzlichen Mindestlohnes zum 1.1.2015 in Höhe von 8,50 € insoweit unwirksam (vgl. zum allg. gesetzlichen Mindestlohn § 5 Anhang 1). Soweit Tarifvorschriften gegen **höherrangiges Recht** verstoßen – etwa den **Gleichbehandlungsgrundsatz** oder **gesetzliche Diskriminierungsverbote** –, sind sie unwirksam (vgl. Rn. 381ff. und Grundl. Rn. 121ff.).

Zu Zweifeln an der Wirksamkeit sehr kurzer tariflicher **Ausschlussfristen** vgl. Rn. 267 und § 4 Rn. 269.

---

4 BAG 3.10.69 – 3 AZR 400/68, AP Nr. 12 zu § 15 AZO; 28.3.06 – 1 ABR 58/04, AP Nr. 4 zu § 2 TVG Tariffähigkeit; 24.9.08, a.a.O.; vgl. auch Kittner/Zwanziger/Deinert-Deinert, § 1 Rn. 22; Däubler-Reim/Nebe, Rn. 149ff.

5 BAG 21.5.14 – 4 AZR 50/13, NZA, 135 (Opel)

6 BAG 24.3.04 – 5 AZR 303/03, NZA 04, 971; 24.9.08, a.a.O.

7 Für eine dennoch vorzunehmende Richtigkeitskontrolle Ulber, § 1 Rn. 51f., § 9 Rn. 303; Schüren/Riederer v. Paar, AuR 04, 244.

8 Vgl. Ulber, § 1 Rn. 51f., § 9 Rn. 303 zu den Tarifverträgen zur Leiharbeit.

9 Allgemeinverbindlicher Vergütungstarifvertrag für die Beschäftigten des sächsischen Friseurhandwerks vom 6.10.2004 (http://sat.verdi.de/branchen_berufe/besondere_dienstleistungen/tarifpolitik/friseur-_und_kosmetikhandwerk/#vergutungstarifvertrag-friseure-sachsen; für das Friseurhandwerk für den Zeitraum 1.1.2015 bis 31.7.2015 ein Mindestlohn nach AEntG in Höhe von 8 € West und 7,50 € Ost, BAnz. AT v. 10.12.2014.

10 BAG 10.6.80 – 1 AZR 168/79, AP Nr. 65 zu Art. 9 GG Arbeitskampf.

11 Däubler-Däubler, Einl. Rn. 58a nimmt zu Recht an, dass »Billigtarife« dieser Art insbes. in den Augen der Beschäftigten die Tarifautonomie diskreditieren und den Gerichten die Korrektur tariflich festgezurrter – aber dennoch offensichtlich unangemessener bis sittenwidriger – Bedingungen erschweren. Bei manchen gewerkschaftlichen Akteuren bestehe vermutlich die Vorstellung, schon die Form »Tarifvertrag« verfüge als solche über einen Eigenwert. In Wirklichkeit mache sie die schon schlechte Lage noch aussichtsloser.

2. Der Tarifvertrag – Begriff und Rechtsnatur

7 Das TVG verzichtet auf eine **Legaldefinition des Tarifvertrags**. Allerdings lassen sich die Begriffsmerkmale unmittelbar aus §§ 1 und 2 TVG ableiten. Nach allgemeiner Auffassung[12] handelt es sich bei einem Tarifvertrag um:

- einen **schriftlichen Vertrag** (vgl. § 1 Abs. 1 und 2 TVG)
- zwischen einer oder mehrerer **Gewerkschaften** einerseits und einem oder mehreren **Arbeitgebern** und/oder einem oder mehreren **Arbeitgeberverbänden** andererseits (vgl. § 2 Abs. 1 TVG),
- der **Rechte und Pflichten der Tarifvertragsparteien (schuldrechtlicher Inhalt)** und/oder **Rechtsnormen** über den Inhalt, den Abschluss und die Beendigung von Arbeitsverhältnissen und betriebliche oder betriebsverfassungsrechtliche Fragen (**normativer Inhalt**) enthält (vgl. § 1 Abs. 1 TVG).

8 Voraussetzung für das Vorliegen eines Tarifvertrags ist somit das **Zustandekommen eines schriftlichen Vertrags** (zu den Einzelheiten vgl. Rn. 31ff., 46ff.), der von **tariffähigen Vertragsparteien** (vgl. § 2 Rn. 3ff.) abgeschlossen wurde und **Regelungen der Arbeits- und Wirtschaftsbedingungen** (vgl. Rn. 154, 171ff.) durch **Rechtsnormen** (vgl. Rn. 103ff.) und/oder durch **schuldrechtliche Abreden** zwischen den Tarifvertragsparteien (vgl. Rn. 394ff.) enthält.

9 Ein Tarifvertrag muss nicht zwingend **Rechtsnormen** i.S.d. § 1 Abs. 1 TVG enthalten, die Tarifvertragsparteien können den Inhalt eines Tarifvertrags auch auf **schuldrechtliche Regelungen** beschränken, mit denen Rechte und Pflichten der Tarifvertragsparteien begründet werden; etwa eine **Schlichtungsvereinbarung**, aber auch materielle Verpflichtungen des Arbeitgebers, beispielsweise zur Durchführung von Investitionen oder Neueinstellungen (vgl. Rn. 400ff., 402).[13]

10 Ob es sich bei einer **Vereinbarung zwischen tariffähigen Parteien** um einen Tarifvertrag im Sinne des Tarifvertragsgesetzes oder eine »sonstige Vereinbarung« ohne Tarifvertragscharakter (vgl. Rn. 17, 432ff.) handelt, richtet sich nach den allgemeinen Regeln über das Zustandekommen und die **Auslegung schuldrechtlicher Verträge** nach §§ 133, 157 BGB.[14] Die vom BAG zur Auslegung des normativen Teils von Tarifverträgen aufgestellten Rechtssätze (vgl. Grundl. Rn. 153ff.) sind nicht anzuwenden. Die Frage, ob einer Vereinbarung Tarifqualität zukommt, unterliegt der **uneingeschränkten Überprüfung** durch die Gerichte.[15]

11 Für das Vorliegen eines Tarifvertrags kommt es nicht entscheidend darauf an, dass die Tarifvertragsparteien für die von ihnen getroffene Regelung die **Bezeichnung »Tarifvertrag«** gewählt haben. Die Bezeichnung etwa als »Vereinbarung«, »Protokollnotiz« oder »Ergebnisprotokoll« ist unschädlich, wenn der **Wille** der Tarifvertragsparteien zur Regelung der »Arbeits- und Wirtschaftsbedingungen« i.S.d. Art. 9 Abs. 3 GG durch Rechts-

---

12 Vgl. Däubler-Reim/Nebe, Rn. 1; KeZa-Zachert, Rn. 1; Wiedemann-Thüsing, Rn. 1.

13 Vgl. Däubler-Reim/Nebe, Rn. 1; Wiedemann-Thüsing, Rn. 3.

14 BAG 26.9.12 – 4 AZR 689/10, AP Nr. 24 § 1 TVG Tarifverträge: Bewachungsgewerbe; 7.6.06 – 4 AZR 272/05, ZTR 07, 187 = AP Nr. 37 zu § 1 TVG.

15 BAG 23.1.08 – 4 AZR 602/06, ZTR 08, 665; 15.4.08 – 9 AZR 159/07, AP Nr. 38 zu § 1 TVG Altersteilzeit.

normen oder eine schuldrechtliche Regelung im fraglichen Vertragswerk hinreichend deutlich zum Ausdruck kommt.[16] Allerdings soll eine von tariffähigen Parteien geschlossene Vereinbarung, die **nicht ausdrücklich als Tarifvertrag bezeichnet** ist, nicht gegen den eindeutig erklärten Willen einer Vertragspartei als Tarifvertrag gewertet werden können.[17]

Im Zweifel ist davon auszugehen, dass die Tarifvertragsparteien Regelungen treffen wollten, die von ihrer Regelungskompetenz erfasst werden und damit auch Wirksamkeit entfalten können.[18] Schließen etwa Betriebsrat, Arbeitgeber und zuständige Gewerkschaft einen »Konsolidierungsvertrag«, der die Verkürzung von Ansprüchen aus einem Tarifvertrag vorsieht, in dessen fachlichem und räumlichem Geltungsbereich sich der Betrieb befindet, so handelt es sich **im Zweifel** um einen Tarifvertrag, denn eine Betriebsvereinbarung mit diesem Inhalt wäre nach § 77 Abs. 3 BetrVG unwirksam.[19] Zu »gemischten Vereinbarungen« vgl. auch Rn. 19. 12

Haben die Tarifvertragsparteien ein Regelungswerk vereinbart, das sie als »Tarifvertrag« bezeichnen und enthält das Regelungswerk die für einen Tarifvertrag **typischen Vorschriften** (beispielsweise Regelungen zur Förderung der Altersteilzeit; vgl. Rn. 232ff.), ist grundsätzlich davon auszugehen, dass es sich um einen Tarifvertrag i. S. v. § 1 Abs. 1 TVG handelt.[20] 13

Von einem Tarifvertrag zu unterscheiden ist ein **Vorvertrag**, in dem die Tarifvertragsparteien sich lediglich zum Abschluss eines Tarifvertrags verpflichten. 14

Als Vorvertrag ist auch das in der Praxis übliche – von beiden Tarifvertragsparteien am Ende der Tarifverhandlungen unterzeichnete – sog. **Verhandlungsergebnis** einzuordnen (vgl. Rn. 32). Um Streitigkeiten in Detailfragen zu vermeiden, wird das Verhandlungsergebnis meist erst unterschrieben, wenn der abzuschließende Tarifvertrag ausformuliert ist. Er wird dann dem Verhandlungsergebnis als Anlage beigefügt.

Beispiel:
Verhandlungsergebnis 2012 zwischen Verband der Metall- und Elektroindustrie Baden-Württemberg – Südwestmetall – und IG Metall Bezirk Baden-Württemberg vom 19.5.2012

In Form eines Vorvertrages/Verhandlungsergebnisses werden oft auch Tarifverhandlungen zwischen Gewerkschaft und einem einzelnen nicht verbandsangehörigen Arbeitgeber abgeschlossen. In einem solchen Vertrag verpflichten sich beide Seiten zur vollständigen oder teilweisen **Übernahme** eines, mehrerer oder aller einschlägigen Verbandstarifverträge durch Abschluss eines entsprechenden **Firmentarifvertrags** (z.B. Anerkennungstarifvertrag; vgl. Rn. 26).

---

16 BAG 23.1.08, a.a.O.; 7.6.06 – 4 AZR 272/05, ZTR 07, 187; 25.6.03 – 4 AZR 405/02, ZTR 04, 190, 191; 5.11.97 – 4 AZR 872/95, ZTR 98, 265.
17 BAG 5.11.97 – 4 AZR 872/95, AP Nr. 29 zu § 1 TVG; 14.4.04 – 4 AZR 232/03, DB 04, 2703.
18 BAG 7.11.00 – 1 AZR 175/00, NZA 01, 727.
19 BAG 23.1.08 – 4 AZR 602/06, ZTR 08, 665.
20 BAG 20.1.09 – 9 AZR 677/07, NZA 10, 295.

Derartige Vorverträge sind **zulässig**[21] und verpflichten bei hinreichender Bestimmtheit zum Abschluss eines Tarifvertrags, d.h. zur »Tarifierung« des Verhandlungsergebnisses.[22] Die Erfüllung eines Vorvertrages kann durch **Klage** beim Arbeitsgericht erzwungen werden.[23]

Vorverträge haben **keinen Tarifvertragscharakter**. Sie setzen nicht mit Wirkung für die Verbandsmitglieder Rechtsnormen oder regeln die »Arbeits- und Wirtschaftsbedingungen« in Form schuldrechtlich wirkender Rechte und Pflichten. Vielmehr begründen sie lediglich die schuldrechtliche Verpflichtung zum **Abschluss** eines Tarifvertrags. Sie unterliegen deshalb nicht der für Tarifverträge vorgeschriebenen **Schriftform** nach § 1 Abs. 2 TVG.[24] Zu weiteren Einzelheiten vgl. Rn. 432.

15 Ob es sich bei – **schriftlichen** – (vgl. zum generell geltenden Schriftformerfordernis Rn. 46ff.) **Verhandlungsergebnissen** (vgl. Rn. 429), **Ergebnisprotokollen** oder **-niederschriften**, **Protokollnotizen** oder **Niederschriftserklärungen** der Tarifvertragsparteien um

- einen Tarifvertrag (vgl. Rn. 7)[25] bzw. den Bestandteil eines Tarifvertrags,
- einen Vorvertrag (vgl. dazu Rn. 14, 432),
- eine Absichtserklärung,
- die Dokumentation eines Verhandlungsstandes,
- eine »authentische Interpretation«[26] oder
- einen bloßen Hinweis[27]

handelt, ist unter Berücksichtigung des – nach §§ 133,157 BGB zu ermittelnden – Willens der Tarifvertragsparteien und der Umstände ihres Zustandekommens im Wege der **Auslegung** festzustellen (vgl. Rn. 10).[28]

Gemeinsame Erklärungen der Tarifvertragsparteien, die in einem textlichen Zusammenhang mit einem Tarifvertrag stehen und inhaltlich und formal den Anforderungen an einen Tarifvertrag entsprechen, sind als Tarifvertrag zu qualifizieren.[29]

16 **Protokollnotizen, Rundschreiben, Richtlinien** oder **Kommentierungen** lediglich **einer** Tarifvertragspartei können auch dann nicht als Tarifvertrag qualifiziert werden, wenn sie inhaltlich mit der jeweils anderen Tarifvertragspartei abgestimmt sind.[30] Sie können aber

---

21 BAG 5.7.06 – 4 AZR 381/05, BB 07, 556; 26.1.83 – 4 AZR 224/80, AP Nr. 20 zu § 1 TVG; vgl. KeZa-Schubert/Zachert, Rn. 979f. m.w.N.

22 BAG 5.7.06, a.a.O.

23 BAG 5.7.06, a.a.O.

24 BAG 26.1.83 – 4 AZR 224/80, AP Nr. 20 zu § 1 TVG; 25.8.82 – 4 AZN 305/82, AP Nr. 23 zu § 72a ArbGG 1979 Grundsatz.

25 BAG 2.10.07 – 1 AZR 815/06, EzA § 77 BetrVG 2001 Nr. 20

26 BAG 2.10.07, a.a.O.

27 BAG 2.10.07, a.a.O.

28 BAG 26.9.12 – 4 AZR 689/10, AP Nr. 24 § 1 TVG Tarifverträge: Bewachungsgewerbe; 15.4.08 – 9 AZR 159/07, AP Nr. 38 zu § 1 TVG Altersteilzeit.

29 Vgl. Wiedemann-Wiedemann, Rn. 233; zu Protokollnotizen vgl. BAG 24.11.93 – 4 AZR 402/92, AP Nr. 2 zu § 1 TVG: Bergbau; 16.9.87 – 4 AZR 265/87, AP Nr. 15 zu § 4 TVG Effektivklausel; zu Ergebnisprotokollen oder -niederschriften vgl. BAG 25.6.03 – 4 AZR 405/02, ZTR 04, 190; 11.11.87 – 4 AZR 340/87, DB 88, 915; 3.12.86 – 4 AZR 19/86, DB 87, 1693.

30 BAG 23.10.96 – 4 AZR 262/95, ZTR 97, 121; Däubler-Reim/Nebe, Rn. 31; Wiedemann-Thüsing, Rn. 317.

Bedeutung bei der **Auslegung** von tarifvertraglichen Regelungen haben (zur Auslegung von Tarifverträgen vgl. Grundl. Rn. 152ff.).

Die Tarifvertragsparteien sind im Rahmen der **Arbeits- und Wirtschaftsbedingungen** gem. Art. 9 Abs. 3 GG (vgl. Grundl. Rn. 84) nicht darauf beschränkt, Tarifverträge abzuschließen, sondern befugt, auch **sonstige kollektivrechtliche Verträge** ohne Tarifvertragscharakter abzuschließen[31] (vgl. auch Rn. 159, 432ff.). 17

Derartige **nichttarifliche Vereinbarungen** existieren verbreitet in der **Chemischen Industrie** (sog. außertarifliche Sozialpartner-Vereinbarungen), u.a. zu den Regelungsgegenständen Beschäftigungsförderung, Ausbildungsförderung, Gruppenarbeit, Umweltschutz[32], aber auch im **Postbereich**[33] oder im **Öffentlichen Dienst**[34], etwa zu Fragen der Privatisierung oder Verwaltungsmodernisierung (vgl. dazu auch Rn. 159, 432ff.).

Ebenfalls nicht zu den Tarifverträgen gehören **einseitig erlassene Regelungen** oder **Richtlinien zu den Arbeitsbedingungen** wie etwa bei der **Kirche** (vgl. Rn. 120, 122; Grundl. Rn. 94; AKR Rn. 484) oder der Treuhandanstalt zu den Sozialplänen in den neuen Bundesländern.[35] Das gilt auch für: 18

- **einseitige tarifpolitische Erklärungen einer Tarifvertragspartei**,
- Absprachen zwischen der Bundesregierung oder den Landesregierungen mit den Tarifvertragsparteien auf Grundlage sog. **Bündnisse für Arbeit**.[36]

Beschäftigungssicherungs- bzw. Konsolidierungsvereinbarungen (vgl. Rn. 276, 343) zwischen Gewerkschaft, Arbeitgeber und Betriebsrat können den Charakter eines Tarifvertrags haben.[37] Nach Ansicht des 4. BAG-Senats kann eine tarifvertragliche Regelung in einem solchen Vertrag mit anderen Vereinbarungen zusammengefasst werden, wenn die tarifvertragliche Regelung von den anderen Vereinbarungen **deutlich erkennbar getrennt** ist.[38] 19

Demgegenüber sind nach Ansicht des 1. Senats Bestimmungen in »**gemischten**«, von Arbeitgeber, Gewerkschaft und Betriebsrat gemeinsam unterzeichneten (»**dreiseitigen**«) **Vereinbarungen unwirksam**, wenn sich nicht aus diesen selbst ohne Weiteres und zweifelsfrei ergibt, wer Urheber der einzelnen Regelungskomplexe ist und um welche Rechtsquellen es sich folglich handelt. Dies folge aus dem Gebot der Rechtsquellenklarheit, das den Schriftformerfordernissen des § 1 Abs. 2 TVG, § 77 Abs. 2 Satz 1 und 2 BetrVG zugrunde liegt.[39] Bei Abschluss eines kollektiven Normenvertrags müssten Normqualität und Urheberschaft im Interesse der Rechtssicherheit und der Rechtsklarheit eindeutig erkennbar sein. Zu den **praktischen Konsequenzen** vgl. Rn. 53.

---

31 BAG 5.11.97 – 4 AZR 872/95, AP Nr. 29 zu § 1 TVG; 28.7.88 – 6 AZR 349/87, AP Nr. 1 zu § 5 TV Arb Bundespost = PersR 89, 284; 28.9.83 – 4 AZR 200/83, AP Nr. 2 zu § 1 TVG: Seniorität.

32 Vgl. Wiedemann-Thüsing, Rn. 19ff.; Zachert, NZA 06, 10, jeweils m.w.N.

33 Vgl. dazu BAG 28.7.88 – 6 AZR 349/87, AP Nr. 1 zu § 5 TV Arb Bundespost.

34 Vgl. dazu BAG 5.11.97 – 4 AZR 872/95, AP Nr. 29 zu § 1 TVG.

35 BAG 21.4.93 – 4 AZR 543/92, AP Nr. 109 zu § 1 TVG Tarifverträge: Metallindustrie.

36 Vgl. dazu Schild/Unterhinninghofen, AiB 96, 16.

37 BAG 7.11.00 – 1 AZR 175/00, DB 01, 1151, wo ein »Konsolidierungsvertrag« zwischen einer Gewerkschaft, dem Arbeitgeber und dem Betriebsrat als Tarifvertrag qualifiziert wurde; dazu auch Zachert, NZA 06, 10, 12.

38 BAG 23.1.08 – 4 AZR 602/06, ZTR 08, 665.

39 BAG 15.4.08 – 1 AZR 86/07, NZA 08, 1074; vgl. hierzu DKKW-Berg, § 77 Rn. 70; DKKW-Däubler, §§ 112, 112a, Rn. 61ff.; Bayreuther, NZA 10, 378, 380f.

20 Soweit den tarifvertraglichen Regelungen die Eigenschaft von **Rechtsnormen** (§ 1 Abs. 1 TVG; vgl. Rn. 103ff.) durch gesetzliche Anordnung zukommt, sind diese **Gesetz im materiellen Sinn** und **Bestandteil der staatlichen Rechtsordnung**[40] und damit Maßstab etwa für die AGB-Kontrolle nach §§ 305ff. BGB (vgl. §§ 307 Abs. 3, 310 Abs. 4 Satz 3 BGB).

Die **Arbeitsgerichte** haben Tarifverträge nur dann **von Amts wegen** anzuwenden[41], wenn sich aus dem Parteivortrag in einem Rechtsstreit ergibt, dass tarifvertragliche Normen – etwa tarifliche Ausschlussfristen – entscheidungserheblich sein könnten.[42]

21 Nach Ansicht des BAG ist der Tarifvertrag Ergebnis **kollektiv ausgeübter Privatautonomie**[43] und damit ein **Institut des Privatrechts.**[44] Abgesehen davon, dass dies der historischen Entwicklung entspricht, handelt es sich bei den Tarifvertragsparteien (vgl. § 2 Rn. 6ff.) um Rechtssubjekte des Privatrechts, deren Handeln nicht staatlich beaufsichtigt wird und das im nichtstaatlichen Raum stattfindet.[45] Art. 9 Abs. 3 GG gewährleistet mit der Tarifautonomie für die Tarifvertragsparteien einen **Freiraum zur autonomen Rechtsgestaltung**[46] und will mit einer **Verlagerung** der Vertragsverhandlungen **von der individual- auf die kollektivvertragliche Ebene** ein annähernd gleichgewichtiges Aushandeln der Arbeitsentgelte und sonstigen Arbeitsbedingungen ermöglichen.[47]

22 Die **Rechtsnatur des Tarifvertrags** lässt sich nicht überzeugend mit der Normsetzungsbefugnis der Tarifvertragsparteien kraft **ausdrücklicher staatlicher Delegation**[48] erklären, sondern eher mit der verfassungsrechtlichen und staatlichen Anerkennung der historisch überkommenen **originären Regelungsmacht der Tarifvertragsparteien.**[49]

Die gesetzliche Anordnung der **Rechtsnormeigenschaft** der Tarifregelungen (vgl. Rn. 20) und die Anordnung ihrer **unmittelbaren und zwingenden Wirkung** (vgl. § 3 Rn. 3, § 4 Rn. 3ff.) in den § 1 Abs. 1, § 4 Abs. 1 TVG sichert die Existenz eines gem. Art. 9 Abs. 3 GG zur Verfügung zu stellenden funktionsfähigen Tarifvertragssystems, ohne am privatautonomen Ursprung und Charakter des von den Tarifvertragsparteien gesetzten Rechts etwas zu ändern.[50]

---

40 Vgl. Däubler-Reim/Nebe, Rn. 38, Wiedemann-Thüsing, Rn. 11; jeweils mit Nachweisen zur Rechtsprechung.

41 BAG 9.8.95 – 6 AZR 1047/94, AP Nr. 8 zu § 293 ZPO; 29.3.57 – 1 AZR 208/55, DB 57, 632.

42 BAG 15.6.93 – 9 AZR 208/92, NZA 94, 274; 12.7.72 – 1 AZR 445/71, DB 72, 2214.

43 BAG 11.3.98 – 7 AZR 700/96, AP Nr. 12 zu § 1 TVG Tarifverträge: Luftfahrt; 25.2.98 – 7 AZR 641/96, AP Nr. 11 zu § 1 TVG Tarifverträge: Luftfahrt; vgl. auch KeZa-Kempen, Grundl. Rn. 78 u. 89 m.w.N.

44 Vgl. Däubler-Reim/Nebe, Rn. 37; ErfK-Dieterich, GG Art. 9 Rn. 55ff.; Wiedemann-Thüsing, Rn. 13; Kittner/Zwanziger/Deinert-Deinert, § 8 Rn. 2.

45 Vgl. Wiedemann-Thüsing, a.a.O.

46 BVerfG 18.11.54 – 1 BvR 629/52, AP Nr. 1 zu Art. 9 GG, ErfK-Dieterich, a.a.O. Rn. 51.

47 BVerfG 4.7.95 – 1 BvF 2/86, AiB 95, 595 m. Anm. Däubler = AP Nr. 4 zu § 116 AFG; ErfK-Dieterich, a.a.O., Rn. 56; Kittner/Zwanziger/Deinert-Deinert, a.a.O.

48 Zur früher wohl herrschenden Delegationstheorie und den weiteren Einzelheiten des Theorienstreits zur Rechtsnatur des Tarifvertrags eingehend Däubler-Reim/Nebe, Rn. 35ff., 62ff.; Wiedemann-Thüsing, Rn. 42ff., jeweils m.w.N.

49 Vgl. Däubler-Reim/Nebe, Rn. 65.

50 Vgl. Däubler-Reim/Nebe, a.a.O.; ErfK-Dieterich, GG Art. 9 Rn. 55ff.

Der Theorienstreit über die Rechtsnatur des Tarifvertrags hat u.a. Bedeutung für die Fragen der **Grundrechtsbindung der Tarifvertragsparteien** (vgl. dazu Rn. 383ff. und Grundl. Rn. 121ff.) und die **Auslegung von Tarifverträgen** (vgl. dazu Grundl. Rn. 152ff.).

3. Arten von Tarifverträgen

23 In der deutschen Tarifpraxis lassen sich in Abhängigkeit von der Tarifvertragspartei auf Arbeitgeberseite (Arbeitgeberverband oder einzelner Arbeitgeber, vgl. dazu § 2 Rn. 66ff.) zunächst

- **Verbandstarifverträge**[51] mit bundesweitem oder regionalem räumlichem Geltungsbereich bzw. mit einem auf ein Unternehmen oder einen Betrieb beschränkten räumlichem Geltungsbereich (sog. **firmenbezogene Verbandstarifverträge**) und
- **Firmentarifverträge**

unterscheiden.[52]

24 Das Tarifvertragssystem wird trotz einer in den letzten Jahren steigenden Zahl von Firmentarifverträgen (vgl. Grundl. Rn. 183) durch die **branchenbezogenen Verbandstarifverträge** (auch als **Flächentarifverträge** bezeichnet) geprägt.

Diese werden zwischen den für einen bestimmten **Wirtschaftszweig** zuständigen Gewerkschaften und Arbeitgeberverbänden abgeschlossen und haben je nach der branchenspezifischen historischen Entwicklung einen **bundesweiten** (z.B. Baugewerbe, Banken, Chemische Industrie, Öffentlicher Dienst) oder – auf Bundesländer bzw. eigenständig abgegrenzte Tarifbezirke – **regional** beschränkten (z.B. Metallindustrie, Einzelhandel) **räumlichen Geltungsbereich**.

Zu branchenbezogenen **Mindestlohntarifverträgen**, die auf Grundlage des § 7 AEntG durch Rechtsverordnung auf nicht tarifgebundene Arbeitgeber und Arbeitnehmer erstreckt werden vgl. § 5 Rn. 54ff. Manche Verbandstarifverträge sind auf **Berufsgruppen** bezogen (z.B. Ärzte, Lokführer, Piloten; vgl. Grundl. Rn. 181; § 2 Rn. 37).

Zu den beim Zusammentreffen eines branchen- und eines berufsgruppenbezogenen Verbandstarifvertrags in einem Betrieb auftretenden Geltungsfragen vgl. § 4 Rn. 82ff.

25 Beim **firmenbezogenen Verbandstarifvertrag**[53] stehen sich als Tarifvertragsparteien ebenfalls Gewerkschaft und Arbeitgeberverband gegenüber, doch ist der räumliche Geltungsbereich eines derartigen Tarifvertrags auf ein **Unternehmen** bzw. ein oder mehrere **Betriebe** eines Unternehmens, das Mitglied eines Arbeitgeberverbands ist, beschränkt.

Firmenbezogene Verbandstarifverträge kommen vor allem vor, wenn es darum geht, einen für das Unternehmen geltenden (Flächen-)Verbandstarifvertrag für einen vorübergehenden Zeitraum **zu verändern**. Bei derartigen Tarifverträgen handelt es sich beispielsweise um Tarifverträge zur Sanierung des Unternehmens bzw. Beschäftigungssicherung (vgl. Rn. 276, 343), Härtefall- oder Notlagenregelungen, Überleitungsregelungen bei Unternehmensumstrukturierungen, Privatisierungen, Betriebsverlagerungen oder Betriebsschließungen; vgl. Rn. 166ff.

---

51 Vgl. Däubler-Reim/Nebe, Rn. 68ff.
52 Vgl. Däubler-Reim/Nebe, Rn. 67ff.
53 Vgl. Däubler-Reim/Nebe, Rn. 70ff.

Wenn auf ein Arbeitsverhältnis sowohl ein firmenbezogener Verbandstarifvertrag als auch ein (Flächen-)Verbandstarifvertrag kraft beiderseitiger Tarifbindung zur Anwendung kommt, gelten – wenn beide Tarifverträge dieselbe Materie regeln – im Regelfall die **Regeln der Tarifkonkurrenz**. Das heißt: sofern sich nicht aus den fraglichen Tarifverträgen selbst ergibt, welcher von ihnen gelten soll (vgl. Rn. 64 und § 4 Rn. 61), verdrängt der firmenbezogene Verbandstarifvertrag als die **speziellere Regelung** den Verbandstarifvertrag (vgl. Rn. 63 und § 4 Rn. 62, 66).[54] Die Rechtslage ist die Gleiche wie im Fall der Konkurrenz von Firmentarifvertrag und (Flächen-)Verbandstarifvertrag (vgl. hierzu Rn. 26 und § 4 Rn. 66).

Firmenbezogene Verbandstarifverträge sind nach überwiegender Meinung grundsätzlich **zulässig**[55] und können durch entsprechende **Öffnungsklauseln in den Verbandstarifverträgen** zusätzlich legitimiert werden (vgl. auch Grundl. Rn. 204; AKR Rn. 117ff.).[56]

Zur **kampfweisen Durchsetzung** derartiger Tarifverträge vgl. AKR Rn. 55ff. Zu den »**nachgezeichneten Tarifverträgen**«, die nach dem Tarifeinheitsgesetz für sog. Minderheitsgewerkschaften vorgesehen sind, s. § 4a Rn. 69ff.

Zu den **Nachteilen** eines firmenbezogenen Verbandstarifvertrags gegenüber dem Firmentarifvertrag, wenn der Arbeitgeber eingegangene Verpflichtungen nicht umsetzt, vgl. Rn. 413, 417.

26 Beim **Firmentarifvertrag**[57] stehen sich als Tarifvertragsparteien die tarifzuständige (dazu § 2 Rn. 110) Gewerkschaft und der einzelne Arbeitgeber (dazu § 2 Rn. 66ff., 109) gegenüber. Firmentarifverträge werden gelegentlich auch als Werks-, Unternehmens- oder Haustarifvertrag bezeichnet.

Als Folge der **Erosion** des Flächen-Tarifvertragssystems (z.B. Verbandsflucht, Outsourcing, Privatisierung, vgl. dazu Grundl. Rn. 177ff.) ist die Zahl der Firmentarifverträge in den letzten Jahren kontinuierlich **gestiegen** (vgl. Grundl. Rn. 183).

Zu den Firmentarifverträgen gehören u.a. die sog. **Anerkennungs- bzw. Anschlusstarifverträge**, mit denen i.d.R. die Anwendung der einschlägigen Verbandstarifverträge in ihrer aktuellen (**statische Verweisung** vgl. Rn. 147) oder jeweiligen Fassung (zur Zulässigkeit **dynamischer Verweisungen** vgl. Rn. 148) für ein Unternehmen oder ein oder mehrere Betriebe eines nichttarifgebundenen Arbeitgebers vereinbart wird (vgl. auch AKR Rn. 449).

Die Forderung nach Abschluss eines Anerkennungstarifvertrages bietet sich insbesondere dann an, wenn sich ein bisher verbandsangehöriges Unternehmen durch **Verbandsaustritt** (vgl. § 3 Rn. 28ff.) oder **OT-Wechsel** (vgl. § 3 Rn. 42ff.) der Tarifbindung an zukünftige Tarifverträge entziehen will. Es ist durchaus möglich, die Forderung nach einem Anerkennungstarifvertrag mit Zusatzforderungen zu Gegenständen »anzureichern«, die bisher in den für den Betrieb geltenden Verbandstarifverträgen nicht oder schlechter ge-

---

54 BAG 16.11.11 – 4 AZR 856/09, ZTR 12, 331: *»Dem firmenbezogenen Tarifvertrag ... kommt als der spezielleren Regelung Vorrang vor dem nicht-firmenbezogenen, allgemeinen Verbandstarifvertrag zu. Dieser Vorrang gilt ohne weiteres aufgrund der allgemeinen, das Tarifvertragsrecht beherrschenden Konkurrenzregeln.«*

55 Vgl. Däubler-Reim/Nebe, Rn. 70; KeZa-Schubert/Zachert, Rn. 35ff.; Wendeling-Schröder, NZA 98, 624; Wiedemann-Thüsing, Rn. 63.

56 Vgl. KeZa-Wendeling-Schröder, § 4 Rn. 515ff.; Wendeling-Schröder, a.a.O., 626.

57 Vgl. Däubler-Reim/Nebe, Rn. 75.

regelt waren. Die **Friedenspflicht** aus den Verbandstarifverträgen endet mit Wirksamwerden des Verbandsaustritts oder OT-Wechsels (vgl. AKR Rn. 120ff. und 125ff.).

Davon zu unterscheiden sind solche Firmentarifverträge, die betriebsspezifische – von den (Flächen-)Verbandstarifverträgen **abweichende** (unterhalb oder oberhalb[58] des Standards der einschlägigen Verbandstarifverträge) – Regelungen enthalten (diese werden oft »**Haustarifvertrag**« genannt).

Eine weitere Variante sind Firmentarifverträge, die diese ergänzende bzw. ändernde Regelungen (z.B. bei Unternehmensumstrukturierungen, Privatisierungen) enthalten (**Änderungs-** oder **Ergänzungstarifverträge**; auch »Standortsicherungs- oder Sanierungstarifverträge« genannt; vgl. Rn. 343ff.).

Derartige Tarifverträge können auch **mit verbandsangehörigen Arbeitgebern** abgeschlossen werden, weil der einzelne Arbeitgeber seine Tariffähigkeit nach § 2 Abs. 1 TVG durch Verbandsbeitritt nicht verliert (vgl. § 2 Rn. 69; zur kampfweisen Durchsetzung derartiger Tarifverträge vgl. AKR Rn. 47ff.).

Für das Verhältnis von Firmentarifvertrag und (Flächen-)Verbandstarifvertrag gelten im Regelfall die **Regeln der Tarifkonkurrenz**; d.h. es gilt, wenn beide Seiten (Arbeitgeber und Arbeitnehmer) an beide Tarifverträge gebunden sind und diese dasselbe Sachgebiet regeln, der **speziellere Firmentarifvertrag** (vgl. Rn. 63 und § 4 Rn. 62, 66), sofern sich nicht aus den fraglichen Tarifverträgen selbst ergibt, welcher von ihnen gelten soll (vgl. Rn. 64 und § 4 Rn. 61).[59]

Firmentarifverträge haben gegenüber firmenbezogenen Verbandstarifverträgen (vgl. Rn. 25) für die Gewerkschaft den **Vorteil**, dass sie, wenn der Arbeitgeber **vertragsbrüchig** wird und etwa eine eingegangene schuldrechtliche Verpflichtung zur Vornahme von beschäftigungssichernden Investitionen nicht erfüllt, den Arbeitgeber **auf Erfüllung verklagen** kann (vgl. Rn. 416).[60] Gleiches gilt, wenn der Arbeitgeber Rechtsnormen des Tarifvertrags nicht umsetzt und etwa das im Tarifvertrag geregelte Tarifentgelt nicht an die tarifgebundenen Beschäftigten zahlt.

Zu den **rechtlichen Durchsetzungsmöglichkeiten** im Falle eines Tarifbruchs durch den **27**
verbandsangehörigen Arbeitgeber beim **branchen- und firmenbezogenen Verbandstarifvertrag** vgl. Rn. 407ff., 411ff. und § 4 Rn. 206ff., 223ff.

Sind an einem Tarifabschluss auf Arbeitnehmer- und/oder Arbeitgeberseite mehrere Ta- **28**
rifvertragsparteien beteiligt, liegt ein **mehrgliedriger Tarifvertrag** vor.[61]

So haben die acht im DGB zusammen geschlossenen Gewerkschaften als **Tarifgemeinschaft** mit zwei **Arbeitgeberverbänden der Leiharbeitsbranche** Tarifverträge abgeschlossen (vgl. Rn. 200ff.; zur Zunahme der Leiharbeit als Form prekärer Arbeit und den Versuchen ihrer tarifvertraglichen Regelung vgl. auch Grundl. Rn. 172ff.).[62]

---

58 Beispiel: Firmentarifverträge zwischen IG Metall und der Volkswagen AG.

59 BAG 15.4.08 – 9 AZR 159/07, AP Nr. 38 zu § 1 TVG Altersteilzeit; 21.6.05 – 9 AZR 353/04, DB 06, 680; 4.4.01 – 4 AZR 237/00, NZA 01, 1085; 24.1.01 – 4 AZR 655/99, NZA 01, 788; 20.3.91 – 4 AZR 455/90, NZA 91, 736.

60 BAG 14.6.95 – 4 AZR 915/93, NZA 96, 43.

61 BAG 8.11.06 – 4 AZR 590/05, NZA 07, 576; 29.6.04 – 1 AZR 143/03, AuR 04, 307 = AP Nr. 36 zu § 1 TVG; 10.11.93 – 4 AZR 184/93, AP Nr. 43 zu § 1 TVG Tarifverträge: Einzelhandel; vgl. auch Däubler-Reim/Nebe, Rn. 78ff.

62 Zum Inhalt vgl. Martin, AuR 04, 247.

Auch beim **TVöD** handelt es sich um einen mehrgliedrigen Tarifvertrag – auch unter Beteiligung von Spitzenorganisationen als Tarifvertragspartei (vgl. § 2 Rn. 57ff., 90) auf Arbeitgeberseite –, abgeschlossen von ver.di auf Arbeitnehmerseite und von der Bundesrepublik Deutschland und der Vereinigung Kommunaler Arbeitgeberverbände (VKA) auf Arbeitgeberseite.

Die Praxis kennt auch Tarifverträge zwischen einer Gewerkschaft und **mehreren regionalen Arbeitgeberverbänden**[63] oder **mehreren Unternehmen.**[64]

29 Der Abschluss derartiger Tarifverträge wirft regelmäßig die Frage auf, ob die beteiligten Tarifvertragsparteien **mehrere selbstständige Tarifverträge** (sog. »mehrgliedriger Tarifvertrag in engerem Sinne«) oder eine **Einheit mehrerer voneinander abhängiger Tarifverträge** (sog. »Einheitstarifvertrag«) abschließen wollten.

Im **ersten Fall** kann der Tarifvertrag von jeder beteiligten Tarifvertragspartei **einzeln gekündigt** oder per Änderungsvertrag modifiziert werden.

Dagegen ist im **zweiten Fall** (»Einheitstarifvertrag«) eine Kündigung oder Änderung **nur gemeinsam** mit Wirkung für bzw. gegen alle beteiligten Tarifvertragsparteien möglich (zur Kündigung von Tarifverträgen vgl. Rn. 76ff.; zur Nachwirkung vgl. § 4 Rn. 306).[65] Bei dieser Variante verzichten die beteiligten Tarifvertragsparteien auf die **autonome Wahrnehmung** ihrer tarifvertraglichen Handlungsmöglichkeiten.

Welche der beiden Varianten vorliegt, ist durch **Auslegung** zu ermitteln.[66] Im **Regelfall** ist bei einem mehrgliedrigen Tarifvertrag davon auszugehen, dass **mehrere selbstständige Tarifverträge gewollt** sind und jede Tarifvertragspartei die Herrschaft zur autonomen Tarifvertragsgestaltung, insbesondere durch Kündigung, behält. Dies gilt auch dann, wenn alle Tarifvertragsparteien einer Seite gemeinsam die **Allgemeinverbindlichkeit** dieses Tarifvertrags beantragt haben (vgl. § 5 Rn. 20, 38).[67] Für eine hiervon abweichende Auslegung bedarf es entweder eines **ausdrücklichen Ausschlusses der Kündigungsbefugnis** im Tarifvertrag oder **besonderer Anhaltspunkte.**[68] Ist mit dem Tarifabschluss beispielsweise das Ziel der **Schaffung einheitlicher Arbeitsbedingungen** in einer Branche, einem Konzern oder einem bundesweiten Zusammenschluss von Vereinen beabsichtigt, spricht dies für das Vorliegen eines als Einheit abgeschlossenen Tarifvertrags. Lässt sich dagegen ein auf den Abschluss eines einheitlichen Tarifvertrags abzielender Wille der Tarifparteien nicht feststellen, liegen **im Zweifel voneinander unabhängige Tarifverträge** vor.[69]

---

63 Beispiel: Tarifvertrag zwischen IG Metall und Bundesarbeitgeberverband der Personaldienstleister e. V. (BAP) und iGZ – Interessenverband Deutscher Zeitarbeitsunternehmen e. V. (iGZ) über Branchenzuschläge für Arbeitnehmerüberlassungen in der Metall- und Elektroindustrie (TV BZ ME) vom 22. 5. 12.

64 BAG 24. 11. 93 – 4 AZR 407/92, DB 94, 1293.

65 BAG 8. 11. 06 – 4 AZR 590/05, NZA 07, 576; 29. 6. 04 – 1 AZR 143/03, AuR 04, 307 = AP Nr. 36 zu § 1 TVG.

66 BAG 8. 11. 06, a.a.O. (Rz. 23)

67 BAG 8. 11. 06, a.a.O. (Rz. 26)

68 BAG 7. 5. 08 – 4 AZR 229/07, ZTR 08, 615 (Rz. 20); 8. 11. 06, a.a.O. (Rz. 23); 29. 6. 04, a.a.O.; 28. 9. 77 – 4 AZR 446/76, AP Nr. 1 zu § 9 TVG 1969; 8. 9. 76 – 4 AZR 359/75, AP Nr. 5 zu § 1 TVG Form; Däubler-Reim/Nebe, Rn. 82; KeZa-Schubert/Zachert, Rn. 49ff.; Wiedemann-Thüsing, Rn. 209ff.

69 BAG 8. 11. 06, a.a.O.; 29. 6. 04, a.a.O.; 28. 9. 77, a.a.O.; 8. 9. 76, a.a.O.; Däubler-Reim/Nebe, a.a.O.; KeZa-Zachert, a.a.O.; Wiedemann-Thüsing, a.a.O.

Zu den Auswirkungen der Kündigung eines aus mehreren selbstständigen Tarifverträgen bestehenden mehrgliedrigen Tarifvertrags auf seine **Allgemeinverbindlichkeit** vgl. § 5 Rn. 38.[70]

Schließlich werden Tarifverträge unter tarifpolitischen Gesichtspunkten nach ihren **Regelungsgegenständen** und ihrer kürzeren oder längeren **Laufzeit** begrifflich nach: 30

- **Entgelt-/Vergütungstarifverträgen bzw. Lohn- und Gehaltstarifverträgen,**
- **Entgeltrahmentarifverträgen** und
- **Manteltarifverträgen** unterschieden.

In den ein bis zwei Jahre geltenden **Entgelttarifverträgen** wird die tarifliche Grundvergütung in Form entsprechender Tabellen, oft auch unter Einbeziehung der Ausbildungsvergütung, festgelegt.

Aus den mehrere Jahre geltenden **Entgeltrahmentarifverträgen** ergeben sich i.d.R. die tariflichen Entgeltgruppen und die Eingruppierungsmerkmale. Oft sind diese allerdings auch Inhalt der Entgelt- oder Manteltarifverträge.

In den mehrere Jahre geltenden **Manteltarifverträgen** (manchmal auch als Rahmentarifvertrag bezeichnet[71]) werden die sonstigen Arbeitsbedingungen wie z.B. Arbeitszeit, Einstellung und Kündigung, Urlaub, Krankheit und Zuschläge umfassend geregelt.

Daneben gibt es zahlreiche **Sonder- und Zusatztarifverträge** zu Regelungsgegenständen wie beispielsweise Altersteilzeit, Beschäftigungssicherung, betriebliche Altersversorgung, Qualifizierung, Rationalisierungsschutz, zusätzliches Urlaubs- und Weihnachtsgeld.[72]

Zu den **typischen Tarifvertragsinhalten** vgl. Rn. 229ff.

4. Zustandekommen, Schriftform, Inkrafttreten und Beendigung von Tarifverträgen

4.1 Zustandekommen

Als **zivilrechtlicher Vertrag** kommt der Tarifvertrag nach den Vorschriften über den Abschluss von Verträgen gem. **§§ 145ff. BGB** zustande.[73] Es müssen daher übereinstimmende Willenserklärungen der beteiligten Tarifvertragsparteien vorliegen, einen Tarifvertrag abzuschließen. Dem Vertragsschluss, der i.d.R. durch die **Unterzeichnung des Tarifvertrags** durch die Tarifvertragsparteien dokumentiert wird, gehen in der Tarifpraxis **Tarifverhandlungen** – falls erforderlich, begleitet von **Arbeitskampfmaßnahmen** und u.U. auch einem **Schlichtungsverfahren** – voraus (zur Vorbereitung und zum Ablauf von Tarifverhandlungen und Streiks vgl. AKR Rn. 235). 31

Um der innerverbandlichen Willensbildung in den zuständigen Organen der Tarifvertragsparteien (z.B. Tarifkommission, Vorstand, Gesellschafterversammlung) gerecht werden zu können, wird zum abgeschlossenen Tarifvertrag oft eine **Erklärungsfrist** für die 32

70 BAG 8.11.06, a.a.O.; Zachert, RdA 07, 375
71 Vgl. etwa der für das Baugewerbe geltende »Bundes*rahmen*tarifvertrag«.
72 Vgl. auch die Darstellungen bei Däubler-Winter, Rn. 393ff.; KeZa-Schubert/Zachert, Rn. 54ff., jeweils m.w.N.
73 BAG 29.6.04 – 1 AZR 143/03, AuR 04, 307 = AP Nr. 36 zu § 1 TVG; Däubler-Reim/Nebe, Rn. 109; Schaub-Treber, § 199 Rn. 1.

Tarifvertragsparteien vereinbart.[74] In Abhängigkeit vom Inhalt einer derartigen Vereinbarung kann der Tarifabschluss unter der aufschiebenden Bedingung seiner Billigung oder der auflösenden Bedingung seines Widerrufs stehen (§ 158 BGB). Nicht selten wird vereinbart, dass »Schweigen als Zustimmung« gilt.

In anderen Fällen wird zunächst ein **Verhandlungsergebnis** vereinbart und mit einer Erklärungsfrist versehen. Der Tarifvertrag als solcher wird erst nach Abschluss der innerhalb der Erklärungsfrist stattfindenden innerverbandlichen Willensbildung unterzeichnet (zum **Vorvertrag** und der Qualifizierung eines **Verhandlungsergebnisses** und Ähnliches als Tarifvertrag, vgl. Rn. 14 f).

Zur Problematik der **Tarifflucht** tarifunwilliger Arbeitgeber im Zusammenhang mit Tarifverhandlungen durch **»Blitzaustritt« aus dem Arbeitgeberverband** bzw. einvernehmliche **fristlose Aufhebung der Verbandsmitgliedschaft** vgl. § 3 Rn. 34ff., oder **»Blitzwechsel« in einen OT-Status,** vgl. § 3 Rn. 49.

Zur Frage, ob **Streikfreiheit** besteht, wenn es nach Abschluss eines Verhandlungsergebnisses zu Meinungsverschiedenheiten zwischen den Tarifvertragsparteien bei der »Tarifierung« kommt, vgl. Rn. 429, 435.

33 Schließlich kann der Tarifvertrag auch durch den Spruch eines Schlichters in einem **Schlichtungsverfahren** zustande kommen, was voraussetzt, dass die Tarifvertragsparteien den Schlichterspruch durch eine Unterwerfungserklärung vorab annehmen oder diesem nachträglich ihre Zustimmung erteilen (vgl. dazu AKR Rn. 416ff.).

34 Ein **gegenseitiger Verhandlungsanspruch** der Tarifvertragsparteien besteht bisher auf gesetzlicher Grundlage nicht,[75] sondern kann sich lediglich aus einer entsprechenden schuldrechtlichen Vereinbarung der Tarifvertragsparteien ergeben (**»Verhandlungsverpflichtung«**; vgl. Rn. 436).[76] Durch das Tarifeinheitsgesetz ist erstmals vorgesehen(§ 4a Abs. 5 TVG), dass eine tarifzuständige Gewerkschaft ein sog. Vortragsrecht erhält, wenn der Arbeitgeber oder Arbeitgeberverband mit einer anderen Gewerkschaft Tarifverhandlungen aufnimmt (vgl. § 4a Rn. 77ff.). Dieses Vortragrecht beinhaltet keinen gesetzlichen Verhandlungsanspruch. Auch das im Gesetz bei Tarifkollision vorgesehene Nachzeichnungsrecht für die Minderheitsgewerkschaft (§ 4a Abs. 4 TVG) beinhaltet keinen Verhandlungsanspruch, sondern nur den Anspruch auf Nachzeichnung, d.h. Abschluss des inhaltsgleichen Tarifvertrages, den die Mehrheitsgewerkschaft abgeschlossen hat (vgl. § 4a Rn. 80).

35 Die Aufnahme von Tarifverhandlungen überhaupt oder von Tarifverhandlungen über bestimmte Verhandlungsgegenstände kann bei einer Verweigerungshaltung der Gegenseite nur **im Wege des Arbeitskampfes erzwungen** werden (zu den rechtlichen Voraussetzungen für einen Streik vgl. AKR Rn. 16ff.). Das gilt jedenfalls für die Seite der Gewerkschaft. Arbeitgeberseitig genügt meist die Drohung mit Nachteilen für die Beschäftigten (Betriebsschließung, Verlagerung u.ä.), um die Gewerkschaft zu Verhandlungen zu bewegen

---

74 BAG 26.1.83 – 4 AZR 224/80, AP Nr. 20 zu § 1 TVG; Däubler-Reim/Nebe, Rn. 110; Schaub-Treber, § 199 Rn. 1.

75 BAG 25.9.13 – 4 AZR 173/12, BAGE 146, 133; 14.2.89 – 1 AZR 142/88, AP Nr. 52 zu Art. 9 GG; Däubler-Reim/Nebe, Rn. 126; ErfK-Franzen, TVG § 1 Rn. 24; JKOS-Schubert, § 3 Rn. 18; KeZa-Schubert/Zachert, Rn. 32; a.A. Wiedemann-Thüsing, Rn. 216ff.

76 BAG 25.9.13 – 4 AZR 173/12, BAGE 146, 133; vgl. Däubler-Reim/Nebe, Rn. 121.

(vgl. Rn. 343ff., 354).[77] Bislang ungeklärt ist, ob dadurch die Grenzen zur strafrechtlich relevanten Nötigung (§ 240 StGB) oder gar Erpressung (§ 253 StGB) überschritten werden (können).

Zur Unzulässigkeit der »**Angriffsaussperrung**« vgl. AKR Rn. 333.

Beim Abschluss von Tarifverträgen werden die Tarifvertragsparteien von den nach der **Satzung zuständigen Organen** vertreten und können sich auch durch die **Bevollmächtigung Dritter** vertreten lassen (§§ 164ff. BGB).[78] 36

Nach den **Satzungen der Gewerkschaften** sind i.d.R. der Vorstand auf Bundesebene, bei regionalen Tarifverträgen oder Firmentarifverträgen der Landesbezirk oder Bezirk, ggf. in Vertretung des Vorstandes, abschlussbefugt (entsprechend §§ 26, 30 BGB). Eine Gewerkschaft kann sich auch von einer anderen Gewerkschaft im Rahmen einer Einzelvollmacht oder im Rahmen eines Geschäftsbesorgungsvertrages vertreten lassen.[79] Letzteres etwa, wenn diese – bei sich überschneidenden Organisationsbereichen – einen entsprechenden Vertrag geschlossen haben.

Eine **Bevollmächtigung** zum Abschluss eines Tarifvertrags bedarf **nicht der Schriftform**[80] (§ 167 Abs. 2 BGB), sodass die Vollmacht auch durch **konkludentes** (= schlüssiges) **Verhalten** erteilt werden kann.[81] 37

Fehlt eine ausdrückliche oder konkludente Vollmachtserteilung, kann dennoch ein wirksamer Tarifabschluss nach den zivilrechtlichen Grundsätzen der **Duldungs- oder Anscheinsvollmacht** in Frage kommen.[82] Diese Grundsätze gelten auch beim Abschluss von Tarifverträgen.[83] 38

Eine **Duldungsvollmacht** liegt vor, wenn der Vertretene es – in der Regel über einen längeren Zeitraum – **wissentlich** geschehen lässt, dass ein anderer für ihn ohne eine Bevollmächtigung als Vertreter auftritt und der Vertragspartner dieses bewusste Dulden dahin versteht und nach Treu und Glauben verstehen darf, dass der als Vertreter Handelnde bevollmächtigt ist.[84]

Anscheinsvollmacht ist nach der Rspr. gegeben, wenn der Vertretene das Handeln seines angeblichen Vertreters **nicht kennt**, es aber bei pflichtgemäßer Sorgfalt **hätte erkennen und verhindern können** und wenn der Geschäftsgegner nach Treu und Glauben annehmen durfte, der Vertretene dulde und billige das Handeln seines Vertreters.[85] Bei der An-

---

77 Gamillscheg, RdA 2005, 79: »*Heute könnte man auf die Aussperrung freilich ganz verzichten, der Hinweis auf die Verlegung der Produktion nach Tschechien oder sonst wohin tut die gleichen Dienste.*«

78 BAG 29.6.04 – 1 AZR 143/03, AuR 04, 307 = AP Nr. 36 zu § 1 TVG; 12.2.97 – 4 AZR 419/95, AP Nr. 46 zu § 2 TVG; 10.11.93 – 4 AZR 184/93, AP Nr. 43 zu § 1 TVG Tarifverträge: Einzelhandel; 11.6.75 – 4 AZR 395/74, AP Nr. 29 zu § 2 TVG; Däubler-Reim/Nebe, Rn. 134ff.

79 LAG Mecklenburg-Vorpommern 9.9.14 – 5 Sa 228/11.

80 BAG 8.9.76 – 4 AZR 359/75, AP Nr. 5 zu § 1 TVG Form.

81 BAG 29.6.04 – 1 AZR 143/03, AuR 04, 307 = AP Nr. 36 zu § 1 TVG; 12.2.97 – 4 AZR 419/95, AP Nr. 46 zu § 2 TVG.

82 BAG 12.12.07 – 4 AZR 996/06, AP Nr. 39 zu § 1 TVG = NZA 08, 892; 29.6.04, a.a.O.; Wiedemann-Thüsing, Rn. 188.

83 BAG 12.12.07, a.a.O.; 29.6.04, a.a.O.

84 BAG 12.12.07, a.a.O.; 29.6.04, a.a.O.; LAG Hamburg 24.10.08 – 3 Sa 23/08.

85 BAG 13.7.94 – 4 AZR 699/93, AP Nr. 12 zu § 1 TVG Tarifverträge DDR = NZA 95, 79.

scheinsvollmacht handelt es sich nicht um einen rechtsgeschäftlichen Tatbestand, sondern um die **Zurechnung** eines schuldhaft verursachten Rechtsscheins. Das den Rechtsschein einer Bevollmächtigung erzeugende Verhalten muss in der Regel von einer gewissen **Häufigkeit oder Dauer** sein. Eine Haftung tritt nur ein, wenn der angeblich Vertretene seine Sorgfaltspflicht verletzt hat, wenn er also das vollmachtlose Handeln voraussehen und verhindern konnte. Besteht für den Vertretenen Gesamtvertretung, muss den Gesamtvertretern ein **Verschulden** zur Last fallen. Der andere Teil muss aber **gutgläubig** gewesen sein. Er wird nicht geschützt, wenn er den Mangel der Vollmacht kannte oder infolge Fahrlässigkeit nicht kannte. Eine Anscheinsvollmacht liegt daher nicht vor, wenn der Vertreter für den Geschäftsgegner erkennbar seine Vollmacht überschreitet. Sie scheidet auch bei ungewöhnlichen Geschäften in der Regel aus.[86]

38a Handelt der **Vertreter** einer Tarifvertragspartei beim Abschluss eines Tarifvertrages ohne ausdrückliche oder konkludente Vollmacht und liegen auch die Voraussetzungen einer Duldungs- oder Anscheinsvollmacht nicht vor, hängt die Wirksamkeit eines dennoch abgeschlossenen Tarifvertrags von der **Genehmigung** der Tarifvertragspartei ab (§ 177 Abs. 1 BGB).[87]

Die Genehmigung kann auch durch **konkludentes** (= schlüssiges) **Verhalten**, vor allem durch Anwendung der Tarifverträge über einen längeren Zeitraum, erfolgen[88] und wirkt gem. § 184 Abs. 1 BGB auf den Zeitpunkt des Tarifabschlusses zurück.[89] Das BAG hat eine Genehmigung eines von einem Gewerkschaftssekretär ohne Vollmacht abgeschlossenen Anerkennungstarifvertrages bejaht, dessen Gültigkeit vom Arbeitgeber mehr als zweieinhalb Jahre nicht angezweifelt worden ist.[90]

39 Die **Vertretungsbefugnis** beim Abschluss von Tarifverträgen kann **inhaltlich beschränkt** werden,[91] mit **Außenwirkung** für die jeweils andere Tarifvertragspartei jedoch nur, wenn sich der (beschränkte) Umfang der Vertretungsmacht aus der Satzung oder der Vollmacht selbst ergibt.[92]

40 Der Abschluss eines **Tarifvertrags** setzt neben der **Bevollmächtigung** zur Abgabe der Willenserklärung voraus, dass der Vertreter **erkennbar** im Namen des Vertretenen gehandelt hat.[93] Neben der ausdrücklichen Nennung als Tarifvertragspartei kann sich dies auch aus den **Umständen** ergeben. Erforderlich ist dann ein gleichwertiger Grad an Klarheit und Eindeutigkeit, wer Tarifvertragspartei ist. Auch insoweit muss das Schriftformerfordernis des § 1 Abs. 2 TVG gewahrt sein. Die Angabe des Geltungsbereichs im Tarifvertrag allein reicht nicht aus.

---

86 BAG 13. 7. 94., a.a.O.
87 BAG 12. 2. 97 – 4 AZR 419/95, AP Nr. 46 zu § 2 TVG; 18. 12. 96 – 4 AZR 129/96, DB 97, 782.
88 BAG 18. 12. 96, a.a.O.; 14. 2. 57 – 2 AZR 344/54, AP Nr. 1 zu § 32 AOG: Weitergeltung von TV als TO.
89 Vgl. Däubler-Reim/Nebe, Rn. 137; Wiedemann-Thüsing, Rn. 191.
90 BAG 18. 12. 96, a.a.O.
91 Vgl. Däubler-Reim/Nebe, Rn. 139, Wiedemann-Wiedemann, Rn. 185.
92 Vgl. Däubler-Reim/Nebe, Rn. 140.
93 BAG 18. 11. 09 – 4 AZR 491/08, DB 10, 566; 29. 6. 04 – 1 AZR 143/03, AuR 04, 307 = AP Nr. 36 zu § 1 TVG.

Wegen des Rechtsnormcharakters der Tarifregelungen findet, anders als etwa beim Vertragsschluss und der Stellvertretung, das **Allgemeine Vertragsrecht** auf den Tarifvertrag **nur eingeschränkt Anwendung**[94]. 41

Konsequenzen hat dies beispielsweise für die **Auslegung von Tarifverträgen**, die nicht ausschließlich den §§ 133, 157 BGB folgt (vgl. dazu Grundl. Rn. 152ff.).

Ist ein Tarifabschluss mit **Willens- oder Einigungsmängeln** behaftet, ist umstritten, ob eine **Anfechtung** nach den entsprechenden Vorschriften des BGB (§§ 116ff. BGB, 142ff. BGB) in Frage kommt.[95] Enthält der Tarifvertrag nur schuldrechtliche Regelungen, ist die Anwendung der gesetzlichen Regeln über die Anfechtung von Willenserklärungen nicht ausgeschlossen, da nur die Rechte und Pflichten der Tarifvertragsparteien betroffen sind.[96] Enthält der Tarifvertrag auch normative Regelungen, ist die Anfechtung wegen der Normsetzung durch den Tarifvertrag ausgeschlossen. Die Anwendung der Regelungen über offene oder versteckte Einigungsmängel (§§ 154, 155 BGB) kommt im Hinblick auf die Rechtsicherheit nicht in Frage.[97] 42

Tarifverträge unterliegen gemäß § 310 Abs. 4 Satz 1 BGB auch **keiner Inhaltskontrolle nach §§ 305ff. BGB (AGB-Kontrolle**; vgl. aber Rn. 6, 381ff.). 43

Bei **formularvertraglicher Bezugnahme** auf Tarifverträge bzw. einzelne Tarifbestimmungen (vgl. § 3 Rn. 271ff.) kommt unter Umständen eine Inhaltskontrolle des Formularvertrages in Betracht,[98] wenngleich Tarifverträge grundsätzlich eine »**Richtigkeitsgewähr**« bieten (vgl. Rn. 5).[99]

Es ist zu unterscheiden:

- Wenn das **gesamte Tarifwerk** der einschlägigen Branche in Bezug genommen und damit zum Inhalt des Arbeitsvertrages gemacht wurde (sog. **Globalverweisung**), findet keine Inhaltskontrolle nach §§ 307 Abs. 1 und 2, 308, 309 BGB statt (§§ 310 Abs. 4 Satz 3, 307 Abs. 3 BGB).[100] In diesem Falle werden gewerkschaftlich organisierte und nichtorganisierte Beschäftigte gleich behandelt. Es wäre nicht gerechtfertigt, bei den Organisierten nur eine eng begrenzte Wirksamkeitskontrolle des Tarifvertrags zuzulassen, bei den Nichtorganisierten aber die deutlich weitergehende Inhaltskontrolle nach §§ 305ff. BGB (z.B. Angemessenheitskontrolle nach § 307 BGB).

---

94 Vgl. Wiedemann-Thüsing, Rn. 245.

95 Dagegen Däubler-Reim/Nebe, Rn. 178ff.; Schaub-Treber, § 198 Rn. 6; Wiedemann-Thüsing, a.a.O.; zur Möglichkeit der außerordentlichen Kündigung des Tarifvertrags vgl. Rn. 53 und Däubler-Reim/Nebe, Rn. 181; Wiedemann-Wank, § 4 Rn. 28ff.; zur Möglichkeit der arbeitsgerichtlichen Lückenschließung bei Einigungsmängeln vgl. Däubler-Reim/Nebe, Rn. 190f; für Anfechtung ErfK-Franzen, § 1 TVG Rn. 26, JKOS-Schubert, § 3 Rn. 14, aber bei TVen mit Normen nur mit ex-nunc-Wirkung der Anfechtung.

96 KeZa-Stein, § 4 Rn. 193.

97 BAG 9.3.83 – 4 AZR 61/80, BB 83, 1471; 24.2.88 – 4 AZR 614/87, AP Nr. 2 zu § 1 Tarifverträge: Schuhindustrie; Schaub-Treber, § 198 Rn. 6; Däubler-Reim/Nebe, § 1 Rn. 189.

98 BAG 6.5.09 – 10 AZR 390/08, AP Nr. 44 zu § 307 BGB; 15.7.09 – 5 AZR 867/08, AP Nr. 10 zu § 6 ArbZG.

99 BAG 24.9.08 – 6 AZR 76/07, NZA 09, 154; 3.10.69 – 3 AZR 400/68, AP Nr. 12 zu § 15 AZO; 28.3.06 – 1 ABR 58/04, AP Nr. 4 zu § 2 TVG Tariffähigkeit; vgl. auch Kittner/Zwanziger/Deinert-Deinert, § 1 Rn. 22; Däubler-Reim/Nebe, Rn. 149ff.

100 BAG 18.9.12 – 9 AZR 1/11; 6.5.09 – 10 AZR 390/08, AP Nr. 44 zu § 307 BGB; 18.9.07 – 9 AZR 822/06, ZTR 08, 382.

- Wird dagegen nur auf **einzelne Bestimmungen** eines Tarifvertrags (z.B. nur auf tarifliche Ausschlussfristbestimmungen; vgl. hierzu § 4 Rn. 271) Bezug genommen, fehlt es an der einem Tarifvertrag im Regelfall innewohnenden Ausgewogenheit und Richtigkeitsgewähr (vgl. Rn. 5) der einzelnen Tarifregelungen. Deshalb unterliegen die zum Arbeitsvertragsinhalt gemachten Tarifbestimmungen der vollen AGB-Kontrolle nach §§ 305ff. BGB. § 310 Abs. 4 Satz 1 BGB findet in einem solchen Fall keine Anwendung.[101] Das kann zu dem fragwürdigen Ergebnis führen, dass etwa die Bezugnahme auf eine kurze tarifliche **Ausschlussfrist** in einem tarifgebundenen Unternehmen wegen Verstoßes gegen § 307 Abs. 1 Satz 1 BGB unwirksam ist und deshalb verspätet geltend gemachten Ansprüchen nicht entgegensteht,[102] während die selbe Tarifvorschrift bei einem gewerkschaftlich organisierten Arbeitnehmer zu einem Anspruchsverlust führt (vgl. auch § 4 Rn. 269). Die Tarifvertragsparteien könnten das Problem dadurch lösen, dass sie die tarifvertraglichen Ausschlussfristregelungen an die BAG-Rechtsprechung zu formularvertraglich vereinbarten Ausschlussfristen anpassen. Allerdings dürften die Arbeitgeber daran kein Interesse haben.
- Noch nicht endgültig geklärt ist, was gilt, wenn eine formularvertragliche Bezugnahmeklausel **abgrenzbare Teile eines Tarifwerks** erfasst.[103] Eine Kontrollfreiheit setzt nach zutreffender Ansicht des BAG zumindest eine **vollständige Übernahme abgrenzbarer Sachbereiche** des Tarifvertrags voraus.[104]

44 Sind einzelne Tarifregelungen wegen Verstoßes gegen höherrangiges Recht **nichtig** (vgl. Rn. 381ff.), bleibt der Tarifvertrag mit seinem sonstigen Inhalt bestehen. Die Auslegungsregel des **§ 139 BGB** im Falle der **Teilnichtigkeit** eines Rechtsgeschäfts kommt nicht zur Anwendung.[105]

45 Kann der Tarifvertrag mit seinem restlichen Inhalt allein **nicht mehr als sinnvolle Regelung** angewandt werden, kann dies ausnahmsweise zur **Nichtigkeit des gesamten Tarifvertrags** führen.[106]

Die **Gesamtnichtigkeit** eines Tarifvertrags tritt außerdem in folgenden Fällen ein:
- Nichteinhaltung der **Schriftform** (§ 1 Abs. 2 TVG, vgl. Rn. 46ff.),
- **Fehlen** oder **Wegfall** der **Tariffähigkeit** (vgl. § 2 Rn. 12ff., 66ff.) oder **Tarifzuständigkeit** (vgl. § 2 Rn. 104ff.) einer Tarifvertragspartei,
- **Verletzung bindenden Rechts** durch den **Tarifvertrag in seiner Gesamtheit** (vgl. Rn. 381ff., Grundl. Rn. 114ff.).

---

101 BAG 6.5.09 – 10 AZR 390/08, AP Nr. 44 zu § 307 BGB; vgl. Diehn, NZA 04, 129, 130f.; ErfK-Preis, §§ 305–310 BGB Rn. 16; HWK/Henssler, § 3 Rn. 18; Münch/KommBGB/Müller-Glöge, § 611 Rn. 69; Thüsing/Lambrich, NZA 02, 1361, 1363.

102 Vgl. BAG 28.9.05 – 5 AZR 52/05, NZA 06, 149; 25.5.05 – 5 AZR 572/04, NZA 05, 1111: Die Dauer einer formularvertraglichen Ausschlussfrist muss mindestens drei Monate betragen.

103 Vgl. hierzu BAG 6.5.09 – 10 AZR 390/08, AP Nr. 44 zu § 307 BGB; 15.7.09 – 5 AZR 867/08, AP Nr. 10 zu § 6 ArbZG.

104 BAG 6.5.09 – 10 AZR 390/08, AP Nr. 44 zu § 307 BGB; 15.7.09, a.a.O.

105 BAG 26.2.86 – 4 AZR 535/84, AP Nr. 12 zu § 4 TVG Ordnungsprinzip.

106 Vgl. Däubler-Reim/Nebe, Rn. 188; Wiedemann-Thüsing, Rn. 332.

4.2 Schriftform

Tarifverträge bedürfen der **Schriftform** (§ 1 Abs. 2 TVG). Andernfalls sind sie nach § 125 Satz 1 BGB **unwirksam** (vgl. Rn. 52).[107] 46

Die Schriftform hat vor allem den **Zweck**, für alle Tarifunterworfenen **Klarheit** über den **Inhalt der Tarifnormen** zu schaffen (vgl. aber auch Rn. 53).[108]

Für die Schriftform kommen die Vorschriften der §§ 126f. BGB zur Anwendung: Die Tarifverträge müssen schriftlich niedergelegt und von beiden Tarifvertragsparteien **eigenhändig unterzeichnet** werden. Werden über einen Vertrag mehrere gleichlautende Urkunden angefertigt, reicht es aus, wenn jede Seite das für die andere Seite bestimmte Exemplar unterzeichnet (§ 126 Abs. 2 BGB). 47

Wird der Antrag auf Abschluss eines Tarifvertrages gegenüber einem **Abwesenden** erklärt, ist dessen **Annahmeerklärung** erforderlich. Dabei handelt es sich – wie beim Antrag – um eine empfangsbedürftige Willenserklärung. Die Annahmeerklärung wird erst in dem Zeitpunkt wirksam (§ 130 Abs. 1 Satz 1 BGB), in dem sie dem anderen Teil in der gesetzlich vorgeschriebenen Schriftform zugeht. Eine Übermittlung der Vertragsurkunde durch Telefax genügt nicht dem Schriftformerfordernis des § 1 Abs. 2 TVG i.V.m. § 126 BGB.[109] Ein anderes kann ausnahmsweise dann gelten, wenn eine Annahmeerklärung nach § 151 Satz 1 BGB entbehrlich ist.[110]

Das Schriftformgebot erstreckt sich auf den **gesamten normativen und schuldrechtlichen Inhalt des Tarifvertrags** einschließlich der **Bezeichnung der Tarifvertragsparteien**. Die **elektronische Form** (§ 126 a BGB) ist durch das Tarifvertragsgesetz nicht ausgeschlossen (§ 126 Abs. 3 BGB).[111]

Weder aus dem Schriftformerfordernis des § 1 Abs. 2 TVG noch aus anderen gesetzlichen Bestimmungen ergibt sich zwingend, dass ein Tarifvertrag ausschließlich in **deutscher Sprache** abgefasst werden muss.[112] 48

Das Schriftformerfordernis erstreckt sich auf **alle Arten von Tarifverträgen,** auch auf **Änderungstarifverträge** (vgl. Rn. 82)[113], **Nachfolgetarifverträge**, Verträge über die bloße **Verlängerung der Laufzeit** eines Tarifvertrags und auf **Protokollnotizen, Ergebnisniederschriften, Verhandlungsergebnisse** und Ähnliches, wenn sie nach dem Willen der Tarifvertragsparteien als Tarifvertrag bzw. Bestandteil eines Tarifvertrags abgeschlossen werden sollen (vgl. dazu Rn. 15f.). **Tarifliche Verweisungsklauseln** (vgl. Rn. 145f.), mit denen auf andere (ebenfalls schriftlich abgeschlossene) Tarifverträge verwiesen wird, verstoßen nicht gegen das Schriftformgebot. Das gilt auch für **dynamische Verweisungen** auf andere Tarifverträge in ihrer jeweils geltenden Fassung.[114] 49

---

107 Vgl. Däubler-Reim/Nebe, Rn. 164.

108 BAG 10.11.82 – 4 AZR 1203/79, AP Nr. 8 zu § 1 TVG Form; 9.7.80 – 4 AZR 564/78, AP Nr. 7 zu § 1 TVG Form.

109 BAG 7.7.10 – 4 AZR 1023/08, AP Nr. 388 zu § 613a BGB; LAG Hamburg 24.10.08 – 3 Sa 23/08.

110 BAG 7.7.10, a.a.O.

111 Zu den Einzelheiten Däubler-Reim/Nebe, Rn. 162 m.w.N.

112 Vgl. Däubler-Reim/Nebe, Rn. 163.

113 BAG 21.3.73 – 4 AZR 225/72, DB 73, 1506.

114 BAG 10.11.82 – 4 AZR 1203/79, AP Nr. 8 zu § 1 TVG Form; 9.7.80 – 4 AZR 564/78, AP Nr. 7 zu § 1 TVG Form.

50 Vom Schriftformerfordernis werden auch Verträge zur **Aufhebung** von Tarifverträgen erfasst.[115] Der anders lautenden Rspr. des BAG[116] kann nicht gefolgt werden (vgl. hierzu Rn. 81).

51 **Vorverträge** (vgl. Rn. 14, 432)[117] und die **Kündigung von Tarifverträgen** (vgl. Rn. 83 ff.)[118] werden von der Schriftformbestimmung des § 1 Abs. 2 TVG nicht erfasst. Für die Kündigung wird allerdings in vielen Fällen im Tarifvertrag die Schriftform ausdrücklich vereinbart (vgl. auch Rn. 92).

52 Wird ein Tarifvertrag abgeschlossen, der das **Schriftformerfordernis verletzt**, ist er **nichtig** (§ 125 BGB; zur Nichtigkeit vgl. auch Rn. 45) und entfaltet sowohl normativ als auch schuldrechtlich keinerlei Wirkungen. Ein wegen Schriftformmangels unwirksamer Tarifvertrag kann gem. § 140 BGB u. U. in einen formlos gültigen **Vorvertrag** (vgl. Rn. 14, 51 und 432) zum Abschluss eines Tarifvertrags **umgedeutet** werden.[119]

53 Die Schriftformerfordernisse in § 1 Abs. 2 TVG (vgl. Rn. 46 ff.), § 77 Abs. 2 Satz 1 und 2 BetrVG (Betriebsvereinbarung) und § 73 Abs. 1 BPersVG (Dienstvereinbarung) dienen auch der **Rechtssicherheit** und der **Zurechenbarkeit** der Regelungen zu bestimmten Normgebern.[120] Deshalb können sog. **»gemischte« Vereinbarungen** zwischen Gewerkschaft, Arbeitgeber und Betriebsrat ganz oder teilweise unwirksam sein (vgl. Rn. 19). Das ist dann der Fall, wenn sich nicht ohne weiteres und zweifelsfrei erkennen lässt, wer Urheber der einzelnen Regelungskomplexe ist und um welche Rechtsquellen es sich folglich handelt.[121]

Es empfiehlt sich, die zu treffenden Regelungen in **getrennt gefassten und unterzeichneten Urkunden** – d. h. in einem Tarifvertrag einerseits und einer Betriebsvereinbarung andererseits – niederzulegen.[122] Der Tarifvertrag wird von Arbeitgeber (bzw. Verband) und Gewerkschaft unterschrieben, die Betriebsvereinbarung von Arbeitgeber und Betriebsrat. Beide Regelungswerke sollten durch die **Bedingung** dergestalt verknüpft werden, dass das eine Regelwerk nur gelten soll, wenn auch das andere wirksam ist.[123] Der Tarifvertrag sollte mit Blick auf die Betriebsvereinbarung zudem eine **Öffnungsklausel** i. S. v. § 77 Abs. 3 Satz 2 BetrVG enthalten, um die Sperrwirkung des Tarifvertrags nach § 77 Abs. 3 Satz 1 BetrVG (vgl. hierzu § 4 Rn. 173) zu überwinden.

Eine andere mögliche Variante ist die Erstellung von **zwei gleichlautenden Dokumenten** (mit allen tariflichen und betrieblichen Regelungen), wobei das eine Dokument von der

---

115 Vgl. Däubler-Reim/Nebe, Rn. 169; Däubler-Deinert, § 4 Rn. 97; KeZa-Stein, § 4 Rn. 190; Wiedemann-Thüsing, Rn. 319.

116 BAG 8. 9. 76 – 4 AZR 359/75, AP Nr. 5 zu § 1 TVG Form.

117 BAG 26. 1. 83 – 4 AZR 224/80, AP Nr. 20 zu § 1 TVG; 25. 8. 82 – 4 AZN 305/82, AP Nr. 23 zu § 72a ArbGG 1979 Grundsatz; 19. 10. 76 – 1 AZR 611/75, AP Nr. 6 zu § 1 TVG Form; zweifelnd BAG 5. 7. 06, a.a.O.

118 BAG 26. 9. 84 – 4 AZR 343/83, AP Nr. 21 zu § 1 TVG; KeZa-Stein, § 4 Rn. 189; Wiedemann-Thüsing, Rn. 322; a. A. Däubler-Reim/Nebe, Rn. 171.

119 Vgl. Däubler-Reim/Nebe, Rn. 164; KeZa-Zeibig/Zachert, Rn. 1015; Wiedemann-Thüsing, Rn. 322.

120 BAG 15. 4. 08 – 1 AZR 86/07, NZA 08, 1074.

121 BAG 15. 4. 08, a.a.O.

122 Vgl. DKKW-Berg, § 77 Rn. 70; DKKW-Däubler, §§ 112, 112a, Rn. 61 ff.; Bayreuther, NZA 10, 378, 380 f.

123 Vgl. DKKW-Däubler, a.a.O.; Bayreuther, a.a.O.

Gewerkschaft, das andere vom Betriebsrat unterzeichnet wird. Auch in diesem Falle sollte in das »Gewerkschaftsdokument« – also den Tarifvertrag – eine Öffnungsklausel i. S. v. § 77 Abs. 3 Satz 2 BetrVG aufgenommen werden.[124]

4.3 Inkrafttreten

4.3.1 Zeitpunkt des Inkrafttretens

Der Zeitpunkt des **Inkrafttretens** und die Dauer der **Laufzeit** eines Tarifvertrags sind gesetzlich nicht geregelt, sondern werden von den Tarifvertragsparteien im Tarifvertrag **selbst festgelegt** (zum zeitlichen Geltungsbereich vgl. auch § 4 Rn. 35). 54

Die Tarifvertragsparteien können das **Inkrafttreten** des Tarifvertrags sowohl auf den **Zeitpunkt des Abschlusses** des Tarifvertrags als auch auf einen **früher oder später liegenden Zeitpunkt** festlegen.

Eine weitere – tarifübliche – Gestaltungsvariante ist: sofortiges Inkrafttreten des Tarifvertrags; die in ihm geregelten Rechtsnormen gelten aber erst – ggf. zeitlich gestaffelt – ab einem späteren Zeitpunkt (**Stufentarifvertrag** vgl. § 3 Rn. 19, 95). 55

Beispiel:
Mit Wirkung ab 1.2.2009 werden die Monatsentgelte um 3 % erhöht.
Mit Wirkung ab 1.2.2010 werden die Monatsentgelte um weitere 4 % erhöht.

Fehlt eine ausdrückliche Regelung über das Inkrafttreten im Tarifvertrag, tritt der Tarifvertrag im Zweifel zum Zeitpunkt seines **Abschlusses** in Kraft.[125] 56

Für den Fall, dass der Tarifvertrag nach dem Willen der Tarifvertragsparteien erst zu einem Zeitpunkt **nach seinem Abschluss** in Kraft treten soll, entstehen für den Zwischenzeitraum weder **schuldrechtliche** noch **normative Wirkungen**. 57

Der Zeitpunkt des Abschlusses und Inkrafttretens des Tarifvertrags ist maßgebend für die Frage, 58

- **welche Mitglieder** der Tarifvertragsparteien an den Tarifvertrag gebunden sind, besonders bei rückwirkendem Inkrafttreten eines Tarifvertrags (vgl. dazu § 3 Rn. 11);
- **ab welchem Zeitpunkt** die Tarifnormen für die Mitglieder der Tarifvertragsparteien (zur Tarifbindung vgl. § 3 Rn. 17 ff.) gelten.[126]

Liegt der Zeitpunkt des Inkrafttretens **nach dem Abschluss** des Tarifvertrags, können sich für tarifunwillige Arbeitgeber Möglichkeiten der **Vermeidung der Tarifbindung** durch kurzfristigen Austritt aus dem Arbeitgeberverband (»**Blitzaustritt**«) oder »**Blitzwechsel**« in die OT-Mitgliedschaft ergeben (zur Wirksamkeit derartiger Formen der Tarifflucht vgl. § 3 Rn. 17 ff., 28 ff., 34 ff., 42 ff., 49). 59

Wird der Zeitpunkt des Inkrafttretens auf einen **vor dem Abschluss** des Tarifvertrags liegenden Zeitpunkt festgelegt, tritt der Tarifvertrag mit **Rückwirkung** in Kraft (vgl. Rn. 66 ff.). Dies ist bei »verbessernden« Tarifverträgen ohne weiteres zulässig. Zur Zulässigkeit der Rückwirkung von »verschlechternden« Tarifverträgen vgl. Rn. 67 ff. 60

---

124 Vgl. DKKW-Däubler, a.a.O.; Bayreuther, a.a.O.
125 Vgl. Däubler-Deinert, § 4 Rn. 5; KeZa-Stein, § 4 Rn. 155; Wiedemann-Wank, § 4 Rn. 1.
126 Vgl. dazu auch Däubler-Deinert, § 4 Rn. 4; Wiedemann-Wank, § 4 Rn. 1.

4.3.2 Änderungen während der Laufzeit des Tarifvertrags

61 Nach der höchstrichterlichen Rechtsprechung tragen tarifvertragliche Normen auch **während der Laufzeit** eines Tarifvertrags den **immanenten Vorbehalt ihrer Ablösung bzw. Abänderbarkeit** durch Tarifvertrag in sich.[127] Das soll auch für bereits entstandene und fällig gewordene, aber noch nicht abgewickelte Ansprüche aus einer Tarifnorm gelten (zur rückwirkenden Änderung vgl. Rn. 66ff.).[128]

62 Wird ein Tarifvertrag durch einen zwischen denselben Tarifvertragsparteien vereinbarten neuen Tarifvertrag abgeändert, so gilt im Verhältnis zwischen beiden Tarifverträgen im Regelfall das **Ablösungsprinzip** (**Zeitkollisionsregel**; vgl. Rn. 82).[129] Das heißt: die neuen Tarifregelungen lösen die alten Bestimmungen ab. Die alten Tarifbestimmungen erlöschen.

63 Etwas anderes gilt, wenn die Tarifparteien mit dem neuen Tarifvertrag den alten Tarifvertrag nur **zeitweilig/befristet »aussetzen«** wollten. In diesem Falle bestimmt sich das Verhältnis beider Tarifverträge bis zum Ablauf der Befristung des neuen Tarifvertrags nach den Regeln der **Tarifkonkurrenz** (vgl. § 4 Rn. 62, 66).

64 Möglich ist aber auch, dass sich aus den fraglichen Tarifverträgen selbst – ggf. nach **Auslegung** (vgl. Grundl. Rn. 152ff.) ergibt, dass für eine bestimmte Zeit nur einer von ihnen gelten soll. Dann bedarf es **keines Rückgriffs** auf die Regeln der Tarifkonkurrenz (vgl. § 4 Rn. 61). Wird etwa ein (Flächen-)Verbandstarifvertrag durch einen zwischen denselben Tarifvertragsparteien vereinbarten »firmenbezogenen Verbandstarifvertrag« (z.B. ein firmenbezogener Sanierungstarifvertrag; vgl. Rn. 343) befristet unter ausdrücklichem oder stillschweigendem Ausschluss der Nachwirkung abgeändert, so spricht das dafür, dass die Tarifparteien nur eine vorübergehende »Aussetzung« des Flächentarifvertrags gewollt haben (vgl. Rn. 349; § 4 Rn. 61).

65 Ein verschlechternder Änderungstarifvertrag beeinträchtigt nicht die kraft beiderseitiger Tarifgebundenheit entstandenen tarifvertraglichen Ansprüche eines Arbeitnehmers, wenn er vor Abschluss des Änderungstarifvertrags aus der tarifvertragschließenden Gewerkschaft **ausgeschieden** war (vgl. § 3 Rn. 28).[130]

4.3.3 Rückwirkung

66 Nach der Rechtsprechung erstreckt sich der Tarifverträgen immanente Abänderungsvorbehalt (vgl. Rn. 61) grundsätzlich auch auf solche tariflichen Neuregelungen, die eine **Rückwirkung** haben sollen. So sollen auch bereits entstandene und fällig gewordene, aber noch nicht abgewickelte Ansprüche aus einer Tarifnorm zu Lasten der Arbeitnehmer verändert werden können.[131] Zu unterscheiden sind **unechte** und **echte Rückwirkung.**[132] Ein

127 BAG 22.5.12 – 1 AZR 103/11, NZA 12, 1110; 11.10.06 – 4 AZR 486/05 AP Nr. 24 zu § 1 TVG Rückwirkung.
128 BAG 20.4.99 – 1 AZR 631/98, DB 99, 1660; 23.11.94, a.a.O.
129 BAG 14.11.01 – 10 AZR 698/00, EzA § 4 TVG Tarifkonkurrenz Nr. 16 = NZA 02, 1056; 24.10.07 – 10 AZR 878/06, NZA 08, 131.
130 BAG 13.12.95 – 4 AZR 603/94, DB 96, 1528.
131 BAG 22.5.12 – 1 AZR 103/11, NZA 12, 1110; 20.4.99 – 1 AZR 631/98, DB 99, 1660; 23.11.94 – 4 AZR 879/93, AP Nr. 12 zu § 1 Rückwirkung.

Fall der grundsätzlich **zulässigen unechten Rückwirkung** liegt vor, wenn mit Wirkung für die Zukunft in einen Sachverhalt eingegriffen wird, der in der Vergangenheit begonnen hat und noch nicht abgeschlossen ist.[133] Unter **echter Rückwirkung** wird der Eingriff in einen bereits in der Vergangenheit abgeschlossenen Sachverhalt (Eingriff in »wohlerworbene Rechte«) verstanden (z.B. Absenkung der Vergütung in Folge der Abänderung von Eingruppierungsbestimmungen[134]).

Die Zulässigkeit von Eingriffen mit **echter Rückwirkung** findet ihre **Grenze im Grundsatz der Verhältnismäßigkeit und des Vertrauensschutzes**[135], der auch für entsprechende Eingriffe durch Gesetze[136] gilt.[137] Die Beschränkung der Rückwirkung fußt auf dem **Rechtsstaatprinzip** des Art. 20 Abs. 3 GG.[138] Deshalb ist die **rückwirkende Inkraftsetzung** eines »verschlechternden« Tarifvertrags – etwa eines Sanierungstarifvertrags (vgl. Rn. 343 ff.) – nur eingeschränkt möglich. **67**

Ein **schützenswertes Vertrauen** in den Bestand eines (objektiv entstandenen) Tarifanspruchs setzt voraus, dass die Arbeitsvertragsparteien (subjektiv) von seinem Bestehen ausgehen.[139] **68**

Maßgeblicher **Zeitpunkt** dafür ist die Entstehung des Anspruchs. Wenn es zu diesem Zeitpunkt keinen Anlass gab, an dem Fortbestand des Anspruchs zu zweifeln, scheidet ein rückwirkender verschlechternder Eingriff in den Anspruch oder gar seine Beseitigung aus.

Dagegen besteht kein geschütztes Vertrauen mehr, wenn die Mitglieder der Tarifvertragsparteien zum Zeitpunkt der Entstehung des Anspruchs aufgrund **objektiver Umstände** mit einer Änderung des Tarifvertrags **rechnen** mussten. Ob und ab wann die Tarifunterworfenen mit einem Eingriff in tarifliche Rechte rechnen müssen, ist eine **Frage des Einzelfalles.**[140] Von besonderer Bedeutung ist die Information der Beschäftigten über Verhandlungen zur Veränderung der bisher bestehenden tariflichen Rechtslage. Werden die Beschäftigten von den Tarifvertragsparteien **vor Entstehung des Anspruchs** über geplante Eingriffe in den Anspruch **ausreichend informiert**, führt das zum Wegfall des Vertrauens in den Fortbestand der Regelung mit der Folge, dass ein später zustande kommen-

---

132 Vgl. Däubler-Deinert, § 4 Rn. 23; Wiedemann-Wank, § 4 Rn. 237 ff.

133 Z.B. Beseitigung des Bewährungsaufstiegs in eine höhere Vergütungsgruppe für Arbeitnehmer, die die früher notwendige Wartezeit bereits teilweise zurückgelegt haben, vgl. BAG 14.6.95 – 4 AZR 225/94, AP Nr. 13 zu § 1 TVG Rückwirkung.

134 Vgl. BAG 23.11.94 – 4 AZR 879/93, AP Nr. 12 zu § 1 TVG Rückwirkung.

135 BAG 2.10.07 – 1 AZR 815/06, EzA § 77 BetrVG 2001 Nr. 20.

136 BVerfG 19.12.61 – 2 BvL 6/59, NJW 62, 291.

137 BAG 17.7.07 – 9 AZR 1089/06, ZTR 08, 161 = DB 07, 2852; 11.10.06 – 4 AZR 522/05, AiB 07, 418 mit Anm. Rehwald; 11.10.06 – 4 AZR 486/05, DB 07, 1259; 5.7.06 – 4 AZR 381/05, BB 07, 556; 2.2.06 – 2 AZR 58/05, AP Nr. 7 zu § 1 TVG Tarifverträge: Gewerkschaften mit Anm. Däubler; 22.10.03 – 10 AZR 152/03, DB 04, 551; 23.11.94 – 4 AZR 879/93, AP Nr. 12 zu § 1 TVG Rückwirkung.

138 BAG 30.10.08 – 6 AZR 32/08, ZTR 09, 84.

139 BAG 5.7.06 – 4 AZR 381/05, BB 07, 556.

140 BAG 22.5.12 – 1 AZR 103/11, NZA 12, 1110; 17.7.07 – 9 AZR 1089/06, ZTR 08, 161= DB 07, 2852; 11.10.06 – 4 AZR 486/05, DB 07, 1259; 22.10.03 – 10 AZR 152/03, DB 04, 551; zum rückwirkend in Kraft gesetzten Sanierungstarifvertrag der Philipp Holzmann AG vom 10.4.2000 vgl. BAG 8.10.08 – 5 AZR 8/08, NZA 09, 98.

der Änderungstarifvertrag den Anspruch rückwirkend zum Nachteil der Beschäftigten verändern kann.[141] Es genügt die Information der »Betriebsöffentlichkeit«. Auf die Kenntnis des einzelnen betroffenen Arbeitnehmers kommt es nicht an.[142] Das Vertrauen soll auch dann entfallen können, wenn die **Rechtslage unklar** oder verworren oder die Rechtsprechung zur Auslegung einer Tarifnorm widersprüchlich ist.[143]

Die bloße **Kenntnis** der Arbeitnehmer **von wirtschaftlichen Schwierigkeiten** des Arbeitgebers kann das Vertrauen in den Bestand tariflicher Rechte nicht entscheidend erschüttern.[144]

69 Der Schutz des Vertrauens in den Bestand eines tariflichen Anspruchs gilt unabhängig davon, ob der Tarifanspruch aufgrund **Tarifbindung oder arbeitsvertraglicher Vereinbarung** besteht.[145]

70 Der Geltungsbereich rückwirkend verschlechternder Tarifverträge kann grundsätzlich auch **Arbeitnehmer** erfassen, die bereits **aus dem Betrieb ausgeschieden** waren.[146] Das setzt allerdings voraus, dass sowohl zum Zeitpunkt des – rückwirkenden – Inkrafttretens als auch im Zeitpunkt des Abschlusses des Tarifvertrags **beidseitige Tarifbindung** besteht (vgl. auch Rn. 65)[147] oder bei gewerkschaftlich nicht organisierten Arbeitnehmern, wenn die in Frage kommenden Tarifverträge (der Änderungstarifvertrag und der geänderte Tarifvertrag) aufgrund einer vertraglichen dynamischen Bezugnahme (vgl. § 3 Rn. 258ff.) zur Anwendung kommen.

71 Führen die Tarifvertragsparteien ein **neues Vergütungssystem** ein, gehören zu dem durch das Rückwirkungsverbot geschützten Besitzstand grundsätzlich nicht die **einzelnen Bestandteile** der bisherigen Vergütung.[148] Geschützt ist regelmäßig nur die **Gesamthöhe des Arbeitsentgelts**. Dadurch wird einerseits dem Vertrauensschutz der Arbeitnehmer und anderseits der durch Art. 9 Abs. 3 GG geschützten Befugnis der Tarifvertragsparteien zu einer umfassenden Neugestaltung tariflicher Ordnungsgefüge Rechnung getragen.

72 Bei **nachwirkenden Tarifverträgen** (vgl. § 4 Rn. 293ff.) besteht kein schützenswertes Vertrauen, dass ein Nachfolgetarifvertrag keine auf den Zeitpunkt der Beendigung des nachwirkenden Tarifvertrags rückwirkenden Änderungen enthält.[149]

73 Problematisch sind **rückwirkende Entgeltabsenkungen für Arbeitnehmer**, da das Entgelt ganz überwiegend zur Finanzierung des Lebensunterhalts dient.[150] Rückwirkende Entgeltabsenkungen werden von der höchstrichterlichen Rechtsprechung zwar grundsätzlich für möglich gehalten.[151] Allerdings sind rückwirkende Kürzungen des laufenden

141 BAG 9.7.97 – 4 AZR 635/95, AP Nr. 233 zu §§ 22, 23 BAT 1975; 23.11.94 – 4 AZR 879/93, AP Nr. 12 zu § 1 Rückwirkung.
142 BAG 11.10.06 – 4 AZR 486/05, DB 07, 1259; 22.10.03 – 10 AZR 152/03, DB 04, 551; 23.11.94, a.a.O.
143 BAG 20.4.99 – 1 AZR 631/98, DB 99, 1660; 23.11.94, a.a.O.
144 BAG 11.10.06 – 4 AZR 522/05, AiB 07, 418; 22.10.03, a.a.O.
145 BAG 11.10.06, a.a.O.
146 BAG 24.10.07 – 10 AZR 878/06, NZA 08, 131.
147 BAG 24.10.07, a.a.O.
148 BAG 30.10.08 – 6 AZR 32/08, ZTR 09, 84.
149 BAG 8.9.99 – 4 AZR 661/98, DB 00, 145.
150 Vgl. Däubler-Deinert, § 4 Rn. 50; Wiedemann-Wank, § 4 Rn. 248.
151 BAG 20.4.99 – 1 AZR 631/98, DB 99, 1660; 23.11.94 – 4 AZR 879/93, AP Nr. 12 zu § 1 TVG Rückwirkung.

Entgelts aus Gründen der Verhältnismäßigkeit und des Vertrauensschutzes nur für kurze Zeiträume und geringe Beträge zulässig.[152]

Die Zulässigkeit **rückwirkender Entgelterhöhungen** oder sonstiger verbesserter Tarifleistungen **zu Lasten der Arbeitgeber** ist demgegenüber weitgehend unbestritten.[153] **74**

Beendigungsnormen (vgl. dazu Rn. 132f.), die einen tarifvertraglichen **Sonderkündigungsschutz** begründen, können unter dem Gesichtspunkt des Vertrauensschutzes gegen nachträgliche tarifvertragliche Verschlechterungen geschützt sein. Das ist etwa der Fall, wenn der auf Grundlage eines Flächentarifvertrags bereits erlangte Unkündbarkeitsstatus eines Arbeitnehmers durch eine tarifliche Neuregelung wegfallen soll.[154] Nach neuerer Rechtsprechung des BAG soll dies allerdings nur **in Ausnahmefällen** gelten: Sieht eine Neuregelung nicht den vollständigen Wegfall, sondern stattdessen (durchaus erhebliche) Einschränkungen des Sonderkündigungsschutzes vor, soll dies keine Verletzung des Grundsatzes des Vertrauensschutzes darstellen.[155] **75**

4.4 Beendigung

4.4.1 Allgemeines

In der Tarifpraxis wird die Beendigung des Tarifvertrags **i.d.R.** durch eine **ordentliche Kündigung** (vgl. Rn. 83ff.) herbeigeführt. **76**

Außerdem kann der Tarifvertrag enden durch:

- **Befristung der Laufzeit** (vgl. Rn. 79),
- **auflösende Bedingung** (vg. Rn. 80),
- **einvernehmliche Aufhebung** (vgl. Rn. 81f.) oder
- **außerordentliche Kündigung** (vgl. Rn. 93ff.).

Eine **Anfechtung des Tarifvertrags** (vgl. Rn. 42) oder die Berufung auf den **Wegfall der Geschäftsgrundlage** (vgl. Rn. 99) ist nicht möglich. **77**

Die **Insolvenz**,[156] **Auflösung oder Umstrukturierung einer Tarifvertragspartei**, die **Veräußerung oder Umstrukturierung von Unternehmen** oder der nachträgliche **Wegfall der Tariffähigkeit** (vgl. § 2 Rn. 98) oder der **Tarifzuständigkeit** (vgl. § 2 Rn. 119) einer Tarifvertragspartei führen für sich allein nicht zur Beendigung des Tarifvertrags (zum Schicksal des Tarifvertrags und seiner Nachwirkung in diesen Fällen vgl. § 3 Rn. 47ff. 62; § 4 Rn. 183).[157]

---

152 So zutreffend Däubler-Deinert, § 4 Rn. 50.

153 Vgl. Däubler-Deinert, § 4 Rn. 52; KeZa-Stein, § 4 Rn. 163; Wiedemann-Wank, § 4 Rn. 249.

154 BAG 16.2.62 – 1 AZR 164/61, AuR 62, 220 = AP Nr. 11 zu § 4 TVG Günstigkeitsprinzip; 15.11.95 – 2 AZR 521/95, DB 96, 1680.

155 BAG 2.2.06 – 2 AZR 58/05, AP Nr. 7 zu § 1 TVG Tarifverträge: Gewerkschaften (die gegen die Entscheidung eingelegte Verfassungsbeschwerde wurde nicht zur Entscheidung angenommen: BVerfG 11.7.06 – 1 BvR 1591/06); zur kritischen Würdigung der höchstrichterlichen Rechtsprechung zur Rückwirkung verschlechternder Tarifverträge insgesamt vgl. Däubler-Deinert, § 4 Rn. 36ff., sowie Däubler, Anm. zu BAG 2.2.06, a.a.O., der in diesem Zusammenhang auch die problematischen Auswirkungen der zahlreich abgeschlossenen Sanierungstarifverträge auf die Ausrichtung und Attraktivität gewerkschaftlicher Tarifpolitik thematisiert.

156 BAG 27.6.00 – 1 ABR 31/99, NZA 01, 334.

157 Vgl. KeZa-Stein, § 4 Rn. 175; Wiedemann-Wank, § 4 Rn. 78ff.

Zur **Nichtigkeit** eines Tarifvertrags vgl. Rn. 44f.
Zur **Nachwirkung** eines beendeten Tarifvertrags vgl. § 4 Rn. 293ff.

78 Die **Beendigung des Tarifvertrags** ist im TVG selbst nicht geregelt. § 3 Abs. 3 TVG bezieht sich zwar ausdrücklich auf die Beendigung des Tarifvertrags, regelt deren Voraussetzungen aber nicht (vgl. § 3 Rn. 70ff.). Die allgemeinen vertragsrechtlichen Vorschriften des **Bürgerlichen Rechts** sind grundsätzlich maßgebend, können wegen des besonderen Charakters des Tarifvertrags allerdings nur mit **Einschränkungen** zur Anwendung kommen.[158] Beispielsweise ist die Vereinbarung einer **auflösenden Bedingung** (§ 158 Abs. 2 BGB) nach h.M. grundsätzlich zulässig (vgl. Rn. 80). Der Eintritt der Bedingung darf jedoch aus Gründen der Rechtssicherheit nicht an Umstände gekoppelt werden, die für die Tarifunterworfenen **nicht zweifelsfrei festgestellt** werden können.[159]

4.4.2 Befristung

79 Die Beendigung des Tarifvertrags kann durch die Vereinbarung seiner **Befristung** auf einen bestimmten Zeitpunkt herbeigeführt werden.[160] Der Tarifvertrag endet in diesem Fall zum vereinbarten Zeitpunkt **automatisch**, ohne dass es einer Kündigung bedarf.
Eine **ordentliche Kündigung** eines befristeten Tarifvertrags zu einem Zeitpunkt vor dem vereinbarten Ablauf ist nur zulässig, wenn diese zwischen den Tarifvertragsparteien **zusätzlich vereinbart** ist (entspr. § 15 Abs. 3 TzBfG).
Eine **außerordentliche Kündigung** vor Ablauf des befristeten Tarifvertrags ist bei Vorliegen der erforderlichen Voraussetzungen (vgl. dazu Rn. 93ff.) zulässig.[161]
Zur Vereinbarung von **Mindest- oder Höchstlaufzeiten** ordentlich kündbarer Tarifverträge vgl. Rn. 83.
Ein wegen Ablauf der Befristung beendeter Tarifvertrag **wirkt nach** (§ 4 Abs. 5 TVG; vgl. § 4 Rn. 297), es sei denn, die Nachwirkung wurde ausgeschlossen (vgl. § 4 Rn. 308).

4.4.3 Auflösende Bedingung

80 Es kann vereinbart werden, dass ein Tarifvertrag bei Eintritt einer **auflösenden Bedingung** endet.[162] Zulässig sind etwa Vereinbarungen zur Verlängerung eines Tarifvertrags über seine ursprüngliche Laufzeit hinaus bis zum Scheitern der Tarifverhandlungen oder zum Abschluss des Nachfolgetarifvertrags.[163]
Ob die automatische Beendigung des Tarifvertrags vom Eintreten bestimmter wirtschaftlicher Sachverhalte oder der Entwicklung einer berechenbaren Preissteigerung (sog. **Indexklauseln**) abhängig gemacht werden kann, ist unter dem Gesichtspunkt der **Rechtssicherheit** fraglich (vgl. auch Rn. 78).[164]

---

158 Vgl. Däubler-Deinert, § 4 Rn. 72.
159 Vgl. Däubler-Deinert, § 4 Rn. 75 m.w.N.
160 Vgl. KeZa-Stein, § 4 Rn. 192.
161 BAG 18.12.96 – 4 AZR 129/96, AP Nr. 1 zu § 1 TVG Kündigung.
162 Vgl. Däubler-Deinert, § 4 Rn. 75.
163 Vgl. Wiedemann-Wank, § 4 Rn. 13.
164 Vgl. Däubler-Deinert, § 4 Rn. 75; Wiedemann-Wank, a.a.O., Rn. 18.

Stattdessen kann für derartige Fälle ein (außerordentliches) Kündigungsrecht oder eine Verhandlungs- bzw. Anpassungsverpflichtung der Tarifvertragsparteien vereinbart werden (z.B. **Revisionsklauseln**; vgl. Rn. 402).
Ein wegen Eintritt einer auflösenden Bedingung beendeter Tarifvertrag **wirkt nach** (§ 4 Abs. 5 TVG; vgl. § 4 Rn. 297), es sei denn, die Nachwirkung wurde ausgeschlossen (vgl. § 4 Rn. 308).

4.4.4 Aufhebungstarifvertrag

Durch Abschluss eines **Aufhebungsvertrags** durch die vertragschließenden Tarifvertrags- 81
parteien ist die vorzeitige einvernehmliche Beendigung des Tarifvertrags möglich. Mit dem Aufhebungsvertrag werden die schuldrechtlichen Wirkungen des Tarifvertrages beendet und die zwingende Wirkung seiner Normen (§ 4 Abs. 1 TVG) in eine Nachwirkung nach § 4 Abs. 5 TVG verwandelt.
Nach Ansicht des BAG soll der Aufhebungsvertrag mangels einer entsprechenden gesetzlichen Bestimmung keiner besonderen Form bedürfen, obwohl sich die Wahrung der **Schriftform** aus Gründen der Rechtsklarheit und Rechtssicherheit empfehle.[165] Dem kann nicht gefolgt werden. Die Aufhebung eines Tarifvertrags – insbesondere die Beendigung seiner schuldrechtlichen und normativen Wirkungen – stellt seinerseits einen Tarifvertrag dar, der unmittelbar dem Schriftformgebot des § 1 Abs. 2 TVG unterliegt (§ 1 Abs. 2 TVG; vgl. Rn. 46ff.). Deshalb ist mit der heute h.M. davon auszugehen, dass – nicht nur aus Gründen der Rechtsklarheit und Rechtssicherheit – **Schriftform** erforderlich ist.[166]
Die Tarifvertragsparteien sind in der **Festlegung des Zeitpunktes** der Beendigung des Tarifvertrags frei, bei **rückwirkender Aufhebung** sind sie jedoch den Grenzen, die für den Abschluss rückwirkender Tarifverträge gelten, unterworfen (vgl. Rn. 66ff.).
Ein durch Aufhebungsvertrag beendeter Tarifvertrag **wirkt nach** (§ 4 Abs. 5 TVG; vgl. § 4 Rn. 297), es sei denn, die Nachwirkung wurde ausgeschlossen (vgl. § 4 Rn. 308).
Schließlich kann ein Tarifvertrag vor seinem regulären Ablauf durch **Änderungsvertrag** 82
ganz oder teilweise ersetzt werden.
Für den Änderungsvertrag ist auch nach Ansicht des BAG **Schriftform** nach § 1 Abs. 2 TVG notwendig.[167]
Nach dem sog. **Ablösungsprinzip** bzw. der **Zeitkollisionsregel** (vgl. Rn. 62) löst der Änderungsvertrag den bisherigen Tarifvertrag zu einem von den Tarifvertragsparteien frei bestimmbaren Zeitpunkt ab,[168] wobei das **Günstigkeitsprinzip** (vgl. § 4 Rn. 140ff.) nicht gilt: Auch durch ungünstigere Tarifnormen kann das alte Tarifrecht abgelöst werden.[169]
Ein **rückwirkendes Inkrafttreten** des Änderungsvertrags ist allerdings nur unter Berücksichtigung des Vertrauensschutzes (vgl. Rn. 67ff.) zulässig.

165 BAG 8.9.76 – 4 AZR 359/75, AP Nr. 5 zu § 1 TVG Form.
166 Vgl. Schaub-Treber, § 208 Rn. 4; Däubler-Reim/Nebe, Rn. 169; Däubler-Deinert, § 4 Rn. 97; Ke-Za-Stein, § 4 Rn. 190; Wiedemann-Thüsing, Rn. 319.
167 BAG 21.3.73 – 4 AZR 225/72, AP Nr. 12 zu § 4 TVG Geltungsbereich = DB 73, 1506.
168 BAG 14.11.01 – 10 AZR 698/00, NZA 02, 1056; 24.10.07 – 10 AZR 878/06, NZA 08, 131.
169 BAG 23.11.94 – 4 AZR 879/93, DB 95, 778.

Zum Vorrang günstigerer, durch **Arbeitsvertrag**, **Gesamtzusage** oder **betriebliche Übung** begründeter Regelungen vgl. § 4 Rn. 140ff., 142.[170]

4.4.5 Ordentliche Kündigung

83 Wie andere Dauerrechtsverhältnisse kann auch ein unbefristet abgeschlossener Tarifvertrag **ordentlich gekündigt** werden (zur außerordentlichen Kündigung vgl. Rn. 93 ff.).[171] Für die **Erklärung der Kündigung** eines Tarifvertrags gelten die allgemeinen Grundsätze des Bürgerlichen Rechts.[172] Die Kündigung stellt eine einseitige empfangsbedürftige Willenserklärung dar, aus der die Kündigungsabsicht hinreichend **deutlich zum Ausdruck kommen** muss.[173] Die Kündigung muss der jeweils anderen Tarifvertragspartei **zugehen** (§ 130 BGB), erst dann wird sie wirksam. Ob eine Tarifvertragspartei von einem bestehenden Kündigungsrecht Gebrauch macht, ist allein ihre autonome Entscheidung.[174]
Ihre **einseitige Rücknahme** (Widerruf) ist nach ihrem Zugang nicht mehr möglich (§ 130 Abs. 1 Satz 2 BGB).[175]

83a In der Regel sind die Möglichkeit zur **ordentlichen Kündigung**, die **Kündigungsfrist** und der **Kündigungstermin** im Tarifvertrag vereinbart.
Oft wird eine **Mindestlaufzeit** (z.B. ein Jahr für einen Entgelttarifvertrag) vereinbart, sodass der Tarifvertrag unter Einhaltung einer bestimmten Kündigungsfrist (z.B. von einem Monat) erstmals zum Ende der Mindestlaufzeit gekündigt werden kann.
Wird eine **Höchstlaufzeit** vereinbart, handelt es sich der Sache nach um einen befristeten Tarifvertrag (vgl. Rn. 79) mit der Möglichkeit der ordentlichen Kündigung während der Laufzeit. Wird das Kündigungsrecht von den Tarifvertragsparteien nicht in Anspruch genommen, endet der Tarifvertrag automatisch mit dem Ende der Höchstlaufzeit.
Zulässig wäre auch die Vereinbarung der **jederzeitigen Kündigung** eines Tarifvertrags **ohne** Einhaltung einer **Frist**.

84 Enthält ein unbefristet abgeschlossener Tarifvertrag keine Bestimmungen über die Kündigungsfrist, ist in analoger Anwendung von § 77 Abs. 5 BetrVG für die ordentliche Kündigung eine **Kündigungsfrist von drei Monaten** einzuhalten.[176]
Fehlt ein **Kündigungstermin** im Tarifvertrag, kann die Kündigung zum jeweiligen Ende der Kündigungsfrist erklärt werden.

85 Wird in einem Tarifvertrag auf die Anwendung eines anderen Tarifvertrags verwiesen (z.B. **Anerkennungstarifvertrag**, vgl. Rn. 26) und enthält der verweisende Tarifvertrag keine Kündigungsregeln, sind die Kündigungsvorschriften des in Bezug genommenen Tarifvertrags einzuhalten. Wird auf mehrere andere Tarifverträge verwiesen, gelten für die

---

170 Vgl. auch LAG Hamburg 7.6.95 – 4 Sa 115/94, AuR 96, 75.
171 BAG 26.9.84 – 4 AZR 343/83, AP Nr. 21 zu § 1 TVG; Däubler-Deinert, § 4 Rn. 105.
172 BAG 26.9.84 – 4 AZR 343/83, AP Nr. 21 zu § 1 TVG.
173 BAG 26.9.84, a.a.O.
174 BAG 27.2.13 – 4 AZR 78/11, NZA 13, 1026.
175 Vgl. KeZa-Stein, § 4 Rn. 189.
176 H.M.; vgl. z.B. Däubler-Deinert, § 4 Rn. 109 m.w.N.; KeZa-Stein, § 4 Rn. 178; JKOS-Oetker, § 8 Rn. 14; so wohl auch BAG 18.6.97 – 4 AZR 710/95, AP Nr. 2 zu § 1 TVG Kündigung; 10.11.82 – 4 AZR 1203/79, AP Nr. 8 zu § 1 TVG Form.

verschiedenen Regelungsgegenstände jeweils die in den in Bezug genommenen Tarifverträgen vereinbarten Kündigungsregeln.[177]

Wird eine Kündigung mit einer **falschen Kündigungsfrist** oder zu einem **falschen Kündigungstermin** ausgesprochen, gilt sie als zum nächst möglichen Zeitpunkt erklärt.[178] 86

Eine **Teilkündigung** eines Tarifvertrags ist nur zulässig, wenn sie **ausdrücklich vereinbart** ist.[179] Ansonsten ist, weil Tarifverträge **Kompromisse** darstellen, die von den Tarifvertragsparteien als **Einheit** gewertet werden, bei der Befürwortung von Teilkündigungsmöglichkeiten im Wege der **Auslegung Zurückhaltung** geboten. Allein aus der Tatsache, dass bestimmte Regelungskomplexe des Tarifvertrags »teilbar nebeneinander stehen«, lässt sich jedenfalls die Zulässigkeit einer Teilkündigung nicht ableiten (zur Friedenspflicht im Fall einer Teilkündigung vgl. Rn. 88 und AKR Rn. 64).[180] 87

Die ausdrückliche Vereinbarung einer Kündigungsmöglichkeit einzelner Tarifbestimmungen ist in der **Tarifpraxis** nicht selten. Beispiel (§ 16 Ziff. 2 Entgeltrahmenabkommen für die Metallindustrie Norddeutschlands): *»Dieser Tarifvertrag oder jede einzelne Vorschrift kann mit einer Frist von einem Monat zum Monatsende … gekündigt werden«*. Die Teilkündigung bietet etwa der Gewerkschaft die Möglichkeit, Tarifbestimmungen, die sich als **unzweckmäßig** erwiesen haben, zum Gegenstand einer **erneuten Tarifauseinandersetzung** (inkl. Streik) zu machen, ohne den Tarifvertrag insgesamt in Frage zu stellen. Mit der Teilkündigung einer Tarifbestimmung **entfällt** insoweit auch die **Friedenspflicht** (vgl. AKR Rn. 64).[181] 88

Eine **unwirksame Teilkündigung** eines Tarifvertrags kann nach h.M. nicht gem. § 140 BGB in eine Kündigung des gesamten Tarifvertrags **umgedeutet** werden.[182] 89

Die **Berechtigung zur Kündigung** eines Tarifvertrags besteht nur **für die Tarifvertragsparteien**, die den Tarifvertrag abgeschlossen haben.[183] Wegen des **Schriftformgebots** des § 1 Abs. 2 TVG (vgl. Rn. 46ff.) kommt als kündigungsberechtigte Tarifvertragspartei nur derjenige Verband – Gewerkschaft bzw. Arbeitgeberverband – (bzw. Arbeitgeber beim Firmentarifvertrag) in Frage, der im Tarifvertrag als solcher bezeichnet ist.[184] 90

Die Kündigung durch eine beim Tarifabschluss **vertretene Tarifvertragspartei** (vgl. Rn. 36) ist nur zulässig, wenn das Vertretungsverhältnis im Tarifvertrag selbst angegeben oder aufgrund der Umstände des Einzelfalles unter den Beteiligten als bekannt gelten kann.[185] Die Erklärung der Kündigung kann nur durch die zur Vertretung der Tarifvertragsparteien berechtigten bzw. bevollmächtigten Personen erfolgen.

Zur Kündigung **mehrgliedriger Tarifverträge** vgl. Rn. 28f.

---

177 BAG 18.6.97, a.a.O.
178 Vgl. Wiedemann-Wank, § 4 Rn. 22.
179 BAG 24.4.07 – 1 AZR 252/06, DB 07, 1924 = AiB 07, 732; 3.5.06 – 4 AZR 795/05, NZA 06, 1125; 16.8.90 – 8 AZR 439/89, DB 91, 871; 3.12.85 – 4 ABR 7/85, DB 86, 1980.
180 Vgl. Däubler-Deinert, § 4 Rn. 173; Wiedemann-Wank, § 4 Rn. 26.
181 Vgl. BAG 24.4.07 – 1 AZR 252/06 (Rz. 116ff.), DB 07, 1924 = AiB 07, 732 zur Teilkündigung einer manteltariflichen – für Arbeiter und Angestellte ungleichen – Kündigungsfristregelung.
182 BAG 3.5.06 – 4 AZR 795/05, NZA 06, 1125; Schaub-Treber, § 208 Rn. 6.
183 BAG 26.8.09 – 4 AZR 280/18, NZA 238.
184 BAG 26.4.00 – 4 AZR 170/99, AP Nr. 4 zu § 1 TVG Kündigung.
185 BAG 26.4.00, a.a.O.

91 Die Mitteilung über die **Auflösung** einer Tarifvertragspartei (vgl. § 2 Rn. 99; § 3 Rn. 82) kann nach Ansicht des BAG als Kündigung der abgeschlossenen Tarifverträge ausgelegt werden.[186] Zu der Rechtswirkung einer Verbandsauflösung – Nachbindung der Tarifverträge nach § 3 Abs. 3 TVG[187] – vgl. § 3 Rn. 82.

92 Da in § 1 Abs. 2 TVG die **Schriftform** »nur« für Tarifverträge vorgeschrieben ist (vgl. Rn. 46ff.) und die Kündigung nicht ausdrücklich erwähnt wird, geht die überwiegende Meinung davon aus, dass die Kündigung des Tarifvertrags nicht schriftlich erfolgen muss, sondern z.B. auch mündlich ausgesprochen werden kann.[188]

In vielen Tarifverträgen ist die **Schriftform** für die Kündigung allerdings **verbindlich vereinbart**. Der Verstoß gegen ein vereinbartes Schriftformgebot führt zur Nichtigkeit der Kündigung (§ 125 Satz 2 BGB).

Ein ordentlich gekündigter Tarifvertrag **wirkt nach** (§ 4 Abs. 5 TVG; vgl. § 4 Rn. 297).

4.4.6 Außerordentliche Kündigung

93 Tarifverträge können nach h.M. als Dauerrechtsverhältnisse grundsätzlich auch durch eine **außerordentliche Kündigung** beendet werden.[189] Das gilt auch dann, wenn der Tarifvertrag befristet ist.[190] Es kommt der Grundsatz zur Anwendung, dass jedes Dauerrechtsverhältnis auch ohne gesetzliche oder vertragliche Grundlage aus wichtigem Grund vorzeitig beendet werden kann.[191] Dabei kann auch für Tarifverträge § 314 BGB herangezogen werden, wonach ein Vertrag ohne Einhaltung einer Frist **aus wichtigem Grund** gekündigt werden kann, wenn Tatsachen vorliegen, aufgrund derer es für den Kündigenden unter Berücksichtigung **aller Umstände des Einzelfalles** und unter **Abwägung der Interessen beider Vertragsteile** nicht mehr **zumutbar** ist, den Vertrag bis zum Ablauf der Kündigungsfrist oder bis zum Ende der vereinbarten Laufzeit fortzuführen.[192]

94 Die **Änderung – Verschlechterung – der wirtschaftlichen Verhältnisse** kommt nur ausnahmsweise als wichtiger Grund für eine außerordentliche Kündigung durch eine Tarifvertragspartei in Frage.

Das Thema »außerordentliche Kündigung« stellt sich natürlich nur dann, wenn eine länger dauernde **Mindestlaufzeit** des Tarifvertrags vereinbart, die ordentliche Kündigung also für diesen Zeitraum ausgeschlossen wurde. In der Praxis sind Mindestlaufzeiten von einem bis zwei Jahren für Entgelttarifverträge (vgl. Rn. 243ff.) und von noch mehr Jahren z.B. für Standort- und Sanierungstarifverträge (vgl. Rn. 343) üblich.

---

186 BAG 15.10.86 – 4 AZR 289/85, AP Nr. 4 zu § 3 TVG; 23.1.08 – 4 AZR 312/01, NZA 08, 771; Wiedemann-Wank, § 4 Rn. 23; a.A. Däubler-Deinert, § 4 Rn. 112.

187 BAG 23.1.08 – 4 AZR 312/01, NZA 08, 771 unter Aufgabe von BAG 28.5.97 – 4 AZR 546/95, DB 97, 2229.

188 Vgl. ErfK-Franzen, § 1 TVG Rn. 32; Däubler, TVR, Rn. 1433; KeZa-Stein, § 4 Rn. 189; Wiedemann-Wank, § 4 Rn. 23; a.A. Däubler-Deinert, § 4 Rn. 111.

189 BAG 18.12.96 – 4 AZR 129/96, AP Nr. 1 zu § 1 TVG Kündigung; 18.6.97 – 4 AZR 710/95, AP Nr. 2 zu § 1 TVG Kündigung; 18.2.98 – 4 AZR 363/96, AP Nrn. 3 zu § 1 TVG Kündigung.

190 BAG 18.12.96, a.a.O.

191 BAG 18.12.96, a.a.O.

192 Vgl. Däubler-Deinert, § 4 Rn. 125; KeZa-Stein, § 4 Rn. 180; Wiedemann-Wank, § 4 Rn. 29, 37.

Nicht selten vereinbaren die Tarifvertragsparteien bei »Langläufern« **Revisionsklauseln**, die das Verfahren zur Anpassung des Tarifvertrags an die geänderten Umstände bzw. die Lösung vom Tarifvertrag regeln (vgl. Rn. 402a). Die Durchführung dieses Verfahrens hat nach dem Ultima-Ratio-Grundsatz Vorrang vor dem Ausspruch einer außerordentlichen Kündigung (vgl. Rn. 95).

Haben die Tarifvertragsparteien **Revisionsklauseln** (vgl. Rn. 402a) für eine vorzeitige Anpassung des Tarifvertrags nicht vorgesehen, spricht dies dafür, dass nach ihrem Willen Änderungen der Verhältnisse während der Laufzeit des Tarifvertrags für die Tarifunterworfenen grundsätzlich zumutbar sind.

Zusammengefasst: Die eine außerordentliche Kündigung rechtfertigende wirtschaftliche Unzumutbarkeit setzt

- **ungewöhnlich lange Laufzeiten** des Tarifvertrags voraus,[193]
- **gemeinsame Vorstellungen der Tarifvertragsparteien** über bestimmte – nicht oder anders eingetretene – Entwicklungen und Umstände zum Zeitpunkt des Tarifabschlusses[194] und
- das Vorliegen der Unzumutbarkeit der Belastung aus bestimmten Tarifnormen zum Zeitpunkt des Ausspruchs der außerordentlichen Kündigung.[195] Dabei sind **strenge Maßstäbe** anzulegen.[196]

Im Übrigen ist zu unterscheiden, ob es sich um einen **Firmen- oder Verbandstarifvertrag** handelt.

Beim **Verbandstarifvertrag** reicht es nicht aus, wenn die wirtschaftliche Unzumutbarkeit lediglich für einzelne Unternehmen gegeben ist, sie muss für die Mehrheit der Verbandsmitglieder vorliegen[197] und löst dann auch nur ein außerordentliches Kündigungsrecht des Arbeitgeberverbands aus. Das einzelne Verbandsmitglied hat kein Kündigungsrecht.[198]

Im Falle eines **Firmentarifvertrags** kann ein wichtiger Grund nur angenommen werden, wenn objektiv feststeht, dass ein Festhalten des Unternehmens am Tarifvertrag seinen Fortbestand gefährden und zum Verlust der dort bestehenden Arbeitsplätze führen würde.[199] Allerdings muss ausgeschlossen sein, dass das Unternehmen den »wichtigen Grund«, auf den es sich beruft, selbst setzt (z.B. Androhung von Entlassungen), um einen missliebigen Tarifvertrag los zu werden.

Aus dem **Ultima-Ratio-Grundsatz** ergibt sich im Übrigen, dass die außerordentliche **95**
Kündigung eines Tarifvertrags nur wirksam ist, wenn **keine milderen Mittel** gegeben sind, die Unzumutbarkeit des Tarifvertrags zu beseitigen. Die unzumutbar belastete Ta-

193 Vgl. Löwisch/Rieble, Rn. 1412; Däubler-Deinert, § 4 Rn. 133.
194 Vgl. Däubler-Deinert, § 4 Rn. 131.
195 BAG 18.2.98 – 4 AZR 363/96, DB 98, 1722.
196 Vgl. Däubler-Deinert, § 4 Rn. 134; Wiedemann-Wank, § 4 Rn. 36.
197 Vgl. Löwisch/Rieble, Rn. 1414.
198 Vgl. Däubler-Deinert, § 4 Rn. 137; Wiedemann-Wank, a.a.O. Rn. 34; a.A. Löwisch/Rieble, Rn. 1416, die bei wirtschaftlicher Unzumutbarkeit für einzelne Verbandsmitglieder eine fristlose Kündigung der Verbandsmitgliedschaft und die teleologische Reduzierung des § 3 Abs. 3 TVG befürworten.
199 Vgl. Däubler-Deinert, § 4 Rn. 134.

rifvertragspartei muss daher auch ohne ausdrücklich vereinbarte **Revisionsklausel** (vgl. Rn. 402a) den Versuch unternehmen, durch **Verhandlungen** eine Anpassung des Tarifvertrags zu erreichen.[200]

96 Eine außerordentliche Kündigung kommt grundsätzlich auch in Frage bei **erheblichen Verletzungen gesetzlicher oder vertraglicher Pflichten** der Tarifvertragsparteien, etwa der Friedenspflicht (vgl. Rn. 422ff.), der Durchführungs- und Einwirkungspflicht (vgl. Rn. 407ff.) oder vertraglicher Verhandlungspflichten (vgl. Rn. 34), wobei auch hier nach dem Ultima-Ratio-Grundsatz dem Ausspruch der Kündigung eine erfolglose Abmahnung vorausgehen muss.[201]

97 **Änderungen der Rechtslage** rechtfertigen i.d.R. **nicht** die außerordentliche Kündigung eines Tarifvertrags.[202]

98 Liegen die Voraussetzungen für eine – auf den Tarifvertrag grundsätzlich nicht anwendbare (vgl. Rn. 42) – (rückwirkende; vgl. § 142 Abs. 1 BGB) **Anfechtung** nach den vertragsrechtlichen Vorschriften des Bürgerlichen Rechts vor (§ 119 Abs. 1 BGB: Inhalts- und Erklärungsirrtum; § 119 Abs. 2 BGB: Irrtum über verkehrswesentliche Eigenschaften; § 120 BGB: Übermittlungsfehler; § 123 Abs. 1 BGB: arglistige Täuschung und widerrechtliche Drohung), kann dies eine (ex nunc, also für die Zukunft wirkende) außerordentliche Kündigung rechtfertigen.[203] Ein wichtiger Grund kann aber nur bejaht werden, wenn es dem Kündigenden nicht **zumutbar** ist, den Vertrag bis zum Ablauf der Kündigungsfrist oder bis zum Ende der vereinbarten Laufzeit fortzuführen (vgl. Rn. 93).[204]

99 Die Berufung auf den **Wegfall der Geschäftsgrundlage** (§ 313 BGB) ist neben dem Recht zur außerordentlichen Kündigung **nicht möglich,**[205] sondern wird durch dieses Kündigungsrecht verdrängt.

100 Die **Auflösung** oder **Insolvenz** einer Tarifvertragspartei oder der nachträgliche Wegfall der **Tariffähigkeit** (vgl. § 2 Rn. 98ff.) oder der **Tarifzuständigkeit** (vgl. § 2 Rn. 119) einer Tarifvertragspartei begründen für sich allein keinen wichtigen Grund zur außerordentlichen Kündigung des Tarifvertrags durch die Tarifvertragsparteien.[206]

101 Wird ein Tarifvertrag durch außerordentliche Kündigung wirksam beendet, **wirkt** er dennoch gem. § 4 Abs. 5 TVG **nach** (vgl. § 4 Rn. 299).[207]

102 Die **Umdeutung** einer außerordentlichen Kündigung eines Tarifvertrags in eine ordentliche Kündigung ist unter den Voraussetzungen des § 140 BGB grundsätzlich zulässig,

---

200 BAG 18.12.96 – 4 AZR 129/96, AP Nr. 1 zu § 1 TVG Kündigung; 18.6.97 – 4 AZR 710/95, AP Nr. 2 zu § 1 TVG Kündigung.

201 Vgl. Däubler-Deinert, § 4 Rn. 140 m.w.N.; KeZa-Stein, § 4 Rn. 186.

202 Vgl. Däubler-Deinert, § 4 Rn. 128.

203 Vgl. Däubler-Deinert, § 4 Rn. 142; KeZa-Stein, § 4 Rn. 193.

204 Vgl. Däubler-Deinert, § 4 Rn. 142; Däubler, TVR, Rn. 1446.

205 Vgl. Däubler-Deinert, § 4 Rn. 170; KeZa-Stein, § 4 Rn. 199; Wiedemann-Wank, § 4 Rn. 76; Hessisches LAG 16.5.14 – 14 SA 937/13, anhängig BAG 4 AZR 459/14, mit dem Hinweis, dass Arbeitsgerichte nicht befugt sind, TVe um Ansprüche zu ergänzen, die diese nicht enthalten bzw. tarifliche Ansprüche auf Basis des § 313 BGB zu beschränken bzw. zu streichen; offengelassen BAG 8.10.08 – 5 AZR 8/08, NZA 09, 98.

206 Vgl. KeZa-Stein, § 4 Rn. 187; differenzierend Däubler-Deinert, § 4 Rn. 126f.

207 BAG 10.11.82 – 4 AZR 1203/79, AP Nr. 8 zu § 1 TVG Form; Däubler-Deinert, § 4 Rn. 149; Löwisch/Rieble, Rn. 1419; Wiedemann-Wank, § 4 Rn. 49.

scheidet aber aus, wenn die Beendigung des Tarifvertrags durch außerordentliche Kündigung ausdrücklich ohne anschließende Nachwirkung (§ 4 Abs. 5 TVG) angestrebt wird.[208]

5. Normativer Inhalt von Tarifverträgen

5.1 Allgemeines

5.1.1 Rechtsnormen

Tarifverträge haben einen »**normativen**« und einen »**schuldrechtlichen**« Inhalt. 103

Der »**normative**« Teil des Tarifvertrags beinhaltet »**Rechtsnormen**« i. S. d. § 1 Abs. 1 TVG (zur Rechtsnormeigenschaft vgl. Rn. 20) zur Gestaltung:

- des Arbeitsverhältnisses zwischen Arbeitgeber und Arbeitnehmer (sog. **Inhalts-, Abschluss- und Beendigungsnormen**; vgl. Rn. 123ff., 127ff., 132f.),
- des Verhältnisses zwischen Arbeitgeber und Belegschaft (Rechtsnormen über betriebliche Fragen = **Betriebsnormen**; vgl. Rn. 134ff.) sowie
- des Verhältnisses zwischen Arbeitgeber und Betriebsrat (Rechtsnormen über betriebsverfassungsrechtliche Fragen = **betriebsverfassungsrechtliche Normen**; vgl. Rn. 137ff.).

Inhalts-, Abschluss- und Beendigungsnormen werden von manchen als **Individualnormen** bezeichnet,[209] Betriebsnormen und betriebsverfassungsrechtliche Normen als **Kollektivnormen**.[210]

Zum normativen Teil eines Tarifvertrags gehören gem. § 4 Abs. 2 TVG auch Rechtsnormen über **gemeinsame Einrichtungen der Tarifvertragsparteien** (vgl. dazu Rn. 141f. und § 4 Rn. 36ff.).

Zu Rechtsnormen mit **Doppelcharakter** vgl. Rn. 143.

Der »**schuldrechtliche**« **(obligatorische) Teil** des Tarifvertrags betrifft die Rechte und Pflichten der Tarifvertragsparteien gegeneinander (vgl. hierzu Rn. 394ff.).

Die Tarifvertragsparteien dürfen bei der Formulierung von Rechtsnormen **unbestimmte** 103a **Rechtsbegriffe** verwenden. Das verstößt weder gegen das für Rechtsnormen geltende **Bestimmtheitsgebot** des Art. 20 Abs. 3 GG noch gegen den **Gleichheitssatz** des Art. 3 GG.[211]

Normative Regelungen, durch welche der Inhalt von Arbeitsverhältnissen unmittelbar und zwingend gestaltet werden soll, müssen dem Gebot der **Rechtsquellenklarheit** im Sinne einer Eindeutigkeit der Normurheberschaft genügen. Dies folgt aus den Erfordernissen der **Rechtssicherheit**, die in den Schriftformgeboten insbesondere des § 1 Abs. 2 TVG und des § 77 Abs. 2 Satz 1 und 2 BetrVG ihren gesetzlichen Niederschlag gefunden haben (vgl. auch Rn. 53).[212]

---

208 BAG 18.6.97 – 4 AZR 710/95, AP Nr. 2 zu § 1 TVG Kündigung.
209 Löwisch/Rieble, Rn. 137, 140ff.
210 Vgl. JKOS-Krause, § 4 Rn. 13.
211 BAG 29.1.86 – 4 AZR 465/84, AP Nr. 115 zu §§ 22, 23 BAT 1975; 18.10.94 – 1 AZR 503/93, NZA 95, 1064.
212 BAG 15.4.08 – 1 AZR 86/07, NZA 08, 1074.

104 Tarifvertragliche Inhalts-, Abschluss- und Beendigungsnormen gelten im Arbeitsverhältnis nur dann **unmittelbar** und **zwingend** (§ 4 Abs. 1 TVG, vgl. dazu § 4 Rn. 3ff.), wenn **beiderseitige Tarifgebundenheit** der Arbeitsvertragsparteien nach § 3 Abs. 1 TVG (vgl. § 3 Rn. 4, 10ff.) vorliegt.

Betriebsnormen und betriebsverfassungsrechtliche Normen kommen mit unmittelbarer und zwingender Wirkung zur Anwendung, wenn **nur der Arbeitgeber** nach § 3 Abs. 2 TVG an den Tarifvertrag gebunden ist (vgl. § 3 Rn. 5, 63ff.). Das Gleiche gilt nach h.M. auch für Rechtsnormen über **gemeinsame Einrichtungen** der Tarifvertragsparteien (vgl. § 4 Rn. 46).[213]

Zur Reichweite der **Regelungsbefugnis der Tarifvertragsparteien**, zu den typischen **Inhalten von Tarifverträgen** und den **Zielen der Tarifpolitik** sowie der **Erstreikbarkeit der Tarifziele** vgl. Rn. 154ff.

Zu den »**Konkurrenzproblemen**«, die auftreten, wenn der Arbeitgeber an Tarifverträge gebunden ist, die mit **verschiedenen Gewerkschaften** abgeschlossen wurden, vgl. § 4 Rn. 48ff.

105 Nach § 1 Abs. 1 i.V.m. § 4 Abs. 1 Satz 1 TVG ist das **(Einzel-)Arbeitsverhältnis** zwischen Arbeitnehmer (vgl. Rn. 109ff.) und Arbeitgeber (vgl. Rn. 121) Regelungsgegenstand der Inhalts-, Abschluss- und Beendigungsnormen.[214]

Andere schuldrechtliche Rechtsverhältnisse, etwa zwischen den Parteien des Arbeitsverhältnisses und Dritten, zwischen Arbeitgeber und Arbeitnehmer über Personaleinkauf, Darlehen, Werkswohnungen oder eine gesellschaftsrechtliche Beteiligung am Unternehmen oder jeweils zwischen Arbeitgebern oder Arbeitnehmern untereinander können nur unter der Voraussetzung normativ tariflich geregelt werden, dass sie in einem **unmittelbaren Zusammenhang mit dem Arbeitsverhältnis** stehen.[215]

Besonderheiten gelten bei Abschlussnormen (vgl. Rn. 127). Sie erfassen bereits das **Anbahnungsverhältnis** zwischen Bewerber und Arbeitgeber und verpflichten den Arbeitgeber zum Abschluss eines Arbeitsvertrages – bzw. genauer – dem Bewerber ein Angebot zum Abschluss eines Arbeitsvertrages zu unterbreiten.

106 Das **betriebliche Rechtsverhältnis** zwischen dem Arbeitgeber und der Belegschaft als **Kollektiv** wird durch die in § 1 Abs. 1 TVG genannten **Betriebsnormen** und **betriebsverfassungsrechtlichen Normen** gestaltet (vgl. Rn. 134ff., 137ff.).

Zur tariflichen Regelung des **Rechtsverhältnisses** einer **gemeinsamen Einrichtung der Tarifvertragsparteien** durch Rechtsnormen (§ 4 Abs. 2 TVG) und deren Rechtsbeziehungen zu den Arbeitgebern und Arbeitnehmern vgl. Rn. 141; § 4 Rn. 36ff.

107 Neben Arbeitnehmern (vgl. Rn. 109ff.) und Arbeitgebern (vgl. Rn. 121f.) als Parteien des Arbeitsverhältnisses können gem. § 12a TVG auch **arbeitnehmerähnliche Personen** (zum Begriff vgl. § 12a Rn. 2f., 9ff.) von tarifvertraglichen Rechtsnormen erfasst werden.

108 § 17 HAG enthält eine Sonderregelung, nach der schriftliche Vereinbarungen zwischen Gewerkschaften und Auftraggebern über die Arbeitsbedingungen der **in Heimarbeit Be-**

---

213 Vgl. Däubler-Hensche/Heuschmid, Rn. 1055ff.
214 Vgl. Däubler-Reim/Nebe, Rn. 235.
215 Zur Regelungsbefugnis der Tarifvertragsparteien bei Nichtarbeitsverhältnissen vgl. Däubler-Reim/Nebe, Rn. 293ff.; Wiedemann-Thüsing, Rn. 385.

schäftigten und ihnen Gleichgestellten als Tarifverträge gelten (vgl. dazu auch § 5 Rn. 86, § 12a Rn. 4).[216]

5.1.2 Arbeitnehmerbegriff

Die Inhalts-, Abschluss- und Beendigungsnormen des Tarifvertrages (vgl. Rn. 123ff., 127ff., 132f.) betreffen nach § 1 Abs. 1 das »**Arbeitsverhältnis**« zwischen Arbeitgeber und Arbeitnehmer. Das Tarifvertragsgesetz normiert keinen eigenständigen tarifrechtlichen **Arbeitnehmerbegriff**, sodass der allgemeine **arbeitsrechtliche Arbeitnehmerbegriff**[217] zugrunde zu legen ist. 109

Arbeitnehmer sind hiernach Personen, die haupt- oder nebenberuflich einem anderen (dem Arbeitgeber) aufgrund eines privatrechtlichen Vertrages (Arbeitsvertrag) für eine gewisse Dauer (Arbeitszeit) zur Arbeitsleistung gegen Entgelt (Arbeitsentgelt) verpflichtet sind. Wesentliches Merkmal zur Unterscheidung des »Arbeitnehmers« vom Selbständigen (freier Mitarbeiter) ist der Grad der »**persönlichen Abhängigkeit**«, in die sich der zu Arbeits- bzw. Dienstleistung Verpflichtete mit dem Abschluss des Arbeits- bzw. Werk- oder Dienstvertrages begibt.[218] Persönliche Abhängigkeit besteht darin, dass ein Arbeitnehmer fremdbestimmte Arbeit zu leisten hat, während der Selbständige, der auf Grundlage eines Werk- oder Dienstvertrages tätig ist, in größerem Maße selbstbestimmte Arbeit leistet.[219]

Die Tarifvertragsparteien sind nach zutreffender Ansicht des BAG **nicht befugt**, den Arbeitnehmerbegriff – zum Nachteil der Arbeitnehmer – abweichend zu definieren.[220] Das ergibt aus der Schutzfunktion des Arbeitsrechts. Wer tatsächlich Arbeitnehmer ist, dem kann der volle arbeitsrechtliche Schutz nicht durch Tarifvertrag genommen werden. Der durch zwingende arbeitsrechtliche Bestimmungen gewährleistete soziale Schutz eines Arbeitnehmers kann nicht dadurch umgangen werden, dass die Parteien ein tatsächlich bestehendes Arbeitsverhältnis anders bezeichnen und dass sie damit Rechtsfolgen, die an das Vorliegen eines Arbeitsverhältnisses geknüpft werden, bewusst oder unbewusst abbedingen.[221]

Durch § 12a TVG ist ausdrücklich klargestellt, dass Tarifverträge auch für »**arbeitnehmerähnliche Personen**« abgeschlossen werden können (vgl. § 12a Rn. 1ff., 3). Den Tarifvertragsparteien steht es zu, den unbestimmten Rechtsbegriff der arbeitnehmerähnlichen Person im Rahmen des Art. 9 Abs. 3 GG auszufüllen bzw. zu konkretisieren (vgl. auch § 12a Rn. 13).[222] Zur Frage, ob der Einsatz von »Nichtarbeitnehmern« (wie z.B. **freie Mitarbeiter**) im Betrieb oder von Arbeitnehmern, die in einem Arbeitsverhältnis mit einem anderen Arbeitgeber stehen (z.B. Leiharbeitnehmer, Werkvertragsarbeitnehmer), durch

---

216 BVerfG 27.2.73 – 2 BvL 27/69, AP Nr. 7 zu § 19 HAG; BAG 15.11.63 – 1 ABR 5/63, AP Nr. 14 zu § 2 TVG.
217 Vgl. dazu Däubler-Reim/Nebe, Rn. 239ff.; Kittner/Zwanziger/Deinert-Deinert, § 3 Rn. 1ff.
218 BAG 15.3.78 – 5 AZR 819/76, AP Nr. 26 zu § 611 Abhängigkeit.
219 BAG 15.3.78, a.a.O.
220 BAG 15.3.78, a.a.O.
221 BAG 15.3.78, a.a.O.
222 BAG 15.2.05 – 9 AZR 51/04, NZA 06, 223 (unter ausdrücklicher Aufgabe von BAG 2.10.90 – 4 AZR 106/90, AiB 91, 128 = AP Nr. 1 zu § 12a TVG).

für den Betrieb geltende Tarifregelungen **begrenzt (Quote) oder ausgeschlossen** oder der Zahlung einer **Mindestvergütung** an diese Personen abhängig gemacht werden kann, vgl. Rn. 180.

110 Tarifvertraglich regelbar sind die Arbeitsverhältnisse von:

- **unbefristet und befristet beschäftigten Arbeitnehmern,**
- **Teilzeitbeschäftigten** einschließlich **geringfügig Beschäftigten,**
- im **Außendienst** oder
- mit **Telearbeit** beschäftigten Arbeitnehmern.[223]

Tariflich regelbar sind auch:

- die Berufsausbildungsverhältnisse von **Auszubildenden** und
- die Vertragsverhältnisse von **Praktikanten** und **Volontären.**

Arbeitsverhältnisse, die überwiegend Ausbildungs- bzw. Qualifizierungscharakter haben, etwa im Rahmen der Tätigkeit bei einer **Beschäftigungs- und Qualifizierungsgesellschaft** bzw. einer **Transfergesellschaft** (vgl. Rn. 133, 188), sind ebenfalls tarifvertraglich regelbar.[224]

Eingehend zur **Regelungsbefugnis** der Tarifvertragsparteien Rn. 154ff.

111 Obwohl sie nach der bisherigen Tarifpraxis typischerweise nicht tarifvertraglichen Arbeitsbedingungen unterworfen werden, sind auch die Arbeitsverhältnisse von außertariflichen Angestellten (**AT-Angestellten**; vgl. AKR Rn. 100, 457)[225] grundsätzlich der tariflichen Regelung zugänglich. Es fehlt allerdings oft an der Bereitschaft, sich gewerkschaftlich zu organisieren und sich für die Realisierung von Tarifverträgen zu engagieren.

112 Tariflich **nicht** normierbar sind die Rechtsverhältnisse von Personen, die weder Arbeitnehmer noch arbeitnehmerähnliche Person i.S.d. § 12a TVG sind.[226] Dazu zählen etwa **Mitglieder von Vertretungsorganen juristischer Personen** (z.B. Vorstand einer AG, Geschäftsführer einer GmbH)[227] oder **Gesellschafter von Personengesellschaften** bei bestehender Vertretungsberechtigung oder Mehrheitsbeteiligung.[228]

Für Personen, die wirtschaftlich abhängig und vergleichbar einem Arbeitnehmer sozial schutzbedürftig sind (**arbeitnehmerähnliche Personen** i.S.d. § 12a TVG), können Tarifverträge auch dann abgeschlossen werden, wenn die Personen aufgrund von **Dienst- oder Werkverträgen** für andere Personen tätig sind.[229] Die Tarifvertragsparteien sind frei, den unbestimmten Rechtsbegriff der arbeitnehmerähnlichen Person i.S.d. § 12a TVG auszufüllen, wenn sie den Geltungsbereich von Tarifverträgen für diesen Personenkreis festlegen wollen.[230]

---

223 Zu den Einzelheiten vgl. Däubler-Reim/Nebe, Rn. 254ff.

224 Vgl. Däubler-Reim/Nebe, Rn. 278f.

225 Vgl. dazu Kittner/Zwanziger/Deinert-Appel, § 119 Rn. 1ff.

226 Däubler-Reinecke, § 12a Rn. 1.

227 Vgl. BAG 10.4.91 – 4 AZR 467/90, DB 91, 2595 und 28.11.90 – 4 AZR 198/90, DB 91, 659 zu Gesellschaftern einer GmbH.

228 Vgl. dazu Kittner/Zwanziger/Deinert-Appel, a.a.O. Rn. 15ff.

229 BAG 2.10.90 – 4 AZR 106/90, AiB 91, 128 = AP Nr. 1 zu § 12a TVG; 15.2.05 – 9 AZR 51/04, NZA 06, 223.

230 BAG 15.2.05 – 9 AZR 51/04, NZA 06, 22: der für das Recht der arbeitnehmerähnlichen Personen allein zuständige 9. Senat des BAG hat die insoweit gegenteilige Rspr. des 4. Senats (BAG 2.10.90 – 4 AZR 106/90, AiB 91, 128 = AP Nr. 1 zu § 12a TVG) aufgegeben.

Zu sog. **freien Mitarbeitern**, die echte Selbständige sein können, aber auch »Scheinselbständige«[231] und damit Arbeitnehmer oder »arbeitnehmerähnliche Personen« i.S.d. § 12a TVG, vgl. Rn. 109 und § 12a Rn. 2.

Erbringen mitarbeitende **Gesellschafter** oder **Familienangehörige** ihre Arbeitsleistung nicht auf der Grundlage eines familien- oder gesellschaftsrechtlichen Verhältnisses, sondern im Rahmen eines Arbeitsverhältnisses, fallen sie unter die Regelungsbefugnis der Tarifvertragsparteien.[232]

Ist zweifelhaft, ob eine Person als **Arbeitnehmer oder Selbstständiger** beschäftigt wird,[233] kommt es für die Beurteilung auf die tatsächliche Durchführung des Vertragsverhältnisses (und nicht etwa auf seine Bezeichnung oder den ausdrücklichen Vertragsinhalt) an.[234]

Bei Tätigkeiten, die z.B. im Rahmen der »neuen Selbstständigkeit«, vor allem in Form einer **»Ein-Personen-Firma«** oder **»Ich-AG«** in persönlicher Abhängigkeit weisungsgebunden erfolgen, ist von einem tarifvertraglich regelbaren Arbeitsverhältnis oder Rechtsverhältnis arbeitnehmerähnlicher Personen (§ 12a TVG) auszugehen.

Bei dem zwischen einem **Verleiher** und einem **Leiharbeitnehmer** bestehenden Vertrags- **113**
verhältnis handelt es sich um ein Arbeitsverhältnis, das durch Tarifvertrag regelbar ist (§ 3 Abs. 1 Nr. 3 AÜG, vgl. auch Grundl. Rn. 171 f.).[235] Die Regelungskompetenz der Tarifvertragsparteien erstreckt sich aber auch auf das Rechtsverhältnis zwischen dem **Entleiher** und dem **Leiharbeitnehmer**, soweit im Rahmen der Arbeitnehmerüberlassung für den Entleiher Rechtspflichten gegenüber dem Leiharbeitnehmer bestehen (vgl. dazu näher Rn. 207 ff.).[236]

Die Beschäftigung in **Arbeitsbeschaffungsmaßnahmen** nach §§ 260 ff. SGB III findet auf **114**
Grundlage tarifvertraglich regelbarer Arbeitsverhältnisse statt[237] (vgl. aber Grundl. Rn. 89 zur Rechtsprechung des BVerfG zur Zulässigkeit gesetzlicher Lohnabstandsklauseln für staatlich geförderte Arbeitsbeschaffungsmaßnahmen[238] und die ausdrückliche Herausnahme von Beschäftigten in Arbeitsbeschaffungsmaßnahmen aus dem tariflichen Geltungsbereich z.B. durch § 1 Abs. 2 Buchst. k TVöD).

Die sonstigen Formen **sozialrechtlich geregelter Beschäftigung eigener Art** nach dem **SGB** **115**
können tarifvertraglich nicht geregelt werden, soweit sie gesetzlich den Regeln des Arbeitsrechts nicht unterstellt sind und nicht im Rahmen eines Arbeitsverhältnisses durchgeführt werden,[239] z.B. »Arbeitsgelegenheiten « nach § 16d SGB II (sog. **»Ein-Euro-Jobs«**).[240]

---

231 BAG 16.7.97 – 5 AZR 312/96, DB 97, 2127.
232 Vgl. Däubler-Reim/Nebe, Rn. 292; Wiedemann-Thüsing, Rn. 378.
233 Zur »Scheinselbstständigkeit« vgl. Bieback, AiB 00, 121 ff.; zur »Ich-AG« vgl. Däubler, AiB 02, 729; Greiner, DB 03, 1058, 1062.
234 Vgl. z.B. BAG 20.9.00 – 5 AZR 61/99, AP Nr. 37 zu § 611 BGB Rundfunk.
235 Zu den für den Bereich der Leiharbeit abgeschlossenen Tarifverträgen vgl. Martin, AuR 04, 247 und Ulber, § 9 Rn. 151.
236 Vgl. Däubler-Reim/Nebe, Rn. Rn. 259, 321; a.A. Wiedemann-Thüsing, Rn. 391.
237 BAG 26.4.95 – 7 AZR 936/94, AP Nr. 4 zu § 91 AFG.
238 BVerfG 27.4.99 – 1 BvR 2203/93 und 1 BvR 897/95, NZA 99, 992; dazu krit. Bieback, AuR 00, 201 ff.
239 Weitergehend für die sog. »Ein-Euro-Jobs« – § 16 d SGB II – Zwanziger, AuR 05, 8, 13: Anwendbarkeit des § 12a TVG.
240 Hierzu grundlegend BAG 26.9.07 – 5 AZR 857/06, NZA 07, 1422; 20.2.08 – 5 AZR 290/07, DB 08, 1159; 19.3.08 – 5 AZR 435/07, NZA 08, 760; 19.11.08 – 10 AZR 658/07, NZA 09, 269.

116 Bei den Beschäftigungsverhältnissen von Arbeitnehmern in Unternehmen mit **mehrheitlicher Arbeitnehmerbeteiligung** in den Unternehmensorganen oder **Arbeitnehmerselbstverwaltung** oder in solchen Unternehmen, bei denen **Gewerkschaften mehrheitlich als Gesellschafter** beteiligt sind, handelt es sich um tarifvertraglich regelbare Arbeitsverhältnisse, wenn die Arbeitnehmer nicht gleichzeitig vertretungsberechtigt sind bzw. Leitungsfunktionen inne haben.[241] Dies gilt auch, wenn in solchen Fällen der Arbeitgeber in der Rechtsform des **Vereins** auftritt, in dem die beschäftigten Arbeitnehmer selbst Mitglied sind.

117 Umstritten ist die Arbeitnehmereigenschaft von **Rote-Kreuz-Schwestern**, die vom BAG mit der Begründung abgelehnt wird, die Beschäftigung erfolge allein auf Grundlage der vereinsrechtlichen Mitgliedschaft und verfolge ausschließlich ideelle bzw. karitative Zwecke.[242] Demgegenüber befürwortet die überwiegende Meinung in der Literatur die Arbeitnehmereigenschaft von Rote-Kreuz-Schwestern.[243]

118 Die Beschäftigung von **Arbeitern und Angestellten im Öffentlichen Dienst** erfolgt auf Grundlage eines privatrechtlichen Anstellungsvertrags, sodass sie von der Regelungsmacht der Tarifvertragsparteien erfasst werden.[244] Dies gilt auch für die bei den Sozialversicherungsträgern beschäftigten **Dienstordnungsangestellten.**[245]

119 **Beamte, Richter** und **Soldaten** sind nicht als Arbeitnehmer auf Grundlage privatrechtlicher Anstellungsverträge, sondern im Rahmen eines **öffentlich-rechtlichen Dienstverhältnisses** zur Erbringung ihrer Arbeitsleistung verpflichtet. Ihre Arbeitsbedingungen sind gesetzlich geregelt und sollen nach h.M. nicht Gegenstand tariflicher Vereinbarungen sein können.[246]

Das soll auch für **Ausbildungsverhältnisse auf öffentlich-rechtlicher Grundlage**, wie etwa bei **Schülern, Studenten** und **Referendaren**[247] oder bei **Praktika**[248] gelten.

Der völlige **Ausschluss der Tarifautonomie für Beamte** und sonstige Beschäftigte in öffentlich-rechtlichen Dienst- und Ausbildungsverhältnissen durch die h.M. ist **verfassungsrechtlich problematisch** (vgl. dazu Grundl. Rn. 92).

Umstritten ist die Zulässigkeit des Abschlusses **nichttarifvertraglicher Kollektivvereinbarungen** (vgl. dazu auch Rn. 17, 432ff.) für **Beamte** außerhalb gesetzlicher Ermächtigungen.[249]

120 Bei Beschäftigten der **Kirchen** (vgl. Rn. 18; Grundl. Rn. 94; AKR Rn. 484) bzw. in kirchlichen Einrichtungen kommt es darauf an, ob diese auf **öffentlich-rechtlicher** oder **privatrechtlicher** Grundlage im Rahmen eines Arbeitsverhältnisses zur Arbeitsleistung ver-

---

241 Vgl. Däubler-Reim/Nebe, Rn. 287.
242 BAG 3.6.75 – 1 ABR 98/74, BB 75, 1388; 22.4.97 – 1 ABR 74/96, AiB 97, 720.
243 Vgl. DKKW-Trümner, § 5 BetrVG Rn. 145ff. m.w.N.; Kittner/Zwanziger/Deinert-Bachner, § 122 Rn. 5.
244 Vgl. Däubler-Reim/Nebe, Rn. 274; Wiedemann-Thüsing, Rn. 379.
245 Zu den Einzelheiten vgl. Wiedemann-Thüsing, Rn. 133ff., 135.
246 Vgl. Däubler-Reim/Nebe, Rn. 307; Wiedemann-Thüsing, Rn. 132.
247 BAG 19.6.74 – 4 AZR 436/73, AP Nr. 3 zu § 3 BAT.
248 BAG 25.3.81 – 5 AZR 353/79, AP Nr. 1 zu § 19 BBiG; a.A: Däubler-Reim/Nebe, Rn. 312 m.w.N. zur Gegenmeinung.
249 Zu Recht befürwortend Däubler-Reim/Nebe, Rn. 309; Däubler, TVR Rn. 497; Lörcher/Armbruster, ZTR 00, 483; Plander, PersR 92, 81.

pflichtet sind. Ist letzteres der Fall, sind diese Arbeitsverhältnisse grundsätzlich tariflich regelbar,[250] was allerdings in der Tarifpraxis bisher die Ausnahme geblieben und im Hinblick auf die Erkämpfbarkeit entsprechender Tarifverträge umstritten ist (vgl. AKR Rn. 484).

Soweit es sich bei den Rechtsverhältnissen der **Amtsträger der Kirche** um ein öffentlich-rechtliches Dienstverhältnis handelt, sind diese der Regelungsbefugnis der Tarifvertragsparteien ebenso entzogen wie die rein **mitgliedschaftsrechtlich** ausgestalteten Rechtsverhältnisse **katholischer Ordensmitglieder** oder **evangelischer Diakonissen.**[251]

5.1.3 Arbeitgeberbegriff

Der **Arbeitgeber** wird im Falle beiderseitiger Tarifgebundenheit von den für das Arbeitsverhältnis mit dem Arbeitnehmer (vgl. Rn. 109ff.) geltenden Inhalts-, Abschluss- und Beendigungsnormen des Tarifvertrages erfasst. Er ist außerdem Adressat der das Verhältnis zur Belegschaft betreffenden tarifvertraglichen Betriebsnormen (vgl. Rn. 134ff.) und der das Verhältnis zum Betriebsrat bestimmenden betriebsverfassungsrechtlichen Normen (vgl. Rn. 137ff.). Betriebsnormen und betriebsverfassungsrechtliche Normen gelten für alle Betriebe, deren Arbeitgeber tarifgebunden sind (§ 3 Abs. 2 TVG; vgl. § 3 Rn. 63ff.) 121

Das Tarifvertragsgesetz normiert keinen eigenständigen tarifrechtlichen **Arbeitgeberbegriff**, sodass der allgemeine **arbeitsrechtliche Arbeitgeberbegriff**[252] zugrunde zu legen ist.

Arbeitgeber kann **jede natürliche** oder **juristische Person** sein, die mindestens einen von ihr persönlich abhängigen Arbeitnehmer (vgl. Rn. 109) beschäftigt, von dem sie nach Maßgabe eines Arbeitsvertrags die Leistung von Arbeit fordern kann (vgl. dazu auch § 2 Rn. 71).[253]

Arbeitgeber ist auch diejenige natürliche oder juristische Person, der eine wirtschaftlich von ihr abhängige und einem Arbeitnehmer vergleichbar sozial schutzbedürftige **»arbeitnehmerähnliche Person«** aufgrund eines Dienst- oder Werkvertrages zu Arbeitsleistungen verpflichtet ist (§ 12a TVG).

Zur nach § 17 HAG bestehenden Möglichkeit von tarifvertraglichen Regelungen für die in **Heimarbeit** Beschäftigten und ihnen Gleichgestellte vgl. Rn. 108 und § 12a Rn. 4.

Im **Öffentlichen Dienst** wird die Arbeitgebereigenschaft von öffentlichen Körperschaften 122
oder Körperschaften, Stiftungen und Anstalten öffentlichen Rechts wahrgenommen (vgl. dazu auch § 2 Rn. 72), in den **Kirchen** (vgl. Rn. 18, 120; Grundl. Rn. 94; AKR Rn. 484) von deren rechtlich selbstständigen Gliederungen als Körperschaften des öffentlichen Rechts.

250 Vgl. Däubler-Reim/Nebe, Rn. 282; Löwisch/Rieble, Rn. 27; Wiedemann-Thüsing, Rn. 140.
251 Vgl. Däubler-Reim/Nebe, Rn. 313; Wiedemann-Thüsing, Rn. 141f.
252 Vgl. dazu Däubler-Reim/Nebe, Rn. 243ff.; Kittner/Zwanziger/Deinert-Deinert, § 4 Rn. 1ff.; Schaub-Treber, § 201 Rn. 3.
253 BAG 9.9.82 – 2 AZR 253/80, AP Nr. 1 zu § 611 BGB Hausmeister.

5.2 Inhaltsnormen

123 Die **Inhaltsnormen** legen im Falle von beiderseitiger Tarifgebundenheit die Inhalte des Arbeitsverhältnisses zwischen Arbeitgeber und Arbeitnehmer fest (zur unmittelbaren und zwingenden Wirkung vgl. § 4 Rn. 4f., 5ff.). Sie stellen in der Tarifpraxis den **Schwerpunkt** tarifvertraglicher Normen dar (vgl. auch Rn. 229ff.).[254] Sie regeln **alle mit dem Arbeitsverhältnis in Zusammenhang stehende Fragen**. Dazu gehören in erster Linie die sich aus dem Arbeitsverhältnis ergebenden **Rechte** und **Haupt- und Nebenpflichten** von Arbeitgeber und Arbeitnehmer.

124 Im Einzelnen sehen Tarifverträge Inhaltsnormen vor, insbesondere:

- zur Differenzierung (Entgeltgruppen, Eingruppierungsvorschriften), der Zusammensetzung und der Höhe des **Arbeitsentgelts** (vgl. Rn. 243ff.),
- zur Dauer und Lage bzw. »Verteilung« der **Arbeitszeit** (vgl. Rn. 256ff.),
- zur **Freistellung** und **Entgeltfortzahlung im Krankheitsfall** und bei Vorsorge/Rehabilitation (vgl. Rn. 300ff.),
- zur **Freistellung** und **Entgeltfortzahlung** bei sonstiger **Arbeitsverhinderung** (vgl. Rn. 239ff.),
- zur Dauer und der Gewährung des **Urlaubs** (vgl. Rn. 362ff.),
- zur **Begrenzung** oder zum **Ausgleich besonderer Arbeitsbelastungen** (z.B. durch Zulagen oder bezahlte Freizeit; vgl. Rn. 252f.),
- zu **Sonderzahlungen** (z.B. zusätzliches Urlaubsgeld – vgl. Rn. 362ff. –, Weihnachtsgeld/Jahressonderzahlung/13. Monatseinkommen; vgl. Rn. 373ff.) und
- zu **vermögenswirksamen Leistungen**.

Zunehmende Bedeutung bekommen auch Inhaltsnormen:

- zur **beruflichen Qualifizierung** (vgl. Rn. 335ff.),
- zur **Altersteilzeit** (vgl. Rn. 232ff.) und
- zur **betrieblichen Altersversorgung** (vgl. Rn. 283f.).

Zu den Inhaltsnormen gehören schließlich Bestimmungen:

- zu **Kündigungsfristen** (vgl. Rn. 307ff.)[255],
- zur **Arbeitnehmerhaftung** sowie die **Rechtsdurchsetzung** betreffende Regelungen,
- zu **Ausschluss-/Verfallfristen** (vgl. Rn. 267) und
- zur **Einrichtung von Schiedsstellen** für tarifliche Ansprüche der Arbeitnehmer.[256]

125 Die Tarifpraxis kennt auch **»negative« Inhaltsnormen**, mit denen etwa Vereinbarungen über bestimmte Arbeitsbedingungen oder Inhalte des Arbeitsvertrags (z.B. Sonntagsarbeit, Wettbewerbsverbot) **untersagt** werden. Auch derartige Regelungen sind zulässig.[257]

126 Auch die Regelung **vor- oder nachvertraglicher Rechte und Pflichten** der Parteien des Arbeitsverhältnisses, etwa im Zusammenhang mit der Anbahnung oder Abwicklung von Arbeitsverhältnissen, kann Gegenstand von Inhaltsnormen (oder Abschluss- bzw. Beendigungsnormen) sein.[258]

254 Vgl. Däubler-Reim/Nebe, Rn. 345ff.; Wiedemann-Thüsing, Rn. 409.
255 BAG 24.4.07 – 1 AZR 252/06, DB 07, 1924 = AiB 07, 732 m. Anm. Schoof.
256 BAG 19.3.75 – 4 AZR 270/74, AP Nr. 14 zu § 5 TVG.
257 Vgl. Däubler-Reim/Nebe, Rn. 346; Wiedemann-Thüsing, Rn. 337.
258 Vgl. Däubler-Reim/Nebe, Rn. 314f.

5.3 Abschlussnormen

Abschlussnormen haben das **Zustandekommen** neuer, die **Wiederaufnahme** alter oder die **Fortsetzung** unterbrochener Arbeitsverhältnisse zum Gegenstand.[259] Sie gelten mit unmittelbarer und zwingender Wirkung (vgl. § 4 Rn. 4f., 5ff.) nur zwischen beiderseits Tarifgebundenen (vgl. Rn. 104). 127

Verbreitet sind in der Tarifpraxis vor allem **Abschlussgebote**. 128

Beispiel:
»Ein mit oder ohne Sachgrund befristet beschäftigter Arbeitnehmer hat nach Ablauf der vereinbarten Befristung auf sein Verlangen Anspruch auf Übernahme in ein unbefristetes Arbeitsverhältnis, wenn
1. *er an einem anderen freien oder demnächst (innerhalb von ... Monaten) frei werdenden Arbeitsplatz im selben Betrieb oder in einem anderen Betrieb des Unternehmens weiterbeschäftigt werden kann (als freie Arbeitsplätze gelten auch solche, die mit einem Leiharbeitnehmer besetzt sind oder werden sollen),*
2. *die Weiterbeschäftigung des Arbeitnehmers nach zumutbaren Umschulungs- oder Fortbildungsmaßnahmen möglich ist oder*
3. *eine Weiterbeschäftigung des Arbeitnehmers unter geänderten Vertragsbedingungen möglich ist und der Arbeitnehmer sein Einverständnis hiermit erklärt hat.«*

Abschlussgebote erfassen bereits das **Anbahnungsverhältnis** zwischen Bewerber und Arbeitgeber. Sie verpflichten den tarifgebundenen Arbeitgeber, einem ebenfalls tarifgebundenen Bewerber ein Angebot zum Abschluss eines Arbeitsvertrages zu unterbreiten. Tarifgebunden in diesem Sinne ist der Bewerber, der Mitglied derjenigen Gewerkschaft ist, die den Tarifvertrag, der die Abschlussnorm beinhaltet, abgeschlossen hat. Für den Bewerber, der das Angebot nur annehmen muss, wird durch eine solche Tarifvorschrift ein Anspruch auf Einstellung begründet.

Nach dem **Bestimmtheitsgebot** (vgl. Rn. 103a) wird ein Anspruch auf Einstellung nur dann begründet, wenn der durch die Tarifvorschrift begünstigte Personenkreis bestimmt oder bestimmbar ist.[260]

Abschlussgebote und damit ein **Anspruch auf Einstellung** können tarifvertraglich begründet werden etwa für

- zu Unrecht (z.B. Wiedereinstellungsklausel nach einem Arbeitskampf; vgl. dazu AKR Rn. 268) oder betriebsbedingt **gekündigte Arbeitnehmer**,
- witterungsbedingt entlassene Bauarbeiter,[261]
- für **Auszubildende** nach erfolgreichem Abschluss der Ausbildung,[262]

---

259 Vgl. KeZa-Schubert/Zachert, Rn. 77.

260 Vgl. Däubler-Hensche/Heuschmid, Rn. 1028; KeZa-Schubert/Zachert, Rn. 79; Wiedemann-Thüsing, Rn. 612.

261 BAG 22.2.61 – 4 AZR 44/59, AP Nr. 106 zu § 1 TVG Auslegung.

262 Vgl. dazu z.B. BAG 6.7.06 – 2 AZR 587/05, DB 07, 350 = AiB 07, 313 mit Anm. Wroblewski: tarifliche Übernahmeverpflichtung und Ausschluss betriebsbedingter Kündigung für zwölf Monate.

Beispiel:
§ 4 Ziff. 4.3 Abs. 2 Tarifvertrag zur Beschäftigungssicherung und zum Beschäftigungsaufbau Metall- und Elektroindustrie Baden-Württemberg vom 19.5.2012:
»Ausgebildete, denen kein unbefristetes Arbeitsverhältnis angeboten wird, hat der Arbeitgeber nach bestandener Abschlussprüfung für mindestens 12 Monate befristet zu übernehmen. Der Arbeitgeber wird in diesem Fall drei Monate vor Auslaufen der Befristung überprüfen, ob eine Weiterbeschäftigung möglich ist. Das Ergebnis der Überprüfung ist mit dem Betriebsrat zu beraten und den Beschäftigten mitzuteilen.«

Die Verpflichtung zur befristeten Übernahme für mindestens 12 Monate bedeutet nach der BAG-Rspr., dass der Arbeitgeber dem Ausgebildeten ein **Angebot** auf Abschluss eines auf mindestens 12 Monate befristeten Arbeitsvertrages machen muss.[263] Es handelt sich um eine Abschlussnorm, die nur im Falle beiderseitiger Tarifbindung dem Ausgebildeten einen mit unmittelbarer und zwingender Wirkung (vgl. § 4 Rn. 4f., 6ff.) ausgestatteten Rechtsanspruch auf ein solches Angebot und damit auf Einstellung gibt.

- für **befristet Beschäftigte** auf einem frei gewordenen Dauerarbeitsplatz (Übernahmeklausel)
- für **Leiharbeitnehmer** (vgl. Rn. 199ff., 211a).

Beispiel:
Ziff. 4 Tarifvertrag zur Zeit-/Leiharbeit Metall- und Elektroindustrie Baden-Württemberg vom 19.5.2012: *»Betriebe ohne (freiwillige) Betriebsvereinbarung zur Zeit-/Leiharbeit: ... Nach 24 Monaten Überlassung hat der Entleiher dem Zeit-/Leiharbeitnehmer einen unbefristeten Arbeitsvertrag anzubieten. Dieses kann nach Beratung mit dem Betriebsrat bei akuten Beschäftigungsproblemen entfallen.«*

Nach zutreffender Ansicht handelt es sich bei einer derartigen Tarifvorschrift um eine tariflich regelbare Abschlussnorm, die normative Wirkung nach § 4 Abs. 1 TVG (unmittelbare und zwingende Wirkung; vgl. § 4 Rn. 4f., 5ff.) nur zugunsten derjenigen Leiharbeitnehmer, die **Mitglied der tarifvertragschließenden Gewerkschaft** (im Beispielsfall IG Metall) sind.[264] Dem steht nicht entgegen, dass die Leiharbeitnehmer, die von dieser Tarifvorschrift profitieren, nicht in einem Arbeitsverhältnis stehen mit dem Entleiher, der durch die Tarifregelung verpflichtet wird (vgl. Rn. 113).[265] Abschlussnormen erfassen bereits das Anbahnungsverhältnis (vgl. Rn. 128). Beiderseitige Bindung an eine Abschlussnorm, die den Arbeitgeber zur Abgabe eines Übernahmeangebots verpflichtet, liegt vor, wenn der Arbeitgeber tarifgebunden ist und der Leiharbeitnehmer Mitglied derjenigen Gewerkschaft ist, die den Tarifvertrag abgeschlossen hat. Zum Zustandekommen eines Arbeitsvertrages genügt die Annahmeerklärung des Leiharbeitnehmers.
Zu tariflich regelbaren Ansprüchen auf **Einstellung bzw. Wiedereinstellung** vgl. auch Rn. 196.

---

263 BAG 14.10.97 – 7 AZR 811/96, NZA 98, 778.

264 Nach Krause, NZA 12, 830, 833.

265 A. A. Löwisch/Rieble, Rn. 332, die den TV-Parteien generell das Recht absprechen, zugunsten von Leiharbeitnehmern einen Anspruch auf Übernahme als Abschlussnorm zu regeln. Sie halten allenfalls eine als Betriebsnorm gefasste Auswahlrichtlinie für möglich.

Durch ein tariflich geregeltes, an den tarifgebundenen Arbeitgeber gerichtetes Abschlussgebot wird weder die **Vertragsfreiheit** von Arbeitnehmern und Arbeitgebern beeinträchtigt noch das Grundrecht des Arbeitgebers **Art. 12 Abs. 1 GG** (vgl. auch Rn. 174, 196).[266]

Zu Tarifregelungen über **quantitative** oder **qualitative Besetzungsregelungen**, bei denen es sich um **Betriebsnormen** handelt, vgl. Rn. 198.

Bei tarifvertraglichen **Befristungsregelungen** (zur Zulässigkeit **tariflicher Altersgrenzenregelungen** vgl. Rn. 229f.) kann es sich um **Abschluss- oder Beendigungsnormen** handeln. Dies ist ggf. durch **Auslegung** zu ermitteln (vgl. dazu auch Rn. 143).[267] 129

Zu den Abschlussnormen gehören auch **Formvorschriften** (besonders über die Schriftform) für den **Abschluss von Arbeitsverträgen** oder bestimmten Vertragsklauseln oder deren Änderung während des Arbeitsverhältnisses.[268] 130

Tarifvertragliche **Abschlussverbote** können z.B. dem **Schutz bestimmter Arbeitnehmergruppen** dienen (etwa absolutes oder auf bestimmte Arbeitsplätze oder Arbeitszeiten beschränktes Beschäftigungsverbot für Kinder, Jugendliche oder ältere Arbeitnehmer). 131

5.4 Beendigungsnormen

Beendigungsnormen sind Tarifbestimmungen, die vor allem die **Beendigung des Arbeitsverhältnisses** durch **Kündigung** und **Aufhebungsvertrag** zum Inhalt haben (zur Einordnung von Befristungsregelungen als Abschluss- oder Beendigungsnorm vgl. Rn. 129[269]; zur Zulässigkeit **tariflicher Altersgrenzenregelungen** vgl. Rn. 229f.). 132

Beispiel:
§ 14 Ziff. 3.1. Manteltarifvertrag Metallindustrie Hamburg und Umgebung, Schleswig-Holstein, Mecklenburg-Vorpommern: »*Einem Beschäftigten, der das 55. Lebensjahr vollendet, aber noch nicht die Regelaltersrentengrenze erreicht hat sowie eine Betriebszugehörigkeit von mindestens fünf Jahren hat, kann nur noch aus wichtigem Grunde (§ 626 BGB) gekündigt werden. Dies gilt nicht bei Zustimmung der Tarifvertragsparteien.*«

In Frage kommt die **Verbesserung des gesetzlichen Kündigungsschutzes**, etwa durch Einschränkung oder Ausschluss der ordentlichen Kündigung, z.B. für langjährig Beschäftigte und/oder ältere Arbeitnehmer (vgl. Rn. 314ff.), das Verbot betriebsbedingter Kündigung für einen bestimmten Zeitraum oder die Verlängerung der gesetzlichen Kündigungsfristen (vgl. Rn. 179, 185; zur Kündigung nur mit Zustimmung des Betriebsrats bzw. einer Einigungsstelle vgl. Rn. 181).

Unzulässig ist der **Ausschluss der außerordentlichen Kündigung** (vgl. Rn. 179).

---

266 Vgl. Däubler-Reim/Nebe, Rn. 295; KeZa-Zachert, Rn. 78; Wiedemann-Thüsing, Rn. 609.

267 Für das Vorliegen einer Abschlussnorm im Fall der Protokollnotiz Nr. 1 zu Nr. 1 SR 2y BAT: BAG 14.2.90 – 7 AZR 68/89, AP Nr. 12 zu § 1 BeschFG; 27.4.88 – 7 AZR 593/87, AP Nr. 4 zu § 1 BeschFG = AiB 88, 322; zustimmend KeZa-Zachert, Rn. 85; Däubler-Reim/Nebe, Rn. 343 und Wiedemann-Thüsing, Rn. 648: Beendigungsnorm.

268 Zu den Einzelheiten vgl. Däubler-Reim/Nebe, Rn. 334ff.

269 Eingehend Däubler-Reim/Nebe, Rn. 341ff. m.w.N.

Eine **Verschlechterung des Kündigungsschutzes** ist nur in den beschränkten Fällen der tarifdispositiven Ausgestaltung des gesetzlichen Kündigungsschutzrechts möglich (z.B. Veränderung der gesetzlichen Kündigungsfristen gem. § 622 Abs. 4 BGB etwa durch Verkürzung oder Übertragung der für den Arbeitgeber geltenden verlängerten Kündigungsfristen auf den Arbeitnehmer; vgl. auch Rn. 179, 185, 312).[270]
Ansonsten darf der gesetzliche Standard tarifvertraglich nicht zu Lasten der Arbeitnehmer unterschritten werden.[271]

133 Zu den Beendigungsnormen gehören auch Tarifregelungen in einem **Sozialtarifvertrag** über die **Qualifizierung** von – anlässlich einer Betriebsänderung nach § 111 BetrVG entlassenen bzw. in eine **Transfergesellschaft** wechselnden (vgl. auch Rn. 188) – Arbeitnehmern.[272]

5.5 Betriebsnormen

134 Bei **Betriebsnormen** handelt es sich um tarifvertragliche Bestimmungen, die nicht das einzelne Arbeitsverhältnis zum Gegenstand haben, sondern das **Verhältnis zwischen Arbeitgeber und der Belegschaft** (oder Teilen der Belegschaft) **als Kollektiv**[273] regeln.
Die einheitliche Wirkung der Betriebsnormen für alle Arbeitnehmer eines Betriebs wird über § 3 Abs. 2 TVG erreicht, da Betriebsnormen für alle Betriebe **tarifgebundener Arbeitgeber** gelten, ohne dass es auf die Tarifgebundenheit einzelner Arbeitnehmer ankommt (vgl. § 3 Rn. 63; § 4 Rn. 9). Darin liegt kein Verstoß gegen die »negative Koalitionsfreiheit« der **gewerkschaftlich nicht organisierten Arbeitnehmer** (sog. »Außenseiter«; vgl. § 3 Rn. 66).[274] Allerdings lässt sich nach allgemeiner Ansicht die Erstreckung von Betriebsnormen auf Außenseiter ohne Allgemeinverbindlicherklärung (vgl. hierzu § 5 TVG) nur damit sachlich rechtfertigen, dass die entsprechenden Bestimmungen in der sozialen Wirklichkeit aus tatsächlichen oder rechtlichen Gründen nur **einheitlich gelten** können.[275] Betriebsnormen beziehen sich unmittelbar auf die Organisation und Gestaltung des Betriebs bzw. der Betriebsmittel und der Belegschaft. Betriebsnormen kommen für solche Regelungsgegenstände in Frage, die von der Sache her zweckmäßig nicht individualvertraglich vereinbart werden können.[276] Dabei ist das Nichtkönnen nicht i. S. einer naturwissenschaftlichen Unmöglichkeit zu verstehen. Denn theoretisch kann fast jede Sachmaterie als Arbeitsbedingung im Arbeitsvertrag geregelt werden, sodass in sachlich-gegenständlicher Hinsicht kein Anwendungsbereich für Betriebsnormen bleiben würde. Es reicht nach allgemeiner Ansicht für die Annahme von Betriebsnormen aus, wenn eine

270 BAG 4.6.87 – 2 AZR 416/86, DB 88, 185 = AP Nr. 16 zu § 1 KSchG Soziale Auswahl.
271 BAG 19.1.73 – 2 AZR 103/72, AP Nr. 5 zu § 626 BGB Ausschlussfrist: keine Verlängerung der Zwei-Wochen-Frist des § 626 Abs. 2 BGB.
272 BAG 24.4.07 – 1 AZR 252/06, DB 07, 1924 = AiB 07, 792 m. Anm. Schoof.
273 BAG 17.6.97 – 1 ABR 3/97, AP Nr. 2 zu § 3 TVG Betriebsnormen = AiB 98, 414 m. Anm. Herbst.
274 BAG 7.11.95 – 3 AZR 676/94, NZA 96, 1214; 29.7.09 – 7 ABR 27/08, NZA 09, 1424; vgl. auch Däubler-Hensche/Heuschmid, Rn. 892 m.w.N.
275 BAG 21.1.87 – 4 AZR 547/86, NZA 87, 233 = AP Nr. 47 zu Art. 9 GG; 26.4.90 – 1 ABR 84/87, AP Nr. 57 zu Art. 9 GG.
276 BAG 26.4.90, a.a.O.

individualvertragliche Regelung wegen evident sachlogischer Unzweckmäßigkeit ausscheidet.[277]

Als **Regelungsgegenstände für Betriebsnormen** kommen z. B. in Frage: 135

- die **Zusammensetzung der Belegschaft** durch qualitative[278] und quantitative **Besetzungsregelungen** (vgl. Rn. 198),[279]
- **Begrenzung** der Beschäftigung von **Leiharbeitnehmern** und Einschränkung der **Werkvertragsarbeit** (vgl. Rn. 180, 213e) etwa durch ein Verbot der Ausgliederung von Betriebsteilen,[280]
- die **Festlegung von Betriebsöffnungszeiten,**[281]
- die **Gestaltung der Arbeitsorganisation,**
- die Gestaltung der **betrieblichen Arbeitszeit** (= Lage und Verteilung der von den Arbeitnehmern geschuldeten regelmäßigen Arbeitszeit; vgl. Rn. 257 ff.),[282]
- Ermächtigung zur Einführung von Kurzarbeit (vgl. Rn. 319),
- die **Regelung des Arbeitsschutzes** (vgl. Rn. 254),
- die Gestaltung der **Ordnung des Betriebs** (z. B. Rauchverbot, Kontrolleinrichtungen, Öffnungszeiten der Kantine).

Zu den »**Konkurrenzproblemen**«, die auftreten, wenn der Arbeitgeber an Tarifverträge mit Betriebsnormen gebunden ist, die mit **verschiedenen Gewerkschaften** abgeschlossenen wurden, vgl. § 4 Rn. 67. 136

5.6 Betriebsverfassungsrechtliche Normen

Betriebsverfassungsrechtliche Normen gestalten die Betriebsverfassung, insbes. die **betriebliche Interessenvertretung nach dem BetrVG.** 137

Wie bei Betriebsnormen (vgl. Rn. 134) ist auch bei betriebsverfassungsrechtlichen Normen die **Tarifbindung** (nur) **des Arbeitgebers** für ihre Geltung ausreichend (§ 3 Abs. 2 TVG; vgl. dazu § 3 Rn. 63; § 4 Rn. 9). D. h. diese Normen gelten im Betrieb eines tarifgebundenen Arbeitgebers auch für **gewerkschaftlich nicht organisierte Arbeitnehmer**. Das verstößt nicht gegen deren »negative Koalitionsfreiheit« (vgl. Rn. 134 und § 3 Rn. 66).

Beispiel:
Durch Tarifvertrag werden die Betriebsparteien zur Sicherung der Beschäftigung ermächtigt, die regelmäßige wöchentliche Arbeitszeit um einige Stunden abzusenken – mit entsprechender Entgeltkürzung (vgl. hierzu Rn. 276 ff.). Im Nichteinigungsfall entscheidet eine Einigungsstelle (§ 76 Abs. 5 BetrVG).
Es handelt sich um eine betriebsverfassungsrechtliche Norm. Wenn sich die Betriebsparteien auf eine Arbeitszeitabsenkung für alle Beschäftigten einigen – oder die Einigungsstelle das

277 BAG 26. 4. 90, a.a.O.
278 BAG 26. 4. 90, a.a.O.
279 BAG 13. 9. 83 – 1 ABR 69/81, AP Nr. 1 zu § 1 TVG Tarifverträge: Druckindustrie.
280 BAG 26. 1. 11 – 4 AZR 159/09, NZA 11, 808.
281 BAG 7. 11. 95 – 3 AZR 676/94, AP Nr. 1 zu § 3 TVG Betriebsnormen.
282 Z.B. Quotenregelung für Arbeitnehmer mit längerer Arbeitszeit: BAG 17. 6. 97 – 1 ABR 3/97, AP Nr. 2 zu § 3 TVG Betriebsnormen = AiB 98, 414 mit Anm. Herbst.

beschließt – werden davon alle Mitarbeiter – gleichgültig, ob gewerkschaftlich organisiert oder nicht – erfasst.

138 Grundsätzlich kann die **Betriebsverfassung** durch Tarifvertrag **abweichend** vom Gesetz ausgestaltet werden,[283] während dies nach den einschlägigen gesetzlichen Vorschriften für das **Personalvertretungsrecht** nicht gelten soll (vgl. §§ 3, 97 BPersVG).[284]

138a Die **Verfassungs- und Organisationsbestimmungen** des BetrVG sind nur dann durch Tarifvertrag veränderbar, soweit sie ausdrücklich tarifdispositiv ausgestaltet sind.[285] Eine entsprechende gesetzliche Öffnung für tarifvertragliche Abweichungen existiert besonders im Anwendungsbereich von § 3 BetrVG[286] (vgl. Rn. 216ff. und AKR Rn. 41ff.) und bei weiteren Einzelvorschriften des BetrVG (z.B. §§ 38 Abs. 1, 47 Abs. 4, 5 BetrVG).[287] Soweit ein Bereich gesetzlich nicht geregelt ist, können durch Tarifvertrag eigene Vertretungsstrukturen geschaffen werden.[288] Das ist von Art. 9 Abs. 3 GG, § 3 Abs. 2 TVG gedeckt.[289]

139 Die **Beteiligungsrechte** des Betriebsrats in **sozialen, personellen** und **wirtschaftlichen Angelegenheiten** dürfen durch tarifvertragliche Regelungen **nicht verschlechtert** werden, es sei denn, das BetrVG lässt das ausdrücklich zu (vgl. etwa Tarifvorbehalt des § 87 Abs. 1 Eingangssatz BetrVG in sozialen Angelegenheiten).[290]

Dagegen ist die **Erweiterung** der Beteiligungsrechte des Betriebsrats durch Tarifvertrag weitgehend möglich (str.; vgl. hierzu Rn. 220ff.).[291]

140 Zu den »**Konkurrenzproblemen**«, die auftreten, wenn der Arbeitgeber an Tarifverträge mit betriebsverfassungsrechtlichen Normen gebunden ist, die mit **verschiedenen Gewerkschaften** abgeschlossenen wurden, vgl. § 4 Rn. 67.

5.7 Normen über gemeinsame Einrichtungen

141 Die in § 1 Abs. 1 TVG genannten Rechtsnormen werden ergänzt durch **Rechtsnormen über gemeinsame Einrichtungen** gem. § 4 Abs. 2 TVG. Derartige gemeinsame Einrichtungen werden von den Tarifvertragsparteien geschaffen, um gemeinsam – etwa durch Umlageverfahren – Leistungen zu erbringen, die von einzelnen Arbeitgebern aus technischen, organisatorischen oder wirtschaftlichen Gründen effektiv und zweckmäßig nicht gewährt werden könnten (z.B. Urlaubsbezahlung, Sozialleistungen). Die Aufgaben einer

283 Vgl. Däubler-Hensche/Heuschmid, Rn. 890ff.; Wiedemann-Thüsing, Rn. 758.

284 BAG 15.7.86 – 1 AZR 654/84, DB 87, 283 = AP Nr. 1 zu Art. 3 LPVG Bayern; zur verfassungsrechtlichen Problematik dieses prinzipiellen Ausschlusses tarifvertraglicher Gestaltung vgl. Däubler, TVR Rn. 1093; Däubler-Hensche/Heuschmid, Rn. 903.

285 Vgl. Däubler-Hensche/Heuschmid, Rn. 898.

286 Vgl. dazu die Erläuterungen bei DKKW-Trümner, § 3 Rn. 1ff.

287 Dazu Däubler-Reim/Nebe, Rn. 376.

288 BAG 24.8.04 – 1 ABR 28/03, NZA 05, 371 zum Tarifvertrag über die Mitbestimmung im Telekom Training Center vom 12.10.2001.

289 BAG 24.8.04, a.a.O.

290 BAG 12.1.11 – 7 ABR 34/09, NZA 11, 1297; 21.10.03 – 1 ABR 39/02, DB 04, 322; 18.8.87 – 1 ABR 30/86, AP Nr. 23 zu § 77 BetrVG 1972; 10.2.88 – 1 ABR 70/86, AP Nr. 53 zu § 99 BetrVG 1972; Fitting, § 1 Rn. 247 m.w.N.

291 BAG 18.8.87, a.a.O.; 10.2.88, a.a.O.; Fitting, a.a.O.

gemeinsamen Einrichtung leiten sich aus der umfassenden Befugnis der Tarifvertragsparteien zur Gestaltung der **Arbeits- und Wirtschaftsbedingungen** ab und können sich über die traditionellen Zwecke gemeinsamer Sozialeinrichtungen hinaus auch auf die Förderung der **menschengerechten Arbeitsgestaltung** oder die **Qualifizierung** und die **Beschäftigungsförderung** richten, etwa im Rahmen einer **Transfergesellschaft**, die aus Anlass einer Betriebsschließung oder Massenentlassung unter Beteiligung des bisherigen Arbeitgebers gegründet wird. Ihr Zweck und ihre Organisationsstruktur sind von den Tarifvertragsparteien festzulegen. Die gemeinsamen Einrichtungen müssen dem unmittelbaren Kontroll- und Weisungsrecht der Tarifvertragsparteien unterliegen (zu den Einzelheiten vgl. § 4 Rn. 36ff.).

Zu den **»Konkurrenzproblemen«**, die auftreten, wenn der Arbeitgeber an Tarifverträge mit Normen über gemeinsame Einrichtungen gebunden ist, die mit **verschiedenen Gewerkschaften** abgeschlossenen wurden, vgl. § 4 Rn. 67. 142

5.8 Nebeneinander von Normtypen

Oft enthält ein und derselbe Tarifvertrag **nebeneinander** Inhalts-, Abschluss und Beendigungsnormen (§ 1 Abs. 1 TVG), betriebliche Normen und betriebsverfassungsrechtliche Normen (§ 3 Abs. 2 TVG). Das ist grundsätzlich zulässig.[292] 143

Welchen Charakter Rechtsnormen eines Tarifvertrags haben, kann nicht pauschal für alle Normen des Tarifvertrags beantwortet werden, sondern ist für **jede Tarifnorm** unter Berücksichtigung des für die Tarifauslegung maßgebenden tariflichen Gesamtzusammenhangs[293] **getrennt zu prüfen.**[294]

Welchem Normtypus eine Tarifnorm zuzuordnen ist hat Konsequenzen für die **Rechtswirkung** der Tarifregelung:

- So gelten Inhalts-, Abschluss und Beendigungsnormen nur bei **beiderseitiger Tarifbindung** (vgl. hierzu § 3 Rn. 4);
- Betriebs- und betriebsverfassungsrechtliche Normen gelten in tarifgebundenen Betrieben dagegen auch für **nicht oder anders organisierte Arbeitnehmer** (§ 3 Abs. 2 TVG; vgl. § 3 Rn. 63).[295]

Manchmal sind auch in **einer** Tarifvorschrift Normen unterschiedlichen Typs enthalten. Auch in diesem Fall ist durch **Auslegung** zu prüfen, ob sich die Tarifbestimmung primär mit dem einzelnen Arbeitsverhältnis befasst und damit Inhaltsnorm, Abschlussnorm oder Beendigungsnorm ist, oder mit der Zusammensetzung des Betriebskollektivs und damit Betriebsnorm im Sinne von § 3 Abs. 2 TVG ist.[296] So können etwa eine Tarifregelung Bestimmungen über die Zusammensetzung der Belegschaft enthalten (= Betriebsnorm; vgl. Rn. 198) und den Arbeitgeber außerdem verpflichten, Bewerbern ein Angebot zur Übernahme in ein Arbeitsverhältnis zu unterbreiten (z.B. Ausgebildeten oder Leih-

292 BAG 21.1.87 – 4 AZR 547/86, AP Nr. 47 zu Art. 9 GG; Däubler-Reim/Nebe, Rn. 355; Wiedemann-Thüsing, Rn. 365.

293 BAG 12.9.84 – 4 AZR 336/82, AP Nr. 135 zu § 1 TVG Auslegung.

294 BAG 21.1.87, a.a.O.

295 Vgl. Wiedemann-Thüsing, Rn. 373.

296 BAG 21.1.87, a.a.O.

arbeitnehmern). Hierbei handelt es sich um eine Abschlussnorm, die nur bei beiderseitiger Tarifbindung gilt (vgl. Rn. 128).

144 Zu den »**Konkurrenzproblemen**«, die auftreten, wenn der Arbeitgeber an Tarifverträge gebunden ist, die mit **verschiedenen Gewerkschaften** abgeschlossenen wurden, vgl. § 4 Rn. 60ff., 67, 82ff.

6. Tarifliche Verweisungsnormen

145 Die Tarifvertragsparteien verzichten in vielen Fällen auf eigene Regelungen und verweisen stattdessen in einem Tarifvertrag »statisch« oder »dynamisch« auf **andere Tarifverträge** (vgl. Rn. 147f.), um deren Übernahme bzw. Anwendung zu bewirken. Dies ist eine allgemein verbreitete Regelungstechnik insbes. bei Firmentarifverträgen mit dem Charakter eines Anerkennungstarifvertrags (vgl. Rn. 26).[297] Allerdings dürfen die Tarifvertragsparteien die »ihnen zugewiesene Rechtssetzungsaufgabe nicht auf Dritte delegieren.«[298] Verweisungen auf andere Normen sind aber zulässig. Der Umfang der zulässigen Verweisung auf andere Normen ist im Einzelnen streitig.[299]

Verbreitet sind auch tarifvertragliche Verweisungen auf **staatliche Rechtsnormen** (vgl. Rn. 149), z.B. im Tarifrecht des Öffentlichen Dienstes bezüglich der Inbezugnahme der Vorschriften des Beamtenrechts und von Verwaltungsanordnungen und Erlassen.[300]

Zu **arbeitsvertraglichen Bezugnahmen** auf Tarifverträge vgl. § 3 Rn. 245ff.

146 Die Zulässigkeit tariflicher Verweisungsnormen wird unter den Gesichtspunkten der **Einhaltung der Schriftform** (§ 1 Abs. 2 TVG, vgl. dazu Rn. 46ff.), der **Bestimmbarkeit der Tarifnormen** und des Umfangs der **Delegationsbefugnis der Tarifvertragsparteien** kontrovers diskutiert.[301]

147 Die sog. **statische Verweisung** auf einen bereits in einer bestimmten Fassung vorliegenden **anderen Tarifvertrag** hat zur Konsequenz, dass spätere Änderungen des in Bezug genommenen Tarifvertrags nicht erfasst werden.

Die statische Verweisung wird allgemein für **zulässig** gehalten und auch vom BAG anerkannt.[302] Dies gilt auch, wenn der in Bezug genommene Tarifvertrag wiederum **auf einen weiteren Tarifvertrag** verweist[303] oder wenn sich der in Bezug genommene Tarifvertrag in der **Nachwirkung** (vgl. dazu § 4 Rn. 345) befindet.[304] Wirkt der verweisende Tarifvertrag (etwa ein Anerkennungstarifvertrag; vgl. Rn. 26; AKR Rn. 449) selbst nach, kommen im Nachwirkungszeitraum des verweisenden Tarifvertrags vorgenommene Änderungen des in Bezug genommenen Tarifvertrags oder der in Bezug genommenen gesetzlichen Regelung nach Ansicht des BAG nicht mehr zur Anwendung, die in Be-

297 Vgl. Däubler-Reim/Nebe, Rn. 192ff.
298 BAG 18.3.10 – 6 AZR 434/07, NZA-RR 10, 664.
299 JKOS-Krause, § 4 Rn. 4ff.; KeZa-Zeisig/Zachert, Rn. 1021ff.
300 S. BAG 18.3.10 – 6 AZR 434/07, NZA-RR 10, 664; vgl. Wiedemann-Thüsing, Rn. 233 m.w.N.
301 Zu den Einzelheiten vgl. KeZa-Zeisig/Zachert, Rn. 1021ff.; JKOS-Krause, § 4 Rn.4ff.
302 BAG 8.3.95 – 10 AZR 27/95, AP Nr. 5 zu § 1 TVG Verweisungstarifvertrag; 2.3.88 – 4 AZR 595/87, AP Nr. 11 zu § 1 TVG Form.
303 BAG 9.7.80 – 4 AZR 564/78, AP Nr. 7 zu § 1 TVG Form.
304 BAG 24.11.99 – 4 AZR 666/98, DB 00, 1082; 9.7.80, a.a.O.

zug genommene Regelung gilt in der ursprünglichen Fassung weiter (zweifelhaft; vgl. § 4 Rn. 346).[305]

Bei einer sog. **dynamischen Verweisung** (auch als **Blankettverweisung** bezeichnet) wird nicht nur auf die bereits vorliegende Fassung eines Tarifvertrags verwiesen, sondern auf einen **anderen Tarifvertrag in seiner jeweiligen**, i.d.R. zukünftig geänderten **Fassung** Bezug genommen (klassisches Beispiel ist der auf einschlägige Verbandstarifverträge verweisende Firmentarifvertrag mit dem Charakter eines **Anerkennungstarifvertrags**, vgl. Rn. 26; AKR Rn. 449). 148

Blankettverweisungen sind **zulässig**, wenn die **Tarifvertragsparteien** des verweisenden und des in Bezug genommenen Tarifvertrags **identisch** sind[306] oder **zwischen den Geltungsbereichen** beider Tarifverträge ein **enger sachlicher Zusammenhang** besteht.[307] So kann etwa für branchenfremde Arbeitnehmer der für sie einschlägige Branchentarifvertrag eines anderen Wirtschaftszweiges in Bezug genommen werden[308] oder in einem (**Firmen-)Anerkennungstarifvertrags** mit einem nichttarifgebundenen Arbeitgeber auf den einschlägigen Verbandstarifvertrag derjenigen Branche verwiesen werden, der der Arbeitgeber angehört.[309]

Unter vorstehenden Voraussetzungen kann auch auf **neue, zukünftig noch abzuschließende Tarifverträge** verwiesen werden.

Die Gewerkschaft kann die Beschäftigten, die unter einen dynamisch wirkenden (Firmen-)Anerkennungstarifvertrag fallen, **nach Ablauf** eines in Bezug genommenen **Verbandstarifvertrags** in einen um dessen Neuabschluss geführten Verbandsarbeitskampf einbeziehen (vgl. auch AKR Rn. 449).[310]

Tarifliche Verweisungen auf staatliches Recht (Gesetze, Verordnungen, Verwaltungsanordnungen, Erlasse), werden im Rahmen der Inhalte des § 1 TVG als zulässig angesehen.[311] 149

Zwar können die Tarifvertragsparteien die ihnen durch Art. 9 Abs. 3 GG zugewiesene Rechtssetzungsbefugnis nicht auf Dritte **delegieren**. Ihre Aufgabe, die Arbeits- und Wirtschaftsbedingungen ihrer Mitglieder sinnvoll zu ordnen, umfasst jedoch auch die Befugnis, etwa in Tarifverträgen des öffentlichen Dienstes auf die **für Beamte** geltenden gesetzlichen Bestimmungen zu verweisen, sofern diese Bestimmungen **eindeutig** sind und mit der tariflichen Regelung in einem **engen sachlichen Zusammenhang** stehen.

Bei Fehlen entsprechender ausdrücklicher Klarstellungen im verweisenden Tarifvertrag tritt die Frage auf, ob die Tarifvertragsparteien durch die Verweisung eine staatliche Rege-

---

305 BAG 4.4.01 – 4 AZR 180/00, DB 01, 2053 u. 2407; 17.5.00 – 17.5.00, AP Nr. 8 zu § 3 TVG Verbandsaustritt m. Anm. Zachert; 24.11.99 – 4 AZR 666/98, DB 00, 1082; a.A. ArbG Verden 20.9.00 – 1 Ca 123/00, AiB 01, 371.

306 BAG 9.7.80 – 4 AZR 564/78, AP Nr. 7 zu § 1 TVG Form.

307 BAG 10.11.82 – 4 AZR 1203/79, AP Nr. 8 zu § 1 TVG Form; 29.8.01 – 4 AZR 332/00, NZA 02, 513; 15.4.08 – 9 AZR 159/07, AP Nr. 38 zu § 1 TVG Altersteilzeit.

308 BAG 13.8.86 – 4 ABR 2/86, AP Nr. 1 zu § 2 MTV Ang – DFVLR.

309 BAG 25.7.06 – 3 AZR 134/05, NZA 07, 578; 8.3.95 – 10 AZR 27/95, AP Nr. 5 zu § 1 TVG Verweisungstarifvertrag; 9.7.80 – 4 AZR 564/78, AP Nr. 7 zu § 1 TVG Form.

310 BAG 18.2.03 – 1 AZR 142/02, AiB 04, 246.

311 BAG 18.3.10 – 6 AZR 434/07, AP Nr. 321 zu Art 3 GG; vgl. auch Däubler-Reim/Nebe, Rn. 209ff.; Wiedemann-Thüsing, Rn. 233ff., 240.

lung lediglich dokumentieren (**deklaratorische Regelung**) oder ob sie – im Wege der statischen Verweisung – eine gesetzliche Regelung als eigenes Recht übernehmen wollten, das von zukünftigen Gesetzesänderungen nicht berührt wird (**konstitutive Regelung**).
Der entsprechende **Wille der Tarifvertragsparteien** ist durch **Auslegung** (vgl. Grundl. Rn. 152ff.) zu ermitteln.[312] Die Rechtsprechung geht davon aus, dass die wörtliche Übernahme des Gesetzestextes im verweisenden Tarifvertrag für eine deklaratorische Regelung spricht und verlangt für das Vorliegen einer konstitutiven Regelung darüber hinausgehende konkrete Anhaltspunkte im Tarifvertrag.[313]
Umstritten war in jüngster Vergangenheit vor allem der deklaratorische oder konstitutive Charakter tariflicher Verweisungen auf die gesetzlichen Regelungen zur **Entgeltfortzahlung im Krankheitsfall** (vgl. Rn. 300) und zu den **Kündigungsfristen** (vgl. Rn. 308) im Arbeitsverhältnis (vgl. Grundl. Rn. 157f.).

7. Tarifliche Bestimmungsklauseln

150 Mit sog. **Bestimmungsklauseln** können die Tarifvertragsparteien einer Tarifpartei (etwa der Gewerkschaft), dem Arbeitgeber, den Arbeitsvertragsparteien, Arbeitnehmern, Betriebsparteien oder sonstigen dritten Stellen, etwa betrieblichen Kommissionen, die **Ausgestaltung bzw. Konkretisierung bestimmter Tarifnormen** übertragen.[314]
Von tariflichen **Öffnungsklauseln für die Betriebsparteien** (vgl. § 4 Rn. 132ff.) unterscheiden sich die Bestimmungsklauseln dadurch, dass sie **im Rahmen der Anwendung des Tarifrechts** im Einzelfall Dritte, z.B. den Arbeitgeber, ermächtigen, das Tarifrecht zu konkretisieren, während auf Grundlage einer Öffnungsklausel die Betriebsparteien in einer bestimmten von den Tarifvertragsparteien nicht oder nicht abschließend bzw. vollständig geregelten tariflichen Angelegenheit durch Betriebsvereinbarung **eigenes Recht** schaffen können.[315]
In den meisten Fällen enthalten Bestimmungsklauseln **Leistungsbestimmungsrechte des Arbeitgebers**, etwa die Zuweisung anderer, auch niedriger vergüteter Tätigkeiten[316], die Verkürzung der tariflichen Arbeitszeit bei erschwerten Arbeitsbedingungen[317], die Gewährung von Leistungszulagen[318] oder die Festlegung der Höhe von Kinderzuschlägen.[319]

151 Bestimmungsklauseln müssen dem **Bestimmtheitsgebot** (vgl. Rn. 103a) und der **Rechtssicherheit** genügen und deshalb den **Umfang** des Bestimmungsrechts und die **berechtigte dritte Person oder Stelle** eindeutig festlegen.[320]

---

312 Vgl. Däubler-Reim/Nebe, Rn. 211.
313 Zur Kritik vgl. Däubler-Däubler, Einl. Rn. 529ff.; Preis, FS Schaub S. 581ff.
314 Vgl. Däubler-Reim/Nebe, Rn. 230ff.; Wiedemann-Thüsing, Rn. 261ff.
315 Vgl. Wiedemann-Thüsing, a.a.O.; zur Problematik der Abgrenzung von Bestimmungs- und Öffnungsklauseln vgl. auch BAG 18.8.87 – 1 ABR 30/86, AP Nr. 23 zu § 77 BetrVG 1972, und eingehend KeZa-Zachert, a.a.O.
316 BAG 22.5.85 – 4 AZR 427/83, NZA 86, 166.
317 BAG 28.11.84 – 5 AZR 123/83, DB 85, 132 = AP Nr. 1 zu § 4 TVG Bestimmungsrecht.
318 BAG 13.5.87 – 5 AZR 125/86, AiB 88, 115.
319 BAG 28.9.77 – 4 AZR 743/76, AP Nr. 4 zu § 1 TVG Tarifverträge: Rundfunk.
320 BAG 28.11.84 – 5 AZR 123/83, DB 85, 132 = AP Nr. 1 zu § 4 TVG Bestimmungsrecht.

Außerdem darf die Bestimmungsklausel Bestimmungsrechte nur im Rahmen der **Regelungsbefugnis der Tarifvertragsparteien selbst** übertragen und nicht etwa dem Arbeitgeber das Recht (z.B.) zur einseitigen Einführung von Kurzarbeit unter Umgehung zwingender Vorschriften des Kündigungsrechts einräumen (vgl. auch Rn. 221).[321]

Bei der **Wahrnehmung der Rechte aus einer Bestimmungsklausel** ist stets zu prüfen, ob diese sich im vorgegebenen Rahmen der konkreten Bestimmungsklausel bewegt, und ob **nach billigem Ermessen** die Interessen der betroffenen Arbeitnehmer einzelfallbezogen berücksichtigt werden.[322] Die **Ausübung** der Bestimmungsrechte ist an die Vorgaben des **§ 315 BGB** gebunden und unterliegt insoweit der **uneingeschränkten gerichtlichen Überprüfung.**[323] 152

Sind im **Einzelarbeitsvertrag** bestimmte Arbeitsbedingungen **verbindlich festgelegt**, können diese auch aufgrund einer tarifvertraglichen Bestimmungsklausel **nicht einseitig** abgeändert oder beseitigt werden (zum Günstigkeitsprinzip vgl. § 4 Rn. 140ff.)[324]

Mit der **Beendigung eines Tarifvertrags** endet auch die Wirksamkeit einer auf der Grundlage einer Bestimmungsklausel aus diesem Tarifvertrag getroffenen Festlegung der Arbeitsbedingungen. 153

Enthält der **Nachfolgetarifvertrag** erneut die bisherige (oder eine geänderte) Bestimmungsklausel, muss die berechtigte dritte Person oder Stelle das Bestimmungsrecht **erneut ausüben.** Dies ist auch durch schlüssiges Verhalten möglich.

Enthält der Nachfolgetarifvertrag **keine Bestimmungsklausel mehr**, bedarf die Fortgeltung der auf Grundlage der Ausübung des Bestimmungsrechts festgelegten Arbeitsbedingungen einer **einzelvertraglichen Vereinbarung.**[325]

8. Regelungsbefugnis der Tarifvertragsparteien

8.1 Allgemeines

Die sich aus der verfassungsrechtlichen Garantie der kollektiven Koalitionsfreiheit und der Tarifautonomie als deren Bestandteil (vgl. Grundl. Rn. 69ff.) ableitende **Regelungsbefugnis der Tarifvertragsparteien** ist ihrem Umfang nach **nicht unbegrenzt.** 154

Sie ist einerseits unmittelbar mit dem durch Art. 9 Abs. 3 GG garantierten Recht der Tarifvertragsparteien »zur Wahrung und Förderung der **Arbeits- und Wirtschaftsbedingungen**« gegenständlich umschrieben (vgl. Rn. 172f.; Grundl. Rn. 84).

Andererseits unterliegt sie den **Bindungen**, die sich aus den Grundrechten, verfassungsrechtlichen Grundsätzen, Gesetzen und dem Europäischen Recht (dazu Rn. 381ff. und Grundl. Rn. 114ff.) ergeben.[326]

321 BAG 27.1.94 – 6 AZR 541/93, AP Nr. 1 zu § 15 BAT-O.
322 Vgl. Däubler-Reim/Nebe, Rn. 232.
323 BAG 28.11.84 – 5 AZR 123/83 u. 5 AZR 195/83, DB 85, 132 u. 185 = AP Nrn. 1, 2 zu § 4 TVG Bestimmungsrecht.
324 BAG 22.5.85 – 4 AZR 427/83, NZA 86, 166.
325 BAG 28.11.84, a.a.O.; Däubler-Reim/Nebe, Rn. 231.
326 Eingehend Däubler-Schiek, Einl. Rn. 163ff.

155 Art. 9 Abs. 3 GG weist den Tarifvertragsparteien nicht nur die Aufgabe zu, die »Arbeits- und Wirtschaftsbedingungen« zu wahren und zu fördern.[327] Die Vorschrift garantiert auch das **Streikrecht** (vgl. Grundl. Rn. 19ff.).[328] Tarifautonomie und Streikrecht sind **»zwei Seiten einer Medaille«**.

Es gilt der **Grundsatz: »Was tariflich regelbar ist, ist auch erstreikbar«** (vgl. zu den Einzelheiten Rn. 166ff. und AKR Rn. 16).[329]

156 Die Reichweite der tariflichen Regelbarkeit (und damit Erstreikbarkeit) ist umstritten. Tariflich regelbar sind nach allgemeiner Auffassung **jedenfalls mindestens solche Ziele**, die sich den in **§ 1 Abs. 1 TVG** aufgeführten möglichen Gegenständen von **Rechtsnormen** eines Tarifvertrags (vgl. Rn. 103ff.) zuordnen lassen.[330]

157 Gleiches gilt nach richtiger Auffassung für schuldrechtlich wirkende Tarifverträge über **»Rechte und Pflichten der Tarifvertragsparteien«** i.S.d. § 1 Abs. 1 TVG (vgl. Rn. 400ff.).

Dabei können sie inhaltlich **weiter gehen** als das Normenprogramm des § 1 Abs. 1 TVG.[331] Maßgeblich ist allein die durch Art. 9 Abs. 3 GG vorgenommene Grenzziehung der Tarifautonomie: »Wahrung und Förderung der Arbeits- und Wirtschaftsbedingungen« (vgl. hierzu Grundl. Rn. 84). § 1 Abs. TVG gestaltet die Tarifautonomie und tarifliche Regelbarkeit, schränkt sie aber nicht ein.

158 Tarifliche Regelbarkeit besteht in jedem Fall, wenn sie sich aus **anderen gesetzlichen Bestimmungen** ergibt.

Beispiele:
- Tarifverträge über abweichende Interessenvertretungsstrukturen nach § 3 BetrVG (vgl. Rn. 216ff.; zur Frage der Erstreikbarkeit vgl. AKR Rn. 41ff.);
- Tarifverträge über abweichende Kündigungsfristen (§ 622 Abs. 4 BGB; vgl. Rn. 307ff.);
- Tarifverträge zur – vom gesetzlichen Equal-pay-Prinzip »nach unten« abweichenden – Regelung der Leiharbeit auf Grundlage von § 3 Abs. 1 Nr. 3 und § 9 Nr. 2 AÜG (vgl. Rn. 199ff.);
- Tarifverträge zur Festlegung der Zuständigkeit eines an sich örtlich nicht zuständigen Gerichts gem. § 48 ArbGG.[332]

159 Der Schutzbereich des Art. 9 Abs. 3 GG geht nach zutreffender Ansicht über den Regelungsbereich des § 1 Abs. 1 TVG oder anderer gesetzlicher Bestimmungen hinaus.[333] Deshalb sind beispielsweise auch **sonstige kollektivrechtliche Vereinbarungen** zwischen Tarifparteien **ohne Tarifvertragscharakter** (vgl. Rn. 17 und 432ff.) dann zulässig und

327 BVerfG 26.5.70 – 2 BvR 664/65, DB 70, 1443.
328 BAG 10.6.80 – 1 AZR 168/79, AP Nr. 65 zu Art. 9 GG Arbeitskampf.
329 BAG 12.9.84 – 1 AZR 342/83, DB 84, 2563; Jacobs, ZTR 01, 249, 252 unter Hinweis auf Hueck/Nipperdey, Bd. II/1 S. 305f., und Bd. II/2 S. 1010; Kühling/Bertelsmann, NZA 07, 1017ff., 1021ff., 1026f.; Oberberg/Schoof, AiB 02, 169ff. m.w.N.; Paschke/Ritschel, AuR 07, 110ff., 112; differenzierend, aber im Ergebnis ebenso wie hier, ErfK-Linsenmaier, GG Art. 9 Rn. 71.
330 BAG 24.4.07 – 1 AZR 252/06, DB 07, 1924 = AiB 07, 792 m. Anm. Schoof.
331 BAG 29.11.67 – GS 1/67, AP Nr. 13 zu Art. 9 GG; KeZa-Zeibig/Zachert, Rn. 940 m.w.N.
332 Vgl. hierzu ErfK-Franzen, TVG § 1 Rn. 49.
333 Vgl. ErfK-Linsenmaier, GG Art. 9 Rn. 23ff., 55 und 114; KeZa-Zeibig/Zachert, Rn. 945.

erstreikbar, wenn sie ihren Regelungsgegenständen nach vom Begriffspaar der »Arbeits- und Wirtschaftsbedingungen« i.S.d. Art. 9 Abs. 3 GG erfasst werden.[334]

Aus dem Erfordernis der tariflichen Regelbarkeit folgert die bislang überwiegende Meinung in Rechtsprechung und Literatur, dass **160**

- der **nicht gewerkschaftlich getragene Streik** (vgl. AKR Rn. 201ff.),
- **politische Streiks** (vgl. AKR Rn. 188ff.) sowie
- **Streiks zur Durchsetzung von Rechtsansprüchen** (vgl. AKR Rn. 175) und tarifvertraglichen Ansprüchen (vgl. AKR Rn.176f.)

nicht zulässig sind (zu weiteren Einzelheiten sowie zur Kritik und Unvereinbarkeit dieser Ansicht mit Art. 9 Abs. 3 GG und Art. 6 Nr. 4 der Europäischen Sozialcharta vgl. Grundl. Rn. 109f. und AKR Rn. 22).

Die Regelungsbefugnis der Tarifvertragsparteien erstreckt sich nach Ansicht des BAG auch nicht auf die **Ausübung der individuellen Koalitionsfreiheit** (vgl. Grundl. Rn. 69). So soll ein Arbeitgeber nicht tariflich verpflichtet werden können, seine **Mitgliedschaft in einem bestimmten Arbeitgeberverband dauerhaft aufrechtzuerhalten** (vgl. aber AKR Rn 49f.).[335] **161**

Entsprechendes gilt für den **Beitritt** bzw. **Wiedereintritt** in den Arbeitgeberverband. Will eine Gewerkschaft die volle Tarifbindung eines Arbeitgebers, der aus dem Verband ausgetreten oder in eine OT-Mitgliedschaft gewechselt ist, wieder herstellen, muss sie eine **betriebliche Tarifbewegung** (vgl. AKR Rn. 464) mit dem Ziel eines (Firmen-)Anerkennungstarifvertrags (vgl. Rn. 26) führen.[336]

Zweifel sind allerdings angebracht, ob eine Selbstverpflichtung des Arbeitgebers etwa in einem Firmentarifvertrag **unwirksam** ist.[337] Warum soll ein Unternehmer nicht freiwillig und ohne Streikdruck auf sein Koalitionsrecht verzichten können. Deshalb scheint es angebrachter zu sein, nicht schon die tarifliche Regelbarkeit zu verneinen, sondern die Erstreikbarkeit (vgl. auch Rn. 181a).

Beispiel:

Die Gewerkschaft fordert von einem nicht verbandsangehörigen Arbeitgeber den Abschluss eines Anerkennungstarifvertrages. Dafür wird gestreikt. In den abschließenden Verhandlungen verpflichtet sich der Arbeitgeber in einer zusätzlichen Tarifklausel, bis zu einem bestimmten Zeitpunkt in den Arbeitgeberverband einzutreten. Warum sollte eine solche Klausel nicht tariflich regelbar und deshalb unwirksam sein?

Nach Ansicht des BAG ist auch eine **Verpflichtung des Arbeitgebers**, den tariflichen Kündigungsschutz mit den Arbeitnehmern auch einzelvertraglich zu vereinbaren, tariflich nicht regelbar und erstreikbar.[338] **162**

---

334 BAG 29.11.67 – GS 1/67, AP Nr. 13 zu Art. 9 GG; ErfK-Linsenmaier, GG Art. 9 Rn. 23; KeZa-Zeibig/Zachert, Rn. 945 m.w.N.
335 BAG 10.12.02 – 1 AZR 96/02, NZA 03, 734; Blanke, AuR 04, 130, 135.
336 Hessisches LAG 17.9.08 – 9 SaGa 1442/08, AuR 09, 140 = NZA-RR 09, 26.
337 Vgl. dazu eingehend A. Stein, GS Zachert S. 645ff.
338 BAG 10.12.02 – 1 AZR 96/02, NZA 03, 734; Blanke, AuR 04, 130, 135.

163 Der Regelungsbefugnis der Tarifvertragsparteien grundsätzlich entzogen, ist nach allgemeiner Auffassung auch die sog. **Individualsphäre** der Tarifgebundenen, also deren gesamte private Verhaltensweisen. Das **Verhalten und die Tätigkeit in der Freizeit** oder im **Urlaub** kann grundsätzlich nicht Gegenstand tarifvertraglicher Regelungen sein (z.B. absolutes Nebentätigkeitsverbot).

164 Unzulässig sind auch **Entgeltverwendungsbestimmungen** oder Regelungen über einen nachträglichen Verzicht des Arbeitnehmers auf bereits erfüllte, ggf. sogar bereits verbrauchte Vergütungsbestandteile (zur Problematik rückwirkend in Kraft tretender Entgeltabsenkungen unter Berücksichtigung des Vertrauensschutzes vgl. Rn. 66ff.).[339]

164a Tarifvertragliche Bestimmungen **zugunsten Dritter** sind möglich (Beispiel: Tarifvertrag zwischen Gewerkschaft und Unternehmen zugunsten der der dort eingesetzten Leiharbeitnehmer; vgl. Rn. 128 und 199ff.).

Unzulässig sind dagegen Tarifvertragsregelungen, die außen stehende Dritte belasten (**Vertrag zu Lasten Dritter**).

164b Unproblematisch sind Tarifvorschriften etwa über **bargeldlose Entgeltzahlung**, wenn sie sich ausschließlich auf Fragen der Entgeltzahlung sowie ihrer Modalitäten und damit auf den Inhalt von Arbeitsverhältnissen sowohl nach § 611 BGB als auch nach § 1 Abs. 1 TVG beschränkt.[340] Zwar berühren sie die **Rechtsbeziehungen des Arbeitnehmers zu seinem Geldinstitut**, die von § 1 Abs. 1 TVG als privatrechtliche Rechtsbeziehungen nicht erfasst werden und daher einer unmittelbaren tariflichen Regelung nicht zugänglich sind. Denn sie legen dem Arbeitnehmer die Pflicht auf, bei einem Geldinstitut seiner Wahl ein zur bargeldlosen Lohn- oder Gehaltszahlung geeignetes Konto einzurichten. Es wird aber nur eine Pflicht im Verhältnis zum Arbeitgeber begründet. Die Rechtsbeziehung des Arbeitnehmers zu einem Geldinstitut wird aber nicht geregelt.

165 Tariflich sind (selbstverständlich) nicht regelbar Bestimmungen, die gegen das **Grundgesetz** oder sonstiges **höherrangiges Recht verstoßen** (vgl. Rn. 381). Der Verstoß führt auch zur **Unwirksamkeit** der Regelung.

8.2 Reichweite der tarifvertraglichen Regelbarkeit

166 Nachstehend werden **Tarifziele** aufgeführt und erörtert, deren tarifliche Regelbarkeit und Erstreikbarkeit Gegenstand von **kontroversen Diskussionen** waren und sind.

8.2.1 Tarifliche Regelbarkeit von Unternehmerentscheidungen

Die tarifliche Regelung von typischen **Unternehmerentscheidungen** hat zunehmende Bedeutung erlangt.

Es treten in der Praxis u.a. folgende **Fallgestaltungen** auf:[341]

- Ein verbandstarifvertraglich gebundenes Unternehmen fordert von der Gewerkschaft den Abschluss eines Firmentarifvertrags über »Abweichungen nach unten« (z.B. Aussetzung des tariflichen Anspruchs auf Urlaubs- und Weihnachtsgeld; Verlängerung der

339 Vgl. Wiedemann-Wiedemann, Einl. Rn. 457, 459.
340 BAG 12.9.84 – 4 AZR 336/82, AP Nr. 135 zu § 1 TVG Auslegung.
341 Vgl. auch Däubler-Hensche/Heuschmid, Rn. 939ff.

regelmäßigen Arbeitszeit mit oder ohne Lohnausgleich; vgl. Rn. 343ff.). Die Gewerkschaft macht Abweichungen von **Gegenleistungen** abhängig. Insbesondere fordert sie den Arbeitgeber auf, sich tarifvertraglich zu verpflichten, bestimmte unternehmerische Maßnahmen zur **Sicherung des Betriebs- und der Arbeitsplätze** vorzunehmen (z.B. **Investitionen**, Beibehaltung der Produktpalette).

- Ein Unternehmen plant, einen Betrieb **stillzulegen/zu verlagern**. Die Gewerkschaft fordert einen Tarifvertrag, der das Unternehmen zum **Erhalt des Betriebs und der Arbeitsplätze** verpflichtet (vgl. Rn. 175), jedenfalls aber einen Tarifvertrag zur Regelung eines **Nachteilsausgleichs** für die von Entlassung betroffenen Beschäftigten (sog. **Sozialtarifvertrag** bzw. Tarifsozialplan; vgl. Rn. 185ff.).
- Ein Unternehmen hat sich dazu entschlossen, einen **Betrieb auszugliedern**, d.h. auf ein anderes Unternehmen zu übertragen. Oder: Ein bislang von der öffentlichen Hand geführter Betrieb soll **»privatisiert«** werden (Beispiele: Ausgliederung und Verkauf von Verkehrs- und Entsorgungsbetrieben, kommunalen Krankenhäusern und Uni-Kliniken an private Betreiber). Die Gewerkschaft fordert einen Tarifvertrag, in dem sich das Unternehmen verpflichtet, auf **Ausgliederung** bzw. **Privatisierung zu verzichten** (vgl. Rn. 175), jedenfalls aber einen Tarifvertrag zur Regelung eines **Nachteilsausgleichs** für die Beschäftigten (vgl. hierzu Rn. 191ff.).
- In einem Unternehmen wurde in den letzten Jahren das Personal »ausgedünnt«. Frei werdende Stellen werden nicht wiederbesetzt. Stattdessen wird die Arbeit auf die verbleibenden Mitarbeiter verteilt. Das führt zu Leistungsverdichtung und gesundheitsgefährdenden Belastungen (Arbeitsüberlastung). Die Gewerkschaft fordert vom Unternehmen einen Firmentarifvertrag, in dem der Unternehmer (schuldrechtlich) verpflichtet wird, **Neueinstellungen** vorzunehmen und/oder ein – über § 99 BetrVG hinausgehendes – **Initiativmitbestimmungsrecht** des Betriebsrats bei Einstellungen geregelt wird (vgl. Rn. 196).
- Die Gewerkschaft fordert vom einem Unternehmen eine Tarifregelung, mit der der Einsatz von **Leiharbeitnehmern** ausgeschlossen oder auf eine bestimmte **Quote** begrenzt wird (vgl. hierzu Rn. 207f.).
- Die Gewerkschaft fordert vom einem Unternehmen eine Tarifregelung, mit der die Vergabe von bisher von eigenen Mitarbeitern ausgeführten Funktionen an andere Unternehmen (**Werkvertragsarbeit**) ausgeschlossen oder begrenzt wird (vgl. hierzu Rn. 213a ff., 213e).

Nach zutreffender Ansicht der Rspr. scheidet Art. 14 Abs. 1 GG als Prüfungsmaßstab für Streikforderungen, die in die unternehmerische Entscheidungsfreiheit eingreifen, regelmäßig aus. Die **Eigentumsgarantie** des Art. 14 Abs. 1 GG erstreckt sich nur auf den konkreten Bestand an Rechten und Gütern, betrifft aber nicht die unternehmerische Betätigung als solche. Art. 14 Abs. 1 GG schützt das Erworbene, das Ergebnis der Betätigung, Art. 12 Abs. 1 GG (vgl. hierzu Rn. 167, 170) dagegen den Erwerb, die Betätigung selbst.[342] **166a**

342 BVerfG 18.12.85 – 1 BvR 143/83 (zu II 2 der Gründe), AP Nr. 15 zu § 87 BetrVG 1972 Arbeitszeit; BAG 7.11.95 – 3 AZR 676/94, NZA 96, 1214; 31.8.82 – 1 ABR 27/80, AiB 83, 191 = AP Nr. 8 zu § 87 BetrVG 1972 Arbeitszeit.

167 Die tarifliche Regelbarkeit **unternehmerischer Entscheidungen bzw. Maßnahmen** – jedenfalls aber ihre Erstreikbarkeit – ist umstritten. Ungeachtet des Umstandes, dass es in der Tarifpraxis gang und gäbe ist, etwa in Sanierungstarifverträgen (vgl. Rn. 343ff.) z.B. die (schuldrechtliche) Verpflichtung des Unternehmens zur Durchführung von **Investitionen** oder Beibehaltung oder Ausweitung eines bestimmten **Produktprogramms** zu regeln, wird in Literatur und Rechtsprechung die Auffassung vertreten, dass die Regelung **unternehmerischer Entscheidungen bzw. Maßnahmen kein zulässiges Tarifziel** ist,[343] was auch einen dafür geführten Streik unzulässig mache. Die Konkurrenz zwischen der durch Art. 9 Abs. 3 GG garantierten **Tarifautonomie** und der durch Art. 12 Abs. 1 GG geschützten »**Unternehmerfreiheit**« müsse zugunsten der Unternehmensautonomie gelöst werden. Die Ausübung der Koalitionsfreiheit und der damit verbundenen Tarifautonomie dürfe nicht dazu führen, dass dem Unternehmer jegliche unternehmerische Entscheidungsfreiheit genommen wird. Ein angemessener Spielraum zur Entfaltung der Unternehmerfreiheit sei unantastbar.[344] Hierzu sollen beispielsweise Entscheidungen über Investitionen, Produktion und Vertrieb, Schaffung von Arbeitsplätzen, Verzicht auf Betriebsschließung und -verlagerung oder Ausgliederung zählen. Der Arbeitgeber soll frei darüber entscheiden können, welche Geld- und Sachmittel zu welchem Zweck eingesetzt werden und ob etwas, wenn ja was und wo hergestellt wird.[345] Strukturelle Unternehmerentscheidungen werden damit zu einer »tariffreien« und vor allem »streikfreien Zone« erklärt.

168 Demgegenüber können nach einer zutreffenden und in der Literatur stark vertretenen Ansicht unternehmerische Entscheidungen und Maßnahmen **sehr wohl** Gegenstand tariflicher Reglung und von Streiks sein (vgl. hierzu Rn. 170ff.).[346]

169 Manche Autoren **differenzieren** zwischen tariflicher Regelbarkeit und Erstreikbarkeit.[347] So sollen etwa Tarifforderungen nach **Standortsicherung**, aber auch die Errichtung einer Beschäftigungs- und Qualifizierungsgesellschaft bzw. Transfergesellschaft (vgl. Rn. 188,

---

343 LAG Hamm 31.5.00 – 18 Sa 858/00, NZA-RR 00, 535ff.; LAG Schleswig-Holstein 27.3.03 – 5 Sa 137/03, AuR 04, 152 = AiB 04, 565 m. Anm. Schoof; Kissel, § 35 Rn. 23; Lieb, DB 99, 2058, 2066; Löwisch, DB 05, 554, 558; Hanau/Thüsing, ZTR 01, 1, 49, 52; Papier, RdA 89, 137ff.; Fischinger, S. 160ff.; Franzen, ZfA 05, 289, 336f.; Franzen, ZfA 05, 315, 335; Henssler, FS Richardi 07, 553, 559f.; Bayreuther, EuZA 08, 395, 404; offen gelassen von BAG 24.4.07 – 1 AZR 252/06, DB 07, 1924 = AiB 07, 732 unter Rn. 111 der Gründe m. Anm. Schoof.

344 LAG Schleswig-Holstein 27.3.03, a.a.O. unter Verweis auf BVerfG 14.10.70 – 1 BvR 306/68, NJW 1971, 368f.; BVerfG 1.3.79 – 1 BvR 532/77, 1 BvR 533/77, 1 BvR 419/78, 1 BvL 21/78, NJW 79, 699, 708 = DB Beilage 5/79.

345 BAG 3.4.90 – 1 AZR 123/89, AuR 91, 93 = AP Nr. 56 zu Art 9 GG; LAG Schleswig-Holstein 27.3.03, a.a.O.; Kissel, § 35 Rn. 23.

346 Vgl. Däubler-Däubler, AKR § 13 Rn. 40ff.; Däubler-Hensche/Heuschmid, Rn. 946; Däubler-Schumann, AKR (2. Aufl.), Rn. 158ff., 163ff.; Däubler, TVR, Rn. 1110ff.; DKKW-Däubler, § 111 Rn. 17; Wolter, RdA 02, 218ff., 226; Oberberg/Schoof, AiB 02, 169; Hensche, AuR 04, 443; Kühling/Bertelsmann, NZA 05, 1017; Dieterich, AuR 07, 65, 70; Paschke/Ritschel, AuR 07, 110ff., 113f.; KeZa-Wendeling-Schröder, Rn. 837f. und Zeibig/Zachert, § 1 Rn. 998, jeweils m.w.N.; Kittner/Zwanziger/Deinert-Deinert, § 8 Rn. 135 und § 136 Rn. 8b; Krause, S. 57ff.; wohl auch Fitting, §§ 112, 112a Rn. 191 mit dem Hinweis, dass zwischen den kollidierenden Grundrechten praktische Konkordanz hergestellt werden müsse.

347 Vgl. Gamillscheg, S. 345ff., 1069f.; Hanau/Thüsing, ZTR 01, 1ff., 49; Hanau/Thüsing, Tarifautonomie im Wandel, S. 30ff.; Buchner, DB 01 Beilage Nr. 9, S. 6f.; Otto, § 5 Rn. 13ff.

337) für die von Entlassung betroffenen Arbeitnehmer zwar **freiwillig** durch Firmentarifvertrag (vgl. Rn. 26) regelbar, aber wegen der Schranke der Unternehmensautonomie nicht erstreikbar sein.[348] Die tarifliche Regelbarkeit geht nach dieser Ansicht im Bereich von Unternehmerentscheidungen weiter als die Erstreikbarkeit.

Bei (Flächen-)**Verbandstarifverträgen** (vgl. Rn. 24) soll bereits die Regelbarkeit und nicht erst die Erstreikbarkeit von Tarifforderungen ausgeschlossen sein, die den »Kernbereich« der Unternehmerfreiheit berühren.[349] Das dürfte nach dieser Auffassung wiederum nicht für den firmenbezogenen Verbandstarifvertrag (vgl. Rn. 25) gelten, der natürlich nur dann zustande kommt, wenn die Unternehmensleitung damit einverstanden ist.

Die generelle Herausnahme von Unternehmerentscheidungen aus der tariflichen Regelbarkeit und Erstreikbarkeit ist **abzulehnen**. Art. 9 Abs. 3 GG und die von ihm garantierte Tarifautonomie erfasst die **»Wahrung und Förderung der Arbeits- und Wirtschaftsbedingungen«** (vgl. Grundl. Rn. 84) und reicht damit in den Bereich der von Art. 12 Abs. 1 GG geschützten unternehmerischen Betätigung hinein.[350] **170**

In der Abwägung der beiden Grundrechtsgewährleistungen ist zunächst einmal von Bedeutung, dass Art. 9 Abs. 3 GG im Gegensatz zu Art. 12 Abs. 1 GG keinen ausdrücklichen Gesetzesvorbehalt beinhaltet (vgl. Grundl. Rn. 73). Das lässt darauf schließen, dass der Grundgesetzgeber einen **Vorrang der Tarifautonomie**, mindestens aber einen **Gleichrang mit der Unternehmerfreiheit** bezweckt und geregelt hat.

Zu berücksichtigen ist des Weiteren, dass nach der Rechtsprechung des BVerfG Art. 12 Abs. 1 GG die Intensität des Grundrechtsschutzes davon abhängig macht, ob die **Berufswahlfreiheit** betroffen ist oder »nur« die **Berufsausübung**. Die Regelungsbefugnis (des Gesetzgebers) nach Art. 12 Abs. 1 Satz 2 GG sei umso freier, je mehr sie reine Ausübungsregelung ist. Sie sei umso enger begrenzt, je mehr sie auch die Berufswahl berührt. Die Freiheit der Berufsausübung könne beschränkt werden, soweit vernünftige Erwägungen des Gemeinwohls es zweckmäßig erscheinen lassen. Der Grundrechtsschutz beschränke sich auf die Abwehr in sich verfassungswidriger, weil etwa übermäßig belastender und nicht zumutbarer Auflagen. Dagegen dürfe die Freiheit der Berufswahl nur eingeschränkt werden, soweit der Schutz besonders wichtiger Gemeinschaftsgüter es zwingend erfordert. Ist ein solcher Eingriff unumgänglich, so müsse der Gesetzgeber stets diejenige Form des Eingriffs wählen, die das Grundrecht am wenigsten beschränkt.[351]

Diese Grundsätze gelten auch für die Tarifvertragsparteien, soweit sie ihre Aufgabe nach Art. 9 Abs. 3 GG wahrnehmen, die Arbeits- und Wirtschaftsbedingungen zu wahren und zu fördern. Dieser Ausschnitt des Gemeinwohls ist bei Tarifverträgen die maßgebliche Richtschnur.[352] Ein vollständiges Zurückdrängen der Tarifautonomie in diesem Bereich durch die **Unternehmerfreiheit** kann allenfalls dann in Betracht kommen, wenn die jeweilige Unternehmerentscheidung bzw. -maßnahme Ausdruck der von Art. 12 Abs. 1 GG

348 So etwa Buchner, a.a.O., S. 11.

349 Vgl. Buchner, a.a.O., S. 9; Hanau/Thüsing, a.a.O., S. 31; a.A. Gamillscheg, S. 345ff., 1069f.: keine Einschränkung der Regelbarkeit auf Firmentarifverträge.

350 Kühling/Bertelsmann, NZA 05, 1017.

351 BVerfG 11.6.58 – 1 BvR 596/56, AP Nr. 13 zu Art. 12 GG; 10.5.88 – 1 BvR 111/77, NJW 88, 2292.

352 BAG 3.4.90 – 1 AZR 123/89, AuR 91, 93, 96 = AP Nr. 56 zu Art. 9 GG.

in Form der besonders stark geschützten **Berufswahlfreiheit**[353] ist. Das kann etwa dann der Fall sein, wenn sich ein kleiner oder mittelständischer **Unternehmer** z. B. wegen mangelnder Rentabilität oder aus persönlichen Gründen entschließt, einen Betrieb stillzulegen.[354] Wird die unternehmerische Entscheidung dagegen vom Eigentümer, Mehrheitsaktionär oder **Management eines größeren Unternehmens/Konzerns** getroffen, ist die Berufsfreiheit allenfalls in Form der schwächer geschützten Form der **Berufsausübungsfreiheit** berührt.[355]

Bei der Grenzziehung zwischen Tarifautonomie und Unternehmerfreiheit muss sich zudem als weitere »Stellschraube« zugunsten der tariflichen Regelbarkeit von Unternehmensentscheidungen auswirken, dass durch Art. 12 Abs. 1 GG nicht nur die Berufsfreiheit des Unternehmers, sondern auch **Berufsfreiheit** der von Unternehmensentscheidungen betroffenen **Arbeitnehmer** – etwa ihr **Interesse am Erhalt des Arbeitsplatzes** – geschützt ist.[356] Je unmittelbarer und schwerwiegender die Auswirkungen einer Unternehmensentscheidung für die Arbeitnehmer sind, desto mehr »Tarifautonomie« wird sich der Unternehmer gefallen lassen müssen.

171 **Ausübung** von Tarifautonomie äußert sich in Folgendem:

- Die Gewerkschaft stellt eine Tarifforderung auf.
- Lehnt der Arbeitgeber Verhandlungen ab oder verlaufen diese erfolglos, ruft die Gewerkschaft zum (Warn-)Streik auf.
- Es kommt entweder – ggf. unter Streikdruck – zu einem von beiden Seiten unterzeichneten Tarifvertrag oder der Streik wird ohne Ergebnis beendet.

Die unternehmerische Betätigung wird allenfalls durch den Streik als solchen und eine ggf. erzielte Tarifregelung eingeschränkt, nicht aber schon durch die Aufstellung einer Forderung (welchen Inhalt sie auch haben mag). Das BAG hat in der Entscheidung zum Sozialtarifvertragsstreik zutreffend festgestellt, dass eine bloße Tarifforderung keine rechtsgestaltende, für den Gegner verbindliche Wirkung habe.[357]

Wenn Streikdruck ausgeübt wird, muss das Unternehmen entscheiden, ob es mit der Gewerkschaft **über Lösungen verhandelt** oder ob es Verhandlungen ablehnt. Das mag aus Sicht des Unternehmens unbequem sein. Es nimmt ihm aber ersichtlich nicht seine unternehmerische Entscheidungs- und Betätigungsfreiheit.

Wenn das Unternehmen sich auf den Abschluss eines Tarifvertrags einlässt und etwa die Verpflichtung zur Durchführung von Investitionen oder zur Fortsetzung eines (ursprünglich zur Stilllegung vorgesehenen) Betriebs unterzeichnet, ist seine unternehmerische Entscheidungs- und Betätigungsfreiheit zwar insoweit fortan – während der Laufzeit dieser Verpflichtung – eingeschränkt. Die Einschränkung ist aber gerechtfertigt.

Dass die Regelung unter Streikdruck zustande kommt, führt nicht zu ihrer Unzulässigkeit. Art. 12 Abs. 1 GG gewährt keinen Rechtsanspruch auf eine »druckfreie Ausübung« des

---

353 BVerfG 1. 3. 79 – 1 BvR 532/77, NJW 79, 699.

354 Vgl. Kühling/Bertelsmann, NZA 05, 1017 ff., 1025; DKKW-Däubler, § 111 Rn. 17; Hensche, AuR 04, 443; Wolter, RdA 02, 218 ff., 226.

355 So insbes. Kühling/Bertelsmann, a.a.O., 1025; Dieterich, AuR 07, 65, 70; ErfK-Linsenmaier, GG Art. 9 Rn. 75 und 116; a. A. Franzen, ZfA 05, 289, 336 f.; Gamillscheg, S. 345.

356 Vgl. Kühling, FS Dieterich, S. 325; Kühling/Bertelsmann, a.a.O., 1023; Hensche, AuR 04, 443; ErfK-Linsenmaier, GG Art. 9 Rn. 75 und Schmidt, GG Art. 12 Rn. 36 ff.

357 BAG 24. 4. 07 – 1 AZR 252/06 (Rz. 100), DB 07, 1924 = AiB 07, 732 m. Anm. Schoof.

Unternehmerberufs. Niemand käme etwa auf die Idee, den manchmal ungleich höheren Druck, den der Unternehmer im allgemeinen Geschäftsverkehr ausgesetzt ist (z. B. durch kreditgewährende Banken, marktbeherrschende Auftraggeber oder Lieferanten), als eine Verletzung der Unternehmerfreiheit anzusehen.

Man mag darüber diskutieren, ob unternehmerische Entscheidungen und Aktivitäten etwa im Bereich der **Finanzanlagen** (z. B. Kauf und Verkauf von Beteiligungen an anderen Unternehmen, Spekulationsgeschäfte usw.) vom Begriffspaar der **»Arbeits- und Wirtschaftsbedingungen«** i. S. d. Art. 9 Abs. 3 GG (vgl. Grundl. Rn. 84) überhaupt erfasst werden.[358] Auswirkungen auf die Beschäftigten (etwa im Gefolge von Fehlentscheidungen) sind allerdings nicht nur denkbar, sondern – wie die Finanz- und Wirtschaftskrise 2008/2009 gezeigt hat – höchst real. Das hat zu Vereinbarungen zwischen Unternehmen und Gewerkschaften geführt. 172

Beispiel:
»Zukunfts-Vereinbarung zwischen den Gesellschaftern der Schaeffler-Gruppe und der IG Metall zum Erhalt des Unternehmensverbundes zwischen Schaeffler und Continental und der Sicherung von Arbeitsplätzen und Standorten« vom 23. 2. 2009.[359] In dieser Vereinbarung wird festgestellt, dass das Zusammengehen von Schaeffler und Continental richtig und zukunftsweisend sei, seine Finanzierung aber wegen der weltweiten Finanzkrise und ihren massiven wirtschaftlichen Auswirkungen in akuter Gefahr sei und dass dadurch direkt weltweit 220 000 Arbeitsplätze betroffen seien – davon allein in Deutschland 80 000 Arbeitsplätze – sowie indirekt eine große Zahl von Menschen bei Zulieferern beider Unternehmen. Die IG Metall sprach sich für das industriepolitische Konzept des Verbundes von Continental und Schaeffler und für die Rolle der Familie Schaeffler als wesentlicher Ankeraktionär im Sinne der nachhaltigen Entwicklung des Unternehmens aus. Im Gegenzug gaben die Gesellschafter der Schaeffler-Gruppe ein Bekenntnis zur Beschäftigungssicherung und zur Tarifbindung ab. Außerdem erklärten sie die Bereitschaft, die Unternehmensmitbestimmung vergleichbar einer Aktiengesellschaft einzuführen und die Mitarbeiter an ihrem künftigen Anteil der Gesellschafter am Unternehmen zu beteiligen.

Unbestritten ist, dass Unternehmensentscheidungen in Bezug auf **»den Betrieb«** (u. a. Entscheidungen über **Produktionsschwerpunkte und Investitionen, Betriebsstilllegung, -verlagerung und Ausgliederung** von Betrieben) in den Geltungsbereich des Begriffspaars der **»Arbeits- und Wirtschaftsbedingungen«** fallen. Diesen unternehmerischen Entscheidungen ist gemeinsam, dass sie sich mittelbar oder unmittelbar **auf die Arbeitsverhältnisse** der Beschäftigten und ihre Stellung im Arbeitsprozess und Betrieb **auswirken.**[360] 173

---

358 Vgl. Dieterich, AuR 07, 65 ff., 70; Kühling/Bertelsmann, NZA 05, 1017 ff., 1023.

359 http://www.igmetall.de/schaeffler/fileadmin/images/2-Download/Infomaterial/Vereinbarung-IG M-Schaeffler.pdf

360 Vgl. ErfK-Linsenmaier, GG Art. 9 Rn. 75 m. w. N.; Däubler-Däubler, AKR, Rn. 40 ff.; Däubler-Hensche/Heuschmid, Rn. 946; Däubler-Schumann, AKR (2. Aufl.), Rn. 158 ff., 163 ff.; Däubler, TVR, Rn. 1110 ff.; Wolter, RdA 02, 218 ff., 226; Oberberg/Schoof, AiB 02, 169; Hensche, AuR 04, 443; Kühling/Bertelsmann, NZA 05, 1017 ff., 1023; Dieterich, AuR 07, 65, 70; Paschke/Ritschel, AuR 07, 110 ff., 113 f.; KeZa-Wendeling-Schröder, Rn. 837 f. und Zeibig/Zachert, § 1 Rn. 998,

174 Das BAG hat zutreffend angenommen, dass die **Steuerung unternehmerischer Sachentscheidungen** jedenfalls dann Gegenstand tarifvertraglicher Regelungen und damit erstreikbar sein kann, wenn sich die wirtschaftliche und soziale Seite einer unternehmerischen Maßnahme **nicht voneinander trennen lassen.**[361] Das Grundgesetz gewährleiste den Kernbereich der Tarifautonomie in Art. 9 Abs. 3 und die Unternehmensautonomie als Teil der Berufsfreiheit in Art. 12 Abs. 1 GG. Deshalb dürfe weder die Unternehmensautonomie noch die Tarifautonomie so ausgeübt werden, dass die andere leer läuft. Vielmehr sind diese Grundrechtsgewährleistungen so auszudeuten, dass beide jeweils bestmöglich wirksam werden (sog. »**praktische Grundrechtskonkordanz**«).[362] Die Unternehmensautonomie wäre dann unzureichend beachtet, wenn ihr die Tarifautonomie keinerlei tariffreien Betätigungsbereich lassen würde. Deshalb könne der Tarifautonomie nicht entnommen werden, dass sämtliche unternehmerische Entscheidungen tarifvertraglich geregelt werden können. Als kollektives Arbeitnehmerschutzrecht gegenüber der Unternehmensautonomie könne eine tarifliche Regelung nur dort eingreifen, wo eine unternehmerische Entscheidung diejenigen rechtlichen, wirtschaftlichen oder sozialen Belange der Arbeitnehmer berührt, die sich gerade aus deren Eigenschaft als abhängig Beschäftigte ergeben. Dementsprechend entscheide die Geschäftsleitung unternehmensautonom beispielsweise über Investitionen, Produktion und Vertrieb. Sie treffe grundsätzlich die Entscheidung darüber, welche Geld- und Sachmittel zu welchem Zweck eingesetzt werden und ob, was und wo hergestellt wird. Diese tarifvertragsfreie Unternehmensautonomie gehe aber nicht so weit, dass die Gewerkschaften darauf beschränkt seien, nur **soziale Folgewirkungen** unternehmerischer Entscheidungen zu regeln. Aus der Sicht der betroffenen Arbeitnehmer sei es gleichgültig, ob die soziale Frage bereits Teil oder erst Folge der Unternehmensentscheidung ist. Vor allem aber gebe es unternehmerische Maßnahmen, die sich für die Arbeitnehmer derart belastend auswirken können, dass sich die sozialen Folgen nicht oder nicht hinreichend ausgleichen oder mildern lassen. Deshalb beziehe sich der Regelungsauftrag des Art. 9 Abs. 3 GG immer dann, wenn sich die wirtschaftliche und soziale Seite einer unternehmerischen Maßnahme nicht trennen lassen, zwangsläufig mit auf die **Steuerung der unternehmerischen Sachentscheidung.**[363]

Daraus folgt, dass etwa Forderungen nach Vornahme von arbeitsplatzsichernden Investitionen als Alternative zu geplanten Entlassungen, einer Fortführung des Betriebes im Falle einer vom Unternehmen geplanten Stilllegung oder gegen eine für die Beschäftigten nachteilige Ausgliederung oder Privatisierung (vgl. die unter Rn. 166 beschriebenen Fallgestaltungen) durch Tarifvertrag regelbar und erstreikbar sind.

174a Eine tarifliche Regelbarkeit besteht nach hier vertretener Auffassung auch dann, wenn die **Berufswahlfreiheit** eines Unternehmers betroffen ist. Allerdings entfällt nach den Grundsätzen, die das BVerfG für Eingriffe in die Berufswahlfreiheit aufgestellt hat (vgl.

---

jeweils m.w.N.; ausdrücklich offen gelassen von BAG 24.4.07 – 1 AZR 252/06 (Rz. 111), DB 07, 1924 = AiB 07, 732 m. Anm. Schoof.

361 BAG 3.4.90 – 1 AZR 123/89, AuR 91, 93, 96 = AP Nr. 56 zu Art 9 GG; aber auch BAG 27.6.89 – 1 AZR 404/88, AP Nr. 113 zu Art. 9 GG Arbeitskampf zu einem Streik zur Durchsetzung tariflicher Regelungen des Arbeitszeitendes im Einzelhandel.

362 BAG 3.4.90, a.a.O.; Beuthien, ZfA 84, 1, 12; vgl. auch ErfK-Linsenmaier, GG Art. 9 Rn. 73 und 77ff.; Kühling/Bertelsmann, a.a.O., 1023ff.; Fitting, §§ 112, 112a Rn. 191.

363 BAG 3.4.90, a.a.O.; Beuthien, ZfA 84, 1, 12.

Rn. 170), die **Erstreikbarkeit** derartiger Tarifforderungen. Ein Grund, auch die tarifliche Regelbarkeit entfallen zu lassen mit der Folge der Unwirksamkeit der vom Unternehmer **freiwillig (ohne Streikdruck)** eingegangenen Verpflichtung, ist nicht ersichtlich. Es ist anerkannt, dass ein Verzicht des Unternehmers auf sein Grundrecht aus Art. 12 Abs. 1 GG die Unveräußerlichkeitsschranke nicht verletzt.[364] Daraus folgt: Verpflichtungen, die der Arbeitgeber gegenüber der Gewerkschaft »freiwillig« z.B. im Rahmen von Beschäftigungs- und Sanierungstarifverträgen[365] eingeht, sind auch dann wirksam, wenn sie die Berufswahlfreiheit eines Unternehmers betreffen. Es entfällt lediglich die Erstreikbarkeit, nicht die tarifliche Regelbarkeit.

Dabei kommt es nicht darauf an, ob es sich bei diesen Verpflichtungen um Tarifnormen (vgl. Rn. 103ff.) handelt, um schuldrechtliche Tarifvereinbarungen (vgl. Rn. 400ff.) oder um Vereinbarungen ohne Tarifvertragscharakter (vgl. Rn. 432ff.).

Grundsätzlich gilt zudem, dass die Tarifparteien als Privatrechtssubjekte rechtswirksam auch Vereinbarungen ohne Tarifvertragscharakter (vgl. Rn. 432ff.) treffen können, sodass sich Frage von tariflicher Regelbarkeit und Erstreikbarkeit nicht stellt.[366]

Die Erstreckung der Regelungsbefugnis der Tarifparteien auf unternehmenspolitische Entscheidungen und Maßnahmen und die damit verbundene Einräumung eines Streikrechts führt auch zu **beschäftigungs- und gesellschaftspolitisch wünschenswerten Effekten** im Sinne des Gemeinwohls (zum beschäftigungspolitischen Mandat der Tarifparteien vgl. Rn. 196).[367] Die Unternehmer können nicht frank und frei Arbeitsplatzvernichtung in großem Stil zu Lasten der Allgemeinheit betreiben (um ihren Eigentümern höhere Renditen zu verschaffen), sondern müssen sich mit den Arbeitnehmern bzw. der streikführenden Gewerkschaft darüber auseinandersetzen, was getan werden kann und muss, um Arbeitslosigkeit zu vermeiden bzw. von Entlassung bedrohte Arbeitnehmer in neue, gleichwertige Arbeit zu bringen. 175

Die Anerkennung von Regelbarkeit und Erstreikbarkeit führt auch **nicht zur Blockade** von ggf. betriebswirtschaftlich notwendigen Maßnahmen. Sie erhöht allerdings den Druck auf die Unternehmensleitung, sich auf Verhandlungen über tragfähige Alternativen mit der Arbeitnehmerseite einzulassen. Eine »natürliche« Begrenzung erhält das Streikrecht und seine Eignung, den Unternehmer unter Verhandlungsdruck zu setzen, im Übrigen durch die Marktgesetze.[368] Während bei profitablen Unternehmen die ökonomischen Voraussetzungen für arbeitsplatzerhaltende Alternativen regelmäßig vorhanden sind, mag das in anderen Fällen (Insolvenz) nicht der Fall sein, zumal der Verhältnismäßigkeitsgrundsatz eine »Vernichtung« des sozialen Gegenspielers ohnehin ausschließt (vgl. AKR Rn. 167). 176

Die Einbeziehung von Unternehmensentscheidungen in die tarifliche Regelbarkeit schließt nicht aus, dass Grenzen zu respektieren sind, die sich aus Art. 12 Abs. 1 GG ergeben.[369] So wird etwa eine tarifliche Regelung wegen Verletzung der Unternehmerfreiheit 177

364 Vgl. Hanau/Thüsing, Tarifautonomie im Wandel, S. 30.
365 Zum i.d.R. übereinstimmenden Zustandekommen vgl. Wolter, RdA 02, 218.
366 Vgl. Kühling/Bertelsmann, NZA 05, 1017ff., 1026f.
367 Vgl. ErfK-Linsenmaier, GG Art. 9 Rn. 76.
368 Vgl. Kühling/Bertelsmann, NZA 05, 1017ff., 1027.
369 Vgl. Däubler-Hensche/Heuschmid, Rn. 946.

dann als unzulässig anzusehen sein, wenn sie die **außerordentliche Kündigung** aus wichtigem Grund vollständig und unbedingt **ausschließt**.[370] Andere Tarifregelungen können unzulässig sein, wenn die Freiheitsbeschränkung des Arbeitgebers **ähnlich intensiv** ist wie bei dem vollständigen und unbedingten Ausschluss der außerordentlichen Kündigung.[371] Das ist allerdings z.B. bei Tarifregelungen über **sehr lange Kündigungsfristen**, die aus Anlass einer Betriebsschließung gefordert werden (vgl. Rn. 185), nicht der Fall. Weder wird die Durchführung der unternehmerischen Entscheidung (Betriebsschließung, Verlagerung usw.) noch der Ausspruch von Kündigungen dauerhaft ausgeschlossen, sondern lediglich der mögliche Beendigungszeitpunkt der Arbeitsverhältnisse – und die damit verbundene Beschäftigungs- und Entgeltzahlungspflicht – hinausgeschoben.

178 Selbst wenn man der hier vertretenen Auffassung der tariflichen Regelbarkeit und Erstreikbarkeit von Unternehmensentscheidungen nicht folgt, ist die Unternehmerfreiheit i.S.d. Herstellung »praktischer Konkordanz« (vgl. Rn. 173) **jedenfalls dann nicht verletzt**, wenn die Streikforderung nach Vornahme oder Unterlassung von unternehmerischen Maßnahmen im hier diskutierten Zusammenhang **mit Konditionen** – etwa **mit einer Frist** – verbunden wird.

> **Beispiel:**
> *»Das Unternehmen wird den Betrieb nicht vor dem 31.12.2020 schließen bzw. verlagern.«*

In diesem Fall wird die Umsetzung der Unternehmerentscheidung nicht auf Dauer verhindert, sondern **zeitlich verschoben**. Das ist von Art. 9 Abs. 3 GG gedeckt und lässt das Grundrecht der Unternehmerfreiheit aus Art. 12 Abs. 1 GG nicht leer laufen. Dass möglicherweise in der Streikforderung eine übermäßig lange Frist vorgesehen ist, führt nicht zur Rechtswidrigkeit eines Streiks. Nach zutreffender ständiger Rspr. des BAG und des BVerfG findet eine gerichtliche Übermaßkontrolle von Streikzielen nicht statt. Eine solche Kontrolle wäre mit der Koalitionsbetätigungsfreiheit der Gewerkschaften aus Art. 9 Abs. 3 GG nicht zu vereinbaren und widerspräche dem Grundgedanken der Tarifautonomie.[372]

179 Die Unternehmerfreiheit ist nach hier vertretener Ansicht **generell auch dann nicht verletzt**, wenn die angestrebte Tarifregelung etwa zu einer vom Unternehmer geplanten Betriebsstilllegung – über §§ 111ff. BetrVG hinausgehend – ein echtes Mitbestimmungsrecht vorsieht. Etwa dergestalt, dass die Betriebsparteien über das »Ob« verhandeln und im Nichteinigungsfall eine **Einigungsstelle** angerufen werden kann, die die Befugnis erhält, über das »ob« eine **verbindliche Entscheidung** zu treffen.

> **Beispiel:**
> *»Eine Schließung und Verlagerung des Betriebs bedarf der Zustimmung der Einigungsstelle.«*

370 Vgl. Dieterich, FS Schaub S. 117ff., 128; ErfK-Schmidt, GG Art. 12 Rn. 45.
371 Vgl. Dieterich, a.a.O.
372 BAG 24.4.07 – 1 AZR 252/06, DB 07, 1924 = AiB 07, 732 m. Anm. Schoof.

Eine solche Tarifregelung würde die Unternehmerfreiheit zwar deutlich einschränken, aber nicht verletzen.[373] Nach § 76 Abs. 5 Satz 3 BetrVG fasst die Einigungsstelle ihre Beschlüsse unter **angemessener Berücksichtigung** der Belange des Betriebs und der betroffenen Arbeitnehmer nach billigem Ermessen. Überschreitet die Einigungsstelle die Grenzen des Ermessens, kann ihr Spruch angefochten werden (§ 76 Abs. 5 Satz 4 BetrVG). Mit dieser gesetzlichen Konstruktion wird ein sachgerechter Ausgleich zwischen den widerstreitenden Grundrechten im Sinne »praktische Konkordanz« (vgl. Rn. 174) hergestellt. Dass die Umsetzung der unternehmerischen Entscheidung zeitlich verzögert wird, ist im Interesse der Tarifautonomie (Art. 9 Abs. 3 GG), aber auch der durch Art. 12 Abs. 1 GG geschützten Rechte der von Unternehmerentscheidungen nachteilig betroffenen Arbeitnehmer hinzunehmen.

Die Rechte des Unternehmers aus Art. 12 Abs. 1 GG sind etwa im Falle **personeller** 179a
Entscheidungen und Maßnahmen auch **dann ausreichend gewahrt**, wenn etwa eine Tarifbestimmung eine ordentliche **Arbeitgeberkündigung** von der **Zustimmung des Betriebsrats** abhängig macht und dem Arbeitgeber die Möglichkeit einräumt, bei Zustimmungsverweigerung ein **arbeitsgerichtliches Zustimmungsersetzungsverfahren** einzuleiten.[374] Eine solche Tarifregelung verstößt weder gegen Art. 12 Abs. 1 GG noch gegen Art. 14 Abs. 1 GG.[375] Die Tarifvorschrift ähnelt den sonderkündigungsschutzrechtlichen Bestimmungen, wie § 103 BetrVG, §§ 85 ff. SGB IX, § 9 Abs. 3 MuSchG, § 18 Abs. 1 BEEG. Auch nach diesen Vorschriften hängt die Zulässigkeit des Ausspruchs einer rechtswirksamen Kündigung davon ab, dass zuvor die Zustimmung erteilt oder ersetzt worden ist, sodass der mögliche Beendigungszeitpunkt hinausgeschoben wird, vor allem, wenn die Zustimmung ggf. erst in einem gerichtlichen Verfahren erstritten werden muss. Für das Zustimmungserfordernis gilt nichts anderes, wenn es auf einem Tarifvertrag beruht.

Gleiches gilt, wenn die Tarifregelung vorsieht, dass im Konfliktfall eine **Einigungsstelle** entsprechend § 102 Abs. 6 BetrVG die Zustimmung des Betriebsrats zur Kündigung ersetzt.

Derartige Regelungen machen dem Arbeitgeber die Umsetzung der unternehmerischen Entscheidung (etwa eine Betriebsschließung oder wesentliche Betriebseinschränkung) nicht unmöglich. Sie wird durch die tarifvertragliche Regelung allenfalls **verzögert**.[376]

Tarifregelungen, die den Arbeitgeber zu **Neueinstellungen** etwa zur Minderung von Leistungsverdichtung verpflichten oder dem Betriebsrat ein auf Vornahme von Neueinstellungen gerichtetes – über § 99 BetrVG hinausgehendes – **Initiativmitbestimmungsrecht** geben (vgl. Rn. 166), sind vor dem Hintergrund der Unternehmerfreiheit jedenfalls dann zulässig und erstreikbar, wenn ein Konfliktlösungsmechanismus (z. B. die Anrufung einer **Einigungsstelle**) vorgesehen ist (vgl. Rn. 179).

---

373 So wohl auch Fitting, § 1 Rn. 260.

374 BAG 21. 6. 00 – 4 AZR 379/99, NZA 01, 271 zu § 15 Nr. 5 MTV Einzelhandel Rheinland-Pfalz; vgl. auch BAG 6. 11. 56 – 3 AZR 42/55, AP Nr. 14 zu § 626 BGB m. Anm. Bötticher; Oberberg/Schoof, AiB 02, 169 m. w. N.

375 BAG 21. 6. 00, a.a.O.

376 BAG 21. 6. 00, a.a.O.

180 **Fazit** (zu den in Rn. 166 aufgeführten Fallgestaltungen): Unternehmerische Entscheidungen können durchaus Gegenstand tariflicher Regelung und von Streiks sein; jedenfalls dann, wenn sie sich auf die Arbeitssituation der Beschäftigten auswirken – vor allem, wenn sie **nachteilige Folgen** für die Arbeitnehmer haben.

Das gilt nicht nur für eine Verpflichtung des Unternehmens, auf eine geplante, für die Beschäftigten nachteilige unternehmerische Maßnahme – etwa eine **Betriebsstilllegung zu verzichten.**[377]

Auch die Verpflichtung zur Durchführung betriebs- und arbeitsplatzerhaltender Maßnahmen – etwa die Vornahme von **Investitionen** – ist tariflich regelbar.

Das Unternehmen kann sich auch in einem Tarifvertrag verpflichten, auf eine geplante **Ausgliederung** zu **verzichten** (etwa wenn diese mit nachteiligen Auswirkungen auf die Beschäftigten verbunden ist). Gleiches gilt nach hier vertretener Auffassung, wenn ein bislang von der öffentlichen Hand geführter Betrieb **»privatisiert«** werden soll.[378]

Vorstehend genannte Verpflichtungen des Unternehmens haben i.d.R. keinen normativen, sondern **schuldrechtlichen Charakter** (vgl. Rn. 400ff.).

Ebenfalls tariflich regelbar ist der **Ausschluss** oder die **Begrenzung** von **Leiharbeit** oder **Werkvertragsarbeit** (vgl. Rn. 166).

Dies könnte beispielsweise dadurch geschehen, dass der Einsatz von Leiharbeitnehmern durch für den Entleiherbetrieb geltende Tarifregelungen **begrenzt (Quote) oder ausgeschlossen** wird (vgl. Rn. 207f.). Ebenfalls regelbar dürfte es sein, die Beschäftigung solcher Personen von der Zahlung einer **Mindestvergütung** an sie abhängig zu machen.

Eine tarifpolitische Möglichkeit der Regulierung von Werkvertragsarbeit besteht darin, die Ausgliederung von Funktionen bzw. Betriebsbereichen auf Fremdfirmen (**Outsourcing**[379]) **in Form eines Tarifvertrages auszuschließen**, zu begrenzen oder an Bedingungen zu knüpfen (vgl. Rn. 135, 191ff., 213e).[380]

Ziel derartiger Regelungen ist es, eine Spaltung der Belegschaft zu vermeiden und innerbetriebliche Gleichbehandlung und Lohngerechtigkeit sicherzustellen. Zur Zulässigkeit von quantitativen und qualitativen **Besetzungsregelungen** vgl. Rn. 198.

181 Die **Erstreikbarkeit** einer tariflich regelbaren Forderung kann nur dann **verneint** werden, wenn dem Streik

- die »relative **Friedenspflicht**« (vgl. Rn. 422ff.; AKR Rn. 59ff., 81ff.),
- eine ausdrücklich vereinbarte absolute Friedenspflicht (AKR Rn. 81) oder

---

377 So auch Däubler-Hensche/Heuschmid, Rn. 946; Däubler-Schumann, AKR (2. Aufl.), Rn. 158ff., 163ff.; Däubler, TVR, Rn. 1110ff.; DKKW-Däubler, § 111 Rn. 17; Wolter, RdA 02, 218ff., 226; Oberberg/Schoof, AiB 02, 169; Hensche, AuR 04, 443; Kühling/Bertelsmann, NZA 05, 1017; Dieterich, AuR 07, 65, 70; Paschke/Ritschel, AuR 07, 110ff., 113f.; KeZa-Wendeling-Schröder, Rn. 837f. und Zeibig/Zachert, § 1 Rn. 998, jeweils m.w.N.; Kittner/Zwanziger/Deinert-Deinert, § 8 Rn. 135 und § 136 Rn. 8b; Krause, S. 57ff.; wohl auch Fitting, §§ 112, 112a Rn. 191 mit dem Hinweis, dass zwischen den kollidierenden Grundrechten praktische Konkordanz hergestellt werden müsse.

378 Vgl. auch LAG Bremen 5.5.98 – 2 Sa 127/98, AiB 98, 537 m. Anm. Dannenberg, das einen Streik zur Durchsetzung der tariflichen Regelung einer Privatisierungsmaßnahme zu Recht für zulässig gehalten hat; insbesondere liege kein politischer Streik vor.

379 Zu den Erscheinungsformen vgl. Thannheiser, AiB 12, 703.

380 Vgl. BAG 26.1.11 – 4 AZR 159/09, NZA 11, 808.

- sonstige Umstände – etwa das **Ultima-Ratio-Prinzip** (vgl. AKR Rn. 150ff.) – entgegenstehen.

Der in der Literatur gelegentlich vertretenen Ansicht, dass die genannten – die Unternehmerfreiheit berührenden – Gegenstände **zwar tariflich regelbar, nicht aber erstreikbar** seien, kann nicht gefolgt werden (vgl. Rn. 169). Diese Auffassung ist **abzulehnen**. Sie schafft keine »praktische Konkordanz« (vgl. Rn. 174), sondern räumt der Berufsausübungsfreiheit des Unternehmers nach Art. 12 Abs. 1 GG ohne zwingenden Grund absoluten Vorrang vor der durch Art. 9 Abs. 3 GG gewährleisteten Tarifautonomie ein und lässt diese damit leer laufen. Das Handeln der betroffenen Arbeitnehmer und ihrer Gewerkschaft wäre – würde man Unternehmerentscheidungen zur »tarif- und streikfreien Zone« erklären – insoweit auf ein »**kollektives Betteln**« reduziert. **181a**

Dass ein Sachverhalt tariflich regelbar, aber nicht erstreikbar ist, ist nur in Fallgestaltungen denkbar, in denen **höchstpersönliche Rechte** des Unternehmers (z.B. sein durch Art. 9 Abs. 3 GG geschütztes Recht auf negative Koalitionsfreiheit; vgl. Rn. 161) oder seine **Berufswahlfreiheit** aus Art. 12 Abs. 1 GG (vgl. Rn. 170, 174a) betroffen sind:

Beispiele:

Ein Unternehmer verpflichtet sich in einem Firmentarifvertrag, in den Arbeitgeberverband einzutreten.[381]

Ein Unternehmer, der seinen Betrieb aus Altersgründen nicht mehr fortsetzen will, verpflichtet sich in einem Tarifvertrag, den Betrieb noch eine Zeitlang selbst fortzusetzen und dann auf einen Nachfolger zu übertragen.

Solche Tarifregelungen sind nach hier vertretener Auffassung tariflich regelbar, aber nicht erstreikbar.

Tarifregelungen über die Vornahme oder den Verzicht auf geplante unternehmerische Maßnahmen haben in der Regel keinen Rechtsnormcharakter (vgl. hierzu Rn. 103ff.). Vielmehr werden durch sie meist **schuldrechtliche Verpflichtungen** (vgl. Rn. 400ff., 402) begründet.[382] Auch diese sind aber nach zutreffender Ansicht tariflich regelbar und erstreikbar, sofern sie vom Anwendungsbereich des Art. 9 Abs. 3 GG erfasst werden (vgl. Rn. 154 und AKR Rn. 24),[383] was in den genannten Beispielen unzweifelhaft der Fall ist. Tarifregelungen über den **Ausschluss** oder die **Begrenzung** von **Leiharbeit** oder **Werkvertragsarbeit** können als schuldrechtliche Verpflichtungen, aber auch als Betriebsnormen (vgl. Rn. 134ff.) geregelt werden (z.B. Leiharbeitsquote; vgl. Rn. 180, 207). **181b**

---

381 Nach Ansicht des BAG entfällt schon die Regelbarkeit: BAG 10.12.02 – 1 AZR 96/02, NZA 03, 734.

382 Däubler-Hensche/Heuschmid, Rn. 952.

383 BAG 19.10.76 – 1 AZR 611/75, AuR 77, 325 = AP Nr. 6 zu § 1 TVG Form (zu einem Vorvertrag); LAG Bremen 5.5.98 – 2 Sa 127/98, AiB 98, 537; ErfK-Linsenmaier, GG Art. 9 Rn. 114; Däubler, TVR Rn. 178; Däubler-Hensche/Heuschmid, Rn. 952; Däubler-Schumann, AKR (2. Aufl.), Rn. 152ff.; KeZa-Schubert/Zachert, Rn. 873 und Zeibig/Zachert, § 1 Rn. 997, jeweils m.w.N.; a.A. Brox/Rüthers, Rn. 269; Mayer-Maly, BB 65, 829, 833; Greiner, NZA 08, 1274, 1277; differenzierend Otto, § 5 Rn. 20.

181c Das **BAG** hat die Frage der tariflichen Regelbarkeit und Erstreikbarkeit einer Tarifforderung nach einem Verzicht auf eine geplante Betriebsänderung in der Entscheidung zum Sozialtarifvertragsstreik **ausdrücklich offen gelassen.**[384]
Das ArbG Köln hat einen Antrag auf einstweilige Verfügung eines Unternehmens gegen einen auf die **Verhinderung der Betriebsschließung bzw. der damit verbundenen Massenentlassung** gerichteten Streik mit der Begründung abgewiesen, dass die Zulässigkeit eines solchen Streikziels **strittig** ist und nicht nur gegen, sondern auch **für die Zulässigkeit gewichtige Argumente** vorgetragen werden.[385]
Wünschenswert wäre aus gewerkschaftlicher Sicht eine **höchstrichterliche Klärung** der tariflichen Regelbarkeit von Unternehmerentscheidungen und ihrer Erstreikbarkeit. Allerdings sind die **Schadensersatzrisiken** (vgl. hierzu AKR Rn. 285f.) beträchtlich, sodass es bislang nicht zu einer »Freigabe« entsprechender betrieblicher Tarifbewegungen durch die zuständigen Gewerkschaftsgremien gekommen ist. Bei der Bewertung des Schadensersatzrisikos ist zu berücksichtigen, dass – so zutreffend das ArbG Frankfurt – die Voraussetzungen des Verschuldens einer Gewerkschaft bei der Einschätzung der Rechtmäßigkeit eines Streiks unter Berücksichtigung der verfassungsrechtlichen Aufgabe der Gewerkschaften zu bestimmen sind.[386] Da deren Aufgabe nicht nur die Wahrung, sondern auch die Förderung der Arbeits- und Wirtschaftsbedingungen sei, sei es zu vermeiden, dass durch das Aufbürden der Haftung für streitige, ungeklärte Fälle eine Lähmung der Entwicklung des sozialen Lebens eintritt. Es könne einer Gewerkschaft nicht ohne weiteres zugemutet werden, auf eine von ihr angestrebte tarifliche Regelung, über deren rechtliche Zulässigkeit noch keine höchstrichterlichen Erkenntnisse vorliegen und zu der auch von namhaften Rechtswissenschaftlern unterschiedliche Auffassungen mit jeweils guten Gründen vertreten werden, allein deswegen von vornherein zu verzichten, weil die Gefahr besteht, dass die Gerichte später einen von ihrer Rechtsansicht abweichenden Rechtsstandpunkt einnehmen. Die Beantwortung der Zumutbarkeitsfrage setzt allerdings gerade bei einem Streik mit seinen Auswirkungen eine besonders sorgfältige Interessenabwägung voraus. Bei Zweifeln über die Rechtmäßigkeit der angestrebten tariflichen Regelung darf von dem äußersten Mittel des Streiks nur in maßvollem Rahmen und vor allem auch nur dann Gebrauch gemacht werden, wenn für die Zulässigkeit der tariflichen Regelung sehr beachtliche Gründe sprechen und des Weiteren eine endgültige Klärung der Rechtslage anders nicht zu erreichen ist.[387]

182 Für die Zulässigkeit und Erstreikbarkeit einer auf den Betriebserhalt bzw. gegen Betriebsschließung gerichteten Tarifforderung spricht auch Teil II Art. 6 Nr. 4 der **Europäischen Sozialcharta** (vgl. Grundl. Rn. 109). Der für die Auslegung der ESC zuständige »Europäi-

384 BAG 24.4.07 – 1 AZR 252/06, DB 07, 1924 = AiB 07, 732 m. Anm. Schoof (Rn. 111: »*Eine Forderung nach dem Verzicht auf die geplante Betriebsänderung ist nicht Inhalt des Streikbeschlusses. Darauf, ob sie andernfalls zulässig wäre, kommt es nicht an.*«); vgl. auch Sunnus, AuR 08, 1ff., 10.

385 ArbG Köln 21.6.07 – 1 Ga 104/07 (einstweilige Verfügung); ArbG Köln 18.12.07 – 14 Ca 5411/07 (Hauptsacheverfahren); vgl. auch Sunnus, a.a.O.

386 ArbG Frankfurt 27.3.12 – 10 Ca 3468/11; vgl. auch BAG 10.12.02 – 1 AZR 96/02, NZA 03, 734; LAG Berlin-Brandenburg 26.11.10 – 8 Sa 446/10, ZTR 11, 149: das LAG hat ein Verschulden einer Gewerkschaft abgelehnt, weil diese mit rechtlich vertretbarer Begründung von einer Tarifbindung ausgegangen war und lediglich ein eintägiger Warnstreik durchgeführt worden war.

387 ArbG Frankfurt 27.3.12, a.a.O.

sche Ausschuss der sozialen Rechte« sieht Streiks im Zusammenhang mit **jeder Art von Verhandlungen zwischen Arbeitnehmern und Arbeitgebern** (**nicht nur Tarifverhandlungen**) als rechtmäßig an, insbesondere auch **Streiks gegen drohende Massenentlassungen** (vgl. AKR Rn. 29).[388]

Der EuGH hat das Recht der Gewerkschaften grundsätzlich anerkannt, mit Arbeitskampfmitteln gegen unternehmerische Entscheidungen und Maßnahmen vorzugehen, die auf eine **Verschlechterung von Arbeitsbedingungen** abzielen.[389] So hat er die **Verhinderung** einer – zum Zweck der Lohnkürzung ins Auge gefassten – **Ausflaggung** eines **Schiffes** in ein europäisches Niedriglohnland bzw. die Durchsetzung der **weiteren Anwendung** bisher geltender Tarifkonditionen für die Besatzung als zulässige und grundsätzlich auch erstreikbare **Tarifziele** angesehen. Allerdings hat der EuGH die Ansicht vertreten, dass derartige Maßnahmen eine Beschränkung der durch Art. 49 AEUV (ex-Art. 43 EGV) geschützten **Niederlassungsfreiheit** darstellen können, die der Rechtfertigung bedürfe und einer gerichtlichen Verhältnismäßigkeitsprüfung unterzogen werden müsse (vgl. zur Kritik an dieser Entscheidung Grundl. Rn. 103ff.).[390] Zu weiteren **Einzelheiten** vgl. Grundl. Rn. 100ff. 183

Zur Frage, ob die »**Niederlassungsfreiheit**« einem Streik gegen eine mit einer **Verlagerung** des Betriebs **in einen EU-Staat** begründeten **Schließung** des in Deutschland gelegenen Betriebs entgegensteht, vgl. Grundl. Rn. 101; AKR Rn. 28f. 184

8.2.2 Tarifliche Regelung der Folgen unternehmerischer Entscheidungen

8.2.2.1 Sozialtarifvertrag bei Betriebsstilllegung und -verlagerung

Durch das BAG mittlerweile geklärt ist die umstrittene Frage nach der Zulässigkeit und Erstreikbarkeit von Tarifbestimmungen, die eine **Abmilderung der Folgen einer Betriebsschließung** für die von Entlassung betroffenen Arbeitnehmer bezwecken (sog. »**Sozialtarifvertrag**«, auch »Tarifvertragssozialplan« oder »tariflicher Sozialplan« genannt). Das BAG hat das zutreffend bejaht.[391] 185

Hierzu zählen etwa Tarifbestimmungen über **verlängerte Kündigungsfristen** (vgl. Rn. 307ff.), **Qualifizierungsmaßnahmen** und **Abfindungen**. Diese sind sämtlich **tariflich regelbar** und – falls keine **Friedenspflicht** aus einem für das Unternehmen geltenden Tarifvertrag entgegensteht (vgl. Rn. 422ff., AKR Rn. 59ff.) – erstreikbar.

Sie lassen sich den in § 1 Abs. 1 TVG aufgeführten möglichen Gegenständen von **Rechtsnormen** eines Tarifvertrags zuordnen:

- Tarifregelungen über **Kündigungsfristen** sind Inhaltsnormen i.S.d. § 1 Abs. 1 TVG (vgl. Rn. 123f.). Ihre **Verlängerung** durch Tarifvertrag über die gesetzliche Dauer ist gem. § 622 Abs. 4 BGB zulässig.

---

388 Vgl. Däubler-Lörcher, AKR, § 10 Rn. 81.

389 EuGH 11.12.07 – C-438/05 (Viking Line), AuR 08, 55 = AP Nr. 3 zu Art. 43 EG; vgl. auch EuGH 18.12.07 – C-341/05 (Laval), AuR 08, 59 = AP Nr. 15 zu Art. 49 EG.

390 EuGH 11.12.07, a.a.O.; in dieselbe Richtung EuGH 8.7.14 – C-83/13 (Fonnship), TranspR 14, 452 mit abl. Anm. Zimmer, AuR 15, 103; kritisch auch Schaub-Treber, § 191 Rn. 26.

391 BAG 24.4.07 – 1 AZR 252/06, DB 07, 1924 = AiB 07, 732 m. Anm. Schoof.

- Von § 1 Abs. 1 TVG werden auch tarifliche Bestimmungen über **Qualifizierungsmaßnahmen** erfasst. Es handelt sich um Rechtsnormen, die die Beendigung des Arbeitsverhältnisses regeln (vgl. Rn. 132).
- Tarifregelungen über **Abfindungen** sind ebenfalls Rechtsnormen im Sinne von § 1 Abs. 1 TVG, die eine Beendigung von Arbeitsverhältnissen ordnen (vgl. Rn. 132). Ihr Rechtsnormcharakter ist nicht dadurch in Frage gestellt, dass sie nur für die konkrete Betriebsänderung gelten sollen.

186 Der tariflichen Regelbarkeit und Erstreikbarkeit eines **Sozialtarifvertrags** stehen auch nicht **§§ 111, 112 BetrVG** entgegen (vgl. AKR Rn. 31ff.). Diese Vorschriften regeln Inhalt und Umfang des Mitbestimmungsrechts des Betriebsrats bei Betriebsänderungen. Sie ordnen keine Sperre für tarifliche Regelungen an.[392] Das wäre auch mit Art. 9 Abs. 3 GG nicht vereinbar. Konsequenterweise stellt auch § 2 Abs. 3 BetrVG klar, dass die Aufgaben der Tarifvertragsparteien – insbesondere die Wahrnehmung der Interessen ihrer Mitglieder – durch das BetrVG nicht berührt werden. Auch § 112 Abs. 1 Satz 4 BetrVG spricht für die wechselseitige Unabhängigkeit von tariflichem und betrieblichem Sozialplan.

187 Ungeachtet der BAG-Entscheidung zum Sozialtarifvertrag wird die Frage seiner Zulässigkeit bzw. Erstreikbarkeit in der Literatur **weiterhin diskutiert**. So wird ein Sozialtarifvertrag zwar für tariflich regelbar, aber nicht für erstreikbar gehalten, wenn hierdurch die **unternehmerische Entscheidung verhindert** werden soll.[393] Dies ist eine realitätsferne und ungerechtfertigte Überlegung. Hauptmotiv einer Tarifbewegung für einen Sozialtarifvertrag ist regelmäßig der Leitsatz: »Wer abholzt, muss aufforsten«; was heißen soll, wer Arbeitsplätze vernichtet, soll dafür zahlen und dazu beitragen, dass die betroffenen Beschäftigten neue gleichwertige Jobs bekommen. Eine Sozialtarifvertragsforderung und das damit formulierte **Streikziel** richten sich eben gerade nicht auf die Verhinderung der Unternehmerentscheidung, sondern setzen sie geradezu voraus.

Daneben ist es selbstverständliche Aufgabe der Gewerkschaften, sich mit allen **politischen Mitteln** für den Erhalt von Arbeitsplätzen einzusetzen.[394] Das »Nebeneinander« von politischen und Streikzielen ist in der konkreten Auseinandersetzung allerdings nicht ganz einfach zu vermitteln.

---

392 BAG 24.4.07, a.a.O.; 6.12.06 – 4 AZR 798/05, AP Nr. 1 zu § 1 TVG Sozialplan; 24.4.07 – 1 AZR 252/06, DB 07, 1924 = AiB 07, 732 m. Anm. Schoof; vgl. auch ArbG Frankfurt 15.3.05 – 5 Ca 4542/04, AuR 05, 153; Hessisches LAG 2.2.06 – 9 Sa 915/05, AuR 06, 120 (= Vorinstanzen zu BAG 24.4.07, a.a.O.); ArbG Lübeck 29.5.01 – 6 Ga 21/01 (rkr.), AiB 02, 122 m. Anm. Schoof; ArbG Kiel 14.3.03 – 5 Ga 10 b/03, AuR 03, 192; LAG Schleswig-Holstein 27.3.03 – 5 Sa 137/03, AiB 04, 565 m. Anm. Schoof; ArbG Hameln 7.5.04 – 3 Ga 3/04, AiB 04, 574 m. Anm. Zabel; LAG Niedersachsen 2.6.04 – 7 Sa 819/04, AiB 04, 636 m. Anm. Zabel; Oberberg/Schoof, AiB 02, 169; Wolter, RdA 02, 218ff., 226; Däubler-Hensche/Heuschmid, Rn. 946; Sunnus, AuR 08, 1ff., 3f.; DKKW-Däubler, § 111 Rn. 15f.; Fitting, §§ 112, 112a Rn. 184ff., 190; a.A. LAG Hamm 31.5.00 – 18 Sa 858/00, NZA-RR 00, 535; Buchner, DB 01, Beilage Nr. 9, S. 6ff.; Lieb, DB 99, 2058, 2065; Reichold, BB 04, 2814; Bauer/Krieger, NZA 04, 1019, 1022; Rolfs/Clemens, NZA 04, 410ff., 415; Rieble, RdA 05, 200; Löwisch, DB 05, 554; Meyer, DB 05, 830ff.; Sutschet ZfA 05, 581, 613ff.; Nicolai RdA 06, 33 und SAE, 04, 240ff., 249; Schiefer/Worzalla, DB 06, 46; Lipinski, DB 07, 1250 jeweils m.w.N.; differenzierend, aber im Ergebnis restriktiv Fischinger, S. 206.

393 Vgl. ErfK-Franzen, TVG § 1 Rn. 74 m.w.N.; Fischinger, S. 206.

394 Das hebt LAG Schleswig-Holstein 27.3.03 – 5 Sa 137/03, AiB 04, 565 zu Recht hervor.

Hinweis für den Betriebs- und Personalrat 187a
Manche arbeitgebernahe Autoren nehmen die BAG-Entscheidung zum Sozialtarifvertrag »zähneknirschend« hin, versuchen aber, Gewerkschaften und Betriebsräte mit der »Schöpfung« neuer seltsamer Rechtsansichten (Motto: »es gibt nichts, was man nicht vertreten kann«) zu verunsichern. Ein schönes Beispiel liefert der in Diensten des von Arbeitgeberverbänden gegründeten »Zentrums für Arbeitsbeziehungen und Arbeitsrecht (ZAAR)« in München stehende Professor Dr. jur. Abbo Junker. In Rn. 790 seines Lehrbuchs »Grundkurs Arbeitsrecht« (14. Aufl.) erörtert er den »Sonderfall Tarifsozialplan«: »... *Das BAG hält dieses Vorgehen (d.h. den Streik für einen Tarifsozialplan) für rechtmäßig. Allerdings sind nach verbreiteter Auffassung in der Literatur die Mitbestimmungsrechte nach §§ 111 ff. BetrVG für die Dauer des Arbeitskampfes suspendiert; der Arbeitgeber kann in dieser Zeit die Betriebsänderung umsetzen, ohne zuvor sämtliche Mittel zum Versuch eines Interessenausgleichs (§ 112 I 1 BetrVG) ausgeschöpft zu haben.*« In der Fußnote hierzu wird auf arbeitgebernahe Literatur verwiesen; u.a. auf einen Aufsatz von Professor Rieble. Gegenteilige Meinungen werden nicht zitiert. Dass es solche gibt, zeigt etwa ein Blick in die 27. Auflage (2014) des »Fitting« – dem u.a. von Richtern am BAG verfassten und wohl renommiertesten Kommentar zum BetrVG. Hier heißt es in § 112a Rn. 190 zum gleichen Thema: »*Die Beteiligungsrechte des Betriebsrats nach §§ 111 ff. sind während des Streiks um einen Tarifsozialplan nicht suspendiert. Insbesondere darf der Arbeitgeber in einem solchen Fall die Betriebsänderung nicht etwa ohne den Versuch eines Interessenausgleichs durchführen ...*«

Von der Tarifautonomie (Art. 9 Abs. 3 GG) umfasst ist auch ein Tarifvertrag, der den Arbeitgeber zur Errichtung einer **Beschäftigungs- und Qualifizierungsgesellschaft** bzw. **Transfergesellschaft** – also zur Gründung eines Unternehmens – verpflichtet, das die Qualifizierung und Rückkehr der von Entlassung betroffenen Arbeitnehmer in den Arbeitsmarkt organisiert (vgl. auch Rn. 168, 337). 188
Allerdings wird die **Unternehmerfreiheit (Art. 12 Abs. 1 GG) berührt**, weil die Gründung einer Gesellschaft sicher zu den typischen Unternehmerentscheidungen zählt. Im Rahmen der Abwägung beider Grundrechte im Sinne einer »**praktischen Grundrechtskonkordanz**« (vgl. Rn. 174; Grundl. Rn. 103) hat aber die Unternehmerfreiheit mit Blick auf die beschäftigungs- und sozialpolitisch wünschenswerte Funktion einer solchen – mit Mitteln der Bundesagentur für Arbeit (§§ 110, 111 SGB III) geförderten – Gesellschaft zurückzutreten, sodass die tarifliche Regelbarkeit und Erstreikbarkeit zu bejahen ist.[395]
Wegen der bestehenden **rechtlichen Unsicherheiten** wird in der **Tarifpraxis** allerdings meist auf die Erhebung einer solchen Tarifforderung verzichtet. Stattdessen wird folgende rechtlich zulässige – durch das BAG[396] bestätigte – Forderung aufgestellt: *»Durchführung von Qualifizierungsmaßnahmen für die von Entlassung bedrohten Beschäftigten bis zur Dauer von 24 Monaten unter Fortzahlung der Vergütung und Übernahme der Kosten der Qualifizierungsmaßnahmen durch den Arbeitgeber«.*

Ein besonderer Anwendungsbereich von Tarifbewegungen für einen Sozialtarifvertrag besteht bei solchen Betriebsänderungen, bei denen ein **betriebsverfassungsrechtlicher Sozialplan nicht erzwungen** werden kann. Nach zutreffender Ansicht des BAG begrenzen Schranken, welchen die Betriebsparteien bei ihrer gesetzlich vorgegebenen Regelungsauf- 189

395 Vgl. Oberberg/Schoof, AiB 02, 169 ff.
396 BAG 24.4.07 – 1 AZR 252/06, DB 07, 1924 = AiB 07, 732 m. Anm. Schoof.

gabe im Rahmen des § 112 BetrVG unterliegen, nicht die Rechtssetzungsmacht der Tarifvertragsparteien.[397]

189a So kann etwa ein Sozialtarifvertrag in **Betrieb ohne Betriebsrat** oder in **Kleinbetrieben** mit bis zu 20 Arbeitnehmern durch Streik erzwungen werden.[398] Dass selbst in Miniunternehmen eine Tarifbewegung Erfolg bringen kann, zeigt der Fall eines zu einem zahlungskräftigen Konzern gehörenden Kleinunternehmens mit acht (!) Beschäftigten, das stillgelegt werden sollte. Es konnte ein tariflicher Sozialplan mit erheblichen Abfindungsansprüchen durchgesetzt werden.[399]

189b Ebenfalls tariflich regelbar und erstreikbar ist ein Sozialtarifvertrag in Fällen der **Ausgliederung** von Betrieben oder Betriebsteilen in Form eines **Betriebsübergangs** nach § 613a BGB (vgl. auch Rn. 191 ff.).[400] Dem steht nicht entgegen, dass das BAG einen »bloßen« Betriebsübergang (ohne weitere betriebsändernde Maßnahmen) nicht als Betriebsänderung i.S.d. § 111 BetrVG ansieht, sodass Beteiligungsrechte des Betriebsrats nach §§ 111 ff. BetrVG entfallen.[401]

190 Ein weiteres tarifpolitisches Betätigungsfeld sind Betriebsänderungen, bei denen ein betriebsverfassungsrechtlicher Sozialplan nicht erzwungen werden kann, weil die **Zahl der Entlassungen** unter den Grenzwerten des § 112a Abs. 1 BetrVG bleibt oder weil es sich um die **Neugründung eines Unternehmens** i.S.d. § 112a Abs. 2 BetrVG handelt. Das BAG vertritt bekanntlich die umstrittene Ansicht, dass für den Ausschluss der Sozialplanpflicht nach § 112a Abs. 2 Satz 1 BetrVG das Alter des Unternehmens, nicht des Betriebs maßgeblich ist.[402] Deshalb ist denkbar, dass ein »junges« Unternehmen einen jahrzehntelang bestehenden Betrieb im Wege des Betriebsübergangs erwirbt, ohne bei einer späteren Schließung mit dem Betriebsrat einen Sozialplan vereinbaren zu müssen. Diese Lücke kann durch eine gewerkschaftlich geführte Tarifbewegung um einen Sozialtarifvertrag geschlossen werden.

8.2.2.2 Tarifregelungen bei Betriebsübergang (Ausgliederung, Outsourcing, Privatisierung)

191 **Ausgliederung/ Outsourcing**[403] bzw. **Privatisierung** von Betrieben sind Vorgänge, auf die **§ 613a BGB (Betriebsübergang)** Anwendung findet, weil beide Maßnahmen einen **Betriebsübergang** darstellen, der entweder auf einem Rechtsgeschäft beruht oder auf einer Umwandlung nach dem UmwG (vgl. § 3 Rn. 112 ff.). Vom Geltungsbereich des § 613a BGB nicht erfasst werden Betriebsübergänge, die im Wege der **Gesamtrechtsnach-**

---

397 BAG 6.12.06 – 4 AZR 798/05, AP Nr. 1 zu § 1 TVG Sozialplan; Däubler-Hensche/Heuschmid, Rn. 821 (a.E.).

398 Hierzu BAG 6.12.06, a.a.O.; Löwisch, DB 05, 554, 558; Braun/Schreiner, ArbRB 06, 243.

399 Vgl. Zabel, AiB 02, 347.

400 Däubler-Hensche/Heuschmid, Rn. 821 (a.E.); vgl. hierzu auch Greiner, NZA 08, 1274.

401 BAG 4.12.79 – 1 AZR 843/76, DB 80, 743; 16.6.87 – 1 ABR 41/85, AiB 88, 45; 25.1.00 – 1 ABR 1/99, NZA 00, 1069.

402 BAG 27.6.06 – 1 ABR 18/05, DB 07, 63; a.A. DKKW-Däubler, §§ 112, 112a Rn. 75.

403 Zu den Erscheinungsformen vgl. Thannheiser, AiB 12, 703; Lassmann, Outsourcing als Betriebsänderung, AiB 12, 708.

folge kraft Gesetzes vollzogen werden.[404] In derartigen Gesetzen ist meist eine Verpflichtung des neuen Arbeitgebers geregelt, die bisher geltenden tariflichen Regelungen zur Anwendung zu bringen. Es wird aber keine kollektive Tarifbindung (wie etwa bei einer Allgemeinverbindlichkeitserklärung; vgl. § 5 Rn. 1ff.) begründet.

§ 613a BGB bietet den Arbeitnehmern nur einen **eingeschränkten Schutz**. An die bisherigen tariflich geregelten Arbeitsbedingungen ist der Betriebserwerber zwar weiterhin gebunden. Sie dürfen (falls kein Fall des § 613a Abs. 1 Satz 3 oder 4 BGB vorliegt) vor Ablauf eines Jahres auch nicht zu Lasten der Arbeitnehmer verändert werden (§ 613a Abs. 1 Satz 2 BGB). Die Vorschrift wirkt aber nur **statisch**. D.h. zukünftige Tarifänderungen gelten nicht (zu weiteren Einzelheiten vgl. § 3 Rn. 134ff., 151ff.). 192

Es besteht deshalb aus Arbeitnehmersicht das Bedürfnis nach **Wiederherstellung der vollen Tarifbindung** an die bisher geltenden Tarifverträge. Das kann etwa durch einen Anerkennungstarifvertrag (vgl. Rn. 26) bewirkt werden, für dessen Durchsetzung ggf. gestreikt werden kann (vgl. AKR Rn. 37).

Gleiches gilt, wenn der Betriebserwerber zwar an – von einer anderen Gewerkschaft abgeschlossene – **Tarifverträge gebunden** ist, diese aber nicht für die »auf ihn übergehenden« Arbeitnehmer gelten, weil sie nicht Mitglied der anderen Gewerkschaft sind und werden (vgl. § 3 Rn. 160ff.). Auch in diesem Fall kann die (bisherige) Gewerkschaft, die die beim Betriebsveräußerer geltenden Tarifverträge vereinbart hat, die Wiederherstellung der Tarifbindung an diese Tarifverträge für ihre Mitglieder z.B. in Form Anerkennungstarifvertrag fordern und ggf. dafür zum Streik aufrufen. Aus den Tarifverträgen der anderen Gewerkschaft entsteht keine Friedenspflicht für die bisherige Gewerkschaft (vgl. AKR Rn. 132).

Manchmal soll mit der Ausgliederung ein **Tarifwechsel** (vgl. § 3 Rn. 160ff., 162) zu einem beim Betriebserwerber geltenden – für die Arbeitnehmer nachteiligen – Tarifvertrag herbeigeführt werden – eine beliebte Form der **Tarifflucht** (vgl. AKR Rn. 40, 513). Nach § 613a Abs. 1 Satz 3 BGB kommt es zu einer sofortigen – mit Wirksamwerden des Betriebsüberganges eintretenden – Verschlechterung der bisher geltenden Arbeitsbedingungen. Voraussetzung ist allerdings, dass »**beiderseitige kongruente Tarifbindung**« an die beim Betriebserwerber geltenden Tarifverträge vorliegt. Das ist der Fall, wenn bei dem Betriebserwerber ein anderer (mit **derselben Gewerkschaft** abgeschlossener) Tarifvertrag zur Anwendung kommt (vgl. § 3 Rn. 160ff., 166). 193

Beispiel:
Bisher fand beim Betriebsveräußerer ein vergleichsweise günstiger Firmentarifvertrag Anwendung. Beim Betriebserwerber gilt dagegen ein von der gleichen Gewerkschaft mit dem Arbeitgeberverband vereinbarter – ungünstigerer – Branchentarifvertrag. Nach § 613a Abs. 1 Satz 3 BGB werden die bisherigen Tarifbestimmungen durch die neuen ungünstigeren Tarifregelungen mit Vollzug des Betriebsüberganges abgelöst.

Im Falle eines verschlechternden Tarifwechsels besteht aus Arbeitnehmersicht das Bedürfnis nach tarifvertraglicher Regelung eines **Nachteilsausgleichs** (»Ausgliederungszulage«). Ein derartiger Ausgleich ist Maßgabe der Rechtsprechung zum Sozialtarifvertragsstreik

404 BAG 2.3.06 – 8 AZR 124/05, NZA 06, 848.

(vgl. Rn. 185ff. und AKR Rn. 31ff.) und ist tariflich regelbar und erstreikbar. Die »Rechtsfolgeregelung« des **§ 613a Abs. 1 Satz 3 BGB** schließt die **streikweise Durchsetzung** einer tariflichen Kompensationsregelung entgegen einer in der Literatur vertretenen Auffassung nicht aus (vgl. hierzu AKR Rn. 38).

194 Negative Auswirkungen für die Beschäftigten können sich auch ergeben, wenn der Betriebserwerber nicht über die **wirtschaftliche Potenz** des bisherigen Inhabers verfügt und deshalb im Falle einer späteren Betriebsstilllegung das Sozialplanvolumen geringer ausfällt. Dem kann dadurch begegnet werden, dass vom bisherigen Arbeitgeber ein Tarifvertrag über eine »**Haftungs- bzw. Eintrittspflicht**« für den Fall gefordert wird, dass es zu einer **Ausgliederung (bzw. Privatisierung)** des Betriebs XY auf ein anderes Unternehmen kommt.

Es kommen beispielsweise folgende Regelungen in Frage:

- Falls es zu Verschlechterungen der bisherigen Arbeits- und Entgeltbedingungen beim Betriebsübernehmer kommt, haben die tarifgebundenen Arbeitnehmer gegen den bisherigen Arbeitgeber für die Dauer von (z.B.) zehn Jahren ab Wirksamwerden des Betriebsübergangs einen **Anspruch auf Ausgleich** in Höhe der Differenz zwischen den bei dem Betriebsübernehmer geltenden Arbeits- und Entgeltbedingungen und denjenigen Arbeits- und Entgeltbedingungen, die bei einer Fortsetzung des Arbeitsverhältnisses mit dem bisherigen Arbeitgeber gelten würden.
- Falls es in den nächsten (z.B.) zehn Jahren zu Betriebs- oder Betriebsteilstilllegungen bzw. betriebsbedingten Kündigungen beim Betriebsübernehmer kommt, haben die von Entlassung betroffenen tarifgebundenen Arbeitnehmer gegen den bisherigen Arbeitgeber einen Anspruch auf eine **Abfindung** in Höhe von (z.B.) drei Monatsentgelten für jedes Jahr der Beschäftigung bei dem bisherigen Arbeitgeber und dem Betriebsübernehmer.

Gründe, die gegen eine tarifliche Regelbarkeit und Erstreikbarkeit sprechen, sind nicht ersichtlich.

195 Die **Friedenspflicht** aus – für den bisherigen Arbeitgeber geltenden – Verbands- oder Firmentarifverträgen (vgl. Rn. 422ff. und AKR Rn. 59ff., 132) steht einem Streik für diese Forderungen nur dann entgegen, wenn das Forderungsthema bereits eine tarifliche Regelung erfahren hat. Das ist aber i.d.R. nicht der Fall.[405] Die Tarifpolitik hat sich dem Thema: »Regelung der Folgen eines Betriebsübergangs« als Antwort auf unternehmerische Tariffluchtstrategien bislang nur gelegentlich gewidmet.

Zu dem **praktischen Problem**, dass ein Streik gegen den Betriebsveräußerer in dem Moment ins Leere läuft, in dem die Ausgliederung **vollzogen** ist, vgl. AKR Rn. 39.

405 LAG Bremen 5.5.98 – 2 Sa 127/98, AiB 98, 537 m. Anm. Dannenberg: hiernach enthielten weder der BAT noch der Rationalisierungsschutztarifvertrag für Angestellte des öffentlichen Dienstes Regelungen zu den Rechtsfolgen eines Betriebsübergangs, so dass eine Friedenspflicht insoweit nicht bestand.

8.2.3 Einstellung und Wiedereinstellung von Arbeitnehmern – Befristeter Arbeitsvertrag

Den Tarifparteien steht aufgrund von Art. 9 Abs. 3 GG (»Wahrung und Förderung der Arbeits- und Wirtschaftsbedingungen«) auch ein **beschäftigungspolitisches Mandat** zu.[406] Dieses berechtigt sie, Tarifregelungen zu **personellen Maßnahmen** zu vereinbaren und – was die Gewerkschaften angeht – ggf. zu erstreiken (vgl auch Rn. 222), falls die Friedenspflicht aus einem aktiv geltenden Tarifvertrag nicht entgegensteht. 196

Beispiele:

- Tarifregelungen, die den Arbeitgeber zur **unbefristeten Einstellung** verpflichten bzw. die Zahl der befristeten Arbeitsverhältnisse auf eine **Befristungsquote** beschränken und klarstellen, dass eine befristete Einstellung im Übrigen nur zulässig ist, wenn ein **Sachgrund** vorliegt (vgl. auch Rn. 273ff.).
- Tarifregelungen, die den Arbeitgeber verpflichten, die **Neueinstellung von Arbeitnehmern** vorzunehmen (z.B. um einen übermäßig hohen Bestand von Überstunden abzubauen oder generell einer Arbeitsüberlastung der Beschäftigten entgegenzuwirken).[407]
  Es kann sich dabei um eine Abschlussnorm handeln, die den tarifgebundenen Arbeitgeber verpflichtet, einem Bewerber die Übernahme in ein Arbeitsverhältnis anzubieten (vgl. Rn. 128).
  Möglich ist aber auch eine durch Firmentarifvertrag begründete schuldrechtlich wirkende (vgl. Rn. 400ff.) und von der Gewerkschaft einklagbare (vgl. Rn. 416f.) Verpflichtung des Arbeitgebers, Bewerbern ein Einstellungsangebot zu unterbreiten.
- Tarifregelungen, die dem Betriebsrat ein auf Vornahme von Neueinstellungen gerichtetes – über § 99 BetrVG hinausgehendes – **Initiativmitbestimmungsrecht des Betriebsrats** geben; die Unternehmerfreiheit (Art. 12 Abs. 1 GG; vgl. Rn. 167ff.) steht dem nicht entgegen;[408] gegen ein tariflich geregeltes Mitbestimmungsrecht bei der Auswahl von Bewerbern hat das BAG keine Bedenken erhoben.[409]
- Tarifregelungen, die den **Weiterbeschäftigungsanspruch** eines ordentlich gekündigten Arbeitnehmers nach § 102 Abs. 5 BetrVG verbessern (z.B. Weiterbeschäftigungsanspruch auch ohne Widerspruch des Betriebsrats oder: Erstreckung des für Mandatsträger geltenden Kündigungsschutzes nach § 103 BetrVG auf alle Arbeitnehmer).
- Tarifregelungen, die einen **Anspruch von Arbeitnehmern auf Wiedereinstellung** begründen, die zuvor z.B. aufgrund einer Betriebskrise betriebsbedingt entlassen worden sind[410] oder die krankheitsbedingt entlassen worden sind, deren Arbeitsfähigkeit aber wieder hergestellt ist;[411] auch kann die BAG-Rechtsprechung zum Wiedereinstellungsanspruch nach Kündigung[412] tariflich geregelt, konkretisiert[413] und erweitert werden; auch

---

406 Vgl. ErfK-Linsenmaier, GG Art. 9 Rn. 76; Dieterich, RdA 02, 1, 10; Bayreuther, S. 251ff.; Zachert, DB 01, 1198; Konzen, NZA 95, 913, 917f.; Hanau/Thüsing, ZTR 01, 1, 6; a.A. Rieble, ZTR 93, 54; Zöllner, DB 98, 2121.
407 Vgl. Oberberg/Schoof, AiB 02, 169ff.
408 Vgl. Oberberg/Schoof, a.a.O.
409 BAG 10.2.88 – 1 ABR 70/86, NZA 88, 699.
410 Vgl. ErfK-Franzen, TVG § 1 Rn. 78.
411 Vgl. BAG 24.1.96 – 7 AZR 602/95, AP Nr. 7 zu § 59 BAT: Wiedereinstellung nach Wiederherstellung der Berufsfähigkeit.
412 Vgl. Schoof, Betriebsratspraxis, Stichwort Wiedereinstellungsanspruch.
413 Vgl. ErfK-Franzen, TVG § 1 Rn. 78.

die für die Auslegung der ESC und der ILO-Übereinkommen zuständigen Gremien sehen Streiks zur Durchsetzung der Wiedereinstellung gekündigter Arbeitnehmer als rechtmäßig an.[414]

- Tarifregelungen, die **befristet Beschäftigten** einen Rechtsanspruch auf **Übernahme** in ein unbefristetes Arbeitsverhältnis verschaffen (vgl. Beispiel Rn. 128).

197 Die Zulässigkeit und Erstreikbarkeit derartiger Tarifregelungen dürfte mindestens dann nicht zu bestreiten sein, wenn ein **Konfliktregelungsmechanismus** – Einigungsstelle oder Arbeitsgericht – Bestandteil der angestrebten Tarifregelung ist (vgl. Rn. 179, 179a).

8.2.4 Besetzungsregeln

198 Tariflich regelbar und erstreikbar sind auch:

- Tarifbestimmungen über **quantitative Besetzungsregeln**[415]: Mit solchen Regeln, bei denen es sich um **Betriebsnormen** (vgl. Rn. 134) handelt,[416] wird festgelegt, wie viele Arbeitnehmer in bestimmten Tätigkeitsbereichen mindestens beschäftigt werden sollen. Derartige Regeln berühren zwar den Schutzbereich der Unternehmensautonomie (Art. 12 Abs. 1 GG; vgl. Rn. 167), sind aber nach h. M. zulässig, weil sie Arbeitnehmer vor **Überforderung** schützen und – z. B. im Fall von Cockpitbesatzungen – dem Schutz Dritter dienen.[417]
  Ob eine tarifliche quantitative Besetzungsregel auch den Schutz der Arbeitnehmer vor **Kündigung** bezweckt und deshalb zur Sozialwidrigkeit einer betriebsbedingten Kündigung führen kann, ist eine Frage der Auslegung der Tarifnorm.[418]
- Tarifbestimmungen über **qualitative Besetzungsregeln**[419]: Es handelt sich um **Betriebsnormen** (vgl. Rn. 134).[420] Sie legen fest, welche Qualifikation für die Beschäftigung an bestimmten Arbeitsplätzen oder in Tätigkeitsbereichen mindestens erforderlich ist und verbieten damit auf bestimmten Arbeitsplätzen die Beschäftigung von Arbeitnehmern, die bestimmte Anforderungen nicht erfüllen. Auch qualitative Besetzungsregeln sind zulässig, weil sie sachlich gerechtfertigt sind.[421] Sie bezwecken den Schutz der Arbeitnehmer vor **Überforderung**[422] und dem Schutz von Fachkräften[423] vor **Dequalifikation**, Abgruppierung und Entlassung etwa aufgrund von Rationalisie-

---

414 Vgl. Däubler-Lörcher, AKR (3. Aufl.), § 10 Rn. 81.
415 BAG 17. 6. 99 – 2 AZR 456/98, DB 99, 2117.
416 BAG 17. 6. 99, a.a.O.
417 Vgl. Wiedemann/Thüsing, Rn. 76; ErfK-Franzen, TVG § 1 Rn. 61; vgl. auch BAG 24. 4. 97 – 2 AZR 352/96, AP Nr. 42 zu § 2 KSchG 1969; 19. 6. 84 – 1 AZR 361/82, AP Nr. 3 zu § 1 TVG Verhandlungspflicht.
418 BAG 17. 6. 99 – 2 AZR 456/98, DB 99, 2117.
419 BAG 22. 1. 91 – 1 ABR 19/90, NZA 91, 675 = AP Nr. 67 zu Art. 12 GG; 26. 4. 90 – 1 ABR 84/87, AP Nr. 57 zu Art. 9 GG.
420 BAG 26. 4. 90, a.a.O.; 18. 3. 08 – 1 ABR 81/06, NZA 08, 832.
421 BAG 26. 4. 90, a.a.O.; 18. 3. 08, a.a.O.; Hessisches LAG 9. 8. 11 – 9 SaGa 1147/11.
422 BAG 18. 3. 08 – 1 ABR 81/06, NZA 08, 832.
423 BAG 18. 3. 08, a.a.O.

rungsmaßnahmen. Sie kommen aber auch der **Qualität** der Arbeit zugute, weil sie den Einsatz von unterqualifizierten Mitarbeiter verhindern.[424]
Wenn eine vom Arbeitgeber beabsichtigte Einstellung oder Versetzung gegen eine tariflich geregelte qualitative Besetzungsregelung verstößt, kann der Betriebsrat nach § 99 Abs. 2 Nr. 1 BetrVG die **Zustimmung verweigern.**[425]

8.2.5 Leiharbeit

8.2.5.1 Allgemeines

Das AÜG verpflichtet zur **Gleichbehandlung** von Leiharbeitnehmern (»equal pay«, »equal treatement«), lässt aber »in gleichem Atemzug« eine **Verschlechterung** der Arbeitsbedingungen **durch Tarifvertrag** zu (§ 3 Abs. 1 Nr. 3 und § 9 Nr. 3 AÜG: »*ein Tarifvertrag kann abweichende Regelungen zulassen*«).[426] Nach § 3 Abs. 1 Nr. 3 Satz 3 und § 9 Nr. 2 dritter Halbsatz AÜG können **nicht tarifgebundene** (Verleih-)Arbeitgeber und Leiharbeitnehmer die Anwendung von Leiharbeits-Tarifverträgen **arbeitsvertraglich vereinbaren.** Von dieser Möglichkeit wird in der Praxis in Form von – arbeitgeberseitig vorgegebenen – vertraglichen **Bezugnahmeklauseln** (vgl. hierzu § 3 Rn. 245ff.) flächendeckend Gebrauch gemacht. In Bezug genommen werden entweder die »Christen-Tarifverträge« oder die »DGB-Tarifverträge«; nicht selten werden beide Tarifwerke »stufenförmig« in Bezug genommen: falls die »Christen-Tarifverträge« unwirksam sein sollten, sollen die »DGB-Tarifverträge« Anwendung finden (vgl. Rn. 206; zur Unwirksamkeit der von der CGZP abgeschlossenen Tarifverträge vgl. Rn. 204; § 2 Rn. 42ff.). 199

Auch die **EU-Leiharbeitsrichtlinie 2008/104/EG** vom 19.11.2008, die mit dem »Ersten Gesetz zur Änderung des Arbeitnehmerüberlassungsgesetzes – **Verhinderung von Missbrauch der Arbeitnehmerüberlassung**« vom 28.4.2011 (BGBl. I S. 642, sog. »**Lex Schlecker**«) umgesetzt worden ist, enthält eine der AÜG-Regelung entsprechende tarifliche Öffnungsklausel, wobei allerdings ein »Gesamtschutz der Leiharbeitnehmer« sicher zu stellen ist. 199a

Die tarifliche **Regelbarkeit** von – das gesetzliche Gleichbehandlungsgebot unterschreitenden – Tarifverträgen zur Leiharbeit ist damit zwar gegeben. Die »Tariföffnung nach unten« hat allerdings insgesamt zu **untragbaren Entwicklungen** geführt. Leiharbeit ist geprägt von ungleicher Entlohnung gleicher Arbeit, Niedriglöhnen, schnell wieder gekündigten Arbeitsverträgen, geringen Übernahmequoten und der Verdrängung von Stammbelegschaften durch »billigere« Leiharbeitnehmer (vgl. Grundl. Rn. 172ff.). Mit § 3 Abs. 1 Nr. 3 und § 9 Nr. 2 AÜG wird das Equal-pay-Gebot **praktisch ausgeschaltet** und in das Gegenteil verkehrt. Hunderttausende Leiharbeitnehmer erhalten **für gleiche Arbeit deutlich weniger Lohn** als die Stammbeschäftigten. Daran ändert auch die aufgrund § 3a 199b

424 BAG 13.9.83 – 1 ABR 69/81, AP Nr. 1 zu § 1 TVG Tarifverträge: Druckindustrie; 26.4.90, a.a.O.; 22.1.91 – 1 ABR 19/90, AP Nr. 67 zu Art. 12 GG; 18.3.08, a.a.O.; ErfK-Franzen, TVG § 1 Rn. 61; a.A. Hanau RdA 96, 158ff.; Rieble, ZfA 04, 1, 23f.

425 BAG 22.1.91, a.a.O.; 18.3.08, a.a.O.

426 Vgl. ErfK-Wank, AÜG § 3 Rn. 24, der diese Regelung zu Recht als »*für das Arbeitsrecht ausgesprochen ungewöhnlich*« bezeichnet.

AÜG i.V.m. dem entsprechenden Mindestlohntarifvertrag in der Leiharbeit zu beachtende **Lohnuntergrenze** (vgl. hierzu TVG Anhang 4 Rn. 1 ff) nichts.

8.2.5.2 Tarifverträge zur Leiharbeit zwischen der Tarifgemeinschaft des DGB mit den Arbeitgeberverbänden BAP und iGZ

200 Die in einer **Tarifgemeinschaft** zusammengeschlossenen **Einzelgewerkschaften des DGB** haben Tarifvertragswerke mit den Verleih-Arbeitgeberverbänden Bundesverband Zeitarbeit Personal-Dienstleistungen e. V. (**BZA** – heute BAP; vgl. Rn. 200a) und dem Interessenverband Deutscher Zeitarbeitsunternehmen e. V. (**iGZ**) abgeschlossen. Weil der **gewerkschaftliche Organisationsgrad** bei Leiharbeitnehmern und damit die **Durchsetzungskraft** vergleichsweise gering ist, hat das zwangsläufig nachteilige Auswirkungen auf den Inhalt dieser Tarifverträge. Diese liegen deutlich **unter dem Niveau** mancher Branchentarifverträge (z.B. Metall- und Elektroindustrie; vgl. Grundl. Rn. 173). Die in den Firmen dieser Branchen zum Einsatz kommenden Leiharbeitnehmer erhalten damit **für gleiche Arbeit ein geringeres Entgelt.**

200a Im Jahr 2011 hat sich der Arbeitgeberverband Mittelständischer Personaldienstleister e. V. (**AMP**) mit dem Bundesverband Zeitarbeit Personal-Dienstleistungen e. V. (**BZA**) zum **»Bundesarbeitgeberverband der Personaldienstleister« e. V. (BAP)** zusammengeschlossen.[427]

201 Einige Tarifbestimmungen sind rechtlich **problematisch bis unwirksam.**[428] Beispielsweise ist der Verleiher nach § 8.6 MTV Zeitarbeit BZA/Tarifgemeinschaft des DGB vom 22.7.2003 berechtigt, eine tarifliche Erstattung von Übernachtungskosten oder einzelvertraglich vereinbarte außer- und übertarifliche Aufwendungsersatzleistungen »anstelle des Tarifentgelts« zu zahlen. Nach zutreffender Ansicht des LAG Baden-Württemberg verstößt die Bestimmung gegen den **Gleichbehandlungsgrundsatz** aus Art. 3 Abs. 1 GG.[429]

202 Die zwischen der Tarifgemeinschaft des DGB und BZA sowie iGZ abgeschlossenen Entgelttarifverträge wurden erstmals **zum 31.12.2008 gekündigt**. Das hatte zur Folge, dass die Leiharbeitnehmer, die unter den Geltungsbereich der gekündigten Entgelttarifverträge fallen, gegen ihren Arbeitgeber (Verleiher) in der Zeit ab dem 1.1.2009 gemäß § 10 Abs. 4 AÜG Anspruch auf Zahlung eines Arbeitsentgelts hatten, das dem im Einsatzbetrieb an die Stammbelegschaft zu zahlenden Tarifentgelt entsprach. Denn die Nachwirkung gemäß § 4 Abs. 5 TVG (vgl. § 4 Rn 293ff.) aus einem abgelaufenen Entgelttarifvertrag zur Leiharbeit kann nach zutreffender Auffassung das gesetzliche Gleichbehandlungsgebot **nicht verdrängen** (vgl. hierzu § 4 Rn. 337ff.).[430] Diese Periode endete durch den **Neuabschluss der Entgelttarifverträge** mit BZA und iGZ im März **2010**. Im **September 2013** hat die Tarifgemeinschaft des DGB mit BAP und iGZ **weitere Entgelterhöhungen** in insgesamt drei Stufen mit einer Laufzeit bis **zum 31.12.2016** vereinbart. Diese Entgelttarifverträge regeln

---

427 Vgl. Angaben auf der Homepage www.personaldienstleister.de/verband/eckdaten.
428 Vgl. Ulber, AÜG, § 9 Rn. 228; Schüren/Schüren, § 9 Rn. 222.
429 LAG Baden-Württemberg 2.11.05 – 2 Sa 50/05, EzAÜG GG Nr. 8 = AuR 06, 214.
430 Vgl. Ulber, § 9 Rn. 267; a.A. wohl ErfK-Wank, § 3 AÜG Rn. 21, 25a unter Verweis auf Bayreuther, BB 10, 309; Thüsing, DB 2003, 449.

zum einen die Vergütung der Leiharbeitnehmervor in den sog. verleihfreien Zeiten und bilden zum anderen die Basis für die Berechnung der inzwischen weit verbreiteten **tariflichen Branchenzuschläge** (vgl. Rn. 210a).

8.2.5.3 Aktivitäten sog. »christlicher Gewerkschaften«

Unmittelbar nach Inkrafttreten des AÜG hat die sog. »Tarifgemeinschaft christlicher Gewerkschaften für Zeitarbeit und PersonalServiceAgenturen (CGZP)« mit einem Verleihfirmenverband »**Dumping-Tarifverträge**« in die Welt gesetzt (vgl. Grundl. Rn. 173 und § 2 Rn. 41ff.; zu den ebenfalls vom gesetzlichen Gleichbehandlungsgebot »nach unten« abweichenden »DGB-Tarifverträgen« vgl. Rn. 200ff.). Ihre Tariffähigkeit und die Wirksamkeit der von ihr abgeschlossenen Tarifverträge wurde seit ihrem Bestehen angezweifelt.[431] 203

Nur ergänzend sei darauf hingewiesen, dass Lohndumping auch als ausgesprochen **unbiblisch und unchristlich** angesehen werden muss, wie etwa die nachfolgenden Bibelstellen belegen: »*Siehe, der Arbeiter Lohn, die euer Land abgeerntet haben, der von euch vorenthalten ist, schreit, und das Rufen der Schnitter ist gekommen vor die Ohren des Herrn Zebaoth.*« (Jakobus 5, 4, Lutherübersetzung). Oder: »*So übervorteile nun keiner seinen Nächsten, sondern fürchte dich vor deinem Gott; denn ich bin der Herr, euer Gott.*« (3. Mose 25, 17, Lutherbibel).

Durch Entscheidungen des BAG vom 14.12.2010[432], 22.5.2012[433] und 23.5.2012[434] ist inzwischen klargestellt, dass die »Tarifgemeinschaft christlicher Gewerkschaften für Zeitarbeit und PersonalServiceAgenturen (CGZP)« nie tariffähig war. Alle von ihr abgeschlossenen Tarifverträge sind von Anfang an **unwirksam**. Die bei den Arbeits- und Sozialgerichten anhängigen Verfahren, in denen sich die Tariffähigkeit der CGZP als entscheidungserhebliche Vorfrage stellt, können damit ohne die erneute Einleitung eines Beschlussverfahrens nach § 97 ArbGG fortgeführt werden (zu weiteren Einzelheiten vgl. § 2 Rn. 42ff.). 204

Formularvertragliche **Bezugnahmeklauseln** in Arbeitsverträgen zwischen Verleihern und Leiharbeitnehmern verweisen oft – auf Grundlage von § 3 Abs. 1 Nr. 3 Satz 3 und 9 Nr. 2 dritter Halbsatz AÜG – auf die von der CGZP abgeschlossenen unwirksamen »Tarifverträge«. Derartige Bezugnahmeklauseln sind **unwirksam**. Eine Abweichung vom gesetzlichen Gleichbehandlungsgebot kann nur die Kombination aus einer Bezugnahmeklausel und einem rechtsgültigen Tarifvertrag bewirken, nicht aber eine arbeitsvertragliche Regelung allein.[435] 205

Nicht selten finden sich in Arbeitsverträgen zwischen Verleihern und Leiharbeitnehmern »**salvatorische Klauseln**«. Hiernach sollen die CGZP-Tarifverträge Anwendung finden und soweit diese unwirksam sein sollten, die zwischen der DGB-Tarifgemeinschaft und 206

---

431 Vgl. z.B. ArbG Osnabrück 15.1.07 – 3 Ca 535/06, AuR 07, 162 und LAG Niedersachsen 2.7.07 – 16 Ta 108/07; vgl. auch Ulber, AiB 07, 705; Schindele, AuR 08, 31; Schüren, AuR 08, 239.

432 BAG 14.12.10 – 1 ABR 19/10, AiB 11, 330 = AP Nr. 6 zu § 2 TVG Tariffähigkeit.

433 BAG 22.5.12 – 1 ABN 27/12, AuR 12, 270 m. Anm. Schindele.

434 BAG 23.5.12 – 1 AZB 58/11, NZA 12, 623 und 1 AZB 67/11, NZA 12, 625.

435 So zu Recht Ulber, § 9 Rn. 279; Dieterich, RdA 05, 177.

BZA (heute BAP; vgl. Rn. 200a) bzw. iGZ abgeschlossenen Tarifverträge. Derartige Klauseln sind ebenfalls **unwirksam.**[436] Sie sollen zu einer partiellen Anwendung unterschiedlicher Tarifwerke führen, was die »Öffnungsklausel« des § 3 Abs. 1 Nr. 3 Satz 3und § 9 Nr. 2 dritter Halbsatz AÜG nicht erlaubt.[437]

8.2.5.4 Tarifverträge mit Entleihern

207 Tariflich regelbar und erstreikbar sind auch **Tarifverträge mit Entleihern**, die Bestimmungen enthalten u.a. über

- eine Begrenzung des Einsatzes von Leiharbeitnehmern auf eine **Quote** und/oder auf eine bestimmte Zeitdauer; auch einem vollständiger Ausschluss von Leiharbeit steht die Unternehmerfreiheit – Art. 12 Abs. 1 GG – nach hier vertretener Auffassung nicht entgegen; um Zweifel insoweit zu mindern, empfiehlt es sich, in der angestrebten Tarifregelung vorzusehen ist, dass letztlich eine **Einigungsstelle** über das »ob« des Einsatzes entscheidet (vgl. Rn. 166ff.; 179),
- eine **Ausweitung der Mitbestimmung** des Betriebsrats[438] (über § 14 Abs. 3 AÜG i.V.m. § 99 BetrVG hinaus: z.B. Schaffung eines zusätzlichen tariflichen Zustimmungsverweigerungsgrundes bei Einsätzen, die länger als drei Monate dauern sollen) sowie
- eine **Gleichstellung der Leiharbeitnehmer** mit der Stammbelegschaft für die Dauer ihres Einsatzes beim Entleiher im Sinne von **»equal pay«** und **»equal treatment«**
- eine Verpflichtung des Entleihers, dem Leiharbeitnehmern nach einer bestimmten Einsatzdauer ein **Übernahmeangebot** (Angebot auf Abschluss eines Arbeitsvertrages) zu unterbreiten.

208 Zwar ist das Prinzip der Gleichbehandlung gesetzlich im AÜG bereits seit der Neufassung vom 23.12.2002 geregelt (§ 3 Abs. 1 Nr. 3 und § 9 Nr. 2 AÜG; vgl. Rn. 199; Grundl. Rn. 173). Die gesetzliche »Tariföffnungsklausel« hat aber auf geradezu perfide Art dafür gesorgt, das Gleichbehandlungsgebot wieder auszuschalten. In den DGB-Gewerkschaften und bei Betriebsräten ist seitdem der Widerstand gegen den **Missbrauch von Leiharbeit** ständig gewachsen. Es werden zunehmend mit Entleihern tarifvertragliche Regelungen vereinbart, die darauf abzielen, die Leiharbeit auf eine bestimmte **Quote** zu begrenzen und eine weitgehende **Gleichbehandlung der Leiharbeitnehmer mit den Stammbeschäftigten** (»equal pay«, »equal treatment«) sicherzustellen.[439]

Beispiele:

- Firmentarifvertrag zwischen Airbus Deutschland GmbH und IG Metall vom 1.4.2003 (»Zusatztarifvertrag LAK«): Airbus verpflichtet sich gegenüber der IG Metall, in den Verträgen mit den zahlreichen Verleihern sicherzustellen, dass die bei den Verleihern beschäftigten Leiharbeitnehmer ab Beginn des vierten Einsatzmonats – wie die Stammmitarbeiter – nach den Bedingungen der Tarifverträge für die Metall- und Elektroindustrie beschäftigt und vergütet werden.

436 Vgl. Ulber, § 9 Rn. 280, 293.
437 Vgl. Ulber, a.a.O. Rn. 293.
438 Vgl. ArbG Frankfurt 30.9.11 – 8 Ga 169/11, AiB 2012, 405 m. Anm. Kunz.
439 Vgl. Huber, AiB 07, 681.

- Firmentarifvertrag zwischen dem Gabelstaplerhersteller Still GmbH (Hamburg) und der IG Metall vom 13.12.2007: das Unternehmen verpflichtet sich, nur noch mit Verleihern zusammenzuarbeiten, die die Leiharbeitnehmer während des Einsatzes ab dem ersten Einsatztag bei der Still GmbH nach Metalltarif entlohnen. Außerdem verpflichtet sich das Unternehmen, den Einsatz von Leiharbeitnehmern zu reduzieren und ab 1.1.2009 auf maximal sechs Monate zu befristen.
- Vereinbarung (»die zugleich Tarifvertrag ist«) zwischen den Hüttenwerken Krupp Mannesmann GmbH (HKM), Betriebsrat und IG Metall vom 19.12.2007: Die Anzahl der eingesetzten Leiharbeitnehmer wird bis zum 1.1.2011 auf eine Richtgröße von 100 Personen begrenzt; außerdem wird eine weitgehende Gleichbehandlung der eingesetzten Leiharbeitnehmer mit den Stammbeschäftigten festgelegt. Das Unternehmen verpflichtet sich, in den Verträgen mit den Verleihfirmen sicherzustellen, dass die vereinbarten – den Stammbeschäftigten zustehenden – betrieblichen und tariflichen (Manteltarifvertrag-Stahlindustrie) Leistungen an die Leiharbeitnehmer erbracht werden. Ein direkter Anspruch der Leiharbeitnehmer gegen die HKM wird ausgeschlossen.

Die Tarifpraxis kennt auch **Tarifverträge zwischen Gewerkschaft und Verleiher**, die auf ein Entleiher-Unternehmen bezogen sind. 209

Beispiel:
Tarifvertrag zwischen IG Metall und der Zeitarbeitsfirma Adecco Personaldienstleistungen GmbH vom 21.8.2007 für die bei der Audi AG eingesetzten Leiharbeitnehmer: Adecco verpflichtet sich, Leiharbeitnehmern eine Vergütung zu zahlen, die über das in den Tarifverträgen zwischen dem Bundesverband Zeitarbeit Personal-Dienstleistungen e. V. (BZA) und der DGB-Tarifgemeinschaft geregelte Niveau hinausgeht.

Eine weitere Variante sind »equal pay« – Vereinbarungen in Form **»dreiseitiger Tarifverträge« zwischen Verleihfirma, Entleiher und Gewerkschaft.** 210

Beispiel:
Tarifvertrag zwischen der IG Metall und dem Verleihunternehmen H. GmbH sowie der (Entleih-) Firma S. GmbH vom 11.9.2007: Es gelten beim Einsatz von Leiharbeitnehmern im Verhältnis zwischen der Verleihfirma und den Leiharbeitnehmern für die Zeit des Einsatzes die Tarifverträge der Metall- und Elektroindustrie. Die S. GmbH verpflichtet sich, die dadurch entstehenden Mehrkosten an die Verleihfirma auszugleichen.

Auch **Verbandstarifverträge** zur Leiharbeit sind inzwischen zustande gekommen. 210a
Am 30.9.2010 hat die IG Metall mit dem Arbeitgeberverband Stahl e. V. einen neuen Tarifvertrag über Entgelte und Ausbildungsvergütungen für die ca. 85000 Beschäftigten der **Stahlindustrie** in Nordrhein-Westfalen, Bremen und in Niedersachsen abgeschlossen (später auch in anderen Tarifgebieten der Stahlindustrie). Für die etwa 3000 Leiharbeitnehmer, die in den vom Tarifvertrag erfassten Stahlunternehmen eingesetzt sind, wurde vereinbart, dass sie **ab dem 1.1.2011** den **gleichen Lohn wie vergleichbare Arbeitnehmer** der Stammbelegschaft erhalten.[440]

---

440 Vgl. zur Darstellung und Erläuterung des Tarifabschlusses Karthaus, AuR 10, 494.

Im Rahmen der Metall-Tarifrunde 2012 wurde am 19.5.2012 für die Metall- und Elektroindustrie (M+E) Baden-Württembergs zwischen IG Metall und den Metallarbeitgeberverbänden (also den Entleihern) ein »**Tarifvertrag zur Zeit-/Leiharbeit**« abgeschlossen mit Regelungen zu den Bedingungen des **Einsatzes von Leiharbeit**.[441] Der Tarifvertrag wurde inhaltsgleich in anderen M+E-Tarifbezirken übernommen. U. a. werden Ergänzungen zu den Rechten des Betriebsrats des Entleiherbetriebes nach §§ 99, 100 BetrVG beim Einsatz von Leiharbeitnehmern geregelt. Außerdem werden Entleiher verpflichtet, einem Leiharbeitnehmer nach 24 Monaten Überlassung einen unbefristeten Arbeitsvertrag anzubieten.

Ebenfalls im Jahr 2012 wurde zwischen IG Metall Vorstand und einer Verhandlungsgemeinschaft aus den Leiharbeitsverbänden Bundesarbeitgeberverband der Personaldienstleister (BAP; vgl. Rn. 200a) und Interessengemeinschaft Zeitarbeit (iGZ) ein Tarifvertrag zur Zahlung von **Branchenzuschlägen** abgeschlossen, der zum 1.11.2012 in Kraft trat.[442] Hiernach erhalten Leiharbeitnehmer nach sechs Wochen Einsatzdauer in einem Unternehmen der Metall- und Elektroindustrie einen Branchenzuschlag von 15 %, nach drei Monaten 20 %, nach fünf Monaten 30 %, nach sieben Monaten 45 % und nach weiteren zwei Monaten 50 %. Der Branchenzuschlag berechnet sich auf Basis der DGB-Tarifverträge mit BZA (heute BAP; vgl. Rn. 200a) und iGZ (vgl. Rn. 200ff.). Leiharbeitnehmer erhalten den Branchenzuschlag auch dann, wenn sie in nicht tarifgebundenen Metall- und Elektrounternehmen eingesetzt werden. Auch wenn diese Tarifverträge den Grundsatz des »equal pay« nicht vollständig umsetzen, haben die IG Metall sowie die DGB-Gewerkschaften IG BCE, EVG und ver.di mit BAP und iGZ weitere Zuschlagstarifverträge für die in folgenden Branchen eingesetzten Leiharbeitnehmer abgeschlossen, um für sie eine finanzielle Besserstellung gegenüber den bisherigen Tarifentgelten in der Leiharbeit zu erreichen und dem Gleichstellungsprinzip wieder »zur Geltung zu verhelfen«:[443]

- Chemische Industrie (seit 1.11.2012)
- Kunststoffverarbeitende Industrie (seit 1.1.2013)
- Kautschukverarbeitende Industrie (seit 1.1.2013)
- Schienenverkehrsbereich (seit 1.4.2013)
- Holz- und Kunststoff verarbeitende Industrie (seit 1.4.2013)
- Textil- und Bekleidungsindustrie (seit 1.4.2013)
- Papier, Pappe und Kunststoffe verarbeitende Industrie (seit 1.5.2013)
- Druckindustrie (seit 1.7.2013; für gewerbliche Arbeitnehmer)
- Kali- und Steinsalzbergbau (seit 1.7.2014)
- Papiererzeugende Industrie (seit 1.7.2014; für gewerbliche Arbeitnehmer)

Sämtliche Branchenzuschlagstarifverträge laufen bis zum 31.12.2017. Wie sich die Tarifverträge danach weiterentwickeln, hängt nicht zuletzt davon ab, ob und wie der Gesetzgeber in der 18. Wahlperiode das im Koalitionsvertrag der Großen Koalition vom 27.11.2013 vereinbarte Gesetzesvorhaben zur Begrenzung der Verleihdauer und zur Sicherstellung von »equal pay« ab dem 9. Monat umsetzt.

---

441 Einzelheiten hierzu Schumann, AiB 12, 423; Krause, NZA 12, 830.
442 Vgl. hierzu Schumann, a.a.O.
443 So formuliert es ErfK-Wank, § 3 AÜG Rn. 25; Übersicht der Branchenzuschlagstarifverträge unter www.personaldienstleister.de/themen/tarifvertraege/dgb-tarifwerk.html.

Firmentarifverträge zwischen Gewerkschaft und Entleiher zur Leiharbeit enthalten oft **schuldrechtlich wirkende Bestimmungen** (vgl. Rn. 400 ff.) zugunsten der Leiharbeitnehmer. 211

> **Beispiel:**
> Der Entleiher verpflichtet sich durch Tarifvertrag gegenüber der Gewerkschaft, in den Verträgen mit Verleihern dafür Sorge zu tragen, dass an die bei Verleihern angestellten Arbeitnehmer für die Dauer des Einsatzes beim Entleiher ein Zuschlag gezahlt wird (vgl. Firmentarifvertrag zwischen Airbus Deutschland GmbH und IG Metall vom 1.4.2003 (vgl. Rn. 208).
> Kommt der Entleiher seiner tariflichen Verpflichtung nicht nach, kann die Gewerkschaft ihn auf Durchführung des Tarifvertrages verklagen.
> Zahlt der Verleiher den Zuschlag nicht an die letztlich begünstigten Arbeitnehmer aus, können sie ihn gegenüber dem Verleiher mit Zahlungsklage geltend machen.

Tarifverträge zwischen Gewerkschaft und Entleihern zugunsten der Leiharbeitnehmer können aber auch Bestimmungen mit **normativer Wirkung** enthalten. 211a

> **Beispiel:**
> Ziff. 4 Tarifvertrag zur Zeit-/Leiharbeit Metall- und Elektroindustrie Baden-Württemberg vom 19.5.2012: »*Betriebe ohne (freiwillige) Betriebsvereinbarung zur Zeit-/Leiharbeit: Besteht keine Betriebsvereinbarung … gilt Folgendes: Nach 24 Monaten Überlassung hat der Entleiher dem Zeit-/Leiharbeitnehmer einen unbefristeten Arbeitsvertrag anzubieten. Dieses kann nach Beratung mit dem Betriebsrat bei akuten Beschäftigungsproblemen entfallen.*«

Bei dieser Vorschrift handelt es sich um eine **Abschlussnorm** (vgl. Rn. 127 ff.), die zulässig ist und normative Wirkung nur zugunsten der tarifgebundenen Leiharbeitnehmer entfaltet;[444] d.h. solcher Leiharbeitnehmer, die zum Zeitpunkt der Annahme des Angebots Mitglied der tarifvertragschließenden IG Metall sind (vgl. Rn. 128).

Es dürfte auch zulässig sein, in Tarifverträgen zwischen Gewerkschaft und Entleihern **Tarifnormen** (vgl. Rn. 103 ff.) zu regeln, die dem Leiharbeitnehmer unmittelbar und zwingend **Ansprüche gegen den Entleiher (!)** geben. Der Umstand, dass zwischen dem Leiharbeitnehmer und dem Entleiher keine arbeitsvertragliche Beziehung – sondern allenfalls ein »partielles Arbeitsverhältnis«[445] – besteht, schließt die Schaffung von den Entleiher bindenden Tarifnormen zugunsten der Leiharbeitnehmer nicht generell aus (vgl. Rn. 113).[446] 212

Etwaige Unklarheiten bei der **Versteuerung** und **Verbeitragung** derartiger – als Arbeitsentgelt einzustufender – Leistungen stehen dem jedenfalls nicht entgegen.

Zur Frage, ob die **Friedenspflicht** aus den Tarifverträgen zwischen der Tarifgemeinschaft des DGB und den Arbeitgeberverbänden iGZ und BZA/BAP (vgl. Rn. 200 ff.) einem Streik für einen **»equal pay und treatment«-Tarifvertrag zwischen Gewerkschaft und Entleiher** entgegensteht, vgl. AKR Rn. 136. 213

444 Krause, NZA 12, 830, 833.
445 Vgl. Däubler-Reim/Nebe, Rn. 259, 321.
446 Vgl. Däubler-Reim/Nebe, a.a.O.

8.2.6 Werkvertragsarbeit

213a Tarifgebundene Unternehmen nutzen das Instrument der **Ausgliederung** von Unternehmensbereichen bzw. -funktionen (sog. **Outsourcing**) in Form der Vereinbarung von **Werkverträgen** (§ 631 BGB) mit anderen Unternehmen zunehmend als Möglichkeit, aus »teuren« tarifvertraglichen Verpflichtungen auszusteigen.[447] Das heißt: bislang von eigenen »teuren« Mitarbeitern ausgeführte Arbeiten werden mit dem Instrument des Werkvertrages auf andere (Zuliefer-)Unternehmen übertragen, die mit »billigeren« Arbeitskräften arbeiten. Es handelt sich um eine – neben der Leiharbeit stehende – weitere Form der Profitmaximierung durch »Lohndumping«.[448]

213b Das Thema »Werkvertragsarbeit« ist »alt«, erhält aber **neue Brisanz** dadurch, dass es Gewerkschaften und Betriebsräten zunehmend gelingt, die Entgelt- und Arbeitsbedingungen von Leiharbeitnehmern zu verbessern (und damit die Leiharbeit für die Entleiher-Unternehmen zu verteuern). Außerdem hat der Gesetzgeber den Missbrauch von Leiharbeit als »Lohndumpinginstrument« erschwert (vgl. § 3a AÜG: hiernach können durch Rechtsverordnung Lohnuntergrenzen in der Leiharbeitsbranche festgelegt werden; vgl. hierzu TVG Anhang 4 Rn. 1ff.). Es entwickelt sich offenbar eine »Flucht aus der Leiharbeit« hin zu **Lohndumping durch »Werkvertragsarbeit«**.[449] Der ehemalige Gesamtmetall-Präsident Martin Kannegiesser kommentiert dies so: »Die Zeitarbeit[450] wird deutlich teurer. Einige werden versuchen, dem über Werkverträge aus dem Weg zu gehen.«[451] Viele Leiharbeitsfirmen bieten inzwischen die Auslagerungsstrategie in Form von Werkverträgen als **weiteres »Produkt«** für Unternehmen an (z.B. die Firma Adecco Personaldienstleistungen GmbH, die zugleich die Firma Adecco Outsourcing GmbH betreibt).[452] Das Ausmaß belegt eine von der IG Metall Anfang 2011 durchgeführte Befragung von Betriebsräten in knapp 5000 Unternehmen:[453] In über einem Drittel der befragten Unternehmen werden Werk- und Dienstverträge als Flexibilisierungsinstrument eingesetzt. Von diesem Drittel sind sich wiederum 36 % der befragten Betriebsräte sicher, dass auf diesem Wege Stammarbeitsplätze abgebaut werden.[454]

213c **Lohndumping durch Werkvertragsarbeit** geht etwa so:[455]

---

447 Vgl. Klebe, Werkverträge – ein neues Dumpingmodell? AiB 12, 599; Koch, »Werkverträge in der Arbeitswelt« der Otto Brenner Stiftung 2012 (OBS).

448 http://www.youtube.com/watch?v=7jOSlYwWkqE.

449 Klebe, Werkverträge – ein neues Dumpingmodell? AiB 12, 599; http://frontal21.zdf.de/ZDF/zdfportal/web/ZDF.de/Frontal-21/2942216/23837596/7478a3/Die-Themender-Sendung-vom-14.-August.html.

450 Arbeitgebervertreter bevorzugen den Begriff »Zeitarbeit«, was den Blick dafür verstellt, dass es um den Verleih von Menschen geht.

451 news.de 5.6.2012 (http://www.news.de/nachrichten/Gesamtmetall+ Kannegiesser/).

452 Kleine Anfrage der Fraktion DIE LINKE im Bundestag vom 14.7.11; instruktiv: http://www.youtube.com/watch?v=7jOSlYwWkqE.

453 www.igmetall.de/cps/rde/xchg/internet/style.x sl/betriebsraeteumfrage-der-ig-metall-zu-unsicherer-beschaeftigung-7006.htm.

454 Zu weiteren Erhebungen vgl. Klebe, AiB 12, 599.

455 Eine aufschlussreiche Übersicht über die wichtigsten »Nutzerbranchen« am Beispiel Bayerns findet sich bei Siebenhüter, Werkverträge in Bayern, 2013 (Hrsg. DGB Bayern).

Ein z. B. an die Tarifverträge der Metallindustrie gebundenes Unternehmen legt Teilbereiche still und überträgt die – weiterhin notwendigen – **Funktionen** auf eine »**Fremdfirma**« (z. B. den innerbetrieblichen Transport und sonstige Serviceeinrichtungen wie z. B. Einräumen von Regalen im Einzelhandel). Die Übertragung erfolgt ohne Mitbestimmung des Betriebsrats.

Oder: Das Unternehmen **gliedert** – ebenfalls ohne Mitbestimmung – **Teilbereiche des Betriebes** (und die dazugehörigen Arbeitnehmer) an andere Unternehmen – ggf. auch neu gegründete Unternehmen – **aus.**

Für die in diesen Bereichen bislang beim »Altarbeitgeber« beschäftigten Arbeitnehmer gilt zu ihrem Schutz § 613a BGB (**Betriebsübergang**; vgl. Rn. 191 ff., § 3 Rn. 105 ff.). Sie erhalten zwar einen neuen Arbeitgeber. Die bisherigen tariflichen Bedingungen (Metalltarifvertrag) der tarifgebundenen Arbeitnehmer dürfen aber nach § 613a Abs. 1 Satz 2 BGB nicht vor Ablauf eines Jahres zum Nachteil der Arbeitnehmer verändert werden.

§ 613a BGB wahrt allerdings nur den **Besitzstand** zugunsten der bisher beim »Altarbeitgeber« Beschäftigten. Zukünftige Tariferhöhungen kommen nicht mehr zum Tragen. Das ist einer der Vorteile für die an der Ausgliederung beteiligten Unternehmen. Weitere Vorteile:

- Den bislang Beschäftigten werden zudem – nach Ablauf der einjährigen Veränderungssperre neue – schlechtere – Arbeitsverträge »angeboten«, genauer gesagt mit der Androhung von Arbeitsplatzabbau (usw.) **aufgenötigt**.
- Ausscheidende – durch § 613a BGB geschützte – Mitarbeiter werden durch »billigere« Arbeitskräfte (unterhalb des bisherigen Tarifniveaus: Metallindustrie) oder durch noch »billigere« **Leiharbeitnehmer** ersetzt.

Die Fremdfirma ist oft **nicht tarifgebunden** und zahlt die Entgelte, die der »Chef« für angemessen hält.

Oder: sie ist, weil sie einer anderen Branche angehört, an einen Tarifvertrag mit – im Vergleich zum Metalltarifvertrag – **schlechteren Bedingungen** gebunden.

Oder: sie arbeiten mit **Leiharbeitnehmern**, die mit den vergleichsweise niedrigen Entgelten der Leiharbeitstarifverträge vergütet werden (vgl. hierzu Rn. 199 ff.).

Egal wie: im Ergebnis zahlen die Fremdfirmen **niedrigere Entgelte** an die Beschäftigten.

Die Fremdfirmen liefern dann die Arbeitsergebnisse auf **Grundlage eines Werkvertrages** an das »Altunternehmen« ab.

Das wirkt sich **zugunsten** des »alten« – nunmehr als Auftraggeber auftretenden – Unternehmens aus.

Dieses erhält die zuvor mit »eigenen« Arbeitnehmern produzierten Arbeitsergebnisse insgesamt zu einem Preis, der deutlich **unter den Kosten / Personalkosten** liegt, die ohne die Übertragung der Funktionen auf die Fremdfirmen angefallen wären.

Das »Altunternehmen« kann den Preis **zusätzlich** noch dadurch **systematisch senken**, dass sie die Funktionen vor Auftragsvergabe »**ausschreibt**«. Die Fremdfirmen **unterbieten** sich, was zu einer weiteren Anheizung der **Preis-/Lohnspirale** »**nach unten**« führt.

Hinzu kommt: Mit der Werkvertragsarbeit ist in vielen Fällen nicht nur eine systematische Lohnsenkung, sondern auch ein **deutlich niedrigerer Standard des Arbeits- und**

Gesundheitsschutzes verbunden, wie eine aktuelle Untersuchung zeigt.[456] Danach führen häufig wechselnde Einsatzorte und kurze Einsatzzeiten dazu, dass insbesondere bei sog. »Soloselbständigen« mit Niedriglohn die üblichen Kontrollmechanismen und -instanzen nicht greifen: Während Arbeitnehmer in Leiharbeit immerhin noch zu 29 % von betrieblicher Gesundheitsförderung profitieren und zu 47 % von einer Gefährdungsbeurteilung erfasst werden, sind es bei den Soloselbständigen nur noch 18 % bzw. 14 %.[457]

213d Bei Werkvertragsarbeit kann es sich um **verdeckte – und damit unzulässige – Leiharbeit** handeln. Nämlich dann, wenn die Beschäftigten der Fremdfirma die Leistungen auf dem Firmengelände des Auftraggebers erbringen und von dessen Personal Anweisungen erhalten.[458] In diesem Falle gelten die Regelungen des AÜG. U. a. hat der Betriebsrat nach § 14 Abs. 3 AÜG i.V.m. § 99 BetrVG beim Einsatz von Leiharbeitnehmern mitzubestimmen. Hat die entsendende Firma keine Erlaubnis zur Arbeitnehmerüberlassung, kommt kraft Gesetzes ein Arbeitsverhältnis zwischen Leiharbeitnehmer und Entleiher zustande (§ 10 Abs. 1 AÜG).

213e Gewerkschaften versuchen, die Werkvertragsarbeit durch **Tarifregelungen** (z.B. zur Ausgliederung von Unternehmensbereichen bzw. zur Vergabe von Werkverträgen) so zu gestalten, dass die Interessen der Beschäftigten »nicht unter die Räder kommen«.
Eine tarifpolitische Möglichkeit der Regulierung von Werkvertragsarbeit besteht darin, diese in Form eines Tarifvertrages **auszuschließen**, zu begrenzen oder an Bedingungen zu knüpfen (Vgl. Rn. 180).

> **Beispiel einer Tarifregelung:**
> Die Ausgliederung von Bereichen / Funktionen an Fremdfirmen bedarf der Zustimmung des Betriebsrats. Im Nichteinigungsfalle kann die Einigungsstelle angerufen werden. Solange das Verfahren der Einigungsstelle nicht abgeschlossen ist, darf das Unternehmen die Ausgliederung nicht beginnen/durchführen. Aufgabe der Einigungsstelle ist:
> Variante 1: Die Einigungsstelle hat eine (eingeschränkte) Kompetenz wie beim Interessenausgleich (also nur Verhandlung in der Einigungsstelle, aber keine Entscheidung).
> Variante 2: Die Einigungsstelle trifft eine Entscheidung über das »ob« und »wie« der Ausgliederung. Damit kommt man allerdings in den Bereich der umstrittenen Frage, ob Derartiges vor dem Hintergrund Art. 12 Abs. 1 GG tariflich regelbar und erstreikbar ist (vgl. hierzu Rn. 166ff.).

213f Darüber hinaus muss es gewerkschaftliches Ziel sein, bei den ggf. nicht tarifgebundenen »Werkvertragsunternehmen« **Tarifverträge (etwa Firmentarifverträge) durchzusetzen**, die dem Niveau der beim ausgliedernden »Altunternehmen« gelten Tarifverträge entsprechen. Das setzt allerdings die Bereitschaft der auf die Fremdfirma »übergegangenen« Beschäftigten voraus, sich gewerkschaftlich zu organisieren und zu betätigen.

213g Die seitens des DGB seit Jahren erhobene Forderung, die **Politik** müsse gegen den Missbrauch von Werkverträgen entschiedener vorgehen, verbunden mit der Vorlage eines

---

456 Becker/Engel, WSI-Mitteilungen 15, 178ff. (Grafik und Zusammenfassung abrufbar unter www.boeckler.de/impuls_2015_08_gesamt.pdf).
457 Becker/Engel, a.a.O.
458 Vgl. Schoof, Betriebsratspraxis, Stichwort Arbeitnehmerüberlassung, Rn. 3ff.

entsprechenden Positionspapiers im Wahljahr 2012[459], hat sich im Koalitionsvertrag der Bundesregierung für die 18. Wahlperiode niedergeschlagen und teilweise bereits zu entsprechenden gesetzlichen Regelungen geführt. Diese beinhalten die Erleichterung der Allgemeinverbindlicherklärung durch das Tarifautonomiestärkungsgesetz (vgl. § 5 Rn. 15), das Mindestlohngesetz (vgl. TVG Anhang 1) sowie Verbesserungen im Arbeitnehmerentsendegesetz (vgl. TVG Anhang 2). Noch nicht umgesetzt ist eine dringend erforderliche Stärkung der gesetzlichen Beteiligungsrechte des Betriebsrats im Einsatzbetrieb bezogen auf Werkverträge. Die dazu im Koalitionsvertrag vorgesehenen Maßnahmen, d.h. die ausdrückliche Regelung von ohnehin nach dem BetrVG bestehenden Informationsrechten des Betriebsrats im Einsatzbetrieb und erweiterte Kontrollmöglichkeiten für Aufsichtsbehörden und Zoll, sind angesichts der zunehmenden Missbrauchstendenzen (vgl. Rn. 213c) jedenfalls nicht ausreichend.

8.2.7 Differenzierungsklauseln

Mit **tarifvertraglichen Differenzierungsklauseln** soll durch Tarifvertrag für den Arbeitgeber verbindlich festgelegt werden, dass bestimmte tarifliche Leistungen (z.B. ein zusätzliches Urlaubsgeld) **nur an Gewerkschaftsmitglieder** – nicht aber an Außenseiter – erbracht werden. Dadurch soll u.a. die Attraktivität der Gewerkschaftsmitgliedschaft erhöht werden. Zu unterscheiden sind einfache und qualifizierte Differenzierungsklauseln (vgl. § 3 Rn. 191ff.). 214

Die tarifliche **Regelbarkeit** von **Differenzierungsklauseln** ist umstritten, jedoch insgesamt zu bejahen (zum Meinungsstand sowie zu den unterschiedlichen Erscheinungsformen vgl. § 3 Rn. 199ff.). Aus der tariflichen Regelbarkeit folgt, dass eine derartige Klausel auch **erstreikbar** ist (vgl. Rn. 155; AKR Rn. 16, 58a). Dabei kommt es nicht darauf an, ob die geforderte einfache Differenzierungsklausel Teil eines Firmen- oder Verbandstarifvertrages werden soll.

8.2.8 Effektivklauseln

Mit tarifvertraglichen sog. **positiven Effektivklauseln** (Effektivgarantieklausel und begrenzte Effektivklausel) wurde auf Initiative der Gewerkschaften gelegentlich versucht, den Gesamtverdienst aus tariflichen und übertariflichen Entgeltbestandteilen an den Tariferhöhungen teilhaben zu lassen. 215

Effektivgarantieklauseln zielen darauf ab, das Effektiventgelt tariflich abzusichern und an den Tarifentgelterhöhungen vollständig zu beteiligen.

Begrenzte Effektivklauseln verfolgen den Zweck, die Verrechnung von Tarifentgelterhöhungen mit übertariflichen Entgeltbestandteilen zu untersagen (»Aufsaugungsverbot«), mit der Wirkung, dass die übertariflichen Entgeltbestandteile neben dem erhöhten Tarifentgelt ungekürzt fortgezahlt werden müssen.

459 http://www.dgb.de/themen/++co++93df8474-bab911e1-7bae-00188b4dc422.

Nach zweifelhafter Ansicht des BAG sind positive Effektivklauseln **tariflich nicht regelbar** (strittig; vgl. § 4 Rn. 351 ff.).[460]
Als **negative Effektivklausel** (Anrechnungsklausel) bezeichnet man eine Tarifbestimmung, wonach arbeitsvertraglich vereinbarte übertarifliche Lohnbestandteile auf tarifliche Entgelterhöhungen **anzurechnen** sind. Derartige Klauseln verstoßen nach Auffassung des BAG gegen das **Günstigkeitsprinzip** nach § 4 Abs. 3 TVG (vgl. hierzu § 4 Rn. 140 ff.) und sind unwirksam.[461] Soweit nach der Arbeitsvertragsabrede ein übertariflicher Entgeltbestandteil auch im Falle einer Tariferhöhung weiterzuzahlen ist, bleibt eine solche günstigere Regelung bestehen, weil ein Tarifvertrag nur Mindestentgelte, aber keine Höchstentgelte festsetzen kann.[462]

8.2.9 Betriebsverfassung

8.2.9.1 Tarifverträge nach § 3 BetrVG

216 § 3 Abs. 1 Nr. 1 bis 3 BetrVG gestattet den Tarifparteien, unter den dort bestimmten Voraussetzungen durch Tarifvertrag von den **organisatorischen Vorschriften des BetrVG abzuweichen.** Beispielsweise kann durch Tarifvertrag für Unternehmen mit mehreren Betrieben ein **unternehmenseinheitlicher Betriebsrat** gebildet werden, wenn dies die Bildung von Betriebsräten erleichtert oder einer sachgerechten Wahrnehmung der Interessen der Arbeitnehmer dient (§ 3 Abs. 1 Nr. 1 Buchst. a BetrVG). Eine solche Tarifvorschrift tritt dann an die Stelle des gesetzlichen Organisationsmodells, das in einem solchen Fall die Errichtung eines Gesamtbetriebsrats vorsieht (§ 47 BetrVG). § 3 Abs. 1 Nr. 1 bis 3 BetrVG ist verfassungsgemäß.[463] Allerdings ist die durch einen Tarifvertrag gemäß § 3 Abs. 1 Nr. 1 bis 3 BetrVG geschaffene Struktur nur wirksam, wenn sie zur Interessenvertretung **besser geeignet** ist als die gesetzlich vorgesehene[464] – mit entsprechenden Konsequenzen hinsichtlich der Erstreikbarkeit (vgl. Rn. 219 und AKR Rn. 46a).

216a **Inhaltlich** geht es um folgende Regelungspunkte:[465]

- **Ziel und Zweck der Vereinbarung**
  - Anpassung der Betriebsratsgremien an betriebliche Strukturen
  - effiziente und zweckmäßige Interessenvertretung der Arbeitnehmerinnen und Arbeitnehmer
- **Geltungsbereich**
  - räumlicher Geltungsbereich
  - fachlicher/betrieblicher Geltungsbereich
  - persönlicher Geltungsbereich

---

460 BAG 13.6.58 – 1 AZR 591/57, AP Nr. 2 zu § 4 TVG Effektivklausel; 14.2.68 – 4 AZR 275/67, AP Nr. 7 zu § 4 TVG Effektivklausel; 16.9.87 – 4 AZR 265/87, AP Nr. 15 zu § 4 TVG Effektivklausel; 21.7.93 – 4 AZR 468/92, AP Nr. 144 zu § 1 TVG Auslegung; Wiedemann-Wank, § 4 Rn. 537 ff.

461 BAG 18.8.71 – 4 AZR 342/70, DB 71, 2117.

462 BAG 18.8.71, a.a.O.

463 BAG 29.7.09 – 7 ABR 27/08, DB 10, 117 = AP Nr. 7 zu § 3 BetrVG 1972.

464 BAG 13.3.13 – 7 ABR 70/11, NZA 13, 738; vgl. hierzu auch Wendeling-Schröder, NZA 15, 525, 526.

465 Übersicht aus: Heinkel, Neustrukturierung von Betriebsratsgremien nach § 3 BetrVG, S. 68 ff.

- **Begriffsbestimmungen**
- **Verhältnis zu bisherigen Vereinbarungen und bestehenden Betriebsratsgremien**
  - Fortgeltung bestehender (Betriebs-)Vereinbarungen
  - Übergangsmandate der bestehenden Betriebsratsgremien
  - Regelungen für den Übergangszeitraum bis zur Errichtung neuer Betriebsratsgremien
- **Art der neuen Betriebsratsgremien**
- unternehmenseinheitlicher Betriebsrat – alle Betriebe eines Unternehmens werden durch einen Betriebsrat vertreten
  - Zuordnung/Zusammenfassung von Betrieben
  - Spartenbetriebsrat
  - andere Arbeitnehmervertretungsstrukturen
  - Arbeitsgemeinschaften/Zusammenarbeit von Betriebsräten
  - Regional-/Bereichsbetriebsräte
- **Wahl der neuen Betriebsratsgremien**
  - Wahlzeitpunkt
  - Wahlverfahren
- **Organisation und Tätigkeit der neuen Betriebsratsgremien**
  - Größe der neuen Betriebsratsgremien
  - Freistellung von Gremienmitgliedern
  - Amtszeit
  - Geschäftsführung und Ausstattung mit Sachmitteln
  - Außenstellen der Betriebsratsgremien
- **Sonstige Arbeitnehmervertretungen und Vertretungen der Arbeitgeberseite**
- Gesamtbetriebsrat und Konzernbetriebsrat – Errichtung, Zusammensetzung, Zusammenarbeit mit neuen Betriebsratsgremien
  - Schwerbehindertenvertretung sowie Jugend- und Auszubildendenvertretung
  - Benennung einer Ansprechpersonen auf Arbeitgeberseite
- **Mitbestimmungsrechte**
- **Inkrafttreten und Laufzeit**
- **Nachwirkung**
- **Schlussbestimmungen, Anpassung und/oder Weiterentwicklung**
  - Verfahren bei Streitigkeiten über die Auslegung und Anwendung der Vereinbarung
  - Verfahren im Falle der Weiterentwicklung und Anpassung der Vereinbarung
  - Verfahren im Falle der (Teil-)Unwirksamkeit; sog. salvatorische Klausel.

Bei abweichenden Tarifregelungen nach § 3 Abs. 1 Nr. 1 bis 3 BetrVG handelt es sich um **betriebsverfassungsrechtliche Normen** i.S.d. § 1 Abs. 1 TVG (vgl. Rn. 137ff.). **217**

Ein Tarifvertrag nach § 3 Abs. 1 Nr. 1 bis 3 BetrVG kann nach Ansicht des BAG von einer tarifzuständigen und im Betrieb vertretenen Gewerkschaft **ohne Beteiligung** von anderen gleichfalls tarifzuständigen Gewerkschaften abgeschlossen werden.[466] **218**

466 BAG 29.7.09, a.a.O.

Wenn mehrere im Betrieb vertretene tarifzuständige Gewerkschaften sich widersprechende Tarifverträge nach § 3 Abs. 1 BetrVG abschließen, ist die dadurch entstehende **Tarifkonkurrenz** nach den hierfür geltenden Regeln **aufzulösen** (entweder nach dem von der bisherigen BAG-Rechtsprechung angewendeten Spezialitätsprinzip oder dem – in der Literatur verbreitet geforderten – Mehrheits-/Repräsentationsprinzip; vgl. hierzu § 4 Rn. 67f.).[467]

219 Das BAG (7. Senat) hat klargestellt, dass ein Tarifvertrag nach § 3 Abs. 1 Nr. 1 bis 3 BetrVG **erstreikbar** ist (vgl. AKR Rn. 41ff.).[468] Es hat damit eine in der Literatur höchst umstrittene Frage nach dem Grundsatz »Was tariflich regelbar ist, ist auch erstreikbar« in zutreffender Weise entschieden (vgl. Rn. 155; AKR Rn. 16).

8.2.9.2 Tarifliche Regelungen der Rechte des Betriebsrats

220 Tarifliche Regelungen über eine **Erweiterung der Rechte des Betriebsrats** – besonders der Mitbestimmungsrechte – sind grundsätzlich zulässig[469] und deshalb erstreikbar. Es handelt sich dabei um betriebsverfassungsrechtliche Normen (vgl. Rn. 137), die im Betrieb eines tarifgebundenen Arbeitgebers auch für **gewerkschaftlich nicht organisierte Arbeitnehmer** gelten (§ 3 Abs. 2 BetrVG). Das verstößt nicht gegen deren »negative Koalitionsfreiheit« (vgl. Rn. 134 und § 3 Rn. 66).

220a Ein Tarifvertrag kann die gesetzliche **Aufgabe** des Betriebsrats aus § 80 Abs. 1 Nr. BetrVG, die Durchführung seiner Bestimmungen zu **überwachen**, nicht aufheben oder einschränken.[470]

220b Die Erweiterung der gesetzlichen Mitbestimmungsrechte des Betriebsrats durch Tarifvertrag ist zunehmend Gegenstand tarifpolitischer Diskussionen in den Gewerkschaften. In Verbandstarifverträge schaffen es betriebsverfassungsrechtliche Tarifnormen allerdings oft nur als **deklaratorische Regelungen**, d.h. als Tarifvorschriften, die auf die gesetzlichen Rechte des Betriebsrats verweisen.

> **Beispiel:**
> § 2.1 Manteltarifvertrag für Beschäftigte in der Metall- und Elektroindustrie in Nordwürttemberg/Nordbaden: *»Das Mitbestimmungsrecht des Betriebsrates bei Einstellung, Versetzung und Kündigung richtet sich nach den Bestimmungen des Betriebsverfassungsgesetzes und bleibt durch diesen Tarifvertrag unberührt.«*

Deklaratorische Regelungen sind im Grunde überflüssig. Sie werfen unnötigerweise die streitige Frage auf, ob sie eine Friedenspflicht auslösen, die etwa einem Streik für eine Forderung nach einer Ausweitung der Mitbestimmung im Rahmen einer betrieblichen Tarifbewegung in einem verbandsangehörigen Unternehmen entgegensteht (vgl. hierzu AKR Rn. 107ff.). Diese Frage ist zwar nach zutreffender BAG-Rspr. zu verneinen (vgl. AKR

467 BAG 29.7.09, a.a.O.
468 BAG 29.7.09, a.a.O.
469 BAG 21.10.03 – 1 ABR 39/02, DB 04, 322; ArbG Frankfurt 30.9.11 – 8 Ga 169/11, AiB 2012, 405 m. Anm. Kunz; vgl. auch Fitting, § 1 Rn. 255.
470 BAG 21.10.03, a.a.O.

Rn. 107ff.).[471] Besser i. S. v. Rechtssicherheit wäre es allerdings, auf derartige (inhaltsleere) Tarifvorschriften in Verbandstarifverträgen zu verzichten, um auf diese Weise eine betriebsnahe ergänzende gewerkschaftliche Tarifpolitik zu fördern.

Tarifforderungen nach einer **Ausweitung der Mitbestimmung** stoßen oft auf den **Widerstand** der Unternehmensseite. Ohne Streikeinsatz sind Forderungen nach einer substantiellen Verbesserung der Mitbestimmung kaum durchsetzbar. Deshalb eignen sich solche Forderungen eher für betriebliche Tarifbewegungen um einen Firmentarifvertrag, in denen das Kräfteverhältnis und damit die Durchsetzbarkeit genauer eingeschätzt werden können als bei einer Flächentarifbewegung. Weil das Thema in Flächen/Verbandstarifverträgen meist nicht (konstitutiv) geregelt ist, besteht keine Friedenspflicht, sodass insoweit der Aufruf zu (Warn-)Streiks möglich ist.

Zulässig ist eine tarifliche Erweiterung der Mitbestimmungsrechte in **sozialen Angelegenheiten** des § 87 BetrVG. 221

Beispiele:

- Erweiterung der Mitbestimmung auf die Festlegung der **Dauer** der individuellen regelmäßigen Wochenarbeitszeit[472] oder bei der Absenkung der regelmäßigen wöchentlichen Arbeitszeit zum Zwecke der Beschäftigungssicherung (vgl. hierzu Rn. 276ff.)[473]. Nach § 87 Abs. 1 Nr. 2 BetrVG besteht ein gesetzliches Mitbestimmungsrecht nur bei Lage und Verteilung der von den Arbeitnehmern geschuldeten Arbeitszeit und nach § 87 Abs. 1 Nr. 3 BetrVG nur bei der »vorübergehenden« Verkürzung der betriebsüblichen Arbeitszeit (= Kurzarbeit) oder ihrer »vorübergehenden« Verlängerung (= Überstunden).
- Erweiterung der nach § 87 Abs. 1 Nr. 7 und § 91 BetrVG bestehenden Mitbestimmung beim **Arbeits- und Gesundheitsschutz**. Ein Tarifvertrag könnte ein Initiativmitbestimmungsrecht ohne die in den genannten Vorschriften geregelten Voraussetzungen regeln:

Beispiel:

Der Betriebsrat kann dem Arbeitgeber bauliche, technische, organisatorische und sonstige Maßnahmen zur Verbesserung des Gesundheitsschutzes vorschlagen. Im Nichteinigungsfalle entscheidet eine Einigungsstelle (§ 76 Abs. 5 BetrVG).

- Erweiterung der Mitbestimmung auf die **Errichtung** – also das »ob« einer **Sozialeinrichtung** (z.B. Errichtung einer **Betriebskantine**[474] oder eines **Betriebskindergartens**). Nach § 87 Abs. 1 Nr. 8 BetrVG besteht ein gesetzliches Mitbestimmungsrecht nur bei der »Form, Ausgestaltung und Verwaltung« von Sozialeinrichtungen.
- Erweiterung der Mitbestimmung auf die Festlegung der **Höhe von Entgeltbestandteilen** (z.B. Festlegung der Höhe von Belastungs- bzw. Erschwerniszulagen; vgl. Rn. 252).[475] § 87 Abs. 1 Nr. 10 BetrVG gibt dem Betriebsrat nur ein Mitbestimmungsrecht zur Festlegung der Entlohnungsgrundsätze und -methoden. Die Lohnhöhe wird von der Vorschrift nicht erfasst.

---

471 BAG 27.6.89 – 1 AZR 404/88, NZA 1989, 969 = AP Nr. 113 zu Art. 9 GG Arbeitskampf.

472 BAG 18.8.87 – 1 ABR 30/86, NZA 87, 779.

473 Vgl. hierzu LAG Hamburg 24.6.97 – 3 TaBV 4/97, AiB 98, 226 m. Anm. Schoof; ArbG Bremen 25.11.09 – 12 BVGa 1204/09, AiB 10, 622 m. Anm. Schoof/Nacken.

474 Bösche/Grimberg, AiB 95, 395 mit einem Regelungsvorschlag.

475 BAG 9.5.95 – 1 ABR 56/94, NZA 1996, 156; 4.7.89 – 1 ABR 40/88, NZA 90, 29.

Für die in **§ 88 BetrVG** vorgesehenen Regelungsgegenstände sieht das Gesetz nur eine Regelung durch »freiwillige« nicht erzwingbare Betriebsvereinbarung vor. Durch Tarifvertrag könnte insoweit ein **echtes Initiativmitbestimmungsrecht** des Betriebsrats geschaffen werden.

Regelungsbeispiel:
Der Betriebsrat hat in folgenden Angelegenheiten mitzubestimmen:
1. zusätzliche Maßnahmen zur Verhütung von Arbeitsunfällen und Gesundheitsschädigungen;
2. Maßnahmen des betrieblichen Umweltschutzes;
3. die Errichtung von Sozialeinrichtungen, deren Wirkungsbereich auf den Betrieb, das Unternehmen oder den Konzern beschränkt ist;
4. Maßnahmen zur Förderung der Vermögensbildung;
5. Maßnahmen zur Integration ausländischer Arbeitnehmer sowie zur Bekämpfung von Rassismus und Fremdenfeindlichkeit im Betrieb.

Im Nichteinigungsfalle entscheidet die **Einigungsstelle** (§ 76 Abs. 5 BetrVG).

221a Ein **Ausschalten** der in § 87 BetrVG geregelten Mitbestimmung durch Tarifvertrag ist nicht möglich. Den Tarifvertragsparteien ist es verwehrt, das gesetzliche Mitbestimmungsrecht des Betriebsrats ersatzlos auszuschließen und durch ein **Alleinbestimmungsrecht des Arbeitgebers** zu ersetzen. Der Vorrang des § 87 Abs. 1 Eingangssatz BetrVG greift entsprechend dem Sinn eines Ausschlusses des Mitbestimmungsrechts bei einer tariflichen Regelung nur ein, wenn diese die mitbestimmungspflichtige Angelegenheit abschließend und zwingend regelt und damit dem Schutzzweck des Mitbestimmungsrechts selbst Genüge tut.[476]
Beispielsweise kann der Arbeitgeber durch Tarifvertrag nicht pauschal zur Anordnung von **Überstunden** ermächtigt werden (vgl. Rn. 329).[477]
Unzulässig ist auch eine Tarifnorm, die wie § 15 Abs. 5 BAT-O die Einführung von **Kurzarbeit** durch den Arbeitgeber erlaubt, ohne Regelungen über Voraussetzungen, Umfang und Höchstdauer dieser Maßnahme zu treffen; sie ist auch wegen Verstoßes gegen kündigungsrechtliche Gesetzesbestimmungen unwirksam (vgl. Rn. 319).[478]
Eine die Mitbestimmung des Betriebsrats nach § 87 BetrVG ersetzende Tarifnorm muss nach Ansicht des BAG die betreffende Angelegenheit allerdings **nicht in jeglicher Hinsicht selbst regeln.**[479] Die Tarifvertragsparteien hätten in diesem Zusammenhang denselben **Spielraum** wie die Betriebsparteien selbst. Etwas anderes sei mit dem Zweck des § 87 Abs. 1 Einleitungssatz BetrVG nicht zu vereinbaren und widerspräche überdies der Wertung des Art. 9 Abs. 3 GG, wonach die Tarifautonomie, nicht aber die Betriebsautonomie Grundrechtsschutz genießt. Die Betriebsparteien wiederum dürften für bestimmte Fälle

476 BAG 21.9.93 – 1 ABR 16/93, AP Nr. 62 zu § 87 BetrVG 1972 Arbeitszeit; 23.7.1996 – 1 ABR 13/96, AP Nr. 68 zu § 87 BetrVG 1972 Arbeitszeit; 17.11.98 – 1 ABR 12/98, AuR 99, 145 = NZA 99, 662; 3.5.06 – 1 ABR 14/05, DB 07, 60.

477 BAG 17.11.98, a.a.O.

478 BAG 27.1.94 – 6 AZR 541/93, EzA § 615 BGB Kurzarbeit Nr. 1; BAG 18.10.94 – 1 AZR 503/93, NZA 95, 1064; 28.5.09 – 6 AZR 144/08, ZTR 09, 489.

479 BAG 3.5.06 – 1 ABR 14/05, DB 07, 60.

ein Alleinentscheidungsrecht des Arbeitgebers vorsehen, sofern dadurch das Mitbestimmungsrecht nicht in seiner Substanz beeinträchtigt wird. Werde das Mitbestimmungsrecht des Betriebsrats durch eine Betriebsvereinbarung ausgeübt, könne diese deshalb vorsehen, dass der Arbeitgeber berechtigt ist, unter bestimmten Voraussetzungen eine Maßnahme allein zu treffen. Das Gesetz fordere nicht, dass zu jeder einzelnen mitbestimmungspflichtigen Anordnung jeweils die Zustimmung des Betriebsrats eingeholt wird, wenn dieser seine Zustimmung im Voraus erteilt hat. So sei etwa eine Tarifbestimmung nicht zu beanstanden, die dem Arbeitgeber die Befugnis zur einseitigen Anordnung von Mehr- oder Kurzarbeit im Umfang von täglich bis zu einer Stunde einräume, solange sich das Arbeitszeitkonto der betreffenden Mitarbeiter auch danach noch im »grünen« oder »gelben« Bereich bewegt. Damit nehme das Maß der täglichen Schwankungsbreite auf die Belange der Arbeitnehmer ausreichend Rücksicht.

Die **Beteiligungsrechte** des Betriebsrats in **personellen Angelegenheiten** können durch Tarifvertrag weder eingeschränkt noch ausgeschlossen,[480] aber **erweitert**[481] werden. **222**
Eine Erweiterung der Beteiligungsrechte des Betriebsrats ist auch in Bezug auf die §§ 92 ff. BetrVG (Allgemeine personelle Maßnahmen) möglich.

Beispiele:
- Initiativrecht des Betriebsrats in Bezug auf Einführung und Durchführung einer **Personalplanung** etwa nach dem Vorbild des § 93 BetrVG (*»Der Betriebsrat kann verlangen, …«*). § 92 Abs. 2 BetrVG gibt dem Betriebsrat nur ein Vorschlagsrecht.
- Initiativmitbestimmungsrecht in Bezug auf die Errichtung und Ausstattung betrieblicher Einrichtungen zur **Berufsbildung** und der Einführung betrieblicher Berufsbildungsmaßnahmen. Nach § 97 Abs. 1 BetrVG besteht insoweit nur ein Beratungsrecht.

Beispiel:
»Der Betriebsrat kann dem Arbeitgeber die Errichtung und Ausstattung betrieblicher Einrichtungen der Berufsbildung sowie die Einführung betrieblicher Berufsbildungsmaßnahmen vorschlagen. Im Nichteinigungsfalle entscheidet eine Einigungsstelle.«
- **Erweiterung der Zustimmungsverweigerungsgründe** des § 99 Abs. 2 BetrVG bei Einstellung, Versetzung und Ein- bzw. Umgruppierung.
- Initiativmitbestimmungsrecht bei **Einstellung** (die Unternehmerfreiheit steht dem nicht entgegen; vgl. hierzu Rn. 196). § 99 BetrVG gibt dem Betriebsrat nur ein Zustimmungsverweigerungsrecht (Veto-Recht) für den Fall, dass der Arbeitgeber eine Einstellung vornehmen will.
- Initiativmitbestimmungsrecht bei **Eingruppierung** (vgl. Rn. 285 ff.) § 99 BetrVG gibt dem Betriebsrat nur ein Zustimmungsverweigerungsrecht (Veto-Recht) für den Fall, dass der Arbeitgeber eine Ein- bzw. Umgruppierung vornehmen will.
- **Erweiterung der Widerspruchsgründe** des § 102 Abs. 3 BetrVG bei ordentlicher Kündigung.

---

480 BAG 12.1.11 – 7 ABR 34/09, NZA 11, 1297; 4.5.93 – 1 ABR 66/92, AiB 93, 732 (zu § 99 BetrVG); Fitting, § 1 Rn. 247 m.w.N.

481 BAG 10.2.88 – 1 ABR 70/86, NZA 88, 699; wohl auch BAG 1.8.89 – 1 ABR 54/88, AiB 90, 200 = NZA 90, 229; 22.10.85 – 1 ABR 81/83, AP Nr. 24 zu § 99 BetrVG 1972; Fitting, § 1 Rn. 255.

- Echtes Mitbestimmungsrecht bei **Kündigungen** etwa entsprechend der Konstruktion des § 102 Abs. 6 BetrVG (im Nichteinigungsfall entscheidet eine Einigungsstelle) oder des § 103 BetrVG (im Nichteinigungsfall entscheidet das Arbeitsgericht).[482] Nach § 102 Abs. 1 bis 3 BetrVG hat der Betriebsrat nur ein Anhörungsrecht sowie das Recht, Bedenken gegen die Kündigung zu erheben und gegen eine ordentliche Kündigung Widerspruch einzulegen.

222a Tariflich regelbar ist auch eine Tarifforderung, die darauf gerichtet ist, die Vorschlags- und Beratungsrechte des Betriebsrats nach **§ 92a BetrVG (Beschäftigungssicherung)** in der Weise zu ergänzen,

- dass im Falle der Nichteinigung über die Vorschläge des Betriebsrats zur Beschäftigungssicherung eine Einigungsstelle angerufen werden kann
- und dass, solange das Verfahren der Einigungsstelle nicht abgeschlossen ist, das Unternehmen das Beteiligungsverfahren nach §§ 111 ff. BetrVG nicht einleiten (und natürlich auch keinen Personalabbau betreiben) darf.

Aufgaben der Einigungsstelle könnten sein:

Variante 1: Der Einigungsstelle könnte man eine (eingeschränkte) Kompetenz wie beim Interessenausgleich zuschreiben (also nur **Verhandlung** in der Einigungsstelle, aber keine Entscheidung).

Variante 2: Man könnte der Einigungsstelle die Kompetenz geben, über die **Berechtigung** der Vorschläge des Betriebsrats zur Beschäftigungssicherung zu **entscheiden** (entsprechend der Regelung des § 85 Abs. 2 BetrVG).

Variante 3: Die Einigungsstelle kann eine **Entscheidung** über die vom Betriebsrat vorgeschlagenen **Maßnahmen** treffen. Damit käme man allerdings in den Bereich der umstrittenen Frage, ob Derartiges vor dem Hintergrund Art. 12 Abs. 1 GG tariflich regelbar und erstreikbar ist (vgl. hierzu Rn. 166 ff.).

223 Auch die Erweiterung der Rechte des Betriebsrats in **wirtschaftlichen Angelegenheiten** ist tariflich regelbar und ggf. erstreikbar.

Beispiele:

- Tarifforderung nach einer Anwendung der §§ 106 ff. BetrVG (Wirtschaftsausschuss) auch auf Unternehmen mit **bis zu 100 Arbeitnehmern** bzw. der §§ 111 ff. BetrVG (Betriebsänderung, Interessenausgleich und Sozialplan) auch in Unternehmen mit **weniger als 21 Arbeitnehmern**;
- Tarifforderung nach Erstreckung der vollen Mitbestimmung beim Sozialplan auch auf den **Interessenausgleich** (d.h. im Falle der Nichteinigung über den Interessenausgleich **entscheidet die Einigungsstelle**; die Unternehmerfreiheit (Art. 12 Abs. 1 GG) steht einem Streik für eine solche Forderung nach zutreffender Ansicht nicht entgegen; vgl. hierzu 166 ff., 181);[483]
- Tarifforderung nach voller Mitbestimmung bei der Aufstellung eines **Sozialplans** auch in den Fällen des **§ 112a BetrVG** (Sozialplanpflicht bei bloßem Personalabbau und bei Neugründungen): D.h. Sozialplanpflicht auch bei Personalabbau unterhalb der in § 112a Abs. 1 BetrVG genannten **Schwellenwerte** (§ 112a Abs. 1 BetrVG) und bei Betriebsänderun-

482 BAG 21.6.00 – 4 AZR 379/99, NZA 01, 271.

483 Vgl. Däubler-Hensche/Heuschmid, Rn. 939 m.w.N.; wohl auch Fitting, § 1 Rn. 260.

gen innerhalb der **ersten vier Jahre nach Gründung** des Unternehmens (§ 112a Abs. 2 BetrVG). Vgl. hierzu auch Rn. 190.

Generell gilt bei Tarifforderungen, die die Unternehmerfreiheit beschränken: wenn in der Streikforderung klargestellt wird, dass im Nichteinigungsfalle die **Einigungsstelle** entscheidet – etwa bei einer Tarifforderung nach voller Mitbestimmung beim Interessenausgleich – ist die Unternehmerfreiheit (Art. 12 Abs. 1 GG) zwar eingeschränkt, aber nicht verletzt.[484] Das vorgesehene Tätigwerden der Einigungsstelle (und die Möglichkeit der gerichtlichen Anfechtung des Einigungsstellenspruchs nach § 76 Abs. 5 BetrVG) trägt den Rechten und Belangen des Unternehmers aus Art. 12 Abs. 1 GG ausreichend Rechnung (vgl. auch Rn. 179). 223a

8.2.10 Regelung gewerkschaftlicher Rechte

Grundsätzlich sind auch **gewerkschaftliche Rechte** im Betrieb tariflich regelbar. So kann nach überwiegender Ansicht die **Rechtstellung gewerkschaftlicher Vertrauensleute** durch Tarifvertrag geregelt werden, ohne dass darin ein Verstoß gegen das Prinzip der Gegnerunabhängigkeit, den Gleichheitssatz (Art. 3 Abs. 1 GG) oder gegen § 3 BetrVG gesehen werden kann.[485] 224

Es ist somit möglich, durch Tarifvertrag vor allem zu regeln, dass die **Wahlen** der Vertrauensleute im Betrieb und während der Arbeitszeit stattfinden, dass Vertrauensleute bei Lohnfortzahlung zur Erfüllung ihrer Aufgaben und zur Fortbildung **von der Arbeit freigestellt** werden und dass ein besonderer **Kündigungs- und Versetzungsschutz** vorgesehen wird.

Ebenso wie eine tarifliche Regelung zur Erweiterung des Mitbestimmungsrechts des Betriebsrats beim Ausspruch von Kündigungen zulässig ist (vgl. Rn. 222), kann ein Tarifvertrag den **Ausspruch** einer ordentlichen betriebsbedingten **Kündigung** von der **Zustimmung einer Gewerkschaft** abhängig machen. Dies hat das BAG hinsichtlich der folgenden, in einem Sanierungstarifvertrag enthaltenen Klausel zur Beschäftigungssicherung ausdrücklich klargestellt:[486] 224a

Beispiel:
»Kann diese Vereinbarung in Einzelfällen nicht eingehalten werden, kann (...) nur mit Zustimmung des Betriebsrats und des ver.di Landesbezirk NRW (...) gekündigt werden.«

Die gleichwohl ohne Zustimmung von ver.di ausgesprochene Kündigung wurde vom BAG als unwirksam angesehen. Dabei hat das BAG zu Recht das tariflich geregelte Zu-

484 Vgl. Fitting, a.a.O.
485 Eingehend Hunnekuhl/Zäh, NZA 06, 1022; Däubler, Gewerkschaftsrechte, Rn. 523ff.; Däubler-Hensche/Heuschmid, Rn. 972; für die Zulässigkeit tariflicher Regelungen auch BAG 8.10.97 – 4 AZR 87/96, NZA 98, 492, vgl. dazu Bauer/Haußmann, NZA 98, 854; Vorinstanz: LAG Düsseldorf 25.8.95 – 17 Sa 324/95, AuR 96, 238 für einen Firmentarifvertrag; ArbG Kassel 5.8.76 – 1 Ca 217/76, AuR 77, 157 m. Anm. Herschel = BB 76, 1127.
486 BAG 24.2.11 – 2 AZR 830/09, AP Nr. 91 zu § 1 KSchG 1969.

stimmungserfordernis der Gewerkschaft als wirksam erachtet, insbesondere weil es ein »Weniger« zu einem generellen Ausschluss von Kündigungen darstelle, der ohne Zweifel tariflich regelbar sei.[487]

8.2.11 Tarifliche Regelung der Unternehmensmitbestimmung

225 Die **Erweiterung der Unternehmensmitbestimmung** oder ihre freiwillige Einführung durch **schuldrechtliche Tarifverträge über die Unternehmensverfassung** ist zulässig.[488]

Derartige Tarifverträge bedürfen allerdings zu ihrer Realisierung der gesellschaftsrechtlichen Umsetzung gegenüber den die **Satzungshoheit** innehabenden Anteilseignern. Dies kann ergänzend durch **Stimmbindungs- oder mitbestimmungsrechtliche Unternehmensverträge** geschehen, die sich zwar auch auf den Schutz durch Art. 9 Abs. 3 GG berufen können, denen aber kein Tarifvertragscharakter zukommt (vgl. auch Rn. 432ff.).[489]

Sofern es sich um eine schuldrechtliche Vereinbarung mit **Tarifvertragscharakter** handelt, kann eine Vereinbarung zur Erweiterung der Unternehmensmitbestimmung auch **erstreikt** werden.[490] Dabei handelt es sich jedoch eher um eine theoretische Möglichkeit, da die gesellschaftsrechtliche Umsetzung eines solchen Tarifvertrages selbst nicht erzwingbar ist.

8.2.12 Sonstiges

226 Durch Tarifvertrag kann als eine berufsspezifische Mitwirkungsform eigener Art für Zeitungsredakteure ein **Redaktionsstatut** eingeführt werden.[491]

227 Eine **Arbeitgeber-Spitzenorganisation** kann sich gegenüber der Gewerkschaft vertraglich verpflichten, auf ihre Mitgliedsverbände auf Landes-, Bezirks- und Fachverbandsebene **einzuwirken**, bestimmte ausformulierte regionale **Lohntarifverträge abzuschließen.**[492]

228 Tariflich regelbar ist auch die **Praxisphase** eines Studiums im sog. **Dualen System.**[493] Das Studium an einer »Dualen Hochschule« vollzieht sich im Rahmen eines »dualen Rechtsverhältnisses«, bestehend aus einem – tariflich **nicht regelbaren – öffentlichen Rechtsverhältnis** und einem – **tariflich regelbaren – privatrechtlichen Ausbildungsverhältnis** mit der jeweiligen Ausbildungsstätte (vgl. Rn. 271b).

487 BAG 24.2.11, a.a.O.; a.A. Berger, NZA 15, 208, der seine Ansicht auf Vermutungen zur Ausübung und Wirkung des Zustimmungsvorbehalts stützt und deshalb nicht überzeugt.
488 Vgl. Däubler-Hensche/Heuschmid, Rn. 960ff.; KeZa-Wendeling-Schröder, Rn. 843, 845.
489 Vgl. Däubler-Hensche/Heuschmid, Rn. 962ff.
490 Vgl. KeZa-Wendeling-Schröder, Rn. 853.
491 Hierzu ausführlich Däubler-Hensche/Heuschmid, Rn. 953ff.
492 BAG 25.1.06 – 4 AZR 552/04, DB 06, 2017.
493 So der Spruch der tariflichen Schiedsstelle nach § 19 MTV Metallindustrie Nordwürttemberg/Nordbaden vom 27.7.09; vgl. dazu Brecht-Heizmann, AuR 09, 389, 428.

8.3 Typische Tarifvertragsinhalte

Nachstehend werden – in alphabetischer Reihenfolge »von A bis Z« – ohne Anspruch auf Vollständigkeit Themen angesprochen, die **typischerweise** Gegenstand tariflicher Regelung sind. Ihre tarifliche Regelbarkeit und Erstreikbarkeit ist weitgehend unumstritten. 229

8.3.1 Altersgrenzen

In Manteltarifverträgen ist häufig vorgesehen, dass das Arbeitsverhältnis mit **Erreichen der Regelaltersrente** (§ 35 SGB VI) **endet**. Nach ständ. BAG-Rechtsprechung können derartige Tarifregelungen zulässig sein.[494] Die hierin liegende Befristung des Arbeitsverhältnisses sei etwa dann durch einen **sachlichen Grund** i. S. v. § 14 Abs. 1 TzBfG gerechtfertigt, wenn der Arbeitnehmer auf Grund der Beschäftigung eine gesetzliche **Altersrente erwerben** kann.[495] Der Wirksamkeit einer derartigen tariflichen Altersgrenzenregelung stehe auch das gemeinschaftsrechtliche Verbot der **Diskriminierung wegen des Alters** und die Vorgaben aus der Richtlinie 2000/78/EG nicht entgegen. Die Ungleichbehandlung sei durch ein **legitimes Ziel** aus der Arbeitsmarkt- und Beschäftigungspolitik i. S. d. Art. 6 Abs. 1 der Richtlinie gerechtfertigt.[496] Aus dem gleichen Grund scheidet ein Verstoß gegen das **AGG** aus (§ 10 AGG). Der EuGH hat eine »Zwangsversetzung in den Ruhestand« mit der Richtlinie 2000/78/EG grundsätzlich bejaht, aber auf Sonderfälle beschränkt.[497] In einer späteren Entscheidung hat der EuGH klargestellt, dass eine nationale Bestimmung wie § 10 Nr. 5 AGG, wonach Klauseln über die automatische Beendigung von Arbeitsverhältnissen bei Erreichen des Rentenalters des Beschäftigten zulässig sind, mit der Richtlinie vereinbar sind, soweit zum einen diese Bestimmung objektiv und angemessen und durch ein legitimes Ziel der Beschäftigungs- und Arbeitsmarktpolitik gerechtfertigt ist und zum anderen die Mittel zur Erreichung dieses Ziels angemessen und erforderlich sind.[498] Die Nutzung dieser Ermächtigung in einem Tarifvertrag sei als solche nicht der gerichtlichen Kontrolle entzogen, sondern müsse gemäß den Anforderungen des Art. 6 Abs. 1 der Richtlinie 2000/78 ebenfalls in angemessener und erforderlicher Weise ein legitimes Ziel verfolgen.[499] Diese Erwägungen hat das BAG auch der Zulässigkeit von Altersgrenzen in einer Betriebsvereinbarung zugrunde gelegt.[500]

Allerdings kann eine tarifliche Altersgrenze gegen § 41 Satz 2 SGB VI verstoßen, wenn sie eine Beendigung des Arbeitsverhältnisses nicht zum Erreichen der Regelaltersgrenze, sondern bereits mit Erreichen der Voraussetzungen für eine ungekürzte Altersrente vorsieht und der Beschäftigte einem vorzeitigen Ausscheiden nicht zustimmt; eine solche Regelung

494 Vgl. z. B. BAG 19. 11. 03 – 7 AZR 296/03, AP Nr. 3 zu § 17 TzBfG; 27. 7. 05 – 7 AZR 443/04, NZA 06, 37; 16. 11. 05 – 7 AZR 86/05, NZA 06, 535; 18. 6. 08 – 7 AZR 116/07, DB 08, 2654.
495 BAG 18. 6. 08, a.a.O.
496 BAG 18. 6. 08, a.a.O.
497 EuGH 16. 10. 07 – C-411/05 (Palacios), NZA 07, 1219; dazu ausführlich Bertelsmann, AiB 07, 689.
498 EuGH 5. 7. 12 – C-141/11 (Hörnfeldt), NZA 12, 785; 12. 10. 10 – C-45/09 (Rosenbladt), NZA 2010, 1167 = AP Nr. 18 zu Richtlinie 2000/ 78/EG.
499 EuGH 12. 10. 10, a.a.O.
500 BAG 5. 3. 13 – 1 AZR 417/12, NZA 13, 916.

widerspräche der vom Gesetzgeber gewollten rentenrechtlichen Wahlmöglichkeit der Beschäftigten.[501]

230 Auch **tarifliche berufsbezogene Altersgrenzen**, z.B. für Flugzeugführer, wonach das Arbeitsverhältnis mit Ablauf des Monats endet, in dem der Mitarbeiter das 60. Lebensjahr vollendet, wurden früher von der durch das BVerfG bestätigten[502] ständigen Rspr. des BAG[503] als wirksam angesehen. Begründet wurde dies mit der **Sicherheit des Flugverkehrs** und dem Umstand, dass mit zunehmendem Lebensalter das Risiko unerwarteter Fehlreaktionen und Ausfallerscheinungen zunehme. Die Festlegung der Altersgrenze sei nicht sachfremd oder willkürlich, sondern nach wie vor von der durch Art. 9 Abs. 3 GG geschützten Regelungsbefugnis der Tarifvertragsparteien gedeckt. Bedenken gegen diese Rspr. gab es schon deshalb, weil empirische Untersuchungen, die den Befund bestätigen, nicht vorlagen.[504] Dementsprechend werden von manchen Fluggesellschaften Arbeitsverträge bis zum Alter 65 abgeschlossen.

Mit Blick auf das AGG hat das BAG den EuGH um eine Vorabentscheidung zur Vereinbarkeit einer tariflichen Altersgrenze von 60 Jahren für Piloten ersucht.[505] Nach Inkrafttreten des AGG am 18.8.2006 und nach der Rspr. des EuGH zu dem gemeinschaftsrechtlichen Grundsatz des Verbots der Benachteiligung wegen des Alters hänge es von der Auslegung von Gemeinschaftsrecht, insbesondere von Art. 2 Abs. 5, Art. 4 Abs. 1 und Art. 6 Abs. 1 Richtlinie 2000/78/EG ab, ob die bisherige BAG-Rspr. aufrechterhalten werden könne. **Der EuGH hat die Vereinbarkeit eines tarifvertraglich geregelten Verbots für Piloten, über das vollendete 60. Lebensjahr hinaus ihrer Tätigkeit nachzugehen, mit der Richtlinie verneint.** Die Richtlinie müsse auch von den Tarifvertragsparteien beachtet werden. Ab Vollendung des 60. Lebensjahrs könne zwar das Recht, eine Verkehrsmaschine zu fliegen, beschränkt werden.[506] Ein vollständiges Verbot gehe aber über das zum Schutz der Flugsicherheit Erforderliche hinaus. Es reiche aus, die Berufsausübung zu beschränken, etwa in der Form, dass über 60-jährige Piloten zu einer Besatzung aus mehreren Piloten gehören müssen, bei der die anderen Piloten das 60. Lebensjahr noch nicht vollendet haben.[507]

Eine auf die Vollendung des **55.**[508] **bzw. 60.**[509] **Lebensjahres bezogene tarifvertragliche Altersgrenze** für **Flugbegleiter (Kabinenpersonal)** wurde vom BAG als **sachlich nicht gerechtfertigt** i.S.d. § 14 Abs. 1 TzBfG angesehen. Es seien keine Anhaltspunkte dafür ersichtlich sind, dass das altersbedingte Nachlassen der Leistungsfähigkeit von Mitgliedern

---

501 LAG Hamm 22.1.15 – 11 Sa 1252/14 (Bäckerhandwerk NRW), Revision anhängig: BAG – 7 AZR 146/15.

502 BVerfG 25.11.04 – 1 BvR 2459/04, AP Nr. 25 zu § 620 BGB Altersgrenze.

503 BAG 25.2.98 – 7 AZR 641/96, AuR 98, 166, 288 = NZA 98, 715; 21.7.04 – 7 AZR 589/03, ZTR 05, 255.

504 Vgl. Däubler/Bertzbach-Brors, § 10 Rn. 89; Kittner/Däubler/Zwanziger-Däubler/Wroblewski, KSchR, § 21 TzBfG Rn. 43.

505 BAG 17.6.09 – 7 AZR 112/08 (A), AP Nr. 64 zu § 14 TzBfG.

506 EuGH 13.9.11 – C-447/09 (Prigge), AP Nr. 23 zu Richtlinie 2000/78/EG = NZA 11, 1039; vgl. auch BAG 18.1.12 – 7 AZR 112/08, NZA 12, 575; 15.2.12 – 7 AZR 946/07.

507 EuGH 13.9.11, a.a.O.

508 BAG 31.7.02 – 7 AZR 140/01, AuR 2002, 349 und 438 = DB 2003, 158.

509 BAG 19.10.11 – 7 AZR 253/07, NZA 12, 1297; 23.6.10 – 7 AZR 1021/08, NZA 10, 1248; 16.10.08 – 7 AZR 253/07 (A), NZA 09, 378.

des Kabinenpersonals zu einer Gefährdung für Leben und Gesundheit der Flugzeuginsassen oder Personen in den überflogenen Gebieten führen kann.[510]

Tarifliche Bestimmungen über Altersgrenzen sind **Beendigungsnormen** (vgl. Rn. 132ff.). 231

8.3.2 Altersteilzeit

Auf Grundlage des AltTZG sind in vielen Branchen **Tarifverträge über Altersteilzeit** abgeschlossen worden. Beispielsweise wurden in den Bereichen Chemie und Metall Tarifverträge vereinbart mit Regelungen u.a. zu: 232

- einem **Rechtsanspruch** auf Abschluss eines Altersteilzeitvertrags,
- einer **Aufstockung** des Altersteilzeit-Arbeitsentgelts, die deutlich über die gesetzlichen Mindestanforderungen hinausgeht (z.B. auf bis zu 85% des bisherigen Nettoentgelts),
- einem vom Arbeitgeber zu entrichtenden **zusätzlichen Beitrag zur Rentenversicherung** (so dass Rentenansprüche nicht lediglich aufgrund des reduzierten Altersteilzeitentgelts entstehen) sowie
- Regelungen über einen zumindest teilweisen **Ausgleich der Rentenabschläge**, die bei vorzeitiger Inanspruchnahme der Altersrente anfallen (insbes. Anspruch auf Zahlung einer **Abfindung**).

Altersteilzeitverhältnisse wurden durch die Bundesagentur für Arbeit in der Weise **gefördert**, dass dem Arbeitgeber im Falle der Wiederbesetzung ein Teil der Aufstockung des Altersteilzeit-Arbeitsentgelts und des zusätzlichen Rentenbeitrags erstattet wurde. Diese Förderung ist inzwischen **ausgelaufen**. Sie gilt nicht mehr für Altersteilzeitverhältnisse, die nach dem 31.12.2009 begonnen haben (§ 16 AltTZG). In vielen Branchen hat das Auslaufen der Förderung zur **Beendigung der Tarifverträge** zur Altersteilzeit geführt. Um auch weiterhin einen sozialverträglichen vorzeitigen Ausstieg aus dem Arbeitsleben zu ermöglichen, sind auf Initiative der Gewerkschaften in einigen Branchen neue **Tarifverträge zur Altersteilzeit** abgeschlossen worden, die nach dem 31.12.2009 beginnen (z.B. Chemieindustrie: »Tarifvertrag zur flexiblen Gestaltung der Lebensarbeitszeit«; Metall- und Elektroindustrie: »Tarifvertrag zum flexiblen Übergang in Rente«). In vielen kleineren Branchen ist dies dagegen nicht oder nur zu schlechteren Bedingungen gelungen (z.B. Holz- und Kunststoff, Textilindustrie). 233

Die tarifliche Altersteilzeit ist mehrfach Gegenstand von höchstrichterlichen Entscheidungen geworden – beispielsweise zu dem von manchen Tarifverträgen geregelten **Rechtsanspruch** auf Abschluss eines Altersteilzeitvertrags (z.B. Metall- und Elektroindustrie, Chemieindustrie). Wenn z.B. der Tarifvertrag den Rechtsanspruch auf 5% der Arbeitnehmer eines Betriebs beschränkt, kann die Quote nach Ansicht des BAG nicht nur von gewerkschaftlich organisierten Beschäftigten belegt werden, sondern **auch von Nicht- oder anders Organisierten** (vgl. auch § 3 Rn. 198).[511] Das ergebe sich zwar nicht aus § 3 Abs. 2 TVG, weil die Begrenzung des tariflichen Anspruchs auf eine Quote **keine Betriebsnorm** (vgl. Rn. 134ff.) sei. Zweck der Begrenzung sei vielmehr ein Schutz des Arbeitgebers vor finanzieller Überforderung. Wenn aber die Tarifparteien die Geltung der Quotenregelung 234

510 BAG 19.10.11, a.a.O.

511 BAG 18.9.01 – 9 AZR 397/00, AiB 03, 186.

auf die Gewerkschaftsmitglieder hätten beschränken wollen, hätten sie die Tarifregelung angesichts der Entscheidung des 4. Senats zu einer Vorgängerregelung[512] anders formulieren müssen.[513] Nach Ansicht des 4. Senats würde eine ausschließliche **Berücksichtigung nur tarifgebundener Arbeitnehmer** zur Ausfüllung des Begriffs »2 % der Arbeitnehmer des Betriebs« gegen die aus Art. 9 Abs. 3 GG folgende negative Koalitionsfreiheit verstoßen. Im Wege der verfassungskonformen Auslegung wurde die Quote auf alle Beschäftigten, also auch die Nichtorganisierten, erstreckt.

235 Konsequenterweise wurde in weiteren Entscheidungen klargestellt, dass für die Berechnung der Quote **alle Arbeitnehmer des Betriebs** zählen einschließlich solcher, die nicht dem persönlichen Geltungsbereich des Tarifvertrags unterfallen.[514]

236 Das BAG hat im Übrigen klargestellt, dass der Arbeitgeber verurteilt werden kann, dem Antrag auf Vertragsabschluss auch **rückwirkend zuzustimmen**, wenn der Arbeitnehmer seinen tarifvertraglichen Anspruch rechtzeitig vor dem gewünschten Beginn der Altersteilzeit geltend gemacht hat.[515] Eine Verurteilung zur Rückdatierung eines Altersteilzeitarbeitsvertrags (rückwirkender Vertragsschluss) komme aber nicht in Betracht. Insbesondere könne sie durch die Fiktion des § 894 Satz 1 ZPO nicht herbeigeführt werden.[516]

236a Das AltTZG beinhaltete bis 2004 Mindestregelungen zur Aufstockung des (Brutto-)Altersteilzeitentgelts (sog. **Bruttoaufstockung**) und zur Absicherung des bisherigen Vollzeitnettoentgelts (**Nettoaufstockung**). Seit 2004 regelt das Gesetz nur noch eine Mindest-Bruttoaufstockung von 20 %. In einigen Tarifverträgen und Betriebsvereinbarungen auf Basis von Tarifregelungen wurde die Nettoaufstockung beibehalten. Die Berechnung des Aufstockungsbetrages erfolgt dabei in der Regel nicht anhand der individuellen steuerlichen Situation eines Beschäftigten, sondern anhand pauschalierter Tabellen (sog. **Mindestnettotabellen**, vgl. § 15 AltTZG). Eine solche Bemessung nach pauschalierenden Merkmalen ist grundsätzlich zulässig und verstößt nicht gegen den allgemeinen Gleichbehandlungsgrundsatz.[517] Der EuGH sieht hierin allerdings bei der besonderen Gruppe der Grenzgänger, die ausländischem Steuerrecht unterfallen, eine **Diskriminierung** wegen Verstoß gegen Art. 45 AEUV und Art.7 Abs.4 VO Nr.1612/68 (Freizügigkeit), weil für diese Beschäftigten eine fiktive und nicht die tatsächliche Steuersituation zugrunde gelegt werde.[518] Bei einer Bruttoaufstockung, die die steuerliche Situation unberücksichtigt lässt, stellt sich diese Problematik dagegen nicht.

237 Bei Altersteilzeit in Form des sog. **Blockmodells** (Verteilung der halbierten Arbeitszeit in eine Arbeits- und Freistellungsphase) werden während der Arbeitsphase **Wertguthaben** in erheblicher Größenordnung aufgebaut. Diese sind gem. § 8a AltTZG gegen **Insolvenz** abzusichern. Vereinbarungen über den Insolvenzschutz, die zum Nachteil des in Altersteilzeitarbeit beschäftigten Arbeitnehmers von den Bestimmungen dieser Vorschrift abweichen, sind unwirksam (§ 8a Abs. 5 AltTZG). Das dürfte auch für Tarifregelungen gel-

---

512 BAG 21.1.87 – 4 AZR 486/86, AP Nr. 46 zu Art 9 GG2.
513 BAG 18.9.01, a.a.O.
514 BAG 18.9.01, a. a. O; 30.9.03 – 9 AZR 590/02, DB 04, 935.
515 BAG 23.1.07 – 9 AZR 393/06, NZA 07, 1236.
516 BAG 15.9.09 – 9 AZR 608/08, NZA 10, 32.
517 BAG 19.2.13 – 9 AZR 452/11, NZA 13, 1376.
518 EuGH 28.6.12 – C-172/11 (Erny), NZA 2012, 863.

ten, die den Arbeitgeber nicht zur Insolvenzsicherung des vollen Wertguthabens verpflichten, sondern nur zur Sicherung der **Differenz** zwischen dem Entgelt bei Vollzeitarbeit (einschließlich Arbeitgeberanteile zur Sozialversicherung) und dem tatsächlich gezahlten aufgestockten Altersteilzeitentgelt.[519]

Tarifliche Bestimmungen zur Altersteilzeit sind **Inhaltsnormen**, soweit sie die Rechte und Pflichten der Arbeitsvertragsparteien regeln (Rechtsanspruch auf Altersteilzeit, Aufstockung des Altersteilzeitentgelts, zusätzlicher Rentenbeitrag, Abfindung). **238**

Regelungen zum Verhältnis Arbeitgeber/Betriebsrat (z.B. Ermächtigung zum Abschluss einer Betriebsvereinbarung zur Altersteilzeit) sind **Betriebsnormen** bzw. **betriebsverfassungsrechtliche Normen**.

Die Begrenzung des tariflichen Anspruchs auf eine Quote ist nach Ansicht des BAG **keine Betriebsnorm** (vgl. § 3 Rn.198).[520]

8.3.3 Arbeitsverhinderung (z.B. Freistellungsansprüche bei persönlicher Arbeitsverhinderung)

Gem. § 616 Satz 1 BGB hat der »Dienstverpflichtete« **Anspruch auf Fortzahlung der Vergütung**, wenn er »für eine verhältnismäßig nicht erhebliche Zeit durch einen in seiner Person liegenden Grund ohne sein Verschulden an der Arbeitsleistung verhindert wird«. Die Vorschrift gilt auch für Arbeitnehmer. § 616 BGB kann durch Arbeitsvertrag oder Tarifvertrag abbedungen oder verändert werden, und zwar auch zuungunsten des Arbeitnehmers. Häufig sind in Tarifverträgen (hier insbesondere in Manteltarifverträgen) Regelungen über die Freistellung unter Fortzahlung der Vergütung vorgesehen, z.B. bei Wohnungswechsel, eigener Eheschließung, Eheschließung von Kindern, silberner Hochzeit, Niederkunft der Ehefrau, Tod des Ehegatten, des eigenen Kindes, von Geschwistern oder Eltern und Schwiegereltern, Pflege von erkrankten Ehepartnern oder Kindern, bei erforderlichem Arztbesuch (z.B. bei akuter Erkrankung oder aufgrund ärztlicher Anordnung), Teilnahme an Prüfungen, Wahrnehmung von öffentlichen Ehrenämtern, Terminen bei Gericht oder Behörden, Arbeitssuche nach Kündigung. Sind in der vertraglichen oder tariflichen Regelung bestimmte Verhinderungsfälle **abschließend geregelt**, ist für eine Anwendung des § 616 BGB kein Raum mehr. Ob eine abschließende Regelung gewollt war, ist durch Auslegung zu ermitteln. Wird z.B. in Tarifverträgen der gesetzliche Anspruch lediglich beispielhaft (z.B. durch Nutzung der Begriffe »unter anderem« oder »insbesondere«) konkretisiert, kann nicht von einer abschließenden Regelung ausgegangen werden. **239**

Beschränkt ein Tarifvertrag den Anspruch auf bezahlte Arbeitsbefreiung auf die Niederkunft der **Ehefrau**, so verstößt das nach Ansicht des BAG nicht gegen Art. 3 Abs. 1 und Art. 6 GG (vgl. hierzu Rn. 384f).[521] Deshalb kann ein Arbeitnehmer bezahlte Freistellung aus Anlass der Niederkunft seiner mit ihm **nicht verheirateten Lebensgefährtin** nicht verlangen.[522] Etwas anderes gilt im Falle der Niederkunft einer Frau, die mit einer Arbeit- **240**

---

519 Vgl. ErfK-Rolfs, § 8a ATG Rn. 4.
520 BAG 18.9.01 – 9 AZR 397/00, AiB 03, 186.
521 BAG 18.1.01 – 6 AZR 492/99, NZA 02, 47.
522 BAG 18.1.01, a.a.O.

nehmerin in einer **eingetragenen Lebenspartnerschaft** nach dem Lebenspartnerschaftsgesetz – LPartG – lebt. Eine Ungleichbehandlung von verheirateten und in einer eingetragenen Lebenspartnerschaft lebenden Arbeitnehmern verstößt gegen Art. 3 Abs. 1 GG (vgl. Rn. 385).[523] Einige neuere Tarifverträge stellen bei den Freistellungsansprüchen Ehe, eingetragene Lebenspartnerschaft und eheähnliche Lebensgemeinschaften gleich.[524]

241 Verpflichtet ein Tarifvertrag den Arbeitgeber zur Entgeltfortzahlung für den Fall der »Erfüllung allgemeiner staatsbürgerlicher Pflichten nach deutschem Recht«, so besteht ein Anspruch auch dann, wenn ein Arbeitnehmer vor Gericht als **Zeuge** erscheinen muss.[525]

242 Tarifliche Bestimmungen zur Freistellung sind **Inhaltsnormen.**

8.3.4 Arbeitsentgelt/Vergütung

243 Ein **Kernthema** der Tarifpolitik ist die Regelung des **Arbeitsentgelts.**[526] Die Höhe des zu beanspruchenden Arbeitsentgelts ist üblicherweise in **Entgelttarifverträgen** (Lohn- und Gehaltstarifverträge) vereinbart. Bestandteil dieser Tarifverträge sind **Entgelttabellen** (Lohn- und Gehaltstabellen), in denen den jeweiligen Entgeltgruppen die entsprechenden Geldbeträge zugeordnet werden. Die Entgeltgruppen sind in sog. **Entgeltrahmentarifverträgen** beschrieben. Meist werden Monatsentgelte (manchmal getrennt nach Arbeitern und Angestellten) ausgewiesen, zum Teil auch Stundenlöhne (für Arbeiter).

244 Zur **Eingruppierung** der Arbeitnehmer in tarifliche Entgeltgruppen vgl. Rn. 285ff.

245 Weiterer Schwerpunkt tariflicher Regelungen zum Arbeitsentgelt sind Bestimmungen über **Zulagen** und **Zuschläge** z.B. bei Mehrarbeit, Nacht-, Sonn- und Feiertagsarbeit (vgl. Rn. 376ff.) und bei Erschwernissen bzw. Belastungen (vgl. Rn. 252f.).

246 Zusätzliche, zum laufenden Grundentgelt hinzutretende, Tarifentgelte sind in tariflichen **Sonderbestimmungen** bzw. **Sondertarifverträgen** geregelt.

Beispiele:
- Aufstockung des Altersteilzeitentgelts (vgl. Rn. 232),
- zusätzliches Urlaubsgeld (vgl. Rn. 363),
- Weihnachtsgeld/Jahressonderzahlung (vgl. Rn. 373).

247 Die Tarifvertragsparteien haben bei tariflichen Entgeltregelungen **weitgehende Gestaltungsfreiheit.** Derartige Regelungen unterliegen nur sehr eingeschränkt einer gerichtlichen Überprüfung. Sie sind nur in Ausnahmefällen zu beanstanden, etwa wenn sie gegen **elementare Gerechtigkeitsanforderungen** aus den Art. 2 Abs. 1, Art. 20 Abs. 1 GG verstoßen[527] oder gegen **zwingende Gesetze**[528] wie etwa das AGG (vgl. Rn. 392). So verstieß die in § 27 Abschn. A BAT geregelte Bemessung der Grundvergütungen in den Vergü-

523 BAG 18.3.10 – 6 AZR 434/07, AP Nr. 321 zu Art. 3 GG.
524 Vgl. z.B. § 11 MTV Metallindustrie Niedersachsen vom 8.7.2010.
525 BAG 13.12.01 – 6 AZR 30/01, NZA 02, 1105.
526 Vgl. Schoof, Betriebsratspraxis, Stichwort Arbeitsentgelt.
527 BAG 24.3.04 – 5 AZR 303/03, NZA 04, 971; 28.5.09 – 6 AZR 144/08, DB 09, 1769.
528 BAG 7.11.01 – 4 AZR 724/00, NZA 02, 860 zum MTV Einzelhandel NRW.

tungsgruppen des BAT nach **Lebensaltersstufen** gegen das Verbot der Diskriminierung wegen des Alters.[529] Auch die früher häufig in Lohntarifverträgen enthaltenen Abschläge für Jugendliche würden einer gerichtlichen Überprüfung nicht standhalten, sind aber in den meisten Tarifverträgen inzwischen gestrichen worden oder finden keine Anwendung mehr.

Tarifvertragliche Vorschriften, nach denen sich die Höhe der Vergütung bei Änderung tatsächlicher Umstände ohne weiteres nach der Zahl der in der Regel unterstellten festangestellten Vollzeitbeschäftigten richtet (»**Vergütungsautomatik**«), verstoßen nach Ansicht des BAG nicht gegen höherrangiges Recht.[530] Es soll auch im Gestaltungsspielraum der Tarifvertragsparteien liegen, ob, wann und wie sie die Unterschiede in der tariflichen Vergütung von Stammbelegschaft einerseits und – von einem anderen Arbeitgeber – übernommenen Beschäftigten andererseits abbauen bzw. aufheben.[531] So soll es keinen Verstoß gegen den Gleichheitssatz (Art. 3 Abs. 1 GG) darstellen, wenn die Tarifvertragsparteien übernommene Beschäftigte im Sinne einer Besitzstandswahrung entsprechend ihrer bisherigen Vergütung eingruppieren und nicht der Stammbelegschaft gleichstellen. 248

Tarifliche Bestimmungen zum Arbeitsentgelt sind i.d.R. **Inhaltsnormen**, teils aber auch **Betriebsnormen** oder **betriebsverfassungsrechtliche Normen**. 249

Inhaltsnormen sind beispielsweise die tariflichen Bestimmungen über die Höhe des vom Arbeitgeber geschuldeten Arbeitsentgelts. Das Gleiche gilt für tarifliche Bestimmungen, die der zutreffenden Eingruppierung in eine tarifliche Vergütungsordnung und der tariflichen Vergütungsgerechtigkeit dienen.[532]

Bei tariflichen Regelungen über die Gestaltung der Entlohnungsgrundsätze (z.B. Zeitentgelt, Leistungsentgelt) und -methoden (z.B. Prämienentgeltgestaltung) handelt es sich um **Betriebsnormen.**

Tariflich geregelte Mitbestimmungsrechte des Betriebsrats in Arbeitsentgeltfragen sind **betriebsverfassungsrechtliche Normen**.

Zu den »**Konkurrenzproblemen**«, die auftreten, wenn der Arbeitgeber an Tarifverträge gebunden ist, die mit **verschiedenen Gewerkschaften** abgeschlossenen wurden, vgl. § 4 Rn. 60ff., 67, 82ff. 250

Zum **Unterlassungsanspruch der Gewerkschaft** im Falle von tarifwidrigen bzw. gegen § 77 Abs. 3 BetrVG verstoßenden Entgeltregelungen durch Betriebsvereinbarung oder Regelungsabsprache zwischen Arbeitgeber und Betriebsrat vgl. § 4 Rn. 223ff.

8.3.5 Arbeits- und Gesundheitsschutz sowie Ausgleich von Belastungen

Der **Arbeits- und Gesundheitsschutz**[533] ist bislang nur vereinzelt Gegenstand tariflicher Regelung gewesen. Beispiele: § 15a MTV Papier, Pappe und Kunststoffe verarbeitende Industrie; TV Betriebliche Gesundheitsförderung im Sozial- und Erziehungsdienst. Letzte- 251

529 BAG 10.11.11 – 6 AZR 148/09, NZA 12, 161.
530 BAG 7.11.02, a.a.O.
531 BAG 29.8.01 – 4 AZR 352/00, NZA 02, 863.
532 BAG 18.3.08 – 1 ABR 81/06, NZA 08, 832.
533 Vgl. Schoof, Betriebsratspraxis, Stichwort Arbeitsschutz.

rer sieht einen individuellen, tariflichen Rechtsanspruch auf eine Gefährdungsanalyse des Arbeitsplatzes vor.[534] Das Thema gerät im Zusammenhang mit den Auswirkungen des demografischen Wandels aber zunehmend in das Blickfeld gewerkschaftlicher Tarifpolitik (vgl. Tarifverträge zur Demografie im Bereich der Eisen- und Stahl-, der chemischen Industrie und im DB-Konzern).

252 Für Arbeiten, die unter gesundheitsgefährdenden oder besonders erschwerenden Bedingungen geleistet werden, sehen Tarifverträge häufig **Erschwernis- oder Belastungszulagen** vor. Es handelt sich um Zulagen für mehr als normale Belastungen der Muskeln, der Sinne und Nerven und aus Umgebungseinflüssen (z.B. Lärm, Kälte- oder Hitze, Schmutz, usw.), aber auch für das Tragen von Schutzkleidung. Dabei wird meist klargestellt, dass Erschwerniszulagen nur für die Zeiten zu gewähren sind, in denen die Erschwernis besteht. Gewerkschaftliche Forderungen nach einer tariflichen Verpflichtung zu einem – gesundheitspolitisch vorzuziehenden – bezahlten **Freizeitausgleich**, stoßen meist auf den Widerstand der Arbeitgeber/Verbände.

253 Die Festlegung der Höhe des Belastungsausgleichs wird nicht selten auf die **Betriebsparteien** übertragen. Bei einer solchen Übertragung handelt es sich um eine zulässige **tarifvertragliche Erweiterung des Mitbestimmungsrechte** des Betriebsrats über § 87 Abs. 1 Nr. 10 BetrVG hinaus.[535] Nach dieser Vorschrift besteht nach ständiger Rspr. kein Mitbestimmungsrecht über die Höhe des Entgelts.[536] Wird bei den Betriebsparteien kein Einvernehmen erzielt, kann die **Einigungsstelle** nach § 76 BetrVG auch dann angerufen werden und verbindlich entscheiden, wenn der Tarifvertrag einen solchen Konfliktmechanismus nicht ausdrücklich regelt.[537]

254 Soweit ersichtlich, wurde durch die gewerkschaftliche Tarifpolitik noch nicht die Möglichkeit in Betracht gezogen, Tarifregelungen über eine Ausweitung der gesetzlichen **Mitbestimmungsrechte** des Betriebsrats nach § 87 Abs. 1 Nr. 7 BetrVG und des § 91 BetrVG zum Gegenstand etwa von betrieblichen Tarifbewegungen zu machen (vgl. hierzu Rn. 221).

Beispiel:
»Der Betriebsrat kann dem Arbeitgeber bauliche, technische, organisatorische und sonstige Maßnahmen zur Verbesserung des betrieblichen Gesundheitsschutzes vorschlagen. Im Nichteinigungsfalle entscheidet eine Einigungsstelle (§ 76 Abs. 5 BetrVG).«

Zwar wird bei einer solchen Tarifregelung die **Unternehmerfreiheit** (Art. 12 Abs. 1 GG) eingeschränkt, aber nicht verletzt. Das vorgesehene Tätigwerden der **Einigungsstelle** (und die Möglichkeit der gerichtlichen Anfechtung des Einigungsstellenspruchs nach § 76 Abs. 5 BetrVG) trägt den Rechten und Belangen des Unternehmers aus Art. 12 Abs. 1 GG ausreichend Rechnung (vgl. auch Rn. 179 und Rn. 223a).

534 Zum gesetzlichen Anspruch auf Gefährdungsanalyse vgl. BAG 12.8.08 – 9 AZR 1117/06, NZA 09, 102.
535 BAG 9.5.95 – 1 ABR 56/94, NZA 96, 156; 4.7.89 – 1 ABR 40/88, DB 90, 127 = AiB 90, 75 m. Anm. Schoof.
536 BAG 21.1.03 – 1 ABR 5/02, NZA 03, 810.
537 BAG 9.5.95 – 1 ABR 56/94, NZA 96, 156.

Tariflich regelbar ist auch eine Erweiterung des durch Gesetze, Rechtsverordnungen und Unfallverhütungsvorschriften geregelten **Arbeitsschutzniveaus** (vgl. auch den Hinweis in Rn. 221 zu einer durch Tarifvertrag begründeten echten Initiativmitbestimmung des Betriebsrats bei zusätzlichen Maßnahmen zur Verhütung von Arbeitsunfällen und Gesundheitsschädigungen i.S.d. § 88 Nr. 1 BetrVG). So können etwa die Lärmgrenzen gem. Ziff. 3.7 des Anhangs zu § 3 Abs. 1 ArbStättV bzw. die Auslösewerte bei Lärm i.S.d. § 6 Lärm-VibrationsArbSchV zugunsten der Arbeitnehmer verändert werden.

Tarifliche Bestimmungen zum Arbeitsschutz sind **Inhaltsnormen**, soweit sie die Rechte **255**
und Pflichten der Arbeitsvertragsparteien regeln (z.B. tariflicher Rechtsanspruch auf Durchführung einer Gefährdungsbeurteilung[538]).

Betriebsnormcharakter haben Tarifregelungen zur Verbesserung des Arbeitsschutzniveaus.

Regelungen zum Verhältnis Arbeitgeber/Betriebsrat sind **betriebsverfassungsrechtliche Normen** (z.B. Erweiterung der Mitbestimmung des Betriebsrats über § 87 Abs. 1 Nr. 7 BetrVG hinaus).

8.3.6 Arbeitszeit

Ein weiteres **Kernthema** der Tarifpolitik ist die Regelung der **Arbeitszeit.**[539] Im Vorder- **256**
grund steht dabei die Festlegung der **Dauer** der von einem »vollzeitbeschäftigten« Arbeitnehmer geschuldeten (höchstzulässigen) **regelmäßigen wöchentlichen Arbeitszeit**. Es existieren auch Tarifverträge, die das geschuldete Arbeitszeitvolumen als Jahresarbeitszeit definieren. Das geschuldete Arbeitszeitvolumen ist gleichzeitig Bemessungsgrundlage für das vom Arbeitgeber geschuldete Arbeitsentgelt.

Auch die **Lage und Verteilung** der regelmäßigen Arbeitszeit auf die Werktage der **Woche** **257**
ist üblicherweise Gegenstand tariflicher Regelungen (z.B. Regelungen über die 5 Tage-Woche von Montag bis Freitag; »Samstags gehört Vati mir«).

Durch Tarifverträge wird die Möglichkeit geschaffen, die tarifliche regelmäßige Arbeits- **258**
zeit im Rahmen von Gleitzeit- und Arbeitszeitkontenmodellen innerhalb eines tariflich festgelegten **Ausgleichszeitraums** (z.B. zwölf Monate) **flexibel** zu verteilen. In der Regel handelt es sich dabei um tarifliche Öffnungsklauseln, die Rahmenbedingungen zur Ausgestaltung durch die Betriebsparteien festlegen.

Umstritten ist die Zulässigkeit einer Flexibilisierung über **Arbeitszeitkonten in der Leih-** **258a**
arbeit. Nach den Tarifverträgen der DGB-Tarifgemeinschaft können zum Ausgleich der monatlichen Abweichungen zwischen individueller regelmäßiger und tatsächlicher Arbeitszeit Zeitkonten mit Plus- und Minusstunden eingerichtet werden. Die tatsächliche Arbeitszeit richtet sich nach der Arbeitszeit im Entleihbetrieb, das Zeitkonto soll daher in erster Linie dem **Ausgleich der variierenden Arbeitszeiten bei unterschiedlichen Einsätzen** dienen. Häufig werden Zeitguthaben aber auch **bei Nichteinsatzzeiten verwendet**. Teilweise werden hierin eine **Verlagerung des Beschäftigungsrisikos** auf den Leiharbeits-

538 Zum gesetzlichen Anspruch des Arbeitnehmers auf eine Gefährdungsbeurteilung vgl. BAG 12.8.08 – 9 AZR 1117/06, NZA 09, 102.

539 Vgl. Schoof, Betriebsratspraxis, Stichwort Arbeitszeit.

beschäftigten und ein **Verstoß gegen § 11 Abs. 4 AÜG** gesehen.[540] Nach überwiegender Auffassung sollen Zeitkonten aber auch in der Leiharbeit zulässig sein.[541] Durch ihre Verwendung werde Annahmeverzugslohn nicht ausgeschlossen, denn bei einer verstetigten Vergütung werde die vertraglich versprochene Vergütung vollständig gezahlt. Eine flexible und bedarfsorientierte Arbeitszeitverteilung sichere außerdem den Bestand des Leiharbeitsverhältnisses und liege damit auch im Arbeitnehmerinteresse. Eine Grenze ergebe sich lediglich bei einer **missbräuchlichen Verwendung**, wie z.B. einer bewusst zu niedrig angesetzten Wochenarbeitszeit. Diese Erwägungen finden sich auch in einer jüngeren Entscheidung des BAG. Ohne sich explizit mit der Zulässigkeit der tariflichen Arbeitszeitregelung auseinanderzusetzen, äußert es Bedenken, sowohl zu der Konstellation einer **ungewöhnlich kurzen Arbeitszeit** für verleihfreie Zeiten, als auch für den Fall, dass dem Verleiher ermöglicht wird, in verleihfreien Zeiten **einseitig das Arbeitszeitkonto abzubauen.** Eine solche Regelung sei **unwirksam.**[542] Angesichts der Praktiken in der Leiharbeit, wo solche einseitigen Verfügungen durch den Arbeitgeber häufig vorkommen, bedeutet dies eine sehr deutliche Einschränkung der Verwendung von Arbeitszeitkonten.

259 In manchen Branchen wurden Tarifverträge zur **Lebensarbeitszeit** (**Langzeitkonten**) abgeschlossen (Beispiele: Tarifvertrag über Langfristkonten für die Eisen- und Stahlindustrie NRW; Ziff. 7.7.2 Manteltarifvertrag Metall- und Elektroindustrie Nordwürttemberg/Nordbaden; § 8 Tarifvertrag Lebensarbeitszeit und Demografie Chemische Industrie). Zur Notwendigkeit der **Insolvenzsicherung** von in Langzeitkonten angelegten Arbeitszeitguthaben von vgl. § 7e SGB IV.

260 Tarifverträge sehen zusätzlich regelmäßig Bestimmungen vor:
- zu **Mehrarbeit** (vgl. Rn. 324ff.),
- zu **Kurzarbeit** (vgl. Rn. 319ff.),
- zu **Schicht- und Nachtarbeit** (meist Regelungen über Zuschläge; vgl. Rn. 376ff.),
- zur Arbeit an **Sonn- und Feiertagen** (vgl. Rn. 341ff.),
- zur **Teilzeitarbeit** (vgl. Rn. 357ff.),
- zur **Altersteilzeit** (vgl. Rn. 232ff.).

261 Die Tarifvertragsparteien haben bei tariflichen Arbeitszeitregelungen **weitgehende Gestaltungsfreiheit**. Tarifvertragliche Arbeitszeitregelungen unterliegen nur sehr eingeschränkt einer gerichtlichen Überprüfung. Sie sind nur in Ausnahmefällen zu beanstanden, etwa wenn sie gegen **elementare Gerechtigkeitsanforderungen** aus den Art. 2 Abs. 1, Art. 20 Abs. 1 GG verstoßen[543] oder gegen **zwingende Gesetze**[544] wie etwa das ArbZG und das AGG.

---

540 Ulber, AÜG § 11 Rn. 112; LAG Rheinland-Pfalz 24.4.08 – 10 Sa 19/08, allerdings in einem Fall, in dem die vereinbarte Arbeitszeit 30 Stunden bei tatsächlichen Arbeitszeiten über 40 Stunden betrug.

541 Schüren, AÜG, § 11 Rn. 112; Düwell/Dahl, DB 09, 1072; Thüsing/Pötters, BB 12, 317; Boemke, jurisPR-ArbR 30/2009 Anm. 4; LAG Hamburg 22.7.14 – 4 Sa 56/13; LAG Baden-Württemberg 29.4.09 – 17 Sa 4/09, und 6.3.12 – 22 Sa 58/11.

542 BAG 16.4.14 – 5 AZR 483/12, DB 14, 1688; vgl. LAG Berlin-Brandenburg 17.12.14 – 15 Sa 982/14, Revision anhängig, BAG, 5 AZR 109/15.

543 BAG 24.3.04 – 5 AZR 303/03, NZA 04, 971; 28.5.09 – 6 AZR 144/08, DB 09, 1769.

544 BAG 7.11.01 – 4 AZR 724/00, NZA 02, 860.

Teilweise enthalten Tarifverträge Arbeitszeitregelungen, die eine Reduzierung der wöchentlichen Arbeitszeit für Ältere vorsehen (z. B. MTV Chemische Industrie: Beschäftigte, die das 57. Lebensjahr vollendet haben, erhalten eine zweieinhalbstündige »Altersfreizeit« je Woche). Allerdings darf eine Regelung zur stufenweisen **Verkürzung der wöchentlichen Arbeitszeit** nicht gegen das Verbot der Altersdiskriminierung verstoßen. Eine Rechtfertigung durch das Ziel, dem gesteigerten Erholungsbedürfnis älterer Beschäftigter Rechnung zu tragen, scheidet jedenfalls dann aus, wenn Teilzeitbeschäftigten eingeräumt wird, anstelle einer Arbeitszeitverkürzung einen Ausgleich in Geld zu verlangen.[545]

In den Manteltarifverträgen der Metall- und Elektroindustrie sind Tarifnormen geregelt, 262
die die Möglichkeit zur Beschäftigung von Arbeitnehmern mit einer längeren regelmäßigen Wochenarbeitszeit auf eine **Quote begrenzen** (je nach Tarifgebiet 13 % bzw. 18 %).[546] Es handelt sich um eine **Betriebsnorm** i. S. v. § 3 Abs. 2 TVG.[547] Ihre Geltung erfordert nur die Tarifbindung des Arbeitgebers. Verlangt eine solche Betriebsnorm die Einhaltung der festgesetzten Quote nur zu halbjährlichen Stichtagen und überlässt sie dem Arbeitgeber, wie er dieses Ergebnis erreicht, so soll nach Ansicht des BAG der Betriebsrat einer Einstellung nicht mit der Begründung widersprechen können, die vereinbarte Arbeitszeit verstoße gegen den Tarifvertrag (§ 99 Abs. 2 Nr. 1 BetrVG), weil die Quote der Betriebsnorm bereits erfüllt sei und durch die Neueinstellung überschritten werde.[548]

Etwas anderes gilt, wenn der Tarifvertrag die **Einhaltung der Quote zu jeder Zeit** – unabhängig von Stichtagen – vorschreibt (Beispiel: § 3 Manteltarifvertrag Metall- und Elektroindustrie Norddeutschland). Nach zutreffender Ansicht kann der **Betriebsrat** die Einhaltung der Quote verlangen und eine Überschreitung der Quote mit einem arbeitsgerichtlich durchsetzbaren **Unterlassungsanspruch** abwehren.[549]

Die **Dauer** der regelmäßigen wöchentlichen Arbeitszeit gehört zu denjenigen Gegenstän- 263
den, die nicht Gegenstand einer Betriebsvereinbarung sein können, wenn sie durch Tarifvertrag geregelt sind oder üblicherweise geregelt werden (Tarifvorbehalt gem. § 77 Abs. 3 BetrVG; vgl. hierzu § 4 Rn. 173 ff.).

Hinweise für den Betriebs- und Personalrat

Die Dauer und Lage der Arbeitszeit der Arbeitnehmer wird bestimmt durch Regelungen in Gesetzen (z.B. Arbeitszeitgesetz), Tarifverträgen, Betriebsvereinbarungen und Arbeitsverträgen. Auf eine kurze Formel gebracht bedeutet das:

- Das Arbeitszeitgesetz (und andere Schutzgesetze; z.B. § 8 JArbSchG; § 8 MuSchG) legen die Höchstdauer der werktäglichen Arbeitszeit fest (Arbeits- und Gesundheitsschutz!).

---

545 LAG Hamm 30. 1. 14 – 8 Sa 942/13, Revision anhängig BAG, 8 AZR 168/14.

546 Vgl. hierzu Meine/Wagner, S. 64 ff.; Kittner/Zwanziger/Deinert-Schoof, § 27 Rn. 9a.

547 BAG 17. 6. 97 – 1 ABR 3/97, NZA 98, 213 = AiB 98, 414 m. Anm. Herbst.

548 BAG 17. 6. 97 a. a. O; a. A. LAG Baden-Württemberg 18. 10. 95 – 2 TaBV 3/95 (rkr.), AiB 96, 484.

549 ArbG Hamburg 14. 1. 10 – 2 BV 23/09; a. A. LAG Niedersachsen 28. 5. 98 – 1 TaBV 41/97, AuR 98, 379 = DB 98, 1523 (das LAG hat offengelassen, ob die den Tarifvertrag schließende Gewerkschaft gegenüber dem inzwischen aus dem Arbeitgeberverband ausgetretenen Arbeitgeber die Einhaltung der tariflichen Beschäftigungsquote bis zum Ablauf des Tarifvertrags erzwingen kann; das ist mit Blick auf BAG 20. 4. 99 – 1 ABR 72/98, AiB 99, 538 zu bejahen); vgl. hierzu auch Kittner/Zwanziger/Deinert-Schoof, § 27 Rn. 9a.

- Mit dem Arbeitsvertrag wird das Volumen der regelmäßigen Arbeitszeit (meist ausgedrückt in Stunden pro Woche) festgelegt, die der Arbeitnehmer dem Arbeitgeber schuldet (z. B. Vollzeitarbeit, Teilzeitarbeit).
- Gilt für das Arbeitsverhältnis ein Tarifvertrag kraft beiderseitiger Tarifbindung, kommen die Tarifbestimmungen über die (höchstzulässige) Dauer der vom tarifgebundenen Arbeitnehmer geschuldeten regelmäßigen (Wochen-)Arbeitszeit zur Anwendung. Entgegenstehende vertragliche Vereinbarungen zu Ungunsten des Arbeitnehmers werden gem. § 4 Abs. 3 TVG durch den Tarifvertrag verdrängt (Günstigkeitsprinzip; vgl. § 4 Rn. 166).[550]
- Der Betriebsrat bestimmt über die Lage und Verteilung des geschuldeten Arbeitszeitvolumens mit (aber auch über die vorübergehende Verlängerung oder Verkürzung der betriebsüblichen Arbeitszeit). Wichtigste Mitbestimmungsvorschrift ist § 87 Abs. 1 Nr. 2 und 3 BetrVG.

264 Tarifliche Bestimmungen zur Arbeitszeit sind teils **Inhaltsnormen**, teils **Betriebsnormen** oder **betriebsverfassungsrechtliche Normen**.
Inhaltsnormen sind die tariflichen Bestimmungen über die Dauer der von einem Arbeitnehmer geschuldeten Arbeitszeit.
Bei tariflichen Regelungen über die Verteilung der regelmäßigen Arbeitszeit (z. B. auf die Werktage Montag bis Freitag), handelt es sich um **Betriebsnormen**.[551] Das gilt auch für eine tarifliche »Arbeitszeitquote« über längere Arbeitszeiten (vgl. Rn. 262).
Tariflich geregelte Mitbestimmungsrechte des Betriebsrats in Arbeitszeitfragen sind **betriebsverfassungsrechtliche Normen**.

265 Zu den »**Konkurrenzproblemen**«, die auftreten, wenn der Arbeitgeber an Tarifverträge gebunden ist, die mit **verschiedenen Gewerkschaften** abgeschlossenen wurden, vgl. § 4 Rn. 60 ff., 67, 82 ff.

266 Zum **Unterlassungsanspruch der Gewerkschaft** im Falle von tarifwidrigen bzw. gegen § 77 Abs. 3 BetrVG verstoßenden Arbeitszeitregelungen durch Betriebsvereinbarung oder Regelungsabsprache zwischen Arbeitgeber und Betriebsrat vgl. § 4 Rn. 223 ff.

8.3.7 Ausschlussfristen

267 In Tarifverträgen (meist in den sog. »Manteltarifverträgen«) finden sich regelmäßig Bestimmungen über **Ausschlussfristen** (auch **Verfallfristen** genannt).[552] Ausschlussfristregelungen sehen vor, dass – noch nicht erfüllte – Ansprüche innerhalb bestimmter, oft auch **sehr kurzer Fristen** (meist) schriftlich geltend zu machen sind. Geschieht dies nicht innerhalb der Frist, **verfallen** die Ansprüche (d. h. der Rechtsanspruch erlischt, falls er nicht innerhalb der Frist formgerecht geltend gemacht wurde). Zu beachten ist, dass auch tarifliche Entgeltansprüche bis zur Höhe des jeweiligen gesetzlichen Mindestlohns der ge-

---

550 BAG 12. 12. 07 – 4 AZR 998/06, NZA 08, 649.

551 A.A. Däubler-Hensche/Heuschmid, Rn. 893: Bestimmungen über die Arbeitszeitverteilung sind, soweit sie nicht primär den betrieblichen Ablauf regeln, Inhaltsnormen; offen gelassen von BAG 18. 12. 97 – 2 AZR 709/96 (Rz. 22), NZA 98, 304.

552 Vgl. Schoof, Betriebsratspraxis, Stichwort Ausschlussfristen/Verfallfristen.

setzlichen Verjährungsfrist unterfallen und tarifliche Ausschlussfristen insoweit unwirksam sind (vgl. TVG Anhang 1, Rn. 13 und 23).
Zweck von Ausschlussfristen ist es, die von der Ausschlussfrist erfassten Forderungen einer raschen und endgültigen Abwicklung zuzuführen. Meist gelten Ausschlussfristen »formal« für beide Seiten (Arbeitgeber und Arbeitnehmer). Im Regelfall werden aber **vor allem die Arbeitnehmer belastet**, weil sie es sind, die Forderungen gegen den Arbeitgeber haben. Der umgekehrte Fall kommt eher selten vor.
Besonders **problematisch** sind tarifliche Ausschlussfristen, die kürzer sind als die vom BAG für formularvertraglich vereinbarte Ausschlussfristen zwingend geltende **Drei-Monatsfrist.**[553]
Zu **weiteren Einzelheiten** vgl. Rn. § 4 Rn. 254ff.
Tarifliche Bestimmungen zu Ausschlussfristen sind **Inhaltsnormen**. 268

8.3.8 Auszubildende

In vielen Branchen sind die **Ausbildungsbedingungen** (Ausbildungszeit, Ausbildungsvergütung usw.) durch Tarifvertrag geregelt; u.a. die Dauer der wöchentlichen Ausbildungszeit, die Ausbildungsvergütung usw. Tarifliche Praxis sind außerdem Regelungen in Änderungs- oder Ergänzungstarifverträgen auf Unternehmensebene (vgl. Rn. 25f.), die eine bestimmte Anzahl von Ausbildungsverhältnissen für die Laufzeit festschreiben. 269
Manche Tarifverträge sehen einen **Rechtsanspruch auf (befristete) Übernahme in ein Vollzeitarbeitsverhältnis im erlernten Beruf** nach Beendigung der Ausbildung vor. Nach den Tarifverträgen z.B. für die Metall- und Elektroindustrie, in der Chemischen Industrie oder im Öffentlichen Dienst, haben Auszubildende nach bestandener Abschlussprüfung einen Anspruch auf Übernahme in ein Arbeitsverhältnis für mindestens **zwölf Monate**, soweit nicht **personenbedingte Gründe** entgegenstehen.[554] Mit dieser Regelung soll der Erwerb von Berufspraxis ermöglicht und damit die Vermittlungschancen auf dem Arbeitsmarkt verbessert werden. Außerdem soll eine bessere soziale Absicherung für den Fall einer späteren Arbeitslosigkeit sichergestellt werden. Die Tarifbestimmungen sehen meist nicht die Begründung eines Arbeitsverhältnisses ohne entsprechenden Vertrag vor, sondern verpflichten den Arbeitgeber, dem Auszubildenden nach erfolgreich bestandener Abschlussprüfung die Übernahme in ein Arbeitsverhältnis **anzubieten**, sofern kein tariflicher Ausnahmetatbestand gegeben ist.[555] Mit Zustimmung des Betriebsrats kann von der Verpflichtung zur Übernahme abgewichen werden, wenn die Übernahme wegen akuter Beschäftigungsprobleme nicht möglich ist oder der Arbeitgeber über den betrieblichen Bedarf hinaus Ausbildungsverträge abgeschlossen hat. Die Nichterfüllung der Übernahmepflicht kann den Arbeitgeber zum **Schadensersatz** verpflichten.[556] Allerdings 270

553 BAG 28.9.05 – 5 AZR 52/05, NZA 06, 149; 25.5.05 – 5 AZR 572/04, NZA 05, 1112.
554 Zu diesem Begriff BAG 17.6.98 – 7 AZR 443/97, AuR 98, 462 = NZA 98, 1178; 14.10.97 – 7 AZR 811/96, AuR 98, 252 = NZA 98, 778; 14.10.97 – 7 AZR 298/96, NZA 98, 775.
555 BAG 14.5.97 – 7 AZR 159/96, NZA 98, 50.
556 BAG 29.9.05 – 8 AZR 573/04, DB 06, 1280, vgl. auch Wroblewski, AiB 06, 395; 14.10.97 – 7 AZR 298/96, NZA 98, 775.

soll die Übernahme in ein erst später beginnendes Arbeitsverhältnis (Naturalrestitution) nicht verlangt werden können.[557]

271 Ein solcher befristeter Übernahmeanspruch beinhaltet – auch ohne explizite Regelung im Tarifvertrag – nach Auffassung des BAG einen **Ausschluss des Rechts zur ordentlichen Kündigung** zu einem Zeitpunkt vor Ablauf der zwölf Monate. Dieser Kündigungsausschluss überfordert den Arbeitgeber nicht, weil der Tarifvertrag ausreichende Einschränkungen des Übernahmeanspruchs vorsieht und dem Arbeitgeber die Möglichkeit der außerordentlichen Kündigung verbleibt.[558]

271a Zur tariflichen Regelbarkeit und Erstreikbarkeit einer Ausweitung des Beratungsrechts des Betriebsrats gem. § 97 Abs. 1 BetrVG bei der **Errichtung** und **Ausstattung** betrieblicher Einrichtungen der Berufsbildung und der **Einführung** betrieblicher Berufsbildungsmaßnahmen zu einem echten **Initiativ-Mitbestimmungsrecht** des Betriebsrats vgl. Rn. 222.

Tariflich regelbar wäre auch eine **Ausbildungsquote**.

Beispiel:

Der Arbeitgeber ist verpflichtet, bis zu einer Quote von … Prozent aller Beschäftigten des Betriebs Ausbildungsplatzbewerbern im Bereich folgender Ausbildungsberufe … einen Berufsausbildungsvertrag anzubieten.

Alternativ: Der Betriebsrat kann verlangen, dass der Arbeitgeber bis zu einer Quote von … Prozent aller Beschäftigten des Betriebs Ausbildungsplatzbewerbern im Bereich folgender Ausbildungsberufe … einen Berufsausbildungsvertrag anbietet.

Derartige Tarifregelungen sind von der aus Art. 9 Abs. 3 GG folgenden Regelungsbefugnis der Tarifvertragsparteien gedeckt. Die **Unternehmerfreiheit** (Art. 12 Abs. 1 GG) wird zwar eingeschränkt, aber nicht verletzt (vgl. hierzu Rn. 166ff.).

271b Mit der Zunahme von sog. **Dualen Studiengängen** (Verbindung eines Hochschulstudiums mit einer praktischen Ausbildung im Betrieb) rücken auch die **Arbeitsbedingungen von dual Studierenden** bei Praxiseinsätzen zunehmend in den Fokus der Gewerkschaften (vgl. Rn. 228). Der arbeitsrechtliche Status von dual Studierenden richtet sich nach dem gewählten Modell: Beim **ausbildungsintegrierenden Studium** wird dieses mit einer Berufsausbildung kombiniert, die Studierenden erwerben zunächst einen Berufsabschluss und sind wie Auszubildende nach dem BBiG zu behandeln. Anders beim **praxisintegrierenden Studium**, im Rahmen der betrieblichen Praxisphase sind diese Studierenden weder als Auszubildende, noch als Arbeitnehmer beschäftigt. Sozialversicherungsrechtlich werden alle Teilnehmer an dualen Studiengängen den zur Berufsausbildung Beschäftigten gleichgestellt, vgl. § 25 Abs. 1 SGB III.[559] Sie sind Arbeitnehmer im Sinne des BetrVG.[560] Strittig war, ob dual Studierende während ihrer Praxisphasen in tarifgebundenen Betrieben unter den Geltungsbereich der Tarifverträge fallen. In der Metall- und Elektroindustrie Baden-Württemberg war diese Frage Gegenstand einer tariflichen Schiedsstelle. Diese hat die Geltung der Tarifverträge zwar verneint, aber festgestellt, dass eine **grundsätzliche**

557 BAG 17.6.98 – 7 AZR 443/97, NZA 98, 1178; 14.10.97 – 7 AZR 811/96, NZA 98, 778.
558 BAG 6.7.06 – 2 AZR 587/05, NZA 07, 167 = AiB 07, 313 m. Anm. Wroblewski.
559 Vgl. a. BSG 1.12.09 – B 12 R 4/08 R, NZA 2010, 692; Weyand, jurisPR-ArbR 6/2011 Anm. 5.
560 DKKW-Trümner, § 5 Rn. 131.

Regelungsbefugnis der Tarifvertragsparteien besteht.[561] Neben unternehmensbezogenen Tarifverträgen, gibt es nunmehr auch in einigen Branchen tarifliche Regelungen, die entweder den Geltungsbereich der Tarifverträge für Auszubildende auf dual Studierende erstrecken oder die Arbeitsbedingungen dieser Beschäftigten den Auszubildenden weitestgehend gleichstellen.[562]

Tarifliche Bestimmungen zu den Ausbildungsbedingungen sind **Inhaltsnormen**, soweit 272
sie die Rechte und Pflichten der Arbeitsvertragsparteien regeln. Gleiches gilt für den Anspruch auf befristete Übernahme in ein Arbeitsverhältnis nach Beendigung der Ausbildung.

Bei den Tarifregelungen, die einen Konfliktlösungsmechanismus für den Fall der Ablehnung der Übernahme durch den Arbeitgeber vorsehen, handelt es sich um **betriebsverfassungsrechtliche Normen** (vgl. Rn. 137 ff.). Das Gleiche gilt für Tarifnormen, die die Rechte des Betriebsrats bei der betrieblichen Berufsbildung ausweiten (vgl. Rn. 222).

8.3.9 Befristung des Arbeitsvertrags

Manche Tarifverträge sehen vor, dass die Befristung eines Arbeitsvertrags stets eines **sach-** 273
lichen Grundes bedarf.

> **Beispiel:**
> § 2 Ziff. 6 Manteltarifvertrag für die Metall- und Elektroindustrie Hamburg/Schleswig-Holstein/ Mecklenburg-Vorpommern (Auszug):
> *»Die Befristung eines Arbeitsverhältnisses muss sachlich begründet sein und darf die Dauer von sechs Monaten nicht überschreiten. Eine einmalige Verlängerung bis zu drei Monaten ist zulässig … die Befristung des Arbeitsverhältnisses kann (aufgrund § 9 Tarifvertrag Aufbau und Sicherung von Beschäftigung; der Verf.) bis zu 18 Monaten ausgedehnt werden. Innerhalb dieser Frist ist eine einmalige Verlängerung der Befristung möglich. Die Befristung kann auch nach Auslaufen des Tarifvertrags Aufbau und Sicherung von Beschäftigung enden.«*

Folge dieser Regelung ist, dass § 14 Abs. 2 TzBfG, der eine sachgrundlose Befristung zulässt, keine Anwendung findet.

Nach § 14 Abs. 2 Satz 1 TzBfG ist die kalendermäßige **Befristung** eines Arbeitsvertrags 274
ohne Vorliegen eines sachlichen Grundes bis zur Dauer von zwei Jahren zulässig. Bis zu dieser Gesamtdauer von zwei Jahren ist auch die höchstens dreimalige Verlängerung eines kalendermäßig befristeten Arbeitsvertrags möglich. Eine sachgrundlose Befristung ist nicht zulässig, wenn mit demselben Arbeitgeber bereits zuvor ein befristetes oder unbefristetes Arbeitsverhältnis bestanden hat (§ 14 Abs. 2 Satz 2 TzBfG). Nach einer umstrittenen Entscheidung des BAG soll ein erneuter befristeter Arbeitsvertrag mit

561 Brecht-Heizmann, AuR 389; zum Sachverhalt und dem Streit um die Zuständigkeit der Schiedsstelle vgl. LAG Baden-Württemberg 23. 11. 09 – 15 Sa 71/09.

562 Z. B. Metallbau und Feinwerktechnik Baden-Württemberg, Metallverarbeitendes Gewerbe Niedersachsen, KfZ-Handwerk Niedersachsen.

dem bisherigen Arbeitgeber nach Ablauf einer »Wartezeit« von drei Jahren möglich sein.[563]

Durch **Tarifvertrag** kann die Anzahl der Verlängerungen oder die Höchstdauer der Befristung vom Gesetz abweichend festgelegt werden, § 14 Abs. 2 Satz 3 TzBfG. Diese Vorschrift erlaubt den Tarifvertragsparteien nicht nur, entweder Gesamtdauer oder die Anzahl der Verlängerungen zu regeln, sondern **beide Abweichungen zugleich** festzulegen.[564] Nach Auffassung des BAG ergibt sich hierfür aber aus dem Sinn und Zweck des TzBfG, aber auch aus verfassungs- und unionsrechtlichen Gründen eine **Beschränkung der Dispositionsbefugnis** der Tarifvertragsparteien, diese ist somit nicht völlig unbegrenzt. Die Festlegung einer zulässigen Höchstdauer von 42 Monaten und die Möglichkeit einer höchstens viermaligen Vertragsverlängerung sind aus Sicht des Gerichts allerdings nicht bedenklich.[565]

Im Geltungsbereich eines solchen Tarifvertrags können **nicht tarifgebundene Arbeitgeber und Arbeitnehmer** die Anwendung der tariflichen Regelungen vereinbaren (§ 14 Abs. 2 Satz 4 TzBfG).

275 Tarifliche Bestimmungen zur Befristung von Arbeitsverträgen können **Abschluss**- oder **Beendigungsnormen** sein.

8.3.10 Beschäftigungssicherung

276 In vielen Branchen bestehen flächen-/verbandstarifvertragliche Regelungen über die Absenkung der regelmäßigen wöchentlichen Arbeitszeit im Falle der Unternehmenskrise (sog. »**Beschäftigungssicherungstarifverträge**«; vgl. § 4 Rn. 130).

Zweck solcher Tarifverträge ist es, ergänzend zum Instrument der Kurzarbeit eine Möglichkeit der **Verkürzung der Arbeitszeit mit dem Ziel der Sicherung der Arbeitsplätze** zu schaffen. Diese Tarifverträge können insbesondere dann angewandt werden, wenn die Einführung von Kurzarbeit nicht greift, weil entweder aufgrund des Umfangs der Reduzierung der Arbeitszeit oder der Anzahl der Betroffenen die Voraussetzungen für den Bezug von Kurzarbeitergeld[566] nicht erfüllt sind oder weil der Bezugszeitraum für Kurzarbeitergeld bereits ausgeschöpft wurde.

277 Die Beschäftigungssicherungstarifverträge sehen meist folgende **Regelungen** vor (Beispiel **Metall- und Elektroindustrie**):

- Die **regelmäßige wöchentliche Arbeitszeit** kann zum Zwecke der Beschäftigungssicherung durch die Betriebsparteien durch Abschluss einer Betriebsvereinbarung um bis zu fünf Stunden **abgesenkt** werden. Für Konfliktfälle zwischen den Betriebsparteien haben die Tarifvertragsparteien besondere **Einigungs- bzw. Schlichtungsstellen**

---

563 BAG 6.4.11 – 7 AZR 716/09, AiB 12, 62 m. Anm. Schomaker; bestätigt durch BAG 21.9.11 – 7 AZR 375/10, NZA 12, 255; zur Befristung ohne Sachgrund vgl. auch Schoof, Betriebsratspraxis, Stichwort Befristeter Arbeitsvertrag Rn. 27ff.

564 BAG 15.8.12 – 7 AZR 184/11, NZA 13, 45.

565 BAG 15.8.12 a. a. o.; kritisch hierzu Loth/Ulber, NZA 13, 130; vgl. LAG Düsseldorf 9.12.14 – 17 Sa 892/14, ZTR 15, 209 (n.rk): Höchstdauer von 60 Monaten und fünfmalige Verlängerung zulässig.

566 Vgl. hierzu Schoof, Betriebsratspraxis, Stichwort Kurzarbeit Rn. 6ff.

eingerichtet, die (für einen begrenzten Zeitraum z. B. sechs Monate) eine verbindliche Entscheidung treffen können.

- Dem Betriebsrat wird darüber hinaus ein – über § 87 Abs. 1 Nr. 2 BetrVG hinausgehendes – erzwingbares **Initiativmitbestimmungsrecht** zur Verkürzung der Dauer der regelmäßigen Arbeitszeit zum Zwecke der Beschäftigungssicherung eingeräumt.[567] Daraus kann sich ein Unterlassungsanspruch gegen den Arbeitgeber, »voreilig« Kündigungen auszusprechen, ergeben (vgl. Rn. 280).
- Das **Arbeitsentgelt sinkt** entsprechend der Arbeitszeitabsenkung. Ein Entgeltausgleich ist freiwillig möglich, aber nicht erzwingbar.
- Während der Laufzeit der Betriebsvereinbarung werden **betriebsbedingte Kündigungen »grundsätzlich« nicht ausgesprochen** und falls doch, wird eine Kündigung frühestens **zwei Monate** nach dem Ende der Absenkung der Arbeitszeit **wirksam**.

Die Rspr. lässt derartige Regelungen weitgehend zu. Tarifvertragliche Arbeitszeit- und 278
Entgeltregelungen unterlägen nur sehr **eingeschränkt einer gerichtlichen Überprüfung**. Sie seien nur in Ausnahmefällen zu beanstanden, etwa wenn sie auch unter Berücksichtigung der Besonderheiten der von dem jeweiligen Tarifvertrag erfassten Beschäftigungsbetriebe und der dort zu verrichtenden Tätigkeiten gegen **elementare Gerechtigkeitsanforderungen** aus den Art. 2 Abs. 1, Art. 20 Abs. 1 GG verstoßen.[568]

Eine tarifliche Öffnungsklausel, die eine **befristete Herabsetzung der Arbeitszeit um 20 %** durch eine betriebliche Regelung ermöglicht und zugleich den Ausschluss betriebsbedingter Kündigungen und einen finanziellen Ausgleich vorsieht, soll auch nicht gegen Art. 12 Abs. 1 GG verstoßen.[569] Eine Absenkung der Arbeitszeit auf **85 % bzw. 77 %** durch einen Beschäftigungssicherungstarifvertrag und die damit verbundene Verringerung des Arbeitsentgelts ist nach Ansicht des BAG zwar »durchaus erheblich«, verletzt aber nicht elementare Gerechtigkeitsvorstellungen.[570] Dagegen spreche bereits, dass der Tarifvertrag der Beschäftigungssicherung und Vermeidung betriebsbedingter Kündigungen dient. Ob auch andere Lösungsmöglichkeiten bestanden hätten, unterliege nicht der gerichtlichen Kontrolle.[571]

Das Problem von (vertraglichen, betrieblichen oder tariflichen) Kündigungsausschluss- 279
klauseln besteht darin, dass sie **nicht »insolvenzfest«** sind. Nach Ansicht des BAG steht einer vom Insolvenzverwalter wegen beabsichtigter Betriebsteilstilllegung erklärten Kündigung nach § 113 InsO ein vor der Eröffnung des Insolvenzverfahrens in einer Standortsicherungsvereinbarung vereinbarter Ausschluss betriebsbedingter Kündigungen nicht entgegen.[572] Das heißt: der Insolvenzverwalter kann das Arbeitsverhältnis gem. § 113 InsO trotz des Kündigungsausschlusses mit einer Frist von drei Monaten zum Monatsende kündigen. Kündigt der Verwalter, so kann der andere Teil wegen der vorzeitigen Beendigung des Arbeitsverhältnisses als Insolvenzgläubiger Schadenersatz verlangen.

---

567 LAG Hamburg 24. 6. 97 – 3 TaBV 4/97, AiB 98, 226.
568 BAG 24. 3. 04 – 5 AZR 303/03, NZA 04, 971.
569 BAG 8. 10. 08 – 5 AZR 707/07, ZTR 09, 206.
570 BAG 28. 5. 09 – 6 AZR 144/08, ZTR 09, 489.
571 Vgl. BAG 25. 10. 00 – 4 AZR 438/99, AuR 01, 225.
572 BAG 17. 11. 05 – 6 AZR 107/05, NZA 06, 661.

280 Das in den Beschäftigungssicherungstarifverträgen der Metall- und Elektroindustrie vorgesehene **Initiativmitbestimmungsrecht** des Betriebsrats gibt diesem die Möglichkeit, einer Personalabbauplanung des Arbeitgebers eine wirksame Alternative entgegen zu setzen (Vorrang hat allerdings die volle Ausschöpfung von Kurzarbeit). Lehnt der Arbeitgeber die Vorschläge des Betriebsrats ab, kann er die in dem Tarifvertrag vorgesehene **Einigungs- oder Schlichtungsstelle** anrufen. Diese entscheidet dann darüber, ob die Arbeitszeit in dem vom Betriebsrat vorgeschlagenen Umfang abgesenkt und damit der tarifliche Kündigungsschutz für die Laufzeit der beschlossenen Arbeitszeitabsenkung ausgelöst wird. Dem Betriebsrat steht zur Durchsetzung seines tariflich begründeten Mitbestimmungsrechts ein **Anspruch auf Unterlassung von Kündigungen** vor Ablauf des Mitbestimmungsverfahrens vor der tariflichen Einigungsstelle zu. Der Unterlassungsanspruch kann mit **einstweiliger Verfügung** durchgesetzt werden.[573]

> **Hinweis für den Betriebs- und Personalrat**
> In den Entscheidungen des LAG Hamburg und ArbG Bremen[574] wurde das Kündigungsverbot auf den für das Mitbestimmungsverfahren voraussichtlich erforderlichen Zeitraum befristet. Es wurde aber darauf hingewiesen, dass es dem Betriebsrat unbenommen bleibe, durch einen erneuten Antrag auf Erlass einer einstweiligen Verfügung eine Verlängerung des Kündigungsverbotes zu beantragen, wenn es innerhalb der festgesetzten Dauer des Kündigungsverbots nicht zu einem Abschluss des Einigungsstellenverfahrens über die Arbeitszeitabsenkung kommen sollte.

281 Tarifverträge zur Beschäftigungssicherung enthalten teils **Inhaltsnormen, Beendigungsnormen**, teils **Betriebsnormen** oder **betriebsverfassungsrechtliche Normen.**
Tarifregelungen über die Absenkung der regelmäßigen wöchentlichen Arbeitszeit (mit entsprechender Entgeltkürzung) durch erzwingbare Betriebsvereinbarung bzw. Spruch der Einigungsstelle erweitern die Mitbestimmung des Betriebsrats; es handelt sich um **betriebsverfassungsrechtliche Normen** (vgl. Rn. 137).
Inhaltsnormen sind beispielsweise tarifliche Bestimmungen über durchzuführende Qualifizierungsmaßnahmen.
Regelungen über den Ausschluss oder das Erschweren betriebsbedingter Kündigungen sind **Beendigungsnormen.**

282 Zu den »**Konkurrenzproblemen**«, die auftreten, wenn der Arbeitgeber an Tarifverträge gebunden ist, die mit **verschiedenen Gewerkschaften** abgeschlossenen wurden, vgl. § 4 Rn. 60ff., 67, 82ff.

8.3.11 Betriebliche Altersversorgung

283 Auch die betriebliche Altersversorgung, also Leistungen der Alters-, Invaliditäts- oder Hinterbliebenenversorgung durch den Arbeitgeber (§ 1 BetrAVG), ist in manchen Branchen Gegenstand verbandstariflicher Regelung. Allerdings geht es dabei meist »nur« um

573 LAG Hamburg 24.6.97 – 3 TaBV 4/97, AiB 98, 226; ArbG Bremen 25.11.09 – 12 BVGa 1204/09, AiB 10, 584 und 622 m. Anm. Schoof / Nacken.

574 LAG Hamburg 24.6.97, a.a.O.; ArbG Bremen 25.11.09 – 12 BVGa 1204/09, a.a.O.

Rahmenbedingungen für den Anspruch der Beschäftigten auf **Entgeltumwandlung** nach § 1a BetrAVG.

Seltener sind verbandstarifliche Regelungen, die den Arbeitgeber zur **Finanzierung betrieblicher Altersversorgung** verpflichten, z.B. durch sog. altersvorsorgewirksame Leistungen (als Nachfolgeregelung zu Tarifverträgen über vermögenswirksame Leistungen) in der Metall- und Elektroindustrie oder in Form von Arbeitgeberleistungen zur zusätzlichen Altersversorgung oder Entgeltumwandlung (Bsp. Tarifverträge zur Entgeltumwandlung und Altersvorsorge für den Bereich der Textilen Dienstleistungen; Tarifvertrag über eine Zusatzrente im Baugewerbe). Dort, wo es keine tariflichen Regelungen gibt, kann die Forderung nach einer vom Arbeitgeber finanzierten betrieblichen Altersversorgung nicht nur in tarifungebundenen, sondern auch in verbandsangehörigen Unternehmen zum Gegenstand einer betrieblichen Tarifbewegung inkl. Streik gemacht werden (vgl. AKR Rn. 85).

Tarifliche Bestimmungen zur betrieblichen Altersversorgung sind **Inhaltsnormen**, soweit sie die Rechte und Pflichten der Arbeitsvertragsparteien regeln (z.B. Rechtsanspruch auf Gewährung altersvorsorgewirksamer Leistungen). **284**

Werden den Betriebsparteien Aufgaben übertragen (z.B. Festlegung des Durchführungsweges der Altersversorgung), handelt es sich um **Betriebsnormen** bzw. betriebsverfassungsrechtliche Normen.

8.3.12 Eingruppierung

Die Ein- und Umgruppierung der überwiegenden Zahl der Arbeitnehmer (auch der nicht tarifgebundenen) richtet sich nach in einschlägigen Tarifverträgen geregelten **tariflichen Vergütungsordnungen**. Diese können kraft beiderseitiger Tarifbindung, aber auch aufgrund vertraglicher Bezugnahme oder betrieblicher Übung bzw. einseitiger Anwendung durch den Arbeitgeber gelten (vgl. hierzu Rn. 294). **285**

Die tariflichen **Entgeltgruppen** sind üblicherweise in sog. **Entgeltrahmentarifverträgen** bzw. **Lohn- oder Gehaltsrahmentarifverträgen** geregelt. Die Eingruppierung der Arbeitnehmer richtet sich nach den im Tarifvertrag beschriebenen **Anforderungen** an die Beschäftigten. **286**

Übt ein Arbeitnehmer abwechselnd **unterschiedliche Tätigkeiten** aus, die unterschiedlichen Entgeltgruppen zuzuordnen sind, sehen manche Tarifverträge vor, dass die Eingruppierung in die Gruppe erfolgt, die der **überwiegenden Tätigkeit** entspricht (**quantitativer Maßstab**). Dies ist die Tätigkeit, die **mehr als die Hälfte** der Gesamtarbeitszeit in Anspruch nimmt. **287**

Nach anderen Tarifverträgen wird ein **qualitativer Maßstab** zugrunde gelegt und auf die Tätigkeiten abgestellt, die für die einzugruppierende Arbeitsaufgabe **prägend** sind. In diesem Fall kann eine höhere Eingruppierung auch dann in Frage kommen, wenn die prägende Tätigkeit weniger als 50 % der Gesamtarbeitszeit in Anspruch nimmt. **288**

Die Einstufung der Tätigkeiten in Entgeltgruppen erfolgt im Allgemeinen unter Verwendung von **allgemeinen Tätigkeitsmerkmalen** (sog. **Oberbegriffe**). Dabei sind in vielen Tarifbereichen die **Anforderungen der übertragenen Tätigkeit** für die Eingruppierung des Beschäftigten maßgeblich, nicht dagegen dessen formale Qualifikation, auf die bei der Beschreibung der Anforderung der Tätigkeit allerdings vielfach zurückgegriffen **289** wird.[575] Häufig sind daher Formulierungen wie: »Diese Kenntnisse oder Fertigkeiten können auch auf anderem Wege erworben werden«.

290 Oft werden zu den jeweiligen Entgeltgruppen **Tätigkeitsbeispiele** (auch **Richtbeispiele** genannt) formuliert. Enthält eine tarifliche Vergütungsgruppe **sowohl allgemeine Oberbegriffe als auch konkrete Tätigkeitsbeispiele**, dann ist regelmäßig zunächst zu prüfen, ob der Arbeitnehmer eine der genannten Beispieltätigkeiten ausübt.[576] Ist das der Fall, ist der Arbeitnehmer in die entsprechende Entgeltgruppe einzugruppieren. Denn die Tarifvertragsparteien bringen mit der Bezeichnung einer Tätigkeit in dem Beispielkatalog regelmäßig zum Ausdruck, dass der diese Tätigkeit ausübende Arbeitnehmer die Erfordernisse der betroffenen Vergütungsgruppe erfüllt. Es gilt der Grundsatz, dass bei Erfüllung eines Tätigkeitsbeispiels auch die allgemeinen Tätigkeitsmerkmale der entsprechenden Entgeltgruppe als erfüllt anzusehen ist.[577] Vorstehendes gilt auch dann, wenn eine Entgeltgruppe **nur ein einziges Tätigkeitsbeispiel** aufweist[578] oder wenn im Anschluss an allgemeine Tätigkeitsmerkmale Beispieltätigkeiten angeführt werden, die mit dem Kürzel »**z. B.**« eingeleitet werden.[579]

291 In einem Tarifvertrag kann **ausdrücklich vorgesehen** werden, dass für die Eingruppierung in erster Linie die **Oberbegriffe maßgebend** sind und Tätigkeitsbeispiele **nur ergänzenden Charakter** haben. Allerdings kommt ihnen auch dann ausschlaggebende Bedeutung zu, wenn sie nur einmal in einer Entgeltgruppe erscheinen, weil wiederum davon auszugehen ist, dass die Tarifvertragsparteien für die Beispieltätigkeit annehmen, dass sie die allgemeinen Merkmale erfüllt.[580] Auf die allgemeinen Merkmale muss wieder dann zurückgegriffen werden, wenn die vom Arbeitnehmer überwiegend ausgeübte bzw. prägende Tätigkeit von einem Tätigkeitsbeispiel nicht oder nicht voll erfasst wird. Entspricht die vom Arbeitnehmer ausgeübte Tätigkeit einem Tätigkeitsbeispiel einer niedrigeren als der beantragten Lohngruppe, so kann diese Tätigkeit nicht unter die abstrakten Tätigkeitsmerkmale der begehrten Lohngruppe subsumiert werden. Deshalb ist eine Eingruppierung in die höhere Vergütungsgruppe nicht mehr aufgrund der allgemeinen Tätigkeitsmerkmale möglich.

292 Enthält ein Tätigkeitsbeispiel **unbestimmte Rechtsbegriffe**, die nicht aus sich heraus ausgelegt werden können, sind die abstrakten Tätigkeitsmerkmale (Oberbegriffe) heranzuziehen.

293 Auf die gesetzliche Mitbestimmung des **Betriebsrats** bei Eingruppierung wird in Tarifverträgen meist deklaratorisch verwiesen.

Das Mitbestimmungsrecht des Betriebsrats bei der Ein- und Umgruppierung bezieht sich nicht ausschließlich auf Beschäftigte, die unter den Geltungsbereich des jeweiligen Tarifvertrages fallen, sondern auch auf **außertarifliche Angestellte** (AT-Angestellte, vgl. Rn. 111), z. B. wenn diese nach Auffassung des Arbeitgebers nicht mehr unter eine der ta-

---

575 Meine/Ohl/Rohnert, S. 133f.
576 Vgl. Schaub-Treber, § 64 Rn. 19ff.
577 BAG 15. 6. 94 – 4 AZR 327/93, AiB 94, 701 = AP Nr. 9 zu §§ 22, 23 BAT Krankenkassen; 21. 7. 93 – 4 AZR 486/92, NZA 94, 710; 21. 10. 87 – 4 AZR 49/87, DB 88, 1120.
578 BAG 21. 10. 87 – 4 AZR 49/87, DB 88, 1120.
579 BAG 21. 7. 93 – 4 AZR 486/92, NZA 94, 710.
580 BAG 25. 9. 91 – 4 AZR 87/91, AP Nr. 7 zu § 1 TVG Tarifverträge: Großhandel.

riflichen Gehaltsgruppen fallen, weil die Tätigkeit höherwertige Qualifikationsmerkmale als die höchste Vergütungsgruppe aufweist[581] oder bei der Frage, ob dieser nach einer Versetzung weiterhin außertariflich eingruppiert ist oder dann der tariflichen Vergütungsordnung unterfällt.[582]

Zur tariflich regelbaren und erstreikbaren **Erweiterung** der Mitbestimmung vgl. Rn. 222.

Eine tarifliche Entgeltgruppenordnung ist **keine Betriebsnorm**, die gem. § 3 Abs. 2 TVG auf alle Beschäftigten (auch die Außenseiter) Anwendung findet, wenn nur der Arbeitgeber tarifgebunden ist. Es handelt sich um eine **Inhaltsnorm**, die unmittelbar und zwingend nur im Falle **beiderseitiger Tarifbindung** gilt.[583] 294

Mit seiner jüngeren Rspr. sieht das BAG den (tarifgebundenen) Arbeitgeber allerdings als verpflichtet an, **alle Beschäftigten**, also auch die **nicht tarifgebundenen**, in ein vorhandenes tarifliches Eingruppierungssystem einzugruppieren. Für die betriebliche Mitbestimmung nach § 99 Abs. 1 BetrVG komme es nicht auf den Anspruch des einzelnen Beschäftigten auf Anwendung des Tarifvertrags an, sondern darauf, ob eine Vergütungsordnung im Betrieb gilt.[584] Ansonsten entstünde im Bereich der erzwingbaren Mitbestimmung infolge des durch Inhaltsnormen bewirkten Tarifvorbehalts des § 87 Abs. 1 BetrVG eine **Schutzlücke bei nicht tarifgebundenen Beschäftigten**. Dies widerspreche der gesetzgeberischen Absicht, die Gestaltungsmacht des Arbeitgebers im Bereich von § 87 BetrVG entweder durch eine tarifliche Regelung oder durch Mitbestimmung des Betriebsrates zu begrenzen.[585] Der Arbeitgeber muss somit auch nicht tarifgebundene Beschäftigte in das tarifliche Entlohnungssystem eingruppieren. Allerdings folgt daraus nicht auch ein Anspruch auf tarifliche Vergütung, da die Verpflichtung des Arbeitgebers, den Tarifvertrag anzuwenden, nicht weiter geht als das erzwingbare Mitbestimmungsrecht des Betriebsrates. Dieses besteht aber nicht in Bezug auf die Entgelthöhe.[586]

Soweit tarifliche Eingruppierungsbestimmungen Rechte des Betriebsrats regeln (z. B. eine erweiterte Mitbestimmung), handelt es sich um **betriebsverfassungsrechtliche Normen.**

Zu **Konkurrenzproblemen** für den Fall, dass zwei »Entgeltgruppentarifverträge« verschiedener Gewerkschaften in einem Betrieb gelten, vgl. § 4 Rn. 60 ff., 67, 82 ff. 295

8.3.13 Einstellung

Tarifliche Bestimmungen zur Einstellung regeln meist die (Schrift-)**Form** des Arbeitsvertrags, **Informationspflichten** des Arbeitgebers und Arbeitnehmers, Regeln über **Probezeit** und **Befristung** des Arbeitsvertrags (vgl. hierzu Rn. 273 ff.). 296

Auf die gesetzliche Mitbestimmung des **Betriebsrats** bei Einstellungen wird in Tarifverträgen meist deklaratorisch verwiesen. 297

Zur tariflich regelbaren und erstreikbaren **Erweiterung** der Mitbestimmung vgl. Rn. 222.

---

581 BAG 26. 10. 04 – 1 ABR 37/03, NZA 05, 367.
582 BAG 12. 12. 06 – 1 ABR 13/06, NZA 07, 348.
583 BAG 12. 12. 00 – 1 ABR 23/00, NZA 02, 56; 24. 2. 87 – 1 ABR 18/85, NZA 87, 642.
584 BAG 4. 5. 11 – 7 ABR 10/10, NZA 11, 1239.
585 BAG 18. 10. 11 – 1 ABR 25/10, NZA 12, 392.
586 BAG 18. 10. 11 a.a.O.; DKKW-Klebe, § 87 Rn. 311.

298 Tarifbestimmungen zur Einstellung können **Abschluss-** oder **Inhaltsnormen** sein. Tarifregelungen zum Verhältnis Arbeitgeber/Betriebsrat sind **betriebsverfassungsrechtliche Normen.**

299 Zu tariflichen Regelungen über eine **Verpflichtung** des Arbeitgebers zur **Einstellung** und **Wiedereinstellung** (vgl. Rn. 196); zu tariflichen quantitativen und qualitativen **Besetzungsregelungen** vgl. Rn. 198.

8.3.14 Entgeltfortzahlung im Krankheitsfall

300 In vielen Tarifbereichen haben Gewerkschaften nach der vorübergehenden Kürzung der gesetzlichen Entgeltfortzahlung auf 80 % durch das »Arbeitsrechtliche Beschäftigungsförderungsgesetz« vom 25.9.1996 – BGBl. I S. 1476 (wieder zurückgenommen durch das »Gesetz … zur Sicherung der Arbeitnehmerrechte« vom 19.12.1998 – BGBl. I S. 3843) gegen den massiven Widerstand der Arbeitgeber und ihrer Verbände in vielen Branchen die **100 %ige Entgeltfortzahlung** tariflich – **konstitutiv** – **absichern** können (vgl. Grundl. Rn. 157f.). Ein etwaiger erneuter Versuch, die gesetzliche Entgeltfortzahlung zu kürzen, würde damit weitgehend »ins Leere laufen«.

Zwar bestanden auch schon vor der Kürzung der gesetzlichen Entgeltfortzahlung tarifliche Regelungen zur Fortzahlung des Arbeitsentgelts im Krankheitsfall. Diese hatten aber zum Teil nur **deklaratorische** Bedeutung.[587]

301 Die Vorschriften des EFZG sind **zwingend** (§ 12 EFZG). Von ihnen darf nicht zuungunsten des Arbeitnehmers abgewichen werden. Eine **Ausnahme** sieht § 4 Abs. 4 EFZG vor. Hiernach kann eine vom Gesetz abweichende **Bemessungsgrundlage** des fortzuzahlenden Arbeitsentgelts durch Tarifvertrag festgelegt werden.[588]

302 Bei den Tarifbestimmungen zu Entgeltfortzahlung handelt es sich durchweg um **Inhaltsnormen.**

8.3.15 Kündigung

303 Tarifvertragliche Bestimmungen zur Kündigung regeln meist **Kündigungsfristen** (vgl. Rn. 307ff.) und einen besonderen **Kündigungsschutz für ältere Arbeitnehmer** (vgl. Rn. 314ff.).

304 Auf die gesetzlichen Beteiligungsrechte des **Betriebsrats** bei Kündigung wird in Tarifverträgen meist deklaratorisch verwiesen.

Zur tariflich regelbaren und erstreikbaren **Erweiterung** dieser Rechte auf eine »echte« Mitbestimmung vgl. Rn. 222.

305 **Besondere Kündigungsschutzregelungen** (z.B. zeitlich befristeter Ausschluss betriebsbedingter Kündigungen) finden sich auch in tarifvertraglichen Standortsicherungs- bzw. Sanierungsvereinbarungen (vgl. Rn. 343ff.).

---

587 Zu der umfangreichen – nach Kürzung der gesetzlichen Entgeltfortzahlung auf 80 % durch das »Arbeitsrechtliche Beschäftigungsförderungsgesetz« vom 25.9.1996 ergangenen – Rechtsprechung des BAG vgl. Schoof, Betriebsratspraxis, Stichwort Entgeltfortzahlung im Krankheitsfall.

588 Vgl. Kittner/Zwanziger/Deinert-Schoof, § 39 Rn. 191ff.; Schaub-Linck (15. Aufl.), § 98 Rn. 108ff.

Tarifbestimmungen zur Kündigung sind **Beendigungsnormen**, soweit sie das Verhältnis Arbeitgeber/Arbeitnehmer betreffen. 306

Soweit sie das Verhältnis Arbeitgeber/Betriebsrat regeln, handelt es sich um **betriebsverfassungsrechtliche Normen** (z.B. Tarifregelungen, die dem Betriebsrat über § 102 BetrVG hinausgehende Rechte im Falle von Kündigungen geben; vgl. Rn. 222).

8.3.16 Kündigungsfristen

Viele Tarifverträge sehen Regelungen über Kündigungsfristen vor. § 622 Abs. 4 KSchG gestattet den Tarifparteien, von den § 622 Abs. 1 bis 3 BGB **abweichende Kündigungsfristen** festzulegen. 307

Manche Tarifverträge beschränken sich auf einen **deklaratorischen** Verweis auf die gesetzlichen Kündigungsfristen. Andere regeln die Kündigungsfristen **eigenständig »konstitutiv«**. In diesem Falle gehen sie den gesetzlichen Kündigungsfristen vor. 308

In der Regel unterscheiden tarifvertragliche Kündigungsfristen nicht zwischen verschiedenen Beschäftigtengruppen. Manche Tarifverträge sehen aber für **Arbeiter und Angestellte unterschiedliche Kündigungsfristen** vor. Derartige Tarifbestimmungen stammen aus einer Zeit, als auch § 622 BGB a.F. noch zwischen Arbeitern und Angestellten differenzierte. Nachdem das BVerfG § 622 BGB a.F. für unvereinbar mit dem Gleichbehandlungsgrundsatz (Art. 3 Abs. 1 GG) erklärt hat,[589] hat der Gesetzgeber § 622 BGB neu gefasst und gleiche Kündigungsfristen für Arbeiter und Angestellte geschaffen. 309

Eine **entsprechende Änderung der Tarifverträge** ist in vielen, aber nicht allen Branchen erfolgt, weil manche Arbeitgeberverbände eine Anpassung bis heute verweigern.

Weil aber auch die Tarifvertragsparteien jedenfalls mittelbar an den **Gleichbehandlungsgrundsatz** gebunden sind (vgl. Rn. 383ff.), sind entgegenstehende Tarifbestimmungen **unwirksam** mit der Folge, dass die gesetzlichen Kündigungsfristen des § 622 BGB n.F. gelten (strittig).

Allerdings hat das BVerfG angenommen, dass eine unterschiedliche Behandlung von Arbeitnehmern bei tariflichen Kündigungsfristregelungen sachlich gerechtfertigt sein kann, sofern sie sich auf qualitative Begründungen wie Qualifikation, Ausbildung, Notwendigkeit erhöhter personalwirtschaftlicher Flexibilität im Produktionssektor zurückführen lässt. So sollen Regelungen zulässig sein, die für Beschäftigte im Produktionssektor (Arbeiter und Angestellte) kürzere Kündigungsfristen vorsehen als für die im Verwaltungsbereich tätigen Arbeiter und Angestellten.[590] Das BAG hat unter Heranziehung dieser Überlegungen in einigen Entscheidungen tarifvertragliche Kündigungsfristenregelungen, die (entsprechend der früheren Rechtslage) für **Arbeiter** eine kürzere **Grundkündigungsfrist** (zwei Wochen) vorgesehen haben als für **Angestellte** (sechs Wochen zum Quartalsende), als verfassungskonform angesehen.[591] Eine andere Beurteilung hat das BAG im Fall der **verlängerten Kündigungsfristen** für länger beschäftigte Arbeiter und Angestellte vorgenommen. Tarifliche Bestimmungen, die für **länger beschäftigte** Arbeiter und

589 BVerfG 30.5.90 – 1 BvL 2/83, DB 90, 1565.
590 BVerfG 30.5.90, a.a.O.
591 BAG 10.3.94 – 2 AZR 605/93, AP Nr. 117 zu § 1 TVG Tarifverträge Metallindustrie = NZA 94, 1045.

Angestellte unterschiedlich lange Kündigungsfristen vorsehen, seien regelmäßig wegen Verstoßes gegen den Gleichbehandlungsgrundsatz unwirksam.[592] Folge: Es gelten die gesetzlichen Kündigungsfristen.[593]

310 Bei der **Bemessung der Kündigungsfristen** nach § 622 Abs. 1 BGB stellt der Gesetzgeber nicht unmittelbar auf das Lebensalter, sondern auf die Beschäftigungsdauer ab. Diese Staffelung nach Beschäftigungsdauer stellt keine Altersdiskriminierung dar.[594] Allerdings werden dabei Beschäftigungsjahre **vor Vollendung des 25. Lebensjahres nicht berücksichtigt** (§ 622 Abs. 2 Satz 2 BGB). Diese Regelung verstößt nach zutreffender Ansicht des LAG Brandenburg und LAG Düsseldorf gegen europäisches Recht (Richtlinie 2000/78/EG vom 27.11.2000).[595] Hiernach darf das Alter kein Anknüpfungspunkt für unterschiedliche Behandlung sein, es sei denn, sie ist objektiv und angemessen und durch ein legitimes Ziel gerechtfertigt (Art. 6 der Richtlinie). Das LAG Düsseldorf hat die Sache dem Europäischen Gerichtshof vorgelegt. Mit Urteil vom 19.1.2010 hat der EuGH entschieden, dass die Nichtberücksichtigung von Beschäftigungsjahren vor Vollendung des 25. Lebensjahres europarechtswidrig ist.[596] Der EuGH hat die bundesdeutschen Gerichte verpflichtet, § 622 Abs. 2 Satz 2 BGB **unangewendet** zu lassen. Das BAG hat sich dem angeschlossen.[597]

> **Hinweis für den Betriebs- und Personalrat**
>
> Beispiel: Ein Arbeitnehmer ist zum Zeitpunkt der Kündigung zehn Jahre bei einem Arbeitgeber beschäftigt (wobei fünf Beschäftigungsjahre vor Vollendung des 25. Lebensjahres liegen). Wendet man die europarechtswidrige Bestimmung des § 622 Abs. 2 Satz 2 BGB an, steht ihm eine Kündigungsfrist von nur zwei Monaten zum Monatsende zu (Berücksichtigung von nur fünf Beschäftigungsjahren). Ohne die Einschränkung des § 622 Abs. 2 Satz 2 BGB ergibt sich eine Kündigungsfrist von vier Monaten zum Monatsende.

Der Gesetzgeber hat es bislang nicht für nötig gehalten, eine Streichung des europarechtswidrigen § 622 Abs. 2 Satz 2 BGB auf den Weg zu bringen. In der unter Federführung des Bundesministeriums der Justiz – unter http://www.gesetze-im-internet.de/ – veröffentlichten BGB-Version findet sich noch nicht einmal ein Hinweis auf die Nichtanwendbarkeit der Vorschrift.

311 Die EuGH-Entscheidung vom 19.1.2010[598] (vgl. Rn. 310) hat auch **Folgen für tarifliche Regelungen**, die entsprechend § 622 Abs. 2 Satz 2 BGB Beschäftigungsjahre vor Vollendung des 25. Lebensjahres unberücksichtigt lassen. Diese Tarifbestimmungen sind wegen Verstoßes gegen §§ 1, 7 AGG (unzulässige Benachteiligung wegen des Alters) **unwirksam.**[599]

---

592 BAG 11.8.94 – 2 AZR 9/94, AiB 95, 192.

593 BAG 10.3.94 – 2 AZR 323/84 (C), 2 AZR 323/84, AP Nr. 44 zu § 622 BGB.

594 BAG 18.9.14 – 6 AZR 636/13, NZA 14, 1400.

595 LAG Brandenburg 24.7.07 – 7 Sa 561/07, DB 07, 2542 und LAG Düsseldorf 21.11.07 – 12 Sa 1311/07, AuR 08, 75 und 17.2.10, NZA-RR 10, 240; LAG Schleswig-Holstein 28.5.08 – 3 Sa 31/08; Hess. LAG 9.7.09 – 14 Sa 2130/08; LAG Köln 3.12.09 – 13 Sa 919/09; a.A. LAG Rheinland-Pfalz 31.7.08 – 10 Sa 295/08.

596 EuGH 19.1.10 – C-555/07 (Kücükdeveci), AiB 10, 265 = NZA 10, 85.

597 BAG 1.9.10 – 5 AZR 700/09, AiB 11, 335 = NZA 10, 1409.

598 EuGH 19.1.10 – C-555/07, a.a.O.

599 BAG 29.9.11 – 2 AZR 177/10, NZA 12, 754.

Manche Tarifverträge lassen die – nach § 622 BGB nur für eine Arbeitgeberkündigung geltenden – **verlängerten Kündigungsfristen auch für den Arbeitnehmer** gelten. Derartige Regelungen sind **problematisch**. Sie behindern die Mobilität und Flexibilität der Beschäftigten und nützen allein dem Arbeitgeber. Zwar ergibt sich nach zweifelhafter Ansicht des BAG aus § 622 Abs. 5 Satz 3, Abs. 6 BGB, dass die eigentlich nur für die Kündigung des Arbeitgebers geltenden verlängerten Kündigungsfristen nach § 622 Abs. 2 BGB sogar durch einzelvertragliche Vereinbarung auf eine Kündigung durch den Arbeitnehmer angewendet werden können.[600] Das BAG sieht noch nicht einmal eine unangemessene Benachteiligung i. S. d. § 307 Abs. 1 BGB, wenn der Arbeitnehmer durch Formularvertrag an die verlängerten Kündigungsfristen gebunden wird.[601] Diese Rspr. widerspricht nicht nur der Wertung des § 622 Abs. 2 BGB, der eine Schutzvorschrift zugunsten des Arbeitnehmers ist, sondern wirft die vom BAG nicht geprüfte[602] Frage auf, ob eine Gleichstellung eine sachlich nicht gerechtfertigte Einschränkung des Grundrechts der Arbeitnehmer auf **Berufsfreiheit** (Art. 12 Abs. 1 GG) darstellt. 312

Zur Grundrechtsbindung der Tarifparteien vgl. Rn. 383.

Tarifliche Bestimmungen zu Kündigungsfristen sind **Inhaltsnormen** (vgl. Rn. 124).[603] 313

8.3.17 Kündigungsschutz für ältere Arbeitnehmer

In vielen Tarifverträgen ist ein besonderer **Kündigungsschutz für ältere Arbeitnehmer**, die schon länger im Betrieb beschäftigt sind, geregelt. Oft wird die ordentliche Kündigung ausgeschlossen oder nur unter bestimmten Voraussetzungen zugelassen. Die Ausgestaltung ist je nach Tarifvertrag und Branche unterschiedlich. 314

> **Beispiel:**
> § 14 Ziff. 3 Manteltarifvertrag für die Metall- und Elektroindustrie Hamburg/ Schleswig-Holstein/ Mecklenburg-Vorpommern (Auszug):
> »Einem Beschäftigten, der das 55. Lebensjahr vollendet, aber noch nicht die Regelaltersrentengrenze erreicht hat sowie eine Betriebszugehörigkeit von mindestens fünf Jahren hat, kann nur noch aus wichtigem Grunde (§ 626 BGB) gekündigt werden. Dies gilt nicht bei Zustimmung der Tarifvertragsparteien.«

Derartige Regelungen sind **rechtlich zulässig.**[604] Vor dem Hintergrund des Verbots der Altersdiskriminierung werden sie allerdings teilweise für unwirksam gehalten.[605] Die Vorstöße gegen den tariflichen Kündigungsschutz für Ältere (bzw. für seine Abschaffung) 315

---

600 BAG 29. 8. 01 – 4 AZR 337/00, AP Nr. 174 zu § 1 TVG Auslegung = NZA 02, 1346.
601 Vgl. BAG 25. 9. 08 – 8 AZR 717/07, NZA 09, 370; 28. 5. 09 – 8 AZR 896/07, NZA 09, 1337; vgl. auch ErfK-Müller-Glöge, § 622 BGB Rn. 40.
602 BAG 29. 8. 01, a.a.O.
603 BAG 24. 4. 07 – 1 AZR 252/06, DB 07, 1924 = AiB 07, 732 m. Anm. Schoof.
604 Wiedemann-Thüsing, § 1 Rn. 679 m.w.N.; Schaub-Treber, § 201 Rn. 17; KeZa-Schubert/Zachert, Rn. 101.
605 Vgl. Rothermund/Temming, S. 98 ff.

sind allerdings auch politisch motiviert und werden mit Fachkräftemangel und der angeblichen Notwendigkeit einer längeren Beschäftigung begründet.[606]
Das BAG hat entschieden, dass eine tarifliche Regelung über den Ausschluss ordentlicher Kündigungen für Beschäftigte, die das 53. Lebensjahr vollendet und dem Betrieb mindestens drei Jahre angehört haben (§ 4.4 MTV Metall- und Elektroindustrie Baden-Württemberg) nach § 10 Satz 1 und Satz 2 AGG **durch ein legitimes Ziel gerechtfertigt** und damit wirksam ist.[607] Zwar stelle die Regelung eine Benachteiligung jüngerer Beschäftigter dar. Sie diene aber dem Zweck, Ältere möglichst effizient vor dem **Verlust des Arbeitsplatzes** zu schützen.[608] Die Tarifparteien besitzen die Befugnis, typisierend festzulegen, ab welchem Alter sich die Chancen Älterer auf dem Arbeitsmarkt verschlechtern. Das BAG sieht die Regelung im Einzelfall allerdings nicht mehr durch ein legitimes Ziel als gerechtfertigt an, wenn durch ihre Anwendung die **Sozialauswahl grob fehlerhaft** würde. Es benennt hier den Fall eines Beschäftigten, der die Altersgrenze knapp verfehlt, aber eine deutlich höhere Betriebszugehörigkeit und größere Unterhaltspflichten aufweist. Die Auslegung der konkreten Tarifvorschrift ergebe hier aber, dass in solch krassen Fällen der Kündigungsschutz nicht gelten soll und sie daher insgesamt wirksam ist.[609] Vgl. auch Rn. 366ff. zur tariflichen Verdienstsicherung für ältere Arbeitnehmer.

316 Allerdings kann gegenüber einem tariflich unkündbaren Arbeitnehmer aus betriebsbedingten Gründen ausnahmsweise eine **außerordentliche Kündigung** unter Einhaltung der ordentlichen Kündigungsfrist (= Auslauffrist) zulässig sein, wenn der Arbeitsplatz des Arbeitnehmers weggefallen ist und der Arbeitgeber den Arbeitnehmer auch unter Einsatz aller zumutbaren Mittel, ggf. durch Umorganisation seines Betriebs, nicht weiterbeschäftigen kann.[610] Für die Anwendung der Ausschlussfrist des § 626 Abs. 2 BGB ist in solchen Fällen kein Raum, da der Wegfall der Beschäftigungsmöglichkeit einen Dauertatbestand darstellt. Hinsichtlich der Sozialauswahl und der Betriebs- bzw. Personalratsbeteiligung steht diese außerordentliche Kündigung einer ordentlichen Kündigung gleich. § 1 Abs. 3 KSchG und § 102 Abs. 3 bis 5 BetrVG sind entsprechend anwendbar.[611]

317 Tarifvertragliche Kündigungsschutzregelungen entfalten allerdings im Fall der **Insolvenz** des Unternehmens keine Wirkung (mehr). Vielmehr kann der Insolvenzverwalter das Arbeitsverhältnis nach § 113 InsO mit der vorgesehenen Frist von drei Monaten zum Monatsende kündigen.[612] Dies verstößt nach Ansicht des BAG nicht gegen Art. 9 Abs. 3 GG. § 113 InsO verdrängt auch Unkündbarkeitsklauseln im Arbeitsvertrag oder in Betriebsvereinbarungen.[613]

318 Tarifliche Bestimmungen zum Kündigungsschutz sind **Inhaltsnormen**.

---

606 Vgl. Aussagen des Vorsitzenden des Metall-Arbeitgeberverbandes Südwestmetall Stefan Wolf in DIE WELT online vom 5.11.2012.
607 BAG 20.6.13 – 2 AZR 295/12, NZA 14, 208; Petri, AiB 14, Nr. 7/8, 67; Schmidt, AiB 14, Nr. 12, 23.
608 Vgl. hierzu Schlachter, S. 82ff.
609 BAG 5.6.14 – 2 AZR 418/13; 20.6.13, a.a.O.
610 BAG 5.2.98 – 2 AZR 227/97, AP Nr. 143 zu § 626 BGB; 11.3.99 – 2 AZR 427/98, NZA 99, 818.
611 BAG 5.2.98, a.a.O.
612 BAG 19.1.00 – 4 AZR 70/99, AiB 00, 693; 17.11.05 – 6 AZR 107/05, NZA 06, 661.
613 BAG 22.9.05 – 6 AZR 526/04, NZA 06, 658.

Soweit sie das Verhältnis Arbeitgeber/Betriebsrat betreffen, handelt es sich um **betriebsverfassungsrechtliche Normen** (z.B. Tarifregelungen, die dem Betriebsrat über § 102 BetrVG hinausgehende Rechte im Falle von Kündigungen geben).

8.3.18 Kurzarbeit

Der tarifgebundene Arbeitgeber kann durch Tarifvertrag zur **Einführung der Kurzarbeit ermächtigt** werden. Allerdings ist eine Tarifbestimmung u.a. wegen Verstoßes gegen kündigungsrechtliche Gesetzesbestimmungen **unwirksam**, wenn sie dem Arbeitgeber die Einführung von Kurzarbeit durch einseitige Anordnung erlaubt, ohne Regelungen über Voraussetzungen, Umfang und Höchstdauer der Kurzarbeit zu treffen.[614] Die Unwirksamkeit folgt auch aus dem Umstand, dass es den Tarifvertragsparteien verwehrt ist, das gesetzliche Mitbestimmungsrecht des Betriebsrats ersatzlos auszuschließen und durch ein **Alleinbestimmungsrecht des Arbeitgebers** zu ersetzen (vgl. Rn. 221a).[615] Für den Betriebsrat sind die Tarifregelungen zur Einführung von Kurzarbeit zu beachten, selbst wenn sie keine abschließende Regelung nach § 87 Abs.1 BetrVG darstellen und im Wesentlichen Rahmenbedingungen regeln, die einer weiteren Umsetzung durch Betriebsvereinbarung bedürfen.[616] 319

In der Regel bestehen tarifvertragliche **Ankündigungsfristen** (auch »Ansagefristen« genannt). Diese sind in ihrer Länge sehr unterschiedlich, in der Metall- und Elektroindustrie betragen sie z.B. zwischen einer Woche und einem Monat. Eine Verkürzung der Ankündigungsfrist durch die Betriebsparteien ist nicht zulässig und unwirksam,[617] die Beschäftigten behalten in diesem Fall ihren vollen Entgeltanspruch. Vgl. hierzu AKR Rn. 376.

Liegt eine wirksame Tarifermächtigung zur Einführung von Kurzarbeit vor, bedarf es **keiner Änderungskündigung bzw. Änderungsvereinbarung** mit den von der Kurzarbeit betroffenen Arbeitnehmern, sofern der Tarifvertrag auf die Arbeitsverhältnisse Anwendung findet. Das Günstigkeitsprinzip (vgl. § 4 Rn. 140ff.) soll einer tariflichen Ermächtigung zur Einführung von Kurzarbeit nicht entgegenstehen, weil Kurzarbeit gegenüber einer ansonsten notwendigen Kündigung die günstigere Alternative darstellt. Etwas anderes gilt, wenn die Einbeziehung in Kurzarbeit durch arbeitsvertragliche Regelung ausgeschlossen wurde (das ist z.B. bei Beschäftigten in Altersteilzeit nicht selten der Fall). 320

Unabhängig von der Tarifermächtigung hat der Arbeitgeber das **Initiativmitbestimmungsrecht** des Betriebsrats nach § 87 Abs. 1 Nr. 3 BetrVG zu wahren.[618] Die in dieser Vorschrift vorgesehene Mitbestimmung kann durch Tarifvertrag nicht eingeschränkt 321

614 BAG 27.1.94 – 6 AZR 541/93, DB 95, 279; 18.10.94 – 1 AZR 503/93, NZA 95, 1064; 28.5.09 – 6 AZR 144/08, DB 09, 1769.

615 BAG 21.9.93 – 1 ABR 16/93, AP Nr. 62 zu § 87 BetrVG 1972 Arbeitszeit; 23.7.96 – 1 ABR 13/96, AP Nr. 68 zu § 87 BetrVG 1972 Arbeitszeit; 17.11.98 – 1 ABR 12/98, AuR 99, 145 = NZA 99, 662; 3.5.06 – 1 ABR 14/05, DB 07, 60.

616 Kittner/Zwanziger/Deinert-Schoof, § 27 Rn. 149.

617 BAG 12.10.94 – 7 AZR 398/93, DB 95, 734.

618 BAG 4.3.86 – 1 ABR 15/84, DB 86, 1395; DKKW-Klebe, § 87 Rn. 113; Schoof; Betriebsratspraxis, Stichwort Kurzarbeit Rn. 47j.

werden.[619] Das gilt auch für das durch § 87 Abs. 1 Nr. 3 BetrVG gewährleistete Initiativmitbestimmungsrecht. Es ist wesentlicher Bestandteil der gesetzlichen Mitbestimmung, deren Schutzzweck ist, Entlassungen durch Einführung von Kurzarbeit zu vermeiden. Deshalb schließt eine tarifliche Regelung, nach der die Einführung »der Zustimmung des Betriebsrats bedarf«, das Initiativrecht des Betriebsrats nicht aus.

Beispiel:
§ 8.8.2 Manteltarifvertrag für Beschäftigte in der Metall- und Elektroindustrie in Nordwürttemberg/Nordbaden:
»Kurzarbeit im Sinne des Dritten Buches des Sozialgesetzbuches (SGB III) kann mit Zustimmung des Betriebsrates eingeführt werden.«
Diese Bestimmung ist geltungserhaltend dahin auszulegen, dass es sich lediglich um eine deklaratorische Verweisung (vgl. Grundl. Rn. 157f.) auf § 87 Abs. 1 Nr. 3 BetrVG handelt und dass sie das hiernach ebenfalls bestehende gesetzliche Initiativmitbestimmungsrecht unberührt lässt.

Ebenfalls **nicht eingeschränkt** wird das Initiativmitbestimmungsrecht des Betriebsrats durch eine Tarifklausel, wonach *»Kurzarbeit durch Betriebsvereinbarung eingeführt«* werden kann.

322 Dem Betriebsrat steht zur Durchsetzung seines Mitbestimmungsrechts ein **Anspruch auf Unterlassung von Kündigungen** vor Ablauf des Mitbestimmungsverfahrens vor der Einigungsstelle zu. Der Unterlassungsanspruch kann mit **einstweiliger Verfügung** durchgesetzt werden.[620]

323 Tarifliche Bestimmungen zur Kurzarbeit sind – soweit sie das Verhältnis Arbeitgeber/Betriebsrat betreffen, **betriebsverfassungsrechtliche Normen**.
Werden Ansprüche der Arbeitnehmer z.B. auf einen Zuschuss zum Kurzarbeitergeld geregelt, handelt es sich um **Inhaltsnormen**.

8.3.19 Mehrarbeit

324 In Tarifverträgen finden sich oft differenzierte Bestimmungen zum Thema Mehrarbeit (häufig auch Überstunden genannt), insbesondere zur Frage, unter welchen **Voraussetzungen:**

- und in welchem **Umfang** Mehrarbeit **angeordnet** werden kann;
- in welcher **Höhe** Mehrarbeit zu vergüten ist sowie
- ob der Arbeitnehmer statt Vergütung **bezahlte Freistellung** verlangen kann.

325 Was als Mehrarbeit gilt, ist in Tarifverträgen sehr unterschiedlich definiert. Nach manchen Tarifverträgen beginnt vergütungs- und zuschlagspflichtige Mehrarbeit mit der Überschreitung der regelmäßigen **»wöchentlichen« Arbeitszeit**.

Beispiel:
Die regelmäßige wöchentliche Arbeitszeit beträgt nach dem Tarifvertrag 35 Stunden; zuschlagspflichtige Mehrarbeit setzt erst ab der 36. Stunde ein.

619 Vgl. DKKW-Klebe, § 87 Rn. 48; Fitting, § 87 Rn. 5.
620 ArbG Bremen 25.11.09 – 12 BVGa 1204/09, AiB 10, 584 und 622 m. Anm. Schoof / Nacken.

In anderen Tarifverträgen ist die Vergütungs- und Zuschlagspflicht bei Mehrarbeit an die Überschreitung der – meist durch Betriebsvereinbarung festgelegten – **»täglichen« Arbeitszeit** gekoppelt.[621]

Beispiel:
Die regelmäßige wöchentliche Arbeitszeit von 35 Stunden ist durch Betriebsvereinbarung auf die einzelnen Wochentage – wie folgt – verteilt worden: Montag bis Freitag jeweils sieben Stunden.
Arbeitet ein Beschäftigter an einem Tag acht Stunden, so hat er eine zuschlagspflichtige Mehrarbeitsstunde geleistet. Der Zuschlag entfällt – anders als in dem vorgenannten Beispiel – nicht dadurch, dass die geleistete Überstunde durch eine an einem anderen Tage derselben Woche gewährte Freistunde ausgeglichen wird, auch wenn der Beschäftigte damit im Ergebnis nur insgesamt 35 Stunden in der Woche arbeitet.

Mehrarbeit liegt somit nicht zwangsläufig bei einer Überschreitung der tarifvertraglichen Regelarbeitszeit vor, sondern kann sich – je nach Definition im Tarifvertrag – nach der Überschreitung der durch Betriebsvereinbarung festgelegten Arbeitszeit (hinsichtlich »Lage und Verteilung«) richten.[622]

Tarifverträge enthalten regelmäßig detaillierte Regelungen über für Mehrarbeit zu zahlende **Mehrarbeitszuschläge**. Meist werden die Zuschläge in Form eines **Prozentsatzes** zum Verdienst für eine Arbeitsstunde ausgedrückt. 326

Beispiel:
Die Arbeitnehmer erhalten je Stunde für angeordnete Mehrarbeit einen Zuschlag in Höhe von 25 % eines Brutto-Stundenverdienstes.

Vergütungs- und **zuschlagspflichtige Mehrarbeit** kann auch bei **flexibler Arbeitszeit** (Gleitzeit bzw. Arbeitszeitkonto) gegeben sein. Die **Abgrenzung** von **Mehrarbeit** und flexibel verteilter **regelmäßiger** Arbeitszeit ist jedoch oft schwierig. Es kommt letztlich auf die jeweilige vertragliche bzw. tarifliche Regelung an.[623] So liegt z.B. in der Metall- und Elektroindustrie Mehrarbeit bei einer flexiblen Verteilung der Arbeitszeit dann vor, wenn die für einen jeweiligen Zeitraum (betrieblich) festgelegte tägliche oder wöchentliche Arbeitszeit überschritten wird.[624] Hat der Arbeitgeber aufgrund einer Betriebsvereinbarung die Möglichkeit, über die dort geregelten Arbeitszeitmodelle hinaus je nach Bedarf weitere Arbeitsstunden anzuordnen, so kann es sich dabei – je nach tariflicher Mehrarbeitsdefinition – um zuschlagspflichtige Mehrarbeit handeln.[625] 327

621 BAG 16.2.00 – 4 AZR 933/98, DB 00, 1922 zur Mehrarbeitsregelung des MTV Eisen-, Metall-, Elektro- und Zentralheizungsindustrie NRW vom 29.2.1988.

622 Vgl. Meine/Wagner, S. 59f.

623 BAG 25.10.00 – 4 AZR 596/99, DB 01, 1620 = AiB 01, 736 m. Anm. Hamm zu §§ 3 Ziff 1.1, 6 Ziff 1 und 7 Ziff 22.1 des Manteltarifvertrages Metallindustrie Hamburg und Schleswig-Holstein; vgl. auch Vorinstanzen; ArbG Flensburg 20.8.98 – 2 Ca 451/98, AiB 99, 297 m. Anm. Schoof; LAG Schleswig-Holstein 3.6.99 – 4 Sa 586/98.

624 Meine/Wagner, S. 196ff.

625 LAG Rheinland-Pfalz 8.4.99 – 9 (8) Sa 1328/98, AiB 99, 528.

328 **Teilzeitbeschäftigte** haben nach den Tarifverträgen i.d.R. erst dann Anspruch auf Mehrarbeitszuschläge, wenn die für Vollzeitbeschäftigte geltende regelmäßige Arbeitszeit überschritten wird. Das verstößt weder gegen europäisches Recht[626] noch gegen § 4 TzBfG.[627]

329 Auf die gesetzliche Mitbestimmung des **Betriebsrats** bei Überstunden gem. § 87 Abs. 1 Nr. 3 BetrVG wird in Tarifverträgen meist deklaratorisch verwiesen. Das Mitbestimmungsrecht kann nach § 87 Abs. 1 Einleitungssatz BetrVG durch eine tarifliche Regelung nur dann **verdrängt** werden, wenn sie als eine **abschließende Regelung** anzusehen ist. In Betracht kommt nach Ansicht des BAG sogar die vorläufige und kurzfristige Ermächtigung des Arbeitgebers zur **einseitigen Anordnung** von Überstunden für außergewöhnliche Fälle.[628] Hingegen ist es den Tarifvertragsparteien verwehrt, den Arbeitgeber **pauschal** zur Anordnung von Überstunden **zu ermächtigen.**[629]

330 Regelungen über Mehrarbeitsvergütung und Zuschläge bzw. Freizeitausgleich sind **Inhaltsnormen.**

Soweit tarifliche Bestimmungen zu Mehrarbeit das Verhältnis Arbeitgeber/Betriebsrat betreffen, handelt es sich um **betriebsverfassungsrechtliche Normen.**

8.3.20 Nacht- und Schichtarbeit

331 Tarifüblich sind auch Regelungen über Zulagen bzw. Zuschläge für **Nacht- und Schichtarbeit** (u.a. Nachtzuschläge, Schichtzuschläge, Wechselschichtzuschläge[630]). Diese sollen die mit diesen Arbeitszeitformen verbundenen Mehrbelastungen ausgleichen. Bei der Höhe der Zuschläge wird oft danach unterschieden, ob die Nacht- oder Schichtarbeit regelmäßig oder unregelmäßig erfolgt. Bei unregelmäßiger Nachtarbeit- oder Schichtarbeit wird eine höhere Belastung unterstellt, die deshalb mit einem höheren Zuschlag abzugelten ist. Die Höhe ist im Übrigen je nach Tarifbranche unterschiedlich.

Eine Schlechterstellung von **Teilzeitbeschäftigten** ist unzulässig. Bei einer pauschalierten Zulage kann allerdings eine Kürzung für Teilzeitbeschäftigte nach dem Pro-rata-temporis-Grundsatz erfolgen. Die Einschätzung der Tarifvertragsparteien, dass die sich aus Wechselschicht- und Schichtarbeit ergebenden Erschwernisse einen Teilzeitbeschäftigten im Vergleich zu einem Vollzeitbeschäftigten proportional geringer belasten, überschreitet nicht die Grenzen ihrer autonomen Regelungsmacht.[631]

Wird ein Arbeitnehmer von einer zuschlagspflichtigen Nacht- oder Schichtarbeit in Tagschicht **umgesetzt**, entfällt »automatisch« der Anspruch auf die Zulage,[632] sofern sich nicht aus den tariflichen Bestimmungen etwas anderes ergibt.

332 Tarifliche Regelungen über Nachtarbeitszuschläge »verdrängen« § 6 Abs. 5 ArbZG. Hiernach ist für **Nachtarbeitnehmer** dann, wenn keine tarifvertraglichen Ausgleichsregelun-

---

626 EuGH 6.12.06 – C-300/06, NZA 08, 31; 15.12.94 – C-399/92 u.a. DB 95, 49.
627 BAG 5.11.03 – 5 AZR 8/03, NZA 05, 222; 20.6.95 – 3 AZR 539/93, NZA 96, 597.
628 BAG 17.11.98 – 1 ABR 12/98, AuR 99, 145 = NZA 99, 662.
629 BAG 17.11.98, a.a.O.
630 BAG 24.9.08 – 10 AZR 140/08, ZTR 09, 20 zu einer Wechselschichtzulage nach § 8 TVöD.
631 BAG 25.9.13 – 10 AZR 4/12, AP Nr 24 zu § 4 TzBfG; 24.9.08 – 10 AZR 634/07, DB 2008, 2768.
632 LAG Hamm 30.6.94 – 4 Sa 2017/93, LAGE BGB § 611 Direktionsrecht Nr. 17.

gen bestehen, für die während der Nachtzeit geleisteten Arbeitsstunden ein angemessener Zuschlag oder eine angemessene Zahl bezahlter freier Tage zu gewähren.

Manche Tarifverträge räumen dem Betriebsrat bei der **Definition** der zuschlagspflichtigen Nachtarbeit ein **Mitbestimmungsrecht** ein. 333

Tarifregelungen über Nacht- und Schichtarbeitszuschläge sind **Inhaltsnormen.** 334

8.3.21 Qualifizierung

In mehreren Branchen existieren **Tarifverträge zur Qualifizierung** (z.B. Chemische Industrie, Öffentlicher Dienst, Textilindustrie, Metall- und Elektroindustrie). Diese Tarifverträge regeln neben individuellen Rechten der Beschäftigten auch **Rahmen- und Verfahrensregelungen** sowie die Frage der Kostentragung, lassen aber die betriebsverfassungsrechtlichen Bestimmungen zur Beteiligung und **Mitbestimmung des Betriebsrats** bei der Berufsbildung (§§ 96 bis 98 BetrVG) unberührt. 335

Grundsätzlich gilt, dass der **Tarifvorbehalt** des § 87 Abs. 1 Eingangssatz BetrVG auch auf die §§ 96 bis 98 BetrVG entsprechend angewendet wird. 336

Die Tarifverträge zur Qualifizierung treffen Regelungen für Beschäftigte im Betrieb oder solche, die nach persönlicher Weiterbildung wieder in den Betrieb zurückkehren, aber nicht zur Qualifizierung von Beschäftigten, die aus Anlass einer Betriebsänderung (§ 111 BetrVG) ihre Arbeit verlieren, auf Grundlage von Interessenausgleichs- und Sozialplanregelungen in eine **Transfergesellschaft** wechseln und dort durch Fortbildungsmaßnahmen für den Arbeitsmarkt »fit gemacht werden«. Deshalb steht die Friedenspflicht aus einem solchen Tarifvertrag einem Streik für einen »**Sozialtarifvertrag**« mit Forderungen zu arbeitgeberfinanzierten Qualifizierungsmaßnahmen (vgl. Rn. 185) meist nicht entgegen (vgl. AKR Rn. 31). 337

Tarifliche Qualifizierungsbestimmungen sind **Inhaltsnormen**, soweit sie die Rechte und Pflichten der Arbeitsvertragsparteien regeln. 338

Regelungen zum Verhältnis Arbeitgeber/Betriebsrat sind **betriebsverfassungsrechtliche Normen** (z.B. zusätzliche, über die §§ 96 bis 98 hinausgehende Mitbestimmungsrechte).

8.3.22 Rationalisierungsschutz

Für zahlreiche Branchen wurden ab den siebziger Jahren Rationalisierungsschutztarifverträge abgeschlossen. Erklärter Zweck dieser Tarifverträge ist, nachteilige Folgen, die für die Arbeitnehmer durch Rationalisierungsmaßnahmen entstehen, zu vermeiden oder zu mindern. Geregelt werden z.B. 339

- ein befristeter zeitlich gestaffelter **Abgruppierungsschutz**;
- eine befristete **Verdienstsicherung bei Umschulungen**;
- ein nach Betriebszugehörigkeit und Lebensalter gestaffelter Anspruch auf **Abfindung bei Entlassung**.

Bei den vorgenannten Regelungen handelt es sich um **Inhaltsnormen**. 340

8.3.23 Sonn- und Feiertagsarbeit

341 Tarifverträge enthalten meistens besondere **Zuschläge** für den Fall der **Sonn- und Feiertagsbeschäftigung.**[633] Diese betragen z.B. im Bereich der Tarifverträge der Metall- und Elektroindustrie 50 % für Sonntagsarbeit und – je nach Art des Feiertages – zwischen 100 % bzw. 150 % des jeweiligen auf die Arbeitsstunde umgerechneten Monatsentgelts. Nach dem Manteltarifvertrag für die chemische Industrie beispielsweise ist für Sonntagsarbeit ein Zuschlag von 60 % zu zahlen; die Zuschläge für Feiertagsarbeit betragen – je nach Feiertag – 60 % bzw. 150 %. Oft wird in einem in **drei Schichten** arbeitenden Betrieb die Feiertagsruhe eines gesetzlichen Feiertags durch Betriebsvereinbarung auf die Zeit von 6.00 Uhr am Feiertag bis 6.00 Uhr am folgenden Werktag verlegt, was zulässig ist. In diesem Falle ist die vom Kalendertag abweichende für den Schichtbetrieb geltende Feiertagsruhezeit auch für den Feiertagslohn und den tariflichen Feiertagszuschlag maßgeblich.[634] Falls tarifvertraglich nichts anderes bestimmt ist, braucht in einem solchen Fall für die Stunden der in den Feiertag hineinragenden Nachtschicht (0.00 Uhr bis 6.00 Uhr) kein Feiertagszuschlag gezahlt zu werden. Eine Tarifklausel »Sonn- und Feiertagsarbeit ist die an Sonn- und gesetzlichen Feiertagen in der Zeit von 0.00 bis 24.00 Uhr geleistete Arbeit« enthält insoweit keine abweichende tarifliche Regelung.[635]

Entgegen landläufiger Auffassung handelt es sich bei **Oster- und Pfingstsonntag** nur dort um gesetzliche Feiertage, wo dies gesetzlich angeordnet ist (derzeit nur im Bundesland Brandenburg). Sofern der Tarifvertrag hierzu keine gesonderten Regelungen trifft, besteht für Beschäftigung an diesen Tagen nur der Sonntags-, nicht aber der in der Regel höhere Feiertagszuschlag.[636]

342 Tarifregelungen über Zuschläge für Sonn- und Feiertage sind **Inhaltsnormen**.

8.3.24 »Standortsicherung«/Sanierung des Unternehmens

343 Sog. **Standortsicherungs- bzw. Sanierungstarifverträge** werden inzwischen in den meisten Branchen mit einzelnen Unternehmen abgeschlossen (entweder als Firmentarifvertrag – vgl. Rn. 26 – oder als firmenbezogener Verbandstarifvertrag, vgl. Rn. 25).[637] Die **Initiative** geht meist von einem an einen Verbandstarifvertrag gebundenen Arbeitgeber aus, der behauptet, sich in wirtschaftlichen Schwierigkeiten zu befinden oder aus Gründen des Erhalts oder der Verbesserung der Wettbewerbsfähigkeit zu Personalkosteneinsparungen gezwungen zu sein. Es sei erforderlich, von bestimmten Regelungen des – ungekündigten – Verbandstarifvertrags durch **Änderungstarifvertrag** »nach unten« abzuweichen.

344 Derartige Tarifverträge »funktionieren« formal nach dem Prinzip **»Leistung/Gegenleistung«**. Bestimmte tarifvertragliche Rechtsansprüche von Arbeitnehmern werden – in der

633 BAG 6.12.06 – 4 AZR 711/05, EzA § 1 TVG Auslegung Nr. 44; 9.7.08 – 5 AZR 902/07, ZTR 08, 600 zu einer Feiertagszuschlagsregelung nach § 8 TVöD.

634 BAG 17.5.73 – 3 AZR 376/72, AP Nr. 29 zu § 1 FeiertagslohnzahlungsG.

635 BAG 17.5.73, a.a.O.

636 BAG 17.3.10 – 5 AZR 317/09, DB 2010, 1406.

637 Vgl. etwa LAG Niedersachsen 18.5.11 – 17 SaGa 1939/10, AiB 11, 481 zu einem »Standort- und Beschäftigungssicherungsvertrag«, in dem sich der Arbeitgeber zur Vornahme von Investitionen und Schaffung von Arbeitsplätzen verpflichtet hat.

Regel zeitlich befristet – durch **Änderungstarifvertrag reduziert oder entfallen** gänzlich. Als **Gegenleistung** erfolgen Zusagen des Arbeitgebers – ebenfalls zeitlich befristet – in Bezug auf Standort- und/oder Beschäftigungssicherung.

Von einem ausgewogenen »Geben und Nehmen« kann allerdings bei derartigen Tarifverträgen oft nicht die Rede sein.[638] Meist handelt es um das Ergebnis einer mehr oder weniger offen durchgeführten **Erpressung** der Beschäftigten/Gewerkschaft durch den Arbeitgeber, der die Schließung bzw. Verlagerung des Betriebs androht, falls die Tarifänderungen verweigert würden. Wenn die Gewerkschaft Widerstand ankündigt und die Belegschaft zu einem **Streik für den Erhalt der vom Arbeitgeber in Frage gestellten Tarifregelungen** aufruft (vorausgesetzt es gibt »Widerstands- und Streikbereitschaft« bei den Beschäftigten), pocht das Unternehmen auf die **Friedenspflicht** (vgl. Rn. 422ff.; AKR Rn. 59ff.) aus den bestehenden – ungekündigten – Verbandstarifverträgen. Zur Frage, ob in einem solchen Fall die Gewerkschaft noch an die Friedenspflicht aus den ungekündigten – nach dem Willen des Unternehmens zu verändernden – Tarifverträgen gebunden ist, vgl. Rn. 430. In jedem Fall zulässig sind von Seiten der Beschäftigten und der Gewerkschaft durchgeführte **betriebliche Aktionen** unterhalb der Arbeitskampfschwelle, vgl. auch AKR Rn. 209ff.

Bei dem auf diese Weise erzwungenen »**Beschäftigtenbeitrag**« handelt es sich regelmäßig um eine Verschlechterung der bisherigen Arbeitsbedingungen vor allem in Form von: 345

- **Entgeltkürzungen** (z.B. Absenken des Tarifentgelts, Aussetzen von Tariferhöhungen, Reduzierung oder Streichung von Urlaubs- und Weihnachtsgeld) sowie
- **Verlängerung** der regelmäßigen (Wochen-) **Arbeitszeit** mit – meist aber ohne -Lohnausgleich.

Die »**Gegenleistung des Arbeitgebers**« besteht beispielsweise in der Zusage, 346

- innerhalb der Laufzeit der Vereinbarung den Betrieb zu erhalten (**Standortgarantie**),
- arbeitsplatzsichernde **Investitionen** vorzunehmen,
- eine bestimmte **Beschäftigtenzahl** nicht zu unterschreiten und das durch **Neueinstellungen** zu garantieren,
- **keine betriebsbedingten Kündigungen** auszusprechen,
- »Beiträge« der Beschäftigten bei Verbesserung der wirtschaftlichen Lage (ganz oder teilweise) wieder zurückzubezahlen.

Nicht selten werden auch **Vorteilsregelungen** zugunsten von Gewerkschaftsmitgliedern vereinbart (sog. Differenzierungsklauseln; vgl. hierzu § 3 Rn. 187ff.).

Von der Gewerkschaft wird häufig als Voraussetzung für die Aufnahme von Verhandlungen ein tragfähiges **Sanierungs- oder Standortkonzept** gefordert, aus dem sich strukturwirksame Maßnahmen für das Unternehmen ergeben müssen. Diese können auch zum Inhalt eines Änderungstarifvertrages gemacht und über ein **Sonderkündigungsrecht** für den Fall von Verstößen oder Nichterfüllung abgesichert werden. Ist eine arbeitgeberseitige Zusage (z.B. Standorterhalt) hinreichend konkret im Tarifvertrag beschrieben, kann sich bei Verstößen auch ein **Unterlassungsanspruch** der Gewerkschaft ergeben (vgl. Rn. 351).

---

638 Däubler-Hensche/Heuschmid, Rn. 838.

347 Oft werden die Zusagen der Arbeitgeberseite allerdings mit dem **Vorbehalt** versehen, dass unter gewissen Voraussetzungen (besonders bei Verschlechterung der wirtschaftlichen Lage des Unternehmens) der Tarifvertrag neu verhandelt werden muss bzw. vom Arbeitgeber kurzfristig aufgekündigt werden kann (sog. **Revisionsklausel**; vgl. Rn. 402a). Eine Rückabwicklung – d.h. eine Rückerstattung der von den Arbeitnehmern zwischenzeitlich erbrachten Leistungen – findet regelmäßig nicht statt.

348 Tarifregelungen über den Ausschluss betriebsbedingter Kündigungen entfalten im Fall der **Insolvenz des Unternehmens** keine Wirkung (mehr). Vielmehr kann der **Insolvenzverwalter** das Arbeitsverhältnis nach § 113 InsO mit der vorgesehenen **Frist von drei Monaten zum Monatsende** kündigen.[639] Dies verstößt nach Ansicht des BAG nicht gegen Art. 9 Abs. 3 GG.

349 Ein Sanierungstarifvertrag **verdrängt** – gleichgültig ob er als Firmentarifvertrag oder firmenbezogener Verbandstarifvertrag abgeschlossen wird –, die entsprechenden Regelungen eines Verbands-/Flächentarifvertrags für die Dauer seiner Laufzeit (vgl. Rn. 64 und § 4 Rn. 61ff., 66). Meist wird die Nachwirkung ausdrücklich ausgeschlossen. Aber auch ohne ihren ausdrücklichen Ausschluss sprechen Sinn und Zweck eines Sanierungstarifvertrags dafür, dass er nur für die Zeit seiner Laufzeit gelten soll (stillschweigender Ausschluss der Nachwirkung). Deshalb kommen nach Ablauf des Änderungstarifvertrags die »ausgesetzten« Bestimmungen des Verbandstarifvertrags »automatisch« wieder zur Geltung (vgl. § 4 Rn. 72, 308, 335).

350 Ein Sanierungstarifvertrag gilt im Regelfall auch für **nicht gewerkschaftlich organisierte Beschäftigte**. Das ergibt sich meist aus einer dynamischen vertraglichen **Bezugnahmeklausel** (vgl. hierzu § 3 Rn. 245ff., 258ff.). Wenn auf Flächen- bzw. Verbandstarifverträge verwiesen wird, erfasst eine solche Bezugnahme im Regelfall jedenfalls dann auch einen (Sanierungs-)Firmentarifvertrag, wenn er von derselben Gewerkschaft vereinbart wird, die auch den Flächen- bzw. Verbandstarifverträge abgeschlossen hat.

351 Bei den verschlechternden Tarifregelungen in Bezug auf Arbeitsentgelt und Arbeitszeit handelt es sich um **Inhaltsnormen**.

Wenn eine Tarifvorschrift dem Arbeitgeber die Verpflichtung auferlegt, etwa einem Ausgebildeten oder einem Leiharbeitnehmer das Angebot zur Übernahme anzubieten (vgl. Rn. 217ff.), handelt es sich um eine **Abschlussnorm**.

Regelungen über den Ausschluss oder das Erschweren betriebsbedingter Kündigungen sind **Beendigungsnormen**.

Normen über die **Festschreibung der personellen Mindestbesetzung** eines Betriebs sind **Betriebsnormen**.

Tarifliche Verpflichtungen des Arbeitgebers zur **Sicherung des Betriebs**, Vornahme von **Investitionen**, Schaffung von Arbeitsplätzen und/oder **Neueinstellungen** haben i.d.R. keinen normativen, sondern **schuldrechtlichen** Charakter (vgl. Rn. 400ff.; zur tariflichen Regelbarkeit und Erstreikbarkeit vgl. Rn. 166ff., 180 und AKR Rn. 24).[640]

Hat sich der Arbeitgeber schuldrechtlich zur Vornahme von Investitionen und Schaffung von Arbeitsplätzen in einem neu aufzubauenden Betriebsteil verpflichtet, so hat die tarifschließende Gewerkschaft für die Dauer der Laufzeit des Tarifvertrags einen **Anspruch**

---

639 BAG 19.1.00 – 4 AZR 70/99, AiB 00, 693; 17.11.05 – 6 AZR 107/05, NZA 06, 661.
640 LAG Niedersachsen 18.5.11 – 17 SaGa 1939/10, AiB 11, 481.

auf Unterlassung einer beabsichtigten Übertragung dieses Betriebsteils auf eine neu gegründete Tochtergesellschaft im Wege des § 613a BGB.[641] Der Unterlassungsanspruch kann mit **einstweiliger Verfügung** geltend gemacht werden.[642]

Manchmal werden »Standortsicherungsvereinbarungen« als **»dreiseitiger« Vertrag** zwi- 352
schen Arbeitgeber (bzw. Arbeitgeberverband), Gewerkschaft und Betriebsrat vereinbart. Hier ist Vorsicht geboten, weil nach Ansicht des BAG derartige **»gemischte« Vereinbarungen** ganz oder teilweise **unwirksam** sein können, wenn sich nicht ohne weiteres und zweifelsfrei erkennen lässt, wer Urheber der einzelnen Regelungskomplexe ist und um welche Rechtsquellen es sich folglich handelt (vgl. Rn. 19).[643]

In manchen Unternehmen geht es darum, durch zeitlich befristete »Entlastung« des Un- 353
ternehmens von Personalkosten eine **Unternehmenskrise** oder gar objektiv **drohende Insolvenz** abzuwenden. Wenn eine solche Lage vom Unternehmen durch Offenlegung aller Zahlen nachgewiesen, eine Überprüfung durch Sachverständige zugelassen und ein überzeugendes Sanierungskonzept vorgelegt wird, werden Beschäftigte, Betriebsrat und Gewerkschaft sich einer Lösung des Problems im Regelfall nicht verweigern. In einem solchen Falle haben sie schon immer eine »Entlastung« des Unternehmens durch befristete »Arbeitnehmerbeiträge« zugestanden, wenn dadurch das Unternehmen erhalten und Arbeitsplätze gesichert werden können.

Anrüchig sind betriebliche »Bündnisse für Arbeit« (vgl. § 4 Rn. 124ff.) dort, wo Unter- 354
nehmens- und Konzernleitungen versuchen, eine Absenkung der Personalkosten mit dem Ziel einer weiteren Erhöhung der ohnehin guten Renditen durchzusetzen. Nicht selten werden Belegschaft, Betriebsrat und Gewerkschaft mit der Drohung, andernfalls die Produktion zu verlagern und den Betrieb zu schließen, **erpresst** (vgl. Rn. 344). In manchen Fällen wird dabei eine **strafrechtlich relevante Intensität** erreicht.

Zur Frage, ob die Gewerkschaft an die **Friedenspflicht** aus den bestehenden – ungekündigten – Tarifverträgen gebunden ist vgl. Rn. 344, 430 und AKR Rn. 85.

8.3.25 Sterbefall

Manche Tarifverträge sehen für den Fall, dass der Arbeitnehmer stirbt, einen Anspruch 355
des hinterbliebenen Ehepartners und der Kinder auf befristete **»Fortzahlung« des Arbeitsentgelts** vor, sofern diese aus dem Arbeitseinkommen des Verstorbenen unterhalten wurden und der Verstorbene eine bestimmte Mindestbetriebszugehörigkeit erreicht hat. Beispiel Metall- und Elektroindustrie: War der Verstorbene mindestens fünf Jahre im Unternehmen beschäftigt, wird das Arbeitsentgelt für den Sterbemonat und einen weiteren Monat gezahlt. Nicht selten wird der Anspruch davon abhängig gemacht, dass der überlebende und der verstorbene Ehegatte im Zeitpunkt des Todesfalls in häuslicher Gemeinschaft gelebt haben.[644] Nach § 10 Nr. 4 des Manteltarifvertrags für das private Versicherungsgewerbe sind die bisherigen Bezüge des verstorbenen Arbeitnehmers für den Rest

641 LAG Niedersachsen 18.5.11, a.a.O.
642 LAG Niedersachsen 18.5.11, a.a.O.
643 BAG 15.4.08 – 1 AZR 86/07, NZA 08, 1074.
644 BAG 5.10.99 – 4 AZR 668/98, NZA 00, 1302 zu § 17 MTV für den Einzelhandel in Bayern i.d.F. v. 22./23.6.1993.

des Sterbemonats und weitere drei Monate zu zahlen. Dass die Leistungen – falls kein Ehegatte vorhanden ist – vorrangig an die unterhaltsberechtigten Kinder zu zahlen sind, die mit dem Verstorbenen in einem Haushalt lebten oder für die er das Sorgerecht hatte, verstößt weder gegen das Verbot der Benachteiligung nichtehelicher Kinder (Art. 6 Abs. 5 GG) noch gegen den allgemeinen Gleichheitssatz (Art. 3 Abs. 1 GG).[645]

356 Bei tariflichen Sterbegeldregelungen handelt es sich um **Inhalts-** oder **Beendigungsnormen** (für letzteres spricht, dass Sterbefallleistungen an die Beendigung des Arbeitsverhältnisses durch den Tod des Arbeitnehmers anknüpfen).

8.3.26 Teilzeitarbeit

357 Tarifvertragliche Regelungen zur **Teilzeitarbeit** beschränken sich meist auf eine Definition von Teilzeitarbeit und wenige Rahmenbedingungen, z. B. dass mit der Teilzeittätigkeit nicht die Grenzen der Sozialversicherungspflicht unterschritten werden sollen. Enthalten sind häufig Klarstellungen, dass bestimmte tarifliche Leistungen (wie z. B. Weihnachtsgeld) von Teilzeitkräften nur **zeitanteilig** beansprucht werden können, was der gesetzlichen Regelung des § 4 Abs. 1 Satz 2 TzBfG entspricht. Verbreitet sind Regelungen, wonach ein Anspruch auf den tariflich vorgesehenen **Mehrarbeitszuschlag** nur dann besteht, wenn die für Vollzeitbeschäftigte geltende regelmäßige werktägliche oder wöchentliche Arbeitszeit überschritten wird. Die Rspr. hält derartige Regelungen für zulässig.[646]

358 Tarifbestimmungen zur Teilzeit müssen die Maßgaben des TzBfG beachten, insbesondere das **Diskriminierungsverbot** des § 4 TzBfG. Eine unterschiedliche Behandlung von Teilzeitbeschäftigten gegenüber Vollzeitarbeitnehmern ist ohne Vorliegen eines sachlichen Grundes unzulässig (§ 4 Abs. 1 Satz 1 TzBfG). Eine Abweichung **zuungunsten** der Arbeitnehmer ist nur aus den in § 22 Abs. 1 TzBfG genannten Gründen möglich. Unzulässig und unwirksam ist beispielsweise eine Tarifregelung, die einen Spätarbeitszuschlag für Teilzeitbeschäftigte bei einem Ende der regelmäßigen Arbeitszeit nach 17.00 Uhr nur vorsieht, wenn Wechselschicht geleistet wird, während Vollzeitbeschäftigte bei gleichem Arbeitszeitende den Zuschlag auch dann erhalten, wenn sie nicht in Wechselschicht tätig sind.[647]

Auch eine Tarifregelung über eine Kürzung des Anspruchs auf Urlaub bei Wechsel von einer Voll- in eine Teilzeittätigkeit stellt, soweit sie die während der Vollzeittätigkeit erworbenen Urlaubstage betrifft, eine Diskriminierung von Teilzeitkräften dar (vgl. Rn. 364a).[648]

359 Dagegen sind die Bestimmungen des TzBfG **zugunsten** der Beschäftigten veränderbar. So können die Tarifvertragsparteien einen von § 8 TzBfG unabhängigen eigenständigen Anspruch der Arbeitnehmer auf eine befristete Verringerung der Arbeitszeit begründen.[649]

---

645 BAG 20. 8. 02 – 3 AZR 463/01, NZA 03, 1044.

646 EuGH 15. 12. 94 – C-399/92 u. a., AiB 95, 200; BAG 20. 6. 95 – 3 AZR 539/93, NZA 1996, 597; 20. 6. 95 – 3 AZR 684/93, EzA Art. 119 EWG-Vertrag Nr. 33.

647 BAG 24. 9. 03 – 10 AZR 675/02, NZA 04, 611.

648 BAG 10. 2. 15 – 9 AZR 53/14 (F), Pressemitteilung zu § 26 Abs. 1 TVöD.

649 BAG 21. 11. 06 – 9 AZR 138/06, DB 07, 2155.

Sie sind frei, die Voraussetzungen und die Reihenfolge festzulegen, nach denen Anträgen auf befristete Änderung der Arbeitszeit stattzugeben ist. Tariflich geregelt werden kann auch die Zahl der zur Verfügung stehenden Teilzeitarbeitsplätze.[650] Nach § 8 Abs. 4 Satz 3 TzBfG können die betrieblichen Gründe, die den Arbeitgeber zur Ablehnung eines Verringerungsantrags nach § 8 TzBfG berechtigen, durch Tarifvertrag festgelegt werden. Die Tarifparteien sind nicht befugt, vom Gesetz abweichende Voraussetzungen zu vereinbaren. Die Festlegung einer die Teilzeitarbeit begrenzenden **Quote von Teilzeitarbeitsplätzen** ist nach Ansicht des BAG aber eine zulässige Konkretisierung der Gesetzesbestimmung.[651]

Qualitative Tarifbestimmungen, etwa zur besseren **Vereinbarkeit von Familie und Beruf,** stecken noch in den Kinderschuhen. Gewerkschaften haben hierzu Vorschläge entwickelt; ihre Durchsetzbarkeit gegenüber den Arbeitgebern steht auf einem anderen Blatt. 360

Bei tariflichen Teilzeitbestimmungen handelt es sich, soweit Rechte der Arbeitnehmer geregelt werden, um **Abschuss**- oder **Inhaltsnormen** (z. B. Anspruch auf Verringerung oder Verlängerung der Arbeitszeit). 361

Soweit sie das Verhältnis Arbeitgeber/Belegschaft betreffen (z. B. Teilzeitquote), handelt es sich um **Betriebsnormen.**

Regelungen zum Verhältnis Arbeitgeber/Betriebsrat (z. B. Ermächtigung zum Abschluss einer Betriebsvereinbarung zur Teilzeitarbeit) sind **betriebsverfassungsrechtliche Normen.**

8.3.27 Urlaub, Urlaubsgeld

Tarifregelungen zum Urlaub erweitern häufig den Urlaubsanspruch der Arbeitnehmer auf eine über die gesetzliche Mindestdauer von 24 Werktagen hinausgehende **Urlaubsdauer** (Beispiel Metall- und Elektroindustrie: 30 Arbeitstage Urlaub pro Jahr = **sechs Wochen** bei der tarifüblichen 5-Tage-Woche). 362

Eine tarifvertragliche **Altersstaffelung bei der Urlaubsdauer** kann wegen unmittelbarer Altersdiskriminierung unwirksam sein. Dies hat das BAG hinsichtlich der damaligen Regelung im TVöD entschieden, welche den höchsten Anspruch von 30 Arbeitstagen erst nach der Vollendung des 40. Lebensjahres vorsah.[652] Eine solche Benachteiligung jüngerer Beschäftigung sei sachlich nicht gerechtfertigt, da mit der Regelung weder dem Schutz der Gesundheit, noch einem gesteigerten Erholungsbedürfnis Älterer Rechnung getragen werde. Mit der Vollendung des 40. Lebensjahres habe ein Beschäftigter allenfalls die Mitte seines Erwerbslebens erreicht. Erst bei der Gruppe der über 50- oder über 60-jährigen sei ein solches altersbedingt gesteigertes Schutzbedürfnis nachvollziehbar.[653] Das BAG lässt offen, ab welchem konkreten Alter das Erholungsbedürfnis Älterer eine Benachteiligung jüngerer Beschäftigter rechtfertigt. Jedenfalls bedarf eine Altersstaffelung einer besonde- 362a

650 BAG 21. 11. 06, a.a.O.
651 BAG 21. 11. 06, a.a.O.
652 BAG 20. 3. 12 – 9 AZR 529/10, NZA 12, 803.
653 BAG 20. 3. 12 – 9 AZR 529/10, NZA 12, 806.

ren Begründung, die sich aus den für Ältere auftretenden Schwierigkeiten in Arbeit und Beruf aus arbeitsmedizinischer Sicht ergeben muss.[654]

363 Neben dem Urlaubsanspruch wird häufig ein – gesetzlich nicht vorgesehener – Anspruch auf Zahlung eines **zusätzlichen Urlaubsgeldes** tariflich geregelt. Das zusätzliche Urlaubsgeld beträgt beispielsweise in der Metall- und Elektroindustrie 50 % des auf einen Urlaubstag entfallenden Urlaubsentgelts.

364 Ansonsten orientieren sich tarifliche Urlaubsbestimmungen (z.B. bei der Frage der Berechnung des Urlaubsentgeltes, dem Zeitpunkt der Urlaubsgewährung, der Übertragung des im Kalenderjahr nicht genommenen Urlaubs auf das Folgejahr, der Abgeltung des Urlaubsanspruch bei Beendigung des Arbeitsverhältnisses usw.) an den **Vorschriften des BUrlG**. Es handelt sich oft um deklaratorische Regelungen. So ist oft – nicht nur gesetzlich, sondern auch tariflich – geregelt, dass übertragener Urlaub **bis zum 31. 3. des Folgejahres gewährt und genommen** werden muss. Andernfalls erlischt der Urlaubsanspruch. Das galt nach bisheriger Rechtsprechung des für das Urlaubsrecht zuständigen 9. Senat des BAG auch dann, wenn der Arbeitnehmer den Urlaub nicht nehmen konnte, weil er auch während des Übertragungszeitraumes (bis zum 31. 3.) weiterhin **arbeitsunfähig krank** war.[655]

Demgegenüber hat der EuGH entschieden, dass der Urlaubsanspruch nach Art. 7 der Richtlinie 2003/88/EG (»Urlaubsrichtlinie«) grundsätzlich **nicht erlischt**, wenn der Arbeitnehmer **aufgrund von Krankheit** nicht in der Lage ist, seinen Urlaub innerhalb eines Kalenderjahres oder bis zum Ende des Übertragungszeitraumes im Folgejahr zu nehmen.[656] Bei Beendigung des Arbeitsverhältnisses ist der Urlaub, wenn er wegen krankheitsbedingter Arbeitsunfähigkeit nicht genommen werden konnte, **abzugelten**. Der 9. Senat des BAG hat sich der Rechtsprechung des EuGH inzwischen in Bezug auf den gesetzlichen vierwöchigen **Mindesturlaubsanspruch**[657] und den **Zusatzurlaub für Schwerbehinderte**[658] angeschlossen.

Bei langjährig arbeitsunfähigen Arbeitnehmern hat das BAG unter Berufung auf die »KHS-Entscheidung« des EuGH[659] mit wenig überzeugender Begründung angenommen, dass der Abgeltungsanspruch **15 Monate** nach Ablauf des Urlaubsjahres **verfällt.**[660]

Die Tarifparteien können nach Ansicht des BAG bestimmen, dass der über den gesetzlichen Mindesturlaub hinausgehende **tarifliche Urlaubsanspruch** erlischt, wenn dieser wegen Krankheit des Arbeitnehmers nicht erfüllt werden kann.[661] Für einen solchen Willen der Tarifvertragsparteien, hinsichtlich des tariflichen Mehrurlaub eigene, vom gesetz-

654 Vgl. hierzu die Ausführungen BAG 21. 10. 14 – 9 AZR 956/12, NZA 15, 297 mit Verweis auf die Leitlinien für beschäftigungspolitische Maßnahmen der EU-Mitgliedstaaten, den Bericht »Altersgerechte Arbeitswelt« des BMAS sowie die Ergebnisse der WHO-Studiengruppe »Altern und Arbeit«; zu einer freiwilligen Gewährung von Zusatzurlaub für Ältere (ab 58. Lebensjahr) vgl. BAG 21. 10. 14 – 9 AZR 956/12, DB 15, 748.

655 Vgl. z.B. BAG 11. 4. 06 – 9 AZR 523/05, EzA § 7 BUrlG Nr. 116.

656 EuGH 20. 1. 09 – C-350/06 und C-520/06 (Schultz-Hoff), NZA 09, 135.

657 BAG 24. 3. 09 – 9 AZR 983/07, AiB 10, 56 = NZA 09, 538.

658 BAG 23. 3. 10 – 9 AZR 128/09, NZA 10, 810.

659 EuGH 22. 11. 11 – C-214/10 (KHS), AiB 12, 266 = NZA 11, 1333.

660 BAG 7. 8. 12 – 9 AZR 353/10, NZA 12, 1216; kritisch hierzu Plüm, NZA 13, 11 m.w.N.

661 BAG 22. 5. 12 – 9 AZR 618/10, NZA 12, 987; 23. 3. 10, a.a.O.

lichen Urlaub abweichende, Regelungen aufzustellen, müssen deutliche Anhaltspunkte vorliegen. Ein »Gleichlauf« von gesetzlichem und tariflichem Urlaub ist nach Auffassung des BAG nicht gewollt, wenn die Tarifvertragsparteien entweder zwischen gesetzlichem und tarifvertraglichem Urlaubsanspruch unterscheiden oder sich vom gesetzlichen Fristenregime gelöst und eigenständige, vom Gesetz abweichende Regelungen zur Befristung und Übertragung bzw. zum Verfall des Urlaubsanspruchs getroffen haben.[662]

Unwirksam wegen des Verbotes der **Diskriminierung Teilzeitbeschäftigter** ist eine tarifliche Regelung, die bestimmt, dass sich der **Urlaubsanspruch bei einem Wechsel in eine Teilzeittätigkeit** und der Verteilung auf weniger wöchentliche Arbeitstage vermindert, soweit dies Urlaubstage betrifft, die während der Vollzeittätigkeit erworben wurden.[663] Das BAG folgt entgegen seiner früheren Rspr.[664] dem EuGH in seiner Betrachtung, dass der Anspruch auf bezahlten Jahresurlaub wegen des Übergangs in eine Teilzeittätigkeit nicht verringert werden darf.[665] **364a**

Soweit tarifliche Urlaubsbestimmungen Anspruch auf Urlaub, Urlaubsentgelt und zusätzliches Urlaubsgeld gewähren, handelt es sich um **Inhaltsnormen**. **365**

Soweit sie das Verhältnis Arbeitgeber/Belegschaft bzw. Betriebsrat betreffen, handelt es sich um **Betriebsnormen** bzw. **betriebsverfassungsrechtliche Normen**.

8.3.28 Verdienstsicherung für ältere Arbeitnehmer

Tarifverträge regeln häufig eine **Verdienstsicherung für ältere Arbeitnehmer**. Es wird eine Fortzahlung des bei Eintritt der Verdienstsicherungsvoraussetzungen erreichten **bisherigen Effektivverdienstes** – inkl. übertariflicher Zahlungen – garantiert. In der Metall- und Elektroindustrie liegt der Grad der Absicherung z. B. zwischen 95 und 100 % des bisherigen Verdienstes. **366**

> **Beispiel:**
> **§ 2 Ziff. 1 Tarifvertrag über Verdienstsicherung für leistungsgeminderte ältere Beschäftigte Metall- und Elektroindustrie Hessen(Auszug):**
> »Beschäftigte,
> - die das 55. Lebensjahr vollendet und dem Unternehmen zu diesem Zeitpunkt mindestens 10 Jahre ununterbrochen angehört haben und
> - die wegen Minderung ihrer Leistungsfähigkeit nicht nur vorübergehend gehindert sind, ihre bisherige Tätigkeit auszuüben oder in dieser die bisherige Leistung zu erbringen und
> - hierdurch Verdienstminderung erleiden würden,
>
> haben auf Antrag Anspruch auf Verdienstsicherung.«

Verdienstsicherungsregelungen schützen das Einkommen von Arbeitnehmern, die z. B. nach einer **Versetzung aus Alters-, Gesundheits- oder Rationalisierungsgründen** eine

662 BAG 22. 5. 12, a.a.O.; BAG 12. 4. 11 – 9 AZR 80/10, NZA 11, 1050.
663 BAG 10. 2. 15 – 9 AZR 53/14 (F), Pressemitteilung zu § 26 Abs. 1 TVöD; vgl. noch Vorinstanz Hessisches LAG 30. 10. 12 – 13 Sa 590/12.
664 Vgl. BAG 28. 4. 98 – 9 AZR 314/97, NZA 99, 156.
665 EuGH 22. 4. 10 – C-486/08 (»Tirol«), NZA 10, 557.

nach der tariflichen Entgeltordnung eigentlich geringer vergütete Arbeit übernehmen müssen. Tarifverträge können auch eine Verdienstsicherung für den Fall des (gesundheitsbedingten) Wechsels des Entlohnungsgrundsatzes (Wechsel vom Leistungs- ins Zeitentgelt) vorsehen, ohne dass ein Wechsel des Arbeitsplatzes erforderlich ist.[666]

367 Derartige Regelungen verstoßen nicht gegen das AGG. Die **Besserstellung der älteren Arbeitnehmer** ist nach § 10 Satz 3 Nr. 1 AGG gerechtfertigt. Die tarifliche Verdienstsicherung für ältere Arbeitnehmer will »ihren Schutz sicherstellen« i.S.d. § 10 Satz 3 Nr. 1 AGG. Insbesondere auf Arbeitsplätzen mit belastenden körperlichen Anforderungen ergeben sich im höheren Lebensalter typischerweise gesundheitliche Einschränkungen. Das Regelungsziel, ältere Beschäftigte vor finanziellen Auswirkungen gesundheits- oder altersbedingter Leistungsminderung zu schützen, ist grundsätzlich legitim.[667] Vgl. auch Rn. 314ff. zum Kündigungsschutz für ältere Arbeitnehmer.

368 Umgekehrt soll eine tarifliche Regelung, die ältere Arbeitnehmer von einer **neu eingeführten Leistungszulage ausschließt**, wenn sie sich schon vorher in der tariflichen Verdienstsicherung wegen Alters befunden haben, zulässig sein und nicht gegen höherrangiges Recht verstoßen (zweifelhaft).[668]

369 Zur **tariflichen Verdienstsicherung** hat sich in den letzten Jahren eine **umfangreiche BAG-Rechtsprechung** entwickelt.[669]

Das BAG billigt Verdienstsicherungsklauseln mit dem Argument, der bisher erreichte **Effektivverdienst sei lediglich die Berechnungsgrundlage** für das weiter zu zahlende Entgelt. Das ist zutreffend: entsprechend werden ja auch Urlaubsentgelt, Entgeltfortzahlung bei Krankheit oder Mehrarbeitsvergütung auf der Basis des bisherigen Effektivverdienstes berechnet.

370 Nach Ansicht des BAG bezwecken die Tarifvorschriften über eine **Verdienstsicherung älterer Arbeitnehmer** einen Schutz »vor altersbedingtem Leistungsabfall und dem damit verbundenen Entgeltrisiko«. Dies steht im Einklang mit dem Gleichheitssatz und dem AGG. Die Tarifbestimmungen schützen aber nicht vor einer zwischen Arbeitgeber und Betriebsrat vereinbarten allgemeinen (für alle Beschäftigten geltenden) Absenkung des Arbeitsentgelts (z.B. Absenkung der Prämienobergrenze). Diese Absenkung müsse auch ein verdienstgesicherter Arbeitnehmer gegen sich gelten lassen.[670] Andernfalls liege eine – sachlich nicht mehr gerechtfertigte und deshalb gegen den Gleichheitssatz verstoßende – Besserstellung der älteren Beschäftigten vor. Im Urteil vom 11.11.97[671] hat das BAG seine Rechtsprechung ein wenig »gelockert« und eine tarifliche Verdienstsicherungsklausel auch auf solche Formen allgemeiner Verdienstkürzungen ausgedehnt, bei denen **»nicht auszuschließen ist, dass die Lohnkürzung auf der geminderten Leistungsfähigkeit be-**

666 Vgl. BAG 18.3.09 – 5 AZR 303/08 zum § 12 GMTV Metallindustrie Sachsen-Anhalt.
667 Schlachter, S. 94ff.
668 BAG 26.4.00 – 4 AZR 177/99, DB 00, 2610.
669 Z.B. BAG 28.5.80 – 4 AZR 351/78, DB 81, 378; 21.7.93 – 4 AZR 468/92, DB 94, 1294; 28.7.99 – 4 AZR 295/97, DB 99, 2475; 8.11.06 – 4 AZR 608/05, DB 07, 2151; zu weiteren Entscheidungen vgl. Schoof, Betriebsratspraxis, Stichwort Ältere Arbeitnehmer.
670 BAG 16.5.95 – 3 AZR 627/94, DB 96, 146; 15.10.97 – 3 AZR 443/96, DB 98, 1336; vgl. auch 11.11.97 – 3 AZR 675/96, DB 98, 1337; krit. hierzu Kittner/Zwanziger/Deinert-Schoof, § 30 Rn. 68f.
671 BAG 11.11.97, a.a.O.

ruht«. Deshalb könne eine Betriebsvereinbarung, durch die leistungsabhängige Prämien zum Nachteil der Arbeitnehmer gesenkt werden, die Ansprüche verdienstgesicherter Arbeitnehmer nicht beeinträchtigen. Legt man diesen Maßstab zugrunde, sind – beispielsweise – auch Verdienstkürzungen bei den verdienstgesicherten Beschäftigten infolge einer für alle Beschäftigten geltenden Umwandlung des Entgeltgrundsatzes von Leistungslohn (Akkord, Prämie) auf Zeitlohn unzulässig.

Kritik: Die BAG-Rechtsprechung zur **tariflichen Verdienstsicherung für ältere Arbeitnehmer** erscheint fragwürdig. Die Tarifvorschriften stellen – entgegen der Annahme des BAG – nicht immer nur auf eine altersbedingte Leistungsminderung ab, sondern gehen **generell** von einer **besonderen Schutzbedürftigkeit älterer Beschäftigter** aus. Deshalb ist eine Besserstellung der älteren Beschäftigten auch nicht gleichheitswidrig oder unvereinbar mit dem AGG, weil sie **sachlich gerechtfertigt** ist (§ 10 Satz 3 Nr. 1 AGG; vgl. Rn. 367). Denn ältere Beschäftigte haben (anders als jüngere Arbeitnehmer) aufgrund ihres Alters praktisch keine Möglichkeit mehr, auf eine Verdienstminderung mit einem Job-Wechsel zu einem anderen – besser zahlenden – Arbeitgeber zu reagieren. 371

Bei tariflichen Verdienstsicherungsregelungen handelt es sich um **Inhaltsnormen**. 372

8.3.29 Weihnachtsgeld / Jahressonderzahlung

In vielen Branchen regeln Tarifverträge einen Anspruch des Arbeitnehmers auf ein in der Regel mit der Abrechnung für den Monat November zu zahlendes **Weihnachtsgeld** (auch betriebliche Sonderzahlung genannt). Meist ist die **Höhe** nach Dauer der Betriebszugehörigkeit gestaffelt. Nicht selten wird auch Arbeitnehmern, die im Kalenderjahr wegen krankheitsbedingter Arbeitsunfähigkeit oder aufgrund von Beschäftigungsverboten nach dem MuSchG keine Arbeitsleistung erbringen, ein voller Weihnachtsgeldanspruch gewährt. Ansonsten führen Arbeitsausfälle zu einer zeitanteiligen Kürzung. Viele Tarifverträge machen den Anspruch davon abhängig, dass zu einem bestimmten Zeitpunkt ein Arbeitsverhältnis besteht. Derartige Regelungen sind auch dann wirksam, wenn mit der tariflichen Leistung nicht nur Betriebstreue honoriert, sondern auch zugleich erbrachte Arbeitsleistung vergütet werden soll.[672] Manchmal wird auch Arbeitnehmern, die wegen Inanspruchnahme einer Altersrente vor dem Auszahlungsstichtag aus dem Arbeitsverhältnis ausscheiden, ein Anspruch auf die volle Leistung eingeräumt. 373

Einige Tarifverträge (z. B. in der Metall- und Elektroindustrie) enthalten folgende Regelung: 373a

> »*Arbeitnehmer und Auszubildende, die jeweils am Auszahlungstag in einem Arbeitsverhältnis bzw. Ausbildungsverhältnis stehen und zu diesem Zeitpunkt dem Betrieb ununterbrochen 6 Monate angehört haben, haben je Kalenderjahr einen Anspruch auf betriebliche Sonderzahlungen. … Anspruchsberechtigte Arbeitnehmer, die wegen Erwerbs- oder Berufsunfähigkeit, wegen Erreichens der Altersgrenze oder aufgrund Kündigung zwecks Inanspruchnahme eines vorgezogenen Altersruhegeldes aus dem Beruf ausscheiden, erhalten die volle Leistung. … Der Zeitpunkt der Auszahlung wird durch Betriebsvereinbarung*

672 BAG 13.11.13 – 10 AZR 848/12, NZA 14, 368, hier aber mit anderem Ergebnis, da kein Tarifvertrag, sondern eine Gesamtzusage zugrunde lag; 12.12.12 – 10 AZR 718/11, NZA 13, 577.

geregelt. Falls der Auszahlungstag durch Betriebsvereinbarung nicht geregelt ist, gilt als Auszahlungstag … der 1. Dezember. …«

Nach abzulehnender früherer Ansicht des BAG soll ein Anspruch auf die volle Leistung nicht bestehen, wenn Beschäftigte etwa wegen Erwerbs- oder Berufsunfähigkeit vor dem Auszahlungsstichtag aus dem Arbeitsverhältnis ausscheidet. Denn dann sei er **nicht »anspruchsberechtigt«** i. S. d. Tarifvorschrift.[673] Dies hat zur Folge, dass nur Beschäftigte, deren Arbeitsverhältnis noch im Dezember besteht, einen Zahlungsanspruch haben, wenn sie wegen Inanspruchnahme einer Rente ausscheiden.
Das BAG hat seine Rspr. inzwischen **revidiert**: Beschäftigte, die alters- oder invaliditätsbedingt auch vor Erreichen des Stichtages ausscheiden, haben, aufgrund der tariflichen Sonderregelung zu diesen Ausscheidensbeständen, Anspruch auf den vollen Anspruch. Dies ergebe sich aus der Auslegung und dem **Sinn und Zweck der Regelung**; dem stehe auch das Wort »Anspruchsberechtigte« nicht entgegen.[674]

374 Häufig ist vorgesehen, dass auf das **tarifliche Weihnachtsgeld** ähnliche **betriebliche Leistungen anrechenbar** sind. Eine solche Klausel ist zulässig. Die Anrechnungsklausel bedeutet, dass betriebliche Regelungen, die mit dem tariflichen Weihnachtsgeld vergleichbare Leistungen vorsehen, zu einer Erfüllung des tariflichen Anspruchs führen. Die Anrechenbarkeit betrieblicher Leistungen kann im Tarifvertrag auch als »**Kann**«-**Vorschrift** ausgestaltet werden. Dann kann der Arbeitgeber von der Anrechnungsmöglichkeit nur Gebrauch machen, wenn dies nach der betrieblichen Regelung zulässig ist, wenn also die betriebliche Leistung nicht »**tariffest**« ausgestaltet worden ist und unabhängig von der tariflichen Leistung gewährt werden soll.[675]

375 Tarifliche Weihnachtsgeldregelungen sind **Inhaltsnormen**.

8.3.30 Zulagen, Zuschläge

376 Die Qualität und Quantität der Arbeitsleistung wirkt sich beim »reinen« **Zeitentgelt** (im Gegensatz zum Leistungsentgelt, z. B. Akkord- oder Prämienentgelt) nicht auf die Höhe der Vergütung aus. Um dennoch auch in diesem Entgeltgrundsatz eine Leistungsvergütung zu realisieren, regeln viele Tarifverträge einen Anspruch auf eine **Leistungszulage**. Die Höhe der Leistungszulage bemisst sich nach einer (subjektiven) **Beurteilung des Leistungsverhaltens** des Beschäftigten. Dabei kann der Tarifvertrag eine auf den einzelnen Beschäftigten und dessen Tätigkeit bezogene Präzisierung der Leistungsmerkmale einschließlich deren Gewichtung auch den Betriebsparteien überlassen.[676] Häufig gibt es **tarifvertragliche Vorgaben** über eine auf betrieblicher Ebene einzuhaltende durchschnittliche Leistungszulage, in der Metall- und Elektroindustrie z. B. je nach Tarifgebiet zwischen

673 BAG 24. 10. 01 – 10 AZR 132/01, NZA 02, 1158 und 12. 10. 05 – 10 AZR 630/04, NZA 06, 512 zu einer im Bereich von Metallhandwerk und Metallindustrie verbreiteten Tarifklausel.
674 BAG 15. 1. 14 – 10 AZR 297/13, NZA 14, 744 zum TV Sonderzahlung Metallindustrie Baden-Württemberg.
675 BAG 18. 5. 94 – 10 AZR 125/93, EzA § 611 BGB Gratifikation, Prämie Nr. 112.
676 Vgl. BAG 18. 6. 14 – 10 AZR 699/13, AuR 14, 392 zum Entgeltrahmen-Tarifvertrag Metallindustrie Baden-Württemberg.

8 und 15 %. Entspricht dieser Wert einer Leistung, die ein durchschnittlich geeigneter Beschäftigter ohne gesteigerte Anstrengung auf Dauer erreichen kann, kann er auch bei der **Verteilung der Darlegungs- und Beweislast** zu berücksichtigen sein; für eine Beurteilung unterhalb des Durchschnittswertes trägt dann der Arbeitgeber die Beweislast.[677] Da die Leistungsbeurteilung Sache des Arbeitgebers ist, gibt es auch Regelungen über eine Mindestzulage, die zu zahlen ist, wenn dieser **keine Beurteilung** durchführt.[678]

Mit tariflichen **Funktionszulagen** wird die Übernahme besonderer Arbeitspflichten (z.B. Vorarbeiterzulage, Vertreterzulage) bzw. einer besonderen Verantwortung (Arbeit an einer hochwertigen Maschine) abgegolten. Entfällt die besondere Arbeitspflicht oder Verantwortung, besteht meist auch kein Anspruch auf Gewährung der Zulage mehr. Letztlich kommt es aber auf die je nach Tarifbranche unterschiedlichen tariflichen Regelungen an. **377**

In manchen Tarifverträgen (insbesondere öffentlicher Dienst) werden Zulagen und Zuschläge auch mit Rücksicht auf die **persönlichen Verhältnisse** des Arbeitnehmers vorgesehen (z.B. Alterszuschlag, Familien-, Verheirateten- und Kinderzuschlag, Orts- und Wohnzuschlag). Mit derartigen Zulagen wird ein Ausgleich von sozialen Sonderbelastungen bezweckt. **378**

Zu tariflichen **Belastungs- und Erschwerniszulagen** vgl. Rn. 252f., zu **Mehrarbeitszuschlägen** vgl. Rn. 326f., zu **Nacht- und Schichtzulagen** vgl. Rn. 331f. und zu **Sonn- und Feiertagszuschlägen** vgl. Rn. 341. **379**

Bei tariflichen Regeln über Zulagen und Zuschläge handelt es sich um **Inhaltsnormen**. Soweit die Betriebsparteien zur Festlegung der Höhe etwa von Belastungs- und Erschwerniszulagen ermächtigt werden (vgl. Rn. 253), handelt es sich um eine **betriebsverfassungsrechtliche Norm**. **380**

9. Bindung der Tarifvertragsparteien an höherrangiges Recht

9.1 Allgemeines

Die Rspr. betont, dass den Tarifvertragsparteien als selbstständigen Grundrechtsträgern aufgrund der durch Art. 9 Abs. 3 GG geschützten Tarifautonomie ein **weiter Gestaltungsspielraum** zustehe. Sie zeichne eine **besondere Sachnähe** aus. Die Sachgerechtigkeit ihrer Regelungen könnten sie in der Regel besser beurteilen als ein Gericht, sodass tarifliche Regelungen nur in seltenen Fällen etwa wegen einer Verletzung des Art. 3 Abs. 1 GG unwirksam sind.[679] Wie **weit** der Gestaltungsspielraum reicht, hänge von den im **Einzelfall** vorliegenden Differenzierungsmerkmalen ab, wobei den Tarifvertragsparteien in Bezug auf die tatsächlichen Gegebenheiten und betroffenen Interessen eine **Einschätzungspräroga-** **381**

677 BAG 18.6.14, a.a.O.

678 Vgl. Meine/Ohl/Rohnert, S. 238ff.

679 Vgl. Dieterich, RdA 05, 177; ders., FS Schaub S. 117ff., 128ff.; zu den unterschiedlichen Auffassungen der Senate des BAG vgl. etwa BAG 5.10.99 – 4 AZR 668/98, RdA 00, 310 m. Anm. Löwisch; 4.4.00 – 3 AZR 729/98, RdA 01, 110 m. Anm. Dieterich; 18.10.00 – 10 AZR 503/99, NZA 01, 508; 16.8.05 – 9 AZR 378/04, AP Nr 8 zu § 1 TVG Gleichbehandlung; 13.8.09 – 6 AZR 177/08, ZTR 09, 633.

tive – d.h. ein Beurteilungsspielraum – zustehe.[680] Sie bräuchten nicht die zweckmäßigste, vernünftigste und gerechteste Lösung wählen. Vielmehr genüge es, wenn für die getroffene Regelung ein **sachlich vertretbarer** Grund bestehe.[681] Eine **Angemessenheitskontrolle** und damit eine **Tarifzensur** finde jedenfalls nicht statt (vgl. Rn. 6; Grundl. Rn. 82; AKR Rn. 159).

382 Tarifverträge unterliegen aber einer **Rechtskontrolle**. Sie dürfen nicht gegen höherrangiges Recht (Grundgesetz, Gesetze, Rechtsverordnungen) verstoßen, vgl. Rn. 6 und Grundl. Rn. 121ff.
Zum Verhältnis von Tarifverträgen und Europäischem Recht vgl. Grundl. 119ff.

9.2 Bindung an das Grundgesetz

383 Die Tarifvertragsparteien sind nach Ansicht der neueren Rspr. bei der tariflichen Normsetzung zwar **nicht unmittelbar** grundrechtsgebunden.[682] Der Schutzauftrag aus Grundrechten richte sich nur an die staatliche Ordnung, nicht aber an die Tarifvertragsparteien als Vereinigungen privaten Rechts. Das Grundgesetz wolle aber keine wertneutrale Ordnung sein, sondern enthalte in seinem Grundrechtsabschnitt **verfassungsrechtliche Grundentscheidungen für alle Bereiche des Rechts**. Der Gestaltungsspielraum der Tarifvertragsparteien sei durch diese Wertentscheidungen **eingeengt**.[683]

384 Hiervon ausgehend sind die Arbeitsgerichte nach Ansicht des BAG verpflichtet, Tarifregelungen die Durchsetzung zu verweigern, die zu gleichheits- und sachwidrigen Differenzierungen führen und deshalb **Art. 3 Abs. 1 GG** verletzen.[684] Der Gleichheitssatz verbiete, ohne sachlichen Grund **gleiche Sachverhalte ungleich** und **ungleiche Sachverhalte gleich** zu behandeln. Eine gegen Art. 3 Abs. 1 GG verstoßende Ungleichbehandlung liege vor, wenn es für die vorgenommene **Differenzierung** einen vernünftigen, sich aus der Natur der Sache ergebenden oder sonst wie einleuchtenden Grund nicht gibt, wenn also die Regelung als **willkürlich** und **unwirksam** anzusehen ist.[685]

385 Entsprechendes gilt in Bezug auf **Art. 6 Abs. 1 GG**. Mangels unmittelbarer Grundrechtsbindung ergibt sich nach Ansicht des BAG zwar nicht eine Pflicht der Tarifvertragsparteien, durch tarifliche Regelungen zum besonderen Schutz von Ehe und Familie beizutragen.[686] Art. 6 Abs. 1 GG beinhalte aber eine verbindliche Wertentscheidung für den gesamten Bereich des Ehe und Familie betreffenden privaten und öffentlichen Rechts.[687] Die Schutzpflichtfunktion des Grundrechts stehe Tarifregelungen entgegen, die zu einer Gruppenbildung führen, die die durch Art. 6 GG geschützten Belange von Ehe und Fa-

---

680 BAG 11.12.13. – 10 AZR 736/12, NZA 14, 669; 13.8.09 – 6 AZR 177/08, ZTR 09, 633.
681 BAG 27.10.10 – 10 AZR 410/09, NZA 11, 711; 16.11.00 – 6 AZR 338/99, NZA 01, 796; 13.8.09, a.a.O.
682 BAG 13.8.09, a.a.O.; 18.12.08 – 6 AZR 287/07, NZA 09, 391; 27.5.04 – 6 AZR 129/03, NZA 04, 1399; vgl. KeZa-Kempen, Grundlagen Rn. 263ff.
683 BAG 13.8.09, a.a.O.; 18.12.08, a.a.O.
684 BAG 13.8.09, a.a.O.; 18.12.08, a.a.O.
685 BAG 13.8.09, a.a.O.; 16.11.00 – 6 AZR 338/99, NZA 01, 796.
686 BAG 18.12.08 – 6 AZR 287/07, NZA 09, 391; 18.1.01 – 6 AZR 492/99, NZA 02, 47; ErfK-Schmidt, Art. 6 GG Rn. 16.
687 St. Rspr. des BVerfG seit der Entscheidung vom 17.1.57 – 1 BvL 4/54, BB 57, 208.

milie gleichheits- oder sachwidrig außer Betracht lässt. Deshalb sei z.B. eine tarifliche Schlechterstellung von Eheleuten gegenüber Ledigen unzulässig.[688] Nach Ansicht des BAG war wegen eines Verstoßes gegen Art. 3 Abs. 1 GG i.V.m. Art. 6 GG auch § 11 Abs. 1 TVÜ-VKA in der bis zum 30.6.2008 geltenden Fassung **unwirksam**, soweit dadurch Beschäftigten, die im Monat September 2005 z.B. wegen Elternzeit oder Sonderurlaub zum Zwecke der Kinderbetreuung kein Entgelt bezogen hatten, der Anspruch auf die tarifliche Besitzstandzulage versagt wurde.[689] Eine **Begünstigung** von verheirateten Beschäftigten gegenüber **Ledigen** wird als mit Art. 3 Abs. 1 und Art. 6 GG vereinbar angesehen (z.B. tariflicher Anspruch auf **bezahlte Freistellung** aus Anlass der **Niederkunft** der **Ehefrau**;[690] vgl. Rn. 240). Dagegen verstößt eine Ungleichbehandlung von verheirateten Beschäftigten und solchen, die in einer **eingetragenen Lebenspartnerschaft** leben, gegen Art. 3 Abs. 1 GG, z.B. in Form einer Tarifvorschrift, die nur dem verheirateten Beschäftigten einen Anspruch auf eine **Zulage** gewährt[691]

Tarifverträge haben auch die sich aus Art. 12 Abs. 1 GG ergebenden Wertentscheidungen zu beachten. Zur Frage, ob sich aus der durch **Art. 12 Abs. 1 GG** gewährleisteten Unternehmerfreiheit Einschränkungen der tariflichen Regelbarkeit ergeben vgl. Rn. 166. **386**

Die Grundrechtsnorm gilt für Arbeitgeber und Arbeitnehmer. Deshalb können Tarifregelungen, die den Beschäftigten **übermäßig lange** an den Arbeitgeber binden, unzulässig sein. Das dürfte z.B. bei einer Tarifregelung der Fall sein, die dem Beschäftigten für den Fall einer Eigenkündigung **überlange Kündigungsfristen** (vgl. Rn. 312) auferlegt. Die Tarifparteien können zwar gemäß § 622 Abs. 4 BGB eine vom Gesetz abweichende Regelung zu Kündigungsfristen treffen. Führen diese aber dazu, dass ein Arbeitsplatzwechsel übermäßig erschwert wird, führt das zur Unwirksamkeit der Tarifregelung. Das dürfte etwa der Fall sein bei Kündigungsfristen, deren Länge über die Höchstfrist des § 622 Abs. 2 Nr. 7 BGB (= sieben Monate bei einer 20-jährigen Betriebs- bzw. Unternehmenszugehörigkeit) hinausgeht. Der Grundrechtsverstoß wird nicht dadurch aufgehoben, dass auch der Arbeitgeber an die Kündigungsfristen gebunden ist.

Nachstehend einige **Beispiele** aus der Rspr.:[692] **387**

- Ein Anspruch eines **gewerkschaftlich nicht organisierten Beschäftigten** auf Leistungen eines Tarifvertrages aufgrund des **allgemeinen Gleichbehandlungsgrundsatzes** besteht nicht; der Arbeitgeber ist nicht verpflichtet, Nichtmitglieder gleichzubehandeln.[693] Dies gilt sowohl bei unmittelbar und zwingend geltenden Tarifverträgen, aber **auch bei schuldrechtlichen Vereinbarungen** zwischen den Tarifvertragsparteien.[694]
- Beim persönlichen **Geltungsbereich** eines Tarifvertrags können die Tarifvertragsparteien Unterschiede machen und bestimmte Arbeitnehmergruppen ohne Verstoß gegen

688 So schon BAG 26.11.80 – 4 AZR 1181/78, AP Nr. 6 zu § 17 BAT.
689 BAG 18.12.08 – 6 AZR 287/07, ZTR 09, 319 und – 6 AZR 890/07, ZTR 09, 322.
690 BAG 18.1.01 – 6 AZR 492/99, NZA 02, 47.
691 BAG 18.3.10 – 6 AZR 434/07, AP Nr. 321 zu Art. 3 GG.
692 Vgl. Kittner/Zwanziger/Deinert-Deinert, § 8 Rn. 140ff.; Schoof, Betriebsratspraxis, Stichwort Tarifvertrag.
693 so schon BAG 20.7.60 – 4 AZR 199/59, AP Nr. 7 zu § 4 TVG; vgl. BAG 15.4.15 – 4 AZR 796/13 (Pressemitteilung); 21.5.14 – 4 AZR 50/13, NZA 15, 115; 18.3.09 – 4 AZR 64/08, NZA 09, 1028.
694 BAG 21.5.14, a.a.O.

Art. 3 Abs. 1 GG ausschließen.[695] Allerdings darf das nicht willkürlich sein, wie z.B. der Ausschluss von **Teilzeitbeschäftigten,**[696] der im Übrigen auch nach § 4 Abs. 1 TzBfG unzulässig ist (vgl. Rn. 392).

- Unwirksam ist eine Tarifbestimmung, die nur Angestellten, nicht aber Arbeitern einen **Zuschuss zum Kurzarbeitergeld** gewährt (zur Frage, welche **Konsequenzen** das hat, vgl. Rn. 390).[697]
- Gleichheitswidrig sind unterschiedliche **Kündigungsfristen** für **länger beschäftigte** Arbeiter und Angestellte. Bei **Grundkündigungsfristen** wird den Tarifparteien dagegen mehr Spielraum, z.B. aus »personalwirtschaftlichen Gründen« eingeräumt.[698] Inzwischen sind die gesetzlichen Kündigungsfristen in § 622 BGB angeglichen worden. Viele Tarifverträge, in denen früher für Arbeiter und Angestellte typischerweise unterschiedlich lange Kündigungsfristen vorgesehen waren, sind inzwischen an die gesetzliche Regelung angepasst worden (z.B. Metall- und Elektroindustrie).
- Bei Tarifregelungen über eine **Sonderzahlung** (z.B. Weihnachtsgeld; vgl. Rn. 373) akzeptiert das BAG oft Unterschiede zwischen Arbeitern und Angestellten, »zum Zwecke stärkerer Betriebsbindung« (zweifelhaft).[699]
- Eine **Besitzstandsregelung** (vgl. TVG § 4 Rn. 357), die eine von einem mittlerweile ersetzten Tarifvertrag begründete, aber noch nicht umgesetzte Höhergruppierung absichert, verstößt nicht gegen Art. 3 Abs. 1 GG. Die Tarifvertragsparteien sind berechtigt, soziale Besitzstände und tatsächlich bestehende Aussichten der beschäftigten durch Besitzstandsregelungen zu schützen.[700]
- Kein Verstoß gegen den Gleichheitsgrundsatz liegt in der **Bemessung des tariflichen Aufstockungsbetrages** bei einem Altersteilzeitarbeitsverhältnisses nach pauschalierenden Merkmalen (Mindestnettotabelle, vgl. Rn. 236a).[701]
- Die Gewährung einer tariflichen »**Ehefrauenzulage**« nur für männliche Arbeitnehmer, ist wegen Verstoßes gegen Art. 3 Abs. 2, 3 GG verfassungswidrig und nichtig.[702]
- § 11 Abs. 1 TVÜ-VKA in der bis zum 30. Juni 2008 geltenden Fassung war wegen eines **Verstoßes gegen Art. 3 Abs. 1 GG i.V.m. Art. 6 GG unwirksam**, soweit dadurch auch kindergeldberechtigten Arbeitnehmern, die im September 2005 **Elternzeit** in Anspruch genommen hatten, der Anspruch auf die tarifliche Besitzstandzulage versagt wurde.
- Eine **tarifliche Öffnungsklausel** (z.B. in einem Tarifvertrag zur Beschäftigungssicherung, vgl. Rn. 276ff.), die eine befristete Herabsetzung der Arbeitszeit um 20 % durch eine betriebliche Regelung ermöglicht und zugleich den Ausschluss betriebsbedingter Kündigungen und einen finanziellen Ausgleich vorsieht, verstößt nicht gegen Art. 12

695 BAG 30.8.00 – 4 AZR 563/99, AuR 01, 223 = NZA 01, 613.
696 BAG 5.8.09 – 10 AZR 634/08, ZTR 09, 646; 24.9.08 – 6 AZR 657/07, NZA 09, 640; 15.10.03 – 4 AZR 606/02, DB 04, 1154; 7.3.95 – 3 AZR 282/94, NZA 96, 48.
697 BAG 28.5.96 – 3 AZR 752/95, NZA 97, 101.
698 BVerfG 30.5.90 – 1 BvL 2/83, DB 90, 1565 = PersR 91, 109; BAG 10.3.94 – 2 AZR 605/93, DB 94, 1933; vgl. auch Kittner/Däubler/Zwanziger-Zwanziger, KSchR § 622 BGB Rn. 19ff.
699 BAG 19.3.03 – 10 AZR 365/02, DB 03, 1630.
700 BAG 29.1.14 – 6 AZR 943/11, ZTR 14, 265; 17.4.13 – 4 AZR 770/11, ZTR 13, 611 (zu den Überleitungstarifverträgen Länder bzw. Bund).
701 BAG 19.2.13 – 9 AZR 452/11, NZA 13, 1376.
702 BAG 13.11.85 – 4 AZR 234/84, AP Nr. 136 zu Art. 3 GG.

Abs. 1 GG; solche Tarifverträge stellen keinen »Zwang zur Teilzeitbeschäftigung« dar, sondern schützen den Bestand des Arbeitsverhältnisses.[703]

Bei Tarifregelungen, die gleichheitswidrig eine **Vergünstigung** gewähren, stellt sich die Frage, welche **Rechtsfolgen** entstehen. In Betracht kommen **zwei Varianten**:[704] 388

- die Tarifvorschrift ist **insgesamt nichtig** mit der Folge, dass weder die begünstigte noch die benachteiligte Arbeitnehmergruppe zukünftig einen Anspruch auf die Leistung haben;
- die Tarifvorschrift ist nur in Bezug auf den Ausschluss der benachteiligten Arbeitnehmergruppe unwirksam mit der Folge, dass auch sie einen Anspruch auch sie einen Anspruch auf die tarifliche Leistung hat (»**Gleichbehandlung nach oben**«).

Soweit eine Tarifregelung eine Vergünstigung einer Arbeitnehmergruppe unter Verstoß gegen ein **spezielles Diskriminierungsverbot** (etwa aus Art. 3 Abs. 2 oder Abs. 3 GG) versagt, kommt nach h.M. nur eine »**Gleichbehandlung nach oben**« in Frage.[705] Die Tarifregelung ist in einem solchen Falle nicht insgesamt nichtig, sondern nur der diskriminierende Teil der Regelung. Die benachteiligte Gruppe hat deshalb einen Rechtsanspruch auf die Leistung. 389

Soweit der Ausschluss einer Arbeitnehmergruppe den allgemeinen Gleichheitssatz (Art. 3 Abs. 1 GG) verletzt, ist die Rspr. **uneinheitlich**.[706] 390

Manche Entscheidungen kommen zu einer **Angleichung nach oben sowohl für die Vergangenheit als auch für die Zukunft**. So hat etwa das BAG einen Arbeitgeber verurteilt, einen tarifvertraglich nur zugunsten verheirateter Arbeitnehmer vorgesehenen »**Auslandszuschlag**« auch an Beschäftigte zu zahlen, die in einer **eingetragenen Lebenspartnerschaft** leben (vgl. Rn. 385). Verpartnerte Arbeitnehmer würden durch die Bestimmung gleichheitswidrig benachteiligt. Der Gleichheitsverstoß führe zur **Teilnichtigkeit** der Tarifnorm. Der Arbeitgeber sei nicht nur für die Vergangenheit, sondern auch für die Zukunft zur Zahlung der Zulage verpflichtet (ggf. bis zu einer etwaigen Neuregelung durch die Tarifvertragsparteien).[707]

In anderen Fällen hat das BAG eine **Gesamtnichtigkeit** der Tarifbestimmung angenommen mit der Folge, dass weder die begünstigte noch die benachteiligte Arbeitnehmergruppe einen Anspruch habe.[708] Eine **Ausdehnung** des Anwendungsbereichs einer leistungsgewährenden Tarifvorschrift auf die unzulässigerweise ausgeklammerten Personen sei nicht **ohne Weiteres** möglich.[709] Diese hätten jedoch – jedenfalls **für die Vergangenheit** – dann Anspruch auf eine tariflich gewährte Leistung, wenn nur auf diesem Weg dem

---

703 BAG 8.10.08 – 5 AZR 707/07, ZTR 09, 206; 25.10.00 – 4 AZR 438/99, AuR 01, 225.

704 Vgl. Kittner/Zwanziger/Deinert-Deinert, § 8 Rn. 153.

705 Vgl. Kittner/Zwanziger/Deinert-Deinert, § 8 Rn. 154.

706 Vgl. Kittner/Zwanziger/Deinert-Deinert, § 8 Rn. 155f.; ErfK-Schmidt, Art. 3 GG Rn. 56 m.w.N.

707 BAG 18.3.10 – 6 AZR 434/07, AP Nr. 321 zu Art 3 GG (Auslandszulage); vgl. auch BAG 12.3.96 – 3 AZR 993/94, AP Nr. 1 zu § 24 TV Arb Bundespost; 27.2.96 – 3 AZR 886/94, AP Nr. 28 zu § 1 BetrAVG Gleichbehandlung Nr. 28; 16.1.96 – 3 AZR 767/94, AP Nr. 222 zu Art. 3 GG; 7.11.95 – 3 AZR 870/94, AP Nr. 138 zu § 1 TVG Tarifverträge: Metallindustrie; 7.3.95 – 3 AZR 282/94, AP Nr. 26 zu § 1 BetrAVG Gleichbehandlung; 7.11.91 – 6 AZR 392/88, AP Nr. 14 zu § 62 BAT.

708 BAG 28.5.96 – 3 AZR 752/95, NZA 97, 101 (Zuschuss zum Kurzarbeitergeld); 13.11.85 – 4 AZR 234/84, AP Nr. 136 zu Art. 3 GG (Ehefrauenzulage).

709 BAG 7.3.95, a.a.O.; 18.12.08 – 6 AZR 287/07, NZA 09, 391.

Gleichheitssatz Rechnung getragen werden könne oder wenn anzunehmen sei, dass die Tarifparteien bei Beachtung des Gleichheitssatzes alle zu berücksichtigenden Personen in die Vergünstigung einbezogen hätten.[710] Schon aus Gründen des Vertrauensschutzes, aber auch wegen Ablaufs von Ausschlussfristen (vgl. § 4 Rn. 254ff.) oder Wegfalls der Bereicherung (§ 818 Abs. 3 BGB), könne die gebotene Gleichheit nicht dadurch hergestellt werden, dass den in der Vergangenheit begünstigten Arbeitnehmern die tarifliche Leistung entzogen werde.[711]

In der Literatur wird diese Rspr. zu Recht **kritisch** betrachtet. Auch im Falle einer Verletzung von Art. 3 Abs. 1 GG durch eine teilnichtige Tarifregelung sei eine **Angleichung nach oben** nicht nur für die **Vergangenheit**, sondern auch für die **Zukunft** gerechtfertigt. Es sei nicht einzusehen, weshalb Art. 3 Abs. 1 GG nicht dieselbe Kraft besitzen sollte wie Art. 3 Abs. 2 und 3 GG. Ein Abstellen auf den Willen der Tarifparteien sei keine Lösung, weil jedenfalls die Arbeitgeberseite immer den Einwand einer unerwünschten Zusatzbelastung durch eine Ausdehnung der Tarifvorschrift auf weitere Arbeitnehmergruppen vorbringen würde. Ihr stehe es frei, eine tarifliche Neuregelung anzustreben. Im Falle einer extremen Mehrbelastung habe sie das Recht zur außerordentlichen Kündigung der Tarifbestimmung. Bis zur Neuregelung stehe der unter Verstoß gegen Art. 3 Abs. 1 GG benachteiligten Arbeitnehmergruppe ein Leistungsanspruch zu.[712]

9.3 Bindung an Gesetze

391 Die Tarifparteien haben auch **zwingendes Gesetzesrecht** zu beachten (vgl. Grundl. Rn. 121ff.)

Unwirksam wegen Verstoßes gegen **zwingendes Kündigungsschutzrecht** sind etwa Tarifbestimmungen, die eine Verringerung der Arbeitszeit durch Einführung von Kurzarbeit durch den Arbeitgeber zulassen, ohne Regelungen über Voraussetzungen, Umfang und Höchstdauer dieser Maßnahme zu treffen.[713]

Den Tarifparteien ist es auch verwehrt, die **Mitbestimmung** des Betriebsrats nach § 87 BetrVG, der eine gesetzliche Schutzbestimmung zugunsten der Arbeitnehmer ist, einzuschränken oder gar vollständig zu beseitigen.[714] Durch Tarifvertrag können aber auf Grundlage des Tarifvorbehaltes nach § 87 Abs. 1 Eingangssatz BetrVG die Mitbestimmung ausgeformt werden. Unwirksam aber ist eine Tarifregelung, die das durch § 87 BetrVG eingeschränkte Weisungsrecht des Arbeitgebers vollständig wieder herstellt.[715] So ist es den Tarifparteien etwa verwehrt, den Arbeitgeber pauschal zur Anordnung von Überstunden zu ermächtigen.[716]

---

710 BVerfG 28.1.92 – 1 BvR 1025/82, 1 BvL 16/83, 1 BvL 10/91, NZA 92, 270; BAG 7.3.95, a.a.O.; 18.12.08, a.a.O., 18.3.10 – 6 AZR 434/07, AP Nr. 321 zu Art. 3 GG.

711 BAG 18.3.10 – 6 AZR 434/07, a.a.O.; 18.12.08, a.a.O.; 26.5.96, a.a.O.; 13.11.85, a.a.O.

712 Kittner/Zwanziger/Deinert-Deinert, § 8 Rn. 156

713 BAG 28.5.09 – 6 AZR 144/08, ZTR 09, 489; 27.1.94 – 6 AZR 541/93, EzA § 615 BGB Kurzarbeit Nr. 1.

714 Vgl. Fitting, § 87 Rn. 5; DKKW-Klebe, § 87 Rn. 48.

715 BAG 23.7.96 – 1 ABR 13/96, AP Nr. 68 zu § 87 BetrVG 1972 Arbeitszeit; Kittner/Zwanziger/Deinert-Deinert, § 8 Rn. 204.

716 BAG 17.11.98 – 1 ABR 12/98, AuR 99, 145 = NZA 99, 662.

Tarifregelungen dürfen auch nicht gegen **gesetzliche Benachteiligungs- und Diskriminierungsverbote** verstoßen, andernfalls sind sie **unwirksam**. Gesetzliche Benachteiligungs- und Diskriminierungsverbote z. B. sind vorgesehen:[717] 392

- in § 75 BetrVG,
- im Allgemeinen Gleichbehandlungsgesetz (AGG),
- in § 81 Abs. 2 SGB IX i. V. m. den Bestimmungen des AGG (Verbot der Benachteiligung von schwerbehinderten Menschen),
- in § 4 Abs. 1 TzBfG (Verbot der Benachteiligung von Teilzeitbeschäftigten[718]),
- in § 4 Abs. 2 TzBfG (Verbot der Benachteiligung von befristet Beschäftigten).

Nachstehend einige **Beispiele** aus der Rspr.:[719]

- Eine tarifvertragliche Bestimmung, die für einzelne Arbeitsstunden in einer bestimmten zeitlichen Lage Spätarbeits- und Nachtarbeitszuschläge vorsieht, kann **Teilzeitkräfte** von diesem Anspruch nicht wirksam ausnehmen. Eine entgegenstehende Vorschrift ist wegen Verstoßes gegen § 4 Abs. 1 TzBfG nichtig. Die dadurch benachteiligten Teilzeitkräfte haben einen tariflichen Anspruch auf diejenigen Zuschläge, die vollzeitbeschäftigte Arbeitnehmer für Spät- und Nachtarbeit erhalten.[720]
- Wegen Verstoßes gegen § 4 Abs. 1 Satz 2 TzBfG ist auch eine Regelung in einem Sanierungstarifvertrag unwirksam, die eine Kürzung des Weihnachtsgeldes um 500 Euro **einheitlich für Voll- und Teilzeitbeschäftigte** vorsieht, weil der auf diese Weise errechnete Betrag unter der Summe liegt, die dem Anteil der Teilzeitarbeit im Verhältnis zur Vollzeitarbeit entspricht. Der Verstoß gegen das Benachteiligungsverbot führt zur Unwirksamkeit der tariflichen Berechnungsweise und damit zur Wiederherstellung der tariflichen Grundregelung, wonach Teilzeitbeschäftigte einen Anspruch auf ein Weihnachtsgeld haben, das sich nach dem Verhältnis ihrer vertraglichen Arbeitszeit zur tariflichen Arbeitszeit eines entsprechenden Vollzeitbeschäftigten bemisst.[721]
- Macht eine tarifliche Regelung die Zahlung einer **Wechselschichtzulage** allein davon abhängig, dass der Arbeitnehmer in Wechselschicht arbeitet und innerhalb eines bestimmten Zeitraumes eine bestimmte Mindestzahl von Nachtdienststunden leistet, so steht die Wechselschichtzulage auch **Teilzeitbeschäftigten** in voller Höhe zu, wenn sie die tariflichen Anspruchsvoraussetzungen erfüllen.[722] Eine anteilige Kürzung verstößt gegen § 4 Abs. 1 TzBfG.
- Der Ansicht des LAG Bremen, dass § 24 Abs. 2 TVöD, wonach die **Wechselschichtzulage** für Teilzeitbeschäftigte anteilig zu kürzen ist, gegen § 4 Abs. 1 TzBfG verstößt,[723] ist das BAG nicht gefolgt.[724]

---

717 Vgl. Übersicht bei DKKW-Berg, § 75 Rn. 20ff. m. w. N.

718 Vgl. u. a. BAG 5. 8. 09 – 10 AZR 634/08, ZTR 09, 646; 24. 9. 08 – 6 AZR 657/07, NZA 09, 640; 15. 10. 03 – 4 AZR 606/02, DB 04, 1154; 7. 3. 95 – 3 AZR 282/94, NZA 96, 48.

719 Zu weiteren Entscheidungen vgl. z. B. Däubler-Däubler, Einl. Rn. 390ff. m. w. N.; Däubler-Winter, Rn. 489ff. m. w. N.

720 BAG 15. 12. 98 – 3 AZR 239/97, NZA 1999, 882.

721 BAG 24. 5. 00 – 10 AZR 629/99, NZA 01, 216.

722 BAG 23. 6. 93 – 10 AZR 127/92, AiB 94, 244.

723 LAG Bremen 17. 7. 07 – 1 Sa 118/07 (aufgehoben durch BAG 24. 9. 08 – 10 AZR 638/07, AP Nr. 3 zu § 24 TVöD).

724 BAG 24. 9. 08 – 10 AZR 638/07, AP Nr. 3 zu § 24 TVöD.

- Eine tarifvertragliche Bestimmung, die für einzelne Arbeitsstunden in einer bestimmten zeitlichen Lage **Spätarbeits- und Nachtarbeitszuschläge** vorsieht, aber Teilzeitkräfte hiervon ausnimmt, verstößt gegen § 4 Abs. 1 TzBfG. Die durch die tarifliche Regelung benachteiligten Teilzeitkräfte haben Anspruch auf die Zuschläge, die vollzeitbeschäftigte Arbeitnehmer für Spät- und Nachtarbeit erhalten.[725]
- Eine tarifliche Regelung, die Arbeitnehmer von einer **neu eingeführten Leistungszulage** ausschließt, wenn sie sich schon vorher in der tariflichen **Verdienstsicherung wegen Alters** befunden haben, soll dagegen zulässig sein (zweifelhaft).[726]
- § 34 Abs. 1 Unterabs. 1 Satz 3 und Unterabs. 2 BAT-O verstoßen gegen § 4 Abs. 1 TzBfG und sind daher unwirksam, soweit danach **Urlaubsgeld, Zuwendung und vermögenswirksame Leistungen** unberücksichtigt bleiben.[727]
- § 1 Abs. 3 Buchst b des Tarifvertrags zur Vermeidung betriebsbedingter Kündigungen in der Landesverwaltung Brandenburg vom 3. Februar 2004 (Sozial-TV-BB) ist wegen Verstoß gegen § 4 Abs. 1 Satz 2 TzBfG unwirksam, soweit diese Vorschrift Teilzeitbeschäftigte von der **Ausgleichszulage** gemäß der Protokollnotiz Nr. 1 zu § 2 Sozial-TV-BB ausnimmt.[728]
- Gem. § 5 Abs. 2 Satz 2 Tarifvertrag Versorgungsbetriebe vom 5. Oktober 2000 (TV-V) beginnt die Stufenlaufzeit nach einer **Höhergruppierung** in der Stufe, der der Arbeitnehmer in der höheren Entgeltgruppe zugeordnet worden ist, neu zu laufen. Stufenlaufzeiten, die in einer niedrigeren Entgeltgruppe zurückgelegt worden sind und die dort noch nicht zu einem Stufenaufstieg geführt haben, werden bei einer Höhergruppierung nicht mitgenommen. Die Tarifvorschrift verletzt nicht das Verbot mittelbarer Altersdiskriminierung in § 3 Abs. 2 AGG i.V.m. § 1 AGG, da hierbei nicht an das Lebensalter, sondern an die **Berufserfahrung** anknüpft wird.[729]
- Die in § 27 Abschn. A BAT angeordnete Bemessung der Grundvergütungen in den Vergütungsgruppen des BAT nach **Lebensaltersstufen** verstieß gegen das Verbot der Diskriminierung wegen des Alters und bewirkte außerhalb der Überleitung in den TV-L nach dem TVÜ-Länder die Unwirksamkeit der Stufenzuordnung, soweit Angestellte nicht der höchsten Lebensaltersstufe ihrer Vergütungsgruppe zugeordnet waren.[730] Allerdings endet die Pflicht des Arbeitgebers, durch das lebensaltersstufenbezogene Grundvergütungssystem des BAT diskriminierten jüngeren Arbeitnehmern eine Vergütung aus der höchsten Lebensaltersstufe ihrer Vergütungsgruppe zu zahlen, mit der Ablösung durch ein diskriminierungsfreies Entgeltsystem.[731]
- Die Regelung in § 26 Abs. 1 Satz 2 TVöD, wonach Beschäftigte nach der Vollendung ihres 40. Lebensjahres in jedem Kalenderjahr Anspruch auf 30 Arbeitstage **Urlaub** haben, während der Urlaubsanspruch bis zur Vollendung des 30. Lebensjahres nur 26 Arbeitstage und bis zur Vollendung des 40. Lebensjahres nur 29 Arbeitstage beträgt, be-

725 BAG 15.12.98 – 3 AZR 239/97, NZA 99, 882.
726 BAG 26.4.00 – 4 AZR 177/99, DB 00, 2610.
727 BAG 24.9.08 – 6 AZR 657/07, NZA 09, 640.
728 BAG 5.8.09 – 10 AZR 634/08, ZTR 09, 646.
729 BAG 27.1.11 – 6 AZR 578/09, ZTR 11, 365.
730 BAG 10.11.11 – 6 AZR 148/09, NZA 12, 161.
731 BAG 8.12.11 – 6 AZR 319/09, NZA 12, 275.

inhaltet eine unmittelbare, nicht gerechtfertigte Diskriminierung wegen des Alters.[732] Eine Regelung über zwei zusätzliche Urlaubstage ab dem 58. Lebensjahr dient dagegen dem gesteigerten Erholungsbedürfnis älterer Beschäftigter i. S. v. § 10 Satz 3 Nr. 1 AGG und ist daher nicht zu beanstanden (vgl. Rn. 362a).[733]

- Eine Regelung zur stufenweisen **Verkürzung der wöchentlichen Arbeitszeit Älterer** kann ebenfalls gegen das Verbot der Altersdiskriminierung verstoßen. Eine Rechtfertigung durch das Ziel, dem gesteigerten Erholungsbedürfnis älterer Beschäftigter Rechnung zu tragen, scheidet jedenfalls dann aus, wenn Teilzeitbeschäftigten eingeräumt wird, anstelle einer Arbeitszeitverkürzung einen Ausgleich in Geld zu verlangen.[734]
- Die **Urlaubsanspruchsstaffelung** des § 15 Abs. 3 MTV Einzelhandel NRW nach Lebensalter beinhaltet eine unzulässige Diskriminierung wegen des Alters.[735]
- Eine tarifvertragliche Betriebsnorm, die für ein Luftfahrtunternehmen das Höchstalter für die **Einstellung** von in anderen Luftfahrtunternehmen ausgebildeten **Piloten** auf 32 Jahre und 364 Tage festlegt, verletzt nicht nur die durch Art. 12 Abs. 1 GG gewährleistete Freiheit der Berufswahl älterer Arbeitsplatzbewerber und den Gleichheitssatz des Art 3 Abs. 1 GG, sondern auch das Diskriminierungsverbot des § 7 Abs. 1 AGG.[736]
- Die EU-Richtlinie 2000/78 steht einer tarifvertraglichen Klausel entgegen, die die **Altersgrenze**, ab der **Piloten** als körperlich nicht mehr fähig zur Ausübung ihrer beruflichen Tätigkeit gelten, auf 60 Jahre festlegt, während die nationale und die internationale Regelung dieses Alter auf 65 Jahre festlegen.[737] Damit liegt auch ein Verstoß gegen § 7 Abs. 1 AGG vor.
- Der Ausschluss der Teilzeitbeschäftigten aus dem persönlichen Geltungsbereich des Tarifvertrags zur Vermeidung **betriebsbedingter Kündigungen** in der Landesverwaltung Brandenburg (Sozial-TV-BB) vom 3. Februar 2004, der zu einem Wegfall der Ausgleichszulage führt, verstößt gegen das Benachteiligungsverbot des § 4 Abs. 1 Satz 2 TzBfG, da sich dadurch ein geringeres Entgelt pro rata temporis ergibt.[738]
- § 622 Abs. 2 Satz 2 BGB, wonach **vor Vollendung des 25. Lebensjahrs liegende Beschäftigungszeiten** des Arbeitnehmers bei der **Berechnung der Kündigungsfrist nicht berücksichtigt** werden, ist im Hinblick auf das Verbot der Altersdiskriminierung in seiner Konkretisierung durch die Richtlinie EGRL 78/2000 unionsrechtswidrig.[739] Soweit eine tarifvertragliche Regelung hinsichtlich der Berechnung der Kündigungsfrist rein deklaratorisch auf die gesetzliche Anrechnungsvorschrift des § 622 Abs. 2 Satz 2 BGB verweist, geht dieser Verweis für Kündigungen, die nach dem 2. Dezember 2006 erklärt wurden, ins Leere.[740] Selbst wenn unterstellt wird, die in der Tarifregelung in § 14 Nr. 1 Satz 5 des Manteltarifvertrages für Arbeitnehmer der Systemgastronomie

---

732 BAG 20. 3. 12 – 9 AZR 529/10, DB 12, 1814.
733 BAG 21. 10. 14 – 9 AZR 956/12, NZA 15, 297 zu einer einzelvertraglichen Regelung, die der einschlägigen Tarifregelung (Schuhindustrie) entspricht.
734 LAG Hamm 30. 1. 14 – 8 Sa 942/13, Revision anhängig BAG, 8 AZR 168/14.
735 LAG Düsseldorf 18. 1. 11 – 8 Sa 1274/10, ZTR 11, 496 (rkr.)
736 BAG 8. 12. 10 – 7 ABR 98/09, ZTR 11, 409.
737 EuGH 13. 9. 11 – C-447/09 (Prigge), NZA 11, 1039.
738 BAG 5. 8. 09 – 10 AZR 634/08, ZTR 09, 646.
739 EuGH 19. 1. 10 – C-555/07 (Kücükdeveci./.Swedex GmbH & Co. KG).
740 BAG 29. 9. 11 – 2 AZR 177/10, NZA 12, 754.

(in der Fassung vom 23. Oktober 2007) angeordnete Nichtberücksichtigung der vor Vollendung des 25. Lebensjahres zurückgelegten Beschäftigungszeiten sei der Wille der Tarifvertragsparteien zu entnehmen, eine eigenständige, gesetzesgleiche Anrechnungsvorschrift zu schaffen, wäre die tarifvertragliche Regelung wegen Verstoßes gegen das durch § 7 Abs. 1, § 1 AGG konkretisierte Verbot der Altersdiskriminierung nach § 7 Abs. 2 AGG unwirksam.[741]

- Die Regelung des § 4.4 MTV Metall- und Elektroindustrie Nordwürttemberg/Nordbaden (**Kündigungsschutz Älterer**) kann zu Ergebnissen führen, die die gesetzliche Wertung des § 1 Abs. 3 Satz 1 KSchG nach Ansicht des BAG auf den Kopf stellen, so etwa wenn ein 53-jähriger seit drei Jahren beschäftigter Arbeitnehmer ohne Unterhaltspflichten auf Grund der tarifvertraglichen Regelung aus der **Sozialauswahl** ausscheiden solle, während ein 52-jähriger seit 35 Jahren im Betrieb beschäftigter Arbeitnehmer mit mehrfachen Unterhaltspflichten zur Kündigung ansteht. In einem solchen (Extrem-)Fall sei dann zu erwägen, die Regelung ggf. im Hinblick auf die Grundrechte des ordentlich kündbaren Mitarbeiters (Art. 12 Abs. 1 GG, Art. 3 Abs. 1 GG, Art. 9 Abs. 3 GG in Form der negativen Koalitionsfreiheit) verfassungskonform bzw. im Hinblick auf die Regelungen zur Altersdiskriminierung (vgl. EGRL 78/2000) gemeinschaftskonform einzuschränken bzw. für den Einzelfall durch einen ungeschriebenen Ausnahmetatbestand innerhalb der Tarifnorm anzupassen. Zwar seien **Unkündbarkeitsvereinbarungen** grundsätzlich als **zulässig** anzusehen. Die gebotene Grenze könne aber dort liegen, wo die Fehlgewichtung durch den durch die ordentliche Unkündbarkeit eingeschränkten Auswahlpool zu einer grob fehlerhaften Auswahl führen würde.[742]
- Nach zutreffender Ansicht verstößt § 4.4 MTV-Metall- und Elektroindustrie Baden-Württemberg (**Kündigungsschutz Älterer**) nicht gegen das Verbot der Altersdiskriminierung gem. §§ 1, 7 Abs. 1 AGG. Zwar verschlechtere die Begünstigung älterer Arbeitnehmer den status quo der jüngeren Arbeitnehmer. Trotz Streichung des § 10 Satz 3 Nr. 7 AGG durch das zweite Gesetz zur Änderung des Betriebsrentengesetzes vom 2.12.2006 (BGBl. I. S. 2742) bestehe für die ordentliche Kündbarkeit hingegen dennoch ein sachlicher Grund, der eine Differenzierung nach dem Alter im Sinne des § 10 Satz 1 AGG rechtfertigt. Ältere Arbeitnehmer trügen nämlich im Regelfall ein höheres Kündigungsrisiko und hätten geringere Chancen einer Wiedereingliederung in den Arbeitsmarkt nach einer Kündigung. Diese Nachteile könnten Arbeitgeber und Tarifvertragsparteien und auch Individualparteien ausgleichen (vgl. Rn. 315).[743]

393 Verstößt eine **leistungsgewährende Tarifnorm** gegen ein spezielles gesetzliches Diskriminierungsverbot, indem sie eine Arbeitnehmergruppe unzulässig ausschließt, ist sie nicht insgesamt nichtig, sondern teilunwirksam. Deshalb haben die benachteiligten Arbeitnehmer einen Anspruch auf »**Gleichbehandlung nach oben**« (vgl. Rn. 389 und Grundl. Rn. 156).[744] Das BAG hat allerdings im Fall einer altersdiskriminierenden **betrieblichen**

741 BAG 29.9.11, a.a.O.

742 BAG 5.6.08 – 2 AZR 907/06, NZA 08, 1120.

743 BAG 20.6.13 – 2 AZR 295/12, NZA 14, 208.

744 BAG 20.3.12 – 9 AZR 529/10, DB 12, 1814; 29.9.11, a.a.O.; 24.9.03 – 10 AZR 675/02, NZA 04, 611; EuGH 27.6.90 – C-33/89, NZA 90, 771; vgl. aber auch ArbG Berlin 22.8.07 – 86 Ca 1696/07, zur Unwirksamkeit der Staffelung der Grundvergütung nach dem Lebensalter gem. § 27 A Abs. 1 BAT.

Regelung, die keine Entgeltfragen betraf, einen Anspruch mit der Begründung verneint, die Anwendung der gesetzeswidrigen Norm auf alle Beschäftigten würde zu einem Erliegen des Betriebs führen; aus **Gründen der Verhältnismäßigkeit** käme daher nur eine bloße Nichtanwendung der Regelung in Betrachtung.[745]

10. Schuldrechtlicher Inhalt eines Tarifvertrags

10.1 Allgemeines

Nach § 1 Abs. 1 TVG gehören zum Inhalt von Tarifverträgen nicht nur **Rechtsnormen** (vgl. Rn. 103ff.), sondern auch **schuldrechtliche Regelungen** über die **»Rechte und Pflichten der Tarifvertragsparteien«**. Es handelt sich hierbei um die Rechte und Pflichten, die die Tarifvertragsparteien gegeneinander haben. 394

In Abgrenzung zu dem aus den Rechtsnormen bestehenden normativen Teil eines Tarifvertrags werden diese Regelungen als **schuldrechtlicher Teil** des Tarifvertrags bezeichnet. 395

Zum schuldrechtlichen Teil des Tarifvertrags gehören – auch **ohne** deren **ausdrückliche Vereinbarung** – die **Durchführungspflicht** (Rn. 407ff.) und die **Friedenspflicht** (Rn. 422ff. und AKR Rn. 59ff.). Sie sind jedem Tarifvertrag **immanent**.[746] 396

Darüber hinaus können die Tarifvertragsparteien im Rahmen ihrer Regelungsbefugnis nach § 1 Abs. 1 TVG **weitere – nicht normativ, sondern ausschließlich schuldrechtlich wirkende – Vereinbarungen** in Form eines Tarifvertrags treffen (vgl. Rn. 400ff.).[747] 397

Schließlich haben die Tarifparteien das Recht, sonstige **Verträge ohne Tarifvertragscharakter** zu vereinbaren.[748] Zu solchen Verträgen zählt beispielsweise der tarifliche **Vorvertrag** (vgl. Rn. 14, 432ff.) oder die **Verhandlungsverpflichtung** (vgl. Rn. 436). 398

Ist **umstritten**, ob es sich bei einer Vereinbarung zwischen den Tarifvertragsparteien um einen normativ (vgl. Rn. 103ff.) oder schuldrechtlich wirkenden **Tarifvertrag** (vgl. Rn. 400) **oder** um eine sonstige **nichttarifliche Vereinbarung** (vgl. Rn. 432ff.) handelt, ist der Inhalt und damit der Charakter des Vertrags anhand des zu ermittelnden **Willens der Tarifparteien** festzustellen.[749] Dabei gelten in Zweifelsfällen die allgemeinen **Auslegungsgrundsätze des bürgerlichen Rechts** (§§ 133, 157 BGB).[750] Die bei normativ wirkenden Tarifregelungen anzuwendende **objektive Auslegung** (vgl. Grundl. Rn. 152ff.) ist erst dann vorzunehmen, wenn feststeht, dass es sich tatsächlich um ein Normenwerk handelt.[751] Handelt es sich um einen rein schuldrechtlichen Tarifvertrag oder um einen nichttariflichen sonstigen Vertrag, ist die Vereinbarung nach der **subjektiven Methode** wie ein 399

745 BAG 14.5.13 – 1 AZR 44/13, NZA 13, 1160.

746 BAG 10.12.02 – 1 AZR 96/02 (Rz. 37), AuR 04, 149 = NZA 03, 734; 24.4.07 – 1 AZR 252/06 (Rz. 114), DB 07, 1924 = AiB 07, 732 m. Anm. Schoof; Däubler-Reim/Ahrendt, Rn. 1096.

747 BAG 7.6.06 – 4 AZR 272/05, ZTR 07, 187 = AP Nr. 37 zu § 1 TVG.

748 BAG 7.6.06, a.a.O.

749 BAG 7.6.06, a.a.O.

750 BAG 26.9.12 – 4 AZR 689/10, AP Nr. 24 zu § 1 TVG Tarifverträge: Bewachungsgewerbe; 13.10.11 – 8 AZR 514/10, AP Nr. 228 zu § 1 TVG Auslegung; 26.1.11 – 4 AZR 159/09, DB 11, 1454 = AP Nr. 7 zu § 3 TVG Betriebsnormen; 7.6.06, a.a.O.; 14.4.04 – 4 AZR 232/03, NZA 05, 178; 26.1.83 – 4 AZR 224/80, DB 83, 2146.

751 BAG 14.4.04, a.a.O.

Vertrag auszulegen; die gesetzlichen Kriterien hierfür finden sich in §§ 133, 157 BGB.[752] In der Frage, ob ein **Tarifvertrag oder eine nichttarifliche Vereinbarung** vorliegt, ist **im Zweifel** davon auszugehen, dass die Tarifvertragsparteien angesichts ihrer tarifautonomen Möglichkeit zur Rechtssetzung nach dem TVG einen **Tarifvertrag** vereinbaren wollten.[753]

10.2 Schuldrechtlich wirkende Tarifverträge

400 Tarifverträge mit lediglich **schuldrechtlichen Vereinbarungen** haben **keine normative Wirkung** (§ 4 Abs. 1 TVG; vgl. dazu § 4 Rn. 3ff.). Sie begründen ausschließlich **Rechte und Pflichten der Tarifvertragsparteien** selbst.

401 Dabei unterliegt keinen Zweifeln, dass schuldrechtliche Verpflichtungen des Arbeitgeberverbands durch **Verbandstarifvertrag** (vgl. Rn 23) begründet werden, schuldrechtliche Verpflichtungen des einzelnen Arbeitgebers durch **Firmentarifvertrag** (vgl. Rn. 26, § 3 Rn. 31ff.). Aber auch ein **firmenbezogener Verbandstarifvertrag** (vgl. Rn. 25) kann den verbandsangehörigen Arbeitgeber schuldrechtlich verpflichten (z.B. Verpflichtung, Investitionen zu tätigen, den Standort zu erhalten, Neueinstellungen vorzunehmen usw.; vgl. Rn. 167ff., 175, 196), und zwar nicht nur dann, wenn der Arbeitgeber – was regelmäßig der Fall ist – mit am Verhandlungstisch sitzt und dem Tarifvertrag zustimmt. Die Legitimation der Tarifparteien (Gewerkschaft und Arbeitgeberverband) zur Begründung schuldrechtlicher Verpflichtungen des einzelnen Arbeitgebers ergibt sich aus Art. 9 Abs. 3 GG und seiner Mitgliedschaft im Verband. Es gelten die gleichen Erwägungen, die die Tarifvertragsparteien zur Schaffung von Rechtsnormen legitimieren (vgl. § 3 Rn. 3).

402 Um Tarifverträge mit lediglich **schuldrechtlicher Wirkung** handelt es sich beispielsweise bei:

- Tarifbestimmungen in **Standortsicherungsverträgen** über eine Verpflichtung des Arbeitgebers zur Vornahme von **Investitionen** oder zum **Erhalt des Standortes** im Rahmen von Firmentarifverträgen zur Beschäftigungs- und Standortsicherung (vgl. Rn. 167ff.),
- Tarifvereinbarungen, die den Arbeitgeber zu **Neueinstellungen** verpflichten (vgl. Rn. 196; allerdings kann es sich auch um eine **Abschlussnorm** handeln; vgl. Rn. 127ff.),
- **Schieds- und Schlichtungsvereinbarungen** (vgl. AKR Rn. 69, 417ff.),[754]
- Tarifvereinbarungen, die eine **absolute Friedenspflicht** begründen (vgl. AKR Rn. 81),
- Tarifvereinbarungen über **Notdienst- und Erhaltungsarbeiten** im Arbeitskampf (vgl. AKR Rn. 256ff., 491).

Auch die tarifvertraglichen Bestimmungen zur **Beendigung eines Tarifvertrages** durch ordentliche oder außerordentliche Kündigung (vgl. Rn. 83ff.) sind schuldrechtlicher Natur mit der Konsequenz, dass sich deren Auslegung nach den für die Vertragsauslegung einschlägigen §§ 133, 157 BGB richtet.[755]

---

752 BAG 26. 1. 11, a.a.O.; 7. 6. 06, a.a.O.

753 BAG 13. 10. 11, a.a.O.; 26. 1. 11, a.a.O.

754 BAG 31. 10. 58 – 1 AZR 632/57, AP Nr. 2 zu § 1 TVG Friedenspflicht.

755 BAG 27. 2. 13 – 4 AZR 78/11, AP Nr. 9 zu § 1 TVG Kündigung zur Auslegung eines »Sonderkündigungsrechts« in einem ansonsten befristeten Tarifvertrag.

Schuldrechtliche Wirkung entfalten auch sog. tarifliche **Meistbegünstigungsklauseln.** In einer Meistbegünstigungsklausel verpflichtet sich eine Tarifpartei (etwa der Arbeitgeberverband), der anderen Tarifpartei (der Gewerkschaft A) den Abschluss eines Tarifvertrages anzubieten, den sie mit einer »dritten« Tarifpartei (der Gewerkschaft B) vereinbart hat für den Fall, dass er für die Arbeitnehmer günstigere Regeln beinhaltet.

Beispiel: § 17 BRTV-Bau
»Die Tarifvertragsparteien verpflichten sich, mit anderen Organisationen und einzelnen Arbeitgebern keine Tarifverträge zu vereinbaren, die von diesem Tarifvertrag inhaltlich abweichen. Schließt eine Tarifvertragspartei gleichwohl einen Satz 1 widersprechenden Tarifvertrag ab, so kann die andere Tarifvertragspartei verlangen, dass die abweichenden Bestimmungen ganz oder teilweise Inhalt dieses Tarifvertrags werden.«

Bei Tarifverträgen mit mehrjähriger Mindestlaufzeit werden häufig sog. **Revisions-** oder **Nachverhandlungsklauseln** (auch Schlechtwetter- oder Katastrophenklausel genannt) vereinbart. In solchen Klauseln verpflichten sich die Tarifvertragsparteien mit schuldrechtlicher Wirkung, über den abgeschlossenen Tarifvertrag neu zu verhandeln, falls sich die Umstände, die dem Tarifabschluss zugrunde lagen (z. B. die wirtschaftliche Lage), erheblich verändern. 402a

Beispiel:
Revisionsklausel in § 8 Zukunftstarifvertrag VW AG vom 15. 12. 2008.

Diese Überlegung gilt auch für verpflichtende Klauseln, die erst Jahre nach ihrer Vereinbarung zur Umsetzung gelangen. So hat das BAG die folgende, in einem Firmensanierungstarifvertrag von 2003 enthaltene **Entgeltanpassungsklausel**, aufgrund derer der Arbeitgeber 2009 ohne weitere Vereinbarung niedrigere Entgelttabellen angewandt hat, wegen ihrer **Mehrdeutigkeit** zu Recht als schuldrechtliche Regelung eingestuft, deren normative Umsetzung einer gesonderten Vereinbarung der Tarifvertragsparteien bedurfte:[756] 402b

»Bei Einführung des Entgeltrahmentarifvertrages werden die Tarifvertragsparteien für C eine Entgeltlinie für die neuen Entgeltgruppen E 1 – E 11 vereinbaren, die den dann geltenden C-Tabellen (Lohn, Gehalt) entsprechen.«

Tarifverträge mit lediglich schuldrechtlichen Vereinbarungen bedürfen – wie Tarifverträge **mit** normativen Inhalten – der **Schriftform** gem. § 1 Abs. 2 TVG (vgl. Rn. 46 ff.; zum schriftformfreien Vorvertrag vgl. Rn. 14, 432 ff.). 403

Enthält der schuldrechtliche Teil eines Tarifvertrags Regelungen **zugunsten** der **Mitglieder der Tarifvertragsparteien,** kann es sich dabei um zulässige **Vereinbarungen zugunsten Dritter** gem. § 328 BGB handeln.[757] Ein Beispiel dafür ist etwa das Einräumen eines Rückkehrrechts im Fall eines Betriebsübergangs durch schuldrechtliche Vereinbarung 404

756 BAG 27. 6. 12 – 5 AZR 51/11, AP Nr. 223 zu § 1 TVG Tarifverträge: Metallindustrie.
757 Vgl. Wiedemann-Thüsing Rn. 859.

zwischen den beteiligten Unternehmen und der zuständigen Gewerkschaft.[758] Weitere Beispiele finden sich in tariflichen Differenzierungsklauseln, in denen Leistungen zugunsten von Gewerkschaftsmitgliedern geregelt sind, z.B. wenn diese Leistungen über einen Verein ausgezahlt werden und der tarifvertragsschließende Arbeitgeber sich gegenüber der Gewerkschaft entsprechend verpflichtet hat.[759] Zu den Schwierigkeiten bei der praktischen Umsetzung derartiger Regelungen vgl. TVG § 3 Rn. 241ff.

405 Auch bezüglich des schuldrechtlichen Teils eines Tarifvertrags ist der **Umfang der Regelungsbefugnis der Tarifvertragsparteien** aus ihrem verfassungsmäßig geschützten Recht zur **Wahrung und Förderung der Arbeits- und Wirtschaftsbedingungen** gem. Art. 9 Abs. 3 GG abzuleiten. **Alle zu den Arbeits- und Wirtschaftsbedingungen zählenden Regelungsgegenstände** (vgl. Rn. 154ff.; Grundl. Rn. 69ff., 84) können durch schuldrechtliche Tarifverträge gestaltet werden, was besonders für Regelungen von Bedeutung ist, die nicht durch Rechtsnormen vereinbart werden können (z.B. Beschäftigungssicherungstarifverträge über Investitionsentscheidungen, Überleitungstarifverträge bei Privatisierungen, Schlichtungsvereinbarungen). Die Regelungsbefugnis für schuldrechtliche Tarifverträge ist **nicht auf Gegenstände** beschränkt, die durch **Rechtsnormen** vereinbart werden können.[760] Für rechtsnormfähige Regelungsgegenstände können sich die Tarifvertragsparteien allerdings auch darauf beschränken, lediglich schuldrechtliche Regelungen zu vereinbaren.[761] Auf schuldrechtliche Tarifverträge findet der **arbeitsrechtliche Gleichbehandlungsgrundsatz** ebenso wie auf normativ wirkende Tarifverträge **keine Anwendung**, da bei solchen Vereinbarungen wegen der Tarifautonomie der beteiligten Tarifvertragsparteien von Verfassung wegen Verhandlungsparität vorausgesetzt wird.[762]

406 Zur **Erstreikbarkeit** von Tarifverträgen mit schuldrechtlichem Inhalt vgl. AKR Rn. 24, zu **Schlichtungsvereinbarungen** vgl. AKR Rn. 69, 417ff.; zur **Einklagbarkeit** der schuldrechtlich vereinbarten Rechte und Pflichten vgl. Rn. 419; zur Frage, ob derartige Vereinbarungen auch mit **Streik** durchgesetzt werden können vgl. AKR Rn. 176.

10.3 Durchführungspflicht

407 Bei der Durchführungspflicht handelt es sich um eine jedem privatrechtlichen Vertrag innewohnende **Nebenpflicht** der Vertragsparteien, den abgeschlossenen **Vertrag einzuhalten** und seine vertragsgemäße **Durchführung zu fördern.**[763] Die Durchführungspflicht ist eine Konkretisierung des allgemeinen Prinzips **»pacta sunt servanda«** (»Verträge sind zu halten«) und des Grundsatzes von Treu und Glauben (§ 242 BGB). Wer einen Vertrag geschlossen hat, muss sich daran halten und dafür sorgen, dass die sich daraus ergebenden Verpflichtungen i.S.d. wirklich Gewollten erfüllt werden.[764] Insofern besteht die **gegen-**

---

758 Ein solcher Sachverhalt lag mehreren Parallelentscheidungen des LAG Sachsen, u.a. 28.11.14 – 3 Sa 232/14, Revision eingelegt unter 5 AZR 9/15, zugrunde.
759 Vgl. die Opel-Entscheidung des BAG 21.5.14 – 4 AZR 50/13, DB 15, 135ff.
760 BAG 29.11.67 – GS 1/67, AP Nr. 13 zu Art. 9 GG; Däubler-Reim/Ahrendt, Rn. 1069ff.; KeZa-Zeibig/Zachert, Rn. 939; Wiedemann-Thüsing, Rn. 961.
761 Vgl. Däubler-Reim/Ahrendt, Rn. 1070.
762 BAG 21.5.14, a.a.O.
763 Vgl. Däubler, AR 1, Rn. 267ff.
764 BAG 29.4.92 – 4 AZR 432/91, AiB 92, 643 = NZA 92, 846.

seitige Durchführungspflicht der Tarifvertragsparteien auch **ohne ausdrückliche Vereinbarung** im Tarifvertrag. Sie ist dem Tarifvertrag immanent.[765]

Der sich aus dem schuldrechtlichen Teil eines Tarifvertrages ergebende **Durchführungsanspruch** steht allein den Tarifvertragsparteien und **nicht Dritten** wie etwa der betrieblichen Interessenvertretung zu.[766] 407a

Die Durchführungspflicht erstreckt sich sowohl auf die **Pflichten der Tarifvertragsparteien** selbst (vgl. Rn. 394ff.) als auch auf die für die Mitglieder der Tarifvertragsparteien unmittelbar und zwingend geltenden **Rechtsnormen** (Rn. 103ff.). Die Tarifvertragsparteien sind verpflichtet, für die praktische Durchführung des abgeschlossenen Tarifvertrags **einzutreten** und haben alles zu **unterlassen**, was geeignet ist, seine vertragsgemäße Anwendung und Durchführung zu behindern.[767] 408

Darüber hinaus haben die Tarifvertragsparteien eines **Verbandstarifvertrags** die Verpflichtung, auf ihre Mitglieder dahingehend einzuwirken, dass sie den Tarifvertrag vertragsgemäß anwenden. Diese sog. **Einwirkungspflicht** ist Teil der Durchführungspflicht.[768] Sie hat in der Tarifpraxis vor allem Bedeutung im Verhältnis des Arbeitgeberverbands zu seinen Mitgliedern.[769] 409

Zur Einwirkungspflicht hat das BAG zunächst die Ansicht vertreten, dass diese nur dann bestehe, wenn die **Auslegung des Tarifvertrags** (vgl. hierzu Grundl. Rn. 152ff.) **eindeutig** ergebe, dass die Regelung nicht dem Tarifvertrag entspreche oder ein entsprechendes **rechtskräftiges Urteil** bzw. eine verbindliche Entscheidung einer **tariflichen Schiedsstelle** vorliege oder die **Tarifvertragspartei selbst** von der Tarifwidrigkeit der Regelung ausgehe.[770] Eine Tarifvertragspartei könne von der anderen aber nicht verlangen, eine von dieser nicht für richtig gehaltene Tarifauslegung gegenüber den Mitgliedern zu vertreten. Das sei **unzumutbar**.[771] In einer späteren Entscheidung hat das BAG klargestellt, dass – wenn im Rahmen einer Klage nach § 9 TVG (vgl. § 9 Rn. 2f.) bindend die Vorfrage der Geltung eines Tarifvertrags festgestellt wird – ein Einwirkungsanspruch auch dann besteht, wenn bis zur gerichtlichen Entscheidung über diese Vorfrage die Rechtslage zwischen den Tarifvertragsparteien streitig war.[772] Schließlich hat das BAG – formal »klarstellend«, aber faktisch abweichend zur BAG-Entscheidung vom 29.4.92[773] – entschieden,[774] dass es einer vorherigen rechtskräftigen Entscheidung über den Inhalt der tariflichen Verpflichtung, um deren Einhaltung es geht, jedenfalls in den Fällen nicht bedürfe, in denen die Einwirkungsverpflichtung der Tarifvertragspartei in einem Rechtsstreit **zusammen** mit der ausdrücklich zum Streitgegenstand erhobenen streitigen Auslegungsfrage verhan-

765 BAG 9.6.82 – 4 AZR 274/81, AP Nr. 1 zu § 1 TVG Durchführungspflicht; 29.4.92, a.a.O.; ErfK-Franzen, TVG § 1 Rn. 79.
766 Hessisches LAG 3.7.12 – 4 TaBVGa 69/12.
767 BAG 29.4.92, a.a.O.; 11.9.91 – 4 AZR 71/91, NZA 92, 321 = AiB 94, 60.
768 Vgl. Däubler-Reim/Ahrendt, Rn. 1082; Löwisch/Rieble, Rn. 1090; KeZa-Seifert, Rn. 891ff.
769 Vgl. Däubler-Reim/Ahrendt, a.a.O.
770 BAG 29.4.92, a.a.O.; krit. Däubler-Reim/Ahrendt, Rn. 1086; Wiedemann-Thüsing, Rn. 925, 933.
771 BAG 29.4.92, a.a.O.
772 BAG 18.2.98 – 4 AZR 363/96, AP Nr. 3 zu § 1 TVG Kündigung.
773 BAG 29.4.92, a.a.O.
774 BAG 10.6.09 – 4 AZR 77/08, ZTR 10, 73; zustimmend KeZa-Seifert, Rn. 893; vgl. auch JKOS-Krause, § 4 Rn. 130, 135; Annuß RdA 00, 267, 268.

delt und entschieden werde. Die Begründung für diese Änderung in der BAG-Rechtsprechung hatte die vom BAG bestätigte Entscheidung der Vorinstanz, des LAG Düsseldorf, geliefert:[775] Es stehe zwar jeder Tarifvertragspartei frei, den Inhalt eines Tarifvertrags in ihrem Interesse auszulegen. Das **Risiko** einer – bewusst oder unbewusst – **falschen Auslegung** trage aber jede Tarifvertragspartei selbst. Ein unverschuldeter Rechtsirrtum bewahre sie allenfalls vor Schadensersatzansprüchen. Dagegen entstehe ein tarifvertraglicher Erfüllungsanspruch und damit eine entsprechende **Durchführungspflicht** nicht erst mit einem rechtskräftigen Urteil im Auslegungsstreit. Gegen das Argument der Unzumutbarkeit spreche im Übrigen, dass ggf. die Zwangsvollstreckung gem. § 62 Abs. 1 ArbGG ausgeschlossen oder eingestellt werden könne.

410 Bei der Wahl der Mittel zur Erfüllung der Einwirkungspflicht hat der **Schuldner** (= Arbeitgeberverband) einen **weiten Beurteilungsspielraum**. Die Einwirkungspflicht soll durch jedes Mittel erfüllt werden können: z. B. Telefonat, Fax oder Schreiben des Arbeitgeberverbands an das Verbandsmitglied.[776]

411 Der Einwirkungsanspruch kann durch **Leistungsklage** geltend gemacht werden; und zwar auch dann, wenn **kein bestimmtes Einwirkungsmittel benannt** wird.[777] Der Leistungsantrag ist hinreichend bestimmt, wenn ein diesem Antrag stattgebendes Urteil die Leistung so genau bezeichnet, dass der Schuldner ohne weiteres erkennen kann, durch welche Verhaltensweisen er dem Urteilsspruch nachkommen kann und dass das Urteil insoweit vollstreckungsfähig ist. Die **Verurteilung zur »Einwirkung«** ohne Angabe bestimmter Einwirkungsmittel ist **eindeutig genug**. Einwirken bedeutet, durch ein Tun den Dritten darauf hinzuweisen, er möge eine bestimmte Handlung vornehmen oder unterlassen, wobei der Schuldner die freie Wahl hat, welches Mittel der Einwirkung er wählt. Das Bestehen eines solchen Wahlrechts macht den auf die Einwirkung gerichteten Klageantrag nicht unbestimmt.[778]

412 Wenn der Arbeitgeberverband die Rechtsauffassung der Gewerkschaft zur **Auslegung** des Tarifvertrags (vgl. Rn. 409) ablehnt, empfiehlt es sich, eine **kombinierte Feststellungs- und Leistungsklage** gegen den Verband zu erheben. Dabei richtet sich der Feststellungsantrag gem. § 9 TVG auf Auslegung der Tarifbestimmung, der Leistungsantrag auf Verurteilung zur Einwirkung. Eine solche Kombination ist zulässig.[779] Beide Anträge können, wenn sie sich gegen denselben Beklagten richten, gemäß § 260 ZPO in einer Klage **verbunden** werden.

413 Einwirkungspflicht und -klage erweisen sich letztlich als **wenig effektive Mittel** zur Durchsetzung des Tarifvertrags (vgl. auch § 4 Rn. 207).[780] Der Einwirkungsklage kann durch entsprechendes Verhalten des Arbeitgeberverbands jederzeit »der Wind aus den Segeln« genommen werden, ohne dass sichergestellt ist, dass das Verbandsmitglied der Auf-

---

775 LAG Düsseldorf 23. 11. 07 – 9 Sa 1090/07, ZTR 08, 256.

776 Vgl. Walker, FS Schaub S. 757ff.; vgl. auch KeZa-Seifert, Rn. 895.

777 BAG 25. 1. 06 – 4 AZR 552/04, DB 06, 2017; 29. 4. 92 – 4 AZR 432/91, AiB 92, 643 = NZA 1992, 846 unter Aufgabe von BAG 3. 2. 88 – 4 AZR 513/87, AiB 88, 259 = AP Nr. 20 zu § 1 TVG Tarifverträge: Druckindustrie.

778 BAG 25. 1. 06, a.a.O.

779 Vgl. BAG 10. 6. 09 – 4 AZR 77/08, ZTR 10, 73.

780 Däubler, TVR Rn. 1382; Gamillscheg, FS Henckel S. 215, 228; Kittner, FS Stahlhacke S. 247, 249ff.; KeZa-Seifert, Rn. 895; JKOS-Krause, § 4 Rn. 130.

forderung zu tarifkonformem Verhalten nachkommt. Selbst ein Einwirkungsurteil gegen den Arbeitgeberverband hat für das tarifwidrig handelnde Verbandsmitglied keine Konsequenzen. Zwar könnte die Einwirkungspflicht theoretisch durch Vereinbarungen zwischen den Tarifparteien verstärkt werden (z.B. Vertragsstrafenabrede oder Einschränkung bzw. Wegfall der Friedenspflicht im Fall tarifwidrigen Verhaltens des Verbandsmitglieds.[781] Solche Vereinbarungen sind aber tarifpolitisch praktisch nicht durchsetzbar.[782] Es besteht deshalb ein **Rechtsdurchsetzungsdefizit**, das kaum mit Art. 9 Abs. 3 GG vereinbar sein dürfte.[783]

Immerhin erkennt die jüngere BAG-Rechtsprechung einen Anspruch der tarifschließenden **Gewerkschaft** gegen ein Mitglied des Arbeitgeberverbands **auf Unterlassung tarifwidriger betrieblicher Regelungen und Betriebsvereinbarungen** an (vgl. hierzu Grundl. Rn. 150 und § 4 Rn. 208ff., 223ff.).[784] Zur Durchsetzung der Koalitionsfreiheit (Tarifautonomie) wäre es konsequenter, der Gewerkschaft außerdem einen Anspruch auf **Beseitigung** der Folgen tarifwidriger Abmachungen für die Beschäftigten gegen das Verbandsmitglied (vgl. § 4 Rn. 240), besser noch einen einklagbaren Anspruch auf **Erfüllung** der normativen Regelungen des Verbandstarifvertrags zuzugestehen. **414**

Eine **Arbeitgeber-Spitzenorganisation** kann sich gegenüber der Gewerkschaft verpflichten, auf ihre Mitgliedsverbände auf Landes-, Bezirks- und Fachverbandsebene **einzuwirken**, bestimmte ausformulierte regionale **Lohntarifverträge abzuschließen**.[785] Der **Zulässigkeit der Einwirkungsklage** steht nicht entgegen, dass das Ziel der Einwirkung der Abschluss von Tarifverträgen für einen vergangenen Zeitraum ist. Ein **rückwirkender Tarifvertrag** ist zulässig, wenn die Tarifunterworfenen mit einer entsprechenden Regelung rechnen mussten.[786] Dies ist etwa der Fall, weil in einem Tarifvertrag ausdrücklich geregelt ist, dass die Landes- bzw. Bezirksorganisationen der Tarifvertragsparteien verpflichtet sind, unverzüglich die Lohntarifverträge ihres Gebietes nach Maßgabe dieses Tarifvertrags zu erstellen. Die Tarifunterworfenen müssen auch mit dem verspäteten Vollzug dieser von ihren Verbänden eingegangenen Verpflichtung rechnen.[787] **415**

Anders als bei einem Verbandstarifvertrag (vgl. Rn. 409) ist der Arbeitgeber bei einem **Firmentarifvertrag** (vgl. Rn. 26) als Tarifvertragspartei der Gewerkschaft gegenüber **unmittelbar** zur Einhaltung und Durchführung des abgeschlossenen Tarifvertrags **verpflichtet**. Die Gewerkschaft hat – je nach Fallgestaltung – gegen den Arbeitgeber nicht nur einen **Unterlassungsanspruch**, wenn der Arbeitgeber seine Pflichten aus dem Tarifvertrag verletzt (vgl. § 4 Rn. 223ff.).[788] Hat sich etwa der Arbeitgeber im schuldrechtlichen Teil eines Standort- und Beschäftigungssicherungstarifvertrags zur Vornahme von Investitionen und Schaffung von Arbeitsplätzen in einem neu aufzubauenden Betriebsteil verpflichtet, **416**

781 Vgl. Wallisch, S. 78ff.
782 Vgl. KeZa-Seifert, Rn. 900.
783 Vgl. KeZa-Seifert, Rn. 895.
784 BAG 20.4.99 – 1 ABR 72/98, NZA 99, 887 = AiB 99, 538; a.A. noch BAG 20.8.91 – 1 ABR 85/90, AP Nr. 2 zu § 77 BetrVG 1972 Tarifvorbehalt.
785 BAG 25.1.06 – 4 AZR 552/04, DB 06, 2017.
786 BAG 25.1.06, a.a.O.
787 BAG 25.1.06, a.a.O.
788 Vgl. etwa LAG Niedersachsen 18.5.11 – 17 SaGa 1939/10, AiB 11, 481; zur Zulässigkeit einer Unterlassungsklage aus einer Tarifvereinbarung vgl. auch BAG 26.1.11 – 4 AZR 159/09, NZA 11, 808 und 26.7.12 – 6 AZR 221/11, sowie LAG Köln 18.4.12 – 9 Sa 973/11.

so hat die tarifschließende Gewerkschaft für die Dauer der Laufzeit des Tarifvertrags einen Anspruch auf Unterlassung einer beabsichtigten Übertragung dieses Betriebsteils auf eine neu gegründete Tochtergesellschaft im Wege des § 613a BGB.[789] Der Unterlassungsanspruch kann mit **einstweiliger Verfügung** geltend gemacht werden.[790]
Die Gewerkschaft kann den Arbeitgeber im Wege der Leistungsklage auch auf **Erfüllung** des Tarifvertrages in Anspruch zu nehmen(vgl. auch Rn. 26, 439).[791]

416a Unterlassungs- und Erfüllungsanspruch sind im **Urteilsverfahren** zu entscheiden.[792] Dagegen ist das **Beschlussverfahren** die richtige Verfahrensart, wenn sich die Gewerkschaft gegen tarifwidrige Betriebsvereinbarungen und Regelungsabreden wendet, die dazu bestimmt sind, die durch den Firmentarifvertrag gesetzte Ordnung zu verdrängen (vgl. § 4 Rn. 211 und 238).[793]

416b Nach abzulehnender Ansicht des 4. Senats des BAG soll eine Klage, die darauf gerichtet ist, dem Arbeitgeber zu untersagen, mit den Arbeitnehmern vereinbarte untertarifliche Vertragsbedingungen anzuwenden, nicht hinreichend bestimmt und damit unzulässig sein, wenn die Gewerkschaft die **Namen ihrer Mitglieder nicht benennt** (zur Kritik vgl. § 4 Rn. 230f.).[794] Demgegenüber hat der 1. Senat entschieden, dass namentliche Benennung der Gewerkschaftsmitglieder für die Bestimmtheit und damit Zulässigkeit des Antrags jedenfalls dann entbehrlich ist, wenn der Antrag nicht auf diese eingegrenzt ist.[795]

417 Bedeutungsvoll ist dieser Unterschied in der Rechtsdurchsetzung etwa bei »**Sanierungstarifverträgen**« (vgl. Rn. 343ff.), die in der Praxis mal als **Firmentarifvertrag,** mal als **firmenbezogener Verbandstarifvertrag** (vgl. Rn. 25) abgeschlossen werden. In diesen Tarifverträgen geht der Arbeitgeber regelmäßig **schuldrechtliche Verpflichtungen** ein (z.B. Vornahme von Investitionen; vgl. Rn. 402).[796] Wird der Arbeitgeber vertragsbrüchig (was häufig genug vorkommt), kann die Gewerkschaft im Falle eines Firmentarifvertrags die Einhaltung der eingegangenen Verpflichtung beim Arbeitsgericht **einklagen** (vgl. Rn. 416).[797] Demgegenüber steht der Gewerkschaft bei einem (Flächen-) Verbandstarifvertrag nur die Möglichkeit der Einwirkungs- und Feststellungsklage gegen den Verband (vgl. Rn. 409ff., 413) zu.

---

789 LAG Niedersachsen 18.5.11, a.a.O.

790 LAG Niedersachsen 18.5.11, a.a.O.

791 BAG 14.6.95 – 4 AZR 915/93, NZA 96, 43; Rehse, Der gewerkschaftliche Durchführungsanspruch beim Firmentarifvertrag, Diss. 1982, S. 26ff.; Däubler-Reim/Ahrendt, Rn. 1083.

792 BAG 14.6.95, a.a.O.

793 BAG 17.5.11 – 1 AZR 473/09, NZA 11, 1169.

794 BAG 19.3.03 – 4 AZR 271/02, NZA 03, 1221; ebenso LAG München 6.10.09 – 7 Sa 36/09 für den Fall einer Leistungs- und Feststellungsklage zur Durchsetzung eines Firmentarifvertrages: »*Will eine Gewerkschaft den Arbeitgeber eines mit ihr abgeschlossenen Haustarifvertrages durch Leistungs- oder Feststellungsanträge zur Einhaltung des Tarifvertrages zwingen, muss sie die Gewerkschaftsmitglieder namentlich aufführen, für die sie ihre Ansprüche geltend machen, sonst ist der Antrag unzulässig.*«

795 BAG 17.5.11, a.a.O.

796 Vgl. etwa LAG Niedersachsen 18.5.11 – 17 SaGa 1939/10, AiB 11, 481 zu einem »Standort- und Beschäftigungssicherungsvertrag«, in dem sich der Arbeitgeber zur Vornahme von Investitionen und Schaffung von Arbeitsplätzen verpflichtet hat.

797 Bislang gab es – soweit ersichtlich – noch keinen »praktischen Fall« einer Klage etwa auf Durchführung von tarifvertraglich vereinbarten Investitionen.

Etwas anderes dürfte beim **firmenbezogenen Verbandstarifvertrag** gelten. Er kommt in der Praxis nur zustande, wenn das betroffene Unternehmen zustimmt. Deshalb ist es gerechtfertigt, ihn in Bezug auf die Durchsetzung mit dem Firmentarifvertrag **gleichzustellen** und eine Leistungsklage direkt gegen das Unternehmen auf Erfüllung zuzulassen. Das gilt nach hier vertretener Auffassung nicht nur dann, wenn neben dem Verband auch das betroffene Unternehmen den Tarifvertrag **unterzeichnet** (dann liegt nicht nur ein Verbands-, sondern auch ein – inhaltsgleicher – Firmentarifvertrag vor[798]), sondern auch dann, wenn (nur) der Verband – mit Zustimmung der Unternehmensleitung – den Tarifvertrag unterzeichnet, aber das Unternehmen ausdrücklich oder konkludent **zugestimmt** hat. Soweit ersichtlich, fehlt es hierzu allerdings bislang an einer entsprechenden höchstrichterlichen Klärung. Eine Gewerkschaft ist deshalb mit Blick auf spätere Probleme bei der »Einlösung der Gegenleistung« des Arbeitgebers gut beraten, das Instrument des Firmentarifvertrags zu wählen.

Hat ein Unternehmen einen Firmentarifvertrag abgeschlossen und gründet es einen Be- **418**
trieb oder Betriebsteil als rechtlich selbstständiges, aber beherrschtes und weisungsgebundenes Tochterunternehmen aus, ist das Unternehmen zur **Einwirkung auf das Tochterunternehmen** wegen der Einhaltung des Firmentarifvertrags verpflichtet, wenn die bei dem Tochterunternehmen beschäftigten Arbeitnehmer vom Geltungsbereich des Firmentarifvertrags erfasst werden (vgl. auch § 3 Rn. 110).[799]

Auch in Bezug auf **Tarifverträge mit lediglich schuldrechtlicher Wirkung** (vgl. **419**
Rn. 400ff.) besteht im Fall der Nichteinhaltung der eingegangenen Verpflichtungen durch eine Tarifpartei (Gewerkschaft bzw. Arbeitgeberverband oder einzelner Arbeitgeber) gegen die jeweils andere Tarifpartei nicht nur ein Unterlassungs-, sondern auch einen **Erfüllungsanspruch**, der im Wege der Leistungsklage durchgesetzt werden kann. Ein solcher einklagbarer Anspruch kann gegenüber dem Arbeitgeberverband nur durch Verbandstarifvertrag, gegenüber dem einzelnen Arbeitgeber durch Firmentarifvertrag oder firmenbezogenen Verbandstarifvertrag begründet werden (vgl. Rn. 401).

Der gewerkschaftliche Durchführungsanspruch begründet eine schuldrechtliche Ver- **419a**
pflichtung und unterliegt damit dem allgemeinen **Leistungsstörungsrecht** mit der Konsequenz, dass ein durch einen Firmentarifvertrag verpflichteter Arbeitgeber nach **§ 275 Abs. 1 BGB** von seiner Leistungsverpflichtung frei wird, wenn diese **unmöglich** geworden ist.[800] In dem vom 6. Senat des BAG entschiedenen Fall ging es um die in einem Firmentarifvertrag zum Rationalisierungsschutz enthaltene schuldrechtliche Verpflichtung zur Einrichtung und Besetzung einer Paritätischen Kommission für die Auswahl bei anstehenden Versetzungen. Da sich die personelle Zusammensetzung der Belegschaft seit Abschluss des Tarifvertrages stark verändert hatte, kam das BAG zum Ergebnis, dass der auswahlrelevante Personenkreis nicht mehr existent und damit der **Leistungszweck weggefallen** sei. Die Gewerkschaft hätte sich nach Ansicht des BAG früher gegen den ta-

798 LAG Niedersachsen 18.5.11, a.a.O.
799 BAG 11.9.91 – 4 AZR 71/91, AiB 94, 60 = NZA 92, 321; Däubler-Reim/Ahrendt, Rn. 1089; KeZa-Seifert, Rn. 898; Trittin, AiB 94, 61ff.; einschränkend Wiedemann-Thüsing Rn. 927 m.w.N. zur Gegenauffassung.
800 BAG 26.7.12 – 6 AZR 221/11, AP Nr. 14 zu § 1 TVG Tarifverträge: Telekom.

rifwidrigen Zustand wehren können und müssen, notfalls per einstweiliger Verfügung gegen die betriebliche Umsetzung.[801] Vgl. dazu Rn. 416, 439f.

420 Zu den weiteren Möglichkeiten zur **Durchsetzung abgeschlossener Tarifverträge** vgl. Grundl. Rn. 142ff., § 4 Rn. 206ff. und AKR Rn. 176.

421 Die Durchführungs- und Einwirkungspflicht des Arbeitgeberverbands **endet:**

- mit **Ablauf** des Tarifvertrags (vgl. Rn. 76ff.),
- mit Wirksamwerden des **Austritts** des Arbeitgebers aus dem Arbeitgeberverband (vgl. § 3 Rn. 28ff.) oder Wechsel in den **OT-Status**[802] (vgl. § 3 Rn. 42ff.),
- bei **Betriebsübergang** auf einen nicht tarifgebundenen Erwerber (vgl. § 3 Rn. 105ff.).

10.4 Friedenspflicht

422 Mit dem Abschluss eines Tarifvertrags wird als schuldrechtliche Nebenpflicht der Tarifvertragsparteien die sog. **»relative Friedenspflicht«** begründet. Der Tarifvertrag ist in seinem schuldrechtlichen Teil zugleich ein **Vertrag zugunsten Dritter**. Er schützt die **Mitglieder** der Tarifvertragsparteien davor, hinsichtlich der **tariflich geregelten Materie** mit Arbeitskampfmaßnahmen überzogen zu werden.[803] Die »relative Friedenspflicht« untersagt den Tarifvertragsparteien (genauer: den Gewerkschaften) die **Durchführung von Arbeitskampfmaßnahmen** (genauer: die Durchführung von Streiks), die darauf gerichtet sind, **während der Laufzeit eines Tarifvertrags** seinen Inhalt in Frage zu stellen, den Tarifvertrag vorzeitig zu beenden oder seinen Inhalt zu ändern.[804] Sie bezieht sich nur auf die **tarifvertraglich geregelten Gegenstände**. Ihre sachliche Reichweite ist durch **Auslegung** der tariflichen Regelungen zu ermitteln (vgl. AKR Rn. 86).[805]
Zur Frage, ob der Schutz der »relativen Friedenspflicht« auch für satzungsrechtlich oder tarifrechtlich **»unwirksam tarifflüchtige« Mitglieder** des Arbeitgeberverbands gilt, vgl. AKR Rn. 120ff.
Zur Frage, ob und wie sich **Tarifkonkurrenz** (vgl. § 4 Rn. 60ff.) und **Tarifpluralität** (vgl. § 4 Rn. 82ff.) auf die Friedenspflicht auswirken, vgl. AKR Rn. 114.

---

801 BAG 26.7.12, a.a.O., bei gleichzeitiger Abweisung des hilfsweise gestellten Unterlassungsantrags, weil dieser sich auf abgeschlossene Vorgänge bezog.

802 Insoweit a.A. Däubler-Reim/Ahrendt, Rn. 1092 für den Fall, dass die Verbandsmitgliedschaft – wie beim Stufenmodell (vgl. § 3 Rn. 45) – erhalten bleibt.

803 BAG 8.2.57 – 1 AZR 169/55, AP Nr. 1 zu § 1 TVG Friedenspflicht; 14.11.58 – 1 AZR 247/57, AP Nr. 4 zu § 1 TVG Friedenspflicht; 21.12.82 – 1 AZR 411/80, AP Nr. 76 zu Art. 9 GG Arbeitskampf; 27.6.89 – 1 AZR 404/88, DB 89, 2228; 10.12.02 – 1 AZR 96/02, AuR 04, 149 = NZA 03, 735; 24.4.07 – 1 AZR 252/06, DB 07, 1924 = AiB 07, 732; 19.6.07 – 1 AZR 396/06, NZA 07, 1055; ErfK-Linsenmaier, GG Art. 9 Rn. 124f.; ErfK-Franzen, TVG § 1 Rn. 81ff.; KeZa-Seifert, Rn. 901ff.; Däubler AR Rn. 249ff.; Däubler-Reim/Ahrendt, Rn. 1094ff., Däubler-Reinfelder, AKR, § 15 Rn. 1; Bartz, ZTR 04, 122, 170; Kittner, Arbeitskampf, S. 371.

804 BAG 10.12.02 – 1 AZR 96/02, AuR 04, 149 = NZA 03, 735; 8.2.57 – 1 AZR 169/55, AP Nr. 1 zu § 1 TVG Friedenspflicht; 21.12.82 – 1 AZR 411/80, AP Nr. 76 zu Art. 9 GG Arbeitskampf; 27.6.89 – 1 AZR 404/88, DB 89, 2228; 24.4.07 – 1 AZR 252/06, DB 07, 1924 = AiB 07, 732 m. Anm. Schoof; ErfK-Linsenmaier, GG Art. 9 Rn. 124f. m.w.N.

805 BAG 10.12.02, a.a.O.

Die Friedenspflicht wirkt nur zwischen den tarifvertragsschließenden Parteien und damit **nicht gegenüber einem außenstehenden Dritten**, insbesondere nicht gegenüber einem Kunden des bestreikten Unternehmens (vgl. AKR Rn. 76a, 83).

Die relative Friedenspflicht **verbietet nicht Streiks** für Gegenstände, die **keine tarifvertragliche Regelung** erfahren haben. Das ermöglicht **betriebliche oder überbetriebliche Tarifbewegungen** während der Laufzeit der für den Betrieb geltenden Tarifverträge (zur Geschichte und aktuellen Debatte um eine »**betriebsnahe Tarifpolitik**«[806] vgl. Grundl. Rn. 204). **423**

Es entstehen aber für die handelnde Gewerkschaft **Abgrenzungsprobleme** bzgl. der Frage »was ist bereits geregelt und unterliegt damit der relativen Friedenspflicht; was ist nicht geregelt und kann deshalb zum Gegenstand einer betrieblichen oder verbandstariflichen Tarifbewegung gemacht werden« (vgl. AKR Rn. 86ff.). Das Risiko, sich in späteren arbeitsgerichtlichen Unterlassung- bzw. Schadensersatzverfahren eine negative Gerichtsentscheidung einzuhandeln, ist beträchtlich. Deshalb ist es »gewerkschaftsüblich«, vor Eröffnung einer Tarifbewegung für eine »**neue**« **Tarifforderung** erst nach einem sorgfältigen **Abstimmungsprozess** zur Frage der Erstreikbarkeit »grünes Licht« zu geben.

Die »relative Friedenspflicht« soll die Gewerkschaft auch dazu verpflichten, ihre Mitglieder von rechtswidrigen Streiks **abzuhalten** (zweifelhaft).[807] **424**

Die »relative Friedenspflicht« muss nicht gesondert vereinbart werden. Sie ist dem Tarifvertrag als einer »Friedensordnung« (wohl eher: »Waffenstillstandsordnung«) **immanent.**[808] **425**

Nach früher vertretenen Auffassungen soll sich die relative Friedenspflicht aus seiner Ordnungsfunktion[809] oder dem »Wesen des Tarifvertrags«[810] ergeben oder gewohnheitsrechtlich[811] begründet sein. Neuere Auffassungen stellen auf die **Tradition** des deutschen Tarifrechts ab und den **Willen der vertragsschließenden Tarifparteien** unter Berücksichtigung der jeweiligen Interessenlage.[812] **426**

Die »relative Friedenspflicht« ist ausschließlich ein »**Problem der Gewerkschaften**«, nicht der Arbeitgeber/Arbeitgeberverbände. Eine ggf. gegen die Friedenspflicht verstoßende **(Angriffs-)Aussperrung** mit dem Ziel der Veränderung eines bestehenden Tarifvertrags wäre bereits **aus Paritätsgründen unzulässig** (vgl. AKR Rn. 2, 327, 333). **427**

Möglich, aber unüblich ist die Vereinbarung einer »**absoluten Friedenspflicht**«; d.h. der Pflicht, während einer bestimmten Zeitspanne Arbeitskampfmaßnahmen (genauer: Streiks) zu unterlassen (vgl. AKR Rn. 81).[813] **428**

Die »relative Friedenspflicht« **beginnt** mit der **Unterzeichnung des ausverhandelten Tarifvertrags.** Oft wird zunächst ein **Verhandlungsergebnis** unterzeichnet (vgl. Rn. 15) **429**

---

806 Vgl. Achten, S. 25ff.
807 BAG 8.2.57, a.a.O.; Däubler-Colneric, AKR (2. Aufl.), Rn. 1240; KeZa-Seifert, Rn. 901.
808 BAG 24.4.07 – 1 AZR 252/06, DB 07, 1924 = AiB 07, 732 m. Anm. Schoof; 10.12.02 – 1 AZR 96/02, AuR 04, 149 = NZA 03, 735; Däubler-Reim/Ahrendt, Rn. 1096.
809 BAG 31.10.58 – 1 AZR 632/57, AP Nr. 2 zu § 1 TVG Friedenspflicht.
810 Z.B. Zöllner, ZfA 73, 239; Wiedemann-Thüsing, Rn. 867.
811 Vgl. Gamillscheg, S. 1075.
812 Vgl. KeZa-Seifert, Rn. 903 m.w.N.
813 BAG 10.12.02 – 1 AZR 96/02, AuR 04, 149 = NZA 03, 735; Däubler-Reim/Ahrendt, § 1 Rn. 1124; Däubler-Reinfelder, AKR, § 15 Rn. 2.

und dieses erst zu einem späteren Zeitpunkt »**tarifiert**«. Manchmal kommt es zu Meinungsverschiedenheiten zwischen den Tarifvertragsparteien bei der »Tarifierung« des Verhandlungsergebnisses. In diesem Falle könnte etwa die Gewerkschaft die Tarifauseinandersetzung inkl. Streikaufruf **wieder »aufleben lassen«**. Die Friedenspflicht steht dem jedenfalls nicht entgegen, weil ein Tarifvertrag noch nicht abgeschlossen wurde und deshalb die Friedenspflicht noch nicht beginnen konnte. Etwas anderes gilt, wenn die Tarifparteien im Verhandlungsergebnis ausdrücklich oder konkludent die Unterlassung von Arbeitskampfmaßnahmen bis zur Unterzeichnung des Tarifvertrags vereinbart haben. Zur Frage, ob ein Streik gegen Grundsatz der **Verhältnismäßigkeit** verstoßen würde, vgl. Rn. 435 und AKR Rn. 137ff.

430 Die »relative Friedenspflicht« **endet:**

- mit **Ablauf** des **Tarifvertrags** (vgl. Rn. 76ff.)[814] oder einer **einzelnen Tarifvorschrift**, die mit einer zulässigen **Teilkündigung** beendet worden ist (vgl. hierzu Rn. 87),
- mit Wirksamwerden des **Austritts** des Arbeitgebers aus dem Arbeitgeberverband (vgl. § 3 Rn. 28ff.; AKR 120ff.) oder eines Wechsel in den **OT-Status** (vgl. § 3 Rn. 42ff.; AKR Rn. 125ff.); ggf. aber auch im Falle eines vereinsrechtlich unwirksamen Verbandsaustritts (vgl. AKR Rn. 121),
- bei **Betriebsübergang** auf einen nicht tarifgebundenen Erwerber (vgl. AKR Rn. 132),
- nach hier vertretener Auffassung auch in folgender Fallgestaltung: Ein tarifgebundenes Unternehmen fordert die Gewerkschaft auf, einen **ungekündigten** Verbands- oder Firmentarifvertrag **durch Änderungstarifvertrag** zu Lasten der Arbeitnehmer **zu verschlechtern** (vgl. Rn. 343ff.). Für den Weigerungsfall **droht** das Unternehmen die Stilllegung des Betriebs (und seine »Verlagerung« in Billiglohnländer»), die Umleitung von Investitionen in andere Betriebe des Unternehmens/Konzerns oder sonstige gravierende Nachteile für die Beschäftigten an. Ein solches Vorgehen führt zu einer Verzerrung der Verhandlungs- und Kampfparität (vgl. AKR Rn. 3ff.), wenn man die Gewerkschaft an der Friedenspflicht festhält. Die Gewerkschaft kann deshalb die Belegschaft nach hier vertretener Auffassung ohne Verstoß gegen die Friedenspflicht zu einem **Streik für den Erhalt der bisher geltenden und vom Arbeitgeber in Frage gestellten Tarifregelungen** aufrufen[815] (was natürlich »Widerstands- und Streikbereitschaft« jedenfalls von Teilen der durch die Drohungen des Arbeitgebers oft eingeschüchterten Belegschaft voraussetzt; vgl. auch Rn. 344, 346).

431 Zu **weiteren Einzelheiten** vgl. AKR Rn. 59ff.

10.5 Sonstige Vereinbarungen ohne Tarifvertragscharakter

432 Die Tarifparteien können **Verträge ohne Tarifvertragscharakter** vereinbaren. Hierzu zählt z.B. der tarifliche **Vorvertrag** (vgl. auch Rn. 14).[816] Mit ihm verpflichten sich die Tarifvertragsparteien schuldrechtlich zur tariflichen Normierung bestimmter Vereinbarungen, er ist aber kein Tarifvertrag und begründet keine tariflichen Ansprüche. Um einen

---

814 BAG 14.11.58 – 1 AZR 247/57, AP Nr. 4 zu § 1 TVG Friedenspflicht.

815 So auch Däubler-Hensche/Heuschmid, Rn. 838.

816 BAG 25.8.82 – 4 AZN 305/82, AP Nr. 23 zu § 72a ArbGG 1979 Grundsatz; 26.1.83 – 4 AZR 224/80, AP Nr. 20 zu § 1 TVG.

Vorvertrag handelt es sich, wenn ein **Verhandlungsergebnis** verbindlich festgehalten und dieses Ergebnis von den zuständigen Gremien der Arbeitgeber- und der Gewerkschaftsseite ausdrücklich gebilligt wird.[817]

Vorverträge sind **zulässig**[818] und tarifüblich. Tarifverhandlungen enden meist mit einem schriftlichen Verhandlungsergebnis, das dann zu einem späteren Zeitpunkt »tarifiert« wird (zur Frage, ob in der Zeit zwischen Unterzeichnung des Verhandlungsergebnisses und des Tarifvertrags Friedenspflicht besteht, vgl. Rn. 429).

Das nur für Tarifverträge geltende **Schriftformgebot** des § 1 Abs. 2 TVG findet auf den Vorvertrag keine Anwendung.[819] Dennoch werden Vorverträge in der Tarifpraxis mit dem Ziel, den Willen der Tarifparteien zu dokumentieren, regelmäßig schriftlich fixiert und unterschrieben. Der 4. Senat des BAG hat 2006 erwogen, jedenfalls für Erklärungen, die im Rahmen eines Tarif-Vorvertrages abgegeben werden, aus dem eine Verpflichtung zum Abschluss eines (vollgültigen) Tarifvertrages abgeleitet wird, eine diesem Verbindlichkeitsgrad entsprechende Formenstrenge – also Schriftform – zu verlangen.[820] Entschieden ist diese Frage jedoch bisher höchstrichterlich nicht.

Mangels Tarifvertragseigenschaft erwächst aus einem Vorvertrag **keine relative Friedenspflicht** (vgl. hierzu Rn. 422ff. und AKR Rn. 75), es sei denn, diese ist ausdrücklich oder konkludent vereinbart. **433**

Aus einem Vorvertrag ergibt sich ein **einklagbarer Anspruch**, einen entsprechenden **Tarifvertrag zu unterzeichnen.**[821] Ist die Einigung versehentlich nur teilweise, aber nicht vollständig in einem oder mehreren Tarifverträgen umgesetzt worden, haben beide Parteien einen Anspruch auf tarifvertragliche Ergänzung der Umsetzung.[822] **434**

Unberührt bleibt das Recht der Gewerkschaft, die im Vorvertrag vereinbarten Inhalte ggf. **zu erstreiken**, wenn sich der Arbeitgeber bzw. der Arbeitgeberverband weigert, den Vorvertrag umzusetzen. Der Vorvertrag löst **keine »relative Friedenspflicht«** aus (diese haftet nur am Tarifvertrag als solchen; vgl. Rn. 422; AKR Rn. 75). Auch der **Verhältnismäßigkeitsgrundsatz** (vgl. AKR Rn. 137ff.) steht einem Streik nicht entgegen. Zwar könnte die Gewerkschaft den **Klageweg** beschreiten; sie kann aber angesichts der Zeitdauer eines Rechtsstreits »durch die Instanzen« nicht auf den Klageweg verwiesen werden. Dem steht die durch Art. 9 Abs. 3 GG gewährleistete Tarifautonomie entgegen. **435**

Von einem Vorvertrag zu unterscheiden ist die in der Tarifpraxis übliche Vereinbarung einer **Verhandlungsverpflichtung**. Sie stellen letztlich nicht mehr als Absichtserklärungen dar, deren Nichterfüllung am Ende folgenlos bleibt (es sei denn, sie sind mit Vertragsstrafen bewehrt, was möglich, in der Praxis aber unüblich ist). Verhandlungsverpflichtungen sind auch nicht mit Erfolg einklagbar. Zwar könnte eine verhandlungsunwillig gewordene Tarifpartei zur Aufnahme der Verhandlung zu dem in der Verhandlungsver- **436**

---

817 BAG 5.7.06 – 4 AZR 381/05, AP Nr. 38 zu § 1 TVG.

818 BAG 5.7.06, a.a.O.; KeZa-Zeibig/Zachert, Rn. 978f.; ErfK-Franzen, TVG § 1 Rn. 20, Gamillscheg, S. 515; Däubler-Reim/Nebe, Rn. 16ff.

819 BAG 26.1.83 – 4 AZR 224/80, AP Nr. 20 zu § 1 TVG; 25.8.82 – 4 AZN 305/82, AP Nr. 23 zu § 72a ArbGG 1979 Grundsatz; 19.10.76 – 1 AZR 611/75, AP Nr. 6 zu § 1 TVG Form; zweifelnd BAG 5.7.06 – 4 AZR 381/05, AP Nr. 38 zu § 1 TVG.

820 BAG 5.7.06, a.a.O.

821 BAG 5.7.06, a.a.O.

822 BAG 5.7.06, a.a.O.

pflichtung bezeichneten Gegenstand verurteilt werden. Das war es aber auch schon. Die inhaltliche Ausfüllung der Verpflichtung ist Sache der Tarifparteien und nicht der Gerichte. Eine inhaltliche Überprüfung durch die Gerichte würde zu einer mit Art. 9 Abs. 3 GG nicht vereinbarenden **Inhaltskontrolle** führen. Mit dieser Begründung **lehnt** das **BAG** zu Recht die Existenz eines **allgemeinen Verhandlungsanspruchs** ab.[823] Sie trifft aber auch zu, wenn eine Verhandlungsverpflichtung vereinbart ist. Verweigert eine Tarifpartei ernsthafte Verhandlungen, bleibt der anderen Tarifpartei nur der Weg zu versuchen, ihr Ziel mit dem Mittel des Arbeitskampfes durchzusetzen. Die Vereinbarung einer Verhandlungspflicht löst **keine Friedenspflicht** (vgl. hierzu Rn. 422ff. und AKR Rn. 75) aus, es sei denn, eine solche ist ausdrücklich oder konkludent vereinbart.

Dasselbe muss konsequenterweise – insoweit wohl entgegen der Ansicht des BAG[824] – auch für den Fall gelten, dass eine tarifliche **Regelung zur Anpassung eines Tarifvertrages durch Auslegung als bloße Verhandlungsverpflichtung** zu verstehen ist. Gerade wenn man der Auslegung des BAG[825] in dem entschiedenen Fall folgt, ist die vom BAG vorsichtig (»dürfte«) formulierte Annahme einer Friedenspflicht aus dieser Anpassungsregelung allein mit der Begründung, dass ein »einklagbarer Tarifvertragsverhandlungsanspruch« bestehe, nicht nachvollziehbar. Denn der zugrundeliegende Rechtsstreit zeigt gerade, dass sich die Tarifvertragsparteien hinsichtlich der Wirkung der Anpassungsregelung offenbar nicht einig waren und damit der »Sinn« der Regelung gerade nicht in der (konkludenten) Vereinbarung einer Friedenspflicht gesehen werden kann.[826] In diesem Fall hätte es vielmehr einer ausdrücklichen Vereinbarung der Friedenspflicht bedurft. Denn die eine tarifliche Anpassungsregelung abschließende Gewerkschaft ist genauso wenig wie bei einem Vorvertrag (Rn. 435) »automatisch« auf eine Durchsetzung im Klageweg beschränkt. Dies gilt erst recht, wenn die Anpassungsregelung durch Auslegung nur als einklagbarer Verhandlungsanspruch zu verstehen ist und damit die Anpassung selbst nicht gerichtlich durchsetzbar wäre. Dann bleibt es bei dem Grundsatz, dass die Vereinbarung einer Verhandlungsverpflichtung **keine Friedenspflicht** auslöst.

11. Rechtsstreitigkeiten

437 Gem. § 2 Abs. 1 Nr. 1 ArbGG sind die **Arbeitsgerichte** u.a. zuständig für Rechtsstreitigkeiten:

- zwischen Tarifvertragsparteien aus Tarifverträgen,
- zwischen Tarifvertragsparteien und Dritten aus Tarifverträgen und
- über das Bestehen oder Nichtbestehen von Tarifverträgen.

438 Zu den Rechtsstreitigkeiten »zwischen Tarifvertragsparteien aus Tarifverträgen« gehören in erster Linie solche aus dem schuldrechtlichen Teil eines Tarifvertrags (vgl. Rn. 394ff.)

823 BAG 14.7.81 – 1 AZR 159/78, AP Nr. 1 zu § 1 TVG Verhandlungspflicht.

824 BAG 25.9.13 – 4 AZR 173/12, AP Nr. 26 zu § 1 TVG Tarifverträge: Musiker mit hinsichtlich der Auslegung im Ergebnis zustimmender Anm. Wiedemann, der jedoch das Thema »Friedenspflicht« nicht kommentiert; zustimmend Bauer, ArbR 14, 262.

825 BAG 25.9.13, a.a.O.

826 A. A. und aus arbeitgebernaher Sicht insoweit konsequent Bauer, a.a.O.

auf **Durchführung des Tarifvertrags** oder **Einwirkung auf die Verbandsmitglieder zur Einhaltung des Tarifvertrags** (vgl. Rn. 407ff.).

Die Einwirkungsansprüche bei **Verbandstarifverträgen** (vgl. Rn. 23ff.) können im Wege der **Feststellungs- oder Leistungsklage** (Urteilsverfahren) verfolgt werden (vgl. auch Rn. 411ff.).[827]

439 Im Falle eines **Firmentarifvertrags** können schuldrechtliche Ansprüche etwa der Gewerkschaft gegen den Arbeitgeber auf Vornahme von Investitionen mit der Leistungsklage ebenfalls im Urteilsverfahren geltend gemacht werden (vgl. Rn. 26, 416a). Das Gleiche gilt für die Durchsetzung von normativen Regelungen. Strittig ist allerdings, ob es für die Bestimmtheit und damit Zulässigkeit eine Klage erforderlich ist, dass die Gewerkschaft die bei ihr organisierten Mitglieder namentlich benennt (vgl. Rn. 416a und § 4 Rn. 230f.).

439a Das **Beschlussverfahren** ist die richtige Verfahrensart, wenn sich die Gewerkschaft gegen tarifwidrige Betriebsvereinbarungen und Regelungsabreden wendet, die dazu bestimmt sind, die durch den Firmen- oder Verbandstarifvertrag gesetzte Ordnung zu verdrängen (vgl. Rn. 416a und § 4 Rn. 211 und 238).[828]

440 Zu Rechtsstreitigkeiten wegen **Verletzung der Friedenspflicht** und **Untersagung** von Arbeitskampfmaßnahmen vgl. AKR Rn. 438ff. und 473.

441 Bei den Streitigkeiten über das Bestehen oder Nichtbestehen von Tarifverträgen handelt es sich z.B. um Streitigkeiten über den **wirksamen Abschluss eines Tarifvertrags,** seine **Gültigkeit** oder seine **Beendigung** durch wirksame Kündigung. Dabei kann es auch nur um die Wirksamkeit einer **einzelnen Tarifnorm** oder **schuldrechtlichen Bestimmung** eines Tarifvertrags gehen, aber auch um die **Auslegung** des Tarifvertrags oder einzelner seiner Bestimmungen (vgl. auch § 9 Rn. 2).[829] In derartigen Rechtsstreitigkeiten können regelmäßig **Feststellungsklagen** erhoben werden; das Rechtsschutzbedürfnis ergibt sich bereits aus der Bindungswirkung gem. § 9 TVG (vgl. dazu § 9 Rn. 3).

442 Ist die Geltung eines Tarifvertrags für den Betrieb und damit das Bestehen einer **tariflich begründeten Rechtsposition des Betriebsrats** streitig, kann der Betriebsrat ein arbeitsgerichtliches Beschlussverfahren zur **Feststellung** »eines Rechtsverhältnisses« nach § 256 ZPO einleiten. Es muss sich um ein den Betriebsrat **selbst betreffendes konkretes Rechtsverhältnis** handeln.[830]

Das ist etwa der Fall, wenn zwischen Arbeitgeber und Betriebsrat:

- das Bestehen eines durch einen Beschäftigungssicherungstarifvertrag **begründeten Mitbestimmungsrechts** zur Absenkung der Arbeitszeit (vgl. Rn. 276ff.) oder
- die Geltung einer tariflichen **Vergütungsordnung** (vgl. Rn. 285)

streitig ist.

Das den Betriebsrat selbst betreffendes Rechtsverhältnis muss im Feststellungsantrag **benannt** werden.

443 Nicht jede materiell-rechtlich begründete tarifliche Bindung einer Arbeitgeberin, die für betriebsverfassungsrechtliche Positionen des Betriebsrates Wirkung entfalten kann, ist als

827 BAG 29.4.92 – 4 AZR 432/91, AiB 92, 643.
828 BAG 17.5.11 – 1 AZR 473/09, NZA 11, 1169.
829 BAG 28.9.77 – 4 AZR 446/76, AP Nr. 1 zu § 9 TVG 1969; 7.11.95 – 3 AZR 676/94, DB 96, 2634; 15.10.03 – 7.11.95, EzA § 4 TVG Stahlindustrie Nr. 2.
830 BAG 1.7.09 – 4 ABR 8/08, NZA 10, 120 = AP Nr. 99 zu § 256 ZPO 1977.

ein den Betriebsrat betreffendes Rechtsverhältnis i. S. v. § 256 Abs. 1 ZPO anzusehen. So fehlt etwa einem Antrag des Betriebsrats auf »**Feststellung der Tarifgebundenheit des Arbeitgebers**« das erforderliche Rechtsschutzinteresse.[831] Er ist deshalb unzulässig. In Bezug auf die eigene Rechtsposition des Betriebsrats handelt es sich bei der Tarifgebundenheit der Arbeitgeberin lediglich um eine **Vorfrage**. Durch eine stattgebende Entscheidung würde nicht endgültig geklärt, ob dem Betriebsrat eine betriebsverfassungsrechtliche Rechtsposition tatsächlich zusteht. Allein der Umstand, dass die Tarifgebundenheit des Arbeitgebers für das Verhalten der Beteiligten in zahlreichen verschiedenen Fällen und Fallkonstellationen von Bedeutung sein kann, reicht für das Rechtsschutzinteresse nicht aus.[832] Die abstrakte Beantwortung der Frage liefe auf die Erstellung eines Rechtsgutachtens hinaus. Das ist – mit der gesondert normierten Ausnahme nach § 9 TVG – grundsätzlich nicht die Aufgabe der Gerichte. Diese entscheiden über das Bestehen konkreter Rechtsverhältnisse, Ansprüche und Verpflichtungen.[833]

444 Die Arbeitsgerichte überprüfen Streikforderungen auf ihre **Vereinbarkeit mit bindendem Recht**, führen aber **keine Angemessenheits- oder Zweckmäßigkeitskontrolle** von Tarifforderungen oder Tarifinhalten (»**Tarifzensur**«) durch (vgl. auch Grundl. Rn. 82 und AKR Rn. 159).[834]

445 Zu den weiteren **gerichtlichen und außergerichtlichen Möglichkeiten** der tarifgebundenen Arbeitnehmer, des Betriebsrats oder der Gewerkschaft zur Durchsetzung abgeschlossener Tarifverträge gegen einen »tarifunwilligen« Arbeitgeber vgl. Grundl. Rn. 142 ff.; vgl. auch AKR Rn. 175 ff.

§ 2 Tarifvertragsparteien

(1) Tarifvertragsparteien sind Gewerkschaften, einzelne Arbeitgeber sowie Vereinigungen von Arbeitgebern.

(2) Zusammenschlüsse von Gewerkschaften und von Vereinigungen von Arbeitgebern (Spitzenorganisationen) können im Namen der ihnen angeschlossenen Verbände Tarifverträge abschließen, wenn sie eine entsprechende Vollmacht haben.

(3) Spitzenorganisationen können selbst Parteien eines Tarifvertrages sein, wenn der Abschluss von Tarifverträgen zu ihren satzungsgemäßen Aufgaben gehört.

(4) In den Fällen der Absätze 2 und 3 haften sowohl die Spitzenorganisationen wie die ihnen angeschlossenen Verbände für die Erfüllung der gegenseitigen Verpflichtungen der Tarifvertragsparteien.

Inhaltsübersicht Rn.

831 BAG 1.7.09, a.a.O.
832 BAG 27.1.04 – 1 ABR 5/03, NZA 04, 941; 1.7.09, a.a.O.
833 BAG 3.5.06 – 1 ABR 63/04, AP Nr. 61 zu § 81 BetrVG 1972; 1.7.09, a.a.O.
834 BAG 24.4.07 – 1 AZR 252/06, DB 07, 1924 = AiB 07, 732 m. Anm. Schoof.

1. Vorbemerkungen

§ 2 regelt die Tariffähigkeit durch eine **abschließende Aufzählung** der Organisationen, die zum Abschluss von Tarifverträgen berechtigt sind. 1

Dazu zählen auf **Arbeitnehmerseite:**

- Gewerkschaften (Abs. 1) und
- Spitzenorganisationen von Gewerkschaften (Abs. 3)

und auf **Arbeitgeberseite:**

- einzelne Arbeitgeber (Abs. 1),
- Arbeitgeberverbände (»Vereinigungen von Arbeitgebern«) (Abs. 1) und
- Spitzenorganisationen von Arbeitgeberverbänden (Abs. 3).

Zur Tariffähigkeit von **Handwerksinnungen** vgl. Rn. 88.

Damit ein Zusammenschluss von Arbeitnehmern oder Arbeitgebern als Tarifvertragspartei i. S. d. § 2 Abs. 1 angesehen werden kann, muss er über die Merkmale einer durch Art. 9 Abs. 3 GG geschützten **arbeitsrechtlichen Koalition** hinaus (vgl. Grundl. Rn. 70f.) zusätzliche Voraussetzungen für die Tariffähigkeit erfüllen. 2

Die Voraussetzungen der Tariffähigkeit sind für die Tarifvertragsparteien auf **Arbeitnehmerseite** einerseits (vgl. Rn. 6ff.) und auf **Arbeitgeberseite** andererseits (vgl. Rn. 66ff.) nicht identisch, sondern aufgrund der strukturellen Unterlegenheit der Arbeitnehmerseite **unterschiedlich ausgestaltet** (vgl. dazu Rn. 78).

Der Status der Tariffähigkeit einer Arbeitnehmer- oder Arbeitgeberkoalition wird nicht durch einen staatlichen Anerkennungsakt oder eine arbeitsgerichtliche Entscheidung – als »Erlaubnis« des Tätigwerdens als Tarifvertragspartei – verliehen, sondern ergibt sich aus der **faktischen Erfüllung** ihrer – in erster Linie von der Rechtsprechung entwickelten – Voraussetzungen (vgl. Rn. 12ff.). 3

Da es nicht selten unterschiedliche Meinungen dazu gibt, ob eine Organisation die Voraussetzungen erfüllt oder nicht, entsteht häufig Rechtsunsicherheit über die Tariffähigkeit einer Organisation und damit über die Wirksamkeit von Tarifverträgen (vgl. gleich Rn. 4). Wegen der grundlegenden Bedeutung der Tariffähigkeit haben allerdings der Arbeitgeber, Vereinigungen von Arbeitgebern und Gewerkschaften, die oberste Arbeitsbehörde des Bundes und die obersten Arbeitsbehörden der Länder im Rahmen ihrer Zu- 3a ständigkeiten das Recht, ein **arbeitsgerichtliches Beschlussverfahren** zur **Entscheidung über die Tariffähigkeit einer Arbeitnehmer- oder Arbeitgeberkoalition** einzuleiten (§ 2a Abs. 1 Nr. 4 i.V.m. § 97 Abs. 1 ArbGG; vgl. dazu Rn. 123ff.). Es handelt sich jedoch nicht um eine Art gerichtliches Konzessionierungsverfahren für Tarifvertragsparteien: Durch die in einem solchen Beschlussverfahren ergehende gerichtliche Entscheidung wird die Tariffähigkeit einer Koalition nicht begründet,[1] sondern lediglich festgestellt.

4 Hat eine Koalition, bei der die Voraussetzungen der Tariffähigkeit nicht vorliegen, einen »**Tarifvertrag**« abgeschlossen, ist dieser von Anfang an **nichtig**.[2] Trotz des Abschlusses liegt kein Tarifvertrag mit den entsprechenden Rechtswirkungen vor. Selbst die tatsächliche Anwendung eines nichtigen Tarifvertrags führt auch unter dem Gesichtspunkt der Rechtssicherheit und des Vertrauensschutzes nicht dazu, dass er als (zeitlich befristet) wirksam angesehen werden könnte, denn der gute Glaube an die Tariffähigkeit einer Vereinigung ist nicht geschützt.[3] Aus diesem Grund kommt es auch nicht zur **Nachbindung** gem. § 3 Abs. 3 oder **Nachwirkung** gem. § 4 Abs. 5 des nichtigen Tarifvertrags. Das Fehlen der Tariffähigkeit kann nicht geheilt werden.[4]

4a Bei einem **mehrgliedrigen Tarifvertrag**, der auf Arbeitnehmer- und/oder Arbeitgeberseite von mehreren Tarifvertragsparteien (Tarifgemeinschaft) abgeschlossen wird, kommt es darauf an: Ist er als einheitlicher Tarifvertrag gewollt, führt fehlende Tariffähigkeit einer der beteiligten Organisationen zur Unwirksamkeit des Tarifvertrags mit Wirkung für alle anderen beteiligten Tarifvertragsparteien. Sind jedoch mehrere selbstständige Tarifverträge gewollt (zur Abgrenzung vgl. § 1 Rn. 29), ist nur der von der nicht tariffähigen Vereinigung abgeschlossene Tarifvertrag nichtig.[5] Die Beurteilung, ob mehrere voneinander unabhängige und lediglich äußerlich in einer Urkunde zusammengefasste Tarifverträge vorliegen oder als eine geschlossene Einheit ein einziger, alle Beteiligten gemeinsam bindender einheitlicher Tarifvertrag, hängt vom Willen der Tarifvertragsparteien ab.[6]

4b Die Wirksamkeit eines von einer **Spitzenorganisation** (vgl. Abs. 3) abgeschlossenen Tarifvertrags setzt die Tariffähigkeit der Spitzenorganisation selbst und der in ihr zusammengeschlossenen Koalitionen voraus (vgl. Rn. 60f.). Alternativ kann die Spitzenorganisation auch zum Tarifabschluss bevollmächtigt werden mit der Folge, dass ihre Mitglieder und nicht sie selbst Tarifpartei werden (Rn. 58f.).

4c Die Tariffähigkeit muss immer im **Zeitpunkt des Abschlusses des Tarifvertrags** vorliegen.

5 Die Wirksamkeit eines Tarifvertrags hängt außerdem von der **Tarifzuständigkeit** (vgl. Rn. 104ff.) der am Abschluss beteiligten Tarifvertragsparteien ab. Genau wie bei der Ta-

1 ErfK-Koch, ArbGG § 97 Rn. 3.
2 BAG 15.11.06 – 10 AZR 665/05, NZA 07, 448; 27.11.64 – 1 ABR 13/63, AP Nr. 1 zu § 2 TVG Tarifzuständigkeit; ArbG Osnabrück 15.1.07 – 3 Ca 535/06, AuR 07, 182 – CGZP; Däubler-Peter, Rn. 180; Gamillscheg, S. 526; HWK-Henssler, TVG § 2 Rn. 3; Löwisch/Rieble, Rn. 160; Wiedemann-Oetker, Rn. 15.
3 BAG 15.11.06 – 10 AZR 665/05, NZA 07, 448.
4 Wiedemann-Oetker, Rn. 15; ausführlich zu dieser Problematik Wendeling-Schröder, Kritik der Lehre vom fehlerhaften Tarifvertrag, 2013.
5 BAG 15.11.06 – 10 AZR 665/05, NZA 07, 448; zur Abgrenzung von Einheitstarifvertrag und mehrgliedrigem Tarifvertrag s. auch BAG 29.6.04 – 1 AZR 143/03, AP Nr. 36 zu § 1 TVG.
6 BAG 29.6.04 – 1 AZR 143/03, AP Nr. 36 zu § 1 TVG.

riffähigkeit führt es zur Nichtigkeit eines Tarifvertrags, wenn er durch eine nicht tarifzuständige Tarifvertragspartei abgeschlossen wurde.[7] Damit scheiden auch die Nachbindung gem. § 3 Abs. 3 und die Nachwirkung gem. § 4 Abs. 5 aus (zu den Rechtsfolgen des nachträglichen Wegfalls der Tarifzuständigkeit vgl. § 3 Rn. 87, § 4 Rn. 298). Die Einordnung der Tarifzuständigkeit als Wirksamkeitsvoraussetzung eines Tarifvertrags ergibt sich zwar nicht aus dem Tarifvertragsgesetz, wird aber von den Gerichten seit langem angenommen – nicht zuletzt wegen der Regelung in § 97 ArbGG.

Mit der Tarifzuständigkeit werden die Organisationsbereiche (etwa betrieblich-fachlich als »Gebäudereinigungshandwerk« oder »Einzelhandel«) abgegrenzt, für die die Tarifvertragsparteien den Abschluss von Tarifverträgen anstreben. Die Tarifzuständigkeit wird von den Tarifvertragsparteien im Rahmen ihrer **Satzungsautonomie** (vgl. Rn. 105) selbst festgelegt. Ist der Umfang der in der Satzung einer Tarifvertragspartei festgelegten Tarifzuständigkeit streitig, kann dies – wie bei der Tariffähigkeit – arbeitsgerichtlich überprüft werden (vgl. dazu Rn. 123ff.).

2. Tarifvertragsparteien und Tariffähigkeit

2.1 Gewerkschaften

2.1.1 Gewerkschaftsbegriff

Der allgemeine **Koalitionsbegriff des Art. 9 Abs. 3 GG** (vgl. Grundl. Rn. 70ff.) und der 6
Gewerkschaftsbegriff stimmen nicht vollständig überein.[8] Der Begriff der Gewerkschaft bezeichnet Koalitionen der Arbeitnehmerinnen und Arbeitnehmer, die über Tariffähigkeit verfügen. Dem Koalitionsbegriff können deshalb auch solche Arbeitnehmervereinigungen unterfallen, die nicht tariffähig sind,[9] insbesondere weil sie die Voraussetzungen der sozialen Mächtigkeit (vgl. Rn. 31ff.) nicht erfüllen.

Nach der **Rechtsprechung des BAG** ist eine Gewerkschaft – zusammenfassend – (zu den Einzelheiten vgl. Rn. 12ff.) eine auf freiwilliger Basis errichtete Vereinigung von Arbeitnehmern, die als satzungsgemäße Aufgabe den Zweck der Wahrnehmung und Förderung jedenfalls auch der wirtschaftlichen Interessen ihrer Mitglieder verfolgt, die gegnerfrei, in ihrer Willensbildung strukturell unabhängig von Einflüssen Dritter und auf überbetrieblicher Grundlage organisiert ist und die rechtliche Fähigkeit besitzt, die Arbeitsbedingungen ihrer Mitglieder tarifvertraglich mit normativer Wirkung zu regeln.[10] Die Tariffähigkeit ist damit unerlässliche Voraussetzung der Gewerkschaftseigenschaft, und zwar auch über das TVG hinaus. In diesem Sinn gilt für die gesamte Rechtsordnung ein **einheitlicher Gewerkschaftsbegriff,**[11] der beispielsweise auch für das BetrVG[12] oder das ArbGG[13] zur Anwendung kommt.

7 BAG 15.11.06 – 10 AZR 665/05, NZA 07, 448; ErfK-Franzen, TVG § 2 Rn. 38; Löwisch/Rieble, Rn. 180.
8 ErfK-Linsenmaier, GG Art. 9 Rn. 21ff., 26.
9 BAG 17.2.98 – 1 AZR 364/97, AuR 98, 335; vgl. KeZa-Kempen, Rn. 4.
10 BAG 19.9.06 – 1 ABR 53/05, NZA 07, 518; 28.3.06 – 1 ABR 58/04, NZA 06, 1112.
11 BAG 19.9.06 – 1 ABR 53/05, a. a. O; 15.3.77 – 1 ABR 16/75, DB 77, 772; 23.4.71 – 1 ABR 26/70, DB 71, 1577; DKKW-Berg § 2 Rn. 10a; ErfK-Koch, § 2 BetrVG Rn. 4; Fitting, § 2 Rn. 32; GK-Kraft, § 2 Rn. 34; HSWGN-Rose, § 2 Rn. 107; KeZa-Kempen, Rn. 78; Richardi-Richardi, § 2

Hinweis für den Betriebs- und Personalrat
Die **Wahrnehmung der betriebsverfassungs- oder personalvertretungsrechtlichen Befugnisse** durch die im Betrieb oder in der Dienststelle vertretenen Gewerkschaften[14] ist auf Gewerkschaften im arbeitsrechtlichen Sinn, d.h. auf tariffähige Arbeitnehmerkoalitionen, beschränkt.[15] Auf die Tarifzuständigkeit kommt es hingegen in diesem Zusammenhang nicht an (vgl. Rn. 119).

7 Eine Einschränkung hinsichtlich des Erfordernisses der Tariffähigkeit besteht für reine **Vereinigungen von Beamtinnen und Beamten** im **Personalvertretungsrecht.**[16] Auf die Tariffähigkeit (im Sinne einer rechtlichen Befugnis zum Abschluss von Tarifverträgen) von Vereinigungen von Beamten kann es für den personalvertretungsrechtlichen Gewerkschaftsbegriff nicht ankommen, weil die Arbeitsbedingungen von Beamten (vgl. dazu Grundl. Rn. 93) durch Gesetz oder aufgrund eines Gesetzes und nicht durch Tarifvertrag geregelt werden.[17] Dennoch müssen auch derartige Verbände bestimmte Mindestvoraussetzungen der Durchsetzungs- und Leistungsfähigkeit erfüllen.[18]

8 Grund für die zusätzlichen Voraussetzungen der Tariffähigkeit ist, dass mit dieser das Recht verbunden ist, das Arbeits- und Wirtschaftsleben durch Vereinbarungen mit dem sozialen Gegenspieler autonom zu gestalten. Aus dieser Gestaltung ergeben sich Rechtsfolgen für Dritte, insbesondere für die tarifgebundenen Personen, für die Tarifverträge unmittelbar und unabdingbar wie Rechtsnormen gelten, aber auch für Betriebsräte, deren Mitbestimmung beim Bestehen von Tarifverträgen eingeschränkt ist (§ 77 Abs. 3, § 87 Abs. 1 Eingangssatz BetrVG). Diese Regelungen sind Ausdruck der verfassungsrechtlichen **Richtigkeitsvermutung** für Tarifverträge, die auch darin Ausdruck findet, dass Formularverträge bei Verweis auf »Tarifverträge« nur eingeschränkt kontrolliert werden (§ 310 Abs. 4 Satz 3 BGB),[19] staatliche Arbeitnehmerschutzgesetze nicht selten tarifdispositiv sind und Tarifverträge für allgemeinverbindlich erklärt werden können.[20]

9 Die Anforderungen, die zur Erlangung der Tariffähigkeit zu erfüllen sind, können der **Gesetzgeber und die Rspr.**[21] im Rahmen ihrer Befugnis, das Tarifvertragssystem auszuge-

---

Rn. 50f.; a.A. ErfK-Franzen, TVG § 2 Rn. 16; GK-Franzen, § 2 Rn. 33ff.; Wiedemann-Oetker, Rn. 216ff.; differenzierend Dütz, DB 96, 2385.

12 BAG 19.9.06 – 1 ABR 53/05, a.a.O.; DKKW-Berg, § 2 Rn. 10.

13 Fitting, § 2 Rn. 32.

14 Zu den Einzelheiten vgl. DKKW-Berg, § 2 Rn. 27ff.; Altvater u.a., § 2 Rn. 20ff.

15 BAG 19.9.06 – 1 ABR 53/05, NZA 07, 518.

16 BVerwG 25.7.06 – 6 P 17/05, PersR 06, 512 = NZA 06, 1371; BVerfG 31.7.07 – 2 BvR 1831/06, 2 BvR 1832/06, 2 BvR 1833/06, 2 BvR 1834/06, ZTR 07, 636; BAG 19.9.06 – 1 ABR 53/05, a.a.O.; a.A. für reine Beamtenverbände wohl KeZa-Kempen, Rn. 25; weitergehend Fitting, § 2 Rn. 32; GK-Franzen, Rn. 35: Einschränkung auch für die privatisierten Nachfolgeunternehmen von Bahn und Post, die weiterhin Beamte beschäftigen.

17 BVerwG 25.7.06 – 6 P 17/05, a.a.O.; BAG 19.9.06 – 1 ABR 53/05, a.a.O.

18 Genauer Richardi-Richardi, § 2, Rn. 60.

19 BVerfG 19.10.66 – 1 BvL 24/65, AP Nr. 24 zu § 2 TVG = BVerfGE 20, 312 (zur Tariffähigkeit der Innungen und Innungsverbänden).

20 So im Grundsatz auch BAG 28.3.06 – 1 ABR 58/04, NZA 06, 1112, 1116; vgl. KeZa-Kempen, Rn. 36f.

21 BVerfG 20.10.81 – 1 BvR 404/78, AP Nr. 31 zu § 2 TVG = NJW 82, 815; Greiner, NZA 12, 529, 534.

stalten, näher bestimmen.[22] Dabei sind sie jedoch nicht frei, sondern an den in Art. 9 Abs. 3 GG verfassungsrechtlich garantierten Zweck der Tarifautonomie gebunden und dem Erhalt ihrer Funktionsfähigkeit verpflichtet. Die für die Verleihung der Tariffähigkeit wesentlichen Koalitionsmerkmale bzw. die Versagung der Tariffähigkeit für eine Koalition müssen sich aus Zweck und Funktion der Tarifautonomie ableiten lassen.

Die Aufgabe einer Gewerkschaft als Tarifvertragspartei, den Ausgleich der strukturellen Unterlegenheit der Arbeitnehmer beim Abschluss von Arbeitsverträgen, also ein möglichst **gleichgewichtiges (und insofern marktrichtiges) Aushandeln der Entgelt- und Arbeitsbedingungen** in eigener Verantwortung und ohne staatliche Einflussnahme zu gewährleisten (zu den Einzelheiten vgl. Grundl. Rn. 27ff.), kann deshalb nur einer entsprechend handlungsfähigen Arbeitnehmerkoalition überantwortet werden. 10

Da es sich insofern um Funktionsvoraussetzungen der Tarifautonomie handelt, ist es verfassungsrechtlich geboten, dass Arbeitnehmerkoalitionen für die Anerkennung von Tariffähigkeit über eine ausreichende **Mächtigkeit** und **Durchsetzungsfähigkeit gegenüber dem sozialen Gegenspieler** sowie über **Leistungsfähigkeit** zur Gewährleistung der Durchsetzung abgeschlossener Verträge verfügen (zu den Einzelheiten und aktuellen Diskussionen vgl. Rn. 31ff.).[23] Das Erfordernis der sozialen Mächtigkeit ist deshalb verfassungsrechtlich nicht als Eingriff in die Tarifautonomie rechtfertigungsbedürftig;[24] Verbände ohne soziale Macht können die strukturelle Unterlegenheit der Beschäftigten nicht kompensieren und unterfallen insofern nicht dem Schutzbereich.[25] Selbstverständlich dürfen die Anforderungen nicht so hoch sein, dass es zu einer Aushöhlung der freien Koalitionsbildung kommt.[26] 11

Ähnliche Erfordernisse ergeben sich auch aus **unions- und völkerrechtlichen Vorgaben** (vgl. Grundl. Rn. 96ff.).[27]

2.1.2 Voraussetzungen der Tariffähigkeit

Über die **Grundsätze der Tariffähigkeit einer Arbeitnehmerkoalition** besteht in Rechtsprechung und Literatur zwar weitgehend Einigkeit. So muss eine Arbeitnehmervereinigung zunächst die Voraussetzungen einer »Koalition« i.S.d. Art. 9 Abs. 3 GG erfüllen (Verbandszweck, freiwilliger Zusammenschluss, dauerhafte Organisation, demokratische Binnenstruktur und Gegnerfreiheit). Darüber hinaus muss sie als zusätzliche Voraussetzung der Tariffähigkeit »sozial mächtig« sein, was bedeutet, dass sie sowohl durchset- 12

22 Däubler-Däubler, Einl. Rn. 125ff.; Schmidt, FS Richardi, S. 765. Eine Regelung durch Verordnung i.S.d. § 11 TVG ist nicht möglich.

23 Vgl. zum Meinungsstand eingehend Däubler-Däubler, Einl. Rn. 96; Däubler-Peter, Rn. 10ff.; KeZa-Kempen, Rn. 13ff.; Wank/Schmidt, RdA 08, 257.

24 Vgl. insbes. die neueren Zweifel gegen einen angeblichen »Schutzwall zugunsten etablierter Gewerkschaften«: JKO-Oetker, § 2 Rn. 96; vgl. etwa Bayreuther BB 05, 2633; Franzen, RdA 01, 1; Hümmerich/Holthausen, NZA 06, 1077; Rieble, RdA 08, 35; vgl. auch Wiedemann-Oetker, Rn. 399ff.; Gamillscheg, S. 433ff.; kritisch KeZa-Kempen, Rn. 38ff.

25 Ulber, RdA 11, 353, 353.

26 BVerfG 20.10.81, 1 BvR 404/78; 31.7.07, 2 BvR 1831/06.

27 BAG 28.3.06 – 1 ABR 58/04, NZA 06, 1112, 1117.

zungs- als auch leistungsfähig sein muss.[28] Die von der Rechtsprechung entwickelten Kriterien der »**Mächtigkeit**« und »**Durchsetzungsfähigkeit**« sind durch den Staatsvertrag mit der DDR über die Währungs-, Wirtschafts- und Sozialunion ausdrücklich durch den **Gesetzgeber** bestätigt worden.[29] Die Einzelheiten der Auslegung und Anwendung sind allerdings nach wie vor umstritten.

a) Verbandszweck

13 Um eine Koalition zu sein, muss die Organisation sich zunächst als satzungsgemäße Aufgabe die **Wahrnehmung der Interessen ihrer Mitglieder in deren Eigenschaft als Arbeitnehmerinnen und Arbeitnehmer** zum Ziel gesetzt haben.[30] Organisationen mit anderer Zielstellung, wie etwa Verbraucherverbände oder Konsumgenossenschaften werden nicht erfasst.[31]

b) Tarifwilligkeit

14 Voraussetzung der Tariffähigkeit ist weiterhin, dass die Arbeitnehmerkoalition tarifwillig ist.[32] Dafür reicht es grundsätzlich aus, dass – wie es in der Regel der Fall ist – der Abschluss von Tarifverträgen in der **Gewerkschaftssatzung** als Verbandszweck festgeschrieben ist. Die Tarifwilligkeit kann sich jedoch auch bereits aus dem **tatsächlichen Verhalten der Koalition** (ernsthaftes Bemühen um den Abschluss von Tarifverträgen, Abschluss von Tarifverträgen) ergeben, muss also nicht als solche in der Satzung verankert sein.[33] Bei Vorliegen einer entsprechenden Tarifpraxis dürfte sich die Tarifwilligkeit allerdings meist im Wege der Auslegung auch aus der Satzung ergeben.[34]

15 Zur Tarifwilligkeit gehört nach umstrittener Auffassung, dass die Organisation das geltende **Tarifrecht** als für sich **verbindlich anerkennt**.[35] Das Verlangen solcher allgemeiner Bekenntnisse lässt sich aus Art. 9 Abs. 3 GG nicht ableiten und wird im Übrigen von natürlichen und juristischen Personen im Zivil- und Gesellschaftsrecht auch nicht verlangt. Es ergibt sich aber praktisch ohnehin aus der Tarifwilligkeit, kann also kein davon unabhängiges eigenständiges Kriterium darstellen.

---

28 Vgl. zusammenfassend BAG 19.9.06 – 1 ABR 53/05, NZA 07, 518; 28.3.06 – 1 ABR 58/04, NZA 06, 1112; 14.12.04 – 1 ABR 51/03, DB 05, 1117; 6.6.00 – 1 ABR 10/99, NZA 01, 160, 162; zur neueren Rechtsprechung des insoweit zuständigen 1. Senats des BAG vgl. auch Linsenmaier, JArbR 44, 2007, S. 111ff.

29 BAG 6.6.00 – 1 ABR 21/99, NZA 01, 156.

30 BAG 28.3.06 – 1 ABR 58/04, NZA 06, 1112, 1114.

31 Däubler-Peter, Rn. 9.

32 BAG 28.3.06 – 1 ABR 58/04, NZA 06, 1112; 10.11.93 – 4 AZR 375/92, DB 94, 2638; 25.11.86 – 1 ABR 22/85, AP Nr. 36 zu § 2 TVG = NZA 87, 492.

33 Däubler-Peter, Rn. 45ff., 108; KeZa-Kempen, Rn. 17; a.A. BAG 25.11.86 – 1 ABR 22/85, a.a.O.; Löwisch/Rieble, Rn. 150ff.; Wiedemann-Oetker, Rn. 366; ErfK-Franzen, TVG § 2 Rn. 8.

34 Däubler-Peter, Rn. 47; Wiedemann-Oetker, Rn. 368.

35 BAG 28.3.06 – 1 ABR 58/04, NZA 06, 1112; 25.11.86 – 1 ABR 22/85, NZA 87, 492, im Anschluss an BVerfG 18.11.54 – 1 BvR 629/52, AP Nr. 1 zu Art. 9 GG; 6.5.64 – 1 BvR 79/62, AP Nr. 15 zu § 2 TVG; ErfK-Franzen, TVG § 2 Rn. 10; a.A. Däubler-Peter, Rn. 50; KeZa-Kempen, Rn. 72ff.

c) Freiwilliger Zusammenschluss

Zur Erfüllung des Koalitionsbegriffs muss schließlich der Zusammenschluss der Arbeitnehmer/innen auf freiwilliger Basis erfolgt sein.[36] **Zwangssyndikate** oder **öffentlich-rechtlich organisierte berufsständische Vereinigungen** erfüllen diese Voraussetzungen nicht.[37] Somit sind z.B. die im Land Bremen (Arbeitnehmerkammer) und im Saarland (Arbeitskammer) als öffentlich-rechtliche Zwangsverbände konstituierten **Arbeitnehmerkammern** keine Koalitionen im Sinne von Art. 9 Abs. 3 GG (und damit auch keine Gewerkschaften).[38] 16

Auch die **Belegschaft eines Betriebs** und der **Betriebsrat**[39] sind deshalb keine Arbeitnehmerkoalitionen. Der Betriebsrat hat nach dem Willen des Gesetzgebers als Organ der Betriebsverfassung eine von der Gewerkschaft abgegrenzte Aufgabenstellung und darf vor allem nicht als »beitragslose Ersatzgewerkschaft mit Zwangsmitgliedschaft« eine betriebliche Konkurrenzorganisation zur Gewerkschaft bilden und etwa Betriebsvereinbarungen als »Ersatz-Tarifverträge« abschließen (vgl. § 77 Abs. 3 BetrVG, zu den Einzelheiten § 4 Rn. 170ff.)[40]. Entsprechendes gilt für den **Personalrat**. 17

d) Dauerhafte Organisation

Die Arbeitnehmerkoalition muss auf Dauer angelegt sein.[41] Die Funktion von Tarifverträgen macht es zwingend erforderlich, dass der Bestand der Tarifvertragsparteien gesichert und vom Ein- und Austritt ihrer Mitglieder weitgehend unabhängig ist. Dies setzt allerdings keine körperschaftliche Struktur der Arbeitnehmerkoalition im engen Sinn voraus.[42] Es reicht aus, wenn Verbände wie die DGB-Gewerkschaften als **nichtrechtsfähige Vereine** organisiert sind.[43] 18

So genannte **Ad-hoc-Zusammenschlüsse** auf betrieblicher oder überbetrieblicher Ebene (z.B. aus Anlass betrieblicher Missstände oder von Betriebsschließungen im Zusammenhang mit spontanen Arbeitsniederlegungen) sind daher keine Gewerkschaften. Die einzelnen Mitglieder des Zusammenschlusses können sich jedoch für ihre Aktivität grundsätzlich auf den Schutz des Art. 9 Abs. 3 GG berufen[44] (vgl. auch AKR Rn. 201ff.). 19

Um ausreichend leistungsfähig zu sein, muss auch die **Entscheidungsstruktur** gewährleisten, dass getroffene Beschlüsse und tarifpolitische Entscheidungen durchgehalten werden können; das LAG Berlin-Brandenburg war sogar der Meinung, dass eine basisdemokratische Struktur, in der jederzeit einzelne Mitglieder ein Veto einlegen könnten, diese Stabilität und Durchhaltefähigkeit nicht verbürgen könne.[45] 19a

---

36 BAG 28.3.06 – 1 ABR 58/04, a.a.O.
37 BVerfG 19.10.66 – 1 BvL 24/65, AP Nr. 24 zu § 2 TVG.
38 Däubler-Däubler, Einleitung Rn. 87.
39 LAG Rheinland-Pfalz 25.9.07 – 3 Sa 306/07.
40 DKKW-Berg, § 77 Rn. 62ff.
41 Däubler-Peter, Rn. 11; KeZa-Kempen, Rn. 30.
42 Löwisch/Rieble, Rn. 31.
43 Zu den Einzelheiten vgl. Däubler-Peter, Rn. 11ff.
44 Däubler, AR 1, Rn. 122 m.w.N.; Zachert, AuR 01, 401, 403f.; Löwisch/Rieble, Rn. 50.
45 LAG Berlin-Brandenburg 16.2.10 – 19 SaGa 2480/09, AuR 11, 180 (Boykottaufruf der FAU); vgl. dazu auch Rn. 35a.

e) Demokratische Binnenstruktur

20 Die Funktion der Tarifautonomie im Allgemeinen und die Legitimation der mit der Tariffähigkeit verbundenen Normsetzungsbefugnis im Besonderen setzen **eine innere Ordnung und Willensbildung** der Arbeitnehmerkoalition voraus, die **demokratischen Prinzipien** entspricht.[46]

f) Gegnerfreiheit, Unabhängigkeit

21 Die Gewerkschaftseigenschaft setzt ferner voraus, dass die Arbeitnehmervereinigung gegnerfrei und unabhängig ist.[47] **Gegnerfreiheit** bedeutet, dass der Vereinigung grundsätzlich nur Arbeitnehmerinnen und Arbeitnehmer[48] angehören dürfen.

22 Allerdings sind die Rechte aus Art. 9 Abs. 3 GG nicht auf Arbeitnehmerinnen und Arbeitnehmer im Sinne des allgemeinen Arbeitnehmerbegriffs beschränkt; vielmehr gelten die Rechte der Koalitionsfreiheit für alle Personen, die auf dem Arbeitsmarkt Funktionen abhängig Beschäftigter erfüllen. Unschädlich für die Gegnerfreiheit ist deshalb die Mitgliedschaft **arbeitnehmerähnlicher Personen** (vgl. § 12a Rn. 6ff.) und sonstiger Personen, die aufgrund ihrer persönlichen und wirtschaftlichen Abhängigkeit arbeitsrechtlich schutzbedürftig sind. Dazu gehören »**neue Selbstständige**«, besonders in Form einer »Ein-Personen-Firma« oder »Ich-AG«. **Scheinselbstständige** sind arbeitsrechtlich ohnehin als Arbeitnehmer zu behandeln. Unproblematisch für die Tariffähigkeit ist ebenfalls die Mitgliedschaft von **Beamten, Erwerbslosen, Rentnern** bzw. **Pensionären** und **Studierenden**.[49] (Eine andere Frage ist es allerdings, ob für alle diese Personengruppen auch Tarifverträge mit normativ wirkenden Regelungen abgeschlossen werden können, dazu § 1 Rn. 109ff.; § 12a Rn. 1a, 7f.).

23 Das Erfordernis der **Unabhängigkeit** ist nicht formal, sondern im materiellen Sinne zu verstehen; es verlangt, dass die Koalition über ihre eigene Organisation und ihre Willensbildung selbst entscheidet.[50] Entscheidungen und Handeln der Gewerkschaft dürfen nicht tatsächlich oder rechtlich vom Willen und Einfluss des sozialen Gegenspielers abhängig sein.[51] Damit werden insbesondere sog. wirtschaftsfriedliche Werkvereine bzw. **»gelbe Gewerkschaften«** aus dem Anwendungsbereich des Art. 9 Abs. 3 GG ausgeschlossen. In neuerer Zeit gibt es verstärkt Versuche von Arbeitgebern, durch die verdeckte Gründung und Förderung von Arbeitnehmervereinigungen, die von ihnen abhängig sind, eine ausschließlich den Beschäftigten verpflichtete gewerkschaftliche und betriebliche Interessen-

---

46 Wie hier im Ergebnis Däubler-Däubler, Einl. Rn. 92; ErfK-Franzen, TVG § 2 Rn. 16; KeZa-Kempen, Grundlagen Rn. 67ff.; Wiedemann-Oetker, Rn. 341ff.; deutliche Zweifel am Stellenwert dieses Erfordernisses und Verzicht auf konkrete Prüfung der entsprechenden Verhältnisse bei der CGM aber durch BAG 28.3.06 – 1 ABR 58/04, NZA 06, 1112, 1117f.

47 BAG 28.3.06 – 1 ABR 58/04, NZA 06, 1112, 1114 (CGM); 14.12.04 – 1 ABR 51/03, BB 05, 1054 – UFO –.

48 Zum Arbeitnehmerbegriff vgl. Kittner/Zwanziger/Deinert-Deinert, § 3 Rn. 1ff.

49 Zu den Einzelheiten vgl. Däubler-Peter, Rn. 38ff.

50 Vgl. BVerfG 20.10.81 – 1 BvR 404/78, BVerfGE 58, 233, 247; BAG 17.2.98 – 1 AZR 364/97, AuR 98, 335 – VGB – ist nicht tariffähig: BAG 19.9.06 – 1 ABR 53/05, NZA 07, 518.

51 BAG 19.1.62 – 1 ABR 14/60, AP Nr. 13 zu § 2 TVG.

vertretung zu verhindern oder zu erschweren.[52] Diese Organisationen sind i. d. R. nicht tariffähig.

Gegnerfreiheit und Unabhängigkeit sind schon dann beeinträchtigt, wenn eine Organisation **von der Arbeitgeberseite finanziert** und/oder **logistisch unterstützt wird.** Denn dann kann die Willensbildung auf Arbeitnehmerseite etwa durch eine Androhung der Beendigung der logistischen Unterstützung oder der Kürzung der finanziellen Zuwendungen beeinflusst werden.[53] Der sog. »Gewerkschaft der Neuen Brief- und Zustelldienste (GNBZ)« bei der PIN AG, die sich nach ihrer Satzung ausdrücklich dem wesentlichen Ziel verpflichtet sieht, am Wohl der privaten Brief- und Zeitungszustellungsunternehmen mitzuwirken und von der Arbeitgeberseite finanziell und logistisch unterstützt wird, wurde deshalb zu Recht auch aus diesem Grund die Gewerkschaftseigenschaft abgesprochen.[54] Das Gleiche gilt für die arbeitgeberfinanzierte sog. »Arbeitsgemeinschaft unabhängiger Betriebsangehöriger« (AUB) bei Siemens und bei Aldi Nord.[55] Insofern ist es immer problematisch, wenn sich eine Organisation im Wesentlichen nicht aus den Beiträgen ihrer Mitglieder finanziert.[56]

Eine Abhängigkeit von einem Arbeitgeber kann auch dadurch entstehen, dass eine Gewerkschaft ihre **Zuständigkeit auf den Betrieb** oder die Betriebe eines einzigen Arbeitgebers beschränkt oder im Wesentlichen nur dort Mitglieder hat (zum Erfordernis der Überbetrieblichkeit vgl. Rn. 36).[57]

Auch die **Mitgliedschaft von Arbeitgebern** in großem Umfang ist mit der Gegnerfreiheit 24
nicht vereinbar. Es ist allerdings unschädlich, wenn **vereinzelt** Arbeitgeber, arbeitgeberähnliche oder arbeitgebernahe Personen, wie z. B. Arbeitsdirektoren oder leitende Angestellte, Mitglied einer Gewerkschaft sind.[58] Insbesondere kann sich die Funktion von Beschäftigten im Lauf ihres Erwerbslebens ändern.

Die Gewerkschaft muss ebenfalls unabhängig sein vom **Staat** sowie von anderen **ge-** 25
sellschaftlichen Gruppen, wie **Parteien** und **Kirchen**. Die Unabhängigkeit ist aber erst gefährdet, wenn die Organisation ihren Willen nicht mehr **unabhängig von wirtschaft-**

---

52 Vgl. dazu, insbes. auch zur historischen Entwicklung, Unterhinninghofen, GS Zachert, S. 676.

53 BAG 14. 12. 04 – 1 ABR 51/03, BB 05, 1054 – UFO –; LAG Köln 20. 5. 09 – 9 TaBV 105/08, AuR 09, 316 – GNBZ – rkr.; vgl. auch die Schilderung aktueller Fallbeispiele bei Kittner, GS Zachert, S. 595.

54 LAG Köln 20. 5. 09 – 9 TaBV 105/08, AuR 09, 316 (die beim BAG eingelegten Rechtsbeschwerden wurden zurückgenommen); vgl. dazu Röhm/Voigt, S. 29ff. Zu den Verwaltungsstreitverfahren um die Allgemeinverbindlicherklärung des Postmindestlohns nach AEntG vgl. unten § 5 Rn. 73, 75).

55 Vgl. dazu IG Metall, AUB; zur Strafbarkeit der Arbeitgeberfinanzierung der AUB vgl. BGH 13. 9. 10 – 1 StR 220/09, BGHSt 55, 288 (vgl. auch Fischer, AuR 10, 4). http://de.wikipedia.org/wiki/Gewerkschaft_der_Neuen_Brief-_und_Zustelldienste-cite_ref-14

56 BAG 14. 12. 04 – 1 ABR 51/03, BB 05, 1054; BAG 5. 10. 10 – 1 ABR 88/09, NZA 11, 300.

57 Schaub-Koch, § 187 Rn. 15; offen gelassen bei BAG 14. 12. 04 – 1 ABR 51/03, BB 05, 1054 (UFO); LAG Rheinland-Pfalz 22. 6. 04 – 11 Sa 2096/03, AP Nr. 169 zu Art. 9 GG Arbeitskampf: Verneinung der Unabhängigkeit der GdF unter diesem Gesichtspunkt im einstweiligen Verfügungsverfahren, mit krit. Anm. Däubler; anders LAG Rheinland-Pfalz 14. 6. 07 – 11 Sa 208/07, AuR 07, 319 im Hauptsacheverfahren.

58 BAG 16. 11. 82 – 1 ABR 22/78, AP Nr. 32 zu § 2 TVG; a. a. zur Tariffähigkeit insoweit LAG Düsseldorf 23. 12. 77 – 4 Ta BV 65/74, AuR 78, 381.

licher und personeller Einflussnahme Dritter autonom und auf demokratischer Grundlage bilden kann.[59]

Auch eine Gewerkschaft darf sich aber für Programme oder Forderungen politischer Parteien aussprechen, die ihrer Zielsetzung entsprechen.[60]

25a Wenn eine Arbeitnehmervereinigung vom Aufbau einer eigenen Organisation fast völlig absieht und sich im Wesentlichen der **Einrichtungen und des Personals einer anderen Arbeitnehmervereinigung** bedient, handelt es sich möglicherweise ebenfalls nicht um eine eigenständige Koalition. Dies stellt vor allem ein Problem der Leistungsfähigkeit und weniger ein Problem der Unabhängigkeit dar (dazu auch Rn. 35). In einem solchen Fall muss durch besondere Vorkehrungen sichergestellt sein, dass die Arbeitnehmervereinigung nicht zum »verlängerten Arm« derjenigen Vereinigung wird, deren Organisation sie sich bedient. Daran scheiterte die Anerkennung der Tariffähigkeit der GKH genauso wie des BiGD; beide waren wesentlich von der CGM initiiert und getragen.[61]

g) Arbeitskampfbereitschaft und -fähigkeit

26 Die Tariffähigkeit setzt nach umstrittener, aber zutreffender Ansicht auch die **Bereitschaft zum Arbeitskampf** voraus.[62] Nur wenn auf Seiten der Arbeitnehmervereinigung die Bereitschaft zum Arbeitskampf und die Fähigkeit, diesen auch zu führen, vorhanden sind, kann die Bildung von Gegenmacht auf Arbeitnehmerseite gelingen und das Ziel erreicht werden, der Arbeitgeberseite Zugeständnisse abzuringen.

27 Das BAG[63] geht allerdings im Anschluss an die sog. Hausgehilfinnen-Entscheidung des BVerfG[64] davon aus, dass für die Tariffähigkeit einer Arbeitnehmervereinigung lediglich zu verlangen sei, dass der jeweilige Verein »*die tarifrechtlichen Aufgaben einer Koalition sinnvoll, d.h. durch einen im Rahmen der Rechtsordnung sich haltenden wirkungsvollen Druck und Gegendruck erfüllen*« könne.[65]

Die nähere Analyse der **BVerfG-Entscheidung** zum »**Berufsverband katholischer Hausgehilfinnen**«[66] zeigt jedoch, dass es dem BVerfG nicht so sehr darum gegangen war, ver-

59 Däubler-Peter, Rn. 36.

60 ErfK-Franzen, TVG § 2 Rn. 6; JKO-Oetker, § 2 Rn. 72.

61 BAG 5.10.10 – 1 ABR 88/09, NZA 11, 300 zur GKH (Gewerkschaft für Kunststoffgewerbe und Holzverarbeitung im Christlichen Gewerkschaftsbund), bei der in zentralen Angelegenheiten enge personelle Verflechtungen mit der CGM bestanden; ähnlich ArbG Duisburg 22.8.12 – 4 Bv 29/12, für den »BiGD« (Beschäftigtenverband Industrie-Gewerbe, Dienstleistung), der ebenfalls nur einen »verlängerten Arm« der CGM darstellt.

62 Däubler, TVR, S. 72; ders., AR 1, Rn. 124; Däubler-Peter, Rn. 26ff.; DKKW-Berg, § 2 Rn. 14ff.; KeZa-Kempen, Rn. 50ff.; Richardi-Richardi, § 2 Rn. 55; Schaub-Koch, § 187 Rn. 20; Stein, Rn. 47; a.A. ErfK-Franzen, TVG § 2 Rn. 29; HWK-Henssler, TVG § 2 Rn. 17; MünchArbR-Rieble/Klumpp, § 164 Rn. 23; Wiedemann-Oetker, Rn. 379; wie hier auch das BAG in seinen früheren Entscheidungen zum Gewerkschaftsbegriff, vgl. BAG 6.7.56 – 1 AZB 18/55, AP Nr. 11 zu § 11 ArbGG 1953; 19.1.62 – 1 ABR 14/60, AP Nr. 13 zu § 2 TVG mit umfassenden Nachweisen auf die damalige h.M. in der Literatur.

63 BAG 9.7.68 – 1 ABR 2/67, AP Nr. 25 zu § 2 TVG.

64 BVerfG 6.5.64 – 1 BvR 79/62, AP Nr. 15 zu § 2 TVG.

65 BAG 9.7.68 – 1 ABR 2/67, AP Nr. 25 zu § 2 TVG.

66 BVerfG 6.5.64 – 1 BvR 79/62, AP Nr. 15 zu § 2 TVG.

allgemeinerbare Kriterien für den Gewerkschaftsbegriff zu gewinnen. Vielmehr stand im Vordergrund, der Tarifautonomie auch für solche besonderen Bereiche des Arbeitslebens zur Wirksamkeit zu verhelfen, wo die üblichen Mechanismen des Arbeitskampfs aufgrund struktureller Merkmale unwirksam bleiben müssen[67]: »wenigstens für die Berufe des Haushalts« werde das sinnvolle Funktionieren der Tarifautonomie nicht dadurch in Frage gestellt, dass die Koalitionen tariffähig sind, obgleich sie den Arbeitskampf ablehnen. Ein genereller Verzicht auf das Merkmal der Arbeitskampfbereitschaft lässt sich daraus nicht entnehmen.[68]

Der Verzicht auf das Merkmal der Arbeitskampfbereitschaft ist im Übrigen nicht kompatibel mit der Arbeitskampfrechtsprechung des BAG;[69] dort wird der **Arbeitskampf als Institution** für die Tarifautonomie vorausgesetzt, weil ohne ihn weder das Zustandekommen noch die inhaltliche Sachgerechtigkeit tariflicher Regelungen gewährleistet wären und »*ohne das Druckmittel des Streiks die Tarifautonomie nicht wirksam werden*« könne: »*Tarifverhandlungen ohne das Recht zum Streik*« wären »*nicht mehr als* ›kollektives Betteln‹«. Tarifverträge ohne Streikrecht beruhten »*nur auf dem* einseitigen Willensentschluss einer Seite« und »*böten daher* nicht die Gewähr eines sachgerechten Ausgleichs *der beiderseitigen Interessen*«.[70] Wenn es richtig ist, dass der Arbeitskampf unerlässliche Voraussetzung einer funktionsfähigen Tarifautonomie ist, dann überzeugt es nicht, dass die ernsthafte Bereitschaft einer Arbeitnehmerkoalition, notfalls einen Streik zur Durchsetzung ihrer sozialpolitischen Ziele zu führen, für deren Tariffähigkeit verzichtbar sein soll. 28

Allerdings sind – wie im Fall der Hausarbeiter/innen – ausnahmsweise durchaus Konstellationen denkbar, in denen eine Organisation ausreichende Durchsetzungsmacht entwickeln kann, ohne auf das rechtlich unerlässliche Instrument des Arbeitskampfs zurückgreifen zu müssen.[71] Entscheidend ist letztlich die Leistungsfähigkeit und Durchsetzungsfähigkeit einer Organisation (vgl. dazu unten zur »sozialen Mächtigkeit«, Rn. 37 ff.). Allerdings bedarf es angesichts der Erkenntnisse zur tatsächlichen Unerlässlichkeit des Druckmittels »Streik« dann konkreter Annahmen und Aussagen dazu, **wie die Arbeitskampfbereitschaft im konkreten Fall »substituiert« werden kann**. 29

Im Fall der Hausgehilfinnen war das BVerfG damals noch der Auffassung gewesen, dass hier ein »*generelles Misstrauen*«, die Arbeitgeber könnten »*nicht von sich aus die* ***Einsicht*** *und den* ***guten Willen*** *[aufbringen], um freiwillig eine die Befriedung in sich schließende Regelung der Arbeitsbedingungen auszuhandeln*« unbegründet sei. Angesichts der festgestellten und vermuteten Arbeitsrechtsverstöße und Arbeitsbedingungen im Haushalt[72]

67 Ähnlich Richardi-Richardi, § 2 Rn. 55; ders., RdA 07, 117, 120. Zu den arbeitsrechtlichen Problemen der Hausangestellten vgl. Kocher, Hausarbeit als Erwerbsarbeit: Der Rechtsrahmen in Deutschland. Voraussetzungen einer Ratifikation der ILO-Domestic Workers Convention durch die Bundesrepublik Deutschland, 2012 <http://www.boeckler.de/pdf_fof/S-2012-524-31.pdf> (29.8.12)).

68 Ebenso KeZa-Kempen, Rn. 51; Richardi, RdA 07, 117, 120.

69 Vgl. BAG (GS) 28.1.55 – GS 1/54, 21.4.71 – GS 1/68, AP Nrn. 1, 43 zu Art. 9 GG Arbeitskampf; BAG 10.6.80 – 1 AZR 822/79, AP Nr. 64 zu Art. 9 GG Arbeitskampf.

70 BAG 10.6.80 – 1 AZR 822/79, a.a.O.

71 Vgl. z.B. BAG 25.11.86 – 1 ABR 22/85, 16.1.90 – 1 ABR 93/88, 6.6.00 – 1 ABR 10/99, AP Nrn. 36, 38, 55 zu § 2 TVG, wo nur auf die Durchsetzungskraft und Leistungsfähigkeit der Organisation und nicht auf die Arbeitskampfbereitschaft abgestellt wird.

72 Vgl. Kocher, Hausarbeit als Erwerbsarbeit.

muss dem aus heutiger Sicht widersprochen werden: Auch für die Berufe des Haushalts ist ein solches Misstrauen gut begründet.

In einer ganz anderen Problemlage, für den »Verband der oberen Angestellten der Eisen- und Stahlindustrie«, hat das BAG angedeutet, dass es für die Durchsetzungsfähigkeit ausreichen könne, wenn mit **argumentativen Möglichkeiten** auf die Gegenseite Druck ausgeübt werden könnte.[73] Auch dies begegnet jedoch Zweifeln, soweit hier Tarifauseinandersetzungen als intellektuelle Auseinandersetzung missverstanden werden und der dabei auszugleichende Interessengegensatz negiert werden soll.[74]

30 Das **BAG** hat in späteren Entscheidungen[75] die Tariffähigkeit von Arbeitnehmervereinigungen zu Recht auch unter dem Gesichtspunkt der ernsthaften Bereitschaft und Fähigkeit zur Führung eines Arbeitskampfes wieder geprüft. Jedenfalls stellt die Arbeitskampffähigkeit in dieser Rechtsprechung ein **hinreichendes Kriterium der Durchsetzungsfähigkeit** dar. Tatsächlich darf die gerichtliche Prüfung der Tariffähigkeit über dieses Erfordernis nicht hinweggehen.[76] Ohne Bereitschaft und Fähigkeit zum Arbeitskampf ist eine Arbeitnehmerkoalition im Normalfall nicht in der Lage, den erforderlichen Druck auf die Arbeitgeberseite zu entfalten, um einen Tarifabschluss zu erreichen; die Bereitschaft und Fähigkeit zum Arbeitskampf indiziert i.d.R. allein die Mächtigkeit (vgl. dazu Rn. 17) einer Arbeitnehmerkoalition.[77] Die Gründe, weshalb eine Organisation auf den Arbeitskampf verzichtet, können dafür keine Rolle spielen; selbst wenn der Verzicht auf Arbeitskampfmittel legitim sein sollte, weil er »aus dem ethischen Wesen eines Berufsstandes« folgt oder weil das Streikrecht aus rechtlichen Gründen ausgeschlossen ist:[78] Für die Frage der Tariffähigkeit kann es nur **objektiv** darauf ankommen, ob die Organisation über Mittel der Druckausübung verfügt, um auf gleicher Ebene mit der Arbeitgeberseite verhandeln zu können.

30a Fehlt es an der Bereitschaft und Fähigkeit zum Arbeitskampf, so kommt die Zuerkennung der Tariffähigkeit allenfalls dann in Frage, wenn besondere Verhältnisse dem Führen eines Arbeitskampfes entgegenstehen oder einen Verzicht auf diese Form der Druckausübung sachlich rechtfertigen.[79]

Im Fall des »Verbands der oberen Angestellten der Eisen- und Stahlindustrie« hat das BAG insofern angenommen, die koordinierte aktive individuelle Mitarbeit zahlreicher Mitglieder, die einen ständigen (wenn auch nur argumentativen) Konflikt zwischen Unternehmen und ihren Führungskräften hervorrufen könnten, könne einen Druck ausüben, dem sich der Arbeitgeberverband der Eisen- und Stahlindustrie auf Dauer nicht werde entziehen können.[80] Bereits das Beispiel dieses Verbandes, dem es über Jahre nicht gelang, sich

73 BAG 16.11.82 – 1 ABR 22/78, AP Nr. 32 zu § 2 TVG; a.A. zur Tariffähigkeit insoweit LAG Düsseldorf 23.12.77 – 4 Ta BV 65/74, AuR 78, 381.

74 Vgl. genauer Kocher, FS Kempen, S. 165ff.

75 Z.B. BAG 14.12.04 – 1 ABR 51/03, BB 05, 1054, 1058 – UFO.

76 So aber die Rechtsprechungstendenzen im Zuge der CGM-Entscheidung, vgl. BAG 28.3.06 – 1 ABR 58/04, NZA 06, 1112 (CGM).

77 JKO-Oetker, § 2 Rn. 87; Wendeling-Schröder, FS Richardi, S. 801, 814.

78 BAG 16.11.82 – 1 ABR 22/78, AP Nr. 32 zu § 2 TVG; a. a. zur Tariffähigkeit insoweit LAG Düsseldorf 23.12.77 – 4 Ta BV 65/74, AuR 78, 381; zu dieser Auseinandersetzung vgl. auch Kocher, FS Kempen, S. 165ff.

79 Vgl. dazu auch Richardi, RdA 07, 117, 120.

80 BAG 16.11.82 – 1 ABR 22/78, AP Nr. 32 zu § 2 TVG; a. a. zur Tariffähigkeit insoweit LAG Düsseldorf 23.12.77 – 4 Ta BV 65/74, AuR 78, 381.

gegen einen widerstrebenden Arbeitgeberverband irgendwie durchzusetzen, zeigt aber, dass eine Tarifauseinandersetzung **nicht als intellektuelle Auseinandersetzung missverstanden** werden sollte.[81] Bisher hat es noch keinen Fall gegeben, in dem ohne Arbeitskampffähigkeit überzeugend dargelegt werden konnte, dass die Organisation zur Ausübung von Druck auch in einem Interessengegensatz mit der Arbeitgeberseite in der Lage war.

h) »Soziale Mächtigkeit«

Um die Funktionsvoraussetzungen der Tarifautonomie zu gewährleisten (vgl. Rn. 10), muss eine Gewerkschaft im Rechtssinn so **mächtig, also durchsetzungs- und leistungsfähig** sein, dass sie auf die Gegenseite einen fühlbaren Druck ausüben und ihn veranlassen kann, auf die tariflichen Forderungen einzugehen und zum Abschluss eines Tarifvertrags zu kommen.[82] Mächtig in diesem Sinn ist eine Koalition nur, wenn sie **Autorität** gegenüber ihrem sozialen Gegenspieler und gegenüber ihren Mitgliedern besitzt. Nach hier vertretener Auffassung setzt dies in der Regel die Bereitschaft und Fähigkeit zum Arbeitskampf voraus (vgl. dazu eingehend Rn. 26ff.). Leistungsfähigkeit wiederum setzt voraus, dass die Organisation von ihrem **organisatorischen Aufbau** her in der Lage ist, die ihr gestellten Aufgaben zu erfüllen (dazu Rn. 35ff.). 31

Tariffähigkeit erfordert damit einen ausreichend hohen **Organisationsgrad** (repräsentative Mindestzahl an Mitgliedern)[83], angemessene **finanzielle Mittel** und einen **leistungsfähigen organisatorischen Apparat.**

Das Vorliegen dieser Voraussetzungen ist für die von der jeweiligen Gewerkschaft beanspruchten Tarif- bzw. Organisationszuständigkeiten (vgl. Rn. 104ff.) **einheitlich festzustellen.** Eine partielle oder relative, etwa auf bestimmte Regionen, Berufskreise oder Branchen **beschränkte Tariffähigkeit** ist abzulehnen, da diese bezüglich der damit verbundenen einzelfallbezogenen Beurteilung der Wirksamkeit abgeschlossener Tarifverträge zu einer die Funktionsfähigkeit der Tarifautonomie gefährdenden Rechtsunsicherheit führen würde.[84] 32

---

81 Genauer Kocher, FS Kempen, S. 165ff.

82 BAG 28.3.06 – 1 ABR 58/04, NZA 06, 1112, 1115ff; 5.10.10 – 1 ABR 88/09, NZA 11, 300 (»Eine tariffähige Arbeitnehmervereinigung muss sozial mächtig und von ihrem organisatorischen Aufbau her in der Lage sein, die ihr gestellten Aufgaben einer Tarifvertragspartei zu erfüllen.«); 15.3.77 – 1 ABR 16/75, AP Nr. 24 zu Art. 9 GG; 14.3.78 – 1 ABR 2/76, AP Nr. 30 zu § 2 TVG, bestätigt durch BVerfG 20.10.81 – 1 BvR 404/78, AP Nr. 31 zu § 2 TVG; wie hier Däubler-Peter, Rn. 10; ErfK-Franzen, TVG § 2 Rn. 12; KeZa-Kempen, Rn. 34ff.; Löwisch/Rieble, Rn. 120; kritisch Wiedemann-Oetker, Rn. 383ff.; JKO-Oetker, § 2 Rn. 96; Henssler/Heiden, Anm. zu BAG 28.3.06 – 1 ABR 58/04, AP Nr. 4 zu § 2 TVG Tariffähigkeit.

83 BAG 5.10.10 – 1 ABR 88/09, NZA 11, 300: »Für die einzelfallbezogene Beurteilung der Mächtigkeit und Leistungsfähigkeit einer Arbeitnehmervereinigung kommt der Mitgliederzahl eine entscheidende Bedeutung zu.«; LAG Berlin-Brandenburg 16.2.10 – 19 SaGa 2480/09.

84 BAG 28.3.06 – 1 ABR 58/04, NZA 06, 1112, 1118; ArbG Frankfurt 4.10.05 – 12 BV 550/05; Däubler-Peter, Rn. 10a; ErfK-Franzen, TVG § 2 Rn. 13; JKO-Oetker, § 2 Rn. 95; KeZa-Kempen, Rn. 42; Kocher, DB 05, 2816, 2818ff.; a.A. Bayreuther, BB 05, 2633, 2637f.; Rieble, FS Wiedemann, S. 519, 526ff. (vgl. aber dort 532 f: gegen eine Relativierung der Tariffähigkeit in Hinblick auf den Gegner oder die Verbandskonkurrenz); Löwisch/Rieble, Rn. 19ff.

Dabei muss die Tariffähigkeit für einen **nicht unbedeutenden Teil** des beanspruchten Zuständigkeitsbereichs vorliegen. Die Durchsetzungsfähigkeit in einem **kleinen, unbedeutenden Teil** eines räumlich und fachlich sehr weiten Zuständigkeitsbereichs begründet keine Tariffähigkeit.[85]

33 Umstritten und sehr problematisch ist die Frage, ob und inwieweit es ein Indiz für soziale Mächtigkeit sein kann, wenn eine Organisation **in der Vergangenheit Tarifverträge** abgeschlossen hat. Dabei ist es schon problematisch, allein aus dem Abschluss von Tarifverträgen auf das Vorliegen der Tariffähigkeit zu schließen; hier droht ein Zirkelschluss: Der wirksame Tarifabschluss ist schließlich Folge des Vorliegens der Tariffähigkeit und kann deshalb nicht gleichzeitig ihre Voraussetzung sein.[86] Allerdings: Wenn eine Organisation bereits Tarifauseinandersetzungen geführt und daraufhin Tarifverträge abgeschlossen hat, erlaubt ihr **damaliges Konfliktverhalten** Rückschlüsse auf die Durchsetzungs- und Leistungsfähigkeit.[87]

34 Das BAG hat dem entgegen unter Vernachlässigung der Erfordernisse der Organisationsstärke und Leistungsfähigkeit angenommen – insbesondere in seiner Entscheidung zur Tariffähigkeit der CGM[88] –, dass schon der Abschluss von sog. **Anschlusstarifverträgen** (i.d.R. die wort- und inhaltsgleiche Übernahme von bereits abgeschlossenen Tarifverträgen anderer Gewerkschaften) ein Indiz für die erforderliche Durchsetzungskraft sein könne, wenn dies in nennenswertem Umfang stattgefunden habe.[89] Es verzichtet dabei sogar auf eine Prüfung der näheren Umstände des Zustandekommens und des Inhalts der Tarifverträge. In einer neueren Entscheidung relativiert das BAG diese Aussage allerdings: Beteilige sich eine noch junge Arbeitnehmerkoalition im zeitlichen Zusammenhang mit ihrer Gründung am Aushandeln von Tarifverträgen, so könne allein die Anzahl der von ihr abgeschlossenen Tarifverträge ihre Tariffähigkeit nicht belegen; es bedürfe weiterer Angaben zur Zahl ihrer Mitglieder und organisatorischen Leistungsfähigkeit. Das BAG hebt hier nun mit Recht hervor, dass die Tariffähigkeit durch den Abschluss von Tarifverträgen nicht entsteht, sondern durch diese regelmäßig nur belegt wird.[90] Dies gilt allerdings nicht nur für neu gegründete Koalitionen,[91] sondern auch für bereits etablierte Organisationen. Letztlich entscheidend sind der Organisationsgrad und damit die Mitgliederzahl.[92]

---

85 BAG 28.3.06 – 1 ABR 58/04, NZA 06, 1112, 1118, das sich in diesem Zusammenhang wegen des mit der Versagung der Tariffähigkeit erheblichen Eingriffs in die Koalitionsfreiheit allerdings für eine »großzügige Betrachtung« ausspricht; dazu Deinert, AuR 04, 212, 213f.

86 Däubler-Peter, Rn. 24; ErfK-Franzen, TVG § 2 Rn. 12: »Zirkelschluss«; Kocher, AuR 05, 337; Löwisch/Rieble, Rn. 46.

87 So auch Schrader, NZA 01, 1343; vgl. auch Löwisch/Rieble, Rn 151: »Tarifwilligkeit« muss gelebt werden.

88 BAG 28.3.06 – 1 ABR 58/04, NZA 06, 1112, 1120f; bereits früher 25.11.86 – 1 ABR 22/85, 16.1.90 – 1 ABR 93/88, 1 ABR 10/89, AP Nrn. 36, 38, 39 zu § 2 TVG betreffend die – im Ergebnis allerdings verneinte – Gewerkschaftseigenschaft von CGBCE bzw. CGHB.

89 Krit. Kocher, AuR 05, 337; Unterhinninghofen, AuR 06, 7, 8ff.; Zachert, AuR 86, 321ff.

90 BAG 5.10.10 – 1 ABR 88/09, NZA 11, 300, 301.

91 So aber wohl Greiner, NZA 11, 825, 828.

92 BAG 5.10.10 – 1 ABR 88/09, NZA 11, 300: »Für die einzelfallbezogene Beurteilung der Mächtigkeit und Leistungsfähigkeit einer Arbeitnehmervereinigung kommt der Mitgliederzahl eine entscheidende Bedeutung zu.«; LAG Berlin-Brandenburg 16.2.10 – 19 SaGa 2480/09.

In seinem CGM-Urteil wollte das BAG bisher abgeschlossene Tarifverträge nur dann nicht als Indiz der Tariffähigkeit sehen, wenn **Schein-, Gefälligkeits- und von der Arbeitgeberseite diktierte Tarifverträge** ihrer Anzahl nach einen wesentlichen Teil der insgesamt abgeschlossenen Tarifverträge darstellten.[93] Tatsächlich kann der Abschluss von Tarifverträgen dann kein ausreichendes Indiz für Durchsetzungsfähigkeit sein, wenn die Arbeitnehmervereinigung von der Arbeitgeberseite nicht ernst genommen wird, der Anschlusstarifvertrag in Wirklichkeit also nur ein Schein- oder Gefälligkeitstarifvertrag ist.[94] Letzteres ist der Fall, wenn mit dem Tarifvertragsabschluss neben der Regelung der Arbeitsbedingungen koalitionspolitische Zwecke verfolgt werden, der AG(Verband) also z.B. eine bestimmte Arbeitnehmervereinigung »ins Spiel bringen« will, um einen ihm genehmen »pflegeleichten« Partner für künftige Verhandlungen zu bekommen. Ein **Mangel der Ernsthaftigkeit** liegt auch vor, wenn ohne substanzielle Verhandlungen der Arbeitnehmervereinigung nur der Nachweis der Tariffähigkeit erleichtert werden soll.[95] Indiz hierfür ist es auch, wenn ein besonders krasses **Missverhältnis zwischen den vereinbarten Leistungen** vorliegt.[96] 34a

Anders als das BAG es andeutet, ist hier jedoch nicht nur eine Missbrauchskontrolle vorzunehmen; die Umstände, unter denen eine Koalition bereits Tarifverträge abgeschlossen hat, sind grundsätzlich immer ein wichtiges Kriterium für die Bewertung der Tariffähigkeit und zur Einschätzung, inwieweit frühere Tarifverträge hier als Indiz gelten können. Die Arbeitsgerichte sind insofern nicht zu einer nachträglichen Inhaltskontrolle aufgerufen, sondern haben allein auf die **Umstände des damaligen Abschlusses** abzustellen:[97] Wer hat die Arbeitnehmerkoalition über die Verhandlungen unterrichtet? Sind eigene Vorstellungen entwickelt und in die Verhandlungen eingebracht worden? Welchen Zweck haben die Arbeitgeber mit dem Tarifabschluss verfolgt?[98] Maßgeblich ist, ob sich aus den Umständen eigenständiges Gestalten der »Gewerkschaft« entnehmen lässt. Hinweise auf einen Mangel an Ernsthaftigkeit von Tarifvertragsverhandlungen liegen z.B. vor, wenn die Vereinigung im Entstehungsprozess eines Tarifvertrags nicht in formaler und inhaltlicher Weise einbezogen war (z.B. durch Unterrichtung über den jeweiligen Verhandlungsstand nach Art, Umfang und Zeitpunkt; Entwicklung eigener Vorstellungen über den Inhalt der abzuschließenden Tarifverträge und deren Verhandlung mit der Arbeitgeberseite).

Tarifvertragsverhandlungen, die ausreichende Indizien für soziale Mächtigkeit enthalten, müssen zeigen können, dass die Arbeitnehmervereinigung von ihrem sozialen Gegenspieler ernst genommen wurde, »so dass die Arbeitsbedingungen nicht einseitig von der Arbeitgeberseite festgelegt, sondern tatsächlich ausgehandelt« wurden (vgl. schon Rn. 30a). Ob eine solche Situation vorliegt oder nicht, lässt sich tatsächlich nur in Konstellationen überprüfen, in denen die Arbeitnehmervereinigung **Forderungen** aufgestellt hat, **die denen der Arbeitgeberseite entgegenstehen**.[99] 34b

93 Was das BAG im Hinblick auf die Tarifpraxis der CGM verneint: 28.3.06 – 1 ABR 58/04, NZA 06, 1112, 1121f.
94 BAG 10.9.85 – 1 ABR 32/83, 25.11.86 – 1 ABR 22/85, AP Nrn. 34, 36 zu § 2 TVG.
95 Dazu BAG 10.9.85 – 1 ABR 32/83, a.a.O.; BAG 25.11.86 – 1 ABR 22/85, a.a.O.
96 BAG 28.3.06 – 1 ABR 58/04, NZA 06, 1112, 1119.
97 Ausführlich Kocher, DB 05, 2816.
98 Vgl. auch Däubler-Peter, Rn 21ff.
99 Kocher, AuR 05, 336, 337.

Hierfür reichen **Billigtarifverträge** durch **nicht repräsentative Splitterorganisationen** auf Initiative und auf Grundlage inhaltlicher Vorgaben der Arbeitgeberseite nicht aus; diese dienen i.d.R. dem Zweck, bestehende, von repräsentativen Gewerkschaften geschlossene Tarifverträge zu unterlaufen oder deren angestrebten Abschluss zu be- bzw. verhindern (vgl. dazu Rn. 23, 40ff., § 4 Rn. 52, 84). Dies ist jedenfalls dann anzunehmen, wenn etwa in einem Tarifvertrag unter **Ausnutzung einer gesetzlichen Tariföffnungsklausel** gesetzliche Mindestbedingungen ohne Kompensation unterschritten werden (zur entsprechenden Tarifpraxis der **CGZP** vgl. Rn. 41); Tarifverträge unter Ausschöpfung des tarifdispositiven Bereichs sind insofern als Indiz für Tariffähigkeit grundsätzlich nicht geeignet.[100]

i) Leistungsfähigkeit und Ausstattung

35 Bei der Leistungsfähigkeit geht es um die organisatorischen Kapazitäten, um einen Tarifvertrag vorzubereiten, der Mitgliedschaft zu vermitteln und nach dem Abschluss auch tatsächlich durchzuführen.[101] Es handelt sich um ein komplexes Kriterium, das die nötige **Kommunikation mit den Mitgliedern**, **Autorität** der Organisation im Verhältnis zu Wirtschaft, Gesellschaft und Gegnern, inhaltliche Kompetenz bei der Tarifvertragsgestaltung und finanzielle Leistungsfähigkeit erfasst.[102]

Eine wichtige Rolle spielt die **infrastrukturelle Ausstattung** der Organisation.[103] Die minimal erforderliche infrastrukturelle Ausstattung fehlte zum Beispiel beim Deutschen Arbeitnehmer-Verband[104], der bei bundesweiter Zuständigkeit nur drei hauptamtliche politische Sekretäre beschäftigte. I.d.R. sollte auch eine ausreichende Anzahl von **hauptberuflichen Gewerkschaftssekretären** beschäftigt werden.[105] Was hier als ausreichend anzusehen ist, hängt von den Erfordernissen des Organisations- und Zuständigkeitsbereichs ab. Ist z.B. der Zuständigkeitsbereich räumlich oder auf eine Berufsgruppe eng beschränkt, so kann ein kleiner organisatorischer Apparat ausreichend leistungsfähig sein.[106] Fehlt es an hauptamtlichen Mitarbeitern, so muss jedenfalls auf andere Art und Weise gewährleistet sein, »*dass die Arbeitnehmervereinigung über loyale Mitarbeiter verfügt, die ihr und ihren Mitgliedern im Konfliktfall verpflichtet sind und nicht dem bestimmenden Einfluss Dritter unterliegen*«.[107] – und diese müssen auch über die erforderlichen Ressourcen und Kenntnisse verfügen, um die Vorbereitung, Durchführung und Nachbereitung von Tarifverhandlungen zu organisieren. Bei **monatlichen Einnahmen aus Mitgliedsbeiträgen** in Höhe von insgesamt 600 Euro ist dies nicht anzunehmen.[108]

---

100 Offen gelassen bei BAG 14.12.10 – 1 ABR 19/10, NZA 11, 289 (CGZP).
101 BAG 6.6.00 – 1 ABR 10/99, NZA 01, 160 (BTÜ).
102 Genauer Kempen, FS 50 Jahre BAG, 2004, S. 749; vgl. auch BAG 16.11.82, AP Nr. 32 zu § 2 TVG zur finanziellen Leistungsfähigkeit als Indiz der Tariffähigkeit.
103 Kocher, DB 05, 2816.
104 BAG 14.3.78 – 1 ABR 2/76, AP Nr. 30 zu § 2 TVG; vgl. auch Däubler-Peter, Rn 16a.
105 Vgl. z.B. LAG Düsseldorf 20.9.88 – 3 TaBV 41/83, BetrR 89, 137ff.; BAG 16.1.90 – 1 ABR 10/89, AP Nr. 39 zu § 2 TVG.
106 BAG 14.12.04 – 1 ABR 51/03, BB 05, 1054, 1059 – UFO.
107 BAG 5.10.10 – 1 ABR 88/09, NZA 11, 300.
108 Aus diesem Grund lehnte das ArbG Duisburg 22.8.12 – 4 Bv 29/12, die Tariffähigkeit der BiGD ab.

Zur Leistungsfähigkeit gehört eine Organisation, die gewährleisten kann, dass die Gewerkschaft auch gegen den Willen einiger weniger Mitglieder in einer tarifpolitisch schwierigen Situation ihre **Forderungen aufrechterhalten bzw. durchhalten** kann (vgl. Rn. 19 und 35a zu syndikalistischen Organisationen).[109] 35a

Ein zweiter wichtiger Aspekt der Leistungsfähigkeit ist **Repräsentativität in der Breite** (unabhängig vom Organisationsgrad). Die inhaltliche Leistungsfähigkeit einer Organisation wird umso größer sein, je stärker sich in der Struktur der Mitgliedschaft die Struktur der Arbeitnehmerschaft widerspiegelt, für die Regelungen abgeschlossen werden. Je größer der Bereich ist, den die Organisation »virtuell« repräsentiert, desto größer ist die Richtigkeitschance gerade in Hinblick auf Minderheiten[110] – bei schmalen Teilbereichsorganisationen kann das ein Problem sein. 35b

j) Überbetrieblichkeit

Zum Teil wird auch vertreten, eine Gewerkschaft müsse notwendig auf **überbetrieblicher Grundlage** organisiert sein.[111] Daran ist richtig, dass eine auf ein **einzelnes privatwirtschaftliches Unternehmen** beschränkte »Betriebsgewerkschaft« die Erfordernisse der Durchsetzungsfähigkeit und Gegnerunabhängigkeit i.d.R. nicht ausreichend erfüllen kann, da ihre Existenz unmittelbar von der wirtschaftlichen Entwicklung und dem Bestand des Unternehmens abhängig ist (vgl. dazu auch Rn. 23). 36

Dies bedeutet aber auf der anderen Seite auch, dass eine überbetriebliche Organisation nicht erforderlich ist, wenn die Organisation ansonsten unabhängig sowie durchsetzungs- und leistungsfähig ist. Auch Verbände, die nach **syndikalistischen Prinzipien** organisiert sind, so dass die Verhandlungen durch Betriebsgruppen geführt werden und die Vereinigung selbst das Tarifgeschehen nur mit einem Veto blockieren kann, können entgegen der Meinung des LAG Berlin-Brandenburg tariffähig sein (zur Organisation im Übrigen vgl. Rn. 19a und 35a).[112] Für Gewerkschaften in Großunternehmen ist die Tariffähigkeit ohnehin nie wegen fehlender Überbetrieblichkeit in Zweifel gezogen worden.[113]

---

109 A. A. LAG Berlin-Brandenburg 16.2.10 – 19 SaGa 2480/09, AuR 11, 180 (Boykottaufruf der FAU); vgl. dazu auch Rn. 19a und 36.

110 Zum Begriff und Problem der »virtual representation« vor allem Schüren, RdA 88, 148. Zur Problematik mangelnder Repräsentativität gerade von Splitterverbänden vgl. auch Gamillscheg, 97, 438.

111 BVerfG 6.5.64 – 1 BvR 79/62, AP Nr. 15 zu § 2 TVG; BAG 28.3.06 – 1 ABR 58/04, NZA 06,1112, 1114; 25.11.86 – und 16.1.90 – 1 ABR 10/89, AP Nrn. 24, 39 zu § 2 TVG; LAG Rheinland-Pfalz 22.6.04 – 11 Sa 2096/03, AP Nr. 169 zu Art. 9 GG Arbeitskampf mit krit. Anm. Däubler; offen gelassen bei BAG 14.12.04 – 1 ABR 51/03, BB 05, 1054 – UFO –; KeZa-Kempen, Rn. 65ff.; Gamillscheg, S. 406; HWK-Henssler, TVG § 2 Rn. 12; Kissel, § 4 Rn. 14; Schaub-Koch, § 187 Rn. 15; relativierend ErfK-Linsenmaier, GG Art. 9 Rn. 25: lediglich Teilaspekt mit Indizwirkung; a.A. ErfK-Franzen, TVG § 2 Rn. 6; Wiedemann-Oetker, Rn. 347ff.

112 A. A. LAG Berlin-Brandenburg 16.2.10 – 19 SaGa 2480/09, AuR 11, 180 (Boykottaufruf der FAU); wie hier (Überbetrieblichkeit soll nur Unabhängigkeit von der Arbeitgeberseite sichern) Däubler, Anm AiB 12, 692; vgl. aber oben Rn. 35ff. zur Leistungsfähigkeit.

113 Däubler-Peter, Rn. 51f.; ausführlich Däubler, AR 1, Rn. 119; vgl. auch KeZa-Kempen, Rn. 66.

2.1.3 Rechtsprechung zu einzelnen Arbeitnehmerkoalitionen

37 Für die DGB-Gewerkschaften IG Metall, verdi, IG BCE, IG BAU, NGG, DPG, GEW sowie die EVG genau wie für die frühere DAG wurde die Tariffähigkeit gerichtlich noch nicht ernsthaft bestritten.[114]

37a Das gleiche gilt für bestimmte **kleine Arbeitnehmerkoalitionen** (sog. **Berufsgruppen- bzw. Spartengewerkschaften**), die zwar ihre Zuständigkeit – im Unterschied zu den nach dem Industrie- bzw. Branchenverbandsprinzip organisierten DGB-Gewerkschaften – auf spezialisierte Berufsgruppen beschränkt haben, die aber dennoch eigene soziale Mächtigkeit vorweisen konnten (zu den Ursachen, deren aktuellem Bedeutungszuwachs und zum konkurrierenden Auftreten gegenüber den DGB-Gewerkschaften vgl. Grundl. Rn. 181; § 4 Rn. 53, 84). Dies betraf insbesondere die Gewerkschaft Deutscher Lokomotivführer (GDL) und den Marburger Bund (Verband der angestellten und verbeamteten Ärztinnen und Ärzte Deutschlands).

Zu Streitfällen liegen in folgenden Fällen bejahende Entscheidungen zur Tariffähigkeit vor:

- Unabhängige Flugbegleiter Organisation (**UFO**)[115]
- Gewerkschaft der Flugsicherung (**GdF**) (zum Problem der Unabhängigkeit wegen Beschränkung auf ein Unternehmen vgl. schon oben Rn. 23).[116]

38 Diese Entscheidungen stellen im Wesentlichen darauf ab, dass sich die Durchsetzungsfähigkeit einer im Hinblick auf ihren Mitgliederbestand kleinen Gewerkschaft daraus ergeben kann, dass deren Mitglieder aufgrund ihrer **Spezial- bzw. Schlüsselqualifikationen** im Fall eines Arbeitskampfes bereits mit wenigen Streikenden eine sehr große Wirkung erzielen und vom Arbeitgeber nicht oder nur mit sehr großem Aufwand ersetzt werden können; an der Arbeitskampfbereitschaft und -fähigkeit besteht deshalb meist kein Zweifel.[117] Obwohl der überwiegende Anteil der Mitglieder der genannten Gewerkschaften bei nur einem Arbeitgeber beschäftigt ist, wird die Gewerkschaftseigenschaft in diesen Fällen auch unter den Gesichtspunkten der **Gegnerunabhängigkeit** (vgl. Rn. 21ff.) und **Überbetrieblichkeit** (vgl. Rn. 36) bejaht.

Gerade die bestehende Durchsetzungsfähigkeit bringt mit dem von diesen Organisationen z. T. praktizierten **Überbietungswettbewerb** Gefahren für die Funktionsfähigkeit der Tarifautonomie mit sich (vgl. im Zusammenhang mit den Problemen der Tarifpluralität § 4 Rn. 84, 100ff.). Vor dem Hintergrund der rechtlichen Anerkennung der Tariffähigkeit kampfkräftiger kleiner Berufsgruppengewerkschaften aktualisiert sich diese Problematik bei der nachgelagerten Frage nach der Anwendung des umstrittenen Grundsatzes der **Tarifpluralität** (vgl. § 4 Rn. 82ff.); diese Entwicklung war auch Hintergrund der Einführung des § 4a TVG durch das Tarifeinheitsgesetz 2015 (§ 4a, Rn. 2).

---

114 BAG 19.12.12 – 1 AZB 72/12: »keine vernünftigen Zweifel« an der Tariffähigkeit.

115 BAG 14.12.04 – 1 ABR 51/03, BB 05, 1054.

116 LAG Rheinland-Pfalz 14.6.07 – 11 Sa 208/07, DB 07, 2432; Hessisches LAG 22.7.04 – 9 SaGa 593/04, AP Nr. 168 zu Art. 9 GG Arbeitskampf mit zust. Anm. Däubler; ArbG Offenbach 2.6.05 – 3 BV 11/04 (n. v.); a. A. LAG Rheinland-Pfalz 22.6.04 – 11 Sa 2096/03, AP Nr. 169 zu Art. 9 GG Arbeitskampf mit krit. Anm. Däubler.

117 Vgl. BAG 14.12.04 – 1 ABR 51/03, BB 05, 1054 – UFO.

Ein ganz anderes Problem sind kampfschwache Organisationen, die als Tarifparteien auftreten und z. T. in einen **Unterbietungswettbewerb** mit stärkeren Organisationen treten.

In der Rechtsprechung wurde bisher bei folgenden Vereinigungen die **Gewerkschaftseigenschaft verneint:** 39

- Deutscher Arbeitnehmer-Verband Marl;[118]
- Christliche Gewerkschaft Bergbau, Chemie und Energie (CGBCE);[119]
- Christliche Gewerkschaft Holz und Bau (CGHB);[120]
- Verband der Gewerkschaftsbeschäftigten (VGB);[121]
- Verband deutscher Zahntechniker;[122]
- Berliner Akademiker Bund;[123]
- Arbeitnehmerverband land- und ernährungswirtschaftlicher Berufe;[124]
- Gewerkschaft der Kraftfahrer Deutschlands;[125]
- Bedienstete der Technischen Überwachung (BTÜ);[126]
- Christliche Gewerkschaft Deutschlands (CGD);[127]
- Gewerkschaft der Neuen Brief- und Zustelldienste (GNBZ);[128]
- Gewerkschaft Öffentlicher Dienst und Dienstleistungen im CGB (GÖD);[129]
- Tarifgemeinschaft Christliche Gewerkschaften Zeitarbeit und PSA (CGZP) (vgl. dazu unten Rn. 41 f; zum missverständlichen Begriff der »Tarifgemeinschaft« vgl. Rn. 64);[130]
- Gewerkschaft für Kunststoffgewerbe und Holzverarbeitung im CGB (GKH);[131]
- Freie Arbeiterinnen- und Arbeiter-Union (FAU-IAA);[132]
- medsonet (Gesundheitsgewerkschaft im CGB) (vgl. dazu auch Rn. 46);[133]
- BiGD (Beschäftigtenverband Industrie-Gewerbe, Dienstleistung);[134]

---

118 BAG 14. 3. 78 – 1 ABR 2/76, AP Nr. 30 zu § 2 TVG; bestätigt durch BVerfG 20. 10. 81 – 1 BvR 404/78, AP Nr. 31 zu § 2 TVG.

119 BAG 14. 3. 78 – 1 ABR 2/75, AP Nr. 3 zu § 97 ArbGG 1953; 25. 11. 86 – 1 ABR 22/85, 16. 1. 90 – 1 ABR 10/89, AP Nrn. 36, 39 zu § 2 TVG; BAG 16. 1. 90 – 1 ABR 10/89, AP Nr. 39 zu § 2 TVG = NZA 90, 623.

120 BAG 16. 1. 90 – 1 ABR 93/88, AP Nr. 38 zu § 2 TVG.

121 BAG 19. 9. 06 – 1 ABR 53/05, NZA 07, 518 aufgrund übereinstimmenden Vortrags aller Beteiligten.

122 BAG 1. 2. 83 – 1 ABR 33/78, AP Nr. 14 zu § 322 ZPO.

123 BAG 9. 7. 68 – 1 ABR 2/67, AP Nr. 25 zu § 2 TVG.

124 BAG 10. 9. 85 – 1 ABR 32/83, AP Nr. 34 zu § 2 TVG.

125 LAG Berlin 21. 6. 96 – 6 TaBV 2/96, AuR 97, 38.

126 BAG 6. 6. 00 – 1 ABR 10/99, NZA 01, 160.

127 ArbG Gera 17. 10. 02 – 2 BV 3/00 (rkr.); vgl. auch BAG 15. 11. 06 – 10 AZR 665/05, NZA 07, 448.

128 LAG Köln 20. 5. 09 – 9 TaBV 105/08, AuR 09, 316 (rkr.).

129 Allerdings nur implizit in LAG Niedersachsen 2. 7. 07 – 16 Ta 108/07, AuR 08, 113.

130 BAG 14. 12. 10, NZA 11, 289; BAG 22. 5. 12 – 1 ABN 27/12-; 23. 5. 12 – 1 AZB 58/11-, NZA 12, 623; 23. 5. 12 – 1 AZB 67/11-, NZA 12, 625 (Vorinstanzen: ArbG Berlin 1. 4. 09 – 35 BV 17008/08, NZA 09, 740; bestätigt durch LAG Berlin 7. 12. 09 – 23 TaBV 1016/09, AuR 10, 172, mit Anm. Ulber.

131 LAG Hamm 23. 9. 11 – 10 TaBV 14/11, NZA-RR 12, 25 nach Rückverweisung durch BAG 5. 10. 10 – 1 ABR 88/09, NZA 11, 300).

132 LAG Berlin-Brandenburg 16. 2. 10 – 19 SaGa 2480/09.

133 BAG 11. 6. 13 – 1 ABR 33/12, BAGE 145, 205.

134 ArbG Duisburg 22. 8. 12 – 4 Bv 29/12.

- Arbeitnehmerverband Land- und Ernährungswirtschaftlicher Berufe (ALEB);[135]
- Neue Assekuranz Gewerkschaft (NAG);[136]
- Deutscher Handels- und Industrieangestellten-Verband im CGB (DHV)[137] (vgl. Rn. 45; zum Problem der Tarifzuständigkeit des DHV Rn. 110).

Bejaht wurde die Gewerkschaftseigenschaft hingegen in folgenden Fällen:

- Verband der oberen Angestellten der Eisen- und Stahlindustrie;[138]
- Christliche Gewerkschaft Metall (CGM) (vgl. dazu unten Rn. 40).[139]

Zu den Rechtsfolgen für die abgeschlossenen Tarifverträge, wenn für eine Tarifvertragspartei fehlende Tariffähigkeit festgestellt wurde, vgl. Rn. 4.

40 Die jahrzehntelang umstrittene Tariffähigkeit der **Christlichen Gewerkschaft Metall (CGM)** wurde vom BAG im Jahr 2006 anerkannt.[140] Dabei soll sich die soziale Mächtigkeit der CGM allein aus ihrer »aktiven Einmischung« in das Tarifgeschehen durch Abschluss von (Anschluss-)Tarifverträgen ergeben, während der Mitgliederzahl und Organisationsstärke nur noch eine geringe und der Bereitschaft und Fähigkeit zum Arbeitskampf überhaupt keine Relevanz für die Tariffähigkeit beigemessen werden (zur Kritik im Einzelnen vgl. Rn. 26ff., 30, 33).[141] Der Abschluss von 3000 Anschlusstarifverträgen und 550 originären Tarifverträgen sollten bei einem Organisationsgrad von ca. 1,6 %, 43 hauptamtlich Beschäftigten (davon 14 Gewerkschaftssekretären) und 498 ehrenamtlichen Funktionären für den gesamten beanspruchten Zuständigkeitsbereich (Metallindustrie, Metallhandwerk, sonstige Metallbetriebe und Elektroindustrie) die Tariffähigkeit der CGM begründen (zur Kritik vgl. Rn. 33ff.).[142] Dabei meldete auch das BAG im Hinblick auf die erforderliche organisatorische Stärke durchaus ausdrücklich – in das Ergebnis offensichtlich nicht eingeflossene – Zweifel an.[143] Die nicht unwesentlich durch Billig- und Gefälligkeitstarifverträge geprägte Tarifpraxis der CGM[144] (vgl. dazu § 4 Rn. 84, 93f.) wurde vom

135 Nicht tariffähig nach: ArbG Bonn 31. 10. 12 – 4 BV 90/12 (nicht rkr.); vgl. aber die frühere Entscheidung zur Tariffähigkeit von LAG Köln 7. 5. 86 – 2 TaBV 17/81.

136 Hessisches LAG 9. 4. 15 – 9 TaBV 225/14.

137 ArbG Hamburg 19. 6. 15 – 1 Bv 2/14 (noch nicht rechtskräftig); anders noch (die Tariffähigkeit bejahend) LAG Hamburg 18. 2. 97 – 2 TaBV 9/95 (n. v.).

138 BAG 16. 11. 82 – 1 ABR 22/78, AP Nr. 32 zu § 2 TVG; a. A. noch LAG Düsseldorf 23. 12. 77 – 4 Ta BV 65/74, AuR 78, 381.

139 BAG 28. 3. 06 – 1 ABR 58/04, NZA 06, 1112, 1120f.; vgl. dazu schon Rn. 34f.

140 BAG 28. 3. 06 – 1 ABR 58/04, NZA 06, 1112; zust. Greiner, Anm. in EzA § 2 TVG Nr. 28; Henssler/Heiden, Anm. in AP Nr. 4 zu § 2 TVG Tariffähigkeit; Hümmerich/Holthausen, NZA 06, 1070; Richardi, RdA 07, 117; Wilhelm/Dannhorn, AuA 06, 343; a. A. ArbG Stuttgart 12. 9. 03 – 15 BV 250/96, AuR 04, 159 = BB 04, 827, erstinstanzliche Entscheidung zu BAG 28. 3. 06 – 1 ABR 58/04, a.a.O.; Däubler-Peter, Rn. 23af.; DKK-Berg; § 2 Rn. 13a; Homeyer/Petri, AiB 07, 263.

141 Zur jüngsten Entwicklung der Kontroverse um die Tariffähigkeit der CGM im Vorfeld der BAG-Entscheidung vgl. Deinert, AuR 04, 212; Kocher, AuR 05, 337; Richardi, NZA 04, 1025; Rieble, BB 04, 885; Unterhinninghofen, AuR 06, 7; beachte jedoch BAG 5. 10. 10 – 1 ABR 88/09, NZA 11, 300 (Indiz der Teilhabe am Tarifgeschehen ist zu relativieren; Mitgliederzahl entscheidendes Indiz, hauptamtliche Mitarbeiter nicht entscheidend).

142 BAG 28. 3. 06 – 1 ABR 58/04, NZA 06, 1112, 1121f.

143 BAG 28. 3. 06 – 1 ABR 58/04, a.a.O., 1121, 1122.

144 Bucholz, CGM, S. 23ff.

BAG zwar erörtert, aber als nicht entscheidungsrelevant bewertet.[145] Hier deutete sich eine erhebliche Verschiebung der Maßstäbe an. In Teilen der Literatur wird die CGM-Entscheidung in ihren mittelfristigen Auswirkungen deshalb zutreffend als **Stärkung von Kleinorganisationen**, als Impuls für einen Wettbewerb von Gewerkschaften und Tarifverträgen[146] und als Schwächung des Einflusses der DGB-Gewerkschaften[147] gewertet.[148] Mittlerweile ist in der Rechtsprechung aber ein gewisser Rückzug des BAG in Hinblick auf die Indizwirkung abgeschlossener Tarifverträge zu beobachten (vgl. oben Rn. 34). In Hinblick auf die CGM steht allerdings die materielle Rechtskraft des CGM-Urteils einer neuen arbeitsgerichtlichen Entscheidung so lange entgegen, wie sich die tatsächlichen und rechtlichen Verhältnisse nicht wesentlich ändern.

In den vergangenen Jahren sind Fragen der Tariffähigkeit vor allem im Zusammenhang **41** mit den Entwicklungen in der Leiharbeit diskutiert worden. Hintergrund ist, dass die Durchsetzungsfähigkeit gewerkschaftlicher Organisationen in der **Leiharbeit** seit jeher aufgrund der schwierigen Organisationsfähigkeit von Leiharbeiterinnen und Leiharbeitern prekär ist.[149] Dennoch führt der Gesetzgeber im Jahre 2002 für die Leiharbeit ein equal-pay-Gebot im AÜG ein, das nicht nur tarifdispositiv sein sollte, sondern das auch die Anwendung solcher Tarifverträge durch arbeitsvertragliche Bezugnahme bei nicht tarifgebundenen Beschäftigten ermöglichte (§ 3 Abs. 1 Nr. 3 Satz 2, § 9 Nr. 2 3. Halbsatz; genauer dazu § 5 Rn 90ff.). Diese gesetzliche Regelung gab den Anreiz für die Gründung der **Tarifgemeinschaft Christliche Gewerkschaften Zeitarbeit und PSA (CGZP)** im gleichen Jahr, die in Konkurrenz zur Tarifgemeinschaft der DGB-Gewerkschaften durch entsprechende Billig-Tarifverträge Dumpingentgelte in der Leiharbeitsbranche einführte.[150] Da die Mitgliedsorganisationen der CGZP bei den Leiharbeitnehmern über keine oder nur sehr wenige Mitglieder verfügen, kommen diese Tarifverträge in erster Linie (wie im AÜG auch zulasten der Beschäftigten erlaubt) durch arbeitsvertragliche Bezugnahme zur Anwendung.[151]

Bei der »Tarifgemeinschaft« CGZP handelt es sich um eine aktuell aus der Christlichen **41a** Gewerkschaft Metall (CGM), der Gewerkschaft Öffentlicher Dienst und Dienstleistungen (GÖD) und dem DHV-Deutscher Handels- und Industrieangestellten-Verband im CGB

145 BAG 28.3.06 – 1 ABR 58/04, NZA 06, 1112, 1120; zur Kritik vgl. Rn. 19.
146 Z.B. Hümmerich/Holthausen, NZA 06, 1070.
147 Buschmann, FS Nagel, S. 245, 247; Richardi, RdA 07, 117, 118 (Besprechung BAG 28.3.06 – 1 ABR 58/04, NZA 06, 1112).
148 Vgl. dazu die schematische Umsetzung der CGM-Entscheidung durch die fragwürdige Anerkennung der Tariffähigkeit der erst im Jahr 2003 gegründeten Gewerkschaft für Kunststoffgewerbe und Holzverarbeitung im CGB – GKH – durch das LAG Hamm 13.3.09 – 10 TaBV 89/08, durch BAG 5.10.10 – 1 ABR 88/09, NZA 11, 300 zurückverwiesen, dann LAG Hamm 23.9.11 – 10TaBV14/11, NZA-RR 12, 25.
149 Vgl. schon Vergütungstarifvertrag zwischen der Randstad KG und den Gewerkschaften DAG und ÖTV, vom 14.4.2000, der Anlass zu einer Sittenwidrigkeitskontrolle durch das BAG gab (BAG 24.3.04 – 5 AZR 303/03, NZA 04, 971).
150 Vgl. zu dieser Entwicklung eingehend Schüren, AuR 08, 239; Berg, JArbR 2009, S. 69; Däubler-Peter, Rn. 23f; Schindele, AuR 08, 33; Ulber, Einl. E, Rn. 11ff., § 9 Rn. 191.
151 Schindele, AuR 08, 33; zur Problematik des Abbaus gesetzlichen Arbeitnehmerschutzes durch Tarifdispositivität grundlegend Buschmann, FS Richardi, S. 93.

(DHV) bestehende[152] Spitzenorganisation (§ 2 Abs. 2–4, vgl. Rn. 57ff.). Die Wirksamkeit der von ihr abgeschlossenen Tarifverträge sowie die **Tariffähigkeit der CGZP** und ihrer Mitgliedsgewerkschaften wurde sofort nach ihrer Gründung in Zweifel gezogen; auch die **Tarifzuständigkeit** wurde zu Recht problematisiert vgl. Rn. 45ff., 115).[153]

42 Das BAG hat der CGZP mittlerweile rechtskräftig die Tariffähigkeit abgesprochen. Es stellte dafür in erster Linie darauf ab, dass der **Organisationsbereich der CGZP** die **Zuständigkeiten der angeschlossenen Mitgliedsorganisationen überstieg**; damit handelte es sich schon begrifflich nicht mehr nur um einen bloßen Zusammenschluss von Gewerkschaften. Denn der Organisationsbereich der CGM, der DHV[154] (vgl. auch Rn. 110) und der GÖD erfasst weder für sich allein noch bei einer Gesamtschau sämtliche Arbeitsverhältnisse im Bereich der Arbeitnehmerüberlassung im Sinn der CGZP-Satzung von 2009.[155] Nach weiteren Entscheidungen des LAG Berlin-Brandenburg, die rechtskräftig wurden, steht darüber hinaus auch fest, dass die CGZP im zeitlichen Geltungsbereich ihrer Satzungen vom 11. Dezember 2002 und vom 5. Dezember 2005 genauso wenig tariffähig war.[156]

Damit steht fest, dass die von der CGZP abgeschlossenen Tarifverträge mangels Tariffähigkeit **nichtig** sind.[157] Aufgrund der besonderen Konstellation in der Leiharbeit hat dies zur Folge, dass die »Tarifverträge« nicht in der Lage waren, eine Abweichung vom »equal pay«-Grundsatz zu rechtfertigen. Die betroffenen Leiharbeiterinnen und Leiharbeiter haben damit einen **Anspruch auf Nachzahlung** der entsprechenden Differenz gegen das Verleihunternehmen; dieses muss darüber hinaus die Differenz der Sozialversicherungsbeiträge zwischen tatsächlich gezahltem Lohn und »equal-pay-Lohn« tragen.[158]

---

152 Die Christliche Gewerkschaft Postservice und Telekommunikation (CGPT) war mit Wirkung zum 30.6.09 aus der CGZP ausgetreten, vgl. LAG Berlin-Brandenburg 7.12.09 – 23 TaBV 1016/09, AuR 10, 172; Ulber, AuR 10, 174.

153 Böhm, DB 05, 2023; ders., DB 04, 137; ders., DB 03, 2598; Brors, BB 06, 101; Däubler-Hensche/Heuschmid, § 1 Rn. 787ff.; Deinert, AuR 04, 212; KeZa-Kempen, § 1 Rn. 448; Reipen, NZS 05, 407; Schüren/Riederer von Paar, AuR 04, 241; Schüren, NZA 07, 1213; eingehend Schindele, AuR 08, 33; Ulber, § 9 Rn. 190ff.; Ulber/Schindele, AiB 06, 212; a.A. Buchner, DB 04, 1042; Lembke, NZA 07, 1333; Schöne, BB 04, 136.

154 Zu ihrer auf kaufmännische oder verwaltende Berufe begrenzten Zuständigkeit vgl. LAG Hamburg 23.12.10 – 2 TaBV 3/10 (n. v.), bestätigt durch BAG 19.4.12 – 1 ABR 5/11, NZA 12, 1104; vgl. auch schon BAG 10.2.09 – 1 ABR 36/08, NZA 2009, 908; vgl. auch LAG Berlin-Brandenburg 7.12.09 – 23 TaBV 1016/09, AuR 10, 172, 173: Tarifzuständigkeit des DHV für Leiharbeitnehmer in kaufmännischen und verwaltenden Berufen.

155 BAG 14.12.10 – 1 ABR 19/10, NZA 11, 289; so auch schon LAG Berlin 7.12.09 – 23 TaBV 1016/09, AuR 10, 172, mit Anm. Ulber 173. Vgl. auch schon LAG Niedersachsen 2.7.07 – 16 Ta 108/07, AuR 08, 113, aufgehoben durch BAG 28.1.08 – 3 AZB 30/07, DB 08, 712, wegen Unzulässigkeit des Aussetzungsbeschlusses gem. § 97 Abs. 5 ArbGG, vgl. dazu Rn. 79; ArbG Osnabrück 15.1.07 – 3 Ca 535/06, AuR 07, 182.

156 LAG Berlin-Brandenburg 9.1.12 – 24 TaBV 1285/11 u.a., AuR 12, 87; zur Rechtskraft vgl. BAG 23.5.12 – 1 AZB 58/11, NZA 2012, 623.

157 Ausführlich zur Debatte um die zeitliche Reichweite der Entscheidungen Däubler-Hensche/Heuschmid, § 1 Rn. 790.; Däubler-Däubler, Einleitung, Rn. 65a.

158 Brors in: Zimmer (Hrsg.), Rechtsprobleme der tariflichen Unterbietungskonkurrenz, S. 59 ff; Schüren, AuR 11, 142 ff; vgl. § 23 Abs. 1 SGB IV und § 28e Abs. 2 Satz 1 SGB IV zur Haftung des Entleihers; vgl. auch Däubler-Hensche/Heuschmid, § 1 Rn 790.

Ohnehin scheitert die Wirksamkeit der Tarifverträge an der **fehlenden Durchsetzungsfähigkeit**. Da die CGZP die fraglichen Tarifverträge für die Leiharbeitsbranche als Spitzenorganisation im eigenen Namen abgeschlossen hat (dazu genauer Rn. 59 ff.), hängt die Wirksamkeit der von ihr abgeschlossenen Tarifverträge darüber hinaus vom Vorliegen der **Tariffähigkeit aller ihrer Mitgliedsgewerkschaften** ab (dazu genauer unten Rn. 59 ff.).[159] Und die Tariffähigkeit fast aller Mitgliedsorganisationen der CGZP ist sowohl für die Verleihbranche als auch für Zuständigkeitsbereiche jenseits der Verleihbranche zumindest ungeklärt. 43

Das gleiche gilt für die Leiharbeits-Tarifverträge, die der **CGB** für die **»Tarifgemeinschaft« der »christlichen Gewerkschaften«** abschloss, nachdem die CGZP in Verruf geraten war. Hier handelte es sich um mehrgliedrige Tarifverträge (Rn. 4, 4a), so dass es für die Wirksamkeit ebenfalls auf die Tariffähigkeit der einzelnen Gewerkschaften ankam – an der es jedoch fehlt. Beteiligt waren hier die ALEB, BIGD, CGZP, CGM, DHV und medsonet. Angesichts der zunehmend gerichtlich bestätigten Zweifel an der Tariffähigkeit dieser Organisationen (vgl. schon Rn. 39 m.w.N.) wurden die Leiharbeits-Tarifverträge des CGB am 17.1.13 aufgehoben; sie enden zum 31.3.13 ohne Nachwirkung.

Gegen die Tariffähigkeit der CGZP-Mitgliedsorganisationen sprechen zunächst der verschwindend geringe **Mitgliederbestand** sowie ihre eigene unzureichende **organisatorische, personelle und finanzielle Ausstattung**; beides spricht gegen Durchsetzungs- und Leistungsfähigkeit.[160] Aufgrund des **materiellen Gehalts der von der CGZP abgeschlossenen Tarifverträge** konnten diese hier auch nicht als Indiz gelten; so lagen die von der CGZP abgeschlossenen Tarifverträge weit unterhalb der Entgelte und sonstigen Arbeitsbedingungen in den Entleiherbetrieben und enthielten für die Unterschreitung selbst dieses Niveaus Öffnungsklauseln für die Betriebs- und Arbeitsvertragsparteien.[161] Neben den Verbandstarifverträgen hatte die CGZP darüber hinaus – nach eigenen Angaben mehr als 200[162] – **Haustarifverträge** abgeschlossen, die nach verbreiteter Einschätzung das Niedrigstniveau ihrer Flächentarifverträge auf besonderen Wunsch einzelner Verleiherunternehmen nochmals deutlich unterschreiten und nicht selten die Grenze zum sittenwidrigen »Hungerlohn« über- und das Niveau existenzsichernder Entgelte unterschreiten.[163] 44

Auch die **Umstände der Tarifvertragsabschlüsse** deuteten darauf hin, dass diese Tarifverträge nicht als Indizien für Tariffähigkeit dienen konnten – selbst auf der Grundlage der die Anforderungen an die Tariffähigkeit relativierenden Maßstäbe der CGM-Entscheidung des BAG (vgl. Rn. 34, 54).[164] Vieles deutete darauf hin, dass es sich um **Gefällig-**

159 Offen gelassen bei LAG Berlin-Brandenburg 7.12.09 – 23 TaBV 1016/09, LAG Berlin-Brandenburg 7.12.09 – 23 TaBV 1016/09, AuR 10, 172.

160 ArbG Berlin 1.4.09 – 35 BV 17008/08, NZA 09, 740, 746 f.

161 Däubler/Heuschmid, § 1 Rn. 789.

162 Lembke, NZA 07, 1333, 1334.

163 Schüren, NZA 08, 453, 455f; vgl. auch ArbG Limburg 19.11.08 – 1 Ca 541/08; zur Kontroverse über den zutreffenden Maßstab für die Feststellung der Sittenwidrigkeit einer Entgeltabrede vgl. BAG 24.3.04 – 5 AZR 303/03, DB 04, 1432 einerseits und ArbG Bremen, 30.8.00 – 5 Ca 5152, 5198/00, AiB 01, 610; SG Berlin 27.2.06 – S 77 AL 742/05, AuR 07, 54 andererseits sowie § 5 Rn. 66 ff.

164 ArbG Berlin 1.4.09 – 35 BV 17008/08, NZA 09, 740, 745; Schindele, AuR 08, 33, 35; Schüren/Behrend, NZA 03, 525; Schüren/Riederer von Paar, AuR 04, 243; Ulber, § 9 Rn. 191 ff.

keitstarifverträge handelte. Dem von der Arbeitgeberseite in der Leiharbeitsbranche ausdrücklich gewünschten Abschluss von Tarifverträgen zur deutlichen **Unterschreitung des gesetzlichen Gleichbehandlungsgrundsatzes** (equal-pay-Gebot gem. § 3 Abs. 1 Nr. 3 und § 9 Nr. 2 AÜG) durch eine zweckentfremdende Nutzung der Tarifdispositivität des equal-pay-Gebots kann ohnehin keine indizielle Bedeutung für das Vorliegen des Erfordernisses der Durchsetzungsfähigkeit der tarifschließenden Arbeitnehmerkoalition beigemessen werden (vgl. Rn. 34a).[165] Im Fall der Haustarifverträge lag sogar die Annahme fehlender Gegnerfreiheit und Unabhängigkeit nahe.

45 Die Tariffähigkeit des **DHV-Deutscher Handels- und Industrieangestellten-Verbands** im Christlichen Gewerkschaftsbund (CGB) ist zwar gerichtlich bereits einmal festgestellt worden;[166] sie ist aber höchst zweifelhaft. Dessen Aktivitäten auf tarifpolitischem Gebiet bestehen zum großen Teil im Abschluss von Anschluss- und Gefälligkeitstarifverträgen, um auf Initiative und in Absprache mit der Arbeitgeberseite die Durchsetzung von Tarifverträgen durch DGB-Gewerkschaften zu erschweren oder deren betriebliche Anwendung zu unterlaufen.[167] Es wurden gar direkte und indirekte finanzielle Zuwendungen durch Arbeitgeber als Gegenleistung für den Abschluss von Gefälligkeitstarifverträgen bekannt, sowie die Zahlung arbeitgeberseitiger Prämien an Arbeitnehmerinnen und Arbeitnehmer bei Eintritt in den DHV oder Gründung einer DHV-Betriebsgruppe.[168] Allerdings haben sich die tatsächlichen und rechtlichen Verhältnisse gegenüber dieser Entscheidung mittlerweile so geändert, dass die Rechtskraft dieser Entscheidungen einer erneuten gerichtlichen Überprüfung der Gewerkschaftseigenschaft des DHV nicht entgegen steht; das Arbeitsgericht Hamburg hat deshalb im Juni 2015 zu Recht das Fehlen der Tariffähigkeit festgestellt[169] (genauer zur Rechtskraft von Entscheidungen über die Tariffähigkeit vgl. Rn. 127 f; zur Tarifzuständigkeit des DHV vgl. Rn. 110).

46 Angesichts der Problematik der satzungsmäßig beschränkten Zuständigkeit des DHV wurde im Jahr 2008 die **Gewerkschaft Medsonet** im Rahmen des CGB gegründet, die »in enger Zusammenarbeit mit dem DHV«[170] im Bereich des Gesundheitswesens und der sozialen Dienste als Tarifvertragspartei auftreten und die vom DHV außerhalb von dessen Zuständigkeitsbereich ausgehandelte bzw. abgeschlossene (Gefälligkeits-)Tarifverträge »nachzeichnen« soll, um deren Nichtigkeit zu vermeiden. Auch dieser Organisation fehlt es aber – wie auch das BAG mittlerweile feststellte – an der nötigen Durchsetzungs- und Leistungsfähigkeit und damit an der Tariffähigkeit.[171]

---

165 ArbG Osnabrück 15.1.07 – 3 Ca 535/06, AuR 07, 182; so auch ArbG Berlin 1.4.09 – 35 BV 17008/08, NZA 09, 740, 744.

166 LAG Hamburg 18.2.97 – 2 Ta BV 9/95 (n. v.).

167 Vgl. etwa den Sachverhalt bei ArbG Mannheim 4.3.05 – 7 BV 3/04, AiB 05, 692.

168 So das Ergebnis der Recherchen des Fernsehmagazins Report Mainz für eine am 7.4.08 ausgestrahlte Sendung, vgl. Presseinformation von Report Mainz v. 8.4.08 und www.reportmainz.de. Finanzielle Zuwendungen der Arbeitgeberseite haben bereits in älteren Rechtsstreitigkeiten zur Frage der Gewerkschaftseigenschaft des DHV eine Rolle gespielt (ArbG Hamburg, 10.12.56 – 2 BV 366/56 (n. v.)).

169 ArbG Hamburg 19.6.15 – 1 BV 2/14.

170 Pressemitteilung v. 25.3.08, www.medsonet.de

171 BAG 11.6.13 – 1 ABR 33/12, BAGE 145, 205.

2.1.4 Tariffähigkeit von Untergliederungen

In welchem Umfang Untergliederungen von Gewerkschaften (u. a. Landesverbände, Bezirke, Verwaltungs- oder Geschäftsstellen) das Recht zum eigenverantwortlichen Abschluss von Tarifverträgen haben, wird von den Gewerkschaften **satzungsrechtlich** unterschiedlich geregelt. In vielen Fällen können die Untergliederungen der Gewerkschaften Tarifverträge mit regionalem oder lokalen Geltungsbereich bzw. Haustarifverträge ggf. in Vertretung des Vorstands auf Bundesebene abschließen (vgl. auch § 1 Rn. 36). 47
Die – bisher praktisch kaum relevante – **Tariffähigkeit der Untergliederungen** selbst würde voraussetzen, dass diese nicht nur satzungsrechtlich dazu befugt sind, sondern auch über eine ausreichend eigenständige körperschaftliche Verfassung verfügen und insofern auch finanziell als »unabhängig« anzusehen ist (vgl. oben Rn. 25).[172]

2.1.5 Spitzenorganisationen

Nach Abs. 2 und 3 können Zusammenschlüsse bzw. **Dachverbände von Gewerkschaften**, wie etwa der **DGB**, als Spitzenorganisation auf zwei alternativen Wegen am Abschluss von Tarifverträgen beteiligt sein: 48

a) Abschluss von Tarifverträgen im Namen der Mitgliedsgewerkschaften, wenn von diesen eine entsprechende **Vollmacht** erteilt wurde (Abs. 2) oder
b) Abschluss von Tarifverträgen als Tarifvertragspartei und **im eigenen Namen**, wenn der Abschluss von Tarifverträgen zu den satzungsgemäßen Aufgaben der Spitzenorganisation gehört (Abs. 3).

Davon zu unterscheiden ist der Abschluss mehrgliedriger Tarifverträge durch Beteiligung mehrerer Einzelgewerkschaften (Tarifgemeinschaft; vgl. dazu Rn. 4a).[173]

Im Rahmen der Alternative a) ist es möglich, dass eine einzelne Mitgliedsgewerkschaft oder mehrere bzw. alle Mitgliedsgewerkschaften der Spitzenorganisation dieser eine **Vollmacht** erteilen, im Namen der Mitgliedsgewerkschaften einen Tarifvertrag abzuschließen. Tarifpartei sind dann die einzelnen Mitgliedsgewerkschaften, nicht die Spitzenorganisation. Die Vollmacht gebenden Mitgliedsgewerkschaften müssen ausnahmslos tariffähig sein.[174] Die Vollmachtserteilung ist nicht formbedürftig, sie kann ausdrücklich oder stillschweigend erfolgen. Fehlt eine Vollmacht, kann der Tarifvertrag auch nach den Grundsätzen der Anscheins- oder Duldungsvollmacht oder durch Genehmigung wirksam werden (vgl. dazu § 1 Rn. 36ff.). In diesen Fällen entsteht unter den beteiligten Gewerkschaften eine **Tarifgemeinschaft**; es handelt sich um einen mehrgliedrigen Tarifvertrag (vgl. Rn. 4a).[175] 49

Schließt eine Spitzenorganisation in Vollmacht ihrer Mitgliedsgewerkschaften oder als Tarifvertragspartei Tarifverträge ab, haften die Spitzenorganisationen und ihre Mitgliedsgewerkschaften für die **Erfüllung der Verpflichtungen der Tarifvertragsparteien**, vor allem der Durchführungs- und Friedenspflicht, gesamtschuldnerisch (Abs. 4). Sind in einem von einer Spitzenorganisation abgeschlossenen Tarifvertrag Verpflichtungen der 50

172 Vgl. dazu Oetker, AuR 01, 82.
173 Zur Abgrenzung ausführlich auch BAG 29.6.04 – 1 AZR 143/03, AP Nr. 36 zu § 1 TVG.
174 Däubler-Peter, Rn. 56; Löwisch/Rieble, Rn. 107.
175 Zum Ganzen s. auch BAG 29.6.04 – 1 AZR 143/03, AP Nr. 36 zu § 1 TVG.

Mitgliedsverbände geregelt, ist die Spitzenorganisation verpflichtet, auf ihre Mitgliedsverbände einzuwirken, dass diese die entsprechenden Verpflichtungen erfüllen.[176]

51 Im Fall der Alternative b) (Rn. 48) wird die Spitzenorganisation selbst Tarifpartei. Dann muss es zu den **satzungsgemäßen Aufgaben der Spitzenorganisation** gehören, Tarifverträge abzuschließen. Dies ergibt sich aus einer ausdrücklichen Regelung in deren Satzung; unter Umständen kann sich dies auch ausnahmsweise in Auslegung der Satzung aus dem Verbandszweck und einer bisher geübten Tarifpraxis ableiten lassen.[177]

52 Schließt eine Spitzenorganisation gem. Abs. 3 einen Tarifvertrag, sind die Mitglieder der in ihr zusammengeschlossenen Mitgliedsgewerkschaften i. S. d. § 3 Abs. 1 **tarifgebunden.** Dies gilt entsprechend für oberste Spitzenorganisationen, zu denen sich Spitzenorganisationen ihrerseits zusammengeschlossen haben.[178]

53 Die Befugnis zum Abschluss von Tarifverträgen als satzungsgemäße Aufgabe der Spitzenorganisation setzt voraus, dass diese selbst die Anforderungen der Tariffähigkeit erfüllt,[179] was erfordert, dass alle Mitgliedsgewerkschaften **tariffähig** sind.[180] Aus dem Wortlaut und der Systematik des Abs. 1–3 ergibt sich, dass die Stellung einer Tarifvertragspartei in Gestalt einer Spitzenorganisation im Sinne des Abs. 3 nur eine Vereinigung erlangen kann, in der gemäß Abs. 2 (tariffähige) Gewerkschaften im Sinne des Abs. 1 zusammengeschlossen sind. Eine Spitzenorganisation verfügt weder nach § 2 Abs. 2 noch nach § 2 Abs. 3 über eine originäre Tariffähigkeit. Diese kann eine Spitzenorganisation ausschließlich von ihren Mitgliedern ableiten. Die sich zu einer Spitzenorganisation nach § 2 Abs. 3 und 3 zusammenschließenden Arbeitnehmerkoalitionen müssen daher selbst tariffähig sein.[181]

54 Die Tariffähigkeit der Spitzenorganisation kann sich nur aus der Tariffähigkeit der zusammengeschlossenen Gewerkschaften ergeben. Wenn der **Organisationsbereich des Spitzenverbands** die Zuständigkeiten der ihm angeschlossenen tariffähigen Arbeitnehmervereinigungen übersteigt, handelt es sich schon begrifflich nicht mehr nur um einen bloßen »Zusammenschluss« von Gewerkschaften; ein Tarifabschluss über § 2 Abs. 3 ist dann nicht möglich.

Darüber hinaus müssen die angeschlossenen Gewerkschaften der Spitzenorganisation ihre Tariffähigkeit vollständig vermitteln, was voraussetzt, dass sich die angeschlossenen Gewerkschaften nicht nur in Teilen ihrer Organisationsbereiche, sondern **vollständig miteinander verbinden.**[182]

55 Aus diesen Gründen ist es im Fall einer Spitzenorganisation wesentlich, dass alle ihr angeschlossenen Organisationen tariffähig sind. Zwar wird z. B. die Tariffähigkeit einer Ge-

176 BAG 25.1.06 – 4 AZR 552/04, DB 06, 2017.

177 S. dazu die Beispiele bei BAG 6.5.03 – 1 AZR 241/02, NZA 04; 562; 22.3.00 – 4 ABR 79/98, AP Nr. 49 zu § 2 TVG = NZA 00, 893 (ausdrückliche Regelung für Spitzenorganisation der Arbeitgeber); vgl. auch den Fall der Internationalen Transportarbeiterförderation – ITF –, BAG 16.2.00 – 4 AZR 14/99, AP Nr. 54 zu § 2 TVG m. Anm. Thüsing/Goertz, in der es offen blieb, ob es sich bei der ITF um eine tariffähige Spitzenorganisation handelt.

178 BAG 6.5.03 – 1 AZR 241/02, NZA 04, 562, 563.

179 ErfK-Franzen, TVG § 2 Rn. 29.

180 BAG 2.11.60 – 1 ABR 18/59, AP Nr. 1 zu § 97 ArbGG; Däubler-Peter, Rn. 59; KeZa-Kempen, Rn. 80; a.A. ErfK-Franzen, a.a.O.; Löwisch/Rieble, Rn. 289; Wiedemann-Oetker, Rn. 425f.

181 BAG 14.12.10 – 1 ABR 19/10, NZA 11, 289.

182 BAG 14.12.10 – 1 ABR 19/10, a.a.O.

werkschaft nicht dadurch beeinträchtigt, dass einzelne ihrer Mitglieder nicht die Arbeitnehmereigenschaft besitzen.[183] Im Fall eines Zusammenschlusses von Organisationen kommt es jedoch auf jede einzelne an. Die Tarifunfähigkeit einzelner Mitgliedsorganisationen ist für die Tariffähigkeit der Spitzenorganisation auch dann nicht unschädlich, wenn die **tarifunfähigen Mitgliedsvereinigungen** eine völlig untergeordnete Bedeutung für die Spitzenorganisation haben oder der Gesamtcharakter der Spitzenorganisation eindeutig nur durch die tariffähigen Mitglieder geprägt wird.[184] Auf keinen Fall kann es ausreichen, wenn – wie es im Fall der CGZP vertreten wurde[185] – zwei von vier Mitgliedsgewerkschaften tariffähig sind. Wenn das BAG hier dieselben Grundsätze anwendet wie bei einer Arbeitgebervereinigung, der einzelne OT-Mitglieder angehören, so passt dies für Gewerkschaften nicht in gleicher Weise, denn im Fall der OT-Mitgliedschaft liegt eine ausdrückliche Erklärung vor. Wenn gesichert sein soll, dass die von der Spitzenorganisation abgeschlossenen Tarifverträge nur für diejenigen Mitgliedsgewerkschaften Rechtswirkungen entfalten, die selbst tariffähig und tarifzuständig sind, muss ebenfalls eine solche ausdrückliche Erklärung verlangt werden.

Die in Abs. 2 und Abs. 3 eingeräumte Befugnis zum Abschluss von Tarifverträgen durch Spitzenorganisationen hatte lange Zeit **nur geringe praktische Bedeutung**. Der Abschluss von Tarifverträgen gehört nicht zu den satzungsgemäßen Aufgaben des DGB, und eine Vollmacht zum Abschluss eines Tarifvertrags durch die Mitgliedsgewerkschaften wurde dem DGB lange Zeit nicht erteilt. Dies änderte sich erst, als die Entgelte in der Leiharbeit tarifdispositiv wurden; in diesem Bereich schließen die DGB-Gewerkschaften seither mit Hilfe einer Koordination durch den DGB Tarifverträge in Tarifgemeinschaft ab.[186] Als Konkurrenz trat seit 2002 die »Tarifgemeinschaft« CGZP auf. Bei ihr handelt es sich allerdings nicht um eine Tarifgemeinschaft im eigentlichen Sinn, da sie als Spitzenorganisation im Sinn von § 2 Abs. 3 handelt. Sie wurde allerdings im Dezember 2010 für tarifunfähig erklärt[187] (vgl. dazu Rn. 41 f). Der CGB selbst trat nur für kurze Zeit als Ersatz auf und hat sich mittlerweile wieder zurückgezogen (siehe Rn. 44). 56

Die Tariffähigkeit von Spitzenorganisationen **berührt die Tariffähigkeit** der in ihnen zusammengeschlossenen **Mitgliedsgewerkschaften nicht**. Werden von einer Spitzenorganisation und einer Mitgliedsgewerkschaft sich überschneidende Tarifverträge abgeschlossen, geht nach den Regeln der Tarifkonkurrenz (vgl. § 4 Rn. 60 ff.) der von der Mitgliedsgewerkschaft abgeschlossene Tarifvertrag als der speziellere vor.[188] 57

(nicht besetzt) 58–65

183 So etwa Wiedemann-Oetker, Rn. 426

184 So aber Wiedemann-Oetker, Rn. 426; missverständlich insofern BAG 14. 12. 10 – 1 ABR 19/10, NZA 11, 289; zur AG-Vereinigung vgl. BAG 22. 4. 09 – 4 AZR 111/08, BAGE 130, 264; BVerfG 1. 12. 10 – 1 BvR 2593/09, NZA 11, 60.

185 Lembke, NZA 07, 1333, 1335 ff.

186 Zur Tariffähigkeit siehe BAG 19. 12. 12 – 1 AZB 12/12.

187 BAG 14. 12. 2010 – 1 ABR 19/10, NZA 11, 289.

188 BAG 22. 2. 57 – 1 AZR 426/56, AP Nr. 2 zu § 2 TVG.

2.2 Arbeitgeber und Vereinigungen von Arbeitgebern

2.2.1 Der einzelne Arbeitgeber

66 Auf Arbeitgeberseite ist die Tariffähigkeit nicht auf Arbeitgeberverbände (Abs. 1 spricht von »Vereinigungen von Arbeitgebern«, vgl. dazu Rn. 78ff.) und deren Spitzenorganisationen (vgl. dazu Rn. 90) begrenzt, sondern wird durch Abs. 1 auch dem **einzelnen Arbeitgeber** verliehen. Bei dem zwischen einer Gewerkschaft und einem einzelnen Arbeitgeber abgeschlossenen Tarifvertrag handelt es sich um einen sog. **Firmen- oder Haustarifvertrag** (im Unterschied zum Verbandstarifvertrag zwischen Gewerkschaft und Arbeitgeberverband, vgl. dazu § 1 Rn. 23ff.).

67 Die gesetzliche Ermöglichung von Firmentarifverträgen (und ihre Durchsetzbarkeit im Wege des Arbeitskampfes, vgl. AKR Rn. 48ff.) trägt zunächst der Tatsache Rechnung, dass Arbeitnehmer auch dem einzelnen Arbeitgeber gegenüber nur auf kollektivvertraglicher Ebene ausreichende Verhandlungsmacht entwickeln können.

Außerdem ist die Tariffähigkeit des einzelnen Arbeitgebers eine wesentliche Funktionsvoraussetzung des Tarifvertragssystems, weil dadurch für die Arbeitnehmerseite die **Existenz einer Tarifvertragspartei** auf Arbeitgeberseite **garantiert** wird.[189] Wäre der einzelne Arbeitgeber nicht tariffähig, würde die Tarifautonomie für Arbeitnehmer, die bei Arbeitgebern ohne Mitgliedschaft im Arbeitgeberverband beschäftigt sind, faktisch nicht existieren.

Wegen seiner eigenen Tariffähigkeit ist der einzelne Arbeitgeber zwecks tariflicher Gestaltung der Arbeitsbedingungen der bei ihm beschäftigten Arbeitnehmerinnen und Arbeitnehmer nicht darauf angewiesen, die Mitgliedschaft in einem Arbeitgeberverband zu erwerben.

68 Aus diesen Gründen hängt die Tariffähigkeit des einzelnen Arbeitgebers auch **nicht** von seiner »Größe« bzw. seiner **Mächtigkeit** oder **Durchsetzungsfähigkeit** ab.[190] Sowohl der Handwerksbetrieb als auch das große Konzernunternehmen sind nach dem eindeutigen Gesetzeswortlaut des Abs. 1 tariffähig.[191]

69 Der einzelne Arbeitgeber bleibt auch tariffähig, wenn er **Mitglied eines Arbeitgeberverbands** wird oder ist.[192] In den Satzungen der Arbeitgeberverbände kann den Mitgliedern der Abschluss von Firmentarifverträgen nicht mit Außenwirkung für die Gewerkschaft untersagt werden; mit dem Satzungsrecht eines Arbeitgeberverbands nicht vereinbare Firmentarifverträge sind wirksam (zu firmenbezogenen Verbandstarifverträgen vgl. § 1 Rn. 25).[193]

70 Unternehmen, die der **Unternehmensmitbestimmung** unterliegen, sind selbstverständlich ebenfalls tariffähige Arbeitgeber.[194]

---

189 BVerfG 19.10.66 – 1 BvL 24/65, AP Nr. 24 zu § 2 TVG; BAG 20.11.90 – 1 ABR 62/89, AP Nr. 40 zu § 2 TVG.

190 BAG 20.11.90 – 1 ABR 62/89, AP Nr. 40 zu § 2 TVG; Däubler-Peter, Rn. 79; KeZa-Stein, Rn. 90ff.; Löwisch/Rieble, Rn. 340.

191 BAG 20.11.90 – 1 ABR 62/89, a.a.O.

192 BAG 4.4.01 – 4 AZR 237/00, AP Nr. 26 zu § 4 TVG Tarifkonkurrenz; 10.12.02 – 1 AZR 96/02, AuR 04, 149.

193 BAG 4.4.01 – 4 AZR 237/00, a.a.O.; 10.12.02, – 1 AZR 96/02, a.a.O.

194 H. M.; vgl. Wiedemann-Oetker, Rn. 155ff., auch zu den Einzelheiten der Kontroverse über die Gegnerunabhängigkeit mitbestimmter Unternehmen; zum Verhältnis von Unternehmensmit-

Der Arbeitgeberbegriff des Abs. 1 entspricht dem **allgemeinen arbeitsrechtlichen Arbeitgeberbegriff**[195], nach dem der Arbeitgeber als Vertragspartei im Arbeitsverhältnis von dem von ihm persönlich und wirtschaftlich abhängigen Arbeitnehmer nach Maßgabe des Arbeitsvertrags die Leistung von Arbeit fordern kann.[196] Jede natürliche und juristische Person, die mindestens einen Arbeitnehmer beschäftigt – und damit Partei eines Arbeitsvertrags auf Arbeitgeberseite ist –, kann als Tarifvertragspartei einen Firmentarifvertrag abschließen.[197] Neben Kapitalgesellschaften (GmbH, AG), Personengesellschaften (BGB-Gesellschaft, oHG, KG) und Partnerschaftsgesellschaften kommen auch Vereine, Angehörige freier Berufe (z.B. Ärzte, Rechtsanwälte) und Privatpersonen als Arbeitgeber und Tarifvertragspartei in Frage.[198] Zum Fall der Insolvenz des Arbeitgebers vgl. § 3 Rn. 86. 71

Zu den tariffähigen Arbeitgebern gehören außerdem die **öffentlichen Körperschaften** wie die Bundesrepublik Deutschland, die Länder, Gemeinden und die Körperschaften, Stiftungen und Anstalten des öffentlichen Rechts.[199] Aufgrund verschiedener öffentlich-rechtlicher Organisationsgesetze ist für einige dieser Institutionen festgelegt worden, dass für sie die Funktion der Tarifvertragspartei durch den Bund wahrgenommen wird (z.B. Stiftung Preußischer Kulturbesitz, Stiftung Haus der Geschichte der Bundesrepublik Deutschland in Bonn).[200] Dies gilt auch für die Stationierungsstreitkräfte.[201] Die Tariffähigkeit der privatisierten Post-Unternehmen Deutsche Post AG, Deutsche Postbank AG und Deutsche Telekom AG sowie der privatisierten Deutschen Bahn AG wurde ausdrücklich gesetzlich klargestellt.[202] 72

Die Tariffähigkeit eines einzelnen Arbeitgebers hängt nicht davon ab, welchen Zweck er mit der Beschäftigung von Arbeitnehmern (etwa gewerblich oder karitativ) verfolgt, sodass z.B. auch **Kirchen** und ihre rechtlich selbstständigen Gliederungen[203] oder Beschäftigungsgesellschaften Tarifvertragspartei sein können.[204] 73

Soweit eine **Gewerkschaft** gegenüber den Gewerkschaftsbeschäftigten **Arbeitgeberfunktionen** erfüllt, ist sie ebenfalls Arbeitgeber. Da es allerdings an tariffähigen Tarifparteien auf der Gegenseite fehlt,[205] werden die Arbeitsbedingungen der Gewerkschaftsbeschäftigten i.d.R. in (tarifersetzenden) Betriebsvereinbarungen festgelegt.[206] 74

Tariffähige Arbeitgeber sind schließlich auch Unternehmen, die eine mehrheitliche **Arbeitnehmerbeteiligung** in ihren Unternehmensorganen haben oder der **Arbeitnehmer-** 75

---

bestimmung und Tarifautonomie vgl. auch BVerfG 1.3.79 – 1 BvR 532/77, 1 BvR 533/77, 1 BvR 419/78, 1 BvL 21/78, DB 79, 593.

195 Vgl. Kittner/Zwanziger/Deinert-Deinert, § 4 Rn. 1ff.

196 BAG 9.9.82 – 2 AZR 253/80, AP Nr. 1 zu § 611 BGB Hausmeister.

197 Däubler-Peter, Rn. 84; Wiedemann-Oetker, Rn. 125.

198 Zu den Einzelheiten vgl. Däubler-Peter, Rn. 85f.; Wiedemann-Oetker, Rn. 126ff.

199 BAG 2.12.92 – 4 AZR 277/92, AP Nr. 14 zu § 3 TVG.

200 Vgl. dazu Däubler-Peter, Rn. 87; Löwisch/Rieble, Rn. 351ff.

201 Vgl. BAG 20.12.57 – 1 AZR 87/57, BB 58, 304.

202 Zu den Einzelheiten vgl. Däubler-Peter, Rn. 87.

203 Däubler-Peter, Rn. 88; Wiedemann-Oetker, Rn. 134.

204 LAG Brandenburg 24.2.94 – 3 Sa 869/93, NZA 95, 905.

205 Vgl. die Entscheidungen zum VGB (nicht tariffähig): BAG 17.2.98 – 1 AZR 364/97, AuR 98, 335: BAG 19.9.06 – 1 ABR 53/05, NZA 07, 518.

206 Vgl. zur Zulässigkeit dieser Betriebsvereinbarungen BAG 28.4.92 – 1 ABR 68/91, AP Nr. 11 zu § 50 BetrVG 1972.

selbstverwaltung unterliegen[207] oder bei denen Gewerkschaften als Gesellschafter beteiligt sind.[208]

76 Verneint wird von der Rechtsprechung die Tariffähigkeit des **Konzerns** (Zusammenfassung mehrerer rechtlich selbstständiger Unternehmen unter einheitlicher Leitung, vgl. § 18 AktG)[209] bzw. der Konzernobergesellschaft.[210] Beschäftigt die **Konzernobergesellschaft** allerdings selbst Arbeitnehmer/innen, ist sie zumindest in Bezug auf diese tariffähig.[211] Wird sie als **Personalführungsgesellschaft für die Konzernunternehmen** tätig und schließt sie die Arbeitsverträge der dort beschäftigten Arbeitnehmer selbst ab, ist sie aufgrund ihrer Arbeitgeberstellung auch für die Arbeitnehmer/innen der Konzernunternehmen tariffähig.[212]

77 Für den Fall, dass diese Voraussetzungen nicht gegeben sind, bieten sich folgende Lösungen zur **Schaffung eines konzerneinheitlichen Tarifrechts** an:[213]

- **Abschluss eines mehrgliedrigen Tarifvertrags** (vgl. Rn. 4a; § 1 Rn. 28f.).[214] In diesem Fall ist die Beteiligung aller Konzernunternehmen als Verhandlungspartner erforderlich; problematisch ist, dass nach Tarifabschluss eintretende Änderungen der Konzern- und Unternehmensstrukturen nicht mehr erfasst werden.
- **Beauftragung der Konzernobergesellschaft** durch die Konzernunternehmen mit dem Abschluss eines Konzerntarifvertrags (auch) im Namen der Konzernunternehmen; dies könnte im Konzern von der Konzernobergesellschaft angewiesen werden.[215]
- **Abschluss eines konzernweiten Tarifvertrags** mit einem sich auf die jeweils bestehenden Konzernunternehmen erstreckenden Geltungsbereich durch die Konzernobergesellschaft als Spitzenorganisation (vgl. § 2 Rn. 90) in analoger Anwendung von Abs. 2. Da die Bevollmächtigung der Spitzenorganisation nicht formbedürftig ist (vgl. Rn. 58), bedarf es keiner besonderen Beschlussfassung der Leitungsorgane der Konzernunternehmen über eine Abschlussvollmacht.[216]
- Weniger weitreichend ist der Vorschlag, die Konzernobergesellschaft gegenüber der Gewerkschaft **schuldrechtlich zu verpflichten**, die Anwendung eines bestimmten Tarifvertrags bei allen abhängigen Unternehmen konzerneinheitlich durchzusetzen. Der Tarifvertrag würde in diesem Fall nicht unmittelbar gelten, sondern lediglich auf arbeitsvertraglicher Ebene Verbindlichkeit erlangen.[217]

---

207 Däubler-Peter, Rn. 90; KeZa-Stein, Rn. 95f.; a.A. Däubler, TVR Rn. 67.
208 Däubler, a.a.O., Rn. 68; Wiedemann-Oetker, Rn. 101.
209 Zu den Einzelheiten des Konzernbegriffs Kittner/Zwanziger/Deinert-Deinert, § 5 Rn. 57ff., 79ff.
210 BAG 17.10.07 – 4 AZR 1005/06, NZA 08, 713; eingehend m.w.N. Däubler-Peter, Rn. 91ff.
211 BAG 17.10.07 – 4 AZR 1005/06, a.a.O.
212 BAG 29.6.04 – 1 AZR 143/03, AP Nr. 36 zu § 1 TVG.
213 Däubler-Peter, Rn. 93ff.; Kilg/Muschal, BB 07, 1670.
214 Unter Einbeziehung aller Konzernunternehmen auf Arbeitgeberseite BAG 8.11.06 – 4 AZR 590/05, AP Nr. 33 zu § 5 TVG; BAG 29.6.04 – 1 AZR 143/03, AP Nr. 36 zu § 1 TVG.
215 Dazu insgesamt eingehend Kilg/Muschal, BB 07, 1670.
216 Däubler-Peter, Rn. 96.
217 Däubler-Peter, Rn. 95; Wiedemann-Oetker, Rn. 144f.

2.2.2 Vereinigungen von Arbeitgebern

Neben dem einzelnen Arbeitgeber werden in Abs. 1 »Vereinigungen von Arbeitgebern« als Tarifvertragspartei genannt. Damit sind die **Arbeitgeberverbände** angesprochen, die i.d.R. in der Rechtsform des Vereins als Zusammenschluss von Arbeitgebern bestimmter Branchen und/oder Regionen auftreten. 78

Arbeitgeberverbände müssen die **Merkmale einer arbeitsrechtlichen Koalition** (vgl. Grundl. Rn. 70ff.) und die Voraussetzungen der Tariffähigkeit erfüllen. Der mit der Tarifautonomie verfolgte Zweck, die strukturelle Unterlegenheit der Arbeitnehmer/innen beim Aushandeln der Arbeitsbedingungen annähernd zu kompensieren und deren tarifvertragliche Gestaltung sicherzustellen, führt zu **unterschiedlichen Anforderungen an die Tariffähigkeit** von Arbeitnehmer- und Arbeitgeberkoalition[218], die sich nicht zuletzt aus der sozialen Entstehungsgeschichte von Arbeitgeberverbänden als Reaktion auf die Gründung von Gewerkschaften ableiten lassen.[219] Insofern sind von Arbeitgeberverbänden – teilweise im Unterschied zu Gewerkschaften (vgl. Rn. 12ff.) – die folgenden Voraussetzungen für Tariffähigkeit zu erfüllen:

a) Verbandszweck

Ein Arbeitgeberverband muss sich als **satzungsgemäße Aufgabe** die Interessenvertretung der Mitglieder in ihrer Funktion als Arbeitgeber auf dem Gebiet der Arbeits- und Wirtschaftsbedingungen zum Ziel gesetzt haben. Die Verfolgung weiterer Ziele, etwa die Wahrung der Brancheninteressen der Mitglieder gegenüber der Öffentlichkeit und dem Gesetzgeber, sind für die Tariffähigkeit unschädlich. Lediglich reine Industrie- bzw. Wirtschaftsverbände, die sich z.B. auf die wirtschafts-, finanz- und steuerpolitische Interessenvertretung gegenüber staatlichen Institutionen beschränken, sind keine Vereinigungen von Arbeitgebern i.S.d. Abs. 1.[220] 79

b) Tarifwilligkeit

Die **Tarifwilligkeit** eines Arbeitgeberverbands ist mit der Wahrnehmung der Interessen der Mitglieder in ihrer Funktion als Arbeitgeber auf dem Gebiet der Arbeits-und Wirtschaftsbedingungen (vgl. Rn. 79) zwingend verbunden. Einer ausdrücklichen Regelung der Tarifwilligkeit in der Satzung bedarf es nicht[221] – im Gegenteil: Solange die Arbeitgebervereinigung zumindest noch teilweise die Interessen ihrer Mitglieder in deren Funktion als Arbeitgeber wahrnimmt, bleibt sie tariffähig,[222] selbst wenn sie ihre gewollte Tarifunfähigkeit durch entsprechende Satzungsänderung dokumentiert. Eine Vereinigung von Arbeitgebern kann ihre Tariffähigkeit deshalb nicht dadurch beseitigen, dass sie, etwa 80

---

218 BAG 20.11.90 – 1 ABR 62/89, AP Nr. 40 zu § 2 TVG.
219 KeZa-Stein, Rn. 99.
220 KeZa-Stein, Rn. 103.
221 Im Ergebnis übereinstimmend Däubler-Peter, Rn. 108; KeZa-Stein, Rn. 102; a.A. Löwisch/Rieble, Rn. 147, 150; Wiedemann-Oetker, Rn. 42ff.
222 Däubler-Peter, Rn. 109.

als Reaktion auf Tarifforderungen einer Gewerkschaft, erklärt, sie sei tarifunwillig (zu den sog. OT-Verbänden vgl. § 3 Rn. 42ff.) oder der Abschluss von Tarifverträgen gehöre nun nicht mehr zu den Aufgaben des Arbeitgeberverbands.[223]
Der Umfang der Tarifwilligkeit kann in der Satzung des Arbeitgeberverbands auch nicht auf bestimmte Regelungsgegenstände (z.B. Entgelt), bestimmte Gewerkschaften als Vertragspartei auf der Gegenseite[224] oder auf einen Teil der Mitglieder des Arbeitgeberverbands beschränkt werden. Die Tariffähigkeit ist **unteilbar.**[225]

c) Freiwilliger Zusammenschluss

81 Die tarifautonome und eigenverantwortliche Gestaltung der Arbeits- und Wirtschaftsbedingungen setzt zwingend die **Freiwilligkeit des Zusammenschlusses** der beteiligten Arbeitgeberkoalitionen voraus und wäre etwa mit einer staatlich angeordneten Zwangsmitgliedschaft von Arbeitgebern in Arbeitgeberverbänden nicht vereinbar.[226]

d) Dauerhafte Organisation

82 Als Koalition i. S. v. Art. 9 Abs. 3 GG muss auch der tariffähige Arbeitgeberverband (zur Gewerkschaft vgl. auch Rn. 17) **auf Dauer angelegt** sein und über eine **körperschaftliche Struktur** verfügen. Diese Voraussetzung wird von privatrechtlichen Vereinigungen in der Rechtsform des Vereins erfüllt. Der Bestand und die Struktur der Vereinigung müssen dauerhaft gesichert und vom Wechsel der Mitglieder weitgehend unabhängig sein sowie im Rahmen der Tarifzuständigkeit der Vereinigung den Außenseitern den jederzeitigen Eintritt ermöglichen.[227] Haben sich mehrere Arbeitgeber zu einer BGB-Gesellschaft zusammengeschlossen und schließen so einen Tarifvertrag ab, handelt es sich um eine **Tarifgemeinschaft mehrerer einzelner Arbeitgeber**, die wirksam einen mehrgliedrigen Tarifvertrag abschließen kann.[228]

e) Demokratische Binnenstruktur

83 Wegen der unterschiedlichen sozialen Zusammensetzung von Arbeitnehmer- und Arbeitgeberkoalitionen und ihres verschiedenartigen strukturellen Aufbaus folgt die **Willensbildung in Arbeitgeberverbänden** zulässigerweise nicht dem Prinzip der Stimmgleichheit der Mitglieder, sondern orientiert sich wegen der Verfolgung von Eigentümerinteressen an der wirtschaftlichen Bedeutung der Mitglieder, sodass für das Stimmgewicht die An-

---

223 Sog. gewollte Tarifunfähigkeit, vgl. KeZa-Stein, Rn. 103; a.A. Löwisch/Rieble, Rn. 152.
224 Löwisch/Rieble, Rn. 155; Wiedemann-Oetker, Rn. 370.
225 Däubler-Peter, Rn. 122; Wiedemann-Oetker, a.a.O.; zur Problematik der sog. OT-Mitgliedschaft vgl. Rn. 120, § 3 Rn. 42ff.
226 KeZa-Stein, Rn. 103; zur Tariffähigkeit von Handwerksinnungen vgl. Rn. 88.
227 Wiedemann-Oetker, Rn. 179.
228 Wiedemann-Oetker, Rn. 235; zum Begriff des mehrgliedrigen Tarifvertrags vgl. Rn. 4a und § 1 Rn. 18; zur Tarifzuständigkeit bei mehrgliedrigen Tarifverträgen vgl. Bayreuther, NZA 12, 14.

zahl der Beschäftigten, die Lohn- und Gehaltssumme oder die Höhe der Beitragszahlungen maßgebend sind.[229]

Vereins- oder verbandsrechtlich können der Arbeitgebervereinigung nach Meinung des BAG Unternehmen angehören, die nicht tarifwillig sind und sich nicht der Tarifgeltung unterwerfen wollen (**OT-Mitglieder**; ausführlich dazu § 3 Rn. 42ff.). Allerdings: Sobald diese Einfluss auf tarifpolitische Entscheidungen nehmen können, müssen sie tarifrechtlich gebunden werden.[230] 84

f) Gegnerfreiheit

Nach h.M. gilt das Prinzip der **Gegnerfreiheit** als Merkmal der Tariffähigkeit auch für Arbeitgeberverbände.[231] Ein Arbeitgeberverband darf danach nicht (z.B. aufgrund personeller, finanzieller oder organisatorischer Verflechtungen) unter dem Einfluss der Gewerkschaft als sozialem Gegenspieler stehen, was aufgrund der tatsächlichen Machtverteilung zwischen Arbeitnehmer- und Arbeitgeberseite weder historisch noch aktuell eine reale Gefahr war bzw. ist. Auch die **Unternehmensmitbestimmung** führt nicht zu einer Einschränkung der Gegnerfreiheit der Arbeitgeberverbände.[232] 85

Darüber hinausgehende Anforderungen sind an die Tariffähigkeit von Arbeitgeberverbänden nicht zu stellen.[233] Der Arbeitgeberverband muss vor allem nicht die Merkmale der **Arbeitskampfbereitschaft** (vgl. Rn. 26ff.) und der **Mächtigkeit** (vgl. Rn. 31ff.) erfüllen.[234] Dies ist dadurch begründet, dass bei den Arbeitgeberverbänden aufgrund ihrer **strukturell begründeten Überlegenheit** und **Verhandlungsstärke** zur Gegenmachtbildung – anders als bei den Gewerkschaften – die Druckausübung mit dem Mittel des Arbeitskampfes (d.h. im Fall der Arbeitgeberverbände mit der Aussperrung, vgl. AKR Rn. 7ff., 322ff.) für das Funktionieren der Tarifautonomie nicht notwendig ist.[235] 86

Zudem ergibt sich aus der Regelung des Abs. 1, nach der die Tariffähigkeit jedes einzelnen Arbeitgebers gesetzlich angeordnet wird, notwendig, dass weder die Tariffähigkeit des einzelnen Arbeitgebers (vgl. Rn. 66ff.) noch eines Arbeitgeberverbands von der Voraussetzung der Mächtigkeit abhängt.[236] Wenn der Gesetzgeber die Tariffähigkeit des einzelnen 87

229 Däubler-Peter, Rn. 117; KeZa-Stein, Rn. 114.

230 BAG 22.4.09 – 4 AZR 111/08, BAGE 130, 264 (Einfluss von Mitgliedern auf den Arbeitskampffonds); bestätigt durch BVerfG 1.12.10 – 1 BvR 2593/09, NZA 11, 60; s.a. BAG 15.12.10 – 4 AZR 256/09, NZA-RR 12, 260, 261.

231 Ständige Rechtsprechung BVerfG 18.11.54 – 1 BvR 629/52, AP Nr. 1 zu Art. 9 GG; 6.5.64 – 1 BvR 79/62, AP Nr. 15 zu § 2 TVG; 1.3.79 – 1 BvR 532/77, 1 BvR 533/77, 1 BvR 419/78, 1 BvL 21/78, AP Nr. 1 zu § 1 MitbestG; Däubler-Peter, Rn. 113; Wiedemann-Oetker, Rn. 316ff. m.w.N.; abl. mit eingehender Begründung KeZa-Stein, Rn. 105ff.

232 BVerfG 1.3.79 – 1 BvR 532/77, 1 BvR 533/77, 1 BvR 419/78, 1 BvL 21/78, a.a.O.

233 Däubler-Peter, Rn. 112.

234 Däubler-Peter, Rn. 115; KeZa-Stein, Rn. 112f.

235 KeZa-Stein, Rn. 112f.

236 BAG 20.11.90 – 1 ABR 62/89, AP Nr. 40 zu § 2 TVG = NZA 91, 428; vgl. auch BVerfG 20.10.81 – 1 BvR 404/78, AP Nr. 31 zu § 2 TVG; Däubler-Peter, Rn. 116; Gamillscheg, S. 438f.; KeZa-Stein, Rn. 112; Kissel, S. 107f.; a.A. Löwisch/ Rieble, Rn. 136; kritisch auch ErfK-Linsenmaier, GG Art. 9 Rn. 67; ErfK-Franzen, TVG § 2 Rn.11; Hanau, NZA 03, 128, 129; JKO-Oetker, § 2 Rn. 121; Schrader, NZA 01, 1337.

Arbeitgebers nicht von dessen Mächtigkeit abhängig gemacht hat, kann für einen Arbeitgeberverband als Zusammenschluss einzelner Arbeitgeber nichts anderes gelten (abgesehen davon, dass weder historisch noch aktuell der **»völlig machtlose« Arbeitgeberverband**[237] als reales Problem existiert).

88 Unabhängig von den Tariffähigkeitsvoraussetzungen des Abs. 2 hat der Gesetzgeber die **Handwerksinnungen** und **Innungsverbände** als Tarifvertragsparteien auf Arbeitgeberseite für tariffähig erklärt (vgl. §§ 54 Abs. 3 Nr. 1, 82 Nr. 3 und 85 Abs. 2 HandWO). Handwerksinnungen sind Körperschaften des öffentlichen Rechts (§ 53 HandWO) als freiwilliger Zusammenschluss selbstständiger Handwerker auf bezirklicher Ebene. Die Landes- und Bundesinnungsverbände sind juristische Personen des Privatrechts (§ 80 HandWO). Der Beitritt der Handwerksinnungen zu den Landesinnungsverbänden und deren Beitritt zum Bundesinnungsverband sind freiwillig.

Da den Innungen und Innungsverbänden durch den Gesetzgeber der Abschluss von Tarifverträgen als Aufgabe zugewiesen worden ist, ist es den Innungen auch verwehrt, Mitgliedschaften einzelner Betriebe ohne Tarifbindung zu zulassen[238] (zur sog. OT-Mitgliedschaft in Arbeitgeberverbänden vgl. § 3 Rn. 42ff.). Diese **gesetzliche Verleihung der Tariffähigkeit** ist verfassungsrechtlich unbedenklich,[239] da es sich auch bei den Innungen um freiwillige Zusammenschlüsse handelt und mit ihrer Tariffähigkeit eine Aushöhlung der Koalitionsfreiheit nicht verbunden ist: Die Bildung zusätzlicher Arbeitgeberverbände im Bereich des Handwerks ist nicht ausgeschlossen. Ein Bundesinnungsverband kann als oberste Spitzenorganisation (vgl. Rn. 90) Tarifverträge für die Mitglieder der Landesinnungsverbände und – darüber vermittelt – auch für die Mitglieder der in den Landesinnungsverbänden zusammengeschlossenen Innungen abschließen.[240]

89 Innungen sind auch befugt – etwa als Alternative zum Zusammenschluss zu Landesinnungsverbänden (§ 79 HandWO) – einem **Arbeitgeberverband** oder einem **Zusammenschluss von Arbeitgeberverbänden** beizutreten. Das Recht, Tarifverträge abzuschließen, muss von den Innungen nicht selbst ausgeübt werden, sondern kann von diesen auch auf einen Arbeitgeberverband oder eine Spitzenorganisation übertragen werden.[241]

2.2.3 Spitzenorganisationen

90 Schließen sich Arbeitgeberverbände zu **Spitzenorganisationen** (Abs. 2 und 3) bzw. zu Dachverbänden zusammen, können diese wie gewerkschaftliche Spitzenorganisationen unter den folgenden Voraussetzungen Tarifverträge abschließen:

a) Die Spitzenorganisation erhält von ihren Mitgliedern eine **Vollmacht** zum Abschluss von Tarifverträgen. Der Tarifabschluss erfolgt dann **im Namen der Mitgliedsverbände** als Tarifvertragsparteien (Abs. 2).[242]

237 ErfK-Dieterich, Art. 9 GG Rn. 67.
238 VG Braunschweig 17.3.10 – 1 A 272–274/08, GewArch 10, 314.
239 BVerfG 19.10.66 – 1 BvL 24/65, AP Nr. 24 zu § 2 TVG; BAG 6.5.03 – 1 AZR 241/02, NZA 04, 562.
240 BAG 6.5.03 – 1 AZR 241/02, a.a.O.
241 BAG 6.5.03 – 1 AZR 241/02, NZA 04, 562.
242 Ausführlich BAG 29.6.04 – 1 AZR 143/03, AP Nr. 36 zu § 1 TVG (Arbeiterwohlfahrt).

b) Die Spitzenorganisation tritt selbst als Tarifvertragspartei auf und schließt Tarifverträge **im eigenen Namen** ab (Abs. 3). Dies setzt u.a. voraus, dass der **Abschluss von Tarifverträgen zu den satzungsgemäßen Aufgaben** der Spitzenorganisation gehört. Spitzenorganisationen nach Abs. 3 können auf Arbeitgeberseite neben tariffähigen Arbeitgeberverbänden auch tariffähige Einzelmitglieder angehören.[243]

Im Einzelnen gilt dasselbe wie für die Spitzenorganisationen auf Arbeitnehmerseite (vgl. dazu Rn. 57ff.).

2.3 Internationale Tarifvertragsparteien

Das EU-Recht enthält bisher **keine eigenständige rechtliche Ausgestaltung eines europäischen Tarifvertragsrechts** (vgl. dazu Grundl. Rn. 117ff.), so dass für den Abschluss von **grenzüberschreitenden Tarifverträgen** durch mehrere nationale oder internationale Tarifvertragsparteien eine spezielle normative Grundlage fehlt (vgl. dazu genauer Grundl. Rn. 112ff.; Rn. 117ff.). Ansätze einer internationalen Tarifpolitik (vgl. auch Grundl. Rn. 117ff.)[244] sind im Wesentlichen auf zwei Ebenen auszumachen: 91

Nationale Gewerkschaften könnten sich zu **international tätigen Spitzenorganisationen** zusammenschließen, wie dies etwa im Fall der Internationalen Transportarbeiterföderation (ITF) mit Sitz in London bereits geschehen ist.[245] 92

Weitgehend ungeklärt sind allerdings die Fragen, welche (nationalen) Anforderungen an die Tariffähigkeit derartiger Organisationen zu stellen sind und **welches nationale Recht** auf die von internationalen Spitzenorganisationen abgeschlossenen Tarifverträge anzuwenden ist.[246] Mangels einer speziellen europarechtlichen Regelung kommt dafür nur jeweils eine mitgliedstaatliche Rechtsordnung in Betracht. Die Wahl der Rechtsordnung richtet sich dabei nach den Bestimmungen des Kollisionsrechts/Internationalen Privatrechts; danach können die Tarifparteien für ihre schuldrechtlichen Verpflichtungen wählen, welches Recht anwendbar sein soll. Auf die Wirkungen im Arbeitsverhältnis haben die Tarifparteien jedoch keinen Einfluss; hier entscheidet letztlich der »gewöhnliche Arbeitsort« des jeweiligen Arbeitnehmers oder der Arbeitnehmerin darüber, nach welcher Rechtsordnung sich die individualrechtlichen Wirkungen des Tarifvertrags richten (vgl. Grundl, Rn. 113).[247] 93

Auf einen einzigen Staat bezogene Gewerkschaften können auch für ihre **im Ausland tätigen Mitglieder** Tarifverträge abschließen. Die Frage, welches Recht auf solche Tarifverträge anwendbar ist, richtet sich nach den gleichen Grundsätzen wie bei Spitzenorganisationen (vgl. zuvor Rn. 93). Denkbar wäre auch die Gründung internationaler bzw. europäischer Branchengewerkschaften mit internationalem bzw. EU-weitem Zuständigkeitsbereich. Bei Anwendung deutschen Rechts sind für die Tariffähigkeit auch hier die 94

243 BAG 22.3.00 – 4 ABR 79/98, AP Nr. 49 zu § 2 TVG.
244 Däubler-Peter, Rn. 63ff.
245 Vgl. zu deren tarifpolitischen Aktivitäten Zachert, NZA 00, 121.
246 Zu den Einzelheiten vgl. Däubler-Peter, Rn. 68ff. m.w.N.; zur ITF vgl. die BAG 16.2.00 – 4 AZR 14/99, AP Nr. 54 zu § 2 TVG mit Anm. Thüsing/Goertz: es blieb offen, ob es sich bei der ITF um eine tariffähige Spitzenorganisation handelt; vgl. dazu auch EuGH 11.12.07 – C-438/05, AuR 08, 55.
247 Ausführlich KeZa-Kocher, § 4 Rn. 25ff.

Tariffähigkeitsvoraussetzungen des § 2 (vgl. dazu Rn. 12ff.) durch die beteiligten Tarifvertragsparteien maßgeblich.

94a Tarifpolitisch besteht zurzeit das Problem, dass i.d.R. **auf Arbeitgeberseite tarifwillige Vertragsparteien** fehlen.[248]

> **Beispiel:**
> Die Mitglieder der Gewerkschaft International and European Public Services Organisation (IPSO) haben im Jahr 2009 mit einem Warnstreik dagegen protestiert, dass die Europäische Zentralbank (EZB) Tarifverhandlungen verweigerte und die Altersversorgung verschlechterte.[249]
> Die von den Beschäftigten der Europäischen Zentralbank (EZB) gegründete Gewerkschaft Union of the Staff of the European Central Bank (USE) und die Gewerkschaft International and European Public Services Organisation (IPSO) werden von der EZB als Tarifvertragspartei aber nicht anerkannt, sondern lediglich freiwillig im Rahmen eines institutionellen sozialen Dialogs zu Personalfragen beteiligt.[250]

3. Beginn und Ende der Tariffähigkeit

95 Die **Tariffähigkeit des einzelnen Arbeitgebers** (vgl. Rn. 66ff.) **beginnt** i.d.R. mit dem Abschluss des ersten Arbeitsvertrags, kann aber bereits dann vorliegen, wenn der Abschluss von Arbeitsverträgen beabsichtigt ist,[251] wie etwa im Fall der Ausgründung von Tochtergesellschaften. Der Abschluss eines Firmentarifvertrags ist bereits mit einer Gründungsgesellschaft möglich. Die Rechte und Pflichten aus einem Firmentarifvertrag mit einer Gründungsgesellschaft gehen mit der Eintragung der Gesellschaft auf diese über.[252] Der mit einer Vorgründungsgesellschaft abgeschlossene Firmentarifvertrag muss später von der (Gründungs-)Gesellschaft genehmigt werden (§ 177 BGB).[253]

96 Die **Beendigung der Tariffähigkeit des einzelnen Arbeitgebers** setzt seinen ersatzlosen Wegfall voraus; die vorübergehende Stilllegung des Betriebs oder Nichtbeschäftigung von Arbeitnehmern reicht nicht aus.[254] Im Fall der **Insolvenz** bleibt die Tariffähigkeit unberührt, die Arbeitgeberstellung geht auf den Insolvenzverwalter über[255] (vgl. auch § 3 Rn. 86). Beim **Tod des Arbeitgebers** als natürliche Person geht die Arbeitgeberstellung auf die Erben über.

Wird ein die Arbeitgeberstellung einnehmendes **Unternehmen aufgelöst**, entfällt die Tariffähigkeit nicht bereits mit dem Übergang in die Liquidationsphase, sondern bleibt

---

248 Vgl. Däubler-Peter, Rn. 63ff. und das Beispiel des Tarifvertrags der NGG mit dem Italienischen Arbeitgeberverband der Eiskonditoren »Uniteis« für die italienischen Angestellten in Eisdielen in der Bundesrepublik Deutschland, dazu Däubler-Peter, Rn. 65, und NZA 93, 302.

249 FR 2.6.09; Pressemitteilung IPSO 2.4.09 – www.ipso.de

250 Pressemitteilung EZB v. 5.10.00.

251 Däubler-Peter, Rn. 99; Löwisch/Rieble, Rn. 370.

252 BAG 24.6.98 – 4 AZR 208/97, AiB 99, 236 = AP Nr. 1 zu § 20 UmwG; 24.1.01 – 4 ABR 4/00, NZA 01, 1149.

253 BAG 24.1.01 – 4 ABR 4/00, a.a.O.

254 Löwisch/Rieble, Rn. 373.

255 Däubler-Peter, Rn. 100.

bei Weiterbeschäftigung von Arbeitnehmern bis zum **Abschluss der Liquidation** bestehen.[256]

Die **Veräußerung eines Unternehmens** (oder von Unternehmensteilen) oder dessen sonstige Übertragung im Wege von **Unternehmensumstrukturierungen** (etwa Verschmelzung, Spaltung) stellt kein Problem der Beendigung der Tariffähigkeit des einzelnen Arbeitgebers, sondern der Fortgeltung der vor der Unternehmensumstrukturierung von diesem abgeschlossenen Tarifverträge dar (vgl. dazu § 3 Rn. 98ff.).

Die **Tariffähigkeit** von Gewerkschaften (vgl. Rn. 6ff.) und Arbeitgeberverbänden (vgl. 97
Rn. 78ff.) **beginnt** mit dem Zeitpunkt, zu dem sie die Voraussetzungen der Tariffähigkeit zum ersten Mal erfüllen[257] (vgl. dazu Rn. 2ff., 12ff.) Rechtliche Mängel bei der Vereinsgründung führen nicht zur Einschränkung der Tariffähigkeit, solange grundsätzlich eine dauerhafte Organisation besteht.[258]

Die **Beendigung** der Tariffähigkeit kann bei **Gewerkschaften** durch den nachträglichen 98
Wegfall einzelner Voraussetzungen der Tariffähigkeit eintreten, etwa der Mächtigkeit (vgl. Rn. 31ff.), oder durch ihre Auflösung.[259]

Bei der **Auflösung einer Gewerkschaft oder eines Arbeitgeberverbands** endet die Tarif- 99
fähigkeit nicht zum Zeitpunkt des Eintritts in die Liquidationsphase, sondern erst nach Beendigung des Liquidationszeitraums.[260] Die Tariffähigkeit der Tarifvertragspartei in der Liquidation umfasst allerdings nur noch die Befugnis, auf den Zeitpunkt der Beendigung der Liquidation befristete Tarifverträge abzuschließen.[261] Zur Fortgeltung der Tarifverträge bei Auflösung einer Tarifvertragspartei vgl. § 3 Rn. 82.

Im Fall der **Insolvenz eines Arbeitgeberverbands** bleibt dessen Tariffähigkeit beste- 100
hen.[262]

Verändert ein Arbeitgeberverband seinen Verbandszweck und sein tatsächliches Han- 101
deln dahingehend, dass er auf eine Wahrnehmung der Interessen seiner Mitglieder in ihrer Funktion als Arbeitgeber auf dem Gebiet der Arbeits- und Wirtschaftsbedingungen völlig verzichtet, endet die Tariffähigkeit, sobald die Änderung des Verbandszwecks wirksam wird.[263] Davon zu unterscheiden ist die sog. gewollte Tarifunfähigkeit einer ansonsten alle Anforderungen an eine Tarifvertragspartei erfüllenden Vereinigung von Arbeitgebern; insofern kann die Tariffähigkeit durch bloße Erklärung des Verzichts auf den Abschluss von Tarifverträgen und/oder eine entsprechende Änderung der Satzung allein nicht beendet werden (vgl. Rn. 80).[264]

---

256 Däubler-Peter, Rn. 104; Löwisch/Rieble, Rn. 376f.
257 Differenzierend für rechtsfähige Vereine im Stadium des nicht rechtsfähigen Vorvereins vor der beabsichtigten Eintragung Löwisch/Rieble, Rn. 25.
258 Löwisch/Rieble, Rn. 26.
259 BAG 25. 9. 90 – 3 AZR 266/89, AP Nr. 8 zu § 9 TVG.
260 Däubler-Peter, Rn. 152; Wiedemann-Oetker, Rn. 38ff.; jetzt auch BAG 23. 1. 08 – 4 AZR 312/01, NZA 08, 771; a. A. noch BAG 15. 10. 86 – 4 AZR 289/85, AP Nr. 4 zu § 3 TVG = NZA 87, 246 (das aber von einer Nachwirkung ausging); 28. 5. 97 – 4 AZR 546/95, DB 97, 2229; 25. 9. 90 – 3 AZR 266/89, AP Nr. 8 zu § 9 TVG; Löwisch/Rieble, Rn. 28.
261 Däubler-Peter, Rn. 152; Wiedemann-Oetker, Rn. 41.
262 BAG 27. 6. 00 – 1 ABR 31/99, AP Nr. 56 zu § 2 TVG.
263 Däubler-Peter, Rn. 160; KeZa-Stein, Rn. 138.
264 Däubler-Peter, Rn. 108; a. A. Löwisch/Rieble, Rn. 152.

102 Die Tariffähigkeit von **Spitzenorganisationen** (vgl. Rn. 57ff.) endet im Fall des Abs. 2 durch nachträgliches Entziehen der Vollmacht, im Fall des Abs. 3 durch entsprechende Satzungsänderung, durch Auflösung der Spitzenorganisation oder durch Beendigung der Tariffähigkeit einzelner oder mehrerer Mitglieder der Spitzenorganisation (vgl. Rn. 60f.).

103 Für die Geltung eines Tarifvertrags kommt es auf die **Tariffähigkeit im Zeitpunkt des Vertragsabschlusses** an. Bereits abgeschlossene Tarifverträge gelten deshalb auch bei Beendigung der Tariffähigkeit einer Tarifvertragspartei, der Fusion von Tarifvertragsparteien und der Gründung von sog. OT-Verbänden oder der Einführung einer OT-Mitgliedschaft in einem Arbeitgeberverband fort (vgl. § 3 Rn. 87, 83f., 78; § 4 Rn. 297f.).

4. Tarifzuständigkeit

104 Die Tarifvertragsparteien (Abs. 1) können wirksame Tarifverträge nur im Rahmen ihrer **Tarifzuständigkeit** abschließen.[265] Mit der Tarifzuständigkeit wird der **Organisations- bzw. Geschäftsbereich einer Tarifvertragspartei** nach betrieblich-fachlichen, räumlichen und/oder persönlichen Gesichtspunkten abgegrenzt. Die Tarifzuständigkeit von **Spitzenorganisationen** (Abs. 2, 3) leitet sich aus der Tarifzuständigkeit ihrer Mitgliedsverbände ab und muss deshalb vollständig durch diese begründet sein (vgl. Rn. 61 f). Fehlt es bei einer der Mitgliedsgewerkschaften an der erforderlichen Tarifzuständigkeit, ist der von der Spitzenorganisation abgeschlossene Tarifvertrag unwirksam.[266] Auch bei Abschluss eines **mehrgliedrigen Tarifvertrags** durch mehrere Gewerkschaften (Tarifgemeinschaft) müssen die satzungsmäßigen Zuständigkeiten der Einzelgewerkschaften in ihrer Gesamtheit den Geltungsbereich des Tarifvertrags abdecken.[267]

4.1 Satzungsautonomie und ihre Grenzen

105 Die Notwendigkeit der Tarifzuständigkeit wird nicht – wie die Tariffähigkeit – vom Gesetzgeber bzw. durch die Rechtsprechung vorgegeben, sondern ist von Gewerkschaften und Arbeitgeberverbänden im Rahmen ihrer durch Art. 9 Abs. 3 GG garantierten **Satzungsautonomie** in ihrer Satzung selbst festzulegen.[268] Dabei sind die Tarifvertragsparteien in der Ausgestaltung grundsätzlich frei[269] und rechtlich nicht an bestimmte Organisationsprinzipien (z.B. Abgrenzung nach Branchen und Wirtschaftszweigen – sog. Industrieverbandsprinzip –, Organisationsprinzip »ein Betrieb – eine Gewerkschaft«, Berufsprinzip) gebunden.[270] Rechtlich ist es auch nicht erforderlich, die Tarifzuständigkeit räumlich oder fachlich zu beschränken; grundsätzlich dürfen die Tarifvertragsparteien

---

265 BAG 18.7.06 – 1 ABR 36/05, NZA 06, 1225.
266 A. A. Lembke, NZA 07, 1333, 1336f.
267 Bayreuther, NZA 12, 14, 16.
268 BAG 10.2.09 – 1 ABR 36/08, DB 09, 1657, 1658; 18.7.06 – 1 ABR 36/05, NZA 06, 1225, 1228; 27.9.05 – 1 ABR 41/04, NZA 06, 273, 277; 19.11.85 – 1 ABR 37/83, 27.11.64 – 1 ABR 13/63, AP Nrn. 4, 1 zu § 2 TVG Tarifzuständigkeit.
269 BAG 10.2.09 – 1 ABR 36/08, a.a.O.; 18.7.06 – 1 ABR 36/05, a.a.O.; 27.9.05 – 1 ABR 41/04, a.a.O.; 19.11.85 – 1 ABR 37/83, a.a.O.
270 BAG 10.2.09 – 1 ABR 36/08, a.a.O.

ihre Tarifzuständigkeit auf alle Wirtschaftszweige und/oder alle Arbeitnehmer erstrecken. Allerdings verbindet sich mit der Beanspruchung einer derartigen **Allzuständigkeit** das Risiko des Verlustes der Tariffähigkeit. Die Tariffähigkeit setzt nämlich die soziale Mächtigkeit und Durchsetzungsfähigkeit (vgl. dazu Rn. 31ff.) im beanspruchten Zuständigkeitsbereich voraus.[271]

Aus organisations- und tarifpolitischer Sicht der im DGB zusammengeschlossenen Gewerkschaften hat sich das **Industrieverbandsprinzip** in Kombination mit dem **Organisationsprinzip »ein Betrieb – eine Gewerkschaft«** historisch bewährt; nach überwiegender Auffassung ist es auch rechtspolitisch erwünscht.[272] Aus rechtlicher Sicht handelt es sich jedoch zunächst lediglich um eine **freiwillige Selbstverpflichtung,** die eine abweichende Regelung der Tarifzuständigkeit durch einzelne Gewerkschaften nicht verhindern kann. 106

Überschneiden sich Organisationsbereiche und konkurriert deshalb die Tarifzuständigkeit mehrerer Gewerkschaften, ist dies koalitions- und tarifrechtlich nicht zu beanstanden;[273] in Art. 9 Abs. 3 GG ist prinzipiell die Freiheit zur Bildung auch konkurrierender Gewerkschaften angelegt (zu der sich daraus ergebenden Problematik der **Tarifpluralität** § 4a Rn. 18; vgl. § 4 Rn. 82ff.).[274]

Kommt es (satzungs-)rechtlich zur Doppelzuständigkeit von DGB-Gewerkschaften,[275] kommt das Schiedsgerichtsverfahren nach § 16 der DGB-Satzung zur Anwendung (dazu genauer Rn. 121ff.). Möglich ist auch eine wechselseitige Anerkennung der doppelten Tarifzuständigkeit und die Vereinbarung einer Tarifgemeinschaft, über die dann eine **gemeinsame Tarifzuständigkeit** gegenüber der Arbeitgeberseite ausgeübt wird.[276]

Im Einzelnen ist es etwa zulässig, die Tarifzuständigkeit auf Teile eines Wirtschaftszweiges (auf einen, auf mehrere bzw. auf alle Wirtschaftszweige) zu erstrecken oder in die Tarifzuständigkeit zusätzlich einzelne Unternehmen aus anderen Wirtschaftszweigen aufzunehmen.[277] Es steht den Tarifvertragsparteien auch frei, ihre Tarifzuständigkeit **betriebs- oder unternehmensbezogen,**[278] orientiert an Unternehmensgruppen oder Konzernen oder auch nach **anderen Kriterien** auszugestalten.[279] (Zur Problematik von Berufsgruppen-, Sparten- oder Betriebsgewerkschaften vgl. Rn. 36; Grundl. Rn. 181f.; § 4 Rn. 53f., 85.) 107

Orientiert sich die Tarifzuständigkeit an Wirtschaftszweigen, kann die Satzung im Organisationsbereich tätige **branchenfremde Nebenbetriebe** oder Arbeitnehmer ein- oder ausschließen.[280] Schließlich ist es auch zulässig, die Tarifzuständigkeit lediglich für bestimmte Arbeitnehmer oder Arbeitgeber in einem, mehreren oder allen Wirtschaftszweigen festzulegen. 108

---

271 BAG 10.2.09 – 1 ABR 36/08, DB 09, 1657, 1658f.

272 Zur Praxis der im DGB zusammengeschlossenen Gewerkschaften vgl. auch BAG 27.9.05 – 1 ABR 41/04, NZA 06, 273; Däubler-Peter, Rn. 170; KeZa-Wendeling-Schröder, Rn. 155, 159f.

273 BAG 19.11.85 – 1 ABR 37/83, a.a.O.; 27.11.64 – 1 ABR 13/63, a.a.O.

274 KeZa-Wendeling-Schröder, Rn. 155.

275 BAG 27.9.05 – 1 ABR 41/04, NZA 06, 273.

276 BAG 27.9.05 – 1 ABR 41/04.

277 BAG 27.9.05 – 1 ABR 41/04, a.a.O.; 19.11.85 – 1 ABR 37/83, a.a.O.

278 BAG 27.9.05 – 1 ABR 41/04, a.a.O.; 25.9.96 – 4 AZR 209/95, DB 97, 433.

279 Däubler-Peter, Rn. 166; KeZa-Wendeling-Schröder, Rn. 154.

280 BAG 25.9.96 – 4 AZR 209/95, a.a.O.

109 Die **Tarifzuständigkeit des einzelnen Arbeitgebers** (zu seiner Tariffähigkeit gem. Abs. 1 vgl. Rn. 66ff.) erstreckt sich auf alle Betriebe seines Unternehmens.[281] Er verliert sie auch nicht, wenn er einem ebenfalls tarifzuständigen Arbeitgeberverband beitritt (vgl. zur Tariffähigkeit Rn. 66ff.).

110 Die Festlegung der Tarifzuständigkeit in der Satzung muss hinreichend deutlich bestimmt sein;[282] unbestimmte Satzungsbegriffe müssen zumindest im Wege der Auslegung zu einer eindeutigen Festlegung der Tarifzuständigkeit führen.[283] Die Normsetzungsbefugnis der Tarifvertragsparteien (vgl. § 1 Rn. 20ff., 103ff.) erfordert eine ausreichende **Transparenz der Zuständigkeitsgrenzen.** Die Abgrenzung des Zuständigkeitsbereichs muss für die handelnden Organe und die Mitglieder der Tarifvertragspartei selbst, für den sozialen Gegenspieler und für Dritte aus der Satzung zuverlässig zu ermitteln sein. Die Satzung einer Tarifvertragspartei ist nach den Grundsätzen der Gesetzesinterpretation auszulegen,[284] d.h., es ist auf den objektivierten Willen des Satzungsgebers abzustellen.
Die nach dieser Auslegungsmethode ermittelten Zuständigkeitsgrenzen können nicht durch die Annahme einer weitergehenden »**Annex-Zuständigkeit**« erweitert werden.[285] Hat eine Gewerkschaft in ihrer Satzung ihre Zuständigkeit auf Arbeitnehmer in kaufmännischen und verwaltenden Berufen beschränkt (wie etwa der DHV; zur Tariffähigkeit insofern vgl. Rn. 45), kann sie keine »Annex-Zuständigkeit« für Arbeitnehmer in anderen Berufsgruppen für sich beanspruchen.[286]

111 Die Tarifvertragsparteien können auf Grundlage ihrer vereins- und koalitionsrechtlich garantierten Satzungsautonomie einen einmal festgelegten satzungsgemäßen Zuständigkeitsbereich – unter Beachtung zwingender vereinsrechtlichen Vorschriften – **jederzeit erweitern oder einschränken**, wenn ihnen das erforderlich und zweckmäßig erscheint.[287]

112 Nach überwiegender Meinung handelt es sich bei der Anforderung der Tarifzuständigkeit nicht nur um eine satzungsrechtliche Anforderung. Die Einhaltung der satzungsgemäßen Bestimmungen hat danach tarifliche Bedeutung mit der Folge, dass ein **Tarifvertrag nichtig** ist, wenn eine nicht tarifzuständige Tarifvertragspartei am Abschluss eines Tarifvertrags beteiligt ist (vgl. dazu auch Rn. 5).[288] Deshalb ist auch ein **Streik** zur Durchsetzung eines solchen Tarifvertrags als **rechtswidrig** anzusehen. Genauer zu den Folgen fehlender Tarifzuständigkeit Rn. 122e.

---

281 Däubler-Peter, Rn. 167.
282 BAG 10.2.09 – 1 ABR 36/08, DB 09, 1657, 1659; Däubler-Peter, Rn. 165.
283 Vgl. dazu die Beispiele bei Löwisch/Rieble, Rn. 215ff.
284 BAG 10.2.09 – 1 ABR 36/08, a.a.O., 1658.
285 BAG 10.2.09 – 1 ABR 36/08, a.a.O., 1659.
286 BAG 10.2.09 – 1 ABR 36/08, a.a.O. Auch die vom DHV mit dem Ziel der partiellen Erweiterung seiner Zuständigkeit auf gewerbliche Arbeitnehmer im Jahr 2009 vorgenommene Satzungsänderung ist nicht geeignet, seine (partielle) Zuständigkeit auf Arbeitnehmer außerhalb der kaufmännischen und verwaltenden Berufe rechtswirksam zu begründen (LAG Hamburg 23.12.10 – 2 TaBV 3/10, bestätigt durch BAG 19.4.12 – 1 ABR 5/11, NZA 12, 1104; vgl. auch LAG Berlin-Brandenburg 7.12.09 – 23 TaBV 1016/09, AuR 10, 172, 173: Tarifzuständigkeit des DHV für Leiharbeitnehmer in kaufmännischen und verwaltenden Berufen).
287 BAG 10.2.09 – 1 ABR 36/08, a.a.O.
288 BAG 15.11.06 – 10 AZR 665/05, NZA 07, 448 – DHV; ArbG Berlin, 16.1.07 – 81 Ca 27913/05, AuR 07, 182 – CGZP.

Wird eine Tarifvertragspartei **außerhalb ihrer satzungsmäßig festgelegten Tarifzuständigkeit** tätig, kann dies nur unter engen Voraussetzungen zu einer konkludenten Erweiterung ihrer Tarifzuständigkeit führen.[289] Nur wenn eine solche Tarifpraxis über einen längeren Zeitraum andauert und von der Rechtsauffassung aller Beteiligten getragen wird, kann bei Tarifvertragsparteien in der Rechtsform des nicht rechtsfähigen Vereins gewohnheitsrechtlich von einer rechtswirksamen Änderung bzw. Ergänzung der Satzungsregelungen über deren Tarifzuständigkeit ausgegangen werden.[290] 113

Die autonome Festlegung der Tarifzuständigkeit in der Satzung tariffähiger Koalitionen findet ihre Grenzen, soweit dadurch in die Koalitionsfreiheit der jeweils anderen Tarifvertragspartei eingegriffen wird. Unzulässig wäre etwa die **Beschränkung der Tarifzuständigkeit** in der Satzung eines Arbeitgeberverbands auf bestimmte Regelungsgegenstände oder auf Tarifvertragsabschlüsse mit einer bestimmten Gewerkschaft.[291] 114

Die Tarifzuständigkeit kann auch nicht wirksam auf die eigenen Mitglieder beschränkt werden.[292] Diese im Zusammenhang mit der Einführung einer sog. **OT-Mitgliedschaft** in den Arbeitgeberverbänden (vgl. dazu § 3 Rn. 42ff.) entwickelte Satzungskonstruktion würde den Umfang der Tarifzuständigkeit von der Entscheidung einzelner Mitglieder über ihren Ein- und Austritt abhängig machen. Das wäre mit den Erfordernissen eines funktionsfähigen Tarifvertragssystems unvereinbar.[293] Es gilt deshalb der allgemeine Grundsatz: Kann ein Mitglied satzungsrechtlich unmittelbaren Einfluss auf tarifpolitische Entscheidungen (wie z.B. die Verwendung eines Arbeitskampffonds) nehmen, so ist es im Rahmen der Zuständigkeit des Arbeitgeberverbands auch an die entsprechenden Tarifverträge gebunden (vgl. Rn. 84 zur fehlenden Bedeutung für die Tariffähigkeit des Verbandes).[294]

4.2 Bestimmung der Zuständigkeit im Einzelfall

Die Tarifzuständigkeit der Gewerkschaft für den Abschluss eines Firmentarifvertrags mit einem einzelnen Arbeitgeber richtet sich bei Vorliegen einer satzungsmäßigen unternehmens- und wirtschaftszweigbezogenen Abgrenzung der Tarifzuständigkeit (**Industrieverbandsprinzip**) nach dem **überwiegenden,** das Unternehmen des Arbeitgebers prägenden **Unternehmensgegenstand.**[295] Tarifzuständig ist dann die Gewerkschaft, deren Organisationsbereich den Wirtschaftszweig erfasst, zu dem das Unternehmen seinem überwiegenden Unternehmensgegenstand nach gehört.[296] Das soll nicht nur für Unternehmen mit lediglich einem (Misch-)Betrieb, sondern auch dann gelten, wenn das Unternehmen 115

289 BAG 24.7.90 – 1 ABR 46/89, NZA 91, 21.
290 Däubler-Peter, Rn. 172, 183; Löwisch/Rieble, Rn. 235.
291 Wiedemann-Oetker, Rn. 81f.
292 BAG 18.7.06 – 1 ABR 36/05, NZA 06, 1225.
293 BAG 18.7.06 – 1 ABR 36/05, a.a.O., 1229f.
294 BAG 22.4.09 – 4 AZR 111/08, NZA 10, 105; BAG 15.12.10 – 4 AZR 256/09, NZA-RR 12, 260, 261, Rn. 26; zur Verfassungsmäßigkeit dieser Ansicht des BAG vgl. BVerfG 1.12.10 – 1 BvR 2593/09, NZA 11, 60.
295 BAG 22.11.88 – 1 ABR 6/87, DB 89, 1831; Däubler-Peter, Rn. 168; Wiedemann-Oetker, Rn. 68.
296 BAG 27.11.64 – 1 ABR 13/63, AP Nr. 1 zu § 2 TVG Tarifzuständigkeit.

mehrere Betriebe hat und einige, dem Unternehmen nicht das Gepräge verleihende Betriebe zu einem anderen Wirtschaftszweig gehören.[297]

Dies kann bei Unternehmen oder Unternehmensgruppen, die sich **in verschiedenen Wirtschaftszweigen** betätigen, zu problematischen Ergebnissen führen, etwa wenn ein Dienstleistungsunternehmen mit verschiedenen Betrieben gleichzeitig in den Wirtschaftszweigen Reinigungsgewerbe, Personennahverkehr und Gastronomie/Küchenservice tätig ist. Um für die jeweiligen Betriebe den branchentypischen und damit sachnäheren Tarifvertrag anwenden zu können, ist bei dieser Konstellation für die Tarifzuständigkeit deshalb auf den Gegenstand des einzelnen Betriebs des Unternehmens und nicht nur auf den, dem Unternehmen das Gepräge gebenden Betrieb abzustellen.[298] Dies muss zumindest dann gelten, wenn der Arbeitgeber durch Unternehmens- und/oder Betriebsumstrukturierungen, z.B. Fusionen, die bisher gegebene Tarifzuständigkeit einer Gewerkschaft und die Geltung der von dieser abgeschlossenen branchentypischen Tarifverträge beenden will (etwa zur Flucht aus der Tarifbindung oder in kostengünstigere Tarife). Nach Auffassung des BAG ist bei einer unternehmensbezogenen Ausgestaltung der Tarifzuständigkeit allerdings der das **Gesamtunternehmen prägende Unternehmensgegenstand** für alle Betriebe maßgebend, wobei es auf die Anzahl der für die verschiedenen arbeitstechnischen Zwecke eingesetzten Arbeitnehmer bzw. deren Arbeitszeit, sowie hilfsweise bzw. ergänzend ggf. auch auf den jeweiligen Anteil am Umsatz und Gewinn des Unternehmens ankommt.[299]

116 Ist die Tarifzuständigkeit in der Satzung einer Gewerkschaft auf Grundlage des Industrieverbandsprinzips nicht (oder nicht allein) unternehmens- sondern (auch) betriebsbezogen ausgestaltet, kann sie auch für einzelne Betriebe eines Unternehmens tarifzuständig sein.[300] Werden in einem Unternehmen verschiedene – unterschiedlichen Wirtschaftszweigen zugehörige – arbeitstechnische Zwecke im Rahmen nur eines **(Misch-)Betriebs** (etwa auf Grundlage einer Betriebsabteilungs- oder Spartenstruktur) realisiert, muss im Wege der **Auslegung der Satzung** der Gewerkschaft festgestellt werden, ob der Abgrenzung der Tarifzuständigkeit der allgemeine arbeitsrechtliche,[301] der betriebsverfassungsrechtliche[302] oder der tarifrechtliche Betriebsbegriff[303] zugrunde liegt und ob danach eine auf Betriebsabteilungen, Betriebssparten oder Nebenbetriebe bezogene Tarifzuständigkeit vorliegt.

116a Die gleichen Grundprinzipien gelten für die Abgrenzung der Zuständigkeitsbereiche von Gewerkschaften, die nicht nach dem Industrieverbandsprinzip, sondern nach einem **Berufsverbandsprinzip** organisiert sind. Allerdings scheidet hier eine Orientierung am Betrieb in der Regel aus. Stattdessen müssen die Tätigkeitsbereiche an den Arbeitsplätzen abgegrenzt werden. So ist z.B. der Bereich der Vorfeldkontrolle eines Flughafens (Vor-

---

297 BAG 22.11.88 – 1 ABR 6/87, a.a.O.

298 Däubler-Peter, Rn. 168; einschränkend KeZa-Wendeling-Schröder, Rn. 157.

299 BAG 22.11.88 – 1 ABR 6/87, a.a.O.; 22.9.93 – 10 AZR 535/91, AP Nr. 168 zu § 1 TVG Tarifverträge Bau.

300 BAG 25.9.96 – 1 ABR 4/96; 12.11.96 – 1 ABR 33/96, AP Nrn. 10, 11 zu § 2 TVG Tarifzuständigkeit; Däubler-Peter, Rn. 169; Wiedemann-Oetker, Rn. 69.

301 Vgl. Kittner/Zwanziger/Deinert-Deinert, § 4 Rn. 34ff.

302 Vgl. DKKW-Trümner, § 1 Rn. 31ff.

303 Vgl. KeZa-Stein, § 4 Rn. 99.

fe[l]dlotsen, Aproncontroller) keine »Flugsicherung«.[304] Die Vereinigung Cockpit e.V. (VC) und Unabhängiger Flugbegleiter Organisation (UFO) sind darüber hinaus wegen ihrer Satzungsbestimmungen auch damit gescheitert, eine Tarifzuständigkeit für das Bordpersonal in Anspruch zu nehmen.[305]

Die Tarifzuständigkeit einer Gewerkschaft für einen Arbeitgeber wird rechtlich nicht dadurch in Frage gestellt, dass dieser die Mitgliedschaft in einem bestimmten Arbeitgeberverband erwirbt oder dass die bei dem Arbeitgeber beschäftigten Arbeitnehmer in einer anderen Gewerkschaft organisiert sind.[306] 117

Die Tarifzuständigkeit der an einem Tarifabschluss beteiligten Tarifvertragsparteien auf Arbeitnehmer- und Arbeitgeberseite muss **nicht deckungsgleich** sein. Beide Seiten müssen aber in vollem Umfang für den von beiden Seiten vereinbarten Geltungsbereich des Tarifvertrags zuständig sein.[307] 118

Die Voraussetzung der Tarifzuständigkeit für den gesamten Geltungsbereich des Tarifvertrags gilt auch, wenn es um einen **Tarifvertrag über betriebsverfassungsrechtliche Normen** geht, z.B. eine tarifvertragliche Erweiterung von Mitbestimmungsrechten. Die tarifschließende Gewerkschaft muss dann für alle Arbeitsverhältnisse der erfassten betrieblichen Einheiten zuständig sein. Die Vereinigung Cockpit e.V. (VC) und Unabhängiger Flugbegleiter Organisation (UFO) konnten deshalb auf tariflichem Wege keine Beteiligungsrechte für Besatzungsumläufe des Bordpersonals regeln, da sie für diese nicht zuständig waren.[308] 119

Hinweis für den Betriebs- und Personalrat

Will eine Gewerkschaft ihre Rechte und Befugnisse aus dem BetrVG oder den Personalvertretungsgesetzen wahrnehmen, setzt dies voraus, dass sie mit mindestens einem Mitglied im Betrieb bzw. in der Dienststelle vertreten ist,[309] das nach der Satzung der Gewerkschaft nicht offensichtlich zu Unrecht als Mitglied in die Gewerkschaft aufgenommen wurde. Die **Wahrnehmung betriebs- oder personalvertretungsrechtlicher Befugnisse** und Rechte setzt demgegenüber zwar die Tariffähigkeit, **nicht aber die Tarifzuständigkeit** der Gewerkschaft für den Betrieb oder die Dienststelle voraus (siehe auch Rn. 6).[310]

Die Tarifzuständigkeit einer Tarifvertragspartei kann nachträglich während der Laufzeit eines Tarifvertrags wegfallen. Dies kann folgende Gründe haben: 120

- **Satzungsänderung** einer Tarifvertragspartei oder
- **Veränderung des überwiegenden arbeitstechnischen Zwecks eines Unternehmens oder Betriebs** mit der Folge des Wegfalls der Tarifzuständigkeit des Arbeitgeberverbands und/oder der Gewerkschaft beim Verbandstarifvertrag oder der Tarifzuständigkeit der Gewerkschaft beim Firmentarifvertrag.

304 Hessisches LAG 11.1.07 – 9 SaGa 2098/06.
305 BAG 14.1.14 – 1 ABR 66/12, NZA 14, 910.
306 BAG 24.7.90 – 1 ABR 46/89, NZA 91, 21; Däubler-Peter, Rn. 167; Wiedemann-Oetker, Rn. 68.
307 BAG 14.1.14 – 1 ABR 66/12, NZA 14, 910; siehe auch Däubler-Peter, Rn. 174.
308 BAG 14.1.14 – 1 ABR 66/12, NZA 14, 910.
309 Vgl. dazu die Einzelheiten bei DKKW-Berg, § 2 Rn. 29; Altvater u.a., § 2 Rn. 26.
310 BAG 10.11.04 – 7 ABR 19/04, NZA 05, 426. 13.3.07 – 1 ABR 24/06, NZA 07, 1069.

Auch in einem solchen Fall gelten jedoch die Tarifverträge fort (§ 3 Abs. 3; genauer § 3 Rn. 87, § 4 Rn. 298).

4.3 Zuständigkeitskonflikte, insbesondere DGB-Schiedsverfahren

121 Die Zuständigkeitsbereiche mehrerer Gewerkschaften können sich überschneiden. Wenn mehrere Gewerkschaften in einem **Überschneidungsbereich** tariflich tätig werden, gelten ab Juli 2015 die Regeln über die Tarifeinheit nach § 4a Abs. 2 Satz 2 TVG, demzufolge bei Tarifkollisionen immer nur ein Tarifvertrag wirksam werden kann (zu den Auswirkungen auf den Arbeitskampf s. § 4a, Rn. 107ff.). § 4a Abs. 5 TVG regelt insofern ein Verfahren zur Abstimmung (genauer s. § 4a, Rn. 77ff.).

121a Für die dem **DGB angehörenden Gewerkschaften** gibt es darüber hinaus satzungsgemäß ein organisationsinternes Verfahren zur Klärung von Zuständigkeitskonflikten. Sie grenzen ihren Organisationsbereich im Wesentlichen nach dem Industrieverbandsprinzip ab und haben sich nach der Satzung des DGB bei Änderungen ihrer Satzungsregelungen über die Tarifzuständigkeit und Abgrenzungsstreitigkeiten einem Abstimmungs-, Vermittlungs- und Schiedsgerichtsverfahren unterworfen. Dies soll u.a. der Reduzierung und Lösung von Abgrenzungsstreitigkeiten, der effektiven Wahrnehmung der Mitgliederinteressen und der Erschwerung von Strategien der Tarifflucht auf Arbeitgeberseite dienen. Für den Fall, dass sich Abgrenzungsstreitigkeiten nicht durch **Vermittlung des DGB** klären lassen, sieht § 16 der Satzung des DGB ein **Schiedsgerichtsverfahren** vor. Ein dieses Schiedsgerichtsverfahren beendendes Schiedsurteil ist für die beteiligten Gewerkschaften verbindlich. Wird von den beteiligten Gewerkschaften bei einem Zuständigkeitskonflikt das Vermittlungs- und Schiedsgerichtsverfahren des DGB nicht angerufen, bleibt es laut DGB-Satzung nach dem **Prioritätsprinzip** bei der Alleinzuständigkeit der Gewerkschaft, die bis zur Entstehung des Konfliktes als tarifzuständig angesehen wurde.[311]

122 Einem derartigen Schiedsurteil kommt auch **Außenwirkung** zu. Weil es die jeweilige Satzung verbindlich interpretiert, kann es die Tarifzuständigkeit einer Gewerkschaft für die Arbeitgeberseite und die Arbeitsgerichte verbindlich festlegen.[312] Die verbindliche **Außenwirkung der Schiedsgerichtsurteile** entspricht im Ergebnis auch der neueren höchstrichterlichen Rechtsprechung, nach der im Rahmen des Schiedsgerichtsverfahrens des DGB die Satzung der Gewerkschaften zwar nicht geändert bzw. ergänzt werden, aber in Auslegung der Satzung der Gewerkschaften deren Tarifzuständigkeit mit Außenwirkung verbindlich festgelegt werden kann, wobei dem Schiedsgericht bei der Abgrenzung der Organisationsbereiche der Gewerkschaften ein gewisser Beurteilungsspielraum zukommt.[313]

---

311 BAG 27.9.05 – 1 ABR 41/04, NZA 06, 273; 12.11.96 – 1 ABR 33/96, DB 97, 734.

312 Däubler-Peter, Rn. 171; a.A. Löwisch/Rieble, Rn. 249; vgl. die Beispiele für Schiedsurteile bei Abgrenzungsstreitigkeiten zwischen der IG Metall und ver.di bezüglich IBM – 2001 – und STN – 2002 –, letzteres dokumentiert in AuR 02, 431 und Blank, FS Bundesarbeitsgericht, S. 597ff; vgl. auch Ulrich Zachert, Tarifeinheit durch Satzungsrecht der Gewerkschaften.

313 BAG 27.9.05 – 1 ABR 41/04, NZA 06, 273 = AuR 06, 240 mit Anm. Wendeling-Schröder; 12.11.96 – 1 ABR 33/96; 25.9.96 – 1 ABR 4/96; 19.11.85 – 1 ABR 37/83, AP Nrn. 11, 10, 4 zu § 2 TVG Tarifzuständigkeit; weitergehend noch in Richtung der Zulassung der authentischen Interpretation und Ergänzung der Satzung durch das Schiedsgericht BAG 22.11.88 – 1 ABR 6/87;

Führt ein Schiedsgerichtsverfahren zwischen DGB-Gewerkschaften zum Ergebnis, dass die beteiligten Gewerkschaften die Tarifzuständigkeit gemeinsam im Rahmen einer Tarifgemeinschaft wahrnehmen, ist dies ebenfalls mit Außenwirkung bindend. Die Tarifzuständigkeit der einzelnen an der Tarifgemeinschaft beteiligten Gewerkschaften kann dann rechtlich nicht mehr fraglich sein.[314]

Einer Einigung der beteiligten Gewerkschaften **im formellen Vermittlungsverfahren** nach den einschlägigen Richtlinien des DGB kommt ebenfalls verbindliche **Außenwirkung** zu,[315] im Gegensatz zu informellen Erklärungen einer Gewerkschaft, etwa über einen Verzicht auf ihre Organisationszuständigkeit, oder Vereinbarungen mehrerer Gewerkschaften über ihre Organisationsabgrenzung.[316] 122a

Aufgrund der verfassungsrechtlich gewährleisteten Satzungsautonomie der Koalitionen **geht das DGB-Schiedsgerichtsverfahren den Abstimmungsregeln des § 4a TVG vor.** Dies ergibt sich schon daraus, dass gewerkschaftliche Satzungsbestimmungen mit einer Einbeziehung des DGB-Schiedsverfahrens im Falle eines DGB-internen Zuständigkeitskonflikts keine materielle Aussage über die Zuständigkeit enthalten, sondern die Zuständigkeit abhängig vom Verfahren festlegen. Das gleiche ergibt sich durch eine zweckorientierte Auslegung des § 4a TVG; dieses Verfahren soll lediglich dort, wo es keine funktionierenden autonomen Abstimmungsverfahren gibt, eine gesetzliche Kollisionsregel mit Verfahrensvorschriften bereit stellen. In Fällen der Kollision von Tarifverträgen unterschiedlicher DGB-Gewerkschaften gilt also das Prioritätsprinzip (Rn. 121a) bzw. nach Abschluss des Schiedsverfahrens die dort festgestellte Zuständigkeit (vgl. § 4a, Rn. 28). 122b

Die Regeln für das DGB-Schiedsverfahren haben keine direkten Auswirkungen auf einen etwaigen **Arbeitskampf.** Der Arbeitskampf einer nicht zuständigen Gewerkschaft ist zwar rechtswidrig. Die Tarifzuständigkeit in diesem Sinn bestimmt sich jedoch allein nach den gewerkschaftlichen Satzungsbestimmungen; überschneiden diese sich, sind beide Gewerkschaften zuständig. Erst wenn das DGB-Schiedsverfahren durchgeführt ist, kann die dort getroffene Entscheidung zur Auslegung der Satzungen Verbindlichkeit beanspruchen.[317] 122c

Das DGB-Schiedsverfahren kann auch keinen Vorrang vor dem Verfahren zur Bestimmung der repräsentativen Gewerkschaften bei Tarifeinheit haben (§ 4a TVG, Rn. 28). Sind mehrere DGB-Gewerkschaften zuständig und verabreden sie einen gemeinsamen Tarifabschluss, so werden die Mitglieder jedoch **zusammengezählt.** 122d

---

17.2.70 – 1 ABR 15/69, AP Nrn. 5, 3 zu § 2 TVG Tarifzuständigkeit; vgl. dazu auch ErfK-Linsenmaier, GG Art. 9 Rn. 68b; kritisch zur Rspr. des BAG Löwisch/Rieble, Rn. 243ff.

314 Blank, a.a.O., S. 608ff.

315 BAG 14.12.99 – 1 ABR 74/98, AP Nr. 14 zu § 2 TVG Tarifzuständigkeit.

316 BAG 22.11.88 – 1 ABR 6/87, a.a.O.

317 In diese Richtung auch LAG Hamm 31.1.91 – 16 Sa 119/91, DB 91, 1126 für einen Zuständigkeitskonflikt zwischen der GHK und der IG CPK; anders LAG Hamburg 21.5.14 – 5 SaGa 1/14, das den Streik der IG Metall bei einem Airbus-Kunden, für den im DGB jedenfalls ursprünglich die Gewerkschaft verdi zuständig war, für unverhältnismäßig erklärte.

4.4 Folgen fehlender Tarifzuständigkeit

122e Ein **Tarifvertrag ist nichtig**, wenn eine der Tarifparteien für seinen räumlichen und sachlichen Geltungsbereich nicht vollständig zuständig ist. Da es für die Tarifzuständigkeit auf den Zeitpunkt des Tarifvertragsabschlusses ankommt, kann ein solcher Mangel auch nicht durch eine nachträgliche Satzungsänderung geheilt werden.[318]

122f Die Tarifzuständigkeit einer Gewerkschaft, z.B. für einen bestimmten Betrieb, ein bestimmtes Unternehmen, eine bestimmte Branche oder eine bestimmte Berufsgruppe gehört nicht zu den **Rechtmäßigkeitsvoraussetzungen für einen Streik** zur Durchsetzung eines Tarifvertrags[319] (vgl. dazu AKR Rn. 514). Auf keinen Fall kann die bloße hinreichende Wahrscheinlichkeit fehlender Tarifzuständigkeit ausreichen, um eine Arbeitskampfmaßnahme zu verbieten.[320] Zu den Auswirkungen des § 4a TVG auf den Arbeitskampf s. § 4a, Rn. 107ff.

5. Rechtsstreitigkeiten über Tariffähigkeit und Tarifzuständigkeit

123 Wegen der rechtlichen Tragweite der Tariffähigkeit und Tarifzuständigkeit von Tarifvertragsparteien und deren Bedeutung für das Funktionieren des Tarifvertragssystems können verbindliche Entscheidungen über Tariffähigkeit und Tarifzuständigkeit ausschließlich im Rahmen eines **besonderen arbeitsgerichtlichen Beschlussverfahrens gem. § 2a Abs. 1 Nr. 4 i.V.m. § 97 Abs. 1 ArbGG** vor dem Landesarbeitsgericht durchgeführt werden.[321]

Dieses Verfahren dient der Sicherung der **Tarifautonomie.**[322] Ist die Frage der Tariffähigkeit in einem Fall zweifelhaft, so darf dies nur in diesem Verfahren festgestellt werden und damit nur unter Beteiligung der Koalitionen selbst.[323] Stellt sich die Frage der Tariffähigkeit oder Tarifzuständigkeit in einem anderen Verfahren (z.B. in einer Individualstreitigkeit zwischen Arbeitsvertragsparteien), so ist dieses nach § 97 Abs. 5 ArbGG auszusetzen (vgl. Rn. 126). In diesem Beschlussverfahren kann zur Entscheidung gestellt werden, ob eine Vereinigung von Arbeitnehmern die Gewerkschaftseigenschaft besitzt bzw. ob sie tariffähig ist, ob die Tariffähigkeit eines Arbeitgeberverbands, einer Spitzenorganisation oder von Untergliederungen entsprechender Vereinigungen vorliegt oder ob Tarifvertragsparteien für bestimmte Wirtschaftszweige, Unternehmen, Arbeitnehmer oder Arbeitgeber tarifzuständig sind.

124 Auch für **Tarifzuständigkeitskonflikte** und die Anwendbarkeit des § 4a TVG gibt es ein solches Beschlussverfahren. Nach §§ 2a Abs. 1 Nr. 6, 99 ArbGG entscheidet das Arbeits-

---

318 BAG 24.7.90 – 1 ABR 46/89, a.a.O.; Wiedemann-Oetker, Rn. 54; kritisch Däubler-Peter, Rn. 183.

319 Anders Hessisches LAG 11.1.07 – 9 SaGa 2098/06; LAG Hamburg 21.5.14 – 5 SaGa 1/14; ArbG Mainz 27.8.96 – 9 Ca 3009/94 (n. v.); LAG Hamm 31.1.91 – 16 Sa 119/91, DB 91, 1126; s.a. KeZa-Kempen, § 2 Rn. 233f.

320 So aber LAG Hamburg 21.5.14 – 5 SaGa 1/14, und Hessisches LAG 11.1.07 – 9 SaGa 2098/06; die beiden Entscheidungen trennen Verfügungsgrund und Verfügungsanspruch nicht hinreichend klar voneinander.

321 Zu den Einzelheiten vgl. Däubler-Peter, Rn. 184ff. m.w.N.

322 BAG 14.12.10 – 1 ABR 19/10, NZA 11, 289.

323 Löwisch/Rieble, Rn 477; BAG 28.1.08 – 3 AZB 30/07, AuR 08, 313.

gericht auf Antrag einer Tarifvertragspartei eines kollidierenden Tarifvertrags darüber, welcher Tarifvertrag im Betrieb anwendbar ist (§ 4a, Rn. 84ff.).

Bei Tarifzuständigkeitskonflikten von **Gewerkschaften im DGB** ist **vorrangig das Schiedsverfahren** nach § 16 der Satzung des DGB durchzuführen. Akzeptiert eine beteiligte Gewerkschaft einen Schiedsspruch nicht, der ein solches Schiedsverfahren beendet hat, kann sie den Spruch im arbeitsgerichtlichen Beschlussverfahren überprüfen lassen.[324] 124a

Hängt die Entscheidung in einem anderen arbeitsgerichtlichen Verfahren von der Tariffähigkeit oder Tarifzuständigkeit einer Vereinigung von Arbeitnehmern oder Arbeitgebern ab, hat das Arbeitsgericht dieses Verfahren **gem. § 97 Abs. 5 ArbGG von Amts wegen auszusetzen.**[325] Relevant ist dies z.B. in Urteilsverfahren zur Durchsetzung von individuellen Tarifansprüchen. In einem solchen Fall sind auch die Parteien des (anderen) Rechtsstreits antragsberechtigt, soweit es um die Vorfrage in ihrem Rechtsstreit geht.[326] Die Parteien eines Individualverfahrens können also sogar ein Verfahren zur Feststellung von Tariffähigkeit oder Tarifzuständigkeit selbst einleiten, wenn es zum Zeitpunkt der Aussetzung nicht bereits anhängig ist (§ 97 Abs. 5 Satz 2 ArbGG). Gleiches gilt für den Betriebsrat (Rn. 126). 125

Voraussetzung für die **Aussetzung** ist allerdings, dass es auf die Tariffähigkeit tatsächlich ankommt und die Tariffähigkeit streitig ist oder diesbezüglich allgemein bekannt gewordene Bedenken bestehen. Derartige Bedenken, die vom aussetzenden Gericht in das Verfahren eingeführt und im Aussetzungsbeschluss näher dargelegt werden müssen, können sich etwa aus allgemein zugänglichen Quellen oder der rechtswissenschaftlichen Literatur ergeben.[327]

Die **Aussetzung endet** erst mit der rechtskräftigen Entscheidung in dem besonderen Beschlussverfahren gem. § 2a Abs. 1 Nr. 4 i.V.m. § 97 Abs. 1 ArbGG.[328]

Antragsberechtigt sind nach § 97 Abs. 1 ArbGG alle räumlich und sachlich zuständigen Vereinigungen von Arbeitnehmern und Arbeitgebern, das Bundesministerium für Arbeit und Soziales sowie die Arbeits- und Sozialministerien der Länder.[329] Deshalb können alle Tarifvertragsparteien den Antrag stellen, auch ein einzelner Arbeitgeber, dessen Tariffähigkeit oder Tarifzuständigkeit bestritten wird, sowie konkurrierende oder gegnerische Tarifvertragsparteien.[330] Eine Gewerkschaft kann insofern unproblematisch die Tariffähigkeit einer **konkurrierenden Gewerkschaft** im Verfahren nach § 97 ArbGG überprüfen lassen, wenn diese mit neu entstandenen Konkurrenzunternehmen einen niedrigeren Tariflohn vereinbart hat; sie muss sich insofern keinen Rechtsmissbrauch vorwerfen lassen.[331] 126

---

324 Vgl. z.B. BAG 25.9.96 – 1 ABR 4/96, AP Nr. 10 zu § 2 TVG Tarifzuständigkeit.

325 Zur Vereinbarkeit mit Art. 9 Abs. 3 GG: BAG 28.1.08 – 3 AZB 30/07, a.a.O.

326 Vgl. § 97 Abs. 5 S. 2 ArbGG; BAG 29.6.04 – 1 ABR 14/03, AP TVG § 2 Tarifzuständigkeit Nr. 22 (die Befugnisse der Parteien beschränken sich auf die Vorfrage).

327 BAG 28.1.08 – 3 AZB 30/07, a.a.O.

328 BAG 28.1.08 – 3 AZB 30/07, DB 08, 712.

329 Nach BAG 14.12.10 – 1 ABR 19/10, NZA 11, 289 setzt die Antragsbefugnis der obersten Arbeitsbehörde eines Landes nicht voraus, dass sich die Tätigkeit der Vereinigung auf das Gebiet der jeweiligen Arbeitsbehörde beschränkt.

330 Zu den Einzelheiten vgl. Däubler-Peter, Rn. 186ff.

331 LAG Köln 20.5.09 – 9 TaBV 105/08, AuR 09, 316.

Beantragt ein **einzelner Arbeitgeber** Feststellung der fehlenden Tarifzuständigkeit einer Gewerkschaft, so liegt allerdings das erforderliche Feststellungsinteresse nur vor, wenn die Gewerkschaft gegenüber diesem Arbeitgeber Befugnisse wahrnimmt oder wahrzunehmen beabsichtigt, für die es auf ihre Tarifzuständigkeit ankommt (z.B. Aufforderung zu Tarifverhandlungen).[332]

Hinweis für den Betriebs- und Personalrat

Der Betriebsrat ist nicht gem. § 97 Abs. 1 ArbGG antragsberechtigt.[333] Eine Antragsbefugnis des Betriebsrats kommt jedoch in Betracht, wenn ein Verfahren anhängig ist, in dem der Betriebsrat Beteiligter ist. Dieses kann ausgesetzt werden, wenn sein Ausgang gem. § 97 Abs. 5 ArbGG von der Frage der Tariffähigkeit oder Tarifzuständigkeit abhängig ist (vgl. dazu Rn. 125). Dies kommt z.B. in Betracht, wenn der Betriebsrat mit dem Arbeitgeber gerichtlich über die Eingruppierung nach einem Tarifvertrag streitet und es hierbei auf die Tariffähigkeit oder die Tarifzuständigkeit ankommt.[334]

126a Nach § 97 Abs. 2 ArbGG ist § 83 Abs. 3 ArbGG entsprechend anzuwenden;[335] danach sind im Verfahren alle diejenigen Personen und Stellen **anzuhören**, die im einzelnen Fall **beteiligt** sind. Für die Beteiligung ist die **unmittelbare Betroffenheit** maßgeblich. Stets ist dabei die Vereinigung zu beteiligen, deren Tariffähigkeit oder Tarifzuständigkeit bestritten wird. Für die Arbeitnehmer- und Arbeitgeberorganisationen ist grundsätzlich die Beteiligung der jeweiligen Spitzenverbände (BDA und DGB) hinreichend; die Interessen der Arbeitsbehörden nimmt im Zweifel das BMAS wahr.[336]

Haben **einzelne Arbeitgeber** Vereinbarungen mit einer Arbeitnehmervereinigung abgeschlossen, deren Tariffähigkeit umstritten ist, sind sie im Verfahren nach § 97 Abs. 1 ArbGG jedoch nicht anzuhören;[337] sie können stattdessen die Wirksamkeit der Vereinbarkeit als Tarifvertrag im Wege der Verbandsklage nach § 9 feststellen lassen (dazu genauer § 9, Rn. 6).[338] Im Rahmen des Verfahrens nach § 9 kommt dann die Aussetzung wegen Zweifeln an der Tariffähigkeit in Betracht, aus der sich dann eine Antragsbefugnis auch des Arbeitgebers ergeben kann (Rn. 126).

127 Die **Rechtskraft** einer Entscheidung im besonderen Beschlussverfahren gem. § 2a Abs. 1 Nr. 4 i.V.m. § 97 Abs. 1 ArbGG wirkt im Prinzip gegenüber jedermann; die Bindung entspricht ungefähr der nach § 9 (vgl. § 9 Rn. 3; 6).

Die **zeitliche Reichweite** der Entscheidung hängt grundsätzlich davon ab, auf welchen Zeitpunkt oder Zeitraum sich der gestellte Antrag bezieht. Wird schlicht die Feststellung von Tariffähigkeit oder Tarifzuständigkeit beantragt, so richtet sich der Antrag in aller Regel in die Zukunft.[339] Erst aus dieser zukunftsgerichteten Bedeutung ergibt sich in aller Regel das Feststellungsinteresse. Vergangenheitsbezogene Anträge sind allerdings insbeson-

---

332 BAG 13.3.07 – 1 ABR 24/06, NZA 07, 1069; vgl. dazu auch die Anm. von Kerver, RdA 08, 242.
333 BAG 13.3.07 – 1 ABR 24/06, a.a.O.
334 Vgl. z.B. den Fall der DHV (BAG 17.4.12 – 1 ABR 5/11, NZA 12, 1104).
335 BAG 25.11.86 – 1 ABR 22/85, AuR 88, 222.
336 Zum Ganzen BAG 6.6.00 – 1 ABR 10/99, NZA 01, 160 (BTÜ); BAG 25.11.86 – 1 ABR 22/85, AuR 88, 222.
337 So jetzt auch mit ausführlicher verfassungsrechtlicher Begründung Ulber, SozR 12, 142ff.
338 BAG 14.12.10 – 1 ABR 19/10, NZA 11, 289.
339 BAG 14.12.04 – 1 ABR 51/03 (UFO), NZA 05, 697; Löwisch/Rieble, Rn. 496ff.

dere dann zulässig, wenn es für die Entscheidung eines anderen Rechtsstreits darauf ankommt, ob eine Vereinigung in einem bestimmten Zeitpunkt tariffähig bzw. tarifzuständig war[340] oder aus anderen Gründen ein Interesse an der Feststellung für die Vergangenheit besteht. Der Beschluss erfasst dann aber alle Zeiträume, die (z. B. angesichts der Geltungsdauer einer Satzung) einheitlich zu beurteilen sind;[341] dies kann sich insbesondere auf Zeiträume in der Vergangenheit beziehen.

Die Rechtskraft einer gerichtlichen Entscheidung ist in zeitlicher Hinsicht grundsätzlich unbegrenzt. Gerade bei zukunftsgerichteten Anträgen kann dies ein Problem darstellen. Das BAG geht deshalb zu Recht davon aus, dass auch die Rechtskraft gerichtlicher Entscheidungen mit Dauerwirkung nur solange wirkt, wie sich die entscheidungserheblichen **tatsächlichen oder rechtlichen Verhältnisse nicht wesentlich ändern;** danach kann die Tariffähigkeit bzw. Tarifzuständigkeit einer erneuten gerichtlichen Überprüfung unterzogen werden.[342] Dabei muss sich die Änderung in Bezug auf den Zeitpunkt der letzten mündlichen Tatsachenverhandlung vollzogen haben.[343] Eine solche Änderung liegt z. B. bei einer wesentlichen Änderung der rechtlichen Grundlagen (insbesondere einer wesentlichen Rechtsprechungsänderung) vor.[344] In Bezug auf die Tarifzuständigkeit können **Satzungsänderungen** relevant sein, wenn sie wesentliche Veränderungen des Zuständigkeitsbereichs betreffen.[345] Letztlich entscheidend für die Frage, ob es sich um eine wesentliche Änderung handelt oder nicht, ist allerdings, ob damit die tragenden Gründe der Entscheidung, die Rechtskraft begründet, entfallen sein können. 128

§ 3 Tarifgebundenheit

(1) Tarifgebunden sind die Mitglieder der Tarifvertragsparteien und der Arbeitgeber, der selbst Partei des Tarifvertrags ist.
(2) Rechtsnormen des Tarifvertrags über betriebliche und betriebsverfassungsrechtliche Fragen gelten für alle Betriebe, deren Arbeitgeber tarifgebunden ist.
(3) Die Tarifgebundenheit bleibt bestehen, bis der Tarifvertrag endet.

Inhaltsübersicht Rn.

340 LAG Hamburg 21. 3. 12 – 3 TaBV 7/11 (Az vor dem BAG 1 ABR 33/12).
341 Vgl. BAG 23. 5. 12 – 1 AZB 58/11, NZA 12, 623.
342 BAG 6. 6. 00 – 1 ABR 21/99, NZA 01, 156 (CGM); 1. 2. 83 – 1 ABR 33/78, AP Nr. 14 zu § 322 ZPO.
343 Löwisch/Rieble, Rn. 496 ff.; dagegen BAG 14. 12. 04 – 1 ABR 51/03 (UFO), NZA 05, 697 (letzte mündliche Verhandlung vor dem Revisionsgericht).
344 Hinsichtlich der Gewerkschaftseigenschaft einer Arbeitnehmervereinigung hat das BAG eine wesentliche Änderung darin gesehen, dass der Gesetzgeber durch die Ratifizierung des Staatsvertrages mit der DDR über die Währungs-, Wirtschafts- und Sozialunion die vorher nur von der Rechtsprechung entwickelten maßgeblichen Kriterien zur Tariffähigkeit in seinen Willen aufgenommen hat (BAG 6. 6. 00 – 1 ABR 21/99, NZA 01, 156 (CGM)).
345 Däubler-Peter, Rn 191; weitergehend (»jede die Zuständigkeit betreffende Satzungsänderung«) Löwisch/Rieble, Rn. 596.

1. Vorbemerkungen

§ 3 Abs. 1 TVG regelt, wer **tarifgebunden** ist (vgl. dazu Rn. 10ff.), § 3 Abs. 2 TVG welche Rechtsnormen eines Tarifvertrags im Betrieb bei (nur) einseitiger Tarifbindung des Arbeitgebers gelten (vgl. dazu Rn. 63). § 3 Abs. 3 TVG ordnet an, dass die Tarifgebundenheit bis zum Ende des Tarifvertrags bestehen bleibt (sog. **Nachbindung**; vgl. dazu Rn. 70ff.). Die »Nachbindung« hat zentrale Bedeutung beim **Austritt** aus dem **Arbeitgeberverband** (vgl. Rn. 70, 78). Anders als bei der **Nachwirkung** gem. § 4 Abs. 5 TVG (vgl. § 4 Rn. 293ff.) können die Tarifnormen im Fall der Nachbindung nicht betrieblich oder einzelvertraglich abgeändert (verschlechtert) werden. Wann ein Tarifvertrag i.S.d. § 3 Abs. 3 TVG endet, sagt das Gesetz nicht (vgl. dazu Rn. 92ff. und § 1 Rn. 76ff.). 1

Die von vielen Unternehmen praktizierten **Umstrukturierungen** (Outsourcing, Spaltungen, Verschmelzungen usw.) wirken sich unterschiedlich auf die **Tarifgebundenheit an einen Verbandstarifvertrag** aus (vgl. dazu Rn. 98ff., 127ff.). Der Betriebserwerber oder das neu entstandene Unternehmen übernimmt nach allgemeiner Auffassung i.d.R. nicht »automatisch« auch die vereinsrechtlich begründete Mitgliedschaft im Arbeitgeberverband. Zur Fortgeltung eines **Firmentarifvertrags** vgl. Rn. 119ff. 2

Der **Normcharakter der Tarifregelungen** und ihre gesetzesgleiche Wirkung (§ 1 Abs. 1 i.V.m. § 4 Abs. 1 TVG) sind gesetzlich angeordnet und werden durch Art. 9 Abs. 3 GG garantiert (vgl. § 1 Rn. 20).[1] Das Recht der Tarifvertragsparteien zur Normsetzung bedarf einer besonderen **Legitimation.** Sie ergibt sich aus der **Mitgliedschaft** in den Tarifvertragsparteien (vgl. Rn. 21ff.). Für die **Arbeitnehmer** ist die Mitgliedschaft in der **zuständigen Gewerkschaft** erforderlich, für den **Arbeitgeber** die Mitgliedschaft im **zuständigen Arbeit-** 3

1 BVerfG 24.5.77 – 2 BvL 11/74, AuR 77, 380; Schaub-Treber, § 204 Rn.1.

geberverband.[2] Der Arbeitgeber kann aber auch selbst Partei eines **Firmentarifvertrags** sein (vgl. Rn. 59ff.), und zwar unabhängig davon, ob er Mitglied eines Arbeitgeberverbands ist oder nicht (zur **Tariffähigkeit** des **verbandsangehörigen Arbeitgebers** vgl. § 2 Rn. 69). Die durch Art. 9 Abs. 3 GG übertragene Rechtssetzungsbefugnis setzt voraus, dass die Mitgliedschaft in den Tarifvertragsparteien **freiwillig** ist[3] und dass die Tarifvertragsparteien trotz weitgehender Verbandsautonomie **demokratisch** aufgebaut sind (s.a. § 2 Rn. 20).[4]

4 **Tarifbindung** gem. § 3 Abs. 1 TVG bezieht sich auf konkrete Tarifverträge. **Unmittelbare und zwingende Geltung** der Abschluss-, Inhalts- und Beendigungsnormen eines Tarifvertrags im Arbeitsverhältnis setzt nach § 4 Abs. 1 TVG (vgl. § 4 Rn. 3ff.) voraus:

- die Tarifnormen sind **in Kraft**,
- die Arbeitsvertragsparteien fallen unter den **Geltungsbereich** des Tarifvertrags (vgl. § 4 Rn. 13ff.),
- die Arbeitsvertragsparteien sind **beiderseits Mitglied** in ihrer Tarifvertragspartei; bei einem Firmentarifvertrag genügt Mitgliedschaft der Arbeitnehmer in der Gewerkschaft: § 3 Abs. 1 2. Alternative TVG, vgl. Rn. 59ff.

5 Rechtsnormen eines Tarifvertrags über **betriebliche und betriebsverfassungsrechtliche Fragen** gelten gem. § 3 Abs. 2 TVG auch dann unmittelbar und zwingend im Arbeitsverhältnis, wenn **nur der Arbeitgeber** – kraft Mitgliedschaft im Arbeitgeberverband bzw. als Tarifvertragspartei – **tarifgebunden** ist (vgl. Rn. 63ff.).

6 **§ 3** TVG ist **nicht dispositiv**. Die Tarifvertragsparteien können die im Gesetz vorgesehene **Tarifbindung weder einschränken noch erweitern.**[5] Umstritten ist, ob sie die Tarifbindung durch Satzungsregelung in Form von unterschiedlichen Mitgliedsrechten **ausschließen** können, z.B. durch **OT-Mitgliedschaft** (vgl. Rn. 42ff.).

7 Von der durch **beiderseitige Mitgliedschaft** begründeten Tarifbindung gibt es – neben den in § 3 Abs. 2 und Abs. 3 TVG geregelten Tatbeständen – weitere **Ausnahmen**: Der Staat kann die durch die Tarifvertragsparteien erfolgte Normsetzung ferner durch **Allgemeinverbindlicherklärung nach § 5 TVG** erweitern. In diesem Fall wird die Normwirkung des Tarifvertrags auf die Arbeitnehmer und Arbeitgeber erstreckt, die nicht Mitglied einer Tarifvertragspartei – also sog. **Außenseiter** – sind (vgl. § 5 Rn. 35). Das Gleiche gilt
7a in den im **AEntG** geregelten Fallgestaltungen (vgl. § 5 Rn. 57, 75).

Gelten AVE – Tarifverträge und Tarifverträge nach § 3 gleichzeitig, ist diese Kollision in der Regel nach dem Günstigkeitsprinzip (§ 4 Rn. 140) zu lösen, es sei denn, beide Tarifverträge sind von derselben Gewerkschaft abgeschlossen (§ 4 Rn. 76ff.). Nach § 5 Abs. 4 Satz 2 ist ein nach § 5 Abs. 1a für allgemeinverbindlich erklärter Tarifvertrag vom Arbeitgeber auch dann einzuhalten, wenn er nach § 3 an einen anderen Tarifvertrag gebunden ist (s. § 5 Rn. 41). Ein AVE – Tarifvertrag, der gemeinsame Einrichtungen nach § 5 Abs. 1a reguliert, verdrängt also solche, die nach § 3 gelten.[6]

8 Über die gesetzliche Tarifbindung hinaus werden Tarifverträge in vielen **nicht tarifgebundenen Arbeitsverhältnissen** angewendet – meist aufgrund formularvertraglich verein-

2 Vgl. Löwisch/Rieble, Rn. 29ff.
3 Vgl. Däubler-Lorenz, Rn. 3.
4 Vgl. KeZa-Kempen, Rn. 3.
5 BAG 9.5.07 – 4 AZR 275/06, DB 08, 358 bzw. ErfK-Franzen, TVG § 3 Rn. 2.
6 Schubert u.a., MiLoG, Rn. 151 Nr. 2.

barter **Bezugnahmeklauseln** (vgl. Rn. 245ff.) oder **betrieblicher Übung** (vgl. Rn. 247). Tarifverträge haben hier **»Orientierungsfunktion«** (vgl. Grundl. Rn. 61, 177). Eine Unterwerfung unter die Tarifmacht der Tarifvertragsparteien erfolgt hierdurch aber nicht, durch eine Inbezugnahme wird **keine** unmittelbare und zwingende (rechtliche) **Tarifbindung** begründet (vgl. Rn. 265).[7] Vielmehr werden die Tarifverträge bzw. Tarifvertragsinhalte (lediglich) **Bestandteil des Arbeitsvertrags.**[8]

Auch bei der Feststellung von **Lohnwucher** oder bei der Festsetzung der **üblichen Vergütung** nach § 612 Abs. 2 BGB orientieren sich die Gerichte an den **einschlägigen** Tarifverträgen (vgl. § 5 Rn. 117ff.).[9] 9

2. Tarifbindung und Mitgliedschaft

Tarifgebunden gem. § 3 Abs. 1 TVG sind grundsätzlich nur **Gewerkschaftsmitglieder** und **Mitglieder des Arbeitgeberverbands** bzw. der **durch einen Firmentarifvertrag gebundene Arbeitgeber** (vgl. Rn. 59ff.). Die Begrenzung der gesetzlichen Tarifbindung auf die Mitglieder der Tarifvertragsparteien ist rechtlich durch den Legitimationsaspekt (vgl. Rn. 3) geboten und politisch gewünscht – zumindest aus Sicht der Gewerkschaften. Tarifverträge werden von den Gewerkschaftsmitgliedern erstritten. Durch Beitritt zur Gewerkschaft, Zahlung von Mitgliedsbeiträgen und durch Aktivitäten bis hin zu Arbeitsniederlegungen schaffen sie die Voraussetzungen für das Zustandekommen von Tarifverträgen.[10] Insoweit unterscheidet sich das Tarifvertragsgesetz von **zahlreichen ausländischen Rechtsordnungen**, die i.d.R. die Tarifbindung des Arbeitgebers genügen lassen.[11] 10

2.1 Mitgliedschaft in den Tarifvertragsparteien

Nach § 3 Abs. 1 TVG wird die Tarifbindung durch **Mitgliedschaft** in den Tarifvertragsparteien begründet.[12] Die Modalitäten der Mitgliedschaft (insbes. Beginn und Ende) richten sich nach **internem Verbandsrecht** – namentlich **Satzungsrecht.**[13] Sowohl Arbeitgeberverbände als auch Gewerkschaften sind i.d.R. als rechtsfähige oder nicht rechtsfähige Vereine organisiert. Deshalb ist das **Vereinsrecht** gem. §§ 21ff. BGB maßgebend.[14] 11

Besteht Mitgliedschaft in den Tarifvertragsparteien, ist es für die Tarifbindung unerheblich, ob die Mitglieder einem Tarifabschluss **zustimmen oder widersprechen.**[15] **Ebenso wenig** ist es **erforderlich**, dass die **Mitgliedschaft** der anderen Vertragspartei **mitgeteilt** 12

---

7 Schaub-Treber, § 204 Rn. 3.
8 Im allgemeinen und sozialwissenschaftlichen Sprachgebrauch wird ein weiterer Begriff von Tarifbindung verwendet; auch die arbeitsvertragliche oder faktische Anwendung von Tarifnormen im Arbeitsverhältnis wird oft dazu gezählt; vgl. z.B. Ellguth/Kohaut, WSI-Mitt. 10, 204; WSI Tarifhandbuch 2010, S. 114f.
9 Däubler-Lorenz, Rn. 5f.
10 Vgl. Ohl u.a., S. 37.
11 Vgl. dazu Wiedemann-Oetker, Rn. 4.
12 Däubler-Lorenz, Rn 1ff.; HWK-Henssler, Rn. 6.
13 BAG 14.10.60 – 1 AZR 233/58, DB 61, 205.
14 BAG 16.2.62 – 1 ABR 167/61, BB 62, 485.
15 Wiedemann/Oetker, Rn. 115.

worden ist.[16] Nach zutreffender Ansicht besteht in Bezug auf die Mitgliedschaft des Arbeitnehmers in der Gewerkschaft weder ein **Fragerecht** des Arbeitgebers noch eine **Auskunftspflicht** des Arbeitnehmers, vgl. Rn. 55.[17] Zu den Auskunftspflichten des Arbeitgeberverbands und des Arbeitgebers vgl. Rn.58.

13 Ein **Konzern** kann nach allgemeiner Ansicht **nicht Mitglied im Arbeitgeberverband** sein, da er nicht **rechtsfähig** ist.[18] Es kommt für die Tarifbindung grundsätzlich auf die **Mitgliedschaft des einzelnen Konzernunternehmens** im Arbeitgeberverband an. Das führt in Fällen der Tarifflucht durch unternehmensrechtliche Umstrukturierungen innerhalb des Konzerns zu nicht akzeptablen Ergebnissen (vgl. § 2 Rn. 76f.). Auch die Mitgliedschaft der **Konzernobergesellschaft** soll nach h.M. nicht ausreichen, die Tarifbindung der abhängigen Tochtergesellschaften (§ 18 Abs. 1 AktG) zu begründen.[19] Hiervon zu unterscheiden ist die Frage der **Tariffähigkeit des** Konzerns.[20] Die zunehmende Anzahl von Unternehmensspaltungen nach dem Umwandlungsgesetz bewirkt in der Praxis – sofern keine Tarifflucht beabsichtigt ist – zunehmend das Bedürfnis, durch **Konzerntarifvertrag** die Arbeitsbedingungen einheitlich zu regeln. Die **Zulässigkeit** ist umstritten, zum Meinungsstand vgl. § 2 Rn. 76f.

14 Mitglied des Arbeitgeberverbands können **juristische und natürliche Personen** sein (zum Arbeitgeberbegriff vgl. § 2 Rn. 71ff.). In Betracht kommen Personengesellschaften, die BGB-Gesellschaft[21] sowie Kapitalgesellschaften.

Bei **Personengesellschaften** (KG, OHG usw.) wird die Tarifgebundenheit durch die Mitgliedschaft der Gesellschaft als solche ausgelöst, aber auch durch die Mitgliedschaft **aller** persönlich haftenden Gesellschafter.[22]

Entsprechendes gilt bei **BGB-Gesellschaften,** z.B. bei den im Baugewerbe üblichen Arbeitsgemeinschaften (Arge; vgl. Rn. 15).

Bei **Kapitalgesellschaften** (AG, GmbH usw.) entsteht Tarifbindung, wenn die **juristische Person** selbst Mitglied des Arbeitgeberverbands wird.[23] Wenn ein aus mehreren Betrieben bestehendes Unternehmen nur mit einem Teil der Betriebe Mitglied in einem Arbeitgeberverband ist, besteht für die Beschäftigten in den anderen Betrieben keine Tarifbindung.

15 Besonderheiten sind bei den **Arbeitsgemeinschaften im Baugewerbe (Arge)** zu beachten: Die Arbeitsverhältnisse mit der Arge unterliegen dann der Tarifbindung, wenn die Arge als solche oder alle an der Arge beteiligten Gesellschaften in den tarifvertragschließenden Verband eintreten.[24] In der Praxis sind die Arbeitsgemeinschaften regelmäßig nicht tarif-

---

16 Däubler-Lorenz, Rn. 38 m.w.N.

17 BAG 28.3.00 – 1 ABR 16/99, DB 01, 203 (für die Einstellung); s.a. Michel/Möller/Peter, AuR 08, 36ff.

18 Däubler, ZIAS 95, 525, 528ff.; Däubler-Lorenz, Rn. 29.

19 Vgl. KeZa-Kempen, Rn. 18; ErfK-Franzen, TVG § 3 Rn. 3.

20 KeZa-Stein, § 2 Rn. 111.

21 Vgl. ErfK-Franzen, TVG § 3 Rn. 3.

22 Vgl. Schaub-Treber, § 204 Rn. 10f.; differenzierend Wiedemann/Oetker, Rn. 121; vgl. auch BAG 24.2.99 – 4 AZR 62/98, NZA 99, 995.

23 Schaub-Treber § 204 Rn. 9.

24 ErfK-Franzen, TVG § 3 Rn. 3; Schaub-Treber, § 205 Rn. 12; a.A. Däubler-Lorenz, Rn. 34: die Mitgliedschaft aller Gesellschafter der Arge im Arbeitgeberverband begründet nicht automatisch die Tarifbindung der Arge.

gebunden.[25] Das ist für die bei der Arge tätigen Arbeitnehmer dann kein Problem, wenn ihre Arbeitgeber ihrerseits tarifgebunden oder Tarifverträge allgemeinverbindlich sind oder Mindestlohnverordnungen nach AEntG gelten (vgl. dazu § 5 Rn. 35, 75ff.).[26]

Tarifbindung besteht auch für Arbeitnehmer und Arbeitgeber, deren tariffähige[27] Verbände **Spitzenorganisationen** (§ 2 Abs. 2 bis 4 TVG) angehören, die **in eigenem Namen** gem. § 2 Abs. 3 TVG einen Tarifvertrag abgeschlossen haben (Näheres dazu vgl. § 2 Rn. 57, 90, 102).[28] Die Tarifbindung wird dann über die den Spitzenorganisationen angehörenden Verbände »vermittelt«.[29] Es gelten die allgemeinen Grundsätze, insbesondere auch zur Nachbindung gem. § 3 Abs. 3 TVG (Rn. 70ff.), die trotz Austritt aus dem Verband oder des Verbandes aus der Spitzenorganisation bis zur Beendigung des Tarifvertrages erhalten bleibt.[30] 16

Die Tarifbindung setzt **Mitgliedschaft** in den Tarifvertragsparteien (Arbeitgeberverband bzw. Gewerkschaft) voraus (vgl. dazu Rn. 21ff.). 17

- Die Tarifbindung an einen **bestehenden Tarifvertrag** beginnt spätestens mit dem Eintritt des Arbeitgebers in den Verband bzw. des Arbeitnehmers in die Gewerkschaft, also mit der **Begründung der Mitgliedschaft** (hierzu Rn. 21ff.).[31] Das gilt nach h.M. nur für Inhaltsnormen, nicht jedoch für Abschluss- und Beendigungsnormen.[32]
- Die Tarifbindung an einen **nach Begründung der Mitgliedschaft** geschlossenen Tarifvertrag entsteht mit seinem **Inkrafttreten.**[33]
- Die Tarifbindung gem. § 3 Abs. 1 TVG **endet mit dem Ende der Mitgliedschaft** des Arbeitgebers im Verband bzw. des Arbeitnehmers in der Gewerkschaft (vgl. Rn. 28ff.). Der Tarifvertrag wirkt aber gem. § 3 Abs. 3 TVG kraft **Nachbindung** bis zu seinem Ablauf weiterhin für die tarifgebundenen Arbeitsverhältnisse (vgl. Rn. 70ff.).

In der Praxis nehmen die Fälle zu, in denen Arbeitgeber **kurz vor einem Tarifabschluss** (z.B. während einer Erklärungsfrist) versuchen, sich der Tarifbindung durch Flucht aus dem Verband zu entziehen. In der Regel sind die Voraussetzungen für eine sofortige Beendigung der Mitgliedschaft durch außerordentliche Kündigung nicht gegeben. Mit Unterstützung des Verbands erfolgt dann von einem Tag auf den anderen durch **Aufhebungsvertrag** ein sog. **Blitzaustritt** oder ein **(Blitz-)Wechsel** in den **OT-Status**. Die Folgen in Bezug auf Tarifbindung an den danach abgeschlossenen Tarifvertrag sind umstritten (vgl. ausführlich Rn. 34ff., 42ff.). Bei einem – wirksamen – **Verbandsaustritt vor Inkrafttreten eines (neuen) Tarifvertrags** kommt es zu keiner Tarifbindung mehr an den neuen Tarifvertrag. 18

25 Stang/Bachner/Asshoff, S. 270 Rn. 950.
26 Wiedemann-Oetker, Rn. 125.
27 BAG 22.3.00 – 4 ABR 79/98, NZA 00, 893.
28 Vgl. Gamillscheg, S. 713; Schaub-Treber, § 204 Rn. 168.
29 BAG 6.5.03 – 1 AZR 241/02, NZA 04, 561.
30 Schaub-Treber, § 204 Rn. 16; Wiedemann-Oetker, Rn. 148.
31 Vgl. auch Gamillscheg, S. 722.
32 BAG 27.4.88 – 7 AZR 593/87 und 14.2.90 – 7 AZR 68/89, AP BeschFG 1985 § 1 Nrn. 4, 12; Schaub-Treber, § 204 Rn. 21; a.A. KeZa-Kempen, Rn. 13.
33 Däubler-Deinert, § 4 Rn. 4f.

Beispiel:
Verhandlungsergebnis am 11.12.07, Inkrafttreten des Tarifvertrags am 1.1.08, wirksamer Verbandsaustritt am 28.6.07 zum 31.12.07. Nach Ansicht des LAG Hamm[34] gilt der neue Tarifvertrag nicht für die ausgetretene Firma. Anders wäre es bei Inkrafttreten des Tarifvertrags bereits am 11.12. oder 28.12.07 mit einer Geltung der Entgelterhöhung ab 1.1.08 (vgl. Rn. 19).

Wird eine **vor Tarifabschluss erklärte Kündigung der Verbandsmitgliedschaft** erst **nach Inkrafttreten** des Tarifvertrags (z.B. nach Ablauf einer Erklärungsfrist und Unterzeichnung des Vertrags) wirksam, besteht Tarifbindung an den neuen Tarifvertrag.[35]

19 Keine besonderen Probleme bereiten sog. **Stufentarifverträge.** Dabei tritt der Tarifvertrag sofort in Kraft, die **Rechtsfolgen treten aber erst später** – nach Ablauf festgelegter Zeiträume – ein (z.B. stufenweise Lohnerhöhung oder Arbeitszeitverkürzung; neue Mantel- oder Entgeltrahmenregelungen). Ein Austritt aus dem Arbeitgeberverband oder OT-Wechsel nach Inkrafttreten des Stufentarifvertrags kann die Bindung des Arbeitgebers an die erst später eintretenden Tarifwirkungen nicht beseitigen (s.a. Rn. 95; dort auch zu sog. mittelbaren Stufentarifverträgen).[36] Gleiches gilt bei Umstrukturierungen/bei einem **Betriebsübergang** nach § 613a BGB.[37] Die vor dem Betriebsübergang vereinbarten Stufenregelungen werden bei Betriebsübergang Inhalt des Arbeitsverhältnisses und wirken – nunmehr individualrechtlich (vgl. Rn. 138ff.) – auch dann auf das Arbeitsverhältnis zwischen Arbeitnehmer und Betriebserwerber ein, wenn der Geltungsbeginn der Stufen in die Zeit nach dem Betriebsübergang fällt.

20 Bei **rückwirkendem Inkrafttreten des Tarifvertrags** (zur Zulässigkeit und zu den Grenzen vgl. § 1 Rn. 60, 66ff.) ist Tarifbindung kraft Mitgliedschaft zum Zeitpunkt des **Inkrafttretens und des Abschlusses** erforderlich.[38] Fehlt die Tarifbindung zum Zeitpunkt des Abschlusses, kann sich die Anwendung des rückwirkenden Tarifvertrags ggf. aufgrund einer einzelvertraglichen Bezugnahme ergeben.[39] Ein evtl. Vertrauensschutz (vgl. § 1 Rn. 67ff.) ist aber auch dann zu beachten.

2.2 Beginn und Ende der Mitgliedschaft

2.2.1 Beginn der Mitgliedschaft

21 Die Begründung der Mitgliedschaft in einer Tarifvertragspartei richtet sich nach **Vereinsrecht** und damit nach den allgemeinen Regeln des BGB. Erforderlich sind ein Antrag und die Annahme des Antrags durch die Tarifvertragspartei.[40] Die Annahme kann durch das

34 LAG Hamm 10.6.98 – 18 Sa 2369/97, NZA-RR 99, 195.
35 Vgl. JKOS-Oetker, § 6 Rn.37.
36 Wiedemann-Oetker, Rn. 80f.; Löwisch/Rieble, Rn. 91.
37 BAG 19.9.07 – 4 AZR 711/06, NZA 08, 241.
38 Däubler-Deinert, § 4 Rn. 5ff.; KeZa-Kempen, Rn. 10; Wiedemann-Wank, § 4 Rn. 242; wohl auch BAG 13.9.94 – 3 AZR 148/94, DB 95, 1133; BAG 11.10.06 – 4 AZR 486/05, NZA 07, 634; a.A. Löwisch/Rieble, Rn. 196: Mitgliedschaft im Zeitpunkt des Tarifabschlusses genügt.
39 Vgl. BAG 11.10.06 – 4 AZR 486/05, NZA 07, 634f.
40 ErfK-Franzen, § 3 TVG Rn. 6.

zuständige Vereinsorgan erfolgen.[41] Minderjährige werden rechtswirksam Mitglied der Gewerkschaft nur mit Zustimmung der gesetzlichen Vertreter, die allerdings von ihrem Einverständnis zur Aufnahme einer beruflichen Tätigkeit umfasst sein dürfte.[42] Die Mitgliedschaft ist zustande gekommen, wenn dem Mitglied gegenüber die Annahme seines Aufnahmeantrags erklärt wird. Diese Erklärung muss nicht ausdrücklich zugehen, sie kann auch konkludent erfolgen.[43]

Ab welchem Zeitpunkt die Mitgliedschaft beginnt, entscheidet die **Satzung**. Danach 22
kann sogar ein **rückwirkender Beitritt** möglich sein.[44] Für die Frage der Tarifgebundenheit ist nach dem BAG aus Gründen des **Vertrauensschutzes** auf den Zeitpunkt des tatsächlichen Beitritts abzustellen.[45] So gilt ein tariflicher Kündigungsschutz nicht für einen Arbeitnehmer, der nach Zugang der Kündigung die nach der Satzung mögliche rückwirkende Mitgliedschaft erwirbt. Im entschiedenen Fall[46] hatte der Arbeitnehmer von der geplanten, beim Betriebsrat beantragten Kündigung erfahren und einen Aufnahmeantrag in die IG Metall gestellt, nach Ansicht des BAG zu spät.

Nach anderer Auffassung liegt der Grund dafür, dass eine rückwirkende Tarifgebundenheit nicht bestehen kann, allerdings nicht im Vertrauensschutz für die andere Tarifpartei.[47] Vielmehr haben beide Tarifparteien ihre Mitglieder permanent zur Durchführung des Tarifvertrages anzuhalten. Diese Pflicht **ist rückwirkend nicht mehr zu erfüllen** und führt deshalb dazu, dass die Tarifgebundenheit regelmäßig erst nach Abschluss des Mitgliedschaftsverhältnisses beginnt. Eine rückwirkend festgelegte Mitgliedschaft darf deshalb nicht gleichzeitig auch die Rückwirkung der Tarifgebundenheit nach sich ziehen.[48] Die IG Metall (wie auch einige andere Gewerkschaften) hat ihre Satzung inzwischen geändert.

Einen **Anspruch auf Aufnahme** in eine Tarifvertragspartei geben die Satzungen im Allge- 23
meinen nicht her. Die DGB-Gewerkschaften sehen jedoch ein **Übertrittsrecht** vor, wenn ein Mitglied in ein Arbeitsverhältnis wechselt, das in den Zuständigkeitsbereich einer anderen DGB-Gewerkschaft fällt. Trotz Fehlens einer entsprechenden Satzungsvorschrift hat der BGH einen Aufnahmeanspruch bejaht, wenn die Gewerkschaft eine **überwiegende Machtstellung** hat, für den Arbeitnehmer ein wesentliches Interesse am Erwerb der Mitgliedschaft besteht und kein sachlicher Grund für die Versagung der Mitgliedschaft erkennbar ist.[49] Für den Aufnahmeantrag eines Arbeitgebers in einen Arbeitgeberverband kann nichts anderes gelten.[50]

41 LAG Hamm 11.5.89 – 17 Sa 1767/88, LAGE § 4 TVG Abschlussnormen Nr. 1.
42 Vgl. ErfK-Franzen, a.a.O.; a.A. offensichtlich Löwisch/Rieble, Rn. 78, für den Fall des Gewerkschaftsbeitritts i.V.m. einem Ausbildungsverhältnis.
43 Löwisch/Rieble, Rn. 67.
44 Vgl. ausführlich Däubler-Lorenz, Rn. 18ff.
45 BAG 22.11.00 – 4 AZR 688/99, DB 01, 1622; KeZa-Kempen, Rn. 10.
46 BAG 22.11.00, a.a.O.
47 KeZa – Kempen, Rn. 10.
48 KeZa – Kempen, Rn. 10.
49 BGH 1.10.84 – II ZR 292/83, DB 85, 701, betr. die IG Metall.
50 Wiedemann-Oetker, § 2 Rn. 239f.

24 Die Mitgliedschaft im Arbeitgeberverband kann **nicht durch Rechtsschein entstehen,**[51] eine Mitgliedschaft kraft Rechtsscheins gibt es nicht.[52]

25 Hiervon zu unterscheiden ist die Konstellation, dass der Arbeitgeber sich ausnahmsweise **behandeln lassen muss, als sei er Mitglied im Arbeitgeberverband** und damit tarifgebunden.

Wenn z. B. der Arbeitgeber als Mitglied des Bundesverbandes der AWO duldet, dass er im Arbeitgeberverband über einen längeren Zeitraum tarifvertraglich durch den Bundesverband vertreten wird, ohne dort selbst Mitglied zu sein, handelt sich um eine Tarifbindung kraft Duldungsvollmacht.[53] Versucht der Arbeitgeber, die auf diese Art entstandene Tarifbindung zu untergraben, muss er konsequenterweise auch für diesen Fall einen aus Art. 9 Abs. 3 GG abgeleiteten Unterlassungsanspruch der Gewerkschaft gegen sich gelten lassen (zum Unterlassungsanspruch vgl. § 4 Rn. 223 ff., 233 ff.).[54]

Soweit der Arbeitgeber nach unternehmerischer Umwandlung zwar keine neue Verbandsmitgliedschaft begründet, aber an den Tarifverhandlungen teilgenommen und Mitgliedsbeiträge an den Arbeitgeberverband entrichtet hat, kann damit der Rechtsschein einer Mitgliedschaft im AGV erzeugt worden sein; der Arbeitgeber muss sich dann **wie ein Mitglied der Tarifvertragspartei behandeln** lassen, ohne allerdings den Status einer normativen Mitgliedschaft im Arbeitgeberverband zu erwerben.[55] Ob der Rechtsanspruch der Gewerkschaft auf Einhaltung der – durch Rechtsschein vermeintlich geltenden – tariflichen Regelung allein deshalb abzulehnen ist, weil der Tarifvertrag mangels Mitgliedschaft des Arbeitgebers im Verband jedenfalls normativ keine Anwendung findet, darf bezweifelt werden,[56] weil sich der Arbeitgeber, der den Rechtsschein gesetzt hat, wie ein Mitglied der Tarifvertragspartei behandeln lassen muss.

Auch nach der h.M. muss jedenfalls der Arbeitgeber, der durch Anwendung der Tarifverträge den Eindruck erweckt, es bestehe Tarifbindung, **sich daran festhalten lassen.**[57] Es können daraus individuelle Ansprüche der Arbeitnehmer aus Vertrauensschutzgesichtspunkten nach § 242 BGB,[58] möglicherweise auch aus betrieblicher Übung oder Schadensersatzansprüche aus § 280 BGB i. V. m. dem NachwG erwachsen.[59]

26 Außerordentliche und Gastmitglieder in den Tarifvertragsparteien haben nach der Satzung i. d. R. kein Stimmrecht und kein aktives und passives Wahlrecht. Ihnen fehlen die wesentlichen Mitgliedschaftsrechte. Sie sind deshalb **vereinsrechtlich keine Mitglieder** und **nicht tarifgebunden.**[60]

---

51 ErfK Franzen, TVG § 3 Rn. 5; Löwisch/Rieble, Rn. 87 ff.; Wiedemann Oetker, Rn. 138.
52 BAG 20. 4. 99 – 1 ABR 72/98, AiB 99, 538; LAG Baden-Württemberg 24. 10. 00 – 10 TaBv 2/99.
53 BAG 29. 06. 2004 – 1 AZR 143/03, ZTR 05, 141ff, Rn. 63; KeZa-Kempen Rn. 12.
54 So auch Däubler-Lorenz, Rn. 20.
55 BAG 20. 4. 99 – 1 ABR 72/98, AiB 99, 538; LAG Baden-Württemberg 24. 10. 00 – 10 TaBv 2/99.
56 So aber BAG und LAG Baden-Württemberg: BAG 20. 4. 99 – 1 ABR 72/98, AiB 99, 538; LAG Baden-Württemberg 24. 10. 00 – 10 TaBv 2/99.
57 BAG 2. 12. 92 – 4 AZR 277/92, AP TVG § 3 Nr. 14; ErfK-Franzen, a.a.O.; Däubler-Lorenz, Rn. 20.
58 Wiedemann-Oetker, Rn. 138; JKOS-Oetker, § 6 Rn. 22.
59 Löwisch-Rieble, Rn. 294 ff.
60 BAG 26. 8. 09 – 4 AZR 285/08, NZA 10, 230, 232. Früher hatte das BAG dies mit der fehlenden Einflussnahme auf die tarifpolitische Willensbildung erklärt: BAG 24. 2. 99 – 4 AZR 62/98, NZA 99, 995; 16. 2. 62 – 1 AZR 167/61, BB 62, 485.

Sog. **OT-Mitglieder** haben typischerweise eingeschränkte Mitgliedschaftsrechte. Sie sind aber Mitglied des Arbeitgeberverbandes. Ob sie dennoch entgegen § 3 Abs. 1 TVG nicht tarifgebunden sind, kann im Einzelfall umstritten sein, vgl. Rn. 47ff. 27

2.2.2 Ende der Mitgliedschaft

Tarifgebundenheit gem. § 3 Abs. 1 TVG steht und fällt mit der Mitgliedschaft im tarifschließenden Verband – Sonderregeln betr. »Blitzausstritt« und »Blitzwechsel« in OT (vgl. Rn. 34ff., 49) sowie die Nachbindung gem. § 3 Abs. 3 TVG (vgl. Rn. 70ff.) sind zu beachten. Im Normalfall **endet** die Mitgliedschaft mit **Wirksamwerden des Austritts** aus der Gewerkschaft oder dem Arbeitgeberverband. Weitere Beendigungstatbestände sind Tod des Mitglieds, Beendigung einer Gesellschaft oder einer Körperschaft[61] und der Ausschluss. 28

Die Mitgliedschaft endet mit dem **Ausschluss** eines Mitglieds aus dem Verband. Regelmäßig sind die Ausschlussgründe in den Satzungen beschrieben.[62] Daneben besteht die Möglichkeit des Ausschlusses aus wichtigem Grund, wenn die Aufrechterhaltung der Mitgliedschaft für den Verband unzumutbar ist. Die in einigen Satzungen vorgesehene Beendigung der Mitgliedschaft bei Beitragsverzug (»Streichung«) ist zulässig.[63] 29

Die **Insolvenz** eines Mitglieds beendet die Mitgliedschaft nicht.[64] Ausnahme: In der Satzung ist vorgesehen, dass die Mitgliedschaft automatisch bei Insolvenz erlischt, was zulässig ist (zur dann eintretenden Nachbindung vgl. Rn. 86).[65] Die Insolvenz ist kein Grund für den Insolvenzverwalter, fristlos die Verbandsmitgliedschaft zu beenden[66] oder den Tarifvertrag fristlos zu kündigen.[67]Auch in der Insolvenz gelten für eine außerordentliche Beendigung der Mitgliedschaft im Arbeitgeberverband oder für einen Wechsel in die OT Mitgliedschaft die allgemeinen Grundsätze (Rn. 32f.).[68] 30

Die **Modalitäten des Austritts**, vor allem die **Fristen**, werden in der **Satzung** bestimmt. Der Regelfall für die Beendigung der Mitgliedschaft ist die **ordentliche Kündigung**. Nach den Gewerkschaftssatzungen gilt eine Frist zwischen sechs Wochen und drei Monaten, bei der IG BAU von fünf Monaten. Die Arbeitgeberverbände sehen i.d.R. eine Frist von sechs Monaten (zum Teil zum Jahresschluss) vor, in einzelnen Fällen aber auch extrem kurze Fristen (z.B. von einem Tag bei Übertritt in den OT-Status; vgl. dazu Rn. 32f.). Nach der Rspr. gilt aus Gründen der »negativen Koalitionsfreiheit« für den **Austritt aus einer Gewerkschaft** eine Kündigungsfrist von **längstens sechs Monaten**[69] – entgegen § 39 Abs. 2 31

61 Z.B. durch Umwandlung, vgl. JKOS-Oetker, § 6 Rn. 47 m.w.N.
62 Z.B. Kandidatur eines Gewerkschaftsmitglieds auf einer konkurrierenden Liste bei einer Betriebsratswahl; Ausschluss gebilligt durch BVerfG 24.2.99 – 1 BvR 123/93, AP BetrVG 1972 § 20 Nr. 18.
63 Vgl. zum Ganzen ErfK-Franzen, TVG § 3 Rn. 12; Gamillscheg, S. 448ff.; Löwisch/Rieble, Rn. 157ff.; Wiedemann-Oetker, Rn. 141ff.
64 BAG 27.6.00 – 1 ABR 31/99, NZA 01, 334; 28.1.87 – 4 AZR 150/86, DB 87, 1361.
65 Gamillscheg, S. 448; Schaub-Treber, § 204 Rn. 21.
66 Löwisch/Rieble, Rn. 160.
67 Däubler-Lorenz, Rn. 93.
68 Siehe ausführlich Mückl/Krings, BB 12, 769, 771.
69 BGH 4.7.77 und 22.9.80, AP GG Art. 9 Nr. 25 und 33; zust. ErfK-Franzen, TVG § 3 Rn. 9 m.w.N.; Löwisch/Rieble, Rn. 122.

BGB, der bei Vereinsaustritt als längste Frist zwei Jahre vorsieht. Zu der angemessenen (Höchst-)Frist werden unterschiedliche Meinungen vertreten. Es spricht viel dafür, diese bei Gewerkschaften mit sechs, bei den Arbeitgeberverbänden mit zwölf Monaten anzusetzen.[70] Das BAG hat eine Frist von sechs Monaten zum Jahresende für das Wirksamwerden eines Austritts aus einem Arbeitgeberverband nicht beanstandet.[71]

31a Nach Auffassung des **BGH** soll eine Kündigungsfrist von mehr als sechs Monaten in der **Satzung eines Arbeitgeberverbands** gegen Art. 9 Abs. 3 GG verstoßen: Überschreitet die in der Satzung eines Arbeitgeberverbandes bestimmte Kündigungsfrist die im Hinblick auf Art. 9 Abs. 3 GG zulässige Dauer, bleibt die Regelung in dem mit Art. 9 Abs. 3 GG vereinbarten Umfang aufrechterhalten.[72] Nach Auffassung des BGH soll also nur eine Kündigungsfrist von maximal sechs Monaten mit Art. 9 Abs. 3 GG vereinbar und damit wirksam sein.

Dem kann nicht gefolgt werden. Die **strukturellen Unterschiede** in der Zusammensetzung der Mitglieder von Gewerkschaften einerseits und Arbeitgeberverbänden andererseits gebieten es, für den Austritt aus einem Arbeitgeberverband längere Kündigungsfristen zuzulassen.[73] Die Arbeitgeberverbände bestehen in der Regel aus einer begrenzten Anzahl von Mitgliedern. Das gilt besonders für Arbeitgeberverbände, die regional und in einem fachlich begrenzten Bereich tätig sind. Tritt in einem solchen Fall ein Arbeitgeber aus dem Arbeitgeberverband aus, kann das für den Arbeitgeberverband – besonders dann, wenn es sich dabei um ein größeres Unternehmen handelt, das hohe Beiträge zu dem Arbeitgeberverband zu zahlen hat – zu erheblichen Beitragsausfällen führen. Darauf muss der Arbeitgeberverband innerhalb eines angemessenen Zeitraums reagieren können, etwa durch eine veränderte Beitragsgestaltung oder durch eine veränderte Planung hinsichtlich der künftigen verbandsinternen Organisation, die durch geringere finanzielle Mittel geboten sein kann. Aus diesem Grund kann der Austritt eines Arbeitgebers aus dem Arbeitgeberverband letzteren »von heute auf morgen« bedeutend mehr treffen als der Austritt eines Gewerkschaftsmitglieds die Gewerkschaft. Art. 9 Abs. 3 GG gewährleistet aber nicht nur das Recht des einzelnen Arbeitnehmers oder eines einzelnen Arbeitgebers, einer Koalition fernzubleiben, ihr beizutreten und aus ihr wieder auszutreten, sondern schützt auch den Bestand der Koalition selbst. Dieser Bestand der Koalition wird aus dem dargelegten Grund durch den Austritt eines Arbeitgebers aus dem Arbeitgeberverband weit mehr gefährdet als durch den Austritt eines Arbeitnehmers aus der Gewerkschaft.[74]

Das rechtfertigt es, für den **Austritt aus einem Arbeitgeberverband deutlich längere Kündigungsfristen** zu akzeptieren. Da es kaum praktikabel sein dürfte, in der Satzung hinsichtlich der Länge der Kündigungsfristen zwischen größeren und kleineren Unternehmen zu differenzieren, muss sich der Arbeitgeberband hinsichtlich der Länge der Kündigungsfrist an größeren Arbeitgebern orientieren dürfen.

---

70 Vgl. Oetker, ZfA 98, 41, 74; Däubler-Lorenz, Rn. 47, differenzierend KeZa-Kempen, Rn 21.
71 Vgl. BAG 1.12.04 – 4 AZR 55/04, NZA 05, 645.
72 BGH 29.7.14 – II ZR 243/13, NZA 14, 1352.
73 S. dazu LAG Saarland 22.10.03 – 2 Sa 48/03 Oetker, ZfA 1998, 41–61.
74 LAG Saarland 22.10.03 – 2 Sa 48/03, juris Rn. 24; Oetker, ZfA 1998, 41, 61.

Die zitierte Entscheidung des BGH setzt sich mit diesen Argumenten nur sehr eingeschränkt auseinander und stellt weitgehend darauf ab, eine längere Kündigungsfrist als sechs Monate beeinträchtige das Mitglied unangemessen in seinen durch Art. 9 Abs. 3 GG geschützten Rechten.[75]

Zur außerordentlichen Kündigung und einvernehmlichen Beendigung vgl. Rn. 32, 34ff.

Unabhängig von der in der Satzung geregelten Austrittsfrist kann die Mitgliedschaft gem. 32
§ 314 BGB bei Vorliegen eines **wichtigen Grundes außerordentlich (fristlos)** gekündigt werden.[76] Zwingende Voraussetzung ist, dass eine Fortsetzung des Vertragsverhältnisses bis zum Ablauf der ordentlichen Kündigungsfrist **unzumutbar** ist.[77] **Wirtschaftliche Belastungen** aus einem unmittelbar bevorstehenden Tarifabschluss oder Inkrafttreten eines Tarifvertrags sind **keine akzeptablen Gründe** für eine außerordentliche Kündigung.[78] Allenfalls eine durch den bevorstehenden Tarifabschluss ausgelöste – im Streitfall konkret nachzuweisende – **Insolvenzgefahr** kann die Unzumutbarkeit des Verbleibs im Verband begründen; in der Praxis wird diese Fallkonstellation so gut wie ausgeschlossen sein, weil in aller Regel davon auszugehen ist, dass der Tarifabschluss allein keine konkrete Insolvenzgefahr bewirken kann. Im Übrigen sind die tarifrechtlichen Möglichkeiten in Notlagen zu berücksichtigen. Diese Grundsätze gelten auch für die **Kündigung der Gewerkschaftsmitgliedschaft** z.B. aus Anlass eines, das bisherige Tarifniveau verschlechternden Tarifvertrags. Auch insoweit ist die Zulässigkeit einer fristlosen Kündigung der Mitgliedschaft auf – in der Praxis wohl kaum vorkommende – extreme Ausnahmefälle beschränkt.[79]

Selbst wenn die **sofortige Beendigung der Mitgliedschaft** bei der jeweiligen Tarifver- 33
tragspartei (Arbeitgeberverband oder Gewerkschaft) ausnahmsweise zulässig ist, bleibt die **Nachbindung** (vgl. Rn. 70ff.) an die **zu diesem Zeitpunkt geltenden Tarifverträge** erhalten.[80] Die Nachbindung ist grds. unbefristet (vgl. Rn. 97). Eine **außerordentliche Beendigung der Nachbindung** ist im Gesetz nicht vorgesehen. Sie verstößt gegen zwingendes Gesetzesrecht[81] und bedeutet eine Umgehung des auf Art. 9 Abs. 3 GG beruhenden Sinns und Zwecks von § 3 Abs. 3 TVG (Bestandsschutz der Koalition, Verhinderung von Missbrauch durch einseitige Gestaltung). Die Funktionsfähigkeit der Tarifautonomie würde erheblich beeinträchtigt, wenn die Möglichkeit des jederzeit möglichen Verbandsaustritts mit dem Wegfall der unmittelbaren und zwingenden Wirkung des Tarifvertrages verbunden wäre.[82] Darüber hinaus gibt es in Notlagen einzelner Mitglieder andere – durch ständige Tarifpraxis umgesetzte – Möglichkeiten, unzumutbare Belastungen akzep-

---

75 BGH 29.7.14, a.a.O.
76 Däubler, NZA 96, 225, 226; Löwisch/Rieble, Rn. 139ff.
77 Vgl. JKOS-Oetker, § 6 Rn. 49; ErfK-Franzen, TVG § 3 Rn. 10.
78 Vgl. LAG Düsseldorf 13.2.96 – 16 (6) Sa 1457/95, AiB 96, 629 = AuR 96, 232; ArbG Freiburg 15.11.95 – 8 Ca 231/95, AiB 96, 687; ArbG Leipzig 24.5.96 – 3 Ca 706/96, AiB 96, 685.
79 Buchner, RdA 97, 259, 260; Däubler-Lorenz, Rn. 53; KeZa-Kempen, Rn. 23; a.A. Löwisch/Rieble, Rn. 139f.
80 Däubler-Lorenz, Rn 54; a.A. ErfK-Franzen, TVG § 3 Rn. 10; differenzierend Thüsing/Braun/Braun, 6. Kap. Rn. 18.
81 Vgl. JKOS-Oetker, § 6 Rn. 54.
82 Vgl. auch Schaub-Treber, § 204 Rn. 25.

tabel zu regeln (Beispiel: Abschluss von »Sanierungstarifverträgen«, um die Insolvenzgefahr eines Unternehmens abzuwenden).[83]

2.2.3 Sonderfall »Blitzaustritt«[84]

34 Neben den gesetzlichen Regelungen über die Nachbindung gem. § 3 Abs. 3 TVG (vgl. Rn. 70ff.) und Nachwirkung gem. § 4 Abs. 5 TVG (vgl. § 4 Rn. 293ff.) erschweren die rechtlichen Anforderungen an eine sofortige Beendigung der Verbandsmitgliedschaft die Bemühungen vieler Arbeitgeber, sich kurzfristig der Bindung an Tarifverträge zu entledigen und zeitnah das bisherige Tarifniveau abzubauen. In einem Klima des Misstrauens gegen Tarifverträge und Tarifautonomie wurde in den 1990er Jahren die Diskussion um Möglichkeiten der Tarifflucht intensiviert (vgl. zu OT-Mitgliedschaft Rn. 42ff., zu Umstrukturierungen als Mittel der Tarifflucht Rn. 99ff.) Es ging u.a. darum, möglichst eine **Bindung an neue Tarifvertragsabschlüsse zu verhindern.**[85] Unter dem Begriff **»Blitzaustritt«** werden inzwischen folgende **Gestaltungsformen** praktiziert:

- fristloser Austritt (ohne Satzungsregelung; vgl. Rn. 35),
- fristloser Austritt oder »Übertritt« in OT-Status (mit Satzungsregelung; vgl. Rn. 36) und
- vereinbarter Austritt/fristloser Aufhebungsvertrag (mit oder ohne Satzungsregelung; vgl. Rn. 37).

Ist der Austritt gem. Rn. 35ff. unwirksam, bleibt der Arbeitgeber Mitglied des Arbeitgeberverbandes und an die Tarifverträge gebunden.

35 Der einseitig erklärte **fristlose Austritt ohne Satzungsregelung** ist nichts anderes als eine **fristlose Kündigung** der Mitgliedschaft (vgl. Rn. 32). Er ist nur dann rechtmäßig, wenn ein **wichtiger Grund** vorliegt und die Fortsetzung des Vertragsverhältnisses bis zum Ablauf der ordentlichen Kündigung **unzumutbar** ist (zu den Voraussetzungen vgl. Rn. 32).

Sieht die **Verbandssatzung die Möglichkeit zum außerordentlichen, ggf. fristlosen Austritt** ausdrücklich vor (oft verbunden mit dem Wechsel in eine OT-Mitgliedschaft im selben Verband; vgl. Rn. 42ff.), ist diese ebenfalls **nur dann wirksam**, wenn die **Voraussetzungen für eine außerordentliche Kündigung** vorliegen.[86] Eine ausdrückliche Satzungsregelung ändert nichts an den zwingenden gesetzlichen Rechtmäßigkeitsvoraussetzungen einer außerordentlichen Kündigung. Der sofortige Austritt bzw. Wechsel in die OT-Mitgliedschaft ist deshalb nur dann wirksam, wenn aus wichtigem Grund das Einhalten der ordnungsgemäßen Kündigungsfrist **unzumutbar** ist (vgl. Rn. 32). Außerdem ist erforderlich, dass der Beschluss des Verbands über das Einräumen eines satzungsmäßigen Sonderaustrittsrechts **ins Vereinsregister eingetragen** worden ist.[87]

37 Wesentlich häufiger anzutreffen ist die **einvernehmliche Beendigung der Mitgliedschaft i.d.R. durch Aufhebungsvertrag mit sofortiger Wirkung** (ggf. auch verbunden mit

83 Vgl. auch Wiedemann-Wank, § 4 Rn. 34; Löwisch-Rieble, § 3 Rn. 142.
84 Zum »Blitzwechsel« in den OT-Status vgl. Rn. 49.
85 Vgl. Bucher, RdA 97, 259ff.; Oetker, ZfA 98, 41ff.
86 JKOS-Oetker, § 6 Rn. 49.
87 BAG 20.2.08 – 4 AZR 419/07, DB 08, 1809.

Wechsel zur OT-Mitgliedschaft; vgl. Rn. 42 ff., 47). Diese Variante wird nach überwiegender Kommentarliteratur aus Gründen der **Vereins- und Organisationsautonomie für zulässig** gehalten, sofern der Austritt mit Wirkung für die Zukunft erfolgt.[88] Anders als bei einer einseitigen Kündigung bedürfe es für einen zweiseitigen Aufhebungsvertrag mit sofortiger Wirkung wegen des Vorrangs der Vertragsfreiheit **keines wichtigen Grundes**[89], zumindest wenn ein derartiger Aufhebungsvertrag nicht durch Satzungsrecht ausdrücklich untersagt ist.[90] Das BAG sieht dies, wenn auch mit gewissen Einschränkungen, genau so.[91] Zur geschützten koalitionsmäßigen Betätigung gehöre auch die freie Gestaltung der Satzung; die Begründung und Beendigung der Mitgliedschaft sei frei und verfassungsrechtlich geschützt, sofern die Funktionsfähigkeit der Tarifautonomie dadurch nicht beeinträchtigt werde. Allein durch die kurzfristige Beendigung der Mitgliedschaft sei dies aber nicht der Fall (Näheres vgl. Rn. 39 ff.). Oft regeln Verbandssatzungen den Aufhebungsvertrag ausdrücklich (z. B. Annahme eines entsprechenden Angebots durch den Vorstand oder den Verbandsgeschäftsführer).[92] Aber selbst wenn die Satzung eine einvernehmliche Beendigung der Mitgliedschaft nicht vorsieht und lediglich andere Beendigungstatbestände vorgesehen sind, stehen diese nach BAG einer Möglichkeit der einvernehmlichen Beendigung nicht entgegen.[93] Die **Vereinbarung über die Beendigung der Mitgliedschaft mit Rückwirkung** ist wie ein rückwirkender Austritt aus dem Arbeitgeberverband oder einer Gewerkschaft nach zutreffender Ansicht wegen Verstoßes gegen die durch § 3 Abs. 3 TVG angeordnete »Nachbindung« (vgl. Rn. 70 ff.) tarifrechtlich unwirksam.[94]

Die ausschließlich vereinsrechtliche Beurteilung der Wirkungen eines kurzfristigen einvernehmlichen Verbandsaustritts ist **abzulehnen**. Sie **vernachlässigt die Bedeutung der Tarifvertragsparteien** für die Funktionsfähigkeit der durch Art. 9 Abs. 3 GG gewährleisteten **Tarifautonomie**. Richtigerweise muss deshalb zwischen Vereinsrecht und höherrangigem Koalitionsrecht unterschieden werden. Tarifverbände unterliegen als eingetragene Vereine intern dem Vereinsrecht. Sie sind aber als Träger der Koalitionsfreiheit für die Funktionsfähigkeit der Tarifautonomie mit verantwortlich und haben daher auch Interessen der Gewerkschaft bzw. deren Mitglieder zu berücksichtigen.[95] Tarifautonomie und Tarifvertragssystem begründen sich aus der »strukturellen Unterlegenheit« des einzelnen Arbeitnehmers im Arbeitsverhältnis. Folgerichtig kann dieses System nicht mit dem Argument der »verbandsautonomen Vertragsfreiheit« des BGB ausgehebelt werden **38**

---

88 Vgl. ErfK-Franzen, TVG § 3 Rn. 11; Wiedemann-Oetker, Rn. 55; Däubler-Lorenz, Rn. 52 m. w. N.; JKOS-Oetker, § 6 Rn. 49.

89 Wiedemann-Oetker, Rn. 55.

90 JKOS-Oetker § 6 Rn. 49; Schaub-Treber, § 204 Rn. 23; ErfK-Franzen, TVG § 3 Rn. 11a.

91 BAG 20. 2. 08 – 4 AZR 64/07, NZA 08, 946, 949, 950; 4. 6. 08 – 4 AZR 419/07, NZA 08, 1366, 1370; 18. 5. 11 – 4 AZR 457/09, NZA 11, 1378, 1380.

92 Vgl. Satzung des Kommunalen Arbeitgeberverbands Berlin-Brandenburg vom 6. 4. 2001.

93 BAG 20. 2. 08 – 4 AZR 64/07, NZA 08, 946, 949; 18. 5. 11 – 4 AZR 457/09, NZA 11, 1378, 1380: Auslegung der Satzung des AGV M+E Solingen; Wiedemann-Oetker, Rn. 55.

94 Vgl. auch Däubler-Lorenz, Rn. 52 m. w. N.; JKOS-Oetker, § 6 Rn. 49.

95 So auch BAG 20. 2. 08 – 4 AZR 64/07, NZA 08, 946, 949; 4. 6. 08 – 4 AZR 419/07, NZA 08, 1366, 1372; ArbG Berlin 8. 5. 03 – 96 Ca 5296/03, DB 03, 1518; a. A. Bauer/Rolf, DB 03, 1519 ff.; ErfK-Franzen, TVG § 3 Rn. 11a.

39 Hier setzt im Grunde auch das **BAG** an, wenn es den »**Blitzaustritt« im Zusammenhang mit Tarifverhandlungen** zwar für **vereinsrechtlich zulässig,** unter bestimmten Voraussetzungen **aber** für **tarifrechtlich unwirksam** erklärt.[96] Die Vereinbarung kurzer Fristen für eine einvernehmliche Aufhebung der Mitgliedschaft sei von der Satzungsautonomie gedeckt. Es zieht aber aus der Koalitionsbezogenheit der Satzung des Arbeitgeberverbandes den Schluss, dass der Blitzaustritt im Zusammenhang mit einer laufenden Tarifbewegung die Grundlagen der Tarifverhandlungen stören und die Funktionsfähigkeit der Tarifautonomie gefährden könnte. Eine Störung liege darin, dass diejenigen verbandsgebundenen Arbeitgeber, die an den Verhandlungen teilnehmen, nicht mit denjenigen übereinstimmen, die auch noch nach dem Tarifabschluss an den Verband gebunden sind; der erforderliche »**Gleichlauf von Verantwortlichkeit und Betroffenheit**« auf Arbeitgeberseite gehe während der Tarifverhandlungen verloren.[97] Die Vorstellungen der Tarifpartner über den Mitgliederbestand der Gegenseite gehörten zur Geschäftsgrundlage der Verhandlungen. Änderungen beim Mitgliederbestand im Zusammenhang von Tarifverhandlungen müssten daher der Gegenseite bekannt gemacht werden (»**Transparenzgebot**«). Nur wenn dies erfolge, sei der Blitzaustritt rechtlich in Ordnung und der Arbeitgeber vom neuen Tarifvertrag nicht erfasst.

Der 4. Senat des BAG verlangt hierfür, dass die Gewerkschaft durch den Verband oder den Arbeitgeber selbst vom Statuswechsel rechtzeitig in Kenntnis gesetzt wird.[98] Nach Auffassung des 1. Senats unterliegt die Art und Weise der Bekanntmachung bzw. Mitteilung des Statuswechsels allerdings keinen besonderen formalen Anforderungen, es besteht keine Pflicht der Arbeitgeberseite, einen schriftlichen Nachweis zu führen. Dem Transparenzerfordernis werde schon durch eine mündliche Unterrichtung genügt, entscheidend sei, dass der maßgebliche Sachverhalt der Gewerkschaft hinreichend klar mitgeteilt werde; dem Transparenzerfordernis soll jedenfalls genügt sein, wenn der Arbeitgeber selbst die Gewerkschaft über den Wechsel in eine OT-Mitgliedschaft mündlich unterrichtet, sofern sich keine begründeten Zweifel an der Richtigkeit der Information ergeben.[99] Damit wird der Blitzwechsel durch die Rechtsprechung noch einmal unnötig zu Lasten der Arbeitnehmer erleichtert.

40 Erhält die Gewerkschaft dagegen **keine Kenntnis von der Veränderung der Verhandlungsgrundlagen**, könne sie sich nicht in ihrer Verhandlungsführung und Interessendurchsetzung darauf einstellen und auf die neue Lage reagieren, z. B. mit der Entscheidung, das Unternehmen mit einem Haustarifvertrag zu konfrontieren und hierfür zu mobilisieren,[100] an einem erreichten Verhandlungsstand festzuhalten oder diesen sogar in Frage zu stellen.[101] Deshalb sei in diesem Fall der – vereinsrechtlich zulässige – **Blitz-**

96 BAG 20.2.08, a.a.O.; 26.08.09, a.a.O.; 26.8.09 – 4 AZR 285/08, NZA 10, 230; 23.9.09 – 4 AZR 346/08, AuR 10, 133; siehe auch Schaub-Treber, § 204 Rn. 24ff. m.w.N.

97 BAG 4.6.08 – 4 AZR 419/07, NZA 08, 1366, 1372.

98 BAG 4.6.08 – 4 AZR 419/07, NZA 08, 1366, 1372.

99 BAG 19.6.12 – 1 AZR 775/10, NZA 12, 1372 zu einem Schadensersatzanspruch wegen eines rechtwidrigen Warnstreiks für einen Verbandstarifvertrag; die Gewerkschaft war davon ausgegangen, dass der Übertritt in die OT-Mitgliedschaft tarifrechtlich unwirksam sei.

100 BAG 17.2.10 – 5 AZR 191/09; BAG 20.2.08 – 4 AZR 64/07, NZA 08, 946, 950.

101 BAG 26.8.09 – 4 AZR 285/08, NZA 10, 230, 234.

austritt tarifrechtlich unwirksam und der Arbeitgeber an den verhandelten Tarifvertrag gem. § 3 Abs. 1 TVG tarifgebunden.[102]

Das Transparenzerfordernis ergibt sich für den gesamten **Verhandlungszeitraum,** aber auch für den Zeitraum nach einer Verständigung der **Tarifparteien bis zum endgültigen Abschluss des Tarifvertrages,** erfasst wird also auch die Zeit zwischen **Verhandlungsergebnis** und Unterzeichnung des Tarifvertrags. Das gilt auch, wenn die Tarifparteien vor dem Blitzaustritt schon einen **Vorvertrag** auf Abschluss eines Tarifvertrages abgeschlossen haben.[103]

Beispiel:
Die Tarifvertragsparteien verständigten sich am 1.8.2006 auf Eckpunkte eines Tarifvertrags und auf das Inkrafttreten zu diesem Zeitpunkt. Im März 2007 wurde der Tarifvertrag auf Grundlage der Eckpunkte unterzeichnet und – wie vereinbart – rückwirkend zum 1.8.06 in Kraft gesetzt. Arbeitgeber und Verband vereinbarten am 10.8.2006 die kurzfristige Beendigung der Mitgliedschaft. Der Blitzaustritt lag nach Beginn der Tarifverhandlungen, hier: nach der Tarifeinigung im August 2006, aber vor rechtswirksamer Unterzeichnung des Tarifvertrags im März 2007 und ist – bei fehlender Transparenz über den Austritt – tarifrechtlich unwirksam.

Prozessual ist zu beachten, dass ein Beschäftigter, der Ansprüche wegen der tarifrechtlichen Unwirksamkeit eines Aus- oder Übertritts geltend macht, umfassend darlegen muss, dass die Tarifverhandlungen zum Zeitpunkt des Statuswechsels **bereits begonnen** hatten, sich diese in einem Stadium befanden, in dem eine **Störung der Funktionsfähigkeit der Tarifautonomie** in Betracht kam und dass der Statuswechsel des Arbeitsgebers **nicht transparent** war. Allein die Tatsache, dass der Wechsel nicht bekannt gegeben wurde, ist im Hinblick auf die Funktionsfähigkeit der Tarifautonomie unerheblich.[104]

Das **BAG** setzt seine richtigen Ansatzpunkte – Koalitionsbezogenheit der Verbands-Sat- 41
zungen, Transparenzgebot – **nicht konsequent** um. Die Möglichkeit des kurzfristigen Austritts (wie des OT-Blitzwechsels) gefährdet die Funktionsfähigkeit der Tarifautonomie nicht nur während des Verhandlungszeitraums, sondern ist eine **permanente Bedrohung** der Koalitionsfreiheit der Gewerkschaft (vgl. Rn. 46).[105] Wegen der Rückwirkungen auf die Gegenseite ist zu prüfen, ob aus koalitionsrechtlichen Gründen satzungsrechtliche Gestaltungsmöglichkeiten beschränkt werden können (vgl. Rn. 38).[106] Es spricht z.B. viel dafür, dass ein kurzfristiger Austritt aus einem Arbeitgeberverband im Verhältnis zur Gewerkschaft und zu den tarifgebundenen Arbeitnehmern **erst nach Ablauf einer Mindestfrist** wirksam werden kann. Als Orientierungspunkt kommt die **6-Monats-Frist** in Betracht, die nach Ansicht des BGH für Arbeitnehmer bei einem Austritt aus ihrer Gewerkschaft gilt (vgl. Rn. 31),[107] höchstens aber die in der Verbandssatzung vorgesehene

102 BAG 20.2.08, a.a.O.
103 BAG 23.9.09 – 4 AZR 346/08, AuR 10, 133; 26.8.09 – 4 AZR 285/09, NZA 10, 230, 234.
104 BAG 4.6.08 – 4 AZR 419/07, NZA 08, 1366, 1373;17.2.10 – 5 AZR 191/09, AP Nr. 211 zu § 1 TVG Tarifverträge: Metallindustrie.
105 Zur parallelen Problematik betr. OT-Status vgl. Hensche, NZA 09, 815.
106 Zu den unterschiedlichen Wirkungen verbandsinterner Regelungen und ihren Auswirkungen auf Tarifbindung und tarifliche Rechte bei rückwirkendem Verbandsbeitritt, vgl. BAG 22.11.00 – 4 AZR 688/99, DB 01, 1622.
107 BGH 4.7.77 – II ZR 30/76 und 22.9.80 – II ZR 34/80, AP GG Art. 9 Nr. 25 und 33.

Frist für eine ordentliche Kündigung der Mitgliedschaft. Kombiniert mit der BAG-Lösung kann dies den Missbrauch von Gestaltungsmöglichkeiten eindämmen.

2.3 OT-Mitgliedschaft/OT-Verband

2.3.1 Entwicklung eines widersprüchlichen Konstrukts

42 Die Mitgliedschaft im Arbeitgeberverband vermittelt und legitimiert die Tarifbindung. So steht es klar in § 3 Abs. 1 TVG: »**Tarifgebunden** sind die **Mitglieder der Tarifvertragsparteien**«. Aber: Die Arbeitgeber und -verbände haben mit der »**Mitgliedschaft ohne Tarifbindung**» (kurz: **OT-Mitgliedschaft**) und dem **OT-Verband** ein widersprüchliches Konstrukt geschaffen, Rspr. und h.M. haben es weitgehend abgesegnet (Rn. 47ff.): Mitglieder in tariffähigen Arbeitgeberverbänden, die tarifunwillig sind und nicht tarifgebunden sein wollen und sollen. Viele Fragen tun sich auf: Wie soll man einerseits Mitglied in einem Tarifverband sein und andererseits nicht an den Tarifergebnissen partizipieren, ja sie sogar dezidiert ablehnen, ggf. bekämpfen? Wie soll der Arbeitgeberverband die gegensätzlichen Interessen (Tarif ja – Tarif nein) unter »einen Hut« bringen? Was erwartet der Arbeitgeber: Einerseits Tarife und Tarifautonomie ablehnen – und andererseits trotzdem die »Nestwärme« eines Tarifverbands suchen und sich von ihm in heiklen Personal-, Sozial- und Wirtschaftsfragen beraten lassen?

43 Solch eine Absurdität konnte offenbar nur entstehen im Gefolge der »geistig-moralischen Wende«, der Parole »Mehr Markt im Arbeitsrecht«, der **Auflösung des Tarifkonsenses,** der Denunzierung von Tarifautonomie und Tarifverträgen (erinnert sei an den BDI-Chef, der Tarifverträge und Betriebsverfassungsgesetz im Lagerfeuer verbrennen wollte), der Unterwerfung aller gesellschaftlichen Standards unter das Diktat des Marktes und betrieblicher Bedürfnisse (vgl. Grundl. Rn. 159ff.). Auf der Suche nach Möglichkeiten, die als lästig empfundenen Tarifbindung und Tarifverträge loszuwerden, machten Arbeitgeber die Erfahrung, dass ein Verbandsaustritt sie »**vom Regen in die Traufe**« bringen konnte: Sie standen alleine da, mussten das Lohnreglement selber meistern und sich Forderungen nach einem Firmentarifvertrag erwehren.

44 Die Idee – raus aus Tarifbindung und Tarifvertrag, aber in und mit dem Arbeitgeberverband –, erstmals »für tarifunwillige (!) Arbeitgeber« praktisch umgesetzt 1990 vom Verband der Holzindustrie Rheinland-Pfalz, entwickelte sich, anfangs noch skeptisch beäugt von einigen Arbeitgeberverbänden[108] aber praktisch ungestört von Steuerbehörden und Arbeitsgerichten. Die **Variante der Tarifflucht** ermöglicht ein Verbleiben im Arbeitgeberverband, soll aber die Bindung an die Verbandstarifverträge vermeiden.[109] Ob Arbeitgeber, die eine OT-Mitgliedschaft in einem Arbeitgeberverband gewählt haben und deshalb Tarifverträge nicht auf die bei ihnen bestehenden Arbeitsverhältnisse anwenden müssen, dies – jedenfalls was Entgelttarifverträge angeht – im Normalfall gleichwohl tun,[110] ist bis-

108 Vgl. die abl. Haltung des ehem. Justiziars von Gesamtmetall, Glaubitz, NZA 03, 140; zu Gründen für die Änderung vgl. von Joest, FS Buchner, S. 358f.

109 Vgl. ausführlich Berg, AuR 01, 393ff.; Deinert, RdA 07, 83ff.; Däubler, NZA 96, 225, 230; Hensche, OT, S. 53ff.

110 So Bepler, Gutachten B zum 70. Deutschen Juristentag, unter B 79.

lang empirisch jedenfalls nicht belegt. Die **OT-Mitglieder** können an der wirtschafts- und sozialpolitischen – auch tarifpolitischen – Diskussion des Verbands teilnehmen und koalitionsspezifische Dienstleistungen ihres Verbands in Anspruch nehmen, ohne mit den Folgen eines Tarifabschlusses belastet zu werden.[111] Sie haben zwar in tarifpolitischen Angelegenheiten einschließlich Beendigung und Abschluss von Tarifverträgen **kein Stimmrecht** (in allen anderen den Verband betreffenden Fragen steht ihnen dagegen ein Stimmrecht zu), können aber durch uneingeschränkte Wahrnehmung ihrer Beratungsrechte vor allem auch in allen Tariffragen faktisch Einfluss auch auf die Tarifpolitik nehmen.[112]

Verschiedene Formen der OT-Mitgliedschaft werden praktiziert. Überwiegend wird sie 45
in zwei Modellen organisiert. Im sog. **Aufteilungsmodell** gibt es zwei Arbeitgeberverbände: Ein Verband schließt Tarifverträge für seine Mitglieder ab, der zweite Verband nicht.[113] Beim **Stufenmodell** kommt eine differenzierte Mitgliedschaft vor: Die Mitglieder können nach der Satzung zwischen einer Mitgliedschaft mit und ohne Tarifbindung wählen.[114] Parallel wurde das Abschütteln der normalen Mitgliedschaft mit Tarifbindung erleichtert und die **Fristen** für den Übertritt in den OT-Status radikal auf einen Tag oder wenigen Stunden verkürzt. Schwerpunkte liegen in den Branchen Einzelhandel, Holzwirtschaft, Metall- und Elektroindustrie (z. T. auch mit dem Aufteilungsmodell mit zwei Verbänden).[115]

Die **Funktionen des OT-Modells** gehen weit über karitative Hilfe für verunsicherte Fir- 46
men hinaus:

- Es lebt vom und belebt das **Misstrauen gegen Tarifautonomie** und Tarifverträge als für Gesellschaft und Betriebe schädliche Dinge. Die Saat der 1990er Jahre geht auf.
- Es verhindert nicht, sondern **ermuntert zur Tarifflucht**; so wird darauf verwiesen, »der Arbeitgeber kann einen sog. Blitzaustritt strategisch nutzen, wenn der Abschluss eines aus seiner Sicht unliebsamen Tarifvertrages zu erwarten ist«.[116]
- Die **Arbeitgeber(-verbände) führen Arbeitnehmer, Betriebsräte und Gewerkschaften hinters Licht**, indem Tarifbejahung und Tarifbindung der – in Wahrheit tarifunwilligen – Mitglieder vorgespiegelt wird.
- Schon die **Androhung schnellen OT-Wechsels** wird oft mit Forderungen nach tariflichen Zugeständnissen verbunden. Die mögliche Reaktion der Gewerkschaften, das OT-Unternehmen mit einem teureren Firmentarifvertrag zu konfrontieren, steht in den oft schwach organisierten Betrieben meist auf dem Papier.
- Manche Arbeitgeberverbände setzen die Drohung mit massenhaften OT-Wechsel von Mitgliedern unverhohlen zur **Abwehr von Tarifforderungen** sowie zur Durchsetzung von Gegenforderungen wie z. B. Öffnungsklauseln, ein.

---

111 Vgl. Däubler-Peter, § 2 Rn. 118; KeZa-Stein, § 2 Rn. 131ff.; Däubler-Lorenz, Rn 36; Deinert, RdA 07, 83ff.
112 Berg, a.a.O., S. 393.
113 Vgl. Hensche, OT, S. 53ff.; Schaub-Treber, § 204 Rn. 11.
114 ErfK-Franzen, TVG § 2 Rn. 9, ausführlich Däubler-Peter, § 2 Rn. 120ff. m.w.N.; Hensche, OT, S. 11ff.
115 Vgl. die Entwicklung und Zahlen bei von Joest, FS Buchner, S. 358ff., 367.
116 Henssler, Moll, Bepler, Höpfner, Teil 6 Rn. 48.

Beispiel:
»Der VBM-Vorstand hat am 24. April 2002 die Tarifsituation beraten. Er hält jetzt den Zeitpunkt für gekommen, zu dem diejenigen Unternehmen eine strategische Entscheidung treffen müssen, die die Bedingungen des sich abzeichnenden Tarifvertrags nicht verkraften können. Für solche Unternehmen kommt als Lösung in Betracht, die Tarifbindung zu beenden. Der Weg dazu wäre ein Austritt aus dem VBM ... Die Mitgliedschaft in BayME (= dem OT-Verband) besteht weiterhin«.[117]
Dieses Damoklesschwert wirkt nicht nur während des Zeitraums von Tarifverhandlungen, sondern ist eine **permanente Bedrohung** der anderen Tarifvertragspartei.

2.3.2 Voraussetzungen des OT-Status nach der Rechtsprechung

47 Zunächst ließ das **BAG** die Zulässigkeit des OT-Status offen und sah vorübergehend eine zulässige Beschränkung der personellen Tarifzuständigkeit, was es später verwarf mit der Begründung, dass die Tarifzuständigkeit (vgl. § 2 Rn. 104ff., 120) durch Satzung nicht auf die eigenen Mitglieder beschränkt werden könne.[118] Es hält jetzt den **OT-Status** für **grundsätzlich zulässig**. Aufgrund der Satzungsautonomie könne eine Arbeitgeberkoalition zwei unterschiedliche Typen von Mitgliedschaft mit und ohne Tarifbindung vorsehen.[119] Es gebe auch keinen Grund, eine **Mindestfrist** für einen Verbandsautritt oder einen OT-Wechsel vorzugeben.[120] Voraussetzung für die Wirksamkeit der OT-Mitgliedschaft ist die **Eintragung der Satzungsänderung** ins Vereinsregister.[121]
Das BAG macht aber zwei **Einschränkungen**:
- OT-Mitglieder dürfen keine direkten Einfluss auf tarifpolitische Entscheidungen haben (»**Trennungsgebot**«, vgl. Rn. 48);
- über schnelle OT-Wechsel im Zusammenhang mit Tarifverhandlungen muss die Gewerkschaft **informiert** werden (»**Transparenzgebot**«, vgl. Rn. 49).

48 Einer **organisationsrechtlichen Trennung** der OT-Mitglieder vom Tarif-Arbeitgeberverband bedarf es zwar nicht. Es muss aber bei dem sog. **Stufenmodell** (vgl. Rn. 45) durch die **Satzung sichergestellt** sein, dass eine direkte **Einflussnahme** von OT-Mitgliedern auf tarifpolitische und Arbeitskampf-Entscheidungen **unterbleibt**. Begründet wird dies mit dem **Gleichlauf von Verantwortung und Betroffenheit.**[122]
Wegen der an die Tarifgebundenheit anknüpfenden und ggf. weitreichenden Rechtswirkungen auch auf Dritte ist erforderlich, dass die Verbandsmitgliedschaft mit Tarifbindung

117 Brief des (Tarif-)Verbandes der Bayerischen Metall- und Elektroindustrie (VBM) an seine Mitgliedsunternehmen vom 30.4.02. Die Austrittsfrist betrug damals eine Woche, inzwischen weniger als einen Tag.
118 BAG 23.10.96 – 4 AZR 409/95, DB 97, 582; 23.2.05 – 4 AZR 186/04, DB 05, 2305; 18.7.06 – 1 ABR 36/05, AiB 07, 117 = NZA 06, 1225; vgl. näher Deinert, RdA 07, 83ff.; Schaub-Treber, § 204 Rn. 13.
119 BAG 18.7.06, a.a.O.; 20.2.08 – 4 AZR 64/07, NZA 08, 946, st. Rspr.; zust. u.a. Buchner, NZA 94, 2; HWK-Henssler, Rn. 4; Otto, NZA 96, 624; Wilhelm/Dannhorn, NZA 06, 466.
120 BAG 20.2.08, a.a.O.; 4.6.08 – 4 AZR 419/07, DB 08, 2712, 2714.
121 BAG 4.6.08, a.a.O.; Schaub-Treber, § 205 Rn. 17 m.w.N.
122 BAG 22.4.09 – 4 AZR 111/08, NZA 10, 105, 107ff.

im Sinn von § 3 Abs. 1 TVG von einer Verbandsmitgliedschaft ohne **Tarifbindung eindeutig abgrenzbar** ist[123] und dies in der **Satzung zum Ausdruck kommt.**[124]
Vor allem durch Regelungen, die bei Beschlussfassung über Tariffragen und Arbeitskampfmaßnahmen für »Mitglieder ohne Tarifbindung« das Stimmrecht ausschließen, wird die erforderliche Kongruenz von Mitentscheidungsrecht und Bindung an die Tarifabschlüsse hinreichend klar und deutlich sowie einschränkungslos hergestellt. Nach Auffassung des BAG soll aber nicht erforderlich sein, dass der Ausschluss der Rechte von OT-Mitgliedern in Tarifangelegenheiten in jeder einzelnen Norm der Satzung ausdrücklich wiederholt wird.[125] Eine **mangelhafte Trennung der Befugnisse von Mitgliedern und OT-Mitgliedern** eines Arbeitgeberverbandes liegt z.B. vor, soweit die große Tarifkommission eines Arbeitgeberverbandes durch den Präsidenten geführt wird, hingegen satzungsrechtlich nicht geregelt ist, ob dies auch dann gilt, wenn der Präsident nur Mitglied eines OT-Betriebs ist. Von einer mangelhaften Trennung ist auch dann auszugehen, wenn die Satzung keine Regelung darüber enthält, dass zu Vorstandsmitgliedern der kleinen Tarifkommission nur Mitglieder tarifgebundener Betriebe berufen werden können.[126]
Das **BAG** lässt zwar eine Beratung der OT-Mitglieder über tarifpolitische Themen sowie die Finanzierung des Arbeitskampffonds zu, aber nicht die Beteiligung an der Abstimmung oder die Mitentscheidung über die Verwendung des Arbeitskampffonds für konkrete Arbeitskampfmaßnahmen. Wenn eine AGV-Satzung dieses trotzdem ermöglicht, ist der **OT-Status hinfällig** und der Arbeitgeber als »normales« Mitglied zu behandeln mit der Folge, dass er an die Tarifverträge gebunden ist.[127] Das BVerfG hat diese Anforderungen des BAG an die OT-Mitgliedschaft bestätigt.[128]

Das BAG weist zwar den generellen Einwand zurück, die OT-Mitgliedschaft gefährde die **Funktionsfähigkeit** der **Tarifautonomie**, berücksichtigt ihn aber bei **kurzfristigem OT-Wechsel** im Zusammenhang mit Tarifverhandlungen. Daher seien im **Vorfeld eines Tarifabschlusses** einem **kurzfristigen Wechsel** in die OT-Mitgliedschaft tarifrechtliche **Grenzen** zu ziehen. Die Gewerkschaft rechne i.d.R. damit, dass der Tarifvertrag für die Arbeitgeber gelten werde, die bei Verhandlungsbeginn tarifgebundene AGV-Mitglieder seien. Wenn Arbeitgeber den Arbeitgeberverband in dieser prekären Zeit verlassen könnten, würden Tarifverträge ggfs. ins Leere laufen und typischerweise die **Grundlagen des Tarifabschlusses stören**. Deshalb müsse die Gewerkschaft über OT-Wechsel (und Austritte) in diesem Zeitraum informiert werden, damit sie noch tarifpolitisch reagieren könne.[129] **Unterbleibe die Information** der Gewerkschaft, sei der »**Blitzwechsel**« – ähnlich wie ein »**Blitzaustritt**« aus dem Arbeitgeberverband[130] – zwar satzungsrechtlich wirk- 49

---

123 BAG 22.4.09 – 4 AZR 111/08, NZA 10, 105, 107ff.
124 BAG 21.11.12 – 4 AZR 27/11, ZTR 13, 434; s. auch BAG 12.2.14 – 4 AZR 450/12, ZTR 14, 330.
125 BAG 12.2.14 – 4 AZR 450/12, ZTR 14, 330.
126 LAG Sachsen 11.12.12 – 4 Sa 534/11, juris, Rn. 114ff.
127 BAG 22.4.09 – 4 AZR 111/08, NZA 10, 105, 107ff.
128 BVerfG 1.12.10 – 1 BvR 2593/09, NZA 11, 61.
129 BAG 4.6.08 – 4 AZR 419/07, DB 08, 2712; 26.8.09 – 4 AZR 285/08, NZA 10, 231.
130 BAG 20.2.08 – 4 AZR 64/07, DB 08, 1809.

sam, aber **tarifrechtlich unwirksam**. Die Folge ist, dass der Arbeitgeber an den ausgehandelten Tarifvertrag tarifgebunden ist (Näheres vgl. Rn. 32ff., 39ff.).[131]

2.3.3 Rechtsfolgen des OT-Status

50 Ist die OT-Mitgliedschaft nach den BAG-Kriterien rechtskonform, wird der Arbeitgeber wie ein nicht tarifgebundener Außenseiter behandelt. Ist die formal begründete OT-Mitgliedschaft **rechtsfehlerhaft**, besteht Tarifbindung an die vom Arbeitgeberverband abgeschlossenen Tarifverträge. Daraus ergeben sich folgende konkrete Varianten:

Hinweis für den Betriebsrat und Personalrat

- Ist der Wechsel eines Arbeitgebers in den OT-Status rechtskonform nach den Kriterien des BAG, bleibt er an die laufenden Tarifverträge gem. § 3 Abs. 3 TVG gebunden (»**Nachbindung**«, vgl. Rn. 70ff.). An neue Tarifverträge ist er nicht mehr gebunden. Er wird wie ein Außenseiter behandelt.
- Wenn OT-Mitglieder mangels eindeutiger Satzungsbestimmungen tarifpolitischen **Einfluss auf den Arbeitgeberverband** nehmen können (Verstoß gegen das Trennungsgebot), ist die OT-Mitgliedschaft rechtsfehlerhaft und unwirksam. Der Arbeitgeber bleibt gem. § 3 Abs. 1 TVG an die Tarifverträge gebunden.
- Wechselt der Arbeitgeber **im Zusammenhang mit einer Tarifverhandlung kurzfristig in den OT-Status** und wird die Gewerkschaft darüber nicht informiert, ist der Wechsel satzungsmäßig wirksam, tarifrechtlich aber unwirksam. Der Arbeitgeber ist an den neu ausgehandelten (Verbands-)Tarifvertrag tarifgebunden.
- Wird die Gewerkschaft rechtzeitig über den **»Blitzwechsel«** im Zusammenhang mit einer Tarifverhandlung informiert, ist der Wechsel satzungs- und tarifrechtlich wirksam. Der Arbeitgeber ist nicht an den neuen Tarifvertrag gebunden – aber per Nachbindung gem. § 3 Abs. 3 TVG an die anderen Tarifverträge.
- Der Arbeitgeber ist gegenüber Betriebsrat und Personalrat zur **Auskunft** über seinen tarifrechtlichen Status verpflichtet, der Arbeitgeberverband gegenüber der Gewerkschaft (s. a. Rn. 56ff.).
- Ist der Arbeitgeber »rechtswirksam« OT-Mitglied geworden, endet die **Friedenspflicht**. Ein **(Firmen-)Tarifvertrag** kann von ihm gefordert und ggf. erstreikt werden (vgl. Näheres § 1 Rn. 430; AKR Rn. 125, 456, 464, 492).

2.3.4 Kritik an der OT-Rechtsprechung[132]

51 Rspr. und h. M. übergehen den Wortlaut von § 3 Abs. 1 TVG und unterschätzen die negativen Wirkungen für eine funktionierende Tarifautonomie und die Koalitionsfreiheit der Gewerkschaften. Die Anforderungen an die Trennung der Entscheidungen und die Transparenz beim »Blitzwechsel« sind ungenügend und widersprüchlich.[133]

---

131 BAG 4. 6. 08 und 26. 8. 09 a.a.O.; Kritik an der Einschränkung bei Bauer/Haußmann, RdA 09, 99 und Rieble, RdA 09, 280.

132 OT-Rechtsprechung liegt praktisch nur zum »Stufenmodell« vor. Insbesondere die Entscheidungen zum »Blitzwechsel« gelten aber auch für den Austritt aus dem Tarifverband und den »Übertritt« in den OT-Verband. Dies ist bei der nachfolgenden Kritik zu berücksichtigen.

133 Vgl. ausführlich zum Folgenden: Berg, AuR 01, 393; Däubler-Peter, § 2 Rn. 122ff.; Deinert, AuR 06, 217 und RdA 07, 87; Hensche, OT, S. 11ff. und NZA 09, 815ff.; Wroblewski, NZA 07, 421.

- Der **Wortlaut von § 3 Abs. 1 TVG** ist eindeutig: Es wird nicht zwischen Mitgliedschaft in einem tarifschließenden Verband und einem nicht tarifschließendem Verband unterschieden. Die Mitgliedschaft in einer Tarifvertragspartei begründet und legitimiert Tarifbindung und Tarifautonomie.[134] Dies ist zwingend und satzungsfest. Eine individuelle oder satzungsmäßige Abbedingung der Tarifbindung ist damit nicht vereinbar.[135]
- Die vom BAG diagnostizierte Gefahr für die **Funktionsfähigkeit der Tarifautonomie** der Gewerkschaft materialisiert sich nicht nur bei Blitzwechseln und -austritten einzelner Betriebe während Tarifverhandlungen. Die Drohung wird nicht nur taktisch von einzelnen Arbeitgebern, sondern strategisch auch vom Arbeitgeberverband eingesetzt, und zwar permanent (s. o. Rn. 46).
- Die geforderte **Trennung der Aufgaben** und Einflussmöglichkeiten ist als Kriterium unzureichend, sie ist jenseits realer Abläufe. Wer aktiv an Besetzungen der Vereinsgremien durch Wahl teilnehmen, wer (Wahl-) Funktionen im Verband übernehmen kann, wer in allen sozial- und wirtschaftspolitischen Fragen mitentscheiden kann, wer bei tarifpolitischen Themen und Entscheidungen und selbst bei Arbeitskampfmaßnahmen mitberaten kann, wer Beiträge zahlt und den Arbeitskampffonds mitfinanziert, der hat – nicht nur indirekten, sondern ganz erheblichen – Einfluss auch auf tarifpolitischen Kurs und Entscheidungen des Verbands. Das gilt insbesondere – aber nicht nur – für Mitgliedsunternehmen, die aufgrund ihrer Größe und wirtschaftlichen Bedeutung für die Branche nicht nur wichtige Beitragszahler sind, sondern faktisch einen überdurchschnittlich großen (informellen) Einfluss auf das Geschehen im Arbeitgeberverband haben, auch auf dessen Tarifpolitik.[136]

Die OT-Mitgliedschaft greift in die **koalitionsmäßige Betätigung der Gewerkschaften** ein und entwertet den mit der Koalitionsfreiheit bezweckten Schutz der strukturell unterlegenen Arbeitnehmer.[137] Den Gewerkschaften wird die Möglichkeit genommen, mit dem Tarifabschluss alle Mitglieder der Arbeitgeberverbände zu erfassen. Sie müssen in Bezug auf die OT-Mitglieder zusätzliche Firmentarifverträge erzwingen, obwohl Mitgliedschaft im Verband vorliegt. Das **Kräfteverhältnis** zwischen Arbeitgeberverband und Gewerkschaft wird grundlegend verändert. In jeder Tarifrunde kann mit dem ggf. möglichen **OT-Wechsel gedroht** werden, wenn die Arbeitnehmerseite von ihren Forderungen nicht abrückt (Rn. 46). Das mögliche Hin und Her (Schnellwechsel in OT- und zurück in T-Mitgliedschaft)[138] untergräbt die Berechenbarkeit und Verlässlichkeit der Tarifvertragspartei »Arbeitgeberverband«. Die dem Tarifvertragssystem innewohnende Schutz- und Ordnungsfunktion wird destabilisiert.[139] Auch die Tatsache, dass OT-Mitglieder 52

134 Darauf hebt auch das VG Braunschweig 17. 3. 10 – 1 A 272/08, AuA 10, 305 – ab, wenn es OT-Mitgliedschaften in Handwerksinnungen ablehnt.

135 Däubler, NZA 96, 225, 230 f.; Däubler-Lorenz, Rn. 37; Hensche, NZA 09, 815, 817 f.; KeZa-Stein, § 2 Rn. 140; a. A. HWK/Henssler, Rn. 5; ErfK-Franzen, TVG § 2 Rn. 9a; Wiedemann-Oetker, Rn. 136 f.

136 Vgl. Wroblewski, NZA 07, 425: »Die berechtigte Teilnahme als Mitglied lässt sich praktisch nicht von möglicher Einflussnahme trennen.«

137 Däubler-Peter, § 2 Rn. 124; Hensche, OT, S. 60 f.

138 Blanke, AiB 00, 267:« chamäleonhaft wechselnde Tarifbindung«; Deinert, RdA 07, 87: »Hase und Igel-Spiel«.

139 Berg, AuR 01, 393 f.; Deinert, RdA 08, 83, 87.

den Verband mitfinanzieren, verschiebt die Verhandlungsparität zu Lasten der Gewerkschaft.[140]

Entgegen BAG und h.M. ist die Einschränkung der Tarifbindung gem. § 3 Abs. 1 TVG unwirksam, die OT-Mitglieder des Arbeitgeberverbandes sind an die Tarifverträge gebunden.

53 Folgt man dieser Ansicht nicht, so sind zumindest die folgenden Anforderungen zu beachten. **Tarifbindung** liegt jedenfalls dann vor, wenn der Arbeitgeber die wesentlichen Mitgliedschaftsrechte besitzt wie z.B. Teilnahme an Vorstandswahlen, Mitgestaltung des Haushalts, Beitragspflichten.[141]

Eine **wirksame OT-Mitgliedschaft** liegt allenfalls dann vor, wenn klare Regelungen in der Satzung jeden **unmittelbaren oder mittelbaren Einfluss** auf die tarifpolitischen Entscheidungen des Verbands **ausschließen.**[142] Das bedeutet z.B.:

- **Keine Wahrnehmung** von Vorstandsmandaten, Verbandsrepräsentation usw.[143]
- **Keine Beteiligung** (Beratung, Abstimmung usw.) an tarifpolitischen Ausschüssen. Haben Vorstandsmitglieder kraft Amtes beratende Funktionen im tarifpolitischen Ausschuss, dürfen sie nicht aus einem OT-Unternehmen kommen. Ein Wechsel zur OT-Mitgliedschaft muss mit Amtsverlust verbunden sein.[144]
- **Keine Mitfinanzierung** des Arbeitskampffonds.[145]
- **Kein Mitspracherecht** bei Verwendung des Arbeitskampffonds.[146]
- **Keine Satzungsregelung**, die den **kurzfristigen Wechsel** zwischen Tarifmitgliedschaft und OT-Mitgliedschaft ermöglicht. Der kurzfristige unkalkulierbare Wechsel, möglicherweise sogar in großem Umfang während laufender Tarifverhandlungen oder eines Arbeitskampfes, kann die Durchsetzungsfähigkeit der Gewerkschaften und damit die Funktionsfähigkeit der Tarifautonomie erheblich beeinträchtigen.[147]

2.4 Auskunftspflichten zur Mitgliedschaft

54 Für die Frage der Tarifbindung kommt es nicht darauf an, ob die Organisationszugehörigkeit **bekannt oder gegenseitig mitgeteilt** worden ist (Rn. 12). Davon zu unterscheiden ist die Frage, ob im Rahmen des Arbeitsverhältnisses der Arbeitnehmer oder der Arbeitgeber verpflichtet ist, auf Befragen die Organisationszugehörigkeit mitzuteilen.

140 Siehe Thüsing/Braun-Braun, 6. Kap. Rn. 13.

141 Vgl. Deinert, RdA 07, 83, 86.

142 Wiedemann-Oetker Rn. 137; ErfK-Franzen, TVG § 2 Rn. 9; nach BAG 4.6.08 – 4 AZR 419/08, DB 08, 2712 muss durch Satzungsregelung sichergestellt sein, dass eine *direkte* Einflussnahme von OT-Mitgliedern auf tarifpolitische Entscheidungen unterbleibt.

143 Wroblewski, NZA 07, 425.

144 Vgl. Deinert, RdA 07, 86; Wroblewski, NZA 07, 424.

145 Wroblewski, NZA 07, 42.

146 Deinert, RdA 07, 86 m.w.N.; so jetzt auch BAG 22.4.09 – 4 AZR 111/08, NZA 10, 105; BAG 21.11.12 – 4 AZR 27/11, ZTR 13, 434–437 unter I.1., Verbot in der Satzung über Verfügungsgewalt über Streik- bzw. Aussperrungsfonds notwendig.

147 Deinert, RdA 07, 87; unter bestimmten Voraussetzungen und eingeschränkt auf tarifrechtliche Wirkungen auch BAG 20.2.08 – 4 AZR 64/07, DB 08, 1809 (»Blitzaustritt«), 4.6.08 – 4 AZR 419/07, DB 08, 2712 und 26.8.09 – 4 AZR 285/09, NZA 10, 231.

Nach allgemeiner Ansicht besteht **keine Verpflichtung des Arbeitnehmers**, vor oder nach der Einstellung eine Frage des Arbeitgebers nach der **Gewerkschaftszugehörigkeit** zu beantworten oder von sich aus auf die Mitgliedschaft in der Gewerkschaft hinzuweisen.[148] Der Arbeitnehmer handelt nicht arglistig, wenn er z.B. aus Furcht vor einer Kündigung den Gewerkschaftsbeitritt nicht mitteilt und später die Nachzahlung des Tarifentgelts fordert.[149] Es besteht auch dann keine Offenbarungspflicht des Arbeitnehmers, wenn bei Tarifmehrheit oder **Tarifpluralität** mehrere Tarifverträge im Betrieb nebeneinander angewendet werden (vgl. ausführlich § 4 Rn. 104f.).[150] **55**

Nach Auffassung des LAG Hessen[151] soll eine solche Verpflichtung des Arbeitnehmers aber bestehen, soweit die Frage zur Klärung der Anwendung von Arbeitsbedingungen aus einem mit einer Gewerkschaft abgeschlossenen Tarifvertrag erforderlich ist, im **tarifpluralen Bereich** soll – so das LAG – das Interesse des Arbeitgebers an der Mitteilung der Gewerkschaftszugehörigkeit das Interesse des Arbeitnehmers daran, seine Gewerkschaftszugehörigkeit nicht mitzuteilen, überwiegen.[152] Kollektive Befragungen von Arbeitnehmerinnen und Arbeitnehmern nach ihrer Gewerkschaftsmitgliedschaft verletzen jedenfalls auch nach Auffassung des BAG die kollektive Koalitionsbetätigungsfreiheit der betroffenen Gewerkschaft, die von der Arbeitgeberin vorgetragenen Argumente zur sachlichen Rechtfertigung der Befragung konnten die Beeinträchtigung der kollektiven Koalitionsbetätigungsfreiheit der Gewerkschaft nicht rechtfertigen.[153] **55a**

Der Arbeitnehmer, der seine **Gewerkschaftsmitgliedschaft nicht mitteilen** will, auch wenn das für ihn das Risiko birgt, z.B. wegen geltender Ausschlussfristen tarifliche Ansprüche zu verlieren, wird dafür immer **triftige Gründe** haben. Der Hinweis des LAG Hessen auf andernfalls bestehende Schwierigkeiten der Personalverwaltung im tarifpluralen Bereich verfängt nicht; solange keine Gewerkschaftsmitgliedschaft mitgeteilt wird (und keine arbeitsvertragliche Bezugnahmeklausel Anwendung findet), besteht seitens des Arbeitgebers keine Verpflichtung, die Normen des Tarifvertrages anzuwenden. Der Hinweis des LAG Hessen auf Möglichkeiten des Arbeitnehmers angesichts des Maßregelungsverbots nach § 612a BGB wird den betrieblichen Realitäten vor allem in Betrieben und Dienststellen ohne Beschäftigtenvertretungen nicht gerecht. Möglicherweise auftretender Mehraufwand für Personalabteilungen durch sich im Laufe der Zeit herausstellende Gewerkschaftsmitgliedschaften kann es nicht rechtfertigen, dem Arbeitnehmer aufzuerlegen, seine Gewerkschaftsmitgliedschaft preiszugeben, wenn er diese (zeitweise) nicht mitteilen will.

Auch im tarifpluralen Bereich **überwiegt das Interesse des Arbeitgebers** an der Mitteilung **nicht das Interesse des Arbeitnehmers**. Die Bekanntgabe der Gewerkschaftszugehörigkeit des Arbeitnehmers ist umfassend zu schützen, Handlungsalternativen sind zu prüfen.[154]

---

148 BAG 28.3.00 – 1 ABR 16/99, DB 01, 203 für die Phase der Einstellung; Däubler-Lorenz, Rn. 38 m.w.N.; KeZa-Kempen, Rn. 11.
149 Vgl. Wiedemann-Wank, § 4 Rn. 707.
150 Ebenso Michel/Möller/Peter, AuR 08, 36ff.; a.A. offenbar Bepler, Schriftenreihe DAI, S. 120.
151 Hessisches LAG 7.11.12 – 12 Sa 654/11, AuR 13, 407.
152 Hessisches LAG 7.11.12, a.a.O., Rn. 21.
153 BAG 18.11.14 – 1 AZR 257/13, Rn.32ff.
154 Wendeling-Schröder, AuR 13, 408.

Etwas anderes gilt (zwangsläufig), wenn ein Arbeitnehmer **Ansprüche aus einem Tarifvertrag** geltend macht. Hier muss er den anspruchsbegründenden Umstand der Gewerkschaftsmitgliedschaft darlegen (und ggf. beweisen),[155] es sei denn, die Anwendung des Tarifvertrags ergibt sich (auch) aus einer arbeitsvertraglich vereinbarten Bezugnahmeklausel (vgl. Rn. 245ff.).

56 Der **Arbeitgeber** ist aufgrund des Arbeitsvertrags **verpflichtet**, dem Arbeitnehmer seine etwaige **Bindung an Tarifverträge mitzuteilen**. Der Gesetzgeber hat diese Verpflichtung in § 2 Abs. 1 Nr. 10 NachwG **kodifiziert**. Hiernach ist der Arbeitgeber zu einem **Hinweis auf die Tarifverträge** verpflichtet, die auf das Arbeitsverhältnis anzuwenden sind. Die Mitteilung hat nach § 2 Abs. 1 NachwG spätestens einen Monat nach dem vereinbarten Beginn des Arbeitsverhältnisses zu erfolgen.

56a Die Frage, ob sich seitens des Arbeitnehmers aus § 2 Abs. 1 Nr. 10 NachwG ein Anspruch darauf ergibt, dass ihm der Arbeitgeber einen **Statuswechsel von der Voll- zur OT-Mitgliedschaft mitzuteilen** hat, ist vom BAG bislang **offen gelassen.**[156]

Die *Unwirksamkeit* des Statuswechsels als Rechtsfolge einer etwaigen Informationspflichtverletzung soll nach Auffassung des BAG allerdings schon deshalb nicht in Betracht kommen, weil gemäß Art. 5 Abs. 1 der Richtlinie 91/533 Änderungen »spätestens einen Monat nach dem Wirksamwerden« schriftlich mitgeteilt werden müssen. Damit ergebe sich bereits aus dem Wortlaut von Art. 5 Abs. 1 der Richtlinie 91/533, dass die *Wirksamkeit* der jeweiligen Änderung einer etwaigen Informationspflicht zeitlich vorgehe; infolgedessen könne die Wirksamkeit von einer Informationspflichtverletzung nicht berührt werden,[157] so das BAG.

57 Auch den **Betriebsrat/Wirtschaftsausschuss**, den **Personalrat** und den **Aufsichtsrat** muss der Arbeitgeber über seine Bindung oder Nichtbindung an Tarifverträge unterrichten.[158] Dies folgt aus § 80 Abs. 1 Nr. 1 und Abs. 2 Satz 1 BetrVG (Betriebsrat), § 106 Abs. 2 BetrVG (Wirtschaftsausschuss), § 68 BPersVG (Personalrat) und § 90 Abs. 1 Satz 1 Nr. 1 AktG (Aufsichtsrat); zur Rechtsdurchsetzung vgl. Rn. 321.

58 Der **Arbeitgeberverband** ist sowohl gegenüber der **Gewerkschaft, mit der ein Tarifvertrag geschlossen** wurde, als auch gegenüber jeder (anderen) **tarifzuständigen Gewerkschaft** verpflichtet, die Verbandsmitgliedschaft eines einzelnen Arbeitgebers oder seinen Austritt bzw. Wechsel in den OT-Status auf Anfrage mitzuteilen.[159] Die Auskunftspflicht stellt im Verhältnis zur tarifschließenden Gewerkschaft eine schuldrechtliche Verpflichtung als Annex der Durchführungspflicht (vgl. § 1 Rn. 407ff.) dar. Sie ergibt sich aber auch aus der **Aufgabe der Gewerkschaft, an der Regelung der Arbeits- und Wirtschaftsbedingungen** mitzuwirken. Die Kenntnis über die Art der Verbandsmitgliedschaft ist er-

---

155 Vgl. Kittner/Zwanziger/Deinert-Becker, § 19 Rn. 56.
156 BAG 20.5.09 – 4 AZR 179/08, NZA 10, 102.
157 BAG 20.5.09 a.a.O.
158 Blanke, AiB 00, 260, 264f.; Däubler-Lorenz, Rn. 41.
159 Besgen, S. 93; Blanke, AiB 00, 260, 265ff.; KeZa-Stein, § 2 Rn. 121; Kittner/Zwanziger/Deinert-Deinert, § 8 Rn. 221; Melot de Beauregard, S. 152f.; Thüsing/Stelljes, ZfA 05, 527, 567; bejahend auch BAG 9.4.91 – 1 AZR 332/90, DB 91, 2295, 2296 in einem arbeitskampfrechtlichen Zusammenhang; differenzierend: Schaub-Treber, § 204 Rn. 14, Anspruch zur Klärung, ob OT-Mitglieder an Verhandlungen teilnehmen; Ahrendt, RdA 10, 345, 347, nur im Einzelfall bei Anhaltspunkten für tarifwidriges Verhalten; a.A. Gaumann/Schafft, NZA 01, 1125, 1129ff.

forderlich, damit die Gewerkschaft weiß, mit wem ggf. Tarifverhandlungen (z.B. zu einem Firmentarifvertrag) aufgenommen und ggf. mit Streik durchgesetzt werden können.[160] Fehlende Transparenz verschiebt das Kräftegleichgewicht zulasten der Gewerkschaft und kann die Verhandlungsparität gefährden.[161]
Die Auskunftspflicht hinsichtlich des Mitgliedschaftsstatus kann sich sowohl gegenüber dem tarifschließenden **Arbeitgeberverband**, als auch gegenüber dem **einzelnen Arbeitgeber** ergeben.[162] Auch aus der Rechtsprechung zum Blitzaustritt bzw. Blitzwechsel im Zusammenhang mit Tarifverhandlungen folgt eine Auskunftspflicht der Arbeitgeberseite;[163] das **Transparenzgebot** (vgl. Rn. 39) erfordert konsequenterweise, dass die Gewerkschaft bereits schon vor Beginn von Tarifverhandlungen Kenntnis über die verbandsgebundenen Unternehmen erhält.[164] Zur Rechtsdurchsetzung vgl. Rn. 321.

3. Tarifbindung durch Firmentarifvertrag

Nach § 3 Abs. 1 TVG ist der einzelne Arbeitgeber tarifgebunden, der einen **Firmentarifvertrag** abschließt. Der Arbeitgeber ist nicht nur **Arbeitsvertragspartei**, sondern auch Partei des Firmentarifvertrags (vgl. § 1 Rn. 26ff. und § 2 Rn. 66ff.). Da er selbst die sich aus dem Firmentarifvertrag ergebenden Verpflichtungen bestimmt, liegt keine »Normunterwerfung« vor wie bei einer Tarifbindung kraft Verbandsmitgliedschaft.[165] Grundsätzlich ergeben sich hinsichtlich des **Beginns der Tarifbindung**, der **Beendigung** und der Wirkung **keine Besonderheiten**, die sonstigen Rechtswirkungen eines Tarifvertrags sind auch hier unverändert gegeben.[166] 59

Auch ein Arbeitgeber, der **Mitglied eines Arbeitgeberverbands** ist, ist **tariffähig** und kann zusätzlich Firmentarifverträge abschließen. Mit der Mitgliedschaft im Arbeitgeberverband verliert er seine Tariffähigkeit nicht (zur Konkurrenz zwischen Verbands- und Firmentarifvertrag vgl. § 4 Rn. 66; zur Erstreikbarkeit zusätzlicher Tarifverträge vgl. AKR Rn 47ff.).[167] 60

Auch für **künftige** (erst noch zu gründende) **Gesellschaften** kann ein **Firmentarifvertrag abgeschlossen werden.** Das BAG hält es für möglich, einen Tarifvertrag abzuschließen, der erst nach Eintragung oder der Aufnahme der Geschäfte wirksam werden soll. Im konkreten Fall ging es im Rahmen einer Unternehmens-Umstrukturierung um den Abschluss eines Zuordnungstarifvertrags nach § 3 Abs. 1 Nr. 3 BetrVG.[168] Diese Grundsätze sind 61

160 BAG 9.4.91. a.a.O.
161 So auch Däubler-Peter, § 2 Rn. 124; a.A. LAG Köln 30.4.08 – 8 TaBV 7/08.
162 Däubler-Lorenz, Rn. 43;differenzierend KeZa-Stein, § 2 Rn. 165ff.; Wroblewski, NZA 07, 426; Buchner, NZA 94, 3.
163 Vgl. u.a. BAG 4.6.08 – 4 AZR 419/07, NZA 08, 1366 Os. 5.
164 A. A. Ahrendt, RdA 10, 349, mit dem zweifelhaften Argument, die Gewerkschaften hätten die Aufgabe, für alle, auch die tarifungebundenen Beschäftigten, Regelungen zu treffen, welche sie auch ohne Kenntnis der verbandsgebundenen Mitgliedsunternehmen erfüllen könnten.
165 ErfK-Franzen, TVG § 3 Rn. 15.
166 Däubler-Lorenz, Rn. 10.
167 Vgl. BAG 10.12.02 – 1 ABR 96/02, AuR 04, 149; 24.4.07 – 1 AZR 252/06, DB 07, 1924 = AiB 07, 732 mit Anm. Schoof.
168 BAG 24.1.01 – 4 ABR 4/00, AiB 02, 63.

übertragbar auf andere Regelungen z. B. im Fall von Umstrukturierungen, sofern die Voraussetzungen einer **wirksamen Stellvertretung** erfüllt sind (vgl. dazu § 1 Rn. 36ff.).

62 Es kommt vor, dass während des **Streiks für einen Firmentarifvertrag** der Arbeitgeber dem Arbeitgeberverband beitritt. Er kalkuliert i. d. R. damit, dass sofort die Friedenspflicht (vgl. AKR Rn. 59ff., 131) aus dem Verbandstarifvertrag gilt und er von weitergehenden Forderungen verschont bleibt (»**Flucht in den Arbeitgeberverband**«). Probleme entstehen besonders dann, wenn der Arbeitgeber einem tarifzuständigen Verband beitritt, mit dem die Gewerkschaft Verbandstarifverträge auf niedrigerem Niveau abgeschlossen hat (zur Frage, ob der Streik fortgesetzt werden kann oder ob dem die Friedenspflicht aus den Verbandstarifverträgen entgegen steht, vgl. AKR Rn. 477).

4. Tarifbindung bei betrieblichen und betriebsverfassungsrechtlichen Normen

63 **§ 3 Abs. 2 TVG** macht eine **Ausnahme** vom Grundsatz, dass Tarifverträge nur bei **beiderseitiger Tarifgebundenheit** der Arbeitsvertragsparteien Anwendung finden. Betriebliche und betriebsverfassungsrechtliche Normen (vgl. § 1 Rn. 134ff.) sind auch auf nichttarifgebundene Arbeitnehmer anzuwenden, wenn **nur der Arbeitgeber tarifgebunden** ist. Das gilt nach h. M. selbst dann, wenn in dem betreffenden Betrieb kein Arbeitnehmer Mitglied der tarifschließenden Gewerkschaft ist.[169] Begründet wird diese Normenwirkung damit, dass betriebliche und betriebsverfassungsrechtliche Normen **notwendig betriebseinheitlich** gelten müssen.[170] Neben dieser »praktischen Überlegung« war das Motiv des Gesetzgebers, die Anwendung **belastender betrieblicher Normen** (z. B. Torkontrolle oder Betriebsbußen) nicht nur auf die Mitglieder der Gewerkschaften zu beschränken.[171]

64 **Betriebliche Normen** betreffen Fragen der **Betriebsgestaltung,** die grundsätzlich der **Arbeitgeber** (abgesehen vom Mitbestimmungsrecht des Betriebsrates) im Rahmen seiner Organisationsgewalt **allein entscheiden kann.** Daher reicht allein seine Tarifbindung als **Legitimation** für die Bindung aller Arbeitnehmer an derartige Tarifnormen aus.[172] Betriebsnormen betreffen z. B. Regeln zum Arbeits-/Gesundheitsschutz und zur Arbeitsplatzsicherung (Rauchverbot, qualitative und quantitative Besetzungsregeln), zur Beschäftigungssicherung (Zusammensetzung der Belegschaft[173] z. B. in Hinblick auf Fremdfirmenbeschäftigte), zur Arbeitsplatzgestaltung (Personalbemessungssysteme) und bestimmte Arbeitszeitregelungen, z. B. Ladenschlusszeiten (weitere Beispiele vgl. § 1 Rn. 135).

64a Bei dem Bewertungsverfahren nach §§ 4 bis 6 **Entgeltrahmentarifvertrag Deutsche Telekom AG (ERTV DT AG)** handelt es sich nach Auffassung des BAG um eine Vereinbarung der Parteien des Haustarifvertrages über betriebliche und – soweit dem Betriebsrat Rechte eingeräumt werden – über betriebsverfassungsrechtliche Fragen i. S. d. § 3 Abs 2

---

169 Schaub-Treber, § 204 Rn. 19 m. w. N.; Wiedemann/Oetker Rn. 167f.; a. A. Löwisch/Rieble, Rn. 20, ErfK/Franzen, Rn. 17.

170 BAG 26. 1. 11 – 4 AZR 159/09, NZA 11, 808ff.; 17. 6. 97 – 1 ABR 3/97, NZA 98, 213ff.; Schaub-Treber, § 204 Rn. 18; Wiedemann/Oetker Rn. 168.

171 Gamillscheg, S. 720 m. w. N.

172 Vgl. ausführlich Dieterich, FS Däubler, 451ff., 458.

173 HWK-Henssler, Rn. 35; Dieterich, FS Däubler, 451, 453.

TVG. Aus dem Charakter der tariflichen Regelungen des Bewertungsverfahrens als betriebliche und betriebsverfassungsrechtliche Normen folge, dass der Arbeitnehmer schon nach den Regelungen des ERTV DT AG keinen arbeitsvertraglichen Anspruch auf Durchführung des Bewertungsverfahrens habe. **Betriebsnormen** regeln nach Auffassung des BAG normativ das betriebliche Rechtsverhältnis zwischen dem Arbeitgeber und der Belegschaft als Kollektiv, begründen aber **keine Individualansprüche.**[174]
Andererseits soll nach einer weiteren Entscheidung des BAG die Ausrichtung der **ERA-Tarifverträge (Entgeltrahmentarifvertrag der Metall- und Elektroindustrie Baden-Württemberg vom 16. September 2003)** auf eine betriebseinheitliche Einführung sich kein Zwang herleiten lassen, *sämtliche* in diesen Tarifverträgen vereinbarte Regelungen – insbesondere der Inhaltsnormen des Entgeltsystems – betriebseinheitlich einzuführen; soweit der **Tarifvertrag auch Inhaltsnormen** enthalte und diese auch ohne die betrieblichen oder betriebsverfassungsrechtlichen Normen angewandt werden könnten, würden damit unmittelbar geltende Rechte der Arbeitnehmer begründet.[175]

Betriebsverfassungsrechtliche Normen sind Normen, die sich auf die Beteiligungsrechte der Interessenvertretung (Betriebs- oder Personalrat) beziehen (Beispiele vgl. § 1 Rn. 137.). So kann der Tarifvertrag z. B. die Betriebsratsstrukturen gem. § 3 BetrVG regeln (vgl. § 1 Rn. 216 ff.), für die Arbeit an Wochenenden eine Rahmenregelung treffen und bestimmen, dass die Zustimmung des Betriebsrats nicht durch die Einigungsstelle ersetzt werden kann (vgl. § 2 Ziff. 3 MTV für gewerbliche Arbeitnehmer in der Papier, Pappe und Kunststoffe verarbeitenden Industrie). 65

In der Rechtsliteratur wurde versucht, § 3 Abs. 2 TVG als verfassungswidrig hinzustellen. Die Einbeziehung von **Außenseitern verstoße** gegen die **negative Koalitionsfreiheit.** Je nach Bedarf wurde die Normerstreckung auf Außenseiter als »verfassungswidrig und damit nichtig«, für »bedenklich« oder »äußerst bedenklich«, als »zweifelhaft« oder »außerordentlich zweifelhaft« gehalten.[176] Die **Rechtsprechung** und mit ihr die **h. M.** hält die Einbeziehung der Außenseiter unter die Wirkung von betrieblichen und betriebsverfassungsrechtlichen Normen für **verfassungsrechtlich wirksam** und unbedenklich. Im Zusammenhang mit den **qualitativen Besetzungsregeln** in der Druckindustrie hat das BAG einen Verstoß derartiger Normen gegen das Recht auf freie Berufswahl der Arbeitgeber oder der Außenseiter (Art. 12 Abs. 1 GG) und gegen den Gleichheitssatz des Art. 3 Abs. 1 GG verneint und ihre Vereinbarkeit mit Art. 9 Abs. 3 GG und Art. 20 GG (Demokratie- und Rechtsstaatsprinzip) ausdrücklich bestätigt.[177] 66

Wenn der **Arbeitgeber an mehrere Tarifverträge** (u. a. abgeschlossen mit verschiedenen Gewerkschaften) **gebunden ist,** die **unterschiedliche betriebliche Normen zum gleichen Regelungsgegenstand** enthalten, sieht das **BAG** darin eine **Tarifkonkurrenz.** Diese löst es nach dem Grundsatz der **Tarifeinheit** und dem **Spezialitätsprinzip,** hilfsweise auch nach dem Mehrheitsprinzip, vgl. § 4 Rn. 63, 67 ff. Nach der hier vertretenen Auffassung wird 67

174 BAG 22. 2. 12 – 4 AZR 527/10, AP Nr. 52 zu § 3 TVG.
175 BAG 12. 6. 13 – 4 AZR 970/11, NZA-RR 14, 76–80.
176 Vgl. Gamillscheg, S. 718 f. mit Nachweisen in Fn. 53–56; ErfK-Franzen, Rn.17.
177 BAG 26. 4. 90 – 1 ABR 84/87, DB 90, 1919; 22. 1. 91 – 1 ABR 19/90, NZA 91, 675; zustimmend Däubler-Lorenz, Rn. 62 ff.; Gamillscheg, S. 720 f.; Wiedemann-Oetker, Rn. 172 ff.,178; vgl. auch ausführlich Dieterich, FS Däubler. 451 ff.

ebenfalls nur ein Tarifvertrag angewendet, weil diese Normen sinnvollerweise nur einheitlich im Betrieb gelten können. Der Konflikt ist nach dem **Mehrheitsprinzip** zu lösen, also im Sinne der stärkeren Legitimation: Es gelten die betrieblichen Normen des Tarifvertrags der Gewerkschaft, die die **meisten Mitglieder im Betrieb** hat (vgl. näher und zu weiteren Konstellationen § 4 Rn. 67 ff. m. w. N., 108).[178]

Sind **mehrere (zuständige) Gewerkschaften** im Betrieb vertreten, hängt die Wirksamkeit eines Tarifvertrages mit betrieblichen Normen nicht davon ab, dass dieser unter Beteiligung aller Gewerkschaften vereinbart wird, es besteht diesbezüglich **keine »Zwangstarifgemeinschaft«**.[179]

68 Haben sich **mehrere Unternehmen** zur **Führung eines gemeinsamen Betriebs** verbunden, soll die **Tarifgebundenheit eines Unternehmens** ausreichen, um die Geltung betrieblicher und betriebsverfassungsrechtlicher Normen auf den (gesamten) Gemeinschaftsbetrieb zu erstrecken.[180] Entscheidend sei nämlich, dass diese Normen als **»kollektive Ordnungsvorschrift«**[181] **ausschließlich am** (hier einheitlichen) **Betrieb ansetzt.** Je nach Inhalt der Führungsvereinbarung wird man davon ausgehen können, dass für das nicht tariflich gebundene Unternehmen des Gemeinschaftsbetriebs die Anwendung der betrieblichen Normen – zumindest mittelbar – vertraglich legitimiert ist. Dass § 3 Abs. 2 TVG ursprünglich von einer Identität von Arbeitgeber und Betriebsinhaber ausgeht,[182] ist in einem solchen Fall unerheblich.

69 Sind **mehrere** einen Gemeinschaftsbetrieb führende **Unternehmen tarifgebunden** und gehören sie **verschiedenen Arbeitgeberverbänden** an, ist in Bezug auf betriebliche Normen zu unterscheiden: Sind die **Arbeitsabläufe** untrennbar miteinander verbunden, ist das Nebeneinander nach den Grundsätzen der **Tarifkonkurrenz** zu lösen (vgl. § 4 Rn. 63 ff.). Ist das Nebeneinander das Ergebnis einer **unternehmensrechtlichen Umstrukturierung** mit dem Ziel, die möglicherweise jeweils für den Arbeitgeber anzuwendenden günstigeren Tarifverträge in Anspruch zu nehmen, ohne dass sich an den Arbeitsabläufen etwas geändert hat, bleibt es bei der Anwendung der betrieblichen und betriebsverfassungsrechtlichen Normen aus den **unterschiedlichen Tarifverträgen.**[183]

Beispiel:
Ein großes Druckhaus (Anerkennungstarifvertrag auf Druckindustrie) spaltet sich in zwei Unternehmen (Druckbetrieb einerseits und Weiterverarbeitungsbetrieb andererseits). Das Unternehmen »Weiterverarbeitung« begründet die Mitgliedschaft im Arbeitgeberverband Papier, Pappe und Kunststoffe verarbeitenden Industrie, um die dort niedrigeren Löhne anzuwenden. Gleichzeitig gibt es zwischen den Unternehmen eine Vereinbarung über die Führung eines gemeinsamen Betriebs, um weiter die günstigeren betrieblichen Normen aus dem Firmentarifvertrag Druckindustrie anzuwenden (Samstagsarbeit erlaubt). In diesem Fall haben sich die Unternehmensstrukturen nur »virtuell« verändert ohne Auswirkungen auf die

---

178 Vgl. Schaub-Treber, § 203 Rn. 40 m. w. N.
179 BAG 29.07.09 – 7 ABR 27/08, NZA 09, 1424, 1429.
180 Däubler-Lorenz, Rn. 68; Gamillscheg, S. 717; a. A. Löwisch/Rieble, Rn. 212; Wiedemann-Oetker, Rn. 170; ErfK-Franzen, Rn. 16.
181 Vgl. Gamillscheg, a.a.O.
182 So Wiedemann-Oetker, a.a.O.
183 Ähnlich differenzierend Däubler-Lorenz, Rn. 68; offen gelassen Wiedemann-Oetker, Rn. 170.

Arbeitsorganisationen. Folglich kann es auch trotz der Konstruktion eines Betriebs zweier Unternehmen bei der Anwendung unterschiedlicher betriebs- und betriebsverfassungsrechtlicher Normen bleiben.

5. Nachbindung nach § 3 Abs. 3 TVG

5.1 Gesetzeszweck

Mit dem Ende der Mitgliedschaft in einer Tarifvertragspartei (Arbeitgeberverband oder Gewerkschaft) endet grundsätzlich die Tarifbindung nach § 3 Abs. 1 TVG. § 3 Abs. 3 TVG ordnet an, dass eine gem. § 3 Abs. 1 und 2 TVG entstandene **Tarifbindung** an einen Tarifvertrag grundsätzlich **bestehen bleibt**, bis dieser z.B. nach Kündigung oder mit Ablauf einer Befristung **ausläuft** (zu der dann gem. § 4 Abs. 5 TVG eintretenden »Nachwirkung« vgl. § 4 Rn. 303ff.). Das gilt vor allem dann, wenn die **Mitgliedschaft** des Arbeitgebers im Arbeitgeberverband bzw. des Arbeitnehmers in der Gewerkschaft durch **Austritt endet** (zu weiteren Anwendungsfällen vgl. Rn. 72). Die **fehlende Zugehörigkeit** zum Arbeitgeberverband bzw. zur Gewerkschaft wird – befristet für die Dauer des Tarifvertrags – **fingiert.** § 3 Abs. 3 TVG begründet für diesen Zeitraum eine **atypische Tarifbindung.**[184] Der 4. Senat des BAG prägte hierfür die Bezeichnung »**Nachbindung**« (teilweise wird auch von Fortgeltung, Fortwirkung Weitergeltung oder verlängerter Tarifgebundenheit gesprochen). Eine **vorzeitige Lösung** von der Nachbindung ist gesetzlich nicht vorgesehen (vgl. Rn. 33). Die Nachbindung ist **zeitlich nicht befristet.** Zur rechtspolitischen Diskussion um eine drastische zeitliche Begrenzung der Nachbindung vgl. Rn. 97. Sie hat aber nur **statische Geltung**, d.h. die Nachbindung bezieht sich nur auf den Tarifvertrag mit genau dem Inhalt, der zum Zeitpunkt der Beendigung des Tarifvertrages galt (vgl. Rn. 89). Zur Rechtslage bei arbeitsvertraglich vereinbarter **dynamischer Bezugnahme** auf den Tarifvertrag vgl. Rn. 300ff. 70

Der Gesetzgeber wollte mit dieser Regelung die negativen Erfahrungen aus der Tarifvertragsverordnung von 1918 vermeiden. In der **Wirtschaftskrise** versuchten Arbeitgeber in großer Anzahl, sich den Verpflichtungen aus der Tarifbindung und dem Tarifvertrag durch **Austritt aus dem Verband** zu entziehen. Eine vergleichbare Bestimmung wie § 3 Abs. 3 TVG gab es nicht. Der Gesetzgeber begegnet durch die **Regelung** des § 3 Abs. 3 TVG dem »**Missbrauch privater Gestaltungsmöglichkeiten**«.[185] 71

---

184 Vgl. BAG 7.11.01 – 4 AZR 703/00, DB 02, 642; 17.5.00 – 4 AZR 363/99, DB 01, 654; 4.8.93 – 4 AZR 499/92, AP Nr. 15 zu § 3 TVG.

185 BAG 15.10.86 – 4 AZR 289/85, DB 87, 590.

5.2 Anwendungsfälle

72 Die wichtigsten **Auslöser der Nachbindung** sind:[186]

- **Austritt** des Arbeitgebers aus dem Arbeitgeberverband (vgl. Rn. 75ff.) bzw. des Arbeitnehmers aus der Gewerkschaft,[187]
- **Wechsel in OT-Status** (Rn. 78),
- **Verbandswechsel** (Rn. 79ff.),
- **Verbandsauflösung** (Rn. 82).

72a Ein Sonderfall der zwingenden Bindung an den Tarifvertrag über den Beendigungszeitpunkt hinaus ist die von den Tarifvertragsparteien tarifvertraglich vereinbarte »Nachbindung« über den Kündigungszeitpunkt hinaus (vgl. Rn. 87a).

73 **Strittig** sind die Konsequenzen bei dem Herausfallen aus dem **Geltungsbereich** des Tarifvertrags (Rn. 85) und dem (nachträglichen) Verlust von **Tariffähigkeit** und **Tarifzuständigkeit** (Rn. 87).

Unterschiedlich sind die Folgen bei Verbandfusionen (Rn. 83f.) und bei einer **Insolvenz des Arbeitgebers** (Rn. 86).

74 Bei **Unternehmensumstrukturierungen** und **Betriebsübergang** findet § 3 Abs. 3 TVG i.d.R. keine Anwendung, zur Ausnahme s. Rn. 108ff. In Betracht kommt eine **kollektive Weitergeltung** gem. § 3 Abs. 1 TVG (Rn. 119ff.) oder eine **Transformation** der Tarifregelungen nach § 613a BGB in individuelles Vertragsrecht (Rn. 105ff.).

75 Die Nachbindung gem. § 3 Abs. 3 TVG **beginnt** mit dem **Zeitpunkt**, in dem der Austritt des Arbeitgebers aus dem Arbeitgeberverband (vgl. Rn. 28ff.), der Wechsel in die OT-Mitgliedschaft (vgl. Rn. 42ff., 78), der Verbandswechsel (vgl. Rn. 79) bzw. der Austritt des Arbeitnehmers aus der Gewerkschaft (vgl. hierzu Rn. 28) oder die Verbandsauflösung (vgl. Rn. 82) wirksam wird.[188]

Aufgrund der in Arbeitsverträgen weit verbreiteten **Bezugnahme auf Tarifverträge** (vgl. Rn. 245ff.) ist ein (dem Arbeitgeber meist verborgen bleibender) **Gewerkschaftsaustritt** für den Arbeitnehmer zunächst oft **folgenlos.**[189] Je nach **Typ der Bezugnahmeklausel** (vgl. Rn. 256ff.) werden die Tarifverträge weiterhin **statisch** oder **dynamisch** (also einschließlich der zukünftigen Tarifentwicklung = Tarifdynamik) auf das Arbeitsverhältnis angewendet.

Praktische Bedeutung hat die Nachbindung daher vor allem für den **Arbeitgeber,** der den bisherigen Verband verlässt – sei es durch Austritt, Kündigung, einverständliche Beendigung, Wechsel in den OT-Status oder einen anderen Arbeitgeberverband (vgl. Rn. 28ff.). Mit dem Ausscheiden aus dem Arbeitgeberverband entsteht Nachbindung.[190]

Der Nachbindungszeitraum ist aber auch für bis dahin **nicht organisierte Arbeitnehmer** wichtig. Sie können einseitig durch Gewerkschaftsbeitritt noch die unmittelbare und zwingende Wirkung des Tarifvertrages für ihr Arbeitsverhältnis erreichen (vgl. Rn. 90).

---

186 Vgl. Überblicke bei Däubler-Lorenz, Rn. 85ff.; KeZa-Kempen, Rn. 44ff., 78ff.; Löwisch/Rieble, Rn. 246ff.

187 Vgl. hierzu BAG 4.4.01 – 4 AZR 237/00, NZA 01, 1085.

188 BAG 4.4.01 a.a.O.

189 Däubler-Lorenz, Rn. 80.

190 Däubler, NZA 96, 225, 226; Kittner/Zwanziger/Deinert-Deinert, § 8 Rn. 226ff.

Hat der Arbeitgeber nach **Verbandsaustritt** mit der **gleichen Gewerkschaft** einen **Firmentarifvertrag** abgeschlossen (z.B. einen Anerkennungstarifvertrag; vgl. § 1 Rn. 26), hat dieser nach den Regeln der **Tarifkonkurrenz** Vorrang vor den bisherigen – gem. § 3 Abs. 3 TVG fortgeltenden – Verbandstarifverträgen (vgl. § 4 Rn. 66). **76**

Schließt der Arbeitgeber nach **Verbandsaustritt** mit einer **anderen Gewerkschaft** B einen **Firmentarifvertrag** ab, gelten die Verbandstarifverträge und der Firmentarifvertrag **nebeneinander**: die Verbandstarifverträge gelten gem. § 3 Abs. 3 TVG kraft Nachbindung für die Arbeitnehmer, die in der tarifschließenden Gewerkschaft A organisiert sind und bleiben; der Firmentarifvertrag gilt gem. § 3 Abs. 1 TVG für die in der anderen Gewerkschaft B – ggf. nach Übertritt – Organisierten (vgl. § 4 Rn. 88). **77**

Wechselt der Arbeitgeber von einer »ordentlichen« Verbands-Tarifbindung (§ 3 Abs. 1 TVG) in den **OT-Status**, gelten – sofern der Übertritt zulässig und wirksam ist (vgl. hierzu Rn. 42 ff.)[191] – die gleichen Regeln wie beim **Verbandsaustritt** (Rn. 75 ff.). Nach zutreffender Ansicht entsteht – wie beim Verbandsaustritt (vgl. Rn. 70) – **Nachbindung** gem. § 3 Abs. 3 TVG.[192] **78**

Beim **Verbandswechsel** (der Arbeitgeber tritt aus dem Verband A aus und in einen anderen Verband B ein) gelten zunächst grundsätzlich die **Tarifverträge des verlassenen Verbands** A nach § 3 Abs. 3 TVG weiter, bis sie ablaufen.[193] Es ist zu **prüfen**, ob (auch) die mit dem neuen Verband B abgeschlossenen Tarifverträge für die Beschäftigten gelten. Das kommt in Betracht, wenn folgende Bedingungen erfüllt sind: **79**

- Die Tarifvertragsparteien sind für den Betrieb **tarifzuständig** (vgl. § 2 Rn. 104 ff.).
- Der Betrieb und die Arbeitnehmer fallen unter den **räumlichen, fachlichen und persönlichen Geltungsbereich** der mit dem neuen Verband abgeschlossenen Tarifverträge (vgl. § 4 Rn. 13 ff.).
- Die mit dem neuen Verband abgeschlossenen Tarifverträge sind **voll wirksam**, nicht nur nachwirkend (vgl. § 4 Rn. 303 ff.).
- Die **Regelungsgegenstände** sind deckungsgleich mit den bisherigen Tarifverträgen (vgl. Rn. 171).
- Es liegt **Tarifbindung** an die mit dem neuen Verband abgeschlossenen Tarifverträge vor (vgl. dazu Rn. 80).

Liegen die vorstehenden Voraussetzungen vor, entsteht ggf. **Tarifkonkurrenz oder Tarifpluralität** (vgl. hierzu Rn. 80 und § 4 Rn. 60 ff., 82 ff.).

Hat der **neue Arbeitgeberverband** B mit **derselben Gewerkschaft** A Tarifverträge abgeschlossen, besteht im Betrieb des verbandswechselnden Arbeitgebers Tarifbindung an zwei Tarifverträge: an den alten nach § 3 Abs. 3 TVG, an den neuen nach § 3 Abs. 1 TVG. Es liegt **Tarifkonkurrenz** vor (vgl. § 4 Rn. 60 ff., 69). Nach Ansicht des BAG gilt **nur ein Tarifvertrag**, nämlich der **neue**, der **§ 3 Abs. 1 TVG** unterfällt.[194] Das überzeugt nicht. Denn § 3 Abs. 3 TVG soll auch vor Unterschreitung des Tarifniveaus durch »**Flucht in Billig-Tarife**« schützen; andernfalls könnte sich der Arbeitgeber der Tarifbindung entledigen **80**

191 BAG 4.6.08, DB 08, 2712.

192 Däubler, ZTR 94, 448, 553; Däubler-Lorenz, Rn. 49; Kittner/Zwanziger/Deinert – Deinert, § 8 Rn. 228.

193 BAG 13.12.95, AuR 96, 378; Kittner/Zwanziger/Deinert-Deinert, § 8 Rn. 230.

194 BAG 26.10.83, DB 84, 1303; Gamillscheg S. 727.

(vgl. Rn. 71). Zudem ist der **bisherige Tarifvertrag** A durch die Beteiligung der Belegschaft an seinem Zustandekommen **stärker legitimiert** und hat deshalb Vorrang.[195] Jedenfalls können die betroffenen Arbeitnehmer für die Verluste durch den billigeren Tarifvertrag einen **Ausgleich** verlangen. Dieser kann ggf. auch erstreikt werden, wenn die Friedenspflicht aus dem Tarifvertrag nicht entgegensteht (vgl. dazu § 1 Rn. 195; AKR Rn. 513).[196]

81 Hat – im Fall eines Verbandswechsels – der **neue Arbeitgeberverband** B mit einer **anderen Gewerkschaft** B einen Tarifvertrag abgeschlossen, entsteht **Tarifpluralität** (vgl. § 4 Rn. 82ff.). Die jeweiligen Tarifverträge gelten **nebeneinander**: Die bisherigen Verbandstarifverträge A gelten gem. § 3 Abs. 3 TVG kraft Nachbindung für die Arbeitnehmer, die in der einen Gewerkschaft A organisiert sind und bleiben; die neuen Verbandstarifverträge B gelten gem. § 3 Abs. 1 TVG für die in der anderen Gewerkschaft B – ggf. nach Übertritt – Organisierten.[197]

82 Bei einer **Verbandsauflösung** bleibt der Arbeitgeberverband **bis zur Liquidation tarifrechtlich handlungsfähig** und damit tariffähig. Dieser in der Rechtsliteratur[198] verbreiteten Ansicht hat sich auch der 4. BAG-Senat angeschlossen[199] und damit frühere Urteile[200] korrigiert. Auch die mit dem Verbandsaustritt vergleichbare Interessenlage spricht für die Anwendung des § 3 Abs. 3 TVG. Folge: **Nachbindung nach § 3 Abs. 3 TVG**; ungünstigere einzelvertragliche Abreden sind unwirksam.

83 Bei der **Fusion von Verbänden** ist zu **unterscheiden**. Bei einer **Verschmelzung** nach §§ 99ff. i.V.m. §§ 20, 36 UmwG (wie z.B. die Gründung der Gewerkschaft ver.di oder einer Reihe von Arbeitgeberverbänden) gehen die Normen und schuldrechtlichen Verpflichtungen aus den Tarifverträgen der einzelnen Verbände aufgrund der Gesamtrechtsnachfolge auf den aufnehmenden oder neugegründeten Verein **mit zwingender Wirkung** über.[201] Kommt es im Rahmen einer Fusion wegen überschneidender Geltungsbereiche zu **Tarifkonkurrenzen** unterschiedlicher Tarifverträge (wie bei der ver.di-Fusion), kann die zwingende Anwendung der sich aus dem Gesetz ergebenden Tarifbindung (bei Konkurrenz) nicht durch verbandsinterne Satzungsregelungen abweichend vom Gesetz gelöst werden.[202]

---

195 Däubler, NZA 96, 225, 230; Däubler-Lorenz, § 3 Rn. 90; KeZa-Kempen, § 3 Rn. 82; Kempen, NZA 03, 415; Wiedemann-Oetker, § 3 Rn. 109ff. (nur für Verbandstarifvertrag); unklar Löwisch/Rieble, § 4 Rn. 285f.

196 Vgl. auch LAG Bremen 5.5.98, AiB 98, 537 (für einen insoweit vergleichbaren Fall eines Betriebsübergangs).

197 Vgl. Sächsisches LAG 13.11.01, AuR 02, 310; Däubler-Lorenz, Rn. 89; Kittner/Zwanziger/Deinert-Deinert, § 8 Rn. 230, 274ff.

198 Vgl. Buchner, RdA 97, 259, 261ff.; Otto, NZA 96, 626; Däubler-Lorenz, Rn. 98ff.; KeZa-Kempen, Rn. 83ff.; Schaub-Treber, § 204 Rn. 28 m.w.N.; a.A. ErfK-Franzen, Rn. 24.

199 BAG 23.1.08 – 4 AZR 312/01, NZA 08, 771. Der 1. Senat hatte schon früher gemeint, dass die Insolvenz des Verbands den Tarifvertrag nicht beendet: BAG 27.6.00 – 1 ABR 31/99, DB 01, 438.

200 Nach BAG 28.5.97 – 4 AZR 546/95, DB 97, 2229 und 15.10.86 – 4 AZR 289/85, DB 87, 590 wurde die Mitteilung über die AGV-Auflösung als Kündigung angesehen, die Tarifverträge wirkten nur nach; dem zust. Löwisch/Rieble, § 2 Rn. 172, 251; Wiedemann-Oetker, § 2 Rn. 42.

201 Ausführlich Däubler-Lorenz, Rn. 104ff.; ausf. KeZa Kempen, Rn. 94ff.; Löwisch/Rieble, § 2 Rn. 41ff.; BAG 11.5.05, DB 05, 2141.; s.a. BAG 24.6.98, AiB 99, 236 zum Firmentarifvertrag.

202 Vgl. BAG 4.7.07 – 4 AZR 491/06, NZA 08, 307, 311; Melms, NZA 02, 296ff.

84 Der **Zusammenschluss unter Auflösung eines Verbands** (so z.B. bei der Gründung der IGBCE oder der Integration der GTB und GHK in die IG Metall) führte nach früherer Ansicht des BAG[203] zur **Nachwirkung** gem. § 4 Abs. 5 TVG, nach der überwiegenden Rechtsliteratur und neueren BAG-Rechtsprechung zur **Nachbindung** nach § 3 Abs. 3 TVG (vgl. auch Rn. 82).[204] Die ungeschmälerte Weitergeltung der Tarifverträge wurde durch Überleitungsverträge und Tarifbeitritte gesichert.[205]

85 Das **Herauswachsen aus dem fachlichen Geltungsbereich** eines Tarifvertrags (vgl. § 4 Rn. 19ff.), z.B. durch Änderung des Betriebszwecks, löst nach Ansicht des BAG **Nachwirkung** aus.[206]

86 Die **Insolvenz des Arbeitgebers** berührt die Tarifbindung an den (Verbands- oder Firmen-)Tarifvertrag nicht. Der Insolvenzverwalter nimmt nunmehr die tarifrechtliche Stellung des Arbeitgebers ein.[207] Sehen **Verbandssatzungen** das **automatische Ende der Mitgliedschaft** bei Insolvenz vor, **gelten die Verbandstarifverträge** gem. § 3 Abs. 3 TVG fort (**Nachbindung**).[208] Im Übrigen gibt die Insolvenz eines Arbeitgebers **kein Recht zur außerordentlichen Kündigung eines Verbandstarifvertrags** (vgl. § 1 Rn. 100).[209] Anders kann die Situation beim **Firmentarifvertrag** sein, wenn vorher keine Einigung über einen erforderlichen Sanierungstarifvertrag erzielt werden konnte.[210]

87 Zum nachträglichen **Wegfall der Tarifzuständigkeit** (vgl. § 2 Rn. 120) hat sich das BAG – soweit ersichtlich – bisher nicht geäußert. In der Rechtsliteratur wird zum Teil **Nachbindung** nach § 3 Abs. 3 TVG angenommen.[211] Richtigerweise wird man **differenzieren** müssen nach den **Gründen für den Verlust** und nach den **Tarifparteien.**[212] Bei **Verbandsauflösung**, **gewollter Tarifunfähigkeit** (vgl. § 2 Rn. 101) oder **gewollter Tarifunzuständigkeit** (insbesondere durch Änderung der Satzung, vgl. § 2 Rn. 120) ist von **Nachbindung** auszugehen. In anderen Fällen, etwa wenn eine Gewerkschaft die **Tariffähigkeit** oder **Tarifzuständigkeit verliert**, gilt dies nicht. Die Annahme einer Nachbindung würde in Widerspruch dazu stehen, dass bei **fehlender Tariffähigkeit oder Tarifzuständigkeit** die Tarifverträge **unwirksam** sind (vgl. § 2 Rn. 4f.).

87a Unabhängig von der durch § 3 Abs. 3 TVG gesetzlich angeordneten zwingenden Weitergeltung können die Tarifvertragsparteien selbst **Vereinbarungen** über den Zeitpunkt der **Beendigung des Tarifvertrages** und seiner zwingenden Wirkung treffen.

---

203 BAG 28.5.97 – 4 AZR 546/95, DB 97, 2229.
204 BAG 23.1.08 – 4 AZR 312/01, NZA 08, 771.
205 Vgl. dazu KeZa Kempen, Rn. 94ff.; Löwisch/Rieble, § 1 Rn. 1297ff.; Däubler-Lorenz, Rn. 101ff.
206 BAG 10.12.97 – 4 AZR 247/96, DB 98, 1089; 18.3.92, DB 92, 1297; zust. KeZa-Kempen, Rn. 53; Löwisch/ Rieble, § 4 Rn. 693; Wiedemann-Wank, § 4 Rn. 337; a.A. Däubler, TVR Rn. 217 und Däubler-Lorenz, Rn. 88, die § 3 Abs. 3 TVG analog anwenden.
207 BAG 28.1.87, DB 87, 1361; Löwisch/Rieble, § 3 Rn. 160; KeZa-Kempen, Rn. 157.
208 Buchner, RdA 97, 259, 264; Däubler-Lorenz, Rn. 92ff.
209 Däubler-Lorenz, Rn. 93.
210 Vgl. BAG 18.2.98 – 4 AZR 363/96, AP Nr. 3 zu § 1 TVG Kündigung; ausf. Mückl/Krings, BB 11, 769ff.
211 Vgl. Däubler-Peter, § 2 Rn. 176 m.w.N.
212 So im Ansatz auch Wiedemann-Oetker, § 2 Rn. 35ff.

Beispiel:
»Dieser Tarifvertrag bleibt auch nach erfolgter Kündigung bis zum Abschluss eines neuen Vertrages in Kraft. Die Rechtswirkungen enden, wenn nach Durchführung eines Schlichtungsverfahrens eine der Vertragsparteien den anderen Vertragspartnern schriftlich mitteilt, dass die Verhandlungen als gescheitert anzusehen sind.«[213]

Diese atypische Regelung über die Beendigung des Tarifvertrages ist von der Tarifautonomie gedeckt. Die Tarifvertragsparteien können nicht nur die Laufzeit eines Tarifvertrages festlegen; sie können auch die Bedingungen für das Ende eines Tarifvertrages bestimmen.[214] Diese tarifvertraglich verlängerte zwingende Bindung an die Tarifnormen bewirkt, dass nach gekündigtem Tarifvertrag während laufender Tarifverhandlungen der Arbeitgeber nicht durch abweichende arbeitsvertragliche Abmachungen das Tarifniveau während laufender Verhandlungen absenken kann. Sie wären nach § 4 Abs. 3 TVG unwirksam (vgl. § 4 Rn. 166).

5.3 Folgen der Nachbindung

88 Liegt Nachbindung nach § 3 Abs. 3 TVG vor, bleibt die Tarifgebundenheit mit **unmittelbarer und zwingender Wirkung** gem. § 4 Abs. 1 TVG (vgl. § 4 Rn. 3ff.) bestehen. Weiter gilt das Verbot nachteiliger Abmachungen (vgl. § 4 Rn. 121ff.), das Günstigkeitsprinzip (vgl. § 4 Rn. 140ff.), der Tarifvorbehalt (vgl. § 4 Rn. 173ff.) und das Verzichtsverbot (vgl. § 4 Rn. 241ff.).

89 Die Nachbindung ist **statisch.**[215] Die zukünftige **Tarifentwicklung (Dynamik)** wird von der Nachbindung nicht erfasst. Wird nach Wirksamwerden eines Verbandsaustritts ein **neuer Verbandstarifvertrag** geschlossen, wirken die Neuregelungen nicht mehr für die gem. § 3 Abs. 3 TVG tarifgebundenen Arbeitsverhältnisse. Die Nachbindung sichert (nur) den Tarifzustand ab, der zum Zeitpunkt des Wirksamwerdens des Verbandsaustritts besteht. Das bedeutet andererseits, dass eine schon **vor Ausscheiden** aus dem Arbeitgeberverband **vereinbarte Tarifänderung**, die im Nachbindungszeitraum wirksam wird, **von der Nachbindung erfasst** wird (z.B. Entgelterhöhung, Stufentarifvertrag; s.a. Rn. 95). Zur Rechtslage bei vertraglich vereinbarter **dynamischer Bezugnahme** auf die einschlägigen Tarifverträge »in ihrer jeweiligen Fassung« vgl. Rn. 300.

90 Die Nachbindung ist von **besonderer Bedeutung** für bisher **nicht gewerkschaftlich organisierte Beschäftigte**, die **nach Wirksamwerden** des Verbandsaustritts der **tarifschließenden Gewerkschaft beitreten** oder für **neu eingestellte Arbeitnehmer**, die in die Gewerkschaft eintreten (für bisher bereits gewerkschaftlich Organisierte gilt ohnehin Nachbindung; vgl. Rn. 70).[216] Für sie entsteht eine normative Bindung des Arbeitsverhältnisses an den Tarifvertrag nach § 4 Abs. 1 TVG, obwohl die Arbeitsvertragsparteien nie-

---

213 § 27 Abs. 5 MTV Einzelhandel NRW v. 25.7.08.
214 Decruppe, § 27 Rn. 8 TVe Einzelhandel NRW; vgl. auch BAG 8.5.74 – 4 AZR 288/73, AP Nr. 1 zu §§ 22, 23 BAT Zulage (im Zusammenhang mit einer entspr. Ausgestaltung der Nachwirkung).
215 Däubler-Lorenz, Rn. 121.
216 BAG 4.8.93 – 4 AZR 499/92, AP Nr. 15 zu TVG § 3; Schaub-Treber, § 204 Rn. 33; Däubler-Lorenz, Rn. 84.

mals gleichzeitig Mitglied der jeweiligen Tarifvertragspartei waren.[217] Verschlechternde arbeitsvertragliche Vereinbarungen mit alten und neuen Gewerkschaftsmitgliedern sind wegen Verstoßes gegen § 4 Abs. 3 TVG **unwirksam** (vgl. § 4 Rn. 140ff.).[218] Diese Folge des § 3 Abs. 3 TVG ist für die Gewerkschaft ein **»starkes Argument« für die Werbung neuer Mitglieder**. In nicht wenigen Fällen führt die mit dem höheren gewerkschaftlichen Organisationsgrad verbundene Stärkung der gewerkschaftlichen Durchsetzungsfähigkeit im Betrieb des »tarifflüchtigen« Arbeitgebers dazu, dass dieser wieder in den Verband zurückkehrt oder zum Abschluss eines (Anschluss-) Firmentarifvertrags (z.B. Anerkennungstarifvertrag) »**bewegt**« werden kann. Auf diese Weise kann dann auch die Teilhabe an der zukünftigen Tarifentwicklung (insbesondere Tariferhöhungen; vgl. Rn. 89) sichergestellt werden.

Folge des Verbandsaustritts oder **OT-Wechsels** ist, dass mit ihrem Wirksamwerden die **91**
Friedenspflicht aus dem Tarifvertrag **erlischt**. Mit Ausscheiden als tarifgebundenes Mitglied aus dem Verband entfallen nämlich die verbandsrechtlichen Einwirkungsmöglichkeiten auf diesen Arbeitgeber.[219] In diesem Fall ist ein neuer Firmentarifvertrag sofort erkämpfbar, auch wenn der Tarifvertrag nach § 3 Abs. 3 TVG weiter gilt (vgl. ausführlich AKR Rn. 120ff., 125ff.).[220]

5.4 Ende der Nachbindung

Die Nachbindung nach § 3 Abs. 3 TVG endet, wenn der fortgeltende Tarifvertrag gekün- **92**
digt (mit Ablauf der Kündigungsfrist) oder aufgehoben wird (mit Ablauf des vereinbarten Aufhebungstermins) oder seine Befristung abläuft. Im Anschluss daran wirkt der Tarifvertrag gem. § 4 Abs. 5 TVG nach. Befindet sich der Tarifvertrag bei Verbandsaustritt bzw. OT-Wechsel (bereits) im Zustand der Nachwirkung, verbleibt es bei der Nachwirkung (vgl. auch § 4 Rn. 297).[221]

Beispiel:
Der Manteltarifvertrag ist im April 2010 abgeschlossen und kann frühestens zum 31.12.2012 gekündigt werden. Die Firma A erklärt am 29.6.2010 ihren Austritt aus dem Arbeitgeberverband zum 31.12.2010. Folge: Die Firma bleibt gem. § 3 Abs. 3 TVG mindestens bis zum 31.12.2012 an den Manteltarifvertrag gebunden (»Nachbindung«); wird der Tarifvertrag erst später gekündigt, besteht Nachbindung bis zum Kündigungstermin. Wird der Tarifvertrag zum 31.12.2012 (oder zu einem späteren Zeitpunkt) gekündigt, wirkt der Tarifvertrag gem. § 4 Abs. 5 TVG – bis zum Inkrafttreten einer neuen abweichenden Abmachung – nach.

217 BAG 6.7.11 – 4 AZR 424/09, NZA 12, 281.
218 BAG 1.7.09 – 4 AZR 261/08, NZA 10, 54, 59.
219 Vgl. ausf. Däubler-Reim/Ahrendt, § 1 Rn. 1128f. m.w.N.; KeZa-Kempen, Rn. 78.
220 Hessisches LAG 17.9.08 – 9 SaGa 1442/08, NZA-RR 09, 26; Schaub-Treber, § 204 Rn. 30; a.A. ErfK-Franzen, TVG § 3 Rn. 28 m.w.N.
221 BAG 13.12.95 – 4 AZR 1062/94, AuR 96, 378.

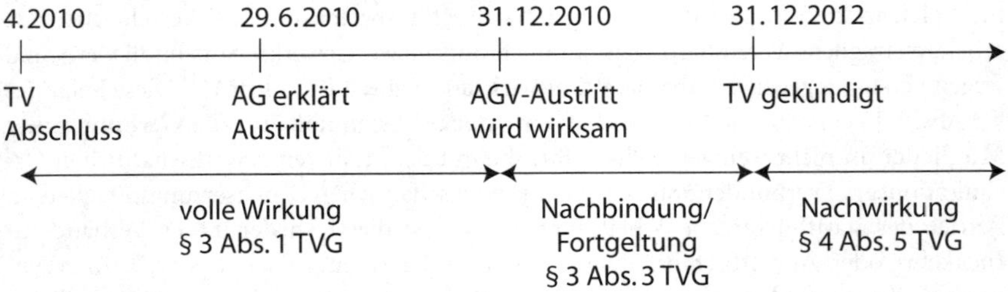

93 Wird ein kraft Nachbindung geltender Tarifvertrag nur **in Teilen geändert**, ist von folgenden Grundsätzen auszugehen: Das **BAG** ist der (**zweifelhaften**) Ansicht, dass **jede, auch unwesentliche, Änderung oder Ergänzung** die Bindung an den **gesamten Tarifvertrag beendet.**[222] Hierfür ist es nach BAG nicht notwendig, dass unmittelbar eine Norm des Tarifvertrages geändert wird. Ausreichen soll auch eine Änderung der durch den Tarifvertrag normierten **materiellen Rechtslage.**[223] Es sei unerheblich, ob Änderungen in einen bestehenden Tarifvertrag integriert oder in einem gesonderten Tarifvertrag geregelt werden. An den Änderungen sei das ausgeschiedene Mitglied nicht mehr beteiligt, es fehle die Legitimation für den neuen Tarifvertrag, auch wenn die Änderung noch so klein oder unwesentlich ist. Außerdem könne dem ausgetretenen Arbeitgeber nicht zugemutet werden, an Tarifnormen gebunden zu bleiben, die für die verbandsgebundenen Arbeitgeber keine Anwendung mehr finden.[224] Eine Änderung der materiellen Rechtslage sieht das BAG auch mit dem Inkrafttreten eines Tarifvertrages, der zunächst auf betrieblicher Ebene freiwillig angewendet werden kann und erst zu einem späteren Zeitpunkt für alle verbandsgebundenen Arbeitgeber verbindlich wird.[225] Fällt damit die Tarifbindung weg, **wirkt der gesamte Tarifvertrag nur noch gem. § 4 Abs. 5 TVG nach.**

Diese Ansicht überzeugt nicht und führt im Ergebnis zu einer ungerechtfertigten **Erleichterung von Tarifflucht** (weil gem. § 4 Abs. 5 TVG – nur noch – nachwirkende Tarifverträge durch abweichende arbeitsvertragliche Vereinbarungen zu Lasten des Arbeitnehmers verschlechtert werden können; vgl. § 4 Rn. 310 ff.). **Rechtssicherheit tritt nicht ein,** weil – redaktionelle und inhaltliche – **Klarstellungen** und **Ergänzungen** des Tarifvertrags nicht mit einer Beendigung des Tarifvertrags im Sinne von § 3 Abs. 3 TVG gleichgesetzt werden können.[226] Nach richtiger Ansicht gilt der unveränderte Teil des Tarifvertrags weiter, wenn er noch eine **sinnvolle** Regelung darstellt und die Auslegung ergibt, dass die Tarifvertragsparteien auch im Fall von Klarstellungen und Ergänzungen die dadurch unberührten Teile des Tarifvertrags **aufrecht erhalten wollen.**

Eine Beendigung von Tarifverträgen, die zum Ende der Nachbindung nach § 3 Abs. 3 TVG führt, sieht das BAG auch in der **Ablösung von bestehenden Tarifverträgen** durch ein

---

222 BAG 7.11.01 – 4 AZR 703/00, DB 02, 642; zust. Löwisch/Rieble, Rn. 272 ff.; ErfK-Franzen, TVG § 3 Rn. 26.
223 BAG 25.2.09 – 4 AZR 986/07, NZA 09, 1304.
224 BAG 25.2.09, a.a.O.
225 BAG 1.7.09 – 4 AZR 261/08, NZA 10, 53: ERA-Einführung M+E Saarland; vgl. Thüsing/Braun Braun, 6. Kap. Rn. 57; Görg, ArbR 10, 14 Anm.
226 Vgl. Däubler-Lorenz, Rn. 122; KeZa-Kempen, Rn. 71 ff.

neues **Tarifsystem** wie den Entgeltrahmentarifverträgen in der Metall- und Elektroindustrie. Ab dem Zeitpunkt der obligatorischen Anwendung der neuen Tarifverträge enden die bisher für den ausgetretenen Arbeitgeber fortgeltenden bisherigen Tarifverträge.[227]

Die **teilweise Kündigung** des fortgeltenden **Tarifvertrags** führt – soweit rechtlich zulässig (vgl. § 1 Rn. 87ff.) – nicht zum Ende der Tarifbindung. Die **ungekündigten Teile gelten gem. § 3 Abs. 3 TVG bindend weiter.**[228] Nach h.M. ist eine Teilkündigung (nur) **zulässig**, wenn sie **ausdrücklich vereinbart** ist (vgl. auch § 1 Rn. 87 m.w.N.).[229] Damit haben die Tarifvertragsparteien selbst über das Fortbestehen des ungekündigten Teils entschieden. Kraft entsprechender **Legitimation durch das ausgetretene Mitglied** gilt der ungekündigte Teil des Tarifvertrags im Wege der Nachbindung weiter. Nur für den durch Teilkündigung betroffenen Teil endet die Nachbindung.[230] 94

Bei **Stufentarifverträgen** wird problematisiert, ob die für einen späteren, nach dem Verbandsaustritt liegenden vereinbarten Änderungen (z.B. Entgelterhöhung oder Arbeitszeitverkürzung) auch für den ausgetretenen Arbeitgeber wirksam werden.[231] Richtigerweise muss unterschieden werden: Handelt es sich um einen Tarifvertrag, in dem die folgenden Stufen bereits **abschließend geregelt** sind, erfasst die Nachbindung des § 3 Abs. 3 TVG auch **alle folgenden Stufen**, sodass der Tarifvertrag insgesamt weiter gilt.[232] Haben die Tarifvertragsparteien in dem Tarifvertrag lediglich auf die Übernahme von **noch auszuhandelnden Tarifbestimmungen** verwiesen (sog. **mittelbarer Stufenvertrag**), soll das Inkrafttreten der Stufe zu einer Änderung/Beendigung der Tarifvertrags führen und keine Wirkung mehr für das Arbeitsverhältnis entfalten.[233] Diese Ansicht überzeugt nicht und wird dem Sinn und Zweck dieser Vereinbarungen nicht gerecht. Sie lässt unberücksichtigt, dass der ehemals verbandsgebundene Arbeitgeber die Formulierung des Tarifvertrags, mit der die Mitglieder des Verbandes zur Anwendung des jeweils noch auszuhandelnden gültigen Lohntarifvertrags, auf den Bezug genommen wird, verpflichtet werden, dass also der Arbeitgeber diese Bezugnahme kraft seiner Mitgliedschaft akzeptiert hat, ohne darauf weiteren Einfluss nehmen zu können.[234] Ein Stufentarifvertrag ist auch eine Regelung, bei der der Eintritt der zwingenden und unmittelbaren Wirkung des Tarifvertrages erst für einen späteren Zeitpunkt vorgesehen ist.[235] 95

227 BAG 6.7.11 – 4 AZR 424/09, NZA 12, 281: ERA M+E Baden-Württemberg; der Unterschied zu 4 AZR 261/08 besteht darin, dass der Arbeitgeber bei Inkrafttreten der (zunächst freiwillig anwendbaren) Tarifverträge noch verbandsgebunden war.

228 Vgl. ErfK-Franzen, TVG § 3 Rn. 26; Kittner, AuR 98, 469, 470.

229 Vgl. BAG 3.5.06 – 4 AZR 795/05, NZA 06, 1125; 24.4.07, DB 07, 1924 = AiB 07,732 mit Anm. Schoof.

230 Kittner/Zwanziger/Deinert-Deinert, § 8 Rn. 238; Schaub-Treber, § 204 Rn. 32.

231 Bauer, FS Schaub, S. 31; Hanau/Kania, DB 95, 1229, 1231ff.

232 Däubler-Lorenz, Rn. 125; Wiedemann-Oetker, Rn. 80.

233 BAG 17.5.00 – 4 AZR 363/99, AP Nr. 8 zu § 3 TVG Verbandsaustritt m. krit. Anm. Zachert; Däubler-Lorenz, Rn. 126; Hanau/Kania, DB 95, 1229, 1230.

234 S. auch Zachert, AP Nr. 8 zu § 3 TVG Verbandsaustritt.

235 BAG 19.10.11 – 4 ABR 116/09, NZA-RR 12, 417 zu ERA M+E Küste; verkannt wird, dass nicht die unmittelbare und zwingende Wirkung der ERA-TV aufgeschoben, sondern zwischen einer freiwilligen und obligatorischen Einführung der TV unterschieden wird, vgl. LAG Hamm 17.4.08 – 17 Sa 1767/07; so auch Däubler-Lorenz, Rn. 125; zum Meinungsstreit vgl. Thüsing/Braun-Braun, 6. Kap. Rn. 55ff.

96 Ebenso von der Nachbindung umfasst sind **Blankettverweisungen in einem Tarifvertrag**, mit denen der Inhalt eines künftigen anderen Tarifvertrags zu Eigen gemacht wird (vgl. § 1 Rn. 148). Derartige Verweisungen sind grundsätzlich zulässig, wenn im betrieblichen, fachlichen und persönlichen Geltungsbereich ein enger Zusammenhang besteht.[236] Nach Ansicht des BAG[237] soll die Nachbindung aber mit Ende des in Bezug genommenen Tarifvertrags enden und in Nachwirkung übergehen.[238] Das gilt nach Auffassung des BAG auch für jede Änderung, Ergänzung oder Ersetzung des Tarifvertrages, auf den verwiesen wird.[239]

97 Die Nachbindung gem. § 3 Abs. 3 TVG ist **zeitlich nicht begrenzt** – abgesehen von der Beendigung des Tarifvertrags (vgl. Rn. 92ff.). Jeder Versuch, eine zeitliche Grenze in die Vorschrift hineinzulesen, muss als »willkürlich« angesehen werden.[240] Daher endet nach zutreffender Ansicht die Nachbindung für den aus dem Verband ausgetretenen Arbeitgeber auch **nicht** zu dem **Zeitpunkt**, zu dem der Tarifvertrag **nach Ausscheiden** aus dem Verband durch Kündigung **frühestens hätte enden können.**[241] Seit einigen Jahren erfolgen allerdings regelmäßig **rechtspolitische Vorschläge** zu einer **zeitlichen Begrenzung der Nachbindung.**[242] Diese reichen von einer zeitlichen Grenze von einem Jahr (analog § 613a Abs. 1 Satz 2 BGB)[243] bzw. von zwei oder fünf Jahren[244] über eine Synchronisation mit der Laufzeit der Entgelttarifverträge[245] bis zur Abschaffung.[246] **Diese Vorschläge sind abzulehnen**. Sie gehen ohne Not an die Substanz des durch Art. 9 Abs. 3 GG und § 3 Abs. 3 TVG gewährleisten Tarifschutzes. Der Schutzzweck geht ja gerade dahin, die Tarifbindung bis zum Ablauf des Tarifvertrags aufrechtzuerhalten (vgl. Rn. 71).

Das behauptete Problem einer **»ewigen Tarifbindung«** ist wesentlich kleiner, als die Befürworter einer Befristung der Nachbindung glauben machen wollen. Zum einen laufen Entgelttarifverträge i.d.R. nur ein oder zwei Jahre, Rahmen- und Manteltarifverträge drei bis fünf Jahre. Zum anderen endet die durch § 3 Abs. 3 TVG angeordnete Nachbindung mit der Kündigung und – nach der kritikwürdigen BAG-Rechtsprechung (vgl. Rn. 93) – auch mit jeder Änderung des Tarifvertrags. Außerdem kann der Arbeitgeber durch einen

---

236 Vgl. Wiedemann-Thüsing, § 1 Rn. 235ff. m.w.N.; BAG 19.9.07 – 4 AZR 711/06, NZA 08, 241.

237 BAG 17.5.00 – 4 AZR 363/99 und 4.4.01 – 4 AZR 215/00, AP Nr. 8, 9 zu § 3 TVG Verbandsaustritt.

238 Vgl. Däubler-Lorenz, Rn. 126.

239 BAG 22.2.12 – 4 AZR 8/10, ZTR 12, 436, zur Kritik s. Alles/Hoffmann, jurisPR-ArbR 32/2012 Anm. 1.

240 Wiedemann-Oetker, Rn. 92; Däubler-Lorenz, Rn. 115.

241 Vgl. BAG 1.7.09 – 4 AZR 261/08, NZA 10, 54, 57; BAG 6.7.11 – 4 AZR 424/09, NZA 12, 281; JKOS-Oetker, § 6 Rn. 57; a.A. ErfK-Franzen, § 3 TVG Rn. 27.

242 Vgl. Sachverständigenrat zur Begutachtung der wirtschaftlichen Entwicklung, zuletzt im Jahresgutachten 2012/2013, S. 319: Maximalfrist von einem Jahr bei § 3 Abs. 3 und § 4 Abs. 5 TVG.

243 So Löwisch/Rieble, Rn. 269; Dieterich/Hanau/Henssler/Oetker/Wank/Wiedeman n, RdA 04, 65, 76.

244 Vgl. Darstellungen bei Wiedemann-Oetker, Rn. 92; Däubler, NZA 96, 225, 227; Kittner, AuR 98, 469, 471.

245 Monopolkommission, 10. Hauptgutachten, Rn. 947.

246 So z.B. Reuter, FS Schaub, S. 605, 621f.; faktische Abschaffung: Gesetzentwurf des Landes Bayern, BR-Drucks. 701/03.

Firmentarifvertrag die Nachbindung beenden und hat kraft seiner Verfügungsbefugnis über den Betrieb die Möglichkeit, die Gewerkschaft mit allen Varianten des Drucks zu einer Tarifabweichung zu bewegen.

6. Tarifbindung bei Umstrukturierungen (Betriebsübergang, Umwandlung)

6.1 Allgemeines

Die Diskussion um Umstrukturierungen in Betrieben und Unternehmen ist zwar in erster Linie von **Kosten-, Haftungs- und steuerrechtlichen Vorteilen** geprägt, doch steht oft auch die Frage im Vordergrund, wie man zwecks **Senkung der Personalkosten** am schnellsten **den tarifvertraglichen Bindungen entkommen** kann (damit in Verbindung steht in vielen Fällen auch der Wunsch, durch einen »Gewerkschaftswechsel« die Tarifstandards abzusenken und/oder bestehende Betriebs- oder Personalratsratsstrukturen zu zerschlagen).[247] 98

6.2 Umstrukturierungen als Mittel der Tarifflucht

»Die Flucht aus dem Tarifvertrag gleicht einem Marathonlauf mit Hindernissen …«, so beginnt etwa Henssler seine Betrachtungen zu »Unternehmensumstrukturierungen und Tarifrecht«[248], während Willemsen darauf hinweist, dass sich das zwingende Arbeitnehmerschutzrecht (und damit auch das Tarifrecht) als regelrechte »**Umstrukturierungs- und Sanierungsbremse**« erweisen könne.[249] Der **Austritt aus dem Arbeitgeberverband** wird von den Arbeitgebern wegen der fortbestehenden Nachbindung gem. § 3 Abs. 3 TVG (Rn. 43) und der sich anschließenden Nachwirkung gem. § 4 Abs. 5 TVG (§ 4 Rn. 293ff.) als zu **langwierig** empfunden.[250] Umstrukturierungen, z.B. in Form der Ausgliederung von Betrieben oder Betriebsteilen, führen dagegen i.d.R. zu einem zeitnahen **Wegfall der Mitgliedschaft im Arbeitgeberverband** und der damit einhergehenden **Tarifbindung** (Rn. 6ff.). In diesem Zusammenhang hat das **Beispiel IBM** Mitte der 90er Jahre Schule gemacht: Nach Ausgliederungen in nicht verbandsgebundene Tochterunternehmen hatte IBM zunächst »tariffrei« agiert und dann für die 100%-igen Töchter verschlechternde Tarifverträge (u.a. längere Arbeitszeit) abgeschlossen.[251] 99

Nach wie vor Verbreitung findet die Ausgliederung von Betrieben oder Betriebsteilen auf – nach außen als **Leiharbeitsunternehmen** auftretende – Tochterunternehmen, von denen dann die formalrechtlich auf das Tochterunternehmen übergegangenen – und dort zusätzlich neu eingestellten – Arbeitnehmer an das Mutterunternehmen auf der Grundlage der deutlich schlechteren tariflichen Entgelt- und Arbeitsbedingungen des Toch- 100

247 Zu den strategischen Aspekten der Umstrukturierung und Übertragung von Unternehmen und Betrieben aus Unternehmersicht vgl. eingehend WHSS-Willemsen, B Rn. 115ff., 131ff.
248 Henssler, FS Schaub, S. 311.
249 WHSS-Willemsen, B Rn. 118.
250 Bauer, FS Schaub, S. 19, 46.
251 S. Niemeier, AiB 96, 155ff.

terunternehmens (»zurück«-)entliehen werden (vgl. dazu auch Grundl. Rn. 172; § 2 Rn. 41ff.).[252]

101 Die von Arbeitnehmerseite mit großem und oft langjährigem Einsatz **kollektiv erkämpften Tarifvertragsinhalte** gelten nach unternehmensrechtlichen Umstrukturierungen i.d.R. nur noch **individualvertraglich nach § 613a BGB** weiter und sind allenfalls noch **ein Jahr vor Veränderungen** geschützt (§ 613a Abs. 1 Satz 2 BGB; vgl. Rn. 134ff., 151). In der betrieblichen Praxis hält auch diese »einjährige Schonfrist« häufig dem arbeitgeberseitigen Druck nicht stand. Nicht ohne Grund wird daher in der Literatur der **Betriebsübergang als »Königsweg der Tarifflucht«** bezeichnet.[253] Seit Mitte der 80er Jahre haben auch die Führungskräfte der Unternehmen die Umstrukturierung ihres Rechtsträgers als »Instrument der Durchbrechung der rigiden Vorgabe« der tarifrechtlichen Nachbindung und Nachwirkung (§§ 3 Abs. 3, 4 Abs. 5 TVG) entdeckt.[254]

102 Obwohl die Auswirkungen dieser einseitigen gesellschaftsrechtlichen Gestaltungsmacht der Arbeitgeber auf die Tarifverträge (und sonstige kollektive arbeitsrechtliche Bindungen) bekannt waren, hat der **Gesetzgeber** bei den einschlägigen Novellierungen (BetrVG, UmwG) auf einen **besonderen kollektiven Bestandsschutz verzichtet**.[255] Die Defizite beim Schutz vor Verlust der tariflichen Rechte der Arbeitnehmer vor allem bei Unternehmensspaltungen wurden zwar zugestanden, aber bewusst in Kauf genommen.[256]

103 Bis heute kommt eine **kollektivrechtliche Fortgeltung des Tarifrechts** allenfalls bei einem **Firmentarifvertrag** unter bestimmten Voraussetzungen in Betracht (vgl. Rn. 119), beim **Verbandstarifvertrag** ist die formelle Mitgliedschaft des neuen Betriebsinhabers im Arbeitgeberverband zwingende Voraussetzung für die Weitergeltung der Tarifverträge nach § 3 Abs. 1 TVG.[257]

104 Die **zentrale Bestimmung** im Zusammenhang mit den Auswirkungen von Umstrukturierungen auf tarifvertragliche Ansprüche ist **§ 613a BGB**, der jedoch nur für eine **»Transformation«** (Übergang) der Ansprüche aus Tarifverträgen in den individuellen Arbeitsvertrag als **Auffangtatbestand** sorgt.[258] Vorrangig ist daher immer zu prüfen, ob je nach Gestaltung der Umstrukturierungsmaßnahme der Firmen- oder Verbandstarifvertrag unmittelbar und zwingend gem. § 3 Abs. 1, § 4 Abs. 1 TVG (oder § 3 Abs. 3 TVG) weiter gilt. Ferner sind die Rechtswirkungen unterschiedlich, je nachdem ob es sich um eine **Einzelrechtsnachfolge** (Betriebsübergang nach § 613a BGB; dazu Rn. 105ff.) oder um eine **Gesamtrechtsnachfolge** (nach UmwG, dazu Rn. 112ff.) handelt.

---

252 Vgl. den Sachverhalt bei BAG 21.5.08, NZA 09, 144: Auslagerung von Reinigungskräften durch ein kommunales Krankenhaus auf eine Service GmbH mit anschließender »Zurückentleihung« an das Krankenhaus; vgl. auch Däubler, AiB 08, 524.

253 So Löwisch/Rieble, Rn. 360.

254 So Henssler, FS Schaub, S. 311 m.w.N. in Fn. 3; vgl. dazu krit. Herbst, AiB 95, 5, 9.

255 Für das UmwG vgl. Düwell, AuR 94, 357, 359.

256 Vgl. BR-Drucksache 75/94, S. 78.

257 Vgl. Schmidt, RdA 04, 152, 155f. zum bekannten »Tariffluchtfall Burda«; LAG Baden-Württemberg 24.10.00, AP Nr. 18 zu § 3 TVG Verbandszugehörigkeit.

258 Kittner/Zwanziger/Deinert-Bachner, § 98 Rn. 1.

6.3 Betriebsübergang nach § 613a BGB (Einzelrechtsnachfolge)

6.3.1 Allgemeines

Die traditionelle Version der Umstrukturierung von Unternehmen erfolgt im Wege der sog. **Einzelrechtsnachfolge** nach **§ 613a BGB**. Hierbei werden Betriebe oder Betriebsteile **nicht als Vermögensgesamtheit**, sondern als Einzelteile der Vermögensmasse durch Rechtsgeschäft gesondert übertragen (z.B. Kauf- oder Mietvertrag). Die Einzelrechtsnachfolge muss nicht mit einem Eigentümerwechsel verbunden sein, sondern kann sich auch aus einem **Rechtsgeschäft wie Pacht oder Miete** ergeben.[259] 105

Kein Fall der Einzelrechtsnachfolge und damit auch kein Anwendungsfall des § 613a BGB liegt vor, wenn nur ein **Gesellschafterwechsel** durch **Übertragung der Gesellschaftsanteile** erfolgt.[260] Aus derartigen Veränderungen ergeben sich unmittelbar **keine rechtlichen Auswirkungen auf den tarifrechtlichen Status**. Mit einem Wechsel der Gesellschafter, insbesondere im Zusammenhang mit der Übernahme der Gesellschaftsanteile von Unternehmen der öffentlichen Hand durch private Investoren oder durch Fondsgesellschaften geht jedoch zu Recht die Befürchtung einher, dass zeitnah der Wechsel oder die Beendigung der Tarifbindung (»**Tarifflucht**«, vgl. dazu Rn. 99ff.) auf anderem Weg angestrebt wird.[261] 106

6.3.2 Firmentarifvertrag

Nach der **Rechtsprechung des BAG** soll bei einem Betriebsübergang durch Rechtsgeschäft ein Firmentarifvertrag nach Betriebsübergang **nicht unmittelbar und zwingend** gem. § 4 Abs. 1 TVG **weiter gelten**.[262] Das BAG vertrat die Ansicht, dass mit der Novellierung des § 613a Abs. 1 BGB im Jahre 1980[263] keine Veranlassung mehr für die **kollektive Fortgeltung von Firmentarifverträgen** bei einem Betriebsübergang bestünde, stattdessen sollten die Normen des Firmentarifvertrags gem. § 613a Abs. 1 Satz 2 BGB ausschließlich zum Inhalt des Arbeitsverhältnisses werden. 107

Das BAG begründete seine Ansicht weiter damit, dass aufgrund der Einfügung der Sätze 2 bis 4 in § 613a Abs. 1 BGB **keine ausfüllungsbedürftige Regelungslücke mehr** vorliege. Es gebe keine Grundlage dafür, dass von dem Übergang der Arbeitgeberstellung hinsichtlich der Arbeitsverhältnisse gem. § 613a Abs. 1 Satz 1 BGB auch die Stellung als Tarifvertragspartei eines Firmentarifvertrags erfasst werde. Folglich gelte § 613a Abs. 1 Satz 2 bis 4 BGB für alle Tarifverträge ohne Unterscheidung zwischen Verbands- und Firmentarifver-

259 ErfK-Preis, § 613a BGB Rn. 59ff.
260 Däubler-Lorenz, Rn. 132.
261 Vgl. dazu den Sachverhalt bei BAG 10.12.02, NZA 03, 734.
262 BAG 26.8.09 – 4 AZR 280/08, NZA 10, 238; 10.6.09 – 4 ABR 21/08, NZA 10, 51; 15.3.06, AP Nr. 9 zu § 2 TVG Firmentarifvertrag; 29.8.01, 20.6.91, AP Nrn. 17, 18 zu § 1 TVG Bezugnahme auf Tarifvertrag; im Ergebnis übereinstimmend; ErfK-Preis, BGB § 613a Rn. 113b; JKOS-Oetker, § 6 Rn. 116; Löwisch/Rieble, Rn. 373ff.; Wiedemann-Oetker, Rn. 201; WHSS-Hohenstatt, E Rn. 98.
263 Vgl. dazu das am 21.8.80 in Kraft getretene Arbeitsrechtliche EG-Anpassungsgesetz (BGBl. I S. 1308).

trägen[264] (zur **kollektivrechtlichen Fortgeltung** eines Firmentarifvertrags bei **Umwandlung** vgl. Rn. 119ff.).

Das BAG hat sich mittlerweile der Auffassung angeschlossen, wonach § 613a Abs. 1 Satz 2–4 BGB lediglich die Funktion eines Auffangtatbestands zukommt;[265] gleichwohl soll ein Firmentarifvertrag im Falle des Betriebsübergangs nicht weiterhin zwingend und unmittelbar nach § 4 TVG gelten (s. Rn. 109a).

108 Entgegen der Rechtsprechung des BAG nimmt ein **Teil der Literatur** bei **rechtsgeschäftlichem Übergang** eines Betriebs oder Betriebsteils zu Recht die kollektivrechtliche **Fortgeltung des Firmentarifvertrags** an.[266] Nach Däubler[267] übernimmt der Erwerber mit der »organisatorischen Einheit Betrieb« auch automatisch die Firmentarifverträge ohne besonderen Rechtsakt. Gamillscheg[268] verlangt, dass für **Veräußerer und Erwerber dieselbe Gewerkschaft** zuständig ist. In dem Fall gehe der Firmentarifvertrag »automatisch« über. Oetker[269] kommt zumindest dann zum gleichen Ergebnis, wenn der Firmentarifvertrag **ausschließlich** für den **übertragenen Betrieb** abgeschlossen wurde. Gilt der Firmentarifvertrag auch noch für **andere Betriebe** des Veräußerers, soll der Erwerber des Betriebs oder Betriebsteils **nicht Partei des Firmentarifvertrags** werden. Der Firmentarifvertrag bleibt bei dem Veräußerer und seinen weiteren an den Firmentarifvertrag gebundenen Betrieben.

109 Nach zutreffender Ansicht führt zumindest die auch für Firmentarifverträge anwendbare und den Fortbestand der Tarifgebundenheit anordnende Vorschrift des § 3 Abs. 3 TVG dazu, dass der Firmentarifvertrag auch ohne Vertragsbeitritt des Betriebserwerbers **kollektivrechtlich fort gilt**. Dem stehen die gesetzlichen Regelungen in § 613a Abs. 1 Satz 2 bis 4 BGB nicht entgegen, da ihnen lediglich die Funktion eines Auffangtatbestands für den – nach hier vertretener Auffassung nicht eintretenden – Fall der Beendigung der kollektivrechtlichen Fortgeltung zukommt.[270]

109a So sieht es das **BAG** (1. Senat) für **Betriebsvereinbarungen:** im Falle eines Betriebsübergangs sollen sowohl Betriebsvereinbarungen als auch Gesamtbetriebsvereinbarungen **kollektivrechtlich weitergelten**, zumindest soweit die **Betriebsidentität gewahrt** bleibt.[271]§ 613a Abs. 1 Satz 2–4 sei nicht zu entnehmen, dass der Betriebserwerber von aus anderen Rechtsgründen bestehenden Bindungen an kollektivrechtliche Normen frei werden solle. Aus Satz 4 ergebe sich vielmehr, dass grundsätzlich kollektivrechtliche Normen nach der Betriebsübernahme den transformierten individualrechtlichen Normen vorgehen.[272]

Der 4. Senat des BAG sieht das ähnlich, seiner Auffassung nach unterscheidet sich allerdings die Stellung des Betriebsübernehmers als Arbeitgeber beim **Firmentarifvertrag** ge-

---

264 BAG 20.6.01 – 4 AZR 295/00, AiB 02, 441.
265 BAG 26.8.09 – 4 AZR 280/08, juris, Rn. 29.
266 Im Ergebnis übereinstimmend BKMT-Trittin, § 5 Rn. 80; Däubler, TVR, Rn. 1534; Däubler-Lorenz, Rn. 176; Herbst, AiB 95, 5; KeZa-Kempen, Rn. 122ff.
267 Däubler, TVR, Rn. 1534.
268 S. 778f.
269 Wiedemann-Oetker, Rn. 199.
270 KeZa-Kempen, a.a.O.
271 BAG 18.9.02 – 1 ABR 54/01, AiB 04, 41; BAG 5.2.1991 – 1 ABR 32/90, AiB 91, 274.
272 BAG 5.2.1991, a.a.O., Rn. 71.

genüber derjenigen bei **Betriebsvereinbarungen.**[273] Die Arbeitgeberstellung in der Betriebsverfassung knüpfe an die arbeitsorganisatorische Einheit des Betriebes an. Deshalb könne der Erwerber auch in die Rechte und Pflichten des Arbeitgebers im Sinne des Betriebsverfassungsgesetzes eintreten. Die Tarifgebundenheit des Betriebserwerbers als Partei des Tarifvertrages i.S.d. § 2 Abs. 1, § 3 Abs. 1 TVG vermittele sich demgegenüber erst durch den Abschluss eines Tarifvertrages oder durch eine tarifvertragliche Vereinbarung mit der vertragsschließenden Gewerkschaft, dass der Firmentarifvertrag weiter gelten soll, nicht aber bereits durch den Betriebsübergang als solchen. Die Stellung des Betriebsübernehmers als Arbeitgeber unterscheide sich beim Firmentarifvertrag gegenüber derjenigen bei Betriebsvereinbarungen. Die Arbeitgeberstellung in der Betriebsverfassung knüpfe an die arbeitsorganisatorische Einheit des Betriebes an. Deshalb könne der Erwerber auch in die Rechte und Pflichten des Arbeitgebers im Sinne des Betriebsverfassungsgesetzes eintreten. Eine betriebsbezogene Bestimmung der Tarifbindung könne dem TVG nicht entnommen werden.[274]

Vertritt man demgegenüber die hier vertretene Auffassung, dass die Rechtsstellung des Arbeitgebers beim Firmentarifvertrag durch Betriebsübergang nach § 613a BGB auf den Betriebserwerber übergeht (s. dazu Rn. 108), bezieht sich der in **§ 3 Abs. 3** festgelegte Fortbestand der Tarifgebundenheit beim Firmentarifvertrag nicht nur auf den Wechsel der Arbeitnehmer, sondern auch auf den Austausch der Arbeitgeberposition.[275] Tarifbindung ist vom Betriebsveräußerer durch die Vereinbarung des Firmentarifvertrags begründet worden; diese **durch Firmentarifvertrag vermittelte Tarifbindung** wird allein durch den Betriebsübergang nicht beendet, das widerspräche **§ 3 Abs. 3**. Auch bei einem Verbandsaustritt des Arbeitgebers endet seine Tarifbindung an den Verbandstarifvertrag nach § 3 Abs. 1, die Tarifgebundenheit nach § 3 Abs. 3 bleibt aber bestehen, obwohl die Mitgliedschaft im Arbeitgeberverband und damit die Tarifbindung nach § 3 Abs. 1 beendet ist. Die Möglichkeit des »Ausweichens« ist damit verbaut, indem das Ende der Tarifgebundenheit ***ausschließlich*** **mit dem Ende des Tarifvertrags synchronisiert** und alle Manipulationen ausgeschlossen sind.[276]

Ähnlich ist die Fallkonstellation bei einem an einen Firmentarifvertrag gebundenen Betrieb, der durch Betriebsübergang auf einen Übernehmer übergeht: die Normen des Firmentarifvertrags finden nach dem Betriebsübergang zwar keine Anwendung mehr nach § 3 Abs. 1, wenn der Übernehmer den Firmentarifvertrag nicht selbst abschließt oder vereinbart, dass der Firmentarifvertrag weitergelten soll; allerdings bleibt der Übernehmer kollektivrechtlich an den Firmentarifvertrag nach § 3 Abs. 3 gebunden, weil der Betriebsübergang nicht dazu führt, dass der Tarifvertrag endet. Die Bindung des Veräußerers an den Firmentarifvertrag nach § 3 Abs. 1 wird durch den Betriebsübergang nicht beendet, sie besteht für den Erwerber nach § 3 Abs. 3 fort.

Die kollektivrechtliche Weitergeltung des Firmentarifvertrags beim veräußerten Betrieb oder Betriebsteil kann jedenfalls dadurch außer Streit gestellt werden, dass die Weitergeltung des Firmentarifvertrags zwischen dem Erwerber und der vertragsschließenden

273 BAG 26.8.09, a.a.O.
274 BAG 26.8.09, a.a.O.
275 Ke-Za-Kempen, § 3 Rn. 122.
276 Herschel, ZfA 1973, 183, 193.

Gewerkschaft im Wege eines Übernahmevertrags vereinbart wird (vgl. dazu auch Rn. 173ff.).[277]

110 Soweit man der hier vertretenen Auffassung nicht folgt, besteht zumindest in den Fällen, in denen der Betrieb oder Betriebsteil in eine **abhängige Tochtergesellschaft ausgegliedert** wird, eine **Einwirkungspflicht des ausgliedernden Unternehmens** dahingehend, dass in der Tochtergesellschaft der Firmentarifvertrag weiter angewandt wird, zumindest dann, wenn die Ausgliederung erfolgt, um die Anwendung des Firmentarifvertrags zu verhindern.[278] Es verletzt die **Durchführungspflicht** (vgl. dazu § 1 Rn. 407ff.) und ist rechtsmissbräuchlich, einen Firmentarifvertrag abzuschließen, um anschließend durch die Ausgliederung eines Betriebs oder Betriebsteils auf ein Tochterunternehmen die Konsequenzen der tarifvertraglichen Bindung zu unterlaufen.[279] Zu den tarifpolitischen und -rechtlichen Handlungsmöglichkeiten vgl. im Übrigen Rn. 173ff.

6.3.3 Verbandstarifvertrag

111 Bei der Übertragung eines Betriebs oder Betriebsteils, für den ein Verbandstarifvertrag gilt, ist zu unterscheiden: Gehört der Erwerber demselben Arbeitgeberverband an wie der Veräußerer, bleibt die Tarifbindung nahtlos erhalten.[280] Diese Konstellation ist jedoch in der Praxis immer seltener vorzufinden. In der Regel tritt der **Erwerber** des Betriebs bzw. Betriebsteils nicht in die zur Tarifvertragspartei bestehende Mitgliedschaft ein. Mangels Tarifgebundenheit des Erwerbers gibt es dann **keine normative Tarifgeltung** mehr. Die Tarifnormen werden gem. § 613a Abs. 1 Satz 2 BGB lediglich Inhalt des Individualarbeitsverhältnisses (Einzelheiten vgl. Rn. 138ff.). Zu den tarifpolitischen und -rechtlichen Möglichkeiten der Wiederherstellung der Tarifbindung beim neuen Betriebsinhaber bzw. Rechtsträger vgl. Rn. 173ff.

6.4 Umwandlung (Gesamtrechtsnachfolge)

6.4.1 Allgemeines

112 Das **Umwandlungsgesetz** (UmwG) soll die Umstrukturierung von Unternehmen erleichtern. **Erleichtert** bzw. **ermöglicht** wurden vor allem die Übertragung von Teilen des Firmenvermögens (**Spaltung**) und die **Verschmelzung** zwischen Unternehmen beliebiger Rechtsformen. Eine wesentliche Erleichterung liegt zusätzlich darin, dass die Vermögenswerte anders als bei der Einzelrechtsnachfolge (Rn. 105f.) in ihrer Gesamtheit übertragen werden.

113 Die **arbeitsrechtlichen Folgen** für die Arbeitnehmer sind im Gesetz nur unvollständig geregelt worden. Es fehlen detaillierte Bestimmungen zur Weitergeltung von Tarifverträgen.

277 BAG 10.6.09 – 4 ABR 21/08, NZA 10; 51; 20.6.01 4 AZR 295/00, AiB 02, 441; Wiedemann-Oetker, Rn. 200.

278 Vgl. BAG 11.9.91, DB 92, 98; BKMT-Trittin, § 5 Rn. 114ff.; Kittner/Zwanziger/Deinert-Bachner, § 98 Rn. 6; krit. WHSS-Hohenstatt, E Rn. 99.

279 So auch Henssler, FS Schaub, S. 311, 328.

280 Gamillscheg, S. 779; Däubler-Lorenz, Rn. 149.

Nach überwiegender Ansicht ist die **Tarifbindung** des neuen Arbeitgebers bzw. Rechtsträgers – zumindest bei Verbandstarifverträgen – abhängig von dessen **Mitgliedschaft** im Arbeitgeberverband (vgl. Rn. 11ff.). Diese soll jedoch wegen ihres »höchstpersönlichen Charakters« nicht automatisch im Wege der Gesamtrechtsnachfolge auf den neuen Rechtsträger übergehen.[281] Sie soll erst noch durch den – in der Praxis meist ausbleibenden – Eintritt des neuen Unternehmens in den Arbeitgeberverband erneuert werden müssen. Nach h.M. kommt in diesen Fällen für die Arbeitsverhältnisse **weder** eine **Weitergeltung** der Tarifnormen nach **§ 3 Abs. 3 TVG** (vgl. Rn. 70ff.) **noch** eine **Nachwirkung** nach **§ 4 Abs. 5 TVG** (vgl. § 4 Rn. 293ff.) in Betracht.[282]

Tarifliche Ansprüche werden daher **auch im Umwandlungsfall** bei fehlender Tarifbindung des Erwerbers (Ausnahme Firmentarifvertrag, vgl. Rn. 119ff.) über § 324 UmwG i.V.m. § 613a Abs. 1 Satz 2 BGB **in die Arbeitsverträge »transformiert«** (vgl. dazu Rn. 138ff.). Die Ausführungen zu § 613a Abs. 1 Satz 2–4 BGB (vgl. Rn. 134ff.) gelten daher auch für Umstrukturierungen im Wege der Umwandlung (vgl. dazu auch Rn. 115ff.). Zu den tarifpolitischen und -rechtlichen Handlungsmöglichkeiten zur Sicherung der kollektivrechtlichen Fortgeltung der Tarifverträge beim neuen Rechtsträger vgl. Rn. 173ff. **114**

Das Gesetz benennt in § 1 Abs. 1 UmwG vier **Unternehmensumwandlungsarten:**[283] **115**

- Verschmelzung (Fusion),
- Spaltung,
- Vermögensübertragung sowie
- Formwechsel.

Eine **Verschmelzung** liegt vor, wenn ein vorhandener Rechtsträger durch Übertragung des Vermögens auf einen anderen übernehmenden Rechtsträger übergeht **oder** zwei oder mehrere Rechtsträger durch Übertragung ihres Vermögens auf einen neuen Rechtsträger übergehen (§ 2 UmwG). Dies geschieht durch Gewährung von Anteilen oder Mitgliedschaften des übernehmenden oder neuen Rechtsträgers an die Anteilseigner der übertragenden Rechtsträger.

Die **Spaltung** kennt das Gesetz in drei Grundformen: **116**

- **Aufspaltung:** Der bisherige Rechtsträger erlischt und überträgt sein gesamtes Vermögen auf mindestens zwei bestehende oder neu gegründete Rechtsträger (§ 123 Abs. 2 UmwG).
- **Abspaltung:** Der übertragende Rechtsträger bleibt bestehen und überträgt lediglich Vermögensteile (z.B. einzelne Betriebe) auf einen oder mehrere bestehende oder neu gegründete Rechtsträger (§ 123 Abs. 2 UmwG).
- **Ausgliederung:** Es handelt sich um den gleichen Vorgang wie bei Abspaltung, jedoch mit dem Unterschied, dass die Anteile am aufnehmenden Unternehmen bei der abgebenden Gesellschaft selbst liegen und nicht bei deren Anteilseignern (§ 123 Abs. 3 UmwG).

Allen Spaltungsvarianten ist gemeinsam, dass die übertragenen Vermögensbestandteile mit der **Eintragung** der Spaltung **ins Handelsregister** automatisch auf den Empfänger übergehen.

281 BAG 24.6.98 – 4 AZR 208/97, NZA 98, 1346.
282 Vgl. WHSS-Hohenstatt, E Rn. 100 m.w.N.
283 Eingehend zum Folgenden der instruktive Überblick bei BKMT-Köstler, § 2 Rn. 30ff.

117 Die **Vermögensübertragung** kann als Voll- oder Teilübertragung (wie bei der Spaltung) erfolgen. Die Besonderheit dabei ist, dass die Gegenleistung für die übertragenen Rechtsträger vor allem in Geld, nicht in Anteilen an den übernehmenden Rechtsträgern erbracht wird (§ 174 UmwG).

Beim **Formwechsel** handelt es sich nur um eine Änderung der Rechtsform des Unternehmens, die keine Auswirkungen auf die rechtliche und wirtschaftliche Identität des Unternehmens hat (§ 190 UmwG; z.B. Wechsel von einer Personenhandelsgesellschaft in eine Kapitalgesellschaft).

118 Die **arbeitsrechtlichen Folgen** dieser Umstrukturierungen sind beim **Firmentarifvertrag** (vgl. dazu Rn. 119ff.) anders als beim **Verbandstarifvertrag** (vgl. dazu Rn. 127ff.).

6.4.2 Firmentarifvertrag

119 Nach allgemeiner Ansicht gilt bei der Umwandlung eines Unternehmens im Wege der Gesamtrechtsnachfolge der **Firmentarifvertrag kollektivrechtlich** fort. Nach der Rechtsprechung des BAG geht der Firmentarifvertrag als zum **Vermögen des übertragenen Rechtsträgers** gehörende Verbindlichkeit auf den übernehmenden Rechtsträger über (§ 20 Abs. 1 Nr. 1 UmwG). Der übernehmende Rechtsträger wird also Partei des für den übertragenden Rechtsträger geltenden Firmentarifvertrags, er wird Rechtsnachfolger in allen rechtlichen Verpflichtungen.[284] Das ist dann unproblematisch, wenn – wie im vom BAG am 24.6.98[285] entschiedenen Fall – die Fusion auf einen neu gegründeten Rechtsträger erfolgt oder beim aufnehmenden Rechtsträger keine Arbeitnehmer beschäftigt werden.

Dennoch gibt es in der Praxis **zahlreiche ungeklärte Fragen**. Auch wenn es bei den Rechtsfolgen grundsätzlich keinen Unterschied zwischen **Verschmelzung** (dazu Rn. 120ff.) und **Spaltung** (dazu Rn. 126) gibt,[286] sollen sie der Klarheit wegen im Folgenden getrennt beschrieben werden.

6.4.2.1 Verschmelzung (Fusion)

120 Bei einer **Verschmelzung (Fusion)** können sich folgende Fragen ergeben:

- Wenn beim fusionierten Unternehmen bisher nicht tarifgebundene Arbeitnehmer beschäftigt sind, findet der Tarifvertrag nach Verschmelzung auch Anwendung auf die neu hinzugekommenen, vorher nicht tarifgebundenen Arbeitnehmer (vgl. dazu Rn. 121, 123)?
- Welche (tariflichen) Arbeitsbedingungen gelten, wenn die fusionierten Betriebe neu organisiert und als »einheitlicher Betrieb« geführt werden (vgl. dazu Rn. 124)?

---

284 BAG 4.7.07, NZA 08, 307; 24.6.98 – 4 AZR 208/97, AiB 99, 236 = AP Nr. 1 zu § 20 UmwG; LAG Köln, 27.1.06 – 4 Sa 942/05: zur Gesamtrechtsnachfolge gem. § 144 Abs. 4 Satz 2 SGB V bei der Verschmelzung von Betriebskrankenkassen; Däubler-Lorenz, Rn. 179; JKOS-Oetker, § 6 Rn. 145; KeZa-Kempen, Rn. 156; Löwisch/Rieble, Rn. 217; Schaub-Treber, § 204 Rn. 39; Wiedemann-Oetker, Rn. 193; WHSS-Hohenstatt, E Rn. 101; a.A. nur Kreßel, BB 95, 925, 930; differenzierend Gaul, NZA 95, 717, 722f.

285 A.a.O.

286 Vgl. Bachner, AiB 03, 408, 412.

- Was gilt, wenn beim übernehmenden Rechtsträger ein Verbandstarifvertrag oder ein anderer Firmentarifvertrag zur Anwendung kommt (vgl. dazu Rn. 122)?

Nach zutreffender h.M. bezieht sich ein **Firmentarifvertrag** immer **nur auf die Arbeitnehmer des Unternehmens bzw. Betriebs,** für das bzw. den der Firmentarifvertrag abgeschlossen wurde.[287] Das ergibt sich i.d.R. schon ausdrücklich oder durch Auslegung aus dem **Geltungsbereich** des Firmentarifvertrags.[288] Fusionieren z.B. zwei Rundfunk- und Fernsehanstalten der ARD und gab es vor der Fusion **nur in einem der Sender einen Tarifvertrag** für arbeitnehmerähnliche Personen (vgl. ausführlich § 12a Rn. 5ff.), beschränkt sich die Anwendung dieses Tarifvertrags auch nach der Fusion weiterhin nur auf die bereits vorher von diesem Tarifvertrag erfassten Arbeitnehmer. Insofern stellt sich in diesem Zusammenhang i.d.R. auch nicht die Frage nach der Auflösung einer Tarifkonkurrenz oder -pluralität (vgl. dazu auch § 4 Rn. 58).[289] 121

Gilt **beim übernehmenden Unternehmen** ebenfalls **ein Tarifvertrag**, ist zu unterscheiden zwischen Firmentarifvertrag und Verbandsvertrag. Besteht beim übernehmenden Rechtsträger ebenfalls ein **Firmentarifvertrag**, finden grundsätzlich **beide Firmentarifverträge nebeneinander** Anwendung für die bisher unter den jeweiligen Tarifvertrag fallenden Arbeitnehmer bzw. für die in den bis zur Fusion rechtlich getrennten Bereichen beschäftigten Arbeitnehmer.[290] Das gilt auch dann, wenn die Tarifverträge **mit unterschiedlichen** – im fusionierten Unternehmen vertretenen – **Gewerkschaften** abgeschlossen worden sind.[291] 122

Die Bedeutung des jeweiligen **Geltungsbereichs** eines Firmentarifvertrags im Zusammenhang mit Fusionen wird an einem vom BAG[292] entschiedenen Fall deutlich: Im aufgenommenen Betrieb galt kein Tarifvertrag, der im aufnehmenden Betrieb zur Anwendung kommende Firmentarifvertrag bezog sich nach seinem **Geltungsbereich** ausdrücklich auf das **gesamte Unternehmen.** Der Firmentarifvertrag gilt demnach nun für alle Arbeitnehmer, auch für die bisher unter keinen Tarifvertrag fallenden Arbeitnehmer des aufgenommenen Betriebs.[293] 123

Für die Beurteilung der Frage, ob und in welchem Umfang nach einer Fusion Firmentarifverträge gelten, ist daher in jedem Einzelfall der **persönliche, sachliche und räumliche Geltungsbereich** (vgl. dazu § 4 Rn. 19ff.) durch Auslegung zu ermitteln. Nach der hier vertretenen Auffassung bleibt es auch dann für den einzelnen Arbeitnehmer bei der **Anwendung** des **bisher für ihn jeweils geltenden Firmentarifvertrags**, wenn mit der Fusion beide Betriebe zu einem neuen **einheitlichen Betrieb** verschmolzen werden.[294] 124

287 Däubler, RdA 95, 136, 140; Däubler-Lorenz, Rn. 180; Wiedemann-Oetker, Rn. 143; WHSS-Hohenstatt, E Rn. 102.
288 Vgl. Wiedemann-Oetker, Rn. 154.
289 Wiedemann-Oetker, a.a.O.
290 Däubler, RdA 95, 136, 140; KeZa-Kempen, Rn. 156; WHSS-Hohenstatt, E Rn. 95; vgl. auch BAG 25.9.96, AP Nr. 10 zu § 2 TVG Tarifzuständigkeit.
291 Vgl. Däubler-Lorenz, Rn. 182.
292 BAG 9.12.99 – 6 AZR 299/98, NZA 00, 1167.
293 So auch LAG Baden-Württemberg 27.9.10 – 4 TaBV.
294 So auch BKMT-Trittin, § 5 Rn. 110; Däubler-Lorenz, Rn. 183; a.A. WHSS-Hohenstatt, E Rn. 105; wohl auch KeZa-Kempen, Rn. 156, für den Fall der wesentlichen Änderung des arbeitstechnischen Zwecks und der Auflösung jeder abgrenzbaren Organisationseinheit – dann soll als Auffangvorschrift § 613a BGB für die Arbeitsverhältnisse gelten.

125 Grundsätzlich gilt nichts anderes, wenn beim **übernehmenden Unternehmen** kraft Verbandsmitgliedschaft ein **Verbandstarifvertrag** zur Anwendung kommt und dieser durch die **Fusion** mit einem Firmentarifvertrag zusammentrifft, der für die Arbeitnehmer des übernommenen Betriebs oder Betriebsteils gilt. Auch bei dieser Fallkonstellation bleiben beide Tarifverträge nebeneinander bestehen. Der Firmentarifvertrag verdrängt vor allem nicht den Verbandstarifvertrag[295] mit Wirkung für die Arbeitnehmer des übernehmenden Unternehmens. Dies wird sich i. d. R. bereits aus der durch Auslegung zu ermittelnden Reichweite des Geltungsbereichs des Firmentarifvertrags ergeben.

6.4.2.2 Spaltung

126 Bei einer **Unternehmensspaltung** gilt in Bezug auf die **Fortgeltung des Firmentarifvertrags grundsätzlich nichts anderes als bei der Verschmelzung**: Die Bindung an den Firmentarifvertrag geht im Wege der Gesamtrechtsnachfolge bei allen Spaltungsformen **auf den** übernehmenden Rechtsträger über. Nach der hier vertretenen Ansicht kommt es nicht darauf an, ob der alte Rechtsträger noch fortbesteht (bei Abspaltung und Ausgliederung) oder – wie bei der Aufspaltung – untergeht.[296] Für die Fortgeltung des Firmentarifvertrags gem. § 3 Abs. 1 TVG ist es auch unerheblich, welche Zuordnung in Bezug auf den Tarifvertrag im Spaltungs- und Übernahmevertrag getroffen worden ist. Vereinbarungen der an der Spaltung beteiligten Gesellschafter können tarifrechtliche Ansprüche weder begründen noch vernichten.[297]

126a Das BAG sieht das für die Spaltung nach § 123 Abs. 3 Nr. 1 UmwG (= Übertragung eines Teils oder mehrerer Teile des Vermögens zur Aufnahme auf einen oder mehrere bestehende Rechtsträger) anders: Bei einer **Ausgliederung** eines Betriebs im Wege der Spaltung nach § 123 Abs. 3 Nr. 1 UmwG sei aufgrund der damit verbundenen (lediglich) **partiellen Gesamtrechtsnachfolge** im Spaltungs- und Übernahmevertrag gemäß § 126 Abs. 1 Nr. 9 UmwG festzulegen, welcher der beiden Rechtsträger in die Rechtsstellung als Vertragspartei eines Haustarifvertrages eintrete. Fehle es an einer solchen Regelung, soll der übertragende Rechtsträger in dieser Rechtsstellung verbleiben.[298] Die Situation – so das BAG – sei insoweit mit der Situation bei einer Verschmelzung nicht vergleichbar, weil im Falle der Verschmelzung der verschmolzene Rechtsträger erlösche.[299] Eine mehrfache Zuordnung ist jedoch vertraglich möglich, also eine Vereinbarung, wonach mehrere an einer Spaltung beteiligte Rechtsträger in die Rechtsstellung als Vertragspartei des Haustarifvertrags eintreten.[300] Darin liegt keine »unzulässige Duplizierung« der Vertragsparteien,[301] vielmehr entspricht dies entgegen der wohl überwiegend vertretenen Ansicht der umwandlungsrechtlichen Gestaltungsfreiheit, nach der auch die Aufteilung eines bislang nur zweiseiti-

295 Boecken, Rn. 205; BKMT-Trittin, § 5 Rn. 111.
296 BKMT-Trittin, § 5 Rn. 95; Däubler, RdA 95, 136, 142; Däubler-Lorenz, Rn. 184ff.; MünchArbR-Löwisch, § 248 Rn. 48; a.A. Wiedemann-Oetker, Rn. 198; WHSS-Hohenstatt, E Rn. 110ff.
297 BKMT-Trittin, § 5 Rn. 96; Kittner/Zwanziger/Deinert-Bachner, § 98 Rn. 8;. a.A. WHSS-Hohenstatt, E Rn. 111.
298 BAG 21.11.12 – 4 AZR 85/11, NZA 13, 512.
299 BAG 21.11.12, a.a.O., Rn. 25.
300 Gaul, BB 14, 502.
301 So aber Rieble, Anm. zu BAG 24.6.98 – 4 AZR 208/97, BB 98, 1537.

gen Vertragsverhältnisses erfolgen kann, sofern die beteiligten Rechtsträger eine entsprechende Zuordnung zu mehreren Rechtsträgern im Spaltungsplan bzw. Spaltungs- und Übernahmevertrag vorsehen.[302]

6.4.3 Verbandstarifvertrag

127 Da die Tarifbindung eines Arbeitgebers an einen Verbandstarifvertrag über die **Mitgliedschaft im Arbeitgeberverband** vermittelt wird (vgl. hierzu Rn. 11 ff.), sind die für den Firmentarifvertrag geltenden Rechtsfolgen nicht ohne weiteres auf einen Verbandstarifvertrag übertragbar.[303] Nach Auffassung des BAG soll es für die Tarifbindung der von der Umstrukturierung betroffenen Unternehmen entscheidend darauf ankommen, ob deren Mitgliedschaft im Arbeitgeberverband erhalten bleibt bzw. neu erworben wird.[304]

6.4.3.1 Formwechsel

128 Beim **Formwechsel** nach §§ 190 ff. UmwG (z. B. wandelt sich eine OHG in eine GmbH um) **bleibt die Identität des Arbeitgebers** und damit auch die **Verbandsmitgliedschaft** erhalten.[305] Auch ein parallel dazu stattfindender Gesellschafterwechsel hat **keine Auswirkungen auf die Tarifbindung.**[306]

129 Bei anderen Umwandlungsarten kann die Identität des Arbeitgebers erhalten bleiben oder wechseln. Bei der **Fusion durch Neugründung** gibt es immer einen **Identitätswechsel**, bei der **Spaltung zur Aufnahme eines Unternehmens** kommt es darauf an, ob die bisher tarifgebundenen Arbeitnehmer dem alten oder dem neuen Rechtsträger zugeordnet werden.[307]

6.4.3.2 Identische Verbandsmitgliedschaft des neuen Arbeitgebers

130 Unproblematisch ist die tarifrechtliche Situation für die Arbeitnehmer auch dann, wenn der **alte Arbeitgeber** und der nach der Umstrukturierung entstandene **neue Arbeitgeber Mitglieder desselben Arbeitgeberverbands** sind, der den für die Arbeitnehmer geltenden Tarifvertrag abgeschlossen hat. Dann bleibt nach allgemeiner Ansicht die **Tarifbindung nach § 3 Abs. 1 TVG** (vgl. dazu Rn. 10 ff.) erhalten.[308] Hat der neue Arbeitgeber nur den **Rechtschein erweckt, Mitglied des Arbeitgeberverbands** zu sein, kann er sich (auch ohne Verbandsmitgliedschaft) im Verhältnis zu den Arbeitnehmern nicht auf die fehlende Tarifbindung berufen.[309]

302 Gaul, a.a.O.
303 Wiedemann-Oetker, Rn. 209.
304 Vgl. BAG 24. 6. 98 – 4 AZR 208/97, AiB 99, 236 = AP Nr. 1 zu § 20 UmwG.
305 Schaub-Treber, § 204 Rn. 36.
306 Vgl. Henssler, FS Schaub, S. 311, 314.
307 Vgl. ausführlich Däubler-Lorenz, Rn. 172 ff.
308 KeZa-Kempen, Rn. 132 ff.; Wiedemann-Oetker, Rn. 207.
309 LAG Baden-Württemberg 24. 10. 00, AP Nr. 18 zu § 3 TVG Verbandszugehörigkeit; Schmidt, RdA 04, 152, 156.

6.4.3.3 Fehlende Verbandsmitgliedschaft des neuen Arbeitgebers

131 Ist der **neue Arbeitgeber nicht Mitglied des Arbeitgeberverbands**, wird er als Rechtsnachfolger des alten Unternehmens nicht durch eine entsprechende **Satzungsregelung** automatisch Mitglied oder liegt **keine Allgemeinverbindlichkeit** des Tarifvertrags gem. § 5 TVG (vgl. dazu § 5 Rn. 2ff.) vor, scheidet nach der Rechtsprechung des BAG und der überwiegenden Literaturmeinung eine **kollektivrechtliche Fortgeltung** des Verbandstarifvertrags für die betroffenen Arbeitnehmer aus.

> **Beispiel:**
> Der Arbeitgeber spaltet seinen Betrieb auf. Mit einem Teil verbleibt er im bisherigen Verband, der andere Teil wird von einem anderen, ggf. neu gegründeten – nicht tarifgebundenen – Unternehmen übernommen.

Die Mitgliedschaft im Arbeitgeberverband ist **nicht übertragbar**, sie ist **höchstpersönlich** und muss **neu begründet werden.**[310]
Im Ergebnis kommt die h.M. zu einer **Anwendung des § 613a Abs. 1 Satz 2 BGB** mit der Folge, dass die tarifvertraglichen Rechte nicht mehr als zwingendes Kollektivrecht, sondern nur noch als transformierter Bestandteil des Einzelarbeitsvertrags gelten (vgl. Rn. 138ff.).

132 Diese Rechtsprechung des BAG ist **problematisch**, weil sie die **Strategien der Tarifflucht** wesentlich erleichtert (vgl. auch Rn. 99ff.).[311] Die Begründung, die Verbandsmitgliedschaft gem. § 38 BGB sei höchstpersönlich und nicht übertragbar, ist nicht zwingend. Es ist zwar allgemein anerkannt, dass die Begründung der Mitgliedschaft in einer Koalition gem. § 9 Abs. 3 GG nach vereinsrechtlichen Grundsätzen zu beurteilen ist (vgl. Rn. 21ff.), doch muss berücksichtigt werden, dass die Mitgliedschaft im Übrigen grundsätzlich **nicht mit der üblichen Vereinsmitgliedschaft vergleichbar** ist. Die Mitgliedschaft hat **weniger höchstpersönlichen Charakter**, sondern entspricht eher **sonstigen vertraglichen Verpflichtungen** des Unternehmens, die durchaus übertragbar sind.[312]

133 Zumindest aber kommt eine **Weitergeltung** des Tarifvertrags **nach § 3 Abs. 3 TVG** (vgl. Rn. 70ff.) in Betracht, wenn z.B. bei einer Spaltung der alte und der neue Arbeitgeber **wirtschaftlich identisch** geblieben sind.[313] Unter Berücksichtigung des Schutzzwecks der gesetzlichen Nachbindung ist es nicht einleuchtend, warum der Fall des Inhaberwechsels (insbes. wenn er vor allem der Tarifflucht dient) im Ergebnis nicht wie ein Verbandsaustritt des Arbeitgebers behandelt werden kann.[314] Zu den tarifpolitischen und -rechtlichen Handlungsmöglichkeiten vgl. Rn. 173ff.

---

310 BAG 13.7.94 – 4 AZR 555/93, NZA 1995, 479; Wiedemann-Oetker, Rn. 209 m.w.N.; Däubler-Lorenz, Rn. 168.

311 BKMT-Trittin, § 5 Rn. 63.

312 BKMT-Trittin, § 5 Rn. 63.

313 KeZa-Kempen, Rn. 151; a.A. Däubler-Lorenz, Rn. 167.

314 BKMT-Trittin, § 5 Rn. 65f.; HK-ArbR-Karthaus/Richter, § 613a BGB Rn. 115; KeZa-Kempen, a.a.O.; a.A. BAG 5.10.93 – 3 AZR 586/92, AP Nr. 42 zu § 1 BetrAVG Zusatzversorgungskassen; 4.12.74, AP Nr. 2 zu § 3 TVG;Däubler Lorenz Rn. 169; Kittner/Zwanziger-Bachner, § 98 Rn. 4.

6.5 Fortgeltung der Tarifnormen bei Betriebsübergang und Umwandlung

6.5.1 Allgemeines

Durch die **Übertragung von Betrieben** oder **Betriebsteilen** (oder im Falle der Umwandlung, vgl. Rn. 112 ff.). gehen die Arbeitsverhältnisse nach § 613a Abs. 1 Satz 1 BGB auf den neuen Arbeitgeber über. Nach **613a Abs. 1 Satz 2 BGB** kommt es zu einer **»Transformation«** (Übergang) der Rechtsnormen der beim Veräußerer geltenden Tarifverträge **in die Arbeitsverhältnisse** als **»individualrechtlicher Auffangtatbestand«** (zu den Einzelheiten vgl. Rn. 138 ff.).[315] Gem. § 613a Abs. 1 Satz 2 BGB gilt zugunsten der Arbeitnehmer eine **1-jährige Veränderungssperre** für die in den Arbeitsvertrag übergegangenen Tarifregelungen (vgl. Rn. 151 ff.). Nach § 613a Abs. 1 Satz 3 BGB können die in den Arbeitsvertrag übergegangenen Tarifrechte verdrängt werden, wenn sie durch Rechtsnormen eines beim Erwerber geltenden **anderen Tarifvertrags** geregelt werden (Rn. 160 ff.). § 613a BGB wird so zur **»berüchtigten Waffe gegen die Arbeitnehmer«**, weil der Arbeitgeber durch einseitige Gestaltung unter Vernachlässigung der Bestandsschutzinteressen der betroffenen Arbeitnehmer Arbeitsbedingungen vereinheitlichen und damit auch verschlechtern kann.[316] 134

Ursprünglich erfasste § 613a BGB ausschließlich **Fälle der Einzelrechtsnachfolge**. Durch die Formulierung »durch Rechtsgeschäft« in § 613a Abs. 1 Satz 1 BGB sollte deutlich gemacht werden, dass die **Umwandlungsfälle** im Wege der Gesamtrechtsnachfolge von dieser Vorschrift nicht erfasst werden. Mit der Änderung des Umwandlungsgesetzes und dem neuen § 324 UmwG wurde klargestellt, dass auch in Umwandlungsfällen die Voraussetzungen des § 613a BGB selbstständig zu prüfen sind.[317] 135

Von § 613a Abs. 1 BGB werden nur **Arbeitsverhältnisse erfasst**, die zum Zeitpunkt des **Betriebsübergangs** bestehen. Erst nach Betriebsübergang begründete Arbeitsverhältnisse mit später eingetretenen Arbeitnehmern haben keinen Anspruch mehr auf die früher vor der Umstrukturierung geltenden Arbeitsbedingungen.[318] Dies hat zur Folge, dass nach derartigen Umstrukturierungen sehr schnell unterschiedliche Arbeitsbedingungen für die Beschäftigten gelten, wenn es nicht durch beim Erwerber geltende Tarifverträge (§ 613a Abs. 1 Satz 3 BGB; vgl. Rn. 160 ff.) oder den Abschluss neuer Tarifverträge mit dem Erwerber zu einer **Vereinheitlichung der Entgelt- und Arbeitsbedingungen** kommt. 136

6.5.2 Betriebsübergang durch Rechtsgeschäft und Umwandlung

Nach dem **Wortlaut** des § 613a Abs. 1 Satz 1 BGB bezieht sich die vorgesehene Übertragung von Tarifnormen (§ 613a Abs. 1 Satz 2 BGB) nur auf den Erwerb von Betrieben und Betriebsteilen durch **Rechtsgeschäft**. Es kommen vor allem Kauf, Pacht- oder Mietvertrag und Schenkung in Betracht.[319] Zunächst war umstritten, ob § 613a Abs. 1 BGB auch die Fälle der **Gesamtrechtsnachfolge** bei Umstrukturierungen erfasst. Der Wortlaut des § 324 137

---

315 BAG 20.6.01, BB 01, 2229, 2230.
316 Henssler, FS Schaub, S. 311, 318f.
317 BAG 6.8.02, NZA 03, 449; vgl. BKMT-Bachner, § 6 Rn. 52; KeZa-Kempen, Rn. 149.
318 Wiedemann-Oetker, Rn. 232.
319 Kittner/Zwanziger-Bachner, § 95 Rn. 24.

UmwG (»§ 613a BGB bleibt unberührt«) ist nicht eindeutig. Nach allgemeiner Ansicht muss jedoch auch in diesen Fällen § 613a Abs. 1 BGB als **Mindestschutzstandard** zur Anwendung kommen, da anderenfalls für alle die Arbeitnehmer eine »Schutzlücke« entstehen würde, deren neuer Arbeitgeber nicht durch Verbandsmitgliedschaft tarifgebunden ist.[320] Die Übertragung der Tarifnormen gem. § 613a Abs.1 Satz 2 BGB erfolgt auch für vor dem 21. 8. 80[321] vollzogene Betriebsübergänge.[322]

6.5.3 Übertragung der Tarifnormen in das Arbeitsverhältnis (§ 613a Abs. 1 Satz 2 BGB)

6.5.3.1 Tarifverträge

138 Nach **§ 613a Abs. 1 Satz 2 BGB** werden die **Rechtsnormen** eines beim Veräußerer geltenden **Tarifvertrags** (oder mehrerer beim Veräußerer geltender Tarifverträge) in das Arbeitsverhältnis übertragen. Nach der neueren Rspr. des BAG wirken die nach § 613a Abs. 1 Satz 2 BGB transformierten Tarifnormen weitgehend wie die gem. § 3 Abs. 3 TVG fortgeltenden Tarifnormen beim Austritt eines Arbeitgebers aus dem AGV (Nachbindung, vgl. dazu Rn. 70ff.), wobei das Ende der einjährigen Sperrfrist des § 613a Abs. 1 Satz 2 und 4 BGB dem Ende des nachbindenden Tarifvertrags entsprechen soll (vgl. Rn. 92ff.).[323] Grundsätzlich kommen die Normen von Tarifverträgen aller Art in Betracht (Verbands- oder Firmentarifvertrag, vgl. § 1 Rn. 23ff.). Zu den transformierten Normen gehört der **gesamte Bestand der in einem Tarifvertrag oder in mehreren Tarifverträgen enthaltenen Tarifnormen**[324] (z. B. auch die Normen eines die sonstigen geltenden Tarifverträge ergänzenden **Sanierungstarifvertrags**, vgl. dazu Rn. 141).

139 In der besonderen Fallkonstellation der Durchführung eines Betriebsübergangs zum Zeitpunkt der **Geltung eines Sanierungstarifvertrags** beim Betriebsveräußerer (zu den sonstigen tarifrechtlichen Problemen von Sanierungstarifverträgen vgl. § 1 Rn. 343ff., § 4 Rn. 72ff.), richtet sich das **Bestandsschutzinteresse der Arbeitnehmer** beim (wirtschaftlich starken und nicht sanierungsbedürftigen oder nicht sanierungsfähigen) Betriebserwerber in vielen Fällen nicht auf die Fortgeltung der Tarifnormen des Sanierungstarifvertrags, sondern auf die Fortgeltung der durch den Sanierungstarifvertrag verdrängten (Verbands-)Tarifverträge (vgl. dazu Rn. 157, 167).

140 Besteht im Betrieb des Betriebsveräußerers eine **Tarifmehrheit** (bzw. Tarifpluralität, vgl. dazu § 4 Rn. 82ff.), gelten die gleichen Grundsätze wie bei der Geltung nur eines Tarifvertrags. Kommen beim Veräußerer für die jeweils in den unterschiedlichen tarifschließenden Gewerkschaften organisierten Arbeitnehmer aufgrund deren Tarifbindung (vgl. dazu

320 BAG 13. 7. 94 – 4 AZR 555/93, AP Nr. 14 zu § 3 TVG Verbandszugehörigkeit; BKMT-Trittin, § 6 Rn. 126ff.; Däubler-Lorenz, Rn. 192; Wiedemann-Oetker, Rn. 216ff.

321 Datum des Inkrafttretens der ausdrücklichen Einbeziehung u. a. von Tarifverträgen in die Fortgeltungsregelung des § 613a BGB in Gestalt von § 613a Abs.1 Satz 2 BGB durch das Arbeitsrechtliche EG-Anpassungsgesetz v. 13. 8. 80 (BGBl. I S. 1308).

322 BAG 26. 8. 09, NZA 10, 173.

323 BAG 22. 4. 09 – 4 AZR 100/08, NZA 10, 41; 26. 8. 09 – 5 AZR 969/08, NZA 10, 173; vgl. dazu Bepler, RdA 09, 65.

324 BAG 22. 4. 09, a.a.O.

Rn. 10ff.) oder durch arbeitsvertragliche Bezugnahmeklausel (vgl. dazu Rn. 245ff.) **zwei oder mehr Tarifverträge nebeneinander** im Betrieb zur Anwendung, werden deren Tarifnormen – entsprechend der bisher beim Betriebsveräußerer unterschiedlich bestehenden Tarifbindung – in die Arbeitsverhältnisse der Arbeitnehmer mit dem Betriebserwerber übertragen.

Wird im Betrieb des Betriebsveräußerers aufgrund einer bestehenden **Tarifkonkurrenz** (vgl. dazu § 4 Rn. 60ff.), z.B. zwischen einem **Verbandstarifvertrag** und einem **(Firmen-)Sanierungstarifvertrag** (vgl. dazu § 4 Rn. 61) oder einem **allgemeinverbindlichen Tarifvertrag** (vgl. § 5 Rn. 2ff.) und einem (nur) **mitgliedschaftlich legitimierten Tarifvertrag** (vgl. Rn. 10ff.), einer der konkurrierenden Tarifverträge nach dem Spezialitätsgrundsatz (ggf. gegenständlich beschränkt und/oder zeitlich befristet) verdrängt (vgl. dazu § 4 Rn. 60ff.), nehmen dennoch grundsätzlich alle Tarifverträge mit ihrem zum Zeitpunkt des Betriebsübergangs geltenden tarifrechtlichen Status an der gem. § 613a Abs. 1 Satz 2 BGB vorgesehenen Übertragung in die Arbeitsverhältnisse mit dem Erwerber teil, es kommt – mit anderen Worten – »*zu einer Transformation der beim Betriebsveräußerer bestehenden Tariflage*«.[325] Zu den unterschiedlichen Auswirkungen einer bestehenden oder fehlenden Tarifbindung des Erwerbers in dieser Fallkonstellation (vgl. Rn. 160ff.). 141

Bei einem Betriebsübergang durch Rechtsgeschäft soll nach abzulehnender Ansicht des BAG der Firmentarifvertrag **nicht kollektivrechtlich (d.h. als Tarifvertrag) fortgelten** (vgl. Rn. 107ff.).[326] Zu beachten ist jedoch, dass bei einer Umstrukturierung im Wege der Umwandlung (vgl. Rn. 112ff.) ein Firmentarifvertrag **kollektivrechtlich fort gilt** und insoweit § 613a Abs. 1 Satz 2 BGB keine Anwendung findet. 142

Voraussetzung für den Übergang von Tarifnormen in das Arbeitsverhältnis gem. § 613a Abs. 1 Satz 2 BGB ist, dass der Veräußerer (oder z.B. Vermieter, Verpächter) bzw. der bisherige Rechtsträger (im Fall der Umwandlung) und die Arbeitnehmer zum Zeitpunkt des Betriebsübergangs tarifgebunden (vgl. Rn. 10ff.) waren[327] und der Tarifvertrag deshalb normativ galt (vgl. § 4 Rn. 3ff.).[328] Wurden im veräußerten Betrieb die Tarifbestimmungen nur[329] aufgrund einer arbeitsvertraglichen Bezugnahmeklausel (vgl. Rn. 245ff.) angewandt, gilt nicht § 613a Abs. 1 Satz 2 BGB, sondern § 613a Abs. 1 Satz 1 BGB, da in diesem Fall die Tarifbestimmungen zu den arbeitsvertraglich begründeten Rechten und Pflichten gehören, in die der Erwerber nach dieser Vorschrift eintritt.[330] 143

Der Übergang der tariflichen Normen setzt voraus, dass zum Zeitpunkt des Betriebsübergangs der Tarifvertrag **wirksam ist**. Ob der Tarifvertrag **zwingend wirkt** oder nur **nachwirkt**, ist unerheblich. Auch **nachwirkende Normen** gem. § 4 Abs. 5 TVG (vgl. zur Nachwirkung § 4 Rn. 293ff.) gehen bei einem Betriebsübergang in den Einzelarbeitsvertrag über.[331] 144

---

325 BAG 22.4.09, a.a.O.
326 BAG 26.8.09 – 4 AZR 280/08, NZA 10, 238.
327 Wiedemann-Oetker, Rn. 240.
328 BAG 29.8.07 – 4 AZR 767/06, NZA 08, 364; JKOS-Oetker, § 6 Rn. 164f.
329 Oder auch, vgl. BAG 29.8.07, a.a.O.
330 BAG 29.8.07, a.a.O.
331 BAG 27.11.91, AP Nr. 22 zu § 4 TVG Nachwirkung; Däubler-Lorenz, Rn. 197.

145 Die Übertragung der Rechte aus dem Tarifvertrag in den Arbeitsvertrag **bewirkt** nach Auffassung des BAG **nicht**, dass der **Erwerber des Betriebs** (oder Betriebsteils) bei einem Firmentarifvertrag in die **Stellung einer Tarifvertragspartei** eintritt.[332] Der neue Arbeitgeber hat deshalb keine Möglichkeit, die übertragenen Rechte aus dem Firmentarifvertrag zu kündigen.[333] In der Konsequenz besteht gegenüber dem neuen Arbeitgeber bzw. Erwerber bzgl. den nur nach § 613a Abs. 1 Satz 2 BGB wirkenden Tarifnormen keine **Friedenspflicht** (vgl. dazu auch AKR Rn. 132).[334]
Nach hier vertretener Auffassung ergibt sich die **tarifrechtliche Weitergeltung des Firmentarifvertrags** beim Erwerber nach einem Betriebsübergang aus **§ 3 Abs. 3** (s. Rn. 108ff.). Weigert sich der Übernehmer unter Berufung auf die Rechtsprechung des BAG den Firmentarifvertrag anzuwenden, sollte er seitens der Gewerkschaft aufgefordert werden, seinerseits den Tarifvertrag zu übernehmen. Verweigert er auch das, kann die Gewerkschaft zum Arbeitskampf zur Übernahme des mit dem Veräußerer vereinbarten Firmentarifvertrags durch den Erwerber aufrufen.

6.5.3.2 Erfasste Tarifbestimmungen

146 § 613a Abs. 1 Satz 2 BGB ordnet den Übergang der Tarifbestimmungen nur für den **normativen Teil eines Tarifvertrags** (vgl. dazu § 1 Rn. 103ff.) an. Die **schuldrechtlichen Bestimmungen** (vgl. dazu § 1 Rn. 394ff.) werden daher nicht Bestandteil der Einzelarbeitsverhältnisse.[335] Alle **Tarifnormen**, aus denen ein Arbeitnehmer Ansprüche ableiten kann, werden in das Arbeitsverhältnis übertragen. Das sind in erster Linie **Inhaltsnormen** sowie **Abschluss- und Beendigungsnormen** (vgl. näher zu den unterschiedlichen Tarifnormen § 1 Rn. 123ff. m.w.N.).[336] Darüber hinaus kommt auch der Übergang von **betrieblichen Normen** (vgl. § 1 Rn. 134) in den Arbeitsvertrag in Betracht, wenn sie in untrennbarem Zusammenhang mit der Erfüllung der arbeitsvertraglichen Pflichten stehen. Das Gleiche gilt für **betriebsverfassungsrechtliche Normen** (vgl. § 1 Rn. 137).[337]

147 Nach zutreffender Ansicht findet § 613a Abs. 1 Satz 2 BGB analog Anwendung auf Ansprüche, die auf **gemeinsamen Einrichtungen der Tarifvertragsparteien** (vgl. dazu § 4 Rn. 36ff.) beruhen – unabhängig von der Frage, ob derartige Tarifverträge allgemeinverbindlich sind.[338] Die Leistungen aus einer gemeinsamen Einrichtung (z.B. Zusatzversorgung, Urlaubsgeld) gleichen den durch eine Inhaltsnorm vermittelten Ansprüchen. Inso-

---

332 Wiedemann-Oetker, Rn. 239.

333 BAG 26.8.09 – 4 AZR 280/08, NZA 10, 238; 26.4.00, NZA 00, 1010; Wiedemann-Oetker, Rn. a.a.O. m.w.N.

334 JKOS-Oetker, § 6 Rn. 167.

335 BAG 24.8.11 – 4 AZR 566/09, ZTR 12, 92; 23.1.08, ZTR 08, 665; Däubler-Lorenz, Rn. 196; JKOS-Oetker, § 6 Rn. 118.

336 Kittner/Zwanziger-Bachner, § 117 Rn. 12; differenzierend für Abschlussnormen Wiedemann-Oetker, Rn. 94.

337 Däubler-Lorenz, Rn. 196; Kempen BB 91, 2006, 2009; a.A. Wiedemann-Oetker, Rn. 194 m.w.N., weil betriebsverfassungsrechtliche Normen nach dieser Auffassung grundsätzlich nicht Rechte und Pflichten des Einzelarbeitsverhältnisses regeln.

338 BKMT-Trittin, § 5 Rn. 141; Kittner/Zwanziger-Bachner, § 98 Rn. 15; a.A. Wiedemann-Oetker, Rn. 247.

weit verpflichtet § 613a Abs. 1 Satz 2 BGB den Erwerber im Ergebnis zumindest zur Gewährung gleichwertiger Leistungen auf arbeitsvertraglicher Grundlage.[339]

6.5.3.3 Statische Fortgeltung der übertragenen Tarifnormen

Nach allgemeiner Ansicht erfolgt die individualrechtliche **Fortgeltung** der tariflichen Regelungen nach § 613a Abs. 1 Satz 2 BGB nur **statisch**. Die tarifvertraglichen Rechte werden in den Arbeitsvertrag so übertragen, wie sie zum Zeitpunkt des Betriebsübergangs gelten. **Änderungen der Tarifbestimmungen (z.B. Entgelterhöhungen)** nach dem Betriebsübergang haben für das Arbeitsverhältnis **keine Bedeutung** mehr.[340] Der Gesetzgeber hat sich mit **§ 613a Abs. 1 Satz 2 BGB** bewusst gegen eine kollektivrechtliche Lösung und Weitergeltung entschieden.[341] Es bestehen aber begründete Zweifel, ob die ausschließlich auf dem Betriebsübergang beruhende statische Fortgeltung mit der Richtlinie 2001/23/EG vereinbar ist.[342] Die statische Fortgeltung erfasst allerdings – unabhängig von der Tarifbindung des Erwerbers – auch **zukünftige Tarifsteigerungen**, die zum Zeitpunkt des Betriebsübergangs **bereits tarifvertraglich vereinbart** sind und erst zu einem späteren, nach dem Betriebsübergang liegenden Zeitpunkt Wirkung entfalten.[343] Werden tarifvertragliche Regelungen vor einem Betriebsübergang abgeschlossen, treten sie aber erst nach dem Betriebsübergang in Kraft, werden sie nicht Inhalt des Arbeitsverhältnisses mit dem Betriebserwerber.[344] 148

Enthält ein transformierter (Firmen-)Tarifvertrag eine **dynamische Verweisung auf andere Tarifverträge**, sollen diese nach Auffassung des 5. Senats des BAG demgegenüber nur mit ihrem Inhalt zum Zeitpunkt des Betriebsübergangs in die Arbeitsverträge übertragen werden. Ein Anspruch auf die Anwendung der **zukünftigen Weiterentwicklung dieser Tarifverträge** soll danach nicht bestehen.[345] Wird auf einen Tarifvertrag verwiesen, der erst **nach dem Betriebsübergang in Kraft tritt**, soll der Betriebserwerber ebenfalls nicht verpflichtet sein, dessen Tarifnormen anzuwenden.[346] Dies überzeugt nach hier vertretener Auffassung nicht und steht im Widerspruch dazu, dass eine im transformierten Tarifvertrag selbst angelegte Dynamik von der Fortgeltung der Tarifnormen erfasst wird. Die Erstreckung der Fortgeltung auf die Weiterentwicklung einer Tarifregelung kann nicht davon abhängen, ob sie sich aus dem transformierten Tarifvertrag selbst ergibt oder aus einer dynamischen Verweisung auf einen anderen Tarifvertrag. 149

339 BAG 5.10.93 – 3 AZR 586/92, NZA 94, 848; Däubler-Lorenz, Rn. 196; KeZa-Kempen, Rn. 117; Kittner/Däubler/Zwanziger-Zwanziger, § 613a BGB Rn. 63; enger Wiedemann-Oetker, Rn. 247.

340 BAG 10.11.93, AP Nr. 13 zu § 3 TVG Verbandszugehörigkeit; 13.9.94, AP Nr. 11 zu § 1 TVG Rückwirkung; BAG 29.8.01, RdA 02, 299; Däubler-Lorenz, Rn. 198; Gamillscheg, S. 781f.; JKOS-Oetker, § 6 Rn. 172; Wiedemann-Oetker, Rn. 248.

341 Wiedemann-Oetker, a.a.O.

342 Vgl. hierzu ausführlich Däubler-Lorenz, Rn. 198.

343 BAG 14.11.07, NZA 08, 420; 19.9.07, NZA 08, 241; vgl. dazu auch Bepler, RdA 09, 65, 67f.

344 BAG 16.5.12 – 4 AZR 321/10, NZA 12, 923.

345 BAG 26.8.09 – 5 AZR 969/08 – NZA 10, 173.

346 BAG 26.8.09, a.a.O.

150 Zur Rechtslage bei tariflichen Normen, die über eine (dynamische) **Bezugnahmeklausel Bestandteil des Arbeitsvertrags** geworden sind und in die der Erwerber gem. **§ 613a Abs. 1 Satz 1 BGB** eintritt, vgl. Rn. 181ff.

6.6 Einjährige Veränderungssperre

151 Nach § 613a Abs. 1 Satz 2 BGB gilt für die in den Arbeitsvertrag übergegangenen Tarifregelungen eine **einjährige Veränderungssperre.** Sie können **nicht zum Nachteil des Arbeitnehmers** verschlechtert werden, weder einvernehmlich noch durch Änderungskündigung. Eine **vor Ablauf der Veränderungssperre vereinbarte arbeitsvertragliche Verschlechterung** der fortgeltenden Tarifregelungen oder eine darauf abzielende **Änderungskündigung** ist gem. § 134 BGB **unwirksam.**[347] Es gilt aber das **Günstigkeitsprinzip** (vgl. dazu § 4 Rn. 140ff.) mit der Folge, dass jederzeit günstigere Arbeitsbedingungen vereinbart werden können.

152 Für Tarifnormen, die nur auf Grundlage einer **arbeitsvertraglichen Bezugnahmeklausel** (vgl. dazu Rn. 181ff.) über **§ 613a Abs. 1 Satz 1 BGB** beim Betriebserwerber fortgelten, gilt die einjährige Veränderungssperre des § 613a Abs.1 Satz 2 BGB nicht. Deshalb sind nach der Rspr. des BAG[348] in diesem Fall unter bestimmten Voraussetzungen (vgl. dazu Rn. 184ff.) auch – die fortgeltenden Tarifnormen **verschlechternde – arbeitsvertragliche Vereinbarungen** mit dem Erwerber nach dem Betriebsübergang **zulässig.** Die gem. § 613a Abs. 1 Satz 1 BGB individualvertraglich fortgeltenden Tarifnormen können allerdings **nicht durch andere** (beim Erwerber geltende) **tarifvertragliche Regelungen** gem. § 613a Abs. 1 Satz 2–4 BGB abgelöst werden[349] (zu den Einzelheiten vgl. Rn. 182).

153 Die in das Arbeitsverhältnis transformierten Tarifnormen behalten trotz ihrer individualrechtlichen Fortgeltung auch beim Betriebserwerber ihren kollektivrechtlichen Charakter,[350] sie wandeln sich nicht derart in arbeitsvertragliche Vereinbarungen, dass aus Tarifrecht Individualvertragsinhalt wird. Ihre Wirkung bzgl. der Bindung des Betriebserwerbers entspricht weitgehend der Nachbindung gem. § 3 Abs. 3 TVG (vgl. dazu Rn. 70ff.), wobei diese (Nach-)Bindung zeitlich begrenzt ist auf die Höchstdauer der Veränderungssperre von einem Jahr[351] (zu den Ablösungsmöglichkeiten nach Ablauf der Veränderungssperre vgl. Rn. 159).

153a Teilweise[352] wird gegen die Rechtsprechung des BAG zum **kollektivrechtlichen Charakter** der in das Arbeitsverhältnis nach dem Betriebsübergang transformierten Tarifnormen mit einer Entscheidung des EuGH[353] argumentiert. Allerdings hat dieses »Alemo-Herron«-Urteil des EuGH – keine Auswirkungen für die These von der kollektiven Fortgeltung von Tarifverträgen.[354] Dem Ausgangsverfahren liegt englisches Tarifvertragsrecht zu-

347 ErfK-Preis, § 613a BGB Rn. 119 m.w.N.
348 7.11.07, NZA 08, 530 (5. Senat); vgl. dazu auch BAG 19.3.09, a.a.O. (8. Senat) m.w.N.
349 BAG 29.8.07, NZA 08, 364; 25.9.02, NZA 03, 807.
350 BAG 22.4.09 – 4 AZR 100/08, DB 09, 2605, 2607 Rn. 61; bestätigt durch BAG 26.8.09 – 5 AZR 969/08, NZA 10, 173; 23.9.09 – 4 AZR 331/08, BB 10, 1796.
351 BAG 22.4.09, a.a.O.; vgl. dazu auch die Anm. von Hohenstatt, NZA 10, 23.
352 Lobinger, NZA 13, 945, 947; Commandeur, Kleinebrink, BB 14, 181.
353 EuGH 18.7.13 – C-426/11 (Alemo-Herron), DB 13, 1851.
354 S. auch Forst, Entscheidungsbesprechung EuGH, Fn. 47, DB 13, 1847.

grunde, wonach die Rechtsnormen eines Tarifvertrages nicht wie in Deutschland unmittelbar und zwingend gelten. Deshalb betrifft die Entscheidung nur die Frage, ob das Unionsrecht einer dynamischen Fortgeltung der **arbeitsvertraglich in Bezug genommenen Tarifverträge** entgegensteht, s. dazu Rn. 298a.

Bezüglich der Veränderungssperre gibt es **zwei Ausnahmen**, die in § 613a Abs. 1 Satz 4 BGB geregelt sind: 154

Fall 1:

Vor Ablauf eines Jahres können die in den Einzelvertrag übergegangenen Tarifrechte abgeändert werden, wenn der **Tarifvertrag**, aus dem die übergegangenen Regelungen stammen, (beim Betriebsveräußerer) **nicht mehr** (unmittelbar und zwingend) **gilt**[355] (§ 613a Abs. 1 Satz 4 1. Alternative BGB). Die **Arbeitnehmer** werden nach dem Betriebsübergang beim Erwerber **nicht besser gestellt,** als wenn ihr Arbeitsverhältnis noch mit dem Veräußerer fortbestehen würde.[356] Das gilt insbesondere dann,[357] wenn der beim Veräußerer geltende Tarifvertrag:

- bereits zum Zeitpunkt des Betriebsübergangs nur noch **gem. § 4 Abs. 5 TVG nachwirkt** (vgl. dazu § 4 Rn. 293ff.),
- nach dem Betriebsübergang, aber vor Ablauf der Veränderungssperre, durch die Tarifvertragsparteien im Wege der **Befristung, Kündigung oder Aufhebungsvertrag** beendet wird (vgl. dazu § 1 Rn. 76ff.) und ab dem Beendigungszeitpunkt nur noch gem. § 4 Abs. 5 TVG noch nachwirkt (vgl. dazu § 4 Rn. 293ff.) oder
- betriebsvereinbarungs- oder arbeitsvertragsdispositive Tarifnormen (Öffnungsklauseln, vgl. dazu § 4 Rn. 132ff.) enthält.

Fall 2: 155

Die transformierten Tarifnormen können vor Ablauf der Veränderungssperre auch dann geändert werden, wenn **bei fehlender beidseitiger Tarifbindung**[358] die Arbeitsvertragsparteien **im Geltungsbereich eines anderen Tarifvertrags** dessen Anwendung vertraglich vereinbart haben (§ 613a Abs. 1 Satz 4 2. Alternative). **Sinn** dieser Ausnahmeregelung ist es, den Arbeitsvertragsparteien durch (freiwillige) Vereinbarung zu ermöglichen, den beim neuen Arbeitgeber geltenden Tarifvertrag zur Anwendung kommen zu lassen, wenn für den Arbeitnehmer noch durch Bezugnahmeklausel der Tarifvertrag des bisherigen Arbeitgebers gilt.

Notwendig ist, dass der gesamte einschlägige Tarifvertrag durch die Änderungsvereinbarung arbeitsvertraglich übernommen wird, weil die Ausnahme von der Veränderungssperre nur durch das gesetzliche Vertrauen in die **Ausgewogenheit des gesamten einschlägigen Tarifgefüges** gerechtfertigt ist.[359]Angesichts der Problematik »freiwilliger 155a

---

355 BAG 22.4.09, a.a.O., 2608; vgl. dazu auch Däubler-Lorenz, Rn. 210 m.w.N.
356 BAG 22.4.09. a.a.O.; 1.8.01, DB 02, 48.
357 BAG 22.4.09. a.a.O.
358 Däubler-Lorenz, a.a.O.
359 ErfK, Preis, § 613a BGB Rn. 122.

Vereinbarungen« (Rn. 159) stellt sich zudem die Frage nach der Notwendigkeit dieser 2. Alternative des § 613a Abs. 1 Satz 4, deren Streichung zu recht gefordert wird.[360]

156 Ist in einem transformierten Tarifvertrag seine **Nachwirkung ausgeschlossen** (vgl. dazu § 4 Rn. 308), etwa in einem **Sanierungstarifvertrag** (vgl. dazu § 4 Rn. 75, 335), führt die Beendigung dieses Tarifvertrags nach dem Betriebsübergang – auch vor Ablauf der Veränderungssperre – zum **ersatzlosen Wegfall der Tarifnormen** beim Betriebserwerber.[361]

157 Ein Tarifvertrag, dessen Tarifnormen gem. § 613a Abs. 1 Satz 2 BGB beim Betriebserwerber fortgelten, kann auch noch **nach dem Betriebsübergang** (auch mit Wirkung für einen Zeitpunkt vor Ablauf der Veränderungssperre) von einer der beteiligten Tarifvertragsparteien (Gewerkschaft, Arbeitgeberverband oder Arbeitgeber bzw. Betriebsveräußerer, vgl. dazu § 2 Rn. 66) **gekündigt werden.**[362] Dies kann insbesondere bei der Fortgeltung der Tarifnormen eines **Sanierungstarifvertrags** beim Betriebserwerber von praktischer Bedeutung sein.[363] Bei einem **Firmentarifvertrag** kann ausschließlich der **Betriebsveräußerer** (im Falle der Insolvenz des Unternehmens des übergegangenen Betriebs der **Insolvenzverwalter**, vgl. dazu Rn. 86) als Tarifvertragspartei auf Arbeitgeberseite der **Adressat einer Kündigung** des Tarifvertrags durch die Gewerkschaft sein. Eine Kündigung gegenüber dem **nicht (oder anders) tarifgebundenen Betriebserwerber** führt nicht zur Beendigung des Tarifvertrags.[364]

158 Allein mit der Tatsache des Stattfindens eines Betriebsübergangs und der mit ihm verbundenen Rechtsfolge der Fortgeltung der Tarifnormen eines Sanierungstarifvertrags beim Erwerber lässt sich nach Auffassung des BAG[365] nicht der **Wegfall der Geschäftsgrundlage** (vgl. dazu § 1 Rn. 99f.) **für den Sanierungstarifvertrag** begründen.

Auch dem **einzelnen Arbeitnehmer** steht bzgl. der transformierten Tarifnormen kein **Kündigungsrecht** zu, das sich aus dem Kündigungsrecht der Tarifvertragsparteien ableitet.[366] Das dem schuldrechtlichen Teil (vgl. dazu § 1 Rn. 394ff.) eines Tarifvertrags zuzurechnende Kündigungsrecht der Tarifvertragsparteien gehört schon nicht zu den in das Arbeitsverhältnis transformierten tariflichen Rechten und Pflichten. Auch eine nur auf die transformierten Regelungen eines Sanierungstarifvertrags bezogene **Teilkündigung des Arbeitnehmers**, die den Bestand des Arbeitsverhältnisses selbst unberührt lassen soll, ist nach allgemeinen Grundsätzen unzulässig.[367]

Soll die Fortgeltung der Tarifnormen eines Sanierungstarifvertrags nach einem Betriebsübergang beim Betriebserwerber ausgeschlossen werden, empfiehlt sich daher die **Vereinbarung einer klarstellenden Klausel**, der zufolge die Geltung des Sanierungstarifvertrags in Form einer auflösenden Bedingung (vgl. dazu § 1 Rn. 80) daran geknüpft wird, dass der den Tarifvertrag **als Tarifvertragspartei abschließende Arbeitgeber Inhaber des Be-**

---

360 6. These zum Referat von Deinert in: Thesen der Gutachter und Referenten zum 70. Deutschen Juristentag in Hannover 2014.
361 BAG 22.4.09, a.a.O., 2608.
362 BAG 26.8.09 – 4 AZR 280/08, NZA 10, 238; 22.4.09, a.a.O.
363 Vgl. die Sachverhalte bei BAG 26.8.09, a.a.O.; 22.4.09, a.a.O.
364 BAG 26.8.09, a.a.O.; 22.4.09, a.a.O.
365 BAG 26.8.09, a.a.O.; 22.4.09, a.a.O.
366 BAG 26.8.09, a.a.O.
367 BAG 26.8.09, a.a.O.

triebs bleibt.[368] Infrage kommt auch die Vereinbarung des Rechts zu **fristlosen Sonderkündigung** des Tarifvertrags (vgl. § 1 Rn. 93 ff.) bei **Ausschluss der Nachwirkung** gem. § 4 Abs. 5 TVG (vgl. dazu § 4 Rn. 299, 308) für den Fall eines Betriebsübergangs während der Laufzeit des Sanierungstarifvertrags.

Grundsätzlich gelten die übergegangenen Tarifnormen **zeitlich unbegrenzt.**[369] Nach Ablauf der Jahresfrist ist jedoch eine **Veränderung zulässig.** Häufig versuchen Arbeitgeber, spätestens nach Ablauf eines Jahres durch mehr oder weniger **freiwillige Vereinbarung** eine Änderung des Arbeitsvertrags zu erreichen. Nicht selten geschieht dies mit der Drohung, dass anderenfalls Arbeitsplätze abgebaut werden müssten. Ansonsten kommt nur das Mittel der **Änderungskündigung** in Betracht. Die Änderungskündigung ist jedoch nur dann wirksam, wenn sie **gem. § 1 Abs. 2 Satz 1 und § 2 KSchG sozial gerechtfertigt** ist. Die Absicht, unterschiedliche Arbeitsbedingungen aufgrund eines Betriebsübergangs anzugleichen oder aber allgemein die Kosten zu senken, rechtfertigt eine Änderungskündigung i. d. R. nicht.[370] Die Rechtslage ist der Situation der **Nachwirkung eines Tarifvertrags** gem. § 4 Abs. 5 TVG (vgl. dazu § 4 Rn. 332) vergleichbar.[371] 159

6.7 Geltung eines »anderen« Tarifvertrags (§ 613a Abs. 1 Satz 3 BGB)

6.7.1 Allgemeines

Durch den über § 613a Abs. 1 Satz 3 BGB verwirklichten **Vorrang des Vereinheitlichungsinteresses des Arbeitgebers** vor den Bestandsschutzinteressen der Belegschaft sind Umstrukturierungen für die Unternehmensleitungen zusätzlich attraktiv.[372] Nach dem Gesetzeswortlaut kommt es zum Ausschluss der Weitergeltung bzw. zur Ablösung von tariflichen Bestimmungen gem. § 613a Abs. 1 Satz 3 BGB nur dann, wenn die Materie auch **beim Betriebserwerber tarifvertraglich geregelt** ist[373] (vgl. dazu Rn. 163 ff.). 160

Zu klären ist weiter die Frage, unter welchen sonstigen **Voraussetzungen** eine Ablösung möglich ist, wenn die tariflichen Arbeitsbedingungen beim Veräußerer ausschließlich aufgrund einer arbeitsvertraglichen Bezugnahmeklausel zur Anwendung kamen und beim Erwerber gem. § 613a Abs. 1 Satz 1 BGB gelten (vgl. hierzu Rn. 181 ff.). Unabhängig davon können die Arbeitsvertragsparteien (Erwerber und Arbeitnehmer) unter bestimmten Voraussetzungen durch Vertragsänderung die gem. § 613a Abs.1 Satz 2 BGB übertragenen **Tarifrechte** ablösen (vgl. Rn. 154 ff.). Nach Ablauf der einjährigen **Veränderungssperre** (§ 613a Abs. 1 Satz 2 BGB) kommen Änderungen durch arbeitsvertragliche Vereinbarung oder durch Änderungskündigung in Betracht (Rn. 159). 161

Die individualrechtliche Weitergeltung der ursprünglich für das Arbeitsverhältnis vor dem Betriebsübergang gem. § 613a Abs. Satz 2 BGB geltenden Tarifnormen (vgl. Rn. 138 ff.) ist gem. § 613a Abs. 1 Satz 3 BGB **ausgeschlossen**, wenn die Materie beim **Be-** 162

---

368 Vgl. BAG 26. 8. 09, a.a.O.
369 Gamillscheg, S. 782; Wiedemann-Oetker, Rn. 259.
370 Vgl. z. B. BAG 20. 3. 86, AP Nr. 14 zu § 2 KSchG 1969.
371 BAG 22. 4. 09, a.a.O., 2608.
372 Henssler, FS Schaub, S. 311, 318 f.; Kittner/Zwanziger-Bachner, § 98 Rn. 19.
373 BAG 29. 8. 07 – 4 AZR 767/06, NZA 08, 364.

triebserwerber bereits tarifvertraglich geregelt ist oder neu geregelt wird. Das gilt auch dann, wenn diese Tarifregelungen für die Arbeitnehmer **nachteiliger** sind als die bisherigen, in den Arbeitsvertrag transformierten Tarifbestimmungen[374] (etwas anderes kann gelten, wenn die bisherigen Tarifverträge durch **arbeitsvertragliche Bezugnahme** gem. § 613a Abs. 1 Satz 1 BGB zum Inhalt der Arbeitsverträge mit dem Betriebsveräußerer geworden sind; vgl. Rn. 181 ff.). Dies stellt unter der Bezeichnung **Tarifwechsel** eine oft eingesetzte Form der Tarifflucht in einen schlechteren Tarifvertrag dar[375] (vgl. dazu auch § 1 Rn. 193, AKR Rn. 37).

6.7.2 Anforderungen an den »anderen« Tarifvertrag

163 Für eine Ablösung der gem. § 613a Abs. 1 Satz 2 BGB fortgeltenden Tarifnormen kommt allerdings **nicht jeder beim Betriebserwerber geltende Tarifvertrag** in Betracht. Vielmehr müssen die folgenden **Voraussetzungen** erfüllt sein:

- **Die tarifschließenden Tarifvertragsparteien müssen für den Betrieb des Erwerbers tarifzuständig sein** (vgl. § 2 Rn. 113 ff.):
  Liegt diese Voraussetzung nicht vor, kann der andere Tarifvertrag die bisherigen – beim Erwerber gem. § 613a Abs. 1 Satz 2 BGB geltenden – Tarifbestimmungen des Veräußerers nicht ablösen.

164
- **Die auf den Betrieb des Erwerbers übergegangenen Arbeitsverhältnisse müssen vom fachlichen, räumlichen und persönlichen Geltungsbereich des für die Ablösung in Frage kommenden Tarifvertrags erfasst sein** (vgl. dazu § 4 Rn. 13 ff.):
  Fallen die Arbeitsverhältnisse nicht in den Geltungsbereich des anderen Tarifvertrags, kann dieser die bisherigen gem. § 613a Abs. 1 Satz 2 BGB geltenden Tarifbestimmungen des Veräußerers nicht ablösen.[376]

165
- **Der beim neuen Arbeitgeber geltende Tarifvertrag muss voll wirksam sein:**
  Ein beim Betriebserwerber nur kraft **Nachwirkung** gem. § 4 Abs. 5 TVG (vgl. dazu § 4 Rn. 293 ff.) geltender Tarifvertrag kann nach richtiger Ansicht das alte gem. § 613a Abs. 1 Satz 2 BGB in den Arbeitsvertrag übertragene Tarifrecht **nicht verdrängen.** Nachwirkende Tarifnormen können nämlich jederzeit durch **andere Abmachungen** verändert werden. Die einjährige Veränderungssperre des § 613a Abs. 1 Satz 2 BGB (Rn. 151 ff.) würde dadurch umgangen werden können.

166
- **Arbeitgeber und Arbeitnehmer müssen beiderseits tarifgebunden** (vgl. dazu § 3 Rn. 10 ff.) **sein:**
  Nach ständiger Rechtsprechung des BAG und überwiegender Ansicht in der Literatur können die gem. § 613a Abs. 1 Satz 2 BGB in den Einzelvertrag übergegangenen Tarifbestimmungen nur dann durch einen beim Erwerber geltenden anderen Tarifvertrag abgelöst werden, wenn **beide Arbeitsvertragsparteien kongruent tarifgebunden** sind (entweder gem. § 3 Abs. 1 TVG oder wegen Allgemeinverbindlichkeit des anderen Tarifvertrags gem. § 5 TVG). Wenn nur der Erwerber einseitig tarifgebunden ist, kann

---

374 BAG 23.1.08 – 4 AZR 602/06, ZTR 08, 665; vgl. dazu auch Erfk-Preis § 613a BGB Rn. 125; JKOS-Jacobs, § 5 Rn. 63.

375 Greiner, NZA 08, 1274.

376 BAG 9.4.08 – 4 AZR 164/07, NZA 08, 1432-Ls. = EzA § 4 TVG Gaststättengewerbe Nr. 3.

dieser Tarifvertrag **keine ablösende Wirkung** gem. § 613a Abs. Satz 3 BGB **entfalten.** Es bleibt dann bei der Anwendung der in den Einzelarbeitsvertrag übergegangenen Tarifrechte gem. § 613a Abs. 1 Satz 2 BGB.[377]

Eine spezielle Fallkonstellation kann dadurch entstehen, dass die erforderliche **kongruente Tarifgebundenheit** des Betriebsveräußerers und des Betriebserwerbers **nicht bzgl. aller Tarifverträge** besteht, an die der Betriebsveräußerer normativ gebunden ist. Diese Situation kann dadurch entstehen, dass der Veräußerer und der Erwerber zwar dem gleichen Arbeitgeberverband angehören, aber zwischen der Gewerkschaft, die mit diesem Arbeitgeberverband die **Verbandstarifverträge** abgeschlossen hat, und dem Veräußerer zusätzlich ein **(Firmen-)Sanierungstarifvertrag** abgeschlossen wurde. Da bezüglich des **Sanierungstarifvertrags** beim Erwerber **keine Tarifbindung** besteht (er ist weder selbst Tarifvertragspartei noch Mitglied eines Arbeitgeberverbandes, der diesen Tarifvertrag abgeschlossen hat), kann der Sanierungstarifvertrag gem. §§ 3 Abs. 1, 4 Abs. 1 TVG beim Erwerber **nicht kollektivrechtlich gelten**. Soweit seine Tarifnormen über § 613a Abs. 1 Satz 2 BGB in die Arbeitsverträge transformiert werden (vgl. dazu Rn. 138ff.), werden diese durch die auch beim Erwerber gem. §§ 3 Abs. 1, 4 Abs. 1 TVG geltenden Verbandstarifverträge abgelöst, wenn die erforderliche **Identität der Regelungsgegenstände** (vgl. dazu Rn. 160ff., 170) besteht.[378] Dies ist z.B. der Fall, wenn durch den Sanierungstarifvertrag der Anspruch auf das Urlaubsentgelt und die Jahressonderzahlung aus den auch beim Erwerber kollektivrechtlich geltenden Verbandstarifverträgen zeitlich befristet ausgeschlossen wurde.[379] 167

Einige Literaturstimmen und Instanzgerichte wollen die **Verdrängung tarifvertraglicher Rechte** bereits dann zulassen, wenn der Arbeitgeber sich einseitig den »passenden Tarifvertrag« aussucht.[380] Diese Ansicht widerspricht dem **Zweck von § 613a Abs. 1 Satz 3 BGB**. Die Vereinheitlichung der beim Erwerber geltenden kollektivvertraglichen Regelungen erfordert – wie auch sonst (§ 4 Abs. 1 TVG, vgl. dazu § 4 Rn. 9) – **beiderseitige Tarifgebundenheit.** Darüber hinaus folgt auch aus § 613a Abs. 1 Satz 4 BGB, dass bei fehlender beiderseitiger Tarifgebundenheit eine vorzeitige Abänderung der übergegangenen Tarifnormen **nur durch Vereinbarung** und nicht einseitig vorgenommen werden soll.[381] 168

Daraus ergibt sich für den Fall der drohenden Absenkung der Entgelt- und Arbeitsbedingungen durch Anwendung des beim Erwerber geltenden anderen Tarifvertrags die praktische Handlungsmöglichkeit, dass die betroffenen Arbeitnehmer **Mitglieder ihrer bisherigen Gewerkschaft bleiben** bzw. der für den Betrieb des Erwerbers tarifschließenden Gewerkschaft **nicht beitreten.** Dadurch können sie die Anwendung des schlechteren Tarifvertrags verhindern. Zu den tarifpolitischen und -rechtlichen Handlungsmöglichkeiten 169

---

377 BAG 9.4.08 – 4 AZR 164/07, NZA 08, 1432-Ls. = EzA § 4 TVG Gaststättengewerbe Nr. 3; 11.5.05 – 4 AZR 315/04, DB 05, 2141; 21.2.01, BB 01, 1847; 30.8.00 – 4 AZR 581/99, DB 01, 763; 19.3.86 – 4 AZR 640/84, DB 86, 1575; Däubler-Lorenz, Rn. 201; Gamillscheg, S. 782; HK-ArbR-Karthaus/Richter, § 613a BGB Rn. 126; JKOS-Oetker, § 6 Rn. 180; KeZa-Kempen, Rn. 127ff.; Schaub, ZTR 97, 245, 247.

378 BAG 23.1.08 – 4 AZR 602/06, ZTR 08, 665.

379 BAG 23.1.08, a.a.O.

380 Vgl. Nachweise bei Wiedemann-Oetker, Rn. 253.

381 Wiedemann-Oetker, Rn. 254.

zur Vereinheitlichung der tariflichen Arbeits- und Entgeltbedingungen beim Erwerber auf einem möglichst hohen Standard vgl. Rn. 173 ff.

170 • **Die beim Erwerber geltenden tarifvertraglichen Bestimmungen müssen hinsichtlich ihres Regelungsgegenstands deckungsgleich mit den nach § 613a Abs. 1 Satz 2 BGB übergegangenen Tarifnormen sein:**
Ein anderer Tarifvertrag i.S.d. § 613 Abs. 1 Satz 3 BGB liegt nur dann vor, wenn dieser Vertrag **den gleichen Gegenstand** regelt wie derjenige Tarifvertrag, der **vor dem Betriebsübergang** anwendbar war.[382] Das ist durch **Auslegung der Tarifverträge** zu ermitteln.[383] Es kommt darauf an, ob die fraglichen Tarifregelungen die **gleichen Rechte und Pflichten** betreffen, wobei der **tarifliche Sachzusammenhang** zu beachten ist.[384] Zwar soll nach verbreiteter Ansicht **keine** »punktgenaue Deckungsgleichheit« von Einzelregelungen im alten und neuen Tarifvertrag erforderlich sein,[385] doch muss der andere neue Tarifvertrag ein **vergleichbares Schutzniveau** erreichen wie das in den Arbeitsvertrag transformierte Tarifrecht.[386] Wurde z.B. beim alten Arbeitgeber ein Weihnachtsgeld und zusätzliches Urlaubsgeld gezahlt und sieht der beim neuen Arbeitgeber geltende Tarifvertrag nur noch eine Einmalzahlung als Weihnachtsgeld vor, sind die Tarifverträge nicht identisch. Folglich wird das beim neuen Arbeitgeber tariflich nicht geregelte zusätzliche Urlaubsgeld in den Arbeitsvertrag transformiert und bleibt erhalten. Das **Günstigkeitsprinzip** findet im Verhältnis zwischen dem gem. § 613a Abs. 1 Satz 2 BGB als Inhalt des Arbeitsvertrags fortgeltenden und dem beim Erwerber normativ geltenden (neuen) Tarifrecht keine Anwendung,[387] da das durch § 613a Abs. 1 Satz 3 BGB für den Betriebsübergang gesetzlich vorgesehene **Ablösungsprinzip** als Spezialregelung die Anwendung des Günstigkeitsprinzips ausschließt.[388]

171 • **Die ablösende tarifliche Regelung kann auch erst nach dem Betriebsübergang in Kraft treten:**
Nach der Rechtsprechung des BAG muss der ablösende Tarifvertrag **nicht bereits zum Zeitpunkt** des Betriebsübergangs gelten. Die ablösende Tarifnorm kann auch erst **zu einem späteren Zeitpunkt** in Kraft treten.[389]
Die in der Vorauflage vertretene Auffassung, dass die ablösende Tarifnorm spätestens innerhalb eines Jahres nach Betriebsübergang in Kraft treten muss,[390] wird so nicht aufrecht erhalten. Eine zeitliche Grenze gibt es nach dem Wortlaut der gesetzlichen Regelung nicht.[391]

---

382 BAG 1.8.01 – 4 AZR 82/00, NZA 02, 41.
383 BAG 23.1.08, a.a.O.; 22.1.03 – 10 AZR 227/02, AP Nr. 242 zu § 613a BGB.
384 BAG 23.1.08, a.a.O.
385 LAG Köln 1.4.04, DB 04, 1892.
386 BAG 23.6.04 – 10 AZR 553/03, ZTR 04, 588 zur Übereinstimmung von Tarifverträgen des öffentlichen Dienstes.
387 BAG 23.1.08 – 4 AZR 602/06, ZTR 08, 665; 11.5.05 – 4 AZR 315/04, DB 05, 2141;BAG 20.4.94 – 4 AZR 342/93,DB 94, 2629.
388 BAG 11.5.05, a.a.O.
389 BAG 16.5.95 – 3 AZR 535/94, ZTR 1996, 23; Däubler-Lorenz, Rn. 205.
390 BKMT Trittin, § 5 Rn. 194f, mit Hinweis auf ArbG Mainz 27.8.96 – 9 Ca 3009/94; a.A. BAG 11.5.05 – 4 AZR 315/04, DB 05, 2141; Wiedemann-Oetker, Rn. 252.
391 BAG 11.5.05 a.a.O., Rn. 41 m.w.N.

Zu beachten ist stets, dass unabhängig von übergeleiteten Ansprüchen nach § 613a Abs. 1 Satz 2 und ablösenden Tarifnormen nach Abs. 1 Satz 3 BGB zu prüfen ist, welche arbeitsvertraglich vereinbarten Ansprüche nach § 613a Abs.1 Satz 1 BGB übergegangen sind und ob diese nach dem Günstigkeitsprinzip den ablösenden Tarifnormen nach Abs. 1 Satz 3 vorgehen (s. Rn. 181f.)

- **Eine Betriebs- oder Dienstvereinbarung kann die Tarifnormen nicht ablösen:** 172
Wegen des insoweit nicht eindeutigen Wortlauts von § 613a Abs. 1 Satz 3 BGB war die Frage **umstritten**, ob ein gem. § 613a Abs. 1 Satz 2 BGB in den Arbeitsvertrag transformierter Tarifvertrag durch eine beim Erwerber geltende **Betriebsvereinbarung abgelöst** wird (sog. **Über-Kreuz-Ablösung**).[392] Das ist **abzulehnen.** Tarifverträge und Betriebsvereinbarungen stellen rechtssystematisch **keine gleichwertigen Regelungen** dar, was § 613a Abs. 1 Satz 3 BGB aber voraussetzt (vgl. Rn. 160). Deshalb kommt eine »**Über-Kreuz-Ablösung**« nicht in Betracht.[393] Im Übrigen dürfte die Ablösung durch eine Betriebsvereinbarung allerdings i.d.R. schon am **Tarifvorbehalt** gem. § 77 Abs. 3 BetrVG bzw. § 75 Abs. 6 BPersVG (vgl. dazu § 4 Rn. 173ff.) scheitern.[394]
Eine Ablösung tarifvertraglicher Inhalte durch eine **Regelungsabrede**[395] ist in § 613a Abs. 1 Satz 3 BGB nicht vorgesehen und deshalb **ausgeschlossen.**[396] Zudem ist eine Regelungsabrede ohne individualvertragliche Umsetzung ohnehin nicht in der Lage, normative Wirkung auf die Arbeitsverhältnisse zu entfalten.

6.8 Tarifvertragliche Gestaltung von Umstrukturierungen

173 Da die gesetzlichen Regelungen zur Umstrukturierung von Unternehmen und Betrieben die Kontinuität der Geltung der Tarifverträge (wie auch die Kontinuität des sonstigen Besitzstandes und der betrieblichen Interessenvertretungen sowie den Erhalt der Arbeitsplätze) nur unzureichend absichern, stellt sich die Frage nach den **Handlungs- und Gestaltungsmöglichkeiten der betroffenen Arbeitnehmer und ihrer Gewerkschaften**. Nach hier vertretener, aber umstrittener Auffassung steht der Arbeitnehmerseite grundsätzlich die Möglichkeit offen, das **»ob« und »wie« von Umstrukturierungs- und Privatisierungsentscheidungen** privater und öffentlicher Arbeitgeber selbst zum **Gegenstand von Tarifforderungen** zu machen, die auch durch einen **Streik** durchgesetzt werden können (vgl. dazu eingehend § 1 Rn. 191ff., AKR Rn. 37ff.). In jedem Fall empfiehlt es sich, alle **als Folge einer geplanten Umstrukturierung sich ergebenden Regelungsfragen**, besonders auch die zukünftige Geltung der Tarifverträge, **bereits vor Vollzug der Umstrukturierungsmaßnahmen** zu klären und bei Bedarf durch einen **(Überleitungs-)Tarifvertrag** verbindlich zu vereinbaren. Dies setzt u.a. voraus, dass der Arbeitgeber bzw.

---

392 Befürwortend etwa ErfK-Preis, BGB § 613a Rn. 126; Meyer, NZA 01, 751; offen gelassen noch von BAG 1.8.01 – 4 AZR 82/00, NZA 02, 41.

393 So auch die neuere Rechtsprechung des BAG: BAG 3.7.13 – 4 AZR 961/11, DB 13, 2335; BAG 21.4.10 – 4 AZR 768/08, BB 10, 2965, zumindest für Betriebsvereinbarungen außerhalb der erzwingbaren Mitbestimmung; 13.11.07 – 3 AZR 191/06, NZA 08, 600; BKMT-Trittin, § 5 Rn. 188f.; DKKW-Berg, § 77 Rn. 104; Bepler, RdA 09, 65, 71f.

394 Wiedemann-Oetker, Rn. 251; Henssler, FS Schaub, S. 311, 322.

395 S. dazu DKKW-Berg, § 77 Rn. 161ff.

396 BKMT-Trittin, § 5 Rn. 188; Däubler-Lorenz, Rn. 208.

Betriebsveräußerer die Arbeitnehmer, die betriebliche Interessenvertretung und die tarifschließende Gewerkschaft rechtzeitig und umfassend von seinen Umstrukturierungsplanungen informiert.

174 Der **tarifgebundene Arbeitgeber** ist in Abhängigkeit von den jeweils zur Anwendung kommenden Rechtsvorschriften (vgl. dazu Rn. 105f., 112ff.) bei einer Umstrukturierung nach dem UmwG, § 111 BetrVG und/oder § 613a Abs. 5 BGB **verpflichtet**, die bei den betroffenen Rechtsträgern gebildeten **Betriebs- und Personalräte** (vgl. Rn. 176) und die betroffenen **Arbeitnehmer** (vgl. Rn. 173) **rechtzeitig und umfassend zu informieren.** Diese Informationspflicht erstreckt sich im hier interessierenden Zusammenhang auch auf das **Schicksal der Tarifverträge** bzw. die konkreten **tarifrechtlichen Folgen** der geplanten Umstrukturierung (vgl. Rn. 175ff.) und besteht auch gegenüber der **tarifschließenden Gewerkschaft** (vgl. Rn. 177). Die konsequente Geltendmachung der Unterrichtung durch den Arbeitgeber ist ein erster wichtiger Schritt, um auf geplante Umstrukturierungsvorhaben im Interesse der betroffenen Arbeitnehmer durch ihre **tarifvertragliche Gestaltung** wirkungsvoll Einfluss nehmen zu können. Nicht von ungefähr wird deshalb auch aus Beraterkreisen die – das einseitige Handeln des Arbeitgebers erschwerende – »ausufernde« Unterrichtungspflicht des Arbeitgebers beklagt.[397]

175 Die von einem **Betriebsübergang** betroffenen **Arbeitnehmer** sind vom bisherigen Arbeitgeber oder neuen Inhaber gem. § 613a Abs. 5 BGB vor dem Betriebsübergang u.a. auch über die **rechtlichen und sozialen Folgen des Betriebsübergangs** schriftlich zu unterrichten. Dieser Informationsanspruch der Arbeitnehmer[398] erfasst auch eine konkrete und differenzierte Information über die **Fortgeltung der Tarifverträge**, die dafür maßgeblichen **Rechtsgrundlagen** und die daraus resultierenden konkreten **Auswirkungen auf die tariflichen Entgelt- und Arbeitsbedingungen.**[399]

176 Verstöße gegen diese Unterrichtungsverpflichtungen – z.B. die fehlerhafte und/oder unvollständige Information über die juristische Person des Betriebserwerbers –[400] können im Zusammenhang mit einer **Umwandlung** zu einem Eintragungshindernis (§ 17 Abs. 1 UmwG; Gesetz über die Angelegenheiten der freiwilligen Gerichtsbarkeit; zum Eintragungserfordernis vgl. auch Rn. 116) und einer damit verbundenen Verzögerung der Umstrukturierung führen[401] und im Zusammenhang mit einem **Betriebsübergang** die Folge haben, dass die **Widerspruchsfrist des § 613a Abs. 6 BGB** nicht beginnt.[402]

Hinweis für den Betriebs- und Personalrat
Der **Betriebsrat ist** im Rahmen seines **umwandlungsrechtlichen Unterrichtungsanspruchs**[403] in den gesellschaftsrechtlichen Verträgen auch über die konkreten **tarifrechtlichen (Rechts-)Folgen** und die **Art der Weitergeltung der Tarifverträge** (normativ oder

397 Hohenstatt, NZA 10, 23, 26.
398 BKMT-Trittin, § 6 Rn. 87ff.
399 BKMT-Trittin, § 6 Rn. 93, 98.
400 BAG 14.11.13 – 8 AZR 824/12, NZA 14, 610.
401 Vgl. zu den Einzelheiten BKMT-Bachner, § 4 Rn. 282.
402 BAG 23.7.09 – 8 AZR 538/08, NZA 10, 89, zum Fall Siemens/BenQ; BKMT-Trittin, § 6 Rn. 108ff.
403 Vgl. dazu BKMT-Bachner, § 4 Rn. 265ff.

Transformation in den Arbeitsvertrag) zu informieren.[404] Soweit mit der Umstrukturierung eine **Betriebsänderung** verbunden ist, folgt eine inhaltlich entsprechende Informationsverpflichtung des Arbeitgebers auch aus **§ 111 BetrVG**.[405]

Einer Informationsverpflichtung der Arbeitgeberseite (des Arbeitgeberverbands oder des einzelnen Arbeitgebers als Partei eines Firmentarifvertrags) gegenüber der **tarifschließenden Gewerkschaft** ergibt sich aus den (tarif-)vertraglichen Nebenpflichten (**Einwirkungs- und Durchführungspflicht**) der **Tarifvertragsparteien**, die diese gegenseitig verpflichten, abgeschlossene Tarifverträge einzuhalten und ihre vertragsgemäße Durchführung zu befördern (vgl. dazu § 1 Rn. 407ff.). 177

Schon wegen der im vorliegenden Zusammenhang mehrfach beschränkten Regelungskompetenz der Betriebsparteien (Tarifvorrang gem. §§ 77 Abs. 3 BetrVG, 75 Abs. 6 BPersVG und ausschließliche Zuständigkeit für den Betrieb des alten Arbeitgebers)[406] und der fehlenden Erzwingbarkeit entsprechender Betriebs- oder Dienstvereinbarungen spricht vieles dafür, die erforderlichen **Überleitungsregelungen durch Abschluss eines Tarifvertrags** festzuschreiben. Je nach den Umständen des Einzelfalles sind auf Arbeitgeberseite der alte und/oder der neue Arbeitgeber als Tarifvertragspartei einzubeziehen (vgl. dazu und zu möglichen Regelungsinhalten und -beispielen § 1 Rn. 191ff.).[407] Die Art und Weise der Durchführung von Umstrukturierungen von Unternehmen und Betrieben und deren (u.a. tarifrechtliche) Folgen für die betroffenen Arbeitnehmer sind **rechtmäßige Regelungsgegenstände eines (Sozial-)Tarifvertrags** (vgl. dazu eingehend § 1 Rn. 166ff., 191ff.), die grundsätzlich auch **im Wege des Streiks durchgesetzt** werden können (vgl. zu den Einzelheiten AKR Rn. 27ff., 37ff., 467). In Frage kommen vor allem **normativ wirkende Tarifverträge** mit dem neuen Arbeitgeber (z.B. mit dem Inhalt eines Anerkennungstarifvertrags, vgl. dazu AKR Rn. 449) und/oder **schuldrechtlich wirkende Tarifverträge**, die den alten Arbeitgeber (vor allem als Allein- oder Mehrheitsgesellschafter des Erwerbers) verpflichten, die Fortgeltung der Tarifverträge beim Erwerber zu garantieren und/oder für die Realisierung der entsprechenden tarifvertraglichen Ansprüche seiner ehemaligen Arbeitnehmer beim Erwerber (mit) zu haften (Erweiterung der beschränkten gesetzlichen Haftungsregelung des § 613a Abs. 2 BGB; s.a. § 1 Rn. 191ff.).[408] 178

Besonders im Zusammenhang mit Umstrukturierungen im Rahmen von **Privatisierungsvorhaben** der Arbeitgeberseite im **Öffentlichen Dienst** werden in Abstimmung mit der zuständigen Gewerkschaft und den beteiligten Personalräten auch **zwischen den beteiligten Arbeitgebern** (Veräußerer und Erwerber) **Überleitungsverträge** abgeschlossen, die u.a. auch die dynamische Fortgeltung der Tarifverträge beim neuen Arbeitgeber – als **zulässiger Vertrag zugunsten Dritter** (§ 328 BGB) – für die betroffenen Arbeitnehmer vorsehen.[409] Nach neuerer Rspr. des 4. Senats des BAG[410] soll eine unmittelbare dynami- 179

404 BKMT-Bachner, § 4 Rn. 271.
405 BKMT-Bachner, § 4 Rn. 292; zur Unterrichtungspflicht gegenüber dem Wirtschaftsausschuss vgl. ders., a.a.O., Rn. 293ff.; DKKW-Däubler, § 111 Rn. 158ff., § 106 Rn. 84ff.
406 Vgl. BAG 1.4.87, DB 87, 1643.
407 BKMT-Trittin, § 5 Rn. 286 ff; Blanke/Trümner, S. 745ff.; Blanke, ZTR 00, 211.
408 KeZa-Kempen, Rn. 145.
409 BAG 20.4.05 – 4 AZR 292/04, NZA 06, 281; KeZa-Kempen, Rn. 145.
410 BAG 23.2.11 – 4 AZR 439/09, NZA-RR 12, 253.

sche Anwendung der beim Veräußerer geltenden Tarifverträge beim Erwerber nicht wirksam durch einen Personalüberleitungsvertrag zwischen Betriebsveräußerer und Betriebserwerber vereinbart werden können, da es sich um einen **unzulässigen Vertrag zu Lasten Dritter** handeln würde. In einem Personalüberleitungsvertrag kann aber zugunsten der von ihm erfassten Arbeitnehmer deren schuldrechtlicher Anspruch begründet werden, dass die dynamische Fortgeltung der Tarifverträge mit ihnen vereinbart wird.

Personalüberleitungsverträge können im Zweifel nach Wortlaut und im Zusammenhang der weiteren Regelungen dahingehend auszulegen sein, dass ein solcher Anspruch einer Berechtigung für die erfassten Arbeitnehmerinnen und Arbeitnehmer vereinbart werden soll.[411] Den in Personalüberleitungsverträgen regelmäßig getroffenen Vereinbarungen über die dynamische Anwendung des einschlägigen Tarifrechts kommt erhebliche Bedeutung zu: Für die betroffenen Arbeitnehmer sind derartige Vereinbarungen nicht selten ein Grund dafür, dem Betriebsübergang auf einen privaten Erwerber nicht zu widersprechen. Und nicht selten werden diese Regelungen auch genau aus diesem Grund von den Betriebserwerbern und den früheren öffentlichen Arbeitgebern abgeschlossen.[412] Schon deshalb ist es geboten, derartigen Klauseln auch in der Praxis zur Wirksam- und Durchsetzbarkeit zu verhelfen. Der vom BAG gewählte dogmatische Ansatz, solche Vereinbarungen als »berechtigenden Vertrag zu Gunsten Dritter« anzusehen, räumt jedenfalls die Bedenken aus, die bislang gegen einen Rückgriff auf § 328 BGB (Vertrag zulasten Dritter) geäußert wurden.[413]

Ein aus Anlass eines Betriebsübergangs abgeschlossener Personalüberleitungsvertrag erfasst unter Berücksichtigung der allgemein gültigen Auslegungsgrundsätze mangels gegenteiliger Anhaltspunkte bereits seiner Bezeichnung nach nur die vom Betriebsübergang betroffenen Arbeitnehmer und Arbeitnehmerinnen.[414]

180 Liegen die tatsächlichen und/oder rechtlichen Rahmenbedingungen für die Durchsetzung eines Tarifvertrags oder eines sonstigen Überleitungsvertrags zur Gestaltung der Umstrukturierung bzw. Überleitung der Arbeitsverhältnisse bei Fortgeltung der Tarifverträge nicht vor, ist die Möglichkeit zu prüfen, beim neuen Betriebsinhaber bzw. Rechtsträger, ggf. erst nach Vollzug der Umstrukturierung, einen **Firmentarifvertrag** durchzusetzen (dazu näher AKR Rn. 132ff.).

6.9 Exkurs: Ablösung arbeitsvertraglicher Bezugnahmeklauseln durch den Betriebserwerber (§ 613a Abs. 1 Satz 1 BGB)?

6.9.1 Allgemeines

181 Eine vom Betriebsveräußerer vereinbarte **arbeitsvertragliche Bezugnahmeklausel** (dazu eingehend Rn. 245ff.), die nicht nur als Gleichstellungsabrede auszulegen ist (dazu Rn. 291ff.), führt gem. **§ 613a Abs. 1 Satz 1 BGB** dazu, dass der Betriebserwerber an die nach der Verweisung auf das Arbeitsverhältnis (dynamisch) zur Anwendung kommenden

411 S. dazu BAG 23.02.11, a.a.O.
412 Ahrendt, jurisPR-ArbR 34/2011 Anm. 2.
413 Ahrendt, jurisPR-ArbR 34/2011 Anm. 2.
414 BAG 23.2.11 – 4 AZR 536/09, NZA 11, 510.

tariflichen Regelungen gebunden ist.[415] Der Schutzzweck dieser Vorschrift ist nicht nur auf die Sicherung des Bestandes des Arbeitsverhältnisses, sondern auch auf die **Sicherung des Inhalts des Arbeitsverhältnisses** beim Betriebserwerber gerichtet.[416] Es soll verhindert werden, dass ein Betriebsübergang zum Anlass genommen wird, **erworbene Besitzstände** der Arbeitnehmer abzubauen bzw. Arbeitsvertragsinhalte **ohne sachlichen Grund** (vgl. dazu Rn. 185f.) zum Nachteil der Arbeitnehmer zu verändern.[417] § 613a BGB **bezweckt demgegenüber nicht**, im Zusammenhang mit einem Betriebsübergang eine **Sanierung des Betriebs** zu ermöglichen oder zu erleichtern.[418] Liegt lediglich eine Gleichstellungsabrede vor, finden die in Bezug genommenen tarifvertraglichen Regelungen beim nicht oder anders tarifgebundenen Betriebserwerber nur statisch – bezogen auf den Zeitpunkt des Betriebsübergangs – Anwendung.[419]

6.9.2 Tarifvertrag

182 Eine Ablösung durch einen beim Erwerber geltenden **Tarifvertrag** scheidet bereits deshalb aus, weil die Vorschriften des § 613a Abs. 1 Satz 2 und 3 BGB mangels (ausschließlich) normativer Geltung der beim Veräußerer angewendeten Tarifverträge nicht einschlägig sind.[420] Auch soweit nach dem Betriebsübergang für die betroffenen Arbeitnehmer und den Erwerber im Hinblick auf einen bei diesem geltenden Tarifvertrag **kongruente Tarifbindung** besteht, setzen sich dennoch die **gem. § 613a Abs. 1 Satz 1 BGB geschützten Arbeitsvertragsinhalte** einschließlich einer **Bezugnahme auf die Tarifverträge des Veräußerers** nach dem **Günstigkeitsprinzip** durch, wenn der Tarifvertrag beim Erwerber schlechtere Regelungen enthält.[421]

6.9.3 Betriebs- oder Dienstvereinbarung

183 Die gem. § 613a Abs. 1 Satz 1 BGB aufgrund einer arbeitsvertraglichen Bezugnahmeklausel fortgeltenden tariflichen Regelungen können auch nicht durch eine **Betriebsvereinbarung** beim Erwerber abgelöst werden, weil für diese arbeitsvertraglich weiter geltenden Tarifregelungen die Vorschriften des § 613a Abs. 1 Satz 2 und 3 BGB nicht zur Anwendung kommen können.[422] Außerdem würden derartige Betriebs- bzw. Dienstvereinbarungen i.d.R. wegen Verstoßes gegen den Tarifvorbehalt gem. § 77 Abs. 3 BetrVG bzw. § 75 Abs. 6 BPersVG **unwirksam** sein.

---

415 BAG 23.9.09 – 4 AZR 331/08, BB 10, 1796–1798: Die Bindung des nicht tarifgebundenen Erwerbers verstößt nicht gegen Verfassungs- oder Gemeinschaftsrecht; vgl. dazu auch Heinlein, NJW 08, 321.

416 BAG 19.3.09 – 8 AZR 722/07, NZA 09, 1091.

417 BAG 19.3.09, a.a.O.; 21.5.08 – 8 AZR 481/07, AP Nr. 354 zu § 613a BGB; 21.2.06, AP Nr. 58 zu § 16 BetrAVG.

418 BAG 19.3.09, a.a.O.; 27.4.88, AP Nr. 71 zu § 613a BGB.

419 BAG 15.2.11 – 3 AZR 54/09, NZA 11, 928.

420 BAG 17.11.10 – 4 AZR 40//09; 22.4.09 – 4 AZR 100/08, DB 09, 2605.; 29.8.07 – 4 AZR 767/06, NZA 08, 364, 365.

421 BAG 29.8.07, a.a.O., 366.

422 BAG 13.11.07 – 3 AZR 191/06, NZA 08, 600.

6.9.4 Arbeitsvertrag

184 Eine **arbeitsvertragliche Vereinbarung** mit dem Betriebserwerber oder -Betriebsveräußerer, mit der verhindert werden soll, dass der Betriebserwerber gem. § 613a Abs. 1 Satz 1 BGB in sämtliche bestehenden Rechte und Pflichten aus dem Arbeitsverhältnis eintritt, stellt eine zu **Unwirksamkeit** der Vereinbarung führende (vgl. § 134 BGB) **Umgehung des § 613a Abs. 1 Satz 1 BGB** dar.[423] Das Gleiche gilt, wenn der Arbeitnehmer unter Hinweis auf eine bevorstehende Veräußerung des Betriebs und bestehenden Arbeitsplatzangebote des Betriebserwerbers veranlasst wird, sein **Arbeitsverhältnis** vor dem Betriebsübergang selbst zu kündigen oder einen **Aufhebungsvertrag abzuschließen**, um den Abschluss eines neuen Arbeitsvertrags mit dem Betriebserwerber zu ermöglichen.[424]

185 In jüngerer Zeit scheint der 5. Senat des **BAG**[425] allerdings die **individualvertragliche** Möglichkeit der **einvernehmlichen Verschlechterung** der nur über den **einzelvertraglichen Inhaltsschutz** in § 613a Abs. 1 Satz 1 BGB gesicherten Entgelt- und Arbeitsbedingungen **erleichtern** zu wollen. Verschlechternde einzelvertragliche Vereinbarungen **zwischen den übernommenen Arbeitnehmern und dem Erwerber** sollen nicht mehr in allen Fällen die **Darlegung eines rechtfertigenden Sachgrundes** erforderlich machen. Wegen der sonst möglichen **Umgehung von § 613a Abs. 1 Satz 1 BGB** wurde dies bisher für die Wirksamkeit entsprechender Vereinbarungen vorausgesetzt.[426]

186 Die sich hier andeutende Entwicklung in der Rspr. »*erleichtert die Harmonisierung von Arbeitsbedingungen nach einem Betriebsübergang*«[427] und vernachlässigt dabei die Tatsache, dass die betroffenen Arbeitnehmer als dem Arbeitgeber – gerade auch **im Zusammenhang mit Umstrukturierungen – strukturell unterlegene Vertragspartei** zusätzlichem Druck ausgesetzt sind, eine Verschlechterung ihrer (auch **über Bezugnahmeklauseln mittelbar tariflich gestalteten**) Arbeitsbedingungen hinzunehmen. Dies ist mit dem Schutzzweck des § 613a Abs. 1 Satz 1 BGB nicht vereinbar und kann daher nur dann zulässig sein, wenn die »einvernehmliche« Abänderung des Arbeitsvertrags aufgrund eines durch die Rechtsordnung legitimierten Zwecks sachlich begründet ist. Das ist etwa dann der Fall, wenn der Arbeitgeber die Abänderung auch durch eine wirksame Änderungskündigung gem. § 1 Abs. 2 Satz 2 KschG durchsetzen könnte.[428] Dies ist allerdings bei einer **verschlechternden** Abänderung des Arbeitsvertrags zur **Harmonisierung der Arbeits- und Entgeltbedingungen** nach einem Betriebsübergang beim Erwerber typischerweise gerade nicht der Fall. Ein **sachlicher Grund** für wirksame arbeitsvertragliche Verschlechterung liegt jedenfalls regelmäßig nicht vor, wenn diese mit der erforderlichen **Sanierung des Betriebs** begründet wird, oder wenn der potenzielle Betriebserwerber zum Ausdruck bringt, er werde den Betrieb **ohne vorherige Erlass- oder Änderungsverträge mit den Arbeitnehmern** nicht übernehmen.[429]

---

423 BAG 19.3.09, a.a.O.
424 BAG 19.3.09, a.a.O.; 25.10.07 – 8 AZR 917/06, AP Nr. 333 zu § 613a BGB.
425 7.11.07 – 5 AZR 1007/06, NZA 08, 530 (5. Senat); vgl. dazu auch BAG 19.3.09, a.a.O. (8. Senat).
426 Zur bisherigen Rspr. vgl. BAG 23.11.06 – 8 AZR 349/06, NZA 07, 866, 868.
427 So die befürwortende Anm. von Dzida/Wagner, NZA 08, 571.
428 Kittner/Zwanziger/Deinert-Bachner, § 99 Rn. 7.
429 BAG 19.3.09, a.a.O.; vgl. dazu auch Bunte, NZA 10, 319; Heinlein, NJW 08, 321.

Hinweis für den Betriebs- und Personalrat
Wenn ein Betrieb oder Betriebsteil unter Wahrung seiner bisherigen Identität durch Rechtsgeschäft auf einen Betriebserwerber übergeht, tritt dieser betriebsverfassungsrechtlich an die Stelle des Betriebsveräußerers und ist deshalb dem Betriebsrat gegenüber verpflichtet, die beim Betriebsveräußerer aufgrund Tarifbindung und/oder arbeitsvertraglicher Bezugnahme geltende **betriebliche Vergütungsordnung fortzuführen**. Eine einseitige Änderung dieser Vergütungsordnung, etwa durch Abschluss abweichender Arbeitsverträge, verstößt gegen das **Mitbestimmungsrecht des Betriebsrats gem. § 87 Abs. 1 Nr. 10 BetrVG**. Das gilt auch für abweichende Vergütungsabreden mit Arbeitnehmern, die nach dem Betriebsübergang im übergegangenen Betrieb oder Betriebsteil neu eingestellt werden.[430]

7. Differenzierungsklausel

7.1 Allgemeines

Tarifverträge gelten gem. § 3 Abs. 1, § 4 Abs. 1 TVG unmittelbar und zwingend nur für solche Arbeitnehmer, die an sie kraft Mitgliedschaft in der tarifschließenden Gewerkschaft **tarifgebunden** sind (vgl. Rn. 10ff.). Nichtorganisierte (sog. **Außenseiter**) und gewerkschaftlich anders organisierte Arbeitnehmer haben keinen tarifrechtlichen Anspruch auf Gewährung der in diesen Tarifverträgen geregelten Leistungen (zur Anwendung der Tarifverträge auf Anders- oder Nichtorganisierte aufgrund von vertraglichen Bezugnahmeklauseln vgl. Rn. 245ff.). 187

Der **Gleichbehandlungsgrundsatz** aus Art. 3 Abs. 1 GG steht dem nicht entgegen (vgl. Rn. 249).[431] Hiernach ist Gleiches, nicht aber Ungleiches gleich zu behandeln. Der Arbeitgeber kann deshalb Nichtorganisierte untertariflich entlohnen, »sogar bis zur Grenze der Sittenwidrigkeit«.[432] Das BAG weist zu Recht darauf hin, dass »*die Ungleichbehandlung in verfassungsrechtlich nicht zu beanstandender Weise in § 3 Abs. 1, § 4 Abs. 1 TVG angelegt*« ist.[433]

Einige Gewerkschaften wollten diese allseits anerkannten Grundsätze schon in den 50er Jahren tarifpolitisch umsetzen und forderten tarifliche **Differenzierungsklauseln**, d.h. Tarifregelungen, die Gewerkschaftsmitglieder gegenüber anders oder nicht organisierten Arbeitnehmern **begünstigen**. Ziel war, einen **Anreiz** zum Eintritt in die Gewerkschaft zu schaffen und dem »Ärgernis der Trittbrettfahrerei« von Nichtorganisierten (vgl. Rn. 217)[434] entgegenzuwirken. 188

Andere Gewerkschaften haben Differenzierungsklauseln als Instrument der Mitgliederwerbung stets **abgelehnt**. Sie sahen vor allem eine »**Gesamtverantwortung**« für alle Arbeitnehmer (Prinzip der »**Gesamtrepräsentation**«[435]) und setzten lange Zeit eher darauf,

---

430 BAG 8.12.09 – 1 ABR 66/08, NZA 10, 404.
431 BAG 20.7.60, AP Nr. 7 zu § 4 TVG; 3.12.97, 30.9.98, AP Nrn. 149, 159 zu § 242 BGB Gleichbehandlung; 18.3.09 – 4 AZR 64/08, NZA 09, 1028 (Rn.54); Kocher, NZA 09, 119, 120f. m.w.N.
432 Vgl. Gamillscheg, NZA 05, 147.
433 BAG 18.3.09, a.a.O. (Rn.50).
434 Vgl. Däubler-Hensche/Heuschmid, § 1 Rn. 981.
435 Vgl. Kocher, a.a.O., 123.

die Außenseiter durch Einbeziehung in die betriebs- und tarifpolitischen Auseinandersetzungen als Mitglieder zu gewinnen.[436]

Inzwischen ist ein **pragmatischer Ansatz** verbreitet: man sollte das Eine tun und das Andere nicht lassen.[437] Vor allem in Tarifverhandlungen über **Sanierungstarifverträge** für eine Firma (vgl. § 1 Rn. 343) gehört es in zunehmendem Maße zur tarifpolitischen Normalität, dass die Gewerkschaft für ihre Mitglieder zur Abmilderung der Verschlechterungen »**Vorteils- bzw. Bonusregelungen**« fordert. Die **Realisierungschancen** stehen im Allgemeinen gut, weil ja der Arbeitgeber »etwas von der Gewerkschaft will«.

189 Das **Spektrum** der denkbaren und teilweise praktizierten Vorteilsregelungen reicht von Sonderzahlungen wie z.B. Erholungsbeihilfen, ein zusätzliches Urlaubs- oder Weihnachtsgeld, Beiträgen zur betrieblichen Altersversorgung, Tankgutscheinen bis hin zu Regelungen über eine Erhöhung des Urlaubsanspruchs, Verlängerung der Kündigungsfristen oder einen besonderen Kündigungsschutz.[438]

190 Ob Differenzierungsklauseln **rechtlich zulässig** sind, gehört mit zu den in der Literatur am heftigsten umstrittenen tarifrechtlichen Fragen.[439] Das mit Differenzierungsklauseln verfolgte Ziel – eine Verbesserung des gewerkschaftlichen Organisationsgrades – stößt auf Arbeitgeberseite naturgemäß auf klare Ablehnung, weil das eine Stärkung der (Tarif-)Verhandlungsmacht der Gewerkschaft zur Folge hat.

Nachdem der Große Senat des BAG im Jahre 1964 Differenzierungsklauseln **für unzulässig** erklärt (vgl. Rn. 196f. und § 1 Rn. 214)[440] und damit im Ergebnis den Erwartungen der Arbeitgeberseite entsprochen hatte, kam es für mehr als 4 Jahrzehnte zu einem weitgehenden Abflauen gewerkschaftlicher Aktivitäten zur Durchsetzung von Differenzierungsklauseln.

---

436 Zur innergewerkschaftlichen Diskussion und Praxis vgl. Seitenzahl/Zachert/Pütz, S. 34ff.; s.a. Däubler-Hensche/Heuschmid, § 1 Rn. 981.

437 Vgl. etwa C. Franzen, der die Sicht des IG Metall Bezirks NRW auf der Verbandsversammlung des Deutschen Arbeitsgerichtsverbandes 2007 (DArbGV 79/Sept. 2008, S. 11) referierte und berichtete, dass bis zu diesem Zeitpunkt 189 tarifliche Regelungen mit »Bonus« für IG Metall-Mitglieder abgeschlossen worden waren; vgl. auch Kocher, NZA 09, 119; Mück/Schmalz, AiB 12, 85, 89ff.

438 Vgl. Leydecker, Der Tarifvertrag als exklusives Gut, S. 24; Franzen, RdA 08, 304, 305; Leydecker, AuR 12, 195.

439 Für Zulässigkeit: vgl. etwa KeZa-Wendeling-Schröder, Rn. 291ff.; Zachert, DB 95, 322; Däubler, BB 02, 1643; ders. TVR Rn. 1183ff.; Däubler-Hensche/Heuschmid, § 1 Rn. 981ff.; KeZa-Kempen, Grundlagen Rn. 212 ff; ders., FA 05, 14; Gamillscheg, S. 358ff.; ders. NZA 05, 146; Leydecker, AuR 06, 11 u. AuR 09, 338ff.; Ulber/Strauß, DB 08, 1970 u. Anm. zu BAG 23.3.11, EzA Nr. 104 zu Art. 9 GG; Kocher, NZA 09, 119; Schubert, ZTR 11, 579ff.; Schmalz, AiB 11, 438ff.; bereits früher teilweise sehr kritisch zur »alten« BAG-Rspr. Säcker, Grundprobleme der kollektiven Koalitionsfreiheit S. 129ff.; Hanau, JuS 69, 213; Gitter, AuR 70, 129, 133; Weller, AuR 70, 161; Herschel AuR 70, 193, 195; Rüthers, Arbeitsrecht und politisches System BRD:DDR S. 117; Dorndorf, AuR 88, 1, 5ff.; demgegenüber für die generelle Unzulässigkeit von Differenzierungsklauseln – allerdings teilweise mit deutlicher Kritik an der Begründung des GS des BAG 29.11.67 – 1/67, DB 68, 1539 – z.B. Löwisch/Rieble, § 1 Rn. 1852ff. (»grenzt an sittenwidrige Schutzgelderpressung«); Giesen, NZA 04, 1317; Bauer/Arnold, NZA 05, 1209; Wiedemann-Wiedemann, Einl. Rn. 285ff.; MünchKomm/BGB/Müller-Glöge, § 611 Rn. 316; differenzierend Franzen, RdA 06, 1; ders. RdA 08, 304; Greiner, DB 09, 398; Brecht-Heitzmann/Gröls, NZA-RR 11, 505ff.

440 BAG GS 29.11.67 – GS 1/67, DB 68, 1539; bestätigt durch BAG 21.1.87, DB 87, 487; 3.6.87 – 4 AZR 573/86; zust. Löwisch/Rieble, § 1 Rn. 819f.; Wiedemann-Wiedemann, Einl. Rn. 286 ff, 428; vgl. auch Gamillscheg, BB 88, 555.

Inzwischen hat es in einigen Gewerkschaften neue tarifpolitische Aktivitäten zur Realisierung von »Vorteils- oder Bonusregelungen« für Gewerkschaftsmitglieder gegeben,[441] was die **Diskussion um ihre rechtliche Zulässigkeit** erneut angefacht hat (hierzu Rn. 196ff.).[442]

7.2 Erscheinungsformen der Differenzierungsklausel

Die Tarifpraxis kennt **»einfache« und »qualifizierte« Differenzierungsklauseln.**[443] 191

Bei einer **einfachen Differenzierungsklausel** wird **normativ** ein Anspruch auf eine bestimmte tarifliche Leistung nur für die Mitglieder der tarifschließenden Gewerkschaft begründet. Die Gewerkschaftsmitgliedschaft ist somit **konstitutive** Voraussetzung für die Inanspruchnahme dieser Leistungen. 192

Dem Arbeitgeber wird allerdings **nicht verwehrt**, die Begünstigung auch an nicht oder anders organisierte Beschäftigte **weiterzugeben.**

Beispiel:
»Arbeitnehmer, die Mitglied der Gewerkschaft xy sind, erhalten in jedem Geschäftsjahr … eine Zahlung in Höhe von 535,00 Euro brutto …«.[444]

Von einer einfachen Differenzierungsklausel ist die in Tarifverträgen oft zur Bestimmung des persönlichen **Geltungsbereichs** enthaltene Formulierung zu unterscheiden, dass der Tarifvertrag für die Mitglieder der Tarifvertragsparteien gilt. Eine solche Regelung hat meist nur **deklaratorischen Charakter.**[445] Sie beschreibt, was nach § 3 Abs. 1, § 4 Abs. 1 TVG ohnehin gilt.

Einfache Differenzierungsklauseln haben aus Gewerkschaftssicht den **Nachteil**, dass sie **»ins Leere laufen«**, wenn der Arbeitgeber die Leistung auch an anders oder nicht organisierte Arbeitnehmer gewährt (um diese von einem Eintritt in die tarifschließende Gewerkschaft abzuhalten bzw. einen Anreiz zu einem Austritt zu geben; vgl. hierzu Rn. 208, 221, 228). Dem soll mit sog. **qualifizierten Differenzierungsklauseln** begegnet werden, die vor allem in **zwei Varianten** diskutiert werden.[446] 193

- **Tarifausschlussklausel**: 194
  Eine einfache Differenzierungsklausel wird mit einer **schuldrechtlichen Verpflichtung des Arbeitgebers**[447] verbunden, die ihm untersagt, die Begünstigung an nicht oder anders organisierte Arbeitnehmer weiter zu geben.

---

441 Vgl. C. Franzen, a.a.O. (Fußn. 364); Schmalz, AiB 11, 438f.

442 Vgl. Gamillscheg, NZA 05, 146ff.; Leydecker, AuR 06, 11ff.; Franzen, RdA 06, 1ff.; Giesen, NZA 04, 1317ff.; Bauer/Arnold, NZA 05, 1209ff.

443 Zu den Begriffen BAG 18.3.09 – 4 AZR 64/08 NZA 09, 1028 (Rn. 32, 33); vgl. auch Wiedemann-Wiedemann, Einl. Rn. 273ff.; Leydecker, AuR 06, 11ff.; Franzen, RdA 2006, 1, 2f. m.w.N; ders. RdA 08, 304, 305; Kocher, NZA 09, 119, 120.

444 Eine solche Klausel lag der Entscheidung LAG Niedersachsen 11.12.07, AuR 09, 50 = DB 08, 1977 – bestätigt von BAG 18.3.09 a.a.O. – zugrunde.

445 BAG 18.3.09, a.a.O. (Rn. 25).

446 ErfK-Franzen, TVG § 1 Rn. 62.

447 Vgl. Däubler-Hensche/Heuschmid, § 1 Rn. 986.

Beispiel:
»Arbeitnehmer, die Mitglied der Gewerkschaft xy sind, erhalten pro Kalenderjahr eine Sonderzahlung in Höhe von … Euro brutto.
Die Gewährung dieser Leistung an gewerkschaftlich anders oder nicht organisierte Arbeitnehmer ist ausgeschlossen.«

Denkbar ist, die Verpflichtung des Arbeitgebers für den Fall der Nichteinhaltung mit einer Art »**Vertragsstrafe**« zu verbinden, die an die gewerkschaftlich organisierten Beschäftigten des Betriebs zu zahlen ist.

195 • **Spannen(sicherungs)- oder (Lohn-)Abstandsklausel**:
Eine einfache Differenzierungsklausel wird um eine Regelung ergänzt, die dem Arbeitgeber die Weitergabe der Begünstigung an nicht oder anders organisierte Arbeitnehmer zwar nicht untersagt; den Gewerkschaftsmitgliedern wird aber im Fall der Weitergabe an Anders- oder Nichtorganisierte ein **normativer Anspruch** auf eine entsprechende Aufstockung gewährt. Auf diese Weise wird der Abstand/»ein Mehr« zu den nicht oder anders organisierten Arbeitnehmern gewahrt.[448]

Beispiel:
»Arbeitnehmer, die Mitglied der Gewerkschaft xy sind, erhalten pro Kalenderjahr eine Sonderzahlung in Höhe von … Euro brutto.
Gewährt der Arbeitgeber die Sonderzahlung, entsprechende oder über die Sonderzahlung hinausgehende Beträge oder sonstige Leistungen Arbeitnehmern, die nicht Mitglied der Gewerkschaft xy sind, so erhöht sich für die Mitglieder der Gewerkschaft xy die Arbeitgeberleistung entsprechend.«[449]

195a Differenzierungsklauseln werden weit überwiegend in **Firmentarifverträgen** vereinbart, es gibt sie aber auch in **Verbandstarifverträgen.** So enthält der Tarifvertrag der IG BCE und des Bundesarbeitgeberverbands Chemie vom April 2010 die Einrichtung eines mit 25 Mio. € dotierten Fonds, um die Übernahme von Azubi zu fördern, die Mitglied der IG BCE sind.[450]

Bei Tarifausschlussklauseln, die mit einer **schuldrechtlichen Verpflichtung** des Arbeitgebers bzw. des Arbeitgeberverbandes verbunden sind (siehe Rn. 194) stellt sich für Verbandstarifverträge – wenn sie denn durchgesetzt werden können – zusätzlich die Frage, ob die Gewerkschaft gegenüber dem **einzelnen Arbeitgeber einen Erfüllungsanspruch** hat. Dieser Anspruch besteht zunächst gegenüber dem Arbeitgeberverband. Selbst wenn man aber unterstellt, dass bei nur vereinzelten Verstößen in Einzelarbeitsverträgen jedenfalls ein Unterlassungsanspruch der Gewerkschaft aus §§ 1004, 823 BGB in Verbindung mit Art. 9 Abs. 3 GG mangels einer *kollektiven*, tarifunterlaufenden Maßnahme nicht be-

448 Vgl. KeZa-Wendeling-Schröder, Rn. 301f.
449 Diese Klausel war Gegenstand der ihre Zulässigkeit bejahenden Entscheidung des ArbG Hamburg 26.2.09, AuR 09, 266; das BAG hat die Abstandsklausel jedoch für unwirksam erklärt (vgl. ausf. Rn. 205ff.), BAG 23.3.11 – 4 AZR 366/09, AuR 12, 218ff.
450 Leydecker, AuR 12, 195 m. w. Beispielen.

steht,[451] ist der Arbeitgeberverband als Vertragspartner jedenfalls zur Einwirkung auf seine Mitglieder zu tariftreuem Verhalten verpflichtet.[452]

7.3 Streit um die rechtliche Zulässigkeit von Differenzierungsklauseln

7.3.1. Entwicklung der Rechtsprechung

Die **frühere Rspr. des BAG** hat Differenzierungsklauseln **für unzulässig** erklärt (vgl. auch § 1 Rn. 214). Grundlegend war die Entscheidung des GS des BAG vom 29.11.67.[453] Anlass dieses »**Verdikts**«[454] war eine **Streikforderung** der (damaligen, inzwischen in der IG Metall aufgegangenen) DGB-Gewerkschaft Textil und Bekleidung (GTB) gegen den Arbeitgeberverband der Textilindustrie. Gefordert wurde der Abschluss eines Tarifvertrags über eine gemeinsame Urlaubskasse, die von den Arbeitgebern finanziert werden sollte und anteilige Zahlungen an drei Gruppen von Arbeitnehmern vorsah. Alle im Betrieb beschäftigten Arbeitnehmer sollten je 60,00 Deutsche Mark erhalten, die Hälfte des vereinbarten Restbetrags die seit mindestens einem Jahr im Betrieb beschäftigten Arbeitnehmer und die andere Hälfte des Restbetrages die im Betrieb beschäftigten Gewerkschaftsmitglieder. Die Mehrleistung an die Mitglieder sollte durch eine **Abstands- oder Spannenklausel abgesichert** werden. Evtl. Zahlungen an Außenseiter sollten zu einer Verpflichtung des Arbeitgebers führen, den Abstand zu den Außenseitern durch eine entsprechende Erhöhung der Leistung an die Gewerkschaftsmitglieder zu »kompensieren«. **196**

Nach Ansicht des GS des BAG verstieß die Differenzierung der tariflichen Leistungen nach anders bzw. nicht organisierten Arbeitnehmern und Gewerkschaftsmitgliedern gegen **Verfassungs- und Tarifrecht**. **197**

Verfassungsrechtlich verletze eine solche Differenzierung das Grundrecht der **positiven Koalitionsfreiheit** der anders und der **negativen Koalitionsfreiheit**[455] der nicht organisierten Arbeitnehmer aus Art. 9 Abs. 3 GG jedenfalls dann, wenn hierdurch ein »**sozial inadäquater Druck**« auf Anders- oder Nichtorganisierte zum Eintritt in die tarifschließende Gewerkschaft ausgeübt werde.

Tarifrechtlich stellten Differenzierungsklauseln eine **Überschreitung der Tarifmacht** dar. Die Vorenthaltung von Leistungen an die Außenseiter sei eine **unzulässige Beitragserhebung** für die Inanspruchnahme gewerkschaftlicher Tarifarbeit.

---

451 So u.a. KeZa-Wendeling-Schröder, Rn. 336.

452 BAG 18.2.98 – 4 AZR 363/96, NZA 98, 1008 unter 2.

453 BAG GS 29.11.67 – 1 GS 11/67, DB 68, 1539; bestätigt durch BAG 21.3.78 – 1 AZR 11/76, DB 78, 1647; 21.1.87, DB 87, 487; 3.6.87 – 4 AZR 573/86; im Ergebnis zust. Löwisch/Rieble, § 1 Rn. 1879ff.; Wiedemann-Wiedemann, Einl. Rn. 286ff., 428; vgl. auch Gamillscheg, BB 88, 555. Das BAG 18.3.09 – 4 AZR 64/08, NZA 09, 1028 (Rn. 86ff.) weist allerdings zutreffend darauf hin, dass sich der Große Senat nicht mit der Zulässigkeit einer einfachen, sondern einer qualifizierten Differenzierungsklausel in Form der Spannenklausel befasst hat.

454 BAG 9.5.07 – 4 AZR 275/06, NZA 07, 1439 (Rn. 31).

455 Kritisch zur Qualifizierung dieser Freiheit als ein – der positiven Koalitionsfreiheit gleichrangiges – verfassungsrechtlich gewährleistetes Grundrecht Däubler AR 1, Rn. 137 ff; Gamillscheg, S. 381ff.; ders. BB 88, 556f.; HK-ArbR-Kittner/Schiek, GG Art. 9 III Rn. 111ff.; Zachert, DB 95, 323f.

Außerdem verletzte eine Differenzierung das »allgemeine Gerechtigkeitsempfinden« des Außenseiters, dem gesagt werde, »*er bekomme soundsoviel Urlaubsgeld weniger, weil er nicht organisiert sei, und der andere bekomme soundsoviel Urlaubsgeld mehr, weil er organisiert sei*«.[456] Eine finanzielle Besserstellung von organisierten gegenüber nicht oder anders organisierten Arbeitnehmern stelle auch unter diesem Gesichtspunkt einen »sozialinadäquaten Druck« auf die Außenseiter dar.

Zudem werde vom Arbeitgeber **Unzumutbares** verlangt, wenn er verpflichtet werde, dem sozialen Gegenspieler bei dessen Mitgliederentwicklung zu unterstützen.

198 Bestätigt wurde diese Rspr. durch die BAG-Entscheidungen zu Tarifregelungen, die einen tariflichen Anspruch auf Vorruhestand oder Altersteilzeit **auf eine Quote begrenzen** (vgl. § 1 Rn. 234).[457] So ist das BAG zu dem Ergebnis gekommen, dass auch **Nichtorganisierte auf die Quote anzurechnen** sind mit der Folge, dass die gewerkschaftlich organisierten und damit dem Tarifvertrag direkt unterfallenden Beschäftigten ggf. »leer ausgehen«. Zutreffend an diesen Entscheidungen ist zunächst die Einordnung der Quotenregelung nicht als **Betriebsnorm** (die gem. § 3 Abs. 2 TVG für alle Beschäftigten gilt, wenn nur der Arbeitgeber tarifgebunden ist; vgl. Rn. 63), sondern als **Inhaltsnorm** (vgl. § 1 Rn. 123 ff.), die zunächst einmal nur für Mitglieder der tarifvertragsschließenden Gewerkschaft gilt. Über die Anwendung der »negativen Koalitionsfreiheit« hat das BAG vom 21.1.87 aber dann doch die **Anwendung der Quote auf alle Beschäftigten**, also auch die Nichtorganisierten, erstreckt. Die ausschließliche Berücksichtigung nur tarifgebundener Arbeitnehmer zur Ausfüllung des Begriffs »2 % der Arbeitnehmer des Betriebs« würde gegen die negative Koalitionsfreiheit verstoßen. Dies führt zum seltsamen Ergebnis, dass Nichtorganisierte, die nichts zum Zustandekommen der Tarifregelung beigetragen haben (die sich im Rahmen der Tarifauseinandersetzung möglicherweise sogar als Streikbrecher aktiv gegen einen solchen Tarifvertrag betätigt haben) diejenigen verdrängen können, die sich mit Engagement und finanziellen Leistungen (Zahlung von Mitgliedsbeiträgen bis hin zu Entgelteinbußen wegen Beteiligung an Arbeitskämpfen) für eine Realisierung des Tarifvertrags eingesetzt haben. Hier kommt eher eine Verletzung der »positiven Koalitionsfreiheit« der Gewerkschaftsmitglieder in Betracht, als eine Verletzung der »negativen Koalitionsfreiheit« der »Trittbrettfahrer«.

199 Einige **Landesarbeitsgerichte** sind der Rspr. des GS des BAG nicht gefolgt und haben Differenzierungsklauseln **begrenzt zugelassen.**

200 So hat etwa das **LAG Düsseldorf** eine Differenzierung nur dann für unzulässig gehalten, wenn der durch die Tarifregelung auf Nichtmitglieder ausgeübte Druck »*empfindlich*« ist.[458] Ein empfindlicher und damit unzulässiger Druck liege aber (allenfalls) dann vor, wenn die Differenzierung im Jahr ein **volles Monatsgehalt** beträgt. Die Entscheidung ist durch den 5. Senat des BAG[459] – allerdings mit anderer Begründung – 1975 bestätigt worden.

---

456 BAG GS 29.11.67, a.a.O., S. 221.

457 BAG 21.1.87 – 4 AZR 486/86 u. 4 AZR 547/86, DB 87, 487: Begrenzung des Vorruhestands auf 2 % der Arbeitnehmer des Betriebs; vgl. hierzu auch BAG 18.3.09 – 4 AZR 64/08, NZA 09, 1028 (Rn. 30); 18.9.01, NZA 02, 1161: Begrenzung des Anspruchs auf Abschluss eines Altersteilzeitvertrags auf 5 % der Arbeitnehmer des Betriebs.

458 LAG Düsseldorf 29.1.74 – 8 Sa 482/73, EzA Art. 9 GG Nr. 20.

459 BAG 11.6.75, EzA § 3 TVG Bezugnahme auf Tarifvertrag Nr. 1.

Das **LAG Hamm** hat die Begünstigung von Gewerkschaftsmitgliedern in einem Firmentarifvertrag (Zahlung einer tariflichen »Erholungsbeihilfe« pro Urlaubsjahr – im Streitfall 1200 DM – nur an Gewerkschaftsmitglieder) 1994 für zulässig erklärt.[460] Nichtorganisierte müssten es hinnehmen, dass Ansprüche aus nicht allgemein verbindlichen Tarifverträgen nur Gewerkschaftsmitgliedern zustehen. Der davon ausgehende Druck auf Nichtorganisierte, der Gewerkschaft beizutreten, sei legitim. Würde man anders entscheiden, wären die Gewerkschaften in ihrer **Existenz gefährdet**, weil für Beschäftigte kein Grund bestünde, einer Gewerkschaft beizutreten bzw. ihr weiter anzugehören. Das BAG sah in dieser Entscheidung eine Abweichung von der Grundsatzentscheidung des BAG vom 29. 11. 67 und ließ die – vom LAG Hamm nicht zugelassene Revision – zu (die nichtorganisierten Kläger hatten Nichtzulassungsbeschwerde eingelegt). Zu einer Entscheidung des BAG in der Sache kam es nicht, weil die Prozessparteien einen außergerichtlichen Vergleich schlossen. 201

Das **LAG Niedersachsen** hat 2007 eine zwischen der Arbeiterwohlfahrt und der Gewerkschaft ver.di firmentariflich vereinbarte einfache Differenzierungsklausel (*»Als Ersatzleistung wegen des Verzichts auf die Sonderzahlungen gemäß § 19 des Haustarifvertrags der AWO-Gruppe erhalten die ver.di-Mitglieder der AWO-Gruppe in jedem Geschäftsjahr zum 31. Juli eine Ausgleichszahlung in Höhe von 535 Euro brutto je Vollzeitkraft gemäß tariflicher Wochenarbeitszeit.«*) für zulässig erklärt.[461] Der Betrag von 535 Euro entsprach etwa dem **doppelten jährlichen Gewerkschaftsbeitrag**. Eine Klausel mit weitgehend gleichem Wortlaut wurde vom LAG Niedersachsen in einer weiteren Entscheidung für rechtens erklärt.[462] Das Gericht hatte allerdings Zweifel an der Wirksamkeit einer mit der Klausel verbundenen Regelung folgenden Wortlauts: *»Diese Ausgleichszahlung erhalten Beschäftigte, die ihre Mitgliedschaft in der Vereinten Dienstleistungsgewerkschaft (ver.di) für die zurückliegenden drei Monate bis zum Auszahlungstag glaubhaft zum 30. Juni des Auszahlungsjahres nachgewiesen haben.«* Die Geltung von Rechtsnormen des Tarifvertrags sei gem. § 3 Abs. 1, § 4 Abs. 1 TVG hinsichtlich der Tarifgebundenheit allein von dem Beginn der Mitgliedschaft abhängig, nicht aber von einem »dreimonatigen Karenzzeitraum«. Eine etwaige Rechtswidrigkeit der Zusatzklausel führe jedoch nicht zur Unwirksamkeit der gesamten tariflichen Differenzierungsklausel, weil der Tarifvertrag auch ohne die unwirksame Regelung noch eine sinnvolle und in sich geschlossene Regelung darstelle. 202

Auch beim **BAG** ist Bewegung zu verzeichnen. Der Vorsitzende des für Streitfälle um Differenzierungsklauseln zuständigen 4. Senats des BAG hat die Entscheidung des GS vom 29. 11. 67 als »**Uraltrechtsprechung**« bezeichnet, über die man »*möglicherweise noch einmal neu nachdenken*« müsse.[463] Das hat das BAG inzwischen in mehreren Entscheidungen getan. In seiner Entscheidung vom 9. 5. 07 hat er ausdrücklich offengelassen, »*ob dem Großen Senat in seinem umfassenden Verdikt tarifvertraglicher Differenzierungsklauseln zu fol-* 203

460 LAG Hamm 11. 1. 94 – 11 Sa 979/93, LAGE Nr. 4 zu § 4 TVG; ausführlich zu diesem Urteil Zachert, DB 95, 322.

461 LAG Niedersachsen 11. 12. 07, AuR 09, 50 = DB 08, 1977; zust. Ulber/Strauß, DB 08, 1970; bestätigt von BAG 18. 3. 09 – 4 AZR 64/08, NZA 09, 1028.

462 LAG Niedersachsen 6. 2. 09 – 14 Sa 1793/07.

463 Bepler, FS 100 Jahre DAV, 791, 794.

gen sei«.[464] Eine als **Tarifausschlussklausel** gewertete Tarifregelung[465] hat das Gericht allerdings – durchaus nachvollziehbar – im Jahre 2007 für unwirksam gehalten. Sie stellte hinsichtlich der Gewerkschaftsmitgliedschaft als Voraussetzung für die zusätzliche monatliche Leistung auf einen **zurückliegenden Stichtag** ab und schloss damit auch Beschäftige von der Leistung aus, die nach diesem Stichtag in die Gewerkschaft ein- oder austreten.[466]
Die Klausel hatte folgenden Wortlaut:

> *»Mit Wirkung ab 1. Oktober 2003 wird ein Tarifvertrag über eine monatliche Vergütung von 55,00 Euro abgeschlossen. Dieser Tarifvertrag gilt nur für Arbeitnehmer, welche seit dem 1. Juni 2003 Mitglied der Industriegewerkschaft Bergbau, Chemie, Energie sind und bleiben. Für Arbeitnehmer, die diese Voraussetzungen nicht erfüllen, entfällt die Vergütung bzw. ist eine zu Unrecht gezahlte Vergütung zurückzuzahlen«.*

Das BAG hielt die Sätze 2 und 3 der Regelung für **unwirksam**. Die Regelung des Satzes 2 (kein Anspruch bei Gewerkschaftsbeitritt nach dem Stichtag 1.6.2003) stehe in Widerspruch zu § 3 Abs. 1, § 4 Abs. 1 TVG (vgl. Rn. 10ff.),[467] die die Geltung von Rechtsnormen des Tarifvertrags hinsichtlich der Tarifgebundenheit allein von dem **Beginn der Mitgliedschaft** abhängig machen. Mit dem Beitritt zur Gewerkschaft werde grundsätzlich gegenüber einem tarifgebundenen Arbeitgeber ein Anspruch auf die tariflichen Leistungen begründet. Durch die Stichtagsregelung werde allein aus organisationspolitischen Gründen unzulässig in diese vom TVG vorgegebene Rechtslage eingegriffen. Der für den Fall des späteren Austritts aus der tarifschließenden Gewerkschaft nach dem Stichtag vorgesehene Anspruchsausschluss (Satz 3 der Klausel) sei unvereinbar mit der zwingenden **Nachbindung** nach § 3 Abs. 3 TVG (vgl. Rn. 70ff.). Zugleich werde durch den sofortigen Wegfall der tariflichen Leistungen bei einem Gewerkschaftsaustritt in die negative Koalitionsfreiheit eingegriffen, weil der Gewerkschaftsaustritt durch den sofortigen Wegfall der dem Arbeitnehmer zunächst tarifrechtlich eingeräumten Leistungen bestraft werde.[468]
Der Klage der beiden nicht tarifgebundenen Klägerinnen, deren Arbeitsverträge unterschiedliche Bezugnahmeregelungen hinsichtlich der tariflichen Vergütung enthielten, auf Zahlung der zusätzlichen monatlichen Vergütung (nach Satz 1 der Klausel) wurde stattgegeben. Die **Teilunwirksamkeit** der Ausschlussklausel führe nicht zur Gesamtunwirksamkeit der Tarifregelung (vgl. dazu auch § 1 Rn. 44), da auch ohne die unwirksame Regelung noch eine sinnvolle und in sich geschlossene Regelung gegeben sei.[469]

---

464 Pressemitteilung des BAG Nr. 31/07 zu BAG 9.5.07, NZA 07, 1439 (Rn. 31).
465 A. A. Franzen, RdA 08, 304, 306, der in der Klausel eine Festlegung des persönlichen Geltungsbereichs sieht, deren Wirksamkeit allein am allgemeinen Gleichbehandlungsgrundsatz zu messen sei.
466 BAG 9.5.07 – 4 AZR 275/06, NZA 07, 1439.
467 BAG 9.5.07, a.a.O. (Rn. 32).
468 BAG 9.5.07, a.a.O. (Rn. 34, 35).
469 BAG 9.5.07, a.a.O. (Rn. 37); zur Teilnichtigkeit vgl. auch BAG 18.8.71, DB 71, 2117; 10.11.82, DB 83, 717; 26.6.85 AP TVG § 1 Teilnichtigkeit Nr. 1; 27.2.96, NZA 96, 992; zurückhaltend bei der Anwendung des § 139 BGB schon BAG 15.1.55, AP Nr. 4 zu Art. 3 GG; vgl. auch Wiedemann-Thüsing, § 1 Rn. 332; Däubler-Reim/Nebe, § 1 Rn. 186; Löwisch-Rieble, § 1 Rn. 503ff.

Die Entscheidung wäre vermutlich **anders ausgefallen**, wenn Satz 1 der Klausel die anspruchsbegründende Voraussetzung enthalten hätte, dass die Leistung nur an Mitglieder der IGBCE zu gewähren ist. Es hätte sich dann um eine zulässige einfache Differenzierungsklausel (vgl. Rn. 204) gehandelt. Allerdings hätte das BAG auch die Unwirksamkeit auf die »eigentliche« Stichtagsregelung (*»welche seit dem 1. Juni 2003 Mitglied der Industriegewerkschaft Bergbau, Chemie, Energie sind«*) beschränken können mit der Folge, dass eine zulässige einfache Differenzierungsklausel übrig geblieben wäre.[470]

In einer weiteren Entscheidung hat das **BAG** 2009 eine **einfache Differenzierungsklausel** (vgl. Rn. 202) für wirksam erklärt.[471] Die Klage einer gewerkschaftlich nicht organisierten Arbeitnehmerin auf Zahlung der »Ausgleichsleistung« wurde abgewiesen, weil sie die in der Differenzierungsklausel vorgesehene **Anspruchsvoraussetzung (ver.di-Mitgliedschaft) nicht erfüllt** habe. Die im Arbeitsvertrag enthaltene **Bezugnahme** auf die »einschlägigen Tarifverträge in ihrer jeweiligen Fassung« bezwecke im Regelfall die Tarifnormen im Arbeitsverhältnis anzuwenden, dagegen nicht, dem Arbeitnehmer in Bezug auf den Tarifvertrag den Status eines Mitglieds der tarifschließenden Gewerkschaft einzuräumen (vgl. hierzu Rn. 268f.). 204

Eine **Vorlage an den Großen Senat** des BAG gem. § 45 Abs. 3 ArbGG hat das BAG nicht für erforderlich gehalten. Der Große Senat habe im Beschluss vom 29. 11. 1967 über eine einfache Differenzierungsklausel **keine bindende Entscheidung** getroffen. Jedenfalls aber sei die einfache Differenzierungsklausel im Streitfall auch nach den Maßstäben des Großen Senates **nicht sozial inadäquat**. Ob die Tarifvertragsparteien insoweit eine im Wesentlichen **unbegrenzte Regelungsbefugnis** haben oder ob sie dabei an relativ enge, im Einzelnen festzulegende **Grenzen gebunden** sind, hat der 4. Senat **offen gelassen**, weil jedenfalls die zur Entscheidung stehende tarifliche Regelung (Vorteilsregelung über 535 Euro = doppelter jährlicher Gewerkschaftsbeitrag) etwa einzuhaltende Grenzen nicht überschritten habe. Zur aktuellen Rechtsprechungsentwicklung hinsichtlich einer Stichtagsklausel in einem Firmentarifvertrag mit sozialplanähnlichem Inhalt s. Rn. 240f.

Die Zulässigkeit einer **qualifizierten Differenzierungsklausel** hat das **BAG 2011 erneut verneint.**[472] Das in Rn. 195 dargestellte Beispiel für eine Spannen- bzw. **Abstandsklausel** und die konkret nur für ver.di-Mitglieder vereinbarte tarifliche **Erholungsbeihilfe** in Höhe von brutto 260,– € pro Kalenderjahr wurde vom ArbG Hamburg in der Vorinstanz noch als zulässig bewertet. Es handele sich insoweit um eine legitime Maßnahme der Mitgliederwerbung und -erhaltung.[473] In dem Rechtsstreit ging es um folgende Tarifregelung: 205

> *»I. Lohn- und Gehaltsempfänger, die Mitglied der Vereinten Dienstleistungsgewerkschaft ver.di sind, erhalten pro Kalenderjahr eine Erholungsbeihilfe als Bruttobetrag in Höhe von 260,00 Euro. Die Höhe der Erholungsbeihilfe für Teilzeitbeschäftigte ermittelt sich anteilig nach ihrer arbeitsvertraglich festgelegten Normalarbeitszeit im Verhältnis zu der Normalarbeitszeit der Vollbeschäftigten. […]*

---

470 Vgl. Franzen, RdA 08, 304, 307.
471 BAG 18. 3. 09 – 4 AZR 64/08, NZA 09, 1028 = AuR 09, 362 m. Anm. Leydecker.
472 BAG 23. 3. 11 – 4 AZR 366/09, AuR 12, 218ff.
473 ArbG Hamburg 26. 2. 09 – 15 Ca 188/08, AuR 09, 366.

V. Gewährt die H. AG die Leistung nach Ziffer I., entsprechende oder über die in Ziffer I festgelegten Ansprüche hinausgehende Beträge oder sonstige Leistungen Lohn- und Gehaltsempfängern, die nicht Mitglied der Vereinten Dienstleistungsgewerkschaft ver.di sind, so erhöht sich für die Lohn- und Gehaltsempfänger, die Mitglied der Vereinten Dienstleistungsgewerkschaft ver.di sind, die Arbeitgeberleistung entsprechend.«

Das BAG hielt jedoch entgegen der verbreiteten Kritik in der Literatur (vgl. Rn. 190) und entgegen der zum Teil erwarteten Wende[474] an der Rechtsprechung des Großen Senats zur Unwirksamkeit tariflicher Spannenklauseln fest. Anders als der Große Senat begründet das BAG die Unwirksamkeit ausschließlich mit dem Argument, derartige Klauseln würden die **Tarifmacht** überschreiten und die **Vertragsfreiheit des Arbeitgebers** verletzen.

7.3.2 Bewertung der Rechtsprechung und Ausblick

206 Positiv ist, dass die neuere BAG-Rspr. – aber auch weitere Instanzgerichte – das »Verdikt« des GS des BAG (Differenzierungsklauseln seien grundsätzlich sozial inadäquat und daher unzulässig, vgl. Rn. 197) in Frage stellen. Immerhin hat das BAG erneut die **einfache Differenzierungsklausel** für zulässig erklärt, wenn auch die Frage bislang offen gelassen worden ist, ob etwa in Bezug auf die Höhe des Vorteils Grenzen einzuhalten sind.[475] Nach der aktuellen Rechtsprechung des zuständigen 4. Senats des BAG kommt jedenfalls den Tarifvertragsparteien auf Grund der verfassungsrechtlich geschützten Tarifautonomie bei der Bestimmung von Umfang und Voraussetzungen von Ausgleichs- und Überbrückungsleistungen anlässlich einer Betriebsstillegung ein weiter Gestaltungsspielraum zu,[476] vgl. Rn. 240f.

206a Grundsätzlich anders bewertet der 4. Senat des BAG aber immer noch **qualifizierte Differenzierungsklauseln** in Form einer **Spannen- bzw. Abstandsklausel**. Sie soll regelmäßig **unzulässig** sein, und zwar auch dann, wenn die Höhe der Zusatzzahlung gering ist (im entschiedenen Fall 260,– € brutto/Jahr). Im Zentrum der Argumentation steht die Behauptung, die Tarifvertragsparteien hätten ihre Tarifmacht überschritten. Das BAG meint[477]:

»Die Regelung in Ziff. V TV ErhBeih ist jedoch deswegen unwirksam, weil die Tarifvertragsparteien mit ihr die ihnen von Art. 9 Abs. 3 GG zugewiesene, durch diese Bestimmung aber auch begrenzte Tarifmacht überschritten haben. Durch die Klausel wird ein tariflicher Anspruch normativ begründet, der in Bestand und Höhe von vertraglichen Bedingungen zwischen dem tarifgebundenen Arbeitgeber und nicht tarifgebundenen Arbeitnehmern abhängig ist. Die Spannenklausel führt – ihrem Zweck gemäß – dazu, dass dem Arbeitgeber eine Lohngleichstellung der Außenseiter mit den ver.di Mitgliedern rechtlich-logisch unmöglich ist, selbst wenn er zu höheren Aufwendungen durch ergänzende Leistungen an die Außenseiter bereit ist. Eine solche Wirkung kann ein Tarifvertrag nicht normativ anordnen, weil es den Koalitionen nicht zukommt, ein solches, dem außertarif-

474 Vgl. Thüsing/Braun-Mengel/Burg, 5. Kap. Rn. 13ff.
475 BAG 23.3.11 – 4 AZR 366/09, NZA 11, 920ff. Rn. 21f.
476 BAG PM Nr. 20/15, 15.4.15 – 4 AZR 796/13.
477 BAG a. a. O, Rn. 38.

lichen Bereich zuzuordnendes Verhalten des Arbeitgebers im Verhältnis zu nicht oder anders organisierten Arbeitnehmern unmöglich zu machen.«

Diese Argumentation **überzeugt nicht.** Eine Überschreitung der Tarifmacht liegt schon deshalb nicht vor, weil durch die Abstandsklausel die **Arbeitsverhältnisse der Außenseiter nicht normativ** geregelt werden.[478] Sie enthält auch keine Inhaltsnormen für das Außenseiterarbeitsverhältnis.[479] Das erkennt auch das BAG, meint jedoch, die Abstandsklausel würde auf das Arbeitsverhältnis der nicht tarifgebundenen Arbeitnehmer eher indirekt Einfluss nehmen bzw. es dem Arbeitgeber »rechtlich-logisch« unmöglich machen, die Arbeitsbedingungen aller Beschäftigten anzugleichen.[480] Allerdings ist dies allenfalls eine ökonomische Begrenzung der rechtlich unbeschränkt gewährleisteten Vertragsfreiheit des Arbeitgebers.[481] Darauf, dass der Vertragspartner sich anderen gegenüber nur im beschränkten Umfang bindet, um in anderem Kontext mehr zu versprechen, hat aber niemand einen Anspruch. Es bleibt lediglich die Frage, ob die Rechtsordnung es verlangt, dass ein Außenseiter grundsätzlich die Chance haben muss, ebenso viel erhalten zu können wie ein organisierter Arbeitnehmer.[482] Die Frage stellen heißt, sie verneinen[483]: die Rechtsordnung verlangt das nicht. Mit der Konstruktion des Überschreitens der tariflichen Regelungsmacht und der einseitigen Ausrichtung auf die Vertragsfreiheit von Arbeitgeber und Außenseiter verbaut sich das BAG die eigentlich vorzunehmende **Abwägung zweier Grundrechtspositionen.**[484] Richtigerweise sind im **Einzelfall** zu prüfen und abzuwägen die **negative Koalitionsfreiheit** (Vertragsfreiheit) des Außenseiters mit der **positiven Koalitionsfreiheit** der im Koalitionswettbewerb stehenden, die **Arbeits- und Wirtschaftsbedingungen** regelnden Gewerkschaften.[485] 206b

Nach hier vertretener Auffassung sind Spannen- bzw. Abstandsklauseln, von extremen Ausnahmen abgesehen (vgl. Rn. 240), **zulässig** und im Interesse des **Erhalts der Tarifautonomie** geradezu **geboten.** Das bisherige höchstrichterliche Verbot von qualifizierten Differenzierungsklauseln **behindert** in unzulässiger Weise die durch Art. 9 Abs. 3 GG geschützte **Betätigungsfreiheit** der Gewerkschaften. Es gefährdet tendenziell die Existenz von Gewerkschaften, vor allem aber ihre tarifpolitische Wirksamkeit und untergräbt damit die **Funktionsfähigkeit der durch Art. 9 Abs. 3 GG gewährleisteten Tarifautonomie,** die auf annäherndes Kräftegleichgewicht von Gewerkschaften und Arbeitgebern angewiesen ist (vgl. auch AKR Rn. 1, 3ff.; zu den schwieriger werdenden Bedingungen zur Durchsetzung von Tarifverträgen vgl. Grundl. Rn. 159ff., 176ff.). Ein Verbot von Differenzierungsklauseln kollidiert zudem direkt mit Art. 9 Abs. 3 Satz 2 GG, wonach Maßnahmen, 207

478 Schmalz, AiB 11, 438, 440.
479 Ausf. Ulber/Strauß, Anm. zu BAG 23.3.11, EzA Nr. 104 zu Art. 9 GG S. 49ff.
480 Vgl. ausführlich Schubert, ZTR 11, 579, 583; Däubler-Hensche/Heuschmid, § 1 Rn. 999ff.
481 Deinert, RdA 14, 129, 131.
482 Deinert, RdA 14, 129, 131.
483 Deinert, a.a.O., Schubert, ZTR 11, 579, 584.
484 So auch Däubler-Hensche/Heuschmid, § 1 Rn. 1002; Schubert, ZTR 11, 579, 583f.; ArbG Hamburg 26.2.09 – 15 Ca 188/08, AuR 09, 366f.; Leydecker, AuR 12, 196,197.
485 Schubert, a.a.O., Leyendecker, AuR 12, 195, 198f.; ausf. Ulber/Strauß, Anm. zu BAG 23.3.11 a.a.O. S. 40ff., 53ff.

die die Tarifautonomie als wesentliches Betätigungsfeld der Koalitionsfreiheit **behindern**, rechtswidrig sind.

208 Es soll damit keineswegs behauptet werden, die Gewerkschaften seien bei einer Fortschreibung des Verbots qualifizierter Differenzierungsklauseln als Tarifvertragspartei überhaupt nicht mehr handlungsfähig. Die Bemühungen und Initiativen der Gewerkschaften zur Mitgliedererhaltung und -werbung dürfen aber nicht unnötig dadurch erschwert werden, dass ihre durch Art. 9 Abs. 3 GG geschützte **Betätigungsfreiheit** durch ein Verbot qualifizierter Differenzierungsklauseln **eingeschränkt** wird. Ob Gewerkschaften letztlich von diesem Instrument Gebrauch machen oder nicht, ist ihre autonome Entscheidung. Dafür spricht, dass mit qualifizierten Differenzierungsklauseln der »Neigung« von Arbeitgebern, die Vorteile aus einfachen Differenzierungsklauseln an Außenseiter weiter zu geben, entgegen gewirkt und auf diese Weise ein »**Leerlaufen**« einfacher Differenzierungsklauseln vermieden werden kann (vgl. Rn. 193).

209 **Überholt** ist die Annahme des BAG, mit der Regelung von Differenzierungsklauseln werde die **Tarifmacht überschritten**. Das Bundesverfassungsgericht hat die »**Kernbereichslehre**« zwischenzeitlich ausdrücklich aufgegeben (vgl. Grundl. Rn. 69).[486] Damit ist klargestellt, dass **jede koalitionsspezifische Betätigung** durch das Grundrecht aus Art. 9 Abs. 3 GG geschützt ist. Hierzu gehören auch existenzsichernde Maßnahmen der Gewerkschaft, wie etwa die **Mitgliederwerbung** durch die tarifliche Vereinbarung von unmittelbar zufließenden Vorteilen für ihre Mitglieder.[487]

210 Die **Grenzen der Tarifmacht** wären entgegen der Entscheidung des BAG vom 23.3.11 allenfalls dann berührt, wenn die Differenzierungsklausel das Arbeitsverhältnis von Anders- oder Nichtorganisierten **normativ** erfassen wollte. Das ist aber weder bei einfachen noch bei **qualifizierten Differenzierungsklauseln** (vgl. Rn. 194f., 206b) der Fall.
Sowohl bei der **Tarifausschlussklausel** als auch der **Spannen- bzw. Abstandsklausel** wird allein der den Tarifvertrag abschließende **Arbeitgeber** verpflichtet. Dieser wird zu etwas verpflichtet, was ohnehin in seiner Macht steht: nämlich die unterschiedliche Behandlung von organisierten, anders oder nicht organisierten Arbeitnehmern (vgl. Rn. 187).[488]
In die **Rechtsstellung** anders und nicht organisierter Arbeitnehmer wird nicht eingegriffen. Deshalb ist weder eine Tarifausschlussklausel noch eine Spannen- bzw. Abstandsklausel ein unzulässiger Vertrag zu Lasten Dritter (der Anders- oder Nichtorganisierten).

211 Allerdings entfalten qualifizierte Differenzierungsklauseln **faktisch** Wirkungen, die das Verhältnis des tarifschließenden Arbeitgebers zu den anders und nicht organisierten Arbeitnehmern berühren. Bei der **Tarifausschlussklausel** wird dem Arbeitgeber schuldrechtlich untersagt, den zugunsten der Gewerkschaftsmitglieder geregelten Vorteil an anders und nicht organisierte Arbeitnehmer weiter zu geben. Bei der **Spannen- bzw. Abstandsklausel** treffen den Arbeitgeber erhöhte finanzielle Belastungen durch die zu leistenden Aufstockungszahlungen an die von der Differenzierungsklausel begünstigten Gewerkschaftsmitglieder, wenn solche Ansprüche geltend gemacht werden.

---

486 BVerfG 14.11.95, NZA 96, 381.
487 BAG 18.3.09 – 4 AZR 64/08, NZA 09, 1028 (Rn. 117); vgl. auch Ulber/Strauß, DB 08, 1970, 1971; Däubler-Hensche/Heuschmid, § 1 Rn. 1006; Schubert, ZTR 11, 583f.
488 Vgl. Gamillscheg, NZA 05, 146, 147; Kocher, 09, 119, 123.

Dass ein Vertrag zwischen A und B **faktische Wirkungen** auf C hat, ist allerdings in der Rechtsordnung nichts Ungewöhnliches. So verbietet etwa § 60 HGB dem Arbeitnehmer, ein Handelsgewerbe (also Geschäfte mit Dritten) zu betreiben, das seinem Arbeitgeber Konkurrenz macht. Tut er es dennoch, ist das Geschäft mit dem Dritten zwar nicht unwirksam. Der Arbeitnehmer verletzt aber seinen Arbeitsvertrag und riskiert die damit verbundenen Folgen (Abmahnung, Kündigung). 212

Ähnlich verhält es sich mit der **Tarifausschlussklausel**. Zwar wird die Vertragsfreiheit des Arbeitgebers und anders- oder nicht organisierten Arbeitnehmers faktisch eingeschränkt (vgl. Rn. 211). Ein Verstoß gegen seine Unterlassungsverpflichtung führt indes nicht zur Unwirksamkeit einer vertraglich vereinbarten Weitergabe des Vorteils an Anders- oder Nichtorganisierte.[489] Der Arbeitgeber verletzt aber die mit der Gewerkschaft vereinbarte Unterlassungsverpflichtung und riskiert die damit verbundenen Folgen (etwa ein Unterlassungsverfahren). Sonstige Sanktionen – etwa Schadensersatzpflichten – entstehen nur, wenn die Tarifausschlussklausel solches ausdrücklich vorsieht (etwa eine Vertragsstrafe), was von der Tarifmacht gedeckt wäre. 213

Nur der Vollständigkeit halber sei darauf hingewiesen, dass in einer Reihe von weiteren Fällen anders und nicht organisierte Arbeitnehmer unmittelbar oder mittelbar in Tarifregelungen **einbezogen** werden, ohne dass die Frage nach der Grenze der Tarifmacht aufgeworfen wird: z.B. bei betrieblichen und betriebsverfassungsrechtlichen Normen (vgl. § 1 Rn. 134ff., 137ff.), allgemeinverbindlichen Tarifverträgen (vgl. § 5 Rn. 1ff.) und Tarifregelungen aufgrund eines tarifdispositiven Gesetzes, die letztlich durch arbeitsvertragliche Bezugnahme auch für Nichtorganisierte gelten (vgl. Grundl. Rn. 103, 129).[490] 214

Bis hierhin kann also festgehalten werden, dass sich qualifizierte Differenzierungsklauseln allenfalls faktisch auf die Ausübung der **Vertragsfreiheit** von Arbeitgebern und anders und nicht organisierten Arbeitnehmern auswirken. Rechtlich relevante Wirkungen entstehen entgegen BAG 23.3.11 nicht. Die faktischen Auswirkungen sind – das wird noch zu zeigen sein (vgl. Rn. 225) – im Interesse des Erhalts der durch Art. 9 Abs. 3 GG garantierten Tarifautonomie hinzunehmen. 215

(nicht besetzt) 216–220

Qualifizierte Differenzierungsklauseln sollen in der Tat einen **Anreiz zum Gewerkschaftsbeitritt bzw. zum Verbleiben in der Gewerkschaft** geben. Das gelingt nur, wenn dem Arbeitgeber die Möglichkeit genommen, mindestens aber erschwert wird, die Begünstigung durch eine »Gleichbehandlung« der anders oder nicht organisierten Arbeitnehmer »ins Leere laufen« zu lassen bzw. dadurch sogar einen Anreiz dafür zu schaffen, dass Nichtorganisierte Außenseiter bleiben und Organisierte aus der Gewerkschaft austreten. 221

Die Begünstigung von Gewerkschaftsmitgliedern durch qualifizierte Differenzierungsklauseln ist ein **legitimes**, von Art. 9 Abs. 3 GG gedecktes **Ziel.**[491] Sie ist Ausgleich und Anerkennung des zur Erhaltung von Tarifautonomie und Sozialstaat fundamental notwendigen Engagements von gewerkschaftlich organisierten Arbeitnehmern zur »Förderung der Arbeits- und Wirtschaftsbedingungen« i.S.d. Art. 9 Abs. 3 GG. Dieses drückt sich 222

489 LAG Köln 17.1.08, DB 08, 1979; Kocher, NZA 09, 119, 123.
490 Zu diesem Aspekt vgl. BAG 18.3.09, a.a.O. (Rn. 68)
491 BAG 9.5.07, NZA 07, 1439 (Rn. 33).

nicht nur in der Zahlung des Gewerkschaftsbeitrags aus, sondern in einer Vielzahl sonstiger für den Erhalt der Tarifautonomie notwendigen Aktivitäten, etwa der aktiven Teilnahme an Tarifauseinandersetzungen. Außenseiter können sich diese »Plakette« nicht an die Brust heften. Im Gegenteil: ihre »Trittbrettfahrerei« beeinträchtigt die Verhandlungsstärke der Arbeitnehmerseite und stärkt damit die Arbeitgeber. Mit Hinweis auf einen angeblichen Verfassungsverstoß einen übermäßigen, »**sozial inadäquatem**« Druck auf anders oder nicht organisierte Arbeitnehmer zu behaupten – wie es der Große Senat getan hat –, lenkt von diesem Tatbestand ab.

223 Überhaupt ist die Vorstellung in einer marktwirtschaftlich organisierten Gesellschaft **befremdlich**, eine Begünstigung des Einen (des Gewerkschaftsmitglieds) könne einen unzulässigen Druck auf einen Anderen ausüben, ebenfalls die Voraussetzungen für den Erhalt der Begünstigung (durch Gewerkschaftsbeitritt) zu schaffen. Jeder Arbeitnehmer hat das Recht, der Gewerkschaft beizutreten oder ihr fernzubleiben. Entscheidet er sich für das Fernbleiben, muss er die damit verbundenen **Konsequenzen tragen.**[492] Wer einem Verein beitritt, hat Anspruch auf die mit der Mitgliedschaft verbundenen Vergünstigungen. Wer darauf verzichtet, darf sich nicht über die Begünstigungen der Vereinsmitglieder bzw. darüber beklagen, dass hierdurch seine Freiheitsrechte verletzt würden.

224 Zudem steht es jedem anders oder nicht organisierten Arbeitnehmer frei, sich auf dem **privatautonomen Weg** für die gleichen Vorteile einzusetzen, die das Mitglied der tarifschließenden Gewerkschaft erhält.[493] Dass dies für ihn (wenn er nicht ein auf dem Arbeitsmarkt nachgefragter »Spezialist« ist) als »Einzelkämpfer« i.d.R. schwerer ist als für eine »sozial mächtige« Gewerkschaft, ist **sein Problem** und kann nicht zu einer Einschränkung der verfassungsrechtlich garantierten Betätigungsfreiheit der Gewerkschaft führen.

225 Das gilt um so mehr, als eine qualifizierte Differenzierungsklausel in die **Rechtsstellung** des anders oder nicht organisierten Arbeitnehmers **nicht eingreift** (vgl. Rn. 206a, 211). Die Wirkung ist allenfalls **faktischer** Natur. Wobei sich die Frage stellt, ob eine im Regelfall **faktisch** ohnehin nicht bestehende »privatautonome Verhandlungsmacht« des einzelnen anders oder nicht organisierten Arbeitnehmers (wenn er nicht gerade ein gesuchter Spezialist ist) durch eine qualifizierte Differenzierungsklausel überhaupt weiter gemindert werden kann. Man stelle sich vor, ein Arbeitnehmer verlangt, ohne einen Rechtsanspruch darauf zu haben, Gleichbehandlung mit einem Gewerkschaftsmitglied, das durch eine Differenzierungsklausel begünstigt wurde. Ob dieses Verlangen erfolgreich ist, hängt allein vom Willen des Arbeitgebers ab. Dabei spielt das Vorhanden- oder Nichtvorhandensein einer Tarifausschlussklausel oder Abstandsklausel nur eine untergeordnete Rolle.

226 Außerdem: Niemand hat einen Anspruch auf »**druckfreie Existenz**«. In einer marktwirtschaftlich organisierten Gesellschaft ist die Ausübung von Druck durch wirtschaftliche Marktmacht und wirtschaftliche Anreize aller Art (von Rabatten bis hin zu Angeboten eines – gegenüber den Angeboten der Konkurrenz – besseren Produkts zum gleichen Preis) Normalität. Warum soll das im Arbeitsleben anders sein, zumal auch die »Gewerkschaftslandschaft« heute zunehmend durch »marktwirtschaftliche« **Konkurrenz** gekenn-

492 So zutreffend Ulber/Strauß, DB 08, 1970, 1974.; Leydecker, AuR 06, 11, 14.
493 Ulber/Strauß, a.a.O.; Leydecker, a.a.O.

zeichnet ist (vgl. Rn. 230; Grundl. Rn. 179ff.), die den Nichtorganisierten die Möglichkeit bietet, anderen Gewerkschaften beizutreten und sich dort für die Aufstellung ähnlicher Tarifforderungen stark zu machen.

Selbst wenn man annimmt, dass die **positive Koalitionsfreiheit** der anders Organisierten bzw. die **negative Koalitionsfreiheit** der Außenseiter[494] durch qualifizierte Differenzierungsklauseln berührt wird, führt das nicht zwangsläufig zum »Verdikt« der verfassungsrechtlichen Unzulässigkeit. 227

Zu berücksichtigen ist nämlich, dass auch die tarifschließende Gewerkschaft in ihrem **Bestand** und ihrer **Betätigung** – wozu auch wirksame Maßnahmen der **Mitgliedererhaltung und -werbung** zählen[495] – durch Art. 9 Abs. 3 GG geschützt ist.

Es liegt somit ein Fall der **Kollision** von Grundrechtspositionen vor, die – wie auch in anderen Konstellationen (vgl. § 1 Rn. 173) – im Wege der **Abwägung** mit dem Ziel der **Herstellung praktischer Konkordanz** zu lösen ist.[496]

Angesichts der überragenden **Bedeutung der Tarifautonomie** für das Gemeinwesen (Wirtschaft, Gesellschaft, Sozialstaat; vgl. Grundl. Rn. 49ff.) muss das Interesse von anders oder nicht organisierten Arbeitnehmern an einem möglichst druckfreien Dasein ebenso **zurücktreten** wie das Interesse der Arbeitgeber, durch Weitergabe tariflicher Leistungen an Nichtorganisierte Anreize zum Nichtbeitritt oder gar Austritt aus der Gewerkschaft zu schaffen. 228

Bei der Abwägung der Rechte der Gewerkschaft und ihrer Mitglieder auf der einen Seite und der Rechte des Arbeitgebers und der Anders- und Nichtorganisierten kann nicht ausgeblendet werden, dass sich die tatsächlichen und mit ihnen die rechtlichen **Verhältnisse** seit der Entscheidung des Großen Senats vor über 45 Jahren (!) **gravierend verändert** haben.

Inzwischen sind in Deutschland **etwa 20%** der Beschäftigten in Gewerkschaften (DGB-Gewerkschaften, Berufsgewerkschaften und Sonstige) organisiert (vgl. Grundl. Rn. 176). Es gelingt seit vielen Jahren nicht, die Abgänge infolge Austritts, Arbeitslosigkeit, Verrentung und Tod durch eine entsprechend hohe Zahl von Eintritten – zu kompensieren. In manchen Branchen »funktioniert« mangels gewerkschaftlicher Durchsetzungsfähigkeit aufgrund eines zu geringen Organisationsgrads die Tarifautonomie faktisch nicht mehr. Es entstehen immer mehr **»tariflose Zustände«** mit einem nunmehr vom Arbeitgeber diktierten unakzeptabel niedrigen Niveau. Immerhin gilt inzwischen endlich der gesetzliche Mindestlohn, das Mindestlohngesetz (s. MiLoG, Anhang, TVG 1.). 229

Die **»Gewerkschaftslandschaft«** hat sich zudem auch **strukturell gewandelt** (zu den Ursachen vgl. Grundl. Rn. 179ff.).[497] Auch wenn die DGB-Gewerkschaften nie ein »Monopol« hatten (vgl. 181), wurde das Tarifgeschehen über lange Zeit maßgeblich von ihnen geprägt. Andere Gewerkschaften hatten die von ihnen erzielten Tarifergebnisse im Wesentlichen kopiert. Inzwischen gehen diese eigene Wege – etwa Berufsgewerkschaften, de- 230

494 BAG 18.3.09 a.a.O., (Rn. 35) lässt offen, ob diese durch Art. 9 Abs. 3 GG oder Art. 2 Abs. 1 GG begründet ist.

495 BAG 31.5.05, NZA 05, 1182ff.

496 LAG Köln 17.1.08, DB 08, 1979; ArbG Hamburg 26.2.09, AuR 09, 366; Ulber/Strauß, Anm. zu BAG 23.3.11, EzA Nr. 104 zu Art. 9 GG S. 41f.

497 Kocher, NZA 09, 119; Franzen, RdA 08, 304, 305.

nen es aufgrund der starken Stellung ihrer Mitglieder im betrieblichen Gefüge (Lokführer, Piloten, Ärzte) gelingt, Tarifergebnisse durchzusetzen, die über dem Niveau der Tarife der für alle Arbeitnehmergruppen einer Branche agierenden DGB-Gewerkschaft liegen. Auf der anderen Seite treten sich christlich nennende Organisationen (CGB, usw.; vgl. Grundl. Rn. 180; vgl. auch § 4 Rn. 54) auf, die in einer Abweichung des Tarifniveaus »nach unten« ihre Aufgabe sehen.

231 Im Ergebnis dieser Entwicklungen stehen »**Gewerkschafts- und Tarifkonkurrenzen**«[498], die sich weiter verstärken dürften, nachdem das BAG (1. Senat) es für richtig gehalten hat, den **Unterbietungswettbewerb** in der »Gewerkschaftslandschaft« durch eine »Liberalisierung« des Gewerkschaftsbegriffs mit der CGM-Entscheidung (vgl. ausführlich § 2 Rn. 54) **zu fördern.**[499] Dementsprechend hat das BAG auch eine Mitgliederwerbung bei konkurrierenden Gewerkschaften (**Abwerbung**) für zulässig erachtet und lediglich unlautere Mittel oder die Zielrichtung der Existenzvernichtung verboten.[500] In einem zunehmend von einer Differenzierung gekennzeichneten Koalitionssystem[501] darf es – darauf weist der 4. Senat des BAG zutreffend hin – einer Gewerkschaft nicht versagt bleiben, sich von einer konkurrierenden Gewerkschaft durch einen Verhandlungserfolg etwa in Gestalt einer Differenzierungsklausel abzugrenzen.[502]

232 *(nicht besetzt)*

233 Auch die zunächst durch die Rechtsprechung vollzogene Aufgabe des Prinzips der Tarifeinheit durch die Zulassung von Tarifmehrheiten bei **Tarifpluralität** (parallele Geltung mehrerer Tarifverträge verschiedener konkurrierender Gewerkschaften im gleichen Betrieb; vgl. § 4 Rn. 82 ff.) und die aktuelle gesetzliche Regelung des § 4a (s. dort) wird Auswirkungen haben, was eine Neubewertung der Zulässigkeit von qualifizierten Differenzierungen erforderlich macht.

234 Die Gründe für diese Entwicklungen sind sicher **vielfältig** (vgl. Grundl. Rn. 159 ff.) und nicht allein der »alten« BAG-Rspr. zum Verbot der Differenzierungsklausel anzulasten. Die bisherige BAG-Rspr. hat aber jedenfalls in Bezug auf die negative Mitgliederentwicklung zumindest **dazu beigetragen**, indem sie den Gewerkschaften die Möglichkeit genommen hat, ihre Mitglieder durch qualifizierte Differenzierungsklauseln **wirksam** besser zu stellen und dadurch einen Anreiz für den Beitritt und gegen den Austritt zu schaffen. Im Verbund mit der uneingeschränkten Zulassung von **arbeitsvertraglichen Bezugnahmeklauseln** (»**Gleichstellungsabreden**«) – sogar eine vollkommene vertragliche Gleichstellung des Außenseiters mit einem Gewerkschaftsmitglied soll erlaubt sein (vgl. Rn. 269)[503] – werden Gewerkschaften in eine mit der Gewährleistung von Koalitionsfreiheit und Tarifautonomie nicht vereinbare »**rechtliche Zange**« genommen.

235 Bei der rechtlichen Beurteilung von Differenzierungsklauseln müssen sich die beschriebenen **tatsächlichen Entwicklungen** auswirken. Wenn die Arbeitnehmer zu 80 Prozent organisiert wären, gäbe es kein Bedürfnis für eine Besserstellung der Mitglieder gegenüber

---

498 Kocher, a.a.O.; Franzen, a.a.O.
499 BAG 28.3.06 – 1 ABR 58/04, NZA 06, 1112.
500 BAG 31.5.05 – 1 AZR 141/04, NZA 05, 1182; 20.1.09 – 1 AZR 515/08, NZA 09, 615.
501 BAG 18.3.09, a.a.O. (Rn. 74).
502 BAG 18.3.09, a.a.O. (Rn. 74).
503 BAG 18.3.09, a.a.O. (Rn. 54).

den Außenseitern. In einer Zeit, in der es aufgrund der Umwälzungen in Wirtschaft und Gesellschaft aber immer schwerer ist, Arbeitnehmer zu organisieren, kann es nicht Aufgabe der Gerichte sein, die Mitgliederentwicklung negativ beeinflussende Restriktionen in der Rspr. fortzuschreiben. Die Zulassung von die Mitglieder begünstigenden Tarifregelungen und ihre **wirksame Absicherung** durch qualifizierte Differenzierungsklauseln ist sicher kein Allheilmittel bei der Lösung der Probleme der Mitgliederentwicklung. Eine Fortschreibung des Verbots verschärft sie aber.

Ein Verbot von qualifizierten Differenzierungsklauseln kann auch nicht mit der Überlegung gerechtfertigt werden, dass Tarifverträge **prinzipiell geeignet** sein müssen, alle Arbeitsverhältnisse (also auch die der Außenseiter) in ihrem Geltungsbereich zu regeln.[504] Eine solche Annahme ergibt sich auch nicht aus dem Umstand, dass Tarifverträge nach § 5 TVG für allgemein verbindlich erklärt werden können.[505] Zwar überträgt Art. 9 Abs. 3 GG den Tarifparteien – namentlich den Gewerkschaften – die **Aufgabe**, die Arbeits- und Wirtschaftsbedingungen durch Abschluss von Tarifverträgen zu fördern. Daraus aber eine **Einschränkung** der gewerkschaftlichen Betätigungsfreiheit herzuleiten, ist geradezu paradox. Das **Gegenteil** ist richtig: Eine Gewerkschaft kann ihre tarifpolitische Aufgabe nur erfüllen, wenn sie die entsprechende Mächtigkeit zur Durchsetzung von Tarifverträgen besitzt, welche sich vor allem aus der Mitgliederstärke ergibt. Tarifautonomie kann nur mit mitglieder- und damit durchsetzungsstarken Gewerkschaften funktionieren. Die Arbeitgeber haben kein originäres Interesse an der »flächenmäßigen« Verbesserung der Arbeitsbedingungen. Deshalb stehen alle Maßnahmen, die die Mitgliederentwicklung fördern, seit geraumer Zeit nicht nur ganz oben auf der gewerkschaftlichen Agenda, sondern auch unter dem besonderen Schutz der Verfassung (vgl. Grundl. Rn. 69). 236

Das BAG weist – wenn auch bislang nur im Zusammenhang mit der Frage, ob einfache Differenzierungsklauseln zulässig sind – zu Recht darauf hin, dass im Rahmen der gebotenen Abwägung nicht nur die Entwicklungen in der »Gewerkschafts- und Tariflandschaft« (zunehmende Pluralität und Konkurrenz von Gewerkschaften durch die Anerkennung der Tariffähigkeit auch kleinerer Arbeitnehmerorganisationen sowie durch das Aufkommen von Berufsvereinigungen der sog. »Funktionseliten«[506]; vgl. dazu Grundl. Rn. 181, § 4 Rn. 85) und beim Organisationsgrad der Gewerkschaften von Bedeutung sind,[507] sondern auch der Umstand, dass ihre **sozialpolitische Funktion** in Zeiten globalen Wettbewerbs und bei der Bewältigung von Krisen **noch wichtiger** geworden ist.[508] Deshalb müsse das Erzielen von Verhandlungserfolgen durch die Gewerkschaft zugunsten der eigenen Mitglieder als Bewertungsfaktor anerkannt und damit in die Abwägung einbezogen werden.[509] 237

Dabei kann allerdings der Annahme des BAG nicht gefolgt werden, dass eine Begünstigung von gewerkschaftlich organisierten Arbeitnehmern *»jedenfalls in aller Regel nicht an Regelungen des Austauschverhältnisses von Leistung und Gegenleistung anknüpfen«* darf 238

504 Hierzu BAG 18.3.09 a.a.O. (Rn. 60ff.).
505 So offenbar Greiner, DB 09, 398, 399f.; Klebeck, SAE 08, 97, 98.
506 Dazu Bispinck/Dribbusch, Sozialer Fortschritt 08, 153ff.
507 BAG 18.3.09, a.a.O. (Rn. 74).
508 BAG 18.3.09, a.a.O. (Rn. 76).
509 BAG 18.3.09, a.a.O. (Rn. 119).

und dass *»auch Sonderleistungen, die außerhalb des Austauschverhältnisses liegen«* nicht eine Höhe erreichen dürfen, *»dass sie dieses Verhältnis im wirtschaftlichen Ergebnis maßgeblich beeinflussen, sich bei wertender Betrachtung als eine Art Umschichtung des insgesamt versprochenen Entgelts von der laufenden Vergütung hin zu einer Einmalzahlung darstellen«*.[510] Für derartige Einschränkungen besteht **rechtlich kein Anlass.** Diese Formulierungen bergen die Gefahr, dass die von Verfassung wegen zulässige Begünstigung von Gewerkschaftsmitgliedern auf eine der Höhe nach begrenzte Sonderzahlung und damit auf einen eher **symbolischen Betrag** reduziert wird.

239 **Aussagekräftiger** ist der Hinweis des 4. Senats des BAG, dass angesichts der den Tarifparteien zugewiesenen Gestaltungsfreiheit eine Unwirksamkeit einer Differenzierungsregelung erst dann angenommen werden kann, *»wenn die Regelung rechtswidrig ist, insbesondere im Verhältnis zu einem von Rechts wegen schützenswert verfolgten Ziel einen unverhältnismäßigen, einem Zwang ähnlichen Druck ausübt, das Recht darauf, einer Koalition fernzubleiben, aufzugeben, oder ein sonstiges überwiegendes Recht eines Dritten beeinträchtigt.«*[511]

240 Legt man diese Anforderungen zugrunde, ist nach hier vertretender Auffassung der Punkt, an dem ein legitimer Anreiz in einen rechtswidrigen Druck **umschlagen** kann, erst dann erreicht, wenn eine Differenzierungsklausel Gewerkschaftsmitglieder bei **personellen Maßnahmen** (Einstellungen, Kündigungen, »close-shop«-Vereinbarungen) in einer die Außenseiter ausschließenden Weise bevorzugt.[512]

Soweit es etwa um **finanzielle Vorteile** geht, ist ein zwangsähnlicher Druck nach der hier bislang vertretenen Auffassung erst und nur dann anzunehmen, wenn die Differenzierungsklausel nicht nur theoretisch, sondern praktisch dazu führt, dass Außenseitern ein **»sittenwidriger Wucherlohn** (= ein Lohn, der weniger als 2/3 des Tariflohns beträgt, zum Lohnwucher vgl. Anhang TVG 4.3) droht.[513] Zu bedenken ist aber, dass möglicherweise der faktische Zwang für einen ökonomisch denkenden Menschen schon vorher beginnt und nicht erst an der Schwelle zum »sittenwidrigen Wucherlohn«.[514] Andererseits besteht für eine Einschränkung der Differenzierung auf die **Höhe des einfachen**[515] bzw. **doppelten Gewerkschaftsbeitrags**[516] (vgl. Rn. 202) rechtlich **kein Anlass** (vgl. Rn. 238).

240a Das LAG München hatte in zahlreichen Klageverfahren über einen Haustarifvertrag mit sozialplanähnlichem Inhalt zu entscheiden: Danach waren Leistungen zur Abmilderung der wirtschaftlichen und sozialen Nachteile an **tarifgebundene** Arbeitnehmerinnen und Arbeitnehmer vorgesehen, die nach einer **Stichtagsregelung** zum Zeitpunkt der tariflichen Einigung der Gewerkschaft bereits beigetreten waren. Die Leistungen beinhalteten unter anderem eine zusätzliche Abfindung in Höhe von 10 000,– € (bei maximaler Abfindungshöhe von 110 000,– €). Die Kammern des LAG haben die Zulässigkeit dieser tarif-

---

510 BAG 18.3.09, a.a.O.(Rn. 79).
511 BAG 18.3.09 a.a.O. (Rn. 61); vgl. auch KeZa-Wendeling-Schröder, Rn. 255 ff. m.w.N.; Jarass/Pieroth, Art. 9 Rn. 39.
512 Vgl. Kocher, NZA 09, 119, 122 m.w.N.
513 So Leydecker, AuR 06, 13, 16; Däubler-Hensche, § 1 Rn. 879; Deinert, RdA 14, 129, 134, insoweit a.A. Kocher, a.a.O.
514 Kocher, NZA 09, 119, 122.
515 Vgl. Kempen, FA 05, 14, 16; ErfK-Dieterich, Art. 9 GG Rn. 34.
516 LAG Niedersachsen 11.12.07, AuR 09, 50 = DB 08, 1977; ebenso Däubler, BB 02, 1643, 1648.

vertraglichen Regelung unterschiedlich bewertet; vereinzelt wurde die Auffassung vertreten, die Stichtagsregelung verstoße gegen Art. 9 Abs. 3 GG.[517]

Das BAG sieht das anders:[518] entgegen der Auffassung der – zum Stichtag *noch nicht* und nach einigen Monaten *nicht mehr* tarifgebundenen – Klägerin handele es sich **nicht** um eine sog. **einfache Differenzierungsklausel**, die zwischen Gewerkschaftsmitgliedern einerseits sowie nicht und anders tarifgebundenen Arbeitnehmerinnen und Arbeitnehmern – sog. Außenseitern – andererseits unterscheide. Vielmehr differenzierten die tarifvertraglichen Regelungen in ihrem personellen Geltungsbereich zwischen verschiedenen Gruppen von Mitgliedern der Gewerkschaft IGM und damit **allein zwischen tarifgebundenen Arbeitnehmern**, also denjenigen, denen ein Tarifvertrag ohnehin nur Ansprüche vermitteln könne. Das BAG hat im übrigen dahingehend erkannt, dass die tarifvertraglichen Regelungen nicht gegen die negative Koalitionsfreiheit verstoßen, die **»Binnendifferenzierung« zwischen Gewerkschaftsmitgliedern** schränke weder die Handlungs- oder die Vertragsfreiheit des Arbeitgebers noch die von sogenannten Außenseitern ein, diesem Personenkreis bleibe es unbenommen, seine vertraglichen Beziehungen frei zu gestalten; die Regelungen seien im übrigen nicht anhand des arbeitsrechtlichen Gleichbehandlungsgrundsatzes zu überprüfen.[519]

Das LAG München (4. Kammer) hatte schon zurecht darauf verwiesen, dass eine **Grenzziehung kaum möglich** ist, die sich **allein an der Höhe der Leistungen** orientiert und dass es deshalb den Tarifvertragsparteien überlassen bleiben muss, für Gewerkschaftsmitglieder Vorteile und die konkreten Bedingungen dafür zu vereinbaren, das sei – so zutreffend das LAG – dem System der Tarifkoalitionen immanent.[520]

Die Grenze kann daher nur im Einzelfall gezogen werden, wobei es aber nicht auf den Einzelfall des/der betroffenen Außenseiter/s/in ankommt, sondern auf den **Einzelfall** des jeweiligen **Tarifvertrags** und seiner typischen »**Zielgruppe**«.[521]

Das bestätigt der zuständige Senat des BAG: den Tarifvertragsparteien komme auf Grund der verfassungsrechtlich geschützten Tarifautonomie bei der Bestimmung von Umfang und Voraussetzungen von **Ausgleichs- und Überbrückungsleistungen** anlässlich einer Teilbetriebsstillegung ein **weiter Gestaltungsspielraum** zu. Die Stichtagsregelung orientiere sich am gegebenen Sachverhalt der beabsichtigten Betriebsänderung als einmaligem Vorgang sowie den damit verbundenen Leistungen unter Berücksichtigung des ausgehandelten Tarifvolumens.[522]

Von einem zwangsähnlichen Druck kann auch nicht die Rede sein, wenn Gewerkschaftsmitglieder z. B. durch Gewährung eines über das gesetzliche Mindestniveau hinausgehenden Anspruchs auf **Urlaub** oder eines Anspruchs auf **verlängerte Kündigungsfristen** begünstigt werden. Denkbar sind auch ergänzende soziale Leistungen, z. B. zur betrieblichen

517 LAG München 28. 8. 13 – 10 Sa 135/13 u. 10 Sa 411/13.
518 BAG 15. 4. 15 – 4 AZR 796 /13, Pressemitteilung.
519 BAG 15. 4. 15 – 4 AZR 796 /13, Pressemitteilung.
520 LAG München 16. 10. 13 – 11 Sa 384/13, AiB 14 Nr. 9,71 m. Anm. Schmalz, anhängig BAG 15. 4. 15 – 4 AZR 941/13; LAG München 25. 7. 13 – 4 Sa 166/13, bestät. BAG 15. 4. 15 – 4 AZR 796/13, Pressemitteilung; Helm, AuR 14, 366.
521 Kocher, NZA 09, 119,122.
522 BAG 15. 4. 15, a.a.O., Pressemitteilung.

Altersvorsorge oder im Gesundheitsbereich. Diese Leistungen liegen, wie vom BAG gefordert, außerhalb des Austauschverhältnisses und sind ohne Zweifel zulässig.[523]
Bei welcher Fallgestaltung ein zwangsähnlicher Druck erzeugt wird, wird von der Rspr. in Abwägung der aufgezeigten Kriterien zu klären sein. Letztlich wird es, wie dargestellt, auf die **Umstände des Einzelfalles** ankommen.[524]

7.4 Umsetzung von Differenzierungsklauseln

241 Bei der **Umsetzung** von einfachen und qualifizierten tariflichen Differenzierungsklauseln stellen sich allerdings **praktische Probleme**. Dem Arbeitgeber ist i.d.R. **nicht bekannt**, welche Arbeitnehmer Gewerkschaftsmitglieder und deshalb anspruchsberechtigt sind. Nicht wenige Arbeitnehmer offenbaren ihre Mitgliedschaft während des laufenden Arbeitsverhältnisses nicht, weil sie – in manchen Betrieben zu Recht – Nachteile befürchten. Die Vorteilsregelung läuft dann ins Leere.

242 Das Gleiche gilt, wenn ein Arbeitgeber – etwa entgegen einer schuldrechtlich wirkenden und nach hier vertretener Auffassung zulässigen **Tarifausschlussklausel** – die den Gewerkschaftsmitgliedern vorbehaltenen tariflichen Leistungen an Nichtorganisierte weitergibt. Die Geltendmachung eines **Unterlassungsanspruchs**[525] oder die außerordentliche Kündigung des Tarifvertrags durch die Gewerkschaft sind rechtlich zwar möglich, aber betriebspolitisch nicht immer geeignete Instrumente.

243 Auch die Absicherung einer Vorteilsregelung durch eine **Spannen-/Abstandsklausel** kann sich »praktisch« erledigen, weil in Zeiten von anhaltender Massenarbeitslosigkeit und dadurch wach gehaltener Angst vor dem Verlust des Arbeitsplatzes nicht viele Gewerkschaftsmitglieder bereit sein werden, ihren Arbeitgeber auf Wiederherstellung des Lohnabstands zu **verklagen**.

244 Zur **Lösung** dieser Probleme empfiehlt es sich, die Umsetzung der Differenzierungsregelung auf eine **treuhänderisch tätige Einrichtung** – etwa einen Verein oder ggf. eine gemeinsame Einrichtung im Sinne von § 4 Abs. 2 TVG (vgl. § 4 Rn. 36ff.) – zu übertragen.[526] Der Arbeitgeber leistet das zur Finanzierung einer nur für Gewerkschaftsmitglieder vorgesehenen Leistung notwendige finanzielle Volumen pauschal an die Einrichtung. Diese erbringt dann entsprechende Leistungen an die – ihr von der Gewerkschaft bekannt gemachten – Gewerkschaftsmitglieder.[527]

244a Es ist zulässig, wenn Gewerkschaft und Arbeitgeber schuldrechtlich vereinbaren, eine Vereinbarung zum Punkt »Besserstellung für Mitglieder der Gewerkschaft« abzuschließen und der Arbeitgeber in der Folgezeit mit einem der Gewerkschaft nahestehenden Verein eine Vereinbarung schließt, wonach der Arbeitgeber einen einmaligen Mitgliedsbeitrag an den Verein zahlt und die Gewerkschaftsmitglieder aus diesem Mitgliedsbeitrag jeweils

---

523 Mück/Schmalz, AiB 12, 85, 89.

524 Vgl. auch Gamillscheg, NZA 05, 146, 150; Leydecker, AuR 06, 11, 15f.; Ulber/Strauß, DB 08, 1970, 1974; Kocher, NZA 09, 119, 122.

525 Vgl. Däubler-Hensche, 2. Aufl., § 1 Rn. 870.

526 Vgl. KeZa-Wendeling-Schröder, Rn. 258; Kocher, NZA 09, 119, 120; a.A.: Bauer/Arnold, NZA 11, 949.

527 Vgl. ausf. Mück/Schmalz, AiB 12, 85, 89f m.w.N.

am 1.2.2011 und 1.2.2012 eine Erholungsbeihilfe von maximal 250 Euro pro Jahr vom Verein erhalten.[528] **Ein allgemeiner Grundsatz, wonach die Arbeitsbedingungen nicht tarifgebundener Arbeitnehmer denen tarifgebundener Arbeitnehmer entsprechen müssten, existiert nicht.** Das Gegenteil ergibt sich aus §§ 3 Abs. 1, 4 Abs. 1 TVG. Bereits hierin ist im Grundsatz angelegt, dass der tarifgebundene Arbeitgeber ohne Verstoß gegen den Gleichbehandlungsgrundsatz zwischen tarifgebundenen und nicht tarifgebundenen unterscheiden darf. Dass die nicht in der Gewerkschaft organisierten Arbeitnehmer keine Leistungen vom Verein erhalten werden, stellt noch keinen einer Spannen- oder einer Tarifausschlussklausel gleichkommenden Ausschluss nicht oder anders organisierter Arbeitnehmer dar. Hierdurch werden diese nur faktisch von einem bestimmen Umsetzungsweg ausgeschlossen.[529] **Tarifvereinbarungen sind einer Kontrolle durch den arbeitsrechtlichen Gleichbehandlungsgrundsatz entzogen**; der Grund dafür ist die grundsätzliche Angemessenheitsvermutung, die nicht nur für Tarifverträge, sondern auch für andere Vereinbarungen zwischen Tarifvertragsparteien in gleicher Weise gilt.[530] Bei Tarifverträgen wird die bei Individualarbeitsverträgen typischerweise zu verneinende Verhandlungsparität von Verfassungs wegen vorausgesetzt. Der Inhaltskontrolle des privatautonomen Handelns des Arbeitgebers bedarf es bei Tarifverträgen und Tarifvereinbarungen nicht, weil es an einem strukturellen Ungleichgewicht der Verhandlungspartner fehlt. Eine Beschränkung kann sich hier nur aus einem unmittelbaren Verstoß gegen höherrangiges Recht ergeben.[531]

8. Anhang: Arbeitsvertragliche Bezugnahme auf Tarifverträge

8.1 Allgemeines

Tarifverträge **gelten** im Arbeitsverhältnis (unmittelbar und zwingend; vgl. dazu § 4 Rn. 3ff.) grundsätzlich nur dann, wenn: 245

- sie »**einschlägig**« sind, d.h. wenn das Arbeitsverhältnis vom räumlichen, fachlichen und persönlichen **Geltungsbereich** (vgl. § 4 Rn. 13ff.) erfasst wird[532] **und**
- ein tarifrechtlicher **Geltungsgrund** gegeben ist.

Das ist bei tariflichen Inhalts-, Abschluss- und Beendigungsnormen (§ 1 Abs. 1 TVG; vgl. hierzu § 1 Rn. 123ff.) der Fall, wenn eine **beiderseitige Tarifbindung** (vgl. Rn. 4 und § 4 Rn. 9) vorliegt.

Für die Geltung betrieblicher und betriebsverfassungsrechtlicher Rechtsnormen genügt die **Tarifbindung nur des Arbeitgebers** (§ 3 Abs. 2 TVG; vgl. Rn. 63ff. und § 1 Rn. 134ff.).

Ein weiterer Geltungsgrund kann darin bestehen, dass der oder die »einschlägigen« Tarifverträge für **allgemeinverbindlich** erklärt worden sind (vgl. Rn. 7 und § 5 Rn. 2ff.).

528 Hessisches LAG 19.11.12 – 17 Sa 134/12.
529 Hessisches LAG 19.11.12 a.a.O., Rn. 145; a.A.: Bauer/Arnold, NZA 11, 945, 949.
530 BAG 21.5.14 – 4 AZR 50/13, DB 15, 135,136.
531 BAG 21.5.14 – 4 AZR 50/13, DB 15, 135,136.
532 BAG 15.3.06 – 4 AZR 75/05, NZA 06, 690.

Zur **normativen** – unmittelbaren und zwingenden – **Wirkung** des Tarifvertrags vgl. § 4 Rn. 3ff.

246 Die Anwendung eines Tarifvertrags oder Tarifwerks kann aber auch **arbeitsvertraglich** vereinbart werden unabhängig davon, ob Arbeitgeber und Arbeitnehmer nach den §§ 3, 4 oder 5 TVG tarifgebunden sind. Dies geschieht meist durch – vom Arbeitgeber vorformulierte – sog. **Bezugnahmeklauseln** (auch **Verweisungsklauseln** genannt).
Zu den **Grundtypen** vgl. Rn. 256ff.
Zur **Inhaltskontrolle** der Bezugnahmeklausel vgl. Rn. 271ff.
Eine besondere **Form** ist nicht vorgeschrieben, auch nicht die Schriftform wie in § 1 Abs. 2 TVG.[533]

247 Nach der ständigen Rspr. des BAG ist die Inbezugnahme von Tarifverträgen auch durch **konkludentes Verhalten** oder im Wege der **betrieblichen Übung** möglich.[534] Dabei sei in jedem Einzelfall zu prüfen, ob durch die konkrete Verhaltensweise des Arbeitgebers eine betriebliche Übung im Sinne einer **dynamischen** Bezugnahme auf die einschlägigen Tarifverträge oder nur im Sinne der weiteren – statischen – Anwendung eines bestimmten Tarifvertrags vereinbart worden ist.[535]
Bei einem nicht tarifgebundenen Arbeitgeber wird nach Auffassung des BAG eine betriebliche Übung der Erhöhung der Löhne und Gehälter entsprechend der Tarifentwicklung in einem bestimmten Tarifgebiet nur entstehen, wenn es **deutliche Anhaltspunkte** im Verhalten des Arbeitgebers dafür gibt, dass er auf Dauer die von den Tarifvertragsparteien ausgehandelten Tariflohnerhöhungen übernehmen will. Ein nicht tarifgebundener Arbeitgeber wolle sich grundsätzlich nicht für die Zukunft der Regelungsmacht der Tarifvertragsparteien unterwerfen, so das BAG.[536]

248 Mit Bezugnahmeklauseln werden tarifvertragliche Bestimmungen in den Arbeitsvertrag einbezogen. Auf diese Weise kommt es zu einer Anwendung von Tarifverträgen auch in Arbeitsverhältnissen zwischen dem Arbeitgeber und **nichtorganisierten** Arbeitnehmern (sog. **Außenseiter**).
Zu den Motiven des Arbeitgebers vgl. Rn. 250, 254.

249 Der **allgemeine Gleichbehandlungsgrundsatz** (Art. 3 Abs. 1 GG) zwingt nach h.M. nicht zur Gleichbehandlung von organisierten und nicht organisierten Arbeitnehmer (vgl. auch Rn. 187). Die **untertarifliche »Behandlung«** von Außenseitern ist nach allgemeiner Auffassung **zulässig.**[537] Sollen tarifgebundene und nicht organisierte Arbeitnehmer bei einem tarifgebundenen Arbeitgeber Anspruch auf die gleichen Leistungen aus dem Tarifvertrag erhalten, bedarf es deshalb eines **ausdrücklichen rechtlichen Aktes**, nämlich der vertraglichen Vereinbarung (konkludent oder z.B. vertragliche Bezugnah-

---

533 BAG 19.1.99 – 1 AZR 606/98, AP TVG § 1 Bezugnahme auf Tarifvertrag Nr. 9.

534 BAG 22.4.09 – 4 ABR 14/08, AP BetrVG § 99 Eingruppierung Nr. 38; 9.5.07 – 4 AZR 275/06, DB 08, 356 (Rn. 26) und: 4 AZR 319/06, DB 08, 874; 11.8.88, AP BGB § 625 Nr. 5; 19.1.99, AP TVG § 1 Bezugnahme auf Tarifvertrag Nr. 9; 14.11.01, EzA TVG § 4 Tarifkonkurrenz Nr. 16; 4.9.96, NZA 97, 271; 30.8.00, NZA 01, 510; 20.6.01, EzA BGB § 242 Betriebliche Übung Nr. 45.

535 BAG 20.6.01, EzA BGB § 242 Betriebliche Übung Nr. 45; 9.5.07, a.a.O.

536 BAG 23.3.11 – 4 AZR 268/09, NZA 12, 231; 19.10.11 – 5 AZR 359/10, AP Nr. 9 zu § 242 BGB betriebliche Übung.

537 BAG 20.7.60, AP Nr. 7 zu § 4 TVG; 3.12.97, 30.9.98, AP Nrn. 149, 159 zu § 242 BGB Gleichbehandlung; 18.3.09 a.a.O. (Rn. 54); KeZa Wendeling-Schröder, Rn. 231.

meklausel) oder einer betrieblichen Übung.[538] Zur Frage der Zulässigkeit von tariflichen **Differenzierungsklauseln**, die eine Begünstigung von Gewerkschaftsmitgliedern regeln, vgl. Rn. 187ff. und § 1 Rn. 214.

Die Tarifanwendung aufgrund von Bezugnahmeklauseln ist **weit verbreitet**. Sie werden nicht nur von Arbeitgebern verwendet, die nicht tarifgebunden sind, sondern vor allem von **tarifgebundenen Arbeitgebern**.[539] Das mag auf den ersten Blick verwundern, weil an sich die Arbeitgeber ohne Verstoß gegen den Gleichbehandlungsgrundsatz die Personalkosten durch Schlechterstellung der Nichtorganisierten senken könnten. Das geschieht aber nicht. Im Gegenteil: Bezugnahmeklauseln werden regelmäßig **auf Initiative der Arbeitgeber** – meist **formularvertraglich** – in das Arbeitsverhältnis eingeführt.[540] Dass sich die Arbeitgeber dabei nicht von ethischen und sozialpolitischen, sondern betriebswirtschaftlichen Motiven leiten lassen, liegt auf der Hand: Es soll nicht nur **kein Anreiz für die Arbeitnehmer zur Organisation** in den – bisher die Tarifpolitik maßgeblich beeinflussenden – **DGB-Gewerkschaften**, sondern im Gegenteil ein **Anreiz zum Austritt** geschaffen und damit ein Beitrag zur (weiteren) **Schwächung der gewerkschaftlichen Durchsetzungsfähigkeit** geleistet werden (zu den weiteren Zwecken der Bezugnahmeklausel vgl. Rn. 254).[541] Wer das als ein »Problem« der DGB-Gewerkschaften (oder gar ihrer »Funktionäre«) abtut, übersieht die negativen Folgen für die durch **Art. 9 Abs. 3 GG gewährleistete Tarifautonomie**. Mittlerweile sind die Arbeitsbedingungen der Arbeitnehmer in immer mehr Branchen infolge geringer werdender gewerkschaftlicher Organisation und Durchsetzungskraft auf ein Niveau gesunken, das den **gesetzlichen Mindestlohn** zwingend notwendig macht. Dass Gewerkschaften in den letzten Jahren ein Stück in die Defensive geraten sind, ist sicher nicht allein der – aufgrund der Vertragsfreiheit zwar zulässigen (vgl. Rn. 262), aber objektiv die Schwächung der Gewerkschaften bewirkenden[542] – Weitergabe tariflicher Leistungen auch an Nichtorganisierte zuzuschreiben. 250

Das in gewerkschaftlich schwach organisierten Branchen und Betrieben entstehende **tarifpolitische Vakuum** (»**tariflose Zustände**«; vgl. Grundl. Rn. 177) ruft zudem obskure Vereine auf den Plan, die ihre Berufung darin sehen, den Arbeitgebern durch **Dumping-Tarifverträge** neue Renditemöglichkeiten zum Nachteil der Arbeitnehmer zu eröffnen (vgl. Grundl. Rn. 173 und 180). Dazu zählen »alte« und neu gegründete sog. »christliche« Gewerkschaften (z.B. CGM und die in der Leiharbeitsbranche bis vor einigen Jahren ihr Unwesen treibende Tarifgemeinschaft »Christlicher Gewerkschaften für Zeitarbeit und Personalserviceagenturen« (CGZP)[543] – deren fehlende Tariffähigkeit für den Zeitraum ihrer Gründung vom 11.12.2002 bis zum 7.9.2009 rechtskräftig festgestellt wurde –[544] neuerdings auch sog. »Gewerkschaften«, die von Arbeitgebern gegründet werden (vgl. dazu im Einzelnen § 2 Rn. 23, 40ff.) – so etwa die von der Postdienstleistungsunternehmen Pin Group AG mitfinanzierte Gründung der »Gewerkschaft der

538 Vgl. auch Wiedemann-Oetker, Rn. 415ff., 420, Schaub-Treber, § 206 Rn. 7ff.
539 Vgl. die in BAG 18.4.07 – 4 AZR 652/05, NZA 07/965 genannten Zahlen; Lambrich, BB 02, 1267; Wulff, AiB 04, 288; Sutschet, NZA 08, 679.
540 Vgl. den verpflichtenden Beschluss eines Arbeitgeberverbands aus dem Jahre 1952, BB 52, 830.
541 Vgl. Gamillscheg, S. 734; KeZa-Brecht-Heitzmann, Rn. 162.
542 Vgl. KeZa-Brecht-Heitzmann, Rn. 162.
543 Vgl. hierzu Schüren, NZA 07, 1213.
544 BAG 22. u. 23.5.12 – 1 ABN 27/12 u. 1 AZB 58/11.

Neuen Brief- und Zustelldienste – GNBZ, welche allerdings keine Gewerkschaft war, wie rechtskräftig festgestellt wurde.[545] Im Rahmen von Personalgesprächen wird den Arbeitnehmern in derartigen Fällen »**nahegelegt**«, vom Arbeitgeber vorformulierte Änderungsverträge mit Bezugnahme auf die Dumping-Tarifverträge zu unterzeichnen.

251 Bezugnahmeklauseln können aber auch eine für den zunächst tarifgebundenen, aber dann **tariffluchtwilligen Arbeitgeber lästige Wirkung** haben. Jedenfalls dann, wenn sie mit den Arbeitnehmern eine »**dynamische Bezugnahmeklausel**« vereinbart haben (vgl. Rn. 258 ff., 291 ff.) und sich der Tarifgeltung dann z. B. durch **Verbandsaustritt, Wechsel in den OT-Status** oder Umstrukturierung (**Betriebsübergang** nach § 613a BGB) **entziehen** wollen. Dem **Wortlaut** nach steht den Arbeitnehmern nämlich auch in solchen Fällen ein Anspruch auf Teilnahme an der **zukünftigen Tarifentwicklung** (»**Tarifdynamik**«; z. B. Tariferhöhungen) zu. Da »dynamische Bezugnahmeklauseln« in aller Regel mit allen Arbeitnehmern **unabhängig von der Gewerkschaftszugehörigkeit** vereinbart sind, würde bei **wortgetreuer Auslegung** die Flucht aus dem Tarifvertrag durch Verbandsaustritt oder Betriebsübergang **ohne jeden Nutzen** für den Arbeitgeber sein, weil er aufgrund der dynamischen Bezugnahme weiterhin an den Tarifvertrag und seine zukünftige Entwicklung gebunden ist.[546]

252 Diese Sorge wurde den **bisher tarifgebundenen** und nunmehr tariffluchtwilligen **Arbeitgebern** durch die **bisherige Rechtsprechung des 4. Senats des BAG** genommen. Das Gericht interpretierte eine dynamische Bezugnahmeklausel – gegen ihren ausdrücklichen Wortlaut (»*Das Arbeitsverhältnis unterliegt den Bestimmungen der Tarifverträge … in der jeweils gültigen Fassung*«) – als sog. **Gleichstellungsabrede**, nach der der Arbeitnehmer **nur während der Dauer der Tarifgebundenheit** des Arbeitgebers an der **Entwicklung** der in Bezug genommenen **Tarifverträge** teilnimmt. Nach Wirksamwerden des Verbandsaustritts, Wechsels in den OT-Status oder Betriebsübergangs bestehe nur noch Anspruch auf diejenigen Tarifbedingungen, die zu diesem Zeitpunkt galten.[547] Zu **weiteren Einzelheiten** vgl. Rn. 291 ff.

Zur anders lautenden Rechtsprechung des BAG für den Fall, dass der Arbeitgeber zum Zeitpunkt der Vereinbarung einer dynamischen Bezugnahmeklausel **nicht tarifgebunden** ist, vgl. Rn. 313.

253 Der 4. Senat hat nach anhaltender Kritik in der Rechtsliteratur[548] und auch bei den Instanzgerichten[549] inzwischen seine **Rechtsprechung** zur Gleichstellungsabrede in Bezug auf Arbeitsverträge bzw. Bezugnahmeklauseln, die **nach dem 31. 12. 2001 vereinbart** worden sind (»**Neuverträge**«), **geändert**. Die bisherige Rspr. gelte aus Gründen des **Vertrauensschutzes** aber für solche Bezugnahmeklauseln weiter, die **vor dem 1. 1. 2002** vereinbart worden sind (»**Altverträge**«). Zum Ganzen vgl. eingehend Rn. 291 ff., 300 ff.

---

545 LAG Köln 20. 5. 09, AuR 09, 316; vgl. auch Pressemitteilung des BAG Nr. 28/2010 vom 15. 4. 2010 zum Az. 1 ABR 101/09 über die Rücknahme der Rechtsbeschwerde.

546 Vgl. Lambrich, BB 02, 1267.

547 BAG 19. 3. 03 – 4 AZR 331/02, NZA 03, 1207; Henssler/Heiden, RdA 04, 241 ff.; Lambrich, BB 02, 1267.

548 Vgl. etwa Däubler, RdA 02, 303, 305; Annuß, AuR 02, 361, 364; Henssler/Heiden, RdA 04, 241, 242 Fn. 2 und 3 m. w. N.

549 Vgl. z. B. LAG Hamburg 15. 11. 00, NZA 01, 562 = AuR 01, 157 (teilweise aufgehoben durch BAG 20. 2. 02 – 4 AZR 741, NZA 03, 933).

8.2 Zweck der Bezugnahme

Der **Zweck der Bezugnahme** besteht grundsätzlich darin, **einheitliche Arbeitsbedingungen** für Tarifgebundene wie nicht Tarifgebundene (Nichtorganisierte = Außenseiter) zu schaffen.[550] Wesentliche **Motive** des Arbeitgebers sind: 254

- **Keinen Anreiz für Gewerkschaftsbeitritt** zu schaffen,[551] stattdessen einen **Anreiz zum Austritt**. Motto: je geringer der gewerkschaftliche Organisationsgrad im Betrieb, desto besser für den Arbeitgeber.
- **Verhinderung von Unzufriedenheit über ungleiche Arbeitsbedingungen** (statt 30 Tage Urlaub nach MTV nur 24 Tage nach BUrlG) und dadurch entstehende Demotivation sowie Leistungsminderung.
- **Vereinheitlichung der Arbeitsbedingungen** im Unternehmen.
- **Entlastung** des Unternehmens bei der **Festlegung** und späteren **Anpassung** der Arbeitsbedingungen »nach oben« (z.B. Tariferhöhungen) oder »nach unten« z.B. aufgrund eines Sanierungstarifvertrags (»**Entlastung des Arbeitsvertrags**«).[552]
- **Werbung mit Tarifbedingungen bei der Suche nach Personal** im Fall von Fachkräftemangel.[553]

Gerne wird auch behauptet, ein wichtiges Motiv für die Verwendung von Bezugnahmeklauseln sei der Umstand, dass der Arbeitgeber vor der Einstellung nicht nach der **Gewerkschaftszugehörigkeit** fragen dürfe.[554] Zu Recht wird dies in der Literatur bezweifelt.[555]

Die vertragliche Bezugnahme auf den Tarifvertrag ist **aus Arbeitnehmersicht zweischneidig**. Einerseits führt die Anwendung des Tarifvertrags zu einem Vorteil vor allem bei den **nicht organisierten** Arbeitnehmern. Sie erhalten ohne eigenes Zutun einen arbeitsvertraglichen Anspruch auf die von den tarifgebundenen Arbeitnehmern (durch Mitgliedschaft in der tarifvertragsschließende Gewerkschaft, Beitragszahlung und Engagement) erkämpften tariflichen Leistungen. Mittel- und langfristig führt dieses »**Trittbrettfahren**« einer Vielzahl von Arbeitnehmern aber zu einem Absinken des Tarifniveaus bis hin zu »**tariflosen Zuständen**«, bei denen sich dann das Thema »arbeitsvertragliche Bezugnahme auf einen für den Arbeitnehmer günstigen Tarifvertrag« **praktisch erledigt**. (vgl. Rn. 250).[556] 255

550 Grundlegend BAG 6.4.55, AP Nr. 7 zu Art. 3 GG; vgl. auch Schaub-Treber, § 206 Rn. 2ff.; ErfK-Franzen, TVG § 3 Rn. 29 m.w.N.
551 BAG 26.9.01 – 4 AZR 544/00, NZA 02, 634 (Rn. 30); 20.2.02, a.a.O. (Rn. 23); vgl. KeZa-Brecht-Heitzmann, Rn. 164.; Löwisch/Rieble, Rn. 457.
552 Vgl. Gamillscheg, S. 732.
553 Vgl. Stein, AuR 03, 361.
554 Vgl. BAG 28.3.00 – 1 ABR 16/99, NZA 00, 1294 = AP Nr. 27 zu § 99 BetrVG 1972 Einstellung.
555 Vgl. z.B. Stein, AuR 03, 361.
556 Vgl. KeZa-Brecht-Heitzmann, Rn. 163.

8.3 Grundtypen der Bezugnahmeklauseln

256 Bei den in der Praxis verwendeten **Bezugnahmeklauseln** sind folgende **Grundtypen** anzutreffen:[557]

257 • Die **statische Klausel** verweist auf einen konkreten, zum Zeitpunkt des Vertragsabschlusses geltenden Tarifvertrag bzw. auf die Tarifverträge einer Branche in seiner/ihrer **aktuellen Fassung.**[558] Sie lautet z.B.: *»Das Arbeitsverhältnis unterliegt den Bestimmungen der Tarifverträge … in der Fassung vom …«.*
Die zukünftige Tarifentwicklung (**Tarifdynamik**) soll auf das Arbeitsverhältnis nicht zur Anwendung kommen.

258 • Die **kleine dynamische Klausel** nimmt auf einen konkreten Tarifvertrag bzw. auf die Tarifverträge einer Branche in seiner/ihrer **jeweiligen Fassung** Bezug.[559] Sie lautet z.B.: *»Das Arbeitsverhältnis unterliegt den Bestimmungen der Tarifverträge … in ihrer jeweils gültigen Fassung«.*
Die Klausel umfasst auch die zukünftige Tarifentwicklung (**Tarifdynamik**).
Auch wenn dies nicht ausdrücklich arbeitsvertraglich so vereinbart ist, sondern z.B. auf einen Tarifvertrag ohne Datumsbezeichnung verwiesen wird, kann die Auslegung des Arbeitsvertrags ergeben, dass die Arbeitsvertragsparteien eine umfassende **zeitdynamische Verweisungsklausel** auf einen Tarifvertrag bzw. Tarifverträge vereinbart haben.[560]
Zur Frage, ob das auch bei **Tarifflucht** eines bisher tarifgebundenen Arbeitgebers durch Verbandsaustritt bzw. Wechsel in den OT-Status (vgl. Rn. 42ff.), Betriebsübergang oder Herauswachsen aus dem Geltungsbereich der Tarifverträge gilt, vgl. Rn. 300ff., 303ff. und 310ff.

259 • Die **große dynamische Verweisung** bezieht sich auf alle jeweils für den Betrieb fachlich bzw. betrieblich geltenden – auch zukünftigen – Tarifverträge. Sie lautet z.B.: *»Das Arbeitsverhältnis unterliegt den jeweils für den Betrieb einschlägig geltenden Tarifverträgen«.*
Eine solche Bestimmung wird auch als **Tarifwechselklausel** bezeichnet.[561] Mit ihr wird zunächst auf die Tarifverträge Bezug genommen, an die der Arbeitgeber bei Abschluss des Arbeitsvertrags gebunden ist. Darüber hinaus bewirkt sie, dass an Stelle der Bedingungen dieser Tarifverträge die **Normen anderer Tarifverträge** anzuwenden sind, an die der Arbeitgeber im Falle des **Wechsels seiner Tarifgebundenheit** gebunden ist.[562]

---

557 Vgl. auch die Überblicke bei Schaub-Treber, § 206 Rn. 20ff.; KeZa-Brecht-Heitzmann, Rn. 165ff.; Däubler-Lorenz, Rn. 224ff.; Wiedemann-Oetker, Rn. 262ff.

558 Vgl. z.B. BAG 19.9.07 – 4 AZR 710/06, AP Nr. 54 zu § 133 BGB (Rn. 2, 21ff.); Thüsing/Braun-Reufels, 8. Kap. Rn. 31.

559 Vgl. z.B. BAG 22.10.08 – 4 AZR 784/07, NZA 09, 151 (Rn. 21); 18.4.07 – 4 AZR 652/05, NZA 07, 965 (Rn. 2, 25ff.); Schaub-Treber, § 206 Rn. 35ff.

560 BAG 20.4.12 – 9 AZR 504/10, NZA 12, 982; 17.1.06 – 9 AZR 41/05, NZA 06, 923.

561 BAG 29.8.07 – 4 AZR 767/06, NZA 08, 364; 22.10.08 – 4 AZR 784/07, NZA 09, 151 (Rn. 21); 22.4.09 – 4 ABR 14/08, NZA 09, 1286 (Rn. 27).

562 BAG 16.10.02, AiB 04, 312 = NZA 03, 390; Schaub-Treber, § 206 Rn. 20.

Auch bei einer großen dynamischen Verweisung ist die zukünftige Tarifentwicklung (**Tarifdynamik**) einschließlich neuer Tarifverträge auf das Arbeitsverhältnis anzuwenden.

Die Bezugnahme auf das Tarifwerk einer bestimmten Branche (= kleine dynamische Bezugnahme; vgl. Rn. 258) kann über ihren Wortlaut hinaus nur dann als große dynamische Verweisung ausgelegt werden, wenn sich dies aus **besonderen Umständen** ergibt (vgl. auch Rn. 288).[563]

Zur Frage, ob das auch bei **Tarifflucht** eines bisher tarifgebundenen Arbeitgebers durch Verbandsaustritt bzw. Wechsel in einen OT-Status (vgl. Rn. 42ff.), Betriebsübergang oder Herauswachsen aus dem Geltungsbereich der Tarifverträge gilt, vgl. Rn. 300ff., 303ff. und 310ff.

- Wird ein **branchenfremdes Tarifwerk** im Arbeitsvertrag in Bezug genommen, ist eine korrigierende Auslegung der Verweisungsklausel dahin, dass eine Verweisung auf das Tarifwerk erfolgt, dem der Arbeitgeber jeweils unterliegt, nicht möglich; eine große dynamische Verweisungsklausel liegt damit nicht vor.[564] **260**
- Eine **Teilbezugnahmeklausel** verweist nur auf **Teile** eines Tarifwerks oder Tarifvertrags. Sie lautet z.B.: »*Auf das Arbeitsverhältnis finden die Urlaubsbestimmungen des Manteltarifvertrags … Anwendung*«. Teilbezugnahmeklauseln werden überwiegend für zulässig gehalten.[565] Sie können – je nach Auslegung – eine **statische** oder (zeitlich oder fachlich) **dynamische** Wirkung haben. **261**

Zur Frage, ob bei einer formularvertraglichen vollen oder teilweisen Inbezugnahme von Tarifverträgen eine **Inhaltskontrolle** nach § 305ff. BGB stattfindet, vgl. Rn. 271ff. und § 1 Rn. 43. **261a**

Die Inbezugnahme eines **mehrgliedrigen Tarifvertrags** durch einen vom Arbeitgeber vorformulierten Arbeitsvertrag verstößt gegen das Transparenzgebot des § 307 Abs. 1 Satz 2 BGB, da für den Arbeitnehmer nicht mehr erkennbar ist, welcher Tarifvertrag jetzt und zukünftig gelten soll,[566] s. dazu Rn. 279a. **261b**

8.4 Rechtswirkungen

8.4.1 Zulässigkeit der Klauseln

Arbeitsvertragliche Bezugnahmeklauseln werden – ungeachtet ihrer negativen Auswirkungen auf die Tarifautonomie (vgl. Rn. 250, 255) – mit Verweis auf die **Vertragsfreiheit** (§ 311 BGB) allgemein als **zulässig** angesehen.[567] **262**

---

563 BAG 22.10.08 – 4 AZR 784/07, a.a.O.

564 BAG 25.10.00 – 4 AZR 506/99, NZA 02, 100.

565 BAG 17.11.98, NZA 99, 938; BAG 17.1.06 – 9 AZR 41/05, NZA 06, 923; ErfK-Franzen, TVG § 3 Rn. 34 m.w.N.; Däubler-Lorenz, Rn. 236f.; Kittner/Zwanziger/Deinert-Deinert, § 8 Rn. 348; a.A. KeZa-Stein, Rn. 173, 4. Auflage; seit der 5. Auflage wie die h.M., KeZa-Brecht-Heitzmann, Rn. 209.

566 LAG Niedersachsen 28.11.12 – 2 Sa 76/12.

567 LAG Hamburg 15.11.00, NZA 01, 562 (Rn. 43); vgl. auch Hanau/Kania, FS Schaub S. 239, 240f.; Wiedemann-Oetker, Rn. 227; JKOS-Oetker, § 6 Rn. 207; KeZa-Brecht-Heitzmann, Rn. 173.

Auf **Urheberrechte** und den Schutz des Urhebergesetzes können sich die Tarifvertragsparteien nicht berufen, da Tarifverträge als Gesetze i. S. v. § 5 Abs. 1 UrhG gelten.[568]

In wichtigen Arbeitnehmerschutzgesetzen ermöglicht sogar der **Gesetzgeber** für nicht tarifgebundene Arbeitsvertragsparteien ausdrücklich die einzelvertragliche Bezugnahme von Tarifverträgen, um in diesen Fällen das in den Tarifverträgen abgesenkte gesetzliche Schutzniveau auch für diese Arbeitsverhältnisse zu vereinbaren (z.B. § 622 Abs. 4 Satz 2 BGB, § 9 Nr. 2 AÜG, § 7 Abs. 3 Satz 1 ArbZG, § 4 Abs. 4 EFZG). Solche gesetzlichen Tariföffnungen sollten nur dann durch Bezugnahme genutzt werden dürfen, wenn die betreffenden Tarifverträge als Ganzes in Bezug genommen werden, auf dem 70. Deutschen Juristentag ist folgerichtig eine dahingehende ergänzende gesetzliche Regelung vorgeschlagen worden.[569]

263 Die Bezugnahme kann auf den **»einschlägigen« Tarifvertrag** (räumlich, fachlich und persönlich; vgl. Rn. 112), aber auch auf einen **»fremden«** (räumlich, fachlich und persönlich nicht einschlägigen) **Tarifvertrag** erfolgen.[570] Die Anwendung des fremden Tarifvertrags soll nach einer in der Literatur vertretenen Ansicht allerdings nur dann arbeitsvertraglich vereinbart werden können, wenn die Arbeitsvertragsparteien **nicht an den »einschlägigen« Tarifvertrag** durch beiderseitige Tarifbindung oder Allgemeinverbindlichkeit **gebunden** sind.[571] Dies erscheint **fraglich.** Wenn die Arbeitsvertragsparteien **beiderseits an einen Tarifvertrag gebunden** sind und außerdem eine **Bezugnahmeklausel** vereinbart haben, hat jede »Rechtsquelle« **eigenständige Wirkung.** Die beiderseitige Tarifgebundenheit führt zur **normativen Geltung der Tarifverträge** gem. §§ 3 Abs. 1, 4 Abs. 1 TVG. Die arbeitsvertragliche Bezugnahme (z.B. auf andere Tarifverträge) wirkt **»vertragsrechtlich«**. Führt das Nebeneinander zu einer **Kollision**, gilt das **Günstigkeitsprinzip** (§ 4 Abs. 3 TVG; vgl. § 4 Rn. 57 und 140ff.).[572] Das heißt, die arbeitsvertragliche Bezugnahme auf den fremden Tarifvertrag kann zwar zugunsten des Arbeitnehmers zu einer Verbesserung der kraft beiderseitiger Tarifbindung geltenden Tarifbestimmungen führen, nicht aber zu einer Verschlechterung.

264 Für die arbeitsvertragliche Bezugnahme ist **nicht entscheidend,** ob der in Bezug genommene Tarifvertrag **ungekündigt ist** oder **nachwirkt.**[573]

Auch **Teile derartiger Tarifverträge**[574] oder **nicht mehr geltende** bzw. **unwirksam gewordene** oder **von Anfang an unwirksame Tarifverträge** können arbeitsvertraglich in Bezug genommen werden. Allerdings muss der Wille der Arbeitsvertragsparteien, die Geltung eines unwirksamen Tarifvertrages einzelvertraglich zu vereinbaren, eindeutig er-

---

568 BAG 11.11.68 – 1 AZR 16/68, NJW 69, 861; vgl. auch Thüsing/Braun-Reufels, 8. Kap. Rn. 14 m.w.N.; Schaub Treber, § 206, Rn. 5.

569 Bepler, Gutachten B zum 70. Deutschen Juristentag, B 66; These 3.3 zum Gutachten.

570 BAG 25.10.00 – 4 AZR 506/99, NZA 02, 100, 103; Wiedemann/Oetker, Rn. 236.

571 In der 5. Auflage wie hier: KeZa-Brecht-Heitzmann, Rn. 191; Däubler-Lorenz, Rn. 242.

572 BAG 7.7.10 – 4 AZR 1023/08, AP Nr. 388 zu § 613a BGB; vgl. auch Kittner/Zwanziger/Deinert-Deinert, § 8 Rn. 346; Schaub-Treber, § 206 Rn. 6.

573 BAG 18.9.12 – 9 AZR 1/11; 9.5.07, DB 08, 874; 27.6.78 – 6 AZR 89/77, AP Nr. 12 zu § 13 BUrlG.

574 BAG 11.12.13 – 4 AZR 473/12, NZA 14, 900.

kennbar sein.[575] Anderes gilt nur, wenn die in Bezug genommenen Regelungen gegen **höherrangiges Recht verstoßen** und deshalb unwirksam sind. Verstößt z.B. eine in Bezug genommene Tarifnorm gegen das Gebot der Entgeltgleichheit von Frauen und Männern in Art. 141 EGV, dann ist auch die arbeitsvertragliche Vereinbarung unwirksam.[576] In diesem Fall geht die Bezugnahme ins Leere.

Im Bereich der Leiharbeit kann eine Abweichung vom Gebot der Gleichbehandlung nach § 9 Abs. 2 AÜG – unabhängig davon, wie man diese gesetzlich eingeräumte Möglichkeit der Abweichung im Übrigen bewertet – nur durch die Bezugnahme auf einen **wirksamen Tarifvertrag** erreicht werden. Die mit der CGZP vereinbarten vermeintlichen Tarifverträge sind mangels Tariffähigkeit der CGZP unwirksam (s. Rn. 250). Die arbeitsvertragliche Bezugnahme auf deren Tarifverträge geht deshalb ins Leere, die Inhalte dieser vermeintlichen »Tarifverträge« werden nicht Bestandteil des Arbeitsvertrags. Zwar sind Arbeitsvertragsparteien darin frei, ein kollektives Regelwerk in Bezug zu nehmen, ohne das es auf *dessen* normative Wirksamkeit ankommt; im Falle der arbeitsvertraglichen Bezugnahme auf die Tarifverträge der CGZP war aber davon auszugehen, dass ein **wirksamer Tarifvertrag vereinbart werden sollte.** Nur mit einer Bezugnahme auf einen wirksamen Tarifvertrag konnten Arbeitgeber als Klauselverwender den Zweck der Bezugnahme erreichen – also das Abweichen vom Gebot der Gleichbehandlung nach § 9 Nr. 2 AÜG.[577] **264a**

(Zur Bezugnahme auf Tarifverträge im Bereich der Leiharbeit s. auch Rn. 279a).

Es besteht Einigkeit, dass die arbeitsvertragliche Inbezugnahme eines Tarifvertrags keine unmittelbare und zwingende Tarifbindung (vgl. dazu § 4 Rn. 3ff.) zur Folge hat. Die Tarifvertragsinhalte werden lediglich Bestandteil des Arbeitsvertrags.[578] Deshalb kann auch keine Tarifkonkurrenz oder Tarifpluralität (vgl. hierzu § 4 Rn. 60ff., 82ff., 87) entstehen. Daher kann z.B. ein einzelvertraglich in Bezug genommener (Firmen-)Tarifvertrag nicht einen kraft beiderseitiger Tarifbindung oder Allgemeinverbindlichkeit unmittelbar und zwingend geltenden (Verbands-)Tarifvertrag verdrängen.[579] Eine etwaige Kollision zwischen vertraglicher Bezugnahme und kraft Tarifbindung geltender Tarifregelung ist vielmehr nach dem **Günstigkeitsprinzip** zu lösen (vgl. Rn. 263 und § 4 Rn. 140ff.; vgl. auch § 4 Rn. 57).[580] **265**

Das Gleiche gilt, wenn auf ein Arbeitsverhältnis, für das ein Tarifvertrag kraft Allgemeinverbindlichkeit gilt, auch ein anderer Tarifvertrag kraft arbeitsvertraglicher Bezugnahme Anwendung findet, es handelt sich nicht um Tarifkonkurrenz. Vielmehr »konkurriert« ein Arbeitsvertrag mit einem Tarifvertrag. Dieses Verhältnis ist nach Maßgabe des Günstigkeitsprinzips des § 4 Abs. 3 TVG zu lösen.[581] **266**

---

575 BAG 7.12.77 – 4 AZR 474/76, AP Nr. 9 zu § 4 TVG Nachwirkung (Rn. 13); Däubler-Lorenz, Rn. 243; Schaub-Treber, § 206 Rn.18.

576 Vgl. Däubler-Lorenz, a.a.O.

577 BAG 13.3.13 – 5 AZR 954/11, NZA 13, 680, Rn. 21 u. 35.

578 Vgl. KeZa-Brecht-Heitzmann, Rn. 169; BAG 6.12.90 – 6 AZR 268/89, NZA 91, 394.

579 So zu Unrecht noch BAG 23.3.05 – 4 AZR 203/04, NZA 05, 1003; krit. Thüsing, NZA 05, 1280, vgl. auch Bepler, FS 100 Jahre Deutscher Anwaltsverein S. 791ff.

580 So jetzt auch BAG 29.8.07 – 4 AZR 767/06,NZA 08, 364 unter ausdrücklicher Aufgabe von BAG 23.3.05, a.a.O.

581 BAG 7.7.10 – 4 AZR 1023/08, AP Nr. 388 zu § 613a BGB 29.08.07, a.a.O.

266a Das gilt auch, wenn der arbeitsvertraglich in Bezug genommene Tarifvertrag mit dem gesetzlichen Mindestlohn (vgl. Anhang TVG 1.) konkurriert, auch dann findet das Günstigkeitsprinzip Anwendung.[582]

267 Werden allerdings von einer arbeitsvertraglichen Verweisung **mehrere konkurrierende Tarifverträge** derselben Gewerkschaft erfasst, ist diese Kollision nach den Regeln der Tarifkonkurrenz (vgl. § 4 Rn. 60ff.) zugunsten des **spezielleren Tarifvertrags**, etwa eines Firmentarifvertrags, zu lösen (zur Lösung einer Tarifkonkurrenz durch das Mehrheitsprinzip vgl. Rn. 67f.).[583]

267a Treten bei einer arbeitsvertraglichen Bezugnahme im Übrigen Kollisionen zwischen in Bezug genommenen Tarifwerken mit gleichen Geltungsbereichen auf (s. zu Kollisionen bei beidseitiger Tarifbindung § 4a), müssen die Kollisionen zunächst über die Auslegung der Bezugnahmeklausel ausgeräumt werden.[584]
Zur Auslegung bei Bezugnahme auf einschlägige Tarifverträge unterschiedlicher Gewerkschaften im **tarifpluralen Bereich** s. Rn. 299a.

268 Eine Bezugnahmeklausel begründet auch nicht eine umfassende **Gleichbehandlung mit Gewerkschaftsmitgliedern.**[585] Deshalb hat ein Außenseiter auch dann keinen Anspruch auf Gewährung der in einer tarifvertraglichen **Differenzierungsklausel** (vgl. Rn. 187ff.) vorgesehenen Begünstigung von Gewerkschaftsmitgliedern, wenn auf die Tarifregelung arbeitsvertraglich verwiesen wird. Die Mitgliedschaft in der tarifschließenden Gewerkschaft ist in der Regel anspruchsbegründende Voraussetzung für die begünstigende zusätzliche Leistung. Die einzelvertragliche Verweisung auf den Tarifvertrag ersetzt dann nicht die persönliche Mitgliedschaft. Nur diese Auslegung entspricht der strikten Trennung zwischen dem durch die Verweisungsklausel bewirkten Rechtszustand und der durch die kongruente Tarifgebundenheit erfolgten Geltung des jeweiligen Tarifvertrags, die zur Anwendung des **Günstigkeitsprinzips** führt, wenn es zu einer Kollision von anzuwendenden Regelungen kommt.[586]

269 Das BAG hält aber eine Vereinbarung zwischen Arbeitgeber und nicht organisierten Arbeitnehmer für zulässig, diesen so zu stellen **als sei er Gewerkschaftsmitglied**, um »*so schon vorab möglichen einfachen Differenzierungsklauseln die beabsichtigte Wirkung zu nehmen*«.[587] Ob hier das Spannungsverhältnis von Vertragsfreiheit und Koalitionsfreiheit sachgerecht gelöst wird, muss allerdings bezweifelt werden. Es spricht vielmehr Einiges dafür, in einer derartigen Vertragsklausel eine mit Art. 9 Abs. 3 GG unvereinbare **Überschreitung der Regelungsbefugnis** der Arbeitsvertragsparteien zu sehen.[588]

270 Weil die in Bezug genommenen Tarifinhalte nur **einzelvertraglich** gelten, findet das **Verzichtsverbot** nach § 4 Abs. 4 TVG (vgl. hierzu § 4 Rn. 241ff.) nach richtiger Auffassung keine Anwendung, d.h., auf die aufgrund der Bezugnahmeklausel entstehenden Ansprü-

---

582 BAG 7.7.10, a.a.O.; Schubert u.a., MiLoG, Rn. 151, Nr. 4.
583 BAG 23.1.08 – 4 AZR 602/06, ZTR 08, 665.
584 ErK Franzen, Rn. 32.
585 BAG 18.3.09 – 4 AZR 64/08, NZA 09, 1028 (Rn. 30); 9.5.07, AP TVG § 3 Verbandszugehörigkeit Nr. 23 (Rn. 28); ebenso Schliemann, NZA Sonderbeilage zu Heft 16/03, 3, 8; Däubler-Lorenz, Rn. 276.
586 BAG 18.3.09, a.a.O. (Rn. 30); 29.8.07, a.a.O.; 22.10.08 – 4 AZR 784/07, NZA 09, 151.
587 BAG 18.3.09, a.a.O. (Rn. 54).
588 So auch Kocher, NZA 09, 119, 123.

che kann wirksam verzichtet werden.[589] Das ist natürlich nicht der Fall, wenn die Ansprüche (auch) unmittelbare und zwingende Tarifgeltung haben (z. B. aufgrund beiderseitiger Tarifbindung oder Allgemeinverbindlicherklärung; vgl. Rn. 245 und § 4 Rn. 241 ff.).

8.4.2 Bezugnahmeklauseln und AGB-Kontrolle

Bezugnahmeklauseln in einem – vom Arbeitgeber vorformulierten – Arbeitsvertrag sind **Allgemeine Geschäftsbedingungen (AGB)** und unterliegen daher der **AGB-Kontrolle** nach §§ 305 ff. BGB.[590] 271

Werden **Tarifvertragsinhalte ganz oder teilweise übernommen**, stellt sich die Frage, ob auch die so vereinbarten tariflichen Arbeitsvertragsinhalte nach §§ 305 ff. BGB (AGB-Kontrolle) überprüft werden können. Das könnte fraglich sein, weil § 310 Abs. 4 Satz 1 BGB **Tarifverträge** grundsätzlich von der AGB-Kontrolle **ausnimmt** (vgl. § 1 Rn. 43).[591]

Es besteht Einigkeit, dass **keine AGB-Kontrolle** – z. B. keine **Transparenzkontrolle** nach 272
§ 307 Abs. 1 Satz 2 BGB – stattfindet, wenn **»einschlägige«** (vgl. Rn. 245) Tarifverträge bzw. Tarifwerke, deren Rechtsnormen bei beiderseitiger Tarifgebundenheit nach § 4 Abs. 1 Satz 1 TVG auf das Arbeitsverhältnis der Parteien unmittelbar zur Anwendung gekommen wären, in einem vorformulierten Arbeitsvertrag **komplett in Bezug genommen** werden (sog. Globalverweisung).[592] Das gilt auch dann, wenn der Arbeitnehmer **nicht Mitglied** der tarifschließenden Gewerkschaft ist und der Tarifvertrag nur kraft Bezugnahme gilt.[593] Etwas anderes ergibt sich auch nicht aus § 307 Abs. 3 Satz 2 BGB.[594] Es gibt keinen Grund, die Arbeitsvertragsparteien, für die die Tarifverträge (nur) aufgrund arbeitsvertraglicher Bezugnahme zur Anwendung kommen, anders zu behandeln, als die tarifgebundenen Vertragsparteien. Bei einer kompletten Übernahme eines einschlägigen Tarifvertrags wird auch dessen **»Richtigkeitsgewähr«** (vgl. hierzu § 1 Rn. 5, 43) »übernommen«.[595] Ebenso wenig handelt es sich in diesen Fällen um eine **überraschende Klausel** i. S. d. § 305c Abs. 1 BGB. Ein Arbeitnehmer muss mit einer solchen im Arbeitsleben üblichen Klausel rechnen.[596]

Etwas anderes gilt, wenn auf einen **»fremden« (nicht »einschlägigen«) Tarifvertrag** verwiesen wird. Dem fremden Tarifvertrag liegen ganz andere ökonomische und betriebliche Rahmenbedingungen zugrunde, so dass eine Angemessenheit bzw. Richtigkeit nicht unterstellt werden kann.[597] Deshalb unterliegen seine Bestimmungen – z. B. Ausschlussklauseln – der Inhaltskontrolle nach §§ 305 ff. BGB. 273

---

589 Vgl. ausf. Thüsing/Braun-Reufels, Kap. 8 Rn. 73 m. w. N.; a. A. Däubler-Lorenz, Rn. 250; Wiedemann/Oetker Rn. 353.

590 BAG 9. 5. 07 – 4 AZR 319/06, DB 08, 874; 15. 4. 08 – 9 AZR 159/07, AP Nr. 38 zu § 1 TVG Alterszeit; 18. 9. 07 – 9 AZR 822/06, ZTR 08, 382.

591 Vgl. Kittner/Zwanziger/Deinert-Deinert, § 8 Rn. 356 und § 11 Rn. 168; ErfK-Preis, BGB §§ 305–310 Rn. 8.

592 BAG 18. 09. 12 – 9 AZR 1/11; 6. 5. 09 – 10 AZR 390/08, AP Nr. 44 zu § 307 BGB; 18. 9. 07, a.a.O.

593 BAG 28. 6. 07 – 6 AZR 750/06, NZA 07, 1049.

594 BAG 6. 5. 09, a.a.O.; 13. 12. 07 – 6 AZR 222/07, AP Nr. 53 zu § 242 BGB Unzulässige Rechtsausübung – Verwirkung Nr. 53; 28. 6. 07 – 6 AZR 750/06, NZA 07, 1049; 23. 9. 04, ZTR 05, 323.

595 Vgl. Däubler, NZA 01, 1329, 1335; ErfK-Preis, BGB §§ 305–310 Rn. 13.

596 Vgl. BAG 24. 9. 08 – 6 AZR 76/97, NZA 09, 154; Schaub-Treber, § 206 Rn. 12 m. w. N.

597 Vgl. Däubler, a.a.O.; ders., AR 2 Rn. 172a; ErfK-Preis, a.a.O. Rn. 14.

274 Das gilt auch, wenn **nur einzelne Bestimmungen des einschlägigen Tarifvertrags** in den Arbeitsvertrag übernommen werden.[598] Begünstigungen bei einzelnen Regelungen werden häufig um den Preis von Benachteiligungen durch andere Vorschriften erwirkt. Erst die **Gesamtheit der Regelungen eines Tarifvertrags** begründet grundsätzlich die **Vermutung**, dass dieser die divergierenden Interessen angemessen ausgleicht.[599] In diesen Fällen kann nicht mehr die dem Tarifvertrag **immanente Richtigkeitsgewähr** (vgl. § 1 Rn. 5) unterstellt werden. Die Inhaltskontrolle findet nach allgemeinen Kriterien der §§ 307 bis 309 BGB statt.[600] Es wird im Einzelfall geprüft, ob z.B. nur die teilweise Übernahme tarifvertraglicher Urlaubsregelungen oder z.B. nur die Übernahme verkürzter Kündigungsfristen aus dem Gesamtzusammenhang des Tarifvertrags möglicherweise **unangemessen** ist. Ebenso kann z.B. überprüft werden, ob im Einzelfall aus dem Tarifvertrag übernommene Inhalte eine **überraschende Klausel** i.S.d. § 305c Abs. 1 Satz 1 darstellen und daher unwirksam sind.[601]

275 Noch ist nicht endgültig geklärt, was gilt, wenn eine formularvertragliche Bezugnahmeklausel **abgrenzbare Teile eines einschlägigen Tarifwerks** erfasst.[602] Eine Kontrollfreiheit setzt nach Ansicht des BAG zumindest **eine vollständige Übernahme abgrenzbarer Sachbereiche** des Tarifvertrags voraus[603]

Das BAG verweist in diesem Zusammenhang auf eine Entscheidung des BGH vom 22.1.2004[604], wonach **grundsätzlich jede Abweichung** von der VOB/B einen Eingriff in deren Ausgewogenheit und damit eine Störung des von ihr beabsichtigten Interessenausgleichs darstelle, andernfalls sei die im Recht der Allgemeinen Geschäftsbedingungen notwendige **Transparenz** nicht zu gewährleisten.[605]

Diesen Gedanken aufgreifend kann das **Kontrollprivileg des § 307 Abs. 3 Satz 1 BGB** nur dann uneingeschränkt gelten, wenn auf den **Tarifvertrag als Ganzes** verwiesen wird. Eine Bezugnahme auf einzelne Regelungen oder auch Regelungskomplexe nimmt nicht an der Angemessenheitsvermutung des Tarifvertrags teil. Für eine Privilegierung solchen individualvertraglichen Verhaltens gibt es keinen Sachgrund.[606] Weil aber eine (mittelbare) Inhaltskontrolle arbeitsvertraglicher Bezugnahmeregelungen auf Tarifverträge nicht zu einer Tarifzensur führen darf, werden die Gerichte allenfalls dann von einer Angemessenheit und damit vom Kontrollprivileg auszugehen haben, wenn anzunehmen ist, dass die Tarifvertragsparteien einen bestimmten Regelungskomplex auch **als eigenständigen Tarifvertrag** vereinbart hätten.[607]

---

598 BAG 6.5.09 – 10 AZR 390/08, a.a.O. (Rn. 29).

599 BAG 6.5.09, a.a.O.; vgl. Wiedemann-Oetker § 3 Rn. 342;so auch Bepler, Gutachten 70. Deutscher Juristentag, B 66 (2).

600 Vgl. ErfK-Preis, BGB §§ 305–310 Rn. 14, 16ff.

601 Vgl. Kittner/Zwanziger/Deinert-Deinert, § 8 Rn. 357; Löwisch/Rieble, Rn. 501ff.; ErfK-Preis, a.a.O.

602 Vgl. hierzu BAG 6.5.09 – 10 AZR 390/08, AP Nr. 44 zu § 307 BG (Rn. 29); 15.7.09 – 5 AZR 867/08, ZTR 10, 35 (Rn. 19).

603 BAG 6.5.09, a.a.O.; 15.7.09, a.a.O., Rn. 29; vgl. auch Schaub-Treber, § 206 Rn.15.

604 VII ZR 419/02 BGHZ 157, 346.

605 Zitiert nach BAG 6.5.09, a.a.O., Rn. 29.

606 Bepler, Gutachten für den 70. Deutschen Juristentag, B66 (2), hinsichtlich gesetzlicher Tariföffnungsklauseln, s. Rn. 262.

607 KeZa-Brecht-Heitzmann, Rn. 263.

Nach der »alten« Rechtsprechung des 4. Senats des BAG stand die Auslegung dynamischer Bezugnahmeklauseln als **Gleichstellungsabrede** (vgl. Rn. 291) der **»Unklarheitenregel«** des § 305c Abs. 2 i.V.m. § 310 Abs. 4 Satz 2 BGB auch dann nicht entgegen, *»wenn dem Arbeitnehmer die Tarifgebundenheit unbekannt war«*.[608] 276
Diese Position hat der 4. Senat nunmehr zu Recht **aufgegeben** (vgl. Rn. 295ff., 297).

8.4.3 Auslegung und Folgen von Tarifänderungen

8.4.3.1 Auslegungsregeln

Für die **Auslegung des in Bezug genommenen Tarifvertrags** gelten die für Tarifverträge maßgeblichen **Auslegungsgrundsätze**: also Auslegung nach Wortlaut, Wille der Tarifvertragsparteien, Gesamtzusammenhang, Sinn und Zweck der Norm (vgl. Grundl. Rn. 152ff.).[609] Nach überwiegender Auffassung hat eine Entscheidung der Arbeitsgerichte zur Auslegung des Tarifvertrags nach **§ 9 TVG Bindungswirkung** auch für die Parteien des Einzelarbeitsvertrags (vgl. § 9 Rn. 3).[610] 277

Für die **Auslegung der Bezugnahmeklausel** gelten die für die Auslegung von **rechtsgeschäftlichen Willenserklärungen** geltenden Regeln. Bei der nach §§ 157, 133 BGB gebotenen Erforschung des wirklichen Willens der Vertragsparteien ist auch deren typische Interessenlage zu berücksichtigen.[611] Soweit eine Bezugnahmeklausel – vom Arbeitgeber vorformuliert – formularvertraglich vereinbart ist, handelt es sich um **Allgemeine Geschäftsbedingungen** im Sinne der §§ 305ff. BGB.[612] Sie sind nach ihrem objektiven Inhalt und typischen Sinn einheitlich so **auszulegen**, wie sie von verständigen und redlichen Vertragspartnern unter Abwägung der Interessen der normalerweise beteiligten Verkehrskreise verstanden werden, wobei die Verständnismöglichkeiten des durchschnittlichen Vertragspartners des Verwenders zugrunde zu legen sind.[613] Sie unterliegen der **AGB-Kontrolle** (vgl. Rn. 271ff.).[614] Verbleiben Zweifel bei der Auslegung, geht das zu **Lasten** des Arbeitgebers (Unklarheitenregel des § 305c Abs. 2 BGB).[615] Allerdings darf auf die Unklarheitenregel nur zurückgegriffen werden, wenn trotz Ausschöpfung der anerkannten Auslegungsmethoden **nicht behebbare Zweifel** verbleiben.[616] 278

Aus der arbeitsvertraglichen Bezugnahmeklausel muss **konkret** erkennbar sein, **welcher Tarifvertrag** oder **welche Tarifinhalte** angewendet werden sollen. 279

Soweit im Bereich der **Leiharbeit** neben den sogenannten Tarifverträgen der CGZP weitere Tarifverträge z.B. der AMP arbeitsvertraglich in Bezug genommen werden und nicht erkennbar ist, welcher Tarifvertrag konkret Anwendung finden soll, ist eine solche Bezug- 279a

608 BAG 19.3.03 – 4 AZR 331/02, NZA 03, 1207; vgl. auch die Kritik von Wulff, AiB 04, 288, 293.
609 Vgl. JKOS-Oetker, § 6 Rn. 228ff.
610 Vgl. Wiedemann-Oetker, Rn. 553; Rn. 153; Kittner/Zwanziger/Deinert-Deinert, § 8 Rn. 341; differenzierend Löwisch/Rieble, § 9 Rn. 89ff., 94f.; krit. KeZa-Brecht-Heitzmann, Rn. 260.
611 BAG 23.3.05 – 4 AZR 203/04, NZA 05, 1003.
612 BAG 9.5.07 – 4 AZR 319/06, DB 08, 874.
613 BAG 17.10.07 – 4 AZR 812/06, DB 08, 1217.
614 BAG 9.5.07, a.a.O.
615 BAG 9.11.05 – 5 AZR 128/05, NZA 06, 202.
616 BAG 17.1.06 – 9 AZR 41/05, ZTR 06, 545.

nahmeklausel auf einen **mehrgliedrigen Tarifvertrag** mangels Transparenz unwirksam (s. Rn. 261b). Gleiches gilt auch für »**gestaffelte**« **Bezugnahmen**, die also für den Fall der Unwirksamkeit der genannten Tarifverträge auf die Tarifverträge der DGB – Tarifverträge Bezug nehmen.[617]

Der **Manteltarifvertrag Zeitarbeit** vom 22.7.2013, abgeschlossen vom Bundesverband Zeitarbeit Personaldienstleistungen e.V. (BZA) und den Mitgliedsgewerkschaften des DGB, stellt hingegen einen **Einheitstarifvertrag und keinen mehrgliedrigen Tarifvertrag** dar, deshalb ist die arbeitsvertragliche Bezugnahme auf dieses Tarifwerk im Arbeitsvertrag transparent und wirksam,[618] der jeweils anwendbare Tarifvertrag ist ohne weiteres bestimmbar.[619] Umfasst eine **arbeitsvertragliche Bezugnahmeklausel** zwei Tarifverträge, die von **derselben Gewerkschaft** abgeschlossen worden sind, ist durch **Auslegung** des Arbeitsvertrags festzustellen, welcher der beiden Tarifverträge Anwendung findet. In der Regel ist dies der dem Betrieb räumlich, betrieblich, fachlich und persönlich **am nächsten stehende Tarifvertrag.**[620]

280 Im Übrigen hat die Rechtsprechung eine Reihe von **Auslegungsregeln** entwickelt:

281 • Die Bezugnahme hat im Zweifel **konstitutive (rechtsbegründende) Wirkung.**[621] Wenn eine Bezugnahme nur **deklaratorisch** und deshalb eine rechtsbegründende Wirkung ausgeschlossen sein soll, muss dies ausdrücklich formuliert sein.

282 • Im Zweifel bezieht sich eine Bezugnahme auf die »**einschlägigen**« **Tarifverträge** (vgl. Rn. 245), d.h. diejenigen Tarifverträge, die aufgrund des räumlichen, fachlichen und persönlichen **Geltungsbereichs** bei beiderseitiger Tarifbindung gelten würden.[622] Zur Auslegung von Bezugnahmen im tarifpluralen Bereich s. Rn. 299a.

283 • Die Bezugnahme ist im Zweifel **nicht** »**fachlich dynamisch**« (vgl. Rn. 260). Sollen – ggf. auch – **nicht** »**einschlägige**«, **fachfremde** Tarifverträge zur Anwendung kommen (vgl. Rn. 263), muss dies ausdrücklich vereinbart sein.[623]

284 • Die Bezugnahme ist im Zweifel »**zeitlich dynamisch**« (vgl. Rn. 258, 260), wenn die Klausel auf den jeweils geltenden Tarifvertrag,[624] mehrere Tarifverträge oder ggf. alle Tarifverträge der Branche verweist.[625] Das heißt, es kommen die Tarifverträge »*in ihrer jeweiligen Fassung*« zur Anwendung (vgl. Rn. 258, 260).

285 • Von einer zeitdynamischen Bezugnahme (vgl. Rn. 258, 260) ist regelmäßig auch dann auszugehen, wenn die Arbeitsvertragsparteien **allgemein – ohne Jeweiligkeitsklausel – auf die Geltung eines Tarifvertrags** verweisen. Es kann auch in diesem Fall im Zweifel angenommen werden, dass der Tarifvertrag in der jeweiligen Fassung gelten soll.[626]

---

617 BAG 19.2.14 – 5 AZR 920/12, DB 14, 1143, Rn. 47.

618 LAG Nürnberg 11.10.13 – 3 Sa 699/10, anhängig BAG – 4 AZR 995/13; LAG Stuttgart 04.6.13 – 22 Sa 73/12, anhängig BAG – 4 AZR 691/13.

619 LAG Stuttgart, a.a.O., Rn. 45.

620 BAG 14.12.05 – 10 AZR 296/05,NZA 06, 744.

621 BAG 26.9.01 – 4 AZR 544/00, DB 02, 1005, 1007; Däubler-Lorenz, Rn. 225ff.

622 BAG 23.3.05 – 4 AZR 203/04, NZA 05, 1003, Rn. 25.

623 BAG 25.10.00 – 4 AZR 506/99, NZA 02, 100.

624 BAG 22.10.08 – 4 AZR 793/07, NZA 09, 323.

625 BAG 6.5.09 – 10 AZR 390/08, AP Nr. 44 zu § 307 BGB; 17.1.06 – 9 AZR 41/05, NZA 06, 923; 9.11.05, a.a.O.; vgl. Schaub-Treber, § 206 Rn. 31ff.

626 BAG 6.5.09, a.a.O.; 17.1.06, a.a.O.

- Wollen die Arbeitsvertragsparteien der Bezugnahme lediglich eine **»statische«** Wirkung geben (vgl. Rn. 257), bedarf es einer eindeutig klaren Regelung im Arbeitsvertrag etwa in Form der Bezugnahme auf eine konkret nach **Datum** festgelegten Fassung des Tarifvertrags (vgl. Formulierungsbeispiel Rn. 257).[627] **286**
- Verweist der Arbeitsvertrag auf die für eine Branche jeweils geltenden Tarifverträge bestimmter Tarifvertragsparteien, liegt eine **statische** Bezugnahme (vgl. Rn. 257) auch dann nicht vor, wenn dem Angebot auf Abschluss des Arbeitsvertrags ein bereits **abgelaufener Tarifvertrag beigefügt** war.[628] **287**
- Eine **kleine dynamische Verweisung** (vgl. Rn. 258) kann über ihren Wortlaut hinaus nur dann als **große dynamische Verweisung** (Bezugnahme auf den jeweils für den Betrieb fachlich/betrieblich geltenden Tarifvertrag; vgl. Rn. 259) ausgelegt werden, wenn sich dies aus **besonderen Umständen** ergibt.[629] Dies gilt auch dann, wenn die Bezugnahmeklausel die **Gleichstellung** nicht tarifgebundener Arbeitnehmer mit den Tarifgebundenen bezweckt (vgl. hierzu Rn. 291). Mangels gegenteiliger Anhaltspunkte beschränkt sich die Gleichstellung auf das benannte Tarifwerk.[630] Eine **»korrigierende« Auslegung** im Falle eines **Verbandswechsels** kommt auch dann nicht in Betracht, wenn der Vertragspartner der von unterschiedlichen Arbeitgeberverbänden abgeschlossenen Tarifverträge jeweils dieselbe Gewerkschaft ist.[631] **288**
- Gilt ein Firmentarifvertrag nicht (nur) normativ, sondern (auch) kraft einzelvertraglicher Bezugnahme, kommt es bei einem **Eintritt** des zuvor nicht durch Organisationszugehörigkeit tarifgebundenen Arbeitgebers **in den Arbeitgeberverband** nur dann zu einem **Tarifwechsel im Individualverhältnis**, wenn besondere Umstände für eine große dynamische Verweisung sprechen.[632] **289**
- Verweist eine **Teilbezugnahmeklausel** (vgl. Rn. 261) auf die Geltung tariflicher Regelungen für den **Urlaub** des Arbeitnehmers, ist das regelmäßig als Bezugnahme auf den gesamten tariflichen **Regelungskomplex »Urlaub«** zu verstehen.[633] Auch ein zusätzliches tarifliches Urlaubsgeld wird von der Bezugnahme erfasst. Das gilt auch dann, wenn der Tarifvertrag die Regelungen von Urlaubsdauer, Urlaubsentgelt und zusätzlichem Urlaubsgeld auf mehrere Tarifvorschriften verteilt. **290**
- Eine arbeitsvertragliche Bezugnahme, wonach sich das **Arbeitsverhältnis nach den Regelungen des BAT** richtet, ist als **Bezugnahme auf die Regelungen des TVöD/TV-L auszulegen.** Bei der im öffentlichen Dienst erfolgten Ablösung des BAT durch den TVöD/TV-L handelt es sich um eine Tarifsuksession. Dadurch ist die zeitdynamisch ausgestaltete Bezugnahme auf den BAT zu einer statischen geworden. Im Wege der ergänzenden Vertragsauslegung ist die dadurch entstandene Regelungslücke dahinge- **290a**

627 BAG 20.4.12 – 9 AZR 504/10, NZA 12, 982 ff.; 6.5.09 – 10 AZR 390/08, AP Nr. 44 zu § 307 BGB (Rn. 25); 19.9.07 – 4 AZR 710/06, AP Nr. 54 zu § 133 BGB; 17.1.06 – 9 AZR 41/05, NZA 06, 923; 9.11.05 – 5 AZR 128/05, NZA 06, 202; vgl. Kittner/Zwanziger/Deinert, § 8 Rn. 344.

628 BAG 26.9.07 – 5 AZR 808/06, NZA 08, 179.

629 BAG 22.4.09 – 4 ABR 14/08, ZTR 09, 663 (Rn. 73); 22.10.08 – 4 AZR 784/07, NZA 09, 151 (Rn. 21); 22.10.08 – 4 AZR 793/07, NZA 09/323; 29.8.07 – 4 AZR 767/06, NZA 08, 364.

630 BAG 29.8.07, a.a.O.

631 BAG 22.4.09 – 4 ABR 14/08, a.a.O. (Rn. 73).

632 BAG 15.4.08 – 9 AZR 159/07, AP Nr. 38 zu § 1 TVG Altersteilzeit.

633 BAG 17.1.06 – 9 AZR 41/05, NZA 06, 923.

hend zu schließen, dass der TVöD/TV-L anzuwenden ist; die mit der Tarifsukzession verbundene Änderung der Tarifwerke und die dadurch entstandene Situation stellt sich für die Arbeitsvertragsparteien nicht anders dar als diejenige, die entstanden wäre, hätten die Tarifvertragsparteien den BAT grundlegend reformiert und ihm einen anderen Inhalt gegeben.[634]

- Eine arbeitsvertragliche Bezugnahme auf **den BAT/VKA in der jeweils geltenden Fassung** ist als Bezugnahme auf den TVöD/VKA in der jeweils geltenden Fassung auszulegen[635]
- Eine arbeitsvertragliche Formulierung, wonach der Arbeitnehmer/die Arbeitnehmerin »**in Anlehnung an den BAT Bund/Länder vergütet**« wird, wird als kleine dynamische Bezugnahmeklausel ausgelegt.[636]

290b
- Bei einer Bezugnahmeklausel in einem Formulararbeitsvertrag, mit der vereinbart wird, dass die **Bestimmungen eines Tarifvertrags »ergänzend**« gelten sollen, verdrängt nach Auffassung des LAG Hamm der Arbeitsvertrag insgesamt mit seinen Einzelregelungen entsprechende inhaltliche Komplexe im Tarifvertrag.[637] »Ergänzung« meine, so das LAG, dass diese Komplexe, die der Arbeitsvertrag selbst regelt, nicht vom Manteltarifvertrag erfasst werden. Die Regelungen, die der Arbeitsvertrag enthält, führen nach Auffassung des LAG zur Unanwendbarkeit der entsprechenden tariflichen Vorschrift.

8.4.3.2 Dynamische Bezugnahme im Betrieb eines tarifgebundenen Arbeitgebers

291 Eine dynamische Bezugnahme, die auf die *»einschlägigen Tarifverträge in ihrer jeweiligen Fassung«* verweist (vgl. Rn. 258) war nach der **früheren Rechtsprechung** des 4. Senats des BAG (vgl. Rn. 252)[638] im Betrieb eines **tarifgebundenen Arbeitgebers** im Zweifel nur für die Dauer der Tarifgebundenheit des Arbeitgebers, **»bedingt zeitlich dynamisch«** (zur Bedeutung einer dynamischen Bezugnahme bei **nicht tarifgebundenen** Arbeitgebern vgl. Rn. 313). Sie wurde im Zweifel als bloße **»Gleichstellungsabrede«** angesehen. **Zweck** der Klausel sei – trotz ihres **anderslautenden Wortlauts** – allein die **Gleichstellung nicht organisierter Arbeitnehmer (»Außenseiter«) mit organisierten Arbeitnehmern** für die Zeit, in der der Arbeitgeber gem. § 3 Abs. 1 TVG an die nach ihrem Geltungsbereich **»einschlägigen«** Tarifverträge (vgl. Rn. 245) gebunden sei. Falle die **Tarifbindung** des Arbeitgebers **weg**, ende die Einbindung der Arbeitsvertragsparteien in die weitere Tarifentwicklung (**»Dynamik«**). Die dynamisch vereinbarte Bezugnahme wirke **entgegen ihrem Wortlaut** nur noch **»statisch«**.

292 **Folge** dieser Rechtsprechung: die **zukünftige Tarifentwicklung** (**»Tarifdynamik«**) fand auf die Arbeitsverhältnisse aller Arbeitnehmer (ob tarifgebunden oder nicht) keine Anwendung mehr, wenn:

634 BAG 10.11.10 – 5 AZR 633/09, ZTR 11, 150.
635 Hessisches LAG 23.7.13 – 8 Sa 263/13.
636 BAG 10.11.10 – 5 AZR 633/09, ZTR 11, 150.
637 LAG Hamm 2.7.13 – 14 Sa 1706/12, anhängig BAG 5 AZR 767/13.
638 BAG 19.3.03 – 4 AZR 331/02, NZA 03, 1207.

- der Arbeitgeber aus dem **Verband austritt** oder in den **OT-Status wechselt** (vgl. Rn. 300ff.),
- der Betrieb auf einen **nicht tarifgebundenen Arbeitgeber übergeht** (vgl. Rn. 303ff.),
- der Betrieb aus dem fachlichen Geltungsbereich des einschlägigen Tarifvertrags »**herauswächst**« (Beispiel: ein Industriebetrieb wandelt sich zum Handwerksbetrieb oder umgekehrt; vgl. Rn. 310ff.).

Begründet hat das BAG seine Ansicht vor allem mit folgenden Erwägungen: Für die Auslegung einer dynamischen Bezugnahme als Gleichstellungsabrede spreche die Interessenlage und die angebliche »soziotypische Ausgangslage« bei Vertragsabschluss.[639] Der Arbeitgeber kenne die Tarifgebundenheit des Arbeitnehmers nicht und dürfe nicht nach der Mitgliedschaft in der Gewerkschaft fragen. Tarifgebundene Arbeitnehmer sollten nicht anders gestellt werden, als dies bei einer rein tarifrechtlichen Geltung der Fall wäre. Bei Verbandsaustritt, Betriebsübergang oder »Herauswachsen« würden die Tarifverträge nur noch **statisch** weitergelten (vgl. Rn. 300, 304, 311). Außenseiter sollten in diesen Fällen des Wegfalls der Tarifgebundenheit gem. § 3 Abs. 1 TVG nicht besser gestellt werden als tarifgebundene Arbeitnehmer. Die Bezugnahmeklauseln seien im Übrigen vorformuliert im Arbeitsvertrag, daher könne der Arbeitnehmer sie nicht als Ausdruck eines erkennbaren Regelungswillens des Arbeitgebers werten.[640] 293

Die **Kritik** an dieser – im Ergebnis arbeitgeberfreundlichen – Rechtsprechung verwies im Wesentlichen darauf, dass die Auslegung gegen den Wortlaut der Bezugnahmeklausel (*»gelten in ihrer jeweiligen Fassung«*) allgemeine Auslegungsgrundsätze verletzt.[641] Die (angebliche) Motivation des Arbeitgebers könne nicht Gegenstand des Vertrags werden, da sie aus Sicht des Arbeitnehmers nicht zwingend erkennbar sei.[642] Bei dem **eindeutigen Wortlaut** der Bezugnahmeklausel habe der Arbeitnehmer bei den Vertragsverhandlungen keine Veranlassung, nach der Verbandszugehörigkeit des Arbeitgebers zu fragen; außerdem würde eine entsprechende Frage seine Einstellungschancen verschlechtern.[643] Eine **Besserstellung von Außenseitern** tritt im Übrigen nicht ein, weil regelmäßig mit **allen Arbeitnehmern**, also auch den gewerkschaftlich organisierten Beschäftigten, eine dynamische Bezugnahme vereinbart wird. 294

Inzwischen hat der 4. Senat des BAG seine Rechtsprechung zur Gleichstellungsabrede im Betrieb eines nach § 3 Abs. 1 TVG tarifgebundenen Arbeitgebers **aufgegeben**. In der Entscheidung vom 14.12.05[644] hatte das BAG die **Aufgabe der bisherigen Rechtsprechung angekündigt** und in der Entscheidung vom 18.4.07 erstmalig **vollzogen**[645] und in weiteren Entscheidungen **bestätigt**.[646] 295

---

639 BAG 19.3.03 – 4 AZR 331/02, a.a.O.
640 BAG 20.2.02 – 4 AZR 123/01, NZA 03, 933.
641 Vgl. Däubler, RdA 02, 303, 305; Annuß, AuR 02, 361, 364.
642 Vgl. Annuß, AuR 02, 361, 363.
643 Vgl. Henssler/Heiden, RdA 04, 241, 243; Wulff, AiB 04, 288, 292.
644 BAG 14.12.05 – 4 AZR 536/04, NZA 06, 607.
645 BAG 18.4.07 – 4 AZR 652/05, NZA 07, 965.
646 BAG 23.1.08 – 4 AZR 602/06, ZTR 08, 665; 22.10.08 – 4 AZR 793/07, NZA 09, 323; 10.12.08 – 4 AZR 881/07, AP Nr. 68 zu § 1 TVG Bezugnahme auf Tarifvertrag; 24.2.10 – 4 AZR 691/08, DB 10, 1593.

296 **Allerdings wendet das Gericht** die bisherige Auslegungsregel aus Gründen des **Vertrauensschutzes** weiterhin auf dynamische Bezugnahmeklauseln an, die **vor dem 1.1.2002** vereinbart worden sind (»**Altverträge**«).[647] Das heißt, für solche »Altverträge« bleibt es dabei, dass im Zweifel eine von einem **tarifgebundenen Arbeitgeber** vorformulierte dynamische Bezugnahme auf die für das Arbeitsverhältnis einschlägigen Tarifverträge regelmäßig (nur) als **Gleichstellungsabrede** auszulegen ist, also nur die Gleichstellung nicht tarifgebundener mit tarifgebundenen Arbeitnehmern bezweckt.[648] Voraussetzung ist, dass der Arbeitgeber im **Zeitpunkt** der vertraglichen Vereinbarung an die einschlägigen Tarifverträge gem. § 3 TVG gebunden ist,[649] oder die Tarifgebundenheit des Arbeitgebers an Verbandstarifverträge auf einer dynamischen Verweisung in einem Haustarifvertrag beruht.[650] **Endet** die Tarifgebundenheit des Arbeitgebers wegen Verbandsaustritts oder aus einem sonstigen Grunde (vgl. Rn. 292), gilt in einem solchen Fall die aufgrund des zu diesem Zeitpunkt gültigen Tarifvertrags bestehende Rechtslage **statisch** weiter (vgl. Rn. 300, 304, 311). Spätere Änderungen des Tarifvertrags werden nicht Inhalt des Arbeitsverhältnisses.[651] Der Vertrauensschutz für die Auslegung von vor dem 1.1.2002 vereinbarten Verträgen als Gleichstellungsabrede unterliegt **keiner zeitlichen Beschränkung.**[652]

296a Diese Auslegungsregel gilt auch dann, wenn nicht auf das ganze Tarifwerk, sondern nur auf einen **einzelnen Tarifvertrag oder Teile davon** verwiesen wird. Die Bestimmung des Umfangs der vertraglichen Bezugnahme ist – so das BAG – allein Sache der Vertragsparteien. Die durch die frühere Rechtsprechung des Senats begründete Auslegung einer arbeitsvertraglichen Verweisung als Gleichstellungsabrede setzt ebenso wenig wie die Verweisungsklausel im Allgemeinen besondere Anforderungen an das im Arbeitsvertrag genannte Bezugsobjekt voraus.[653]

297 Für Arbeitsverträge und Bezugnahmeklauseln, die **nach dem 31.12.2001** vereinbart worden sind (»**Neuverträge**«) komme – so das BAG – ein Vertrauensschutz nicht mehr in Betracht. Mit dem Inkrafttreten der Schuldrechtsreform am 1.1.2002 – besonders der §§ 305ff. BGB über die AGB-Kontrolle – sei ein wertungsrelevanter **Paradigmenwechsel** vorgenommen worden, der für den darauf folgenden Zeitraum zu einer abweichenden Gewichtung der beiderseitigen Interessen und damit zum Wegfall der Annahme einer für den Arbeitgeber unzumutbaren Härte führe. Eine nach dem 31.12.2001 einzelvertraglich vereinbarte **dynamische Bezugnahme auf einen bestimmten Tarifvertrag** habe jedenfalls dann **konstitutive Wirkung**, wenn die Tarifgebundenheit des Arbeitgebers an den im Arbeitsvertrag genannten Tarifvertrag nicht in einer für den Arbeitnehmer **erkennbaren**

647 BAG 18.4.07 – 4 AZR 652/05, NZA 07, 965; 10.12.08 – 4 AZR 881/07, a.a.O.; 22.4.09 – 4 ABR 14/08, ZTR 09, 663 (Rn. 64); 14.12.11 – 4 AZR 79/10, DB 12, 1211ff.

648 BAG 23.1.08 – 4 AZR 602/06, a.a.O.; 22.10.08 – 4 AZR 793/07, a.a.O.

649 BAG 22.10.08 – 4 AZR 793/07, a.a.O. (Rn. 13); 22.4.09 – 4 ABR 14/08, a.a.O.; 14.12.11 – 4 AZR 79/10, a.a.O.

650 BAG 11.12.13 – 4 AZR 473/12, NZA 14, 900, Rn. 13.

651 BAG 22.10.08 – 4 AZR 793/07, a.a.O. (Rn. 13); 22.4.09 – 4 ABR 14/08, a.a.O.; 14.12.11 – 4 AZR 79/10, a.a.O.

652 BAG 14.12.11 – 4 AZR 79/10, a.a.O.

653 BAG 11.12.13 – a.a.O., Rn. 17.

Weise zur auflösenden Bedingung der Vereinbarung gemacht worden sei.[654] Die konstitutive Wirkung der Bezugnahme werde dann durch einen **Verbandsaustritt** des Arbeitgebers oder einen **sonstigen Wegfall** seiner Tarifgebundenheit **nicht berührt**.[655] Es handele sich dann im Zweifel um eine »**unbedingte zeitdynamische Verweisung**«.

Folge der neuen Rspr.: Fällt die mitgliedschaftlich begründete Tarifgebundenheit des Arbeitgebers gem. **§ 3 Abs. 1 TVG** z.B. nach einem Verbandsaustritt oder Wechsel in den OT-Status, Betriebsübergang oder Herauswachsen aus dem fachlichen Geltungsbereich des Tarifvertrags weg (vgl. Rn. 300ff., 303ff., 310ff.), ist er aufgrund der **konstitutiven Wirkung** der dynamischen Bezugnahme dennoch an die **weitere Tarifentwicklung (Tarifdynamik)** gebunden. Soll die konstitutive Wirkung der dynamischen Bezugnahme **ausgeschlossen** sein, muss das im Text der Bezugnahmeklausel für den Arbeitnehmer **erkennbar zum Ausdruck kommen** (z.B. durch Vereinbarung einer **auflösenden Bedingung**).[656] **298**

Vereinzelt[657] wird gegen diese neuere Rechtsprechung des BAG mit einer Entscheidung des EuGH[658] argumentiert, die sich mit einer Verweisungsklausel nach englischem Recht befasst. Die Entscheidung mache es notwendig, dass das BAG seine diesbezügliche Rechtsprechung zur Tarifdynamik auch im Falle eines Betriebsübergangs überdenke, so der Einwand. Allerdings übersieht der Einwand, dass vorab die Frage zu stellen ist, ob die Wertungen des EuGH überhaupt auf die individualvertraglichen dynamischen Bezugnahmeklauseln nach deutschem Recht übertragbar sind. Ein wesentlicher Unterschied besteht darin, dass eine arbeitsvertragliche dynamische Bezugnahmeklausel im deutschen Arbeitsrecht dem Individualarbeitsrecht zuzuordnen ist und damit Art. 3 Abs. 1 der Betriebsübergangsrichtlinie. Die Verweisungsklausel im englischen Recht hingegen unterfällt der Regelung des Art. 3 Abs. 3 EGRL 23/2001, und damit einem erhöhten Schutz. Unabhängig davon, wie man die Entscheidung des EuGH im Übrigen bewertet,[659] kann von einer Beschränkung des Betriebsübernehmers jedenfalls im Falle einer arbeitsvertraglichen dynamischen Bezugnahme von vornherein nicht ausgegangen werden.[660] **298a**

Die Rechtsprechung des BAG zu arbeitsvertraglichen dynamischen Bezugnahmeklauseln und der daraus folgenden Bindung an die weitere Tarifentwicklung bedarf auch im Lichte dieser Rechtsprechung des EuGH keiner Veränderung; das BAG hat aktuell den EuGH um eine Vorabentscheidung zur Vereinbarkeit seiner Auslegung von § 613a Abs. 1 BGB mit Unionsrecht ersucht.[661]

Die Auslegungsregel der sog. »Gleichstellungsabrede« im Sinne der früheren Senatsrechtsprechung ist, wenn die dynamische Bezugnahme nach dem 31. 12. 2001 (»**Neuverträge**«) **299**

---

654 BAG 18. 4. 07 – 4 AZR 652/05, NZA 07, 965 (Rn. 26ff.); 22. 10. 08 – 4 AZR 793/07, NZA 09, 323 (Rn. 31ff.); 22. 4. 09 – 4 ABR 14/08, ZTR 09, 663 (Rn. 18).

655 BAG 18. 4. 07, a.a.O.; 22. 10. 08, a.a.O.

656 BAG 22. 4. 09, a. a. O; 24. 02. 10 – 4 AZR 691/08, DB 10, 1593ff.

657 S. Rn. 153a.

658 S. Rn. 153a, EuGH 18. 7. 13 – C-426/11 (Alemo – Herron), NZA 13, 835–837.

659 Zur Kritik Forst, DB 13, 1847–1850.

660 So wohl auch Klauk/Klein, jurisPR-ArbR 40/2013 Anm. 1; Hessisches LAG 10. 12. 13 – 8 Sa 537/13, juris, Rn. 110, anhängig BAG – 4 AZR 61/14 (A), Pressemitteilung 17. 6. 15, Vorlagebeschluss EuGH.

661 BAG 17. 6. 15 – 4 AZR 61/14, Pressemitteilung.

vereinbart worden ist, auch dann nicht mehr anzuwenden, wenn eine **gleiche oder ähnliche Klausel** bereits in einem vor dem Stichtag abgeschlossenen früheren Arbeitsvertrag der Parteien enthalten war.[662] Dementsprechend hat das BAG der Klage einer gewerkschaftlich nicht organisierten Arbeitnehmerin in folgender Fallkonstellation stattgeben. Sie hatte 1998 mit einem tarifgebundenen Unternehmen der Metallindustrie einen Arbeitsvertrag geschlossen, in dem auf *»die Bestimmungen der gültigen Tarifverträge der Metallindustrie Schleswig-Holstein in der jeweils gültigen Fassung«* Bezug genommen wurde. Im Jahre 2003 ging das Arbeitsverhältnis im Wege des Betriebsübergangs auf eine andere, ebenfalls tarifgebundene Gesellschaft über. Im November 2005 schloss die Klägerin mit dieser aus Anlass einer Arbeitszeitreduzierung eine »Vereinbarung zum bestehenden und fortgeltenden Arbeitsvertrag«, in der es auch heißt: *»Die einschlägigen Tarifverträge der Metallindustrie in Schleswig-Holstein in ihrer jeweiligen Fassung sind Bestandteil dieser Vereinbarung.«* Im Jahre 2006 ging das Arbeitsverhältnis durch einen weiteren Betriebsübergang auf die nicht tarifgebundene Beklagte über. Das BAG ging von einem »Neuvertrag« aus und verurteilte die Beklagte zur Zahlung von Leistungen aus Tarifverträgen (Tariflohnerhöhungen und tarifliche Einmalzahlung), die im Jahre 2007 vereinbart worden waren.[663]

299a Fraglich kann sein, auf welche Tarifverträge ein Arbeitsvertrag Bezug nimmt, soweit der Arbeitgeber nach § 3 Abs. 1 oder Abs. 3 **an mehrere Tarifverträge unterschiedlicher Gewerkschaften** gebunden ist – oder im Laufe der Zeit gebunden wird – (**tarifpluraler Bereich**) und der Arbeitsvertrag regelt, dass für das Arbeitsverhältnis die jeweils für den Betrieb **einschlägigen** Tarifverträge Anwendung finden.

Es kann zunächst problematisch sein, ob der Begriff der »**einschlägigen Tarifverträge**« im Sinne einer solchen arbeitsvertraglichen Bezugnahmeklausel nach Inkrafttreten von § 4a (s. dort) eingeschränkt auszulegen ist: Sind einschlägig – wie bisher – alle Tarifverträge, an die der Arbeitgeber im Sinne von § 3 Abs. 1 gebunden ist, oder ist es zukünftig ausschließlich der nach § 4a im Betrieb *geltende* Tarifvertrag? Nach hier vertretener Ansicht ist diese arbeitsvertragliche Formulierung weiterhin dahingehend auszulegen, dass damit alle für den Betrieb wegen der Tarifbindung des Arbeitsgebers anzuwendenden Tarifverträge in Bezug genommen sind, also die Tarifverträge, an die der Arbeitgeber nach § 3 Abs. 1 in Verbindung mit § 4 Abs. 1 (s. dort) unmittelbar und zwingend gebunden ist und nicht nur die Tarifverträge, die im Betrieb des Arbeitgebers nach § 4a möglicherweise (zukünftig) anwendbar sind (s. dazu § 4a Rn. 18, 43ff., 46).

Für **organisierte Arbeitnehmerinnen und Arbeitnehmer** gilt grundsätzlich, dass eine möglicherweise entstehende Kollision zwischen vertraglicher Bezugnahme und Tarifbindung nach § 3 Abs. 1 oder 3 nach dem **Günstigkeitsprinzip** zu lösen ist (s. Rn. 263 u. 265).

Bei **nichtorganisierten Arbeitnehmerinnen und Arbeitnehmern** stellt sich das etwas anders dar: Die Arbeitsvertragsparteien können sich bei einer Bindung des Arbeitgebers **an mehrere Tarifverträge verschiedener Gewerkschaften** nach § 3 Abs. 1 oder Abs. 3 zunächst einvernehmlich darauf verständigen, welche der tarifvertraglichen Regelungen auf

662 BAG 18.4.07, a.a.O.
663 BAG 24.2.10 – 4 AZR 691/08, a.a.O.

ihr Arbeitsverhältnis Anwendung finden sollen. Kommt es zu keiner diesbezüglichen Vereinbarung, ist jedenfalls nicht der speziellere Tarifvertrag anzuwenden: Beim Prinzip der Sachnähe oder Spezialität handelt es sich um eine tarifrechtliche Kollisionsregel, die dazu dient, eine Tarifkonkurrenz aufzulösen; eine Tarifkonkurrenz kann aber bei einer arbeitsvertraglichen Bezugnahme auf einen Tarifvertrag nicht entstehen.[664] Nach Auffassung des BAG soll bei dieser Konstellation vielmehr eine **Regelungspluralität** vorliegen, die im Wege der **ergänzenden Vertragsauslegung** aufzulösen ist, es ist zu fragen, nach welchem Tarifwerk sich die Parteien gerichtet hätten, wäre ihnen bei Vertragsschluss die Regelungspluralität bewusst gewesen.[665] Nach anderer Auffassung soll bei einer durch einen Tarifvertrag einer Berufsgruppengewerkschaft und einen Tarifvertrag einer Branchengewerkschaft verursachten Tarifpluralität dies regelmäßig zur Anwendung des Tarifvertrags der Berufsgruppengewerkschaft führen.[666] Dem kann in dieser Pauschalität nicht gefolgt werden, gibt es doch in Tarifwerken der Berufsgruppengewerkschaft, z. B. der Ärzte, deutliche Unterschiede bei der tariflichen Bewertung unterschiedlicher Hierarchiestufen.
Bei anderen arbeitsvertraglichen Bezugnahmen – z. B. kleinen dynamischen Bezugnahmeklauseln – (Rn. 258) gilt erst recht, dass damit der bzw. die jeweils arbeitsvertraglich in Bezug genommenen Tarifverträge zwar – bei Nichtorganisierten oder tariflich anders gebundenen – nicht normativ gelten, aber **vertraglich vereinbart sind**, auch nach Inkrafttreten des § 4a und **unabhängig davon, welcher Tarifvertrag nach § 4a** jeweils im Betrieb **anwendbar ist**.

8.4.3.2.1 Verbandsaustritt, OT-Wechsel

Beim Verbandsaustritt (vgl. Rn. 28 ff.) bzw. Wechsel in den OT-Status (vgl. Rn. 42 ff.) 300
eines bisher tarifgebundenen Arbeitgebers gilt Folgendes:
Ist die dynamische Bezugnahmeklausel vor dem 1. 1. 2002 vereinbart worden (**»Altverträge«**), ist sie auch nach der neueren Rechtsprechung des BAG aus Gründen des Vertrauensschutzes (des Arbeitgebers) im Zweifel als **Gleichstellungsabrede** anzusehen. Das bedeutet:

- **Neu abgeschlossene Tarifverträge oder Tarifinhalte (z. B. Lohnerhöhungen)**, die nach Wirksamwerden des Verbandsaustritts bzw. OT-Wechsels in Kraft treten, finden auf die Arbeitsverhältnisse keine Anwendung mehr – unabhängig davon, ob die Arbeitnehmer gewerkschaftlich organisiert sind oder nicht.[667]
- Mit Wirksamwerden des Verbandsaustritts bzw. OT-Wechsels gilt für die organisierten Arbeitnehmer die – **statische – Nachbindung gem. § 3 Abs. 3 TVG** (Rn. 70 ff.) und nach **Ende des Tarifvertrags** die Nachwirkung gem. **§ 4 Abs. 5 TVG** (§ 4 Rn. 293 ff., 297). Für **Nichtorganisierte** ergibt sich diese Wirkung allerdings nur aufgrund der als Gleichstellungsabrede zu wertenden **vertraglichen Vereinbarung.** Diese kann im Nachbindungszeitraum (§ 3 Abs. 3 TVG) **jederzeit** vertraglich oder durch wirksame

664 BAG 9. 12. 09 – 4 AZR 190/08.
665 BAG 18. 4. 12 – 4 AZR 392/10, ZTR 12, 570; BAG 29. 6. 11 – 5 AZR 135/09, AP Nr. 44 zu § 1 TVG Tarifverträge Ärzte, Rn.16 ff.; BAG 25. 8. 10 – 4 AZR 14/09, ZTR 11, 152.
666 So ErfK-Franzen, § 4 Rn. 75.
667 BAG 19. 3. 03 – 4 AZR 331/02, NZA 03, 1207.

Änderungskündigung **abgelöst werden**. Bei **Gewerkschaftsmitgliedern** gilt die Nachbindung nach § 3 Abs. 3 TVG dagegen **zwingend.**

Diese Folgen treten bei **allen Arten** dynamischer Bezugnahmeklauseln (kleine, große, Teilbezugnahme; vgl. Rn. 258 ff.) ein, die zwischen einem verbandsgebundenen Arbeitgeber und seinen (organisierten oder nicht organisierten) Arbeitnehmern vereinbart worden sind.[668]

Die gleiche Wirkung hat der Verbandsaustritt bzw. OT-Wechsel bei ausdrücklich vereinbarter **statischer Bezugnahmeklausel.**

301 **Ist die dynamische Bezugnahmeklausel nach dem 31.12.2001 vereinbart worden** (»**Neuverträge**«), hat sie – sofern das vertraglich nicht ausdrücklich ausgeschlossen wurde – **konstitutive Wirkung.** Das bedeutet nach einem Verbandsaustritt des Arbeitgebers: nicht nur die bisherigen Tarifbestimmungen, **auch neu abgeschlossene Tarifverträge oder Tarifinhalte (z. B. Lohnerhöhungen)** sind auf das Arbeitsverhältnis anzuwenden. Bei organisierten Arbeitnehmern gelten die bisherigen Tarifbestimmungen **auch** (!) kraft Nachbindung gem. § 3 Abs. 3 TVG weiter. D. h. sie können durch vertragliche Abreden – anders als bei Nichtorganisierten – nicht zu Lasten des Arbeitnehmers verschlechtert werden (vgl. Rn. 88).

302 Hat der Arbeitgeber in Bezug genommene Tarife und spätere Änderungen noch über einen **längeren Zeitraum** bewusst und **ohne Vorbehalt** angewandt, kann sich ein Anspruch auf Weitergabe der Tarifentwicklung im Fall eines Verbandsaustritts bzw. OT-Wechsels auch dann ergeben, wenn die **Bezugnahme statisch** war oder wenn sie – bei Altverträgen, die bis zum 31. 12. 2001 abgeschlossen waren – als Gleichstellungsabrede zu werten sind. Dann ist Anspruchsgrundlage aber nicht **der Arbeitsvertrag**, sondern die **betriebliche Übung.**[669]

8.4.3.2.2 Betriebsübergang

303 Bei einem **Betriebsübergang** (§ 613a BGB; vgl. Rn. 105 ff.) von einem **tarifgebundenen Arbeitgeber** auf einen **nicht oder anders tarifgebundenen Betriebserwerber** sind die gleichen Grundsätze wie bei einem Verbandsaustritt bzw. OT-Wechsel anzuwenden.

304 **Ist die dynamische Bezugnahmeklausel vor dem 1. 1. 2002 vereinbart worden** (»**Altverträge**«) und gehen die Arbeitsverhältnisse auf einen nicht oder anders tarifgebundenen Erwerber über, finden die in Bezug genommenen Tarifverträge – nunmehr als arbeitsvertragliche Rechte und Pflichten (§ 613a Abs. 1 Satz 1 BGB; vgl. Rn. 134 ff.) – **statisch** mit dem Stand weiter Anwendung, den sie im Zeitpunkt des Betriebsübergangs hatten.[670] Allerdings bestimmen die Arbeitsvertragsparteien mit ihrer vertraglichen Abrede den Umfang der Inbezugnahme. Wollen sie auch für den Fall eines durch Betriebsübergang herbeigeführten Branchenwechsels des Arbeitgebers die Gleichstellung des Arbeitnehmers auf Grundlage des dann einschlägigen Tarifrechts, haben sie nach der Rechtsprechung des BAG die Möglichkeit, den Typus der **Tarifwechselklausel** (vgl. Rn. 259) zu

668 Vgl. Wulff, AiB 04, 288, 291 f. m. w. N.

669 Vgl. ausführlich Däubler-Lorenz, Rn. 216; Schaub-Treber, § 206 Rn. 18 m. w. N.; Wiedemann-Oetker, Rn. 271 ff.; vgl. auch das Beispiel für eine »konstitutive« Klausel zur Wahrung des Besitzstandes: BAG 28. 5. 97, DB 97, 2130.

670 BAG 16. 10. 02 – 4 AZR 467/01, AiB 04, 312 ff. m. w. N.; 14. 12. 05 – 4 AZR 536/04, NZA 06, 607 ff.

wählen.[671] Diese Rechtsprechung des BAG wird zu Recht kritisiert, da die arbeitsvertragliche Vereinbarung des Wegfalls der Dynamik bzw. des Eintretens eines Tarifwechsels **für den Fall** bzw. **aus Anlass eines Betriebsübergangs** dazu führt, dass § 613a Abs. 1 Satz 1 BGB objektiv umgangen wird, wenn eine solche Vereinbarung nicht durch einen **vom Betriebsübergang unabhängigen sachlichen Grund**, der sie »aus sich heraus« trägt, gerechtfertigt ist (vgl. Rn. 181, 184ff.).[672]

Ist die dynamische Bezugnahmeklausel nach dem 31.12.2001 vereinbart worden (»**Neuverträge**«), wirkt sie im Zweifel **konstitutiv**. Das heißt, auch die **zukünftige Tarifentwicklung** wird gem. § 613a Abs. 1 Satz 1 BGB **dynamisch** Inhalt des Arbeitsvertrags mit dem Betriebserwerber.[673] 305

Bei einem Betriebsübergang von einem **nicht tarifgebundenen Arbeitgeber** auf einen **Betriebserwerber (tarifgebunden oder nicht tarifgebunden)** führt die in diesem Fall i.d.R. konstitutiv wirkende dynamische Bezugnahmeklausel (vgl. dazu Rn. 313) dazu, dass der Erwerber – unabhängig vom Zeitpunkt der Vereinbarung der Bezugnahmeklausel mit dem Veräußerer – gem. § 613a Abs. 1 Satz 1 BGB individualvertraglich verpflichtet ist, die in Bezug genommenen Tarifnormen **dynamisch**, d.h. **einschließlich zukünftiger Tarifentwicklungen** anzuwenden. 306

Hat der tarifgebundene Arbeitgeber mit dem Arbeitnehmer eine **Tarifwechselklausel** (vgl. Rn. 259) vereinbart, hat dies im Fall eines Betriebsübergangs auf einen **tarifgebundenen Arbeitgeber** zur Folge, dass die beim Erwerber aufgrund von dessen Tarifgebundenheit geltenden Tarifnormen anzuwenden sind.[674] Die Tarifwechselklausel beseitigt den gem. § 613a Abs. 1 Satz 2 BGB weiter geltenden Veräußerertarifvertrag. 307

Zum Zeitpunkt des Betriebsübergangs **feststehende zukünftige Tariferhöhungen** müssen auch vom **nicht tarifgebundenen Erwerber** gewährt werden (vgl. Rn. 148).[675] Darin liegt kein Verstoß gegen die negative Koalitionsfreiheit des Betriebserwerbers. Entscheidend ist, dass die Dynamik bereits in der statisch fort geltenden Tarifregelung angelegt und verbindlich geregelt ist. 308

Zu den Möglichkeiten und Grenzen der **Ablösung** der gem. § 613a Abs. 1 Satz 1 BGB individualvertraglich beim Betriebserwerber fortgeltenden dynamischen Bezugnahmeklauseln vgl. Rn. 181ff. 309

8.4.3.2.3 Herauswachsen aus dem fachlichen Geltungsbereich

Die Rspr. zur Auslegung einer dynamischen Bezugnahmeklausel gilt auch, wenn die Tarifgebundenheit des Arbeitgebers endet, weil der Betrieb aus dem **fachlichen Geltungsbereich** des »einschlägigen« Tarifvertrags **herausgewachsen** ist und nunmehr dem Geltungsbereich eines anderen Tarifvertrags unterfällt. 310

671 BAG 29.8.07 – 4 AZR 767/06, NZA 08, 364.
672 Heinlein, NJW 08, 321; vgl. auch Thüsing/Lambrich, RdA 02, 193, 210.
673 BAG 22.10.08 – 4 AZR 793/07, NZA 09, 323; 21.10.09 – 4 AZR 396/08, AP Nr. 72 zu § 1 TVG Bezugnahme auf Tarifvertrag; 24.02.10 – 4 AZR 691/08, AP Nr. 67, 72, 75 zu § 1 TVG Bezugnahme auf Tarifvertrag; Bepler, RdA 08, 65ff.
674 BAG 16.10.02 – 4 AZR 467/01, AiB 04, 312ff. m.w.N.
675 BAG 19.9.07, NZA 08, 241; 22.04.09 – 4 AZR 100/08, NZA 10, 41.

311 **Ist die dynamische Bezugnahmeklausel vor dem 1. 1. 2002 vereinbart worden** (»**Altverträge**«), finden die in Bezug genommenen Tarifverträge **statisch** mit dem Stand weiterhin Anwendung, den sie im Zeitpunkt des »Herauswachsens« hatten. Die anderen neuen Tarifverträge gelten nicht, es sei denn, es liegt beiderseitige Tarifbindung gem. § 3 Abs. 1 TVG an diese Tarifverträge vor. Das wäre der Fall, wenn Arbeitgeber und Arbeitnehmer Mitglied der tarifvertragschließenden Parteien sind bzw. werden. Eine etwaige Kollision löst sich nach dem Günstigkeitsprinzip (vgl. Rn. 263).

312 **Ist die dynamische Bezugnahmeklausel nach dem 31. 12. 2001 vereinbart worden** (»**Neuverträge**«), wirkt sie im Zweifel **konstitutiv**. Das heißt, der Arbeitgeber bleibt an die bisherigen Tarifverträge **arbeitsvertraglich gebunden**. Auch die zukünftige Entwicklung der bisherigen Tarifverträge wird Inhalt des Arbeitsvertrags. Sind Arbeitgeber und Arbeitnehmer gem. § 3 Abs. 1 TVG an die neuen Tarifverträge gebunden, löst sich eine etwaige Kollision nach dem Günstigkeitsprinzip (vgl. Rn. 263).

8.4.3.3 Dynamische Bezugnahme im Betrieb eines nicht tarifgebundenen Arbeitgebers

313 Die alte und neue Rechtsprechung zur **Gleichstellungsabrede** (vgl. Rn. 291 ff. und 295 ff.) wirkt sich nicht auf die Auslegung einer dynamischen Bezugnahmeklausel aus, die zwischen einem **nicht tarifgebundenen Arbeitgeber** und seinen (organisierten und nicht organisierten) **Arbeitnehmern** vereinbart worden ist. In diesem Fall hatte auch die »alte« Rechtsprechung des 4. Senats des BAG eine streng am Wortlaut orientierte Auslegung vorgenommen: eine dynamische Bezugnahme habe im Zweifel eine **eigenständige (konstitutive) rechtliche Bedeutung** mit der Folge, dass alle Arbeitnehmer Anspruch auf Teilnahme an der **zukünftigen Tarifentwicklung** haben.[676] Als Gleichstellungsabrede könne eine dynamische Bezugnahmeklausel nur dann angesehen werden, wenn **besondere Umstände** hierfür sprächen.

8.4.3.4 Perspektiven

314 Ein **Arbeitgeber** kann sich von einer **konstitutiv wirkenden dynamischen Bezugnahme** nur **im Einvernehmen** mit dem Arbeitnehmer oder durch **Änderungskündigung** lösen. Einige arbeitgebernahe Autoren wollen dem Arbeitgeber ein **»einseitiges Entdynamisierungsrecht«** zusprechen.[677] Da aber Zweifel bestehen, ob die Rechtsprechung Derartiges akzeptiert, wird den Arbeitgebern »Vertragsvorsorge« empfohlen durch Vereinbarung einer **neuen Klausel**: *»Der Arbeitgeber kann der Bezugnahme durch Widerruf die Dynamik nehmen. Ab diesem Zeitpunkt werden künftige Änderungen des in Bezug genommenen Tarifvertrags nicht mehr Vertragsinhalt.«*[678]
Wer verbindliche Arbeitsbedingungen möchte, sollte eine solche Klausel **nicht unterschreiben**. Inzwischen sind jedenfalls Heerscharen von Arbeitgeberanwälten und -bera-

676 BAG 25. 9. 02 – 4 AZR 294/01, NZA 03, 807; 1. 12. 04 – 4 AZR 50/04, DB 05, 778 = AuR 05, 27, Ls.
677 Vgl. Löwisch/Rieble, Rn. 644 ff.; Reichel, NZA 03, 832.
678 Vgl. auch Klauselvorschlag von Löwisch/Rieble, Rn. 601 ff.

tern damit beschäftigt, Bezugnahmeklauseln zu entwickeln, die das Unternehmensinteresse »wasserdicht« absichern und nicht Gefahr laufen, von der Rechtsprechung insbes. mit Blick auf die **AGB-Kontrolle** nach §§ 305ff. BGB (vgl. Rn. 271ff.) »kassiert« zu werden. Dass das nicht ganz einfach ist, zeigen folgende Fallgestaltungen.[679] Bei der Formulierung von Bezugnahmeklauseln muss man sich entscheiden, ob sie:

- konstitutiv (rechtsbegründend) oder deklaratorischer Natur sein sollen,
- auf den oder die einschlägigen Tarifverträge (s. Rn. 282 f) oder einen fremden Tarifvertrag verweisen sollen,
- statisch oder zeitlich dynamisch, eingeschränkt oder volldynamisch sein sollen,
- fachlich statisch oder fachlich dynamisch sein sollen,
- nur Verbands- oder auch Firmentarifverträge einschließen sollen.

Bei der **»zeitlich dynamischen Bezugnahme«** (vgl. Rn. 260) muss zudem klargestellt werden, ob nur eine begünstigende oder auch verschlechternde Dynamik eintreten soll und ob die Dynamik auch bei Verbandsaustritt, Betriebsübergang und Herauswachsen aus dem Tarifvertrag gelten oder ausgeschlossen werden soll. Bei der **»fachlich dynamischen Bezugnahme«** (vgl. Rn. 260) muss geregelt werden, was bei einer Änderung der Branchenzugehörigkeit des Unternehmens durch »Herauswachsen« aus dem Geltungsbereich der bisher einschlägigen Tarifverträge oder wegen Betriebsübergangs gelten soll. 315

8.4.3.5 Bezugnahme auf Tarifnormen in Betriebsvereinbarungen

Auch die **Betriebsparteien** können **durch Betriebsvereinbarungen** auf Tarifverträge Bezug nehmen. Allerdings steht dem in vielen Fällen die **Tarifsperre des § 77 Abs. 3 BetrVG** (vgl. § 4 Rn. 173ff., 180) entgegen. Damit ist der überwiegende, für den **»tarifflüchtigen Arbeitgeber«** interessante Teil möglicher Regelungsinhalte (Arbeitszeit, Entgelt, Zuschläge usw.) der **Regelungsbefugnis der Betriebsparteien entzogen** (vgl. § 4 Rn. 175)[680], sofern keine tarifliche Öffnungsklausel eine Regelung durch Betriebsvereinbarung zulässt (§ 77 Abs. 3 Satz 2 BetrVG). 316

Von den Betriebsparteien können, sofern wegen § 77 Abs. 3 BetrVG überhaupt zulässig (vgl. Rn. 316), nur aktuell bestehende Regelungen eines Tarifvertrags durch **statische Verweisung** (vgl. Rn. 257) übernommen werden. Eine dynamische Bezugnahme und damit eine **»Unterwerfung«** unter künftige Tarifregelungen ist mit dem Mandat, das auf die Dauer der Amtsperiode des Betriebsrats begrenzt ist, nicht vereinbar.[681] Bei tarifgebundenen Arbeitgebern ist zusätzlich die Sperrwirkung von § 87 Abs. 1 Eingangssatz zu beachten (vgl. § 4 Rn. 198ff.). 317

---

679 Vgl. auch die Klauselvorschläge bei HWK-Henssler, § 3 TVG Rn. 32 b, c.
680 Vgl. KeZa-Brecht-Heitzmann, Rn. 265ff.; Löwisch/Rieble, Rn. 559ff.
681 BAG 23. 6. 92, AP Nr. 55 zu § 77 BetrVG 1972; vgl. auch Däubler-Lorenz, Rn. 269; KeZa-Brecht-Heitzmann, Rn. 267.

9. Rechtsstreitigkeiten

318 Die **Tarifgebundenheit bestimmter Arbeitgeber oder Arbeitnehmer** ist gerichtlich in der Regel als **Vorfrage** (inzident) im Rechtsstreit zu klären, in dem die Tarifgebundenheit entscheidungserheblich ist[682] (z.B. im Rahmen der **Leistungsklage eines Arbeitnehmers** auf tarifliche Entgeltzahlung, in einem **Beschlussverfahren unter Beteiligung von Betriebsrat und Arbeitgeber** über die Ersetzung der Zustimmung des Betriebsrats zu einer Eingruppierung nach einem bestimmten Tarifvertrag oder in Rahmen einer **Einwirkungsklage der Gewerkschaft** [vgl. dazu § 1 Rn. 411ff.] gegen einen Arbeitgeberverband wegen der Durchführung eines Tarifvertrags).

319 Die (z.B. aus Anlass eines behaupteten **Austritts aus dem Arbeitgeberverband**, eines **Wechsels** in die **OT-Mitgliedschaft** oder in einen **anderen Arbeitgeberverband**) zu klärende Frage der **Tarifgebundenheit eines einzelnen Arbeitgebers** kann als Gesamtheit der sich aus bestimmten Tarifverträgen ergebenden wechselseitigen Rechte und Pflichten (und damit als konkretes, **einer gerichtlichen Feststellung zugängliches Rechtsverhältnis**) grundsätzlich auch in einem von einem **Arbeitnehmer,** einem **Betriebs- oder Personalrat** oder einer **Gewerkschaft** geführten Rechtsstreit zum Gegenstand eines **Feststellungsantrags** gemacht werden.[683] Dies setzt im Einzelfall allerdings u.a. voraus, dass das erforderliche **Feststellungsinteresse** vorliegt, und dass der Zulässigkeit des Feststellungsantrags nicht der **Vorrang der Leistungsklage** entgegensteht.[684]

Hinweis für den Betriebs- und Personalrat
Für die **gerichtliche Feststellung** der **normativen Bindung des Arbeitgebers** an einen bestimmten Tarifvertrag bzw. der **Geltung eines bestimmten Tarifvertrags** in einem Betrieb besteht für den Betriebs- oder Personalrat nur dann das **erforderliche Rechtsschutzinteresse**, wenn in diesem Zusammenhang eine **konkrete** betriebsverfassungs- oder personalvertretungsrechtliche Rechtsposition des Betriebs- oder Personalrats **erkennbar aktuell** betroffen ist.[685] Dafür ist es ist **nicht ausreichend**, dass die Tarifgebundenheit des Arbeitgebers **grundsätzlich geeignet ist, Wirkungen für betriebsverfassungsrechtliche Positionen des Betriebsrats** zu entfalten, etwa nach § 3, § 77 Abs. 3, § 80 Abs. 1, § 87 Abs. 1 und § 99 Abs. 1 und 2 BetrVG. Die abstrakte Klärung der Frage der Tarifgebundenheit eines Arbeitgebers allein wegen der Möglichkeit ihrer Auswirkungen auf verschiedene betriebsverfassungsrechtliche Rechtspositionen des Betriebsrats läuft auf die Erstellung eines **Rechtsgutachtens** hinaus, was nicht zu den Aufgaben der Gerichte gehört.[686]

320 Die Tarifgebundenheit eines **abstrakt bezeichneten Teils von Arbeitgebern** (z.B. den **OT-Mitgliedern**, vgl. dazu Rn. 42ff.), die Mitglied eines Arbeitgeberverbands sind, ist kein Rechtsverhältnis i.S.d. § 256 Abs. 1 ZPO und kann deshalb in einem **Rechtsstreit zwischen einer Gewerkschaft und einem Arbeitgeberverband nicht gesondert festge-**

682 BAG 24.4.07 – 1 ABR 27/06, NZA 07, 1011.
683 BAG 24.4.07, a.a.O.
684 Zur Darlegungs- und Beweislast z.B. bei einem geltend gemachten Verstoß eines Blitzaustritts oder Blitzwechsels in die OT-Mitgliedschaft siehe ausführlich HWK-Henssler, § 3 TVG Rn. 50.
685 BAG 1.7.09 – 4 ABR 8/08, NZA 10, 120; 10.6.09 – 4 ABR 21/08, NZA 10, 51.
686 BAG 10.6.09, a.a.O.

stellt werden.[687] Die Tarifgebundenheit ist als rechtliche Eigenschaft grundsätzlich kein Rechtsverhältnis, das einer selbstständigen gerichtlichen Feststellung zugänglich ist. Sie betrifft auch nicht einen Arbeitgeberverband, sondern den einzelnen Arbeitgeber. Der Gesetzgeber hat nur für bestimmte rechtliche Eigenschaften und Fähigkeiten von Koalitionen, nämlich für die **Tariffähigkeit** und **Tarifzuständigkeit** (vgl. dazu § 2 Rn. 2ff. und 104ff.), eine von einem konkreten Streit losgelöste gerichtliche Klärung von Rechts- und Tatsachenfragen vorgesehen (vgl. § 2a Abs. 1 Nr. 4, Abs. 2 ArbGG sowie § 2 Rn. 123). Zur Möglichkeit der gerichtlichen Klärung der **Tarifgebundenheit eines einzelnen Arbeitgebers** vgl. Rn. 319.

Soweit man – wie hier – einen gegen den **Arbeitgeber** und/oder den **Arbeitgeberverband** gerichteten **Auskunftsanspruch** der **Gewerkschaft**,[688] der **betrieblichen Interessenvertretung** und/oder des **Arbeitnehmers** bzgl. der Tarifgebundenheit bzw. Verbandsmitgliedschaft einzelner Arbeitgeber befürwortet (vgl. dazu Rn. 56ff.), kann dieser gerichtlich geltend gemacht werden, bei Eilbedürftigkeit auch im Wege des **einstweiligen Rechtsschutzes**. **321**

Zur Möglichkeit einer **Verbandsklage der Tarifvertragsparteien** über das Bestehen oder Nichtbestehen von Tarifverträgen oder zur Auslegung von Tarifverträgen vgl. § 1 Rn. 441ff., § 9 Rn. 2, zur gerichtlichen Durchsetzung der **Durchführung des Tarifvertrags** oder der **Einwirkung auf die Verbandsmitglieder** zur Anwendung bzw. Einhaltung eines Tarifvertrags vgl. § 1 Rn. 438. **322**

Wenn der Arbeitgeber nach einem **Austritt aus dem Arbeitgeberverband** (vgl. dazu Rn. 28ff.) oder dem **Wechsel in eine OT-Mitgliedschaft** (vgl. dazu Rn. 42ff.) durch individualrechtliche Änderungsverträge und/oder Neuverträge mit neu eingestellten Arbeitnehmern für alle oder einen Teil der Arbeitnehmer im Betrieb vom bisher geltenden Tarifvertrag **abweichende Arbeits- und Entgeltbedingungen** vereinbart, sind davon in der Regel **Mitbestimmungsrechte der betrieblichen Interessenvertretung** berührt. Derartige Maßnahmen des Arbeitgebers stellen in der Regel eine gem. § 87 Abs. 1 Nr. 10 BetrVG mitbestimmungspflichtige Änderung der betrieblichen Entlohnungsgrundsätze dar und erfordern die Beteiligung des Betriebsrats gem. § 99 Abs. 1 BetrVG bei der Ein- oder Umgruppierung von Arbeitnehmern.[689] **323**

Hinweis für den Betriebs- und Personalrat
Hat der Arbeitgeber im Zusammenhang mit Maßnahmen zur **Tarifflucht** (vgl. dazu Rn. 99ff., 134, 162; AKR Rn. 40, 513) **Mitbestimmungsrechte** der betrieblichen Interessenvertretung (z.B. des Betriebsrats, § 87 Abs. 1 Nr. 10 BetrVG) **verletzt**, kann diese gerichtlich einen **Unterlassungsanspruch** gegen den Arbeitgeber geltend machen,[690] bei Vorliegen eines Verfügungsgrundes auch im Wege des einstweiligen Rechtsschutzes. Entsprechendes gilt bei Verletzung der Mitbestimmungsrechte der betrieblichen Interessenvertretung durch den **Betriebserwerber bzw. neuen Rechtsträger** nach einer Umstrukturierung (vgl. dazu Rn. 186).

---

687 BAG 24.4.07 – 1 ABR 27/06, NZA 07, 1011.
688 Vgl. dazu in einem arbeitskampfrechtlichen Zusammenhang BAG 9.4.91, NZA 91, 815.
689 BAG 14.4.10 – 7 ABR 91/08; 8.12.09 – 1 ABR 66/08, NZA 10, 404; 15.4.08 – 1 AZR 65/07, NZA 08, 888.
690 Vgl. DKKW-Klebe, § 87 Rn. 318.

§ 4 Wirkung der Rechtsnormen

(1) Die Rechtsnormen des Tarifvertrages, die den Inhalt, den Abschluss oder die Beendigung von Arbeitsverhältnissen ordnen, gelten unmittelbar und zwingend zwischen den beiderseits Tarifgebundenen, die unter den Geltungsbereich des Tarifvertrages fallen. Diese Vorschrift gilt entsprechend für Rechtsnormen des Tarifvertrages über betriebliche und betriebsverfassungsrechtliche Fragen.

(2) Sind im Tarifvertrag gemeinsame Einrichtungen der Tarifvertragsparteien vorgesehen und geregelt (Lohnausgleichskassen, Urlaubskassen usw.), so gelten diese Regelungen auch unmittelbar und zwingend für die Satzung dieser Einrichtung und das Verhältnis der Einrichtung zu den tarifgebundenen Arbeitgebern und Arbeitnehmern.

(3) Abweichende Abmachungen sind nur zulässig, soweit sie durch den Tarifvertrag gestattet sind oder eine Änderung der Regelungen zugunsten des Arbeitnehmers enthalten.

(4) Ein Verzicht auf entstandene tarifliche Rechte ist nur in einem von den Tarifvertragsparteien gebilligten Vergleich zulässig. Die Verwirkung von tariflichen Rechten ist ausgeschlossen. Ausschlussfristen für die Geltendmachung tariflicher Rechte können nur im Tarifvertrag vereinbart werden.

(5) Nach Ablauf des Tarifvertrages gelten seine Rechtsnormen weiter, bis sie durch eine andere Abmachung ersetzt werden.

Inhaltsübersicht Rn.

1. Vorbemerkungen

Tarifverträge gelten gem. § 4 Abs. 1 TVG unmittelbar und zwingend (vgl. Rn. 4f. und 6ff.) **nur für Tarifgebundene** (vgl. Rn. 9), die unter ihren **Geltungsbereich** (vgl. Rn. 13ff.) fallen. § 4 Abs. 2 TVG erweitert die Normsetzungsbefugnis auf die **gemeinsamen Einrichtungen** der Tarifparteien (vgl. Rn. 36ff.). Die **Unabdingbarkeit** der Tarifnormen ist eines der bedeutsamsten Merkmale der Tarifverträge (vgl. Rn. 3ff.). Die Garantie der Mindestbedingungen wird flankiert durch das Verbot schlechterer einzelvertraglicher Abreden 1

(»**Günstigkeitsprinzip**«, vgl. Rn. 140ff.), den **Vorrang** vor Betriebs- und Dienstvereinbarungen (»**Tarifvorrang**« bzw. »**Tarifvorbehalt**«, vgl. Rn. 170ff.), **Rechtsschutzmöglichkeiten** gegen tarifwidrige Abmachungen (vgl. Rn. 206ff.) und das Verwirkungs- und **Verzichtsverbot** (vgl. Rn. 241ff.). Die »**Nachbindung**« des Tarifvertrags gem. § 3 Abs. 3 TVG (auch verlängerte Tarifgebundenheit oder Fortgeltung genannt)[1] sorgt dafür, dass die Tarifverträge auch dann mit unmittelbarer und zwingender Wirkung auf das Arbeitsverhältnis beiderseits Tarifgebundener Anwendung finden, wenn der Arbeitgeber z.B. durch Austritt aus dem Arbeitgeberverband »Tarifflucht« begeht (vgl. § 3 Rn. 70ff.). Die »**Nachwirkung**« des Tarifvertrages gem. § 4 Abs. 5 TVG verhindert, dass die Arbeits- und Entgeltbedingungen der – gewerkschaftlich organisierten – Arbeitnehmer und Arbeitnehmerinnen nach dessen Beendigung, z.B. durch Kündigung oder Befristung des Tarifvertrags, ungeregelt bleiben, und verlängert – ein wenig eingeschränkt – den Tarifschutz (vgl. Rn. 293ff.).

2 Einige **Kernelemente des Tarifschutzes**, namentlich das **Günstigkeitsprinzip** (vgl. Rn. 140ff.), der **Tarifvorrang** (Rn. 170ff.), die **Nachbindung** (vgl. § 3 Rn. 70ff.) und die **Nachwirkung** (vgl. Rn. 293ff.), stehen seit Jahren **unter Dauerbeschuss** neoliberaler und konservativer Kritiker des aktuellen Tarifrechts, die die Garantie der Mindestbedingungen und die wirksame Beteiligung der Beschäftigten an der kollektiven Aushandlung ihrer Arbeits- und Entgeltbedingungen abschwächen und den Tarifschutz zu Lasten der Beschäftigten und zugunsten der Arbeitgeber absenken wollen (vgl. Grundl. Rn. 184f., 234ff.). Ohne die unmittelbare und zwingende Wirkung der Tarifverträge würden aus verbindlichen Schutznormen unverbindliche Empfehlungen und die Arbeitsbedingungen wären dem freien Spiel der Marktkräfte und dem Unternehmerdiktat ausgeliefert.

2. Unmittelbare und zwingende Wirkung der Tarifnormen

3 Nach § 4 Abs. 1 TVG gelten bei beiderseitiger Tarifbindung die Rechtsnormen eines Tarifvertrags **unmittelbar** (vgl. Rn. 4f.) und **zwingend** (vgl. Rn. 6ff.).[2] Die Vorschrift ist ein **Herzstück der Tarifautonomie** und nimmt an ihrer verfassungsrechtlichen Garantie teil (vgl. Grundl. Rn. 81). Vor allem die zwingende Wirkung, d.h. die **Unabdingbarkeit** von Tarifnormen (vgl. Grundl. Rn. 81)[3], stellt eine notwendige Ergänzung **des Schutzes** der – organisierten – Arbeitnehmer durch Tarifverträge vor der strukturellen Überlegenheit und der Vormachtstellung des Arbeitgebers (vgl. Grundl. Rn. 79) dar. Auch das **Verbot abweichender Abmachungen** (vgl. Rn. 121ff.) und das **Verzichtsverbot** (vgl. Rn. 241ff.) sichern die Tarifinhalte als Mindestarbeitsbedingungen ab. Was wäre der Tarifvertrag wert, wenn jeder Arbeitnehmer mit dem Arbeitgeber über die Geltung z.B. der Tariferhöhung verhandeln müsste oder jeder Arbeitgeber per Weisung oder arbeitsvertraglicher Vereinbarung das tariflich Erkämpfte verschlechtern könnte?

1 Vgl. BAG 7.11.01 – 4 AZR 703/00, NZA 02, 748.
2 BAG 18.8.11 – 8 AZR 187/10, ZTR 12, 31.
3 Kritisch zur Verwendung dieses Begriffs Däubler-Deinert, Rn. 461.

2.1 Unmittelbare Wirkung

4 **Unmittelbare Wirkung** bedeutet, dass die Tarifnormen – auch die gem. § 4 Abs. 5 TVG nachwirkenden Normen (vgl. Rn. 293ff.) – automatisch für die Tarifgebundenen gelten und wie anderes objektives (Gesetzes-) Recht den Inhalt der Arbeitsverhältnisse gestalten.[4] Das geschieht auch dann, wenn die Betroffenen keine Kenntnis von der Existenz der Tarifnormen haben oder mit ihrer Geltung nicht einverstanden sind.[5]

5 Streitig sind die theoretische Begründung und die **Rechtsfolgen** – praktisch aber nur für die Zeit nach Ende der Nachwirkung. Nach einer Meinung werden die Tarifnormen Inhalt des Arbeitsverhältnisses, entgegenstehende Vereinbarungen werden **vernichtet** und leben nach Ablauf des Tarifvertrags bzw. nach Ende der Nachwirkung gem. § 4 Abs. 5 TVG (vgl. Rn. 293ff.) nicht wieder auf; es gelte dann (nur) der gesetzliche Mindestschutz.[6] Demgegenüber vertritt die h.M. die zutreffende Auffassung, dass die Tarifnormen das Arbeitsverhältnis von außen gestalten und anders lautende Vereinbarungen (nur) **verdrängen**, und zwar auch während des Nachwirkungszeitraums – bis zur evtl. **Vereinbarung** eines **Wiederauflebens** der alten Abrede (vgl. Rn. 330f.).[7]

2.2 Zwingende Wirkung

6 **Zwingende Wirkung** heißt, dass die Tarifnormen **verbindlich** sind. Sie gelten für die beiderseits Tarifgebundenen selbst dann, wenn der Arbeitgeber etwas anderes anordnet oder die Arbeitsvertragsparteien (ungünstigere) abweichende Vereinbarungen treffen. Derartige Abweichungen sind **unzulässig** und werden durch die Tarifnormen verdrängt (vgl. Rn. 5; die Verdrängungswirkung hält auch im Zeitraum der Nachwirkung bis zu einer neuen Abrede an; vgl. Rn. 330f.; zur Zulässigkeit günstigerer Abmachungen i.S.d. § 4 Abs. 3 TVG vgl. Rn. 140ff.).[8]

Beispiel:
Wenn der tarifvertragliche Stundenlohn 13 Euro beträgt, dann wird eine arbeitsvertragliche Vereinbarung eines Stundenlohns von 10 Euro zwischen einem tarifgebundenen Arbeitgeber und einem gewerkschaftlich organisierten Arbeitnehmer verdrängt. Das Gewerkschaftsmitglied kann trotz entgegenstehender arbeitsvertraglicher Vereinbarung die Zahlung des tariflichen Stundenlohns verlangen (ein nicht oder anders organisierter Arbeitnehmer hat einen solchen Anspruch tarifrechtlich nicht). Das gilt, auch nach Ablauf des Tarifvertrags im Nachwirkungszeitraum, solange keine andere Vereinbarung getroffen wird, die den Tarifvertrag ersetzt (vgl. § 4 Abs. 5 TVG).

---

4 BAG 18.8.11, a.a.O.
5 Allgemeine Meinung: KeZa-Stein, Rn. 12; Wiedemann-Wank, Rn. 300.
6 Vgl. Rieble, Arbeitsmarkt, Rn. 1225; differenzierend Löwisch/Rieble, Rn. 35ff.
7 BAG 1.7.09 – 4 AZR 261/08, NZA 10, 53;12.12.07 – 4 AZR 998/06, DB 08, 1102; 21.9.89 – 1 AZR 454/88, EzA § 77 BetrVG 1972 Nr. 33; Däubler-Deinert, Rn. 461, 484ff., 488; KeZa-Stein, Rn 13 und 15 m.w.N.
8 KeZa-Stein, Rn. 15 m.w.N.

Die zwingende Wirkung der Tarifnormen hat folgende **Konsequenzen:**

- Abweichende Abmachungen, z.B. im Rahmen sog. »betrieblicher Bündnisse für Arbeit« (vgl. Rn. 124f., 148f. und § 1 Rn. 18f.), sind – soweit Tarifbindung besteht – unwirksam (z.B. Betriebsvereinbarungen) bzw. werden verdrängt (vertragliche Vereinbarungen; vgl. Rn. 5ff.).
- **Organisierte Beschäftigte** behalten ihren Anspruch auf tarifliche Leistungen und können diese einklagen.[9]
- Eine Änderungskündigung des Arbeitgebers zwecks Herbeiführung tarifwidriger Bedingungen ist unwirksam.[10]
- Sanktionen des Arbeitgebers wegen der Verweigerung einer tarifwidrigen Vereinbarung durch den Arbeitnehmer sind unzulässig.[11]

Die Praxis ist freilich oft dadurch gekennzeichnet, dass bestehende Ansprüche auch von tarifgebundenen Gewerkschaftsmitgliedern **nicht geltend gemacht** und **eingeklagt** werden, weil Arbeitnehmer im Bewusstsein ihrer »strukturellen« Unterlegenheit (vgl. Grundl. Rn. 79) Nachteile für ihre berufliche Entwicklung bei dem tarifwidrig handelnden Arbeitgeber befürchten; zur rechtlichen **Durchsetzung** von Tarifansprüchen vgl. Rn. 206ff. und Grundl. Rn. 142ff. sowie § 1 Rn. 437ff.

7 Für **unorganisierte Arbeitnehmer** gelten die Tarifbestimmungen grundsätzlich **nicht unmittelbar und zwingend**, kommen aber – insbesondere in tarifgebundenen Betrieben – in der Regel durch **arbeitsvertragliche Inbezugnahme** oder im Wege der **betrieblichen Übung** (vgl. dazu § 3 Rn. 246ff.) zur Anwendung. Die Gründe dafür können vielfältiger Natur sein (vgl. § 3 Rn. 254), die Motive der Vermeidung von Anreizen zum Gewerkschaftsbeitritt und von Unzufriedenheit über eine (rechtlich zulässige, vgl. § 3 Rn. 249) Ungleichbehandlung sowie der Vereinheitlichung der Arbeits- und Entgeltbedingungen dürften bei den meisten Arbeitgebern im Vordergrund stehen. Die nur auf arbeitsvertraglicher Grundlage erfolgende (und nicht über die Gewerkschaftsmitgliedschaft vermittelte) Anwendung der Tarifverträge kann vom Arbeitgeber jederzeit mit dem ihm zur Verfügung stehenden arbeitsvertraglichen Handlungsmöglichkeiten (insbesondere **Änderungsvertrag oder -kündigung**) eingeschränkt oder beendet werden. Das nur für organisierte Arbeitnehmer und Arbeitnehmerinnen geltende **Verzichtsverbot** (§ 4 Abs. 4 Satz 1 TVG; vgl. dazu Rn. 241ff.) greift in diesen Fällen nicht.

8 Die Vorschrift des § 4 TVG sieht folgende **Ausnahmen von der zwingenden Wirkung** der Tarifnormen vor:

- die Tarifvertragsparteien gestatten eine Abweichung durch eine Öffnungsklausel (§ 4 Abs. 3 1. Altern. TVG; vgl. Rn. 132ff.),
- die Vereinbarung ist für den Beschäftigten günstiger (§ 4 Abs. 3 2. Altern. TVG; vgl. Rn. 140ff.) oder
- die Tarifnormen wirken nach und können deshalb durch eine andere Abmachung ersetzt werden (§ 4 Abs. 5 TVG; vgl. Rn. 293ff.).

---

9 Vgl. z.B. LAG Nürnberg 23.11.01 – 8 Sa 15/01, AiB 2003, 44.

10 BAG 18.12.97 – 2 AZR 709/96, NZA 1998, 304 = AuR 98, 212 mit Anm. Zachert; 10.2.99 – 2 AZR 422/98, AuR 99, 326 mit Anm. Wendeling-Schröder.

11 BAG 12.6.02 – 10 AZR 340/01, NZA 02, 1389 = AiB 03, 761.

2.3 Beiderseitige Tarifbindung erforderlich

Die zwingende Wirkung (**Unabdingbarkeit**; vgl. Rn. 3) von Tarifnormen über den Abschluss, den Inhalt oder die Beendigung von Arbeitsverhältnissen gilt nur für **beiderseits tarifgebundene** Arbeitnehmer und Arbeitgeber. Das bedeutet einmal, dass die Rechtsnormen des Tarifvertrags für ein Arbeitsverhältnis nur dann »automatisch« gelten, wenn sowohl der Arbeitgeber als auch der Arbeitnehmer tarifgebunden, also Mitglied der tarifvertragsschließenden Parteien sind[12] (vgl. § 310ff.) oder im Fall des Firmentarifvertrags der Arbeitgeber selbst tarifvertragsschließende Partei ist (vgl. § 3 Rn. 59ff.). Das bedeutet zum anderen, dass bei nur **einseitiger Tarifbindung** untertarifliche Bedingungen vereinbart werden können. Das gilt vor allem für gewerkschaftlich **nicht organisierte Arbeitnehmer**, aber auch organisierte Arbeitnehmer, die bei einem **nicht tarifgebundenen Arbeitgeber** beschäftigt sind. 9

Zu den **Folgen** des Erfordernisses beiderseitiger Tarifbindung für das Verzichts- und Verwirkungsverbot vgl. Rn. 242 und 249. Zur **Durchsetzung der Tarifbindung** eines Arbeitgebers, der nicht Mitglied des Arbeitgeberverbands ist, durch Firmentarifvertrag vgl. § 1 Rn. 26f. und AKR Rn. 464. 10

Ausnahmen von dem Erfordernis beiderseitiger Tarifbindung gelten 11

- bei **Betriebs- und Betriebsverfassungsnormen** (diese wirken für alle – auch die nichtorganisierten – Arbeitnehmer, wenn nur der Arbeitgeber tarifgebunden ist: § 3 Abs. 2 TVG; vgl. § 1 Rn. 134ff.; § 3 Rn. 63ff.) sowie
- bei **Allgemeinverbindlichkeit** (vgl. § 5 Rn. 30ff.).

Zu Normen über **gemeinsame Einrichtungen** vgl. Rn. 36ff. 12

3. Geltungsbereich des Tarifvertrags

3.1 Allgemeines

Ein Tarifvertrag gilt für Arbeitgeber und Arbeitnehmer nur, wenn sie unter den räumlichen, fachlichen und persönlichen **Geltungsbereich** fallen. 13

Der Geltungsbereich des Tarifvertrages wird **von den Tarifvertragsparteien autonom festgelegt.**[13] Wird der Geltungsbereich nicht ausdrücklich geregelt oder lässt er sich nicht durch Auslegung (vgl. Rn. 16, 29) ermitteln, ist der Tarifvertrag wegen Verstoßes gegen das Bestimmtheitsgebot unwirksam.[14] Er darf den Rahmen der **Tarifzuständigkeit** (vgl. § 2 Rn. 104ff.) der Tarifvertragsparteien nicht überschreiten. Geht der Geltungsbereich über die Tarifzuständigkeit (einer) der Tarifvertragsparteien hinaus, gilt der Tarifvertrag jedenfalls nicht für die vom Geltungsbereich erfassten Betriebe, Branchen, Arbeitnehmer usw., für die keine Tarifzuständigkeit besteht.[15] 14

12 BAG 18.8.11 – 8 AZR 187/10, ZTR 12, 31.
13 Däubler-Deinert, Rn. 189; Thüsing/Braun-Wißmann, S. 256 Rn. 171.
14 Däubler-Deinert, a.a.O.; Wiedemann-Wank, Rn. 106; KeZa-Stein, Rn. 137.
15 BAG 14.11.01 – 10 AZR 76/01, NZA 02, 1049; 24.7.90 – 1 ABR 46/89, AP Nr. 7 zu § 2 TVG Tarifzuständigkeit.

15 Ansonsten sind die Tarifvertragsparteien frei in der Bestimmung und Abgrenzung des Geltungsbereichs. Sie sind grundsätzlich an den **Gleichheitssatz** gebunden und dürfen Beschäftigte nicht diskriminierend ausgrenzen (z.B. Teilzeit- oder geringfügig Beschäftigte; vgl. 31 und Grundl. Rn. 122),[16] haben aber ansonsten bei Vorliegen sachlicher Gründe, auch koalitionspolitischer Art, bei der Festlegung des Geltungsbereichs einen weiten Entscheidungsspielraum (vgl. Grundl. Rn. 122).[17]

16 **Fehlt** – ausnahmsweise – eine ausdrückliche Regelung des **Geltungsbereichs** im Tarifvertrag, kann man zur Bestimmung des Geltungsbereichs entweder auf andere von den Tarifparteien abgeschlossene Tarifverträge zurückgreifen oder ihn aus der (deckungsgleichen) Tarifzuständigkeit der Tarifvertragsparteien ableiten[18] (s. auch Rn. 29).

17 Der Geltungsbereich ist beim **Tarifvorbehalt** bzw. **Tarifvorrang** gem. §§ 77 Abs. 3 bzw. 87 Abs. 1 Einleitungssatz BetrVG bedeutsam: Er greift u.a. dann ein, wenn ein **Betrieb** unter den Geltungsbereich eines Tarifvertrags fällt (vgl. Rn. 173ff., 182).

18 Der Geltungsbereich ist auch **arbeitskampfrechtlich** von Bedeutung. Nur innerhalb des Geltungsbereichs eines Tarifvertrags besteht Friedenspflicht (vgl. AKR Rn. 73). Nach BAG ist das Tarifgebiet die Grenze für die »heiße« **Aussperrung** (vgl. AKR Rn. 322ff., 336). Zahlung von Entgelt und von Kurzarbeitergeld hängen maßgeblich davon ab, ob **mittelbar Arbeitskampfbetroffene** im fachlichen und/oder räumlichen Geltungsbereich des umkämpften Tarifvertrags arbeiten oder nicht (vgl. dazu AKR Rn. 365ff., 391ff.).

3.2 Räumlicher Geltungsbereich

19 Der räumliche Geltungsbereich bezeichnet das **geografische Gebiet**, in dem der Tarifvertrag gilt: z.B. die Bundesrepublik, ein Bundesland, eine Region, eine Stadt, ein Unternehmen oder Teile davon.

20 Die Tarifvertragsparteien legen auch den **Anknüpfungspunkt** fest. Das kann der Unternehmenssitz, der Ort des Betriebs oder der Arbeitsplatz sein. Entscheidend ist im Zweifel der **Schwerpunkt des Arbeitsverhältnisses** und die **Lage des Betriebs.**[19] Der Tarifvertrag erfasst nur die Betriebe, die in seinem räumlichen Gebiet liegen.[20]

21 **(Zweig-)Betriebe**, Filialen, Verkaufsniederlassungen etc. **außerhalb** des räumlichen Geltungsbereichs fallen nicht unter den Tarifvertrag. Ggf. gilt für sie der regional einschlägige Tarifvertrag, eine Sonderregelung oder kein Tarifvertrag.

22 Für **Arbeitnehmer mit wechselnden Einsatzstellen** (z.B. Bauarbeiter, Monteure, Reisende) bleiben die am Betriebssitz geltenden Tarifverträge maßgebend.[21] Anders kann es sein, wenn sie in einer eigenen dauerhaften Betriebsstätte tätig werden, für die allerdings

---

16 Vgl. zum Ganzen Däubler-Deinert, Rn. 180ff.; Löwisch/Rieble, Rn. 138ff.; Wiedemann-Wank, Rn. 93ff.

17 BAG 30.8.00 – 4 AZR 563/99, AuR 01, 223.

18 BAG 13.6.57 – 2 AZR 402/54, AP Nr. 6 zu § 4 TVG Geltungsbereich; Däubler-Deinert, Rn. 189; Löwisch/Rieble, Rn. 128.

19 KeZa-Stein, Rn. 22 m. w. N; Wiedemann-Wank, Rn. 124ff.

20 BAG 13.6.57, a.a.O.

21 LAG Niedersachsen 3.4.81 – 9 Sa 134/80, BB 81, 848; Wiedemann-Wank, Rn. 126.

eine betriebliche Grundlage vorhanden sein muss.[22] Einige **Tarifverträge** enthalten spezielle Regelungen für diesen Personenkreis (z. B. BRTV-Bau; Bundesmontagetarifvertrag Metallindustrie; montierende Handwerke).

23 Tarifverträge können auch die (vorübergehende) Arbeit im **Ausland** regeln.[23]

3.3 Betrieblich-fachlicher Geltungsbereich

24 Der betrieblich-fachliche Geltungsbereich bezeichnet den **Wirtschaftszweig** und die **Betriebe**, für die der Tarifvertrag gelten soll. Das liegt daran, dass fast alle Gewerkschaften und Arbeitgeberverbände nach Wirtschaftszweigen/Branchen strukturiert sind (dazu und auch zum davon abweichenden Organisationsprinzip von Berufsgruppengewerkschaften vgl. § 2 Rn. 105 ff.). Teilweise werden auch die Begriffe »branchenmäßiger« oder »betrieblicher« oder »fachlicher« Geltungsbereich verwendet.

Der betrieblich-fachliche Geltungsbereich muss die Wirtschaftszweige/Branchen nicht vollständig erfassen, sondern kann sich z. B. auf bestimmte fachliche bzw. tätigkeits- oder berufsgruppenbezogene Bereiche beschränken.

25 Bei der Ermittlung des betrieblich-fachlichen Geltungsbereichs eines Tarifvertrags ist im Zweifel vom **allgemeinen arbeitsrechtlichen Betriebsbegriff** auszugehen. Den Tarifvertragsparteien ist es aber unbenommen, auch hiervon abweichend auf das **Unternehmen** als Bezugspunkt abzustellen.[24] Für die Bestimmung des fachlichen Geltungsbereichs eines Tarifvertrags sind die **im Arbeits- und Wirtschaftsleben geltenden Begriffsinhalte** heranzuziehen.[25] Werden die von den Tarifvertragsparteien verwendeten Begriffe nicht im Tarifvertrag selbst definiert, ist davon auszugehen, dass sie den Begriff in dem Sinne gebraucht haben, wie er dem **allgemeinen Sprachgebrauch** und dem der **beteiligten Kreise** entspricht, wenn nicht sichere Anhaltspunkte für eine **abweichende Auslegung** gegeben sind.[26] Auf handelsrechtliche oder gewerberechtliche Kriterien kommt es dabei nicht an.[27] Anknüpfungspunkt ist der **arbeitstechnische Zweck** des Betriebs und die diesem dienende Zusammenfassung der Belegschaft; dies entspricht weitgehend dem arbeitsrechtlichen Betriebsbegriff.[28] **Fachfremde Betriebsabteilungen, Hilfs- und Nebenbetriebe** (z. B. EDV, Kantine, Verkaufsstelle) werden grundsätzlich dem Hauptbetrieb zugeschlagen[29]; dies wird häufig auch ausdrücklich so bestimmt.

---

22 LAG Hamm 21.7.71 – 5 Sa 135/71, DB 71, 1822; LAG Niedersachsen a.a.O.; Däubler-Deinert, Rn. 222 ff.; KeZa-Stein, Rn. 140.

23 Vgl. z. B. Tarifvertrag für Beschäftigte des Goethe-Instituts, BAG 11.9.91 – 4 AZR 71/91, NZA 92, 321.

24 BAG 25.1.06 – 4 AZR 622/04, EzA § 4 TVG Einzelhandel Nr. 55; 28.5.97 – 4 AZR 663/95, AP Nr. 6 zu § 1 TVG Bezugnahme auf Tarifvertrag, zu II 1 a der Gründe.

25 BAG 25.1.06, a.a.O.; 25.4.95 – 3 AZR 528/94, NZA 95, 1205.

26 Ständige Rechtsprechung, vgl. schon BAG 29.9.76 – 4 AZR 381/75, AP Nr. 2 zu § 1 TVG Tarifverträge: Papierindustrie; 8.2.84 – 4 AZR 369/83, AP Nr. 3 zu § 1 TVG Tarifverträge: Einzelhandel.

27 BAG 24.8.99 – 9 AZR 529/97, AP Nr. 14 zu § 1 TVG Tarifverträge: Großhandel.

28 KeZa-Stein, Rn. 144; Rechtsprechungsnachweise bei Däubler-Deinert, Rn. 294 ff.

29 BAG 31.3.55 – 2 AZR 84/53, AP Nr. 1 zu § 4 TVG Geltungsbereich; Löwisch/Rieble, Rn. 203 f.; a. A. Gamillscheg, S. 747.

26 In **Mischbetrieben** (in denen mehrere arbeitstechnische Zwecke ausgeführt werden) gilt der Tarifvertrag, der die **meisten Tätigkeiten** erfasst, die dem Betrieb das »**Gepräge**« geben. Diese werden nach der aufgewendeten Arbeitszeit ermittelt.[30] Andere Abgrenzungskriterien wie Umsatz, Wertschöpfung, werbender Marktauftritt des Unternehmens usw. sind demgegenüber nicht maßgeblich.[31] Sie können in Grenzfällen allerdings als Hilfskriterien ergänzend hinzugezogen werden.[32]

27 **Ändert sich der arbeitstechnische Zweck** (z.B. von Industrie zu Handwerk, Handwerk zu Leiharbeit, Bau- zu Metallbau, Industrie- zu Handel, Großhandel zu Spedition, Druckindustrie zu Papierverarbeitung), so dass der Betrieb nicht mehr unter den Geltungsbereich fällt,

- gilt der (bisherige) **Firmentarifvertrag** mit unmittelbarer und zwingender Wirkung gem. §§ 3 Abs. 1, 4 Abs. 1 TVG weiter (d.h. eine Änderung des Betriebszwecks hat keine tarifrechtlichen Folgen) und
- wirkt der **Verbandstarifvertrag** gem. § 4 Abs. 5 TVG nur noch nach (vgl. § 4 Rn. 293), während seine zwingende Wirkung entfällt (zur Nachbindung vgl. § 3 Rn. 85; zur evtl. Tarifkonkurrenz vgl. Rn. 66, 88).[33]

28 Die Ermittlung des überwiegenden bzw. prägenden arbeitstechnischen Zwecks eines (Misch-)Unternehmens bzw. Betriebs anhand der arbeitszeitlich überwiegenden Tätigkeit (vgl. Rn. 25) eröffnet dem Arbeitgeber die Möglichkeit, das sog. »Herauswachsen« aus dem Geltungsbereich eines Tarifvertrags durch **betriebliche Umstrukturierungen** zum Zwecke der **Tarifflucht** gezielt herbeizuführen. So kann beispielsweise durch die Teilung oder Zusammenlegung von Betrieben der arbeitszeitliche Anteil bestimmter Tätigkeiten so bemessen werden, dass ein Betrieb nicht mehr unter den Geltungsbereich eines bestimmten Verbandstarifvertrags (z.B. eines zu »teuren« oder allgemeinverbindlichen Tarifvertrags) fällt.[34]

Im Zusammenhang mit derartigen Umstrukturierungen kann durch den Arbeitgeber außerdem die Zugehörigkeit des Betriebs zu einer Branche herbeigeführt werden, in der **die auch bisher tarifzuständige Gewerkschaft** (z.B. ver.di als sog. Multibranchengewerkschaft) einen (u.U. ungünstigeren) Tarifvertrag abgeschlossen hat. Dieser kann dann bei einem entsprechenden – **tarif- und vereinsrechtlich wirksamen** (Voraussetzung ist u.a. die Tarifzuständigkeit des neuen Arbeitgeberverbandes, vgl. § 2 Rn. 104ff.) – **Verbandswechsel** des Arbeitgebers – ohne Nachwirkung des bisher geltenden Verbandstarifvertrags – ggf. sofort zur Anwendung kommen und zu einer Verschlechterung der Entgelt- und sonstigen Arbeitsbedingungen führen. Die Gewerkschaft kann versuchen, dem durch

---

30 BAG 14.9.94 – 4 AZR 761/93, NZA 95, 537; 24.8.94 – 10 AZR 980/93, DB 95, 329; 22.3.94 – 1 ABR 47/93, EzA § 4 TVG Geltungsbereich Nr. 10; KeZa-Stein, Rn. 146; Thüsing/Braun-Wißmann, S. 263 Rn. 190; Überblick über die umfangreiche Rechtsprechung bei Gamillscheg, S. 749.

31 KeZa-Stein, a.a.O.; Wiedemann-Wank, Rn. 150.

32 BAG 25.11.87 – 4 AZR 361/87, NZA 88, 317; Gamillscheg, S. 748f.

33 BAG 10.12.97 – 4 AZR 247/96, DB 98, 1089 und h.M.; vgl. Rn. 183; Däubler-Deinert, Rn. 288, wendet § 3 Abs. 3 TVG an.

34 Instruktiv zu derartigen Arbeitgeberstrategien die entsprechenden Hinweise bei Sittard, RdA 09, 259, 260, insbesondere mit der Zielrichtung der Vermeidung allgemeinverbindlicher oder nach dem AEntG geltender Tarifverträge; mit ähnlicher Stoßrichtung zur Flucht in Handwerkstarife Rieble/Klebeck, BB 06, 885.

den Abschluss einer tarifvertraglichen Regelung zur Besitzstandssicherung bzw. eines sog. Überleitungstarifvertrages zu begegnen (zur Bedeutung **arbeitsvertraglicher Bezugnahmeklauseln** in diesem Zusammenhang vgl. § 3 Rn. 251; zu den Möglichkeiten des Abschlusses eines – ggf. auch im Arbeitskampf durchsetzbaren – **Firmentarifvertrags zur Besitzstandssicherung** vgl. AKR Rn. 40; vgl. auch § 3 Rn. 85).

Es ist auch zulässig, dass die Tarifvertragsparteien den (betrieblich-fachlichen) Geltungsbereich eines Tarifvertrages nicht durch die Angabe bzw. Umschreibung eines Wirtschaftszweigs oder einer Branche definieren, sondern seine Bestimmung **organisationsbezogen** durch die **Mitgliedschaft** des Arbeitgebers **im tarifschließenden Arbeitgeberverband** vornehmen.[35]. Dies verstößt nicht gegen das Bestimmtheitsgebot und das Schriftformerfordernis (vgl. § 1 Abs. 1, 2 TVG), wenn sich die Reichweite des betrieblich-fachlichen Geltungsbereichs mittelbar aus der Festlegung der Tarifzuständigkeit des Arbeitgeberverbandes in seiner Satzung ergibt. Es ist dann regelmäßig davon auszugehen, dass sich der Geltungsbereich des Tarifvertrages über die tatsächlichen Mitgliedsunternehmen hinaus auf alle Unternehmen erstreckt, die aufgrund der in der Satzung festgelegten Tarifzuständigkeit (vgl. dazu § 2 Rn. 104 ff.) Mitglieder des betreffenden Arbeitgeberverbands werden **können**[36] und für deren Arbeitnehmer und Arbeitnehmerinnen die tarifschließende Gewerkschaft ebenfalls tarifzuständig ist. Insofern gilt die **Regelungssperre** des § 77 Abs. 3 BetrVG (vgl. Rn. 173 ff.) bei einer derartigen Formulierung des Geltungsbereichs auch für Unternehmen, die nicht Mitglied des tarifschließenden Arbeitgeberverbands sind.[37] Etwas anderes kann bei einer mitgliedschaftsbezogenen Bestimmung des Geltungsbereichs dann gelten, wenn die Auslegung ergibt, dass der Tarifvertrag nur für die zum Zeitpunkt des Tarifabschlusses aktuellen Mitglieder des Arbeitgeberverbandes gelten soll und nicht für alle Mitglieder, die die Mitgliedschaft im Arbeitgeberverband erwerben könnten.[38] 29

3.4 Persönlicher Geltungsbereich

Der persönliche Geltungsbereich bestimmt, für welche **Arbeitnehmer und Arbeitnehmerinnen** der Tarifvertrag gelten soll. Anknüpfungspunkt sind **persönliche Eigenschaften** wie die (arbeits- oder sozialversicherungsrechtliche) Stellung wie z.B. als Arbeiter, Angestellte, Auszubildende, arbeitnehmerähnliche Personen (§ 12a), Heimarbeiter (vgl. § 17 HAG), Leiharbeitnehmer oder Praktikanten.[39] 30

Die Tarifvertragsparteien sind **frei in der Abgrenzung**, sie sind aber an den **allgemeinen Gleichheitssatz** (Art. 3 Abs. 1 GG) und die sonstigen **gesetzlichen Benachteiligungsverbote** (insbesondere Art. 3 Abs. 2 und 3 GG, § 1 AGG, § 4 Abs. 1 und 2 TzBfG, § 81 Abs. 2 SGB IX) gebunden (vgl. Rn. 15 und Grundl. Rn. 126 ff.). In diesem Rahmen können ge- 31

---

35 BAG 23.3.11 – 4 AZR 268/09, NZA 12, 231; 22.3.05 – 1 ABR 64/03, NZA 06, 383.

36 BAG 23.3.11, a.a.O.; 22.3.05, a.a.O.; vgl. näher DKKW-Berg, § 77 Rn. 139 m.w.N.; a.A. Löwisch/Rieble, Rn. 254.

37 DKKW-Berg, a.a.O.; Kittner/Zwanziger/Deinert-Deinert, § 10 Rn. 114; im Ergebnis übereinstimmend BAG 23.3.11, a.a.O.; 22.3.05, a. a. O; a.A. LAG Köln 16.3.99 – 13 TaBV 27/98, NZA-RR 99, 481; ErfK-Kania, BetrVG § 77 Rn. 49; Fitting, § 77 Rn. 76; GK-Kreutz, § 77 Rn. 98.

38 Däubler-Deinert, Rn. 239.

39 Vgl. zum Ganzen Däubler-Deinert, Rn. 418 ff.; KeZa-Stein, Rn. 151 ff.; Löwisch/Rieble, Rn. 221 ff.; Wiedemann-Wank, Rn. 218 ff.

sonderte Tarifverträge für nach sachlichen Kriterien abgegrenzte Arbeitnehmergruppen vereinbart werden: z. B. Akkordarbeiter, ältere Arbeitnehmer (Altersteilzeit, Verdienstsicherung und Kündigungsschutz), Außendienstmitarbeiter, Gießereiarbeiter, Monteure. Bei Vorliegen sachlicher Gründe ist auch die Herausnahme von Werkstudenten[40] oder aushilfsweise beschäftigten studentischen Hilfskräften[41] aus dem persönlichen Geltungsbereich zulässig.

32 Der **Gleichbehandlungsgrundsatz**, die gesellschaftliche und arbeitsorganisatorische Entwicklung in vielen Bereichen sowie das Vorhaben, die herkömmliche Unterscheidung zwischen Arbeitern und Angestellten aufzuheben, legen es nahe, den Geltungsbereich und die Tarifbedingungen zwischen **Arbeitern und Angestellten** zu **vereinheitlichen**. Auf Drängen insbes. der Gewerkschaften sind in den letzten Jahren zahlreiche gemeinsame Manteltarifverträge und auch Entgelt- und Entgeltrahmentarifverträge vereinbart worden.[42]

33 **Nicht organisierte Arbeitnehmer** können aus dem Gleichbehandlungsgrundsatz keinen Anspruch auf die tariflichen Leistungen herleiten.[43] Für sie kann die Geltung des Tarifvertrags aber über eine arbeitsvertraglich vereinbarte **Bezugnahmeklausel** in Frage kommen (vgl. § 3 Rn. 246 ff.).

34 **Ändert sich ein persönliches Merkmal**, wird z. B. ein Arbeiter zum Angestellten, fällt er aus dem Geltungsbereich des Arbeiter-Tarifvertrags heraus und es gilt der entsprechende Angestellten-Tarifvertrag; wenn es keinen entsprechenden Tarifvertrag gibt, wirkt der bisherige Tarifvertrag gem. § 4 Abs. 5 TVG nach (näheres zur Nachwirkung vgl. Rn. 293 ff.).[44]

3.5 Zeitlicher Geltungsbereich

35 Der zeitliche Geltungsbereich gibt an, für welchen **Zeitraum** der Tarifvertrag gilt.[45] In der Regel umfasst dies den Zeitraum zwischen dem **Inkrafttreten** und der **Beendigung** des Tarifvertrags (näheres vgl. § 1 Rn. 54 ff.; § 3 Rn. 17). Anschließend wirkt der Tarifvertrag gem. § 4 Abs. 5 TVG nach (vgl. Rn. 297). Der **Verbandsaustritt** oder der Wechsel in den **OT-Status** führen nicht zur Beendigung der Tarifgeltung (§ 3 Abs. 3; vgl. § 3 Rn. 75 f.), der **Betriebsübergang** bzw. die **Umwandlung** nach UmwG meist zur arbeitsvertraglichen Weitergeltung nach § 613a BGB (vgl. § 3 Rn. 98 ff.).

---

40 BAG 30. 8. 00 – 4 AZR 563/99, AuR 01, 223.
41 BAG 30. 8. 00, a.a.O.
42 Zur Chemischen Industrie: Förster, WSI-Mitt. 93, 782; zur Metall- und Elektroindustrie: Schwerpunktheft AiB 7/04, sowie Meine, AuR 04, 136 und Ehlscheid/Meine/Ohl, S. 164 ff.; zum Öffentlichen Dienst: Görg/Guth/Hamer/Pieper, § 1 TVöD-AT, Rn. 14; Bredendiek/Fritz/Tewes; ZTR 05, 230 ff.
43 Vgl. BAG 20. 7. 60 – 4 AZR 199/59, AP Nr. 7 zu § 4 TVG.
44 Vgl. Däubler-Deinert, Rn. 445.
45 KeZa-Stein, Rn. 154 ff.

4. Gemeinsame Einrichtungen

4.1 Aufgaben und Bedeutung

§ 4 Abs. 2 TVG **erweitert die Normsetzungsmöglichkeiten** der Tarifvertragsparteien. Er fügt den Normtypen des § 1 TVG (vgl. § 1 Rn. 103ff.) einen weiteren hinzu: die Regelung der Beitrags- und Leistungsbeziehungen zwischen der **gemeinsamen Einrichtung** und Arbeitgebern/Arbeitnehmern sowie die Gestaltung der Struktur der Einrichtung. **36**

Gemeinsame Einrichtungen der Tarifvertragsparteien nehmen vielfältige **Aufgaben** wahr. In der **Bauwirtschaft** führten hohe Fluktuation der Beschäftigten, kaum stationäre Betriebe, Abhängigkeit von der Witterung und Rentenlücken durch häufige Erwerbsminderung in den 1950er Jahren zur Bildung der **Sozialkassen**. Sie ermöglichen die Realisierung des vollen **Urlaubs** auch bei Stellenwechsel, sorgen für Lohnfortzahlung im Winter (»Lohnausgleich«; heute durch das **Saison-Kurzarbeitergeld** und **Wintergeld** abgedeckt, § 175f. SGB III), finanzieren die **zusätzliche Altersversorgung**, die betriebliche **Berufsausbildung** und überbetriebliche Lehrwerkstätten.[46] Ähnliche Einrichtungen bestehen in einigen Baunebengewerben, im Bäcker- und Konditorenhandwerk, in der Brot- und Backwarenindustrie, für Bühnenkünstler, Garten- und Sportplatzbau, Land- und Forstwirtschaft, Miederindustrie, für Redakteure in Zeitschriften, freie Mitarbeiter in Rundfunk und Fernsehen.[47] **37**

Die möglichen Aufgaben gehen noch darüber hinaus, sie erfassen **alle Arbeits- und Wirtschaftsbedingungen**, z.B. Altersteilzeit (vgl. §§ 3 Abs. 1 Nr. 3 und 9 Abs. 2 AltTZG), Erhalt der Beschäftigung, Unterstützung für Arbeitslose und Kurzarbeiter (Chemische Industrie), berufliche (Weiter-)Qualifizierung, menschengerechte Arbeitsgestaltung (ehemalige Innovationsstelle des Holzhandwerks) und Vermögensbildung. Auch der Gesamthafenbetrieb ist eine Gemeinsame Einrichtung.[48] **38**

Gemeinsame Einrichtungen spielen tarifpolitisch insgesamt eher eine Nebenrolle, haben aber **für einzelne Branchen** eine **zentrale Bedeutung**. So haben die Sozialkassen des Baugewerbes eine Bilanzsumme von mehreren Mrd. Euro; die Beiträge betragen über 20 % der Bruttolohnsumme (davon für Urlaub ca. 15 %).[49] **39**

4.2 Organisation

Die Gemeinsame Einrichtung löst **einzelne Bereiche aus dem Arbeitsverhältnis** heraus, bündelt und vergemeinschaftet sie. Sie übernimmt Aufgaben, die aufgrund der Struktur des Wirtschaftszweigs einzelne Arbeitgeber nur schwer übernehmen könnten.[50] **40**

Die Einrichtung muss **von den Tarifparteien gegründet** werden. Sie bestimmen auch den Inhalt der **Satzung**. Sie müssen einen bestimmenden **Einfluss** auf die Organe haben. **41**

---

46 Vgl. Stang/Bachner/Asshoff, S. 33ff.
47 Näheres bei Däubler-Hensche/Heuschmid, § 1 Rn. 1045ff.; Gamillscheg, S. 618ff.; KeZa-Seifert, Rn. 298ff.
48 Däubler-Hensche/Heuschmid, § 1 Rn. 1046; Wiedemann-Oetker § 1 Rn. 695; krit. Löwisch/Rieble, Rn. 323ff.
49 Vgl. Näheres bei Gamillscheg, S. 624; KeZa-Seifert, Rn. 298; Stang/Bachner/Asshoff, S. 33ff.
50 KeZa-Seifert, Rn. 286.

Diese werden **paritätisch** zusammengesetzt; die paritätische Verwaltung ist nicht Pflicht, aber übliche Praxis. Nötig ist eine **institutionelle Basis**, also eine eigene Verwaltung, z. B. um Beiträge einzuziehen und Leistungen auszuzahlen. Als **Rechtsform** werden meistens der Verein, die GmbH oder der Versicherungsverein auf Gegenseitigkeit gewählt; auch andere Rechtsformen sind möglich.[51]

42 Die Gemeinsame Einrichtung **endet**, wenn sie von den Tarifvertragsparteien **aufgelöst** wird; zur **Nachwirkung** der Normen über Gemeinsame Einrichtungen vgl. Rn. 304.

4.3 Beitrags- und Leistungsbeziehungen

43 Die **Finanzierung** der Gemeinsamen Einrichtung erfolgt durch **Beiträge der Arbeitgeber.** Die **Höhe** der Beiträge wird im Tarifvertrag zumindest im Grundsatz festgelegt; wegen der sich veränderten Umstände und je nach Finanzbedarf werden sie in der Bauwirtschaft jährlich neu vereinbart.[52] Der **Beitragseinzug** erfolgt durch die Einrichtung, notfalls durch Klage beim Arbeitsgericht.

44 Verpflichtet sind die – tarifgebundenen – **Arbeitgeber im Geltungsbereich** (vgl. Rn. 13ff., 24ff.) **des Tarifvertrags**. Wegen ihrer sozialpolitischen Aufgaben und der Ausgleichsfunktion unter den Arbeitgebern der Branche werden Tarifverträge über gemeinsame Einrichtungen i. d. R. für **allgemeinverbindlich** erklärt (vgl. § 5 Rn. 13ff.)[53]; somit sind auch die nicht organisierten Arbeitgeber beitragspflichtig. Dies führt seit jeher zu zahlreichen Rechtsstreitigkeiten (zur Problematik der Tarifkonkurrenz und Tarifpluralität bei Tarifverträgen über gemeinsame Einrichtungen vgl. Rn. 79). § 1 AEntG zieht auch **ausländische Arbeitgeber** in die Finanzierung der **Urlaubskassen** ein (vgl. § 5 Anhang 2 Rn. 54ff.).[54]

45 Anspruch auf die **Leistungen** haben die – tarifgebundenen – **Arbeitnehmer**, und zwar direkt gegen die Gemeinsame Einrichtung. Das erlaubt z. B. im Baugewerbe die Urlaubsbezahlung auch, wenn wegen unterjähriger Beschäftigung oder Stellenwechsel kein Teilurlaubsanspruch erworben wird.[55]

46 § 4 Abs. 2 verlangt – anders als Abs. 1 Satz 1 – für die dort genannten Normen – **keine beiderseitige Tarifbindung.** Daraus wird geschlossen, dass die einseitige Tarifbindung genügt, also organisierte Arbeitnehmer die Leistungen auch dann beanspruchen können, die bei einem nicht organisierten Arbeitgeber beschäftigt sind.[56] Außerdem ist ein organisierter Arbeitgeber auch dann bei der gemeinsamen Einrichtung beitragspflichtig, wenn keiner der bei ihm beschäftigten Arbeitnehmer Mitglied der tarifschließenden Gewerkschaft ist. Der Streit ist wegen der Allgemeinverbindlichkeit der Tarifverträge über gemeinsame Einrichtungen (vgl. Rn. 44) weitgehend bedeutungslos.

---

51 Vgl. zum Ganzen Däubler-Hensche/Heuschmid, § 1 Rn. 1049ff.; KeZa-Seifert, Rn. 294ff.; Wiedemann-Oetker, § 1 Rn. 818ff.

52 Vgl. Stang/Bachner/Asshoff, S. 40.

53 Verfassungsrechtliche Bedenken bestehen nicht, vgl. BVerfG 15. 7. 80, DB 80, 2523; 10. 9. 91, NZA 92, 125.

54 Vgl. Stang/Bachner/Asshoff, S. 37.

55 Vgl. Stang/Bachner/Asshoff, S. 130ff.

56 Däubler-Hensche/Heuschmid, § 1 Rn. 946; KeZa-Seifert, Rn. 316; Wiedemann-Oetker § 1 Rn. 843ff.; a. A. Koberski/Clasen/Menzel, Rn. 84; Löwisch/Rieble, § 3 Rn. 219.

Endet ein Tarifvertrag über Gemeinsame Einrichtungen, **wirken** seine Bestimmungen – wie andere Tarifnormen – gem. § 4 Abs. 5 TVG (vgl. Rn. 304) **nach.** Bei einem **Branchenwechsel** entfallen die Voraussetzungen für die Anwendung des Tarifvertrags.[57] 47

5. Tarifkonkurrenz und Tarifpluralität

5.1 Allgemeines/Erscheinungsformen und aktuelle Entwicklungen

Es kann vorkommen, dass für einen Betrieb mehrere Tarifverträge zur Anwendung kommen bzw. Geltung beanspruchen,

- sei es, dass Arbeitgeber und Arbeitnehmer beidseitig an mehrere Tarifverträge gebunden sind (»**Tarifkonkurrenz**«, vgl. Rn. 60ff.), 48
- sei es, dass der Arbeitgeber an zwei (oder mehr), der Arbeitnehmer (nur) an einen Tarifvertrag gebunden ist (»**Tarifpluralität**«, vgl. Rn. 82ff.).

Unterscheidung von Tarifkonkurrenz und Tarifpluralität 49

Tarifkonkurrenz	**Tarifpluralität**
Dasselbe Arbeitsverhältnis wird aufgrund übereinstimmender mehrfacher Tarifbindung von Arbeitgeber und Arbeitnehmer von mehreren TV erfasst	Die Arbeitsverhältnisse werden aufgrund Bindung des Arbeitgebers an mehrere TV und der Arbeitnehmer jeweils nur an einen dieser TV von unterschiedlichen TV erfasst
Beispiele: • Bindung an einen AVE-TV und einen anderen TV • Bindung an zwei AVE-TV • Bindung an zwei Verbands-TV • Bindung an einen Firmen-TV und einen Verbands-TV •Bindung des Arbeitgebers an zwei TV mit Betriebsnormen (vgl. Rn. 60ff.)	**Beispiele:** • Bindung des Arbeitgebers an einen AVE-TV und einen anderen TV • Bindung des Arbeitgebers an mehrere Verbands- oder Firmen-TV mit unterschiedlichen Gewerkschaften • Bindung des Arbeitgebers an einen Verbands-TV und einen Firmen-TV mit unterschiedlichen Gewerkschaften (vgl. Rn. 82ff.)

In derartigen Fällen von Tarifkonkurrenz und Tarifpluralität stellt sich die Frage, **ob** – und wenn ja, **wie – diese Tarifmehrheiten aufzulösen** sind: 50

- Gilt nur ein Tarifvertrag und wird der andere verdrängt oder gelten beide Tarifverträge nebeneinander für die jeweils Tarifgebundenen?
- Wie erfolgt die Auswahl, wenn einer der Tarifverträge verdrängt wird: nach dem **Spezialitäts-, Günstigkeits-, Prioritäts-** und/oder **Mehrheitsprinzip** (vgl. Rn. 66ff.)? Haben die Arbeitnehmer ein Wahlrecht bezüglich des für sie anzuwendenden Tarif-

57 Däubler-Hensche/Heuschmid, § 1 Rn. 953; so auch – mit anderer Begründung – BAG 5.10.93 – 3 AZR 586/92, DB 94, 1683.

vertrages? Haben allgemeinverbindliche Tarifverträge Vorrang vor den aufgrund Tarifbindung geltenden Tarifverträgen oder umgekehrt (vgl. Rn. 76ff.)?

Darüber hinaus wird seit einigen Jahren verstärkt die Frage erörtert, ob der (beabsichtigte) Abschluss verschiedener Tarifverträge durch konkurrierende (streikfähige) Gewerkschaften für die gleiche Branche bzw. den gleichen Betrieb zu **Einschränkungen des Streikrechts** der beteiligten Gewerkschaften führen könne (vgl. dazu AKR Rn. 151ff.).

51 Im Vergleich zur Situation während der »Weimarer Republik«, als wegen des verbreiteten Nebeneinanders von branchen- und berufsbezogenen Tarifverträgen Tarifpluralitäten relativ häufig waren, war deren **Bedeutung** in der Bundesrepublik Deutschland zunächst **zurückgegangen.** Ein wesentlicher Grund dafür ist, dass Gewerkschaften und Arbeitgeberverbände überwiegend nach Wirtschaftszweigen organisiert und Branchentarifverträge das Leitbild sind. Die **DGB-Gewerkschaften** versuchen, dem **Prinzip »ein Betrieb – eine Gewerkschaft – ein Tarifvertrag«** folgend, Tarifpluralitäten möglichst zu vermeiden und den **Grundsatz der Tarifeinheit** organisations- und tarifpolitisch zu verwirklichen (s. dazu § 2 Rn. 106).[58] Das Tarifvertragssystem wird zwar auch aktuell durch die einheitliche Anwendung eines Tarifvertrags für alle Beschäftigten eines Betriebs geprägt, doch nimmt die praktische **Bedeutung** mehrerer von konkurrierenden Gewerkschaften abgeschlossener und in einem Betrieb Geltung beanspruchender Tarifverträge tendenziell zu.[59] Die Gründe dafür liegen insbesondere in den **Veränderungen** der Struktur und Abgrenzung **der Industrie- und Dienstleistungsbranchen**, der **Privatisierung** wichtiger Bereiche des Öffentlichen Dienstes, dynamischen **Unternehmens- und Betriebsumstrukturierungen**, der **Verbetrieblichung der Tarifpolitik** und ihrer zunehmenden Indienstnahme zur **Senkung der Personalkosten** und als Instrument des **unternehmerischen Wettbewerbs** und dem verstärkten Auftreten von **Schein- und Unterbietungsgewerkschaften** und Gruppeninteressen verfolgenden **Berufsgruppen- und Spartengewerkschaften** (vgl. dazu Grundl. Rn. 179ff.).

52 Vor allem der – durch Arbeitgeber gezielt geförderte[60] und auch auf Initiative von Arbeitgebern (zum Fall der Gründung der »Gewerkschaft der Neuen Brief- und Zustelldienste – GNBZ« durch die Großverleger zur Unterlaufung des von ver.di abgeschlossenen tarifvertraglichen Post-Mindestlohnes[61] vgl.§ 2 Rn. 23) – verstärkte **Unterbietungswettbewerb**[62] **durch Scheingewerkschaften** wurde durch die in der CGM-Entscheidung des BAG aus dem Jahr 2006 erfolgte **Rücknahme der rechtlichen Anforderungen an die Tariffähigkeit** derartiger Organisationen (vgl. dazu und zur neueren Rspr. des 1. Senats des BAG zur Tariffähigkeit § 2 Rn. 37ff.) in tatsächlicher und rechtlicher Hinsicht begünstigt.[63]

---

58 Dazu Zachert, Tarifeinheit, S. 8ff.; zu einem Beispiel für die Probleme bei der Umsetzung s. Mansel, CR 12, 22.

59 Vgl. dazu Bepler, Jahrbuch, 23, 27ff.; ders., Schriftenreihe DAI, S. 109, 116ff.; Dribbusch, S. 11ff.; Schroeder/Kalass/Greef, 15ff., 265ff.

60 Schroeder/Kalass/Greef, 19f.

61 Vgl. Röhm/Voigt, S. 29ff.

62 Dribbusch, S. 11ff.

63 Bezeichnend insoweit die zustimmende Bezugnahme auf diese Entwicklung der Rechtsprechung im Rahmen anwaltlicher Handlungsanleitungen zur Tarifflucht, exemplarisch bei Gaul/Naumann, DB 06, 1054, 1056, und die Einschätzung der CGM-Entscheidung bei Hümmerich/Holthausen, NZA 06, 1070, 1078: »Erst mit der Aufgabe des Grundsatzes der Tarifeinheit reift der Be-

Die stärkere tarifpolitische **Verselbstständigung von Berufsgruppen- und Spartengewerkschaften** (etwa durch die Aufkündigung früher bestehender Tarifgemeinschaften mit den DGB-Gewerkschaften) und die damit einhergehende Gefahr der Entwicklung einer **Entsolidarisierung** und eines **Überbietungswettbewerbs**[64] (vgl. auch Rn. 85) werfen für die zukünftige Ausrichtung der **tarif- und organisationspolitischen Programmatik und Praxis der DGB-Gewerkschaften** vor allem die Frage nach Konzepten zur Überwindung dieser aktualisierten Spaltungstendenzen auf (vgl. auch Grundl. Rn. 181).[65] Dabei geht es u.a. um eine erfolgreichere politische und organisatorische **Integration** spezialisierter Berufsgruppen mit Schlüsselfunktionen in den Betrieben durch die DGB-Gewerkschaften selbst und die Wiederherstellung bzw. Neuschaffung von **Tarifgemeinschaften** oder zumindest neue Ansätze der Koordination von Tarifpolitik, Tarifverhandlungen und ggf. auch von Arbeitskampfmaßnahmen mit den bereits bestehenden Berufsgruppengewerkschaften.[66] Auch die (von der Arbeitgeberseite voran getriebene) **Verlagerung der Tarifpolitik in die Betriebe**[67] und deren Koppelung an die wirtschaftliche Lage des Einzelbetriebs ist im hier erörterten Zusammenhang kritisch zu hinterfragen (zur grundsätzlichen Kritik vgl. Grundl. Rn. 199ff., 205ff.). Die **Wettbewerbs- und Dezentralisierungslogik** der von der Arbeitgeberseite verfolgten Verbetrieblichungskonzepte ist in ihrer Wirkung letztlich nicht auf den Betrieb als Einheit und den arbeitgeberseitigen Kostensenkungsbedarf beschränkt, sondern entwickelt auch eine Dynamik in Richtung einer weitergehenden Zersplitterung (in Betriebsteile, Produktivitätseinheiten, Profitcenter, spezialisierte Arbeitnehmer- und Berufsgruppen usw.) und Forderungen nach besser stellender Sonderregelungen für Teile der Belegschaften. 53

In der aus Anlass von Streiks der Lokomotivführer der Deutsche Bahn AG in der Gewerkschaft Deutscher Lokomotivführer (GDL),[68] der im Marburger Bund (MB) organisierten Krankenhaus-Ärzte,[69] der Piloten der Deutschen Lufthansa AG in der Vereinigung Cockpit (VC) oder der Fluglotsen bzw. Vorfeldmitarbeiter in der Gewerkschaft der Flugsicherung (GdF)[70] in den Medien und der Fachpresse – mitunter sehr aufgeregt – geführten ta- 54

---

schluss des 1. Senats vom 28.3.06 zu seiner Vollendung«; s.a. LAG Rheinland-Pfalz 14.6.07 – 11 Sa 208/07, DB 07, 2432f.

64 Dribusch, S. 8ff.

65 Berg, KJ 14, 72, 75; Bispinck-Bispinck/Bahnmüller, S. 9, 20ff.; Busch/Stamm, Sozialismus 9/06, 32; Dribbusch, 20f.; Hensche, Blätter 07, 1029; Müller-Jentsch, WSI-Mitt. 08, 62; Wendl, Sozialismus 9/06, 27; ders., Sozialismus 1/08, 28; Schroeder, Einblick 15/06, 7; Schroeder/Kalass/Greef, 274ff.; Zachert, Mitbestimmung 08, 17, 19.

66 Vgl. dazu auch die Rede des ver.di-Vorsitzenden Bsirske auf dem 2. Bundeskongress 2007: http://bundeskongress2007.verdi.de/reden_berichte/frank_bsirske_1: »Wir gehen in ver.di davon aus, dass Tarifeinheit nützt. Sie zu schaffen und zu bewahren, (…) ist allerdings nicht primär ein juristisches Problem, das ist zuallererst eine gewerkschaftspolitische Aufgabe und muss als solche auch von uns angegangen werden (…)«.

67 Schroeder/Kalass/Greef, 19f.

68 S. dazu Bispinck, Wirklich alles Gold, was glänzt? Zur Rolle der Berufs- und Spartengewerkschaften in der Tarifpolitik, Gegenblende, Ausgabe 32, 3–4/15, 11.5.15 (http://www.gegenblende.de/++co++ebcfc60c-f7b6-11e4-bce0-52540066f352) und den Überblick des Verlaufs früherer Tarifauseinandersetzungen bei Bispinck, WSI-Mitt. 08, 77, 81f.

69 S. dazu Kissel, FA 06, 322; Wendl, Sozialismus 9/06, 27.

70 Etwa im Jahr 2012: s. Greiner, NZA 12, 529; Roßbach, »Déjà-vu-Streik«, FAZ 23.2.12; Roth, FR-online 25.2.12; Creutzburg/Coenen, HB 28.2.12

rif- und rechtspolitischen sowie rechtswissenschaftlichen **Debatte über die Zukunft des Tarif- und Arbeitskampfrechts** im Allgemeinen **und des Grundsatzes der Tarifeinheit** im Besonderen, sollte stärker zur Kenntnis genommen werden, dass die Existenz von Berufsgruppen- und Spartengewerkschaften keine neue Erscheinung ist, dass sie sich im Wesentlichen auf begrenzte Sektoren bestimmter ganz oder teilweise privatisierter Dienstleistungsbereiche beschränkt, und dass die von diesen Organisationen abgeschlossenen Tarifverträge lediglich einen sehr geringen Prozentsatz der Betriebe und Arbeitnehmer erfassen, für die in Deutschland Tarifverträge gelten.[71] Die vielfach aus dem Arbeitgeberlager und von Teilen der Rechtswissenschaft seit Jahren heraufbeschworene »Chaotisierung« des gesamten Tarifvertragssystems und ständige Verwicklung der Arbeitgeber in sich abwechselnde pausenlose Tarifauseinandersetzungen und Arbeitskämpfe konkurrierender Gewerkschaften sind bisher nicht eingetreten und auch für die Zukunft nicht ernsthaft zu befürchten.[72] Bereits deshalb ist die in diesem Zusammenhang wiederholt mit dem Ruf nach dem Gesetzgeber verbundene Forderung nach einer grundlegenden »Reform« des Tarif- und einer Einschränkung des Streikrechts unter keinem Gesichtspunkt gerechtfertigt[73] (vgl. dazu Grundl. Rn. 221; AKR Rn. 166ff.).

55 Bevor sich die Frage des »ob« und »wie« der Auflösung einer Tarifkonkurrenz oder Tarifpluralität stellt, ist durch **Auslegung** zu klären, ob mehrere Geltung beanspruchende Tarifverträge wirklich miteinander in Kollision treten, den gleichen Regelungsgegenstand und/oder Geltungsbereich haben oder ob lediglich eine »Scheinkonkurrenz« vorliegt.

56 **Keine Tarifkonkurrenz/Tarifpluralität** liegt vor:

- **Nebeneinander** von Tarifverträgen **derselben Tarifvertragsparteien** mit **unterschiedlichen Inhalten**, etwa von Mantel-, Entgelt- und Urlaubstarifvertrag und/oder **unterschiedlichen Geltungsbereichen;**[74]
- **Nebeneinander** eines **Verbandstarifvertrags und eines Firmentarifvertrags** (oder firmenbezogenen Verbandstarifvertrags) derselben Tarifvertragsparteien (bzw. unter Beteiligung eines Mitglieds des Arbeitgeberverbandes), wenn **im Firmentarifvertrag geregelt ist**, dass der Verbandstarifvertrag ganz oder teilweise, insbesondere zum Zweck der **Sanierung und Beschäftigungssicherung**, befristet durch den Firmentarifvertrag ersetzt wird (vgl. dazu auch Rn. 61);
- **Nacheinander** von Tarifverträgen **derselben Tarifvertragsparteien**: z.B. der Entgelttarifvertrag 2014 wird 2015 durch einen neuen ersetzt (Ablösung nach der Zeitkollisionsregel; vgl. dazu § 1 Rn. 82);

57 - **Bezugnahme:** Ein Tarifvertrag gilt kraft Tarifbindung (nach § 3 TVG oder § 5 TVG), ein anderer wird nur kraft einzelvertraglicher Bezugnahme (§ 3 Rn. 245ff.) ange-

---

71 Bispinck, Wirklich alles Gold, was glänzt? Zur Rolle der Berufs- und Spartengewerkschaften in der Tarifpolitik, a.a.O.; Bundesregierung, Antwort auf die Kleine Anfrage der Fraktion die Linke, BT-Drucks. 18/2790, 9.10.14, S. 8.

72 Bispinck, Wirklich alles Gold, was glänzt?, a.a.O.; Bundesregierung, a.a.O., S. 6; Dieterich, AuR 11, 46, 50; Dribbusch, S. 11; RWI, S. 31ff., 41f.; Sachverständigenrat, Jahresgutachten 2014/15; Kap. 7, Rn. 550; Schaub-Treber, 15. A., § 204 Rn. 59; Schroeder/Kalass/Greef, S. 272;

73 So auch Sunnus, AuR 08, 1, 7.

74 Vgl. z.B. BAG 24.3.10 – 4 AZR 713/08, ZTR 10, 462.

wandt.[75] Das Verhältnis von arbeits- und tarifvertraglicher Regelung bestimmt sich nach dem **Günstigkeitsprinzip** (§ 4 Abs. 3 TVG; vgl. Rn. 140ff.);

- **Betriebsübergang/Unternehmensumstrukturierung:** beim **Betriebsübergang** gilt der beim Betriebsveräußerer geltende Tarifvertrag i.d.R. nach dem Betriebsübergang nur individualrechtlich weiter; das Verhältnis zu einem beim Betriebserwerber geltenden Tarifvertrag wird in § 613a Abs. 1 Satz 2–4 BGB geregelt (vgl. § 3 Rn. 98ff., 105ff.); bei einer **Unternehmensumstrukturierung** durch **Verschmelzung** im Wege der **Neugründung** oder **Aufnahme** geht ein Firmentarifvertrag gem. § 20 Abs. 1 Nr. 1 UmwG kollektivrechtlich auf den neu gegründeten bzw. übernehmenden Rechtsträger über (vgl. auch § 3 Rn. 119ff.).[76] Wenn er mit einem dort geltenden anderen (Verbands-)Tarifvertrag zusammentrifft, stellt sich dies i.d.R. nicht als Problem einer Tarifkonkurrenz bzw. Tarifpluralität dar, da der Geltungsbereich des Firmentarifvertrags auf die ursprünglich beim tarifschließenden Rechtsträger beschäftigten Arbeitnehmer beschränkt ist (vgl. § 3 Rn. 120ff.);[77] 58
- **Mischbetrieb:** hier ist festzustellen, welcher Tarifvertrag aufgrund der überwiegenden Tätigkeiten für den Betrieb gilt (Rn. 26).[78] 59

5.2 Tarifkonkurrenz

Nach allgemeiner Ansicht liegt Tarifkonkurrenz vor, wenn **zwei (oder mehr) Tarifverträge** für **dasselbe Arbeitsverhältnis** normativ gelten und **denselben Sachverhalt** regeln. Sie setzt also immer voraus, dass **kongruente Tarifbindung** auf beiden Seiten besteht,[79] und dass die Tarifverträge **beide anwendbar** sind.[80] Eine Tarifkonkurrenz kann nur zwischen **einzelnen Tarifverträgen** und nicht zwischen aus mehreren Tarifverträgen bestehenden **»Tarifgefügen« bzw. »Tarifwerken«** bestehen. Etwas anderes kann nur gelten, wenn mehrere Tarifverträge eines »Tarifwerks« als einheitlicher Tarifvertrag anzusehen sind.[81] 60

---

75 So inzwischen auch BAG 22.10.08 – 4 AZR 784/07, NZA 09, 151; 29.8.07 – 4 AZR 767/06, NZA 08, 364 [unter ausdrücklicher Aufgabe seiner früheren Rechtsprechung: zuletzt 23.3.05 – 4 AZR 203/04, NZA 05, 1003; 22.9.93 – 10 AZR 207/92, DB 94, 2142; 20.3.91 – 4 AZR 455/90, DB 91, 1779]; LAG Baden-Württemberg 20.4.09 – 4 Sa 6/09, LAGE Nr. 7 zu § 4 TVG Günstigkeitsprinzip; JKOS-Jacobs, § 7 Rn. 209 ff m.w.N.; KeZa-Wendeling-Schröder, Rn. 196, 198; a.A. noch BAG 23.3.05, a.a.O., zur Vermeidung der Schlechterstellung organisierter gegenüber unorganisierter Arbeitnehmern beim Zusammentreffen eines allgemeinverbindlichen Tarifvertrags mit einem – diesen partiell absenkenden – einzelvertraglich in Bezug genommenen Firmen-Sanierungs-Tarifvertrag; dazu Bepler, FS DAV, S. 791ff.; kritisch JKO-Jacobs, a.a.O.; Thüsing, NZA 05, 1280.

76 BAG 4.7.07 – 4 AZR 491/06, NZA 08, 307; 24.6.98 – 4 AZR 208/97, NZA 98, 1346.

77 Offen gelassen von BAG 4.7.07, a.a.O., 310; wie hier Thüsing/Medem, ZIP 07, 510, 516f.

78 Vgl. dazu auch ErfK-Franzen, TVG § 4 Rn. 66; KeZa-Stein, Rn. 146; Löwisch/Rieble, Rn. 204a ff.; Wiedemann-Wank, Rn. 271ff.

79 BAG 20.4.05 – 4 AZR 288/04, NZA 05, 1360; 20.3.91 – 4 AZR 455/90, DB 91, 1779; zust. Däubler-Zwanziger, Rn. 923; ErfK-Franzen, TVG § 4 Rn. 65; Gamillscheg, S. 753; KeZa-Wendeling-Schröder, Rn. 196; Wiedemann-Wank, Rn. 268.

80 BAG 22.10.08 – 4 AZR 789/07, NZA 09, 265; 25.11.87 – 4 AZR 361/87, NZA 88, 317.

81 BAG 20.4.05, a.a.O.

61 Ergibt sich aufgrund einer **ausdrücklicher Regelung** oder durch **Auslegung der** fraglichen **Tarifverträge** nach allgemeinen Auslegungsgrundsätzen, dass nur einer von ihnen, ggf. befristet, gelten soll oder gelten kann, liegt **keine Tarifkonkurrenz** vor[82] (das ist typischerweise häufig der Fall, wenn ein zeitlich befristeter (Firmen-) Tarifvertrag – oft ein sog. **Sanierungstarifvertrag** – Abweichungen von einem (Verbands-) Tarifvertrag vorsieht (vgl. auch Rn. 56, 75).

62 **Ursachen der Tarifkonkurrenz** sind vor allem:

- es gelten ein **allgemeinverbindlicher** Tarifvertrag mit der Gewerkschaft A **und ein anderer** Tarifvertrag mit der Gewerkschaft B, an den Arbeitgeber und Arbeitnehmer tarifgebunden sind (vgl. dazu Rn. 76ff.);[83]
- es gelten **zwei allgemeinverbindliche** Tarifverträge (vgl. dazu auch § 5 Rn. 41);
- neben dem **Verbandstarifvertrag** gilt ein firmenbezogener Verbandstarifvertrag oder **Firmentarifvertrag** mit der gleichen Gewerkschaft (vgl. dazu Rn. 66);[84]
- zwei Tarifverträge regeln (unterschiedlich) **betriebliche oder betriebsverfassungsrechtliche Fragen**, wobei die Tarifbindung des Arbeitgebers gem. § 3 Abs. 2 TVG ausreicht (§ 3 Rn. 63ff.), vgl. dazu Rn. 67f.;
- nach einem **Verbandswechsel** tritt neben den alten, gem. § 3 Abs. 3 TVG fort geltenden (§ 3 Rn. 79f.), ein neuer Tarifvertrag (vgl. dazu Rn. 69);[85]
- es gelten **zwei (Verbands-)Tarifverträge**, Arbeitgeber und Arbeitnehmer sind doppelt organisiert, vgl. dazu Rn. 66.[86]

63 Da ein Arbeitsverhältnis bei gleichzeitiger Geltung und Anwendung mehrerer unterschiedlicher Tarifnormen, die den gleichen Regelungsgegenstand betreffen (z.B. Arbeitszeit, Entgelt), nicht sinnvoll durchgeführt werden kann, besteht Einigkeit darin, dass derartige Tarifkonkurrenzen aufgelöst werden müssen. Das **BAG** löst die Tarifkonkurrenz nach dem Grundsatz der **Tarifeinheit** und **Spezialitätsprinzip**. Es soll **nur ein Tarifvertrag** im Betrieb Anwendung finden, und zwar der, welcher »den Erfordernissen und Eigenarten des betreffenden Betriebs und der darin beschäftigten Arbeitnehmer am besten gerecht wird«. Das sei im Zweifel der Tarifvertrag, der dem Betrieb und den Beschäftigten räumlich, fachlich und persönlich am nächsten steht.[87] Dabei macht das BAG keine Unterschiede zwischen allgemeinverbindlichen und anderen Tarifverträgen (vgl. dazu Rn. 76ff.). Das BAG begründet den Grundsatz der Tarifeinheit und das Spezialitätsprinzip aus übergeordneten Gesichtspunkten der **Rechtssicherheit** und **Rechtsklarheit**[88] und führt dafür vor allem praktische Gründe an, ohne dies dogmatisch aus Art. 9 Abs. 3 GG und dem TVG abzuleiten.

---

82 BAG 22.10.08, a.a.O.; 25.11.87, a.a.O.; ErfK-Franzen, TVG § 4 Rn. 66.
83 BAG 18.10.06 – 10 AZR 576/05, NZA 07, 1111; 14.6.89 – 4 AZR 200/89, DB 90, 129 = AuR 89, 386.
84 BAG 4.4.01 – 4 AZR 237/00, DB 01, 1999.
85 BAG 26.10.83 – 4 AZR 219/81, DB 84, 1303.
86 Vgl. Däubler-Zwanziger, Rn. 924; Löwisch/Rieble, Rn. 271; Wiedemann-Wank, Rn. 269.
87 BAG 23.1.08 – 4 AZR 312/01, NZA 08, 771; 15.11.06 – 10 AZR 665/05, NZA 07, 448; 18.10.06, a.a.O.; 23.3.05 – 4 AZR 203/04, NZA 05, 1003; 4.12.02 – 10 AZR 113/02, DB 03, 1067; 25.7.01 – 10 AZR 599/00, NZA 02, 1406; 14.6.89 – 4 AZR 200/89, DB 90, 129.
88 BAG 20.3.91 – 4 AZR 455/90, NZA 91, 736, 738.

In der **Literatur** wird dies überwiegend geteilt,[89] zum Teil allerdings nur im Ergebnis, wobei das **Spezialitätsprinzip** nicht als Rechtsprinzip, sondern als Auslegungs- bzw. Normkollisionsregel gesehen wird.[90] Die allgemeinere Norm wird durch eine speziellere verdrängt. Das setzt allerdings voraus, dass die kollidierenden Rechtsnormen auf **denselben Normgeber** zurückgehen. Das Spezialitätsprinzip kann nur dann zur Anwendung kommen, wenn die Tarifverträge auf Arbeitgeber- und Arbeitnehmerseite von denselben Tarifvertragsparteien abgeschlossen wurden[91] oder zumindest eine **identische Legitimation** haben (Konkurrenz eines Verbandstarifvertrags mit einem Firmentarifvertrag eines verbandsangehörigen Arbeitgebers, wobei beide Tarifverträge von derselben Gewerkschaft abgeschlossen wurden).[92] In diesem Fall ist das Spezialitätsprinzip i.d.R. (vgl. aber auch die besonderen Konstellationen in Rn. 67ff.) geeignet, die **Konkurrenz von Tarifverträgen** zu lösen. 64

Fehlt es an der in diesem Sinne verstandenen Identität der Tarifvertragsparteien, etwa in den Fällen der Tarifkonkurrenz unter Beteiligung eines **allgemeinverbindlichen Tarifvertrags** (vgl. Rn. 76ff.) oder von **Kollektivnormen** (vgl. Rn. 67f.), ist die Tarifkonkurrenz auf Grundlage der jeweils zu beachtenden gesetzlichen Regelungen (etwa § 3 Abs. 2 TVG und § 5 TVG) nach anderen Gesichtspunkten[93] **normzweckorientiert aufzulösen.**[94] 65

Konkret führt die Rechtsprechung zu folgenden **Ergebnissen:** 66

- Der **Firmentarifvertrag** hat Vorrang vor (Flächen-) Verbandstarifverträgen.[95] Die Regel gilt entsprechend für einen **firmenbezogenen Verbandstarifvertrag** (vgl. § 1 Rn. 25).[96]
- Der Tarifvertrag mit dem **engeren fachlichen Geltungsbereich** und einer Branchenbeschreibung, die die Tätigkeiten des Betriebs genauer trifft, hat Vorrang (s. die in Rn. 63 zitierten Urteile).[97]
- Allerdings kann der fachlich weitere Tarifvertrag dann spezieller sein, wenn er die **Arbeitsbedingungen** der Beschäftigten **ausführlicher und präziser** regelt.[98]
- Der **räumlich engere Tarifvertrag** geht dem räumlich weiteren vor.[99]

Beim Zusammentreffen unterschiedlicher Tarifverträge mit **betrieblichen und/oder betriebsverfassungsrechtlichen Normen** (im folgenden zusammenfassend als »Betriebsnormen« bezeichnet, vgl. dazu auch § 1 Rn. 134ff.) wird vom **BAG** grundsätzlich das **Spe-** 67

89 Vgl. JKOS-Jacobs, § 7 Rn. 214ff.; Wiedemann-Wank, Rn. 298, jeweils m.w.N.
90 Z.B. Däubler-Zwanziger, Rn. 928ff.; JKOS-Jacobs, § 7 Rn. 216; Wiedemann-Wank, Rn. 298; anders Löwisch/Rieble, Rn. 287ff., die als Lösungskriterium die Legitimation der Normen vorschlagen, konkret die allgemeinverbindlichen hinter die anderen Tarifverträge zurücktreten lassen.
91 JKOS-Jacobs, § 7 Rn. 221gh; Löwisch/Rieble, Rn. 277.
92 Vgl. dazu Kempen, FS Zusatzversorgungskasse, S. 77, 82.
93 Wiedemann-Wank, Rn. 298.
94 JKOS-Jacobs, § 7 Rn. 222.
95 BAG 8.10.08 – 5 AZR 8/08, NZA 09, 98; 15.4.08 – 9 AZR 159/07, ZTR 08, 597; 21.6.05 – 9 AZR 353/04, EzA § 4 TVG Altersteilzeit Nr. 16; 4.4.01 – 4 AZR 237/00, NZA 01, 1085; 24.1.01 – 4 AZR 655/99, NZA 01, 788; 20.3.91 – 4 AZR 455/90, DB 91, 1779.
96 BAG 16.11.11 – 4 AZR 856/09, ZTR 12, 331.
97 Sowie BAG 26.1.94 – 10 AZR 611/92, AuR 94, 389.
98 BAG 4.12.02 – 10 AZR 113/02, NZA 03, 632; 25.7.01 – 10 AZR 113/02, NZA 02, 1406: Regelungen über Auswärtsarbeit und Montage im Bautarifvertrag fehlen im Tarifvertrag der Holzwirtschaft.
99 BAG 28.6.01, a.a.O.; 29.11.78, a.a.O.

zialitätsprinzip angewandt, wobei hilfsweise auch auf das **Mehrheitsprinzip** abgestellt wird.[100] Da § 3 Abs. 2 TVG für die – nur **betriebseinheitlich sinnvolle Anwendung** – von Betriebsnormen die Tarifbindung des Arbeitgebers ausreichen lässt (vgl. dazu § 3 Rn. 63ff.), liegt bei der Tarifbindung des Arbeitgebers an mehrere Tarifverträge mit Betriebsnormen, auch wenn sie von **unterschiedlichen Gewerkschaften** abgeschlossen wurden, eine **Tarifkonkurrenz** (und **keine Tarifpluralität**) vor.[101] Insbesondere beim Zusammentreffen von konkurrierenden Firmentarifverträgen oder Tarifverträgen von Branchen- und Berufsgruppengewerkschaften mit Betriebsnormen ist das Spezialitätsprinzip nicht geeignet, diese Tarifkonkurrenz aufzulösen.[102] Dabei ist zu berücksichtigen, dass eine durch unterschiedliche **Betriebsnormen in Tarifverträgen konkurrierender Branchen- und Berufsgruppengewerkschaften** entstehende Tarifkonkurrenz in der Regel bereits deshalb ausgeschlossen ist, weil die gesetzlich angeordnete und sachlich notwendige betriebseinheitliche Geltung von Betriebsnormen voraussetzt, dass sich die satzungsmäßige **Tarifzuständigkeit** der einen Tarifvertrag mit Betriebsnormen abschließenden **Gewerkschaft auf alle Arbeitsverhältnisse in dem Betrieb** bzw. in den Betrieben erstreckt, für die die Betriebsnormen Geltung beanspruchen.[103] Das hat zur Konsequenz, dass eine Gewerkschaft, die nur für einen Teil der Beschäftigten eines Betriebes tarifzuständig ist, rechtlich gehindert ist, für diesen Betrieb Betriebsnormen wirksam zu vereinbaren.[104] Soweit dennoch aufgrund unterschiedlicher Betriebsnormen eine Tarifkonkurrenz entsteht, ist wegen der **stärkeren Legitimation** des sich durchsetzenden Tarifvertrags diese Tarifkonkurrenz nach hier vertretener Auffassung jedenfalls nach dem **Mehrheitsprinzip** aufzulösen: Es gilt der Tarifvertrag der Gewerkschaft, die **die meisten Mitglieder im Betrieb** hat[105] (zu den praktischen Fragen der Feststellung der Mehrheit vgl. Rn. 68aff.). Die **Anwendung des Mehrheitsprinzips** hängt nicht davon ab, ob die Tarifverträge nur Betriebsnormen oder – wie häufig – Betriebs- und Inhaltsnormen enthalten.[106]

68 Die Verdrängung der Betriebsnormen eines Minderheits- durch diejenigen eines Mehrheitstarifvertrages führt nicht zu Anwendungsproblemen, wenn die kollidierenden Tarifverträge **ausschließlich Betriebsnormen** enthalten, wie etwa bei Tarifverträgen zur abweichenden Regelungen von Betriebsratsstrukturen gem. § 3 BetrVG.[107] Anders stellt sich

---

100 BAG 20.3.91, a.a.O.; 14.6.89 – 4 AZR 200/89, DB 1990, 129.

101 HWK-Henssler, TVG § 4 Rn. 48a

102 KeZa-Wendeling-Schröder, Rn. 228.

103 BAG 14.1.14 – 1 ABR 66/12, NZA 14, 910 (für betriebsverfassungsrechtliche Normen zur Ausgestaltung der Mitbestimmungsrechte des Betriebsrats); 29.7.09 – 7 ABR 27/08, NZA 09, 1424 (für betriebsverfassungsrechtliche Normen gemäß § 3 Abs. Nr. 1–3 BetrVG); KeZa-Wendeling-Schröder, Rn. 229; Schaub-Treber, § 203 Rn. 40; ablehnend Löwisch/Rieble, § 2 Rn. 187ff.

104 KeZa-Wendeling-Schröder, a.a.O.

105 Brecht-Heitzmann, GS Zachert, 502, 512f.; Däubler-Zwanziger, Rn. 935; Deinert, NZA 09, 1176, 1179; HWK-Henssler, a.a.O.; JKOS-Jacobs, § 7 Rn. 232; KeZa-Wendeling-Schröder, a.a.O.; Klebe, AuR 10, 137; Löwisch/Rieble, Rn. 295; Nielebock, FS Zusatzversorgungskasse, S. 107, 117; Preis/Greiner, ZfA 09, 825, 857; Reichold, NZA 07, 327; Schaub-Treber, a.a.O.; der 5. Senat des BAG hat es offengelassen, ob das Mehrheitsprinzip geeignet ist, die Konkurrenz von Tarifverträgen gem. § 3 BetrVG aufzulösen: 29.7.09, a.a.O.

106 Anders Wiedemann-Wank, Rn. 299g, der im letzteren Fall – dem BAG 20.3.91, a.a.O.; 14.6.89, a.a.O., folgend – das Spezialitätsprinzip befürwortet.

107 Vgl. etwa den Sachverhalt bei BAG 29.7.09, a.a.O.

die Situation dar, wenn die kollidierenden Tarifverträge **Betriebs- und Inhaltsnormen** enthalten. Kann die sich nach dem Mehrheitsprinzip durchsetzende Betriebsnorm neben den parallel zur Anwendung kommenden Inhaltsnormen der konkurrierenden Tarifverträge ohne Verfälschung des Inhalts der Tarifverträge angewendet werden, ist entsprechend zu verfahren.[108] Die kombinierte Anwendung der Betriebsnormen des »Mehrheits-« und der Inhaltsnormen des »Spezial- oder Minderheitstarifvertrags«, kann aber auch zur Folge haben, dass der innere sachliche Zusammenhang und der ökonomische Gesamtkompromiss der Tarifverträge aufgehoben werden (vgl. dazu auch Rn. 107).[109] Für diesen Fall kann man erwägen, dass die Betriebsnormen und die dazugehörigen Inhaltsnormen des »Mehrheits«-Tarifvertrages die entsprechenden Betriebs- und Inhaltsnormen des »Minderheits«-Tarifvertrages verdrängen. Soweit die Anwendung des Mehrheitsprinzips bei dieser Konstellation mit der Koalitionsfreiheit der Minderheitsgewerkschaft und ihrer Mitglieder (Art. 9 Abs. 3 GG) kollidiert, ist dies aufgrund der **notwendig betriebseinheitlichen Anwendung** einer der jeweils kollidierenden Betriebsnormen und der stärkeren **mitgliedschaftlichen Legitimation** des von der Mehrheitsgewerkschaft abgeschlossenen Tarifvertrags gerechtfertigt[110] (zur ggf. fehlenden Tarifzuständigkeit einer Berufsgruppengewerkschaft zum Abschluss betriebseinheitlich geltender Betriebsnormen s. Rn. 67). Im Fall der **Tarifpluralität** (vgl. dazu Rn. 82ff.) lässt sich allerdings der mit einer Verdrängung des Tarifvertrages der Minderheitsgewerkschaft nach dem Grundsatz der Tarifeinheit einhergehende Eingriff in deren Koalitionsfreiheit nicht rechtfertigen, da weder im Arbeitsverhältnis noch betriebsweit eine auflösungsbedürftige Tarifkonkurrenz vorliegt (vgl. dazu Rn. 67 und § 4a Rn. 25).

Für die Feststellung der Mehrheit zur Auflösung der **von kollidierenden Betriebsnormen ausgelösten Tarifkonkurrenz** (vgl. dazu Rn. 67f.) ist auf die **Anzahl der Gewerkschaftsmitglieder** der konkurrierend tarifschließenden Gewerkschaften **im Betrieb** abzustellen. Der Tarifvertrag der Gewerkschaft mit der größeren Anzahl von Mitgliedern im Betrieb verdrängt den Tarifvertrag der Minderheitsgewerkschaft in diesem Betrieb. 68a

Als maßgebliches **Datum für die Feststellung, welche Gewerkschaft die meisten Beschäftigten** organisiert hat, bietet sich der Moment des **Entstehens der Tarifkonkurrenz** an. Dies ist der Zeitpunkt des **Inkrafttretens des zweiten Tarifvertrags.**[111] Ab diesem Zeitpunkt beansprucht mehr als nur ein Tarifvertrag im Betrieb Geltung. Der zu diesem Zeitpunkt festgestellte Mitgliederbestand wäre dann für den Zeitraum bis zur Beendigung der Laufzeit einer der beiden Tarifverträge als Grundlage für die Auflösung der Tarifkonkurrenz heranzuziehen.[112] Aktualisiert sich durch einen späteren Neuabschluss einer der Tarifverträge die Tarifkonkurrenz, wäre dann zum Zeitpunkt des Inkrafttretens dieses Tarifvertrags der aktuelle Mitgliederbestand erneut zu ermitteln.[113] 68b

Ist der **Mitgliederbestand** zwischen dem Arbeitgeber und den beteiligten Gewerkschaften (oder zwischen den konkurrierenden Gewerkschaften) **streitig**, muss die die Anwendung 68c

108 Bepler, NZA-Beilage 2/11, Heft 12/11, 73, 77.
109 A. A. wohl JKOS-Jacobs, § 7 Rn. 232.
110 Däubler-Zwanziger, Rn. 936; JKOS-Jacobs, § 7 Rn. 232.
111 JKOS-Jacobs, § 7 Rn. 233.
112 In diese Richtung geht auch eine Überlegung bei Bepler, Schriftenreihe DAI, S. 109, 125.
113 JKOS-Jacobs, § 7 a.a.O.

ihres Tarifvertrags beanspruchende **Gewerkschaft** ihren **Mitgliederbestand nachweisen.** Dafür kommen – ohne die Verpflichtung zur Namensnennung (vgl. zum Fragerecht des Arbeitgebers auch Rn. 104f.) – die Vernehmung oder eidesstattliche Versicherung eines Gewerkschaftssekretärs oder eine entsprechende notarielle Erklärung in Frage. Dabei können die im betriebsverfassungsrechtlichen Kontext zum **Nachweis des Vertretenseins einer Gewerkschaft im Betrieb** (s. etwa § 2 Abs. 2 BetrVG) geltenden Grundsätze zur Anwendung kommen.[114]

68d Die **praktische Anwendung des Mehrheitsprinzips** zur Ermittlung der Feststellung der Tarifnormen mit der höheren Repräsentativität und mitgliedschaftlichen Legitimation kann allerdings an seine Grenzen stoßen, etwa wenn keine der beteiligten Gewerkschaften im Betrieb über eine relevante Anzahl an Mitgliedern verfügt oder die Mitgliederanteile der Gewerkschaften nahezu gleich groß sind (z.B. hat in einem Betrieb mit 500 Beschäftigten die Gewerkschaft A drei und die Gewerkschaft B acht Mitglieder oder die Gewerkschaft A 252 und die Gewerkschaft B 248 Mitglieder).[115] Weder der Grundsatz der **Repräsentativität** noch die – das Mehrheitsprinzip im hier behandelten Zusammenhang überhöhende – Vorstellung der Ermöglichung von **demokratischen Entscheidungen** der Arbeitnehmer über die Anwendung von Tarifverträgen können das auf den Betrieb bezogene Mehrheitsprinzip noch legitimieren, wenn im Betrieb nur wenige Arbeitnehmer und Arbeitnehmerinnen in den konkurrierenden Gewerkschaften organisiert sind oder sich die Anzahl der Mitglieder der Gewerkschaften nur geringfügig unterscheidet. Dieses Problem verschärft sich, wenn es um **konkurrierende Flächentarifverträge** geht, deren Anwendbarkeit in einzelnen Betrieben von (z.B. zufälligen oder durch betriebliche Umstrukturierungen bewusst herbeigeführten) Mehrheiten abhängen kann, die für die Mehrheitsverhältnisse im gesamten Tarifgebiet untypisch sind. Insofern ist es zutreffend, wenn das Mehrheitsprinzip in diesem Zusammenhang (etwa im Vergleich zum Spezialitätsprinzip) lediglich als »ein – besser vertretbares – **Ordnungsprinzip**« charakterisiert wird.[116] Das Problem der Legitimität und Praktikabilität des Mehrheitsprinzips zur Ermittlung des Mehrheits- und Minderheitstarifvertrages im Betrieb steht daher – neben der Verletzung von Art. 9 Abs. 3 GG – auch im Zentrum der Kritik an der **gesetzlichen Regelung des Grundsatzes der Tarifeinheit** im neu in das TVG eingefügten **§ 4a TVG** (s. dazu § 4a Rn. 70).

68e Im Fall unklarer oder zeitnah nicht feststellbarer Mehrheitsverhältnisse wird erwogen, hilfsweise auf das **Spezialitätsprinzip**[117] (vgl. Rn. 63f.) oder auf das **Prioritätsprinzip** (Vorrang des zuerst abgeschlossenen Tarifvertrages) zurückzugreifen.[118]

69 Nach einem **Verbandswechsel des Arbeitgebers** soll nach Auffassung des BAG der **nach § 3 Abs. 3 TVG weitergeltende Tarifvertrag** von dem (von derselben Gewerkschaft) mit

---

114 JKOS-Jacobs, § 7 a.a.O.; KeZa-Wendeling-Schröder, Rn. 230; zur Anwendung im Betriebsverfassungsrecht vgl. BAG 25.3.92 – 7 ABR 65/90, DB 93, 95, und DKKW-Berg, § 2 Rn. 80 m.w.N.; ablehnend Löwisch/Rieble, § 3 Rn. 350ff.

115 Problematisiert z.B. auch in BAG 27.9.09 – 7 ABR 27/08, NZA 09, 1424; vgl. auch Bepler, NZA-Beil. 2/Heft 12/11, 73, 77; Brecht-Heitzmann, GS Zachert, 502, 512.

116 So Bepler, Gutachten, B 96.

117 Brecht-Heitzmann, a.a.O.

118 Kittner/Zwanziger/Deinert-Deinert, § 8 Rn. 285; a.A. Däubler-Zwanziger, Rn. 935 (Vorrang des zuletzt abgeschlossenen Tarifvertrages).

dem anderen Arbeitgeberverband abgeschlossenen und nach § 3 Abs. 1 TVG geltenden Tarifvertrag verdrängt werden.[119] Das überzeugt nicht: § 3 Abs. 3 TVG soll nämlich neben der Tarifflucht auch vor Unterschreitung des Tarifniveaus durch »Flucht in den Billig-Tarif« schützen. Zudem ist der **bisherige Tarifvertrag** durch die Beteiligung der Belegschaft an seinem Zustandekommen stärker legitimiert und hat deshalb Vorrang[120] (zu den Einzelheiten vgl. § 3 Rn. 79ff.; zum Verbandswechsel im Zusammenhang mit dem **Herauswachsen aus dem fachlichen Geltungsbereich** des Tarifvertrags vgl. Rn. 27f., § 3 Rn. 85; zu den Voraussetzungen der **Regel- und Erstreikbarkeit einer tariflichen Besitzstandssicherung** im Falle der Verdrängung des gem. § 3 Abs. 3 TVG geltenden Tarifvertrags vgl. AKR Rn. 40ff.).

Der **speziellere nachwirkende (Firmen-)Tarifvertrag** soll nach überwiegender, aber umstrittener Auffassung[121] dem **voll wirksamen** – vom spezielleren (Firmen-)Tarifvertrag ursprünglich verdrängten – **allgemeineren (Verbands-)Tarifvertrag** weichen, da die Nachwirkung nur eine Auffangregelung mit begrenzter Schutzwirkung sei[122] bzw. der vollwirksame den nachwirkenden Tarifvertrag als **andere Abmachung i.S.d. § 4 Abs. 5 TVG** ersetze.[123] **70**

Ein derartiger **allgemeiner Vorrang** des voll wirksamen (Verbands)Tarifvertrags überzeugt nicht, da beide Tarifverträge mit unmittelbarer Wirkung gelten und die **Kontinuität des nachwirkenden Tarifvertrags** gesetzlich (§ 4 Abs. 5 TVG, vgl. Rn. 293ff.) angeordnet ist.[124] Der Annahme der automatischen »Ersetzung« des nachwirkenden spezielleren Tarifvertrags durch den allgemeineren Tarifvertrag als »andere Abmachung« steht auch entgegen, dass letzterer i.d.R. bereits vor dem Abschluss des spezielleren Tarifvertrags[125] und vor Beginn des Nachwirkungszeitraums abgeschlossen wurde (vgl. dazu Rn. 330f.). Die tarifrechtliche Ablösung des nachwirkenden spezielleren (Firmen-)Tarifvertrags durch einen voll wirksamen allgemeineren (Verbands-)Tarifvertrag gem. § 4 Abs. 5 TVG kommt daher allenfalls in Betracht, wenn der allgemeinere Tarifvertrag im Nachwirkungszeitraum abgeschlossen wurde.[126] Die Konkurrenz eines nachwirkenden (Firmen-) Tarifvertrags und eines voll wirksamen (Verbands-)Tarifvertrags ist nach hier vertretener Auffassung grundsätzlich nach den **Regeln** aufzulösen, die für die **Konkurrenz voll wirksamer Tarifverträge** gelten (vgl. dazu Rn. 66).[127] **71**

---

119 BAG 4.4.01 – 4 AZR 237/00, NZA 01, 1085; 26.10.83 – 4 AZR 219/81, DB 84, 1303.

120 Im Ergebnis übereinstimmend Hessisches LAG 28.9.10 – 3 Sa 142/10; Däubler, NZA 96, 225, 230; Däubler-Lorenz, § 3 Rn. 90; JKOS-Jacobs, § 7 Rn. 225f.; KeZa-Kempen, § 3 Rn. 80; a.A. Löwisch/Rieble, Rn. 286.

121 BAG 4.7.07 – 4 AZR 439/06, NZA 08, 552 Ls. = ZTR 08, 278, 279; 4.7.07 – 4 AZR 491/06, NZA 08, 307, 314.

122 BAG 4.12.74 – 5 AZR 75/74, DB 75, 695; 19.1.62 – 1 AZR 147/61, DB 62, 442; im Ergebnis zust. Däubler-Zwanziger, Rn. 938; Wiedemann-Wank, Rn. 290; Löwisch/Rieble, Rn. 266: es liegt keine echte Tarifkonkurrenz vor; ähnlich Däubler-Zwanziger, a.a.O.

123 So auch BAG 4.9.96 – 4 AZR 135/95, AP Nr. 5 zu § 1 TVG Bezugnahme.

124 JKOS-Jacobs, § 7 Rn. 226.

125 Däubler-Bepler, Rn. 861; ErfK-Franzen, TVG § 4 Rn. 64.

126 Vgl. BAG 4.7.07 – 4 AZR 439/06, NZA 08, 552 Ls. = ZTR 08, 278.

127 Däubler-Bepler, a.a.O.; ErfK-Franzen, TVG § 4 Rn. 64; HWK-Henssler, TVG § 4 Rn. 41a; zur überwiegenden gegenteiligen Ansicht vgl. Rn. 70 Fn. 91.

72 Vom Bestehen einer Tarifkonkurrenz der vorstehend erörterten Art ist auch im Zusammenhang mit der Frage der Nachwirkung einer der konkurrierenden Tarifverträge der Fall zu unterscheiden, dass die Regelungen der fraglichen **Tarifverträge** ergeben, dass ohnehin **nur einer von ihnen gleichzeitig gelten kann oder gelten soll** (vgl. dazu auch Rn. 61, 75). Das ist dann der Fall, wenn die **Nachwirkung** des (Firmen-)Tarifvertrags von den Tarifvertragsparteien **ausdrücklich oder stillschweigend ausgeschlossen** wird. Insbesondere bei den in der aktuellen Tarifpraxis häufig anzutreffenden **unternehmensbezogenen Sanierungstarifverträgen** ist **in der Regel** davon auszugehen, dass der Gestaltungswillen der Tarifvertragsparteien darauf gerichtet ist, dass der speziellere (Firmen-) Tarifvertrag bei seiner Beendigung automatisch durch den allgemeineren (Verbands-) Tarifvertrag ersetzt werden soll.

73 Wenn die Tarifvertragsparteien, die auch Erzeuger des allgemeineren (Verbands-) Tarifvertrags sind, die **Nachwirkung** des spezielleren **(Firmen-)Tarifvertrags mit anderen Regelungsgegenständen** (z.B. unternehmens- oder betriebsbezogene Abweichungen ohne Sanierungscharakter, Ergänzung oder Erhöhung der tariflichen Leistungen des Verbandstarifvertrags) demgegenüber **nicht** (ausdrücklich oder stillschweigend) **ausschließen**, bringen sie damit zum Ausdruck, dass die sachnähere Gestaltung der Entgelt- und Arbeitsbedingungen zeitlich nicht von vornherein auf die Laufzeit des spezielleren (Firmen-) Tarifvertrags beschränkt sein soll[128] (zu den **arbeitskampfrechtlichen Fragestellungen** in diesem Zusammenhang, insbesondere zur Bedeutung der sich aus dem Verbandstarifvertrag ergebenden **Friedenspflicht** vgl. AKR Rn. 111ff.).

74 In den Fällen, in denen feststeht, dass der speziellere **nachwirkende Tarifvertrag nicht mehr abgeschlossen** werden soll oder kann, kommt seine Ablösung durch einen allgemeineren bisher verdrängten Tarifvertrag in Frage.[129]

75 Beim **Abschluss verdrängender (Firmen)Tarifverträge** empfiehlt es sich in der Regel, deren tarifrechtlichen Status nach ihrer Beendigung und deren Verhältnis zu den verdrängten (Verbands-)Tarifverträgen durch entsprechende **Klauseln ausdrücklich klarzustellen**, bei **verschlechternden Firmentarifverträgen** zum Zweck der **Sanierung** insbesondere durch den – grundsätzlich zulässigen (vgl. Rn. 308) – **ausdrücklichen Ausschluss der Nachwirkung.** Zu den **arbeitskampfrechtlichen Konsequenzen** der Bestimmung des Verhältnisses eines nachwirkenden spezielleren Tarifvertrags und eines allgemeineren voll wirksamen Tarifvertrags vgl. AKR Rn. 111ff.

76 Die Konkurrenz eines **allgemeinverbindlichen** (vgl. § 5 Rn. 2ff., 41ff.) **Tarifvertrags** mit einem ausschließlich **mitgliedschaftlich legitimierten (Firmen-)Tarifvertrag** (§ 3 Abs. 1 TVG) wird nach der Rechtsprechung des **BAG** ebenfalls nach dem **Spezialitätsprinzip** gelöst.[130] Dies ist problematisch, da dem von einem allgemeinverbindlichen Tarifvertrag erfassten **Arbeitgeber** damit ermöglicht wird, durch Erlangung der Tarifbindung an einen

128 Däubler-Bepler, Rn. 861.

129 Vgl. dazu etwa die Fälle des Untergangs eines Arbeitgebers als Tarifvertragspartei in Folge einer Verschmelzung, BAG 4.7.07, a.a.O., oder der Insolvenz einer der Tarifvertragsparteien des spezielleren Tarifvertrags, BAG 20.4.05 – 4 AZR 288/04, NZA 05, 1360; vgl. auch BAG 15.11.06 – 10 AZR 665/05, NZA 07, 448: Vorrang eines im Nachwirkungszeitraum eines spezielleren Tarifvertrags für allgemeinverbindlich erklärten allgemeineren Tarifvertrags vor dem nachwirkenden Tarifvertrag, über dessen Neuabschluss nicht verhandelt wurde.

130 BAG 18.10.06 – 10 AZR 576/05, NZA 07, 1111; 23.3.05 – 4 AZR 203/04, NZA 05, 1003.

ungünstigeren spezielleren (Firmen-)Tarifvertrag **aus dem allgemeinverbindlichen Tarifvertrag zu flüchten.**[131] Dafür sollte sogar allein die Tarifbindung des Arbeitgebers gem. § 3 Abs. 1 TVG ausreichen, da nach – inzwischen aufgegebener – Auffassung des BAG die »Tarifbindung« in diesem Zusammenhang auf Arbeitnehmerseite schon durch eine arbeitsvertragliche Bezugnahmeklausel (statt durch Gewerkschaftszugehörigkeit) hergestellt werden könne.[132] Letzteres war schon deshalb abzulehnen, weil sich das **Verhältnis von arbeits- und tarifvertraglicher Regelung** nach dem **Günstigkeitsprinzip** bestimmt (§ 4 Abs. 3 TVG; vgl. Rn. 140ff. und § 3 Rn. 265).

Nach hier vertretener Auffassung kann ein **speziellerer, ausschließlich mitgliedschaftlich legitimierter (Firmen-)Tarifvertrag** nur dann einen **allgemeinverbindlichen (Verbands-)Tarifvertrag** verdrängen, wenn die kollidierenden Tarifverträge **von denselben Tarifvertragsparteien** abgeschlossen wurden oder zumindest eine identische Legitimation haben (Konkurrenz eines allgemeinverbindlichen [Flächen-] Verbandstarifvertrags mit einem firmenbezogenen Verbandstarifvertrag oder mit einem Firmentarifvertrag, wenn der speziellere Tarifvertrag mit der Gewerkschaft abgeschlossen wurde, die auch den allgemeinverbindlichen Tarifvertrag abgeschlossen hat).[133] Dies ist bereits deshalb sachgerecht, da die Tarifvertragsparteien den allgemeinverbindlichen Tarifvertrag auch durch seine Änderung oder Kündigung in seiner Wirkung einschränken könnten (vgl. auch § 5 Rn. 38).[134] **77**

Sind die **Tarifvertragsparteien nicht** in diesem Sinne **identisch**, ist weder ein **absoluter Vorrang** des allgemeinverbindlichen[135] noch des ausschließlich mitgliedschaftlich legitimierten Tarifvertrags gerechtfertigt. Vor allem kann aus der **vermeintlich stärkeren Legitimation** einer **ausschließlich mitgliedschaftlich begründeten Tarifbindung** (§ 3 Abs. 1 TVG) **kein genereller Vorrang** für einen entsprechenden Tarifvertrag abgeleitet werden.[136] Das TVG kennt nämlich **keine Tarifgeltung erster und zweiter Klasse.**[137] **78**

Hält man deshalb auch für den Fall nicht identischer Tarifvertragsparteien grundsätzlich an der Lösung der Tarifkonkurrenz nach dem Spezialitätsprinzip fest, setzt dessen Anwendung nach hier vertretener Auffassung voraus, dass **beide konkurrierenden Tarifverträge allgemeinverbindlich** sind. In diesem Fall sind zwar die Tarifvertragsparteien nicht identisch, aber die Legitimität beider Tarifverträge ist durch das Durchlaufen des Verfahrens der Allgemeinverbindlichkeitserklärung und die unter staatlicher Beteiligung erfolgte Erstreckung der Normwirkung auf die nicht tarifgebundenen Arbeitgeber und Arbeitnehmer gleichwertig.[138] In diesem Fall kommt nur der speziellere allgemeinverbindliche Tarifvertrag zur Anwendung.[139] Dies stellt auch sicher, dass für die **nicht- oder anders**

131 Vgl. Kempen, FS Zusatzversorgungskasse, S. 77, 80, am Beispiel der Sozialkassentarifverträge der Bauwirtschaft.

132 BAG 23.3.05, a.a.O.; 20.3.91, NZA 91, 736; anders inzwischen BAG 29.8.07 – 4 AZR 767/06, NZA 08, 364; LAG Hamburg 2.10.09 – 3 Sa 85/08.

133 Vgl. dazu für den Fall eines Sanierungstarifvertrags BAG 8.10.08 – 5 AZR 8/08, NZA 09, 98.

134 Kempen, a.a.O., S. 85.

135 Dazu Kempen, a.a.O., 85f.

136 So aber ErfK-Franzen, TVG § 4 Rn. 69; JKOS-Jacobs, § 7 Rn. 228; Hanau, NZA 12, 825, 827; Löwisch/Rieble, Rn. 288.

137 Däubler-Zwanziger, Rn. 926; KeZa-Wendeling-Schröder, Rn. 232; Wiedemann-Wank, Rn. 289.

138 Kempen, a.a.O., S. 86f.

139 Anders JKOS-Jacobs, § 7 Rn. 228; Jacobs, NZA 08, 325, 327: Anwendung des Mehrheitsprinzips.

organisierten Arbeitnehmer der **Mindestschutz eines allgemeinverbindlichen Tarifvertrags** verbindlich gesichert ist. Verzichten die Tarifvertragsparteien eines mit einem allgemeinverbindlichen Tarifvertrag konkurrierenden Tarifvertrags auf seine Allgemeinverbindlichkeitserklärung oder scheitern sie mit einem entsprechenden Antrag, setzt sich der allgemeinverbindliche Tarifvertrag als Folge seiner sozialen Schutzfunktion (vgl. dazu § 5 Rn. 3ff.) gem. § 5 Abs. 4 TVG durch[140] und verdrängt den ausschließlich mitgliedschaftlich legitimierten Tarifvertrag.

Das gilt nicht, wenn sich aufgrund eines **Günstigkeitsvergleichs** ergibt, dass die Verdrängung des spezielleren ausschließlich mitgliedschaftlich legitimierten Tarifvertrags die Arbeitnehmer nicht besser, sondern schlechter stellen würde. Die soziale Schutzfunktion des allgemeinverbindlichen Tarifvertrags würde ansonsten in ihr Gegenteil verkehrt. Im Anwendungsbereich des AEntG ist durch § 8 Abs. 1, 2 AEntG (vgl. dazu § 5 Rn. 77) klargestellt, dass die Unterschreitung der Mindestarbeitsbedingungen durch einen spezielleren Tarifvertrag ausgeschlossen ist, während die Anwendung günstigerer Tarifverträge unberührt bleibt[141] (vgl. dazu auch § 5 Rn. 77). Die Anwendung des auch bereits vom BAG zum AEntG a.f. (1996) herangezogenen **Günstigkeitsprinzips**[142] ist auch für die hier erörterte Fallkonstellation eröffnet, weil beim Zusammentreffen eines ausschließlich mitgliedschaftlich legitimierten, allein von den Tarifvertragsparteien abgeschlossenen Tarifvertrags und eines allgemeinverbindlichen, zusätzlich mit staatlichen Erstreckung der Normwirkung versehenen Tarifvertrags nicht Regelungen vollständig gleicher Qualität bzw. Rangordnung kollidieren.[143]

79 Soweit ein allgemeinverbindlicher Tarifvertrag eine **gemeinsame Einrichtung gem. § 4 Abs. 2** TVG (vgl. Rn. 36ff.) zum Gegenstand hat, etwa der Tarifvertrag über das Sozialkassenverfahren im Baugewerbe (VTV), kann bei einer Kollision mit einem anderen spezielleren ausschließlich mitgliedschaftlich legitimierten Tarifvertrag das **Spezialitätsprinzip nicht herangezogen** werden, da sich der **Vorrang des Tarifvertrags über die gemeinsame Einrichtung** bereits aus dem Normzweck von § 4 Abs. 2 TVG ergibt.[144] Hier ist die Tarifkonkurrenz **gesetzlich** zugunsten des allgemeinverbindlichen Tarifvertrags aufgelöst.[145] Dies entsprach, allerdings **nur im Anwendungsbereich des AEntG** (vgl. dazu Anhang TVG 1. Rn. 1ff.), vor dem Hintergrund der dort normierten **gesetzlichen Bindung** an den für allgemeinverbindlich erklärten Tarifvertrag im Ergebnis auch der **höchstrichterlichen Rechtsprechung.**[146] § 8 Abs. 2 AEntG sieht ausdrücklich vor, dass ein nach dem AEntG auf Außenseiter erstreckter Tarifvertrag vom Arbeitgeber auch dann als Mindeststandard anzuwenden ist, wenn er gem. § 3 TVG oder § 5 TVG an einen anderen Tarifvertrag ge-

---

140 Kempen, a.a.O., S. 87; für den generellen Vorrang des allgemeinverbindlichen Tarifvertrags aus Sicht der Situation im Baugewerbe auch Wiesehügel, NZA-Beilage 1/10, 32f.

141 Vgl. Deinert, NZA 09, 1176, 1177; ErfK-Schlachter, AEntG § 8 Rn. 3f.

142 BAG 18.10.06 – 10 AZR 576/05, NZA 07, 1111.

143 Brecht-Heitzmann, GS Zachert, S. 502, 514; ErfK-Schlachter, a.a.O., Rn. 4.

144 JKOS-Jacobs, § 7 Rn. 235.

145 JKOS-Jacobs, a.a.O.; Jacobs, NZA 08, 325, 327; Thüsing/Medem ZIP 07, 516; a.A. Löwisch/Rieble, Rn. 289.

146 BAG 18.10.06, a.a.O.; dazu eingehend auch Oetker, NZA-Beilage 1/10, 13; s. auch JKOS-Jacobs, a.a.O.; Schaub-Vogelsang, § 162 Rn. 36.

bunden ist (vgl. dazu auch Anhang TVG 1. Rn. 34). **Außerhalb des Anwendungsbereichs des AEntG** wendete das BAG[147] allerdings bei dieser Fallkonstellation das Spezialitätsprinzip an, mit der Folge, dass ein speziellerer (Firmen-)Tarifvertrag den allgemeinverbindlichen Tarifvertrag verdrängen kann (zur Kritik vgl. Rn. 76ff.).[148]
Der Vorrang allgemeinverbindlicher Tarifverträge über gemeinsame Einrichtungen ist inzwischen allerdings durch eine entsprechende Änderung von § 5 TVG (Abs. 1a i.V.m. Abs. 4 Satz 2) gesichert (vgl. dazu § 5 Rn. 41h).

Ergibt der Spezialitätsgrundsatz **kein eindeutiges Ergebnis**, ist nach überwiegender Meinung das **Mehrheitsprinzip** (vgl. dazu Rn. 114ff.) heranzuziehen.[149] Die Anwendbarkeit des **Günstigkeitsprinzips** wird für diesen Fall ebenfalls erwogen (zur generellen Frage der Anwendbarkeit des Günstigkeitsprinzips bei der Kollision von Tarifverträgen vgl. Rn. 144).[150] **80**

Rechtsfolge der Auflösung einer **Tarifkonkurrenz** durch den **Grundsatz der Tarifeinheit** ist, dass der speziellere den allgemeineren Tarifvertrag **verdrängt**. Der verdrängte Tarifvertrag kommt nicht zur Anwendung, er wird aber nicht unwirksam,[151] sondern lebt beim Fortfall des verdrängenden Tarifvertrags grundsätzlich wieder auf (zur Nachwirkung des verdrängenden Tarifvertrags vgl. aber Rn. 70).[152] In jedem Fall gilt also einer der kollidierenden Tarifverträge für die der tarifschließenden Gewerkschaft angehörenden Mitglieder. **81**

5.3 Tarifpluralität

Bei der **Tarifpluralität** ist der Arbeitgeber an zwei (oder mehr) Tarifverträge mit identischen oder teilidentischen Regelungsbereichen bzw. -gegenständen gebunden, während die Arbeitnehmer jeweils nur an einen dieser Tarifverträge gebunden sind (gem. § 3 Abs. 1, § 3 Abs. 3 oder § 5 Abs. 4 TVG). Es liegt also – anders als bei der Tarifkonkurrenz (Rn. 60ff.) – keine doppelte Tarifbindung beider Seiten, sondern nur einer Seite vor. Bereits aus Anlass der durch Streiks in den Jahren 2002/2003 bzw. 2005/2006 in Konkurrenz zu ver.di bzw. Transnet/GBDA (heute EVG) durchgesetzten **Tarifverträge** des MB und der GDL **für die Berufsgruppen der Ärzte bzw. Lokomotivführer** (vgl. dazu auch Rn. 51, 53 und Grundl. Rn. 181), wegen der Streiks der **Pilotengewerkschaft** VC und des **Kabinenpersonals** in der Gewerkschaft Unabhängige Flugbegleiter Organisation (UFO) beim Lufthansa-Konzern sowie der GdF (**Fluglotsen**) in den Jahren 2008 bis 2012 und zuletzt den Tarifauseinandersetzungen und den Streiks der Lokomotivführer und Zugbegleiter in der GDL bei der Deutsche Bahn AG und der Piloten in der VC bei der Deutschen Luft- **82**

---

147 BAG 18.10.06, a.a.O.
148 Kempen, FS Zusatzversorgungskasse, S. 77.
149 BAG 20.3.91 – 4 AZR 455/90, DB 91, 1779; 14.6.89 – 4 AZR 200/89; 22.2.57 – 1 AZR 536/55, AP Nrn. 16, 2 zu § 4 TVG Tarifkonkurrenz; JKOS-Jacobs, § 7 Rn. 220 m.w.N.; a.A. für Individualnormen Däubler-Zwanziger, Rn. 927; JKOS-Jacobs, a.a.O.
150 Vgl. Däubler, TVR Rn. 1493ff.; ablehnend Däubler-Zwanziger, a.a.O.; KeZa-Wendeling-Schröder, Rn. 233; Wiedemann-Wank, Rn. 291.
151 Däubler-Zwanziger, Rn. 937; Wiedemann-Wank, Rn. 299i.
152 BAG 24.1.01, BB 01, 1531; 4.4.01, DB 01, 1999.

hansa AG in den Jahren 2014 und 2015 stehen die rechtlichen und praktischen Fragen der Tarifpluralität nach wie vor im Zentrum der aktuellen tarifrechtlichen Diskussion.[153]

83 Im Verhältnis der **DGB-Gewerkschaften** zueinander spielt das Auftreten von Tarifpluralitäten nur eine untergeordnete Rolle, da für sie das **Organisationsprinzip »ein Betrieb – eine Gewerkschaft – ein Tarifvertrag«** maßgeblich ist und durch entsprechende satzungsrechtliche Vorkehrungen dennoch auftretende Zuständigkeitsstreitigkeiten innerverbandlich beigelegt werden können (vgl. dazu § 2 Rn. 105 ff., 121 f.).

84 Von praktischer Relevanz ist die Frage des Umgangs mit Tarifpluralitäten vor allem aufgrund der **in Konkurrenz zu den DGB-Gewerkschaften** auftretenden **Verbände** und **Gewerkschaften**. Dazu gehören u.a. die sich, teilweise christlich nennenden, **Kleinstverbände unter dem Dach des Christlichen Gewerkschaftsbundes (CGB)**, wie etwa die Christliche Gewerkschaft Metall (CGM), der Deutsche Handels- und Industrieangestellten-Verband (DHV), die Gewerkschaft Öffentlicher Dienst und Dienstleistungen (GÖD) oder die Tarifgemeinschaft Christliche Gewerkschaften Zeitarbeit (CGZP), die, wie auch die direkt **von der Arbeitgeberseite initiierten Verbände** (vgl. auch Rn. 52), z.B. die Gewerkschaft der Neuen Brief- und Zustelldienste (GNBZ), im wesentlichen **Anschluss-** oder **Gefälligkeitstarifverträge** abschließen (**Unterbietungswettbewerb**). Die Unterbietungskonkurrenz dieser Verbände bekommt für die Frage der Tarifpluralität auch deshalb aktuelle Bedeutung, weil in der CGM-Entscheidung des BAG[154] zu der – der Frage der Tarifpluralität eigentlich vorgelagerten – Frage der **Tariffähigkeit von Arbeitnehmerkoalitionen** deutliche Akzentverschiebungen zugunsten der genannten Klein- und Pseudogewerkschaften erfolgt sind (dazu und zur Frage der Tariffähigkeit der vorstehend genannten Verbände eingehend § 2 Rn. 11, 31 ff.). Die großzügigere Anerkennung der Befugnis zum Abschluss wirksamer Tarifverträge (Tariffähigkeit) verlagert die Frage der für die **Funktionsfähigkeit der Tarifautonomie** erforderlichen Rahmenbedingungen von der eigentlich maßgeblichen Fragestellung der erforderlichen Durchsetzungs- und Leistungsfähigkeit der Tarifvertragsparteien auf die der Anwendung konkurrierender Tarifverträge im Betrieb (dazu Rn. 90 ff.).

85 In Konkurrenz zu den DGB-Gewerkschaften treten daneben die auf spezialisierte Arbeitnehmergruppen beschränkten **Berufsgruppen- oder Spartengewerkschaften** auf. Von Bedeutung sind vor allem die Ärztegewerkschaft MB, die Gewerkschaft der Lokomotivführer GDL, die Gewerkschaft der Fluglotsen (GdF), die Unabhängige Flugbegleiter Organisation (UFO) und die Pilotengewerkschaft VC. Diese Gewerkschaften sind ihrer Tarifzuständigkeit nach typischerweise auf den Abschluss von Tarifverträgen beschränkt, die nur für **bestimmte Teile der Belegschaft** Geltung beanspruchen und sich insoweit nur teilweise mit den Branchen- bzw. Unternehmenstarifverträgen der DGB-Gewerkschaften überschneiden. Unter Ausnutzung der starken Arbeitsmarktstellung und der betrieblichen Schlüsselfunktion ihrer Mitglieder konzentriert sich ihre aktuelle Tarifpolitik darauf, im Vergleich zu den Branchen- bzw. Unternehmenstarifverträgen der DGB-Gewerkschaften **günstigere tarifliche Arbeits- und Entgeltbedingungen** ausschließlich für die von ihnen vertretenen Berufsgruppen durchzusetzen (**Überbietungswettbewerb**; zu den Ent-

---

153 S. dazu den Überblick bei Bepler, Gutachten, B 82 ff.; ders., JArbR 2011, 23, 27 f.; ders., Schriftenreihe DAI, S. 109, 116; Höpfner; RdA 15, 94, 96.

154 BAG 28.3.06 – 1 ABR 58/04, NZA 1112.

stehungsbedingungen und Gründen dieser Aufspaltung der gewerkschaftlichen Interessenvertretung vgl. Rn. 51 ff., Grundl. Rn. 181).

Gründe für Tarifpluralität sind u.a.: 86

- für den Betrieb gilt ein **allgemeinverbindlicher Tarifvertrag**, der Arbeitgeber – nicht der Arbeitnehmer – ist an einen weiteren Tarifvertrag gebunden;[155]
- der Arbeitgeber gehört **zwei Verbänden** an, die mit unterschiedlichen Gewerkschaften Tarifverträge abschließen;
- der **Arbeitgeber** und **ein Teil der Arbeitnehmer** sind an einen Tarifvertrag mit der **Gewerkschaft A** gebunden, der **Arbeitgeber zusätzlich an einen Tarifvertrag** mit der **Gewerkschaft B**, an den **ein anderer Teil der Arbeitnehmer** gebunden ist.[156]

Entgegen der älteren BAG-Ansicht[157] **liegt keine Tarifpluralität** vor, wenn einer der Geltung beanspruchenden Tarifverträge für einen Teil der Arbeitnehmer nur kraft **arbeitsvertraglicher Inbezugnahme** gilt und der Arbeitgeber als Verbandsmitglied tarifgebunden ist. Das BAG hat seine gegenteilige Rspr. zwischenzeitlich ausdrücklich aufgegeben: die arbeitsvertragliche Inbezugnahme eines Tarifvertrags hat nicht die tarifrechtliche Geltung dieses Tarifvertrags zur Konsequenz, so dass das Zusammentreffen einer derartigen arbeitsvertraglichen Regelung mit einem gem. § 3 oder § 5 geltenden Tarifvertrag auch nicht zu einer Tarifpluralität führen kann (vgl. dazu auch Rn. 56).[158] Das Verhältnis von arbeits- und tarifvertraglicher Regelung ist im Falle der Tarifbindung des Arbeitnehmers nach dem Günstigkeitsprinzip i.S.d. Abs. 3 (vgl. dazu Rn. 140 ff.) zu bestimmen. Fehlt es an einer Tarifbindung des Arbeitnehmers, gilt allein der arbeitsvertraglich in Bezug genommene Tarifvertrag.[159] 87

Keine Tarifpluralität liegt ferner vor, wenn ein **nachwirkender** Tarifvertrag mit einem Tarifvertrag zusammentrifft, an den nur der Arbeitgeber gebunden ist.[160] Neuerdings vertritt das BAG[161] zu Recht die Auffassung, dass auch im Fall der Verbandsauflösung bezüglich der Tarifverträge Nachbindung gem. § 3 Abs. 3 besteht (s. dazu § 3 Rn. 82). Auch in 88

---

155 BAG 20.3.91 – 4 AZR 455/90, DB 91, 1779.

156 BAG 7.7.10 – 4 AZR 549/08, NZA 10, 1068 (MB); LAG Hamm 8.1.09 – 11 Sa 2136/07, (MB); LAG Rheinland-Pfalz 14.6.07 – 11 Sa 208/07, DB 07, 2432; 22.6.04 – 11 Sa 2096/03, AP Nr. 169 zu Art. 9 GG Arbeitskampf; Hessisches LAG 22.7.04 – 9 SaGa 593/04, AP Nr. 168 zu Art. 9 GG Arbeitskampf m. Anm. Däubler (Fluglotsen/GdF); LAG Sachsen 2.11.07 – 7 SaGa 19/07, AuR 08, 64 = NZA 08, 59; Hessisches LAG 2.5.03 – 9 SaGa 636/03, NZA 03, 679 (jeweils für den von der GDL angestrebten Tarifvertrag für die Lokomotivführer); LAG Köln 12.12.05 – 2 Ta 457/05, NZA 06, 62; ArbG Kiel 30.6.06 – 1 Ga 11 b/06, ZTR 06, 488 (jeweils für den vom MB angestrebten Ärzte-Tarifvertrag); LAG Sachsen-Anhalt 8.5.01 – 9 (5) Sa 723/00, AuR 02, 308.

157 BAG 20.3.91, a.a.O.; zu Recht abl. Wiedemann-Wank, Rn. 281.

158 BAG 22.10.08 – 4 AZR 789/07, NZA 09, 151; 29.8.07 – 4 AZR 767/06, NZA 08, 364 (unter ausdrücklicher Aufgabe seiner früheren Rechtsprechung: 23.3.05 – 4 AZR 203/04, NZA 05, 1003; 22.9.93 – 10 AZR 207/92, DB 94, 2142; 20.3.91 – 4 AZR 455/90, DB 91, 1779).

159 BAG 22.10.08, a.a.O.

160 BAG 28.5.97 – 4 AZR 546/95, DB 97, 2229: der IGM-Tarifvertrag wirkt infolge Verbandsauflösung nur noch nach; nur der Arbeitgeber ist an einen (neuen) Tarifvertrag mit der CGM gebunden; für IGM-Mitglieder ist weiter ihr Tarifvertrag anzuwenden; vgl. aber auch BAG 15.11.06 – 10 AZR 665/05, NZA 07, 448: Ersetzung eines nachwirkenden Tarifvertrags durch einen im Nachwirkungszeitraum für allgemeinverbindlich erklärten Tarifvertrag, abgeschlossen von unterschiedlichen Tarifvertragsparteien.

161 23.1.08 – 4 AZR 312/01, NZA 08, 771.

diesem Fall setzt die Anwendung eines (neuen) Tarifvertrags durch den Arbeitgeber die beidseitige Tarifbindung voraus (vgl. § 3 Rn. 82).

89 Im **Fall der Tarifpluralität** kamen bisher – nach der Aufgabe des (**Rechts-**) Grundsatzes der Tarifeinheit durch das BAG[162] – die **Inhalts-, Abschluss- und Beendigungsnormen** (vgl. dazu § 1 Rn. 103ff.) von zwei oder mehr im Betrieb gem. §§ 3 Abs. 1, 4 Abs. 1 TVG **geltenden (konkurrierenden) Tarifverträge** für die jeweiligen Mitglieder der tarifschließenden Gewerkschaften **nebeneinander (Tarifmehrheit)** zur Anwendung. Haben somit zwei (oder mehr) Gewerkschaften (z.B. ver.di und die Ärztegewerkschaft MB) für Arbeitsverhältnisse derselben Art (z.B. für die Ärzte im Krankenhaus) konkurrierende Tarifverträge abgeschlossen, an die der jeweilige Arbeitgeber gleichzeitig tarifgebunden ist, waren die Inhalts-, Abschluss- und Beendigungsnormen dieser Tarifverträge für die jeweils entsprechend tarifgebundenen Arbeitnehmer im Betrieb nebeneinander anzuwenden. Eine derartige **Tarifpluralität** wurde **nicht** dahingehend **aufgelöst**, dass der speziellere oder mehrheitlich legitimierte Tarifvertrag den anderen Tarifvertrag verdrängt.

90 Durch den durch das am 10.7.2015 in Kraft getretene **Tarifeinheitsgesetz**[163] neu in das TVG eingefügten **§ 4a TVG** gilt nunmehr, dass bei Tarifpluralität nur die Rechtsnormen eines der Geltung beanspruchenden Tarifverträge im Betrieb zur Anwendung kommen. Danach gilt bei Tarifpluralität ausschließlich der von der Gewerkschaft mit den meisten Mitgliedern im Betrieb abgeschlossene **Mehrheitstarifvertrag** (zu den weiteren Einzelheiten der Gesetzesänderung und zur rechtspolitischen Kontroverse um ihre verfassungsrechtlichen Zulässigkeit und Praktikabilität s. die Kommentierung zu § 4a).

90a Für **unorganisierte Arbeitnehmer und Arbeitnehmerinnen** hängt bei Tarifpluralität die Anwendung einer der unterschiedlichen Tarifverträge für ihr Arbeitsverhältnis vom Inhalt ihrer Arbeitsverträge (Bezugnahmeklausel, vgl. dazu § 4a Rn. 46 und § 3 Rn. 245ff.) ab.

90b Bei der Kollision von **betrieblichen und betriebsverfassungsrechtlichen Normen** (vgl. dazu § 1 Rn. 103ff.) konkurrierender Tarifverträge, bei Beteiligung von **allgemeinverbindlichen Tarifverträgen** (vgl. § 5) und Tarifverträgen über eine **gemeinsame Einrichtung** (vgl. Rn. 36ff.) liegt keine Tarifpluralität, sondern **Tarifkonkurrenz** vor. In diesen Fällen gelten andere Grundsätze (s. Rn. 60ff. und § 4a Rn. 31ff.).[164]

5.3.1 Rechtsprechungsänderung des BAG im Jahr 2010: Aufgabe des (Rechts-) Grundsatzes der Tarifeinheit

91 Das **BAG** löste **in seiner früheren Rspr.** die Tarifpluralität nach den **gleichen Grundsätzen wie die Tarifkonkurrenz**. Gemäß dem Grundsatz der **Tarifeinheit** wurde nach dem **Spezialitätsprinzip** (Rn. 63f.) **im Betrieb nur ein Tarifvertrag** angewandt und der andere verdrängt. Dafür nannte das BAG im Wesentlichen Gründe der **Praktikabilität** und **Rechtssicherheit** (vgl. dazu näher auch Rn. 63f.).[165] Im Zusammenhang mit der Auflö-

---

162 BAG – 7.7.10, 4 AZR 549/08, NZA 10, 1068.

163 BGBl. I S. 1130.

164 Bepler, NZA Beil. 2/11, Heft 12/11, 73, 76.

165 BAG 20.3.91 – 4 AZR 455/90, DB 91, 1779; 26.1.94 – 10 AZR 611/92, AuR 94, 389; 25.7.01 – 10 AZR 599/00, NZA 02, 1406; 4.12.02 – 10 AZR 113/02, NZA 03, 632; 14.12.04 – 1 ABR 51/03, NZA 05, 697; 15.11.06 – 10 AZR 665/05, NZA 07, 448.

sung einer Tarifpluralität nach dem **Grundsatz der Tarifeinheit** stellte sich die Frage nach seiner **Vereinbarkeit mit der Koalitionsfreiheit** aus Art. 9 Abs. 3 GG (vgl. dazu Rn. 96). Außerdem konnte die **Anwendung des Spezialitätsprinzips** zur Herstellung der Tarifeinheit im Kontext der Tarifpluralität rechtsdogmatisch nicht überzeugen (vgl. Rn. 64f.) und führte darüber hinaus auch zu **problematischen Ergebnissen** (Rn. 92ff.). Da bei einer Tarifpluralität die **Identität der als Normgeber beteiligten Tarifvertragsparteien** grundsätzlich nicht gegeben ist, stellt sich das **Spezialitätsprinzip** in diesem Zusammenhang als systemfremd und für eine möglicherweise gebotene Auflösung einer Tarifpluralität als **ungeeignet** dar (vgl. Rn. 64f.).

So wurde im Fall der BAG-Entscheidung vom 20. 3. 91[166] dem klagenden HBV-Mitglied nicht nur die – im Vergleich zum »siegreichen« von der DAG abgeschlossenen Firmentarifvertrag – höhere Sonderzahlung verwehrt. Durch die **Verdrängung** »ihres« – zusätzlich für allgemeinverbindlich erklärten (!), vgl. dazu auch Rn. 76ff. – **Tarifvertrags** galt für sie nunmehr kein Tarifvertrag mehr unmittelbar und zwingend (§ 4 Abs. 1 TVG). Zum Trost wurde dem HBV-Mitglied höchstrichterlich empfohlen, doch Mitglied in der anderen (Konkurrenz-)Gewerkschaft zu werden. 92

Die BAG-Rechtsprechung unterstützte darüber hinaus durch die Auflösung von Tarifpluralitäten nach dem Spezialitätsprinzip – objektiv – die **Aushebelung »zu teurer« (Verbands-)Tarifverträge** und die **Tarifflucht** durch Abschluss von (»spezielleren«) **Billig-(Firmen-)Tarifverträgen.**[167] Durch die höchstrichterliche **Relativierung der Anforderungen an die Gewerkschaftseigenschaft** der auf diesem Gebiet tätigen Arbeitnehmerorganisationen (§ 2 Rn. 54)[168] verschärfte sich diese Problematik erheblich. 93

In Fällen, in denen der **Arbeitgeber(-verband)** eine **Tarifpluralität** sehenden Auges oder als nicht verschmähten Nebeneffekt, z.B. anlässlich einer Betriebs- oder Betriebsteilausgründung, **gezielt herbeiführt**, ist seine Belohnung durch Entledigung von dem – meist für die Arbeitnehmer günstigeren – anderen Tarifvertrag ein gravierender Eingriff in die Koalitionsrechte der betroffenen Gewerkschaft und Gewerkschaftsmitglieder. Hierfür hat sich schon in der Vergangenheit der Begriff einer »**gewillkürten Tarifpluralität**« entwickelt, die nicht zur Verdrängung des angestammten Tarifvertrags führen dürfe.[169] 94

Soweit von **Berufsgruppengewerkschaften** in Konkurrenz zu Branchengewerkschaften Tarifverträge abgeschlossen werden, deren auf eine Berufsgruppe beschränkter persönlicher Geltungsbereich nur eine **Minderheit der Arbeitnehmer eines Betriebs** erfasst, wurde unter Berufung auf die frühere Rechtsprechung des BAG die Auffassung vertreten, dass die auf den Betrieb bezogene Anwendung des Spezialitätsprinzips i.d.R. zur Folge hat, dass der Branchen- den Berufsgruppentarifvertrag verdrängt. Der alle Arbeitnehmer 95

166 BAG 20. 3. 91, a.a.O.

167 Siehe dazu die Praxisbeispiele, u.a. den Fall »Nexans«, bei Unterhinninghofen, AuR 06, 7; Nauditt, AuR 02, 255; instruktiv auch die anwaltliche Handlungsanleitung zur Tarifflucht durch »speziellere« Firmentarifverträge bei Gaul/Naumann, DB 06, 1054; ähnlich Wilhelm/Dannhorn, AuA 06, 343; kritisch zu diesen Tendenzen Bepler, Schriftenreihe DAI, S. 109, 117f.

168 Vgl. die CGM-Entscheidung des BAG 28. 3. 06 – 1 ABR 58/04, NZA 06, 1112.

169 S. LAG Niedersachsen 12. 11. 99 – 3 Sa 780/99, AuR 00, 357; LAG Sachsen-Anhalt 8. 5. 01 – 9 (5) Sa 723/00, AuR 02, 308 m. Anm. Jacobs; Thüsing/Medem, ZIP 07, 510, 515f.; Wendeling-Schröder, AuR 00, 339; tendenziell auch BAG 11. 2. 04 – 10 AZR 299/04, ZTR 05, 367; 20. 2. 02 – 4 AZR 22/01; Schliemann, Beilage zu NZA 24/2000, 24ff.

des Betriebs erfassende **Branchentarifvertrag** wurde als **sachnäher** und damit »spezieller« angesehen, da er geeignet sei, eine **tarifliche Ordnung für den gesamten Betrieb** bereitzustellen[170] (eine Wertung, die in gewissem Widerspruch dazu steht, dass ein Berufsgruppentarifvertrag mit einem aufgrund seines gegenüber einem Branchen- oder Unternehmenstarifvertrag eingeschränkten persönlichen Geltungsbereich durchaus als der speziellere Tarifvertrag angesehen werden könnte). Die aktuelle tatsächliche Durchsetzungsfähigkeit spezialisierter Gewerkschaften für homogene Berufsgruppen mit einer überdurchschnittlich starken Arbeitsmarktstellung hat diese allerdings in die Lage versetzt, die frühere höchstrichterliche Rechtsprechung zum Grundsatz der Tarifeinheit faktisch beiseite zu schieben und die Hinnahme der Tarifmehrheit und damit die Anwendung ihrer Tarifverträge durch die betroffenen Arbeitgeber zu erzwingen.

96 Die **grundsätzliche Kritik** in der **Rechtsliteratur** an der früheren Rspr. des BAG zur Tarifeinheit war fast einhellig. Sie hob vor allem den **Verstoß gegen die Koalitionsfreiheit** hervor: den Mitgliedern der Gewerkschaft des verdrängten Tarifvertrags werden die erkämpften Tarifergebnisse genommen, Sie werden koalitionsmäßig entrechtet und tariflos gestellt. Weiter wurde eingewendet, dass die Tarifeinheit **keine einfachgesetzliche und/ oder verfassungsrechtliche Grundlage** hatte.[171] Dem waren auch verschiedene **Arbeitsgerichte** gefolgt.[172]

97 Im Ergebnis wurde von den Kritikern der höchstrichterlichen Rspr. u.a. gefordert, bei Tarifpluralität für die **Inhaltsnormen** (zum Begriff und zur Unterscheidung von Inhalts- und Betriebsnormen vgl. § 1 Rn. 105) der fraglichen Tarifverträge deren **parallele Anwendung im Betrieb** für die Mitglieder der in Konkurrenz zueinander stehenden tarifschließenden Gewerkschaften hinzunehmen.[173] Der **Grundsatz der Tarifeinheit** soll danach für diese Fallkonstellation durch die **Zulassung der Tarifpluralität im Betrieb** abgelöst wer-

---

170 LAG Rheinland-Pfalz 22.6.04 – 11 Sa 2096/03, AP Nr. 169 zu Art. 9 GG Arbeitskampf mit kritischer Anm. Däubler; Bayreuther, BB 05, 2633, 2640; Bohle, Das Krankenhaus 06, 565, 569; Buchner, BB 03, 2121, 2124; Clemens/Rolfs, NZA 04, 410, 414; Rieble, SAE 06, 89, 93; a.A. JKOS-Jacobs, § 7 Rn. 238; kritisch zur Anwendung des Spezialitätsprinzips vor allem auch in diesem Zusammenhang LAG Sachsen 2.11.07 – 7 SaGa 19/07, NZA 08, 59, 64ff.; ArbG Kiel 30.6.06 – 1 Ga 11 b/06, ZTR 06, 488; Reichold, RdA 07, 321, 326.

171 Vgl. Bayreuther, BB 05, 2633, 2640; Däubler, AR 1, Rn. 450a ff.; Däubler-Zwanziger, Rn. 944ff.; ErfK-Linsenmaier, GG Art. 9 Rn. 68a, 85; ErfK-Franzen, TVG § 4 Rn. 71f.; Greiner, S. 302ff.; ders., NZA 07, 1023, 1025f.; JKOS-Jacobs, § 7 Rn. 240; HWK-Henssler, TVG § 4 Rn. 48; KeZa-Wendeling-Schröder, Rn. 156ff., 188; Kittner/Zwanziger/Deinert-Deinert, § 8 Rn. 283f.; Löwisch/Rieble, Rn. 306; Reichold, RdA 07, 321; Thüsing/Medem, ZIP 07, 510; Wiedemann-Wank, Rn. 287; zweifelnd auch Schaub, BB 95, 2005; Schliemann, Beilage zu NZA 24/2000, 24ff.

172 Z.B. LAG Schleswig-Holstein 11.2.10. – 4 Sa 444/09; LAG Baden-Württemberg 22.1.08 – 14 Sa 87/07, NZA-RR, 443; LAG Hamm 8.1.09 – 11 Sa 2136/07; LAG Sachsen 2.11.07 – 7 SaGa 19/07, AuR 08, 64; LAG Rheinland-Pfalz 14.6.07 – 11 Sa 208/07, DB 07, 2432f.; LAG Köln 12.12.05 – 2 Ta 457/05, NZA 06, 62; ArbG Kiel 30.6.06 – 1 Ga 11 b/06, ZTR 06, 488 (jeweils zur Problematik der Verdrängung von Spartentarifverträgen nach dem Spezialitätsprinzip); Hessisches LAG 2.5.03 – 9 SaGa 636/03, NZA 03, 679, 680f.; Sächsisches LAG 13.11.01 – 7 Sa 118/01, AuR 02, 310; LAG Sachsen-Anhalt 8.5.01 – 9 (5) Sa 723/00, AuR 02, 308; LAG Niedersachsen 12.11.99 – 3 Sa 780/99, AuR 00, 357; LAG Brandenburg 17.3.95 – 5 Sa 671/94, BB 95, 2530 Ls.; LAG Berlin 31.1.94 – 9 Sa 108/93, ZTR 94, 330f.

173 Vgl. etwa Däubler-Zwanziger, Rn. 943; Reichold, a.a.O., 321, 326f.; Thüsing/Medem, a.a.O., 517; Wiedemann-Wank, Rn. 287.

den. Danach ist der Arbeitgeber verpflichtet, den Mitgliedern der konkurrierenden Gewerkschaften jeweils die tariflich geschuldeten Leistungen »ihres« Tarifvertrags zu gewähren, während er gegenüber den unorganisierten Arbeitnehmern im Rahmen seiner arbeitsvertraglichen Gestaltungsmöglichkeiten (vgl. dazu Rn. 6 und § 3 Rn. 245 ff.) grundsätzlich frei darüber entscheiden kann, ob einer der konkurrierenden Tarifverträge zur Anwendung kommt.

Vor diesem Hintergrund hat der **4. Senat des BAG** mit Urteil v. 7.7.10 seine **Rspr. zum Grundsatz der Tarifeinheit geändert,**[174] nachdem er zuvor mit zwei Beschlüssen[175] beim 10. Senat des BAG eine Divergenzanfrage gem. § 45 Abs. 3 ArbGG gestellt hatte.[176] Seine Rspr.-Änderung hat der 4. Senat des BAG dabei im Wesentlichen mit den folgenden Erwägungen begründet:[177] **98**

- Für eine Fallgestaltung, in der der Arbeitgeber an zwei Tarifverträge gebunden ist und die Arbeitnehmer jeweils nur an einen dieser beiden Tarifverträge gebunden sind (§ 3 Abs. 1 TVG, § 4 Abs. 1 TVG), **fehlt es an einer gesetzlich angeordneten Verdrängung** der Inhaltsnormen des einen durch die Inhaltsnormen des anderen Tarifvertrages.
- Für den Grundsatz der Tarifeinheit gibt es im geschriebenen Recht **keine Rechtsgrundlage**, er lässt sich aus den übergeordneten Prinzipien der Rechtssicherheit und Rechtsklarheit nicht begründen und es fehlt schließlich an einer zu einer entsprechenden richterlichen Rechtsfortbildung berechtigenden Lücke im TVG.
- Die **Verdrängung der Inhaltsnormen eines geltenden Tarifvertrags** im Falle einer durch Mitgliedschaft in konkurrierenden Gewerkschaften begründeten Tarifpluralität nach dem Grundsatz der Tarifeinheit ist **mit der** individuellen und kollektiven **Koalitionsfreiheit** der Gewerkschaftsmitglieder und der tarifschließenden Gewerkschaft aus Art. 9 Abs. 3 GG **nicht vereinbar.**
- Auch die möglichen Auswirkungen der Hinnahme der Tarifpluralität auf andere Rechtsgebiete, namentlich auf das Arbeitskampf- (vgl. dazu AKR Rn. 20, 114 ff., 151 ff., 512) und Betriebsverfassungsrecht (vgl. dazu Rn. 109), können die Beibehaltung des Grundsatzes der Tarifeinheit nicht rechtfertigen.

Danach waren bei einer derartigen Fallgestaltung die Inhaltsnormen der **beiden Geltung beanspruchenden Tarifverträge** – der unterschiedlichen Tarifbindung der Arbeitnehmer entsprechend – **nebeneinander im Betrieb anzuwenden.**[178] Dem ist im Ergebnis zuzustimmen.

---

174 BAG 7.7.10 – 4 AZR 549/08, NZA 10, 1068.

175 BAG 27.1.10 – 4 AZR 549/08 (A), NZA 10, 645; 27.1.10 – 4 AZR 537/08 (A); vgl. dazu die Kommentare von Bayreuther, DB 10, Heft 14, M1, und Klebe, AuR 10, 137.

176 BAG 23.6.10 – 10 AS 3/10, BB 10, 1723: Zustimmung zur beabsichtigten Rspr.-Änderung.

177 S. dazu Schaub-Treber; § 203 Rn. 46 ff.

178 BAG 7.7.10, a.a.O.; zust. Däubler-Zwanziger, Rn. 947 ff.; Dieterich, AuR 11, 46; ErfK-Linsenmaier, GG Art. 9 Rn. 68a; ErfK-Franzen, TVG § 4 Rn. 71; Henssler, RdA 11, 65,66; Kittner/Zwanziger/Deinert-Deinert, § 8 Rn. 283; Löwisch/Rieble, Rn. 306; a.A. Buchner, SAE 10, 292, Hromadka/Schmitt-Rolfes, NZA 10, 687; Kempen, AuR 11, 51; Papier, DB 10, Beilage zu Heft 44, 74.

5.3.2 Gesetzliche Regelung des Grundsatzes der Tarifeinheit?

98a Vordergründig aus Anlass der sich schon früh abzeichnenden Änderung der Rspr. des BAG zur Tarifeinheit – im Kern aber wegen der tarifpolitisch selbstständig agierenden Berufsgruppengewerkschaften und der Zunahme von Streiks im Bereich der öffentlichen und privaten Dienstleistungen – wurden bereits in deren Vorfeld **verschiedene rechtspolitische Initiativen** der Öffentlichkeit vorgestellt, die, im Ergebnis übereinstimmend, darauf abzielten, den **Grundsatz der Tarifeinheit** durch eine Änderung des TVG **gesetzlich festzuschreiben.**[179] Diese Forderungen wurden im **Jahr 2015** – trotz des Widerstandes von ver.di, der NGG, der GEW, des DBB und der Berufsgruppengewerkschaften gegen eine **gesetzlichen Regelung des Grundsatzes der Tarifeinheit** und ihrer Ablehnung durch große Teile der Rechtswissenschaft und der Arbeitsgerichtsbarkeit – durch das am 10.7.2015 in Kraft getretene **Tarifeinheitsgesetz**[180] von der Großen Koalition aus CDU/CSU und SPD umgesetzt. Durch den **in das TVG neu eingefügten § 4a TVG** wird gesetzlich angeordnet, dass beim Zusammentreffen von Rechtsnormen konkurrierender Tarifverträge nur der Tarifvertrag der Mehrheitsgewerkschaft im Betrieb zur Anwendung kommt. Mit dieser gesetzlichen Neuregelung ist ein **Art. 9 Abs. 3 GG verletzender Eingriff in die Koalitionsfreiheit** und eine **indirekte Einschränkung des Streikrechts** verbunden (zu den Einzelheiten s. die Kommentierung zu § 4a TVG).

Die zentrale Weichenstellung für die rechtspolitische Realisierbarkeit dieser gesetzlichen Neuregelung erfolgte durch die **im Juni 2010 bekannt gewordene Initiative von BDA und DGB**[181], nach der Tarifpluralitäten durch die **betriebseinheitliche Geltung** desjenigen Tarifvertrages aufgelöst werden sollten, der durch die größere **Zahl von Gewerkschaftsmitgliedern im Betrieb** legitimiert ist. Gleichzeitig sollte die **Friedenspflicht** aus diesem Mehrheitstarifvertrag auch für die »unterlegene« Minderheitsgewerkschaft gelten, so dass ein Streik dieser Gewerkschaft zur Durchsetzung eines Tarifvertrages während der Laufzeit des Mehrheitstarifvertrages rechtswidrig wäre.[182] Neben der Initiative von BDA und DGB wurde im Jahr 2010 von einer **Professorengruppe ein weiterer Gesetzentwurf** vorgelegt, der ebenfalls die Tarifpluralität nach dem Mehrheitsprinzip vorsieht, für die Er-

---

179 Überblick bei Bepler, Gutachten, B 85ff.; Greiner, NZA 12, 529; Hanau, DB 10, 2107.,

180 BGBl. I S. 1130.

181 Der Wortlaut der Gemeinsamen Erklärung von BDA und DGB vom 4.6.2010 ist dokumentiert in AuR 11, 60f.; zu den Hintergründen und der innergewerkschaftlichen Diskussion s. Berg, KJ 14, 72, 73f.

182 Das Kernelement der von BDA und DGB vorgeschlagenen Änderung des TVG hat folgenden Wortlaut (zitiert nach Waas, S. 7):
»1. Änderung des TVG
a) Neuer § 4a TVG
(1) Überschneiden sich im Betrieb eines Unternehmens die Geltungsbereiche der Rechtsnormen von Tarifverträgen, die auf Gewerkschaftsseite durch unterschiedliche Tarifvertragsparteien geschlossen worden sind (konkurrierende Tarifverträge), ist nur derjenige Tarifvertrag anwendbar, der dort die größere Arbeitnehmerzahl im Sinne von § 3 Absatz 1, Absatz 3, § 4 Absatz 1 Satz 1 erfasst.
(2) Die Friedenspflicht aus dem nach Absatz 1 anwendbaren Tarifvertrag erstreckt sich auch auf konkurrierende Tarifverträge.«

mittlung des »Mehrheits«-Tarifvertrags aber auf den Überschneidungsbereich der konkurrierenden Tarifverträge (und nicht auf den Betrieb) abstellt.[183]

Die Fragen der **verfassungsrechtlichen Zulässigkeit**, der **Praktikabilität** und des **organisations- und tarifpolitischen Nutzens** einer solchen gesetzlichen Regelung wurden monatelang heftig in der Öffentlichkeit, den Gewerkschaften und der Arbeitsrechtswissenschaft diskutiert und waren Gegenstand mehrerer sich widersprechender Rechtsgutachten.[184] Letztlich sprechen die gegen die frühere Rspr. des BAG zur Tarifeinheit vorgebrachten Kritikpunkte auch gegen eine gesetzliche Festschreibung der Tarifeinheit, wobei die Kombination mit der Erweiterung der Friedenspflicht[185] zusätzlich problematisch ist (vgl. auch Grundl. Rn. 240) Nachdem die **Bundesregierung** grundsätzlich ihre Bereitschaft erklärt hatte, im Sinne der BDA/DGB-Initiative eine Änderung des TVG zu prüfen und ggf. in Angriff zu nehmen,[186] führten die sehr kontroversen innergewerkschaftlichen Diskussionen, insbesondere in der Gewerkschaft ver.di, aufgrund nicht ausreichender Akzeptanz in der Mitgliedschaft dazu, dass die Initiative von BDA und DGB im Juni 2011 zurückgezogen und auch von der Bundesregierung nicht mehr weiter verfolgt wurde.[187] Anschließend wurde vor allem seitens der BDA (und von einzelnen Kabinettsmitgliedern und Politikern) eine gesetzliche Regelung der Tarifeinheit allerdings in regelmäßigen Abständen immer wieder öffentlich gefordert, insbesondere im Zusammenhang mit Streiks von Berufsgruppengewerkschaften.[188] Dies hat dann im Ergebnis dazu geführt, dass die gesetzliche Regelung des Grundsatzes der Tarifeinheit als rechtspolitisches Projekt im Jahr 2013 Eingang in den Koalitionsvertrag von CDU/CSU und SPD fand[189] und mit dem Tarifeinheitsgesetz im Jahr 2015 umgesetzt wurde. 98b

5.3.3 Praktische und rechtliche Folgen der Tarifpluralität im Betrieb

Die Hinnahme der Tarifpluralität durch die Aufgabe des Rechtsgrundsatzes der Tarifeinheit durch das BAG (vgl. dazu Rn. 91 ff.) hat insbesondere bei den Arbeitgebern und bei den Kritikern der Rspr.-Änderung aus der Rechtswissenschaft die Befürchtung ausgelöst, die Tarifpluralität würde die geordnete Durchführung der Arbeitsverhältnisse im Betrieb unmöglich machen, die innerbetriebliche Lohngerechtigkeit grundsätzlich in Frage stellen und kaum lösbare neue Rechts- und Praxisfragen aufwerfen und damit die Funktionsfähigkeit des Tarifvertragssystems insgesamt in Frage stellen.[190] Diese Befürchtungen ha- 99

183 Bayreuther u.a., Tarifpluralität, S. 44 ff.
184 Vgl. dazu eingehend Däubler-Däubler, AKR, § 9 Rn. 62 ff. m.w.N.
185 Bepler, NZA-Beil. 2/11, Heft 12/11, 73, 76; Däubler-Däubler, a.a.O., Rn. 64 ff.; Dieterich, AuR 11, 46, 47 ff.; Greiner, NZA 10, 743; Hensche, Blätter 10, 13; Unterhinninghofen, Sozialismus 10, 29.; a.A. Giesen, ZFA 11, 1; Kempen, AuR 11, 46; Scholz, ZFA 10, 681.
186 Hanau, DB 10, 2107, 2108.
187 Berg, KJ 14, a.a.O.; s. auch AuR 11, 248, 291.
188 Z.B. anlässlich des Streiks der Vorfeldmitarbeiter in der GdF am Frankfurter Flughafen im Jahr 2012 Bundesarbeitsministerin von der Leyen (CDU), FTD 1.3.12, und SPD-Fraktionsvorsitzender Steinmeier, Der Westen 2.3.12; Bundeskanzlerin Merkel (CDU) am 16.10.12 in einer Rede auf dem Deutschen Arbeitgebertag der BDA, RP-online 17.10.12.; zum Streik der Vorfeldmitarbeiter am Frankfurter Flughafen s. auch Greiner, NZA 12, 529.
189 S. dazu Berg, KJ 14, 72.
190 S. die zusammenfassende Darstellung bei Bepler, Gutachten, B 84, m.w.N.

ben in der Praxis keine Bestätigung gefunden[191] und sind auch in der Begründung des Tarifeinheitsgesetzes aus dem Jahr 2015 ohne empirisch gestützte Nachweise lediglich abstrakt und formelhaft dargelegt.[192]

100 Auch wenn die **rechtlichen Folgen** der **Tarifpluralität** und das Erarbeiten praktikabler **Lösungsvorschläge** für die mit ihr verbundenen **Probleme** noch nicht abschließend geklärt sind[193] ist schon jetzt absehbar, dass die **gesetzliche Regelung des Grundsatzes der Tarifeinheit in § 4a TVG** Umsetzungsprobleme von weitaus größerer rechtlicher und praktischer Tragweite mit sich bringen wird (vgl. zu den Einzelheiten die Kommentierung zu § 4a TVG).[194]

Dies wird deutlich, wenn man sich die wichtigsten **Konsequenzen der Hinnahme der Tarifpluralität** (die durch das am 10. 7. 2015 in Kraft getretene **Tarifeinheitsgesetz**[195] unterbunden werden soll) vergegenwärtigt:

101 • Die **rechtliche Verdrängung** eines allgemeineren (Verbands-)Tarifvertrags durch einen spezielleren (Firmen-)Tarifvertrag zum Zweck der Flucht in den »billigeren« Gefälligkeitstarifvertrag (vgl. Rn. 93f.) ist nicht möglich. Dies schließt den **Unterbietungswettbewerb** im Zusammenwirken zwischen Arbeitgebern und den sich christlich nennenden Kleinstorganisationen im CGB oder anderen Scheingewerkschaften allerdings nicht aus. Eine vom Arbeitgeber angestrebte **faktische Verdrängung** oder **Behinderung der (streikweisen) Durchsetzung** eines (Flächen-)Tarifvertrags durch Abschluss eines »billigeren« (Firmen-)Gefälligkeitstarifvertrags ist durch die mit der Tarifmehrheit verbundene rechtliche Absicherung der parallelen Anwendbarkeit derartiger Tarifverträge neben dem angestammten (Verbands-)Tarifvertrag i. V. m. der **Relativierung** der Anforderungen an die **Tariffähigkeit von Arbeitnehmerkoalitionen** in der Rechtsprechung des BAG (vgl. dazu § 2 Rn. 37ff.) nach wie vor möglich.[196]

102 • Die **rechtliche Verdrängung** von – mit Branchentarifverträgen konkurrierenden – **Berufsgruppen- bzw. Spartentarifverträgen** (vgl. Rn. 95) ist nicht möglich. Die mit der Tarifmehrheit verbundene rechtliche Absicherung ihrer faktischen Anwendung im Betrieb fördert zumindest kurzfristig die Attraktivität eines gewerkschaftlichen **Überbietungswettbewerbs** für kleine homogene Berufsgruppen mit einer starken Arbeitsmarktstellung und – i. d. R. – überdurchschnittlichen Einkommen. Dies könnte – zumindest in Branchen mit begrenzten Verteilungsspielräumen[197] – die **Durchsetzungsfähigkeit der Mehrheit** der sonstigen Arbeitnehmer **gefährden** und zumindest mittelfristig auch zu einer **Schwächung der Gewerkschaften** insgesamt führen.[198] Um-

191 Bepler, a.a.O., B 94ff., B 97f.; Berg, a.a.O., 78f.

192 S. dazu Entwurf eines Gesetzes zur Tarifeinheit, BT-Drucks. 18/4062 v. 20. 2. 15, S. 8f.

193 S. dazu den Überblick bei Bepler, a.a.O., B 98ff., JKOS-Jacobs, § 7 Rn. 564ff.; Bayreuther, NZA 08, 12, 17; eine umfassende Aufarbeitung der Folgeprobleme hat inzwischen B. Schmidt vorgelegt: Schmidt, B., S. 94ff.

194 S. dazu etwa Bayreuther, NZA 13, 1395.

195 BGBl. I S. 1130.

196 Ähnlich Nielebock, FS Zusatzversorgungskasse, S. 107, 110f.

197 Zur besonderen Problematik der »Verteilungskämpfe im Krankenhaus« im Zusammenhang mit den Ärztestreiks vgl. Wendl, Sozialismus 9/06, 27.

198 Auf die in diesem Entwicklungsprozess für die Arbeitgeberseite potenziell angelegten Vorteile und Handlungsmöglichkeiten weisen auch Thüsing/Medem, ZIP 07, 510, 515, hin.

gekehrt kann ein besserer Tarifvertrag einer Berufsgruppengewerkschaft aber auch dazu führen, dass die tarifvertraglichen Arbeits- und Entgeltbedingungen für alle Beschäftigten durch die Stärkung der Verhandlungsposition der Branchengewerkschaft oder durch eine vom Arbeitgeber initiierte Vereinheitlichung der Arbeits- und Entgeltbedingungen auf dem Niveau des günstigsten Tarifvertrages verbessert werden (vgl. dazu auch Rn. 106).

- Die mit der Hinnahme der Tarifmehrheit verbundene rechtlich abgesicherte parallele Anwendung konkurrierender Tarifverträge im Betrieb kann die tatsächliche **Einhaltung und Durchsetzung** des in den Satzungen des **DGB** und seiner Mitgliedsgewerkschaften verankerten **Organisationsprinzips** »ein Betrieb – eine Gewerkschaft – ein Tarifvertrag« (vgl. § 2 Rn. 105ff., 121f.) neuen Belastungsproben aussetzen.[199] **103**
- Für den Fall der Tarifmehrheit im Betrieb wird in Teilen der Literatur problematisiert, dass der Arbeitgeber mangels Kenntnis der Mitgliedschaft der Arbeitnehmer in einer der konkurrierenden Gewerkschaften und der damit korrespondierenden Tarifbindung nicht in der Lage sei, die tarifvertraglich geschuldeten Leistungen korrekt zu erbringen. Bei einer Tarifmehrheit sei der Arbeitgeber aber rechtlich verpflichtet, bei der Durchführung des Arbeitsverhältnisses nach der Gewerkschaftsmitgliedschaft zu differenzieren. Aus diesem Grund sei zumindest bei Vorliegen einer Tarifmehrheit im Hinblick auf die **Gewerkschaftsmitgliedschaft** ein **Fragerecht** bzw. **Auskunftsanspruch des Arbeitgebers** während der Durchführung des Arbeitsverhältnisses zu bejahen.[200] **104**
- Eine **Auskunftspflicht** des Arbeitnehmers über seine Gewerkschaftsmitgliedschaft ist **rechtlich** allerdings **nicht begründet** (vgl. § 3 Rn. 55f.).[201] Das gilt auch bei Tarifmehrheit im Betrieb.[202] Eine **Offenbarungspflicht des Gewerkschaftsmitglieds** dem Arbeitgeber gegenüber kann den Arbeitnehmer von vornherein vom Gewerkschaftsbeitritt abhalten, die Attraktivität der Gewerkschaftsmitgliedschaft mindern und die Mitgliederwerbung der Gewerkschaften erschweren. Sie würde insoweit einen **unzulässigen Eingriff in die individuelle und kollektive Koalitionsfreiheit** darstellen. Auch vom BAG wird im tarifpluralen Betrieb das Verlangen des Arbeitgebers nach der Offenlegung der Gewerkschaftsmitgliedschaft – jedenfalls **während laufender Tarifverhandlungen** – als eine unzulässige gegen die Koalitionsbetätigungsfreiheit gerichtete Maßnahme qualifiziert.[203] Will ein Arbeitnehmer ihm vorenthaltene Rechte aus »seinem« Tarifvertrag realisieren, muss er durch Offenlegung seiner Gewerkschaftsmitgliedschaft seine Tarifbindung nachweisen. Darüber muss er aber wegen seiner strukturellen Unterlegenheit im Arbeitsverhältnis und der potenziellen Gefahr von Benachteiligungen oder des Verlustes des Arbeitsplatzes nach eigener Risikoeinschätzung **105**

199 Vgl. in diesem Zusammenhang auch BAG 27.9.05 – 1 ABR 41/04, NZA 06, 273 = AuR 06, 240 mit Anm. Wendeling-Schröder.

200 Vgl. etwa Bepler, FS DAV, S. 791, 801; Jacobs, NZA 08, 328; Reichold, RdA 07, 321, 327; Thüsing/Medem, ZIP 07, 510, 512.

201 Und DKKW-Klebe, § 94 Rn. 22.

202 Brecht-Heitzmann, GS Zachert, S. 502, 507; Deinert, NZA 09, 1176, 1179; Michel/Möller/Peter, AuR 08, 36; KeZa-Wendeling-Schröder, Rn. 217; so wohl auch BAG 7.7.10 – 4 AZR 549/08, NZA 10, 1068 Rn. 46; offen gelassen von BAG 18.11.14 – 1 AZR 257/11. NZA 15, 306, 310.

203 BAG 18.11.14, a.a.O.

frei disponieren können. Offenbart sich der Arbeitnehmer nicht, kann der Arbeitgeber ihn wie einen Nichtorganisierten behandeln.[204] Gegen **wirtschaftlich unzumutbare Nachforderungen** auf Gewährung tariflicher Leistungen eines Arbeitnehmers, der seine bereits länger bestehende Gewerkschaftsmitgliedschaft erst nachträglich offenbart, ist der Arbeitgeber durch die **tarifvertraglichen Ausschlussfristen** (vgl. dazu Rn. 254ff.) geschützt. Der mit der Befürwortung eines Auskunftsanspruchs des Arbeitgebers verbundene schlichte Verweis auf die vermeintlichen Schutzwirkungen der **Maßregelungsverbote** aus Art. 9 Abs. 3 Satz 2 GG und § 612a BGB[205] gehen an der betrieblichen Realität, besonders in Klein- und Mittelbetrieben der Privatwirtschaft, vorbei. Die praktische Erfahrungen mit der Umsetzung vom Arbeitgeber initiierter Tarifmehrheiten im Betrieb machen darüber hinaus deutlich, dass ein vermeintlicher Auskunftsanspruch des Arbeitgebers dazu instrumentalisiert werden kann, in **Personalgesprächen** den Beitritt bzw. Wechsel zu der »richtigen« bzw. »gefälligen« Gewerkschaft zu »empfehlen«.[206]

106 • Kommen im Betrieb als Folge der Tarifmehrheit konkurrierende Tarifverträge mit identischen oder teilidentischen Geltungsbereichen und Regelungsgegenständen zur Anwendung, wird in vielen Fällen der **Grundsatz »gleicher Lohn für gleiche Arbeit«** in Frage gestellt. Dies kann unter dem Gesichtspunkt der Gleichbehandlung und der innerbetrieblichen Lohngerechtigkeit auf Akzeptanzprobleme in der Belegschaft führen. Die damit verbundenen negativen Auswirkungen auf das Betriebsklima, die Leistungsbereitschaft, Teamfähigkeit und die Produktivität könnten Arbeitgeber veranlassen, die betrieblichen Arbeits- und Entgeltbedingungen durch die Gewährung **übertariflicher Leistungen** und **Arbeitsbedingungen** für den schlechter gestellten Teil der Belegschaft auf dem durch den **günstigeren Tarifvertrag vermittelten Niveau zu vereinheitlichen.**[207] Verzichtet der Arbeitgeber aber darauf, haben – jedenfalls die unorganisierten – Arbeitnehmer die Möglichkeit, durch **Beitritt zur Gewerkschaft mit dem günstigeren Tarifvertrag** dessen Regelungen sofort in Anspruch zu nehmen. Anderes dürfte beim **Gewerkschaftswechsel eines Arbeitnehmers** gelten: Hält man in diesem Fall mit der wohl h.M. die Nachbindung gem. § 3 Abs. 3 TVG für anwendbar[208], muss nach der Rechtsprechung des BAG[209] die – bis zur Beendigung des nach § 3 Abs. 3 TVG fortgeltenden ungünstigeren Tarifvertrags bestehende – Tarifkonkurrenz nach dem Spezialitätsprinzip (vgl. Rn. 64f.) aufgelöst werden. Der günstigere Tarifvertrag kommt demnach nur dann sofort zur Anwendung, wenn er der speziellere ist. Räumt man demgegenüber, wie für den Verbandswechsel des Arbeitgebers hier vertreten (vgl. Rn. 69), der Nachbindung gem. § 3 Abs. 3 generell den Vorrang ein, gilt der ungünstigere Tarifvertrag im Fall des Gewerkschaftswechsels bis zu seiner Beendigung fort.

---

204 BAG 7.7.10., a.a.O.; Deinert, a.a.O.; im Ergebnis ebenso JKOS-Jacobs, § 7 Rn. 246.
205 Jacobs, a.a.O.; Thüsing/Medem, a.a.O.; zu § 612a BGB vgl. Isenhardt, FS Richardi, S. 270: »mehr Schein als Sein«.
206 Vgl. dazu auch Nielebock, FS Zusatzversorgungskasse, S. 107, 111.
207 Dazu auch Reichold, RdA 07, 321, 326, der dies für die Berufsgruppe der Ärzte im Krankenhaus erwartet.
208 BAG 4.4.01 – 4 AZR 237/00, NZA 01, 1085; JKOS-Oetker, § 6 Rn. 56 m.w.N.
209 BAG 4.4.01, a.a.O.

- Enthalten die bei Tarifmehrheit im Betrieb parallel geltenden Tarifverträge nicht nur **Inhaltsnormen**, sondern auch Betriebs- und betriebsverfassungsrechtliche Normen (zur begrifflichen und inhaltlichen Unterscheidung vgl. § 1 Rn. 105), gelten die Inhaltsnormen differenziert nach der jeweiligen Gewerkschaftszugehörigkeit der Arbeitnehmer, während die durch kollidierende **Betriebsnormen** bestehende **Tarifkonkurrenz** nach dem **Mehrheitsprinzip** (vgl. dazu Rn. 67ff., 68d) aufzulösen ist (vgl. Rn. 67ff.). Dies führt dazu, dass für einen Teil der organisierten Arbeitnehmer die Inhaltsnormen aus »ihrem« Tarifvertrag in Kombination mit »systemfremden« Betriebsnormen eines anderen Tarifvertrags zur Anwendung kommen. Wo dies einer dem Inhalt der Tarifnormen bzw. dem Willen der Tarifvertragsparteien entsprechenden Anwendung der aus verschiedenen Tarifverträgen stammenden Tarifnormen nicht entgegensteht, ist ihre kombinierte Geltung unproblematisch. Da der Normenbestand der anwendbaren Tarifverträge in einem solchen Fall in der Regel nicht aufeinander abgestimmt ist, kann deren kombinierte Anwendung allerdings durchaus **Schwierigkeiten praktischer Natur** nach sich ziehen und auch den in den betroffenen Tarifwerken zum Ausdruck kommenden **ökonomischen Gesamtkompromiss** verletzen. Es kann dann zu einer **Störung des tariflichen Äquivalenzverhältnisses** kommen.[210] Dem könnte dadurch begegnet werden, dass in derartigen Fällen bei einer Verdrängung einer Betriebsnorm als Ergebnis der Auflösung der Tarifkonkurrenz die mit ihr im Zusammenhang stehenden Inhaltsnormen ebenfalls verdrängt werden[211] (vgl. dazu im Einzelnen auch Rn. 68). 107
- Anwendungsprobleme **betriebsverfassungsrechtlicher** Art[212] treten bei Tarifpluralität im Zusammenhang mit der erforderlichen Bestimmung desjenigen Tarifvertrags auf, der den **Tarifvorrang und Tarifvorbehalt** gem. §§ 87 Abs. 1 Eingangssatz, 77 Abs. 3 BetrVG auslöst, und der parallelen Geltung nicht aufeinander abgestimmter tariflicher Öffnungsklauseln. Soweit letzteres **Betriebsnormen** betrifft, ist deren Konkurrenz nach dem Mehrheitsprinzip aufzulösen, vgl. Rn. 67ff. Kollidieren Tarifverträge mit sich nur **teilweise überschneidenden Geltungsbereichen** (wenn z.B. einer der Tarifverträge nur eine begrenzte Berufsgruppe im Betrieb erfasst) ist zunächst daraufhin hinzuweisen, dass der Tarifvorrang und Tarifvorbehalt im Betrieb grundsätzlich nur soweit reicht wie der Geltungsbereich des den Vorrang bzw. die Sperrwirkung auslösenden Tarifvertrages. Im Hinblick auf den **Tarifvorrang gem. § 87 Abs. 1 Eingangssatz BetrVG**, für dessen Eingreifen allein die Tarifbindung des Arbeitgebers ausreicht, spricht viel dafür, dass dieser jeweils nur von **einem** der parallel Geltung beanspruchenden Tarifverträge ausgelöst werden kann. Dies findet seine indirekte Bestätigung in der neueren Rspr. des BAG[213], nach der der Arbeitgeber betriebsverfassungsrechtlich verpflichtet ist, tarifvertragliche Inhaltsnormen, die den Tarifvorrang auslösen und das Mitbestimmungsrecht des Betriebsrats ausschließen oder beschrän- 108

---

210 Thüsing/Medem, ZIP 07, 510, 513f.; vgl. dazu auch Meyer, NZA 06, 1387, 1391.

211 Thüsing/Medem, a.a.O., 514, allerdings nur dann, wenn Individual- und Kollektivnorm derart in Zusammenhang stehen, »dass die eine mit der anderen stehen und fallen soll«.

212 Dazu eingehend Schmidt B., S. 414ff.

213 BAG 18.10.11 – 1 ABR 25/10, NZA 12, 392; 13.3.12 – 1 AZR 659/10, [Rn. 30], NZA 12, 990. 991f.

ken, ungeachtet der Tarifbindung der Arbeitnehmer und Arbeitnehmerinnen einheitlich im Betrieb anzuwenden. Dies erfordert bei Tarifpluralität deren Auflösung. Der maßgebende Tarifvertrag ist dann nach dem **Mehrheitsprinzip** (vgl. Rn. 67, 68a ff.) zu ermitteln.[214] Was den **Tarifvorbehalt gem. § 77 Abs. 3 BetrVG** angeht, löst **jeder Tarifvertrag** die Sperrwirkung aus, allerdings begrenzt auf seinen Geltungsbereich (gesamter Betrieb und Teile der Belegschaft des Betriebs).[215] Dies ergibt sich vor allem aus dem Schutzzweck dieser Vorschrift, nämlich durch die Vorrangkompetenz der Tarifvertragsparteien die Tarifautonomie vor Beeinträchtigungen durch konkurrierende betriebliche Regelungen zu schützen (zum Erfordernis der sich auf die gesamte Belegschaft eines Betriebes erstreckenden **Tarifzuständigkeit einer Gewerkschaft**, die – nur betriebseinheitlich anwendbare – betriebsverfassungsrechtliche Normen tarifvertraglich vereinbaren will vgl. Rn. 67). Soweit der **Grundsatz der Tarifeinheit i. S. d. Tarifeinheitsgesetzes** vom 3. 7. 2015 (vgl. die Kommentierung bei § 4a TVG) greift, werden Tarifvorrang und -vorbehalt in der Regel nur durch den Mehrheitstarifvertrag ausgelöst.

109 • Zu den Auswirkungen von Gewerkschaftskonkurrenz, Tarifpluralität und dem neuerdings durch § 4a TVG gesetzlich geregelten Grundsatz der Tarifeinheit auf den **Arbeitskampf und das Arbeitskampfrecht** vgl. § 4a TVG Rn. 107 ff., AKR Rn. 20, 114 ff., 166 ff., 512.

110–120 *(nicht besetzt)*

6. Abweichende Abmachungen

6.1 Allgemeines und grundsätzliche Probleme

121 § 4 Abs. 3 TVG sieht Ausnahmen von der zwingenden Geltung der Tarifnormen gem. § 4 Abs. 1 TVG (vgl. Rn. 6 ff.) vor: Von den Rechtsnormen eines Tarifvertrags abweichende Abmachungen sind nur zulässig, wenn sie

- durch den Tarifvertrag gestattet (**tarifliche Öffnungsklausel**, § 4 Abs. 3 1. Alternative TVG) oder
- für den Arbeitnehmer günstiger sind (**Günstigkeitsprinzip,** § 4 Abs. 3 2. Alternative TVG).

122 Der Regelungsgehalt dieser Vorschrift steht immer wieder im Mittelpunkt der rechtspolitischen **Kontroversen über die Zukunft des Tarifvertragssystems**. Sie ist einer der rechtlichen Anknüpfungspunkte für die interpretatorischen Versuche und rechtspolitischen Vorschläge der Arbeitgeberverbände und deren Forderungen unterstützender Politiker und Wissenschaftler, die darauf abzielen, die **verbindliche Geltung der Tarifverträge zu lockern** oder ganz aufzuheben und die **Regelungskompetenz der Tarifvertragsparteien**

---

214 In der Literatur wird auch auf den für den Betrieb »repräsentativen« Tarifvertrag abgestellt: DKKW-Klebe, § 87 Rn. 37; Richardi-Richardi, § 87 Rn. 156; wie hier Kittner/Zwanziger/Deinert-Deinert, § 8 Rn. 285; Stein, A., FS Wendeling-Schröder, S. 35, 54 ff.

215 Brecht-Heitzmann, GS Zachert, 502, 516 ff.; Fitting, § 77 Rn. 81; JKOS-Jacobs, § 7 Rn. 248; Schmidt B., S. 469 ff., 508; Schneider, S. 309 f.

weitgehend **auf die betriebliche Ebene zu verlagern** (vgl. dazu und zur Kritik dieser Ansätze Grundl. Rn. 196ff., 234ff.).

Während § 4 Abs. 3 TVG vor allem für die **Zulässigkeit arbeitsvertraglicher abweichender Abmachungen** (vgl. dazu Rn. 132ff., 140) relevant ist, ergibt sich die Rechtmäßigkeit abweichender **betrieblicher Abmachungen** (vgl. dazu Rn. 170ff.) wie **Betriebsvereinbarungen, Regelungsabreden und Dienstvereinbarungen** in erster Linie aus den speziellen betriebsverfassungsrechtlichen Vorschriften des Tarifvorbehalts gem. § 77 Abs. 3 BetrVG und des Tarifvorrangs gem. § 87 Abs. 1 Eingangssatz BetrVG (zu den entsprechenden Vorschriften im Personalvertretungsrecht vgl. §§ 75 Abs. 3 und 5, 76 Abs. 2 BPersVG). Diese Vorschriften dienen durch die Sicherung einer **vorrangigen Regelungskompetenz der Tarifvertragsparteien** dem **Schutz der Tarifautonomie** (vgl. Rn. 173f.) und werden deshalb von den Befürwortern der Lockerung oder Aufhebung der Verbindlichkeit von Tarifverträgen **zur Disposition des Gesetzgebers** gestellt (vgl. Grundl. Rn. 238f.). Die in dieser rechtspolitischen Kontroverse geforderten **gesetzlichen Öffnungsklauseln** zur Abweichung von den Tarifnormen durch die Betriebsparteien oder Mehrheitsvoten der Belegschaft (zur Kritik vgl. Grundl. Rn. 238f.) sind nicht zu verwechseln mit den gem. § 4 Abs. 3 TVG zulässigen **tariflichen Öffnungsklauseln** (vgl. Rn. 130, 132ff.), die ausschließlich von den Tarifvertragsparteien selbst vereinbart werden können.[216] Derartige Öffnungsklauseln können auch den Zweck haben, für bestimmte Regelungsgegenstände während der Laufzeit des Tarifvertrags Änderungen oder Ergänzungen zu ermöglichen und diese Regelungsgegenstände von der Friedenspflicht freizustellen (vgl. AKR Rn. 117ff.). 123

Die Zulässigkeit tariflicher Öffnungsklauseln und die Auslegung des Günstigkeitsprinzips, des Tarifvorbehalts und des Tarifvorrangs im BetrVG spielen auch in der Auseinandersetzung um die tarifpolitische und rechtliche Bewertung sog. **»betrieblicher Bündnisse für Arbeit«** zur Beschäftigungssicherung und -förderung eine zentrale Rolle. Der ursprünglich zwischen den **Spitzenorganisationen der Tarifvertragsparteien** vorhandene Konsens, gemeinsam auf eine **gesetzes- und tarifvertragskonforme Strategie der betrieblichen Beschäftigungssicherung** zu setzen, wird durch einzelne Arbeitgeberverbände (z.B. Erleichterung des Ausstiegs aus der Tarifbindung durch OT-Mitgliedschaft oder Verbandsauflösung, vgl. § 3 Rn. 42ff.) und betriebliche Arbeitgeberstrategien der Tarifflucht und des Tarifbruchs (vgl. Rn. 127) immer wieder in Frage gestellt wird. 124

In ihrer gemeinsamen Erklärung anlässlich des dritten Gesprächs zum Bündnis für Arbeit, Ausbildung und Wettbewerbsfähigkeit in Bonn am 6.7.1999 hatten **BDA und DGB** noch übereinstimmend festgestellt, dass sie gemeinsam **»im Rahmen geltender Gesetze und Tarifverträge** für betriebliche Bündnisse für Beschäftigungssicherung und -förderung, Schaffung von Ausbildungsplätzen und Verbesserung der Wettbewerbsfähigkeit eintreten.« In diesem Verständnis setzen betriebliche Vereinbarungen, die den Namen »Bündnis für Arbeit« in Anspruch nehmen, u.a. auch voraus, dass der von den Tarifvertragsparteien **vorgegebene tarifrechtliche Rahmen** eingehalten wird und dass dies von den Tarifvertragsparteien notfalls auch mit rechtlichen Mitteln überprüft und durchgesetzt werden kann. 125

216 Däubler-Deinert, Rn. 549: Selbstöffnung des Tarifvertrags von innen statt gesetzlicher Öffnung des Tarifvertrags von außen.

126 Diese ursprüngliche Stoßrichtung der Konzeption der »Bündnisse für Arbeit« wurde von einem nicht unerheblichen Teil der Arbeitgeber und diesen nahe stehenden Beratern und Wissenschaftlern in den letzten Jahren auch auf betriebliche Sachverhalte und Strategien der Personalkosteneinsparung übertragen, die im Kern darauf hinauslaufen, mit der Drohung des Verlusts von Arbeitsplätzen Betriebsräte und Gewerkschaften gegeneinander auszuspielen, den **Tarifrechtsbruch als »Kavaliersdelikt«** salonfähig zu machen und letztlich die **Gewerkschaft** als für das Aushandeln der Arbeits- und Entgeltbedingungen zuständige Tarifvertragspartei **aus den Betrieben herauszudrängen.**

127 Im Gegensatz zur eigentlichen Idee des »Bündnisses für Arbeit« steht die verbreitete Arbeitgeberstrategie, durch **tarifwidrige Betriebsvereinbarungen** und **unternehmens- und konzernweite »Verträge«** der Betriebsparteien, **Regelungsabreden, informelle Absprachen** von Arbeitgeber und Betriebsrat und den **Einsatz verschiedener individualrechtlicher Instrumentarien** bestehende Tarifverträge zu unterlaufen. Mit dem »Argument« der Gefährdung bestehender Arbeitsplätze und der Drohung mit der Verlagerung der Produktion in das Ausland, dem Auslagern von Funktionen und Fertigungssegmenten an Fremdfirmen (oder andere »konkurrierende« Konzern- bzw. Unternehmensstandorte) oder der Privatisierung öffentlicher Dienste werden die betroffenen Betriebs- und Personalräte und Belegschaften massiv unter Druck gesetzt und das Zustandekommen entsprechender Abmachungen (»concession bargaining«) auf betrieblicher Ebene erzwungen (zur Flucht aus dem Tarifvertrag durch Outsourcing oder gesellschaftsrechtliche Umstrukturierungen vgl. § 3 Rn. 99ff.). Die sich gerade in der **Krise eines tarifgebundenen Unternehmens** aus dem – auch den Verbandstarifvertrag ergänzenden – Abschluss eines Firmentarifvertrags (vgl. § 1 Rn. 24f.) und aus § 4 Abs. 4 Satz 1 TVG (vgl. dazu Rn. 246ff.) grundsätzlich ergebenden **tarifrechtskonformen Möglichkeiten** werden nur unzureichend genutzt,[217] zuweilen gerade gemieden: Wenn es auf Arbeitgeberseite populär ist, größere »Betriebsnähe« einzufordern, steht nicht selten dahinter im Kern vor allem der Wunsch nach möglichst vollständiger »Gewerkschaftsfreiheit«.

128 Die Befürworter derartiger Strategien gehen im Übrigen offensichtlich ungeprüft davon aus, es gebe regelmäßig eine dieses Vorgehen legitimierende **wirtschaftliche Notlage des Unternehmens** und es werde als Gegenleistung ausnahmslos ein rechtlich durchgreifender **Verzicht auf betriebsbedingte Kündigungen** vereinbart.[218] Dabei wird oft auch die strittige Frage unterschlagen, ob ein Kündigungsverzicht des Arbeitgebers diesen auch bei schlechter wirtschaftlicher Lage des Unternehmens (trotz »Bündnis für Arbeit«) unter allen Umständen tatsächlich rechtlich bindet.[219] Schließlich wird nicht nur in Einzelfällen die vor dem Hintergrund verfestigter Massenarbeitslosigkeit verbreitete **Angst um den Arbeitsplatz** ausgenutzt, um entsprechende Zugeständnisse der Belegschaft ohne Nach-

---

217 Exemplarisch etwa Bauer/Medem, NJW 12, 253, 254, die den Betriebsübergang oder die gesellschaftsrechtliche Umstrukturierung des Unternehmens als »Ausstieg aus der Tarifbindung« empfehlen; vgl. dazu insgesamt auch Henssler/Moll/Bepler-Werner, Teil 13 Rn. 1ff., 12ff.

218 Exemplarisch etwa Bauer, NZA 99, 957; differenzierter Buchner, NZA 99, 897, 901; Thüsing, DB 99, 1552; zur betrieblichen Anwendung von Flächentarifverträgen unter diesen Aspekten vgl. auch Höland/Reim/Brecht; Massa-Wirth/Seifert, WSI-Mitt. 04, 246.

219 Vgl. dazu im Zusammenhang mit dem »Bündnis für Arbeit« etwa JKOS-Jacobs, § 7 Rn. 70; Rieble, RdA 99, 169, 170, 177; Wiedemann, RdA 00, 169, 173.

weis des tatsächlichen Vorliegens einer wirtschaftlichen Notlage und ohne rechtlich verbindliche Beschäftigungssicherung durchzusetzen. »Uneinsichtige« Arbeitnehmer setzen sich der realen Gefahr direkter **Pressionen** oder **subtilerer Formen beruflicher Schwierigkeiten** aus (vgl. dazu Rn. 206).

Die schwierigen und komplexen Probleme bei Verhandlungen über »betriebliche Bündnisse für Arbeit« erfordern eine **paritätische Verhandlungskonstellation**, die zwischen Betriebsrat und Belegschaft einerseits und Arbeitgeber andererseits nicht gegeben ist. Im Vergleich zu den Verhandlungskapazitäten auf Ebene der Tarifvertragsparteien sind die Handlungsbedingungen der Betriebsräte weniger rechts- und sachkundig und weniger paritätisch und konfliktfähig, was im Übrigen auch der Grund dafür ist, dass im Unterschied zum Tarifvertrag (zur Richtigkeitsgewähr des Tarifvertrages vgl. § 1 Rn. 5) dem Inhalt der Betriebsvereinbarung keine Richtigkeitsvermutung zukommt.[220] **129**

Als tarifrechtskonforme Möglichkeit der Abweichung von tarifvertraglichen Regelungen beinhalten die Tarifverträge nahezu aller Branchen ein breites Angebot **beschäftigungssichernder Bausteine, flexibler Rahmenregelungen** für betriebsnahe Lösungen und sogar **Öffnungen für konditionierte und befristete Unterschreitungen der tariflichen Standards** (vgl. dazu Grundl. Rn. 200ff.).[221] Dabei ist inzwischen allerdings festzustellen, dass auch die tarifvertraglich geregelte Dezentralisierung auf die betriebliche Ebene nicht dazu geführt hat, **informelle Tarifabweichungen**, die sich über die tarifvertraglichen Vorgaben hinwegsetzen, und die damit verbundene weitere **»innere Erosion des Tarifsystems«** durchgreifend zu verhindern.[222] **130**

Übersicht: Beispiele tariflicher Öffnungs- und Härtefallklauseln[223]

Bankgewerbe

- **Arbeitszeit**
  Möglichkeit zur Absenkung der Wochenarbeitszeit von 39 auf bis zu 31 Std./Woche mit 20%igem Entgeltausgleich für Arbeitnehmergruppen, einzelne Abteilungen oder ganze Betriebsteile durch freiwillige Betriebsvereinbarung zur Vermeidung von Entlassung und zur Beschäftigungssicherung. Keine betriebsbedingten Kündigungen während der Laufzeit der Betriebsvereinbarungen für von ihr betroffene Arbeitnehmerinnen.
- **Leistungs- und/oder erfolgsorientierte Vergütung**
  Möglichkeit einer leistungs- und/oder erfolgsorientierten Vergütung durch freiwillige Betriebsvereinbarung für alle tariflich bezahlten Arbeitnehmerinnen oder bestimmte Unternehmensbereiche bzw. Mitarbeitergruppen. Höhe des Variabilisierungsvolumens: max. 7,5% (Ausweitung auf 8% in nachfolgenden Tarifverhandlungen) der Tarifgehälter/pro Jahr. Ermittlung von Leistung und Erfolg durch Zielvereinbarungen oder Leistungsbeurteilungen.
- **Härtefallklausel**
  Möglichkeit zur befristeten Abweichung von tariflichen Regelungen (insbesondere niedrigere Sonderzahlung, reduzierter Urlaubsanspruch, in Ausnahmefällen Aussetzung von Tarif-

220 DKKW-Berg, § 77 Rn. 173f.
221 Bispinck, WSI-Mitt. 04, 237, ders. WSI-Tarifhandbuch 2006, S. 41ff., 52ff.
222 Mergener/Décieux/Nachtwey, WSI-Mitt. 15, 86ff.
223 Aus: WSI-Tarifhandbuch 2006, S. 53ff.; WSI-Mitteilungen 2004, S. 339; Quelle: Bispinck/WSI-Tarifarchiv.

erhöhungen) im Fall einer besonders schwierigen wirtschaftlichen Situation, die als Härtefall auch den Beschäftigungsstand eines Unternehmers erheblich bedroht durch Absichtserklärung der Betriebsparteien gegenüber den Tarifvertragsparteien. Abweichung darf 8 % des individuellen Tarifvolumens nicht überschreiten. Vorrang des Abbaus übertariflicher Leistungen vor Abweichungen von Tarifregelungen. Voraussetzung ist die Anerkennung der schwierigen wirtschaftlichen Situation als Härtefall durch die Betriebs- und Tarifvertragsparteien sowie die Vereinbarung von Maßnahmen mit dem Ziel der Arbeitsplatzsicherung und Vorlage von Planungen zur Wiederherstellung stabiler wirtschaftlicher Verhältnisse.

- **Sonderzahlung**
  Möglichkeit durch freiwillige Betriebsvereinbarung das 13. Gehalt in einer Bandbreite von 91 bis 118 % (Erhöhung auf 90 bis 120 % in nachfolgenden Tarifverhandlungen) vom Unternehmenserfolg abhängig zu machen und Möglichkeit zur Verschiebung der Auszahlung des variablen Teils in die ersten sechs Monate des darauf folgenden Kalenderjahres.

Bauhauptgewerbe
- Absenken der Tarifvergütungen um bis zu 10 % (Ostdeutschland) bzw. 5 % (Berlin-West und Ost) zur Sicherung der Beschäftigung, zur Verbesserung der Wettbewerbsfähigkeit;
- Absenken der Jahressonderzahlung auf bis zu 780 Euro (West inkl. Berlin).

Chemische Industrie
- **Einstellungstarif** für Neueinstellungen Langzeitarbeitslose:
  - 95 % der geltenden Tarifsätze für ArbeitnehmerInnen in den Entgelt-Gruppen E 1–E 9 sowie für extern ausgebildete Berufsanfänger der Entgelt-Gruppe E 10–E 13, jeweils im 1. Beschäftigungsjahr eines unbefristeten Arbeitsverhältnisses;
  - 90 % der geltenden Tarifsätze im 1. Beschäftigungsjahr für ArbeitnehmerInnen, die vor der Einstellung neun Monate oder in den 24 Monaten vor der Einstellung zwölf Monate oder länger ohne Beschäftigung gewesen sind.
- **Abgesenkte Tarifentgelte**
  Durch befristete Betriebsvereinbarung Möglichkeit zur Absenkung der Tarifentgelte um bis zu 10 % bei wirtschaftlichen Schwierigkeiten, zur Beschäftigungssicherung und/oder zur Verbesserung der Wettbewerbsfähigkeit. Die Zustimmung der Tarifvertragsparteien ist erforderlich.
- **Jahresleistung** (tarifliches Optionsmodell)
  Durch freiwillige Betriebsvereinbarung Möglichkeit zur erfolgsabhängigen Gestaltung der tariflichen Jahresleistung (*West:* 95 % eines Monatseinkommens; *Ost:* 65 %) mit einer Bandbreite zwischen 80 % und 125 % eines Monatseinkommen (*West*) bzw. 50 und 95 % (*Ost*).
- **Jahresleistung, Urlaubsgeld, vermögenswirksame Leistungen**
  Bei tief greifenden wirtschaftlichen Schwierigkeiten können Arbeitgeber und Betriebsrat bezüglich Höhe oder Auszahlungszeitpunkt Ausnahmelösungen vereinbaren. Die Zustimmung der Tarifvertragsparteien ist erforderlich.
- **Tarifniveauanpassung Ost/West**
  Zur Sicherung der wirtschaftlichen Grundlagen und der Beschäftigung Möglichkeit zum Abweichen des tariflich vereinbarten Anpassungsprozesses an das Einkommensniveau Berlin-West bis 1. 10. 2009. Dies erfolgt durch befristete Betriebsvereinbarung mit Zustimmung der Tarifvertragsparteien.

Einzelhandel
- Verlängerung der Wochenarbeitszeit auf bis zu 40 Std. möglich (ohne Mehrarbeitszuschlag) (Ost, einige regionale Bereiche West);

- Mittelstandsklausel: Unternehmen mit bis zu 25/15/5 Beschäftigten können max. 4/6/8% geringere Entgelte zahlen (in den überwiegenden Tarifbereichen Ost).

Metallindustrie

- **Allgemeine Öffnungsklausel**
  Möglichkeit der Tarifvertragsparteien, nach Prüfung mit den Betriebsparteien, zur nachhaltigen Verbesserung der Beschäftigungsentwicklung ergänzende Tarifregelungen oder befristete Abweichungen von tariflichen Mindeststandards zu vereinbaren (z.B. Kürzung von Sonderzahlungen, Stundung von Ansprüchen, Erhöhung oder Absenkung der Arbeitszeit mit oder ohne vollen Lohnausgleich).
- **Arbeitszeit**
  - Verlängerung für 13/18% der ArbeitnehmerInnen (regional unterschiedlich) auf max. 40 Std./Woche möglich.
  - Sind mehr als 50% der ArbeitnehmerInnen in höheren Lohn-/Gehaltsgruppen, kann die Quote auf bis zu 45/50% (regional unterschiedlich) der Arbeitnehmerinnen ausgedehnt werden.
  - Zur Initiierung von Innovationsprozessen oder aufgrund von Fachkräftemangel ist eine Anhebung der Quote unabhängig von der Beschäftigtenstruktur möglich. Prüfung durch die Tarifvertragsparteien auf Antrag der Betriebsparteien notwendig.
  - Absenkung auf bis zu 30 (*West*) bzw. 33 (*Ost*) Std./Woche (einzelne regionale Abweichungen) mit entsprechenden Einkommensabsenkungen, für alle Arbeitnehmerinnen (oder Gruppen) zur Beschäftigungssicherung möglich.
- **Lohn/Gehalt**
  Regelung in den überwiegenden Tarifbereichen:
  Möglichkeit zeitlich befristeter Sonderregelungen, wenn durch die Weitergabe der tariflichen Vergütungserhöhung die wirtschaftliche Bestandsfähigkeit eines Unternehmens gefährdet ist. Vorlage eines Sanierungskonzeptes und Ausschluss betriebsbedingter Kündigungen sind Voraussetzung.

Versicherungsgewerbe

- Verlängerung/Verkürzung der Wochenarbeitszeit (38 Std.) auf bis zu 42/20 Std. für max. 10% der Beschäftigten
- Zur Beschäftigungssicherung Verkürzung der Wochenarbeitszeit um bis zu acht Std. auf 30 Std.

Der Befund von mehreren hundert Öffnungsklauseln in Tarifverträgen für 80 Wirtschafts- 131
zweige und Tarifgebiete mit rd. 15 Millionen Beschäftigten wird überwiegend als eine (von den Tarifvertragsparteien) »**kontrollierte Dezentralisierung der Tarifpolitik**«[224] verstanden. Dabei darf allerdings nicht die Gefahr verkannt werden, dass eine sich abzeichnende Tendenz zur tarifvertraglichen Ermöglichung der **betrieblichen Unterschreitung auch von Tarifstandards** den Weg zu einer stärker **wettbewerbsorientierten Tarifpolitik** und (weiteren) **Destabilisierung des (Flächen-)Tarifvertrags** ebnet (vgl. dazu auch Grundl. Rn. 205ff.; zu den **rechtlichen Grenzen** der tarifvertraglichen Übertragung der Regelungsbefugnis der Tarifvertragsparteien durch Öffnungsklauseln auf die Betriebsparteien vgl. Rn. 189ff.).[225] **Die quantitative und qualitative Ausbreitung** und der damit verbundene **Funktionswandel der Öff-**

224 Bispinck, WSI-Mitt. 04, a.a.O.

225 Bispinck, WSI-Mitt. 04, 244; ders., WSI-Tarifhandbuch 2006, S. 41ff., 64f.; Bispinck-Bispinck/Bahnmüller, S. 9, 17f., 23ff.; Bispinck-Schmidt, S. 29, 36ff.

nungsklauseln wird von vielen Kritikern des Tarifvertragssystems bewusst oder unbewusst nicht zur Kenntnis genommen. Stattdessen orientiert man sich nach wie vor darauf, die schon weit gezogenen Grenzen der dezentralisierten Tarifpolitik der Tarifvertragsparteien zu überschreiten. Unter diesen Bedingungen ist zur Sicherung der Funktionsfähigkeit des Tarifvertragssystems mehr denn je ein **gerichtlicher Rechtsschutz** für die Tarifvertragsparteien auch in Gestalt eines **Unterlassungsanspruchs** unverzichtbar (vgl. dazu Rn. 208ff.).

6.2 Tarifliche Öffnungsklauseln

132 Gem. § 4 Abs. 3 1. Alternative TVG kann eine abweichende Abmachung **durch eine entsprechende Bestimmung im Tarifvertrag** gestattet werden (**tarifliche Öffnungsklausel**). Ist eine Abweichung von bestimmten Tarifnormen zugelassen, ist deren zwingende Wirkung (vgl. Rn. 6ff.) insoweit aufgehoben; es handelt sich um **dispositives bzw. nachgiebiges Tarifrecht**. In Abhängigkeit von der konkreten Ausgestaltung einer tariflichen Öffnungsklausel, sind auch für die Arbeitnehmer **ungünstigere Abmachungen** zulässig. Für deren Zulässigkeit kommt es auf einen **Günstigkeitsvergleich** wie bei § 4 Abs. 3 2. Alternative TVG (vgl. Rn. 140ff.) nicht an.

133 Da es sich bei der Gestattung von abweichenden Abmachungen um die Ausnahme von der Regel der zwingenden Geltung (vgl. Rn. 6ff.) der Tarifnormen handelt, müssen die **Öffnungsklausel** und der Umfang der erlaubten Abweichung im Tarifvertrag selbst **deutlich** zum Ausdruck kommen.[226] Hinsichtlich ihrer **Reichweite** ist die Öffnungsklausel im Zweifel eng auszulegen.[227] Von einer **konkludenten Gestattung** einer abweichenden Abmachung ist nur in Ausnahmefällen auszugehen.[228] Eine **Selbstentäußerung der Tarifvertragsparteien** durch die dispositive Ausgestaltung eines gesamten Tarifvertrags dürfte unzulässig sein.[229] Schließlich müssen Öffnungsklauseln **höherrangigem Recht** genügen (etwa dem allgemeinen Gleichbehandlungsgrundsatz und den speziellen Diskriminierungsverboten). Von den Öffnungsklauseln sind **Bestimmungsklauseln** (vgl. § 1 Rn. 150ff.), **Verweisungsklauseln** (vgl. § 1 Rn. 145ff.) oder Klauseln über **ergänzende Abmachungen** zum Tarifvertrag zu unterscheiden.[230]

134 Kommt eine abweichende Abmachung nicht zustande, bleibt es bei der unmittelbaren Geltung der dispositiven Tarifnorm.[231] Dem weit gefassten Wortlaut von § 4 Abs. 3 1. Halbsatz entsprechend (»abweichende **Abmachung**«) kann die Abweichung von den Tarifvertragsparteien grundsätzlich durch **Arbeitsvertrag** (Rn. 136f.), **Betriebs- bzw. Dienstvereinbarung** (Rn. 138) oder **Tarifvertrag** (Rn. 139) gestattet werden.[232]

135 Die Tarifvertragsparteien können **verbindlich festlegen**, durch welche **Abmachungen**, ggf. unter Beachtung welcher **Formvorschriften**, vom Tarifvertrag abgewichen werden kann, die Anwendbarkeit der Öffnungsklauseln auf **bestimmte Anlässe** beschränken

226 Däubler-Deinert, Rn. 557; KeZa-Wendeling-Schröder, Rn. 545.
227 Däubler-Deinert, a.a.O.
228 Zu den Einzelheiten vgl. Däubler-Deinert, a.a.O.; Wiedemann-Wank, Rn. 379.
229 Däubler-Deinert, Rn. 553; Wiedemann-Wank, Rn. 376.
230 Vgl. Däubler-Deinert, Rn. 554, 564; Wiedemann, FS Hanau, S. 607ff.
231 Däubler-Deinert, Rn. 566; Wiedemann-Wank, Rn. 380.
232 Däubler-Deinert, Rn. 551; Wiedemann-Wank, Rn. 375.

und/oder die Abweichung selbst **quantitativ und/oder qualitativ konditionieren** bzw. eingrenzen. Sie können auch vorgeben, ob abweichende Abmachungen **einvernehmlich** abgeschlossen werden müssen oder durch Spruch einer **Schlichtungs- oder Einigungsstelle** zustande kommen können und die Wirksamkeit einer abweichenden Abmachung von der **Zustimmung der Tarifvertragsparteien** oder des **Betriebs- bzw. Personalrats** abhängig machen.

Öffnungsklauseln, um eine **Abweichung durch Arbeitsvertrag** zu gestatten, sind eher selten.[233] In der Regel handelt es sich um eine **problematische Gestaltungsoption** der Tarifvertragsparteien. Den durch die Tarifnorm begünstigten Tarifunterworfenen wird der Schutz des Tarifvertrags im Umfang der gestatteten Abweichung praktisch entzogen, der Tarifvertrag wird insoweit auf eine **unverbindliche Muster- oder Leitbildregelung** reduziert.[234] Insofern unterliegen die Inhalte derartiger abweichender arbeitsvertraglicher Abmachungen uneingeschränkt der **AGB-Kontrolle**[235] (was für die tarifvertraglichen Regelungen selbst grundsätzlich nicht der Fall ist, vgl. § 1 Rn. 43). **136**

Vom Wortlaut der Vorschrift (»abweichende **Abmachungen**«) ausgehend spricht einiges dafür, dass Öffnungsklauseln nur eine **einvernehmliche Abweichung** durch die Arbeitsvertragsparteien gestatten können. Zumindest legt der Wortlaut im Zweifel die entsprechende Auslegung einer Öffnungsklausel nahe. Folgt man dem nicht, ist eine derartige Änderung des Arbeitsvertrags einseitig jedenfalls nur im Wege der **Änderungskündigung** möglich (zum ähnlichen Problem der Zulässigkeit ersetzender Abmachungen gem. § 4 Abs. 5 TVG im Wege der Änderungskündigung vgl. Rn. 332). Ob ein **bereits bestehender abweichender Arbeitsvertrag** durch eine später Geltung erlangende Öffnungsklausel unberührt bleibt, oder ob die durch die Öffnungsklausel gestattete Abweichung eine erneute Verhandlung der Arbeitsvertragsparteien voraussetzt, muss durch Auslegung im Einzelfall geklärt werden (zur Frage des Zeitpunktes des wirksamen Abschlusses ersetzender Abmachungen gem. § 4 Abs. 5 TVG vgl. Rn. 330f.).[236] **Endet** eine **abweichende arbeitsvertragliche Vereinbarung** und wird sie nicht durch eine neue abweichende Vereinbarung abgelöst bzw. ersetzt, führt dies wieder zur unmittelbaren Geltung der dispositiven Tarifnorm.[237] Tritt mit der Beendigung des Tarifvertrags dessen **Nachwirkung** gem. § 4 Abs. 5 TVG (vgl. Rn. 293ff.) ein, ist i.d.R. davon auszugehen, dass die abweichende Abmachung mit dem Ablauf des Tarifvertrags ebenfalls endet, da die Zulässigkeit abweichender arbeitsvertraglicher Vereinbarungen an die Laufzeit und die zwingende Geltung des Tarifvertrags gekoppelt ist. Eine ungünstigere **»andere Abmachung« i.S.d. § 4 Abs. 5 TVG kann nur nach Ablauf des Tarifvertrags,** d.h. im Nachwirkungszeitraum, abgeschlossen werden (vgl. dazu eingehend Rn. 330f.).[238] **137**

---

233 Däubler-Deinert, Rn. 553; Wiedemann-Wank, Rn. 376; vgl. die Beispiele bei BAG 3.5.06 – 1 ABR 14/05, DB 07, 60 (TV Deutsche Post AG); 30.5.01 – 4 AZR 284/00, DB 02, 1058 (MTV Groß- und Außenhandel NRW); 21.7.93 – 4 AZR 471/92, NZA 94, 663 (MTV privates Versicherungsgewerbe).

234 Däubler-Deinert, a.a.O.; Kittner/Zwanziger/Deinert-Deinert, § 8 Rn. 86.

235 Kittner/Zwanziger/Deinert-Deinert, a.a.O.

236 Däubler-Deinert, Rn. 567.

237 Vgl. zum ganzen Däubler-Deinert, Rn. 566ff.

238 Däubler-Bepler, Rn. 908; a.A. aber wohl BAG 23.2.05 – 4 AZR 186/04, DB 05, 2305.

138 Zu den **»Abmachungen« i.S.d. § 4 Abs. 3 1. Alternative TVG gehören** grundsätzlich auch **Betriebs- bzw. Dienstvereinbarungen**, doch gelten für die Zulässigkeit von Abweichungen durch kollektive betriebliche Regelungen spezielle betriebsverfassungs- und personalvertretungsrechtliche Vorschriften (§§ 77 Abs. 3, 87 Abs. 1 Eingangssatz BetrVG, §§ 75 Abs. 3 und Abs. 5., 76 Abs. 2 BPersVG), die § 4 Abs. 3 TVG verdrängen (vgl. dazu näher Rn. 170ff.).[239]

139 Vom Wortlaut des § 4 Abs. 3 1. Alternative werden schließlich auch **Tarifverträge** als mögliche abweichende Abmachungen erfasst,[240] wobei dies in erster Linie für Firmentarifverträge (vgl. § 1 Rn. 24) relevant sein dürfte. Letztlich ist die Zulässigkeit abweichender Abmachungen durch **Firmentarifvertrag** allerdings nicht von der Existenz einer Öffnungsklausel gem. § 4 Abs. 3 TVG abhängig. Denn der (»freiwillige«) Abschluss **verdrängender** (zur Tarifkonkurrenz vgl. Rn. 60ff.), **ändernder** oder **ergänzender firmenbezogener Verbandstarifverträge** oder **Firmentarifverträge** parallel zu bestehenden Verbandstarifverträgen ist auch ohne Öffnungsklausel grundsätzlich und jederzeit zulässig (vgl. § 1 Rn. 24ff.; zur uneingeschränkten Tariffähigkeit des einzelnen Arbeitgebers trotz bestehender Verbandsmitgliedschaft vgl. § 2 Rn. 69; zur Erkämpfbarkeit derartiger Tarifverträge vgl. AKR Rn. 47ff.).

6.3 Günstigere Abmachungen/Günstigkeitsprinzip

140 Durch das Zulassen abweichender Abmachungen zugunsten der Arbeitnehmer gem. § 4 Abs. 3 zweite Alternative TVG ist das **Günstigkeitsprinzip** als **Kollisionsregel**, die als Schutzprinzip und als Ausdruck der Privatautonomie bzw. allgemeinen Handlungsfreiheit aus Art. 2 Abs. 1 GG[241] für die gesamte Arbeitsrechtsordnung besondere Bedeutung zukommt[242], für den Tarifvertrag ausdrücklich normiert worden. Die **zwingende Wirkung** der Tarifnormen (vgl. Rn. 6ff.) wird durch das Günstigkeitsprinzip **eingeschränkt:** Den tarifunterworfenen Arbeitsvertragsparteien ist es gestattet, **übertarifliche Entgelt- und Arbeitsbedingungen** zu vereinbaren. Die tariflichen Normen sind im Verhältnis zu arbeitsvertraglichen Abreden lediglich **»einseitig zwingend«**[243] (zum Schicksal ungünstigerer arbeitsvertraglicher Vereinbarungen vgl. Rn. 166).

141 Das Günstigkeitsprinzip kommt zwar in erster Linie für **Inhaltsnormen** (vgl. § 1 Rn. 123ff.) zur Anwendung,[244] doch ist eine Beschränkung auf diesen Normtyp aus rechtlichen Gründen i.d.R. nicht geboten.[245] Wenn auch noch vieles streitig und im Einzelnen zu differenzieren ist, steht einer Anwendung des Günstigkeitsprinzips auch auf sog. **negative Inhaltsnormen** (auch Verbotsnormen genannt), **Beendigungsnormen, betriebliche**

239 Wiedemann-Wank, Rn. 375.
240 Däubler-Deinert, Rn. 551, 571.
241 Vgl. dazu Däubler, TVR Rn. 196ff.
242 BAG GS 16.9.86 – GS 1/82, NZA 87, 168, 172.
243 Dieterich, RdA 02, 1, 3; zum Problem der Zulässigkeit der (schuldrechtlichen) Vereinbarung von Höchstgrenzen im Tarifvertrag bzw. entsprechender Verbandsbeschlüsse vgl. eingehend Däubler-Deinert, Rn. 592; KeZa-Schubert/Zachert, Rn. 361ff.; Wiedemann-Wank, Rn. 396ff.
244 Däubler-Deinert, Rn. 599; KeZa-Schubert/Zachert, Rn. 355.
245 Däubler-Deinert, a.a.O.; Wiedemann-Wank, Rn. 405ff.

und **betriebsverfassungsrechtliche Normen, Normen über gemeinsame Einrichtungen** und **prozessuale Normen** grundsätzlich nichts im Wege (zu den einzelnen Normtypen vgl. § 1 Rn. 123 ff.).[246]

Zu den abweichenden Abmachungen i.S.d. § 4 Abs. 3, 2. Alternative TVG gehören **Arbeitsverträge** einschließlich **vertraglicher Einheitsregelungen** sowie Ansprüche aus **betrieblicher Übung**.[247] **Betriebsvereinbarungen** sind als günstigere abweichende Abmachungen vom Grundsatz her möglich, wenn nach den spezielleren Vorschriften des **Tarifvorbehalts** und des **Tarifvorrangs** gem. §§ 77 Abs. 3, 87 Abs. 1 Eingangssatz BetrVG Betriebsvereinbarungen überhaupt wirksam abgeschlossen werden können.[248] 142

Gilt für ein Arbeitsverhältnis ein **allgemeinverbindlicher Tarifvertrag** (vgl. § 5 TVG) oder ein **mitgliedschaftlich legitimierter Tarifvertrag** (vgl. § 3 Abs. 1, § 4 Abs. 1 TVG) und wird im **Arbeitsvertrag** ein **anderer Tarifvertrag in Bezug genommen**, wird das Verhältnis der arbeitsvertraglichen Regelung über die Anwendung des anderen Tarifvertrags einerseits zu dem normativ geltenden Tarifvertrag andererseits durch das **Günstigkeitsprinzip nach Abs. 3** bestimmt.[249] Da in diesem Fall keine Kollision von Tarifverträgen, sondern von einem Arbeitsvertrag und einem Tarifvertrag vorliegt, liegt weder **Tarifkonkurrenz** noch **Tarifpluralität** vor (vgl. dazu Rn. 60 ff., 82 ff.). 143

Im Verhältnis **zweier auf ein Arbeitsverhältnis** unmittelbar und zwingend **anwendbarer Tarifverträge** zueinander gilt das **Günstigkeitsprinzip** nicht. Soweit sie nach dem Willen der Tarifvertragsparteien nicht nebeneinander bzw. ergänzend zur Anwendung kommen, erfolgt die Ablösung des einen durch den anderen Tarifvertrag nach der **Zeitkollisionsregel** (vgl. § 1 Rn. 82; zur Lösung von **Tarifkonkurrenzen** und zur **Tarifpluralität** vgl. Rn. 60 ff., 82 ff.). Die Kollision eines unmittelbar und zwingend geltenden Tarifvertrags mit einem durch **arbeitsvertragliche Inbezugnahme** anwendbaren Tarifvertrag ist nach dem **Günstigkeitsprinzip** aufzulösen (vgl. Rn. 76, 166 und § 3 Rn. 265).[250] 144

Für die Wirksamkeit günstigerer abweichender Abmachungen kommt es nicht darauf an, zu welchem **Zeitpunkt** der Tarifvertrag in Kraft tritt und der Arbeitsvertrag als günstigere abweichende Abmachung abgeschlossen wurde. Wird der günstigere Arbeitsvertrag während der Laufzeit des Tarifvertrags geschlossen, gilt die günstigere arbeitsvertragliche Abrede ab dem Zeitpunkt ihres Abschlusses. Bestand der günstigere Arbeitsvertrag bereits vor Inkrafttreten des Tarifvertrags, setzt er sich gegenüber den entsprechenden ungünstigeren Tarifnormen durch. Vortarifliche günstigere Arbeitsbedingungen in Tarifverträgen werden in der tariflichen Praxis oft durch sog. **Besitzstandsklauseln** (vgl. Rn. 357) im 145

---

246 Zu den Einzelheiten vgl. Däubler-Deinert, Rn. 599 ff.; Wiedemann-Wank, Rn. 406 ff.

247 Däubler-Deinert, Rn. 609; KeZa-Zachert, Rn. 366 ff.; Wiedemann-Wank, Rn. 420.

248 Däubler-Deinert, Rn. 613; KeZa-Zachert, Rn. 368 ff.; Wiedemann-Wank, Rn. 419, 621; vgl. dazu Rn. 91 ff.

249 BAG 22.2.12 – 4 AZR 24/10, AuR 12, 141; 7.7.10 – 4 AZR 1023/08, NZA-RR 11, 30; 22.10.08 – 4 AZR 784/07, NZA 09, 151; 29.8.07 – 4 AZR 767/06, NZA 08, 364 (unter ausdrücklicher Aufgabe seiner früheren Rechtsprechung: 23.3.05 – 4 AZR 203/04, NZA 05, 1003; 22.9.93 – 10 AZR 207/92, DB 94, 2142; 20.3.91 – 4 AZR 455/90, DB 91, 1779).

250 BAG 22.2.12 – 4 AZR 24/10, a.a.O.; 7.7.10 – 4 AZR 1023/08, a.a.O.

Tarifvertrag ausdrücklich abgesichert. Unabhängig davon kann allerdings durch einen Tarifvertrag ohnehin nicht in **vortarifliche günstigere arbeitsvertragliche Abreden** verschlechternd eingegriffen werden.[251]

146 Das Zustandekommen, die Wirksamkeit, die Änderung und das Beenden günstigerer arbeitsvertraglicher Abreden richten sich nach den **allgemeinen Regeln des Arbeitsvertragsrechts.**[252]

147 Eine von den Tarifnormen abweichende arbeitsvertragliche Abrede ist gem. § 4 Abs. 3 2. Alternative TVG nur zulässig, wenn diese **für den Arbeitnehmer günstiger** ist. Um festzustellen, ob diese Voraussetzung gegeben ist, muss die fragliche Tarifnorm mit der fraglichen arbeitsvertraglichen Abrede verglichen werden (was die **Vergleichbarkeit** beider Regelungen voraussetzt, vgl. Rn. 154ff.). Das Ergebnis des **Günstigkeitsvergleichs** entscheidet über die Frage, ob die arbeitsvertragliche Abrede zulässig ist und sich gegenüber der Tarifnorm durchsetzt. Dem TVG sind für die anzulegenden Vergleichsmaßstäbe unmittelbar keine ausdrücklichen Regelungen zu entnehmen, sodass diese von der Rechtsprechung entwickelt werden mussten.[253] Danach ist – abgeleitet aus der Funktion und dem Schutzzweck der Tarifautonomie – **im Rahmen von Sachgruppen** anhand eines **objektivierenden Beurteilungsmaßstabs** ein **individueller Günstigkeitsvergleich** vorzunehmen (zu den Einzelheiten vgl. Rn. 154ff.).[254]

148 Der Günstigkeitsvergleich ist oftmals das Einfallstor für interpretatorische Versuche und rechtspolitische Vorhaben, die **zwingende Wirkung der Tarifnormen** (vgl. Rn. 6ff.) **auszuhebeln. Vergleichsgegenstände** sollen **erweitert** und die **Vergleichsmaßstäbe subjektiviert** werden: Wie auch immer ausgestaltete Arbeitsplatzgarantien oder Zusagen über Beschäftigungsaussichten durch den Arbeitgeber (»**betriebliches Bündnis für Arbeit**«) sollen in den anzustellenden Vergleich einbezogen und damit zur **Günstigkeit** der vom Arbeitgeber als Kompensation geforderten **untertariflichen Arbeitsbedingungen**, z.B. durch Entgeltabsenkung oder Verlängerung der Arbeitszeit ohne Lohnausgleich, führen.[255]

149 Diesen Ansätzen ist mit dem BAG entgegenzuhalten, dass **Arbeitszeit** und **Arbeitsentgelt einerseits** und eine **Beschäftigungsgarantie andererseits** völlig **unterschiedliche Regelungsgegenstände** sind, für deren Bewertung es keinen gemeinsamen Maßstab gibt (»Äp-

---

251 BAG 22.2.12 – 4 AZR 24/10, a.a.O.; 7.7.10 – 4 AZR 1023/08, a.a.O.; 11.10.67 – 4 AZR 451/66, AP Nr. 1 zu § 1 TVG Tarifverträge: Rundfunk; 26.2.86 – 4 AZR 535/84, AP Nr. 12 zu § 4 TVG Ordnungsprinzip; Däubler-Deinert, Rn. 620; Löwisch/Rieble, Rn. 489; Wiedemann-Wank, Rn. 421.

252 Zu den Einzelheiten vgl. Däubler-Deinert, Rn. 621ff.; Wiedemann-Wank, Rn. 425ff.

253 ErfK-Linsenmaier, GG Art. 9 Rn. 63; eingehend zur Entwicklung der Rechtsprechung Däubler-Deinert, Rn. 633ff.; Kittner/Zwanziger/Deinert-Deinert, § 8 Rn. 69ff.; Wiedemann-Wank, Rn. 432ff.

254 BAG 20.4.99 – 1 ABR 72/98, DB 99, 1555, 1559f.; 7.11.02 – 2 AZR 742/00, RdA 03, 368, 370f. mit Anm. Franzen; Kittner/Zwanziger/Deinert-Deinert, a.a.O.; Wiedemann-Wank, a.a.O.

255 Adomeit, NJW 84, 26; Buchner, NZA 99, 897, 901; Löwisch/Rieble, Rn. 574ff.; Hromadka, DB 03, 42, 43; Picker, NZA 02, 761, 766ff.; Schliemann, NZA 03, 122ff.; zu den entsprechenden rechtspolitischen Vorhaben, die auf eine Änderung des § 4 Abs. 3 abzielen, vgl. Einl. Rn. 85ff. und Hromadka, NZA 96, 1233; CDU/CSU-Fraktion Bundestagsdrucksache 15/1182; FDP-Fraktion Bundestagsdrucksache 15/590, 15/1225.

fel mit Birnen«). Eine Beschäftigungsgarantie ist **nicht geeignet, Verschlechterungen** beim **Arbeitsentgelt** oder bei der **Arbeitszeit zu rechtfertigen.**[256]

Hinzu kommt, dass das Günstigkeitsprinzip auf den Sachverhalt **individueller** arbeitsvertraglicher Abweichungen zugeschnitten ist und nicht auf die Schaffung abweichender **betrieblicher Regelungswerke mit kollektivem Charakter** durch die Instrumentalisierung von vom Arbeitgeber formulierten gebündelten Arbeitsvertragsklauseln (»betriebliches Bündnis für Arbeit«).[257] Dass die im Rahmen des § 4 Abs. 3 2. Alternative TVG zu vergleichenden Regelungen miteinander im sachlichen Zusammenhang stehen, also einem Sachgruppenvergleich zugänglich sein müssen, ist keine neue Erkenntnis. Zum einen entspricht dies der ständigen Rechtsprechung des BAG[258], zum anderen aber auch der h.M. in der Literatur.[259] Es besteht weitgehend Einigkeit, dass sich ein **Gesamtvergleich aller denkbaren Regelungen ausschließt**, wenn die im Tarifvertragssystem angelegte Unabdingbarkeit ihren Sinn behalten soll. 150

Für angeblich vom Arbeitsplatzverlust bedrohte Arbeitnehmer mag die angebotene Beschäftigungssicherung bei Unterschreitung der Tarifbedingungen subjektiv günstiger erscheinen. Ein **»betriebliches Bündnis«**, in dem z.B. die tarifliche 35-Stunden-Woche zur vertraglichen 39-Stunden-Woche, davon zwei Stunden ohne Lohnausgleich und tarifliche Zuschläge, abgeändert wird, lässt sich dagegen auch mit einem erweiterten Verständnis des Günstigkeitsprinzips nicht mehr rechtfertigen. Ein solcher Vergleich stellt nicht Vergleichbares zur Abstimmung und ist die arbeitsrechtliche Ausprägung des Mottos »Geld oder Leben«[260] oder das Ersetzen des Günstigkeitsprinzips durch das Angstprinzip »besser weniger als gar nichts«. 151

Die mit der Uminterpretation des Günstigkeitsprinzips und den rechtspolitischen Vorschlägen zum Aufweichen des Günstigkeitsprinzips verbundene Aushebelung der zwingenden Wirkung des Tarifvertrags macht diesen tendenziell zur unverbindlichen Richtlinie und stellt die tarifunterworfenen Arbeitnehmer weitgehend schutzlos. Die **Funktionsfähigkeit der Tarifautonomie** und die **effektive Wahrnehmung der Koalitionsfreiheit** durch die Tarifvertragsparteien, vor allem durch die Gewerkschaften, wäre in **verfassungswidriger Weise** eingeschränkt (zur Kritik vgl. auch Einl. Rn. 85ff.).[261] 152

Im Übrigen sind die aktuellen Versuche der Uminterpretation des Günstigkeitsprinzips nicht besonders originell, sondern haben **historische Vorläufer** aus den Zeiten der **Wirt-** 153

---

256 BAG 20.5.09 – 4 AZR 230/08, NZA-RR 10, 591; 24.9.08 – 6 AZR 657/07, EzA Nr. 17 zu § 4 TzBfG; 7.11.02 – 2 AZR 742/00, RdA 03, 368, 371 mit Anm. Franzen; 28.6.01 – 6 AZR 114/00, NZA 02, 331; 20.4.99 – 1 ABR 72/98, DB 99, 1555, 1559 = AP Nr. 89 zu Art. 9 GG mit insoweit zustimmender Anm. Richardi; LAG-Baden-Württemberg 7.12.07 – 20 TaBV 7/06, AuR 08, 185, mit zust. Anm. Drohsel; Sächsisches LAG 13.11.01 – 7 Sa 118/01, AuR, 02, 310. mit zust. Anm. Jacobs [aufgehoben durch BAG 19.3.03 – 4 AZR 271/02, AuR 04, mit krit. Anm. Kocher]; LAG Sachsen-Anhalt 8.5.01 – 9 (5) Sa 723/00, AuR 02, 308, m. zust. Anm. Jacobs; ArbG Dresden 5.12.00 – 8 Ca 4514/00. AiB 01, 554, mit Anm. Unterhinninghofen.

257 Ähnlich Dieterich, RdA 02, 1, 14f.

258 BAG 18.12.97 – 2 AZR 709/96, DB 98, 477, 479; 23.5.84 – 4 AZR 129/82, DB 84, 2143.

259 Vgl. die Nachweise bei Wiedemann-Wank, Rn. 432ff.

260 Reichold, ZfA 98, 237, 252f.

261 Däubler-Deinert, Rn. 636ff.; Dieterich, RdA 02, 1, 14f.; ders./Hanau/Henssler/Oetker/Wank/Wiedemann, RdA 04, 65, 69f.; ErfK-Linsenmaier, GG Art. 9 Rn. 65; JKOS-Jacobs, § 7 Rn. 69f., 117; KeZa-Schubert/Zachert, Rn. 293ff., 401; Zachert, AuR 04, 121ff.

schaftskrise in der **Weimarer Republik**: Ernst Fraenkel kommentierte eine Entscheidung des LG Osnabrück aus dem Jahr 1926 unter der Überschrift »Aushöhlung des Tarifvertrags?« u.a. mit folgenden Worten:

»Das Landgericht Osnabrück verneint, dass der Anspruch auf Tariflohn begründet sei. Zwar wird anerkannt, dass der Tarifvertrag grundsätzlich unabdingbar sei, jedoch stützt sich das Gericht auf die Vorschrift in § 1 der Tarifvertragsordnung, dass die zwingende Natur des Tarifvertrages nur soweit besteht, als abweichende Vereinbarungen nicht zugunsten der Arbeitnehmer erfolgt sind. Das Landgericht Osnabrück unternimmt also die Aufgabe, nachzuweisen, dass die Bezahlung von 46 Pf. Stundenlohn für den Arbeitnehmer günstiger sei als die von 50 Pf. Zu diesem zum mindesten merkwürdigen Ergebnis kommt das genannte Gericht durch die Erwägung, dass bei Zahlung von 50 Pf. Stundenlohn der Arbeitnehmer entlassen werden müsste, er also dann auf die Erwerbslosenunterstützung angewiesen wäre, deren Höhe noch unter 46 Pf. liegt. (…)
Aber wenn diese Forderung vielleicht eine allzu hohe ist, hätte ein Blick in die Tarifvertragsordnung § 1 den Osnabrücker Richtern sagen müssen, dass ihre Konstruktion grundfalsch ist. Gewiss lässt die Tarifvertragsordnung abweichende Veränderungen zu, soweit sie für den Arbeitnehmer günstiger sind. Verglichen wird jedoch in diesem Fall die Bestimmung des Tarifvertrages mit der Bestimmung des Einzelarbeitsvertrages, nicht jedoch der Einzelarbeitsvertrag mit der Arbeitslosigkeit. Wollte man letzteres tun, dann wäre der gesamte § 1 der Tarifvertragsordnung – einer der gewaltigsten Fortschritte auf arbeitsrechtlichem Gebiet überhaupt – überflüssig, weil der Arbeitnehmer wohl in keinem Fall beim Vorliegen eines Arbeitsverhältnisses ungünstiger steht, als wenn er arbeitslos ist.«.[262]

154 Schon der Wortlaut von § 4 Abs. 3 2. Alternative TVG legt im Übrigen nahe, dass die einschlägige tarifvertragliche Regelung mit der einschlägigen »**abweichenden Abmachung**« im Arbeitsvertrag und nicht mit dem Gesamtkomplex aller existierenden Vereinbarungen auf arbeitsvertraglicher Ebene oder gar mit den Lebensumständen zu vergleichen ist, die für den Arbeitnehmer ohne die abweichende Abmachung bestünden.[263] Es ist ein **individueller Günstigkeitsvergleich**[264] zwischen einer konkreten Regelung im Arbeitsvertrag und einer konkreten Regelung im Tarifvertrag zu ziehen.[265]

155 Um festzustellen, ob eine abweichende Abmachung für den Arbeitnehmer günstiger ist als die Tarifnorm, ist nach der Rechtsprechung des BAG ein sog. **Sachgruppenvergleich** zu ziehen (vgl. dazu auch Rn. 147).[266] Die zu vergleichenden Regelungen müssen in einem sachlichen Zusammenhang zueinander stehen. Dies verbietet sowohl einen **Gesamtver-**

---

262 Zitiert nach Achten, S. 141 f.; vgl. auch die Hinweise zu weiteren historischen Vorläufern der aktuellen Debatte bei Gamillscheg, S. 839 Fn. 359.
263 BAG 18.12.97 – 2 AZR 709/96, DB 98, 477, 479.
264 BAG GS 16.9.86 – GS 1/82, NZA 87, 168, 174.
265 Zum kollektiven Günstigkeitsvergleich bei der Ablösung durch betriebliche Einheitsregelung gewährter betrieblicher Sozialleistungen durch Betriebsvereinbarung vgl. DKKW-Berg, § 77 Rn. 47 ff.
266 BAG 15.4.15 – 4 AZR 587/13; 19.2.14 – 5 AZR 920/12, DB 14, 1143; 17, 4. 13 – 4 AZR 592/11; 7.11.02 – 2 AZR 742/00, RdA 03, 368, 371; 20.4.99 – 1 ABR 70/98, DB 99, 1555, 1559; 18.12.97, a.a.O.; 23.5.84 – 4 AZR 129/82, DB 84, 2143; s. dazu auch Schaub-Treber, § 207 Rn. 25.

gleich aller jeweils vorhandenen Regelungen auf arbeitsvertraglicher und tarifvertraglicher Ebene[267] als auch den **Vergleich einzelner Sachgruppen** miteinander (z.B. wöchentliche Arbeitszeit mit Entgelt oder Bestandsschutz, vgl. dazu auch Rn. 148f.) oder den **getrennten Vergleich von Einzelregelungen**, wenn die Auslegung des Tarifvertrags ergibt, dass diese in einem inneren Zusammenhang stehen.[268] In der Regel sind die in einem inneren Zusammenhang stehenden Teilkomplexe der Regelungen miteinander zu vergleichen.[269]

Für Fallgestaltungen, in denen bei einem tarifgebundenen Arbeitnehmer ein **normativ geltender Tarifvertrag** auf einen **arbeitsvertraglich in Bezug genommenen Tarifvertrag** trifft (vgl. dazu § 3 Rn. 262ff.), wird die Anwendbarkeit des vorstehend dargestellten Sachgruppenvergleichs in Frage gestellt. Wenn im Arbeitsvertrag ein gesamter Tarifvertrag oder sogar ein Tarifwerk in Bezug genommen sei, verbiete sich ein Sachgruppenvergleich und es sei ein sog. **Gesamtvergleich** zwischen den Tarifverträgen vorzunehmen. Da sich auf Grundlage eines Gesamtvergleichs die günstigere Regelung regelmäßig nicht feststellen lasse, werde die arbeitsvertragliche Regelung verdrängt und es setze sich in dieser Konstellation stets der normativ geltende Tarifvertrag vollständig durch (vgl. dazu Rn. 167).[270] Dieser Ansatz überzeugt schon deshalb nicht, weil er zu Unrecht unterstellt, im Wege der Auslegung der arbeitsvertraglichen Bezugnahmeklausel ergebe sich regelmäßig, dass die Arbeitsvertragsparteien nur eine einheitliche Anwendung des in Bezug genommenen Tarifvertrags gewollt hätten. Im Ergebnis wird ohne Rücksicht auf die Umstände des Zustandekommens der arbeitsvertraglichen Regelung mittelbar die Möglichkeit eröffnet, die Verdrängung günstigerer arbeitsvertraglicher Regelungen bei tarifgebundenen Arbeitnehmern zu erleichtern. Insofern ist auch bei dieser Fallkonstellation ein **Sachgruppenvergleich** vorzunehmen.[271] 156

In diesem Sinne bilden etwa die Regelungskomplexe **Entgelt, wöchentliche Arbeitszeit, Urlaub, Kündigungsfristen** oder **Entgeltfortzahlung im Krankheitsfall** jeweils eine Sachgruppe,[272] deren einzelne Regelungen **sachgruppenübergreifend** i.d.R. einem Günstigkeitsvergleich nicht zugänglich sind. Bei einem **Vergleich unterschiedlich langer Wochenarbeitszeiten** sind nach der Rspr. des BAG[273] die jeweils geschuldeten Arbeitsentgelte mit einzubeziehen (wegen ihres Charakters als »synallagmatische Gegenleistungen«[274]). Innerhalb der Sachgruppen selbst können allerdings deren **Einzelregelungen** auch nicht ohne weiteres **als Gesamtkomplex** in den Günstigkeitsvergleich einbezogen werden. Fasst man etwa in der Sachgruppe »Urlaub« die Einzelregelungen »Urlaubsdauer«, »Wartezeit« und »Höhe des Urlaubsgeldes« zusammen,[275] kann nur die Auslegung des Tarifvertrags im Einzelfall ergeben, ob der unterstellte Sachzusammenhang 157

267 Däubler-Deinert, Rn. 654; JKOS-Jacobs, § 7 Rn. 37; KeZa-Schubert/Zachert, Rn. 409.
268 Kein Vergleich nach der »Rosinentheorie«: JKOS-Jacobs, a.a.O., Rn. 35; KeZa-Schubert/Zachert, a.a.O.
269 BAG 27.1.04 – 1 AZR 148/03, NZA 04, 667.
270 ErfK-Franzen, TVG § 4 Rn. 37.
271 LAG Hamm 3.9.09 – 16 Sa 652/09; aufgehoben durch BAG 16.11.11 – 4 AZR 781/09.
272 Kittner/Zwanziger/Deinert-Deinert, § 8 Rn. 63ff.
273 BAG 15.4.15 – 4 AZR 587/13; 12.12.12 – 4 AZR 328/11, DB 13, 1730.
274 BAG 12.12.12, a.a.O.
275 So etwa BAG 23.5.84 – 4 AZR 129/82, DB 84, 2143.

der Einzelregelungen tatsächlich dem ersichtlichen Willen der Tarifvertragsparteien entspricht.[276] Dies wird bei diesem Beispiel i.d.R. nicht der Fall sein, sodass es nicht durch das Günstigkeitsprinzip gerechtfertigt wäre, dass der Arbeitgeber arbeitsvertraglich die Dauer des Urlaubs kürzt und gleichzeitig die Erhöhung des Urlaubsgeldes zusagt.[277] **Unterschiedliche Leistungen** des Arbeitgebers auf tarifvertraglicher Grundlage und auf arbeitsvertraglicher Grundlage können nur miteinander verglichen werden, wenn diese **funktional äquivalent** sind. Sind die zu vergleichenden Leistungen mit unterschiedlichen Gegenleistungen verbunden, scheidet ein Günstigkeitsvergleich regelmäßig aus.[278]

158 Gem. § 4 Abs. 3 2. Alternative TVG muss die arbeitsvertragliche Regelung eine Abweichung zugunsten »**des Arbeitnehmers**« enthalten. Entscheidend ist daher nicht die Interessenlage der Belegschaft oder von Arbeitnehmergruppen, sondern ausschließlich die des einzelnen Arbeitnehmers.[279] Dabei ist allerdings **nicht** auf den **subjektiven Willen des Arbeitnehmers** abzustellen, sondern ein **objektivierender Maßstab** anzulegen: Es kommt auf die Interessenlage des **verständigen Arbeitnehmers** unter Berücksichtigung der **Verkehrsanschauung in der jeweiligen Branche** und der **allgemein anerkannten Grundsätze und Wertungen der Arbeitsrechtsordnung** an.[280] Eine den Arbeitnehmer schlechter stellende arbeitsvertragliche Abweichung wird durch die gleichzeitige Einräumung eines **arbeitsvertraglichen Wahlrechts** für den Arbeitnehmer (zwischen günstigerer tarifvertraglicher und ungünstigerer arbeitsvertraglicher Regelung) keine Abweichung zugunsten des Arbeitnehmers (vgl. dazu weiter auch Rn. 161).[281]

159 In der **Sachgruppe Entgelt** ist z.B. eine die Tarifvergütung (z.B. monatliches Tarifentgelt 1860 Euro) übersteigende arbeitsvertragliche Vergütung (z.B. monatliches Entgelt 2000 Euro) immer günstiger. Weil sich das Entgelt i.d.R. aber aus verschiedenen Komponenten zusammensetzt (z.B. Grundvergütung und Zulage), stellt sich in der Praxis die Frage, ob bei einer aus mehreren Komponenten bestehenden Gesamtvergütung ein Vergleich der **Gesamtsummen** zulässig ist oder ob die **einzelnen Komponenten der Vergütung** miteinander verglichen werden müssen.

160 Aus der Rechtsprechung des BAG[282] lässt sich der folgende **allgemeine Grundsatz**[283] entnehmen: »Bilden Grundgehalt und Zulage nur Rechnungsposten einer einheitlichen Vergütung, so ist für die Beurteilung, ob der Arbeitnehmer tarifgerecht entlohnt wird, das vereinbarte Gesamtentgelt mit der tariflichen Vergütung zu vergleichen. Stellt sich dagegen die Zulage nach dem Willen der Vertragsparteien als ein relativ selbstständiger, gesondert neben der Grundvergütung stehender Lohnbestandteil dar, so ist für die Feststellung,

---

276 KeZa-Schubert/Zachert, Rn. 412.

277 Däubler, TVR Rn. 216; Kittner/Zwanziger/Deinert-Deinert, § 8 Rn. 64; im Ergebnis übereinstimmend Däubler-Deinert, Rn. 663, der bei Ablehnung des Sachgruppenvergleichs auf Grundlage der Rechtsprechung des BAG den Vergleich von Regelungskomplexen nur zulassen will, wenn die Tarifvertragsparteien selbst durch Zusammenfassung mehrerer Regelungen diese in ihrer Gesamtheit zum Bezugspunkt für einen Günstigkeitsvergleich gemacht haben.

278 BAG 27.1.04, a.a.O.

279 Kittner/Zwanziger/Deinert-Deinert, § 8 Rn. 69.

280 Däubler-Deinert, Rn. 679; JKOS-Jacobs, § 7 Rn. 44; KeZa-Schubert/Zachert, Rn. 405.

281 Däubler-Deinert, Rn. 691a, 710ff.; JKOS-Jacobs, § 7 Rn. 42.

282 10.12.65 – 4 AZR 411/64, DB 66, 544 (= AP Nr. 1 zu § 4 TVG Tariflohn und Leistungsprämie).

283 Kittner/Zwanziger/Deinert-Deinert, § 8 Rn. 65.

ob die vereinbarte Vergütung tarifgerecht ist, allein die vereinbarte Grundvergütung mit der tariflichen Grundvergütung zu vergleichen; die außertarifliche Zulage hat hierbei außer Betracht zu bleiben.« Ein **Vergleich übertariflicher und tariflicher Vergütungsbestandteile** ist nur zulässig, wenn der übertarifliche Bestandteil nicht unspezifisch gewährt wird, sondern dem gleichen Zweck dient wie der tarifliche Bestandteil. Tarifliche Leistungen wie Auslösung, Essensgeldzuschuss, Feiertagsvergütung, Leistungszulage, Mehrarbeitszuschlag, Sozialzulage und Wegegeld können nicht mit pauschalen und unspezifizierten übertariflichen Zulagen verglichen werden.[284] Sind nach einer miteinander zu vergleichenden tarifvertraglichen und arbeitsvertraglichen Entgeltregelung neben dem Stundenentgelt jeweils auch Zuschläge für besonders belastende Arbeitszeiten als prozentuale Erhöhung des Stundenentgelts zu zahlen, sind das **Stundenentgelt und der Zuschlag** in den Vergleich einzubeziehen.[285]

In der **Sachgruppe wöchentliche Arbeitszeit** gilt der Grundsatz, dass eine arbeitsvertragliche Verlängerung der **Dauer der wöchentlichen Arbeitszeit** ungünstiger ist als die – i.d.R. als Höchstarbeitszeit festgesetzte – kürzere tarifliche Wochenarbeitszeit.[286] Bei **tarifvertraglichen Höchstarbeitszeiten** handelt es sich nicht um unzulässige Höchstarbeitsbedingungen.[287] Die Begrenzung der Dauer der wöchentlichen Arbeitszeit garantiert ein Mindestmaß an Freizeit für den Arbeitnehmer.[288] Auch ein im Arbeitsvertrag eingeräumtes **Wahlrecht des Arbeitnehmers** zwischen der tarifvertraglich festgelegten und einer längeren Arbeitszeit ist nicht günstiger,[289] da erstens aufgrund der strukturellen Unterlegenheit des Arbeitnehmers im Arbeitsverhältnis eine **reale Entscheidungsfreiheit** des Arbeitnehmers nicht besteht[290] und zweitens das »subjektive Wollen« des Arbeitnehmers ohnehin nicht für den Günstigkeitsvergleich relevant ist.[291] Schließlich ist die arbeitsvertragliche Verlängerung der Arbeitszeit unter dem Gesichtspunkt des zu erzielenden Entgelts ungünstiger als die tarifliche Arbeitszeit in Kombination mit **zuschlagspflichtiger Mehrarbeit** bei deren Überschreitung.[292] Selbst wenn die arbeitsvertragliche Verlängerung der Arbeitszeit mit der Gewährung einer tarifkonformen Vergütung einschließlich etwaiger Mehrarbeitszuschläge verbunden wird, ist eine derartige Abmachung aus den oben genannten Gründen (Verlust an Freizeitdisposition und Erholungsmöglichkeit) nicht günstiger[293] und dürfte in der Regel darüber hinaus auch nicht mit dem tarif- 161

284 Kittner/Zwanziger/Deinert-Deinert, a.a.O., mit zahlreichen Hinweisen zur Rechtsprechung.
285 BAG 17.4.13 – 4 AZR 592/11, AP Nr. 35 zu § 4 TVG.
286 Däubler-Deinert, Rn. 706f.; Kittner/Zwanziger/Deinert-Deinert, § 8 Rn. 73ff.; zum Vorrang der tariflichen Wochenarbeitszeit auch auf der Grundlage der Annahme einer »günstigkeitsneutralen« Regelung JKOS-Jacobs, § 7 Rn. 46, 63.
287 Däubler-Deinert, Rn. 708; KeZa-Schubert/Zachert, Rn. 424; so aber z.B. Heinze, NZA 91, 329, 335.
288 Däubler-Deinert, a.a.O.
289 So aber etwa Buchner, DB 90, 1715, 1720ff.; Löwisch/Rieble, Rn. 565ff.
290 Buschmann, NZA 90, 387; KeZa-Schubert/Zachert, Rn. 417.
291 Kittner/Zwanziger/Deinert-Deinert, a.a.O.
292 Däubler, DB 89, 2534, 2537; Däubler-Deinert, Rn. 709; Kittner/Zwanziger/Deinert-Deinert, a.a.O.
293 Offen gelassen von BAG 17.4.02 – 5 AZR 644/00, NZA 02, 1340; a.A. Sächsisches LAG 20.11.08 – 1 Sa 270/08, sonstige Erledigung bei BAG 4 AZR 1029/08; LAG Köln 26.4.07 – 6 Sa 208/07, AuR 07, 357, mit insoweit ablehnender Anm. Zachert

vertraglichen Ziel der Vermeidung dauernder und nicht anlassbezogener Mehrarbeit vereinbar sein. Ungünstiger ist in jedem Fall auch eine abweichende individualvertragliche Abmachung, in der eine Verlängerung der tarifvertraglichen Arbeitszeit mit einer übertariflichen Zulage zur **pauschalen Abgeltung der geleisteten Mehrarbeit** verbunden wird, und diese Zulage das nach dem Tarifvertrag geschuldete Entgelt einschließlich der Mehrarbeitsvergütung unterschreitet oder aufgrund einer schwankenden Arbeitszeit nicht feststeht, ob die Pauschalzahlung der Höhe nach stets der geschuldeten tarifvertraglichen Mehrarbeitsvergütung entspricht.[294]

162 Soweit in tarifvertraglichen Höchstarbeitszeiten eine unzulässige **Beschränkung der individuellen Vertragsfreiheit** der Arbeitnehmer gesehen wird, ist darauf hinzuweisen, dass die Tarifvertragsparteien die Privatautonomie der Tarifunterworfenen anerkanntermaßen in einem gewissen Umfang einschränken können, und dass dies im vorliegenden Zusammenhang jedenfalls durch die von den Tarifvertragsparteien mit der Begrenzung bzw. Verkürzung der Arbeitszeit verbundenen **beschäftigungspolitischen Ziele** legitimiert wird.[295]

163 Was die **Lage der Arbeitszeit** angeht, ist z.B. die **tarifvertragliche Untersagung von Wochenend- bzw. Nachtarbeit** günstiger als die arbeitsvertragliche Vereinbarung von Samstags- bzw. Nachtschichten.[296]

164 Zum Günstigkeitsvergleich im Rahmen **anderer Sachgruppen** vgl. Rn. 157; zur unzulässigen **Einbeziehung von Beschäftigungszusagen** in einen Günstigkeitsvergleich zwischen tarifvertraglichen und abweichenden Regelungen zum Entgelt und zur Arbeitszeit (»Bündnis für Arbeit«) vgl. Rn. 148f.

165 Für den **Zeitpunkt des Günstigkeitsvergleichs** kommt es bei einem bereits bestehenden Tarifvertrag auf den Zeitpunkt des Abschlusses des abweichenden Arbeitsvertrags an. Trifft ein Tarifvertrag auf vortarifliche Arbeitsverträge, ist der Zeitpunkt seines Inkrafttretens maßgebend.[297]

166 Ist eine abweichende arbeitsvertragliche **Abmachung nicht günstiger** und **verstößt** somit **gegen § 4 Abs. 3 TVG**, kann diese nicht zur Anwendung kommen und wird durch die entsprechenden tarifvertraglichen Regelungen **verdrängt**.[298] Dies ergibt sich aus der Normwirkung des Tarifvertrages: die Tarifnormen gelten für die tarifunterworfenen Arbeitsvertragsparteien – wie ein Gesetz – ohne deren Mitwirkung oder Kenntnis, werden nicht Inhalt des Individualvertrages und lösen diesen auch nicht ab. Sie verdrängen ihn lediglich.[299] Bei einem vollständigem und ersatzlosen Wegfall der günstigeren Tarifnormen (z.B. durch Beendigung des Tarifvertrages unter Ausschluss der Nachwirkung, vgl. dazu Rn. 308) erlangt der Arbeitsvertrag wieder Wirkung (zu den Voraussetzungen der Ablösung eines nachwirkenden Tarifvertrages durch eine arbeitsvertragliche Abmachung vgl. Rn. 330ff.).[300]

294 Vgl. dazu BAG 17.4.02, a.a.O.; Sächsisches LAG 20.11.08, a.a.O.
295 Däubler-Deinert, Rn. 57; Kittner/Zwanziger/Deinert-Deinert, a.a.O.; Wiedemann-Wank, Rn. 498.
296 Kittner/Zwanziger/Deinert-Deinert, a.a.O.; a.A. Löwisch/Rieble, Rn. 565: Ein dem Arbeitnehmer eingeräumtes Wahlrecht ist günstiger.
297 Kittner/Zwanziger/Deinert-Deinert, § 8 Rn. 82.
298 BAG 12.12.07 – 4 AZR 998/06, DB 08, 1102.
299 BAG 12.12.07, a.a.O.; Däubler-Deinert, Rn. 471.
300 BAG 12.12.07, a.a.O.

167 Ist im Rahmen eines Günstigkeitsvergleichs **nicht zweifelsfrei feststellbar**, dass eine arbeitsvertragliche Abweichung für den Arbeitnehmer günstiger ist, gilt dies entsprechend und es bleibt bei der **zwingenden Geltung der Tarifnorm.**[301] Das gilt ebenfalls bei einem »günstigkeitsneutralen« Charakter der abweichenden Regelung.[302]

168 Verstoßen nicht alle Regelungen einer abweichenden Abmachung gegen Abs. 3, enthält sie z.B. entweder günstigere und ungünstigere Regelungen oder neben ungünstigeren Regelungen auch zulässige Abweichungen von einem bereits nachwirkenden Tarifvertrag, werden nur die gegen Abs. 3 verstoßenden Regelungen verdrängt.[303] Dies gilt auch dann, wenn man im Zusammenhang mit § 139 BGB die Verdrängungswirkung der Nichtigkeit der verdrängten abweichenden Abmachung gleichstellt und es Anhaltspunkte dafür gibt, dass die Teilnichtigkeit dem mutmaßlichen Willen der Parteien der abweichenden Abmachung entspricht.[304]

169 Die Vereinbarung einer vom Arbeitnehmer geschuldeten und mit dem monatlichen Tarifentgelt zu verrechnenden Kostenpauschale, z.B. für die Reinigung der Berufskleidung, stellt keine ungünstige abweichende Abmachung i.S.d. Abs. 3 dar, da eine rechtswirksame **verrechenbare Gegenforderung des Arbeitgebers** nicht zu einer unzulässigen Absenkung des Tarifentgelts führt.[305]

6.4 Betriebliche Abmachungen

6.4.1 Allgemeines

170 Die gesetzliche Ausgestaltung der **betrieblichen Interessenvertretung** der Arbeitnehmer durch **Betriebsräte** im Rahmen der Betriebsverfassung (zur Interessenvertretung durch **Personalräte** im Rahmen der Personalvertretungsgesetze vgl. Rn. 205) hat zu einem **dualen System gewerkschaftlicher und betriebsverfassungsrechtlicher Interessenvertretung** geführt.[306] Die **Regelungsbefugnis der Betriebsparteien** erstreckt sich inhaltlich, zumindest was die Vereinbarung von Rechtsnormen angeht, weitgehend auf diejenige der Tarifvertragsparteien.[307] In diesem Dualismus der Interessenvertretung der Arbeitnehmer ist strukturell ein latentes **Spannungs- und Konkurrenzverhältnis** (das u.a. auch der Ausgangspunkt der aktuell vorgetragenen Angriffe auf die Tarifautonomie mit der rechtspolitischen Forderung nach weitgehender Verlagerung der Regelungsbefugnis der Tarifvertragsparteien auf die betriebliche Ebene ist, vgl. dazu Rn. 123 und Grundl. Rn. 234ff.) und eine **mittelbare Regelungskonkurrenz** angelegt. Diese ist vom Gesetzgeber unter Be-

---

301 BAG 15.4.15 – 4 AZR 587/13; 14.4.02 – 5 AZR 644/00, NZA 02, 1340; 12.4.72 – 4 AZR 211/71, AP Nr. 13 zu § 4 TVG Günstigkeitsprinzip; 27.1.04 – 1 AZR 148/03, NZA 04, 667 (für Betriebsvereinbarungen).
302 BAG 12.4.72, a.a.O.
303 BAG 20.5.09 – 4 AZR 230/08, NZA-RR 10, 591.
304 Offen gelassen von BAG 20.5.09, a.a.O.
305 BAG 17.2.09 – 9 AZR 676/07, NZA 10, 99, 100, auch zu den sonstigen Wirksamkeitsvoraussetzungen derartiger Verrechnungsvereinbarungen.
306 Vgl. dazu DKKW-Däubler, Einl. Rn. 59ff.
307 Vgl. DKKW-Berg, § 77 Rn. 81, § 88 Rn. 2.

rücksichtigung **verfassungs- und völkerrechtlicher Vorgaben** im Sinne einer unbedingten **Vorrangkompetenz der Tarifvertragsparteien** aufzulösen.[308]

171 Dementsprechend enthält das BetrVG (zu den Personalvertretungsgesetzen vgl. Rn. 148) detaillierte, § 4 Abs. 3 TVG verdrängende, Vorschriften des Verhältnisses von Tarifverträgen und betrieblichen Abmachungen:

- Gem. **§ 77 Abs. 3 BetrVG** können Arbeitsentgelte und sonstige Arbeitsbedingungen, die durch Tarifvertrag geregelt sind oder üblicherweise geregelt werden, nicht Gegenstand einer Betriebsvereinbarung sein, es sei denn, ein Tarifvertrag lässt den Abschluss ergänzender Betriebsvereinbarungen ausdrücklich zu (vgl. Rn. 173ff.).
- Gem. **§ 87 Abs. 1 Eingangssatz BetrVG** bestehen die Mitbestimmungsrechte in sozialen Angelegenheiten u.a. nur unter der Voraussetzung, dass keine tarifvertragliche Regelung besteht (vgl. Rn. 198ff.).
- Gem. **§ 112 Abs. 1 Satz 3 BetrVG** sind Sozialpläne auch zulässig, wenn eine Tarifregelung oder Tarifüblichkeit besteht (zum Verhältnis von betriebsverfassungsrechtlichem Sozialplan und Sozialtarifvertrag s. § 1 Rn. 185f. und AKR Rn. 31ff.).[309]
- Gem. **§ 3 BetrVG** können vom Gesetz abweichende Regelungen zur Bildung oder Organisationsstruktur von Betriebsräten durch Betriebsvereinbarung (oder durch Votum der Belegschaft, vgl. § 3 Abs. 3 BetrVG) nur vereinbart werden, wenn diesbezüglich keine tarifvertragliche Regelung oder kein anderer Tarifvertrag besteht.[310]

172 Die betriebsverfassungsrechtlichen Vorschriften zur Regelung des Verhältnisses von Tarifvertrag und betrieblichen Abmachungen stehen nicht beliebig zur Disposition des Gesetzgebers, da die historisch gewachsene und durch Art. 9 Abs. 3 GG geschützte Privilegierung der Koalitionen und ihrer Tätigkeit diesen grundsätzlich eine **vorrangige kollektivvertragliche Regelungskompetenz** auf dem Gebiet der Arbeits- und Wirtschaftsbedingungen garantiert. Die gesetzliche Regelung der Betriebsverfassung und die damit verbundene Schaffung einer konkurrierenden Normsetzungsbefugnis auf betrieblicher Ebene machen daher schon aus verfassungsrechtlichen Gründen die **Absicherung der Normsetzungsprärogative bzw. Vorrangkompetenz der Tarifvertragsparteien** erforderlich.[311] Insoweit trägt der Vorrang des Tarifvertrags der **qualitativ höheren Gewichtung** der **Tarifautonomie** gegenüber der Betriebsautonomie Rechnung. Es geht dabei nicht nur um den Vorrang der Tarifnorm »als der stärkeren Norm«, sondern vor allem um die **Gewährleistung eines leistungsfähigen und attraktiven tarifautonomen Handlungssystems**[312] im Allgemeinen und die **Sicherung der ausgeübten und aktualisierten Tarifautonomie** im Besonderen.[313] Den Gewerkschaften und Arbeitgeberverbänden wurde daher bezüglich der Gestaltung der Arbeitsentgelte und Arbeitsbedingungen eine weitgehende **Vor-**

---

308 Kittner/Zwanziger/Deinert-Deinert, § 10 Rn. 83f.

309 Vgl. dazu DKKW-Däubler, § 112, 112 a Rn. 114ff.

310 Vgl. dazu DKKW-Trümner, § 3 Rn. 158ff.

311 Heinze, NZA 89, 41; Kissel, NZA 86, 73, 79; KeZa-Wendeling-Schröder, Grundlagen Rn. 432; Wiedemann-Wank, Rn. 550, 555.

312 KeZa-Wendeling-Schröder, a.a.O.

313 BVerfG 24.4.96 – 1 BvR 712/86, BB 96, 1835; BAG 27.1.87 – 1 ABR 66/85, AP Nr. 42 zu § 99 BetrVG 1972; 24.2.87 – 1 ABR 18/85, AP Nr. 21 zu § 77 BetrVG 1972; 3.12.91 – GS 2/90, BB 92, 1418, 1422; 24.1.96 – 1 AZR 597/95, BB 96, 1717; 23.3.11 – 4 AZR 268/09, NZA 12, 231; Fitting, § 77 Rn. 67; KeZa-Wendeling-Schröder, a.a.O., Rn. 423.

rangstellung eingeräumt. Die Betriebsvereinbarung soll nicht als ein »**Ersatztarifvertrag**« für nicht organisierte Arbeitnehmer oder als »**Zusatztarifvertrag**« für übertarifliche Leistungen wirken können, weil dadurch die Stellung der Koalitionen und ihre Funktionsfähigkeit entscheidend getroffen würde. Daher **gilt im Verhältnis zwischen Tarifvertrag und Betriebsvereinbarung** auch **nicht das Günstigkeitsprinzip** gem. § 4 Abs. 3 2. Alternative TVG (vgl. auch Rn. 142ff.), soweit nicht der Tarifvertrag selbst eine entsprechende **Öffnungsklausel** (vgl. Rn. 189ff.) enthält.

6.4.2 Betriebsvereinbarung, Regelungsabrede

6.4.2.1 Tarifvorbehalt gem. § 77 Abs. 3 BetrVG

Die Vorschrift des § 77 Abs. 3 BetrVG trägt dem durch Art. 9 Abs. 3 GG verfassungsrechtlich garantierten **Schutz der Gewerkschaften und der Tarifautonomie** Rechnung.[314] Sie soll sicherstellen, dass die Tarifautonomie durch kollektive betriebliche Regelungen nicht beeinträchtigt oder gar ausgehöhlt wird. Ungeachtet der rechtsdogmatischen und -politischen Diskussion über die Reichweite und die Zweckmäßigkeit dieser Vorschrift (vgl. dazu Rn. 123 und Grundl. Rn. 238f.) ist die Regelungssperre von den Betriebsparteien uneingeschränkt zu beachten[315] und wird von der höchstrichterlichen Rechtsprechung in ständiger Rspr. bestätigt.[316] 173

Die Sperre für Betriebsvereinbarungen[317] (die auch von der Einigungsstelle gem. § 76 Abs. 5, 6 BetrVG bei ihren Entscheidungen zu beachten ist) erstreckt sich auf **Arbeitsentgelte** und sonstige **Arbeitsbedingungen,** die durch Tarifvertrag geregelt sind oder üblicherweise geregelt werden. Unter Arbeitsentgelt ist **jede in Geld zahlbare Vergütung oder Sachleistung des Arbeitgebers** zu verstehen, wie Lohn einschließlich Zulagen und Prämien, Gratifikationen, Deputate oder Gewinnbeteiligungen. Unter sonstigen Arbeitsbedingungen sind alle Arbeitsbedingungen zu verstehen, die Gegenstand tariflicher Inhaltsnormen (vgl. § 1 Rn. 123f.) sein können, insbesondere auch die **Dauer der wöchentlichen Arbeitszeit.** 174

Sind als Voraussetzung der Sperrwirkung die Arbeitsentgelte und sonstigen Arbeitsbedingungen durch Tarifvertrag geregelt bzw. üblicherweise geregelt (vgl. dazu Rn. 187ff.), wird die Sperrwirkung für entsprechende Regelungsgegenstände ausgelöst, wenn der **Tarifvertrag die Angelegenheit positiv regelt**. So können typischerweise insbesondere die Dauer der Arbeitszeit und **tarifliche Leistungen** wie Entgelt, Urlaubstage, Sonderzahlung oder Urlaubsgeld nicht Gegenstand einer Betriebsvereinbarung sein. Das gilt auch für die **Verlängerung der Dauer der wöchentlichen Arbeitszeit** oder die **Kürzung der Entgelte** im Rahmen sog. betrieblicher Bündnisse für Arbeit (vgl. dazu Rn. 124ff., 206). Auf die Frage, ob die Regelung in der Betriebsvereinbarung günstiger, schlechter oder in sonstiger Weise abändernd ist, kommt es für das Eingreifen der Sperrwirkung ebenso 175

314 Vgl. dazu KeZa-Wendeling-Schröder, Grundlagen Rn. 432ff.
315 Buchner, DB 97, 573.
316 BVerfG a.a.O.; BAG 23.3.11, a.a.O.; 20.11.01 – 1 AZR 12/01, EzA § 77 BetrVG 1972 Nr. 80; 5.3.97 – 4 AZR 532/95, NZA 97, 951; 24.1.96 – 1 AZR 597/95, BB 96, 1717.
317 Zum Begriff vgl. DKKW-Berg, § 77 Rn. 14f.

wenig an wie auf die mit dem Abschluss einer derartigen Betriebsvereinbarung verbundenen Absichten.

176 Handelt es sich etwa bei der betrieblichen Regelung, beispielsweise einer Anwesenheits- und Pünktlichkeitsprämie, um **versteckte Zuschläge auf den Tariflohn,** verstößt diese gegen die Sperrvorschrift.[318] Das gilt auch für Regelungen über **Ausgleichszahlungen für Arbeitszeit** in Eil- und Notfällen[319] und für vom Tarifvertrag abweichende Regelungen über die Vorlage von **Arbeitsunfähigkeitsbescheinigungen.**[320] Unzulässig ist beispielsweise auch eine Betriebsvereinbarung über die **betriebliche Vorwegnahme von Tariflohnerhöhungen**[321] oder die **Erhöhung der bisherigen tariflichen Vergütung** und **Weihnachtsgratifikation.**[322]

Da eine **bloße Nichtregelung** einer Angelegenheit im Tarifvertrag bzw. ein **Regelungsverzicht** der Tarifvertragsparteien als nicht ausgeübte Tarifautonomie vom Schutzzweck der Sperrwirkung nicht erfasst wird, ist insoweit **bei der Beurteilung des Umfangs der Sperrwirkung** eine **enge Auslegung des Tarifvertrags** geboten.[323] So gilt die Sperrwirkung nicht für Arbeitsbedingungen, die die Tarifvertragsparteien im Tarifvertrag **nicht regeln wollten**[324] oder – etwa mangels Einigung – **nicht regeln konnten.**[325] Etwas anderes kann gelten, wenn sich der Wille der Tarifvertragsparteien **zu einer Negativregelung** unmittelbar aus einer positiven Sachregelung im Tarifvertrag ergibt.[326] Da die Regelungskompetenz der Betriebsparteien nicht zur Disposition der Tarifvertragsparteien steht, tritt die Sperrwirkung auch nicht bei Tarifregelungen ein, die dem Arbeitgeber das Recht einräumen, nach dem BetrVG mitbestimmungspflichtige Angelegenheiten einseitig zu regeln.[327] Auch **lückenhafte Tarifverträge** oder **ergänzungsbedürftige tarifliche Rahmenregelungen** stehen der Ausfüllung durch Betriebsvereinbarungen offen.[328]

177 Die Tatsache, dass der **Lohn tarifvertraglich** (oder üblicherweise tariflich) **geregelt** ist, bedeutet nicht, dass sich die Sperrwirkung schon deshalb auf **Prämien und Zulagen für zusätzliche Leistungen** oder für **Leistungen mit anderen tatbestandlichen Voraussetzungen,** z.B. auf Schmutz- und Erschwerniszulagen, Funktionszulagen, Gratifikationen aus besonderem Anlass oder Zusatzurlaub bei längerer Betriebszugehörigkeit erstreckt.[329] Beschränkt sich der **Tarifvertrag** auf **Zeitlohn,** erfasst die Sperrwirkung mangels gegenteiliger Anhaltspunkte im Tarifvertrag nicht die Regelung von **Akkord-**

---

318 BAG 29.5.64 – 1 AZR 281/63, DB 64, 1342 (= AP Nr. 24 zu § 59 BetrVG).
319 BAG 21.1.03 – 1 ABR 9/02, NZA 03, 1097.
320 BAG 26.2.03 – 5 AZR 112/02, DB 03, 1395.
321 BAG 7.12.62 – 1 AZR 245/61, AP Nr. 28 zu Art. 12 GG.
322 BAG 24.1.96 – 1 AZR 597/95, BB 96, 1717 = AiB 97, 110 mit Anm. Thannheiser.
323 Kittner/Zwanziger/Deinert-Deinert, § 10 Rn. 108.
324 BAG 1.12.92 – 1 AZR 234/92, NZA 93, 613; 22.1.80 – 1 ABR 48/77, AP Nr. 3 zu § 87 BetrVG 1972 Lohngestaltung.
325 GK-Kreutz, § 77 Rn. 91.
326 Vgl. dazu GK-Kreutz, § 77 Rn. 109.
327 BAG 1.12.92, a.a.O.; Fitting, § 77 Rn. 85.
328 GK-Kreutz, § 77 Rn. 110.
329 BAG 14.11.74 – 1 ABR 65/73, AP Nr. 1 zu § 87 BetrVG 1972; 17.12.85 – 1 ABR 6/84, AP Nr. 5 zu § 87 BetrVG 1972 Tarifvorrang; LAG Hamm 8.8.79 – 12 TaBV 44/79, DB 79, 2236; Fitting, § 77 Rn. 88.

und Prämienlohn.[330] Unterliegen bestimmte Arbeitnehmergruppen, z. B. **AT-Angestellte,** nicht dem persönlichen Geltungsbereich eines Tarifvertrags, sind Betriebsvereinbarungen zur Regelung der Arbeitsbedingungen dieser Arbeitnehmergruppen zulässig.[331] Die tarifliche Regelung von **Nachtarbeitszuschlägen** führt nicht zur Unzulässigkeit einer Betriebsvereinbarung über **Wechselschichtzulagen,** da mit den Zulagen unterschiedliche Erschwernisse honoriert werden sollen.[332] Eine Verlängerung der tariflichen Wochenarbeitszeit durch die Festlegung zusätzlicher **unbezahlter Anwesenheitszeiten** in einer Betriebsvereinbarung verstößt gegen Abs. 3.[333] Allgemeine tarifvertragliche Arbeitszeitregelungen sperren keine Betriebsvereinbarung über die **Anerkennung bestimmter Fahr- und Wegezeiten als Arbeitszeit.**[334] Regelt eine Betriebsvereinbarung **allgemeine**, nicht an besondere Voraussetzungen gebundene **Zulagen** oder **offene** oder, z. B. als Anwesenheits- oder Pünktlichkeitsprämie, **versteckte Zuschläge auf das Tarifentgelt**, verstößt dies gegen die Sperrvorschrift.[335] Das gilt auch für **Ausgleichzahlungen für Arbeitszeit** in Eil- und Notfällen[336] oder für von einem Tarifvertrag abweichende Regelungen über die **Vorlage einer Arbeitsunfähigkeitsbescheinigung.**[337] Unzulässig ist beispielsweise auch eine Betriebsvereinbarung über die **betriebliche Vorwegnahme, Art und Weise der Weitergabe oder Fälligkeit von Tarifentgelterhöhungen**[338] oder die **Erhöhung des Entgelts** oder der **Weihnachtsgratifikation**, wenn entsprechende tarifliche Regelungen bestehen oder üblich sind.[339] Mit § 77 Abs. 3 BetrVG vereinbar ist allerdings eine Betriebsvereinbarung über das **ob und wie der Anrechnung von Tariferhöhungen** auf übertarifliche Zulagen.[340]

Aus einer wegen Verletzung der Sperrvorschrift **nichtigen Betriebsvereinbarung**[341] können für die Arbeitnehmer Ansprüche erwachsen, wenn die begünstigende Betriebsvereinbarung in ein gebündeltes Vertragsangebot an die Arbeitnehmer gem. § 140 BGB analog **umgedeutet** werden kann[342] oder wenn eine **Gesamtzusage des Arbeitgebers** oder **betriebliche Übung** vorliegt.[343] Dies kann dann gelten, wenn der Arbeitgeber in Kenntnis der Nichtigkeit der Betriebsvereinbarung Leistungen gewährt und damit seinen **unbedingten Bindungswillen** zum Ausdruck gebracht hat.[344] Das tatsächliche Gewähren von Leistungen ist dafür allein nicht ausreichend, wenn sie erkennbar zur **Erfüllung ver-** 178

330 BAG 18. 3. 64 – 1 ABR 10/63, AP Nr. 4 zu § 56 BetrVG Entlohnung.
331 BAG 22. 1. 80, a.a.O., mit zustimmender Anm. Moll.
332 BAG 23. 10. 85 – 4 AZR 119/84, AP Nr. 33 zu § 1 TVG Tarifverträge: Metallindustrie.
333 LAG München 8. 1. 09 – 2 Sa 529/08.
334 BAG 10. 10. 06 – 1 ABR 59/05, DB 07, 751.
335 BAG 30. 5. 06 – 1 AZR 111/05, NZA 06, 1170.
336 BAG 21. 3. 03 – 1 ABR 9/02, NZA 03, 1097.
337 BAG 26. 2. 03 – 5 AZR 112/02, DB 03, 1395.
338 BAG 11. 10. 06 – 4 AZR 522/05, AiB 07, 418 mit Anm. Rehwald; 30. 5. 06, a.a.O.
339 BAG 24. 1. 96 – 4 AZR 522/05, BB 96, 1717 = AiB 97, 110 mit Anm. Thannheiser.
340 BAG 3. 5. 06, a.a.O.
341 BAG 13. 8. 80 – 5 AZR 325/78, AP Nr. 2 zu § 77 BetrVG 1972; Fitting, § 77 Rn. 97.
342 BAG 29. 1. 02 – 1 AZR 267/01, EzA § 77 BetrVG 1972 Nr. 71 (= NZA 02, 393-Ls.); 24. 1. 96, a.a.O.; 23. 8. 89 – 5 AZR 391/88, BetrR 90, 164 = BB 89, 2330; Fitting, § 77 Rn. 104ff.
343 Vgl. dazu die Einwände bei Veit/Waas, BB 91, 1329.
344 BAG 23. 8. 89, a.a.O.; 13. 8. 80, a.a.O.; 26. 4. 90 – 6 AZR 278/88, DB 90, 1871, 1873; Fitting, § 77 Rn. 105.

meintlicher Verpflichtungen aus einer unwirksamen Betriebsvereinbarung erfolgt.[345] Ergibt sich **aus der Betriebsvereinbarung selbst** oder aus den **Umständen ihres Abschlusses,** dass sich der Arbeitgeber freiwillig unbedingt und unwiderruflich binden wollte, reicht dies für die Umdeutung aus.[346] Ist die nichtige Betriebsvereinbarung **unter Druck oder** kraft eines **ungültigen Spruchs im erzwingbaren Einigungsstellenverfahren** zustande gekommen, kann der Umdeutungswille des Arbeitgebers regelmäßig nicht unterstellt werden.[347] Eine Umdeutung ist auch in den Fällen ausgeschlossen, in denen die Regelungen der nichtigen Betriebsvereinbarung auch **als arbeitsvertragliche Regelung rechtswidrig** wären, z.B. bei Verstoß gegen das Günstigkeitsprinzip gem. § 4 Abs. 3 2. Alternative TVG (vgl. Rn. 140ff.) oder sonstige gesetzliche Arbeitnehmerschutzbestimmungen.[348]

179 Von der **Sperrwirkung des § 77 Abs. 3 BetrVG** nicht erfasst werden Betriebsvereinbarungen, die im Rahmen der zwingenden Mitbestimmung gem. § 87 BetrVG abgeschlossen werden.[349] Betriebsvereinbarungen zu **nicht mitbestimmungspflichtigen Regelungsgegenständen**, wie besonders der **Höhe der Entgelte** oder der **Dauer der regelmäßigen wöchentlichen Arbeitszeit,**[350] werden demnach allerdings bei Vorliegen der entsprechenden Voraussetzungen von § 77 Abs. 3 BetrVG gesperrt. Da § 87 Abs. 1 BetrVG neben der Sicherung einer funktionsfähigen Tarifautonomie u.a. zusätzlich den Zweck hat, das Direktionsrecht des Arbeitgebers einzuschränken und über die Mitbestimmung des Betriebsrats eine gleichberechtigte Beteiligung der Arbeitnehmer an der Ausgestaltung der betrieblichen Arbeitsbedingungen zu sichern,[351] gilt für Betriebsvereinbarungen im Rahmen der zwingenden Mitbestimmung, wenn ein gültiger Tarifvertrag besteht, allein der Tarifvorrang gem. § 87 Abs. 1 BetrVG, der als Spezialvorschrift dem Tarifvorbehalt des § 77 Abs. 3 BetrVG vorgeht.[352] Lediglich üblicherweise tariflich geregelte Arbeitsbedingungen können somit im Rahmen der Mitbestimmungsangelegenheiten gem. § 87 Abs. 1 BetrVG die betriebsverfassungsrechtliche Regelungskompetenz grundsätzlich nicht verdrängen. Gem. § 112 Abs. 1 Satz 4 BetrVG werden auch **Sozialpläne** von der Sperrwirkung des § 77 Abs. 3 BetrVG nicht erfasst.[353] **Freiwillige Betriebsvereinbarungen** und **Sozialpläne** oder ein **Interessenausgleich** gem. § 112 Abs. 1 Satz 1 BetrVG in Form einer freiwilligen Betriebsvereinbarung unterliegen allerdings der Regelungssperre nach § 77

345 BAG 28.6.05 – 1 AZR 213/04, AiB 07, 192.
346 BAG 24.1.96 – 1 AZR 213/04, a.a.O.; 23.8.89, a.a.O.
347 Fitting, a.a.O.
348 Fitting, a.a.O.
349 »Vorrangtheorie«: BAG 24.2.87 – 1 ABR 18/85, AP Nr. 21 zu § 77 BetrVG 1972; 24.11.87 – 1 ABR 25/86, AP Nr. 6 zu § 87 BetrVG 1972 Auszahlung; 10.2.88 – 1 ABR 56/86, AP Nr. 33 zu § 87 BetrVG 1972 Lohngestaltung; 3.12.91 – GS 2/90, BB 92, 1418, 1422; 29.4.04 – 1 ABR 30/02, BB 04, 1967; 28.2.06 – 1 ABR 4/05, DB 06, 2823; 3.5.06 – 1 ABR 14/05, DB 07, 60; Däubler, AR 1, Rn. 932; Fitting, § 77 Rn. 111ff.; KeZa-Wendeling-Schröder, Grundlagen Rn. 464; a.A. als Vertreter der »Zwei-Schranken-Theorie« z.B. GK-Kreutz, § 77 Rn. 139ff.; GK-Wiese, § 87 Rn. 48ff.; Wiedemann-Wank, Rn. 616ff.
350 So die h. M; a.A. zur Dauer der Wochenarbeitszeit DKKW-Klebe, Rn. 89ff.
351 Vgl. BAG 24.2.87, a.a.O.; KeZa-Wendeling-Schröder, a.a.O., Rn. 346.
352 BAG 24.2.87, a.a.O.
353 DKKW-Däubler, § 112, 112a, Rn. 114ff.

Abs. 3 BetrVG[354], da § 88 BetrVG im Gegensatz zu § 87 Abs. 1 BetrVG keine im Vergleich zu § 77 Abs. 3 BetrVG speziellere Regelung enthält.

Die vollständige oder teilweise inhaltliche **Übernahme eines für den Betrieb geltenden Tarifvertrags** – auch eines **Firmentarifvertrags**[355] – durch Betriebsvereinbarung mit der Folge, dass der Tarifvertrag auch auf nicht organisierte oder anders organisierte Arbeitnehmer eines Betriebs ausgedehnt wird, ist unzulässig. Damit wird verhindert, dass der persönliche Geltungsbereich von Tarifverträgen auf einem anderen als dem hierfür vorgesehenen Weg der Allgemeinverbindlichkeit (§ 5 TVG) ausgedehnt wird.[356] Unzulässig ist auch das **Ersetzen tariflicher Bestimmungen,** die bei einem Betriebsveräußerer galten, durch eine bei einem Betriebserwerber geltende **Betriebsvereinbarung im Rahmen von § 613a Abs. 1 Satz 3 BGB** anlässlich eines Betriebsübergangs.[357] Dem § 613a Abs. 1 Satz 3 BGB liegt die gesetzgeberische Wertung zugrunde, dass sich nur einander gleichwertige Kollektivverträge ablösen können. Genau diese Gleichwertigkeit besteht zwischen Tarifverträgen und Betriebsvereinbarungen nicht, was auch durch den Tarifvorrang aus § 77 Abs. 3 BetrVG seinen gesetzgeberischen Ausdruck gefunden hat.[358] 180

Die Sperrwirkung von § 77 Abs. 3 BetrVG wird ausgelöst, wenn Arbeitsentgelte und sonstige Arbeitsbedingungen **durch Tarifvertrag geregelt** sind oder **üblicherweise durch Tarifvertrag geregelt werden** (dazu Rn. 187ff.). Eine Regelung durch Tarifvertrag liegt vor, wenn ein Tarifvertrag abgeschlossen ist und aktuell besteht, d.h. während des Zeitraums vom **In-Kraft-Treten bis zum Ablauf eines Tarifvertrags** (vgl. Rn. 297ff.; § 1 Rn. 34ff.; für das sich an den Zeitpunkt des Ablaufs anschließende Stadium der Nachwirkung des Tarifvertrags vgl. Rn. 186ff.). Die Sperrwirkung greift auch dann ein, wenn der Tarifvertrag zeitlich erst **nach Zustandekommen der Betriebsvereinbarung** in Kraft tritt[359] oder z.B. aufgrund **erstmaliger Tarifbindung** des Arbeitgebers, eines **Tarifwechsels** oder eines **Betriebsübergangs** Geltung erlangt. Der **erstmalige Abschluss** eines Tarifvertrags ist ausreichend.[360] Der Tarifvertrag muss für die Branche oder bezüglich der von seinem Geltungsbereich erfassten Arbeitnehmer und Arbeitgeber nicht **repräsentativ** sein.[361] Auch kommt es nicht auf die **»Bedeutung« des Tarifvertrags** oder die **»Größe« der tarifschließenden Gewerkschaft** an. Das Gesetz stellt auf die Existenz einer Tarifregelung ab und nicht auf das Ausmaß ihrer Anwendung und zielt von seinem Schutzzweck her gerade auch darauf ab, die Ausübung der Tarifautonomie und Verhinderung einer betrieblichen 181

354 BAG 14.11.06 – 1 AZR 40/06, DB 07, 173; LAG Baden-Württemberg 13.1.99 – 17 TaBV 3/98, AuR 99, 156; DKKW-Berg, § 88 Rn. 3; DKKW-Däubler, §§ 112, 112a, Rn. 114.

355 ArbG Hamburg 24.10.94 – 21 Ca 202/94; 31.1.95 – 25 Ca 239/94; a.A. v. Hoyningen-Huene, DB 94, 2026.

356 BAG 20.11.01 – 1 AZR 12/01, NZA 02, 872; 22.3.94 – 1 ABR 47/93, EzA TVG § 4 Geltungsbereich Nr. 10; 3.12.91 – GS 2/90, BB 92, 1418, 1423; LAG Hamburg 7.6.95 – 4 Sa 115/94, AuR 96, 66; ArbG Mainz 27.7.95 – 1 Ca 3007/94, AuR 96, 240 = DB 96, 2500; Fitting, § 77 Rn. 98.

357 Vgl. auch DKKW-Berg, § 77 Rn. 104.

358 BAG 21.4.10 – 4 AZR 768/08, ZTR 10, 636; 13.11.07 – 3 AZR 191/06, NZA 08, 600; 6.11.07 – 1 AZR 862/06, DB 08, 935; ErfK-Preis, BGB § 613a Rn. 126 m.w.N.; a.A. Kania, DB 95, 626; Meyer, NZA 01, 751.

359 BAG 21.1.03 – 1 ABR 9/02, NZA 03, 1097; Fitting, Rn. 99; GK-Kreutz, Rn. 132.

360 Fitting, § 77 Rn. 75; GK-Kreutz, § 77 Rn. 101.

361 BAG 20.11.01, a.a.O.; 13.8.80 – 5 AZR 325/78, DB 1981, 274; Fitting, § 77 Rn. 79; GK-Kreutz, § 77 Rn. 102.

Konkurrenzordnung in (z.B. neuen) Branchen ohne traditionell starke Tarifvertragsparteien zu sichern.[362]

182 Es werden nur solche Betriebe von der Sperrwirkung erfasst, die unter den **räumlichen, betrieblichen und fachlichen Geltungsbereich des Tarifvertrags** (vgl. dazu Rn. 13ff.) fallen.[363] Dafür genügt auch das Bestehen eines **Firmentarifvertrags** für diesen Betrieb.[364] Wird mit Arbeitnehmern eines Betriebs die **Anwendung eines Tarifvertrags einzelvertraglich vereinbart** und fällt dieser Betrieb nicht unter den Geltungsbereich dieses Tarifvertrags, greift die Sperrwirkung nicht ein.[365]

Die Feststellung, welche Betriebe vom Geltungsbereich eines Tarifvertrags erfasst werden, wirft besondere Probleme auf, wenn die für bestimmte Branchen tarifzuständigen Tarifvertragsparteien den **räumlichen und/oder fachlichen bzw. betrieblichen Geltungsbereich** des Tarifvertrags nicht – ausdrücklich – im Rahmen ihrer Tarifzuständigkeit inhaltlich definieren, sondern ausschließlich auf die **Mitgliedschaft im Arbeitgeberverband** bzw. in den tarifschließenden Parteien abstellen (vgl. dazu auch Rn. 29)[366]. Da die Voraussetzungen der Mitgliedschaft im Arbeitgeberverband notwendig mit dessen Tarifzuständigkeit korrespondieren, erfasst die Sperrwirkung des § 77 Abs. 3 BetrVG neben den Betrieben der Mitglieder des Arbeitgeberverbands auch die Betriebe derjenigen Arbeitgeber, die nach der Satzung des Arbeitgeberverbands die Mitgliedschaft erwerben können und für die die Tarifzuständigkeit der tarifschließenden Gewerkschaft gegeben ist.[367] Unabhängig davon, dass es für die Geltung des Tarifvorrangs auf die Tarifbindung und damit auch auf die Mitgliedschaft im Arbeitgeberverband nicht ankommt (vgl. Rn. 183), grenzt die Mitgliedschaft im Arbeitgeberverband als Kriterium für die Erfassung eines Arbeitgebers durch den TV nicht den fachlichen bzw. betrieblichen Geltungsbereich des TV ab, sondern stellt die schlichte Bestätigung der ohnehin gegebenen Rechtslage dar. Ergeben sich aus dem TV keine weiteren Auslegungsgesichtspunkte, wird in derartigen Fällen der Geltungsbereich des TV jedenfalls durch die Tarifzuständigkeit der beteiligten TV-Parteien umrissen und begrenzt. Die Gegenmeinung, nach der die Sperrwirkung die Betriebe der unorganisierten Arbeitgeber – im durch Auslegung (Tarifzuständigkeit der Tarifvertragsparteien) zu ermittelnden – Geltungsbereich des Tarifvertrags nicht erfassen soll,[368] verkennt, dass der Schutzzweck des Tarifvorbehalts leer laufen würde, wenn allein die feh-

---

362 Kittner/Zwanziger/Deinert-Deinert, § 10 Rn. 100; Wiedemann-Wank, Rn. 565; im Ergebnis wie hier Fitting, a.a.O.; a.A. Kania, BetrVG § 77, Rn. 49; ebenso wohl MünchArbR-Matthes, § 238 Rn. 64.

363 BAG 21.12.82 – 1 ABR 20/81, DB 83, 996; 27.1.87 – 1 ABR 66/85, AP Nr. 42 zu § 99 BetrVG 1972; Fitting, § 77 Rn. 75.

364 BAG 21.6.05 – 9 AZR 353/04, DB 06, 680; 21.1.03 – 1 ABR 9/02, NZA 03, 1097; Fitting, § 77 Rn. 80.

365 BAG 27.1.87, a.a.O.

366 Löwisch/Rieble, Rn. 230ff. nennen dies »organisatorischen Geltungsbereich«.

367 Im Ergebnis übereinstimmend BAG 23.3.11 – 4 AZR 268/09, NZA 12, 231; 22.3.05 – 1 ABR 64/03, NZA 06, 383; Kittner/Zwanziger/Deinert-Deinert, § 10 Rn. 98, 114; MünchArbR-Matthes, a.a.O.; DKKW-Berg, § 77 Rn. 139 m.w.N.

368 LAG Köln 16.3.99 – 13 TaBV 27/98, ZTR 99, 431; Buchner, DB 97, 573, 577; Fitting, § 77 Rn. 76; GK-Kreutz, § 77 Rn. 108; ErfK-Kania, BetrVG § 77 Rn. 46; Kania, BB 01, 1091; Löwisch/Rieble, Rn. 254.

lende Mitgliedschaft im Arbeitgeberverband die Errichtung einer betrieblichen Konkurrenzordnung ermöglichen würde.

Voraussetzung für das Eingreifen der Sperrwirkung ist **weder die Tarifbindung** (vgl. § 3 Rn. 10ff.) **eines oder mehrerer Arbeitnehmer**[369] **noch des Arbeitgebers.**[370] Dies hat zur Konsequenz, dass der Nichteintritt in den oder der **Austritt aus dem Arbeitgeberverband** (vgl. § 3 Rn. 21ff.) oder die **Ausgliederung von Betrieben** (vgl. § 3 Rn. 98ff.) auf nicht tarifgebundene Rechtsträger nicht die **Errichtung einer betrieblichen Konkurrenzordnung** durch Abschluss entsprechender Betriebsvereinbarung zulässt. Dies entspricht dem Normzweck von § 77 Abs. 3 BetrVG und verweist auf den **Firmentarifvertrag** als systemadäquate Alternative zur Bindung an den Verbandstarifvertrag.[371] Nicht gesperrt sind allerdings **Betriebsvereinbarungen im Rahmen der zwingenden Mitbestimmung** gem. § 87 BetrVG (vgl. Rn. 198ff.).[372] 183

Besondere Probleme werfen neuere Strategien der »Flucht aus dem Tarifvertrag« auf, wie beispielsweise bestimmte Formen der **»organisierten Tarifunwilligkeit« auf Arbeitgeberseite** (vgl. § 2 Rn. 80; § 3 Rn. 42ff.). Ändern Arbeitgeberverbände die Satzung dahingehend, dass neben der herkömmlichen »Vollmitgliedschaft« eine Mitgliedschaft ohne Tarifbindung (sog. **OT-Mitgliedschaft**, vgl. § 3 Rn. 42ff.) vorgesehen ist, gilt für den Arbeitgeber im Status der OT-Mitgliedschaft im Arbeitgeberverband § 77 Abs. 3 BetrVG in gleicher Weise wie für den Arbeitgeber, der den Arbeitgeberverband durch Austritt verlassen hat.[373] 184

Bei **Auflösung des Arbeitgeberverbands** oder gewillkürter Tarifunfähigkeit durch entsprechende **Satzungsänderung des Arbeitgeberverbands (OT-Verband)** kann die Fortgeltung der Sperrwirkung fraglich werden, wenn die Tarifvertragspartei auf Arbeitgeberseite wegfällt und der Tarifvertrag endet (vgl. § 3 Rn. 82, 87). Das Fehlen der Tarifvertragspartei auf Arbeitgeberseite steht einem Neuabschluss möglicherweise langfristig entgegen, sodass die **Tarifüblichkeit** entfallen könnte (vgl. Rn. 187ff.). Das gilt nicht, solange der Tarifvertrag nachwirkt und die Gewerkschaft mit den bisher verbandsgebundenen Arbeitgebern Firmentarifverträge ernsthaft anstrebt. Die Tarifüblichkeit würde dann – für alle Betriebe im Geltungsbereich des abgelaufenen und nachwirkenden Tarifvertrags – erst wegfallen, wenn die Gewerkschaft erklären würde, sie strebe keine Firmentarifverträge mehr an, oder wenn sie nach mehreren Jahren keinen Tarifabschluss realisiert hätte.[374] 185

Gilt der Tarifvertrag nur noch kraft **Nachwirkung** (vgl. Rn. 293ff.), besteht im Sinne von § 77 Abs. 3 BetrVG keine tarifliche Regelung mehr. Der Tarifvertrag kann **im Nachwir-** 186

---

369 MünchArbR-Matthes, a.a.O.; Wiedemann-Wank, Rn. 562.

370 BAG 23.3.11 – 4 AZR 268/09, NZA 12, 231; 21.1.03, a.a.O.; 20.11.01, a.a.O.; 24.1.96 – 1 AZR 597/95, NZA 96, 948; 5.3.97 – 4 AZR 532/95, NZA 97, 951; 9.12.97 – 1 AZR 319/97, NZA 98, 661; ErfK-Kania, BetrVG Rn. 45; Fitting, § 77 Rn. 78; Wiedemann-Wank, a.a.O.; a.A. GK-Kreutz, § 77 Rn. 109f.

371 BAG 20.11.01, a.a.O.; 24.1.96, a.a.O.

372 DKKW-Klebe, § 87 Rn. 41.

373 Dazu näher Berg, AuR 01, 393, 396; DKKW-Berg, § 77 Rn. 141ff.; Fitting, § 77 Rn. 78; Kittner/Zwanziger/Deinert-Deinert, § 10 Rn. 118f.

374 BAG 16.9.60 – 1 ABR 5/59, AuR 61, 92; Fitting, § 77 Rn. 94; Kittner/Zwanziger/Deinert-Deinert, a.a.O.; a.A. GK-Kreutz, § 77 Rn. 117.

kungszeitraum grundsätzlich durch eine andere Abmachung, also auch **durch Betriebsvereinbarung, ersetzt werden.**[375] Zumindest außerhalb des Bereichs der erzwingbaren Mitbestimmung ist allerdings eine Ersetzung durch eine **ungünstigere Betriebsvereinbarung** nicht möglich, da diese wegen des Günstigkeitsprinzips keine andere Abmachung i. S. v. § 4 Abs. 5 darstellt.[376] **Sofern Tarifüblichkeit**[377] **besteht** (vgl. Rn. 187ff.), was typischerweise der Fall ist, führt dies unabhängig davon grundsätzlich zur Fortsetzung der Sperrwirkung.[378] Betriebsvereinbarungen im Rahmen der **zwingenden Mitbestimmung gem. § 87 BetrVG** sind allerdings zulässig (vgl. Rn. 200).[379]

187 Wenn keine tarifliche Regelung besteht (vgl. Rn. 181), kann von einer – die Sperrwirkung des § 77 Abs. 3 BetrVG ebenfalls auslösenden – **Tarifüblichkeit** gesprochen werden, wenn überhaupt für den **räumlichen, betrieblichen** und **fachlichen Tätigkeitsbereich des Betriebs** (vgl. Rn. 13ff.) Tarifverträge über die jeweiligen Arbeitsbedingungen abgeschlossen zu werden pflegen.[380] Um eine Tarifüblichkeit auszulösen, muss der Betrieb zunächst vom räumlichen, betrieblichen und fachlichen Geltungsbereich des TV erfasst werden (s. Rn. 19ff.). In diesem Fall liegt eine Tarifüblichkeit jedenfalls dann vor, wenn in **ununterbrochener zeitlicher Reihenfolge mehrere TV** abgeschlossen wurden. Zeitliche Unterbrechungen zwischen der Beendigung und dem Neuabschluss der Tarifverträge beseitigen die Tarifüblichkeit nicht.[381] Von einer Tarifüblichkeit ist auch auszugehen, wenn in der Vergangenheit **ein** einschlägiger **TV erstmals abgeschlossen** wurde und nach seinem Ablauf über den Neuabschluss des TV verhandelt wird.[382] Die Tarifüblichkeit ist nicht bereits gegeben, wenn es in der Vergangenheit noch keinen einschlägigen TV gab und die TV-Parteien **Verhandlungen** ankündigen oder bereits (erstmals) über den Abschluss eines TV verhandelt haben.[383] Gleiches gilt, wenn der fragliche Regelungsgegenstand im einschlägigen TV nicht geregelt ist.[384] Die **Beendigung der Tarifüblichkeit** tritt nicht ein, wenn angenommen werden kann, dass nach Ablauf eines einschlägigen TV – auch nach einem längeren Nachwirkungszeitraum (§ 4 Abs. 5 TVG, s. Rn. 293ff.) – von den TV-Parteien ein Neuabschluss des TV angestrebt wird[385] (s. auch Rn. 185). Das gilt auch bei Firmen-TV.

188 Nach älterer Rspr. des BAG muss der **Tarifvertrag für die Branche repräsentativ** sein, d.h., die in tarifgebundenen Betrieben beschäftigten Arbeitnehmer müssen zahlenmäßig

---

375 BAG 15.2.61 – 1 AZR 207/59, AP Nr. 1 zu § 615 BGB Kurzarbeit; 17.12.68 – 1 AZR 178/68, AP Nr. 27 zu § 56 BetrVG; 31.1.69 – 1 ABR 11/68, AP Nr. 5 zu § 56 BetrVG Entlohnung; LAG Berlin 15.6.77 – 9 TaBV 1/77, EzA § 87 BetrVG 1972 Nr. 6.

376 BAG 6.11.07 – 1 AZR 862/06, DB 08, 935, 937.

377 LAG Nürnberg 23.11.01 – 8 Sa 15/01, AiB 03, 44 mit Anm. Rehwald; LAG Berlin 5.11.80 – 5 TaBV 2/80, DB 81, 1730.

378 Fitting, § 77 Rn. 83; GK-Kreutz, § 77 Rn. 115.

379 LAG Nürnberg 6.11.01 – 6 Sa 592/00, AuR 02, 158; vgl. Rn. 112ff., DKKW-Klebe, § 87 Rn. 41.

380 Fitting, § 77 Rn. 90.

381 BAG 5.3.13 – 1 AZR 417/12, NZA 13, 916, 917.

382 BAG 5.3.13, a.a.O.; Richardi-Richardi, Rn. 273; Fitting, Rn. 90.

383 BAG 5.3.13, a.a.O.; 22.5.79 – 1 ABR 100/77, AP Nr. 13 zu § 118 BetrVG 1972; 23.10.85 – 4 AZR 119/84, AP Nr. 33 zu § 1 TVG Tarifverträge: Metallindustrie.

384 BAG 21.2.67 – 1 ABR 2/66, AP Nr. 25 zu § 59 BetrVG.

385 BAG 24.2.87 – 1 ABR 18/85, AP Nr. 21 zu § 77 BetrVG 1972; LAG Berlin 5.11.80 – 5 TaBV 2/80, DB 81, 1731; Neudel, AiB 81, 62.

überwiegen.[386] Diese Auffassung ist **abzulehnen**, weil hier die Üblichkeit der Regelung mit der Üblichkeit der Anwendung, worauf es gerade nicht ankommt, verwechselt wird. Maßgebend ist demnach, ob der Betrieb üblicherweise in den Geltungsbereich des Tarifvertrags fallen würde.[387] Die Sperrwirkung gilt auch für **Tendenzbetriebe.**[388] Besteht ein **Firmentarifvertrag** (vgl. § 1 Rn. 26), ist auch darauf abzustellen, ob der Betrieb vom räumlichen, betrieblichen und fachlichen Geltungsbereich eines **Verbandstarifvertrags** (vgl. § 1 Rn. 23) erfasst wird. Während dies bei sog. **Anerkennungstarifverträgen** (vgl. § 1 Rn. 26) mit identischem Regelungsumfang ohnehin unproblematisch ist, muss dies auch bei Firmentarifverträgen gelten, deren Regelungsumfang sich vom einschlägigen Verbandstarifvertrag unterscheidet. Vom Zweck des § 77 Abs. 3 BetrVG her ist es sachgerecht, wie bei nicht tarifgebundenen Betrieben, bei der Prüfung der Tarifüblichkeit auf den Inhalt des einschlägigen Verbandstarifvertrags abzustellen.[389] Die Existenz einer Vielzahl von Firmentarifverträgen für fachlich vergleichbare Betriebe begründet für die von diesen Tarifverträgen nicht erfassten Betriebe keine Tarifüblichkeit.[390]

Nach § 77 Abs. 3 Satz 2 BetrVG gilt die Sperrwirkung dann nicht, wenn **der Tarifvertrag den Abschluss ergänzender Betriebsvereinbarungen ausdrücklich zulässt** (**tarifliche Öffnungsklausel**; diese sind zu unterscheiden von den rechtspolitisch geforderten **gesetzlichen Öffnungsklauseln**, vgl. Rn. 223). Nach der Rechtsprechung des BAG ist die Sperrwirkung weit (vgl. Rn. 191), die ausdrückliche Zulassung ergänzender Betriebsvereinbarungen dagegen eng auszulegen.[391] Die Zulässigkeit der Betriebsvereinbarungen muss klar und deutlich zum Ausdruck gebracht werden, ohne dass der Begriff »Betriebsvereinbarung« unbedingt verwendet werden muss.[392] Hat die Öffnungsklausel im schriftlichen Tarifvertrag keinen Niederschlag gefunden, ist ein Rückgriff auf eine ergänzende Vertragsauslegung ausgeschlossen.[393] Eine etwaige Öffnungsklausel gilt auch für nicht tarifgebundene Betriebe und Arbeitnehmer.[394] Nach Auffassung des BAG[395] kann von den Tarifvertragsparteien eine Betriebsvereinbarung durch eine Tariföffnungsklausel auch **nachträglich genehmigt** und in den Grenzen des Vertrauensschutzes mit **Rückwirkung** (vgl. § 1 Rn. 66) versehen werden. 189

Die Zulassung für den Tarifvertrag ergänzende Betriebsvereinbarungen durch eine tarifliche Öffnungsklausel (zur Diskussion über die Öffnung des Flächentarifvertrags durch tarifliche Öffnungsklauseln vgl. Rn. 123 und Grundl. Rn. 205ff.)[396] ist i.V.m. einer präzisen Grenzziehung für den Umfang der zulässigen Ergänzung auch zulässig für das **Übertragen** der Ausgestaltung von Arbeitsbedingungen, z.B. der Dauer der individuellen wö- 190

386 BAG 6.12.63 – 1 ABR 7/63, AP Nr. 23 zu § 59 BetrVG.
387 Fitting, Rn. 79; GK-Kreutz, Rn. 125.
388 BAG 8.12.70 – 1 ABR 20/70, AP Nr. 28 zu § 59 BetrVG.
389 Anders allerdings BAG 21.12.82 – 1 ABR 20/81, DB 83, 996, für den Fall eines Firmentarifvertrags mit vom Verbandstarifvertrag abweichenden Regelungsumfang.
390 BAG 27.1.87 – 1 ABR 66/85, AP Nr. 42 zu § 99 BetrVG 1972.
391 BAG 6.3.58 – 2 AZR 230/57; 6.12.63 – 1 ABR 7/63; 21.2.67 – 1 ABR 9/66, AP Nrn. 1, 23, 26 zu § 59 BetrVG.
392 BAG 20.12.61 – 4 AZR 213/60, AP Nr. 7 zu § 59 BetrVG.
393 Fitting, § 77 Rn. 117; GK-Kreutz, § 77 Rn. 162.
394 Fitting, § 77 Rn. 120.
395 29.1.02 – 1 ABR 18/01, EzA § 77 BetrVG 1972 Nr. 70; 20.4.99 – 1 ABR 72/98, DB 99, 1555.
396 Eingehend Kittner/Zwanziger/Deinert-Deinert, § 10 Rn. 132ff.; Kittner, FS Schaub, 389ff.

chentlichen Arbeitszeit (»Leber-Kompromiss«), **auf die Betriebsparteien.** Sofern die Tarifvertragsparteien einen **ausreichenden tariflichen Regelungsrahmen** vorgeben, bestehen auch gegenüber derartigen Öffnungsklauseln unter dem Gesichtspunkt einer **Verlagerung der** verfassungsrechtlich privilegierten **Normsetzungsbefugnis der Koalitionen auf die Betriebsparteien** keine durchgreifenden Bedenken.[397]

191 Entgegen verbreiteter Ansicht kann allerdings § 77 Abs. 3 Satz 2 BetrVG über seinen Wortlaut hinaus (»Abschluss **ergänzender** Betriebsvereinbarungen«) bei richtig verstandener Bestimmung des Normzwecks dieser Vorschrift und aus systematischen Gründen **nicht weit ausgelegt** werden.[398] Zwar hat das BAG anerkannt, dass die Tarifvertragsparteien selbst darüber bestimmen können, in welchem Umfang sie die Ausgestaltung der Arbeitsverhältnisse selbst vornehmen oder deren Regelung durch eine entsprechende Öffnungsklausel auf die Betriebsparteien übertragen möchten[399]; es hat jedoch gleichzeitig darauf hingewiesen, dass durch einen **Verzicht der Tarifvertragsparteien** auf die eigenverantwortliche Ausgestaltung der Arbeitsverhältnisse die der Tarifautonomie immanenten **Grenzen der Regelbefugnis überschritten** werden können. Zunächst erfordert das **Verbot der Schaffung bzw. Begünstigung einer beitragslosen Ersatzgewerkschaft bzw. Zwangsgewerkschaft** auf betrieblicher Ebene (Art. 9 Abs. 3 GG, Art. 5 ILO-Abkommen Nr. 135) zwingend, dass die Tarifvertragsparteien die Ausgestaltung der Arbeitsverhältnisse zumindest in einem **Kernbereich** vornehmen und diese Aufgabe nicht ohne **Bindung und Begrenzung** auf die Betriebsparteien übertragen. Dies ergibt sich auch aus der unterschiedlichen demokratischen Legitimation der Normsetzungsbefugnis auf tariflicher und betrieblicher Ebene. Die **Rechtsnormqualität des Tarifvertrags** legt es nahe, dass die Tarifvertragsparteien **Inhalt, Zweck und Ausmaß der betrieblichen Öffnungsklausel** selbst regeln.[400] Die Grenze für die Übertragung der Regelungskompetenz der Tarifvertragsparteien auf die betriebliche Ebene ist erreicht, wenn inhaltliche Minimalerfordernisse und Rahmen- und Strukturvorgaben fehlen. Dies wäre z. B. der Fall, wenn die Tarifvertragsparteien auf die Festlegung der **Hauptleistungspflichten aus dem Arbeitsvertrag** völlig verzichten würden. Auch die Zulässigkeit weitgehend ungeregelter **»Optionsklauseln«** oder von **»Korridor«**- bzw. **»Bandbreiten«-Regelungen** ist unter Berücksichtigung dieser Kriterien äußerst fraglich, während **geregelte »Optionsklauseln«**, nach denen die Betriebsparteien zwischen auf tariflicher Ebene weitgehend **abschließend gestalteten Regelungsalternativen** wählen können, den Anforderungen i. d. R. entsprechen.[401]

192 Eine zu weitgehende oder unpräzise umrissene Verlagerung der Kompetenzen von den Tarifvertrags- auf die Betriebsparteien ist mit erheblichen **Gefahren für die verfassungs-**

---

397 BAG 18. 8. 87, AP Nr. 23 zu § 77 BetrVG 1972; vgl. zu dieser Problematik insgesamt auch Däubler, AR 1, Rn. 225; Kissel, NZA 86, 70.

398 So aber ErfK-Kania, BetrVG § 77, Rn. 74; Fitting, § 77 Rn. 121; GK-Kreutz, § 77 Rn. 164; wie hier Heinze, NZA 95, 5, 7; Kittner, FS Schaub, 389 ff.; Zachert, RdA 96, 140, 143.

399 BAG 18. 8. 87 – 1 ABR 30/86, AP Nr. 23 zu § 77 BetrVG 1972.

400 DKKW-Berg, § 77 Rn. 153; dazu eingehend auch Däubler, TVR Rn. 243; KeZa-Wendeling-Schröder, Rn. 557 ff; Zachert, RdA 96, 140, 142; vgl. auch BAG 28. 11. 84 – 5 AZR 195/83, DB 85, 183; 9. 5. 95 – 1 ABR 56/94, DB 95, 2610.

401 Vgl. dazu eingehend Kittner/Zwanziger/Deinert-Deinert, a.a.O.; Kittner, FS Schaub, S. 389 ff.

rechtlich gewährleistete Tarifautonomie verbunden[402] und im Übrigen auch **verfassungsrechtlichen Bedenken** ausgesetzt.[403] Vom rechtlichen Problem eines solchen Regelungsverzichts abgesehen, würde zusätzlich die Gefahr eines schleichenden und möglicherweise nicht mehr rückholbaren **Verlustes an Gestaltungsmacht und Regelungskompetenz auf überbetrieblicher Ebene** und eines damit verbundenen **Autoritätsverlustes**[404] **der Tarifvertragsparteien** bestehen. Vor allem in **Klein- und Mittelbetrieben** ist die ohnehin schwächere Verhandlungsmacht und Gestaltungsfähigkeit von Betriebsräten zusätzlich begrenzt, sodass eine große Regelungsdichte durch **präzise und überschaubare Tarifbestimmungen** (was aus Gründen der betrieblichen Differenzierung sog. Optionsklauseln durchaus einbeziehen kann) für die Realisierung eines **effektiven Arbeitnehmerschutzes** unverzichtbar ist.

Eine den Anforderungen des § 77 Abs. 3 BetrVG entsprechende Öffnungsklausel kann gem. § 4 Abs. 3 1. Alternative TVG auch vom Tarifvertrag **zuungunsten der Arbeitnehmer abweichende Betriebsvereinbarungen** zulassen.[405] Ob dies gewollt ist, muss ggf. durch Auslegung der Öffnungsklausel festgestellt werden.[406] **193**

Die aufgrund tarifvertraglicher Zulassung wirksam abgeschlossene Betriebsvereinbarung ist in ihrer **Laufzeit grundsätzlich auf die Dauer des Tarifvertrags** beschränkt.[407] Sie gilt jedoch fort und kann ggf. geändert werden, solange der Tarifvertrag kraft Nachwirkung weitergilt.[408]

Unter Berücksichtigung des Normzwecks von § 77 Abs. 3 BetrVG, nämlich die **Normsetzungsprärogative der Tarifvertragsparteien** zu sichern und **eine betriebliche Konkurrenzordnung zum Tarifvertragssystem auszuschließen,** gilt die Sperrwirkung nach hier vertretener Auffassung **nicht nur für förmliche Betriebsvereinbarungen,** sondern **auch für formlose Regelungsabreden.**[409] **194**

Vom **Normzweck der Sperrwirkung** ausgehend kann es nicht darauf ankommen, in welcher Form bzw. mit welcher rechtlichen Konstruktion die betriebliche Konkurrenzordnung errichtet wird. Immerhin verpflichtet die Regelungsabrede den Arbeitgeber gegenüber dem Betriebsrat, den mit dem Inhalt eines Tarifvertrags konkurrierenden zwischen den Betriebsparteien vereinbarten Regelungskomplex im Verhältnis zu den Arbeitnehmern arbeitsvertraglich umzusetzen. Geschieht dies in Form eines gemeinsamen »empfehlenden Angebots« (vgl. dazu Rn. 127 ff.) der Betriebsparteien an die Arbeitnehmer **195**

---

402 BAG 18.8.87 – 1 ABR 30/86, AP Nr. 23 Zu § 77 BetrVG 1972.
403 Kissel, NZA 86, 70, 78 f.
404 Kissel, a.a.O., 78.
405 BAG 11.7.95 – 3 AZR 8/95, DB 97, 51.
406 Fitting, § 77 Rn. 122.
407 BAG 25.8.83 – 6 ABR 40/82, AP Nr. 7 zu § 77 BetrVG 1972.
408 Fitting, § 77 Rn. 123; GK-Kreutz, § 77 Rn. 175.
409 Im Ergebnis wie hier Däubler, TVR, Rn. 249; Däubler-Zwanziger, Rn. 986; Gamillscheg, FS Stahlhacke, S. 129; ders., S. 328; Hanau, BB 77, 350; Krauss, DB 95, 1562, 1564, Fn. 33; MünchArbR-Matthes, § 238 Rn. 69; Schwarze, RdA 05, 159, 164; Zachert, RdA 96, 140, 145; a. A. BAG 21.1.03 – 1 ABR 9/02, NZA 03, 1097; 20.4.99 – 1 ABR 72/98, DB 99, 1555, 1557; LAG Mecklenburg-Vorpommern 10.2.05 – 1 TaBV 18/04; ErfK-Kania, BetrVG § 77 Rn. 71; Fitting, § 77 Rn. 102; GK-Kreutz, § 77 Rn. 135; KeZa-Wendeling-Schröder, Grundlagen Rn. 453; vgl. zum Ganzen auch Berg, FS Gnade, S. 271 ff.; DKKW-Berg, § 77 Rn. 158 ff.; zum Begriff der Regelungsabrede vgl. DKKW-Berg, a.a.O., Rn. 161 ff.

oder durch sonstige Formen der betriebseinheitlichen (und faktisch einseitigen) Umsetzung durch den Arbeitgeber, ist der Arbeitnehmer dem in vergleichbarer Weise unterworfen wie den Normen einer Betriebsvereinbarung. Dass der Inhalt der Regelungsabrede als »Angebot« des Arbeitgebers in die Arbeitsverträge übernommen wird, entspricht im Ergebnis der verbreiteten Praxis, in förmliche Betriebsvereinbarungen Freiwilligkeitsvorbehalte aufzunehmen oder in anderer Art und Weise ihre normative Wirkung einzuschränken. Insoweit kann die **Regelungsabrede als funktionales Äquivalent zur Betriebsvereinbarung** bezeichnet werden. Die Begründung für die gegenteilige Auffassung durch das BAG[410] ist in sich widersprüchlich: wenn das BAG annimmt, mit dem Abschluss einer Regelungsabrede könne wegen der fehlenden Normqualität einer solchen Abmachung keine Konkurrenzordnung zu einem tariflichen Normenvertrag errichtet werden, ist das nicht mit der zutreffenden Feststellung des BAG vereinbar, der koalitionsrechtliche Unterlassungsanspruch der Gewerkschaft aus Art. 9 Abs. 3 GG (vgl. dazu Rn. 223) könne zur Abwehr einer betrieblichen Konkurrenzordnung zum Tarifvertrag auch gegen eine tarifwidrige Regelungsabrede gerichtet werden.[411] Praktische Bedeutung hat das Erfassen von Regelungsabreden durch die Sperrwirkung vor allem für den **betriebsverfassungsrechtlichen Unterlassungsanspruch** der Tarifvertragsparteien, vgl. Rn. 213ff., 215.

196 Unter Berücksichtigung der **aktuellen Gefährdung der Tarifautonomie** (vgl. Rn. 122ff.) gebietet schließlich auch Art. 5 des ILO-Abkommens Nr. 135 vom 23.6.1971 mit seinem Verbot, die Stellung der Gewerkschaften durch das Vorhandensein gewählter betrieblicher Interessenvertreter zu untergraben, eine weite Auslegung des § 77 Abs. 3 BetrVG. Aus diesem Grund erstreckt sich die Sperrwirkung auch auf **betriebliche Einheitsregelungen** oder **allgemeine Arbeitsbedingungen, bei deren Aufstellung der Betriebsrat mitgewirkt hat.**[412] Die Mitwirkung des Betriebsrats am Zustandekommen tarifwidriger vertraglicher Einheitsregelungen durch Abschluss einer Regelungsabrede oder ausdrückliche Befürwortung bzw. Billigung des tarifwidrigen Handelns des Arbeitgebers verleiht diesem durch den zielgerichteten Einsatz der sich aus der Existenz der Betriebsverfassung ergebenden Möglichkeiten ein besonderes Gefährdungspotenzial im Hinblick auf die durch § 77 Abs. 3 BetrVG geschützte Tarifautonomie: Die betriebliche Konkurrenzordnung soll unter Umgehung von § 77 Abs. 3 BetrVG mit Hilfe des Betriebsrats gezielt errichtet und kann i.d.R. auch nur mit dessen Unterstützung im Betrieb realisiert werden.

197 **Unberührt von der Sperrwirkung** bleiben **individualvertragliche Vereinbarungen**, die der Arbeitgeber mit einzelnen Arbeitnehmern abschließt. Solche Vereinbarungen sind allerdings nur bei Einhalten des **Günstigkeitsprinzips** gem. § 4 Abs. 3 2. Alternative TVG (vgl. Rn. 140ff.) zulässig.[413] Ist der gebündelte Abschluss derartiger individualvertraglicher Abreden aufgrund ihres kollektiven Charakters geeignet, eine betriebliche Konkurrenzordnung zum geltenden Tarifvertrag zu errichten, kann die **Gewerkschaft** aus Art. 9 Abs. 3 GG vom Arbeitgeber die Unterlassung der Anwendung dieser Vereinbarungen verlangen (zu den Einzelheiten vgl. Rn. 223ff.).

---

410 BAG 20.4.99 a, a, O.

411 Schwarze, RdA 05, 159,164.

412 Im Ergebnis übereinstimmend Schwarze, RdA 05, a.a.O.; a.A. BAG 20.4.99, a.a.O., 1557; Fitting, § 77 Rn. 101.

413 Däubler, a.a.O.; MünchArbR-Matthes, a.a.O.

6.4.2.2 Tarifvorrang gem. § 87 Abs. 1 Eingangssatz BetrVG

Auch der Tarifvorrang in § 87 Abs. 1 Eingangssatz BetrVG dient dem **Schutz der Tarifautonomie** vor einer betrieblichen Konkurrenzordnung durch Abschluss von Betriebsvereinbarungen (vgl. dazu auch Rn. 172)[414] und vermeidet gleichzeitig in seiner von § 77 Abs. 3 BetrVG abweichenden Ausgestaltung, dass in den der **Mitbestimmung** gem. § 87 BetrVG unterfallenden sozialen Angelegenheiten ein **Alleinentscheidungsrecht des Arbeitgebers** besteht, wenn kein geltender Tarifvertrag besteht.[415] Zum Verhältnis zwischen § 77 Abs. 3 BetrVG und § 87 Abs. 1 Eingangssatz BetrVG vgl. Rn. 179. 198

Liegt eine inhaltlich abschließende tarifvertragliche Regelung einer dem Mitbestimmungsrecht des Betriebsrats gem. § 87 BetrVG unterliegenden sozialen Angelegenheit vor, **verdrängt der Tarifvertrag das Mitbestimmungsrecht des Betriebsrats** und es ist – ohne entsprechende Öffnungsklausel – auch keine **abweichende Betriebsvereinbarung** mehr zulässig. Eine **gegen § 87 Abs. 1 Eingangssatz BetrVG** verstoßende Betriebsvereinbarung ist **unwirksam.**[416] 199

Der Tarifvorrang greift nur für den Fall, dass **ein Tarifvertrag besteht**, die **Tarifüblichkeit** reicht – im Unterschied zu § 77 Abs. 3 BetrVG – nicht (vgl. dazu auch Rn. 179, 187f.). Ein nur **nachwirkender Tarifvertrag** (vgl. Rn. 293ff.) kann ebenfalls keinen Vorrang vor einer Betriebsvereinbarung im Rahmen von § 87 BetrVG beanspruchen (vgl. auch Rn. 329).[417] Bei Nachwirkung eines durch einen bestehenden Tarifvertrag in Bezug genommenen Tarifvertrags besteht der Vorrang des verweisenden Tarifvertrags allerdings uneingeschränkt.[418] 200

Voraussetzung für den Tarifvorrang ist weiter, dass der Betrieb vom **Geltungsbereich des Tarifvertrags** erfasst wird (vgl. dazu Rn. 13ff.). 201

Auf die **Tarifbindung der Arbeitnehmer** kommt es nicht an. Die **Tarifbindung des Arbeitgebers** (vgl. dazu § 3 Rn. 10ff.) oder die **Allgemeinverbindlichkeit** des Tarifvertrags (vgl. § 5 TVG) ist für den Vorrang des Tarifvertrags ausreichend.[419] Problematisch ist die **Bindung des Arbeitgebers an mehrere Tarifverträge**, da nur ein Tarifvertrag den Tarifvorrang gegenüber der Betriebsvereinbarung beanspruchen kann.[420] Der einschlägige Tarifvertrag ist nach den tarifrechtlichen Maßgaben bei Vorliegen einer **Tarifkonkurrenz** und **Tarifpluralität** (vgl. Rn. 60ff.; 82ff. und besonders 108) zu ermitteln.[421] Verdrängt beispielsweise ein Firmentarifvertrag nach den Regeln der Auflösung einer Tarifkonkurrenz nach dem Spezialitätsprinzip einen Verbandstarifvertrag, löst der Firmentarifvertrag die Sperrwirkung des § 77 Abs. 3 BetrVG aus.[422] 202

---

414 KeZa-Wendeling-Schröder, Grundlagen Rn. 462.

415 KeZa-Wendeling-Schröder, a.a.O., 463; Däubler-Zwanziger, Rn. 989.

416 BAG 29.4.04 – 1 ABR 30/02, NZA 04, 670; 22.6.93 – 1 ABR 62/92, DB 94, 234; Kittner/Zwanziger/Deinert-Deinert, § 10 Rn. 150.

417 BAG 14.2.89 – 1 AZR 97/88, DB 89, 1929.

418 BAG 30.1.90 – 1 ABR 98/88, DB 90, 2023.

419 BAG 10.8.93 – 1 ABR 21/93, AP Nr. 12 zu § 87 BetrVG Auszahlung.

420 A. A. Däubler-Zwanziger, Rn. 995.

421 Kittner/Zwanziger/Deinert-Deinert, § 10 Rn. 154.

422 BAG 21.6.05 – 9 AZR 353/04, DB 06, 680.

203 Durch den Tarifvorrang wird das Mitbestimmungsrecht des Betriebsrats gem. § 87 Abs. 1 BetrVG nur verdrängt, wenn diese eine **inhaltliche und abschließende tarifliche Regelung** des Gegenstands des Mitbestimmungsrechts enthält.[423] Es muss sich um eine **vollständige** und **aus sich heraus handhabbare Regelung** handeln, die dem Arbeitgeber in der Mitbestimmungsangelegenheit **kein Alleinentscheidungsrecht** mehr einräumt bzw. überlässt.[424] Der Tarifvorrang greift nicht, wenn der Tarifvertrag **keine Regelung** enthält oder eine Regelung durch **Vereinbarung der Arbeitsvertragsparteien** oder durch **einseitige Bestimmung des Arbeitgebers** vorsieht.[425] Eine **Einschränkung** oder **Abschaffung des Mitbestimmungsrechts** des Betriebsrats durch Tarifvertrag ist nicht zulässig.[426]

204 Enthält der Tarifvertrag

- eine **Öffnungsklausel** für die Betriebsparteien,
- eine ausdrücklich durch die Betriebsparteien **ausfüllungs- oder ergänzungsbedürftige Rahmenregelung** mit Vorgaben für die Betriebsparteien oder
- eine **unvollständige** bzw. **nicht abschließende** und deshalb **ergänzungsbedürftige Regelung** (was ggf. durch Auslegung festzustellen ist)

verdrängt er das Mitbestimmungsrecht des Betriebsrats nicht, der **Tarifvorrang greift nicht** ein oder nur im Umfang der tariflichen Vorgaben für die Ausübung des Mitbestimmungsrechts durch den Betriebsrat.[427]

6.4.3 Dienstvereinbarung

205 Gem. § 73 BPersVG sind **Dienstvereinbarungen** nur zulässig, soweit das Gesetz sie ausdrücklich zulässt. Damit können die in §§ 75 Abs. 3 und 76 Abs. 2 BPersVG angesprochenen Angelegenheiten Regelungsgegenstand von Dienstvereinbarungen sein, soweit nicht der § 87 Abs. 1 Eingangssatz BetrVG entsprechende **Tarifvorrang** in diesen Bestimmungen eingreift (vgl. dazu Rn. 198ff.)[428]. Der § 77 Abs. 3 BetrVG entsprechende **Tarifvorbehalt** (vgl. dazu Rn. 173ff.) ist auch in § 75 Abs. 5 BPersVG für das Verhältnis von Tarifverträgen zu Dienstvereinbarungen normiert: Was durch Tarifvertrag geregelt ist oder üblicherweise geregelt wird, kann nicht Gegenstand einer Dienstvereinbarung sein.[429]

---

423 BAG 3.12.91 – GS 2/90, AP Nr. 51 zu § 87 BetrVG 1972 Lohngestaltung.

424 BAG 3.12.91, a.a.O.; DKKW-Klebe, § 87 Rn. 36.

425 Kittner/Zwanziger-Deinert, § 10 Rn. 163.

426 DKKW-Klebe, § 87 Rn. 36; zum Ausnahmefall eines tariflich eingeräumten vorläufigen Bestimmungsrechts des Arbeitgebers in Eilfällen vgl. BAG 17.11.98 – 1 ABR 12/98, NZA 99, 662, 664.

427 Zu Beispielen aus der Rechtsprechung vgl. Kittner/Zwanziger/Deinert-Deinert, § 10 Rn. 138ff.

428 Vgl. dazu etwa BVerwG 2.2.09 – 6 P 2/08, PR 09, 164.

429 Zu den Einzelheiten vgl. Altvater-Kröll, § 75 Rn. 275ff. mit Hinweisen zu den entsprechenden Regelungen in den Landespersonalvertretungsgesetzen bei Altvater-Altvater (§ 75 Rn. 331) und Altvater-Berg, § 75 Rn. 113ff. sowie Altvater-Baden, § 76 Rn. 81; Baden, PR 09, 348, 350f. Däubler-Zwanziger, Rn. 1019; Wiedemann-Wank, Rn. 622ff.

6.5 Rechtsbehelfe der Tarifvertragsparteien gegen tarifwidrige Abmachungen

Abweichende Abmachungen, die 206
- nicht durch eine **tarifliche Öffnungsklausel** gestattet sind (vgl. Rn. 189ff.),
- für den Arbeitnehmer **ungünstigere Regelungen** enthalten (vgl. Rn. 140ff.) oder
- gegen den **Tarifvorbehalt** des § 77 Abs. 3 BetrVG (vgl. Rn. 173ff.) bzw. § 75 Abs. 5 BPersVG (vgl. Rn. 205) oder den **Tarifvorrang** des § 87 Abs. 1 Eingangssatz BetrVG (vgl. Rn. 198ff.) bzw. §§ 75 Abs. 3, 76 Abs. 2 BPersVG (vgl. Rn. 205) verstoßen,

sind **unwirksam** und können die gem. § 4 Abs. 1 TVG unmittelbar und zwingend geltenden Tarifnormen nicht verdrängen.

Für die **Durchsetzung des Tarifvertrags** bzw. die **Unterlassung der Anwendung der tarifwidrigen Abmachungen** stehen grundsätzlich folgende rechtlichen Möglichkeiten zur Verfügung:

- **Klageerhebung durch den einzelnen Arbeitnehmer:** 206a
  Die einzelnen Arbeitnehmer können sich auf **die Nichtigkeit der abweichenden Abmachung** berufen und die tarifvertraglichen Ansprüche geltend machen und einklagen (vgl. Rn. 6ff. und Grundl. Rn. 142ff.). Die **individuelle Durchsetzung des Rechts** über die Arbeitsgerichte ist allerdings – zumindest für Arbeitnehmer in Klein- und Mittelbetrieben in der Privatwirtschaft – wegen der damit verbundenen Risiken offener oder verdeckter Nachteile oder Maßregelungen mit **erheblichen Funktionsdefiziten** belastet:[430] 80% aller arbeitsgerichtlichen Klagen werden erst nach Beendigung des Arbeitsverhältnisses von Arbeitnehmern erhoben.[431] Darüber hinaus geht von **betrieblichen Absenkungsregelungen** mit kollektivem bzw. belegschaftsweitem Geltungsanspruch, die oft mit der Drohung des Arbeitsplatzverlustes oder der Standortverlagerung erzwungen werden, ein zusätzlicher **Anpassungsdruck auf die betroffenen Arbeitnehmer** aus,[432] vor allem wenn der Betriebs- bzw. der Personalrat eine tarifwidrige Betriebsvereinbarung bzw. Dienstvereinbarung abgeschlossen hat oder am Zustandekommen einer sonstigen betrieblichen Abmachung mittelbar oder unmittelbar beteiligt war.[433] Die daraus resultierende **faktische Durchsetzungsschwäche des Tarifrechts** macht zum Schutz der tarifgebundenen Arbeitnehmer und zur Abwehr der mit derartigen tarifwidrigen betrieblichen Abmachungen verbundenen Eingriffe in die kollektive Koalitionsfreiheit der Tarifvertragsparteien die **Bereitstellung effektiver Rechtsbehelfe** vor allem der Gewerkschaften (aber auch der Arbeitgeberverbände, vgl. Rn. 239) gegen tarifwidrige betriebliche Regelungen erforderlich (zu weitergehenden rechtspolitischen Überlegungen in diesem Zusammenhang vgl. Grundl. Rn. 227).

---

430 Vgl. dazu Kittner/Zwanziger/Deinert-Zwanziger, § 140 Rn. 7ff.

431 Grothmann-Höfling, AuR 97, 268, 270.

432 Ähnlich Reichold, RdA 12, 245, 247; vgl. die Fallbeispiele BAG 12.6.02 – 10 AZR 340/01, NZA 02, 1389 = AiB 03, 761 mit Anm. Kraus; LAG Hamm 9.8.07 – 8 Sa 190/07; LAG Berlin 26.9.96 – 10 Sa 55/96, AuR 97, 87.

433 Vgl. die Fallbeispiele BAG 1.4.09 – 10 AZR 353/08, DB 09, 2494; 7.11.02 – 2 AZR 742/00, RdA 03, 368 m. Anm. Franzen; ArbG Freiburg 15.7.97, AiB 98, 402 m. Anm. Gnann; ArbG Marburg 7.8.96 – 1 BV 6/96, AiB 97, 47.

207 • **Einwirkungsanspruch der Gewerkschaft gegen den Arbeitgeberverband:**
Wenig effektiv ist die **Einwirkungsklage der Gewerkschaft** gegen den **Arbeitgeberverband** (vgl. § 1 Rn. 411 ff.). Die Einwirkungspflicht eines Arbeitgeberverbands auf seine Mitglieder, tarifwidrige Regelungen in Betriebsvereinbarungen zu unterlassen, wurde vom BAG[434] ursprünglich nur für den Fall bejaht, dass die Auslegung des Tarifvertrags ergibt, dass die Regelung einer Betriebsvereinbarung gegen den Tarifvertrag verstößt, ein entsprechendes rechtskräftiges Urteil bzw. eine verbindliche Entscheidung einer tariflichen Schlichtungsstelle vorliegt oder der Arbeitgeberverband selbst von der Tarifwidrigkeit der Regelung in der Betriebsvereinbarung ausgeht. Zwischenzeitlich ist zumindest anerkannt, dass die auf die Auslegung des Tarifvertrages gerichtete Feststellungsklage mit der Einwirkungsklage verbunden werden kann (vgl. dazu § 1 Rn.411).[435] Die **»Schwäche des Einwirkungsanspruchs«**[436] ergibt sich vor allem auch daraus, dass er sich nicht unmittelbar gegen den tarifwidrig handelnden Arbeitgeber richtet, sondern allenfalls auf Umwegen und im Rahmen der vom Arbeitgeberverband vorgegebenen verbandsrechtlichen Sanktionsmittel zum Ziel führt.

208 • **Unterlassungsanspruch der Gewerkschaft gegen den Arbeitgeber:**
Die Möglichkeit der Gewerkschaft, **den tarifwidrig handelnden Arbeitgeber** direkt auf Unterlassung der Anwendung einer tarifwidrigen Abmachung in Anspruch zu nehmen, eröffnet den Zugriff auf effektivere rechtliche Instrumente, das Einhalten zwingenden Tarifrechts im Betrieb durchzusetzen und haben in erster Linie eine (unerlässliche) **präventive Funktion**. Da die tarifschließende Gewerkschaft in derartigen Verfahren nicht selten in eine **politische Konfrontationsstellung zum beteiligten Betriebsrat** gerät und nicht ohne Rücksicht auf die **wirtschaftliche Situation betroffener Unternehmen** und die **Meinungsbildung innerhalb der Belegschaft** handeln kann und wird, konzentriert sich das Beschreiten des Rechtswegs in der gewerkschaftlichen Praxis i. d. R. auf **krasse Fälle des Tarifbruchs.**[437]

209 Zu **unterscheiden** sind zunächst die **betriebsverfassungsrechtlichen** und **koalitionsrechtlichen Rechtsbehelfe** der Tarifvertragsparteien, da sie unterschiedliche Voraussetzungen haben, in ihrer Reichweite nicht identisch und von der höchstrichterlichen Rechtsprechung nur teilweise anerkannt sind:

210 • **Betriebsverfassungsrechtlicher Unterlassungsanspruch der Gewerkschaft:**
Der **betriebsverfassungsrechtliche Unterlassungsanspruch** (vgl. Rn. 213 ff.) wird von der aktuellen höchstrichterlichen Rechtsprechung nur partiell anerkannt. Während er sich nach hier vertretener Auffassung (vgl. Rn. 213) unmittelbar aus **§ 77 Abs. 3 BetrVG** (und auch aus § 87 Abs. 1 Eingangssatz BetrVG, vgl. dazu Rn. 213, 218) ergibt, wird dies **vom BAG abgelehnt** (vgl. Rn. 216). Von der höchstrichterlichen Rechtsprechung befürwortet wird der Unterlassungsanspruch aus dem BetrVG lediglich unter der Voraussetzung, dass sich ein Verstoß gegen § 77 Abs. 3 BetrVG (**nicht** gegen § 87 Abs. 1 Eingangssatz BetrVG, vgl. Rn. 218) als **grober Verstoß gegen die betriebsver-**

434 29. 4. 92 – 4 AZR 432/91, NZA 92, 846.
435 BAG 10. 06. 09 – 4 AZR 77/08, ZTR 10, 73;.17. 11. 10 – 4 AZR 118/09, NZA-RR 11, 365 = BB 12, 583.
436 BAG 20. 4. 99 – 1 ABR 72/98, DB 99, 1555, 1559.
437 Vgl. dazu auch Berg/Platow, DB 99, 2362, 2368; Däubler-Reim/Ahrend, § 1 Rn. 1176.

fassungsrechtlichen Pflichten der Betriebsparteien **gem. § 23 Abs. 3 BetrVG** darstellt (vgl. Rn. 216). Unter dieser Voraussetzung kann unter dem Gesichtspunkt der **Tarifüblichkeit** wegen Verstoßes gegen § 77 Abs. 3 BetrVG auch das Unterlassen tarifabweichender Betriebsvereinbarungen im **Nachwirkungszeitraum** eines Tarifvertrags verlangt werden (vgl. Rn. 232). Nach Auffassung des BAG können mit dem betriebsverfassungsrechtlichen Unterlassungsanspruch lediglich **tarifwidrige Betriebsvereinbarungen** angegriffen werden, nicht aber **Regelungsabreden** und **betriebliche Einheitsregelungen** (vgl. Rn. 194, 217). Es kommt nicht darauf an, **wie viele** und **welche Arbeitnehmer Mitglied** der im Betrieb vertretenen **tarifschließenden Gewerkschaft** sind. Der betriebsverfassungsrechtliche Unterlassungsanspruch ist regelmäßig im **Beschlussverfahren** geltend zu machen (vgl. Rn. 238).

- **Koalitionsrechtlicher Unterlassungsanspruch der Gewerkschaft:** 211
  Der **koalitionsrechtliche Unterlassungsanspruch** (vgl. Rn. 223ff.) wegen Verletzung des Art. 9 Abs. 3 GG ist **vom BAG grundsätzlich anerkannt**. Mit diesem Rechtsbehelf können in einem (durch Verbandsmitgliedschaft oder einen für allgemeinverbindlich erklärten Tarifvertrag) **tarifgebundenen Unternehmen** von der **im Betrieb vertretenen tarifschließenden Gewerkschaft** (vgl. Rn. 226) und bei Vorliegen der sonstigen Voraussetzungen grundsätzlich **alle** in der betrieblichen Praxis vorkommenden **Varianten tarifwidriger betrieblicher Regelungen** angegriffen werden, wenn sie **einheitlich** wirken sollen (vgl. Rn. 234). Dies gilt allerdings nicht bei lediglich **nachwirkenden** Tarifverträgen (vgl. Rn. 232). Erfasst werden unter dieser Voraussetzung **Betriebsvereinbarungen, Regelungsabreden** und **betriebliche Einheitsregelungen.** Umstritten ist die Frage, ob und unter welchen Voraussetzungen die antragsberechtigte **Gewerkschaft** im Rechtsstreit vortragen muss, **wie viele Mitglieder** sie im Betrieb organisiert hat und ob sie darüber hinaus deren **Namen nennen** muss (vgl. Rn. 230). Bei **Beteiligung des Betriebsrats** am Zustandekommen einer tarifwidrigen betrieblichen Regelung ist auch der koalitionsrechtliche Unterlassungsanspruch im **Beschlussverfahren** geltend zu machen, ansonsten im **Urteilsverfahren** (vgl. Rn. 238).
- **Durchführungsanspruch der Gewerkschaft bei einem Firmentarifvertrag:**
  Anders als beim Verbandstarifvertrag hat die Gewerkschaft beim **Firmentarifvertrag** unmittelbar gegenüber dem tarifschließenden Arbeitgeber einen **Unterlassungs- und Erfüllungsanspruch**, der im Wege der Leistungsklage durchgesetzt werden kann (vgl. dazu im einzelnen § 1 Rn. 416f.).

Im **Personalvertretungsrecht** stehen den Tarifvertragsparteien im Hinblick auf tarif- 212
widrige Dienstvereinbarungen (vgl. dazu auch Rn. 205) und sonstige zwischen Personalvertretung und Dienstherrn vereinbarte Regelungen ebenfalls ein sich aus dem **Personalvertretungsrecht** ableitender und daneben ein **koalitionsrechtlicher Unterlassungsanspruch** zur Seite.[438]

Zum **Beseitigungsanspruch der Gewerkschaft** im Zusammenhang mit der betrieb- 212a
lichen Anwendung tarifwidriger Abmachungen vgl. Rn. 240.

---

438 Vgl. dazu Altvater-Berg, § 2 Rn. 53f.

6.5.1 Betriebsverfassungsrechtlicher Unterlassungsanspruch

213 Bei Abschluss **tarifwidriger Betriebsvereinbarungen** – und nach hier vertretener Auffassung auch **tarifwidriger Regelungsabreden** (vgl. Rn. 194, 217) –, die den Tarifvorbehalt des § 77 Abs. 3 BetrVG verletzen (vgl. Rn. 173), kommt für einen **betriebsverfassungsrechtlichen Rechtsbehelf** der Gewerkschaft **§ 77 Abs. 3 BetrVG** selbst (ergänzend auch § 2 Abs. 1 BetrVG) als Anspruchsgrundlage in Frage. Aus dem Schutzzweck dieser Vorschrift folgt ein **eigenständiger Unterlassungsanspruch der Gewerkschaft.**[439] § 77 Abs. 3 BetrVG trägt dem durch Art. 9 Abs. 3 GG verfassungsrechtlich garantierten Schutz der Gewerkschaften und der Tarifautonomie Rechnung. Das BVerfG[440] qualifiziert § 77 Abs. 3 BetrVG als **aus Art. 9 Abs. 3 GG abgeleitetes Recht**, das den Schutzbereich von Art. 9 Abs. 3 GG selbst anhand der Sperrwirkung für die Betriebsparteien **markiert.**[441] Die Vorschrift soll sicherstellen, dass die Tarifautonomie durch kollektive betriebliche Regelungen nicht beeinträchtigt oder gar ausgehöhlt wird. Die historisch gewachsene, mit Art. 9 Abs. 3 GG verbundene, Privilegierung der Koalitionen und ihrer Tätigkeit garantiert diesen grundsätzlich eine **vorrangige kollektivvertragliche Regelungskompetenz** auf dem Gebiet der Arbeits- und Wirtschaftsbedingungen. Die gesetzliche Regelung der Betriebsverfassung und die damit verbundene Schaffung einer konkurrierenden Normsetzungsbefugnis auf betrieblicher Ebene macht daher schon aus verfassungsrechtlichen Gründen die Absicherung der Normsetzungsprärogative bzw. Vorrangkompetenz der Tarifparteien erforderlich. Insoweit trägt § 77 Abs. 3 BetrVG der **qualitativ höheren Gewichtung der Tarifautonomie** gegenüber der Betriebsautonomie Rechnung. Es geht also nicht nur um den Vorrang des Tarifvertrags »als der stärkeren Norm«, sondern vor allem um die Gewährleistung eines **leistungsfähigen** und **attraktiven tarifautonomen Handlungssystems** im Allgemeinen und die Sicherung der **ausgeübten und aktualisierten Tarifautonomie** im Besonderen.

214 Den Gewerkschaften und Arbeitgeberverbänden wurde daher bezüglich der Gestaltung der Arbeitsentgelte und Arbeitsbedingungen eine weitgehende Monopolstellung eingeräumt. Die Betriebsvereinbarung soll nicht als ein **»Ersatztarifvertrag«** für nicht organisierte Arbeitnehmer oder als **»Zusatztarifvertrag«** für über- oder untertarifliche Leistungen wirken können, weil dadurch die **Stellung der Koalitionen und ihre Funktionsfähigkeit** entscheidend getroffen würde. Der Betriebsrat soll nicht in der Rolle einer **mitglieder- und beitragsfreien »Konkurrenzgewerkschaft«** als durch den Gesetzgeber abgesicherte Institution der betrieblichen Interessenvertretung den Bestand und die Handlungsfähigkeit der Gewerkschaft gefährden können.[442] Durch den Abschluss einer gegen § 77 Abs. 3 BetrVG verstoßenden Betriebsvereinbarung greifen die Betriebsparteien in eine auch durch **das BetrVG geschützte** Rechtsposition der Gewerkschaft als Tarifvertragspartei **ein.** Hieraus erwächst der Gewerkschaft ein **betriebsverfassungsrechtlicher Unterlassungs- und Beseitigungsanspruch.**[443]

---

439 DKKW-Berg, § 77 Rn. 184; Fitting, § 77 Rn. 235; Schwarze, RdA 05, 159, 164; a.A. wohl Schmidt, K., RdA 04, 152, 160.
440 24.4.96 – 1 BvR 712/86, BB 96, 1835.
441 So Zachert, AuR 97, 11, 12.
442 Vgl. zu diesem Gesichtspunkt auch Schwarze, RdA 05, 159, 164.
443 Schwarze, a.a.O.

215 Dies gilt nach hier vertretener Auffassung entsprechend, wenn eine Betriebsvereinbarung oder Regelungsabrede (zur Regelungsabrede Rn. 194, 217) im Rahmen des § 87 BetrVG gegen zwingende tarifliche Vorgaben verstößt und damit den **Tarifvorrang des § 87 Abs. 1 Eingangssatz BetrVG** verletzt (vgl. dazu Rn. 198ff.).

216 Das **BAG** hatte zunächst die Antragsberechtigung der Gewerkschaft zur Feststellung der Unwirksamkeit einer Betriebsvereinbarung wegen Verstoßes gegen § 77 Abs. 3 BetrVG in Übereinstimmung mit zahlreichen Stimmen in der Literatur befürwortet[444], diese Rechtsprechung dann aufgegeben[445] und später ein Antragsrecht der Gewerkschaft auf Nichtanwendung einer tarifwidrigen Betriebsvereinbarung anerkannt, soweit sich eine **Verletzung des § 77 Abs. 3 BetrVG** (»Grundnorm der betriebsverfassungsrechtlichen Ordnung«) als **grober Verstoß gegen die betriebsverfassungsrechtlichen Pflichten** von Betriebsrat und Arbeitgeber gem. **§ 23 Abs. 1, 3 BetrVG** darstellt.[446]

217 Tarifwidrige **Regelungsabreden** können nach Auffassung des BAG mangels Verstoß gegen § 77 Abs. 3 BetrVG nicht Gegenstand eines betriebsverfassungsrechtlichen Unterlassungsanspruchs sein (vgl. dazu und zur hier vertretenen Gegenauffassung auch Rn. 194).[447]

218 Während das BAG[448] insoweit einen auf die Nichtanwendung einer Betriebsvereinbarung gerichteten Antrag der Gewerkschaft nach § 23 Abs. 3 BetrVG bei einem **Verstoß gegen § 77 Abs. 3 BetrVG** für zulässig hält[449], lehnt es einen Unterlassungsanspruch der Gewerkschaft ab, wenn eine nach **§ 87 Abs. 1 BetrVG** grundsätzlich zulässige **Betriebsvereinbarung gegen zwingende tarifliche Vorgaben verstößt.**[450]

219 Diese **unterschiedliche Gewichtung** des BAG **von Verstößen** tarifwidriger Betriebsvereinbarungen **gegen § 77 Abs. 3 BetrVG einerseits und § 87 Abs. 1 Eingangssatz BetrVG andererseits** ist wenig überzeugend. Für die Qualifizierung des – in der betrieblichen Praxis oft vorsätzlichen – Abschlusses und der Durchführung tarifwidriger Betriebsverein-

---

444 BAG 16.9.60 – 1 ABR 5/59, AP Nr. 1 zu § 2 ArbGG Betriebsvereinbarung; 1.2.63 – 1 ABR 6/61; 21.2.67 – 1 ABR 2/66; 8.12.70 – 1 ABR 20/70, AP Nrn. 8, 25, 28 zu § 59 BetrVG; LAG Schleswig-Holstein 27.8.86 – 5 TaBV 10/86, DB 86, 2438; Däubler, BB 90, 2256ff.; Fitting, § 77 Rn. 235; Grunsky, DB 90, 526; Kempen, AuR 89, 261; Kempff, AiB 89, 66; Matthießen, DB 88, 285; Otto, RdA 89, 257; KeZa-Stein, Rn. 267; Weyand, AuR 89, 193; Wiedemann-Wank, Rn. 595ff.

445 BAG 18.8.87 – 1 ABR 65/86; 23.2.88 – 1 ABR 75/86, AP Nrn. 6, 9 zu § 81 ArbGG 1979; zust. GK-Kreutz, § 77 Rn. 458; Löwisch/Rieble, Rn. 93ff.; Richardi, § 77 Rn. 314, zur Kritik vgl. die oben genannte Literatur.

446 BAG 20.8.91 – 1 ABR 85/90, NZA 92, 317; LAG Hamm 29.7.11 – 10 TaBV 91/10, AuR 11 Ls.; LAG Baden-Württemberg 7.12.07 – 20 TaBV 7/06, AuR 08, 185, m. Anm. Drohsel; ArbG Mannheim 4.3.05 – 7 BV 3/04, AiB 05, 692 mit Anm. Stather; abl. Löwisch/Rieble, Rn. 95; durch das BAG 20.4.99 – 1 ABR 72/98, DB 99, 1555, 1556f. mit der Erwägung in Frage gestellt, dass die durch den Tarifvorbehalt des § 77 Abs. 3 BetrVG geschützte Tarifautonomie nicht zum Schutzgegenstand des § 23 BetrVG gehört, im Ergebnis aber offen gelassen; vgl. dazu auch BAG 13.3.01 – 1 AZB 19/00, AP Nr. 17 zu § 2a ArbGG 1979; vgl. die Kritik dieser Rspr.-Entwicklung bei Schwarze, RdA 05, 159, 163.

447 BAG 20.4.99, a.a.O., 1557.

448 20.8.91, a.a.O.

449 Zu den Anforderungen an das Vorliegen einer groben Verletzung der gesetzlichen Pflichten des Betriebsrats im Sinne von § 23 Abs. 1 BetrVG in diesem Zusammenhang, z.B. bei Vorliegen einer unübersichtlichen Tarifregelung, vgl. BAG 22.6.93 – 1 ABR 62/92, NZA 94, 184.

450 BAG 20.8.91, a.a.O.

barungen als groben Verstoß gegen die betriebsverfassungsrechtliche Ordnung gem. § 23 Abs. 3 BetrVG kann es nicht darauf ankommen, ob sich die Betriebsparteien, wie im Fall des § 77 Abs. 3 BetrVG, von vornherein **außerhalb ihrer Zuständigkeit** bewegen oder ob sie **im Rahmen ihrer Zuständigkeit,** wie im Fall des § 87 Abs. 1 Eingangssatz BetrVG, tarifwidrige Betriebsvereinbarungen abschließen, die gegen durch Art. 9 Abs. 3 GG geschütztes höherrangiges Recht verstoßen.[451] Man kann ohnehin in Zweifel ziehen, ob sich die Betriebsparteien im Fall des Abschlusses tarifwidriger Betriebsvereinbarungen in mitbestimmungspflichtigen Angelegenheiten überhaupt noch im Rahmen ihrer Zuständigkeit bewegen: Soweit eine tarifliche Regelung besteht, ist das Mitbestimmungsrecht ausgeschlossen. Selbst bei lückenhaften und ausfüllungsbedürftigen Tarifregelungen ist die Ausübung des Mitbestimmungsrechts auf den offen gelassenen Regelungsspielraum beschränkt und erstreckt sich nicht auf die zwingend vorgegebenen tariflichen Eckdaten bzw. Rahmenregelungen. Freiwillige günstigere Betriebsvereinbarungen scheiden aus, weil diese durch § 77 Abs. 3 BetrVG ausgeschlossen sind.

220 Abzulehnen ist auch die Auffassung des BAG, im Gegensatz zum Tarifvorrang gem. § 77 Abs. 3 BetrVG handele es sich bei § 87 Abs. 1 Eingangssatz BetrVG nicht um eine **»Fundamentalnorm« der Betriebsverfassung.** Auch § 87 Abs. 1 Eingangssatz BetrVG stellt eine durch Art. 9 Abs. 3 GG fundierte unverzichtbare Norm zum Schutz der Koalitionsfreiheit dar, der mindestens das gleiche Gewicht wie § 77 Abs. 3 zukommt.[452] Soweit das BAG[453] generell Schutzansprüche der Gewerkschaft gegen tarifwidrige Betriebsvereinbarungen über mitbestimmungspflichtige Angelegenheiten im Sinne von § 87 Abs. 1 BetrVG verneint hat, hat das BVerfG[454] festgestellt, dass dies nicht unproblematisch sei und Zweifel angemeldet, ob die Auffassung des BAG in ihrer vollen Tragweite mit dem rechtlichen Schutz vereinbar ist, der Tarifverträgen zum Schutz der Koalitionsfreiheit aus verfassungsrechtlichen Gründen zu gewähren ist.

221 Der vom BAG somit nach jüngster Rechtsprechung nur in engen Grenzen anerkannte **betriebsverfassungsrechtliche Unterlassungsanspruch** besteht neben dem **koalitionsrechtlichen Unterlassungsanspruch** aus Art. 9 Abs. 3 GG (vgl. dazu Rn. 223) und verdrängt diesen nicht.[455]

222 Soweit **§ 23 Abs. 1 BetrVG** der Gewerkschaft rechtlich die Möglichkeit bietet, entsprechende Verfahren unmittelbar gegen den am Abschluss einer tarifwidrigen Betriebsvereinbarung beteiligten Betriebsrat mit dem Ziel der **Auflösung des Betriebsrats** bzw. **Amtsenthebung einzelner Mitglieder des Betriebsrats** zu richten, gilt das oben (vgl. Rn. 208) angesprochene politische Problem einer Konfrontationsstellung zwischen Gewerkschaft und Betriebsrat in besonderem Maße. Zu derartigen Rechtsstreitigkeiten kommt es daher i. d. R. nur in **extremen Einzelfällen.**[456]

---

451 Kittner, FS Stahlhacke, S. 247, 254.
452 Kittner, a.a.O., 255.
453 20. 8. 91, a.a.O.
454 29. 6. 93 – 1 BvR 1916/91, AP Nr. 2a zu § 77 BetrVG 1972 Tarifvorbehalt.
455 BAG 20. 4. 99, a.a.O., 1557; Berg/Platow, DB 99, 2362, 2366.
456 Vgl. die Beispiele bei BAG 22. 6. 93, a.a.O.; ArbG Freiburg 15. 7. 97, a. A. O.; ArbG Marburg a.a.O.

6.5.2 Koalitionsrechtlicher Unterlassungsanspruch

Die Gewerkschaft kann gegen den tarifbrüchigen Arbeitgeber zusätzlich auf Grundlage eines **koalitionsrechtlichen Unterlassungsanspruchs**[457] wegen **Verletzung des Art. 9 Abs. 3 GG aus eigenem Recht** direkt gegen den Arbeitgeber vorgehen.[458] Dies ergibt sich aus **§ 1004 BGB i.V.m. § 823 Abs. 1 BGB und Art. 9 Abs. 3 GG.** Nach Art. 9 Abs. 3 Satz 1 GG hat jedermann das Recht, zur Wahrung und Förderung der Arbeits- und Wirtschaftsbedingungen Vereinigungen zu bilden. Die zu diesem Zweck gebildeten Vereinigungen sind Koalitionen. Art. 9 Abs. 3 GG enthält das Grundrecht der Koalitionsfreiheit. Auf dieses Grundrecht können sich auch die Koalitionen selbst berufen. Verfassungsrechtlich geschützt sind ihre **Existenz- und Funktionsfähigkeit.** Es wird ihnen ein Mindestmaß an spezifisch koalitionsmäßiger Betätigung gewährleistet. Zum **verfassungsrechtlich geschützten Bereich der koalitionsmäßigen Betätigung** gehört besonders der **Abschluss von Tarifverträgen**, durch die die Koalitionen ihre Lohn- und sonstigen Arbeitsbedingungen in eigener Verantwortung und im Wesentlichen ohne staatliche Einflussnahme ordnen. Das Handeln als Tarifvertragspartei steht dabei insbesondere für die Gewerkschaften im Mittelpunkt ihrer Koalitionsbetätigung und hat für ihren Bestand und ihre Durchsetzungs- und Handlungsfähigkeit existentielle Bedeutung. Der verfassungsrechtliche Schutz des Art. 9 Abs. 3 GG richtet sich in diesem Zusammenhang nicht nur gegen Beeinträchtigungen der Koalitionen durch den Staat, sondern sichert die Koalitionen und ihre Betätigung – wie sich u.a. aus Art. 9 Abs. 3 Satz 2 GG ergibt – auch **gegen private Macht**, für die Gewerkschaften vor allem gegen den **sozialen Gegenspieler in Gestalt der Arbeitgeberverbände oder einzelner Arbeitgeber.** 223

Wenn ein tarifgebundener **Arbeitgeber einen Tarifvertrag** nicht nur nicht einhält, sondern durch eine offen tarifwidrige Betriebsvereinbarung oder sonstige betriebliche Abmachung **bewusst** unterläuft, ist die verfassungsrechtliche Garantie eines effektiven Rechtsbehelfs für die betroffene Gewerkschaft unerlässlich. Wenn das BAG noch in seiner Entscheidung vom 20.8.91[459] davon ausgegangen ist, durch tarifwidrige Betriebsverein- 224

---

457 Dazu eingehend Berg, FS Däubler, S. 492ff.; Däubler, AuR 95, 305, 308f.; Dieterich, AuR 05, 121; ders., FS Wißmann, S. 114ff.

458 BAG 17.5.11 – 1 AZR 473/09, AuR 11, 498 mit Anm. Voigt; 20.4.99, a.a.O.; LAG Hamm 29.7.11 – 10 TaBV 91/10, AuR 11, 504 Ls.; LAG Baden-Württemberg 7.12.07 – 20 TaBV 7/06, AuR 08, 185, mit zust. Anm. Drohsel; LAG Mecklenburg-Vorpommern 10.2.05 – 1 TaBV 18/04; Sächsisches LAG 13.11.01 – 7 Sa 118/01, AuR 02, 310, mit zust. Anm. Jacobs (aufgehoben durch BAG 19.3.03 – 4 AZR 271/02, AuR 04, 155, mit abl. Anm. Kocher); LAG Sachsen-Anhalt 8.5.01 – 9 (5) Sa 723/00, AuR 02, 308, mit zust. Anm. Jacobs; ArbG Marburg 3.1.06 – 1 Ca 671/05, AuR 06, 133; ArbG Dresden 5.12.00 – 8 Ca 4514/00, AiB 01, 554, mit zust. Anm. Unterhinninghofen; dem BAG zust. Berg, AiB 99, 304; Berg/Platow, DB 99, 2362; Däubler, AiB 99, 481; Däubler-Reim, § 1 Rn. 1091ff.; Fitting, § 77 Rn. 236; KeZa-Stein, Rn. 249ff.; Kocher, AuR 99, 382; Kittner/Zwanziger/Deinert-Deinert, § 10 Rn. 173ff.; Reichold, RdA 12, 245, 247; Schmidt, K., RdA 04, 152; Wohlfahrt, NZA 99, 962; krit. Bauer, NZA 99, 957; Buchner, NZA 99, 897; Löwisch, BB 99, 2080; Richardi, § 77 Rn. 296; ders., DB 00, 42; Rieble, ZTR 99, 483; Thüsing, DB 99, 1552; im Ergebnis mit dem BAG übereinstimmend GK-Kreutz, § 77 Rn. 425; Schwarze, RdA 05, 159 (für § 77 Abs. 3 BetrVG als primäre Anspruchsgrundlage); Wiedemann-Wiedemann, § 1 Rn. 728; einschränkend Löwisch/Rieble, Rn. 77ff.; abl. Sutschet, ZfA 07, 207.

459 1 ABR 85/90, NZA 92, 317, 320.

barung würden die durch Art. 9 Abs. 3 GG geschützten Rechte der Gewerkschaft jedenfalls nicht in ihrem Kernbereich verletzt, hat das BVerfG[460] zwischenzeitlich klargestellt, dass sich der Schutz des Art. 9 Abs. 3 GG nicht auf diejenigen Tätigkeiten, die für die Erhaltung und die Sicherung des Bestandes der Koalition unerlässlich sind (Kernbereich), beschränkt, sondern alle **koalitionsspezifischen Verhaltensweisen** erfasst. Das BVerfG hat weiter festgestellt, dass Art. 9 Abs. 3 GG den Koalitionen einen spezifischen Wirkungsbereich für den Abschluss eines Tarifvertrags gewährleistet und dass die **Aushandlung eines Tarifvertrags zu den wesentlichen Zwecken der Koalitionen** gehört.[461]

225 Soweit das BAG[462] den **koalitionsrechtlichen Unterlassungsanspruch** grundsätzlich anerkannt hat, hängt seine gerichtliche Durchsetzung allerdings vom Vorliegen verschiedener **Voraussetzungen** ab:

226 Das BAG[463] geht von einem den Unterlassungsanspruch auslösenden **Eingriff in die Tarifautonomie** nur aus, wenn die abweichende betriebliche Regelung »eine **Tarifnorm als kollektive Ordnung** verdrängt«. Daraus wird in der Literatur verbreitet die Schlussfolgerung gezogen, es müsse – neben der **Tarifgebundenheit des Arbeitgebers** – ein gewisser **Mindestanteil tarifgebundener Arbeitnehmer an der Gesamtbelegschaft** existieren, weil nur unter dieser Voraussetzung die Tarifnorm als »kollektive Ordnung« gelte.[464] Dies ist nach hier vertretener Auffassung nicht zutreffend und lässt sich auch nicht zwingend aus der Entscheidung des BAG ableiten. Die **Geltung einer Tarifnorm als kollektive Ordnung** setzt nicht das Erreichen eines bestimmten zahlenmäßigen Schwellenwertes tarifgebundener Arbeitnehmer voraus, sondern ergibt sich bereits aus dem **Charakter des Tarifvertrags als Kollektivvertrag** und aus der **unmittelbaren und zwingenden Wirkung seiner Tarifnormen** für die bereits organisierten Arbeitnehmer und der mit ihr verbundenen Chance für die unorganisierten Arbeitnehmer, durch Vollzug des Gewerkschaftsbeitritts für sich die Tarifbindung jederzeit herbeiführen zu können.[465]

227 Jedenfalls für den tarifgebundenen Arbeitgeber und die bei ihm beschäftigten tarifgebundenen Arbeitnehmer gilt der Tarifvertrag **unabhängig von der Anzahl der tarifgebundenen Arbeitnehmer** als kollektive Ordnung der Entgelt- und sonstigen Arbeitsbedingungen im Betrieb. Selbst wenn der wenig realitätsnahe Fall unterstellt wird, dass der Arbeitgeber mit den (möglicherweise die Mehrheit der Belegschaft stellenden) unorganisierten Arbeitnehmern untertarifliche Arbeitsbedingungen vereinbart hat, ändert dies nichts daran, dass jedenfalls für die organisierten Arbeitnehmer die Tarifnormen als **kollektive tarifliche (Teil-)Ordnung** gelten (und für die unorganisierten Arbeitnehmer zulässigerweise eine vom Tarifvertrag abweichende **kollektive betriebliche (Teil-)Ordnung**). Sollen die – auch nur für eine geringe Anzahl tarifgebundene Arbeitnehmer – als kollektive Ordnung geltenden Tarifnormen durch eine betriebseinheitlich wirkende und **alle tarifgebundenen Arbeitnehmer erfassende** tarifwidrige Abmachung verdrängt werden, kann die tarifschließende Gewerkschaft insoweit Unterlassung verlangen.

460 14.11.95 – 1 BvR 601/92, BB 96, 590.
461 24.4.96 – 1 BvR 712/86, BB 96, 1835.
462 17.5.11 – 1 AZR 473/09, AuR 11, 498 mit Anm. Voigt; 20.4.99, a.a.O.
463 20.4.99, a.a.O., 1558.
464 Vgl. etwa Koch, AuR 04, 155, 159; Schmidt, K., RdA 04, 152, 158.
465 Vgl. Kittner/Zwanziger/Deinert-Deinert, § 10 Rn. 177.

Dies muss erst recht gelten, wenn der Tarifvertrag **für alle Arbeitnehmer** – unabhängig von der Tarifbindung – zur Anwendung kommt und für alle Arbeitnehmer durch eine tarifwidrige betriebliche Regelung verdrängt werden soll. Wendet der tarifgebundene Arbeitgeber den Tarifvertrag, was der Regelfall ist (vgl. § 3 Rn. 250ff.), auf Grundlage von **Gleichstellungsabreden** (vgl. § 3 Rn. 291ff.) **betriebseinheitlich** für organisierte und unorganisierte Arbeitnehmer an, existiert im Betrieb – unabhängig vom quantitativen Anteil der Gewerkschaftsmitglieder an der Gesamtbelegschaft – für alle Arbeitnehmer eine tarifliche, zumindest aber eine im Kern **tarifvertraglich geprägte kollektive Ordnung**. Durch eine tarifwidrige betriebliche Regelung wird diese verdrängt und damit der durch Art. 9 Abs. 3 GG geschützte und von der **kollektiven Koalitionsfreiheit** umfasste **Geltungsanspruch des Tarifvertrags** durch **Errichten einer betrieblichen Konkurrenzordnung** ausgehebelt. Diese Folge tritt unabhängig von der Anzahl der betroffenen Gewerkschaftsmitglieder ein. Auch aus diesem Grund setzt der Unterlassungsanspruch **keinen Mindestanteil von Gewerkschaftsmitgliedern** (»kritische Masse«)[466] an der Gesamtzahl der vom Geltungsbereich einer tarifwidrigen betrieblichen Regelung erfassten Arbeitnehmer voraus.[467] Zumindest bei der typischen Konstellation der betriebseinheitlichen Anwendung des Tarifvertrags durch den Arbeitgeber ist es ausreichend, wenn der **Arbeitgeber tarifgebunden** und die als **Tarifvertragspartei auftretende** (und den Unterlassungsanspruch verfolgende) **Gewerkschaft im Betrieb vertreten** (zum Nachweis des Vertretenseins siehe Rn. 229) ist (was gleichbedeutend ist mit der Tarifbindung zumindest einzelner Arbeitnehmer und der normativen Geltung des Tarifvertrags für diese Arbeitnehmer, vgl. Rn. 232). 228

Folgt man dem nicht, wird man bei der von der Gegenauffassung geforderten **quantitativen Betrachtung** neben den Gewerkschaftsmitgliedern jedenfalls die **Arbeitnehmer mit** arbeitsvertraglichen **Gleichstellungsabreden einbeziehen** müssen.[468] Selbst wenn man es mit der Gegenauffassung für die **Begründetheit des Unterlassungsanspruchs** für erforderlich hält, dass die Gewerkschaft einen gewissen Mindestanteil an tarifgebundenen Arbeitnehmern darlegt (und im Fall des Bestreitens) beweist, geht es dabei, zumindest im Erkenntnisverfahren[469], **nicht um die namentliche Benennung der Gewerkschaftsmitglieder** (zur gegenteiligen Auffassung des 4. Senats des BAG[470] vgl. Rn. 230ff.), bzw. um deren Individualisierung oder um konkrete Arbeitsverhältnisse, sondern allein um die Tatsache, dass die **Gewerkschaft** mit einem **zahlenmäßig zu benennenden Mindestanteil an Gewerkschaftsmitgliedern im Betrieb vertreten** ist.[471] Der **Nachweis** kann ohne Nennung von Namen mittelbar geführt werden, etwa durch **notarielle Erklärung** oder **Vernehmung bzw. eidesstattliche Versicherung eines Gewerkschaftssekretärs**.[472] 229

---

466 Vgl. Kocher, AuR 04, 156, 159.

467 A. A. Kocher, a.a.O.; Rieble, ZTR 99, 483, 485; Schmidt, K., RdA 04, 152, 158, die als Mindestvoraussetzung auf die Vorgaben aus § 17 KSchG zurückgreifen wollen; daran knüpft auch das ArbG Marburg 3.1.06 – 1 Ca 671/05, AuR 06, 133, an.

468 Kocher, a.a.O.; eine entsprechende Erwägung auch bei Wiedemann, RdA 00, 169, 172.

469 Vgl. BAG 20.4.99, a.a.O., 1560.

470 19.3.03 – 4 AZR 271/02, AuR 04, 155.

471 Kocher, AuR 04, 156, 159.

472 Dieterich, AuR 05, 121, 126; vgl. zu der vergleichbaren Problematik im Rahmen von § 2 BetrVG: BAG 25.3.92 – 7 ABR 65/90, AP Nr. 4 zu § 2 BetrVG 1972, und DKKW-Berg, § 2 Rn. 80f. m.w.N.

230 Unabhängig von der Frage, ob ein gewisser Anteil tarifgebundener Arbeitnehmer an der Gesamtbelegschaft Tatbestandsvoraussetzung des Unterlassungsanspruchs ist (was nach hier vertretener Auffassung verneint wird, vgl. Rn. 226), hat der 4. Senat des BAG[473] die Auffassung vertreten, der Antrag einer Gewerkschaft zur gerichtlichen Durchsetzung ihres koalitionsrechtlichen Unterlassungsanspruchs sei **ohne namentliche Benennung der Gewerkschaftsmitglieder** im Antrag **nicht hinreichend bestimmt**. Das BAG hat die Klage einer antragstellenden Gewerkschaft deshalb als unzulässig abgewiesen. Dies gelte zumindest immer dann, wenn der **Unterlassungsantrag** der Gewerkschaft **auf die tarifgebundenen Arbeitnehmer beschränkt** sei.[474]

231 Wenn der 4. Senat in dieser Entscheidung gleichzeitig Spekulationen darüber anstellt, dass die Gewerkschaft aus rechtlichen und praktischen Gründen i. d. R. nicht in der Lage sei, die Namen der Gewerkschaftsmitglieder zu nennen, und dass es wenig wahrscheinlich sei, dass die Mitglieder ihre Gewerkschaft bei der Durchsetzung des Unterlassungsanspruchs überhaupt unterstützen würden[475], drängt sich der Eindruck auf, dass es im Ergebnis auch darum ging, der den Unterlassungsanspruch grundsätzlich anerkennenden Entscheidung des 1. Senats des BAG[476] zumindest partiell den Boden zu entziehen. Die Entscheidung kann ihre Sympathie für die den Anlass des Rechtsstreits darstellenden tarifwidrigen arbeitsvertraglichen Abreden und deren – vom Arbeitgeber erzwungene – Akzeptanz durch die betroffenen Arbeitnehmer kaum verbergen, was zu Recht zu der Bewertung Anlass gibt, dass es bemerkenswert ist, »dass ein oberstes Bundesgericht eine rechtswidrige Maßnahme als akzeptables »Sanierungskonzept« adelt …«.[477] Der 4. Senat hat im Ergebnis verkannt, dass die Durchsetzung der **individuellen Ansprüche der Gewerkschaftsmitglieder** weder Inhalt noch Gegenstand des Unterlassungsantrags sind, sondern dass es beim koalitionsrechtlichen Unterlassungsanspruch um die Durchsetzung **eigener Rechte der Gewerkschaft** geht.[478] Abgesehen davon sprechen gute Gründe dafür, dass bei einer Beschränkung des Unterlassungsanspruchs auf die Gewerkschaftsmitglieder ihre namentliche Benennung erst im Vollstreckungsverfahren erforderlich ist[479], und dass dies auch unter dem Gesichtspunkt der erforderlichen Bestimmtheit eines Unterlassungsantrags im Erkenntnisverfahren ausreichend ist.[480] Beabsichtigt der tarifwidrig handelnde Arbeitgeber, die abweichende Abmachung **unabhängig von deren Tarifgebundenheit auf alle Arbeitnehmer** zu erstrecken, was typischerweise der Fall ist (vgl. Rn. 226)[481], muss der Unterlassungsantrag nicht auf die tarifgebundenen Arbeitnehmer beschränkt werden[482] und eine **namentliche Benennung** ist erst recht **ent-**

473 19. 3. 03, a.a.O. mit krit. Anm. Kocher; dies., NZA 05, 140; Dieterich, FS Wissmann, S. 114ff.; vgl. auch Schwarze, RdA 05, 159.
474 BAG 19. 3. 03, a.a.O., 156.
475 BAG 19. 3. 03, a.a.O.
476 20. 4. 99, a.a.O.
477 So Kocher, a.a.O., 158.
478 Kocher, a.a.O., 156.
479 BAG 20. 4. 99, a.a.O., 1560.
480 Schmidt, K., RdA 04, 152, 157.
481 So auch Schmidt, K., a.a.O., 157.
482 BAG 20. 4. 99, a.a.O.; LAG Baden-Württemberg 7. 12. 07 – 20 TaBV 7/06, AuR 08, 185, 187, mit zust. Anm. Drohsel; ArbG Marburg 3. 1. 06 – 1 Ca 671/05, AuR 06, 133; Schmidt, K., a.a.O., 158.

behrlich[483], denn der Arbeitgeber weiß, welche Arbeitnehmer bei ihm beschäftigt sind.[484]

Der Tarifvertrag im Anwendungsbereich der tarifwidrigen betrieblichen Regelung muss **normativ** gelten.[485] Dies setzt **Tarifbindung gem. § 3 Abs. 1 oder Nachbindung gem. § 3 Abs. 3 TVG,** z.B. nach eine Verbandsaustritt[486] (vgl. § 3 Rn. 10ff., 28ff.) voraus und gilt mit der Folge der Anwendbarkeit des Unterlassungsanspruchs auch für den Fall der **Allgemeinverbindlichkeit eines Tarifvertrags.**[487] Befindet sich der Tarifvertrag nach seiner Beendigung gem. § 4 Abs. 5 TVG (vgl. Rn. 293ff.) lediglich in der **Nachwirkung**, ist für die Durchsetzung des **koalitionsrechtlichen** Unterlassungsanspruchs kein Raum mehr. Die nachwirkenden Tarifnormen können prinzipiell abgelöst werden. Dies kann allerdings wegen des **Tarifvorbehalts gem. § 77 Abs. 3 BetrVG** unter dem Gesichtspunkt der **Tarifüblichkeit** (vgl. Rn. 186ff.) nicht durch Abschluss einer Betriebsvereinbarung erreicht werden. Erfolgt die Ablösung dennoch – unter Verstoß gegen § 77 Abs. 3 BetrVG – durch Betriebsvereinbarung (oder nach hier vertretener Auffassung durch eine Regelungsabrede, vgl. Rn. 194, 217), steht den Tarifvertragsparteien der **betriebsverfassungsrechtliche** Unterlassungsanspruch (vgl. Rn. 213ff.) zur Seite. **232**

Es ist unerheblich, welche **Rechtsqualität** die tarifwidrige betriebliche Regelung hat. Der Unterlassungsanspruch kann nicht nur auf die Nichtanwendung von **Betriebsvereinbarungen**[488], sondern auch von **Regelungsabreden**[489] oder **betrieblichen Einheitsregelungen**[490] abzielen.[491] **233**

Das BAG verlangt für die Begründetheit des Unterlassungsanspruchs das **Vorliegen einer »betrieblichen Regelung«**, die **»einheitlich« wirken** soll.[492] Tarifwidrige Bestimmungen in **einzelnen Arbeitsverträgen** oder **fehlerhafte Anschlussregelungen** sollen danach mit dem Unterlassungsanspruch nicht angegriffen werden können, obwohl auch Tarifrechts- **234**

---

483 BAG 17.5.11 – 1 AZR 473/09, AuR 11, 498 mit Anm. Voigt; LAG Hamm 29.7.11 – 10 TaBV 91/10, AuR 11, 504 Ls.; LAG Hamburg 18.6.09 – 2 Sa 176/08; LAG Baden-Württemberg 7.12.07, a.a.O.; ArbG Marburg 3.1.06, a.a.O.; Kocher, a.a.O.; Schmidt, K., a.a.O.

484 So auch der 4. Senat des BAG, 19.3.03, a.a.O., 156, der im Ergebnis aber unter Hinweis auf Löwisch, BB 99, 2080 und Rieble, ZTR 99, 483, 486 die Frage aufwirft und unbeantwortet lässt, ob nicht zumindest doch einzelne Mitglieder oder ein Mitglied der klagenden Gewerkschaft im Erkenntnisverfahren genannt werden müsse.

485 BAG 20.4.99, a.a.O., 1558f.; dazu eingehend Schmidt, K., RdA 04, 152, 154f.

486 Sächsisches LAG 13.11.01 – 7 Sa 118/01, AuR 02, 310, mit zust. Anm. Jacobs (aufgehoben durch BAG 19.3.03, a.a.O.); LAG Sachsen-Anhalt 8.5.01 – 9 (5) Sa 723/00, AuR 02, 308, mit zust. Anm. Jacobs; ArbG Dresden 5.12.00 – 8 Ca 4514/00, AiB 01, 554, mit zust. Anm. Unterhinninghofen; Däubler, AiB 99, 481; Schmidt, K., a.a.O. 158f.

487 LAG Hamm 29.7.11 – 10 TaBV 91/10, AuR 11, 504 Ls.; Bepler, AuA 99, 558; Berg/Platow, DB 99, 2362, 2365; Däubler, a.a.O., 484; a.A. Kocher, AuR 99, 382, 384; Rieble, ZTR 99, 483, 486; Schmidt, K., a.a.O., 154f.

488 Zum Begriff vgl. DKKW-Berg, § 77 Rn. 14f.

489 Zum Begriff vgl. DKKW-Berg, § 77 Rn. 161ff.

490 Zum Begriff vgl. Kittner/Zwanziger/Deinert-Deinert, § 11 Rn. 114ff.

491 BAG 20.4.99, a.a.O., 1558; LAG Baden-Württemberg a.a.O., 187, mit zust. Anm. Drohsel; Sächsisches LAG 13.11.01, AuR 02, 310, mit zust. Anm. Jacobs (aufgehoben durch BAG 19.3.03, a.a.O., mit abl. Anm. Kocher); LAG Sachsen-Anhalt a.a.O., mit zust. Anm. Jacobs; ArbG Dresden 5.12.00, a.a.O., mit Anm. Unterhinninghofen; LAG Mecklenburg-Vorpommern 10.2.05 – 1 TaBV 18/04.

492 BAG 20.4.99, DB 99, 1555, 1558.

verstöße in einzelnen Arbeitsverträgen prinzipiell geeignet sind, den Geltungsanspruch der entsprechenden Tarifnormen zumindest indirekt in Frage zu stellen.[493] Kollektive Interessen können auch berührt sein, wenn nur (bzw. zunächst) wenige bzw. einzelne Arbeitnehmer von einer tarifwidrigen Regelung betroffen sind, vor allem dann, wenn in der tarifwidrigen Behandlung einzelner Arbeitnehmer die Absicht zum Ausdruck kommt, rechtswidrige Abweichungen vom Tarifvertrag als allgemeine Verfahrensweise zu etablieren.[494]

235 Verstößt der Arbeitgeber gegen eine **betriebliche Norm** (vgl. § 1 Rn. 134), in dem er z.B. unter Missachtung einer **tariflichen Quotenregelung** über die Zulässigkeit der **Verlängerung der wöchentlichen Arbeitszeit** für einen quantitativ beschränkten Anteil der Belegschaft nach Ausschöpfung der Quote zusätzliche Änderungsverträge zur Verlängerung der Arbeitszeit abschließt, kommt es für das Vorliegen einer tarifwidrigen betrieblichen Regelung, die einheitlich wirkt, ebenfalls nicht auf die Anzahl der Arbeitnehmer an, deren Arbeitszeit verlängert wurde. Die unabhängig von der individuellen Tarifbindung der Arbeitnehmer betriebseinheitlich (vgl. § 3 Abs. 2 TVG) geltende Quotenregelung soll die mit der Verkürzung der Arbeitszeit verfolgten beschäftigungspolitischen Ziele der Tarifvertragsparteien verwirklichen. Insofern hat auch die tarifwidrige Verlängerung der Arbeitszeit für relativ wenige Arbeitnehmer (tarifwidrige) betriebliche bzw. kollektive Wirkungen, die geeignet sind, den mit der tariflichen Quotenregelung verfolgten Zweck der Beschäftigungssicherung zu vereiteln.

236 Von einer **einheitlichen Regelung** wird jedenfalls immer dann auszugehen sein, wenn sie für den gesamten Betrieb, bestimmte Teile eines Betriebs, etwa eine Abteilung oder für bestimmte Gruppen von Arbeitnehmern (z.B. gewerbliche Arbeitnehmer, Kraftfahrer, Schichtarbeiter) gelten soll. Liegen diese Voraussetzungen vor, kommt es für das Bejahen des Unterlassungsanspruchs auf das Verhalten des Betriebsrats im Einzelnen nicht an. Kommt die tarifwidrige Regelung mit ausdrücklicher oder stillschweigender **Unterstützung des Betriebsrats** zustande, liegt ihr kollektiver Charakter allerdings auf der Hand und es ist im Zweifel vom Vorliegen einer einheitlichen Regelung auszugehen.[495]

237 Ein **Verschulden des Arbeitgebers** oder eine besondere **Schwere des Tarifverstoßes** stellen für die Begründetheit des Unterlassungsanspruchs keine Voraussetzungen dar.[496] Die Zielrichtung des Arbeitgebers, Tarifnormen durch tarifwidrige Regelungen zu ersetzen bzw. zu verdrängen und so eine betriebliche Konkurrenzordnung zu errichten und die tarifliche Ordnungsfunktion leer laufen zu lassen, ist für das Vorliegen eines relevanten Verstoßes ausreichend. Auf den **Anlass**, die **Motivationslage** und die sonst vom Arbeitgeber verfolgten **Ziele** kommt es ebenso wenig an wie auf die **Intensität der Verletzung des Tarifvertrags.** Es stellt daher kein entscheidungserhebliches Kriterium dar, in welchem **Umfang** vom Tarifvertrag abgewichen wird, oder welche **materiellen Auswirkungen** die Abweichung für die Tarifunterworfenen hat.

238 Ist der **Betriebsrat** am Zustandekommen der tarifwidrigen betrieblichen Regelung **beteiligt**, ist der gewerkschaftliche Unterlassungsanspruch im **Beschlussverfahren** geltend zu

493 Kocher, AuR 99, 382, 383.
494 Ähnlich Thüsing, DB 99, 1552, 1554.
495 BAG 20.4.99, a.a.O., 1555.
496 LAG Baden-Württemberg 7.12.07, a.a.O.; a. A: Löwisch/Rieble, Rn. 79, 83.

machen[497], ansonsten im **Urteilsverfahren** (z.B. tarifwidrige individualvertragliche Abmachungen mit kollektivem Charakter ohne Beteiligung des Betriebsrats). Das Beschlussverfahren ist auch für den Anspruch einer Gewerkschaft auf die Beseitigung der Folgen tarifwidriger Betriebsvereinbarungen und Regelungsabreden, mit denen die tarifliche Ordnung durch eine betriebliche Konkurrenzordnung ersetzt werden soll, die zutreffende Verfahrensart.[498] Bei Vorliegen der üblichen Voraussetzungen kann der **Unterlassungsanspruch auch durch einstweilige Verfügung** verfolgt werden.[499] Nur im Wege des einstweiligen Rechtsschutzes besteht für die tarifschließende Gewerkschaft **effektiver Rechtsschutz** gegen tarifwidrige betriebliche Regelungen, zumal das BAG einen Folgenbeseitigungsanspruch der Gewerkschaft ablehnt (vgl. dazu Rn. 240).

Prinzipiell hat auch der **Arbeitgeberverband** als Tarifvertragspartei die Möglichkeit, im **239**
Wege verbandsrechtlicher Sanktionen oder des betriebsverfassungs- oder koalitionsrechtlichen Unterlassungsanspruchs gegen tarifwidrig handelnde Arbeitgeber vorzugehen. Dies spielt zwar praktisch keine Rolle, kann aber im Hinblick auf die **Wettbewerbsinteressen tariftreuer Verbandsmitglieder**, zumindest präventiv, dennoch von Bedeutung sein.[500]

6.5.3 Beseitigungsanspruch

Im Zusammenhang mit dem vorstehend erläuterten Unterlassungsanspruch der Gewerk- **240**
schaft stellt sich weitergehend die Frage, ob sie zusätzlich die **Beseitigung der Folgen des Verstoßes gegen den Tarifvertrag** gerichtlich durchsetzen kann (§§ 1004, 823 BGB i.V.m. Art. 9 Abs. 3 GG). § 1004 BGB billigt dem Anspruchsinhaber grundsätzlich nicht nur einen Unterlassungsanspruch zur Abwehr zukünftiger Beeinträchtigungen zu, sondern gewährt auch einen **Beseitigungsanspruch**, der auf die Beseitigung der rechtswidrigen Beeinträchtigung gerichtet ist.[501]. Bei Verstößen gegen das Mitbestimmungsrecht des Betriebsrats ist dies anerkannt. Hat der Arbeitgeber z.B. unter Verletzung der Mitbestimmungsrecht des Betriebsrat Anweisungen in ein von den Arbeitnehmer zu beachtendes Handbuch aufgenommen, kann der Betriebsrat die Beseitigung dieses betriebsverfassungswidrigen Zustands durch Herausnahme der Anweisungen aus dem Handbuch verlangen[502] Der Beseitigungsanspruch der Gewerkschaft richtet sich im Fall des Verstoßes gegen den Tarifvertrag auf die **Beseitigung des tarifwidrigen** bzw. **Wiederherstellung des tarifkonformen Zustandes**, d.h. nach hier vertretener – allerdings vom BAG[503] inzwischen abgelehnter – Auf-

497 BAG 17.5.11 – 1 AZR 473/09, AuR 11, 498 mit Anm. Voigt; 13.3.01, NZA 01, 1037; 20.4.99, a.a.O., 1556; LAG Baden-Württemberg a.a.O., 187, mit zust. Anm. Drohsel; Berg/Platow, DB 99, 2367; a.A. Bauer, NZA 99, 957, 958; Bauer/Medem, NJW 12, 253; Löwisch/Rieble, Rn. 89f.; Reichold, RdA 12, 245, 246; Rieble, ZTR 99, 486.

498 BAG 17.5.11, a.a.O.

499 BAG 17.5.11, a.a.O.; Berg/Platow, a.a.O., 2368; Schmidt, K., RdA 04, 160; a.A. Bauer, a.a.O., 961.

500 Vgl. Kittner/Zwanziger/Deinert-Deinert, § 10 Rn. 181; Rieble, NZA 00, 225, 228f. unter Bezugnahme auf den Fall Holzmann.

501 BAG 17.5.11, a.a.O.; Palandt-Bassenge, § 1004, Rn. 28.

502 BAG 16.6.98 – 1 ABR 68/97, NZA 99, 49; vgl. auch Richardi-Thüsing, § 23 Rn. 80ff.

503 BAG 17.5.11, a.a.O.; zust. Bauer/Medem, NJW 12, 252; Reichold, RdA 12, 245.

fassung z.B. auf die Aufhebung der – auf Grundlage einer entsprechenden Betriebsvereinbarung oder Regelungsabrede abgeschlossenen – tarifwidrigen **Individualverträge,** die **Nachzahlung** der vorenthaltenen tariflichen Leistungen oder die Gewährung von Ansprüchen auf Freizeitausgleich für die tarifgebundenen Arbeitnehmer.[504] Die Beseitigung der Beeinträchtigung kann jedenfalls von der Gewerkschaft dadurch verlangt werden, dass die (zukünftige) **Anwendung der tarifwidrigen Abmachung unterbleibt** und der Arbeitgeber eine entsprechende ausdrückliche **Erklärung gegenüber den Arbeitnehmern und Arbeitnehmerinnen** abgibt.[505] Dieser Anspruch der Gewerkschaft auf Beseitigung der Beeinträchtigungen ist im **Beschlussverfahren** geltend zu machen und kann im Wege der **einstweiligen Verfügung** verfolgt werden (vgl. dazu auch Rn. 238).[506]

7. Rechtsverlust und Tarifvertrag

7.1 Verzichtsverbot

241 Nach § 4 Abs. 4 Satz 1 TVG ist ein **Verzicht** auf entstandene tarifliche Rechte grundsätzlich **unzulässig und unwirksam**. Ausnahme: Der Verzicht erfolgt durch einen von den **Tarifvertragsparteien gebilligten Vergleich** (vgl. Rn. 246). Die Unzulässigkeit des Verzichts ist Ausdruck der **Unabdingbarkeit (= zwingenden Wirkung) der Tarifnormen** (vgl. Rn. 3). Es soll sichergestellt werden, dass Arbeitnehmer auch dann nicht individuell das kollektiv Erkämpfte rechtswirksam aufgeben, wenn der Arbeitgeber Druck ausübt, z.B. den Arbeitnehmer vor die (Schein-)Alternative »Lohnverzicht oder Entlassung« stellt.[507]

242 Das Verbot gilt nur für **tarifliche Rechte** und setzt beiderseitige **Tarifbindung** i.S.d. §§ 3 Abs.1, 4 Abs. 1 bzw. § 3 Abs. 2 TVG voraus. Es schützt »nur die Wirksamkeit kollektiv begründeter Rechte«.[508] Es gilt deshalb nicht bei arbeitsvertraglicher **Bezugnahme** (§ 3 Rn. 245ff.) auf Tarifverträge.[509] Das Verzichtsverbot für tarifliche Rechte gilt auch **für transformierte Normen.** Ein Betriebsübergang ist für die Unverzichtbarkeit bereits entstandener tariflicher Ansprüche ohne Bedeutung; der einzelvertragliche Verzicht ist wegen eines Verstoßes gegen § 4 Abs. 4 Satz 1 TVG auch dann nichtig, wenn dieser erst nach einem Betriebsübergang gegenüber dem Betriebsveräußerer oder dem Betriebserwerber erklärt wird.[510] Dies ist konsequent, wenn man mit dem 4. Senat des BAG davon ausgeht, dass die nach § 613a Abs. 1 Satz 2 BGB transformierten Normen wie bei § 3 Abs. 3 TVG zwingende Wirkung entfalten (vgl. § 3 Rn. 138).[511]

---

504 Däubler, AiB 99, 481, 483; a.A. Löwisch/Rieble, Rn. 79.
505 BAG 17.5.11, a.a.O.
506 BAG 17.5.11, a.a.O.
507 Vgl. ArbG Stuttgart 7.9.95 – 21 Ca 806/95, NZA-RR 96, 139.
508 Wiedemann-Wank, Rn. 671.
509 LAG Schleswig-Holstein 26.2.81 – 3 Sa 438/80, DB 81, 900; KeZa-Brecht-Heitzmann, Rn. 586; Kittner/Zwanziger/Deinert-Deinert, § 8 Rn. 50; Wiedemann-Wank, Rn. 672; differenziert Gamillscheg, S. 802; a.A. Däubler-Lorenz, § 3 Rn. 250; Wiedemann-Oetker, § 3 Rn. 246 für den Fall, dass mit der Bezugnahme eine Gleichstellung mit den tarifgebundenen Arbeitnehmern bewirkt werden sollte.
510 BAG 12.2.14 – 4 AZR 317/12, BB 14, 2238.
511 BAG 22.4.09 – 4 AZR 100/08, NZA 10, 41.

Der Verzicht ist **in jeder Form** und für alle Ansprüche und Rechte **unzulässig**, wie z.B. durch Erlassvertrag, Stundung, Vergleich (wegen Ausnahme vgl. Rn. 246f.), negatives Schuldanerkenntnis, Vereinbarung fehlender Klagbarkeit, Schuldübernahme oder Leistung an Erfüllung statt.[512] **243**

In einer **Ausgleichsquittung**, mit der der Arbeitnehmer – meist beim Ausscheiden – bestätigt, keine Ansprüche mehr gegen den Arbeitgeber zu haben, kann ebenfalls auf **tarifliche Rechte** nicht wirksam verzichtet werden,[513] allenfalls auf **vertragliche Ansprüche**.[514] Wenn feststeht, dass eine Forderung entstanden ist, verbietet dieser Umstand im Allgemeinen die Annahme, der Arbeitnehmer habe sein Recht nach § 397 Abs. 1 oder Abs. 2 BGB einfach wieder aufgegeben. Ein Erlass liegt im Zweifel nicht vor.[515] **244**

Ein unzulässiger Verzicht ist **nichtig** gem. § 134 BGB. Niemand ist verpflichtet, auf Ansprüche zu verzichten. Auch drohende Insolvenz oder Beschäftigtenabbau rechtfertigten den Verzicht nicht,[516] ebenso wenig die Aussicht auf eine Gewinnbeteiligung[517] oder Beschäftigungszusagen.[518] Trotz Verzichts können die **Ansprüche eingeklagt** werden;[519] hierbei sind tarifliche **Ausschlussfristen** zu beachten[520], vgl. Rn. 254ff.; zur evtl. Verwirkung vgl. Rn. 249ff. **245**

Eine **Ausnahme** vom Verzichtsverbot gilt gem. § 4 Abs. 4 Satz 1 TVG für den **von den Tarifvertragsparteien gebilligten Vergleich**, also bei Erledigung eines Streits im Wege des gegenseitigen Nachgebens. Beide Tarifparteien müssen bei dieser Verfügung über tarifliche Ansprüche zustimmen. **246**

BAG und h.M. schränken den Anwendungsbereich aber stark ein: Die Ausnahmevorschrift erfasse nur den **Rechtsvergleich**, also z.B. die Einigung über die Eingruppierung oder die Vereinbarung über die Rücknahme einer Klage auf tarifliche Leistungen[521]; der sog. **Tatsachenvergleich** falle **nicht** unter die Vorschrift.[522] In einem Tatsachenvergleich wird die Ungewissheit über die tatsächlichen Voraussetzungen eines Rechtsanspruchs ausgeräumt (z.B. Zahl der Überstunden, Art und Umfang der Tätigkeiten bei einem Ein- **247**

512 Däubler-Zwanziger, Rn. 1063; KeZa-Brecht-Heitzmann, Rn. 582f.; Löwisch/Rieble, Rn. 586ff., 612ff.

513 Däubler-Zwanziger, Rn. 1064; KeZa-Brecht-Heitzmann, Rn. 590; Wiedemann-Wank, Rn. 659f.; siehe aber zum sog. Tatsachenvergleich Rn. 148.

514 Wie im Fall BAG 28.7.04 – 10 AZR 661/03, NZA 04, 1097; wobei nach BAG 7.11.07 – 5 AZR 880/06, DB 08, 185 hohe Anforderungen an den Verzichtswillen zu stellen sind.

515 BAG 7.11.07, a.a.O.

516 LAG Baden-Württemberg 16.1.97 – 11 Sa 101/96, AiB 97, 536 und 28.5.96 – 8 Sa 160/95, AiB 97, 121; LAG Hamm 17.7.96 – 3 Sa 1623/95, AiB 97, 290 mit Anm. Unterhinninghofen; LAG München 6.5.97c – 4 Sa 736/95, AuR 97, 304; Däubler-Zwanziger, Rn. 1068; Wiedemann-Wank, Rn. 668.

517 ArbG Marburg 19.12.03 – 2 Ca 438/03, DB 04, 1511.

518 LAG Baden-Württemberg 28.5.96, a.a.O.

519 LAG Baden-Württemberg 28.5.96, a.a.O.; LAG Düsseldorf 29.1.98 – 2 (14) Sa 1417/97, NZA-RR 98, 450.

520 BAG 19.2.02 – AZR 342/01, EzA § 4 TVG Ausschlussfristen Nr. 149.

521 BAG 19.11.96 – 3 AZR 461/95, NZA 97, 1117.

522 BAG 5.11.97 – 4 AZR 682/95, DB 98, 579; 20.8.80 – 5 AZR 955/78, DB 81, 222; zust. Löwisch/Rieble, Rn. 623f.; Wiedemann-Wank, Rn. 680ff.; differenzierend Däubler-Zwanziger, Rn. 1070f.; a.A. KeZa-Brecht-Heitzmann, Rn. 591; Zachert, Anm. zu BAG 5.11.97, AP Nr. 17 zu § 4 TVG.

gruppierungsstreit). Das BAG geht von einem solchen Vergleich bereits dann aus, wenn eine Vereinbarung ganz pauschal vorsieht, dass geltend gemachte Ansprüche abgegolten sind und das Geltendmachungsschreiben streitige Tatsachen wie z.B. über Mehrarbeitsvergütung enthält.[523] Diese Art von Vergleichen prägen die gerichtliche Praxis; nach BAG sind sie ohne Billigung der Tarifvertragsparteien zulässig.

248 Die **Kritik**[524] weist zu Recht darauf hin, dass die **Unterscheidung im Gesetz nicht angelegt** ist und dem **Schutzzweck** des § 4 Abs. 4 Satz 1 TVG zuwiderläuft. Die Entstehungsgeschichte spricht eindeutig gegen die Herausnahme des Tatsachenvergleichs aus dem Schutzzweck der Vorschrift. Praktische Bedürfnisse können durch die ausdrückliche Bevollmächtigung der Prozessvertreter durch die Tarifvertragsparteien zum Vergleichsabschluss befriedigt werden.[525]

7.2 Verwirkungsverbot

249 Ein Rechtsanspruch kann nach ständiger Rechtsprechung[526] unter dem Gesichtspunkt der unzulässigen, gegen Treu und Glauben (§ 242 BGB) verstoßenden Rechtsausübung **verwirken**, wenn

- der Berechtigte sein Recht über einen längeren Zeitraum nicht geltend macht (**Zeitmoment**) und
- dadurch – sowie aufgrund weiterer Umstände – beim Anspruchsgegner der Eindruck erweckt wird, dass mit einer Geltendmachung des Anspruchs nicht mehr zu rechnen ist (**Umstandsmoment**) und
- deshalb dem Anspruchsgegner die Erfüllung des Anspruchs nicht mehr zuzumuten ist (**Zumutbarkeitsmoment**). Die Verwirkung führt zum Erlöschen des Anspruchs (rechtsvernichtende Einwendung).

250 Nach § 4 Abs. 4 Satz 2 TVG ist allerdings die **Verwirkung von tariflichen Rechten ausgeschlossen**. Der Arbeitnehmer braucht sich vom Arbeitgeber nicht entgegenhalten zu lassen, mit der Durchsetzung seiner tariflichen Rechte gezögert zu haben. **Schlichter Zeitablauf** macht eine späte Geltendmachung nicht wegen Verwirkung unzulässig.[527] Oft werden allerdings die üblicherweise tariflich geregelten **Ausschlussfristen** abgelaufen sein (vgl. dazu Rn. 254ff.).

251 Das BAG **verengt** den **Schutz vor Rechtsverlust** durch Verwirkung. Es erlaubt dem Arbeitgeber den **Einwand der Arglist** und des widersprüchlichen Verhaltens, wenn der Arbeitnehmer durch besondere Umstände oder Verhalten den Eindruck erweckt, er werde den Anspruch nicht mehr einfordern, und der Arbeitgeber sich darauf verlassen konnte, nicht mehr in Anspruch genommen zu werden.[528]

---

523 Vgl. BAG 5.11.97, a.a.O.

524 Vgl. KeZa-Brecht-Heitzmann, Rn. 592; Zachert, Anm. zu BAG AP Nr. 17 zu § 4 TVG.

525 Vgl. Zachert, a.a.O.

526 Vgl. z.B. BAG 25.4.01 – 5 AZR 497/99, NZA 01, 966; 7.11.01 – 4 AZR 724/00, EzA § 4 TVG Einzelhandel Nr. 50.

527 BAG 25.4.01, a.a.O.; LAG Thüringen 17.4.12 – 1 Sa 253/11.

528 BAG 25.4.01, a.a.O.; 9.8.90 – 2 AZR 579/89, DB 91, 498; zust. Löwisch/Rieble, Rn. 637; Wiedemann-Wank, Rn. 693f.; konkrete Fälle bei Däubler-Zwanziger, Rn. 1077.

Kritik: Wenn schon der Verzicht auf tarifliche Rechte unzulässig ist (vgl. Rn. 241 ff.), dann muss dies auch für ein ggf. widersprüchliches Verhalten des Arbeitnehmers gelten. Die Hoffnung des Arbeitgebers, tarifliche Rechte nicht erfüllen zu müssen, verdient keinen Schutz.[529] 252

Praktisch kann das Verwirkungsverbot u. a. in Fällen des – unzulässigen – **Tarifverzichts** (vgl. Rn. 241 ff.) werden. Der Arbeitgeber kann nicht einwenden, der Arbeitnehmer habe sich mit einer (unwirksamen) untertariflichen Vergütung einverstanden erklärt und seine Ansprüche erst nach längerer Zeit geltend gemacht.[530] 253

7.3 Ausschluss-/Verfallfristen

7.3.1 Allgemeines

In Arbeits- und Tarifverträgen sind häufig sog. **Ausschlussfristen** – auch **Verfallfristen** genannt – vereinbart bzw. geregelt.[531] Ihr **Zweck** soll die Herstellung von **Rechtsklarheit** und **Rechtssicherheit** sein. In überschaubarer Zeit soll feststehen, ob noch Forderungen erhoben werden. In der Praxis stellt sich dies aber in der Regel als einseitige Begünstigung des Arbeitgebers dar, den Beschäftigten wird durch Ausschlussfristen dagegen erschwert, ihre Ansprüche durchzusetzen (vgl. Rn. 260). 254

Die Ausschlussfristen **unterschreiten** deutlich die Länge der gesetzlichen **Verjährungsfristen** (§§ 195 ff. BGB). Sie schwanken je nach Arbeits- oder Tarifvertrag zwischen ein und drei, manchmal sechs oder zwölf Monaten. Für Zuschläge und Zulagen betragen sie gelegentlich nur vier oder sogar nur zwei Wochen.[532] Zur Zulässigkeit kurzer Ausschlussfristen vgl. Rn. 269 f. Zu beachten ist, dass auch tarifliche Entgeltansprüche bis zur Höhe des jeweiligen gesetzlichen Mindestlohns der gesetzlichen Verjährungsfrist unterfallen und tarifliche Ausschlussfristen insoweit unwirksam sind (vgl. TVG Anhang 1 Rn. 23). 255

Tarifliche Ausschlussfristen gelten im Arbeitsverhältnis oft auch bei **fehlender beiderseitiger Tarifbindung**. Denn in vielen Arbeitsvertragsformularen wird auf die jeweils geltenden Tarifverträge **Bezug genommen** (vgl. § 3 Rn. 245 ff.) mit der Folge, dass die tarifliche Ausschlussfristenregelung zur Anwendung kommt. 256

Ausschlussfristen bewirken, dass der **Anspruch untergeht** (= **erlischt**), wenn er – je nach Art der Ausschlussklausel (vgl. Rn. 262) – nicht innerhalb der Frist geltend gemacht bzw. eingeklagt worden ist (**rechtsvernichtende Einwendung**).[533] Damit unterscheiden sie sich 257

---

529 Däubler, TVR Rn. 1317; KeZa-Brecht-Heitzmann, Rn. 599; differenzierend Däubler-Zwanziger, Rn. 1075 f.; a. A. Löwisch/Rieble, Rn. 637.

530 LAG Nürnberg 23. 11. 01 – 8 Sa 15/01, AiB 03, 44; LAG Schleswig-Holstein 7. 6. 00 – 2 Sa 93/00; ArbG Stuttgart 7. 9. 95 – 21 Ca 806/95, DB 96, 1575; a. A. LAG Baden-Württemberg 22. 1. 98 – 11 Sa 141/96, NZA-RR 00, 86, welches ein arglistiges Verhalten schon darin sieht, dass ein Beschäftigter in einer Sanierungssituation »stillschweigt« und seine Ansprüche erst später geltend macht.

531 Überblicke: WSI-Tarifhandbuch 2007, S. 225 ff.; Kittner/Zwanziger/Deinert-Bantle, § 12 Rn. 36 ff.; Däubler-Zwanziger, Rn. 1127 ff.; Wiedemann-Wank, Rn. 760; Thüsing/Braun-Mengel/Burg, 5. Kap. S. 297 Rn. 1 f.

532 Vgl. Beispiel Druckindustrie in WSI-Tarifhandbuch 2007, S. 230.

533 BAG 27. 6. 12 – 5 AZR 51/11, DB 12, 2756; Kittner/Zwanziger/Deinert-Litzig, § 44 Rn. 3; KeZa-Brecht-Heitzmann, Rn. 609 f.

von den gesetzlichen **Verjährungsfristen** (§§ 194ff. BGB). Diese lassen den Anspruch nicht untergehen; sie vereiteln die Durchsetzung des Anspruchs nur, wenn sich der Schuldner auf den Ablauf der Verjährungsfrist **beruft** (§ 214 Abs. 1 BGB).[534] Es handelt sich bei einer Verjährungsfrist um eine sog. **rechtshindernde Einrede.**[535]

258 Ausschlussfristen für die Geltendmachung **tariflicher Rechte** (vgl. Rn. 265ff.) können **nur im Tarifvertrag** vereinbart werden (§ 4 Abs. 4 Satz 3 TVG).

259 Findet ein Tarifvertrag auf das Arbeitsverhältnis Anwendung, muss das Arbeitsgericht eine tarifliche Ausschlussfrist von Amts wegen beachten.[536] Es bleibt aber bei den allgemeinen Regelungen zur Darlegungs- und Beweislast, das Einhalten der einschlägigen Ausschlussfrist gehört zum **schlüssigen Vortrag** des Arbeitnehmers.[537] Die Einhaltung der Ausschlussfrist ist eine materiell-rechtliche Voraussetzung für das Bestehen des behaupteten Anspruchs.[538]

Der Arbeitgeber braucht sich auf die Nichteinhaltung der Frist nicht berufen; anders als die Verjährung einer Forderung ist die Ausschlussfrist eine Einwendung (vgl. Rn. 257), die von Amts wegen zu beachten ist.[539] Hat der Arbeitgeber auf das Einhalten der Ausschlussfrist »**verzichtet**«, wird dadurch das Einhalten der Ausschlussfrist als anspruchsbegründendes Tatbestandsmerkmal fingiert (Bsp. vgl. Rn. 292).[540]

260 Ausschlussklauseln sind aus Arbeitnehmersicht **abzulehnen.** Ihr hehrer **Zweck** (Herstellung von alsbaldiger **Rechtsklarheit** und **Rechtssicherheit**; vgl. Rn. 254) dient scheinbar den Interessen beider Arbeitsvertragsparteien. In Wirklichkeit bewirken sie aber eine **Begünstigung des Arbeitgebers** bzw. eine **Belastung der Arbeitnehmer**, sie sind deshalb strukturell **unausgewogen.**[541] Letztere müssen nämlich »vorleisten« und geraten dadurch eher in die Lage, dass ihnen Rechtsansprüche durch den Arbeitgeber vorenthalten werden. Für den **Arbeitgeber** sind Ausschlussfristen allenfalls für etwaige – selten vorkommende – Rückforderungs- oder Schadensersatzansprüche von Bedeutung. Zu Recht wird deshalb der zukünftigen Tarifpolitik **größere Zurückhaltung** bei der Vereinbarung von Ausschlussfristen angeraten.[542] Das Problem ist, dass die tariflichen Ausschlussfristen »in der Welt sind« und eine Veränderung zugunsten der Arbeitnehmer von den Arbeitgebern und Verbänden klar abgelehnt wird.[543] Hinzu kommt, dass die Rspr. tarifvertragliche und einzelvertragliche Ausschlussfristen unterschiedlichen Prüfungsmaßstäben unterwirft, was im Ergebnis zu sehr widersprüchlichen Ergebnissen führen kann (vgl. Rn. 268f., 272, 290ff.).

---

534 Vgl. dazu Däubler-Zwanziger, Rn. 1095ff.
535 Kittner/Zwanziger/Deinert-Litzig, § 44 Rn. 4.
536 KeZa-Brecht-Heitzmann, Rn. 610; Thüsing/Braun-Mengel/Burg, 5. Kap. S. 297 Rn.3
537 BAG 27.6.12 – 5 AZR 51/11, DB 12, 2756; 15.6.93 – 9 AZR 208/92, NZA 94, 274; Kittner/Zwanziger/Deinert-Bantle, § 12 Rn. 112.
538 BAG 25.1.06 – 4 AZR 622/04, EzA § 4 TVG Einzelhandel Nr. 55.
539 BAG 27.6.12, a.a.O.; 25.1.06, a.a.O.
540 BAG 25.1.06, a.a.O.
541 Däubler-Hensche, § 1 Rn. 929; KeZa-Brecht-Heitzmann, Rn. 618.
542 KeZa-Brecht-Heitzmann, Rn. 619; Vögele, NZA 88, 190, 193.
543 Vgl. Kiefer, NZA 88, 785.

Allen Arbeitnehmern und Rechtsvertretern ist daher **dringend zu empfehlen**, Ansprüche auch bei Zweifeln über Geltung, Beginn und Dauer der Frist nach Maßgabe der Ausschlussfristbestimmung geltend zu machen.[544] 261

7.3.2 Arten von Ausschlussfristen

Zu **unterscheiden** sind 1-stufige und 2-stufige Ausschlussfristen: 262

- bei **1-stufigen Ausschlussfristen** genügt für die Sicherung des Anspruchs die **Geltendmachung** innerhalb der Ausschlussfrist (häufig wird schriftliche Geltendmachung verlangt; vgl. Rn. 284). Bleibt die Geltendmachung erfolglos, reicht es für die Durchsetzung des Anspruchs aus, wenn innerhalb der gesetzlichen Verjährungsfrist Klage eingereicht wird;
- bei **2-stufigen Ausschlussfristen** muss die Forderung nicht nur innerhalb der Ausschlussfrist (meist schriftlich) **geltend gemacht** werden (1. Stufe), sondern bei Ablehnung durch den Arbeitgeber (oder Nichtäußerung) innerhalb einer weiteren Frist **Klage** erhoben werden (2. Stufe). Andernfalls verfällt der Anspruch (vgl. Rn. 288, 290ff.). Inzwischen legt das BAG tarifliche 2-stufige Ausschlussfristen dahingehend aus, dass mit Erhebung einer **Bestandsschutzklage** (Kündigungsschutz- oder Befristungskontrollklage) die davon abhängigen Ansprüche wegen Annahmeverzugs im Sinne der Ausschlussfrist gerichtlich geltend gemacht sind (vgl. Rn. 289ff.).[545]

Meist gelten Ausschlussfristen formal sowohl für den Arbeitnehmer als auch den Arbeitgeber (**2-seitige Ausschlussfristen**, die allerdings faktisch i.d.R. nur den Arbeitnehmer treffen; vgl. Rn. 260). Gelegentlich finden sich in Arbeits- oder Tarifverträgen auch **einseitige Ausschlussfristen**, also nur zu Lasten einer Arbeitsvertragspartei – meist des Arbeitnehmers – gehende Fristen. Manchmal sind auch die Ausschlussfristen für Arbeitnehmer und Arbeitgeber **unterschiedlich bemessen**. Zur Frage der Zulässigkeit vgl. Rn. 272. 263

Manchmal gelten für **Arbeiter** und **Angestellte** unterschiedlich lang bemessene Ausschlussfristen; zur Zulässigkeit vgl. Rn. 273. 264

7.3.3 Reichweite und Grenzen von Ausschlussfristen – Inhaltskontrolle

Die **inhaltliche Reichweite** vertraglicher oder tariflicher Ausschlussklauseln ist unterschiedlich: Manche betreffen nur »Ansprüche aus dem Tarifvertrag«, meistens umfassen sie »alle Ansprüche aus dem Arbeitsverhältnis«, einige auch solche »Ansprüche, die mit dem Arbeitsverhältnis in Verbindung stehen«. Welche Ansprüche mit derartigen Formulierungen erfasst sind, ist eine Frage der **Auslegung** (vgl. Grundl. Rn. 152ff.).[546] Tarifregelungen über Ausschlussfristen müssen wegen ihrer strukturellen **Unausgewogenheit** (vgl. 265

544 Muster bei Ohl u.a., S. 391; Schoof, Betriebsratspraxis, Stichwort »Ausschlussfristen/Verfallfristen« (Arbeitshilfen).
545 BAG 19.9.12 – 5 AZR 627/11, NZA 13,101; 19.9.12 – 5 AZR 628/11, NZA 13, 330.
546 Däubler-Zwanziger, Rn. 1122.

Rn. 260)[547] **einschränkend ausgelegt** werden.[548] Folgende typische **Fallgestaltungen** lassen sich unterscheiden:

- »**Ansprüche aus diesem (Mantel-)Tarifvertrag**« erfassen nicht Forderungen aus dem Entgelttarifvertrag;[549]
- Nennt die Klausel nur »**tarifliche Ansprüche**«, werden gesetzliche Ansprüche wie z.B. Feiertagsvergütung nicht davon erfasst.[550]
- Die Klausel »**alle Ansprüche aus dem Arbeitsverhältnis**« bezieht sich auch auf Ansprüche aus Gesetzen oder Betriebsvereinbarungen, erfasst aber nicht Ansprüche von Hinterbliebenen auf Sterbegeld;[551] auch Rückforderungs- und Schadensersatzansprüche des Arbeitgebers fallen darunter.
- Eine Klausel, die »alle **gegenseitigen Ansprüche** aus dem Arbeitsverhältnis« erfasst, soll nach Auffassung des BAG nicht auf Ansprüche beschränkt sein, die tatsächlich im Gegenseitigkeitsverhältnis stehen. Dies sei nur eine sprachliche Vereinfachung und Verkürzung; erfasst werden sollen auch Ansprüche, die nicht von einer Gegenleistung abhängen, wie der Urlaubsanspruch.[552]
- »**Ansprüche i.V.m. dem Arbeitsverhältnis**« (z.B. § 16 BRTV Bau) erfassen zusätzlich z.B. noch Arbeitgeber-Darlehen, Werkswohnungen und Jahreswagen.

266 Ausschlussfristen gelten nicht für folgende Ansprüche, weil es sich um höchstpersönliche, statusbestimmende oder sog. Stammrechte handelt:[553]

- **Abmahnung,** Entfernung aus Personalakte;[554]
- **Altersversorgung**, Gewährung;[555]
  laufende Leistungen;[556]
- **Arbeitnehmererfindungen;**[557]
- **Beschäftigung**, Streit über vereinbarte Art des Arbeitseinsatzes;[558]
- **Betriebsrat**, Aufwendungsersatz aufgrund Amtsstellung;[559]
- **Eingruppierung;**[560]

---

547 Däubler-Hensche/Heuschmid, § 1 Rn. 1043.
548 Vgl. Däubler-Hensche/Heuschmid, § 1 Rn. 1044; KeZa-Brecht-Heitzmann, Rn. 640.
549 BAG 4.6.03 – 10 AZR 577/02, AiB 04, 378, betreffend MTV Systemgastronomie.
550 BAG 10.12.86 – 5 AZR 507/85, DB 87, 1155.
551 BAG 4.4.01 – 4 AZR 242/00, DB 01, 2200.
552 BAG 20.4.12 – 9 AZR 504/10, ZTR 12, 576, zum MTV Wach- und Sicherheitsgewerbe Hessen.
553 Vgl. Kittner/Zwanziger-Bantle, § 12 Rn. 35ff.; KeZa-Brecht-Heitzmann, Rn. 634ff.; Wiedemann-Wank, Rn. 744 und 761.
554 BAG 14.12.94 – 5 AZR 137/94, BB 95, 622.
555 BAG 27.2.90 – 3 AZR 216/88, DB 90, 1572, betr. MTV Molkereien Bayern; 29.3.83 – 3 AZR 537/80, AP Nr. 11 zu § 70 BAT.
556 BAG 27.2.90, a.a.O.; anders für die sehr weite Klausel im BRTV Bau: BAG 19.7.83 – 3 AZR 250/81, DB 83, 2786.
557 BAG 21.6.79 – 3 AZR 855/78, DB 79, 2187.
558 BAG 15.5.91 – 5 AZR 271/90, DB 91, 2442.
559 BAG 30.1.73 – 1 ABR 1/73, AuR 74, 29; anders für Lohnfortzahlung oder Freizeitansprüche nach § 37 Abs. 2 und 3 BetrVG: BAG 26.2.92 – 7 AZR 201/91, DB 93, 1424 = PersR 92, 468.
560 BAG 14.7.65 – 4 AZR 358/64, DB 67, 284; anders für Entgeltansprüche aufgrund falscher Eingruppierung: BAG 16.1.91 – 4 AZR 320/90, BB 91, 1266.

- **Krankenkassenbeiträge**, Rückzahlungsansprüche des Arbeitnehmers gegen Arbeitgeber wegen Differenz zwischen Ersatzkassen- und Pflichtkassenbeitrag;[561]
- **Persönlichkeitsrecht** (z.B. Schmerzensgeld);[562]
- **Teilzeitanspruch** nach § 8 TzBfG[563] und
- (gesetzlicher) **Urlaub;**[564] anders für das **Urlaubsentgelt**[565] und neuerdings auch für Urlaubsabgeltungsansprüche, die nach BAG nunmehr eine reine Geldforderung darstellen und sich nicht mehr von sonstigen Entgeltansprüchen unterscheiden. Das gilt auch für die Abgeltung des gesetzlichen Mindesturlaubs.[566]

267 Nach § 4 Abs. 4 Satz 3 TVG können **nur im Tarifvertrag** Ausschlussfristen für **»tarifliche Rechte«** vereinbart werden, also nicht in Arbeitsverträgen oder Betriebsvereinbarungen (Rn. 258). Nach BAG können auch Ansprüche, die auf **Einzelvertrag**, **Betriebsvereinbarung** oder **Gesetz** beruhen, einer tariflichen Ausschlussklausel unterworfen werden.[567]

268 Einzelvertragliche Ausschlussfristen – auch in Formulararbeitsverträgen – werden grundsätzlich für zulässig gehalten;[568] sie können aber tarifliche oder gesetzlich unabdingbare Ansprüche nicht erfassen (vgl. Rn. 258 u. 266f.). Ausschlussfristen in **Formulararbeitsverträgen** sind **allgemeine Geschäftsbedingungen** und unterliegen deshalb der **Inhaltskontrolle** nach §§ 305ff. BGB. Nach Ansicht des BAG verstoßen formularvertragliche Ausschlussfristen, die **kürzer als drei Monate** sind, gegen § 307 Abs. 1 Satz 1 BGB (unangemessene Benachteiligung des Arbeitnehmers). Das gilt sowohl für **1-stufige**[569] als auch **2-stufige** Ausschlussfristen.[570] Zu kurze formularvertragliche Ausschlussklauseln sind **unwirksam**. Sie fallen bei Aufrechterhaltung des Arbeitsvertrags im Übrigen ersatzlos weg.[571] **Einseitige Ausschlussfristen** in Formulararbeitsverträgen, die nur für den Arbeitnehmer zum Anspruchsverlust führen, widersprechen einer ausgewogenen Vertragsgestaltung und sind deshalb nach § 307 Abs. 1 Satz 1 BGB unwirksam.[572]

269 Von der Rechtsprechung zur Inhaltskontrolle von formularvertraglichen Ausschlussfristen nach §§ 305ff. BGB (vgl. Rn. 268) werden gem. § 310 Abs. 4 Satz 1 BGB **tarifliche Ausschlussfristenregelungen** nicht erfasst (vgl. § 1 Rn. 43). Von einer Inhaltskontrolle wird mit Hinweis auf die Richtigkeitsgewähr tariflicher Normen und den weiten Ermessensspielraum der Tarifvertragsparteien abgesehen. Das BAG hat bisher keine tariflich gere-

---

561 BSG 16.4.85 – 12 RK 69/82, AP Nr. 91 zu § 4 TVG Ausschlussfristen.
562 BAG 15.7.87 – 5 AZR 245/86, AiB 88, 183 m. Anm. Schoof.
563 LAG Niedersachsen 18.11.02 – 17 Sa 487/02, DB 03, 1064.
564 BAG 18.11.03 – 9 AZR 95/03, NZA, 04, 651, 653; 24.11.92 – 9 AZR 549/91, DB 93, 1423.
565 BAG 22.1.02 – 9 AZR 601/00, DB 02, 1835.
566 BAG 19.6.12 – 9 AZR 652/10, DB 12, 2288; 9.8.11 – 9 AZR 365/10, NZA 11, 1421; 24.3.09 – 9 AZR 983/07, AiB 10, 56; vgl. noch BAG 20.1.09 – 9 AZR 650/07.
567 Seit BAG 26.8.60 – 1 AZR 425/58, DB 61, 103; 30.10.62 – 3 AZR 405/61, DB 63, 453; vgl. dazu KeZa-Brecht-Heitzmann, Rn. 624ff.; Löwisch/Rieble, § 1 Rn. 1654ff.; Wiedemann-Wank, Rn. 737ff.
568 BAG 25.5.05 – 5 AZR 572/04, NZA 05, 1112; 28.9.05 – 5 AZR 52/05, NZA 06, 149; 17.6.97 – 9 AZR 801/95, DB 98, 426.
569 BAG 28.9.05, a.a.O.
570 BAG 25.5.05, a.a.O.
571 BAG 25.5.05 und 28.9.05, a.a.O.; vgl. auch LAG Brandenburg 29.7.05 – 5 Sa 107/05, DB 06, 786: eine 1-monatige Ausschlussfrist benachteiligt den Arbeitnehmer und ist unwirksam.
572 BAG 31.8.05 – 5 AZR 545/04, AuR 06, 125 m. Anm. Ulber.

gelte Frist wegen ihrer Kürze beanstandet.[573] Deshalb ist hier aus Sicht der Arbeitnehmerinnen und Arbeitnehmer besondere Vorsicht geboten. Allerdings wurden in vielen Tarifverträgen, nicht zuletzt aufgrund der Rspr. zu einzelvertraglichen Ausschlussfristen (vgl. Rn. 268), sehr kurze Ausschlussfristen beseitigt und entsprechend angepasst. Z.B. betragen die in der Vorauflage beispielhaft genannten Ausschlussfristen aus den Tarifverträgen zur Leiharbeit (ein bzw. zwei Monate) inzwischen drei Monate. Tarifverträge mit Fristen von weniger als drei Monaten dürften inzwischen die Ausnahme sein.
Oft existieren aber auch Fristen, die sich **nach der Art des Anspruchs** richten. Vor allem bei Ansprüchen auf variable Entgeltbestandteile wie Zuschläge aus Mehrarbeit oder aus Arbeit zu besonderen Arbeitszeiten sind die Ausschlussfristen **häufig kürzer als die Fristen für die übrigen Ansprüche.** Außerdem gibt es auch kürzere Fristen für Ansprüche bei beendetem Arbeitsverhältnis.

Beispiele:
MTV Metallindustrie Küste: Ansprüche auf **Zuschläge** aller Art innerhalb von **vier Wochen** nach Aushändigung oder Zusendung der Entgeltabrechnung. Alle übrigen Ansprüche innerhalb von drei Monaten nach ihrer Fälligkeit.
MTV Arbeiter Textilindustrie Baden-Württemberg: Bei **Beendigung** eines Arbeitsverhältnisses sind innerhalb **eines Monats** nach Zugang der letzten Lohnabrechnung Ansprüche geltend zu machen.

Bei solch kurzen Ausschlussfristen bestehen ernsthafte **Zweifel an einer tarifvertraglichen Richtigkeitsgewähr** (vgl. § 1 Rn. 5f.). Bei einzelvertraglichen Klauseln wären solche Fristen unwirksam. Das ArbG Hamburg merkt darüber hinaus kritisch an, dass tarifvertragliche Ausschlussfristen keinerlei Rücksicht auf Fälle einer unverschuldeten Fristversäumnis nehmen und eine Heilungsmöglichkeit typischerweise nicht vorgesehen sei. Zutreffend fasst es seine Bedenken zusammen: »*Eine ein- oder zweimonatige Frist ohne die Möglichkeit einer Einsetzung in den vorherigen Stand ist nach alledem wegen ihrer extremen Kürze zwar auf den ersten Blick besonders gut geeignet, dem Zweck der Ausschlussfristen zu dienen. Sie greift jedoch willkürlich in die für die wirtschaftliche Existenzsicherung elementare Rechtsposition der Arbeitsperson ein … Es stellt typischerweise eine Überforderung für Arbeitnehmerinnen und Arbeitnehmer dar, binnen eines Monats oder zweier Monate mehrere Abrechnungen auf ihre Vollständigkeit und Richtigkeit zu überprüfen und in demselben Zeitraum Fehler schriftlich reklamieren zu müssen.*«[574]

270 Soweit in Formulararbeitsverträgen **tarifliche Ausschlussfristklauseln übernommen** werden, kommt die Bestimmung des § 307 Abs. 3 BGB zum Zuge. Danach findet eine Inhaltskontrolle von vorformulierten Vertragsbedingungen gem. § 307 Abs. 1 und 2 sowie §§ 308 und 309 BGB nur statt, wenn sie von Rechtsvorschriften – hierzu zählen auch Tarifverträge (vgl. § 310 Abs. 4 Satz 3 BGB) – **abweichen** oder diese **ergänzen.**

---

573 BAG 22.9.99 – 10 AZR 839/98, NZA 00, 554; 24.3.88 – 2 AZR 630/87, NZA 89, 101; ErfK-Franzen, TVG § 4 Rn. 48; Thüsing/Braun-Mengel/Burg, Kap. 5 S. 298 Rn.5; Däubler-Zwanziger, Rn. 1090; anders ArbG Hamburg 5.3.97 – 21 Ca 89/97, AiB 98, 174 und 28.5.98 – 21 Ca 245/97, AuR 98, 378.

574 ArbG Hamburg 28.5.98 – 21 Ca 245/97, AuR 98, 378 zum MTV Güternahverkehr- und Speditionsgewerbe Hamburg.

Wird in einem Formulararbeitsvertrag auf Tarifverträge **Bezug genommen** (vgl. Rn. 256), gilt Folgendes (vgl. § 1 Rn. 43; § 3 Rn. 272ff.):[575] 271

- Wird das **gesamte Tarifwerk** der einschlägigen Branche in Bezug genommen, findet nach §§ 310 Abs. 4 Satz 3, 307 Abs. 3 BGB keine Angemessenheitskontrolle nach §§ 307 Abs. 1 und 2, 308, 309 BGB statt. In einem solchen Fall müsste also auch eine Ausschlussfrist, die kürzer als drei Monate ist, eingehalten werden. Dies gilt auch, wenn der in Bezug genommene Tarifvertrag gekündigt und noch kein neuer Tarifvertrag abgeschlossen worden ist.[576]
- Wird dagegen nur **auf die tariflichen Ausschlussfristregelungen**, nicht aber auf das Tarifwerk insgesamt, Bezug genommen, ist die Ausschlussfrist nicht als tarifliche, sondern als vertragliche Regelung zu bewerten. Sie unterliegt damit der AGB-Kontrolle nach §§ 305ff. BGB. Ausschlussfristen unter drei Monaten wären damit grundsätzlich unwirksam.

  In diesen Konstellationen zeigt sich die Widersprüchlichkeit der unterschiedlichen Behandlung von tariflichen und einzelvertraglichen Ausschlussfristen: Bei entsprechenden Arbeitsvertragsgestaltungen behalten die nicht gewerkschaftlich organisierten Beschäftigten trotz kurzer Ausschlussfrist ihre Ansprüche, während die gewerkschaftlich organisierten Beschäftigten diese bei nicht rechtzeitiger Geltendmachung verlieren (vgl. § 1 Rn. 43).

Einseitige Ausschlussfristen in Arbeits- und Tarifverträgen, die nur für den Arbeitnehmer zum Anspruchsverlust führen, sind **abzulehnen**. Das folgt einmal aus dem **Gleichheitssatz** und zum anderen aus der faktischen Wirkung der Ausschlussklausel, die vor allem die Ansprüche der Arbeitnehmer treffen (vgl. Rn. 260). Das BAG hat trotzdem eine Tarifklausel zugelassen, nach der der Arbeitgeber keine Ausschlussfristen zu beachten hat.[577] Einseitige Ausschlussfristen in **Formulararbeitsverträgen** sind dagegen unwirksam, vgl. Rn. 268.[578] 272

Unterschiedlich lange Ausschlussfristen für **Arbeiter und Angestellte** sind wegen Verstoßes gegen den Gleichheitssatz (Art. 3 Abs. 1 GG) **unwirksam**, es sei denn, es liegt ein sachlicher Grund für die Differenzierung vor.[579] So soll es gerechtfertigt sein, für Angestellte kürzere Fristen vorzusehen, weil bei ihnen eine größere Vertrautheit mit bürokratischen Abläufen vorausgesetzt werden kann.[580] In der Tarifpraxis sind allerdings nicht selten die für Arbeiter geltenden Ausschlussfristen kürzer gefasst.[581] 273

Umstritten ist die Anwendbarkeit von Ausschlussfristen besonders auf solche Ansprüche, die auf **nicht tarifdispositiven Gesetzen** (vgl. Grundl. Rn. 126f.) beruhen (z.B. Feiertagsvergütung, Entgeltfortzahlung, gesetzlicher Mindesturlaub). Das BAG lässt dies mit dem Argument zu, die Ausschlussfrist »berühre« nicht das Recht als solches, sondern befriste 274

575 So im Ergebnis auch ErfK-Preis, BGB §§ 194–218 Rn. 43.
576 BAG 19.9.12 – 9 AZR 1 /11, NZA 13, 216.
577 BAG 4.12.97 – 2 AZR 809/96, DB 98, 680; a.A. ArbG Frankfurt 10.3.99 – 2 Ca 5804/98, BB 99, 2677; Däubler-Zwanziger, Rn. 1092; KeZa-Brecht-Heitzmann, Rn. 620.
578 BAG 31.8.05 – 5 AZR 545/04, AuR 06, 125.
579 Däubler-Zwanziger, Rn. 1094; KeZa-Brecht-Heitzmann, Rn. 621.
580 Däubler-Zwanziger, a.a.O.; KeZa-Brecht-Heitzmann, a.a.O.
581 Vgl. Beispiele in WSI-Tarifhandbuch 2007, S. 230: Ausschlussfristen in der Druckindustrie.

nur seine Geltendmachung.[582] Das ist nicht haltbar, weil bei Verstreichen der Frist der Anspruch **erlischt** (Rn. 257).[583] Zum anderen gehören Fristen zum Inhalt des Anspruchs; wenn die Tarifvertragsparteien gesetzliche Ansprüche nicht verschlechtern dürfen, muss es ihnen auch versagt sein, sie nachträglich zum Erlöschen zu bringen.[584]

274a Bei der **Arbeitnehmerüberlassung** stellt sich die Frage, welche Ausschlussfristen bei gesetzlichen **Ansprüchen auf Gleichbehandlung (»equal pay/ equal treatment«) gem. § 10 Abs. 4 AÜG** anzuwenden sind. In der Praxis sind das Fälle, in denen Beschäftigte solche Ansprüche wegen Nichtigkeit von Leiharbeitstarifverträgen der CGZP (vgl. § 2 Rn. 40ff.) geltend gemacht haben. Das BAG hat hier entschieden, dass die **im Entleihbetrieb geltenden Ausschlussfristen** nicht zu den »geltenden wesentlichen Arbeitsbedingungen« i.S.d. AÜG gehören.[585] Anstelle der unwirksamen tarifvertraglichen Ausschlussklauseln können stattdessen aber **arbeitsvertragliche Ausschlussfristen** zum Tragen kommen. Zu beachten ist hierbei, dass eine Ausschlussfristenregelung aus einem unwirksamen Tarifvertrag nicht über eine Bezugnahme Teil des Arbeitsvertrages werden kann.[586] Da der CGZP-Tarifvertrag unangemessen kurze Ausschlussfristen enthielt, wäre er auch nicht als eigenständige vertragliche Frist wegen Verstoß gegen § 307 Abs. 1 Satz 1 BGB in Frage gekommen. In solchen Fällen kann dann allerdings die **Verjährung nach § 195 BGB** eine Rolle spielen.[587]

274b Hinsichtlich des **Beginns der Verjährungsfrist** geht das BAG davon aus, dass die von § 199 Abs. 1 Satz 2 BGB geforderte Kenntnis von dem Anspruch auf »equal pay« bereits dann vorliege, wenn ein Leiharbeitsbeschäftigter Kenntnis von der Tatsache habe, dass vergleichbare Beschäftigte des Entleihers mehr Entgelt verdienen als er. Auf die Frage, ob der Beschäftigte darauf vertraut hat, dass durch einen Tarifvertrag wirksam vom Gleichbehandlungsgrundsatz abgewichen werden konnte, soll es dagegen nicht ankommen. Vertraut der Beschäftigte auf die Wirksamkeit des Tarifvertrages, so sei dieses Vertrauen genauso wenig geschützt wie das seines Arbeitgebers.[588]

Bereits in der Vergangenheit haben verschiedene Landesarbeitsgerichte entschieden, dass die Fälligkeit der »equal pay«-Ansprüche nicht von der rechtskräftigen Feststellung der Tarifunfähigkeit abhängt. Die fehlende Kenntnis über die Unwirksamkeit der CGZP-Tarifverträge sei hinsichtlich des Beginns der Frist nur ein **unbeachtlicher Rechtsirrtum** (vgl. Rn. 277).[589] Das BAG treibt dies noch auf die Spitze, indem es eine Umfrage an deutschen Arbeitsgerichten anführt, nach der »nahezu ausnahmslos die Tariffähigkeit der CGZP« bezweifelt würde.[590]

---

582 BAG 21.1.10 – 6 AZR 556/07, DB 10, 675; 16.1.02 – 5 AZR 430/00, NZA 02, 746; 30.3.62 – 2 AZR 101/61, DB 62, 842.

583 So auch BAG 16.1.02, a.a.O. – allerdings ohne dass sich dadurch das Ergebnis ändert.

584 KeZa-Brecht-Heitzmann, Rn. 627f.; vgl. auch Wiedemann-Wank, Rn. 715ff.; differenzierend Däubler-Zwanziger, Rn. 1081ff., der darauf abstellt, ob das jeweilige Gesetz ein eigenes »Zeitregime« enthält.

585 BAG 23.3.11 – 5 AZR 7/10, AiB 11, 700

586 BAG 13.3.13 – 5 AZR 424/12, NZA 13, 787.

587 BAG 20.11.13 – 5 AZR 776/12; 13.3.13, a.a.O.

588 BAG 20.11.13, a.a.O.; 13.3.13, a.a.O.,

589 U. a. Sächsisches LAG 17.4.12 – 1 Sa 53/12; LAG Nürnberg 2.5.12 – 2 Sa 516/11; LAG Düsseldorf 8.12.11 – 11 Sa 852/11, DB 12, 921; LAG Hamm 25.4.12 – 3 Sa 22/12; a.A. LAG Berlin-Brandenburg 20.9.11 – 7 Sa 1318/11.

590 BAG 13.3.13 – 5 AZR 424/12, NZA 13, 787.

Kritik: Die Aussagen des BAG zum Beginn der Verjährungsfrist müssen verwundern, stellt sich doch **aus Sicht von Leiharbeitsbeschäftigten** die meist erhebliche Entgeltdifferenz zur Stammbelegschaft als Normalzustand, und nicht etwa als Ausnahme dar. Tatsächlich dürfte in der herrschenden Praxis in der Leiharbeit eine Vergütung entsprechend § 10 Abs. 4 AÜG die seltene Ausnahme sein. Der beim **Vertrauenstatbestand** angelegte gleiche Maßstab für Arbeitgeber und die Beschäftigten ist nicht gerechtfertigt: Während Arbeitgeber in der Leiharbeit bewusst Dumping-Tarifverträge anwenden, um das Gleichbehandlungsgebot auszuhebeln, wird das »Vertrauen« der Leiharbeitsbeschäftigten dadurch erzeugt, dass die Tarifverträge der CGZP zwar kritisiert wurden, rechtspolitische Schritte hiergegen aber unterblieben sind (anders z.B. bei der sog. »Schlecker-Klausel«, vgl. § 9 Ziff. 2 3. Hs. AÜG). Zu beachten ist auch, dass die Tariffähigkeit der an der CGZP beteiligten Christlichen Gewerkschaft Metall noch 2006 vom BAG festgestellt wurde (vgl. § 2 Rn. 40). Die Ausführungen des BAG werden somit der Perspektive der Leiharbeitsbeschäftigten nicht gerecht. Hinzu kommt: Die Frage der Tariffähigkeit steht **außerhalb der Rechtsbeziehung der Arbeitsvertragsparteien**, ihre Klärung ist dem einzelnen Beschäftigten wirtschaftlich nicht zuzumuten. Die Rechtslage stellt sich für diesen völlig unklar dar, zumal selbst in juristischen Fachkreisen die Diskussion über die Tariffähigkeit der CGZP höchst kontrovers verlaufen ist (vgl. § 2 Rn. 40ff.).[591]

Die Ausschlussfrist **läuft unabhängig von der Kenntnis** der Beteiligten.[592] Dies gilt auch bei fehlender Kenntnis über die Tarifbindung.[593] Selbst ein Verstoß des Arbeitgebers gegen die Pflicht gem. **§ 8 TVG**, den Tarifvertrag im Betrieb **auszulegen** (vgl. § 8 Rn. 2ff.) soll nichts an der Anwendung tariflicher Ausschlussfristen ändern, da diese Vorschrift keine Sanktionsregelungen enthält. Ein solcher Verstoß führt auch nicht per se zum Einwand unzulässiger Rechtsausübung.[594] Eine solche Auffassung lässt den Schutzzweck des § 8 TVG außer Acht (vgl. § 8 Rn. 1), die Vorschrift soll den Beschäftigten gerade ermöglichen, ihre Rechte auszuüben.[595] Hinsichtlich tariflicher Ausschlussfristen soll der Arbeitgeber dem **Nachweisgesetz** schon genügen, wenn er in allgemeiner Form auf den Tarifvertrag hinweist, ein gesonderter Hinweis auf die Ausschlussfrist sei nicht erforderlich. Das BAG verlangt, dass sich der Beschäftigte rechtzeitig und zutreffend über seine Rechte und Pflichten aus dem Arbeitsverhältnis informiert.[596] 275

Unterschiedlich wird vom BAG die Frage beurteilt, ob sich aus Verstößen des Arbeitgebers gegen die Nachweispflicht oder die Auslegungsverpflichtung ein **Schadensersatzanspruch** aufgrund erloschener Vergütungsansprüche ergeben kann. Hinsichtlich der Auslegungsverpflichtung hat der **4. Senat** einen solchen Anspruch abgelehnt; § 8 TVG sei kein Schutzgesetz i.S.d. § 823 Abs. 2 BGB; die Auslegungspflicht diene außerdem nicht dem 275a

591 Schüren, AuR 11, 142; im Ergebnis auch D. Ulber, DB 11, 1808, dessen Kritik sich grds. gegen die Anwendung vertraglicher Ausschlussfristen auf den gesetzlichen Gleichbehandlungsanspruch richtet.

592 BAG 16.8.83 – 3 AZR 206/82, DB 84, 55.

593 BAG 16.8.83, a.a.O.

594 BAG 23.1.02 – 4 AZR 56/01, DB 02, 1661.

595 KeZa-Zeibig/Zachert, § 8 Rn.1; Schaub-Treber, § 209 Rn. 45.

596 BAG 23.1.02 – 4 AZR 56/01, DB 02, 1661; 17.4.02 – 5 AZR 89/01, NZA 02, 1096 = AuR 02, 467 m. Anm. Rehwald.

Schutz des Einzelnen.[597] Dagegen hat der **5. Senat** einen Schadensersatzanspruch für den Fall bejaht, dass der Arbeitgeber mit der Aushändigung der Vertragsbedingungen nach § 2 Abs. 1 Satz 1 NachwG im Verzug ist und die Ansprüche des Beschäftigten bei pflichtgemäßem Nachweis durch den Arbeitgeber nicht untergegangen wären. Der Anspruch entsteht grundsätzlich in Höhe des erloschenen Vergütungsanspruchs.[598]

276 Tarifliche Ausschlussklauseln können auch **rückwirkend** (vgl. § 1 Rn. 60, 66ff.) in Kraft treten. Der **Vertrauensschutz** verlangt aber, dass die Beteiligten sich rechtzeitig auf die Frist einstellen können. Es muss ihnen die gesamte Verfallfrist zur Verfügung stehen.[599] Wenn der Tarifvertrag für das Arbeitsverhältnis erst ab einem bestimmten Zeitpunkt gilt (z.B. weil erst dann die Tarifbindung eintritt), aber schon Ansprüche bestehen, läuft die Frist ab dem **Zeitpunkt der Tarifgeltung.**[600]

7.3.4 Fristenlauf

277 Die Frist **beginnt** meist mit der **Fälligkeit** des Anspruchs (§ 614 BGB).[601] Beispiel: Fällig ist der Entgeltanspruch an dem Tag, an dem er laut Tarifvertrag oder betrieblicher Regelung ausgezahlt wird/auf dem Konto verfügbar sein muss. Fehlende Kenntnis über Bestehen und Fälligkeit eines Anspruchs, auch infolge einer sich ändernden Rechtsprechung und einer damit einhergehenden rechtlichen Fehleinschätzung, haben grundsätzlich keinen Einfluss auf den Beginn der Frist (vgl. Rn. 274a, 275, 292).[602]

278 Einige Ansprüche können erst überprüft und beziffert werden, wenn sie abgerechnet werden (z.B. Akkord, Provision). Sie werden dann erst **mit der Abrechnung fällig.**[603] Solange nicht abgerechnet ist oder in der Abrechnung wesentliche Angaben fehlen, läuft die Frist nicht. Unerheblich ist aber, ob diese Angaben zutreffend sind; die Abrechnung zu prüfen, ist Sache des Beschäftigten.[604]

279 Die **in der Abrechnung genannten Beträge** werden vom Arbeitgeber i.d.R. streitlos gestellt, eine erneute Geltendmachung ist nicht erforderlich.[605] Das gilt auch für den Saldo eines Arbeitszeitkontos, wenn der Arbeitgeber dem Beschäftigten vorbehaltlos dessen Stand mitteilt.[606]

280 Bei **Arbeitszeitkonten** beginnt die Frist für die Freizeitgewährung (bzw. ausnahmsweise die Auszahlung) nicht mit der jeweiligen Lohnperiode, sondern (erst) am Ende des jeweiligen Ausgleichszeitraums.[607]

---

597 BAG 23.1.02, a.a.O.
598 BAG 29.5.02 – 5 AZR 105/01, ZTR 03, 87; 6.5.09 – 10 AZR 834/08, NJW 09, 2324; vgl. auch Däubler-Zwanziger, Rn. 1113f.; Löwisch/Rieble, § 1 Rn. 1830f., § 8 Rn. 34.
599 Däubler-Zwanziger, Rn. 1110; KeZa-Brecht-Heitzmann, Rn. 677; Wiedemann-Wank, Rn. 776f.
600 BAG 26.9.90 – 5 AZR 218/90, DB 91, 390.
601 Näheres bei Däubler-Zwanziger, Rn. 1140.
602 BAG 13.12.07 – 6 AZR 222/07, NZA 08, 479.
603 BAG 21.4.93 – 5 AZR 399/92, DB 93, 1930.
604 Beim Akkord z.B. Akkordsätze oder Lohnstunden, BAG 6.11.85 – 4 AZR 233/84, DB 86, 547.
605 BAG 28.7.10 – 5 AZR 521/09, NZA 10, 1241; 21.4.93 – 5 AZR 399/92, DB 93, 1930; KeZa-Brecht-Heitzmann, Rn. 666.
606 BAG 28.7.10 – 5 AZR 521/09, NZA 10, 1241.
607 BAG 5.9.02 – 9 AZR 244/01, DB 03, 1521.

281 Bei **Rückgriffs-** und **Schadensersatzansprüchen** sollen die Fristen erst beginnen, wenn der Schaden bekannt wird und der Gläubiger in der Lage ist, sich den erforderlichen Überblick zu verschaffen und den Schaden annähernd zu beziffern.[608]

282 Nach einigen Klauseln werden Ansprüche, die vom **Ausgang eines Kündigungsschutzprozesses** abhängen (Entgelt, Urlaub, Sonderzahlung etc.), erst mit Rechtskraft des Kündigungsschutzprozesses fällig (vgl. dazu auch Rn. 287 und Rn. 289ff.).

283 In der **Insolvenz** sieht § 28 Abs.1 InsO eine gerichtlich bestimmte Frist für die Anmeldung von Insolvenzforderungen vor. Diese geht den Ausschlussfristen vor.[609] Auf Masseforderungen sind Ausschlussfristen dagegen grundsätzlich in vollem Umfang anzuwenden.[610]

7.3.5 Geltendmachung

284 In der Regel wird für die Geltendmachung **Schriftform** verlangt. Dazu reicht auch ein – unterschriebenes – **Telefax.**[611] Eine **Vertretung,** z.B. durch einen Gewerkschaftssekretär, ist möglich, die Kenntnis des Arbeitgebers von der Vertretungsbefugnis der Gewerkschaften kann vorausgesetzt werden.[612] Bei einer Geltendmachung durch den Betriebs-/Personalrat muss das handelnde Betriebs-/Personalratsmitglied erkennbar auf Initiative der oder des betroffenen Beschäftigten tätig werden, um den Eindruck zu vermeiden, er handele lediglich in Erfüllung seiner eigenen Aufgaben (insbes. nach § 80 Abs.1 Nr. 1 BetrVG).

285 Geltendmachung heißt nicht Aufforderung zum Prüfen oder Überdenken oder das Einreichen von Stundenaufschrieben[613], sondern die **Aufforderung zur Erfüllung des Anspruchs.** Diese muss zwar nicht wörtlich, aber eindeutig erklärt werden.[614] Der Sachverhalt muss in **Stichworten** angegeben werden, es reicht der Hinweis aus, in der Abrechnung fehle ein bestimmter Lohnbestandteil; die Forderung muss **in ungefährer Höhe beziffert** werden;[615] so wird z.B. für die Geltendmachung von Überstundenbezahlung vom Arbeitnehmer verlangt darzulegen, »an welchen Tagen und zu welchen Tageszeiten er über die übliche Arbeitszeit hinaus gearbeitet hat«.[616] Eine genaue rechtliche Begründung braucht hingegen nicht abgegeben zu werden.[617] Sieht eine Ausschlussfrist eine »schriftliche Geltendmachung« vor, ohne eine konkrete Bezifferung zu fordern, reicht auch eine schriftliche Geltendmachung des Anspruchs »**dem Grunde nach**« aus.[618]

---

608 BAG 16.5.84 – 7 AZR 143/81, DB 84, 2711; dazu Däubler-Zwanziger, Rn. 1143; KeZa-Brecht-Heitzmann, Rn. 669f.; Schaub-Treber, § 209 Rn. 37.
609 Däubler-Zwanziger, Rn. 1085; Bichlmeier/Wroblewski, S. 178.
610 Bichlmeier/Wroblewski, a.a.O.; BAG 12.6.02 – 10 AZR 199/01, NZA 2002, 1175
611 BAG 11.10.00 – 5 AZR 313/99, DB 01, 387; zur elektronischen Übermittlung vgl. Däubler-Zwanziger, Rn. 1153.
612 LAG Brandenburg 17.5.00 – 7 Sa 113/00, AuR 01, 77.
613 BAG 5.4.95 – 5 AZR 961/93, DB 95, 2535.
614 BAG 5.4.95, a.a.O.
615 BAG 17.10.74 – 3 AZR 4/74, DB 75, 455; Däubler-Zwanziger, Rn. 1155; KeZa-Brecht-Heitzmann, Rn. 684.
616 BAG 17.4.02 – 5 AZR 644/00, AuR 02, 392; KeZa-Brecht-Heitzmann, a.a.O.
617 BAG 17.5.01 – 8 AZR 366/00, NZA 02, 910; Wiedemann-Wank, Rn. 841; Schaub-Treber, § 209 Rn. 47.
618 BAG 13.3.13 – 5 AZR 954/11, NZA 13, 680.

286 Die schriftliche Geltendmachung kann auch durch eine **Klage** gewahrt werden, soweit die Klage innerhalb der Frist zugestellt wird.[619] Zur Frage, ob mit einer Kündigungsschutzklage weitere Ansprüche geltend gemacht werden können, vgl. Rn. 289ff.

287 Eine wirksame Geltendmachung setzt grundsätzlich den **Bestand des Anspruchs** voraus, die anspruchsbegründenden Tatsachen müssen bei der Geltendmachung entweder bereits vorliegen oder ihr Eintreten als sicher gelten.[620] Nur ausnahmsweise kann der Anspruch schon durch Geltendmachung vor dessen Entstehung gewahrt werden, z.B. wenn ein bestimmter Anspruch jeweils aus dem gleichen Grundtatbestand entsteht. Durch einmalige Geltendmachung kann die Ausschlussfrist dann auch im Hinblick auf noch nicht entstandene Ansprüche gewahrt sein.[621] Eine Geltendmachung ist aber schon **vor Fälligkeit möglich;**[622] eine Ausnahme gilt, wenn nach dem Tarifvertrag die Frist erst mit Rechtskraft des Kündigungsschutzprozesses zu laufen beginnt.[623]

288 Bei einer **zweistufigen Frist** (vgl. Rn. 262) beginnt die Frist für die zweite Stufe entweder mit der **Ablehnung** durch den Arbeitgeber oder nach **Ablauf** der im Tarifvertrag genannten Prüf- und Bedenkfrist, frühestens aber bei Fälligkeit.[624] Erforderlich ist eine rechtzeitige gerichtliche Geltendmachung, die sich auf den Anspruch beziehen muss, z.B. eine Leistungsklage bei einem Zahlungsanspruch. In diesem Fall wahrt eine Feststellungsklage, die nur einzelne Vorfragen klärt, die Frist nicht.[625]

Der 5. Senat des BAG hat darüber hinaus entschieden, dass auch der **Klageabweisungsantrag des Arbeitgebers im Kündigungsschutzprozess** eine Ablehnung im Sinne einer zweistufigen Frist darstellt und die zweite Stufe in Gang setzt.[626] Dies gilt nicht nur für tarifliche Ausschlussfristen, die den Fristbeginn an eine formlose Ablehnung des Arbeitgebers knüpfen.[627] Das BAG hält eine ausdrückliche schriftliche Ablehnungserklärung sogar dann nicht für erforderlich, wenn die tarifliche Regelung eine schriftliche Ablehnung verlangt. Stattdessen soll der **zugegangene Klageabweisungsantrag** eine solche schriftliche Ablehnung der mit der Kündigungsschutzklage vom Arbeitnehmer geltend gemachten Vergütungsansprüche darstellen. Dies gelte nur dann nicht, wenn die Tarifregelung eine »ausdrückliche« schriftliche Ablehnungserklärung fordere.[628] Die hieraus resultierenden Konsequenzen für die Beschäftigten (Notwendigkeit einer Zahlungsklage parallel zum Kündigungsschutzprozess) sind allerdings durch die neuere Rspr. des 5. Senats zur Wahrung der zweiten Stufe durch Erhebung einer Bestandsschutzklage entschärft worden (vgl. Rn. 291a).

---

619 BAG 8.3.76 – 5 AZR 361/75, DB 77, 264.
620 BAG 18.9.12 – 9 AZR 1/11, NZA 13, 216; 16.6.10 – 4 AZR 924/08, ZTR 10, 642.
621 BAG 16.1.13 – 10 AZR 863/11, NZA 13, 975 (Berechnungsgrundlage für regelmäßig anfallende Zeitzuschläge).
622 BAG 13.2.03 – 8 AZR 236/02, ZTR 03, 462; 26.9.01 – 5 AZR 699/00, NZA 02, 1218.
623 BAG 22.10.80 – 5 AZR 453/78, DB 81, 801, MTV Berliner Metallindustrie.
624 BAG 26.9.01 – 5 AZR 699/00, NZA 02, 1218.
625 BAG 16.1.02 – 5 AZR 430/00, NZA 02, 746; zu weiteren Einzelheiten vgl. Däubler-Zwanziger, Rn. 1167f.
626 BAG 26.4.06 – 5 AZR 403/05, NZA 06, 845.
627 So noch BAG 11.12.01 – 9 AZR 510/00, EzA § 4 TVG Ausschlussfristen Nr. 145, mit Hinweis auf BAG 13.9.84 – 6 AZR 379/81, NZA 85, 249.
628 BAG 26.4.06, a.a.O., mit Hinweis auf BAG 4.5.77 – 5 AZR 187/76, DB 77, 1802.

7.3.6 Geltendmachung durch Kündigungsschutzklage

Ist eine **einstufige Ausschlussfrist** (vgl. Rn. 262) geregelt, wird diese durch die **Erhebung der Kündigungsschutzklage** gewahrt. Eine Kündigungsschutzklage ist nach zutreffender Ansicht des BAG regelmäßig geeignet, den Verfall der Entgeltansprüche aus Annahmeverzug (§ 615 BGB) zu verhindern, die vom **Ausgang des Prozesses abhängen**, z.B. Entgelt, Entgeltfortzahlung, Sonderzahlung, Urlaub.[629] Dabei ist nicht zwischen Klauseln, die eine formlose Geltendmachung erfordern und Klauseln, die eine schriftliche Zahlungsaufforderung vorsehen, zu unterscheiden. Die Erhebung der Kündigungsschutzklage stellt deshalb sowohl eine »mündliche« als auch eine »schriftliche Geltendmachung« der Entgeltansprüche nach Ablauf der Kündigungsfrist dar.[630] Die vom Ausgang der Klage abhängigen Ansprüche müssen dabei weder ausdrücklich bezeichnet noch beziffert werden.[631] 289

Sieht der Arbeits- oder Tarifvertrag eine **zweistufige Ausschlussfrist** (vgl. Rn. 262) vor, musste bislang geprüft werden, ob durch die Erhebung der Kündigungsschutzklage neben der ersten Stufe der Ausschlussfrist (mündliche oder schriftliche Geltendmachung) auch die zweite Stufe (Klageerhebung) gewahrt wurde oder ob die Notwendigkeit bestand, die auflaufenden Entgeltansprüche aus Annahmeverzug **parallel zum Kündigungsschutzprozess durch Zahlungsklage** geltend zu machen. Dabei kam es sehr auf **Wortlaut** und **Auslegung** des Arbeits- oder Tarifvertrags an. Bei Ausschlussklauseln, die die Fälligkeit oder den Fristenlauf von der Rechtskraft der Kündigungsschutzklage abhängig machen (vgl. Rn. 282), war eine gesonderte Zahlungsklage nicht erforderlich. Nach früherer Ansicht des BAG wurde durch eine Kündigungsschutzklage aber nicht zugleich auch die zweite Stufe einer **tariflichen Ausschlussfrist** gewahrt, die vorsieht, dass bei erfolgloser Geltendmachung innerhalb bestimmter Fristen Ansprüche **gerichtlich** geltend gemacht werden müssen.[632] Bezüglich einer zweistufigen **arbeitsvertraglichen Ausschlussfrist** wurde vom BAG dagegen ein anderer Prüfungsmaßstab angelegt (vgl. Rn. 268), mit dem Ergebnis, dass die Erhebung der Kündigungsschutzklage für das in der zweiten Stufe enthaltene Erfordernis des Einklagens von Annahmeverzugsansprüchen ausreicht. Wie bei der schriftlichen Geltendmachung könne der »Durchschnittsarbeitnehmer« davon ausgehen, dass die Erhebung einer Kündigungsschutzklage eine Geltendmachung von hiervon abhängigen Ansprüchen beinhalte.[633] 290

Die bisherige Rechtsprechung des 5. Senats ist zu Recht **kritisiert** worden.[634] Der Beschäftigte konnte zwar seine Kündigungsschutzklage gewinnen, gleichzeitig aber wegen des Ablaufs der zweiten Stufe der Ausschlussfrist seine später erhobene Klage auf Zahlung des rückständigen Entgelts verlieren. Um seine Ansprüche zu wahren, musste er während eines Kündigungsschutzprozesses das laufende Entgelt gleich mit einklagen. Das führte zu einem **höheren Streitwert** und damit zu **zusätzlichen Kosten** des Rechtsstreits. 291

---

629 BAG 11.12.01 – 9 AZR 510/00, EzA § 4 TVG Ausschlussfristen Nr. 145; 7.11.91 – 2 AZR 34/91, DB 92, 1146; 9.8.90 – 2 AZR 579/89, DB 91, 498.

630 BAG 11.12.01, a.a.O.

631 BAG 19.9.12 – 5 AZR 924/11, NZA 13, 156.

632 BAG 20.3.86 – 2 AZR 295/85, EzA § 615 BGB Nr 48.

633 BAG 19.3.08 – 5 AZR 429/07, NZA 08, 759; s.a. BAG 19.5.10 – 5 AZR 253/09, NZA 10, 939; krit. Schaub-Treber, § 209 Rn. 58.

634 Zur Kritik s. KeZa-Brecht-Heitzmann, Rn. 694; ErfK-Preis, §§ 194 – 218 Rn. 64 m.w.N.

291a Das BVerfG hat aufgrund dieses zusätzlichen Kostenrisikos einen **Verstoß gegen das Grundrecht auf effektiven Rechtsschutz** für den Fall angenommen, dass ein Kläger aufgrund der zweiten Stufe einer tarifvertraglichen Ausschlussfrist Annahmeverzugsansprüche bereits vor rechtskräftigem Abschluss eines Rechtsstreits über die Begründung eines Arbeitsverhältnisses geltend machen muss.[635] Nach dieser Entscheidung des BVerfG konnte **an der bisherigen Rspr. nicht festgehalten** werden. Tarifvertragliche Ausschlussfristen, die eine rechtzeitige gerichtliche Geltendmachung verlangen, müssen **verfassungskonform** dahingehend **ausgelegt** werden, dass bereits die **Erhebung einer Kündigungsschutzklage oder Bestandsschutzklage ausreicht**, um das Erlöschen der hiervon abhängigen Ansprüche zu verhindern.[636] D.h. im Ergebnis, dass die bisherige schwer nachvollziehbare Differenzierung zwischen tarifvertraglichen und arbeitsvertraglichen Ausschlussfristen nicht mehr aufrechterhalten wird. Ansprüche, die vom Ausgang einer Bestandsschutzstreitigkeit abhängen, sind daher bereits mit der Klage der Bestandsstreitigkeit, z.B. einer Kündigungsschutzklage oder einem Verlangen nach Arbeitszeiterhöhung, § 9 TzBfG[637], gerichtlich geltend gemacht. In der Praxis muss somit nicht mehr gesondert Klage erhoben werden, um die zweite Stufe einer Verfallfrist zu wahren.

7.3.7 Unzulässige Berufung auf die Ausschlussfrist

292 Die Berufung auf den Ablauf einer Ausschlussfrist kann rechtsmissbräuchlich und damit unzulässig sein (**Verstoß gegen Treu und Glauben**, § 242 BGB). Allerdings wird das von der Rechtsprechung nur in schwer wiegenden Fällen angenommen. Als **Beispiele** werden genannt:[638]

- Der Arbeitgeber **hält den Arbeitnehmer von der rechtzeitigen Geltendmachung des Anspruchs ab**, z.B. indem er den Anspruch anerkennt und Zahlung zusagt.[639]
- Der Arbeitgeber **erweckt den Eindruck, er werde zahlen,** ohne dass es einer besonderen Geltendmachung bedürfe oder dass nur noch die Unwirksamkeit der Kündigung festgestellt werden müsse.
- Der Arbeitgeber sagt in einer **Musterprozess-Vereinbarung** zu, sich an den Ausgang des Verfahrens zu halten.
- Der Arbeitgeber **entlohnt die Arbeitnehmer bewusst untertariflich**: Die Berufung auf die Ausschlussfrist kann ggf. unzulässig sein.[640] Teilt der Arbeitgeber mit, er werde Teile eines Anspruchs (z.B. Sonderzahlung) erst später zahlen, muss ein Beschäftigter

---

635 BVerfG 1.12.10 – 1 BvR 1682/07, NZA 11, 354, s.a. BAG 12.12.06 – 1 AZR 96/06, NZA 2007, 453 (zweistufige Ausschlussfrist in Betriebsvereinbarung).

636 BAG 19.9.12 – 5 AZR 627/11, NZA 13, 101; 19.9.12 – 5 AZR 628/11, NZA 13, 330;Däubler-Zwanziger, Rn. 1170; v. Medem, NZA 13, 345.

637 Vgl. LAG Hamm 22.11.13 – 10 Sa 454/13.

638 Vgl. dazu BAG 27.3.63 – 4 AZR 72/62, DB 63, 902; 17.4.86 – 2 AZR 308/85, DB 86, 2240; 18.12.84 – 3 AZR 383/82, DB 85, 658; 18.2.92 – 9 AZR 118/91, DB 92, 2249; 5.6.03 – 6 AZR 249/02, EzA § 4 TVG Ausschlussfristen Nr. 167; Däubler-Zwanziger, Rn. 1188ff.; KeZa-Brecht-Heitzmann, Rn. 701ff.; Wiedemann-Wank, Rn. 785ff.

639 Vgl. BAG 19.1.10 – 3 AZR 191/08, NZA 11, 520; LAG Hamm 2.2.12 – 17 Sa 1001/11.

640 So BAG 26.8.60 – 1 AZR 425/58, DB 61, 103; Däubler, TVR Rn. 1366; Däubler-Zwanziger, Rn. 1190; KeZa-Brecht-Heitzmann, Rn. 701; a.A. Wiedemann-Wank, Rn. 789.; Löwisch/Rieble, § 1 Rn. 1761.

die Ausschlussfristen nur bezüglich der zum üblichen Zeitpunkt gezahlten Teile einhalten.[641] Andererseits soll die Ausschlussfrist auch bei Tarifbruch oder unzulässigem Tarifverzicht Anwendung finden.[642]

- Ein Beschäftigter **unterlässt** pflichtwidrig, dem Arbeitgeber **Umstände mitzuteilen**, die diesem eine rechtzeitige Geltendmachung eines Rückzahlungsanspruchs ermöglicht hätten; er kann sich nicht auf die Ausschlussfrist berufen.[643] Das soll zumindest dann gelten, soweit der Arbeitgeber keinen anderweitigen Anlass hat, möglichen Unstimmigkeiten nachzugehen.[644] Das Ergebnis bleibt dennoch widersprüchlich: Kein treuwidriges Verhalten soll nämlich vorliegen, wenn der Arbeitgeber seinerseits dem Beschäftigten falsche Auskünfte über das Bestehen eines Anspruchs erteilt. Das BAG legt hier andere Maßstäbe an und meint, der Beschäftigte müsse sich selbst über die rechtlichen und tatsächlichen Voraussetzungen des Anspruchs informieren (vgl. Rn. 277).[645]

8. Nachwirkung der Tarifnormen

8.1 Allgemeines

Mit dem Ablauf eines Tarifvertrags (vgl. Rn. 297) enden nicht automatisch die Ansprüche **293**
aus dem Tarifvertrag. Gem. § 4 Abs. 5 TVG behält der Tarifvertrag nach **Ablauf** seine Gültigkeit. Seine Normen gelten weiter, bis sie durch eine andere Abmachung ersetzt werden. Die Normen wirken statisch in der Fassung nach, die bei Beendigung des Tarifvertrags bestanden hat.[646] Gäbe es diese **Nachwirkung** nicht, müssten sich die wesentlichen Arbeitsbedingungen bis zum Abschluss eines neuen Tarifvertrags – wenn es keine arbeitsvertraglichen Regelungen gibt (zur Verdrängung arbeitsvertraglicher Regelungen durch den Tarifvertrag und deren Folgen vgl. Rn. 5, 330) – nach Gesetz richten: Als Lohn wäre z.B. das übliche Entgelt zu zahlen (§ 612 Abs. 2 BGB), der Urlaub würde nach BUrlG nur 24 Werktage betragen, der Arbeitgeber hätte weitgehende Direktionsrechte.[647] Grundlage der Weitergeltung ist der abgelaufene Tarifvertrag.[648] Nach dem BAG ist es dagegen die gesetzliche Anordnung in § 4 Abs. 5 TVG.[649] Für die Nachwirkung des Tarifvertrags ist **nicht erforderlich**, dass beide Arbeitsvertragsparteien noch durch **Mitgliedschaft in den Tarifvertragsparteien** gebunden sind, bei einem Verbandsaustritt schließt sich die Nachwirkung an das Ende der Tarifgebundenheit nach § 3 Abs. 3 TVG an (zur Nachwirkung allgemeinverbindlicher Tarifverträge vgl. Rn. 305 und § 5 Rn. 37).[650]

---

641 LAG Hamm 29. 10. 09 – 15 Sa 834/09.
642 BAG 19. 2. 02 – 1 AZR 342/01, EzA § 4 TVG Ausschlussfristen Nr. 149.
643 BAG 1. 6. 95 – 6 AZR 912/94, NZA 96, 135.
644 BAG 23. 5. 01 – 5 AZR 374/99, DB 01, 2251; vgl. Däubler-Zwanziger, Rn. 1193f.
645 BAG 22. 1. 97 – 10 AZR 459/96, NZA 97, 445.
646 BAG 24. 11. 99 – 4 AZR 666/98, NZA 00, 435.
647 Vgl. Löwisch/Rieble, Rn. 659; Gamillscheg, S. 872.
648 Däubler-Bepler, Rn. 819.
649 BAG 29. 1. 75 – 4 AZR 218/74, DB 75, 2455.
650 BAG 1. 7. 09 – 4 AZR 261/08, BB 10, 59; 23. 2. 05 – 4 AZR 186/04, DB 05, 2305; 15. 10. 03 – 4 AZR 573/02, AuR 05, 29 m. Anm. Stein.

294 Der Gesetzgeber verfolgt verschiedene Zwecke: Zum einen hat die Regelung **Überbrückungsfunktion**, bis die tariflose Zeit durch einen **Neuabschluss** beendet wird. Zum anderen sollen die Arbeitsvertragsparteien davor geschützt werden, dass das Arbeitsverhältnis nach Beendigung des Tarifvertrags **inhaltsleer** wird, weil der Tarifvertrag zwar noch unmittelbar aber nicht mehr zwingend gilt.[651] Der **Unterschied zur Nachbindung nach § 3 Abs. 3 TVG** (§ 3 Rn. 70ff.) besteht darin, dass der Tarifvertragsinhalt nicht mehr zwingend, sondern **dispositiv** wirkt.[652] Konkret zeigt sich das an den Auswirkungen für Neueingestellte und neu eintretende Gewerkschaftsmitglieder (Rn. 315ff. bzw. § 3 Rn. 90).

295 Die in der Rechtslehre geäußerten **Bedenken** wegen Verletzung der **negativen Koalitionsfreiheit** hat das **BVerfG zurückgewiesen.**[653] Das BVerfG führt zutreffend aus, dass die negative Koalitionsfreiheit durch die vom Gesetz angeordnete Nachwirkung nicht unmittelbar berührt wird, da die nachwirkenden Tarifbestimmungen **jederzeit durch andere Vereinbarungen** (einzelvertraglich oder kollektiv) ersetzt werden können. Daher gibt es auch keine verfassungsrechtlichen Bedenken wegen der grundsätzlich **unbegrenzten Dauer der Nachwirkung** (vgl. Rn. 333).[654] Die gegenwärtige Praxis zeigt, dass es der Arbeitgeber in der Hand hat, mit den bei ihm beschäftigten Arbeitnehmern unter **Einsatz seiner Verhandlungsmacht** anderweitige Abmachungen zu treffen. Dies betrifft nicht nur den Zeitraum nach Beendigung eines Tarifvertrages, sondern soll mit jüngerer Rspr. des BAG auch schon während dessen Laufzeit im Vorgriff möglich sein (vgl. Rn. 327ff., 331).

8.2 Weitergeltende Tarifnormen

296 § 4 Abs. 5 TVG ordnet die **Weitergeltung der Tarifnormen nach Ablauf des Tarifvertrags** an. Die zwingende Wirkung endet i.d.R. durch Kündigung, Befristung oder Aufhebung des Tarifvertrags mit Ablauf der jeweiligen Fristen (vgl. dazu § 1 Rn. 76ff.). Sie kann aber auch noch aus anderen Anlässen entfallen (Rn. 297). Zu beachten ist, dass die Tarifinhalte unterschiedlich an der Nachwirkung teilnehmen, so wirken schuldrechtliche Vereinbarungen grundsätzlich nicht nach (vgl. Rn. 301).

8.2.1 Ablauf des Tarifvertrags

297 **Tarifverträge enden** regelmäßig mit dem Fristablauf der **Kündigung** oder mit dem Ende der vereinbarten **Laufzeit**. § 4 Abs. 5 TVG wird aber auch als »**Auffangnorm**« in anderen Fällen analog angewandt, in denen die Voraussetzungen für die Tarifgeltung entfallen.[655] Die Nachwirkung tritt z.B. ein bei:

---

651 BAG 15.10.03, a.a.O.; 18.3.92 – 4 AZR 339/91, DB 92, 1297; Däubler, TVR Rn. 1449f.; ErfK-Franzen, TVG § 4 Rn. 50; KeZa-Kempen, Rn. 719; Wiedemann-Wank, Rn. 327; Litschen, Rn. 702.

652 H. M., vgl. BAG 3.12.85 – 4 ABR 60/85, AP Nr. 2 zu § 74 BAT; 7.12.77 – 4 AZR 474/76, DB 78, 356; Wiedemann-Wank, Rn. 323; ähnlich KeZa-Kempen, Rn. 717.

653 BVerfG 3.7.00 – 1 BvR 945/00, AuR 01, 145; ebenso BAG 15.10.03, a.a.O.

654 Vgl. BAG 15.10.03, a.a.O.; Däubler-Bepler, Rn. 882 m.w.N.

655 BAG 18.3.92 – 4 AZR 339/91, DB 92, 1297.

- **Kündigung**, Befristung, Aufhebung des Tarifvertrags, Eintritt einer auflösenden Bedingung (vgl. § 1 Rn. 76ff.);
- **Ende der Nachbindung gem. § 3 Abs. 3 TVG**, also wenn z.B. nach dem **Verbandsaustritt** des Arbeitgebers[656] oder seines Wechsels in eine sog. **OT-Mitgliedschaft**[657] der weiter geltende Tarifvertrag endet (vgl. § 3 Rn. 70ff., 92; zum Verbandsaustritt s.a. Rn. 300);
- **Herausfallen aus dem Geltungsbereich** (vgl. § 3 Rn. 85);[658]
- **Betriebsinhaberwechsel kraft Hoheitsakt** (Gesamtrechtsnachfolge);[659]
- **es bleibt bei der Nachwirkung**, wenn ein Arbeitgeber während des Nachwirkungszeitraums den Verband verlässt.[660]

Bei einer **Verbandsauflösung** ist das BAG früher von einer Nachwirkung der Tarifverträge ausgegangen.[661] Inzwischen vertritt es richtigerweise die Auffassung, dass die Auflösung einer Tarifvertragspartei nicht mehr automatisch zur Beendigung des Tarifvertrages und dessen Nachwirkung führt, sondern zur Nachbindung gem. § 3 Abs. 3 TVG (vgl. § 3 Rn. 82).[662]

298 Bei **von Anfang an fehlender Tariffähigkeit oder Tarifzuständigkeit** (vgl. § 2 Rn. 4 u. 5) ist der Tarifvertrag unwirksam,[663] eine Nachwirkung scheidet aus. Zum **nachträglichen Wegfall** der Tariffähigkeit oder Tarifzuständigkeit scheint das BAG der Meinung zuzuneigen, dass die Tarifverträge nachwirken; teilweise wird eine Nachbindung nach § 3 Abs. 3 TVG vertreten (vgl. § 3 Rn. 87).

299 Auch nach einer **außerordentlichen Kündigung**, soweit eine solche zulässig ist (§ 1 Rn. 93ff., 102), wirkt der Tarifvertrag nach. Der Einwand, dass bei einer außerordentlichen Kündigung die Geschäftsgrundlage für den Tarifvertrag wegfällt und die Nachwirkung insoweit widersprüchlich wäre, überzeugt nicht: Auch in diesem Fall darf der Arbeitsvertrag nicht »inhaltsleer« werden.[664] Zudem ist der Arbeitgeberverband zur uneingeschränkten **Durchführung des Tarifvertrags** verpflichtet.[665]

300 **Keine Nachwirkung** erfolgt bei:

- **Betriebsübergang/Umwandlung:** Die Tarifverträge gelten entweder individualrechtlich gem. § 613a BGB oder kollektivrechtlich gem. § 3 Abs. 1 TVG (§ 3 Rn. 98ff.)

---

656 BAG 1.7.09 – 4 AZR 261/08, BB 10, 59; 23.2.05 – 4 AZR 186/04, DB 05, 2305; 13.12.95 – 4 AZR 1062/94, AiB 97, 63 m. Anm. Zachert; die gegen diese Rspr. erhobenen verfassungsrechtlichen Bedenken greifen nicht durch: BVerfG 3.7.00 – 1 BvR 945/00, AuR 01, 145.

657 BAG 20.5.09 – 4 AZR 230/08, DB 09, 2789.

658 BAG 10.12.97 – 4 AZR 247/96, DB 98, 1089.

659 BAG 13.7.94 – 4 AZR 555/93, DB 94, 1527, betreffend die Übertragung von Wohnungswirtschaftsbetrieben gemäß Art. 22 Einigungsvertrag.

660 BAG 15.10.03 – 4 AZR 573/02, AuR 05, 29.

661 BAG 28.5.97 – 4 AZR 546/95, DB 97, 2229.

662 BAG 23.1.08 – 4 AZR 312/01, BB 08, 1516.

663 BAG 15.11.06 – 10 AZR 665/05, NZA 07, 448 bzw. ArbG Berlin 16.1.07 – 81 Ca 27913/05, AuR 07, 182.

664 Buchner, NZA 93, 289, 298; Däubler-Bepler, Rn. 854ff.; ErfK-Franzen, TVG § 4 Rn. 56; Löwisch/Rieble, Rn. 688; Wiedemann-Wank, Rn. 46; Zachert, NZA 93, 299, 301; offen gelassen von BAG 18.12.96 – 4 AZR 129/96, DB 97, 782.; a.A. Oetker RdA 95, 95.

665 BAG 18.2.98 – 4 AZR 363/96, NZA 98, 1008; ArbG Wiesbaden 5.2.97 – 3 Ca 3436/96, AiB 97, 235.

- **Verbandsaustritt** und Wechsel in OT-Status: Es gilt die **Nachbindung gem. § 3 Abs. 3** (§ 3 Rn. 70); endet die Nachbindung, z.B. weil der Tarifvertrag gekündigt wird, tritt Nachwirkung ein (Rn. 297).

8.2.2 Nachwirkende Normen

301 Die Nachwirkung bezieht sich auf **alle Rechtsnormen** des Tarifvertrags. Die Begrenzung auf Rechtsnormen in § 4 Abs.5 TVG bedeutet, dass **schuldrechtliche Regelungen** (§ 1 Rn. 394ff.) grundsätzlich **nicht nachwirken.**[666] Damit entfallen auch die zum schuldrechtlichen Teil des Tarifvertrages gehörende Friedenspflicht sowie die Einwirkungspflichten der Tarifvertragsparteien.[667] Somit geht es bei der Nachwirkung in erster Linie um **Inhaltsnormen** wie Entgelt, Arbeitszeit, Urlaub, Eingruppierung, Zulagen, Ausschlussfristen usw. (vgl. § 1 Rn. 123)[668] und **Beendigungsnormen** wie z.B. Kündigungsbeschränkungen (vgl. § 1 Rn. 132f.).[669]

302 Auch **Abschlussnormen** (§ 1 Rn. 127) wirken nach. Das ist aber i.d.R. wirkungslos, weil im Nachwirkungszeitraum andere Abmachungen möglich sind.[670] Aber soweit **Ausbildungsverhältnisse** in ein Arbeitsverhältnis übergehen, gelten entsprechende Tarifnormen auch dann, wenn der Übergang erst im Nachwirkungszeitraum stattfindet.[671] Ähnliches gilt für die Verlängerung oder Überführung **befristeter Arbeitsverhältnisse** in unbefristete, z.B. nach § 14 Abs. 2 Satz 1 TzBfG.

303 **Betriebliche und betriebsverfassungsrechtliche Normen** (§ 1 Rn. 134ff.) wirken nach.[672] Im Gegensatz zu Individualnormen können betriebliche oder betriebsverfassungsrechtliche Normen nur durch **kollektive Regelungen** beendet werden,[673] in der Regel durch einen Tarifvertrag. Löwisch/Rieble[674] und Dieterich u.a.[675] wollen Betriebsnormen deshalb nur **befristet** nachwirken lassen. Andere sprechen sich generell gegen die Nachwirkung derartiger Normen aus.[676] Diese Ansichten finden jedoch in Gesetz und Rechtsprechung keine Grundlage (vgl. Rn. 333). Erwogen wird auch, ob mit der Vereinbarung betrieblicher und betriebsverfassungsrechtlicher Normen regelmäßig ein

---

666 Däubler TVR Rn. 217; Däubler-Bepler, Rn. 863; Gamillscheg, S. 1082; Wiedemann-Thüsing, § 1 Rn. 881.

667 Thüsing/Braun-Seel, 3. Kap. 3 Rn. 230; Schaub-Treber, § 208 Rn. 19; Litschen, Rn. 36.

668 Gamillscheg, S. 875.

669 Vgl. § 1 Rn. 82; Däubler-Bepler Rn. 869f.; nach Däubler, TVR Rn. 1452, müssten sie wegen ihres Schutzzwecks weiter zwingend gelten.

670 BAG 18.5.77 – 4 AZR 47/76, DB 77, 2145; Däubler-Bepler, Rn. 867; Wiedemann-Wank, Rn. 345.

671 BAG 28.1.87 – 5 AZR 323/86, AP Nr. 16 zu § 4 TVG Nachwirkung.

672 Zutreffend BAG 26.4.90 – 1 ABR 84/87, DB 90, 1919; LAG Schleswig-Holstein 15.1.09 – 4 Sa 269/08; LAG Baden-Württemberg 13.8.14 – 4 Sa 12/14; Däubler-Bepler, Rn. 864; HWK-Henssler, TVG § 4 Rn. 10; JKO-Oetker, § 8 Rn. 36; Wiedemann-Wank, Rn. 344; Schaub-Treber, § 208 Rn. 26; differenziert DKKW-Trümner, § 3 Rn. 231ff.

673 KeZa-Kempen, Rn. 743; differenziert Däubler-Bepler, Rn. 874f.

674 Löwisch/Rieble, Rn. 674, 698.

675 Dieterich, RdA 04, 72f.; vgl. auch Wiedemann-Wank, a. a. O; Bepler, NZA 14, 892; ausführlich zum Meinungsstand: Bepler, Gutachten B zum 70. Deutschen Juristentag, B 57f.

676 ErfK-Franzen, TVG § 4 Rn. 55

ausdrücklicher oder stillschweigender Ausschluss von deren Nachwirkung verbunden ist.[677]

Auch Normen über **gemeinsame Einrichtungen** (Rn. 36ff.) wirken nach, bis die Einrichtung selbst aufgelöst ist. Grundsätzlich bleiben dann Beitragspflichten und Leistungsansprüche unverändert bestehen. Anderes kann sich ergeben, wenn das Unternehmen selbst aus der Beitragspflicht entlassen wird. Dies ist jedoch selten der Fall, weil meistens Allgemeinverbindlichkeit besteht.[678] **304**

Ist der Tarifvertrag **allgemeinverbindlich** (vgl. § 5 Rn. 30ff.), gilt die Nachwirkung **auch für die Nichtorganisierten**, wenn die Allgemeinverbindlichkeitserklärung endet.[679] Entsprechendes gilt, wenn der Tarifvertrag endet.[680] Gibt es einen **nicht allgemeinverbindlichen Folgetarifvertrag**, endet die Nachwirkung für die **beiderseits Tarifgebundenen**, für die Außenseiter bleibt es bei der nachwirkenden Norm.[681] **305**

Bei **mehrgliedrigen Tarifverträgen** (§ 1 Rn. 28f.) ist zu unterscheiden: **306**

- Bei voneinander **unabhängigen Tarifverträgen** kann jede Tarifpartei eigenständig kündigen. Die Nachwirkung tritt nur für die dadurch betroffenen Mitglieder ein; sie wird beendet durch einen Tarifvertrag, der von der kündigenden Tarifpartei vereinbart ist. Für Mitglieder der anderen Tarifpartei(en) bleibt der alte Tarifvertrag bestehen.[682]
- Ein »**Einheitstarifvertrag**« kann nur gemeinsam gekündigt werden, die Nachwirkung tritt für alle Beteiligten ein.

Tarifliche Öffnungsklauseln (Rn. 132ff.) und **Bestimmungsklauseln** (§ 1 Rn. 153) sind auf die Laufzeit des jeweiligen Tarifvertrags beschränkt. **307**

Die Tarifvertragsparteien können die **Nachwirkung** zeitlich und sachlich **einschränken oder ausschließen.**[683] Nach LAG Nürnberg[684] muss das ausdrücklich geschehen, das BAG lässt unter engen Voraussetzungen auch einen **konkludenten Ausschluss** zu.[685] Ein Sanierungstarifvertrag, der auf Zeit bestimmte Verschlechterungen gegenüber einem Flächentarifvertrag vorsieht, enthält in der Regel den stillschweigenden Ausschluss der Nachwirkung nach Ablauf seiner Geltung (vgl. auch Rn. 72).[686] Ein entsprechender **Wille der** **308**

---

677 Däubler-Bepler, Rn. 875; so auch die Auslegung eines erstmals nach einer Laufzeit von 5 Jahren kündbaren Personalüberleitungstarifvertrags durch LAG Schleswig-Holstein 15.1.09, a.a.O., offen BAG 26.1.11, NZA 11, 808, Zustimmungsvorbehalt gegen Outsourcing wird als schuldrechtliche Verpflichtung ohne Nachwirkung ausgelegt.

678 Vgl. Gamillscheg, S. 875f. m.w.N.

679 BAG 18.3.92 – 4 AZR 339/91, DB 92, 1297; ErfK-Franzen, TVG § 4 Rn. 54; Däubler, TVR Rn. 1456.

680 Däubler-Bepler, Rn. 884; Wiedemann-Wank, § 5 Rn. 125; a.A. Löwisch/Rieble, § 5 Rn. 72.

681 BAG 25.10.00 – 4 AZR 212/00, AiB 00, 734; 27.11.91 – 4 AZR 211/91, DB 92, 1294; Gamillscheg, S. 876.

682 BAG 8.11.06 – 4 AZR 590/05, NZA 07, 576; 7.5.08 – 4 AZR 229/07, DB 08, 2148.

683 BAG 16.8.90 – 8 AZR 439/89, AiB 91, 158; 3.9.86 – 5 AZR 319/85, DB 87, 391; KeZa-Kempen, Rn. 736; Wiedemann-Wank, Rn. 362.

684 LAG Nürnberg 12.5.89 – 6 Sa 89/87, NZA 91, 279.

685 BAG 11.1.11 – 1 AZR 310/09, EzA § 87 BetrVG 2001 Betriebliche Lohngestaltung Nr 24; 8.10.97 – 4 AZR 87/96, NZA 98, 492: u.a. Pflicht, während langer Kündigungsfrist Verhandlungen über Neuabschluss zu führen; a.A. Löwisch/Rieble, Rn. 747.

686 Bepler, AuR 10, 234, 238; so wohl auch Litschen, Rn. 706.

Tarifvertragsparteien ergibt sich aus den in der Vereinbarung miteinander in Ausgleich gebrachten wechselseitigen Interessen. Ist z.B. in einem Sanierungstarifvertrag die arbeitgeberseitige Zusage von Beschäftigungssicherung (Ausschluss betriebsbedingter Kündigungen) auf die Dauer der Laufzeit beschränkt, ergibt sich hieraus, dass die Tarifvertragsparteien die Nachwirkung der Regelungen über die Beiträge der Beschäftigten (z.B. Entgeltverzicht) ausschließen. Ansonsten wäre der ausgehandelte angemessene Ausgleich zu Lasten einer Seite verändert.[687] Aufgrund der typischerweise sehr unterschiedlichen Regelungsinhalte solcher Tarifverträge sollte die Nachwirkung trotzdem regelmäßig **ausdrücklich ausgeschlossen** werden. Die Tarifvertragsparteien können auch festlegen, dass bei Beendigung des Tarifvertrages nicht die gesetzliche Folge der Nachwirkung eintritt, sondern dessen Regelungen zwingend weiter gelten. Damit können andere Abmachungen im Nachwirkungszeitraum verhindert werden (vgl. § 3 Rn. 87a).[688]

309 Die Tarifvertragsparteien können nach Auffassung des BAG nachwirkende Tarifverträge nicht ändern und im Nachwirkungszustand belassen oder von **vorneherein nachwirkende Tarifverträge** (ohne Friedenspflicht) abschließen.[689] Dafür kann es freilich ein praktisches Bedürfnis geben, z.B. wenn im Rahmen längerer Verhandlungen als Alternative zu einem nur kurz voll wirksam geltenden Tarifvertrag die nachwirkenden Tarifverträge als »Zwischenregelung« geändert werden.

8.3 Folgen für die Arbeitsverhältnisse

310 Bei den rechtlichen Folgen der Nachwirkung ist nach Auffassung des BAG zu differenzieren zwischen Arbeitsverhältnissen, die zum Zeitpunkt der Beendigung des Tarifvertrags bereits bestehen (vgl. Rn. 311ff.) und solchen, die erst im Nachwirkungszeitraum begründet werden (vgl. Rn. 316ff.).[690] Wird im Nachwirkungszeitraum ein **bestehendes Vertragsverhältnis geändert** (»auf eine neue rechtliche Grundlage gestellt«), wird es wie ein im Nachwirkungszeitraum neu begründetes Arbeitsverhältnis behandelt.[691]

8.3.1 Bestehende Arbeitsverhältnisse

311 **Die gekündigten Tarifverträge gelten grundsätzlich verbindlich weiter.** Dies gilt für den **gesamten normativen Inhalt des Tarifvertrags**, einschließlich solcher **Ansprüche, die** z.B. durch Zeitablauf erst **im Nachwirkungszeitraum entstehen** oder erweitert werden.[692] Stufenregelungen sind als Inhalt des nachwirkenden Tarifvertrages zu beachten.[693]

---

687 BAG 16.5.12 – 4 AZR 366/10, NZA 13, 220.
688 Z.B. im Manteltarifvertrag Einzelhandel NRW.
689 BAG 29.1.75 – 4 AZR 218/74, DB 75, 2455; 14.2.73 – 4 AZR 176/72, DB 73, 1508; Löwisch-/Rieble, Rn. 752; a.A. Däubler-Bepler, Rn. 895; Gamillscheg, S. 879; differenziert Wiedemann-Wank, Rn. 365f.
690 BAG 22.7.98 – 4 AZR 403/97, DB 98, 2425; a.A. Däubler-Bepler, Rn. 815ff. m.w.N.
691 BAG 2.3.04 – 1 AZR 271/03, NZA 04, 852, 854.
692 BAG 16.8.90 – 8 AZR 439/89, AiB 91, 158 m. Anm. Zachert.
693 BAG 17.5.00 – 4 AZR 363/99, NZA 01, 453, 457; anders aber bei Veränderungen eines Bezugstarifvertrages im Nachwirkungszeitraum, vgl. § 3 Rn. 95.

Der Arbeitgeber ist weiterhin an die Tarifverträge gebunden. Er ist verpflichtet, diese einzuhalten und kann **nicht zuungunsten des Arbeitnehmers** von ihnen **abweichen.**

312 Für **Gewerkschaftsmitglieder** hat die Nachwirkung zur Folge, dass die Tarifverträge **unmittelbar**, aber nicht mehr **zwingend** gelten (Rn. 294). Die Tarifbestimmungen gelten weiter, bis sie durch eine andere Abmachung ersetzt werden (i.d.R. neuer Tarifvertrag oder Arbeitsvertrag, vgl. Rn. 327ff.).

313 Für **unorganisierte Arbeitnehmer** gelten die Tarifverträge auch im Nachwirkungszeitraum (wie auch bereits vorher) **nicht unmittelbar.** In der Regel kommen die Tarifverträge lediglich durch **Bezugnahme in den Arbeitsverträgen** (§ 3 Rn. 245ff.) oder durch **betriebliche Übung** auf **arbeitsvertraglicher Grundlage** zur Anwendung. Durch Bezugnahme mit entsprechendem Inhalt gelten die Tarifverträge in ihrem jeweiligen tarifrechtlichen Status (im vorliegenden Fall nachwirkend gem. § 4 Abs. 5 TVG), für die Arbeitsverhältnisse auch unorganisierter Arbeitnehmer (vgl. auch Rn. 348).[694]

314 Der Arbeitgeber kann **gegenüber unorganisierten Arbeitnehmern** (anders als bei Mitgliedern der Gewerkschaft, vgl. aber Rn. 331) **jederzeit, d.h. bereits vor Ende des Tarifvertrags**, aber auch im Nachwirkungszeitraum, durch Änderungsvertrag (Rn. 330) oder Änderungskündigung (Rn. 332) versuchen, die Anwendung der (nachwirkenden) Tarifverträge auf die Arbeitsverhältnisse zu beenden bzw. zu modifizieren.

315 **Nach hier vertretener Auffassung** gilt unabhängig vom Bestehen und vom Inhalt arbeitsvertraglicher Bezugnahmeklauseln **der nachwirkende Tarifvertrag** auch für solche Arbeitnehmer **unmittelbar**, deren Arbeitsverhältnis vor Beendigung des Tarifvertrags bereits bestand **und** die erst **im Nachwirkungszeitraum der tarifschließenden Gewerkschaft beitreten** (vgl. dazu auch Rn. 316).[695] Nach **abzulehnender Rechtsprechung des BAG** muss der Beitritt zur Gewerkschaft allerdings bereits **vor Beginn des Nachwirkungszeitraums** erfolgt sein.[696]

8.3.2 Neu begründete Arbeitsverhältnisse

316 Werden Arbeitsverhältnisse erst im Nachwirkungszeitraum neu begründet, gelten nach **Auffassung des BAG** für diese Arbeitsverhältnisse die abgelaufenen Tarifverträge nicht.[697] Der Arbeitgeber kann daher **bei der Einstellung arbeitsvertraglich ungünstigere Arbeits- und Entgeltbedingungen** vereinbaren. Das gilt unabhängig von der Frage, ob ein Arbeitnehmer Mitglied der Gewerkschaft oder unorganisiert ist. Damit unterscheidet sich die Nachwirkung nach § 4 Abs. 5 TVG signifikant von der Nachbindung nach § 3 Abs. 3 TVG, bei der der Tarifvertrag mit unmittelbarer und zwingender Wirkung, auch für bisher nicht gewerkschaftlich organisierte und neu eingestellte Beschäftigte, bestehen bleibt (vgl. § 3 Rn. 88ff.). Die Auffassung des BAG überzeugt **nach hier vertretener Auf-**

694 BAG 29.1.75 – 4 AZR 218/74, DB 75, 2455.

695 So auch die h.M. in der Literatur: Däubler-Bepler, Rn. 815ff.; Gamillscheg, S. 880; KeZa-Kempen, Rn. 722f.

696 BAG 10.12.97 – 4 AZR 247/96, DB 98, 1089; BAG 2.3.04 – 1 AZR 271/03, NZA 04, 852, 853.

697 BAG 2.3.04 – 1 AZR 271/03, NZA 04, 852; 11.6.02 – 1 AZR 390/01, DB 02, 2725; zust. Löwisch/Rieble, Rn. 708; a.A. Däubler-Bepler, Rn. 815, Gamillscheg, S. 880; Wiedemann-Wank, Rn. 332; KeZa-Kempen, Rn. 722, unter Hinweis auf den Wortlaut »… gelten weiter …«.

fassung nicht. Der Gesetzgeber hat mit der Vorschrift des § 4 Abs. 5 TVG nicht nur den **Vertragsinhaltsschutz** und die **Überbrückungsfunktion** der Nachwirkung (vgl. Rn. 294) sicherstellen wollen, sondern darüber hinausgehend eine **kollektive Ordnungsentscheidung**[698] getroffen, die auch darauf gerichtet ist, das Interesse des Arbeitgebers an der Ordnungswirkung des Tarifvertrags und der Tarifvertragsparteien an der Kontinuität der tariflichen Ordnung während der Dauer der Tarifverhandlungen zu wahren. Die von den Tarifvertragsparteien für ihren Zuständigkeitsbereich geschaffene tarifliche Ordnung des Arbeitslebens hat nach der – u.a. auch durch die Nachwirkungsvorschrift des § 4 Abs. 5 TVG umgesetzten – Konzeption von Art. 9 Abs. 3 GG die Vermutung der besonderen Sachnähe und Richtigkeitsgewähr für sich, so dass es nicht einleuchtend ist, die aus ihr folgende Kontinuität der tariflichen Ordnung über die Laufzeit des Tarifvertrags hinaus auf diejenigen Arbeitsverhältnisse zu beschränken, die bereits vor Beginn des Nachwirkungszeitraums dem zwingend geltenden Tarifvertrag unterworfen waren.[699] Aus diesem Grund ist der **Auffassung der Vorzug zu geben**, nach der auch die Arbeitsverhältnisse derjenigen organisierten Arbeitnehmer von der Nachwirkung des Tarifvertrags erfasst werden, die erst im Nachwirkungszeitraum begründet werden. Gleiches gilt für bereits während der Laufzeit des Tarifvertrags begründete Arbeitsverhältnisse unorganisierter Arbeitnehmer, die erst im Nachwirkungszeitraum der tarifschließenden Gewerkschaft beitreten.[700]

317 Bei Neueinstellungen im Nachwirkungszeitraum können die abgelaufenen Tarifbestimmungen aber **einzelvertraglich in Bezug** genommen werden (vgl. Rn. 348).[701] Für entsprechende Vertragsklauseln bei der Bundesanstalt für Arbeit hat das BAG entschieden, dass »aus Gründen der Einheitlichkeit der Arbeitsverhältnisse im öffentlichen Dienst« bei Neueinstellungen im Nachwirkungszeitraum bei Verwendung entsprechender Verweisungsklauseln die gekündigten Tarifverträge als nachwirkende Tarifverträge zur Anwendung kommen.[702]

318 Soweit **Ausbildungsverhältnisse** aufgrund tarifvertraglicher Regelungen (oder Arbeitsvertrag) bei Vorliegen bestimmter Voraussetzungen **automatisch** ohne zeitliche Unterbrechung in ein Arbeitsverhältnis übergehen, gelten für dieses Arbeitsverhältnis die nachwirkenden Tarifverträge auch dann, wenn der Übergang erst im Nachwirkungszeitraum stattfindet.[703] Dies ist auch auf die Fälle anzuwenden, in denen für **befristete Arbeitsverträge** tarif- oder arbeitsvertragliche Regelungen oder Zusagen über deren Überführung in eine unbefristete Beschäftigung bestehen oder befristete Arbeitsverträge verlängert werden, vor allem solche gem. § 14 Abs. 2 Satz 1 TzBfG.[704]

---

698 Däubler-Bepler, Rn. 816.
699 Däubler-Bepler, Rn. 817 ff.
700 Däubler-Bepler, Rn. 820; Gamillscheg, S. 880; KeZa-Kempen, Rn. 725.
701 BAG 20. 9. 06 – 10 AZR 33/06, NZA 07, 164; LAG Rheinland-Pfalz 25. 4. 13 – 10 Sa 551/12.
702 BAG 29. 1. 75 – 4 AZR 218/74, DB 75, 2455.
703 BAG 7. 5. 08 – 4 AZR 288/07, NZA 08, 886; 28. 1. 87 – 5 AZR 323/86, AP Nr. 16 zu § 4 TVG Nachwirkung.
704 Vgl. aber BAG 2. 3. 04 – 1 AZR 271/03, NZA 04, 852, 855.

8.3.3 Veränderungen des Arbeitsvertrags

Es ist grundsätzlich rechtlich zulässig, wenn Arbeitgeber versuchen, im Nachwirkungszeitraum die (nachwirkenden) tarifvertraglichen Arbeits- und Entgeltbedingungen zu **verschlechtern** (z.B. Verlängerung der Wochenarbeitszeit, Kürzung des Erholungsurlaubs, Absenkung der Vergütung, Absenkung oder Streichung von Sonderzahlungen). Dies kann aber von den betroffenen Arbeitnehmern abgelehnt werden und unterliegt unter bestimmten Voraussetzungen der Mitbestimmung des Betriebs- und Personalrats (vgl. Rn. 321ff.). 319

Wenn die Arbeitgeber allerdings ihre stärkere Verhandlungsposition dazu missbrauchen, von früheren Zusagen (z.B. Verlängerung des befristeten Vertrags) abzuweichen und/oder die betroffenen Arbeitnehmer zum Abschluss des ungünstigeren Arbeitsvertrags nachweisbar mit der Drohung zu erpressen, bei Ablehnung der Verschlechterungen werde der Arbeitsvertrag überhaupt nicht abgeschlossen, nutzen die Arbeitgeber die **Zwangslage der betroffenen Arbeitnehmer** im Sinne einer **widerrechtlichen Drohung** (§ 123 BGB) aus. Sofern diese in Fällen der Tarifflucht nicht seltene Situation beweisbar ist, kann der vom Arbeitgeber erzwungene neue, vom nachwirkenden Tarifvertrag abweichende Arbeitsvertrag angefochten werden.[705] 320

8.3.4 Handlungsmöglichkeiten des Betriebs- und Personalrats

Der Arbeitgeber bleibt an die nachwirkenden Tarifnormen gebunden, insofern haben Betriebs- bzw. Personalrat zu überwachen, dass diese auch eingehalten werden, § 80 Abs.1 Nr. 1 BetrVG/§ 68 Abs.1 Nr. 2 BPersVG. Die Möglichkeit des Arbeitgebers, andere Abmachungen herbeizuführen, bleibt hiervon aber unberührt.[706] 321

Beabsichtigt der Arbeitgeber, mit neu einzustellenden Arbeitnehmern im **Arbeitsvertrag verschlechternde Abweichungen vom nachwirkenden Tarifvertrag** zu vereinbaren, kann der Betriebsrat aus diesem Grund die Zustimmung zur **Einstellung** nach § 99 Abs. 2 BetrVG **nicht** mit der Begründung **verweigern**, der einzustellende Arbeitnehmer werde untertariflich bzw. tarifwidrig beschäftigt.[707] Der Arbeitgeber ist durch den Grundsatz der Gleichbehandlung nicht gehindert, nach Wegfall der Tarifbindung neu eingestellte Arbeitnehmer für die gleiche Arbeit geringer zu vergüten als Arbeitnehmer, deren Arbeitsverhältnisse der Nachwirkung unterliegen.[708]

Nachwirkende tarifliche Eingruppierungsregeln stellen aber weiterhin die im Betrieb geltende Vergütungsordnung i.S.d. § 87 Abs. 1 Nr. 10 BetrVG dar. Will der Arbeitgeber für neu einzustellende Arbeitnehmer den nachwirkenden Tarifvertrag verschlechtern, nicht anwenden oder durch eine andere (schlechtere) betriebliche Vergütungsordnung ersetzen, muss er daher die **Zustimmung des Betriebsrats zur** Veränderung der **betrieblichen Vergütungsordnung** einholen; ansonsten verstößt eine (niedrigere) Eingruppierung ge- 322

705 BAG 28.1.87, a.a.O.
706 Däubler-Bepler, Rn. 840.
707 BAG 9.7.96 – 1 ABR 55/95, AuR 96, 506.
708 BAG 2.3.04 – 1 AZR 271/03, NZA 04, 852.

gen das Mitbestimmungsrecht gem. § 87 Abs. 1 Nr. 10 BetrVG.[709] Solange der Betriebsrat einer Änderung nicht zugestimmt hat, muss der Arbeitgeber deshalb auch die Vergütung neu eingestellter Arbeitnehmer an der bisherigen Vergütungsordnung ausrichten, diese können insoweit individuelle Ansprüche auf eine höhere als ihre arbeitsvertragliche Vergütung besitzen.[710]

323 Eine betriebsverfassungs- und personalvertretungsrechtlich **mitbestimmungspflichtige Änderung der betrieblichen Vergütungsordnung** liegt auch vor, wenn der Arbeitgeber im Nachwirkungszeitraum neu eingestellten Arbeitnehmern das tarifliche **Urlaubsgeld** oder die tarifliche **Jahressonderzahlung** vorenthalten will.[711]

324 Zu einer beabsichtigten **Einstellung** kann der Betriebsrat auch dann seine Zustimmung verweigern, wenn der Arbeitgeber einen Arbeitnehmer zu verlängerter Wochenarbeitszeit einstellen und diesen **außerhalb der mit dem Betriebsrat gem. § 87 Abs. 1 Nr. 2 BetrVG vereinbarten betrieblichen Arbeitszeit beschäftigen will,** ohne vor der Einstellung dazu die Zustimmung des Betriebsrats eingeholt zu haben;[712] in diesem Fall verstößt die Einstellung als solche gegen die Betriebsvereinbarung.

Hinweis für den Betriebs- und Personalrat

Um in derartigen Fällen die Mitbestimmungsrechte des Betriebs- und Personalrats auch im Rahmen flexibler betrieblicher Arbeitszeit- und Gleitzeitsysteme zu sichern, empfiehlt es sich, in den entsprechenden Betriebs- und Dienstvereinbarungen ausdrücklich klarzustellen, dass deren Geltungsbereich auf Arbeitnehmer beschränkt ist, für deren Beschäftigung die Dauer der tariflichen wöchentlichen Arbeitszeit gilt, unabhängig davon, ob die entsprechende tarifliche Arbeitszeitvorschrift zwingend gilt oder nachwirkt.

Verweigert der Betriebsrat seine Zustimmung zur Beschäftigung von Arbeitnehmern in Abweichung von der betrieblich vereinbarten Arbeitszeitgestaltung, darf der Arbeitgeber die beabsichtigten Veränderungen erst praktizieren, wenn die Zustimmung des Betriebsrats durch die **Einigungsstelle** ersetzt wurde. Voraussetzung für die Zuständigkeit der Einigungsstelle ist allerdings, dass die alte betriebliche Arbeitszeitregelung vom Arbeitgeber zunächst gekündigt wird.[713]

325 Es ist den Betriebsparteien auch im Nachwirkungszeitraum gem. § 77 Abs. 3 BetrVG untersagt, **durch Tarifvertrag üblicherweise geregelte Gegenstände** (z. B. Höhe der Vergütung, Dauer der Wochenarbeitszeit) zum Inhalt einer Betriebsvereinbarung zu machen (vgl. Rn. 173 ff.). Aber die **Sperrwirkung des § 77 Abs. 3 BetrVG** gilt nicht für Regelungen, die gem. § 87 Abs. 1 BetrVG dem Mitbestimmungsrecht des Betriebsrats unterliegen (Näheres vgl. Rn. 179, 200 ff.).[714] Bei einem tarifgebundenen Arbeitgeber wird das Mit-

709 BAG 11. 1. 11 – 1 AZR 310/09, EzA § 87 BetrVG 2001 Betriebliche Lohngestaltung Nr 24; 14. 4. 10 – 7 ABR 91/08, DB 10, 1536; 15. 4. 08 – 1 AZR 65/07, NZA 08, 888 = AiB 08, 547 m. zust. Anm. Zachert; 28. 2. 06 – 1 ABR 4/05, DB 06, 2823; 11. 6. 02 – 1 AZR 390/01, DB 02, 2725; abl. Bauer/Günther, DB 09, 620.

710 BAG 11. 1. 11, a.a.O.; 15. 4. 08, a.a.O.; 2. 3. 04 – 1 AZR 271/03, NZA 04, 852.

711 BAG 15. 4. 08, a.a.O.

712 LAG Baden-Württemberg 20. 5. 99 – 19 Ta BV/4/98, AiB 00, 36.

713 Vgl. dazu DKKW-Berg, § 76 Rn. 81 m.w.N.

714 BAG 24. 2. 87 – 1 ABR 18/85, DB 87, 1435.

bestimmungsrecht des Betriebsrats während der Laufzeit eines Tarifvertrags verdrängt, wenn der Tarifvertrag den mitbestimmungspflichtigen Regelungsgegenstand abschließend regelt. **Ein nachwirkender Tarifvertrag verdrängt dagegen die Mitbestimmungsrechte nicht** (vgl. Rn. 329).

Wenn der Arbeitgeber die Veränderungen einseitig und ohne Zustimmung des Betriebsrats anwendet, hat der Betriebsrat einen arbeitsgerichtlich durchsetzbaren **Unterlassungsanspruch**.[715] 326

Die vorstehenden Ausführungen gelten im Rahmen der personalvertretungsrechtlichen Gesetze für den **Personalrat** entsprechend.[716]

8.4 Ende der Nachwirkung durch andere Abmachung

Nach Ablauf des Tarifvertrags gelten die Rechtsnormen weiter, bis sie durch eine »**andere Abmachung**« (vgl. § 4 Abs. 5 TVG) ersetzt werden. Dies sind insbesondere nachfolgende **Tarifverträge** (Rn. 328) oder individualrechtliche **Änderungsverträge** (Rn. 330ff.). Dagegen ist eine Ersetzung durch **Betriebsvereinbarungen** außerhalb des Bereichs der zwingenden Mitbestimmung oder durch Regelungsabrede nicht zulässig (Rn. 329). Gibt es keine andere Abmachung gilt die **Nachwirkung grundsätzlich unbegrenzt** weiter (Rn. 333). Umstritten sind die Nachwirkung eines Firmentarifvertrages bei gleichzeitiger Geltung eines vollwirksamen Verbandstarifvertrages im Betrieb (Rn. 335) und ob Tarifregelungen aufgrund tarifdispositiven Rechts in der Nachwirkung gesetzliche Bestimmungen weiterhin verdrängen können (Rn. 336ff.). 327

In der Regel wird der Tarifvertrag durch einen **nachfolgenden Tarifvertrag** ersetzt, der gleiche oder ähnliche Gegenstände mit dem gleichen Geltungsbereich abdeckt. Voraussetzung ist, dass der neue Tarifvertrag das Arbeitsverhältnis durch **beidseitige Tarifgebundenheit oder Allgemeinverbindlichkeit** erfasst.[717] Der Tarifvertrag einer anderen Gewerkschaft oder eine Tarifbindung nur des Arbeitgebers beendet die Nachwirkung nicht.[718] Die Nachwirkung des abgelaufenen Tarifvertrages entfällt nur insoweit, als die andere Abmachung **denselben Regelungsbereich** erfasst.[719] Maßgeblich ist, inwieweit die andere tarifliche Abmachung, die in den nachwirkenden Rechtsnormen behandelten Gegenstände betrifft und diese aufgreift, bestätigt, abändert oder für beendet erklärt. Dies bestimmt sich nach dem in der anderen Abmachung zum Ausdruck kommenden **Regelungswillen der Tarifvertragsparteien**, der durch Auslegung zu ermitteln ist; die durch einen zeitlich befristeten Sanierungstarifvertrag verdrängten nachwirkenden Regelungen eines Verbandstarifvertrages finden z.B. wieder Anwendung, wenn die Auslegung ergibt, dass die abweichenden Sanierungsregelungen nach ihrem Ablauf keine Nachwirkung entfalten.[720] In Frage kommt auch eine stillschweigende Ablösung, etwa durch Neugestaltung eines gesamten Regelungskomplexes, der schon bisher Gegenstand des nachwirkenden 328

715 Vgl. dazu DKKW-Klebe, § 87 Rn. 7, 392.
716 BAG 15.4.08 – 1 AZR 65/07, NZA 08, 888.
717 BAG 20.4.05 – 4 AZR 288/04, NZA 05, 1360.
718 BAG 28.5.97 – 4 AZR 546/95, DB 97, 2229; Däubler-Bepler, Rn. 898.
719 LAG Hamm 4.10.13 – 15 Sa 414/13.
720 BAG 16.5.12 – 4 AZR 366/10, NZA 13, 220.

Tarifvertrags war.[721] Umfasst der neue Tarifvertrag nicht vollständig den Regelungsinhalt des alten Tarifvertrags, muss durch **Auslegung** ermittelt werden, ob die nicht neu geregelten Gegenstände noch weiter nachwirken. Ergibt die Auslegung, dass z. B. ein im nachwirkenden Tarifvertrag enthaltenes 13. Monatsgehalt mit dem neuen Tarifabschluss **endgültig nicht mehr** geregelt wird, bleibt auch keine Nachwirkung in Bezug auf die alte Tarifregelung.[722] Die Vereinbarung der Tarifparteien, dass ein Regelungsgegenstand aus dem nachwirkenden Tarifvertrag **erst zu einem späteren Zeitpunkt geregelt** werden soll, spricht dagegen gegen eine Beendigung der Nachwirkung.[723] In zeitlicher Hinsicht kann ein Nachfolgetarifvertrag die nachwirkenden Normen auch rückwirkend ersetzen.[724] Zur Konkurrenz eines nachwirkenden spezielleren und eines allgemeineren voll wirksamen Tarifvertrags vgl. Rn. 70 ff., 335.

329 **Betriebs- und Personalvereinbarungen** können i. d. R. nachwirkende Tarifverträge nicht ersetzen. Dem steht der **Tarifvorbehalt** des § 77 Abs. 3 Satz 1 BetrVG/§ 75 Abs. 5 BPersVG entgegen; dieser gilt auch bei Tarifüblichkeit, also wenn Tarifverträge nachwirken (vgl. Rn. 186 ff.). Allerdings verdrängen lediglich nachwirkende Tarifverträge nicht die erzwingbaren **Mitbestimmungsrechte des Betriebsrats nach § 87 Abs. 1 BetrVG** (vgl. Rn. 179, 200);[725] entsprechendes gilt nach § 75 BPersVG. Nachwirkende Tarifnormen können aber – zumindest außerhalb des Bereichs der erzwingbaren Mitbestimmung – nicht durch eine ungünstigere Betriebsvereinbarung abgelöst werden; sie ist wegen des Günstigkeitsprinzips – auch unabhängig von § 77 Abs. 3 Satz 1 BetrVG – keine wirksame »andere Abmachung« i. S. v. § 4 Abs. 5 TVG (vgl. auch Rn. 186 f., 200).[726] Dies gilt auch wenn der Regelungsgegenstand zwar dem § 87 Abs. 1 BetrVG unterfällt, sich aber nur ein Teilmitbestimmungsrecht für den Betriebsrat ergibt, der Arbeitgeber aber ansonsten mitbestimmungsfrei Festlegungen treffen darf, z. B. hinsichtlich des Dotierungsrahmens finanzieller Leistungen.[727] Der 4. Senat des BAG vertritt für Betriebsvereinbarungen im Bereich der zwingenden Mitbestimmung die Ansicht, dass der Abschluss einer zu Beginn oder während des Nachwirkungszeitraums in Kraft tretenden Betriebsvereinbarung schon während der zwingenden Wirkung des Tarifvertrags zulässig sei (für Einzelarbeitsverträge vgl. Rn. 331).[728] Die so eröffnete **Möglichkeit frühzeitiger betrieblicher Absprachen** bietet evtl. die Chance für betriebliche Absicherungen, aber auch das **Risiko von Verschlechterungen**. Das zeigt der vom BAG entschiedene Fall deutlich: Betrieblich wurde Samstagsarbeit vereinbart, die nach dem Tarifvertrag ausgeschlossen war. Solche Präjudizwirkungen sind gerade bei längeren oder komplizierten **Tarifverhandlungen** und Regelungsgegenständen, die zwischen den Tarifvertragsparteien sehr umstritten sind, problematisch (im Übrigen auch dann, wenn sie erst im Nachwirkungszeitraum zustande kommen). Durch die Betriebsparteien oder einen Einigungsstellenspruch könnte parallel

721 BAG 21. 10. 09 – 4 AZR 477/08, NZA-RR 2010, 477.
722 Vgl. dazu Däubler-Bepler, Rn. 900.
723 LAG Rheinland-Pfalz 30. 11. 11 – 8 Sa 274/11.
724 BAG 8. 9. 99 – 4 AZR 661/98, DB 00, 145; Schaub-Treber, § 208 Rn. 32.
725 BAG 24. 2. 87 – 1 ABR 18/85, DB 87, 1435; LAG Rheinland-Pfalz 5. 5. 14 – 3 Sa 576/13; Däubler, TVR Rn. 1462; KeZa-Kempen, Rn. 744.
726 BAG 6. 11. 07 – 1 AZR 862/06, DB 08, 935, 937; vgl. Hessisches LAG 14. 11. 11 – 16 Sa 721/11.
727 BAG 21. 4. 10 – 4 AZR 768/08, DB 10, 1998; 13. 11. 07 – 3 AZR 191/06, NZA 08, 600.
728 BAG 27. 11. 02 – 4 AZR 660/01, AP Nr. 34 zu § 87 BetrVG Tarifvorrang.

zu laufenden Tarifverhandlungen, möglicherweise sogar während eines Arbeitskampfes, eine betriebliche, vom nachwirkenden Tarifvertrag abweichende, betriebliche Konkurrenzordnung errichtet werden, die wegen ihrer präjudizierenden Wirkung zu Recht auch als eine koalitionsfeindliche Abrede im Sinne des Art. 9 Abs. 3 Satz 2 GG qualifiziert werden kann.[729]

Regelungsabreden[730] können mangels normativer Wirkung die tarifliche Nachwirkung nicht beenden.[731]

Als abändernde Vereinbarung kommt auch ein **individualrechtlicher Änderungsvertrag** 330
in Betracht. Diese Vereinbarung kann **nach hier vertretener Auffassung** grundsätzlich nur **nach Ablauf des Tarifvertrags**, d. h. im Nachwirkungszeitraum, wirksam geschlossen werden.[732] Dies entspricht zum einen dem Wortlaut von § 4 Abs. 5 TVG, nach dem die Tarifnormen nachwirken, »bis« sie durch eine andere Abmachung ersetzt werden, und zum anderem dem Gesetzeszweck, auch aus Gründen des Arbeitnehmerschutzes die Überbrückungsfunktion der Nachwirkung zu schaffen. Diese Schutzwirkung der Nachwirkung wird angesichts der strukturellen Unterlegenheit des Arbeitnehmers im Arbeitsvertragsverhältnis (vgl. Grundl. Rn. 50) ausgehöhlt, wenn es dem Arbeitgeber ermöglicht wird, während der Laufzeit des Tarifvertrags dessen Nachwirkung durch einen – in der Praxis ausnahmslos vom Arbeitgeber vorformulierten – individualrechtlichen Änderungsvertrag für die Zukunft aufzuheben bzw. einzuschränken. Auch ungünstigere **frühere einzelvertragliche Vereinbarungen**, die vor oder während der zwingenden Wirkung des Tarifvertrags (vgl. Rn. 5f.) abgeschlossen und durch den Tarifvertrag verdrängt wurden, leben ohne eine entsprechende neue, im Nachwirkungszeitraum abgeschlossene Vereinbarung der Arbeitsvertragsparteien nicht wieder »automatisch« auf.[733]

In seiner **neueren Rspr.** interpretiert das BAG § 4 Abs. 5 TVG allerdings – im Gegensatz zu 331
der vorstehend vertretenen Auffassung – nicht mehr, am Wortlaut orientiert, als Vorgabe einer zwingenden zeitlichen Abfolge (ersetzende Abmachung erst nach Eintritt der Nachwirkung). Stattdessen wird die Vorschrift in einem funktionalen Sinn dahingehend ausgelegt, dass eine ersetzende Abmachung einschließlich eines individualrechtlichen Änderungsvertrags in bestimmten Fällen bereits **vor Eintritt der Nachwirkung** wirksam vereinbart werden kann, wenn die Abmachung vom erkennbaren **Regelungswillen der Vertragsparteien** her darauf gerichtet ist, eine **bestimmte tarifliche Regelung** in Anbetracht ihrer **zeitnah bzw. unmittelbar bevorstehenden Beendigung** und der daraufhin eintretenden Nachwirkung abzuändern.[734] Eine derartige Abmachung ist i. d. S. nicht zeit-

729 Oetker, FS Schaub, S. 535, 546f.; vgl. dazu auch Farthmann, RdA 74, 65, 71; a. A. Löwisch/Rieble, Rn. 737.

730 Zum Begriff der Regelungsabrede vgl. DKKW-Berg, § 77 Rn. 161ff.

731 LAG Schleswig-Holstein 12. 5. 05 – 3 Sa 105/05, BB 05, 1912.

732 Däubler-Bepler, Rn. 908; KeZa-Kempen, Rn. 761.

733 Däubler-Bepler, a.a.O.; Däubler-Deinert, Rn. 488; Gamillscheg, S. 879; BAG 1. 7. 09 – 4 AZR 261/08, NZA 10, 53, 60; 12. 12. 07 – 4 AZR 998/06, DB 08, 1102; wohl auch BAG 28. 5. 97 – 4 AZR 546/95, DB 97, 2229; einschränkend Wiedemann-Wank, Rn. 359; a. A. BAG 23. 2. 05 – 4 AZR 186/04, DB 05, 2305.

734 BAG 1. 7. 09 – 4 AZR 261/08, a.a.O.; 1. 7. 09 – 4 AZR 250/08, AuR 09, 268; 20. 5. 09 – 4 AZR 230/08, DB 09, 2789, 2791; 22. 10. 08 – 4 AZR 789/07, NZA 09, 265; 23. 2. 05 – 4 AZR 186/04, DB 05, 2305; so im Ergebnis auch ErfK-Franzen, TVG § 4 Rn. 64; HWK-Henssler, TVG § 4 Rn. 11; Löwisch/Rieble, Rn. 745.

nah abgeschlossen, wenn sie 13 Monate vor Ablauf eines Tarifvertrags getroffen wird oder zum Zeitpunkt ihres Abschlusses der fragliche Tarifvertrag noch nicht gekündigt ist und auch seine bevorstehende Kündigung noch nicht absehbar ist.[735] Allein der Umstand, dass eine vor Eintritt der Nachwirkung abgeschlossene Abmachung dieselben oder ähnliche Regelungsgegenstände erfasst wie der zukünftig nur noch nachwirkende Tarifvertrag, rechtfertigt nicht die Annahme des Vorliegens einer ersetzenden Abmachung i.S.d. § 4 Abs. 5 TVG.[736] Einer (tarifwidrigen) einzelvertraglichen Abrede, die bereits während der Laufzeit eines Tarifvertrags dessen Leistungen einschränken soll, kann nicht der Regelungswille der Vertragsparteien entnommen werden, die Normen des Tarifvertrags im Hinblick auf ihre zukünftig eintretende Nachwirkung mit Beginn des Nachwirkungszeitraums abzuändern.[737] Kein entsprechender Regelungswille zur Beseitigung oder Verhinderung des Eintritts der Nachwirkung kann einer Vereinbarung entnommen werden, zu deren Zeitpunkt eine normative Tarifbindung überhaupt nicht besteht, z.B. weil der Beschäftigte der Gewerkschaft erst nach Änderung des Arbeitsvertrages beitritt.[738]

332 Entgegen dem Wortlaut (»andere Abmachung« legt eine einvernehmliche Vereinbarung als Voraussetzung der Wirksamkeit nahe) lässt das BAG eine Ersetzung der nachwirkenden Tarifnormen auch durch – wirksame – **Änderungskündigung** zu; es sieht darin ein »vertragliches Konfliktlösungsmittel«.[739] Ob sich ein Arbeitnehmer im Nachwirkungszeitraum auf einem **abändernden Arbeitsvertrag einlässt** oder eine **Änderungskündigung akzeptiert**, steht in seinem Ermessen. Es gibt keine entsprechende Verpflichtung.[740] **Erzwingt** der Arbeitgeber die Zustimmung des Arbeitnehmers zu einer solchen Änderung des Arbeitsvertrags durch Androhung von Nachteilen, kann dies eine widerrechtliche Drohung (§ 123 BGB) darstellen, die den Arbeitnehmer zur nachträglichen **Anfechtung der erzwungenen Vereinbarung** berechtigt.[741] Bei Änderungskündigungen gelten die allgemeinen Grundsätze zum Kündigungsschutz mit der Folge, dass **Änderungskündigungsschutzklage** eingereicht werden kann.

333 **Die Dauer der Nachwirkung** ist grundsätzlich **unbegrenzt**. Eine Befristung ist im Gesetz nicht vorgesehen.[742] Um die Flucht aus dem schützenden Tarifvertrag zu erleichtern, wurden in den letzten Jahren unterschiedliche Argumente und Vorschläge gegen die **»ewige Nachwirkung«** vorgebracht.[743] Zutreffend weist das BAG diese Vorschläge mit dem Hinweis auf die Überbrückungsfunktion der Nachwirkung zurück.[744]

---

735 BAG 20.5.09, a.a.O.

736 BAG 22.10.08, a.a.O.

737 BAG 1.7.09 – 4 AZR 250/08, AuR 09, 268; weitergehend und abzulehnen Löwisch/Rieble, Rn. 746, die eine Vorausablösung allein schon aus dem arbeitgeberseitigen Motiv der »vorsorglichen« Absenkung bisheriger Tarifbedingungen als zulässig erachten.

738 BAG 6.7.11 – 4 AZR 424/09, DB 12, 411.

739 BAG 27.9.01 – 2 AZR 236/00, NZA 02, 750; Däubler-Bepler, Rn. 910; Wiedemann-Wank, Rn. 356; krit. zu Recht KeZa-Kempen, Rn. 762.

740 BAG 28.1.87 – 5 AZR 323/86, AP Nr. 16 zu § 4 TVG Nachwirkung.

741 BAG 28.1.87, a.a.O.

742 BAG 16.5.12 – 4 AZR 366/10, NZA 13, 220; 15.10.03 – 4 AZR 573/02, AuR 05, 29 m. Anm. Stein.

743 Begrenzung der Nachwirkung auf ein, zwei oder fünf Jahre, ausführliche Darstellung in BAG 15.10.03, a.a.O.; vgl. Vorschläge bei Löwisch/Rieble, Rn.672ff.

744 Ebenso Däubler-Bepler, Rn. 882; grds. auch Dieterich u.a., RdA 04, 72ff.

Während der Nachwirkung besteht **keine Friedenspflicht**. Arbeitskampfmaßnahmen zur Durchsetzung eines Nachfolgetarifvertrags sind möglich und zulässig (vgl. auch AKR Rn. 59ff.).[745] 334

Liegen beim Zusammentreffen eines vollwirksamen (Verbands-) Tarifvertrags und eines nachwirkenden (Firmen-) Tarifvertrags die Voraussetzungen der **Tarifkonkurrenz** (Rn. 60ff.) oder **Tarifpluralität** (Rn. 82ff.) vor, stellt sich die Frage, ob die für diese Fälle jeweils geltenden Kollisionsregeln zur Anwendung kommen oder ob grundsätzlich eine tarifrechtliche Ablösung des spezielleren (Firmen-)Tarifvertrags durch den allgemeinen (Flächen-)Tarifvertrag erfolgt bzw. dieser als andere Abmachung i.S.d. § 4 Abs. 5 TVG die Nachwirkung des Firmentarifvertrags beendet. Letzteres wird nach überwiegender, aber umstrittener Ansicht angenommen.[746] Nach hier vertretener Auffassung ist die Kollision eines nachwirkenden (Firmen-) Tarifvertrags und eines voll wirksamen (Verbands-) Tarifvertrags demgegenüber grundsätzlich nach den Regeln aufzulösen, die für die **Kollision voll wirksamer Tarifverträge** gelten (vgl. zu den Einzelheiten Rn. 70ff.).[747] 335

Bei verschlechternden Firmentarifverträgen, z.B. aufgrund eines Sanierungsfalles, sollte die Nachwirkung ausgeschlossen werden (vgl. Rn. 308).

Tarifbestimmungen, die aufgrund **tarifdispositiven Gesetzesrechts** (vgl. Grundl. Rn. 129) vereinbart wurden, sollen nach in der Literatur verbreiteter Meinung auch im Nachwirkungszeitraum des Tarifvertrags Vorrang vor dem – evtl. günstigeren – gesetzlichen Standard haben.[748] Die Problematik der Nachwirkung von Tarifbestimmungen, die auf der Grundlage tarifdispositiven Gesetzesrechts vom gesetzlichen Arbeitnehmerschutz zuungunsten der Arbeitnehmer abweichen, wird bei der Verdrängung des »equal-pay-Gebots« durch die **Leiharbeitstarifverträge** gem. §§ 3 Abs. 1 Nr. 3 und 9 Nr. 2 AÜG besonders deutlich. Insbesondere (aber nicht nur) aus diesem Grund **kann** der **Auffassung der generellen Befürwortung der Nachwirkung** derartiger Tarifbestimmungen in dieser Allgemeinheit **nicht gefolgt werden.** Wenn der **Wille des Gesetzgebers** zur Frage des »ob« und/oder des Umfangs der Nachwirkung in der tarifdispositiven Gesetzesbestimmung selbst nicht ausdrücklich geregelt ist und auch die **Tarifvertragsparteien** selbst – was wünschenswert wäre – die **Nachwirkung** derartiger Tarifbestimmungen nicht **ausschließen** oder ggf. **auf eine rechtlich zulässige Dauer begrenzen**, ist im **Einzelfall zu prüfen**, ob eine Nachwirkung der abweichenden tariflichen Bestimmung mit dem Sinn und Zweck der maßgeblichen tarifdispositiven gesetzlichen Vorschrift und höherrangigem Recht vereinbar ist.[749] 336

Im Anwendungsbereich der §§ 3 Abs. 1 Nr. 3 und 9 Nr. 2 AÜG ist nach hier vertretener Auffassung davon auszugehen, dass die vom »equal-pay-Gebot« des AÜG abweichenden 337

---

745 KeZa-Kempen, Rn. 749; Däubler-Reim, § 1 Rn. 1031.

746 BAG 4.12.74 – 5 AZR 75/74, DB 75, 695; 19.1.62 – 1 AZR 147/61, DB 62, 442; im Ergebnis zust. Däubler-Zwanziger, Rn. 938; KeZa-Wendeling-Schröder, Rn. 200; Wiedemann-Wank, Rn. 290; Löwisch/Rieble, Rn. 266; a.A. Däubler-Bepler, Rn. 860ff.

747 Däubler-Bepler, a.a.O.; ErfK-Franzen, TVG § 4 Rn. 64; HWK-Henssler, TVG § 4 Rn. 41a.

748 BAG 27.6.78 – 6 AZR 59/77, AP Nr. 12 zu § 13 BUrlG; Däubler-Bepler, Rn. 844ff.; Wiedemann-Wank, Rn. 334; a.A. Däubler, TVR Rn. 1461; zur Rspr. und zum Meinungsstand in der Lit. vor dem Hintergrund der Problematik der Nachwirkung der Leiharbeitstarifverträge vgl. Bayreuther, BB 10, 309; Kocher, DB 10, 900.

749 Bayreuther, a.a.O., 310f.; Kocher, a.a.O., 903; D. Ulber, ZTR 10, 287, 291.

Leiharbeitstarifverträge im Nachwirkungszeitraum das »equal-pay-Gebot« **nicht mehr verdrängen können.**[750] Würde man dies annehmen, könnte die Abweichung von der im AÜG vorgeschriebenen Lohngleichheit von den Arbeitgeberverbänden durch die schlichte Weigerung, über neue oder über höhere Löhne zu verhandeln, oder die Aufstellung unzumutbarer Forderungen für den Neuabschluss der Tarifverträge zeitlich unbegrenzt verlängert werden, was **im vorliegenden Zusammenhang** unter verschiedenen Gesichtspunkten **nicht hinnehmbar** ist.[751]

338 Zunächst würden die für die Leiharbeit tarifzuständigen Gewerkschaften durch einen derartigen Zustand in ihrer **Koalitionsfreiheit aus Art. 9 Abs. 3 GG** verletzt. Die historisch und strukturell bedingte geringe Durchsetzungsfähigkeit der Gewerkschaften in diesem Bereich wird weiter verringert, wenn einmal abgeschlossene Tarifverträge zur Abweichung vom »equal pay« dauerhaft nachwirken.[752]

339 Von zentraler Bedeutung ist weiter die Tatsache, dass die gesetzliche Regelung des »equal-pay-Gebots« als tarifdispositives Gesetzesrecht eine Sonderstellung einnimmt, weil sie mit dem maßgeblichen **Regelungsgegenstand der Vergütungshöhe** den **Kernbereich des gegenseitigen Austauschverhältnisses des Arbeitsvertrags** betrifft.[753] Zumindest bezüglich derartiger Regelungsgegenstände ist es nicht vertretbar, den gesetzlichen Mindeststandard unterschreitenden Tarifverträgen nach deren Beendigung noch eine Verdrängungswirkung zu zusprechen, die **Richtigkeitsgewähr** der Tarifverträge ist eingeschränkt, wenn sie lediglich nachwirken und darüber hinaus für längere Zeit von den Tarifvertragsparteien nicht aktualisiert werden.[754] Sie gewährleisten dann für die Leiharbeitnehmer nicht mehr das dem Normzweck der §§ 3 Abs. 1 Nr. 3 und 9 Nr. 2 AÜG und der EG-Leiharbeitsrichtlinie[755] entsprechende adäquate Schutzniveau.

340 Schließlich kann die Verdrängungswirkung der Leiharbeitstarifverträge im Nachwirkungszeitraum auch nicht überzeugend aus dem **Sinn und Zweck der gesetzlich angeordneten Nachwirkung** (vgl. dazu Rn. 294) abgeleitet werden. Bei einem Wiederaufleben des für die Leiharbeitnehmer in der Regel günstigeren und durch die Leiharbeitsverträge verdrängten »equal-pay-Gebots« bedarf es weder des durch die Nachwirkung vermittelten Vertragsinhaltsschutzes noch der Überbrückungsfunktion.

341 Der gegen die Ablehnung der Verdrängungswirkung der Leiharbeitstarifverträge im Nachwirkungszeitraum vorgetragene Einwand, die Tarifvertragsparteien müssten, eine Gelegenheit haben, die **Verhandlungen über einen Neuabschluss der Tarifverträge** »in Ruhe« zu führen,[756] ist entgegenzuhalten, dass es die Tarifvertragsparteien selbst in der Hand haben, durch entsprechende Beendigungs- und Verfahrensklauseln, z.B. über eine

---

750 Im Ergebnis übereinst. HK-ArbR-Lorenz, AÜG § 9 Rn. 40; Ulber, AÜG, § 9 Rn. 264ff.; D. Ulber, ZTR 10, 287; einschr. Bayreuther, a.a.O., 314, der die Nachwirkung in Anlehnung an § 613a Abs. 1 Satz 2 BGB für die Dauer von einem Jahr nach Beendigung des Tarifvertrags befürwortet; differenzierend Kocher, a.a.O., 903; Däubler-Bepler, Rn. 827a; Schaub-Treber, § 208 Rn. 30; a.A. ErfK-Wank. AÜG § 3 Rn. 23e; Thüsing, DB 03, 446.

751 Vgl. Buschmann, FS Richardi, S. 93ff.; Denzel/Hummel, AiB 08, 567; Ulber, AÜG, § 9 Rn. 264ff.

752 Bayreuther, a.a.O., 313.

753 Bayreuther, a.a.O., 311; Ulber, AÜG, § 9 Rn. 266f.

754 Bayreuther, a.a.O., 311f.; D. Ulber, ZTR 10, 291f.

755 Richtlinie 2008/104/EG 19.11.08 über Leiharbeit (ABl. L 327/09)

756 Bayreuther, a.a.O., 314.

Verhandlungsverpflichtung bereits vor Beendigung des gekündigten Tarifvertrags, für dieses Bedürfnis Vorsorge zu treffen.

Ein Ausschluss der Nachwirkung der Leiharbeitstarifverträge bzw. deren Beendigung wird in der Literatur zumindest dann angenommen, wenn der **Arbeitgeber** während der Laufzeit des Tarifvertrags **den Arbeitgeberverband verlassen** hat oder während des Nachwirkungszeitraums verlässt. Gleiches soll gelten, wenn die **Tarifvertragsparteien übereinstimmend erklären**, dass der Neuabschluss eines Tarifvertrags nicht mehr angestrebt bzw. nicht mehr zustande kommen wird.[757] Zumindest letzteres wird unter Berücksichtigung der Interessenlage der Arbeitgeberseite in der Praxis nicht vorkommen, so dass es auch nicht vertretbar ist, bei einer derartigen Konstellation, aber dem Fehlen der dies bestätigenden übereinstimmenden Erklärung der Tarifvertragsparteien, die Nachwirkung der Tarifverträge dennoch für ein Jahr anzunehmen.[758] **342**

Befürwortet man in Abweichung von der hier vertretenen Auffassung die befristete oder unbefristete Verdrängung des »equal-pay-Gebots« durch die Leiharbeitstarifverträge im Nachwirkungszeitraum, ist jedenfalls eine **individualvertragliche, den nachwirkenden Tarifvertrag ersetzende Abmachung** nicht zulässig, die das gesetzliche Niveau (noch) weiter unterschreitet.[759] **343**

8.5 Nachwirkung und Anerkennungstarifvertrag

In **Anerkennungstarifverträgen** (§ 1 Rn. 26, 147f.) wird meist vereinbart, dass die jeweiligen Tarifverträge einer Branche für die Beschäftigten des Unternehmens gelten. Veränderungen im Verbandstarifvertrag gelten dann automatisch auch für die Beschäftigten, die unter den Anerkennungstarifvertrag fallen.[760] Die Verweisungsklausel ist eine Rechtsnorm i. S. v. §§ 1 Abs. 1, 4 Abs. 5 TVG.[761] Bei **Kündigung** des einen oder anderen Tarifvertrags können in Bezug auf die Nachwirkung unterschiedliche Probleme entstehen. **344**

- **Wird der in Bezug genommene Tarifvertrag gekündigt und wirkt dieser nach**, hat dies keine Folgen für die zwingende Wirkung des Anerkennungstarifvertrags. Wird der in Bezug genommene Tarifvertrag geändert, wirken die neuen Rechtsnormen bei einem dynamischen Anerkennungstarifvertrag ohne weiteres auch wieder unmittelbar und zwingend.[762] Die Tarifvertragsparteien können aber auch eine Gleichstellung dahingehend vereinbaren, dass der in Bezug genommene Tarifvertrag in seinem jeweiligen Geltungsstatus Anwendung finden soll.[763] **345**
- **Wird der Anerkennungstarifvertrag gekündigt,** wirken seine Rechtsnormen – also die in Bezug genommenen Tarifnormen des Verbandstarifvertrags – nach. Nach h.M. wird der zu Beginn der Nachwirkung geltende Tarifrechtszustand »eingefroren«; spätere Änderungen des Verbandstarifvertrags haben für den Anerkennungstarifvertrag **346**

757 Bayreuther, a.a.O., 314; a.A. Kocher, a.a.O., 903.
758 So aber Bayreuther, a.a.O., 314.
759 ErfK-Franzen, TVG § 4 Rn. 63.
760 Vgl. Ohl u.a., S. 36.
761 BAG 24.11.99 – 4 AZR 666/98, DB 00, 1082; Wiedemann-Wiedemann, § 1 Rn. 237; a.A. Umbach, S. 525f.
762 Däubler-Bepler, Rn. 915e; Umbach, S. 512.
763 BAG 29.8.07 – 4 AZR 561/06, NZA-RR 08, 249; Däubler-Bepler, a.a.O.

keine Bedeutung mehr.[764] Dies überzeugt nicht, denn die Dynamik der Verweisung ist vor Eintritt der Nachwirkung vereinbart worden und bleibt wirksam.[765] Schon vorher vereinbarte Änderungen des Verbandstarifvertrags, z.B. eine stufenweise Erhöhung des Entgelts, werden aber noch wirksam (vgl. Rn. 311).[766]

346a Gleiches gilt, wenn ein Verbandstarifvertrag dynamisch auf Regelungen eines anderen Tarifvertrages verweist (**Blankettverweisung**, vgl. § 1 Rn. 148, § 3 Rn. 96). Endet nach einem Verbandsaustritt des Arbeitgebers die zwingende Wirkung des Verbandstarifvertrages nach § 3 Abs. 3 TVG, so erstreckt sich auch eine dynamische tarifliche Bezugnahmeklausel nicht auf die im Nachwirkungszeitraum vereinbarten Änderungen des in Bezug genommenen Tarifvertrages. Dessen Regelungen gelten nur noch statisch weiter.[767]

347 Hinsichtlich der **Friedenspflicht** ist zu beachten, dass auch die **Arbeitnehmer**, für die zwingend ein **ungekündigter Anerkennungstarifvertrag** gilt, der einen Verbandstarifvertrag in der jeweiligen Fassung dynamisch in Bezug nimmt, **für den Verbandstarifvertrag mitstreiken** können (vgl. auch AKR Rn. 133f., 449, 493).[768]

8.6 Nachwirkung und arbeitsvertragliche Bezugnahme

348 Bei der arbeitsvertraglichen Inbezugnahme eines Tarifvertrages müssen bei dessen Beendigung im Wege der Auslegung die weiteren Folgen geprüft werden: Tritt bei einer **dynamischen Bezugnahme** (vgl. § 3 Rn. 256ff.) die Nachwirkung des Tarifvertrags ein, verweist der Arbeitsvertrag auf den nachwirkenden Tarifvertrag.[769] Faktisch ändert sich für den Beschäftigten nichts: Schon vor Eintritt der Nachwirkung kann die vertragliche Bezugnahme aufgehoben oder inhaltlich geändert werden, ggf. durch Änderungskündigung. Ein neuer Tarifvertrag gilt bei dynamischer Bezugnahme automatisch für das Arbeitsverhältnis. Anders kann es bei einer **statischen Bezugnahme** (§ 3 Rn. 256ff.) sein, wenn die Auslegung ergibt, dass der Inhalt eines bestimmten Tarifvertrags unabhängig von seinem Rechtsstatus gelten soll, spätere Änderungen bleiben dann ohne Auswirkungen.[770]

349 Auch ein **nachwirkender Tarifvertrag** kann in Bezug genommen werden (vgl. § 3 Rn. 264).[771] Im Unterschied zur unmittelbaren Geltung nach § 4 Abs. 5 TVG gilt der nachwirkende Tarifvertrag kraft Bezugnahme auch für solche Arbeitsverhältnisse, die erst im Nachwirkungszeitraum begründet werden (vgl. Rn. 316f.).[772]

---

764 BAG 29.1.08 – 3 AZR 426/06, NZA 08, 541; 12.12.07 – 4 AZR 996/06, NZA 08, 892; 24.11.99, DB 00, 1082; LAG Baden-Württemberg 29.1.14 – 19 Sa 42/13; Däubler, TVR Rn. 123 und 1457; Däubler-Bepler, Rn. 823; KeZa-Kempen, Rn. 766; Umbach, S. 526.

765 Vgl. Gamillscheg, S. 873; Wiedemann, Anm. zu BAG 13.8.86, AP Nr. 1 zu § 2 MTV Ang-DFVLR; s.a. ArbG Verden 20.9.00 – 1 Ca 123/00, AiB 01, 371.

766 BAG 16.8.90 – 8 AZR 439/89, AiB 91, 158.

767 BAG 22.2.12 – 4 AZR 8/10, ZTR 12, 436.

768 BAG 18.2.03 – 1 AZR 142/02, AuR 04, 151.

769 KeZa-Brecht-Heitzmann, § 3 Rn. 241; Däubler-Lorenz, § 3 Rn. 244.

770 KeZa-Brecht-Heitzmann, § 3 Rn. 241; Wiedemann-Oetker, § 3 Rn. 354.

771 BAG 19.9.12 – 9 AZR 1 /11, NZA 13, 216; 20.9.06 – 10 AZR 33/06, NZA 07, 164, 165; Gamillscheg, S. 734; Wiedemann-Oetker, § 3 Rn. 356.

772 BAG 20.9.06, a.a.O., 166.

9. Anhang: Übertarifliche Leistungen und Tarifvertrag

9.1 Allgemeines

Trotz der anhaltenden Wirtschaftskrise und starken Abbaus betrieblicher Leistungen in den 1990er Jahren waren laut einer Erhebung 2002 noch **beträchtliche übertarifliche Leistungen** vorhanden. Danach zahlten – im privaten Sektor – im Westen 45,6 % und im Osten 18,9 % der tarifgebundenen Betriebe übertariflich; die übertarifliche Lohnspanne betrug 10,8 % bzw. 9,9 %.[773] Aktuellere konkrete Erhebungen liegen derzeit zwar nicht vor, jedoch kann für den gesamten Zeitraum 2000 bis 2010 eine negative Lohndrift beobachtet werden, die, nicht ausschließlich, aber auch auf die **Anrechnung noch vorhandener übertariflicher Lohnbestandteile** zurückzuführen ist.[774] Darin zeigt sich, dass Tariflöhne sich bei Flächentarifverträgen an den Grenzbetrieben ausrichten und dass übertarifliche Leistungen als Lohnpuffer und Manövriermasse je nach betrieblicher und wirtschaftlicher Situation genutzt werden. Zudem wird auch die – im Zusammenhang mit der Diskussion um das Tarifvertragssystem erhobene – Behauptung von den angeblich zu inflexiblen und zu hohen Löhnen widerlegt (vgl. Grundl. Rn. 196 ff.).[775] Angesichts der sehr weitgehenden Anrechnungsmöglichkeiten übertariflicher Zulagen (vgl. Rn. 360 ff.) liegen Bemühungen der Gewerkschaften nahe, diese Bestandteile abzusichern. Sie haben neue Nahrung erhalten im Gefolge der **dezentralisierten Tarifpolitik** und der Diskussion um **differenzierte Tarifabschlüsse** (vgl. Grundl. Rn. 204 ff.). 350

9.2 Tarifliche Absicherung?

9.2.1 Effektivklausel

Die Gewerkschaften haben immer wieder versucht, durch sog. **tarifliche Effektivklauseln** in der Form der »**Effektivgarantieklausel**« oder »**begrenzten Effektivklausel**« übertarifliche Leistungen abzusichern.[776] Ziel der **Effektivgarantieklausel** ist, den übertariflichen Lohn zu einem tariflichen Bestandteil zu machen und die folgenden Erhöhungen auf den (neuen) Gesamttariflohn zu erstrecken. Die **begrenzte Effektivklausel** will erreichen, dass übertarifliche Zahlungen bei Tariferhöhungen nicht angerechnet, sondern ungeschmälert weitergezahlt werden (vgl. auch § 1 Rn. 215).[777] 351

Das **BAG** hält beide Klauseln für **unzulässig**: sie griffen in unzulässiger Weise in die Rechtsbeziehungen der Arbeitsvertragsparteien ein und verstießen gegen den Gleichheitssatz, weil unterschiedliche Mindestlöhne festgesetzt würden; das sei durch die Regelungsbefugnis der Tarifparteien nicht mehr gedeckt; Tarifverträge könnten nur allgemeine und gleiche Mindestarbeitsbedingungen festlegen; es fehle außerdem die Schriftform, da sich der jeweilige Tariflohn nicht aus der Urkunde ergebe.[778] 352

---

773 WSI-Tarifhandbuch 2006, S. 75.
774 WSI, Tarifpolitischer Jahresbericht 2010, S. 13 f.
775 Vgl. auch Wiedemann-Wank, Rn. 502 ff.
776 Vgl. KeZa-Stein, § 4 Rn. 496.
777 Däubler-Deinert, Rn. 794; Wiedemann-Wank, Rn. 533.
778 BAG 14.2.68 – 4 AZR 275/67, DB 68, 665; 18.8.71 – 4 AZR 342/70, DB 71, 2117; 16.9.87 – 4 AZR 265/87, NZA 88, 29; zust. Löwisch/Rieble, § 1 Rn. 1892 ff.; Wiedemann-Wank, § 4 Rn. 531 u. 537.

353 **Kritik:** Dagegen wird zu Recht eingewandt, dass die Tarifverträge sehr wohl Abreden in Einzelarbeitsverträgen inhaltlich ändern könnten. Es gibt **keine tariffreie Privatsphäre** der Arbeitsvertragsparteien. Die Tarifmacht wird deshalb nicht überschritten. Das **Schriftformgebot** ist nicht verletzt, weil der jeweilige Lohn bestimmbar ist, was ausreicht.[779] Dem Vorwurf des **Gleichheitsverstoßes** ist das LAG Hamburg für den Fall einer begrenzten Effektivklausel zu Recht entgegengetreten.[780] Die Ungleichheit in der Vergütung werde nicht durch die begrenzte Effektivklausel herbeigeführt, sondern habe schon vorher – aufgrund besonderer Vereinbarungen – bestanden. Die begrenzte Effektivklausel sorge vielmehr dafür, dass jeder Arbeitnehmer einen bestimmten Betrag zu seinem Tarifentgelt hinzu erhalte. Insofern würden alle Arbeitnehmer nicht ungleich, sondern gleich behandelt. Im Streitfall ging es um die Wirksamkeit von § 3 Gehaltstarifvertrag Kfz-Handwerk Hamburg. Die Vorschrift hatte folgenden Wortlaut: »Ist einzelvertraglich ein höheres Gehalt als das Tarifgehalt (§ 2) vereinbart, so werden die einzelvertraglichen Gehaltsteile, die bis zu 5 % über dem Tarif liegen, wie Tarifgehalt behandelt.« Das LAG wertete diese Klausel als sog. »begrenzte Effektivklausel« und erachtete sie – entgegen der Rechtsprechung des BAG – als zulässig.

354 Nach Ansicht des BAG sind auch **tarifliche Anrechnungsklauseln** (»negative Effektivklauseln«) unzulässig, nach denen übertarifliches Entgelt mit einer Lohnerhöhung **verrechnet werden muss.**[781] Derartige Regelungen sind der Ausnahmefall, eher kommen Klauseln vor, die eine solche **Möglichkeit** eröffnen, um z.B. bei Einführung neuer Entgelt- oder Eingruppierungssysteme dadurch bedingte Mehrkosten zu kompensieren. Solche Klauseln sind zulässig, soweit die Anrechnung nur erfolgen »soll«, soweit sie individualrechtlich auch möglich ist.[782] Auch eine anrechenbare **Vorweganhebung** – im Zusammenhang mit einer Lohnerhöhung – ist zulässig. Ein Tarifvertrag kann auch seine Leistungen davon abhängig machen, dass Entsprechendes nicht schon auf über- oder außertariflicher Ebene gezahlt wird.[783]

9.2.2 Verdienstsicherungsklausel

355 Mit tariflichen **Verdienstsicherungsregelungen** wird für bestimmte Arbeitnehmergruppen (meist **ältere Arbeitnehmer**) eine Fortzahlung des bei Eintritt der Verdienstsicherungsvoraussetzungen erreichten **bisherigen Effektivverdienstes** – inkl. übertariflicher Zahlungen – garantiert. Sie schützen das Einkommen von Arbeitnehmern, die z.B. nach einer Versetzung aus Alters-, Gesundheits- oder Rationalisierungsgründen eine eigentlich geringer vergütete Arbeit übernehmen (müssen).

---

779 Vgl. Däubler, TVR Rn. 592ff.; Däubler-Deinert, Rn. 792 u. 797; KeZa-Stein, Rn. 501ff.; Kempen, AuR 82, 51; Stein, Rn. 336f.; Gamillscheg, S. 869.

780 LAG Hamburg, 12.7.90 – 7 Sa 27/90, AuR 91, 120; zust. Engel, AiB 91, 63.

781 BAG 26.8.09 – 4 AZR 294/08, NZA-RR 10, 305; 18.8.71 – 4 AZR 342/70, DB 71, 2117; a.A. KeZa-Stein, Rn. 514.

782 LAG Baden-Württemberg 25.8.10, 13 Sa 37/10.

783 BAG 19.7.83 – 3 AZR 250/81, DB 83, 2786; 3.3.93 – 10 AZR 42/92, DB 93, 1930; Beispiele bei Löwisch/Rieble, § 1 Rn. 1892.

Zur **tariflichen Verdienstsicherung** hat sich in den letzten Jahren eine umfangreiche BAG-Rechtsprechung entwickelt.[784] Das BAG billigt Verdienstsicherungsklauseln mit dem Argument, der bisher erreichte **Effektivverdienst sei lediglich die Berechnungsgrundlage** für das weiter zu zahlende Entgelt. Das ist zutreffend: entsprechend werden ja auch Urlaubsentgelt, Entgeltfortzahlung bei Krankheit oder Mehrarbeitsvergütung auf der Basis des bisherigen Effektivverdienstes berechnet (zu den weiteren Einzelheiten vgl. § 1 Rn. 366ff.). 356

9.2.3 Besitzstandsklausel

Viele Tarifverträge sehen vor, dass **bestehende günstigere Arbeitsbedingungen** durch neue Tarifverträge »nicht berührt« werden oder »aus Anlass dieses Tarifvertrags« nicht verschlechtert werden dürfen. Derartige Klauseln sind Ausdruck des **Günstigkeitsprinzips** (vgl. Rn. 140ff.). Sie begrenzen die Gestaltungsmacht des Arbeitgebers bei übertariflichen Leistungen in Bezug auf das Inkrafttreten eines (neuen) Tarifvertrages und sind insofern **zulässig.**[785] Die Tarifvertragsparteien sind berechtigt, soziale Besitzstände durch tarifliche Besitzstandsregelungen zu schützen; insbesondere bei der Einführung einer neuen Entgeltordnung können daher auch Regelungen, die nicht jeder Besonderheit gerecht werden und Nachteile für einzelne Beschäftigte oder Beschäftigungsgruppen mit sich bringen können, zulässig sein, ohne dass ein Verstoß gegen Art. 3 Abs. 1 GG vorliegt.[786] 357

9.3 Übertarifliche Zahlungen und Tariferhöhungen

9.3.1 Arbeitsvertragliche Anrechnung

Wie oben dargestellt (vgl. Rn. 351), setzt die Rechtsprechung der **tarifrechtlichen Absicherung** übertariflicher Leistungen **enge Grenzen.** Ob eine tarifliche Entgelterhöhung auf den Gesamtlohn aufzuschlagen ist, die übertarifliche Zulage unberührt lässt oder aufsaugt, hängt deshalb vor allem von den **arbeitsvertraglichen Absprachen** über eine **Anrechnung** von Tariferhöhungen auf übertarifliche Zulagen ab. Es lassen sich mehrere Vertragsgestaltungen unterscheiden. 358

Eine Anrechnung kann durch Arbeitsvertrag **ausdrücklich oder konkludent ausgeschlossen** sein. Dies ist der Fall, wenn dem Arbeitnehmer aufgrund einer vertraglichen Abrede die Zulage als **selbstständiger Entgeltbestandteil** neben dem jeweiligen Tarifentgelt zustehen soll (sog. **tarifbeständige Zulage**).[787] Allein in der tatsächlichen Zahlung einer solchen Zulage kann noch keine derartige vertragliche Abrede gesehen werden. Sie kann sich al- 359

---

784 Z.B. BAG 28.5.80 – 4 AZR 351/78, DB 81, 378; 28.7.99 – 4 AZR 295/97, DB 99, 2475 m.w.N. (beide zur Metallindustrie Baden-Württemberg); 21.7.93 – 4 AZR 468/92, DB 94, 1294; vgl. auch Schoof, Rechtsprechung, Stichwort »Ältere Arbeitnehmer«.

785 BAG 5.9.85 – 6 AZR 216/81, DB 85, 597; KeZa-Stein, Rn. 513; Däubler-Deinert, Rn. 784; differenzierend Wiedemann-Wank, Rn. 524; abl. Löwisch/Rieble, § 1 Rn. 1894ff.

786 BAG 29.1.14 – 6 AZR 943/11, ZTR 14, 265; 17.4.13 – 4 AZR 770/11, ZTR 13, 611 (zu den Überleitungstarifverträgen Länder bzw. Bund).

787 Vgl. BAG 23.9.09 – 5 AZR 973/08, DB 09, 2787; 21.1.03 – 1 AZR 125/02, DB 03, 1584; Kittner/Zwanziger/Deinert-Schoof, § 34 Rn. 19ff.

lerdings durch **Vertragsauslegung** ergeben. So ist etwa eine Anrechnung ausgeschlossen, wenn die Zulage für einen **vom Tariflohn nicht erfassten Zweck** gewährt wird. Hier spricht der Zweck der Zulage dafür, dass die **Zulage neben und unabhängig vom Tariflohn** (»Trennungsprinzip«) gezahlt werden soll.[788] Beispiele sind: Leistungs-, Erschwernis-, Schmutz-, Funktions- und Sozialzulagen.[789] Will der **Arbeitnehmer geltend machen**, sein vertraglich vereinbartes Arbeitsentgelt setze sich aus dem Tarifentgelt und einer **anrechnungsfesten übertariflichen Zulage** zusammen, hat er **tatsächliche Umstände vorzutragen**, die den Schluss auf das Vorliegen einer solchen Vereinbarung erlauben.[790]

Hinweis für den Betriebs- und Personalrat
Die betriebliche Interessenvertretung sollte unter Nutzung ihrer **Informations-** (vgl. etwa § 80 Abs. 2 Satz 2 BetrVG: z.B. Vorlage von Unterlagen über die Kriterien der Gewährung übertariflicher Zulagen durch den Arbeitgeber, Einblick in die Listen der Bruttolöhne und -gehälter)[791] und **Mitbestimmungsrechte** (vgl. etwa § 87 Abs. Nr. 10 BetrVG)[792] zur Ermittlung und Darstellung derartiger tatsächlicher Umstände beitragen und die Arbeitnehmer unterstützen. Die **Anrechnung übertariflicher Zulagen** unterliegt in bestimmten Grenzen der **zwingenden Mitbestimmung** der betrieblichen Interessenvertretung (vgl. dazu Rn. 369) und kann darüber hinaus auch durch eine **freiwillige Betriebsvereinbarung** (vgl. § 88 BetrVG)[793] ausgeschlossen, begrenzt oder in sonstiger Hinsicht gestaltet werden.[794]

360 Der Arbeitgeber kann sich **die Anrechnung** von Tariferhöhungen auf übertarifliche Zulagen ausdrücklich **vorbehalten**. Dann kann er Tariflohnerhöhungen auch auf **tarifbeständige Zulagen** (vgl. Rn. 359) anrechnen.[795] Dazu bedarf es **keiner Änderungskündigung**. Vielmehr kann der Arbeitgeber **einseitig** die Zulage reduzieren oder einstellen. Er muss dabei allerdings den Gleichbehandlungsgrundsatz und sonstige gesetzlichen Benachteiligungsverbote – z.B. das AGG – beachten (vgl. Rn. 368).

361 Hat sich der Arbeitgeber im Arbeitsvertrag die Anrechnung übertariflicher Zulagen auf **»kommende« Lohnerhöhungen** vorbehalten, ist eine nach Inkrafttreten der Lohnerhöhung erklärte Anrechnung sowohl für den zurückliegenden Zeitraum als auch für die zukünftige Laufzeit des Lohntarifvertrags **unwirksam**. Eine Anrechnung unterliegt einer zeitlichen Schranke und ist nur möglich, wenn sie vor Inkrafttreten des Lohntarifvertrags bzw. im Fall eines rückwirkenden Inkrafttretens spätestens mit der erstmöglichen Umsetzung der Tariflohnerhöhung erklärt wird.[796]

---

788 Ständ. Rspr.; z.B. BAG 21.1.03, a.a.O.; 7.2.95 – 3 AZR 402/94, AP Nr. 6 zu § 4 TVG Verdienstsicherung.

789 BAG 7.2.95, a.a.O.; 23.3.93 – 1 AZR 520/92, AP Nr. 26 zu § 87 BetrVG 1972 Tarifvorrang (Wechselschichtzulage); 3.6.87 – 4 AZR 44/87, DB 87, 1943; 4.6.80 – 4 AZR 530/78, DB 80, 2243 (Leistungszulage); 23.1.80 – 5 AZR 780/78 (Leistungszulage), DB 80, 1350; Näheres bei Däubler-Deinert, Rn. 763ff.; KeZa-Stein, Rn. 472ff.; Kittner/Zwanziger/Deinert-Schoof, § 34 Rn. 19ff.; Wiedemann-Wank, Rn. 512ff.; Wolter, AiB 83, 41f.

790 BAG 23.9.09 – 5 AZR 973/08, DB 09, 2787.

791 Vgl. dazu DKKW-Buschmann, § 80 Rn. 91.

792 Vgl. dazu DKKW-Klebe, § 87 Rn. 314ff.

793 DKKW-Berg, § 88 Rn. 15.

794 Vgl. das Beispiel für eine Betriebsvereinbarung bei DKKWF-Klebe/Heilmann, § 87 Rn. 51f.

795 KeZa-Stein, Rn. 469; Kittner/Zwanziger/Deinert-Schoof, § 34 Rn. 20.

796 BAG 17.9.03 – 4 AZR 533/02, DB 04, 876.

Ist ein **Anrechnungsvorbehalt nicht ausdrücklich vereinbart**, kann der Arbeitgeber nach Ansicht des BAG dennoch sonstige allgemeine – **nicht tarifbeständige** – übertarifliche Zulagen **»mangels anderer Anhaltspunkte« anrechnen**. Die Anrechnung der Erhöhung auf eine allgemeine Zulage wird **als stillschweigend vereinbart** angesehen.[797] Die Zulage werde aufgesogen, sie reduziere sich um den Betrag der Tariferhöhung – und zwar automatisch, ohne Zutun des Arbeitgebers.[798] 362

Dementsprechend soll auch eine **langjährige vorbehaltlose Zahlung** einer übertariflichen Zulage nicht dazu führen, dass der Arbeitgeber bei einer Tariferhöhung nicht anrechnen kann. Aus einem solchen Verhalten allein entsteht **keine betriebliche Übung**, die die Zulage anrechnungsfest macht.[799] Es müssen weitere Umstände vorliegen, aus denen sich die Zahlung auch bei künftigen Tariferhöhungen ergibt.[800] Dies dürfte in der Praxis nur der Fall sein, wenn ohnehin schon ein ausdrücklicher Ausschluss der Anrechnung vereinbart wurde. 362a

Wird von **tarifgebundenen Arbeitsvertragsparteien** im Arbeitsvertrag ein bestimmter Betrag als **monatliches Entgelt** vereinbart, setzt sich dieses, wenn es das Tarifentgelt übersteigt, aus dem Tarifentgelt und einem übertariflichen Vergütungsbestandteil zusammen. Der in dem einheitlichen Monatsentgelt enthaltene übertarifliche Vergütungsbestandteil hängt allein von der Höhe des Tarifgehalts ab und ist deshalb **variabel.**[801] Er entspricht in seiner rechtlichen Bedeutung weder einer **anrechenbaren noch einer anrechnungsfesten** übertariflichen Zulage.[802] Der mit der Tariferhöhung verbundene Anspruch des Arbeitnehmers wird mit Zahlung des darüber hinausgehenden übertariflichen Entgelts **erfüllt** (§ 362 Abs. 1 BGB).[803] Der übertarifliche Entgeltteil verringert sich automatisch um den Betrag der Tariferhöhung. Dies soll auch für die von den Tarifvertragsparteien regelmäßig rückwirkend für die Monate zwischen Auslaufen des »alten« und Abschluss des »neuen« Tarifvertrags vereinbarten monatlichen **Pauschalbeträge** gelten.[804] In diesem Fall ist nach Ansicht des BAG grundsätzlich auch eine Anrechnung auf die für diese Monate **bereits geleisteten** übertariflichen Zulagen möglich.[805] Auch die betriebliche Vereinbarung eines **verstetigten Monatsentgelts** ändert nichts daran, dass sich dieses aus tariflichen und freiwilligen übertariflichen Entgeltbestandteilen zusammensetzen kann. Allein aus einer solchen Vereinbarung folgt nach Auffassung des BAG keine Anrechnungsfestigkeit der übertariflichen Entgeltbestandteile.[806] 363

---

797 BAG 15.3.00 – 5 AZR 557/98, NZA 01, 105.

798 Ständ. Rspr.; z.B. BAG 15.3.00, a.a.O.; 7.2.96 – 1 AZR 657/95, DB 96, 1630; Näheres bei Däubler-Deinert, Rn. 768ff.; KeZa-Stein, Rn. 471; Kittner/Zwanziger/Deinert-Schoof, § 34 Rn. 21ff.

799 BAG 14.8.01 – 1 AZR 744/00, NZA 02, 342; 22.9.92 – 1 AZR 235/90, NZA 93, 232; 8.12.80, DB 83, 997; 4.6.80, DB 80, 2243; a.A. Kittner/Zwanziger/Deinert-Schoof, § 34 Rn. 19a.

800 KeZa-Stein, Rn. 480f.

801 BAG 9.11.05 – 5 AZR 105/05, DB 06, 902.

802 BAG 9.11.05, a.a.O.

803 BAG 1.3.06 – 5 AZR 540/05, NZA 06, 688.

804 BAG 10.3.82 – 4 AZR 540/79, DB 82, 1223; 11.5.88 – 5 AZR 334/87, NZA 89, 854; 25.6.02 – 3 AZR 167/01, NZA 02, 1216; 1.3.06, a.a.O.; krit. Mache, AiB 00, 369.

805 BAG 21.1.03 – 1 AZR 125/02, EzA § 4 TVG Tariflohnerhöhung Nr. 41.

806 BAG 23.9.09 – 5 AZR 973/08, DB 09, 2787.

364 Voraussetzung für die Anrechnung einer Tariferhöhung auf übertarifliche Zulagen ist das Vorhandensein einer **anrechenbaren Tarifentgelterhöhung**. Das ist nicht der Fall bei einer **tariflichen Einmalzahlung**, die **nicht anstelle**, sondern **zusätzlich** zur Tarifentgelterhöhung gezahlt wird. Eine solche Leistung stellt einen »sonstigen geldwerten Vorteil« dar und ist als eine Art **Sonderzuwendung** nicht Teil der Tarifentgelterhöhung. Sie ist deshalb von einer Anrechnung auf übertarifliche Zulagen **ausgenommen**.[807] Die Abgrenzung einer anrechnungsfähigen pauschalen Entgelterhöhung (vgl. Rn 365) von einer solchen zusätzlichen Einmalzahlung ergibt sich aus der Auslegung des jeweiligen Tarifvertrages.[808]

365 Anders zu beurteilen sind dagegen **Einmalzahlungen**, die häufig auch rückwirkend für Monate vereinbart werden, die vor dem Inkrafttreten einer Erhöhung der Entgelttabellen liegen. Derartige **(Erhöhungs-) Pauschalen** werden **anstelle** der vereinbarten Tarifentgelterhöhung (Erhöhung der Entgelttabelle) gezahlt. Sie sind Teil der vereinbarten Erhöhung der monatlichen Tarifentgelte und deshalb anrechenbar.[809] Ist eine tarifliche Einmalzahlung in diesem Sinne als Arbeitsvergütung für einen bestimmten Zeitraum anzusehen, wird der Anspruch auf die Einmalzahlung durch das für diesen Zeitraum gezahlte **übertarifliche Entgelt erfüllt**.[810] Das gilt auch dann, wenn die tarifliche Einmalzahlung das Tarifentgelt **rückwirkend** erhöht. Das Transparenzgebot des § 307 Abs. 1 Satz 2 BGB steht dieser Rechtsfolge einer Vereinbarung von übertariflichem Entgelt nicht entgegen.[811] Die Anrechenbarkeit einer solchen pauschalen Tariferhöhung ändert sich auch nicht dadurch, dass die Betriebsparteien i. S. e. »Variabilisierung« über Zeitpunkt und Höhe der Zahlung bestimmen können, auch bei einer Verschiebung oder Reduzierung bleibt der Pauschalbetrag Tariflohn.[812]

366 Auch die als **Einmalzahlungen** z.B. nach dem Tarifvertrag über Entgelte und Ausbildungsvergütungen für die Beschäftigten und Auszubildenden in der Metall- und Elektroindustrie in Nordwürttemberg/Nordbaden (ETV) geschuldeten **ERA-Strukturkomponenten** gehören zum tariflich geschuldeten Arbeitsentgelt und können deshalb mit übertariflichem Entgelt verrechnet werden.[813] Das Gleiche gilt etwa auch für die nach dem Tarifvertrag über Löhne, Gehälter und Ausbildungsvergütungen der hessischen Metall- und Elektroindustrie vom 28. Mai 2002 zu zahlende ERA-Strukturkomponente.[814]

367 Der **Lohnausgleich für eine tarifliche Arbeitszeitverkürzung** kann auf übertarifliche Zulagen nicht angerechnet werden – und zwar auch dann nicht, wenn ein **Anrechnungsvorbehalt** vertraglich vereinbart ist. Denn es handelt sich hierbei nicht um eine Tariferhöhung, sondern nur um den Ausgleich des rechnerischen Verlustes, der aufgrund der Arbeitszeitverkürzung eintritt. Das gilt nicht nur dann, wenn der Arbeitneh-

807 BAG 14.8.01 – 1 AZR 744/00, NZA 02, 342.
808 BAG 21.9.11 – 5 AZR 265/10, NZA 12, 471.
809 BAG 25.6.02 – 3 AZR 167/01, DB 02, 2494; 16.4.02 – 1 AZR 363/01, NZA 03, 224.
810 BAG 1.3.06 – 5 AZR 540/05, NZA 06, 688.
811 BAG 27.8.08 – 5 AZR 820/07, DB 08, 2766; 1.3.06, a.a.O.
812 BAG 27.8.08, a.a.O.
813 BAG 9.11.05 – 5 AZR 105/05, DB 06, 902.
814 BAG 9.11.05 – 5 AZR 595/04, EzA § 4 TVG Tariflohnerhöhung Nr. 45; vgl. dazu aber auch LAG München 25.1.09 – 3 Sa 868/08.

mer ein Wochen- oder Monatsentgelt erhält, sondern auch bei Stundenlohnempfängern.[815]

Soweit eine Anrechnung grundsätzlich **vertragsrechtlich zulässig** ist, muss der Arbeitgeber bei der Ausübung den arbeitsrechtlichen **Gleichbehandlungsgrundsatz** beachten.[816] Hiernach ist eine Anrechnung unzulässig, wenn sie ohne sachliche Begründung, also willkürlich, einzelne Beschäftigte oder Gruppen von Beschäftigten gegenüber anderen Beschäftigten benachteiligt. Sachlich nicht gerechtfertigt ist z.B. eine Anrechnung, die allein an den **Status Arbeiter/Angestellte** anknüpft.[817] Die Anrechnung darf auch nicht gegen die **Grundsätze des § 75 Abs. 1 BetrVG** oder ein spezielles **gesetzliches Benachteiligungsverbot** (z.B. nach Art. 3 Abs. 2 und 3 GG, § 1 AGG, § 4 Abs. 1 und 2 TzBfG, § 81 Abs. 2 SGB IX) verstoßen. Im Fall der Verletzung des Gleichbehandlungsgrundsatzes, des § 75 Abs. 1 BetrVG oder eines gesetzliches Benachteiligungsverbots ist die Anrechnung **unwirksam** mit der Folge, dass der benachteiligte Arbeitnehmer die **ungekürzte Zulage** beanspruchen kann. 368

9.3.2 Mitbestimmungsrechte des Betriebs- und Personalrats

Nach Ansicht des BAG haben Betriebsräte/Personalräte **keine Mitbestimmungsrechte** bei der Frage des »**Ob**« und dem Umfang des übertariflichen Zulagenvolumens, der Festlegung des Zwecks und des begünstigten Personenkreises. **Mitbestimmungspflichtig** ist aber das »**Wie**«, **also** die **Grundsätze der Verteilung** des Zulagenvolumens bzw. die **Verteilungsrelation** (also das rechnerische/prozentuale Verhältnis der einzelnen Zulagen zueinander) und deren **Änderung** etwa im Rahmen des **Widerrufs** oder der **Anrechnung übertariflicher Zulagen**.[818] Voraussetzung ist weiter ein **kollektiver Tatbestand** (also keine Einzelfallentscheidung) und ein **Regelungsspielraum** für die Betriebsparteien.[819] Dieses Mitbestimmungsrecht ist aber ausgeschlossen, wenn die Tarifvertragsparteien eine **abschließende Regelung** über die Reihenfolge der Anrechnung von Entgelterhöhungen getroffen haben und der Arbeitgeber lediglich die **Bestimmungen des Tarifvertrags vollzieht**, z.B. im Rahmen einer tariflichen Regelung über Besitzstandszulagen.[820] 369

---

815 BAG 7.2.96 – 1 AZR 657/95, AiB 96, 613 für Monatslohn; 3.6.98 – 5 AZR 616/97, DB 99, 102 für Wochenlohn; 15.3.00 – 5 AZR 557/98, NZA 01, 105 für Stundenlohn; in Abgrenzung hierzu der 4. Senat, 9.8.00 – 4 AZR 466/99, DB 01, 932: Ein tariflicher Lohnausgleich für eine tarifliche Arbeitszeitverkürzung kann – je nach Auslegung der Tarifbestimmungen – auf eine ebenfalls tariflich geregelte Besitzstandszulage anrechenbar sein.

816 BAG 7.2.95 – 3 AZR 402/94, DB 95, 1769; ArbG Wiesbaden 6.7.95 – 4 Ca 276/95, NZA-RR 96, 223.

817 Vgl. ErfK-Preis, BGB § 611 Rn. 602.

818 Ständ. Rspr.: BAG GS 3.12.91 – GS 1/90, AiB 92, 575 mit Anm. Trittin; zuletzt 10.3.09 – 1 AZR 55/08, DB 09, 1471; Näheres bei Däubler-Deinert, Rn. 776ff.; DKKW-Klebe, § 87 BetrVG Rn. 314ff.; Fitting, § 87 BetrVG Rn. 470ff.; Herbst, DB 87, 738; KeZa-Stein, Rn. 485ff.; Kittner/Zwanziger/Deinert-Schoof, § 34 Rn. 26ff., 28ff.; Schirge/Trittin, AiB 90, 227.

819 BAG GS 3.12.91, a.a.O.

820 BAG 22.10.14 – 5 AZR 731/12.

Hinweis für den Betriebs- und Personalrat
Ein **Mitbestimmungsrecht** im Zusammenhang mit der **Anrechnung übertariflicher Zulagen besteht** danach insbesondere in folgenden Fällen:
- **unterschiedliche** Anrechnung der einzelnen Zulagen;
- **gleichmäßige Anrechnung, wenn** die Zulagen unterschiedlich hoch sind, die Tarifentgelte unterschiedlich erhöht werden oder ein vereinbarter Sockel- oder Mindestbetrag unterschritten wird;
- **bei einer mehrstufigen Tariferhöhung** Anrechnung nur der prozentualen Erhöhung, aber nicht der **Pauschale** oder Anrechnung **nur bei einer Stufe**[821]; aber nur bei einheitlicher Anrechnungsentscheidung des Arbeitgebers[822];
- Anrechnung eines in einer **Betriebsvereinbarung** festgelegten Prämienlohns;
- Arbeitgeber rechnet – gemäß einem einheitlichen Plan – zunächst voll an, weist später aber **neue Zulagen** mit einem anderen Verteilungsschlüssel aus.

Bei unterbliebener Beteiligung des Betriebsrats ist die **Anrechnung unwirksam**.[823] Die Arbeitnehmer haben Anspruch auf Zahlung der ungekürzten Zulage.
Kein Mitbestimmungsrecht besteht in folgenden Fällen:
- **gleichmäßige** Kürzung aller Zulagen um den gleichen Prozentsatz;
- **vollständiger Wegfall** der Zulagen (Reduzierung auf Null);
- **vollständige und gleichmäßige** Anrechnung.

Für **Personalräte** gelten die gleichen Grundsätze (§ 75 Abs. 3 Nr. 4 BPersVG).[824] Allerdings werden im öffentlichen Dienst – vor allem aus haushaltsrechtlichen Gründen – in der Regel keine übertarifliche Zulagen gewährt.

10. Rechtsstreitigkeiten

370 Findet ein Tarifvertrag auf das Arbeitsverhältnis kraft Tarifbindung (vgl. Rn. 9), Allgemeinverbindlichkeit (vgl. § 5 Rn. 31) oder vertraglicher Bezugnahme (vgl. § 3 Rn. 245ff.) Anwendung, können die darin geregelten Ansprüche durch **individuelle Klage** gegen den Arbeitgeber oder die gemeinsame Einrichtung (vgl. Rn. 36) geltend gemacht werden. Klagen sind bei Tarifbindung und Allgemeinverbindlichkeit auch möglich bei unwirksamem Tarifverzicht (vgl. Rn. 245), bei gegenüber dem Tarifvertrag ungünstigeren vertraglichen Vereinbarungen (vgl. Rn. 140ff.) oder bei tarifwidrigen betrieblichen Abreden (vgl. Rn. 178ff.). In jedem Fall sind die Ausschlussfristen (vgl. Rn. 254ff.) zu beachten. Vgl. auch § 1 Rn. 437ff.

Hinweis für den Betriebs- und Personalrat
Der Betriebs- und Personalrat ist gem. §§ 80 Abs. 1 Nr. 1 BetrVG, 67 Abs. 1 Nr. 2 BPersVG verpflichtet, u.a. die **Einhaltung** der zugunsten **der** Arbeitnehmer geltenden **Tarifverträge** im Betrieb **zu überwachen**, die **Arbeitnehmer** über die Anwendung und Auslegung bestehender Tarifbestimmungen zu **informieren**, sie bei der (gerichtlichen) Geltendmachung und Durchsetzung tariflicher Ansprüche zu **unterstützen** und beim Arbeitgeber im Bedarfsfall **tarifkonformes Verhalten einzufordern** (vgl. dazu auch Grundl. Rn. 145ff.).

821 BAG 21.9.99 – 1 ABR 59/98, AiB 01, 54; 14.2.95 – 1 ABR 41/94, DB 95, 1411.
822 BAG 8.6.04 – 1 AZR 308/03, DB 05, 168.
823 BAG 22.5.12 – 1 AZR 94/11, NZA 12 1234; 10.3.09 – 1 AZR 55/08, DB 09, 1471.
824 Altvater u.a., § 75 Rn. 48ff.

Nach ganz h.M. gehört es allerdings nicht zu den Aufgaben des Betriebs- und Personalrats als Organ, die **Prozessstandschaft** oder **Prozessvertretung** für Individualansprüche von Arbeitnehmern aus Tarifverträgen zu übernehmen.[825]

Verletzt der Arbeitgeber im Zusammenhang mit der Einführung verschlechternder, von einem (nachwirkenden) Tarifvertrag abweichender Arbeits- und Entgeltbedingungen **die Mitbestimmungsrechte** der betrieblichen Interessenvertretung, kann diese einen gerichtlich durchsetzbaren **Unterlassungsanspruch** geltend machen (vgl. dazu Rn. 321 ff., 326).

Für die **gerichtliche Feststellung der Geltung eines bestimmten Tarifvertrags** im Betrieb besteht für den Betriebsrat nur dann das **erforderliche Rechtsschutzinteresse**, wenn in diesem Zusammenhang eine konkrete betriebsverfassungsrechtliche Rechtsposition des Betriebsrats erkennbar aktuell betroffen ist.[826]

Die tarifschließende **Gewerkschaft** hat bei tarifwidrigen betrieblichen Abmachungen **Unterlassungsansprüche** direkt gegen den Arbeitgeber (vgl. Rn. 211, 223 ff.). Diese sind im **Beschlussverfahren** zu verfolgen, wenn die betrieblichen Abmachungen unter Beteiligung des Betriebsrats zustande gekommen sind, und können im Wege der **einstweiligen Verfügung** durchgesetzt werden (vgl. dazu Rn. 238, 240).[827] 371

§ 4a Tarifkollision

(1) Zur Sicherung der Schutzfunktion, Verteilungsfunktion, Befriedungsfunktion sowie Ordnungsfunktion von Rechtsnormen des Tarifvertrags werden Tarifkollisionen im Betrieb vermieden.

(2) Der Arbeitgeber kann nach § 3 an mehrere Tarifverträge unterschiedlicher Gewerkschaften gebunden sein. Soweit sich die Geltungsbereiche nicht inhaltsgleicher Tarifverträge verschiedener Gewerkschaften überschneiden (kollidierende Tarifverträge), sind im Betrieb nur die Rechtsnormen des Tarifvertrags derjenigen Gewerkschaft anwendbar, die zum Zeitpunkt des Abschlusses des zuletzt abgeschlossenen kollidierenden Tarifvertrags im Betrieb die meisten in einem Arbeitsverhältnis stehenden Mitglieder hat. Kollidieren die Tarifverträge erst zu einem späteren Zeitpunkt, ist dieser für die Mehrheitsfeststellung maßgeblich. Als Betriebe gelten auch ein Betrieb nach § 1 Absatz 1 Satz 2 des Betriebsverfassungsgesetzes und ein durch Tarifvertrag nach § 3 Absatz 1 Nummer 1 bis 3 des Betriebsverfassungsgesetzes errichteter Betrieb, es sei denn, dies steht den Zielen des Absatzes 1 offensichtlich entgegen. Dies ist insbesondere der Fall, wenn die Betriebe von Tarifvertragsparteien unterschiedlichen Wirtschaftszweigen oder deren Wertschöpfungsketten zugeordnet worden sind.

(3) Für Rechtsnormen eines Tarifvertrags über eine betriebsverfassungsrechtliche Frage nach § 3 Absatz 1 und § 117 Absatz 2 des Betriebsverfassungsgesetzes gilt Absatz 2 Satz 2 nur, wenn diese betriebsverfassungsrechtliche Frage bereits durch Tarifvertrag einer anderen Gewerkschaft geregelt ist.

(4) Eine Gewerkschaft kann vom Arbeitgeber oder von der Vereinigung der Arbeitgeber die Nachzeichnung der Rechtsnormen eines mit ihrem Tarifvertrag kollidierenden

825 Vgl. dazu DKKW-Buschmann, § 80 Rn. 33.
826 BAG 1.7.09 – 4 ABR 8/08, NZA 10, 120.
827 BAG 17.5.11 – 1 AZR 473/09, AuR 11, 498 m. Anm. Voigt.

Tarifvertrags verlangen. Der Anspruch auf Nachzeichnung beinhaltet den Abschluss eines die Rechtsnormen des kollidierenden Tarifvertrags enthaltenden Tarifvertrags, soweit sich die Geltungsbereiche und Rechtsnormen der Tarifverträge überschneiden. Die Rechtsnormen eines nach Satz 1 nachgezeichneten Tarifvertrags gelten unmittelbar und zwingend, soweit der Tarifvertrag der nachzeichnenden Gewerkschaft nach Absatz 2 Satz 2 nicht zur Anwendung kommt.

(5) **Nimmt ein Arbeitgeber oder eine Vereinigung von Arbeitgebern mit einer Gewerkschaft Verhandlungen über den Abschluss eines Tarifvertrags auf, ist der Arbeitgeber oder die Vereinigung von Arbeitgebern verpflichtet, dies rechtzeitig und in geeigneter Weise bekanntzugeben. Eine andere Gewerkschaft, zu deren satzungsgemäßen Aufgaben der Abschluss eines Tarifvertrags nach Satz 1 gehört, ist berechtigt, dem Arbeitgeber oder der Vereinigung von Arbeitgebern ihre Vorstellungen und Forderungen mündlich vorzutragen.**

Inhaltsübersicht Rn.

1. Vorbemerkungen

1 Mit dem am 10.7.2015 in Kraft getretenen Tarifeinheitsgesetz[1] wurde mit der **neu in das TVG eingefügten Vorschrift des § 4a TVG** der **Grundsatz der Tarifeinheit** gesetzlich geregelt.[2] Damit hat die die sehr intensiv und kontrovers geführte jahrelange rechtspolitische Auseinandersetzung über das für und wider einer gesetzlichen Regelung des Grundsatzes der Tarifeinheit[3] und der damit zusammenhängenden **arbeitskampfrechtlichen Fragen** einen vorläufigen Abschluss gefunden (zu den nach wie vor aus einigen Kreisen der Unternehmer- und Arbeitgeberverbände, der Rechtswissenschaft und der Politik erhobenen Forderungen nach einer den Grundsatz der Tarifeinheit ergänzenden gesetzlichen **Einschränkung des Streikrechts der Gewerkschaften**, insbesondere im Bereich der **Daseinsvorsorge**, vgl. Grundl. Rn. 200ff.).

1 BGBl. I S. 1130.
2 Zum Ablauf des Gesetzgebungsverfahrens s. Düwell, jurisPR-ArbR 22/2015 Anm.
3 Zusammenfassend Bepler, Gutachten, B 82ff.; zur Diskussion auf dem 70. Deutschen Juristentag im Jahr 2014 s. Höpfner, RdA 15, 94, 96.

Vordergründig aus Anlass der sich schon früh abzeichnenden **Änderung der Rspr. des BAG zur Tarifeinheit im Jahr 2010**[4] (vgl. dazu näher § 4 Rn. 91ff., 98) – im Kern aber wegen der tarifpolitisch selbstständig agierenden **Berufsgruppengewerkschaften** (vgl. dazu Grundl. Rn. 181, § 4 Rn. 51ff., 82, 85) und der Zunahme von **Streiks im Bereich der öffentlichen und privaten Dienstleistungen** (vgl. dazu Grundl. Rn. 33 [am Ende]) und im Übrigen Vorschlägen der BDA bereits aus dem Jahr 2003 (!) entsprechend – wurden bereits in deren Vorfeld **verschiedene rechtspolitische Initiativen** der Öffentlichkeit vorgestellt, die, im Ergebnis übereinstimmend, darauf abzielten, den **Grundsatz der Tarifeinheit** durch eine Änderung des TVG **gesetzlich festzuschreiben.**[5] Diese Forderungen wurden im **Jahr 2015** – trotz des Widerstandes von ver.di, der NGG, der GEW, des DBB und der Berufsgruppengewerkschaften gegen eine **gesetzlichen Regelung des Grundsatzes der Tarifeinheit** und ihrer Ablehnung durch große Teile der Rechtswissenschaft und der Arbeitsgerichtsbarkeit – durch das Tarifeinheitsgesetz[6] von der Großen Koalition aus CDU/CSU und SPD umgesetzt. 2

Die zentrale Weichenstellung für die rechtspolitische Realisierbarkeit einer gesetzlichen Regelung des Grundsatzes der Tarifeinheit im Jahr 2015 erfolgte durch die im **Juni 2010** bekannt gewordene **Initiative von BDA und DGB**,[7] nach der eine Tarifpluralität durch die **betriebseinheitliche Geltung** desjenigen Tarifvertrages aufgelöst werden sollten, der durch die größere **Zahl von Gewerkschaftsmitgliedern im Betrieb** legitimiert ist. Gleichzeitig sollte die **Friedenspflicht** aus diesem Mehrheitstarifvertrag auch für die »unterlegene« Minderheitsgewerkschaft gelten, so dass ein Streik dieser Gewerkschaft zur Durchsetzung eines Tarifvertrages während der Laufzeit des Mehrheitstarifvertrages rechtswidrig ist.[8] Neben der Initiative von BDA und DGB wurde im Jahr 2010 von einer **Professorengruppe ein weiterer Gesetzentwurf** vorgelegt, der ebenfalls die Tarifpluralität nach dem Mehrheitsprinzip vorsieht, für die Ermittlung des »Mehrheits«-Tarifvertrags aber auf den Überschneidungsbereich der konkurrierenden Tarifverträge (und nicht auf den Betrieb) abstellt.[9] 3

---

4 BAG 7.7.10 – 4 AZR 549/08, NZA 10, 1068.

5 Überblick bei Bepler, Gutachten, B 85ff.; Greiner, NZA 12, 529; Hanau, DB 10, 2107.

6 BGBl. I S. 1130.

7 Der Wortlaut der Gemeinsamen Erklärung von BDA und DGB vom 4.6.2010 ist dokumentiert in AuR 11, 60f.; zu den Hintergründen und der innergewerkschaftlichen Diskussion s. Berg, KJ 14, 72, 73f.

8 Das Kernelement der von BDA und DGB vorgeschlagenen Änderung des TVG hat folgenden Wortlaut (zitiert nach Waas, Gutachten, S. 7):
»1. Änderung des TVG
a) Neuer § 4a TVG
(1) Überschneiden sich im Betrieb eines Unternehmens die Geltungsbereiche der Rechtsnormen von Tarifverträgen, die auf Gewerkschaftsseite durch unterschiedliche Tarifvertragsparteien geschlossen worden sind (konkurrierende Tarifverträge), ist nur derjenige Tarifvertrag anwendbar, der dort die größere Arbeitnehmerzahl im Sinne von § 3 Absatz 1, Absatz 3, § 4 Absatz 1 Satz 1 erfasst.
(2) Die Friedenspflicht aus dem nach Absatz 1 anwendbaren Tarifvertrag erstreckt sich auch auf konkurrierende Tarifverträge.«

9 Bayreuther u.a., Tarifpluralität, S. 44ff.

4 Die Fragen der **verfassungsrechtlichen Zulässigkeit**, der **Praktikabilität** und des **organisations- und tarifpolitischen Nutzens** einer solchen gesetzlichen Regelung wurden in den Jahren 2010 und 2011 monatelang heftig in der Öffentlichkeit, den Gewerkschaften und der Arbeitsrechtswissenschaft diskutiert und waren Gegenstand mehrerer sich widersprechender Rechtsgutachten zur Vereinbarkeit einer derartigen gesetzlichen Regelung des Grundsatzes der Tarifeinheit mit der Koalitionsfreiheit (Art. 9 Abs. 3 GG).[10] Letztlich sprachen (und sprechen) die gegen die frühere Rspr. des BAG zur Tarifeinheit vorgebrachten Kritikpunkte auch gegen eine gesetzliche Festschreibung der Tarifeinheit, wobei die Kombination mit der Erweiterung der Friedenspflicht[11] in den rechtspolitischen Vorschlägen aus dem Jahr 2010 zusätzlich problematisch ist.

5 Nachdem die damalige **Bundesregierung** im Jahr 2010 grundsätzlich ihre Bereitschaft erklärt hatte, im Sinne der BDA/DGB-Initiative eine Änderung des TVG zu prüfen und ggf. in Angriff zu nehmen,[12] führten die sehr **kontroversen innergewerkschaftlichen Diskussionen**, insbesondere in der Gewerkschaft ver.di, und aufgrund nicht ausreichender Akzeptanz in der Mitgliedschaft dazu, dass die Initiative von BDA und DGB im Juni 2011 zurückgezogen und auch von der Bundesregierung nicht mehr weiter verfolgt wurde.[13] Anschließend wurde vor allem seitens der BDA (und von einzelnen Kabinettsmitgliedern und Politikern) eine gesetzliche Regelung der Tarifeinheit allerdings in regelmäßigen Abständen immer wieder öffentlich gefordert, insbesondere im Zusammenhang mit Streiks von Berufsgruppengewerkschaften.[14] Dies hat dann im Ergebnis dazu geführt, dass die gesetzliche Regelung des Grundsatzes der Tarifeinheit als rechtspolitisches Projekt im Jahr 2013 Eingang in den Koalitionsvertrag von CDU/CSU und SPD fand[15] und mit dem **Tarifeinheitsgesetz im Jahr 2015** umgesetzt wurde.[16]

6 Mit den Regelungen in § 4a TVG wird angeordnet, dass beim Zusammentreffen von Rechtsnormen konkurrierender Tarifverträge unterschiedlicher Gewerkschaften nur der Tarifvertrag der Mehrheitsgewerkschaft im Betrieb normativ zur Anwendung kommt. Mit dieser gesetzlichen Neuregelung ist ein **Art. 9 Abs. 3 GG verletzender Eingriff in die Koalitionsfreiheit** und eine indirekte Einschränkung des **Streikrechts** der Gewerkschaften, zumindest aber eine Erschwerung seiner effektiven Wahrnehmung, (vgl. dazu Rn. 106 ff.) verbunden. Eine derartige gesetzliche Regelung ist mit der verfassungsrechtlich geschützten **Koalitionsfreiheit der Minderheitsgewerkschaft und ihrer Mitglieder** nicht vereinbar.

---

10 Vgl. dazu eingehend Däubler-Däubler, AKR, § 9 Rn. 62 ff. m.w.N.

11 Bepler, NZA-Beil. 2/11, Heft 12/11, 73, 76; Däubler-Däubler, a.a.O., Rn. 64 ff.; Dieterich, AuR 11, 46, 47 ff.; Greiner, NZA 10, 743; Hensche, Blätter 10, 13; Unterhinninghofen, Sozialismus 10, 29.; a.A. Giesen, ZFA 11, 1; Kempen, AuR 11, 46; Scholz, ZFA 10, 681.

12 Hanau, DB 10, 2107, 2108.

13 Berg, KJ 14, a.a.O.; s. auch AuR 11, 248, 291.

14 Z.B. anlässlich des Streiks der Vorfeldmitarbeiter in der GdF am Frankfurter Flughafen im Jahr 2012 Bundesarbeitsministerin von der Leyen (CDU), FTD 1.3.12, und SPD-Fraktionsvorsitzender Steinmeier, Der Westen 2.3.12; Bundeskanzlerin Merkel (CDU) am 16.10.12 in einer Rede auf dem Deutschen Arbeitgebertag der BDA, RP-online 17.10.12.; zum Streik der Vorfeldmitarbeiter am Frankfurter Flughafen s. auch Greiner, NZA 12, 529.

15 S. dazu Berg, KJ 14, 72.

16 Zum Inhalt und zur Kritik der gesetzlichen Tarifeinheit vgl. eingehend Däubler/Bepler.

Die **Verdrängung des Tarifvertrages** einer (Minderheits-) Gewerkschaft nach der Vorschrift von § 4a Abs. 2 Satz 2 TVG stellt einen **verfassungswidrigen Eingriff in die kollektive und individuelle**[17] **Koalitionsfreiheit** der Gewerkschaft und ihrer Mitglieder dar,[18] ist mit **Art. 3 ILO-Übereinkommen Nr. 87** und **Art. 4 ILO-Abkommen Nr. 98** nicht vereinbar und verstößt gegen **Art. 11 EMRK i.V.m. Art. 14 EMRK.**[19] Die tarifpolitische Gestaltung der Arbeitsbedingungen durch den Abschluss von Tarifverträgen ist eine der **konstitutiven Betätigungen einer Gewerkschaft.** Kommen die von einer Gewerkschaft abgeschlossenen Tarifverträge normativ nicht zur Anwendung, ist deren Abschluss für die Gewerkschaft weitgehend sinnlos und führt zur Tariflosigkeit für ihre Mitglieder. Damit wird die betroffene Gewerkschaft als autonom agierende **Tarifvertragspartei** potentiell **handlungsunfähig** und büßt erheblich an Attraktivität für ihre aktuellen und potentiellen Mitglieder ein. Die **zwingende Wirkung der Tarifnormen** für die Mitglieder der tarifschließenden Gewerkschaft gehört aber zum **verfassungsrechtlich verbürgten Mindeststandard** des Tarifvertragssystems. 7

Die Verdrängung des Tarifvertrages der Minderheitsgewerkschaft soll nach der Konzeption von § 4a TVG sogar dann greifen, wenn **unterschiedliche Tarifverträge** ohne Streikdruck bzw. **einvernehmlich** von der Arbeitgeberseite mit den beteiligten Gewerkschaften **abgeschlossen** werden (vgl. dazu Rn. 38). Außerdem ergibt sich für die Arbeitgeberseite und die Mehrheitsgewerkschaft durch die entsprechende Ausgestaltung der von ihnen abgeschlossenen Tarifverträge die Möglichkeit, zielgerichtet so zusammenzuwirken, dass der Abschluss eines normativ zur Anwendung kommenden Tarifvertrages durch die Minderheitsgewerkschaft praktisch ausgeschlossen ist. 8

Im Rahmen der Koalitionsfreiheit ist auch die **autonome Ausgestaltung der Tarif- und Organisationszuständigkeit der Koalitionen** verfassungsrechtlich verbürgt (Satzungsautonomie).[20] Sie setzt dem Gesetzgeber für eine gesetzliche Reglementierung der Ausgestaltung des Organisationsmodells, der Zuständigkeit und der Betätigung der Koalitionen (»Gewerkschaftsgesetz«) enge Grenzen. Die Koalitionsfreiheit umfasst auch das Recht, die Zuständigkeit einer Gewerkschaft kumulativ oder alternativ auf bestimmte Branchen, Wirtschaftszeige, Unternehmen oder Berufsgruppen zu erstrecken und auch die ursprüngliche Zuständigkeit durch Satzungsänderung mit Außenwirkung gegenüber der Arbeitgeberseite einzuschränken oder zu erweitern (vgl. zum ganzen § 2 Rn. 105ff.). 9

Beschränkt eine Gewerkschaft ihre Zuständigkeit in rechtlich zulässiger Weise auf eine **Berufsgruppe**[21] (s. dazu § 2 Rn. 105, 107), die in der Regel in den Betrieben zahlenmäßig die Minderheit der Beschäftigten darstellt, entzieht das Mehrheitsprinzip als Voraussetzung der normativen Anwendbarkeit eines Tarifvertrages einer derartigen Gewerkschaft zu- 10

---

17 BAG 7.7.10 – 4 AZR 549/08, NZA 10, 1068.

18 Bepler, Gutachten, B 90ff.; Däubler, Gutachten, S. 21; Dieterich, AuR 11, 46, 47ff.; di Fabio, Gutachten, S. 23, 31, 37; Greiner, NZA 10, 743; Konzen/Schliemann, RdA 15, 1, 11ff.; Richardi, NZA 14, 1233, 1235; a.A. Giesen, ZFA 11, 1: Kempen, AuR 11, 46; Papier/Kröncke, ZFA 11, 807; Scholz, ZFA 10, 681; Scholz/Lingemann/Ruttloff, Gutachten, NZA-Beilage 15, Nr. 1, 3, 43; Waas, AuR 11, 93.

19 Schlachter, Gutachten, S. 13ff., 27ff.; a.A. Scholz/Lingemann/Ruttloff, Gutachten, a.a.O., 43ff. (bzgl. Art. 11 EMRK).

20 So schon BVerfG 18.11.54 – 1 BvR 629/52, AP Nr. 1 zu Art. 9 GG.; Däubler, Gutachten, S. 18.

21 Däubler, Gutachten, a.a.O.; a.A. Giesen, NZA 09, 11, 16.

mindest indirekt die Möglichkeit, sich effektiv als Tarifvertragspartei zu betätigen und stellt damit tendenziell auch ihre Existenzfähigkeit in Frage.[22]

11 Das historisch bewährte und rechtspolitisch erwünschte – aber nicht (verfassungs-) rechtlich zwingend vorgegebene – Organisationsmodell der an Wirtschaftszweigen orientierten Branchengewerkschaft in Kombination mit dem **Organisationsprinzip »ein Betrieb – eine Gewerkschaft«** und einer **einheitlichen tarifpolitischen Interessenvertretung aller Beschäftigten** eines Betriebes (Tarifeinheit) kann erfolgreich nur autonom von den Gewerkschaften selbst und im Zusammenwirken mit den Tarifvertragsparteien auf Arbeitgeberseite verwirklicht werden. Das gilt auch für die zu recht angestrebte **Kooperation** ansonsten konkurrierender Gewerkschaften im Rahmen von **Tarifgemeinschaften** oder durch selbstverpflichtend **vereinbarte Zuständigkeitsabgrenzungen** bzw. verbindlich geregelte Verfahren der Beilegung von Zuständigkeitsstreitigkeiten.

12 Zur **Rechtfertigung** der Einschränkung der Koalitionsfreiheit der Minderheitsgewerkschaft stellt die Gesetzesbegründung[23] darauf ab, dass die **Funktionsfähigkeit der Tarifautonomie** durch die **Auflösung von Tarifkollisionen** gesichert werden müsse. Um diesen gesetzgeberischen Handlungsbedarf zu begründen, wird ohne empirische Belege eine **Gefährdung der Tarifautonomie** abstrakt beschrieben, die weder in der Vergangenheit eingetreten ist noch für die überschaubare Zukunft ernsthaft prognostiziert werden kann.

13 Auch für das Bestehen der von den Befürwortern einer gesetzlichen Festschreibung der Tarifeinheit stets heraufbeschworenen **Gefahren eines drohenden »Tarif- und Arbeitskampfchaos«**, verbunden mit weitgehenden Nachteilen für den Wirtschaftsstandort Deutschland, ist **keinerlei empirisch belegbarer Handlungsbedarf**[24] auszumachen:

- Bei den aktuell als Tarifvertragsparteien aktiven und mehr oder weniger streikfähigen **Berufsgruppengewerkschaften** handelt es sich nicht um neu gegründete Gewerkschaften, sondern um **seit Jahrzehnten bestehende Organisationen**, die früher in Tarifgemeinschaften mit den DGB-Gewerkschaften gehandelt haben.
- Auch im Zeitraum seit der Aufgabe des Rechtsgrundsatzes der Tarifeinheit durch das BAG im Jahr 2010 wurden **keine neuen Berufsgruppengewerkschaften gegründet**, die fähig und willens sind, Streiks zur Durchsetzung eigener Tarifverträge durchzuführen.
- Die tarifpolitisch eigenständig agierenden Berufsgruppengewerkschaften sind lediglich für **begrenzte Sektoren ganz oder teilweise privatisierter Dienstleistungsbereiche** (im Wesentlichen Krankenhaus, Luftfahrt und Schienenfernverkehr) zuständig. Die von ihnen abgeschlossenen **Tarifverträge gelten nur für einen minimalen Prozentsatz der Betriebe** und Arbeitnehmer und Arbeitnehmerinnen, für die in Deutschland insgesamt Tarifverträge abgeschlossen werden.

---

22 BAG 7.7.10 – 4 AZR 549/08, NZA 10, 1068; Däubler, a.a.O., S. 18, 20f.

23 BT-Drucks. 18/4062, S. 8.

24 Auch die Antworten der Bundesregierung auf Kleine Anfragen der Fraktionen Bündnis 90/Die Grünen und Die Linke (BT-Drucks. 18/2790 und 18/3760) während des Gesetzgebungsverfahrens zu den bisherigen und zukünftigen Auswirkungen tarifpluraler Konstellationen offenbaren, dass die Bundesregierung über keinerlei empirisch belastbare Fakten verfügt, mit denen sich die drohende Funktionsunfähigkeit der Tarifautonomie belegen lassen könnte.

- Seit dem Zeitpunkt der Anerkennung der Berufsgruppengewerkschaften als eigenständig handelnde Tarifvertragsparteien durch die Arbeitgeber hat es – mit wenigen Ausnahmen – **keine umfangreicheren Streiks** dieser Gewerkschaften mehr gegeben.
- Im Bereich des Schienenfernverkehrs kam unter Einschluss der Berufsgruppengewerkschaft GDL in einem Grundlagentarifvertrag eine **autonom ausgehandelte Zuständigkeitsabgrenzung** der Tarifvertragsparteien zustande (der allerdings im Jahr 2014 beendet wurde).
- Die Praxis der Tarifvertragsparteien, in dem – unter dem Gesichtspunkt von Streikfolgen besonders sensiblen – **Bereich der Krankenhäuser**, durch den Abschluss von Notdienstvereinbarungen den Grundrechten drittbetroffener Patienten Rechnung zu tragen, hat sich seit dem eigenständigen tarifpolitischen Agieren der Ärztegewerkschaft Marburger Bundes (MB) unverändert bewährt. Auch für diesen Bereich der Daseinsvorsorge kann das Auftreten einer Berufsgruppengewerkschaft eine gesetzliche Regelung der Tarifeinheit und eine Einschränkung des Streikrechts nicht rechtfertigen.
- Auch der von der BDA immer wieder zur Begründung eines Tarifeinheitsgesetzes angeführte (singuläre) **Vorfeldstreik am Frankfurter Flughafen** im Jahr 2012 liefert eher Anschauungsmaterial dafür, dass eine Berufsgruppengewerkschaft nur begrenzt durchsetzungsfähig ist, wenn sie sich durch ihr Auftreten und ihre nicht vermittelbaren Streikziele in der Gesamtbelegschaft isoliert und der Arbeitgeber seine legalen Streikabwehrmöglichkeiten effektiv einsetzt.[25]
- Schließlich ist auf den allgemein bekannten und weitgehend unstreitigen Befund hinzuweisen, dass **Deutschland** – trotz der Existenz einzelner streikfähiger Berufsgruppengewerkschaften – **weltweit zu den streikärmsten Ländern** gehört.

Im Zusammenhang mit der Neuregelung des § 4a TVG wurde vom Gesetzgeber **keine ausdrückliche Regelung** der Auswirkungen der gesetzlichen Festschreibung des Grundsatzes der Tarifeinheit im Betrieb auf das **Arbeitskampfrecht** getroffen. Während der von BDA und DGB im Jahr 2010 vorgelegte Entwurf für eine gesetzliche Regelung der Tarifeinheit (vgl. dazu Rn. 3) mit seiner Erstreckung der Friedenspflicht aus dem ausschließlich anwendbaren Mehrheitstarifvertrag auf die Minderheitsgewerkschaft deren Streikrecht ausdrücklich einschränkte, wird in der Begründung des Gesetzes zur Tarifeinheit[26] einerseits ausgeführt, die gesetzlichen Regelungen zur Tarifeinheit im Betrieb würden das Arbeitskampfrecht nicht ändern, und andererseits die Erwartung geäußert, dass ein **Streik** einer Gewerkschaft zur Durchsetzung eines **Minderheitstarifvertrages** im Einzelfall **unverhältnismäßig** (und damit rechtswidrig) sein könne (vgl. dazu im Einzelnen Rn. 107ff.). 14

Auch wenn nach hier vertretener Auffassung der **Streik einer Minderheitsgewerkschaft** zur Durchsetzung eines Tarifvertrages trotz der gesetzlichen Regelung der Tarifeinheit in § 4a TVG und entgegen der in der Gesetzesbegründung zu erkennen gegebenen Erwartung i.d.R. **nicht unverhältnismäßig** ist, wird die Minderheitsgewerkschaft bei der effektiven Wahrnehmung ihres Streikrechts jedenfalls faktisch beeinträchtigt. Die Werbung zusätzlicher Mitglieder und die Förderung der Streikbereitschaft der Mitglieder wird dadurch erheblich erschwert, dass erst nach der Durchsetzung eines Tarifvertrages – und in 15

25 S. dazu Greiner, NZA 12, 529.
26 BT-Drucks. 18/4062, S. 12.

strittigen Fällen erst nach rechtskräftigem Abschluss des arbeitsgerichtlichen Beschlusserfahrens zur Feststellung der Mehrheitsverhältnisse – rechtssicher ermittelt werden kann, ob der Status der Mehrheitsgewerkschaft zwischenzeitlich erlangt werden konnte und der Tarifvertrag deshalb überhaupt zur Anwendung kommen kann.

16 Wenn vor und während einer Tarifauseinandersetzung nicht feststeht, ob ein – ggf. nur durch Streik – durchsetzbarer Tarifvertrag nach seinem Abschluss überhaupt zur Anwendung kommt, stellt dies die aktive Unterstützung der Gewerkschaft durch ihre Mitglieder und deren Streikbereitschaft erheblich in Frage. Nicht zuletzt werden die **Minderheitsgewerkschaft** und ihre **Mitglieder** in allen in der Praxis relevanten Konstellationen mit den **organisationspolitischen, mentalen, organisatorischen** und **finanziellen Erschwernissen** und **Risiken** belastet, die sich aus der Gefahr der Durchführung eines **rechtswidrigen Streiks** ergeben (insbesondere auch unter Berücksichtigung des interpretationsfähigen Prüfungsmaßstabs der Verhältnismäßigkeit für die Zulässigkeit eines Streiks und der arbeitskampfrechtlich noch umstrittenen bzw. nicht geklärten Frage, unter welchen Voraussetzungen der Streik einer Minderheitsgewerkschaft bei Geltung des gesetzlich geregelten Grundsatzes der Tarifeinheit rechtswidrig ist (vgl. dazu Rn. 107ff.).

17 Nach § 4a Abs. 1 TVG sollen zur Sicherung der vom Gesetzgeber den Rechtsnormen eines Tarifvertrag zugeschriebenen **Schutz-, Verteilungs-, Befriedungs- und Ordnungsfunktion** (zu den Wirkungen und Funktionen des Tarifvertrages s. Grundl. Rn. 56ff.) **Tarifkollisionen** (vgl. zu diesem Begriff Rn. 23ff.) im Betrieb vermieden werden. Dem soll die gesetzliche Festschreibung des Grundsatzes der Tarifeinheit im Betrieb dienen. Das in dieser verkürzten Normierung der Funktionen des Tarifvertrags zum Ausdruck kommende **Ordnungsdenken des Gesetzgebers**[27] lässt außer Acht, dass die **Koalitionsfreiheit** vor allem als ein **Freiheitsrecht** konzipiert ist,[28] das den Tarifvertragsparteien u.a. die autonome Regelung der Arbeits- und Entgeltbedingungen garantiert, weil die unmittelbar Betroffenen besser als der demokratische Gesetzgeber wissen und aushandeln können, was ihren jeweiligen eigenen Interessen und dem allgemeinen Interesse, soweit es sich auf die Arbeits- und Wirtschaftsbedingungen bezieht, entspricht.[29] Die in § 4a Abs. TVG genannten Funktionen des Tarifvertrages werden demnach durch das tarifautonome Handeln der Tarifvertragsparteien ausgestaltet und verwirklicht und können nicht zu Schranken für die Koalitionsfreiheit uminterpretiert werden.[30] Wenn in der Gesetzesbegründung zum Ausdruck gebracht wird,[31] die gesetzliche Regelung des Grundsatzes der Tarifeinheit sei erforderlich, weil durch die Tarifvertragsparteien im Betrieb ein **vom Gesetzgeber für vernünftig, soldidarisch und angemessen gehaltenes Modell von Verteilungsgerechtigkeit** verwirklicht werden müsse, stellt dies die Dinge auf den Kopf und lässt sich mit dem Gedanken der in Art. 9 Abs. 3 GG gewährleisteten Tarifautonomie nicht vereinbaren.[32]

27 S. dazu auch die entsprechenden Ausführungen in der Gesetzesbegründung, BT-Drucks. 18/4061, S. 8f.
28 BAG 7.7.10 – 4 AZR 549/08, NZA 10, 1068.
29 BAG 7.7.10, a.a.O.
30 Hensche, Tarifeinheit, S. 24.
31 BT-Drucks. 18/4062, S. 8f.
32 So im Ergebnis auch Greiner, RdA 15, 36.

Den zentralen Bestandteil der Neuregelung stellt § 4a Abs. 2 TVG dar. Nach dieser Vorschrift soll die Tarifeinheit im Betrieb dadurch herbeigeführt werden, dass beim Auftreten einer Tarifkollision i.S.d. § 4a Abs. 2 Satz 2 TVG nur die **Rechtsnormen** des **Mehrheitstarifvertrages** anwendbar sind. Eine Tarifkollision liegt danach vor, wenn sich die Geltungsbereiche nicht inhaltsgleicher Tarifvertrag verschiedener Gewerkschaften überschneiden (§ 4a Abs. 2 Satz 2 TVG). In diesem Fall sind im Betrieb nur die **Rechtsnormen** des **Tarifvertrages derjenigen Gewerkschaft** anwendbar, die zum Zeitpunkt des Abschlusses des zuletzt abgeschlossenen Tarifvertrag im Betrieb die **meisten Mitglieder** hat (§ 4a Abs. 2 Satz 2 TVG). 18

Anwendung von Tarifverträgen bei Tarifpluralität

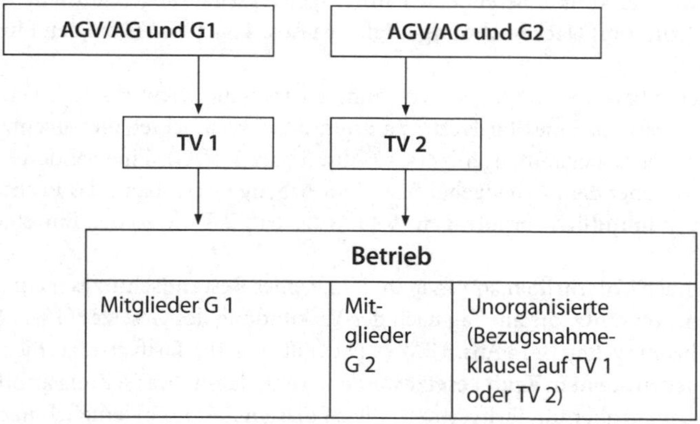

Anwendung von Tarifverträgen nach § 4a TVG

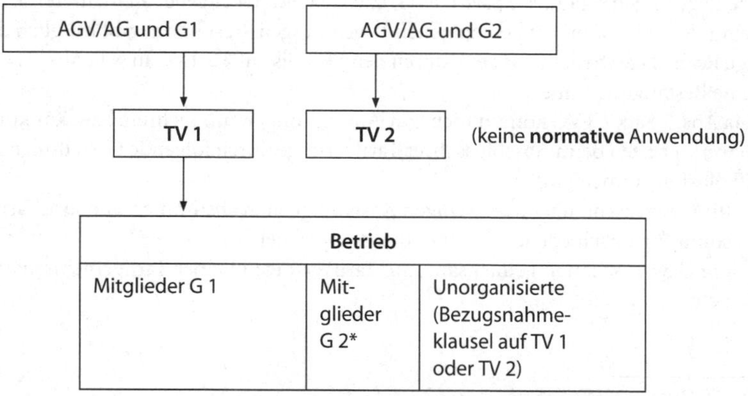

* Bezugnahmeklausel auf TV 1(oder TV 2) oder TV 1 durch »Nachzeichnung«

19 Zur Feststellung der Anwendbarkeit eines kollidierenden Tarifvertrages bzw. der Zahl der Mitglieder konkurrierender Gewerkschaften in einem Betrieb sind **im Streifall** die **Arbeitsgerichte im Beschlussverfahren** (vgl. dazu Rn. 84ff.) zuständig (§ 2a Abs. 1 Nr. 6 ArbGG). Antragsberechtigt zur Einleitung eines derartigen Beschlussverfahrens sind die **Tarifvertragsparteien** eines kollidierenden Tarifvertrages (§ 99 Abs. 1 ArbGG), d.h. die Gewerkschaften sowie der Arbeitgeberverband (Verbandstarifvertrag) oder der Arbeitgeber (Firmentarifvertrag). Über die Zahl der Mitglieder einer Gewerkschaft in einem Betrieb kann auch durch die Vorlegung öffentlicher Urkunden (§ 415 ZPO), also im vorliegenden Zusammenhang durch **notarielle Erklärung**, Beweis angetreten werden (§ 58 Abs. 3 ArbGG).

20 Die Minderheitsgewerkschaft hat einen vom Arbeitgeber bzw. Arbeitgeberverband, der Tarifvertragspartei des Mehrheitstarifvertrages ist, zu erfüllenden Rechtsanspruch auf Abschluss des von der konkurrierenden Mehrheitsgewerkschaft abgeschlossenen Tarifvertrages (»**Anspruch auf Nachzeichnung**«, vgl. § 4a Abs. 4 Satz 1 TVG; zu den Einzelheiten vgl. Rn. 71ff.).

21 Der Arbeitgeber bzw. der Arbeitgeberverband, der mit einer Gewerkschaft Verhandlungen über den Abschluss eines Tarifvertrag aufnimmt, ist verpflichtet, dies »rechtzeitig und in geeigneter Weise« bekanntzugeben (§ 4a Abs. 5 Satz 1 TVG). Eine »andere« Gewerkschaft hat gegenüber dem Arbeitgeber bzw. dem Arbeitgeberverband das Recht, ihre **Tarifforderungen mündlich vorzutragen** (§ 4a Abs. 5 Satz 2 TVG; zu den Einzelheiten vgl. Rn. 77ff.).

22 Die vorstehenden Vorschriften kommen im Sinne eines **Bestandschutzes** nicht auf Tarifverträge zu Anwendung, die am Tag nach der Verkündung des Gesetzes (10.7.2015) zur Tarifeinheit bereits gelten (§ 13 Abs. 3 TVG). Dies gilt auch für Tarifverträge, die nach dem 10.7.2015 **rückwirkend in Kraft gesetzt** werden, wenn damit ihre Geltung am 10.7.2015 bewirkt wird, nicht aber für Tarifverträge, die zu diesem Zeitpunkt lediglich **nachwirken** (§ 4 Abs. 5 TVG; vgl. dazu § 4 Rn. 293ff.).[33]

2. Tarifkollision

23 Die Regelung in § 4a Abs. 2 Satz 1 TVG, nach der ein Arbeitgeber an mehrere Tarifverträge gebunden sein kann, hat keinen neuen Regelungsgehalt, sondern gibt lediglich die bisherige Rechtslage wieder (was auch durch den Verweis auf § 3 TVG in § 4a Abs. 2 Satz 1 TVG seine Bestätigung findet).

24 § 4a Abs. 2 Satz 2 TVG kommt nicht zur Anwendung, wenn mehrere bzw. konkurrierende Gewerkschaften beim Abschluss ihrer Tarifverträge durch folgende Gestaltungen eine Tarifkollision vermeiden:[34]

- die Gewerkschaften ihre jeweiligen Zuständigkeiten abstimmen und ihre Tarifverträge somit für verschiedene Arbeitnehmergruppen gelten,
- die Gewerkschaften gemeinsam ihre Tarifverträge in einer Tarifgemeinschaft verhandeln,

33 BT-Drucks. 18/4062, S. 15.
34 BT-Drucks. 18/4062, S. 9.

- die Gewerkschaften, ohne in einer Tarifgemeinschaft verbunden zu sein, inhaltsgleiche Tarifverträge abschließen,
- eine Gewerkschaft den Tarifvertrag einer anderen Gewerkschaft nachzeichnet (sogenannter Anschlusstarifvertrag),
- innerhalb eines Zusammenschlusses mehrerer Gewerkschaften verbandsinterne Konfliktlösungsverfahren genutzt werden oder
- eine Gewerkschaft die Ergänzung ihres Tarifwerks durch tarifvertragliche Regelungen einer anderen Gewerkschaft gestattet.

Die **einvernehmliche Anwendung der Rechtsnormen kollidierender Tarifverträge** (autonom vereinbarte Tarifkollision) durch die Tarifvertragsparteien ist nach dem Wortlaut von § 4a Abs. 2 Satz 2 TVG und der Begründung des Gesetzes[35] nicht zulässig (vgl. Rn. 38).

25 Eine auflösungsbedürftige **Tarifkollision** liegt gemäß § 4a Abs. 2 Satz 2 TVG vor, wenn sich die **Geltungsbereiche** (zum Geltungsbereich des Tarifvertrages vgl. § 4 Rn. 13ff.) **nicht inhaltsgleicher** Tarifverträge **verschiedener** Gewerkschaften überschneiden. Die neue Definition dieses Sachverhalts als (auflösungsbedürftige) »Tarifkollision« ist dem **System des deutschen Tarifrechts in gewisser Weise fremd**, nach dem Tarifverträge normativ nur für die Mitglieder der tarifschließenden Tarifvertragsparteien gelten.[36] Danach kann es nämlich – im Unterschied zum Fall der Tarifkonkurrenz (vgl. dazu § 4 Rn. 60ff.) – nach bisheriger Rechtslage bei Tarifpluralität tarifrechtlich nicht zur Kollision der Inhalts-, Abschluss- und Beendigungsnormen von Tarifverträgen kommen, weil diese auch bei mehrfacher Tarifbindung des Arbeitgebers für Arbeitsverhältnisse derselben Art gemäß § 3 Abs. 1, § 4 Abs. 1 TVG jeweils (nur) für die Mitglieder der tarifschließenden Gewerkschaften gelten.[37]

26 Die Vorschrift stellt auf die **Überschneidung** der räumlichen (geografisches Gebiet), betrieblich-fachlichen (Wirtschaftszeig, Betriebe), persönlichen (Eigenschaften der Arbeitnehmer bzw. Zugehörigkeit zu einer bestimmten Berufsgruppe) **und** zeitlichen (Laufzeit) Geltungsbereiche der Tarifverträge ab.

27 Tarifverträge sind **nicht inhaltsgleich**, wenn sie unterschiedliche Regelungsgegenstände haben (z.B. ein Tarifvertrag zum Arbeits- und Gesundheitsschutz und ein Tarifvertrag zur Betrieblichen Altersversorgung) oder den gleichen Regelungsgegenstand unterschiedlich regeln (z.B. Entgelttarifverträge mit voneinander abweichenden Eingruppierungsbestimmungen und/oder Entgelttabellen).

28 Zu einer Kollision von Tarifverträgen i.S.d. § 4a Abs. 2 Satz 2 TVG kann es nur kommen, wenn die kollidierenden Tarifverträge – als eine Voraussetzung ihrer Wirksamkeit – von unterschiedlichen **Gewerkschaften** abgeschlossen werden, d.h. es muss sich um **tariffähige** Arbeitnehmerkoalitionen handeln (zu den Anforderungen an die Tariffähigkeit einer Arbeitnehmerkoalition vgl. § 2 Rn. 12ff., 39),[38] die für den Betrieb **tarifzuständig** sind (zu den Anforderungen an die Tarifzuständigkeit einer Gewerkschaft vgl. § 2

35 BT-Drucks. 18/4062, S. 9, 12.
36 Ähnlich Konzen/Schliemann, RdA 15, 1, 8.
37 BAG 7.7.10 – 4 AZR 549/08, NZA 10, 1068.
38 So auch die Gesetzesbegründung: BT-Drucks. 18/4062, S. 12.

Rn. 104ff.). Bei Bestehen von Abgrenzungsstreitigkeiten über die **Tarifzuständigkeit der Gewerkschaften im DGB** sieht die Satzung des DGB ein verbindliches **Vermittlungs- und Schiedsgerichtsverfahren** vor. In diesem Verfahren wird über die Tarifzuständigkeit der beteiligten Gewerkschaften **mit verbindlicher Außenwirkung**[39] entschieden (vgl. dazu § 2 Rn. 121 f.), so dass das Entstehen einer Tarifkollision i. S. d. § 4a Abs. 2 Satz 2 TVG vermieden wird.

29 Für das Vorliegen einer Tarifkollision soll es nicht darauf ankommen, ob sich die **Regelungsgegenstände** der kollidierenden Tarifverträge ganz oder teilweise decken.[40] Der Grundsatz der Tarifeinheit soll auch dann gelten, wenn die Rechtsnormen der kollidierenden Tarifverträge **unterschiedliche Regelungsgegenstände** haben.[41] Dies soll nach der Gesetzesbegründung erforderlich sein, weil die Gewerkschaft des Mehrheitstarifvertrages regelmäßig eine **ganzheitliche Vertretung der Interessen** der Arbeitnehmerinnen und Arbeitnehmer beabsichtige und einzelne, im Mehrheitstarifvertrag nicht normierte Gegenstände, nicht der Regelungskompetenz einer konkurrierenden Gewerkschaft überlassen wolle. Etwas anderes könne nur gelten, wenn sich ausreichende Anhaltspunkte für den **Willen der Tarifvertragsparteien des Mehrheitstarifvertrages** feststellen lassen, dass sie eine Ergänzung ihrer tarifvertraglichen Regelungen durch Rechtsnormen eines Tarifvertrages mit konkurrierenden Gewerkschaften, der im Mehrheitstarifvertrag nicht geregelte Gegenstände enthält, zulassen wollen.[42]

30 Ob diese Voraussetzung vorliegt, ist im Zweifel durch Auslegung des Mehrheitstarifvertrages festzustellen. In der Regel ergibt sich daraus – unabhängig vom Regelungsumfang des Mehrheitstarifvertrages – eine **Sperrung des gesamten Spektrums zulässiger tarifvertraglicher Regelungsgegenstände** für eine normative Regelung (zu schuldrechtlichen Tarifregelungen s. Rn. 40) durch die Minderheitsgewerkschaft. Hat etwa die Mehrheitsgewerkschaft lediglich einen Manteltarifvertrag und einen Entgelttarifvertrag abgeschlossen und nur die Minderheitsgewerkschaft zusätzlich einen Tarifvertrag zur betrieblichen Altersversorgung oder zum Gesundheitsschutz, ist die Anwendbarkeit aller Tarifverträge der Minderheitsgewerkschaft einschließlich des Tarifvertrags zur betrieblichen Altersversorgung oder zum Gesundheitsschutz ausgeschlossen. Dieser absolute Ausschluss der Anwendung der Tarifverträge der Minderheitsgewerkschaft hat auch unter Berücksichtigung der Intention des Gesetzgebers, Tarifkollisionen zu vermeiden (zur Kritik vgl. Rn. 6ff.), eine **überschießende Wirkung**. Dies spricht dafür, im Wege verfassungskonformer Auslegung der Vorschrift im vorstehend geschilderten Beispiel die Anwendung des Tarifvertrages der Minderheitsgewerkschaft zur betrieblichen Altersversorgung oder zum Gesundheitsschutz für zulässig zu erachten. Das kann dazu führen, dass bei gleichzeitiger Wahrnehmung des Rechts der Minderheitsgewerkschaft zur Nachzeichnung des Mehrheitstarifvertrages gemäß § 4a Abs. 4 TVG (vgl. dazu Rn. 71ff.) für die Mitglieder der Minderheitsgewerkschaft zwei **nicht aufeinander abgestimmte Tarifwerke** zur Anwen-

39 BAG 27.9.05 – 1 ABR 41/04, NZA 06, 273; 12.12.99 – 1 ABR 74/98, AP Nr. 14 zu § 2 TVG Tarifzuständigkeit.
40 BT-Drucks. 18/4062, S. 13,
41 Däubler, Gutachten, S. 6; Konzen/Schliemann, RdA 15, 1,7.
42 BT-Drucks. 18/4062, 20.2.15, S. 13, unter Verweis auf BAG 5.9.90 – 4 AZR 59/90, AP Nr. 19 zu § 4 TVG Tarifkonkurrenz.

dung kommen könnten (zur ähnlichen Problematik der kombinierten Anwendung von Inhalts-, Abschluss- und Beendigungsnormen und Betriebsnormen aus unterschiedlichen Tarifverträgen im Fall der Tarifmehrheit vgl. § 4 Rn. 68, 107).

Dieser absolute Regelungsvorrang für die Mehrheitsgewerkschaft wird gemäß § 4a Abs. 3 TVG für **Tarifverträge über betriebsverfassungsrechtliche Fragen** (vgl. § 3 Abs. 1 und § 117 Abs. 2 BetrVG) eingeschränkt. Haben die Tarifvertragsparteien des Mehrheitstarifvertrages keinen Tarifvertrag mit dem Regelungsgegenstand einer betriebsverfassungsrechtlichen Frage gem. § 3 Abs. 1 oder § 117 Abs. 2 BetrVG abgeschlossen, ist ein entsprechender **Tarifvertrag einer Minderheitsgewerkschaft anwendbar.**[43] Die Vorschrift soll der Kontinuität tarifvertraglich geschaffener betriebsverfassungsrechtlicher Strukturen dienen,[44] verhält sich aber nicht zu der Frage, welchen Stellenwert die Kontinuität derartiger Betriebsrats- bzw. Vertretungsstrukturen noch haben soll, wenn während der Laufzeit des Minderheitstarifvertrages ein Mehrheitstarifvertrag abgeschlossen wird.[45] **31**

In diesem Fall stellt sich die Frage, **auf welchen Betrieb bzw. welche Betriebe** für die **Feststellung der Mehrheitsverhältnisse** abzustellen ist. Zunächst ist zu beantworten, ob der durch den Zuordnungstarifvertrag der Minderheitsgewerkschaft gebildete Betrieb oder der vor Inkrafttreten des Zuordnungstarifvertrages der Minderheitsgewerkschaft bestehende Betrieb maßgeblich ist. Da § 4a Abs. 2 Satz 2 TVG für den Regelfall am Betriebsbegriff gem. § 1 Abs. 1 Satz1 BetrVG anknüpft, ist der **vor Inkrafttreten des Minderheitstarifvertrages bestehende Betrieb** maßgeblich. Wurden auf Grundlage des Zuordnungstarifvertrages der Minderheitsgewerkschaft mehrere Betriebe gebildet bzw. bestanden vor seinem Inkrafttreten mehrere Betriebe, kann zusätzlich das Problem auftreten, dass sich die Mehrheitsverhältnisse in den einzelnen Betrieben unterschiedlich darstellen. Da ein Zuordnungstarifvertrag in vielen Fällen eine ursprünglich aus zahlreichen Betrieben bestehende Betriebsrats- bzw. Vertretungsstruktur neu regelt, kann er sinnvoll auch nur für alle von ihm erfassten Betriebe einheitlich gelten. Aus diesem Grund kann in diesem Fall nicht auf die Mehrheitsverhältnisse in den einzelnen Betrieben abgestellt werden, sondern nur auf die **Mehrheit der Gewerkschaftsmitglieder in der Gesamtheit aller vom Zuordnungstarifvertrag erfassten Betriebe.** Dies kann im Ergebnis dazu führen, dass neben dem Zuordnungstarifvertrag der Mehrheitsgewerkschaft (die über die Mehrheit der Gewerkschaftsmitglieder in der Gesamtheit aller vom Zuordnungstarifvertrag erfassten Betriebe verfügt) in einigen dieser Betriebe die den Inhalt der Arbeitsverhältnisse regelnden Tarifverträge der Gewerkschaft gelten, die zwar bezogen auf die Gesamtheit der Betriebe die Minderheitsgewerkschaft ist, in einzelnen dieser Betriebe aber Mehrheitsgewerkschaft. **32**

Trifft ein Minderheitstarifvertrag über betriebsverfassungsrechtliche Fragen gem. § 3 Abs. 1 oder § 117 Abs. 2 BetrVG auf einen **bereits bestehenden Zuordnungstarifvertrag der Mehrheitsgewerkschaft**, kommt der Minderheitstarifvertrag gemäß § 4a Abs. 2 Satz 2 **33**

43 Däubler, Gutachten, S. 6; Greiner, RdA 15, 36, 40; s. dazu auch den Beschluss des BAG 27.9.09 – 7 ABR 27/08, NZA 09, 1424, in dem ein von einer mit 10 Mitgliedern in einem Betrieb mit 1600 Beschäftigten vertretenen Gewerkschaft gem. § 3 abs. 1 BetrVG abgeschlossene Tarifvertrag für wirksam gehalten wird.

44 BT-Drucks. 18/4062, S. 14.

45 Zur Problematik der Auflösung derartiger Tarifkonkurrenzen s. DKKW-Trümner, § 3 Rn. 217ff.

TVG nicht zur Anwendung (zur Bestimmung des Betriebes bzw. der Betriebe, die für die Feststellung der Mehrheitsverhältnisse maßgeblich sind, s. Rn. 32).

34 Rechtsnormen über betriebsverfassungsrechtliche Fragen – im Unterschied zu den das Arbeitsverhältnis gestaltenden Rechtsnormen (§ 4 Abs. 1 TVG, vgl. dazu § 4 TVG Rn. 9) – kommen bereits dann in einem Betrieb zur Anwendung, wenn allein der **Arbeitgeber tarifgebunden** ist (§ 3 Abs. 2 TVG, vgl. § 3 Rn. 63ff.). Für deren zwingende und unmittelbare Geltung kommt es auf die **Tarifbindung der Arbeitnehmer** und Arbeitnehmerinnen u.a. deshalb nicht an, weil derartige Normen wegen ihres Regelungsgegenstands notwendig nur betriebseinheitlich zur Anwendung kommen können.[46] Es liegt **kein Fall der Tarifpluralität** vor, sondern der **Tarifkonkurrenz** (zur dieser Unterscheidung vgl. § 4 Rn. 48ff.). Tarifkonkurrenzen sind bereits nach bisheriger Rechtslage (h.M.) nach dem **Grundsatz der Tarifeinheit** aufzulösen (vgl. dazu § 4 Rn. 62ff., 67), wobei das BAG grundsätzlich auf das **Spezialitätsprinzip** und hilfsweise auf das **Mehrheitsprinzip** abstellt (vgl. dazu § 4 Rn. 67).[47] Für den Fall der Tarifkonkurrenz aufgrund der Vorliegens mehrerer Tarifverträge zu betriebsverfassungsrechtlichen Fragen gem. § 3 Abs. 1 oder § 117 Abs. 2 BetrVG ist durch § 4a Abs. 2 Satz 2 i.V.m. § 4a Abs. 3 TVG nunmehr gesetzlich geregelt, dass der Zuordnungstarifvertrag der Gewerkschaft, die im vor Inkrafttreten des Zuordnungstarifvertrages bestehenden Betrieb (bzw. in den bestehenden Betrieben, vgl. dazu Rn. 32) die meisten Mitglieder hat bzw. hatte, den Zuordnungstarifvertrag der Minderheitsgewerkschaft verdrängt.[48]

35 Soweit Tarifverträge einer **Branchen-** und einer **Berufsgruppengewerkschaft** über betriebsverfassungsrechtliche Fragen mit sich überschneidenden Geltungsbereichen aufeinandertreffen, kann es in der Regel zu **keiner Tarifkollision bzw. Tarifkonkurrenz** kommen, weil der Abschluss eines derartigen Tarifvertrages wegen seiner notwendig einheitlichen Geltung für alle Arbeitnehmer und Arbeitnehmerinnen eines Betriebes voraussetzt, dass die tarifschließende Gewerkschaft für die gesamte Belegschaft **tarifzuständig** ist. Diese Voraussetzung liegt bei einer Gewerkschaft, die satzungsrechtlich nur für eine bestimmte Berufsgruppe im Betrieb zuständig ist, nicht vor (vgl. dazu § 4 TVG Rn. 67),[49] mit der Folge, dass ein derartiger Tarifvertrag unwirksam ist (vgl. dazu § 2 Rn. 104ff.). Schließlich verlangt das BAG[50] als Voraussetzung der Wirksamkeit eines Tarifvertrages gem. § 3 Abs. 1 oder § 117 Abs. 2 BetrVG neben der Tarifzuständigkeit der tarifschließenden Gewerkschaft zusätzlich, dass diese in den vor Inkrafttreten der abweichenden tarifvertraglichen Regelung bestehenden Betrieben bzw. als Betrieb fingierten betrieblichen Einheiten (§ 1 Abs. 2, § 4 Abs. 1 BetrVG) **mit mindestens einem Mitglied vertreten** ist (zur Problematik der Ermittlung der Mehrheitsverhältnisse in den vor In-

---

46 BAG 26.1.11 – 4 AZR 159/09, NZA 11, 808.

47 BAG 20.3.91 – 4 AZR 455/90, 14.6.89 – 4 AZR 200/89, AP Nrn. 20, 16 zu § 4 TVG Tarifkonkurrenz; 9.12.09 – 4 AZR 190/08, NZA 10, 712; s. aber auch BAG 29.7.09 – 7 ABR 27/08, NZA 09, 1424 (Problematisierung der Geeignetheit des Mehrheitsprinzips für einen Fall, in dem die »Mehrheitsgewerkschaft« bei 1600 Beschäftigten über 10 Mitglieder verfügt).

48 Wendeling-Schröder, NZA 15, 525, 527.

49 BAG 14.1.14 – 1 ABR 66/12, NZA 14, 910; 29.7.09, a.a.O.; KeZa-Wendeling-Schröder, Rn. 229; Schaub-Treber, § 203 Rn. 40; ablehnend Löwisch/Rieble, § 2 Rn. 187ff.

50 29.7.09, a.a.O.; s. dazu auch DKKW-Trümner, § 3 Rn. 15; Fitting, § 3 Rn. 15.

krafttreten eines Tarifvertrag gem. § 3 Abs. 1 oder § 117 Abs. 2 BetrVG bestehenden Betrieben s. Rn. 32).[51]

36 Keine Tarifkollision i. S. d. § 4a Abs. 2 Satz 2 TVG liegt vor, wenn die mehrfache Tarifbindung des Arbeitgebers nicht ausschließlich auf mitgliedschaftlicher Legitimation gemäß § 3 TVG beruht, sondern durch die zusätzliche Tarifbindung an einen für **allgemeinverbindlich erklärten Tarifvertrag** gemäß § 5 TVG (vgl. dazu die Kommentierung bei § 5 TVG; zur Auflösung der Tarifkonkurrenz in diesem Fall vgl. § 4 Rn. 76ff.) hervorgerufen wird.[52] Dies dürfte sich zumindest mittelbar auch aus dem klarstellenden Verweis in § 4a Abs. 2 Satz 1 TVG auf die Möglichkeit der mehrfachen Tarifbindung des Arbeitgebers gemäß § 3 TVG ergeben.

3. Vermeidung von Tarifkollisionen durch ausschließliche Anwendbarkeit des Tarifvertrages der Mehrheitsgewerkschaft

37 Liegt eine Tarifkollision i. S. d. § 4a Abs. 2 Satz 2 TVG vor, ordnet diese Vorschrift an, dass im Betrieb **ausschließlich** die **Rechtsnormen des Mehrheitstarifvertrages anwendbar** sind (zu den Auswirkungen auf den nicht anwendbaren Minderheitstarifvertrag vgl. Rn. 46). Dies soll der in § 4a Abs. 1 TVG formulierten Zielstellung dienen, Tarifkollisionen im Betrieb zu vermeiden. Die ausschließliche Anwendbarkeit des Mehrheitstarifvertrages **folgt also unmittelbar aus der gesetzlichen Regelung** und setzt keine entsprechende **gerichtliche Entscheidung** voraus (zu den Möglichkeiten der beteiligten Tarifvertragsparteien, im Streitfall eine gerichtliche Entscheidung über den ausschließlich anwendbaren Tarifvertrag herbeizuführen vgl. Rn. 84ff.).[53]

38 Nach dem Wortlaut des § 4a Abs. 2 Satz 2 TVG und der Begründung des Gesetzes[54] ist somit die Anwendung nicht inhaltsgleicher Tarifverträge konkurrierender Gewerkschaften auch im Rahmen einer **autonom herbeigeführten Tarifkollision** unzulässig.[55] Eine solche Konstellation kann sich dadurch ergeben, dass es dem Willen aller beteiligten Tarifvertragsparteien entspricht, eine **Tarifkollision hinzunehmen und zu praktizieren**. Beispielsweise kann sich ein Arbeitgeber oder ein Arbeitgeberverband mit zwei konkurrierenden Gewerkschaften ausdrücklich oder konkludent darauf verständigen, dass der von beiden Gewerkschaften mit ihm abgeschlossene (nicht inhaltsgleiche) Tarifvertrag jeweils für die Mitglieder der tarifschließenden Gewerkschaft zur Anwendung kommt, und dass unorganisierten Arbeitnehmern und Arbeitnehmerinnen hinsichtlich der Geltung einer der beiden Tarifverträge für ihr Arbeitsverhältnis ein Wahlrecht eingeräumt wird. In der Gesetzesbegründung wird zwar hervorgehoben, die gesetzlichen Vorschriften über die Vermeidung von Tarifkollisionen würden nur subsidiär greifen (vgl. dazu Rn. 24), bestehende Gestaltungsmöglichkeiten der Tarifvertragsparteien nicht beschränkt und das

51 Zustimmend DKKW-Trümner, a.a.O.
52 BT-Drucks. 18/4062, S. 12; ebenso Konzen/Schliemann, a.a.O., 7f.
53 Konzen/Schliemann, a.a.O., 8.
54 BT-Drucks. 18/4062, 20. 2. 15, S. 9, 12: »Es ist Aufgabe der Tarifvertragsparteien, durch autonome Entscheidungen Tarifkollisionen zu vermeiden. (...) Der Grundsatz der Tarifeinheit greift als Kollisionsregel mithin nur subsidiär ein, wenn es den Tarifvertragsparteie im Wege autonomer Entscheidungen nicht gelingt, Tarifkollisionen zu vermeiden.«
55 Wie hier Konzen/Schliemann, a.a.O., 9; a. A. Däubler, Gutachten, S. 5.

Entstehen tarifpluraler Konstellationen nicht verhindert,[56] doch soll es den Tarifvertragsparteien nach dem Willen des Gesetzgebers nicht gestattet sein, eine Tarifkollision hinzunehmen. Die »autonomen«[57] Entscheidungen der Tarifvertragsparteien haben sich insoweit an der Vorgabe des Gesetzgebers zu orientieren, dass Tarifkollisionen ausnahmslos zu vermeiden sind. Dies dürfte selbst bei Akzeptanz der Zwecksetzung und Erforderlichkeit einer gesetzlichen Regelung der Tarifeinheit (zur Kritik vgl. Rn. 6ff.), nämlich der Sicherung der Funktionsfähigkeit der Tarifautonomie, eine deutlich überschießende gesetzliche Intervention in tarifautonom getroffene einvernehmliche Entscheidungen der Tarifvertragsparteien darstellen. Dies hat im Ergebnis einer verfassungskonformen Auslegung von § 4a Abs. 2 Satz 2 TVG zur Konsequenz, dass nach hier vertretener Auffassung die **Anwendung sich überschneidender und nicht inhaltsgleicher Tarifverträge** im Wege der **autonom herbeigeführten Tarifkollision zulässig** ist.

39 Wenn der Mehrheitstarifvertrag nach seinem **persönlichen Geltungsbereich nicht alle Arbeitnehmer** und Arbeitnehmerinnen eines Betriebes **erfasst**, bleibt der **Minderheitstarifvertrag anwendbar**, soweit sich die persönlichen Geltungsbereiche beider Tarifverträge nicht überschneiden.[58] Wäre beispielsweise im Betrieb eines Krankenhausunternehmens der Tarifvertrag des MB, der nur die Berufsgruppe der Ärzte erfasst, aufgrund der größeren Anzahl an Gewerkschaftsmitgliedern im gesamten Betrieb der Mehrheitstarifvertrag, wäre der Minderheitstarifvertrag von ver.di nur im Umfang des Überschneidungsbereichs der persönlichen Geltungsbereiche beider Tarifverträge (Berufsgruppe der Ärzte) unanwendbar. Für das Pflegepersonal und die sonstigen Arbeitnehmer und Arbeitnehmerinnen des Krankenhausbetriebs käme der Minderheitstarifvertrag von ver.di zur Anwendung.

40 Enthält ein i.S.d. § 4a Abs. 2 Satz 2 TVG kollidierender Minderheitstarifvertrag **schuldrechtliche Regelungen** (siehe dazu § 1 Rn. 400ff.) wird deren Anwendbarkeit durch § 4a Abs. 2 Satz 2 TVG nicht ausgeschlossen. Die gesetzlich angeordnete Nichtanwendbarkeit gilt gemäß § 4a Abs. 2 Satz 2 TVG ausschließlich für die **Rechtsnormen** des Minderheitstarifvertrages. Verpflichtet beispielsweise ein Minderheitstarifvertrag den Arbeitgeber, unter bestimmten Voraussetzungen keine betriebsbedingten Kündigungen auszusprechen, Privatisierungen oder Fremdvergaben zu unterlassen, keine Leiharbeitnehmer und Leiharbeitnehmerinnen zu beschäftigen, mit den Arbeitnehmern bestimmte Entgelt- und Arbeitsbedingungen arbeitsvertraglich zu vereinbaren oder enthält er Regelungen zugunsten der Arbeitnehmer i. S. eines Vertrages zugunsten Dritter (zu weiteren Beispielen s. § 1 Rn. 402ff.), ist der Tarifvertrag anwendbar (zur Durchsetzbarkeit schuldrechtlich wirkender Tarifregelungen durch einen Streik vgl. Rn. 113 und AKR Rn. 24).

41 Zur **Feststellung des Mehrheitstarifvertrages** i.S.d. des § 4a Abs. 2 Satz 2 TVG ist zu ermitteln, welche der beteiligten Gewerkschaften im Betrieb **die meisten** in einem Arbeitsverhältnis zum tarifgebundenen Arbeitgeber stehenden Arbeitnehmer als **Mitglieder** hat (zu den Einzelheiten der Feststellung der Mehrheit vgl. Rn. 59ff.).

42 Maßgeblicher **Stichtag** für die Ermittlung der Anzahl der Mitglieder der Gewerkschaften ist in der Regel der **Zeitpunkt des Abschlusses des zuletzt abgeschlossenen Tarifvertra-**

56 BT-Drucks. 18/4062, S. 11.
57 BT-Drucks. 18/4062, S. 9, 12.
58 BT-Drucks. 18/4062, S. 13; Konzen/Schliemann, RdA 15, 1, 7; a.A. Däubler, Gutachten, S. 6.

ges (§ 4a Abs. 2 Satz 2 TVG). Zu diesem Zeitpunkt kann die Tarifkollision erstmals entstehen.[59] Kollidieren Tarifverträge erst **zu einem späteren Zeitpunkt**, ist dieser für die Feststellung der Mehrheitsgewerkschaft maßgeblich (§ 4a Abs. 2 Satz3 TVG). Dies kann etwa der Fall sein, wenn der zuletzt abgeschlossene Tarifvertrag erst nach dem Zeitpunkt seines Abschlusses in Kraft tritt, ein Arbeitgeber erst nach Abschluss des kollidierenden Tarifvertrages Mitglied des tarifschließenden Arbeitgeberverbandes wird oder ein Betrieb eines tarifgebundenen Arbeitgebers neu gegründet wird.[60]

Nicht ausdrücklich geregelt ist der Fall, dass der **zuletzt abgeschlossene Tarifvertrag** von den Tarifvertragsparteien **rückwirkend in Kraft** gesetzt wird. In diesem Fall entsteht die Tarifkollision zwar zum Zeitpunkt des zuletzt abgeschlossenen Tarifvertrages, realisiert sich aber bereits zu einem vor dem Abschluss des Tarifvertrages liegenden Zeitpunkt. Dem Gesetzeszweck entsprechend, Tarifkollisionen zu vermeiden, kann deshalb der Minderheitstarifvertrag ab dem Zeitpunkt des rückwirkenden Inkrafttretens des zuletzt abgeschlossenen Tarifvertrages nicht zur Anwendung kommen. Dies hat folgende Konsequenzen: 43

- Ist der zuletzt abgeschlossene Tarifvertrag der (nicht anwendbare) Minderheitstarifvertrag, führt dies zu keinen besonderen Problemen.
- Wird der zuletzt abgeschlossene Tarifvertrag von der Mehrheitsgewerkschaft abgeschlossen, können Nachforderungsansprüche der Mitglieder der Mehrheitsgewerkschaft entstehen, wenn deren Tarifvertrag erstmals abgeschlossen wurde und für ihre Mitglieder der (ungünstigere Regelungen enthaltende) Minderheitstarifvertrag arbeitsvertraglich angewendet wurde.
- Enthält der (nicht anwendbare) Minderheitstarifvertrag günstigere Regelungen als der Mehrheitstarifvertrag und wurde dieser Tarifvertrag auch arbeitsvertraglich zur Anwendung gebracht, kann der Arbeitgeber keine Rückforderungsansprüche geltend machen (zur Möglichkeit, einen gemäß § 4a Abs. 2 Satz 2 TVG nicht anwendbaren Tarifvertrag durch eine entsprechende arbeitsvertragliche Vereinbarung oder durch betriebliche Übung anzuwenden s. Rn. 46).

Der **Abschluss eines Tarifvertrages** i. S. d. § 4a Abs. 2 Satz 2 TVG setzt sein wirksames Zustandekommen unter Beachtung der **Schriftform** gemäß § 1 Abs. 2 TVG voraus (zu den Voraussetzungen vgl. § 1 Rn. 31 ff., 46 ff.). Der Gesetzgeber hat nicht ausdrücklich geregelt, ob und wie **Veränderungen der Mehrheitsverhältnisse** im Betrieb nach ihrer Feststellung zum Zeitpunkt des Abschlusses des zuletzt abgeschlossenen Tarifvertrages oder eines späteren Kollisionszeitpunktes bzw. während der Laufzeit der kollidierenden Tarifverträge zu berücksichtigen sind. Der Gesetzesbegründung zufolge sollen die zum Zeitpunkt des zuletzt abgeschlossen Tarifvertrages **festgestellten Mehrheitsverhältnisse solange maßgeblich** bleiben, bis es zu einer **erneuten Tarifkollision** kommt.[61] Eine erneute Tarifkollision entsteht, wenn einer der kollidierenden Tarifverträge **neu abgeschlossen** oder **geändert**[62] wird. Keine Änderung des Tarifvertrages soll der Gesetzesbegründung zufolge vorliegen, wenn durch eine ergänzende tarifvertragliche Regelung durch die Ta- 44

59 BT-Drucks. 18/4062, S. 13.
60 BT-Drucks. 18/4062, S. 13.
61 BT-Drucks. 18/4062, S. 13.
62 BT-Drucks. 18/4062, S. 13.

rifvertragsparteien lediglich eine **streitige Auslegungsfrage** klargestellt wird.[63] Diese Unterscheidung könnte zu schwierigen Abgrenzungsproblemen führen.

45 Da § 4a Abs. 2 Satz 2 TVG für die Feststellung der Mehrheit als **Stichtag** auf den **Zeitpunkt des Abschlusses des zuletzt abgeschlossenen Tarifvertrages** abstellt und nicht auf **den Zeitpunkt der Aufforderung an den Arbeitgeber zur Aufnahme von Tarifverhandlungen** zum Abschluss eines – ggf. kollidierenden – Tarifvertrages, hat die **Minderheitsgewerkschaft das Recht**, von einem Arbeitgeber oder Arbeitgeberverband, der bereits mit der Mehrheitsgewerkschaft einen Tarifvertrag abgeschlossen hat, den Abschluss eines weiteren Tarifvertrages zu verlangen und diesen bei Bedarf auch durch einen Streik durchzusetzen (zur Bedeutung des Nachzeichnungsrechts der Minderheitsgewerkschafts in diesem Zusammenhang s. Rn. 71ff.; zu den arbeitskampfrechtlichen Fragestellungen s. Rn. 107ff.).

46 Die **Nichtanwendbarkeit der Rechtsnormen des Minderheitstarifvertrages** gilt ab dem **Kollisionszeitpunkt** gem. § 4a Abs. 2 Satz 2 TVG (Zeitpunkt des Abschlusses des zuletzt abgeschlossenen Tarifvertrages oder Zeitpunkt seines früheren oder späteren Inkrafttretens, vgl. dazu Rn. 43).[64] Durch das gesetzliche Verbot der Anwendung der Rechtsnomen des Minderheitstarifvertrages wird der Minderheitstarifvertrag **nicht unwirksam**.[65] Der Minderheitstarifvertrag kann lediglich für die Dauer seiner Kollision mit dem Mehrheitstarifvertrag in Abweichung von der bisherigen Rechtslage (vgl. § 3 Abs. 1, § 4 Abs. TVG) **keine normative Geltung** beanspruchen. Er wird zugunsten des ausschließlichen normativ geltenden Mehrheitstarifvertrages **verdrängt** (anders nach hier vertretener Auffassung im Ausnahmefall einer autonom vereinbarten Tarifkollision, vgl. Rn. 38).[66] Von dieser Rechtsfolge ging bzw. geht auch die höchstrichterlichen Rspr. im Fall der Auflösung einer Tarifpluralität bzw. Tarifkonkurrenz nach dem Grundsatz der Tarifeinheit aus.[67] Dies ist vor allem in zweifacher Hinsicht von Bedeutung:

- **Endet der verdrängende Mehrheitstarifvertrag**, kann der Minderheitstarifvertrag, bei unveränderten Mehrheitsverhältnissen zumindest bis zum Neuabschluss des Mehrheitstarifvertrages, normative Geltung beanspruchen. Dem steht die Nachwirkung (§ 4 Abs. 5 TVG, s. dazu § 4 Rn. 293ff.) des Mehrheitstarifvertrages nicht entgegen.[68] Im **Nachwirkungszeitraum des Mehrheitstarifvertrages** kann der Arbeitgeber auch mit den tarifgebundenen Arbeitnehmern und Arbeitnehmerinnen vom Mehrheitstarifvertrag abweichende Arbeits- und Entgeltbedingungen vereinbaren, so dass die einheitliche Anwendung des Mehrheitstarifvertrages im Betrieb ohnehin rechtlich nicht gesichert ist.
- Der Wegfall der normativen Geltung des Minderheitstarifvertrages durch die verdrängende Wirkung des Mehrheitstarifvertrages schließt seine **Anwendung auf arbeitsvertraglicher Grundlage** oder **durch betriebliche Übung** nicht aus.[69] Dies findet unab-

63 BT-Drucks. 18/4062, S. 13.
64 So auch Konzen/Schliemann, RdA 15, 1, 8.
65 Konzen/Schliemann, a.a.O.; a.A. Däubler, Gutachten, S. 6.; Schliemann, NZA 14, 1250f.
66 Konzen/Schliemann, a.a.O.
67 BAG 7.7.10 – 4 AZR 549/08, NZA 10, 1068; 20.3.91 – 4 AZR 455/90, AP Nr. 20 zu § 4 TVG Tarifkonkurrenz.
68 So wohl auch Konzen/Schliemann, a.a.O.
69 Konzen/Schliemann, a.a.O.

hängig davon, dass der Minderheitstarifvertrag aufgrund einer Tarifkollision nicht unwirksam ist, sondern lediglich verdrängt wird, seine Bestätigung zusätzlich darin, dass es grundsätzlich zulässig ist, die Anwendung auch eines unwirksamen Tarifvertrages arbeitsvertraglich zu vereinbaren (vgl. dazu § 3 Rn. 264).[70]

4. Betrieb als Bezugsrahmen für die Feststellung der Mehrheitsgewerkschaft

Gem. § 4a Abs. 2 Satz 2 TVG kommt es für die Anwendbarkeit kollidierender Tarifverträge bzw. die Feststellung des Mehrheits- und Minderheitstarifvertrages auf die Mehrheit der Mitglieder der tarifschließenden Gewerkschaften **im Betrieb** an. Der Betriebsbegriff wird nicht definiert, sondern – wie in nahezu allen arbeitsrechtlichen Vorschriften – vorausgesetzt. Der Gesetzesbegründung zufolge ist der für die Auslegung von § 4a Abs. 2 Satz 2 TVG maßgebende **Betriebsbegriff »tarifrechtlich«** zu bestimmen, wobei der tarifrechtliche Betriebsbegriff in seiner »grundsätzlichen Ausrichtung dem **betriebsverfassungsrechtlichen Betriebsbegriff**« entspreche.[71] 47

Ob es einen **allgemein anerkannten »tarifrechtlichen Betriebsbegriff«** gibt, ist mehr als fraglich.[72] Das ergibt sich bereits daraus, dass es grundsätzlich in der autonomen Regelungskompetenz der Tarifvertragsparteien liegt, ob und wie sie im Rahmen der Bestimmung des betrieblich-fachlichen Geltungsbereichs (s. dazu § 4 Rn. 24ff.) ihrer Tarifverträge die Betriebe definieren bzw. abgrenzen, die von den von ihnen abgeschlossenen Tarifverträgen erfasst werden.[73] Soweit in § 3 Abs. 2, § 8 TVG der Begriff des Betriebs ausdrücklich Verwendung findet,[74] hat auch dies für die Bestimmung eines eigenständigen, allgemein gültigen tarifrechtlichen Betriebsbegriffs nur beschränkten Erkenntniswert. Im Zweifel wird daher von Literatur und Rspr. bei der Verwendung des Begriffs Betrieb durch die Tarifvertragsparteien mangels anderer Anhaltspunkte für ein spezielles tarifrechtliches Verständnis des Betriebs in den Tarifverträgen auf den **allgemeinen arbeitsrechtlichen Betriebsbegriff** abgestellt,[75] der wiederum weitgehend dem von der höchstrichterlichen Rspr. verwendeten **betriebsverfassungsrechtlichen Betriebsbegriff**[76] entspricht. Danach wird der Betrieb definiert[77] als die organisatorische Einheit, innerhalb derer ein Arbeitgeber allein oder mit seinen Arbeitnehmern mit Hilfe von technischen und immateriellen Mitteln bestimmte arbeitstechnische Zwecke fortgesetzt verfolgt und der Einsatz der menschlichen Arbeitskraft durch einen einheitlichen Leitungsapparat gesteuert wird.[78] 48

---

70 BAG 7.12.77 – 4 AZR 474/76, AP Nr. 9 zu § 4 TVG Nachwirkung (Rn. 13).
71 BT-Drucks. 18/4062, S. 13.
72 Ähnlich Bayreuther, NZA 13, 1395, 1397.
73 Vgl. etwa BAG 11.9.91 – 4 AZR 40/91, NZA 92, 422 (Betriebsbegriff BRTV-Bau).
74 S. dazu KeZa-Stein, § 4 Rn. 144: »Betriebsbegriff des Tarifvertragsgesetzes«.
75 Däubler-Deinert, § 4 Rn. 238; JKOS-Jacobs, § 5 Rn. 53; Schaub-Treber, § 203 Rn. 14.
76 Dazu kritisch DKKW-Trümner, § 1 Rn. 58.
77 Auf diese Definition wird auch in der Gesetzbegründung abgestellt: BT-Drucks. 18/4062, 20.2.15, S. 13.
78 So etwa BAG 29.5.91 – 7 ABR 54/90, AP Nr. 5 zu § 4 BetrVG 1972 (zum BetrVG); 28.10.10 – 2 AZR 392/08, DB 11, 118 (zum KSchG); 9.12.09 – 7 ABR 38/08, NZA 10, 906; 17.1.07 – 7 ABR 63/05, NZA 07, 703 (jeweils zum BetrVG); Fitting, § 1 Rn. 62ff.; kritisch DKKW-Trümner, § 1

49 Abgesehen davon, dass es bereits wegen der grundsätzlichen Ausrichtung des Tarifvertragssystems auf die **überbetriebliche Regelung der Arbeits- und Entgeltbedingungen** und der einseitigen **Bestimmbarkeit des Zuschnitts eines Betriebs durch den Arbeitgeber** funktionswidrig ist, für die Feststellung der Anwendbarkeit kollidierender Tarifverträge auf die Mehrheitsverhältnisse im einzelnen Betrieb abzustellen, ermöglicht die **Heranziehung des betriebsverfassungsrechtlichen Betriebsbegriffs** zur Definition des maßgeblichen Betriebs i.S.d. § 4a Abs. 2 Satz 2 TVG dennoch ein höheres Maß an Berechenbarkeit[79] als das Abstellen auf einen noch weniger konturierten tarifrechtlichen Betriebsbegriff, dessen Ausgestaltung zudem der Disposition der Tarifvertragsparteien (und damit auch der konkurrierenden Gewerkschaften) unterliegen würde (s. Rn. 48).

50 Für die Identifikation des für die Feststellung der Mehrheitsverhältnisse maßgeblichen Betriebs ist demnach auf den **betriebsverfassungsrechtlichen Betriebsbegriff** abzustellen,[80] was zusätzlich seine Bestätigung dadurch findet, dass gem. § 4a Abs. 2 Satz 3 TVG als Betrieb i.S.d. § 4a Abs. 2 Satz 2 TVG auch ein Betrieb nach § 1 Abs. 1 Satz 2 BetrVG (**gemeinsamer Betrieb mehrerer Unternehmen**) und ein durch Tarifvertrag **nach § 3 Abs. 1 Nr. 1–3 BetrVG errichteter Betrieb** gilt.[81] Dies dürfte wohl auch für die **als Betrieb fingierten Betriebsteile gem. § 4 Abs. 1 Satz 1 BetrVG** gelten, die im Gesetzestext und der Gesetzesbegründung keine ausdrückliche Erwähnung gefunden haben.

51 Unbeantwortet lassen der Wortlaut der gesetzlichen Regelung und die Gesetzesbegründung die Frage, ob und wie § 4a Abs. 2 Satz 2 TVG im **Öffentlichen Dienst bzw. im Geltungsbereich der Personalvertretungsgesetze** zur Anwendung gebracht werden soll.[82] Eine der Vorschrift des § 23 Abs. Satz1 KSchG ähnliche Regelung, die Betriebe und Verwaltungen des öffentlichen Rechts in den Geltungsbereich des KSchG einbezieht, wurde in § 4a TVG nicht getroffen. Dem Gesetzeszweck und der Konzeption der gesetzlichen Regelung folgend dürfte im Öffentlichen Dienst bzw. im Geltungsbereich der Personalvertretungsgesetze für die Feststellung der Mehrheitsverhältnisse die nach dem **personalvertretungsrechtlichen Dienststellenbegriff**[83] zu bestimmende **Dienststelle** (vgl. etwa § 6 Abs. 1 BPersVG) maßgeblich sein. Dienststellen i.S.d. BPersVG sind die einzelnen Behörden, Verwaltungsstellen und Betriebe der in § 1 BPersVG genannten Verwaltungen.[84]

52 Da die **rechtsfehlerfreie Anwendung des betriebsverfassungsrechtlichen Betriebsbegriffs** in der betrieblichen Praxis, insbesondere im Zusammenhang mit der Durchfüh-

---

Rn. 58ff.; Löwisch/Rieble, § 4 Rn. 186, befürworten auch im tarifrechtlichen Kontext grundsätzlich die Ausrichtung am betriebsverfassungsrechtlichen Betriebsbegriff.

79 Nach Konzen/Schliemann, RdA 15, 1, 10, ermöglicht der Rückgriff auf das BetrVG trotz Ignorierung der teleologischen Zusammenhänge der Betriebsverfassung wenigstens die Heranziehung normativ abgesicherter Kriterien zur Bestimmung des Betriebs i.S.d. § 4a Abs. 2 Satz 2 TVG.

80 Däubler, Gutachten, S. 6; Hofer, ZTR 15, 185, 187; Konzen/Schliemann, a.a.O.; demgegenüber nimmt Greiner, RdA 15, 36, 39f., die grundsätzliche Geltung des »allgemeinen Betriebsbegriffs Erwin Jacobis« an.

81 Däubler, Gutachten, a.a.O.

82 Bayreuther, NZA 13, 1395, 1397 (bezogen auf den Vorschlag von BDA und DGB für eine gesetzliche Regelung der Tarifeinheit aus dem Jahr 2010).

83 Zum Dienststellenbegriff und seiner Abgrenzung zum betriebsverfassungsrechtlichen Betriebsbegriff vgl. Altvater-Baden, § 6 Rn. 1ff.

84 Entsprechende Regelungen finden sich in den Landespersonalvertretungsgesetzen, vgl. exemplarisch § 1 LPVG NW.

rung von Betriebsratswahlen, nicht selten zu Streitigkeiten führt, stellt sich die Frage, inwieweit für die **Identifikation des für die Feststellung der Mehrheitsverhältnisse i. S. d. § 4a Abs. 2 Satz 2 TVG maßgeblichen Betriebs** die Durchführung der Wahl eines Betriebsrats für eine bestimmte betriebliche Organisationseinheit bindend ist. Dies ist vor allem von Bedeutung, wenn die Wahl eines Betriebsrats unter **Verkennung des Betriebsbegriffs** durchgeführt wurde (zukünftig möglicherweise sogar mit der unausgesprochenen Absicht, durch den der Betriebsratswahl zugrunde gelegten Zuschnitt des Betriebs die dem Arbeitgeber und/oder einer beteiligten Gewerkschaft genehmen Mehrheitsverhältnisse herbeizuführen oder zu sichern).[85] Ist eine unter Verkennung des Betriebsbegriffs durchgeführte Betriebsratswahl nicht durch eine erfolgreiche **Anfechtung** gem. **§ 19 BetrVG** rechtskräftig für unwirksam erklärt worden, gilt der Betriebsrat als wirksam gewählt. Die Verkennung des Betriebsbegriffs hat regelmäßig **nicht die Nichtigkeit der Wahl des Betriebsrats** zur Folge.[86] Das hat zur Folge, dass auch eine während der Amtszeit des Betriebsrats gem. **§ 18 Abs. 2 BetrVG** ergehende rechtskräftige **Entscheidung des ArbG**, aus der sich ergibt, dass die Wahl des Betriebsrats unter Verkennung des Betriebsbegriffs durchgeführt wurde, erst bei der Durchführung der nächsten Betriebsratswahl zu berücksichtigen ist: der Betriebsrat bleibt im Amt bzw. für die betriebliche Organisationseinheit, für die er gewählt wurde, zuständig.[87]

53 Diese Grundsätze wird man auf die Bestimmung des für die Feststellung der Mehrheitsverhältnisse gem. § 4a Abs. 2 Satz 2 TVG maßgeblichen Betriebes nicht übertragen können. Wurde ein Betriebsrat unter Verkennung des Betriebsbegriffs gewählt, ohne dass die Wahl angefochten wurde, ist der der Wahl fehlerhaft zugrundegelegte Betriebsbegriff nicht bindend für die Bestimmung des für die Mehrheitsverhältnisse maßgebenden Betriebs i. S. d. § 4a Abs. 2 Satz 2 TVG. Einem gem. § 18 Abs. 2 BetrVG ergangenen rechtskräftigen Beschluss des ArbG über das Bestehen bzw. den Zuschnitt einer betriebsratsfähigen Organisationseinheit kommt **präjudizielle Bindungswirkung** für andere Verfahren zu.[88] Dies dürfte auch für das mit dem Tarifeinheitsgesetz in § 2a ArbGG neu eingeführte Beschlussverfahren zur **Entscheidung über den nach § 4a Abs. 2 Satz 2 TVG im Betrieb anwendbaren Tarifvertrag** gelten (vgl. § 2a Abs. 1 Nr. 6 ArbGG; dazu näher unter Rn. 84 ff.).

54 Als Betriebe i. S. d. § 4a Abs. Satz 2 TVG gelten gem. § 4a Abs. 2 Satz 4 TVG auch ein **gemeinsamer Betrieb mehrerer Unternehmen** gem. § 1 Abs. 1 Satz 2 BetrVG und ein **durch Tarifvertrag** gem. § 3 Abs. 1 Nr. 1–3 BetrVG **errichteter Betrieb.**

55 Die Einbeziehung des **gemeinsamen Betriebs mehrerer Unternehmen** in die Regelung des § 4a Abs. Satz 2 TVG wirft die Frage auf, wie in einer derartigen betriebsratsfähigen Organisationseinheit der Grundsatz der Tarifeinheit durch die Bestimmung eines Mehrheitstarifvertrages verwirklicht werden kann. Die Wahl eines einheitlichen Betriebsrats in einem gemeinsamen Betrieb mehrerer Unternehmen hat keine Auswirkungen auf die Tatsache, dass in zahlreichen Fällen aufgrund der unterschiedlichen Tarifbindung der betei-

---

85 Vgl. dazu DKKW-Homburg, § 19 Rn. 10 f.
86 Vgl. dazu DKKW-Homburg, § 19 Rn. 10 m. w. N.
87 DKKW-Homburg, § 18 Rn. 25.
88 BAG 9. 4. 91 – 1 AZR 488/90, NZA 91, 812; LAG Hamm 29. 4. 11 – 10 TaBVGa 3/11; Fitting, § 18 Rn. 58.

ligten Unternehmen für die Arbeitnehmer und Arbeitnehmerinnen im Verhältnis zu ihren jeweiligen Vertragsarbeitgebern unterschiedliche, nicht inhaltsgleiche Tarifverträge gelten und anerkanntermaßen im Betrieb entsprechend zur Anwendung kommen können.[89] Einer Tarifkollision i.S.d. § 4a Abs. Satz 2 TVG kann im Gemeinschaftsbetrieb daher nur vorliegen, wenn jeweils für die einzelnen beteiligten Unternehmen aufgrund mehrfacher Tarifbindung kollidierende Tarifverträge Geltung beanspruchen. In diesem Fall kann nach der Konzeption des § 4a TVG zur Feststellung des ausschließlich anwendbaren Mehrheitstarifvertrages aber nicht auf die **Mehrheitsverhältnisse im (Gemeinschafts-) Betrieb** abgestellt werden. Maßgebend kann in diesem Fall nur die Anzahl der Mitglieder der tarifschließenden Gewerkschaften unter den **arbeitsvertraglich an das jeweilige Unternehmen gebundenen Arbeitnehmern** und Arbeitnehmerinnen sein.

56 Durch die Regelung, dass auch in einem **Betrieb**, der in Abweichung vom betriebsverfassungsrechtlichen Betriebsbegriff **gem. § 3 Abs. 1 Nr. 1–3 BetrVG durch Tarifvertrag errichtet** wird, der ausschließlich anwendbare Tarifvertrag nach dem Mehrheitsprinzip zu ermitteln ist, verschärft sich die Problematik, dass der Arbeitgeber aufgrund seines Alleinentscheidungsrechts über den Zuschnitt des Betriebs und die damit verbundene Möglichkeit, über die Gestaltung der Betriebe bzw. eine entsprechende Umstrukturierung von Betrieben die ihm genehmen Mehrheitsverhältnisse herbeizuführen. Abgesehen davon, dass die Gestaltungsmöglichkeiten für betriebsratsfähige Organisationseinheiten gemäß § 3 Abs. 1 Nr. 1–3 BetrVG dem Zweck dieser Vorschrift entsprechend relativ großzügig geregelt sind, ermöglicht diese Vorschrift, dass der **Arbeitgeber gemeinsam mit einer der konkurrierenden Gewerkschaften** zu Lasten einer anderen Gewerkschaft die betriebsratsfähigen Organisationseinheiten tarifvertraglich so gestaltet, dass diese in den tarifvertraglich errichteten Betrieben vollständig oder weitgehend zur Minderheitsgewerkschaft wird. So wäre es insbesondere möglich, dass der Arbeitgeber mit der Gewerkschaft, die in der Gesamtheit aller Betriebe des Unternehmens am meisten Mitglieder hat, gem. § 3 Abs. 1 Nr. 1a) BetrVG einen **unternehmenseinheitlichen Betriebsrat** errichtet[90] oder gem. § 3 Abs. 1 Nr. 1b) BetrVG die Betriebe des Unternehmens jeweils so zu neu errichteten **Betrieben zusammenfasst**, dass die Konkurrenzgewerkschaft stets die Minderheitsgewerkschaft ist, und – sofern es sich um eine Berufsgruppengewerkschaft handelt, die eine zahlenmäßig nur gering vertretene Berufsgruppe organisiert – auch bleiben wird (zur vorgelagerten Bestimmung des Betriebes bzw. der Betriebe, die für die Feststellung des Zuordnungstarifvertrages der Mehrheitsgewerkschaft maßgeblich sind, s. Rn. 32).

57 Die sich aus § 3 Abs. 1 Nr. 1–3 BetrVG ergebenden Gestaltungsmöglichkeiten sind gem. § 4a Abs. 2 Satz 4 2. Halbsatz, Satz 5 TVG dadurch beschränkt, dass die tarifvertragliche Errichtung der Betriebe **den in § 4a Abs. 1 TVG genannten Zielen nicht »offensichtlich« entgegenstehen** dürfen. Dies soll gem. § 4a Abs. 2 Satz Satz 5 TVG insbesondere dann der Fall sein, wenn in dem Tarifvertrag gem. § 3 Abs. 1 Nr. 1–3 BetrVG Betriebe »unterschiedlichen **Wirtschaftszweigen** oder deren **Wertschöpfungsketten** zugeordnet worden sind.« Es wird sich kaum rechtssicher feststellen lassen, unter welchen Voraussetzungen die abweichende Zuordnung von Betrieben den abstrakt formulierten Zielen in § 4a Abs. 1 TVG »offensichtlich« entgegensteht. Das gilt insbesondere unter Berücksichtigung der recht-

89 BAG 19.11.92 – 10 AZR 290/91, NZA 93, 405.
90 So auch am Beispiel der DB AG Greiner, RdA 15, 36, 40.

lich weitgehend konturlosen und als Rechtsbegriffe bisher unbekannten Begriffe »Wirtschaftszweig» und «Wertschöpfungskette« in § 4a Abs. 2 Satz 5 TVG, mit denen ein Regelbeispiel für eine missbräuchliche Zuordnung von Betrieben in einem Tarifvertrag gem. § 3 Abs. 1 Nr. 1–3 BetrVG umschrieben werden soll.

Da insbesondere § 3 Abs. 1 Nr. 3 BetrVG zulässt, dass andere Arbeitnehmervertretungsstrukturen in konzernweiten Zusammenhängen und im Fall anderer Formen der Zusammenarbeit von Unternehmen tarifvertraglich geschaffen werden, ist § 3 Abs. 1 BetrVG gerade nicht darauf angelegt, die Zuordnung von Betrieben auf Betriebe eines Wirtschaftszweigs bzw. einer Wertschöpfungskette zu beschränken. Die Wirksamkeit und Zweckmäßigkeit der Interessenvertretung der Arbeitnehmer kann gerade die Überwindung derartiger Beschränkungen erfordern (z.B. Shop-in-Shop-Konzepte, Industrie- und Dienstleistungsparks, Shopping-Center, Flughäfen, Unternehmensnetzwerke). Man wird die Regelung in § 4a Abs. 2 Satz 5 TVG daher dahingehend eng auslegen müssen, dass ein durch einen Zuordnungstarifvertrag errichteter Betrieb i.S.d. § 4a Abs. 2 Satz 2 TVG immer dann vorliegt, wenn die Tarifvertragsparteien beim Abschluss eines Tarifvertrages gem. § 3 Abs. 1 Nr. 1–3 BetrVG im Rahmen ihrer Tarifzuständigkeit und unter Beachtung der sich unmittelbar aus § 3 Abs. 1 Nr. 1–3 BetrVG ergebenden Regelungsschranken gehandelt haben. 58

5. Feststellung der Anzahl der Gewerkschaftsmitglieder

Sind die beteiligten Tarifvertragsparteien im Fall einer gem. § 4a Abs. 2 Satz 2 TVG aufzulösenden Kollision von Tarifverträgen (vgl. dazu Rn. 23ff.) nicht bereit, aufgrund einer von ihnen autonom zu treffenden Entscheidung die Anwendung der kollidierenden Tarifverträge im Betrieb einvernehmlich zu praktizieren (was nach hier vertretener Auffassung zulässig ist, vgl. dazu Rn. 38), muss der gem. § 4a Abs. 2 Satz 2 TVG ausschließlich anwendbare Mehrheitstarifvertrag durch die **Feststellung der Anzahl der Gewerkschaftsmitglieder der konkurrierenden Gewerkschaften im Betrieb** ermittelt werden. In der Regel werden die im Betrieb konkurrierenden Gewerkschaften aus guten Gründen (vgl. dazu Rn. 92) nicht bereit sein, die **Anzahl ihrer Mitglieder im Betrieb freiwillig zu offenbaren.** Das dürfte zumindest für die Fälle gelten, in denen nicht eine der beteiligten Gewerkschaften einen Mitgliederanteil von deutlich mehr als 50 Prozent der Belegschaft eines Betriebes vorweisen kann. Selbst bei Offenbarung der Anzahl der Mitglieder durch die konkurrierenden Gewerkschaften ist davon auszugehen, dass die entsprechenden Angaben von den beteiligten Gewerkschaften und dem Arbeitgeber bzw. dem Arbeitgeberverband nicht unstreitig gestellt werden. Werden die Angaben durch die Vorlage plausibler und – zumindest außergerichtlich – beweiskräftiger Unterlagen (z.B. notarielle Erklärung, eidesstattliche Versicherung eines Vertreters der Gewerkschaft) gestützt, könnte sich dies im Einzelfall anders darstellen. 59

Wird die **Anzahl der Mitglieder der im Betrieb** konkurrierenden Gewerkschaften nicht offenbart oder ist sie sowohl im Verhältnis zwischen den beteiligten Gewerkschaften als auch im Verhältnis zwischen den beteiligten Gewerkschaften und dem Arbeitgeber bzw. Arbeitgeberverband **streitig**, hat der **Arbeitgeber** folgende **Handlungsmöglichkeiten:** 60

- **Anwendung beider kollidierenden Tarifverträge** für die Mitglieder der jeweils tarifschließenden Gewerkschaft bzw. Einräumung eines Wahlrechts für die Arbeitnehmer und Arbeitnehmerinnen (nach hier vertretener Auffassung eine zulässigerweise autonom herbeigeführte Tarifkollision, vgl. dazu Rn. 38),

- **Einseitige Anwendung** des Tarifvertrages, der nach seiner Einschätzung der **Mehrheitstarifvertrag** ist (was sich unter Umständen nicht mit den Bezugnahmeklauseln in den Arbeitsverträgen [vgl. dazu § 3 Rn. 245 ff.] der Mitglieder der vermeintlichen Minderheitsgewerkschaft und der unorganisierten Arbeitnehmer und Arbeitnehmerinnen vereinbaren lässt),
- **Einleitung eines Beschlussverfahrens gem. § 2a Abs. 1 Nr. 6 ArbGG** (s. dazu Rn. 84) zur Entscheidung über den im Betrieb ausschließlich anwendbaren Tarifvertrag (Mehrheitstarifvertrag), in dem über die Zahl der Mitglieder der konkurrierenden Gewerkschaften Beweis erhoben werden kann (nur für den Fall, dass der Arbeitgeber selbst Tarifvertragspartei ist). Im Fall von Flächentarifverträgen, die vom Arbeitgeberverband abgeschlossen wurden, ist **nur der Arbeitgeberverband** antragsberechtigt (s. § 99 Abs. 1 ArbGG). Bis zur rechtskräftigen Entscheidung in diesem Beschlussverfahren stehen dem Arbeitgeber die beiden vorstehend genannten Handlungsmöglichkeiten zur Verfügung.

61 Nach hier vertretener Auffassung besteht auch in Betrieben, in denen kollidierende Tarifverträge Geltung beanspruchen (tarifplurale Betriebe), hinsichtlich der **Gewerkschaftsmitgliedschaft kein Fragerecht des Arbeitgebers**[91] (vgl. dazu § 4 Rn. 105 m.w.N.). Abgesehen davon, dass eine dem Arbeitgeber gegenüber bestehende Pflicht des Arbeitnehmers zur Offenbarung der Gewerkschaftsmitgliedschaft einen unzulässigen Eingriff in die individuelle und kollektive Koalitionsfreiheit darstellen würde (vgl. § 4 Rn. 105), besteht dafür auch unter Berücksichtigung der rechtlichen Interessen der Arbeitgebers keine Erforderlichkeit: ist ein Arbeitnehmer nicht bereit, seine Gewerkschaftsmitgliedschaft zu offenbaren, kann der Arbeitgeber ihn wie einen unorganisierten Arbeitnehmer behandeln. Sofern – wie weit verbreitet – in den Formulararbeitsverträgen durch Bezugnahmeklauseln die Anwendung bestimmter Tarifverträge vereinbart ist (vgl. dazu § 3 Rn. 245 ff.), ist für den Arbeitgeber die Kenntnis der Gewerkschaftsmitgliedschaft für die Durchführung des Arbeitsverhältnisses ohnehin nicht erforderlich.[92]

62 Für die **Gewerkschaft**, deren **Tarifvertrag** vom Arbeitgeber **nicht angewendet wird**, besteht die Möglichkeit, ihre Mitglieder zu veranlassen, die Anwendung des Tarifvertrages im Wege einer **Leistungsklage vor dem ArbG** durchzusetzen. Weist das Gewerkschaftsmitglied in diesem Rechtstreit seine Gewerkschaftsmitgliedschaft in der tarifschließenden Gewerkschaft nach, sind gem. § 4 Abs. 1 TVG die Anspruchsvoraussetzungen dargelegt. Es ist dann Sache des Arbeitgebers, dazulegen und zu beweisen, dass der fragliche Tarifvertrag wegen eines kollidierenden Mehrheitstarifvertrages als Ausnahme vom Regelfall (§ 4 Abs. 1 TVG) im Betrieb nicht zur Anwendung kommen kann.[93] Im Verhältnis derartiger Urteilsverfahren zum Beschlussverfahren gem. §§ 2a Abs. 1 Nr. 6, 99 ArbGG zur Entscheidung über den im Betrieb ausschließlich anwendbaren Tarifvertrag (vgl. dazu Rn. 84 ff.) besteht gem. §§ 97, 98 ArbGG **keine Aussetzungspflicht**.

---

91 Unzulässigkeit der Frage nach der Gewerkschaftsmitgliedschaft zumindest während laufender Tarifverhandlungen: BAG 18.11.14 – 1 AZR 257/13, AuR 14, 488.

92 So im Grundsatz auch BAG 18.11.14, a.a.O.

93 Schaub-Treber, § 203 Rn. 66.

Zur **Feststellung der Anzahl der Mitglieder** der konkurrierenden Gewerkschaften im Betrieb sind die Mitglieder zu berücksichtigen, die zum **maßgeblichen Stichtag** der Mehrheitsfeststellung, dem Entstehen der Tarifkollision, (vgl. Rn. 42) **kumulativ** 63

- die satzungsmäßigen Voraussetzungen einer **ordentlichen Mitgliedschaft** in einer der im Betrieb konkurrierenden Gewerkschaft erfüllen,
- in einem **Arbeitsverhältnis zum tarifgebundenen Arbeitgeber** stehen,
- dem Betrieb angehören (zum maßgeblichen Betriebsbegriff vgl. Rn. 47), für den die Mehrheitsverhältnisse festgestellt werden sollen und
- vom **Geltungsbereich der kollidierenden** (vgl. dazu Rn. 23ff.) **Tarifverträge** erfasst werden.

Es können nur **Gewerkschaftsmitglieder** mitgezählt werden, bei denen die nach der **Satzung der Gewerkschaft** erforderlichen Voraussetzungen einer ordentlichen Mitgliedschaft vorliegen. Es muss z.B. der satzungsrechtlich wirksame **Erwerb der Mitgliedschaft** vorliegen (was bei zeitlich kurz vor dem maßgeblichen Stichtag für die Mehrheitsfeststellung abgegebenen Beitrittserklärungen fraglich sein kann). Hat ein Mitglied seinen **Austritt aus der Gewerkschaft** erklärt, zählt es mit, wenn der Austritt zeitlich erst nach dem maßgeblichen Stichtag für die Feststellung der Mehrheitsverhältnisse wirksam wird. Soweit etwa **Rückstände bei der Beitragszahlung** nach der Satzung der Gewerkschaft den Status der ordentlichen Mitgliedschaft nicht berühren, sind die Mitglieder mitzuzählen. Ist demgegenüber z.B. mit dem **Ruhen der Mitgliedschaft** oder einer **Gastmitgliedschaft** die Pflicht zur Zahlung des ordentlichen Beitrags aufgehoben und/oder die Teilnahme am innergewerkschaftlichen Willensbildungsprozess ausgeschlossen, können diese Mitglieder für die Feststellung der Mehrheitsverhältnisse nicht berücksichtigt werden. Besteht bei zwei im Betrieb konkurrierenden Gewerkschaften eine satzungsrechtlich zulässige **Doppelmitgliedschaft** mit allen Rechten und Pflichten eines ordentlichen Mitglieds, zählt das Mitglied bei beiden Gewerkschaften mit. Ein **Wechsel der Mitgliedschaft** von der einen zur anderen im Betrieb konkurrierenden Gewerkschaft nach dem Stichtag für die Mehrheitsfeststellung (vgl. dazu Rn. 42) hat vor dem Entstehen einer neuen Tarifkollision (vgl. dazu Rn. 44) oder einer Veränderung des Zuschnitts des Betriebs (vgl. dazu Rn. 56) keine Auswirkung auf die Mehrheitsverhältnisse. 64

Die mitzuzählenden Gewerkschaftsmitglieder müssen in einem **Arbeitsverhältnis zum tarifgebundenen Arbeitgeber** stehen, zu dessen Unternehmen der Betrieb gehört, für den die Mehrheitsverhältnisse ermittelt werden. Ist ein **unbefristetes Arbeitsverhältnis gekündigt**, wurde ein **Aufhebungsvertrag** abgeschlossen oder liegt ein **befristetes Arbeitsverhältnis** vor, zählt das Gewerkschaftsmitglied mit, wenn das Arbeitsverhältnis zum Stichtag der Mehrheitsfeststellung noch besteht. Ist wegen der Wirksamkeit der Kündigung oder der Befristung ein Rechtstreit anhängig, kann das Gewerkschaftsmitglied nicht berücksichtigt werden, wenn der Zeitpunkt der Beendigung des Arbeitsverhältnisses bei Wirksamkeit der Kündigung oder Befristung vor dem Stichtag liegen würde. Ob ein **Vollzeit- oder Teilzeitarbeitsverhältnis** vorliegt, ist für die Berücksichtigung des Gewerkschaftsmitglieds unerheblich. Auch die zu ihrer **Berufsausbildung** Beschäftigten, wie Auszubildende nach dem BBiG,[94] Praktikanten und Volontäre, zählen mit. Zu berück- 65

94 In der Gesetzesbegründung werden ausschließlich Auszubildende nach dem BBiG genannt, s. BT-Drucks. 18/4062, 20.2.15, S. 13.

sichtigen sind weiterhin Gewerkschaftsmitglieder, die sich in **Altersteilzeit** (auch beim sog. Blockmodell in der Freistellungsphase) befinden. Das gilt auch für alle Formen der **Beurlaubung** oder des **Ruhens des Arbeitsverhältnisses**, sofern der rechtliche Bestand des Arbeitsverhältnisses gegeben ist. **Gestellte Arbeitnehmer** und Arbeitnehmerinnen und **Leiharbeitnehmer** können trotz ihrer Eingliederung in den Betrieb nicht berücksichtigt werden, weil sie in keinem Arbeitsverhältnis zum Inhaber des Einsatzbetriebes stehen und von den Geltungsbereichen der im Einsatzbetrieb kollidierenden Tarifverträge nicht erfasst werden. Dies gilt im Ergebnis auch für **Werkvertragsarbeitnehmer**.

66 Da es für die Anwendung einer der kollidierenden Tarifverträge nicht auf die Anzahl der Gewerkschaftsmitglieder im Unternehmen ankommt, sondern im Betrieb, müssen die mitzuzählenden Gewerkschaftsmitglieder dem **Betrieb des tarifgebunden Arbeitgebers angehören**, für den die Mehrheitsverhältnisse zu ermitteln sind. Ihre Berücksichtigung setzt ihre **Betriebszugehörigkeit**, d.h. ihre **tatsächliche Eingliederung in die Organisation dieses Betriebes**,[95] voraus. Die Zugehörigkeit zum Betrieb setzt nicht zwingend die typische **räumliche Eingliederung** voraus, sondern kann sich auch aus der **funktionalen Einbindung** in die betriebliche Organisation ergeben,[96] beispielsweise bei Arbeitnehmern und Arbeitnehmerinnen mit einer **Außendiensttätigkeit** oder im Fall der **Tele-Arbeit**. Ist ein Arbeitnehmer **in mehreren Betrieben eines Unternehmens** tätig, besteht seine Betriebszugehörigkeit bei dem Betrieb, in dem er **schwerpunktmäßig seine Arbeitsleistung** erbringt und von dessen Leitungsapparat er seine Arbeitsanweisungen erhält.[97] Anders kann es sich verhalten, wenn ein Arbeitnehmer nicht nur in mehreren Betrieben eines Unternehmens beschäftigt wird, sondern ihm von den jeweiligen Leitungsapparaten der unterschiedlichen Einsatzbetriebe betriebsspezifische Tätigkeiten zugewiesen werden.[98] Unter diesen Voraussetzungen ist seine Gewerkschaftsmitgliedschaft auch in diesen Einsatzbetrieben zu berücksichtigen.

67 Schließlich können nur Gewerkschaftsmitglieder mitgezählt werden, die vom räumlichen, betrieblich-fachlichen und persönlichen **Geltungsbereich der kollidierenden Tarifverträge erfasst** werden (zum Geltungsbereich des Tarifvertrages vgl. § 4 Rn. 13ff.). Insofern können z.B. AT-Angestellte (vgl. § 4 Rn. 111) sowie gestellte Arbeitnehmer und Arbeitnehmerinnen, Leiharbeitnehmer und Werkvertragsarbeitnehmer nicht berücksichtigt werden. Werden z.B. Praktikanten vom Geltungsbereich der kollidierenden Entgelt- und Manteltarifverträge konkurrierender Gewerkschaften nicht erfasst, hat aber lediglich eine der beteiligten Gewerkschaften einen gesonderten Praktikanten-Tarifvertrag abgeschlossen, können die ausschließlich vom Geltungsbereich eines anderen Tarifvertrages erfassten Praktikanten für die Feststellung der Mehrheitsverhältnisse nicht mitgezählt werden.

68 Haben sich **unterschiedliche Gewerkschaften** zu einer **Tarifgemeinschaft** zusammengeschlossen, die mit der Tarifvertragspartei auf Arbeitgeberseite **mehrgliedrige Tarifver-**

95 Zum betriebsverfassungsrechtlichen Arbeitnehmerbegriff s. BAG 5.12.12 – 7 ABR 48/11, NZA 13, 793; Fitting, § 5 Rn. 15ff; zur Kritik der Rspr. s. DKKW-Trümner, § 5 Rn. 13ff.
96 BAG 29.1.92 – 7 ABR 27/91, NZA 92, 894; s. dazu eingehend DKKW-Trümner, a.a.O., Rn. 14, 36, 41ff., 48ff.
97 DKKW-Trümner, a.a.O., Rn. 55.
98 DKKW-Trümner, a.a.O., Rn. 45.

träge (vgl. dazu § 1 Rn. 28ff.) abschließt, sind die Gewerkschaftsmitglieder der beteiligten Gewerkschaften für die Feststellung der Mehrheitsverhältnisse zu addieren.[99] Dies gilt nicht, wenn die Tarifvertragspartei auf Arbeitgeberseite nach Abschluss eines Tarifvertrages mit der Gewerkschaft A einseitig – möglicherweise sogar entgegen des ausdrücklichen Willens der Gewerkschaft A – mit der Gewerkschaft B einen inhaltsgleichen Tarifvertrag abschließt (sog. Anschlusstarifvertrag;[100] vgl. dazu auch § 2 Rn. 34ff., 40).

Lässt sich die Anzahl der Mitglieder der konkurrierenden Gewerkschaften trotz der **zahlreichen tatsächlichen und rechtlichen Schwierigkeiten** durch die unstreitige Offenbarung der Mitgliederzahlen oder eine rechtskräftige arbeitsgerichtliche Entscheidung in einem Beschlussverfahren gem. § 2a Abs. 1 Nr. 6 ArbGG (vgl. dazu Rn. 84ff.) zum maßgeblichen **Stichtag** (vgl. dazu Rn. 42) ermitteln, steht fest, welcher der kollidierenden Tarifverträge im Betrieb ausschließlich zur Anwendung kommt. Die stichtagsbezogene Feststellung der Mehrheitsverhältnisse gem. § 4a Abs. 2 Satz 2 TVG soll der Gesetzesbegründung zur Folge »dem Rechtsfrieden und der Rechtsicherheit«[101] dienen. Es soll ausdrücklich vermieden werden, dass nach der Ermittlung der Mehrheitsverhältnisse z. B. der **Wechsel der Gewerkschaftsmitgliedschaft**, **Neueinstellungen** oder das **Ausscheiden von Arbeitnehmern** und Arbeitnehmerinnen aus dem Betrieb – vor dem Eintreten einer erneuten Tarifkollision (vgl. dazu Rn. 44) – eine erneute Feststellung der Mehrheitsverhältnisse erforderlich machen bzw. ermöglichen.[102] Dies erschwert es der Minderheitsgewerkschaft, im Rahmen des – so die Sichtweise in der Gesetzesbegründung –[103] durch das Mehrheitsprinzip ermöglichten (!) Koalitionswettbewerbs zur Mehrheitsgewerkschaft zu werden, zumal die Mehrheitsgewerkschaft durch die Vereinbarung einer langen Laufzeit des Mehrheitstarifvertrages die Möglichkeit, das Eintreten einer erneuten Tarifkollision zeitlich hinauszuschieben.[104] 69

Zur **Feststellung des ausschließlich anwendbaren Mehrheitstarifvertrages** nach dem **Mehrheitsprinzip** ist die **relative Mehrheit ausreichend**. Dies ist in den Fällen eindeutiger Mehrheitsverhältnisse und einer gewissen Repräsentativität des Anteils der Gewerkschaftsmitglieder an der Gesamtbelegschaft eines Betriebes in der Regel unproblematisch. Es werden aber in der Praxis auch zahlreiche Konstellationen auftreten, in denen das Mehrheitsprinzip – insbesondere unter Berücksichtigung des dieses Prinzip legitimierenden **Grundsatzes der Repräsentativität** und der Rechtsfolge der **Verdrängung des Minderheitstarifvertrages** – nicht mehr ohne weiteres überzeugen kann:[105] Kollidieren die Tarifverträge von zwei Gewerkschaften, setzt sich der Tarifvertrag der Gewerkschaft durch, die im Betrieb **mindestens ein Mitglied mehr** hat als die Konkurrenzgewerkschaft. Das kann dazu führen, dass der Tarifvertrag einer Minderheitsgewerkschaft verdrängt wird, die in einem Betrieb mit 1000 Beschäftigten über 294 Mitglieder verfügt, während die Mehrheitsgewerkschaft 295 Mitglieder hat. Der Tarifvertrag einer Gewerkschaft mit 70

99 So auch die Gesetzesbegründung: BT-Drucks. 18/4062, 20. 2. 15, S. 13.
100 S. den Sachverhalt der CGM-Entscheidung des BAG 28. 3. 06 – 1 ABR 58/04, NZA 06, 1112.
101 BT-Drucks. 18/4062, a.a.O.
102 BT-Drucks. 18/4062, a.a.O.
103 So die Sichtweise in der Gesetzesbegründung: BT-Drucks. 18/4062, 20. 2. 15, S. 12.
104 Problematisierung auch bei Bayreuther, NZA 13, 1395, 1397.
105 S. dazu auch Greiner, RdA 15, 36, 38.

zehn Mitgliedern verdrängt in einem Betrieb mit 1600 Beschäftigten den Tarifvertrag einer Gewerkschaft mit vier Mitgliedern.[106] Konkurrieren in einem Betrieb mit 800 Beschäftigten drei Gewerkschaften, unter denen die Gewerkschaft A über 115 Mitglieder, die Gewerkschaft B über 95 und die Gewerkschaft über 45 Mitglieder verfügt, kommt ausschließlich der Tarifvertrag der Gewerkschaft A zur Anwendung, obwohl die Gewerkschaften B und C gemeinsam über mehr Mitglieder verfügen als die Gewerkschaft A (zur Berücksichtigung der Gewerkschaftsmitglieder im Fall einer Tarifgemeinschaft mehrerer Gewerkschaften vgl. Rn. 68).

6. Nachzeichnungsrecht der Minderheitsgewerkschaft

71 § 4a Abs. 4 TVG sieht – der Gesetzesbegründung zufolge[107] als **Kompensation der Nachteile der Minderheitsgewerkschaft**, die diese durch die Verdrängung des von ihr abgeschlossenen Tarifvertrages erfährt – das **Recht der Minderheitsgewerkschaft** vor, einen **Tarifvertrag** mit den Rechtsnormen des ausschließlich anwendbaren Mehrheitstarifvertrages »**nachzuzeichnen.**« Die **Tarifvertragspartei des Mehrheitstarifvertrages auf Arbeitgeberseite** ist zum **Abschluss** des nachzeichnenden Tarifvertrages mit der Minderheitsgewerkschaft **verpflichtet** (§ 4a Abs. 4 Satz 1 TVG). Kommt die Tarifvertragspartei auf Arbeitgeberseite nach entsprechender Aufforderung durch die Minderheitsgewerkschaft dieser Verpflichtung nicht nach, kann die **Minderheitsgewerkschaft** das Nachzeichnungsrecht **im Urteilsverfahren** (§ 2 Abs.1Nr.1 ArbGG) **geltend machen** und die Tarifvertragspartei auf Arbeitgeberseite zum Abschluss eines Tarifvertrages gem. § 4a Abs. 4 Satz 2 TVG verurteilen lassen.

72 Das Nachzeichnungsrecht kann von der Minderheitsgewerkschaft nur wahrgenommen werden, wenn ein von ihr abgeschlossener Tarifvertrag mit dem Tarifvertrag einer anderen Gewerkschaft, d.h. der Mehrheitsgewerkschaft, kollidiert (§ 4a Abs. 4 Satz 1 TVG). Das hat zur Folge, dass nur die Minderheitsgewerkschaft, die in der Lage ist, den **Abschluss eines eigenen Tarifvertrages** mit der Tarifvertragspartei auf Arbeitgeberseite zu erreichen bzw. durchzusetzen, das Nachzeichnungsrecht in Anspruch nehmen kann (zu den arbeitskampfrechtlichen Auswirkungen vgl. Rn. 112).

73 Inhaltlich ist das Nachzeichnungsrecht auf einen Tarifvertrag beschränkt, der **vollständig**[108] die **Rechtsnormen des allein anwendbaren Mehrheitstarifvertrages** enthält, die vom Geltungsbereich und Gegenstand her den Rechtsnormen des verdrängten Minderheitstarifvertrages entsprechen (§ 4a Abs. 4 Satz 2 TVG). Das Nachzeichnungsrecht erstreckt sich demnach weder auf einen von der Minderheitsgewerkschaft einseitig definierten **Teil dieser Rechtsnormen**[109] (»Rosinenpickerei«) noch auf die durch die Rechtsnormen des Mehrheitstarifvertrags geregelten Gegenstände, die nicht Inhalt des verdrängten Minderheitstarifvertrags sind.

74 Die Rechtsnormen des von der Minderheitsgewerkschaft nachgezeichneten Tarifvertrages **gelten** für deren Mitglieder **unmittelbar und zwingend** (vgl. § 4 Abs. 1 TVG), wenn der

106 Beispiel in Anlehnung an den Sachverhalt in BAG 29.7.09 – 7 ABR 27/08, NZA 09, 1424.
107 So die Gesetzesbegründung: BT-Drucks. 18/4062, S. 14.
108 BT-Drucks. 18/4062, a.a.O.
109 BT-Drucks. 18/4062, a.a.O.

kollidierende Tarifvertrag der Minderheitsgewerkschaft gem. § 4a Abs. 2 Satz 2 TVG nicht zur Anwendung kommt (§ 4a Abs. 4 Satz 3 TVG). Seine Geltung ist auf den Betrieb beschränkt, in dem die Tarifkollision gem. § 4a Abs. 2 Satz 2 TVG aufgetreten ist.[110] Das **Nachzeichnungsrecht** wird bei jeder erneut auftretenden Kollision (vgl. dazu Rn. 44) **neu ausgelöst.** Dies ist auch der Fall, wenn die Mehrheitsgewerkschaft einen neuen Tarifvertrag abschließt, der aufgrund unveränderter Mehrheitsverhältnisse den von der Minderheitsgewerkschaft nachgezeichneten Tarifvertrag verdrängt.[111]

Es spricht viel dafür, dass das Nachzeichnungsrecht aus verschiedenen Gründen nur **geringe praktische Relevanz** haben wird. Macht die Minderheitsgewerkschaft von diesem Recht Gebrauch, wird sich dies in der Regel nicht als Kompensation der ihr durch die Verdrängung ihres eigenen Tarifvertrages zugefügten Nachteile auswirken,[112] sondern sie eher weiter marginalisieren, da sie durch die Nachzeichnung eines Tarifvertrages einer Konkurrenzgewerkschaft, deren tarifpolitisches Konzept sie eventuell zuvor abgelehnt hat, von ihren Mitgliedern und aller anderen Arbeitnehmern und Arbeitnehmerinnen im Betrieb **nicht mehr als eigenständige und durchsetzungsfähige Gewerkschaft** wahrgenommen wird.[113] Hinzukommt, dass der Arbeitgeber in der Regel ohnehin versuchen wird, den bei ihm ausschließlich anwendbaren **Mehrheitstarifvertrag über Bezugnahmeklauseln in den Arbeitsverträgen** aller Arbeitnehmer »flächendeckend« zur Anwendung zu bringen, so dass bereits aus diesem Grund nur ein geringes Bedürfnis für die Wahrnehmung des Nachzeichnungsrechts durch die Minderheitsgewerkschaft besteht.[114] Das **Nachzeichnungsrecht** ist aus diesen Gründen **nicht im Ansatz geeignet**, die durch die gesetzliche Regelung der Tarifeinheit in § 4a TVG verursache **Verletzung der Koalitionsfreiheit** der Minderheitsgewerkschaft **zu kompensieren.**[115] 75

Die teilweise angenommene[116] Möglichkeit einer Inanspruchnahme des Nachzeichnungsrechts durch **nicht streikbereite und streikfähige »gelbe« Arbeitnehmerorganisationen** (z. B. durch Mitgliedsorganisationen des CGB, vgl. dazu § 2 Rn. 37ff.; § 4 Rn. 84) dürfte eher theoretischer Natur sein, da diese Organisationen einerseits gegen den Willen der Tarifvertragspartei auf Arbeitgeberseite weder willens noch in der Lage sind, einen Tarifvertrag durchzusetzen. Andererseits wird ein Arbeitgeber, der zum Tarifabschluss mit derartigen Organisationen bereit ist, einen inhaltlich **dem Mehrheitstarifvertrag entsprechenden Anschlusstarifvertrag** auf direktem Weg anstreben, ohne vorher den Umweg über das Nachzeichnungsrecht einzufordern. 76

110 BT-Drucks. 18/4062, a.a.O.
111 BT-Drucks. 18/4062, a.a.O.
112 Das Gegenteil wird in der Gesetzesbegründung behauptet: BT-Drucks. 18/4062, a.a.O.
113 Greiner, RdA 15, 36, 39.
114 Däubler, Gutachten, S. 7.
115 Däubler, Gutachten, a.a.O.; Greiner, a.a.O.; Hromadka, NZA 14, 1105, 1109; Schliemann, NZA 14, 1250, 1252; a.A. Henssler, RdA 11, 65, 72.
116 Däubler, Gutachten, a.a.O.

7. Bekanntgabe der Aufnahme von Tarifverhandlungen durch die Arbeitgeberseite und Anhörungsrecht der Minderheitsgewerkschaft

77 § 4a Abs. 5 Satz 1 TVG verpflichtet die Tarifvertragspartei auf Arbeitgeberseite die **Aufnahme von Tarifverhandlungen** mit einer Gewerkschaft **rechtzeitig** und **in geeigneter Weise bekannt zu machen.** Gem. § 4a Abs. 5 Satz 2 TVG hat eine andere tarifzuständige Gewerkschaft das Recht, ihre **tarifpolitischen Vorstellungen und Tarifforderungen** der Tarifvertragspartei auf Arbeitgeberseite **mündlich vorzutragen**. Mit diesen Regelungen soll konkurrierenden Gewerkschaften wegen der Gefahr der Verdrängung eines von ihnen abgeschlossenen Tarifvertrages gem. § 4a Abs. 2 Satz 2 TVG Gelegenheit gegeben werden, Kenntnis von der Aufnahme von Tarifverhandlungen einer anderen Gewerkschaft zu erlangen und bei Bedarf zu versuchen, sich über ihre eigene tarifpolitische Vorstellungen und Tarifforderungen mit der anderen, bereits in Tarifverhandlungen befindlichen Gewerkschaft auszutauschen und abzustimmen sowie ihre eigene tarifpolitische Vorstellungen und Tarifforderungen der Tarifvertragspartei auf Arbeitgeberseite bekannt zu machen.[117]

78 Die **Verpflichtung zur Bekanntgabe der Aufnahme von Tarifverhandlungen** gem. § 4a Abs. 5 Satz 1 TVG muss die Tarifvertragspartei auf Arbeitgeberseite **rechtzeitig** und **in geeigneter Weise** erfüllen. Da nach dem Gesetzeszweck den anderen (zumindest teilweise) tarifzuständigen Gewerkschaften u.a. auch die Gelegenheit eröffnet werden soll, ihr eigenen tarifpolitischen Vorstellungen und Tarifforderungen den Tarifverhandlungen aufnehmenden Tarifvertragsparteien bekannt zu machen, muss die Bekanntmachung **vor der Aufnahme der Tarifverhandlungen** erfolgt sein.[118] Erfolgt die Bekanntmachung erst nach der Aufnahme der Tarifverhandlungen, sind die Gegenstände, die Forderungen und die Verhandlungsstrategie der beteiligten Tarifvertragsparteien in der Regel beschlossen bzw. festgelegt. Die ohnehin nur geringe Wahrscheinlichkeit, dass durch die Regelung in § 4a Abs. 5 Satz TVG die Kooperation konkurrierender Gewerkschaften und der Tarifvertragspartei auf Arbeitgeberseite wirksam gefördert wird, dürfte dann gegen null schrumpfen. Welchen geringen Stellenwert diese Vorschrift für den Gesetzgeber selbst hat, wird daran deutlich, dass nach der Gesetzesbegründung die Bekanntgabe sogar dann noch rechtzeitig sein soll, wenn sie »möglichst« (!) noch vor Abschluss des Tarifvertrages erfolgt.[119]

79 Die Bekanntmachung erfolgt nur **in geeigneter Weise**, wenn die anderen Gewerkschaften von der Aufnahme der Tarifverhandlungen tatsächlich Kenntnis erlangen können.[120] Der Gesetzesbegründung zufolge ist das der Fall, wenn die Tarifvertragspartei auf Arbeitgeberseite die konkurrierenden Gewerkschaften durch **mündliche, elektronische oder schriftliche Mitteilung** informiert.[121] Werden Verhandlungen über den **Abschluss eines**

117 BT-Drucks. 18/4062, S. 14.

118 Davon abweichend wird es in der Gesetzesbegründung für ausreichend gehalten, wenn die Bekanntgabe unverzüglich **nach** Aufnahme der Tarifverhandlungen und möglichst (!) **vor** Abschluss des Tarifvertrages erfolgt: BT-Drucks. 18/4062, a.a.O.

119 BT-Drucks. 18/4062, a.a.O.

120 BT-Drucks. 18/4062, a.a.O.

121 BT-Drucks. 18/4062, a.a.O.

Firmentarifvertrages aufgenommen, soll zur Bekanntgabe **ein Aushang in den Betrieben** des Arbeitgebers ausreichend sein.[122]

Gem. § 4a Abs. 5 Satz 2 TVG kann eine andere (zumindest teilweise) tarifzuständige Gewerkschaft, die an den Tarifverhandlungen nicht beteiligt ist, gegenüber der Tarifvertragspartei auf Arbeitgeberseite ein **Anhörungsrecht** geltend machen. Dieses Anhörungsrecht besteht darin, der Tarifvertragspartei auf Arbeitgeberseite die eigenen tarifpolitischen Vorstellungen und **Tarifforderungen mündlich vorzutragen.** Die Möglichkeit, die Tarifforderungen der Arbeitgeberseite lediglich **schriftlich oder elektronisch** mitzuteilen, ist nach der ausdrücklichen Regelung in § 4 Abs. 5 Satz 2 TVG **nicht ausreichend**. Da dieses Recht der anderen Gewerkschaft ausdrücklich darauf beschränkt ist, »mündlich vorzutragen«, kann man aus dem Anhörungsrecht nicht die gesetzliche Begründung eines **Erörterungs-** oder eines (bereits nach bisheriger Rechtslage nicht bestehenden)[123] **Verhandlungsanspruchs** (vgl. zur Rechtslage § 1 Rn. 34f.) ableiten.[124] 80

Nimmt man die in der Gesetzesbegründung[125] zum Ausdruck kommende Intention des Gesetzgebers ernst, hat die **Anhörung** der anderen Gewerkschaft **vor der Aufnahme der Tarifverhandlungen** stattzufinden. Nur in diesem Fall ist es überhaupt denkbar, dass die Tarifforderungen der anderen Gewerkschaft in irgendeiner Art und Weise eine Rolle spielen können (vgl. dazu im Zusammenhang mit der rechtzeitigen Bekanntgabe der Aufnahme von Tarifverhandlungen auch Rn. 78). Im Unterschied zur Regelung über die Bekanntmachung der Aufnahme von Tarifverhandlungen in § 4a Abs. 5 Satz 1 TVG (»rechtzeitig«), ergibt sich für die Erfüllung der Anhörungsverpflichtung aus § 4a Abs. 5 Satz 2 TVG allerdings keine ausdrückliche Zeitvorgabe. 81

Kommt die Tarifvertragspartei auf Arbeitgeberseite ihrer Verpflichtung zur Anhörung der anderen Gewerkschaft trotz entsprechender Aufforderung nicht nach, kann die **Gewerkschaft** das Anhörungsrecht **im Urteilsverfahren** (§ 2 Abs.1Nr.1 ArbGG) **geltend machen** und die Tarifvertragspartei auf Arbeitgeberseite zur mündlichen Anhörung gem. § 4a Abs. 5 Satz 2 TVG verurteilen lassen.[126] Mangels entsprechender gesetzlicher Regelung hindert die Verletzung der Anhörungspflicht durch die Arbeitgeberseite jedoch nicht den Abschluss eines Tarifvertrages mit der Gewerkschaft, mit der Tarifverhandlungen aufgenommen werden, die Durchsetzung eines Tarifvertrages durch diese Gewerkschaft im Wege des Streiks oder die Verdrängung eines Minderheitstarifvertrags gem. § 4a Abs. 2 Satz 2 TVG.[127] 82

Im Ergebnis ist – wie bereits zum Nachzeichnungsrecht gem. § 4a Abs. 4 TVG festgestellt (vgl. Rn. 75) – auch das **Anhörungsrecht nicht geeignet**, die aus der gesetzlichen Regelung der Tarifeinheit in § 4a TVG folgende **Beeinträchtigung der Koalitionsfreiheit** der Minderheitsgewerkschaft auch nur ansatzweise **auszugleichen.** 83

---

122 BT-Drucks. 18/4062, a.a.O.
123 BAG 14.2.89 – 1 AZR 142/88, AP Nr. 52 zu Art. 9 GG.
124 Im Ergebnis übereinstimmend die Gesetzesbegründung: BT-Drucks. 18/4062, a.a.O.
125 BT-Drucks. 18/4062, a.a.O.
126 BT-Drucks. 18/4062, a.a.O.
127 BT-Drucks. 18/4062, a.a.O.

8. Arbeitsgerichtliches Beschlussverfahren zur Feststellung des anwendbaren Mehrheitstarifvertrages

84 Sind die Mehrheitsverhältnisse im Betrieb und damit die ausschließliche Anwendbarkeit einer der kollidierenden Tarifverträge gem. § 4a Abs. 2 Satz 2 TVG zwischen den an den kollidierenden Tarifverträgen beteiligten Tarifvertragsparteien streitig, kann jede dieser Tarifvertragsparteien ein **arbeitsgerichtliches Beschlussverfahren** zur **Feststellung des im Betrieb ausschließlich anwendbaren Tarifvertrages** einleiten (vgl. die mit dem Tarifeinheitsgesetz[128] in das ArbGG neu eingefügten Regelungen des § 2a Abs. 1 Nr. 6, § 58 Abs. 3 ArbGG und § 99 ArbGG). Insbesondere kann durch die klarstellende Neuregelung des § 58 Abs. 3 ArbGG der **Beweis über die Anzahl der Mitglieder der beteiligten Gewerkschaften** im Betrieb (die für die Feststellung des ausschließlich anwendbaren Tarifvertrages zu klärende Vorfrage) durch eine **notarielle Erklärung** (»Vorlegung öffentlicher Urkunden«) geführt werden. Durch diese verfahrensrechtliche Ergänzung von § 4a TVG soll das verfassungsrechtlich geschützte Interesse der Gewerkschaften und ihrer Mitglieder, die Organisationszugehörigkeit des einzelnen Gewerkschaftsmitglieds weder öffentlich noch gegenüber den Arbeitgebern und ihren Verbänden offenbaren zu müssen, mit der erforderlichen Aufklärung des Sachverhalts durch das Gericht und die Beteiligten (vgl. § 83 Abs. 1 ArbGG) und der Beweiserhebung über die anspruchs- und rechtsbegründenden Tatsachen (insbesondere die Anzahl der Mitglieder der beteiligten Gewerkschaften im Betrieb) in Einklang gebracht werden – ein Vorhaben, das sich in der Praxis als die Quadratur des Kreises erweisen könnte.

85 Die gerichtliche Entscheidung über den gem. § 4a Abs. 2 Satz TVG im Betrieb anwendbaren Tarifvertrag findet wegen des dort geltenden **Untersuchungsgrundsatzes** im **Beschlussverfahren** gem. § 2a Abs. 1 Nr. 6 ArbGG statt, weil diese vom ArbG zu treffende Entscheidung u.a. voraussetzt, dass im Rahmen dieses Verfahrens als Vorfrage die **Anzahl der Gewerkschaftsmitglieder der konkurrierenden Gewerkschaften im Betrieb** festgestellt wird. Dafür ist eine Verfahrensart, in der der Dispositionsgrundsatz gilt, nicht geeignet.[129] Außerdem sind in einem derartigen Beschlussverfahren alle **Tarifvertragsparteien** der kollidierenden Tarifverträge als **Beteiligte** einzubeziehen.

86 Antragsberechtigt sind gem. § 99 Abs. 1 ArbGG die **Tarifvertragsparteien der** gem. § 4a Abs. Satz 2 TVG im Betrieb **kollidierenden Tarifverträge** (zu den Voraussetzungen des Vorliegens einer derartigen Tarifkollision vgl. Rn. 23ff.). Die Antragsbefugnis besteht demnach nur für **Tarifvertragsparteien**, die **bereits einen Tarifvertrag abgeschlossen haben**, der mit einem anderen für den Betrieb einschlägigen Tarifvertrag i.S.d. § 4a Abs. 2 Satz 2 TVG kollidiert. Handelt es sich um einen mit einem Arbeitgeberverband abgeschlossenen **Verbandstarifvertrag** sind nur der **Arbeitgeberverband** und die an den kollidierenden Tarifverträgen beteiligten **Gewerkschaften** antragsberechtigt. Der einzelne Arbeitgeber ist nur antragsberechtigt, wenn es um die Anwendbarkeit eines **Firmentarifvertrages** geht, der vom Arbeitgeber als Tarifvertragspartei abgeschlossen wurde.

87 Für die Frage, welchen Personen, Stellen oder Vereinigungen von Arbeitnehmern oder Arbeitgebern in dem Beschlussverfahren gem. §§ 2a Abs. Nr. 6 ArbGG zu beteiligen sind,

---

128 BGBl. I S. 1130.
129 BT-Drucks. 18/4062, S. 16.

gelten die für das Beschlussverfahren allgemein geltenden Grundsätze (§ 99 Abs. 2 i.V.m. § 83 Abs. 3 ArbGG). **Beteiligte** sind daher in entsprechender Anwendung von § 83 Abs. 3 ArbGG alle Personen, Stellen oder Vereinigungen, die vom Ausgang des Beschlussverfahrens in ihrer Rechtsstellung unmittelbar betroffen sind.[130] Neben der antragstellenden Tarifvertragspartei (vgl. Rn. 86) sind das in jedem Fall die anderen **Tarifvertragsparteien** der kollidierenden Tarifverträge. Vertritt man entgegen der hier vertretenen Auffassung die Meinung, dass die Interessen des tarifgebundenen **Arbeitgebers** und der tarifgebundenen **Arbeitnehmer** durch die beteiligten Tarifvertragsparteien nicht ausreichend gewahrt sind, müsste dies zu deren vollständiger Beteiligung im Beschlussverfahren führen.

Gegenstand des Beschlussverfahrens und damit auch der zu stellenden Anträge und des vom ArbG ergehenden Beschlusses ist die **Anwendung eines bestimmten Tarifvertrages im Betrieb** (und nicht etwa die Anzahl der Gewerkschaftsmitglieder der im Betrieb konkurrierenden Gewerkschaften). Ein entsprechender rechtskräftiger **Beschluss wirkt** gem. § 99 Abs. 3 ArbGG nicht nur zwischen den Beteiligten des Beschlussverfahrens (inter partes), sondern **für oder gegen jedermann** (erga omnes). Eine **Wiederaufnahme des Verfahrens** findet auch statt, wenn die Entscheidung des ArbG darauf beruht, dass ein Beteiligter absichtlich unrichtige Angaben oder Aussagen gemacht hat (§ 99 Abs. 4 ArbGG). 88

Die gerichtliche Entscheidung über die Anwendbarkeit eines gem. § 4a Abs. 2 Satz 2 TVG kollidierenden Tarifvertrags in einem bestimmten Betrieb hängt von der **rechtssicheren Klärung** der Frage ab, **welche der** konkurrierenden **Gewerkschaften** in diesem Betrieb die **meisten** – im Kontext von § 4a Abs. 2 Satz 2 TVG **berücksichtigungsfähige (!) – Mitglieder** hat. Für die Feststellung der Anzahl der Mitglieder der Gewerkschaften dürfen **nur Gewerkschaftsmitglieder berücksichtigt** werden, die zum **maßgeblichen Stichtag** (vgl. Rn. 42) für die Mehrheitsfeststellung **kumulativ** 89

- die satzungsmäßigen Voraussetzungen einer **ordentlichen Mitgliedschaft** in den im Betrieb konkurrierenden Gewerkschaften erfüllen,
- in einem **Arbeitsverhältnis zum tarifgebundenen Arbeitgeber** stehen,
- **dem Betrieb angehören** (zum maßgeblichen Betriebsbegriff vgl. Rn. 47ff.), für den die Mehrheitsverhältnisse festgestellt werden sollen und
- vom **Geltungsbereich der kollidierenden** (vgl. dazu Rn. 23ff.) **Tarifverträge** erfasst werden.

Diese im Beschlussverfahren **tatsächlich aufzuklärenden** und **rechtlich zu beurteilenden Voraussetzungen** der **Berücksichtigungsfähigkeit der Gewerkschaftsmitglieder** verdeutlichten den zur Erforschung des Sachverhalts erforderlichen Aufwand und den Umfang des vom erkennenden Gericht zu absolvierenden Prüfungsprogramms. Knappe und streitige Mehrheitsverhältnisse und ein relativ hoher Organisationsgrad der Gewerkschaften in Betrieben mit mehreren hundert oder mehr Beschäftigten dürften zusätzliche Schwierigkeiten hervorrufen.[131] 90

Zur Begründung seines Begehrens, die ausschließliche Anwendbarkeit eines bestimmten Tarifvertrages im Betrieb festzustellen, muss ein **Antragsteller** in einem Beschlussverfah- 91

---

130 BAG 25.9.96 – 1 ABR 4/96, NZA 97, 613.

131 Dazu eingehend Bayreuther, NZA 13, 1395, 1396; Däubler, Gutachten Tarifeinheit, S. 15; Hofer, ZTR 15, 185, 188f.

ren gem. § 2a Abs. 1 Nr. 6 ArbGG vor allem in der Lage sein, durch **Nennung der Zahl der Gewerkschaftsmitglieder der konkurrierenden Gewerkschaften** vorzutragen, dass die Gewerkschaft, deren Tarifvertrag angewendet werden soll, über die meisten Mitglieder im Betrieb verfügt. Wird der Antrag von einem **Arbeitgeberverband oder Arbeitgeber** (als Partei eines Firmentarifvertrages) gestellt, wird der Antragsteller dazu mangels entsprechender Erkenntnismöglichkeiten i. d. R. substantiiert nichts vortragen können.

92 Tritt demgegenüber eine der konkurrierenden **Gewerkschaften als Antragstellerin** auf, wird sie zwar grundsätzlich in der Lage sein, die Anzahl ihrer Mitglieder im Betrieb zu beziffern (und diesen Vortrag auch durch einen ihrer Vertreter eidesstattlich versichern zu lassen), doch wird sie dies in der Regel aus guten Gründen vermeiden wollen. Die mit der Bezifferung der Anzahl ihrer Mitglieder verbundene **Offenbarung ihrer organisatorischen Stärke** (oder Schwäche) in einem bestimmten Betrieb kann die Vorbereitung des Arbeitgebers auf künftige Tarifauseinandersetzungen erleichtern und die **Durchsetzungsfähigkeit der Gewerkschaft schwächen.**[132] Dies könnte im Einzelfall nur bei einem besonders hohen und im Betrieb ohnehin offenkundigen Organisationsgrad unerheblich sein, doch wird es gerade in diesen Fällen in der Regel nicht zu einer gerichtlichen Auseinandersetzung über die Anwendbarkeit des von der Gewerkschaft abgeschlossenen Tarifvertrages kommen. Außerdem kann die alleinige Nennung der Zahl der Gewerkschaftsmitglieder nicht ausreichen, wenn deren Korrektheit von anderen Beteiligten bestritten wird oder der Organisationsgrad der Gewerkschaft mehr oder weniger deutlich unter der Hälfte der Gesamtzahl der Arbeitnehmer im Betrieb liegt und die konkurrierende Gewerkschaft vorträgt, über eine größere Zahl an Gewerkschaftsmitgliedern zu verfügen als die antragsstellende Gewerkschaft.

93 Unabhängig davon kommt die **Offenbarung von Mitgliederlisten** unter **Preisgabe der Namen der Gewerkschaftsmitglieder** durch die Gewerkschaft im öffentlichen Beschlussverfahren vor dem ArbG bereits wegen der damit potentiell verbundenen **Gefahr von Maßregelungen** am Arbeitsplatz und **Nachteilen** und beim beruflichen Fortkommen und der Verletzung des Rechts der Gewerkschaftsmitglieder auf **informationelle Selbstbestimmung** (Art. 1 Abs. 1 GG, Art. 2 Abs. 1 GG) i. d. R. nicht in Frage. Schließlich ist die Offenbarung von Mitgliederlisten mit den Namen der Mitglieder **datenschutzrechtlich nur bei Vorliegen bestimmter Voraussetzungen zulässig.** Die Gewerkschaftsmitgliedschaft gehört zu den besonderen Arten personenbezogenen Daten (§ 3 Abs. 9 BDSG), die von Gewerkschaften gem. § 28 Abs. 9 Satz 3 BDSG nur in engen Grenzen an Personen oder Stellen außerhalb der Gewerkschaft übermittelt werden dürfen. Im hier vorliegenden Kontext ist dies nur mit ausdrücklicher Einwilligung jedes einzelnen Gewerkschaftsmitglieds zulässig (§ 4a Abs. 3 BDSG).[133] Eine Rechtfertigung gem. § 28 Abs. 2 Nr. 2 b) BDSG scheidet – unabhängig von dem überwiegenden schutzwürdigen Interesse des Gewerkschaftsmitglieds an dem Ausschluss der Übermittlung – bereits deshalb aus, weil die Offenbarung der Gewerkschaftsmitgliedschaft unter Nennung des Namens nicht der Ab-

---

132 S. dazu BAG 18. 11. 14 – 1 AZR 257/13, NZA 15, 306, das aus diesen Gründen die Aufforderung des Arbeitgebers zur Offenbarung der Gewerkschaftsmitgliedschaft zumindest während laufender Tarifverhandlungen für unzulässig hält.

133 S. dazu Hofer, ZTR 15, 185, 188.

wehr von Gefahren für die staatliche oder öffentliche Sicherheit oder zur Verfolgung von Straftaten dient.

Deshalb soll nach der Gesetzesbegründung wegen der erforderlichen Berücksichtigung der vorstehend genannten verfassungsrechtlich geschützten Rechtspositionen der Gewerkschaftsmitglieder neben allen sonstigen zulässigen Beweismitteln auch der (mittelbare) **Beweis** der Anzahl der Gewerkschaftsmitglieder im Betrieb **durch notarielle Erklärung** möglich sein[134] (vgl. dazu die klarstellende Neuregelung des § 58 Abs. 3 ArbGG). Ohne Erwähnung der – auf der Hand liegenden – aus einem derartigen Verfahren resultierenden rechtlichen und praktischen Probleme beschränkt sich die Gesetzesbegründung in diesem Zusammenhang auf einen knappen Hinweis auf die **Verschwiegenheitspflicht des Notars** gem. § 18 Abs. 1 BNotO, die dem Notar aufgebe, über die Identität von Gewerkschaftsmitgliedern Stillschweigen zu bewahren.[135] 94

Die – auch nach bisheriger Rechtslage grundsätzlich bereits zulässige (vgl. § 419 ZPO) – mittelbare **Beweisführung durch notarielle Erklärung** ist in der Neuregelung des § 58 Abs. 3 ArbGG (»Vorlegung öffentlicher Urkunden«) »insbesondere« für den Beweis über die »Zahl der in einem Arbeitsverhältnis stehenden Mitglieder oder das Vertretensein einer Gewerkschaft in einem Betrieb« vorgesehen. Zunächst ist es fraglich, ob die Anknüpfung an der höchstrichterlichen **Rspr. zum Nachweis des Vertretenseins einer Gewerkschaft im Betrieb**[136] als Voraussetzung des betriebsverfassungsrechtlichen Zugangsrechts gem. § 2 Abs. 2 BetrVG für den **Nachweis der Anzahl der Mitglieder mehrerer Gewerkschaften in einem Betrieb** sachgerecht ist.[137] Während es im betriebsverfassungsrechtlichen Kontext für das Vertretensein einer Gewerkschaft im Betrieb ausreichend ist, dass die Gewerkschaft nachweist, dass sich unter den Arbeitnehmern und Arbeitnehmerinnen eines Betriebs mindestens eines ihrer Mitglieder befindet,[138] müssen zur gerichtlichen Feststellung des ausschließlich anwendbaren Tarifvertrages (i.d.R.) mindestens zwei Gewerkschaften den Nachweis der Mitgliedschaft für zahlreiche, möglicherweise mehrere hundert, Mitglieder erbringen.[139] Hinzu kommt, dass die Folgen einer gerichtlichen Entscheidung über der Anwendbarkeit oder Verdrängung eines Tarifvertrages wesentlich weitreichender sind als die Folgen einer gerichtlichen Entscheidung über das Bestehen oder Nichtbestehens des betriebsverfassungsrechtlichen Zugangsrechts. 95

Wird der erforderliche Beweis über die Mitgliedschaft eines oder mehrerer Arbeitnehmer in einer Gewerkschaft durch mittelbare Beweismittel – wie durch eine notarielle Erklärung – geführt, ohne den bzw. die Namen der in einem Betrieb beschäftigten Gewerkschaftsmitglieder zu nennen, ist es eine **Frage der freien Beweiswürdigung** (§ 286 Abs. 1 ZPO), ob diese Beweisführung ausreicht.[140] Das Gericht muss dem **geringeren Beweiswert mittelbarer Beweismittel** durch eine **besonders sorgfältige Beweiswürdigung** und 96

134 BT-Drucks. 18/4062, a.a.O., S. 16.
135 BT-Drucks. 18/4062, a.a.O.
136 BVerfG 21.3.94 – 1 BvR 1485/93, AuR 94, 313; BAG 25.3.92 – 7 ABR 65/90, DB 93, 95; s. dazu näher DKKW-Berg, BetrVG, § 2 Rn. 79ff.
137 Ebenso Däubler, Gutachten, S. 14f.
138 DKKW-Berg, a.a.O., Rn. 79.
139 Ebenso Hofer, ZTR 15, 185, 190f.
140 BAG 25.3.92, a.a.O.

Begründung seiner Entscheidung Rechnung tragen.[141] Das BVerfG[142] hat in seinem Beschluss über die Nichtannahme der Verfassungsbeschwerde gegen den Beschluss des BAG[143] über die Zulässigkeit mittelbarer Beweismittel zum Beweis des Vertretenseins einer Gewerkschaft im Betrieb die – in dem zu entscheidenden Fall diesen Anforderungen gerecht werdende – Beweiserhebung durch das LAG wie folgt zusammenfassend dargestellt:

> *»Die Gewerkschaft nannte den Namen ihres Mitglieds nicht, sondern stützte sich auf eine notarielle Erklärung, in der bescheinigt wurde, vor dem Notar sei eine Person erschienen, die eidesstattlich versichert habe, daß sie derzeit in einem Werk der Beschwerdeführerin beschäftigt sei und in einem ungekündigten Arbeitsverhältnis stehe. Diese Person habe dem Notar einen gültigen Reisepaß sowie einen bankverbuchten Überweisungsträger, bei dem es sich nach Form und Gestaltung um einen Überweisungsträger gehandelt habe, vorgelegt. Der Überweisungsträger betreffe den Monat vor Erstellung der Bescheinigung. Als Auftraggeber sei die Beschwerdeführerin, als Empfänger der Name des Erschienenen angegeben. Das Landesarbeitsgericht vernahm den Notar über den Inhalt des Überweisungsträgers sowie darüber, ob sich der Name der erschienenen Person auf einer Mitgliederliste der antragstellenden Gewerkschaft befand. Außerdem vernahm es einen Sekretär der antragstellenden Gewerkschaft zu der Frage, ob die Person, auf die sich die notarielle Bescheinigung bezog, Mitglied seiner Gewerkschaft war.«*

Die Durchführung einer vergleichbaren Beweiserhebung über die Gewerkschaftsmitgliedschaft von Arbeitnehmern und Arbeitnehmerinnen in zwei- oder dreistelliger Anzahl dürfte bereits unter dem Gesichtspunkten der Verfahrensdauer und des damit verbundenden finanziellen Aufwands deren Praktikabilität in Frage stellen.[144] Hinzu kommt, dass neben der Gewerkschaftsmitgliedschaft das Bestehen eines Arbeitsverhältnisses zum tarifgebundenen Arbeitgeber, die Zugehörigkeit zum Betrieb und die Erfassung vom Geltungsbereich der kollidierenden Tarifverträge nachgewiesen sein muss (vgl. dazu Rn. 63).

97 Beschränkt sich die Prüftätigkeit des Notars und der Inhalt der von ihm beurkundeten Tatsachen demgegenüber darauf, die **Anzahl der Mitglieder** der beteiligten Gewerkschaften in den von ihnen zur Verfügung gestellten **Mitgliederlisten** zu benennen, ist deren Beweiswert im vorliegenden Zusammenhang erheblich eingeschränkt.[145] Letztlich kann der Notar in diesem Fall nur erklären, dass ihm von den beteiligten Gewerkschaften Mitgliederlisten mit einer bestimmten Anzahl von Mitgliedern vorgelegt wurden. Erstreckt sich die notarielle Erklärung darauf, dass von Gewerkschaften Mitgliederlisten mit einer bestimmten Anzahl von Mitgliedern vorgelegt wurden, bleibt ungeklärt, ob **zum maßgeblichen Zeitpunkt der Tarifkollision** (vgl. dazu Rn. 42) für die **einzelnen** in den Mitgliederlisten aufgeführten Personen

---

141 BAG 25.3.92, a.a.O.
142 BVerfG 21.3.94, a.a.O.
143 BAG 25.3.92, a.a.O.
144 Hofer, a.a.O., 189.
145 Hofer, a.a.O., 191f.

- eine nach den **Gewerkschaftssatzungen ordnungsgemäße Mitgliedschaft**,
- ein **Arbeitsverhältnis** mit dem tarifgebundenen Arbeitgeber,
- die **Betriebszugehörigkeit** zum Betrieb und
- die **Erfassung vom Geltungsbereich** der streitgegenständlichen Tarifverträge

vorlag. Abgesehen davon, dass zumindest die Feststellung des Bestehens eines Arbeitsverhältnisses mit dem tarifgebundenen Arbeitgeber und der Betriebszugehörigkeit zum Betrieb die Mitwirkung jeden einzelnen Arbeitnehmers und/oder des Arbeitgebers voraussetzt, dürfte dem Notar in der Regel auch die erforderliche Sachkunde fehlen, um die mit der arbeitnehmer- bzw. mitgliederbezogenen Klärung des Sachverhalts verbundenen (und teilweise schwierig zu beantwortenden) Rechtsfragen verlässlich zu beurteilen.[146]

Dem vorgelagert besteht bereits das Problem, dass sich die Amtstätigkeit des Notars u.a. 98
auf die Beurkundung von ihm amtlich wahrgenommenen **Tatsachen** erstreckt (§ 20 Abs. 1 Satz 2 BnotO). **Rechtliche Schlussfolgerungen oder Wertungen** im Zusammenhang mit den beurkundeten Tatsachen können nicht Gegenstand einer notariellen Beurkundung sein.[147] Folglich beschränkt sich die **Beweiskraft der notariellen Erklärung** darauf, dass vor dem Notar eine Erklärung mit einem bestimmten Inhalt abgegeben oder dem Notar eine Urkunde mit einem bestimmten Inhalt vorgelegt wurde. Die **inhaltliche Richtigkeit** der Erklärung bzw. der Urkunde wird damit nicht bewiesen.[148] Unabhängig davon würde durch eine – gerichtlich nicht überprüfbare – rechtlich wertende Erklärung des Notars über die Anzahl der zu berücksichtigenden Gewerkschaftsmitglieder die **Beweisaufnahme** tendenziell **ausgelagert**, was die Vereinbarkeit eines derartigen Verfahrens mit Art. 19 Abs. 6 und Art. 101 Abs. 1 GG und dem Untersuchungsgrundsatz des arbeitsgerichtlichen Beschlussverfahrens(§ 83 Abs. 1 Satz 1 ArbGG) aufwirft, der dem Gericht aufgibt, den Sachverhalt von Amts wegen zu erforschen.[149]

Die **Übergabe von Mitgliederlisten** mit den Namen der Gewerkschaftsmitglieder durch 99
eine Gewerkschaft **an einen Notar** ist **datenschutzrechtlich** durchgreifend **nicht** zu **beanstanden.** Eine ausdrückliche **Einwilligung der Mitglieder** (vgl. § 4a Abs. 1, 3 BDSG) ist bei der Übermittlung an einen Notar datenschutzrechtlich nicht erforderlich.[150] Die Gewerkschaft kann sich auf § 28 Abs. 6 Nr. 3 BDSG berufen. Nach dieser Vorschrift können besondere Arten personenbezogener Daten »für eigene Geschäftszwecke« verarbeitet bzw. übermittelt werden, wenn dies zur Geltendmachung, Ausübung oder Verteidigung rechtlicher Ansprüche erforderlich ist und kein Grund zu der Annahme besteht, dass das schutzwürdige Interesse des Gewerkschaftsmitglieds an dem Ausschluss der Übermittlung überwiegt. Das schutzwürdige Interesse der Gewerkschaftsmitglieder dürfte dadurch ausreichend berücksichtigt sein, dass der Notar als Adressat der Übermittlung der Daten der Verschwiegenheitspflicht gem. § 18 Abs.1 Satz 1 BnotO unterliegt.

---

146 Düwell, jurisPR-ArbR 6/2015 Anm., S. 2; Fischer, NZA 15, 662, 663; Preis, Der Preis der Koalitionsfreiheit – oder: weshalb das Tarifeinheitsgesetz scheitern wird (http://www.arbrb.de/media/TarifeinheitVortrag7-11-2014.pdf.

147 Diehn-Kilian, § 20 Rn. 12.

148 BGH 16.2.12 – V ZB 48/11, NJW-RR 12, 649; Fischer, a.a.O.; Hofer, ZTR 15, 185, 189.

149 Bayreuther, NZA 13, 1395, 1396; Hofer, a.a.O., 191f.

150 A.A. Hofer, a.a.O., 188f.

100 Die Aufklärung der Anzahl der Gewerkschaftsmitglieder in einem Betrieb zum Stichtag der Tarifkollision (vgl. Rn. 42) wird im Beschlussverfahren i.d.R. ohne **Mitwirkung der Beteiligten** nicht möglich sein. Die am Verfahren Beteiligten sind zur **Mitwirkung an der Aufklärung des Sachverhalts** verpflichtet (§ 83 Abs. 1 Satz 2 ArbGG). Kommen sie dieser Mitwirkungspflicht ganz oder teilweise nicht nach, kann ihnen das Gericht unter Fristsetzung konkrete Auflagen zum Vortrag aller ihnen bekannten entscheidungserheblichen Tatsachen erteilen.[151]

101 Zur Vermeidung einer Verletzung der individuellen Koalitionsfreiheit der Gewerkschaftsmitglieder verbietet sich eine Auflage an die beteiligten Gewerkschaften, Listen mit den **Namen der Gewerkschaftsmitglieder** im Beschlussverfahren vorzulegen (vgl. Rn. 93). Deshalb muss eine derartige Auflage dahingehend konkretisiert werden, die Mitgliederlisten einem Notar mit der Maßgabe vorzulegen, dass dieser ohne Nennung der Namen der Gewerkschaftsmitglieder die Anzahl der in der Liste aufgeführten Gewerkschaftsmitglieder beurkundet (vgl. dazu Rn. 99).

102 Dem beteiligten tarifgebundenen **Arbeitgeber** kann vom Gericht die Auflage erteilt werden, eine **Liste mit den Namen aller Arbeitnehmer und Arbeitnehmerinnen** vorzulegen, bei denen zum Stichtag der Tarifkollision (vgl. Rn. 42) ein Arbeitsverhältnis mit dem Arbeitgeber und die Betriebszugehörigkeit zu dem Betrieb bestand, für den die Anwendbarkeit eines Tarifvertrages festgestellt werden soll.

103–106 *(nicht besetzt)*

9. Auswirkungen der gesetzlichen Tarifeinheit auf das Arbeitskampfrecht

107 Zu den **arbeitskampfrechtlichen Auswirkungen** der gesetzlichen Neuregelung der Tarifeinheit in § 4a TVG wurde vom **Gesetzgeber** im Tarifeinheitsgesetz[152] **keine ausdrückliche Regelung** getroffen. In öffentlichen Verlautbarungen von Vertretern und Vertreterinnen der Bundesregierung und der Koalitionsfraktionen wurde wiederholt betont, mit dem Tarifeinheitsgesetz sei keine Regelung des Arbeitskampfrechts und insbesondere keine Einschränkung des Streikrechts verbunden. In der Gesetzesbegründung[153] wird einerseits – damit übereinstimmend – ausgeführt, die neuen gesetzlichen Regelungen zur Tarifeinheit im Betrieb würden das Arbeitskamprecht nicht ändern, andererseits allerdings die Erwartung zum Ausdruck gebracht, dass ein **Streik** einer Gewerkschaft zur **Durchsetzung eines Minderheitstarifvertrages** im Einzelfall **unverhältnismäßig** (und damit rechtswidrig) sein könne.

108 Abgesehen davon, dass auch in einer **Gesetzesbegründung geäußerte Interpretationen der** bisherigen **Ergebnisse der Rechtsprechung** und **»politische« Erwartungen** an die zukünftige Entwicklung der Rechtsprechung **keinerlei Bindungswirkung für die Gerichte** entfalten, geht die Erwartung, Streiks zur Durchsetzung eines konkurrierenden Tarifvertrages könnten wegen der alleinigen normativen Geltung des Mehrheitstarifvertrages gem. § 4a TVG unverhältnismäßig sein, von **unzutreffenden arbeitskampfrechtlichen**

151 ErfK-Koch, ArbGG, § 83 Rn. 2.
152 BGBl. I S. 1130.
153 BT-Drucks. 18/4062, S. 12

Voraussetzungen aus und steht nicht zuletzt im **Widerspruch zur gesetzlichen Regelung** selbst.

Auch vor Aufgabe der Rspr. zum Grundsatz der Tarifeinheit und zur Auflösung einer Tarifpluralität nach dem Spezialitätsprinzip (vgl. dazu § 4 Rn. 91 ff.) durch das BAG entsprach es der ganz **überwiegenden Meinung in der Rspr.**, dass ein **Streik** zur Durchsetzung eines konkurrierenden Tarifvertrages **nicht** allein deshalb **unverhältnismäßig** sein kann, weil die Möglichkeit besteht, dass er zukünftig nach dem Grundsatz der Tarifeinheit durch einen spezielleren Tarifvertrag verdrängt wird und nicht zur Anwendung kommt.[154] Gegen die Unverhältnismäßigkeit derartiger Streiks unter dem Gesichtspunkt des Grundsatzes der Tarifeinheit sprachen bereits nach damaliger Rechtslage die fragliche **Vereinbarkeit** des Grundsatzes der Tarifeinheit **mit Art. 9 Abs. 3 GG** und die Tatsache, dass jedenfalls vor Abschluss des konkurrierenden Tarifvertrages nicht rechtssicher festgestellt werden konnte, ob tatsächlich eine **auflösungsbedürftige Tarifpluralität** besteht und wenn ja, welcher der normative Geltung beanspruchenden Tarifverträge der **speziellere** ist. 109

Auch auf Grundlage der gesetzlichen Regelung der **Tarifeinheit gem. § 4a TVG** kann im Ergebnis nichts anderes gelten. Solange keine Tarifkollision i.S.d. des § 4a Abs. 2 Satz 2 TVG vorliegt und somit auch der Mehrheitstarifvertrag nicht identifiziert werden kann, ist ein Streik zur Durchsetzung eines kollidierenden Tarifvertrages zulässig.[155] Bei einem Streik zur Durchsetzung eines weiteren im Betrieb normative Geltung beanspruchenden kollidierenden Tarifvertrages kann man i.d.R. zu Beginn und während des Streiks **keine rechtssichere Prognose** darüber treffen, welcher der konkurrierenden Tarifverträge sich nach dem **Mehrheitsprinzip** zum **Zeitpunkt der Tarifkollision** durchsetzt bzw. als Mehrheitstarifvertrag den Minderheitstarifvertrag verdrängt. Das gilt erst recht bei einem Streik zur Durchsetzung eines **Flächentarifvertrages** oder eines sich auf ein großes Unternehmen erstreckenden **Firmentarifvertrages**, der seinem Geltungsbereich nach in einer Vielzahl, unter Umständen in hunderten, von Betrieben zur Anwendung kommen soll. Soweit nicht rechtssicher ausgeschlossen werden kann, dass der angestrebte Tarifver- 110

154 LAG Sachsen 2.11.07 – 7 SaGa 19/07, NZA 08, 59, 63 ff.; LAG Rheinland-Pfalz 14.6.07 – 11 Sa 208/07, AuR 07, 319 = DB 07, 2432 (unter Aufgabe der noch in vorhergehenden einstweiligen Verfügungsverfahren vertretenen Auffassung); LAG Köln 12.12.05 – 2 Ta 457/05, NZA 06, 62; Hessisches LAG 22.7.04 – 9 SaGa 593/04, AP Nr. 168 zu Art. 9 GG Arbeitskampf m. Anm. Däubler; 2.5.03 – 9 SaGa 638/03, BB 03, 1229; s. auch bereits BAG 26.10.71 – 1 AZR 113/68, AP Nr. 44 zu Art. 9 GG Arbeitskampf (keine Rechtmäßigkeitskontrolle eines Streiks der HBV zur Durchsetzung eines konkurrierenden Tarifvertrages bei Geltung eines Tarifvertrages der DAG unter dem Gesichtspunkt des Grundsatzes des Tarifeinheit); Bayreuther, NZA 06, 642, 646; HWK-Hergenröder, Art. 9 Abs. 3 GG Rn. 283; Reichold, RdA 07, 321, 327; Sunnus, AuR 08, 1, 6 f.; Walter, AiB 07, 683, 685 ff.; a. A. LAG Rheinland-Pfalz 23.02.06 – 11 Sa 841/05; 22.6.04 – 11 Sa 2096/03, AP Nr. 169 zu Art. 9 GG Arbeitskampf (allerdings später Aufgabe dieser Auffassung durch LAG Rheinland-Pfalz 14.6.07, a.a.O.) mit abl. Anm. Däubler; Buchner, BB 08, 106, 107 ff.; ders. BB 07, 2520; ders. BB 03, 2121, 2125 f.; ErfK-Franzen, TVG § 4 Rn. 72; Greiner, NZA 07, 1023, 1026; Rieble, BB 04, 1227, 1228: Rolfs/Clemens, NZA 04, 410.

155 Däubler/Bepler, G. II.; Hensche, Tarifeinheit, S. 28; Konzen/Schliemann, RdA 15, 1, 13; Löwisch, DB 15, 1102; Preis, Der Preis der Koalitionsfreiheit – oder: weshalb das Tarifeinheitsgesetz scheitern wird (http://www.arbrb.de/media/TarifeinheitVortrag7-11-2014.pdf); Schaub-Treber, § 203 Rn. 63; a. A. wohl Greiner, RdA 15, 36, 41.

trag zumindest in einem der von seinem Geltungsbereich erfassten Betriebe zur Anwendung kommen wird, ist ein solcher Streik verhältnismäßig.[156] Er zielt zumindest für einen Teil der Betriebe auf eine tarifvertragliche Regelung der Arbeits- und Entgeltbedingungen ab und stellt sich insofern als ein Instrument der ausgeübten und aktualisierten Tarifautonomie dar (und ist i. d. S. ein »Mittel zur Sicherung der Tarifautonomie«[157]). Soweit sich später herausstellen sollte, dass auch Arbeitnehmer und Arbeitnehmerinnen aus Betrieben in den Streik einbezogen wurden, in denen der erkämpfte Tarifvertrag im Ergebnis als Minderheitstarifvertrag verdrängt wird, führt auch dies nicht zur Unzulässigkeit des Streiks. Es liegt eine vergleichbare Situation wie bei einem Streik zur Durchsetzung eines firmenbezogenen Verbandstarifvertrages vor, bei dem auch die Arbeitnehmer anderer Mitgliedsunternehmen des Arbeitgeberverbandes in den Streik einbezogen werden können.[158] Außerdem hat die Gewerkschaft, die in einigen Betrieben des Geltungsbereichs des angestrebten Tarifvertrages Mehrheits- und in anderen Betrieben Minderheitsgewerkschaft ist, auch die Möglichkeit, in den »Minderheitsbetrieben« Unterstützungsstreiks durchzuführen (zu den äußerst begrenzten Möglichkeiten, gerade in einem auf ein gerichtliches Streikverbot zielenden einstweiligen Verfügungsverfahren zur Begründung des Verfügungsanspruchs die Mehrheitsverhältnisse zum Zeitpunkt der Tarifkollision glaubhaft zu machen s. Rn. 114f.).

111 Schließlich ist der Streik einer (tatsächlichen oder vermeintlichen) Minderheitsgewerkschaft zur Durchsetzung eines kollidierenden Tarifvertrages i. d. R. auch deshalb **nicht auf den Abschluss eines grundsätzlich unanwendbaren Tarifvertrages gerichtet**, weil ein kollidierender Mehrheitstarifvertrag den Tarifvertrag der Minderheitsgewerkschaft nicht unwirksam macht, sondern ihn lediglich verdrängt (vgl. dazu Rn. 46). Fällt die mit dem Abschluss des Minderheitstarifvertrages entstandene Tarifkollision durch Beendigung des Mehrheitstarifvertrages zu einem späteren Zeitpunkt weg, lebt der verdrängte Minderheitstarifvertrag wieder mit normativer Wirkung auf (vgl. dazu Rn. 46).[159] Endet der Mehrheitstarifvertrag vor Beendigung der Tarifauseinandersetzung um den Minderheitstarifvertrag und dessen Abschluss, entsteht (zumindest zunächst) überhaupt keine Tarifkollision und der Minderheitstarifvertrag kommt zumindest bis zum Neuabschluss eines kollidierenden Mehrheitstarifvertrages mit normativer Wirkung zur Anwendung.

112 Hinzukommt, dass das in § 4a Abs. 4 TVG geregelte **Nachzeichnungsrecht** (vgl. Rn. 71) **der Minderheitsgewerkschaft** zur Voraussetzung hat, dass die Minderheitsgewerkschaft vor Wahrnehmung dieses Nachzeichnungsrechts einen eigenen Tarifvertrag abgeschlossen bzw. durchgesetzt hat, der mit dem Tarifvertrag einer anderen Gewerkschaft, d.h. der Mehrheitsgewerkschaft, kollidiert (§ 4a Abs. 4 Satz 1 TVG). Somit muss eine Minderheitsgewerkschaft auch zur **Wahrnehmung bzw. Durchsetzung ihres Nachzeichnungsrechts** u. U. in der Lage sein, zunächst einen eigenen **kollidierenden Tarifvertrag durch einen Streik** durchzusetzen. Deshalb ist selbst der Streik einer Minderheitsgewerkschaft, die sich in absehbarer Zeit aufgrund ihrer auf eine zahlenmäßig im Betrieb unterrepräsen-

---

156 Löwisch, a.a.O.; a. A. Fischer, NZA 15, 662, 665.
157 BT-Drucks. 18/4062, 20. 2. 15, S. 12.
158 Löwisch, a.a.O., unter Bezugnahme auf BAG 24. 4. 07 – 1 AZR 252/06 (Rn. 62), NZA 07, 987; a.A. Fischer, a.a.O.
159 LAG Rheinland-Pfalz 14. 06. 07 – 11 Sa 208/07 (Rn. 79), AuR 07, 319; Löwisch, a.a.O.

tierte Berufsgruppe beschränkten Tarifzuständigkeit möglicherweise objektiv nicht zur Mehrheitsgewerkschaft entwickeln kann, nicht von vornherein unverhältnismäßig.[160] Letzteres gilt auch unter dem Gesichtspunkt des Auflebens der normativen Wirkung des verdrängten Minderheitstarifvertrages bei Wegfall der Tarifkollision durch Beendigung des Mehrheitstarifvertrages (s. dazu auch Rn. 46).

Um die Anwendung der – durch einen Mehrheitstarifvertrag verdrängten – Rechtsnormen eines von ihr abgeschlossenen Tarifvertrages zu sichern, kann eine Minderheitsgewerkschaft auch den **Abschluss eines Tarifvertrages mit schuldrechtlichen Regelungen** (vgl. dazu Rn. 46 und § 1 Rn. 400 ff.) fordern und **durch einen Streik durchsetzen** (zur Erstreikbarkeit eines Tarifvertrages mit schuldrechtlichen Regelungen vgl. AKR Rn. 24), in dem z.B. der Arbeitgeber verpflichtet wird, den Arbeitnehmern bestimmte Arbeits- und Entgeltbestimmungen zu gewähren.[161] Zulässig und erstreikbar ist auch eine tarifvertragliche Regelung, die den Arbeitgeber verpflichtet, den Mitgliedern der Minderheitsgewerkschaft anzubieten, die Rechtsnormen des Tarifvertrages (auch) im Falle der Verdrängung des Tarifvertrages durch einen Mehrheitstarifvertrag im Wege der arbeitsvertraglichen Bezugnahme (vgl. dazu § 3 Rn. 245 ff.) für sie zur Anwendung zu bringen.[162] 113

Beabsichtigt eine **Tarifvertragspartei auf Arbeitgeberseite** oder ein **Arbeitgeber**, den **Streik** einer (tatsächlichen oder vermeintlichen) **Minderheitsgewerkschaft** im Wege der einstweiligen Verfügung **gerichtlich untersagen** zu lassen, weil der mit dem Streik angestrebte Tarifvertrag wegen des in § 4a TVG geregelten Grundsatzes der Tarifeinheit nicht zur Anwendung kommen kann, muss der **Antragsteller** insbesondere **darlegen und glaubhaft** machen, dass die als Minderheitsgewerkschaft identifizierte Gewerkschaft im Betrieb zum Zeitpunkt der Tarifkollision über weniger Mitglied verfügt als eine andere Gewerkschaft, die für den Betrieb bereits einen Tarifvertrag abgeschlossen hat (zur Problematik, eine rechtssichere Prognose über die Mehrheitsverhältnisse zu einem in der Zukunft liegenden Zeitpunkt zu treffen, vgl. Rn. 110). 114

Auch in einem **einstweiligen Verfügungsverfahren** zur Untersagung eines Streiks zur Durchsetzung einen **Flächentarifvertrages** oder eines Firmentarifvertrages für ein Unternehmen mit einer Vielzahl von Betrieben, müssen die **Unterlassungsanträge betriebsbezogen bestimmt** sein und der **Verfügungsanspruch betriebsbezogen glaubhaft** gemacht werden. Ein gerichtliches Streikverbot setzt nach hier vertretener Auffassung grundsätzlich voraus, dass der Streik **offensichtlich** bzw. **eindeutig rechtswidrig** ist[163] und über § 935 ZPO hinausgehende **außergewöhnlich hohe Schäden** oder eine **Existenzgefährdung** drohen. Nur dann kann eine Streikmaßnahme untersagt werden. Nach überwiegender Auffassung muss (lediglich) die Rechtswidrigkeit des Arbeitskampfes **substantiiert dargelegt und glaubhaft gemacht werden.**[164] Wird der Verfügungsanspruch mit einer 115

---

160 Hensche, a.a.O., S. 29.

161 So im Ergebnis auch Löwisch, a.a.O., 1103.

162 Löwisch, a.a.O.

163 LAG Sachsen 2.11.07 – 7 SaGa 19/07, NZA 08, 59; LAG Köln 12.12.05 – 2 Ta BV 457/05, NZA 06, 62; Hessisches LAG 2.5.03 – 9 SaGa 637/03; LAG Düsseldorf 11.12.78 – 7 Ta 239/78, DB 79, 167; ArbG Jena 26.5.09 – 4 Ga 2/09; HK-ArbR-Hensche, Art. 9 GG Rn. 128.

164 Hessisches LAG 7.11.14 – 9 SaGa 1496/14, ZTR 15, 132; Germelmann/Matthes/Prütting/Müller-Glöge, § 62 Rn. 113; Henniges, S. 85; Kissel, § 65 Rn. 23, Korinth, S. 361.

höchstrichterlich nicht geklärten und umstrittenen Rechtsauffassung begründet, kommt ein gerichtliches Streikverbot im Wege des Erlasses einer einstweiligen Verfügung nicht in Frage. Schwierige und **umstrittene arbeitskampfrechtliche Rechtsfragen** können nur in einem **Hauptsacheverfahren** geklärt werden.[165] Kann das Vorliegen eines Verfügungsanspruches bejaht werden, ist im Rahmen einer **umfassenden Interessenabwägung**[166] zu prüfen, ob unter Berücksichtigung aller in Betracht kommenden materiellrechtlichen und vollstreckungsrechtlichen Gesichtspunkte, der wirtschaftlichen Auswirkungen auf die Parteien und der Gefahr einer endgültigen Beeinträchtigung der Koalitionsbetätigungsgarantie der streikführenden Gewerkschaft ein gerichtliches Streikverbot vertretbar ist. Im vorliegenden Zusammenhang ist davon auszugehen, dass es sich bei den **arbeitskampfrechtlichen Folgen des gesetzlich geregelten Grundsatzes der Tarifeinheit** um **rechtlich umstrittene** und **höchstrichterlich nicht geklärte** Rechtsfragen handelt, und dass in die erforderliche umfassende Interessenabwägung die begründeten **Zweifel an der Verfassungskonformität** des § 4a TVG (vgl. dazu Rn. 6ff.) einfließen müssen.

§ 5 Allgemeinverbindlichkeit

(1) Das Bundesministerium für Arbeit und Soziales kann einen Tarifvertrag im Einvernehmen mit einem aus je drei Vertretern der Spitzenorganisationen der Arbeitgeber und der Arbeitnehmer bestehenden Ausschuss (Tarifausschuss) auf gemeinsamen Antrag der Tarifvertragsparteien für allgemeinverbindlich erklären, wenn die Allgemeinverbindlicherklärung im öffentlichen Interesse geboten erscheint. Die Allgemeinverbindlicherklärung erscheint in der Regel im öffentlichen Interesse geboten, wenn

1. **der Tarifvertrag in seinem Geltungsbereich für die Gestaltung der Arbeitsbedingungen überwiegende Bedeutung erlangt hat oder**
2. **die Absicherung der Wirksamkeit der tarifvertraglichen Normsetzung gegen die Folgen wirtschaftlicher Fehlentwicklung eine Allgemeinverbindlicherklärung verlangt.**

(1a) Das Bundesministerium für Arbeit und Soziales kann einen Tarifvertrag über eine gemeinsame Einrichtung zur Sicherung ihrer Funktionsfähigkeit im Einvernehmen mit dem Tarifausschuss auf gemeinsamen Antrag der Tarifvertragsparteien für allgemeinverbindlich erklären, wenn der Tarifvertrag die Einziehung von Beiträgen und die Gewährung von Leistungen durch eine gemeinsame Einrichtung mit folgenden Gegenständen regelt:

1. **den Erholungsurlaub, ein Urlaubsgeld oder ein zusätzliches Urlaubsgeld,**
2. **eine betriebliche Altersversorgung im Sinne des Betriebsrentengesetzes,**
3. **die Vergütung der Auszubildenden oder die Ausbildung in überbetrieblichen Bildungsstätten,**
4. **eine zusätzliche betriebliche oder überbetriebliche Vermögensbildung der Arbeitnehmer,**

165 Hessisches LAG 7.11.14, a.a.O.
166 Hessisches LAG 7.11.14, a.a.O.

5. Lohnausgleich bei Arbeitszeitausfall, Arbeitszeitverkürzung oder Arbeitszeitverlängerung.

Der Tarifvertrag kann alle mit dem Beitragseinzug und der Leistungsgewährung in Zusammenhang stehenden Rechte und Pflichten einschließlich der dem Verfahren zugrunde liegenden Ansprüche der Arbeitnehmer und Pflichten der Arbeitgeber regeln. § 7 Absatz 2 des Arbeitnehmer-Entsendegesetzes findet entsprechende Anwendung.

(2) Vor der Entscheidung über den Antrag ist Arbeitgebern und Arbeitnehmern, die von der Allgemeinverbindlicherklärung betroffen werden würden, den am Ausgang des Verfahrens interessierten Gewerkschaften und Vereinigungen der Arbeitgeber sowie den obersten Arbeitsbehörden der Länder, auf deren Bereich sich der Tarifvertrag erstreckt, Gelegenheit zur schriftlichen Stellungnahme sowie zur Äußerung in einer mündlichen und öffentlichen Verhandlung zu geben.

(3) Erhebt die oberste Arbeitsbehörde eines beteiligten Landes Einspruch gegen die beantragte Allgemeinverbindlicherklärung, so kann das Bundesministerium für Arbeit und Soziales dem Antrag nur mit Zustimmung der Bundesregierung stattgeben.

(4) Mit der Allgemeinverbindlicherklärung erfassen die Rechtsnormen des Tarifvertrags in seinem Geltungsbereich auch die bisher nicht tarifgebundenen Arbeitgeber und Arbeitnehmer. Ein nach Absatz 1a für allgemeinverbindlich erklärter Tarifvertrag ist vom Arbeitgeber auch dann einzuhalten, wenn er nach § 3 an einen anderen Tarifvertrag gebunden ist.

(5) Das Bundesministerium für Arbeit und Soziales kann die Allgemeinverbindlicherklärung eines Tarifvertrags im Einvernehmen mit dem in Absatz 1 genannten Ausschuß aufheben, wenn die Aufhebung im öffentlichen Interesse geboten erscheint. Die Absätze 2 und 3 gelten entsprechend. 3Im übrigen endet die Allgemeinverbindlichkeit eines Tarifvertrags mit dessen Ablauf.

(6) Das Bundesministerium für Arbeit und Soziales kann der obersten Arbeitsbehörde eines Landes für einzelne Fälle das Recht zur Allgemeinverbindlicherklärung sowie zur Aufhebung der Allgemeinverbindlichkeit übertragen.

(7) Die Allgemeinverbindlicherklärung und die Aufhebung der Allgemeinverbindlichkeit bedürfen der öffentlichen Bekanntmachung. Die Bekanntmachung umfasst auch die von der Allgemeinverbindlicherklärung erfassten Rechtsnormen des Tarifvertrages.

Inhaltsübersicht Rn.

1. Die Allgemeinverbindlichkeit als Instrument einer Sicherung von Mindestarbeitsbedingungen

1 Tarifverträge gelten zwingend nur für beiderseits Tarifgebundene (vgl. § 4 Rn. 9). Damit hängt der tarifliche Schutz einerseits von der Gewerkschaftsmitgliedschaft ab, andererseits von der Tarifbindung des Arbeitgebers. Gewerkschaftsmitglieder, die bei – der wachsenden Zahl[1] von – nicht tarifgebundenen Arbeitgebern beschäftigt sind, genießen keinen tariflichen Schutz. Diesen Gewerkschaftsmitgliedern sowie den anders und nichtorganisierten Beschäftigten bietet die Allgemeinverbindlicherklärung eine tarifvertragliche und soziale Absicherung. Die AVE **erstreckt die Normwirkung** eines Tarifvertrags auf bisher nicht tarifgebundene Außenseiter (Arbeitgeber und Arbeitnehmer). Sie wird **auf Antrag** vom Bundesarbeitsminister im Einvernehmen mit einem paritätisch besetzten **Tarifausschuss** erklärt (Rn. 24ff.).

2 Neben der Allgemeinverbindlicherklärung gibt es weitere Instrumente, die Funktionen eines Mindestschutzes erfüllen. Eine unterste Stufe der Entgeltabsicherung bietet seit 2015 das Mindestlohngesetz (MiLoG, s. Anhang 1). In einigen Bereichen werden **Mindestarbeitsverdienste und Mindestarbeitsbedingungen** durch die Festsetzung von Entgelten durch eine Kommission nach HAG (Anhang 4, Rn. 10), §§ 10ff. AEntG (Anhang 2, Rn. 43ff.) gesichert. Die Wirkung von Tarifverträgen und ihre kollektive Schutzfunktion als Instrument gegen Lohndumping wird darüber hinaus durch das Arbeitnehmer-Entsendegesetz (AEntG, Anhang 2, Rn. 1ff.), oder die Tariftreuegesetze der Länder erweitert (Anhang 3). In der **politischen Diskussion** werden alle diese Instrumente, insbesondere der gesetzliche Mindestlohn und die AVE, teilweise als marktwidrig bekämpft, teilweise werden Erleichterungen gefordert (Rn. 13ff.). Ein Durchbruch in der Diskussion stellte der Erlass des Tarifautonomiestärkungsgesetzes im Jahr 2014 dar. Mit diesem Gesetz wurde nicht nur das Mindestlohngesetz (MiLoG) eingeführt und damit ein gesetzlicher Mindestlohn von 8,50 Euro/Std. geschaffen. Das Gesetz änderte auch § 5 TVG, um die Allgemeinverbindlicherklärung zu erleichtern, insbesondere für Tarifverträge über gemeinsame Einrichtungen. Insbesondere wurde das strikte 50%-Quorum abgemildert (genauer dazu unten Rn. 17ff.).

1.1 Ziele und Funktionen der Allgemeinverbindlicherklärung (AVE)[2]

3 Arbeitgeber tendieren, besonders in Zeiten wirtschaftlicher Krisen und hoher Arbeitslosigkeit, dazu, den Preis der Arbeitskraft zu drücken und besonders Unorganisierte zu untertariflichen Bedingungen zu beschäftigen. Durch den Wettbewerb über den Lohn und sonstige Arbeitsbedingungen verschaffen sich Außenseiter-**Arbeitgeber** einen Konkurrenzvorteil gegenüber tariftreuen Arbeitgebern. Dieser »Lohndrückerei« (»**Lohndumping**«) setzt die AVE Grenzen. Denn sie gibt auch den nicht organisierten Beschäftigten einen verbindlichen Anspruch auf die tariflichen Leistungen; die Mindestbedingungen werden auch für die Außenseiter-Arbeitgeber verbindlich. Damit werden gleiche Wett-

1 Zur Entwicklung der Tarifbindung siehe Grundl, Rn. 177.
2 Vgl. zum Ganzen Däubler-Lakies, Rn. 6ff.; JKO-Oetker, § 6 Rn. 70ff.; KeZa-Kempen, Rn. 9ff.; Wiedemann-Wank, Rn. 2ff.

bewerbsbedingungen hergestellt, die »**Kartellwirkung**« des Tarifvertrags (vgl. Grundl. Rn 59) wird verstärkt und ausgedehnt. Die Garantie angemessener Mindestbedingungen für die abhängig Beschäftigten hat somit eine **arbeitsmarktpolitische und wettbewerbsleitende Funktion**. Das BVerfG hat die Allgemeinverbindlicherklärung nach § 5 deshalb mit der folgenden Begründung für verfassungsgemäß gehalten:

»Die fehlende Tarifbindung eines Partners oder beider Partner von Arbeitsverhältnissen ... kann insbesondere in Zeiten nachlassender Konjunktur und gefährdeter Vollbeschäftigung schwerwiegende Nachteile für die Tarifgebundenen und Gefahren für die Verwirklichung des Tarifvertrages zur Folge haben: nicht organisierte Arbeitnehmer können Gewerkschaftsmitglieder beim Wettbewerb um knapp gewordene Arbeitsplätze dadurch verdrängen, dass sie auf untertarifliche Arbeitsbedingungen eingehen; Arbeitgeber können sich durch bevorzugte Anstellung von Außenseitern zu untertariflichen Löhnen Konkurrenzvorteile verschaffen. Diesen als »Lohndrückerei« und »Schmutzkonkurrenz« bezeichneten Missständen wirkt die Allgemeinverbindlicherklärung des Tarifvertrages entgegen.«[3]

Mit der Eindämmung von Lohndumping und Schmutzkonkurrenz dient die AVE also gleichzeitig der **Stabilisierung des Tarifvertragssystems** und dem Funktionieren von gemeinsamen Einrichtungen. Insofern dient die Allgemeinverbindlicherklärung auch den Interessen der Tarifvertragsparteien.[4]

Ähnliche Erwägungen gelten zwar auch für die Verbindlicherklärung von Tarifverträgen **4**
durch das AEntG.[5] Nur über die AVE nach § 5 TVG, nicht über das AEntG, können aber **qualifikations- und anforderungsgerechte Arbeitsbedingungen** über die Tarifgebundenen hinaus verbindlich werden (vgl. auch Anhang 2, Rn 20 zur Verbindlicherklärung eines Lohngitters nach AEntG). Es geht hier also um eine Stärkung des gesellschaftlichen Sozialmodells, durch Tarifverträge auf kollektivem Weg auskömmliche Arbeitsbedingungen durchzusetzen.[6]

Anders als beim Tarifvertrag als solchem ist allerdings die Wirkung der AVE nicht in vol- **5**
lem Umfang durch die freie Selbstbestimmung der Arbeitnehmerinnen und Arbeitnehmer legitimiert. Die Wirkung gegenüber den Außenseitern wird vielmehr durch die staatliche Mitwirkung des Arbeitsministeriums **demokratisch legitimiert**.[7]

Die AVE ist **verfassungsgemäß**. Die früher erhobenen Einwände (Verletzung des De- **6**
mokratieprinzips) hat das BVerfG zu Recht zurückgewiesen. Die Allgemeinverbindlicherklärung »*[beruhe] auf vielfältig verschränktem Zusammenwirken von Tarifparteien und im Tarifausschuß repräsentierten Sozialpartnern einerseits und Stellen der staatlichen Exekutive andererseits*«. Zwar könnten die Koalitionen grundsätzlich nur für ihre Mitglieder tarifliche Normen setzen, weil sie nur durch diese legitimiert seien. Bei der AVE wirke aber der Staat ausreichend mit und gebe den Normen so eine Legitimation gegenüber den an-

---

3 BVerfG 24.5.77 – 2 BvL 11/74, AuR 77, 380; a.A. dazu Erfk-Franzen, TVG § 5, Rn. 1f., der allein eine Schutzfunktion erkennt.

4 BVerwG 3.11.88 – 7 C 115.86, NZA 89, 364.

5 Zachert, NZA 03, 132.

6 Für die Beibehaltung der AVE auch Dieterich u.a., RdA 04, 65, 74f.

7 BVerfG 24.5.77 – 2 BvL 11/74, AuR 77, 380.

sonsten nicht tarifgebundenen Arbeitgebern und Arbeitnehmern.[8] Auch die Behauptung, dass die Tarifbindung der Nichtorganisierten nicht gegen deren »negative Koalitionsfreiheit« verstoße, hat das BVerfG zu Recht zurückgewiesen; durch die Tarifbindung ohne Mitgliedschaft entstehe nur ein sehr geringer »Druck«, einer Arbeitgeberorganisation zum Zweck größerer Einflussfähigkeit beizutreten, »nicht so gewichtig ist, dass er als Eingriff in die negative Koalitionsfreiheit angesehen werden könnte« (vgl. auch Anhang 2, Rn. 11 zum AEntG).[9]

6a Auch **europarechtlich** bestehen keine Bedenken gegen die AVE; Dienstleistungsfreiheit ausländischer Unternehmen und europarechtliches Kartellverbot stehen nicht entgegen (vgl. auch Anhang 2, Rn. 12 zum AEntG).[10] Der tarifvertragliche Zwang (z.B. zur Mitgliedschaft in einem Betriebsrentenfonds oder zu einer Zusatzkrankenversicherung) verstößt nicht gegen Unionsrecht, denn nach der Rechtsprechung des EuGH fallen Tarifverträge »aufgrund ihrer Natur und ihres Gegenstands« nicht unter das Kartellverbot des Art. 101 AEUV (vgl. schon Grundl. Rn. 108).[11] Für den EuGH spielt es insofern keine Rolle, ob nur die Mitglieder gebunden werden oder ob die Vereinbarung ohne Ausnahme »für sämtliche Unternehmen des betreffenden Wirtschaftszweigs eines Mitgliedstaats« gilt (zur Wirkung der AVE für ausländische Unternehmen siehe Rn. 35a; auch Tariftreueerklärungen dürfen allgemeinverbindlich erklärte Mindestentgelte unproblematisch zur Voraussetzung für die Vergabe öffentlicher Aufträge machen, siehe Anhang 3, Rn. 7).

7 Die Allgemeinverbindlichkeit hat über die tarif- und arbeitsmarktpolitische Funktion hinaus eine **sozialpolitische Funktion,** die besonders bei nachlassender Staatstätigkeit an Bedeutung gewinnt. **Gemeinsame Einrichtungen** der Tarifvertragsparteien (vgl. § 4 Rn. 36ff.), z.B. zur Altersversorgung, Berufsausbildung oder Urlaub, sind praktisch nur finanzierbar, wenn alle Arbeitgeber der Branche sich an der Finanzierung beteiligen.[12] In der Reform des Jahres 2014 wurden deshalb die Anforderungen an die AVE von Gemeinsamen Einrichtungen stärker erleichtert als AVE über sonstige Arbeitsbedingungen.

8 Als weiterer Zweck der AVE wird oft auch der Schutz des **Arbeitnehmer-Außenseiters** genannt.[13] Die Kehrseite dieser Medaille ist allerdings, dass unorganisierte Beschäftigte auch ohne Gewerkschaftsbeitritt in den Genuss tarifvertraglicher Leistungen kommen. Der Mindestschutz von Außenseitern wird darüber hinaus auch durch zwingende Gesetze, insbesondere das MiLoG verfolgt. Die AVE darf insofern keinen Anreiz bieten, der Gewerkschaft fernzubleiben. Auch vor diesem Hintergrund muss es eine wichtige Voraussetzung der AVE bleiben, dass der jeweilige Tarifvertrag sich in der jeweiligen Branche bereits durchgesetzt hat (»überwiegende Bedeutung« laut § 5 Abs. 1 Satz 2 Nr. 1).

---

8 BVerfG 24.5.77 – 2 BvL 11/74, AuR 77, 380.

9 BAG 10.9.91 – 1 BvR 561/89, NZA 92, 125 (zum AEntG 1996); BVerfG 18.7.00 – 1 BvR 948/00, AuR 00, 353.

10 BAG 22.9.93 – 10 AZR 371/92, DB 94, 842; EuGH 21.9.99 – C-67/96 (»Albany«), AuR 00, 26 m. Anm. Blanke; bestätigt in EuGH 3.3.11 – C-437/09 (»AG2R Prévoyance«).

11 Siehe allerdings EuGH 15.7.10 – C-271/08 (Kommission/Deutschland), Slg. 2010, I-7087, wonach durch Tarifvertrag nicht ein bestimmter (deutscher) Anbieter festgelegt werden darf; dagegen Anm. Buschmann, AuR 10, 522.

12 Vgl. KeZa-Kempen, Rn. 8ff.

13 So z.B. BVerfG 24.5.77 – 2 BvL 11/74, AuR 77, 380; BVerwG 3.11.88 – 7 C 115/86, DB 89, 529; ErfK-Franzen, TVG § 5, Rn. 1f. sieht vor allem diese Funktion.

1.2 Bedeutung und Verbreitung allgemeinverbindlicher Tarifverträge

Anfang 2015 waren von den ca. 70 000 in das Tarifregister eingetragenen Tarifverträgen **502** für allgemeinverbindlich erklärt, darunter 173, die (auch) in den neuen Bundesländern gelten.[14] 9

Branchen: Die meisten allgemeinverbindlichen Tarifverträge gibt es im Baugewerbe, im Handel, im Nahrungsmittel-, Hotel-, Gaststätten- und Reinigungsgewerbe und anderen kleinbetrieblich strukturierten Dienstleistungsbereichen; kaum AVE gibt es in den Bereichen Banken, Versicherungen, Chemie, Druck, Papier, Eisenbahn, Metall-, Elektro- und Stahlindustrie.[15] 10

Gegenstände allgemeinverbindlicher Tarifverträge: Es handelt sich überwiegend um Manteltarifverträge und Tarifverträge über gemeinsame Einrichtungen (§ 4 Rn. 36ff.). **Entgelttarifverträge** sind in der Minderheit und eher in zergliederten, kleinbetrieblich dominierten Branchen mit oft relativ niedrigem Entgeltniveau anzutreffen. Zu den **Mindestlohntarifverträgen nach AEntG** siehe Anhang 2, Rn. 5ff. 11

Die **Zahlen schwanken von Jahr zu Jahr.** Höchststand war 1980 mit 608 und 1994 mit 632, niedrigster Stand 2006 mit 454 AVE-Tarifverträgen. Noch deutlicher zeigt sich dies bei den **neu für allgemeinverbindlich erklärten Tarifverträgen**. Sie sanken von 205 (1992) auf 37 (2014). Im Jahr 2000 wurden 15 % der Anträge abgelehnt. Gründe dafür sind nicht das Verschwinden von Lohndumping und Schmutzkonkurrenz, sondern die zwischenzeitlich vermehrte Ablehnung durch die Arbeitgebervertreter der BDA im Tarifausschuss (vgl. Rn. 25ff.; dies hängt eng mit der nahezu flächendeckenden Einführung der OT-Mitgliedschaft in den Arbeitgeberverbänden zusammen; zur rechtspolitischen Diskussion Rn. 13ff., zu Konsequenzen im AEntG vgl. Rn. 54). Mit der Ausweitung des Anwendungsbereichs des AEntG hat der Abwärtstrend aber geendet; zuletzt hat sich die Zahl stabilisiert. Eine wichtige Rolle für das niedrige Niveau spielte in der Vergangenheit die zunehmende Schwierigkeit, den Beweis für ausreichende Repräsentativität (50 %-Quote) zu führen.[16] Es bleibt abzuwarten, ob die Neuregelung der Voraussetzungen ab dem Jahre 2015 (siehe Rn. 17ff.) zu einer Trendwende führen kann. 12

---

14 BMAS, Verzeichnis der für allgemeinverbindlich erklärten Tarifverträge, Stand 1. 1. 2015; abrufbar unter <http://www.bmas.de/SharedDocs/Downloads/DE/PDF-Publikationen-DinA4/arbeitsrecht-verzeichnis-allgemeinverbindlicher-tarifvertraege.html>; es handelte sich um (235 Ursprungs- und 267 Änderungs- bzw. Ergänzungstarifverträge); ausführlich zu Stand anhand empirischer Daten und Zahlen: Bispinck, WSI-Mitt. 12, 496ff.

15 Jöris, NZA 14, 1313: Zahlenrückgang bei AVE bis 2006 lässt sich allein dadurch erklären, dass die Branchen Groß- und Einzelhandel nicht mehr auf AVE setzen.

16 Zu den Gründen für den Rückgang der AVE ausführlich Bispinck, WSI-Mitt. 12, 496, 503.

Anzahl der für AVE erklärten Tarifverträge von 1975 bis 2014

Jahr	Zahl der gültigen AVE-Tarifverträge		Zahl der im Jahr neu für allgemeinverbindlich erklärten Tarifverträge	
	Insgesamt	davon in den neuen Bundesländern	Insgesamt	davon in den neuen Bundesländern
1975	448		109	
1980	608		212	
1985	596		148	
1991	621	7	199	52
1995	627	118	136	43
2000	551	171	82	20
2005	475	194	19	11
2010	490	170	10	–
2013	498	168	30	5
2014	496	171	37	10

Quelle: Bundesarbeitsministerium[17]

1.3 Rechtspolitische Diskussion zur AVE

13 Im Rahmen der »Deregulierungsdebatte« wird von konservativer Seite immer wieder einmal die Abschaffung oder **Einschränkung der AVE** gefordert, weil sie den Preis der Arbeitskraft in marktwidriger Weise hoch halte, die Löhne aber gesenkt werden müssten; die FDP hatte daraus einen Gesetzentwurf im Jahr 2003 geformt, der jedoch nicht erfolgreich war.[18] In der Diskussion wirken die Krokodilstränen für die nicht-organisierten Außenseiter, die durch AVE gebunden werden, als müssten die »friedlichen Bürger vor der Mafia« geschützt werden.[19]

14 Die **Arbeitgeberseite** hat hier keine einheitliche Haltung. Die BDA hat in den letzten Jahren zunehmend ihr Veto-Recht im Verfahren nach § 5 TVG ausgenutzt (siehe auch zur Verbindlicherklärung nach AEntG Anhang 2, Rn. 27ff.). Gegen die AVE wird insofern argumentiert, sie verhindere die Entstehung eines funktionierenden Niedriglohn-Sektors; angesichts der ansonsten wenig tariffreundlichen Politik überrascht an dieser Stelle das neuerdings verbreitete Argument, die AVE schwäche wegen der Beteiligung des Staats die

17 BMAS, Verzeichnis der für allgemeinverbindlich erklärten Tarifverträge, Stand 1.1.2015; abrufbar unter <http://www.bmas.de/SharedDocs/Downloads/DE/PDF-Publikationen-DinA4/arbeitsrecht-verzeichnis-allgemeinverbindlicher-tarifvertraege.html>; ausführlich zu Stand anhand empirischer Daten und Zahlen: Bispinck, WSI-Mitt. 12, 496ff.

18 Grundlegend und bis heute einflussreich: Monopolkommission, BT-Drucksache 12/8323, S. 380; Deregulierungskommission, 1991, S. 133f.

19 Gamillscheg, S. 561.

Tarifautonomie.[20] Zahlreiche Branchen-Arbeitgeberverbände unterstützen hingegen einzelne AVE-Verfahren und verhindern insofern Wettbewerbsnachteile für tarifgebundene Unternehmen. Allerdings hat die Nutzung des Instruments durch die Arbeitgeberverbände (die stattdessen OT-Mitgliedschaften förderten) dennoch deutlich nachgelassen, was zum allgemeinen Rückgang der AVE beigetragen hat.[21]

Angesichts der tarifpolitischen Bedeutung der AVE (Rn. 3ff.), der Mängel im AVE-Verfahren und der Tariferosion (vgl. Grundl. Rn. 159ff., insbesondere Rn. 176ff.) sind seit einigen Jahren Vorschläge zur **Weiterentwicklung der AVE** entwickelt worden: ein erleichtertes AVE-Verfahren, Ersetzung der 50%-Quote durch andere Merkmale der »Repräsentativität«, veränderte Zusammensetzung des Tarifausschusses, Zuständigkeit der Arbeitsgerichte bei Streitigkeiten über die Wirksamkeit.[22] Mit dem Tarifautonomiestärkungsgesetz 2014 wurden die Ersetzung der 50%-Quote sowie die arbeitsgerichtliche Zuständigkeit nun gesetzlich umgesetzt. 15

1.4 Weitere Sicherungen eines Mindestarbeitsverdienstes

Während es bis 1996 nur die Allgemeinverbindlicherklärung nach § 5 TVG und das völlig unbekannte und nie genutzte Mindestarbeitsbedingungengesetz von 1952 gab, sind in den letzten Jahrzehnten zahlreiche neuere **Schritte in Richtung von Lohnuntergrenzen** unternommen worden. Hintergrund sind Wirtschaftskrise, Globalisierung der Arbeitsmärkte, nachlassende Tarifbindung, Verweigerung von Tarifabschlüssen, Funktionsschwächen der Tarifautonomie, Auflösung der Zumutbarkeitskriterien nach »Hartz IV«[23], steigende Zahl von Beschäftigten mit »Armutslöhnen« und Anspruch auf staatliche Leistungen (vgl. Grundl. Rn. 171ff.). 16

Da **Tarifverträge** als Mindestbedingungen nur für die tarifgebundenen Arbeitgeber und Arbeitnehmer bzw. bei AVE (§§ 3, 4, 5) gelten, funktioniert diese Mindestsicherung für Bereiche mit geringer Tarifbindung nicht. Nach jahrzehntelangen Diskussionen wurde für die Zeit ab Januar 2015 mit dem **Mindestlohngesetz** (MiLoG) nun für (fast) alle Arbeitsverhältnisse ein gesetzlicher Mindestlohn von 8,50 € pro Arbeitsstunde eingeführt. Die Bedeutung dieses Schrittes im deutschen Arbeitsrechtssystem kann kaum überschätzt werden, wenn auch zahlreiche Ausnahme- und Übergangsregelungen Probleme schaffen (genauer Anhang 1).

---

20 Vgl. dazu BDA »Präsidiumsbeschluss«, Vorrang der Tarifautonomie vor staatlicher Lohnfestsetzung, 2010.

21 Zu den Widersprüchen auf Arbeitgeberseite vgl. auch Däubler, WSI-Mitt. 12, 508, 509, der darauf hinweist, dass eine Nutzung der AVE auch die OT-Politik der Verbände gefährden kann. Siehe z.B. den Bericht von Asshoff, WSI-Mitt. 12, 541, 544f zum fünfjährigen Rechtsstreit der Fachgemeinschaft Bau Berlin-Brandenburg, in dem diese gegen nahezu alle AVE im Bauhauptgewerbe geklagt hat.

22 Überblick über aktuelle Reformvorschläge bei Bispinck, WSI-Mitt. 12, 496, 505; Däubler, WSI-Mitt. 12, 508ff. Siehe auch die Diskussion auf dem Deutschen Juristentag 2014, Bepler, Gutachten B.

23 Urban, SozSich 10, 45.

Darüber hinaus haben die Diskussionen über die **Sicherungen** eines **Mindestarbeitsverdienstes** in den vergangenen Jahren zur Einführung der folgenden Instrumente geführt:[24]

- Für die Allgemeinverbindlichkeit nach § 5 gelten verfahrensmäßig (Rn. 24ff.) und inhaltlich (Rn. 17ff.) strenge Anforderungen. Das **Arbeitnehmer-Entsendegesetz** (AEntG) erleichtert demgegenüber die Allgemeinverbindlichkeit für bestimmte Branchen, insbesondere weil es dort kein Erfordernis des Einvernehmens mit der BdA gibt. Das AEntG setzt darüber hinaus explizit die Entsende-Richtlinie der Europäischen Union um, nach der auch ausländische Unternehmen an Mindestbedingungen gebunden werden können. Voraussetzung ist ein (bundesweiter) »Mindestlohntarifvertrag« (Anhang 2, Rn. 5 ff). Im Gegensatz zur AVE erfüllt das AEntG allerdings lediglich Funktionen von Mindeststandards bzw. Lohnuntergrenzen.
- Eine ähnliche Regelung wie das AEntG trifft § 3a AÜG für die **Leiharbeit**. Auch hier können nun Mindeststundenentgelte durch Rechtsverordnung festgelegt werden (Anhang 4, Rn. 1ff.).
- Für die **Pflegebranche** ist im AEntG ein Verfahren vorgesehen, in dem Mindestentgelte durch eine spezielle Kommission festgelegt werden können (Anhang 2, Rn. 43ff.). Ein ähnliches Verfahren gibt es für die **Heimarbeit** (Anhang 4, Rn. 10).
- Sind keine besonderen Festsetzungen über allgemeinverbindliche Tarifverträge oder Mindestarbeitsbedingungen-Festsetzungen vorhanden, kommt als Lohnuntergrenze nur der **Lohnwucher** in Betracht: § 138 BGB sanktioniert sittenwidrigen Lohn als unwirksam (vgl. Anhang 4, Rn. 11ff.).
- Darüber hinaus gibt es sonstige Sicherungen für **bestimmte Personengruppen** (Auszubildende, siehe Anhang 4, Rn. 107; Heimarbeiter, siehe Anhang 4, Rn. 10).
- Eine größere Breitenwirkung können Tarifverträge auch durch **Tariftreuegesetze** erlangen, die von Unternehmern bei öffentlichen Aufträgen die Zahlung von Tariflohn verlangen (Anhang 3).

Neben der Nutzung des AEntG als »**Reformwerkstatt**«[25] (das Gesetz gilt nur für einige Branchen, Rn. 52ff.) wurde also eine große Zahl von Instrumenten für eine Festsetzung branchenbezogener Mindestentgelte in Kommissionen entwickelt. Mit der Einführung des **gesetzlichen Mindestlohns** ist jetzt die Klarheit über die unterschiedlichen Funktionen eines Tarifvertrags und eines gesetzlichen Mindestlohns geschärft worden: Der Tarifvertrag beruht wesentlich auf eigener Durchsetzungskraft der Gewerkschaften, während der gesetzliche Mindestlohn dort von Bedeutung ist, wo keine ausreichende Durchsetzungsmacht besteht.[26] Das Instrument der Allgemeinverbindlichkeit ist damit von der Funktion, die Tarifautonomie nach unten zu sichern, entlastet.

---

24 Vgl. auch den arbeits- und sozialrechtlichen Überblick bei Waltermann, NZA Beilage 3/09, 110ff.
25 Däubler, WSI-Mitt. 12, 508, 509.
26 Zu den Zusammenhängen zwischen AVE- und Mindestlohndebatte vgl. auch Bispinck, WSI-Mitt. 12, 496, 504f.

2. Voraussetzungen der Allgemeinverbindlicherklärung

Ein Tarifvertrag kann für allgemeinverbindlich erklärt werden, wenn die Allgemeinverbindlicherklärung im **öffentlichen Interesse** geboten erscheint. Nach bisheriger Rechtslage (bis 2014) war das öffentliche Interesse an der Allgemeinverbindlichkeit nur ein zusätzliches Merkmal; es kam nur zur Anwendung, wenn bereits geklärt war, dass 50 % der Arbeitnehmer/innen in der Branche bei tarifgebundenen Arbeitgebern beschäftigt waren. »Öffentliches Interesse« ist ein sehr dehnbarer Begriff, der schon bisher nicht allgemein umschrieben werden konnte.[27] Seit 2015 nennt das Gesetz nun das öffentliche Interesse als übergeordneten Gesichtspunkt und benennt zwei Fallgruppen: Ein öffentliches Interesse liegt danach vor, wenn der Tarifvertrag in seinem Geltungsbereich für die Gestaltung der Arbeitsbedingungen überwiegende Bedeutung erlangt hat (Abs. 1 Satz 2 Nr. 1) oder wenn die Absicherung der Wirksamkeit der tarifvertraglichen Normsetzung gegen die Folgen wirtschaftlicher Fehlentwicklung eine Allgemeinverbindlicherklärung verlangt (Abs. 1 Satz 2 Nr. 2). 17

Daneben sind verfahrensmäßig ein **Antrag** einer der beiden Tarifvertragsparteien und die **Zustimmung (»Einvernehmen«) des Tarifausschusses** notwendig (zum Verfahren siehe Rn. 24ff.). Für die Allgemeinverbindlicherklärung von Tarifverträgen über gemeinsame Einrichtungen gibt es eine besondere Bestimmung (siehe Rn. 41a ff.).

Nur **Rechtsnormen** eines Tarifvertrags (vgl. § 1 Rn. 103ff., § 4 Rn. 3ff.), nicht schuldrechtliche Bestimmungen, können für allgemeinverbindlich erklärt werden. Auch Firmentarifverträge können für allgemeinverbindlich erklärt werden; die Erklärung kann auch nachwirkende Tarifverträge erfassen. Tariffähigkeit und Tarifzuständigkeit müssen allerdings gegeben sein (§ 2 Rn. 2; Rn. 5); etwaige Mängel des Tarifvertrags werden durch die AVE nicht behoben.[28] Bestehen also Zweifel an Tariffähigkeit oder Tarifzuständigkeit, so ist die Allgemeinverbindlicherklärung abzulehnen. 18

Die 50 %-Klausel des bisherigen Rechts ist seit 2015 entfallen. Der Gesetzgeber folgte damit der Forderung, die formale 50 %-Quote entsprechend den Regelungen in anderen europäischen Ländern durch ein allgemeines **Erfordernis der Repräsentativität** zu ersetzen.[29] Gegen die formale Grenze sprach insbesondere auch, dass sie in einem Gerichtsverfahren nicht angemessen zu überprüfen ist (zum Rechtsschutz vgl. Rn 46).[30] Die Neuregelung verfolgt dieselben Ziele, nämlich abzusichern, dass nur solche Tarifverträge allgemeinverbindlich werden, die sich in der jeweiligen Branche bereits durchgesetzt haben. Statt der formalen 50 %-Quote muss jetzt aber geprüft werden, ob der Tarifvertrag in seinem Geltungsbereich »**überwiegende Bedeutung**« hat. Diese Bedeutung muss sich auf die »Gestaltung der Arbeitsbedingungen« beziehen. Es geht also nach wie vor darum, ob die überwiegende Mehrheit der Arbeitsverhältnisse im fachlichen Geltungsbereich des 19

27 Zu »öffentlichem Interesse« bei AVE siehe nach bisherigem Recht ausführlich Zachert, NZA 03, 132, 135ff.

28 Vgl. Däubler-Lakies, Rn. 54ff.; Wiedemann-Wank, Rn. 52ff.

29 Däubler, WSI-Mitt. 12, 508, 512; zu den Regelungen in anderen europäischen Ländern vgl. Schulten, WSI-Mitt. 12, 485ff.

30 Anschaulich Asshoff, WSI-Mitt. 12, 541, 544f zum »juristischen Chaos« im Baugewerbe Berlin-Brandenburg.

Tarifvertrags (Branche) dem Tarifvertrag folgt. Dabei sind nicht nur Arbeitsverhältnisse mit Tarifbindung relevant,[31] sondern auch Arbeitsverhältnisse, die sich durch vertragliche Bezugnahmen am Tarifvertrag oder auf andere Weise (z.B. inhaltsgleiche Anschlusstarifverträge) an den tariflichen Regelungen orientieren. Ob die Beschäftigten organisiert und damit tarifgebunden sind oder nicht, ist deshalb auch künftig nicht entscheidend. Der **Nachweis** kann weiterhin mit Hilfe von Angaben der Arbeitgeberverbände, Industrie-, Handels- und Handwerkskammern, Statistiken und ggf. durch zuverlässige Schätzungen erfolgen.[32]

20 Die Voraussetzung der »überwiegenden Bedeutung« kann immer nur jeweils ein Tarifvertrag im Geltungsbereich erfüllen. Eine Auswahl unter **mehreren konkurrierenden Tarifverträgen** kommt also nicht in Betracht (vgl. aber zum AEntG Anh. 2, Rn. 26).

21 Nach bisherigem Recht konnte eine AVE bei Nichterfüllung der 50 %-Quote nur erfolgen, wenn ein sozialer Notstand behoben werden musste. Die Verhältnisse in der Landwirtschaft waren Ausgangspunkt für diesen 1952 eingefügten Ausnahmetatbestand, der jedoch nie angewandt wurde.[33] Nach neuem Recht gibt es nun eine etwas klarere, aber dennoch voraussichtlich schwer anzuwendende Klausel: Ein öffentliches Interesse an einer AVE ist auch gegeben, wenn diese erforderlich ist, um die Wirksamkeit der tarifvertraglichen Normsetzung gegen die **Folgen wirtschaftlicher Fehlentwicklung** abzusichern. Die Formulierung wiederholt einen Satz aus einer BVerfG-Entscheidung[34] und soll gewährleisten, dass der unternehmerische Wettbewerb nicht allein über die Löhne ausgetragen wird. Damit ist die bisher umstrittene Frage, ob der Schutz eines fairen Wettbewerbs ein öffentliches Interesse begründen kann,[35] zu bejahen.[36] Diese Klausel erlaubt eine AVE auch und gerade dann, wenn ein Tarifvertrag keine große Bedeutung in der Branche erlangt hat. Sie setzt voraus, dass in einer Branche nicht tarifgebundene Unternehmen einen Kostenvorteil durch untertarifliche Bezahlung im Wettbewerb ausnutzen.

22 Zu beachten bleibt aber, dass nach dem Gesetzeswortlaut eine AVE auch möglich ist, wenn weder überwiegende Bedeutung noch eine wirtschaftliche Fehlentwicklung zu bejahen ist. Dem Ministerium steht insofern ein sehr weiter **Beurteilungsspielraum** bei der Frage des öffentlichen Interesses zu.[37] Dies ermöglicht AVE auch in schwierigen Situationen. Eine gerichtliche Überprüfung kommt deshalb nur insoweit in Betracht, als der Behörde wesentliche Fehler vorzuwerfen sind.[38]

23 Umstritten ist insbesondere, ob eine AVE damit begründet werden kann, dass in der jeweiligen Branche außerhalb tarifgebundener Unternehmen **unangemessene oder sitten-**

---

31 Diese sind aber nach wie vor »in erster Linie« zu berücksichtigen, siehe Gesetzesbegründung BT-Drs. 18/1558, 58.

32 Henssler, RdA 15, 43, 51; Jöris, NZA 14, 1313, 1316 (Unterstützung durch Statistiken von IAB und Destatis); vgl. auch BAG 28.3.90 – 4 AZR 536/89, DB 91, 180.

33 Näheres bei Koberski/Clasen/Menzel, Rn. 65; Wiedemann-Wank, Rn. 77.

34 BVerfGE 44, 322 (vgl. Jöris, NZA 14, 1313, 1317).

35 Dagegen BAG 24.1.79 – 4 AZR 377/77, AP Nr. 16 zu § 5 TVG.

36 So auch Zachert, NZA 03, 132.

37 So zur bisherigen Rechtslage schon BVerwG 3.11.88 – 7 C 115.86, NZA 89, 364; BAG 22.9.93 – 10 AZR 371/92, DB 94, 842; 28.3.90 – 4 AZR 536/89, DB 91, 180; BVerfG 24.5.77 – 2 BvL 11/74, AuR 77, 380; abl. Gamillscheg, S. 895ff.

38 BAG 22.9.93 – 10 AZR 371/92, BAGE 74, 226.

widrige Entgelte bezahlt werden. Es spricht nichts dagegen, dass auch eine solche Entwicklung ein öffentliches Interesse begründen kann.[39]

3. Verfahren der Allgemeinverbindlicherklärung

Das Verfahren der AVE ist in § 5 TVG und in der Durchführungsverordnung (TVG-DVO) geregelt. Es setzt einen **Antrag** voraus; dafür reicht es, wenn eine der beiden Tarifvertragsparteien den Antrag stellt (Abs. 1). Der Antrag wird im Bundesanzeiger veröffentlicht, an die Länderarbeitsminister und an interessierte Gewerkschaften und Arbeitgeberverbände versandt mit der Gelegenheit, Stellung zu nehmen (Abs. 2 und § 5 TVG-DVO). 24

Der Antrag wird i.d.R. schriftlich begründet. Er kann eingeschränkt, bis zur Entscheidung des Tarifausschusses zurückgenommen oder »auf Eis gelegt« werden, um Zeit für neue Beratungen zu gewinnen.

Frühestens drei Wochen nach der Bekanntmachung tritt der **Tarifausschuss** zusammen (Abs. 1 und §§ 1–3, 6–8 TVG-DVO).[40] Er setzt sich paritätisch aus je drei Vertretern der Spitzenorganisationen der Arbeitgeber und Arbeitnehmer zusammen; sie müssen »wesentliche Bedeutung im Bundesgebiet« haben. Entscheidend ist hier die Erfüllung der Anforderungen des § 12 (vgl. insbesondere § 12 Satz 2; dort Rn. 3). In der Praxis sind dies Vertreter/innen der BDA und ihrer Mitgliedsverbände sowie des DGB und der Mitgliedsgewerkschaften. 25

In **öffentlicher Verhandlung** werden die Anträge begründet. Interessierte Arbeitgeber, Arbeitnehmer/innen, Gewerkschaften und Arbeitgeberverbände oder die Bundesländer können Stellung nehmen; die Länder können Einspruch einlegen (Abs. 3). Die Verhandlung kann unterbrochen oder vertagt werden, um erneute Beratungen der Tarifparteien untereinander oder mit Spitzenverbänden zu ermöglichen. 26

Die **Beratung** ist nicht öffentlich. Beschlussfähig ist der Tarifausschuss nur, wenn alle sechs Mitglieder anwesend sind. Ein Beschluss setzt die Mehrheit der Stimmen (also vier) voraus. Der Beschluss muss nicht begründet werden (§ 3 TVG-DVO). Wenn der Tarifausschuss die AVE ablehnt, kann und darf der Minister die AVE nicht aussprechen (wegen Besonderheiten im Rahmen des AEntG vgl. Anhang 2, Rn. 27ff.). Stimmt der Tarifausschuss zu, hat der Minister die AVE in den letzten Jahren immer ausgesprochen.[41] Rechtlich besteht allerdings bei **Zustimmung des Tarifausschusses** keine Bindung an dessen Entscheidung; insbesondere aus dem Spielraum des Ministeriums hinsichtlich der Beurteilung des öffentlichen Interesses (vgl. Rn. 22) ergeben sich Entscheidungsspielräume. 27

Bei einem **Patt im Tarifausschuss** (3:3 Stimmen) ist der AVE-Antrag abgelehnt (§ 2 Abs. 2 bzw. § 3 Abs. 1 Satz 2 TVG-DVO).[42] Damit hat jede Seite ein **Veto-Recht**. Nach dem teilweisen Zerbrechen des Tarifkonsenses (Grundl. Rn. 159ff., insbesondere Rn. 176ff.) 28

---

39 Vgl. Jöris, NZA 14, 1313, 1317; a.A. Forst, RdA 15, 25, 29f. (relativierende aber bei Sittenwidrigkeitsnähe); Henssler, RdA 15, 43, 52 meint, dies sei jedenfalls keine Fallgruppe von »Fehlentwicklungen« i.S.d. Nr. 2.

40 Koberski/Clasen/Menzel, Rn. 80ff.

41 Koberski/Clasen/Menzel, Rn. 113; für ein Verweigerungsrecht Däubler-Lakies, Rn.146; Löwisch/Rieble, 1. Aufl., Rn. 75, 86ff.; krit. Gamillscheg, S. 893ff.; vgl. § 8 Satz 2 TVG-DVO.

42 Dazu Koberski/Clasen/Menzel, Rn. 107.

wurde diese Blockademöglichkeit von der Arbeitgeberseite zunehmend als Einfallstor genutzt, die AVE ganz (z.B. den ersten Mindestlohn-Tarifvertrag im Baugewerbe 1996) oder teilweise zu blockieren (z.B. die oberen Beträge in den Entgelttarifverträgen der Textilreinigung 2002).[43] Die Schwäche dieser Veto-Position hat anlässlich der Verhinderung des Mindestlohn-Tarifvertrags im Baugewerbe[44] dazu geführt, dass mit dem AEntG die Möglichkeit des Erlasses einer Rechtsverordnung eingeführt wurde (vgl. Anhang 2, Rn. 29ff.).

29 Erhebt ein **Landesarbeitsminister Einspruch**, kann die AVE nur nach Zustimmung der Bundesregierung erklärt werden (Abs. 3).

30 **Änderungen des Tarifvertrags** durch die AVE sind nicht zulässig. Nach überwiegender Auffassung sind aber **Einschränkungen der AVE** möglich und zulässig.[45] So kann z.B. ein späterer Beginn der AVE als beantragt oder ein früheres Ende festgelegt werden; bei dynamischen Verweisungen auf andere Tarifverträge (dazu § 1 Rn 145ff.) wird die AVE für die in Bezug genommenen Tarifbestimmungen ausgenommen. Auch der fachliche und räumliche Geltungsbereich der AVE kann eingeschränkt werden, um Tarifkonkurrenzen zu vermeiden.[46]

31 Solche Einschränkungen sind aber nur zulässig, solange sie nicht den Regelungsgehalt und wesentlichen Inhalt des Tarifvertrags berühren. Problematisch sind deshalb Einschränkungen, bei denen etwa die Nachwirkung ausgeschlossen wird, die AVE auf die Hälfte der Laufzeit beschränkt wird, die oberen Entgeltgruppen von der AVE ausgenommen werden oder wenn per AVE eine Kleinbetriebsklausel durchgesetzt wird. Denn dadurch wird in das **Gesamtgefüge des Tarifvertrags** und das ausgewogene Verhältnis von Geben und Nehmen eingegriffen, das die Tarifautonomie kennzeichnet.

32 Bei einem räumlich begrenzten Tarifvertrag kann der Bundesarbeitsminister die AVE auf einen **Landesarbeitsminister** übertragen (Abs. 6). In der Praxis erfolgt dies dann, wenn sich der räumliche Geltungsbereich auf ein oder zwei Bundesländer beschränkt.[47]

33 Die erfolgte AVE wird im **Bundesanzeiger veröffentlicht** (Abs. 7 und § 11 TVG-DVO). Nach neuer Rechtslage ist dabei auch der Text des Tarifvertrags zu veröffentlichen (zur Information der Arbeitnehmerinnen und Arbeitgeber sowie der Unternehmen genauer §§ 6, 8 TVG).

---

43 Siehe auch das Argument des BVerwG, »untertarifliche Ausbildungsvergütungen könnten zu mehr Ausbildungsplätzen führen« (BVerwG, 3.11.88 – 7 C 115/86, AP Nr. 23 zu § 5 TVG) – 20 Jahre Praxis widerlegen diese Unterstellung.

44 Anschaulich dazu Asshoff, WSI-Mitt. 12, 541, 543ff. Zur Darlegungs- und Beweislast dafür, dass die Voraussetzungen einer AVE-Einschränkung erfüllt sind (liegt beim Arbeitgeber): BAG 25.1.05 – 9 AZR 44/04, NZA 05, 1365.

45 Vgl. Däubler-Lakies, Rn. 170; abl. Wiedemann-Wank, Rn. 59f.

46 So z.B. die Ausnahmeregelung im Baugewerbe, Bundesanzeiger 2000, S. 5337; zur Praxis vgl. Koberski/Clasen/Menzel, Rn. 136f. und 161; BAG 25.1.05 – 9 AZR 154/04, AiB 05, 697 und NZA 05, 1376; 25.7.01 – 10 AZR 599/00, NZA 02, 1406.

47 Koberski/Clasen/Menzel, Rn. 176.

4. Wirkung der Allgemeinverbindlicherklärung

Die AVE ist ein **Rechtssetzungsakt eigener Art**, der in Art. 9 Abs. 3 GG wurzelt.[48] Sie schafft kein staatliches Recht, **Geltungsgrund** für die Norm bleibt der **Tarifvertrag.**[49] 34

Die AVE **erstreckt die Normwirkung** des Tarifvertrags auf nicht an diesen Tarifvertrag gebundene Arbeitgeber/innen und Arbeitnehmer/innen, also Unorganisierte und an einen anderen Tarifvertrag Gebundene. Sie werden so behandelt, als wären sie tarifgebunden; dies gilt auch dann, wenn der Tarifvertrag z.B. OT-Mitglieder oder Unorganisierte ausdrücklich vom persönlichen Geltungsbereich ausnehmen sollte.[50] Die AVE erweitert damit die Tarifgebundenheit. Nur **Rechtsnormen** eines Tarifvertrags (vgl. § 1 Rn. 103ff.), nicht schuldrechtliche Bestimmungen, können für allgemeinverbindlich erklärt werden. 35

Ob eine AVE auch gegenüber ausländischen Unternehmen wirkt, die Arbeitsverhältnisse nach ausländischem Recht durchführen, ist umstritten.[51] Nach europäischem Recht wäre dies allerdings unproblematisch. Bei Tariferstreckungen nach dem AEntG ist die international zwingende Wirkung insofern ausdrücklich angeordnet (§ 2 AEntG; zur verfassungs- und europarechtlichen Zulässigkeit dieser Erstreckung der Tarifwirkungen siehe Rn. 6a). 35a

Auch hinsichtlich ihrer Wirkungen ist die AVE **akzessorisch** zum Tarifvertrag.[52] **Beginn** der AVE ist frühestens der erste Geltungstag des Tarifvertrags. Sie kann aber später beginnen. Eine **Rückwirkung** der AVE ist zulässig, wenn dies für die Betroffenen absehbar war und sie damit rechnen mussten; beim Nachfolgetarifvertrag eines allgemeinverbindlichen Tarifvertrags ist dies in der Regel der Fall.[53] Es hat sich folgende Praxis herausgebildet (vgl. § 4 Abs. 1 Satz 1 TVG und § 7 Satz 3 TVG-DVO; zur Rückwirkung von Tarifverträgen vgl. § 1 Rn. 60):[54] 36

- **Allgemeinverbindlicherklärung eines neuen Tarifvertrags:** Die AVE beginnt grundsätzlich erst mit der Veröffentlichung im Bundesanzeiger, außer mit der AVE wurde zugleich Rückwirkung beantragt. In diesem Fall ist frühester Zeitpunkt des Inkrafttretens das Datum, an dem dies im Bundesanzeiger erschienen ist.
- **Allgemeinverbindlicherklärung von Nachfolge-/Änderungs-Tarifverträgen:** Eine Rückwirkung ist hier grundsätzlich möglich, und zwar auch vor dem Zeitpunkt des veröffentlichten Antrags. Denn hier besteht insoweit kein Vertrauensschutz, als die Betroffenen (ähnlich wie bei der Nachwirkung) mit einer erneuten Regelung rechnen mussten.

---

48 BVerfG 24.5.77 – 2 BvL 11/74, AuR 77, 380; zu Einzelheiten und früheren Sichtweisen vgl. KeZa-Kempen, Rn. 47ff; BAG 29.9.10 – 10 AZR 523/09, NZA-RR 11, 89; BVerwG 28.1.2010 – 8 C 38/09, NZA 10, 1137; VG Berlin 16.8.13 – 4 K 253.12; a.A. Sittard, S. 493 (der die AVE im Arbeitnehmerschutzrecht verortet und damit als Ausfluss des Sozialstaatsprinzips aus Art. 20 GG sieht).

49 Gamillscheg, S. 881, 899; Wiedemann-Wank, Rn. 145.

50 Vgl. BAG 18.7.06 – 1 ABR 36/05, AiB 07, 117; 22.3.05 – 1 ABR 64/03, NZA 06, 383; KeZa-Kempen, Rn. 41; a.A. Löwisch/Rieble, Rn. 29; vgl. a. Rn. 66 betr. § 7 AEntG sowie § 4 Rn. 24, 29, 30.

51 Nein: BAG 4.5.77 – 4 AZR 10/76, BB 77, 1303 zum früheren (wortgleichen) Art. 34 EGBGB; a.A. Kempen/Zachert-Kocher, § 4 Rn. 48.

52 BAG 8.11.06 – 4 AZR 590/05, NZA 07, 576.

53 BAG 13.11.13 – 10 AZR 1058/12, NZA 13, 1039.

54 BAG 3.11.82 – 4 AZR 1255/79, DB 83, 722; Koberski/Clasen/Menzel, Rn. 127f.

37 **Änderungen des Tarifvertrags** gelten zunächst nur für Tarifgebundene. Für Außenseiter wirken die alten AVE-Tarifbestimmungen nach; die neuen werden erst mit der erneuten AVE verbindlich.[55] In der Praxis werden »Lücken« meist durch unmittelbar anschließende AVE der Änderungs- bzw. Nachfolge-Tarifverträge geschlossen.

38 **Ende der AVE:** Sie endet mit dem »Ablauf« des Tarifvertrags (§ 5 Abs. 5 Satz 3 TVG). Die AVE endet auch mit dem Ablauf der Allgemeinverbindlichkeitserklärung, wenn diese ausdrücklich befristet ist oder wenn sie nach § 5 Abs. 1 TVG aufgehoben wird.

39 **Nachwirkung:** Nach Ende des Tarifvertrags tritt Nachwirkung (§ 4 Rn. 293ff.) ein. Der allgemeinverbindliche Tarifvertrag wirkt damit auch gegenüber den Außenseitern im gleichen Umfang wie nach § 4 Abs. 5 TVG nach.[56] Entsprechendes gilt, wenn die AVE endet, z.B. durch Aufhebung gem. § 5 Abs. 1 TVG oder Befristung. Die Nachwirkung gegenüber den Außenseiter/innen wird nicht mit dem Abschluss eines neuen Tarifvertrags, sondern erst mit dessen AVE beendet.[57]

40 Bei einem **mehrgliedrigen Tarifvertrag** (vgl. § 1 Rn. 28) endet die AVE erst, wenn der Tarifvertrag gegenüber allen beteiligten Tarifvertragsparteien beendet ist. Bei Kündigung nur eines der verbundenen Tarifverträge endet nur dessen Allgemeinverbindlichkeit.[58]

41 **Tarifkonkurrenz:** Wenn ein Arbeitgeber, dessen Betrieb in den Geltungsbereich der AVE fällt, gleichzeitig an einen anderen Tarifvertrag gebunden ist, kann es zu Tarifkonkurrenzen kommen. Für diesen Fall gilt § 4a nicht (siehe § 4a Rn. 36). Der AVE-Tarifvertrag tritt hier nicht generell zurück[59] – im Gegenteil. Die allgemeinen Regeln zur Spezialität (vgl. § 4 Rn. 60ff.) können nur eingeschränkt zur Anwendung kommen, da der mit der AVE bezweckte Mindestschutz berücksichtigt werden muss. Um Konkurrenzen aufgrund überschneidender Geltungsbereiche unterschiedlicher (Flächen-)Tarifverträge zu vermeiden, kann die AVE in ihrem fachlichen Geltungsbereich **eingeschränkt** werden.[60] Zu **AEntG**-Tarifverträgen vgl. Anhang 2, Rn. 26.

5. Besonderheiten bei Tarifverträgen über gemeinsame Einrichtungen

41a Eine wichtige Funktion der AVE war schon immer, gemeinsame Einrichtungen von Tarifparteien (i. S. v. § 4 Abs. 2 TVG) zu ermöglichen, indem der Anwendungsbereich und damit auch die Beitragsbasis ausgedehnt wurden. Dies ist auch nach bisheriger Rechtslage schon als öffentliches Interesse anerkannt gewesen.[61] Mit dem Tarifautonomiestärkungsgesetz ist nun im Jahre 2015 mit Abs. 1a eine Sonderregelung für Tarifverträge über gemeinsame Einrichtungen in Kraft getreten, die deren **AVE erleichtert**. Bei solchen Tarifverträgen muss künftig das öffentliche Interesse nicht nach Abs. 1 gesondert geprüft

---

55 Däubler-Lakies, Rn. 196f.; Wiedemann-Wank, Rn. 118f.
56 BAG 24.10.02 – 6 AZR 743/00, AiB 03, 450; BAG 25.10.00 – 4 AZR 212/00, AiB 01, 734; a.A. Sittard, NZA 12, 299, 303.
57 BAG 25.10.00 – 4 AZR 212/00, AiB 01, 734.
58 BAG 8.11.06 – 4 AZR 590/05, NZA 07, 576; Gamillscheg, S. 898; Wiedemann-Wank, Rn. 110; Zachert, RdA 07, 375.
59 A. A. JKO-Jacobs, § 7 Rn. 220.
60 BAG 4.12.02 – 10 AZR 113/02, AiB 03, 257.
61 So für Vorruhestandsregelungen: BAG 15.2.89 – 4 AZR 499/88; BVerfG 10.9.91 – 1 BvR 561/89, NZA 92, 125.

werden, insbesondere kommt es auf die »überwiegende Bedeutung« nicht an. Entscheidend ist nur, dass die AVE zur **Sicherung der Funktionsfähigkeit der Gemeinsamen Einrichtung** erforderlich ist.[62]

Die Funktionsfähigkeit gemeinsamer Einrichtungen stellt ein spezifisches öffentliches Interesse dar. Bereits bisher haben die Gerichte ein **öffentliches Interesse** für die Allgemeinverbindlichkeit der Urlaubskasse in der Baubranche allein darin gesehen, dass die Arbeitnehmer »*aufgrund branchenbedingter Besonderheit [...] aufgrund* ***häufigen Wechsels des Arbeitgebers*** *Teilansprüche gegen mehrere Arbeitgeber erwerben. Die Sozialkassen treten zur Erfüllung der Teilansprüche an die Stelle dieser mehreren Arbeitgeber wie eine Art Gesamtarbeitgeber. [...] Zum anderen wird durch die Heranziehung aller Arbeitgeber verhindert, daß die* ***wirtschaftliche Belastung*** *nur von dem Arbeitgeber getragen werden muß, bei dem der Arbeitnehmer im Zeitpunkt der Anspruchserfüllung gerade beschäftigt ist.*«[63] Das letzte Argument ist insbesondere (aber nicht nur) relevant für umlagefinanzierte gemeinsame Einrichtungen, die biometrische Risiken abdecken und deshalb auf einen möglichst großen Bestand an Leistungserbringern angewiesen sind. Die Regelung erfüllt auch Zwecke des Wettbewerbsschutzes, indem Nachteile durch die zufällige Inanspruchnahme einzelner Arbeitgeber vermieden werden. Die Norm fördert überbetriebliche Lösungen jedenfalls in denjenigen Bereichen und Feldern, in denen die gemeinsamen Einrichtungen **ein gesetzgeberisches oder ein allgemein anerkanntes sozialstaatliches Ziel** ergänzend verfolgen oder für die betroffene Branche effektiv umsetzen.[64] 41b

§ 4 Abs. 2 TVG nennt als Beispiele für gemeinsame Einrichtungen Lohnausgleichskassen und Urlaubskassen, ist aber über den Bereich materieller sozialer Absicherung hinaus entwicklungsoffen im Hinblick auf die Gestaltungsfreiheit der Tarifpartner, den Einfallsreichtum von Planern und Planerinnen, wirtschaftliche und steuerliche Ökonomie und neue Ordnungs- und Regelungsbedürfnissen des Arbeitslebens.[65] 41c

Die Erleichterung der AVE in § 5 Abs. 1a TVG hingegen ist nicht in gleicher Weise offen; sie gilt nur für gemeinsame Einrichtungen, die einen der in Abs. 1a genannten Gegenstände regeln:

1. Erholungsurlaub und Urlaubsgeld,
2. Betriebliche Altersversorgung im Sinne des Betriebsrentengesetzes,
3. Auszubildendenvergütung oder Ausbildung in überbetrieblichen Bildungsstätten,
4. betriebliche oder überbetriebliche Vermögensbildung der Arbeitnehmer,
5. Lohnausgleich bei Arbeitszeitausfall, Arbeitszeitverkürzung oder Arbeitszeitverlängerung.

Dabei bezieht sich »Urlaubsgeld« jedoch nicht nur auf das Urlaubsentgelt nach § 11 BUrlG, und Auszubildendenvergütung bezieht sich nicht nur auf Azubis i. S. d. BBiG; je-

62 Siehe auch Stefan Greiner/Peter Hanau/Ulrich Preis, Die Sicherung der Allgemeinverbindlichkeit bei gemeinsamen Einrichtungen der Tarifvertragsparteien, Soziales Recht, Sonderausgabe April 2014.

63 BVerfG 15.7.80 – 1 BvR 24/74, 1 BvR 439/79, BVerfGE 55, 7 in Abgrenzung von BAG 24.1.79 – 4 AZR 377/77, BAGE 31, 241. Forst, RdA 15, 25, 32f. zur intermediären Funktion sowie dem Problem der mangelnden Portabilität von Ansprüchen und Anwartschaften.

64 Bepler, Gutachten DJT, B 113.

65 BAG 22.10.03 – 10 AZR 13/03, BAGE 108, 155 m. zust. Anm. Zachert, AP Nr. 16 zu § 1 TVG Tarifverträge: Gebäudereinigung.

denfalls Fortbildung oder Umschulung sind auch erfasst (vgl. §§ 53ff. BBiG).[66] Mit dem Betriebsrentengesetz ist das BetrAVG gemeint. Vermögensbildung ist hier ein weiter Begriff, der nicht nur (z.B.) Schlechtwettergeld erfasst.

41d Um allgemeinverbindlich erklärt werden zu können, muss der Tarifvertrag mindestens die Einziehung von Beiträgen und die Gewährung von Leistungen durch die gemeinsame Einrichtung regeln. Er kann aber darüber hinaus alle Rechte und Pflichten regeln, die mit **Beitragseinzug und Leistungsgewährung** in Zusammenhang stehen. Auch diese Vorschriften werden allgemeinverbindlich erklärt, so dass diese Tarifverträge abweichend von der allgemeinen Regel nicht nur Rechtsnormen i.S.d. § 4 TVG allgemeinverbindlich machen. In Bezug auf die genannten Gegenstände fällt auch die Regelung von Prüf- und Beratungsstellen unter diese Norm.[67]

41e Tarifverträge über gemeinsame Einrichtungen, die nicht unter Abs. 1a fallen, können nach Abs. 1 für allgemeinverbindlich erklärt werden.

41f Kommen in einer Branche mehrere Tarifverträge mit zumindest teilweise demselben fachlichen Geltungsbereich zur Anwendung, findet § 7 Abs. 2 AEntG entsprechende Anwendung, so dass nur derjenige Tarifvertrag für allgemeinverbindlich zu erklären ist, der über größere »Repräsentativität« verfügt (s. Anhang 2 Rn. 26).

41g Anders als andere AVE erfordert das Verfahren nach Abs. 1a einen **gemeinsamen Antrag der Tarifvertragsparteien.**

41h Für Fälle der **Tarifkonkurrenz** sieht Abs. 4 vor, dass ein allgemeinverbindlich erklärter Tarifvertrag über eine gemeinsame Einrichtung (Tarifvertrag nach Abs. 1a) in jedem Fall einzuhalten ist.

6. Durchsetzung/Rechtsschutz bei AVE

42 Organisierte und Außenseiter sind im Fall der AVE in gleicher Weise tarifgebunden und haben **Anspruch** auf die tariflichen Leistungen (zur Überprüfung der AVE in diesen Verfahren Rn. 49).

43 Die Allgemeinverbindlicherklärung wird **öffentlich bekannt gemacht**. Das BMAS aktualisiert das Verzeichnis der allgemeinverbindlichen Tarifverträge vierteljährlich.

Nach früherer Rechtslage musste nur die Tatsache bekannt gemacht werden, dass ein bestimmter Tarifvertrag für allgemeinverbindlich erklärt wurde. Das BVerfG hatte dies zwar gebilligt und in der Begründung darauf hingewiesen, die AVE sein ein »Rechtsetzungsakt eigener Art zwischen autonomer Regelung und staatlicher Rechtsetzung« mit Grundlage in Art 9 Abs. 3 GG; deshalb sei es mit dem Rechtsstaatsprinzip »noch« vereinbar, wenn der Text des Tarifvertrags nicht in gleicher Weise publik gemacht werden müsse wie eine Rechtsverordnung (vgl. auch § 6 Rn. 6). Dennoch ist dieses Bekanntmachungssystem als unbefriedigend angesehen worden, denn bei Normen mit Außenwirkung wie der Allgemeinverbindlicherklärung muss den Betroffenen der Inhalt der getroffenen Regelung »je-

---

66 So aber Forst, RdA 15, 25, 31.

67 Zur Allgemeinverbindlicherklärung nach der bisherigen Regelung: BAG 22.10.03 – 10 AZR 13/03, BAGE 108, 155 m. zust. Anm. Zachert, AP Nr. 16 zu § 1 TVG Tarifverträge: Gebäudereinigung.

denfalls ohne erhebliche Schwierigkeiten« zugänglich sein.[68] Seit 2014 sieht Abs. 7 Satz 2 nun aber vor, dass die **Bekanntmachung** der AVE auch die von der Allgemeinverbindlicherklärung erfassten **Rechtsnormen des Tarifvertrages** umfasst. Um sich über ihre Ansprüche im Einzelnen Kenntnis zu verschaffen, können die Arbeitnehmerinnen und Arbeitnehmern von den Tarifparteien darüber hinaus – gegen Erstattung der Selbstkosten – **Abschriften der Tarifverträge** verlangen (§ 9 Abs. 1 der TVG-DVO).

Ein **staatliches Klagerecht** zur Durchsetzung von Ansprüchen aus dem allgemeinverbindlichen Tarifvertrag (wie z.B. bei den Mindestentgelten von Heimarbeitern nach § 19 HAG) ist **nicht vorgesehen**. Die Beschäftigten müssen – wie sonst auch bei Streitigkeiten um arbeitsrechtliche Individualansprüche – selbst für die Durchsetzung ihrer tariflichen Ansprüche aktiv werden. Der Bruch eines allgemeinverbindlichen Tarifvertrags ist (anders als beim Verstoß gegen Tarifverträge, die nach AEntG erstreckt würden) **nicht besonders sanktioniert**. **44**

Die Bezahlung untertariflichen Lohns kann aber ein **Wettbewerbsverstoß** sein mit der Folge, dass konkurrierende Unternehmen oder Verbraucherverbände mit der **Verbandsklage** (§ 8 UWG) dagegen vorgehen können. Hierfür liegt insbesondere die Annahme eines »Rechtsbruchs« im Sinne des § 4 Nr. 11 UWG nahe.[69] Allerdings verlangen die Zivilgerichte hierzu, dass das Gesetz, gegen das verstoßen wurde, auch Schutzzwecke beinhaltet, die auf die Güter- und Dienstleistungsmärkte bezogen sind und nicht »nur« Arbeitnehmerschutz regeln. Für die Ladenschlussregeln ist das bejaht worden, für allgemeinverbindliche Tarifverträge jedoch nicht.[70] Damit wird jedoch die Zielrichtung der AVE, Dumpingverhalten von Unternehmen untereinander zu verhindern, verkannt.[71] **44a**

Die **Gewerkschaften** können bei Tarifbruch des Arbeitgebers einen **Unterlassungsanspruch** haben (Grundl. Rn. 150 und § 4 Rn. 208 ff., 223 ff.).[72] Ob dies auch gegenüber Außenseiter-Arbeitgebern, d.h. insbesondere im Fall von AVE gilt, ist strittig, wohl aber zu bejahen: Die Allgemeinverbindlichkeit ist letztlich auch Ausdruck der Tarifautonomie und trägt ihren Geltungsgrund im Tarifvertrag. Dies hat das Tarifautonomiestärkungsgesetz 2014 noch einmal klarer verdeutlicht, insbesondere in Abgrenzung zur Tarifnormenerstreckung nach dem AEntG, die stärker wettbewerbliche Zwecke verfolgt.[73] Der Außenseiter, der einen allgemeinverbindlichen Tarifvertrag unterläuft oder dies versucht, verletzt deshalb ebenfalls die Koalitionsfreiheit der Gewerkschaft (vgl. § 4 Rn 232 m.w.N.). **45**

---

68 Zuletzt BVerfG 10.9.91 – 1 BvR 561/89, NZA 92, 125; das BVerfG 24.5.77 – 2 BvL 11/74, AuR 77, 380 hält dies insbesondere für den Fall des Ablaufs oder der Änderung von Tarifverträgen nach § 5 Abs. 5 Satz 3 für problematisch; siehe auch Bunte, RdA 09, 21, 27 m.w.N.

69 Siehe Regierungsentwurf, BT-Drucks. 15/1487, S. 19; BGHZ 144, 255 – Abgasemissionen; auch BGH 25.4.02 – I ZR 250/00, BGHZ 150, 343 – Elektroarbeiten; BGH 26.9.02 – I ZR 293/99, GRUR 03, 164 – Altautoverwertung.

70 BGH 3.12.92 – I ZR 276/90, BGHZ 120, 320 ff.

71 Kocher GRUR 05, 647ff m.w.N.; Däubler-Deinert, § 4 Rn. 539 stellt insofern für den Wettbewerbsverstoß generell auf die Unterschreitung des Tarifniveaus ab; anders Ullmann, GRUR 03, 822; Köhler, GRUR 04, 384.

72 Vgl. BAG 20.4.99 – 1 ABR 72/98, AiB 99, 538.

73 Anders noch Kocher, AuR 99, 382, 385.

46 Die antragstellenden Tarifparteien haben gegen die Behörde einen Anspruch auf rechtsfehlerfreie Entscheidung über ihren Antrag; sie können deshalb **gegen die Ablehnung einer AVE klagen.**[74] Soll eine AVE auf diese Weise erzwungen werden, ist gem. § 40 VwGO der Rechtsweg zu den **Verwaltungsgerichten** eröffnet.[75]

47 Eine andere (konkurrierende) Koalition, aber auch jede sonstige natürliche und juristische Person, d.h. auch ein einzelner Arbeitgeber, kann **gegen die Erteilung der AVE klagen**, wenn ihre Interessen durch diese nachteilig berührt werden.[76] Bei konkurrierenden Verbänden setzt die Antragsbefugnis voraus, dass diese für den fraglichen Bereich selbst tarifzuständig sind.[77] Ein nicht tarifgebundener Arbeitgeber kann nicht klagen, wenn er die Tariflöhne nicht gezahlt hat und nicht absehbar ist, dass ihm aus der AVE noch irgendwelche Konsequenzen erwachsen könnten (z.B. weil keine Lohnforderungen gegen ihn geltend gemacht werden).[78]

48 Nach früherem Verfahrensrecht wurden diese Streitigkeiten ebenfalls vor den Verwaltungsgerichten ausgetragen, ohne hinreichende Abstimmung mit parallelen individualrechtlichen Verfahren, in denen die Wirksamkeit einer AVE ebenfalls relevant sein kann. Dies trug der Normwirkung von Tarifverträgen nicht hinreichend Rechnung.[79] Seit der Gesetzesänderung ab dem Jahre 2015 werden diese Streitigkeiten nun **erstinstanzlich vor den Landesarbeitsgerichten** im Beschlussverfahren ausgetragen (§§ 2a Abs. 1 Nr. 5, 98 ArbGG). Zuständig ist das LAG Berlin-Brandenburg, falls die AVE durch das BMAS erfolgte.[80] Das BVerwG erlaubt aber nach wie vor parallele Klagen auf Feststellung einer Rechtsverletzung durch die AVE.[81]

49 Parallel kann es vorkommen, dass in **Individualstreitigkeiten**, z.B. über Klagen auf Entgelt nach einem allgemeinverbindlichen Tarifvertrag, über die Wirksamkeit oder Unwirksamkeit einer AVE gestritten wird. Dann entscheiden die Arbeitsgerichte inzident über die AVE, ohne insofern an verwaltungsgerichtliche oder andere Entscheidungen gebunden zu sein.[82] Machen Arbeitnehmerinnen und Arbeitnehmer Ansprüche aus einem allgemeinverbindlichen Tarifvertrag geltend, prüfen die Arbeitsgerichte von Amts wegen, ob die AVE wirksam und der Tarifvertrag deshalb auf das Arbeitsverhältnis anzuwenden ist – soweit die Frage entscheidungserheblich ist und es auf sie ankommt.[83]

Nach neuem Recht sollen solche Streitigkeiten nun aber **bei den Landesarbeitsgerichten konzentriert** werden; die Entscheidung über die Wirksamkeit einer Allgemeinverbind-

74 BVerwG 3.11.88 – 7 C 115.86, NZA 89, 364; siehe auch VG Köln 5.7.96 – 1 L 1571/96, n. v.: Klagen der GTB betreffend Urlaubsgeld und Ausbildungsvergütung bzw. der IG BAU wegen des abgelehnten ersten Mindestlohn-Tarifvertrags wurden abgewiesen.

75 BVerwG 3.11.88 – 7 C 115.86, NZA 89, 364; BVerwG 28.1.10 – 8 C 38/09, NZA 10, 1137 für das AEntG (a.A. Latzel/Serr ZfA 11, 391 ff.) (ausführlich zum Rechtsschutz in Zusammenhang mit AVE: Düwell, NZA-Beilage 11, 80, 81).

76 Däubler-Lakies, Rn. 226, 232; Löwisch/Rieble, Rn. 129 ff.; Wiedemann-Wank, Rn. 170, 176.

77 BAG 29.6.04 – 1 ABR 14/03, BAGE 111, 164.

78 OVG NRW 16.11.12 – 4 A 46/11.

79 Vgl. Asshoff, WSI-Mitt. 12, 541, 544f (»juristisches Chaos«).

80 Genauer zum Verfahren z.B. Maul-Sartori, NZA 14, 1305 ff.

81 BVerwG 18.9.14 – 8 B 34/14.

82 Vgl. insofern auch für das AEntG BAG 18.4.12 – 5 AZR 630/10, NZA 12, 978.

83 BAG 22.9.93 – 10 AZR 371/92, DB 94, 842; BAG 7.1.15 – 10 AZB 109/14.

licherklärung darf nun ausschließlich im Rahmen eines gesonderten Beschlussverfahrens erfolgen.[84] Ein **Rechtsstreit** ist deshalb nach § 98 Abs. 6 ArbGG **auszusetzen**, wenn seine Entscheidung davon abhängt, ob eine Allgemeinverbindlicherklärung nach § 5 TVG oder eine Rechtsverordnung nach § 7, § 7a AEntG oder nach § 3a AÜG wirksam ist. Die Aussetzungspflicht besteht auch für Verfahren, die zum Zeitpunkt der Gesetzesänderung bereits anhängig waren.[85]

Eine Aussetzung nach § 98 Abs. 6 ArbGG setzt voraus, dass eine Partei **ernsthafte Zweifel an der Wirksamkeit einer Allgemeinverbindlicherklärung** vorbringt oder solche gerichtsbekannt sind und die Entscheidung des Rechtsstreits ausschließlich noch von dieser Frage abhängt. Ist ein solches Beschlussverfahren bereits beim zuständigen LAG anhängig, ist der Rechtsstreit zwingend auszusetzen, auch wenn konkret keine »erheblichen Zweifel« vorgebracht wurden. Die Aussetzung entfällt dann nur, wenn keinerlei »vernünftige« Gründe gegen die Wirksamkeit der AVE sprechen.

§ 6 Tarifregister

Beim Bundesministerium für Arbeit und Soziales wird ein Tarifregister geführt, in das der Abschluss, die Änderung und die Aufhebung der Tarifverträge sowie der Beginn und die Beendigung der Allgemeinverbindlichkeit eingetragen werden.

Tarifnormen sind zwar Rechtsnormen; da sie aber tarifautonom und nicht durch staatliches Handeln legitimiert sind, werden sie **nicht öffentlich bekannt** gemacht.[1] Die tarifgebundenen Mitglieder können aber von ihrer Gewerkschaft verlangen, dass sie Auskunft über den Tarifvertrag gibt.[2] Außerdem muss der Arbeitgeber den Tarifvertrag im Betrieb auslegen (vgl. § 8 TVG) bzw. jeden einzelnen Beschäftigten schriftlich auf den Tarifvertrag hinweisen (§ 2 Abs. 1 Satz Nr. 10 NachwG). Anders ist dies nur bei allgemeinverbindlichen Tarifverträgen, die vollinhaltlich veröffentlicht werden (§ 5 Abs. 7 TVG); bei allgemeinverbindlichen Tarifverträgen kann zusätzlich jede Arbeitnehmerin und jeder Arbeitnehmer von einer der Tarifparteien eine Abschrift des Tarifvertrags gegen Erstattung der Selbstkosten verlangen (§ 9 Abs. 1 der TVG-DV, vgl. § 5 Rn. 43). 1

Daneben gibt es das in § 6 TVG geregelte Tarifregister beim **BMAS,** das vor allem der **Dokumentation**, daneben aber auch der **Information** dient.[3] In §§ 11 ff TVG-DV werden die Einzelheiten dazu geregelt.

---

84 BAG 10.9.14 – 10 AZR 959/13, NZA 14, 1282 (= 10 AZR 958/13).

85 BAG 7.1.15 – 10 AZB 109/14; so auch die Begründung des Regierungsentwurfs, BT-Drucks. 18/1558, S. 46. Zur Debatte vor dem Gesetzeserlass siehe Düwell, NZA-Beilage 11, 80, 84; Däubler, WSI-Mitt. 12, 508, 513.

1 Genauso werden ja auch die sog. »Lehrer-Richtlinien« oder die arbeitsvertraglichen Regelungen der Kirchen nicht öffentlich bekannt gemacht (vgl. Däubler-Reinecke, Rn. 12).

2 BAG 29.4.92 – 4 AZR 432/91, AP Nr. 3 zu § 1 TVG Durchführungspflicht; Däubler-Reinecke, Rn. 7. Das gleiche gilt für die Arbeitgeber, die als Mitglieder des Arbeitgeberverbands tarifgebunden sind.

3 Vgl. Däubler-Reinecke, § 11 Rn. 8.

2 Im **Tarifregister** werden von allen Tarifverträgen (also auch Firmentarifverträgen) Abschlüsse, Änderungen, Ergänzungen und das Ende vermerkt; die Tarifverträge werden nur durch Angabe der Tarifvertragsparteien, des Geltungsbereichs sowie des Zeitpunktes ihres Abschlusses und ihres Inkrafttretens bezeichnet (§ 14 Abs. 2 TVG-DV). Im Januar 2015 waren im Tarifregister ca. 70 000 Tarifverträge eingetragen, darunter 502 allgemeinverbindliche Tarifverträge.

3 Der Text der Tarifverträge wird nicht unmittelbar ins Register aufgenommen; das BMAS führt aber neben dem Register ein **Tarifarchiv**. Seit der letzten Änderung der TVG-DV 2014[4] kann das Tarifarchiv auch in elektronischer Form geführt werden. Deshalb kann ein Tarifvertrag als elektronisches Dokument eingereicht werden; Tarifverträge, die nur in Schriftform vorliegen, werden seitens des Bundesministeriums für Arbeit und Soziales in eine elektronische, im Volltext durchsuchbare Form umgewandelt (§ 14 Abs. 1 TVG-DV). Außerdem wertet das BMAS solche rechtskräftigen Entscheidungen der Arbeitsgerichte aus, die gleiche Verbindlichkeit wie ein Tarifvertrag haben (§ 9 TVG oder Verfahren über Tarifzuständigkeit und Tariffähigkeit nach § 97 ArbGG); der Urteilsspruch wird dem jeweiligen Tarifvertrag beigefügt.[5]

In den **Bundesländern** existieren ebenfalls Tarifregister bei den Arbeitsministerien; einige Bundesländer haben ihre Aktivitäten allerdings eingestellt.[6] Außerdem sammelt das WSI-Tarifarchiv Tarifverträge und wertet sie aus, es veröffentlicht aber ebenfalls nicht den Inhalt von Tarifverträgen.[7]

3a Die Registrierung hat **keine konstitutive Wirkung**. Tarifverträge sind auch rechtswirksam, wenn sie nicht eingetragen worden sind. Das Register hat auch keine Publizitätswirkung, es gibt also keinen Vertrauensschutz bezüglich der Richtigkeit des Registrierten.

4 Strittig ist, ob das Ministerium ein **Prüfungsrecht** hat. Das ist für die Frage zu bejahen, ob es sich überhaupt um einen Tarifvertrag handelt, z. B. ob die Vertragsparteien **tariffähig** sind.[8] Das Ministerium wird dann bei der Vertragspartei nachfragen und sich ggf. um Belege kümmern. Eine Prüfung der inhaltlichen **Zweckmäßigkeit** scheidet aus.

5 Das Tarifregister ist **öffentlich.** Dennoch kann nicht jedermann die dort eingetragenen Daten oder auch nur die registrierten Tarifverträge selbst **einsehen**; vielmehr kann die Übersendung einer elektronischen Kopie verlangt werden (§ 16 TVG-DVO; nicht jedoch Papierkopien der Tarifverträge)[9]. Das Tarifregister erteilt in der Praxis häufig telefonische Auskünfte. Ohnehin gilt seit 2006 auch für das Tarifregister § 1 des Informationsfreiheitsgesetzes (IFG)[10]; nach diesem Gesetz können die Bürgerinnen und Bürger wählen, auf

---

4 Zweite Verordnung zur Änderung der Verordnung zur Durchführung des Tarifvertragsgesetzes, VO v. 11. 3. 2014, BGBl. I S. 263.

5 Däubler-Reinecke, Rn. 17.

6 Anschriften bei Däubler-Reinecke Rn. 40; KeZa-Zeibig, Rn. 11.

7 <www.tarifvertrag.de>.

8 Däubler-Reinecke, Rn. 20 f. Löwisch/Rieble, Rn. 18; Wiedemann-Wank, Rn. 13; lehnt das BMAS die Registrierung wegen mangelnder Tariffähigkeit ab, kann verwaltungsgerichtlicher Rechtsschutz in Anspruch genommen werden (vgl. KeZa-Zeibig, Rn. 24).

9 Siehe auch Rieble, NZA 15, 203 ff., nach dessen Auffassung § 16 Satz 3 TVG-DVO nichtig ist, das Tarifregister Auskünfte also nicht unter Berufung auf »Betriebs- und Geschäftsgeheimnisse« verweigern darf.

10 Däubler-Reinecke, Rn. 25; Löwisch/Rieble, Rn. 15.

welche Weise sie informiert werden möchten.[11] Da für Tarifverträge kein urheberrechtlicher Schutz besteht,[12] können die Texte unbedenklich weitergegeben werden.

Nicht allgemeinverbindliche Tarifverträge können nicht im vollen Umfang wie staatliche 6
Normen behandelt werden. Die **Information über Tarifabschlüsse**, Tarifinhalte und Tarifdurchsetzung wird zurzeit von den Koalitionen geleistet und ist ein wichtiges Werbemittel zum Eintritt und Verbleib in Gewerkschaften und Arbeitgeberverbänden. Um auch Beschäftigten, die sich über potenzielle Löhne und Gehälter informieren wollen, Informationsmöglichkeiten über das IFG hinaus zu geben, wäre ein Anspruch gegen die Tarifvertragsparteien sinnvoll, gegen Erstattung der Selbstkosten die Texte zu übersenden.[13]

§ 7 Übersendungs- und Mitteilungspflicht

(1) **Die Tarifvertragsparteien sind verpflichtet, dem Bundesministerium für Arbeit und Soziales innerhalb eines Monats nach Abschluss kostenfrei die Urschrift oder eine beglaubigte Abschrift sowie zwei weitere Abschriften eines jeden Tarifvertrages und seiner Änderungen zu übersenden; sie haben ihm das Außerkrafttreten eines jeden Tarifvertrages innerhalb eines Monats mitzuteilen. Sie sind ferner verpflichtet, den obersten Arbeitsbehörden der Länder, auf deren Bereich sich der Tarifvertrag erstreckt, innerhalb eines Monats nach Abschluss kostenfrei je drei Abschriften des Tarifvertrages und seiner Änderungen zu übersenden und auch das Außerkrafttreten des Tarifvertrages innerhalb eines Monats mitzuteilen. Erfüllt eine Tarifvertragspartei die Verpflichtungen, so werden die übrigen Tarifvertragsparteien davon befreit.**

(2) **Ordnungswidrig handelt, wer vorsätzlich oder fahrlässig entgegen Absatz 1 einer Übersendungs- oder Mitteilungspflicht nicht, unrichtig, nicht vollständig oder nicht rechtzeitig genügt. Die Ordnungswidrigkeit kann mit einer Geldbuße geahndet werden.**

(3) **Verwaltungsbehörde im Sinne des § 36 Abs. 1 Nr. 1 des Gesetzes über Ordnungswidrigkeiten ist die Behörde, der gegenüber die Pflicht nach Absatz 1 zu erfüllen ist.**

Die Tarifvertragsparteien (Arbeitgeberverbände bzw. (beim Firmentarifvertrag) Arbeit- 1
geber und Gewerkschaften) müssen alle **Tarifverträge**, **Änderungen** und das **Ende der Tarifverträge** dem BMAS mitteilen und übersenden. Das dient dem Informationsbedürfnis in Hinblick auf die arbeits- und arbeitsmarktpolitischen Aufgaben von Bund und Ländern sowie der Publizität der tariflichen Normen, weil das Tarifregister sonst seine Funktion nicht erfüllen kann. Innerhalb von **einem Monat nach Abschluss** sind ein Original und zwei Kopien des Tarifvertrags zu übersenden; ebenso den Länderarbeitsministern für Tarifverträge, deren Geltungsbereich sich auf das jeweilige Land erstreckt (Abs. 1 Satz 2).

11 BVerwG 3.11.11 – 7 C 3/11, DVBl 12, 176; danach kann auch ein Bundesministerium anspruchsverpflichtet sein; vgl. auch den Hinweis auf die Entscheidung des VG Berlin aus dem Jahre 2012 und die Bewertung unter Anwendung des IFG durch Rieble, NZA 15, 203ff.

12 § 5 UrhG; siehe Däubler-Reinecke, Rn. 29.

13 Dieterich/Hanau/Henssler/Oetker/Wank/Wiedemann, RdA 04, 65, 77.

Das gilt für alle Tarifverträge, also auch für Haustarifverträge und auch für Verträge mit lediglich schuldrechtlichen Pflichten. Ein Verstoß gegen § 7 TVG berührt die Wirksamkeit des Tarifvertrags nicht.[1]

2 Es reicht aus, wenn eine der Tarifparteien diesen Pflichten nachkommt (§ 7 Abs. 1 Satz 3 TVG).[2] Die Formulierung, es sei eine »beglaubigte« Abschrift zu übersenden, ist allerdings missverständlich. Es bedarf lediglich einer Unterschrift unter einer Bestätigung von einer der Tarifvertragsparteien, dass die Kopie mit dem Original übereinstimmt.[3]

2a Ob diese Pflicht immer und/oder termingetreu erfüllt wird, ist fraglich.[4] Des Öfteren hat das BMAS Tarifparteien nachdrücklich um Information und Übersendung gebeten. Eine nach Abs. 2 mögliche **Geldbuße** wurde bisher nicht verhängt.

3 Die Arbeitsgerichte müssen nach § 63 ArbGG auch alle Urteile in Verbandsverfahren zwischen Tarifvertragsparteien nach § 9 TVG dem BMAS und der entsprechenden Landesbehörde übermitteln.

§ 8 Bekanntgabe des Tarifvertrages

Der Arbeitgeber ist verpflichtet, die im Betrieb anwendbaren Tarifverträge sowie rechtskräftige Beschlüsse nach § 99 des Arbeitsgerichtsgesetzes über den nach § 4a Absatz 2 Satz 2 anwendbaren Tarifvertrag im Betrieb bekanntzumachen.

1 **Zweck** der Vorschrift ist, die Beschäftigten über die für sie in Betracht kommenden Tarifverträge zu informieren, damit sie ggf. ihre Rechte ausüben und Ansprüche ableiten können. Ergänzend ist das **Nachweisgesetz** zu beachten, nach dessen § 2 Abs. 1 Nr. 10 der Arbeitgeber den Beschäftigten die maßgebenden Tarifverträge angeben muss.

2 Bislang verpflichtete § 8 TVG zur »Auslegung« bzw. zum Aushang des Inhalts der Tarifverträge **an geeigneter Stelle** (z.B. in der Personalabteilung, beim Betriebsrat). Geeignet ist eine Stelle dann, wenn dort den Beschäftigten jederzeit eine leichte und problemlose Kenntnisnahme ermöglicht wird. Mit der Neufassung im Jahre 2015 wird klargestellt, dass die Bekanntmachung in jeder Form geschehen kann, die im Einzelfall geeignet ist. Es geht darum, den Beschäftigten den Text auf eine sachgerechte Art zugänglich zu machen; dies kann auch auf elektronischem Weg geschehen.[1] Bei Beschäftigten, die nicht lesen können oder Schwierigkeiten mit der deutschen Sprache haben, muss der Arbeitgeber aus seiner Fürsorgepflicht heraus Hilfe leisten.[2]

Darüber hinaus ist der Arbeitgeber auch zur Auslage einiger arbeitsrechtlicher Gesetze verpflichtet (z.B. § 16 Abs. 1 ArbZG, § 47 JArbSchG, § 18 MuSchG).

---

1 BAG 16.5.95 – 3 AZR 535/94, NZA 95, 1166, 1167.
2 Ebenso Däubler-Reinecke, Rn. 2; Wiedemann/Oetker, Rn. 24.
3 Vgl. Däubler-Reinecke, Rn. 5.
4 So auch *Giesen*, BeckOK ArbR, TVG, § 6 Rn. 1; eine andere Einschätzung vertreten *Besgen*, in: Hümmerich/Boecken/Düwell (Hrsg.), NomosKommentar Arbeitsrecht, 2. Aufl. 2010, § 7 TVG, Rn. 4; Däubler-Reinecke, § 7 Rn. 10.

1 Hohenhaus, NZA 01, 1107, 1111; Däubler-Reinecke, Rn 12.
2 KeZa-Zeibig, Rn 6; Däubler-Reinecke, Rn. 14; aA ErfK-Franzen, § 8 TVG, Rn. 3.

Die Pflicht aus § 8 TVG umfasst **alle Tarifverträge** (auch allgemeinverbindliche[3] und schuldrechtliche), an die der Arbeitgeber gebunden ist, inkl. der Tarifverträge, auf die verwiesen wird (beim Anerkennungstarifvertrag also auch die in Bezug genommenen Verbandstarifverträge). Da nur auf die »für den Betrieb maßgebenden« Tarifverträge abgestellt wird statt auf die »im Betrieb geltenden« Tarifverträge, ist es nicht erforderlich, dass mindestens ein/e Arbeitnehmer/in tarifgebunden ist.[4] Mit dem Tarifeinheitsgesetz wurde § 8 dahingehend ergänzt, dass auch rechtskräftige Beschlüsse (nach § 99 ArbGG) bekannt gemacht werden müssen, mit denen festgestellt wird, welcher unter mehreren einschlägigen Tarifverträgen nach § 4 Abs. 2 Satz 2 TVG bei Tarifpluralität anwendbar ist (dazu genauer § 4a, Rn. 84ff.). 3

Die Bekanntgabe des Tarifvertrags gehört zu dessen Durchführung; die Gewerkschaft kann dies also gegen die andere Tarifvertragspartei einklagen.[5] **Legt der Arbeitgeber die Tarifverträge nicht aus**, ist das keine Ordnungswidrigkeit; die Ausschlussfristen (§ 4 Rn. 254ff., 275ff.) laufen trotzdem. Zu Unrecht lehnt das BAG allerdings Schadensersatzansprüche der Beschäftigten ab, die bei Unkenntnis des Tarifvertrags Gefahr laufen, Rechte zu verlieren (z.B. wegen Versäumnis von Ausschlussfristen).[6] Nur aus § 8 TVG ergeben sich Möglichkeiten der Arbeitnehmer/innen, vom Tarifinhalt bei fehlender Tarifbindung Kenntnis zu erlangen; die Norm dient also auch dem Arbeitnehmerschutz, so dass sich bei Verstoß Schadensersatzpflichten ergeben.[7] 4

Wegen der einschränkenden Rechtsprechung des BAG zu § 8 TVG gewinnt das **Nachweisgesetz** große Bedeutung. Es statuiert in § 2 Abs. 1 Nr. 10 zwingend, dass der Arbeitgeber die Beschäftigten darüber informiert, welche Tarifverträge für sie maßgebend sind, d.h. an die er tarifgebunden ist oder die kraft Betriebsübung angewandt werden.[8] Dies muss schriftlich geschehen; allerdings muss der Arbeitgeber nach dem BAG nicht über den Inhalt der Tarifverträge informieren; er muss dabei also nicht gesondert auf die **Ausschlussfristen** hinweisen.[9] Dennoch kann sich der Arbeitgeber bei einem Verstoß gegen die Hinweispflicht aber nicht auf die Ausschlussfristen berufen und macht sich ggf. **schadensersatzpflichtig** (Verpflichtung zum Ersatz aller Schäden, die einem Beschäftigten dadurch entstanden sind, dass er vom Tarifvertrag mangels Aushang keine Kenntnis nehmen konnte; das heißt in der Praxis, dass die Arbeitnehmerin diejenigen Leistungen wie z.B. Zuschläge erhält, die ihr wegen Unkenntnis der Ausschlussfrist entgangen sind).[10] 5

---

3 Siehe auch § 9 Abs. 2 TVG-DVO.

4 Anders ErfK-Franzen, § 8 TVG, Rn. 2; Hohenhaus, NZA 01, 1107, 1109; wie hier aber Däubler-Reinecke, Rn. 8; KeZa-Zeibig/Zachert Rn. 8; Wiedemann-Oetker, Rn. 14.

5 Hohenhaus, NZA 01, 1107, 1111.

6 BAG 23.1.02 – 4 AZR 56/01, NZA 02, 800; offener allerdings BAG 21.2.07 – 4 AZR 258/06, AP TVG § 1 Tarifverträge: Dachdecker Nr. 8; wie hier Däubler-Reinecke, Rn. 18 ff; KeZa-Zeibig, Rn. 15f.

7 Bunte, RdA 09, 21, 30, die aber zu Unrecht nur auf § 823 II BGB, nicht auf §§ 280 I, 241 Abs. 2 BGB abstellt.

8 BAG 23.1.02 – 4 AZR 56/01, NZA 02, 800; vgl. auch Rehwald, AiB 95, 625, 627; Hold, ZTR 00, 540.

9 BAG 23.1.02 – 4 AZR 56/01, NZA 02, 800.

10 BAG 17.4.02 – 5 AZR 89/01, AuR 02, 467 m. Anm. Rehwald; 24.10.02 – 6 AZR 743/00, AiB 03, 450; Däubler-Zwanziger, § 4 Rn. 1114.

§ 9 Feststellung der Rechtswirksamkeit

Rechtskräftige Entscheidungen der Gerichte für Arbeitssachen, die in Rechtsstreitigkeiten zwischen Tarifvertragsparteien aus dem Tarifvertrag oder über das Bestehen oder Nichtbestehen des Tarifvertrages ergangen sind, sind in Rechtsstreitigkeiten zwischen tarifgebundenen Parteien sowie zwischen diesen und Dritten für die Gerichte und Schiedsgerichte bindend.

1 § 9 TVG regelt eine Ausnahme vom allgemeinen Grundsatz, dass Gerichtsentscheidungen immer nur zwischen den Verfahrensparteien wirken. Streiten Tarifvertragsparteien

- über die **Auslegung** oder
- über die **Gültigkeit eines Tarifvertrags**,

so wirken diese Entscheidungen nach § 9 TVG auch für und gegen die Tarifgebundenen (**erweiterte Bindungswirkung**). Bei einem **mehrgliedrigen Tarifvertrag**, der auf Arbeitnehmer- und/oder Arbeitgeberseite von mehreren Tarifvertragsparteien (Tarifgemeinschaft) abgeschlossen wurde (§ 1 Rn. 28ff.), kann jede Tarifvertragspartei nur für sich das Verfahren betreiben; das Urteil wirkt dann auch nur für und gegen die am Prozess beteiligten Tarifvertragsparteien.

2 § 9 TVG gilt nur für **Feststellungsklagen**. Für sie ist ein Feststellungsinteresse notwendig; das setzt voraus, dass nicht nur ein bloßes Rechtsgutachten erwartet wird, sondern die Entscheidung der Rechtsfrage in dem einen oder anderen Sinne Bedeutung für das künftige Handeln der Tarifpartner oder der Tarifgebundenen haben kann.[1] Das abstrakte Rechtsverhältnis muss demnach klärungsfähig und klärungsbedürftig sein.[2] Bei Streitigkeiten über **geltende Tarifverträge** ist davon auszugehen, dass sie das Handeln beeinflussen können; es bedarf nicht der konkreten Befürchtung, ein Arbeitgeber werde eine Tarifnorm falsch anwenden.[3] Die Voraussetzung des Feststellungsinteresses kann auch bei einem bereits **abgelaufenen Tarifvertrag** erfüllt sein, z. B. wenn die Klärung der jeweiligen Streitfragen größere Klarheit für die Beratung der Mitglieder und für das Verhalten bei künftigen Tarifverhandlungen brächte.[4]

3 Nur eine Gewerkschaft, die auch **Partei des streitigen Tarifvertrags** ist, kann die Verbandsklage nach § 9 TVG erheben.[5] Erforderlich ist allerdings ein Streit gerade mit der anderen Tarifvertragspartei. Wenn es nur darum geht, eine gemeinsame Auslegung der Tarifparteien gegenüber Dritten für verbindlich zu erklären, ist nicht § 9 TVG,[6] sondern eine Protokollnotiz oder ähnliche gemeinsame Erklärung das richtige Instrument.

4 **Gegenstand** von Verbandsklagen nach § 9 TVG ist ein Streit der Tarifparteien über das Bestehen oder Nichtbestehen eines Tarifvertrags und die Auslegung des Tarifvertrags

1 BAG 14.6.95 – 4 AZR 915/93, NZA 96, 43.
2 BAG 4.7.2007 – 4 AZR 491/06, Rn. 18; BAG 18.4.2012 – 4 AZR 371/10, Rn. 27.
3 Däubler-Reinecke, Rn. 26 gegen BAG 14.6.1995 – 4 AZR 915/93, NZA 96, 43.
4 BAG 6.6.07 – 4 AZR 411/06, NZA 08, 1086.
5 BAG 9.12.09 – 4 AZR 190/08, NZA 10, 712.
6 BAG 30.5.01 – 4 AZR 387/00, AuR 02, 353.

bzw. einzelner Tarifbestimmungen.[7] Das Verfahren dient allein der Rechtseinheitlichkeit, Rechtsklarheit und Rechtssicherheit.[8] Aus dieser Funktion der Verbandsklage ergeben sich konkrete Anforderungen an den entsprechenden **Klageantrag.**[9] Bei einem Streit um die Auslegung muss eine Verbindung eines abstrakten Tarifbegriffs mit einem weniger abstrakten ausgelegten Tarifbegriff formuliert werden. Der Antrag darf sich nicht auf konkrete Rechtsverhältnisse beziehen. In einem Auslegungsstreit sind im Antrag der fragliche Tarifvertrag, die betreffende Tarifnorm sowie umstrittene Tarifbegriffe zu benennen; sodann ist der Auslegungsschritt zu formulieren, der als zutreffend angesehen wird.

Die besondere **Rechtsfolge** ist: Alle Gerichte haben das rechtskräftige Urteil in einem 5
Rechtsstreit zwischen tarifgebundenen Parteien, zwischen tarifgebundener Partei und Dritten zugrunde zu legen, wenn es um die gleiche Frage geht.[10] Wegen der Bindungswirkung müssen die Arbeitsgerichte Urteile nach § 9 TVG dem BMAS und der entsprechenden Landesbehörde abschriftlich übersenden oder elektronisch übermitteln (§ 63 ArbGG). Die erweiterte Bindungswirkung des Urteils ist auf den Tenor der Entscheidung begrenzt, die Urteilsgründe entfalten keine Bindungswirkung.[11]

Das Arbeitsgericht entscheidet im Urteilsverfahren (§ 2 Abs. 1 Nr. 1, Abs. 5 ArbGG). Ein 6
Vergleich zwischen den Tarifparteien in diesem Verfahren hat zwar nicht die erweiterte Bindungswirkung des § 9 TVG;[12] er stellt jedoch selbst wieder eine tarifliche Regelung mit entsprechender Bindungswirkung dar.[13]

Die Beantwortung einer die Auslegung einer Tarifnorm betreffenden Rechtsfrage hat nicht 7
schon deshalb grundsätzliche Bedeutung (§§ 72 Abs. 2 Nr. 1 ArbGG), weil eine rechtskräftige Entscheidung im Ausgangsverfahren die Bindungswirkung nach § 9 TVG auslöst. Eine **Revision zum BAG** setzt also voraus, dass immer konkret dargelegt werden kann, inwiefern die Beantwortung der Rechtsfrage von allgemeiner Bedeutung für die Rechtsordnung ist oder dass tatsächliche Auswirkungen der Frage das abstrakte Interesse der Allgemeinheit an der einheitlichen Entwicklung und Handhabung des Rechts berühren.[14]

Verbandsklagen nach § 9 TVG sind relativ selten, wohl auch wegen der weitgehenden 8
Festlegung des Tarifinhalts durch ein Urteil. Alternativen sind Einzelverfahren, **Musterprozesse** oder **tarifliche Schiedsgerichte**, wie sie in einzelnen Tarifbereichen vereinbart sind, z.B. Bau, Druck, Chemie, Metall- und Elektroindustrie (regional unterschiedlich).

§ 9 TVG bietet auch einen Weg, gegen Verbiegungen des Tarifinhalts oder Tarifbruch durch den Arbeitgeberverband vorzugehen; die Alternative besteht insofern in der **Klage**

---

7 Beispiele: BAG 15.10.03 – 4 AZR 594/02, EzA § 4 TVG Stahlindustrie Nr. 2: Vergütung für Rufbereitschaft und Urlaubsbezahlung nach MTV Stahl NRW; BAG 7.11.95 – 3 AZR 676/94, DB 96, 2634: Betriebsschließung am Bankfeiertag Silvester.

8 BAG 4.7.07 – 4 AZR 491/06, NZA 08, 307; BAG 18.4.12 – 4 AZR 371/10, NZA 13, 161.

9 S. hierzu und zum folgenden BAG 18.4.12 – 4 AZR 371/10, NZA 13, 161.

10 Einzelheiten bei Däubler-Reinecke, Rn. 35ff.; KeZa-Zachert, Rn. 5ff.; Wiedemann-Oetker, Rn. 38ff., 43ff.

11 BAG 18.4.12 – 4 AZR 371/10, NZA 13, 161.

12 KeZa-Zeibig, Rn 28.

13 Wiedemann-Oetker, Rn. 37; ErfK-Franzen, § 9 TVG Rn. 11; Löwisch/Rieble, Rn. 73.

14 BAG 10.7.14 – 10 AZN 307/14, NZA 14, 982; anders noch BAG 17.6.97 – 9 AZN 251/97, NZA 98, 500, allerdings aufgrund einer heute nicht mehr geltenden Gesetzesnorm.

auf Durchführung (vgl. § 1 Rn. 407ff.). Die fehlerhafte Tarifauslegung und -anwendung durch einen einzelnen tarifgebundenen Arbeitgeber kann allerdings mit § 9 nicht angegriffen werden (s. Rn. 4; zur Einwirkungsklage siehe § 1 Rn. 411ff.); effektiver ist der **Unterlassungsanspruch** der Gewerkschaft gegen einzelne Arbeitgeber bei Tarifbruch (vgl. dazu Grundl. Rn. 150 und § 4 Rn. 208ff., 223ff.).[15]

9 Kommt es für die Wirksamkeit oder Unwirksamkeit des Tarifvertrags auf **Tariffähigkeit** oder **Tarifzuständigkeit** an und ist diese zweifelhaft, so muss das Arbeitsgericht das Verfahren nach § 9 aussetzen (§ 97 Abs. 5 ArbGG); die Frage der Tariffähigkeit oder Tarifzuständigkeit wird dann in einem Beschlussverfahren nach § 97 Abs. 1 ArbGG geklärt, an dem die betreffende Tarifpartei unmittelbar beteiligt ist (genauer § 2 Rn. 123ff.).[16] Die Verfahren zur Feststellung der Tariffähigkeit bzw. Tarifzuständigkeit nach §§ 2a bzw. 97 ArbGG (vgl. § 2 Rn. 123ff.) haben ebenfalls erweiterte Bindungswirkung; diese Urteile gelten allerdings sogar gegenüber jedermann.[17]

§ 10 Tarifvertrag und Tarifordnungen

(1) Mit dem Inkrafttreten eines Tarifvertrages treten Tarifordnungen, die für den Geltungsbereich des Tarifvertrages oder Teile desselben erlassen worden sind, außer Kraft, mit Ausnahme solcher Bestimmungen, die durch den Tarifvertrag nicht geregelt worden sind.
(2) Das Bundesministerium für Arbeit und Soziales kann Tarifordnungen aufheben; die Aufhebung bedarf der öffentlichen Bekanntmachung.

1 Die Bestimmung ist durch **Zeitablauf praktisch überholt**. Alle – in der NS-Zeit erlassenen – Tarifordnungen und Lohngestaltungsverordnungen sind durch Tarifverträge ersetzt oder 1971 durch die TarifOAufhVO aufgehoben worden. Nur noch drei Tarifordnungen für Theater, Kulturorchester und Kurkapellen sind wirksam geblieben; sie sehen eine Altersversorgung vor.[1]

§ 11 Durchführungsbestimmungen

Das Bundesministerium für Arbeit und Soziales kann unter Mitwirkung der Spitzenorganisationen der Arbeitgeber und der Arbeitnehmer die zur Durchführung des Gesetzes erforderlichen Verordnungen erlassen, insbesondere über
1. **die Errichtung und die Führung des Tarifregisters und des Tarifarchivs;**
2. **das Verfahren bei der Allgemeinverbindlicherklärung von Tarifverträgen und der Aufhebung von Tarifordnungen und Anordnungen, die öffentlichen Bekanntma-**

15 BAG 20.4.99 – 1 ABR 72/98, AiB 99, 538.
16 BAG 14.12.10 – 1 ABR 19/10, NZA 11, 289.
17 BAG 25.11.86 – 1 ABR 22/85 (CGBCE), AuR 88, 222; zur verfassungsrechtlichen Zulässigkeit ausführlich Ulber, SozR 12, 142ff.

1 Einzelheiten bei KeZa-Zeibig, Rn 2; Wiedemann-Oetker, Rn. 5ff., 15ff: Text der drei Tarifordnungen.

chungen bei der Antragstellung, der Erklärung und Beendigung der Allgemeinverbindlichkeit und der Aufhebung von Tarifordnungen und Anordnungen sowie die hierdurch entstehenden Kosten;

3. den in § 5 genannten Ausschuss.

Die **Durchführungsverordnung** (**TVG-DV** in der Fassung vom 16. 1. 89 (BGBl. I, 76)[1] hat einzelne Fragen zum Gegenstand, die zu einer administrativen Umsetzung des Gesetzes notwendig geregelt sein müssen, wie die Einzelheiten der Allgemeinverbindlicherklärung nach § 5 TVG und des Tarifregisters nach § 6 TVG. Die TVG-DV wurde zuletzt im Jahre 2014 geändert,[2] um eine elektronische Form des Tarifarchivs zu ermöglichen. Die in § 11 Nr. 2 ebenfalls erwähnten »Tarifordnungen« (§ 10 TVG) haben keine praktische Relevanz mehr. Bei Erlass und Änderung der Verordnung durch das BMAS wirken die Spitzenorganisationen i. S. v. § 12 TVG mit. 1

§ 12 Spitzenorganisationen

Spitzenorganisationen im Sinne dieses Gesetzes sind – unbeschadet der Regelung in § 2 – diejenigen Zusammenschlüsse von Gewerkschaften oder von Arbeitgebervereinigungen, die für die Vertretung der Arbeitnehmer- oder der Arbeitgeberinteressen im Arbeitsleben des Bundesgebietes wesentliche Bedeutung haben. Ihnen stehen gleich Gewerkschaften und Arbeitgebervereinigungen, die keinem solchen Zusammenschluss angehören, wenn sie die Voraussetzungen des letzten Halbsatzes in Satz 1 erfüllen.

Das TVG enthält an mehreren Stellen Regelungen über **Spitzenorganisationen**. § 12 TVG enthält eine Definition für den Begriff, wie er in § 5 und § 11 TVG verwendet wird. Für die Aufgabe von Spitzenorganisationen als Tarifparteien enthält § 2 Abs. 2 TVG eine eigenständige Definition (siehe Rn. 2). Die Bedeutung der Definition in § 12 TVG liegt insofern darin, die Anforderungen an die Beteiligung von Organisationen am **Tarifausschuss** (§ 5 Abs. 1 TVG, §§ 1 ff. TVG-DVO) sowie an der **Verordnungsgebung** nach § 11 TVG festzulegen. Auf die hier verwendete Definition wird aber in anderen Gesetzen Bezug genommen, so z. B. bei der Frage, ob eine Organisation nach § 11 ArbNErfG beim Erlass von Richtlinien über die Bemessung der Vergütung von Arbeitnehmererfindungen anzuhören ist, nach § 37 Abs. 7 BetrVG bei der Anerkennung von Schulungs- und Bildungsveranstaltungen zu beteiligen ist,[1] Vorschläge zur Besetzung der Heimarbeitsausschüsse unterbreiten kann (§§ 4, 5 HAG; siehe auch § 33 HAG), spezielle Rechte bei der Wahl von Arbeitnehmervertretern in den Aufsichtsrat hat (§ 4 Abs. 2 lit. a) und lit. b) MontanMitbestG), bei der Organisation der Arbeitsgerichte mitwirkt (§§ 14 Abs. 5, 15 Abs. 1 Satz 2, 33, 34 1

1 Der Text findet sich im Internet auf <http://www.gesetze-im-internet.de/tvgdv/BJNR001930970.html> (6. 2. 15).

2 Zweite Verordnung zur Änderung der Verordnung zur Durchführung des Tarifvertragsgesetzes; s. a. BR-Drucks. 750/13.

1 Zur Auslegung in Hinblick auf § 12 TVG vgl. BAG 18. 12. 73 – 1 ABR 35/73, AuR 74, 54.

ArbGG) oder in Rundfunkräten und weiteren Beiräten vertreten ist.[2] Auch bei der Zusammensetzung der Mindestlohnkommission nach §§ 4ff. MiLoG wirken Spitzenorganisationen im Sinne des § 12 TVG mit.

2 Für den Fall, dass eine Spitzenorganisation Tarifpartei sein soll, gelten die allgemeinen Anforderungen; die Voraussetzungen der **Tariffähigkeit** regeln insofern allein § 2 Abs. 2 und 3 TVG (§ 2 Rn. 53ff., Rn. 90; zu mehrgliedrigen Tarifverträgen siehe auch § 2 Rn. 4a). Für die Tariffähigkeit einer Spitzenorganisation kommt es allein darauf an, dass es sich um einen Zusammenschluss von Gewerkschaften oder eine Vereinigung von Arbeitgebern handelt; auf die zusätzliche Voraussetzung des § 12 (»wesentliche Bedeutung«, siehe Rn. 4) kommt es hier nicht an.

Sowohl § 2 Abs. 2 und 3 als auch § 12 TVG setzen aber voraus, dass die Mitgliedsverbände der Spitzenorganisation tariffähig in diesem Sinne sind.[3] Diese Voraussetzungen liegen z.B. bei der CGZP (»Christliche Tarifgemeinschaft Zeitarbeit«) nicht vor; auch der CGB ist keine tariffähige Organisation (genauer § 2 Rn. 42f.; Rn. 59 ff).

3 Anders als in sonstigen Definitionen der Spitzenorganisation (siehe z.B. im MiLoG, Anhang 1 Rn. 41) kommt für §§ 5, 11 TVG auch die Beteiligung von **Einzelorganisationen** in Betracht. Dies regelt § 12 Satz 2 TVG. Der Hintergrund: Die allgemeinere Definition passte nicht auf die frühere »Deutsche Angestelltengewerkschaft« DAG, die kein Zusammenschluss von Gewerkschaften, sondern eine Einheitsorganisation war, aber einen Sitz im Tarifausschuss nach § 5 TVG bekommen sollte. Also wurde § 12 TVG im Jahr 1952 eingefügt. Satz 2 hat allerdings nach der Auflösung der DAG durch die ver.di-Fusion keine Bedeutung mehr erlangt; nur Satz 1 hat noch Bedeutung.

4 Über die Tariffähigkeit hinaus stellt § 12 TVG noch weitere Voraussetzungen für eine Beteiligung von Organisationen an der staatlichen Rechts- und Regelsetzung auf. So muss die Organisation »**wesentliche Bedeutung** für das Arbeitsleben im Bundesgebiet« haben. Es genügt nicht die Bedeutung in einem Bundesland; auch Landestarifausschüsse sind deshalb nur mit bundesweit bedeutenden Spitzenverbänden zu besetzen.[4] Nach der Entstehungsgeschichte der Norm ist hier zumindest ein »bedeutungsmäßiger Vergleich [...] mit der DAG« anzustellen.[5] Wesentliche Bedeutung für »das **Arbeitsleben im Bundesgebiet**« hat eine Organisation auch nur, wenn sie alle Beschäftigtengruppen repräsentiert, so dass hier reine Berufsgruppengewerkschaften nicht in Betracht kommen.[6] Aktuell erfüllen auf Arbeitnehmerseite wohl nur der DGB,[7] auf Arbeitgeberseite nur die BDA diese Voraussetzungen.

5 Es gibt kein eigenes **Verfahren**, um die Eigenschaft als Spitzenorganisation feststellen zu lassen; für § 12 TVG gilt das Verfahren zur Feststellung von Tariffähigkeit und Tarifzuständigkeit im Beschlussverfahren (§ 97 ArbGG; vgl. dazu § 2 Rn. 123ff.) nicht. Allerdings ist die Eigenschaft als Spitzenorganisation i.S.d. § 12 TVG ohnehin nur relevant im Zu-

2 Genauer Däubler-Reinecke, Rn 11ff.
3 OVG Saarland 3.3.97 – 8 R 30/94.
4 OVG Saarland 3.3.97 – 8 R 30/94.
5 OVG Saarland 3.3.97 – 8 R 30/94.
6 Däubler-Reinecke, Rn 4.
7 Soweit Beamtinnen und Beamte betroffen sind, agiert auch der DBB (Beamtenbund und Tarifunion) als Spitzenorganisation.

sammenhang mit der Beteiligung der Organisation an konkreten Verfahren (Allgemeinverbindlicherklärung oder Verordnungsgebung, insbesondere Beteiligung im Tarifausschuss s. Rn. 1). Die Zulassung oder Ablehnung einer Organisation im Rahmen solcher Verfahren (vgl. Rn. 1) kann aber ggf. rechtlich überprüft werden.[8] Hier geht es um Streitigkeiten mit dem BMAS oder einer obersten Landesbehörde, für die die Verwaltungsgerichte zuständig sind.[9] Bei der Entscheidung, ob eine Organisation im Einzelfall »wesentliche Bedeutung« im Sinne des § 12 TVG hat, besteht allerdings ein erheblicher Beurteilungsspielraum.[10]

§ 12a Arbeitnehmerähnliche Personen

(1) Die Vorschriften dieses Gesetzes gelten entsprechend

1. für Personen, die wirtschaftlich abhängig und vergleichbar einem Arbeitnehmer sozial schutzbedürftig sind (arbeitnehmerähnliche Personen), wenn sie aufgrund von Dienst- oder Werkverträgen für andere Personen tätig sind, die geschuldeten Leistungen persönlich und im Wesentlichen ohne Mitarbeit von Arbeitnehmern erbringen und

a) überwiegend für eine Person tätig sind oder

b) ihnen von einer Person im Durchschnitt mehr als die Hälfte des Entgelts zusteht, das ihnen für ihre Erwerbstätigkeit insgesamt zusteht; ist dies nicht voraussehbar, so sind für die Berechnung, soweit im Tarifvertrag nichts anderes vereinbart ist, jeweils die letzten sechs Monate, bei kürzerer Dauer der Tätigkeit dieser Zeitraum, maßgebend,

2. für die in Nummer 1 genannten Personen, für die die arbeitnehmerähnlichen Personen tätig sind, sowie für die zwischen ihnen und den arbeitnehmerähnlichen Personen durch Dienst- oder Werkverträge begründeten Rechtsverhältnisse.

(2) Mehrere Personen, für die arbeitnehmerähnliche Personen tätig sind, gelten als eine Person, wenn diese mehreren Personen nach der Art eines Konzerns (§ 18 des Aktiengesetzes) zusammengefasst sind oder zu einer zwischen ihnen bestehenden Organisationsgemeinschaft oder nicht nur vorübergehenden Arbeitsgemeinschaft gehören.

(3) Die Absätze 1 und 2 finden auf Personen, die künstlerische, schriftstellerische oder journalistische Leistungen erbringen, sowie auf Personen, die an der Erbringung, insbesondere der technischen Gestaltung solcher Leistungen unmittelbar mitwirken, auch dann Anwendung, wenn ihnen abweichend von Absatz 1 Nr. 1 Buchstabe b erster Halbsatz von einer Person im Durchschnitt mindestens ein Drittel des Entgelts zusteht, das ihnen für ihre Erwerbstätigkeit insgesamt zusteht.

(4) Die Vorschrift findet keine Anwendung auf Handelsvertreter im Sinne des § 84 des Handelsgesetzbuchs.

---

8 ErfK-Franzen, § 12, Rn. 4; Beispiel: OVG Saarland 3. 3. 97 – 8 R 30/94.
9 Däubler-Reinecke, Rn. 8; Löwisch/Rieble, § 12 Rn. 9.
10 OVG Saarland 3. 3. 97 – 8 R 30/94.

Inhaltsübersicht Rn.

1. Vorbemerkungen

1 § 12a TVG eröffnet den Tarifvertragsparteien die Möglichkeit, **Tarifverträge für** bestimmte **arbeitnehmerähnliche Personen** abzuschließen. Normalerweise gelten die Tarifverträge und das in §§ 1 bis 12 TVG geregelte Tarifrecht nur für Arbeitsverhältnisse und damit für zwischen Arbeitgeber und Arbeitnehmern bestehende Rechtsverhältnisse. Da aber die in § 12a TVG näher beschriebenen Personen genauso sozial schutzbedürftig sind wie Arbeitnehmer, können **die Tarifvertragsparteien nach Art. 9 Abs. 3 GG** (vgl. Grundl. Rn. 79ff.) die Rechtsverhältnisse auch dieser Personen regeln.[1] Arbeitnehmerähnliche Personen sind in erster Linie wirtschaftlich abhängig von ihren Vertragspartnern und müssen diese »**strukturelle Unterlegenheit**« und **individuelle Verhandlungsschwäche** wie Arbeitnehmer durch kollektive Gegenmachtbildung ausgleichen können.[2]

1a Unabhängig von dem in § 12a TVG beschriebenen Personenkreis nimmt das Bedürfnis nach **kollektivem Schutz für selbstständig Tätige** zu. Die strukturellen Veränderungen im Arbeits- und Wirtschaftsleben »befördern« zunehmend Arbeitnehmer in die Selbstständigkeit. Als Kleinstunternehmer erbringen sie ihre Arbeitsleistungen oft in wirtschaftlicher Abhängigkeit. **Art. 9 Abs. 3 GG** ermöglicht es grundsätzlich den Tarifvertragsparteien, die Rahmenbedingungen für alle Personen, die ihre persönliche Arbeitsleistung in wirtschaftlicher Abhängigkeit erbringen und sich in einer »individuellen Verhandlungsschwäche« befinden, durch **kollektive Vereinbarungen** zu regeln.[3]
Dieses Verständnis wird durch die Entwicklung auf **europarechtlicher Ebene** unterstützt. Denn der EuGH nimmt einen Kollektivvertrag für selbständige Dienstleistungserbringer (im konkreten Fall handelte es sich um Aushilfsmusiker) vom Kartellverbot des Art. 101 AEUV aus, wenn die Betroffenen sich in einer vergleichbaren Situation wie Arbeitnehmer befinden, d.h. quasi Scheinselbständige sind.[4] Ob dies tatsächlich der Fall ist, haben wiederum die nationalen Gerichte zu prüfen.[5] Die stark auf das Schutzbedürfnis abstellende Argumentation des EuGH legt nahe, die Möglichkeiten des § 12a TVG in der Praxis stärker zu nutzen, als dies bisher der Fall ist (vgl. Rn. 7f.).

---

1 ErfK-Linsenmaier, GG Art. 9 Rn. 28.
2 Vgl. HWK-Henssler, TVG § 12a Rn. 2.
3 ErfK-Linsenmaier a.a.O.; ausführlich Schlachter, FS Zachert, 634ff.
4 EuGH 4.12.14 – C-413/13 (FNV), AuR 15, 193 mit zustimmender Anm. Heuschmid/Hlava; a.A. Latzel/Serr, EuZW 14, 410, 413.
5 EuGH, a.a.O.

Eine allgemein verbindliche gesetzliche Definition für arbeitnehmerähnliche Personen gibt es nicht. Das Gesetz verlangt **wirtschaftliche Abhängigkeit** und **soziale Schutzbedürftigkeit vergleichbar mit einem Arbeitnehmer** (Rn. 9ff.). Im Zweifel entscheidet die Verkehrsanschauung.[6] Damit ist klar, dass im Einzelfall die Rechtsprechung entscheiden muss. Die »**Verkehrsanschauung**« kann sich im Zuge der aktuellen **Strukturveränderungen des Arbeitslebens** mit starker Zunahme wirtschaftlich abhängiger Kleinstunternehmer (z.B. Einfirmenvertreter, freie Mitarbeiter, Ich-AGs, Dienstleister) schnell **ändern**. Den Tarifvertragsparteien bleibt es daher überlassen, berufs- oder branchenbezogen im persönlichen Geltungsbereich eines Tarifvertrags den unbestimmten Rechtsbegriff zu konkretisieren (vgl. Rn. 13).[7] Arbeitnehmerähnliche Personen werden wegen ihrer Schutzbedürftigkeit auch in arbeitsrechtlichen Gesetzen ausnahmsweise mit Arbeitnehmern gleichbehandelt (z.B. **§ 5 Abs. 1 Satz 2 ArbGG, § 2 BUrlG, § 2 Abs. 2 Nr. 3 ArbSchG, § 1 Abs. 1 Nr. 3 AGG, § 17 Abs. 1 Satz 1, 2 BetrAVG, § 3 Abs. 11 Nr. 6 BDSG, § 7 Abs. 1 Nr. 3 PflegeZG**). Andere Arbeitnehmerschutzgesetze, die nicht ausdrücklich arbeitnehmerähnliche Personen mit einbeziehen (z.B. die verlängerten Kündigungsfristen nach § 622 Abs. 2 BGB), können grundsätzlich nicht auf arbeitnehmerähnliche Personen übertragen werden.[8] 2

Tarifverträge gem. § 12a TVG können nur für arbeitnehmerähnliche Personen abgeschlossen werden, die: 3

- auf der Grundlage von **Dienst- oder Werkverträgen** (vgl. dazu Rn. 14ff.) oder
- in Person und im **Wesentlichen ohne fremde Hilfskräfte** ihre Arbeit verrichten (Rn. 15).

Ferner ist erforderlich, dass sie:

- **einem Auftraggeber mehr als die Hälfte ihrer Arbeit** (überwiegend) widmen (Rn. 16) oder von dem sie
- **mehr als die Hälfte des Entgelts** aus der Erwerbstätigkeit beziehen (Rn. 14).
- Bei freien Mitarbeitern im **Medienbereich** wird wirtschaftliche Abhängigkeit schon unterstellt, wenn sie 1/3 ihrer Einkünfte aus freier Mitarbeit beziehen (vgl. Rn. 18).

Eine **absolute Verdienstgrenze** wie bei § 5 Abs. 3 ArbGG gibt es nicht.[9] **Handelsvertreter** sollen von der Anwendung des § 12a TVG nach Abs. 4 **ausgeschlossen sein** (vgl. dazu Rn. 22), obwohl es gerade auch in dieser Gruppe eine große Anzahl von sozial schutzbedürftigen Personen gibt.[10] Immerhin wird von der Rechtsprechung die **Definition** des § 12a Abs. 1 TVG als **allgemeiner Maßstab für die Feststellung einer wirtschaftlichen Abhängigkeit** anerkannt und zur analogen Anwendung des § 74 HGB auf einen freiberuflich tätigen Einzelunternehmer (mit der Folge der Unwirksamkeit eines Wettbewerbsverbots bei Fehlen einer Entschädigungsvereinbarung) herangezogen.[11]

6 Vgl. Gamillscheg, S. 178.

7 Vgl. BAG 15.2.05 – 9 AZR 51/04, NZA 06, 223 (a.A. noch BAG 2.10.90 – 4 AZR 106/90, AiB 91, 128 = NZA 91, 239).

8 Vgl. ausführlich BAG 8.5.07 – 9 AZR 777/06, BB 07, 2298ff.

9 Vgl. HWK-Henssler, TVG § 12a Rn. 7, differenzierend Löwisch/Rieble, Rn. 19, 24.

10 Zur verfassungsrechtlichen Problematik vgl. Däubler-Reinecke, Rn. 16f.; ErfK-Franzen, TVG § 12a Rn. 2: verfassungskonform; KeZa-Stein, Rn. 35; Wiedemann-Wank, Rn. 53ff.; HWK-Henssler, TVG § 12a Rn. 15: verfassungswidrig.

11 Vgl. OLG Dresden 13.9.11 – 5 U 236/11, IBR 12, 548, für die Einordnung eines überwiegend für eine Justizverwaltung tätigen freiberuflichen Programmierers.

4 Die Möglichkeit, für arbeitnehmerähnliche Beschäftigte **Tarifverträge** abzuschließen, gab es nicht von Anfang an. Erst mit einer Änderung des Heimarbeitergesetzes 1974 wurde § 12a TVG mit Wirkung vom 1.11.74 in das Gesetz aufgenommen (»ein Markstein der Gesetzgebung«).[12] Bis dahin konnten außer für Arbeitnehmer nur für den Bereich der **Heimarbeiter** Tarifverträge und tarifgleiche Abmachungen vereinbart werden (§ 17 HAG). Mit der Einbeziehung der arbeitnehmerähnlichen Personen in das Tarifsystem sollte zugleich auch deren **gewerkschaftliche Organisation** gefördert werden.[13] Sie ist – wie aktuell am Beispiel Leiharbeit zu sehen ist – die entscheidende Voraussetzung für **Tarifschutz** und den Abschluss von qualitativ guten tariflichen Arbeitsbedingungen.

5 **Anlass** für die Aufnahme von § 12a TVG in das Gesetz war nicht die Zunahme von wirtschaftlich abhängigen, angeblich freien Berufsgruppen, wie Handels- und Versicherungsvertreter, »selbstständige« Filialleiter, Fuhrunternehmer mit einem Lkw, Übersetzer, Dolmetscher, Architekten, Rechtsanwälte u.a.[14] **Zielgruppe** waren die bei den **öffentlich-rechtlichen Rundfunkanstalten beschäftigten freien Mitarbeiter**, die künstlerische, schriftliche oder journalistische Leistungen erbringen.[15] Sie konnten sich auf einen **hohen gewerkschaftlichen Organisationsgrad** stützen und hatten wegen fehlender individueller und kollektiver Schutzrechte in den 70er Jahren in einer Welle von Klagen gegen die ARD-Anstalten ihren **Arbeitnehmerstatus gerichtlich feststellen** lassen.[16]

6 **Verfassungsrechtlich** ist die Einbeziehung der arbeitnehmerähnlichen Personen in das Tarifsystem und damit in den Schutzbereich von Art. 9 Abs. 3 GG **nicht mehr bestritten.**[17] Art. 9 Abs. 3 GG ist so offen formuliert, dass alle, die ihre **persönliche Arbeitsleistung in wirtschaftlicher Abhängigkeit** erbringen, die individuelle Verhandlungsschwäche durch kollektive Maßnahmen ausgleichen dürfen.[18] Mit den aktuellen **Strukturveränderungen** in der Wirtschaft nimmt die Zahl der wirtschaftlich abhängigen **Einzelunternehmer** und deren Einsatz auf nicht wieder besetzten Stammarbeitsplätzen in anderen Unternehmen zu. Beschäftigung auf der Grundlage von Werk- und Dienstverträgen ersetzt zunehmend Leiharbeit.[19] Ihnen kann der Schutz des Art. 9 Abs. 3 GG nicht vorenthalten werden.[20]

7 Der Abschluss von Tarifverträgen nach § 12a TVG blieb allerdings bis heute auf den aus den Medien stammenden Personenkreis beschränkt.[21] An fast allen **öffentlich-rechtlichen Rundfunkanstalten** gibt es **Tarifverträge für arbeitnehmerähnliche Personen**. Sie werden faktisch auf alle angewandt, die bei ihrem Sender bzw. allen ARD-Anstalten zusammen mindestens die Hälfte, bei künstlerischer und publizistischer Tätigkeit nur ein Drittel ihrer Honorare beziehen. Ferner gibt es im Pressebereich noch den Tarifvertrag

12 So Hromadka, NZA 97, 1249, 1251; s.a. Wlotzke, DB 74, 2252, 2256.
13 KeZa-Stein, Rn. 2.
14 Vgl. KeZa-Stein, Rn. 1.
15 Däubler-Reinecke, Rn. 7, Schaub-Vogelsang, § 10 Rn. 5.
16 Vgl. Niepalla, ZUM 99, 353.
17 HWK-Henssler, TVG § 12a Rn. 2; BAG 15.2.05 – 9 AZR 51/04, NZA 06, 233.
18 ErfK-Linsenmaier, GG Art. 9 Rn. 28 m.w.N.; a.A. Löwisch/Rieble, Rn. 4.
19 Klebe, AiB 12, 559ff.
20 Vgl. auch Schlachter, FS Zachert, 634, 636, 641ff.
21 Vgl. ausführlich KeZa-Stein, Rn. 4f.; Wiedemann-Wank, Rn. 20.

für arbeitnehmerähnliche freie Journalistinnen und Journalisten an Tageszeitungen, der allerdings auch nur in den alten Bundesländern gilt (außer Hessen).[22]

Den **anderen Beschäftigungsgruppen fehlt es** an ausreichendem gewerkschaftlichen 8 Organisationsgrad und **gemeinsamen Handlungsmöglichkeiten**. Diese Situation wird aktuell noch verstärkt durch **zunehmende** Outsourcingmaßnahmen. Die bisher von eigenen Arbeitnehmern erbrachten internen Leistungen werden rechtlich verselbstständigt und durch jeweils passende Vertragsgestaltungen langfristig an das Unternehmen gebunden (z.B. Subunternehmen, Franchise-Verträge, vgl. auch Rn. 14). Der Status ist häufig umstritten, gemeinsames Handeln kaum möglich.[23] Lediglich im Medienbereich haben die Arbeitgeber bis heute partiell Interesse an kollektiven Regelungen für die arbeitnehmerähnlichen freien Mitarbeiter, wenn auch mit anderen Inhalten.[24]

2. Arbeitnehmerähnliche Personen

2.1 Begriff

Arbeitnehmerähnliche Personen unterscheiden sich von Arbeitnehmern durch den **Grad 9 der persönlichen Abhängigkeit**. Sie unterliegen i.d.R. **keinen Weisungen**, allenfalls in geringem Umfang, sind nur gering oder gar **nicht in die betriebliche Organisation eingegliedert** und daher in wesentlich geringerem Maß persönlich abhängig als Arbeitnehmer.[25]

Folglich beschreibt § 12a Nr. 1 TVG die arbeitnehmerähnliche Person auch nur als wirt- 10 schaftlich abhängig und sozial schutzbedürftig, vergleichbar einem Arbeitnehmer. **Wirtschaftliche Abhängigkeit** ist gegeben, wenn ein Beschäftigter aus finanziellen Gründen existentiell auf Erwerbstätigkeit angewiesen ist.[26] Weitere Anforderungen formuliert das Gesetz in § 12a Abs. 1 Nr. 1a (Rn. 16) und Nr. 1b TVG (Rn. 17) sowie in § 12a Abs. 3 TVG (Rn. 18).

Soziale Schutzbedürftigkeit vergleichbar einem Arbeitnehmer ist anzunehmen, wenn 11 das Maß der Abhängigkeit nach der Verkehrsanschauung einen solchen Grad erreicht, **wie** er im Allgemeinen nur **in einem Arbeitsverhältnis** vorkommt und die geleisteten Dienste nach ihrem sozialen Typ mit denen eines Arbeitnehmers vergleichbar sind.[27] Das BAG hat soziale Schutzbedürftigkeit verneint, wenn bei einem für mehrere ARD-Anstalten tätigen Rundfunkgebührenbeauftragten der Umfang und Ablauf seines Arbeitseinsatzes selbstbestimmt wird und neben dem als Dienstnehmer erzielten Einkommen von damals 280000 DM/Jahr anderweitige existenzsichernde Einnahmen (Beamtenpension, Berufsunfähigkeitsrente) vorhanden sind.[28] Andererseits hat das BAG bei einem anderen Ge-

22 S. a. die vollständige Tarifdokumentation für arbeitnehmerähnliche Personen in v. Olenhusen, S. 147ff. sowie ausführlich Thüsing/Braun-Ulrich 14. Kap. Rn. 56ff., 60ff.
23 Vgl. Däubler-Reinecke, Rn. 9, 11.
24 Vgl. Niepalla, ZUM 99, 353, 365ff.
25 BAG 30.8.00 – 5 AZB 12/00, DB 01, 824; v. Olenhusen, S. 34f.
26 ErfK-Franzen, TVG § 12a Rn. 4.
27 BAG 2.10.90 – 4 AZR 106/90, AiB 91, 128 = NZA 91, 239.
28 BAG a.a.O.

bührenbeauftragten, der auf ca. 50 000 DM jährliches Erwerbseinkommen kam, die Arbeitnehmerähnlichkeit bejaht.[29]

12 Nach der umfangreichen typisierenden Rechtsprechung des BAG ist es immer eine Frage der tatsächlichen Umstände des **Einzelfalles**, ob jemand Arbeitnehmer, arbeitnehmerähnliche Person oder Selbstständiger ist. Das gilt auch für den Begriff »arbeitnehmerähnliche Person« in § 12a TVG.[30] Wichtige **Kriterien** sind das Fehlen einer eigenen Unternehmensorganisation und die **Einbindung in die Organisation des Auftraggebers** wie bei einem Arbeitnehmer.[31]

13 Die vom Gesetz, wenn auch nur zum Teil konkretisiert, in § 12a Abs. 1 Nr. 1 TVG vorgegebene **soziale Schutzbedürftigkeit** sollte nach früherer Ansicht des BAG **nicht durch Tarifvertrag erweitert werden können.**[32] Das BAG hatte es z. B. als unzulässig angesehen, im Tarifvertrag eine arbeitnehmerähnliche Person **nur nach dem Erwerbseinkommen zu definieren.** Diese Rechtsprechung hat das BAG mit Urteil vom 15. 2. 05 aufgegeben. Es hat klargestellt, dass die Tarifvertragsparteien im Rahmen ihrer **Rechtsetzungsbefugnis** den Begriff der **sozialen Schutzbedürftigkeit durch Festlegung der Entgeltgrenzen konkretisieren** dürfen. Hält sich die tarifliche Entgeltgrenze im Rahmen dessen, was im Einzelfall auch von Arbeitnehmern verdient wird, liegt immer eine zulässige Ausgestaltung des Begriffs der sozialen Schutzbedürftigkeit vor.[33]In diesem Zusammenhang können sie festlegen, dass das Einkommen nach allgemeinen Gewinnermittlungsvorschriften des Einkommensteuerrechts zu ermitteln ist und nicht nach der Höhe der Bruttoeinnahmen.[34]

2.2 Vertragsgrundlage der Tätigkeit

14 Die Beschäftigung der arbeitnehmerähnlichen Person muss aufgrund von **Dienst- oder** Werkvertrag **erfolgen**. Nach überwiegender Ansicht kommen aber auch gemischte Verträge wie Werklieferungsverträge, Pachtverträge, Geschäftsbesorgungsverträge[35] und unterschiedliche Formen der Telearbeit in Betracht.[36] Entscheidend ist, dass die Vertragsverhältnisse auf den Grundtypus des Dienst- oder Werkvertrags zurückzuführen sind. Das ist z. B. der Fall bei **Subunternehmer- und Franchiseverträgen**, die im Zusammenhang mit Ausgründungen mit ehemaligen Arbeitnehmern geschlossen werden.[37]

15 Weiter ist erforderlich, dass die vertraglich geschuldete Leistung **persönlich und im Wesentlichen ohne Mitarbeit von Arbeitnehmern** erbracht wird. Eine Person ist nämlich nur dann einem Arbeitnehmer vergleichbar schutzbedürftig, wenn sie die wirtschaftliche Abhängigkeit persönlich trifft. Mangels Arbeitnehmereigenschaft ist die **geringfügige**

---

29 BAG 30. 8. 00 – 5 AZB 12/00, DB 01, 824.
30 Vgl. Löwisch/Rieble, Rn. 19, 28 m. w. N.
31 HWK-Henssler, TVG § 12a Rn. 8 m. w. N.
32 BAG 2. 10. 90 – 4 AZR 106/90, AiB 91, 128 = NZA 91, 239.
33 BAG 15. 2. 05 – 9 AZR 51/04, NZA 06, 223 unter ausdrücklicher Aufgabe der früheren Rechtsprechung vom 2. 10. 90, a.a.O.; vgl. ausführlich Däubler-Reinecke, Rn. 51 ff.; Wiedemann-Wank, Rn. 75 f.
34 BAG 21. 6. 11 – 9 AZR 820/09, NZA-RR 12, 365 ff.
35 Vgl. ErfK-Franzen, TVG § 12a Rn. 6 m. w. N.
36 Däubler-Reinecke, Rn. 40 ff.
37 HWK-Henssler, TVG § 12a Rn. 9.

Mitarbeit von Hilfskräften (z.B. Familienmitgliedern) **unschädlich**. Auch soll der Charakter der persönlichen Arbeitsleistung durch die vorübergehende Beschäftigung von Aushilfskräften nicht in Frage gestellt sein.[38] Je weniger allerdings der einzelne selbst tätig wird und sich der Mitarbeit anderer bedient, desto weiter entfernt er sich vom Status der arbeitnehmerähnlichen Person und damit von der Anwendung des Tarifvertrags.[39]

2.3 Vertragspartner der arbeitnehmerähnlichen Personen

16 Nach § 12a Abs. 1 Nr. 1a TVG ist der Arbeitnehmerähnliche **wirtschaftlich abhängig, wenn er** überwiegend **für eine Person arbeitet**. Überwiegend ist **zeitlich** zu verstehen (also mehr als die Hälfte der Erwerbsarbeit). § 12a Abs. 1 Nr. 1 TVG muss im Zusammenhang mit **§ 12 Abs. 2 TVG** gesehen werden. Danach gelten **mehrere Auftraggeber** als einer, wenn sie nach der Art eines Konzerns (§ 18 AktG) zusammengefasst sind oder zu einer Organisationsgemeinschaft bzw. Arbeitsgemeinschaft (z.B. ARD-Anstalten oder Bauarbeitsgemeinschaften) gehören. Diese Vorschrift soll **Umgehungen verhindern** und ist daher weit auszulegen.[40]

16a Diesem Schutzzweck wird die Rechtsprechung nicht gerecht, wenn sie **tarifliche Ansprüche gegenüber verschiedenen Auftraggebern**, die nach **§ 12a Abs. 2 TVG** als **eine Person** gelten, hinsichtlich der Erfüllung von bestimmten **Beschäftigungszeiten** nicht einheitlich behandelt.[41] In dem vom BAG[42] entschiedenen Fall ging es um ein Tätigwerden für zwei ARD-Anstalten und die Frage, ob die bei einer Anstalt verbrachten Beschäftigungszeiten auch als Beschäftigungszeiten bei der anderen Anstalt gelten und damit für tarifliche Ansprüche berücksichtigt werden müssen. Das BAG hat diese Frage mit der Begründung verneint, dass dem Schutzzweck des § 12a Abs. 2 TVG schon dadurch Genüge getan sei, dass die Berücksichtigung der Beschäftigungszeit bei der einen Anstalt überhaupt zur Anwendung des bei der anderen Anstalt geltenden Tarifvertrags führe. Dies scheint nicht folgerichtig, da mehrere Auftraggeber aufgrund der Fiktion des § 12a Abs. 2 TVG als eine Person gelten und damit sämtliche bei diesen Auftraggebern verbrachten Beschäftigungszeiten auf der **Tätigkeit für eine Person** beruhen. Die Gefahr doppelter Inanspruchnahme tariflicher Leistungen, z.B. auf Urlaub oder Urlaubsvergütung, ließe sich dadurch vermeiden, dass im Fall eines echten Doppelanspruchs eine Anstalt mit befreiender Wirkung für die andere leisten könnte.

2.4 Bedeutung des Entgelts und Einkommens

17 Das **Entgelt** ist für den Begriff der arbeitnehmerähnlichen Person in mehrfacher Hinsicht von Bedeutung. **Wirtschaftliche Abhängigkeit** ist nämlich dann gegeben, wenn die arbeitnehmerähnliche Person von dem **einen** Auftraggeber das **überwiegende Entgelt** aus der Erwerbstätigkeit bezieht (»**mehr als die Hälfte**«, § 12a Abs. 1 Nr. 1b TVG). Nichts anderes

38 Wiedemann-Wank, Rn. 71.
39 Koberski/Clasen/Menzel, Rn. 36.
40 Vgl. ausführlich Däubler-Reinecke, Rn. 46.
41 BAG 5.8.14 – 9 AZR 1079/12.
42 BAG 5.8.14, a.a.O

gilt, wenn ein Arbeitnehmerähnlicher für **zwei Auftraggeber** tätig ist. Jedes Rechtsverhältnis ist in Bezug auf die Arbeitnehmerähnlichkeit getrennt zu beurteilen.[43] **Ausgegliederte Arbeitnehmer**, die ihre frühere Tätigkeit als »selbstständige« Subunternehmer (Gerüstbauer, Kraftfahrer, Franchisenehmer usw.) übernehmen, sind i.d.R. Arbeitnehmerähnliche. Sie haben auf dem Wettbewerbsmarkt keine echten Alternativen und beziehen ihr Erwerbseinkommen wie vorher als Arbeitnehmer überwiegend von einem Auftraggeber.[44]

18 Die **freien Mitarbeiter in Presse, Funk und Fernsehen** sollen besonders geschützt werden. Deswegen wird ihre wirtschaftliche Abhängigkeit schon vermutet, wenn sie nur **ein Drittel ihrer Gesamteinkünfte bei einem Auftraggeber** erzielen. Folglich können theoretisch **mehrere gleichgewichtige Beschäftigungsverhältnisse** nebeneinander erfasst werden.[45]

19 Für das Merkmal der wirtschaftlichen Abhängigkeit gibt es **keine Verdienstobergrenze**, und zwar auch dann nicht, wenn die arbeitnehmerähnliche Person für mehrere Personen tätig ist. Der Schutzbereich des Art. 9 Abs. 3 GG unterscheidet nicht danach, ob die unter den Schutzbereich fallenden Arbeitnehmer oder arbeitnehmerähnliche Personen wohlhabend sind oder gut verdienen.[46]

20 Nach richtiger Ansicht ist die im Gesetz formulierte Verdienstrelation im Verhältnis zu den Einkünften aus **Erwerbstätigkeit** festzustellen.[47] Es geht also ausschließlich um **Einkünfte,** die auf dem **Einsatz der Arbeitskraft beruhen.** Dazu gehören nicht Einkünfte aus Kapitalvermögen, Miet- und Pachteinnahmen und aus sonstigen Vermögen. Sie bleiben bei der Berechnung außer Betracht. Das Gleiche gilt für Einkünfte, die auf früherer beruflicher Tätigkeit (Renten, Arbeitnehmererfindervergütungen, Entgelte aus Lizenzüberlassungsverträgen usw.) beruhen.[48]

21 Das BAG unterscheidet **bei** den rechtlichen Auswirkungen von **besonders hohem Einkommen** und anderen Einkommensarten allerdings zwischen **wirtschaftlicher Abhängigkeit und sozialer Schutzbedürftigkeit**. Andere Einkommensarten als Verdienst aus Erwerbstätigkeit müssen nach Ansicht des BAG zwar nicht beim Merkmal der wirtschaftlichen Abhängigkeit im Sinne von § 12a TVG berücksichtigt werden, jedoch bei der sozialen Schutzbedürftigkeit.[49]

22 Nach § 12a Abs. 4 TVG soll das Tarifrecht auf **Handelsvertreter i. S. v. § 84 HGB keine Anwendung** finden. Diese Ausnahmeregelung, die im Gesetzgebungsverfahren auf Drängen der Handelsvertreterverbände zustande kam,[50] ist **verfassungsrechtlich problematisch**. Wenn Handelsvertreter tatsächlich mit anderen arbeitnehmerähnlichen Personen i.S.v. § 12a TVG vergleichbar schutzwürdig sind, fallen sie unter den Schutzbereich des § 9 Abs. 3 GG. Auch für sie können Tarifverträge abgeschlossen werden.[51] Zur Anwendung der Definition des § 12a Abs. 1 TVG im Rahmen der analogen Anwendung des § 74 HGB vgl. Rn. 3.

43 Löwisch/Rieble, Rn. 22.
44 HWK-Henssler, TVG § 12a Rn. 9; KeZa-Stein, Rn. 6, 29.
45 Wiedemann-Wank, Rn. 74.
46 Löwisch/Rieble, Rn. 24.
47 Wiedemann-Wank, Rn. 75.
48 Däubler-Reinecke, Rn. 49; Däubler-Stein, Rn. 25.
49 BAG 2.10.90 – 4 AZR 106/90, AiB 91, 128 = NZA 91, 239; Däubler-Reinecke, Rn. 49.
50 Vgl. HWK-Henssler, TVG § 12a Rn. 15.
51 KeZa-Stein, Rn. 35;HWK-Henssler, TVG § 12a Rn. 15 m.w.N.; s.a. Rn. 3 Fn. 8.

3. Anwendung des Tarifrechts

23 Nach § 12a TVG gelten die **Vorschriften des TVG entsprechend.** Damit können die nach den §§ 1 ff. TVG **für Arbeitnehmer zulässigen Tarifinhalte auch für Arbeitnehmerähnliche vereinbart werden.** Das gilt grundsätzlich für alle Normenarten: **Inhaltsnormen** (§ 1 Rn. 75 f.), **Abschluss- und Beendigungsnormen** (§ 1 Rn. 77 ff.), **betriebliche** und **betriebsverfassungsrechtliche Normen** (§ 1 Rn. 83 f.) und **Normen über gemeinsame Einrichtungen** (§ 1 Rn. 85; § 4 Rn. 28 ff.). Andererseits gelten auch die gleichen **Grenzen** wie bei der Regelung von Tarifvereinbarungen für Arbeitnehmer. Dies bedeutet, dass die Tarifvertragsparteien bei Abschluss von Tarifverträgen für arbeitnehmerähnliche Personen an höherrangiges Recht, vor allem Verfassungsrecht, gebunden sind (vgl. Grundl. Rn. 114 ff., 121 ff).

24 Zulässig sind alle Regelungen zum **Inhalt eines Dienst- oder Werkvertrags**, wie sie für den Arbeitsvertrag erlaubt sind[52]. Üblich sind z. B. **Regelungen zum Honorar**, zum Teil differenziert nach unterschiedlichen, auch im Arbeitsverhältnis üblichen Kriterien (z. B. Qualifikation). Von erheblicher sozialer Bedeutung sind Vereinbarungen über die **Fortzahlung des Honorars für die Urlaubszeit, bei Krankheit und anderen Abwesenheitszeiten** (Schwangerschaft usw.). Von besonderem Interesse sind Tarifregelungen, die den Arbeitnehmerähnlichen in unterschiedlicher Ausformung vertragliche Rahmenvereinbarungen verbunden mit **Mindestbeschäftigung und damit geregeltes Einkommen** sichern.[53]

25 **Besonderheiten** sind im Zusammenhang mit **Urheberrechten** zu beachten. Durch die §§ 43, 69b, 79 UrhG ist geregelt, in welchem Umfang Arbeitnehmer anderen – i. d. R. den Arbeitgebern – Nutzungsrechte an von ihnen geschaffenen Werken einräumen können. Nach allgemeiner Ansicht gelten diese **Urheberschutzbestimmungen** aber **nicht für arbeitnehmerähnliche Personen.** Zur Begründung wird angeführt, § 43 UrhG diene nicht dem Schutz, sondern der »Einschränkung von Urheberrechtspositionen«.[54] Urheber und Künstler befinden sich aber erfahrungsgemäß gegenüber den Verwertern zumindest wirtschaftlich in **unterlegender Verhandlungsposition.**[55] Seit dem »Gesetz zur Stärkung der vertraglichen Rechte von Urhebern und ausübenden Künstlern« vom 1. 7. 2002 haben auch arbeitnehmerähnliche Personen einen **gesetzlichen Mindestanspruch auf angemessene Vergütung.**[56] Diese können zwischen Urheber- und Verwertungsverbänden in sog. Gemeinsamen Vergütungsregeln vereinbart werden.

26 Die Umsetzung in freien Verhandlungen ist langwierig. So haben z. B. die Gewerkschaften ver.di und DJV mit den Tageszeitungsverlegern mehr als sieben Jahre verhandelt. Mit Wirkung vom 1. 2. 2010 wurden erstmalig **Vergütungsregeln für freie Text-Journalisten** abgeschlossen. Die »angemessene Vergütung« orientiert sich am Tarifvertrag für arbeitnehmerähnliche freie Journalisten an Tageszeitungen. Die Honorare liegen jedoch 7–14 % unter denen des Tarifvertrags.

---

52 ErfK-Franzen, TVG § 12a Rn. 11; Wiedemann-Wank, Rn. 81 ff.
53 Vgl. z. B. Tarifvertrag des Südwestrundfunks vom 19. 10. 1998, Nachweis bei Däubler-Reinecke, Rn. 58 f.; v. Olenhusen, S. 214 ff.
54 Vgl. Stricker/Rojahn, § 43 Rn. 18.
55 Vgl. Däubler-Hensche/Schimmel, Einl. Rn. 900 f.
56 Vgl. ausführlich Däubler-Hensche/Schimmel, Einl. Rn. 902 ff.

27 Unabhängig davon bleibt den arbeitnehmerähnlichen Beschäftigten aber (wie den Arbeitnehmern) aufgrund ihrer unterlegenen Verhandlungsposition oft nichts anderes übrig, als die Nutzungsrechte weitgehend vertraglich ihren Auftraggebern einzuräumen. Allerdings haben nach § 36 Abs. 1 Satz 3 UrhG Tarifverträge grundsätzlich Vorrang. Mangels ausreichenden Verhandlungsdrucks sind Tarifverträge für arbeitnehmerähnliche Beschäftigte selten und regeln keine weitgehenden urheberrechtlichen Fragen.[57]

28 Von großer sozialer Bedeutung für arbeitnehmerähnliche Personen sind **Beendigungsnormen.** Während sich die öffentlich-rechtlichen Arbeitgeber in den Rundfunkanstalten Tarifregelungen zu Befristungen wünschen,[58] streben die Arbeitnehmerähnlichen die Stärkung des geringen gesetzlichen **Schutzes vor Kündigungen** durch tarifliche Regelungen an.[59] Die Erweiterung der gesetzlichen Schutzvorschriften durch tarifliche Regelungen ist grundsätzlich auch für Arbeitnehmerähnliche zulässig. Allerdings sind im Medienbereich die durch Art. 5 Abs. 1 GG verfassungsrechtlich vorgegebenen Grenzen für programmgestaltende Mitarbeiter zu beachten. Für diesen Personenkreis mildern z.B. tarifliche Ausgleichszahlungen die Folgen der Beendigung von Vertragsbeziehungen.[60]

29 Nach zutreffender Ansicht können auch **Betriebsnormen** Gegenstand von Tarifverträgen für arbeitnehmerähnliche Personen sein, sofern es sachliche Gründe für einen entsprechenden Regelungsbedarf gibt.[61] Sie gehören zumindest bei **Eingliederung in die betriebliche Organisation** zu den **Belegschaftsangehörigen**. Der Gesetzgeber hat z.B. arbeitnehmerähnliche Personen als »Beschäftigte« in den Arbeitsschutz mit einbezogen (vgl. § 10 Abs. 2 Satz 2 ArbSchG) und daher ist auch der Betriebsrat im Rahmen des betrieblichen Arbeitsschutzes für sie zuständig (§ 87 Abs. 1 Nr. 7 BetrVG).[62]

29a Für **betriebsverfassungsrechtliche Normen** gelten keine Abweichungen. Allerdings dürfen nach allgemeiner Ansicht arbeitnehmerähnliche Personen nicht in die gesetzliche Betriebsverfassung durch Tarifvertrag mit einbezogen werden. § 5 BetrVG kann nicht durch Tarifvertrag abgeändert werden.[63] Die Bildung einer eigenen betrieblichen Interessenvertretung, Regelungen durch Tarifvertrag über die Zusammensetzung, das Wahlverfahren sowie das Ob und Wie von Beteiligungsrechten für diesen Personenkreis sind dagegen zulässig.[64] Trotz vergleichbarer Schutzbedürftigkeit und entsprechendem Regelungsbedürfnis besonders im Medienbereich hat der Gesetzgeber bisher davon abgesehen, ihn dem kollektiven Schutz der Betriebsverfassung zu unterstellen.[65]

---

57 Vgl. z.B. den Tarifvertrag für arbeitnehmerähnliche freie Journalistinnen und Journalisten vom 2.3.2004 zu Erst-, Zweit- und Alleinveröffentlichungsrechten sowie Rückruf- und Kündigungsrechten; Nachweise bei Schricker/Rojahn, § 43 Rn. 109.

58 Vgl. Niepalla, ZUM 99, 353, 365ff.

59 Z.B. Mitteilungsfristen, Ausgleichszahlungen bei Beendigung der Zusammenarbeit nach langjähriger Beschäftigung im ARD-Bereich, vgl. ausführlich Wiedemann-Wank, Rn. 83ff.; Däubler-Reinecke, Rn. 60, 63ff., vgl. auch BAG 20.1.04 – 9 AZR 291/02, DB 04, 1995.

60 Vgl. z.B. BAG 16.11.10 – 9AZR 589/09, AP Nr. 51 zu § 1 TVG Tarifverträge Rundfunk.

61 Däubler-Reinecke, Rn. 67ff., 70; ErfK-Franzen, TVG § 12a Rn. 11; KeZa-Stein, Rn. 43; Wiedemann-Wank, Rn. 80, 87; Thüsing/Braun-Ulrich 14. Kap. Rn. 53; a.A. Löwisch/Rieble, Rn. 14.

62 Siehe ausführlich Däubler-Reinecke, Rn. 70.

63 Vgl. HWK-Henssler, TVG § 12 Rn. 17.

64 Vgl. ausführlich Däubler-Reinecke Rn. 74 m.w.N.

65 Zur Kritik vgl. ausführlich Däubler-Reinecke, Rn. 72.

Anders ist es zum Teil im Bereich der **Personalvertretung**: Die Landespersonalvertretungsgesetze in Bremen, Nordrhein-Westfalen, Hessen und Saarland gelten auch für arbeitnehmerähnliche Personen, mit der Folge, dass z.B. eine Beendigung oder Einschränkung von deren Tätigkeit mitbestimmungspflichtig ist.[66]

4. Durchsetzungsfragen

4.1 Streik

Nach allgemeiner Ansicht sind auch arbeitnehmerähnliche Personen **Träger des Streikrechts.**[67] Folgerichtig stellt ein rechtmäßiger Streik der arbeitnehmerähnlichen Personen keinen Schadensersatz auslösenden Bruch laufender Dienst- oder Werkverträge dar.[68] Allerdings zeigt die Praxis, dass auch bei verhältnismäßig gutem Organisationsgrad der Arbeitnehmerähnlichen im Medienbereich die praktischen Schwierigkeiten bei der Organisation von Arbeitskämpfen überwiegen (Angst vor Verlust der freien/arbeitnehmerähnlichen Beschäftigung). 30

Es besteht auch das Recht zu **Unterstützungs- bzw. Solidaritätsstreiks** (vgl. Näheres AKR Rn. 181ff.)[69]. Die **solidarische wechselseitige Unterstützung** der Beschäftigten im Medienbereich in Tarifauseinandersetzungen ist existentiell notwendig, da anderenfalls viele Medienunternehmen/Verlage den Betrieb zumindest vorübergehend mit freien Mitarbeitern – oder wenn diese zur Durchsetzung ihrer Forderungen auf Streikmaßnahmen angewiesen sind – mit den Arbeitnehmern aufrechterhalten können. 31

4.2 Rechtsstreitigkeiten

Zuständig für Rechtsstreitigkeiten zwischen arbeitnehmerähnlichen Personen und dem Vertragspartner sind nach § 5 Abs. 1 Satz 2 ArbGG die **Arbeitsgerichte**. Dies gilt auch für die Durchsetzung von Ansprüchen aus Tarifverträgen für Arbeitnehmerähnliche. 32

Eine Klage gegen den Vertragspartner auf **Feststellung**, dass ein Tarifvertrag für arbeitnehmerähnliche Personen Anwendung findet, ist nach § 256 ZPO zulässig.[70] Gleiches gilt für Klagen, um den arbeitnehmerähnlichen Status klären zu lassen.[71] Ist das **Rechtsverhältnis beendet**, müssen Ansprüche aus einem Tarifvertrag für Arbeitnehmerähnliche im Wege der **Leistungsklage** geltend gemacht werden.[72] 33

66 Vgl. für das SaarPersVG BVerwG 17.12.12 – 6 P 6/12, PersR 13, 220 mit Anm. Rothländer.
67 Gamillscheg, S. 992; Koberski/Clasen/Menzel, Rn. 8; KeZa-Stein, Rn. 44.
68 Wiedemann-Wank, Rn. 91 m.w.N.
69 Däubler-Reinecke Rn. 78; Gamillscheg, S. 992; Nies, ZUM 00, 653, 656; Wiedemann-Wank, Rn. 92; HWK-Henssler, TVG § 12a Rn. 19; BAG 19.6.07 – 1 AZR 396/06, NZA 07, 1055.
70 BAG 2.10.90 – 4 AZR 106/90, AiB 91, 128 = NZA 91, 239.
71 Löwisch/Rieble, Rn. 30 m.w.N.
72 BAG 23.4.97 – 5 AZR 727/95, DB 97, 2032.

§ 13 Inkrafttreten

(1) **Dieses Gesetz tritt mit seiner Verkündung in Kraft.**

(2) **Tarifverträge, die vor dem Inkrafttreten dieses Gesetzes abgeschlossen sind, unterliegen diesem Gesetz.**

(3) **§ 4a ist nicht auf Tarifverträge anzuwenden, die am 10. Juli 2015 gelten.**

1 In der ehemaligen **britischen und US-Zone** trat das TVG am 22. 4. 1949 in Kraft, also noch vor dem Grundgesetz, in der ehemaligen **französischen Zone** am 29. 5. 1953, im **Saarland** am 6. 7. 1959, in **Berlin (West)** am 26. 1. 1975 (vorher galt dort das Berliner TVG vom 12. 9. 1950).[1]

2 Nach Öffnung der Mauer ermöglichte das Gewerkschaftsgesetz vom 6. 3. 1990 in der **DDR** die freie Bildung von Gewerkschaften und gewährleistete die Tarifautonomie. Es wurde aber mit Inkrafttreten der Wirtschafts- und Währungsunion zum 30. 6. 1990 aufgehoben; ab 1. 7. 1990 galt dann das TVG durch Staatsvertrag als DDR-Recht. Seit 3. 10. 1990 (staatliche Vereinigung) gilt es dort als Bundesrecht.

3 Um einen »tariflosen Zustand« und damit ungeregelte Arbeitsverhältnisse zu vermeiden, regelte eine Anlage zum Einigungsvertrag die Fortgeltung von Kollektivverträgen aus der Zeit der DDR. Für **Tarif- oder Rahmenkollektivverträge**, die entsprechend dem DDR-Arbeitsgesetzbuch registriert waren, galt dies zeitlich unbefristet bis zum Abschluss eines neuen Tarifvertrags, für Rationalisierungsschutzabkommen galt dies und ohne Nachwirkung nur befristet bis Dezember 1990.[2]

Da diese Kollektivverträge mittlerweile ersetzt sind, hat § 13 TVG aktuell keine praktische Bedeutung mehr.[3]

4 Mit der Einfügung des § 4a durch das Tarifeinheitsgesetz von 2015 wurde auch eine entsprechende Übergangsregelung in Abs. 3 ergänzt (zu deren Reichweite siehe § 4a, Rn. 28).

---

1 Einzelheiten bei Wiedemann-Oetker, Rn. 1 ff.

2 Betriebskollektivverträge hingegen entsprachen in ihrer Funktion und Wirkung Betriebsvereinbarungen und waren auch nach Inkrafttreten des BetrVG nach § 28 Abs. 2 AGB-DDR zu beurteilen (BAG 26. 5. 92 – 10 ABR 63/91, BB 92, 2301).

3 Näheres bei Däubler-Reinecke, Rn. 7 ff.; Wiedemann-Oetker, Rn. 28 ff.

Anhang zum Tarifvertragsgesetz (TVG)

Anhang 1: Gesetzlicher Mindestlohn (MiLoG)

Inhaltsübersicht

1.1 Einführung

Seit dem 1.1.2015 gilt in Deutschland der allgemeine gesetzliche Mindestlohn in Höhe von € 8,50 brutto. 1

Die Einführung des allgemeinen gesetzlichen Mindestlohnes ist eine Reaktion auf die Zunahme von Niedriglöhnen und die abnehmende Tarifbindung.[1] So haben 2012 vor Einführung des allgemeinen gesetzlichen Mindestlohnes rund 15 % aller Arbeitnehmerinnen und Arbeitnehmer weniger als 8,50 € verdient.[2] Nur noch rund 60 % der Beschäftigten in Westdeutschland arbeiten in einem Betrieb, der an einen Tarifvertrag gebunden ist. In Ostdeutschland sind es nur noch 48 %.[3] Die Bindung an einen Flächentarifvertrag betrug in der Gesamtwirtschaft 1996 in Westdeutschland noch 70 %, in Ostdeutschland 56 %. Bis zum Jahr 2013 sank diese auf 52 % im Westen und auf 35 % im Osten Deutschlands.[4] Zudem ist er – neben den Mindestlöhnen nach dem AEntG – eine Reaktion auf das Wohlstandsgefälle innerhalb der EU, das sich als Folge von Binnenmarkt und Dienstleistungsfreiheit auch auf dem Arbeitsmarkt niedergeschlagen hat. Die Entsendung, z.B. von

1 Siehe Gesetzesbegründung BT-Drs. 18/1558, S. 32.
2 DIW-Wochenbericht 5/2014, S. 71.
3 Ellguth, Kohaut, Ergebnisse aus dem IAB-Betriebspanel 2013, WSI-Mitteilungen 2014, S. 286.
4 Ellguth, Kohaut, a.a.O., S. 289.

Arbeitnehmern zu rumänischen Entgelten in die Schlachtindustrie, in bestimmte Branchen hat hier seine Ursache.

2 Ziel des allgemeinen gesetzlichen Mindestlohnes ist der Schutz vor Niedrigstlöhnen, »die branchenübergreifend als generell unangemessen angesehen sind«.[5] Auch verhindere er Entgelte, die nicht den elementaren Gerechtigkeitsanforderungen, die aus dem Grundrecht der freien Entfaltung der Persönlichkeit (Art. 2 Abs. 1 GG) folgten bzw. den Erfordernissen des sozialen Rechtstaats (Artikel 20 Abs. 1 GG) nicht entsprächen.[6] Der allgemeine gesetzliche Mindestlohn trage dazu bei, dass der Wettbewerb der Unternehmen nicht um bzw. mit immer niedrigeren Löhnen stattfinde, sondern um bessere Produkte und Dienstleistungen.[7] Funktion und Grenze des allgemeinen gesetzlichen Mindestlohnes beschreibt die Gesetzesbegründung genau: Der Mindestlohn biete keinen umfassenden Schutz für Arbeitnehmerinnen und Arbeitnehmer, wie dies Tarifverträge täten, sondern ziele nur auf eine Absicherung gegen Niedrigstlöhne.[8]

In Europa gibt es in 22 Staaten[9] (einschließlich Deutschland) einen Mindestlohn. Dabei weist Luxemburg mit nominell 11,12 € pro Stunde den höchsten und Bulgarien mit 1,06 € den niedrigsten Mindestlohn auf.[10] Der deutsche Mindestlohn liegt der nominellen Höhe nach auf Platz sechs. Vergleicht man die Höhe der Mindestlöhne in Kaufkraftparitäten, liegt der deutsche Mindestlohn nach Luxemburg und Frankreich auf Platz drei in der EU. Er entspricht 50 % des Medianlohnes eines Vollzeitbeschäftigten.[11]

3 Die Einführung des Mindestlohnes in Deutschland war und ist umstritten. Gegner[12] befürchten eine Gefährdung von Arbeitsplätzen sowie einen Druck auf bisherige oberhalb des Mindestlohnes liegende Tarifentgelte. Im Zusammenhang mit dieser Debatte haben die Arbeitgeber auch ihre Liebe zur Tarifautonomie entdeckt: Wiederholt wird gegen den Vorrang allgemeinverbindlicher Tarifverträge vor »schlechteren« Tarifverträgen und gegen einen allgemeinen Mindestlohn argumentiert, durch den Staatseingriff würde die Tarifautonomie nicht nur geschwächt, sondern es erfolge auch ein Eingriff in diese.[13]

Es gibt überzeugende Gründe für den gesetzlichen Mindestlohn: Von Arbeit muss man leben können, Anspruch auf ein selbstbestimmtes Leben (siehe auch Art. 4 der Europäischen Sozialcharta ESC).[14] Das ist zunehmend nicht mehr gewährleistet: In Deutschland ist die Niedriglohnbeschäftigung im letzten Jahrzehnt deutlich angestiegen; 2010 arbeiteten bereits 4,66 Mio. Vollzeitbeschäftigte mit sozialversichertem Job (die Auszubildenden

5 Gesetzesbegründung, BT-Drs. 18/1558, S. 32.
6 Gesetzesbegründung, BT-Drs. 18/1558, S. 33.
7 Gesetzesbegründung, BT-Drs. 18/1558, S. 32.
8 Gesetzesbegründung, BT-Drs. 18/1558, S. 33.
9 Siehe Aufstellung bei Schulten, Thorsten, WSI Mindestlohnbericht 2015, WSI-Mitteilungen 2015, S. 133.
10 Schulten, Thorsten, WSI Mindestlohnbericht 2015, WSI-Mitteilungen S. 134.
11 Schulten, Thorsten a.a.O., S. 136.
12 Vgl. BDA-Stellungnahme zum Mindestlohngesetzentwurf, Bundestag, Arbeits- und Sozialausschuss, Ausschussdrucksache 18(11)149 v. 24.6.2014, S. 6.
13 Siehe z.B. Sodan/Zimmermann, NJW 09, 2001 (derselbe Autor hatte in JZ 98, 421 für enge inhaltliche Grenzen der Tarifautonomie plädiert).
14 Die Einführung des allgemeinen gesetzlichen Mindestlohnes aus einer verfassungs- und völkerrechtlichen Schutzpflicht des Staates ableitend: Nassibi, Schutz vor Lohndumping in Deutschland, S. 347ff., »das mildeste Mittel«, S. 350.

nicht mitgezählt) und damit 22,8 Prozent zu Niedriglöhnen – deutlich über dem Durchschnitt der OECD-Länder, der 16,3 Prozent beträgt. Zusätzliche Einkommen durch Mindestlohn können einen »Konsumschub« auslösen und zu mehr Arbeitsplätzen führen. Der Deutsche Juristentag hat in seiner arbeits- und sozialrechtlichen Abteilung schon 2010 mehrheitlich für einen einheitlichen gesetzlichen Mindestlohn plädiert – der dortige Gutachter hielt dies insbesondere zum Erhalt der Funktionsfähigkeit der Sozialversicherungen für erforderlich. Auch aus dem Gebot der Menschenwürde lässt sich das Ziel eines existenzsichernden Mindestlohnes ableiten.[15]

Zur Höhe des Mindestlohnes gab und gibt es unterschiedliche Vorstellungen.[16] 4
Der Gesetzgeber hat als Anhaltpunkt das pfändungsfreie Einkommen (§§ 850, 850 c ZPO) gewählt. Der allg. gesetzliche Mindestlohn ermögliche einem alleinstehenden Vollzeitbeschäftigten, ein Einkommen oberhalb der Pfändungsfreigrenze zu erzielen.[17] Kritisiert wird, dass der Mindestlohn bei einer Höhe von 8, 50 € pro Stunde nicht das soziokulturelle Existenzminimum sichere. Damit sei er bei dieser Höhe nicht geeignet, den Niedriglohnsektor einzudämmen und späterer Altersarmut vorzubeugen.[18] Mit der derzeitigen Höhe des Mindestlohnes von 8,50 € lässt sich auch bei einer – rein theoretischen – ununterbrochen sozialversicherungspflichtigen Beschäftigung von 45 Versicherungsjahren und einer wöchentlichen Arbeitszeit von 40 Stunden keine gesetzliche Rente erarbeiten, die oberhalb der Grundsicherung liegt. Dafür müsste der Mindestlohn derzeit bei 9,40 € liegen.[19]

Im Gesetzgebungsverfahren war insbesondere umstritten, ob und wenn ja, welche Ausnahmen es für bestimmte Personengruppen und/oder Branchen es geben solle. Gewerkschaften und Sozialverbände forderten die Einführung des Mindestlohnes ohne Ausnahmen. Arbeitgeberverbände und Teile der Regierungskoalition lehnten die Einführung des Mindestlohnes ab bzw. forderten weitreichende personale Ausnahmen und weitreichende Übergangsfristen. Die Befürworter von Ausnahmen, insbesondere für Praktikanten und Jugendlichen konnte sich durchsetzen (siehe zu den Ausnahmen Anhang 1 Rn. 9ff.). 5
Dem Gesetzgebungsverfahren vorgeschaltet waren – entsprechend den Festlegungen im Koalitionsvertrag – sog. Sozialpartneranhörungen im BMAS. Diese sollten für alle Branchen, in denen der Mindestlohn voraussichtlich besonders große Auswirkungen haben würde (z.B. Speditionen, Einzelhandel, Bäckerhandwerk, Hotel- und Gaststättengewerbe), Gelegenheit geben Probleme vorher zu erörtern.

Dass der allgemeine gesetzliche Mindestlohn einer staatlichen Kontrolle bedarf, war Konsens im Bundestag im Gesetzgebungsverfahren. Kritisiert wurde, dass die Aufgaben der Finanzkontrolle Schwarzarbeit durch die Einführung des Mindestlohnes und die Ausweitung des Arbeitnehmerentsendegesetzes auf alle Branchen eine wesentliche höhere Perso- 6

15 Bepler, Gutachten B zum 70 Deutschen Juristentag, B 106.
16 Die Partei »Die Linke« hatte eine Gesetzentwurf mit 10 € vorgelegt; BT-Drs. 18/590.
17 Gesetzesbegründung BT-Drs. 18/1558, S. 28.
18 Butterwegge, Armutsfalle Mindestlohn, Blätter für deutsche und internationale Politik, 2015, S. 61.
19 Zahlen nach Waltermann, abzurufen unter: http://www.jura.uni-bonn.de/fileadmin/Fachbereich_Rechtswissenschaft/Einrichtungen/Lehrstuehle/Arbeitsrecht2/Bilder/Stundenlohn_und_Rentenhoehe_2015.pdf; abgerufen am 24.4.2015

nalaufstockung erfordere als die vorgesehenen 1600 Stellen.[20] Die geplanten 1600 Stellen würden trotz großer Erweiterung des Aufgabenspektrums nicht erreicht werden, da der jährliche altersbedingte Abgang nicht berücksichtig worden sei. Damit werde eine effektive Kontrolle erheblich in Frage gestellt.[21]

7 Mit der Einführung des MiLoG wurde das **Mindestarbeitsbedingungengesetz**[22] aufgehoben. Es hatte lediglich ein Verfahren zur Festsetzung von Mindestentgelten für einzelne Wirtschaftszweige vorgesehen, sofern in diesen bei den tarifgebundenen Arbeitgebern weniger als 50 % der Arbeitnehmer im Geltungsbereich des einschlägigen Tarifvertrags beschäftigt wurden. Das MiArbG war gedacht als Ergänzung zum AEntG für die Wirtschaftszweige, in denen die Tarifbindung gering ist. Es hatte in der Praxis keine Bedeutung erlangt. Nach ihm ist kein Mindestentgelt festgesetzt worden.

8 Nachdem der allgemeine gesetzliche Mindestlohn Gesetz geworden ist, haben sich seine Gegner darauf verlegt Forderungen zu stellen, die seine Umsetzung und Kontrolle verhindern und einschränken.[23] So wird die Pflicht für bestimmte Branchen und bis zur Höhe eines Einkommens von 2958 € die Arbeitszeit aufzuzeichnen (§ 17 MiLoG)[24] als »Bürokratiemonster« verunglimpft.[25] Die Pflicht die Arbeitszeit in den sog. Schwarzarbeitsbranchen, wie z. B. dem Gastgewerbe, aufzeichnen hat dazu geführt, dass einer der Arbeitgeberverbände dieser Branchen nun zugibt, dass es seit Jahren massive Verstöße gegen das Arbeitszeitgesetz gibt.[26] Daher, so der DEHOGA, sei es an der Zeit die Debatte ehrlich zu führen. Es müsse das Arbeitszeitgesetz geändert werden. An drei Tagen in der Woche sollten 12 Stunden als maximale Arbeitszeit möglich sein. Neben dieser Kritik, die auf eine Änderung des Gesetzes bzw. der dazu ergangenen Verordnungen zielt, um die Kontrolle des Mindestlohnes einzuschränken, gibt es weitere Bemühungen von Arbeitgebern die Folgen der Einführung des allgemeinen gesetzlichen Mindestlohnes für sich abzumildern oder zu umgehen. So werden vielfach den Arbeitnehmerinnen und Arbeitnehmern geänderte Arbeitsverträge vorgelegt um die Anrechnung von Zusatzleistungen bzw. Zahlungen auf Basis der EuGH und BAG Rechtsprechung (siehe hierzu Rn. 18) auf den Mindestlohn zu ermöglichen.

---

20 Die IG BAU hat eine Aufstockung um rund 3000 Stellen gefordert, Pressemitteilung IG BAU v. 2. 2. 2015, siehe gemeinsame Erklärung des Zentralverbandes des Deutschen Handwerks und des DGB vom 9. 1. 2015, in der auch die zügige Besetzung derzeit unbesetzter Stellen gefordert wird.

21 Zu den Zahlen siehe Antwort der Bundesregierung auf Kl. Anfrage der Grünen, BT-Drs. 18/3264 sowie Stellungnahme von Beate Müller-Gemmecke MdB v. 29. 11. 2014.

22 Art. 14 Tarifautonomiestärkungsgesetz, BGBl. 2014, S. 1360.

23 BDA, Bürokratie im Mindestlohngesetz abbauen, Forderungskatalog, März 2015, abzurufen unter: http://www.arbeitgeber.de/www/arbeitgeber.nsf/id/DE_Mindestlohn.

24 S. MindestlohndokumentationspflichtenVO und MindestlohnaufzeichnungsVO.

25 So der Hauptgeschäftsführer des Zentralverbandes des Deutschen Baugewerbes, Pakleppa, Pressemitteilung des Verbandes v. 12. 12. 2014, http://www.zdb.de/zdb-cms.nsf/res/GemPM%20Aufzeichnungspflicht.pdf/$file/GemPM%20Aufzeichnungspflicht.pdf.

26 Forderungspapier des Deutschen Hotel- und Gaststättenverbandes (DEHOGA) vom 26. 2. 2015; http://www.dehoga-hessen.de/fileadmin/03_Branchenthemen/Mindestlohn/Mitgliederumfrage_Mindestlohn/Anlage_2_Positionspapier_Arbeitszeitgesetz.pdf.

1.2 Anwendungsbereich

Jeder Arbeitgeber hat den Arbeitnehmerinnen und Arbeitnehmern, die er in der Bundesrepublik Deutschland beschäftigt, den allgemeinen gesetzlichen Mindestlohn zu zahlen. Anspruch auf den Mindestlohn haben daher auch Arbeitnehmer, die aus EU-Staaten oder sog. Drittstaaten von ihren Arbeitgebern zur Arbeit in die Bundesrepublik Deutschland entsandt (siehe allgemein zur Entsendung Anhang 2 Rn. 53) werden. Der Anspruch auf den allgemeinen gesetzlichen Mindestlohn ist nicht von Art oder Umfang des Arbeitsverhältnisses abhängig. Daher haben auch befristet beschäftigte Arbeitnehmer, Teilzeitbeschäftigte oder Arbeitnehmer in geringfügigen Beschäftigungsverhältnissen (€ 450 Jobs) Anspruch auf den Mindestlohn. Zum Stundensatz des allgemeinen gesetzlichen Mindestlohnes von 8,50 € können nur noch 52, 94 Arbeitsstunden pro Monat im Rahmen eines geringfügigen Arbeitsverhältnisses nach § 8 Abs. Nr. 1 SGB IV gearbeitet werden. 9

Anspruch auf den Mindestlohn haben alle Arbeitnehmerinnen und Arbeitnehmer (§ 22 Abs. 1 Satz 1 MiLoG). Praktikantinnen und Praktikanten im Sinne des § 26 BBIG sind Arbeitnehmerinnen bzw. Arbeitnehmer im Sinne des Gesetzes. Das Gesetz enthält für seinen Geltungsbereich eine eigenständige Definition, wer und was ein Praktikant bzw. eine Praktikantin ist (§ 22 Abs. 1 Satz 3 MiLoG). Praktikantin oder Praktikant ist unabhängig von der Bezeichnung des Rechtsverhältnisses danach, »wer sich nach der tatsächlichen Ausgestaltung und Durchführung des Vertragsverhältnisses für eine begrenzte Dauer zum Erwerb praktischer Kenntnisse und Erfahrungen einer bestimmten betrieblichen Tätigkeit zur Vorbereitung auf eine berufliche Tätigkeit unterzieht, ohne dass es sich dabei um eine Berufsausbildung im Sinne des Berufsausbildungsgesetzes oder um eine vergleichbare praktische Ausbildung handelt.« 10

Obwohl **Praktikantinnen und Praktikanten** vom Geltungsbereich des Gesetzes erfasst sind, enthält das Gesetz zahlreiche Ausnahmen für bestimmte Arten von Praktika, für die der allgemeine gesetzliche Mindestlohn nicht gilt[27]:

- Praktika, die im Rahmen einer Ausbildung, eines Studiums aufgrund schulrechtlicher, bzw. hochschulrechtlicher Bestimmung bzw. einer Ausbildungsordnung Pflicht sind. Dazu zählen auch Praktika im Rahmen einer gesetzlich geregelten Ausbildung an deiner Berufsakademie (§ 22 Abs. 1 Nr. 1 MiLoG).
- Praktika bis zu drei Monaten Länge zur Orientierung auf eine Berufsausbildung oder ein Hochschulstudium (§ 22 Abs. 1 Nr. 2 MiLoG)
- Praktika von bis zu drei Monaten Länge, die begleitend zu einer Berufs- oder Hochschulausbildung geleistet werden, wenn nicht schon ein Praktikumsverhältnis zu demselben Auszubildenden bestanden hat (§ 22 Abs. 1 Nr. 3 MiLoG).
- Für Teilnehmer und Teilnehmerinnen an einer Einstiegsqualifikation nach § 54 a SGB III oder an einer Berufsausbildungsvorbereitungsmaßnahme nach §§ 68 bis 79 SGB III (§ 22 Abs. 1 Nr. 4 MiLoG).

Keinen Anspruch auf Mindestlohn haben: 11

- Beamte und Selbstständige, da sie keine Arbeitnehmerinnen und Arbeitnehmer sind;

---

27 Vgl. zu den personellen Ausnahmen im Einzelnen: Daniel Ulber, Personelle Ausnahmen und Einschränkungen im MiLoG, AuR 14, 404ff.

- Kinder (noch keine 15 Jahre alt) und Jugendliche unter 18 Jahren, die keine abgeschlossene Berufsausbildung haben (§§ 22 Abs. 2 MiLoG; 2 Abs. 1 u. 2 JArbSchG);
- die zu ihre Berufsausbildung beschäftigten (Auszubildende; § 22 Abs. 3 MiLoG);
- ehrenamtlich[28] Tätige (§ 22 Abs. 3 MiLoG); hierzu zählen auch Teilnehmer an einem freiwilligen sozialen oder ökologischen Jahr[29]
- Langzeitarbeitslose (§ 18 Abs. 1 SGB III) in den ersten sechs Monaten ihrer Beschäftigung.

Die Ausnahmen waren während des Gesetzgebungsverfahrens umstritten.[30] Entsprechende altersbedingte Ausnahmen haben in den Niederlanden zu verstärkten Ausweichstrategien der Arbeitgeber geführt.[31]
Ob diese Ausnahmen von Mindestlohn verfassungsgemäß sind, ist umstritten. Insbesondere gegen die Herausnahme von unter 18jährigen ist eingewandt worden, dass sie sachfremd sei und eine Altersdiskriminierung darstelle.[32] Im Übrigen seien nur Ausnahmen für Pflichtpraktikanten, Auszubildende und ehrenamtlich Tätige verfassungs- und europarechtskonform[33].

1.3 Verhältnis zu Mindestentgelten nach anderen Vorschriften, Tarifverträge

12 Mindestentgelte, die durch eine Rechtsverordnung auf Basis eines Tarifvertrages nach dem AEntG oder dem Arbeitnehmerüberlassungsgesetz festgesetzt worden sind (§ 1 Abs. 3 MiLoG), haben Vorrang vor dem allgemeinen gesetzlichen Mindestlohn.[34] Dies gilt nur insoweit, als die jeweiligen Branchenmindestlöhne in der Höhe den jeweiligen allgemeinen gesetzlichen Mindestlohn nicht unterschreiten. Unterschreiten sie den allgemein gesetzlichen Mindestlohn, sind sie insoweit unwirksam (§ 3 Satz 1 MiLoG).

---

28 Vgl. zur Abgrenzung Ehrenamt und Arbeitsverhältnis BAG 29. 8. 12 – 10 AZR 499/1.

29 Die Gesetzesbegründung der Bundesregierung – BT-Drs. 18/1558 S. 51 – verweist ausdrücklich auf die in § 32 Abs. 4 Satz 1 Nr. 2 d EStG genannten Programme. Dies sind: ein freiwilliges soziales Jahr oder ein freiwilliges ökologisches Jahr im Sinne des Jugendfreiwilligendienstegesetzes; einen Freiwilligendienst im Sinne der Verordnung (EU) Nr. 1288/2013 des Europäischen Parlaments und des Rates vom 11. Dezember 2013 zur Einrichtung von »Erasmus+«, dem Programm der Union für allgemeine und berufliche Bildung, Jugend und Sport, und zur Aufhebung der Beschlüsse Nr. 1719/2006/EG, Nr. 1720/2006/EG und Nr. 1298/2008/EG (ABl. L 347 vom 20. 12. 2013, S. 50) oder einen anderen Dienst im Ausland im Sinne von § 5 des Bundesfreiwilligendienstgesetzes oder einen entwicklungspolitischen Freiwilligendienst »weltwärts« im Sinne der Richtlinie des Bundesministeriums für wirtschaftliche Zusammenarbeit und Entwicklung vom 1. August 2007 (BAnz. 2008 S. 1297); einen Freiwilligendienst aller Generationen im Sinne von § 2 Absatz 1a des Siebten Buches Sozialgesetzbuch oder einen Internationalen Jugendfreiwilligendienst im Sinne der Richtlinie des Bundesministeriums für Familie, Senioren, Frauen und Jugend vom 20. Dezember 2010 (GMBl S. 1778); einen Bundesfreiwilligendienst im Sinne des Bundesfreiwilligendienstgesetzes.

30 DGB-Stellungnahme BT-DRS 18(11)148, S. 36ff.; Stellungnahme BDA BT-Drs. 18(11)149; S. 7.

31 In den Niederlanden steigt der Mindestlohn abhängig vom Alter vom 15. Lebensjahr; erst mit 23 Jahren wird der volle Mindestlohn erreicht. Dies führe zur Verdrängung Älterer auf dem Arbeitsmarkt; WSI-Report Jugend ohne Mindestlohn 2014, S. 6.

32 Preis, Stellungnahme zum Gesetzentwurf, BT-Drs. 18(11)148, S. 82.

33 Fischer-Lescano, Verfassungs-, völker- und europarechtlicher Rahmen für die Gestaltung von mindestlohnausnahmen, Gutachten für WSI und HBV, Düsseldorf 2014, S. 38/39.

34 Siehe die Übersicht für die Branchenmindestlöhne nach AEntG und AÜG auf www.bmas.de.

Für eine **Übergangszeit** bis zum 31.12.2017 (§ 1 Abs. 2 MiLoG) kann der allgemeine gesetzliche Mindestlohn durch einen Branchenmindestlohn, der nach dem AEntG oder dem AÜG festgesetzt wird, unterschritten werden. Entgelte unterhalb von € 8,50 brutto pro Stunde sehen derzeit folgende Branchenmindestlöhne vor:

- Wäschereidienstleistungen im Objektkundengeschäft Ost mit Berlin 8,00 € bis 1.7.2016, danach 8,75 €
- Fleischwirtschaft 8,00 € bis 1.10.2015; ab 1.10.2015 8,60 €; ab 1.12.2016 8,75 €
- Arbeitnehmerüberlassung Ost mit Berlin 7,86 bis 1.4.2015; 8,20 ab 1.4.2015; 8,50 € ab 1.6.2016
- Friseurhandwerk West: 8,00 € bis 1.8.2015; 8,50 € ab 1.8.2015; Ost mit Berlin 7,50 € bis 1.8.2014; ab 1.8.2015 8,50 €; die RVO für die Zeit ab 1.8.2015 ist noch nicht erlassen
- Land- und Forstwirtschaft West: ab 1.1.2015 7,40 €; ab 1.1.2016 8,00 €; ab 1.1.2017 8,60 €; ab 1.11.2017 9,10 €
- Land- und Forstwirtschaft Ost: ab 1.1.2015 7,20 €; ab 1.1.2016 7,90 €; ab 1.1.2017 8,60 € ab 1.11.2017 9,10 €
- Textil- und Bekleidungsindustrie Ost, einschließlich Berlin-Ost ab 1.1.2015 7,50 €, ab 1.1.2016 8,25 €, ab 1.11.2016 8,75; ab 1.1.2017 gesetzlicher Mindestlohn, mindestens 8,75 €.

Der allgemeine gesetzliche Mindestlohn kann nicht durch »einfache« Tarifverträge oder allgemeinverbindliche Tarifverträge (§ 5 TVG), die nicht nach dem AEntG oder dem AÜG erstreckt worden sind, unterschritten werden.[35] Grund hierfür ist, dass allgemeinverbindliche Tarifverträge keine zwingende Wirkung für entsandte Arbeitnehmer entfalten.[36] Ausnahmen vom allgemeinen gesetzlichen Mindestlohn, die nicht auch für entsandte Arbeitnehmer gelten, wären eine nicht gerechtfertigte Ungleichbehandlung von Arbeitgebern aus dem EU-Ausland. Unterschreiten diese Art von Tarifverträgen den gesetzlichen Mindestlohn, sind sie insoweit unwirksam (§ 3 Satz 1 MiLoG). Der übrige Teil der Tarifverträge wird von der Unwirksamkeit nicht berührt, z.B. Ansprüche aus Entgeltgruppen, die oberhalb des Mindestlohnes liegen. 13

Ab dem 1.1.2017 müssen die erstreckten Tarifverträge (AEntG und AÜG) mindestens ein Entgelt von 8,50 € vorsehen (§ 24 Abs. 1 Satz 1 MiLoG). 14

Für Zeitungszusteller enthält das MiLoG selbst gestaffelte Mindestlöhne für die Übergangszeit. Diese sind ein politisches Zugeständnis des Gesetzgebers an die Zeitungsverleger.[37] Diese betragen ab 1.1.2015 75% (6,38 €) ab 1.1.2016 85% (7,23 €) des Mindestlohnes und ab 1.1.2017 8,50 € auch, wenn die Mindestlohnkommission und die Bundesregierung den allgemeinen gesetzlichen Mindestlohn ab dem 1.1.2017 erhöhen.

Der Vorrang der Mindestentgeltregelungen nach dem AEntG und dem AÜG bezieht sich nicht nur auf die Höhe der Entgelte, die in den erstreckten Tarifverträgen festlegt werden.

---

35 ErfK-Franzen, § 24 MiLoG Rn. 1; Schubert/Jerchel/Düwell, S. 40; Düwell in Schubert/Düwell § 24 Rn. 8; Riechert/Nimmerjahn, § 1 Rn. 189; ungenau insoweit Ahlburg, AiB 10/2014, 37, 38.

36 BAG 4.5.1977 – 4 AZR 10/56 AP Nr. 30 zu § 1 TVG Tarifverträge Bau, ebenso KeZa-Seifert, § 5 TVG Rn. 87; a.A. Däubler, TVG Einl. Rn. 624 m.w.N.

37 Siehe hierzu ausführlich Schubert/Jerchel/Düwell Das neue Mindestlohngesetz Rn. 208ff.

Er gilt auch für die übrigen in diesen Gesetzen festgelegten Regelungen, z.B. zur Kontrolle der Mindestentgelte. Gleiches gilt z.B. für Bestimmungen zur Fälligkeit der Vergütung in Tarifverträgen nach dem AEntG oder AÜG.[38] Enthalten Arbeitsverträge, Betriebsvereinbarungen oder Tarifverträge für Arbeitnehmer günstigere Regelungen, z.B. einen Anspruch auf ein höheres Entgelt oder eine frühere Fälligkeit, werden diese nicht verdrängt. Das Günstigkeitsprinzip wird durch das MiLoG nicht verdrängt.
Vergabespezifische Mindestlöhne, die höher als der allgemeine gesetzliche Mindestlohn sind, werden durch das MiLoG nicht verdrängt (s. § 5 TVG Anhang 3, Rn. 12).[39]

1.4 Höhe des gesetzlichen Mindestlohnes

15 Der Mindestlohn beträgt ab 1.1.2015 € 8,50 brutto je Zeitstunde (§ 1 Abs. 2 MiLoG). Damit entsteht der Anspruch für jede Zeitstunde, die Arbeitszeit ist. Was zur Arbeitszeit zählt, richtet sich nach den allgemeinen Vorschriften zur Arbeitszeit (§ 2 Abs. 1 ArbZG). Zur Arbeitszeit zählt danach auch die Zeit für die Leistung von Bereitschaftsdienst und die Zeit von Arbeitsbereitschaft, nicht jedoch für Rufbereitschaft.[40] Bereitschaftszeit ist Arbeitszeit i. S. v. § 2 ArbZG.[41] Die Frage, ob und in welcher Höhe die Arbeitszeit, insbesondere die Bereitschaftszeit, zu vergüten ist, ist aber damit nicht geklärt. Viele Tarifverträge sehen für die Zeit des Bereitschaftsdienstes eine niedrigere Vergütung als für die normale Arbeitszeit, in die keine Bereitschaft fällt, vor. Soweit diese Vergütungen unterhalb von 8,50 € brutto liegen, sind diese insoweit ab 1.1.2015 unwirksam (§ 3 MiLoG), soweit sie nicht auf Übergangsregelungen gem. § 24 MiLoG beruhen.[42] Auch für die Zeit des Bereitschaftsdienstes sind mindestens 8,50 € pro Stunde zu zahlen.[43]

16 Wenn Entgelte unterhalb des jeweiligen gesetzlichen Mindestlohnes vereinbart werden, dann sind diese Entgeltvereinbarungen gem. § 3 MiLoG unwirksam. An die Stelle der unwirksamen Vereinbarungen tritt dann der Anspruch auf den ortsüblichen Lohn gem. § 612 BGB.[44]

17 Entgelte, die auf anderer Basis berechnet werden (Stücklohn, Leitungslohn, andere Zeitabschnitte), sind weiterhin zulässig. Diese sind umzurechnen.[45] Die Umrechnung kann auf Monatsbasis erfolgen. In jedem Fall muss aber das Entgelt dem allgemeinen gesetzliche Mindestlohn entsprechen, d.h. mindestens dem Ergebnis der geleisteten Arbeitsstunden × 8,50 €.[46] Eine Minderung des Anspruches in Leistungslohnsystemen wegen Nicht-

38 ErfK-Franzen, § 1 MiLoG Rn. 21; Riechert/Nimmerjahn, § 1 Rn. 181.
39 Vergabekammer Rheinland-Pfalz, Beschluss vom 23. Februar 2015 VK 1–39/14; Bayreuther, NZA 14, 865.
40 Ebenso ErfK-Franzen, § 1 MiLoG Rn. 4; Schubert/Jerchel/Düwell S. 62f.; Däubler NJW 2014, 1926, Kocher, AuR 2015. S. 173.
41 BAG 16.12.09 – 5 AZR 157/09, NZA 10, 505.
42 So auch Schubert/Jerchel/Düwell, MiLoG S. 63.
43 Düwell in Schubert/Düwell, MiLoG § 1 Rn. 32.
44 Lakies, MiloG § 3 Rn. 5; Trümner in Schubert/Düwell, MiLoG § 3 Rn. 16, Bayreuther NZA 15, 385, 387.
45 Umrechnungsbeispiel für Zeitungszusteller siehe Schubert/Jerchel/Düwell, S. 72.
46 BT-Drs. 18/1558, S. 34; Riechert / Nimmerjahn, MiLoG § 1 Rn. 169 m.w.N.

erreichung der Leistung, die dem Mindestlohn (8,50 € × geleistete Arbeitszeit) entspräche, ist nicht zulässig.[47]

> **Beispiel:**
> Eine Arbeitnehmerin arbeitet im Stückakkord. Pro gefertigtem Stück erhält sie 1 €. Im Januar fertigt sie 1500 Stücke (= 1500 € Akkordlohn im Monat), im Februar 1400 (= 1400 € Akkordlohn im Monat). Sie arbeitet 40 Stunden pro Woche. Bei der Arbeitszeit von 173 Stunden im Monat hat sie einen Mindestlohnanspruch (§ 1 MiloG) von € 1470,50 (173 × 8,50 €). Für den Januar ist der Mindestlohnanspruch erfüllt. Für den Februar hat der Arbeitgeber – trotz »Minderleistung« nicht nur 1400 €, sondern 1470,50 € zu zahlen.
> Der Anspruch auf den allgemeinen gesetzlichen Mindestlohn ist ein gesetzlicher, kein vertraglicher Anspruch.

1.5 Anrechnung anderer Leistungen des Arbeitgebers

Fraglich ist, ob andere Leistungen (z.B. Weihnachts- oder Urlaubsgeld, Zulagen aller Art, Sachleistungen) des Arbeitgebers auf den Mindestlohn angerechnet werden können.[48] In das Gesetz sind keine ausdrücklichen Regelungen aufgenommen worden, obwohl der Bundesrat dies gefordert hatte. Die Bundesregierung sah hierzu keine Notwendigkeit, da sie von der Übertragbarkeit der Rechtsprechung des BAG und EuGH zur Anrechnung auf Mindestentgelte nach dem AEntG ausging. **18**

Für (branchen-) bezogene Mindestlöhne nach dem AEntG hat die Rechtsprechung des BAG[49] und EuGH[50] bisher entschieden, dass bestimmte Leistungen angerechnet werden dürfen. Dies soll für funktional gleichwertige Leistungen gelten, d.h. Leistungen mit denen der derselbe Zweck abgegolten wird wie vom Mindestlohn. Das BAG[51] fasst den Grundsatz wie folgt zusammen:

> *»Bei der Anrechnung von Leistungen auf tariflich begründete Forderungen ist darauf abzustellen, ob die vom Arbeitgeber erbrachte Leistung ihrem Zweck nach diejenige Arbeitsleistung des Arbeitnehmers entgelten soll, die mit der tariflich begründeten Zahlung zu vergüten ist. Daher ist dem erkennbaren Zweck des tariflichen Mindestlohns, den der Arbeitnehmer als unmittelbare Leistung für die verrichtete Tätigkeit begehrt, der zu ermittelnde Zweck der jeweiligen Leistung des Arbeitgebers, die dieser aufgrund anderer (individual- oder kollektivrechtlicher) Regelungen erbracht hat, gegenüberzustellen. Besteht danach – ähnlich wie bei einem Günstigkeitsvergleich mit Sachgruppenbildung nach § 4*

47 Kocher, AuR 2015, S. 174.
48 Der Bundesrat hatte in seiner Stellungnahme zum Gesetzentwurf ausdrückliche Regelungen hierzu gefordert; BR-Drs. 147/14 (B), S. 2; die Bundesregierung sieht die Frage als geklärt an. Sie bezieht sich dabei auf die Rspr. des EUGH zur Anrechnung bei erstreckten Tarifverträgen nach dem AEntG, s. Gegenäußerung der Bundesregierung zur Stellungnahme des Bundesrates, BT-Drs. 18/1558, S. 67.
49 BAG v. 16.04.2014, 4 AZR 802/11, NZA 2014, 1277
50 EuGH v. 7.11.2013 – C-522/12 Isbir, NZA 2013, 1359
51 BAG 16.4.14 – 4 AZR 802/11, NZA 14, 1277; vgl. 18.4.12 – 4 AZR 168/10 (A); EuGH 7.11.13 – C-522/12 – Isbir, NZA 13, 1359

Abs. 3 TVG – eine funktionale Gleichwertigkeit der zu vergleichenden Leistungen, ist die erbrachte Leistung auf den zu erfüllenden Anspruch anzurechnen.«

19 Die Rechtsprechung des EuGH und des BAG zur Frage der Anrechnung von Leistungen des Arbeitgebers auf Mindestentgelte nach dem AEntG wird grundsätzlich auf die Frage, was auf den Mindestlohn nach MiLoG angerechnet werden kann, zu übertragen sein.[52] Da die Rechtsprechung die Frage der Anrechnung nach der funktionalen Äquivalenz beantwortet, ist jeweils im Einzelfall die Frage der Anrechnung durch den Vergleich des Zwecks des Mindestlohnes mit dem Zweck der Arbeitgeberleistung zu beantworten. Nicht anrechenbar auf den Mindestlohn sind u. a.

- Vermögenswirksame Leistungen,[53]
- Schmutz- und Gefahrenzulagen; Zuschläge für Nacharbeit, Sonn- und Feiertagsarbeit, Qualitätsprämien, Aufwendungsersatz,
- Aufwandsersatz (Entsendekosten) für Reise, Verpflegung und Unterkunft bei entsandten Arbeitnehmer/innen,[54]
- Trinkgelder.[55]

20 Anrechenbar sind u. a.:

- Zulagen für Spätschichten.[56]

Zur Anrechnung weiterer Arbeitgeberzahlungen siehe Anhang 2 Rn. 66.

1.6 Mindestlohn ohne Arbeitsleistung

21 Das MiLoG selbst regelt nur den Anspruch auf Mindestlohn für geleistete Arbeit. Der Anspruch auf Entgeltfortzahlung im Krankheitsfall (§ 3 Abs. EFZG) und Entgeltzahlung an Feiertagen (§ 2 Abs. 1 EFZG) sowie Urlaubsentgelt (§ 11 BUrlG bestimmt sich nach dieses Vorschriften. Wird nur zum Mindestlohn gearbeitet, ist dieser für die Berechnungen zugrunde zu legen.[57]

1.7 Durchsetzung des Mindestlohnes

22 Die tatsächliche Durchsetzung des Mindestlohnes ruht auf zwei Säulen. Die eine ist die übliche individuelle Durchsetzung von Entgeltansprüchen auf Zahlung des Mindestlohnes vor den Arbeitsgerichten durch die Betroffenen. Die Durchsetzung des Mindestlohnes allein individuellen Klagen vor den Arbeitsgerichten zu überlassen, hätte bedeutet, den Mindestlohn in der Praxis nur bedingt einzuführen. Gerade die Branchen, die vom Mindestlohn real betroffen sind (z. B. Gastgewerbe, Bäckerhandwerk, Logistik usw.) sind von einem geringen Organisationsgrad der Gewerkschaften gekennzeichnet. Dort ist die Fä-

52 ErfK-Franzen § MiLoG; Schubert/Jerchel/Düwell MiLoG Rn. 136
53 Vgl. BAG 16. 4. 14 – 4 AZR 802/11; NZA 14, 1277; EuGH 7. 11. 13 – C-522/12, NZA 13, 1359.
54 Lakies, MiloG § 1 Rn. 47.
55 Schubert//Jerchel/Düwell, MiLoG Rn. 140; Bayreuther NZA 15, 385, 391.
56 BAG 16. 4. 14 – 4 AZR 802/11, NZA 14, 1277.
57 Zu Einzelheiten und Problemen bei der Berechnung nach dem Referenzmethode bzw. nach dem Entgeltausfallprinzip siehe Kocher, AuR 15, 175.

higkeit der Gewerkschaften zur Durchsetzung des Mindestlohnes begrenzt. Zudem gibt es in diesen Branchen weniger Betriebsräte, die Durchsetzung des Mindestlohnes praktisch mit kontrollieren könnten. Der allgemeine gesetzliche Mindestlohn zielt auch darauf in den Branchen, in die Arbeitnehmer entsandt werden, die von Tarifverträgen nach dem AEntG nicht erfasst sind, eine unterste Entgeltgrenze zu setzen. Gerade in diesem Bereich ist eine effektive staatliche Kontrolle dringend geboten.[58]

1.8 Fälligkeit

Der allgemeine gesetzliche Mindestlohn ist zum vereinbarten Zeitpunkt, spätestens aber 23
»am letzten Bankarbeitstag (Frankfurt am Main) des Monats, der auf den Monat folgt, in dem die Arbeitsleistung erbracht wurde« (§ 2 Abs. 1 MiLoG). Die Regelung des § 614 BGB, nach der das Entgelt am Ende des Monats in dem die Arbeitsleistung erbracht wurde, fällig ist, bleibt unberührt. Die Regelung in § 2 Abs. 1 Nr. 2 MiLoG schließt also frühere Fälligkeiten nicht aus. Sie bezieht sich nur auf den letztmöglichen Zeitpunkt. Von der Fälligkeitsregelung ist nur der Entgeltanspruch in Höhe des Mindestlohnes von 8,50 € erfasst. Darüber hinaus gehende Entgeltansprüche können anderen vertraglichen oder tarifvertraglichen Fälligkeitsbestimmungen unterliegen. Vertragliche oder tarifvertragliche Regelungen, die die in § 2 Abs. 1 Nr. 2 MiLoG gezogene äußerste Grenze für die Fälligkeit des Mindestlohnanspruches verlängern, sind unwirksam. Sie sind bzw. wären eine Vereinbarung i. S. v. § 3 Satz 1 MiLoG, da sie die Geltendmachung des Anspruches einschränken.
Das MiLoG legt den Mindestlohn pro Arbeitsstunde fest. Für die Abrechnung geht das Gesetz von einem Monatszeitraum aus.[59] Daraus folgt, dass auch bei Provisionssystemen, die nicht monatlich abgerechnet werden, der Mindestlohn monatlich gezahlt werden muss.

1.9 Arbeitszeitkonten

Arbeitszeitkonten sind in der betrieblichen Praxis in den vielfältigsten Formen weit ver- 24
breitet. Nach den Regelungen zur Fälligkeit gem. § 2 Abs. 1 MiLoG müsste jede geleistete Arbeitsstunde spätestens im Folgemonat in Höhe von 8,50 € ausgezahlt werden. Dies hätte massiv die bestehenden Regelungen zu Arbeitszeitkonten – jedenfalls teilweise – unanwendbar gemacht. Daher enthält das Gesetz Ausnahmen von der allgemeinen Fälligkeitsregelung. Diese sollen einerseits die bestehenden Arbeitszeitkonten nicht gefährden und andererseits Umgehungsmöglichkeiten des Mindestlohnes ausschließen.
Von den Fälligkeitsregelungen nach § 2 Abs. 1 Satz 1 MiLoG sind daher bestimmte Guthaben auf Arbeitszeitkonten ausgenommen. Sofern die über die vertragliche vereinbarte

58 Vgl. zur Frage der Kontrolle von Mindestlöhnen im europäischen Vergleich: Schulten, Burgess, Böhlke, Vincent, Wagner, Umsetzung und Kontrolle von Mindestlöhnen, Studie im Auftrag der Gesellschaft für innovative Beschäftigungsförderung mbH, Düsseldorf 2014, S. 4ff.; zum Verhältnisse Kontrolle durch Gewerkschaften und Staat; Bosch / Weinkopf, Wirkungen der Mindestlohnregelungen in acht Branchen, Bonn, 2012, 63.

59 Kocher, AuR 15, 175; Riechert / Nimmerjahn, 2 MiLoG Rn. 16; a. A. ErfK-Franzen, MiLoG § 1 Rn. 8.

Arbeitszeit hinausgehenden und auf einem schriftlich vereinbarten Arbeitszeitkonto erfassten Arbeitszeitguthaben spätestens innerhalb von 12 Monaten durch Freizeitgewährung oder Zahlung des Mindestlohnes ausgeglichen werden, gelten die Fälligkeitsregelungen des § 2 Abs. 1 Satz 1 MiLoG nicht. Dabei dürfen maximal 50 % der vertraglich vereinbarten Arbeitszeit in das Arbeitskonto eingestellt werden.

25 **Beispiel für ausgeschlossene Umgehungmöglichkeiten:**
Ein Arbeitnehmer aus einem anderen EU-Staat wird nach Deutschland entsandt. Sein Arbeitsvertrag sieht eine Arbeitszeit von 20 Stunden im Monat vor. Darüber hinaus gehende Arbeitszeiten sollen auf einem Arbeitszeitkonto erfasst und später ausgeglichen werden. Tatsächlich arbeitet der Arbeitnehmer 173 Stunden im Monat. Ohne eine Begrenzung der Ausnahmen für Arbeitszeitkonten hätte er nur für 20 Stunden den Mindestlohn erhalten müssen. 153 Stunden Arbeitszeit wären auf nicht oder nur sehr schwer zu kontrollierenden Arbeitszeitkonten im Entsendeland verbucht worden. Nach § 2 Abs. 2 Satz 3 MiLoG ist dies unzulässig. Es können höchstens 50 % der vereinbarten Arbeitszeit – in diesem Fall maximal 10 Stunden – in ein Arbeitszeitkonto gestellt und später ausgeglichen bzw. bezahlt werden. Da nach § 2 Abs. 2 MiLoG in diesem Beispiel nur 10 Stunden monatlich in das Arbeitszeitkonto eingestellt werden dürfen, hat der Arbeitnehmer Anspruch auf Zahlung des Mindestlohnes für 163 Arbeitsstunden.

Beispiel:
Bei einer vertraglich vereinbarten Arbeitszeit 40 Stunden pro Woche = 173 Stunden im Monat, können insgesamt 86,5 Stunden pro Monat in ein Arbeitszeitkonto eingestellt werden.

26 Sofern der Anspruch auf Mindestlohn schon durch die Zahlung eines **verstetigten Grundentgeltes** (dies ist in den meisten Tarifverträgen in Deutschland bei flexiblen Arbeitszeitregelungen und -konten vorgesehen) erfüllt ist, greifen die Fälligkeitsregelungen nicht (§ 2 Abs. 2 Satz 1 MiLoG).
Der MTV für die Süßwarenindustrie West vom 14. 5. 2007 z. B. sieht eine regelmäßige tarifliche Arbeitszeit von 38 Stunden an 5 Werktagen in der Woche vor. Die Arbeitszeit kann im Rahmen eines Arbeitszeitkontos auf bis zu 48 Stunden in der Woche verlängert werden. Im Hinblick auf die Entgeltzahlung legt der MTV in § 3 Ziffer 10 fest: »Unabhängig von der jeweiligen betrieblichen Wochenarbeitszeit wird in jedem Monat das tarifliche bzw. einzelvertragliche vereinbarte Monatsentgelt gleichbleibend bezahlt.«

Beispiel:
Eine Arbeitnehmerin leistet die vertraglich vereinbarte Arbeitszeit von 173 Stunden im Monat sowie 30 Überstunden, zusammen 203 Arbeitsstunden im Monat. Daraus ergibt sich ein Entgeltanspruch nach dem MiLoG von 203 Arbeitsstunden × 8,50 € = 1725,50 € im Monat. Beträgt das verstetigte Monatsentgelt z. B. 2000 € im Monat ist der Anspruch auf Mindestlohn bereits durch die Zahlung des verstetigten Entgeltes erfüllt. Keine Rolle mehr spielen dann die Bestimmungen zu den Grenzen des Arbeitszeitkontos im MiLoG.

Die Fälligkeitsregelungen des MiLoG (§ 2 Abs. 1) und die Regelungen zu den Grenzen von Arbeitszeitkonten (§ 2 Abs. 2 MiLoG) gelten nicht für **Wertguthabenvereinbarungen** (Altersteilzeit, Langzeit- und Lebensarbeitszeitkonten §§ 7b SGB IV ff.) im Sinne des SGB IV.

1.10 Ausschlussfristen, Verjährung, Verzicht

Ansprüche auf den gesetzlichen Mindestlohn werden von **Ausschlussfristen** in Tarifverträgen, Betriebsvereinbarungen oder Einzelarbeitsverträgen nicht erfasst, da gem. § 3 Abs. 1 Satz 1 MiLoG Vereinbarungen, die die Geltendmachung des Mindestlohnes beschränken oder ausschließen, insoweit unwirksam sind. Ansprüche auf gesetzlichen Mindestlohn unterliegen daher nur der dreijährigen Verjährung gem. §§ 195, 199 BGB.[60] Diese beginnt am Ende des Kalenderjahres, in dem der Anspruch entstanden ist (§ 199 Abs. 1 BGB). Darüber hinaus gehende Entgeltansprüche unterliegen weiterhin etwaigen Ausschlussfristen. 27

Beispiel:
Eine Arbeitnehmerin erhält nach Tarifvertrag, der eine sechsmonatige Ausschlussfrist vorsieht, ein Stundenentgelt von 15 €. Sie hat im Januar 2015 einhundert Stunden gearbeitet und einen Entgeltanspruch von insgesamt 1500 €. Der Entgeltanspruch in Höhe von 8,50 € unterliegt nur der dreijährigen Verjährung; der darüber hinaus gehende Anspruch in Höhe von 7,50 € unterliegt der sechsmonatigen Ausschlussfrist. Der Mindestlohnanspruch in Höhe von 850 € (100 Stunden × 8,50 € pro Arbeitsstunde) verjährt in drei Jahren. Da die Verjährung erst am Ende des Kalenderjahres beginnt, könnte die den Anspruch bis zum 31.12.2018 gerichtlich durchsetzen (§§ 195, 199 Abs. 1 BGB). Der Anspruch in Höhe von 750 €, der den Mindestlohnanspruch übersteigt, unterliegt der sechsmonatigen Ausschlussfrist. Diese beginnt mit Entstehung des Anspruches. Dies ist nach dem Tarifvertrag das Ende des Monats in dem die Arbeit geleistet wurde, hier der 31.1.2015. die sechsmonatige Ausschlussfrist endet also am 31.7.2015.

Die Regelung dient der Durchsetzung des Mindestlohnes. Sie erhöht substanziell das wirtschaftliche Risiko für Arbeitgeberinnen und Arbeitgeber, die den gesetzlichen Mindestlohn nicht zahlen. Gerade in Branchen, in denen der allgemeine gesetzliche Mindestlohn eine große Bedeutung erlangen wird (wie z.B. Bäckerhandwerk, Hotel- und Gaststättengewerbe) machen Arbeitnehmer ihre Ansprüche auf Entgeltzahlungen z.B. für Überstunden oft erst nach Ende des Arbeitsverhältnisses geltend. Der gesetzliche Mindestlohn ist ein Sockelanspruch, der in keinem Fall unterschritten werden darf.[61]

Ein **Verzicht** auf den gesetzlichen Mindestlohn ist nur in einem gerichtlichen Vergleich zulässig und wirksam. Die **Verwirkung** des Anspruches ist ausgeschlossen. 28

1.11 Durchsetzung des Mindestlohnes

Die tatsächliche Durchsetzung des Mindestlohnes ruht auf zwei Säulen. Die eine ist die übliche individuelle Durchsetzung Entgeltansprüchen auf Zahlung des Mindestlohnes vor den Arbeitsgerichten durch die Betroffenen. Die Durchsetzung des Mindestlohnes allein individuellen Klagen vor den Arbeitsgerichten zu überlassen hätte bedeutet, den Min- 29

60 Preis/Ulber, Ausschlussfristen und Mindestlohngesetz, 2015; Schubert/Jerchel/Düwell, Das neue Mindestlohngesetz S. 36; Däubler NJW 2014, 1924ff; Spielberger/Schilling, NZA 14, 414; ErfK-Franzen, MiLoG § 3 Rn. 2; Bayreuther, NZA 2014, 865ff.
61 Preis/Ulber, a.a.O., S. 36.

destlohn in der Praxis nur bedingt einzuführen. Gerade die Branchen, die vom Mindestlohn real betroffen sind (z.B. Gastgewerbe, Bäckerhandwerk, Logistik usw.) sind von einem geringen Organisationsgrad der Gewerkschaften gekennzeichnet. Dort ist die Fähigkeit der Gewerkschaften zur Durchsetzung des Mindestlohnes begrenzt. Zudem gibt es in diesen Branchen weniger Betriebsräte, die Durchsetzung des Mindestlohnes praktisch mit kontrollieren könnten. Der allgemeine gesetzliche Mindestlohn zielt auch darauf in den Branchen, in die ArbeitnehmerInnen entsandt werden, die von Tarifverträgen nach dem AEntG nicht erfasst sind, eine unterste Entgeltgrenze zu setzen. Gerade in diesem Bereich ist eine effektive staatliche Kontrolle dringend geboten.[62]

1.11.1 Rechtsweg für individuelle Klagen

30 Zuständig für Klagen auf Mindestlohn sind die Arbeitsgerichte. Dies gilt auch für aus dem Ausland entsandte Arbeitnehmer. Nach § 15 AEntG können Arbeitnehmerinnen und Arbeitnehmer, die nach Deutschland entsandt sind oder waren vor deutschen Arbeitsgerichten Klage auf Erfüllung der Verpflichtungen nach den §§ 2, 8, oder 14 des Arbeitnehmerentsendegesetzes erheben. Die Zahlung des Mindestlohnes gehört zu den Verpflichtungen gem. § 2 Nr. 1 AEntG.

1.11.2 Betriebsrat und Mindestlohn

31 Das MiLoG gehört zu den zugunsten der Arbeitnehmer geltenden Gesetzen nach § 80 Abs. 1 Nr. 1 BetrVG. Ob der Mindestlohn gezahlt wird, kann der Betriebsrat auch durch die Einsichtnahme in die Bruttolohn- und Gehaltslisten (§ 80 Abs. 2 BetrVG) prüfen. Da sich die Einhaltung des Mindestlohnes nur durch die Erfassung der Arbeitszeit kontrollieren lässt, muss der Betriebsrat zusätzlich die Arbeitszeitaufzeichnungen[63] einsehen bzw. anfordern.

Besonderer Bedeutung kommt den Mitbestimmungsrecht über die Arbeitszeit (§ 87 Abs. 1 Nr. 2, 3 BetrVG) zu. Der Betriebsrat sollte darauf achten, dass in den Arbeitszeitbetriebsvereinbarungen die Erfassung und Dokumentation der Arbeitszeit genau geregelt wird. Ohne eine genaue Dokumentation der Arbeitszeit ist eine Kontrolle des Mindestlohnes weder für den Betriebsrat noch für die Finanzkontrolle Schwarzarbeit möglich. Für bestimmten Branchen und Arbeitsverhältnisse legt das MiLoG fest, dass Arbeitgeber die Arbeitszeit aufzeichnen müssen. Diese Verzeichnisse sind dann auch dem Betriebsrat auf Anforderung vorzulegen (zu den Aufzeichnungspflichten siehe § 5 TVG Anhang 1 Rn. 35).

32 Der Betriebsrat kann die Zustimmung zu einer Einstellung gem. § 99 Abs. 2 Nr. 1 BetrVG verweigern, wenn bei einer Eingruppierung nicht mindestens der allgemeine gesetzliche

---

62 Vgl. zur Frage der Kontrolle von Mindestlöhnen im europäischen Vergleich: Schulten/Burgess/Böhlke/Vincent/Wagner, Umsetzung und Kontrolle von Mindestlöhnen, Düsseldorf 2014, 4ff.; zum Verhältnisse Kontrolle durch Gewerkschaften und Staat; Bosch/Weinkopf, Wirkungen der Mindestlohnregelungen in acht Branchen, Bonn, 2012, S. 63.

63 Siehe zu Einzelheiten DKKW-Buschmann, § 80 BetrVG Rn. 92; vgl. BAG 3.6.03 – 1 ABR 19/02, DB 03, 2496.

Mindestlohn (bzw. Mindestlöhne nach AEntG oder AÜG erstreckten Tarifverträgen) vorgesehen ist. Dies gilt nicht, wenn die/der einzugruppierende Arbeitnehmer/in vom Anwendungsbereich des MiLoG (§ 22) bzw. der erstreckten Tarifverträge ausgenommen ist.

1.11.3 Staatliche Kontrolle und Durchsetzung

Die Pflicht den Mindestlohn zu zahlen (§ 20 MiLoG) wird vom Zoll kontrolliert (§ 14 33
MiLoG). Innerhalb des Zolls ist hierfür die Finanzkontrolle Schwarzarbeit zuständig. Die Befugnisse, die der Zoll, d.h. die Finanzkontrolle Schwarzarbeit, zur Kontrolle des Mindestlohnes hat, sind im Wesentlichen dieselben, die er im Rahmen der Bekämpfung der Schwarzarbeit nach dem Schwarzarbeitsbekämpfungsgesetz hat (§§ 15 i.V.m. §§ 2 bis 6, 14, 15, 20, 22 und 23 SchwarzArbG). Die Finanzkontrolle Schwarzarbeit wird dabei von anderen Behörden (z.B. Bundesagentur für Arbeit, Deutsche Rentenversicherung Bund, Steuerverwaltung usw.) unterstützt.

Speziell um die Kontrolle der Zahlung des Mindestlohnes an entsandte Arbeitnehmer sicherzustellen, müssen Arbeitgeber und Verleiher, die Arbeitnehmer nach Deutschland zu Werk- oder Dienstleistungen entsenden bzw. verleihen, eine Reihe Meldepflichten vor der Entsendung erfüllen (§ 16 MiLoG). Zuständig für die Meldungen ist die Bundesfinanzdirektion West (§ 1 der Mindestlohnmeldestellen VO vom 24.11.2014).

Gleiches gilt, wenn ein Verleiher mit Sitz im Ausland Arbeitnehmer zur Arbeitsleistung an einen inländischen Verleiher überlässt (§ 15 Abs. 3 MiLoG). Ausländischer Verleiher sowie ausländischer Arbeitgeber haben dabei zu versichern, dass sie die Pflichten zur Zahlung des allgemein gesetzlichen Mindestlohnes gem. § 20 MiLoG einhalten.

Bußgeldbewehrt ist dabei nicht nur die Nicht-Zahlung des Mindestlohnes, sondern auch 34
die Verletzung der Aufzeichnungspflichten, die Verletzung der Meldepflichten. Weiterhin kann ein Bußgeld verhängt werden gegen Unternehmer, die Werk- oder Dienstleistungen in erheblichem Umfang ausführen lassen, obwohl sie wissen oder fahrlässig nicht wissen, dass bei Erfüllung des Auftrages entweder der Auftragnehmer selbst das Arbeitsentgelt nicht zahlt oder nicht rechtzeitig zahlt oder aber Nach (Sub-) Unternehmer beauftragt werden, von denen sie wissen, dass sie der Verpflichtung den Mindestlohn zu zahlen nicht oder nicht rechtzeitig nachkommen (§ 21 Abs. 2 MiLoG).

1.12 Aufzeichnungspflichten

Zentral für die Durchsetzung und Berechnung von Mindestlohnansprüchen sind die Er- 35
fassung und der Nachweis der geleisteten Arbeitszeit. Bisher gibt es keine allgemeine gesetzliche Pflicht jede geleistete Arbeitsstunde aufzuzeichnen. § 16 ArbZG schreibt lediglich vor, dass die über die werktägliche Arbeitszeit von 8 Stunden gem. § 3 Abs. 1 ArbZG hinausgehende Arbeitszeit aufgezeichnet werden muss. Lediglich im Geltungsbereich von erstreckten Tarifverträgen nach dem AEntG mussten ebenfalls Beginn, Dauer und Ende der Arbeitszeit aufgezeichnet werden (§ 19 AEntG).

Für bestimmte Branchen sieht das MiLoG (§ 17 Abs. 1 MiLoG i. V. m § 2a Schwarzarbeitsbekämpfungsgesetz) für alle Arbeitnehmer über das Arbeitszeitgesetz hinausgehende Pflichten zur Aufzeichnung der Arbeitszeit vor. In diesen Branchen müssen Beginn, Ende und Dauer der täglichen Arbeitszeit aufgezeichnet werden:

- Baugewerbe,
- Gaststätten- und Beherbergungsgewerbe;
- Personenbeförderungsgewerbe, Speditions-, Transport- und damit verbundenen Logistikgewerbe,
- im Schaustellergewerbe,
- Unternehmen der Forstwirtschaft,
- im Gebäudereinigungsgewerbe,
- Unternehmen, die sich am Auf- und Abbau von Messen und Ausstellungen beteiligen
- sowie in der Fleischwirtschaft.

Dies sind die sog. Schwarzarbeitsbranchen gem. § 2a Schwarzarbeitsbekämpfungsgesetz. In allen anderen Wirtschaftszweigen gilt die Aufzeichnungspflicht von Arbeitszeit nur für geringfügig Beschäftigte Arbeitnehmer (§ 8 Abs. 1 SGB IV). Beginn, Ende und Dauer der täglichen Arbeitszeit müssen spätestens bis zum Ablauf des siebten auf den Tag der Arbeitsleistung folgenden Kalendertag aufgezeichnet sein. Diese Unterlagen sind zwei Jahre aufzubewahren.

36 Zur konkreten Durchführung der Dokumentationspflichten enthält das Gesetz eine Verordnungsermächtigung, nach der das Bundesministerium für Arbeit und Soziales (ohne Zustimmung des Bundesrates) die Aufzeichnungspflichten im Hinblick auf die Arbeitszeit nach § 17 Abs. 1 und 2 MiLoG und die Meldepflichten nach § 16 MiLoG in Bezug auf Arbeitsnehmergruppen einschränken oder erweitern kann. Ebenso kann es für weitere Wirtschaftsbereiche und/oder Wirtschaftszweige die Melde- und Dokumentationspflichten einbeziehen oder ausnehmen (§ 17 Abs. 3 MiLoG). Nach der MindestlohnaufzeichnungsVO[64] muss unter bestimmten Bedingungen für Arbeitnehmer, die ausschließlich mit mobilen Tätigkeiten[65] (»insbesondere bei der Zustellung von Briefen, Paketen und Druckerzeugnissen, der Abfallsammlung, der Straßenreinigung, dem Winterdienst, dem Gütertransport und der Personenbeförderung«, § 1 Abs. 2 MiLoAufzV) beschäftigt sind, nur die Dauer der tatsächlichen täglichen Arbeitszeit aufgezeichnet werden. Nach der MindestlohndokumentationspflichtenVO[66] gilt die Pflicht zur Aufzeichnung der Arbeitszeit in den Schwarzarbeitsbranchen nur bis zu einem verstetigten monatlichen Entgelt von € 2958 (§ 1 MiLoDokV).

---

64 Vom 26. 11. 2014, BGBl., 2014, 1824.

65 Begründung der VO: »Bei einer ausschließlich mobilen Tätigkeit im Sinne des Absatzes handelt es sich um eine Tätigkeit, die nicht an Beschäftigungsorte gebunden ist. Eine ausschließlich mobile Tätigkeit liegt insbesondere bei der Zustellung von Briefen, Paketen und Druckerzeugnissen, der Abfallsammlung, der Straßenreinigung, dem Winterdienst, dem Gütertransport und der Personenbeförderung vor. Arbeitnehmerinnen und Arbeitnehmer unterliegen im Sinne des Absatzes 1 keinen Vorgaben zur konkreten täglichen Arbeitszeit, wenn die Arbeit lediglich innerhalb eines bestimmten zeitlichen Rahmens geleistet werden muss, ohne dass die konkrete Lage (Beginn und Ende) der Arbeitszeit durch den Arbeitgeber festgelegt wird. Eine eigenverantwortliche Einteilung der Arbeitszeit im Sinne des Absatzes 1 liegt vor, wenn Arbeitnehmerinnen oder Arbeitnehmer während ihrer täglichen Arbeitszeit regelmäßig nicht durch ihren Arbeitgeber oder Dritte Arbeitsaufträge entgegennehmen oder für entsprechende Arbeitsaufträge zur Verfügung stehen müssen. Die zeitliche Ausführung des täglichen Arbeitsauftrages muss in der Verantwortung der Arbeitnehmerinnen und Arbeitnehmer liegen.«

66 VO vom 18. 12. 2014; BANz. AT vom 29. 12. 2014 V1.

Diese Dokumentationspflichten sind von den Arbeitgeberbänden stark kritisiert worden. Sie würden einen unvertretbaren bürokratischen Aufwand für die Betriebe mit sich bringen. Gegen die im MiLoG verankerten Pflicht zur Aufzeichnung der Arbeitszeit wurden Forderungen nach einer Änderung des Gesetzes selbst bzw. der auf seiner Grundlage ergangenen Rechtsverordnungen insbesondere zur Aufzeichnung von Arbeitszeiten laut.[67]

Die Pflicht in den Schwarzarbeitsbranchen und bei geringfügigen Arbeitsverhältnissen Beginn, Ende und Dauer der Arbeitszeit aufzuzeichnen, begründet praktisch keinen bürokratischen Aufwand. Die Arbeitszeit muss zu Zwecken der Entgeltabrechnung ohnehin erfasst werden. Den Kritikern geht es vielmehr darum, in bestimmten Branchen verbreitete Schwarzarbeit weiterhin schwer kontrollierbar zu halten, wie z.B. im Hotel- und Gaststättengewerbe. Insbesondere bei den geringfügigen Beschäftigungsverhältnissen gab es bisher kaum eine Möglichkeit zu kontrollieren, ob die dafür geltenden Vorschriften wirklich eingehalten wurden. Dies ist, wenn die Arbeitszeit erfasst werden muss, anders.

Entscheidend ist, dass diese Auszeichnungspflicht im Rahmen der geringfügigen Beschäftigung jetzt bußgeldbewehrt (§ 21 Abs. MiLoG) ist.

Das BMAS hat die Dokumentationspflichten zur Arbeitszeit (§ 17 Abs. 1 und 2 MiLoG), 37
die Anmeldepflichten (§ 16 Abs. 1 oder 3 MiLoG) sowie die Pflicht von Arbeitgebern und Verleihern (16 Abs. 2 und 4 MiLoG) zur Abgabe einer Versicherung, nach der sie den Mindestlohn zahlen (§ 20 MiLoG), der Einhaltung der Pflichten nach § 20 MiLoG zur Abgabe per Verordnung eingeschränkt.[68] Danach gelten die Plichten des § 17 Abs. 1 MiLoG nicht, wenn Arbeitnehmer eine verstetigtes Entgelt von über 2958 € im Monat erzielen und der Arbeitgeber die Pflicht zur Dokumentation der Arbeitszeit bei Überschreitung der täglichen Arbeitszeit gem. § 16 Abs. 2 ArbZG einhält.

1.13 Generalunternehmerhaftung und Ausschluss von öffentlichen Aufträgen

Das Gesetz sieht für Auftraggeber **Generalunternehmerhaftung** vor. Sie entspricht der 38
des § 14 AEntG (siehe hierzu Anhang 2 Arbeitnehmer-Entsendegesetz Rn. 79). Der Referentenentwurf[69] sah im Gegensatz dazu noch eine umfassende Haftungsregelung für Unternehmer, die Subunternehmer beauftragen, vor.

Bewerber um öffentliche Aufträge, die mit einer Geldbuße von mindestens 2500 € belegt worden sind, sollen für einen angemessenen Zeitraum von diesen ausgeschlossen (§ 19 Abs. 1 MiLoG). Der Ausschluss gilt solange, bis die Zuverlässigkeit der Bewerber nachweislich wiederhergestellt ist.

---

67 Siehe Handelsblatt vom 20.1.2015 http://www.handelsblatt.com/politik/deutschland/mindestlohn-merkelwill-gegebenenfalls-buerokratie-wegnehmen/11257122.html

68 Mindestlohndokumentationspflichten-Verordnung – MiLoDokV vom 18.12.2014; BAnz. AT vom 29.12.2014 V1.

69 BMAS: Referentenentwurf »Entwurf eines Gesetzes zur Stärkung der **39**Tarifautonomie« vom 19. März 2014, dort § 13.

1.14 Erhöhungen des Mindestlohnes; Mindestlohnkommission

39 Die künftige Höhe des Mindestlohnes wird durch die Mindestlohnkommission auf Vorschlag der Mindestlohnkommission von der Bundesregierung beschlossen. (§§ 4ff. MiLoG).

Die Kommission besteht aus sechs stimmberechtigten Mitgliedern sowie einer Vorsitzenden oder einem Vorsitzenden. Weiterhin gehören ihr zwei Mitglieder aus Kreisen der Wissenschaft an, die kein Stimmrecht haben (beratende Mitglieder). Je drei der stimmberechtigten Mitglieder werden von der Bundesregierung auf Vorschlag der Spitzenorganisation der Arbeitgeber bzw. der Gewerkschaften für die Dauer von fünf Jahren berufen. Eine feste Quote für die Geschlechter ist nicht vorgesehen; die Spitzenorganisationen sollen lediglich mindestens einen Mann und eine Frau vorschlagen.

40 Die erste Mindestlohnkommission ist vom BMAS berufen worden:
Vorsitzender ist Jan Zilius, früherer Arbeitsdirektor der RWE AG.

Arbeitnehmerseite:
Robert Feiger, Vorsitzender der IG BAU; Stefan Körzell, Mitglied des geschäftsführenden Bundesvorstandes des DGB, Michaela Rosenberger, Vorsitzende der Gewerkschaft Nahrung Genuss Gaststätten NGG;

Arbeitsgeberseite:
Dr. Reinhard Göhner, Hauptgeschäftsführer der BDA; Valerie Holsboer, Hauptgeschäftsführerin des Bundesverbandes der Systemgastronomie und Hauptgeschäftsführerin der Arbeitgebervereinigung Nahrung und Genuss; Karl-Sebastian Schulte, Geschäftsführer des ZDH und des Unternehmerverbandes Deutsches Handwerk.

Beratende Mitglieder:
Prof. Clemens Fust, Präsident und wissenschaftlicher Direktor des Zentrums für Europäische Wirtschaftsforschung Mannheim, Prof. an der Universität Mannheim; Dr. Claudia Weinkopf, stellvertretende geschäftsführende Direktorin des Instituts Arbeit und Qualifikation (IAQ), Universität Duisburg-Essen.

41 Werden mehr als drei stimmberechtigte Mitglieder von Spitzenorganisationen auf einer Seite vorgeschlagen, sieht das Gesetz (§ 5 Abs. 1 Satz 3 MiLoG) vor, dass die Bundesregierung die Auswahl »im Verhältnis zur Bedeutung der jeweiligen Spitzenorganisationen für die Vertretung der Arbeitgeber- oder Arbeitnehmerinteressen im Arbeitsleben des Bundesgebietes» vornehmen kann.

Das MiLoG selbst definiert nicht, was unter Spitzenorganisation (s. § 12 Rn. 1ff.) zu verstehen ist. Die Definition von Spitzenorganisation des § 12 TVG lässt sich auf das MiLoG analog anwenden. Spitzenorganisationen sind derzeit auf Arbeitnehmerseite der DGB, auf Arbeitgeberseite die BDA.[70] Vorschläge durch Einzelgewerkschaften sind nicht zulässig. Diese sind keine Spitzenorganisationen. Das MiLoG hat die Ausnahmeregelung nach der für bestimmte, bedeutende Einzelorganisationen (wie früher die DAG) als Spitzenorganisation anerkannt werden können (§ 12 Satz 2 TVG) nicht übernommen.

---

70 ErfK-Franzen, § 12 TVG Rn. 2; unklar für das MiLoG Lakies, § 5 Rn. 7, der von mehr als einer Spitzenorganisation für das MiLoG ausgeht, § 12 TVG nicht für übertragbar hält, aber die derzeitigen Spitzenorganisationen nicht benennt.

Dabei geht das MiLoG davon aus, das es auf den jeweiligen Seiten mehr als eine Spitzenorganisation geben kann bzw. gibt. § 5 Satz 3 MiLoG verwendet den Plural, wenn es um die Auswahl zwischen zu vielen Vorschlägen für die Besetzung der Mindestlohnkommission geht. Die Auswahl soll dann durch ein verhältniswahlähnliches Verfahren erfolgen.[71]

Um eine Blockade schon bei der Besetzung der Kommission zu verhindern, sieht das Gesetz (§ 5 Abs. 1 Satz 4 MiLoG) vor, dass, wenn eine Seite keine Vorschläge unterbreitet, die Bundesregierung die Mitglieder der betreffenden Seite selbst aus den jeweiligen Kreisen der Arbeitgeber benennt. Die beratenden Mitglieder werden ebenfalls auf Vorschlag der Spitzenorganisationen berufen. Dabei sollen diese Mitglieder nicht in einem Arbeitsverhältnis zu einer der Spitzenorganisationen oder zu Einrichtungen, die von den Spitzenorganisationen getragen werden, stehen. Diese Regelungen sollen die Unabhängigkeit der Wissenschaftler fördern.

Der Vorsitz wird auf gemeinsamen Vorschlag der Spitzenorganisationen der Arbeitgeber und Arbeitnehmerinnen von der Bundesregierung berufen. Können sich die Spitzenorganisationen nicht einigen, dann beruft die Bundesregierung zwei Vorsitzende (je Seite einen). Der Vorsitz wechselt dann alle zwei Jahre nach der Beschlussfassung über die Erhöhung.[72] Auch dies dient der Vermeidung einer Blockade der Kommission, da dann jeweils eine Seite für zwei Jahre die Mehrheit hätte.

Die Mitglieder der Mindestlohnkommission sind in ihrer Tätigkeit keinen Weisungen un- **42** terworden. Dies gilt auch für Weisungen der Organisationen, in denen die Mitglieder eigentlich tätig oder deren Mitglied sie sind.

Die Überprüfung hat die Mindestlohn Kommission bis zum 30. 6. 2015 mit Wirkung zum **43** 1. 1 2017 vorzunehmen. Danach erfolgen die Überprüfungen im Zwei-Jahres-Rhythmus (§ 9 Abs. 2 MiLoG). Bei der Überprüfung hat diese im Rahmen einer Gesamtabwägung zu prüfen, welche Höhe des Mindestlohns geeignet ist, die im Gesetz genannten Ziele zu erreichen.

Die **Ziele** sind abschließend im Gesetz (§ 9 Abs. 2 Satz 1 MiLoG) aufgezählt:
Welche Höhe des Mindestlohnes ist geeignet,

- zu einem angemessenen Mindestschutz der Arbeitnehmerinnen und Arbeitnehmer beizutragen;
- faire und funktionierende Wettbewerbsbedingungen zu ermöglichen, sowie
- die Beschäftigung nicht zu gefährden. zu gefährden.

Diese Kriterien sind in der Gesetzesbegründung näher definiert. So soll im Rahmen der fairen und funktionierenden Wettbewerbsbedingungen gesichert werden, dass der Wettbewerb über bessere Dienstleistungen bzw. Produkte geführt wird und nicht über die niedrigsten Lohnkosten.[73]

Die Kommission hat sich bei der Festsetzung des Mindestlohnes nachlaufend an der Tarifentwicklung zu orientieren. Dies bedeutet jedoch nicht, dass sie die Tarifentwicklung der letzten Festsetzung des Mindestlohnes bzw. seiner Einführung schematisch überneh-

---

71 So die Gesetzesbegründung BT-Drs. 147/14 S. 38/39 mit Verweis auf Wahlverfahren nach d'Hondt, Hare-Niemeyer oder Saint-Lague.

72 Siehe Heilmann in Schubert/Düwell, MiLoG § 6 Rn. 5.

73 BT-Drs. 18/1558, S. 38.

men darf. Die Kommission hat ihrem Beschluss die im Gesetz genannten Ziele, die mit der Neufestsetzung erreicht werden sollen, zu Grunde zu legen.[74]
Für die Evaluierung wird sich das Problem stellen, die Auswirkungen des Mindestlohnes auf Beschäftigung und z. B. Produktivität von anderen möglichen Ursachen (Ukraine-Krise, Ereignisse in Syrien oder eine Ölpreiserhöhung) abzugrenzen.
Dieser Bericht ist von der Kommission zusammen mit dem Votum zu Erhöhung übergeben werden.

44 Die Kommission kann vor ihrer Entscheidung über eine mögliche Erhöhung gesellschaftliche Gruppen wie Spitzenorganisationen der Arbeitgeber und Arbeitnehmer, Vereinigungen von Arbeitgebern und Gewerkschaften, öffentlich-rechtliche Religionsgesellschaften, Wohlfahrtsverbände, Verbände, die wirtschaftliche und soziale Interessen organisieren sowie sonstige von der Anpassung des Mindestlohnes Betroffene vor der Entscheidung anhören. Damit ist der Kreis der Anhörungsberechtigten sehr weit gefasst worden, denn von der Erhöhung des allgemeinen gesetzlichen Mindestlohnes kann praktisch jeder einzelne Mensch in der Bundesrepublik Deutschland betroffen sein. Ebenso ausländische Arbeitgeber, die Arbeitnehmer nach Deutschland entsenden.[75] Darüber hinaus kann sie Informationen und fachliche Stellungnahmen einholen.
Sie tagt nicht öffentlich. Fraglich ist, ob der Vorschlag die Begründung und der Evaluationsbericht zu veröffentlichen ist. Das Gesetz sieht dies nicht ausdrücklich vor. Da die Bundesregierung vor dem Erlass einer Rechtsverordnung zur Umsetzung des Beschlusses der Mindestlohnkommission verpflichtet ist, bestimmten Verbänden Gelegenheit zur Stellungnahme zu geben (§ 11 Abs. 2 MiLoG), muss sie die Dokumente veröffentlichen. Nur so werden die Verbände in die Lage versetzt, eine fundierte Stellungnahme abzugeben.
Die Mindestlohnkommission kann vorschlagen, den Mindestlohn zu erhöhen, ihn unverändert zu lassen oder auch ihn zu senken. Schlägt sie eine Absenkung vor, darf ihr Vorschlag den Mindestlohn allerdings nicht unter die vom Gesetz zur Einführung vorgegebene Höhe von 8,50 € absenken. Die Kommission befindet über eine »Anpassung der Höhe« (§ 4 Abs. 1 MiLoG). Der Wortlaut lässt also sowohl eine Erhöhung als auch eine Absenkung zu.[76]

45 Der Vorschlag der Mindestlohnkommission kann von der Bundesregierung durch Rechtsordnung – ohne Zustimmung des Bundesrates – umgesetzt und so eine neue Höhe festgesetzt werden. Das Gesetz räumt der Bundesregierung nur die Möglichkeit ein, den Beschluss der Mindestlohnkommission umzusetzen oder nicht. Sie kann ihn nicht abändern oder von den im Gesetz vorgesehenen Überprüfungszeitpunkten abweichen.[77]
Die jeweilige Rechtsverordnung gilt, bis sie durch eine neue abgelöst wird (§ 11 Abs. 1 Satz 3 MiLoG). Damit wird verhindert, dass ein Mindestlohnvakuum eintritt. Damit weicht die Regelung von der bei den Rechtsverordnungen nach dem AEntG ab.

---

74 Vgl. Heilmann in Schubert/Düwell, MiLoG § 9 Rn. 10.
75 Siehe Heilmann in Schubert/Düwell, MiLoG § 10 Rn. 10.
76 ErfK-Franzen, § 9 MiLoG Rn. 1; Lakies, MiLoG § 9 Rn. 3.; a.A. Sittard, NZA 14, 953; Spielberger/Schilling, NZA 14, 417.
77 Näher Heilmann in Schubert/Düwell, MiLoG § 11 Rn. 25.

Die Bundesregierung hat die Verbände vor Erlass der RVO schriftlich anzuhören. Frist dafür ist drei Wochen ab Bekanntmachung des Verordnungsentwurfes.
Die Kommission wird gem. § 12 MiLoG von einer Geschäftsstelle unterstützt. Dieser obliegt auch die Information und Beratung der Arbeitgeber und Arbeitnehmern über den Mindestlohn. Die Kosten trägt der Bund.

1.15 Evaluation

Das Gesetz sieht verschiedene Zeitpunkte und Inhalte für die Evaluation des Mindestlohnes vor. **46**
Zum 1.6.2016 soll die Bundesregierung einen Bericht vorlegen zur Frage, ob die Ausklammerung der Langzeitarbeitslosen in den ersten sechs Monaten eines Beschäftigungsverhältnisses deren »Wiedereingliederung in den Arbeitsmarkt« gefördert hat oder nicht (§ 22 Abs. 4 MiLoG).
Aufgabe der Mindestlohnkommission ist die fortlaufende Erfassung und Beurteilung des Mindestlohnes im Hinblick auf den mit ihm bezweckten Schutz der Arbeitnehmer, die Wettbewerbsbedingungen und die Beschäftigung in bestimmten Branchen und Regionen, sowie die Produktivität. Diese Evaluation stellt die Kommission zusammen mit ihrem Beschluss über die Anpassung des Mindestlohnes der Bundesregierung zur Verfügung (§ 9 Abs. 4 MiLoG).
Das Gesetz insgesamt soll im Jahr 2020 evaluiert werden (§ 23 MiLoG).

Anhang 2: Arbeitnehmer-Entsendegesetz (AEntG)

Inhaltsübersicht Rn.

2.1 Einführung

2.1.1 Entwicklung und Funktion des Gesetzes

1 Seit Anfang der 1990er Jahre wurden nach Abschluss des Maastricht-Vertrags und der Auflösung des Ostblocks vermehrt **Beschäftigte ausländischer Firmen**, besonders auf dem Bau, **vorübergehend für eine Tätigkeit** nach Deutschland geschickt (»Entsendung«; bei dauerhafter Tätigkeit in Deutschland handelt es sich nicht um Entsendung, dann gilt ohnehin umfassend deutsches Arbeitsrecht, vgl. dazu Grundl. Rn. 113 m.w.N.). Sie arbeiten zu ihrem Heimatlohn. Deutsche AVE-Tarifverträge gelten meist nicht, zum einen weil AVE-Tarifverträge nach Meinung des BAG keine international zwingenden Normen darstellen (Art. 9 Rom I-VO; siehe dazu § 5, Rn. 35a),[1] zum anderen weil die Bau-Lohntarifverträge in ihrer Mehrheit grundsätzlich nicht allgemeinverbindlich waren und sind. Ein allgemeiner gesetzlicher Mindestlohn, der das Problem überwiegend hätte lösen können, war damals noch nicht durchsetzbar. Als Alternative hätte es im Grunde ausgereicht, im Rahmen des § 5 TVG die international zwingende Wirkung allgemeinverbindlicher Tarifverträge (für ausländische Arbeitgeber) anzuordnen (siehe § 5, Rn. 35a). Stattdessen wurde ein neues Gesetz geschaffen, das zunächst nur für einige wenige Branchen galt und sich lediglich auf sogenannte »Mindestbedingungen« bezog, also nicht auf jegliche Normen von Tarifverträgen. Für diese **Allgemeinverbindlicherklärung von Mindesttarifverträgen für bestimmte Branchen** wurde 1996 das AEntG geschaffen; die sonstigen Erfordernisse der AVE nach § 5 TVG (damals vor allem die 50%-Quote, siehe § 5 Rn. 17) wurden nicht explizit verlangt.

1 BAG 4.5.77 – 4 AZR 10/76, BB 77, 1303 zum früheren (wortgleichen) Art. 34 EGBGB; a.A. Kempen/Zachert-Kocher, TVG, § 4 Rn. 48.

Von Anfang an galt das AEntG nicht nur für Arbeitnehmerinnen und Arbeitnehmer, die aus dem Ausland entsandt wurden, sondern **auch für regelmäßig im Inland Beschäftigte**, erfüllte also insofern **Mindestlohnfunktion**. Erst seit 2009 wird dies jedoch ausdrücklich im Gesetz als Ziel benannt.

Das Gesetz dient auch der Umsetzung der **EG-Entsende-Richtlinie 96/71/EG** von 1996,[2] 2
nach deren Art. 3 Abs. 1 die Mitgliedstaaten dafür zu sorgen haben, dass auch ausländische Unternehmen den entsandten Arbeitnehmern jeweils die Arbeits- und Beschäftigungsbedingungen garantieren, »die in dem Mitgliedstaat, in dessen Hoheitsgebiet die Arbeitsleistung erbracht wird, durch Rechts- oder Verwaltungsvorschriften und/oder durch für allgemein verbindlich erklärte Tarifverträge [...] festgelegt sind.« Die Entsende-Richtlinie wurde 2014 ergänzt durch die Durchsetzungs-Richtlinie 2014/67/EU.

Hintergrund der **grundlegenden Revision des AEntG im Jahre 2009** war einerseits, dass 3
die BDA ihre Blockade-Politik im Tarifausschuss auch im Rahmen des AEntG fortsetzte (zum Vetorecht bei der AVE vgl. § 5, Rn. 27f). Die Blockade des ersten Bau-Mindestlohntarifvertrags durch die BDA war bereits in Form einer anschließend von ihr erzwungenen Senkung des Mindestlohns erfolgreich gewesen.[3] Seit Januar 1999 ist ein solches Vorgehen nicht mehr möglich, da im AEntG als Alternative zur Allgemeinverbindlicherklärung das **Instrument der Rechtsverordnung** eingeführt wurde, für deren Erlass lediglich der Antrag einer Tarifvertragspartei auf Allgemeinverbindlicherklärung erforderlich ist, nicht aber das Einvernehmen im Tarifausschuss.

Die große Koalition verband mit der Reform des AEntG 2009 noch ein weiteres Ziel. Statt der Einführung eines allgemeinen gesetzlichen Mindestlohns sollte der Niedriglohnsektor durch zwei komplementäre Instrumente eingedämmt werden, die aufeinander abgestimmt werden sollten: Das AEntG sollte **Mindestlohnfunktion** in denjenigen Bereichen erfüllen, in denen repräsentative Tarifverträge abgeschlossen werden konnten; für andere Bereiche mit geringem Organisationsgrad sollte das MiArbG handhabbar gemacht werden, bei dem eine Kommission Entgelte unabhängig von Tarifverträgen festsetzen konnte. In diesem Zusammenhang wurde das AEntG 2009 noch auf eine Reihe **weiterer Branchen** ausgedehnt – sogar die **Pflegebranche** wurde mit einer Sonderregelung aufgenommen (Rn. 43 ff.), bei der gar nicht an Tarifverträgen angeknüpft wird, sondern stattdessen das Modell der Entgeltfestsetzung durch eine Kommission verfolgt wird.

Das Regelungskonzept von 2009 ist als Kompromiss am Ende der großen Koalition CDU/ 4
SPD zu erklären.[4] Angesichts des anhaltenden und massiven Widerstands gegen einen allgemeinen gesetzlichen Mindestlohn war die Erstreckung von Tarifverträgen nach dem Modell des AEntG so etwas wie das **Allheilmittel gegen Niedriglohnbereiche** geworden – und zwar selbst dort, wo es (wie bei der Leiharbeit) offensichtlich an der ausreichenden Organisationsfähigkeit der Beschäftigten fehlt (im Bereich der Leiharbeit kommen Tarifverträge überhaupt nur durch den »Anreiz« der gesetzlichen Tarifdispositivität zustande,

---

2 Vgl. zum Ganzen: Däubler-Lakies, § 5 Anh. 2, Rn. 26 ff.; Koberski/Asshoff/Hold, AEntG; Stang/Bachner/Asshoff, S. 256 ff.

3 Ein »bemerkenswerter Eingriff in die Tarifautonomie«, so Blanke, AuR 99, 420; vgl.auch Sahl/Stang, AiB 96, 652 und AiB 97, 9; siehe dazu auch Däubler-Lakies, § 5 Anh. 2, Rn. 34 ff.

4 Däubler-Lakies, § 5 Anh. 2, Rn 24 f.

vgl. schon § 2 Rn. 41).[5] Mit der Einigung auf den allgemeinen gesetzlichen Mindestlohn durch das MiLoG ab 2015 hätte das AEntG auf seine eigentliche Funktion zurückgeführt werden können (erleichterte Allgemeinverbindlichkeit in Bereichen, die der Globalisierung besonders ausgesetzt sind). Dafür war allerdings die branchenmäßige Beschränkung nicht erforderlich; die **Beschränkung auf bestimmte Branchen** wurde ab 2015 deshalb zu Recht **aufgehoben**. Dennoch wird nach wie vor unterschieden zwischen Branchen, die der Gesetzgeber für per se für einschlägig erachtet, und sonstigen Branchen (siehe Rn. 13ff.).

2.1.2 Verhältnis zu § 5 TVG und MiLoG

5 Durch die Erleichterungen in § 5 TVG (siehe § 5 Rn. 17ff.) sind die **Regelungszwecke von AEntG und § 5 TVG** aneinander angenähert worden. Der Hauptunterschied besteht heute im Wesentlichen noch darin, dass nach § 5 TVG auch Entgelte, die nicht »Mindestentgelte« sind, sondern eine angemessene Gegenleistung gewährleisten sollten, für allgemeinverbindlich erklärt werden können. Im Verhältnis beider Regelungen geht deshalb der Mindestlohn nach AEntG immer vor, soweit nicht die AVE günstigere Regelungen enthält.

6 Zum **Verhältnis von MiLoG und AEntG** gilt ähnliches: Der Mindestlohn nach MiLoG geht vor, soweit nicht die Erstreckung nach AEntG günstigere Regelungen enthält. In § 24a AEntG findet sich allerdings eine **Übergangsregelung**, die derjenigen in § 24 MiLoG entspricht. Danach können die gesetzlichen Mindestlöhne bis zum 31.12.2017 durch allgemeinverbindliche Tarifverträge nach dem AEntG unterschritten werden, »*wenn diese Unterschreitung erforderlich ist, um in der betreffenden Branche eine schrittweise Heranführung des Lohnniveaus an die Vorgaben des Mindestlohngesetzes zu bewirken und dabei faire und funktionierende Wettbewerbsbedingungen und den Erhalt sozialversicherungspflichtiger Beschäftigung zu berücksichtigen*«. Sollte der gesetzliche Mindestlohn zwischenzeitlich erhöht werden, so gilt ab 1.1.2017 für diese abweichenden Regelungen ein Mindestsatz von 8,50 Euro/h. Der Gesetzgeber folgt hier der (durch die Entwicklungen im Leiharbeitsrecht allerdings teilweise bereits widerlegten) These, dass die Tarifautonomie durch tarifdispositives Recht gefördert werden könne. Die Voraussetzungen dieser Übergangsregelung sind so vage, dass sie kaum noch justitiabel erscheinen und den Tarifparteien einen großen Beurteilungsspielraum geben. Für die gerichtliche Überprüfung ist allerdings wichtig, dass eine abweichende Regelung in diesem Sinne »schrittweise« vorgeht. Zu beachten bleibt auch, dass die Regelung nur für Tarifverträge repräsentativer Tarifvertragsparteien gilt; das Gesetz knüpft hier an den Begriff der Repräsentativität in § 7 Abs. 2 AEntG an (Rn. 26).

5 Zu Reformvorschlägen bezogen auf das AEntG vgl. auch Rödl, WSI-Mitt. 12, 517ff.

2.1.3 Überblick über das Gesetz

§ 2 AEntG sieht zunächst vor, dass alle Regelungen über bestimmte Mindestarbeitsbedingungen (dazu Rn. 19) **international zwingend** sind (sie gelten also auch für Arbeitnehmer/innen, die aus dem Ausland entsandt werden). Dies gilt jedenfalls, soweit die Mindestnormen in Rechts- oder Verwaltungsvorschriften enthalten sind. Das Gesetz geht insofern über die Anforderungen der Entsende-Richtlinie hinaus, als die international zwingende Wirkung **nicht auf den Bereich der EU** beschränkt ist. Das Gesetz führt zu einem **Beschäftigungsortprinzip:** Die international zwingenden Arbeitsbedingungen sind danach unabhängig vom Sitz des Arbeitgebers, unabhängig vom ständigen arbeitsvertraglichen Arbeitsort des Arbeitnehmers oder der Arbeitnehmerin und unabhängig vom auf den Arbeitsvertrag anwendbaren Recht einzuhalten: Es müssen mindestens die am Beschäftigungsort verbindlichen Mindestarbeitsbedingungen gewährt werden (§ 8 Abs. 1 AEntG). Er darf durch andere Tarifverträge im Geltungsbereich nicht unterboten werden (vgl. Rn. 34f.).[6] 7

Die international zwingende Wirkung ist vor allem für **tarifliche Normen** von Bedeutung, die für allgemeinverbindlich erklärt wurden. Um die **Setzung von allgemeinverbindlichen tariflichen Mindeststandards** mit international zwingender Wirkung zu **erleichtern**, sieht das AEntG Voraussetzungen und Verfahren vor, die von § 5 TVG abweichen. Die danach allgemeinverbindlichen Mindestentgelte und sonstigen Arbeitsbedingungen müssen nach §§ 3, 8 AEntG alle in- und ausländischen Arbeitgeber ihren Beschäftigten gewähren, wenn sie unter den Geltungsbereich des jeweiligen Tarifvertrags oder der jeweiligen Rechtsverordnung fallen. Das AEntG erstreckt somit die Wirkung dieser Tarifverträge zwingend und mit Vorrang vor anderen Tarifverträgen auf die Arbeitsverhältnisse aller in Deutschland tätigen Arbeitnehmer/innen und Betriebe. 8

Zwingende Mindestbedingungen für alle in- und ausländischen Betriebe sind nach AEntG möglich 9

- bei bundesweiten Mindestlohn-Tarifverträgen (Rn. 23; zur Ausnahme in der Pflegebranche siehe Rn. 43ff.),
- in allen **Branchen**, wobei einige Branchen schon besonders benannt sind (Rn. 13ff.),
- für bestimmte Arbeitsbedingungen (Rn. 19ff.),
- aufgrund von zwei Verfahren der Normerstreckung: das normale Verfahren der AVE gem. § 5 TVG oder durch Rechtsverordnung gem. § 7 AEntG (Rn. 27ff.).

Nach § 1 AEntG verfolgt das Gesetz die **Ziele**, angemessene Mindestarbeitsbedingungen für grenzüberschreitend entsandte und für regelmäßig im Inland beschäftigte Arbeitnehmer/innen zu schaffen und durchzusetzen sowie faire und funktionierende Wettbewerbsbedingungen zu gewährleisten. Dadurch sollen zugleich sozialversicherungspflichtige Beschäftigung erhalten und die Ordnungs- und Befriedungsfunktion der Tarifautonomie gewahrt werden. (vgl. aber auch zu den Zielen der Mindestentgeltfestsetzung in der Pflegebranche § 11 Abs. 2 AEntG, siehe Rn. 43ff.). Die Ziele des Arbeitnehmerschutzes und des Wettbewerbsschutzes sind zwei Seiten derselben Medaille: Das Gesetz will einen fairen Wettbewerb zwischen Unternehmen dadurch befördern, dass die Qualität der Leistungen 10

6 Dazu Stang/Bachner/Asshoff, S. 259.

und des Management zu wettbewerbsrelevanten Parametern werden statt niedriger Lohnkosten.[7]

11 § 7 AEntG ist **verfassungsgemäß**; insbesondere sind auch die Bestimmtheitsanforderungen an eine Verordnungsermächtigung i. S. v. Art. 80 Abs. 1 Satz 2 GG erfüllt.[8] Ein Eingriff in die Tarifautonomie der Parteien derjenigen Tarifverträge, die nicht für allgemeinverbindlich erklärt wurden, liegt nicht vor. Zwar wird eine inhaltliche Grenze im Niedriglohnbereich vorgegeben; es bleibt aber die Möglichkeit, oberhalb des Mindestniveaus die Arbeitsbedingungen zu gestalten (zum Günstigkeitsvergleich vgl. Rn. 32 ff.).[9]

12 Das AEntG ist **europarechtskonform** und entspricht insbesondere in vollem Umfang (auch hinsichtlich der Bestimmungen über die Urlaubskassen) der unionsrechtlichen Entsenderichtlinie und der Dienstleistungsfreiheit.[10] Ein Problem stellte lediglich die ursprüngliche Fassung des Gesetzes von 1996 dar, da sie es ermöglichte, vom allgemeinverbindlich erklärten Tarifvertrag durch Firmentarifvertrag auch zulasten der Beschäftigten abzuweichen. Da dies nach Meinung der Gerichte nur inländischen, nicht aber ausländischen Arbeitgebern erlaubt war, stand es im Widerspruch zum Europarecht; nach der Änderung im Jahre 1999 ist das Gesetz nun europarechtskonform.[11] Damit ist die Mindestlohnfunktion des Gesetzes gestärkt worden; im Verhältnis zu anderen Tarifverträgen, die nicht allgemeinverbindlich nach AEntG sind, gilt nun in vollem Umfang ein **Günstigkeitsprinzip** (Rn. 32 ff.).

2.2 Anwendungsbereich

2.2.1 Erfasste Branchen

13 **Von Anfang an** erfasste das AEntG das Baugewerbe (Bauhauptgewerbe und die sog. Baunebengewerbe i.S.d. §§ 1 und 2 der Baubetriebe-Verordnung und Montagen)[12], Gebäudereinigung und Briefdienstleistungen (jetzt § 4 Abs. 1 Nr. 1–3 AEntG). Als weitere Branchen kamen im Jahre 2009 hinzu: das Wach- und Sicherheitsgewerbe (»Sicherheitsdienstleistungen«), Bergbauspezialdienste in der Steinkohle, Wäschereien im Objektkundengeschäft, die Abfallwirtschaft einschließlich Straßenreinigung und Winterdienst sowie Aus- und Weiterbildungsdienstleistungen nach SGB II und SGB III (§ 4 Abs. 1 Nr. 4–8 AEntG). Die letzte seit 2015 ausdrücklich erwähnte Branche ist Schlachterei und Fleischverarbeitung (§ 4 Abs. 1 Nr. 9 AEntG). Die Aufnahme einer Branche in das Gesetz hing in der Praxis davon ab, dass bundesweit einheitliche Tarifstrukturen erreicht und die Tarifparteien sich einig waren, dass die vereinbarten Mindestbedingungen allgemein verbind-

7 ErfK-Schlachter, § 1 AEntG Rn. 1 f.

8 BVerfG 18.7.00 – 1 BvR 948/00, AuR 00, 353 für die Vorgänger-Norm § 1 Abs. 3a AEntG 1996; ausführlich dazu für die Neufassung auch Preis/Greiner, ZfA 09, 825, 830 f.

9 BVerfG 18.7.00 – 1 BvR 948/00, AuR 00, 353 für die Vorgänger-Norm § 1 Abs. 3a AEntG 1996.

10 EuGH 25.10.01 – C-49–50/98, C-52–54/98, C-68–71/98 (Finalarte), NZA 01, 1377; BAG 20.7.04 – 9 AZR 369/03, EzA § 1 AEntG Nr. 4 (für die Fassung ab 1999).

11 EuGH 25.10.01 – C 49/98, DB 01, 2723; 24.1.02 – C-164/99 (Portugaia Construções), DB 02, 430; BAG 20.7.04 – 9 AZR 343/03, NZA 2005, 114 für die Zeit vor 1999.

12 Z.B. Dachdecker, Maler und Lackierer, Rohrleger, Sanitär, Heizung, Klima, Elektrohandwerk, Stahl- und Metallbau; BGBl 99 I, S. 2230; wiedergegeben bei Däubler-Lakies, § 5 Anh. 2 Rn. 78.

lich werden sollten. Die aufgenommenen Branchen ähneln sich darin, dass es sich durchgehend um personalintensive Dienstleistungen handelt, bei denen in der Vergangenheit die Entgelthöhe als entscheidender Wettbewerbsfaktor eingesetzt worden war.[13]

Einen Sonderfall der Sicherheitsdienstleistungen regelt § 13a AEntG, denn für den gewerbsmäßig **grenzüberschreitenden Straßentransport von Euro-Bargeld** zwischen den Mitgliedstaaten des Euroraums gilt schon die EU-Verordnung 1214/2011,[14] nach deren Art. 24 jeweils die höchsten Mindestlohnsätze einschließlich der Überstundensätze für den gesamten Arbeitstag gezahlt werden müssen, wenn Geldtransporte in mehr als einem Aufnahmemitgliedstaat durchgeführt werden. Wenn ein Transporttag zeitweise in einen Mitgliedstaat fällt, in dem ein höheres Entgelt gilt als nach der deutschen Mindestlohn-VO für das Bewachungsgewerbe, so gilt dieser höhere Satz. § 13a AEntG stellt diese Verordnung einer deutschen Mindestlohn-VO gleich, um die Regelungen des AEntG zu Überwachung und Sanktionierung durch die Zollbehörden auch auf diese Fälle anwendbar zu machen.[15] 14

Für die **Abgrenzung der Branchen** und damit die Frage, ob ein Betrieb unter eine einschlägige MindestlohnVO fällt, finden sich in § 6 Abs. 2–9 AEntG genauere Bestimmungen und Eingrenzungen. Diese orientieren sich an den sachlichen Anwendungsbereichen der einschlägigen Mindestlohntarifverträge und verlangen i.d.R., dass ein Betrieb **»überwiegend«** der im Tarifvertrag benannten Branche zuzurechnen ist. Allerdings können die Tarifverträge auch an selbstständige Betriebsabteilungen anknüpfen. 15

Das Gesetz erfasst auch die Festlegung von Mindeststandards für **Pflegedienstleistungen**; die in diesem Bereich zahlreich vertretenen kirchlichen Trägereinrichtungen verschmähen allerdings Tarifverträge.[16] Hier werden die Mindeststandards deshalb nach dem Willen des Gesetzgebers nicht durch die Erstreckung von Tarifverträgen, sondern in einem Verfahren über eine Kommission festgesetzt, eine Regelung, die sich am früheren MindArbG orientiert und der Kommissionsregelung im HAG (sowie im MiLoG) entspricht (§§ 10–13 AEntG; dazu Rn. 43ff.). Bei der **Leiharbeit** wurde zwar ein Instrument gewählt, das den AEntG-Instrumenten zur Festsetzung von Lohnuntergrenzen ähnelt; dies erfolgte jedoch außerhalb des AEntG in § 3a AÜG (Anhang 4, Rn. 1ff.). 16

Mit Wirkung zum 1.1.2015 können Tarifverträge auch dann nach dem AEntG für verbindlich erklärt werden, wenn sie für eine Branche abgeschlossen wurden, die nicht ausdrücklich im Gesetz (§ 4 Abs. 1 AEntG) genannt ist. Nach § 4 Abs. 2 kann auch **in allen anderen Branchen** eine Verbindlicherklärung von Tarifverträgen beantragt werden. Das Gesetz verlangt hier eine zusätzliche Prüfung, dass die Erstreckung der Rechtsnormen erforderlich ist, um insbesondere einem **Verdrängungswettbewerb über die Lohnkosten** entgegen zu wirken. Aufgrund der zunehmenden Europäisierung der Arbeitsmärkte wird sich diese Voraussetzung in der Regel bejahen lassen.[17] Eine Aufnahme in den Gesetzestext erübrigt sich dann. Entsprechend § 6 Abs. 2–9 AEntG gilt auch in diesen Fällen, dass eine 17

13 ErfK-Schlachter, § 4 AEntG, Rn. 8.
14 Verordnung (EU) Nr. 1214/2011, ABl. L 316 vom 29.11.11.
15 ErfK-Schlachter, § 13a Rn. 1.
16 Siehe z.B. Riechert/Stomps, NZA 12, 707.
17 Vgl. Henssler, RdA 15, 43ff.

Rechtsnormerstreckung nur für solche Betriebe oder selbständigen Betriebsabteilungen wirkt, in denen »überwiegend« branchenspezifische Tätigkeiten ausgeführt werden.[18]

18 Mindestlöhne nach AEntG gibt es im Jahre 2015 in allen Branchen, die in § 4 Abs. 1 ausdrücklich aufgeführt werden. Zuletzt trat zum 1. 8. 14 ein Mindestlohn für die Beschäftigten in der Fleischwirtschaft in Kraft. Friseurhandwerk ab 1. 1. 15 und Schornsteinfegerhandwerk (keine VO, sondern AVE).[19] Insoweit hat sich auch die Übergangsregelung in § 24a AEntG/§ 24 MiLoG ausgewirkt.

2.2.2 Erfasste Arbeitsbedingungen

19 Das AEntG regelt nicht nur die Erstreckung von Tarifnormen auf Außenseiter/innen, sondern enthält in § 2 auch eine generelle Regelung über die international zwingende Wirkung von Mindestarbeitsbedingungen (§ 2 Nr. 1 und 2 AEntG), unabhängig davon, wo und wie sie geregelt sind. Die Norm ist insbesondere für **Mindestarbeitsbedingungen in anderen Gesetzen** praktisch relevant.[20] International zwingend sind danach alle zwingenden Mindestregelungen über das Entgelt, darüber hinaus Urlaub (Dauer des bezahlten Mindesturlaubs), Arbeitszeit (Höchstarbeitszeiten und Mindestruhezeiten), Arbeitnehmerüberlassung, Sicherheit, Gesundheitsschutz und Hygiene am Arbeitsplatz, Mutterschutz, Schutz von Kindern und Jugendlichen sowie Geschlechtergleichbehandlung und anderer Diskriminierungsschutz (§ 2 Nr. 3–7 AEntG).

20 § 2 enthält darüber hinaus Aussagen darüber, welche Mindestarbeitsbedingungen in Tarifverträgen nach dem AEntG für allgemeinverbindlich erklärt und damit erstreckt werden können. Für die **Erstreckung der Normwirkung von Tarifverträgen** auf Außenseiter/innen kommen im Grunde dieselben Mindestarbeitsbedingungen in Betracht (§ 5 Nr. 4 AEntG), mit zwei Erweiterungen (§ 5 Nr. 1–3 AEntG): Die **Mindestentgeltsätze** einschließlich der Überstundensätze können hier auch nach Art der Tätigkeit, Qualifikation der Arbeitnehmer und Arbeitnehmerinnen sowie nach Regionen differieren. Damit ist auch die Verbindlicherklärung eines tariflichen Lohngitters möglich, in dem Mindestentgelte nach **Tätigkeiten und Qualifikationen differenziert** geregelt werden.[21] In Bezug auf die Regelung von **Urlaub** kommt über die Dauer des Urlaubs hinaus eine Verbindlicherklärung der Höhe des Urlaubsentgelts und zusätzliches Urlaubsgeld in Betracht.

Findet die Erstreckung des Tarifvertrags nicht durch Allgemeinverbindlicherklärung nach § 5 TVG statt, sondern **durch Rechtsverordnung** (Rn. 71 ff.), so gilt allerdings wiederum eine wichtige **Einschränkung**: Die Rechtsverordnung kann sich nicht auf die sonstigen

---

18 Zu diesem »Überwiegensprinzip« auch ErfK-Schlachter, § 4 Rn. 10.

19 Ein Überblick über die jeweils aktuell einschlägigen Tarifverträge und Mindestlohn-Verordnungen findet sich auf der Website des BMAS, siehe <http://www.bmas.de/SharedDocs/Downloads/DE/PDF-Publikationen-DinA4/arbeitsrecht-verzeichnis-allgemeinverbindlicher-tarifvertraege.html> (2. 2. 15).

20 Däubler-Lakies, § 5 Anh. 2, § 2 AEntG Rn 5 f.

21 Bieback/Kocher, Gesetzliche Festlegung eines Mindestentgelts durch erleichterte Allgemeinverbindlicherklärung oder Verweis auf unterste Tarifentgelte, S. 43 ff.; Kocher, NZA 07, 600, 603 f.; Mayer, AuR 11, 4 hält dies geradezu für geboten, um den Anforderungen der Leiharbeitsrichtlinie 104/2008/EG gerecht zu werden; genauso Rödl, WSI-Mitt. 12, 517, 521f; jetzt auch EuGH 12. 2. 15 – C-396/13 (Sähköalojen ammattiliitto).

Arbeitsbedingungen nach § 2 Nr. 4–7 AEntG beziehen, sondern nur auf Entgelt und Urlaub i.S.d. § 5 Nr. 1–3 (§ 7 Abs. 1 Satz 3 AEntG).

Auf den Mindestentgeltanspruch aus den erstreckten Tarifverträgen ist nur **anzurechnen**, was monatlich ausgezahlte Gegenleistung für die »Normalleistung« des Arbeitnehmers ist, die also im »Gleichgewicht zwischen der Leistung des Arbeitnehmers und der von ihm erhaltenen Gegenleistung« steht. Dieses »**Äquivalenzprinzip**« des Bundesarbeitsgerichts, wonach nur solche Leistungen anzurechnen sind, die in ihrer Zwecksetzung dem Mindestlohn funktional gleichwertig sind, hat der EuGH akzeptiert; seither wird dies in Deutschland häufig als verbindliche Vorgabe des europäischen Rechts angesehen.[22] Nicht angerechnet werden können deshalb z.B. Entgelte für Überstunden, Beiträge für zusätzliche betriebliche Altersversorgungssysteme, Aufwendungsersatz für tatsächlich entstandene Kosten, Qualitätsprämien, Schmutz-, Erschwernis- und Gefahrenzulagen oder Vermögenswirksame Leistungen.[23] Umstritten ist die Behandlung von pauschalen »Einmalzahlungen« für die Zeit zwischen Außerkrafttreten des Vorgänger-Tarifvertrages und dem Inkrafttreten der Tariferhöhung. Nach dem Prinzip der »funktionalen Gleichwertigkeit« liegt es nahe, diese auf die Mindestlohnzahlungen anzurechnen, auch wenn diese nicht auf Stundenbasis berechnet werden.[24] Problematisch ist allerdings, dass die Leistungen den Beschäftigten nicht zu den monatlichen Fälligkeitszeiträumen für die Existenzsicherung zur Verfügung stehen. Entgegen der Auffassung der Rechtsprechung kann es gerade nicht unschädlich sein, wenn die Leistung außerhalb des Zeitraums erfolgt, für den sie die Leistung der betreffenden Arbeitnehmer entgelten solle.[25] 21

Ausländische Arbeitgeber können nach § 5 Nr. 3 AEntG auch zu **Beiträgen an eine Urlaubskasse** verpflichtet werden, wie es z.B. in Tarifverträgen des Bauhauptgewerbes festgelegt ist (§ 8 BRTV-Bau, § 18 VTV).[26] Dies gilt allerdings nur, wenn es nicht zu einer Doppelbelastung führt. Eine Beitragszahlung ist also ausgeschlossen, soweit der ausländische Arbeitgeber gleichzeitig zu Beiträgen zu einer vergleichbaren Einrichtung im Staat seines Sitzes herangezogen wird; das gleiche muss gelten, wenn die Sozialleistungen des Entsende-/Herkunftsstaates für die entsandten Arbeitnehmer/innen günstiger sind als im deutschen Tarifvertrag.[27] Außerdem muss das Verfahren der gemeinsamen Einrichtung eine Anrechnung der Leistungen vorsehen, die der ausländische Arbeitgeber zur Erfüllung der Urlaubsansprüche seines Arbeitnehmers oder seiner Arbeitnehmerin bereits erbracht hat. Zur Freistellung von Arbeitgebern mit Betriebssitz in Belgien, Frankreich, den Niederlanden, Dänemark, Österreich und der Schweiz hat die Urlaubskasse Rahmenver- 22

---

22 So auch der Gesetzentwurf der Bundesregierung zum MiLoG, BT-Drs. 18/1558, Stellungnahme des Bundesrates, S. 75; Gegenäußerung der Bundesregierung, S. 84f.; zur Debatte siehe auch Bayreuther, EuZA 14, 189ff.; Ulber, RdA 14, 176; Kocher, fireu-Newsletter 19.

23 EuGH 14.4.05 – C-341/02 (Kommission/Deutschland), Slg. 2005, I-2733; EuGH 7.11.13 – C-522/12 (Isbir); ausführlich jetzt auch EuGH 12.2.15 – C-396/13 (Sähköalojen ammattiliitto).

24 Diese Einschränkung hatte der EuGH 2005 noch gemacht (EuGH 14.4.05 – C-341/02 (Kommission/Deutschland).

25 So aber im Anschluss an das BAG der EuGH, 7.11.13, C-522/12 (Isbir).

26 BAG 21.11.07 – 10 AZR 782/06, NZA-RR 08, 254.

27 Ausführlich auch ErfK/Schlachter, § 5, Rn. 5. Die Beitragspflicht bleibt aber auch dann bestehen, wenn die Ansprüche der Arbeitnehmer/innen verfallen sind (BAG 25.1.05 – 9 AZR 621/03; zu etwaigen Schadensersatzansprüchen gegen die ULAK: BAG 14.8.07 – 9 AZR 167/07, NZA 08, 236).

einbarungen abgeschlossen.[28] Auch die Regelung zur Beitragspflicht ausländischer Arbeitgeber ist **verfassungs- und europarechtlich wirksam.**[29]

2.2.3 Anforderungen an die Tarifverträge

23 Ein ganz entscheidender Unterschied zwischen § 5 TVG und AEntG liegt darin, dass § 3 Satz 1 AEntG einen **bundesweiten Tarifvertrag** voraussetzt.[30] Eine unionsrechtliche Vorgabe besteht insofern nicht.[31] Eine Ausnahme gilt nur für Regelungen über **Urlaub** und Urlaubskassen; hier reicht es nach § 3 Satz 2 AEntG aus, wenn die einschlägigen tarifvertraglichen Regelungen zusammengefasst räumlich das gesamte Bundesgebiet abdecken; damit sollte auf die üblichen Urlaubsregelungen des Baugewerbes Rücksicht genommen werden.

24 Voraussetzung für die Erstreckung der Normwirkung von Tarifverträgen ist das Vorliegen eines **öffentlichen Interesses**, nicht dagegen die Erfüllung der weiteren Repräsentativitätsanforderungen des § 5 Abs. 1 Nr. 1 TVG (so ausdrücklich § 7 Abs. 1 Satz 2 AEntG). Die Normerstreckung muss geboten erscheinen, um die in § 1 AEntG genannten Gesetzesziele zu erreichen.

25 Zusätzliche Voraussetzungen gelten, **wenn es um eine Branche geht, die nicht explizit im Gesetz genannt ist** (§ 7a Abs. 1 AEntG). In diesen Fällen muss noch geprüft werden, ob die Erstreckung von Tarifnormen wirklich erforderlich ist, um »faire und funktionierende Wettbewerbsbedingungen« zu gewährleisten. Bei dieser Entscheidung ist zu berücksichtigen, dass ein Mindestarbeitnehmerschutz bereits durch das MiLoG gewährleistet ist; für die Normerstreckung nach AEntG kommt es vor allem darauf an, ob die Tarifautonomie dadurch gefährdet ist, dass über die Lohnkosten ein Verdrängungswettbewerb zwischen den Unternehmen stattfindet. Ein wichtiges Kriterium für die Gefährdung der Tarifautonomie ist in diesem Zusammenhang die Bedeutung des Tarifvertrags für die Gestaltung der Arbeitsbedingungen im Tarifgebiet; dafür kommt es nicht auf die Verhältnisse in der gesamten Branche an, sondern nur auf die **Verhältnisse im Tarifgebiet.**[32]

26 Werden in einer Branche **mehrere Tarifverträge** angewendet (deren fachlicher Geltungsbereich sich zumindest teilweise überschneidet) oder werden Anträge für mehrere Tarifverträge gestellt, muss vor dem Erlass einer Rechtsverordnung geprüft werden, ob der beantragte Tarifvertrag der »richtige« ist bzw. es muss zwischen den mehreren Tarifverträgen ausgewählt werden. Voraussetzung ist allerdings, dass alle in Betracht kommenden Kollektivverträge tatsächlich von tariffähigen Organisationen abgeschlossen wurden.

---

28 Vgl. BAG 3.5.06 – 10 AZR 344/05, NZA-RR 07, 641; Preis/Temming, Die Urlaubs- und Lohnausgleichskasse im Kontext des Gemeinschaftsrechts, 2006, 25f.

29 BAG 25.6.02 – 9 AZR 405/00, NZA 03, 275; EuGH 25.10.01 – C 49/98, DB 01, 2723; 24.1.02 – C 164/99, DB 02, 430 für die Vorgängernorm § 1 Abs. 3 AEntG 1996; vgl. auch zur Vereinbarkeit mit dem Freizügigkeitsabkommen (Schweiz) BAG 3.5.06 – 10 AZR 344/05, NZA-RR 07, 641.

30 Eine Einbeziehung regionaler Tarifverträge wäre allerdings europarechtlich möglich (siehe Bieback/Kocher, Gesetzliche Festlegung eines Mindestentgelts durch erleichterte Allgemeinverbindlicherklärung oder Verweis auf unterste Tarifentgelte, S. 43ff; jetzt wieder genauso Rödl, WSI-Mitt. 12, 517, 520f).

31 ErfK/Schlachter, § 3, Rn. 4.

32 ErfK/Schlachter, § 7a, Rn. 2.

Nach § 7 Abs. 2 ist in einem solchen Fall einerseits insbesondere zu berücksichtigen, mit welchem Tarifvertrag in der Sache die **Gesetzesziele** (Rn. 54 ff.) am besten verfolgt werden.

Als zweites und entscheidendes Kriterium ist bei der notwendigen Gesamtabwägung die **Repräsentativität des Tarifvertrags** zu berücksichtigen. Anders als bei der Ermittlung der überwiegenden Bedeutung nach § 5 TVG (dazu § 5 Rn. 19) kommt es hier allerdings nicht nur auf die Zahl der Arbeitsverhältnissen an, die sich an dem Tarifvertrag orientieren (§ 7 Abs. 2 Satz 2 Nr. 1 AEntG), sondern außerdem auf die **Repräsentativität der Gewerkschaft** (§ 7 Abs. 2 Satz 2 Nr. 2 AEntG: die Zahl der jeweils unter den Geltungsbereich des Tarifvertrages fallenden Mitglieder der Gewerkschaft, die den Tarifvertrag geschlossen hat). Eine strikte zahlenmäßige Grenze gibt es nicht. Darüber hinaus enthält § 7 Abs. 3 AEntG noch eine in der Sache selbstverständliche (und deshalb überflüssige[33]) Abwägungsregelung.

Für die Auswahl spielt die **Günstigkeit** zwar keine Rolle; allerdings bleiben Tarifverträge, deren Bedingungen für die Arbeitnehmer/innen günstiger sind als die des Mindestlohntarifvertrags, für die Tarifgebundenen ohnehin verbindlich. Über das AEntG werden lediglich die Mindestbedingungen geregelt (vgl. § 8 Abs. 2 und Rn. 66).

2.3 Verfahren

2.3.1 AVE nach § 5 TVG oder Rechtsverordnung

Für einen **Tarifvertrag der Baubranche** (§ 4 Abs. 1 Nr. 1, § 6 Abs. 2 AEntG), dessen Normen nach AEntG für international zwingend erklärt werden sollen, kann im normalen Verfahren nach § 5 TVG die **AVE** beantragt werden, zu der die Zustimmung der Mehrheit des Tarifausschusses erforderlich ist (§ 5 TVG, Rn. 24 ff.). Das AEntG »verstärkt« die Allgemeinverbindlichkeit dann automatisch über § 3 Satz 1 Var. 1 AEntG um die international zwingende Wirkung.[34] Einer Rechtsverordnung bedarf es hierfür nicht. Lehnt der Tarifausschuss eine solche AVE ab, kann aber eine Rechtsverordnung beantragt werden. Für alle anderen Branchen ist nach der Neufassung des AEntG ab dem Jahre 2015 nur noch die Normenerstreckung durch Rechtsverordnung mit international zwingender Wirkung vorgesehen. 27

Die **Rechtsverordnung** (RVO) setzt einen **gemeinsamen Antrag** der Tarifvertragsparteien voraus. Eine RVO gegen den Willen einer Partei ist ausgeschlossen. Die Entscheidung liegt beim Bundesarbeitsministerium (§ 7 Abs. 1 AEntG), das auch das Verfahren führt; in bestimmten Fällen muss die gesamte Bundesregierung entscheiden (§ 7 Abs. 5 Satz 3 AEntG). Einer Zustimmung des Bundesrates bedarf es nicht. Die im Wege der Rechtsverordnung geltenden Mindestarbeitsbedingungen sind staatliches Recht.[35] 28

33 Däubler-Lakies, § 5 Anh. 2, § 7 AEntG, Rn 22.
34 Sittard, NZA 12, 299, 301 (»verstärkte Allgemeinverbindlicherklärung«).
35 BAG 20.4.11 – 4 AZR 467/09, NZA 11, 1105, 1107; der Gesetzestext (§ 8 Abs. 2 AEntG) spricht jedoch vom »Tarifvertrag (...), der (...) erstreckt wird, (...)«.

2.3.2 Verfahren zum Erlass einer Rechtsverordnung

29 Für den Erlass einer Rechtsverordnung unterscheiden §§ 7, 7a AEntG drei Fälle: Das **Grundverfahren** (§ 7 Abs. 1–4 AEnG) gilt in Branchen, in denen bereits eine Rechtsverordnung erlassen worden war. Aktuell ist dies in allen Branchen nach § 4 Abs. 1 Nr. 1–8 AEntG der Fall. Ein solcher **Folgeantrag** liegt immer vor, wenn es um einen Antrag für dieselbe Branche geht, unabhängig vom Geltungsbereich oder Inhalt des erfassten Tarifvertrages.

In diesen Fällen wird der Tarifausschuss nicht mehr beteiligt. An die Stelle seiner Beteiligung tritt das **Recht auf schriftliche Stellungnahme** nach § 7 Abs. 4 AEntG. Danach muss das BMAS vor Erlass der Rechtsverordnung innerhalb von drei Wochen ab dem Tag der Bekanntmachung des Entwurfs der Rechtsverordnung **Gelegenheit zur schriftlichen Stellungnahme** geben. Das Recht zur Stellungnahme bezieht sich auf den konkreten Tarifvertrag, dessen Rechtsnormen durch Rechtsverordnung erstreckt werden sollen. Zu beteiligen sind nicht nur diejenigen Arbeitgeber und Arbeitnehmer, die unter den Anwendungsbereich der Rechtsverordnung fallen, sondern auch die Parteien des Tarifvertrages, dessen Regelungen erstreckt werden sollen, sowie die Parteien anderer Tarifverträge, die für eine Auswahl nach § 7 Abs. 2 AEntG (Rn. 26) in Betracht kommen könnten.[36]

30 Ist eine **Branche neu im Gesetz** aufgenommen und wird hier erstmals ein Antrag auf Erlass einer Rechtsverordnung gestellt, so muss zusätzlich der **Tarifausschuss beteiligt** werden. Aktuell betrifft dies keine der in § 4 Abs. 1 AEntG aufgeführten Branchen, da auch in der Fleischwirtschaft bereits im Jahre 2014 eine Mindestlohnverordnung in Kraft trat. Relevant ist § 7 Abs. 5 AEntG deshalb nur noch, falls künftig eine weitere Branche in den Katalog der Norm aufgenommen werden sollte.

Anders als bei der Allgemeinverbindlicherklärung nach dem TVG (§ 5 TVG, Rn. 28) ist ein positives Votum des Tarifausschusses hier aber nicht erforderlich. Sprechen sich mindestens vier Mitglieder für den Antrag aus oder gibt der Tarifausschuss innerhalb von drei Monaten keine Stellungnahme ab, kann die Rechtsverordnung durch das Bundesarbeitsministerium erlassen werden. Bei einem positiven Votum von lediglich zwei oder drei Ausschussmitgliedern kann (nur) die Bundesregierung eine eventuelle Rechtsverordnung beschließen (§ 7 Abs. 5 AEntG).

31 Das strengste Verfahren (§ 7a AEntG) gilt für diejenigen **Branchen, die nicht im Katalog des § 4 Abs. 1 aufgenommen sind**, für die also nach § 4 Abs. 2 AEntG eine Rechtsnormenerstreckung für einen Tarifvertrag beantragt wird. Hier werden zum einen nicht nur Koalitionen beteiligt, sondern auch kirchliche Arbeitsrechtliche Kommissionen (dies allerdings nur für den Fall, dass es um eine Branche geht, in denen kirchliche Organisationen tätig sind). Nach Ablauf der Frist für die schriftlichen Stellungnahmen wird darüber hinaus auch der Tarifausschuss befasst.

Auch inhaltlich weist die Beteiligung eine Besonderheit auf: Da hier die grundlegende Entscheidung, ob eine Geltungserstreckung erforderlich ist, noch nicht vom Gesetzgeber

36 An der fehlenden Anhörung der »Gewerkschaft« der Neuen Brief- und Zustelldienste (GNBZ) war die Allgemeinverbindlicherklärung des Postmindestlohns gescheitert, siehe BVerwG 28.1.10 – 8 C 19/09, NZA 10, 718; BAG 18.4.12 – 5 AZR 630/10, NZA 12, 978. (siehe aber zur fehlenden Tariffähigkeit der GNBZ § 2 Rn. 23; Rn. 39.

getroffen ist, muss darüber ebenfalls im Verordnungsverfahren entschieden werden. Deshalb können die beteiligten Koalitionen und Kommissionen hier auch zur Frage Stellung nehmen, ob ohne die Verbindlicherklärung ein Verdrängungswettbewerb über die Lohnkosten droht.

2.4 Wirkung und Durchsetzung

Die Normen sowohl der nach AEntG allgemeinverbindlichen Tarifverträge wie der 32
Rechtsverordnungen haben gem. § 8 AEntG **(international) zwingende Wirkung**: Alle in- und ausländischen Arbeitgeber müssen ihren Beschäftigten bei einer Tätigkeit im Geltungsbereich des Tarifvertrags oder der RVO die Mindestarbeitsbedingungen gewähren. Alle Arbeitnehmer/innen haben einen Anspruch mindestens auf diese Leistungen. Das gilt für tarifgebundene und für **nicht oder anders tarifgebundene Arbeitgeber und Arbeitnehmer** (§§ 3, 8 Abs. 1 und 2 AEntG). Sehen konkurrierende Tarifverträge niedrigere Leistungen vor, so behalten diese ihre Wirksamkeit; der Arbeitgeber muss aber übertarifliche Leistungen bis zur Höhe des allgemeinverbindlichen Mindestentgelts bezahlen. Sind Leiharbeiter in einem Betrieb eingesetzt, für den ein Mindestentgelt nach AEntG gilt, haben auch sie Anspruch auf den Mindestlohn (§ 8 Abs. 3 AEntG, vgl. auch Anhang 4, Rn. 1ff. zur Mindestentgeltregelung im AÜG).

Ein **Verzicht** auf das Mindestentgelt ist nur in gerichtlichem Vergleich zulässig, und **Ver-** 33
wirkung ist ausgeschlossen (§ 9 Satz 1 und 2 AEntG). Dies bedeutet z.B., dass auch eine »Ausgleichsquittung« in Zusammenhang mit einem individuellen Aufhebungsvertrag den Anspruch auf das Mindestentgelt nicht erlöschen lässt.[37] **Ausschlussfristen** sind nicht im Arbeitsvertrag zulässig, sondern nur im Tarifvertrag und müssen mindestens sechs Monate betragen (§ 9 Satz 3 AEntG; zu Verzicht, Verwirkung und Ausschlussfristen vgl. § 1 TVG Rn. 267ff.; § 4 TVG Rn. 251ff., 254ff.).[38]

Die allgemeinen Regeln der **Tarifkonkurrenz** (§ 4 TVG Rn. 60ff.) gelten hier explizit 34
nicht. Denn nach § 8 Abs. 2 ist der Tarifvertrag, der durch Allgemeinverbindlicherklärung oder Rechtsverordnung auf Außenseiter erstreckt wird, von einem Arbeitgeber auch dann einzuhalten, wenn dieser nach § 3 oder § 5 TVG an einen anderen Tarifvertrag gebunden ist. Das AEntG wurde insofern 1999 geändert, um europarechtlichen Vorgaben zu entsprechen.[39] Selbstverständlich sind »Tarifverträge«, die – wie es bei Briefdienstleistungen der Fall war – von nicht tariffähigen Scheingewerkschaften abgeschlossen wurden, nicht geeignet, eine Rechtsverordnung (wie die über den Postmindestlohn) zu unterlaufen (vgl. § 2 Rn. 23).[40]

Da im AEntG nur **Mindestarbeitsbedingungen** geregelt sind, behalten andere Tarifver- 35
träge ihre Wirkung, soweit sie Rechte enthalten, die über die Mindestbedingungen hi-

---

37 BAG 23.10.13 – 5 AZR 135/12, NZA 14, 200 in Bezug auf den »equal pay«-Anspruch im AÜG.
38 Vgl. BT-Drs. 16/10486, S. 14.
39 BAG 20.7.04 – 9 AZR 343/03, NZA 05, 114; 18.10.06 – 10 AZR 576/05, DB 07, 296; zust. JKOS-Jacobs, § 7 Rn. 225; Preis/Greiner, ZfA 09, 825; Wank, NZA 01, 182.
40 OVG Berlin-Brandenburg 18.12.08 – OVG 1 B 13.08, ZTR 09, 207; zust. Sodan/Zimmermann, NJW 09, 2001; zu Recht abl. ErfK-Schlachter, § 8 AEntG Rn. 3, 4, auch für § 1 Abs. 3a AEntG 1996; Preis/Greiner, ZfA 09, 825, 840ff.; vgl. auch Greiner, BB 08, 840.

nausgehen.[41] Auf **ausländische Arbeitgeber** ist die Erstreckung ebenfalls nur als Mindestvorgabe anzuwenden; sie gilt nicht, soweit die entsandten Arbeitnehmer/innen nach den Regeln des Herkunftslandes besser gestellt sind.[42]

36 Der Durchsetzung der AEntG-Mindestlöhne dienen zahlreiche Vorschriften.[43] Zunächst gewährt das AEntG hinsichtlich der erstreckten Tarifverträge Ansprüche für die einzelnen **Arbeitnehmer/innen** gegen den Arbeitgeber. Wer aus dem Ausland nach Deutschland entsandt ist oder war, kann Klagen nach dem AEntG auch vor den **deutschen Arbeitsgerichten** erheben (§ 15 Satz 1 AEntG).

Eine **gemeinsame Einrichtung/Urlaubskasse**, die ihr nach AEntG zustehende Beiträge einklagen möchte, kann dies ebenfalls vor den deutschen Arbeitsgerichten tun, wenn sie gegen ausländische Arbeitgeber vorgeht (§ 15 Satz 2 AEntG).

37 Soll eine AVE erzwungen werden, ist gem. § 40 VwGO der Rechtsweg zu den Verwaltungsgerichten eröffnet.[44] Anders ist dies jedoch, wenn die Wirksamkeit einer Rechtsverordnung nach §§ 7, 7a AEntG angegriffen wird; hier sind seit 2015 die Landesarbeitsgerichte im Beschlussverfahren zuständig (§ 2a Abs. 1 Nr. 5, § 98 ArbGG). Nach besonderen Verfahrensregelungen sollen diese Rechtsfragen **bei den Landesarbeitsgerichten konzentriert** werden und Individualverfahren, in denen es darum geht, ausgesetzt werden; es gilt insofern dasselbe wie bei der Überprüfung der Wirksamkeit einer AVE (siehe § 5 TVG Rn. 48f.).

38 Anders als im Fall der Allgemeinverbindlicherklärung (§ 5 TVG Rn. 43) ist die Publizität im Fall der Rechtsverordnung seit jeher unproblematisch: Rechtsverordnungen werden im Bundesanzeiger veröffentlicht.[45] Die **Veröffentlichung** erfasst auch die Inhalte der erstreckten Tarifverträge.

39 Nach § 14 AEntG können die Arbeitnehmer/innen (sowie die Urlaubskasse) auch den **Generalunternehmer** in Anspruch nehmen, der Auftraggeber ihres Arbeitgebers ist; der Generalunternehmer haftet insofern »wie ein Bürge unter Verzicht auf die Vorausklage« für alle Arbeitgeber/innen in der **Nachunternehmerkette**.[46] Diese Bürgenhaftung gilt auch für beauftragte Leiharbeitsunternehmen. Allerdings beschränkt sich die Bürgenhaftung auf das Nettoentgelt (§ 14 Satz 2 AEntG).

Auch die Auftraggeberhaftung ist europarechts- und verfassungskonform.[47]

---

41 BVerwG 28.1.10 – 8 C 19/09, NZA 10, 718; BAG 20.7.04 – 9 AZR 343/03, NZA 05, 114; 18.10.06 – 10 AZR 576/05, NZA 07, 1111.

42 Für das Urlaubskassenverfahren im Einzelnen siehe BAG 25.6.02 – 9 AZR 439/01 (Slowakische Republik), 9 AZR 406/00 (Rumänien), 9 AZR 405/00 (Polen), NZA 03, 275.

43 Zur schwierigen Durchsetzung vgl. Koberski/Asshoff/Hold, AEntG § 5 a.F. Rn. 27ff.

44 Zum mittlerweile überholten Streit um die Zuständigkeit der Verwaltungsgerichte für die Wirksamkeit der Allgemeinverbindlicherklärung des Postmindestlohns siehe BVerwG 28.1.10 – 8 C 19/09, NZA 10, 718 (bejahend); Latzel/Serr, ZfA 10, 319ff. (verneinend).

45 Art 82 Abs. 1 Satz 2 GG und § 1 des Gesetzes über die Verkündung von Rechtsverordnungen; siehe <https://www.bundesanzeiger.de>; seit dem 1.4.12 besteht online freier Zugang zum Bundesanzeiger.

46 Siehe auch Bayreuther, NZA 14, 865, 871 zum Unterschied von Auftraggeber- und Generalunternehmerhaftung.

47 EuGH 12.10.04 – C 60/03, NZA 04, 1211; BVerfG 20.3.07 – 1 BvR 1047/05, DB 07, 978 – jeweils zur Vorgängernorm § 1a AEntG 1996; das BAG hat anfängliche Zweifel aufgegeben: 12.1.05, NZA 05, 627.

Ein staatliches Klagerecht – wie etwa in § 25 HAG – ist zwar nicht vorgesehen. Allerdings gibt es für die Durchsetzung des AEntG eine weit reichende **behördliche Kontrolle** durch die Behörden der Zollverwaltung (§ 16 AEntG); sie werden dabei durch weitere Behörden unterstützt (u.a. Bundesagentur für Arbeit und Sozialversicherungsträger, vgl. § 17 Abs. 1 AEntG, § 2 Abs. 2 Schwarzarbeitsbekämpfungsgesetz).[48] § 20 AEntG trifft einige Regelungen zur Erleichterung der Zusammenarbeit der in- und ausländischen Behörden. Die Kontrolle betrifft in- und ausländische Unternehmen. 40

Verstöße gegen das Gesetz sind darüber hinaus mit **Bußgeld** bewehrt (§ 23 AEntG). Zur Erleichterung der Kontrolle haben die Unternehmen Dokumente (u.a. Aufzeichnung der Arbeitszeiten) zu erstellen und entsprechende **Unterlagen bereitzuhalten** (§ 19 AEntG).

Arbeitgeber/innen mit **Sitz im Ausland**, die Pflichten nach dem AEntG unterworfen sind, haben darüber hinaus **Meldepflichten** zu erfüllen; so sind persönliche Daten aller in Deutschland beschäftigten Arbeitnehmerinnen und Arbeitnehmer anzugeben, Ort der Beschäftigung (bei Bauleistungen die Baustelle), und es sind Ansprechpartnerinnen und Ansprechpartnern in Deutschland zu benennen (§ 18 AEntG; vgl. auch Arbeitnehmer-Entsendegesetz-Meldeverordnung). Die Vorschriften des Arbeitserlaubnisrechts für ausländische Beschäftigte sind hiervon nicht berührt (vgl. §§ 7, 39 AufenthG für Nicht-EU-Ausländer/innen). Diese Pflichten sind europarechtlich zulässig. Zwar dürfen die deutschen Behörden ausländische Unternehmen nicht generell unter Betrugsverdacht stellen. Aber es darf berücksichtigt werden, dass die deutschen Behörden bei ausländischen Unternehmen weniger Kontrollmöglichkeiten haben als bei inländischen Unternehmen.[49] *Kontrollmaßnahmen sind zulässig, wenn sie der »Bekämpfung von Betrug, insbesondere Sozialbetrug, und Verhinderung von Missbräuchen, insbesondere Aufdeckung von Scheinselbstständigkeit und dem Vorgehen gegen Schwarzarbeit [dienen]. Dies lässt sich unter das Ziel, das finanzielle Gleichgewicht des Systems der sozialen Sicherheit zu bewahren, aber auch unter die Ziele, unlauteren Wettbewerb und Sozialdumping zu verhindern sowie die Erwerbstätigkeiten, einschließlich der selbstständigen Dienstleistungserbringen, zu schützen, einordnen.«*[50] 41

Im Fall der **Leiharbeit** aus dem Ausland muss auch der Entleiher in Deutschland Meldepflichten erfüllen (§ 18 Abs. 3 und 4 AEntG).

Auch diese Vorschriften sind **europarechtskonform.**[51] Die **Durchsetzungsrichtlinie 2014/67/EU** zur Entsenderichtlinie soll künftig noch genauere Vorgaben dazu machen, wie Scheinentsendungen und Briefkastenfirmen verhindert werden können (insbesondere durch genauere Definitionen dafür, ob ein Unternehmen tatsächlich wesentliche Tätigkeiten ausübt, die über rein interne Management- und/oder Verwaltungstätigkeiten hinausgehe, sowie durch die Festlegung von Indizien dafür, dass AN nur vorübergehend im

---

48 Vgl. auch Bosch/Weinkopf, Auswirkungen der Mindestlohnregelungen, ausführlich zur Praxis und Effektivität der Kontrollen.

49 EuGH 19.12.12 – C-577/10 (Limosa), Rn. 45ff.

50 EuGH 19.12.12 – C-577/10 (Limosa).

51 Vgl. EuGH 25.10.01 – C-49–50/98, C-52–54/98, C-68–71/98 (Finalarte), NZA 01, 1377; EuGH 23.11.99 – C-369/96, C-376/96 (Arblade), AP EG-Vertrag Art. 59 Nr. 1; Däubler-Lakies, § 5 Anh. 2, § 18 AEntG Rn. 3f.

Aufnahmemitgliedstaat tätig ist). Sie macht auch Vorgaben für Informationen und Verwaltungszusammenarbeit für die Kontrolle und Überwachung. Einer Verpflichtung des Arbeitgebers, die Aufzeichnungen über die Arbeitszeiten so zur Verfügung zu stellen, dass sie unverzüglich eingesehen werden können, können aber keine Datenschutzerwägungen entgegengehalten werden.[52]

42 Ein Unternehmen, das wegen Verstoßes gegen das AEntG bereits mit einer Geldbuße von mindestens 2500 Euro belegt wurde, kann nach § 21 AEntG **von Ausschreibungen und öffentlichen Aufträgen ausgeschlossen** werden. Liegt der Verstoß auf der Hand, so kann der Ausschluss sogar bereits vor Durchführung eines Bußgeldverfahrens vorgenommen werden (vgl. auch zur Durchsetzung allgemeinverbindlicher Mindestlöhne im Wege der Tariftreueverpflichtung oder des Vergabe-Mindestlohns Anhang 3).

2.5 Pflegebranche

43 Im Bereich der Pflegebranche geht das AEntG einen anderen Weg für die Festsetzung von Mindeststandards. Für die Pflegebranche war ebenfalls Aufnahme in das AEntG beantragt worden, da auch dort die Arbeitsbedingungen in hohem Maße kollektivvertraglich geregelt sind. Allerdings sind in der Pflegebranche viele **kirchliche Träger** als Arbeitgeber/innen tätig, die nach dem »Dritten Weg« (dazu Grundl. Rn. 93; AKR Rn. 484) den Abschluss von Tarifverträgen verweigern und stattdessen Vereinbarungen auf kirchenrechtlicher Grundlage abschließen, die nicht als Tarifvertrag, sondern als Allgemeine Arbeitsbedingungen und damit nur individualvertraglich wirken. Diese Arbeitsbedingungen werden von sog. **»Arbeitsrechtlichen Kommissionen«** beschlossen, an der Vertreter/innen der Arbeitgeber- und Arbeitnehmerseite paritätisch beteiligt sind.[53] Der Gesetzgeber sah diese dennoch auf einer ähnlichen Ebene und wollte deshalb eine Geltungserstreckung gem. § 5 oder §§ 3, 8 AEntG nicht in Betracht ziehen.[54]

Für die Pflegebranche wurde deshalb in §§ 10–13 AEntG eine **Festsetzung durch Rechtsverordnung** aufgrund einer Kommissionsentscheidung gewählt: Das BMAS kann demnach durch Rechtsverordnung Arbeitsbedingungen für zwingend erklären, die eine eigens dafür eingerichtete **Kommission** ausarbeitet und empfiehlt (§ 11 AEntG). Eine solche Rechtsverordnung steht einer Rechtsverordnung nach § 7 AEntG gleich (§ 13 AEntG; zu den Wirkungen der RVO nach § 7 AEntG vgl. oben Rn. 32 ff.). Das Verfahren ist also **zweistufig**: Zunächst arbeitet die Kommission Empfehlungen aus; diese können dann durch das BMAS per RVO zu verbindlichen Mindestbedingungen erklärt werden.

Im Verfahren nach §§ 10–13 AEntG werden erstmals **Arbeitsrechtliche Kommissionen** bzw. die in ihr vertretenen Parteien gesetzlich als Akteurinnen anerkannt und einbezogen (das Gesetz verwendet hierfür den Begriff »paritätisch besetzte Kommissionen, die auf der

---

52 EuGH 30. 5. 13 – C-342/12 (Worten).

53 Vgl. ErfK-Schlachter, AEntG § 10 Rn. 1. Zu den Argumentationen der Kirchen vgl. z. B. Riechert/Stomps, NZA 12, 707 ff. Zu den Unterschieden zwischen Solo-Selbstständigen und entsendenden Arbeitgebern siehe Malferrari, EuZW 13, 236 f. (EuGH 19. 12. 12 – C-577/10 (Limosa)).

54 Auch das BVerfG zieht insofern eine Parallele zu Tarifverträgen, als die Festsetzung durch Kommissionen und Ausschüssen unter Beteiligung der Sozialpartner aus der Koalitionsfreiheit begründet und deshalb verfassungsmäßig sei (BVerfG 27. 2. 73 – 2 BvL 27/69, NJW 73, 20).

Grundlage kirchlichen Rechts Arbeitsbedingungen für den Bereich kirchlicher Arbeitgeber in der Pflegebranche festlegen«; die beiden Seiten dieser Kommissionen werden »Dienstnehmerseite« und »Dienstgeberseite« genannt).[55]

Den Anwendungsbereich der Regelungen und damit den **Begriff der »Pflegebranche«** 44
wird in § 10 Satz 2 AEntG definiert: Sie erfassen »*Betriebe und selbstständige Betriebsabteilungen, die überwiegend ambulante, teilstationäre oder stationäre Pflegeleistungen oder ambulante Krankenpflegeleistungen für Pflegebedürftige erbringen (Pflegebetriebe). Pflegebedürftig ist, wer wegen einer körperlichen, geistigen oder seelischen Krankheit oder Behinderung für die gewöhnlichen und regelmäßig wiederkehrenden Verrichtungen im Ablauf des täglichen Lebens vorübergehend oder auf Dauer der Hilfe bedarf. Keine Pflegebetriebe im Sinne des Satzes 2 sind Einrichtungen, in denen die Leistungen zur medizinischen Vorsorge, zur medizinischen Rehabilitation, zur Teilhabe am Arbeitsleben oder am Leben in der Gemeinschaft, die schulische Ausbildung oder die Erziehung kranker oder behinderter Menschen im Vordergrund des Zweckes der Einrichtung stehen, sowie Krankenhäuser.*«

Bei der **Kommission** nach § 12 AEntG handelt es sich nicht um eine ständige Einrichtung; 45
die Kommission wird vielmehr vom BMAS im Einzelfall eingerichtet. Mit Beschlussfassung über Empfehlungen zu Mindestentgeltsätzen und Mindesturlaub wird sie jeweils wieder aufgelöst.

Für die Errichtung einer solchen Kommission ist der Antrag einer Tarifvertragspartei oder einer Seite einer arbeitsrechtlichen Kommission erforderlich. Die Kommission besteht aus acht **Mitgliedern**, die das BMAS aufgrund entsprechender Vorschläge benennt. Das BMAS darf die Vorschläge im Einzelfall ablehnen, falls eine Person ungeeignet für diese Aufgabe sein sollte. Zur Unterbreitung von Vorschlägen für jeweils zwei Personen und jeweils einen Stellvertreter oder eine Stellvertreterin sind berechtigt (§ 12 Abs. 2 Satz 2 AEntG):

- die Gewerkschaften, die in der Pflegebranche tarifzuständig sind,
- die Arbeitgebervereinigungen in der Pflegebranche,
- die Beschäftigtenseite der Arbeitsrechtlichen Kommissionen sowie
- die Arbeitgeberseite der Arbeitsrechtlichen Kommissionen.

Die **Sitzungen** der Kommission werden durch das BMAS geleitet (§ 12 Abs. 3 AEntG). Die Kommission ist nur beschlussfähig, wenn alle Mitglieder anwesend oder vertreten sind; der **Beschluss** der Kommission bedarf jeweils einer Mehrheit von drei Vierteln der Mitglieder jeder der vorschlagsberechtigten Gruppen (§ 12 Abs. 5 AEntG).

Auf Grundlage der Empfehlung der Kommission entscheidet dann das BMAS durch Rechtsverordnung. Die Zustimmung des Bundesrats ist auch hier nicht erforderlich. Vor Erlass der Rechtsverordnung ist noch einmal innerhalb von drei Wochen ab dem Tag der Bekanntmachung des Entwurfs der Rechtsverordnung **Gelegenheit zur schriftlichen Stellungnahme**.

Aufgabe der Kommission ist es, Empfehlungen zur Festsetzung von Arbeitsbedingungen 46
zu beschließen (§ 12 Abs. 4 AEntG). Anders als Tarifverträge und andere Rechtsnormen kann sie jedoch nicht über die Gesamtheit der in §§ 2, 5 genannten Arbeitsbedingungen befinden; die Empfehlungen dürfen sich nur auf **Mindestentgeltsätze** (differenziert nach

55 Vgl. jetzt auch BAG 20.11.12 – 1 AZR 179/11 (Anerkennung des »Dritten Wegs« und der Arbeitsrechtlichen Kommissionen als Ersatz für Tarifverhandlungen).

Art der Tätigkeit, Qualifikation und Regionen) einschließlich der Überstundensätze sowie auf Regelungen über die Dauer des **Urlaubs** sowie Urlaubsentgelt und Urlaubsgeld beziehen. Sie kann außerdem eine **Ausschlussfrist** empfehlen, die mindestens sechs Monate betragen muss. Die Empfehlungen sind schriftlich zu begründen.

47 Eine weitere Besonderheit gegenüber der Erstreckung von Tarifverträgen nach §§ 3ff. AEntG findet sich in § 11 Abs. 2 AEntG: Die Empfehlungen der Kommission sowie die Rechtsverordnung des BMAS haben sich nicht nur an den Zielen des AEntG zu orientieren, sondern müssen darüber hinaus »die **Sicherstellung der Qualität der Pflegeleistung** sowie den Auftrag kirchlicher und sonstiger Träger der freien Wohlfahrtspflege« (also den Auftrag, kranke, gebrechliche und pflegebedürftige Menschen zu pflegen, zu betreuen, zu trösten und sie im Sterben zu begleiten, vgl. § 11 Abs. 2 SGB XI) berücksichtigen. Dies kann allerdings keine Einschränkung der Zielsetzung »angemessener Mindestarbeitsbedingungen« (§ 1 AEntG) zur Folge haben.

48 Die Rechtsverordnung hat die gleichen **Wirkungen** wie eine Rechtsverordnung nach § 7 AEntG (§ 13 AEntG; vgl. oben Rn. 32ff.). Ihre **Durchsetzung** erfolgt in gleicher Weise; auch die Vorschriften des AEntG über die behördliche Kontrolle (Rn. 40) finden Anwendung.

Die RVO enthält nur Mindestbedingungen, die für die Frage der »Üblichkeit« keine Aussagekraft beanspruchen können. Die Mindestbedingungen sind deshalb **nicht für die Beurteilung der »ortsüblichen Arbeitsvergütung«** nach § 72 Abs. 3 Satz 1 Nr. 2 SGB XI maßgeblich;[56] mit einer Pflegeeinrichtung, die lediglich Mindestbedingungen gewährleistet, dürfen deshalb i.d.R. keine Versorgungsverträge abgeschlossen werden.

---

56 Siehe BT-Drucks. 16/11669, 22; Däubler-Lakies, § 5 Anh. 2, § 11 AEntG Rn. 5.

Anhang 3: Tariftreuegesetze, Vergabe-Mindestlöhne und Landesmindestlohngesetze

Inhaltsübersicht

3.1 Rechtsgrundlagen und Entwicklung

Bau- und andere Leistungen werden in erheblichem Ausmaß auch von der öffentlichen Hand nachgefragt. Nach dem Kriterium der »Wirtschaftlichkeit« (§ 97 Abs. 5 GWB) kommt oft der billigste Anbieter zum Zuge, auch wenn er untertariflich bezahlt. Das Lohndumping bei öffentlichen Aufträgen – und damit unfairer Wettbewerb und Gefährdung von Arbeitsplätzen bei den tariftreuen Betrieben – hat sich in den letzten zehn bis 15 Jahren verschärft. § 97 Abs. 4 Satz 2 des Gesetzes gegen Wettbewerbsbeschränkungen (GWB) ermöglicht deshalb, bei der **Vergabe öffentlicher Aufträge** »im Zusammenhang mit dem Auftragsgegenstand« auch **Kriterien sozial- oder umweltpolitischer Art**. Ein mögliches Kriterium ist dabei die Bezahlung von Mindestentgelten oder die Einhaltung von Tarifverträgen (»Tariftreue«). Erreichen die Aufträge eine bestimmte **Auftragssumme** (§ 2 Vergabe-VO), so muss ein festgelegtes Verfahren einschließlich einer (europaweiten) Ausschreibung eingehalten werden. 1

Mit einer Tariftreueerklärung können öffentliche Auftraggeber den Auftragnehmern bei der Ausschreibung von Aufträgen zur **Auflage** machen, dass sie ihre Beschäftigten **nach den einschlägigen Tarifverträgen, die am Ort der Arbeitsleistung gelten, entlohnen**. Auch **Nachunternehmer** können zu einer entsprechenden Erklärung gegenüber dem Hauptunternehmer oder dem öffentlichen Auftraggeber verpflichtet werden. Hier handelt es sich nicht um Normerstreckung wie bei der AVE oder der RVO, sondern um eine vertragsrechtliche Konstruktion. Von großer Relevanz ist dies vor allem für Bauaufträge sowie Dienstleistungen des öffentlichen Nahverkehrs (Hintergrund ist die europaweite Ausschreibung bestimmter Bahn- und Buslinien).

Auch die **Einhaltung der ILO-Kernarbeitsnormen** beim Erwerb von Gütern und Dienstleistungen für die öffentliche Hand hat neuerdings in Ländergesetzen einen entsprechenden Stellenwert bekommen. Darüber hinaus ist auf die Festschreibung spezifischer **Vergabe-Mindestlöhne** bzw. **Mindestlöhne für die Beschäftigten der Bundesländer** hinzuweisen (siehe Rn. 4).

Nachdem in den 1980er Jahren eine Reihe öffentlicher Verwaltungen durch interne Verwaltungsanweisung Grundlagen für solche Vergabe-Tariftreueerklärungen gelegt hatten, entschied das Berliner Kammergericht, dass eine solche Verpflichtung öffentlicher Auftragnehmerinnen und Auftragnehmer rechtlich nur auf der **Grundlage eines förmlichen** 2

Gesetzes möglich sei.[1] Ein Bundes-Tariftreuegesetz scheiterte 1998 an der Ablehnung durch den CDU/FDP-dominierten Bundesrat; die schwarz-gelbe Regierung wollte nach ihrer Koalitionsvereinbarung sogar das GWB von »vergabefremden Aspekten« säubern.[2] In der Folge wurden aber (angesichts des Scheiterns aller Anläufe zu einem gesetzlichen Mindestlohn) in sehr vielen **Bundesländern Tariftreuegesetze** erlassen. Nach der Infragestellung dieser Gesetze durch das Rüffert-Urteil des EuGH (siehe unten Rn. 7) wurde die Anwendung der Ländergesetze zur Tariftreue teilweise ausgesetzt, teilweise wurden die Gesetze (die z.T. in komplizierten Kompromiss- und Koalitionskonstellationen zustande gekommen waren) neu gefasst (siehe Rn. 3). Einige Länder regeln nun außerdem im Landestariftreuegesetz oder in einem gesonderten Gesetz **Mindestlöhne für die Vergabe und/oder die Beschäftigten des Bundeslandes** (siehe Rn. 4).

3 Aktuell (März 2015) gelten **Tariftreuegesetze** in allen Bundesländern außer Bayern und Sachsen, also in Baden-Württemberg, Berlin, Brandenburg, Bremen, Hamburg, Hessen, Mecklenburg-Vorpommern, Niedersachsen, Nordrhein-Westfalen, Rheinland-Pfalz, Saarland, Sachsen-Anhalt, Schleswig-Holstein und Thüringen. Sie regeln in der Regeln die Verpflichtung auf allgemeinverbindliche Tarifverträge nach AEntG; z.T. sind weiterreichende Sonderregelungen für öffentliche Aufträge im Nahverkehr vorgesehen.[3]

4 Darüber hinaus existieren in 12 Bundesländern vergabespezifische Mindestlöhne, die einen bestimmten **Mindestlohn bei der Durchführung öffentlicher Aufträge** festlegen (Baden-Württemberg, Berlin, Brandenburg, Bremen, Hamburg, Hessen, Mecklenburg-Vorpommern, Niedersachsen, Nordrhein-Westfalen, Rheinland-Pfalz, Saarland und Schleswig-Holstein). In den Landesmindestlohngesetzen Berlins, Bremens, Hamburgs und Schleswig-Holsteins werden die Mindestlohnvorgaben über die Vergabe hinaus auf alle sonstigen Zuwendungsempfänger ausgedehnt. In den meisten Bundesländern liegt der vergabespezifische Mindestlohn derzeit bei 8,50 Euro pro Stunde. In vier Bundesländern liegt der vergabespezifische Mindestlohn schon heute über 8,50 Euro: Schleswig-Holstein 9,18 Euro; Rheinland-Pfalz bei 8,90 Euro; Nordrhein-Westfalen 8,85 Euro; Bremen 8,80 Euro.

In allen Bundesländern ist eine »regelmäßige«, in einigen sogar eine jährliche Anpassung des Mindestlohns vorgesehen. In der Mehrzahl der Bundesländer existieren außerdem **landeseigene Mindestlohnkommissionen** mit Arbeitgeber- und Gewerkschaftsvertretern, die die Landesregierung bei der Anpassung des Mindestlohns beraten.

5 Aktuell plant die Bundesregierung eine **Reform des Vergaberechts**. Nach den Eckpunkten hierfür vom Januar 2015 soll künftig per Bundesgesetz (GWB) insbesondere festgeschrieben werden, dass bei der Ausführung von Aufträgen ein bundesweiter gesetzlicher Mindestlohn, Mindestlöhne nach dem AEntG und für allgemeinverbindlich erklärte Tarifverträge einzuhalten sind.

---

1 KG Berlin 20.5.98 – Kart 24/97, AuR 98, 504. Da während des Rechtsbeschwerdeverfahrens vor dem BGH das Berliner Vergabegesetz in Kraft trat, kam es nicht zu höherinstanzlichen Entscheidungen zu dieser Frage.

2 Koalitionsvereinbarung, AuR 09, 403, 404.

3 Ein Überblick über den Stand der Gesetzgebung findet sich unter <http://www.boeckler.de/pdf/wsi_ta_tariftreue_uebersicht_stand_2015_03.pdf> (27.4.15 mit Stand März 2015). Wegen Einzelheiten vgl. Däubler-Lakies, § 5 Anh. 1, Rn. 10ff.; Löwisch/Rieble, Rn. 166ff.; Wiedemann-Thüsing, § 5 Anh. 2 Rn. 19ff.

3.2 Rechtmäßigkeit

Verfassungsrechtliche Bedenken bestehen nicht. Die Tariftreuegesetze machen Arbeitgeber nicht zu Zwangsmitgliedern einer Koalition, die Gesetzesziele sind legitim. Das BVerfG nennt eine ganze Reihe legitimer Gesetzesziele: dem Verdrängungswettbewerb über Lohn entgegenzuwirken, die Ordnungsfunktion der Tarifverträge zu unterstützen, zur Bekämpfung der Arbeitslosigkeit am Bau beizutragen, die Sozialversicherungssysteme zu entlasten, die Arbeitnehmerinnen und Arbeitnehmer tarifgebundener Unternehmen zu schützen und einem Verdrängungswettbewerb über Dumpinglöhne entgegenzuwirken.[4] Die Allgemeinverbindlicherklärung sei kein milderes Mittel, im Gegenteil: Anders als bei der Allgemeinverbindlichkeit könne der Bauunternehmer sich der Tariftreueverpflichtung immerhin entziehen, indem er auf den öffentlichen Auftrag verzichte. Und selbst wenn er die Erklärung unterschreibe, bleibe die Tariftreuepflicht auf den einzelnen Auftrag und auf die Arbeitnehmerinnen und Arbeitnehmer beschränkt, die bei der Ausführung dieses Auftrags eingesetzt werden. 6

Der EuGH hat jedoch zu den frühen Tariftreuegesetzen der Länder **europarechtliche Einwände** geäußert, die in der Folge zu grundsätzlichen Revisionen der Tariftreuegesetze in den Bundesländern geführt haben (siehe oben Rn. 3f.). Nach seiner Meinung verstieß das Niedersächsische Vergabegesetz gegen die EU-Entsenderichtlinie.[5] Anders als in seinen vergaberechtlichen Urteilen, die u.a. akzeptiert hatten, dass öffentliche Aufträge von der Erfüllung beschäftigungswirksamer Maßnahmen abhängig gemacht werden können,[6] urteilt er in »Rüffert« allein vor dem Hintergrund der Beschränkung des freien Dienstleistungsverkehrs. Diese sei hier nicht gerechtfertigt, da nicht nachgewiesen sei, dass Arbeitnehmerinnen und Arbeitnehmer nur bei öffentlichen und nicht auch bei privaten Aufträgen schutzwürdig seien. Dies geht letztlich auf den verfehlten Ansatz des EuGH zurück, selbst bei tarifpolitischen Eingriffen in unternehmerische Rechte im Einzelnen zu überprüfen, inwieweit sie dem Arbeitnehmerschutz dienen (vgl. Grundl. Rn. 105). Zwar könnten die Mitgliedstaaten danach selbst bestimmen, in welchem Umfang sie einen Mindestschutz für notwendig halten.[7] Dies sei jedoch bereits durch das AEntG und damit entsprechend den Formen der Entsende-Richtlinie geschehen. Anders als das BVerfG (Rn. 6) erkennt der EuGH die Ziele nicht an, denen die Tariftreueerklärung in erster Linie dient, nämlich institutionellen Interessen eines Schutzes der Tarifautonomie.[8] 7

Nach dieser Rechtsprechung können den ausländischen Arbeitgebern **nur allgemeinverbindliche Löhne** vorgeschrieben werden.

---

4 BVerfG 11.7.06 – 1 BvL 4/00, AuR 07, 95; damit wird die andere Ansicht des BGH (18.1.00 – KVR 23/98, AuR 00, 271) zum – alten – Berliner Vergabegesetz zurückgewiesen; s.a. Preis/Ulber, NJW 07, 465; Wolter, AuR 06, 137; Däubler, ZIP 00, 681; krit. Höfling/Rixen, RdA 07, 360.

5 EuGH 3.4.08 – C 346/06, NZA 08, 537 (Rüffert); anders Schlussanträge des Generalanwalts Bot vom 20.9.07 – C-346/06; ebenso EuGH 19.6.08 – C-319/06, NZA 08, 865 (Kommission/Luxemburg).

6 EuGH 23.11.99 – C 369/96, NZA 00, 85; 26.9.00 – C 225/98, NJW 00, 3629; 15.3.01 – C 165/98, NZA 01, 554; Däubler-Lakies, § 5 Anh. 1 Rn. 10c.

7 EuGH 25.10.01 – C 49/98; Mühlbach, RdA 03, 339ff.

8 Siehe auch Däubler, NZA 14, 694, 698 zur Zulässigkeiten partiellen und stufenweisen Schutzes; vgl. auch Glaser/Kahl, ZHR 177 (13), 643, 669.

8 In der Entscheidung »Bundesdruckerei« hat der EuGH sich nun auch zur **europarechtlichen Zulässigkeit der Vergabe-Mindestlöhne** geäußert, allerdings in einem Fall, in dem die Entsende-Richtlinie schon deshalb nicht anwendbar war, weil die Arbeitsleistungen vollständig im Ausland erbracht werden sollten.[9] Dennoch ist auch hier eine Einschätzung des EuGH erkennbar, dass Mindestentgelte im Vergabeverfahren nur dort als europarechtskonform angesehen werden, wo es sich entweder um allgemeinverbindliche Mindestentgelte oder einen gesetzlichen allgemeinen Mindestlohn handelt, oder wenn die Anwendung auf Aufträge beschränkt wird, in denen sich keine Unternehmen als anderen EU-Mitgliedstaaten bewerben.[10] Aktuell ist eine weitere Vorlage des OLG Koblenz vor dem EuGH anhängig, in dem es um die Europarechtskonformität des rheinland-pfälzischen Vergabe-Mindestlohns in einem reinen Inlandssachverhalt geht.[11]

9 Bei entsprechendem politischem Willen können die Landes-Tariftreuegesetze auch nach diesen Vorgaben europarechtsfest ausgestaltet werden. Die Auftragnehmer müssen die **allgemeinverbindlichen Entgelte nach dem AEntG** einhalten. Der Geltungsbereich der Gesetze wird faktisch auf die Branchen nach AEntG (vgl. Anlage 2, Rn. 13ff) eingeschränkt. Auch **gesetzliche Mindestlöhne** (Anlage 1) können die durch den EuGH gerissenen Lücken füllen.

Europarechtlich unproblematisch sind Tariftreueregeln für den **öffentlichen Nahverkehr**, da dieser aus dem Anwendungsbereich der Dienstleistungsfreiheit überwiegend ausgeklammert ist.[12] Möglich sind auch Mindestlohnvorgaben dort, wo sich keine Wirtschaftsteilnehmer/innen aus anderen Mitgliedstaaten der EU bewerben (siehe § 9 Abs. 2 des Bremer Vergabe- und Tariftreuegesetzes).

3.3 Einzelfragen

10 **Konkurrieren mehrere Tarifverträge**, die dieselben Tätigkeiten im Zusammenhang mit einem öffentlichen Auftrag regeln, so kann vorgesehen werden, dass eine **Auswahl** zu treffen ist. Sieht man in der Tariftreueerklärung in erster Linie ein Instrument von Mindestentgeltpolitik, so ist dies auch richtig. Soweit allerdings ein Instrument zur Stärkung der Tarifautonomie vorgesehen ist, käme auch eine Regelung in Betracht, wonach die Bindung an einen unter mehreren Tarifverträgen (mit tariffähigen Vereinigungen!, vgl. § 2 Rn 12ff.; Rn. 37ff.) ausreicht.

In Bremen sind Haustarifverträge ausgenommen, in Niedersachsen bestimmte Tarifverträge bis zur Klärung der Tariffähigkeit. In Betracht käme auch die einseitige Auswahl durch den Auftraggeber (Behörde). In Nordrhein-Westfalen, wo im Personennahverkehr die repräsentativen Tarifverträge in eine Liste aufzunehmen sind,[13] hat das Arbeitsministerium am 6.11.12 den »Spartentarifvertrag Nahverkehrsbetriebe« (TV-N NW) der Ge-

9 EuGH 18.9.14 – C-549/13 (Bundesdruckerei); die Entscheidung wird z.T. auch als »Rüffert II« bezeichnet; siehe Anm. Däubler, NZA 14, 694.

10 Zur Interpretation und Kritik der EuGH-Rechtsprechung siehe Däubler, NZA 14, 694, 698; Simon, RdA 14, 165.

11 OLG Koblenz, 19.2.14 – 1 Verg 8/13; Az vor dem EuGH: C-115/14 (Regiopost).

12 Siehe Greiner, ZIP 11, 2129ff.

13 Ausführlich dazu Dieterich/Ulber, Gutachten zur Verfassungsmäßigkeit von Tariftreuepflicht und Repräsentativitätserfordernis, Kurzfassung abgedruckt in ZTR 13, 179ff.

werkschaft ver.di zum einzigen »repräsentativen Tarifvertrag« für den straßengebundenen ÖPNV in NRW erklärt.[14]

Alle diese Modelle sind **europa- und verfassungsrechtlich zulässig**. Denn der »unterlegene« Tarifvertrag (der häufig ein Dumping-Tarifvertrag sein wird, wie im Personennahverkehr zu beobachten), wird dadurch nicht entwertet: Die Tariftreueerklärung verpflichtet einen Arbeitgeber, der nach einem schlechteren Tarifvertrag bezahlt, nur dazu, übertarifliche Zulagen zu bezahlen, um das Niveau des ausgewählten Tarifvertrags zu erreichen, und hindert nicht an der Zahlung höherer tariflicher Entgelte.[15] 11

Der gesetzliche **Mindestlohn nach dem MiLoG hat keinen Einfluss** auf Länderregelungen zu vergabespezifischen Mindestlöhnen.[16] Selbst wo ein Tariftreuegesetz (wie z.B. § 4 Abs. 2 LTTG Rheinland-Pfalz) ausdrücklich vorsieht, dass Mindestentgelte nach dem früheren MindArbG vorrangig anzuwenden seien, führt dies nicht zu einem »Vorrang« des MiLoG. Denn das frühere MindArbG hatte anders als das heutige MiLoG keine branchenübergreifende, umfassende und allgemein verbindliche Mindestlohnregelung vorgesehen.[17] 12

Der **Durchsetzung der Tariftreue** dienen verschiedene Vorschriften:[18] 13

- Der Auftragnehmer ist gegenüber dem öffentlichen Auftraggeber verpflichtet, seinen Beschäftigten die tariflichen Entgelte und ggf. Arbeitszeiten zu gewähren; wer sich nicht an die Vorgaben hält, muss meist mit **Vertragsstrafe** rechnen und riskiert eine **Auftragssperre** bei öffentlichen Vergaben.
- Es erscheint nicht ausgeschlossen, die Vereinbarung als Vertrag zugunsten Dritter zu interpretieren, also ein **Recht der Arbeitnehmer** gegen ihren Arbeitgeber auf tarifliche Bezahlung abzuleiten.[19]
- Die Behörde hat **Kontrollrechte** – allerdings weniger weitgehend als im AEntG.

14 Dies bedeutet, dass für zukünftige Ausschreibungen des öffentlichen Personennahverkehrs im Bereich »Straße« die niedrigeren Sätze des »NRW-Omnibusvertrags« (NWO) überschritten werden müssen, ohne dass es auf die umstrittene Tariffähigkeit der GÖD (vgl. § 2 Rn. 39) ankommt.

15 Dieterich/Ulber, ZTR 13, 179ff.

16 Bayreuther, NZA 14, 865, 867.

17 VK Rheinland-Pfalz 23.2.15, VK 1–39/14.

18 Einen ausgezeichneten Überblick über die Länderregelungen zur Kontrolle und Durchsetzung findet sich auf <http://www.boeckler.de/pdf/wsi_ta_tariftreue_kontrolle_stand_2015_03.pdf Stand März 2015>.

19 So KeZa-Kempen, Rn. 63: Vertrag zugunsten Dritter; a.A. Wiedemann-Thüsing, § 5 Anh. 2 Rn. 38.

Anhang 4: Sonstige Lohnuntergrenzen

Inhaltsübersicht Rn.

4.1 Mindestentgelte bei Leiharbeit

1 Für Leiharbeiter/innen gibt es in zwei Fällen gesetzlich geregelte Lohnansprüche: Leiharbeiter haben Anspruch auf das gleiche Entgelt **und die gleichen (wesentlichen) Arbeitsbedingungen** wie die Beschäftigten des Entleihbetriebs (»**equal pay**« **bzw.** »**equal treatment**«, § 3 Abs. 1 Nr. 3, § 9 Nr. 2 Hs. 1 AÜG. Das steht allerdings weitgehend auf dem Papier, da nicht nur Tarifverträge davon nach unten abweichen können (und das auch tun), sondern weil es der Gesetzgeber auch erlaubt hat, in Arbeitsverträgen auf solche Tarifverträge zu verweisen mit der Wirkung, dass die tarifliche Regelung statt des gesetzlichen equal-pay-Prinzips gilt (§ 3 Abs. 1 Nr. 1 Satz 3, § 9 Nr. 2, Hs. 3 AÜG; näheres vgl. § 1 Rn. 199ff.; vgl. auch Grundl. Rn. 173ff.; § 2 Rn. 41).

2 Sind Leiharbeiter in einem Betrieb eingesetzt, für den ein **Mindestentgelt nach AEntG** gilt, haben jedoch auch sie Anspruch auf den Mindestlohn, und der Verleiher muss die Beiträge zur entsprechenden Urlaubskasse bezahlen (§ 8 Abs. 3 AEntG, vgl. Rn. 75). Mindestlohn-Tarifvertrag bzw. Rechtsverordnung nach AEntG bilden dann eine nicht zu unterschreitende Untergrenze; im Verhältnis zu anderen Tarifverträgen gilt ein Günstigkeitsprinzip (Rn. 77).[1] Der **Entleiher oder Generalunternehmer haftet** für die Netto-Pflichten nach § 14 AEntG. Im Fall der **Leiharbeit aus dem Ausland** muss der Entleiher in Deutschland Meldepflichten erfüllen (§ 18 Abs. 3 und 4 AEntG, vgl. Rn. 81).

3 Für Leiharbeiterinnen und Leiharbeiter in Branchen, in denen kein Mindestentgelt nach AEntG gilt, wurde im Jahr 2011 über die Festschreibung eines **eigenen Mindestentgelts für die Leiharbeit** diskutiert, nachdem die sozialpolitischen Entwicklungen nach 2002 aufgrund des Versagens des durchlöcherten equal-pay-Prinzips (vgl. Grundl. Rn. 173f.) einen funktionswidrigen Missbrauch der Leiharbeit und die Umgehung arbeitsrechtlicher Standards förderten. Trotz übereinstimmender Anträge der großen Verbände in der Leiharbeit wurde die Aufnahme der Leiharbeitsbranche durch die regierenden Parteien abgelehnt. Nach einer Reihe von Skandalen konnte dann jedoch erreicht werden, dass eine gleichwertige Regelung in § 3a AÜG beschlossen wurde. § 3a AÜG regelt nun für die Leiharbeit die **Festlegung von Mindeststundenentgelten im Wege der Rechtsverordnung**. Die Norm entspricht in ihren Regelungsinhalten im Wesentlichen den §§ 3–9 AEntG (siehe dazu Anhang 2).

1 Sowie Ulber, AÜG, Einl. F 56e.

Gegenstand der Erstreckung durch eine entsprechende RVO muss zunächst ein **bundesweiter Tarifvertrag** sein. Für die Erstreckung durch RVO kommen auch nur **Mindeststundenentgelte** in Betracht. Weitere Arbeitsbedingungen, wie sie § 5 AEntG nennt, sind nicht erfasst, genausowenig wie Regelungen über Urlaub. Die Mindeststundenentgelte können auch nur nach dem jeweiligen Beschäftigungsort differenzieren; sie müssen einheitlich sein für Verleihzeiten und verleihfreie Zeiten. 4

Die Rechtsverordnung kann auf **gemeinsamen Vorschlag** der Tarifvertragsparteien der Leiharbeitsbranche ergehen. Der Vorschlag muss eine Laufzeit enthalten und ist schriftlich zu begründen. Der Verordnungsgeber kann den Vorschlag nur inhaltlich unverändert in die Rechtsverordnung übernehmen (§ 3a Abs. 2 Satz 2 AÜG). Vorschlagsberechtigt sind Gewerkschaften und Arbeitgebervereinigungen, die zumindest auch für die Leiharbeit zuständig sind, soweit sie einen Tarifvertrag abgeschlossen haben, der entsprechende bundesweite Mindeststundenentgelte regelt. 5

Das Verfahren zum Erlass der RVO entspricht dem für die RVO nach AEntG mit einer Ausnahme: Verleiher und Leiharbeitnehmer sowie Gewerkschaften und Arbeitgeberverbände, die für die Leiharbeit zumindest teilweise tarifzuständig sind, müssen auch hier die **Gelegenheit zu einer schriftlichen Stellungnahme** haben. Nach Ablauf der dreiwöchigen Stellungnahmefrist zu einem Rechtsverordnungsentwurf (der im Bundesanzeiger bekannt zu machen ist) wird allerdings zusätzlich noch der **Tarifausschuss** (§ 5 TVG) mit dem Vorschlag befasst. Das weitere Vorgehen ist allerdings von seinem Votum nicht abhängig. 6

Voraussetzung ist das Vorliegen eines entsprechenden **öffentlichen Interesses** i.S.d. § 5 Abs. 1 Satz. 1 Nr. 2 TVG (vgl. oben Rn. 21; § 3a Abs. 3 AÜG). Der Verordnungsgeber hat bei seiner Entscheidung eine Gesamtabwägung vorzunehmen, wobei einerseits die Ziele des AÜG (Schutz der Leiharbeitnehmerinnen und Leiharbeitnehmer) und andererseits die Gewährleistung der **finanziellen Stabilität der sozialen Sicherungssysteme** zu berücksichtigen ist (§ 3a Abs. 3 Satz 2 AÜG). Der Verordnungsgeber hat generell alle bestehenden bundesweiten Tarifverträge in der Arbeitnehmerüberlassung und die Repräsentativität der vorschlagenden Tarifvertragsparteien in seine Überlegungen einzubeziehen. 7

Liegen mehrere Vorschläge zur Verbindlicherklärung von Mindeststundenentgelten vor, ist »im Rahmen der [...] erforderlichen Gesamtabwägung die **Repräsentativität** der vorschlagenden Tarifvertragsparteien besonders zu berücksichtigen«. Wie für § 7 Abs. 2 AEntG (vgl. Anhang 2, Rn. 26) ist bei der Feststellung der Repräsentativität auf die Zahl der Arbeitnehmer und Arbeitnehmerinnen abzustellen, die bei Mitgliedern der vorschlagenden Arbeitgebervereinigung beschäftigt werden sowie die Zahl der Mitglieder der vorschlagenden Gewerkschaften – allerdings jeweils nur auf die Leiharbeit bezogen. 8

Die **Wirkung** der Rechtsverordnung entspricht den Wirkungen nach §§ 3, 8 AEntG: Die Mindeststundenentgelte werden mit der RVO verbindliche Lohnuntergrenze für alle Leiharbeitsverhältnisse, die in den Geltungsbereich der Verordnung fallen. Die bisher fast grenzenlos zulässige Unterschreitung des equal-pay-Prinzips durch Tarifvertrag (bzw. arbeitsvertragliche Bezugnahme) ist nun nicht mehr möglich; die Mindeststundenentgelte dürfen nicht unterschritten werden (§ 3a i.V.m. § 3 Abs. 1 Nr. 1 Satz 2, § 9 Nr. 2, Hs. 2 AÜG). Die aktuelle Verordnung regelt seit November 2012 Mindeststundenentgelte von 8,19 Euro in den alten Bundesländern und 7,50 Euro in den neuen Bundesländern und 9

Berlin.[2] Die so festgesetzten Mindestentgelte binden auch den ausländischen Verleiher im Verhältnis zu seinen im Inland beschäftigten Arbeitnehmerinnen und Arbeitnehmern.[3] Für Streitigkeiten um die Wirksamkeit der Verordnung sind die Landesarbeitsgerichte im Beschlussverfahren zuständig (§ 2a Abs. 1 Nr. 5, § 98 ArbGG); entsprechende Individualverfahren sind auszusetzen. Es gilt insofern dasselbe wie bei der Überprüfung der Wirksamkeit einer AVE (siehe § 5 TVG Rn. 48f.).

4.2 Entgeltfestsetzung für Heimarbeiter/innen nach HAG

10 Nach § 19 HAG kann das BMAS Löhne, Akkordsätze, Regelungen über Urlaub, Krankheit und sonstige Arbeitsbedingungen für verbindlich erklären, die von den Heimarbeitsausschüssen beschlossen wurden. Ziel ist, unzulängliche Entgelte und Vertragsbedingungen zu verhindern, die unter den tariflichen Sätzen für entsprechende Betriebsarbeiter/innen liegen. Diese »bindenden Festsetzungen« haben dieselben Rechtswirkungen wie ein allgemeinverbindlicher Tarifvertrag oder eine Festsetzung nach §§ 10ff. AEntG und gelten zwingend für Auftraggeber/innen und Heimarbeiter/innen (vgl. auch § 2 AEntG). Auch das BVerfG zieht insofern eine Parallele zu Tarifverträgen, als die Festsetzung durch Kommissionen und Ausschüssen unter Beteiligung der Sozialpartner aus der Koalitionsfreiheit begründet und deshalb verfassungsmäßig sei.[4]
2006 waren in diesem Niedriglohnbereich 45 258 Heimarbeiter/innen tätig.[5] Die Überwachung durch eine behördliche Entgeltprüfung ist allerdings defizitär.[6] Die Kontrollvorschriften des AEntG und des MiLoG finden hier keine Anwendung.

4.3 Verbot des Lohnwuchers (§ 138 BGB; § 291 StGB)

11 Wenn kein Tarifvertrag, der allgemeine gesetzliche Mindestlohn oder nach AEntG bzw. AÜG erstreckte Tarifverträge für das Arbeitsverhältnis gelten, richtet sich die Höhe des Arbeitsentgelts allein nach dem Arbeitsvertrag zwischen Arbeitgeber und Arbeitnehmer (§§ 611, 612 BGB). Es gilt lediglich eine äußerste Untergrenze: Eine arbeitsvertraglich vereinbarte Vergütung für geleistete Arbeit darf nicht sittenwidrig niedrig sein (§ 138 Abs. 2 BGB: Verbot des Lohnwuchers).[7] Sittenwidrigkeit setzt voraus, dass ein »auffälliges **Missverhältnis**« zwischen Leistung und Gegenleistung besteht *und* der Arbeitgeber eine **Notlage** des Arbeitnehmers ausgenutzt hat (§ 138 BGB; ähnlich § 291 StGB).
Durch die Einführung des allgemeinen gesetzlichen Mindestlohnes wird die Anwendung der Regelung über das Verbot des Lohnwuchers nach § 138 BGB nicht ausgeschlossen. Dieses ist relativ und nicht auf eine absolute Grenze bezogen.[8] Damit findet das Verbot des Lohnwuchers nicht nur für alle vom gesetzlichen bzw. tariflichen Mindestentgelten nicht

---

2 Erste Verordnung über eine Lohnuntergrenze in der Arbeitnehmerüberlassung vom 21.12.2011 (BAnz. 2011 Nr. 195 S. 4608).
3 Vgl. § 1 Satz 2 der VO.
4 BVerfG 27.2.73 – 2 BvL 27/69, NJW 73, 20.
5 Vgl. GMBl. 2007, 1082.
6 Genauer dazu schon Pfarr/Kocher, Kollektivverfahren im Arbeitsrecht, S. 149ff.
7 Ausführlich: Nassibi, Schutz vor Lohndumping in Deutschland, S. 48ff.
8 Bayreuther, NZA 14, 865; Lakies, MiLoG Einl. Rn. 103; ErfK-Franzen, § 1 MiLoG Rn. 1.

erfassten Arbeitnehmergruppen (s. § 22 MiLoG) weiterhin Anwendung, sondern für alle Arbeitnehmerinnen und Arbeitnehmer, sofern die Voraussetzungen des § 139 Abs. 2 BGB erfüllt sind.

Die betroffenen Arbeitnehmerinnen und Arbeitnehmer haben dann gem. § 612 Abs. 2 BGB **Anspruch auf die »übliche Vergütung«**; entsprechende Ansprüche können und müssen vor den Arbeitsgerichten eingeklagt werden.[9] Für solche Ansprüche wegen Lohnwuchers gelten ggf. die tariflichen Ausschlussfristen (vgl. § 1 Rn. 267 ff.; § 4 Rn. 251 ff.). Ein Arbeitgeber kann sich wegen Lohnwuchers aber auch nach § 291 StGB **strafbar** machen; in diesem Fall sind Staatsanwaltschaft und Strafgerichte zuständig.[10]

Die arbeits- und strafgerichtliche Rechtsprechung haben **Maßstäbe** zum Verbot sitten- 12
widriger Löhne entwickelt. Dabei vergleichen die Gerichte jeweils das Entgelt mit dem sogenannten »**objektiven Wert der Arbeitsleistung**«. Für die Bestimmung des Werts der Arbeit legte das BAG zunächst das »allgemeine **Lohnniveau** im Wirtschaftsgebiet« zu Grunde,[11] während der BGH (in Strafsachen) einen Vergleich mit den Tarifentgelten vornahm.[12] Dem haben sich die Arbeitsgerichte nun angeschlossen; heute werden die **Tarifentgelte des jeweiligen Wirtschaftszweiges** zu Grunde gelegt, wenn diese »üblich« sind – was angenommen wird, wenn mindestens 50 % der Arbeitgeber in dem Wirtschaftsgebiet tarifgebunden sind oder wenn mindestens 50 % der Beschäftigten bei tarifgebundenen Arbeitgebern arbeiten.[13] Entgegen der wirtschaftlichen Realität wird jedoch nicht berücksichtigt, dass auch in nicht tarifgebundenen Betrieben häufig arbeitsvertragliche Bezugnahmen auf Tarifverträge existieren. **Vergleichsmaßstab** ist auf der anderen Seite das Tarifentgelt bei entsprechender Eingruppierung; bei Vereinbarung eines Pauschalentgelts ist ein Anteil für Urlaubs- und Weihnachtsgeld sowie Feiertags- und Krankheitsbezahlung abzuziehen.[14]

Als zweiter Punkt wird dann geprüft, ob sich bei diesem Vergleich ein »**Missverhältnis**« 13
ergibt. Der BGH sieht i. d. R. eine **Unterschreitung um mehr als ein Drittel** als sittenwidrig an.[15] Die arbeitsgerichtliche Rechtsprechung fand lange nicht zu klaren Haltungen. Lohnwucher wurde bejaht bei Entgelten zwischen 33 % und weniger als 75 % der Tarifentgelte.[16] Lohnwucher wurde verneint bei 61 % und mehr des tariflichen bzw. »ortsüb-

---

9 Däubler-Lakies, § 5 Anh. 1 Rn. 24 ff.

10 Zur Strafbarkeit und damit verbundenen Rechtsfragen genauer Nassibi, Schutz vor Lohndumping in Deutschland, S. 344.

11 Zuletzt BAG 23. 5. 01 – 5 AZR 527/99, AuR 01, 509 m. krit. Anm. Peter.

12 BGH 22. 4. 97 – 1 StR 701/96, AuR 97, 453 m. Anm. Reinecke; die Unterschiede der verschiedenen Maßstäbe werden deutlich bei ArbG Bremen 30. 8. 00 – 5 Ca 5152, 5198/00, AiB 01, 610.

13 BAG 22. 4. 09 – 5 AZR 436/08, NZA 09, 837 Rn. 24; BAG 18. 4. 12 – 5 AZR 630/10, NZA 12, 978; ausführlich zur Feststellung der Tarifbindung LAG Hamm 18. 3. 09 – 6 Sa 1284/08, BB 09, 893.

14 LAG Hamm 18. 3. 09 – 6 Sa 1284/08, Streit 09, 107.

15 BGH 22. 4. 97 – 1 StR 701/96, AuR 97, 453 m. Anm. Reinecke; die Unterschiede der verschiedenen Maßstäbe werden deutlich bei ArbG Bremen 30. 8. 00 – 5 Ca 5152, 5198/00, AiB 01, 610.

16 BAG 22. 4. 09 – 5 AZR 436/08, NZA 09, 837; 26. 4. 06 – 5 AZR 549/05, DB 06, 2467; BGH 22. 4. 97 – 1 StR 701/96, AuR 97, 453; LAG Hamm 18. 3. 09 – 6 Sa 1284/08, BB 09, 893 (Ls.); LAG Bremen 28. 8. 08 – 3 Sa 69/08, AuR 08, 455 (Ls.); 17. 6. 08 – 1 Sa 29/08, AuR 08, 357; LAG Rheinland-Pfalz 19. 5. 08 – 5 Sa 6/08, juris; LAG Berlin-Brandenburg 28. 2. 07 – 15 Sa 1363/06, juris; Hess. LAG 28. 10. 99 – 5 Sa 169/99, NZA-RR 00, 521; LAG Berlin 20. 2. 98 – 6 Sa 145/97, AuR 98, 468; Thüringer LAG 25. 8. 99 – 7 Ta 98/97; LAG Düsseldorf 23. 8. 77 – 11 Sa 466/77, DB 78, 165; SozG

lichen« Entgelts.[17] Eine wichtige Frage war dabei auch immer der subjektive Tatbestand, d.h. die Frage ob ein objektives Missverhältnis ausreichen sollte, oder ob es zusätzlich darauf ankommen musste, ob der Arbeitgeber eine Zwangslage des Arbeitnehmers ausgenutzt hatte. Mittlerweile sagt das BAG klar, dass allein ein »**besonders grobes Missverhältnis**« (50 % des Tarifentgelts) ausreicht, um Sittenwidrigkeit festzustellen. Bei 50 % bis zu zwei Dritteln des Tarifentgelts handele es sich nur um ein »**auffälliges Missverhältnis**«; dann liege Sittenwidrigkeit nur vor, wenn zusätzliche Umstände vorlägen, aus denen geschlossen werden könne, der Arbeitgeber habe die Not oder einen anderen »den Arbeitnehmer hemmenden Umstand« in verwerflicher Weise zu seinem Vorteil ausgenutzt.[18]

14 Das Verbot von Lohnwucher gilt genau wie Tarifverträge nach AEntG oder der allgemeine gesetzliche Mindestlohn auch für Arbeitsverträge nach ausländischem Arbeitsrecht, wenn diese in Deutschland durchgeführt werden. Diese **international zwingende Wirkung** der Lohnwucher-Rechtsprechung ergibt sich aus § 2 AEntG.[19]

15 Diese Rechtsprechung gewährleistet allerdings nur eine zu weitgehende Abweichung von »Marktstandards«. Auch Tarifverträge werden hier nur als Ausdruck einer gewissen Marktgerechtigkeit gesehen; bei nicht ausreichender Tarifbindung, fehlenden Tarifverträgen oder tarifierten Niedriglöhnen stellt der Schutz vor Lohnwucher **keine ausreichende Garantie eines Existenzminimums** dar. Auch Tarifverträge sind nicht per se von einer Sittenwidrigkeitskontrolle befreit.[20] Es spricht deshalb mehr dafür, neben den tariflichen Marktstandards auch rechtliche Standards wie z.B. den Maßstab von Art. 4 der Europäischen Sozialcharta (60 % des durchschnittlichen Nettolohns) für die Auslegung der Sittenwidrigkeit zu verwenden.[21]

Trotz dieser Probleme sollte diese Rechtsprechung nach Vorstellung des **CDU/FDP-Koalitionsvertrags** 2009 Vorbild für eine gesetzliche verbindliche Lohnuntergrenze sein.[22] Dieses, als Alternative zum gesetzlichen Mindestlohn gedachte Modell hat sich aber nicht durchgesetzt.

Dortmund 2. 2. 09 – S 31 AS 317/07, AuR 09, 147; ArbG Stralsund 10. 2. 09 – 1 Ca 313/08, AuR 09, 182; ArbG Berlin 8. 1. 03 – 36 Ca 19390/02, AuR 04, 74; SozG Berlin 18. 1. 02 – S 58 AL 2003/01, AuR 03, 120; AG Halle-Saalkreis 31. 5. 01 – Cs 1210 Js 34300/99, AuR 01, 516; ArbG Bremen 30. 8. 00 – 5 Ca 5152, 5198/00, AiB 01, 610 = AuR 01, 231; ArbG Herne 5. 8. 98 – 5 Ca 4010/97, AiB 00, 366; ArbG Wesel 3. 5. 95 – 3 Ca 361/94, AiB 96, 126; ArbG Reutlingen 16. 1. 96 – 1 Ca 610/94, AiB 96, 499.

17 BAG 24. 3. 04 – 5 AZR 303/03, DB 04, 1432; 23. 5. 01 – 5 AZR 527/99, AuR 01, 509; 21. 6. 00 – 5 AZR 806/98, AuR 00, 398; 4. 2. 81 – 4 AZR 967/78, AP Nr. 45 zu § 242 BGB Gleichbehandlung; 22. 3. 89 – 5 AZR 151/88; 11. 1. 73 – 5 AZR 322/72, DB 73, 727; LAG Berlin 7. 1. 00 – 6 Sa 1849/99, AuR 01, 230; LAG Brandenburg – 4 Sa 129/992. 7. 99, AuR 01, 229; Sächs. LAG 3 Sa 1025/03 und ArbG Chemnitz 9. 9. 03 – 12 Ca 2181/03; ArbG Göttingen 8. 12. 60 – Ca 528/60, DB 61, 882.

18 Das BAG berechnet dies ausgehend vom Entgelt; wenn das Tarifniveau um mehr als 50 %, aber weniger als 100 % über dem tatsächlichen Entgelt liege, bedürfe es »zusätzlicher Umstände«; wenn das Tarifniveau 100 % über dem Entgelt liege, handele es sich um ein »besonders grobes Missverhältnis« (BAG 16. 5. 12 – 5 AZR 268/11, BB 12, 2375).

19 Vgl. auch Däubler-Lakies, § 5 Anh. 2 § 2 AEntG Rn 5f.

20 Offensiv für eine Sittenwidrigkeitskontrolle insofern: Nassibi, Schutz vor Lohndumping, S. 126. Zur rechts- und tarifpolitischen Frage vgl. auch oben Rn. 48.

21 Nassibi, KJ 10, 194ff.; Lakies, MiLoG Einl. Rn. 106.

22 AuR 09, 403, 404.

Das Verbot des Lohnwuchers ist als Lohnuntergrenze ungeeignet: Nach BVerfG haben alle Menschen einen Anspruch auf das **Existenzminimum.**[23] **Lohn aus Arbeit** muss darüber liegen. Die vom BVerfG betonte sozialstaatliche Pflicht richtet sich auch an die Tarifvertragsparteien, stellt also Tariflöhne unter dem Existenzminimum in Frage. Zum anderen muss das Existenzminimum unterste Auffanglinie für Lohnwucher bleiben,[24] was im Übrigen die Notwendigkeit gesetzlicher Mindestlöhne (vgl. Rn. 47ff.) unterstreicht. 16

4.4 Vergütung von Auszubildenden

Nach § 17 BBiG haben **Auszubildende** per Gesetz Anspruch auf angemessene Vergütung. 17 Sie muss mindestens jährlich mit fortschreitender Ausbildung steigen. Auszubildende haben keinen Anspruch auf den allgemeinen gesetzlichen Mindestlohn (§ 22 Abs. 3 MiLoG). Dieser ist auch kein Anhaltspunkt für die Bestimmung einer angemessenen Ausbildungsvergütung, da vom MiLoG Ausbildungsverhältnisse ausdrücklich ausgenommen sind. Die Vergütung ist, so das BAG, nicht angemessen, wenn sie 20% und mehr unter der einschlägigen tarifvertraglichen Ausbildungsvergütung liegt;[25] entscheidend sind dabei nicht nur die monatlichen Vergütungen, sondern alle tariflichen Leistungen wie z.B. Urlaubsgeld und Weihnachtsgeld. Wird nur eine unangemessene Vergütung gezahlt, so ist diese nicht lediglich auf 80% z.B. des maßgebenden Tarifvertrags anzuheben, sondern auf die angemessene Höhe, d.h. auf 100% der tariflichen Ausbildungsvergütung.[26] Das BAG lässt noch niedrigere Ausbildungsvergütungen dann zu, wenn die Ausbildung ausschließlich durch öffentliche Gelder oder private Spenden finanziert wird und zusätzliche Ausbildungsplätze geschaffen werden.[27] Das BAG hat bei öffentlich geförderten Ausbildungsplätzen eine Orientierung an den einschlägigen BAföG-Sätzen für zulässig gehalten. Eine Vergütung in Höhe von ⅔ des BAföG-Satzes sei angemessen. Dabei habe sich die Ausbildungsvergütung nicht am Budget der öffentlichen Förderung zu orientieren, sondern die Höhe der angemessen Ausbildungsvergütung sei bei der Bemessung des Budgets zu berücksichtigen.[28]

---

23 Vgl. BVerfG 9.2.10 – 1 BvL 1/09, 1 BvL 3/09, 1BvL 4/09, NJW 10, 505, 508f.; dazu Wenner, SozSich 10, 53 und Nassibi, Schutz vor Lohndumping in Deutschland, S. 71; dies., AuR 12, 305ff.

24 So auch ArbG Bremen 30.8.00 – 5 Ca 5152, 5198/00, AiB 01, 610; SG Berlin 27.2.06 – S 77 AL742/05, AuR 07, 54; Peter/Kempen/Zachert, S. 108, wegen des Abstandsgebots in § 28 Abs. 4 SGB XII; Walter, AuR 01, 235f.

25 BAG 16.7.13 – 9 AZR 784/11, NZA 13, 1202; 22.1.08 – 9 AZR 999/06, NZA-RR 08, 565; 24.10.02 – 6 AZR 626/00, AP Nr. 12 zu § 10 BBiG; BAG 30.9.98 – 5 AZR 690/97, DB 99, 338.

26 BAG 25.7.02 – 6 AZR 311/00, AiB 05; 58.

27 BAG 24.10.02 – 6 AZR 626/00, AP Nr. 12 zu § 10 BBiG und 8.5.03 – 6 AZR 191/02, NZA 03, 1203 bzw. 1343; BAG 22.1.08 – 9 AZR 999/06, AiB 09, 110 m. Anm. Malottke.

28 BAG 17.3.15 – 9 AZR 723/13, zit. nach BAG Pressemitteilung 13/15.

Teil 3
Arbeitskampfrecht – Erläuterungen

Inhaltsübersicht Rn.

1. Vorbemerkungen

1.1 Streik und Aussperrung: Grundsätze

1 Arbeitskämpfe finden in der Regel aus Anlass von **Tarifauseinandersetzungen** statt, sind aber nicht darauf beschränkt (vgl. Grundl. Rn. 39ff.). Insofern ist der Arbeitskampf eine zentrale und unerlässliche Institution der Tarifautonomie: Tarifverträge kommen nur zustande, wenn die den Tarifvertrag fordernde Gewerkschaft der Arbeitgeberseite glaubhaft machen und ggf. auch umsetzen kann, dass sie im Verweigerungsfalle mit Streiks der Beschäftigten rechnen muss (vgl. dazu § 2 Rn 26ff); der Streik ist das verfassungsmäßig (Art. 9 Abs. 3 GG) garantierte letzte Mittel der Arbeitnehmer/innen und ihrer Gewerkschaft, um Tarifforderungen durchzusetzen. Nur die Existenz eines Streikrechts stellt ein annäherndes Gleichgewicht der sozialen Gegenspieler her und verschafft so der Arbeitnehmerseite überhaupt erst die Möglichkeit, auf das Zustandekommen und die Gestaltung von Tarifverträgen Einfluss zu nehmen.[1] Das BAG hat das zutreffend wie folgt ausgedrückt: »*Tarifautonomie ohne Streikrecht ist nichts anderes als ›kollektives Betteln‹*«.[2] Zur Bedeutung und Funktion des Streiks sowie zu seinen europa- und verfassungsrechtlichen Grundlagen vgl. Grundl. Rn. 19ff.

Darüber hinaus ist das Streikrecht eine der Grundfreiheiten und -rechte der sozialen Demokratie; mit seiner Hilfe tragen Beschäftigte und ihre Gewerkschaften seit jeher soziale Anliegen in der Auseinandersetzung mit der Seite der Arbeitgeber in den öffentlichen Raum. Die **öffentliche Auseinandersetzung** und Kommunikation gehört insofern seit jeher zum Recht auf Streik. Gerade aus völker- und europarechtlicher Sicht ist insofern zu betonen, dass das Streikrecht nicht auf Tarifauseinandersetzungen beschränkt werden darf (vgl. insbesondere Art. 6 Nr. 4 ESC; genauer dazu Rn. 142; Grundl. Rn. 97a–b).[3]

2 Anders als die Arbeitnehmerseite benötigt die Arbeitgeberseite in Tarifauseinandersetzungen und anderen sozialen Auseinandersetzungen kein besonderes Druckmittel, denn die Unternehmen können auch hier ihre **strukturelle Überlegenheit** (vgl. Grundl. Rn. 20) ausspielen. Ihre auf dem Eigentumsrecht basierende Verfügungsgewalt über den Betrieb und die von den Arbeitnehmer/innen miterwirtschafteten Werte und Finanzmittel geben ihnen die Möglichkeit, ihre Interessen durchzusetzen, indem sie sich auf Forderungen

---

1 Vgl. Kittner/Zwanziger/Deinert-Deinert, § 136 Rn. 10.

2 BAG 10.6.80 – 1 AZR 168/79, AP Nr. 65 zu Art. 9 GG Arbeitskampf.

3 Siehe Ministerrat des Europarats, Empfehlung vom 3.2.98, AuR 98, 155; zu Rechtscharakter und -grundlage siehe auch Bepler, FS Wißmann, 104; auch das BAG 10.12.02 – 1 AZR 96/02, NZA 03, 734, 740 hat diese Folgerung bereits eingeräumt.

nach einer gerechten Verteilung der Ergebnisse abwartend verhalten und auf Kampfmaßnahmen mit Ankündigungen und Drohungen wirtschaftlicher Maßnahmen wie Betriebseinschränkungen oder -verlagerungen reagieren.[4]

Wegen dieser strukturellen Überlegenheit gesteht das BAG der Arbeitgeberseite das **Recht zur Aussperrung** nur unter besonderen Voraussetzungen zu. Die Aussperrung ist danach allenfalls als »Abwehr-Aussperrung« als Reaktion auf einen Streik erlaubt, falls es sich um einen Streik handelt, der die Handlungsmöglichkeiten der Arbeitgeberseite in besonderer Seite beschränkt (vgl. Rn. 328). Unzulässig ist danach die »Angriffsaussperrung« und die kampfgebietsausweitende Aussperrung (vgl. Rn. 333, 336).

In der Vergangenheit ist der Arbeitskampf häufig als schlichtes Gegeneinander von Streik **2a**
und Aussperrung verstanden worden; auch die Rechtsprechung des BAG hat bis in die 1970er Jahre hinein ein formales Gleichgewichtsprinzip (»**Parität**«) mit der Erlaubnis von Streik und Aussperrung gewahrt gesehen.[5] Wie gerade erläutert, gibt es aus strukturellen Gründen aber ein materielles Ungleichgewicht. Die fragwürdige Gleichsetzung von Streik und Aussperrung hat sich zwar in der Wortwahl der BAG-Rechtsprechung (»Arbeitskampf«) bis heute erhalten. Die jüngere BAG-Rechtsprechung betont aber zutreffend immer wieder, dass angesichts der strukturellen Unterlegenheit der einzelnen Arbeitnehmer beim Abschluss von Arbeitsverträgen allein die Arbeitnehmerseite – sprich die Gewerkschaft – darauf angewiesen ist, die Ungleichheit durch kollektives Handeln – namentlich durch Streik – auszugleichen und damit ein annähernd gleichwertiges Aushandeln der Löhne und Arbeitsbedingungen zu ermöglichen.[6]

Allerdings: Der herkömmliche Blick auf die Arbeitskampfmittel Streik und Aussperrung greift auch noch in einem anderen Aspekt zu kurz. Bei der Frage nach der Reichweite des Arbeitskampfrechts sind auch andere **Arbeitskampfmittel** zu berücksichtigen; die Feststellung von Parität wird damit zu einem problematischen Unterfangen.

Das Arbeitskampfrecht ist so alt wie die **Forderungen nach einer gesetzlichen Regelung** **2b**
und vor allem Beschränkung des Streiks (siehe z. B. Professoren-Entwurf für ein Arbeitskampfgesetz (»zur Regelung kollektiver Arbeitskonflikte«) aus dem Jahr 1988;[7] ausführlich Grundl. Rn. 212ff zur Problematik von »Arbeitskampfgesetzgebung«; Grundl. Rn. 77 zu »Arbeitskampfgesetz«).[8]

Zuletzt stellte die Carl Friedrich von Weizsäcker-Stiftung im März 2012 einen Gesetzentwurf vor,[9] wonach zuerst Gerichte, Schieds- und Schlichtungsstellen über zahlreiche Einzelfragen und Kautelen entscheiden sollen, bevor ein Streik beginnen darf. Der Entwurf

4 Gamillscheg, RdA 05, 79: »*Heute könnte man auf die Aussperrung freilich ganz verzichten, der Hinweis auf die Verlegung der Produktion nach Tschechien oder sonst wohin tut die gleichen Dienste.*«; Ahlers/Oez/Ziegler, Standortverlagerungen in Deutschland, haben die Wirksamkeit auch leerer Drohungen empirisch nachgewiesen.

5 BAG 28. 1. 55 – GS 1/54, BB 55, 605; vgl. hierzu auch Däubler-Däubler, AKR, § 9 Rn. 34.

6 BAG 19. 6. 07 – 1 AZR 396/06, NZA 07, 1055 (Rn. 20); 22. 9. 09 – 1 AZR 972/08, NZA 09, 1347, 1352 (Rn. 41).

7 Birk/Konzen/Löwisch/Raiser/Seiter, Entwurf eines Gesetzes zur Regelung kollektiver Arbeitskonflikte, Entwurf und Begründung.

8 siehe auch Zachert, FS Wendeling-Schröder

9 Franzen/Thüsing/Waldhoff, Arbeitskampf in der Daseinsvorsorge; für eine ausführliche Kritik s. Berg, FS Kempen; dagegen auch Regierungsentwurf eines Tarifeinheitsgesetzes, BT-Drs. 18/4062.

schlägt für zahlreiche Bereiche von Infrastrukturleistungen (die er als »Daseinsvorsorge« bezeichnet) folgendes vor: Gesetzliche Ankündigungspflicht, gesetzliche Urabstimmungspflicht, gesetzliche Schlichtungsverpflichtung, Einigungsstellensprüche über die »Grundversorgung« (kritisch hierzu schon Grundl. Rn. 222a). Die CSU hat solche Vorschläge in einem Gesetzesvorschlag vom Januar 2015 wieder aufgegriffen.[10] In gleicher Weise problematisch sind Ankündigungspflichten und Schlichtungsverfahren, wie sie die Europäische Kommission im (mittlerweile aufgrund des Protests nicht weiter verfolgten) Entwurf für eine »Monti II-VO« vorgesehen hatte (vgl. dazu schon Grundl. Rn. 110); dies wäre auch mit den europäischen Grundrechten der Kollektivverhandlungsfreiheit nicht vereinbar (Grundl. Rn. 96).

1.2 Autonomie im Arbeitskampf und Kampfmittelfreiheit

2c Aus der Bewertung des Art. 9 Abs. 3 GG als Freiheitsrecht der Koalitionen und der Staatsferne der Koalitionsfreiheit folgt, dass die **Wahl der Mittel**, welche die Koalitionen zur Erreichung des Zwecks der Regelungen für geeignet halten, den Koalitionen selbst obliegt (vgl. Rn. 41). Aus dem **Verbot der Tarifzensur** (Rn. 159ff) folgt darüber hinaus, dass die Forderungen, die im Rahmen eines Arbeitskampfs in einer Tarifauseinandersetzung aufgestellt werden, von den Gerichten hinzunehmen und nicht inhaltlich zu bewerten sind.

Eine Bewertung von Arbeitskampfmaßnahmen als rechtswidrig kommt deshalb grundsätzlich nur dann in Betracht, wenn eine Arbeitskampfmaßnahme **offensichtlich ungeeignet** oder **nicht erforderlich** oder wenn sie **unangemessen** ist, weil sie in die verfassungsrechtlich geschützten Interessen Dritter rechtswidrig eingreift. Das BAG bezeichnet diese Kriterien als Prüfungsmaßstab »Grundsatz der Verhältnismäßigkeit im weiten Sinne«[11] – zu Unrecht. Bei der Prüfung, ob ein Arbeitskampfmittel bestimmte äußerste Offensichtlichkeitsgrenzen überschreitet, wird zu Recht eine bloße Missbrauchsprüfung angewandt (vgl. genauer zu diesen Fragen Rn. 137ff.).[12]

1.3 Arbeitskampf und Parität

3 Die deutsche Rspr. hat die **Waffengleichheit (»Parität«) der Arbeitskampfparteien** zum obersten Grundsatz des Arbeitskampfrechts erhoben.[13] Das Gebot der Kampfparität beruhe auf dem Verhältnismäßigkeitsgrundsatz in weiterem Sinne (vgl. hierzu Rn. 137ff.).[14]

---

10 Beschluss des CSU-Parteivorstands vom 26.1.15 (für die Daseinsvorsorge: Schlichtungsobliegenheit, Ankündigungsfrist von vier Werktagen, gesetzliche Regelung zu Notdienstvereinbarungen).

11 BAG 22.9.09 – 1 AZR 972/08, NZA 09, 1347; siehe auch schon BAG 19.6.07 – 1 AZR 396/06, NZA 07, 1055.

12 BAG 22.9.09 – 1 AZR 972/08, NZA 09, 1347; 19.6.07 – 1 AZR 396/06, NZA 07, 1055

13 BVerfG 4.7.95 – 1 BvF 2/86, 1 BvF 1/87, 1 BvF 2/87, 1 BvF 3/87, 1 BvF 4/87, 1 BvR 1421/86, AiB 95, 595 (unter C I 1 c der Gründe); BAG 19.6.07 – 1 AZR 396/06 (Rn. 20), NZA 07, 1055; 22.9.09 – 1 AZR 972/08 (Rn. 41), NZA 09, 1347, 1352.

14 BAG 10.12.02 – 1 AZR 96/02, AuR 04, 149 = NZA 03, 734 (unter B I 1 b bb (1) der Gründe mit Verweis auf BAG GS 21.4.71 – GS 1/68, AP Nr. 43 zu Art. 9 GG Arbeitskampf).

Ein funktionierendes Tarifvertragssystem setze annähernd gleichgewichtige Verhandlungschancen der Tarifparteien voraus.[15] Die Ausgestaltung des Arbeitskampfrechts habe zu gewährleisten, dass keine Tarifpartei der anderen von vorneherein ihren Willen aufzwingen kann.[16] Zwar genüge die Vorgabe, möglichst für Parität zwischen den Tarifvertragsparteien zu sorgen, als Handlungsanweisung für die konkrete gerichtliche Ausgestaltung des Arbeitskampfrechts allein in aller Regel nicht; wegen seiner Abstraktionshöhe sei das Paritätsprinzip als Maßstab zur Bewertung einzelner Kampfsituationen regelmäßig nicht ausreichend. Es bezeichne aber zumindest eine **Grenze**, die bei der gerichtlichen Ausgestaltung **nicht überschritten** werden dürfe.[17]

Nachdem das BAG ursprünglich die Kampfmittel beider Seiten zunächst **formal betrachtet** und gleichgesetzt hatte (»dem gewerkschaftlichen Streik entspricht die Aussperrung«),[18] betrachtete es später die Parität **materiell**, indem es sich um einen tatsächlichen Vergleich der realen Durchsetzungschancen bemühte.[19] Daraus zog das Gericht zu Recht auch die notwendigen Konsequenzen aus der Feststellung des **strukturellen Ungleichgewichts** von Arbeitnehmer- und Arbeitgeberseite: Erst das Streikrecht kompensiert das Machtminus auf Arbeitnehmerseite und stellt Parität in Tarifauseinandersetzungen annähernd her (vgl. Rn. 3); die Arbeitgeberseite ist nicht auf ein vergleichbares »Angriffsmittel« angewiesen.[20] 4

Bei der Beurteilung der Kampfparität sind nach Ansicht des BAG die **realen Kräfteverhältnisse** maßgebend, ohne dass alle Besonderheiten des Arbeitskampfes im Sinne einer »sozioökonomischen Gesamtbetrachtung« berücksichtigt werden müssten. Der Grundsatz der Parität könne nur Kriterien erfassen, die einer **»typisierenden materiellen Betrachtung«** zugänglich sind. Situationsbedingte Vorteile müssten unberücksichtigt bleiben.[21] So komme es bei der Zulässigkeitsprüfung der Abwehraussperrung vor allem auf die Zahlenverhältnisse der Streikenden und Ausgesperrten an sowie auf die von der Gewerkschaft gewählten Streiktaktiken, die sich auf die Wettbewerbsfähigkeit und Verbandssolidarität auswirken könnten (vgl. auch Rn. 327f.).[22] 5

Parität der Tarifvertragsparteien im Arbeitskampf setzt voraus, dass diese grundsätzlich kampf- und **abwehrfähig** sind. Dazu gehöre u.a. die Solidarität der Koalitionsmitglieder. Je geschlossener die jeweilige Koalition auftrete, desto größer sei ihre Durchsetzungskraft und umgekehrt. Diese Voraussetzung darf auch nach Auffassung des BAG durch den Ar-

15 BAG 24.4.07 – 1 AZR 252/06, DB 07, 1924 = AiB 07, 732 m. Anm. Schoof.

16 BAG 12.9.84 – 1 AZR 342/83, NZA 84, 393; 10.6.80 – 1 AZR 822/79, – 1 AZR 168/79, AP Nr. 65 zu Art. 9 GG Arbeitskampf; 24.4.07 – 1 AZR 252/06, DB 07, 1924.

17 BAG 22.9.09 – 1 AZR 972/08, NZA 09, 1347, 1352 (genauer dazu Rn. 41)

18 BAG 28.1.55 – GS 1/54, BB 55, 605; vgl. hierzu auch Däubler-Däubler, AKR, § 9 Rn. 34.

19 So schon in BAG (GS) 21.4.71 – GS 1/68, BB 71, 701.

20 BAG 10.6.80 – 1 AZR 168/79, AP Nr. 65 zu Art. 9 GG Arbeitskampf; vgl. auch Kittner/Zwanziger/Deinert-Deinert, § 136 Rn. 10; Däubler-Däubler, AKR, § 9 Rn. 32ff; BVerfG 4.7.95 – 1 BvF 2/86, 1 BvF 1/87, 1 BvF 2/87, 1 BvF 3/87, 1 BvF 4/87, 1 BvR 1421/86, AiB 95, 595 (C I 1 c der Gründe); BAG 19.6.07 – 1 AZR 396/06, NZA 07, 1055 (genauer dazu Rn. 20); 22.9.09 – 1 AZR 972/08, NZA 09, 1347, 1352 (genauer dazu Rn. 41).

21 BAG 10.6.80 – 1 AZR 168/79, AP Nr. 65 zu Art. 9 GG Arbeitskampf; 24.4.07 – 1 AZR 252/06, DB 07, 1924 mit Bezugnahme auf BVerfG 26.6.91 – 1 BvR 779/85, AP Nr. 117 zu Art. 9 GG Arbeitskampf (C I 3 b aa der Gründe); 22.9.09 – 1 AZR 972/08, NZA 09, 1347, 1352 (Rn. 41).

22 Vgl. BAG 10.6.80 – 1 AZR 168/79, AP Nr. 65 zu Art. 9 GG Arbeitskampf.

beitskampf nicht grundlegend beeinträchtigt werden. Jedoch sei es grundsätzlich weder Sache des Kampfgegners noch des Staates, die Solidarität der Koalitionsmitglieder zu gewährleisten, sondern in erster Linie Aufgabe der Koalition selbst. Die Mobilisierung von Mitgliedern liege außerhalb der Verantwortung des Staates. Dieser sei nicht verpflichtet, Disparitäten auszugleichen, die »nicht strukturell bedingt sind, sondern auf inneren Schwächen einer Koalition beruhen«.[23] »Es ist eine **Angelegenheit des Verbands** selbst, die erwünschte Solidarität aller Mitglieder durch geeignete verbandsinterne Mittel oder entsprechende Kampfmaßnahmen zu erreichen«: Der Staat darf ihn dabei nicht behindern; er muss insofern auch einer Gewerkschaft zugestehen, dass sie ihre kollektive Geschlossenheit durch verbandsinterne Mittel sichert[24] – und dass sie ihn veränderten Rahmenbedingungen neue Kampfformen entwickelt (vgl. z.B. zum »Flashmob«[25] Rn. 180ff.).

6 **Kritik im Grundsatz:** Dem BAG kann zunächst im Grundsatz darin gefolgt werden, dass es der Kampfparität einen zentralen Stellenwert zumisst.[26] Ohne Parität der Tarifparteien läuft die Tarifautonomie leer.[27] Die Richtigkeit der Paritätsthese wird bestätigt durch den Blick auf solche Bereiche und Branchen, in denen eine Gewerkschaft die Fähigkeit, einen wirksamen Arbeitskampf zu führen, **faktisch nicht besitzt** (vgl. Grundl. Rn. 192f). Die dort erzielten – bzw. die nicht erzielten – Tarifergebnisse sprechen eine deutliche Sprache. Sie belegen, dass das von Art. 9 Abs. 3 GG garantierte Tarifsystem nicht funktionieren kann, wo und wenn der Arbeitnehmerseite die Fähigkeit fehlt, einen wirksamen Streik zu führen. Der gesetzliche Mindestlohn ist die aus dem Sozialstaatsgebot des Grundgesetzes (Art. 20 Abs. 1 GG) resultierende »logische« Konsequenz (vgl. TVG § 5 Rn. 47ff.; Rn. 13).

7 Zu **kritisieren** ist aber, dass das BAG das Paritätsprinzip nicht konsequent anwendet, sondern im Gegenteil die durch Anerkennung des Streikrechts annähernd hergestellte Parität durch »arbeitskampfrechtliche Zugeständnisse« an die Arbeitgeberseite wieder »aushebelt«. Hinterrücks schleichen sich damit doch formale Erwägungen in die Paritätsbetrachtung ein (Motto »wenn die Gewerkschaften den Streik haben, muss die Arbeitgeberseite die Aussperrung haben«).

8 Das gilt insbesondere für die Zulassung der Aussperrung – wenn auch »nur« in Form der »**Abwehr-Aussperrung**«.[28] Das BAG hat sie ohne zwingenden Grund zugelassen. Die Unternehmer benötigen die »Abwehr-Aussperrung« nicht, um am Verhandlungstisch erfolgreich zu sein (vgl. auch Rn. 2).[29] Das gilt nicht nur für betriebliche, sondern auch Flächen-Tarifauseinandersetzungen. Ein Blick in die Tarifpraxis bestätigt diesen Befund. Die höchstrichterliche Billigung der massenhaften »Abwehr-Aussperrung« in der Metallin-

23 BAG 24.4.07 – 1 AZR 252/06, AuR 96, 33 (Rn. 70).

24 So muss der Staat der Koalition z.B. auch die Sicherung ihrer kollektiven Geschlossenheit zugestehen (BVerfG 24.2.99 – 1 BvR 123/93, BVerfGE 100, 214ff).

25 BAG 22.9.09 – 1 AZR 972/08, NZA 09, 1347: »Vielmehr gehört es zur verfassungsrechtlich geschützten Freiheit der Koalitionen, ihre Kampfmittel an die sich wandelnden Umstände anzupassen, um dem Gegner gewachsen zu bleiben und ausgewogene Tarifabschlüsse zu erzielen.«

26 Däubler-Däubler, AKR, § 9 Rn. 32ff. sieht in der Parität eine Leerformel, auf die man bei der Ausgestaltung des Arbeitskampfrechts verzichten sollte.

27 Vgl. Kühling/Bertelsmann, NZA 05, 1017, 1026.

28 BAG 10.6.80 – 1 AZR 168/79, AP Nr. 65 zu Art. 9 GG Arbeitskampf.

29 Vgl. Gamillscheg, RdA 05, 79.

dustrie 1984 (vgl. Rn. 326ff.) dürfte der IG Metall und den Gewerkschaften noch heute »in den Knochen stecken«.

9 Das Bundesverfassungsgericht hat eine gewisse weitere Grenze gezogen, indem es darauf hingewiesen hat, dass die Regelungen über die **»kalte Aussperrung«** (heute § 160 Abs. 3 SGB III) nicht auf Fälle der (Abwehr-)Aussperrung angewandt werden können;[30] sonst würde ein für die Gewerkschaft vollständig unkalkulierbaren Risiko entstehen.

10 Ebenfalls problematisch ist die vom BAG angewandte **»typisierende« Methode** zur Feststellung der Parität. Zwar ist die Feststellung zutreffend, dass sich aus Art. 9 Abs. 3 GG konkrete Maßstäbe, nach denen das Kräftegleichgewicht der Tarifvertragsparteien beurteilt werden könnte, nicht entnehmen lassen;[31] die Kampfstärke von Koalitionen hängt von einer Fülle von Faktoren ab, die in ihren Wirkungen schwer abschätzbar sind.[32] Das BAG verweigert sich aber der Verantwortung zur Sicherstellung der Kampfparität, wenn es sich in allzu unverbindliche Floskeln flüchtet. Die vom BAG bei der Beurteilung des Kräfteverhältnisses angewandte Methode typisiert zu sehr anhand von formalen Kriterien und wird damit der Wirklichkeit von Tarifauseinandersetzungen jedenfalls nicht gerecht.[33] Tatsache ist, dass das generelle Kräfteverhältnis der Kampfparteien durch eine Vielfalt von durchaus ermittelbaren Umständen handfest beeinflusst wird, z.B.:[34]

- die jeweilige **Arbeitsmarktlage** (dauerhafte Massenarbeitslosigkeit beeinträchtigt generell die Streikbereitschaft der Beschäftigten und damit die Kampfstärke der Gewerkschaften),[35]
- der **»Einsatz von Streikbrechern«** in bestreikten Betrieben (vermehrt auch der Einsatz von Leiharbeitnehmern; deren nach § 1 Abs. 5 AÜG bestehendes Recht, Streikbrucharbeit zu verweigern, kann dem – das zeigen viele Erfahrungen – nicht effektiv entgegenwirken; vgl. auch Rn. 303ff.),
- die Praxis der **massiven Einschüchterung** der Beschäftigten durch die Unternehmensleitungen (allem voran die Drohung, bei einem Streik bzw. der Fortsetzung des Streiks den Betrieb zu schließen bzw. zu verlagern).[36]

Solche Umstände bei der Beurteilung des Kräfteverhältnisses »außen vor« zu lassen bedeutet im Ergebnis, das Kräftegleichgewicht zum Nachteil der Arbeitnehmer/innen zu verändern.

---

30 BVerfG 4.7.95 – 1 BvF 2/86, 1 BvF 1/87, 1 BvF 2/87, 1 BvF 3/87, 1 BvF 4/87, 1 BvR 1421/86.

31 BAG 22.9.09 – 1 AZR 972/08, NZA 09, 1347 (Rn. 40), 1352; vgl. auch LAG Sachsen 2.11.07 – 7 SaGa 19/07, AuR 08, 64 = NZA 08, 59.

32 BAG 22.9.09 – 1 AZR 972/08, a.a.O. (Rn. 41).

33 Siehe auch die Bewertung des Paritätsprinzips in BAG 22.9.09 – 1 AZR 972/08, NZA 09, 1347: »Das Paritätsprinzip ist wegen seiner Abstraktionshöhe als Maßstab zur Bewertung einzelner Kampfsituationen regelmäßig nicht ausreichend.«

34 Vgl. die Übersicht bei Kissel, § 32 Rn. 11; vgl. auch Rn. 294ff.

35 Nach Meinung von BAG 10.6.80 – 1 AZR 168/79, AP Nr. 65 zu Art. 9 GG Arbeitskampf müssen die konjunkturelle Lage und die Konkurrenzsituation im Tarifgebiet als »Unwägbarkeiten des Arbeitskampfes« betrachtet und vernachlässigt werden.

36 Däubler-Däubler, AKR, § 9 Rn. 36 zur Drohung mit Standortverlagerungen; zur empirischen Wirksamkeit insbesondere Ahlers/Oez/Ziegler, Standortverlagerungen in Deutschland.

10a Das bedeutet nicht, dass eine sozio-ökonomische Gesamtbetrachtung (z. B. unter Berücksichtigung der konjunkturellen Lage[37] oder der allgemeinen Arbeitsmarktsituation) in einzelnen konkreten Arbeitskämpfen stattzufinden hätte; dies ist tatsächlich nicht Aufgabe der Rechtsprechung. Arbeitskampfinstrumente müssen anhand von abstrakten Kriterien einer Zulässigkeitsprüfung unterzogen werden können. Im Vordergrund muss aber die Gewährleistung der Handlungsautonomie der Beteiligten stehen. Insofern ist es von großer Bedeutung, dass die Rechtsprechung zuletzt meist die Parität nicht umfassend geprüft hat, sondern im Prinzip als Voraussetzung für eine Beschränkung autonomen Handelns verlangt hat, dass das Arbeitskampfrecht nicht die Verhandlungsfähigkeit einer Tarifvertragspartei bei Tarifauseinandersetzungen einschließlich der **Fähigkeit, einen wirksamen Arbeitskampf zu führen**, bedroht.[38] Voraussetzung für einen richterlichen oder gesetzlichen Eingriff ist danach eine entsprechende **Störung der Parität.**[39] Bei der Entwicklung abstrakter Kriterien für die Feststellung einer solchen Störung muss aber die ganze Bandbreite der Handlungsmöglichkeiten berücksichtigt werden. Insbesondere ist einzubeziehen, dass der Arbeitgeberseite anders als der Arbeitnehmerseite die (rechtlich geschützten) Mittel zur Verfügung stehen, auf diese Rahmenbedingungen Einfluss zu nehmen oder durch eigene Entscheidungen darauf zu reagieren. Auch deshalb ist es richtig, die **Unerlässlichkeit des Streiks** gegenüber der **Verzichtbarkeit der Aussperrung** zu betonen (Rn. 42ff.; Rn. 47ff.) – und zwar gerade angesichts veränderter Verhältnisse (Rn. 294ff.).

11 Die zunehmende **Gewerkschaftskonkurrenz** hat zuletzt Anlass dazu gegeben, unter Paritätsgesichtspunkten Forderungen nach einer Einschränkung des Streikrechts oder nach einer Erweiterung der Arbeitskampfmittel des Arbeitgebers zu erheben. Es wird argumentiert, dass sowohl die Aussperrung wirkungsloser würde, wenn jeweils nur ein Teil der Belegschaft ausgesperrt werden könne, als auch die wirtschaftlichen Belastungen größer würden, wenn unterschiedliche Gewerkschaften zu unterschiedlichen Zeiten Tarifauseinandersetzungen führten, die Arbeitskämpfe zur Folge haben könnten (genauer zu den arbeitskampfrechtlichen Konsequenzen von Gewerkschaftskonkurrenz unten Rn. 151ff.; zu den arbeitskampfrechtlichen Konsequenzen des Tarifeinheitsgrundsatzes siehe § 4a, Rn. 107ff.).[40] Auch diese Argumentationen blenden aus, dass dem Arbeitgeber aufgrund seines Eigentums und seiner Verfügungsbefugnis über den Betrieb ohnehin ein ganzes Arsenal **rechtlich anerkannter Gegenwehrmittel** zur Verfügung steht. Er kann z. B. die Forderungen der streikführenden Gewerkschaft einfach ablehnen und sich »stur« stellen. Er kann versuchen, den Betrieb mit »arbeitswilligen« Arbeitnehmern aufrechtzuerhalten, er kann ihn ganz oder teilweise stilllegen (vgl. Rn. 316ff.) oder verlagern bzw. diese Hand-

37 Die konkrete Wirtschaftslage erzwang z. B. in der Wirtschaftskrise Ende 2008 zu Lasten der Arbeitnehmerseite ein schnelles Ende der Tarifauseinandersetzung in der Metallindustrie.

38 BVerfG 26.6.91 – 1 BvR 779/85, AP Nr. 117 zu Art. 9 GG Arbeitskampf (C I 3 a der Gründe); 4.7.95 – 1 BvF 2/86, 1 BvF 1/87, 1 BvF 2/87, 1 BvF 3/87, 1 BvF 4/87, 1 BvR 1421/86, AiB 95, 595 (C I 1 c der Gründe); BAG 19.6.07 – 1 AZR 396/06, NZA 07, 1055 (genauer dazu Rn. 20); 22.9.09 – 1 AZR 972/08, NZA 09, 1347, 1352 (genauer dazu Rn. 41).

39 BAG 10.6.80 – 1 AZR 822/79, – 1 AZR 168/79, AP Nr. 64 und 65 zu Art. 9 GG Arbeitskampf; 24.4.07 – 1 AZR 252/06, DB 07, 1924 = AiB 07, 732; vgl. auch BVerfG 26.6.91 – 1 BvR 779/85, AuR 92, 29.

40 Siehe z. B. Greiner, NJW 10, 2977ff.

lungen androhen.[41] Eine Störung der Parität, die eine Erweiterung des arbeitskampfrechtlichen Arsenals erforderlich machen würde, liegt angesichts dieser Instrumente nicht vor. Umgekehrt ist in einigen Bereichen zu fragen, ob nicht die Parität durch die arbeitskampfrechtlichen Handlungsmöglichkeiten der Arbeitgeberseite, insbesondere durch die Möglichkeit des Einsatzes von Leiharbeitnehmer/innen bereits so zu Lasten der Gewerkschaften gestört ist, dass wegen der Kumulation der Handlungsmöglichkeiten an bestimmten Stellen Einschränkungen von Arbeitgeberinstrumenten im Interesse der Verhältnismäßigkeit erforderlich sind.

Zu Paritätsverletzungen zum Nachteil der Arbeitnehmer/innen und Gewerkschaften kann es auch durch **Eingriffe des Staates** kommen. Zu nennen ist etwa die Änderung des § 116 AFG (heute: § 160 SGB III; vgl. Rn. 382ff.). Das BVerfG hat zwar die Verfassungsmäßigkeit des heutigen § 160 Abs. 3 Satz 1 SGB III (früher § 116 Abs. 3 Satz 1 AFG) bejaht, gleichzeitig aber eingeräumt, dass die Verweigerung von Arbeitslosen- bzw. Kurzarbeitergeld bei »Fernwirkungen« eines Arbeitskampfs verfassungswidrig sein könne, wenn es die Arbeitgeber darauf anlegten, mit Hilfe der »heißen« Aussperrung im Kampfgebiet solche Fernwirkungen außerhalb des Kampfgebietes zu erzeugen. Auch für den Fall, dass sich aus anderen Gründen herausstellen sollte, dass der Gesetzgeber einer »Fehleinschätzung« unterlegen sei und das Gesetz das Kräftegleichgewicht doch erheblich gestört habe, hat das BVerfG auf erforderlichen **Korrekturbedarf** hingewiesen. Der Gesetzgeber müsse in einem solchen Fall Maßnahmen zum Schutz der Koalitionsfreiheit treffen.[42] Vor dem Hintergrund der immer stärker werdenden Verflechtung der Produktion dürfte dieser Zeitpunkt bereits gekommen sein.[43] 12

Störungen der Parität können auch entstehen, wenn die Gesetzgebung die Voraussetzungen der Kampfparität schwächt. Entscheidend für die Kampffähigkeit einer Organisation ist insbesondere die Mitgliedschaft. Dass »der **Organisationsgrad einer Koalition, ihre Fähigkeit zur Anwerbung und Mobilisierung von Mitgliedern** und ähnliche Faktoren [...] außerhalb der Verantwortung des Gesetzgebers [liegen]«,[44] heißt ja nur, dass der Staat nicht selbst schwachen Verbänden Durchsetzungsfähigkeit verleihen darf; auch kann sich ein Arbeitgeberverband nicht mit der Begründung gegen eine Belastung wehren, es gebe einzelne Mitglieder, die dies nicht akzeptierten.[45] 13

Die Zulassung gesetzesverschlechternder Tarifverträge im Bereich der Leiharbeit (vgl. Rn. 135 und § 1 TVG Rn. 199) oder der (mittlerweile aufgrund der Proteste aufgegebene) Plan einer »Vorratsspeicherung« von Daten über die Streikbeteiligung von Arbeitnehmern im Rahmen des Entgeltnachweises ELENA[46] sind jedoch Beispiele dafür, wie der Staat aktiv die Voraussetzungen des Streikrechts untergräbt. Dies ist verfassungsrechtlich problematisch.

41 Wie effektiv dies in der Praxis auch dann ist, wenn die Androhung unrealistisch ist, zeigen Ahlers/Oez/Ziegler, Standortverlagerungen in Deutschland.
42 BVerfG 4.7.95 – 1 BvF 2/86, 1 BvF 1/87, 1 BvF 2/87, 1 BvF 3/87, 1 BvF 4/87, 1 BvR 1421/86, AiB 95, 595.
43 Siehe Zachert, AuR 00, 53ff.
44 BVerfG 4.7.95 – 1 BvF 2/86, 1 BvF 1/87, 1 BvF 2/87, 1 BvF 3/87, 1 BvF 4/87, 1 BvR 1421/86, AiB 95, 595.
45 BAG 24.4.07 – 1 AZR 252/06, AuR 96, 33.
46 Vgl. Wedde, AuR 10, 94ff.

2. Streik

2.1 Allgemeines

14 Für den Streik existiert wie für den Arbeitskampf generell **keine gesetzliche Definition.** Ausgehend von der zentralen Rolle des Streiks zur Sicherung der Tarifautonomie für Arbeitnehmer und Gewerkschaften im Rahmen kollektiver Arbeitskonflikte (vgl. Rn. 1f., Grundl. Rn. 20) ist von einer die Ausübung des Grundrechts unterstützenden, weiten Begriffsbestimmung ohne juristische Vorfestlegungen auszugehen.[47] Denn der Streik ist das wichtigste **Arbeitskampfmittel** der Arbeitnehmer zur Ausübung kollektiven Drucks auf die Arbeitgeberseite mit dem Ziel des Abschlusses eines Tarifvertrages. Ein Streik ist die von einer Mehrzahl von Arbeitnehmern planmäßig und gemeinschaftlich durchgeführte Einstellung einer an sich nach individualrechtlichen Regeln zu erbringenden Arbeitsleistung,[48] mit anderen Worten die **kollektive Arbeitsniederlegung.**
Daneben kennt die Arbeitskampfpraxis aber auch **sonstige Aktionsformen bzw. »atypische« Kampfmittel** der Arbeitnehmer wie z.B. »Verweilen am Arbeitsplatz«, »Flashmob-Aktionen«, »Öffentlichkeitskampagnen« usw. (vgl. Rn. 209ff.).
Zu den **Streikanlässen**, **Streikarten** und **Streikformen** sowie streikbegleitenden Aktionen, vgl. Rn. 15ff., 235ff. und Grundl. Rn. 33ff., 39ff.

15 In Tarifauseinandersetzungen wird unterschieden zwischen dem **Warnstreik** (vgl. Rn. 237, 524) und dem **Erzwingungsstreik** (vgl. Rn. 243).
Zweck eines **Warnstreiks** ist es, durch die Ausübung von Druck Tarifverhandlungen zu erzwingen oder aber festgefahrene Tarifverhandlungen zu beleben. Ein Warnstreik findet in der Regel ohne Urabstimmung (vgl. Rn. 245ff., 520) statt.
Mit dem **Erzwingungsstreik** – in der Regel nach einer Urabstimmung – soll der Druck auf einigungsunwillige Arbeitgeber bzw. Arbeitgeberverbände erhöht werden, um ein akzeptables Ergebnis zu erzwingen.

16 Der Streik ist seit jeher Gegenstand der politischen und rechtlichen Auseinandersetzung gewesen. **Arbeitgeberseitig** werden unentwegt Einschränkungen des Streikrechts gefordert. **Gewerkschaften** setzen naturgemäß auf eine das Streikrecht sichernde Auslegung des Art. 9 Abs. 3 GG (vgl. Grundl. Rn. 212ff.).
Die **Rspr.**, vor allem des **BAG**, formuliert eine Reihe von – das Streikrecht über Gebühr einschränkenden – **Bedingungen:**

- oberster Grundsatz des Arbeitskampfrechts ist die **Waffengleichheit**, »die **Parität** am Verhandlungstisch«, vgl. dazu Rn. 3ff.; daraus folgert die Rechtsprechung die Notwendigkeit des Streikrechts, aber auch die – begrenzte – Zulassung der Aussperrung (vgl. dazu Rn. 7ff. und Rn. 327f.).
- nur der Streik für Tarifverträge und **tariflich regelbare Ziele** ist geschützt (vgl. Rn. 23ff. und TVG § 1 Rn. 154ff.; zur Kritik an dieser Einengung des Streikrechts, vgl. Rn. 22); das hat Auswirkungen auf nicht gewerkschaftlich getragene (vgl. Rn. 200ff.) und politische Streiks (vgl. Rn. 188f.) sowie Streiks zur Durchsetzung von Rechtsansprüchen

---

47 Zur Begründung eines weiten Arbeitskampfbegriffs generell Otto, § 1 Rn. 1ff.; Schaub-Treber, § 191 Rn. 6, wobei dieses Verständnis in der Praxis wegen der rechtlichen Privilegierung der Streikbekämpfung durch die Arbeitgeber Probleme aufwirft.

48 So die treffende Definition bei Schaub-Treber, § 191 Rn. 8.

und tarifvertraglichen Ansprüchen (vgl. Rn. 175ff.); die tarifliche Regelbarkeit und damit Erstreikbarkeit entfällt auch, wenn der angestrebte Tarifvertrag einen rechtswidrigen Inhalt hat (vgl. Rn. 25); eine **gerichtliche Kontrolle des Umfangs von Streikforderungen**, die auf tariflich regelbare Ziele gerichtet sind, findet nicht statt – weil nicht mit Art. 9 Abs. 3 GG vereinbar. (vgl. Rn. 159);

- der Streik darf nicht gegen die **relative Friedenspflicht** aus einem bestehenden Tarifvertrag verstoßen (vgl. Rn. 59ff.);
- zentraler Maßstab für die Beurteilung der unterschiedlichen **Erscheinungsformen** des Arbeitskampfes – auch des Streiks – ist der **Grundsatz der Verhältnismäßigkeit**; der Zeitpunkt und die Art der Durchführung unterliegen dem Grundsatz der Verhältnismäßigkeit (vgl. dazu Rn. 137ff.).

Fazit dieser Rspr.: Der **gewerkschaftliche Streik für tarifliche Ziele nach Ablauf der Friedenspflicht** ist im Kern rechtlich problemlos. Es gilt der **Grundsatz: »Was tariflich regelbar ist, ist auch erstreikbar«** (sofern die Friedenspflicht nicht entgegensteht; vgl. zu den Einzelheiten Rn. 26f. und TVG § 1 Rn. 154ff.).[49] Zur **Kritik** an der »Verengung des Streikrechts durch das BAG« auf Tarifziele, vgl. Rn. 22.

Wenn es an der tariflichen **Regelbarkeit einer Tarifforderung fehlt** (vgl. Rn. 23ff.), wenn sie einen **rechtswidrigen Inhalt** hat (vgl. Rn. 25) oder der **Friedenspflicht** unterliegt (vgl. Rn. 59ff.), führt das zur Rechtswidrigkeit des **Streiks**. Zu den **Rechtsfolgen** eines rechtswidrigen Streiks vgl. Rn. 282ff. **17**

Ein von der Gewerkschaft geführter Streik trägt allerdings die **Vermutung der Rechtmäßigkeit** in sich.[50] Das hat Konsequenzen nicht nur für den **individualrechtlichen Schutz** der am Streik teilnehmenden Arbeitnehmer (ihnen kann kein Verschulden vorgeworfen werden; vgl. Rn. 288). Die Rechtmäßigkeitsvermutung setzt auch dem Erlass einstweiliger Verfügungen zur Untersagung von Streiks äußerst enge Grenzen (vgl. Rn. 440).

Zur Frage, ob ein Streik durch **einstweilige Verfügung untersagt** werden kann, wenn die tarifliche Regelbarkeit **streitig** ist und gute Argumente für die Erstreikbarkeit sprechen, vgl. TVG § 1 Rn. 180.[51]

Wird ein Streik für **mehrere Forderungen** (»Forderungspaket«) durchgeführt, stellt sich die Frage, ob der Streik **insgesamt rechtswidrig** ist, wenn **nur eine der Forderungen** tariflich nicht regelbar ist (oder der Friedenspflicht unterliegt; vgl. Rn. 59ff.). Das BAG bejaht dies jedenfalls dann, wenn es sich bei der rechtswidrigen Forderung um eine **Hauptforderung** handelt.[52] Etwas anderes dürfte gelten, wenn die tariflich nicht regelbare bzw. der Friedenspflicht unterliegende Forderung nur **untergeordnete Bedeutung** hat.[53] **18**

Die wohl h.M. in der Literatur hält einen Streik allerdings für **insgesamt rechtswidrig**, wenn nur ein Kampfziel rechtswidrig ist und wenn nicht ausgeschlossen werden kann,

---

49 BAG 12.9.84 – 1 AZR 342/83, DB 84, 2563; Jacobs, ZTR 01, 249, 252 mit Hinweis auf Hueck/Nipperdey, Bd. II/1, S. 305f., und Bd. II/2, S. 1010; vgl. auch die Übersicht bei Däubler, AR 1, S. 269ff.

50 BAG 19.6.73 – 1 AZR 521/72, AP Nr. 47 zu Art. 9 GG Arbeitskampf.

51 ArbG Köln 21.6.07 – 1 Ga 104/07, (einstweilige Verfügung); ArbG Köln 18.12.07 – 14 Ca 5411/07, (Hauptsacheverfahren).

52 BAG 10.12.02 – 1 AZR 96/02, AuR 04, 149 = NZA 03, 735 (unter B I 4 der Gründe); vgl. auch LAG Nürnberg 30.9.10 – 5 Ta 135/10, ZTR 10, 576.

53 Offen gelassen von BAG 4.5.55 – 1 AZR 493/54, AP Nr. 2 zu Art. 9 GG Arbeitskampf; 10.12.02, a.a.O.

dass bei Verzicht auf das unzulässige Ziel der Streik vermieden worden wäre; auf die **Wertigkeit** der Forderungen komme es nicht an (sog. »**Rühreitheorie**«).[54]

Die Sichtweise der h.M. wird durch eine neuere Entscheidung des EGMR zur Auslegung der in Art. 11 EMRK garantierten Vereinigungsfreiheit und des darin verankerten Streikrechts erschüttert.[55] Denn der Gerichtshof hat es für die Rechtmäßigkeit des Streiks einer kroatischen Ärztegewerkschaft ohne weitere Begründung genügen lassen, dass eine hilfsweise erhobene Tarifforderung auf ein tariflich regelbares Ziel gerichtet war, während die beiden Hauptforderungen offensichtlich rechtswidrig waren.[56] Dem folgend wäre die sog. »Rühreitheorie« **nicht mit Art. 11 EMRK vereinbar** und könnte deshalb so auf Dauer nicht mehr aufrechterhalten werden.[57]

Angesichts der rechtlichen Unsicherheiten ist jedoch weiterhin zu empfehlen, die Streikforderung auf einige **wenige** – für die Mobilisierung der Beschäftigten erforderliche – Regelungsgegenstände **zu beschränken**. Abzuraten ist davon, einen umfangreichen Forderungskatalog oder gar einen komplett ausformulierten Tarifvertragsentwurf mit vielen Paragrafen als Streikforderung zu verwenden.

19 Wenn eine Tarifbewegung mit einer tariflich nicht regelbaren und/oder der Friedenspflicht unterliegenden (Haupt-)Forderung **gestartet** wurde, ist ein sodann durchgeführter Warn- oder Erzwingungsstreik dennoch rechtmäßig, wenn die ursprünglich erhobenen Tarifforderungen im Streikbeschluss **vor Streikbeginn** durch öffentliche Verlautbarung (z.B. in einem Streikaufruf) oder Erklärung gegenüber der Arbeitgeberseite »**korrigiert**« wurden (vgl. auch Rn. 162).[58]

Das Gleiche gilt, wenn eine oder mehrere im Rahmen eines Forderungspaketes aufgestellte **Forderungen** z.B. wegen fehlender tariflicher Regelbarkeit oder einer bestehenden Friedenspflicht nicht erstreikbar sind und deshalb vor Streikbeginn **zurückgenommen** werden (etwa mit Schreiben des Gewerkschaftsvorstandes oder durch Erklärung zu Protokoll des Gerichts in einem einstweiligen Verfügungsverfahren).[59] Die Rücknahme erfordert nach zutreffender Ansicht nicht die Aufnahme neuer Verhandlungen, ein neues Scheitern der Verhandlungen oder eine Urabstimmung vor Durchführung des Streiks.[60] Zum einen ist bereits die Einleitung von Arbeitskampfmaßnahmen ohne das Vorliegen einer satzungsmäßigen Urabstimmung zulässig und das Unterlassen verbandsintern vorgeschriebener Verfahren ohne Außenwirkung. Dies muss auch für das Fallenlassen einer rechtswidrigen Forderung gelten. Zum anderen würde es der einem Arbeitskampf innewohnenden Dynamik nicht gerecht, bei der Tarifforderung eines komplexen Regelungs-

---

54 Vgl. Kissel, § 24 Rn. 11 m.w.N. zitiert in Fn. 30 die Bibel (1. Kor. 5, 6): »*Wisst Ihr nicht, dass ein wenig Sauerteig den ganzen Teig durchsäuert?*«; Otto, § 5 Rn. 25: »*Wer also ein Bündel von Forderungen stellt, handelt mit dem Risiko, seine Kampfmaßnahme insgesamt unzulässig zu machen*«.; kritisch etwa Fischer, NZA 14, 1177, 1180.

55 EGMR 21.11.14, Nr. 36701/09 – Hrvatski Lijecnicki Sindikat (HLS) / Kroatien, AuR 15, 146.

56 EGMR 21.11.14, a.a.O., 149.

57 So zutreffend Lörcher, AuR 15, 126, 129.

58 ArbG Frankfurt 30.9.11 – 8 Ga 169/11, AiB 12, 405 m. Anm. Kunz; offen gelassen von ArbG Frankfurt 29.2.12 – 9 Ga 24/12.

59 Hessisches LAG 9.8.11 – 9 SaGa 1147/11; LAG Berlin-Brandenburg, 14.8.12 – 22 SaGa 1131/12; Fischer, NZA 14, 1177, 1181ff.; a.A. Rieble, BB 14, 949, 951ff.

60 Hessisches LAG 9.8.11, a.a.O.; Fischer, a.a.O. m.w.N.

werkes – z.B. eines Eingruppierungstarifvertrages – nach jedem Fallenlassen einer einzelnen Klausel vor einem Streik erneut das Scheitern der Verhandlungen zu verlangen. Das Fallenlassen einzelner Klauseln aus einem komplexen Tarifvertragsentwurf ändert nichts daran, dass die Verhandlungen gescheitert sind. Zumal die Arbeitgeberseite jederzeit in der Lage sei, die eingeschränkte Forderung anzunehmen.[61] Es besteht nun einmal kein Anspruch der Arbeitgeberseite darauf, dass die Gewerkschaft alle ihre Streikforderungen bis zum Ende durchhält.[62]

Ist ein **Streik** mit einer rechtswidrigen Forderung **begonnen** worden, **endet** seine Rechtswidrigkeit, wenn diese Forderung durch das **satzungsmäßig zuständige Organ der Gewerkschaft** durch öffentliche Verlautbarung oder Erklärung gegenüber der Arbeitgeberseite **zurückgenommen** wird.[63] Nach Ansicht des ArbG Frankfurt soll die durch einen bereits begonnenen Streik eingetretene Verletzung der Friedenspflicht nicht dadurch »geheilt« werden, dass während der laufenden Arbeitskampfmaßnahme die Streikziele modifiziert werden.[64] Das Hessische LAG hat die Ansicht des ArbG Frankfurt in dem Sinne präzisiert, dass die Rechtswidrigkeit des Streiks »nicht rückwirkend« entfallen könne.[65] Damit lässt zumindest das Hessische LAG Raum für die hier vertretene Ansicht, dass eine Verletzung der Friedenspflicht jedenfalls nicht für Streikzeiträume nach Rücknahme der Forderung bejaht werden kann. Deshalb stehen der Arbeitgeberseite, wenn der Streik mit rechtmäßigen Forderungen fortgesetzt wird, nach Forderungsrücknahme weder Unterlassungs- noch Schadensersatzansprüche zu.

Zur Frage, ob die Gewerkschaft unter dem Gesichtspunkt des »Ultima-Ratio-Prinzips« (vgl Rn. 150ff.) verpflichtet ist, den Arbeitgeber vor einem Streik **nochmals zu Verhandlungen aufzufordern**, wenn eine der ursprünglich erhobenen Forderungen z.B. wegen inzwischen »erkannter Rechtswidrigkeit« zurück genommen wurde, vgl. Rn. 162ff.

Zu den **Rechtsfolgen** eines rechtmäßigen Streiks vgl. Rn. 271ff., zu den Folgen eines rechtswidrigen Streiks vgl. Rn. 282ff.

Wenige Besonderheiten gibt es bei **Streiks konkurrierender Gewerkschaften**, also wenn eine Gewerkschaft (B) für einen eigenen oder Anschluss-Tarifvertrag streikt, obwohl für die Branche oder das Unternehmen schon ein Tarifvertrag der Gewerkschaft (A) besteht. Die Streikmöglichkeiten sind weitgehend unabhängig davon, ob und wie eine etwaig bestehende **Tarifkonkurrenz** (TVG § 4 Rn. 60ff.) oder **Tarifpluralität** (TVG § 4 Rn. 82ff.) gelöst wird. 20

Nachstehend ein **Überblick** zur Rechtslage im Falle von »Gewerkschaftskonkurrenz«:

- Die Gewerkschaft B darf für einen eigenen Tarifvertrag streiken; für sie besteht **keine Friedenspflicht** (vgl. Rn. 59ff.) aus dem anderen, schon existierenden Tarifvertrag der Gewerkschaft A (vgl. Rn. 114c).
- Auch Mitglieder der Gewerkschaft A können sich grundsätzlich am Streik der Gewerkschaft B **beteiligen** (vgl. Rn. 272).

---

61 Hessisches LAG 9.8.11, a.a.O.
62 So treffend Fischer, a.a.O., 1181.
63 Vgl. LAG Sachsen 2.11.07 – 7 SaGa 19/07, AuR 08, 64 = NZA 08, 59.
64 ArbG Frankfurt 29.2.12 – 9 Ga 24/12.
65 Hessisches LAG 5.12.13 – 9 Sa 592/13, AuR 14, 40, Revision anhängig BAG – 1 AZR 160/14.

- Die Gewerkschaft B kann auch Mitglieder der Gewerkschaft A **zum Streik aufrufen** (vgl. Rn. 274a).
- **Nichtorganisierte** Beschäftigte können von jeder Gewerkschaft zum Streik aufgerufen werden und sich am Streik jeder Gewerkschaft beteiligen (Rn. 272).
- Ein Streik verstößt allein wegen einer bestehenden Gewerkschaftskonkurrenz weder gegen das **Verhältnismäßigkeits-** noch das **Paritätsprinzip** (vgl. Rn. 137ff., 3ff.).
- Die vorstehenden Grundsätze gelten so auch für eine **Minderheitsgewerkschaft** im Sinne des **§ 4a Abs. 2 TVG** (vgl. zur Friedenspflicht Rn. 114d, 169, zur Verhältnismäßigkeit Rn. 167ff., § 4a Rn. 107ff.). Eine andere Auslegung wäre mit der durch Art. 9 Abs. 3 GG garantierten Tarifautonomie nicht vereinbar und müsste allein deshalb zur Verfassungswidrigkeit der neuen gesetzlichen Regelung zur Auflösung von Tarifkollisionen führen (vgl. § 4a Rn. 115, zur verfassungsrechtlichen Problematik insgesamt § 4a Rn. 6ff.).
- Eine **Stilllegung** kann sich bei einem Streik einer Spartengewerkschaft nur auf die zum Streik aufgerufene **Berufsgruppe** beziehen (vgl. Rn. 320).
- Anders Organisierte können bei Tarifpluralität (nur) eingeschränkt **ausgesperrt** werden (vgl. Rn. 346).
- Bei mittelbarer Arbeitskampfbetroffenheit/**kalter Aussperrung** besteht – bei Tarifpluralität – in bestimmten Fällen kein Anlass für den Verlust des Entgeltanspruchs bzw. eine Einschränkung der Mitbestimmung des Betriebsrats (vgl. Rn. 367, 373).
- Anders organisierte Beschäftigte (mittelbar Betroffene) erhalten ggf. **Leistungen der Bundesagentur** für Arbeit nach §§ 160, 100 SGB III (vgl. Rn. 401).
- **Politische Forderungen** nach Einschränkung des Streikrechts oder Ausweitung der Aussperrung sind **unbegründet** (vgl. Grundl. Rn. 212ff.).

2.2 Streik als »Hilfsinstrument« der Tarifautonomie?

21 Nach Ansicht des **BVerfG** werden Arbeitskampfmaßnahmen – insbes. Streiks – als **koalitionsmäßige Betätigung »jedenfalls«** insoweit von der durch Art. 9 Abs. 3 GG geschützten Koalitionsfreiheit erfasst, als sie erforderlich sind, um **Parität am Verhandlungstisch** (vgl. Rn. 3ff.) zu erreichen und damit eine funktionierende **Tarifautonomie** sicherzustellen.[66]

Das BVerfG hat damit **offen gelassen**, ob sich der Schutz des Art. 9 Abs. 3 GG auch auf **nichttarifbezogene Arbeitskämpfe** erstreckt.[67]

Auch das **BAG** erkennt an, dass vor allem die **Gewerkschaften auf das Streikrecht angewiesen** sind, um ein annäherndes Gleichgewicht gegenüber den machtmäßig überlegenen Unternehmern herzustellen (vgl. Rn. 1, 3). Allerdings sieht es – jedenfalls bislang – **Arbeitskämpfe nur mit dem Ziel eines Tarifvertrags** als durch Art. 9 Abs. 3 GG gerecht-

---

66 BVerfG 26.6.91 – 1 BvR 779/85, AiB 92, 29 = AP Nr. 117 zu Art. 9 GG Arbeitskampf; 4.7.95 – 1 BvF 2/86, AiB 95, 595 = AP Nr. 4 zu § 116 AFG.

67 Vgl. ErfK-Linsenmaier, GG Art. 9 Rn. 71; Däubler-Däubler, AKR, § 9 Rn. 8 und 16; Maunz/Dürig-Scholz Art. 9 Rn. 316.

fertigt an. Der Arbeitskampf sei ein **Hilfsinstrument zur Sicherung der Tarifautonomie.** Er dürfe nur zur Durchsetzung tariflicher Regelungen eingesetzt werden.[68]
Daraus folgert die bisherige BAG-Rechtsprechung, dass etwa der **nicht gewerkschaftlich geführte Streik** (vgl. Rn. 201 ff.), der **politische Streik** (vgl. Rn. 188 ff.) und der **Streik zur Durchsetzung von Rechtsansprüchen** (vgl. Rn. 175 ff.) unzulässig sein soll. Zur Zulässigkeit des **Solidaritätsstreiks** vgl. Rn. 181 ff.

Kritik: Die Reduzierung des Streikrechts auf ein bloßes »**Hilfsinstrument der Tarifautonomie**« ist abzulehnen.[69] Diese Sichtweise erscheint als Produkt der früheren »**Kernbereichslehre**« (vgl. hierzu Grundl. Rn. 69), die inzwischen durch das BVerfG aufgegeben wurde.[70] **22**
Nach zutreffender Ansicht[71] sind auch **Arbeitskämpfe** zulässig, bei denen es um die Austragung **sonstiger Interessenkonflikte** im Bereich der »**Arbeits- und Wirtschaftsbedingungen**« (beispielsweise Proteststreiks gegen Maßnahmen des Arbeitgebers oder der Politik, die als ungerecht oder übermäßig belastend empfunden werden; zum Meinungsstand insoweit vgl. Rn. 192 ff.).
Das Streikziel »Abschluss eines Tarifvertrags« ist sicher ein entscheidendes, aber **nicht das einzige Instrument** zur Wahrung und Förderung der »**Arbeits- und Wirtschaftsbedingungen**«.
Die **Beschränkung des Streikrechts** auf die Durchsetzung von Tarifverträgen ist weder mit den überkommenen Kampfformen noch mit der Entstehungsgeschichte des Art. 9 Abs. 3 GG vereinbar.
Bei den Beratungen zum Grundgesetz 1949 waren allein der **politische Streik** (vgl. Rn. 188 ff.) und der **Beamtenstreik** (vgl. Rn. 462) umstritten. Zu keinem Zeitpunkt und an keiner Stelle war von einer Reduzierung des Streikrechts auf Tarifziele die Rede.
Auch die **Europäische Sozialcharta (ESC)** und die ILO-Übereinkommen kennen eine Tarifbezogenheit des Streikrechts nicht. Der für die Auslegung der ESC zuständige Europäische Ausschuss der Sozialen Rechte sieht schon seit Beginn der 70-er Jahre in der Beschränkung des Streikrechts durch das BAG zu Recht einen Verstoß gegen die ESC (vgl. Grundl. Rn. 109 f.).[72] So werden vom Europäischen Ausschuss der Sozialen Rechte – aber auch vom ILO-Sachverständigenausschuss (vgl. Grundl. Rn. 108) – Streiks nicht nur zum Abschluss von (Anschluss-)Tarifverträgen als rechtmäßig angesehen, sondern auch Streiks im Zusammenhang mit **jeder Art von Verhandlungen zwischen Arbeitnehmern und Arbeitgebern**. Hierzu gehören nach zutreffender Ansicht des Europäischen Aus-

68 BAG 5.3.85 – 1 AZR 468/83 (unter II 3b der Gründe), AuR 86, 220 = AP Nr. 85 zu Art 9 GG Arbeitskampf; 7.6.88 – 1 AZR 372/86, DB 88, 2102; 27.6.89 – 1 AZR 404/88, DB 89, 2228; 10.12.02 – 1 AZR 96/02, AuR 04, 149 = NZA 03, 734 zu B I 3 a der Gründe; 24.4.07 – 1 AZR 252/06 (unter B III 2a aa der Gründe), DB 07, 1924 = AiB 07, 732; zust. Brox/Rüthers, Rn. 128 ff.; Gamillscheg, S. 1071; Kissel, § 24; Otto, § 5 Rn. 2.

69 So auch Däubler-Däubler, AKR, § 9 Rn. 8, 16; Maunz/Dürig-Scholz Art. 9 Rn. 316.

70 BVerfG 14.11.95 – 1 BvR 601/92, AuR 96, 151; vgl. auch Däubler-Däubler, AKR, § 9 Rn. 3 ff.

71 Vgl. AK-GG-Kittner/Schiek, Art. 9 Abs. 3 Rn 142; Birk, S. 82 ff.; Blanke, AuR 89, 2; Däubler-Däubler, AKR, § 9 Rn. 8 und 16; Däubler-Schumann, AKR, (2. Aufl.), Rn. 147 ff.; Farthmann-Coen, Rn. 149 f.; Weiss, Anm. zu BAG 5.3.85 EzA Art. 9 GG Arbeitskampf Nr. 57; im Grundsatz auch ErfK-Linsenmaier, GG Art. 9 Rn. 71 (mit Hinweis auf die ESC), der aber den politischen Arbeitskampf für unzulässig hält: ErfK-Linsenmaier, a.a.O. Rn. 119.

72 Vgl. Däubler-Lörcher, AKR, § 10 Rn. 78; offen gelassen von BAG 24.4.07 (Rn. 79), a.a.O.

schusses der Sozialen Rechte etwa Streiks zu Fragen des Arbeits- und Gesundheitsschutzes (Durchsetzung der Einhaltung gesetzlicher Vorschriften), gegen drohende Massenentlassungen oder auch zur Durchsetzung der Wiedereinstellung gekündigter Arbeitnehmer.[73] Auch **Solidaritätsstreiks/Unterstützungsstreiks** (vgl. Rn. 181 ff.) und **Demonstrations-/Proteststreiks** (vgl. Rn. 188ff.) werden vom Europäischen Ausschuss der Sozialen Rechte und ILO-Sachverständigenausschuss für rechtmäßig gehalten,[74]ebenso der **Streik von Beamten** zur Durchsetzung verbesserter Arbeitsbedingungen.[75]

2.3 Streikziele

2.3.1 Tarifliche Regelbarkeit und Erstreikbarkeit

23 Aus der Reduzierung des Streikrechts auf ein »Hilfsinstrument der Tarifautonomie« folgt nach h.M., dass **erstreikbar** nur das ist, was auch **tariflich regelbar** ist. Die tarifliche Regelbarkeit bildet also eine **weitere Grenze** des Streikrechts (vgl. hierzu eingehend TVG § 1 Rn. 154ff.).

Aber auch die Umkehrung der Formel wird von der h.M. für zutreffend gehalten: **alles was tariflich regelbar ist, ist auch erstreikbar** (vgl. TVG § 1 Rn. 155).[76]

Zur Frage, ob es Gegenstände gibt, die zwar (auf freiwilliger Basis) tariflich regelbar, aber nicht erstreikbar sind, vgl. § 1 TVG Rn. 161ff., 181a.

24 Die h.M. geht zutreffend davon aus, dass die **Reichweite** der tariflichen **Regelbarkeit nicht** auf das **Normenprogramm** des § 1 Abs. 1 TVG beschränkt ist (vgl. hierzu TVG § 1 Rn. 103ff., 154ff.).[77]

Auch **Tarifverträge mit lediglich schuldrechtlichen Inhalten** (TVG § 1 Rn. 157 und 394ff.) können nach h.M. erstreikt werden, aber auch **Vereinbarungen ohne Tarifvertragscharakter** (vgl. TVG § 1 Rn. 159 und 432ff.), sofern sie vom Anwendungsbereich des Art. 9 Abs. 3 GG – **»Wahrung und Förderung der Arbeits- und Wirtschaftsbedingungen«** (vgl. Grundl. Rn. 69ff., 84; TVG § 1 Rn. 154, 170, 172f.) – erfasst werden.[78] Die Gegenmeinung vertritt die mit Art. 9 Abs. 3 GG unvereinbare Auffassung, dass der Gesetzgeber mit § 1 Abs. 1 und § 4 Abs. 2 TVG den Schutz des Art. 9 Abs. 3 GG und damit auch das Streikrecht auf normative Regelungen eingegrenzt habe und dazu auch befugt sei.[79] Das Gegenteil ist richtig: Art. 9 Abs. 3 GG ist zum einen gegenüber dem TVG höherrangig; zum anderen unterliegt die Bestimmung – anders als andere Grundrechte – keinem Ge-

---

73 Vgl. Däubler-Lörcher, a.a.O., Rn. 81.
74 Vgl. Däubler-Lörcher, a.a.O., Rn. 84 und 85.
75 Vgl. Däubler-Lörcher, a.a.O., Rn. 78.
76 BAG 12.9.84 – 1 AZR 342/83 (unter B III 2b der Gründe), DB 84, 2563; Jacobs, ZTR 01, 249, 252 mit Hinweis auf Hueck/Nipperdey, Bd. II/1, S. 305f., und Bd. II/2, S. 1010.
77 BAG GS 29.11.67 – GS 1/67, AP Nr. 13 zu Art. 9 GG; KeZa-Zeibig/Zachert, § 1 Rn. 939 m.w.N.
78 BAG 19.10.76 – 1 AZR 611/75, AuR 77, 325 = AP Nr. 6 zu § 1 TVG Form (zu einem Vorvertrag); LAG Bremen 5.5.98 – 2 Sa 127/98, AiB 98, 537; ErfK-Linsenmaier, GG Art. 9 Rn. 114; Däubler, TVR Rn. 178; Däubler-Däubler, Einl. Rn. 872; Däubler-Däubler, AKR, § 13 Rn. 9; Däubler-Schumann, AKR, (2. Aufl.), Rn. 152ff.; KeZa-Zeibig/Zachert, § 1 Rn. 944; a.A. Brox/Rüthers, Rn. 269; Mayer-Maly, BB 65, 829, 833; Greiner, NZA 08, 1274, 1277; differenzierend Otto, § 5 Rn. 20; wohl auch Schaub-Treber, § 192 Rn. 4.
79 Vgl. etwa Greiner, NZA 08, 1274, 1277.

setzesvorbehalt (vgl. Grundl. Rn. 87), so dass zwar eine einfachgesetzliche Ausgestaltung möglich ist, nicht aber eine Beschränkung der Reichweite des Grundrechts. Noch stärker als bei normativen Regelungen ist bei schuldrechtlichen Tarifvertragsinhalten darauf zu achten, dass das Streikrecht gegenüber dem »richtigen« Adressaten ausgeübt wird (vgl. hierzu insbesondere Rn. 37ff., 47).

Aus der Maßgabe, dass Streiks nur zur Durchsetzung **tarifvertraglich regelbarer Ziele** geführt werden können (vgl. Rn. 16 und 23ff.), folgt nach Ansicht des BAG zugleich, dass die angestrebte Tarifregelung einen **rechtmäßigen Inhalt** haben muss. Ein auf eine gesetzwidrige tarifliche Regelung gerichteter Arbeitskampf ist unzulässig.[80] Diese Beschränkung verstößt nach Ansicht des BAG nicht gegen die **Europäische Sozialcharta** (**ESC**; vgl. hierzu Grundl. Rn. 109). Vielmehr ergebe sich aus Teil III Art. 31 ESC ein Verbot, durch einen Streik einen Tarifvertrag mit rechtswidrigem Inhalt zu erzwingen.[81] Nach dieser Vorschrift dürfe die in Teil II vorgesehene Ausübung der in Teil I niedergelegten Rechte *»anderen als den in diesen Teilen vorgesehenen Einschränkungen oder Begrenzungen nur unterliegen, wenn diese gesetzlich vorgeschrieben und in einer demokratischen Gesellschaft zum Schutz der Rechte und Freiheiten anderer oder zum Schutz der öffentlichen Sicherheit und Ordnung … notwendig sind«*. 25

Bei der Prüfung, ob eine Streikforderung und damit der Streik selbst auf ein **tariflich regelbares Ziel** (vgl. TVG § 1 Rn. 154ff.) gerichtet ist, das nicht der Friedenspflicht unterliegt (vgl. Rn. 59ff.), ist auf diejenigen Forderungen abzustellen, mit der **letztlich die Streikdrohung verbunden wird**. Das sind nicht die Forderungen, die dem Arbeitgeber bzw. Arbeitgeberverband bei **Beginn der Tarifbewegung** übermittelt worden sind. Auch **sonstige Verlautbarungen** (Interviews, Presseerklärungen, Flugblätter, Streikzeitungen usw.) bleiben schon aus Gründen der Rechtssicherheit und zur Gewährleistung der Unbefangenheit der Willensbildung innerhalb der Gewerkschaft außer Betracht.[82] Es muss die Möglichkeit gewährleistet bleiben, dass noch im Verlauf der Tarifauseinandersetzung aufkommenden **Bedenken** hinsichtlich der Rechtmäßigkeit und Erstreikbarkeit der ursprünglich erhobenen Forderungen Rechnung getragen werden können.[83] 26

Deshalb ist für die Bestimmung des Streikziels maßgeblich allein der Inhalt des – regelmäßig zu einem späteren Zeitpunkt – von dem **satzungsmäßig zuständigen Organ der Gewerkschaft gefassten Streikbeschlusses** (vgl. auch Rn. 250ff.).[84] Für den **Erzwingungsstreik** ist das regelmäßig der **Vorstand** der Gewerkschaft. Für die zeitlich vorausgehenden **Warnstreiks** erfolgt der Streikbeschluss – je nach Gewerkschaft – entweder durch den Vorstand oder durch die gemäß den jeweiligen Regularien der Gewerkschaften zuständigen Organe (**regionale** oder **örtliche** **»Instanzen«** – z.B. Bezirksleitungen oder Verwaltungsstellen; vgl. Rn. 251).

80 Vgl. BAG 4.5.55 – 1 AZR 493/54, AP Nr. 2 zu Art. 9 GG Arbeitskampf = AuR 55, 315; 21.3.78 – 1 AZR 11/76, DB 78, 1647 (unter III 1 der Gründe); 10.12.02 – 1 AZR 96/02, AuR 04, 149 = NZA 03, 734; ErfK-Linsenmaier, GG Art. 9 Rn. 115; Otto, § 5 Rn. 5ff.

81 BAG 10.12.02, a.a.O.

82 BAG 24.4.07 – 1 AZR 252/06 (Rz. 109), DB 07, 1924 = AiB 07, 732; LAG Schleswig-Holstein 27.3.03 – 5 Sa 137/03, AiB 04, 565; vgl. auch BVerfG 4.7.95 – 1 BvF 2/86, AiB 05, 595.

83 BAG 19.6.73 – 1 AZR 521/72, AuR 73, 278 = AP Nr. 47 zu Art. 9 GG Arbeitskampf; 10.6.80 – 1 AZR 822/79, DB 80, 1266; LAG Sachsen-Anhalt 12.3.97 – 3 Sa 285/96, NZA-RR 98, 270.

84 BAG 24.4.07, a.a.O.

Zur Frage, ob ein Streik für **mehrere Forderungen** (»Forderungspaket«) **insgesamt rechtswidrig** ist, wenn **nur eine der Forderungen** tariflich nicht regelbar ist (oder der Friedenspflicht unterliegt), vgl. Rn. 18ff.

2.3.2 Streik bei Betriebsänderung (Betriebsstilllegung, -verlagerung)

2.3.2.1 Streik für eine Tarifforderung nach einem Verzicht auf eine geplante Betriebsstilllegung, -verlagerung

27 **Besondere Aktualität und Schärfe** hat die Debatte um die Reichweite der tariflichen Regelbarkeit und damit Erstreikbarkeit von Tarifforderungen im Zusammenhang mit Auseinandersetzungen um die **Standortpolitik** global ausgerichteter Unternehmen und Konzerne bekommen.

Nach bisher wohl überwiegender Meinung in Literatur und Rechtsprechung soll eine Tarifforderung nach einem **Verzicht** auf eine geplante Betriebsänderung (z.B. **Betriebsschließung** bzw. **-verlagerung**), jedenfalls aber **Streiks** dafür, unzulässig sein. Es soll sich um **kein zulässiges Tarifziel** handeln, sodass die tarifliche Regelbarkeit, jedenfalls aber die Erstreikbarkeit entfällt. Zwar unterfielen derartige Maßnahmen dem Anwendungsbereich des Art. 9 Abs. 3 GG. Die Tarifautonomie werde in diesem Bereich aber von der durch Art. 12 Abs. 1 GG geschützten **Unternehmerfreiheit** verdrängt (zum Meinungsstand vgl. TVG § 1 Rn. 166ff.).[85]

Das BAG hat die Frage, ob ein **Streik** mit einem derartigen Ziel möglich ist, ausdrücklich offen gelassen.[86]

Die Schaffung einer »streikfreien Zone« im Bereich der Unternehmerentscheidungen ist abzulehnen. Nach zutreffender Ansicht ist ein Streik für und gegen **unternehmerische Entscheidungen** jedenfalls dann rechtmäßig, wenn diese unmittelbare und schwerwiegende **Auswirkungen auf die Beschäftigten** haben können. Das ist bei einer **Betriebsstilllegung, -verlagerung** regelmäßig der Fall. Deshalb ist eine Forderung nach einem Verzicht auf Betriebsänderungen tariflich regelbar und erstreikbar (zum Meinungsstand vgl. TVG § 1 Rn. 166ff.).[87]

28 Die Zulässigkeit eines Streiks aus Anlass einer vom Unternehmen geplanten Betriebsverlagerung in das europäische Ausland wird auch mit dem Hinweis auf die durch Art. 49 AEUV (ex-Art. 43 EGV) geschützte **Niederlassungsfreiheit** bestritten.[88]

---

85 LAG Hamm 31.5.00 – 18 Sa 858/00, NZA-RR 00, 535; Bayreuther, EuZA 08, 395, 404; Franzen, ZfA 05, 315, 335; Henssler, FS Richardi 07, 553, 559f.

86 BAG 24.4.07 – 1 AZR 252/06 (Rn. 111), DB 07, 1924 = AiB 07, 732 mit Anm. Schoof; vgl. auch Sunnus, AuR 08, 1ff., 3f.; unentschieden wohl auch Schaub-Treber, § 192 Rn. 9.

87 So auch Däubler-Däubler, AKR, § 13 Rn. 40ff.; Däubler-Schumann, AKR, (2. Aufl.), Rn. 158ff., 163ff.; Däubler, TVR, Rn. 1110ff.; DKKW-Däubler, § 111 Rn. 17; Wolter, RdA 02, 218ff., 226; Oberberg/Schoof, AiB 02, 169; Hensche, AuR 04, 443; Kühling/Bertelsmann, a.a.O.; Dieterich, AuR 07, 65, 70; Paschke/Ritschel, AuR 07, 110ff., 113f.; Däubler-Hensche, Rn. 834ff.; KeZa-Zeibig/Zachert, Rn. 873f., 998., jeweils m.w.N.; Kittner/Zwanziger/Deinert-Deinert, § 8 Rn. 135 und § 136 Rn. 8b; Krause, S. 57ff.; wohl auch Fitting, §§ 112, 112a Rn. 191 mit dem Hinweis, dass zwischen den kollidierenden Grundrechten praktische Konkordanz hergestellt werden müsse.

88 Vgl. Krieger/Wiese, BB 10, 568, 570.

Soweit mit der Streik auf die **Verhinderung (also das »ob«) einer Verlagerung in einen EU-Staat** gerichtet sei, müsse er als unverhältnismäßiger Eingriff in die **Niederlassungsfreiheit** eingestuft werden. Aus Art. 49 AEUV (ex-Art. 43 EGV) ergebe sich keine Rechtfertigung. Denn ein solcher Streik solle die freie Standortwahl des Unternehmens verhindern und damit ein Gebrauchmachen der Niederlassungsfreiheit überhaupt ausschließen. Damit werde das Funktionieren des Binnenmarktes als solches in Frage gestellt.[89] Ein Rechtfertigung durch den »Arbeitnehmerschutz« i.S.d. der **Viking-Entscheidung** des EuGH[90] (zur Kritik an dieser Entscheidung vgl. Grundl. Rn. 103ff.) scheide von vorneherein aus.

Diese Auffassung ist **abzulehnen**. Sie verkennt, dass das Ziel eines Streiks nicht die Verhinderung der Verlagerung ist, sondern der Verzicht auf die Schließung des in Deutschland gelegenen Betriebs und der damit verbundenen **Massenentlassung** (vgl. TVG § 1 Rn. 166). Die Freiheit des Unternehmens, einen weiteren Betrieb in einem EU-Staat zu errichten, wird von Niemandem in Frage gestellt. Deshalb kann von einem Eingriff in die Niederlassungsfreiheit nicht die Rede sein. 29

Selbst wenn man annimmt, dass die Niederlassungsfreiheit mittelbar berührt ist, weil sich die Errichtung eines Betriebs in einem EU-Staat betriebswirtschaftlich »nur lohnt«, wenn der in Deutschland gelegene Betrieb geschlossen wird, wäre ein Streik **nicht unverhältnismäßig** i.S.d. EuGH-Rechtsprechung.

Das Interesse der von Entlassung bedrohten Arbeitnehmer am Erhalt der Arbeitsplätze ist von einem höheren Gewicht als das Interesse des Unternehmens, die gleiche Produktion mit billigeren Arbeitskräften an einem Standort im Ausland fortzusetzen. Bei Licht betrachtet soll eine »Betriebsverlagerung« eine **»Massen-Austauschkündigung«** bewirken. Eine Belegschaft soll durch eine andere »billigere« Belegschaft ersetzt werden. Eine Austauschkündigung genießt nach zutreffender Ansicht des BAG aber nicht den Schutz der »freien Unternehmerentscheidung«. Vielmehr sei sie sozial ungerechtfertigt.[91] Die Absicht des Arbeitgebers, die Lohnkosten zu senken und sich durch eine Beschäftigung von Arbeitnehmern nach ausländischem Recht von den Bindungen des deutschen Arbeits- und Sozialrechts zu lösen, rechtfertige jedenfalls keine Beendigungskündigung.[92]

Im Übrigen gelten die Rechtsgrundsätze, die einen Konflikt zwischen Tarifautonomie (Art. 9 Abs. 3 GG) und Unternehmerfreiheit (Art. 12 Abs. 1 GG) **lösen**, nach zutreffender Ansicht auch für das Verhältnis der EU-Grundrechte Koalitionsfreiheit, Streikrecht und Kollektivvertragsfreiheit/Tarifautonomie gem. Art. 12 und 28 GRC (vgl. Grundl. Rn. 95) zur Niederlassungsfreiheit. So bietet es sich etwa an, den Konflikt im Wege der **»praktischen Konkordanz«** zu lösen (vgl. hierzu Grundl. Rn. 103 und TVG § 1 Rn. 173). Die Rechte des Arbeitgebers können auch dadurch gewahrt werden, dass der geforderte Verzicht auf die Betriebsschließung bzw. -verlagerung befristet und/oder unter den Vorbehalt

89 Krieger/Wiese, a.a.O.; Junker, EWS 07, 49, 51; Temming, ELR 08, 190, 200f.

90 EuGH 11.12.07 – C-438/05 (Viking), AuR 08, 55 = NZA 08, 124; in dieselbe Richtung EuGH 8.7.14 – C 83/13 (Fonnship), TranspR 14, 452 mit abl. Anm. Zimmer, AuR 15, 103; kritisch auch Schaub-Treber, § 191 Rn. 26.

91 BAG 26.9.96 – 2 AZR 200/96, NZA 97, 202.

92 BAG 26.9.96, a.a.O.

einer Entscheidung des **Arbeitsgerichts** (§ 99 Abs. 4 BetrVG) oder einer **Einigungsstelle** für den Fall der Nichteinigung gestellt wird (vgl. TVG § 1 Rn. 181).

> **Beispiel:**
> »Das Unternehmen wird den Betrieb nicht vor dem 31.12.2020 schließen bzw. verlagern. Eine vorherige Schließung und Verlagerung des Betriebs bedarf der Zustimmung einer tariflichen Einigungsstelle.«

Derartige Maßgaben dürften auch den **Verhältnismäßigkeitsanforderungen** des EuGH genügen. Deshalb ist eine Tarifforderung nach einem Verzicht auf die Betriebsschließung bzw. -verlagerung in einen EU-Staat ohne Verletzung der Niederlassungsfreiheit erstreikbar.

Nur der Vollständigkeit wegen sei darauf hingewiesen, dass auch der für die Auslegung der **ESC** (vgl. Rn. 22 und Grundl. Rn. 109f.) zuständige Europäische Ausschuss der Sozialen Rechte Streiks im Zusammenhang mit **jeder Art von Verhandlungen zwischen Arbeitnehmern und Arbeitgebern** als rechtmäßig ansieht, insbesondere auch Streiks gegen drohende Massenentlassungen.[93]

Eine andere Frage ist es, ob ein Streik für einen Verzicht auf Durchführung einer Betriebsstilllegung gegen die **Friedenspflicht** aus einem bestehenden Tarifvertrag verstößt. Das scheidet bei nicht tarifgebundenen Unternehmen von vornherein aus. Soweit das Unternehmen an Tarifverträge gebunden ist, kommt es darauf an, ob diese das Thema »Betriebsänderung« und damit verbundene Entlassungen **erkennbar abschließend** regeln.[94]

30 Zur Zulässigkeit von Streiks, die ein **Unternehmen mit Sitz in einem Mitgliedstaat der EU** (z.B. eine **Reederei**) veranlassen sollen, einen Tarifvertrag mit einer in diesem Staat ansässigen Gewerkschaft abzuschließen und die Klauseln dieses Tarifvertrags auf Arbeitnehmer einer **Tochtergesellschaft** anzuwenden, die in einem **anderen Mitgliedstaat** ihren Sitz hat, und zu der das Streikrecht bedenklich einschränkenden Rechtsprechungspraxis des EuGH vgl. Grundl. Rn. 101ff. und TVG § 1 Rn. 183.

2.3.2.2 Streik für einen Sozialtarifvertrag

31 Das BAG hat inzwischen klargestellt, dass **jedenfalls** Streiks für einen Tarifvertrag zur Regelung der **Folgen einer geplanten Betriebsstilllegung/-verlagerung** (sog. **Sozialtarifvertrag**) zulässig sind (vgl. auch TVG § 1 Rn. 185ff. m.w.N.).[95] Die typischen Inhalte eines solchen Tarifvertrags (z.B. lange Kündigungsfristen, Qualifizierungsmaßnahmen und Abfindungen) sind regelbar und damit auch erstreikbar, sofern nicht die Friedenspflicht aus einem vollgültigen Tarifvertrag entgegensteht (vgl. Rn. 59ff.). Die §§ 111, 112 BetrVG schließen die tarifliche Regelbarkeit nicht aus (vgl. TVG § 1 Rn. 186). Auch das Arbeitskampfverbot des § 74 Abs. 2 BetrVG wird durch einen Streik für einen Sozialtarifvertrag nicht verletzt. Es richtet sich ausschließlich an die Betriebsparteien. Ar-

93 Vgl. Däubler-Lörcher, AKR, § 10 Rn. 81.
94 BAG 10.12.02 – 1 AZR 96/02 (unter B I 2 der Gründe), AuR 04, 149 = NZA 03, 734.
95 BAG 24.4.07 – 1 AZR 252/06, DB 07, 1924 = AiB 07, 732 mit Anm. Schoof.

beitskämpfe der Tarifvertragsparteien werden nicht erfasst. Das zeigt auch § 2 Abs. 3 BetrVG.

Nach zutreffender Ansicht des BAG muss die Gewerkschaft für den Streikaufruf **nicht** das Ende der betrieblichen Verhandlungen über einen Interessenausgleich oder gar über den Sozialplan **abwarten.**[96] Für eine solche Beschränkung der koalitionsspezifischen Betätigungsfreiheit aus Art. 9 Abs. 3 GG gebe das BetrVG nichts her. Ein Aussetzen des Streiks bis zum Ende des betrieblichen Interessenausgleich- und Sozialplanverfahrens folge auch nicht aus arbeitskampfrechtlichen Grundsätzen. Die von den Gegnern des Streiks für einen Sozialtarifvertrag behauptete »**Zangenwirkung**«[97] könne im Hinblick auf die Koalitionsbetätigungsgarantie **jedenfalls nicht zu Lasten der Tarifvertragsparteien** aufgelöst werden.[98] Das gilt umso mehr, als die betriebsverfassungsrechtliche Einigungsstelle (§ 112 Abs. 4, 5 BetrVG) die Möglichkeit hat, Regelungen über die **Anrechnung** etwaiger tariflicher Leistungen auf den betrieblichen Sozialplan zu treffen.[99] 32

Diesen Überlegungen des BAG ist **zuzustimmen.**[100] Das BetrVG geht ersichtlich von einem »**Nebeneinander**« der Rechte und Handlungsmöglichkeiten von Gewerkschaften und Betriebsräten aus[101] (§§ 2 Abs. 3, 74 Abs. 2 und 3 BetrVG; sog. »**duales System**« der Wahrnehmung der Interessen der Beschäftigten[102]), wobei die Tarifautonomie Vorrang vor der Betriebsautonomie hat (Art. 9 Abs. 3 GG, § 77 Abs. 3 BetrVG).

Zu Unrecht wurde seinerzeit in manchen Kommentaren eine angeblich mit dem BAG-Urteil vom 24.4.07[103], einhergehende »**Schwächung der Betriebsräte**« beklagt.[104] Das ist **abwegig.** Das BAG hatte über die Frage, ob die Rechte des Betriebsrats nach §§ 111, 112 BetrVG im Fall eines Streiks für einen Sozialtarifvertrag eingeschränkt sind, gar nicht zu entscheiden. 33

Von einigen arbeitgebernahen Autoren wird die Auffassung vertreten, die **Beteiligungsrechte des Betriebsrats** nach §§ 111, 112 BetrVG seien für die Dauer des Streiks um einen Sozialtarifvertrag suspendiert (vgl. auch TVG § 1 Rn. 187a). Der Unternehmer könne in dieser Zeit die Betriebsänderung umsetzen, ohne zuvor sämtliche Mittel zum Versuch eines Interessenausgleichs auszuschöpfen.[105] Eine Annahme, die mit geltendem Recht nicht zu vereinbaren ist.[106] 34

Insbesondere überzeugt nicht der Hinweis der Autoren auf eine BAG-Rechtsprechung, nach der aus Gründen der Arbeitskampfparität die Mitbestimmung des Betriebsrats wäh-

---

96 BAG 24.4.07 (Rz. 91, 92), a.a.O.; so auch schon ArbG Lübeck 29.5.01 – 6 Ga 21/01 (Rz. 53), AiB 02, 122 mit Anm. Schoof

97 Vgl. Willemsen/Stamer, NZA 07, 413; Lipinski/Ferme, DB 07, 1250.

98 BAG 24.4.07 (Rz. 91, 92), a.a.O.

99 Vgl. Fitting, §§ 112, 112a Rn. 190.

100 So auch Schaub-Treber, § 192 Rn.7.

101 BAG 24.4.07 (Rz. 83), a.a.O.

102 Vgl. DKKW-Däubler, Einl. Rn. 59; Zabel, AiB 07, 379.

103 BAG 24.4.07, a.a.O.

104 So z.B. das vom »Institut der deutschen Wirtschaft« (!) herausgegebene iwd Nr. 21 v. 24.5.07, S. 8; ebenso ein Kommentator der Süddeutschen Zeitung v. 25.4.07.

105 Vgl. Löwisch, DB 05, 554; Willemsen/Stamer, a.a.O.; Lipinski/Ferme, a.a.O.; ErfK-Kania, §§ 112, 112a Rn. 13; Junker, ZfA 09, 281, 292; ders., Grundkurs Arbeitsrecht, Rn. 790; zweifelnd Bayreuther, NZA 07, 1017, 1021.

106 So zu Recht Fitting, §§ 112, 112a Rn. 190.

rend eines Arbeitskampfes z.B. bei Einstellungen und Versetzungen (§ 99 BetrVG) oder bei der Anordnung von Überstunden (§ 87 Abs. 1 Nr. 3 BetrVG) ausgesetzt ist (vgl. Rn. 424ff).[107]

Bloße **Informationsrechte** des Betriebsrats nach § 111 BetrVG sind schon »von Natur aus« nicht geeignet, die Kampfparität zu Lasten des Arbeitgebers bzw. Verbands zu verändern.

Dasselbe gilt für die **Mitwirkungsrechte** des Betriebsrats beim Interessenausgleich (§ 112 Abs. 1 bis 3 BetrVG), weil insoweit das »Letztentscheidungsrecht« stets beim Arbeitgeber liegt.

Echte **Mitbestimmung** besteht nur beim Sozialplan (§ 112 Abs. 4 BetrVG). Hier ist aber nicht ersichtlich, weshalb die Ausübung der Mitbestimmung des Betriebsrats beim Sozialplan die gebotene **Kampfparität** im Fall eines Streiks für einen Sozialtarifvertrag in unzulässiger Weise zugunsten der Gewerkschaft verändert. Im Gegenteil: Das BAG weist zu Recht darauf hin, dass sich die kampflose Erzwingbarkeit eines betrieblichen Sozialplans sogar negativ auf die Streikwilligkeit der Arbeitnehmer auszuwirken vermag.[108]

35 Die Zulässigkeit eines **Streiks für einen Sozialtarifvertrag** aus Anlass einer vom Unternehmen geplanten Betriebsverlagerung in einen EU-Staat wird auch mit dem Hinweis auf die durch Art. 49 AEUV (ex-Art. 43 EGV) geschützte **Niederlassungsfreiheit** (vgl. hierzu Grundl. Rn. 98ff. 101) bestritten.[109] Ein Streik könne wegen Verletzung der Niederlassungsfreiheit rechtswidrig sein. Das sei zum einen der Fall, wenn die aufgestellten Forderungen darauf angelegt seien, die geplante Betriebsverlagerung **wirtschaftlich unmöglich** zu machen. In diesem Falle schlage das »Wie« in ein »Ob« um. Eine Rechtfertigung durch den Arbeitnehmerschutz sei ausgeschlossen. Maßstab für die Beurteilung sei der Umfang der gestellten Forderungen. Hier könne § 112 Abs. 5 Satz 2 BetrVG herangezogen werden.[110] Aber selbst wenn sich die Sozialtarifforderungen sich im Rahmen des für das Unternehmen wirtschaftlich Vertretbaren bewegten, könne ein Streik dafür **unverhältnismäßig** i.S.d. Viking-Entscheidung des EuGH sein. Zwar könne der mit dem Streik verbundene Eingriff in die Niederlassungsfreiheit durch den »Arbeitnehmerschutz« i.S.d. EuGH-Rechtsprechung grundsätzlich gerechtfertigt sein. Dem Streik könne aber die »zweite« vom EuGH errichtete Schranke entgegenstehen. Hiernach sind kollektive Maßnahmen (inkl. Streiks) auch dann unverhältnismäßig, wenn sie nicht geeignet sind, die Erreichung des verfolgten Zwecks zu gewährleisten oder über das zur Erreichung dieses Ziels Erforderliche hinausgehen (vgl. Grundl. Rn. 101, 105).[111] Es sei damit zu prüfen, ob die Gewerkschaft nach den nationalen Vorschriften nicht über andere, die Niederlassungsfreiheit weiniger beeinträchtigende Mittel verfügt und ob sie diese Mittel ausgeschöpft hatte. Die §§ 111ff. BetrVG stellten mit dem Interessenausgleichs- und dem erzwingbaren Sozialplanverfahren ein Instrumentarium zur Verfügung, das als milderes Mittel i.S.d. EuGH-Rechtsprechung anzusehen sei. Demzufolge dürfe ein Streik für einen

---

107 Z.B. BAG 10.12.02 – 1 ABR 7/02, DB 03, 2072 = NZA 04, 223.
108 BAG 24.4.07 (Rz. 88), a.a.O.
109 Vgl. Krieger/Wiese, BB 10, 568, 570.
110 Vgl. Krieger/Wiese, a.a.O.; 570.
111 EuGH 11.12.07 – C-438/05 (Viking), AuR 08, 55 = NZA 08, 124.

Sozialtarifvertrag frühestens dann geführt werden, wenn die Einigungsstellenverfahren nach § 112 BetrVG rechtskräftig abgeschlossen seien.[112]

Derartige Überlegungen **gehen ins Leere**. Sie beruhen auf der »aus der Luft gegriffenen« Unterstellung, dass der Streik für einen Sozialtarifvertrag eine unternehmerische Entscheidung verhindern soll.[113] Das BAG hat hierzu im Verfahren um den Sozialtarifvertragsstreik das Notwendige gesagt, indem es darauf abstellt, dass für die Bestimmung des Tarifziels der **Streikbeschluss** des zuständigen Gewerkschaftsorgans maßgeblich sei[114] und indem es darauf hinweist, dass von einer für ein tariflich regelbares Ziel erhobenen Streikforderung als solcher **keine Beeinträchtigung** ausgeht. Eine bloße Tarifforderung habe keine rechtsgestaltende, für den Gegner verbindliche Wirkung. Der Umfang einer Streikforderung sei deshalb keine rechtlich bedeutsame Größe.[115] Die Gegenansicht läuft auf eine mit Art. 9 Abs. 3 GG unvereinbare Tarifzensur[116] hinaus. § 112 Abs. 5 BetrVG kann als Forderungsbeschränkung nicht herangezogen werden. Die Vorschrift bindet nur die Einigungsstelle und nicht eine auf Grundlage des Art. 9 Abs. 3 GG tarifautonom handelnde Gewerkschaft (und noch nicht einmal die Betriebsparteien[117]). Auch das »Verhältnismäßigkeitsargument« zieht nicht. Die §§ 111 ff. BetrVG sind kein Mittel der Gewerkschaft, sondern des Betriebsrats. Ein Betriebsrat ist etwas anderes als eine Gewerkschaft. BetrVG und Tarifautonomie sind, wie sich nicht nur aus § 112 BetrVG ergibt,[118] sondern unmittelbar aus § 74 Abs. 2 Satz 1 (Halbs. 2) BetrVG,[119] zwei voneinander **unabhängige eigenständige Rechtskreise**. Die Gegenansicht vermischt sie unzulässigerweise. 36

Schließlich gelten die unter Rn. 29 angestellten Überlegungen: wenn hiernach schon der **Streik gegen eine Betriebsschließung** mit Europarecht zu vereinbaren ist, dann erst Recht ein Streik zur Regelung der sozialen Folgen einer solchen Maßnahme.

Acht Jahre nach der Grundsatzentscheidung des BAG kann konstatiert werden, dass es in Rechtsprechung und Lehre keinen ernsthaften Widerstand mehr gegen die Zulässigkeit eines Streiks um einen Sozialtarifvertrag gibt, sondern sich Instanzgerichte und Literatur inzwischen mit den aus den Regelungsinhalten von Sozialtarifverträgen entstehenden Rechtsfragen ebenso unaufgeregt beschäftigen wie mit der Anwendung und Auslegung sonstiger tarifvertraglicher Regelungen.[120] Die vereinzelt nach wie vor vertretene ableh- 36a

---

112 Vgl. Junker, ZfA 09, 281, 292.
113 Vgl. Krieger/Wiese, BB 10, 568, 571.
114 BAG 24.4.07 – 1 AZR 252/06 (Rz. 109), DB 07, 1924 = AiB 07, 732.
115 BAG 24.4.07 (Rz. 100), a.a.O.
116 Vgl. hierzu BAG 24.4.07 (Rz. 100), a.a.O.
117 Vgl. Fitting, §§ 112, 112a, Rn. 139.
118 BAG 24.4.07 (Rz. 83), a.a.O.
119 Vgl. DKKW-Berg, § 74 Rn. 19; Fitting, § 74 Rn. 13.
120 Vgl. LAG Rheinland-Pfalz 10.1.13 – 10 Sa 335/12, zur Frage, ob sich aus einem Tarifsozialplan ein Anspruch auf Abschluss einer Aufhebungsvereinbarung mit Abfindungsregelung ergibt; Grundsatzentscheidung des BAG 15.4.15 – 4 AZR 796/13, zur Zulässigkeit einer Differenzierungsklausel in einem Sozialtarifvertrag; vgl. hierzu auch Helm/Mücke, AuR 14, 366 ff. sowie TVG § 3 Rn. 240a; ArbG Herne 23.8.13 – 3 Ga 28/13; LAG Hamm 21.3.14 – 13 TaBVGa 2/14, (mit Anm. Wolmerath, jurisPR-ArbR 24/14) zur Frage des Einsichtsrechts eines Betriebsrats in Verhandlungsunterlagen für einen Sozialtarifvertrag; LAG Rheinland-Pfalz 23.5.14 – 7 Sa 122/14 sowie 5.8.14 – 7 Sa 148/14, zur Auslegung eines aufgrund eines Streiks zustande gekommenen Sozialtarifvertrages; Henkel/Strauß, AuA 13, 460 ff., 462; Henssler/Moll/Bepler, Teil 12

nende Haltung gegenüber dem Abschluss von Sozialtarifverträgen beruht daher nicht so sehr auf rechtlichen Bedenken.[121] Vielmehr scheint sie der tarifpolitischen Zielsetzung geschuldet, die Zahl von firmenbezogenen Tarifverträgen, die gegenüber dem Flächentarifvertrag für tarifgebundene Arbeitnehmer materiell bessere Regelungen enthalten, möglichst gering zu halten und so den gestaltenden Einfluss von Gewerkschaften zu begrenzen.[122] Letztlich sind Sozialtarifverträge wie Sanierungstarifverträge Folgen einer »betriebsnahen« Tarifpolitik (vgl. Grundl. Rn. 204 ff.) und damit zwei Seiten einer Medaille.

2.3.3 Streik bei Betriebsübergang (Ausgliederung und Privatisierung)

37 Zulässig sind auch Streiks für Tarifverträge, die die ggf. mit einer **Ausgliederung** oder **Privatisierung** für die Arbeitnehmer verbundenen Nachteile **ausschließen oder kompensieren** sollen.[123] Ausgliederung bzw. Privatisierung von Betrieben erfolgen regelmäßig durch Rechtsgeschäft und stellen einen **Betriebsübergang bzw. Teilübergang** nach § 613a BGB dar (vgl. § 3 Rn. 98 ff., 105). Die Vorschrift kommt auch zur Anwendung, wenn der Ausgliederung bzw. Privatisierung eine **Umwandlung** zugrunde liegt (vgl. § 3 Rn. 112 ff.). Sie gilt nicht für Betriebsübergänge, die im Wege der **Gesamtrechtsnachfolge kraft Gesetzes** vollzogen werden.[124]

Nicht selten erfolgen Ausgliederung bzw. Privatisierung mit der Absicht der **Tarifflucht**. Wenn der Betriebsübernehmer **nicht tarifgebunden** ist, gelten die bisherigen Tarifbedingungen gem. § 613a Abs. 1 Satz 2 BGB mindestens für ein Jahr zwingend fort (sog. **Veränderungssperre**). § 613a Abs. 1 Satz 2 BGB bewirkt aber nur eine **statische Absicherung** bisher tariflich geregelter Arbeitsbedingungen (vgl. § 3 Rn. 148). Neue, nach dem Betriebsübergang geschlossene Verbandstarifverträge finden keine Anwendung (mehr). Aus Arbeitnehmersicht besteht deshalb das Bedürfnis, die volle Tarifbindung durch Abschluss eines **Anerkennungstarifvertrags** (vgl. Rn. 449 und TVG § 1 Rn. 26) mit Bezugnahme auf die bisher geltenden Tarifverträge wieder herzustellen. Ggf. können weitere – z. B. beschäftigungssichernde – Tarifregelungen gefordert werden. Lehnt der Betriebserwerber ab, kann zum Streik aufgerufen werden. **Friedenspflichtprobleme** bestehen nicht (zur Friedenspflicht vgl. Rn. 59 ff.).

Friedenspflichtprobleme bestehen auch nicht, wenn der Betriebserwerber an Tarifverträge gebunden ist, die mit einer **anderen Gewerkschaft** vereinbart sind. Diese Tarifverträge entfalten Friedenspflicht nur für diese (andere) Gewerkschaft, nicht für die Gewerkschaft, die die Tarifverträge abgeschlossen hat, die aufgrund des Betriebsübergangs nur noch individualrechtlich fortgelten (vgl. Rn. 132).

H; Willemsen, RdA 13, 166 ff., 175, zur Anwendung der Rspr. des EuGH zu diskriminierungsfreien Sozialplänen auf den Tarifsozialplan; Rosenau, Koalitionsbetätigungsfreiheit, Diss. 2013, 3. Teil, § 4 Ziffer 3.

121 Jedoch noch Vielmeier, Tarifzensur, Diss. 2013, § 4 B.

122 Vgl. dazu eingehend Helm/Mücke, a.a.O., 367.

123 LAG Bremen 5. 5. 98 – 2 Sa 127/98, AiB 98, 537; a. A. Greiner, NZA 08, 1274 ff., 1280.

124 BAG 2. 3. 06 – 8 AZR 124/05, NZA 06, 848.

Etwas komplexer gestaltet sich die Rechtslage im Falle eines »**Tarifwechsels**« (vgl. Rn. 124) nach § 613a Abs. 1 Satz 3 BGB. Nach dieser Bestimmung werden die bisher geltenden tariflich geregelten Arbeitsbedingungen durch die beim Betriebserwerber geltenden Tarifverträge **abgelöst**, sofern die Ablösungsvoraussetzungen vorliegen (z. B. **beiderseitige »kongruente« Tarifbindung:** alte und neue Tarifverträge sind mit der **gleichen Gewerkschaft** vereinbart; vgl. hierzu eingehend § 3 Rn. 160ff., 166). § 613a Abs. 1 Satz 3 BGB trägt dem »**Vereinheitlichungsinteresse**« auf Arbeitgeberseite Rechnung und nimmt eine mit dem Tarifwechsel ggf. verbundene Verschlechterung der Arbeitsbedingungen in Kauf.[125] Die Ablösung der alten Tarifverträge erfolgt unmittelbar mit dem Betriebsübergang, nicht erst nach Ablauf der einjährigen Veränderungssperre des § 613a Abs. 1 Satz 2 BGB. Wenn die beim Betriebserwerber geltenden Tarifverträge im Vergleich zu den bisher geltenden Tarifverträgen **ungünstiger** sind, entstehen für die Beschäftigten gemäß § 613 Abs. 1 Satz 3 BGB **Nachteile**. Es entsteht aus Arbeitnehmersicht das Bedürfnis nach **Kompensation**. Hier kann angesetzt und ein Tarifvertrag zum Ausgleich der durch § 613a BGB bewirkten Nachteile gefordert und ggf. erstreikt werden (etwa eine **Ausgliederungszulage bzw. eine besitzstandsichernde Regelung**). Weil Tarifverträge eine solche, einen verschlechternden Tarifwechsel ausgleichende Regelung meist nicht vorsehen,[126] steht einem Streik die »**relative Friedenspflicht**« aus den beim alten und neuen Betriebsinhaber geltenden Tarifverträgen nicht entgegen.

Adressat einer Tarifforderung nach Kompensation der mit einem Betriebsübergang verbundenen Nachteile kann nicht nur der **Betriebserwerber**, sondern schon der **Betriebsveräußerer** sein (vgl. aber Rn. 39).

In der Literatur wird allerdings die Auffassung vertreten, dass das »Rechtsfolgensystem« **38**
des **§ 613a Abs. 1 Satz 2 bis 4 BGB** einem Streik für tarifliche Kompensationsregelungen entgegensteht.[127] Sowohl die alten wie auch die beim Betriebsinhaber geltenden Tarifverträge begründeten eine Friedenspflicht. Das »Vereinheitlichungsinteresse« auf Arbeitgeberseite habe Vorrang vor dem Bestandsschutzinteresse der Arbeitnehmer. Dazu stünde es in Widerspruch, ein Streikrecht anzuerkennen, das auf einen Ausgleich der durch § 613a Abs. 1 Satz 3 BGB herbeigeführten Verschlechterungen abzielt.

Das ist **abzulehnen**. § 613a Abs. 1 Satz 3 BGB schließt die Geltung der einjährigen Veränderungssperre im Falle eines »**Tarifwechsels**« aus. Die Vorschrift beabsichtigt nicht, grundrechtlich verbürgte Regelungskompetenzen der Tarifvertragsparteien aus Art. 9 Abs. 3 GG, § 1 TVG zu beseitigen. Insbesondere bezweckt sie **nicht den Schutz von tarifflüchtigen Unternehmen** vor Streiks für Forderungen, die nicht der Friedenspflicht unterliegen. Zu einer derartigen Einschränkung der Tarifautonomie wäre § 613a Abs. 1 Satz 3 BGB auch nicht fähig, weil das Grundrecht aus Art. 9 Abs. 3 GG nicht unter einem einfachgesetzlichen Vorbehalt steht (vgl. Grundl. Rn. 87). Es gelten insoweit die gleichen

125 BAG 20. 4. 94 – 4 AZR 342/93, AiB 1995, 194 = AP Nr. 108 zu § 613a BGB.

126 LAG Bremen 5. 5. 98 – 2 Sa 127/98, AiB 98, 537: hiernach enthielten weder der BAT noch der Rationalisierungsschutztarifvertrag für Angestellte des öffentlichen Dienstes Regelungen zu den Rechtsfolgen eines Betriebsübergangs, so dass eine Friedenspflicht insoweit nicht bestand. Ebenso ArbG Herne 23. 8. 13 – 3 Ga 28/13, für die Regelungen der Rationalisierungsschutztarifverträge für Angestellte und Arbeiter des Bundes und der Länder.

127 So Greiner, NZA 08,1274, 1280f.

Grundsätze, die das BAG zum Verhältnis der §§ 111 ff. BetrVG zu Art. 9 Abs. 3 GG festgestellt hat[128] (vgl. hierzu Rn. 32 und TVG § 1 Rn. 186).

Übrig bleibt allein, dass für Tarifforderungen aus Anlass des Betriebsübergangs nur dann nicht gestreikt werden kann, wenn sie der **Friedenspflicht** aus den beim Betriebsveräußerer bzw. Betriebserwerber bestehenden Tarifverträgen unterliegen. Das ist aber bei den hier in Rede stehenden Forderungen z. B. nach einer Kompensation meist nicht der Fall (vgl. Rn. 124; TVG § 1 Rn. 195).

39 Wird die Tarifbewegung etwa für eine Forderung zum Ausgleich von Nachteilen schon **vor dem geplanten Betriebsübergang** gegen den bisherigen Arbeitgeber begonnen, entsteht das **praktische Problem**, dass ein Streik in dem Moment **ins Leere läuft**, in dem der Betriebsübergang (bzw. die Privatisierung) vollzogen ist und die Beschäftigten einen neuen Arbeitgeber – nämlich den Betriebsübernehmer – bekommen.

Gleiches gilt, wenn gegenüber dem Betriebsveräußerer etwa eine Forderung nach einer mehrjährigen **Einstandspflicht** für den Fall erhoben wird, dass der Betriebserwerber in wirtschaftliche Schwierigkeiten gerät (vgl. TVG § 1 Rn. 194). Wird der Betriebsübergang vollzogen, **fehlt es an einem Adressaten** dieser Forderung. Der bisherige Betriebsinhaber »ist aus dem Spiel«; der Betriebserwerber kann diese Forderung nicht erfüllen.

Es empfiehlt sich also, die Tarifbewegung gegen den bisherigen Arbeitgeber schon sehr **frühzeitig zu beginnen**, spätestens dann, wenn das Unternehmen etwa den Wirtschaftsausschuss oder Aufsichtsrat über eine geplante Ausgliederung informiert, und **parallel** dazu die Tarifbewegung gegen den Betriebserwerber und neuen Arbeitgeber, insbesondere zur Absicherung der tariflichen Bedingungen, vorzubereiten, um ggf. sofort handlungsfähig zu sein.

39a Von den vorstehenden Konstellationen zu unterscheiden ist der Fall, dass ein **bisher nicht tarifgebundenes Unternehmen** sich einem drohenden Arbeitskampf durch eine **»Blitzspaltung«** zu entziehen versucht.[129] Hiergegen lässt sich argumentieren, dass mit Aufnahme der Tarifverhandlungen für das Unternehmen aufgrund von Art. 9 Abs. 3 GG ein kollektivvertragliches Schuldverhältnis entstanden ist, in das der Erwerber nach den Regeln der Gesamtrechtsnachfolge eintritt.[130] Damit übernimmt er die Verhandlungsposition des bisherigen Betriebsinhabers mit allen Rechten und Pflichten und kann sich gegenüber der Gewerkschaft jedenfalls nicht deshalb auf die Friedenspflicht berufen, weil ihm gegenüber keine Tarifforderung erhoben worden sei.[131]

2.3.4 Streik für Tarifvertrag bei Tarifflucht (Überblick)

40 Wenn sich ein Unternehmen der Bindung an die bislang geltenden Tarifverträge entziehen will (**Tarifflucht**), stellt sich die Frage, mit welchen **Handlungsmöglichkeiten** sich Gewerkschaft und Arbeitnehmer zur Wehr setzen können. Tarifflucht kommt in den unterschiedlichsten **Formen** vor, beispielsweise durch

---

128 BAG 24.4.07 – 1 AZR 252/06, DB 07, 1924 = AiB 07, 732 m. Anm. Schoof.
129 So jedenfalls die Empfehlung von Rieble, RdA 09, 280, 283.
130 Überzeugend Kocher/Sudhoff, NZA 13, 875, 877 f.
131 Kocher/Sudhoff, a.a.O.

- Verlagerung des Betriebs in ein »Billiglohnland« (vgl. Rn. 27 und TVG § 1 Rn. 166),
- Übertragung des Betriebs an einen nicht oder anders tarifgebundenen Erwerber (Betriebsübergang; vgl. TVG § 3 Rn. 98 ff., 138 ff., 160 ff.),
- Verbandsaustritt (vgl. TVG § 3 Rn. 28 ff.),
- Verbandswechsel (vgl. Rn. 124; TVG § 3 Rn. 79),
- Wechsel in OT-Verband oder OT-Mitgliedschaft (vgl. TVG § 3 Rn. 42 ff.) oder
- Änderung des »arbeitstechnischen Zwecks« mit dem Ziel, aus dem betrieblich-fachlichen Geltungsbereich des Tarifvertrags auszuscheiden (vgl. TVG § 4 Rn. 24 ff., 27).

Nachstehend ein **Überblick**:

Betriebsverlagerung (ins Ausland):
Es kann gegenüber dem Unternehmen, dessen Arbeitnehmer aufgrund der Verlagerung ihren Arbeitsplatz verlieren sollen, ein Sozialtarifvertrag gefordert und ggf. erstreikt werden, sofern und soweit nicht die Friedenspflicht aus einem etwaig geltenden Tarifvertrag entgegensteht (vgl. Rn. 31 ff.). Zur Frage, ob die Verlagerung als solche zum Gegenstand einer Streikforderung gemacht werden kann, vgl. Rn. 27 ff.

Betriebsübergang zu einem nicht tarifgebundenen Betriebserwerber:
Es kann gegenüber dem Betriebserwerber die Herstellung der Tarifbindung an die für den Betrieb bisher geltenden Tarifverträge z. B. in Form eines Anerkennungstarifvertrags (vgl. TVG § 1 Rn. 26) gefordert und ggf. erstreikt werden.

Betriebsübergang zu einem anders tarifgebundenen Betriebserwerber:

- 1. Fall: Es **fehlt an »beiderseitiger kongruenter Tarifbindung«** an die beim Betriebserwerber geltenden Tarifverträge; das ist der Fall, wenn nur der Betriebserwerber, nicht aber die »auf ihn übergehenden« Arbeitnehmer an diese Tarifverträge gebunden sind (weil sie nicht Mitglied der Gewerkschaft sind, die diese Tarifverträge abgeschlossen hat).
  In diesem Fall kann von der Gewerkschaft, die die beim Betriebsveräußerer geltenden Tarifverträge vereinbart hat, gegenüber dem Betriebserwerber die Herstellung der Tarifbindung an diese Tarifverträge z. B. in Form Anerkennungstarifvertrag gefordert und ggf. erstreikt werden.
- 2. Fall: Es **besteht »beiderseitige kongruente Tarifbindung«** an die beim Betriebserwerber geltenden Tarifverträge, weil sowohl der Betriebserwerber als auch die Arbeitnehmer an diese Tarifverträge gebunden sind.
  In diesem Fall kommt es gem. § 613a Abs. 1 Satz 3 BGB zu einem »Tarifwechsel« (vgl. Rn. 37; TVG § 3 Rn. 160 ff.). Liegen die neuen Tarifverträge unterhalb des Niveaus der bisherigen Tarifverträge, kann ein tariflicher Nachteilsausgleich (etwa eine »Ausgleichszulage«) gefordert und ggf. erstreikt werden – gegenüber dem Betriebsveräußerer etwa in Form eines so genannten Sozialtarifvertrages (dazu Rn. 31 ff.) oder gegenüber dem Betriebserwerber in Form einer tariflichen Kompensationszulage (zur Frage, ob dem die Friedenspflicht entgegensteht, vgl. Rn. 38, 124).

Verbandsaustritt:
Es kann Wiederherstellung der Tarifbindung an die bisher geltenden Tarifverträge z. B. in Form eines Anerkennungstarifvertrags gefordert und ggf. erstreikt werden. Die Friedenspflicht aus den bisher geltenden Tarifverträgen endet bereits mit Wirksamwerden des Austritts (vgl. Rn. 120ff.).

Verbandswechsel:
Es gelten die gleichen Maßgaben wie in beiden Fallgestaltungen des Betriebsübergangs zu einem anders tarifgebundenen Betriebserwerber (1. und 2. Fall).

Wechsel in OT-Verband oder OT-Mitgliedschaft:
Es gelten die gleichen Maßgaben wie beim Verbandsaustritt. Die Friedenspflicht aus den bisher geltenden Tarifverträgen endet bereits mit Wirksamwerden des OT-Wechsels (vgl. Rn. 125ff.).

Änderung des »arbeitstechnischen Zwecks« (z. B. von Industrie zu Handwerk):
Es gelten die gleichen Maßgaben wie beim Betriebsübergang. Allerdings ist darauf zu achten, dass die in der Satzung geregelte Tarifzuständigkeit der handelnden Gewerkschaft auch für die neue Branche gilt.

2.3.5 Streik für Tarifvertrag nach § 3 BetrVG

41 Entsprechend dem Grundsatz: »Was tariflich regelbar ist, ist auch erstreikbar« (vgl. Rn. 16) können auch **Tarifverträge über Interessenvertretungsstrukturen nach § 3 BetrVG** (vgl. TVG § 1 Rn. 216) **mit Streik erzwungen** werden können.[132] Der Abschluss eines Tarifvertrags nach § 3 Abs. 1 Nr. 1 bis 3 BetrVG ist nach zutreffender Ansicht des BAG Teil der durch **Art. 9 Abs. 3 GG geschützten Abschlussfreiheit** der Tarifvertragsparteien.[133] Eine tarifzuständige Gewerkschaft könne mit den ihr zur Verfügung stehenden Mitteln, zu denen auch der **Arbeitskampf – namentlich der Streik** – gehöre, den Arbeitgeber zur Beendigung eines bestehenden und zum Neuabschluss eines Tarifvertrags nach § 3 Abs. 1 Nr. 1 bis 3 BetrVG anhalten. Dies folge zwar nicht schon aus dem Wortlaut der Norm, die sich zur Erstreikbarkeit von entsprechenden Tarifverträgen nicht verhält, sondern im Wesentlichen aus der **Gesetzgebungsgeschichte** und dem **Normzweck**.

42 Die Gesetzesbegründung zur Neuregelung enthält keine Aussage über die Zulässigkeit eines entsprechenden Arbeitskampfs. Während der Reformdiskussion und des Gesetzgebungsverfahrens wurde vorgeschlagen worden, ein ausdrückliches Arbeitskampfverbot in

---

132 BAG 29.7.09 – 7 ABR 27/08, DB 10, 117; vgl. auch Däubler, AuR 01, 288; Plander, NZA 02, 488; DKKW-Trümner, § 3 Rn. 215 m.w.N.; ErfK-Koch, § 3 BetrVG Rn. 2; Schaub-Treber, § 192 Rn. 16 und § 201 Rn. 34; a.A. Friese, ZfA 03, 237, 259ff.; Reichold, NZA 01, 857, 859; GK-Franzen, § 3 Rn. 32; HWGNRH-Rose, § 3 Rn. 23; differenzierend Fitting, § 3 Rn. 20 und Thüsing, ZIP 03, 701: nicht erstreikbar sollen Tarifverträge nach § 3 Abs. 1 Nr. 1 bis 3 BetrVG sein; dagegen seien Streiks für Tarifverträge über zusätzliche betriebsverfassungsrechtliche Gremien nach § 3 Abs. 1 Nr. 4 und 5 BetrVG zulässig.

133 BAG 29.7.09, a.a.O.; a.A. Friese, a.a.O.; Fitting, a.a.O.

das Gesetz aufzunehmen.[134] Diese Anregung hat der Gesetzgeber **nicht aufgegriffen,**[135] was als beredtes Schweigen des Gesetzgebers zugunsten einer Erzwingbarkeit von Tarifverträgen nach § 3 BetrVG zu werten ist.[136]

Tarifnormen über die Organisation der Betriebsverfassung würden als **betriebsverfassungsrechtliche Normen** von dem Begriff der Arbeits- und Wirtschaftsbedingungen i.S.d. Art. 9 Abs. 3 GG erfasst. **43**

Das BAG weist zutreffend darauf hin, dass der Abschluss von Tarifverträgen nach § 3 Abs. 1 Nr. 1 bis 3 BetrVG auch der **Verfolgung mitgliederbezogener Verbandsinteressen** dient,[137] weil er das Vertretensein der Gewerkschaft in den vom tariflichen Geltungsbereich betroffenen Einheiten voraussetzt. Die Bindung an die tatbestandlichen Voraussetzungen des § 3 Abs. 1 BetrVG bei der Durchsetzung der Mitgliederinteressen schlössen ein Verbandsinteresse der kampfführenden Gewerkschaft nicht aus, sondern begrenze nur ihr Kampfziel. **44**

Die Annahme der Erzwingbarkeit von Tarifverträgen über die betriebsverfassungsrechtliche Organisation verletzt – so das BAG – auch nicht die **Berufsfreiheit der betroffenen Unternehmen.**[138] Weder besteht ein verfassungsrechtlicher Anspruch der betroffenen Unternehmen auf Beibehaltung des gesetzlichen Mitbestimmungsmodells noch stellt eine erkämpfbare unternehmensübergreifende Betriebsverfassung das Geheimhaltungsinteresse von Unternehmen, die untereinander im Wettbewerb stehen, prinzipiell in Frage. **45**

Schließlich ist eine einseitige **Stärkung der Verhandlungsposition** der kampfführenden Gewerkschaften nicht zu erwarten. Arbeitskämpfe, die um den Abschluss eines Organisationstarifvertrags geführt werden, sind bisher in nennenswerter Anzahl nicht bekannt geworden.[139] Für die Zukunft bleibt abzuwarten, ob nicht nach der Einführung des § 4a TVG derartige Auseinandersetzungen zunehmen und damit den Befriedungszweck der neuen gesetzlichen Regelung[140] konterkarieren werden. Denn die Feststellung, ob eine Gewerkschaft die Mehrheit der Mitglieder im Betrieb vertritt, bezieht sich mangels eines allgemein anerkannten tarifrechtlichen Betriebsbegriffs auf den Betrieb im Sinne des BetrVG (vgl. TVG § 4a Rn. 47 ff.). Einer Berufsgruppengewerkschaft ist es damit über den Weg eines betriebsverfassungsrechtlichen Organisations- oder Zuordnungstarifvertrages (vgl. dazu § 4 Rn. 67) möglich, entsprechende Mehrheiten zu gestalten, solange sie nur das wenig griffige Missbrauchsverbot des § 4a Abs. 2 Satz 5 TVG (dazu § 4a Rn. 57) beachtet. **46**

---

134 Vgl. Franzen, ZfA 00, 285, 297; Reichold, NZA 99, 561, 570.

135 Vgl. auch Hinweise bei DKKW-Trümner (12. Aufl.), § 3 Rn. 154 zum Gesetzgebungsverfahren.

136 BAG 29. 7. 09, a.a.O.; vgl. auch DKKW-Trümner (12. Aufl.), § 3 Rn. 155; Richardi/Richardi, § 3 Rn. 39; Konzen, RdA 01, 76, 86; Reichold NZA 01, 857, 859; offengelassen von Annuß, NZA 02, 290, 294.

137 BAG 29. 7. 09, a.a.O.; a.A. Fitting, § 3 Rn. 20; Friese, ZfA 03, 237, 268; ebenso GK-Franzen, § 3 Rn. 32, der die Erkämpfbarkeit wegen der Indienstnahme der Tarifvertragsparteien durch den Gesetzgeber verneint.

138 BAG 29. 7. 09, a.a.O.; a.A. Reichold, NZA 01, 857, 859.

139 Vgl. Wißmann, AiB 00, 320, 322 »*höchst begrenzte Streikbereitschaft*«; nach Trümner, JbArbR 36 [1999], S. 59, 71 sind Arbeitskämpfe um Tarifverträge nach § 3 BetrVG in der Praxis nicht aufgetreten; in diesem Sinn auch Gamillscheg, Kollektives Arbeitsrecht Bd. II S. 213.

140 So jedenfalls die Begründung des Gesetzesentwurfs der Bundesregierung vom 20. 2. 15, BT Drs. 18/4062, S. 12.

46a Angesichts der BAG-Rechtsprechung, die die Erstreikbarkeit von Tarifverträgen auf tariflich regelbare Ziele beschränkt (zur Kritik vgl. Rn. 22), ist zu beachten, dass das BAG inzwischen die **Anforderungen an die Wirksamkeit** eines Tarifvertrages zur Schaffung von abweichenden betriebsverfassungsrechtlichen Strukturen nach § 3 Abs. 1 Nr. 1 bis 3 BetrVG **präzisiert** hat.[141] Danach ist ein Zusammenhang zwischen vornehmlich organisatorischen oder kooperativen Rahmenbedingungen auf Arbeitgeberseite und der wirksamen sowie zweckmäßigen Interessenvertretung der Arbeitnehmer erforderlich. Konkret bedeutet dies, dass die durch den Tarifvertrag geschaffene Struktur besser zur Interessenvertretung geeignet sein muss als die gesetzlich vorgesehene Struktur, etwa weil die Errichtung der gesetzlich vorgesehenen Struktur aus rechtlichen oder tatsächlichen Gründen generell mit besonderen Schwierigkeiten verbunden ist.[142]

2.3.6 Streik für zusätzliche Tarifverträge bei Verbandsmitgliedschaft des Arbeitgebers

47 Ein Streik ist nach zutreffender h.M. nicht allein deshalb rechtswidrig, weil gegenüber einem verbandsangehörigen Arbeitgeber ein **Firmentarifvertrag** – etwa ein **Ergänzungstarifvertrag** (zu den Zielen der sog. betriebsnahen Tarifpolitik vgl. Grundl. Rn. 204) – erzwungen werden soll.[143]

Demgegenüber hatte das LAG Schleswig-Holstein in einer früheren – im einstweiligen Verfügungsverfahren ergangenen – rechtskräftigen Entscheidung die Auffassung vertreten, Tarifauseinandersetzungen mit einem verbandsangehörigen Arbeitgeber könnten **nur auf der Verbandsebene ausgetragen** werden. Deshalb sei eine auf den Betrieb einer verbandsangehörigen Firma bezogene Tarifforderung stets an den Verband zu richten (zum firmenbezogenen Verbandstarifvertrag vgl. TVG § 1 Rn. 25). Geschehe dies nicht, sei ein Streik allein aus diesem Grund rechtswidrig.[144] In der Literatur gab es Zustimmung zu dieser Entscheidung.[145] Das BAG hat die Sichtweise des LAG Schleswig-Holstein in seiner Entscheidung vom 10.12.02 zu Recht ausdrücklich **als gesetzwidrig zurückgewiesen.**[146] Denn trotz Mitgliedschaft im Arbeitgeberverband behält der Arbeitgeber seine **Tariffähigkeit** nach § 2 Abs. 1 TVG (vgl. dazu TVG § 2 Rn. 69). Er kann deshalb auch **Adressat von Arbeitskampfmaßnahmen** der Gewerkschaft sein.[147]

Die Gegenansicht führt im Übrigen zu einer – dem deutschen Recht fremden – **absoluten Friedenspflicht** (vgl. Rn. 81). Das ist mit Art. 9 Abs. 3 GG nicht vereinbar.[148] Aus den jeweiligen Verbandstarifverträgen folgt nach h.M. nur eine **relative Friedenspflicht** (vgl. Rn. 83).

---

141 BAG 13.3.13 – 7 ABR 70/11, NZA 13, 738.

142 BAG 13.3.13, a.a.O.; vgl. dazu auch Wendeling-Schröder, NZA 15, 525, 526.

143 BAG 24.4.07 – 1 AZR 252/06, DB 07, 1924 = AiB 07, 732; 10.12.02, AuR 04, 149 = NZA 03, 734.

144 LAG Schleswig-Holstein 25.11.99 – 4 Sa 584/99, NZA-RR 00, 143.

145 Vgl. Reuter, NZA 01, 1097.

146 BAG 10.12.02 – 1 AZR 96/02, AuR 04, 149 = NZA 03, 734.

147 BAG 10.12.02. a.a.O.; 4.4.01 – 4 AZR 237/00, DB 01, 1999; 24.1.01 – 4 AZR 655/99, NZA 01, 788; LAG Köln 14.6.96 – 4 Sa 177/96, NZA 97, 327.

148 BAG 31.10.58 – 1 AZR 632/57, AuR 59, 339; Gamillscheg, S. 1078 m.w.N.; Stein, RdA 00, 129ff., 138.

Ein Streik für einen Firmentarifvertrag mit einem verbandsangehörigen Arbeitgeber verletzt – entgegen einer in der Literatur vertretenen Auffassung[149] – auch nicht das Gebot der **Arbeitskampfparität** (vgl. auch Rn. 3ff.).[150] Der Gesetzgeber hat dem einzelnen Arbeitgeber in § 2 Abs. 1 TVG **Tariffähigkeit** verliehen (vgl. dazu TVG § 2 Rn. 66ff.) und macht damit deutlich, dass er jedenfalls grundsätzlich von einer **Verhandlungs- und Kampfparität** von Gewerkschaft und einzelnen Arbeitgebern ausgeht. 48

Das BAG hat klargestellt, dass einem Streik für einen Firmentarifvertrag mit einem verbandsangehörigen Arbeitgeber auch nicht die **individuelle Koalitionsfreiheit des einzelnen Arbeitgebers** oder die **kollektive Koalitionsfreiheit des Arbeitgeberverbands** gem. Art. 9 Abs. 3 GG entgegensteht.[151] 49

Die **individuelle Vereinigungsfreiheit des einzelnen Arbeitgebers** wird nicht verletzt, weil seine Freiheit, in dem Verband zu verbleiben oder aus ihm auszutreten, durch einen Streik für betriebliche Tarifregelungen nicht beeinträchtigt wird. Etwas anderes würde nach Ansicht des BAG gelten, wenn ein Streik etwa darauf gerichtet wäre, den Arbeitgeber zum Verlassen des Verbands zu zwingen (vgl. auch TVG § 1 Rn. 161).[152] Hierin könne eine mit Art. 9 Abs. 3 Satz 2 GG nicht zu vereinbarende Verletzung der positiven Koalitionsfreiheit des einzelnen Arbeitgebers und zugleich ein unzulässiger Angriff auf den Mitgliederbestand des Arbeitgeberverbands liegen (vgl. auch Rn. 173 zu einem Angriff auf den Mitgliederbestand der Gewerkschaft).[153] 50

Auch die **kollektive Koalitionsfreiheit des Arbeitgeberverbands** wird durch einen Streik für einen Firmentarifvertrag mit einem verbandsangehörigen Arbeitgeber nicht beeinträchtigt. Das gilt nach Ansicht des BAG jedenfalls dann, wenn bestimmte Arbeitsbedingungen durch Verbandstarifverträge weder geregelt sind, noch demnächst geregelt werden sollen. Die Koalitionsfreiheit des Arbeitgeberverbands verlangt auch nicht, dass eine Gewerkschaft Arbeitskämpfe nur gegen den Verband führt.[154]

Das BAG[155] hat offengelassen, ob einer in der Literatur vereinzelt vertreten Ansicht zu folgen ist, wonach es gegen die »**Betätigungsfreiheit des Arbeitgeberverbands**« verstößt, wenn eine Gewerkschaft den Ablauf eines Verbandstarifvertrags zum Anlass nimmt, Firmentarifverträge gegen einzelne Arbeitgeber zu erstreiken und »diese so aus dem Arbeitgeberverband **herauszubrechen**«.[156] 51

Diese Auffassung ist klar **abzulehnen**. Sie zielt auf eine **Ausdehnung der relativen Friedenspflicht** und eine mit Art. 9 Abs. 3 GG und § 1 TVG nicht vereinbare **Aushöhlung** der gewerkschaftlichen Handlungs- und Streikfähigkeit ab. Im Übrigen ist es den Gewerk-

---

149 Vgl. Hanau/Thüsing, ZTR 02, 506, 509; Lieb, DB 99, 2058, 2063; Brox/Rüthers, Rn. 137.

150 BAG 24.4.07 – 1 AZR 252/06, DB 07, 1924 = AiB 07, 732; 10.12.02 – 1 AZR 96/02, AuR 04, 149 = NZA 03, 734.

151 BAG 24.4.07, a.a.O.; 10.12.02, a.a.O. unter ausdrücklicher Ablehnung von LAG Schleswig-Holstein 25.11.99, NZA 00, 385, sowie eines Teils der Literatur, vgl. etwa Boldt, RdA 71, 257; Buchner, DB 01 Beilage Nr. 9; Lieb, DB 99, 2058; Reuter, NZA 01, 1097.

152 BAG 10.12.02, a.a.O.

153 Vgl. BAG 10.6.80 – 1 AZR 331/79, DB 80, 1355 = AP Nr. 66 zu Art. 9 GG Arbeitskampf zur Verletzung des Art. 9 Abs. 3 Satz 2 GG durch die gezielte Aussperrung von Gewerkschaftsmitgliedern.

154 Vgl. BAG 10.12.02, a.a.O.

155 BAG 10.12.02, a.a.O.

156 So Boldt, RdA 71, 257, 262; dagegen: Hensche, RdA 71, 9ff., 11ff.

schaften noch nie darum gegangen, einzelne Arbeitgeber aus einem Verband »herauszubrechen«. **Im Gegenteil:** Sie sind an der Existenz und Handlungsfähigkeit des Verbands als ihrem »Vertragspartner« und daran interessiert, dass möglichst viele Arbeitgeber Mitglied im Verband sind.

52 Auch der **allgemeine Gleichheitssatz des Art. 3 Abs. 1 GG** und der **vereinsrechtliche Gleichbehandlungsgrundsatz** stehen einem Streik für einen Firmentarifvertrag mit einem verbandsangehörigen Arbeitgeber nicht entgegen.[157]

Zwar gelten im Fall des Abschlusses eines solchen Tarifvertrags bei dem verbandsangehörigen Arbeitgeber **andere Tarifbestimmungen** als für die anderen Verbandsmitglieder.

Die **Praxis** der **»betriebsnahen Tarifpolitik«** (tarifliche Bündnisse für Arbeit; Beschäftigungssicherungstarifverträge, usw.; vgl. Grundl. Rn. 204ff.) zeigt aber, dass sich sachliche Gründe für **betriebsspezifische Tarifregelungen** geradezu aufdrängen. Sie sind nicht nur vertretbar und allgemein üblich, sondern angesichts der zugrunde liegenden Umstände **geradezu geboten.**[158] So werden verbandsangehörige Unternehmen, die sich in wirtschaftlichen Schwierigkeiten befinden, durch »Änderungs- bzw. Standortsicherungstarifverträge« von tariflich begründeten Personalkosten entlastet (vgl. TVG § 1 Rn. 343ff.). Niemand stellt die Vereinbarkeit einer solchen – aus Sicht der Arbeitnehmer – verschlechternden Regelung mit dem allgemeinen oder vereinsrechtlichen Gleichbehandlungsgrundsatz in Frage. Was hier gilt, muss auch für den umgekehrten Fall gelten, dass von einem wirtschaftlich starken verbandsangehörigen Unternehmen tarifliche Verbesserungen gefordert und ggf. erstreikt werden (soweit das die relative Friedenspflicht zulässt; vgl. Rn. 83ff.). Von einer Verletzung des Gleichheitssatzes kann nicht die Rede sein. Der Gleichheitssatz verbietet nur eine willkürliche, nicht aber eine sachlich begründete Ungleichbehandlung.

53 Die vorstehenden Grundsätze gelten auch, wenn die Gewerkschaft nicht einen Firmentarifvertrag mit dem verbandsangehörigen Arbeitgeber, sondern einen auf den Betrieb dieses Arbeitgebers bezogenen Verbandstarifvertrag (sog. **firmenbezogener Verbandstarifvertrag**; vgl. TVG § 1 Rn. 25) fordert und dafür zum Streik aufruft.[159] Auch ein solches Streikziel ist **von Art. 9 Abs. 3 GG gedeckt**.[160]

Den Koalitionen steht im Rahmen der ihnen verfassungsrechtlich verbürgten Tarifautonomie bei der Festlegung des Geltungsbereichs eines Tarifvertrags ein **weiter Gestaltungsspielraum** zu. Dies gilt nicht nur im Hinblick auf den erfassten Arbeitnehmerkreis, sondern auch für die Festlegung der betroffenen Unternehmen.

Die Gewerkschaft kann damit **wählen**, ob sie die Streikforderung direkt gegen das verbandsangehörige Unternehmen richtet oder gegen den Arbeitgeberverband.

54 Zu den »**Vorteilen« eines Firmentarifvertrags** gegenüber einem firmenbezogenen Verbandstarifvertrag, wenn der Arbeitgeber eingegangene Verpflichtungen nicht umsetzt, vgl. TVG § 1 Rn. 26, 416f.

---

157 BAG 24.4.07 – 1 AZR 252/06, DB 07, 1924 = AiB 07, 732 m. Anm. Schoof; a.A. Buchner, DB 01 Beilage Nr. 9, S. 4.

158 Vgl. Wendeling-Schröder, NZA 98, 624ff., 628f.; KeZa-Wendeling-Schröder, § 4 Rn. 531; Frey, DB 71, 2407ff.

159 BAG 24.4.07, a.a.O.; 10.12.02 – 1 AZR 96/02, AuR 04, 149 = NZA 03, 734.

160 BAG 24.4.07, a.a.O.

Ein Streik zur Durchsetzung eines Firmentarifvertrags oder firmenbezogenen Verbandstarifvertrags ist nach zutreffender Ansicht des BAG nicht ausgeschlossen, weil er auf eine Forderung gerichtet ist, die **zur gleichen Zeit den Gegenstand von Verhandlungen über einen Flächen-/Verbandstarifvertrag** bildet.[161] 55

Bloße **Verhandlungen** über eine bestimmte Tarifforderung begründen keine auf ihren Gegenstand bezogene **Friedenspflicht** (hierzu vgl. Rn. 59ff.). Auch ist kein Grund ersichtlich, warum Kampfmaßnahmen zur Herbeiführung gerade des erstrebten Flächentarifabschlusses und **gleichzeitige Kampfmaßnahmen** zur Herbeiführung abweichender Regelungen in einem Firmentarifvertrag oder firmenbezogenen Verbandstarifvertrag gesperrt sein sollten. Mit der Erhebung von Tarifforderungen für einen Flächentarifvertrag und der Aufnahme entsprechender Verhandlungen geht keine vorvertragliche Verpflichtung und Selbstbindung der Tarifvertragsparteien einher, den betreffenden Gegenstand ausschließlich im Rahmen eines Flächentarifvertrags zu regeln. 56

Auch das **Verhältnismäßigkeitsprinzip** (vgl. Rn. 137ff.) ist durch die Parallelität von Verhandlungen über einen Flächentarifvertrag und Streiks zur Durchsetzung eines Firmentarifvertrags oder firmenbezogenen Verbandstarifvertrags nicht verletzt.[162] Zwar dürfen Arbeitskampfmaßnahmen erst ergriffen werden, wenn ohne sie ein Tarifabschluss im Wege von Verhandlungen nicht zu erwirken ist.[163] Aus der Bereitschaft zu Verhandlungen über die Regelung einer Materie im Flächentarifvertrag folgt aber nicht etwa, dass der Arbeitgeberverband bereit wäre, auch über die nur für ein bestimmtes Mitgliedsunternehmen geforderten Sonderregelungen mit Wirkung für alle seine Mitglieder zu verhandeln, und deshalb der Streik für einen firmenbezogenen Verbandstarifvertrag nicht erforderlich wäre.[164] 57

Die **Gleichzeitigkeit von Verhandlungen** über einen Flächentarifvertrag und Streiks zur Durchsetzung eines Firmentarifvertrags oder firmenbezogenen Verbandstarifvertrags kollidiert auch nicht mit dem Gebot der **Kampfparität** (vgl. Rn. 3ff.).[165] Dagegen kann nach zutreffender Ansicht des BAG nicht eingewandt werden, dass durch die gegen einzelne Mitglieder des Verbands gerichteten Streiks zur Herbeiführung einer firmenspezifischen Tarifregelung die Solidarität der Mitglieder zur Abwehr der für einen Flächentarifvertrag aufgestellten Forderungen mit demselben Gegenstandsbereich geschwächt werde, weil die durch firmenbezogene Verbandstarifverträge schon gebundenen Mitglieder an einer Abwehr der Regelung im Flächentarifvertrag kein eigenes Interesse mehr haben. Zum einen betreffe die prognostizierte Abnahme der Solidarität nicht die Parität im Kampf um die erstrebte firmenspezifische Regelung. Zum anderen seien die behaupteten Solidaritätsdefizite typischerweise nicht größer als bei einer für einen Flächentarifvertrag erhobenen einheitlichen Tarifforderung gegenüber allen Verbandsmitgliedern.[166] Einheitliche Forderungen der Gewerkschaft könnten im Übrigen stets von den wirtschaftlich starken Mitgliedern eher verkraftet werden als von schwächeren. Auch sie führten deshalb 58

161 BAG 24.4.07, a.a.O.
162 BAG 24.4.07, a.a.O.
163 BAG 18.2.03 – 1 AZR 142/02 (unter B I der Gründe m.w.N.), AuR 04, 151.
164 BAG 24.4.07, a.a.O.
165 BAG 24.4.07, a.a.O.
166 BAG 24.4.07, a.a.O.

zur Belastung der innerverbandlichen Solidarität, ohne dass dies rechtlich von Bedeutung wäre.[167] Es sei eine Angelegenheit des Verbands selbst, die erwünschte Solidarität aller Mitglieder durch geeignete verbandsinterne Mittel oder entsprechende Kampfmaßnahmen zu erreichen.[168]

2.3.7 Streik für eine Differenzierungsklausel

58a Nach dem Grundsatz, dass alles, was tariflich regelbar ist, auch erstreikbar ist (vgl. Rn. 23; TVG § 1 Rn. 155), können auch so genannte **Differenzierungsklauseln**, d.h. Regelungen, die hinsichtlich bestimmter tariflicher Leistungen zwischen Mitgliedern einer Gewerkschaft und Nichtmitgliedern unterscheiden, Gegenstand eines Streiks sein (vgl. TVG § 1 Rn. 214). Dies setzt allerdings voraus, dass die geforderte und vom Streikaufruf erfasste Klausel mit Art. 9 Abs. 3 GG vereinbar sind (vgl. dazu ausführlich TVG § 3, Rn. 191ff., dort auch mit Beispielen zu rechtlich unbedenklichen Klauseln). Da die BAG-Rechtsprechung weiterhin zwischen **einfachen** (= rechtmäßigen) und **qualifizierten** (= rechtswidrigen) **Differenzierungsklauseln** sowie der (rechtmäßigen) **Binnendifferenzierung zwischen Gewerkschaftsmitgliedern** unterscheidet (vgl. dazu und zur Kritik daran § 3 Rn. 203ff.), bleibt es für die Arbeitskampfpraxis eine Herausforderung, die Forderung nach einer Differenzierungsklausel rechtssicher zu formulieren. Dies gilt insbesondere für den (Regel-)Fall, dass eine Differenzierungsklausel in einer Tarifauseinandersetzung nicht die einzige Forderung der Gewerkschaft ist, sondern im Rahmen eines Forderungspakets erhoben wird. Denn bei Zugrundelegung der h.M. (vgl. zur so genannten »Rühreitheorie« und zur Kritik daran Rn. 18) gefährdet die Forderung nach einer rechtswidrigen Differenzierungsklausel im Rahmen eines sonst rechtmäßigen Forderungspakets die Rechtmäßigkeit des Streiks insgesamt. Zur möglichst rechtssicheren Vorbereitung eines Streiks ist daher die **Forderung nach einer qualifizierten Differenzierungsklausel** aufgrund der aktuellen BAG-Rechtsprechung **nicht zu empfehlen**, zumal die Konsequenzen des Fallenlassens einer rechtswidrigen Forderung im Laufe eines Streiks noch nicht umfassend geklärt sind (vgl. Rn. 19). Von der rechtlichen Perspektive zu trennen ist die politische Entscheidung der Gewerkschaft, ob und mit welchem Nachdruck sie eine derartige Tarifregelung als Streikziel verfolgt. Dies wird wie im Übrigen jede Entscheidung über Beginn und Ziele eines Arbeitskampfes allein von den Umständen des Einzelfalls und der Einschätzung zur Mobilisierbarkeit und Durchsetzungsfähigkeit einer Differenzierungsklausel abhängen.

---

167 Für den Teilstreik vgl. BAG 10.6.80 – 1 AZR 168/79 (unter A V 3 c der Gründe), DB 80, 1274 = AP Nr. 65 zu Art. 9 GG Arbeitskampf.

168 BAG 24.4.07, a.a.O.; vgl. auch Lobinger RdA 06, 12, 19.

2.4 Friedenspflicht

2.4.1 Allgemeines

Das Streikrecht wird **während der Laufzeit** eines Tarifvertrags durch die aus ihm resultierende **»relative Friedenspflicht«** (vgl. TVG § 1 Rn. 422ff.) eingeschränkt.[169] 59

Streiks für eine der Friedenspflicht unterliegende Tarifforderung sind rechtswidrig. Zu den **Rechtsfolgen** eines rechtswidrigen Streiks vgl. Rn. 282ff.

Einzelheiten zu **Beginn und Ende** der Friedenspflicht vgl. Rn. 77ff. und TVG § 1 Rn. 429, 430.

Die Friedenspflicht muss **nicht gesondert vereinbart** werden, sondern gehört zum **schuldrechtlichen Teil** eines jeden Tarifvertrags; sie ist dem Tarifvertrag **immanent** (vgl. auch TVG § 1 Rn. 422ff, 425).[170]

Wird ein Streik für **mehrere Forderungen** (»Forderungspaket«) durchgeführt und unterliegt **nur eine der Forderungen** der Friedenspflicht, ist der Streik nach Ansicht der Rspr. jedenfalls dann **insgesamt rechtswidrig**, wenn es sich dabei um eine **Hauptforderung** handelt (vgl. auch Rn. 18).[171]

Die Friedenspflicht besteht nicht nur in Bezug auf **normative Regelungen** eines Tarifvertrags, sondern auch im Fall von **Tarifverträgen mit bloßer schuldrechtlicher Wirkung** (vgl. hierzu TVG § 1 Rn. 394ff.). Das bedeutet: **Während der Laufzeit** eines »nur« schuldrechtlich wirkenden Tarifvertrags (Beispiel: tarifliche Verpflichtung des Arbeitgebers, standortsichernde Investitionen durchzuführen; vgl. TVG § 1 Rn. 343ff.) sind Arbeitskämpfe, die auf eine **Änderung** des Vertrags abzielen, **unzulässig.** 60

Auch insoweit ist die Friedenspflicht **»relativ«**. D.h. Streiks zur Durchsetzung von Zielen, die durch die Tarifvereinbarung **nicht erfasst** sind, sind zulässig.

Die **Europäische Sozialcharta** (ESC) steht nach Ansicht des BAG der Beschränkung des Streikrechts durch die Friedenspflicht nicht entgegen.[172] Die Friedenspflicht sei Inhalt des schuldrechtlichen Teils des Tarifvertrags (vgl. TVG § 1 Rn. 394ff.) und damit eine »Verpflichtung aus einem Gesamtarbeitsvertrag« im Sinne von Teil II Art. 6 Nr. 4 ESC.[173] 61

Ein Streik kann nach h.M. in der Literatur **frühestens nach Ablauf des Tarifvertrags** und nicht schon während seiner Laufzeit **für die Zeit nach Ablauf des Tarifvertrags** durchgeführt werden.[174] Das entspricht auch der Praxis der Tarifpolitik. Das BAG hatte bislang 62

---

169 BAG 8.2.57 – 1 AZR 169/55, AuR 58, 341 = AP Nr. 1 zu § 1 TVG Friedenspflicht; 21.12.82 – 1 AZR 411/80, DB 83, 1098 = AP Nr. 76 zu Art. 9 GG Arbeitskampf; 27.6.89 – 1 AZR 404/88, DB 89, 2228; 10.12.02 – 1 AZR 96/02, AuR 04, 149 = NZA 03, 734; 24.4.07, a.a.O.; 19.6.07 – 1 AZR 396/06, NZA 07, 1055; ErfK-Linsenmaier, GG Art. 9 Rn. 124f.; ErfK-Franzen, TVG § 1 Rn. 81ff. m.w.N.; KeZa-Seifert, § 1 Rn. 907 m.w.N.; Däubler, AR 1 Rn. 249ff.; Däubler-Reim/Ahrendt, § 1 Rn. 1094ff., Däubler-Reinfelder, AKR, § 15 Rn. 1; Bartz, ZTR 04, 122, 170; Kittner, Arbeitskampf, S. 371.

170 BAG 10.12.02, a.a.O.; 24.4.07, a.a.O.; 19.6.07, a.a.O.

171 BAG 10.12.02 – 1 AZR 96/02 (unter B I 4 der Gründe), AuR 04, 149 = NZA 03, 734; vgl. auch LAG Nürnberg 30.09.10 – 5 Ta 135/10, ZTR 10, 576.

172 BAG 10.12.02, a.a.O.

173 BAG 10.12.02, a.a.O.

174 Kissel, § 26 Rn. 96; weitergehend Däubler-Reim/Nebe, § 1 Rn. 987.

keine Gelegenheit, die Frage zu entschieden.[175] Etwas anderes gilt, wenn sich der Arbeitgeber durch **Austritt aus dem Arbeitgeberverband oder durch Wechsel in einen OT-Verband bzw. eine OT-Mitgliedschaft**« zukünftigen Tarifverpflichtungen entziehen will. Die Friedenspflicht endet nach h.M. trotz Fortgeltung der bisherigen Tarifverträge nach § 3 Abs. 3 TVG mit Wirksamwerden des Verbandsaustritts bzw. Wechsels in OT-Verband oder OT-Mitgliedschaft (vgl. Rn. 40, 120ff., 125ff.).

63 Zur Frage, ob es gegen die »**Betätigungsfreiheit des Arbeitgeberverbands**« verstößt, wenn eine Gewerkschaft den Ablauf eines Verbandstarifvertrags zum Anlass nimmt, **Firmentarifverträge** gegen einzelne Arbeitgeber zu erstreiken, vgl. Rn 47ff., 51.

64 Wenn ein Tarifvertrag vorsieht, dass die Regelungen des Tarifvertrags **nicht nur insgesamt, sondern auch einzeln gekündigt** werden können (vgl. TVG § 1 Rn. 87)[176], dann bringen die Tarifvertragsparteien damit zum Ausdruck, dass nach Kündigung einzelner Bestimmungen ab Beginn der Nachwirkung (§ 4 Abs. 5 TVG) insoweit keine Friedenspflicht mehr besteht. Deshalb kann eine Veränderung der gekündigten Tarifbestimmungen gefordert und ggf. erstreikt werden.[177]

65 Die Tarifvertragsparteien können die Friedenspflicht durch Vereinbarung zeitlich und inhaltlich **ausgestalten, erweitern oder einschränken.**[178]

66 So kann etwa die Friedenspflicht über die Laufzeit des gekündigten Tarifvertrags hinaus **verlängert** werden (z.B. durch Schlichtungsabkommen, vgl. Rn. 419; zur Schlichtungs- und Schiedsvereinbarung für die Metallindustrie Rn. 69). Unzulässig wäre es aber, das durch Art. 9 Abs. 3 GG garantierte Streikrecht aufzugeben. Eine solche rechtswidrige Aufgabe liegt auch in einer **zu langen Laufzeitvereinbarung**. Auch die Vereinbarung einer **absoluten Friedenspflicht** dürfte nur zeitlich befristet zulässig sein.[179]

67 Die Friedenspflicht aus einem Tarifvertrag kann durch Vereinbarung auch **beschränkt** werden.[180] So kann etwa – klarstellend – festgelegt werden, dass tarifliche Regelungen zu bestimmten Fragen keinen abschließenden Charakter haben und damit frei sind für ergänzende Tarifbestimmungen, die ggf. im Wege des Arbeitskampfes/Streiks durchzusetzen sind. Eine gleichartige Wirkung haben ggf. **tarifliche Öffnungsklauseln** für abweichende Tarifverträge (vgl. Rn. 117ff.).

68 Von der Regelungskompetenz der Tarifparteien aus Art. 9 Abs. 3 GG ist auch ein vollständiger **Ausschluss der Friedenspflicht** gedeckt.[181]

69 In einigen **Branchen** ist die Friedenspflicht **über die Laufzeit des Tarifvertrags hinaus** um eine zwischen den Tarifvertragsparteien **vereinbarte »Nachfrist**« verlängert worden.[182] Eine solche Verlängerung der Friedenspflicht ist zulässig (vgl. Rn. 65).

175 BAG 27.6.89 – 1 AZR 404/88 (Rz. 30), NZA 89, 969: »*... Der Senat braucht daher nicht die Frage zu entscheiden, ob während des Bestehens einer tariflichen Regelung schon Arbeitskämpfe zur Herbeiführung einer erst nach deren Ende in Kraft tretenden Regelung geführt werden dürfen.*«

176 Vgl. hierzu BAG 24.4.07 – 1 AZR 252/06, DB 07, 1924 = AiB 07, 732.

177 BAG 24.4.07, a.a.O.

178 Vgl. KeZa-Seifert, § 1 Rn. 931; Däubler-Reim/Ahrendt, § 1 Rn. 1135ff.; ErfK-Linsenmaier, GG Art. 9 Rn. 125; Schaub-Treber, § 192 Rn. 19.

179 Vgl. Däubler-Reim/Ahrendt, § 1 Rn. 1136; a.A. offenbar Kissel, § 26 Rn. 2 und 102.

180 Vgl. KeZa-Seifert, § 1 Rn. 931; ErfK-Linsenmaier, GG Art. 9 Rn. 125.

181 Vgl. Däubler-Reim/Ahrendt, § 1 Rn. 1137; Däubler-Reinfelder, AKR, § 15 Rn. 5.

182 Vgl. hierzu BAG 12.9.84 – 1 AZR 342/83, DB 84, 2563.

Beispiele:
Nach manchen **Schlichtungsabkommen** besteht für die gesamte Dauer der Schlichtung Friedenspflicht (vgl. Rn. 419).
Nach der **Schlichtungs- und Schiedsvereinbarung für die Metallindustrie (West)** vom 14.12.1979 dürfen innerhalb eines Zeitraums von vier Wochen nach Ablauf des Tarifvertrags keine Arbeitskampfmaßnahmen durchgeführt werden.

Die Friedenspflicht bindet nur die **vertragsschließenden Tarifparteien** (Gewerkschaft und Arbeitgeberverband bzw. – im Fall eines Firmentarifvertrags – Arbeitgeber) und nicht auch die Beschäftigten (**Mitglieder,**[183] anders oder Nichtorganisierte; vgl. dazu und zum Streikaufruf Rn. 272).[184] Gewerkschaften und Arbeitgeberverbände schließen Tarifverträge im eigenen Namen ab und nicht in Vertretung ihrer Mitglieder.[185] In dem Eintritt in die Gewerkschaft bzw. den Arbeitgeberverband liegt auch keine Ermächtigung des Mitglieds zur Begründung von Rechtspflichten, wenn man von seinen mitgliedschaftlichen Verpflichtungen (z.B. zur Beitragszahlung) einmal absieht. 70

Allerdings kann sich eine **Arbeitskampfschranke** für die Arbeitnehmer aus anderen Gründen ergeben: Nach Ansicht des BAG sind sie **nur zum Streik berechtigt**, wenn sie von der Gewerkschaft dazu **aufgerufen** werden (vgl. Rn. 201). Ist die Gewerkschaft aber hieran durch die Friedenspflicht gehindert, kommt es regelmäßig nicht zu einem Streikaufruf und damit – in der Regel – auch nicht zu einem Streik (zu nicht von der Gewerkschaft getragenen spontanen »ad hoc« Arbeitsniederlegungen vgl. Rn. 202, 272). 71

Es sind aber **andere Fallgestaltungen** denkbar: So können sich anders (und nicht) organisierte Arbeitnehmer z.B. im Fall von **Tarifpluralität** (vgl. Rn. 20, 114 und TVG § 4 Rn. 82ff.) an dem Streik einer – friedenspflichtfreien – Gewerkschaft auch dann beteiligen, wenn ihre »eigene« Gewerkschaft wegen einer bestehenden Friedenspflicht nicht zum Streik aufrufen kann (vgl. Rn. 272).

Zur Beteiligung anders (und nicht) organisierter Arbeitnehmer an einem **Solidaritätsstreik** (vgl. Rn. 181ff.). 72

Die Friedenspflicht besteht nur im Rahmen des **Geltungsbereichs** des Tarifvertrags (vgl. hierzu TVG § 4 Rn. 13ff.). Regelt etwa ein Tarifvertrag Arbeitsbedingungen nur für eine bestimmte Beschäftigtengruppe, dann ist ein Arbeitskampf zu den Arbeitsbedingungen anderer Beschäftigtengruppen ohne Verstoß gegen die Friedenspflicht zulässig. 73

Auch ein **Solidaritätsstreik** (vgl. Rn. 181ff.)[186] – kann nicht gegen die **Friedenspflicht** aus den für die streikenden Arbeitnehmer geltenden Tarifverträgen verstoßen. Er zielt nicht auf eine Änderung der im Verhältnis zum eigenen Arbeitgeber geltenden Tarifverträge ab, sondern auf die Unterstützung des Streiks anderer Arbeitnehmer zur Durchsetzung eines Tarifvertrags mit einem anderen Geltungsbereich.[187] 74

---

183 BAG 17.12.58 – 1 AZR 349/57, AuR 59, 378 = AP Nr. 3 zu § 1 TVG Friedenspflicht; Brox/ Rüthers, Rn. 219; KeZa-Seifert, § 1 Rn. 905; Däubler-Reim/Ahrendt, § 1 Rn. 1099, 1119.
184 Vgl. Bepler, Schriftenreihe DAI, S. 109, 128.
185 BAG 17.12.58, a.a.O.
186 Vgl. ErfK-Linsenmaier, GG Art. 9 Rn. 120.
187 BAG 19.6.07 – 1 AZR 396/06, AuR 07, 272 = NZA 07, 1055; 21.12.82 – 1 AZR 411/80, DB 83, 1098; Däubler-Reim/Ahrendt, § 1 Rn. 1117.

Die neuere BAG-Rechtsprechung[188] hat den Solidaritätsstreik grundsätzlich als **zulässige Kampfform** anerkannt. Unzulässig ist er ausnahmsweise nur dann, wenn er zur Unterstützung des Hauptarbeitskampfes offensichtlich ungeeignet, offensichtlich nicht erforderlich oder unangemessen erscheint (vgl. Rn. 181ff., 185).

75 Aus Vereinbarungen zwischen den Tarifvertragsparteien, die **keinen Tarifvertragscharakter** haben (vgl. TVG § 1 Rn. 432ff.), erwächst **keine** – nur Tarifverträgen immanente – Friedenspflicht.

Ein Anspruch auf **Unterlassung eines Streiks** kann sich aber aus dem durch **Auslegung** der Vereinbarung zu ermittelnden **Willen der Tarifparteien** ergeben.

Eine **Verhandlungspflicht** allein löst keine Friedenspflicht aus (vgl. TVG, § 1 Rn. 436). Deshalb muss der Ansicht des BAG[189], dass aufgrund einer tariflichen Anpassungsregelung, die das BAG als einklagbare Verhandlungsverpflichtung ausgelegt hat, Friedenspflicht bestehen »dürfte«, entgegengetreten werden. Zur Annahme einer Friedenspflicht aufgrund einer Verhandlungsverpflichtung bedarf es einer eindeutigen Vereinbarung der Tarifvertragsparteien, die in dem vom BAG entschiedenen Fall angesichts der widerstreitenden Ansichten zum Rechtscharakter der Anpassungsregelung gerade nicht gegeben war.

76 Ist ein Tarifvertrag gem. § 5 TVG für **allgemein verbindlich** erklärt worden, besteht Friedenspflicht nur für die tarifvertragsschließenden Parteien, nicht für eine **andere Gewerkschaft**, die versucht, im Geltungsbereich des allgemeinverbindlichen Tarifvertrags einen »eigenen« Tarifvertrag durchzusetzen.

76a Die Friedenspflicht wirkt nur zwischen den tarifvertragsschließenden Parteien und damit **nicht gegenüber einem außenstehenden Dritten**, z.B. einem Kunden des bestreikten Unternehmens, da dieser nicht vom Schutzbereich des Tarifvertrages als eines Vertrags zugunsten Dritter (vgl. Rn. 83) erfasst wird.[190] Deshalb kann ein betroffener Dritter einen Streik auch nicht wegen Verletzung der Friedenspflicht untersagen lassen. Die grundsätzliche Problematik, dass Streiks im Bereich der öffentlichen Daseinsvorsorge überwiegend bzw. gezielt Dritte treffen bzw. treffen sollen, darf nicht zu einer Erweiterung des Schutzzwecks der nur zwischen den Tarifvertragsparteien wirkenden Friedenspflicht führen. Denn diese Auswirkungen haben ihre Ursache letztlich nicht im Streikaufruf der Gewerkschaft, sondern in den weitreichenden Privatisierungsentscheidungen im Öffentlichen Sektor.

Ein durch einen Streik geschädigter Dritter kann demzufolge auch **keine Schadensersatzansprüche** nach § 280 Abs. 1 BGB gegenüber der Gewerkschaft wegen etwaiger Verlet-

---

188 BAG 19.6.07, a.a.O.

189 BAG 25.9.13 – 4 AZR 173/12, AP Nr. 26 zu § 1 TVG Tarifverträge: Musiker mit Anm. Wiedemann, der jedoch das Thema »Friedenspflicht« nicht kommentiert; dem BAG zustimmend auch Bauer, ArbR 14, 262.

190 So zu Schadensersatzansprüchen von Fluggesellschaften im Fall eines Fluglotsenstreiks Hessisches LA, 5.12.13 – 9 Sa 592/13, Revision anhängig BAG 1 AZR 160/14; Hessisches LAG 27.6.13 – 9 Sa 1387/13, Revision anhängig BAG 1 AZR 875/13; im Fall eines Streiks von Vorfeldkontrolle, Vorfeldaufsicht und Verkehrszentrale Hessisches LAG 25.4.13 – 9 Sa 561/12, Revision anhängig BAG 1 AZR 754/13 (Termin 25.8.15); im Ergebnis zustimmend Czerny/Frieling, Anm. zu LAGE Art. 9 GG Arbeitskampf Nr. 92a, S. 48; a.A. Willemsen/Mehrens, NZA 13, 1400. 1401; Lambrich/Sander, NZA 14, 342.

zung der Friedenspflicht geltend machen. Das gilt auch im Falle eines Solidaritätsstreiks (vgl. Rn. 181 ff.).[191] Ein **Schadensersatzanspruch** des Dritten könnte sich nur bei einer **sittenwidrigen Schädigung** gemäß § 826 BGB ergeben. Eine solche liegt jedoch nicht generell vor, wenn ein Streik wegen Verletzung der Friedenspflicht oder Verkennung der Tarifzuständigkeit durch die aufrufende Gewerkschaft rechtswidrig sein sollte. Nicht jeder rechtswidrige Streik ist sittenwidrig.[192] Vielmehr gilt hier der vom BAG aufgestellte Grundsatz, dass ein Streik aufgrund seiner verfassungsrechtlichen Verankerung nur dann eine zum Schadensersatz verpflichtende Schädigung nach § 826 BGB darstellen kann, wenn er **evident unverhältnismäßig** ist oder Zwecke verfolgt, die **offenkundig nicht dem Kompetenzbereich** der Tarifvertragsparteien unterfallen.[193] Zur Kritik an der BAG-Rechtsprechung zur Einordnung des Streiks als »Hilfsinstrument« der Tarifautonomie vgl. Rn. 22; zur Kritik an der herrschenden Meinung zur Rechtswidrigkeit eines »politischen« Streiks vgl. Rn. 191 ff. Zu **Schadensersatzansprüchen** aufgrund eines rechtswidrigen Streiks vgl. im Übrigen Rn. 285 f.

Die Friedenspflicht aus einem abgeschlossenen Tarifvertrag **beginnt** in der Regel mit seiner Unterzeichnung durch die Tarifparteien (nicht unbedingt schon mit der Unterzeichnung eines Verhandlungsergebnisses oder Vorvertrags; vgl. TVG § 1 Rn. 429). 77

Eine Friedenspflicht **besteht nicht (mehr)**, wenn der Tarifvertrag z.B. aufgrund einer Kündigung oder Befristung abgelaufen ist[194] und sich deshalb im Zustand der **Nachwirkung** gem. § 4 Abs. 5 TVG befindet (vgl. hierzu TVG § 4 Rn. 293 ff., 334; ggf. ist eine die Friedenspflicht verlängernde »**Nachfrist**« zu beachten; vgl. Rn. 66, 69). Deshalb kann für Forderungen, die auf eine Änderung des Tarifvertrags abzielen, gestreikt werden. Zur Friedenspflicht im Fall des Verbandsaustritts oder des Wechsels in einen OT-Verband bzw. eine OT-Mitgliedschaft vgl. Rn. 120 ff., 125 ff. 78

Zu den Fallgestaltungen, die zur **Beendigung der Friedenspflicht** führen, vgl. TVG § 1 Rn. 430. 79

Eine **Urabstimmung** der Gewerkschaft ist keine der Friedenspflicht unterliegende Kampfmaßnahme (vgl. Rn. 247). 80

2.4.2 Keine »absolute«, sondern »relative« Friedenspflicht

Eine generelle Pflicht, während der Laufzeit irgendeines Tarifvertrags Arbeitskämpfe für andere Tarifverträge mit anderen Regelungsgegenständen zu unterlassen (»**absolute Friedenspflicht**«) besteht nicht, es sei denn, sie ist zwischen den Tarifvertragsparteien »**eigens und über jeden Zweifel erhaben**« **vereinbart** worden.[195] 81

Derartige Abkommen zwischen den Tarifvertragsparteien existieren – soweit ersichtlich – in **Deutschland** nicht.[196]

191 Hessisches LAG 25.4.13, a.a.O.

192 Hessisches LAG 25.4.13, a.a.O.; 5.12.13, a.a.O.

193 BAG 19.11.09 – 1 AZR 972/08.

194 Vgl. Däubler-Reim/Ahrendt, § 1 Rn. 1125, 1127; Kissel, § 26 Rn. 97.

195 BAG 31.10.58 – 1 AZR 632/57, AuR 59, 339 = AP Nr. 2 zu § 1 TVG Friedenspflicht; 10.12.02 – 1 AZR 96/02, AuR 04, 149 = NZA 03, 734; Kissel, § 26 Rn. 2; Gamillscheg, S. 1078 m.w.N.; Däubler-Reim/Ahrendt, § 1 Rn. 1124; Däubler-Reinfelder, AKR, § 15 Rn. 2.

196 Vgl. Kittner/Zwanziger/Deinert-Deinert, § 136 Rn. 13.

82 Zu den Möglichkeiten und Grenzen einer **Erweiterung oder Beschränkung** der Friedenspflicht durch tarifliche Vereinbarung vgl. Rn. 65ff.

83 Die Friedenspflicht ist nach allgemeiner Auffassung nur »**relativ**«. Sie verbietet den tarifschließenden Parteien, **während der Laufzeit des Tarifvertrags** Arbeitskämpfe zu führen mit dem Ziel, den Tarifvertrag **inhaltlich zu verändern**. Den Tarifvertragsparteien ist es untersagt, einen bestehenden Tarifvertrag inhaltlich dadurch in Frage zu stellen, dass sie Änderungen oder Verbesserungen der vertraglich geregelten Gegenstände mit Mitteln des Arbeitskampfes erreichen wollen.[197] Der Tarifvertrag ist in seinem schuldrechtlichen Teil zugleich ein **Vertrag zugunsten Dritter**.[198] Er schützt die **Mitglieder** der Tarifvertragsparteien (Arbeitgeber und Arbeitnehmer) davor, hinsichtlich der tariflich geregelten Materie mit Arbeitskampfmaßnahmen überzogen zu werden. Dies gilt auch, wenn gegenüber einem verbandsangehörigen Arbeitgeber ein **Firmentarifvertrag** erstreikt werden soll mit dem Ziel, einen vollgültigen Verbandstarifvertrag zu verändern.[199] Neue bzw. neuartige Forderungen unterliegen nicht der relativen Friedenspflicht (vgl. hierzu Rn. 93ff.); ggf. kann sich eine vorübergehende Friedenspflicht aus einem Schlichtungsabkommen ergeben (vgl. Rn. 69).

84 Aus der »Relativität« der Friedenspflicht folgt, dass Streiks zur Durchsetzung von **neuen Tarifthemen**, die **nicht** durch einen vollgültigen (nicht nur nachwirkenden; vgl. Rn. 78 und TVG § 4 Rn. 334) Tarifvertrag **geregelt** sind, nicht gegen die Friedenspflicht verstoßen, sondern zulässig sind (etwaige – die Friedenspflicht regelnde – Schlichtungsabkommen sind allerdings zu beachten; vgl. Rn. 69).[200]

85 Die »Relativität« der Friedenspflicht ermöglicht den Gewerkschaften im Sinne einer »**betriebsnahen Tarifpolitik**« (vgl. Grundl. Rn. 204), Tarifbewegungen auch in verbandsangehörigen Unternehmen durchzuführen. **Neue**, nicht durch bestehende Verbandstarifverträge geregelte **Themen** können aufgegriffen und zum Gegenstand einer betrieblichen Tarifauseinandersetzung gemacht werden. Das heißt: die Gewerkschaft kann mit ihren Mitgliedern in verbandsangehörigen Unternehmen entsprechende Forderungen aufstellen und – falls erforderlich – zum Streik dafür aufrufen.

Beispiele:
In Verbandstarifverträgen ist das Thema »Abmilderung der Folgen einer Betriebsschließung durch Abfindungen und andere Maßnahmen, z.B. Qualifizierung« meist nicht geregelt. Deshalb steht die Friedenspflicht Streiks zur Durchsetzung eines **Sozialtarifvertrags** nicht entgegen (vgl. Rn. 31ff.).
Auch folgende Themen sind durch Verbandstarifvertrag oft nicht geregelt, so dass sie Gegenstand von »betriebsnaher« Tarifpolitik sein können:

---

197 BAG 10.12.02, a.a.O.; 24.4.07 – 1 AZR 252/06, DB 07, 1924 = AiB 07, 732 m. Anm. Schoof; 19.6.07 – 1 AZR 396/06, NZA 07, 1055.

198 BAG 14.11.58 – 1 AZR 247/57, AP Nr. 4 zu § 1 TVG Friedenspflicht; 24.4.07, a.a.O.; 10.12.02, a.a.O.; KeZa-Seifert, § 1 Rn. 906; Däubler-Reim/Ahrendt, § 1 Rn. 1100.

199 BAG 10.12.02, a.a.O.

200 BAG 24.4.07 – 1 AZR 252/06, DB 07, 1924 = AiB 07, 732 m. Anm. Schoof; 10.12.02 – 1 AZR 96/02, AuR 04, 149 = NZA 03, 734; 27.6.89 – 1 AZR 404/88, DB 89, 2228; ArbG Lübeck 29.5.01 – 6 Ga 21/01, AiB 02, 122 mit Anm. Schoof; Oberberg/Schoof, AiB 02, 169ff.; Wendeling-Schröder, NZA 98, 624; Zachert, NZA Beilage 24/2000, 17ff.; ders. DB 01, 1198ff.; a.A. Buchner, DB Beilage 9/01, 1, 8ff. m.w.N.

- **Erweiterung der Mitbestimmungsrechte** des Betriebsrats in sozialen, personellen und wirtschaftlichen Angelegenheiten (vgl. hierzu § 1 TVG Rn. 220ff.);
- Einführung einer vom Arbeitgeber finanzierten **betrieblichen Altersversorgung** (vgl. § 1 TVG Rn. 283)
- Errichtung und Finanzierung von betrieblichen **Sozialeinrichtungen** (Betriebskantine, Betriebskindergarten usw.; vgl. § 1 TVG Rn. 221).

Ob und inwieweit eine Gewerkschaft die Verbandstarifpolitik durch eine ggf. konfliktorisch ausgetragene ergänzende betriebsnahe Tarifpolitik ergänzt, ist keine rechtliche, sondern eine organisations- und tarifpolitische Frage.

Nach hier vertretener Auffassung sollte eine Gewerkschaft jedenfalls bei der Abfassung von Verbandstarifverträgen darauf achten, dass nicht mit »überflüssigen«, aber ggf. eine Friedenspflicht auslösenden Regelungen der Weg für ergänzende betriebliche Tarifbewegungen verbaut wird.

Zur innergewerkschaftlichen Debatte um die Vor- und Nachteile einer »betriebsnahen Tarifpolitik« vgl. Grundl. Rn. 204ff.

Auf Arbeitgeberseite ist festzustellen, dass diese ihre Vorstellung von betriebsnaher Tarifpolitik in den letzten Jahren in großem Stil und ohne übermäßige Skrupel umgesetzt hat (vgl. dazu Grundl. Rn. 205). Es werden der Gewerkschaft verschlechternde Tarifforderungen nach einer Absenkung verbandstariflicher Standards übermittelt (Arbeitszeitverlängerung, Lohnkürzung usw.). Friedenspflichtprobleme zu Lasten der Arbeitgeber werden dadurch umgangen, dass für den Verweigerungsfall nicht eine – ohnehin rechtwidrige – Angriffsaussperrung (vgl. Rn. 333) angedroht wird, sondern – viel wirksamer – die Verlagerung/Schließung des Betriebs.[201] Zur Frage, ob bei einem solchen Arbeitgeberverhalten die Gewerkschaft noch an die Friedenspflicht aus dem Verbandstarifvertrag gebunden ist, vgl. § 1 TVG Rn. 344, 430.

Zur (eingeschränkten) Möglichkeit, einzelne Tarifvorschriften zu kündigen (**Teilkündigung**) und damit die Friedenspflicht insoweit zu beenden, vgl. Rn. 64 und TVG § 1 Rn. 87.

Nicht ganz einfach ist die Frage der **sachlichen Reichweite der relativen Friedenspflicht** 86
zu beantworten:

- Was ist durch die bestehenden Tarifverträge **geregelt** und unterliegt deshalb der Friedenspflicht?
- Welche Regelungsgegenstände sind »**friedenspflichtfrei**«?

Einigkeit besteht darin, dass die sachliche Reichweite der Friedenspflicht durch **Auslegung der bestehenden tariflichen Regelungen** zu ermitteln ist.[202] Strittig ist, **wie** die Auslegung zu erfolgen hat.

Zum Teil wird eine **enge** – die Friedenspflicht eingrenzende – Auslegung, zum Teil eine – arbeitgeberfreundliche, die Friedenspflicht ausweitende – **weite** Auslegung gefordert.

---

201 Zu Praxisbeispielen vgl. Schoof, Betriebsratspraxis, Stichwort Betriebliches Bündnis für Arbeit Rn. 9ff.

202 Vgl. BAG 10.12.02 – 1 AZR 96/02, AuR 04, 149 = NZA 03, 734; Kissel, § 26 Rn. 81ff.; Löwisch/Rieble, § 1 Rn. 1041; Däubler-Reinfelder, AKR, § 15 Rn. 14; Däubler-Schumann, AKR, (2. Aufl.), Rn. 212; Wiedemann-Thüsing § 1 Rn. 885.

87 Eine in der Literatur vertretene Auffassung befürwortet – **arbeitgeberfreundlich** – eine **weite Auslegung** der bestehenden Tarifregelungen und damit eine Ausdehnung der Reichweite der Friedenspflicht.[203]
Die Friedenspflicht erstreckt sich hiernach nicht nur auf die konkret tariflich geregelten Themen, sondern auch auf solche Gegenstände, die dergestalt in einem »**inneren sachlichen Zusammenhang**« mit der tariflich geregelten Materie stehen, dass die erstrebte tarifliche Regelung »das wirtschaftliche Gleichgewicht der in dem Tarifvertrag vereinbarten Arbeitsbedingungen verändern würde«.[204] Nach dieser Auffassung soll z.B. ein Streik für die **günstigere Gestaltung eines Entgeltgruppenkatalogs** in einem (abgelaufenen) Entgeltrahmentarifvertrag während der Laufzeit eines Entgelttarifvertrags unzulässig sein.[205]
Gleiches soll für einen Streik für eine **Arbeitszeitverkürzung bei vollem Lohnausgleich** bei bestehenden Entgelttarifverträgen gelten.[206]
Weitere Fallgestaltungen[207]:
Wenn der Tarifvertrag **mehrere Beispiele** aufführt, in denen Entgelt auch ohne geleistete Arbeit zu zahlen ist, soll darin der **Ausschluss** der Erweiterung auf **weitere Fallgestaltungen** liegen.
Oder: Setzt der Tarifvertrag den **Urlaub für alle Arbeitnehmer gleichmäßig** fest, dann soll für ältere Arbeitnehmer **kein Zusatzurlaub** erkämpft werden können.
Immerhin wird von Vertretern dieser restriktiven Auffassung darauf hingewiesen, dass ein Abstellen auf den inneren sachlichen Zusammenhang nicht dazu führen darf, dass der durch den Tarifvertrag gegenständlich **nicht geregelte Bereich** der kollektiven Auseinandersetzung entzogen und damit die **Grenze** zwischen relativer und absoluter Friedenspflicht **überschritten** würde.[208]

88 Tariflich geregelt – und damit friedenspflichtauslösend – ist nach dieser weiten Auffassung eine Sachmaterie auch dann, wenn der Tarifvertrag auf ihre Normierung verzichtet und diese bewusst der Gestaltung durch Arbeitsvertrag oder Betriebsvereinbarung überlässt. Auch eine solche »**negativ**« **geregelte Materie** unterliege der Friedenspflicht.[209]
Das soll sogar für **Tarifforderungen** gelten, die im Zusammenhang mit einer auf Verbandsebene ausgetragenen Tarifauseinandersetzung **erhoben**, aber dann wegen mangelnder Durchsetzbarkeit wieder **fallengelassen** wurde, um einen Tarifabschluss bzgl. der übrigen Verhandlungsgegenstände zu ermöglichen.[210]

---

203 Vgl. z.B. Kissel, § 26 Rn. 82; noch weitergehend Schleusener, BB 99, 686; Reuter, NZA 01, 1104.
204 Vgl. Kissel, § 26 Rn. 82 (S. 277), der diese Aussage zu Unrecht BAG 14.11.58 – 1 AZR 247/57, AP Nr. 4 zu § 1 TVG Friedenspflicht zuschreibt; Buchner, NZA 96, 177; Löwisch/Rieble, § 1 Rn. 1043, die zu Unrecht BAG 10.12.02, a.a.O. für ihre Ansicht heranziehen: das BAG hat in dieser Entscheidung nicht auf eine Veränderung des »wirtschaftlichen Gleichgewichts« abgestellt.
205 Vgl. Nipperdey, FS Schmitz 1967 I 280; vgl. auch Löwisch/Rieble, § 1 Rn. 1043; Gamillscheg, S. 1079f.
206 Vgl. Löwisch, NZA 88, Beilage 2 S. 5; unklar Kissel, § 26 Rn. 82 einerseits und Rn. 87 andererseits; vgl. auch Löwisch/Rieble, § 1 Rn. 1043.
207 Nach Wiedemann-Thüsing, § 1 Rn. 885.
208 Vgl. Löwisch/Rieble, § 1 Rn. 1045.
209 Vgl. Kissel, § 26 Rn. 83.
210 Vgl. ErfK-Franzen, TVG § 1 Rn. 83; Gamillscheg, S. 1078.

Eine **weite Auslegung** der bestehenden Tarifregelungen – und die damit verbundene **Ausdehnung** der Friedenspflicht – ist **abzulehnen**. Sie führt zu einer mit Art. 9 Abs. 3 GG nicht vereinbarenden **Einschränkung der Tarifautonomie**. Die Grenzen zu einer »absoluten« Friedenspflicht, die einer ausdrücklichen **»eigenen und über jeden Zweifel erhabenen«** Vereinbarung bedarf (vgl. Rn. 81), werden verwischt. Die Heranziehung des Abgrenzungsmerkmals »innerer sachlicher Zusammenhang« ist unter dem Gesichtspunkt der in einem Rechtsstaat zu fordernden **Rechtssicherheit und Rechtsklarheit** als Abgrenzungskriterien ungeeignet. Für die – eine Forderung aufstellende – Gewerkschaft entstehen nicht mehr kalkulierbare **Schadensersatzrisiken**. Denn schließlich hängt »alles mit allem zusammen«. 89

Es ist deshalb eine **enge Auslegung** der bestehenden Tarifregelungen und damit eine **Eingrenzung** der Friedenspflicht auf das, was **tatsächlich geregelt** ist, geboten. Nur das wird dem »relativen« Charakter der Friedenspflicht gerecht.[211] Ihr unterliegen nur solche Fragen, die im jeweiligen Tarifvertrag eine **»eindeutige abschließende Regelung«** erfahren haben.[212] Maßgeblich ist dabei der **Wille der Tarifvertragsparteien**, einen Sachverhalt tariflich zu regeln und ihn damit der Friedenspflicht zu unterstellen. Bleiben **Zweifel**, ob eine Tarifregelung einen Sachverhalt abschließend regelt, sind diese nach zutreffender Ansicht zugunsten der Streikfreiheit aufzulösen.[213]

Die Tarifvertragsparteien können **durch Vereinbarung** nicht geregelte Gegenstände der Friedenspflicht unterwerfen.[214] Das **bloße Schweigen** eines Tarifvertrags zu einer bestimmten Regelungsfrage begründet dagegen keine Friedenspflicht.[215]

Demzufolge können auch Tarifforderungen, die **erhoben** und dann im weiteren Verhandlungsverlauf **fallen gelassen** worden sind, auch nach Zustandekommen eines Tarifvertrags über andere Regelungsfragen weiterhin **Gegenstand von Streiks** sein,[216] sofern sich aus dem im Tarifvertrag zweifelsfrei zum Ausdruck gekommenen Willen der Tarifparteien nicht etwas anderes ergibt.

Das BAG folgt in seinem Urteil vom 27.6.89[217] ebenfalls einer eher **engen,** auf die ausdrücklich tariflich geregelte Materie abstellenden **Betrachtungsweise**. In einem Verbandstarifvertrag waren Bestimmungen über die Dauer der wöchentlichen Arbeitszeit, deren Verteilung auf die einzelnen Wochen und Wochentage, die Zulässigkeit von Mehrarbeit, Nacht-, Sonn- und Feiertagsarbeit sowie deren Vergütung enthalten. Nach zutreffender Ansicht des BAG war damit nicht die Frage geregelt und der Friedenspflicht unterworfen, ob die Arbeitszeit an den einzelnen Wochentagen spätestens zu einem bestimmten Zeitpunkt beginnen und enden muss. Diese Frage betreffe nicht die Dauer 90

---

211 Vgl. KeZa-Seifert, § 1 Rn. 908; Däubler-Reim/Ahrendt, § 1 Rn. 1105; Däubler-Reinfelder, AKR, § 15 Rn. 14.

212 Vgl. Däubler, TVR Rn. 539; Däubler-Reim/Ahrendt, § 1 Rn. 1106; Stein, Rn. 668; Zachert, NZA 00, Beilage 24, 20; Stein, RdA 00, 139; Jacobs, ZTR 01, 249.

213 Vgl. Däubler-Reim/Ahrendt, § 1 Rn. 1106; Däubler-Reinfelder, AKR, § 15 Rn. 15; Däubler, TVR, Rn. 537ff.; KeZa-Seifert, § 1 Rn. 908, 911.

214 Vgl. Däubler-Reim/Ahrendt, § 1 Rn. 1107.

215 Vgl. Däubler-Reim/Ahrendt, a.a.O.; KeZa-Seifert, § 1 Rn. 912; Gamillscheg, S. 1078.

216 Vgl. Däubler-Reim/Ahrendt, a.a.O.; Däubler-Reinfelder, AKR, § 15 Rn 16; KeZa-Seifert, a.a.O.; Gamillscheg, a.a.O.; JKOS-Krause, § 4 Rn. 145; Wiedemann-Thüsing, § 1 Rn. 885.

217 BAG 27.6.89 – 1 AZR 404/88, DB 89, 2228.

der wöchentlichen Arbeitszeit und auch nicht ihre Verteilung auf die einzelnen Wochen und Wochentage, sondern deren **zeitliche Lage bezogen auf den einzelnen Arbeitstag**. Demzufolge verstoße ein Streik für eine Tarifforderung über Beginn und Ende der täglichen Arbeitszeit nicht gegen die tarifvertragliche Friedenspflicht.

91 Im Urteil vom 10. 12. 02[218] stellt das BAG darauf ab, ob die Tarifvertragsparteien eine »**bestimmte Sachmaterie erkennbar umfassend geregelt**« haben. In diesem Fall sei davon auszugehen, »dass sie diesen Bereich der Friedenspflicht unterwerfen und für die Laufzeit des Tarifvertrags die kampfweise Durchsetzung weiterer Regelungen unterbinden wollen, die in einem **sachlichen inneren Zusammenhang** mit dem **befriedeten Bereich** stehen«.

Wenn etwa – wie in dem zugrunde liegenden Fall:

- der Kündigungsschutz der Arbeitnehmer in verschiedenen verbandstariflichen Regelungen geregelt werde,
- zwischen ordentlichen und außerordentlichen Kündigungen unterschieden, nach dem Kündigungsgrund (Person, Verhalten, betriebliche Gründe) differenziert und
- ein besonderer, an Beschäftigungszeiten und Lebensalter sowie bestimmte Anlässe anknüpfender Kündigungsschutz normiert werde,

dann müsse von einer erkennbar umfassenden und abschließenden Tarifregelung ausgegangen werden. Zumindest stünden die im Streitfall von der Gewerkschaft geforderten Regelungen eines **generellen Ausschlusses betriebsbedingter Kündigungen** in einem engen sachlichen Zusammenhang mit dem durch die Verbandstarifverträge geregelten und für deren Laufzeit befriedeten Bereich. Deshalb verstoße ein Streik für eine Erweiterung des verbandstariflich geregelten Kündigungsschutzes durch Firmentarifvertrag in diesem Fall gegen die Friedenspflicht.

92 Das **BAG** hat sich im Urteil vom 10. 12. 02[219] trotz Verwendung der Begriffe »befriedeter Bereich« und »sachlicher innerer Zusammenhang« nicht für eine – gegenüber der Entscheidung vom 27. 6. 89[220] – weite Betrachtungsweise und damit für eine Ausdehnung, sondern eher für eine **Einschränkung** der Friedenspflicht **»auf eindeutige Fallgestaltungen«** ausgesprochen. Das belegt die Hervorhebung, dass eine Sachmaterie nur dann der Friedenspflicht unterliegt, die eine **»erkennbar umfassende«** Regelung erfahren hat, was wohl bedeutet, dass die Tarifvertragsparteien in Bezug auf die geregelte Thematik eine **abschließende** Regelung treffen wollten[221] und dass dies »augenfällig« bzw. offensichtlich ist. Wenn keine Klarheit insoweit besteht, erwächst aus der Tarifregelung keine Friedenspflicht.[222]

Auch der Umstand, dass sich das Gericht mit der älteren Entscheidung vom 27. 6. 89[223] weder auseinandergesetzt noch sich davon distanziert hat, lässt auf eine Beibehaltung der bisherigen **engen** Betrachtungsweise schließen.[224] Es scheinen eher die besonderen und

---

218 BAG 10. 12. 02 – 1 AZR 96/02, AuR 04, 149 = NZA 03, 734.
219 BAG 10. 12. 02, a.a.O.
220 BAG 27. 6. 89 – 1 AZR 404/88, DB 89, 2228.
221 BAG 10. 12. 02, a.a.O.; vgl. auch Däubler-Reim/Ahrendt, § 1 Rn. 1105.
222 Vgl. Däubler-Reim/Ahrendt, § 1 Rn. 1106; Däubler-Reinfelder, AKR, § 15 Rn. 15; Däubler, TVR, Rn. 537 ff.; KeZa-Seifert, § 1 Rn. 908, 911.
223 BAG 10. 12. 02, a.a.O.
224 Vgl. Benecke, FS Buchner, 2009, S. 96, 98 (dort Fn. 9).

»augenfälligen« **Umstände des Einzelfalles** (umfangreiche und ausdifferenzierte Tarifregelungen zum Kündigungsschutz) das BAG in der Entscheidung vom 10.12.02 dazu bewegt haben, einen Friedenspflichtverstoß anzunehmen.[225] Dennoch muss die Verwendung der allzu unbestimmten und in der **Tarifpraxis kaum handhabbaren** Begriffe »befriedeter Bereich« und »sachlicher innerer Zusammenhang« kritisiert werden.[226]

Bei den nachfolgenden **Beispielen** (Rn. 94 bis 106) wird die hier vertretene **enge** – die relative Friedenspflicht eingrenzende – **Auslegung** bestehender Tarifregelungen (Rn. 44a, 45) zugrunde gelegt. **93**

Ein aktiv geltender **Lohntarifvertrag** hindert nicht, einen Streik für einen **Urlaubstarifvertrag** zu führen.[227] **94**

Ein Streik für einen Tarifvertrag über **Prämienlohn** ist ohne Verstoß gegen die Friedenspflicht aus einem Tarifvertrag möglich, der nur Regelungen über Zeitentgelt, Leistungszulagen und **Akkordlohn** enthält und eine Auslegung des Tarifvertrags nicht den Schluss zulässt, dass es sich um eine abschließende Regelung der Entgeltgrundsätze handelt. **95**

Die Friedenspflicht aus einem **Entgelttarifvertrag (Löhne, Gehälter)** schließt einen Streik für einen Tarifvertrag über **jährliche Einmalzahlungen** (z.B. Weihnachtsgeld) jedenfalls dann nicht aus, wenn es sich um eine Zahlung handelt, mit der Betriebstreue (Sondervergütung zur Belohnung der Betriebstreue: Gratifikation[228]) oder ein Unternehmenserfolg (Gewinnbeteiligung, Tantieme) entlohnt werden soll.[229] Etwas anderes kann gelten, wenn (auch) geleistete Arbeit abgegolten werden soll (Sondervergütung mit Entgeltcharakter: 13. Monatsgehalt[230] bzw. Sondervergütung mit Mischcharakter[231]).[232] **96**

Die Friedenspflicht aus bestehenden **Entgelttarifverträgen** erfasst nicht die tarifliche Regelung **vermögenswirksamer Leistungen.**[233] **97**

Die Friedenspflicht aus bestehenden **Entgelttarifverträgen** oder Tarifverträgen über eine **Entgeltumwandlung** verhindert nicht die kampfweise Durchsetzung eines Firmen- oder Verbandstarifvertrags über eine **arbeitgeberfinanzierte betriebliche Altersversorgung**. Etwas anderes dürfte gelten, wenn ein Tarifvertrag über **altersvorsorgewirksame Leistungen** mit Zahlungsverpflichtungen des Arbeitgebers besteht. **98**

Bei der Frage, ob ein Streik für die **Tarifierung betrieblich gewährter über- oder außertariflicher Leistungen** gegen die Friedenspflicht verstößt,[234] ist zu differenzieren: Wenn es sich lediglich um die **Aufstockung** tariflich geregelter Leistungen handelt (Erhöhung des Tarifentgelts, Schaffung von zusätzlichen Entgeltgruppen oder -stufen, Erhöhung des tariflichen Urlaubs- oder Weihnachtsgeldes usw.), dürfte während der Laufzeit des Tarifvertrags Friedenspflicht bestehen. **99**

---

225 Vgl. hierzu Blanke, AuR 04, 130, 133f.
226 Vgl. Däubler-Reinfelder, AKR, § 15 Rn. 15; Däubler-Reim/Ahrendt, § 1 Rn. 1105; Blanke, AuR 04, 130, 133f.; Bayreuther, NZA 07, 1017, 1019.
227 Vgl. Kissel, § 26 Rn. 87.
228 Vgl. hierzu Kittner/Zwanziger/Deinert-Schoof/Stumpf, § 35 Rn. 18.
229 Däubler-Reim/Ahrendt, § 1 Rn. 1102.
230 Vgl. hierzu Kittner/Zwanziger/Deinert-Schoof/Stumpf, § 35 Rn. 15.
231 Vgl. hierzu Kittner/Zwanziger/Deinert-Schoof/Stumpf, § 35 Rn. 23.
232 Vgl. Däubler-Reim/Ahrendt, § 1 Rn. 1109.
233 Vgl. Däubler-Reim/Ahrendt, § 1 Rn. 1109.
234 Generell bejahend Kissel, § 26 Rn. 88.

Etwas anderes gilt, wenn die betrieblich gewährten Leistungen an **andere, tariflich nicht geregelte Voraussetzungen** anknüpfen (sog. »außertarifliche Leistungen« wie z. B. Funktionszulage, Treueprämie und/oder Zusatzurlaub bei längerer Betriebszugehörigkeit, Gewinnbeteiligung usw.). Deshalb dürfte die Forderung nach einer **Beteiligung am Unternehmenserfolg** – etwa eine **Ergebnis-** oder **Gewinnbeteiligung**[235] nicht der Friedenspflicht unterliegen, wenn das geltende Tarifwerk keine erfolgsabhängigen Entgeltbestandteile regelt. Ob möglicherweise die sich aus einem Tarifvertrag über Urlaubs- und Weihnachtsgeld ergebende Friedenspflicht einer kampfweisen Durchsetzung einer an den Unternehmenserfolg anknüpfenden jährlichen Gewinnbeteiligung entgegensteht, hängt davon ab, ob die Tarifvertragsparteien das Thema »Einmalzahlungen« abschließend regeln wollten. Aus einer tariflichen »Anrechnungsregelung« ergibt sich jedenfalls ein derartiger Wille nicht. Wenn etwa eine Tarifvorschrift über betriebliche Sonderzahlungen vorsieht, dass Leistungen des Arbeitgebers wie z. B. Gratifikationen oder Ergebnisbeteiligungen des Anspruch erfüllen, so wird dadurch keine Friedenspflicht ausgelöst, die einem Streik für eine tariflich nicht geregelte Gratifikation oder Ergebnisbeteiligung entgegen stünde.

100 Auch die Arbeitsbedingungen der **»außertariflichen Angestellten« (AT-Angestellte)** sind naturgemäß nicht durch Tarifvertrag geregelt und können deshalb Gegenstand von Streikforderungen sein (vgl. auch Rn. 457; TVG § 1 Rn. 111).

Das gilt auch dann, wenn ein bestehender Tarifvertrag eine ausdrückliche **Definition des AT-Angestellten** enthält (z. B. im Rahmen der Tarifbestimmungen über den persönlichen Geltungsbereich des Tarifvertrags). Hieraus kann nicht geschlossen werden, dass die Tarifparteien die Regelung der Arbeitsbedingungen der AT-Angestellten der Friedenspflicht unterwerfen wollten.

101 Ein Streik für eine **Arbeitszeitverkürzung bei vollem Lohnausgleich** ist auch im Fall eines – im **Lohntarifvertrag** – geregelten **Stundenlohns** ungeachtet des Umstandes zulässig, dass eine Durchsetzung der Arbeitszeitverkürzung zu einem nominal höheren Stundenlohn führen würde.[236] Die **Gegenansicht**[237] führt zu der eigenartigen – nicht begründbaren – Konsequenz, dass Monatsentgeltempfänger für eine Forderung nach Arbeitszeitverkürzung streiken können, Stundenlohnempfänger dagegen nicht, obwohl auch bei diesen wirtschaftlich gesehen keine Erhöhung des Arbeitsentgelts eintritt.[238]

102 Tarifliche Regelungen über die **regelmäßige Arbeitszeit** stehen einem Streik für Tarifforderungen nach **zusätzlichen Pausen für Schwerarbeiter** nicht entgegen.[239]

103 Wenn der Tarifvertrag nur **verlängerte Kündigungsfristen für ältere Arbeitnehmer** regelt, kann darüber hinausgehend für Tarifforderungen über den **Ausschluss bzw. die Einschränkung einer arbeitgeberseitigen betriebsbedingten Kündigung** von älteren Arbeitnehmern gestreikt werden.[240]

---

235 Vgl. hierzu Kittner/Zwanziger/Deinert-Schoof/Stumpf, § 32 Rn. 51 ff.

236 LAG Hamburg 24. 3. 87 – 8 Sa 25/87, NZA Beil. 2/88, 27; LAG Schleswig-Holstein 25. 3. 87 – 6 Sa 172/87, DB 87, 1308 = NZA Beil. 2/88, 31; LAG Hamm 17. 3. 87, DB 87, 846; Däubler-Reim/Ahrendt, § 1 Rn. 1110.

237 LAG Niedersachsen 25. 3. 87 – 4 Sa 398/87, DB 88, 714 = NZA Beil. 2/88, 35; unklar Kissel, § 26 Rn. 82 einerseits und § 26 Rn. 87 andererseits.

238 Vgl. auch Blank, NZA Beil. 2/88, 9.

239 Vgl. Gamillscheg, S. 1079 f., Fn. 25.

240 Vgl. Gamillscheg, a.a.O.

Etwas anderes kann gelten, wenn man durch Auslegung zum Ergebnis kommt, dass es sich bei der Kündigungsfristregelung um eine »**erkennbar umfassende und abschließende**« Regelung (vgl. hierzu Rn. 91) des Themas Kündigungsschutz handelt,[241] was bei dieser Fallkonstellation aber im Regelfall nicht angenommen werden kann.

Eine erkennbare abschließende Regelung des Themas Kündigungsschutz dürfte nicht bestehen, wenn der Tarifvertrag zwar Regelungen über die Beendigung des Arbeitsverhältnisses vorsieht (**Beendigungsnormen**), nicht aber Regelungen über die Beteiligung des Betriebsrats bei Kündigungen. Deshalb spricht Einiges dafür, dass eine Tarifforderung nach **Erweiterung der Mitbestimmungsrechte** des Betriebsrats bei Kündigungen (etwa entsprechend der Konstruktion des § 102 Abs. 6 BetrVG) – hierbei handelt es sich um eine **betriebsverfassungsrechtliche Norm** – ohne Verstoß gegen die Friedenspflicht erstreikbar ist (zur **tariflichen Regelbarkeit** vgl. TVG § 1 Rn. 222).

Auch ein Streik für Tarifforderungen über die Verpflichtung des Arbeitgebers zu – ggf. be- 104
fristeten – **Neueinstellungen** zwecks Abbau von Überstunden oder über ein hierauf gerichtetes tariflich geregeltes **Initiativmitbestimmungsrecht** des Betriebsrats verstößt nicht gegen die Friedenspflicht, wenn entsprechende Tarifbestimmungen **nicht existieren** (oder sich im Zustand der Nachwirkung befinden). Zur Frage, ob es sich bei derartigen Forderungen um **tariflich regelbare Ziele** handelt vgl. TVG § 1 Rn. 196ff.

Allgemein übliche Tarifregelungen über den zulässigen Umfang von **Mehrarbeit**, über Mehrarbeitszuschläge usw. oder das Mitbestimmungsrecht des Betriebsrats bei Mehrarbeit betreffen eine **andere Regelungsmaterie** und können deshalb eine Friedenspflicht für Tarifforderungen zu Neueinstellungen bzw. zu einem Initiativmitbestimmungsrecht des Betriebsrats nicht begründen.

Auch ein verbandstariflicher **deklaratorischer Hinweis** darauf, dass bei **Einstellungen** die gesetzlichen Bestimmungen gelten bzw. die Rechte des Betriebsrats zu wahren sind, löst – nach den im Zusammenhang mit dem Thema Arbeitszeit entwickelten Maßstäben (vgl. Rn. 90, 107) – keine, einen Streik für o. g. Forderung ausschließende, Friedenspflicht aus.[242]

Ein Streik um einen Firmentarifvertrag zur **Regelung der Folgen einer Betriebsänderung** 105
(Betriebsstilllegung, Betriebsverlagerung) zugunsten der von Entlassung betroffenen Arbeitnehmer (z.B. Forderungen über **Qualifizierungsmaßnahmen** und Fortzahlung eines Unterhaltsgeldes in Höhe der bisherigen Vergütung und **Abfindungen**) verstößt nicht gegen die Friedenspflicht, wenn verbandstarifliche Regelungen zu diesem Thema **nicht existieren**[243] oder sich in **Nachwirkung** befinden.[244]

Wenn – wie z.B. in der Metallindustrie – ein **Verbandstarifvertrag zur Qualifizierung** abgeschlossen wurde, der allgemein Qualifizierungsansprüche von Beschäftigten **während des laufenden Arbeitsverhältnisses** regelt, dann steht diese Regelung einem firmenbezogenen Streik für Qualifizierungsmaßnahmen **nach Beendigung** des Arbeitsverhält-

---

241 Vgl. BAG 10.12.02 – 1 AZR 96/02, AuR 04, 149 = NZA 03, 734.

242 BAG 27.6.89 – 1 AZR 404/88, DB 89, 2228.

243 BAG 24.4.07 – 1 AZR 252/06, DB 07, 1924 = AiB 07, 732; Däubler-Reim/Ahrendt, § 1 Rn. 1113.

244 Vgl. z.B. gekündigtes Rationalisierungsschutzabkommen in der Metallindustrie oder gekündigte manteltarifliche Kündigungsfristen im Fall BAG 24.4.07, a.a.O.

nisses (z.B. aufgrund einer Betriebsstilllegung) nicht entgegen (vgl. auch TVG § 1 Rn. 337).

Zur Frage, ob diese Materie durch die **§§ 111ff. BetrVG** der Regelung durch die Tarifvertragsparteien entzogen ist, vgl. Rn. 31ff. und TVG § 1 Rn. 186.

106 Oft gelten für ein Tarifgebiet bzw. für einen Betrieb **mehrere Tarifverträge über verschiedene Regelungsgegenstände** (z.B. Manteltarifvertrag, Entgelttarifvertrag, Entgeltrahmentarifvertrag, Tarifvertrag über Sonderzahlungen usw.; vgl. TVG § 1 Rn. 30). Zwischen diesen Tarifverträgen bestehen häufig **Wechselbeziehungen**.

So wird etwa in einem **Entgelttarifvertrag** die Höhe des monatlichen Arbeitsentgelts, in einem anderen Tarifvertrag (z.B. im Manteltarifvertrag) die Dauer der regelmäßigen wöchentlichen **Arbeitszeit** geregelt. Zwischen beiden Tarifregelungen besteht ein wirtschaftlicher Zusammenhang in dem Sinne, dass etwa eine Verkürzung der Arbeitszeit bei Aufrechterhaltung des Monatsentgelts den »Wert« der Arbeitsstunde erhöht. Das Gleiche gilt im umgekehrten Fall: Entgelterhöhung bei gleich bleibender Arbeitszeitdauer.

Eine ähnliche Wechselbeziehung besteht im Verhältnis eines Entgelttarifvertrags, in dem in Form einer Tabelle die **Geldwerte** der in einem anderen Tarifvertrag (z.B. in einem Entgeltrahmentarifvertrag) geregelten **Entgeltgruppen** bestimmt werden.

Da die in wirtschaftlicher Wechselbeziehung stehenden Tarifverträge häufig **unterschiedliche Laufzeiten** haben, ergibt sich die Frage, ob die Friedenspflicht aus einem noch aktiv geltenden Tarifvertrag einem Streik für eine Veränderung des anderen ausgelaufenen Tarifvertrags entgegensteht. Diese Frage muss regelmäßig **verneint** werden. Aus der faktisch vorhandenen wirtschaftlichen Wechselwirkung allein ergibt sich **keine Friedenspflicht**. Die Friedenspflicht bezieht sich auch nicht auf ein »Tarifwerk als Ganzes«. Jeder Tarifvertrag ist grundsätzlich **für sich** zu betrachten[245] und auf die Frage hin zu untersuchen, ob sich aus dem noch nicht abgelaufenen – und deshalb friedenspflichtauslösenden – Tarifvertrag der Wille der Tarifvertragsparteien ablesen lässt, dass sie während der Laufzeit dieses Tarifvertrags den Streik für eine Veränderung des abgelaufenen Tarifvertrags ausschließen wollten.[246] Findet sich ein solcher Anhaltspunkt nicht, besteht keine Friedenspflicht.[247]

Würde man anders entscheiden, wären die Gewerkschaften gezwungen, die **Laufzeiten** der in wirtschaftlicher Wechselwirkung zueinander stehenden Tarifverträge **zu vereinheitlichen**, um überhaupt handlungsfähig zu sein. Eine Konsequenz, die mit der Tarifautonomie (Art. 9 Abs. 3 GG) nicht vereinbar wäre.[248]

Deshalb ist ein **Streik für eine Entgelterhöhung** nach Ablauf der Entgelttarifverträge unabhängig davon zulässig, ob ein **Entgeltrahmentarifvertrag**, der Regelungen über Entgeltgruppen und Leistungsentgelt enthält, abgelaufen ist oder nicht. Das entspricht im Übrigen auch der **Praxis der Tarifpolitik**.

Das Gleiche gilt im umgekehrten Fall: Ist der Entgeltrahmentarifvertrag abgelaufen, kann für eine Änderung dieses Tarifvertrags (z.B. günstigere Gestaltung des Entgeltgruppenkatalogs) auch dann gestreikt werden, wenn der Entgelttarifvertrag ungekündigt ist.[249]

245 Vgl. Kissel, § 26 Rn. 86; Däubler-Reim/Ahrendt, § 1 Rn. 1110.
246 Vgl. Däubler-Reim/Ahrendt, § 1 Rn. 1110.
247 Vgl. Däubler-Reim/Ahrendt, a.a.O.
248 So zu Recht Däubler-Reim/Ahrendt, a.a.O.
249 Vgl. Däubler-Reim/Ahrendt, § 1 Rn. a.a.O.; Kissel, § 26 Rn. 86.

2.4.3 Keine Friedenspflicht bei deklaratorischen Verweisen oder unwirksamen Tarifnormen

Eine Friedenspflicht wird nicht durch einen bloßen **deklaratorischen Verweis auf gesetzliche Regelungen** ausgelöst. Die Gesetzesnorm wird hierdurch im Zweifel nicht zum Inhalt des Tarifvertrags und zu einer tariflichen Norm gemacht.[250] 107

> **Beispiel:**
> § 2.1 Manteltarifvertrag für Beschäftigte in der Metall- und Elektroindustrie in Nordwürttemberg/Nordbaden: *»Das Mitbestimmungsrecht des Betriebsrates bei Einstellung, Versetzung und Kündigung richtet sich nach den Bestimmungen des Betriebsverfassungsgesetzes und bleibt durch diesen Tarifvertrag unberührt.«* Diese Regelung dürfte keine Friedenspflicht auslösen für Tarifforderung für eine Erweiterung der Mitbestimmung bei Einstellung, Versetzung oder Kündigung (vgl. hierzu § 1 TVG Rn. 220a)

Auch eine tarifliche Regelung, die lediglich einen deklaratorischen Hinweis auf die ohnehin bestehende gesetzliche Regelung enthält (§ 87 Abs. 1 Nr. 2 BetrVG), wonach Beginn und Ende der täglichen **Arbeitszeit** unter Beachtung des Mitbestimmungsrechts des Betriebsrats **betrieblich zu regeln** sind, steht einem Streik für eine Tarifregelung über Beginn und Ende der täglichen Arbeitszeit (Ladenschluss) nicht entgegen.[251] Das in § 87 Abs. 1 Nr. 2 BetrVG normierte Mitbestimmungsrecht des Betriebsrats besteht immer dann, wenn es an einer tariflichen Regelung dieser Frage fehlt. Es bedarf dazu keiner Ermächtigung oder Übertragung der Regelungsbefugnis durch die Tarifvertragsparteien.[252] Daraus, dass der Tarifvertrag gleichwohl einen Hinweis auf die gesetzliche Mitbestimmungsregelung enthält, kann nicht geschlossen werden, dass damit eine tarifliche Regelung über Beginn und Ende der täglichen Arbeitszeit im dargelegten Sinne getroffen werden sollte.[253] 108

Der bloße Hinweis in einem Tarifvertrag auf eine bestehende gesetzliche Regelung beinhaltet auch **keinen Verzicht** auf eine materielle tarifliche Regelung der gleichen Frage (z.B. Erweiterung des gesetzlichen Mitbestimmungsrechts), sodass Arbeitskampfmaßnahmen zur Herbeiführung einer solchen tariflichen Regelung nicht gegen die Friedenspflicht verstoßen. 109

Tarifnormen, die unzulässig und **unwirksam** sind, weil durch sie etwas tariflich nicht Regelbares vereinbart ist (vgl. TVG § 1 Rn. 154ff.) oder sie gegen höherrangiges Recht verstoßen (vgl. TVG § 1 Rn. 381ff.), lösen keine Friedenspflicht aus. Sie können deshalb Gegenstand einer neuen – z.B. betrieblichen – Tarifbewegung sein, ohne dass zuvor die Tarifbestimmung oder gar der Tarifvertrag insgesamt gekündigt werden müsste. 110

---

250 BAG 27.6.89 – 1 AZR 404/88, DB 89, 2228; 16.1.80 – 4 AZN 87/79, AP Nr. 3 zu § 72 a ArbGG 1979 Grundsatz.
251 BAG 27.6.89, a.a.O.
252 BAG 22.12.81 – 1 ABR 38/79, DB 82, 1274.
253 BAG 27.6.89, a.a.O.

Beispiel:
Wenn eine verbandstarifvertragliche Tarifbestimmung einen **Zuschuss zum Kurzarbeitergeld** nur für Angestellte, nicht aber für Arbeiter vorsieht, ist sie wegen Verstoßes gegen den Gleichheitssatz (Art. 3 Abs. 1 GG) unwirksam.[254] Die Gewerkschaft könnte ohne Verstoß gegen die Friedenspflicht eine Flächen- oder betriebliche Tarifbewegung mit dem Ziel »Zuschuss zum Kurzarbeitergeld für alle Beschäftigte« starten und ggf. zum Streik dafür aufrufen (es sei denn, man ist der Auffassung, dass sonstige wirksame Regelungen in einem ungekündigt geltenden Tarifvertrag zum Thema »Kurzarbeit« (vgl. hierzu § 1 Rn. 319ff.) eine »erkennbar umfassend und abschließende« Regelung (vgl. Rn. 91) darstellen, die einem Streik für einen Zuschuss zum Kurzarbeitergeld entgegensteht.

2.4.4 Friedenspflicht nach Ablauf eines Firmentarifvertrags mit einem verbandsangehörigen Arbeitgeber?

111 Manchmal wird für den Betrieb eines verbandsangehörigen Arbeitgebers ein – meist zeitlich befristeter verschlechternder (Firmen-)Änderungstarifvertrag (z.B. ein »Standortsicherungstarifvertrag«; vgl. TVG § 1 Rn. 343ff.) – vereinbart. Dieser hat in Bezug auf die abändernden Bestimmungen nach den Regeln der **Tarifkonkurrenz** (vgl. TVG § 4 Rn. 60ff.) **Vorrang** vor dem Verbandstarifvertrag (Spezialitätsprinzip). Entsprechendes gilt, wenn bereits die Auslegung der beteiligen Tarifverträge ergibt, dass für eine bestimmte Zeit nur einer von ihnen gelten soll (vgl. Rn. 114b und TVG § 1 Rn. 64).

112 Für den Fall des **Ablaufs** des Firmentarifvertrags wird die Auffassung vertreten, dass – falls die Nachwirkung nicht ausgeschlossen wurde[255] – seine Bestimmungen gem. § 4 Abs. 5 TVG **nachwirken** und dem Verbandstarifvertrag **weiter vorgehen** (vgl. auch TVG § 4 Rn. 71ff.).[256]

Die wohl **h.M.** ist demgegenüber der Ansicht, dass der Verbandstarifvertrag für die tarifgebundenen Beschäftigten wieder **voll zur Geltung** kommt und den nachwirkenden Firmentarifvertrag verdrängt (vgl. TVG § 4 Rn. 70).[257] Einem Streik für einen neuen, den Verbandstarifvertrag verändernden Firmentarifvertrag steht deshalb die relative Friedenspflicht aus dem Verbandstarifvertrag entgegen.

Wenn man aber mit der Mindermeinung von einer **Nachwirkung** des abgelaufenen Firmentarifvertrags ausgeht, ist ein **Streik** um den Abschluss eines **neuen Firmentarifvertrags** (z.B. Verlängerung des abweichenden Firmentarifvertrags) **möglich**.[258] Die Friedenspflicht aus dem Verbandstarifvertrag soll einem Streik für eine Veränderung bzw. einen Neuabschluss des nachwirkenden Firmentarifvertrages nicht entgegenstehen. Etwas anderes soll gelten, wenn die **Nachwirkung** des Firmentarifvertrags **ausgeschlossen** wurde (was zulässig und im Falle von »Standortsicherungs- oder Sanierungstarifverträgen« üblich ist; vgl. TVG § 4 Rn. 72, 308, 335). In diesem Fall besteht auch nach der Min-

254 BAG 28.5.96 – 3 AZR 752/95, NZA 97, 101.
255 Vgl. Däubler-Bepler, § 4 Rn. 832.
256 So Däubler-Bepler, § 4 Rn. 842a und 860ff; a.A. Däubler-Zwanziger, § 4 Rn. 938.
257 BAG 4.12.74 – 5 AZR 75/74, DB 75, 695; 19.1.62 – 1 AZR 147/61, DB 62, 442; zust. Däubler-Zwanziger, § 4 Rn. 938.
258 Vgl. Däubler-Bepler, a.a.O.

dermeinung Friedenspflicht aus dem wieder für die Tarifgebundenen voll geltenden Verbandstarifvertrag.

Auch wenn man der h.M. folgt, führt dies nicht automatisch zur Annahme einer Friedenspflicht bezüglich einer Forderung nach Veränderung bzw. Neuabschluss des abgelaufenen Firmentarifvertrages. Vielmehr ist diese Frage nach den allgemeinen Grundsätzen der relativen Friedenspflicht in Verbindung mit einer engen Auslegung der in den Verbandstarifverträgen geregelten Tarifthemen zu bewerten und im Zweifel zugunsten der Streikfreiheit zu entscheiden (vgl. Rn. 89ff.).

Friedenspflicht besteht im Übrigen wegen des Verbots der unzulässigen Rechtsausübung dann nicht, wenn das – **verbandsgebundene – Unternehmen** z.B. jahrelang mit der Gewerkschaft **Firmentarifverträge** abgeschlossen hat und sich dann in einer laufenden Tarifauseinandersetzung um den Neuabschluss gekündigter Firmentarifverträge auf die Verbandsmitgliedschaft und Friedenspflicht beruft.[259] 113

2.4.5 Friedenspflicht bei Geltung mehrerer Tarifverträge (Tarifkonkurrenz und Tarifpluralität)

Im Fall von **Tarifpluralität**[260] (vgl. TVG § 4 Rn. 82ff.) besteht Friedenspflicht aus den abgeschlossenen »konkurrierenden« Tarifverträgen nur zwischen den **Tarifvertragsparteien der jeweiligen Tarifverträge.**[261] Es gibt **keine Ausstrahlung der Friedenspflicht auf »fremde« Tarifparteien.** Das folgt aus der Rechtsnatur der Friedenspflicht als einem Bestandteil des schuldrechtlichen Teils des Tarifvertrages (vgl. TVG § 1 Rn. 422). **Verträge zu Lasten Dritter** sind dem Tarif- und Arbeitskampfrecht fremd.[262] 114

Beispiel:
Hat nur eine von mehreren »konkurrierenden« Gewerkschaften einen Tarifvertrag mit einem Unternehmen oder Arbeitgeberverband abgeschlossen, sind andere, aufgrund ihrer Satzung zuständige Gewerkschaften rechtlich nicht daran gehindert, einen Tarifvertrag (mit dem gleichen Geltungsbereich und Regelungsgegenstand) streikweise durchzusetzen.[263] Dies gilt auch für den Fall, dass es sich um zwei DGB-Gewerkschaften handelt, jedenfalls solange keine (Schieds-)Entscheidung nach § 16 DGB-Satzung erfolgt ist.[264]

259 LAG Köln 14.6.96 – 4 Sa 177/96, AuR 1996, 410 = AP Nr. 149 zu Art. 9 GG Arbeitskampf; ArbG Bremen 24.6.99 – 7 Ga 41/99, AiB 00, 119; vgl. auch Däubler-Reim/Ahrendt, § 1 Rn. 1101.

260 Vgl. hierzu BAG 27.1.10 – 4 AZR 549/08 (A), NZA 10, 645; 23.6.10 – 10 AS 3/10, AuR 10, 349; 7.7.10 – 4 AZR 549/08, NZA 10, 1068.

261 LAG Köln 12.12.05 – 2 Ta 457/05, NZA 06, 62; JKOS-Jacobs, § 7 Rn. 235; Kissel, § 26 Rn. 78f.; vgl. auch Däubler-Reim/Ahrendt, § 1 Rn. 1102; KeZa-Seifert, § 1 Rn. 905.

262 Hessisches LAG 7.11.14 – 9 Sa Ga 1496/14 zur Ablehnung einer einstweiligen Verfügung der Deutschen Bahn gegen einen von der GdL geführten Streik um zusätzliche Entgeltstufen und Ruhezeiten für Lokomotivführer.

263 Hessisches LAG 7.11.14, a.a.O.

264 LAG Hamburg 21.5.14 – 5 Sa Ga 1/14 zur Ablehnung der einstweiligen Verfügung eines durch Tarifverträge mit ver.di tarifgebundenen Logistikunternehmens gegenüber einem Streik der IG Metall.

114a **Tarifkonkurrenz** liegt vor, wenn mehrere Tarifverträge bzw. Tarifnormen **auf ein und dasselbe Arbeitsverhältnis** anzuwenden sind und **denselben Gegenstand** (ggf. unterschiedlich) regeln (vgl. TVG § 4 Rn. 60ff.). Tarifkonkurrenz setzt stets **beiderseitige Tarifbindung** der Arbeitsvertragsparteien an die konkurrierenden Tarifverträge voraus. Bei Tarifnormen über **betriebliche oder betriebsverfassungsrechtliche Fragen** (z.B. Regelungen zur Lage und Verteilung der regelmäßigen Wochenarbeitszeit oder zur Mitbestimmung des Betriebsrat) genügt die Tarifbindung des Arbeitgebers, um eine Tarifkonkurrenz entstehen zu lassen (§ 3 Abs. 2 TVG).

Beispiele:
Eine Gewerkschaft schließt mit einem Arbeitgeberverband einen Verbandstarifvertrag ab und vereinbart mit einem verbandsangehörigen Arbeitgeber einen anders lautenden Firmentarifvertrag über die gleichen Sachverhalte (vgl. Rn. 111).
Oder: Der eine Tarifvertrag wirkt kraft Allgemeinverbindlichkeit (§ 5 TVG) auf das Arbeitsverhältnis, der andere Tarifvertrag gilt kraft beiderseitiger Mitgliedschaft in den Tarifvertragsparteien (vgl. § 4 Rn. 62).
Oder: Der Arbeitgeber hat mit verschiedenen Gewerkschaften Tarifverträge mit unterschiedlichen Regelungen zu betrieblichen oder betriebsverfassungsrechtlichen Fragen abgeschlossen (vgl. § 4 Rn. 62).

Eine Tarifkonkurrenz wird nach ständiger Rspr. durch Anwendung des **Spezialitätsprinzips** aufgelöst (vgl. § 4 Rn. 63f.). Der räumlich, fachlich und persönlich nähere – also speziellere – Tarifvertrag (etwa ein Firmentarifvertrag oder firmenbezogener Verbandstarifvertrag) verdrängt den entfernteren Tarifvertrag (einen Verbandstarifvertrag).[265]
Für die **Friedenspflicht** hat das – etwa im Fall der Tarifkonkurrenz zwischen einem Firmen- und einem Verbandstarifvertrag – folgende Konsequenzen:

Fall 1: Wenn **sowohl** der verdrängte Verbandstarifvertrag **als auch** der in einem verbandsangehörigen Unternehmen geltende speziellere Tarifvertrag etwa durch Kündigung beendet und dadurch die Friedenspflicht beseitigt wird, kann auch in dem Unternehmen mit dem spezielleren Tarifvertrag zum Streik aufgerufen werden.

Fall 2: Wenn **nur der (verdrängte) Verbandstarifvertrag** etwa durch Kündigung beendet und eine Tarifforderung zur Veränderung des Verbandstarifvertrages erhoben wird, kann ein verbandsangehöriges Unternehmen dann nicht in den Streik einbezogen werden, wenn der Forderungsgegenstand gleichzeitig in einem dort geltenden ungekündigten Firmentarifvertrag bzw. firmenbezogenen Verbandstarifvertrag geregelt ist.[266]

Beispiel:
In einem Verbandstarifvertrag ist ein Anspruch auf Weihnachtsgeld in Höhe von 50 Prozent eines Monatsentgelts geregelt. Der Verbandstarifvertrag wird von der Gewerkschaft gekündigt. Sie fordert u.a. eine Erhöhung des Weihnachtsgeldes auf 60%. Der Arbeitgeberverband lehnt das ab. Daraufhin möchte die Gewerkschaft nach Ablauf der Friedenspflicht aus dem

---

265 Vgl. z.B. BAG 4.12.02 – 10 AZR 113/02, DB 03, 1067; 4.4.01 – 4 AZR 237/00, DB 01, 99.
266 LAG Nürnberg 30.9.10 – 5 Ta 135/10, ZTR 10, 576.

Verbandstarifvertrag zum Warnstreik aufrufen. Das ist in solchen Unternehmen nicht möglich, in denen das Thema »Weihnachtsgeld« durch abweichenden Firmentarifvertrag bzw. firmenbezogenen Verbandstarifvertrag geregelt ist und die sich aus diesem Tarifvertrag ergebende Friedenspflicht nicht (auch) durch Kündigung beseitigt wurde (werden konnte). Etwas anderes gilt, wenn gegenüber dem Arbeitgeberverband mehrere Streikforderungen erhoben werden und nur eine dieser Forderungen durch die Friedenspflicht aus dem Firmentarifvertrag bzw. firmenbezogenen Verbandstarifvertrag »belastet« ist. Allerdings nur dann, wenn die Gewerkschaft etwa im Streikaufruf (vgl. hierzu Rn. 237, 253ff.) für das betreffende Unternehmen klarstellt, dass in diesem Betrieb nur für die »friedenspflichtfreien« Forderungen, nicht aber für die »friedenspflichtbelastete« Forderung (im Beispiel: Erhöhung des Weihnachtsgeldes) gestreikt werden soll.

Fall 3: Wenn nur der **speziellere Tarifvertrag** etwa durch Kündigung beendet wird (nicht aber der entferntere Verbandstarifvertrag) und keine gesonderte Regelung zur Weitergeltung bzw. Nachwirkung des spezielleren Tarifvertrages getroffen wurde, dann gilt nach Ablauf der Kündigungsfrist nach h.M. »automatisch« wieder der Verbandstarifvertrag (vgl. Rn. 112) und die aus diesem Tarifvertrag resultierende Friedenspflicht. Ein Streik für eine Tarifforderung ist nach h.M. deshalb nur dann möglich, wenn das Thema durch den Verbandstarifvertrag nicht geregelt ist (vgl. Rn. 83ff.), wobei hierzu eine enge Auslegung der geregelten Tarifthemen vertreten wird (vgl. Rn. 89).
Zum Umfang der Friedenspflicht bei nicht deckungsgleichen Regelungsgegenständen oder unterschiedlichen Laufzeiten derartiger Tarifverträge vgl. Rn. 83ff., 111ff.

Keines Rückgriffs auf die Regeln der Tarifkonkurrenz (vgl. TVG § 4 Rn. 61) bedarf es, wenn sich aus den fraglichen Tarifverträgen selbst – ggf. nach **Auslegung** (vgl. Grundl. Rn. 152ff.) – ergibt, dass für eine bestimmte Zeit nur einer von ihnen gelten soll (vgl. TVG § 1 Rn. 64). Für die Frage, ob für eine erhobene Tarifforderung Friedenspflicht aus einem der Tarifverträge besteht, kommt es – wie in den unter Rn. 114a beschriebenen Fallgestaltungen – darauf an, welcher Tarifvertrag geändert werden soll und ob aus diesem Tarifvertrag eine Friedenspflicht erwächst. 114b

Beispiel:
In einem auf drei Jahre befristeten Firmentarifvertrag ist die Zahlung des verbandstariflich geregelten 50%-igen Weihnachtsgeldes für drei Jahre ausgesetzt. Die Nachwirkung wird ausgeschlossen. Nach Ablauf der Frist soll wieder der Verbandstarifvertrag gelten.
Noch während der Geltungsdauer des Firmentarifvertrages kündigt die Gewerkschaft die verbandstarifliche Weihnachtsgeldregelung und fordert eine Erhöhung des Weihnachtsgeldes auf 60% eines Monatsentgelts. Ein Streikaufruf ist in dem Unternehmen mit dem abweichenden Firmentarifvertrag während seiner Laufzeit nicht zulässig, es sei denn der Firmentarifvertrag selbst enthielte eine spezifische Regelung zur Friedenspflicht bezüglich des Weihnachtsgeldes.

In den Fällen der Tarifkonkurrenz durch **Kollision betrieblicher Normen** oder von **Tarifverträgen und allgemeinverbindlichen Tarifverträgen** unter Beteiligung **mehrerer konkurrierender Gewerkschaften** auf Arbeitnehmerseite gilt für die Frage der Friedenspflicht dasselbe wie bei **Tarifpluralität** (vgl. Rn. 114). Das heißt: Friedenspflicht aus den abgeschlossenen »konkurrierenden« Tarifverträgen besteht nur zwischen den **Tarifvertragsparteien der jeweiligen Tarifverträge.** 114c

Beispiel:
In einem zwischen Gewerkschaft A und Arbeitgeberverband B geschlossenen Verbandstarifvertrag wird eine Betriebsnorm vereinbart (z.B. eine quantitative oder qualitative Besetzungsregelung, vgl. TVG § 1 Rn. 198).
In einem zwischen Gewerkschaft C und dem verbandsangehörigen Arbeitgeber D abgeschlossenen Firmentarifvertrag ist eine davon abweichende Besetzungsvorschrift geregelt. Beide Tarifbestimmungen stehen in Tarifkonkurrenz. Die firmentarifliche Regelung ist spezieller und verdrängt insoweit den Verbandstarifvertrag.
Wird der Verbandstarifvertrag etwa durch Kündigung beendet und eine Veränderung der Besetzungsregelung gefordert, kann die Gewerkschaft dafür die Beschäftigten des Unternehmens D zum Streik aufrufen (und zwar sowohl ihre Mitglieder als auch die Nicht- oder in der Gewerkschaft C organisierten Arbeitnehmer). Die Friedenspflicht aus dem ungekündigten Firmentarifvertrag zwischen Gewerkschaft C und dem Unternehmen D steht dem nicht entgegen.
Zur Frage, ob ein Streik deshalb ausgeschlossen ist, weil eine neue verbandstarifliche Besetzungsregelung im Unternehmen D gar nicht zur Anwendung käme, weil sie durch den spezielleren Firmentarifvertrag verdrängt wird, vgl. Rn. 152.

114d Wegen der Beschränkung der Friedenspflicht auf die tarifvertragsschließenden Parteien entfaltet auch ein nach **§ 4a Abs. 2 Satz 2 TVG** zur Anwendung kommender Tarifvertrag der Mehrheitsgewerkschaft (vgl. TVG § 4a Rn. 41 ff.) **keine Friedenspflicht** gegenüber einer aufgrund ihrer Satzung zuständigen Minderheitsgewerkschaft, wenn diese eigenständige Tarifforderungen erhebt oder erhoben hat. Hier gelten dieselben Grundsätze wie bei der Tarifpluralität (vgl. Rn. 114).
Zu beachten ist, dass das in **§ 4a Abs. 4 TVG** geregelte, gerichtlich durchsetzbare **Nachzeichnungsrecht** der Minderheitsgewerkschaft (vgl. TVG § 4a Rn. 71 ff.) selbst auch keine Friedenspflicht entfaltet. Denn dieses bezieht sich nur auf die **unveränderte Übernahme** des von der Mehrheitsgewerkschaft abgeschlossenen Tarifvertrages und nicht auf eigenständige Tarifforderungen der Minderheitsgewerkschaft. Zu Verhandlungen über solche Forderungen oder auch über Änderungen an dem von der Mehrheitsgewerkschaft abgeschlossenen Tarifvertrag verpflichtet § 4a Abs. 4 TVG die Arbeitgeberseite gerade nicht (vgl. TVG § 4a Rn. 73). Das Nachzeichnungsrecht eröffnet der Minderheitsgewerkschaft aufgrund der strukturell gleichgelagerten Interessenlage zusätzlich die Möglichkeit eines **Solidaritätsstreik** (vgl. Rn. 167a, 181 ff.) bezogen auf die Forderungen der Mehrheitsgewerkschaft. Da die rechtlich verbindliche Anordnung der Nachzeichnung der Rechtswirkung eines Anerkennungstarifvertrages nahekommt, dürfte für die Minderheitsgewerkschaft selbst ein **Partizipationsstreik** zulässig sein (vgl. Rn. 133, 493). Erst ab dem **Zeitpunkt der Nachzeichnung** des Tarifvertrages durch die Minderheitsgewerkschaft gilt die Friedenspflicht aus dem nachgezeichneten Tarifvertrag auch für diese.

115 Vereinbaren die Tarifvertragsparteien mit Blick auf zukünftige, mit anderen Tarifvertragsparteien abgeschlossene Tarifverträge eine **Meistbegünstigungsklausel** (vgl. § 1 Rn. 402), kann deren Auslegung ergeben, dass die Friedenspflicht aus dem bestehenden Tarifvertrag einem Streik zur Durchsetzung des günstigeren Tarifvertrages nicht entgegensteht.[267] We-

267 Vgl. auch die Überlegungen von Bepler, Schriftenreihe DAI, S. 109, 127 Rn. 34.

gen der vertraglichen Verknüpfung der konkurrierenden Tarifverträge können in einem solchen Fall auch ein **Solidaritätsstreik** (vgl. Rn. 181 ff.) oder ein **Partizipationsstreik** (vgl. Rn. 133, 493) zulässig sein.

Es empfiehlt sich, den arbeitskampfrechtlichen und tarifrechtlichen **Status** in diesen Fällen im Zusammenhang mit der Friedenspflicht durch entsprechende Vereinbarungen der Tarifvertragsparteien **klarzustellen.** 116

Zum Recht der Mitglieder der friedenspflichtgebundenen Gewerkschaft, sich dem **Streik der anderen Gewerkschaft anzuschließen,** vgl. Rn. 272 ff.

Zur Frage, ob dem Streik für einen Tarifvertrag, der möglicherweise nach dem Grundsatz der Tarifeinheit oder aufgrund der Regelung des neuen § 4a TVG nicht zur Anwendung kommen kann, der **Verhältnismäßigkeitsgrundsatz** entgegensteht, vgl. Rn. 151 ff.

2.4.5 Friedenspflicht und tarifliche Öffnungsklausel

Ein Verstoß gegen die aus dem Flächen-Verbandstarifvertrag resultierende relative Friedenspflicht kann auch dadurch ausgeschlossen sein, dass der Flächen-Verbandstarifvertrag eine **Öffnungsklausel** für eine ergänzende oder abweichende Regelung der Angelegenheit **durch Abänderungs- bzw. Ergänzungstarifvertrag** in Form des Firmentarifvertrags oder firmenbezogenen Verbandstarifvertrags enthält (vgl. Grundl. Rn. 204 und TVG § 4 Rn. 139).[268] 117

Derartige Öffnungsklauseln für Abänderungs- und Ergänzungstarifverträge sind **zu unterscheiden** von den in § 77 Abs. 3 BetrVG zugelassenen und in der Tarifpraxis häufigen Öffnungsklauseln für ergänzende – nach h. M. auch abweichende – **Betriebsvereinbarungen** (vgl. hierzu TVG § 4 Rn. 189 ff.).

Öffnungsklauseln für Abänderungs- bzw. Ergänzungstarifverträge beinhalten in der Regel, sofern nicht Gegenteiliges ausdrücklich oder konkludent vereinbart ist, einen **Verzicht auf die Friedenspflicht.**[269] In der Literatur wird zu Recht darauf hingewiesen, dass – wegen der auch ohne verbandstarifliche Öffnungsklausel bestehenden jederzeitigen Möglichkeit, einen **Abänderungs- oder Ergänzungstarifvertrag** abzuschließen (vgl. TVG § 4 Rn. 139) – das **Außerkraftsetzen der Friedenspflicht die wichtigste Funktion** einer solchen Öffnungsklausel ist.[270] Derartige Öffnungsklauseln sind zwar selten, aber **zulässig,** weil von Art. 9 Abs. 3 GG gedeckt.[271] Sie können deshalb auch erstreikt werden, wenn für die zu öffnende Tarifmaterie keine Friedenspflicht (mehr) besteht.[272] 118

Ein **Beispiel für eine tarifliche Öffnungsklausel** ist das von den Tarifparteien der Metallindustrie vereinbarte sog. **Pforzheimer Abkommen** von 2004 (»*Ist es unter Abwägung der sozialen und wirtschaftlichen Folgen erforderlich, durch abweichende Tarifregelung eine nachhaltige Verbesserung der Beschäftigungsentwicklung zu sichern, so werden die Tarifvertragsparteien nach gemeinsamer Prüfung mit den Betriebsparteien Ergänzungstarifverträge* 119

268 Eingehend hierzu Wendeling-Schröder, NZA 98, 624 ff.
269 Vgl. Däubler-Deinert, § 4 Rn. 571; Däubler-Reim/Ahrendt, § 1 Rn. 1112; KeZa-Seifert, § 1 Rn. 913.
270 Vgl. Wendeling-Schröder, a.a.O., 629; Stein, RdA 00, 129 ff.,139.
271 Vgl. KeZa-Wendeling-Schröder, § 4 Rn. 537; Wendeling-Schröder, a.a.O., 626 m. w. N.
272 Vgl. Däubler-Deinert, § 4 Rn. 565, 571.; Däubler-Reim/Ahrendt, § 1 Rn. 1112.

vereinbaren oder es wird einvernehmlich befristet von tariflichen Mindeststandards abgewichen (z.B. Kürzung von Sonderzahlungen, Stundung von Ansprüchen, Erhöhung oder Absenkung der Arbeitszeit mit oder ohne vollen Lohnausgleich …«). Der Charakter dieser Klausel ist allerdings unklar geblieben. Möglicherweise sollte mit dieser Klausel lediglich eine Art unverbindlicher **informeller Verhandlungsdruck**[273] oder eine schuldrechtlich verbindliche (vgl. TVG § 1 Rn. 400) Verhandlungs- oder gar Abschlussverpflichtung geschaffen werden. Jedenfalls spricht Einiges dafür, dass die Klausel die in Rn. 118 beschriebene Wirkung hat. Das heißt: die – die Gewerkschaft bindende – **Friedenspflicht** wird für den Fall **beendet**, dass die Arbeitgeberseite eine »nach unten« abweichende Tarifregelung (Firmentarifvertrag oder firmenbezogener Verbandstarifvertrag) verlangt.
Das ist jedenfalls dann anzunehmen, wenn das verbandsangehörige Unternehmen Gewerkschaft, Betriebsrat und Belegschaft mit Drohungen zum Abschluss eines – einen **ungekündigten Verbandstarifvertrag** verschlechternden – Tarifvertrags »**erpresst**« (etwa mit der Drohung, andernfalls den Betrieb in Billiglohnländer zu verlagern). Die Gewerkschaft kann zum Streik für den Erhalt der bestehenden Verbandstarifregelungen aufrufen, ohne gegen die Friedenspflicht aus dem ungekündigten Verbandstarifvertrag zu verstoßen (vgl. hierzu auch § 1 Rn. 430).[274]

2.4.7 Friedenspflicht bei Verbandsaustritt und Verbandswechsel

120 Die Friedenspflicht entfällt nach h.M., wenn der Arbeitgeber **aus dem Verband austritt** (vgl. TVG § 3 Rn. 28ff., 34ff., selbst wenn die Verbandstarifverträge ungekündigt – also mit voller normativer Wirkung nach § 3 Abs. 3 TVG (vgl. TVG § 3 Rn. 88ff.) – fortbestehen.
Mit **Wirksamwerden** des Verbandsaustritts verlässt der austretende Arbeitgeber den Schutzbereich des schuldrechtlichen Teils des Verbandstarifvertrags, durch den die Friedenspflicht begründet wird (vgl. Rn. 59ff. und TVG § 1 Rn. 422ff.). Die **Nachbindung** gem. § 3 Abs. 3 TVG erfasst nur den normativen, nicht aber den schuldrechtlichen – die Friedenspflicht begründenden – Teil des Tarifvertrags.[275]
Ein neuer Tarifvertrag kann deshalb nach **Wirksamwerden des Verbandsaustritts** erkämpft werden (vgl. auch **Schaubild**, Rn. 123).[276]

Beispiel:
Der Verbandsaustritt wird wirksam zum 28.2.2015. Der Verbands-Entgelttarifvertrag wird zum 30.4.2015 gekündigt. Zwischen der Gewerkschaft und dem Arbeitgeberverband wird

273 Vgl. Kittner, ASO 2015, S. 1616 (TVG Einleitung Ziffer II.1.f).
274 So auch Däubler-Hensche/Heuschmid, § 1 Rn. 838.
275 Vgl. Däubler-Reim/Ahrendt, § 1 Rn. 1128 m.w.N.; Kissel, § 26 Rn. 136 m.w.N.; Schaub-Treber, § 192, Rn. 21.
276 LAG Hamm 31.1.91 – 16 Sa 119/91, DB 91, 1126; LAG Rheinland-Pfalz 20.12.96 – 7 Sa 1247/96, AuR 98, 425; ArbG Berlin 22.12.03 – 34 Ga 32723/03, AuR 04, 165 (Ls.); Hessisches LAG 17.9.08 – 9 SaGa 1442/08, AuR 09, 140 = BB 08, 2296 (für den vergleichbaren Fall eines OT-Wechsels; vgl. Rn. 127); Däubler, TVR Rn. 304; Däubler-Reim/Ahrendt, § 1 Rn. 1128; KeZa-Kempen, § 3 Rn. 78; Kissel, a.a.O.; Schaub-Treber; a.a.O.; a.A. Gamillscheg, S. 729 und 1083; Wiedemann-Oetker, § 3 Rn. 79; Bauer/Diller, DB 93, 1085; Jacobs ZTR 01, 249, 255; Reuter, RdA 96, 201, 208: Ende der Friedenspflicht erst mit dem Ende des Tarifvertrags.

ein neuer Verbands-Entgelttarifvertrag abgeschlossen, der den bisherigen Tarifvertrag mit Wirkung ab 1.5.2015 ablöst. Der tarifflüchtige Arbeitgeber ist an den bisherigen Verbands-Entgelttarifvertrag über den 28.2.2015 hinaus bis zum 30.4.2015 nach § 3 Abs. 3 TVG (Nachbindung) gebunden und ab 1.5.2015 nach § 4 Abs. 5 TVG (Nachwirkung). Die Friedenspflicht aus diesem Tarifvertrag ist bereits mit Ablauf des 28.2.2015 entfallen.

Ist der – ggf. »blitzartig« durchgeführte – Verbandsaustritt (»**Blitzaustritt**«; vgl. TVG § 3 Rn. 34ff.) **vereins-** bzw. **satzungsrechtlich unwirksam** (vgl. TVG § 3 Rn. 35), bleibt der tarifflüchtige Arbeitgeber Vollmitglied des Tarif-Arbeitgeberverbandes. In vorstehendem Beispiel gilt der neue Entgelttarifvertrag für ihn gem. § 3 Abs. 1 TVG (kraft **Mitgliedschaft**). 121

Der tarifflüchtige Arbeitgeber »genießt« allerdings nicht mehr den mit der Mitgliedschaft im Arbeitgeberverband grundsätzlich verbundenen Schutz der **Friedenspflicht**. Wenn sich ein Arbeitgeber eines (unwirksamen) Verbandsaustritts »berühmt« und sich dadurch von der mitgliedschaftsrechtlich begründeten Geltung des Tarifvertrags (§ 3 Abs. 1 TVG) **»lossagt«**, kann er sich gegenüber Streikmaßnahmen der Gewerkschaft nicht mehr auf (die objektiv bestehenden) Mitgliedsrechte berufen. Dem steht der auf § 242 BGB (Treu und Glauben) basierende und auch im Tarif- und Arbeitskampfrecht geltende Grundsatz des **»Verbots widersprüchlichen Verhaltens«** (»venire contra factum proprium«) entgegen. Hiernach ist eine Rechtsausübung innerhalb eines Schuldverhältnisses unzulässig und unwirksam, wenn die sich auf ein Recht berufende Vertragspartei selbst eine tatsächliche Situation geschaffen hat, auf deren Bestand die andere Vertragspartei vertrauen durfte und vertraut hat. Die Gewerkschaft kann also ohne Verstoß gegen die Friedenspflicht zum Streik für Tarifforderungen gegen den tarifflüchtigen Arbeitgeber aufrufen.

Eine andere Handlungsmöglichkeit der Gewerkschaft wäre, die Unwirksamkeit des Verbandsaustritts und die daraus resultierende Bindung des Arbeitgebers an später abgeschlossene Verbandstarifverträge gem. § 3 Abs. 1 TVG durch arbeitsgerichtliche **Klage** feststellen zu lassen (vgl. § 3 Rn. 319).Wenig Sinn dürfte es aber machen, **»zweigleisig zu fahren«** (Aufruf zum Streik *und* Klageerhebung).

Einem Streik steht auch nicht – etwa unter dem Gesichtspunkt des Verhältnismäßigkeitsgrundsatzes (vgl. Rn. 137ff.) – entgegen, dass die Gewerkschaft bzw. die Beschäftigten die ihnen gem. dem nach § 3 Abs. 1 TVG vollgeltenden Tarifvertrag zustehenden **Rechtsansprüche auf gerichtlichem Wege geltend machen** können. 122

Wenn der Verbandsaustritt zwar vereins-/satzungsrechtlich wirksam, aber wegen Verletzung des **Transparenzgebots tarifrechtlich unwirksam** ist (vgl. TVG § 3 Rn. 39), besteht zwar keine mitgliedschaftsrechtlich begründete Tarifbindung mehr nach § 3 Abs. 1 TVG. Dennoch bleibt der tarifflüchtige Arbeitgeber tarifrechtlich an den nach dem Wechsel vereinbarten neuen Verbandstarifvertrag **weiterhin gebunden** (vgl. TVG § 3 Rn. 34ff.). 123

Eine **Friedenspflicht** aus diesem Tarifvertrag besteht allerdings nicht mehr. Diese gilt nur zugunsten der Vollmitglieder des Tarif-Arbeitgeberverbands (vgl. Rn. 59 und TVG § 1 Rn. 422).

Tarifbindung und Friedenspflicht bei Austritt aus dem Arbeitgeberverband/OT-Wechsel

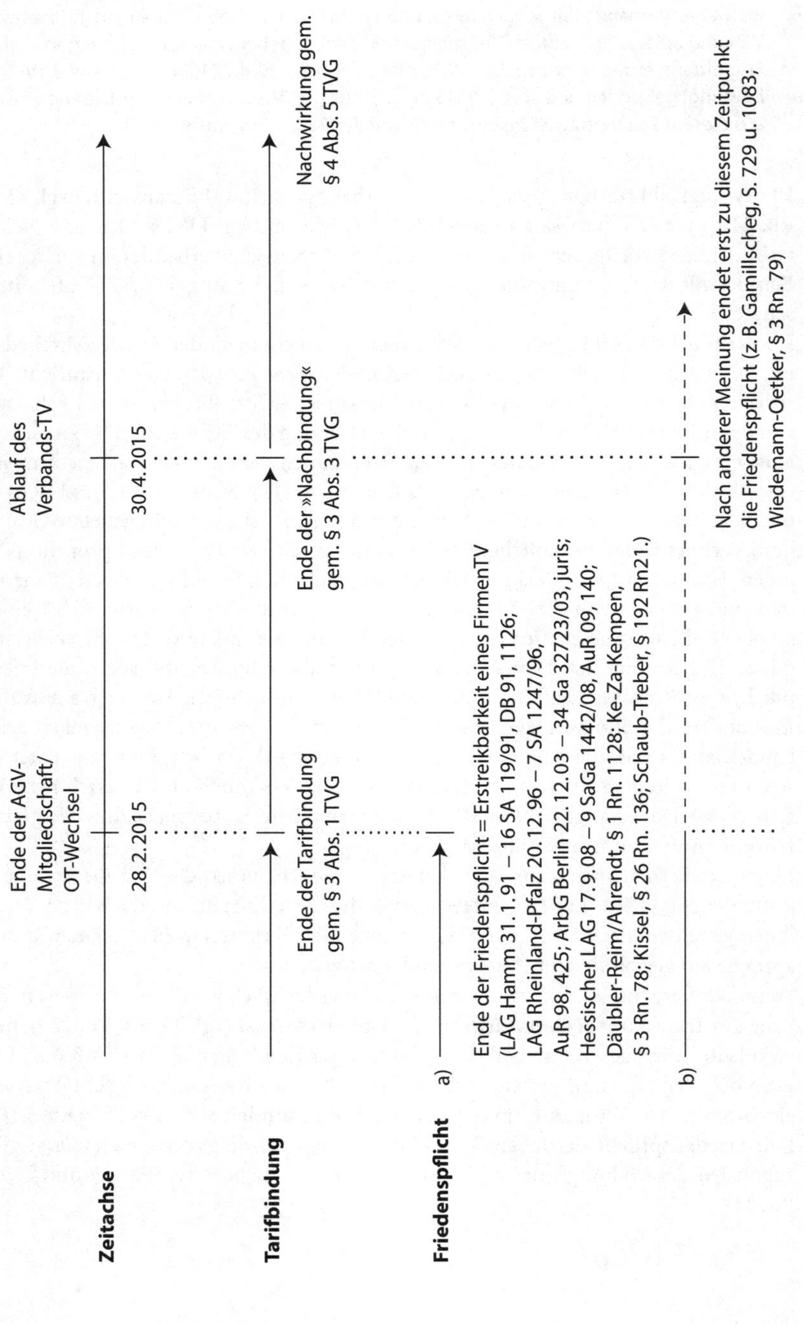

Vorstehendes gilt auch bei einem **Wechsel in einen anderen Tarif-Arbeitgeberverband** (vgl. dazu § 3 Rn. 79ff.), der mit einer **anderen Gewerkschaft** Tarifverträge abgeschlossen hat. Es besteht gegenüber der bisher beteiligten Gewerkschaft eine Friedenspflicht weder aus den »alten« noch aus den »neuen« Tarifverträgen.[277] 124

Wenn allerdings **dieselbe Gewerkschaft** auch mit dem **anderen Arbeitgeberverband** Tarifverträge abgeschlossen hat, entsteht beiderseitige Tarifbindung an die »neuen« Tarifverträge (**Tarifwechsel**) – und damit Friedenspflicht aus diesen Tarifverträgen. Wenn die »neuen« Tarifverträge für die Arbeitnehmer nachteilig sind, entsteht aus Arbeitnehmersicht das Bedürfnis nach **Kompensation**. Hier kann angesetzt und ein Tarifvertrag zum Ausgleich der durch § 613a BGB bewirkten Nachteile gefordert werden (etwa eine »Tarifwechsel- oder Besitzstandszulage«) – und zwar grundsätzlich sowohl gegenüber dem Betriebsveräußerer als auch gegenüber dem Betriebserwerber (vgl. Rn. 40). Ob einer solchen Forderung die Friedenspflicht aus den für den jeweiligen Adressaten der Forderung geltenden Tarifverträgen entgegensteht, muss ihre Auslegung ergeben. Meist ist eine solche, einen verschlechternden Tarifwechsel ausgleichende Regelung nicht vorgesehen (vgl. TVG § 1 Rn. 195).

2.4.8 Friedenspflicht bei Wechsel in OT-Verband oder OT-Mitgliedschaft (»OT-Wechsel«)

Wird ein bisher nicht verbandsangehöriger Arbeitgeber Mitglied in einem sog. **Verband ohne Tarifbindung** (**OT-Verband**; vgl. Rn. 492 und TVG § 3 Rn. 45), entsteht damit **keine Friedenspflicht**. Denn es gelten für diesen Arbeitgeber keine Tarifverträge, aus deren schuldrechtlichem Teil sich eine Friedenspflicht ergeben könnte (vgl. TVG § 1 Rn. 422ff.). 125

Manche Arbeitgeberverbände sehen in ihren Satzungen sowohl eine Vollmitgliedschaft mit Tarifbindung als auch eine **OT-Mitgliedschaft** vor (sog. **Stufenmodell**; vgl. Rn. 492 und TVG § 3 Rn. 45)[278]. Dem Mitglied wird ein Wahlrecht eingeräumt. Reduziert nun ein bisher an die Verbandstarifverträge gebundener Arbeitgeber seine Vollmitgliedschaft auf eine OT-Mitgliedschaft (innerhalb desselben Verbands), gelten in Bezug auf die Friedenspflicht die gleichen Maßgaben wie bei einem **Verbandsaustritt** (vgl. Rn. 120ff.) bzw. **Wechsel** von einem Tarif-Arbeitgeberverband **in einen OT-Verband** (zum sog. **Aufteilungsmodell** vgl. Rn. 492 und TVG § 3 Rn. 45). 126

Das heißt: Beendet ein bisher verbandsangehöriger Arbeitgeber seine Mitgliedschaft in einem Tarif-Arbeitgeberverband und tritt in einen **OT-Verband** ein (Wechsel in OT-Verband) oder wechselt er beim Stufenmodell innerhalb des Verbands von der Vollmitgliedschaft zu einer **OT-Mitgliedschaft**, gelten die für den Fall des Verbandsaustritts beschriebenen Regeln (vgl. Rn. 120ff.). Der Arbeitgeber bleibt zwar an die Verbandstarifverträge bis zu deren Ablauf nach § 3 Abs. 3 TVG **gebunden** (vgl. TVG § 3 Rn. 78)[279] und nach Auslaufen der Verbandstarifverträge **wirken** diese gem. § 4 Abs. 5 TVG **nach** (Nähe- 127

277 Vgl. Däubler-Reim/Ahrendt, § 1 Rn. 1129.
278 Vgl. Däubler-Peter, § 2 Rn. 120.
279 Hessisches LAG 17.9.08 – 9 SaGa 1442/08, AuR 09, 140 = BB 08, 2296.

res zur Nachwirkung vgl. TVG § 4 Rn. 293ff.).[280] Die aus dem Verbandstarifvertrag resultierende Friedenspflicht entfällt aber bereits mit **Wirksamwerden des OT-Wechsels** (vgl. Rn. 121).[281]

Beispiel:
Der OT-Wechsel des bisher verbandsangehörigen Arbeitgebers wird wirksam zum 28.2.2015. Der Verbands-Entgelttarifvertrag wird zum 30.4.2015 gekündigt. Zwischen der Gewerkschaft und dem Arbeitgeberverband wird ein neuer Verbands-Entgelttarifvertrag abgeschlossen, der den bisherigen Tarifvertrag mit Wirkung ab 1.5.2015 ablöst. Der tarifflüchtige Arbeitgeber ist an den bisherigen Verbands-Entgelttarifvertrag über den 28.2.2015 hinaus bis zum 30.4.2015 nach § 3 Abs. 3 TVG (Nachbindung) gebunden und ab 1.5.2015 nach § 4 Abs. 5 TVG (Nachwirkung). Die Friedenspflicht aus diesem Tarifvertrag ist bereits mit Ablauf des 28.2.2015 entfallen.

128 Ist der – ggf. kurz vor oder während einer Tarifauseinandersetzung auf Verbandsebene »blitzartig« durchgeführte – **OT-Wechsel** (»**Blitzwechsel**«) **vereins-/satzungsrechtlich unwirksam** (vgl. TVG § 3 Rn. 49), bleibt der tarifflüchtige Arbeitgeber Vollmitglied des Tarif-Arbeitgeberverbandes. In vorstehendem Beispiel gilt der neue Entgelttarifvertrag für ihn gem. § 3 Abs. 1 TVG (kraft **Mitgliedschaft**).
Der tarifflüchtige Arbeitgeber »genießt« in diesem Fall allerdings nicht mehr den mit der Mitgliedschaft im Arbeitgeberverband grundsätzlich verbundenen Schutz der **Friedenspflicht** (vgl. Rn. 59 und TVG § 1 Rn. 422). Es gelten die gleichen Grundsätze wie beim »Blitzaustritt« aus dem Verband (vgl. Rn. 123).

129 Einem Streik steht auch nicht – etwa unter dem Gesichtspunkt des Verhältnismäßigkeitsgrundsatzes (vgl. Rn. 137ff.) – entgegen, dass die Gewerkschaft bzw. die Beschäftigten die ihnen gem. dem nach § 3 Abs. 1 TVG vollgeltenden Tarifvertrag zustehenden **Rechtsansprüche auf gerichtlichem Wege geltend machen** können (vgl. Rn. 122).

130 Wenn der OT-Wechsel zwar satzungsrechtlich wirksam, aber wegen Verletzung des **Transparenzgebots tarifrechtlich unwirksam** ist (vgl. TVG § 3 Rn. 47ff., 49), besteht zwar keine »mitgliedschaftsrechtliche« Tarifbindung mehr nach § 3 Abs. 1 TVG. Dennoch bleibt der tarifflüchtige Arbeitgeber tarifrechtlich an den nach dem Wechsel vereinbarten neuen Verbandstarifvertrag weiterhin gebunden. Es gelten die gleichen Grundsätze wie beim »Blitzaustritt« aus dem Verband (vgl. Rn. 123 und TVG § 3 Rn. 49). Eine Friedenspflicht aus diesem Tarifvertrag besteht allerdings nicht mehr. Diese gilt nur zugunsten der Vollmitglieder des Tarif-Arbeitgeberverbands (vgl. Rn. 59 und TVG § 1 Rn. 422).

---

280 Hessisches LAG 23.4.85 – 5 SaGa 507/85, LAGE § 1 TVG Friedenspflicht Nr. 1; LAG Hamm 31.1.91 – 16 Sa 119/91, DB 91, 1126; LAG Rheinland-Pfalz 20.12.96 – 7 Sa 1247/96, AuR 98, 425; Berg, AuR 01, 393, 397; Jacobs, ZTR 01, 249, 255; Zachert, NZA 00, Sonderbeilage zu Heft 24, 17, 21; a.A. Reuter, RdA 96, 201, 208; Wiedemann-Oetker, § 3 Rn. 79.

281 Hessisches LAG 17.9.08 – 9 SaGa 1442/08, AuR 09, 410 = BB 08, 2296.

2.4.9 Friedenspflicht bei »Flucht« in den Verband

Es gibt auch das Gegenstück zur Tarifflucht durch Verbandsaustritt, nämlich die »**Flucht in den Arbeitgeberverband**« (vgl. Rn. 477). In diesem Fall tritt ein nicht tarifgebundenes Unternehmen während des Streiks zur Durchsetzung eines Firmentarifvertrags in einen tarifzuständigen Arbeitgeberverband ein mit dem Ziel, die bei diesem Verband geltenden, mit **der gleichen Gewerkschaft geschlossenen Verbandstarifverträge** zur Anwendung zu bringen und von weitergehenden Forderungen und dem Streik dafür verschont zu bleiben. 131

Es stellt sich Frage, ob einer **Fortführung des Streiks** für den Firmentarifvertrag die Friedenspflicht aus den Verbandstarifverträgen entgegensteht. Das ist zu bejahen, wenn für einen »reinen« **Anerkennungs-** bzw. **Anschlusstarifvertrag** (= volle unveränderte Übernahme der Verbandstarifverträge; vgl. TVG § 1 Rn. 26) gestreikt wird. Werden dagegen Forderungen zu Gegenständen erhoben, die durch die **Verbandstarifverträge nicht geregelt** sind, besteht nach allgemeinen Grundsätzen (vgl. Rn. 81 ff., 86 ff.) insoweit keine »relative« Friedenspflicht. Der Streik kann zur Durchsetzung der Zusatzforderung(en) fortgeführt werden. Die Forderung nach einem Anerkennungstarifvertrag muss allerdings **fallen gelassen** werden.

Zum **Verbandswechsel** vgl. Rn. 124 und TVG, § 3 Rn. 79.

2.4.10 Friedenspflicht und Betriebsübergang

Im Fall eines **Betriebsübergangs** nach § 613a BGB ist **zu differenzieren.** 132

Gilt ein Firmentarifvertrag, an den der bisherige Betriebsinhaber gebunden war, **kollektivrechtlich** fort, besteht während der Laufzeit des Tarifvertrags auch nach dem Betriebsübergang Friedenspflicht. Eine kollektivrechtliche Fortgeltung kommt bei einer Umwandlung nach dem UmwG im Wege der Gesamtrechtsnachfolge in Frage (vgl. hierzu TVG § 3 Rn. 119 ff.), aber auch dann, wenn der Betriebserwerber den Firmentarifvertrag neu abschließt.

Wirken Firmen- oder Verbandstarifverträge dagegen nur noch nach Maßgabe des § 613a Abs. 1 Satz 2 BGB weiter (als Inhalt des übergegangenen Arbeitsverhältnisses; vgl. TVG § 3 Rn. 138 ff.), entfällt die Friedenspflicht. Die Gewerkschaft kann, sofern sie immer noch tarifzuständig ist (vgl. TVG § 2 Rn. 104 ff.), den Betriebserwerber zur Wiederherstellung der vollen Tarifbindung (oder sogar zu einer Verbesserung der bisherigen Tarifregelungen) in Form eines Firmentarifvertrags (z.B. Anerkennungstarifvertrag mit Zusatzforderungen; vgl. TVG § 1 Rn. 26) auffordern und ggf. zum Streik aufrufen (zu möglichen Tarifforderungen vgl. Rn. 37 ff. und TVG § 1 Rn. 175, 191 ff.).

Das gilt auch, wenn der Betriebserwerber an Tarifverträge gebunden ist, die mit einer **anderen Gewerkschaft** vereinbart sind. Diese Tarifverträge entfalten Friedenspflicht nur für die (andere) Gewerkschaft, nicht für die Gewerkschaft, die diejenigen Tarifverträge abgeschlossen hat, die aufgrund des Betriebsübergangs nur noch als Inhalt des übergegangenen Arbeitsverhältnisses fortgelten (vgl. Rn. 37).

Zur Friedenspflicht im Falle eines »**Tarifwechsels**« nach § 613a Abs. 1 Satz 3 BGB (hier gelten beim Betriebserwerber andere Tarifverträge, die aber mit derselben bisherigen Gewerkschaft geschlossen wurden) vgl. Rn. 124.

Zur Friedenspflicht bei einer sog. »**Blitzspaltung**«, um einem drohenden Arbeitskampf zu entgehen, vgl. Rn. 39a.

2.4.11 Friedenspflicht und »Partizipationsstreik«

133 Die Friedenspflicht aus einem ungekündigten **Firmentarifvertrag** mit einem **nicht dem Arbeitgeberverband angehörenden Arbeitgeber** (»Außenseiter«) steht der Teilnahme der bei diesem Arbeitgeber beschäftigten Arbeitnehmer an einem Streik für den Neuabschluss eines **abgelaufenen Verbandstarifvertrags** nicht entgegen. Das gilt jedenfalls dann, wenn es sich bei dem Firmentarifvertrag um einen sog. »**Anerkennungstarifvertrag**« bzw. »**Anschlusstarifvertrag**« (vgl. dazu auch TVG § 1 Rn. 26) handelt, der keine eigenständigen inhaltlichen Regelungen enthält, sondern lediglich auf die jeweils geltenden Verbandstarifverträge **verweist.**[282]
Das heißt, die Arbeitnehmer können – nach Streikaufruf durch die Gewerkschaft – an dem Streik teilnehmen (sog. »**Partizipationsstreik**«; vgl. Rn. 493). Die Friedenspflicht aus dem Anerkennungstarifvertrag steht dem nicht entgegen. Sie endet mit dem Auslaufen des in Bezug genommenen Tarifvertrags.[283] Allerdings ist es der Gewerkschaft untersagt, gegenüber dem Außenseiter-Arbeitgeber Streikforderungen zu erheben, die von den in der Verbandstarifauseinandersetzung erhobenen Forderungen abweichen.
Die BAG-Rechtsprechung **verletzt nicht** die negative Koalitionsfreiheit.[284]
Zur Zulässigkeit von **tariflichen Verweisen** auf andere Tarifverträge, vgl. TVG § 1 Rn. 145ff.; vgl. auch Rn. 449.

134 Vorstehendes gilt auch, wenn eine **arbeitsvertragliche** »**kleine**« oder »**große dynamische Bezugnahmeklausel**« (vgl. TVG § 3 Rn. 256ff.) auf den umkämpften Tarifvertrag verweist.[285] Eine solche Klausel berechtigt den Arbeitnehmer, an einem Streik zur Veränderung eines in Bezug genommenen **bestehenden** Tarifvertrags (im Fall einer »kleinen dynamischen Verweisung«) bzw. zur Durchsetzung eines in Bezug genommenen **neuen** Tarifvertrags (im Fall der »großen dynamischen Verweisung«) teilzunehmen, sofern die Gewerkschaft dazu aufruft. Nach Ansicht des BAG gilt dies allerdings nicht für den Fall eines wirksamen »Blitzwechsels« in den OT-Status, wenn nur ein kleinerer Teil der Arbeitsverträge der zum Streik aufgerufenen Arbeitnehmer entsprechende Klauseln enthält, da die Tarifbindung allein auf der nicht mehr bestehenden Verbandsbindung beruht habe.[286] Diese Sichtweise ist wegen der grundlegenden Veränderungen der Kräfteverhältnisse zwischen Arbeitgeberverband und Gewerkschaft zumindest problematisch (vgl. dazu TVG § 3 Rn. 51ff.); jedenfalls muss hier – abhängig von den Umständen den Einzelfalls – die Umdeutung in einen rechtmäßigen Solidaritätsstreik oder in einen Streik zur Durchsetzung eines Firmentarifvertrages möglich sein (vgl. dazu Rn. 134c).

---

282 BAG 18.2.03 – 1 AZR 142/02, AiB 04, 246 m. Anm. Reim = AuR 04, 151; im Grundsatz bestätigt durch BAG 19.6.12 – 1 AZR 775/10, NZA 12, 1372 bei gleichzeitiger Ablehnung der Übertragung dieser Grundsätze auf den Fall des »Blitzwechsels« in einen OT-Status (vgl. dazu Rn. 134c).
283 BAG 18.2.03, a.a.O.
284 BVerfG 10.9.04 – 1 BvR 1191/03, NZA 04, 1338.
285 So ausdrücklich BAG 18.2.03, a.a.O.; ArbG Ulm 10.3.06 – 7 Ca 348/05.
286 BAG 19.6.12 – 1 AZR 775/10, NZA 12, 1372.

2.4.12 Friedenspflicht und »Solidaritätsstreik«

Solidaritätsarbeitsniederlegungen zur Unterstützung der im Haupt-Arbeitskampf befindlichen Arbeitnehmer/-innen eines anderen Tarifbereichs (sog. Unterstützungsstreiks) sind **grundsätzlich zulässig** (vgl. im Einzelnen Rn. 181 ff.).[287] **134a**
Insbesondere wird durch den Aufruf von Beschäftigten eines Unternehmens zu einem Solidaritätsstreik **nicht** die sich ggf. aus einem Tarifvertrag ergebende **Friedenspflicht** gegenüber diesem Unternehmen verletzt.[288] Durch einen Solidaritätsstreik werden in der Regel nicht die für die Streikenden geltenden Tarifverträge in Frage gestellt, sondern andere Streikende bei ihrer Forderung nach dem Abschluss eines Tarifvertrags unterstützt. Deshalb besteht **kein Anspruch auf Unterlassung** von Aufrufen zur Teilnahme an Solidaritätsarbeitsniederlegungen.

Verstößt allerdings der **Hauptarbeitskampf** gegen die Friedenspflicht, so erfasst die daraus resultierende Rechtswidrigkeit auch den Solidaritätsstreik.[289] **134b**

Zur Frage, ob ein (Warn-)Streik in einen **Solidaritätsstreik »umgedeutet«** werden kann, **134c**
wenn ein bisher an Verbandstarifverträge gebundenes Unternehmen während laufender Tarifvertragsverhandlungen in einen **OT-Status** oder in einen OT-Verband wechselt, vgl. zunächst Rn. 187. Nach Auffassung des BAG ist eine solche Umdeutung zwar grundsätzlich denkbar, setzt jedoch einen entsprechend eindeutigen **Streikaufruf** voraus, aus dem hervorgehen müsse, dass es sich um die Unterstützung des Hauptstreiks handele.[290] Diese Sichtweise erscheint angesichts der in den Satzungen der Arbeitgeberverbände weit verbreiteten und vom BAG anerkannten Möglichkeit des »Blitzaustritts« bzw. eines »Blitzwechsels« in den OT-Status sehr formal und schränkt den tarifrechtlichen Spielraum der betroffenen Gewerkschaft unter dem Gesichtspunkt der Arbeitskampfparität ohne Not stark ein (vgl. ausführlich TVG § 3 Rn. 51 ff.). Nach der hier vertretenen Auffassung ist zur Wahrung der Arbeitskampfparität in den speziellen Fällen des »Blitzaustritts« bzw. »Blitzwechsels« in einen OT-Status oder OT-Verband der Weg zu einem rechtmäßigen Solidaritätsstreik oder zu einem Streik zur Durchsetzung eines Firmentarifvertrages nicht nur als Denkansatz, sondern auch im praktischen Arbeitskampfrecht eröffnet. Eine solche Umdeutung im Einzelfall setzt allerdings voraus, dass

- dem Unternehmen die gegenüber dem Arbeitgeberverband erhobenen Forderungen noch vor dem Scheitern der Verhandlungen als Forderung zum Abschluss einen entsprechenden Firmentarifvertrages für den Fall des Wechsels in einen OT-Status bzw. für den Fall des Austritts übermittelt wurden,
- die Gewerkschaft dem Unternehmen jedenfalls zeitgleich mit dem Streikaufruf mitteilt, dass angesichts der bisher erfolglosen Verhandlungen über einen Verbandstarifvertrag der Streik bei diesem Unternehmen nunmehr als Solidaritätsstreik oder als Streik zur Durchsetzung eines Firmentarifvertrages durchgeführt werde und

---

287 BAG 19.6.07 – 1 AZR 396/06, NZA 07, 1055.
288 BAG 19.6.07, a.a.O.; 21.12.82 – 1 AZR 411/80 (zu A II 1 a der Gründe), AP Nr. 76 zu Art 9 GG Arbeitskampf; 5.3.85 – 1 AZR 468/83 (zu II 1 der Gründe), NZA 85, 504; Däubler-Reim/Ahrendt, § 1 Rn. 1117 m.w.N.; Schaub-Treber, § 192 Rn. 12.
289 BAG 19.6.07, a.a.O.
290 BAG 19.6.12 – 1 AZR 775/10, NZA 12, 1372.

- die sonstigen Voraussetzungen für einen rechtmäßigen Solidaritätsstreik erfüllt sind (vgl. dazu Rn. 185 ff.).

2.4.13 Friedenspflicht und Leiharbeit

135 Die Friedenspflicht aus den Verbandstarifverträgen zur Leiharbeit zwischen der Tarifgemeinschaft des DGB und den Arbeitgeberverbänden iGZ und BZA/BAP (vgl. TVG § 1 Rn. 200 ff.) bindet die an der DGB-Tarifgemeinschaft beteiligten Gewerkschaften nur im Verhältnis zu den **Arbeitgeberverbänden iGZ und BZA/BAP** und deren Mitgliedern.

136 Im Verhältnis einer an der DGB-Tarifgemeinschaft beteiligten (Einzel-)Gewerkschaft zum **Entleiher** erwächst aus den Verbandstarifverträgen zur Leiharbeit **keine Friedenspflicht**.

Sofern das Thema Leiharbeit nicht – wie in der Metallindustrie (vgl. TVG § 1 Rn. 210a) – durch einen Verbandstarifvertrag geregelt ist, kann die Gewerkschaft sowohl die im Entleiherbetrieb eingesetzten **Leiharbeitnehmer** als auch die **Stammbelegschaft** des Entleihers zum Streik zur Durchsetzung eines Firmentarifvertrags zur Regelung des Einsatzes und den Arbeitsbedingungen von Leiharbeitnehmern aufrufen. Streikforderung kann etwa eine Verpflichtung des Entleihers sein, die Entgelte der eingesetzten Leiharbeitnehmer und sonstige Arbeitsbedingungen auf das gesetzliche Niveau von »**equal pay und treatment**« anzuheben. Auch die **Quotierung** der Leiharbeit im Betrieb des Entleihers und/oder eine Ausweitung der Mitbestimmung des Betriebsrats (über § 99 BetrVG hinaus) ist tariflich regelbar und erstreikbar. Vgl. auch TVG § 1 Rn. 199 ff., 207.

Zur **tariflichen Regelbarkeit** von Tarifverträgen zwischen Gewerkschaft und Entleiher, vgl. TVG § 1 Rn. 207 ff.

136a Selbst wenn ein **Streik im Einsatzbetrieb** wegen Verstoßes gegen die Friedenspflicht **rechtswidrig** sein sollte, haben zu Streikbrucharbeiten eingesetzte Arbeitnehmer eines Drittunternehmens ein **Leistungsverweigerungsrecht** nach den Grundsätzen unzumutbarer Streikarbeit[291] (vgl. hierzu im Einzelnen Rn. 307 f., 506 f.).

2.4.14 Friedenspflicht und Mindestlohn

136b Die Friedenspflicht ergibt sich lediglich aus dem Tarifvertrag selbst. Dies gilt insbesondere auch für die **Tarifverträge über Mindestlöhne** für bestimmte Branchen in Umsetzung des AEntG. Das bedeutet, dass die Forderung nach einem neuen bzw. höheren Mindestlohn jeweils für die Dauer eines Mindestlohntarifvertrages der Friedenspflicht unterliegt, aber nicht darüber hinaus. Die **Verordnungen zum AEntG** über Branchenmindestlöhne (vgl. dazu sowie zu den erfassten Branchen TVG Anhang 2, Rn. 13 ff.) oder die **Regelungen des MiLoG** (vgl. dazu TVG Anhang 1) zum allgemeinen Mindestlohn entfalten dagegen **keinerlei Friedenspflicht**.

---

291 LAG Baden-Württemberg 31.7.13 – 4 Sa 18/13, rkr. nach Rücknahme der Revision; LAG Baden-Württemberg 31.7.13 – 4 Sa 19/13, rkr. nach Rücknahme der Revision; zustimmend Nielebock, AuR 13, 456; Mittag, jurisPR-ArbR 43/2013 Anm. 1

2.5 Verhältnismäßigkeit als Streikgrenze?

Durch die Ausübung der verfassungsrechtlich gewährleisteten Arbeitskampffreiheit wird regelmäßig in ebenfalls verfassungsrechtlich geschützte **Rechtspositionen des unmittelbaren Kampfgegners** oder **Rechtspositionen von Dritten** eingegriffen. Nach Auffassung des BAG bedarf es deshalb bei der Prüfung der Rechtmäßigkeit einer Arbeitskampfmaßnahme einer Abwägung kollidierender Rechtspositionen. Prüfungsmaßstab solle dabei der Grundsatz der Verhältnismäßigkeit »im weiten Sinne« sein.[292] Der Verhältnismäßigkeitsgrundsatz setzt sich aus den Aspekten der Erforderlichkeit, der Geeignetheit und der »Angemessenheit« (Übermaßverbot, Verhältnismäßigkeit im engeren Sinne) zusammen (genauer zu diesen drei Aspekten Rn.139). Allerdings hat das BAG zuletzt diese Kriterien auf eine bloße Missbrauchsprüfung reduziert und prüft nur noch, ob ein Kampfmittel **nicht offensichtlich unverhältnismäßig** ist (vgl. schon Rn. 13).[293] 137

Hier wäre noch weiter zu unterscheiden: Soweit eine Arbeitskampfmaßnahme in **Rechtspositionen des Kampfgegners** eingreift, wird das Verhältnis kollidierender Rechte und Interessen in der Rechtsprechung des BAG bereits überwiegend durch den **Grundsatz der Parität** (Rn. 3ff.) behandelt. Sowohl das BAG als auch das BVerfG haben schon darauf hingewiesen, dass mit »Verhältnismäßigkeit« jedenfalls für die Aussperrung nicht mehr gemeint sein kann als die Erreichung von Parität.[294] Dies bedeutet insbesondere, dass bei der Bewertung der Verhältnismäßigkeit einer Kampfmaßnahme die aufgestellten Forderungen und Ziele nicht in ein Verhältnis zu den möglichen Kosten der Arbeitskampfmaßnahme gesetzt werden dürfen. 138

Eigenständige Bedeutung kann der Grundsatz der Verhältnismäßigkeit allenfalls im Verhältnis zu den **verfassungsrechtlich geschützten Rechten Dritter** haben – soweit solche Rechte tatsächlich bestehen. So darf ein Streik von Ärztinnen und Ärzten in einem Krankenhaus nicht dazu führen, dass Gesundheit und Leben der Patienten beschädigt werden. Andererseits ist zu beachten, dass grundsätzlich auch in der Privatwirtschaft gesellschaftlich nützliche Leistungen erbracht werden, und es insofern (nicht nur, aber insbesondere) im Bereich von Dienstleistungen und Infrastruktur **keinen Streik ohne Drittbetroffenheit** gibt. Es gehört insofern gerade zum verfassungsrechtlich geschützten Streikrecht, dass Belastungen Dritter erzeugt werden können.[295] 138a

Die Begriffe »Allgemeinheit« und »**Gemeinwohl**«[296] können auch deshalb kein Freifahrtschein für eine allgemeine Verhältnismäßigkeitsprüfung sein; diese Begriffe sind in einem

---

292 BAG 22.9.09 – 1 AZR 972/08, NZA 09, 1347, 1352 (genauer bei Rn. 41); 19.6.07 – 1 AZR 396/06, NZA 07, 1055 (genauer bei Rn. 32, 33); 24.4.07 – 1 AZR 252/06, DB 07, 1924 = AiB 07, 732; 10.12.02 – 1 AZR 96/02, AuR 04, 149; BVerfG 26.6.91 – 1 BvR 779/85, AuR 92, 29, zu C I 3 b der Gründe; vgl. dazu auch Gamillscheg, S. 1127ff.; Däubler-Däubler, AKR, § 9 Rn. 38ff.; grds. gegen eine Anwendung des Verhältnismäßigkeitsgrundsatzes auf den Streik u.a. Hensche/Wolter, GS Zachert, S. 544ff. m.w.N.

293 BAG 22.9.09 – 1 AZR 972/08, NZA 09, 1347; BAG 19.6.07 – 1 AZR 396/06, NZA 07, 1055.

294 Vgl. BAG 10.6.80 – 1 AZR 168/79, AP Nr. 65 zu Art. 9 GG Arbeitskampf, wo insofern ein Unterschied zwischen Streik und Aussperrung gemacht wird; BVerfG 26.6.91 – 1 BvR 779/85, AuR 92, 29; so auch Greiner, NZA 10, 2977, 2981.

295 Vgl. auch LAG Hamm 29.10.09 – 8 Sa 22/09: je weniger Belastung, desto weniger Druck.

296 Vgl. die Begriffsverwendung in BAG (GS) 21.4.71 – GS 1/68, AP Nr. 43 zu Art. 9 GG Arbeitskampf.

Rechtsstaat als Rechtsbegriffe ernst zu nehmen.[297] Allein politische und wirtschaftliche Interessen können den Rechten aus Art. 9 Abs. 3 GG nicht entgegen gestellt werden (vgl. genauer dazu Rn. 168ff.); es müssen verfassungsrechtlich geschützte Rechte bedroht sein. Eine abstrakte »Gemeinwohlorientierung« der unternehmerischen Betätigung reicht hierfür nicht aus.[298] Dabei sind grundsätzlich **Ausweichmöglichkeiten** der Betroffenen zu berücksichtigen[299] (die auf einem privatwirtschaftlich organisierten Markt i.d.R. vorhanden sein werden). So haben z.B. Eltern kein Recht, in einer Kindertagesstätte die Betreuung durch eine bestimmte Person zu verlangen; das Betreuungsrecht als solches richtet sich als vertragliches Recht wiederum lediglich gegen den Träger der Kindertagesstätte und stellt kein Grundrecht dar (zu den Anforderungen auch Rn. 174).[300] Gefahren für öffentliche Interessen und die Bevölkerung können allenfalls dann geltend gemacht werden, wenn die **Erfüllung zwingender öffentlich-rechtlicher Anforderungen** nicht mehr gewährleistet ist.[301]

138b Auch im Verhältnis zu Dritten muss darüber hinaus die Bewertung des Art. 9 Abs. 3 GG als **Freiheitsrecht der Koalitionen** Konsequenzen haben. Dies bedeutet insbesondere, dass die Wahl der Mittel, welche zur Erreichung des Zwecks der Regelungen geeignet sein könnten, den Koalitionen selbst obliegt. Eine Bewertung von Arbeitskampfmaßnahmen als rechtswidrig durch die Gerichte kommt deshalb grundsätzlich nur dann in Betracht, wenn eine Arbeitskampfmaßnahme **offensichtlich ungeeignet** oder **nicht erforderlich** oder wenn sie **unangemessen** ist (Rn. 13; genauer Rn. 139ff.).[302]

2.5.1 Die einzelnen Aspekte des Verhältnismäßigkeitsgrundsatzes

139 **Geeignet** ist ein Kampfmittel, wenn durch seinen Einsatz die Durchsetzung des Kampfziels gefördert werden kann. In Hinblick auf Parität als Bezugspunkt der Verhältnismäßigkeitsprüfung (Rn. 138) ist insofern jede Maßnahme geeignet, die beim Gegner Verhandlungsbereitschaft weckt.[303]

Dabei kommt den Arbeitskampf führenden Koalitionen eine **Einschätzungsprärogative** zu. Das heißt: Sie haben einen Beurteilungsspielraum bei der Frage, ob eine Arbeitskampfmaßnahme geeignet ist, Druck auf den sozialen Gegenspieler auszuüben und die

---

297 So im Ergebnis auch LAG Berlin-Brandenburg 14.8.12 – 22 SaGa 1131/12. Auch der EGMR betont, dass ein Verbot des als Menschenrecht geschützten Streikrechts (Art. 11 EMRK) nicht auf unklare Bestimmungen gestützt werden kann (EGMR 2.10.14 – Nr. 48408/12 (Veniamin Tymoshenko u.a. / Ukraine) m. Anm. Lörcher, HSI-Newsletter 04/14, Anm. 2).

298 Siehe aber die gerichtliche Anordnung von Notfallmaßnahmen bei einem Blutspendedienst durch LAG Hamm 16.1.07 – 8 Sa 74/07, NJW-RR 07, 250, das hier zu Unrecht keine konkrete rechtliche Prüfung vornahm.

299 ArbG Hannover 22.10.08 – 11 Sa 5/08.

300 ArbG Bielefeld 17.6.09 – 5 Ga 30/09 (n. v.); bestätigt durch LAG Hamm 29.10.09 – 8 SaGa 22/09, im Rahmen eines Kostenbeschlusses nach Erledigungserklärung.

301 LAG Berlin-Brandenburg 14.8.12 – 22 SaGa 1131/12, das anlässlich eines Streiks in einer kerntechnischen Anlage darauf hinweist, dass auch eine zeitweilige personelle Unterbesetzung nach der Atomrechtlichen Sicherheitsbeauftragten- und Meldeverordnung AtSMV allenfalls (»wenn überhaupt«) eine Meldefrist von mindestens 24 Stunden zur Folge hätte.

302 Zu diesen Prinzipien vgl. grds. BAG 22.9.09 – 1 AZR 972/08 NZA 09, 1347; 19.6.07 – 1 AZR 396/06, NZA 07, 1055.

303 ArbG Hannover 22.10.08 – 11 Sa 5/08.

Durchsetzung der aufgestellten Forderungen zu erleichtern. Die Einschätzungsprärogative ist Teil der durch Art. 9 Abs. 3 GG geschützten Koalitionsfreiheit und betrifft grundsätzlich nicht nur die Frage, welches Kampfmittel eingesetzt wird, sondern auch, wem gegenüber dies geschieht.[304] Nur wenn das Kampfmittel zur Erreichung des zulässigen Kampfziels **offensichtlich** ungeeignet ist, kann eine Arbeitskampfmaßnahme aus diesem Grund für rechtswidrig erachtet werden (vgl. Rn. 137).[305]

Erforderlich ist ein Kampfmittel, wenn mildere Mittel zur Erreichung des angestrebten Ziels nicht zur Verfügung stehen (»**Ultima-Ratio-Prinzip**«); der Arbeitskampf soll nur als »letztes Mittel« eingesetzt werden. Auch hier kommt es auf die Beurteilung der den Arbeitskampf führenden Koalition an; deren Betätigungsfreiheit umfasst grundsätzlich die Einschätzung, ob sie zur Erreichung des verfolgten Ziels das gewählte Mittel für erforderlich oder andere Mittel für ausreichend erachtet.[306] Ein Verstoß gegen das Ultima-Ratio-Prinzip liegt deshalb auch hier nur vor, wenn es des ergriffenen Kampfmittels zur Erreichung des Ziels – etwa deshalb, weil der Gegner dazu erkennbar ohnehin bereit ist – **offensichtlich** nicht bedarf (vgl. Rn. 137).[307] 140

Verhältnismäßig im engeren Sinn (proportional) ist nach Ansicht des BAG ein Arbeitskampfmittel, das sich unter hinreichender Würdigung der grundrechtlich gewährleisteten Betätigungsfreiheit zur Erreichung des angestrebten Kampfziels unter Berücksichtigung der Rechtspositionen der von der Kampfmaßnahme unmittelbar oder mittelbar Betroffenen als angemessen darstellt.[308] 141

Das BAG gesteht einer Arbeitskampfpartei insoweit **keine ausdrückliche Einschätzungsprärogative** zu. Hier gehe es nicht um eine tatsächliche Einschätzung, sondern um eine **rechtliche Abwägung**. Allerdings sei stets zu beachten, dass es gerade das Wesen einer Arbeitskampfmaßnahme ist, durch Zufügung wirtschaftlicher Nachteile Druck zur Erreichung eines legitimen Ziels auszuüben; unverhältnismäßig sei ein Arbeitskampfmittel daher erst, wenn es sich auch unter Berücksichtigung dieses Zusammenhangs als unangemessene Beeinträchtigung gegenläufiger, ebenfalls verfassungsrechtlich geschützter Rechtspositionen darstellt.[309]

Nach Ansicht des BAG steht der Beschränkung des Streikrechts, die sich aus der Anwendung des Verhältnismäßigkeitsgrundsatzes ergibt, dessen Garantie in Teil II Art. 6 Nr. 4 der **Europäischen Sozialcharta** ESC (Grundl. Rn. 97a) nicht entgegen. Teil V Art. 31 Abs. 1 ESC gestatte Beschränkungen der Streikgarantie u.a. dann, »*wenn diese gesetzlich vorgeschrieben und in einer demokratischen Gesellschaft zum Schutze der Rechte und Freiheiten anderer … notwendig sind.*« Eine solche Beschränkung sei die gesetzesvertretende Ausgestaltung des Arbeitskampfrechts durch den Grundsatz der Verhältnismäßigkeit.[310] 142

---

304 BAG 19.6.07 – 1 AZR 396/06, a.a.O.; 18.2.03 – 1 AZR 142/02, AuR 04, 151 (unter B I der Gründe).
305 BVerfG 10.9.04 – 1 BvR 1191/03, NZA 04, 1338 = AP GG Art. 9 Arbeitskampf Nr. 167 (unter B II 2 b der Gründe); BAG 19.6.07 – 1 AZR 396/06, a.a.O.
306 BAG 19.6.07 – 1 AZR 396/06, NZA 07, 1055.
307 BAG 19.6.07 – 1 AZR 396/06, a.a.O.
308 BAG 19.6.07 – 1 AZR 396/06, a.a.O.
309 BAG 19.6.07 – 1 AZR 396/06, a. a. O; 22.9.09 – 1 AZR 972/08, NZA 09, 1347.
310 BAG 10.12.02 – 1 AZR 96/02, AuR 04, 149 = NZA 03, 734; 19.6.07 – 1 AZR 396/06, NZA 07, 1055.

143 Nach Auffassung des **EuGH** ist im Fall eines grenzüberschreitenden Streiks, der Grundfreiheiten der Unternehmen beeinträchtigt, eine Verhältnismäßigkeitsprüfung anzustellen, die kaum Einschätzungsspielräume der Koalitionen berücksichtigt; damit wird auch die europarechtlich gewährleistete Kollektivverhandlungsfreiheit unrichtig gewürdigt (vgl. zu dieser Auseinandersetzung Grundl. Rn. 103ff.).[311]

144 Die Rechtsprechung hat mit dem Verhältnismäßigkeitsgrundsatz die **Aussperrung »reguliert«** und begrenzt. Insofern ist allerdings darauf hinzuweisen, dass das Verhältnismäßigkeitsprinzip hier letztlich im Grundsatz der **Arbeitskampfparität** aufgeht; eine eigenständige Verhältnismäßigkeitsprüfung ist im Verhältnis zur anderen Kampfpartei nicht erforderlich (s. Rn. 3ff.).

145 Die Rechtsprechung wendet den Verhältnismäßigkeitsgrundsatz auch zur rechtlichen Beurteilung von Streiks und sonstigen Kampfmitteln der Gewerkschaften an (so etwa in den Entscheidungen zum Solidaritäts-/Unterstützungsstreik und zu Flashmob-Aktionen; vgl. Rn. 181ff. und Rn. 213ff.). Dabei bleibt festzuhalten, dass anerkannt ist, dass die Verhältnismäßigkeitsprüfung jedenfalls nicht an der Streikforderung ansetzen kann **(Verbot der Tarifzensur**, vgl. Rn. 156), sondern sich nur auf Beurteilung der Verhältnismäßigkeit des Mittels beziehen kann. Dabei ist wiederum zu beachten, dass dies nicht in eine gerichtliche Kontrolle der Tarifziele übergeht.[312] Und selbst bei der Beurteilung der Mittel gilt: Auf die Höhe des der Gegenseite zugefügten Schadens »kommt es grundsätzlich nicht an«.[313] Dies ergibt sich aus Paritätsgesichtspunkten: Schließlich bringt ein Streik ohnehin erhebliche Lasten auch für die Arbeitnehmerseite mit sich.[314] Eine Verhältnismäßigkeitsprüfung kommt insofern allenfalls in Hinblick auf die Rechte und Interessen solcher Personen in Betracht, die am Arbeitskampf nicht unmittelbar beteiligt sind (siehe Rn. 157ff.).

146 Insbesondere der Prüfmaßstab der »**Angemessenheit**« (vgl. Rn. 141) läuft dabei jedoch Gefahr – selbst wenn er richtig, d.h. als »**Übermaßverbot**«[315] verstanden wird – die Kampfparität durch Errichtung problematischer Streikschranken zu gefährden. So kann zunächst im Verhältnis zur Arbeitgeberseite allein der Paritätsgrundsatz die Arbeitskampffreiheit beschränken (vgl. Rn. 2ff.).

Zudem ist eine allgemeine Angemessenheitsschranke als Streikschranke zu weit und **unbestimmt** und eignet sich nicht als Instrument zur Beurteilung der Rechtmäßigkeit von Streiks.[316] Insbesondere das Übermaßverbot führt – wie das BAG selbst einräumt – »wegen seiner generalklauselartigen Weite […] im Arbeitskampfrecht zu einem unerträglichen, jedenfalls aber zu einem ungewöhnlich hohen Maß an Rechtsunsicherheit.« Dies ist zum einen im Arbeitskampfrecht weit problematischer als in anderen Rechtsbereichen,

311 EuGH 11.12.07 – C-438/05 (Viking), NZA 08, 124 (Rn. 75ff.).
312 BVerfG 26.6.91 – 1 BvR 779/85, AuR 92, 29.
313 BAG 30.3.82 – 1 AZR 265/80, AP Nr. 74 zu Art. 9 GG Arbeitskampf.
314 Thüsing/Burg, FS Otto, 580.
315 Vgl. ErfK-Linsenmaier, Art. 9 GG, Rn. 129f.; Däubler-Däubler, AKR, § 9 Rn. 38.
316 Vgl. Däubler, AR 1, S. 295ff.; Hensche/Wolter, GS Zachert, S. 544ff. Zum Problem der Bestimmtheit von Arbeitskampfgrenzen siehe auch EGMR 2.10.14 – Nr. 48408/12 (Tymoshenko u.a. / Ukraine).

weil Auseinandersetzungen und dementsprechend auch höchstrichterliche Entscheidungen, die Rechtssicherheiten schaffen könnten, selten vorkommen. Zum anderen trifft diese Rechtsunsicherheit vor allem die Gewerkschaften und die Beschäftigten, weil nur sie auf den Einsatz ihres Arbeitskampfmittels – des Streiks – angewiesen sind (vgl. Rn. 7ff.; Rn. 10; Rn 42ff.).

Immerhin scheint sich die BAG-Rechtsprechung mittlerweile von dem allzu grob daher kommenden – Ungleiches gleich behandelnden – Verdikt des Großen Senats in der Entscheidung vom 21.4.71 (»*Arbeitskampfmaßnahmen stehen unter dem Gebot der Verhältnismäßigkeit*«)[317] abzusetzen.[318] Allerdings hat das BAG zuletzt zwar die Verhältnismäßigkeitsprüfung in Bezug auf Geeignetheit und Erforderlichkeit auf eine Missbrauchskontrolle reduziert (vgl. Rn. 13; Rn. 137). Problematisch bleibt jedoch die Angemessenheitskontrolle in Form des Übermaßverbots, die »überfrachtet« wird.[319] Man kann sie nur in den Griff bekommen, wenn beachtet wird, dass hier nicht jegliche Interessen, sondern nur die »**unangemessene Beeinträchtigung gegenläufiger, ebenfalls verfassungsrechtlich geschützter Rechtspositionen**« geprüft werden kann.[320] 147

Äußerste Grenzen werden auch markiert durch:
- das »**Ultima Ratio**«**-Prinzip** (vgl. Rn. 150ff.) und
- dem Gebot der **fairen Kampfführung** (vgl. Rn. 166).

Eine Anwendung des Verhältnismäßigkeitsgrundsatzes zur Kontrolle/Zensur der Tarif- und Streikziele lehnt die Rspr. zu Recht ab (vgl. auch Rn. 156).

Das BAG gesteht den Gewerkschaften richtigerweise eine »Einschätzungsprärogative«, 148 also einen gerichtlich nicht nachprüfbaren **Beurteilungsspielraum** in Bezug auf die Geeignetheit und Erforderlichkeit des Streiks zu (vgl. Rn. 139ff.),[321] aber auch hinsichtlich der Frage, ob und wann die Verhandlungsmöglichkeiten i.S.d. Ultima-Ratio-Prinzips erschöpft sind (vgl. Rn. 150f.).

So bleibt – trotz mancher Klarstellung durch die obersten Gerichte, vgl. Rn. 137ff. – die 149 Befürchtung, dass Streiks durch die Instanzgerichte unter allzu »unbefangener« oder »mit der Brille der Arbeitgeber gesehener« Anwendung des Verhältnismäßigkeitsgrundsatzes nach Belieben eingeschränkt oder gar unterbunden werden könnten.[322] Dass manche Arbeitsrichter diesbezügliche Neigungen haben, zeigt das Urteil des ArbG Nürnberg, das im Jahr 2007 den ersten großen Streik der GDL untersagt hat, weil er Bahnkunden, die in Urlaub fahren wollen, in ihren Rechten verletze und im Übrigen der Volkswirtschaft schweren Schaden zufüge (vgl. Rn. 159).[323] Auf der gleichen problematischen Linie liegt eine

317 BAG (GS) 21.4.71 – GS 1/68, AP Nr. 43 zu Art. 9 GG Arbeitskampf; Kittner, FS Jaeger, 483, 503 bezeichnet diese Entscheidung nicht zuletzt wegen ihrer ohne Veranlassung weitreichenden Aussagen zum Verhältnismäßigkeitsprinzip als »irregulär und einem Monstrum ähnlich«.

318 BAG 19.6.07 – 1 AZR 396/06, NZA 07, 1055.

319 So der Ausdruck von Jacobs, ZfA 11, 71, 79f, der allerdings für eine strengere Streikkontrolle eintritt.

320 BAG 22.9.09 – 1 AZR 972/08, NZA 09, 1347; BAG 19.6.07 – 1 AZR 396/06, NZA 07, 1055.

321 BAG 19.6.07 – 1 AZR 396/06, NZA 07, 1055; Feudner, BB 07, 2459.

322 So zu Recht Hensche/Wolter, GS Zachert, S. 544ff.

323 ArbG Nürnberg 8.8.07 – 13 Ga 65/07, AuR 07, 320; krit. hierzu auch Greiner, NZA 07, 1023ff., 1028.

Entscheidung, mit der einer Gewerkschaft unter Berufung auf den Verhältnismäßigkeitsgrundsatz – in offenbarer Unkenntnis der Rechtsprechung des BAG zum Warnstreik (vgl. Rn. 237ff.) – durch einstweilige Verfügung ohne mündliche Verhandlung untersagt wurde, Arbeitnehmer/innen im Rahmen eines Tarifkonfliktes zur Teilnahme an einer ganztägigen Streikkundgebung aufzurufen.[324]

2.5.2 Ultima-Ratio-Grundsatz

150 Der Einsatz des Streiks als **letztes Mittel** (**»Ultima Ratio«, Erforderlichkeit**) entspricht weitgehend der Tarifpraxis. Keine Gewerkschaft »bricht ohne Not einen Streik vom Zaun« (Grundl. Rn 27ff.) oder führt ihn »um des Arbeitskampfes willen«.[325] Als rechtliches Prinzip für den **Zeitpunkt** des Streiks bedeutet es, »dass grundsätzlich vor einem Streik Forderungen [...] erhoben und in der Regel auch erfolglos Verhandlungen geführt worden sein müssen.«[326]

Lehnt der Arbeitgeber allerdings Verhandlungen ab oder reagiert er auf Verhandlungsaufforderungen »mit Schweigen«, kann die Gewerkschaft ohne Verstoß gegen das Ultima-Ratio-Prinzip Streiks zur **Erzwingung der Aufnahme von Tarifverhandlungen** durchführen.[327]

151 Keine Rechtmäßigkeitsvoraussetzung für einen Streik ist die **förmliche Erklärung des Scheiterns** der Verhandlungen (Rn. 242).[328] In der Einleitung von Arbeitskampfmaßnahmen (z.B. im Aufruf zu einem Warnstreik) liegt vielmehr die freie und gerichtlich nicht nachprüfbare Entscheidung der Tarifvertragspartei, dass sie die Verhandlungsmöglichkeit ohne Ausübung von Druck für ausgeschöpft ansieht.[329]

152 Auch die **Vereinbarung eines neuen Verhandlungstermins** steht der Durchführung von (Warn-)Streiks nach zutreffender Auffassung des BAG nicht entgegen; die Gewerkschaft müsse einen laufenden Streik nicht ab- oder unterbrechen, wenn sie einen Verhandlungstermin mit der Arbeitgeberseite vereinbart.[330]

Die Gewerkschaft ist auch nicht verpflichtet, den Arbeitgeber vor einem Streikaufruf nochmals zu Verhandlungen aufzufordern, solange der Verhandlungsgegenstand im Kern derselbe bleibt. Unschädlich ist es insofern, wenn eine von mehreren ursprünglich erhobenen Forderungen von dem zuständigen Gewerkschaftsorgan wegen inzwischen »erkannter Rechtswidrigkeit« zurückgenommen und dies (in welcher Weise auch immer) verlautbart wurde (z.B. im Streikaufruf, durch gesonderte Mitteilung an den Arbeitgeber bzw. Arbeitgeberverband oder sonstige durch den Arbeitgeber bzw. Arbeitgeberverband

324 ArbG Wilhelmshaven 3.3.08 – 2 Ga 1/08 (n. v.).
325 BAG 9.4.91 – 1 AZR 332/90, DB 91, 2295.
326 BAG 18.2.03 – 1 AZR 142/02, AuR 04, 151; 9.4.91 – 1 AZR 332/90, DB 91, 2295.; 21.6.88 – 1 AZR 651/86, DB 88, 1952.
327 BAG 21.6.88 – 1 AZR 651/86, DB 88, 1952 (Rn. 79); 9.4.91 – 1 AZR 332/90, DB 91, 2295; LAG Bremen 5.5.98 – 2 Sa 127/98, AiB 98, 537; ErfK-Linsenmaier, GG Art. 9 Rn. 133.
328 ErfK-Linsenmaier, Art. 9 GG Rn. 133.
329 BAG 21.6.88 – 1 AZR 651/86, DB 88, 1952; vgl. für die Metallindustrie Schiedsgericht v. 3.4.89, NZA 89, 791; a.A. Gamillscheg, S. 1152; Kissel, § 42 Rn. 42.
330 BAG 21.6.88 – 1 AZR 651/86, a.a.O.

wahrnehmbaren Erklärungen), jedenfalls solange es sich im Kern um dieselben Verhandlungsgegenstände handelt. Es besteht auch keine Verpflichtung der Gewerkschaft zur **Wiederaufnahme gescheiterter Verhandlungen**, wenn die Arbeitgeberseite ein »neues Angebot« vorlegt.[331] Die Kampftaktik und die übliche Praxis entscheiden, ob das Scheitern festgestellt und erklärt bzw. ob der Arbeitgeber im Falle der Rücknahme einer Forderung noch mal zu Verhandlungen aufgefordert wird.

Wenn der Arbeitgeber sich während eines Arbeitskampfs um einen Haustarifvertrag durch **Aufspaltung** in mehrere Unternehmen der Gewerkschaft überraschend dem Kampfgegner entzieht, liegt eine besondere Situation vor. Im Falle eines Betriebsübergangs gehen die kollektivrechtlichen Schuldverhältnisse (hier: aus den Tarifverhandlungen) auf den Übernehmer über, im Fall einer Umwandlung ergibt sich gleiches als Folge der Gesamtrechtsfolge nach UmwG. Die Verhandlungen müssen so mit dem übernehmenden Unternehmen weitergeführt werden.[332]

Die Durchführung einer **Urabstimmung** (Rn. 245ff.) vor Streikbeginn ist verfassungs- **153**
rechtlich auch dann nicht erforderlich, wenn sie in der Gewerkschaftssatzung vorgeschrieben ist. Es handelt sich um ein gewerkschaftsinternes Verfahren, also eine Rechtmäßigkeitsvoraussetzung, die nicht nach außen verbindlich und deshalb von den Gerichten in einem Rechtsstreit mit dem Arbeitgeber nicht zu berücksichtigen ist.[333] Auch das BAG sieht in den Warnstreikurteilen[334] vom Erfordernis der Urabstimmung ab. Nach der rechtlichen Gleichstellung von Warn- und Erzwingungsstreiks durch die BAG-Rechtsprechung[335] gilt das auch für Erzwingungsstreiks.

Die vorherige Durchführung einer **Schlichtung** (Rn. 416ff.) ist nur dann Rechtmäßig- **154**
keitsvoraussetzung für einen Streik, wenn dies die Tarifparteien explizit so vereinbart haben. Im BAG-Urteil vom 21.4.71[336] ist eine allgemeine Schlichtungspflicht zwar angedeutet worden, aber nicht als – sanktionierte – Pflicht (vgl. auch zur Diskussion für die »Daseinsvorsorge« Rn. 13a). Das BAG hat sich später stillschweigend und zu Recht vollständig von dieser Überlegung verabschiedet.[337] Auch die Anrufung des DGB-Schiedsgerichts im Fall eines Zuständigkeitsstreiks ist keine Zulässigkeits- oder Angemessenheitsvoraussetzung für einen Streik[338] (zur Rechtmäßigkeit von Streiks ohne vorherige Durchführung dieses Verfahrens s. § 2 TVG, Rn. 122d).

---

331 LAG Sachsen 2.11.07 – 7 SaGa 19/07, AuR 08, 64 = NZA 07, 59.

332 Kocher/Sudhof, NZA 13, 875.

333 ArbG Düsseldorf 21.8.72 – 7 Ca 1995/71, EzA Art. 9 Arbeitskampf Nr. 15; ArbG Dresden 14.1.04 – 1 Ca 3081/03, AuR 04, 165 [rkr.: der AGV hat die Berufung zurückgenommen]; Däubler-Reinfelder, AKR, § 15 Rn 32; Gamillscheg, S. 1153; Kissel, § 40 Rn. 14ff.; a.A. Bauer/Röder, DB 84, 1096.

334 BAG 17.12.76 – 1 AZR 605/75 m. Anm. Nickel; 12.9.84 – 1 AZR 342/83, DB 84, 2563; 21.6.88 – 1 AZR 651/86, DB 88, 1952.

335 Seit BAG 21.6.88 – 1 AZR 651/86, a.a.O.

336 BAG (GS) 21.4.71 – GS 1/68, AP Nr. 43 zu Art. 9 GG Arbeitskampf.

337 BAG 12.9.84 – 1 AZR 342/83, DB 84, 2563 und 21.6.88 – 1 AZR 651/86, DB 88, 1952; Däubler-Wolter, AKR, § 16 Rn.13; Gamillscheg, S. 1150; Kissel, § 30 Rn. 42; MünchArbR-Ricken § 200 Rn. 50; a.A. Brox/Rüthers, Rn. 164.

338 So aber LAG Hamburg 21.5.14 – 5 SaGa 1/14, für den Streik der IG Metall bei einem Airbus-Kunden, für den im DGB jedenfalls ursprünglich die Gewerkschaft verdi zuständig war.

Nicht erforderlich ist eine **Ankündigungsfrist** für einen Streik oder Warnstreik[339] (zur rechtspolitischen Debatte s. RN. 2b). Das Überraschungsmoment ist Teil der Koalitions- und Streikfreiheit.[340]

155 Die Arbeitskampfparteien können allerdings **durch Tarifvertrag** Streiks während der Schlichtungsphase untersagen und andere Modalitäten der Ausübung von Arbeitskämpfen verbindlich regeln (Rn. 419). Zur rechtspolitischen Diskussion vgl. auch Rn. 13a; Grundl. Rn. 212ff., 218.

2.5.3 Verbot der Tarifzensur

156 Der Verhältnismäßigkeitsgrundsatz erlaubt nach ständiger Rechtsprechung keine arbeitsgerichtliche Kontrolle der Tarif- bzw. Streikziele (**Verbot der Tarifzensur**; vgl. auch Grundl. Rn. 82 und TVG § 1 Rn. 445). Tarifzensur widerspricht dem Grundgedanken der Tarifautonomie.[341]

Das Verbot der Tarifzensur ist nicht auf den abgeschlossenen Tarifvertrag beschränkt, sondern umfasst auch das Verhandlungsstadium und damit den **Umfang von Tarifforderungen**.[342] Das BVerfG stellt fest: »*Bei einer Verhältnismäßigkeitsprüfung, die schon bei den Angriffskampfmitteln ansetzte, wäre eine gerichtliche Kontrolle der Tarifziele kaum zu vermeiden. Eine solche Kontrolle widerspräche aber dem Grundgedanken der Tarifautonomie.*«[343] Gegen einen Streik kann deshalb nicht ins Feld geführt werden, dass die Streikforderungen in keinem Verhältnis zu den zu erwartenden streikbedingten Beeinträchtigungen stehen.[344] Dies hat das BAG bestätigt (vgl. Rn. 31 und § 1 TVG Rn. 185ff.):[345] »*Die Übermaßkontrolle von Streikzielen ist nicht zum Schutz von Grundrechten des Koalitionspartners geboten. […] Von einer für ein tariflich regelbares Ziel erhobenen Streikforderung als solcher geht keine Beeinträchtigung aus. Eine bloße Tarifforderung hat keine rechtsgestaltende, für den Gegner verbindliche Wirkung […]. Mit der Rechtskontrolle schon des Umfangs der Streikforderung würde deshalb eine nur potentielle Norm in Unkenntnis ihrer späteren Konkretisierung auf eine mögliche Grundrechtswidrigkeit überprüft. Das ist mit der Koalitionsbetätigungsfreiheit der Gewerkschaften aus Art. 9*

339 BAG 12.11.96 – 1 AZR 364/96, NZA 97, 393. Zur Gefahr, die Funktion einer solchen Ankündigungsfrist zu weit auszudehnen, siehe anschaulich LAG Berlin-Brandenburg 14.8.12 – 22 SaGa 1131/12.

340 LAG Köln 29.10.88 – 10 Sa 14/98, AuR 99, 118; ArbG Berlin 29.4.08 – 58 Ga 6014/08 (n. v.); Gamillscheg, S. 1148; Kissel, § 30 Rn. 43.

341 BVerfG 26.6.91 – 1 BvR 779/85, AuR 92, 29 m. Anm. Däubler; BAG 10.6.80 – 1 AZR 822/79, DB 80, 1266; 24.4.07 – 1 AZR 252/06, DB 07, 1924 = AiB 07, 732; LAG Sachsen 2.11.07 – 7 SaGa 19/07, AuR 08, 64 = NZA 07, 59; LAG Schleswig-Holstein 27.3.03 – 5 Sa 137/03, AuR 04, 153; LAG Bremen 5.5.98 – 2 Sa 127/98, AiB 98, 537; ArbG Lübeck 29.5.01 – 6 Ga 21/01, AiB 02, 122; Däubler-Däubler, AKR, § 14 Rn. 11; Gamillscheg, S. 695f;Kissel, § 29 Rn. 34; a.A. Fischinger, S. 166ff.; Löwisch, DB 05, 554, 559; ders. FS Konzen, S. 663ff.; Rieble, ZfA 04, 1, 23; Rolfs/Clemens, DB 03, 1678, 1681; Greiner, NZA 07, 1023ff., 1027f.

342 Anders wohl Otto, FS Konzen, 663, 681ff.

343 BVerfG 26.6.91 – 1 BvR 779/85, AuR 92, 29, unter C I 3 b der Gründe.

344 So aber LAG Sachsen 2.11.07 – 7 SaGa 19/07, AuR 08, 64; Hufen, NZA 14, 1237, 1240.

345 BAG 24.4.07 – 1 AZR 252/06, DB 07, 1924.

Abs. 3 GG nicht zu vereinbaren und widerspräche dem Grundgedanken der Tarifautonomie.«[346]

Selbstverständlich ist ein Streik auch dann zulässig, wenn mit ihm Tarifziele erreicht werden sollen, die den Tarifzielen einer konkurrierenden Gewerkschaft entgegenstehen.[347] Spezielle Regelungen für eine solche Tarifpluralität enthält jetzt § 4a TVG. **156a**

2.5.4 Streikgrenzen »Gemeinwohl«, »Daseinsvorsorge« oder »Rechte Dritter«?

Bei »unerwünschten« tarifpolitischen Aktivitäten der Gewerkschaften (z.B. Lohnforderungen oberhalb der Empfehlung des Sachverständigenrats; Streik um Arbeitszeitverkürzung, Streik im öffentlichen Dienst) wird immer mal wieder das **»Gemeinwohl« als Streikschranke** ins Spiel gebracht (zur rechtspolitischen Diskussion vgl. auch Grundl. Rn. 217ff.). Das Gemeinwohl dürfe »nicht offensichtlich verletzt werden«.[348] **157**

Besondere Aktualität und Schärfe hat die Debatte um die Begrenzung des Streikrechts durch den Gesichtspunkt des Gemeinwohls im Gefolge der sog. »Spezialistenstreiks« oder **»Streiks von Funktionseliten«** (z.B. von Ärzten, Piloten, Lokführern, Fluglotsen für auf diese Berufsgruppen beschränkte Tarifverträge) erhalten; anlässlich des Pilotenstreiks 2002 wurden z.T. notstandsähnliche Zustände beschworen.[349] Angesichts der hiermit verbundenen Belastungen der Allgemeinheit und der damit einhergehenden Verletzung des Gemeinwohls müsse das Streikrecht im Bereich der **Daseinsvorsorge** eingeschränkt werden;[350] vorgeschlagen werden lange Ankündigungsfristen, gesetzliche Urabstimmungspflicht, weitgehende Notdienstpflichten und obligatorische Schlichtungs- und gar Schiedsverfahren. Diese Regeln sollen Streiks nicht nur bei der Bahn und in der Luftfahrt einschränken und ggf. unmöglich machen, sondern auch für andere Bereiche der »Daseinsvorsorge« gelten.[351] (Dabei wird auch übersehen, dass gerade der Transportbereich nach Maßgaben des Völkerrechts nicht zur Daseinsvorsorge zu zählen ist, s. Rn. 161.) **158**

Solche Einschränkungen des Streikrechts lassen sich jedoch nicht aus dem Verhältnismäßigkeitsgrundsatz ableiten (was die Autoren indirekt zugestehen, wenn sie ihre Vorschläge rechtspolitisch vortragen; vgl. hierzu auch Grundl. Rn. 212ff.). Dennoch zeigen die Diskussionen bei **einigen Arbeitsgerichten** Wirkung: So verbot das ArbG Nürnberg die Streiks der Gewerkschaft Deutscher Lokomotivführer (GDL) 2007 per einstweiliger Verfügung mit der Begründung, dass »der gesamten Volkswirtschaft insbesondere in der Hauptreisezeit immense wirtschaftliche Schäden« drohten.[352] Das ArbG Bocholt ordnete **159**

346 So auch LAG Berlin-Brandenburg 14.8.12 – 22 SaGa 1131/12, das auch darauf hinweist, dass jedes Kampfziel »erfahrungsgemäß« einen Verhandlungsspielraum enthält.

347 Anders Hufen, NZA 14, 1237, 1240.

348 BAG GS 21.4.71 – GS 1/68, AP Nr. 43 zu Art. 9 GG Arbeitskampf; Seiter, S. 542ff.; Bayreuther, NZA 08, 12; gegen eine »Gemeinwohl-Streikschranke« Däubler-Däubler, AKR, § 14 Rn.19; ErfK-Linsenmaier, GG Art. 9 Rn. 126; Gamillscheg, S. 1173ff.; Kissel, § 34 Rn. 45; Hensche/Wolter, GS Zachert, S. 544ff. m.w.N.

349 Hanau/Thüsing, Neue Sensibilisierungen im Streikrecht, S. 35ff., 58ff., 63ff; Hufen, NZA 14, 14, 1237, 1239.

350 Vgl. z.B. Hanau/Thüsing, a.a.O.; Konzen/Schliemann, RdA 15, 1, 14ff.

351 Siehe zuletzt Franzen/Thüsing/Waldhoff, Arbeitskampf in der Daseinsvorsorge; für Verhandlungs- und Vorankündigungspflichten vgl. auch Bayreuther, NZA 08, 16.

352 ArbG Nürnberg 8.8.07 – 13 Ga 65/07, AuR 07, 320.

im Sicherheitsgewerbe eine umfangreiche Schichtbesetzung an.[353] Das ArbG Chemnitz sah in den Streiks der Lokführer im Personenfern- und Güterverkehr gar eine »unerträgliche Gemeinwohlbeeinträchtigung«.[354]

160 Diese Rechtsprechung hat zu Recht **vielfache Kritik**, ja geradezu einen Sturm der Entrüstung ausgelöst.[355] Das LAG Sachsen hob die Entscheidung des ArbG Chemnitz[356] mit der zutreffenden Begründung auf, dass ein gerichtliches Streikverbot vor dem Hintergrund des Art. 9 Abs. 3 GG nur in Betracht komme, wenn der Streik offensichtlich ungeeignet und unverhältnismäßig ist. Das sei bei dem Streik der GDL ersichtlich nicht der Fall gewesen.[357]

Versuche, aus dem Gemeinwohl eine Streikbeschränkung oder gar ein Streikverbot abzuleiten, sind mit Art. 9 Abs. 3 GG unvereinbar. Dies zeigt schon die Tatsache, dass selbst im Falle eines Notstands Eingriffe in das Streikrecht verboten sind. So dürfen sich staatliche Notstandsmaßnahmen nach Art. 9 Abs. 3 Satz 3 GG nicht gegen »Arbeitskämpfe« richten (»**Notstandsfestigkeit**« des Streikrechts).

161 Zudem wird zu Recht darauf hingewiesen, dass die Berufung auf ein **Gemeinwohl** in dieser Allgemeinheit **nichtssagend** und geradezu irreführend ist;[358] eine allgemeine rechtlich anerkannte Definition des Gemeinwohls gibt es nicht;[359] ähnliches gilt für den Begriff der »**Daseinsvorsorge**«.[360] Bezeichnend hierfür ist, dass in Deutschland anlässlich der Streiks im Bahn- und Flugverkehr meist gerade der Transportbereich, für den nach internationalen Regeln keine Sonderregelungen beim Streikrecht gelten dürfen, als Beispiel für »Daseinsvorsorge« genannt wird.[361] In diesem Sinne hat das LAG Berlin-Brandenburg die Behauptung, die Gewährleistung der Sicherheit in Kernkraftwerken sei Daseinsvorsorge, zu Recht zurückgewiesen.[362] Ein Gesetzentwurf aus 2012 (vgl. Rn. 2b) fasst aber praktisch alle Infrastrukturleistungen unter diesen Begriff. Wenn nicht nur Krankenhäuser, Bestattung, Abfallentsorgung, sondern auch Mobilfunk, Verkehr, Schulen oder der Zahlungs-

353 ArbG Bocholt 7.1.13 – 3 Ga 1/13.

354 ArbG Chemnitz 5.10.07 – 7 Ga 26/07, AuR 07, 393; die Entscheidung im einstweiligen Verfügungsverfahren hatte im Instanzenzug aber keinen Bestand (LAG Sachsen 2.11.07 – 7 SaGa 19/07, AuR 08, 64); vgl. auch Rechtsprechungsübersicht von Walter, AiB 07, 683; Dokumentation und Bewertung einer Reihe von Urteilen bei Blanke KJ 08, 204.

355 Vgl. Blanke KJ 08, 204; Sunnus, AuR 08, 1ff., 8f.; Zachert, FS Wendeling-Schröder, S. 23ff; Thüsing, Gutachterliche Stellungnahme im Auftrag der Gewerkschaft Deutscher Lokomotivführer [GDL] zum Urteil des ArbG Chemnitz 5.10.07 – 7 Ga 26/07.

356 ArbG Chemnitz 5.10.07 – 7 Ga 26/07, AuR 07, 393 (siehe Anmerkung in Fn. 345).

357 LAG Sachsen 2.11.07 – 7 SaGa 19/07, AuR 08, 64 = NZA 07, 59.

358 ErfK-Linsenmaier, GG Art. 9 Rn. 126; Greiner, NZA 10, 2977, 2981

359 Thüsing, Gutachterliche Stellungnahme im Auftrag der Gewerkschaft Deutscher Lokomotivführer [GDL] zum Urteil des ArbG Chemnitz 5.10.07.

360 Anschaulich die Schwierigkeiten, die Rudkowski, Der Streik in der Daseinsvorsorge, und Schliemann, RdA 12, 14, 16ff. mit ihren Versuchen einer genaueren Begriffsbestimmung haben.

361 Zu den Definitionen im Völkerrecht siehe anschaulich EGMR 2.10.14 – Nr. 48408/12 (Tymoshenko u.a. / Ukraine); für die deutsche Diskussion siehe z.B. den Beschluss des CSU-Parteivorstands vom 26.1.15; Hufen, NZA 14, 1237 hält die Gewährleistung des Schienenverkehrs sogar für ein »Staatsziel«; deutlicher enger aber Konzen/Schliemann, RdA 15, 1, 15 (»wirklich unausweichliche und lebensnotwendige Leistungen«, z.B. Trinkwasserversorgung, Abwasserversorgung, Strom- und Gasversorgung).

362 LAG Berlin-Brandenburg 14.8.12 – 22 SaGa 1131/12.

verkehr in ein Streikverbot einbezogen werden, sind alle Dienstleistungen, deren Aktivität unmittelbar gesellschaftlich sichtbar ist, »Daseinsvorsorge«. Bereits die Unvergleichbarkeit dieser unterschiedlichen Aufgaben und die unterschiedliche soziale Funktion der erwähnten Dienstleistungen machen deutlich, dass für eine solche heterogene Gruppe von Unternehmen keine einheitlichen Maßstäbe gelten können, die ihre rechtliche Behandlung von der anderer Unternehmen unterscheiden.

Gegen den Versuch, das Streikrecht mit einer allzu unscharfen »Gemeinwohlschere« zu beschneiden, steht zudem die durch Art. 9 Abs. 3 GG garantierte, zur Lösung von Tarifkonflikten unabweisbar notwendige Funktion des Streiks. Die Höhe des wirtschaftlichen Schadens und das »Verhältnis« zwischen Streikforderung und streikbedingter Beeinträchtigung ist zur Beurteilung der Rechtmäßigkeit des Streiks nicht relevant (vgl. Rn. 159). Ein Streik darf und soll **betriebswirtschaftlichen Schaden** (= Schmälerung der Rendite bzw. Erzeugung von Verlusten) für das/die bestreikte/n Unternehmen herbeiführen, weil nur auf diesem Wege überhaupt eine Lösung von Tarifkonflikten, ein Ausgleich der strukturellen Unterlegenheit der Arbeitnehmer und damit die für das Funktionieren der Tarifautonomie unverzichtbare Verhandlungsparität erreicht werden kann (vgl. auch Grundl. Rn. 42ff.).[363] Solche Beeinträchtigungen werden auch immer gewisse volkswirtschaftliche Konsequenzen haben; als notwendige Auswirkungen des Streikrechts müssen aber auch Konjunkturwirkungen unbeachtlich bleiben.[364] Selbst wenn betont wird, dass die Beschränkung des Streikrechts durch ein wie auch immer definiertes »Gemeinwohl« auf »außerordentliche, extreme Situationen« zu begrenzen sei,[365] bleibt sie gefährlich, da sie den Gerichten weite Spielräume eröffnet. 162

Ein Streik ist nach zutreffender Rechtsprechung auch nicht allein deshalb rechtswidrig, weil er sich **auf Dritte** beeinträchtigend auswirkt. So ist es nicht gerechtfertigt, etwa den Streik von Busfahrern, Lokomotivführern oder Piloten zu verbieten, weil hierdurch Nachteile für Fahrgäste entstehen.[366] Es sollte in einer sozialen Marktwirtschaft keine Überraschung sein, dass eine unternehmerische Tätigkeit nicht nur wirtschaftliche, sondern in bestimmten Fällen auch soziale und gesellschaftliche Funktionen erfüllt, und die Einschränkung unternehmerischer Tätigkeit insofern auch **Folgen für die Öffentlichkeit** haben kann. Diese sind notwendige Nebenfolgen des Streikrechts. Deshalb müssen die notwendigen Handlungseinschränkungen, die mit jeder Einschränkung von Dienstleistungen einhergehen, für die rechtliche Beurteilung außer Betracht bleiben; solche Einschränkungen (z.B. des Grundrechts auf Wahl eines bestimmten Verkehrsmittels)[367] sind mit dem vorbehaltlos gewährleisteten Grundrecht des Art. 9 Abs. 3 GG mitgedacht. 163

---

363 Vgl. Bayreuther, NZA 08, 12, 13.
364 Vgl. Bayreuther, NZA 08, 12, 13.
365 Kissel, § 27 Rn. 1, 24ff.
366 LAG Sachsen 2.11.07 – 7 SaGa 19/07, AuR 08, 64; auch das »Staatsziel Schienenverkehr«, das Hufen, NZA 14, 1237ff. gefunden zu haben glaubt, ist in einem solchen Fall noch nicht bedroht.
367 Hufen, NZA 14, 1237ff. fällt auch noch ein: die Berufsfreiheit alleinerziehender Eltern sowie der Kinder bei Streiks im Bereich von Kindertagesstätten und Schulen; das Umgangsrecht der Eltern mit ihrem Kind, wenn sie dieses wegen Streiks bei öffentlichen Verkehrsmitteln nicht erreichen können.

In einem Rechtsstaat können die Interessen Dritter allenfalls von Bedeutung sein, soweit mit ihnen konkrete außergewöhnliche Bedrohungen wichtiger Rechte verbunden sind.[368] So ist im Grundsatz unstreitig, dass Leben und Gesundheit Dritter durch einen Arbeitskampf nicht gefährdet werden dürfen. Dem kann i. d. R. durch **Notdienstvereinbarungen** der Parteien des Arbeitskampfes Rechnung getragen werden (vgl. Rn. 163a; Rn. 256f.).[369] Auch kommen solche rechtlichen Beeinträchtigungen seltener vor, als manchmal angenommen wird. So greift etwa der Streik der Beschäftigten von Kindertagesstätten in der Regel nicht in rechtlich relevanter Weise in das **Elternrecht** oder die Gesundheit der Kinder ein.[370] Die **Versorgung der Bevölkerung mit lebensnotwendigen Diensten oder Gütern** ist aus Rechtsgründen natürlich sicherzustellen – dabei seien allerdings Ausweichmöglichkeiten zu berücksichtigen, die auf privatwirtschaftlich organisierten Märkten in der Regel vorhanden sein werden. Zu den Rechten, die Dritte geltend machen können, wenn ihre Rechte ausnahmsweise unverhältnismäßig beeinträchtigt werden, siehe auch AKR, Rn. 285a.

163a Die Forderung, **bestimmte Versorgungsbereiche generell streikfrei** zu halten, ist deshalb abzulehnen.[371] Es dürfte einerseits nicht gelingen, diese Bereiche abstrakt so abzugrenzen, dass den Anforderungen des verfassungsrechtlichen Gleichheitssatzes genügt wird. Zum anderen sind Situationen, in denen Gefährdungen nicht durch Notdienstvereinbarungen abgewandt werden können, praktisch nicht denkbar;[372] so kann es z. B. auch kein generelles Streikverbot für Arbeitnehmer/innen geben, die mit der Bewachung kerntechnischer Anlagen betraut sind.[373] (zu Notdienstvereinbarungen genauer Rn. 256ff.).

---

368 Auch das BVerfG 6. 2. 07 – 1 BvR 978/05, NZA 07, 394 hält »Gemeinwohlbelange« zur Einschränkung der Koalitionsfreiheit nur für berücksichtigungsfähig, soweit sie verfassungsrechtlichen Rang haben.

369 So zu Recht LAG Sachsen 2. 11. 07 – 7 SaGa 19/07, AuR 08, 64 = NZA 07, 59; ErfK-Linsenmaier, GG Art. 9, Rn. 134; ArbG Berlin 16. 5. 12 – 42 Ga 7484/12 (rkr. durch LAG Berlin-Brandenburg 14. 8. 12 – 22 SaGa 1131/12); so auch die wesentliche Schlussfolgerung von Rudkowski, Der Streik in der Daseinsvorsorge.

370 ArbG Bielefeld 17. 6. 09 – 5 Ga 30/09, n. v.; bestätigt durch LAG Hamm 29. 10. 09 – 8 SaGa 22/09, im Rahmen eines Kostenbeschlusses nach Erledigungserklärung; zu den Folgen für die Kindergartengebühren oder die Rechte der Eltern gegenüber ihrem Arbeitgeber vgl. Kolbe, BB 09, 1414ff.

371 So aber Bayreuther, NZA 08, 12 in Bezug auf Intensiv-, Entbindungs- und Dialysestationen, öffentliche Wasserversorgung; Schneider/Sittard, DÖD 06, 244, 247f; Hufen, NZA 14, 1237, 1239; dagegen auch z. B. LAG Baden-Württemberg 31. 3. 09 – 2 SaGa 1/09. Siehe auch die Anerkennung des Streikrechts von Ärzten durch EGMR, 27. 11. 14 – Nr. 36701/09 (HLS/Kroatien), AuR 15, 33 m. Anm. Lörcher, HSI-Newsletter 5/2014, Anm. 2; anders wohl nur für Priester: EGMR 9. 7. 13 – Nr. 2330/09 (Sindicatul »Păstorul Cel Bun«/Rumänien), m. Anm. Lörcher, HSI-Newsletter 3/2013, unter III.

372 LAG Baden-Württemberg 31. 3. 09 – 2 SaGa 1/09; S. z. B. die genaue und zu Recht kritische Betrachtung etwaiger Probleme bei einem Streik des Sicherheitspersonal in Kernkraftwerken durch das LAG Berlin-Brandenburg 14. 8. 12 – 22 SaGa 1131/12.

373 ArbG Berlin 16. 5. 12 – 42 Ga 7484/12: (nach Zurückweisung der Berufung durch LAG Berlin-Brandenburg 14. 8. 12 – 22 SaGa 1131/12 ist die Entscheidung rechtskräftig); zust. ErfK-Linsenmaier, Art. 9 GG, Rn. 134.

2.5.5 Sozialtarifverträge und Solidaritätsstreik

Streiks zur Durchsetzung von **Sozialtarifverträgen** verstoßen nicht unter dem Gesichtspunkt fehlender Erforderlichkeit (vgl. Rn. 140) gegen den Verhältnismäßigkeitsgrundsatz. Die in der Literatur teilweise vertretene Ansicht, es fehle an der Erforderlichkeit, weil die Rechtsordnung mit den Regelungen der §§ 111 ff. BetrVG ein friedliches und weniger belastendes Verfahren bereithalte, um zu einem Nachteilsausgleich für die Arbeitnehmer zu gelangen,[374] verkennt den Unterschied zwischen einem in Ausübung der von Art. 9 Abs. 3 GG garantierten Tarifautonomie angestrebten Tarifvertrag und einem nach Maßgabe des BetrVG aufzustellenden Sozialplan (vgl. auch Rn. 31 ff.).[375] 164

Auch einem **Solidaritätsstreik** fehlt es nicht an der »Geeignetheit« zur Durchsetzung von Tarifforderungen. Die Zulässigkeit eines solchen Streiks richtet sich nach den gleichen Grundsätzen wie die anderer Arbeitskampfmaßnahmen. Selbst wenn der angegriffene Arbeitgeber die Forderung nicht selbst erfüllen kann, kann ein Solidaritätsstreik dennoch den Druck auf den Kampfgegner verstärken und den Hauptarbeitskampf beeinflussen.[376] Rechtswidrig ist dies nur, wenn der Streik zur Unterstützung des Hauptarbeitskampfs offensichtlich ungeeignet ist (genauer bei Rn. 181 ff.).[377] Dabei ist zu berücksichtigen, dass auch das Koalitionsrecht aus Art. 11 EMRK kollektive Maßnahmen zur Unterstützung anderer Organisationen, wie z. B. Solidaritätsstreiks erfasst.[378] 165

2.5.6 Arbeitskampf bei Tarifeinheit

Gewerkschaftskonkurrenz kann zu parallelen tarifpolitischen Aktivitäten **mehrerer konkurrierender Gewerkschaften** führen, was wiederum im Betrieb zur Folge haben kann, 166

- dass der Arbeitgeber gleichzeitig oder zeitversetzt Streiks mehrerer Gewerkschaften ausgesetzt ist, und
- dass konkurrierende Gewerkschaften mit ihren Forderungen in einen Überbietungswettbewerb treten.

Für diese Fälle war und ist umstritten, ob die abgeschlossenen Tarifverträge in Tarifeinheit treten (womit nur einer rechtswirksam würde) oder ob sie in Tarifpluralität nebeneinander wirken. Diese Streitfrage ist nun im Wesentlichen durch § 4a TVG entschieden wor-

374 Vgl. z. B. Bepler, FS Wißmann, 97, 112, der meint, die Ziele eines Sozialtarifvertrags könnten ja betriebsverfassungsrechtlich durchgesetzt werden.

375 BAG 24.4.07 – 1 AZR 252/06, DB 07, 1924 = AiB 07, 732.

376 Siehe auch Hessisches LAG 25.4.13 – 9 Sa 561/12, (anhängig vor dem BAG unter 1 AZR 754/13: kein Schadensersatz wegen eines Unterstützungsstreiks, weil keine absoluten Rechte (§ 823 Abs. 1 BGB) verletzt wurden.

377 BAG 19.6.07 – 1 AZR 396/06, NZA 07, 1055.

378 EGMR 8.4.14 – Nr. 31045/10 (RMT/Vereinigtes Königreich); ähnliches gilt für Art. 6 Nr. 4 ESC (BAG 19.6.07 – 1 AZR 396/06, BAGE 123, 134 ff.; vgl. Entscheidung des Europäischen Ausschusses für Soziale Rechte, EGMR, 3.7.13 – Nr. 85/2012 (LO und TCO/Schweden); zur Entscheidungspraxis der Expertenkommission der ILO zum Übereinkommen 87 siehe ILO (Hrsg.), Freedom of association. Digest of decisions and principles of the Freedom of Association Committee of the Governing Body of the ILO, 5. Aufl., 2006, Rn. 545 ff.); zu den Grenzen siehe aber EGMR 8.4.14, Beschwerde Nr. 31045/10 (RMT/Vereinigtes Königreich).

den. In diesem Zusammenhang wurde auf eine Sicherung des Streikrechts verzichtet, weil im Gesetzgebungsverfahren unterstellt wurde, dass dieses Gesetz das Streikrecht unangetastet lasse. Dies mag in der Sache zutreffend sein; denn es bedarf keiner besonderen Regeln für Streiks bei Gewerkschaftskonkurrenz; die **allgemeinen Maßstäbe** für die Beurteilung der Rechtmäßigkeit von Arbeitskampfmaßnahmen (Friedenspflicht, Ultima-Ratio-Grundsatz usw.; vgl. Rn. 150ff.) vermögen auch diejenigen Rechtsfragen angemessen und ausreichend zu lösen, die im Falle von Tarifeinheit und Gewerkschaftskonkurrenz in einem Betrieb auftreten können. Der Gesetzgeber hat allerdings nicht bedacht, dass die Situation der Gewerkschaftskonkurrenz auch in der Rechtsprechung schon wiederholt Anlass zu Einschränkungen des Streikrechts gegeben hat.[379] Es ist davon auszugehen, dass durch die Rechtsprechung auch künftig solche **Einschränkungen des Streikrechts zu erwarten** sind.[380] Für diese Annahme spricht auch, dass Streiks der GDL nicht nur der Anlass, sondern auch in der öffentlichen Debatte Hauptargument für das Gesetz waren. Um das Streikrecht auch nach Inkrafttreten des Gesetzes zu sichern, hätte es einer expliziten Gewährleistungsklausel bedurft (genauer TVG, § 4a Rn. 107ff.).

167 So ist in der Vergangenheit schon die Auffassung vertreten worden, dass Streiks für Tarifverträge, die nach den Regeln der bisherigen Rechtsprechung des BAG zur **Tarifeinheit** (vgl. dazu TVG § 4 Rn. 60ff., 82ff.) wegen des Vorrangs eines anderen – von einer anderen Gewerkschaft bereits vorher abgeschlossenen – Tarifvertrags (möglicherweise) nicht angewendet werden, **ungeeignet** und deshalb unverhältnismäßig sind.[381] Es ist zu erwarten, dass diese Überlegungen nach Erlass des § 4a TVG wieder Konjunktur haben und die Rechtsprechung beeinflussen werden.

Diese Überlegungen sind aber **abzulehnen**. Hier wird der Versuch unternommen, eine – der Streikgarantie aus Art. 9 Abs. 3 GG widersprechende – neue Streikgrenze zu entwickeln, die rechtswidrig in die Koalitionsfreiheit der streikführenden Gewerkschaft eingreifen würde.[382] Arbeitskampfrechtliche Wirkungen im Sinne einer Rechtmäßigkeitskontrolle vor allem des Streiks kann der Grundsatz der Tarifeinheit nicht entfalten.[383] Oft ist zum Zeitpunkt des Streiks noch gar nicht erkennbar, welcher der letztlich abgeschlossenen Tarifverträge die Repräsentativitätsvoraussetzungen des § 4a Abs. 2 TVG erfüllen wird (zu diesen Voraussetzungen siehe § 4a TVG Rn. 47ff.; 59ff.) als der andere Tarifvertrag. Auch kann die verbleibende Laufzeit des »anderen« Tarifvertrags zeitlich sehr begrenzt oder die Dauer seiner unveränderten Geltung aus anderen Gründen nicht eindeutig genug vorhersehbar sein. Würde der anderen Gewerkschaft der Streik untersagt, wäre

---

379 Siehe hierzu insbes. die Nachweise bei Zachert, FS Wendeling-Schröder.

380 So auch Richardi, NZA 14, 1233ff.

381 LAG Rheinland-Pfalz 22.6.04 – 11 Sa 2096/03, AP Nr. 169 zu Art. 9 GG Arbeitskampf mit abl. Anm. Däubler; Buchner, BB 08, 106, 107ff.; ders. BB 07, 2520; ders. BB 03, 2121, 2125f.; ErfK-Franzen, TVG § 4 Rn. 72; Greiner, NZA 07, 1023, 1026; Rolfs/Clemens, NZA 04, 410.

382 So auch LAG Sachsen 2.11. 07 – 7 SaGa 19/07, NZA 08, 59, 63ff.; LAG Rheinland-Pfalz 14.6.07 – 11 Sa 208/07, AuR 07, 319 = DB 07, 2432 im Hauptsacheverfahren unter ausdrücklicher Aufgabe der noch im einstweiligen Verfügungsverfahren vertretenen Auffassung; LAG Köln 12.12.05 – 2 Ta 457/05, NZA 06, 62; LAG Hessen 22.7.04 – 9 SaGa 593/04, AP Nr. 168 zu Art. 9 GG Arbeitskampf m. Anm. Däubler; 2.5.03 – 9 SaGa 638/03, BB 03, 1229; Bayreuther, NZA 06, 642, 646; Reichold, RdA 07, 321, 327; Sunnus, AuR 08, 1, 6f.; Walter, AiB 07, 683, 685ff.

383 So auch schon BAG 26.10.71 – 1 AZR 113/68, AP Nr. 44 zu Art. 9 GG Arbeitskampf; siehe Thüsing/Burg, FS Otto, 576ff.

es ihr versperrt, einen dem Betrieb näher stehenden Tarifvertrag überhaupt zu erreichen;[384] das Nachzeichnungsrecht aus § 4a Abs. 4 TVG setzt aber einen kollidierenden Tarifvertrag und damit das Streikrecht voraus. Bereits die Tatsache, dass es zum Arbeitskampf kommt, weil die Arbeitgeberseite offensichtlich den Abschluss eines solchen Tarifvertrags abgelehnt hat, zeigt, dass solche Forderungen trotz möglichen Unterliegens bei Tarifeinheit durchaus von rechtlich-wirtschaftlicher Bedeutung sind.[385] Und selbst wenn ein Arbeitsgericht meinen sollte, bereits im Zeitpunkt des Arbeitskampfs sei abzusehen, welcher Tarifvertrag im Sinne des § 4a Abs. 2 TVG den Vorrang erhalten werde: es ist nicht die Aufgabe einer arbeitsgerichtlichen Bewertung, sich die Einschätzung solcher struktureller betriebspolitischer Ereignisse anzumaßen und für die Zukunft einzuschätzen, inwiefern eine Minderheitsgewerkschaft wohl über die Möglichkeiten verfügt, in Zukunft zur Mehrheitsgewerkschaft zu werden.

Ohnehin werden nach § 4a TVG nur normative Bestimmungen verdrängt; das **Streikrecht für schuldrechtliche Verpflichtungen**[386] bleibt in jedem Fall bestehen; insofern kann der verdrängte Teil des Tarifvertrags auch keine Friedenspflicht zur Folge haben (genauer zum Ganzen § 4a TVG Rn. 40). Auch steht der Minderheitsgewerkschaft aufgrund ihres Nachzeichnungsrechts jedenfalls die Möglichkeit des Solidaritätsstreiks (Rn. 165) zu.[387] **167a**

Selbstverständlich kann es für die Erforderlichkeit des Streiks als Durchsetzungsmittel auch nicht darauf ankommen, **wie viele Personen** Interesse an der Durchsetzung der jeweiligen Forderung haben. Ein Gesetz, das einen Streik für unzulässig erklären sollte, wenn dieser auf einen Tarifvertrag gerichtet ist, der weniger als 15 % der Arbeitsverhältnisse seines Geltungsbereichs erfassen würde,[388] wäre wegen Widerspruchs zu Art. 9 Abs. 3 GG verfassungswidrig. **168**

Festzuhalten ist auch, dass die **Friedenspflicht** (vgl. Rn. 59 ff.) aus dem Tarifvertrag einer Gewerkschaft dem von einer **anderen Gewerkschaft geführten Streik** zur Durchsetzung »ihres« konkurrierenden Tarifvertrags nicht entgegen steht (vgl. Rn. 114).[389] Denn die Friedenspflicht aus einem Tarifvertrag bindet nur die den Tarifvertrag abschließende Gewerkschaft, nicht andere Gewerkschaften. Dies ist unbestritten und wird dadurch bestätigt, dass eine Regelung zur Ausweitung der Friedenspflicht, wie sie im Vorfeld des Tarifeinheitsgesetzes vorgeschlagen worden war (Grundl. Rn. 225 ff.) vom Gesetzgeber bewusst nicht aufgenommen worden ist. Zu beachten ist, dass auch bei Tarifeinheit Solidaritätsstreiks möglich bleiben würden (Rn. 167a). **169**

Arbeitskampfrechtliche Fragen im Zusammenhang mit Gewerkschaftskonkurrenz entstehen in der Praxis nur für Berufsgruppen mit Schlüsselfunktionen im Betrieb, bei denen wenige Personen aufgrund einer starken Arbeitsmarktstellung einen Streik sehr wirksam **170**

384 LAG Sachsen 2.11.07 – 7 SaGa 19/07, AuR 08, 64, 65; LAG Rheinland-Pfalz 14.6.07 – 11 Sa 208/07 AuR 07, 319; LAG Hessen 2.5.03 – 9 SaGa 638/03, BB 03, 1229.

385 Thüsing/Burg, FS Otto, 576, 580.

386 Siehe auch zur Möglichkeit der Inbezugnahme verdrängter Tarifverträge: Richardi, NZA 14, 1233, 1235.

387 So auch Löwisch, Editorial zu BB 48/2014.

388 Siehe Franzen/Thüsing/Waldhoff, Arbeitskampf in der Daseinsvorsorge.

389 Vgl. Kissel, § 26 Rn. 78 f.; JKO-Jacobs, § 7 Rn. 235.

durchführen können.[390] Als Alternative zur Tarifeinheit werden deshalb z. T. Forderungen nach einer Einschränkung des Streikrechts im Bereich der öffentlichen und privatisierten Daseinsvorsorge (vgl. Rn. 157ff.) gestellt.[391] Bei der Debatte über **Streikbeschränkungen für Berufsgruppen- und Spartengewerkschaften**, sei es über Tarifeinheit oder zur »Daseinsvorsorge«, sollte aber beachtet werden, dass diese ohne weiteres auch für entsprechende Streiks von Branchen- bzw. DGB-Gewerkschaften gelten würde.[392] Bezeichnenderweise scheint gerade für einige der besonders engagierten Verfechter eines möglichst weitgehend entfesselten Wettbewerbs von Gewerkschaften und Tarifverträgen und eines Zurückdrängens des »Monopols« der DGB-Gewerkschaften[393] der Schritt vom »gelebten Gewerkschaftspluralismus« zum »domestizierten Streikrecht« für alle Gewerkschaften nahe liegend zu sein.[394] Zur rechtspolitischen Diskussion vgl. Grundl. Rn. 212ff., 220ff.

171 Die aktuelle Situation rechtfertigt nicht die Etablierung zusätzlicher Streikbeschränkungen oder Erweiterungen der Kampfmittel der Arbeitgeber. Die Argumente der Streikgegner (z. B. Paritätsstörung, Gemeinwohlverletzung) überzeugen nicht. Die wirtschaftliche Beeinträchtigung der Gegenseite ist vom Streikrecht gerade intendiert; sie kann nicht gerade dort eine Einschränkung des Rechts zur Folge haben, wo sie lediglich effektiv wirkt.

Auf der anderen Seite ist anerkannt, dass die **verfassungsrechtlich geschützten Rechte Dritter**, insbesondere Rechte von Kundinnen und Kunden bzw. von Bürgerinnen und Bürgern, bei der Ausübung des Streikrechts berücksichtigt werden müssen. Im deutschen System der Arbeitskampffreiheit erfolgt dies jedoch bislang unproblematisch durch entsprechende Notdienst- und Erhaltungsvereinbarungen durch die Kampfparteien selbst (vgl. Rn. 163).[395]

172 Ließe man **Tarifpluralität** entgegen § 4a TVG zu, so kann dies dazu führen, dass der Arbeitgeber – wie im Fall des **Streiks der GDL** (vgl. Rn. 149, 159f., 166) – viele seiner Beschäftigten nicht aussperren kann, weil sie an dem Streik nicht beteiligt sind und für sie bereits ein anderer – mit einer anderen Gewerkschaft abgeschlossener – Tarifvertrag gilt. Dies führt jedoch nicht schon dazu, dass bereits ein **Streik unzulässig** sei.[396] Denn allein

390 Siehe z. B. Schröder, Orientierungen zur Wirtschafts- und Gesellschaftspolitik 115 (2008), 2ff; siehe auch Schröder/Kalass/Greef, Berufsgewerkschaften in der Offensive, 2011, 265ff.

391 Siehe z. B. Konzen/Schliemann, RdA 15, 1, 14ff.; Bayreuther, NZA 08, 12, 13ff.; ders. NZA 06, 642; Buchner, BB 07, 2520; Feudner, BB 07, 2459; Greiner, NZA 07, 1023, 1027; Meyer, NZA 06, 1387, 1390; Reichold, RdA 07, 321, 327; von Steinau-Steinrück/Glanz, NZA 09, 113 sowie vereinzelte arbeitsgerichtliche Instanzentscheidungen: ArbG Chemnitz 5. 10. 07 – 7 Ga 26/07, AuR 07, 393, aufgehoben durch LAG Sachsen 2. 11. 07 – 7 SaGa 19/07, NZA 08, 59; ArbG Nürnberg 8. 8. 07 – 13 Ga 65/07, AuR 07, 320; ArbG Düsseldorf 1. 8. 07 – 11 Ga 74/07; krit. zu diesen Tendenzen: Deinert, NZA 09, 1176; Glanz, NJW-Spezial 07, 578; Sunnus, AuR 08, 1, 6ff.; Zachert, FS Wendeling-Schröder, S. 23ff.

392 Zu Streikeinschränkungen für DGB-Gewerkschaften in Folge des Tarifeinheitsgesetzes siehe z. B. Berg, KJ 14, 72ff.

393 Vgl. dazu Greiner, NZA 07, 1023, 1025f.

394 So etwa Reichold, NJW-Editorial, Heft 33/07.

395 BAG 31. 1. 95 – 1 AZR 142/94, AP Nr. 135 zu Art. 9 GG Arbeitskampf: »Die Regelung der Modalitäten eines arbeitskampfbedingten Notdienstes ist – zumindest zunächst – gemeinsame Aufgabe des Arbeitgebers und der streikführenden Gewerkschaft.« So auch ArbG Berlin 16. 5. 12 – 42 Ga 7484/12 für einen Streik im Sicherheitsgewerbe.

396 ArbG Düsseldorf 1. 8. 07 – 11 Ga 74/07.

eine Einschränkung der Aussperrungsmöglichkeiten führt nicht schon dazu, dass die Parität so sehr gestört wäre, dass das strukturelle Ungleichgewicht zugunsten der Arbeitgeberseite aufgehoben wäre (siehe dazu auch schon Rn. 3ff.).[397] Deshalb ist auch eine Ausweitung der Arbeitskampfinstrumente der Arbeitgeberseite, z.B. (für diese Fälle) eine Zulassung der bislang verbotenen **Angriffsaussperrung**,[398] der **lösenden Aussperrung** (Aussperrung durch Kündigung),[399] der rechtlichen Zulassung von **Streikbruchprämien**[400] (vgl. Rn. 301, 489, 508) oder einer »kumulativen Verhältnismäßigkeitsbetrachtung«, die bei mehreren Arbeitskämpfen die nachfolgenden Streiks enger begrenzen würde,[401] nicht erforderlich und damit nicht rechtmäßig.

2.5.7 Faire Kampfführung und gesellschaftliche Verantwortung

Ein Streik darf hohe Kosten verursachen, aber nicht die **Vernichtung des Arbeitgebers** bezwecken (vgl. auch Rn. 156).[402] Nur das entspricht dem Ziel eines tarifbezogenen Arbeitskampfes; es ist außerdem Ausdruck eines dem Arbeitskampfrecht immanenten Verbots einer **rechtmissbräuchlichen Anwendung** des Arbeitskampfes.[403] 173

Daraus folgt auch die Pflicht zu **Not- und Erhaltungsarbeiten** (vgl. Rn. 256f.), insbesondere in Bereichen, in denen die Tätigkeit des bestreikten Unternehmens nicht nur wirtschaftliche, sondern auch soziale und gesellschaftliche Bedeutung hat (zur Kritik des Begriffs »Daseinsvorsorge« vgl. oben Rn. 161). Dies ist jedoch »gemeinsame Aufgabe des Arbeitgebers und der streikführenden Gewerkschaft«, die der Autonomie der Arbeitskampfparteien unterliegt.[404] Es gibt keine Anzeichen dafür, dass die Gewerkschaften in Deutschland diesen Fairnessanforderungen nicht nachkommen würden. Dies gilt auch und gerade in der Gewerkschaftskonkurrenz; auch kleine Organisationen von Spezialistinnen und Spezialisten sind ihrer **gesellschaftlichen Verantwortung** in einer Streiksituation bisher immer gerecht geworden. Ein rechtlicher Eingriff kommt erst bei einer konkreten Gefährdung verfassungsrechtlich geschützter Güter in Betracht (zu den Anforderungen vgl. oben Rn. 163ff.).

Statt auf das Verbot des Rechtsmissbrauchs wird das Vernichtungsverbot z.T. auf ein »Gebot der **Fairness**« gestützt. Dies ist allerdings schwer zu greifen; eine solche Arbeitskampfschranke lässt sich mit den Prinzipien der Rechtsklarheit und Rechtssicherheit kaum ver- 174

---

397 So zu Recht LAG Sachsen 2.11.07 – 7 SaGa 19/07, AuR 08, 64.

398 Vgl. Kamanabrou, ZfA 08, 241, 264; Greiner, NJW 10, 2977, 2979; er wendet sich allerdings gegen eine »Unterstützungsaussperrung« der bei konkurrierenden Gewerkschaften organisierten Arbeitnehmer; Bayreuther, NZA 08, 15 sieht dagegen Parallelen zum »Sympathie-« und Partizipationsstreik.

399 Greiner, NJW 10, 2977, 2980 hält sie wegen des damit verbundenen Verlusts der Stammbelegschaft für unpraktikabel und das rechtliche Verbot deshalb für verzichtbar; Bayreuther, NZA 08, 16 äußert Zweifel aus verfassungsrechtlichen Gründen.

400 Greiner, NJW 10, 2977, 2980.

401 Kamanabrou, ZfA 08, 241, 262; skeptisch Greiner, NZA 10, 2977, 2982.

402 BAG 30.3.82 – 1 AZR 265/80, AP Nr. 74 zu Art. 9 GG Arbeitskampf unter III 1; BAG 11.5.93 – 1 AZR 649/92, DB 93, 1724 unter II 2; 24.4.07 – 1 AZR 252/06, DB 07, 1924 = AiB 07, 732; LAG Sachsen 2.11.07 – 7 SaGa 19/07, AuR 08, 64 = NZA 08, 59; ErfK-Linsenmaier, GG Art. 9 Rn. 131.

403 Vgl. ErfK-Linsenmaier, GG Art. 9 Rn. 131.

404 BAG 31.1.95 – 1 AZR 142/94, AP Nr. 135 zu Art. 9 GG Arbeitskampf.

einbaren.[405] Das »Fairnessgebot« reibt sich zudem mit dem Grundsatz der Wahlfreiheit der Kampfmittel (vgl. Rn. 13). Immer wieder werden einzelne Streikbetätigungen (z.B. Blockade oder Besetzung; vgl. Rn. 225ff.) als unfair eingestuft, ohne dass dies dieser Grundsatz beachtet wird.[406] Um ein Verbot der »Vernichtung des Arbeitskampfgegners« und der Übernahme gesellschaftlicher Verantwortung zu begründen, bedarf es wie dargestellt ohnehin nicht eines solch vagen allgemeinen Gebots, das im Übrigen auf einer absurden Unterstellung basiert, die das Grundinteresse der Streikenden an dem Erhalt ihrer Arbeitsplätze nicht zur Kenntnis nimmt. Das Vernichtungsverbot ergibt sich vielmehr aus allgemeinen Verhältnismäßigkeitsüberlegungen.[407] Die Gewährleistung von **gesellschaftlicher Verantwortung** und Fairness im Arbeitskampf kann im Übrigen der effektiven Sorge der handelnden Akteure anvertraut bleiben.

2.6 Streik zur Durchsetzung von Rechtsansprüchen?

175 Aus der Maßgabe, dass Arbeitskämpfe nur zur Durchsetzung tariflich regelbarer Ziele zulässig sind, folgert die h.M., dass Forderungen zur **Durchsetzung von individuellen Rechtsansprüchen bzw. Rechtspositionen** (z.B. Rücknahme einer Kündigung, Wiedereinstellung von gekündigten Arbeitnehmern oder Rücknahme eines Antrags nach § 103 BetrVG) nicht erstreikt werden können. Zur Durchsetzung solcher Ziele seien ausschließlich die **Gerichte anzurufen.**[408]

Dagegen hält der Sachverständigenausschuss der **ILO** (vgl. hierzu Grundl. Rn. 95ff.) jedenfalls Streiks zur Einhaltung von Kollektivvereinbarungen oder Auszahlung von seit Monaten fälligen Entgeltansprüchen für zulässig; der Europäische Ausschuss der Sozialen Rechte auch Streiks zur Einhaltung von Arbeitsschutzvorschriften.[409] Jedenfalls soweit Streit über die richtige Auslegung eines Tarifvertrags besteht, muss es einer Tarifvertragspartei unbenommen sein, unter Wahrung der Friedenspflicht einen Arbeitskampf um eine klarstellende tarifliche Regelung zu führen.[410] (Siehe zur generellen Kritik an der Beschränkung des Streikrechts durch die bisherige BAG-Rechtsprechung auf tariflich regelbare Ziele vgl. Rn. 21ff.) Solange allerdings die deutsche Rechtsprechung an ihrer entgegenstehenden Sichtweise festhält, wird es angesichts der **Schadensersatzrisiken** gewerkschaftlich geführte Streiks zur Durchsetzung von individuellen Rechten kaum geben.

176 Der h.M. (in Deutschland) kann jedenfalls dann nicht gefolgt werden, wenn der Arbeitgeber sich bewusst tarifwidrig verhält und tarifliche Ansprüche nicht erfüllt. Die **Durchsetzung tariflich geregelter Ansprüche (im Wege des Streiks)** ist eine von Art. 9 Abs. 3

405 Zu den Anforderungen siehe auch EGMR 2.10.14 – Nr. 48408/12 (Tymoshenko u.a./Ukraine).

406 Siehe auch die umfangreichen Folgerungen, die Säcker/Mohr, JZ 10, 440, 445ff. aus dem »Friedlichkeitsgebot« ziehen; zu dieser Begrifflichkeit auch Greiner, NZA 10, 2977, 2981.

407 ErfK-Linsenmaier, Art. 9 GG Rn. 131.

408 BAG 21.10.69 – 1 AZR 93/68, AP Nr. 41 zu Art. 9 GG Arbeitskampf; 14.2.78 – 1 AZR 76/76, DB 78, 1403; 7.6.88 – 1 AZR 372/86, DB 88, 2102; ErfK-Linsenmaier, GG Art. 9 Rn. 118; Gamillscheg, S. 1112f.; Kissel, § 24 Rn. 73ff.; MünchArbR-Ricken, § 200 Rn. 30 a.E.

409 Vgl. Däubler-Lörcher, AKR, § 10 Rn. 81, der insoweit auf einen Beschlüsse des Ausschusses für Vereinigungsfreiheit der ILO von 2005 sowie des Europäischen Ausschusses der Sozialen Rechte von 1971 verweist.

410 ErfK-Linsenmaier, Art. 9 GG, Rn. 118.

GG (Tarifautonomie; vgl. Grundl. Rn. 69ff.) umfasste Form der **Selbsthilfe.**[411] Denn bei einer bewussten Nichtanwendung eines bestehenden Tarifvertrags **verwirkt** der Arbeitgeber den Schutz der Friedenspflicht. Bei einem Streik zur Durchsetzung des Tarifvertrags handelt es sich um nichts anderes als um die Fortsetzung der ursprünglichen Tarifauseinandersetzung (vgl. auch Rn. 119).[412]

Darüber hinaus kann eine Einschränkung des Streikrechts nicht gelten, soweit **kein effektiver Rechtsschutz** möglich ist. So werden Massenkündigungen im Zusammenhang mit Betriebs- oder Betriebsteilstilllegungen von der Rechtsprechung individualrechtlich akzeptiert; hier bleibt als kollektives Gegenmittel nur der Streik.[413] Auch in anderen Fällen, in denen die Rechtslage gerade keine Rechtspositionen der Arbeitnehmerinnen und Arbeitnehmer gewährleistet, kommt zur Interessendurchsetzung nur der Streik in Betracht. 177

Zur Durchsetzung sonstiger Rechtsansprüche kommt ggf. ein **Zurückbehaltungsrecht** der Arbeitnehmer/innen nach § 273 BGB in Frage.[414] Hiernach kann die Arbeitsleistung (ohne Verlust des Entgeltanspruchs) zurückgehalten werden, wenn ein fälliger Anspruch gegen den Arbeitgeber besteht (z.B. ein Anspruch auf Arbeitsentgelt), den dieser (noch) nicht erfüllt hat. 178

Wegen **rückständigen Arbeitsentgelts** darf der Arbeitnehmer nach Auffassung des BAG[415] die Arbeitsleistung jedoch nicht verweigern,

- wenn es nur um einen geringfügigen Zahlungsanspruch geht,
- wenn nur eine kurzfristige Verzögerung der Zahlung des Arbeitsentgelts zu erwarten ist,
- wenn dem Arbeitgeber infolge der Arbeitsverweigerung ein unverhältnismäßig hoher Schaden droht,
- wenn das rückständige Arbeitsentgelt auf andere Weise gesichert ist (eine bloße Sicherung über Insolvenzgeld steht der Ausübung des Zurückbehaltungsrechts aber nicht entgegen).

Hinweis für den Betriebs- und Personalrat: 179

Angesichts dieser **Einschränkungen** sollten Arbeitnehmer/innen vor der Ausübung des Zurückbehaltungsrechts immer eine kompetente Beratung (z.B. bei ihrer Gewerkschaft) einholen. Denn Arbeitgeber neigen dazu, die Gründe für die Ausübung des Zurückbehaltungsrechts nicht anzuerkennen und die Betroffenen mit fristloser Kündigung wegen Arbeitsverweigerung zu bedrohen. Zwar wäre eine solche Kündigung bei berechtigter Arbeitsverweigerung unwirksam.[416] Ob ein solches Recht im konkreten Einzelfall aber letztlich bestand, stellt sich bei Beschreitung des langen Rechtsweges (Kündigungsschutzprozess) erst sehr viel später heraus. Deshalb ist es meist besser, den Konflikt auf der kollektiven Ebene durch Einschalten von Betriebsrat und Gewerkschaft zu lösen.

411 Vgl. KeZa-Stein, § 4 Rn. 220; Däubler-Däubler, AKR, § 13 Rn. 22; Plander, ZTR 97, 151; Ramm, BB 61, 1168; Berg/Bobke, WSI-Mitt. 82, 239f.
412 VglKeZa-Stein, a.a.O.
413 Bepler, FS Wißmann, 97, 112.
414 Zu den Voraussetzungen im Einzelnen siehe Däubler-Däubler, AKR, § 28 Rn.38ff.
415 BAG 25.10.84 – 2 AZR 417/83, DB 85, 763.
416 BAG 9.5.96 – 2 AZR 387/95, NZA 96, 1085.

2.7 Besondere Streikarten

2.7.1 Allgemeines

180 Neben dem klassischen Streik als kollektive Arbeitsniederlegung der Arbeitnehmer einer Branche, einer Berufsgruppe oder eines Unternehmens zur Durchsetzung eines unmittelbar für sie geltenden Tarifvertrags, dem nach wie vor **in der Streikpraxis der Gewerkschaften** – wenn auch mit flexiblerer Streiktaktik – die mit Abstand **größte Bedeutung** zu kommt, wurden und werden ergänzend immer auch **besondere Streikarten** praktiziert (vgl. Grundl. Rn. 39ff.), die sich vom typischen Streik in der **Art der gewählten Kampfmittel** und/oder in der **Zielsetzung** unterscheiden. Sie sollen insbesondere die ggf. vorhandene **Durchsetzungsschwäche des klassischen Streiks** kompensieren (z.B. **Solidaritätsstreik**, vgl. Rn. 181ff.) oder etwa den **Protest der Arbeitnehmer und ihrer Gewerkschaften** gegen Aussperrungsmaßnahmen oder Sozialabbauvorhaben der Arbeitgeber, gegen gesellschaftspolitische Missstände oder die Gefährdung des Friedens durch Aufrüstungsprogramme oder militärische Interventionen zum Ausdruck bringen (**politischer Demonstrations- und Proteststreik**, vgl. Rn. 188ff.). In den letzten Jahren haben vor dem Hintergrund der erstarkten **Streikabwehrmöglichkeiten der Arbeitgeber** (vgl. Grundl. Rn. 47f.; Rn. 292ff.) und der zu Lasten der Arbeitnehmer und der Gewerkschaften **veränderten gesellschafts- und wirtschaftspolitischen Rahmenbedingungen** (vgl. Grundlagen Rn. 159ff.) streikbegleitende Kampfmittel wie **Öffentlichkeitskampagnen** (vgl. Rn. 211ff.), **Boykottmaßnahmen** (vgl. Rn. 204ff.) und **betriebsstörende und produktionsbehindernde Aktionen,** wie z.B. **Flashmob** (vgl. Rn. 213ff.), einen größeren Stellenwert bekommen. Grundsätzlich besteht für die Gewerkschaften die – rechtlich gebundene – **Freiheit der Wahl der Kampfmittel**, es gibt diesbezüglich keinen Typenzwang oder abschließenden und verbindlichen Katalog zulässiger Kampfmittel[417] (vgl. auch Grundl. Rn. 41).

2.7.2 Solidaritätsstreik

181 Beim nach neuerer Rechtsprechung des BAG **grundsätzlich zulässigen** (vgl. dazu Rn. 184)[418] – **Solidaritätsstreik**, auch **»Unterstützungsstreik«**[419] oder – unpassend[420] – **»Sympathiestreik«**[421] genannt, **unterstützen** die **Arbeitnehmer des Solidaritätsstreiks den (»Haupt«-) Streik anderer Arbeitnehmer.** Der Solidaritätsstreiks hat das Ziel, durch Erhöhung des Drucks auf den am Hauptstreik beteiligten Arbeitgeber oder Arbeitgeberverband die Durchsetzung der mit dem Hauptstreik verfolgten Tarifforderungen zu unterstützen. Für die am Solidaritätsstreik beteiligten Arbeitnehmer gilt (in der Regel) ein anderer Tarifvertrag als für die Arbeitnehmer des Hauptstreiks (zur Frage der Friedens-

---

417 BVerfG 26.3.14 – 1 BvR 3185/09, NZA 14, 493; 4.7.95 – 1 BvF 2/86, 1 BvF 1/87, 1 BvF 2/87, 1 BvF 3/87, 1 BvF 4/87, 1 BvR 1421/86, NZA 95, 754; BAG 22.9.09 – 1 AZR 972/08, NZA 09, 1347; 1351; 19.6.07 – 1 AZR 396/06, NZA 07, 1055.

418 BAG 19.6.07, a.a.O.

419 So jetzt das BAG 19.6.07, a.a.O.

420 Däubler-Wolter, AKR, § 17 Rn. 86.

421 So das BAG in seiner älteren Rechtsprechung: 12.1.88 – 1 AZR 219/86, DB 88, 1270; 5.3.85 – 1 AZR 468/83, AuR 86, 220.

pflicht in diesem Zusammenhang vgl. Rn. 185). Der Solidaritätsstreik kommt in vielfältigen Formen vor.

Beispiele
Drucker unterstützen den Tarifkampf der Redakteure; im öffentlichen Dienst streiken die Beschäftigten der Kommunen zur Unterstützung der Landesbeschäftigten; Arbeitnehmer der Metallindustrie in NRW unterstützen den Streik der Arbeitnehmer in der Metallindustrie Sachsen; Drucker unterstützen den Arbeitskampf von Verlagsangestellten; Beschäftigte der Muttergesellschaft unterstützen Arbeitnehmer einer – mit dem Ziel der Tarifflucht – ausgegründeten Tochterfirma; Beschäftigte in Braunschweig verweigern die Ausführung von Tätigkeiten, die wegen eines Streiks in Belgien dorthin verlagert worden sind.

Der Solidaritätsstreik fällt unter die Streikgarantie des Art. 9 Abs. 3 GG. Dass »**Solidaritätsprinzip**« als Ausdruck gegenseitiger Unterstützung der Arbeitnehmer bei der Verfolgung und Durchsetzung ihrer Interessen ist ein Element der Konkretisierung der Koalitionsfreiheit[422] und entspringt einer **strukturell gleichen materiellen Interessenlage** und gesellschaftlichen Stellung der Arbeitnehmer. Da es somit vor allem um die Verfolgung gleichgerichteter Interessen geht, ist der eher allein auf Gefühle abstellende Begriff des »Sympathiestreiks« weniger passend als der des »Solidaritäts-« oder »Unterstützungsstreiks«.[423]

Der Solidaritätsstreik hat eine **lange Tradition.** Vor allem Beschäftigte in kleinen und organisatorisch schwachen Branchen waren auf die Solidarität der Arbeitnehmer anderer Wirtschaftsbereiche angewiesen. Heute erfordern **neue Bedingungen** eine Weiterentwicklung. Die vielfältigen Formen der **Tarifflucht**, die Tendenzen zur **Zersplitterung** der räumlichen, persönlichen und fachlichen Geltungsbereiche vieler Flächentarifverträge bzw. die **Aufspaltung** ehemals einheitlicher Tarifbereiche und die Erosion des Tarifvertragssystems insgesamt erfordern in stärkerem Maße als in der Vergangenheit eine **tarifbereichsübergreifende gegenseitige Unterstützung.** Die **Reorganisation der Unternehmen** (Konzentration und Dezentralisierung, z.B. durch Ausgründung zum Zweck der Tarifflucht) und die **Internationalisierung** von Produktion und Dienstleistungen erlauben tendenziell einerseits eine Kontrolle von wirtschaftlich, finanziell, liefermäßig verbundenen Unternehmen auch ohne wirtschaftliche Abhängigkeit im Sinne von §§ 18, 19 AktG und andererseits ein Ausweichen auf parallele Produzenten, teilweise im Ausland, und damit die Möglichkeit, einen Streik »leer laufen« zu lassen. Auch angesichts der von der Rechtsprechung praktizierten Freistellung fast jeder Form von **Streikbruch** (vgl. Rn. 303 ff. und 506 ff.) können praktische Unterstützung und Hilfe notwendig sein. 182

Das **BAG** hatte entgegen der älteren Rechtsprechung[424] Solidaritätsstreiks zunächst in der Regel für unzulässig gehalten.[425] Daran wurde zu Recht **Kritik** geübt: Der Solidaritäts- 183

422 Birk, S. 86 ff.; Däubler-Wolter, AKR Rn. 105; Pfarr/Kittner, RdA 74, 284.
423 Däubler-Bieback, AKR, Rn. 86, 105.
424 Z.B. BAG 20.12.63 – 1 AZR 157/63, DB 64, 625; LAG Frankfurt 22.12.83 – 4/10 Sa 816/81, BB 85, 1850; LAG Düsseldorf 11.12.78 – 7 Ta 239/78, DB 79, 167; LAG Hamm 24.4.80 – 8 Sa 1259/79, DB 80, 2345; auch BGH 19.1.78 – II ZR 192/76, DB 78, 687 und BSG 9.9.75 – 7 RAr 5/73, AuR 76, 315 gingen von der Rechtmäßigkeit aus.
425 BAG 5.3.85 – 1 AZR 468/83, AuR 86, 220; 12.1.88 – 1 AZR 219/86, DB 88, 1270; ebenso Gamillscheg, S. 1139; Kissel, § 24 Rn. 28 ff.; Otto, § 10 Rn. 39: »wirtschaftliche Geiselnahme«.

streik ist ein überkommenes Kampfmittel, das traditionell immer als legal angesehen wurde. Die Einflussmöglichkeiten auf die Arbeitgeber im Hauptstreik sind in der gesellschaftlichen Realität sehr wohl vorhanden. Die mit einem Solidaritätsstreik verbundene indirekte Regelung und Unterstützung von tariflichen Zielen ist ausreichend.[426] Die Beschränkung des Streiks auf tarifliche Ziele ist schließlich mit Art. 9 Abs. 3 GG und Art. 6 Nr. 4 **Europäische Sozialcharta (ESC)** (vgl. Grundl. Rn. 109) nicht vereinbar. Das Ministerkomitee des Europarats hat im Februar 1998 festgestellt, dass die Beschränkung von Streiks auf tarifliche Ziele – wie sie der Rechtsprechung zum Solidaritätsstreik zugrunde liegt – nicht mit der Streikgarantie von Art. 6 Ziff. 4 ESC zu vereinbaren ist; es hat der Bundesregierung empfohlen, das auf geeignetem Wege zu ändern.[427]

184 Das **BAG** hat zwischenzeitlich seine **Rechtsprechung grundlegend geändert** und unter Umkehrung des bisher geltenden Ausnahme-/Regelverhältnisses festgestellt, dass **Unterstützungs- (bzw. Solidaritätsstreiks) grundsätzlich zulässig** sind.[428] Der Unterstützungsstreik unterfällt danach der durch Art. 9 Abs. 3 GG gewährleisteten **Betätigungsfreiheit der Gewerkschaften.** Eine Ausgestaltung des Arbeitskampfrechts dahingehend, dass Unterstützungsstreiks rechtswidrig sind, wäre mit der **Garantie des Streikrechts in Teil II Art. 6 Nr. 4 ESC**[429] und der Auffassung der ILO-Kontrollgremien[430] nicht vereinbar. Schließlich fällt der Unterstützungsstreik auch unter das in **Art. 28 EU-GRC geschützte Recht zur Ergreifung kollektiver Maßnahmen.**[431]

185 Die Zulässigkeit des Unterstützungsstreiks richtet sich nunmehr nach der Rspr. des BAG[432] – wie der anderer Arbeitskampfmaßnahmen auch – nach dem **Grundsatz der Verhältnismäßigkeit** (vgl. dazu Rn. 137ff.). Er ist nur dann rechtswidrig, wenn er zur Unterstützung des Hauptarbeitskampfes **offensichtlich ungeeignet, offensichtlich nicht erforderlich** oder **unangemessen** ist. Hinsichtlich der Geeignetheit und der Erforderlichkeit hat die den Streik führende Gewerkschaft eine Einschätzungsprärogative. Das heißt: Sie hat einen Beurteilungsspielraum bei der Frage, ob eine Arbeitskampfmaßnahme geeignet ist, Druck auf den sozialen Gegenspieler auszuüben. Die Einschätzungsprärogative ist Teil der durch Art. 9 Abs. 3 GG geschützten **Freiheit in der Wahl der Arbeitskampfmittel.** Sie betrifft grundsätzlich nicht nur die Frage, welches Kampfmittel eingesetzt wird, sondern

426 Plander, AuR 86, 193ff.; Weiss, Anm. zu EzA Art. 9 GG Arbeitskampf Nr. 57.

427 AuR 98, 154; dazu Däubler AuR 98, 144.

428 BAG 19.6.07 – 1 AZR 396/06, NZA 07, 1055; vgl. dazu Kreft, BB-Special 4/08, 11; Paukner, ZTR 08, 130; zust. LAG Baden-Württemberg 31.3.09 – 2 SaGa 1/09, NZA 09, 631; ArbG Frankfurt 27.3.12 – 10 Ca 3468/11, AuR 12, 183; ErfK-Linsenmaier, GG Art. 9 Rn. 121; HK-ArbR-Hensche, GG Art. 9 Rn. 116; Kittner/Zwanziger/Deinert-Deinert, § 136 Rn. 8; Klimpe-Auerbach, PR 08, 51, 54f.; Hayen/Ebert, AuR 08, 19; Schaub-Treber, § 192 Rn. 11; Sunnus, AuR 08, 1, 4ff.; abl. Buchner, BB 08, 106; Hohenstatt/Schramm, NZA 07, 1034; HWK-Hergenröder, Art. 9 GG Rn. 270; Otto, RdA 10, 135; Rieble, BB 08, 1506; Thüsing/Braun-von Steinau-Steinrück, 3. Rn. 177; Wank, RdA 09, 1, 2ff.; krit. Henssler, ZFA 10, 397, 409ff.; Meyer, NZA 11, 1392.

429 Zur Gewährleistung des Unterstützungsstreiks im Lichte des internationalen Rechts vgl. Hayen/Ebert, a.a.O.; Kocher, AuR 08, 13, 18.

430 Däubler-Lörcher, AKR, § 10 Rn. 84.

431 Däubler-Heuschmid, AKR, § 11 Rn. 40.

432 Weitergehend und krit. zur Ausgestaltung des Unterstützungsstreiks durch das BAG und zur Anwendung des Verhältnismäßigkeitsgrundsatzes in diesem Zusammenhang Däubler-Wolter, AKR, § 17 Rn. 106ff., 134ff.

auch, wem gegenüber dies geschieht. Nur wenn das Kampfmittel zum Erreichen des zulässigen Kampfziels **offensichtlich ungeeignet** ist, kann eine Arbeitskampfmaßnahme aus diesem Grund für rechtswidrig erachtet werden.[433] Ein Unterstützungsstreik ist zur Durchsetzung des im Hauptarbeitskampf verfolgten Streikziels nicht allein deshalb ungeeignet, weil der mit dem Unterstützungsstreik überzogene Arbeitgeber die Streikforderung nicht selbst erfüllen kann und verstößt auch regelmäßig **nicht gegen die tarifliche Friedenspflicht** (zur Friedenspflicht vgl. Rn. 59ff.)[434] aus dem bei diesem geltenden Tarifvertrag. Der Unterstützungsstreik zielt bereits seiner Ausrichtung nach grundsätzlich nicht auf die Änderung der tarifvertraglich geregelten Arbeits- und Entgeltbedingungen der an einem derartigen Streik beteiligten Arbeitnehmer und Arbeitnehmerinnen. Dennoch werden mit einem Unterstützungsstreik in der Regel mittelbar auch eigennützige Ziele der Streikenden verfolgt, da ein Hauptstreik, der zu einem schlechten Tarifabschluss führt oder vollständig erfolglos bleibt, zukünftig auch negative Auswirkungen auf die für andere Arbeitnehmer geltenden Tarifstandards haben kann. Die **Uneigennützigkeit des Solidaritätsstreiks** ist insoweit keine Voraussetzung seiner Rechtmäßigkeit.

Im Einzelnen setzt die Zulässigkeit des Unterstützungsstreiks nach der Rspr. des BAG[435] die **Durchführung** eines **rechtmäßigen Hauptstreiks** voraus. Ist der Hauptstreik z. B. wegen **Verletzung der Friedenspflicht** rechtswidrig, ist ein auf diesen bezogener Unterstützungsstreik wegen dessen Akzessorietät ebenfalls rechtswidrig.[436] **186**

Weiterhin müssen die **Dauer** und **der Umfang** des **Unterstützungsstreiks** in einem angemessenen Verhältnis zum Umfang des Hauptstreiks stehen. Der Schwerpunkt des gesamten Arbeitskampfes darf nicht offensichtlich beim Unterstützungsstreik liegen oder dorthin verlagert werden (**kein »Stellvertreter-Streik«**). Wenn das BAG für die Beurteilung des Verhältnisses von Haupt- und Unterstützungsarbeitskampf – und damit für die Verhältnismäßigkeit des Unterstützungsarbeitskampfes im engeren Sinne – u.a. auf die **Dauer** beider Arbeitskampfmaßnahmen abstellt, ist die **Gesamtdauer des Hauptarbeitskampfes** (auch unter Einbeziehung mehrerer befristeter bzw. unterbrochener Streiks) zum Zeitpunkt des Beginns des Unterstützungsstreiks dessen angekündigter Dauer gegenüberzustellen. Bezüglich des **Umfangs** beider Arbeitskampfmaßnahmen ist auf die Gegenüberstellung der Anzahl der jeweils streikenden Arbeitnehmer und Arbeitnehmerinnen abzustellen. Dabei ist für den Hauptarbeitskampf die Gesamtzahl der Streikteilnehmer an allen Arbeitskampfmaßnahmen bis zum Beginn des Unterstützungsstreiks maßgeblich. Bei einer flexiblen Streiktaktik im Hauptarbeitskampf durch Einsatz wiederholter befristeter Kurzstreiks, ist es auch zulässig, dass ein Solidaritätsstreik ganz oder teilweise in der Zeit einer Unterbrechung des Hauptstreiks durchgeführt wird. Für die Prüfung der Verhältnismäßigkeit im engeren Sinn kommt es demgegenüber **nicht auf den Vergleich der (wirtschaftlichen und sonstigen tatsächlichen) Streikfolgen** des Haupt- **186a**

---

433 BVerfG 10. 9. 04 – 1 BvR 1191/03, NZA 04, 1388 (= AP GG Art. 9 Arbeitskampf Nr. 167), zu B II 2 b der Gründe.

434 BAG 19. 6. 07 – 1 AZR 396/06, NZA 07, 1055.

435 BAG 19. 6. 07, a.a.O.

436 Vgl. dazu die Fallgestaltungen bei ArbG Frankfurt 25. 3. 13 – 9 Ca 5558/12, (nachfolgend Hessisches LAG 5. 12. 13 – 9 Sa 592/13; anhängig BAG 1 AZR 160/14), und ArbG Marburg 10. 12. 10 – 2 Ca 270/10, NZA-RR 10, 140.

und Unterstützungsarbeitskampfes an. Die Einschätzung der Streikfolgen einzelner Arbeitskampfmaßnahmen spielt zwar bei der gewerkschaftlichen Wahl der Kampfmittel neben sonstigen entscheidungsrelevanten Gesichtspunkten auch eine gewisse Rolle. Letztlich hängen aber die tatsächlich eintretenden Streikfolgen von zahlreichen – insbesondere in der Einflusssphäre der Arbeitgeber liegenden – Faktoren ab, so dass die streikführende Gewerkschaft diesbezüglich nur begrenzte Steuerungsmöglichkeiten hat. Die Dauer der Arbeitskampfmaßnahmen und die Anzahl der Streikenden liegen demgegenüber in ihrem Verantwortungsbereich und sind deshalb als rechtssichere Prüfungskriterien im Sinne der Rspr. des BAG geeignet.[437] Das Abstellen auf die Streikfolgen würde die Gewerkschaft hinsichtlich der Rechtmäßigkeit eines Solidaritätsstreiks unkalkulierbaren Risiken aussetzen und sie in ihrer freien Wahl der Kampfmittel und ihrer von Art. 9 Abs. 3 GG gewährleisteten Betätigungsfreiheit unzulässig einschränken.[438]

186b Die Frage, wo die **Schwelle** liegt, ab der ein **Unterstützungsstreik unangemessen** wird, weil sich »der Schwerpunkt des gesamten Arbeitskampfes signifikant auf den Unterstützungsstreik verlagert« hat,[439] kann nur konkret unter Berücksichtigung der Umstände des Einzelfalls und unter Einbeziehung des gesamten Verlaufs und der Umstände einer Tarifauseinandersetzung beantwortet werden. Soweit der Unterstützungsstreik **den gesamten Hauptstreik** bezüglich der Dauer des Streiks und der Anzahl der Streikteilnehmer und -teilnehmerinnen nicht deutlich übertrifft, dürfte sich jedenfalls die **Frage einer unzulässigen Schwerpunktverlagerung** grundsätzlich nicht stellen. Bei der erforderlichen Einzelfallprüfung ist unabhängig davon zu berücksichtigen, dass der Sinn und Zweck des Solidaritätsstreiks ja gerade darin besteht, die **fehlende Durchsetzungsfähigkeit im Hauptarbeitskampf zu kompensieren bzw. partiell zu ersetzen.** So sind Fälle denkbar, in denen trotz eines im umkämpften Tarifgebiet »ernsthaft geführten Hauptarbeitskampfs«[440] dieses Kampfmittel weitgehend wirkungslos bleibt, so dass nur durch einen – den Hauptarbeitskampf nach Dauer und/oder Umfang in einem gewissen Umfang übertreffenden – Unterstützungsstreik ein Verhandlungsergebnis erreicht werden kann. Wenn die Angemessenheit eines Solidaritätsstreiks regelmäßig davon abhängig gemacht würde, dass er die Dauer und den Umfang des Hauptstreiks nicht erreicht und/oder überschreitet, wäre der Einsatz dieses Kampfmittels in vielen Fällen wirkungslos. Ist z. B. der Kampfgegner auf Arbeitgeberseite aufgrund der spezifischen Rahmbedingungen in seinem Unternehmen bzw. seiner Branche in der Lage, die Streikenden im Hauptarbeitskampf durch die verschiedenen Möglichkeiten der **Streikbruchorganisation** (vgl. dazu Rn. 294ff.) weitgehend oder vollständig zu ersetzen und damit den Hauptarbeitskampf faktisch ins

---

437 ArbG Frankfurt 27. 3. 12 – 10 Ca 3468/11, AuR 12, 103, (nachfolgend Hessisches LAG 25. 4. 13 – 9 Sa 561/12, AuR 13, 233; anhängig BAG 1 AZR 754/13); Klein, jurisPR-ArbR 35/2012 Anm. 2, abl. Anm. zu ArbG Frankfurt 28. 2. 12 – 9 Ga 25/12, NZA 12, 579, das demgegenüber einen Solidaritätsstreik von Fluglotsen der Gewerkschaft der Flugsicherung (GdF) zur Unterstützung eines Hauptarbeitskampfes der Vorfeldmitarbeiter am Frankfurter Flughafen wegen angeblicher Unverhältnismäßigkeit zu Unrecht untersagt und dabei im wesentlichen (nur) auf die Streikfolgen des Solidaritätsstreiks abgestellt hat; dem zust. Greiner, NZA 12, 529, 530; Meyer, SAE 12, 35.

438 Klein, a.a.O.

439 BAG 19. 6. 07 – 1 AZR 396/06, NZA 07, 1055.

440 BAG 19. 6. 07; a.a.O.

Leere laufen zu lassen, muss die Gewerkschaft dennoch die Möglichkeit haben, darauf mit der Durchführung eines wirkungsvollen Unterstützungsstreiks zu reagieren. Wird z.B. in einem **Konzern oder in einer Unternehmensgruppe** ein Produktions- oder Dienstleistungsbereich zum Zweck der **Tarifflucht** auf ein nicht tarifgebundenes (Tochter-) Unternehmen ausgegliedert, wird ein Unterstützungsstreik der Beschäftigten der tarifgebundenen Konzernunternehmen (in denen die große Mehrzahl der Arbeitnehmer des Konzern beschäftigt ist) nicht deshalb zum **unangemessenen »Stellvertreter-Streik«**, weil am Hauptstreik in dem ausgelagerten Betrieb (mit einer von vorneherein deutlich geringeren Anzahl an Beschäftigten) selbst bei hoher Streikbeteiligung nur eine vergleichsweise geringe Anzahl von Arbeitnehmern und Arbeitnehmerinnen streikt.

Neben den vorgenannten Voraussetzungen kommt es für die Verhältnismäßigkeit eines Unterstützungsstreiks im engeren Sinne wesentlich auf die **Nähe des Unterstützungsstreiks zum Hauptstreik** an. Danach ist ein Unterstützungsstreik vor allem (aber nicht nur dann) bei folgenden Fallkonstellationen zulässig: **186c**

- Die **gleiche Gewerkschaft** ruft zum Haupt- und Unterstützungsstreik auf.
- Die am Haupt- und Unterstützungsstreik beteiligten Arbeitnehmer und Arbeitnehmerinnen arbeiten räumlich und arbeitsorganisatorisch **eng zusammen**[441] (aber auch ein Streik, der zur Unterstützung eines Hauptstreiks **in einem anderen Unternehmen und/oder in einem anderen Tarifgebiet** geführt wird, kann bei Vorliegen entsprechender Verflechtungen zwischen den beteiligten Arbeitgebern oder Arbeitgeberverbänden zulässig sein).[442]
- Der betroffene Arbeitgeber hat seine **Neutralität** im Hauptstreik verletzt, z.B. durch die Unterstützung des bestreikten Arbeitgebers mit arbeitswilligen Beschäftigten oder Aufrechterhaltung der bestreikten Produktion bzw. Dienstleistung.
- **Zwischen den beteiligten Arbeitgebern bzw. Arbeitgeberverbänden** besteht eine räumliche, branchenmäßige, personelle, verbandspolitische, rechtliche und/oder wirtschaftliche **Verbindung.** Letzteres ist typischerweise bei **Konzernen oder Unternehmensgruppen** oder bei engen Produktions-, Dienstleistungs- oder Lieferbeziehungen gegeben.[443]

Die vorstehend genannten **Voraussetzungen** für die Rechtmäßigkeit eines Solidaritätsstreiks müssen allerdings **nicht kumulativ** vorliegen.[444]

Wichtige Anwendungsfälle können beispielsweise sein: **187**

- Erhalt oder Herstellung der Tarifbindung bei **Outsourcing- oder Privatisierungsmaßnahmen** zur Absenkung von Tarifstandards,[445]

---

441 LAG Baden-Württemberg 31.3.09 – 2 SaGa 1/09, NZA 09, 631; a.A. wohl ArbG Marburg 10.12.10 – 2 Ca 270/10, NZA-RR 10, 140, das den zulässigen Unterstützungsstreik auf unternehmens- oder tarifgebietsübergreifende Sachverhalte beschränken will.

442 Schaub-Treber, § 192 Rn. 12; ArbG Marburg 10.12.10, a.a.O., das allerdings – insoweit unzutreffend – einen Streik zur Unterstützung des Hauptstreiks anderer Arbeitnehmer im gleichen Unternehmen für unzulässig hält (gelten z.B. für die in einem Unternehmen vertretenen Berufsgruppen unterschiedliche Tarifverträge, kann ein »tarifgebietsübergreifender« Unterstützungsstreik in diesem Unternehmen zulässig sein).

443 Vgl. zum Vorstehenden insgesamt BAG 19.6.07, a.a.O.

444 So auch LAG Baden-Württemberg 31.3.09 – 2 SaGa 1/09, NZA 09, 631.

445 Z.B. ArbG Berlin 17.4.02 – 79 Ga 9757/02; Klimpe-Auerbach, PR 08, 51, 55.

- Solidaritätsstreik der Beschäftigten von **OT-Mitgliedern** eines Arbeitgeberverbandes zur Unterstützung eines Hauptstreiks gegen den Arbeitgeberverband und – umgekehrt – Unterstützung des Hauptstreiks zur Durchsetzung eines Firmentarifvertrages bei einem OT-Mitglied durch die Arbeitnehmer der tarifgebundenen Mitglieder des Arbeitgeberverbandes,[446]
- Unterstützung des **Hauptstreiks zur Durchsetzung eines Firmentarifvertrags** bei einem **Mitgliedsunternehmen eines Arbeitgeberverbandes** durch einen Solidaritätsstreik von Arbeitnehmern anderer Mitgliedsunternehmen, etwa auch des Hauptstreiks einer **(Minderheits-) Gewerkschaft**, die nicht in allen Betrieben eines Unternehmens bzw. eines Tarifgebiets nach der gesetzlichen Regelung des Grundsatzes der **Tarifeinheit** (vgl. dazu TVG § 4a) einen normativ geltenden Tarifvertrag durchsetzen kann,[447]
- die Unterstützung eines **Streiks von Leiharbeitnehmern** gegen ein Leiharbeitsunternehmen durch Beschäftigte der Entleiherbetriebe,[448]
- **Solidaritätsstreiks von Leiharbeitnehmern** zur Unterstützung eines Hauptarbeitskampfes der Beschäftigten der Entleiherbetriebe,[449]
- sonstige **berufsgruppen-, branchen- oder tarifbereichsübergreifende** Unterstützungsmaßnahmen,[450] z. B. auch die Unterstützung eines Hauptarbeitskampfes im **Einzelhandel** durch Solidaritätsstreiks von Beschäftigten in Unternehmen, die aufgrund vertraglich geregelter Geschäftsbeziehungen für die Einzelhandelsunternehmen Liefer- und Dienstleistungen erbringen (z. B. Großhandel, Logistik, Transport, Entsorgung, Endproduktherstellung),[451]
- die **Abwehr bzw. Neutralisierung von Streikbruch** durch Aufruf der Arbeitnehmer eines Unternehmens zu einem Solidaritätsstreik, das sich durch die Übernahme der im Hauptarbeitskampf bestreikten Produktion oder Dienstleistung, durch das Abstellen eigener Beschäftigter zu Verrichtung von Streikarbeit oder durch sonstige Unterstützungsmaßnahmen des Arbeitgebers im Hauptarbeitskampf nicht neutral verhält (vgl. zum Recht auf die Verweigerung der Leistung von Streikarbeit auch Rn. 506) und
- Unterstützungsstreik der Beschäftigten eines in Deutschland gelegenen Konzernunternehmens für einen Hauptstreik in einem **im Ausland ansässigen Konzernunternehmen.**[452]

---

446 Däubler-Wolter, AKR, § 17 Rn. 150; Rieble BB 08, 1506, 1507.

447 S. dazu auch BAG 24. 4. 07 – 1 AZR 252/06, NZA 07, 987; Löwisch, DB 15, 1102, 1103.

448 Dazu Hayen/Ebert, AuR 08, 19, 22.

449 Berg, AuR 11, 418, 419; Däubler-Wolter, AKR, § 17 Rn. 150; Rieble, BB 08, 1506, 1507.

450 Vgl. dazu den Sachverhalt bei BAG 19. 6. 07, NZA 07, 1055: Unterstützung streikender Redakteure durch Drucker; sowie LAG Hamm 24. 7. 06 – 8 Sa 741/06; LAG Köln 19. 3. 07 – 12 Ta 41/07, LAGE Nr. 77 zu Art. 9 GG Arbeitskampf; ArbG Krefeld 27. 5. 08 – 2 Ca 2696/07, jeweils zur Zulässigkeit von Solidaritätsstreiks von Beschäftigten der Kommunen zur Unterstützung der Landesbeschäftigten im öffentlichen Dienst.

451 Däubler-Wolter, AKR, § 17 Rn. 143.

452 Zur Zulässigkeit und den kollisionsrechtlichen Problemen des transnationalen Solidaritätsstreiks s. Däubler-Wolter, AKR, § 17 Rn. 1; Däubler-Däubler, AKR, § 32 Rn. 52 ff.; s. dazu auch LAG Frankfurt 22. 12. 83 – 4/10 Sa 816/81, BB 85, 1850.

Ein **Solidaritätsstreik** von **Beamten und Beamtinnen** zur Unterstützung eines Streiks der **Tarifangestellten im Öffentlichen Dienst** ist **unzulässig,**[453] weil Beamten und Beamtinnen nach h.M. kein Streikrecht zusteht (vgl. dazu Rn. 462).

Bei der Durchführung eines Solidaritätsstreiks ist zur Vermeidung rechtlicher Risiken zu beachten, dass der gewerkschaftliche **Streikbeschluss** und **Streikaufruf** (vgl. dazu Rn. 250ff., 253f.) zu einem derartigen Streik das mit der Arbeitskampfmaßnahme verfolgte Ziel der Unterstützung eines Hauptarbeitskampfes so eindeutig bezeichnet, dass die Unterscheidung von Haupt- und Unterstützungsarbeitskampf möglich ist.[454] **187a**

2.7.3 »Politischer« Streik/Proteststreik/Demonstrationsstreik

Der **»politische« Streik** wurde in der Bundesrepublik Deutschland bisher – vom zweitägigen »Zeitungsstreik« im Zusammenhang mit den Gesetzesaktivitäten zum BetrVG im Jahr 1952 abgesehen[455] – nur in wenigen Fällen in Form **kurz befristeter Protest- und Demonstrationsstreiks** praktiziert (vgl. dazu die Übersicht in Grundl. Rn. 34).[456] Der an den Staat und die gesellschaftliche Öffentlichkeit adressierte **zeitlich befristete politische Demonstrations- und Proteststreik** soll die Meinungsbildung der Arbeitnehmer und ihrer Gewerkschaften nachdrücklich in die gesellschaftspolitischen Auseinandersetzungen einbringen und deren Verlauf beeinflussen. Er ist nicht darauf gerichtet, im Sinne eines **Erzwingungsstreiks** bestimmte politische Entscheidungen der Regierung oder des Parlaments durchzusetzen. Er unterscheidet sich insofern deutlich von einem politischen Kampf- bzw. Generalstreik zur Abwehr von Angriffen auf die demokratische Verfassung (vgl. dazu Rn. 198) und zur Erkämpfung der Demokratie.[457] Der Protest- und Demonstrationsstreik zeichnet sich dadurch aus, dass er nicht auf die Durchsetzung von Tarifforderungen gerichtet ist oder ein tarifvertraglich regelbares Ziel verfolgt, sondern insbesondere **gegenüber staatlichen Institutionen wie Regierungen und Parlamenten** und/oder **Parteien** und **Arbeitgeberverbänden** den Protest, die Kritik und die Forderungen der Arbeitnehmer und ihrer Gewerkschaften, etwa zu Gesetzesvorhaben, politischen Entscheidungen oder gesellschaftlichen Missständen, öffentlich zum Ausdruck bringt. Dabei stehen vor allem Themen und Regelungsgegenstände im Vordergrund, die unmittelbar mit den **Arbeits- und Wirtschaftsbedingungen** im Zusammenhang stehen, doch haben sich entsprechende Protestaktionen in der Vergangenheit auch auf **allgemeinpolitische Ereignisse** wie den Mauerbau in Berlin, das Misstrauensvotum zum Sturz Willy Brandts oder die Stationierung von Atomraketen[458] bezogen (vgl. Grundl. Rn. 34). **188**

---

453 OVG Lüneburg 12.6.12 – 20 BD 8/11, AuR 12, 329; VG Berlin 18.12.12 – 80 K 51.12 OL.

454 S. dazu den Sachverhalt bei BAG 19.6.12 – 1 AZR 775/10, NZA 12, 1372.

455 Vgl. dazu Kittner, Arbeitskampf, S. 601, 603ff.

456 Zur historischen und aktuellen Entwicklung der kontroversen (rechts-) politischen und gewerkschaftlichen Diskussion über die Chancen und Grenzen des »politischen« Streiks vgl. die Materialsammlung von Wilhelmy, S. 13ff.

457 So die Abgrenzung bei Abendroth, GMH 54, 259, 260.

458 Aufruf des DGB-Bundesvorstandes vom 6.9.83 »Fünf Mahnminuten für den Frieden«; vgl. dazu ArbG Herne 17.8.84 – 4 Ca 788/84, AuR 85, 291: kein Aufruf zu einer offensichtlich rechtswidrigen Arbeitskampfmaßnahme; Otto, § 5 Rn. 48, hält in diesem Zusammenhang eine kurze Arbeitsniederlegung für gerechtfertigt; zu den Rechtsproblemen von Streikmaßnahmen

189 Im **europäischen Ausland** sind »politische« **General- oder Proteststreiks** überkommener Bestandteil der nationalen Streikkultur und werden – von Dänemark und Großbritannien abgesehen – als zulässig angesehen oder toleriert.[459] So wurden zu den jeweils geplanten nationalen Vorhaben des Sozialabbaus und auch gegen den Irak-Krieg in zahlreichen europäischen (Nachbar-) Staaten entsprechende Aktionen durchgeführt, z. B. in Frankreich, Griechenland, Italien, Luxemburg, Niederlande, Österreich und Spanien.[460] Eine der wenigen erfolgreichen **grenzüberschreitenden und europaweiten gewerkschaftlichen Mobilisierungskampagnen**, die teilweise auch von **Streiks der Hafenarbeiter** begleitet waren, richtete sich in den Jahren 2003 und 2006 gegen die von der EU-Kommission vorgeschlagene Richtlinie über den Markzugang zu Hafendiensten (Port Package I und II).[461] Als Reaktion auf die von der Europäischen Kommission verordnete Austeritätspolitik und die damit verbundenen harten Maßnahmen des Sozialabbaus, der massiven Verschlechterung der Arbeits- und Entgeltbedingungen und der Aushebelung der Tarifautonomie (vgl. dazu Grundl. Rn. 111) in den südeuropäischen EU-Staaten haben dort allein in **den Jahren 2010–2012 mehr als 20 befristete General- und Proteststreiks** stattgefunden, mit dem Schwerpunkt in Griechenland (insgesamt ca. 15 Generalstreiktage) und Spanien (2 Generalstreiks).[462] In den Jahren 2011 und 2012 hat es auf Initiative der spanischen Gewerkschaften CC.OO und UGT verstärkte Bemühungen gegeben, derartige **Streikmaßnahmen** zu »europäisieren«, zumindest in den schwerpunktmäßig betroffenen südeuropäischen EU-Staaten **länderübergreifend und koordiniert** durchzuführen und dabei auch den Europäischen Gewerkschaftsbund (EGB) einzubeziehen.[463] Ein derartiger **länderübergreifender Streikaufruf** zur Demonstration für einen europäischen Sozialpakt wurde vom EGB für den 14. 11. 12 beschlossen.[464] Die Aktivitäten des DGB und seiner Gewerkschaften haben sich auf Solidaritätserklärungen und die Durchführung einiger regionaler Kundgebungen und Demonstrationen beschränkt.[465]

190 Die **herrschende Rechtsmeinung** hält den »politischen« Streik für **rechtswidrig**: Zum einen handele es sich um einen Eingriff in die verfassungsmäßige Ordnung gem. Art. 20 GG, zum anderen seien die Forderungen nicht tarifbezogen, so dass die Arbeitgeber sie nicht erfüllen könnten.[466] Eine direkte Bewertung derartiger Streiks durch das **BAG** liegt

---

im Rahmen gewerkschaftlicher Friedenspolitik vgl. Berg/Bobke, in Bäcker/Bispinck/Bobke u. a., S. 14 ff.; Wahsner/Bayh, S. 39 ff.

459 Schopp, S. 3, 8.

460 Vgl. die Übersicht bei Wilhelmy, S. 62.

461 Achten/Kamin-Seggewies, S. 145 ff.; Dribbusch, WSI-Mitt. 14, 337, 339 f.

462 Pedrina, Sozialismus 9/12, 38; zu den neueren praktischen europaweiten Erfahrungen s. auch die Beiträge in Gallas/Nowak/Wilde, S. 24 ff.

463 Pedrina, a.a.O.; Die Welt online 2. 10. 12.: »Spanier regen Generalstreik in ganz Südeuropa an« (http://www.welt.de/109593201).

464 http://www.etuc.org/IMG/pdf/EN-ETUC-EC-Declaration-17-10-2012-2.pdf.

465 S. dazu die Übersicht unter http://www.dgb.de/++co++5e1b8bca-2e4b-11e2-a135-00188b4dc422 und das Interview mit dem damaligen DGB-Vorsitzenden Sommer: http://www.deutschlandradiokultur.de/wir-sind-solidarisch.1008.de.html?dram:article_id=227998; zu den Voraussetzungen grenzüberschreitender gewerkschaftlicher Mobilisierung und der Diskussion über einen europäischen Generalstreik s. Dribbusch, a.a.O., 337 ff.

466 Z. B. LAG Frankfurt 20. 2. 53 – IV LA 360/52, RdA 53, 195 (zum »Zeitungsstreik« 1952 gegen ein rückschrittliches BetrVG); LAG München 19. 12. 79 – 9 Sa 1015/79, EzA Art. 9 GG Arbeits-

bisher nicht vor, im Urteil zum Solidaritätsstreik (vgl. dazu Rn. 181 ff.) wird das Kampfmittel Demonstrationsstreik lediglich ohne weitere Stellungnahme wie folgt erwähnt:[467] »Die Frage, ob auch reine Demonstrationsstreiks, mit denen ohne einen Bezug auf einen um einen Tarifvertrag geführten Arbeitskampf lediglich Protest oder Sympathie – etwa für oder gegen Entscheidungen des Gesetzgebers – zum Ausdruck gebracht werden soll, zur gewerkschaftlichen Betätigungsfreiheit gehören, stellt sich vorliegend nicht.«

Dagegen ist einzuwenden, dass von den in der sozialen Realität vorherrschenden »politischen« befristeten **Protest- und Demonstrationsstreiks** (vgl. Rn. 34) **kein verfassungsrechtlich problematischer Druck** auf die Regierung oder das Parlament bzw. dessen Abgeordneten ausgeht[468] (zu nicht tarifbezogenen Protest- und Demonstrationsstreiks, die nicht an die Regierung oder das Parlament adressiert sind, vgl. Rn. 195). 191

Die **staatliche Wirtschafts- und Sozialpolitik** und die parlamentarische Willensbildung entfalten sich nicht in einer abgeschotteten Sphäre ohne Einflussnahme und Druck seitens gesellschaftlicher Interessengruppen. Aufgrund der privaten Verfügungsmacht der Kapitaleigner über Standorte, Investitionen, Arbeitsplätze, betriebliche Ausbildung usw. und der daraus resultierenden Abhängigkeit der staatlichen Willensbildung werden insbesondere auch politische Entscheidungen auf dem Gebiet der Wirtschafts- und Sozialpolitik von dem sozialen Konflikt bestimmt, zu dessen Austragung der strukturell unterlegenen Arbeitnehmerseite über Art. 9 Abs. 3 GG die Koalitionsfreiheit und das Streikrecht garantiert werden.[469] Der Druck, der von »politischen« Protest- und Demonstrationsstreiks ausgeht, reicht nicht an die Intensität und Effektivität der **Einwirkungsmöglichkeiten** heran, die **der Wirtschaft**, z.B. über **Lobbyarbeit**, Medienkampagnen und die Finanzierung wissenschaftlicher Arbeit, zur Verfügung stehen. Zu berücksichtigen ist in diesem Zusammenhang weiterhin, dass die Arbeitgeberseite nicht nur in den Tarifauseinandersetzungen mit den Gewerkschaften, sondern auch gegenüber dem Staat die – unter den Bedingungen der Globalisierung noch effektiver nutzbare – Möglichkeit hat, ihre Vorstellungen über die Anpassung der gesetzlichen arbeitsrechtlichen Rahmenbedingungen und die Ausrichtung der Sozial-, Wirtschafts- und Steuerpolitik durch »Arbeitskampfmittel«[470] wie die Androhung oder den Vollzug von Arbeitsplatzabbau, Betriebsstilllegungen und Unternehmensverlagerungen (»**Investitionsstreik**«) durchsetzungsfähig zu machen.

---

kampf Nr. 35 (Protest gegen Neugliederung des NDR); LAG Rheinland-Pfalz 5.3.86 – 1 Ta 50/86, NZA 86, 264 (Proteste gegen Änderung des § 116 AFG); ArbG Marburg 10.12.10 – 2 Ca 270/10, NZA-RR 10, 140 (Streik gegen die gesetzliche Heraufsetzung des Renten- und Pensionseintrittsalters); Brox/Rüthers, Rn. 104ff.; ErfK-Linsenmaier, GG Art. 9 Rn. 119; Schaub-Treber, § 192 Rn. 14; Gamillscheg, S. 1097; Kissel, § 24 Rn. 54ff.; Otto, § 5 Rn. 38 ff; Zielke, BB 03, 1785, BB 05, 1274.; s. aber auch Hopfner/Heider, DB 12, 1684, die im Zusammenhang mit der Einführung eines allgemeinen gesetzlichen Mindestlohns die Auffassung vertreten, dass die h.M. zur Unzulässigkeit des politischen Streiks nicht mehr aufrechterhalten werden kann.

467 BAG 19.6.07 – 1 AZR 396/06, NZA 07, 1055, 1056 Rn. 13.

468 So auch Brox/Rüthers, Rn. 112, die dieser Art von Streikmaßnahmen grundsätzlich die Vereinbarkeit mit der Verfassung attestieren, gleichzeitig allerdings für die Streikteilnahme eine Verletzung des Arbeitsvertrags annehmen.

469 HK-ArbR-Hensche, GG Art. 9 Rn. 122.

470 So die Charakterisierung bei MünchArb-Ricken, § 193 Rn. 17; Däubler, AR 1, Rn. 620d; Däubler-Wolter, AKR, § 21 Rn. 161; Gamillscheg, S. 979ff.

192 Für die **Zulässigkeit befristeter »politischer« Protest- und Demonstrationsstreiks,**[471] die auf eine Einflussnahme auf dem Gebiet der **Arbeits- und Wirtschaftsbedingungen** bzw. der **Wirtschafts- und Sozialpolitik** abzielen, sprechen daher **in Abweichung von der der h.M.** (vgl. dazu Rn. 190) nach hier vertretener Auffassung folgende Gesichtspunkte:

- Ein Verbot des politisch motivierten Streiks kann weder aus der geltenden Rechtsordnung im Allgemeinen noch aus dem Grundgesetz im Besonderen überzeugend abgeleitet werden. Die Reduzierung des Streikrechts auf seine Tarifbezogenheit bzw. und ein »Hilfsinstrument« zur Sicherung der Tarifautonomie greift nach hier vertretener Auffassung zu kurz (vgl. dazu Rn. 21ff.).
- Die **Wahrnehmung der Interessen der Arbeitnehmer** durch die Gewerkschaften ist auch **gegenüber der Allgemeinheit, dem Staat, den Parteien und den Regierungen** von der verfassungsrechtlich verbürgten Koalitionsfreiheit umfasst.[472]

193
- Regierung und Parlament unterliegen vielfältigen **Einflüssen**, vor allem von zahlreichen **Lobbygruppen** und **Interessenorganisationen der Kapitalseite** und **Großunternehmen und Banken** (insbesondere auch bei der arbeits- und wirtschaftsrechtlichen Gesetzgebung oder Ausgestaltung der Steuergesetze), die ihre Berater und sonstigen Experten sogar als Mitarbeiter vorübergehend unmittelbar in die zuständigen Fachministerien entsenden (können). Nach einem Bericht der Organisation LobbyControl waren beispielsweise nach den Feststellungen des Bundesrechnungshofes aus dem Jahr 2008 in den Jahren 2004 bis 2006 zwischen 88 und 106 externe **Mitarbeiter aus Wirtschaftsunternehmen und Finanzinstituten in den Ministerien** der Bundesregierung beschäftigt. Sie wirkten an der Außenvertretung der Bundesregierung mit, waren an der Erarbeitung von Gesetzes- und Verordnungsentwürfen beteiligt und bekleideten in Einzelfällen sogar Führungspositionen in Ministerien.[473] Vor diesem Hintergrund kann es der Arbeitnehmerseite schon aus Gründen des sich aus dem **Demokratieprinzip** (Art 20 Abs. 1 GG) ergebenden Rechts auf **gleichberechtigte Teilhabe** an der politischen Willensbildung nicht verwehrt werden, ihre Anliegen mit demonstrativen Arbeitsniederlegungen in der Öffentlichkeit mit Nachdruck zu vertreten. Dabei handelt es sich im Vergleich zum Lobbyismus der Kapitalseite um eine uneingeschränkt **öffentliche und transparente Interessenartikulation**, deren erfolgreiche Durchführung regelmäßig die **freie und demokratische Willensentscheidung** der

---

471 Die Zulässigkeit im Ergebnis bejahend LAG Berlin 17.8.53 – 4 LAG 835/52, RdA 54, 76 (Zeitungsstreik 1952); Abendroth, Die Berechtigung gewerkschaftlicher Demonstrationen, S. 203, 211ff.; AK-GG-Kittner/Schiek, Art. 9 Abs. 3 Rn. 143; Apitzsch, S. 97, 101ff.; Berg/Bobke/Wolter, BlStSozArbR 83, 353; Däubler, AR 1, Rn. 509f.; Däubler-Däubler, AKR, § 13 Rn. 64; Däubler-Bieback/Wroblewski, AKR, § 17 Rn. 202ff.; Farthmann/Coen, Rn. 152; HK-ArbR-Hensche, a.a.O.; Perels, FS Schmid, S. 141ff.; Schmid, GMH 54, 1; Wahsner/Bayh, S. 71ff.

472 BVerfG 6.2.07 – 1 BvR 978/05, NZA 07, 394; BAG 25.1.05 – 1 AZR 657/03, NZA 05, 592.

473 Zum aktuellen Ausmaß derartiger Lobbytätigkeit vgl.www.lobbycontrol.de, www.transparency.de und Adamek/Otto, S. 9ff., 199ff.; zur Mandatierung von Wirtschaftskanzleien für die Ausarbeitung von Gesetzesvorhaben durch Ministerien s. Jumpertz, BB 09, M 16; Filges, BRAK-Mitteilungen 10, 239; zum Einfluss des Lobbyismus auf die Institutionen der Europäischen Union s. spiegelonline, 12.6.12: http://www.spiegel.de/wirtschaft/service/lobbyismus-in-bruesselwiedie-industrie-sich-ihre-gesetze-schreibt-a-837515.html.

Gewerkschaftsmitglieder und der nicht organisierten Arbeitnehmer voraussetzt, einem entsprechenden Streikaufruf der Gewerkschaften zu folgen.

- Die **Europäische Sozialcharta (ESC)** und das **ILO-Abkommen Nr. 87 erlauben Proteststreiks** zu Themen der Arbeits- und Wirtschaftsbedingungen bzw. der Wirtschafts- und Sozialpolitik der Regierung. Der **Sachverständigenausschuss der ILO** führte 1983 in einem Bericht an die ILO-Arbeitskonferenz dazu folgendes aus: »*Dieses Recht (= Streikrecht) bezieht sich nicht nur darauf, bessere Arbeitsbedingungen zu erreichen oder kollektive, berufsbezogene Forderungen zu erheben; es umfasst vielmehr gleichermaßen Fragen der Wirtschafts- und Sozialpolitik und Probleme auf der Unternehmensebene, die die Arbeitnehmer direkt betreffen*«.[474] Im Zusammenhang mit den rechtlichen Auseinandersetzungen um die Zulässigkeit der Proteststreiks gegen den früheren § 116 AFG in Deutschland (jetzt § 160 SGB III) stellte der ILO-Sachverständigenausschuss fest, dass »*der Ausschluss von rein politischen Streiks aus dem Geltungsbereichs des Grundsatzes für Vereinigungsfreiheit keinesfalls für einen Streik gelten kann, der eine Kritik an der Wirtschafts- und Sozialpolitik der Regierung zum Ausdruck bringen soll.*«[475] Derartige Proteststreiks werden darüber hinaus auch vom Schutzbereich von **Art. 28 EU-GRC** erfasst.[476] Weiterhin wird vertreten, dass sich aus der Rspr. des EGMR zu **Art. 10, 11 EMRK** ebenfalls die Zulässigkeit von Proteststreiks zu den Themen der Arbeits- und Wirtschaftsbedingungen herleiten lässt.[477] 194

Wenn sich **nicht tarifbezogene Protest- und Demonstrationsstreiks**, die sich auf Themen aus dem Bereich der **Arbeits- und Wirtschaftsbedingungen** beziehen, nicht gegen die Regierung oder das Parlament, sondern z.B. gegen politische Vorhaben, Forderungen oder Programme von **Arbeitgeber- und Unternehmerverbänden** (z.B. zur Einschränkung von Arbeitnehmer- und Mitbestimmungsrechten oder zum Sozialabbau) oder gegen die für die Arbeitnehmer, den sozialen Rechtsstaat und die Demokratie abträgliche **Geschäftspolitik oder Unternehmensführung bestimmter Großkonzerne oder Banken** (z.B Auslösung und Verschärfung der Finanzkrise, Bespitzelung und Datenschutzverstöße, Betriebsschließungen oder -verlagerungen) richten, sind diese jedenfalls unter dem Gesichtspunkt eines – von der h.M. für »politische« Protest- und Demonstrationsstreiks angenommenen – verfassungsrechtlich problematischen Drucks gegen gewählte Volksvertreter (vgl. dazu Rn. 191) nicht zu beanstanden. 195

Soweit nach **überwiegender Ansicht** vertreten wird, dass auch die Annahme der **Verfassungsmäßigkeit** von Protest- und Demonstrationsstreiks (vgl. Rn. 192f.) und ihre **positive kollektivrechtliche Bewertung**[478] jedenfalls an der individualrechtlichen Beurteilung der Streikteilnahme als **Verletzung arbeitsvertraglicher Pflichten** nichts ändere,[479] ist 196

---

474 Zitiert nach Däubler, AR 1, Rn. 498; vgl. dazu eingehend Däubler-Lörcher, AKR, § 10 Rn. 85ff.
475 Zitiert nach Däubler-Lörcher, AKR, § 10 Rn. 89.
476 Däubler-Heuschmid, AKR, § 11 Rn. 37.
477 Däubler-Lörcher, AKR, § 10 Rn. 88.
478 BAG 21.12.82 – 1 AZR 411/80, BB 83, 1410: keine Verletzung der tarifvertraglichen Friedenspflicht.
479 Etwa Brox/Rüthers, Rn. 112; Otto, § 5 Rn. 42; vgl. auch BAG 23.10.84 – 1 AZR 126/81, DB 85, 1239 (die Teilnahme eines Lehrers an einer Demonstration zur Unterstützung der Forderung nach einer Arbeitszeitverkürzung für Lehrer während der Unterrichtszeit stellt eine abmahnungsfähige Arbeitsvertragsverletzung dar); dazu krit. Klimpe-Auerbach, DuR 86, 203.

dem entgegenzuhalten, dass die **rechtliche Bewertung** des Protest- und Demonstrationsstreiks – wie die rechtliche Bewertung des Arbeitskampfes überhaupt[480] – **einheitlich** erfolgen und seinem kollektiven Charakter gerecht werden muss. Die Legitimation des kollektiven Kampfmittels gibt der Gesamtaktion das entscheidende Gepräge, so dass nicht nur die aufrufenden Gewerkschaften rechtmäßig handeln, sondern auch die dem Aufruf folgenden Arbeitnehmer keine Arbeitsvertragsverletzung begehen.[481]

197 Wenn sich ein »politischer« Streik auf Themen **jenseits der** in Art. 9 Abs. 3 GG im Zusammenhang mit dem Koalitionszweck festgelegten **»Arbeits- und Wirtschaftsbedingungen«** bezieht, kann er aus der Wahrnehmung des Grundrechte aus **Art. 5 und 8 GG** (Meinungs- und Versammlungsfreiheit) zulässig sein.[482] Diese Rechtsauffassung wird **von der h.M. abgelehnt.**[483] Dabei wird verkannt, dass unter dem Gesichtspunkt der Einheit der Rechtsordnung und der überragenden wertsetzenden Bedeutung des Grundrechts der Meinungsfreiheit die **kurzzeitige Teilnahme** an einer derartigen Aktion während der Arbeitszeit nicht in jedem Fall eine Arbeitsvertragsverletzung darstellt. Eine solche liegt zumindest dann nicht vor, wenn sich die Aktion auf ein Anliegen mit breiter gesellschaftlicher Akzeptanz und hohem politisch-moralischen Gewicht bezieht und vom Arbeitgeber keine dringenden, der Teilnahme zwingend entgegenstehenden betrieblichen Umstände geltend gemacht werden können. Das Grundrecht aus Art. 5 GG hat im Arbeitsverhältnis unmittelbare Drittwirkung. Unter den vorstehend genannten Voraussetzungen ist bei der vorzunehmenden **Rechtsgüterabwägung** der Grundrechtswahrnehmung aus Art. 5 und 8 GG Vorrang einzuräumen.

198 Vom »politischen« Protest- und Demonstrationsstreik zu unterscheiden ist der **Generalstreik** zur Verteidigung der demokratischen Verfassung, der unter den Voraussetzungen des **Widerstandrechts aus Art. 20 Abs. 4 GG** zulässig ist.[484] Das Bekenntnis zur Wahrnehmung dieses Rechts ist in zahlreichen Gewerkschaftsatzungen enthalten.[485]

199 **Kein »politischer« Streik** liegt vor, wenn ein **von einer gesetzlichen Regelung abweichender** oder die betriebliche Anwendung eines Gesetzes einschränkender **Tarifvertrag**[486] oder die **tarifliche Regelung einer Privatisierungsmaßnahme und ihrer Folgen** (vgl. dazu auch Rn. 37ff.) durch einen Streik erzwungen werden soll.[487] Dies gilt auch, wenn die Arbeitnehmer allgemein zur Teilnahme an einer **Protestkundgebung** – und nicht zu einer Arbeitsniederlegung – aufgerufen werden, mag sie auch während der Arbeitszeit der angesprochenen Arbeitnehmer terminiert sein.[488]

---

480 BAG 28.1.55 – GS 1/54, AP Nr. 1 zu Art. 9 GG Arbeitskampf.

481 Vgl. auch ArbG Herne 17.8.84 – 4 Ca 788/84, AuR 85, 291.

482 Däubler, AR 1, Rn. 671; Däubler-Däubler, AKR, § 13 Rn. 66ff.; Däubler-Bieback/Wroblewski, AKR, § 17 Rn. 205; HK-ArbR-Hensche, GG Art. 9 Rn. 122; Kempen, AuR 90, 237, 242.

483 Vgl. ErfK-Linsenmaier, GG Art. 9 Rn. 122; Gamillscheg, S. 944f.; Otto, § 5 Rn. 42.

484 Däubler, AR 1 Rn. 511; Däubler-Däubler, AKR, § 9 Rn. 19; ErfK-Linsenmaier, GG Art. 9 Rn. 119; Gamillscheg, S. 1104.

485 Vgl. etwa § 5 Nr. 4 Satz 2 der Satzung von ver.di.

486 Z.B. Lohnfortzahlung bei Krankheit 1956/57 bzw. 1996/97; oder eine Beschränkung der Betriebsnutzungszeit gegenüber der gesetzlich geplanten Verlängerung des Ladenschlusses: BAG 27.6.89 – 1 AZR 404/88, DB 89, 2228; Kissel, § 24 Rn. 55, 64; Otto, § 5 Rn. 40.

487 LAG Bremen 5.5.98 – 2 Sa 127/98, AiB 98, 537 mit Anm. Dannenberg.

488 LAG Düsseldorf 27.11.87 – 2 Sa 1023/87, rkr.; ArbG Hagen 5.3.86 – 2 Ga 15/86, NZA 86, 440; ArbG Osnabrück 4.6.96 – 4 Ga 10/96, AuR 96, 284.

Der **innergewerkschaftliche Meinungsstreit** über die Vor- und Nachteile der Praktizierung des Kampfmittels des »politischen« Demonstrations- und Proteststreiks hat in den letzten Jahren wieder an Bedeutung gewonnen und auch zu zahlreichen Anträgen auf einigen Gewerkschaftstagen geführt.[489] Im Manteltarifvertrag für die Druckindustrie wird der »politische« Streik als Kampfmittel der Gewerkschaften grundsätzlich anerkannt und klargestellt, dass derartige Streikmaßnahmen nicht von der tarifvertraglichen Friedenspflicht erfasst werden.[490] 200

2.7.4 Nichtgewerkschaftlicher/»wilder« Streik

Nach BAG-Ansicht muss der Streik von einer **Gewerkschaft** getragen sein. Nichtgewerkschaftliche Streiks, abschätzig als **»wilde« Streiks** bezeichnet, seien nicht von Art. 9 Abs. 3 GG geschützt und als rechtswidrig anzusehen: »*Das Mittel des Streiks ist eine scharfe Waffe. Das verbietet es, das Streikrecht Personen oder Gruppen anzuvertrauen, bei denen nicht die Gewähr dafür besteht, dass sie nur in vertretbarem Umfang davon Gebrauch machen werden*«.[491] Die Gewerkschaft kann einen **Streik übernehmen**, er wird dann rechtmäßig.[492] 201

Nach hier vertretener Ansicht kann eine »**ad hoc-Koalition**« (d.h. ein spontaner, anlassbezogener Zusammenschluss von Arbeitnehmern) zwar keine Tarifverträge abschließen, sich aber trotzdem **auf das Streikrecht berufen.** Der **rechtspolitische Zweck** der Rspr. des BAG, unkontrollierte Arbeitsniederlegungen zu verhindern, wurde in der Praxis ohnehin nicht eingelöst, »wilde Streiks« haben dennoch stattgefunden. Die Gewerkschaften werden durch die Illegalisierung nichtgewerkschaftlicher Streiks in die Rolle des Ordnungsfaktors gedrängt, was letztlich zu ihrer Schwächung in den Betrieben führt. Die Gewerkschaft gerät in einen Zwiespalt zwischen Unterstützung der Ziele und Distanzierung. Besonders deutlich wurde dies bei den »September-Streiks« von 1969 und der Streikwelle von 1973, als 140000 bzw. 250000 Arbeitnehmer erfolgreich für höheren Lohn (»Nachschlag«) streikten.[493] Unabhängig von derartigen, singulär gebliebenen Streikbewegungen wird die oft beschworene Gefahr, bei einer Zulassung nichtgewerkschaftlicher Streiks sei ständig mit betrieblichen Streikaktionen zu rechnen,[494] in der Praxis keine Bestätigung finden. Die Teilnehmer nichtgewerkschaftlicher Streiks müssen mangels gewerkschaftlicher Streikunterstützungszahlungen wirtschaftliche Einbußen und im Hinblick auf den Erfolg derartiger Aktionen und ihre zukünftige berufliche Weiterentwicklung im Betrieb erhebliche Risiken eingehen.[495] Schon die Beteiligung an einem gewerkschaftlichen Streik 202

---

489 ver.di-Bundeskongress 2011, http://bundeskongress2011.verdi.de/antraege/antrag.html?cat= A &sort=086&aid=12788; ver.di-Bundeskongress 2007 und IG Metall-Gewerkschaftstag 2007, Anträge dokumentiert bei Wilhelmy, S. 78 ff; IG BAU-Gewerkschaftstag 2009, SZ 17.9.09; vgl. zu dieser Diskussion auch den Beitrag von Hensche in Gallas/Nowak/Wilde, S. 219ff.; Sommer, SZ 12.5.10, S. 13; Bsirske, Hamburger Abendblatt 6.11.10.

490 § 16 Satz 2 MTV Druckindustrie.

491 BAG 20.12.63 – 1 AZR 429/62, AuR 64, 377; zust. Brox/Rüthers, Rn. 133; Gamillscheg, S. 1085ff.; Kissel, § 25; Otto, § 6 Rn. 22f.; Schaub-Treber, § 192 Rn. 26.

492 BAG 20.12.63, a.a.O.; 21.10.69 – 1 AZR 93/68, AuR 69, 279; zu den Einzelheiten vgl. Däubler-Däubler, AKR, § 12 Rn. 10ff.

493 Vgl. dazu Kittner, Arbeitskampf, S. 684ff.

494 So Rieble, RdA 05, 200, 207ff.

495 Däubler-Däubler, a.a.O., Rn. 17, 22.

erfordert außerhalb der traditionell hochorganisierten Branchen und Großbetriebe und des öffentlichen Dienstes ein gewisses Maß an Mut und Risikobereitschaft (zum Arsenal der Abwehrmaßnahmen der Arbeitgeber bis hin zu rechtswidrigen Maßregelungen vgl. Rn. 294ff.). Schließlich ist der »wilde« Streik auch in den Ländern, die ihn seit Jahrzehnten rechtlich anerkennen, keine Alltagserscheinung.[496]

203 Unabhängig von diesen rechtspoltischen Erwägungen kann die grundsätzliche Rechtswidrigkeit nichtgewerkschaftlicher Streiks auch nicht überzeugend aus dem **geltenden Recht** abgeleitet werden. Seine Zulässigkeit ergibt sich entgegen der bisherigen Rspr. (vgl. Rn. 201) aus **Art. 9 Abs. 3 GG** und aus **Art. 6 Nr. 4 der Europäischen Sozialcharta (ESC)** (vgl. dazu Grundl. Rn. 109).[497] Würde man der dem Schutzbereich des Art. 9 Abs. 3 GG unterfallenden[498] »ad-hoc-Koalition« das Recht absprechen, ihren Forderungen mit einem Streik Nachdruck zu verleihen, bliebe ihre Einbeziehung in den Schutzbereich der Koalitionsfreiheit mangels sonstiger Einwirkungs- und Durchsetzungsmöglichkeiten weitgehend folgenlos.[499]

2.7.5 Boykott

204 Der klassische **Boykott** ist im Arbeitsleben ein **altes Kampfmittel**,[500] das besonders in kleinen Branchen verbreitet war und in seiner historischen Bedeutung darauf abzielte, Arbeitnehmer davon abzubringen, mit bestimmten Arbeitgebern Arbeitsverträge abzuschließen. Auf diese sollte dadurch Druck ausgeübt werden, die Forderungen der Arbeitnehmer nach Verbesserung ihrer Entgelt- und Arbeitsbedingungen zu erfüllen. Der **Boykott** im Zusammenhang mit **aktuellen Tarif- und sonstigen Arbeitskonflikten** zielt in erster Linie darauf ab, die vertraglichen/geschäftlichen Beziehungen zu dem boykottierten Arbeitgeber zu unterbrechen, z.B. keine Waren mehr zu kaufen bzw. zu liefern oder keine Dienstleistungen mehr in Anspruch zu nehmen. Es gibt ein **Dreiecksverhältnis** zwischen der Gewerkschaft (Aufrufer), den aufgerufen Arbeitnehmern und dem eigentlichen Kampfgegner bzw. Boykottadressaten (Arbeitgeber). Die **Besonderheit** ist: Der Boykottaufruf richtet sich in diesem Fall besonders auch an Arbeitnehmer und sonstige Personen, die **keine arbeitsvertraglichen Beziehungen** zu dem eigentlichen Kampfgegner haben. Sie werden in diesem Fall in ihrer **Rolle als Kunden bzw. Verbraucher** angesprochen. Heute ist der Boykott vor allem auch im Zusammenhang mit der **Seeschifffahrt** von Bedeutung.

---

496 Däubler-Däubler, a.a.O., Rn. 22.

497 S. dazu ArbG Gelsenkirchen 13.3.98 – 3 Ca 3173/97, AiB 98, 655 m. Anm. Lorenz = AuR 98, 427; Däubler-Däubler, AKR, § 12 Rn. 19ff.; Kittner, BB 74, 1488; Ramm, AuR 67, 97 und AuR 71, 65; Weller, AuR 67, 76; Zachert, AuR 01, 401.

498 Däubler-Däubler, a.a.O., Rn. 20f.

499 Däubler-Däubler, a.a.O., Rn. 22.

500 Vgl. dazu Kittner, S. 27, 305, 311ff.

Beispiel:
Aufforderung an die Hafenarbeiter, solche Schiffe nicht zu be- oder entladen, deren Reeder einen Tarifvertragsabschluss mit den Seeleuten verweigern – ein sehr wirksames Druckmittel angesichts der Hafengebühren.[501]

Eine **neue Bedeutung** bekommt der Boykott im Zusammenhang mit **unternehmensbezogenen Konflikten** um die **Durchsetzung von Tarifverträgen** und sonstiger **sozialer Arbeitsbedingungen**, zur **Verhinderung** von **Arbeitsplatzabbau** oder **Standortverlagerungen** oder zur **Abwehr bzw. Rücknahme von Maßregelungen** von aktiven Interessenvertretern im Betrieb, teilweise auch im Rahmen **öffentlicher Kampagnen** in branchenbezogenen Tarifauseinandersetzungen (vgl. dazu auch Rn. 211ff.) zur Unterstützung von oder in Kombination mit Streiks, die in diesem Zusammenhang geführt werden.[502] 205

Beispiele:
- Aufforderung an Arbeitnehmer/Bankkunden, keine neuen Konten bei einer Bank einzurichten,[503] oder an Arbeitnehmer/Patienten, sich nicht in einem Krankenhaus behandeln zu lassen, und gleichzeitig an Ärzte und Krankenkassen, keine Einweisungen von Patienten zu veranlassen.[504]
- Aufforderung einer Gewerkschaft an bestimmte Leiharbeitsunternehmen, mit ihr ein »Fairness-Abkommen in der Leiharbeit« abzuschließen, verbunden mit der Ankündigung, im Falle der Ablehnung eines solchen Abkommens mit den Leiharbeitsunternehmen nicht mehr zusammenzuarbeiten.[505]

Teilweise wird auch die **Aufforderung an »Arbeitswillige«** bzw. **Streikbrecher,** Solidarität mit den Streikenden zu üben, sich dem Streik anzuschließen oder und während eines Streiks keinen Arbeitsvertrag mit dem Arbeitgeber einzugehen, als Boykott bezeichnet;[506] auch der **Zu- und Abgang von Waren und Kunden zum bzw. vom bestreikten Betrieb** kann durch gütliches Zureden und Appell an die Solidarität verhindert werden (vgl. Rn. 259ff., 509).[507] 206

Der Boykott ist **als historisch überkommenes Kampfmittel** von der Koalitionsfreiheit aus **Art. 9 Abs. 3 GG** umfasst und **rechtlich zulässig**. Er kann wirksamen Druck auf den Kampfgegner ausüben.[508] Im Einzelfall sind die **arbeitskampfrechtlichen Voraussetzungen**, z.B. etwaige **Friedenspflicht**, zu prüfen.[509] 207

---

501 Vgl. dazu auch BAG 19.10.76 – 1 AZR 611/75, AuR 77, 235; LAG Schleswig-Holstein 24.3.05 – 2 Sa 139/05, AuR 07, 280; ArbG Bremen 7.10.99 – 9 Ga 79/99, AiB 00, 227 mit Anm. Richter.

502 Zu den erforderlichen politischen Voraussetzungen und Rahmenbedingungen vgl. HBV-Hauptvorstand, Neue Arbeitskampf- und Aktionsformen; Renneberg, S. 225ff.; Matrai/Wohland, WSI-Mitt. 08, 51.

503 Vgl. dazu LG Düsseldorf 14.6.00 – 12 O 556/99, AuR 01, 194.

504 Vgl. dazu ArbG Berlin 17.4.02 – 79 Ga 9757/02.

505 Vgl. dazu ArbG Frankfurt 27.8.08 – 2 Ga 115/08, AuR 09, 5; Rehder/Deinert/Callsen-Deinert, S. 114f.

506 So z.B. im Bauarbeiterstreik 2002, vgl. ArbG Hamburg 19.6.02 – 2 Ga 5/02.

507 BAG 21.6.88 – 1 AZR 651/86, DB 88, 1952 (Einzelhandel); ArbG Darmstadt 13.12.05 – 3 Ga 8/05 (Zeitschriftenladen); ArbG München 14.6.89 – 8 Ga 78/98 (Kaufhaus).

508 BAG 19.10.76 – 1 AZR 611/75, AuR 77, 235; LAG Schleswig-Holstein 24.3.05 – 2 Sa 139/05, AuR 07, 280; ArbG Stuttgart 4.4.08 – 35 Ga 32/08; ArbG Hamburg 19.6.02 – 2 Ga 5/02; ArbG

208 Der (**Verbraucher-)Boykott gegen Unternehmen** ist darüber hinaus grundsätzlich durch **Art. 5 Abs. 1 GG** (Meinungsfreiheit) geschützt.[510] **Voraussetzungen** für die **Rechtmäßigkeit** sind vor allem: Wahrnehmung berechtigter Interessen (z.B. soziale oder politische Ziele); das Unternehmen kann auf die Erfüllung der Forderungen Einfluss nehmen; es war vor dem Boykottaufruf schon mit den Forderungen konfrontiert; der Boykott bedient sich nur der Mittel der Argumentation, er fordert nicht zu rechtswidrigem Verhalten auf; er stützt sich auf wahrheitsgemäße Berichterstattung.

> **Beispiel:**
> Boykottaufruf gegen einen Arbeitgeber (Bank), der Tarifflucht begeht und den Abschluss von Tarifverträgen grundsätzlich ablehnt, ist zulässig, weil die Regelung der Arbeitsbedingungen durch Tarifvertrag der in Deutschland gewachsenen Kultur der Sozialpartnerschaft entspricht, die in Art. 9 Abs. 3 GG eine ausdrückliche Anerkennung durch den Verfassungsgeber gefunden hat.[511]

2.8 Weitere Kampfmittel und sonstige Formen der Druckausübung

2.8.1 Allgemeines

209 Neben der traditionellen Form des Streiks als **gemeinsame Arbeitsniederlegung außerhalb des Betriebs** hat es schon immer auch andere Formen der **aktiven Störung der Betriebsabläufe** (vgl. Rn. 213ff.), der **Kooperationsverweigerung** durch die Arbeitnehmer[512] (vgl. Rn. 230ff.) und der sonstigen **Druckausübung auf die Arbeitgeber** gegeben. In der neueren sozial- und rechtswissenschaftlichen Diskussion werden diese auch als **»atypische Arbeitskampfmittel«** bezeichnet.[513] Das mit einer offenen Streikbeteiligung verbundene individuelle Bekenntnis zum Konflikt mit dem Arbeitgeber und zur Mitgliedschaft in bzw. Solidarität mit der Gewerkschaft, die rechtlichen Restriktionen des Streikrechts, die rechtliche Privilegierung der Streikbruchorganisation durch den Arbeitgeber und die Gefahr der abnehmenden Wirksamkeit traditioneller Streikformen vor dem Hintergrund veränderter gesellschaftlicher, wirtschaftlicher und betrieblicher Rahmenbedingungen (vgl. Grundl. Rn. 159ff., 224) sind die wichtigsten Gründe für ihre aktuell zunehmende Bedeutung.[514] Soweit derartige Kampfmittel und Formen der Druckausübung nicht als **ungeplante, spontane Reaktion** auf betriebliche Missstände,

---

Berlin 17.4.02 – 79 Ga 9757/02; ArbG Bremen 7.10.99 – 9 Ga 79/99, AiB 00, 227 mit Anm. Richter; Binkert, S. 77ff.; Däubler, AR 1, Rn. 674, 690f.; Däubler-Däubler, AKR, § 30 Rn. 28ff., 31.; ErfK-Linsenmaier, GG, Art. 9 Rn. 278f.; Gamillscheg, S. 1053f.; HWK-Hergenröder, GG Art. 9 Rn. 244; Otto, § 11 Rn. 29f.; Rehder/Deinert/Callsen-Deinert, S. 114; Schaub-Treber, § 192 Rn. 53; a.A. Kissel, § 61 Rn. 126f. m.w.N.

509 LAG Schleswig-Holstein 24.3.05, a.a.O.

510 BVerfG 8.10.07 – 1 BvR 292/02, BVerfGK 12, 272; 27.10.87 – 1 BvR 385/85, NJW 89, 381; 26.2.69 – 1 BvR 619/63, NJW 69, 1161.

511 So LG Düsseldorf 14.6.00 – 12 O 556/99, AuR 01, 194 (Citibank), mit Anm. Binkert; zu diesem Fall auch Renneberg, S. 230ff.

512 Däubler-Däubler, AKR, § 27 Rn. 1ff.

513 Rehder/Deinert/Callsen-Rehder, S. 9ff.; Schaub-Treber, § 192 Rn. 48ff.; zu einzelnen Praxisbeispielen atypischer Arbeitskampfformen Rehder/Deinert/Callsen-Callsen, S. 25ff.

514 Dazu auch Rehder/Deinert/Callsen-Rehder, S. 12ff.

Maßregelungen, die Bedrohung der Arbeitsplätze oder die Verschlechterung von Entgelt- und Arbeitsbedingungen erfolgen (zur rechtlichen Bewertung gewerkschaftlich nicht getragener betrieblicher Streiks vgl. Rn. 201ff.), erfordert die erfolgreiche **Planung und Durchführung derartiger Aktionsformen** bei den beteiligten Arbeitnehmern ein vergleichsweise hohes Maß an (Rechts-)Kenntnissen, Zusammenhalt und Disziplin.[515]

Insbesondere die immer effektiveren Formen der **Streikbekämpfung durch die Arbeitgeber** (vgl. Rn. 294ff.) und deren rechtliche Privilegierung durch die Rechtsprechung (vgl. Rn. 310ff.) zwingen die Gewerkschaften zu einer **Effektivierung ihrer Kampfmittel**. Um in bestimmten Branchen unter den – zu Lasten der Gewerkschaften und der Arbeitnehmer – veränderten Rahmenbedingungen noch einen spürbaren wirtschaftlichen Druck auf die Arbeitgeberseite ausüben zu können, muss der klassische, auf die Niederlegung der Arbeit beschränkte Streik durch weitere Kampfmittel ergänzt werden. Die **Verursachung wirtschaftlicher Schäden** setzt den Einsatz von Kampfmitteln voraus, die dazu geeignet sind, das **Verhalten von Verbrauchern bzw. Kunden** des/der bestreikten Arbeitgeber **zu beeinflussen** oder die **Arbeitsabläufe** in den bestreikten Betrieben **zum Erliegen zu bringen** oder zumindest **erheblich zu stören**. Dies kann durch die Einbeziehung verschiedener Formen des **Boykotts** oder von **Öffentlichkeitskampagnen** zur Druckausübung auf die Arbeitgeber (vgl. Rn. 211ff.)[516] erreicht werden, aber auch durch weitergehende Kampfmittel zur **aktiven Störung betrieblicher Abläufe** wie z.B. das **Absperren der Zugänge und Zufahrten zum Betrieb** (»Betriebsblockade«, vgl. dazu Rn. 225ff.)[517] oder das **Verweilen am Arbeitsplatz** (»Betriebsbesetzung«, vgl. dazu Rn. 228f.).[518] Neuerdings gehört dazu auch die Einbeziehung sog. **Flashmob-Aktionen** (vgl. dazu Rn. 213ff.), durchgeführt bisher insbesondere zur Abwehr bzw. Behinderung von Streikbrucharbeit in bestreikten Einzelhandelsbetrieben. Per SMS, E-Mail oder Handy-Telefonat ruft die Gewerkschaft streikende Arbeitnehmer anderer Betriebe und Unterstützer der streikenden Gewerkschaft zu überraschenden **Protesteinkäufen in bestreikten Einzelhandelsbetrieben** auf (z.B. Benutzung aller Einkaufswagen für den Einkauf weniger niedrigpreisiger Artikel), was zur Störung der Betriebsabläufe führt.[519] 210

2.8.2 Appell an die Öffentlichkeit und an Kunden der Arbeitgeber

Zur Durchsetzung ihrer Tarifforderungen können sich die Gewerkschaften vor und während eines Arbeitskampfes auch mit Informationen an die Öffentlichkeit wenden und an die **Bürger, die Kunden der (bestreikten) Arbeitgeber und die Medien appellieren**, die Gewerkschaften zu unterstützen und sich solidarisch zu verhalten. Für den Verlauf und die Ergebnisse von Tarifauseinandersetzungen spielen in der **Mediengesellschaft** und im 211

---

515 Vgl. dazu Berg/Bobke, S. 7f.; Däubler, AR 1, Rn. 676ff.; Renneberg, S. 215ff.; zur Problematik der Beherrschbarkeit derartiger Kampfformen durch die aufrufende Gewerkschaft unter rechtlichen Gesichtspunkten Rehder/Deinert/Callsen-Deinert, S. 98ff.

516 Renneberg, S. 215ff.

517 Vgl. dazu Treber, S. 112ff., 466ff.

518 Vgl. dazu Däubler-Bieback/Unterhinninghofen, AKR, § 17 Rn. 212ff., 218ff.; Hensche, in: Muhr, S. 127ff.; Treber, S. 108ff.; Wendt.

519 zu den Voraussetzungen der Rechtmäßigkeit derartiger Aktionen BAG 22.9.09 – 1 AZR 972/08, NZA 1347.

Zeitalter des Internets die **veröffentliche Meinung** über die Forderungen der Gewerkschaften und die Wahl ihrer Kampfmittel und die Parteinahme für oder gegen das Anliegen einer der beiden Tarifvertragsparteien eine immer größere Rolle. Die Arbeitgeber und ihre Verbände nutzen dies regelmäßig über ihre vielfältigen Verbindungen zu den Medien, teilweise auch direkt über ihren unternehmerischen Einfluss aufgrund ihrer Eigentümereigenschaft, zu ihren Gunsten, während die Gewerkschaften, in der Regel als »Angreifer« im Tarifkonflikt, in der Öffentlichkeit unter erheblichen Rechtfertigungsdruck geraten (vgl. dazu Rn. 10, Grundl. Rn. 30). Sie müssen daher ihren streikbegleitenden Aktivitäten zu **Beeinflussung der veröffentlichen Meinung** und zur **Werbung um Sympathie und Solidarität in der Bevölkerung** große Aufmerksamkeit widmen.

211a Die Gewerkschaften können dabei für die Stärkung ihrer Durchsetzungsfähigkeit daran anknüpfen, dass es für viele Unternehmen von zunehmender Bedeutung ist, dass ihr **öffentliches Image**, die von ihnen repräsentierte »**Marke**« und die von ihnen angebotenen **Produkte und Dienstleistungen** in der **Öffentlichkeit** im Allgemeinen und bei den **Kunden** im Besonderen als **sozial, seriös und sympathisch** bewertet werden. Dies gilt vor allem für Unternehmen, die **Konsumgüter** herstellen oder verkaufen, insbesondere **Markenartikel**, aber auch für **Dienstleistungsunternehmen**, etwa aus Branchen wie **Telekommunikation, Banken, Versicherungen** und **Gesundheitswesen**. Wenn mit dem Kampfmittel des klassischen Streiks auf die Arbeitgeber nicht ausreichender wirtschaftlicher Druck ausgeübt werden kann, kann sich die Gewerkschaft zunutze machen, dass deren wirtschaftlicher Erfolg nicht unwesentlich von ihrem **positiven Image in der Öffentlichkeit und bei den Kunden** abhängt.[520] Für die öffentliche Wahrnehmung und Bewertung von Unternehmen spielt der Umgang mit den eigenen Beschäftigten, die Einhaltung von Persönlichkeitsrechten, Datenschutzbestimmungen, des gesetzlichen Arbeitnehmerschutzes und von Tarifverträgen eine wachsende Rolle. Insofern bietet es für die Gewerkschaften gerade auch in Tarifauseinandersetzungen an, sich mit Informationen über ihre Ziele und das Verhalten der Arbeitgeber systematisch und planvoll an die Öffentlichkeit und an die Kunden der Arbeitgeber zu wenden und für deren Unterstützung zu werben (z.B. auch durch Unterschriftensammlungen oder die Aufforderung zur Versendung von Protestpostkarten an die bestreikten Arbeitgeber).[521] Derartige **Öffentlichkeitskampagnen** beschränken sich auf die Verbreitung von Informationen über die Tarifauseinandersetzung und die **öffentliche Kritik am Verhalten der Arbeitgeber** bzw. deren **fehlender Kompromissbereitschaft** und werben um Unterstützung und Solidarität. Insofern unterscheiden sie sich von (weitergehenden) **Boykottaufrufen** (vgl. dazu Rn. 204ff.), mit denen die Kunden und Lieferanten von Arbeitgebern z.B. aufgefordert werden, keine Waren mehr zu kaufen bzw. zu liefern oder keine Dienstleistungen mehr in Anspruch zu nehmen.

212 Besondere (arbeitskampf-) rechtliche Beschränkungen treten bei derartigen Öffentlichkeitskampagnen nicht auf, sie fallen grundsätzlich unter die durch **Art. 9 Abs. 3 GG geschützte gewerkschaftliche Betätigungsfreiheit**, die hier verstärkend zu dem den öffentlichen Meinungskampf grundsätzlich schützenden **Grundrecht der freien Mei-**

---

520 Dazu Renneberg, S. 225ff.

521 Vgl. dazu Däubler-Däubler. AKR, § 30 Rn. 2ff., mit zahlreichen weiteren praktischen Beispielen; ErfK-Linsenmaier, GG Art. 9 Rn. 279.

nungsäußerung aus Art. 5 Abs. 1 GG hinzutritt.[522] Auch wenn derartige gewerkschaftliche Öffentlichkeitskampagnen **wirtschaftliche Schäden** der betroffenen Unternehmen nach sich ziehen, sind wegen deren Verhältnismäßigkeit schon deshalb keine durchgreifenden Bedenken angebracht, weil auch ein die Betriebsabläufe wesentlich intensiver beeinträchtigender Streik anerkanntermaßen darauf angelegt sein kann (und in der Regel auch darauf gerichtet sein muss), wirtschaftliche Schäden zu verursachen[523] (vgl. dazu Grundl. Rn. 32). Soweit durch die Gewerkschaften die **bei Tatsachenbehauptungen zu beachtenden Sorgfaltspflichten** nicht verletzt und die von der Freiheit der Meinungsäußerung nicht geschützte **Formalbeleidigung** und **Schmähkritik** vermieden werden,[524] sind gewerkschaftliche Öffentlichkeitskampagnen der vorstehend beschriebenen Art zulässig.[525]

Dies gilt auch für die **zielgerichtete Ansprache von** (potenziellen) **Kunden, Lieferanten** **212a**
oder sonstigen Geschäftspartnern des bestreikten Arbeitgebers vor und während des Arbeitskampfes. Für die Information z. B. von Kunden des Einzelhandels oder einer Bank, Patienten im Gesundheitswesen, Fahrgästen öffentlicher Verkehrsmittel oder Besuchern von Kulturveranstaltungen bestehen grundsätzlich keine Einschränkungen. Wenn den Gewerkschaften das Recht eingeräumt wird, die Interessen der Arbeitnehmer auch gegenüber der Allgemeinheit, dem Staat und den Regierungen zu vertreten,[526] kann man auch im Zusammenhang mit Arbeitskämpfen gerade die Kunden des Arbeitgebers als besonders interessierter und dem betrieblichen Geschehen nahestehender Teil der Allgemeinheit nicht als Adressat gewerkschaftlicher Informationstätigkeit grundsätzlich ausnehmen.[527] Soweit eine auf die aktive Störung des Betriebsablaufes angelegte sog. Flashmob-Aktion in einem von Kunden frequentierten Einzelhandelsgeschäft unter bestimmten Voraussetzungen zulässig ist (vgl. dazu Rn. 213 ff.), muss dies erst recht für das schlichte Verteilen gewerkschaftlicher Informationen an Kunden des Arbeitgebers gelten, die sich in einem öffentlich zugänglichen Betrieb aufhalten. Eine derartige Aktivität zielt nicht auf die Störung des Betriebsablaufs ab und zieht eine solche in der Regel auch nicht nach sich.

Daher können Kunden des Arbeitgebers durch die Gewerkschaft auch im Betrieb zur Solidarität mit ihrem Anliegen, z. B. in Form einer **Unterschriftensammlung**, aufgefordert werden.[528] Als zulässig wurde von der Rspr. beispielsweise die **Verteilung gewerkschaftlicher Informationen an Kunden des Arbeitgebers** anerkannt, in denen gegenüber den Gästen von Speisewagen die **Arbeitsbedingungen** des Speisewagen-Personals **kritisiert**

---

522 ErfK-Linsenmaier, GG Art. 5 Rn. 15.
523 Däubler-Däubler, a.a.O., Rn. 7 ff.
524 Zu den Einzelheiten ErfK-Linsenmaier, a.a.O., Rn. 22 ff., 25 ff.
525 Däubler-Däubler, a.a.O., Rn. 8, 10.
526 Zuletzt BVerfG 6. 2. 07 – 1 BvR 978/05, NZA 07, 394.
527 Däubler, GewR, Rn. 489d.
528 Däubler, a.a.O., Rn. 489a, unter Verweis auf BAG 25. 1. 05 – 1 AZR 657/03, NZA 05, 592, das eine solche Aktion im speziellen Fall der Unterschriftensammlung der Gewerkschaft in einer Polizeidienststelle wegen der Verletzung des Grundsatzes der Gesetzmäßigkeit der Verwaltung für unzulässig gehalten, aber gleichzeitig daraufhin gewiesen hat, dass das von einer solchen Aktion berührte Eigentums- und Hausrecht eines privaten Arbeitgebers zugunsten der gewerkschaftlichen Betätigungsfreiheit eine Einschränkung erfahren könnte.

wurde.[529] Im Rahmen gewerkschaftlicher Information ist es auch zulässig, wenn **Zeitungszusteller Informationsblätter über eine Tarifrunde und einen Arbeitskampf** gleichzeitig mit der Zeitung an deren Abonnenten verteilen.[530] Dies stellt keine unzulässige Nutzung der **Vertriebsorganisation** des Arbeitgebers dar. Demgegenüber soll die **Unterschriftensammlung** einer Gewerkschaft in einer **Polizeidienststelle** beim dort verkehrenden Publikum zur Unterstützung der Forderung nach Einstellung zusätzlichen Personals wegen des durch Art. 20 Abs. 3 GG garantierten Grundsatzes der **Gesetzmäßigkeit der Verwaltung** unzulässig sein.[531] Diese vom BVerfG[532] bestätigte Entscheidung lässt sich allerdings auf die **Privatwirtschaft** nicht übertragen. Wenn ein privater Arbeitgeber keine unzumutbare Störung des Betriebsablaufes geltend machen kann, ist die gewerkschaftliche Unterschriftensammlung zulässig.[533] Dabei ist in die erforderliche Abwägung einzubeziehen, dass die **Arbeitgeber** gegenüber Öffentlichkeitskampagnen der Gewerkschaft **nicht schutzlos** sind und ihnen verschiedene **Verteidigungsmöglichkeiten** zur Verfügung stehen. Sie können – was üblicherweise auch geschieht – auf die gewerkschaftlichen Verlautbarungen ihrerseits mit einer entsprechenden Pressekampagne und Kundeninformationen reagieren.[534]

2.8.3 Flashmob-Aktionen

213 In der **Tarifrunde des Einzelhandels im Jahr 2007/2008** kam es aufgrund der fehlenden Kompromissbereitschaft der Arbeitgeberseite am Verhandlungstisch zunächst nicht zu einem Tarifabschluss, so dass ver.di gezwungen war, mit Streikmaßnahmen ein akzeptables Verhandlungsangebot der Arbeitgeberseite zu erzwingen. Die für den Einzelhandel typische Beschäftigung des Personals in kleinen Betrieben und Filialen und die relativ einfache **Ersetzbarkeit streikender Beschäftigter durch Leiharbeitnehmer und andere Streikbrecher** (vgl. zu dieser Form der Streikbekämpfung durch die Arbeitgeber auch Rn. 303 ff.) führten in dieser Tarifrunde zu einer **Schwächung der Durchsetzungsfähigkeit der Gewerkschaft**. In nicht wenigen Betrieben gelang es den Arbeitgebern, trotz der Befolgung des ver.di-Streikaufrufs durch die Einzelhandelsbeschäftigten, durch den Einsatz von Streikbrechern den **Geschäftsbetrieb weitgehend ungestört aufrechtzuerhalten.** Um sich nicht einem **Tarifdiktat der Arbeitgeberseite** beugen zu müssen, musste ver.di daher versuchen, neben den klassischen Streikmaßnahmen durch den **Einsatz weiterer wirkungsvoller Kampfmittel** zusätzlichen Druck auf die Arbeitgeberseite zu erzeu-

---

529 ArbG Hamburg 30.6.92 – 25b Ga 5/92, AiB 92, 530 mit Anm. Grimberg = AuR 93, 189 mit Anm. Sudhof; vgl. zu einem vergleichbaren Sachverhalt LAG Köln 3.2.95, AP Nr. 145 zu Art. 9 Abs. 3 GG Arbeitskampf; zustimmend Däubler-Däubler, AKR, § 30 Rn. 25; einschränkend HWK-Gaul, BetrVG, § 2 Rn. 21, der die Informationstätigkeit gegenüber Kunden unter Nutzung von »Mitarbeitern und Einrichtungen des Arbeitgebers« für unzulässig hält; ablehnend Gamillscheg, S. 248.

530 LAG Köln 3.2.95 – 12 Sa 1073/94, AP Nr. 145 zu Art. 9 Abs. 3 GG Arbeitskampf.

531 BAG 25.1.05 – 1 AZR 657/03, NZA 05, 592; dazu kritisch Buschmann, FS Nagel, S. 245, 261 f., Höfling, Anm. zu BAG AP Nr. 123 zu Art. 9 GG.

532 BVerfG 6.2.07 – 1 BvR 978/05, NZA 07, 394.

533 So auch die Erwägung des BAG 25.1.05, a.a.O.

534 ErfK-Linsenmaier, GG, Art. 9, Rn. 279.

gen. Dafür sind in einer derartigen Situation Kampfmittel geeignet, die **für die Arbeitgeberseite überraschend** eingesetzt werden können und zu spürbaren **Störungen des** durch den Einsatz von Streikbrechern aufrechterhaltenen **Geschäftsbetriebs** führen. ver.di hatte daher im Dezember 2007 auf ihrer Homepage einen Aufruf zur Solidarität mit den streikenden Einzelhandelsbeschäftigten veröffentlicht, in dem u.a. auch darum gebeten wurde, nicht in bestreikten Filialen einzukaufen (zum Boykottaufruf vgl. Rn. 204ff.) und sich an sog. **Flashmob-Aktionen** zu beteiligen. Der sich auf die Flashmob-Aktion beziehende Teil des Aufrufs hatte folgenden Wortlaut:

»Hast du Lust, dich an Flashmob-Aktionen zu beteiligen? Gib uns deine Handy-Nummer und dann lass uns zu dem per SMS gesendeten Zeitpunkt zusammen in einer bestreikten Filiale, in der Streikbrecher arbeiten, gezielt einkaufen gehen, z.B. so:

- *Viele Menschen kaufen zur gleichen Zeit einen Pfennig-Artikel und blockieren damit für längere Zeit den Kassenbereich.*
- *Viele Menschen packen zur gleichen Zeit ihre Einkaufswagen voll (bitte keine Frischware!!!) und lassen sie dann stehen.*
- *Schicke ein Fax an Leiharbeitsfirmen, die ihre Beschäftigten als Streikbrecher im Einzelhandel einsetzen lassen und protestiere dagegen!»*

Vergleichbare **Aktionsformen** der vorübergehenden Betriebsstörung zur Abwehr von Streikbrecherarbeit (z.B. gefüllte Einkaufswagen stehenlassen, langes Verhandeln über den Kaufpreis an der Kasse: »Artikel war im Prospekt als Aktionsangebot ausgewiesen«) **sind** in der gewerkschaftlichen Arbeitskampfpraxis im Einzelhandel im Übrigen **nicht vollkommen neu**, sondern wurden bereits in der ver.di-Gründungsgewerkschaft HBV diskutiert und in den damaligen Tarifauseinandersetzungen im Einzelhandel auch erstmals erprobt,[535] allerdings nicht unter der Bezeichnung Flashmob-Aktion.

Im Dezember 2007 hatte ver.di in Berlin zu einer etwa 45 Minuten dauernden Flashmob- **214**
Aktion in einer Lebensmittelfiliale aufgerufen, an der sich ca. 40 Personen beteiligten, die Flugblätter auslegten und die in der Filiale die trotz des Streikaufrufs tätigen Arbeitnehmer zur Streikteilnahme aufforderten. Zahlreiche Aktionsteilnehmer erzeugten außerdem durch den Einkauf von sog. Cent-Artikeln und das Befüllen und anschließende Stehenlassen von Einkaufswagen lange Warteschlangen an den Kassen und eine daraus resultierende Störung des Geschäftsbetriebs. Die Arbeitgeberseite scheiterte mit ihrem Versuch, ver.di für die Zukunft derartige Aufrufe zu Flashmob-Aktionen gerichtlich untersagen zu lassen: das **BAG**[536] **erklärte** – im Ergebnis der Auffassung der Vorinstanzen[537] folgend – **diese Aktion für rechtmäßig**. Die gegen dieses Urteil des BAG vom Arbeitgeberverband beim BVerfG eingelegte **Verfassungsbeschwerde** blieb erfolglos.[538] Als Reaktion auf diese – sehr zurückhaltend argumentierende (vgl. dazu Rn. 216) und einzelfallbezogene – Entscheidung des 1. Senats des BAG (gewerkschaftliche Flashmob-Aktionen

535 Vgl. dazu HBV-Hauptvorstand, S. 23.

536 BAG 22.9.09 – 1 AZR 972/08, NZA 09, 1347.

537 ArbG Berlin 1.4.08 – 34 Ca 2404/08; LAG Berlin-Brandenburg 29.9.08 – 5 Sa 967/08, AuR 09, 47.

538 BVerfG 26.3.14 – 1 BvR 3185/09, NZA 14, 493; s. dazu Fischer, FA 14, 162; Herbert, ZTR 14, 639; Lembke, NZA 14, 471; Wiedergabe deren Begründung der Verfassungsbeschwerde bei Thüsing/Waldhoff, ZFA 11, 329; dazu auch Fischer, RdA 11, 50, 55ff.; Schaub-Treber, § 192 Rn. 55; Kittner, FS Jäger, 483, 498ff.

sind nicht »generell rechtswidrig« [!][539]) wurde, angeführt von der FAZ, in den Medien eine polemische und von wenig Realitätsnähe und Fachkenntnissen geprägte Richterschelte in Szene gesetzt (»Arbeitsrichter auf Abwegen«),[540] die ihresgleichen sucht.[541] Auch die BDA meldete sich »empört« zu Wort und sah in der Tradition ihrer üblicherweise ohnehin negativen Beurteilung von gewerkschaftlichen Streiks im Allgemeinen (vgl. Grundl. Rn. 217ff.) durch das Flashmob-Urteil des BAG im Besonderen sogar das gesamte Tarifverhandlungssystem »untergraben« und die »Erosion der Tarifautonomie« befördert.[542] Es ist bemerkenswert (und zugleich abschreckend), dass dieser unsachliche Stil der Auseinandersetzung auch in Veröffentlichungen einiger Fachzeitschriften seine Fortsetzung fand,[543] deren Inhalt nach der (unzutreffende) Eindruck erweckt wird, der 1. Senat des BAG sei dazu angetreten, die Kampfparität zu Lasten der wehrlos den Gewerkschaften ausgelieferten Arbeitgebern aufzugeben und die Grundrechte Drittbetroffener zur Disposition zu stellen.

215 Die **Aktionsform des Flashmob** (zu übersetzen etwa als »Blitzauflauf«[544]) hatte ihrer Entstehung nach zunächst künstlerischen bzw. spielerischen oder unterhaltenden Charakter und war darauf angelegt, unter Nutzung der Kommunikation per SMS, E-Mail oder Handy-Telefonat sehr kurzfristig und überraschend Menschenansammlungen mit happeningähnlichem Charakter zu organisieren.[545] Flashmob-Aktionen wurden dann in den letzten Jahren zunehmend auch für soziale und politische Proteste eingesetzt, von der globalisierungskritischen Bewegung teilweise auch unter der Bezeichnung **Smartmob.**[546] Als **Arbeitskampfmittel der Gewerkschaften** kann diese Aktionsform als **Reaktion auf die Streikbekämpfung der Arbeitgeber** durch den Einsatz von Streikbrechern, insbesondere von Leiharbeitnehmern (vgl. dazu Rn. 303ff., 307), geeignet sein, ist allerdings in der Regel nur in Unternehmen durchführbar, die über Betriebsräume oder betriebliche Einrichtungen verfügen, die für Bürger, Kunden und/oder Lieferanten und andere Geschäftspartner **öffentlich zugänglich** sind (»**Publikumsverkehr**«). Neben der Durchführung dieser Aktionsform im **Einzelhandel** sind gewerkschaftliche Flashmob-Aktionen insbesondere auch bekannt aus dem **Hotel- und Gaststättengewerbe**: im Rahmen einer Tarifauseinandersetzung versammeln sich z.B. Gewerkschaftsmitglieder in der Lobby eines Hotels und formieren sich, begleitet durch eine Kapelle bzw. Band, zu einem singenden und tanzen-

539 BAG 22.9.09, a.a.O., 1353; s. dazu auch die entsprechende Bewertung bei ErfK-Linsenmaier, Art. 9 GG Rn. 277b: Anerkennung der Verhältnismäßigkeit von Flashmob-Aktionen »nur unter strengen Voraussetzungen«; ähnlich Herbert, a.a.O., 640f.

540 Budras, FAZ 5.10.09, 13: »Das Arbeitskampfrecht ist zu einem Rechtsgebiet verkommen, in dem Richter aller Instanzen willkürlich ihre persönlichen Ansichten durchdrücken«; ausdrücklich zustimmend Rüthers, NZA 10, 6, dem es schwer fällt, »bei solchen Entscheidungen weltanschaulich bedingte Wahrnehmungshindernisse des Senats auszuschließen«, a.a.O., 12f.

541 Vgl. dazu Tornau, Mitbestimmung 11/09, 60.

542 So jedenfalls der BDA-Präsident Hundt, HB 23.9.09; vgl. auch http://www.bda-online.de/www/arbeitgeber.nsf/id/DE_PI05409?open&Highlight=betriebsblockade.

543 Exemplarisch Krieger/Günther, NZA 10, 20; Rüthers, NZA 10, 6, 12ff.; Säcker, NJW 10, 1115; Schmitt-Rolfes, NZA 10, Editorial 1/2010.

544 Däubler-Däubler, AKR, § 31 Rn. 5; Grau, BB 09, 2309.

545 Weitere Einzelheiten unter www.wikipedia.org/wiki/Flashmob.

546 Vgl. dazu www.wikipedia.org/wiki/Smart_Mob.

den Chor,[547] der durch seine Darbietung die Hotelgäste und sonstigen anwesenden Personen über den Stand der Tarifauseinandersetzung, schlechte Arbeitsbedingungen usw. informiert. Dies kann mit dem Aufruf verbunden werden, die Forderungen der Gewerkschaft zu unterstützen und im Hotel bis zu einer Einigung mit dem Arbeitgeber nicht mehr einzuchecken (zum gewerkschaftlichen Boykott vgl. Rn. 204ff.).[548]

Flashmob-Aktionen im Rahmen von Arbeitskämpfen (zur Praktizierung im Einzelhandel vgl. Rn. 213) sind nach Auffassung des BAG jedenfalls dann **rechtmäßig,**[549] wenn sie – für die betroffenen Arbeitgeber **erkennbar – gewerkschaftlich getragen** und **streikbegleitend** durchgeführt werden. Die durch Art. 9 Abs. 3 GG geschützte Betätigungsfreiheit der Gewerkschaften erfasst nicht nur die historisch überkommenen Arbeitskampfmittel, sondern garantiert den Gewerkschaften auch das Recht, die Arbeitskampfmittel den sich ändernden gesellschaftlichen und wirtschaftlichen Rahmenbedingungen anzupassen, um der Arbeitgeberseite gewachsen zu bleiben und ausgewogene Tarifabschlüsse durchsetzen zu können.[550] Insbesondere unter Berücksichtigung der zunehmend effektiveren Möglichkeiten der Bekämpfung der klassischen Arbeitsniederlegung durch die Arbeitgeberseite (vgl. dazu Rn. 292 ff) sind **Flashmob-Aktionen verhältnismäßig.** Dieses Kampfmittel ist nach der nicht zu beanstandenden Einschätzung der Gewerkschaften geeignet und erforderlich, um einen ausreichenden Druck auf die Arbeitgeberseite zur Durchsetzung der verfolgten tariflichen Ziele zu erzeugen. Vor dem Hintergrund des vom BAG in seinem Flashmob-Urteil zu beurteilenden Sachverhalts (vgl. Rn. 213), der – wie das BAG selbst betont – eine Wehrlosigkeit des betroffenen Arbeitgebers und eine ernsthafte Gefahr von Streikexzessen nicht nahe legt (dazu Rn. 219), **erscheint es nach hier vertretener Auffassung problematisch**, dass die Entscheidung die mit anderen Fallgestaltungen von Flashmob-Aktionen verbundenen abstrakten Gefahren in ihrer Argumentation derart in den Vordergrund stellt, dass sie sich im Ergebnis nur zu der vorsichtigen Aussage durchringen kann, derartige Aktionen seien »**nicht generell rechtswidrig.**«[551] Dabei ist zu bedenken, dass über eine gewerkschaftlich getragene Arbeitskampfmaßnahme zu urteilen war, und dass eine Flashmob-Aktion zu deutlich geringeren wirtschaftlichen Beeinträchtigungen führt als ein erfolgreicher mehrtägiger oder unbefristeter Erzwingungsstreik. Deshalb ist diese vom BAG **vorweggenommene Beschränkung der zukünftigen Anwendung dieses Kampfmittels** nicht gerechtfertigt und geeignet, den zukünftigen Einsatz von 216

547 Sogenannte »Beschwerdechöre« formieren sich auch jenseits gewerkschaftlicher Aktionen durch Flashmobs in der Öffentlichkeit, um bestimmte soziale oder politische Anliegen demonstrativ zu vertreten, berichtet in mobil, Das Magazin der Deutschen Bahn, 12/2011, 8, 9.

548 Rehder/Deinert/Callsen-Callsen, S. 34; Video eines Aktionsbeispiels der NGG unter http://www.ngg-bremen.de/branche-betrieb/gastgewerbe/aktuelle-meldungen/hotel-flashmobin-bremen/; Video eines Aktionsbeispiels aus den USA unter http://www.youtube.com/watch?v=-79pX1IOqPU.

549 BAG 22.9.09, NZA 09, 1347; Däubler-Däubler, AKR, § 31 Rn. 6ff.; ErfK-Linsenmaier, Art. 9 GG Rn. 277b; Kittner/Zwanziger/Deinert-Deinert, § 136 Rn. 16a; Rehder/Deinert/Callsen-Deinert, S. 110; Schaub-Treber, § 192 Rn. 55; Herbert, a.a.O., 641f.; a.A. Brötzmann, NJW 10, 638f.; Krieger/Günther, NZA 10, 20; Rieble, NZA 08, 796; Simon/Greßlin, BB 10, 381.; Thüsing/Braun-von Steinau-Steinrück, 3. Rn. 186f.; Thüsing/Waldhoff, ZFA 11, 329; Willemsen/Mehrens, Anm. zu AP Nr. 174 zu Art. 9 GG Arbeitskampf.

550 BAG 22.9.09, a.a.O., 1351.

551 BAG 22.9.09, a.a.O., 1353.

Flashmob-Aktionen im Hinblick auf seine rechtliche Beurteilung durch die Instanzgerichte mit **erheblichen Risiken für die Gewerkschaften** zu verbinden.[552]

217 Der von einer Arbeitskampfmaßnahme wie einer Flashmob-Aktion betroffene **Arbeitgeber muss** nach Auffassung des BAG[553] – dem Gebot der fairen Kampfführung folgend – **erkennen können**, von welcher Maßnahme er betroffen ist und wer die Verantwortung für diese Maßnahme trägt, damit er sein eigenes Verhalten darauf einstellen bzw. sich zur Wehr setzen kann. Dies **verpflichtet die Gewerkschaft** allerdings **nicht**, sich dem Arbeitgeber gegenüber **förmlich oder ausdrücklich zum Inhalt und Umfang der Arbeitskampfmaßnahme zu erklären.** Es ist ausreichend, wenn der Arbeitgeber aus den ihm bekannten Umständen erkennen kann, welcher gewerkschaftlichen Arbeitskampfmaßnahme er ausgesetzt ist[554] (vgl. zu diesem Aspekt bei der Bekanntgabe von Streikaufrufen auch Rn. 254).

218 Flashmob-Aktionen führen auch nicht zu einer unverhältnismäßigen Beeinträchtigung der betroffenen Arbeitgeber. Die **Verursachung wirtschaftlicher Schäden** ist anerkanntermaßen grundsätzlich mit der Durchführung gewerkschaftlicher Arbeitskampfmaßnahmen verbunden, so dass auch die Rechtmäßigkeit »aktiv« betriebsstörender Kampfmittel (im Unterschied zur »passiven« Betriebsstörung durch schlichte Einstellung der Arbeit) wegen der dadurch verursachten wirtschaftlichen Schädigung nicht durchgreifend angezweifelt werden kann. Ein – in der Regel rechtlich zulässiger – unbefristeter Vollstreik verursacht wesentlich größere wirtschaftliche Schäden als eine auf eine oder mehrere Stunden befristete Flashmob-Aktion.[555]

219 Die **Beteiligung »dritter« Personen**, die nicht Arbeitnehmer des bestreikten Arbeitgebers sind, führt weder unter dem Gesichtspunkt des möglicherweise **fehlenden finanziellen Opfers** der Aktionsteilnehmer noch unter dem Gesichtspunkt der damit angeblich verbundenen **»Gefahr« eines »außer Kontrolle« geratenden Kampfmittels** zur Unverhältnismäßigkeit einer Flashmob-Aktion. In diesem Zusammenhang ist die Situation nicht anders zu beurteilen wie beim Einsatz von Streikposten (vgl. dazu Rn. 258 ff.). Die Streikpostentätigkeit von Personen, die nicht Arbeitnehmer des bestreikten Betriebs sind, ist durchaus üblich, bewegt sich im Rahmen der von der Gewerkschaft autonom gestaltbaren Streikorganisation und ist – wie bei allen gewerkschaftlich getragenen Aktionen – nicht typischerweise mit der »Gefahr« verbunden, dass das Verhalten der Streikposten durch die Gewerkschaft nicht kontrollierbar ist.[556] Das möglicherweise fehlende finanzielle Opfer der Aktionsteilnehmer ist für Paritätsüberlegungen schon unter Berücksichtigung der in der Regel beschränkten Anzahl der Aktionsteilnehmer und der nur begrenzten Wiederholbarkeit dieser Aktionsform ohne Bedeutung. Schließlich ist zu berücksichtigen, dass die zwangsläufige und durch die Gewerkschaft nicht zu vermeidende **Bewertung des gewerkschaftlichen Kampfmitteleinsatzes** (und damit auch des Anliegens der Gewerk-

---

552 Nach ErfK-Linsenmaier, Art. 9 GG Rn. 277b, lässt sich jedenfalls »der verbleibenden Spielraum für Flashmob-Aktionen … kampftaktisch nur sehr eingeschränkt nutzen«; zu einer ähnlichen Einschätzung kommt Herbert, a.a.O., 641, für den öffentlichen Dienst.

553 BAG 22.9.09, a.a.O.

554 BAG 22.9.09, a.a.O.

555 Däubler-Däubler, a.a.O., Rn. 7; LAG Berlin-Brandenburg 29.9.08 – 5 Sa 967/08, AuR 09, 47, 48.

556 Däubler-Däubler, a.a.O., Rn. 9.

schaften insgesamt) durch die eigenen Mitglieder, die Arbeitnehmer des betroffenen Betriebs, die davon **betroffenen Kunden** des Arbeitgebers, die **Medien** und die **sonstige öffentliche Meinung** die von den Kritikern der Rspr. des BAG dramatisierend heraufbeschworene Gefahr massenhafter und exzessiver Flashmob-Aktionen[557] von vornherein ausschließt.[558]

Bedenken gegen die Verhältnismäßigkeit einer Flashmob-Aktion sind auch deshalb nicht gerechtfertigt, da der betroffene **Arbeitgeber** auch einem solchen Kampfmittel nicht wehrlos ausgeliefert ist. Ihm stehen – so das BAG – wirkungsvolle Verteidigungsmöglichkeiten zur Verfügung. Zur Abwehr der Aktion kann der Arbeitgeber von seinem **Hausrecht** (§§ 858ff., 903, 1004 BGB) oder vorübergehend von seinen **Recht zur Betriebsstilllegung** (vgl. dazu Rn. 316ff.) Gebrauch machen.[559] Dass die Wahrnehmung dieser Rechte unzumutbar oder realitätsfern sein soll, wie die Kritiker der Rspr. des BAG behaupten,[560] ist nicht nachvollziehbar.[561] 220

Aus der Entscheidung des BAG zur Zulässigkeit einer gewerkschaftlichen Flashmob-Aktion[562] (die dem Sachverhalt nach zwischen 45 und 60 Minuten andauerte) lässt sich **keine starre zeitliche Grenze** ableiten, die als Voraussetzung der Rechtmäßigkeit derartiger Kampfmittel eingehalten werden muss. Auch eine mehrere Stunden andauernde oder tageweise wiederholte Flashmob-Aktion führt zu deutlich geringeren Beeinträchtigungen des Betriebs des betroffenen Arbeitgebers als ein mehrtägiger oder unbefristeter Erzwingungsstreik.[563] Allerdings dürfte die Frage nach der rechtlich zulässigen Höchstdauer einer Flashmob-Aktion vor den Hintergrund der mit diesem Kampfmittel verbundenen beschränkten Mobilisierungsmöglichkeiten und der der Arbeitgeberseite zur Verfügung stehenden Abwehrmittel (vgl. dazu Rn. 220) mehr theoretische Bedeutung haben. Werden Flashmob-Aktionen demgegenüber auf ihr Potenzial als überraschendes Kampfmittel beschränkt und **dauern sie** wegen ihres von vornherein zeitlich sehr beschränkten Charakters **nur einige Minuten,** zielen sie nicht auf eine erhebliche Betriebsstörung ab. Sie haben dann nur **Demonstrationscharakter,** sollen für das tarifliche gewerkschaftliche Anliegen bei den Kunden und (noch) arbeitswilligen Arbeitnehmern lediglich Aufmerksamkeit hervorrufen und gegen die Streikbruchorganisation durch den Arbeitgeber protestieren und stellen deshalb keinen unmittelbaren betriebsbezogenen Eingriff in den eingerichteten und ausgeübten Gewerbebetrieb des betroffenen Arbeitgebers dar.[564] 221

Schließlich stellt sich die Frage, ob das ausdrückliche Abheben des BAG auf den **»streikbegleitenden«** Charakter der von ihm zu beurteilenden Flashmob-Aktion in dem Sinne 221a

557 Nachweise in Fn. 416.

558 Zur (vermeintlichen) Gefahr der unzureichenden Beherrschbarkeit von Flashmob-Aktionen unter Einbeziehung »dritter« Personen durch die Gewerkschaft vgl. eingehend Rehder/Deinert/Callsen-Deinert, S. 98ff.

559 BAG 29.9.09, a.a.O., 1353f.

560 Nachweise in Fn. 416.

561 Däubler-Däubler, a.a.O., Rn. 10; davon geht ersichtlich auch Löwisch (NZA 10, 209) aus, der unter der Überschrift »Besitzschutz gegen Flashmob« das den Arbeitgebern zur Verfügung stehende Argumentations- und Handlungsarsenal handlungsanleitend aufbereitet hat.

562 BAG 22.9.09 – 1 AZR 972/08, NZA 09, 1347.

563 Däubler-Däubler, a.a.O., Rn. 13.

564 Angedeutet auch bei BAG 22.9.09, a.a.O., 1350.

zu verstehen ist, dass es **Flashmob-Aktionen als eigenständiges Kampfmittel** grundsätzlich für unzulässig halten würde.[565] Nach hier vertretener Auffassung hat die Gewerkschaft im Rahmen ihrer Freiheit der Kampfmittelwahl zumindest dann die Möglichkeit, Flashmob-Aktionen als eigenständiges Kampfmittel durchzuführen, wenn die Durchführung eines Streiks unter Berücksichtigung der gegebenen Rahmenbedingungen (z.B. Ersetzbarkeit der Streikenden durch Leiharbeitnehmer, Überwiegen befristeter Arbeitsverhältnisse im Streikbetrieb) nicht mit Aussicht auf Erfolg realisierbar ist oder zu einer Gefährdung der Fortführung der Arbeitsverhältnisse streikender Arbeitnehmer führen würde. Im Übrigen ist zu berücksichtigen, dass eine Flashmob-Aktion im Vergleich zum Streik regelmäßig zu geringeren (wirtschaftlichen) Beeinträchtigungen für den betroffenen Arbeitgeber führt. Es kann nicht unzulässig sein, dass sich eine Gewerkschaft (gezwungenermaßen) auf den Einsatz eines milderen Kampfmittels beschränkt.[566]

2.8.4 Nutzung des Internets

222 In den letzten Jahren gab es erste Ansätze, sog. **virtuelle Streiks** zu organisieren oder die sonstigen Möglichkeiten des **Internets** und der **innerbetrieblichen elektronischen Kommunikation** zur Vorbereitung und Durchführung Tarifauseinandersetzungen zu nutzen.[567] Der Versand **gewerkschaftlicher Tarifinformationen** und **Streikaufrufe** durch **E-Mail-Rundbrief der Gewerkschaft** an Arbeitnehmer über deren betriebliche bzw. dienstliche E-Mail-Adressen stellt unter Berücksichtigung der Koalitionsfreiheit der Gewerkschaft keinen rechtswidrigen Eingriff in Rechtspositionen des Arbeitgebers dar (vgl. auch Rn. 253).[568]

223 Soweit ein gewerkschaftlicher Aufruf zur Durchführung von **massenhaften E-Mails, Aufrufen einer Homepage** oder **Anrufen in einem Call-Center** darauf abzielen, **im Rahmen eines Arbeitskampfes streikbegleitend eine vorübergehende Betriebsstörung** herbeizuführen, ist unter Zugrundelegung der Maßstäbe der Entscheidung des BAG zur **Zulässigkeit von Flashmob-Aktionen** zu prüfen, ob ein derartiges Kampfmittel der Verhältnismäßigkeit entspricht, nämlich geeignet und erforderlich ist, und nicht unangemessen in gegenläufige Rechtspositionen der betroffenen Arbeitgeber oder Dritter eingreift. Die erforderliche Abwägung dürfte zumindest dann zugunsten der gewerkschaftlichen Betriebsstörung ausfallen, wenn die Gewerkschaft eine derartige Aktion zur Erzeugung einer ausreichenden tariflichen Durchsetzungsfähigkeit für geeignet und erforderlich halten kann, nicht in Datenbestände eingegriffen oder die Software beschädigt wird und keine unangemessene Beeinträchtigung gegenläufiger verfassungsrechtlich geschützter Rechtspositionen mit der Aktion verbunden ist (etwa durch die Beeinträchtigung des Kom-

565 BAG 22. 9. 09, a.a.O., 1353.

566 Im Ergebnis übereinstimmend Däubler-Däubler, a.a.O., der daraufhin weist, dass es einer Gewerkschaft mangels Fähigkeit zur Durchführung eines Erzwingungsstreiks auch unbenommen bleibt, sich auf Warnstreiks zu beschränken.

567 Vgl. dazu die Schilderung einiger Beispiele bei Däubler, AR 1, Rn. 720a; Däubler-Däubler, a.a.O., Rn. 16ff.; Renneberg, S. 232ff.

568 Vgl. BAG 20. 1. 09 – 1 AZR 515/08, DB 09, 1410; LG Frankfurt 16. 1. 07 – 2/12 O 59/07, wegen Unzulässigkeit des Rechtsweges aufgehoben durch OLG Frankfurt 28. 3. 07 – 3 W 20/07, NZA 07, 710; ArbG Dortmund 9. 10. 08 – 4 Ga 103/08.

munikationssystems eines Krankenhauses oder von Sicherheits- und Notrufsystemen).[569] Der betroffene Arbeitgeber ist derartigen Aktionen nicht schutzlos ausgeliefert, da er neben der Reaktionsmöglichkeit der vorübergehenden Stilllegung[570] (vgl. dazu Rn. 316ff.), etwa durch vorübergehende Schließung des Call-Centers oder Sperrung des Internet-Portals, auch die ihm zur Verfügung stehenden technische Vorkehrungen, das Ausweichen auf einen anderen Server[571] und ähnliche Maßnahmen zur Abwehr der Betriebsstörung nutzen kann. Der **Aufruf zu einer Internetdemonstration** mit dem Ziel der Blockade der Homepage der Lufthansa, mit der gegen die Mitwirkung der Lufthansa bei Abschiebungen ins Ausland auf dem Luftweg protestiert werden sollte, erfüllte **keinen Straftatbestand.**[572]

Im Herbst 2007 war eine von den Gewerkschaften Union Network International (UNI) und der Rappresentanza Sindicale Unitaria (RSU) initiierte **virtuelle Protestaktion** gegen die Streichung einer Gewinnbeteiligung bei IBM Italien auf der **Internet-Plattform »Second life«** erfolgreich. »Second life« ist eine virtuelle Welt im Internet und Basis für ein globales Online-Spiel, dass auch von Unternehmen und Institutionen genutzt wird. Die Nutzer können sich mit einer Stellvertreterfigur (sog. Avatar) in das Spiel begeben und deren Aussehen, Verhalten und Kommunikation (im »Second life«) nach eigenen Wünschen gestalten. Rund 2000 reale Personen aus mehr als 30 Ländern haben dies genutzt, folgten dem Aufruf der Gewerkschaften und »veranstalteten« am 27.7.07 im Rahmen des Online-Spiels im Internet aus Anlass des Tarifkonflikts bei IBM Italien **(virtuelle) Streikpostenketten, Demonstrationen** und die **Sprengung einer Vorstandssitzung** von Managern des IBM-Konzerns, der in »Second life« selbst Kundencenter unterhält. Die Protestaktion führte zur Rücknahme der Entgeltkürzung und zum Abschluss eines entsprechenden Tarifvertrags.[573] **224**

2.8.5 Betriebsblockade und Betriebsbesetzung

Mit dem Begriff der **Betriebsblockade** wird im Arbeitskampf das (vollständige) **Absperren der Zugänge und Zufahrten zu einem bestreikten Betrieb** bezeichnet. Die Betriebsblockade hat das Ziel, den Zugang von Streikbrechern und den Zu- und Abgang von Lieferanten, Kunden, des Werksverkehrs, von Speditionsfahrzeugen usw. – zumindest für einen bestimmten Zeitraum – vollständig zu unterbinden. Sie hat als Arbeitskampfmaßnahme den Charakter einer **»aktiven« Betriebsstörung** oder **Produktionsbehinderung** (im Unterschied zur lediglich **»passiven« Niederlegung der Arbeitskraft** im Rahmen eines klassischen Streiks; zur »aktiven« Betriebsstörung durch **Flashmob-Aktionen** vgl. Rn. 213ff.). Der Einsatz des Kampfmittels der vollständigen Absperrung bestreikter Betriebe kann erforderlich sein, damit die Gewerkschaften im Interesse der **Durchsetzung** **225**

569 So im Ergebnis auch Däubler-Däubler, a.a.O., Rn. 19; Befürchtungen im Hinblick auf eine sich in diese Richtung entwickelnde Rspr. bei Krieger/Günther, NZA 10, 20, 23.

570 BAG 22.9.09 – 1 AZR 972/08, NZA 09, 1354; dazu auch Krieger/Günther, a.a.O.

571 Von derartigen Ausweichstrategien hat die Lufthansa erfolgreich Gebrauch gemacht, um einer Internetdemonstration gegen die Beteiligung der Airline an Auslandsabschiebungen zu begegnen, mitgeteilt von Däubler-Däubler, a.a.O., Rn. 17.

572 OLG Frankfurt 22.5.06 – 1 Ss 319/05, CR 06, 684.

573 Weitere Einzelheiten unter www.union-network.org; www.rsuibmvimercate.it.

ausgewogener Tarifverträge in bestimmten Branchen die relative Wirkungslosigkeit klassischer Streiks vor dem Hintergrund grundlegend veränderter gesellschaftlicher, wirtschaftlicher, technologischer und arbeitsrechtlicher Rahmenbedingungen (vgl. dazu Grundl. Rn. 160ff., 192ff.) zumindest teilweise kompensieren können.

226 Die **h.M.** hält **Betriebsblockaden** für **rechtwidrig**[574] und erstreckt dies teilweise auch auf **zeitliche Verzögerungen des Zu- und Abgangs** zum bestreikten Betrieb im Rahmen der grundsätzlich zulässigen **Kontrolle der Zugänge und Zufahrten** durch **gewerkschaftliche Streikposten** (vgl. dazu Rn. 260ff.). Die **höchstrichterliche Rspr.** geht zwar davon aus, dass eine Betriebsblockade vom Streikrecht nicht gedeckt ist, hat aber bisher noch nicht entschieden, ob und ggfs. unter welchen Bedingungen sie ein rechtmäßiges Kampfmittel sein kann.[575] **Nach hier vertretener Auffassung** sind Betriebsblockaden rechtmäßig, wenn die streikführende Gewerkschaft – dem Prüfungsmaßstab der **Verhältnismäßigkeit** entsprechend (vgl. Rn. 137ff.) – den Einsatz dieses Arbeitskampfmittels als Reaktion auf die überschießenden Streikabwehrmöglichkeiten der Arbeitgeberseite für geeignet und erforderlich halten kann und die Betriebsblockade nicht mit einer unangemessenen Beeinträchtigung gegenläufiger ebenfalls verfassungsrechtlich geschützter Rechtspositionen einhergeht.[576]

227 Bei **Flashmob-Aktionen** (vgl. Rn. 213ff.) handelt es sich nicht um Betriebsblockaden. Sie sind typischerweise nicht auf eine vollständige Absperrung des Betriebs, sondern auf eine vorübergehende Störung des Betriebsablaufs gerichtet, ohne das Betreten oder Verlassen des Betriebs zu unterbinden.[577] Das BAG hat deshalb im Zusammenhang mit der von ihm beurteilten Flashmob-Aktion die rechtliche Bewertung von Betriebsblockaden dahinstehen lassen.[578] Zumindest **kurzzeitige Zugangsbehinderungen** – von etwa 30 Minuten – dürften im Zusammenhang mit einer Flashmob-Aktion oder der Kontrolltätigkeit von Streikposten noch verhältnismäßig sein und nicht von der nach h.M. gegebenen Rechtswidrigkeit einer Betriebsblockade erfasst werden.[579]

228 Ein weitergehendes Kampfmittel der »aktiven« Produktionsbehinderung kann die sog. **Betriebsbesetzung**[580] darstellen. Begrifflich kann vom Vorliegen einer Betriebsbesetzung erst ausgegangen werden, wenn sich ein größerer Teil der Belegschaft gegen den erklärten Willen des Arbeitgebers und ohne Rechtfertigung durch anerkennenswerte Aufenthaltsrechte[581] im Betrieb bzw. am Arbeitsplatz aufhält. Zu Betriebsbesetzungen ist es in Deutschland bisher nicht im Rahmen tarifbezogener gewerkschaftlich getragener Arbeitskämpfe gekommen, sondern vor allem im Zusammenhang mit drohenden **Massenent-**

---

574 LAG Schleswig-Holstein 25.6.86 – 7 (2) Sa 480/85, NZA 87, 65, 66f.; LAG Köln 2.7.84 – 9 Sa 602/84, NZA 84, 402; Gamillscheg, S. 1057ff.; Otto, § 11 Rn. 5; Kissel, § 61 Rn. 78ff., 102ff.

575 BAG 21.6.88 – 1 AZR 653/86, AP Nr. 109 zu Art. 9 GG Arbeitskampf.

576 Im Ergebnis ebenfalls für die Zulässigkeit Däubler, AR 1, Rn. 710; Lübbe-Wolf, DB 88, Beilage 9/1988, 5f.; Treber, S. 461ff.; Däubler-Wolter, AKR, 300ff.; differenzierend ErfK-Linsenmaier, GG, Art. 9 Rn. 276ff.

577 BAG 22.9.09 – 1 AZR 972/08, NZA 09, 1347, 1354f.

578 BAG 22.9.09, 1354.

579 Däubler-Däubler, AKR, § 31 Rn. 12.

580 Dazu eingehend Däubler-Bieback/Unterhinninghofen, AKR, § 17 Rn. 212ff. m.w.N., auch zur historischen Entwicklung und zum praktischem Einsatz dieses Kampfmittels.

581 Vgl. Däubler-Bieback/Unterhinninghofen, a.a.O., Rn. 216ff.

lassungen und **Betriebsschließungen**. Neben dem dieser Aktionsform eigenen **Demonstrationscharakter** verbindet sich mit ihr in vielen Fällen auch das konkrete Ziel, Massenentlassungen sowie Betriebsschließungen oder -verlagerungen zu verhindern, die Auszahlung ausstehender Entgelte zu erzwingen oder – insbesondere im Fall drohender **Insolvenzen** – den Abtransport von Waren und Produktionsmitteln in »Nacht- und Nebelaktionen« durch Eigentümer oder Gläubiger zu unterbinden (**Notwehrcharakter**[582]).

Soweit derartige Aktionen – typischerweise – **nicht gewerkschaftlich getragen**[583] und/ 229
oder auf die Durchsetzung **tariflich regelbarer Ziele** abzielen (zur streikweisen Durchsetzung tariflicher Regelungen einer beabsichtigten Betriebsstilllegung oder -verlagerung oder von Sozial-Tarifverträge vgl. Rn. 27ff.), sind sie nach **h.M.** bereits aus diesen Gründen **rechtswidrig** (zu den Voraussetzungen rechtmäßiger Streiks vgl. Rn. 16ff.). Aber auch unabhängig vom Vorliegen dieser für Streiks grundlegenden Rechtmäßigkeitsvoraussetzungen hält die **h.M.** Betriebsbesetzungen für **mit der Rechtsordnung grundsätzlich unvereinbar.**[584]

Dem ist zunächst entgegenzuhalten, dass auch Kampfmittel zur aktiven Betriebsstörung bzw. Produktionsbehinderung als atypische Kampfmittel grundsätzlich vom Arbeitskampfbegriff erfasst werden.[585] Die Beschränkung der verfassungsrechtlichen Streikgarantie auf die passive Betriebsstörung in Form der gemeinsamen Arbeitsniederlegung ist zu eng und mit der **effektiven Wahrnehmung des Grundrechts der Koalitionsfreiheit** und der **Freiheit der Kampfmittelwahl** nicht vereinbar (vgl. dazu Grundl. Rn. 41). Dort, wo der klassische Streik in Form der gemeinsamen Arbeitsniederlegung nicht mehr zu nachhaltigen Betriebsstörungen führt, sind weitere Kampfmittel erforderlich, um die Wirkungen zu erzielen, die eine effektive gemeinsame Arbeitsniederlegung nach sich ziehen würde.[586] Dazu gehört entgegen der h.M. auch die Betriebsbesetzung.[587] Jedenfalls können kurzzeitige **demonstrative Sitzstreiks am Arbeitsplatz** oder **Streikversammlungen oder -demonstrationen auf dem Betriebsgelände**, z.B. anlässlich von Warnstreiks, nicht als rechtswidrige Betriebsbesetzung qualifiziert werden.[588]

2.8.6 Kollektive Wahrnehmung von Arbeitnehmerrechten

Die **kollektive Wahrnehmung von Arbeitnehmerrechten** stellt eine Möglichkeit dar, 230
mit sonstigen Formen der Kooperationsverweigerung der Arbeitnehmer unterhalb der Schwelle der Arbeitsniederlegung in Form des Streiks Druck auf den Arbeitgeber auszu-

582 Vgl. Däubler-Bieback/Unterhinninghofen, a.a.O., Rn. 225ff.

583 Zur Haltung der Gewerkschaften Däubler-Bieback/Unterhinninghofen, § 17 Rn. 214.

584 LAG Düsseldorf 24.2.94 – 13 Sa 1214/93, LAGE Nr. 54 zu Art. 9 GG Arbeitskampf; Gamillscheg, S. 1059; Kissel, § 61 Rn. 78ff.; Otto, § 11 Rn. 6ff., 10; so auch eine knappe, aber nicht begründete Aussage des BAG in der sog. Erwitte-Entscheidung, in der die Rechtswidrigkeit des Streiks in den tragenden Gründen allerdings damit begründet wird, dass der Streik nicht gewerkschaftlich getragen und nicht auf ein tarifliches Ziel gerichtet war: BAG 14.2.78 – 1 AZR 76/76, AP Nr. 59 zu Art. 9 GG Arbeitskampf.

585 ErfK-Linsenmaier, GG Art. 9 Rn. 94f.

586 ErfK-Linsenmaier, GG Art. 9 Rn. 277.

587 Däubler, AR 1, Rn. 717ff.; Däubler-Bieback/Unterhinninghofen, a.a.O., Rn. 217ff., 234ff.; Lübbe-Wolf, DB 88, Beilage 9/1988; Treber, S. 420ff.

588 Däubler-Bieback/Unterhinninghofen, a.a.O., Rn. 216; Otto, § 11, Rn. 11.

üben.[589] wie das Zurückbehaltungsrecht (§ 273 BGB)[590] oder das Widerspruchsrecht beim Betriebsübergang (vgl. § 613a Abs. 6 BGB). Die kollektive Ausübung individueller Rechte unterliegt grundsätzlich **keinen arbeitskampfrechtlichen Restriktionen**, ist also durch das Streikrecht aus Art. 9 Abs. 3 GG nicht ausgeschlossen. Ihre rechtliche Beurteilung richtet sich allein nach Individualarbeitsrecht.[591] Die Wahrnehmung eines individuellen Rechts durch einen Arbeitnehmer wird nicht dadurch rechtswidrig, dass auch andere Arbeitnehmer gleichzeitig von diesem Recht Gebrauch machen,[592] auch wenn dies im bewussten und gewollten Zusammenwirken geschieht.[593] Die gebündelte Wahrnehmung individueller Rechte wird allerdings begrenzt durch ein gegen § 242 BGB verstoßendes rechtsmissbräuchliches Verhalten.[594]

2.8.7 Bummelstreik, Dienst nach Vorschrift

231 Beim sog. **Bummelstreik** oder dem **Dienst nach Vorschrift**[595] ist zwischen den folgenden Fallgestaltungen zu unterscheiden:
Die **verdeckte (teilweise) Vorenthaltung der Arbeitsleistung** durch Missachtung rechtmäßiger Arbeitsanweisungen, langsames Arbeiten oder sinnwidriges Praktizieren von Vorschriften wird nach h.M. als **rechtswidrig** angesehen. Bei einem damit verbundenen Verstoß gegen arbeitsvertragliche Pflichten, zulässige Arbeitsanweisungen oder rechtsverbindliche Vorschriften liegt dies auf der Hand. Weniger überzeugend ist die Begründung, ein derartiges Verhalten sei auch jenseits der genannten Verstöße als »verschleierte Kampfform« oder »unlauteres«[596] bzw. »unfaires Kampfmittel« rechtswidrig.

232 Der sog. **Dienst nach Vorschrift** ist **rechtlich unbedenklich**, wenn sich die Arbeitnehmer darauf beschränken, bestehende betriebliche oder öffentlich-rechtliche **Vorschriften**, z.B. die Sicherheit, die Straßenverkehrsordnung oder den Arbeits-, Gesundheits- oder Umweltschutz betreffend, **ihrem Wortlaut und ihrem Sinn entsprechend zu beachten**. In der betrieblichen Praxis wird durch den Personalabbau und die Leistungsverdichtung, nicht selten einer mehr oder weniger deutlich artikulierten Erwartung des Arbeitgebers entsprechend, die Nichtbeachtung der genannten Vorschriften im Sinne eines reibungslosen und Kosten senkenden Betriebsablaufs faktisch erzwungen. Die Einhaltung dieser Vorschriften stellt sich insoweit als **Übergang zu einem rechtmäßigen Verhalten** dar und dient im Übrigen auch der (gesellschaftlich erwünschten) Verwirklichung der mit den fraglichen Vorschriften verbundenen Ziele.[597]

---

589 Dazu eingehend und mit zahlreichen Beispielen Däubler-Däubler, AKR, § 28 Rn. 1 ff., § 29 Rn. 1.
590 Dazu Däubler-Däubler, a.a.O., § 28 Rn. 38 ff.
591 Berg/Bobke, S. 9 ff.; Däubler, AR 1, Rn. 676; ErfK-Linsenmaier, GG Art. 9 Rn. 281.
592 BAG 30.9.04 – 8 AZR 462/03, NZA 05, 43, zum Widerspruchsrecht beim Betriebsübergang.
593 BAG 20.12.63 – 1 AZR 428/62, AP Nr. 32 zu Art. 9 GG Arbeitskampf, zum Zurückbehaltungsrecht.
594 BAG 30.9.04, a.a.O.; Däubler, AR 1, Rn. 688a; ErfK-Linsenmaier, GG Art. 9 Rn. 281.
595 Vgl. dazu Berg/Bobke, S. 17 f.; Däubler, AR 1, Rn. 677 ff.; ErfK-Linsenmaier, GG Art. 9 Rn. 273 f.
596 So ErfK-Linsenmaier, GG Art. 9 Rn. 273.
597 Berg/Bobke, S. 17 f.; im Ergebnis übereinstimmend Däubler, AR 1, Rn. 679; ErfK-Linsenmaier, GG Art. 9 Rn. 274.

Rechtlich nicht zu beanstanden ist auch die (gebündelte) **Beschränkung der Arbeitsleistung auf das arbeitsvertraglich Geschuldete.** Die Einsparung von Personal bei gleichzeitiger Beibehaltung oder Steigerung der Leistungserwartungen und die Angst vor Einkommenseinbußen oder dem Verlust des Arbeitsplatzes veranlasst viele Arbeitnehmer, über das arbeitsvertraglich Geschuldete hinaus Leistungen zu erbringen, auf die Wahrnehmung ihrer Rechte zu verzichten oder trotz Erkrankung am Arbeitsplatz zu erscheinen. Sie erbringen damit nicht geschuldete und unentgeltliche Vorleistungen, die sich Kosten senkend zugunsten des Arbeitgebers niederschlagen. Die (zeitweise) Einstellung derartiger Vorleistungen ist bei Beachtung der einschlägigen individual- und kollektivrechtlichen Rahmenbedingungen rechtmäßig. Dies kann etwa für die Ablehnung der **Ableistung von Überstunden**[598] oder die **Inanspruchnahme von Freizeitguthaben** im Rahmen von Gleitzeitregelungen- oder sonstigen Systemen flexibler Arbeitszeit, z.B. bei Vertrauensarbeitszeit,[599] in Frage kommen. 233

2.8.8 Die Wahrnehmung der Rechte des Betriebs- und Personalrats

Die Umsetzung der vorstehend geschilderten Handlungsmöglichkeiten wird in der betrieblichen Praxis in der Regel davon abhängen, welchen Spielraum die vom **Betriebs- oder Personalrat** abgeschlossenen einschlägigen Betriebs- oder Dienstvereinbarungen zulassen und wie sich die betriebliche Interessenvertretung bei entsprechenden Konflikten verhält. Das sachlich begründete **»nein« eines Betriebsrats zu Überstunden** oder **Sonderschichten** (vgl. Rn. 515) wird in der Regel effektiver sein als die isolierte Ausübung individueller Rechte. Anhaltend negative Zustände in einem Betrieb können auch die betriebliche Interessenvertretung dazu veranlassen, ihre gesetzlichen Handlungsmöglichkeiten darüber hinaus wirkungsvoller auszuschöpfen und den – teilweise rechtswidrigen – **Verzicht** auf die Wahrnehmung ihre **Rechte einzustellen**, z.B. im Zusammenhang mit dem Abhalten von **Betriebs- oder Personalversammlungen**[600] (zu den Aufgaben und den Handlungsmöglichkeiten des Betriebs- und Personalrats im Arbeitskampf vgl. Rn. 424ff., 465, 468, 494). 234

2.9 Streikvorbereitung und -durchführung

2.9.1 Typischer Ablauf bei Tarifbewegungen

Der **typische Ablauf** von Tarifbewegungen, der allerdings je nach Situation zahlreiche Varianten zeigen kann, stellt sich folgendermaßen dar: 235

Die Gewerkschaft stellt dem Arbeitgeber oder Arbeitgeberverband schriftlich ihre Forderungen zu. Anschließend werden Tarifverhandlungen aufgenommen. Kommt keine Einigung zustande, z.B. weil der Arbeitgeber(-verband) Verhandlungen ablehnt oder weil sie erfolglos bleiben, kann – nach Ablauf der Friedenspflicht (Rn. 59ff.) – zu **Warnstreiks** (Rn. 237ff.) aufgerufen werden. Wenn weitere Verhandlungen kein Ergebnis bringen,

598 Däubler, AR 1, Rn. 685.
599 Vgl. dazu BAG 26.7.05 – 1 AZR 133/04, NZA 05, 1402.
600 Vgl. dazu Berg/Bobke, S. 24ff.; DKKW-Berg, § 42 Rn. 5.

kann das **Scheitern der Verhandlungen** (Rn. 242) erklärt und ggf. die **Urabstimmung** (Rn. 245ff.) beantragt werden, über deren Durchführung i.d.R. der Gewerkschaftsvorstand entscheidet. Nach einem positiven Votum der Urabstimmung und dem Streikbeschluss des Gewerkschaftsvorstands beginnt der (Erzwingungs-) **Streik**. Der Arbeitgeber(-verband) kann dagegen **eigene Kampfmittel** einsetzen (Rn. 294ff., 322ff., 350ff.). Der Arbeitskampf wird durch Abschluss eines Tarifvertrags beendet, ggf. erfolgt dann eine zweite Urabstimmung und die Arbeit wird wieder aufgenommen (Rn. 267).
Scheitern die Verhandlungen, kommt ggf. alternativ bzw. ergänzend zu dem oben dargestellten Szenario die Durchführung einer **Schlichtung** (Rn. 416ff.) in Betracht.

2.9.2 Forderungen, Verhandlungen

236 In der **Vorphase** der Tarifbewegung wird in Betrieben über die Forderungen diskutiert. Die für den Geltungsbereich des bestehenden oder beabsichtigten Tarifvertrages gebildete **Tarifkommission** (diese besteht i.d.R. vor allem aus Vertretern der Betriebe) beschließt nach Diskussion eine Forderung oder einen Forderungskatalog. Bei Firmentarifverträgen erfolgt dies durch eine betriebliche Tarifkommission. Dem **Arbeitgeber** oder **Arbeitgeber-verband)** werden die Forderungen übermittelt und er wird zu **Verhandlungen** aufgefordert. Parallel zum gewerkschaftsinternen Diskussionsprozess und den Verhandlungen mit der Arbeitgeberseite werden die Mitglieder, aber auch die Öffentlichkeit, über Ziele, Hintergründe und Verhandlungsstände **informiert**. Bei **Einigung** wird ein Tarifvertrag abgeschlossen.

2.9.3 Warnstreik

237 Gehen die Verhandlungen nicht voran, werden üblicherweise verhandlungsbegleitend **Warnstreiks** durchgeführt. Diese setzen – wie auch jeder andere Streik – rechtlich voraus, dass keine **Friedenspflicht** besteht (Rn. 59ff.), eine **Forderung** gestellt wurde und eine **Verhandlung** (ergebnislos) stattgefunden hat oder verweigert wurde. Das gilt auch bei Firmenstreiks.[601] Diese Abfolge ist gängige Praxis. Streiks werden nicht grundlos vom Zaun gebrochen, sie können aber überraschend durchgeführt werden, eine Vorankündigung ist in der Regel rechtlich nicht nötig (zu Einschränkungen bei Notdiensterfordernissen, etwa in einem Krankenhaus, vgl. Rn. 256, 491).[602] Zum **Streikbeschluss** und **Streikaufruf** der Gewerkschaft als Voraussetzung der Beteiligung der Arbeitnehmer an einem Warnstreik vgl. Rn. 251f., 253f.

238 Warnstreiks dienen der **Mobilisierung** der Mitglieder und Beschäftigten und zielen darauf, vertretbare Ergebnisse auf dem Verhandlungsweg zu erreichen. Warnstreiks dauern meist eine kurze Zeit, oft ein bis drei Stunden, manchmal eine verlängerte Frühstückspause oder eine ganze Schicht. Rechtliche **Grenzen für die Dauer oder Wiederholung**

---

601 BAG 21.6.88 – 1 AZR 651/86, DB 88, 1952, 9.4.91 – 1 AZR 332/90, DB 91, 2295; Däubler-Bieback/Wroblewski, AKR, § 17 Rn. 42; ErfK-Linsenmaier, GG Art. 9 Rn. 163.

602 BAG 12.11.96 – 1 AZR 364/96, NZA 97, 393; LAG Köln 29.10.98 – 10 Sa 14/98, AuR 99, 1118; ArbG Berlin 29.4.08 – 58 Ga 6014/08; Däubler-Bieback/Wroblewski, AKR, a.a.O.; Kissel, § 30 Rn. 43; s.a. Rn. 79.

gibt es nicht, zumal das BAG die rechtlichen Unterschiede zwischen Warnstreik und Erzwingungsstreik beseitigt hat.[603]

Die **Funktionen von Warnstreiks** sind vor allem: Eine breite Beteiligung der Mitglieder an der Tarifbewegung und deren Identifikation und aktives Einsetzen für die Forderungen der Gegenseite Entschlossenheit der Mitglieder zu demonstrieren, für die aufgestellten Forderungen notfalls zu kämpfen; Druck auf die Arbeitgeber auszuüben, um deren Kompromissbereitschaft in Verhandlungen zu erhöhen; Einbeziehung der betrieblichen Ebene in den Konflikt. 239

Seit Anfang der 80er Jahre werden sie im Konzept der »**neuen Beweglichkeit**« örtlich und regional abgestimmt durchgeführt. Daran haben sich z.B. in der Metall- und Elektroindustrie zwischen mehreren Zehntausend und fast 3 Mio. Beschäftigte beteiligt. Im Vordergrund steht die Demonstrationsfunktion.[604]

Warnstreiks sind nach Ablauf der Friedenspflicht (vgl. dazu Rn. 59ff.) **rechtlich zulässig.**[605] Das betrifft auch Warnstreiks in der Form der »neuen Beweglichkeit«. Warnstreiks sind **auch während noch laufender Tarifverhandlungen** zulässig. Das BAG hat den rechtlichen Unterschied zwischen Warn- und Erzwingungsstreik aufgegeben, der Warnstreik ist somit keine privilegierte Kampfform mehr. Warnstreiks unterliegen somit auch dem **Ultima-Ratio-Prinzip**. Dieses verlangt allerdings **nicht**, »dass die Tarifverhandlungen förmlich **für gescheitert erklärt** werden, damit Arbeitskampfmaßnahmen zulässig werden. In der Einleitung von Arbeitskampfmaßnahmen liegt vielmehr die freie und nicht nachprüfbare Entscheidung der Tarifvertragspartei, dass sie die Verhandlungsmöglichkeiten ohne begleitende Arbeitskampfmaßnahmen als ausgeschöpft ansieht«.[606] 240

Das BAG setzt damit **Warnstreiks und Erzwingungsstreiks rechtlich gleich.** Der gewerkschaftlichen Praxis entspricht dies nicht, weil sie dort nach wie vor unterschiedlich behandelt werden, was den Zeitpunkt, die Funktion und die Bezahlung von Streikunterstützung angeht.[607] Die rechtliche Gleichstellung hat einige **Konsequenzen:** 241

- Warnstreiks setzen einen **Beschluss** der gewerkschaftlichen Gremien voraus, meist sind regionale Gremien bevollmächtigt (vgl. Rn. 251).
- **Nicht erforderlich** ist eine **Ankündigungsfrist** für einen Warnstreik. Das Überraschungsmoment ist Teil der Koalitions- und Streikfreiheit (vgl. Rn. 154 u. Rn. 254 für Streiks).[608]
- Die **Dauer** von Warnstreiks ist rechtlich nicht begrenzt.[609]

---

603 BAG 21.6.88, a.a.O.

604 Vgl. Däubler-Bieback/Wroblewski, AKR, § 17 Rn. 162; Detje u.a., S. 145ff.

605 BAG 21.6.88, a.a.O.; s.a. BAG 12.9.84 – 1 AZR 342/83, DB 84, 2563; 17.12.76 – 1 AZR 605/75, AuR 77, 318.

606 BAG 21.6.88 – 1 AZR 651/86, DB 88, 1952; 18.2.03 – 1 AZR 142/02, AuR 04, 151; im Ergebnis ebenso Däubler-Bieback/Wroblewski, AKR, § 17 Rn. 51ff.; ErfK-Linsenmaier, GG Art. 9 Rn. 163; Gamillscheg, S. 1162; Sächsisches LAG 2.12.03 – 7 Sa 458/03, AuR 04, 277; LAG Köln 29.10.98 – 10 Sa 14/98, AuR 99, 118; teilweise a.A. Kissel, § 41 Rn. 42; Otto, § 7 Rn. 26 und § 10 Rn. 5ff.

607 Däubler-Bieback/Wroblewski, AKR, § 17 Rn. 49 sprechen von einer »kampftaktischen Sonderfunktion«.

608 BAG 12.11.96 – 1 AZR 364/96, NZA 97, 393; LAG Köln 29.10.88, a.a.O.; ErfK-Linsenmaier, GG Art. 9 Rn.135; Gamillscheg, S. 1148; Kissel, § 30 Rn. 43; MünchArbR-Otto, § 278 Rn. 126.

609 So schon BAG 12.9.84 – 1 AZR 342/83, DB 84, 2563.

- Ein Warnstreik kann auch dann durchgeführt werden, wenn zwischenzeitlich ein **neuer Verhandlungstermin** vereinbart worden ist.[610]
- Der Arbeitgeber wird für befugt gehalten, als Reaktion auf Warnstreiks **auszusperren** (»**Warn«-Aussperrung**, vgl. Rn. 338), allerdings im Rahmen der »Verhältnismäßigkeit«. So wurde z. B. eine 2-tägige Aussperrung gegenüber einem halbstündigen Warnstreik als rechtswidrig bewertet.[611] Dafür ist beim Verbandskonflikt ein Verbandsbeschluss erforderlich, ansonsten ist die »wilde« Aussperrung rechtswidrig.[612]

2.9.4 Scheitern der Verhandlungen

242 Ist auf dem Verhandlungsweg kein Kompromiss zu erzielen, wird das weitere Vorgehen in den zuständigen Gremien beraten. Ergibt sich die Einschätzung, dass weitere Verhandlungen aussichtslos sind, kann – je nach Kampftaktik, Üblichkeit und Satzungslage – das **Scheitern** festgestellt und der Gegenseite erklärt werden.[613] Die formelle Erklärung des Scheiterns der Verhandlungen gegenüber der Gegenseite ist **keine Voraussetzung für die Rechtmäßigkeit des Streiks,**[614] aber meist für die Einleitung einer Schlichtung (vgl. Rn. 418). Aus dem Scheitern der Verhandlungen ergeben sich folgende Möglichkeiten: Ein anhaltender tarifloser Zustand, die Durchführung eines Schlichtungsverfahrens oder Streik.

2.9.5 Erzwingungsstreik

243 Schließt sich an das **Scheitern der Verhandlungen** aufgrund einer bestehenden Schlichtungsvereinbarung oder sonstiger Absprachen der Tarifvertragsparteien keine die Friedenspflicht auslösende **Schlichtung** (vgl. Rn. 419) an, leitet die Gewerkschaft in der Regel die Durchführung eines **Erzwingungsstreiks** ein. Dem Erzwingungsstreik geht, je nach Satzungslage, die Durchführung einer **Urabstimmung** voraus (vgl. Rn. 245 ff.). Mit dem Erzwingungsstreik soll der bisher nur durch **Warnstreiks** erzeugte Druck auf die Arbeitgeber erheblich erhöht werden, um ein neues Verhandlungsangebot zu erzwingen und einen akzeptablen Tarifabschluss durchzusetzen.

244 Erzwingungsstreiks werden in der Regel **nicht mehr in Form unbefristeter Streiks** unter gleichzeitiger Einbeziehung einer möglichst großen Anzahl der streikwilligen Arbeitnehmer durchgeführt. Vorherrschend sind inzwischen flexiblere Streikformen wie etwa wiederholt befristete Wechselstreiks, Teilstreiks, Wellenstreiks oder eine Kombination aus befristeten und unbefristeten Streiks.[615] Damit sollen **Streikabwehrmaßnahmen der Arbeitgeberseite erschwert werden** (vgl. dazu Rn. 294 ff.). Gründe sind aber auch die struk-

---

610 BAG 21. 6. 88, a.a.O.
611 BAG 11. 8. 92 – 1 AZR 103/92, AiB 93, 244.
612 Vgl. BAG 31. 10. 95 – 1 AZR 217/95, AuR 96, 157.
613 Vgl. z. B. Richtlinien für Tarifkommissionen der IG Metall Ziff. B.6; ver.di-Richtlinie zur Tarifarbeit Ziff. 2.2.1.
614 BAG 21. 6. 88 – 1 AZR 651/86, DB 88, 1952.
615 Vgl. Däubler-Däubler, AKR, § 8 Rn. 14; Schaub-Treber, § 191 Rn. 8; Detje u. a., S. 112 ff.

turellen Veränderungen des Tarifsystems sowie die Risiken durch kalte Aussperrung (vgl. Rn. 384 und Grundl. Rn. 176f., 188).

2.9.6 Urabstimmung

Die **Urabstimmung** (Streikabstimmung) ist die Befragung der Mitglieder, ob sie bereit sind für die Durchsetzung der Forderungen in den Streik zu treten. Sie ist ein wichtiger Ausdruck des **demokratischen Meinungsbildungs- und Beteiligungsprozesses** und der Mobilisierung für den Streik.[616] **245**

Viele gewerkschaftliche **Satzungen** sehen vor, dass vor einem Streik eine Urabstimmung stattfindet (Ausnahme z.B. IG BCE-Satzung § 15; nach der ver.di-Satzung § 70.1 entscheidet jeweils der Bundesvorstand, ob eine Urabstimmung stattfindet). Sie legen die Abstimmungsberechtigten (Mitglieder der Branche, der betroffenen Betriebe) und den Abstimmungsmodus fest. I. d. R. ist für die Durchführung eines Streiks eine **hohe Zustimmung** erforderlich (meist 75%; zum Vergleich: Eine Grundgesetzänderung verlangt nur eine ⅔-Mehrheit). Urabstimmungen sind nicht für Warn-, Solidaritäts- und Proteststreiks vorgesehen.

Als **innerorganisatorischer Akt der Willensbildung** ist die Urabstimmung **nicht Rechtmäßigkeitsvoraussetzung** für einen Streik.[617] Eine **Beteiligung der Außenseiter**, die hier und da gefordert wird (z.B. FDP-Gesetzesvorstöße 1984 und 2003), wäre systemfremd und ist jedenfalls nicht erforderlich.[618] Ebenso wenig kann eine **Pflicht zur Urabstimmung** gesetzlich vorgeschrieben werden, sie wäre wegen Eingriffs in die Koalitionsfreiheit verfassungswidrig (vgl. Rn. 153).[619] **246**

Die Urabstimmung dient der innerorganisatorischen Vorbereitung. Sie ist **keine Kampfmaßnahme** im Sinne der Friedenspflicht.[620] **247**

Die Urabstimmung wird oft **in den Betrieben** vorgenommen. Ob darauf ein **Rechtsanspruch** besteht, ist strittig und gerichtlich noch nicht entschieden.[621] Notfalls findet sie vor dem Werkstor oder in anderen Räumlichkeiten statt. Zur »Urabstimmung verkehrt« durch den Arbeitgeber vgl. Rn. 300. **248**

Die **Urabstimmungs-Fragen** sind für die rechtliche Bestimmung des **Streikziels** von Bedeutung (vgl. Rn. 252). **249**

---

616 Vgl. Däubler-Wolter, AKR, § 16 Rn. 12.

617 Hessisches LAG 9.8.11 – 9 SaGa 1147/11, juris; ArbG Dresden 14.1.04 – 1 Ca 3081/03, AuR 04, 165; ArbG Düsseldorf 21.8.72 – 7 Ca 1995/71, DB 73, 826; Däubler-Reinfelder, AKR, § 15 Rn. 33f.; Gamillscheg, S. 1153; Kissel, § 40 Rn. 16; Otto, § 7 Rn. 8; vgl. auch BAG 17.12.76 – 1 AZR 605/75, DB 77, 824, wonach interne gewerkschaftliche Meinungsverschiedenheiten hinsichtlich der Durchführung der Urabstimmung nur von verbandsinterner Bedeutung und ohne Auswirkung für die Rechtmäßigkeit einer Arbeitskampfmaßnahme sind.

618 Däubler-Reinfelder, AKR, § 15 Rn. 34; Gamillscheg, S. 1012.

619 ErfK-Linsenmaier, GG Art. 9 Rn. 137; Däubler-Reinfelder, AKR, § 15, a.a.O.; Kissel, § 40 Rn. 26.

620 LAG Rheinland-Pfalz 16.12.92 – 2 Sa 505/92, AuR 93, 255; Brox/Rüthers, Rn. 234ff.; Däubler-Reinfelder, AKR, § 15 Rn. 21; Gamillscheg, S. 1084; Otto, § 7 Rn. 8; a.A. BAG 31.10.58, AuR 59, 339, betr. die Auslegung des damaligen Schlichtungsabkommens in der Metallindustrie.

621 Dafür Däubler-Wolter, AKR, § 16 Rn. 12; Hueck-Nipperdey, Band II/1, S. 1026; abl. Brox/Rüthers, Rn. 233ff.; Kissel, § 40 Rn. 24.

2.9.7 Streikbeschluss

250 **Vor einem Streik** überprüft die Gewerkschaft u.a. ihre Verankerung in der Branche, den Organisationsgrad in den Betrieben, die wirtschaftliche Lage der Branche und einzelner Betriebe, Zuliefer- und Abnehmerbeziehungen (dies erfolgt insbesondere zur Feststellung möglicher Fernwirkungen, vgl. Rn. 384), Möglichkeiten der Verlagerung sowie die allgemeine wirtschaftliche und politische Lage (vgl. Grundl. Rn. 27ff.).

251 Über den Streik entscheidet nach den Satzungen in der Regel der **Vorstand der Gewerkschaft.** Für Warnstreiks ist bei einigen Gewerkschaften diese Entscheidungsbefugnis nach den Satzungsregelungen und/oder den Arbeitskampfrichtlinien auf die regionalen oder örtlichen Gliederungen delegiert. Durch einen **Streikbeschluss** werden der **Arbeitskampfgegner** (Arbeitgeberverband, bestimmte Mitglieder, ggf. auch OT-Mitglieder (Rn. 492), einzelne Arbeitgeber (Rn. 47)[622] oder Außenseiterarbeitgeber (Rn. 456), **Beginn** (und ggf. Dauer) des Streiks, die **aufgerufenen Personen**, die betroffenen **Betriebe/Betriebsteile**, die **Streikformen** (Voll-, Teil-, Wechsel-, befristete Streiks etc., vgl. Grundl. Rn. 39f.) und die **Streikziele** bzw. -forderungen festgelegt. Der **Streikbeschluss** ist für die Mitglieder bindend.[623]

252 Der Streikbeschluss des zuständigen Gremiums der Gewerkschaft ist Voraussetzung für den Arbeitskampf und entscheidend für die rechtliche Bewertung der **Streikziele** (vgl. dazu auch Rn. 26).[624] Der Streikbeschluss ist der Arbeitgeberseite bekannt zu machen, wobei an die Art und Weise der Bekanntmachung keine überzogenen Anforderungen im Sinne einer formalisierten und ausdrücklichen Erklärung zu stellen sind (vgl. Rn. 254).[625] Es genügt, wenn sich dies aus den Umständen ergibt.[626] Sollte die Gewerkschaft ihre ursprüngliche Forderung vor Streikbeginn reduzieren (z.B. durch Streichen einzelner Klauseln des geforderten Tarifvertrages), löst dies nicht die Notwendigkeit neuer Verhandlungen mit der Arbeitgeberseite aus, wenn diese in der Lage ist, auch die eingeschränkte Forderung anzunehmen.[627] Ein Streik für die reduzierte Forderung verstößt somit nicht gegen den Ultima-Ratio-Grundsatz (vgl. Rn. 152).

2.9.8 Streikaufruf

253 Mit dem **gewerkschaftlichen Streikaufruf** werden die Arbeitnehmer im Tarifgebiet über die wesentlichen Inhalte des Streikbeschlusses informiert und zur Teilnahme am Streik aufgerufen. Da der Streikaufruf der Information und Mobilisierung der Beschäftigten dient, liegt es auf der Hand, dass er auch schon vor Ablauf der Friedenspflicht (für einen Streik nach Ablauf der Friedenspflicht) verteilt werden kann. Die Verteilung der Streik-

---

622 Auch wenn er Mitglied im Arbeitgeberverband ist: BAG 24.4.07 – 1 AZR 252/06, DB 07, 1924.
623 Vgl. z.B. § 22.5 IGM-Satzung, § 7.1 ver.di-Arbeitskampfrichtlinien.
624 Vgl. BVerfG 4.7.95 – 1 BvF 2/86 u.a., AuR 96, 33; BAG 24.4.07 – 1 AZR 252/06, DB 07, 1924; 31.10.95 – 1 AZR 217/95, AuR 96, 157; Hessisches LAG 9.8.11 – 9 SaGa 1147/11; LAG Sachsen-Anhalt 12.3.97 – 3 Sa 285/96, AuR 98, 423; ArbG Frankfurt 30.9.11 – 8 Ga 169/11, AiB 12, 405; ErfK-Linsenmaier, GG Art. 9 Rn. 117; Kissel, § 42 Rn. 2.
625 Däubler-Wolter, AKR, § 16 Rn. 8; ErfK-Linsenmaier, GG Art. 9 Rn. 138f.
626 BAG 31.10.95 – 1 AZR 217/95, a.a.O.
627 Hessisches LAG 9.8.11 – 9 SaGa 1147/11, a.a.O.

aufrufe erfolgt in der Regel als **Flugblätter vor und in den Streikbetrieben.** Sind der Gewerkschaft die betrieblichen E-Mail-Adressen der Arbeitnehmer der Streikbetriebe bekannt, kann sie die Streikaufrufe auch **per E-Mail** an die Arbeitnehmer versenden.[628] **Zu welchem Zeitpunkt** (z. B. am Vortag des Streiks oder erst kurz vor Streikbeginn) und **auf welchem Weg** (z. B. per Flugblatt und/oder E-Mail) die Gewerkschaft den Arbeitnehmern den Streikaufruf zukommen lässt, ist eine Frage, die von der Gewerkschaft nach den Gesichtspunkten der **Praktikabilität** und der **Arbeitskampftaktik** autonom entschieden werden kann.

Die Frage, ob der Streikaufruf auch von den **Arbeitnehmern (z. B. Gewerkschaftsmitgliedern, Vertrauensleuten) im Betrieb** und an den Arbeitsplätzen verteilt oder **per Intranet bzw. E-Mail** der Belegschaft bekannt gemacht werden kann, war bislang umstritten.[629] Das BAG hat nunmehr entschieden, dass der Arbeitgeber die **Nutzung dienstlicher E-Mail-Anschlüsse zur Weiterverbreitung eines Streikaufrufs** durch einen bei ihm beschäftigten Arbeitnehmer **nicht hinnehmen** muss.[630] Es soll hierin eine Beeinträchtigung des Eigentumsrechts des Arbeitgebers vorliegen, zumindest dann, **wenn dieser angeordnet hat**, dass Internet und E-Mail ausschließlich dienstlich genutzt werden dürfen. Das BAG billigt daher dem Arbeitgeber einen Unterlassungsanspruch aus § 1004 Absatz 1 Satz 2 BGB zu. Eine Pflicht zur Duldung ergebe sich dabei auch nicht aus Art. 9 Abs. 3 GG, da ein Arbeitnehmer seine Koalitionsfreiheit (hier: die Mobilisierung der Belegschaft) auch auf andere Weise, z. B. durch persönliche Gespräche in Pausen oder außerhalb des Betriebes wahrnehmen könne. Auf arbeitgeberseitige Kommunikationsmittel müsse hierfür nicht zurückgegriffen werden, die Gewerkschaft müsse zur Mobilisierung eigene Mittel einsetzen. Auch wenn die Entscheidung des BAG nur Fälle betrifft, in denen der Arbeitgeber wirklich **ausdrücklich** angeordnet hat, dass E-Mails **ausschließlich für dienstliche Zwecke** genutzt werden dürfen, ist zu kritisieren, dass das Gericht die Bedeutung von E-Mails als übliche betriebliche Kommunikationsmittel offenkundig falsch einschätzt. In vielen Fällen ist heutzutage nur noch auf diesem Weg die effektive Durchführung eines Streiks gewährleistet, da die Arbeitnehmer beim Betreten oder Verlassen des Betriebs nicht oder nur vereinzelt erreichbar sind (z. B. Zufahrt per PKW oder Bus, Betriebsgelände in Großbetrieben mit zahlreichen Zugängen, flexible Arbeitszeiten, Einkaufszentren, Flughäfen, Bahnhöfe, Industrieparks, Baustellen). Die gewerkschaftliche Betätigungsfreiheit des einzelnen Arbeitnehmers auf das persönliche Gespräch zu reduzieren, wird dieser Situation nicht gerecht. Unklar bleibt in der Entscheidung, inwiefern der Arbeitgeber in seinem Eigentumsrecht überhaupt beeinträchtigt wird: Wenn er unstreitig einen rechtmäßigen Streik in seinem Betrieb hinnehmen muss, kann es für ihn im rechtlichen Sinne nicht unzumutbar sein, dass im Betrieb gewerkschaftliche Streikaufrufe und -informationen durch die Arbeitnehmer auf **betriebsüblichen Kommunikationswegen** verbreitet werden. Schließlich ist zu berücksichtigen, dass der Arbeitgeber seine Maßnahmen zur Streikabwehr innerbetrieblich umsetzen kann, auch unter Nutzung der Informationsverbreitung über das Intranet bzw. die E-Mail-Adressen der Arbeitnehmer. Die Entscheidung hindert nicht daran, in Betrieben, in denen es **üblich oder ausdrück-** 253a

628 BAG 20. 1. 09 – 1 AZR 515/08, DB 09, 1410; ArbG Dortmund 9. 10. 08 – 4 Ga 103/08.
629 Vgl. dazu im einzelnen DKKW-Berg, § 2 Rn. 125 ff.
630 BAG 15. 10. 13 – 1 ABR 31/12, NZA 14, 319.

lich gestattet ist, auch private Informationen zu verbreiten, nach wie vor auf dieses Kommunikationsmittel zur Verbreitung eines Streikaufrufs zurückzugreifen. Das gilt auch bei Anordnung einer ausschließlich dienstlichen Nutzung, wenn die IT-Infrastruktur von Arbeitnehmern entgegen der Anordnung auch für private E-Mails genutzt wird, ohne dass der Arbeitgeber dies sanktioniert.[631] Auch das Recht der Gewerkschaft, einen Streikaufruf per E-Mail an die Arbeitnehmer eines Betriebes zu versenden (vgl. Rn. 253) wird durch die Entscheidung nicht tangiert. Zur **gewerkschaftlichen Information und Werbung im Betrieb** vgl. Rn. 481; zum **Zugangsrecht eines Gewerkschaftsbeauftragten** zum Zwecke des Streikaufrufs vgl. Rn. 526.

254 Der **Arbeitgeber** muss erkennen können, welcher Arbeitskampfmaßnahme er ausgesetzt ist und wer die Verantwortung für die Arbeitskampfmaßnahme trägt.[632] Dies ist – zumindest beim typischen Kampfmittel des Streiks – in der Regel schon durch den dem Streikbeginn vorhergehenden Verlauf der Tarifauseinandersetzung und der Tarifverhandlungen den Arbeitgebern ohnehin bekannt. Da das Arbeitskampfgeschehen einer Formalisierung weitgehend entzogen ist, ist die **Gewerkschaft** jedenfalls **rechtlich nicht verpflichtet**, der Arbeitgeberseite den Inhalt und Umfang einer Arbeitskampfmaßnahme **förmlich oder durch ausdrückliche Erklärung** mitzuteilen. Es ist ausreichend, wenn die Arbeitgeberseite diese Kenntnis z. B. durch die Verteilung der Streikaufrufe vor oder im Betrieb – auch ohne ausdrückliche Benennung des Betriebs auf dem Streikaufruf[633] –, durch Bekanntmachung im Internet oder Intranet, durch Kundgebungen oder durch entsprechende Verlautbarungen in den Medien oder sonstige bekannten Umstände erlangt.[634] Es besteht der Arbeitgeberseite gegenüber auch **keine rechtliche Pflicht zur Vorankündigung** eines Streiks.[635] Die gewerkschaftlichen **Arbeitskampfmittel** können **überraschend** eingesetzt werden (vgl. Rn. 154; zu Notdiensterfordernissen in diesem Zusammenhang vgl. Rn. 491). Bei Streiks zur Durchsetzung von **Firmentarifverträgen**, insbesondere bei einer **überraschenden und flexiblen Kampfführung**, kann es aus arbeitskampftaktischen Gründen sinnvoll sein, dass die Gewerkschaft dem bestreikten Arbeitgeber erst kurz vor oder beim Streikbeginn den Streikaufruf auf geeignete Art und Weise zukommen lässt. Gesetzliche Ankündigungsfristen, wie sie für Streiks in Bereichen der Daseinsvorsorge diskutiert werden (vgl. Grundl. Rn. 222a),[636] wären eine deutliche Verschlechterung der arbeitskampftaktischen Möglichkeiten der Gewerkschaft und somit ein Eingriff in das Streikrecht, insbesondere in die freie Wahl der Kampfmittel. Ein solcher Regelungsvorschlag verkennt außerdem, dass für besonders notdienstpflichtige Bereiche der Daseinsvorsorge (z. B. für ein Akutkrankenhaus) die Tarifvertragsparteien entsprechende Notdienstvereinbarungen treffen müssen und dies in der Praxis auch so praktizieren (vgl. dazu Rn. 256, 491).

---

631 Hessisches LAG 20. 8. 10 – 19 Sa 1835/09, AuR 11, 129.
632 BAG 22. 9. 09 – 1 AZR 972/08, NZA 09, 1347, 1353.
633 BAG 31. 10. 95 – 1 AZR 217/95, AuR 96, 157.
634 BAG 22. 9. 09, a.a.O.; 19. 6. 12 – 1 AZR 775/10, DB 12, 2640.
635 Vgl. ArbG Berlin 28. 6. 12 – 23 Ga 9948/12.
636 »Professorenvorschlag« vom 19. 3. 12, s. AuR 12, 207 f.

2.9.9 Streikbeteiligung

Der Streikaufruf der Gewerkschaft richtet sich in der Regel an die **Mitglieder** und die **nicht oder anders organisierten Beschäftigten** (zum Streikrecht anders und nicht Organisierter, auch unter den Bedingungen der »Tarifmehrheit« im Betrieb vgl. Rn. 272f.) und berechtigt diese dazu, sich am Streik zu beteiligen. Auch Auszubildende können sich beteiligen, sofern der Arbeitskampf ihre Ausbildungsbedingungen betrifft und sich der Streikaufruf auch auf sie bezieht (vgl. Rn. 461).[637] Durch die Entscheidung, dem Streikaufruf zu folgen, wird die **vertragliche Arbeitspflicht suspendiert** (zu den Rechtsfolgen der Streikbeteiligung vgl. Rn. 271ff., 282ff.). Die individuelle **Streikbeteiligung** wird in der Regel nicht ausdrücklich erklärt und braucht es auch nicht. Der Arbeitgeber kann im Regelfall davon ausgehen, dass Arbeitnehmer von ihrem Streikrecht Gebrauch machen, wenn sie nach einem gewerkschaftlichen Streikaufruf die Arbeit nicht aufnehmen oder abbrechen.[638] Eine Pflicht zur **Abmeldung** beim Arbeitgeber oder zur Bedienung betrieblicher **Zeiterfassungsgeräte** (»Ausstempeln«) vor der Beteiligung am Streik besteht nicht (vgl. dazu Rn. 460). 255

2.9.10 Notdienstarbeiten

Während des Streiks wird ein Notdienst durchgeführt, wenn dies rechtlich geboten ist oder von den Arbeitskampfparteien aus sonstigen Gründen übereinstimmend für erforderlich gehalten wird. Wenn ein Notdienst rechtlich geboten ist, ist seine Durchführung nach h.M. **Voraussetzung für die Rechtmäßigkeit** des Streiks.[639] Bei dem Notdienst im Streik wird zwischen Notstands- und Erhaltungsarbeiten unterschieden. **Notdienstarbeiten** sollen die Versorgung der Bevölkerung mit lebenswichtigen Diensten und Gütern sicherstellen, wobei es sich nur um eine Notversorgung handeln kann. **Erhaltungsarbeiten** sollen die Betriebsanlagen vor Schäden bewahren sowie Rohstoffe und Betriebsmittel vor Verderben schützen (vgl. Rn. 491). 256

Bei aller Übereinstimmung im Grundsatz bestehen unterschiedliche Auffassungen über Umfang und Art des Notdienstes, diesbezügliche Vereinbarungen und die Organisation des Notdienstes. Es ist ein **strenger Maßstab** anzulegen, unter dem Deckmantel des Notdienstes darf die normale Produktion nicht, auch nicht teilweise weiterlaufen.[640] Die **Gewerkschaften** sehen den Notdienst als ihre Aufgabe an, sie nehmen die Notdienstbeschäftigten vom Streikaufruf aus und geben Notdienstausweise aus.[641] Einseitige Maßnahmen und Anordnungen des **Arbeitgebers** sind nicht verbindlich (vgl. Rn. 491 m.w.N.), das BAG sieht eine gemeinsame Zuständigkeit.[642] Notdienst fällt **nicht** in die Kompetenz des **Betriebs-/Personalrats** (vgl. Rn. 437, 491). 257

---

637 BAG 12.9.84 – 1 AZR 342/83, DB 84, 2563; ErfK-Linsenmaier, GG Art. 9 Rn. 164; Schaub-Treber, § 192 Rn. 28.

638 BAG 7.4.92 – 1 AZR 377/91, DB 92, 2448; ErfK-Linsenmaier, GG Art.9 Rn. 172; Däubler-Ögüt, AKR, § 19 Rn. 8; s.a. Wißmann, S. 123f.

639 Däubler-Reinfelder, AKR, § 15 Rn. 36 m.w.N.

640 Kissel, § 43 Rn. 17; Däubler-Reinfelder, AKR, § 15 Rn. 39.

641 Vgl. DGB-Arbeitskampfrichtlinien, AuR 74, 272.

642 BAG 31.1.95 – 1 AZR 142/94, AuR 95, 374.

2.9.11 Streikleitung und Streikposten

258 Die Gewerkschaft bestellt örtliche und betriebliche **Streikleitungen und Streikposten**. Sie haben vielfältige organisatorische, informatorische und andere **von Art. 9 Abs. 3 GG geschützte Aufgaben** (vgl. Rn. 509).

259 Die **Streikleitungen** werden in der Regel von den jeweiligen gewerkschaftlichen Gremien eingesetzt und haben, je nach Ebene, unterschiedliche Aufgaben. Im Vordergrund stehen die Information von Funktionären und Streikenden, Einweisung von Streikposten und -helfern, Überwachung des Streiks und Organisation der notwendigen Logistik (z.B. Einrichten von Streiklokalen, Registrierung der Streikenden, Auszahlung von Unterstützungsleistungen).[643] **Aufgabe der Streikposten** ist es, am Ort des Streikgeschehens Beschäftigte und die Öffentlichkeit über den Streik und die Streikziele zu informieren und um Verständnis und Unterstützung für die Streikziele zu werben.[644] Sie sollen die nichtstreikenden Beschäftigten und andere Arbeitnehmer überzeugen, sich dem Streik anzuschließen, solidarisch zu sein, den Streikenden »nicht in den Rücken zu fallen« und **keinen Streikbruch zu begehen**.

260 Zu diesem Zweck können sich die Streikposten **vor den Betriebseingängen und -zufahrten aufstellen** und die **Betriebszugänge kontrollieren**,[645] in dem sie noch nicht streikende Arbeitnehmer des Betriebs, aber auch neue als Streikbrecher eingesetzte Arbeitnehmer, ansprechen und versuchen, sie **von der Aufnahme der Arbeit abzuhalten**. Gleichzeitig haben sie das Recht, **Kunden, Lieferanten** usw. »durch bloßes Zureden« über die Streikziele zu informieren und aufzufordern, sich ebenfalls solidarisch zu verhalten (vgl. auch Rn. 507, 509).[646] Streikposten werden für diese verantwortungsvolle Tätigkeit von den Gewerkschaften vor Streikbeginn eingewiesen und geschult. Die Gewerkschaften geben **Anweisungen für das Verhalten von Streikposten** heraus.

261 Dennoch gibt es im Zusammenhang mit der Streikpostentätigkeit zahlreiche **gerichtliche Auseinandersetzungen** über die Zulässigkeit, den Umfang und die Grenzen dieser über die **»schlichte Arbeitsverweigerung«** hinausgehenden Tätigkeit von Streikposten. Dabei geht es regelmäßig um die Frage, wie lange und mit welchen Mitteln »Arbeitswillige« angehalten und zur Solidarität aufgefordert werden dürfen, sowie um Fragen der Behinderung des Durchgangs zum Betrieb für Arbeitnehmer, Lieferanten, Kunden (vgl. hierzu auch Rn. 509).

262 Da eine effektive Streikpostentätigkeit zur **Abwehr der Streikbruchorganisation** durch den Arbeitgeber (vgl. dazu Rn. 294ff.) und zur **Sicherung der inner- und außerbetrieblichen Solidarität und Unterstützung** für den Erfolg des Arbeitskampfes entscheidend sein kann, werden die Auseinandersetzungen um diese Tätigkeit besonders intensiv geführt.

643 Vgl. Däubler-Wolter, AKR, § 16 Rn. 4.
644 Vgl. ErfK-Linsenmaier, GG Art. 9 Rn. 176.
645 Otto, § 12 Rn. 5; Däubler-Wolter, AKR, § 16 Rn. 35f., 52: Auch wg. Kontrolle von Notdiensten.
646 BAG 21.6.88 – 1 AZR 651/86, DB 88, 1952.

Strittig sind z.B. folgende Betätigungsformen:

- **Versperren eines Tores**, wenn andere Zutrittsmöglichkeiten bestehen,[647]
- **durchlässige Streikpostenketten**, wenn sie nach Aufforderung geöffnet werden. Viele Arbeits- und Landesarbeitsgerichte sehen darin eine nicht hinzunehmende Einschränkung und verlangen eine bis zu **3 Meter breite Gasse** für Arbeitswillige, Lieferanten, Kunden usw.;[648]
- die **Dauer der** durch Gespräche mit Arbeitnehmern, »Arbeitswilligen«, Lieferanten, Auslieferungsfahrern usw. hinzunehmende **Zeitspanne.**[649]

Die Aufklärung über die Ziele eines Streiks, das Werben, sich dem Streik anzuschließen, und der Appell an das solidarische Verhalten von Lieferanten, Kunden und von für Streikbrucharbeiten vorgesehenen Arbeitnehmern setzt voraus, dass den Streikposten **ausreichend Zeit** eingeräumt wird, mit den vorstehend genannten Personen Gespräche zu führen. Außerdem muss für sie die Möglichkeit bestehen, **vor dem bestreikten Betrieb Öffentlichkeitsarbeit** in Form von Flugblattverteilung und Aufstellen von Informationstischen, Stelltafeln, Transparenten usw. durchzuführen. Dies muss auch für Transparente, Schilder u.ä. gelten, die auf Flächen oder Zäunen des bestreikten Betriebs angebracht werden; wie bei anderen Informations- und Werbetätigkeiten der Gewerkschaft im Betrieb, hat der Arbeitgeber solche Maßnahmen zu dulden, soweit durch diese nicht keine nennenswerten Betriebsablaufstörungen oder spürbare wirtschaftlichen Belastungen entstehen.[650] Wenn die h.M. trotz des umfangreichen Arsenals an Streikabwehrmöglichkeiten durch die Arbeitgeber (vgl. dazu Rn. 294ff.), nach wie vor daran festhält, dass das **Absperren bzw. die Blockade eines bestreikten Betriebs** (vgl. dazu Rn. 225ff.), insbesondere zur Abwehr von Streikbrucharbeit, als rechtswidrig zu qualifizieren ist,[651] müssen zumindest die allein verbleibenden **Mittel des argumentativen Einwirkens** effektiv eingesetzt werden können. 263

Insofern sind auch **zeitlich** (und/oder räumlich) **beschränkte Behinderungen beim Zu- und Abgang** zum bzw. vom Betrieb nach zutreffender, aber umstrittener Ansicht im Umfang von etwa 30 Minuten vom bestreikten Arbeitgeber und von nicht am Streik beteiligten Arbeitnehmern sowie von Kunden und Lieferanten hinzunehmen (vgl. Rn. 225f.).[652] Auch das zeitlich beschränkte Anhalten von Kraftfahrzeugen oder Bussen (mit denen 264

647 Nicht zulässig: MünchArbR-Otto, § 287; zulässig: Däubler-Wolter, AKR, § 16 Rn. 48: Ein Umweg ist hinzunehmen.

648 Z.B. LAG Köln 2.7.84 – 9 Sa 602/84, DB 84, 2095, das im Übrigen die 3 Meter mit einer feuerpolizeilichen Verordnung über die Breite von Nottüren begründet; vgl. ferner MünchArbR-Otto, § 287 Rn. 9f.; Kissel, § 42 Rn. 79; a.A. Däubler-Wolter, AKR, § 16 Rn. 49; Steinbrück, S. 135ff.

649 LAG Hamburg 6.2.13 – 5 SaGa 1/12, AiB 13, 726: Eine Behinderung/Blockade »im Einzelfall« bis zu 15 Minuten zulässig; ArbG Bielefeld 24.9.97 – 2 Ga 37/97 hält 7 Minuten, ArbG Berlin 28.6.12 – 23 Ga 9948/12 und Gamillscheg, S. 1016, halten bis 10 Minuten für hinnehmbar.

650 Vgl. BAG 20.1.09 – 1 AZR 515/08, NZA 09, 615 zur gewerkschaftlichen Werbung und Information per Email.

651 Otto, § 11 Rn. 5; § 12 Rn.5, jeweils m.w.N.; zur – auch hier vertretenen – Gegenmeinung vgl. Donat/Kühling, AuR 09, 1, 5ff. m.w.N.; Däubler-Wolter, AKR, § 16 Rn. 50f.; im Hinblick auf technologische und wirtschaftliche Entwicklungen auch ErfK-Linsenmaier, GG Art. 9 Rn. 277.

652 Däubler-Däubler, AKR, § 31 Rn. 12, bei Zutrittshindernis infolge Flashmob: LAG Hamburg 6.2.13 – 5 SaGa 1/12 sieht Behinderungen bis zur Dauer von 15 Minuten noch als zulässig an.

etwa Streikbrecher in den Betrieb transportiert werden) zur Ansprache der Arbeitnehmer, Lieferanten oder Kunden, stellt ebenso wenig eine rechtswidrige Betriebsblockade dar,[653] wie das Aufstellen von Streikposten, Stellschildern oder Transparenten bei den Betriebszugängen, wenn dadurch der Zu- oder Abgang nicht für einen längeren Zeitraum vollständig unterbunden wird bzw. wenn dies nur mit leichten Unbequemlichkeiten bzw. Umwegen verbunden ist.[654] Das Gleiche gilt für **streikbegleitende Kundgebungen und Demonstrationen** in räumlicher Nähe zu einem bestreikten Betrieb, die zu vorübergehenden Zugangsbehinderungen führen (zu den versammlungsrechtlichen Fragestellungen in diesem Zusammenhang vgl. Rn. 470).[655]

265 Nach Auffassung des **BAG** sind die **Gewerkschaften** (örtliche Streikleitung, Streikposten) **verpflichtet**, bei Kenntnis von »unzulässigen Verhaltensweisen« im Zusammenhang mit dem Arbeitskampf **auf Arbeitnehmer einzuwirken**, »dass die Grenzen eines zulässigen Arbeitskampfes und einzelner Arbeitskampfmaßnahmen nicht überschritten« werden.[656] Anderenfalls drohen Unterlassungsverfügungen (Rn. 284) und Schadensersatzklagen (Rn. 285f.). Die Gewerkschaft haftet jedoch nicht für sog. **Streikexzesse** von Streikposten, wenn sie diese ausreichend belehrt und eingewiesen hat. Auch ist zu berücksichtigen, dass sich zu Beginn eines Streiks Abläufe erst einspielen und Missverständnisse über Notdienst und Arbeitswillige erst ausgeräumt werden müssen.[657] Keine »unzulässige Verhaltensweise« sind auch zugespitzte Äußerungen der Streikenden und gewerkschaftlicher Streikposten, die sich gegen den Arbeitgeber richten, soweit es sich nicht um unwahre Tatsachenbehauptungen oder Beleidigungen im strafrechtlichen Sinn handelt. Diese sind von der Meinungsfreiheit gedeckt, der Arbeitgeber hat keinen Anspruch auf Unterlassung bzw. Einwirkung auf die Streikenden.[658]

266 Die **Tätigkeit der Streikposten** und das **Versammeln der Streikenden** in enger räumlicher Nähe zur Arbeitsstelle (z.B. **vor dem Betrieb auf öffentlichem Gelände** oder in einem **Einkaufszentrum**) ist vom Streikrecht und daher von Art. 9 Abs. 3 GG geschützt.[659] Aus diesem Grund sind die in den letzten Jahren zunehmenden Versuche von Verwaltungen und Polizei, das Streikpostenstehen und Versammeln von Streikenden vor dem Betrieb unter Hinweis auf die Genehmigungspflicht von Versammlungen oder aus Gründen der öffentlichen Sicherheit und Ordnung zu behindern oder sogar zu untersagen, rechtswidrig (vgl. auch Rn. 470). Das Streikrecht und Streikhandlungen werden durch öffentliches Versammlungsrecht **nicht eingeschränkt.**[660]

---

653 Steinbrück, S. 136f., 139, 187; a.A. Otto, § 12 Rn. 8.

654 ArbG Darmstadt 13.12.05 – 3 Ga 8/05: Geringfügige Zutrittserschwerungen, z.B. durch Transparente und lockeres Zusammenstehen stellen keine rechtswidrige Betriebsblockade dar.

655 ArbG Hamburg 6.3.13 – 29 Ga 9/13 (Kundeneingänge eines Warenhauses); ErfK-Linsenmaier, GG Art. 9 Rn. 277a.

656 BAG 21.6.88 – 1 AZR 651/86, DB 88, 1952; 8.11.88 – 1 AZR 417/86, DB 89, 1087.

657 Hessisches LAG 17.9.08 – 9 SaGa 1443/08; ähnlich auch ArbG Berlin 28.6.12 – 23 Ga 9948/12, das einzelne Überreaktionen am ersten Streiktag für hinnehmbar hält.

658 LAG Düsseldorf 17.8.12 – SaGa 14/12, AuR 12, 375.

659 Vgl. ArbG Hamburg 6.3.13 – 29 Ga 9/13; ErfK-Linsenmaier, GG Art. 9 Rn. 277a.

660 Donat/Kühling, AuR 09,1, 10; Däubler-Wolter, AKR, § 16 Rn. 103f.; s. aber AG München 26.1.09 – 845 Cs 113 Js 11159/08, NZA 09, 332 = AuR 09, 178 m. Anm. Wächtler.

2.9.12 Streik-Ende/Maßregelungsverbot

In der Regel wird der Streik nach einem **Tarifergebnis** und der Billigung dieses Ergebnisses durch die Gewerkschaft beendet. Üblicherweise müssen die Gremien der Gewerkschaft (Tarifkommission und/oder Vorstand) das Tarifergebnis billigen. Einige Satzungen sehen eine **zweite Urabstimmung** vor.[661] Neuerdings werden zur Bewertung erreichter Verhandlungsergebnisse auch **Mitgliederbefragungen** durchgeführt.[662] Das Streikende wird dann festgestellt und der Gegenseite mitgeteilt; das kann z.B. wegen der Feiertagsbezahlung wichtig sein (vgl. Rn. 475). Die **Wiederaufnahme der Arbeit** erfolgt durchweg nach Billigung des Tarifergebnisses und der zweiten Urabstimmung, sie kann auch schon vorher stattfinden. Das – durch den Streik suspendierte – Arbeitsverhältnis lebt zu den alten Bedingungen wieder auf (vgl. Rn. 277). Verweigert der Arbeitgeber dem Arbeitnehmer die Wiederaufnahme der Arbeit nach der Beendigung des Streiks, kommt er in **Annahmeverzug** (§ 615 BGB) und ist zur Entgeltzahlung ab dem Zeitpunkt des Angebots der Arbeitskraft durch den Arbeitnehmer verpflichtet (zur Wiederaufnahme der Arbeit im Zusammenhang mit Wellenstreiks vgl. Rn. 525). 267

Mit dem Tarifergebnis wird üblicherweise eine sog. **Maßregelungsklausel** vereinbart. Sie kann Regelungen über den Zeitpunkt und die Modalitäten der Wiederaufnahme der Arbeit enthalten, soll entstandene **Streitigkeiten** zwischen den beteiligten Arbeitgebern und Arbeitnehmern und zwischen den Tarifvertragsparteien **beilegen** (Befriedungsfunktion) und insbesondere **Streikteilnehmer** vor Nachteilen, Sanktionen und Maßregelungen **schützen**. Und zwar auch dann, wenn einzelne Streikhandlungen rechtswidrig gewesen sein sollten. Gegenstand sind u.a.: Abmahnung, Versetzung, Kündigung, Wiedereinstellung, Kürzung von Sonderzahlungen, Übertragung von Urlaubsansprüchen, Verzicht auf Schadensersatzansprüche und Klagen bzw. deren Rücknahme, einvernehmliche Erledigung von Rechtstreiten, Verzicht auf Strafanträge bzw. deren Rücknahme, Umgang mit Streikbruchprämien (vgl. zu Streikbruchprämien Rn. 301, 489, 508).[663] 268

Tarifliche Maßregelungsklauseln gehen häufig über das **gesetzliche Maßregelungsverbot** in § 612a BGB hinaus. Rechtsprechung und herrschende Meinung halten sie für zulässig als sonstige Tarifverträge gem. § 1 TVG. Meist sind sie als Rechtsnormen vereinbart, also individuell einklagbar. Sie kommen aber auch als schuldrechtliche Vereinbarungen zwischen Gewerkschaften und Arbeitgeberverband bzw. Arbeitgeber vor.[664] 269

Wird in einer **tariflichen Maßregelungsklausel** vereinbart, dass »*jede Maßregelung von Beschäftigten aus Anlass oder im Zusammenhang mit der Tarifbewegung unterbleibt oder rückgängig gemacht wird falls sie erfolgt ist*«, können die Streikenden die Zahlung auch einer vom Arbeitgeber vor oder während des Streiks gewährten **Streikbruchprämie beanspruchen** (vgl. dazu auch Rn. 301),[665] auch wenn diese in Form von geldwerten Sach- 270

661 Z.B. § 22.4 IG Metall-Satzung; s.a. § 11 ver.di-Arbeitskampfrichtlinien.
662 Vgl. § 4 ver.di-Arbeitskampfrichtlinie v. 17.6.09.
663 S. z.B. die in BAG 8.11.88 – 1 AZR 417/86, DB 89, 1087, 13.7.93 – 1 AZR 676/92, DB 94, 148; 13.2.07 – 9 AZR 374/06, NZA 07, 573 und LAG Köln 22.11.04 – 2 Sa 684/04, AuR 05, 118, wiedergegebenen Klauseln; Däubler-Hensche, AKR, § 26 Rn. 22ff.; zur praktischen Bedeutung im »Bayernstreik« 1954, vgl. Kittner, Arbeitskampfrecht, S. 616ff.
664 Vgl. dazu Däubler-Hensche, AKR, § 26 Rn. 8ff.; Gamillscheg, S. 1236ff.; Kissel, § 46 Rn. 47.
665 BAG 13.7.93, a.a.O.

leistungen (z.B. Warentüte mit Lebensmitteln im Einzelhandel) gewährt wurde.[666] Der **Verzicht auf Schadenersatz oder Strafverfolgung**, auch mit Wirkung für die Verbandsmitglieder des Arbeitgeberverbandes im Hinblick auf einzelne Arbeitnehmer oder die Gewerkschaft, ist nach hier vertretener Auffassung im Rahmen einer tariflichen Maßregelungsklausel zulässig,[667] beispielsweise auch aus Anlass der Blockade einer bestreikten Baustelle (oder eines Betriebs).[668]

2.10 Rechtsfolgen des rechtmäßigen Streiks für die Arbeitnehmer

271 Der gewerkschaftliche **Streikaufruf** richtet sich i.d.R. an die Mitglieder und die nicht oder anders organisierten Arbeitnehmer, die vom Geltungsbereich (vgl. dazu TVG § 4 Rn. 13ff.) des umkämpften Tarifvertrags erfasst werden. Eine möglichst breite Beteiligung der Belegschaft ist für den Streikerfolg wichtig. Der Streikaufruf **verpflichtet** alle betroffenen **Mitglieder**, sich am Streik zu beteiligen.[669] Diese Pflicht kann innerorganisatorisch sanktioniert werden, ggf. durch Entzug der Streikunterstützung.[670]

271a **Träger des Streikrechts** können grundsätzlich **alle Beschäftigten** sein, auch Auszubildende (vgl. Rn. 461), befristet Beschäftigte (vgl. Rn. 463), Aushilfen (vgl. Rn. 454), Mitglieder von Aufsichtsrat (vgl. Rn. 453), Betriebsrat (vgl. Rn. 465), Jugend- und Auszubildendenvertretung (vgl. Rn. 483) und Personalrat (vgl. Rn. 494), Arbeiter und Angestellte im öffentlichen Dienst (vgl. Rn. 462, 472). Zum Streikrecht von Beamten, vgl. Rn. 462.

272 Alle **nicht** oder **anders organisierten** Beschäftigten haben das Recht, sich dem Streik anzuschließen.[671] Sie sollten dies im eigenen Interesse und aus Solidarität auch tun. Ihr Streikrecht folgt aus der **Freiheit zur koalitionsgemäßen Betätigung**[672] gem. Art. 9 Abs. 3 GG, der auch ein **individuelles Grundrecht mit kollektivem Vorbehalt**[673] umfasst. Schließlich lässt sich das Streikrecht nicht Organisierter auch aus dem **Recht zur ad-hoc-Koalierung** (vgl. dazu Rn. 211ff.) ableiten.[674] Sie schließen sich vorübergehend und zu einem begrenzten Zweck einer gewerkschaftlichen Aktion an, ohne die Mitgliedschaft in der Gewerkschaft begründet zu haben. Das BAG begründet die Zulässigkeit der Streikbeteiligung der Außenseiter mit der zu erwartenden **Partizipation am Tarifergebnis.** Ihre Einbeziehung in den Arbeitskampf entspräche der »sozialen Wirklichkeit« und der »kollektiven Interessenlage«. Das soll eben vor allem dann gelten, wenn ihnen das Ergebnis eines Arbeitskampfs faktisch (oder über Bezugnahmeklausel auch rechtlich) zu Gute komme; der Streik sei somit auch ein Kampf um ihre eigenen Arbeitsbedingungen.[675]

---

666 LAG Hamm 6.8.09 – 8 Sa 292/09.
667 LAG Köln 22.11.04 – 2 Sa 684/04, AuR 05, 118; Däubler-Hensche, AKR, § 26 Rn. 13; enger Otto, § 17 Rn. 34ff. m.w.N. zur Gegenauffassung.
668 LAG Köln 22.11.04, a.a.O.
669 S. Gamillscheg, S. 1287.
670 Vgl. z.B. §§ 22.5, 23.5 IGM-Satzung; § 10 ver.di-Arbeitskampfrichtlinien.
671 BAG 29.11.67 – GS 1/67, DB 68, 1539; 21.4.71 – GS 1/68, AuR 71, 353; 22.3.94 – 1 AZR 622/93, AuR 95, 36; 18.2.03 – 1 AZR 142/02, NZA 03, 866, 868; Brox/Rüthers, Rn. 289; Däubler-Ögüt, AKR, § 19 Rn. 10; Gamillscheg, S. 994f.; Kissel, § 42 Rn. 55.
672 ErfK-Linsenmaier, GG Art. 9 Rn. 166.
673 Otto, § 4 Rn. 43.
674 Däubler-Däubler, AKR, § 12 Rn. 35.
675 Vgl. insbesondere BAG 22.3.94, a.a.O.; 18.2.03, a.a.O.

Darüber hinaus kann – nicht nur in schwach organisierten Branchen und Betrieben – die Streikbeteiligung nicht und anders Organisierter auch für den Streikerfolg unverzichtbar sein.[676]

Das BAG hat sich bei seinen Erwägungen zur Streikteilnahme von Außenseitern vom arbeitskampfrechtlichen Grundsatz der »Arbeitnehmerschaft als Einheit« leiten lassen.[677] Vor dem Hintergrund der Aufgabe der Tarifeinheit durch das BAG[678] wird daher (als Teilaspekt möglicher Auswirkungen auf das Arbeitskampfrecht) bei »**Tarifmehrheit**« (vgl. TVG § 4 Rn. 98ff.) die Zulässigkeit der **Beteiligung von anders Organisierten** zunehmend in Zweifel gezogen. Zum einen wird hierfür die Friedenspflicht aus dem eigenen Tarifvertrag herangezogen, die bei gleichem umkämpftem Gegenstand einer Beteiligung des anders Organisierten entgegensteht.[679] Zum anderen soll in einem Betrieb mit mehreren Tarifverträgen verschiedener Gewerkschaften nicht mehr ohne weiteres davon ausgegangen werden können, dass anders organisierte Beschäftigte am Tarifergebnis der jeweils anderen Gewerkschaft teilhaben.[680] An dem Recht zur Streikbeteiligung dieser Beschäftigten kann das nichts ändern: Die Friedenspflicht aus »ihrem« Tarifvertrag bindet als schuldrechtliche Pflicht nur ihre Gewerkschaft, nicht aber die einzelnen Gewerkschaftsmitglieder. Sie kämpfen nicht für die Änderung »ihres« Tarifvertrages.[681] Auch eine mögliche Teilhabe an einem fremden Tarifergebnis wird sich selbst unter den Bedingungen der »Tarifmehrheit« nicht generell verneinen lassen, da die Standards der im Betrieb parallel zur Anwendung kommenden Tarifverträge faktisch auf das gesamte innerbetriebliche Gefüge der Entgelte und sonstigen Arbeitsbedingungen Einfluss nehmen werden.[682] 273

Die Friedenspflicht aus »seinem« Tarifvertrag hindert den einzelnen anders Organisierten jedenfalls nicht daran, dem Streikaufruf einer anderen Gewerkschaft zu folgen.[683] Wenn die Friedenspflicht aus dem Tarifvertrag beendet ist, kann auch »seine« Gewerkschaft ihre Mitglieder zur Beteiligung am Streik einer anderen Gewerkschaft aufrufen. Andernfalls ist zumindest ein unterstützender Solidaritätsstreik möglich (Rn. 181ff., 499). In der Praxis dürfte allerdings nach Ablauf der Friedenspflicht eher die Durchsetzung der »eigenen« Tarifforderung im Vordergrund stehen.[684] Anders organisierte Beschäftigte können auch Streikbrucharbeiten (Rn. 506f.) verweigern. 274

Nicht Organisierte können sich auch bei »Tarifmehrheit« am Streik aller Gewerkschaften beteiligen. Die **arbeitsvertragliche Bezugnahme** auf einen oder einen anderen Tarifvertrag begründet keine Tarifbindung und keine Friedenspflicht (TVG § 3 Rn. 265) und kann 275

676 Gamillscheg, S. 1135.
677 Vgl. BAG 21.4.71 – GS 1/68, a. a. O; Hanau, RdA 08, 98, 99, 103.
678 BAG 7.7.10 – 4 AZR 549/08, NZA 10, 1068.
679 Otto, § 6 Rn. 11; Henssler, RdA 11, 65, 68.
680 Schaub-Treber, § 192 Rn. 46.
681 Gamillscheg, a.a.O.; Kittner/Zwanziger/Deinert-Deinert, § 136 Rn. 14a; Willemsen/Mehrens, NZA 10, 1314, 1319; Franzen, RdA 08, 193, 201.
682 Hanau, a.a.O., 104; Franzen, a.a.O., 202; Jacobs, FS Buchner S. 348f.; im Ergebnis auch Kittner/Zwanziger/Deinert-Deinert, § 136 Rn. 25.
683 Schaub-Treber, § 192 Rn. 47; Kittner/Zwanziger/Deinert-Deinert, § 136 Rn. 14a; a.A. Henssler, RdA 10, 65, 68.
684 Gamillscheg, S. 1135: »Streikbereitschaft nicht unbegrenzt«; Schaub-Treber, § 193 Rn. 47: »Unterstützung eines fremden Tarifziels selten«.

auch aus sonstigen Gründen kein rechtliches Hindernis für eine Streikteilnahme darstellen. Ein **arbeitsvertraglicher Ausschluss der Streikbeteiligung** wäre als gegen die Wahrnehmung des – durch Art. 9 Abs. 3 Satz 1 GG garantierten – Streikrechts gerichtete Abrede **nichtig** (Art. 9 Abs. 3 Satz 2 GG). Zur Möglichkeit des Partizipationsstreiks vgl. Rn. 493 und zum Solidaritätsstreik Rn. 181 ff., 499.

276 Der Streik **suspendiert** die beiderseitigen **Hauptpflichten** aus dem Arbeitsverhältnis (vor allem Beschäftigung und Lohn). Die Suspendierungswirkung tritt noch nicht durch den gewerkschaftlichen Streikaufruf ein. Erforderlich ist die ausdrückliche oder konkludente Erklärung des einzelnen Beschäftigten gegenüber dem Arbeitgeber, er werde am Streik teilnehmen. Die individuelle **Streikteilnahme** durch Nichtaufnahme der Arbeit oder das Abbrechen der bereits begonnenen Arbeit nach einem Streikaufruf der Gewerkschaft stellt die konkludente Erklärung der Teilnahme dar.[685] Anders, wenn die oder der Beschäftigte **vor Streikbeginn** schon aus anderen Gründen **von der Arbeitsleistung befreit** war, z. B. Urlaub, Krankheit, Schulung oder sonstige Freistellungen. Hier kann der Arbeitgeber nicht ohne weiteres davon ausgehen, dass die Beschäftigten, die bei Streikbeginn nicht zur Arbeit erscheinen, auch Streikteilnehmer sind. Die Suspendierungswirkung tritt nicht ein, Entgeltansprüche bleiben erhalten.[686] Allein das Nichterscheinen des Beschäftigten hat in diesen Fällen im Hinblick auf eine Streikteilnahme keinen Erklärungswert; kommen mehrere Ursachen für die Nichtarbeit in Betracht, kann der Arbeitgeber nicht einfach von einer Beteiligung am Streik ausgehen. Einen solchen Schluss kann er auch weder aus der Gewerkschaftsmitgliedschaft, noch aus einer Teilnahme an früheren, bereits beendeten Streikmaßnahmen ziehen.[687] Wird dagegen ein Beschäftigter **während des Streiks fristlos gekündigt** und stellt sich diese Kündigung später als unwirksam heraus, stehen ihm nach Auffassung des BAG keine Entgeltansprüche aus Annahmeverzug zu, wenn er trotz Kündigung die Streikenden weiter unterstützt; diese Beteiligung manifestiere einen fehlenden Leistungswillen, der den Annahmeverzug ausschließe.[688] Im Ergebnis bedeutet dies eine Erleichterung für die Anwendung des an sich rechtswidrigen Mittels der arbeitgeberseitigen Kündigung zum Zweck der Streikabwehr (vgl. Rn. 292 ff.).

277 Mit **Beendigung des Streiks** endet die Suspendierung der Hauptpflichten. Das Arbeitsverhältnis lebt zu den alten Bedingungen wieder auf und wird unverändert fortgesetzt. Anders als nach der bis 1955 vorherrschenden Rechtsprechung ist der Streik **kein Arbeitsvertragsbruch**, das Arbeitsverhältnis wird nicht aufgelöst.[689]

Spiegelbildlich zu ihrem Beginn endet die Suspendierung der Hauptpflichten nicht ohne eine entsprechende Erklärung. Diese kann in einem schlüssigen Verhalten der Beschäftigten durch die Aufnahme der Arbeit liegen oder durch eine Mitteilung der Gewerkschaft an den Arbeitgeber erfolgen, dass der Streik zu einem bestimmten Zeitpunkt beendet wird.[690]

---

685 BAG 7. 4. 92 – 1 AZR 377/91, DB 92, 2448; 31. 5. 88 – 1 AZR 192/87, NZA 88, 886.
686 BAG 7. 4. 92, a.a.O. (bezahlte Freistellung); 15. 1. 91 – 1 AZR 178/90, NZA 91, 604 (Betriebsräteschulung); 1. 10. 91 – 1 AZR 147/91, DB 92, 43 (Krankheit, mit der Einschränkung, dass eine Beschäftigung trotz des Streiks möglich wäre); 31. 5. 88 – 1 AZR 589/86, NZA 88, 886; 9. 2. 82 – 1 AZR 567/79, DB 82, 1328 (Urlaub).
687 ArbG Hamburg, 16. 10. 13 – 27 Ca 184/13.
688 BAG 17. 7. 12 – 1 AZR 563/11, DB 12, 2817.
689 Vgl. Däubler-Ögüt, AKR, § 19 Rn. 2.
690 BAG 31. 5. 88 – 1 AZR 589/86, a.a.O.

Die Gewerkschaft kann solche verbindlichen Erklärungen für alle Streikteilnehmer abgeben.[691] Soll sich die Erklärung auf die suspendierten Hauptpflichten auswirken, muss sie hinreichend klar zum Ausdruck bringen, dass der Streik beendet werden soll, eine lediglich »andere Benennung« eines unveränderten Streikgeschehens reicht nicht aus. Letzteres ist der Fall, wenn die Gewerkschaft dem Arbeitgeber lediglich mitteilt, sie werde den Streik für einen Feiertag aussetzen; das BAG sieht hierin keine Erklärung zur Beendigung des Streiks und zur Wiederaufnahme der Arbeit (vgl. Rn. 475).[692]

Verweigert der Arbeitgeber nach Beendigung des Streiks dem Arbeitnehmer die Wiederaufnahme der Arbeit, kommt er in **Annahmeverzug** (§ 615 BGB) und ist zur Entgeltzahlung ab dem Zeitpunkt des Angebots der Arbeitskraft durch den Arbeitnehmer verpflichtet. Die Entgeltzahlungspflicht des Arbeitgebers kann entfallen, wenn eine streikbedingte Betriebsstörung die weitere Arbeit der Streikenden nach dem Ende der Arbeitsniederlegung betriebstechnisch unmöglich macht (zur Wiederaufnahme der Arbeit im Zusammenhang mit Wellenstreiks vgl. Rn. 366, 525).[693]

Für die Zeit der Streikteilnahme besteht kein Anspruch auf Beschäftigung und Vergütung, **278**
der Arbeitgeber braucht **kein Entgelt** zu zahlen.[694] Gleiches gilt bei der Beteiligung von Auszubildenden für deren Ausbildungsvergütung.[695] Die Gewerkschaftsmitglieder erhalten **Streikunterstützung** von ihrer Gewerkschaft, die etwa ⅔ des Normalverdienstes abdeckt. Diese Streikunterstützung ist **steuerfrei** (vgl. Rn. 510).[696]

Die Höhe des Entgeltausfalls richtet sich nach der Dauer der streikbedingten Arbeitsniederlegung, je nach Vergütungsform (Monats- oder Stundenvergütung) ist der Abzug auf Grundlage der normalen Arbeitszeit zu berechnen.[697] Bei der Berechnung können auch **tarifvertragliche Kürzungsregelungen** (z.B. wegen Fehltagen) eine Rolle spielen.[698] Infolge des Arbeitsausfalls durch Streik kann es auch zur Kürzung einer pauschalen Tariferhöhung in Form einer Einmalzahlung kommen, wenn diese Vergütungscharakter hat und eine Maßregelungsklausel (vgl. Rn. 268) nicht entgegensteht.[699] Streikbedingte Ausfallzeiten vermindern das geschuldete Arbeitszeitvolumen und führen nicht zu einer Belastung des Gleitzeitkontos, sondern zu einer Verminderung des Entgeltanspruchs, soweit nichts anderes vereinbart ist (vgl. Rn. 482).[700] Die durch Streikteilnahme ausgefallene Arbeitszeit kann sich auf den Anfall von **Überstundenzuschlägen** auswirken; die am Streiktag ausgefallene Arbeitszeit kann nicht zu den tatsächlich geleisteten Arbeitsstunden fiktiv hinzugerechnet werden.[701]

---

691 BAG 26.10.71 – 1 AZR 113/68, AuR 71, 379.
692 BAG 1.3.95 – 1 AZR 786/94, NZA 95, 996.
693 BAG 27.6.95 – 1 AZR 1016/94, AuR 96, 65.
694 Däubler-Ögüt, AKR, § 19 Rn. 20 m.w.N.
695 Däubler-Ögüt, a.a.O., Rn. 21.
696 BFH 24.10.90 – X R 161/88, DB 91, 259.
697 ErfK-Linsenmaier, GG Art. 9 Rn. 193.
698 Vgl. BAG 12.11.13 – 1 AZR 628/12 und 30.10.12 – 1 AZR 794/11, BB 13, 500, beide zum MTV Cockpit Deutsche Lufthansa.
699 LAG Baden-Württemberg 17.12.09 – 21 Sa 30/09.
700 BAG 26.7.05 – 1 AZR 133/04, DB 06, 393; ErfK-Linsenmaier, a.a.O., Rn. 194; Schaub-Treber, § 194 Rn. 6.
701 BAG 14.5.13 – 1 AZR 178/12, AuR 13, 416 zu § 8 Abs. 1 TVöD.

278a Die Teilnahme am Streik hat u. U. außerdem Auswirkungen auf die Höhe des Elterngeldes (vgl. Rn. 474), die Feiertagsbezahlung (vgl. Rn. 475), die Entgeltfortzahlung im Krankheitsfall (vgl. Rn. 486), den Zuschuss zum Mutterschaftsgeld (vgl. Rn. 490), Sonderzahlungen (vgl. Rn. 500) sowie Urlaubsentnahme und Urlaubsentgelt (vgl. Rn. 521).[702]

279 Auf die **Sozialversicherung** hat die Streikbeteiligung folgende **Auswirkungen:** Das sozialversicherungspflichtige Beschäftigungsverhältnis bleibt trotz Streik bestehen.[703] Das Gleiche gilt auch für den Fall der Aussperrung.[704] Infolge des Wegfalls der Vergütungspflicht entfällt aber die Pflicht des Arbeitgebers zur Beitragsentrichtung, woraus sich für die Streikteilnehmer geringfügige Nachteile ergeben können.[705] In der **Kranken- und Pflegeversicherung** bleibt die Mitgliedschaft für Pflichtversicherte – beitragsfrei – bis zum Ende des Streiks erhalten (§ 192 Abs. 1 Nr. 1 SGB V/§ 49 Abs. 2 SGB XI). Freiwillig Versicherte müssen während des Streiks Beiträge leisten, Gewerkschaftsmitgliedern werden diese meist von der Gewerkschaft erstattet. Es besteht voller **Leistungsanspruch**, vor allem auf **Krankengeld** nach § 44 SGB V (vgl. Rn. 485).[706]

280 Der Streik suspendiert das rentenversicherungsrechtliche Beschäftigungsverhältnis.[707] Für die **Rentenversicherungspflicht** wirkt sich der Streik nur aus, wenn er länger als einen vollen **Kalendermonat** dauert (§ 122 Abs. 1 SGB VI). Jeder Tag, der durch Entgelt- oder Entgeltersatzanspruch belegt ist, zählt als voller Monat im Sinne der Rentenversicherung (vgl. Rn. 496).[708]

281 Zum **Arbeitslosen- und Kurzarbeitergeld** vgl. Rn. 451 und 487.

2.11 Rechtsfolgen des rechtswidrigen Streiks

282 Aufgrund der einschränkenden Bedingungen, der die Rechtsprechung das Grundrecht auf Streik unterwirft (vgl. Rn. 16ff.), ergibt sich das Risiko der Rechtswidrigkeit eines Streiks.[709] Häufig sind aber auch Behauptungen von Arbeitgeberverband oder Arbeitgeber »ins Blaue hinein«, dass ein Streik rechtswidrig sei.[710] Typisch sind solche unzutreffenden, arbeitskampftaktisch motivierten Darstellungen der Arbeitgeberseite insbesondere im Zusammenhang mit einem Antrag auf Erlass einer einstweiligen Verfügung (vgl. Rn. 439, 473).[711]

---

702 Vgl. ErfK-Linsenmaier, a.a.O., Rn. 195ff.; Schaub-Treber, a.a.O., Rn. 8ff.; Däubler-Ögüt, a.a.O., Rn. 22ff.

703 BSG 15.12.71 – 3 RK 87/68, DB 72, 1096; Däubler-Walser, AKR, § 20 Rn. 12ff., 18.

704 Däubler-Walser, a.a.O., Rn. 18.

705 Z.B. – wenn auch geringe – Auswirkungen auf die Rentenhöhe, vgl. Däubler-Walser, AKR, § 20 Rn. 76; Schaub-Treber, § 194 Rn. 30.

706 Herrmann, SozSich 90, 116; Kissel, § 46 Rn. 59; Otto, § 18 Rn. 2; Peters-Sommer, § 192 SGB V Rn. 13; Däubler-Walser, a.a.O. Rn.40.

707 BSG 11.12.73 – GS 1/73, BB 74, 740.

708 Vgl. Kissel, § 46 Rn. 57; das gilt auch für kalt Ausgesperrte: AOK-Beitragsreferenten, BB 91, 1417; Herrmann, SozSich 90, 117; Schaub-Treber, § 194 Rn. 33f.

709 Däubler-Nitsche, AKR, § 22 Rn. 90ff.: »Risikozone Arbeitskampf«.

710 Z.B. BAG 12.9.84 – 1 AZR 342/83, DB 84, 2563 (Warnstreik), 21.6.88 – 1 AZR 651/86, DB 88, 1952 (Warnstreik), 18.2.03 – 1 AZR 142/02, AuR 04, 151 (Streik gegen Außenseiter mit Anerkennungs-Tarifvertrag).

711 ErfK-Linsenmaier, GG Art. 9 Rn. 228.

Gründe für die Rechtswidrigkeit können insbesondere sein:
- Verletzung der Friedenspflicht (Rn. 59ff.),
- kein tariflich regelbares Streikziel (Rn. 23ff.),
- unverhältnismäßiger Streik (Rn. 137ff.),
- politischer Streik oder Demonstrationsstreik (Rn. 188ff.) oder
- nichtgewerkschaftlicher Streik (Rn. 201ff.).

An **Sanktionen** kommen vor allem in Frage:
- Unterlassungsanspruch/einstweilige Verfügung (Rn. 283ff., 473),
- Schadensersatz (Rn. 285ff.) und
- individualrechtliche Maßregelungen (Rn. 288ff).

2.11.1 Arbeitgeber – Gewerkschaft

Der betroffene Arbeitgeber kann von der kampfführenden Gewerkschaft die Unterlassung der Maßnahmen aus einem rechtwidrigen Arbeitskampf verlangen.[712] Der **Unterlassungsanspruch** wird hergeleitet aus der Rechtswidrigkeit des Streiks, z.B. aus der Verletzung der **Friedenspflicht** (Rn. 59ff.), die auch gegenüber dem verbandsgebundenen Arbeitgeber drittbegünstigende Wirkung entfalten soll[713] und/oder einer Verletzung des sog. **»Rechts am eingerichteten und ausgeübten Gewerbebetrieb«** (§ 823 Abs. 1 BGB). Dieses war zunächst auf externe Eingriffe im wirtschaftlichen Wettbewerb begrenzt, ab Beginn der 1950er Jahre wurde auch der Streik als eine unmittelbare und erhebliche Beeinträchtigung des Gewerbebetriebs gesehen.[714] 283

Der Arbeitgeber kann von der Gewerkschaft verlangen, dass sie nicht zu rechtswidrigen Streiks aufruft oder sie unterstützt. Ggf. kann sie auch zur **Einwirkung** auf Funktionäre und Mitglieder verpflichtet sein, einzelne rechtswidrige Streikhandlungen zu unterlassen. Diese begründen in der Regel keinen Unterlassungsanspruch, wenn sie von der Gewerkschaft nicht geplant sind. Anders dagegen, wenn die Gewerkschaft trotz Kenntnis nichts gegen rechtswidrige Handlungen unternimmt.[715] Nach umstrittener, aber zutreffender Auffassung, ist es in diesem Zusammenhang zur Vermeidung dieser Haftung nicht erforderlich, dass die Gewerkschaft eine ständige Präsenz weisungsbefugter Vertreter ihrer Organe bei jeder Streikaktion vor Ort unterhält. Die Schulung ihrer Streikposten und das Verteilen von Organisationsanweisungen für Streikende sind ausreichend, solange die Gewerkschaft nicht auf in ihren Verantwortungsbereich fallende rechtswidrige Handlungen hingewiesen und zum Einschreiten aufgefordert wird.[716] Der Unterlassungsanspruch kann durch **Klageerhebung** in einem Hauptsacheverfahren geltend gemacht werden, meist wird aber der Erlass einer **einstweiligen Verfügung** beantragt; dabei sind die be- 284

712 BAG 27.6.89 – 1 AZR 404/88, NZA 89, 969.
713 Däubler-Reinfelder, AKR, § 15 Rn. 23; ErfK-Linsenmaier, GG Art. 9 Rn. 225 m.w.N.
714 Ständ. Rspr., zuletzt BAG 10.12.02 – 1 AZR 96/02, AuR 04, 149; krit. Gamillscheg S. 1217; abl. Däubler-Ögüt, AKR, § 22 Rn. 44ff. mit ausführlicher Darstellung der Hintergründe; Wiethölter, KJ 70, 130, spricht von »reiner Rechtsideologie«.
715 Vgl. BAG 21.6.88 – 1 AZR 651/86, DB 88, 1952 und 2647; 8.11.88 – 1 AZR 417/86, DB 89, 1087; Schaub-Treber, § 194 Rn. 46.
716 Hessisches LAG 17.9.08 – 9 SaGa 1443/08, AuR 09, 141.

sonderen Anforderungen und Grenzen des Eilverfahrens zu beachten, vgl. dazu näher Rn. 438ff., 473.[717]

285 Daneben kommt ein Anspruch auf **Schadensersatz** in Frage. Dieser kann sich insbesondere aus § 823 Abs. 1 BGB wegen Verletzung des Rechts am eingerichteten und ausgeübten Gewerbebetrieb (»sonstiges Recht«) ergeben. Eine wie bei einem Streik übliche vorübergehende Einengung der wirtschaftlichen Nutzbarkeit der Betriebsmittel des Arbeitgebers stellt allerdings noch keine Eigentumsverletzung nach § 823 Abs. 1 BGB dar.[718]

Die Gewerkschaft kann sich auch darauf berufen, dass der Schaden auch bei Rechtmäßigkeit des Streiks eingetreten wäre. Der Einwand eines **rechtmäßigen Alternativverhaltens** kann für die Zurechnung eines Schadens beachtlich sein.[719] Es fehlt dann schon an der notwendigen Kausalität zwischen rechtswidrigem Arbeitskampf und Schaden. Ob sich der Schädiger auf diesen Einwand berufen kann, hängt allerdings vom **Schutzzweck der verletzten Norm** ab. Soweit es sich um eine Verletzung der Friedenspflicht handelt, kommt es darauf an, ob die Forderung, die noch der Friedenspflicht unterliegt, von erheblicher Bedeutung für den Verhandlungsverlauf und für die Durchführung eines Streiks ist oder ob es sich lediglich um einen Teil eines umfangreichen Forderungspakets von untergeordneter Bedeutung handelt.[720] Nicht zulässig ist bei einer Verletzung der Friedenspflicht allerdings der Einwand, man habe ja auch zu einem späteren Zeitpunkt rechtmäßig streiken dürfen; die Friedenspflicht soll gerade die Verlängerung von Verhandlungen ermöglichen.[721]

Der Anspruch setzt **Verschulden** voraus. Verschulden ist hier ein vorsätzliches oder fahrlässiges Verhalten. Das kann vor allem bei einem Streikaufruf bei strittiger Rechtslage, z.B. in Hinblick auf Bestehen von Friedenspflicht (vgl. Rn. 59ff.) oder der Zulässigkeit einer Tarifforderung (vgl. Rn. 23ff. u. § 1 Rn. 154ff.) schwierig zu beurteilen sein. Das BAG hatte zunächst eine Art Gefährdungshaftung der Gewerkschaft postuliert: »wer einen Arbeitskampf entfesselt ..., muss das Risiko tragen«.[722] Später hat es dies abgeschwächt und der Gewerkschaft einen entschuldbaren **Rechtsirrtum** zu Gute gehalten: Die zu entscheidende Rechtsfrage (Zulässigkeit einer »Differenzierungsklausel«, vgl. TVG § 3 Rn. 187ff.) war ungeklärt, die Gewerkschaft hatte sich um Klärung bemüht und gute Gründe für ihren Standpunkt der Rechtmäßigkeit der Streikforderung vorgetragen, der anders als mit Streik nicht zu lösen war.[723] Das BAG ging hier davon aus, dass eine Erfüllung der in Art. 9 Abs. 3 GG zugewiesenen Aufgaben einer Gewerkschaft nur dann umfassend möglich sei, wenn sie auch neue, rechtlich noch nicht endgültig abgesicherte tarifliche Gestaltungs-

---

717 S. a. ErfK-Linsenmaier, GG Art. 9 Rn. 229f.

718 Hessisches LAG 25.4.13 – 9 Sa 561/12, Revision anhängig BAG – 1 AZR 754/13, zur Folge von streikbedingten Einschränkungen im Flugverkehr.

719 Hessisches LAG 5.12.13 – 9 Sa 592/13, Revision anhängig BAG – 1 AZR 160/14; ArbG Frankfurt 25.3.13 – 9 Ca 5558/12.

720 Hessisches LAG 5.12.13, a.a.O.; ArbG Frankfurt 25.3.13, a.a.O.

721 Hessisches LAG 5.12.13, a. a O.; ArbG Frankfurt 25.3.13, a.a.O., mit Hinweis auf BAG 31.10.58 – 1 AZR 632/57.

722 BAG 31.10.58 – 1 AZR 632/57, AuR 59, 339.

723 BAG 21.3.78 – 1 AZR 11/76, DB 78, 1647; s.a. Däubler-Nitsche, AKR, § 22 Rn. 117ff.; Kissel, § 47 Rn. 20ff.

möglichkeiten ins Auge fassen und in die Wirklichkeit umsetzen könne, ohne dabei **übermäßigen Haftungsrisiken** ausgesetzt zu sein. Da diese verfassungsrechtlichen Aufgaben nicht nur eine Wahrung, sondern auch die Förderung der Arbeits- und Wirtschaftsbedingungen zum Ziel haben, muss vermieden werden, dass durch das Aufbürden der Haftung für streitige, noch ungeklärte Fälle eine **Lähmung der Entwicklung des sozialen Lebens** eintritt.

Auch vorhergehende **Entscheidungen im einstweiligen Verfügungsverfahren**, die die Rechtmäßigkeit eines Streiks bejaht haben, können dazu führen, dass das Verschulden der Gewerkschaft entfällt; dieser können im Rahmen der Verschuldensprüfung keine weitergehenden Erkenntnisse abverlangt werden, als den dort entscheidenden Gerichten.[724]

Auf der anderen Seite hat das BAG einen Schadensersatzanspruch wegen eines rechtwidrigen Warnstreiks für einen Verbandstarifvertrag bejaht, bei dem die Gewerkschaft davon ausgegangen war, dass der Übertritt des tarifflüchtigen Arbeitgebers in die OT-Mitgliedschaft tarifrechtlich unwirksam sei. Die Gewerkschaft habe ihre **Streikziele sorgfältig zu prüfen** und dürfe bei Zweifeln über deren Rechtmäßigkeit von ihrem Streikrecht nur in maßvollem Rahmen Gebrauch machen. Hier habe eine hinreichend **gesicherte Rechtslage** bestanden.[725] Diese Wertung erscheint insofern zweifelhaft, als diese Entscheidung des BAG selbst dazu beiträgt, die bisher entwickelten rechtlichen Gegebenheiten und Voraussetzungen beim »Blitzaustritt« weiter zu konkretisieren (hier bezüglich der formalen Anforderungen der Mitteilung eines Statuswechsels, vgl. TVG § 3 Rn. 39).

Ein Schadensersatzanspruch aus § 826 BGB wegen **sittenwidriger Schädigung** infolge eines rechtswidrigen Streiks wird von den Arbeitgebern immer wieder behauptet, liegt im Regelfall aber nicht vor. Nicht jeder rechtswidrige Arbeitskampf ist sittenwidrig, auch ein Verstoß gegen die Friedenspflicht ist keine Handlung in sittenwidriger Schädigungsabsicht.[726]

Die Rechtswidrigkeit eines Streiks führt nicht automatisch zum Schadensersatz auch ge- 285a
genüber einem **Drittunternehmer**, der in enger Verbindung zum bestreikten Arbeitgeber steht. Diesem steht ein Anspruch aus § 823 Abs. 1 BGB schon deshalb nicht zu, weil hier **kein unmittelbarer betriebsbezogener Eingriff** vorliegt, der Streik richtet sich nicht gegen den Betrieb des Dritten, sondern allein gegen den bestreikten Arbeitgeber.[727] Dies gilt i. Ü. genauso hinsichtlich Schadensersatzansprüchen von Dritten bei rechtmäßigen Streiks. Aufgrund einer Drittbetroffenheit ergibt sich auch kein Anspruch auf **Unterlassung von Streikmaßnahmen** aus §§ 823 Abs. 1, 1004 BGB.[728]

Ein betriebsbezogener Eingriff liegt auch dann nicht vor, wenn der Drittunternehmer zum Funktionieren seines Gewerbebetriebes **auf Dienstleistungen des bestreikten Unternehmens** angewiesen ist und die Gewerkschaft hiervon Kenntnis hat; Auswirkungen

---

724 Hessisches LAG 25.4.13, a.a.O.; 27.6.13 – 9 Sa 1387/12, Revision anhängig BAG – 1 AZR 875/13; 5.12.13, a.a.O.

725 BAG 19.6.12 – 1 AZR 775/10, BB 12, 1664; die Vorinstanzen hielten den Streik für rechtmäßig und haben einen Schadensersatzanspruch verneint.

726 Vgl. BAG 22.9.09 – 1 AZR 972/08, NZA 09, 1347; Hessisches LAG 25.4.13, a.a.O.; 27.6.13, a.a.O.; 5.12.13, a.a.O.

727 Hessisches LAG 25.4.13, a.a.O.; 27.6.13, a. a. O; 5.12.13, a. a. O; Schaub-Treber, § 194 Rn. 49.

728 Vgl. ArbG Herne 23.8.13 – 3 Ga 28/13; ArbG Wesel 23.8.13 – 6 Ga 22/13, beide zum Streik von Schleusenwärtern.

auf Dritte sind **in einem Komplex verflochtener Wirtschaftssysteme unvermeidbar** und vor allem bei Streiks gegen Transport- und Beförderungsunternehmen sowie gegen Zulieferfirmen im Rahmen einer »Just-in-time«-Produktion typisch und **sozial-adäquat**.[729] Soweit die Beeinträchtigungen Dritter nicht über das Maß hinausgehen, welches erforderlich ist, um durch Zufügung wirtschaftlicher Nachteile Druck zur Erreichung eines legitimen Ziels auszuüben, werden auch **Gemeinwohlinteressen nicht verletzt**.[730] Selbst ein Streik gegen ein bundesweit agierendes Unternehmen oder ein Unternehmen der sog. Daseinsvorsorge mit erheblichen **Auswirkungen auf eine Vielzahl von Dritten** ist nicht von vornherein als unangemessener Eingriff in Rechtspositionen Dritter unzulässig (vgl. hierzu Rn. 138a f.).[731]

Ist der Streik wegen eines **Verstoßes gegen die Friedenspflicht** rechtswidrig, fällt ein solcher Dritter auch nicht unter den Schutzzweck der durch die rechtswidrigen Tarifforderungen verletzten Normen; die Friedenspflicht schützt nur die Tarifvertragsparteien und ihre Mitglieder[732] (vgl. Rn. 76a).

286 Die **Höhe des Schadens** kann im Einzelfall schwierig zu ermitteln sein. Oft wird die Höhe des durch einen Streik verursachten wirtschaftlichen Schadens vom Arbeitgeber, insbesondere auch in Anträgen auf Erlass einer einstweiligen Verfügung, nur pauschal behauptet und nicht glaubhaft gemacht. Kein Schaden ist der **Produktionsausfall** als solcher.[733] **Entgangener Gewinn** kann Schaden sein, wenn eine Differenz zwischen entgangenen Einnahmen und konkret ersparten Kosten für solche Güter bleibt, die zu Kosten deckenden Preisen hätten verkauft werden können.[734] Ein Schaden sollen auch Aufwendungen sein, die wegen des Streiks nutzlos geworden sind.[735] Der Schaden kann allerdings entfallen, wenn die **Produktion nachgeholt** und abgesetzt wurde.[736] Der Schaden kann bei **Mitverschulden** des Arbeitgebers gem. § 254 BGB gemindert werden.[737] Erkennt dieser die Rechtswidrigkeit des Streiks (vor allem infolge der an ihn gerichteten Forderungen und des Streikaufrufs) und legt er nicht sofort bei auftretenden Schäden, sondern erst zu einem späteren Zeitpunkt einen Rechtsbehelf ein, z.B. im Wege der einstweiligen Verfügung, verstößt er gegen die **Schadensminderungspflicht** aus § 254 Abs. 2 Satz 1 BGB.[738]

Bei Positionen wie Ersatzforderungen Dritter ist Vorsicht geboten, auch im Hinblick auf die üblichen Freizeichnungsklauseln für Streiks (vgl. Rn. 314ff.).

---

729 Hessisches LAG 25.4.13, a.a.O.; 27.6.13, a. a. O; ArbG Wesel 23.8.13, a.a.O.
730 ArbG Frankfurt 25.3.13 – 9 Ca 5558/12.
731 Hessisches LAG 7.11.14 – 9 SaGa 1496/14, Rn. 260 m.w.N., zum Lokführerstreik.
732 Hessisches LAG 25.4.13, a.a.O.; ArbG Frankfurt 25.3.13 – 9 Ca 5558/12.
733 BAG 5.3.85 – 1 AZR 468/83, AuR 86, 220.
734 Otto, § 15 Rn. 32.
735 Däubler-Nitsche, AKR, § 22 Rn. 130, mit Hinweis auf die veränderte Rechtslage.
736 LAG Hamm 24.9.93, AuR 95, 150-Ls.
737 BAG 20.12.63 – 1 AZR 429/62, AuR 64, 377; LAG Hamm 16.6.81 – 6 Sa 436/78, DB 81, 1571.
738 Hessisches LAG 5.12.13 – 9 Sa 592/13.

2.11.2 Arbeitgeberverband – Gewerkschaft

Der Arbeitgeberverband kann von der Gewerkschaft die **Unterlassung** rechtswidriger Streiks verlangen. Dies kann sich aus der tarifvertraglichen Friedenspflicht ergeben, der Arbeitgeberverband soll aber auch einen eigenen Anspruch wegen Störung der koalitionsmäßigen Betätigung gegen die Gewerkschaft besitzen, rechtswidrige Arbeitskampfmaßnahmen gegen eines seiner Mitglieder zu unterlassen.[739] Nicht verlangen kann er dagegen die Unterlassung einzelner eventuell rechtswidriger Streikhandlungen, z.B. von Streikposten.[740] **Schadensersatz** ist »schwer vorstellbar«.[741] Schäden, die einzelnen Verbandsunternehmen entstanden sind, können diese selbst geltend machen, nicht aber der Verband in eigenem Namen.[742] 287

2.11.3 Arbeitgeber – Arbeitnehmer

Der rechtswidrige Streik suspendiert nicht die arbeitsvertraglichen Pflichten. Die Teilnahme an einem rechtswidrigen Streik kann daher eine abmahnungsfähige **Verletzung arbeitsvertraglicher Pflichten** darstellen. Ein Erfüllungs- oder **Unterlassungsanspruch** des Arbeitgebers wird allerdings kaum praktisch werden.[743] Beim **Schadensersatz** (vgl. Rn. 285f.) ist zu beachten: Beim gewerkschaftlich geführten Streik verlässt sich das Mitglied darauf, dass der Streik rechtmäßig ist. Die entsprechende **Vermutung der Rechtmäßigkeit** des gewerkschaftlichen Streiks[744] hat das BAG später in Richtung eines Entschuldigungsgrundes modifiziert[745] und im konkreten Fall eine Kündigung abgelehnt. 288

Beim **Schadensumfang** kommt – entgegen BAG[746] – nur eine quotenmäßig begrenzte Haftung des einzelnen Arbeitnehmers in Betracht,[747] bei der schlichten Teilnahme an einem rechtswidrigen Streik nur die Haftung für den durch den Ausfall der geschuldeten Arbeitsleistung des Streikteilnehmers entstandenen Schaden.[748]

Die Verletzung arbeitsvertraglicher Pflichten kann Grund für eine **Abmahnung** sein. Der berechtigte Ausspruch einer Abmahnung setzt allerdings eine **Abwägung der Umstände des Einzelfalls** voraus (z.B. Anlass des Streiks, Erkennbarkeit der Rechtswidrigkeit, Beeinflussung der Streikbeteiligung durch das Verhalten des Arbeitgebers, Dauer und In- 289

---

739 BAG 24.4.07 – 1 AZR 252/06, AiB 07, 732; 26.4.88 – 1 AZR 399/86, AuR 90, 98; ArbG Stuttgart 11.6.13 – 7 Ga 31/13, (Verstoß gegen Friedenspflicht); Gamillscheg, S. 1232; ErfK-Dieterich, GG Art. 9 Rn. 231; Schaub-Treber, § 195 Rn. 45; anders noch BAG 29.1.85 – 1 AZR 179/84, DB 85, 1697.

740 ArbG Bremen 21.6.02 – 2 Ga 55/02.

741 Kissel, § 47 Rn. 58.

742 Däubler-Nitsche, AKR, § 22 Rn. 128.

743 ErfK-Linsenmaier, GG Art. 9 Rn. 232, mit Hinweis auf § 888 Abs. 3 ZPO.

744 BAG 19.6.73 – 1 AZR 521/72, AuR 73, 278.

745 BAG 29.11.83 – 1 AZR 469/82, DB 84, 1147; vgl. dazu auch Däubler-Ögüt, AKR, § 22 Rn. 16ff.

746 BAG 4.5.55 – 1 AZR 493/54, AuR 55, 315; zust. Kissel, § 47 Rn. 73.

747 Brox/Rüthers, Rn. 333; Däubler-Ögüt, AKR, § 22 Rn. 29, für eine Differenzierung nach Höhe des Arbeitsverdienstes und Dauer der Streikbeteiligung; Gamillscheg, S. 1212.

748 Otto, § 15 Rn. 42.

tensität der Streikbeteiligung, wirtschaftliche Auswirkungen der Streikbeteiligung, Abwägung der gegenläufigen Interessen der Parteien).[749]

290 Dem Ausspruch einer – von der h.M. grundsätzlich gebilligten[750] – außerordentlichen oder ordentlichen **verhaltensbedingten Kündigung** des Arbeitsverhältnisses wegen der Beteiligung an einem rechtswidrigen gewerkschaftlichen Streik hat grundsätzlich eine **Abmahnung** vorauszugehen.[751] Das Vorliegen eines Kündigungsgrundes ist unter Abwägung der Umstände des Einzelfalls und der Interessen der Parteien sorgfältig zu prüfen (vgl. dazu die auch für den Ausspruch einer Abmahnung genannten Abwägungsgesichtspunkte in Rn. 289). Insbesondere die Gesichtspunkte des mit der Befolgung eines gewerkschaftlichen Streikaufrufs verbundenen **Vertrauens auf die Rechtmäßigkeit des Streiks** und der aus Gründen der Solidarität entstandenen **psychologischen Drucksituation** können bei der erforderlichen Abwägung zugunsten des Arbeitnehmers den Ausschlag geben.[752]

Dem Arbeitgeber wird nach h.M. auch das Recht zugestanden, einzelne **Arbeitnehmer »herauszugreifen«** und zu kündigen, allerdings nicht willkürlich, sondern nur nach »sachlichen Kriterien«, wie z.B. herausgehobene Kampfbeteiligung als »Rädelsführer«.[753]

291 Teilweise wird dem Arbeitgeber das Recht zur **Aussperrung** zugebilligt.[754] Wenn man die Aussperrung überhaupt billigt, setzt sie allerdings nach der neueren Rechtsprechung einen rechtmäßigen Streik voraus.[755]

291a Für die **arbeitsrechtlichen Auswirkungen** der Beteiligung an rechtswidrigen Streiks auf **Feiertage, Krankheit, Urlaub** usw. gelten die gleichen Grundsätze wie beim rechtmäßigen Streik (vgl. Rn. 475, 486, 521).[756]

291b Bei den **Auswirkungen** der Streikbeteiligung **auf die Sozialversicherung** (vgl. dazu Rn. 279f.) gilt im Unterschied zum rechtmäßigen Streik für die Krankenversicherung, dass die **Mitgliedschaft in der Krankenversicherung** unmittelbar mit dem Beginn der Beteiligung am rechtswidrigen Streik **endet** und nur noch im Rahmen der Auslauffrist von einem Monat (§ 19 Abs. 2 SGB V) Krankenversicherungsschutz besteht.[757]

---

749 Vgl. ArbG Stuttgart 14.11.79 – 2 Ca 258/79, AP Nr. 68 zu Art. 9 GG Arbeitskampf; Däubler-Ögüt, a.a.O., Rn. 67f.

750 BAG 21.10.69 – 1 AZR 93/68, AuR 69, 279; Kissel, § 47 Rn. 80ff.; enger BAG 14.2.78 – 1 AZR 103/76, DB 78, 1403: psychische Drucksituation und Mitverschulden des Arbeitgebers sind zu berücksichtigen; BAG 29.11.83 – 1 AZR 469/82, DB 84, 1147, wonach die Tätigkeit in der Streikleitung und als Streikposten keine besondere Relevanz hat.

751 ErfK-Kiel, KSchG § 25 Rn. 4; Gamillscheg, S. 1204; Otto, § 15 Rn. 49 m.w.N.

752 ErfK-Linsenmaier, GG Art. 9 GG, Rn. 233; Otto, § 15 Rn. 50.

753 BAG 14.2.78, a.a.O.; kritisch zum »Herauskündigen« Däubler-Ögüt, a.a.O. Rn. 63; Kittner, BB 74, 1488.

754 Brox/Rüthers, Rn. 217; Gamillscheg, S. 1206, Suspendierung als milderes Mittel; sowie ältere BAG-Urteile, z.B. BAG 21.4.71 – GS 1/68, AuR 71, 353.

755 So im Ergebnis auch ErfK-Linsenmaier, GG Art. 9 Rn. 244f.; Däubler-Ögüt, a.a.O. Rn. 52; Kissel, § 53 Rn. 40ff.

756 Vgl. Däubler-Ögüt, a.a.O. Rn. 74ff.; Gamillscheg, S. 1214.

757 Zu den Einzelheiten vgl. Otto, § 18 Rn. 17ff.; Schaub-Treber, § 194 Rn. 32; a.A. Däubler-Walser, AKR, § 23 Rn. 6ff., der sogar zwei Monate Versicherungsschutz annimmt, da die Mitgliedschaft wg. § 7 Abs.3 Satz 1 SGB IV nicht sofort mit Streikbeginn endet.

3. Maßnahmen des Arbeitgebers im Arbeitskampf

3.1 Allgemeines

»*Wird der Arbeitgeber bestreikt, steht ihm* eine ganze Anzahl von Reaktionsmöglichkeiten zur *Verfügung*«.[758] Er kann auch den Arbeitskampf erweitern. Das weitgehendste Kampfmittel ist die **Aussperrung,** d.h. die planmäßige Ausschließung der Beschäftigten von Betrieb, Beschäftigung und Lohn, nach Auffassung der Gewerkschaften ein zu verbietendes Willkürmittel (Rn. 322ff.). In der vernetzten Wirtschaft ist die »**kalte Aussperrung**« von Bedeutung, also die Lohnverweigerung mit der Behauptung, wegen Auswirkungen eines Arbeitskampfes in einem anderen Betrieb(steil) könne nicht gearbeitet werden (Rn. 354ff.); ihre Auswirkungen werden verschärft, wenn die Arbeitsagentur kein Kurzarbeitergeld zahlt (Rn. 379ff.). 292

In den meisten Fällen greifen die Arbeitgeber nicht oder nicht sofort zum Mittel der Aussperrung, sondern nutzen die zahlreichen anderen Möglichkeiten, die ihnen gegen Streiks der Gewerkschaften zur Verfügung stehen. Sie können versuchen, den **Streik durchzuhalten** und hoffen auf seinen Zusammenbruch. In der Regel greifen sie dabei zusätzlich zu aktiven Mitteln der betrieblichen **Streikbekämpfung und Streikabwehr**, die von der Beeinflussung der Beschäftigten bis zum Einsatz von **Streikbrechern** reichen. Ziel ist, den Betrieb so weit wie möglich aufrecht zu erhalten, den Arbeitsausfall zu kompensieren und die Streikfront durch die Möglichkeit des einzelnen Beschäftigten, die Arbeit wiederaufzunehmen, aufzuweichen. Mit einer **Stilllegung des Betriebs** versucht der Arbeitgeber dagegen nicht, den Betrieb aufrechtzuerhalten, er »beugt«[759] sich der Streikmaßnahme, mit der Folge, dass auch »Arbeitswillige« nicht beschäftigt werden müssen (Rn. 316ff.). Arbeitskampfrechtlich nicht eindeutig zu erfassen, aber in seiner Wirkung im Betrieb und in der Öffentlichkeit von ganz erheblicher Bedeutung, ist auch das Druckpotenzial der Arbeitgeber durch die **Drohung mit Verlagerung oder Schließung**, was zum Teil als wirksameres Mittel als die Aussperrung gewertet wird (zu Streikmöglichkeiten gegen Verlagerungen und Schließungen vgl. Rn. 27ff.).[760]

Auch mit einer Veränderung seiner tarifrechtlichen Situation kann der Arbeitgeber versuchen, sich dem Streik zu entziehen und dadurch die Kampfbereitschaft der Beschäftigten zu untergraben. Bei einem Streik um einen Firmentarifvertrag ist die »**Flucht in den Arbeitgeberverband**« möglich, mit dem Ziel, dessen Verbandstarifverträge und deren evtl. Friedenspflicht zur Geltung zu bringen (vgl. Rn. 131, 477). Umgekehrt kann der Arbeitgeber einen »**Blitzaustritt« aus dem Arbeitgeberverband** vollziehen (vgl. Rn. 121ff.; TVG § 3 Rn. 39f.); wird die Gewerkschaft hiervon in Kenntnis gesetzt, ist ein solcher Austritt auch tarifrechtlich wirksam.[761] Streikmaßnahmen um einen Verbandstarifvertrag können dann rechtswidrig sein.[762] Auch durch einen **Betriebsübergang** oder eine

758 Kissel, § 42 Rn. 132; s. Überblick bei Däubler-Wolter, AKR, § 21 Rn. 157.
759 BAG 22.3.94 – 1 AZR 622/93, NZA 94, 1098.
760 Gamillscheg, RdA 05, 79, 81; s.a. Däubler, AR 1, S. 394f.; s.a. Gesamtmetall-Präsident Kannegiesser im Handelsblatt 24.4.12, der der Streikdrohung der IG Metall »längerfristige Standortveränderungen« der Unternehmen gegenüberstellt.
761 BAG 4.6.08 – 4 AZR 419/07, NZA 08, 1366.
762 BAG 19.6.12 – 1 AZR 775/10, NZA 12, 1372.

Aufspaltung in mehrere Unternehmen kann sich der Arbeitgeber überraschend dem Streik um einen Firmentarifvertrag entziehen (vgl. Rn. 152).[763] In allen Fällen wird die Gewerkschaft gezwungen, Streikziele und -forderungen zu prüfen und ggf. umzustellen, will sie den Streik nicht ins Leere laufen lassen oder sich sogar schadensersatzpflichtig machen.[764]

293 Im folgenden Abschnitt werden behandelt:

- die dem Arbeitgeber zur Streikbekämpfung zur Verfügung stehenden betrieblichen **Mittel und Maßnahmen** (Rn. 295) und deren **rechtlicher Charakter** (Rn. 296ff.),
- **Maßnahmen und Maßregelungen**, die gem. § 612a BGB und Art. 9 Abs. 3 GG koalitionsfeindlich und daher **rechtswidrig** sind (Rn. 300),
- Streikbruchprämien (Rn. 301) und Streikbrucharbeiten (Rn. 302ff.), insbesondere durch Leiharbeitsbeschäftigte (Rn. 307) und Fremdfirmen (Rn. 308),
- »Solidaritäts«-Maßnahmen der Arbeitgeberseite wie Streikhilfeabkommen (Rn. 314) und Unterstützungsfonds (Rn. 315).

3.2 Betriebliche Streikbekämpfung/-abwehr

294 Die Arbeitgeber verfügen über ein reichhaltiges Arsenal von Mitteln, durch eine **»Politik der offenen Tür«**[765] Streiks durchzuhalten, zu bekämpfen und zu unterlaufen. Ihr Ziel ist, Produktion, Dienstleistung, Vertrieb etc. oder Teile davon aufrechtzuerhalten, auch wenn dies mit höheren Kosten verbunden sein sollte als üblich. Der Erfolg hängt u. a. davon ab, ob und wie viele Beschäftigte dem Streik fernbleiben und weiterarbeiten. Dem dienen verschiedene Mittel der Lockung und Drohung, um den Streikwillen zu beeinflussen und zum Streikbruch zu verführen.

295 **Betriebliche Maßnahmen** des Arbeitgebers sind u. a.:

- Aushilfen, Ersatzkräfte oder Leiharbeiter (Rn. 307, 454, 488) einstellen;
- Fremdfirmen einsetzen (Rn. 308);
- vom Streik betroffene Arbeiten an andere Betriebe auslagern oder fremdvergeben;
- »Arbeitswillige« als Streikbrecher (Rn. 303ff., 507) ansprechen oder bei der Arbeitsagentur anfordern, einsetzen und evtl. einstellen;
- Streikbruchprämien ankündigen und zahlen (Rn. 301, 508);
- Beschäftigte einseitig zum Notdienst einteilen (Rn. 256f., 302, 491);
- Gewerkschaftszugehörigkeit und Streikbereitschaft abfragen, Abstimmungen über Streikbereitschaft i. S. e. »Urabstimmung verkehrt« organisieren (Rn. 300);
- Betriebsrat oder einzelne -mitglieder einbinden und gegen die Gewerkschaft in Stellung bringen;
- bestimmte Beschäftigtengruppen einbinden, mit dem Ziel, die Belegschaft zu spalten;
- auf volkswirtschaftliche Schäden, auf Gefährdung der Arbeitsplätze und der Wettbewerbsfähigkeit hinweisen;

---

763 So bei einer Tochtergesellschaft des Klinikbetreibers Helios, vgl. Junge Welt 8. 8. 12; vgl. hierzu Kocher/Sudhoff, NZA 13, 875.

764 Vgl. hierzu BAG 19. 6. 12 – 1 AZR 775/10, BB 12, 1664.

765 Definition bei Löwisch-Rieble, AKR, 170.2 Rn. 93: Der »Versuch, den Betrieb mit Arbeitswilligen und gegebenenfalls neu anzuwerbenden Arbeitnehmern fortzuführen …«.

- mit Verlagerung und Personalabbau drohen;
- den Streik in der (Betriebs-) Öffentlichkeit z, B. als »Wahnsinn« oder »Erpressung« verunglimpfen;
- Abmahnungen androhen oder aussprechen (Rn. 300, 446);
- Abmeldung vor Streikteilnahme verlangen;
- Briefe an die Familien schreiben;
- Gespräche mit Eltern von Auszubildenden führen.

Ein plastisches **Beispiel** dafür bieten die Anti-Streikvorbereitungen der Firma BASF, die den Streikwillen brechen, die Belegschaft spalten und einschüchtern sollten.[766]

Der **rechtliche Charakter** dieser Arbeitgebermaßnahmen und ihre Auswirkungen auf das Streikrecht sind wenig geklärt oder hinterfragt.[767] Die Aussage des BAG[768] »*Die Beeinträchtigung der gewerkschaftlichen Kampfführung allein stellt noch keine unzulässige Störung der koalitionsmäßigen Betätigung dar*«, ist in dieser Allgemeinheit nicht korrekt und kann nicht isoliert als Leitsatz dienen.[769] Sie muss im Gegenteil als eine Aufforderung verstanden werden, jede einzelne Maßnahme genau unter die Lupe zu nehmen. Handelt es sich um aus Paritätsgründen notwendige **Arbeitskampfmittel**[770] oder verschieben sie umgekehrt die Kampfgewichte zu Lasten der Arbeitnehmer,[771] unterliegen sie der **Verhältnismäßigkeitskontrolle**[772] oder sind es sogar **koalitionsfeindliche Maßnahmen** im Sinne von Art. 9 Abs. 3 Satz 2 GG? 296

Unstrittig ist, dass der **Arbeitgeber** seine Meinung zu den Forderungen der Gewerkschaft und dem Streik äußern und **Kritik** daran üben darf. So kann er z.B. – wie in jeder Tarifauseinandersetzung üblich – darauf verweisen, dass die Forderungen unerfüllbar seien, der Konkurrenz nutzten, übertarifliche Leistungen eingeschränkt werden müssten, der Streik Schäden verursache, Arbeitsplätze und Investitionen gefährde.[773] Es liegt an den Gewerkschaftern, hierauf passende Antworten zu finden und Argumente für die Forderungen und Gegenargumente gegen die Einmischung, Verunsicherung und Einschüchterung zu finden (vgl. Rn. 481). Anders müssen dagegen Äußerungen des Arbeitgebers bewertet werden, die **Drohungen mit Verlagerungen oder Schließungen von Betrieben** enthalten. Wenn dies heutzutage den gleichen Zweck wie die Aussperrung erfüllt,[774] können solche Verlautbarungen nicht lediglich als »psychischer Druck« abgetan werden.[775] 297

---

766 Vgl. Unterhinninghofen/Bobke, Mitbestimmungsgespräch 79, 235; zum Tarifkonflikt Chemie 1971 vgl. Dzielak u.a., S. 155ff., 346ff.; s.a. IG Druck und Papier, Schwarzbuch, S. 71ff.

767 Art. 9 Abs. 3 Satz 2 GG führt in fast allen GG-Kommentaren ein Schattendasein. Vgl. aber Däubler-Däubler, AKR, § 12 Rn. 39ff.; Däubler-Wolter, AKR, § 21 Rn. 153ff.; Gamillscheg, S. 191ff., 1019ff.; Kissel, § 42 Rn. 106ff.

768 BAG 13.7.93 – 1 AZR 676/92, NZA 93, 1135.

769 S. aber Gamillscheg, S. 1019.

770 Zweifelnd Otto, § 12 Rn. 41.

771 So LAG Berlin-Brandenburg 29.9.08 – 5 Sa 967/08, AuR 09, 47 Rn. 62 für den Einsatz von Arbeitnehmern aus anderen Filialen und Leiharbeitern als Streikbrecher im Einzelhandel; Däubler-Wolter, AKR, § 21 Rn. 159ff.

772 Vgl. Däubler-Wolter, AKR, § 21 Rn. 187ff.

773 Gamillscheg, S. 1020; Däubler-Däubler, AKR, § 12 Rn. 48

774 Gamillscheg, RdA 05, 79, 81.

775 Vgl. Däubler-Däubler, AKR, § 12 Rn. 48; Däubler-Wolter, AKR, § 21 Rn. 161.

Die **Grenze wird überschritten**, wenn der Arbeitgeber aus der Streikbeteiligung negative Folgen für das Arbeitsverhältnis zieht oder auch nur andeutet.[776]

298 Abwehrmaßnahmen des Arbeitgebers sind rechtswidrig, wenn sie einen **koalitionsfeindlichen** Beweggrund haben oder das Ziel verfolgen, den Arbeitnehmer wegen der Teilnahme am Streik zu sanktionieren (z.B. Abmahnung, vgl. Rn. 300, Aufstellung einer Liste von Streikposten[777]), zu benachteiligen (z.B. Prämie an Streikbrecher, vgl. Rn. 301) oder die Kampfführung der Gewerkschaft mit solchen Mitteln zu untergraben (z.B. einseitige Einteilung zum Notdienst; nach hier vertretener Auffassung auch die Aussperrung, vgl. Rn. 331). Weil es sich teilweise um innere Einstellungen des Arbeitgebers handelt, sind Beweiserleichterungen nötig. Es genügen **Indizien**, die auf die Benachteiligung schließen lassen (§ 22 AGG analog).[778]

299 Sanktionen des Arbeitgebers im Zusammenhang mit Streiks werden üblicherweise vor Beendigung des Streiks durch **Maßregelungsklauseln** aufgefangen (Rn. 268f., 489). Damit erledigen sich häufig schon rechtliche Auseinandersetzungen. Je nach Situation können sie aber auch alsbald nach Ausspruch **gerichtlich überprüft** werden mit dem Ziel eines Verbots, ggf. durch einstweilige Verfügung. Da sie nicht nur einzelne Streikende einschüchtern sollen, sondern auch in das Streikrecht der Gewerkschaft eingreifen, kann nicht nur der **Beschäftigte,** sondern auch die **Gewerkschaft** dagegen vorgehen (Rn. 443).[779] In der Praxis sind Sanktionen des Arbeitgebers für diesen häufig kontraproduktiv: Oft sind sie erst recht Anlass für verstärkte Streikaktivitäten.

300 U. a. sind folgende **Maßnahmen gegen Streikende** rechtswidrig:

- **Abmahnung** wegen Teilnahme am (Warn-)Streik, da Sanktion einer Koalitionsbetätigung (Rn. 446).[780]
- **Foto-/Video-/Tonaufnahme**: konkludente Drohung, Material zu verwenden; Eingriff in Persönlichkeitsrecht und Verletzung koalitionsmäßiger Betätigung.[781]
- **Abfrage** oder vom Arbeitgeber initiierte **Abstimmung** zur **Streikbereitschaft**: Die »Urabstimmung verkehrt«, angezettelt von der Geschäftsleitung eines Druckbetriebs, wurde gerichtlich untersagt.[782]
- **Abfrage der Gewerkschaftszugehörigkeit**: Art. 9 Abs. 3 GG schützt die Gewerkschaft auch darin, dem Arbeitgeber Angaben über die eigenen Stärken in einer Verhand-

---

776 Gamillscheg, S. 1020; Däubler-Däubler, AKR, § 12 Rn. 48.

777 Däubler, AuR 11, 388, 390.

778 Vgl. AK-GG-Kittner, Art. 9 Abs. 3 Rn. 81; Däubler, AR 1, S. 143; Däubler/Bertzbach-Bertzbach, § 7 AGG Rn. 28ff.; nach Gamillscheg, S. 194, genügt der Nachweis, dass die Handlung des Arbeitgebers für den gewerkschaftsfeindlichen Erfolg geeignet war.

779 ArbG Berlin 14.10.09 – 1 Ga 18360/09, AuR 09, 435 (IG BAU gegen rechtswidrige Kündigung); ArbG Stuttgart 25.3.92 – 12 Ga 7/92; ArbG Mainz 23.2.06 – 8 Ga 5/06; LAG Berlin-Brandenburg 24.10.07 – 7 SaGa 2044/07, AuR 08, 66; ArbG Berlin 6.5.08 – 59 Ga 6988/08, AuR 08, 227; ArbG Emden 2.6.08 – 2 Ga 4/08: Alle gegen einseitige Einteilung zum/Ausweitung von Notdienst.

780 ArbG Köln 29.6.06 – 2 Ga 71/06; ArbG Stuttgart 14.11.79 – 2 Ca 258/79, AP GG Art. 9 Arbeitskampf Nr. 68.

781 ArbG Oldenburg 8.2.11 – 3 Ga 16/10, AuR 11, 261; Däubler, AuR 11, 388, 390; Otto, § 12 Rn. 25ff.

782 LAG Hamburg 20.6.78 – 6 Sa 33/78; Däubler-Däubler, AKR, § 12, Rn. 44; IG Druck und Papier, Schwarzbuch, S. 75ff.; a.A. Gamillscheg, S. 1020.

lungssituation vorzuenthalten, um sich nicht selbst zu schwächen. Es ist auch die Ungewissheit über die tatsächliche Durchsetzungskraft der Gewerkschaft, die die Verhandlungsbereitschaft des Arbeitgebers fördert und einen angemessenen Interessenausgleich ermöglicht.[783]

- **Freistellung** von der Arbeit (Rn. 309).
- **Kündigung** wegen Teilnahme am (Warn-)Streik, da Sanktion einer Koalitionsbetätigung.[784]
- Einseitige Einteilung zum **Notdienst** (Rn. 302, 491).
- Vermerk in **Personalakte** über Streikbeteiligung oder Ablehnung von Streikarbeit: Es wird der Eindruck erweckt, als sei das Verhalten vorwerfbar und könne zum Nachteil des Arbeitnehmers verwendet werden.[785] Entsprechendes gilt für die **Speicherung** und Übermittlung im Rahmen des Entgeltnachweises **ELENA**.[786]
- **Prämie für Gewerkschaftsaustritt** (vgl. Beispiel Rn. 301).[787]
- **Schwarze Listen**: Absprache zwischen Betrieben, Streikende/Gewerkschaftsmitglieder nicht einzustellen.[788]
- **Streikbruchprämie** (Rn. 301).

Streikbruchprämien werden an »arbeitswillige« innerbetriebliche oder außerbetriebliche Arbeitnehmer zusätzlich zum Arbeitsentgelt gezahlt, um ihnen das Streikrecht »abzukaufen«, sie für Streikbrucharbeiten zu gewinnen und die Fortführung des Betriebs zu unterstützen. **301**

Beispiel:
Eine Druckerei in Wuppertal zahlte Prämien in Höhe von 500 DM an Leihkräfte. Ebenfalls 500 DM wurden von der Firma für den Austritt aus der Gewerkschaft in Aussicht gestellt, zusätzlich 600 DM zum Urlaubsgeld gab es für Streikbrecher.[789]

Den rechtlichen Charakter und die Zulässigkeit einer Streikbruchprämie beurteilt das BAG u.a. nach dem Zeitpunkt ihrer Gewährung. Wird die **Prämie erst nach Beendigung des Streiks** gezahlt, sozusagen als Lohn für die unterbliebene Streikbeteiligung, sieht das BAG darin eine **unzulässige Maßregelung** im Sinne entsprechender tariflicher Maßrege-

783 BAG 18.11.14 – 1 AZR 257/13, AiB 15, Nr. 2, 59, es ging um eine Abfrage der Gewerkschaftszugehörigkeit im tarifpluralen Betrieb; a.A. Arnold DB 15, 867, der im Fragerecht des Arbeitgebers ein zulässiges Arbeitskampfmittel sieht.
784 ArbG Berlin 14.10.09 – 1 Ga 18360/09, AuR 09, 435; die Fantasie beim Erfinden/Vortäuschen anderer Kündigungsgründe ist beeindruckend, vgl. die Beispiele bei Gamillscheg, S. 198f.
785 Kissel, § 62 Rn. 28; Otto, § 12 Rn. 58.
786 Vgl. dazu »Wer streikt, wird erfasst«, »Das Datenmonster«, FR 30.11.09, S. 8 bzw. 2.1.10, S. 6; »Unverhältnismäßige Vorratsdatenspeicherung«, direkt (IGM) 1/10, 5; Wedde, AuR 10, 94ff. Nach Protesten wurde die Übermittlung der Streikdaten eingeschränkt: ver.di publik 1–2/10, S. 10. Inzwischen wurde das ELENA-Verfahren wegen technischer Schwierigkeiten eingestellt, BMWT/BMAS, Pressemitteilung 18.7.11.
787 Däubler-Däubler, AKR, § 12 Rn. 41.
788 Gamillscheg, S. 203.
789 IG Druck und Papier, Schwarzbuch, S. 79ff.; weitere Erscheinungsformen s. Däubler-Wolter, AKR, § 16 Rn. 53.

lungsverbote[790] bzw. des § 612a BGB.[791] Es handelt sich nicht um eine Arbeitskampfmaßnahme, sondern um eine Sanktionierung der Streikbeteiligung durch Schlechterstellung und Maßregelung.[792] Auch die ausgeschlossenen Arbeitnehmer haben aus Gleichbehandlungsgründen bzw. zur Beseitigung der Maßregelung Anspruch auf die Zahlung. Der Arbeitgeber hat in diesem Fall außerdem die **Beteiligungsrechte des Betriebsrats** uneingeschränkt zu beachten bzw. die Beteiligung des Betriebsrats unverzüglich nachzuholen; arbeitskampfbedingte Einschränkungen der Mitbestimmungsrechte bestehen bei einer nachträglichen Prämie nicht (vgl. Rn. 434b).[793]

Die nachträgliche Prämie soll jedoch zulässig sein, sofern ein sachlicher Grund für die Begünstigung der arbeitswilligen Beschäftigten vorliegt. Das BAG nimmt dies bei »Leistungsprämien« für den Fall »**besonderer Belastungen und Erschwernisse**« oder Aufwendungen an, etwa weil sonst nicht ausgeübte Tätigkeiten oder Arbeiten unter erschwerten Bedingungen verrichtet werden. Allerdings müssten die Belastungen erheblich über das normale Maß hinausgehen. Wird nur ein Teil der arbeitenden Beschäftigten solchen besonderen Belastungen ausgesetzt, ist aber wieder von einer Diskriminierung der Streikteilnehmer auszugehen.[794]

Bei **Streikbruchprämien, die vor oder während eines Streiks** gewährt werden (»echte Streikbruchprämie«), soll es sich dagegen um ein grundsätzlich zulässiges **Arbeitskampfmittel** handeln.[795] Das BAG sieht darin keine Verletzung der Verhandlungsparität, das Streikrecht der Gewerkschaft werde nicht entwertet. Mit der Garantie des Streiks sei keine Erfolgsgarantie für die streikführende Gewerkschaft verbunden. Unzulässig wegen Verstoßes gegen Art. 9 Abs. 3 Satz 2 GG soll eine solche Prämie allerdings dann sein, wenn sie gezielt Gewerkschaftsmitgliedern angeboten wird, um diese zum Streikbruch zu bewegen.[796] Außerdem kann eine unangemessen hohe Prämie gegen das Verhältnismäßigkeitsgebot verstoßen. Trotz der Einschränkungen überzeugt diese Rspr. nicht: Die Streikbruchprämie hat eine koalitionsfeindliche Stoßrichtung und soll zum Streikbruch verführen; sie ist ein direkter Angriff auf die Solidarität und die Koalitionsfreiheit.[797]

Ein **tarifliches Maßregelungsverbot** kann auch die vor oder während des Streiks gezahlte Streikbruchprämie unzulässig machen mit der Folge, dass auch die Streikenden die Zahlung beanspruchen können.[798] Kein Anspruch soll allerdings auf Leistungen bestehen, die ausschließlich an **externe Streikbrecher**, z. B. aus anderen Konzernunternehmen, gezahlt werden.[799]

790 BAG 4. 8. 87 – 1 AZR 488/86, DB 88, 183.
791 BAG 11. 8. 92 – 1 AZR 103/92, AiB 93, 244.
792 BAG 4. 8. 87, a.a.O.; 11. 8. 92, a.a.O.; 28. 7. 92 – 1 AZR 87/92, DB 93, 232.
793 LAG Hamm 16. 9. 97 – 13 TaBV 33/97, AiB 98, 588 mit Anm. Kettner.
794 BAG 28. 7. 92, a.a.O.; zust. Kissel, § 42 Rn. 124; Otto, § 12 Rn. 47; krit. zur Differenzierung nach Zeitpunkt und Zweck Däubler-Wolter, AKR, § 16 Rn. 72 ff.
795 BAG 13. 7. 93 – 1 AZR 676/92, DB 94, 148; Kissel, § 42 Rn. 124; krit. Otto, § 12 Rn. 45.
796 BAG 13. 7. 93, a.a.O.; ErfK-Linsenmaier, GG Art. 9 Rn. 215; Schaub-Treber, § 194 Rn. 17.
797 Däubler-Wolter, AKR, § 16 Rn. 60, 63 f.; Schwarze, NZA 93, 967 und RdA 93, 268 ff.; so, aber mit anderer Schlussfolgerung LAG Köln 4. 10. 90 – 10 Sa 629/90.
798 BAG 13. 7. 93, a.a.O.
799 LAG Hamm 6. 8. 09 – 8 Sa 292/09.

Vom Streikbruch zu unterscheiden sind **Notdienstarbeiten.** Ihre Festlegung ist grundsätzlich Aufgabe der streikführenden Gewerkschaft, ggf. sind Vereinbarungen mit dem Arbeitgeber möglich (vgl. Rn. 256f., 491). Die **einseitige Einteilung** zum Notdienst/Bestellung zum Notdienstbeschäftigten **durch den Arbeitgeber**[800] ist eine koalitionsfeindliche Maßnahme: Sie nimmt den Beschäftigten das Streikrecht und verletzt das Streikrecht der Gewerkschaft.[801] Sie ist daher rechtswidrig, die Gewerkschaft kann gerichtlich ihre Unterlassung verlangen (vgl. Rn. 443, 491). **302**

Die **Streikbruchorganisation** ist in den letzten Jahrzehnten ausgebaut, perfektioniert und effektiviert worden. Beim Bevorstehen eines Streiks wird der Streikbruch systematisch geplant und vorbereitet.[802] Die Aufrechterhaltung des Betriebs durch **Einsatz von Streikbrechern** (»Arbeitswilligen«) spielt für die Arbeitgeber eine herausragende Rolle: »*Entscheidend für den Erfolg oder Misserfolg eines Streiks ist es, ob es gelingt, den Kreis der Arbeitswilligen und damit den Umfang der Streikproduktion möglichst groß zu halten. Auf dieses Ziel sollte rechtzeitig hingearbeitet werden.*«[803] **303**

Die h.M. bewertet den Streikbruch als zulässiges Mittel des Arbeitgebers, die Auswirkungen des Streiks auf seinen Betrieb zu vermindern.[804] Gerechtfertigt wird dies mit Hinweis auf die Vertragsfreiheit,[805] dem freien Spiel der Kräfte innerhalb der Tarifautonomie oder der fehlenden Erfolgsgarantie von Streiks.[806] Mögliche Störungen der Kampfparität werden dabei zwar mitunter problematisiert, im Ergebnis jedoch, u.a. mit Hinweisen auf mögliche Gegenmittel der Gewerkschaft, verneint.[807]

Die **moralische, politische und rechtliche Problematik** des Streikbruchs wird in diesen Erwägungen nicht ansatzweise erfasst: »*Der Streikbrecher handelt vom Standpunkt der Gesamtheit der Arbeitnehmer aus gesehen unmoralisch … Niemand wird ihm seine Meinungsfreiheit nehmen wollen … Er hat aber nicht das Recht, seinen Kollegen durch sein Verhalten die Möglichkeit zu nehmen, den Kampf zum Erfolg zu führen. … Der Kampfbeschluss einer sozialen Gruppe, die nur durch kollektives Handeln Erfolge erzielen kann, verpflichtet moralisch (wenn auch nicht rechtlich) jedes Glied der Gruppe, am Kampf teilzunehmen … Er verpflichtet es doppelt, weil jedes andere Verhalten dem Kampfgegner zu Gute kommt.*«[808]

Das **Interesse des Arbeitgebers** am Einsatz von »Arbeitswilligen« gerät mit dem Bemühen der Streikenden in **Konflikt**, Streikbrecher von der Arbeitsaufnahme abzuhalten, z.B. durch **Streikposten**. Dabei werden unterschiedliche Maßstäbe angelegt: Die Aufgaben der **304**

800 Vgl. die großzügige Definition von Notdienst und einseitige Einteilung in den Arbeitskampfrichtlinien von Gesamtmetall, S. 12ff.
801 LAG Niedersachsen 1.2.80 – 10 Sa 110/79, AuR 81, 285.
802 Bsp. vgl. Däubler-Wolter, AKR, § 21 Rn. 157f.
803 Aus: Arbeitsring Chemie, Hinweise für den Arbeitskampf, 1971, Punkt 8b; s.a. das Wunschbild »Der unbestreikbare Betrieb«. Nachlese zum Streik in der Papierindustrie von Pfalz und Rheinhessen, in: Der Arbeitgeber 1962, 616ff.
804 Z.B. BAG 13.7.93, a.a.O.; 10.9.85 – 1 AZR 262/84, NZA 85, 814; 22.12.80 – 1 ABR 2/79, DB 1981, 321; u.a. Gamillscheg, S. 1021ff.; Kissel, § 42 Rn. 112ff.; Otto, § 12 Rn. 2.
805 Löwisch-Rieble, AKR, 170.2 Rn. 315.
806 BAG 13.7.93 – 1 AZR 676/92, DB 94, 148.
807 BAG 13.7.93, a.a.O.; 10.9.85 – 1 AZR 262/84, a.a.O.; anders LAG Baden-Württemberg 31.7.13 – 4 Sa 18/13: Streikbruch ist keine zulässige Arbeitskampfmaßnahme; krit. zum Paritätsverständnis des BAG in der ersteren Entscheidung Däubler-Wolter, AKR, § 16 Rn. 62.
808 Abendroth, Der Gewerkschafter 6–7/1954, 5ff., 6.

Streikposten werden durch Art. 9 Abs. 3 GG gedeckt, werden aber von einer strengen Rechtsprechung begrenzt und behindert (vgl. Rn. 258ff., 509). Die Streikbrecher dagegen können sich nicht auf die Koalitionsfreiheit berufen, ihr Verhalten und das der Arbeitgeber ist ein Mittel der Streikbekämpfung und die **Negation des Streikrechts.**[809] Ihnen legt die Rechtsprechung aber keine Steine in den Weg. Ihr Einsatz erfolgt, um die Arbeit der Streikenden zu verrichten, denen sie folglich **in den Rücken fallen**, wie das BAG plastisch formuliert hat.[810] Das führt nicht nur zu einer unmittelbaren Beeinträchtigung der Aussichten auf einen erfolgreichen Streik. Vielmehr zielt das Vorgehen der Arbeitgeber darauf, den Streik zu unterlaufen. Ziel ist, die Effektivität des Streikrechts zunichte zu machen. Der Streikbrecher dient somit als Werkzeug einer koalitionsfeindlichen Taktik.

305 Gesetz und h.M. tragen diesem Konflikt nur unzureichend Rechnung. Zwar darf die Arbeitsagentur **Arbeitslose** nicht in bestreikte Betriebe vermitteln. Eine Ausnahme besteht lediglich, wenn Arbeitgeber und Arbeitssuchender dies trotz des ausdrücklichen Hinweises auf den Arbeitskampf verlangen (§ 36 Abs. 3 SGB III). Sanktionen wegen der Ablehnung der Arbeitsaufnahme in einem Streikbetrieb dürfen also grundsätzlich nicht erfolgen. **Arbeitnehmer** können sog. **Streikarbeiten ablehnen**, müssen also keine Tätigkeiten auszuführen, die wegen des Streiks ausfallen (vgl. Rn. 506). Den Arbeitnehmern ist es unzumutbar, sich unsolidarisch zu verhalten und den streikenden Kollegen in den Rücken zu fallen.[811] Das gilt für alle Tätigkeiten, auch solche die im Rahmen des arbeitsvertraglich Vereinbarten liegen. Die Verweigerung von Streikarbeit führt **nicht zum Lohnverlust**, der Arbeitgeber darf keine Sanktionen verhängen. Diese Grundsätze finden auch auf Beschäftigte in Drittunternehmen Anwendung, wenn der Arbeitgeber Aufträge streikbedingt in diese Betriebe vergibt.

306 Das aber löst den Konflikt nicht. Dem einzelnen Arbeitnehmer wird in der zugespitzten Situation zugemutet, sich dem Verlangen des Arbeitgebers nach Ausübung von Streikbrucharbeiten zu widersetzen. Aufgrund der strukturellen Unterlegenheit der Arbeitnehmerinnen und Arbeitnehmer und der tatsächlichen Schwierigkeiten, ein individuelles Leistungsverweigerungsrecht wahrzunehmen, ist es nicht angebracht, den Konflikt auf den Einzelnen abzuwälzen. Mit seinem, i.d.R. materiell attraktiven, Abwerbungsangebot greift der Arbeitgeber in die Organisation und Durchführung des Streiks ein, die Gewerkschaft ist nicht mehr frei in ihrer Koalitionsbildung.[812] Das Vorgehen der Arbeitgeber zielt somit im Kern gegen die Koalitionsfreiheit und die Gewerkschaft. Streikbruch dient dazu, den Streik unwirksam zu machen und der Gewerkschaft dieses Mittel aus der Hand zu schlagen oder den Gebrauch des Freiheitsrechts zu erschweren – ähnlich wie bei der Aussperrung. Es erscheint daher gerechtfertigt, den Streikbruch nicht als zulässige Arbeitskampfmaßnahme, sondern als eine **unerlaubte Unterlaufungsstrategie** zu qualifizieren.[813]

306a Streikbruch muss sich als Abwehrmittel – selbst wenn man einmal seine rechtliche Legitimierung unterstellt – zumindest an den Grundsätzen der **Verhältnismäßigkeit** (vgl.

809 Däubler-Wolter, AKR, § 16 Rn. 20ff.
810 BAG 25.7.57 – 1 AZR 194/56, AuR 58, 215.
811 So schon BAG 25.7.57 – 1 AZR 194/56, DB 58, 572.
812 Däubler-Wolter, AKR, § 16 Rn. 65.
813 So auch LAG Baden-Württemberg 31.7.13 – 4 Sa 18/13; Däubler, AuR 11, 388, 391.

dazu Rn. 137ff.) messen lassen.[814] Die Proportionalität ist wegen des Eingriffs in das Streikrecht zu verneinen – zumindest was die Rekrutierung und den Einsatz von außerbetrieblichen Arbeitnehmern oder Leiharbeitern als Streikbrecher betrifft. Auch die ILO-Gremien teilen diese Bewertung. Sie sehen es als »**schwerwiegende Verletzung der Vereinigungsfreiheit**« an, wenn Arbeitnehmer zum Streikbruch eingestellt werden.[815]

Hinweis für den Betriebs- und Personalrat:
Es ist wichtig, dass der **Betriebs- und Personalrat** die Arbeitnehmer über ihr Recht zur Verweigerung unzumutbarer Streikarbeit aufklärt und seine Informations- und Beteiligungsrechte nutzt, um die Ableistung unzumutbarer Streikarbeit und die Einstellung von Streikbrechern zu unterbinden. In der Regel wird es sinnvoll sein, dass möglichst viele der betroffenen Arbeitnehmer ihr **Leistungsverweigerungsrecht** in Abstimmung mit entsprechenden Aktivitäten der betrieblichen Interessenvertretung **kollektiv bzw. gebündelt wahrnehmen.**

Der Arbeitgeber wird für befugt gehalten, streikbedingte Engpässe auch durch **Leiharbeit** **307**
auszugleichen.[816] Angesichts der vom Gesetzgeber betriebenen Deregulierung der Leiharbeit und der darauf folgenden explosionsartigen Zunahme dieser Beschäftigungsform[817] verwundert es nicht, dass dieses Instrument für die Möglichkeit des Streikbruchs einen besonderen Stellenwert erhalten hat.[818] Das Vermittlungsverbot in § 36 Abs. 3 SGB III findet in diesem Fall keine Anwendung.[819] Die besonders prekäre Konfliktsituation des Leiharbeitsbeschäftigten soll stattdessen in **§ 11 Abs. 5 AÜG** Berücksichtigung finden. Danach muss der Verleiher den Leiharbeiter auf den Streik im Einsatzbetrieb und sein Recht hinweisen, die **Arbeitsleistung zu verweigern.** Leiharbeitsbeschäftigte brauchen also die Arbeit in einem Streikbetrieb nicht aufzunehmen und dürfen deshalb nicht gemaßregelt werden. Sie behalten ihren Lohnanspruch gegenüber dem Verleiher,[820] sind allerdings verpflichtet, auf Weisung des Verleihers in anderen, nicht vom Arbeitskampf betroffenen Betrieben zu arbeiten (vgl. Rn. 488).[821] Dazu gehört grundsätzlich auch der nicht bestreikte Betrieb des Verleihers; übernimmt dieser allerdings die **Produktion oder Dienstleistungen für ein bestreiktes Unternehmen**, kann sich der Beschäftigte nach dem Grundsatz unzumutbarer Streikarbeit (vgl. Rn. 305, 506) weigern, entsprechende Tätigkeiten zu ver-

---

814 Däubler-Wolter, a.a.O. Rn. 67ff.

815 Vgl. Däubler-Lörcher, AKR, § 10 Rn. 93; ILO, General Survey 1994, Rn. 174, und ILO, Digest 2006, Rn. 632; u.a. in Frankreich sind *befristete* Einstellungen und Leiharbeiter-Einsatz zum Streikbruch untersagt, vgl. Gamillscheg, S. 1021f.; Dribbusch, WSI-Tarifhandbuch 2008, S. 82.

816 Gamillscheg, S. 1021, mit Hinweis, dies ergebe sich bereits aus § 11 Abs.5 AÜG; Schaub-Treber, § 193 Rn. 1.

817 Vgl. Däubler-Wolter, AKR, § 21 Rn. 186; Hayen, AiB 12, 170, 175; nach den Zahlen der Bundesagentur für Arbeit hat sich die Anzahl der beschäftigten Leiharbeitnehmer zwischen 1998 (252 895) und 2008 (794 363) mehr als verdreifacht.

818 Zu den Erscheinungsformen in verschiedenen Branchen vgl. Berg, AuR 11, 418f.

819 A. A. Ulber, AÜG § 11 Rn. 127 für den Fall, dass Arbeitssuchende an Verleiher vermittelt werden, die diese als Streikbrecher einsetzen wollen; fraglich aber, ob diese Motivlage in der Praxis berücksichtigt werden kann; Zweifel hinsichtlich der praktischen Relevanz auch bei Däubler, AuR 11, 388, 391; vgl. auch Schaub-Treber, § 191 Rn. 36.

820 BAG 1.2.73 – 5 AZR 382/72, AuR 73, 117.

821 Ulber, AÜG § 11 Rn. 128, 140.

richten.[822] Nach den MTV-Regelungen der von einer DGB-Tarifgemeinschaft mit den Verleiharbeitgeberverbänden BZA und IGZ abgeschlossenen Tarifverträge zur Leiharbeit dürfen Beschäftigte nicht in bestreikten Einsatzbetrieben eingesetzt werden.
Diese, lediglich schuldrechtlich wirkenden, tariflichen Regelungen sind allerdings genau so wenig wie das individuelle Leistungsverweigerungsrecht[823] geeignet, Leiharbeitsbeschäftigte vor einem Missbrauch als Streikbrecher hinreichend zu schützen.[824] Notwendig ist daher ihre **frühzeitige Information und Einbindung** im Einsatzbetrieb, sie sollten von den Streikenden über ihre Rechte aufgeklärt und zur Solidarität angehalten werden; das gilt insbesondere auch für die schon im Betrieb Tätigen. Unter Umständen können Leiharbeitsbeschäftigte auch unmittelbar und aktiv in den Tarifkonflikt einbezogen werden, z.B. im Wege des Solidaritätsstreiks[825] oder eines Flash-Mobs (vgl. Rn. 181ff., 213ff.).[826] Insbesondere die Einbeziehung über Solidaritätsstreiks könnte auch praktische Relevanz erlangen: Leiharbeitsbeschäftigte erhalten zukünftig, je nach Einsatzbetrieb, tarifliche Branchenzuschläge, die regelmäßig an die Tarifentwicklung der jeweiligen Einsatzbranche angepasst werden müssen[827] (vgl. TVG, § 1 Rn. 210a).
Der **Koalitionsvertrag** zwischen Unionsparteien und SPD vom Herbst 2013 enthält unter der Überschrift »Missbrauch von Leiharbeit verhindern« das Vorhaben, das AÜG dahingehend zu verändern, dass Einsätze von Leiharbeitsbeschäftigten als Streikbrecher nicht mehr möglich sein sollen. Falls eine solche gesetzliche Neuregelung inhaltlich den o.g. tariflichen Regelungen folgen sollte, würde dies ein **Verbot für Einsätze in bestreikten Entleihbetrieben** bedeuten. Konsequenterweise müsste eine solche gesetzliche Initiative auch Streikbrucharbeiten von Fremdfirmen umfassen, die nicht aufgrund Arbeitnehmerüberlassung, sondern als Werkvertragsnehmer in bestreikten Betrieben tätig werden (vgl. Rn. 308).

308 Vermehrt führen **Beschäftigte von Fremdfirmen** bzw. Tochterfirmen im Betrieb Tätigkeiten aus, die auch streikrelevant sein können: Z.B. das Auffüllen von Regalen im Einzelhandel, Kassierung und Abrechnung, Betreuung und Betrieb der EDV oder Produktionsarbeiten wie Montage von Bauteilen, Instandhaltung und Reparaturen (vgl. Rn. 479).[828] Wenn sie wegen des Streiks nicht beschäftigt werden können, behalten sie ihren **Lohnanspruch gegen ihren Arbeitgeber**.[829] Sie haben – anders als Leiharbeiter – kein gesetzlich verbrieftes Leistungsverweigerungsrecht, ggf. unterliegen sie dem Geltungsbereich eines anderen Tarifvertrages und der sich aus diesem ergebenden Friedenspflicht. Sie sollten zur **Solidarität** aufgerufen und darauf hingewiesen werden, dass sie unter den üblichen Voraussetzungen **Streikarbeit ablehnen** können (Rn. 305, 506, 507) und sollten. Ihre Gewerkschaft kann sie auch zu einem Solidaritätsstreik aufrufen (Rn. 181ff., 499). Wenn

---

822 LAG Baden-Württemberg 31.7.13 – 4 Sa 18/13; Mittag, jurisPR-ArbR 43/2013, Anm. 1.
823 Ulber, AÜG § 11 Rn. 127: Ein »in der Praxis wirkungsloses« Recht.
824 Zur Zulässigkeit auch sanktionsbewehrter tariflicher Beschränkungen des Einsatzes von Leiharbeitsbeschäftigten vgl. EuGH 17.3.15 – C-533/13 (AKT), NZA 15, 423.
825 Berg, AuR 11, 418, 419; Däubler-Wolter, AKR, § 17 Rn. 144ff.
826 Berg, a.a.O., 420.
827 Schumann, AiB 12, 423.
828 Vgl. zu den Erscheinungsformen und Handlungsmöglichkeiten des Betriebsrates: Schuster, AiB 12, 151; Scheriau, AiB 12, 154; Wulff/Büchele, AiB 12, 159.
829 BAG 7.11.75 – 5 AZR 61/75, DB 76, 776.

für sie dieselben Tarifverträge wie für die Beschäftigten des Streikbetriebs gelten, können auch sie zum Streik aufgerufen werden.

Vereinzelt reagieren Arbeitgeber mit einer **Freistellung von der Arbeit** auf flexible Streiks, indem sie die Streikenden in der Arbeitszeit zwischen Streikphasen – bezahlt oder unbezahlt – nach Hause schicken. Ziel ist hierbei, die Streikenden zu isolieren und sie von »Arbeitswilligen« fernzuhalten. Die Voraussetzungen für eine Freistellung liegen in diesen Fällen aber nicht vor, den Streikenden kann kein Verstoß gegen ihre Arbeitspflichten vorgeworfen werden. Auf die Stilllegung (Rn. 316ff.) kann sich der Arbeitgeber hier nicht berufen, weil er den (zeitlichen) Kampfrahmen ausweitet. Ob eine Aussperrung verhängt werden kann, ist zweifelhaft – und damit auch die evtl. Rechtfertigung als »milderes Mittel«. Entsprechendes gilt für die Berufung auf das Arbeitskampfrisiko: Es fehlt sowohl an Streikwirkungen wie an der Unmöglichkeit oder Unzumutbarkeit der Beschäftigung (Rn. 359ff.). Die Betroffenen können ihre Arbeitskraft anbieten, Beschäftigung und Entgelt verlangen: »*Der Arbeitgeber muss den Arbeitnehmer, wenn dieser das verlangt, beschäftigen; er darf sich nicht damit begnügen, lediglich den Lohn zu zahlen.*«[830] 309

Die Handlungsmöglichkeiten des Arbeitgebers zur Streikbekämpfung werden dadurch erleichtert, dass bei streikbedingten Maßnahmen wie z.B. bei Einstellung oder Mehrarbeit die **Mitbestimmungsrechte des Betriebs-/Personalrats eingeschränkt** sind (vgl. Rn. 433ff.). Er muss dann nicht dessen Zustimmung einholen, kann also ggf. die Maßnahmen einseitig durchführen. Allerdings muss er den Betriebsrat-/Personalrat über geplante Einstellungen, Versetzungen, Mehrarbeit usw. informieren.[831] Diese **Informationsrechte** kann und sollte die betriebliche Interessenvertretung offensiv nutzen (vgl. Rn. 434a, 465, 494). 310

Dem Arbeitgeber wird gestattet, **alle Maßnahmen inklusive der Aussperrung** parallel zu ergreifen. Das ist kritikwürdig. Die kumulierten Gegenmittel des Arbeitgebers müssen der **Verhältnismäßigkeitskontrolle** (vgl. Rn. 306a u. Rn. 137ff.) unterliegen oder können als Ausübung von Eigentümerrechten begrenzt werden. Zum Beispiel liegt ein unverhältnismäßiger Einsatz vor, wenn der Arbeitgeber den Betrieb mit Ersatzkräften aufrecht erhält und außerdem Belegschaftsteile aussperrt. In diesem Fall muss entweder die Beschäftigung von Ersatzkräften oder die Aussperrung unverhältnismäßig sein.[832] Der Arbeitgeber darf dann also das eine oder andere Kampfmittel nicht einsetzen. 311

Problematisch ist, dass **Rückwirkungen der arbeitgeberseitigen Maßnahmen auf das Streikrecht** selten geprüft und Konsequenzen daraus gezogen werden. Das BAG tut dies aber bei wesentlich leichteren Beeinträchtigungen des Arbeitgebers durch wieder entdeckte oder weiterentwickelte Streikformen, wie z.B. dem Ende und Wiederbeginn des Streiks bei Feiertagen, Wellenstreiks oder streikbegleitenden Flashmob-Aktionen. Hier »weist« es die Arbeitgeber – z.T. ungefragt – auf die Möglichkeiten der Aussperrung, der Anwendung der Arbeitskampfrisikolehre bei Streikgegenmaßnahmen bzw. der Haus- 312

---

830 BAG 26.10.71 – 1 AZR 113/68, AP GG Art. 9 Arbeitskampf Nr. 44; s.a. BAG 27.2.85 – GS 1/84, AP BGB § 611 Beschäftigungspflicht Nr. 14; Kissel, § 33 Rn. 36ff.

831 BAG 10.12.02 – 1 ABR 7/02, DB 03, 2072; LAG Rheinland-Pfalz 21.3.13 – 10 TaBV 41/12 (Unterrichtung u.a. über Einstellung Beschäftigter von Drittfirmen).

832 Der ersten Ansicht neigt Otto, § 12 Rn. 41, zu.

rechtsausübung hin bzw. entwickelt diese Rechtsinstitute weiter.[833] Das sucht man im Fall einer beeinträchtigten Ausübung des Grundrechts auf Streik vergebens. Wenn z. B. der Einsatz weniger Streikbrecher i. V. m. automatischen Produktionsprozessen genügt, die normale Produktion weitgehend aufrechtzuerhalten und dem Streik die Effektivität zu nehmen (vgl. Grundl. Rn. 161 f.), dann muss auch geprüft werden, welche der überschießenden Arbeitgebergegenmittel zurückgeführt werden müssen und welche zusätzlichen Arbeitskampfmittel die Arbeitnehmer zum Ausgleich erhalten können und sollen.[834]

313 In der Praxis führen Maßnahmen der betrieblichen Streikabwehr des Arbeitgebers zu entsprechenden Veränderungen der Vorgehensweise zur **Abwehr der Arbeitgeber-Maßnahmen durch die Gewerkschaften**: Der Streik kann, z. B. in zeitlicher Hinsicht, ausgeweitet, die Streikmittel verändert, Streikformen können weiterentwickelt oder angepasst werden. Üblich sind außerdem die Information und Beteiligung der Belegschaft und Öffentlichkeit sowie die Auseinandersetzung mit Führungskräften, Streikbrechern, Leiharbeitern etc., die je nach Stand des Tarifkonflikts intensiviert werden können. Ziel ist, dem Arbeitgeber immer wieder einen oder zwei Schritte voraus zu sein. Dazu können auch rechtliche Schritte gehören, z. B. die gerichtliche Überprüfung von Maßregelungen schon während eines Streiks (vgl. Rn. 299 f., 443).

314 Betriebliche Streikabwehr besteht außerdem in den Maßnahmen der Arbeitgeberseite zur gegenseitigen Unterstützung im Fall von Arbeitskämpfen. Mit **Streikhilfeabkommen** sollen der Wettbewerb zwischen den Unternehmen und den bestreikten Betrieben eingeschränkt und Wettbewerbsnachteile z. B. durch Kundenschutz für die bestreikten Arbeitgeber vermieden werden (dies sind allerdings auch zentrale Argumente für die Zulassung der Aussperrung, vgl. Rn. 327 ff.). In den **Arbeitskampfrichtlinien von Gesamtmetall** heißt es z. B. dazu (S. 27/28):

»Werden nur einzelne Mitgliedsfirmen bestreikt, so ist es unbedingt erforderlich, dass die nicht vom Arbeitskampf betroffenen Firmen des Verbands die betreffenden Betriebe nach Kräften unterstützen und alles unterlassen, was diese schädigen könnte … Insbesondere ist es notwendig, dass die Betriebe

- *keine Arbeitnehmer aus einem Betrieb einstellen, der sich im Arbeitskampf befindet,*
- *keine Kunden eines im Arbeitskampf befindlichen Unternehmens abwerben,*
- *an im Arbeitskampf befindliche Unternehmen bereits vergebene Aufträge nicht anderen Unternehmen übertragen,*
- *an im Arbeitskampf befindliche Unternehmen vergebene Aufträge nur mit deren vorheriger Zustimmung übernehmen und ausführen,*
- *einem im Arbeitskampf befindlichen Unternehmen möglichst weitgehende Verlängerung vereinbarter Lieferfristen einräumen und Kredite stunden,*
- *keine Konsequenzen aus Fristüberschreitungen ziehen, die infolge eines Arbeitskampfes eingetreten sind,*

833 Vgl. BAG 1. 3. 95 – 1 AZR 786/94, DB 95, 1819; 15. 12. 98 – 1 AZR 216/98, AP Nr. 155 zu GG Art. 9 Arbeitskampf; 22. 9. 09 – 1 AZR 972/08, NZA 09, 1347, 1353 f.

834 Einen Schritt in diese Richtung geht LAG-Berlin-Brandenburg 29. 9. 08 – 5 Sa 967/08, AuR 09, 47; im Ergebnis ebenso BAG 22. 9. 09, a. a. O.

- *vereinbarte Abschlagszahlungen auch dann zu den festgelegten Terminen leisten, wenn ein Unternehmen infolge eines Arbeitskampfes seine Leistungen nicht rechtzeitig erbringt,*
- *bei Erteilung neuer Aufträge im Arbeitskampf befindliche Unternehmen nicht zu benachteiligen«.*

Auch branchenfremde Verbände kommen zu Hilfe. Im Stahlstreik 1978/79 forderte der Arbeitgeberverband des privaten Bankgewerbes seine Mitgliedsinstitute u.a. auf, »*eingeräumte Kreditlinien nicht zu kürzen und bestreikten Betrieben ihre finanziellen Dispositionen zu erleichtern*«. Im Abwehrstreik in der ostdeutschen Metall- und Elektroindustrie von 1993 forderten die Spitzenverbände der Wirtschaft, des Handels und der Industrie die Betriebe zu Unterstützungsmaßnahmen auf.[835]

In Form von Unterstützungsfonds verfügen die Arbeitgeberverbände über wirkungsvolle Systeme finanzieller Unterstützung, die bei grundsätzlichen Konflikten auch über die Branche hinausreichen.[836] Sie speisen sich aus Mitgliedsbeiträgen, die meist einen bestimmten Promillesatz (z.B. 2 ‰) der Entgeltsumme der Unternehmen umfassen. Welche Summen zusammenkommen können, ermisst sich z.B. daran, dass die Bruttoentgeltsumme in der Metallverarbeitung 2013 ca. 179 Mrd. Euro betrug.[837] Nach den Richtlinien von Gesamtmetall können Betriebe bis zu 150% des Entgeltausfalls als Unterstützung beantragen, wenn die Arbeitskampfmaßnahme mindestens fünf Stunden dauert und sie »besonders betroffen« sind. Dies gilt besonders bei Warnstreiks, Streiks, heißer Aussperrung und – seit 2002 – auch bei mittelbarer Arbeitskampfbetroffenheit. 315

Hauptfunktion ist, durch Finanzierung der Ausfallschäden den Durchhaltewillen zu stärken und das Streikrisiko für die Gewerkschaften zu erhöhen. Das System ist dreistufig aufgebaut: »Unterstützungsfonds« bestehen auf der Ebene der Tarifverbände, eine »Gefahrengemeinschaft« auf der Ebene der Fachspitzenverbände und eine »Schutzgemeinschaft« auf Ebene der BDA. Die Schutzgemeinschaft wurde z.B. beim Stahlarbeitskampf 1978/79, in den Druck-Arbeitskämpfen der 1970er Jahre und in den Arbeitskämpfen zur 35-Stunden-Woche 1984 aktiv.

3.3 Stilllegung

Der Arbeitgeber kann sich »**dem Streik beugen**« (BAG) und beschließen, den Betrieb bzw. Betriebsteil nicht fortzuführen, sondern stillzulegen. Dies gilt nicht nur für Erzwingungsstreiks, sondern auch schon für Warnstreiks.[838] Mit der Stilllegung wird die **Beschäftigungs- und Entgeltzahlungspflicht der Arbeitnehmer suspendiert** – und zwar auch von denjenigen, die sich nicht am Streik beteiligen (»Arbeitswillige«) und/oder deren Beschäftigung möglich und zumutbar wäre. Trotz der – einer Aussperrung nahe kommenden Wirkungen – sieht das BAG in der Stilllegung keine Arbeitskampfmaßnahme, 316

835 Vgl. Gamillscheg, S. 978; Otto, § 14 Rn. 38ff.; Unterhinninghofen/Bobke, Mitbestimmungsgespräch 79, 235.

836 Vgl. Däubler-Wolter, AKR, § 21 Rn. 167; Detje u.a., S. 98f., dort auch Angaben zu gezahlten Unterstützungen; Kissel, § 42 Rn. 132ff.

837 Quelle: Gesamtmetall, Statistisches Bundesamt.

838 Vgl. BAG 13.12.11 – 1 AZR 495/10, AuR 12, 265.

der Arbeitgeber beteilige sich nicht aktiv am Arbeitskampf, er reagiere nur auf die Kampfmittel der Gegenseite.[839]

317 Die Stilllegung bedarf einer **eindeutigen Erklärung des Arbeitgebers** gegenüber den Beschäftigten. Der Arbeitgeber muss deutlich machen, dass er den bestreikten Betrieb bzw. Betriebsteil nicht fortführen, sondern die Tätigkeiten einstellen will. An die Form der Erklärung werden von der Rspr. keine allzu hohen Anforderungen gestellt, sie muss so erfolgen, dass die vom Stilllegungsentschluss erfassten Beschäftigten durch eine im Betrieb übliche Kommunikationsform hiervon Kenntnis erlangen können; die bloße Möglichkeit hierzu soll schon ausreichend sein.[840] An der erforderlichen Eindeutigkeit fehlt es jedoch, solange sich der Arbeitgeber die Option offen hält, eventuell doch noch die Arbeitsleistung von Arbeitnehmern in Anspruch zu nehmen.[841]

317a Die Stilllegung setzt voraus, dass die **Geschäftstätigkeit des Arbeitgebers während des Arbeitskampfes ruht**, sie darf weder von ihm selbst, noch von einem von ihm beauftragten Dritten ausgeführt werden. Setzt der Arbeitgeber – auch im Rahmen einer Fremdvergabe – Ersatzarbeitskräfte ein, beugt er sich nicht dem Streik, sondern versucht, den Betrieb aufrecht zu erhalten. Etwas anderes gilt nur soweit ein Dritter lediglich Erhaltungs- oder Notstandsarbeiten übertragen bekommt.[842]

318 Die Stilllegung kann nur »**im Umfang und für die Dauer des gewerkschaftlichen Streikaufrufs**« erfolgen.[843] Sie ist strikt auf den Rahmen des Streikaufrufs begrenzt. Da sie ein bloßes »Erdulden« des Streiks sein soll, kann sie auch nur für dessen Dauer gerechtfertigt sein.[844] Daraus ergibt sich, dass der Arbeitgeber den von der Gewerkschaft vorgegebenen **Kampfrahmen weder räumlich, materiell noch zeitlich ausdehnen** darf.

Beispiele:
Zum Streik sind nur Beschäftigte der Produktion aufgerufen; eine Ausdehnung auf kaufmännische Beschäftigte ist nicht zulässig. Nur Ärzte sind zum Streik aufgerufen, eine Ausdehnung auf das Pflegepersonal ist nicht möglich. Der Aufruf betrifft nur die Abteilungen A und B, die »Stilllegung« kann sich nicht auf die Abteilungen C oder D erstrecken. Der Streik ist befristet bis Donnerstagabend; eine Stilllegung, die zeitlich darüber hinausgeht oder erst am Freitag früh einsetzt, ist nicht zulässig.

319 Trotz vergleichbarer materieller Auswirkungen ergeben sich **Unterschiede zu »Aussperrung« und »mittelbarer Arbeitskampfbetroffenheit«**:[845] Die Aussperrung wird beim

839 BAG 22.3.94 – 1 AZR 622/93, DB 95, 100; 31.1.95 – 1 AZR 142/94, DB 95, 1817; 27.6.95 – 1 AZR 1016/94, DB 96, 143 und 11.7.95 – 1 AZR 161/95, DB 96, 224; vgl. ErfK-Linsenmaier, GG Art. 9 Rn. 217ff.; Wißmann, S. 116ff.; krit. Däubler-Ögüt, AKR, § 19 Rn. 90f.; 15; Kissel, § 33 Rn. 113ff.; Otto, § 11 Rn. 22ff.; BAG 13.12.11 – 1 AZR 495/10, AuR 12, 265, spricht aber von einem »Kampfmittel«.

840 BAG 13.12.11, a.a.O.; zu weitgehend aber ArbG Herne 3.3.10 – 1 Ca 2931/09, das den Abschluss einer Notdienstvereinbarung und deren mögliche Kenntnisnahme als Erklärung genügen lässt.

841 BAG 22.3.94 – 1 AZR 622/93 und 11.7.95, a.a.O.

842 BAG 13.12.11, a.a.O.; hier ging es um den Einsatz von privaten Busunternehmen bei Streiks im öffentlichen Nahverkehr.

843 BAG 27.6.95 – 1 AZR 1016/94, DB 96, 143; 12.11.96 – 1 AZR 364/96, NZA 97, 393.

844 BAG 27.6.95, a.a.O.

845 Instruktiv: BAG 27.6.95, a.a.O.

Flächentarifvertrag vom Arbeitgeberverband beschlossen, den Beschäftigten wird Arbeit und Entgelt verweigert (vgl. Rn. 322 ff.). Bei mittelbarer Arbeitskampfbetroffenheit/kalter Aussperrung beruft sich der Arbeitgeber darauf, dass die Arbeit wegen fehlender Abnahme oder Zulieferung von Teilen oder Dienstleistungen technisch nicht möglich oder wirtschaftlich nicht zumutbar ist, was er im Einzelnen für die betroffenen Beschäftigten belegen muss (vgl. Rn. 354 ff.).

Anders als bei »heißer« und »kalter« Aussperrung kann der **Kampfrahmen** bei einer Stilllegung **nicht erweitert** werden. Allerdings kann der Arbeitgeber bei einer Stilllegung den betroffenen Arbeitnehmern ihre Beschäftigung auch dann verweigern, wenn diese an sich möglich und zumutbar wäre. Führt der Arbeitgeber den bestreikten Betrieb dagegen fort, haben die Arbeitnehmer Entgeltansprüche dann, wenn ihre Beschäftigung möglich und zumutbar ist.[846]

In den obigen Beispielen 2 und 3 (Rn. 318) könnte der Arbeitgeber somit ohne Erklärung der Stilllegung Beschäftigten des Pflegepersonals bzw. der nach- oder vorgelagerten Abteilungen C und D den Lohn allenfalls dann verweigern, wenn er belegen und beweisen kann, dass ihre Beschäftigung als Folge des Streiks unmöglich oder unzumutbar ist (vgl. Rn. 358, 361, 365; zur Beteiligung des BR/PR vgl. Rn. 370 ff.).

Die Suspendierung der Beschäftigung und der Entgeltansprüche durch eine wirksame Stilllegung trifft grundsätzlich sowohl organisierte, als auch nicht und anders organisierte Beschäftigte. Bei Streiks im tarifpluralen Betrieb, z. B. einem **berufsbezogenen Streik** einer **(Sparten-) Gewerkschaft** kann das anders sein. Denn z. B. bei einem Ärzte- oder Pilotenstreik einer Spartengewerkschaft ist eine Suspendierung der Arbeitsverhältnisse des Pflegepersonals oder von Flugbegleitern ausgeschlossen, weil diese regelmäßig nicht dem Geltungsbereich des umkämpften Tarifvertrages unterfallen und damit nicht zum Streik aufgerufen werden. Eine Stilllegung würde somit in unzulässiger Weise den Kampfrahmen erweitern.[847] Eine gesetzliche **Regelung der Tarifeinheit** nach § 4a TVG ändert an diesen Grundsätzen nichts: Dieser regelt die ausschließliche Anwendbarkeit der Rechtsnormen eines Mehrheitstarifvertrages im tarifpluralen Betrieb bei einer Tarifkollision (vgl. TVG § 4a Rn. 18 ff., 37 ff.).[848] Auch in diesem Fall muss der Arbeitgeber die Stilllegung auf die Beschäftigten beschränken, die vom Geltungsbereich des Tarifvertrages erfasst werden, der Gegenstand des Streiks einer der konkurrierenden Gewerkschaften ist. 320

Bei **Zweifeln** ist der Arbeitgeber zu einer eindeutigen Erklärung aufzufordern, welche Maßnahme er ergreift; ggf. ist die Arbeit anzubieten und das Entgelt geltend zu machen. 321

846 BAG 11. 7. 95 – 1 AZR 161/95, DB 96, 223.
847 Franzen RdA 08, 193, 203; Henssler RdA 11, 65, 69.
848 Vgl. BT-Drucks. 18/4062, 20. 2. 15 S. 9.

3.4 Aussperrung

3.4.1 Begriff und Funktionen

322 Die **Aussperrung** ist ein Kampfmittel der Arbeitgeber, um individuellen und kollektiven Druck auszuüben. Sie verweigern den Arbeitnehmern Beschäftigung, Entgelt und Zutritt zum Betrieb. Nach Auffassung der Arbeitgeber ist die Aussperrung nötig, um Streiks abzukürzen und Forderungen abzuwehren. Nach Meinung der Gewerkschaften ist sie ein Willkürmittel, das verboten werden sollte. Die Rechtsprechung hält sie – begrenzt – für zulässig (Rn. 327ff.).

323 Die Aussperrung wurde anfangs nicht nur als bloßes Abwehrmittel gegen Streiks eingesetzt. Sie zielte auch auf die Existenz der Gewerkschaften und das Koalitionsrecht der Beschäftigten (»1. Mai-Aussperrungen«) und kam insbesondere in Tarifkonflikten um Grundsatzfragen zum Einsatz.[849] Aufsehen erregten z.B. die mehrwöchige Aussperrung der Textilarbeiterinnen von Crimmitschau 1904[850] und die Generalaussperrung von 130000 Bauarbeitern 1910.[851] **Nach 1918** wurde sie zunächst aus politischen Gründen als inopportun zurückgestellt, während der Inflationsjahre aber genutzt, um z.B. den 8-Stunden-Tag wieder »zurückzudrehen«. Die Ruhreisen-Aussperrung 1928 hatte das unausgesprochene politische Ziel, die Tarifautonomie zu zerstören.[852]

Nach 1945 spielte die Aussperrung im Nachkriegsdeutschland zunächst keine größere Rolle. Trotz ihres offenkundigen Missbrauchs in der Weimarer Republik gab es, auch von Gewerkschaftsseite, in den Beratungen zur neuen Verfassung keine grundsätzlichen Einwände gegen dieses Instrument.[853] Lediglich in der Verfassung des Landes Hessen (Art. 29 Abs. 5) wurde die Aussperrung verboten.[854] Erst die praktischen Erfahrungen mit der Aussperrung in der Bundesrepublik Deutschland führte Anfang der Siebziger Jahre zu Forderungen der Gewerkschaften nach ihrem Verbot.[855] Die ersten Massenaussperrungen von mehreren 100000 Metallarbeitern gab es 1963 in Baden-Württemberg;[856] es folgten 1971, 1976, 1978 und 1984 Flächenaussperrungen in der Druck-, Metall- und Stahlindustrie, später auch in betrieblichen Konflikten. **Ziele der Arbeitgeber** sind jetzt eher, in politischen Grundsatzkonflikten (z.B. Lohnleitlinien, Herrschaft über betriebliche Arbeitsorganisation, Arbeitszeitverkürzung) zu intervenieren und die Gewerkschaften – auch finanziell – zu schwächen. Teilweise wird versucht, Maßnahmen der betrieblichen Streikbekämpfung (Ersatzproduktion, Streikbruch, Einsparung von Lohnkosten) mit Aussperrung abzusichern (Rn. 311, 343). Ihre **Zahl** ist um ein Drittel bis zur Hälfte höher als statistisch ausgewiesen.[857]

---

849 Vgl. Kittner, Arbeitskampf, S. 334; Detje u.a., S. 88f.
850 Vgl. Kittner, a.a.O., S. 335ff.
851 Vgl. Kittner, a.a.O., S. 340f.
852 Vgl. Däubler-Wolter, AKR, § 21 Rn. 1ff.; Kittner, a.a.O., S. 483ff.; M. Schneider, S. 57ff.
853 Vgl. Kittner, a.a.O., S. 698f.; Kittner, Verbot, S. 18.
854 Vgl. aber BAG 26.4.88 – 1 AZR 399/86, AuR 90, 98 m. krit. Anm. Wollenschläger/Frölich; Kissel, NZA 89, 81, 83f.
855 Vgl. Kittner, a.a.O. S. 699f.; Kittner, Verbot, S. 11ff.
856 Nach Gamillscheg, S. 918, hatte dazu »*das BAG 1955 ohne viel Nachdenken die Schleusen geöffnet*«; gemeint ist das Urteil v. 28.1.55 – GS 1/54, AuR 55, 218.
857 Vgl. Däubler-Wolter, AKR, § 21 Rn. 7ff.; Gamillscheg, S. 917ff.; Kalbitz, S. 30ff., 85ff., 149ff.; Kittner, Arbeitskampf, S. 698ff.; M. Schneider, S. 125ff., 146ff.

In jüngerer Zeit wird die Aussperrung mitunter auch von Arbeitgeberseite als **»Relikt einer vergangenen Epoche«** bezeichnet.[858] Solche Aussagen beziehen regelmäßig auch den Streik als ebensolches »Relikt« mit ein: Sie zielen im Ergebnis auf gesetzliche Schlichtungsmechanismen und damit auf Einschränkungen des Streikrechts. Selbst wenn die Aussperrung in größeren Branchen – und damit in der öffentlichen Wahrnehmung – derzeit keine erhebliche Rolle spielt,[859] so zeigen Auseinandersetzungen in kleineren Bereichen und auf Firmenebene, dass das Kampfinstrument der Aussperrung in der Praxis für die Arbeitgeber nach wie vor von Relevanz ist.[860]

Die **Wirkungen der Aussperrung** basieren darauf, dass die Arbeitgeber den Arbeitnehmern die zur Existenzsicherung nötige Beschäftigung und das Entgelt entziehen. Sie werden als Mittel zum Zweck eingesetzt und sollen bei der Gewerkschaft auf die Beendigung des Kampfes drängen. Die Aussperrung zwingt die Gewerkschaft zu höheren Aufwendungen für die Arbeitskampfunterstützung. Sie entwertet das Streikrecht, weil sie den, durch den Streik bezweckten, Ausgleich für die strukturelle Unterlegenheit (vgl. Grundl. Rn. 19ff.) wieder aufhebt. **324**

In **anderen europäischen Ländern** spielt die Aussperrung praktisch keine Rolle. In keinem Land ist sie verfassungsrechtlich garantiert. In den meisten Ländern ist sie rechtlich so erschwert, dass die Arbeitgeber nicht darauf zurückgreifen. In Frankreich und Italien gilt sie als Vertragsverletzung. Dort, wie auch in Großbritannien und den Niederlanden muss der Arbeitgeber den Lohn fortzahlen. In den nordischen Ländern gilt sie als zulässig, wird aber praktisch nicht eingesetzt.[861] Auch die Europäische Sozialcharta (ESC) garantiert die Aussperrung nicht. Der Europäische Ausschuss für Soziale Rechte geht davon aus, dass die Aussperrung nicht denselben gesetzlichen Schutz haben muss wie das Streikrecht.[862] **325**

3.4.2 Rechtsgrundlagen der Aussperrung

Die Rechtsprechung des **BAG** entwickelte sich in drei Etappen: **326**

- 1955 wurde die – lösende – Aussperrung dem Streik gleichgestellt,[863]
- 1971 die suspendierende Aussperrung als Regel anerkannt,[864]
- 1980 die – suspendierende – Aussperrung als Reaktion auf (Schwerpunkt-)Streiks und im Umfang begrenzt zugelassen.[865]

Das **BVerfG** billigte die BAG-Urteile von 1980 im Ergebnis (Rn. 330).[866]

---

858 BDA-Beschluss 15.9.03: »Für eine neue Balance in der modernen Tarifautonomie«; Gesamtmetall-Beschluss: »Frankfurter Erklärung«, NZA 97, 1334.
859 Zu den Ursachen, vgl. Kittner, a.a.O., S. 702f., 715ff.
860 Vgl. Aussperrungen von Lokomotivführern: ArbG Frankfurt 2.4.11 – 1 Ga 63/11; LAG Berlin-Brandenburg 13.4.11 – 7 Ta 804/11; von Beschäftigten einer Nervenklinik: ArbG Detmold 28.10.09 – 1 Ga 20/09; von Kinobeschäftigten, Die Welt 18.6.12.
861 Vgl. Boldt u.a., S. 75ff.; Zachert u.a., Aussperrung, S. 177ff.
862 Däubler-Lörcher, AKR, § 10 Rn. 104.
863 BAG 28.1.55 – GS 1/54, AuR 55, 218 – »formelle Parität«.
864 BAG 21.4.71 – GS 1/68, AuR 71, 353.
865 BAG 10.6.80 – 1 AZR 168/79, DB 80, 1266; 1 AZR 331/79, DB 80, 1355; 1 AZR 690/79, DB 80 2040 – »materielle Parität«.
866 BVerfG 26.6.91 – 1 BvR 779/85, AuR 92, 29 m. Anm. Däubler.

327 Nach **BAG** haben die Arbeitgeber die Befugnis zur Aussperrung nur als Reaktion auf Streiks (**Abwehraussperrung**, vgl. Rn. 332ff.) und nur dann, wenn durch den Streik die »Solidarität« der Arbeitgeber bedroht ist. Zudem wird sie dem Umfang nach begrenzt und ist nicht erforderlich, wenn bereits etwa 50 % der Arbeitnehmer des Tarifgebiets zum Streik aufgerufen sind (Rn. 328f.). Das BAG rechtfertigt die Aussperrung mit der **»verhandlungsbezogenen Parität«** (vgl. Rn. 3ff.) und begrenzt sie mit dem Grundsatz der **Verhältnismäßigkeit** (vgl. Rn. 137ff.). Es betont zunächst, dass die Gewerkschaften wegen der strukturellen Unterlegenheit auf das Streikrecht angewiesen sind. »*Das Streikrecht wäre wirkungslos und das mit diesem Instrument angestrebte Verhandlungsgleichgewicht wird gestört, wenn die Arbeitgeber über wirksame Abwehrkampfmittel verfügten, die die Ausübung des Streikrechts mit einem untragbaren Risiko belasten und dessen kompensatorische Kraft damit zunichte machen könnten*«.
Aber: Das Kräfteverhältnis der Tarifparteien könne zugunsten der Arbeitnehmer verschoben werden, wenn sich die Gewerkschaften auf **Teil- oder Schwerpunktstreiks** beschränkten. Bestimmte Kampfformen »*können zu einer so starken Unterlegenheit der angegriffenen Arbeitgeber führen, dass diese ihrerseits um der* ***Verhandlungsparität*** *Willen ein Abwehrkampfmittel benötigen*«. Aus der großen Zahl der paritätsrelevanten Kriterien (vgl. Rn. 4, 10) berücksichtigt das BAG nur solche, die für die **Verhandlungsstärke** maßgebend sind. Es würde sich eine »*wesentliche Verschiebung des Kräftegleichgewichts zugunsten der Gewerkschaft ergeben, wenn sich* Teilstreiks *als wirksamer Angriff auf die* ***Solidarität*** *der Arbeitgeber darstellen. Diese Möglichkeit ergibt sich aus der* ***Konkurrenzsituation*** *und ist bei eng begrenzten Arbeitskämpfen … regelmäßig anzunehmen*«. Die bestreikten Arbeitgeber müssten stellvertretend für den Verband kämpfen, die anderen könnten die Gunst der Stunde nutzen und sich Marktanteile aneignen (vgl. aber Rn. 314).

328 Die **Begrenzung der Aussperrung** erfolgt per **Verhältnismäßigkeitsgrundsatz.** Angemessen sei eine abgestufte **Reaktionsmöglichkeit**, die sich nach der Zahl der Streikenden richte: Streiken weniger als 25 % der Arbeitnehmer des **Tarifgebietes**, kann der Aussperrungsbeschluss bis zu 25 % der Arbeitnehmer des Tarifgebietes erfassen; streiken mehr als 25 %, kann die Aussperrung den Kampfrahmen bis auf 50 % der Arbeitnehmer des Tarifgebietes erweitern; sind durch den Streik mehr als 50 % betroffen, bedarf es keiner Aussperrung (zur Kritik vgl. Rn. 331).[867] Für die **Berechnung** der Aussperrungsquote ist der **Aussperrungsbeschluss** (Rn. 345) maßgebend – nicht seine tatsächliche Befolgung; bezüglich des Streiks kommt es dagegen nicht auf die zum Streik Aufgerufenen, sondern auf die **tatsächlich Streikenden** an.[868]

Streikende	**zulässige Aussperrung (BAG)**
bis zu 25 % der Beschäftigten	weitere 25 % der Beschäftigten
mehr als 25 % der Beschäftigten	bis insgesamt 50 % der Beschäftigten streiken oder sind ausgesperrt
mehr als 50 % der Beschäftigten	keine Aussperrung

867 Grds. zust. ErfK-Linsenmaier, GG Art. 9 Rn. 240ff.; Gamillscheg, S. 1034; Kissel, § 52 Rn. 70ff.; Otto, § 8 Rn. 63.

868 BAG 7.6.88 – 1 AZR 597/86, AuR 89, 219; krit. zu Einzelheiten der Quotenberechnung und Beschlüsse vgl. Däubler-Wolter, AKR, § 21 Rn. 61ff., zur Berücksichtigung von kalt Ausgesperrten Rn. 85ff.

In **nachfolgenden Urteilen** schreibt das BAG den sog. »Aussperrungsquoten« (nur) eine Indizwirkung zu.[869] Das bedeutet kein Abgehen von den Aussperrungsquoten, sondern dass die Aussperrung auch aus anderen Gründen unverhältnismäßig und unzulässig sein kann, so z. B. die bundesweite Aussperrung in der Druckindustrie 1978 oder zwei Tage Aussperrung nach einem halbstündigen Warnstreik.[870] Das BAG weitet die Aussperrungsbefugnis auf Warnstreiks und Firmenstreiks aus (Rn. 338, 341), offen ist seine Position bei flexiblen Streiks (Rn. 334f.). 329

Das **BVerfG** billigt die begrenzte Zulassung der Aussperrung durch das BAG, da »*unter den gegebenen Verhältnissen jedenfalls Aussperrungen mit suspendierender Wirkung, die in Abwehr von Teil- oder Schwerpunktstreiks der Herstellung der Verhandlungsparität dienen*«. Es unterstreicht die Begrenzung der Aussperrung: »*Aussperrungen … können daher nach Gesichtspunkten der Verhältnismäßigkeit beschränkt werden*«.[871] Damit ist die **Aussperrung** anerkannt, aber **nur als Abwehr von Streik** und damit mit minderem verfassungsrechtlichem Rang, nämlich nur als »Anhängsel des Streiks«.[872] Über die grundsätzliche Zulässigkeit hat das BVerfG nicht entschieden. Im Urteil zu § 116 AFG (heute: § 160 SGB III, bisheriger § 146) sieht das BVerfG eine Bedrohung der Kampfparität darin, dass es den Arbeitgebern möglich sei, durch **gezielte Aussperrungsmaßnahmen** dafür zu sorgen, dass es zu massiven »kalten Aussperrungen« kommt. Dann seien die kalt Ausgesperrten bei der Berechnung der Aussperrungsquote einzubeziehen und Gerichte und Gesetzgeber aufgerufen, korrigierend einzugreifen.[873] 330

Kritik: Die BVerfG/BAG-Position vermag nicht zu überzeugen. Der richtigen Erkenntnis, dass das Streikrecht wegen der Unterlegenheit der Arbeitnehmer notwendig ist und dass es durch Gegenkampfmittel entwertet werden kann, widerspricht die – wenn auch begrenzte – Zulassung der Aussperrung. Diese eröffnet den Arbeitgebern die Möglichkeit der gezielten Behinderung der Koalition und der gewerkschaftlichen Betätigung und ist eine rechtswidrige Maßnahme i. S. d. Art. 9 Abs. 3 Satz 2 GG. Die Einwände beziehen sich grundsätzlich auf die Figur der **Parität** (Rn. 3ff.) und die vom BAG nicht berücksichtigten, aber entscheidenden Kriterien wie z. B. die Verfügungsmacht über Produktionsmittel, Arbeitsplätze, Preise und Investitionen. Auch angesichts der **grundsätzlichen Kräfteverschiebungen** zu Lasten der Arbeitnehmer seit den 1980er Jahren (vgl. Grundl. Rn. 159ff.) ist die vom BAG angestellte Paritätsbetrachtung nicht mehr haltbar. **Die Arbeitgeber brauchen die Aussperrung nicht. Sie können auch so einen effektiven Arbeitskampf führen** (vgl. Rn. 294ff.).[874] 331

Die Ausführungen des BAG zur **Konkurrenz- und Wettbewerbslage** der Arbeitgeber im Streik sind angesichts der fortgeschrittenen Konzentration der Unternehmen und der Begrenzung des Wettbewerbs im Arbeitskampf (Rn. 314f.) spekulativ. Zu hinterfragen ist auch der angelegte Maßstab der **Verhältnismäßigkeit**: Die »Aussperrungs-Quoten« er-

869 BAG 12.3.85 – 1 AZR 636/82, DB 85, 1894; 7.6.88, a.a.O.; 11.8.92 – 1 AZR 103/92, AiB 93, 244.
870 S.a. Däubler-Wolter, AKR, § 21 Rn. 39; ErfK-Linsenmaier, GG Art. 9 Rn. 243; Kritik an der Quote bei Kissel, § 53 Rn. 12ff.; differenziert Otto, § 8 Rn. 64ff.
871 BVerfG 26.6.91 – 1 BvR 779/85, AuR 92, 29.
872 Gamillscheg, S. 1142.
873 BVerfG 4.7.95 – 1 BvF 2/86 u.a., AuR 96, 33.
874 S. hierzu LAG Hamburg 23.3.11 – 2 Sa 83/10: Dem Arbeitgeber stehen auch ohne Aussperrung effektive Verteidigungsmöglichkeiten zur Verfügung.

lauben den Arbeitgebern je nach Situation immerhin noch die drei- bis vierfache Menge an Ausgesperrten gegenüber Streikenden. Auch die begrenzte Aussperrung entwertet Streikrecht und Koalitionsfreiheit der Arbeitnehmer und Gewerkschaften.[875]
Aus **Art. 9 Abs. 3 GG** und seiner Entstehungsgeschichte kann die Befugnis zur Aussperrung nicht entnommen werden, sie ist ein illegitimes Ausüben von Eigentümerbefugnissen und wirtschaftlicher Macht.[876] Die Aussperrung verstößt schließlich auch gegen die **Menschenwürde**, indem sie die nicht streikenden Arbeitnehmer als Mittel zum Zweck einsetzt. Anders als die Streikenden, die sich aufgrund ihrer Mitgliedschaft freiwillig am Arbeitskampf beteiligen, werden die Ausgesperrten zum Objekt des Arbeitgebers, um Druck auf die Gewerkschaft auszuüben.

3.4.3 Aussperrungs-Arten nach der BAG-Rechtsprechung

332 Nur die **Abwehr-Aussperrung**, also die Aussperrung nach Beginn eines Streiks, mit **suspendierender Wirkung** ist zulässig. Nach BAG und BVerfG ist die Aussperrung ein »Streikanhängsel«, sie ist **»streikakzessorisch«**.

333 Die **Angriffs-Aussperrung**, also die Kampferöffnung durch den Arbeitgeber oder Arbeitgeberverband mit eigenem Regelungsziel scheidet danach aus.[877] Entsprechendes gilt, wenn die Arbeitgeberseite in einer Tarifrunde auf die Forderungen der Gewerkschaften mit **eigenen oder kompensatorischen Forderungen** reagiert und dann aussperrt.[878]

334 Sperren Arbeitgeber erst **nach Streik-Ende** aus oder dauert die Aussperrung über das Streik-Ende hinaus an, so ist dies eine rechtswidrige Angriffs-Aussperrung.[879] Bei einem **flexiblen Streikkonzept** kann der Streik mit dem Abschluss einer **Streikaktion** bzw. einer in sich geschlossenen **Streikphase,** deren Beginn und Ende in der Praxis oft jeweils gesondert mitgeteilt werden, enden; somit kann dann nicht mehr ausgesperrt werden. Wird der Streik für einige Zeit **unterbrochen**, gilt entsprechendes,[880] ebenso bei einem **Wechselstreik** (Grundl. Rn. 39).[881] Wird dagegen ein Gesamtstreik mit Pausen durchgeführt, liegt das Streik-Ende erst bei Beendigung des Gesamtstreiks – der letzten Streikaktion – vor.

335 Als »**Kompaktaussperrung**« wird die Möglichkeit bezeichnet, nicht ausgenutzte Aussperrungs*quoten* **anzusparen**, diese später einzusetzen und so die Aussperrung auszuweiten.[882] Sie hat bisher in der Praxis keine Rolle gespielt, wird aber z. B. als Arbeitgebermaß-

---

875 Vgl. AK-GG-Kittner/Schiek, Art. 9 Abs. 3 Rn. 146; Däubler, AR 1, S. 389ff.; Däubler-Wolter, AKR, § 21 Rn. 15ff.; zu den seitherigen Paritätsverschiebungen vgl. Treber, S. 178ff., 413ff., 429ff.

876 Hoffmann, in: Kittner, Streik und Aussperrung, S. 47, 71; dieser Aspekt bestimmte auch die Diskussionen im hessischen Verfassungsausschuss, vgl. Kittner, Verbot, S. 20f.

877 Däubler-Wolter, AKR, § 21 Rn. 40; Dütz, DB Beilage 4/79; s.a. ErfK-Linsenmaier, GG Art. 9 Rn. 249: Gamillscheg, S. 1040; Otto, § 10 Rn. 64ff.: Ausnahmen in wenigen Situationen; weitergehend Kissel, § 53 Rn. 51ff.

878 Däubler-Wolter, AKR, § 21 Rn. 42f.

879 LAG Hamm 28. 1. 82 – 9 Sa 969/81; Däubler-Wolter, AKR § 21 Rn. 56f.

880 Vgl. BAG 1. 3. 95 – 1 AZR 786/94, DB 95, 1819.

881 Vgl. Däubler-Wolter, AKR, § 21 Rn. 56f.; Loscher, S. 54, anders S. 68.

882 BAG 10. 6. 80 – 1 AZR 168/79, DB 80, 1266; 7. 6. 88 – 1 AZR 597/86, AuR 89, 219; dazu Buchner, RdA 87, 209, 215f.; Däubler/Wolter, AuR 82, 144, 152; Löwisch-Rieble, AKR, 170.2 Rn. 204ff.; Otto, § 8 Rn. 58.

nahme bei **flexiblen Streiks**, z.B. **Wellenstreiks** diskutiert: Der Arbeitgeber könne bei einem Streik gegen termingebundene Produkte (z.B. Tageszeitungen) »die nicht genutzten *Zeiten* (der Arbeitsniederlegungen) ansparen, die für eine sinnvolle Reaktion zu kurz sind, um dann später die zuvor Streikenden am Stück auszusperren«. Dies müsse allerdings im selben Produktionszyklus z.B. der Zeitung, ggf. in der/den folgenden Schicht/en geschehen.[883] Diese Ansicht ist abzulehnen. Sie sieht von den Anforderungen des BAG nach einer Paritäts- und Wettbewerbsstörung auf Verbandsebene ab, dehnt die Aussperrung über das Ende des Streiks/der Streikaktion aus (Rn. 334) und behandelt sie wie bei firmenbezogenen Streiks (dazu Rn. 341).[884]

Die **»kampfgebietsausweitende« Aussperrung**, d.h. eine Aussperrung in einem Tarifgebiet, nachdem der Streik in einem anderen Tarifgebiet begonnen hat, ist entgegen einzelner Auffassungen[885] eine Angriffs-Aussperrung (Rn. 333) und damit rechtswidrig.[886] Entsprechend ist der Fall zu beurteilen, wenn die Gewerkschaft nur Betriebe bestimmter Branchen im Tarifgebiet bestreikt und der Arbeitgeberverband die Aussperrung in ausgesparten Branchen beschließt. Im Übrigen versuchten schon vor 100 Jahren die Arbeitgeberverbände per Aussperrung, die Gewerkschaften in großflächige Tarifgebiete zu zwingen. Hiervon versprachen sie sich eine schnellere Erschöpfung der finanziellen Leistungsfähigkeit der Gewerkschaft aufgrund höherer Unterstützungsleistungen.[887] **336**

Die **»Selektiv-Aussperrung«**, d.h. die gezielte Aussperrung nur der Gewerkschaftsmitglieder, ist »der subtilste und gefährlichste Anschlag auf den gewerkschaftlichen Mitgliederbestand« (Seiter) und nach BAG als Angriff auf die Koalitionsfreiheit unzulässig.[888] Werden **nur die Streikenden ausgesperrt**, so spricht auch dies sehr stark für eine koalitionsfeindliche Zielsetzung, die die koalitionsgemäße Betätigung sanktionieren soll. Jedenfalls wird der Arbeitgeber schwerlich dafür sachliche, ausschließlich kampftaktisch motivierte Gründe vorbringen können, wie das BAG fordert.[889] Das gilt erst recht, wenn die Aussperrung über das Streik-Ende andauert.[890] Trotzdem wird diese Aussperrungsform vereinzelt zugelassen.[891] Eine andere unzulässige Form der selektiven Aussperrung liegt dann vor, wenn der Arbeitgeber ausschließlich streikende Arbeitnehmer aussperrt, die für die Zeit des Streiks zum Dienst eingeteilt waren, während die überwiegende Anzahl ihrer Kollegen in dieser Zeit eben keinen Dienst hatte und dementsprechend gar nicht streiken **337**

883 Loscher, S. 65 bzw. 70ff.; weitergehend: Auktor, S. 131ff.; Rieble, SAE 97, 290; s.a. Treber, Anm. zu BAG EzA Nr. 127 zu Art. 9 GG Arbeitskampf, S. 29ff.

884 Ähnlich Däubler-Wolter, AKR, § 21 Rn. 103.

885 Lieb, DB Beilage 12/84.

886 Däubler-Wolter, AKR, § 21 Rn. 45; diff. Otto, § 10 Rn. 56ff., 73.

887 Z.B. Generalaussperrung in der Bauwirtschaft 1910 mit dem Ziel zentralisierter Tarifverhandlungen und einheitlicher Laufzeiten, vgl. Kittner, Arbeitskampf, S. 340f.

888 BAG 10.6.80 – 1 AZR 331/79, DB 80, 1355; Brox/Rüthers, Rn. 216; Kissel, § 55 Rn. 7 f; Seiter, RdA 1981, 582f.; a.A. Otto, § 10 Rn. 82ff.

889 BAG 10.6.80, a.a.O.; ArbG Frankfurt 2.4.11 – 1 Ga 63/11; s.a. Däubler-Wolter, AKR, § 21 Rn. 59.

890 LAG Hamm 14.11.01 – 18 Sa 530/01, NZA-RR 02, 367 und 21.8.80, AP GG Art. 9 Arbeitskampf Nr. 72; ArbG Frankfurt 2.4.11, a.a.O.; Thüsing, Anm. zu LAG Düsseldorf 10.9.96 – 3 Sa 393/96, LAGE Art. 9 GG Arbeitskampf Nr. 65, S. 9f.

891 LAG Düsseldorf 10.9.96, a.a.O.; LAG Hamm 14.11.01, a.a.O.; ArbG Detmold 28.10.09 – 1 Ga 20/09; Gamillscheg, S. 1048f.; Löwisch-Rieble, AKR, 170. 2 Rn. 92.

konnte. Es liegt ein **Verstoß gegen das Gleichbehandlungsgebot** vor, da der Arbeitgeber die Streikbereitschaft der nicht zum Dienst Eingeteilten gar nicht feststellen kann.[892]

338 Die »**Warn«-Aussperrung**, d.h. die Aussperrung als »Antwort« auf Warnstreiks, lässt das BAG »*im Rahmen der Verhältnismäßigkeit*« zu: Eine zweitägige Aussperrung nach einem halbstündigen Warnstreik wurde als unverhältnismäßig und rechtswidrig bewertet.[893] Gleichzeitig vertritt es allerdings die Auffassung, dass die Dauer der Aussperrung die des Streiks »um einiges überschreiten« dürfe. Nicht nur aus diesem Grund ist die »Warn«-Aussperrung abzulehnen. Das BAG setzt sich in Widerspruch zu eigenen Urteilen:[894] Wettbewerbsverzerrungen im Arbeitgeberlager entstehen durch Warnstreiks nicht, sie haben in erster Linie eine Demonstrationsfunktion (vgl. Rn. 239) und gefährden somit auch nicht die Verhandlungsparität. Die rechtliche Gleichstellung von Warnstreiks mit Streiks ändert daran nichts.

339 Die **lösende Aussperrung**, d.h. die Auflösung des Arbeitsverhältnisses verbunden mit der Pflicht der Wiedereinstellung, ist u.a. wegen ihres Strafcharakters unverhältnismäßig und unzulässig, so auch die h.M.[895] In jüngster Zeit wird sie unter den Bedingungen von »Tarifmehrheit« im Betrieb vereinzelt als eine Art Allheilmittel gegen neue Streikentwicklungen oder Streiks von Spartengewerkschaften empfohlen.[896] Dagegen werden insbesondere praktische Gründe ins Feld geführt: Dem Arbeitgeber würde die lösende Aussperrung, abgesehen von einer Erhöhung des »psychischen Drucks« wegen des Wiedereinstellungsanspruchs, der fehlenden Ersetzbarkeit streikender »Spezialisten« und tariflicher Maßregelungsklauseln im Ergebnis nur wenig nützen.[897] Diese praktischen Bedenken ändern aber nichts an der grundsätzlichen Rechtswidrigkeit der lösenden Aussperrung. Sie ist weder erforderlich noch verhältnismäßig.[898] Bereits 1971 hat das BAG entschieden, dass die Aussperrung das Arbeitsverhältnis »lediglich suspendiert« (vgl. Rn. 326).

340 Die »**wilde« Aussperrung**, d.h. bei einem Verbands-Arbeitskampf die Aussperrung durch einen Arbeitgeber ohne Arbeitgeberverbands-Beschluss, ist rechtswidrig.[899]

341 **Firmen-Aussperrung**: Bei einem Streik um einen Firmentarifvertrag soll der einzelne Arbeitgeber aussperren können. Gerade der Arbeitgeber, der bei einem Konflikt der Gewerkschaft allein gegenüberstehe, brauche die Aussperrung, um ein Verhandlungsübergewicht der Gewerkschaft verhindern zu können.[900] Diese Auffassung läuft auf den Satz hinaus:

---

892 ArbG Frankfurt 2.4.11 – 1 Ga 63/11.

893 BAG 11.8.92 – 1 AZR 103/92, AiB 93, 244; 27.6.95 – 1 AZR 1016/94, AiB 96, 308 m. Anm. Zachert; LAG Rostock 18.7.96 – 1 Sa 330/95, NZA-RR 97, 163; Kissel, § 53 Rn. 19; Gamillscheg S. 1162.

894 BAG 10.6.80 – 1 AZR 168/79, DB 80, 1274; 12.9.84 – 1 AZR 342/83, NZA 84, 393, 399; abl. auch Däubler-Wolter, AKR, § 21 Rn. 54; Otto, § 10 Rn. 79: »entbehrlich«.

895 Brox/Rüthers, Rn. 205f.; Däubler-Wolter, AKR, § 21 Rn. 50f.; Kissel, § 52 Rn. 57; Otto, § 8 Rn. 16.

896 Greiner, NZA 07, 1023, 1027.

897 Jacobs, FS Buchner, S. 347; Franzen RdA 08, 193, 202f.; Giesen, NZA 09, 11, 14 (Fn. 27); Steinau-Steinrück/Glanz, NZA 09, 113, 116; Bayreuther, NZA 08, 12, 16; skeptisch auch Hessisches LAG 7.11.14 – 9 SaGa 1496/14 (Lokführerstreik).

898 Schaub-Treber, § 193 Rn. 11; Däubler-Wolter, AKR, § 21 Rn. 51; Deinert, NZA 09, 1176, 1183.

899 BAG 31.10.95 – 1 AZR 217/95, AuR 96, 157; Kissel, § 54 Rn. 2.

900 BAG 11.8.92 – 1 AZR 103/92, DB 93, 234; 27.6.95 – 1 AZR 1016/94, AiB 96, 308 m. Anm. Zachert; Kissel, § 54 Rn. 4.

Wenn ein einzelnes Unternehmen bestreikt werden kann, muss es auch aussperren können. Überzeugend ist das nicht. Das BAG leitet das Recht zur Aussperrung hier aus dem Gebot der Verhandlungs- und Kampfparität ab (vgl. Rn. 3ff.), untermauert seine These aber nicht weiter. Die von ihm genannten Gründe für die Zulassung der Aussperrung auf Verbandsebene – Solidarität und Konkurrenz der Arbeitgeber – liegen, wie es selbst ausführt, bei einem Firmenkonflikt nicht vor. Ein Verhandlungsübergewicht der Gewerkschaften, welches die Abwehraussperrung legitimieren soll, sieht das BAG bereits dann als gegeben an, wenn diese im Betrieb eines mittelständischen Arbeitgebers einen »erheblichen Organisationsgrad« aufweist. Diese monokausale Betrachtungsweise wird den vielfältigen, die Kampfparität beeinflussenden Faktoren auf Firmenebene nicht gerecht.[901] Sie lässt außerdem unbeachtet, dass der Arbeitgeber in einem Firmenkonflikt über eine Vielzahl von Instrumenten verfügt, die geeignet sind, einen Streik ins Leere laufen zu lassen (z.B. der Einsatz von Streikbrechern; vgl. Rn. 294ff., 303ff.). Hieraus folgt, dass die Abwehraussperrung bei einem Firmenkonflikt i.d.R. als unzulässig angesehen werden muss, weil sich der Arbeitgeber durch die vorhandenen Mittel der Streikabwehr regelmäßig in einer stärkeren, mindestens aber gleichstarken Position befindet (vgl. auch Rn. 343).
Auch bei einem Erzwingungsstreik in Form des befristeten Flexi-Streiks (z.B. Wellenstreik; vgl. Rn. 525) ist eine Abwehraussperrung zur Herstellung von Kampfparität i.d.R. nicht erforderlich. Z.B. kann der Arbeitgeber nach bisheriger BAG-Rspr. das Arbeitsangebot der Arbeitnehmer nach Ende des Streiks ablehnen und damit den Lohnanspruch suspendieren, wenn sie keinen Streikverzicht erklären; gleiches gilt, wenn die Beschäftigung der Streikenden nicht möglich oder dem Arbeitgeber nicht zumutbar ist (vgl. Rn. 366).
Die Begrenzung der Aussperrung auf Firmenebene erfolgt – wenn man von ihrer grundsätzlichen Zulässigkeit ausgeht – im Übrigen nicht über die Berechnung der Aussperrungsquote (Rn. 328).[902] Das BAG setzte im entschiedenen Fall (es handelte sich um eine Aussperrung nach Warnstreik) zur Prüfung der Verhältnismäßigkeit **die zeitliche Dauer von Streik und Aussperrung in Relation** (vgl. Rn. 338). Seine Aussage, dass die Dauer der Aussperrung die des Streiks »um einiges überschreiten« dürfe, muss dabei vor dem Hintergrund gesehen werden, dass es um die Reaktion auf einen halbstündigen Warnstreik ging.[903] Eine Übertragung dieser Formulierung auf längere Erzwingungsstreiks scheidet daher aus; die Zulässigkeit von Aussperrungen, die vorausgegangene Streikmaßnahmen zeitlich erheblich überschreiten, muss **zurückhaltend** beurteilt werden.[904]

Nicht tarifgebundene Außenseiter-Arbeitgeber, die die Geltung der Verbandstarifverträge arbeitsvertraglich vereinbart haben (und somit ein Interesse an der Beeinflussung des Tarifabschlusses besitzen), sollen sich einer Verbandsaussperrung anschließen können mit dem Ziel, in einer Art »Kampfbündnis« die Tarifinhalte in ihrem Interesse zu beeinflussen.[905] **342**

901 Vgl. Däubler-Wolter, AKR, § 21 Rn. 114.
902 Gamillscheg, S. 1144; Däubler-Wolter, AKR § 21 Rn. 114.
903 Vgl. BAG 11.8.92 – 1 AZR 103/92, DB 93, 234: eine ebenfalls halbstündige Aussperrung wäre aus BAG-Sicht von den Arbeitnehmern als »Freizeitspektakel« aufgefasst worden.
904 Vgl. aber ArbG Detmold 28.10.09 – 1 Ga 20/09, welches eine Aussperrung von 91 Tagen bei 58 Streiktagen noch als verhältnismäßig ansieht.
905 BAG 12.3.85 – 1 AZR 636/82, DB 85, 1894; s.a. BVerfG 26.6.91, AuR 92, 29; krit. Däubler-Wolter, AKR, § 21 Rn. 49.

343 Nicht entschieden ist bisher die Konstellation, dass Arbeitgeber dank der traditionellen Mittel wie Propaganda, Drohung und Lockung, Streikbruch, Ersatzeinstellungen, automatisierte Produktion (vgl. Rn. 294ff.) den **Streik problemlos aushalten, ja womöglich stärker sind und zusätzlich aussperren.** Wenn das BAG seine Hauptbegründung ernst nimmt (Verhinderung einer Paritätsstörung zu Lasten des/der Arbeitgeber), muss es in diesem Fall entweder die Aussperrung oder die betrieblichen Antistreikmittel verbieten.[906] Die Konstellation zeigt im Übrigen die Widersprüche und Blindheit der Rechtsprechung gegenüber wichtigen realen Machtfaktoren im Arbeitskampf.

344 Umgekehrt führt eine evtl. faktische oder rechtliche **Begrenzung der Aussperrung,** z.B. von Beamten, aufgrund eines Aussperrungsverzichts oder bei Streiks von Sparten- oder Spezialistengewerkschaften nicht zu Einschränkungen des Streikrechts,[907] dem Arbeitgeber verbleiben auch in diesem Fall effektive Verteidigungsmöglichkeiten zur Wahrung der Kampfparität (vgl. Rn. 11ff.).

3.4.4 Durchführung und Rechtsfolgen der Aussperrung

345 Für die Aussperrung ist ein **Beschluss** des Arbeitgeberverbands erforderlich.[908] Nötig ist eine **eindeutige Erklärung**, die deutlich erkennen lassen muss, dass der Beschluss vom Arbeitgeberverband stammt und wen er treffen soll, ob der Arbeitgeber aussperren, »stilllegen« oder Maßnahmen zur Aufrechterhaltung des Betriebs treffen will; das BAG betont das schützenswerte Informationsinteresse der Gewerkschaft, die wissen muss, ob sie sich der Kampfmaßnahme eines einzelnen Arbeitgebers oder des Arbeitgeberverbandes gegenüber sieht. Unklarheiten und Zweifel hinsichtlich der Kampfmaßnahme gehen zu Lasten des Arbeitgebers.[909] Der Beschluss ist auch maßgeblich für das Einhalten der Aussperrungsquoten.[910]

346 Die Aussperrung kann die gesamte Belegschaft umfassen, auch nicht oder anders Organisierte und nicht Streikende. Gibt es **konkurrierende Gewerkschaften** im Betrieb, stellt sich bei einem Arbeitskampf die Frage, ob der Streik der einen Gewerkschaft auch die Aussperrung der jeweils anders organisierten Beschäftigten zur Folge haben kann. Eine solche Aussperrung wird teilweise als zulässig erachtet, soweit die anders organisierten Beschäftigten potentiell in den **Genuss des Streikerfolges** der anderen Gewerkschaft kommen können.[911] Von der Gegenmeinung wird sie mit unterschiedlichen Begründungen für unzulässig gehalten.[912] Hervorgehoben wird u.a., dass **weder Paritäts- noch Partizi-**

---

906 Für letzteres tendenziell Otto, § 12 Rn. 41; Däubler-Wolter, AKR, § 21 Rn. 16.

907 LAG Hamburg, 23.3.11 – 2 Sa 83/10 (Arbeitskampf in kirchlichen Einrichtungen; a.A. Revision BAG 20.11.12 – 1 AZR 611/11, NZA 13, 437); Sächs. LAG 2.11.07 – 7 SaGa 19/07, NZA 07, 59; a.A. ArbG Düsseldorf 1.8.07 – 11 Ga 74/07.

908 BAG 31.10.95 – 1 AZR 217/95, AuR 96, 157; Schaub-Treber, § 193 Rn. 8; ErfK-Linsenmaier, GG Art. 9 Rn.221.

909 BAG 27.6.95 – 1 AZR 1016/94, AuR 96, 65; 31.10.95, a.a.O.; Kissel, § 56 Rn. 2, § 57 Rn. 2ff.

910 BAG 7.6.88 – 1 AZR 597/86, DB 88, 2104; Kissel, § 53 Rn. 18.

911 Willemsen/Mehrens, NZA 10, 1313, 1320: aber nur »theoretische Verteidigungsmöglichkeit«; Franzen, RdA 08, 193, 202; Hanau, RdA, 08, 103f.; Jacobs, FS Buchner, S. 348f.

912 Henssler, RdA 11, 65, 68; Steinau-Steinrück/Brugger, NZA Beilage 127, 131f.; Steinau-Steinrück/Glanz, NZA 09, 114, 115f.; Giesen, NZA 09, 11, 14; Greiner NZA 07, 1023, 1027.

pationserwägungen in Hinblick auf diese Beschäftigten zur Begründung der Aussperrungsbefugnis herangezogen werden können. Zu beachten ist, dass diese Frage vor dem Hintergrund eines angeblich permanenten Arbeitskampfrisikos in Folge der Aufgabe der Tarifeinheit diskutiert wird. Die fehlende Aussperrungsbefugnis dient dabei mitunter als ein (zusätzlicher) Beleg für die »Wehrlosigkeit« des Arbeitgebers und soll Forderungen nach einer Neuordnung des Arbeitskampfrechts begründen. Im Ergebnis ist sie aber richtig: Es fehlt für die Aussperrung anders Organisierter an dem vom BAG vorausgesetzten Angriff auf die Parität (Rn. 327) – ihre Gewerkschaft führt ja keinen Streik.[913] Eine andere Wertung ergibt sich auch nicht vor dem Hintergrund der gesetzlichen **Regelung der Tarifeinheit** in § 4a TVG, da diese Vorschrift lediglich die ausschließliche Anwendbarkeit der Rechtsnormen des Mehrheitstarifvertrages bewirken soll (vgl. TVG § 4a Rn. 18ff., 37ff.); auch das o. g. Partizipationsargument wird hierdurch nicht gestärkt, da das Nachzeichnungsrecht einer Minderheitsgewerkschaft vom Abschluss eines eigenen Tarifvertrages abhängt (vgl. TVG § 4a Rn. 71ff.).

Nach BAG können auch Betriebsratsmitglieder, Kranke, Schwangere und Schwerbehin- **347**
derte ausgesperrt werden.[914]

Notdienstarbeiten (vgl. Rn. 256f., 491) werden oft so organisiert, dass der Arbeitgeber **348**
bestimmte Beschäftigte von der Aussperrung ausnimmt und sie entsprechend einteilt. Ob und in welchem Umfang die Gewerkschaften Notdienste bei der Aussperrung mitgestalten müssen, ist strittig. § 8 Nr. 3 Satz 1 der DGB-Arbeitskampfrichtlinien sieht das nicht vor.[915]

Die Aussperrung **suspendiert die Hauptpflichten des Arbeitsverhältnisses**, d.h. das Ar- **349**
beitsverhältnis wird nicht unterbrochen oder beendet. Nach Ende der Aussperrung lebt das Arbeitsverhältnis unverändert wieder auf, der Arbeitgeber muss die Arbeitnehmerinnen und Arbeitnehmer wieder beschäftigen (es sei denn, sie streiken). Die Gewerkschaftsmitglieder können von ihrer Gewerkschaft **Unterstützung** erhalten, die meist etwa ⅔ des bisherigen Entgelts abdeckt. Die Auswirkungen auf Feiertagsbezahlung, Entgeltfortzahlung bei Krankheit, Kurzarbeit, Mutterschutzlohn, Sonderzahlung, Sozialversicherung und Urlaub entsprechen denen beim Streik (vgl. o. Rn. 276ff. sowie die Rn. 475, 485–487, 490, 496, 521). Unterschiede ergeben sich bei einer **rechtswidrigen Aussperrung**: Da diese nicht zum Verlust des Entgeltanspruchs führt, besteht die Mitgliedschaft in der Sozialversicherung **unverändert** fort. Der rechtswidrig ausgesperrte Beschäftigte hat zwar keinen Anspruch auf Arbeitslosengeld, aber auf Gleichwohlgewährung nach § 157 Abs. 3 (bisher: § 143 Abs. 3) SGB III.[916]

913 Däubler-Wolter, AKR, § 21 Rn. 109; Deinert, NZA 09, 1176, 1183; Schaub-Treber, § 193 Rn. 10; Bayreuther, NZA 08, 12, 15f.

914 BAG 25.10.88 – 1 AZR 368/87, AiB 89, 157; 7.6.88, a.a.O.; 22.10.86 – 5 AZR 550/85, DB 87, 1363; vgl. ErfK-Linsenmaier, GG Art. 9 Rn. 255ff.

915 Kissel, § 56 Rn. 17; ErfK-Linsenmaier, GG Art. 9 Rn. 264.

916 Schaub-Treber, § 194 Rn. 31.; Däubler-Deinert, AKR, § 23 Rn. 3, 33f.

3.5 Kalte Aussperrung/Mittelbare Arbeitskampffolgen

3.5.1 Allgemeines

350 Es geht um die **Folgen von Arbeitskämpfen für andere Betriebe/Betriebsteile** und deren Beschäftigte. Beispiele: Ein Zulieferer sperrt aus und liefert kein Vormaterial mehr; ein Kundenbetrieb wird bestreikt und nimmt keine Waren oder Leistungen mehr an; wegen Streik in einem Transportbetrieb werden keine Waren abgenommen bzw. angeliefert; Ärzte streiken, Pflegepersonal wird nicht beschäftigt.

- Muss in diesen Fällen der mittelbar betroffene Betrieb das **Entgelt** weiterzahlen (Rn. 354ff.)?
- Hat der Betriebs-/Personalrat ein **Mitbestimmungsrecht**, wenn die Arbeitszeit geändert/Kurzarbeit eingeführt werden soll (Rn. 370ff.)?
- Wird an die mittelbar betroffenen Beschäftigten Arbeitslosengeld/**Kurzarbeitergeld** gezahlt (Rn. 379ff.)?

Vorab sind Ausmaß, Ursachen und Verantwortlichkeiten zu klären.

351 Solange es Aussperrungen und Streiks gibt, haben sich diese auch auf andere Betriebe bzw. Betriebsteile ausgewirkt, wenn auch nur im geringen Ausmaß. Dies änderte sich 1971: 100 000 Beschäftigte in Drittbetrieben wurden durch Aussperrung (ca. 300 000 Beschäftigte) und Streik (ca. 100 000 Beschäftigte) in der Metallindustrie von Baden-Württemberg betroffen. 1978 wurden ca. 132 000 »Kurzarbeiter« gezählt – bei einem geringeren Umfang von Aussperrung (145 000) und Streik (80 000). 1984 gab es 370 000 kalt Ausgesperrte/mittelbar Betroffene im Bundesgebiet (bei 170 000 Ausgesperrten und 57 000 Streikenden in der Metallindustrie von Baden-Württemberg und Hessen).[917]

352 Die **Ursachen** liegen vor allem in der **Reorganisation der Wirtschafts- und Unternehmensstrukturen** (Dezentralisierung, Vermarktlichung, Shareholder-Value-Orientierung) und der zunehmenden, auch internationalen **Vernetzung der Wirtschaft**.[918] Die Marktsteuerung trifft das Produktionsprogramm, das durch Beschränkung auf Kernbereiche, Verringerung der Fertigungstiefe, steigenden Anteil der Zulieferteile, Ersetzung von Teilen durch Komponenten und Systeme verschlankt und flexibilisiert wird (in der Metallindustrie waren 2005 etwa ⅓ der Beschäftigten in der Zulieferbranche tätig, 1991 waren es lediglich 17 %).

Die Reorganisation der Planungs-, Steuerungs-, Verwaltungs- und Arbeitsprozesse erhöht die **Störanfälligkeit** des Produktionsprozesses. Die Rationalisierungsstrategien zielen darauf, die einzelnen Teilprozesse in einem betrieblichen und zwischenbetrieblichen Gesamtablauf zu optimieren und den Kapitaleinsatz zu reduzieren, z.B. durch kürzere Durchlaufzeiten und reduzierte Bestände für Vormaterial und Fertigwaren. Eine Optimierung der logistischen Kette solle den Materialfluss und die Produktion so koordinieren, dass die zur Fertigung notwendigen Teile und Komponenten auftragsgerecht bereitstehen.

Diese Art des Produktionsprozesses setzt die informationstechnische Steuerung der logistischen Kette und das Funktionieren aller Subsysteme voraus. Hervorzuheben ist vor allem der **Abbau der Vormaterial- und Zwischenlager** sowie der Puffer (»Lager auf

917 Detje u.a., S. 16.
918 Vgl. hierzu Detje u.a., S. 47ff.; Hindrichs u.a., S. 260ff.; Mückenberger, S. 186ff.; Roth, S. 11ff.

der Autobahn«, »Lager auf der Schiene«). Schon 1986 belieferten 16 % der Zulieferer die Autofirmen mehrmals täglich. Unterbrechungen im Produktionsablauf, Störungen bei Lieferanten oder Abnehmern können weitreichende Einschränkungen zur Folge haben.

Endhersteller und Zulieferer sind sich der (selbst geschaffenen) **Risiken** bewusst. Diese 353 Risiken sind beim Umbau der Produktions-, Unternehmens- und Logistikstrukturen mit einkalkuliert. Sie sind bemüht, dieser Anfälligkeit zu begegnen, z.B. durch Parallelproduktion baugleicher Teile und Komponenten oder durch Liefersubstitution. **Verantwortlich** für den Umbau der Produktionsstrukturen und die damit verbundene erhöhte Störanfälligkeit des Produktions- und Logistikverbundes sind die Unternehmen. Sie haben die **Vorteile**, z.B. flexible Belieferung, Produktion und Absatz sowie Kosteneinsparungen in Milliardenhöhe. Sie müssen dann auch die Risiken tragen, z.B. in Form erhöhter Störanfälligkeit, Entgelt- und Folgekosten, und zwar unabhängig von den Ursachen. Dies ist eine klassische Form des Betriebs- und Wirtschaftsrisikos.

Beispiele:
Protestaktionen spanischer Fuhrunternehmer führten 1996 zu Produktionsausfällen bei Opel und VW, weil Teile aus spanischen Zweigwerken nicht transportiert wurden. Der Ausfall von Türschlössern der Fa. Kiekert bewirkte Stillstand bei Ford in Köln.[919] Fehlerhafte Dieselpumpen führten zu Produktionsausfällen bei mehreren Autobauern; Daimler erhielt mehrere Mio. Euro Schadensersatz.[920] Fehlerhafte Gussteile eines Zulieferers führten zu einem mehrtägigen Produktionsstillstand in einigen Daimler-Werken.[921]

3.5.2 Entgeltverweigerung – Arbeitskampfrisikolehre

Nach **§ 615 BGB** muss der Arbeitgeber das Arbeitsentgelt zahlen, wenn der Arbeitneh- 354 mer arbeitsbereit ist, der Arbeitgeber ihn aber nicht beschäftigen kann. Auf ein Verschulden kommt es nicht an. Der Arbeitgeber trägt das **Betriebs-** und das **Wirtschaftsrisiko.**[922]

Nach einer Minderheitsmeinung gilt das auch bei Streik- und erst recht bei Aussperrungsfolgen, zumal § 615 BGB nicht nach den Ursachen des Arbeitsausfalls differenziert.[923]

Die **Rechtsprechung** meint aber seit 1923, dass die Arbeitnehmer grundsätzlich bei ar- 355 beitskampfbedingten Störungen ihren Entgeltanspruch verlieren.[924] Nach den **Grundsatzbeschlüssen des BAG von 1980** zählt der Arbeitsausfall aufgrund arbeitskampfbedingter Fernwirkungen nicht zum Betriebsrisiko des Arbeitgebers, sondern zum **»Arbeitskampfrisiko«**. Arbeitgeber können Beschäftigung und Lohn verweigern, wenn die **Arbeit infolge Arbeitskampfs unmöglich oder unzumutbar** ist. Entgeltansprüche entfallen aber (nur) dann, wenn Fernwirkungen zu konkreten Störungen des Kräftever-

919 Der Spiegel 22.6.98.
920 Handelsblatt 11.2. und 23.2.05.
921 FR 19.12.07.
922 BAG 8.2.57 – 1 AZR 338/55, AuR 58, 119.
923 Linnenkohl/Rauschenberg, AuR 90, 142; RGRK-Matthes, § 615 BGB Rn. 232ff; zur Neubewertung vor dem Hintergrund der Änderung des § 615 BGB vgl. Däubler-Ögüt, AKR, § 19 Rn. 99ff.
924 RG 6.2.23 – III 93/22, RGZ 106, 272 »Kieler Straßenbahn«; zur Entwicklung der Rspr. s. Däubler-Ögüt, AKR, § 19 Rn. 74ff.; Kittner, Arbeitskampf, S. 445ff., 703ff.

hältnisses der Tarifparteien führen: »*Können diese Fernwirkungen … das* ***Kräfteverhältnis*** *der Kampfparteien beeinflussen, so tragen beide Seiten das Arbeitskampfrisiko. Das bedeutet für die betroffenen Arbeitnehmer, dass sie für die Dauer der Störung keine Beschäftigungs- und Vergütungsansprüche haben*«. Das sei bei engen **koalitionspolitischen Verbindungen** der zuständigen Verbände oder **wirtschaftlichen Abhängigkeiten** zwischen den betroffenen Betrieben anzunehmen. Der Arbeitgeber müsse nur dann und insoweit Lohn zahlen, als die Beschäftigung möglich und wirtschaftlich zumutbar ist.[925] Das BAG wendet diese Grundsätze auch bei Auswirkungen von Aussperrungen, von Teilstreiks im Betrieb und sogar von bestimmten Streikbekämpfungsmaßnahmen bei Wellenstreiks an (zu letzterem vgl. Rn. 366).[926]

356 Nach Ansicht der **Kritik** weist § 615 BGB keine Lücke auf, sondern schreibt die Lohnzahlung des Arbeitgebers unabhängig von den Ursachen des Arbeitsausfalls vor. Die zunehmende Verflechtung der Wirtschaft (Rn. 352f.) falle in den Verantwortungsbereich der Unternehmen; sie müssten und könnten die von ihnen geschaffenen Risiken beherrschen, durch Vorsorge oder Versicherung. Es gebe keine Rechtfertigung dafür, diese Risiken auf die Arbeitnehmer abzuwälzen und Lohnansprüche außerhalb des Kampfgebiets aus arbeitskampfrechtlichen Überlegungen zu verneinen. Das BAG prüfe ausschließlich die Belastung der Arbeitgeber, aber nicht der Arbeitnehmer durch Wegfall der Lohnansprüche. Es gebe keine Begründung dafür, das Arbeitskampfrecht außerhalb der Kampfgebiete anzuwenden und weshalb die Befreiung der Arbeitgeber von der Lohnzahlungspflicht durch die Kampfparität geboten, den Arbeitnehmern aber Lohnverlust zumutbar sei. Es beziehe die (Nicht-) Zahlung von Kurzarbeitergeld nicht ein.[927]

357 Bei **mittelbaren Folgen eines fremdem Arbeitskampfes** beruft sich der Arbeitgeber darauf, dass die Arbeit aufgrund der Arbeitskampfwirkungen zurückgeht oder wegfällt und er deshalb Beschäftigung und Lohn reduziert. Nach BAG ist die **Lohnverweigerung keine Arbeitskampfmaßnahme**. Der Lohnverlust trete »ohne weiteres«, also automatisch ein, der Arbeitgeber mache nur eine Einwendung geltend.[928] Das kann angesichts der Handlungsspielräume und Kooperationsgebote des Arbeitgebers gegenüber dem Betriebsrat/Personalrat so nicht richtig sein. Das BAG geht von einer Zwangsläufigkeit der Handlungsabläufe aus, die so in der Wirklichkeit nicht vorhanden ist. Die Erfahrungen der Arbeitskämpfe von 1984 belegen, dass das Instrument auch kampftaktisch eingesetzt worden ist, vgl. Rn. 371, 406ff.[929] So oder so ist eine **Erklärung des Arbeitgebers** erforderlich, die Angaben zu Zeitpunkt, Ursachen, Umfang und Abfolge der Einschränkungen von Ar-

---

925 BAG 22.12.80 – 1 ABR 2/79, DB 81, 321 und 1 ABR 76/79, DB 81, 327; zust. ErfK-Linsenmaier, Art 9 GG Rn. 144ff.; Gamillscheg, S. 1251ff.; Kissel, § 33 Rn. 126ff.; Otto, § 16 Rn. 14ff.; s.a. Staudinger-Richardi, § 615 BGB Rn. 236ff.

926 BAG 11.7.95 – 1 AZR 63/95, AiB 96, 313; 12.11.96 – 1 AZR 364/96, DB 97, 578; 15.12.98 – 1 AZR 216/98, NZA 99, 550.

927 Vgl. Däubler, AR 1, Rn. 705; Däubler-Ögüt, AKR, § 19 Rn. 93ff.; Gagel, BB 84, 2010; Kittner, AuR 81, 289, 295f.; Mayer, BB 90, 2482; RGRK-Matthes, § 615 BGB Rn. 233f.; Weiss, AuR 74, 37; ArbG Hamburg 16.6.85 – 10 BV 12/84, AuR 87, 146.; LAG Bremen 9.2.89 – 3 Sa 238/86, AiB 89, 316.

928 BAG 27.6.95 – 1 AZR 1016/94, AiB 96, 308; zust. Kissel, § 33 Rn. 62.

929 Nach Staudinger-Richardi, BGB § 615 Rn. 242ff., handelt es sich um ein arbeitskampfrechtliches Institut und eine Kampfmaßnahme.

beit und Entgeltzahlung enthalten muss.[930] Nicht zuletzt trägt der Arbeitgeber auch die Darlegungs- und Beweislast für die Verlagerung des Entgeltrisikos.[931]

Auf der **Basis dieser Rechtsprechung** besteht eine **Pflicht zur Lohnzahlung** z.B.: 358

- der Arbeitsausfall ist **nicht oder nicht alleinige Folge des Arbeitskampfes** (Rn. 359);
- es liegt eine **unternehmerische Fehldisposition** vor (Rn. 360);
- die **Beschäftigung** ist **möglich** oder **zumutbar**, das gilt auch bei Auswirkungen in der gleichen Branche/im gleichen Betrieb (Rn. 362f.);
- bei Arbeitskämpfen mit Auswirkungen auf **Betriebe und Beschäftigte anderer Branchen**:

  Beispiele: Wegen Bahnstreik werden Container im Hafen, Stahlteile oder Rohstoffe nicht befördert; eine Autofirma sperrt aus und stoppt die Anlieferung von Waren aus Glas-, Handwerks-, Holz-, Kunststoff-, Reifen-, Stahl- oder Textilbetrieben; die zwischen den Arbeitgeberverbänden der betroffenen Branchen/Unternehmen bestehenden **Verbindungen über den Dachverband BDA reichen nicht** aus;[932]
- bei einem (nicht tarifgebundenen/OT) **Außenseiter,** der bestreikt oder von Fernwirkungen betroffen wird: Paritätsstörungen sind bei einem **firmenbezogenen Arbeitskampf** typischerweise nicht zu erwarten;[933]
- der **Arbeitgeber missachtet die Mitbestimmungsrechte** des Betriebs-/Personalrats und führt einseitig Kurzarbeit ein (vgl. Rn. 370ff., 378);
- beim **Wellenstreik** hat der Arbeitgeber **vorsorglich Gegenmaßnahmen** ergriffen, die über die Gegenwehr hinausgehen und den Arbeitskampf erweitern (Rn. 366);
- Streik oder Aussperrung im **Ausland** mit Auswirkungen in deutschen Betrieben;[934]
- bei **rechtswidrigen** Streiks und Aussperrungen.[935]

Zu Streiks **konkurrierender Gewerkschaften** vgl. Rn. 367.

Der Arbeitsausfall ist **nicht die Folge des Arbeitskampfes**, wenn er vorgetäuscht wird. Ein Indiz hierfür kann z.B. sein, dass die Produktion nach Streikende ohne jegliche Verzögerung wieder aufgenommen wird. Gleiches gilt, wenn er nicht ausschließlich auf dem Arbeitskampf, sondern auf anderen Ursachen beruht, z.B. auf unabhängig vom Arbeitskampf bestehende Versorgungs- oder Absatzprobleme. Das BAG führt aus, dass Lohn zu zahlen ist, wenn die behaupteten (Fern-)Wirkungen des Arbeitskampfes in Wahrheit nicht vorliegen oder doch jedenfalls einen Arbeitsausfall in dem von Arbeitgeber gewünschten Umfang nicht rechtfertigen.[936] Das bezieht sich nicht nur auf den gesamten Betrieb, sondern auch die einzelnen Bereiche und Arbeitsplätze. 359

930 Auch um die Folgen von Aussperrung und/oder Stilllegung zu unterscheiden und adäquat reagieren zu können; vgl. Kissel, § 33 Rn. 66; Otto, § 16 Rn. 48.

931 Vgl. Däubler-Ögüt, AKR, § 19 Rn. 106; Schaub-Treber, § 194 Rn. 23.

932 Däubler-Ögüt, AKR, § 19 Rn. 94; Gamillscheg, S. 1258; Kissel, § 33 Rn. 21; Otto, § 16 Rn. 37.

933 Däubler, AR 1, S. 370; Däubler-Ögüt, AKR, § 19 Rn. 93; a.A. Kissel, § 33 Rn. 148; Gamillscheg, S. 1256.

934 Däubler, AR 1, S. 369; Däubler-Ögüt, AKR, § 19 Rn. 93; Kissel, § 33 Rn. 173ff.; Unterhinninghofen, AuR 96, 21.

935 Kissel, § 33 Rn. 157, 163; Otto, § 16 Rn. 56ff.; einschränkend Gamillscheg, S. 1257f.: nur bei »betriebsbezogenen« Streiks.

936 BAG 22.12.80 – 1 ABR 2/79, DB 81, 321; s.a. Kissel, § 33 Rn. 67; Gamillscheg, S. 1260f.

360 Eine Verlagerung des Risikos auf die Beschäftigten kommt nur in Betracht, wenn nicht die eigentliche Ursache des Arbeitsausfalls in einer **unternehmerischen Fehldisposition** zu finden ist. Vom Unternehmer wird eine »**vernünftige vorausschauende Planung**« und »eine große Beweglichkeit der Betriebsführung« verlangt. Es gehöre grundsätzlich zum Risikobereich des Arbeitgebers, die Belegschaft sinnvoll einzusetzen. Von Unmöglichkeit oder Unzumutbarkeit könne nur gesprochen werden, wenn der Arbeitsausfall nicht durch eine vernünftige vorausschauende Planung ausgeglichen werden könne.[937] Somit muss der Unternehmer rechtzeitig ausreichende **Vorsorge- und Ausweichmaßnahmen** planen und bereitstellen. Er muss dem Betriebsrat entsprechende Information geben. In der Praxis zeigten die Gerichte bisher kaum Neigung, Unternehmerangaben in nennenswertem Umfang zu überprüfen (vgl. Rn. 362).[938]

361 Richtigerweise bleibt der Arbeitgeber darüber hinaus lohnzahlungspflichtig, wenn Minderung oder Ausfall von Produktion oder Absatz vermeidbar waren. Rechtsprechung liegt bisher kaum vor. Anhaltspunkte ergeben sich u.a. durch einen Vergleich mit den Kurzarbeits-Vorschriften in §§ 96 (bislang: § 170) Abs. 1 Nr. 2 und Abs. 4, 100 (bislang: § 174) Abs. 3 SGB III (vgl. Rn. 405ff.).[939] Er ist **vermeidbar**, wenn der Arbeitgeber keine geeigneten Maßnahmen getroffen hat, um den Arbeitsausfall abzuwenden oder zu verringern. Ein Arbeitskampf ist kein plötzlich eintretendes Ereignis, sondern hat i.d.R. lange Vorlaufzeiten, die dem Arbeitgeber genügend Möglichkeiten für Vorsorgemaßnahmen lassen. Die Erfahrungen des Arbeitskampfs in der Metall- und Elektroindustrie 1984 (in ¾ der Fälle wurde der ursprünglich vom Arbeitgeber angenommene Arbeitsausfall personell oder zeitlich reduziert oder ganz ausgesetzt, vgl. Rn. 371) belegen, dass es die oft behauptete Zwangsläufigkeit so nicht gibt, sondern genügend **Spielräume** vorhanden sind.

Wie der Arbeitsausfall umgesetzt wird, ist eine Frage, »die je nach den betrieblichen Besonderheiten zahlreiche Lösungen zulässt«.[940] Die Arbeitgeber müssen das der Marktwirtschaft inhärente Streikrisiko und insbesondere das aufgrund der Vernetzung erhöhte Störungsrisiko (Rn. 352f.) einschätzen und rechtzeitig **Vorkehrungen** und **Ausweichmaßnahmen planen** und **treffen** (z.B. Lagerhaltung, Verbreiterung der Zahl der Vorlieferanten, alternative Transport- und Absatzwege, Ausweichen von der Straße auf die Schiene oder – wie im Bahnstreik – umgekehrt). Ob die **Maßnahmen möglich und zumutbar** sind, ist in einem zweiten Schritt zu prüfen (Rn. 362f.).[941] Unternimmt der Arbeitgeber nichts, muss er damit rechnen, lohnzahlungspflichtig zu bleiben.

Die Vermeidbarkeit ist nicht nur für den gesamten Betrieb, sondern für jede **einzelne Abteilung und Personengruppe** zu prüfen.[942]

---

937 BAG 22.12.80, a.a.O.; 7.11.75 – 5 AZR 61/75, DB 76, 776; dazu eingehend Däubler-Ögüt, AKR, § 19 Rn. 107ff.; s.a. Otto, § 16 Rn. 46f.; krit. Kissel, § 33 Rn. 90.

938 Vgl. z.B. LAG Berlin 6.8.85 – 11 Sa 6/85, DB 86, 808.

939 Gagel-Bieback, SGB III § 170 Rn. 110 und § 174 Rn. 32, 35.

940 BAG 22.12.80 – 1 ABR 2/79, DB 81, 321; LAG Bremen 9.2.89 – 3 Sa 238/86, AiB 89, 216.

941 Kissel, § 33 Rn. 42, lehnt eine Pflicht zu solchen Maßnahmen ab; er trennt nicht zwischen der Frage der (unvermeidbaren) Arbeitskampffolgen und der Zumutbarkeit der Maßnahmen.

942 BAG 14.12.93 – 1 AZR 550/93, NZA 94, 331; LAG Berlin 25.9.85 – 5 Sa 4/85; RGRK-Matthes, § 615 BGB Rn. 230: »Jeder Arbeitnehmer kann geltend machen, er könne noch beschäftigt werden.«

Wenn die **Beschäftigung möglich und zumutbar** ist, bleibt der Arbeitgeber lohnzahlungspflichtig. Das BAG hat keine Kriterien dafür entwickelt, auch nicht für die Verteilung des Arbeitsmangels.[943] Teilweise wird argumentiert, die komplizierte Bewertung der technischen, organisatorischen und wirtschaftlichen Zusammenhänge überfordere die Gerichte und/oder greife in die Entscheidungsfreiheit des Arbeitgebers ein; die Gerichte müssten sich deshalb auf eine Missbrauchskontrolle beschränken.[944] Andere wollen die Zumutbarkeit unter dem Gesichtspunkt »*einer vernünftigen Unternehmensführung primär daran … messen, inwieweit es auch während eines Arbeitskampfes möglich und sinnvoll ist, zur Verfolgung des Unternehmenszwecks die betriebliche Tätigkeit aufrechtzuerhalten*«.[945] Diese Ansichten kapitulieren vor der Aufgabe, die Berechtigung einer Lohnverweigerung zu überprüfen und geben viel Raum für unkontrollierten und kampftaktisch motivierten Einsatz des Arbeitgebermittels. Der Begriff der »vernünftigen Unternehmensführung« ist nicht mehr als ein Appell an die Unternehmen, als ein gerichtlich überprüfbarer Rechtsbegriff.[946] 362

Anhaltspunkte für die **Möglichkeit und Zumutbarkeit** der Beschäftigung und Lohnzahlung: 363

- Zur »**Vermeidung von Umsatz- und Gewinneinbußen** und des **Verlustes von Marktanteilen** bzw. von Kundenbeziehungen«, so das LAG Düsseldorf, lege eine vernünftige Unternehmensführung es privaten Arbeitgebern nahe, »mit den arbeitswilligen Arbeitnehmern zumindest teilweise den Betrieb aufrechtzuerhalten«.[947]
- Vergleich mit dem **Verhalten des Unternehmers außerhalb von Arbeitskampfzeiten** und die Erkenntnis, dass sowohl Streiks wie mittelbare Arbeitskampffolgen zu den natürlichen Erscheinungen in einer Marktwirtschaft gehören, mit denen jeder Unternehmer zu rechnen hat, erst recht solche, die in einem Logistikverbund tätig sind und Vorteile daraus ziehen (vgl. Rn. 352ff.) Dann werden auch bei Störungen, die ihren Grund außerhalb eines Arbeitskampfs haben, mitunter fehlende Teile per Hubschrauber eingeflogen, fehlerhafte Teile in Sonderschichten ausgebaut und ersetzt bzw. die Produktion des Lieferanten trotz Produktionsstopp des Abnehmers weitergeführt.
- »**Vorsorge** ist Arbeitgeberpflicht«, schrieb das Handelsblatt zu einem Bericht, dass die Fa. F. weit im Vorfeld eines möglichen, dann aber nicht geführten Arbeitskampfes seine über 80 wichtigsten Lieferanten zu einer Bevorratung von einem (!) Monatsbedarf überredet hatte.[948]
- **Mindestanforderungen** ergeben sich aus **§§ 96, 100 Abs. 3 SGB III** (bisher: §§ 170, 174 Abs. 3). Die Bundesagentur für Arbeit gewährt Kurzarbeitergeld nur, wenn der Arbeitsausfall unvermeidbar ist, also der Betrieb bei adäquaten und wirtschaftlich vertretbaren Vorsorge- oder Ausweichmaßnahmen des Arbeitgebers hätte aufrechterhalten werden können. Der Betrieb habe »*vor Beginn und während des Arbeitsausfalls alles*

943 Kritik bei Gagel-Bieback, § 174 SGB III Rn. 15; die Praxis beschränkt sich auf einen Fall, in dem das BAG die offensichtlich mögliche und zumutbare Beschäftigung bejaht: BAG 27.6.95 – 1 AZR 1016/94, AiB 96, 308 m. Anm. Zachert.

944 LAG Berlin 6.5.85 – 11 Sa 6/85, DB 86, 808; vgl. Däubler-Ögüt, AKR, § 19 Rn. 108.

945 Kissel, § 33 Rn. 70.

946 Däubler-Ögüt, AKR, § 19 Rn. 111.

947 LAG Düsseldorf 21.5.93 – 12 Sa 314/93, ZTR 93, 464, 465.

948 Metall 1/90, 16; Handelsblatt 15.1.90.

in seiner Kraft Stehende zu unternehmen, um den Arbeitsausfall zu vermindern oder zu beheben« (vgl. die **Prüflisten der BA**, Rn. 409, 410)[949]. Letztlich wird eine **Interessenabwägung**[950] verlangt. Die wirtschaftlichen/finanziellen Überlegungen der Bundesagentur sind allerdings für den vorliegenden Zusammenhang nur begrenzt tauglich. Einmal geht es hier nicht nur um wirtschaftliche *Vertretbarkeit*, sondern um *Unzumutbarkeit*, also um höhere Anforderungen. Zum anderen setzt die Bundesagentur die Vergleichskosten für die Produktionseinstellung zum Nachteil der Arbeitnehmer zu niedrig an (vgl. Näheres Rn. 411).

- Die Unmöglichkeit/Unzumutbarkeit bezieht sich auf **einzelne Arbeitsplätze und Beschäftigte**. Eine Einstellung der Arbeit geschlossen nach Abteilung, Bereich oder Betrieb (»Rasenmähermethode«) kann ein erhebliches Risiko für den Arbeitgeber bedeuten. Im Streitfall muss nämlich der Arbeitgeber den Wegfall/die Unmöglichkeit/Unzumutbarkeit der Beschäftigungsmöglichkeit für den einzelnen Beschäftigten belegen.[951]
- Schließlich muss der Arbeitgeber den **Betriebsrat/Personalrat** mindestens über die getroffenen Vorkehrungen und geplanten Ausweichmaßnahmen informieren sowie bei Fernwirkungen in anderen Betrieben den Betriebsrat/Personalrat bei den beabsichtigten Maßnahmen beteiligen (vgl. Rn. 370ff.).

364 **Hinweis für den Betriebsrat und Personalrat:**
Rechtzeitig nach möglichen Auswirkungen eines bevorstehenden Arbeitskampfes erkundigen!
Zuliefer- und Abnehmerbeziehungen prüfen!
Geschäftsleitung zur Vorsorge auffordern!
Fragenkatalog in Rn. 374 abarbeiten!
Prüfen, ob der Arbeitskampf die Beschäftigungsmöglichkeiten einschränkt; wenn ja wo?
Alternativen und Ausweichmöglichkeiten vorschlagen!
Belegschaft informieren, evtl. zusätzliche Betriebsversammlung einberufen!
Rechtsgrundlagen dazu: §§ 80, 87, 106 BetrVG, §§ 68, 75 Abs. 3 BPersVG, § 100 (bisher: § 174) SGB III.

365 Auf Basis der **BAG-Rechtsprechung** erfolgt **keine Lohnzahlung:**

- bei **Verbandsarbeitskämpfen** innerhalb der **gleichen Branche** (z.B. Metaller-Streik in Baden-Württemberg, keine Abnahme von Teilen aus einem Metallbetrieb in Baden-Württemberg oder NRW):[952] Die Gewerkschaft sei identisch, zwischen den beiden Metall-Arbeitgeberverbänden gebe es »koalitionspolitische Verbindungen«, vermittelt über den gemeinsamen Dachverband Gesamtmetall; vorausgesetzt der Arbeitsausfall beruht nicht auf einer Fehldisposition, ist unvermeidbar, die Beschäftigung nicht möglich oder nicht zumutbar (vgl. Rn. 359–363);

949 Gagel-Bieback, § 174 SGB III Rn. 39; Kissel, § 33 Rn. 70.
950 Näheres dazu bei Däubler-Ögüt, AKR, § 19 Rn. 110ff., 113; Gagel-Bieback, SGB III § 174 Rn. 35ff., 39.
951 Vgl. LAG Berlin 25.9.85 – 5 Sa 4/85; Gamillscheg, S. 1260, 1262; RGRK-Matthes, § 615 BGB Rn. 230: »Jeder Arbeitnehmer kann geltend machen, er könne noch beschäftigt werden.«
952 BAG 22.12.80 – 1 ABR 2/79, DB 81, 321.

- bei **Teilstreik** und Auswirkungen im gleichen Betrieb, es sei denn eine Beschäftigung ist möglich oder zumutbar (Rn. 362, 363);[953]
- beim **Wellenstreik** ggf. auch, wenn Arbeitnehmer wegen Streikgegenmaßnahmen des Arbeitgebers nicht beschäftigt werden (Rn. 366).

Beim **Wellenstreik** (Rn. 525) weitet das BAG das Arbeitskampfrisiko in mehrfacher Hinsicht aus: Einmal auf die Zeit nach **Streik-Ende**, wenn die Streikwirkungen aber noch anhalten. Zum anderen darauf, dass der Arbeitgeber das Arbeitsangebot ablehnen kann, wenn die Arbeitnehmer keinen **Streikverzicht** erklären. Schließlich darauf, dass Arbeitnehmer nicht wegen der Arbeitsniederlegung, sondern wegen **Streikgegenmaßnahmen** (Ersatzmannschaft oder Fremdvergabe) des Arbeitgebers nicht beschäftigt werden, wenn ein enger zeitlicher und organisatorischer Zusammenhang zwischen Streikzeiten und Zeiten des Beschäftigungsfortfalls besteht. Es werden auch Abteilungen und Schichten einbezogen, die (noch) nicht gestreikt haben. Die Arbeitnehmer seien zwar zur Offenbarung ihrer Streikabsichten nicht verpflichtet, dem Arbeitgeber sei aber wegen der Ungewissheit die Beschäftigung nicht zumutbar.[954] **366**

Diese Ansicht ist nicht akzeptabel. Die Nichtbeschäftigung ist verursacht durch Maßnahmen des Arbeitgebers, die den Arbeitnehmern nicht zugerechnet werden können. Zudem übersieht das BAG die Paritätsstörungen zu Lasten der Arbeitnehmer, die überhaupt erst Ursache für die Wahl einer Streiktaktik in Form von Wellenstreiks sind.[955] Der Entgeltanspruch bleibt dagegen erhalten, wenn der Arbeitgeber **vorsorglich Gegenmaßnahmen** ergriffen hat, die über die Gegenwehr hinausgehen und den Arbeitskampf erweitern.[956]

Der Entgeltverlust trifft die Beschäftigten **unabhängig von der Mitgliedschaft in der streikenden Gewerkschaft,** auch anders und nicht Organisierte verlieren ihren Entgeltanspruch.[957] Dies soll hinsichtlich der **anders Organisierten** auch unter den Bedingungen von »**Tarifmehrheit**« (vgl. TVG § 4 Rn. 98ff.) gelten. Begründet wird dies mit den Paritätserwägungen des BAG zum »Arbeitskampfrisiko« (vgl. Rn. 355). Für dessen Verteilung könne die Gewerkschaftszugehörigkeit keine Rolle spielen.[958] Auf die Frage, ob auch anders Organisierten ggf. vom Tarifabschluss der kampfführenden Gewerkschaft profitieren, komme es nicht an, das BAG stelle hinsichtlich des »Arbeitskampfrisikos« gerade nicht auf den Partizipationsgedanken ab.[959] Bei diesen Betrachtungen bleibt allerdings außen vor, dass, sofern für die konkurrierenden Gewerkschaften Tarifverträge mit unterschiedlichen Geltungsbereichen bestehen, von einer **koalitionspolitischen Verbindung** **367**

---

953 BAG 14.12.93 – 1 AZR 550/93, NZA 94, 331; 27.6.95 – 1 AZR 1016/94, NZA 96, 212; 11.7.95 – 1 AZR 63/95, AiB 96, 313.

954 BAG 12.11.96 – 1 AZR 364/96, NZA 97, 393; 17.2.98 – 1 AZR 386/97, NZA 98, 896; 15.12.98 – 1 AZR 216/98, NZA 99, 550; zust. ErfK-Linsenmaier, Art. 9 GG Rn. 147, der dies aber nicht bei sog. Flexistreiks der IG Metall sieht; s.a. Platow, JArbR 37, S. 73, 80ff.; Wißmann, JArbR 35, S. 115, 119.

955 Vgl. die umfangreiche Darstellung und Kritik bei Däubler-Wolter, AKR, § 21 Rn. 172ff., 178ff.; s.a. Loscher, S. 42ff., 50f.

956 BAG 15.12.98 – 1 AZR 216/98, a.a.O.

957 BAG 24.1.58 – 1 AZR 132/57, DB 58, 572, Schaub-Treber, § 194 Rn. 24; Gamillscheg S. 1257.

958 Franzen, RdA 08, 193, 203; Hanau, RdA 08, 98, 104; Jacobs, FS Buchner S. 350; a.A. wohl Giesen NZA 09, 11, 15.

959 Henssler, RdA 11, 65, 69; Willemsen/Mehrens, NZA 10, 1313, 1320f.; Schaub-Treber, § 194 Rn. 24.

oder **gemeinsamen kampftaktischen Erwägungen** (vgl. Rn. 355) keine Rede sein kann. Zumindest wenn bei mittelbaren Auswirkungen eine koalitionspolitische Verbindung zwischen den streikenden und mittelbar betroffenen Beschäftigten nicht vorhanden ist, muss die Risikoverteilung anders beurteilt werden;[960] für anders Organisierte bleibt dann der Lohnanspruch erhalten. Die Konstellation ähnelt hier spiegelbildlich dem Streik bzw. der Fernwirkung bei einem nicht verbandsgebundenen Außenseiter-Arbeitgeber (vgl. Bsp. Rn. 358). Diese Erwägungen bleiben auch von der gesetzlichen **Regelung der Tarifeinheit** in § 4a TVG unberührt. Diese Vorschrift regelt lediglich die ausschließliche Anwendbarkeit der Rechtsnormen des Mehrheitstarifvertrages; die vorgeschriebene Auflösung einer Tarifkollision zu Lasten der Minderheitsgewerkschaft spricht sogar deutlich gegen eine koalitionspolitische Verbindung oder gemeinsame taktische Erwägungen der im Betrieb vertretenen Gewerkschaften; diese konkurrieren miteinander und stehen im Wettbewerb um die Mehrheit der Mitglieder im Betrieb (vgl. auch TVG § 4a Rn. 37, 59ff.).[961]

368 Der Arbeitsausfall führt in der Regel nicht automatisch zu einer Arbeitszeitregelung, hier besteht vielmehr **Regelungsspielraum** für die Betriebsparteien, vgl. Rn. 370ff. Greift der Arbeitgeber im bestreikten Betrieb/Betriebsteil zur »**Stilllegung**«, entfallen die Lohnansprüche auch derjenigen Arbeitnehmer, deren Beschäftigung an sich möglich oder zumutbar wäre (vgl. Rn. 319).

369 Ansprüche auf **Feiertagsvergütung, Entgeltfortzahlung** bei Krankheit entfallen in den in Rn. 365 genannten Fällen; nach LAG Hamm besteht Anspruch auf Zuschuss zum **Mutterschaftsgeld.**[962] Ansprüche auf **Urlaub** und **Urlaubsentgelt** bestehen weiter, die Verteilung des Lohnrisikos ist unerheblich, da die sich im Urlaub befindenden Beschäftigten nicht zur Arbeitsleistung verpflichtet sind.[963] **Betriebsversammlungen** sind während der Zeit der kalten Aussperrung möglich und – ggf. inkl. Wegegeld – zu bezahlen.[964] Die Auswirkungen auf die **Sozialversicherung** entsprechen denen im Streik (Rn. 279ff.).

3.5.3 Mitbestimmungsrechte des Betriebsrats/Personalrats

370 Das **BAG** hat 1980 das **Mitbestimmungsrecht des Betriebsrats** bei mittelbar arbeitskampfbedingten Arbeitszeitregelungen wie z.B. Kurzarbeit **eingeschränkt**. Zur Begründung verweist es auf drohende Paritätsstörungen (vgl. Rn. 355), wenn der Betriebsrat voll mitbestimmen würde. Es splittet das Mitbestimmungsrecht in ein »ob« und ein »wie« auf.

Ob und in welchem Umfang der Betrieb als Folge eines fremden Arbeitskampfes eingeschränkt werden müsse, sei allein Sache des Arbeitgebers. Der Umfang der Arbeitszeitverkürzung sei durch die Grundsätze über Beschäftigungs- und Lohnrisiko bei Arbeitskämp-

---

960 Vgl. Löwisch, RdA 10, 263, 266; Spielberger NJW 11, 264, 266f., der im Ergebnis aber bei jeder arbeitskampfinduzierten Fernwirkung den Arbeitgeber vom Lohnrisiko entlasten will.

961 Vgl. BT-Drucks. 18/4062, 20.2.15 S. 9.

962 LAG Hamm 24.10.85, NZA 86, 199; a.A. BAG 22.10.86, DB 87, 1363 für den Fall der Aussperrung.

963 BAG 9.2.82 – 1 AZR 567/79, DB 82, 1328; Däubler-Ögüt, AKR, § 19 Rn. 118.

964 BAG 5.5.87 – 1 AZR 292/85, NZA 87, 853.

fen vorgegeben. Im Regelfall folge daraus allerdings keine automatische Einschränkung, sondern ein **erheblicher Regelungsspielraum** über die Frage, **wie** die Auswirkungen organisatorisch und personell bewältigt werden. Hierüber habe der Betriebsrat mitzubestimmen, er könne sein Mitbestimmungsrecht notfalls auch gerichtlich und im Eilverfahren geltend machen.[965]

Diese Rechtsprechung hat berechtigte **Kritik** erfahren. Es gebe keine Grundlage, in nur mittelbar arbeitskampfbetroffenen Betrieben die Mitbestimmungsrechte einzuschränken. Der Betriebsrat sei nicht der Kampfgegner des Arbeitgebers. § 87 BetrVG/§ 75 BPersVG stehen nicht unter Arbeitskampfvorbehalt, die Mitbestimmungsrechte seien unabhängig von den Ursachen eingeräumt. Die Einschränkung aufgrund des Paritätsgrundsatzes (vgl. Rn. 3ff.) sei nicht überzeugend. Eine Unterscheidung zwischen »Ob« und »Wie« sei praktisch kaum möglich. Die Zwangsläufigkeit der Abläufe werde überschätzt: Im Metall-Arbeitskampf 1984 wurde z. B. in ¾ der Fälle die ursprünglich vom Arbeitgeber vorgesehene Kurzarbeit ganz ausgesetzt, personell eingeschränkt oder zeitlich reduziert; das spreche gegen wirtschaftliche Sachzwänge und für den Einsatz der arbeitskampfbedingten Kurzarbeit als Kampfmittel. Die Annahme, die Arbeitnehmer seien regelmäßig durch Kurzarbeitergeld abgesichert, sei schon nach dem alten § 116 AFG fragwürdig gewesen und nach dessen Änderung 1986 (vgl. Rn. 382ff.) vollends unrichtig geworden.[966] 371

Das **BAG** hat später offenbar **Zweifel** an seiner Rechtsprechung gehabt.[967] Neue Entscheidungen hat es aber nicht gefällt, weil alle Verfahren von Arbeitgeberseite zurückgezogen oder erledigt wurden.

Auf der **Basis der BAG**-Beschlüsse ergeben sich folgende **Konsequenzen**: 372

(a) **Volles Mitbestimmungsrecht** bei:
- Arbeitskämpfen mit Auswirkungen auf Betriebe und Beschäftigte anderer Branchen,
- firmenbezogenen Arbeitskämpfen,
- Auswirkungen von und auf Außenseiterbetriebe,[968]
- Auswirkungen ausländischer Arbeitskämpfe,
- unternehmerischen Fehldispositionen,
- ggf. bei Streik einer Konkurrenzgewerkschaft (vgl. Rn. 367, 373);

(b) **eingeschränktes Mitbestimmungsrecht** (»Wie«, »Modalitäten«) bei:
- Auswirkungen von Verbandsarbeitskämpfen in der gleichen Branche,
- Teilstreiks im Betrieb;

(c) die **Informationsrechte** des Betriebsrats bleiben erhalten (Rn. 374, 434a).

Noch nicht geklärt sind die **Folgen von Streiks konkurrierender Gewerkschaften**. In den vom BAG entschiedenen Fällen wurde im Betrieb jeweils nur ein Tarifvertrag angewandt, 373

965 BAG 22.12.80 – 1 ABR 2/79, DB 81, 321 und 1 ABR 76/79, DB 81,327; dazu ErfK-Linsenmaier, GG Art. 9 Rn. 159.; Gamillscheg, S. 1281ff.; Kissel, § 33 Rn. 197ff.; Otto, § 16 Rn. 68ff.; die meisten LAG folgen dem BAG.

966 Altvater u.a., BPersVG § 66 Rn. 10; Bieback-Mayer, AuR 82, 169; Däubler-Dette, AKR, § 19 Rn. 143ff.; DKKW-Klebe, § 87 BetrVG Rn. 117ff.; Fitting, § 87 Rn. 174ff.; Kittner/Unterhinninghofen, AuR 86, 1; Schwitzer/Unterhinninghofen, AiB 90, 5; Weiss, AuR 82, 265; LAG Bremen 9.2.89 – 3 Sa 238/86, AiB 89, 316.

967 Vgl. Kissel, NZA 89, 81, 82f.

968 Otto, § 16 Rn. 79.

es setzt das **Prinzip der Tarifeinheit** (vgl. TVG § 4 Rn. 63, 91 ff.) voraus. Wenn ein weiterer Tarifvertrag angestrebt wird oder bei schon bestehender Tarifmehrheit, kann das ggf. anders sein. Soweit das BAG die Einschränkung der Mitbestimmungsrechte des Betriebsrats aus den Grundsätzen des Arbeitskampfrisikos herleitet, besteht hierfür kein Anlass, wenn eine Gewerkschaft einen Tarifvertrag mit einem eigenen fachlichen Geltungsbereich durchsetzen will (vgl. Rn. 367). Auch das teilweise für eingeschränkte Betriebsratsrechte gebrauchte Argument der »**Überforderung**« (vgl. Rn. 427 ff., 465) greift nicht, wenn einige oder sogar die Mehrzahl der Mitglieder des Betriebsrats der nicht streikenden Gewerkschaft angehören. Eine andere Bewertung ergibt sich auch nicht durch die gesetzliche **Regelung der Tarifeinheit** in § 4a TVG, da hierdurch lediglich die ausschließliche Anwendung der Rechtsnormen des Mehrheitstarifvertrages bewirkt werden soll. An Vorhandensein und Betätigung konkurrierender Gewerkschaften im Betrieb und Vertretern verschiedener Gewerkschaften im Betriebsrat ändert sich aber grundsätzlich nichts (vgl. TVG § 4a Rn. 23 ff.)).

374 Auch nach Ansicht des BAG bleiben die **Informationsrechte** des Betriebsrats **ungeschmälert**, auch bei Arbeitskampfmaßnahmen im eigenen Betrieb.[969] Sie beziehen sich auf Vorsorgemaßnahmen, auf das Ausmaß der Fernwirkungen, das Ausweichen auf andere Lieferanten oder Abnehmer oder die Anwendung anderer Möglichkeiten als Kurzarbeit. Der Arbeitgeber muss dem Betriebsrat mit **Unterlagen** belegen, weshalb Arbeitnehmer nicht oder nicht mehr voll beschäftigt werden können und weshalb Kurzarbeit unvermeidlich ist. Er muss darlegen, was er versucht hat, um den Betrieb aufrechtzuerhalten und um Kurzarbeit abzuwenden (wie es viele Betriebe z.B. beim Bahnstreik 2007 getan haben). **Rechtsgrundlagen** sind die §§ 80, 87, 106 BetrVG/§§ 68, 75 Abs. 3 BPersVG i.V.m. § 100 (bisher: § 174) SGB III.

Hinweis für den Betriebs- und Personalrat

Was der Betriebsrat/Personalrat prüfen sollte (vgl. Rn. 409 f.):[970]

1. Ist die geplante Kurzarbeit tatsächlich arbeitskampfbedingt?
   Wichtig ist die Frage nach möglichen anderen Gründen: Fehlen vielleicht Aufträge? Sind Lieferanten oder Abnehmer womöglich wegen wirtschaftlicher/technischer Schwierigkeiten ausgefallen?
2. Ist der Arbeitsausfall unvermeidbar?
   Unternehmer müssen für den Fall von Betriebsstörungen Vorsorge treffen!
3. Worauf beruht der Arbeitsausfall?
   Streik, Aussperrung, kalte Aussperrung beim Lieferanten oder Abnehmer? Ab wann, für welche Produkte gilt der Liefer- bzw. Abnahmestopp?
4. Kann der Betrieb auf andere Lieferanten ausweichen?
   Gewöhnlich gibt es Ausweichpläne für Störungen aus anderen Gründen. Zumeist liegen entsprechende Erfahrungen vor. Geprüft werden muss auch, ob ausfallende Teile-Lieferungen durch eigene Herstellung vorübergehend ersetzt werden können.
5. Kann der Betrieb auf andere Abnehmer ausweichen?

---

969 BAG 10.12.02 – 1 ABR 7/02, DB 03, 2072.

970 Vgl. auch DKKW-Klebe, § 87 BetrVG Rn. 119 und die Prüflisten der Bundesagentur für Arbeit in der Geschäftsanweisung zu §§ 96, 100 SGB III (bisherige §§ 170, 174).

Diese Frage stellt sich auch sonst, wenn ein Kunde ausfällt. Dann muss sich die Vertriebspolitik des Unternehmens besonders anstrengen. Und schließlich: Es kann auch »auf Lager« produziert werden. Während eines Arbeitskampfes staut sich meist ein Nachholbedarf auf, der anschließend gedeckt werden will.

6. Gibt es sonstige Ausweichmöglichkeiten, den Arbeitsausfall zu vermeiden?
In jedem Betrieb sind Instandsetzungs-, Reparatur- und Aufräumarbeiten nötig. Sie können vorgezogen werden. Dazu könnten Arbeitnehmer eingesetzt werden, deren normale Arbeit ausfällt. Weiter zu prüfen: Umschichtungen der Arbeitskräfte innerhalb des Betriebs, des Unternehmens, des Konzerns. Außerdem: Kann das Produktionsprogramm kurzfristig geändert werden? Können zur Überbrückung andere Aufträge vorgezogen oder hereingeholt werden?
7. Sind vorhandene Ausweichmöglichkeiten wirtschaftlich zumutbar?
Woanders bezogene oder ersatzweise im eigenen Betrieb hergestellte Teile können teurer sein, Ausweichkunden verlangen u.U. Preisnachlässe, die Lagerkosten könnten sich erhöhen. Was der Betriebsrat an Angaben benötigt, muss ihm die Unternehmensleitung liefern.

Weiter sind **betriebliche Alternativen** zu prüfen, also ob Kurzarbeit oder Arbeitseinstellung durch anderweitige betriebliche Maßnahmen verhindert werden können. Dabei kann es sich u.a. handeln um: 375

- Umsetzungen, Versetzungen oder Abordnungen im Betrieb, Unternehmen und Konzern,
- kurzfristige Umstellung der Produktion auf andere Produkte,
- Abbau von Überstunden im gesamten Betrieb,
- Hereinnahme von Lohnaufträgen,
- Überbrückung durch Reparatur-, Aufräum- und Instandsetzungsarbeiten.

Außerdem sind die **Modalitäten der Kurzarbeit** zu regeln, also vor allem wer, wann, wie lange, in welchem Rhythmus usw. in Kurzarbeit eingesetzt werden soll, insbesondere auch die Bestimmung des betroffenen Personenkreises, die Verteilung des restlichen Arbeitsvolumens und das System des Arbeitsausfalls (tage-, schichtweise, rollierend etc.).[971]

Viele Tarifverträge sehen **Ankündigungsfristen (Ansagefristen) für Kurzarbeit** vor. Sie dienen auch dem Schutz der Beschäftigten. Missachtet der Arbeitgeber die Fristen, ist die Betriebsvereinbarung bzgl. der Kurzarbeit insoweit unwirksam. Arbeitnehmer können ihr Entgelt (Differenz zum Kurzarbeitergeld) geltend machen und einklagen.[972] Die tariflichen Fristen sind **auch bei arbeitskampfbedingter Kurzarbeit** einzuhalten.[973] Die tariflichen Fristen sind in den Arbeitskämpfen 1984 in über der Hälfte der Fälle eingehalten worden. 376

Der Betriebsrat/Personalrat ist **zusätzlich nach § 100 (bisher: § 174) SGB III** zu beteiligen (vgl. Rn. 405f.). Dabei ist zu beachten, dass eine Betriebsvereinbarung über Kurzarbeit grundsätzlich den Lohnanspruch beseitigen kann. Das ist zumindest dann problematisch, 377

971 DKKW-Klebe, § 87 BetrVG Rn. 119.
972 BAG 12.10.94 – 7 AZR 398/93, DB 95, 734; zu den Möglichkeiten des Betriebsrats vgl. Rn. 199.
973 DKKW-Klebe, § 87 BetrVG Rn. 120; Kittner, AuR 81, 302; Schwitzer/Unterhinninghofen, AiB 90, 5, 8; LAG Baden-Württemberg 8.2.80 – 7 TaBV 4/79; ArbG Nienburg 25.6.85 – 2 Ca 624/84; LAG Berlin 25.9.85 – 5 Sa 4/85; a.A. LAG Niedersachsen 14.8.87 – 15 Sa 161/85, NZA 88, 408; differenziert Kissel, § 33 Rn. 215.

wenn die Arbeitsagentur wegen §§ 160, 100 (§§ 146, 174) SGB III kein Kurzarbeitergeld zahlt (vgl. dazu Rn. 389ff.).[974]
Auch dort, wo Kurzarbeitergeld bezahlt wird (z.B. bei Auswirkungen in anderen Branchen), sollte vorher geprüft werden, ob die Voraussetzungen für die Zahlung von Kurzarbeitergeld gegeben sind oder nicht, z.B. ob diese wegen des vorrangigen Abbaus von Arbeitszeitkonten (vgl. § 96 Abs. 4 SGB III, bisheriger § 170) zumindest teilweise entfallen; ggf. kann der Betriebsrat die Zustimmung unter Vorbehalt der Zahlung geben.

378 **Übergeht** der Arbeitgeber das **Mitbestimmungsrecht** des Betriebsrats und führt er einseitig (d.h. ohne Zustimmung des Betriebsrats/Personalrats bzw. der Einigungsstelle) oder unter Missachtung der Ankündigungsfrist (Rn. 376) Kurzarbeit ein oder schränkt die Produktion ein, kann er in **Annahmeverzug** geraten und lohnzahlungspflichtig bleiben (vgl. Rn. 358).[975] Der Betriebsrat/Personalrat kann Unterlassung der Arbeitgebermaßnahmen verlangen und dazu ggf. eine **einstweilige Verfügung** beim Arbeitsgericht beantragen. So haben z.B. 1984 eine Reihe von LAG und ArbG einstweilige Verfügungen erlassen.[976] Das gilt auch, wenn die Betriebseinschränkung/Kurzarbeit nicht Folge des Arbeitskampfes ist oder »*wenn der Betriebsrat davon überzeugt ist, dass die behaupteten Fernwirkungen eines Arbeitskampfes in Wahrheit nicht vorliegen, oder doch jedenfalls eine Arbeitszeitverkürzung in vom Arbeitgeber gewünschten Umfang nicht rechtfertigen*«.[977]

3.5.4 Arbeitslosen- bzw. Kurzarbeitergeld – §§ 160, 100 SGB III

3.5.4.1 Entwicklung bis 1986

379 Angesichts Lohnverlusts und eingeschränkter Mitbestimmungsrechte bei mittelbaren Arbeitskampffolgen (Rn. 354ff., 370ff.) ist zu fragen, ob (mittelbar) betroffene Arbeitnehmer Anspruch auf **Kurzarbeitergeld oder Arbeitslosengeld** haben. Das soll – zumindest bei Auswirkungen innerhalb der umkämpften Branche – nach der politisch motivierten Neufassung des § 116 AFG im Jahre 1986 (jetzt: § 160, bisher § 146 SGB III)[978] **i.d.R. nicht** der Fall sein (Rn. 382, 393ff.).

380 In der **Weimarer Zeit** und in der Anfangszeit der Bundesrepublik Deutschland wurden Leistungen des Arbeitsamtes an mittelbar betroffene Arbeitnehmer nur in Ausnahmefällen gewährt (u.a. während der Ruhreisenaussperrung 1928, vgl. Grundl. Rn. 11). Nach dem **AFG von 1969**, das u.a. das ILO-Übereinkommen Nr. 102 (Rn. 385) umsetzte, war in der Regel Arbeitslosen- bzw. Kurzarbeitergeld an mittelbar Betroffene zu zahlen. Eine Ausnahme war nur unter engen Voraussetzungen für Arbeitnehmer im fachlichen und

974 Vgl. Schoof, Betriebsratspraxis, Stichwort »Arbeitskampf« Rn. 89.
975 Kissel, § 33 Rn. 216; Däubler-Dette, AKR, § 19 Rn 144; Schoof, AiB 02, 353, 364.
976 LAG Bremen 15.6.84 – 3 TaBV 12/84, DB 84, 1935; LAG Frankfurt 29.5.84 – 5 TaBV 50/84, AuR 85, 61; ArbG Frankfurt 25.5.84 – 9 BVGa 1/84; ArbG Krefeld 30.5.84 – 2 BVGa 7/84; ArbG Mönchengladbach 24.5.84 – 4 BVGa 5/84; ArbG München 24.5.84 – 28b GaBV 9/84 W – und 25.5.84 – 14 GaBV 92/84; insgesamt dazu Däubler-Dette, AKR, § 19 Rn. 145; DKKW-Klebe, § 87 BetrVG Rn. 119; Kissel, § 33 Rn. 200.
977 So BAG 22.12.80 – 1 ABR 2/79, DB 81, 321.
978 Im Zuge des »Gesetzes zur Verbesserung der Eingliederungschancen am Arbeitsmarkt« hat sich seit dem 1. April 2012 die Systematik und Nummerierung im SGB III verändert.

räumlichen Geltungsbereich des umkämpften Tarifvertrags vorgesehen. Einen ersten Konflikt gab es bei dem **Metall-Arbeitskampf 1971**, als der Präsident der Bundesanstalt für Arbeit das Kurzarbeitergeld aussetzte (»**Stingl-Erlass**«), der Verwaltungsrat der Bundesanstalt für Arbeit aber anders entschied.[979] Nach der **Neutralitätsanordnung von 1973** sollten Ansprüche nur ruhen, wenn im umkämpften und im mittelbar betroffenen Tarifgebiet gleiche, d.h. identische Forderungen erhoben worden waren.
1984 versagte BA-Präsident Franke das Kurzarbeitergeld mit der Begründung, in allen Metall-Tarifgebieten sei die 35-Stunden-Woche gefordert, die anderen – durchaus unterschiedlichen – Forderungen seien nebensächlich und fielen nicht ins Gewicht. Er »schloss nicht aus, dass die fehlende Unterstützung für die Arbeitnehmer … den Arbeitskampf verkürzen könnte«.[980] In der Folge waren bis zu 370000 Beschäftigte ohne Arbeit, Lohn und Unterstützung kalt ausgesperrt, zum Teil wochenlang. Sie protestierten gegen den Entzug ihrer Ansprüche und drängten die IG Metall, ihnen entweder gewerkschaftliche Unterstützung zu zahlen oder den Streik zu beenden.
Die IG Metall sah durch den »**Franke-Erlass**« ihre Handlungsfähigkeit, die Koalitionsfreiheit und das Streikrecht gefährdet. Auf ihren Antrag stellten gegen Ende des Arbeitskampfes die Sozialgerichte fest, dass die **Vorenthaltung des Kurzarbeitergeldes rechtswidrig** war.[981] **381**

3.5.4.2 Änderung des § 116 AFG

382 Auf Drängen der Wirtschaft änderte die **Bundesregierung** unter Kanzler **Kohl** gegen starke Proteste der Beschäftigten und Gewerkschaften § 116 AFG durch das – fälschlich sogenannte – »Gesetz zur Sicherung der Neutralität der Bundesanstalt für Arbeit im Arbeitskampf« vom 25.5.1986 (seit 1.1.1998 inhaltsgleich als § 146, jetzt § 160 SGB III). Eine Wiederholung von 1984 sollte ausgeschlossen, die mittelbar Betroffenen derselben Branche außerhalb der Streikgebiete keine Ansprüche auf Kurzarbeitergeld besitzen. Ein Paradigmenwechsel sollte aus dem bisherigen Regelfall der Leistung die Ausnahme machen (Näheres vgl. Rn. 389ff., 393ff.). Die IG Metall erhob Verfassungsbeschwerde, einige SPD-geführte Länder schlossen sich an.[982]

383 Das **BVerfG** hält das Gesetz für »**noch verfassungsgemäß**«. Durch Art. 9 Abs. 3 GG sei der Staat gehalten, die **Parität**, d.h. das Verhandlungsgleichgewicht der Tarifparteien zu sichern. Arbeitskampfmaßnahmen und Streik seien vor Eingriffen des Staates geschützt, auch wenn sie beträchtliche Auswirkungen auf den Gegner oder die Allgemeinheit haben. Die Koalitionsfreiheit bedürfe der Ausgestaltung durch die Rechtsordnung. Das Gesetz beeinträchtige zwar die Koalitionsfreiheit der Gewerkschaft, z.B. weil sie nicht unabhängig über Streikkonzept und Auswahl der Streikbetriebe entscheiden könne. Dies sei in-

---

979 BSG 9.9.75 – 7 RAr 5/73, AuR 76, 315, billigte den VR-Beschluss und korrigierte indirekt den Entzug des KuG.

980 Die Welt 19.5.84.

981 Vgl. schon die einstweiligen Anordnungen des LSG Bremen 22.6.84 – L 5 BR 22/84 u.a., NZA 84, 132, und des Hess. LSG 22.6.84 – L 10 Ar 813/84 (A) u.a., DB 84, 1582; ebenso dann BSG 5.6.91 – 7 RAr 26/89, NZA 91, 982; vgl. Apitzsch u.a., S. 19ff.; Kittner, Arbeitskampf, S. 703ff.; Kittner/Unterhinninghofen, AuR 86, 1.

982 Ausführlich: Däubler-Deinert, AKR, § 20 Rn. 111ff.; Gamillscheg, S. 1265ff.

soweit gerechtfertigt, als mittelbar Betroffenen derselben Branche vom Arbeitskampfergebnis profitierten (»**Partizipation**«). Der Gesetzgeber habe aufgrund seines weiten **Beurteilungsspielraums** Gefahren für die Parität durch sog. Stellvertreterstreiks so werten und regeln können.

Aber das BVerfG stellt keinen Blankoscheck aus, sondern sieht in der Zukunft für Gesetzgeber und Gerichte **ggf. Korrekturbedarf:** Falls sich jedoch »*aufgrund der Entwicklung eine nachhaltige Störung der Funktionsfähigkeit der Tarifautonomie einstellen*« sollte und »*strukturelle Ungleichgewichte*« auftreten, sei der **Gesetzgeber** verpflichtet, korrigierend zum Schutz der Koalitionsfreiheit einzugreifen. Es bezieht sich dabei insbes. auf **Aussperrungstaktiken** und weist in diesem Zusammenhang darauf hin, dass die Urteile zur Aussperrung und zum Arbeitskampfrisiko von 1980 (Rn. 327 und 355) noch unter dem alten § 116 AFG ergangen seien (Regelfall: Leistungen für mittelbar betroffene Beschäftigte). Ggf. seien die **Gerichte** aufgerufen, die mittelbaren Folgen von Aussperrungen erneut zu bewerten: Entweder durch eine eingeschränkte Aussperrungsbefugnis oder durch Anrechnung der kalt Ausgesperrten auf die Aussperrungs-Quote.[983]

384 **Kritik:** Das Gesetz verletzt schon derzeit die Koalitionsfreiheit. Die Zahl der ohne Fernwirkungen bestreikbaren Betriebe verringert sich aufgrund der zunehmenden Verflechtung (Rn. 352f.). Den Gewerkschaften wird ein »fremdbestimmtes Streikkonzept« aufgezwungen, sie sind in der Wahl der Kampfmittel (vgl. Grundl. Rn. 41) nicht mehr frei. Die Aussperrungsfolgen werden unterschätzt. Es ist verfehlt, insoweit nur auf die mögliche Korrektur durch den Gesetzgeber bzw. die Gerichte zu verweisen. Sofern der § 116 AFG eine latente Gefahr für die Tarifautonomie darstellt, kann mit seiner Korrektur nicht gewartet werden, bis tatsächlich eine Gewerkschaft aufgrund fehlender Handlungsfähigkeit im Arbeitskampf unterliegt. Auch der Partizipationsgedanke kann den Entzug von Kurzarbeitergeld nicht rechtfertigen, zumal vor allem die mittelbar außerhalb des Streikgebiets Betroffenen das Kampfergebnis kaum aktiv beeinflussen können.[984] Die Gewerkschaften fordern die Änderung des zu Recht immer wieder so betitelten Anti-Streikparagrafen (Grundl. Rn. 227).

Das ist keine bloße Förmelei: Wenn die Vorschrift in späteren Arbeitskämpfen keine entscheidende Rolle mehr gespielt hat, dann nur, weil die Gewerkschaften inzwischen ihre Kampftaktiken darauf ausrichten, mittelbare Arbeitskampffolgen und ihre unkalkulierbaren Risiken zu vermeiden, zumindest aber zu begrenzen und zu beherrschen. Folge davon sind neue Streikformen und -taktiken, z. B. befristete und flexible Streiks (vgl. Grundl. Rn. 39f.) sowie die Beschränkung von Streiks auf Endproduzenten. Auf der Begrenzung von Fernwirkungen liegt inzwischen mitunter das Hauptaugenmerk bei den Streikvorbereitungen (vgl. Rn. 250). Diese Antworten auf die veränderte Rechtslage dürfen aber nicht darüber hinwegtäuschen, dass das vorhandene Streikpotenzial nicht vollständig ausgeschöpft werden kann und die tatsächliche Druckentfaltung begrenzt wird. Im Ergebnis führt dies zu einer Entwertung des Streikrechts.[985]

---

983 BVerfG 4.7.95 – 1 BvF 2/86 u.a., AuR 96, 33; dazu Däubler-Deinert, AKR, § 20 Rn. 124.; Gamillscheg, S. 1270f.; Kissel, § 34 Rn. 102.

984 Vgl. Colneric, AuR 86, 8, 16; Däubler, AiB 95, 595; Denck, NZA 87, 433, 436; Heilmann/Menke, AuR 96, 12ff.; Zachert, Mitbest. 9/95, 6 und AuR 00, 53; Karasch, AuR 07, 257.

985 Vgl. Däubler-Deinert, AKR, § 20 Rn. 127; Däubler, AuR 92, 1, 7; Zachert AuR 00, 53, 55.

Die Vereinbarkeit von § 116 AFG/§ 160 SGB III mit dem **ILO-Abkommen Nr. 102**[986] ist zweifelhaft. Nach Art. 69i ist ein Ruhen von Ansprüchen nur zulässig, wenn der Beschäftigungsverlust die »unmittelbare« Folge des Arbeitskampfes ist. Das ist wohl nur bei Streikenden und allenfalls noch bei mittelbar Betroffenen im Kampfgebiet der Fall. Das BSG sieht dies anders und interpretiert die Vorschrift dahingehend, dass der Beschäftigungsverlust lediglich »arbeitskampfbedingt« sein muss.[987] **385**

3.5.4.3 Die einzelnen Fälle des § 160 SGB III

Normziel des § 160 (bisher: § 146) SGB III ist die Sicherung (nicht die Herstellung) des **Kräftegleichgewichts** der Tarifparteien, Eingriffe in die Parität sollen im Sinne des Einmischungsverbots ausgeschlossen werden.[988] Entgegen dem irreführenden Wortlaut kann sowohl Zahlung wie Nichtzahlung die Neutralität verletzen.[989] Die Vorschrift beruht weiter auf dem Gedanken der »**Partizipation**«. Sie soll – neben den direkt am Arbeitskampf Beteiligten (§ 160 Abs. 2 SGB III) auch – aber auch nur – diejenigen von **Versicherungsleistungen**, für die sie ja Beiträge zahlen, ausschließen, die am Arbeitskampfergebnis teilhaben (§ 160 Abs. 3 SGB III) und damit sog. »Stellvertreterstreiks« mit Hilfe der BA-Leistungen verhindern. § 160 Abs. 3 SGB III ist ein Ausnahmetatbestand und eng auszulegen.[990] **386**

Bei der **Auslegung** des § 160 SGB III ist die Überlagerung der beiden Systeme **Arbeitskampf- und Sozialversicherungsrecht** zu berücksichtigen: Sie muss z.B. im Sinne der Mahnung des BVerfG (Rn. 383) darauf achten, dass die Parität nicht zu Lasten der Arbeitnehmerseite verschoben wird, etwa durch Ruhen der Leistungen in Fällen, in denen die Partizipation nicht gewährleistet ist.[991] **387**

§ 160 SGB III spricht allgemein von »**Arbeitskämpfen**«. Damit ist womöglich neben Streik auch die Aussperrung gemeint.[992] Für die Aussperrung (vgl. Rn. 326ff.) sind jedoch Besonderheiten zu beachten (vgl. Rn. 412). **388**

Ein Leistungsausschluss setzt voraus, dass der **Arbeitskampf** die **Ursache** für den Arbeitsausfall ist.[993] Der Anspruch auf KuG ruht nur, wenn der **Arbeitsausfall unvermeidbar** ist, vgl. Rn. 359ff., 407ff.[994] **389**

---

986 Abgedruckt bei Däubler/Kittner/Lörcher, S. 460ff.

987 BSG 4.10.94 – 7 KlAr 1/93, NZA 95, 320, 341f.; Gamillscheg, S. 1273f.; a.A. Däubler-Deinert, AKR, § 20 Rn. 125.

988 Däubler-Deinert, AKR, § 20 Rn. 128, 51; Deinert, AuR 10, 290, 295f.; Gagel-Gagel, § 146 Rn. 9ff., 52ff.; s.a. BVerfG 4.7.95 – 1 BvF 2/86 u.a., AuR 96, 33; nach a.A. ist Normziel die Neutralität der BA im Arbeitskampf: Die Bundesagentur darf keine wertenden Entscheidungen treffen, d.h. nur das Gesetz vollziehen.

989 BSG 5.6.91 – 7 RAr 26/89, NZA 91, 982; 9.9.75 – 7 RAr 5/73, AuR 76, 315; s.a. Gagel-Gagel, § 146 Rn. 24, 111f.; Niesel/Brand-Düe, § 146 Rn. 3f.

990 Niesel/Brand-Düe, § 146 Rn. 22, 24.

991 Däubler-Deinert, AKR, § 20 Rn. 122ff.; Deinert, AuR 10, 295f.; s.a. Gagel-Gagel, § 146 Rn. 70f.

992 Zum Streitstand vgl. Gagel-Gagel, § 146 Rn. 86ff.

993 Vgl. Näheres bei Gagel-Gagel, § 146 Rn. 107ff.

994 Gagel-Bieback, § 174 Rn. 12; Niesel/Brand-Düe, § 146 Rn. 26.

§ 160 SGB III wirkt sich auf die einzelnen Arbeitnehmergruppen wie folgt aus:[995]

390 **Streikende und Ausgesperrte** erhalten keine Leistungen (§ 160 Abs. 2 SGB III).

391 **Arbeitskampf in anderer Branche** (anderer fachlicher Geltungsbereich) oder im **Ausland:** Mittelbar Betroffene erhalten Leistungen (§ 160 Abs. 1 Satz 2, Abs. 3 SGB III). In diesen Fällen ist eine Beeinflussung des Arbeitskampfes ausgeschlossen.[996]

> **Beispiele:**
> Beschäftigte einer Reifenfirma bei Aussperrung in einem Automobilwerk; Tischler bei einem Streik im Baugewerbe, Metaller bei – deutschem oder französischem – Bahnstreik.

392 **Gleicher fachlicher und räumlicher Geltungsbereich**: Mittelbar Betroffene erhalten i.d.R. keine Leistungen. Voraussetzung ist, dass das Tarifergebnis auf sie angewendet würde (§ 160 Abs. 3 Satz 1 Nr. 1 und Abs. 3 Satz 3 SGB III).

393 **Gleicher fachlicher, aber anderer räumlicher Geltungsbereich** (die umstrittenste Gruppe bei der Gesetzesänderung von 1986): Mittelbar Betroffene erhalten **keine Leistungen**, wenn **drei Voraussetzungen** gegeben sind:

394 1. In ihrem Tarifgebiet ist eine Forderung erhoben, die »einer **Hauptforderung des Arbeitskampfes** nach Art und Umfang **im Wesentlichen gleich** ist, ohne mit ihr übereinstimmen zu müssen« (Abs. 3 Satz 1 Nr. 2a).[997] Das bei der Auslegung zu berücksichtigende Partizipationsziel lässt in Verbindung mit der Übernahmeprognose (Abs. 3 Satz 1 Nr. 2b) nur eine geringe Abweichung der Forderungen zu, jedoch gehen darüber die Ansichten im Einzelnen weit auseinander (vgl. die Beispiele Rn. 395). Nach Ansicht des **BSG** ist der Begriff eng auszulegen, die »*erhobene Forderung und die Hauptforderung des Arbeitskampfes müssen so dicht beieinander liegen, dass sie fast übereinstimmen*«. Unterschiedliche tarifliche Ausgangsbedingungen und Nebenforderungen in den Tarifgebieten sind als weniger wesentlich anzusehen.[998] »*Als **Hauptforderung** sind im Fall eines Streiks die Forderungen anzusehen, mit denen die Gewerkschaft ihre Mitglieder für den Arbeitskampf mobilisiert*«.[999] **Arbeitgeber-Forderungen** sind nicht zu berücksichtigen.[1000]

395

> **Beispiele:**
> Als Leitlinie wird eine Abweichung um 10% (gerechnet auf volle Prozentsätze) vorgeschlagen.[1001] Erst Abweichungen von 10% oder mehr sollen Forderungsgleichheit ausschliessen.[1002] Prozentuale Erhöhung und (nicht tabellenwirksame) Einmalzahlung können unter-

---

995 S. a. Überblick bei Däubler-Deinert, AKR, § 20 Rn. 119, 132 ff.; Gagel-Gagel, § 146 Rn. 85 ff., 124; Otto, § 18 Rn. 33.

996 Zum Arbeitskampf im Ausland vgl. Däubler-Deinert, AKR, § 20 Rn. 147.

997 Laut Kissel, § 34 Rn. 113, »*sprachlich schwer verkraftbar*«.

998 BSG 4. 10. 94 – 7 KlAr 1/93, NZA 95, 320, 331; kritisch: Däubler-Deinert, AKR, § 20 Rn. 152 ff.; Deinert, AuR 10, 297; diff. Gagel-Gagel, § 146 Rn. 145.

999 Gesetzesbegründung, BT-Drucks. 10/4989, S. 6.

1000 Däubler-Deinert, AKR, § 20 Rn. 149; Deinert, AuR 10, 297; GK-SGB III-Masuch, § 146 Rn. 65; Löwisch, DB 87, 1357; Niesel/Brand-Düe, SGB III § 146 Rn. 33; offen gelassen von BSG 4. 10. 94 – 7 KlAr 1/93, a.a.O.

1001 Gagel-Gagel, § 146 Rn. 161.

1002 Vgl. Niesel/Brand-Düe, § 146 Rn. 42; GK-SGB III-Masuch, § 146 Rn. 71; Seiter, NJW 87, 6.

schiedlich sein; Lohnerhöhung und Arbeitszeitverkürzung sind – auch bei gleichem wirtschaftlichem Gewicht – unterschiedlich.[1003] 3,9 % und 4 % könnten wegen des Symbolwerts der Zahl vor dem Komma unterschiedlich sein. Gleiche Prozentsätze bei unterschiedlichen Ausgangsbedingungen könnten Forderungsgleichheit ausschließen.[1004]

2. Das **Kampfergebnis** muss »**aller Voraussicht nach … übernommen**« werden (§ 160 Abs. 3 Satz 1 Nr. 2 b SGB III). Das verlangt eine **Prognose mit hoher Wahrscheinlichkeit**, und zwar bezogen auf den Zeitpunkt des Beginns des Arbeitskampfes. Die Bundesagentur sieht dies als erfüllt an, wenn in der Vergangenheit die Ergebnisse regelmäßig in die anderen Tarifgebieten übernommen worden seien. Das BSG sieht darin ein Indiz dafür, dass die Übernahmeprognose wohl richtig war.[1005] **396**

Damit wird der Sinn einer Prognose entwertet. Eine hohe Wahrscheinlichkeit der Übernahme kann z. B. vorliegen, wenn es **zu Beginn des Arbeitskampfes** eine konkrete, verbindliche **Zusage des Arbeitskampfgegners** bzgl. der Übertragung gibt und die Arbeitgeberseite unmissverständlich zu erkennen gibt, dass das Ergebnis im Wesentlichen übernommen wird.[1006] Dies ist z. B. in der Metallindustrie noch nicht vorgekommen. Im Gegenteil – einige Kampfergebnisse konnten nicht in die anderen Tarifgebiete übernommen werden (z. B. die Erholungspausen im Leistungslohn).[1007] Meistens war die Übernahme bis zum Ende des Streiks bzw. bis zum ersten Tarifabschluss offen. Vielfach musste die Übernahme erst noch in Konflikten bis hin zu (Warn-)Streiks erkämpft werden.[1008] **397**

3. Ein Ruhen der Leistungen setzt weiter voraus, dass die umkämpften oder geforderten **Arbeitsbedingungen »für den Arbeitnehmer gelten oder auf ihn angewendet werden**« (§ 160 Abs. 3 Satz 3 SGB III). Die bloße Chance der Partizipation reicht also nicht aus. Dies ist besonders für Beschäftigte bei nichtorganisierten Arbeitgebern wichtig.[1009] **398**

Innerhalb des gleichen fachlichen, aber außerhalb des räumlichen Geltungsbereichs **muss somit z. B. in folgenden Fällen gezahlt werden**: **399**

- Im mittelbar betroffenen Tarifgebiet sind keine Forderungen aufgestellt, weil die entsprechenden Tarifverträge noch laufen und Friedenspflicht besteht;[1010]
- die Kampfforderung ist in den mittelbar betroffenen Tarifgebieten schon verwirklicht;[1011]

1003 Deinert, AuR 10, 297; Gagel-Gagel, § 146 Rn. 158 f.
1004 Däubler-Deinert, AKR, § 20 Rn. 152, 154; Deinert, AuR 10, 297; von BSG 4. 10. 94 – 7 KlAr 1/93, NZA 95, 320, 331, im konkreten Fall verneint.
1005 BSG 4. 10. 94, a.a.O.; s.a. Gagel-Gagel, § 146 Rn. 166 ff., 169; Kissel, § 34 Rn. 115.
1006 Däubler-Deinert, AKR, § 20 Rn. 157; Deinert, AuR 10, 297 f.; GK-SGB III-Masuch, § 146 Rn. 53.
1007 Vgl. Mayr, Sachverständigen-Anhörung, 93. Sitzung des BT-Ausschusses für Arbeit und Sozialordnung vom 10. 3. 86, Protokoll S. 204 ff.
1008 Vgl. hierzu auch F. A. Z. 25. 2. 15 zum Abschluss Metallindustrie: Mehrere Regionalverbände stimmten nach der entscheidenden Verhandlungsrunde gegen das ausgehandelte Tarifpaket.
1009 Vgl. Däubler-Deinert, AKR, § 20 Rn. 146, 160.
1010 So z. B. BA-Neutralitätsausschuss 1. 3. 95, AuR 95, 137; BSG 24. 7. 96 – 7 KlAr 1/95, NZA 97, 285.
1011 BA-Neutralitätsausschuss 7. 7. 03 für den Streik um die 35-Stunden-Woche in den ostdeutschen Metalltarifgebieten.

- die Forderungen sind nicht annähernd gleich (Rn. 394f.);
- Ergebnis wird voraussichtlich nicht übernommen (Rn. 396f.);
- die Arbeitskampfauswirkungen sind vorgetäuscht (Rn. 405ff.).

400 **»Vermeidungsstrategien«** – wie z.B. überhaupt keine oder völlig andere Forderungen stellen, um das Ruhen von Ansprüchen auszuschließen – sind für die Gewerkschaften unter den politischen und praktischen Bedingungen der Mobilisierung für eine Tarifforderung und einen Streik eher eine theoretische Spielerei als eine wirkliche kampftaktische Option.[1012]

401 **Die Folgen treffen organisierte, nicht und anderes organisierte Beschäftigte.** Das gilt, wenn, wie üblich, im Betrieb nur ein Tarifvertrag angewendet wird; auch § 160 SGB III geht von der Tarifeinheit (vgl. TVG § 4 Rn. 63, 91) aus. Gelten **im Betrieb mehrere Tarifverträge** oder sollen sie durchgesetzt werden, können die Folgen anders sein. Die Voraussetzungen für das aus dem Partizipationsprinzip folgende ausnahmsweise Ruhen der Ansprüche fehlen z.B. in folgenden Fällen:

- die Konkurrenzgewerkschaft B erhebt eine andere Forderung im Sinne von § 160 Abs. 3 Satz 1 Nr. 2a SGB III (vgl. Rn. 394f.);
- der Geltungsbereich des umkämpften Tarifvertrages ist auf bestimmte Tätigkeiten oder Berufe beschränkt, z.B. nicht für alle Beschäftigte, sondern nur für Piloten, Ärzte oder Lokführer;
- der Tarifvertrag wird nur auf diese Berufsgruppe/n und Gewerkschaft angewandt, andere Beschäftigte profitieren nicht davon.

Bei einem **Streik einer Berufs- oder Spartengewerkschaft** wird man nur bei Angehörigen dieser Berufsgruppe (und Gewerkschaft) zu einem Ruhen der Ansprüche kommen können. Bei Ärztestreiks z.B. nicht für das Pflegepersonal, bei Lokführerstreiks nicht für Stellwerker. Im Übrigen wird man prüfen müssen, welcher Tarifvertrag auf welche Berufsgruppe/Beschäftigten angewandt wird.[1013] Daran ändert auch ein **gesetzlicher Auflösungszwang** bei Tarifverträgen mit sich überschneidenden Geltungsbereichen nichts: Dieser greift nur beim Vorliegen mehrerer sich überschneidender, nicht inhaltsgleicher Tarifverträge und lässt die Erhebung von Forderungen und deren Durchsetzung durch konkurrierende Gewerkschaften grundsätzlich unberührt (vgl. TVG § 4a Rn. 107ff.).

401a Bei **Leiharbeitsbeschäftigten** besteht das gesetzliche »equal-pay«-Gebot, es wäre somit möglich, dass der umkämpfte Tarifvertrag auf sie angewendet wird. Das erscheint allerdings schon deshalb sehr unwahrscheinlich, da i.d.R. ein Tarifvertrag für die Leiharbeitsbranche bzw. dessen Inbezugnahme im Arbeitsvertrag das Gleichbehandlungsgebot verdrängt. Somit werden diese Beschäftigten nicht vom umkämpften Tarifvertrag des Einsatzbetriebs erfasst. Daran ändern auch betriebliche oder tarifliche Regelungen im Einsatzbetrieb nichts, die eine bessere Vergütung vorsehen. Ohnehin gilt ein Arbeitsausfall bei Leiharbeit als »branchenüblich«, daher besteht für Leiharbeitsbeschäftigte nur im Ausnahmefall die Möglichkeit eines Kurzarbeitergeldbezuges (gesetzlich ermöglicht

1012 S. Bieback u.a., BB 87, 678; s.a. BVerfG 4.7.95 – 1 BvF 2/86 u.a., AuR 96, 33, 35.
1013 Vgl. dazu Däubler-Deinert, AKR, § 138 Rn. 86; Gagel-Gagel, § 146 Rn. 119; Otto, § 18 Rn. 41.

erstmals im Zuge der Krise 2009/2010, die Regelung ist Ende 2011 wieder ausgelaufen).[1014]

Die **Härteregelung** nach § 160 Abs. 4 SGB III erlaubt Ausnahmen vom Ruhen der Leistungen für bestimmte Personengruppen durch Entscheidung des Verwaltungsrates (z.B. mittelbar Betroffene 2. oder 3. Grades oder in einzelnen Regionen; Arbeitnehmer in wirtschaftlich gefährdeten oder Insolvenzbetrieben). Von dieser Möglichkeit ist in den Arbeitskämpfen 1971 und 1984 Gebrauch gemacht worden.[1015] 402

Firmentarifverträge (vgl. TVG § 1 Rn. 26) können je nach Struktur einen **eigenen fachlichen Geltungsbereich** bilden, z.B. wenn das Unternehmen nicht in den fachlichen Geltungsbereich des umkämpften Tarifvertrags fällt, ein mehrere Branchen umfassendes Mischunternehmen darstellt, ggf. auch wenn es nur Teile der umkämpften Branche abbildet und auch andere Unternehmensteile umfasst. Es gilt dann § 160 Abs. 1 Satz 2 SGB III mit der Folge, dass Leistungen zu zahlen sind. 403

Zumindest bilden **Firmentarifverträge** einen **eigenen räumlichen Geltungsbereich**, sie werden nicht dem Tarifgebiet des fachlich entsprechenden Verbands zugeschlagen, in dessen geographischem Gebiet sie liegen. Sie sind »exterritoriale Inseln«. Ein Ruhen der Leistungen kommt nur nach § 160 Abs. 3 Satz 1 Nr. 2 SGB III in Betracht, setzt also u.a. eine zeitlich parallele Tarifbewegung, das Erheben einer gleichen Forderung und Übernahme des Ergebnisses des Flächentarifvertrags voraus.[1016] Gleiches gilt umgekehrt bei **Streiks um einen Firmentarifvertrag** und Auswirkungen auf Betriebe des gleichen fachlichen Geltungsbereichs.[1017] 404

3.5.4.4 Gleichwohlzahlung von KuG (§ 100 Abs. 3 SGB III)

Ausnahmsweise wird **Kurzarbeitergeld** gezahlt, auch wenn die Voraussetzungen für das Ruhen vorliegen. Bedingung ist, dass die Arbeitsagentur feststellt, dass die **Kurzarbeit nicht Folge eines Arbeitskampfes,** sondern **vermeidbar** ist, § 100 (bisheriger § 174) Abs. 3 SGB III (»**Gleichwohlzahlung**«). Die Bundesagentur hat dabei auch zu prüfen, ob Ausweichmaßnahmen **wirtschaftlich vertretbar** sind (vgl. Rn. 407ff.). Der Arbeitgeber bleibt dann zur Lohnzahlung verpflichtet. Die Arbeitsagentur tritt praktisch in Vorleistung und holt sich die ausgezahlten Beträge später vom Arbeitgeber zurück. Die Norm ist eine Reaktion auf Missbrauchsvorwürfe im Rahmen des Arbeitskampfes 1984 und eine **Schutzvorschrift für die Arbeitnehmer**. Sie soll dem Vortäuschen von arbeitskampfbedingten Fernwirkungen, dem pflichtwidrigen, weil vermeidbaren Einsetzen von Arbeitsausfall als verdecktem Arbeitskampfmittel vorbeugen und das Abwälzen des Risikos auf die Arbeitnehmer verhindern. § 100 SGB III ist auch bei Fällen anzuwenden in denen die Leistung bzw. Nichtleistung von Kurzarbeitergeld unstrittig ist, also bei Fernwirkungen 405

1014 Vgl. BSG 21.7.09 – B 7 AL 3/08 R, NZA-RR 10, 216; Hessisches LSG 18.3.11 – L 7 AL 21/08, juris; Gagel, jurisPR-ArbR 49/2009 Anm. 3; Däubler-Deinert, AKR, § 20 Rn. 162 sowie die Regelung in § 11 Abs. 4 AÜG.

1015 Näheres bei Gagel-Gagel, § 146 Rn. 171ff.; Däubler-Deinert, AKR, § 20 Rn. 164ff.

1016 Däubler-Deinert, AKR, § 20 Rn. 145; Gagel-Gagel, § 146 Rn. 141; Otto, § 18 Rn. 44; Niesel/Brand-Düe, § 146 SGB III Rn. 30.

1017 Däubler-Deinert, AKR, § 20 Rn. 145; GK-SGB III-Masuch, § 146 Rn. 88.

außerhalb des fachlichen sowie innerhalb des gleichen fachlichen und räumlichen Geltungsbereichs.[1018] Der **Betriebsrat/Personalrat** ist von der Arbeitsagentur zu beteiligen. Diese muss darauf achten, dass dem Antrag des Arbeitgebers eine Stellungnahme des Betriebsrat/Personalrats beigefügt ist. Dieser kann auch selbst einen Antrag auf Kurzarbeitergeld stellen (»Anzeige« gem. § 99, bisheriger § 173, Abs. 1 Satz 2 SGB III).

406 Aus den genannten Gründen sind die Anforderungen an den Nachweis erhöht worden, dass die Kurzarbeit wirklich die **zwingende Folge** des Arbeitskampfes ist. Will der Arbeitgeber seine Pflicht zur Lohnzahlung vermeiden und die Gleichwohlzahlung verhindern, muss er den **direkten Zusammenhang zwischen Arbeitskampf und Arbeitsausfall,** die **Unvermeidbarkeit** des Arbeitsausfalls, die Prüfung von **Vorsorge**- und Ausweichmaßnahmen, die technische **Unmöglichkeit** und/oder die wirtschaftliche **Unvertretbarkeit** der Weiterproduktion im Einzelnen aufzeigen und belegen.

Betriebsrat und **Personalrat** sind gut beraten, wenn sie in ihrer **Stellungnahme** oder **Anzeige** (§ 100 Abs. 2 Satz 2 bzw. § 99 Abs. 1 Satz 2 SGB III) der Arbeitsagentur die ihnen bekannt gewordenen Möglichkeiten der Weiterarbeit für die Beschäftigten, wenn möglich mit konkreten Angaben, übermitteln und die Gleichwohlzahlung unterstützen.

407 Der Arbeitsausfall ist **nicht die Folge des Arbeitskampfes**, wenn er auf anderen Ursachen beruht, z.B. unabhängig vom Arbeitskampf bestehenden Versorgungs- oder Absatzproblemen. Er ist **vermeidbar**, wenn der Arbeitgeber keine geeigneten Maßnahmen getroffen hat, um die Kurzarbeit abzuwenden oder zu verringern; das gilt auch in Arbeitskampfsituationen (vgl. Rn. 360 ff.).[1019] Die Vermeidbarkeit ist nicht nur für den gesamten Betrieb, sondern für jede **einzelne Abteilung und Personengruppe** zu prüfen.[1020]

408 Die Arbeitsagentur hat Angaben des Arbeitgebers, Lagerhaltung und Lieferbedingungen, Vorsorgemaßnahmen, Möglichkeiten zur Weiterarbeit und Alternativen zur Kurzarbeit zu prüfen. **Anhaltspunkte für die Prüfpflichten** lassen sich aus der Geschäftsanweisung der Bundesagentur für Arbeit zu §§ 96 und 100 (frühere §§ 170 und 174) SGB III entnehmen, die die »Schadensminderungspflicht« des Arbeitgebers betont.[1021] Sie sind stark auf die Produktion zugeschnitten und bei Arbeitsausfall z.B. in der Verwaltung, im Transportwesen oder bei Dienstleistungen entsprechend anzuwenden.

409 **Hinweis für den Betriebsrat und Personalrat**
BA-Geschäftsanweisung zu § 96 SGB III, Abschnitt 2.7:[1022]

»(1) Um die Unvermeidbarkeit … sicherzustellen, hat der Betrieb vor Beginn und während des Arbeitsausfalls alles in seiner Kraft Stehende zu unternehmen, um den Arbeitsausfall zu vermindern oder zu beheben …

(2) **Zur Vermeidung des Arbeitsausfalls** kommen **insbesondere folgende Maßnahmen** in Betracht:

1. Arbeit auf Lager, soweit dies räumlich und wirtschaftlich vertretbar ist;
2. rechtzeitige und ausreichende Beschaffung von Rohstoffen oder von Heiz- oder Betriebsstoffen;

1018 Gagel-Bieback, SGB III § 174 Rn. 20, 33.
1019 Gagel-Bieback, SGB III § 170 Rn. 110 und § 174 Rn. 32, 35.
1020 Gagel-Bieback, SGB III § 170 Rn. 114.
1021 Zu Recht für weitergehende Vorsorgemaßnahmen: Gagel-Bieback, § 170 Rn. 25 ff., § 174 Rn. 35.
1022 Stand: Juni 2013.

3. wirtschaftlich zumutbare Umstellung auf andere Energiequellen oder Transportwege … bei Heiz- oder Betriebsstoffmangel;
4. Umsetzung der Kurzarbeiter in andere, vollarbeitende Betriebsabteilungen, soweit dies arbeitsrechtlich zulässig und betriebstechnisch möglich ist;
5. Aufräumungs-, Instandsetzungs- oder Füllarbeiten.«

Dies hat die BA konkretisiert für zwei Fallgestaltungen:

BA-Geschäftsanweisung zu § 100 SGB III, Abschnitt 6.3 (Ziff. 11) 410

»Kurzarbeit wegen des Ausfalls von Halbfabrikaten:

- Welche Teile fehlen?
- Wie groß sind die noch vorhandenen Bestände zu Beginn der Kurzarbeit und für welche Dauer kann damit die Produktion fortgeführt werden?
- Besteht die Möglichkeit einer Eigenfertigung der ausgefallenen Fabrikate?
- Können die Halbfabrikate anderweitig – ggf. mit welchen Kosten – bezogen werden?
- Wie viele Produktionstage umfasst die übliche Lagerhaltung dieser Teile?
- Wäre eine Fortführung der Produktion und die spätere Ergänzung der Produkte mit den fehlenden Halbfertigteilen möglich, ggf. für welche Zahl von Tagen und welche zusätzlichen Kosten würden dadurch entstehen?

Kurzarbeit wegen Absatzmangels:

- Welche Produkte können nicht abgesetzt werden?
- Wie hoch war ohne Kurzarbeit der höchste Lagerbestand der vergangenen 18 Monate?
- Wie groß ist die gesamte Lagerkapazität?
- Besteht die Möglichkeit der Anmietung weiterer Lagerplätze?
- Welche Kosten entstünden für die zusätzliche Lagerhaltung?»

Ob die teilweise Aufrechterhaltung des Betriebs **wirtschaftlich vertretbar** ist, richtet sich nach vielen Umständen. Eine Möglichkeit ist ein **Kostenvergleich** zwischen den Mehrkosten (z.B. durch anderweitigen Einkauf oder Transportwege oder zusätzliche Lagerkosten) mit den Kosten, die dem Arbeitgeber bei vollständiger/teilweiser Betriebseinstellung entstehen. Das sind u.a. Abschreibungen, Miete/Pacht, Instandhaltung/Reparaturen, Steuern, Zinsen, sog. Lohnnebenkosten sowie sonstiges wie z.B. Beratung, Werbung etc. Diese Methode wendet grundsätzlich auch die Bundesagentur an.[1023] Sie berücksichtigt aber nur einen Teil der **fixen Kosten,** nämlich die sog. Lohnnebenkosten. Sie will zudem die Opfergrenze »mit den Kosten, die der Arbeitgeber im Falle der Kurzarbeit ohnehin zu tragen hätte«, deckeln. Das ist systemwidrig, nicht akzeptabel und benachteiligt die Beschäftigten.[1024] 411

Ob die **mittelbaren Folgen einer Aussperrung** Leistungen ausschließen können, ist zweifelhaft. In den Gesetzesberatungen war ausschließlich von Streik die Rede. Zumindest ist ein Ruhen der Leistungen dann ungerechtfertigt, wenn die Aussperrungsfolgen bewusst/gezielt herbeigeführt werden und dadurch das Kräftegleichgewicht verschieben (vgl. Rn. 383).[1025] Diese Aussagen haben durch Überlegungen der Arbeitgeberseite zu sog. »Mi- 412

1023 Geschäftsanweisung zu § 100 SGB III Abschn. 6.3 (7) u. (8); zust. Niesel/Brand-Krodel, § 174 Rn. 4; Kissel, § 33 Rn. 70.

1024 Im Ergebnis ebenso Gagel-Bieback, § 174 Rn. 39.

1025 Vgl. die entsprechenden Hinweise in BVerfG 4.7.95 – 1 BvF 2/86 u.a., AuR 96, 33; s.a. Kühling, »Parität in Gefahr«, Die Zeit 7.7.95; nach Däubler-Deinert, AKR, § 20 Rn. 133 und Deinert, AuR 10, 296, sind Disparitäten eher arbeitskampfrechtlich zu lösen.

nimax-Aussperrungen«[1026] an Brisanz gewonnen. § 160 SGB III kann und muss insoweit verfassungskonform einschränkend ausgelegt werden.[1027]

413 Die **Feststellung über das Ruhen von Ansprüchen** trifft der »**Neutralitätsausschuss**« bei der Bundesagentur für Arbeit (§ 160 Abs. 5 i.V.m. § 380 SGB III). In dem aus Vertretern der Gewerkschaften und Arbeitgeber zusammengesetzten Gremium hat der Vorsitzende der Bundesagentur die entscheidende Stimme, die er schon mehrfach eingesetzt hat (z.B. in den Arbeitskämpfen 1993, 1995 und 2003).

Kompetenzen:[1028] Der **Neutralitätsausschuss** trifft folgende tatsächlichen Feststellungen:

1. liegt ein inländischer Arbeitskampf vor,
2. in welchem räumlichen und fachlichen Geltungsbereich wird der Arbeitskampf geführt,
3. wann hat der Arbeitskampf begonnen,
4. ist eine Hauptforderung erhoben, wenn ja welche,
5. ist außerhalb des räumlichen, aber innerhalb des fachlichen Geltungsbereichs des umkämpften Tarifvertrags eine Forderung erhoben worden,
6. ist diese Forderung der Hauptforderung des Arbeitskampfes nach Art und Umfang gleich und
7. wird das Arbeitskampfergebnis (im Tarifgebiet Ziffer 2) aller Voraussicht nach in das unter Ziffer 5 genannte Tarifgebiet im Wesentlichen übernommen.

Gegen die Entscheidung des Neutralitätsausschusses können die **Fachspitzenverbände Klage** oder Antrag auf einstweilige Anordnung zum **BSG** erheben (§ 160 Abs. 6 SGB III).[1029] Daneben können **Betriebs-/Personalräte** oder einzelne **Arbeitnehmer** Ansprüche geltend machen und ggf. beim Sozialgericht einklagen.[1030]

3.5.4.5 Folgen für das Arbeitsverhältnis

414 Die **Auswirkungen auf das Arbeitsverhältnis** sind die gleichen wie bei einem Streik (vgl. Rn. 276ff.).

415 **Überblick** über **Entgelt und Kurzarbeitergeld bei Arbeitskampf(folgen)** auf Basis der BAG-Rechtsprechung und §§ 160, 95ff., 100 SGB III;[1031] zur Kritik vgl. Rn. 356, 384.

1026 Handelsblatt 28.6.95; Saarbrücker Zeitung 26.4.02; Detje u.a., S. 96f.

1027 A. A. Kasseler Handbuch, § 6 Rn. 161; vgl. auch Gagel-Gagel, § 146 Rn. 137.

1028 Vgl. BSG 4.10.94 – 7 KlAr 1/93, NZA 95, 320, 327; Gagel-Gagel, § 146 Rn. 190ff.; dort auch zu den von der BA und/oder den Arbeitsagenturen zu klärenden Fragen.

1029 Vgl. BSG 4.10.94 – 7 KlAr 1/93, NZA 95, 320, 321; 24.7.96 – 7 KlAr 1/95, NZA 97, 285, 286.

1030 Däubler-Deinert, AKR, § 20 Rn. 195, mit Verweis auf die Vorauflage (Fn. 590); Gagel-Bieback, § 174 Rn. 28; vgl. auch Gagel-Gagel, § 146 Rn. 106, 200ff., 209ff.

1031 Nach Gagel-Bieback, § 174 Rn. 19.

	Arbeitseinstellung bzw. -reduzierung wird mit Arbeitskampf-Auswirkungen begründet	
	Arbeitstechnisch nicht möglich oder wirtschaftlich unvertretbar (= unvermeidbare Arbeitskampffolge/Arbeitsausfall)	Arbeitstechnisch möglich und wirtschaftlich vertretbar (= vermeidbare Arbeitskampffolge/Arbeitsausfall)
Betrieb anderer Branche	Entgeltanspruch; KuG gem. § 160 Abs. 1 Satz 2	Entgeltanspruch; kein KuG, da Arbeitsausfall vermeidbar; Gleichwohlzahlung gem. § 100 Abs. 3 (str.)[1032]
Betrieb gleicher Branche und Geltungsbereich	kein Entgeltanspruch; kein KuG (§ 160 Abs. 3 Satz 1 Nr. 1)	Entgeltanspruch; kein KuG, da vermeidbar; Gleichwohlzahlung
Betrieb gleicher Branche, aber anderer räumlicher Geltungsbereich	kein Entgeltanspruch; kein KuG, wenn Forderungen »gleich« und Übernahme des Ergebnisses wahrscheinlich (§ 160 Abs. 3 Satz 1 Nr. 2)	Entgeltanspruch; kein KuG, da Arbeitsausfall vermeidbar; Gleichwohlzahlung
Betrieb gleicher Branche, aber keine Forderung und/oder keine Übernahmewahrscheinlichkeit	Entgeltanspruch (noch nicht entschieden); KuG	Entgeltanspruch; kein KuG, da vermeidbar; Gleichwohlzahlung
Betrieb selbst im (Teil-) Arbeitskampf, aber nicht die betroffenen Arbeitnehmer	kein Entgeltanspruch; kein KuG (§ 160 Abs. 3 Nr. 1)	Entgeltanspruch; kein KuG, da vermeidbar; Gleichwohlzahlung (str.)[1032]
Betrieb und betroffene Arbeitnehmer im Arbeitskampf	kein Entgeltanspruch; kein KuG (§ 160 Abs. 2)	
Betrieb mit eigenständigem Firmentarifvertrag	Entgeltanspruch; KuG, wenn keine (gleiche) Forderung und/oder Übernahmewahrscheinlichkeit	Entgeltanspruch; kein KuG, da vermeidbar; Gleichwohlzahlung
andere Betriebe bei Arbeitskampf um Firmentarifvertrag	Entgeltanspruch; KuG, wenn keine Übernahmewahrscheinlichkeit	Entgeltanspruch; kein KuG, da vermeidbar; Gleichwohlzahlung

1032 Gagel-Bieback, § 174 Rn. 33.

4. Schlichtung

4.1 Allgemeines

416 Die Schlichtung dient der **Lösung von Konflikten** zwischen den Tarifvertragsparteien mit dem Ziel eines Vertragsabschlusses. Sie kann von den Vertragsparteien bei festgefahrenen Verhandlungen angerufen werden. Nach den zwiespältigen Erfahrungen mit der staatlichen Zwangsschlichtung in der Weimarer Zeit (vgl. Grundl. Rn. 11)[1033] haben tarifliche, vereinbarte Schlichtungsverfahren Vorrang (Rn. 417ff.). Daneben besteht eine freiwillige staatliche Schlichtungsmöglichkeit (Rn. 420ff.). Die Schlichtung ist **nicht Voraussetzung für einen Arbeitskampf** (Rn. 154), es sei denn der Tarifvertrag sieht zwingend eine Schlichtung vor Einleitung von Streiks vor. Die Europäische Sozialcharta (ESC) Art. 6 empfiehlt den Mitgliedsstaaten freiwillige Schlichtungsverfahren. Zur aktuellen rechtspolitischen Diskussion vgl. Grundl. Rn. 218, 222f.

4.2 Tarifliche Schlichtung

417 Trotz Tarifautonomie und Streikrecht wurde gelegentlich mit staatlichem Eingreifen in Streiks und/oder staatlicher (Zwangs-)Schlichtung gedroht, u.a. während der Metallerstreiks in Hessen 1951 und Bayern 1954.[1034] Arbeitgeber und Gewerkschaften kamen einem Schlichtungsgesetz zuvor. **DGB** und **BDA** einigten sich im September 1954 auf eine **Muster-Schlichtungsvereinbarung.** Sie schrieb u.a. den Vorrang der tariflichen, vereinbarten Schlichtung fest (sog. Margarethenhof-Abkommen).[1035]

In der Folgezeit wurden tarifliche Schlichtungsverfahren in allen wichtigen **Branchen** vereinbart:[1036] Z.B. Baugewerbe, Chemische Industrie, Druckindustrie, Metallindustrie, Öffentlicher Dienst sowie für Holzwirtschaft, Miederindustrie, Schuhindustrie. Abweichend vom Muster-Vorschlag wurden allerdings fast durchweg zwei Punkte verändert: Die Schlichtungsautomatik nach Scheitern der Verhandlungen wurde durch die Anrufung der Schlichtung (mit Einlassungszwang) ersetzt. Außerdem wurde die Bestimmung eines unparteiischer Vorsitzender vorgesehen.

Branchen ohne Schlichtung sind u.a. Banken, Einzelhandel und Großhandel, viele Handwerksbereiche, Stahlindustrie, Textil- und Bekleidungsindustrie, Versicherungen.

418 **Wesentliche Inhalte:**[1037]

- **Grundlage:** Schlichtungsabkommen sind schuldrechtliche Vereinbarungen (vgl. TVG § 1 Rn. 394f.) der Tarifvertragsparteien. Sie wirken bei Kündigung nicht nach (vgl. TVG § 4 Rn. 301).
- Die **Schlichtungsstelle** besteht aus einer gleichen Zahl von Arbeitgeber- und Gewerkschaftsvertretern und einem stimmberechtigten, **unparteiischen Vorsitzenden**, auf

1033 Kittner, Arbeitskampf, S. 468ff., 499f.
1034 Kittner, Arbeitskampf, S. 630ff.
1035 Abgedruckt in RdA 54, 383.
1036 Abgedruckt bei Löwisch-Rumler, AKR, S. 503ff.
1037 Vgl. Brox/Rüthers, Rn. 688ff.; Gamillscheg, S. 1306ff.; Löwisch-Rumler, AKR, 170.11 Rn. 21ff.; Otto, § 21 Rn. 2–31; Däubler-Reinfelder, AKR, § 15 Rn.30ff.; ErfK-Linsenmaier, GG Art. 9 Rn. 283ff.

den sich die Tarifvertragsparteien einigen (Ausnahmen: Chemische Industrie: Kein unparteiischer Vorsitzender; Metallindustrie: Zwei Vorsitzende, einer hat Stimmrecht).

- **Einleitung:** Die Schlichtung kommt i. d. R. in Gang nach **Scheitern** der Verhandlungen durch **Anrufung** einer Partei oder gemeinsame Anrufung. Die andere Partei muss sich dann auf die Schlichtung einlassen (»**Einlassungszwang**«). Ausnahme: In der Metallindustrie gibt es keinen Einlassungszwang. Eine Schlichtungsautomatik gibt es fast nirgendwo.
- **Schlichtungsspruch:** Die Schlichtung endet (a) durch Einigung der Parteien oder (b) durch mehrheitlichen Schlichtungsspruch. Dieser wird aber **nur verbindlich**, wenn er von beiden Tarifvertragsparteien **angenommen** wird oder sie sich ihm schon im Voraus unterworfen haben. Teilweise wird ein einstimmiger (Baugewerbe) oder ein mit qualifizierter Mehrheit gefällter Spruch (Druckindustrie) – auch ohne formelle Annahme – verbindlich.
- Der **Spruch** ist rechtlich ein **Tarifvertrag**. Ein **Einigungsvorschlag** wird noch tarifvertraglich umgesetzt.
- **Ende des Schlichtungsverfahrens:** (a) Innerhalb der vereinbarten Frist kommt kein Spruch zustande; (b) der Spruch wird von einer oder beiden Parteien abgelehnt. Damit endet i. d. R. auch die Friedenspflicht.

Nach den meisten Abkommen besteht während des Schlichtungsverfahrens **Friedens-** **419**
pflicht (Rn. 59ff.). Abweichend endet in der Metallindustrie die Friedenspflicht – unabhängig von einer evtl. Schlichtung – vier Wochen, in der Druckindustrie einen Monat nach Ablauf des Tarifvertrags. In der Metallindustrie ist die Einleitung eines Schlichtungsverfahrens auch während eines Arbeitskampfes möglich (vgl. z. B. »Leber-Schlichtung« im Arbeitskampf 1984). Sofern ein Schlichtungsabkommen dies nicht ausdrücklich vorsieht, sind Vorbereitungsmaßnahmen für einen Arbeitskampf während der Schlichtung nicht als Verstoß gegen die Friedenspflicht anzusehen.[1038]

4.3 Staatliche Schlichtung

Als Konsequenz aus der Tarifautonomie gilt der **Vorrang der tariflichen Schlichtung.** **420**
Eine **staatliche Zwangsschlichtung** wird als unpraktisch und kontraproduktiv abgelehnt und als **verfassungswidrig** angesehen, sie ist mit der durch Art. 9 Abs. 3 GG gewährleisteten Koalitionsbetätigungsfreiheit unvereinbar.[1039]

Auch ein **staatlicher Schlichtungszwang** in Form eines obligatorischen Schlichtungsver- **421**
fahrens, auf das sich die Tarifparteien einlassen müssen (vgl. Grundl. Rn. 218, 222f.), ist ein Eingriff in die Tarifautonomie, weil es die Entscheidungsfreiheit einengt.[1040]

1038 Löwisch-Rumler, AKR, 170.11 Rn. 20; Däubler-Reinfelder, AKR, § 15 Rn. 31.

1039 Vgl. BVerfG 6. 5. 64 – 1 BvR 79/62, BB 64, 594; BAG 20. 11. 12 – 1 AZR 611/11, NZA 13, 437; Brox/Rüthers, Rn. 164, 706; Däubler-Däubler, AKR, Rn. 105; ErfK-Linsenmaier, GG Art. 9 Rn. 70, 286; Gamillscheg, S. 1303f.; Kissel, § 70 Rn. 26 und 36; Löwisch-Rieble, AKR, 170.1 Rn. 32; Otto, § 22 Rn. 14ff.; Zachert, ZRP 1976, 185.

1040 ErfK-Linsenmaier, Art. 9 GG Rn. 288; wohl auch Kissel, § 70 Rn. 35f.

422 Es gibt ein **freiwilliges staatliches Schlichtungsverfahren** nach dem Kontrollratsgesetz Nr. 35 (KRG 35) über das »Ausgleichs- und Schiedsverfahren in Arbeitsstreitigkeiten« vom 20.8.1946.[1041] Überwiegend wird angenommen, dass das KRG 35 weiter gültig ist.[1042] Größere praktische Bedeutung hat es nie erlangt.[1043] Die Länder Baden-Württemberg (ohne Baden), Berlin (West), Nordrhein-Westfalen, Rheinland-Pfalz und Schleswig-Holstein haben Ausführungsbestimmungen dazu erlassen.[1044] Dort bestehen Schlichtungsstellen oder **Landesschlichter**, in den anderen, insbesondere in den neuen Bundesländern dagegen nicht. Im ehemaligen Land **Baden** gilt die Badische Schlichtungsordnung.[1045]

423 **Verfahren:** Die Tarifvertragsparteien **können** das Ministerium bzw. die Schlichtungsstelle um Vermittlung oder Schlichtung einer Tarifstreitigkeit bitten (KRG 35 Art. II), hierbei ist Übereinstimmung nötig, es gibt also **keinen Schlichtungszwang**. Der **Schlichtungsspruch** ist nur verbindlich, wenn sich die Tarifvertragsparteien ihm im Voraus unterworfen haben oder ihn nachträglich billigen, es besteht also keine Zwangsschlichtung (KRG 35 Art. X).[1046]

In **Baden** kann die Schlichtung auch durch eine Partei oder den Vorsitzenden »von Amts wegen« eingeleitet werden (§ 12). Die in § 18 vorgesehene **Verbindlicherklärung** eines Schlichtungsspruchs verstößt gegen die Tarifautonomie und ist deshalb **nichtig** (vgl. Nachweise bei Rn. 420).[1047] Entsprechendes gilt für die Verfassungsbestimmungen von Bremen (Art. 51) und Rheinland-Pfalz (Art. 54 Abs. 1 Satz 2).

5. Betriebs- und Personalrat im Arbeitskampf

5.1 Arbeitskampfverbot zwischen Arbeitgeber und betrieblicher Interessenvertretung

424 Nach der Konzeption des BetrVG sollen die Meinungsverschiedenheiten zwischen Arbeitgeber und Betriebsrat nicht im Wege des Arbeitskampfes ausgetragen werden, ggf. ist die gesetzlich vorgesehene **Einigungsstelle** oder das ArbG in Anspruch zu nehmen.[1048] Das Arbeitskampfverbot des § 74 Abs. 2 BetrVG (für den **Personalrat** gilt § 66 Abs. 2 BPersVG[1049]) richtet sich gegen den **Arbeitgeber** und den **Betriebsrat als Institution.**[1050] Der Betriebsrat darf z.B. **keinen Streikaufruf erlassen** oder in anderer Weise die **Arbeit-**

1041 Abgedruckt bei Kissel, § 70 Rn. 6, und Löwisch-Rumler, AKR, S. 491ff.
1042 Kissel, § 70 Rn. 7; Lembke, RdA 00, 223.
1043 Kittner, Arbeitskampf, S. 540.
1044 Vgl. Däubler-Reinfelder, AKR, § 15 Rn. 27 (Fn. 85).
1045 Abgedruckt bei Löwisch-Rumler, AKR, S. 496ff.
1046 Ausführlich: Löwisch-Rumler, AKR, 170.11 Rn. 61ff.
1047 Däubler-Reinfelder, AKR, § 15 Rn. 28; a.A. Löwisch-Rumler, AKR, 170.11 Rn. 86, die den dort enthaltenen Begriff des »öffentlichen Interesses« eng auslegen will.
1048 BAG 17.12.76 – 1 AZR 772/75, AP Nr. 52 zu Art. 9 GG Arbeitskampf.
1049 Da die rechtlichen Auseinandersetzungen um die Rolle der betrieblichen Interessenvertretung im Arbeitskampf ganz überwiegend im betriebsverfassungsrechtlichen Kontext geführt werden, wird im Folgenden im Wesentlichen auf die Tätigkeit des Betriebsrats abgestellt. Für den Personalrat sind diese Aussagen allerdings weitgehend übertragbar bzw. entsprechend anzuwenden, vgl. dazu im einzelnen Altvater-Altvater, § 66 Rn. 16ff.
1050 GK-Kreutz, § 74 Rn. 37ff.

nehmer auffordern, Kampfmaßnahmen zu ergreifen (etwa zur Durchsetzung einer vom Betriebsrat angestrebten Betriebsvereinbarung oder zur Abwehr von Maßnahmen zum Abbau betrieblicher Sozialleistungen durch den Arbeitgeber). Darüber hinaus dürfen in diesem Zusammenhang aber auch **die einzelnen Betriebsratsmitglieder** – in ihrer Eigenschaft als Betriebsratsmitglieder – keine Arbeitskämpfe organisieren oder gar durchführen.[1051] Selbstverständlich können sie sich aber in ihrer **Eigenschaft als Arbeitnehmer und Gewerkschaftsmitglieder** an rechtmäßigen Arbeitskämpfen beteiligen (vgl. Rn. 465). **Verstöße gegen das Arbeitskampfverbot** können zur Auflösung des Betriebsrats oder zum Ausschluss einzelner Mitglieder führen (§ 23 Abs. 1 BetrVG). Ein Unterlassungsanspruch kann vom Arbeitgeber in diesem Zusammenhang nicht geltend gemacht werden.[1052] Bei Verstößen des Arbeitgebers kann gegen diesen nach § 23 Abs. 3 BetrVG und u.U. auch nach § 119 Abs. 1 BetrVG vorgegangen werden.

5.2 Arbeitskampf tariffähiger Parteien

Durch das zwischen Arbeitgeber und Betriebsrat bestehende Arbeitskampfverbot werden die **Arbeitskämpfe tariffähiger Parteien** nicht berührt (§ 74 Abs. 2, 2. Halbsatz bzw. § 66 Abs. 2 Satz 3 BPersVG für den Personalrat). Aus dem betriebsverfassungs- bzw. personalvertretungsrechtlichen Arbeitskampfverbot lassen sich keinerlei Einschränkungen der Arbeitskampffreiheit tariffähiger Parteien ableiten. Die **Rechtmäßigkeit dieser Arbeitskämpfe** richtet sich allein nach den allgemeinen arbeitskampfrechtlichen Grundsätzen (vgl. Rn. 16ff.). 425

Auch der Streik einer Gewerkschaft zur Durchsetzung eines **Firmentarifvertrags**, dessen angestrebter Gegenstand z.B. gem. § 87 oder § 112 Abs. 4 BetrVG der erzwingbaren Mitbestimmung unterliegt, und der dem **Inhalt einer vom Betriebsrat zuvor erfolglos angestrebten oder noch verfolgten Betriebsvereinbarung** ganz oder teilweise entsprechen soll, verstößt nicht gegen das betriebsverfassungsrechtliche oder ein sonstiges Arbeitskampfverbot[1053] (zum Sozialtarifvertrag vgl. Rn. 31ff.).

5.3 Die Rechte des Betriebsrats und Personalrats im Arbeitskampf

Das **betriebsverfassungsrechtliche Arbeitskampfverbot** untersagt zwischen Betriebsrat und Arbeitgeber **als Organen der Betriebsverfassung** jede Art von Arbeitskampfmaßnahmen. Im Hinblick auf die **Doppelstellung der Betriebsratsmitglieder** (als Amtsträger der Betriebsverfassung und Arbeitnehmer) und **des Arbeitgebers** (als Organ der Betriebsverfassung und Tarifvertragspartei bzw. Mitglied eines Arbeitgeberverbandes) in Arbeitskämpfen der Tarifvertragsparteien ergibt sich aus § 74 Abs. 2 Satz 1, 2. Halbsatz BetrVG, nach dem Arbeitskämpfe tariffähiger Parteien vom betriebsverfassungsrechtlichen Arbeitskampfverbot unberührt bleiben, auch die **Zulässigkeit der Beteiligung der Betriebsratsmitglieder und des Arbeitgebers an Tarifarbeitskämpfen.** Während der **Ar-** 426

1051 BAG 5.12.75 – 1 AZR 94/74, AP Nr. 1 zu § 87 BetrVG 1972 Betriebsbuße; 21.2.78 – 1 ABR 54/76, AP Nr. 1 zu § 74 BetrVG 1972.
1052 BAG 15.10.13 – 1 ABR 31/12, NZA 14, 319; 17.3.10 – 7 ABR 95/08, NZA 10, 1133.
1053 Gamillscheg, S. 1124; GK-Kreutz, § 74 Rn. 43f.

beitgeber als Tarifvertragspartei (eines Firmentarifvertrags, vgl. Rn. 476) oder **Mitglied eines Arbeitgeberverbands** (vgl. TVG § 2 Rn. 78) unmittelbar an Arbeitskämpfen tariffähiger Parteien beteiligt sein kann und die **Betriebsratsmitglieder** in ihrer Eigenschaft **als Arbeitnehmer bzw. Gewerkschaftsmitglieder** das Recht haben, sich an gewerkschaftlich geführten Arbeitskämpfen uneingeschränkt zu beteiligen (zu den Einzelheiten vgl. Rn. 429ff.), ist für den **Betriebsrat als Organ** eine entsprechende **Doppelstellung** von vornherein **ausgeschlossen.** Der Betriebsrat kann weder Tarifvertragspartei (vgl. dazu auch TVG § 2 Rn. 19) noch Arbeitnehmer bzw. Mitglied einer Gewerkschaft sein, was bereits zwingend die Konsequenz nach sich zieht, dass er in Arbeitskämpfen tariffähiger Parteien schon funktional nicht als Beteiligter agieren kann. Insofern gilt das Arbeitskampfverbot des § 74 Abs. 2 Satz 1, 1. Halbsatz BetrVG für den Betriebsrat als Organ absolut. Seine Stellung im Arbeitskampf tariffähiger Parteien ist daher **ausschließlich betriebsverfassungsrechtlich zu bestimmen** und hinsichtlich seiner Rechte und Pflichten während eines Arbeitskampfes der Beschränkung unterworfen, dass ihm **lediglich Arbeitskampfmaßnahmen untersagt** sind.

427 Weitere Beschränkungen, die sich aus einer völligen oder uneingeschränkten bzw. absoluten **Neutralitätspflicht des BR** ergeben sollen,[1054] sind nach hier vertretener Auffassung weder der Vorschrift des § 74 Abs. 2 Satz 1 BetrVG noch sonstigen Bestimmungen des BetrVG zu entnehmen. Ebenso wenig ergibt sich aus § 74 Abs. 2 Satz 1, 1. Halbsatz BetrVG ein **Gebot der Zurückhaltung und Distanz des Betriebsrats** zum tariflichen Arbeitskampfgeschehen unter dem Gesichtspunkt der negativen Koalitionsfreiheit unorganisierter Arbeitnehmer bzw. der positiven Koalitionsfreiheit anders organisierter Arbeitnehmer oder der Notwendigkeit, das Verhältnis der Betriebsparteien nicht zu belasten.[1055] Abgesehen davon, dass das BetrVG gerade nicht die strikte Trennung oder Distanz von **Betriebsrat und Gewerkschaft** fordert, sondern deren **Zusammenarbeit** ausdrücklich vorsieht (§ 2 Abs. 1 BetrVG), erlaubt es trotz des Arbeitskampfverbots in § 74 Abs. 2 Satz 1, 1. Halbsatz BetrVG dem Betriebsrat die **Behandlung tarifpolitischer Angelegenheiten** (§ 74 Abs. 2 Satz 3, 2. Halbsatz BetrVG, § 45 Satz 1 BetrVG), **auch im zeitlichen Zusammenhang mit Arbeitskämpfen** tariffähiger Parteien. Dies schließt notwendig das Recht der Betriebsparteien ein, in **Tarifauseinandersetzungen Stellung zu nehmen**. Schließlich ist darauf hinzuweisen, dass der Betriebsrat **vorrangig Interessenvertretungsorgan der Arbeitnehmer** ist und im Rahmen seiner Befugnisse und der betriebsverfassungsrechtlichen Verfahrensordnung Konflikte austragen und Druck ausüben kann.

428 Der **Betriebsrat darf als Organ** einen Streik weder unterstützen noch die Arbeitnehmer auffordern, sich an einem gewerkschaftlich organisierten Streik nicht zu beteiligen.[1056] Für das für den Betriebsrat geltende Arbeitskampfverbot ist es auch unbedeutend, ob es sich um einen rechtmäßigen oder um einen rechtswidrigen Arbeitskampf handelt. Kei-

---

1054 BAG 22.12.80 – 1 ABR 76/79, AP Nr. 71 zu Art. 9 GG Arbeitskampf; ErfK-Kania, BetrVG § 74 Rn. 11; Fitting, § 74 Rn. 14; Rolf/Bütefisch, NZA 96, 17, 18f.; Richardi, § 74 Rn. 24; kritisch dazu Däubler-Dette, AKR, § 19 Rn. 134; GK-Kreutz, § 74 Rn. 67; Kissel, § 36 Rn. 17; Kempen, NZA 05, 185, 187f.

1055 So aber Rolf/Bütefisch, a.a.O.

1056 Fitting, § 74 Rn. 14; Richardi, § 74 Rn. 24f.; a.A. GK-Kreutz, § 74 Rn. 84; kritisch zu dem in diesem Zusammenhang oft verwendeten Begriff der »Neutralitätspflicht des Betriebsrats« Buschmann, AiB 81, 40; Däubler-Dette, a.a.O., Rn. 134.

nesfalls ist der Betriebsrat verpflichtet, auf rechtswidrig streikende Arbeitnehmer einzuwirken, um sie zur Wiederaufnahme der Arbeit zu bewegen,[1057] da das Gesetz lediglich ein Arbeitskampfverbot enthält, nicht aber ein sich an den Betriebsrat richtendes Handlungsgebot. Der **Betriebsrat hat keine Garantenstellung für rechtmäßiges Verhalten der Arbeitnehmer** im Rahmen eines Arbeitskampfes. Obwohl eine Rechtspflicht dazu nicht besteht, ist es andererseits dem Betriebsrat aber auch nicht verwehrt, dass er sich der Sache **der rechtswidrig streikenden Arbeitnehmer annimmt** und durch **Verhandlungen mit dem Arbeitgeber** versucht, in der streitigen Frage eine Einigung herbeizuführen.[1058] Dabei darf der Betriebsrat die sachlichen Interessen der Streikenden vertreten.[1059] Ruht in einem Betrieb wegen eines rechtswidrigen Streiks die Arbeit, behalten nach der Auffassung des BAG[1060] die Betriebsratsmitglieder, die mit den streikenden Arbeitnehmern, mit Vertrauensleuten der im Betrieb vertretenen Gewerkschaft oder mit anderen Gewerkschaftsbeauftragten schlichtende Gespräche oder mit dem Arbeitgeber Verhandlungen führen, um eine Wiederaufnahme der Arbeit zu erreichen, den Lohnanspruch, da es sich insoweit um Betriebsratstätigkeit handelt.

Die **einzelnen Betriebsratsmitglieder** können sich **in ihrer Eigenschaft als Arbeitnehmer und Gewerkschaftsmitglieder** an einem rechtmäßigen Arbeitskampf aktiv beteiligen.[1061] Daran ändert auch nichts, dass sie regelmäßig über eine besondere Autorität verfügen und das Betriebsratsamt von der Arbeitnehmereigenschaft praktisch nicht zu trennen ist. Als Arbeitnehmer brauchen die Betriebsratsmitglieder sich **keine Zurückhaltung** aufzuerlegen. Sie können somit in jeder Weise an einem rechtmäßigen Arbeitskampf teilnehmen. Es ist deshalb ohne weiteres zulässig, dass Betriebsratsmitglieder (einschließlich Betriebsratsvorsitzende und freigestellte Betriebsratsmitglieder) – in ihrer Eigenschaft als Gewerkschaftsmitglieder – einen Streik im Betrieb organisieren, zum Streik aufrufen, den Streik selbst leiten oder maßgebend in der Streikleitung tätig sind.[1062] 429

Streikbeteiligte Betriebsratsmitglieder sind nicht verpflichtet, ausdrücklich darauf hinzuweisen, dass sie als Arbeitnehmer oder Gewerkschaftsmitglieder und nicht als Betriebsratsmitglieder handeln.[1063] Nach überwiegender Ansicht soll es aber unzulässig sein, dass Betriebsratsmitglieder unter **Hervorhebung ihres Betriebsratsamtes** z.B. einen Streikaufruf unterzeichnen.[1064] Dem kann allerdings einschränkend nur für den Fall zugestimmt werden, in dem die Hervorhebung der Mitgliedschaft im Betriebsrat eine **missbräuchliche Ausnutzung des Betriebsratsamtes**[1065] darstellt, etwa wenn ein bestimmtes Betriebsratsverhalten als Reaktion auf ein bestimmtes Streikverhalten der Belegschaft 430

1057 BAG 5.12.78 – 6 AZR 485/76, AiB 11, 471 mit Anm. Däubler; LAG Hamm 6.11.75 – 8 TaBV 21/75, BB 76, 363.
1058 BAG 5.12.78, a.a.O.
1059 Fitting, a.a.O.; GK-Kreutz, a.a.O., Rn. 86; Wiese, NZA 84, 378, 383.
1060 BAG 5.12.78, a.a.O.; zustimmend Wiese, a.a.O.
1061 Fitting, a.a.O., Rn. 16; GK-Kreutz a.a.O., Rn. 65.
1062 LAG Düsseldorf 5.7.94 – 8 TaBV 57/94, AuR 95, 108, bejahend ausdrücklich auch für freigestellte Betriebsratsmitglieder.
1063 LAG Düsseldorf 5.7.94, a.a.O.
1064 Fitting, a.a.O., Rn. 15; GK-Kreutz, a.a.O.
1065 So grundsätzlich für die Abgrenzung unzulässiger Aktivitäten Kissel, § 36 Rn. 24; ähnlich Reichold, NZA 04, 247, 249.

oder einzelner Arbeitnehmer in Aussicht gestellt wird. Unbedenklich ist die Hervorhebung des Betriebsratsamts nach der hier vertretenen Auffassung auch dann, wenn sich ein Betriebsratsmitglied an **Solidaritätsaktionen zugunsten streikender Arbeitnehmer** in einem anderen Betrieb beteiligt, z.B. an **Geldsammlungen** oder **Solidaritätsadressen**, zumindest dann, wenn es sich nicht um einen Streik in einem Zuliefererbetrieb handelt, aus dem dem eigenen Betrieb Nachteile erwachsen können.[1066]

431 Das **Betriebsratsamt wird** durch den Arbeitskampf **nicht berührt;** es besteht grundsätzlich mit allen Rechten und Pflichten weiter.[1067] Dabei ist es ohne Bedeutung, ob das einzelne Betriebsratsmitglied sich selbst am Arbeitskampf beteiligt. Die Arbeitsverhältnisse der Betriebsratsmitglieder können nur suspendiert werden; eine lösende Aussperrung von Betriebsratsmitgliedern ist nicht möglich.[1068] Nach abzulehnender Auffassung des BAG[1069] sollen Betriebsratsmitglieder für die durch die **Aussperrung** ausgefallene Zeit selbst dann **keinen Entgeltanspruch** haben, wenn sie während der Aussperrung Betriebsratsaufgaben wahrgenommen haben.

432 Während eines Arbeitskampfes bleibt der Betriebsrat als Organ **funktionsfähig.**[1070] Die Fortsetzung seiner Tätigkeit liegt im allgemeinen Interesse und auch im Interesse des Arbeitgebers. Das **Betriebsratsamt bleibt mit seinen Rechten und Pflichten bestehen.**[1071] Deshalb bleiben auch die **Mitbestimmungs- und Mitwirkungsrechte** des Betriebsrats **während des Arbeitskampfes grundsätzlich wirksam**, gleichgültig, ob die Betriebsratsmitglieder selbst streiken oder ausgesperrt worden sind. Der Gesetzgeber hat insoweit klare Vorstellungen entwickelt. Ihm war der mögliche Konflikt zwischen Arbeitskampf und Mitbestimmung bekannt. Dennoch ist an keiner Stelle des BetrVG davon die Rede, dass die Mitbestimmungsrechte des Betriebsrats (z.B. nach § 87 BetrVG und § 99 BetrVG) während eines Arbeitskampfes in irgendeiner Weise suspendiert sein sollen. Das Gesetz untersagt dem Betriebsrat in § 74 Abs. 2 Satz 1, 1. Halbsatz BetrVG jede Art von Arbeitskampfmaßnahmen, sieht aber **nach hier vertretener Auffassung** kein spezifisches **Neutralitätsgebot** für die Betriebsparteien vor, aus dem – über den begrenzten Wortlaut und Regelungsgehalt dieser Bestimmung hinaus – die Suspendierung oder Einschränkung von Mitbestimmungs- und Mitwirkungsrechten im Arbeitskampf abgeleitet werden könnte (vgl. dazu grds. auch Rn. 426f.). Entgegen der **in der Literatur verbreiteten Auffassung**[1072] ist auch eine **arbeitskampfkonforme Einschränkung oder Suspendierung** der Beteiligungsrechte bereits aus methodischen Gründen abzulehnen.[1073] Aus diesem Grunde **ist auch die einschränkende Rspr. des BAG**[1074] **abzulehnen**[1075] (zu den Mitbe-

1066 BAG 20.3.79 – 1 AZR 450/76, AiB 12, 604 mit Anm. Däubler; Däubler, AR 1, Rn. 777; Herbst, AiB 87, 4; a.A. Fitting, a.a.O., Rn. 14; GK-Kreutz, a.a.O., Rn. 68.

1067 BAG 25.10.88 – 1 AZR 368/87, AP Nr. 110 zu Art. 9 GG Arbeitskampf.

1068 BVerfG 19.2.75 – 1 BvR 418/71, AP Nr. Nr. 50 zu Art. 9 GG Arbeitskampf; BAG 21.4.71 – GS 1/68, AP Nr. 43 zu Art. 9 GG Arbeitskampf.

1069 BAG 25.10.88, a.a.O., mit krit. Anm. Brox.

1070 BAG 10.12.02 – 1 ABR 7/02, NZA 04, 223, 225.

1071 BAG 10.12.02, a.a.O.

1072 Richardi, § 74 Rn. 33f. m.w.N.

1073 Eingehend dazu GK-Kreutz, a.a.O., Rn. 73ff. m.w.N.; ebenso Fitting, a.a.O., Rn. 20ff.

1074 BAG 22.10. 80 – 1 ABR 2/79, 1 ABR 76/79, AP Nrn. 70, 71 zu Art. 9 GG Arbeitskampf; 10.2.88 – 1 ABR 39/86, DB 88, 1325; 19.2.91 – 1 ABR 36/90, DB 91, 1627; 30.8.94 – 1 ABR 10/94, NZA 95, 183; 10.12.02 – 1 ABR 7/02, a.a.O.; vgl. auch Kissel, NZA 89, 81, 82f.; für das

stimmungsrechten und Handlungsmöglichkeiten des BR bei »**kalter Aussperrung**« vgl. Rn. 370ff.).

Eine **Ausübungsschranke** besteht für den Betriebsrat im Arbeitskampf lediglich dann, wenn er sich einer mitbestimmungspflichtigen Maßnahme dem Arbeitgeber mit dem Ziel entgegenstellt, Arbeitnehmer, die an einem Arbeitskampf gegen den Arbeitgeber beteiligt sind, **Kampfhilfe** zu leisten.[1076] Stellt die Ausübung der Beteiligungsrechte durch den Betriebsrat in diesem Sinn einen **Verstoß gegen das Arbeitskampfverbot** aus § 74 Abs. 2 Satz 1, 1. Halbsatz BetrVG dar, führt auch dies grundsätzlich **nicht zu einem Alleinentscheidungsrecht des Arbeitgebers.** Es gelten auch hier die Grundsätze, die bei rechtswidriger Ausübung der Beteiligungsrechte außerhalb des Arbeitskampfes maßgeblich sind. Das vom BetrVG zur Ersetzung der Zustimmung des Betriebsrats in beteiligungspflichtigen Angelegenheiten und zur Sanktionierung rechtswidrigen Verhaltens des Betriebsrats abschließend vorgesehene Instrumentarium gilt auch im Arbeitskampf uneingeschränkt.[1077] Nach dem insoweit eindeutigen Inhalt des Gesetzes lassen sich im Wege der Auslegung spezielle auf den Arbeitskampf zugeschnittene Tatbestände des Wegfalls der Zustimmungserfordernisse mit dem Willen des Gesetzgebers nicht vereinbaren. Vor diesem Hintergrund ist es auch im Arbeitskampf nicht vertretbar, dem Arbeitgeber zu gestatten, auf ein nicht rechtmäßiges Verhalten des Betriebsrats dergestalt zu reagieren, dass er seinerseits die von ihm zu beachtenden gesetzlichen Bestimmungen außer Acht lassen darf.[1078] 433

Folgt man mit dem **BAG und der überwiegenden Meinung** der hier vertretenen Auffassung **nicht,** ist jedenfalls Voraussetzung für eine Einschränkung von Mitbestimmungsrechten, dass sich der Arbeitgeber **selbst im Arbeitskampf** befindet. Die **Versetzung** eines Arbeitnehmers **aus einem nicht bestreikten Betrieb** in einen Streikbetrieb **schränkt** beispielsweise **die Beteiligungsrechte des Betriebsrats** im abgebenden Betrieb nicht ein.[1079] Das BAG[1080] hat demgegenüber in seiner neueren Rspr. die **Einschränkung der Beteiligungsrechte des Betriebsrats weiter verschärft** und vertritt die Auffassung, dass allein die **Beteiligung des Arbeitgebers an einem Arbeitskampf** regelmäßig dazu führt, dass er die Versetzung von Arbeitnehmern und Arbeitnehmerinnen zum Zwecke des Streikbruchs **in einen bestreikten Betrieb seines Unternehmens** stets ohne Beteiligung des Be- 434

Fortbestehen der Mitbestimmungsrechte des Betriebrats nach § 87 Abs. 1 Nrn. 2, 3 BetrVG: LAG Bremen 9.2.89 – 3 Sa 238/86, – 3 Sa 239/86, AiB 89, 316ff., und nach § 99 BerVG: ArbG Frankfurt 8.10.90 – 15 BV 12/90, AuR 91, 219; 13.11.85 – 9 BVGa 53/85, ArbuR 86, 156; ArbG Regensburg 31.7.86 – 3 BVGa 5/86L, AuR 87, 178.

1075 Vgl. LAG Bremen 9.2.89, a.a.O.; Däubler-Dette, a.a.O., Rn. 138.; GK-Kreutz, a.a.O., Rn. 70ff.; Herbst, AiB 87, 46ff.

1076 Däubler-Dette, a.a.O.; GK-Kreutz, a.a.O., Rn. 77.

1077 Anders GK-Kreutz, a.a.O., Rn. 78; Fitting, a.a.O., Rn. 21, nach denen in diesen Fällen, wenn die Zustimmung des Betriebsrats als Wirksamkeitsvoraussetzung der Arbeitgebermaßnahme erforderlich ist, z.B. gem. § 87 Abs. 1 BetrVG, und diese nicht durch Fristablauf fingiert wird, z.B. gem. § 99 Abs. 3 BetrVG, und auch sonst keine speziellen Regelungen für Eilfälle existieren, z.B. gem. § 100 BetrVG, die Zustimmung des Betriebsrats als erteilt gelten soll.

1078 So für den Fall eines Verstoßes gegen § 2 Abs. 1 BetrVG außerhalb des Arbeitskampfes LAG Niedersachsen 26.2.91 – 6 TaBV 70/90.

1079 Näher dazu DKKW-Berg, § 74 Rn. 35ff.; s. auch BAG 19.2.91 – 1 ABR 36/90, DB 91, 1627.

1080 BAG 13.12.11 – 1 ABR 2/10, NZA 12, 571; zust. Ubber, BB 12, 51; abl. Berg, AiB 12, 73.

triebsrats des abgebenden Betriebes durchführen kann. Das soll unabhängig davon gelten, ob auch der abgebende Betrieb in den Arbeitskampf einbezogen ist oder nicht[1081] und ob der im aufnehmenden Betrieb umkämpfte Tarifvertrag auch die Arbeitnehmer des abgebenden Betriebs erfasst.[1082] Der Betriebsrat des abgebenden und nicht in den Arbeitskampf einbezogenen Betriebs ist allerdings zu beteiligen, wenn der nicht am Arbeitskampf unmittelbar beteiligte Arbeitgeber zum Zwecke des Streikbruchs Arbeitnehmer **in den bestreikten Betrieb eines anderen Arbeitgebers**, auch in den Betrieb eines Tochterunternehmens, versetzen will.[1083]

In der Rspr. des BAG bleibt unberücksichtigt, dass es gerade bei Versetzungen oder der Anordnung von Überstunden zum Zweck der Verrichtung von **Streikbrecherarbeit** für die Funktion des Betriebsrats von Bedeutung ist, dass den betroffenen Arbeitnehmern etwas Unzumutbares abverlangt wird,[1084] und dass sie deshalb das Recht haben, die Ausführung von **Streikbrecherarbeit** zu **verweigern**[1085] (vgl. dazu Rn. 506). Die Ausübung dieses individuellen Leistungsverweigerungsrechts kann für die betroffenen Arbeitnehmer in Abhängigkeit von den Umständen des Einzelfalls mit erheblichen Nachteilen und Risiken verbunden sein, so dass insbesondere zur Ermöglichung der tatsächlichen Wahrnehmung dieses Rechts und der Vermeidung von Nachteilen eine Kontrolle der arbeitgeberseitigen Anordnung der Verrichtung von Streikbrecherarbeiten durch den Betriebsrat unerlässlich ist.

Die **Einschränkung der Mitbestimmungsrechte** des Betriebsrats, z.B. bei der Einstellung von Streikbrechern (z.B. Leiharbeitnehmern oder befristet Beschäftigten) nach § 99 BetrVG, **fällt weg**, wenn die Streikbrecher **nach Beendigung des Streiks** weiter beschäftigt werden. Dann muss der Arbeitgeber das Beteiligungsverfahren nach § 99 BetrVG nachholen und die Zustimmung des Betriebsrats beantragen. Der Betriebsrat kann die Zustimmung mit einer der in § 99 Abs. 2 BetrVG aufgeführten Gründe verweigern (z.B. Nachteile für die Streikenden, deren Arbeitsplatz durch Streikbrecher noch besetzt ist). Das gilt grundsätzlich auch dann, wenn die Tarifauseinandersetzung noch nicht beendet und der Streik für eine gewisse Dauer **ausgesetzt** wird[1086] (siehe auch Rn. 434b).

434a Beteiligungsrechte des Betriebsrats, die sich in einer **Unterrichtung, Anhörung oder Beratung** erschöpfen, sind uneingeschränkt auch im Arbeitskampf vom Arbeitgeber zu beachten.[1087] Selbst wenn man davon ausgeht, dass eine personelle Maßnahme z.B. nach § 99

1081 BAG 13.12.11, a.a.O.

1082 BAG 13.12.11, a.a.O.; a.A. insoweit LAG Köln 13.8.09 – 7 TaBV 116/08, das in der Vorinstanz darauf abstellte, dass der umkämpfte Tarifvertrag auch die AN des abgebenden Betriebs erfasste.

1083 BAG 19.2.91, a.a.O.; LAG Schleswig-Holstein 29.5.13 – 6 TaBV 30/13.

1084 Dazu Berg, AiB 12, 73.

1085 BAG 25.7.57 – 1 AZR 194/56, AuR 58, 125: »Es ist dem Arbeitnehmer nicht zuzumuten, den Streikenden in den Rücken zu fallen.«; bestätigt durch BAG 10.9.85 – 1 AZR 262/84, DB 85, 2354.

1086 DKKW-Bachner, § 99 Rn. 26; Fitting, § 99 Rn. 28.

1087 BAG 10.12.02, a.a.O.; Fitting, § 74 Rn. 23; GK-Kreutz, a.a.O., Rn. 76, nach deren Auffassung sich allerdings die Ausübung dieser weniger intensiven Beteiligungsrechte »im Allgemeinen« als »arbeitskampfneutral« erweist, im Einzelfall sich aber auch als unzulässige Kampfmaßnahme darstellen kann, so insbesondere Fitting, a.a.O.; a.A. Krummel, BB 02, 1418; Reichold, NZA 04, 247.

BetrVG arbeitskampfbezogen und damit mitbestimmungsfrei ist, muss der Arbeitgeber dem Betriebsrat dennoch **die erforderlichen Informationen erteilen.**[1088] Der Betriebsrat kann verlangen, dass ihm auch im Arbeitskampf **unter Namensnennung** vom Arbeitgeber **im Voraus** mitgeteilt wird, welche **Überstunden, Schichtverschiebungen, kurzfristigen Versetzungen, Einstellungen** und **Beschäftigung von Mitarbeitern fremder Firmen** anfallen.[1089] Der Betriebsrat muss auch in diesem Fall in die Lage versetzt werden, **eigenverantwortlich zu überprüfen**, ob die Maßnahme seiner Mitbestimmung unterliegt oder nicht. Kommt der Arbeitgeber dieser Unterrichtungspflicht nicht nach, kann der Betriebsrat auch während eines Streiks – ggf. im Wege der einstweiligen Verfügung – die **Unterlassung der personellen Maßnahme** vom Arbeitgeber verlangen, bis er über die Maßnahme ordnungsgemäß informiert wurde.[1090]

Die arbeitskampfbedingte Einschränkung der Mitbestimmungsrechte des Betriebsrats in personellen und sozialen Angelegenheiten durch die Rechtsprechung des BAG gilt allerdings **nur während der Dauer des Arbeitskampfes**. Wird z.B. vom Arbeitgeber eine ursprünglich arbeitskampfbedingt durchgeführte **personelle Maßnahme** über das Ende des Arbeitskampfes hinaus aufrechterhalten oder will der Arbeitgeber nach Beendigung des Arbeitskampfes zur Kompensation von Streikfolgen **Mehrarbeit** durchführen, hat er die Beteiligungsrechte des Betriebsrats uneingeschränkt zu beachten bzw. die Beteiligung des Betriebsrats unverzüglich nachzuholen.[1091] Das gilt auch für die Zahlung von **Streikbruchprämien** (vgl. dazu auch Rn. 301), die der Arbeitgeber vor und während des Arbeitskampfs nicht zugesagt hat und nach Beendigung des Arbeitskampfes zahlt.[1092] 434b

In Ausübung ihrer Betriebsratstätigkeit darf den streikenden oder ausgesperrten Betriebsratsmitgliedern auch der **Zutritt zum Betrieb** nicht verwehrt werden.[1093] Der Arbeitgeber ist auch während eines Arbeitskampfes nicht berechtigt, beispielsweise die Zugangs-Code-Karten sämtlicher Betriebsratsmitglieder (zur Überwindung der Zugangssicherungen zum Betrieb) zu sperren, wenn er – berechtigt oder nicht – annimmt, ein Betriebsratsmitglied habe »seine« Karte missbräuchlich verwandt. Darüber hinaus ist es nicht zulässig, wenn der Arbeitgeber während eines Arbeitskampfes Betriebsratsmitglieder während der Ausübung ihrer Betriebsratstätigkeit fortwährend oder auch nur stichprobenhaft durch ein persönlich anwesendes oder hinzutretendes Mitglied der Personalabteilung kontrollieren lässt.[1094] 435

1088 BAG 10.12.02, a.a.O.; LAG Rheinland-Pfalz 21.3.13 – 10 TaBV 41/12, NZA-RR 13, 291; LAG Köln 22.6.92 – 14 TaBV 17/92 DB 93, 838; LAG Frankfurt 22.2.90 – 12 TaBVGa 1/90, DB 91, 707; ArbG Frankfurt 8.10.90 – 15 BV 12/90; ablehnend Kissel, § 36 Rn. 85.

1089 BAG 10.12.02, a.a.O.

1090 ArbG Frankfurt 8.10.90, a.a.O.; ArbG Frankfurt 28.12.89 – 15 BVGa 46/89; a.A. LAG Frankfurt 22.2.90, a.a.O.

1091 ArbG Oldenburg 21.5.15 – 6 BVGa 2/15; ArbG Stuttgart 24.4.15 – 9 BVGa 1/15; Fittting, § 74 Rn. 23.

1092 LAG Hamm 16.9.97 – 13 TaBV 33/97, AiB 98, 589 mit Anm. Kettner.

1093 LAG Köln 20.8.92 – 5 TaBV 30/92, LAGE Nr. 9 zu § 2 BetrVG 1972; LAG Frankfurt 8.2.90 – 12 TaBVGa 13/90, BB 90, 1626; ArbG Stuttgart 22.5.84 – 2 BVGa 1/84; 30.5.84 – 18 BVGa 3/84; Fitting, a.a.O., Rn. 26; GK-Kreutz, a.a.O., Rn. 60; Herbst, a.a.O., S. 5.

1094 LAG Frankfurt 8.2.90, a.a.O.

436 **Hinweis für den Betriebs- und Personalrat**

Da auch und gerade **während eines Arbeitskampfes auf den** Betriebsrat **vielfältige Aufgaben** zukommen können,[1095] weil beispielsweise bei den Arbeitnehmern erhöhter Beratungsbedarf besteht oder beim Einsatz vom Streikbrechern durch den Arbeitgeber die **Einhaltung von Gesetzen, Tarifverträgen, UVV usw. zu überwachen** ist,[1096] muss der Betriebsrat auch während des Arbeitskampfes **im Betrieb (z.B. Betriebsratsbüro, Arbeitsplätze)** seine Amtspflichten erfüllen können. Dazu gehört u.a. die:

- Abhaltung von **Betriebsrats- oder Ausschusssitzungen**,
- Durchführung von **Sprechstunden** des Betriebsrats,
- Durchführung von **Betriebsbegehungen**,
- Abwicklung der **laufenden Geschäfte**, wie z.B. der **Schriftverkehr**,
- Einholung von **Auskünften beim Arbeitgeber**,
- Entgegennahme und Bearbeitung von **Anträgen und Beschwerden der Arbeitnehmer** und
- Durchführung von **Betriebsversammlungen** (vgl. dazu Rn. 468).

Während des Arbeitskampfes sollte der Betriebsrat regelmäßig dafür sorgen, dass er **für den Arbeitgeber** in betriebsverfassungsrechtlichen Angelegenheiten jederzeit **ansprech- bzw. erreichbar** ist (etwa per Mobiltelefon). Der Betriebsrat hat das Recht, während eines arbeitskampfbedingten Produktionsstillstandes situationsbezogene **Informationen an die Privatanschriften der Arbeitnehmer** zu versenden, und kann zu diesem Zweck die Herausgabe der Privatanschriften vom Arbeitgeber verlangen.[1097]

437 Es gehört jedoch **nicht zu den Aufgaben des Betriebsrats**, während eines Arbeitskampfes mit dem Arbeitgeber auch über die **Durchführung eines Notdienstes** (zum Begriff der Notdienstarbeiten vgl. Rn. 491) **zu verhandeln** oder gar entsprechende **Vereinbarungen zu treffen**. Notdienstvereinbarungen sind **allein Sache der streikenden Gewerkschaft und des Arbeitgebers**, die eine angemessene Lösung finden müssen. Die zwischen Betriebsrat und Arbeitgeber insoweit getroffenen Abreden sind unwirksam und die Arbeitnehmer daran nicht gebunden.[1098] Die streikführende Gewerkschaft und der Arbeitgeber können aber vereinbaren, den **Betriebsrat bei der praktischen Durchführung** des zwischen ihnen vereinbarten Notdienstes einzubeziehen.[1099] Wegen ihrer genauen Kenntnisse der Betriebsabläufe und Personaleinsatzplanung gehören Mitglieder des Betriebs- und Personalrats in ihrer Funktion als Gewerkschaftsmitglieder und Vertrauensleute in der Regel der gewerkschaftlichen Verhandlungskommission zum Abschluss einer Notdienstvereinbarung an.

1095 Vgl. BAG 25.10.88 – 1 AZR 368/87, AP Nr. 110 zu Art. 9 GG Arbeitskampf; zu den praktischen Fragen eingehend Blanke, AiB 93, 220; Herbst, AiB 87, 4.

1096 So auch BAG 10.12.02, a.a.O.

1097 LAG Berlin 28.6.84 – 12 TaBV 3/84, DB 84, 1936ff.

1098 Bauer/Haußmann, DB 96, 881; Däubler, AuR 81, 257; Buschmann AuR 80, 230, 233; Fitting, a.a.O., Rn. 24; Kempen, NZA 05, 185, 189; siehe auch § 8 der Arbeitskampfrichtlinien des DGB, AuR 74, 252 und dazu Kehrmann/Rose, AuR 74, 321, 324; LAG Niedersachsen 1.2.80 – 10 Sa 110/79, AP Nr. 69 zu Art. 9 GG Arbeitskampf; LAG Frankfurt 22.4.69 – 5 Sa 627/68, AP Nr. 40 zu Art. 9 GG Arbeitskampf; a.A. Brox/Rüthers, Rn. 467, 293, Fn. 34; GK-Kreutz, a.a.O., Rn. 81ff.; Wiese, NZA 84, 378, 382.

1099 Kempen, a.a.O.; weitergehend Fitting, a.a.O.: Übertragung der Regelungsbefugnis auf Betriebsrat und Arbeitgeber.

6. Rechtsstreitigkeiten

Das Arbeitskampfrecht ist nicht gesetzlich geregelt (vgl. Grundl. Rn. 77). Teilweise werden Arbeitskämpfe als »wilde Gärungsprozesse« empfunden, die ihre »historischen Wurzeln im Rechtsbruch« haben[1100] und es wird davor gewarnt, die Entwicklung der Arbeitskämpfe rechtlich zu stark zu regulieren. Trotzdem werden immer wieder die **Gerichte fallbezogen** und **punktuell** unter verschiedenen Gesichtspunkten **vor, während und nach** Beendigung des Arbeitskampfes als konfliktlösende Autorität bemüht.[1101] Das Vorverständnis ist häufig geprägt vom Streik als unerwünschter Störung der üblichen Wirtschafts- und Betriebsabläufe und – vor allem im Bereich der Daseinsvorsorge – unzumutbarer Beeinträchtigung Dritter. Arbeitgeber finden vor Gericht verhältnismäßig schnell Gehör mit der Behauptung, eine Streikmaßnahme sei insgesamt rechtswidrig (z.B. wegen Verletzung der Friedenspflicht, wegen angeblich fehlender tariflicher Regelbarkeit oder wegen Verstoßes gegen den Verhältnismäßigkeitsgrundsatz). Der Anteil der Eilverfügungen zugunsten der Arbeitgeber **ohne mündliche Verhandlung** ist wesentlich höher als Entscheidungen der Gerichte zugunsten der Arbeitnehmer bzw. der Gewerkschaften, wenn es darum geht, einstweilige Verfügungen der Arbeitgeber abzuwehren oder den Arbeitskampf vor rechtswidrigen Eingriffen der Arbeitgeber zu schützen.[1102] 438

Beliebt und zahlreich sind daher die Anträge der Arbeitgeber auf **Erlass einstweiliger Verfügungen**[1103] mit dem Ziel, die Durchführung eines Streiks **verbieten zu lassen.**[1104] Derartige Verbotsanträge werden gezielt im Arbeitskampf eingesetzt, oftmals mit unzutreffenden Behauptungen zum Ablauf der Tarifverhandlungen (es bestehe z.B. noch Friedenspflicht), zum tatsächlichen Streikgeschehen (angebliche Betriebsblockaden bzw. Streikexzesse von Arbeitnehmern oder unterlassenes Eingreifen der gewerkschaftlichen Streikposten bei sog. Streikexzessen), zur Unverhältnismäßigkeit drohender wirtschaftlicher Schäden oder Beeinträchtigungen Dritter oder mit unrichtigen Angaben zum eigenen (zum Teil rechtswidrigen) Beitrag an der Tarifauseinandersetzung. Der jüngsten Entwicklung des Streikgeschehens entsprechend (vgl. Grundl. Rn. 187) hat die Anzahl von Eilverfahren mit dem Ziel des **Streikverbots im Bereich der Daseinsvorsorge** erheblich zugenommen.[1105] **Nicht selten** stellt sich nach Beendigung der Tarifrunde im Rahmen der Kostenentscheidung zum Eilantrag der Arbeitgeber **nachträglich** heraus, dass die **einstweilige Verfügung zu Unrecht** ergangen ist (vgl. auch Rn. 473). **Schadensersatzansprü-** 439

1100 Wißmann, JArbR 35, S. 115, 130.

1101 Vgl. Wißmann, a.a.O.

1102 Vgl. ausführlich Hoyer, AiB 86, S. 243ff.; Steinbrück, S. 32ff.

1103 Zum einstweiligen Rechtsschutz im Arbeitskampf und den prozessualen Fragen s. Korinth, S. 360ff., 365ff.

1104 ErfK-Linsenmaier, GG, Art. 9 Rn. 228ff.; Schaub-Treber, § 194 Rn. 50ff: vgl. auch die Beispiele bei Däubler, AR 1, Rn. 640f.; Hoyer, AiB 86, 243ff.; Steinbrück, S. 17ff., 24ff.

1105 Vgl. etwa Hessisches LAG 7.11.14 – 9 SaGa 1496/14, ZTR 15, 132 (Lokomotivführer und sonstige Beschäftigte DB AG); ArbG Herne 23.8.13 – 3 Ga 28/13, (Schleusenwärter); ArbG Wesel 23.8.13 – 6 Ga 22/13, LAGE Art 9 GG Arbeitskampf Nr 96 (Schleusenwärter); LAG Berlin-Brandenburg 14.8.12 – 22 SaGa 1131/12, AuR 12, 375, (Bewachungspersonal Kernkraftwerke); LAG Hamm 19.10.09 – 8 Sa 227/09, (Erzieher Kindertagesstätte); LAG Baden-Württemberg 31.3.09 – 2 SaGa 1/09, NZA 09, 631 (Vorfeldlotsen Flughafen); LAG Hamm 16.1.07 – 8 Sa 74/07, NZA-RR 07, 250 (Beschäftigte Blutspendedienst); Schaub-Treber, § 194 Rn. 52.

che gem. § 945 ZPO **können** aber naturgemäß **keine ausfallende Tarifrunde ersetzen**. Zudem lässt sich der für die Arbeitnehmer und Gewerkschaften entstandene Schaden durch einen zu Unrecht untersagten Arbeitskampf kaum gerichtsverwertbar bemessen.[1106]

440 Das Problem liegt vor allem darin, dass es den Gewerkschaften nach gerichtlicher Untersagung der Arbeitskampfmaßnahmen schwer fällt, die anfängliche Mobilisierung, die mit einem Streikaufruf verbunden ist, aufrechtzuerhalten und damit den notwendigen Druck für gerechte Tarifergebnisse bis zum Ende des Rechtsmittelverfahrens oder bis zum Ende des Hauptprozesses zu transportieren.[1107] Faktisch wird insofern in der Regel die Hauptsache vorweggenommen. Ein arbeitsgerichtlich untersagter Streik kann auch nach Aufhebung des Erlasses der einstweiligen Verfügung oder nach Obsiegen im Hauptsacheverfahren in der Regel nicht mehr aussichtsreich durchgeführt werden.[1108] Nicht zuletzt aus diesem Grund wird auch vom BAG anerkannt, dass ein von der Gewerkschaft geführter **Streik die Vermutung der Rechtmäßigkeit in sich hat.**[1109] Bei einstweiligen Entscheidungen im Vorfeld von Streiks besteht die **Gefahr der Tarifzensur** (vgl. auch Grundl. Rn. 82).[1110]

441 Dem Erlass einstweiliger Verfügungen zum Untersagen gewerkschaftlicher Kampfmaßnahmen sind daher äußerst enge Grenzen gesetzt; sie sind – trotz häufig gegenteiliger Praxis – nur in ganz seltenen Fällen zulässig[1111] und dürfen **in der Regel nicht ohne mündliche Verhandlung** ergehen.[1112] Nur in dringenden Fällen (vgl. § 62 Abs. 2 Satz 2 ArbGG), wenn außergewöhnlich hohe Schäden glaubhaft gemacht sind und eine mündliche Verhandlung vor dem Eintritt dieser Schäden objektiv nicht durchführbar ist, darf der streikführenden Gewerkschaft durch den Verzicht auf eine mündliche Verhandlung das **durch Art. 9 Abs. 3 GG in seiner Bedeutung verstärkte rechtliche Gehör** (Art. 103 Abs. 1 GG) abgeschnitten werden. Ein gerichtliches Streikverbot setzt voraus, dass der Streik **offensichtlich** bzw. **eindeutig rechtswidrig** ist[1113] und über § 935 ZPO hinausgehende **außergewöhnlich hohe Schäden oder Existenzgefährdung** drohen. Nur dann kann eine Streikmaßnahme untersagt werden. Nach überwiegender Auffassung muss (lediglich) die Rechtswidrigkeit des Arbeitskampfes **substantiiert dargelegt und glaubhaft gemacht werden.**[1114] Wird der Verfügungsanspruch mit einer **höchstrichterlich nicht geklärten und umstrittenen Rechtsauffassung** begründet, kommt ein gerichtliches Streikverbot im Wege des Erlasses einer einstweiligen Verfügung nicht in Frage. Schwierige und **umstrit-**

1106 Vgl. Otto, § 19 Rn. 27.
1107 Vgl. Dorndorf/Weiss, S. 56f.; ErfK-Linsenmaier, GG Art. 9 Rn. 228.
1108 ErfK-Linsenmaier, a.a.O.; Schaub-Treber, § 194, Rn. 51.
1109 BAG 19.6.73 – 1 AZR 521/72, AuR 73, 278.
1110 Vgl. BVerfG 26.6.91 – 1 BvR 779/85, AuR 92, 29; BAG 19.6.84 – 1 AZR 361/82, NZA 84, 261.
1111 ErfK-Linsenmaier, a.a.O.: beim Erlass einer einstweiligen Verfügung zur Untersagung eines Streiks ist »große Zurückhaltung« angebracht; zurückhaltend auch Däubler-Bertzbach, AKR, § 24 Rn. 4ff.; Korinth, S. 364 Rn. 10; ähnlich Germelmann/Matthes/Prütting/Müller-Glöge, ArbGG, § 62 Rn. 113f.; Steinbrück, S. 183ff.; Wolter, AuR 87, 172f.; in diese Richtung auch Krause, Jahrbuch, S. 23ff.; Reichold, FS Buchner, S. 721ff.
1112 Däubler-Bertzbach, AKR § 24 Rn. 18; Schaub-Treber, § 194 Rn. 53; Otto, § 19 Rn. 20.
1113 LAG Sachsen 2.11.07 – 7 SaGa 19/07, NZA 08, 59; LAG Köln 12.12.05 – 2 Ta BV 457/05, NZA 06, 62; Hessisches LAG 2.5.03 – 9 SaGa 637/03; LAG Düsseldorf 11.12.78 – 7 T 239/78, DB 79, 167; ArbG Jena 26.5.09 – 4 Ga 2/09; HK-ArbR-Hensche, Art. 9 GG Rn. 128.
1114 Hessisches LAG 7.11.14 – 9 SaGa 1496/14, ZTR 15, 132; Germelmann/Matthes/Prütting/Müller-Glöge, § 62 Rn. 113; Henniges, S. 85; Kissel, § 65 Rn. 23, Korinth, S. 361.

tene arbeitskampfrechtliche Rechtsfragen können nur in einem **Hauptsacheverfahren** geklärt werden.[1115] Kann das Vorliegen eines Verfügungsanspruches bejaht werden, ist im Rahmen einer **umfassenden Interessenabwägung**[1116] zu prüfen, ob unter Berücksichtigung aller in Betracht kommenden materiell-rechtlichen und vollstreckungsrechtlichen Gesichtspunkte, der wirtschaftlichen Auswirkungen auf die Parteien und der Gefahr einer endgültigen Beeinträchtigung der Koalitionsbetätigungsgarantie der streikführenden Gewerkschaft ein gerichtliches Streikverbot vertretbar ist.

Wenn die **Rechtmäßigkeit eines bevorstehenden Streiks umstritten** ist und/oder Hinweise dafür vorliegen, dass die **Arbeitgeberseite beabsichtigt**, im Wege der einstweiligen Verfügung ein **gerichtliches Streikverbot durchzusetzen**, ist es in der Regel für die zum Arbeitskampf aufrufenden Gewerkschaften unverzichtbar, eine **Schutzschrift beim Arbeitsgericht** (bzw. Schutzschriften bei allen für den Streik örtlich zuständigen Arbeitsgerichten, vgl. dazu Rn. 444) zu hinterlegen. In dieser Schutzschrift wird festgehalten, dass aus Sicht der Gewerkschaften der möglicherweise zu erwartende Antrag auf **Erlass einer einstweiligen Verfügung zurückzuweisen** ist bzw. dass ihm **ohne vorherige mündliche Verhandlung** keinesfalls stattgegeben werden darf.[1117] 442

Die **Durchführung einer mündlichen Verhandlung** vor der gerichtlichen Entscheidung über den Streikverbotsantrag des Arbeitgebers ist sehr wichtig (und in der Regel **rechtlich auch geboten**, vgl. Rn. 473), weil im Rahmen einer mündlichen Verhandlung die beste Möglichkeit besteht, dass die Gewerkschaft den zu beurteilenden Sachverhalt aus ihrer Sicht darstellen und ihre Rechtsauffassung darlegen und begründen kann. Deshalb ist es sinnvoll und notwendig, in der Schutzschrift die kurzfristige telefonische Erreichbarkeit des gewerkschaftlichen Prozessvertreters und Teilnahmemöglichkeit an einer mündlichen Verhandlung (unter Abkürzung von Ladungsfristen) zu dokumentieren und glaubhaft zu machen. Die Gerichte sind verpflichtet, den Inhalt einer Schutzschrift bei der Entscheidungsfindung zu berücksichtigen.[1118]

Wenn die gerichtliche Untersagung von Arbeitskampfmaßnahmen den Arbeitgebern nicht erfolgversprechend erscheint, wird häufig auch anders vorgegangen. Um die **Wirksamkeit des Arbeitskampfes** zu unterlaufen, werden z.B. unberechtigte **Abmahnungen** gegenüber den Arbeitnehmern ausgesprochen, verbunden mit der Aufforderung, die Teilnahme an den Arbeitskämpfen zu unterlassen, um eine **Kündigung zu vermeiden** (vgl. Rn. 446). Darüber hinaus wird versucht, **nicht erforderliche Notdienste** ohne Beteiligung der Gewerkschaft (vgl. Rn. 491) einseitig anzuordnen oder sonstige **Maßregelungen im Zusammenhang mit der Teilnahme am Arbeitskampf** anzudrohen. In diesen Fällen besteht für die **Gewerkschaften das Recht**, wegen des rechtswidrigen Eingriffs in das Streikrecht ebenfalls im Wege der einstweiligen Verfügung Unterlassung gem. Art. 9 Abs. 3 GG i.V.m. §§ 1004, 823 Abs. 1 BGB zu verlangen.[1119] 443

1115 Hessisches LAG 7.11.14, a.a.O.

1116 Hessisches LAG 7.11.14, a.a.O.

1117 Vgl. Näheres bei Germelmann/Matthes/Prütting/Müller-Glöge, § 62 Rn. 115; Kissel, § 65 Rn. 58; Korinth, S. 380ff. (auch mit Schriftsatzmustern).

1118 BGH 13.2.03 – I ZB 23/02, NJW 03, 1257.

1119 ArbG Köln 26.5.89 – 16 Ga 40/89 – rkr. (zu offensichtlich rechtswidrigen Abmahnungen und Androhungen von Kündigungen); ArbG Essen 24.7.03 – 8 Ga 50/03 – rkr.,(zur einseitigen Verpflichtung streikwilliger Arbeitnehmer zum Notdienst).

Die gleiche Möglichkeit hat eine Gewerkschaft bei **rechtswidrigen Aussperrungen.**[1120]

444 Ebenso umstritten wie der Streik selbst oder die Rechtmäßigkeit einzelner Arbeitskampfmaßnahmen ist häufig die örtliche **Zuständigkeit** des jeweiligen Arbeitsgerichts. In Betracht kommen als Gerichtsorte z.B. der Sitz des Arbeitgebers, der Sitz des Verbands (Arbeitgeberverband, Gewerkschaft) oder der Ort der behaupteten unerlaubten Handlung. Im Lokführerstreik hat die Bahn die Eilanträge auf Unterlassung von Streikmaßnahmen gezielt – teilweise erfolgreich – bei den Arbeitsgerichten eingereicht, bei denen sie für sich günstigere Entscheidungen erwartete (vgl. Rn. 169ff., 473). Dieser Umstand und die ergangenen unterschiedlichen Entscheidungen haben zu einer intensiven Diskussion über eine **Neuordnung der Zuständigkeit und des Verfahrens in Arbeitskampfsachen** geführt.[1121] Vorgeschlagen wird vor allem als ausschließliche **örtliche Zuständigkeit** der Sitz der Koalitionen (Arbeitgeberverband, Gewerkschaft, ggf. einzelne Arbeitgeber). Ferner soll Eingangs- und **einzige Tatsacheninstanz** das örtlich zuständige **LAG** sein, in **Eilsachen** würde das Revisionsverfahren zum **BAG** eröffnet werden. Die Argumente für die umfassenden Änderungsvorschläge überzeugen nicht. Zwar würde der gezielte Missbrauchsversuch und das sog. »Forum-Shopping«[1122] vermieden werden; für die Beibehaltung des besonderen **Gerichtsstandes der unerlaubten Handlung** spricht jedoch besonders die größere Sachnähe der Arbeitsgerichte, bessere Möglichkeiten der Beibringung von »präsenten« Beweismitteln in Eilverfahren sowie die erfahrungsgemäß sehr unterschiedlichen Konfliktsituationen in arbeitskampfrechtlichen Auseinandersetzungen. Die Konzentration auf das – in der Regel in einem Bundesland einzige – **LAG** birgt zudem die Gefahr einseitiger Entscheidungen, der **unzureichenden Tatsachenberücksichtigung** und führt damit zu **Rechtsverlust.**

445 **Nach Beendigung** des Arbeitskampfes geht es in der Regel noch um die »Aufräumarbeiten«. Nicht selten versuchen Arbeitgeber, nachträglich **Schadensersatzansprüche** durchzusetzen wegen angeblich rechtswidriger Streiks (vgl. Rn. 285f.) oder rechtswidriger Streikmaßnahmen (Blockaden usw.).

Auf **Arbeitnehmerseite** folgen gelegentlich Individualklagen wegen **Abmahnungen, Nachzahlung von Entgelt, Gewährung von Feiertagen und Urlaub, Sonderzahlungen und Streikbruchprämien.**

Um diese Auseinandersetzungen erfolgreich bestehen zu können, ist es unbedingt erforderlich, **noch während der Arbeitskampfmaßnahmen** den genauen Sachverhalt und geeignete **Beweismittel** festzuhalten. Das gilt vor allem im Hinblick auf die angeblich durch **rechtswidrige** Arbeitskampfmaßnahmen **entstandenen Schäden**, die nachträglich eingeklagt werden.[1123] Durch die im Regelfall zwischen den Tarifvertragsparteien mit Tarifabschluss vereinbarte Maßregelungsklausel (vgl. Rn. 268f. und 489) wird jedoch der Umfang dieser Auseinandersetzungen in der Praxis gering gehalten.

1120 Vgl. ausführlich Däubler-Bertzbach/Wolter, AKR, § 21 Rn. 147ff.; ErfK-Linsenmaier, GG Art. 9 Rn. 267; zu einstweiligen Verfügungen gegenüber Angriffen auf das Streikrecht vgl. Däubler-Däubler, AKR, § 12 Rn. 39ff.; Derleder, FS Gnade, S. 419, 430ff.

1121 Vgl. Fischer FA 08, 2ff.; Gesetzesantrag der Länder Baden-Württemberg und Sachsen in BR-DrS. 901/07; Stellungnahme des Deutschen Anwaltsvereins vom 5.2.2008, Ausschuss f. AuS DrS. 16 (11) 803 zum Gesetzesentwurf der Bundesregierung DrS. 16/7716.

1122 Vgl. Fischer, FA 08, 02.

1123 Vgl. BAG 10.12.02 – 1 AZR 96/02, AuR 04, 149.

7. Stichworte zum Arbeitskampfrecht von A bis Z

446 Abmahnung

Während einer Tarifauseinandersetzung, vor allem beim Streik kommt es gelegentlich vor, dass Arbeitnehmer wegen bestimmter Verhaltensweisen vom Arbeitgeber **abgemahnt** werden. Im Regelfall werden Abmahnungen durch eine nach Beendigung der Tarifauseinandersetzung zwischen den Tarifparteien vereinbarte **Maßregelungsklausel** (vgl. Rn. 268f. und 489) erledigt. Sollte eine derartige Klausel ausnahmsweise nicht durchgesetzt werden können, haben abgemahnte Arbeitnehmer die Möglichkeit, **Klage** beim Arbeitsgericht zu erheben (ggf. auch mit der Begründung, dass die Abmahnung. **gegen Art 9 Abs. 3 GG verstößt** und als gegen die Wahrnehmung des Streikrechts gerichtete Maßnahme rechtswidrig ist [Art. 9 Abs. 3 Satz 2 GG] und gegen das gesetzliche **Maßregelungsverbot des § 612a BGB** verstößt; vgl. dazu auch Rn. 267f., 299ff.). Ist die Abmahnung ungerechtfertigt, verurteilt das Arbeitsgericht den Arbeitgeber dazu, die Abmahnung aus der Personalakte zu entfernen.[1] Ob es Erfolg versprechend und/oder tak-

1 So z.B. ArbG Krefeld 27.5.08 – 4 Ca 2996/07 – Solidaritätsstreik von Erzieherinnen in Krefeld zur Unterstützung der Landesbeschäftigten; ArbG Würzburg 11.1.10 – 8 Ca 874/09 – Partizipationsstreik Öffentlicher Dienst; ArbG Ulm 10.3.06 – 7 Ca 348/05 – Partizipationsstreik Verlag; Hessi-

tisch sinnvoll ist, wegen einer Abmahnung eine Gegendarstellung zu verlangen oder beim Arbeitsgericht Klage zu erheben, ist im Einzelfall zu prüfen und zu entscheiden.
Die **Drohung mit einer Kündigung des Arbeitsverhältnisses** im Falle der Beteiligung an einem rechtmäßigen (Warn-) Streik ist ein unzulässiger Eingriff in das Streikrecht und kann – auch auf Antrag der streikführenden Gewerkschaft – im **Wege der einstweiligen Verfügung gerichtlich untersagt** werden.[2]

Altersteilzeit 447

Arbeitsrechtlich ergeben sich für Beschäftigte in einem Altersteilzeitverhältnis keine Unterschiede zu den übrigen Arbeitnehmern und Arbeitnehmerinnen. Altersteilzeitler in der Arbeitsphase der Altersteilzeit können sich daher am Streik beteiligen. Da für die Zeit der Beteiligung am Streik die Hauptleistungspflichten suspendiert werden (vgl. Rn. 276) entfallen die Pflicht zur Arbeitsleistung und der Anspruch auf Arbeitsentgelt (Altersteilzeitentgelt und Aufstockungsbetrag). Arbeitsrechtlich besteht für die Streikteilnehmer keine Pflicht, die ausgefallene Arbeitszeit nachzuarbeiten. Hier ist allerdings auf die sozialrechtlichen Folgen des Arbeitsausfalls hinzuweisen.
Sozialrechtlich ist in Zeiten der Arbeitsniederlegung das sozialversicherungspflichtige Beschäftigungsverhältnis suspendiert. Deshalb ist folgendes zu beachten:
1. Der **Rentenzugang** ist gem. § 237 SGB VI nach mindestens 24 Monaten Altersteilzeit möglich. Nach § 122 SGB VI wird jeder Monat, in dem ein sozialversicherungspflichtiges Beschäftigungsverhältnis für wenigstens einen Tag besteht, als voller Monat berücksichtigt – auch für die Altersteilzeit.

> **Beispiel: Streik vom 6.5. – 26.6.2015**
> Sowohl im Monat Mai als auch im Juni wurde gearbeitet, wenn auch nur wenige Tage. Nach dem Monatsprinzip liegt für beide Monate Altersteilzeitarbeit vor.
> Probleme könnten sich nur in dem Fall ergeben, wenn sich ein Arbeitnehmer nur zwei Jahre in Altersteilzeit befindet und sich einen vollen Kalendermonat ununterbrochen am Streik beteiligt.

2. In der **verblockten Altersteilzeit** wird in der Arbeitsphase ein **Wertguthaben** für die spätere Freistellungsphase gebildet. In der Zeit der Streikteilnahme wird kein Wertguthaben angespart. Da sich Arbeits- und Freistellungsphase immer entsprechen müssen, kann dies zu einer Verkürzung der anschließenden Freizeitphase führen: Bei kurzen Altersteilzeitverhältnissen kann in einzelnen Fällen der Rentenzugang gefährdet sein (s.o.) bzw. es kann zu höheren Rentenabschlägen kommen.
Aus diesem Grund ist eine Vermehrung des Wertguthabens notwendig. Dies kann dadurch erfolgen, dass der Arbeitgeber vor Beginn der Freistellungsphase das entsprechende Wertguthaben entrichtet oder die/der Beschäftigte die ausgefallene Arbeitszeit zur Hälfte nacharbeitet.

---

sches LAG 20.8.10 – 19 Sa 1835/09 – Verbreitung Tarifinformationen und Streikaufruf durch E-Mail im Betrieb eines Universitätsklinikums; ArbG Bielefeld 1.3.06 – 3 Ca 3648, 3662 und 3663/05 – Streik Zeitungszusteller.
2 So z.B. ArbG Berlin 14.10.09 – 1 Ga 18360/09; ArbG Köln 26.5.89 – 16 Ga 40/89.

Die Vermeidung von Nachteilen für Altersteilzeitler durch die Entrichtung von Anteilen des Wertguthabens durch den Arbeitgeber kann bei Beendigung des Streiks auch zum Gegenstand einer sogenannten Maßregelungsklausel gemacht werden.

448 Andere Gewerkschaften

Auch eine andere Gewerkschaft kann zum Streik aufrufen, wenn für sie keine Friedenspflicht (Rn. 59ff.) bzgl. der Streikforderung besteht und die sonstigen Voraussetzungen für die Rechtmäßigkeit eines Streiks vorliegen; andernfalls kann sie ggf. zum Solidaritätsstreik (Rn. 181ff., 499) oder zu anderen Solidaritäts- und Unterstützungsaktivitäten aufrufen.
Die Mitglieder anderer Gewerkschaften können sich am Streik beteiligen (Rn. 274f.) und die Verrichtung von Streikbrucharbeiten (Rn. 506) ablehnen. Sie sollen sich sofort bei ihrer Gewerkschaft melden. Die **DGB-Gewerkschaften** erkennen Streikbeschlüsse untereinander an und zahlen Mitgliedern, die sich am Arbeitskampf einer anderen DGB-Gewerkschaft beteiligen, die satzungsgemäßen Unterstützungsleistungen.

449 Anerkennungstarifverträge

In einem (dynamischen) Anerkennungstarifvertrag vereinbaren die Gewerkschaft und das Unternehmen, dass die jeweiligen Verbandstarifverträge eines Tarifgebiets im Betrieb gelten und angewandt werden. Es wird **auf alle (auch zukünftige) Tarifverträge Bezug genommen**, die für den Betrieb verbindlich sein sollen. Diese gelten dann automatisch und ohne besondere Verhandlungen und Vereinbarungen für das Unternehmen (vgl. TVG § 1 Rn. 26).
Die Forderung nach Abschluss eines Anerkennungstarifvertrages bietet sich insbesondere dann an, wenn sich ein bisher verbandsangehöriges Unternehmen durch **Verbandsaustritt** (vgl. TVG § 3 Rn. 28ff.) oder **OT-Wechsel** (vgl. TVG § 3 Rn. 42ff.) der Tarifbindung an zukünftige Tarifverträge entziehen will. Es ist durchaus möglich, die Forderung nach einem Anerkennungstarifvertrag mit Zusatzforderungen zu Gegenständen »anzureichern«, die bisher in den für den Betrieb geltenden Verbandstarifverträgen nicht oder schlechter geregelt waren. Die **Friedenspflicht** aus den Verbandstarifverträgen endet mit Wirksamwerden des Verbandsaustritts oder OT-Wechsels (vgl. Rn. 120ff. und 125ff.).
Grundsätzlich können Unternehmen mit (dynamischen) Anerkennungstarifverträgen dann in die **Auseinandersetzung um einen Verbandstarifvertrag einbezogen** werden, wenn der Anerkennungstarifvertrag die »Übernahme des umkämpften Verbandstarifvertrags … rechtlich sichert«[3] (Partizipationsstreik, s. Rn. 493). Das kann z.B. durch die Formulierung erreicht werden:
Es gelten die (jetzigen und zukünftigen) Tarifverträge des Tarifgebiets X zwischen der Gewerkschaft A und dem Arbeitgeberverband B in ihrer jeweiligen Fassung.
Eine Kündigung des Anerkennungstarifvertrags und die Aufstellung von Forderungen gegenüber dem Unternehmen sind nicht erforderlich. Im Unternehmen können zur glei-

3 BAG 18.2.03 – 1 AZR 142/02, AuR 04, 151.

chen Zeit wie in den verbandsgebundenen Unternehmen Warnstreiks und Urabstimmungen stattfinden sowie Streiks beginnen.
Das Unternehmen kann den Arbeitskampf dadurch abwenden, dass es die von der Gewerkschaft gegenüber dem Arbeitgeberverband aufgestellten Forderungen erfüllt.
Anders kann es aber sein, wenn die Übernahme des Verbands-Tarifabschlusses unter einem Vorbehalt steht, durch eine besondere Vereinbarung umgesetzt werden muss oder nur bestimmte oder veränderte Tarifregelungen in Bezug genommen werden. In diesen Fällen muss als Voraussetzung eines Streiks der Anerkennungstarifvertrag gekündigt, Forderungen gegenüber dem Betrieb erhoben und darüber erfolglos verhandelt worden sein (vgl. Rn. 456).
Der Zwang zur Kündigung des »modifizierten« Anerkennungstarifvertrages zwecks Herstellung der **Arbeitskampffreiheit** in der Tarifauseinandersetzung um den Flächentarifvertrag kann in diesem Fall nur dadurch vermieden werden, dass in einem derartigen Anerkennungstarifvertrag **ausdrücklich vereinbart** wird, dass sich der tarif- und arbeitskampfrechtliche Status des Anerkennungstarifvertrages jeweils **nach dem tarif- und arbeitskampfrechtlichen Status des Flächentarifvertrages richtet**, auf den Bezug genommen wird, und dass sich Friedenspflicht und Arbeitskampffreiheit – auch bei ungekündigtem Anerkennungstarifvertrag – so regeln, als wäre das Unternehmen Mitglied des Arbeitgeberverbandes, der die (lediglich teilweise oder verändert) in Bezug genommenen Flächentarifverträge abgeschlossen hat.

Arbeitslosengeld II 450

Die Inanspruchnahme von **Arbeitslosengeld II** (§§ 7, 19 SGB II) kommt im Regelfall nur für streikende bzw. ausgesperrte **nichtorganisierte** Beschäftigte bzw. für solche Gewerkschaftsmitglieder in Betracht, bei denen die satzungsgemäßen Voraussetzungen für den Erhalt von Streik- oder Aussperrungsunterstützung (noch) nicht vorliegen, die also beispielsweise bei Beginn des Arbeitskampfes noch nicht die satzungsrechtliche Wartezeit (meist drei Monate) erfüllt haben. Ein Anspruch besteht allerdings nur bei »Hilfebedürftigkeit« (§ 7 SGB II).
Beschäftigte, die von **»kalter Aussperrung«** (= »arbeitskampfbedingter Kurzarbeit«) betroffen sind (vgl. dazu Rn. 354ff., 379ff.) und deshalb weder Arbeitsentgelt noch Kurzarbeitergeld erhalten, können ebenfalls einen Antrag auf Gewährung von Alg II stellen. Die Gewerkschaftssatzungen sehen Unterstützungsleistungen für »kalt ausgesperrte« Mitglieder nicht vor.

Arbeitslosenversicherung 451

Das Versicherungspflichtverhältnis besteht während Arbeitsausfällen infolge Kurzarbeit fort (§ 24 Abs. 3 SGB III). In Zeiten, für die kein Arbeitsentgelt bezahlt wird (z.B. Streik oder Aussperrung), besteht das Versicherungspflichtverhältnis längstens einen Monat fort (§ 7 Abs. 3 SGB IV).
Die Zeiten des Fortbestehens wirken anwartschaftsbegründend im Sinne von § 142 Abs. 1 SGB III. Lücken des Versicherungspflichtverhältnisses können im Einzelfall dazu führen, dass kein Anspruch auf Arbeitslosengeld entsteht, wenn nämlich nicht zwölf Monate Ver-

sicherungspflicht während eines Zeitraums von zwei Jahren bestanden hat (§ 143 Abs. 1 SGB III).
Das **Bemessungsentgelt** für den Bezug von Arbeitslosengeld richtet sich nach dem im letzten Jahr vor Entstehung des Anspruchs abgerechneten Entgelt (§ 151Abs. 1 SGB III). Wenn darin weniger als 150 Tage mit Arbeitsentgelt enthalten sind, wird der Zeitraum auf zwei Jahre erweitert (§ 150 Abs. 3 SGB III).
Streikende und Ausgesperrte haben keinen Anspruch auf Arbeitslosen- oder Kurzarbeitergeld, kalt Ausgesperrte nur im Rahmen der §§ 160, 100 SGB III, vgl. Rn. 386ff.

452 Arbeitszeitkonten

Streik und Aussperrung haben keinen Einfluss auf die angesammelten Zeitguthaben, unabhängig von Art und Umfang des Zeitkontos.
Der Arbeitgeber darf nicht einseitig Streikzeiten vom Arbeitszeitguthaben abziehen. Für die Streikdauer entfällt zwar der Vergütungsanspruch, gleichzeitig vermindert sich aber auch das »Zeitsoll« um die Streikzeiten.[4]
Etwas anderes kann nur gelten, wenn dies zwischen **Arbeitgeber und Arbeitnehmer vereinbart** wird (z.B. Fortzahlung des Entgelts während der Zeit der Beteiligung an einem Warnstreik und entsprechender Zeitabzug vom Arbeitszeitkonto).
Nach zutreffender **(aber streitiger)** Auffassung kann eine derartige Regelung allerdings nicht durch den **Betriebs- oder Personalrat** mit dem Arbeitgeber vereinbart werden. Die Regelungsbefugnis der Betriebsparteien erstreckt sich nicht auf das Arbeitskampfgeschehen und das Verhalten der Arbeitnehmerinnen und Arbeitnehmer im Streik.[5] Das BAG[6] hält dies allerdings grundsätzlich für zulässig.
Die Beschäftigten sind **nicht verpflichtet**, die Zeit der Streikteilnahme **vor- oder nachzuarbeiten**.[7] Die Vor- oder Nacharbeit von Streikzeiten widerspricht auch dem Zweck des Streiks, durch die Vorenthaltung der Arbeitskraft und die damit verbundene Betriebsstörung Druck auf die Arbeitgeberseite auszuüben und deren Kompromissbereitschaft zu fördern.

453 Aufsichtsratsmitglieder (Arbeitnehmervertreter)

Arbeitnehmervertreter im Aufsichtsrat können sich am Arbeitskampf aktiv beteiligen, nach hier vertretener, aber nicht unumstrittener Auffassung auch in führender Position, z.B. als Streikführer oder Gewerkschaftsvorsitzender.[8] Das Aufsichtsratsamt wird – wie das Betriebsrats- oder Personalratsamt (Rn. 465, 494) – durch den Arbeitskampf rechtlich nicht berührt.[9]

---

4 BAG 30.8.94 – 1 AZR 765/93, AuR 95, 38.
5 LAG Frankfurt 3.10.84 – 2 Sa 310/84, DB 86, 178; Buschmann, AuR 95, 38, 40.
6 BAG 30.8.94 – 1 ABR 10/94, AP Nr. 132 zu Art. 9 GG Arbeitskampf = AiB 95, 136 mit Anmerkung Mayer.
7 BAG 26.7.05 – 1 AZR 133/04, DB 06, 393.
8 Köstler/Müller/Sick, Rn. 785ff. m.w.N.; zum Streitstand vgl. auch ErfK-Oetker, AktG § 111 Rn. 18, und Hanau/Wackerbarth, S. 69ff.; Kempen, NZA 05, 185.
9 Köstler/Müller/Sick, Rn. 786ff.

Aushilfsarbeitnehmer 454

Für Aushilfsarbeitnehmer gelten keine Besonderheiten. Sie sind so zu behandeln wie alle anderen Arbeitnehmer.
Im Gegensatz zu den unbefristet Beschäftigten sind sie aufgrund ihrer ungewissen Perspektive dem Druck des Arbeitgebers stärker ausgesetzt. Somit besteht eine höhere Anfälligkeit für Streikbrucharbeiten (Rn. 506f.). Deshalb ist ein Eingehen der betrieblichen Streikleitung auf ihre spezielle Situation erforderlich.

Ausländische Arbeitnehmer 455

Ausländische Arbeitnehmer haben im Arbeitskampf die **gleiche politische und rechtliche Stellung** sowie die gleichen Rechte und Pflichten als Gewerkschaftsmitglieder wie deutsche Arbeitnehmer.
Ihnen kann allein wegen der Teilnahme am Arbeitskampf – als Streikender, Ausgesperrter, Streikhelfer oder Streikposten – keine Gefahr für **Arbeitserlaubnis oder Aufenthaltstitel** erwachsen. In folgender Hinsicht ist jedoch besondere Umsicht geboten:
Sollten ausländische Arbeitnehmer wegen finanzieller Arbeitskampffolgen (besonders bei langer Arbeitskampfdauer) **Arbeitslosengeld II** (Rn. 450) in Anspruch nehmen, besteht nach dem Ausländergesetz (§§ 50ff. AuslG) das Risiko der Ausweisung – wenn sie nicht EU-Staatsangehörige oder durch entsprechende Abkommen geschützt sind oder die Niederlassungsberechtigung besitzen.
Ausländische Arbeitnehmer dürfen nicht in die Gefahr **strafbarer Handlungen** gebracht werden, weil hieraus die Möglichkeit der Ausweisung nach dem Ausländergesetz (§ 53 AuslG) bei Verurteilung wegen eines Verbrechens oder Vergehens) erwachsen kann.

Außenseiterarbeitgeber 456

1. **Es handelt sich um folgende Arbeitgeber:**
- das Unternehmen/der Betrieb war **bisher nicht tarifgebunden** (d.h. keine Mitgliedschaft im Arbeitgeberverband, kein Anerkennungs- bzw. Firmentarifvertrag mit der Gewerkschaft),
- das Unternehmen ist **aus dem Arbeitgeberverband ausgetreten**, das Unternehmen hat rechtswirksam innerhalb des Arbeitgeberverbands von einer ordentlichen zu einer sog. **OT-Mitgliedschaft** (Mitgliedschaft ohne Tarifbindung, vgl. Rn. 492 und § 3 Rn. 42ff.) **gewechselt**,
- das Unternehmen war bisher nicht tarifgebunden oder ist nur sog. **OT-Mitglied** im Arbeitgeberverband oder
- das Unternehmen/der Betrieb ist nach einem **Betriebsübergang**, einer sonstigen Umstrukturierung oder einer Umwandlung nicht oder nicht mehr tarifgebunden.

2. **Warnstreiks und Streik sind möglich**, wenn:
- die Gewerkschaft für das Unternehmen/den Betrieb **tarifzuständig** ist,
- die **Friedenspflicht** beendet ist,
- **Forderungen** mitgeteilt wurden,
- der Arbeitgeber zu **Verhandlungen** aufgefordert worden ist **und**

- der Arbeitgeber **Verhandlungen** entweder abgelehnt hat oder die Verhandlung ohne befriedigendes Ergebnis geblieben ist.

Unter diesen Voraussetzungen kann ein Außenseiterarbeitgeber auch **in eine allgemeine Tarifbewegung einbezogen** werden. (Vgl. auch Anerkennungstarifverträge, Rn. 449; Firmentarifverträge, Rn. 476; Friedenspflicht, Rn. 59ff., 480; OT-Mitgliedschaft, Rn. 492; Partizipationsstreik, Rn. 493; Tarifzuständigkeit, Rn. 514.; Ultima-Ratio-Grundsatz, Rn. 516)

457 Außertarifliche Angestellte

Außertarifliche Angestellte sind solche, die nicht vom persönlichen Geltungsbereich der Tarifverträge erfasst werden. Dies hängt nicht davon ab, ob und in welcher Höhe sie übertariflich bezahlt werden, sondern ist danach zu entscheiden, ob ihre Tätigkeit von den tariflich geregelten Eingruppierungskriterien erfasst wird.

Sie werden in der Regel nicht zum Streik aufgerufen. Grundsätzlich haben sie aber – ebenso wie andere Arbeitnehmer – ihr verfassungsmäßig verbrieftes Streikrecht und können sich gegenüber den Streikenden solidarisch verhalten.

Ein Aufruf zum Streik kann dann in Frage kommen, wenn die (erstmalige) tarifliche Regelung der Arbeits- und Entgeltbedingungen von AT-Angestellten angestrebt wird oder z.B. für die Tarifbeschäftigten eine Entgelterhöhung durch einen Streik durchgesetzt werden soll und sich die angestrebte Erhöhung des Tarifentgelts der Tarifbeschäftigten unmittelbar und rechtlich gesichert auf die Höhe des Entgelts der AT-Angestellten auswirkt. Schließlich ist bei Vorliegen der entsprechenden Voraussetzungen auch die Durchführung eines Solidaritätsstreiks (vgl. Rn. 181ff., 499) der AT-Angestellten möglich.

458 Aussperrung (heiß)

»**Streik ist Bürgerrecht,** Aussperrung ist Machtmissbrauch«. **Aussperrung ist ein willkürliches Kampfmittel der Arbeitgeber.** Sie stellt das Streikrecht in Frage und soll die Gewerkschaften schwächen. Sie ist Unrecht und gehört verboten.

Bei der Aussperrung schließen die **Arbeitgeber** die Beschäftigten planmäßig von der Arbeit aus, zahlen kein Entgelt und verweigern den Zutritt zum Betrieb. Meist wird die Aussperrung vom Arbeitgeberverband beschlossen. Die Unternehmer wollen damit Druck auf die Beschäftigten und die Gewerkschaften ausüben und ihnen ihren Willen aufzwingen. Trotz des »strukturellen Ungleichgewichts« (vgl. Grundl. Rn. 20) zwischen Arbeitnehmern und Arbeitgebern hat das BAG die Aussperrung – wenn auch begrenzt – zugelassen. Zu den **Einzelheiten** vgl. Rn. 322ff.

459 Aussperrung (kalt)

Kalte Aussperrung kann **vor allem in vernetzten Branchen** vorkommen. Der Betrieb/ Betriebsteil wird nicht selbst bestreikt oder (heiß) ausgesperrt. Er ist vielmehr von den Folgen von Arbeitskämpfen in anderen Betrieben betroffen (»Fernwirkung«, »mittelbare Betroffenheit«).

Bei der kalten Aussperrung schickt der Arbeitgeber Beschäftigte ohne Entgelt nach Hause. Er behauptet, es könne nicht gearbeitet werden, weil der Zuliefer- bzw. Abnehmerbetrieb wegen Streiks oder Aussperrung nichts/nicht genügend Teile mehr liefert bzw. abnimmt. Oft ist dies vorgeschoben.

Besonders 1984 (Arbeitskampf um die 35-Stunden-Woche) haben die Arbeitgeber dies massenhaft als Kampfmittel eingesetzt: bei 55 000 Streikenden gab es 370 000 kalt Ausgesperrte. Verschärft wurde die Lage dadurch, dass die Arbeitsämter den Metaller/innen rechtswidrig das Kurzarbeitergeld vorenthielten. Dieser Rechtsbruch wurde von der Regierung Kohl 1986 durch eine Änderung des § 116 AFG (jetzt: § 160 SGB III) zum Gesetz erhoben. Die Gewerkschaften fordern die Rücknahme des Anti-Streikparagrafen 160 SGB III.

Neue Kampfformen können die Gefahr der kalten Aussperrung vermindern, aber nicht ausschließen. So können die Arbeitgeber z. B. Fernwirkungen durch den Einsatz der (heißen) Aussperrung auslösen.

Zur **Vorsorge, Abwehr und Bekämpfung** der kalten Aussperrung sind vorbereitende Maßnahmen, umsichtiges und schnelles Handeln der Betriebsräte und Vertrauenskörper sowie Aktivitäten erforderlich. Zu den **Einzelheiten** vgl. Rn. 350ff., 370ff., 379ff.

»Ausstempeln« und Abmelden 460

Oft behaupten Arbeitgeber, Arbeitnehmer seien vor Beteiligung an einem gewerkschaftlichen (Warn-)Streik verpflichtet,

- sich **beim Vorgesetzten abzumelden,**
- durch **Eintragung in eine Liste** ihre Streikbeteiligung bzw. Streikbereitschaft zu dokumentieren oder
- elektronische Zeiterfassungsgeräte zu bedienen (»**Ausstempeln**«).

Derartige Pflichten bestehen nach hier vertretener Auffassung nicht. Es ist einhellige Meinung in Literatur und Rechtsprechung, dass auch eine **schlüssige Erklärung** der Streikbeteiligung ausreicht, um die Arbeitspflicht zu suspendieren.[10] An die äußere Form und den Nachweis des Zugangs der Erklärung dürfen keine praxisfremden Anforderungen gestellt werden. Der Arbeitgeber kann im Regelfall davon ausgehen, dass Arbeitnehmer, die nach einem gewerkschaftlichen Streikaufruf nicht zur Arbeit erscheinen oder die bereits begonnene Arbeit abbrechen, von ihrem Streikrecht Gebrauch machen und damit ihre Arbeitspflicht suspendieren.[11]

Die mit der Streikbeteiligung verbundene **Suspendierung des Arbeitsverhältnisses** erstreckt sich auch auf diejenigen **Nebenpflichten**, die mit der Erbringung der Arbeitspflicht in einem unmittelbaren Zusammenhang stehen[12] und/oder deren Einhaltung mit der effektiven Ausübung des individuellen Streikrechts aus Art. 9 Abs. 3 GG nicht vereinbar ist.[13]

---

10 BAG 31. 5. 88 – 1 AZR 589/86, DB 88, 2260; 15. 1. 91 – 1 AZR 178/90; 7. 4. 92 – 1 AZR 377/91; 26. 7. 05 – 1 AZR 133/04, AP Nrn. 114, 122, 170 zu Art. 9 GG Arbeitskampf.

11 BAG 7. 4. 92, a.a.O.; BAG 26. 7. 05, a.a.O.; ErfK-Linsenmaier, GG Art. 9 Rn. 172; Otto, § 14 Rn. 5.

12 ArbG Braunschweig 12. 4. 89 – 3 Ca 1268/88, AuR 90, 25; Kissel, § 46 Rn. 4.

13 ArbG Braunschweig 12. 4. 89, a.a.O.; Kittner-Zwanziger/Deinert-Deinert, § 136 Rn. 43.

Soweit in einem bestreikten Betrieb wirksame **Regelungen über Verhaltens- und Abmeldepflichten** der Arbeitnehmer beim Verlassen des Arbeitsplatzes oder des Betriebs bestehen (Beachtung des Mitbestimmungsrechts des Betriebsrats bzw. Personalrats?), gelten diese nicht für den Fall der Streikbeteiligung. Dieser wird im Normalfall von den betrieblichen Regelungen weder ausdrücklich noch konkludent erfasst.
Unabhängig davon werden diese Pflichten durch die Erklärung der Streikbeteiligung als **Annexregelung zur Arbeitspflicht suspendiert**:

- Die Verpflichtung zur schriftlichen oder ausdrücklichen mündlichen **Abmeldung beim Vorgesetzten** ist mit der effektiven Ausübung des individuellen Streikrechts aus Art. 9 Abs. 3 GG nicht vereinbar, da sie die Realisierung der Streikbeteiligung durch die Erzeugung zusätzlichen psychischen Drucks behindert.[14]
- Die Verpflichtung zur **Eintragung in Listen** streikwilliger bzw. streikbeteiligter Arbeitnehmer vor dem Streik stellt eine **Behinderung der Ausübung des individuellen Streikrechts aus Art. 9 Abs. 3 GG** dar. Arbeitnehmer sind nicht verpflichtet, dem Arbeitgeber gegenüber ihre **Streikbeteiligung** vor Streikbeginn **anzukündigen**; sie können ihre Absicht bezüglich der Beteiligung an einem bevorstehenden Streik dem Arbeitgeber gegenüber verschweigen.[15] Eine derartige Verpflichtung würde auch das **Recht der streikführenden Gewerkschaft beeinträchtigen**, im Rahmen der freien Wahl der Streikmethode und der Streiktaktik Streikmaßnahmen nach Beginn und Umfang überraschend und ohne Vorankündigung für den Arbeitgeber durchzuführen (vgl. auch Rn. 165).[16]
- Die Verpflichtung zur **Bedienung der elektronischen Zeiterfassung** bei Verlassen und Betreten des Betriebs ist durch die konkludente Erklärung der Streikbeteiligung als Nebenpflicht suspendiert. Die gegenteilige Auffassung des LAG Hamm[17] und des ArbG Herford[18] ist nicht überzeugend, da sie unterstellt, der Arbeitgeber könne auch während des Streiks sein Direktionsrecht zumindest partiell ausüben und das Verhalten der Arbeitnehmer im zeitlichen Zusammenhang mit Streikbeginn und -beendigung reglementieren. Das **Direktionsrecht des Arbeitgebers** ist aber wegen der Suspendierung der Arbeitspflicht des Arbeitnehmers **während des Streiks** gerade **unbeachtlich.**[19]

Unabhängig davon dürfte in der Regel das **ordnungsgemäße Bedienen des Zeiterfassungsgerätes** schon deshalb im Fall der Streikbeteiligung **objektiv unmöglich** sein, weil es den Abwesenheitstatbestand »Arbeitskampf« nicht enthält, sondern lediglich dienstliche Tatbestände oder denjenigen der Beendigung der Arbeit. Im Fall dienstlicher Tatbestände würde der Arbeitnehmer objektiv einen Tatbestand dokumentieren, der nicht zutreffend ist und ggf. sogar zum Vorwurf der missbräuchlichen Bedienung führen könnte. Erfolgt das »Ausstempeln« demgegenüber zum Zweck der Beendigung oder Unterbre-

14 So im Ergebnis auch ArbG Braunschweig 12.4.89, a.a.O.
15 BAG 12.11.96 – 1 AZR 364/96, NZA 97, 393; Otto, § 14 Rn. 2.
16 LAG Köln 29.10.98 – 10 Sa 14/98, AuR, 99, 118; LAG Niedersachsen 1.2.80 – 10 Sa 110/79, AP Nr. 69 zu Art. 9 GG Arbeitskampf; Kissel, § 42 Rn. 15; Otto, § 8 Rn. 12ff.
17 25.5.93 – 4 Sa 11/93.
18 30.10.03, DB 03, 2494.
19 ArbG Braunschweig 12.4.89, a.a.O.

chung der Arbeit, liegt darin nicht die Erklärung, von seinem Streikrecht Gebrauch zu machen,[20] sondern in die Freizeit zu gehen. Der Arbeitnehmer kann dann dem Arbeitgeber seine Arbeitskraft nicht mehr im Sinne einer Streikbeteiligung vorenthalten: »**Streiken während der Freizeit ist keine Streikteilnahme**«.[21] Darüber hinaus würde dies zu keiner Verringerung der Sollarbeitszeit führen, mit der Folge, dass die Zeit der Abwesenheit vom Arbeitsplatz nachgearbeitet werden müsste und der Arbeitgeber das Entgelt nicht anteilig kürzen dürfte. Die tatsächliche Streikbeteiligung durch Verweigerung der Arbeitskraft hat demgegenüber die Folge, dass die streikbedingt **ausgefallene Arbeitszeit** vom Arbeitnehmer **nicht nachgearbeitet werden muss** und der Arbeitgeber berechtigt ist, das **Entgelt** entsprechend zu **kürzen** (vgl. auch Rn. 482).[22]
Schließlich wird die Auslegung von **Betriebs- oder Dienstvereinbarungen zur elektronischen Zeiterfassung** und **flexibler Arbeitszeitsysteme** i. d. R. ergeben, dass die dort festgelegten **Verpflichtungen zur Bedienung der elektronischen Zeiterfassung sich nicht auf Abwesenheitszeiten aus Anlass einer kollektiven Arbeitsniederlegung beziehen.**[23] Außerdem erstreckt sich die Regelungsbefugnis von Arbeitgeber und Betriebsrat bzw. Personalrat nach zutreffender (aber streitiger) Auffassung nicht auf die Ausgestaltung des Arbeitskampfgeschehens und das Verhalten streikbeteiligter Arbeitnehmer.[24] Das BAG[25] hält dies allerdings grundsätzlich für zulässig. An die Arbeitnehmer und Arbeitnehmerinnen gerichtete Aushänge oder Äußerungen des Arbeitgebers/des Dienststellenleiters, mit denen dieser seine (nach hier vertretener Meinung unzutreffende) Rechtsauffassung zum Ausdruck bringt, es bestehe bei Teilnahme an einem Streik eine Verpflichtung, sich durch Bedienung des Zeiterfassungsgeräts oder Unterrichtung des Vorgesetzten, beim Arbeitgeber abzumelden, unterliegen nicht der Mitbestimmung des Personalrats gemäß §§ 66 Abs. 1, 72 Abs. 4 Nr. 9 LPVG NW.[26]
Während und nach einem Streik bleibt es dem Arbeitgeber unbenommen, die **Abwesenheitszeiten streikender Arbeitnehmer zu kontrollieren** und zu erfassen. **Nach Streikende** kann der Arbeitgeber vom Arbeitnehmer zu Abrechnungszwecken eine Klarstellung seiner Streikbeteiligung und des zeitlichen Umfangs der Streikbeteiligung verlangen.

Auszubildende 461

Auszubildende können sich grundsätzlich an einem gewerkschaftlichen Streik beteiligen. Das BAG hat dies ausdrücklich für die Teilnahme an Warnstreiks bestätigt.[27] Es hat generell hervorgehoben, dass Auszubildenden das **Streikrecht** aus Art. 9 Abs. 3 GG zusteht: »Ausbildungsvergütungen können durch Tarifvertrag geregelt werden. Deshalb müssen

20 BAG 26. 7. 05, a.a.O.; ErfK-Linsenmaier, a.a.O., Rn. 173.
21 So BAG 26. 7. 05, a.a.O.
22 BAG 26. 7. 05, a.a.O.
23 LAG Frankfurt 3. 10. 84 – 2 Sa 310/84, DB 86, 178; Buschmann, AuR 95, 38, 40.
24 LAG Frankfurt 3. 10. 84, a.a.O.
25 BAG 30. 8. 94 – 1 ABR 10/94, AP Nr. 132 zu Art. 9 GG Arbeitskampf = AiB 95, 136 mit Anm. Mayer.
26 OVG NRW 25. 8. 05 – 1 A 4725/03.PVL.
27 BAG 12. 9. 84 – 1 AZR 342/83, DB 84, 2563; 30. 8. 94 – 1 AZR 765/93, AuR 95, 38.

Auszubildende auch die Möglichkeit haben, auf die Ausbildungsbedingungen über ihre Gewerkschaft Einfluss nehmen zu können. Was tariflich regelbar ist, muss letztlich auch durch Arbeitskampf durchgesetzt werden können«.[28]

Voraussetzung für die rechtmäßige Streikteilnahme von Auszubildenden ist, dass die Ausbildungsvergütung und/oder sonstige Ausbildungsbedingungen Gegenstand der Tarifauseinandersetzung sind und dass die Gewerkschaft die Auszubildenden zum Streik aufgerufen hat. Auszubildende dürfen vom Arbeitgeber nicht als Streikbrecher (und zu ausbildungsfremden Arbeiten) herangezogen werden. »Der Arbeitgeber kann nicht erwarten, dass sich Auszubildende … gegenüber den streikenden Arbeitnehmern des Betriebs unsolidarisch verhalten«.[29]

Fällt die Zeit der Streikbeteiligung auf einen **Berufsschultag**, stellt sich die Frage, ob das Fernbleiben vom Berufsschulunterricht eine Verletzung der öffentlich-rechtlichen Pflicht zum Besuch der Berufsschule darstellt. Die Berufsschulpflicht ist in den Schulgesetzen der Länder geregelt und besteht für Jugendliche und für Erwachsene für die Zeit eines Berufsausbildungsverhältnisses, das vor Vollendung des 21. Lebensjahres begonnen hat.

Nach der hier vertretenen (aber streitigen) Auffassung tritt die Berufsschulpflicht gegenüber dem Streikrecht aus Art. 9 Abs. 3 GG zurück. Zumindest wird man den Standpunkt vertreten können, dass ein Auszubildender bei Teilnahme an einem gewerkschaftlichen Streik entschuldigt fehlt, zumal das Ausbildungsziel wegen des Fehlens an einzelnen Berufsschultagen wie auch in anderen Fällen, etwa wegen Krankheit, nicht gefährdet wird. Die arbeitsrechtliche Pflicht zum Besuch des Berufsschulunterrichts (vgl. § 13 Abs. 1 Nr. 2 BBiG) steht der Streikteilnahme ebenfalls nicht entgegen, da die beiderseitigen Pflichten aus dem Berufsausbildungsverhältnis während der Streikteilnahme suspendiert sind.[30]

Der Arbeitgeber ist nicht berechtigt, Auszubildenden wegen ihrer Teilnahme an einem Streik eine **Abmahnung** zu erteilen (Rn. 446; zum Maßregelungsverbot, Rn. 267f., 489).

462 Beamte

Für die rund 1,7 Millionen Beamtinnen und Beamten besteht nach höchstrichterlicher Rechtsprechung[31] und vorherrschender Rechtsauffassung[32] **kein Streikrecht**. Das **statusbezogene Streikverbot** für alle Beamtinnen und Beamten wird aus den »hergebrachten Grundsätzen des Berufsbeamtentums« (Art. 33 Abs. 5 GG) abgeleitet. Ein derartiges Streikverbot lässt sich nach hier vertretener Auffassung dem GG und dem BBG nicht entnehmen[33] und ist mit dem Grundsatz nicht vereinbar, da Art. 9 Abs. 3 GG unstreitig auch die Koalitionsfreiheit der Beamten schützt.[34] Dem entsprechend ist es auch gesetzlich aus-

28 BAG 12.9.84, a.a.O.
29 BAG 12.9.84, a.a.O.
30 BAG 30.8.94, a.a.O.
31 BVerfG 19.9.07 – 2 BvF 3/02, ZTR 07, 640; BVerwG 27, 2, 14 – 2 C 1/13, AuR 14, 431;
32 Gamillscheg, S. 1109 m.w.N.; Otto § 9 Rn. 1ff.; a.A. Däubler-Hensche, AKR, § 18a Rn. 24ff.
33 Däubler-Hensche, AKR, a.a.O.
34 BVerfG 2.3.93 – 1 BvR 1213/85, DB 93, 837.

drücklich verboten, dass Beamte wegen ihrer Betätigung für eine Gewerkschaft dienstlich gemaßregelt oder benachteiligt werden (vgl. § 91 Abs. 2 BBG, vgl. auch Grundl. Rn. 92, 108, 112).

Die Befürworter des Beamtenstreikrechts können sich darüber hinaus auf neuere Entwicklungen in der Rechtsprechung zur umfassenden völkerrechtlichen Garantie des Rechts auf Kollektivverhandlungen und Streik stützen. Die **Europäische Menschenrechtskonvention (EMRK)** garantiert nach der **Rechtsprechung des Europäischen Gerichtshofs für Menschenrechte (EGMR)** in **Art. 11 EMRK** grundsätzlich auch für Beamtinnen und Beamte die gewerkschaftliche Betätigungsfreiheit und damit auch das Recht auf Kollektivverhandlungen und Streik.[35] Danach ist der Ausschluss oder die Einschränkung des Streikrechts nur auf konkreter gesetzlicher Grundlage und nur für solche Beamte zu rechtfertigen, die etwa wie Angehörige der Streitkräfte, der Polizei oder der Staatsverwaltung unmittelbar hoheitliche Funktionen wahrnehmen.

Nachdem sich vor diesem Hintergrund in den letzten Jahren zahlreiche Beamte und Beamtinnen, insbesondere aus dem Lehrerbereich, an Warnstreiks der Tarifangestellten der Länder beteiligt hatten, reagierten die Dienstherrn in vielen Bundesländern mit der Begründung eines Verstoßes gegen das Streikverbot für Beamte mit **Disziplinarverfügungen**. Aus Anlass der daraufhin anhängig gemachten Klagen der Betroffenen gegen diese Disziplinarmaßnahmen hatten erstmals einige Verwaltungsgerichte entschieden, dass einem beamteten Lehrer das Streikrecht zusteht[36] und dass Disziplinarmaßnahmen gegen beamtete Lehrer wegen der Beteiligung an einem Streik rechtswidrig sind.[37] Das BVerwG hat mit seiner Entscheidung vom 27. 2. 14[38] die vorgenannte Rspr. der erstinstanzlichen Gerichte verworfen und bekräftigt, dass das beamtenrechtliche Streikverbot als hergebrachter Grundsatz nach Art. 33 Abs. 5 GG nach wie vor verfassungsunmittelbar für alle Beamten und Beamtinnen unabhängig von ihrem Aufgabenbereich gilt. Gleichzeitig hat es allerdings anerkannt, dass Art. 11 EMRK in seiner bindenden Auslegung durch den EGMR[39] **allen** Angehörigen des Öffentlichen Dienstes, die nicht in den Streitkräften, der Polizei und der staatlichen Hoheitsverwaltung beschäftigt sind, sowie ihren Gewerkschaften ein Recht auf Verhandlungen über Kollektivverträge und darauf bezogene Streikmaßnahmen gewährleistet. Es sei aber allein die **Aufgabe des Gesetzgebers**, die Kollision zwischen dem statusbezogenen Streikverbot aus Art. 33 Abs. 5 GG und der funktionsbezogenen Gewährleistung des Streikrechts aus Art. 11 EMRK aufzulösen. Die nationale Rechtsordnung könne nicht im Wege der richterlichen Rechtsfortbildung durch eine konventionskonforme Auslegung von Art. 33 Abs. 5 GG an die funktionsbezogene Gewährleistung des Streikrechts für Beamte in Art. 11 EMRK angepasst

---

35 EGMR 12. 11. 08 – 34503/97 – Demir und Baykara, AuR 09, 269; 21. 4. 09 – 68959/01 – Enerji Yapi-Yol Sen, AuR 09, 2299.

36 VG Kassel 27. 7. 11 – 28 K 1208/10.KS.D, PR 11, 472; s. dazu Buschmann, AuR 12, 38; Lörcher, PR 11, 452; Schröder/Schaad, PersR 12, 494.

37 VG Kassel 27. 7. 11, a.a.O.; VG Düsseldorf. 15. 12. 10 – 31 K 3904/10.O15, PR 11, 167; s. dazu Löber, AuR 11, 76; aufgehoben durch OVG NRW 7. 3. 12 – 3d A 317/11.0; Aufhebung bestätigt durch BVerwG 27. 2. 14 – 2 C 1/13, AuR 14, 431.

38 BVerwG 27. 2. 14, a.a.O.; siehe dazu die kritische Besprechung von Kutscha, AuR 14, 408.

39 S. dazu auch Däubler-Lörcher, AKR § 10 Rn. 35ff.

werden.[40] Gegen die Entscheidung des BVerwG ist eine Verfassungsbeschwerde beim BVerfG anhängig.[41]

Das das BVerwG somit an der unmittelbaren Geltung eines statusbezogenen Streikverbots für Beamte festhält und disziplinarrechtliche Sanktionen selbst wegen der Beteiligung an einem befristeten Warnstreik für rechtmäßig hält, erfordert die direkte Einbeziehung von Beamten und Beamtinnen in Streiks nach wie vor eine sorgfältige Prüfung der damit verbundenen Risiken für die Betroffenen und der Auswirkungen auf zukünftige gerichtliche Auseinandersetzungen.

Ist es gesetzlich vorgesehen (so z.B. in § 69 Abs. 3 HBG), dass einem Beamten zur **Ausübung ehrenamtlicher gewerkschaftlicher Betätigung** ohne Kürzung der Besoldung der erforderliche **Urlaub** zu gewähren ist, wenn dies den Dienstbetrieb nicht erheblich beeinträchtigt, soll die Urlaubsgewährung vom Dienstherrn – unter Berücksichtigung der geltenden Streikverbots für Beamte – verweigert werden können, wenn der Urlaub für eine Ordnertätigkeit bei einer gewerkschaftlichen Demonstration beantragt wird, die in Zusammenhang mit einem **Warnstreik in einer Tarifauseinandersetzung mit dem Dienstherrn** durchgeführt wird.[42]

Werden gegen Beamte anlässlich ihrer **Teilnahme an gewerkschaftlichen Streiks Disziplinarverfahren** eingeleitet, hat der **Personalrat** das Recht, festzustellen und zu prüfen, ob die Sanktionen gleichmäßig und unter Beachtung der zugunsten der Beschäftigten geltenden gesetzlichen Bestimmungen eingeleitet und durchgeführt werden.[43] Der Personalrat kann in diesem Zusammenhang vom Dienstherrn verlangen, dass ihm eine vollständige **Namensliste mit den betroffenen Beschäftigten** zur Verfügung gestellt wird.[44]

Sind **Beamte beurlaubt**, um bei einem privaten Arbeitgeber auf Grundlage eines privatrechtlichen Arbeitsvertrags tätig zu werden, z.B. in privatisierten Nachfolgeunternehmen, **unterliegen** sie grundsätzlich **nicht dem Streikverbot für Beamte.**[45]

Die Anordnung, Beamte auf (von Arbeitern und Angestellten) bestreikten Arbeitsplätzen (**Streikbrechereinsatz von Beamten**) einzusetzen, ist rechtswidrig.[46] Nach h.M. soll allerdings der Streikbrechereinsatz von Beamten **»auf freiwilliger Basis«** zulässig sein.[47] Dies überzeugt nicht, da Beamte und Beamtinnen wegen ihrer beamtenrechtlichen Gehorsamspflicht keine Möglichkeit haben, die Verrichtung unzumutbarer Streikbrecherarbeit zu verweigern, sondern gezwungen sind, sich aufgrund einer entsprechenden Anordnung ihres Vorgesetzten gegenüber streikenden Tarifangestellten unsolidarisch zu verhalten, selbst wenn die Anordnung rechtswidrig ist. Ein rechtswidriger Einsatz eines Beamten auf

40 A.A. VG Kassel 27.7.11 – 28 K 574/10.KS.D.

41 BVerfG Az. 2 BvR 1395/13, 2 BvR 1394/13, 2 BvR 1738/12, 2 BvR 1737/12, 2 BvR 1068/14; s. dazu auch die Informationen der GEW, die für den Fall der Bestätigung des statusbezogenen Streikverbots für Beamte durch das BVerfG bereits die Anrufung des EGMR angekündigt hat (vgl. http://www.gew.de/Binaries/Binary123542/EW_Einhefter_Streikrecht_03_2015.pdf).

42 Hessischer VGH 18.11.14 – 1 A 2303/11.

43 OVG Rheinland-Pfalz 15.7.13 – 5 B 10700/13, PR 13, 470.

44 OVG Rheinland-Pfalz 15.7.13, a.a.O.

45 BVerwG 7.6.00 – 1 D 4/99, DÖD 00, 292, 293 = PersR 00, 476.

46 BVerfG 2.3.93 – 1 BvR 1213/85, DB 93, 837 = PersR 93, 284.

47 So etwa ErfK-Linsenmaier GG Art. 9 Rn. 155; Otto § 9 Rn. 10, § 12 Rn. 38f.

einem bestreikten Arbeitsplatz liegt auch vor, wenn dem Beamten lediglich ein **Teil der bestreikten Tätigkeiten eines Arbeitnehmers** übertragen wird.[48]

Befristete Arbeitsverträge 463

Für Beschäftigte mit befristeten Arbeitsverträgen gilt im Arbeitskampf nichts anderes als für die unbefristet Beschäftigten. Sie sind so zu behandeln wie alle anderen Arbeitnehmer. Im Gegensatz zu den unbefristet Beschäftigten sind sie aufgrund ihrer ungewissen Perspektive dem Druck des Arbeitgebers stärker ausgesetzt. Somit besteht eine höhere Anfälligkeit für Streikbrucharbeiten (Rn. 506f.). Deshalb ist ein Eingehen der betrieblichen Streikleitung auf ihre spezielle Situation erforderlich.

Betriebliche Tarifbewegung 464

Betriebliche Tarifbewegungen erlangen **zunehmende Bedeutung** (vgl. Grundl. Rn. 183, 189). Folgende **Anlässe** kommen in Betracht:

- Bei einem nicht tarifgebundenen »**Außenseiterarbeitgeber**« (vgl. Rn. 456) soll ein **Firmentarifvertrag** (vgl. Rn. 476) durchgesetzt werden.
- Bei einem **verbandsangehörigen Arbeitgeber** soll ein **Ergänzungstarifvertrag** (in Form des Firmentarifvertrags oder firmenbezogenen Verbandstarifvertrags) zu Fragen, die im Verbandstarifvertrag bisher nicht geregelt sind und deshalb nicht der Friedenspflicht unterliegen, durchgesetzt werden.

Tarifpolitisch **durchsetzungsfähig** ist die Gewerkschaft nur, wenn die Belegschaft hinreichend **organisiert** ist und – falls erforderlich – zum (Warn)**Streik bereit und in der Lage** ist.

Im Idealfall läuft eine **betriebliche Tarifbewegung** wie folgt ab:

- In einer Versammlung der betriebsangehörigen Gewerkschaftsmitglieder (**Mitgliederversammlung**) wird eine **betriebliche Tarifkommission** gebildet (diese wählt eine Verhandlungskommission). In Großbetrieben kommt auch die Wahl der Tarifkommissionsmitglieder etwa durch gewerkschaftliche Vertrauensleute oder schriftliche Abstimmung der Gewerkschaftsmitglieder in Frage. Auch in der Gewerkschaft organisierte Betriebsratsmitglieder können und sollen Mitglied der Tarif- und Verhandlungskommission sein.
- Die Tarifkommission beschließt – auf der Grundlage der Diskussion in der Mitgliederversammlung – **Tarifforderungen.**
- Dem Arbeitgeber werden die Forderungen übermittelt. Er wird zu **Verhandlungen** aufgefordert.
- Während der Verhandlungen werden die Gewerkschaftsmitglieder über den jeweiligen **Verhandlungsstand** informiert und mobilisiert.
- Kommt eine **Einigung** zustande, schließt die Verhandlungskommission mit dem Arbeitgeber einen Firmentarifvertrag ab. Das Verhandlungsergebnis wird der betrieblichen Tarifkommission und den Gewerkschaftsmitgliedern zur Abstimmung

48 ArbG Bonn 26.5.15 – 3 Ga 18/15.

vorgelegt (Abstimmung in einer Mitgliederversammlung oder schriftliche Abstimmung).

- Kommt **keine Einigung** zustande, wird »milder Druck« ausgeübt, um die festgefahrenen Verhandlungen voranzubringen (ggf. ruft die Gewerkschaft zu **Warnstreiks** auf). Bei Tarifflucht des Arbeitgebers durch Verbandsaustritt endet die Friedenspflicht aus den Verbandstarifverträgen nach h. M. mit dem Wirksamwerden des Verbandsaustritts (= Ende der Mitgliedschaft im Arbeitgeberverband); vgl. Rn. 120.
- Wenn weitere Verhandlungen kein Ergebnis bringen:
  - Tarifkommission beschließt das **Scheitern der Verhandlungen.**
  - Tarifkommission beschließt die Durchführung einer **Urabstimmung** und beantragt die ggf. nach Gewerkschaftssatzung vorgesehene Zustimmung des Gewerkschaftsvorstands.
  - Nach erfolgreicher Urabstimmung wird beim Vorstand der Gewerkschaft Antrag auf **(Erzwingungs-)Streik** gestellt.
  - Der **Streik** wird durchgeführt.
  - Bei **Abschluss** eines Firmentarifvertrags und nach **erneuter Urabstimmung** der Gewerkschaftsmitglieder wird der Streik beendet.
    Oder: Der Arbeitgeber **tritt in den Arbeitgeberverband ein** mit der Folge, dass der Verbandstarifvertrag (= Flächentarifvertrag) gilt.

465 Betriebsrat

1. Persönliche Stellung von Betriebsratsmitgliedern

Betriebsratsmitglieder dürfen sich **in ihrer Eigenschaft als Arbeitnehmer und Gewerkschaftsmitglied an Arbeitskämpfen aktiv und auch an führender Stelle beteiligen** (vgl. § 74 Abs. 3 BetrVG): Sie können in ihrer Eigenschaft als Gewerkschaftsmitglieder einen Streik organisieren, zum Streik aufrufen, den Streik selbst leiten, maßgebend in der Streikleitung tätig sein oder Streikposten stehen. Das gilt uneingeschränkt auch für **Betriebsratsvorsitzende** und **freigestellte Betriebsratsmitglieder.**[49]

2. Behandlung tarifpolitischer Angelegenheiten durch den Betriebsrat

Der Betriebsrat ist nach dem BetrVG berechtigt, **Angelegenheiten tarifpolitischer Art im Betrieb und auf Betriebsversammlungen** zu behandeln, die den Betrieb oder seine Arbeitnehmer unmittelbar betreffen (§ 74 Abs. 2 Satz 2, 2. Halbsatz i. V. m. § 45 Abs. 1 BetrVG). Dies schließt u. a. ein, dass der Betriebsrat über die **Tarifforderungen der Tarifvertragsparteien**, den **Verlauf der Tarifrunde** und den **Stand der Tarifverhandlungen** informiert.[50] Dies gilt vor allem auch dann, wenn durch vom Arbeitgeber verbreitete Informationen zur Tarifrunde bei den Arbeitnehmern ein sachliches Bedürfnis über aktuelle Informationen besteht.[51]

---

49 LAG Düsseldorf 5. 7. 94 – 8 TaBV 57/94, AuR 95, 108.

50 HWGNRH-Worzalla, BetrVG § 45 Rn. 9; LAG Baden-Württemberg 25. 9. 91 – 10 Sa 32/91, AiB 92, 96; ArbG Oldenburg 29. 5. 89 – 5 BVGa 1/89, NZA 89, 652.

51 ArbG Oldenburg, a.a.O.

3. Betriebsverfassungsrechtliches Arbeitskampfverbot

Gem. § 74 Abs. 2 Satz 1 BetrVG sind Maßnahmen des Arbeitskampfes zwischen Arbeitgeber und Betriebsrat unzulässig. Das richtet sich an den Betriebsrat als Organ und an die Betriebsratsmitglieder in dieser Funktion (und an den Arbeitgeber). Es bedeutet, dass es dem Betriebsrat (und dem Arbeitgeber) untersagt ist, Arbeitskampfmaßnahmen in seiner Funktion und unter Ausnutzung seines Amtes durchzuführen, z. B. zur Durchsetzung des Abschlusses einer Betriebsvereinbarung (zu weiteren Einzelheiten vgl. Rn. 424 ff.).

4. Funktionsfähigkeit im Arbeitskampf

Der **Betriebsrat bleibt während des Arbeitskampfes im Amt.**[52] Er ist als Gremium auch dann funktionsfähig, wenn sich einzelne oder alle Mitglieder am Streik beteiligen oder auch ausgesperrt werden.[53] Die BR-Mitglieder haben daher zur Ausübung erforderlicher Betriebsratsarbeit ein **Zugangsrecht zum bestreikten Betrieb** und der Betriebsrat kann auch während eines Arbeitskampfes im Betrieb eine **Betriebsratssitzung** oder unter bestimmten Voraussetzungen eine **Betriebsversammlung** (Rn. 468) abhalten.

Nach der Rspr. des BAG können auch Betriebsratsmitglieder **mit suspendierender Wirkung ausgesperrt** werden. Das Betriebsratsamt wird davon nicht berührt. Der Betriebsrat bleibt also funktionsfähig. Das BAG betont, dass gerade **während des Arbeitskampfes vielfältige Aufgaben auf den Betriebsrat zukommen** können (vgl. dazu Rn. 436), für die er erhebliche Zeit aufwenden muss. Trotzdem hat das BAG einen **Vergütungsanspruch** für die Betriebsratstätigkeit während der Aussperrung versagt. Betriebsratsmitglieder haben nach dieser – abzulehnenden – Rechtsprechung keinen Anspruch auf eine Arbeitsvergütung wegen ihrer Betriebsratstätigkeit während eines Streiks oder einer Aussperrung.[54] Im Streikfall verliert ein Betriebsratsmitglied nicht seine Ansprüche auf Entgeltfortzahlung nach § 37 Abs. 2 und 6 BetrVG, wenn die Schulungsmaßnahme bereits vor Streikbeginn eingeleitet war und das Betriebsratsmitglied sich während der Schulungsdauer nicht am Streik beteiligt.[55]

5. Beteiligungsrechte

Im Arbeitskampf bestehen alle **Beteiligungsrechte** des Betriebsrats weiter.[56] Der Betriebsrat muss sicherstellen, dass er zur Wahrung von Fristen für den Arbeitgeber erreichbar ist und dass er die gesetzlich vorgeschriebenen Fristen, z. B. bei personellen Einzelmaßnahmen, einhalten kann.

Das **BAG beschränkt die Beteiligungsrechte** des Betriebsrats entgegen dem Wortlaut des Gesetzes jedoch dann, wenn ihre Ausübung Einfluss auf den Arbeitskampf haben könnte (zur Kritik an dieser Rspr. vgl. Rn. 432 ff.).[57] Das bedeutet zum Beispiel:

- Bei **arbeitskampfbedingten Einstellungen, Versetzungen** oder **Verlängerungen bzw. Änderungen der betrieblichen Arbeitszeit ist der Betriebsrat** gem. §§ 80, 87 oder 99 BetrVG vom Arbeitgeber darüber **zu unterrichten**, welche Überstunden, Schichtverschiebungen, Einstellungen und Beschäftigungen von Arbeitnehmern fremder Unter-

52 BAG 25.10.88 – 1 AZR 368/87, NZA 1989, 353.
53 BAG 6.3.79 – 1 AZR 866/77, AuR 79, 120.
54 BAG 25.10.88 – 1 AZR 368/87, DB 89, 682.
55 BAG 15.1.91 – 1 AZR 178/90, DB 91, 1465.
56 BAG 21.4.71 – GS 1/68, AuR 71, 353.
57 BAG, 21.4.71, a.a.O.

nehmen beabsichtigt sind.[58] Nach hier vertretener Auffassung kann der Betriebsrat im Wege der einstweiligen Verfügung die Unterlassung der vorstehenden Maßnahmen gerichtlich durchsetzen, solange er nicht ordnungsgemäß unterrichtet wird (vgl. dazu Rn. 434).

- Bei personellen Einzelmaßnahmen (z.B. Versetzungen) behält der **Betriebsrat des abgebenden Betriebs** auch dann seine Mitbestimmungsrechte, wenn **aus einem nicht bestreikten Betrieb** (bzw. Unternehmen) Arbeitnehmer in einen bestreikten Betrieb (bzw. Unternehmen) versetzt werden sollen.[59] Dies hat das BAG neuerdings **weitergehend** dahingehend **eingeschränkt**, dass das Mitbestimmungsrecht des Betriebsrats auch **im abgebenden nicht bestreikten Betrieb** dann entfallen soll, wenn der Arbeitgeber Arbeitnehmer zur Verrichtung von Streikbrecherarbeiten in einen anderen bestreikten Betrieb **seines Unternehmens** versetzen will[60] (vgl. dazu Rn. 434). Will der Arbeitgeber eines **nicht bestreikten Unternehmens** Arbeitnehmer zur Verrichtung von Streikbrucharbeiten in einen **bestreikten Betrieb** eines **anderen Unternehmens** (auch wenn beide Unternehmen demselben Konzern angehören) versetzen, behält der Betriebsrat des abgebenden Betriebs des nicht bestreikten Unternehmens seine Mitbestimmungsrechte in personellen Einzelmaßnahmen.[61]
- Bei sog. **Kampfkündigungen** lässt das BAG das Recht auf Anhörung und Mitbestimmung nach § 102 BetrVG entfallen und bei der Einführung arbeitskampfbedingter **Kurzarbeit** nur beschränkt gelten (vgl. Rn. 370 ff.).
- Das Gleiche soll nach BAG während des Streiks bei streikbedingter **Mehrarbeit** gelten.[62] Solche Mehrarbeit kann jedoch von den einzelnen Arbeitnehmern als Streikarbeit (Rn. 506) verweigert werden.

Die **Einschränkung der Beteiligungsrechte des Betriebsrats im Arbeitskampf ist abzulehnen** und auch juristisch nicht überzeugend begründet (zur Kritik vgl. Rn. 432 f.). Besonders bei arbeitskampfbedingten personellen Maßnahmen oder Mehrarbeit bestehen für die gerichtliche Durchsetzung der vollen Beteiligungsrechte des Betriebsrats wegen der gefestigten BAG-Rechtsprechung zurzeit allerdings nur geringe Erfolgsaussichten.

Die arbeitskampfbedingte **Einschränkung der Mitbestimmungsrechte** des Betriebsrats, z.B. bei der Einstellung von Streikbrechern (z.B. Leiharbeitnehmern oder befristet Beschäftigten) nach § 99 BetrVG, **fällt weg**, wenn die Streikbrecher **nach Beendigung des Streiks** weiter beschäftigt werden. Dann muss der Arbeitgeber das Beteiligungsverfahren nach § 99 BetrVG nachholen und die Zustimmung des Betriebsrats beantragen. Der Betriebsrat kann die Zustimmung mit einer der in § 99 Abs. 2 BetrVG aufgeführten Gründe verweigern (z.B. Nachteile für die Streikenden, deren Arbeitsplatz durch Streikbrecher noch besetzt ist). Das gilt grundsätzlich auch dann, wenn die Tarifauseinandersetzung noch nicht beendet und der Streik für eine gewisse Dauer **ausgesetzt** wird.[63] Will der Ar-

---

58 BAG 10.12.02 – 1 ABR 7/02, DB 03, 2072.
59 BAG 19.2.91 – 1 ABR 36/90, DB 91, 1627.
60 BAG 13.12.11 – 1 ABR 2/10, NZA 12, 571.; zust. Ubber, BB 12, 51; abl. Berg, AiB 12, 73; DKKW-Berg, § 74 Rn. 36 ff.
61 LAG Schleswig-Holstein 29.5.13 – 6 TaBV 30/12.
62 BAG 24.4.79 – 1 ABR 43/77, AuR 79, 350.
63 DKKW-Bachner, § 99 Rn. 26; Fitting, § 99 Rn. 28.

beitgeber nach der Beendigung oder während einer Unterbrechung des Streiks die **Folgen des Streiks** durch die **Anordnung von Mehrarbeit** kompensieren, bedarf eine derartige Maßnahme der vorherigen Zustimmung des Betriebsrats.[64]

6. Notdienst

Der Betriebsrat ist für die Vereinbarung von Notdienst **nicht zuständig** (Rn. 256 und 491).

7. Betriebsratswahl

Fällt **während einer Betriebsratswahl** oder der Wahl der Jugend- und Auszubildendenvertretung, d.h. nach Erlass des Wahlausschreibens und damit ihrer Einleitung, die Arbeit aufgrund von Arbeitskampfmaßnahmen (unmittelbar oder mittelbar) aus, führt dies grundsätzlich **nicht zu einer Aussetzung der Wahl** und Verlängerung einzuhaltender Fristen. Der Wahlvorstand muss alle Vorkehrungen treffen, damit trotz des Arbeitskampfes eine **ordnungsgemäße Durchführung der Betriebsratswahl** möglich ist. Der Arbeitgeber hat dem Wahlvorstand und den wahlberechtigten Arbeitnehmern, auch wenn sie sich am Streik beteiligen, zum Zwecke der Wahrnehmung ihrer Rechte und der Wahlhandlungen **Zutritt zum Betrieb** zu gewähren.[65]

Betriebsschließung und -verlagerung 466

Von einer **Betriebsstilllegung** geht das BAG aus,[66] wenn der Arbeitgeber entschlossen ist, den Betrieb endgültig stillzulegen; wenn er seine Stillegungsabsicht unmissverständlich äußert, allen Arbeitnehmern kündigt, etwaige Mietverträge zum nächstmöglichen Zeitpunkt auflöst, die Betriebsmittel, über die er verfügen kann, veräußert und die Betriebstätigkeit vollständig einstellt.

Mit dem Begriff **Betriebsverlagerung** wird lediglich eine Motivation des Arbeitgebers umschrieben, nämlich die Absicht, die bisherige Belegschaft durch eine andere »billigere« Belegschaft (ggf. im Ausland) zu ersetzen. Für die bisherige Belegschaft hat eine Betriebsverlagerung die Schließung »ihres« Betriebs und damit den Verlust ihrer Arbeitsplätze zur Folge. Eine Betriebsverlagerung ist aus ihrer Sicht deshalb nichts anderes als eine Betriebsstilllegung.[67]

Die Betriebsstilllegung ist **abzugrenzen** von einem **Betriebsübergang** (vgl. Rn. 467). Eine Stilllegung liegt nicht vor, wenn der Arbeitgeber beabsichtigt, seinen Betrieb zu veräußern.[68]

Eine Betriebsschließung ist eine **Betriebsänderung** i.S.d. § 111ff. BetrVG.[69] Der Arbeitgeber muss den **Betriebsrat informieren**, mit ihm **beraten** (insbesondere auch über Alternativen), über einen **Interessenausgleich** bis hin zur **Einigungsstelle** verhandeln und mit ihm einen Sozialplan abschließen, über den im Falle der Nichteinigung die Einigungs-

64 ArbG Oldenburg 21.5.15 – 6 BVGa 2/15; ArbG Stuttgart 24.4.15 – 9 BVGa 1/15; Fittting, § 74 Rn. 23.
65 Vgl. dazu DKKW-Homburg, § 18 Rn. 8.
66 BAG 12.2.87 – 2 AZR 247/86, AP Nr. 67 zu § 613a BGB; 16.5.02 – 8 AZR 319/01, NZA 03, 93.
67 BAG 12.2.87, a.a.O.
68 BAG 12.2.87, a.a.O.; 16.5.02, a.a.O.
69 S. dazu näher DKKW-Däubler, § 111 Rn. 43ff.

stelle verbindlich entscheidet. Er muss an betroffene Arbeitnehmer einen **Nachteilsausgleich** (§ 113 BetrVG) zahlen, wenn er einen Interessenausgleich mit dem Betriebsrat nicht versucht hat oder von einem mit dem Betriebsrat vereinbarten Interessenausgleich abweicht.

Für die **Gewerkschaft** und ihre Mitglieder im Betrieb besteht die Möglichkeit, auf eine vom Arbeitgeber angekündigte Betriebsschließung mit den Mitteln einer **betrieblichen Tarifbewegung (inkl. Streik)** zu reagieren. Ob die Forderung nach einem Verzicht auf die Betriebsschließung tariflich regelbar und erstreikbar ist, ist umstritten (vgl. Rn. 27ff.).[70] Zulässig und erstreikbar ist aber nach der Rechtsprechung jedenfalls die Forderung nach einen »**Sozialtarifvertrag**« (z.B. Tarifregelungen über Abfindungen und Qualifizierung der von Entlassung betroffenen Beschäftigten), sofern nicht die Friedenspflicht aus einem Tarifvertrag entgegensteht (vgl. Rn. 85ff. und TVG § 1 Rn. 343ff.).[71]

467 Betriebsübergang (Ausgliederung, Privatisierung)

Ein **Betriebsübergang** liegt vor, wenn ein **Betrieb** oder **Betriebsteil** durch Rechtsgeschäft (z.B. Kaufvertrag, Pachtvertrag) von dem bisherigen Inhaber auf einen neuen Inhaber übertragen wird. Die **Rechtsfolgen** richten sich nach **§ 613a BGB** (vgl. TVG § 3 Rn. 105ff.). § 613a BGB gilt auch für die meisten Formen der **Umwandlung** (vgl. TVG § 3 Rn. 112ff.).[72]

Ein Betriebsübergang ist **abzugrenzen von der Betriebsstilllegung** (vgl. Rn. 466). Liegt ein Betriebsübergang (bzw. Betriebsteilübergang) vor, gehen kraft Gesetzes (automatisch) auch die Arbeitsverhältnisse auf den neuen Inhaber über (§ 613a Abs. 1 BGB). Das heißt: Der Betriebserwerber wird Arbeitgeber der im Betrieb beschäftigten Arbeitnehmer. Die bei dem bisherigen Arbeitgeber geltenden **Arbeitsbedingungen** (»Rechte und Pflichten«) gelten nach dem Betriebsübergang **unverändert weiter** (§ 613a Abs. 1 Satz 1 BGB).

Tarifverträge, die bisher die Arbeitsverhältnisse regelten, gelten in der Regel nicht kollektivrechtlich weiter (Ausnahme: Firmentarifverträge bei Umwandlung; vgl. TVG § 3 Rn. 119), sondern werden in Individualrecht »transformiert«. Bisher durch Tarifvertrag geregelte Arbeitsbedingungen dürfen **vor Ablauf eines Jahres** nach dem Betriebsübergang **nicht zu Lasten des Arbeitnehmers verändert** werden (§ 613a Abs. 1 Satz 2 BGB), weder durch Änderungsvereinbarung noch durch Änderungskündigung. Die einjährige »Veränderungssperre« gilt allerdings nicht, wenn die Arbeitsbedingungen bei dem Betriebserwerber durch Rechtsnormen eines **anderen Tarifvertrags** (an den beide Seiten gebunden sind!) geregelt werden (§ 613a Abs. 1 Satz 3 BGB). **Vor Ablauf der Jahresfrist** können die bisherigen tariflichen Arbeitsbedingungen auch **geändert** werden, wenn der Tarifvertrag **nicht mehr gilt** oder wenn bei **fehlender beiderseitiger Tarifgebundenheit** im Geltungsbereich eines anderen Tarifvertrags, dessen Anwendung zwischen dem Betriebserwerber und dem Arbeitnehmer arbeitsvertraglich vereinbart wird (§ 613a Abs. 1 Satz 4 BGB).

---

70 Ausdrücklich offen gelassen von BAG 24.4.07 – 1 AZR 252/06, DB 07, 1924 = AiB 07, 732, mit Anm. Schoof.

71 BAG 24.4.07, a.a.O.

72 BAG 2.3.06 – 8 AZR 124/05, NZA 06, 848.

Nicht selten erfolgen Ausgliederung bzw. Privatisierung mit der Absicht der **Tarifflucht** (Ausstieg aus dem oder Verschlechterung des Tarifvertrags). Es sind verschiedene Konstellationen zu unterscheiden:

- Der **Betriebserwerber** ist **nicht tarifgebunden**. Dann gelten die bisherigen Tarifbedingungen zwar mindestens für ein Jahr zwingend fort (sog. Veränderungssperre). § 613a Abs. 1 Satz 1 BGB bewirkt aber nur eine **statische Absicherung** bisher tariflich geregelter Arbeitsbedingungen (vgl. TVG § 3 Rn. 148f.). Neue, nach dem Betriebsübergang geschlossene Verbandstarifverträge finden keine Anwendung (mehr). Aus Arbeitnehmersicht besteht deshalb das Bedürfnis, die Tarifbindung durch Abschluss eines **Anerkennungstarifvertrags** mit Bezugnahme auf die bisher geltenden Tarifverträge wieder herzustellen. Ggf. können weitere – z.B. beschäftigungssichernde – Tarifregelungen gefordert werden. Lehnt der Betriebserwerber ab, kann zum Streik aufgerufen werden. **Friedenspflicht besteht nicht.**
- Der **Betriebserwerber** ist an **Tarifverträge** gebunden, die mit einer **anderen Gewerkschaft** vereinbart sind. Diese Tarifverträge entfalten Friedenspflicht nur für diese (andere) Gewerkschaft, nicht für die Gewerkschaft, die die bisherigen Tarifverträge abgeschlossen hat (vgl. Rn. 132).
- Der **Betriebserwerber** ist an **Tarifverträge** gebunden, die **mit der gleichen Gewerkschaft** abgeschlossen sind (sog. **»kongruente« Tarifbindung**), deren Tarifverträge auch beim Betriebsveräußerer zur Anwendung kamen. Nach § 613a Abs. 1 Satz 3 BGB werden die bisherigen tariflichen Arbeitsbedingungen durch die beim Betriebserwerber geltenden Tarifverträge **abgelöst**, sofern die Ablösungsvoraussetzungen vorliegen (vgl. hierzu eingehend § 3 Rn. 160ff., 163ff.). § 613a Abs. 1 Satz 3 BGB trägt dem **»Vereinheitlichungsinteresse«** auf Arbeitgeberseite Rechnung und nimmt eine mit dem Tarifwechsel ggf. verbundene Verschlechterung der Arbeitsbedingungen in Kauf (vgl. § 3 Rn. 160).[73] Die Ablösung der alten Tarifverträge erfolgt unmittelbar mit dem Betriebsübergang, nicht erst nach Ablauf der einjährigen Veränderungssperre. Wenn die beim Betriebserwerber geltenden Tarifverträge im Vergleich zu den bisher geltenden Tarifverträgen **ungünstiger** sind, entstehen für die Beschäftigten **Nachteile**. Es entsteht aus Arbeitnehmersicht das Bedürfnis nach **Kompensation**. Hier kann angesetzt und ein Tarifvertrag zum Ausgleich der durch § 613a BGB bewirkten Nachteile gefordert und ggf. erstreikt werden (etwa eine **Ausgliederungszulage bzw. eine besitzstandsichernde Regelung**). Weil Tarifverträge eine solche, einen verschlechternden Tarifwechsel ausgleichende Regelung meist nicht vorsehen,[74] steht einem Streik die relative **Friedenspflicht** aus den beim alten und neuen Betriebsinhaber geltenden Tarifverträgen nicht entgegen (vgl. im Einzelnen TVG § 1 Rn. 191ff. und AKR Rn. 132).

73 BAG 20.4.94 – 4 AZR 342/93, AP BGB § 613a Nr. 108.
74 LAG Bremen 5.5.98 – 2 Sa 127/98, AiB 98, 537: hiernach enthielten weder der BAT noch der Rationalisierungsschutztarifvertrag für Angestellte des öffentlichen Dienstes Regelungen zu den Rechtsfolgen eines Betriebsübergangs, so dass keine Friedenspflicht insoweit besteht.

468 Betriebsversammlung

Betriebsversammlungen stellen für den Betriebsrat eine sehr gute Möglichkeit dar, die Arbeitnehmer des Betriebs zu informieren und die anstehenden Probleme mit ihnen zu diskutieren. Dies gilt natürlich gerade auch vor und während tariflicher Auseinandersetzungen und Arbeitskämpfen. Dabei sind folgende Grundsätze zu beachten:

- Betriebsversammlungen finden mindestens **einmal in jedem Kalendervierteljahr** grundsätzlich während der Arbeitszeit statt (§§ 43 Abs. 1, 44 Abs.1 BetrVG). Der Arbeitgeber hat das Entgelt fortzuzahlen. Dies gilt auch für die **weitere Betriebsversammlung nach § 43 Abs. 1 Satz 4 BetrVG.** Danach kann der Betriebsrat in jedem Kalenderhalbjahr eine zusätzliche Betriebsversammlung einberufen, wenn ihm dies aus besonderen Gründen zweckmäßig erscheint. Er hat dabei einen großen Ermessensspielraum. Eine weitere Betriebsversammlung wird besonders dann in Betracht kommen, wenn der Zeitraum bis zur nächsten ordentlichen Betriebsversammlung aus einem aktuellen Anlass zu groß ist. Eine aktuelle **Information über die Tarifverhandlungen, ein bevorstehender Arbeitskampf oder auch Auswirkungen**, die der Arbeitskampf in einem anderen Tarifgebiet auf den Betrieb hat (z.B. kalte Aussperrung), stellen in aller Regel einen besonderen Grund dar, der die Einberufung einer zusätzlichen Betriebsversammlung als zweckmäßig erscheinen lässt.
- Betriebsversammlungen können auch **während eines Streiks oder einer Aussperrung** abgehalten werden und sind wie Arbeitszeit zu vergüten.[75] Dauert die Betriebsversammlung länger als einen Tag, kann sie an einem anderen Tag fortgesetzt werden.[76]
- Betriebsversammlungen können auch **während einer kalten Aussperrung** einberufen werden. Auch Arbeitnehmer, die sich in Kurzarbeit oder im Urlaub befinden, haben ein Teilnahmerecht. Jedenfalls dann, wenn die Betriebsversammlung zu einem Zeitpunkt stattfindet, zu dem die Arbeitnehmer ohne Urlaub oder Kurzarbeit gearbeitet hätten, tritt der Vergütungsanspruch nach § 44 Abs. 1 BetrVG neben den Anspruch auf Urlaubsvergütung oder Kurzarbeitergeld.[77]
- Die auf einer Betriebsversammlung zulässigen **Themen** sind in § 45 BetrVG genannt. Es muss sich um Angelegenheiten einschließlich solcher tarifpolitischer, sozialpolitischer und wirtschaftlicher Art handeln, die **den Betrieb oder seine Arbeitnehmer unmittelbar betreffen.** Erforderlich ist danach, dass sich die behandelten Vorgänge irgendwie im Betrieb konkret auswirken, es muss sich nicht um Vorgänge handeln, die sich (ausschließlich) im Betrieb abspielen. Demzufolge ist es zulässig, auf einer Betriebsversammlung über den **Stand von Tarifverhandlungen** zu berichten, **Vorstellungen über eine zukünftige Ausgestaltung des für den Betrieb maßgeblichen Tarifvertrags** zu diskutieren oder über die **Auswirkungen von Arbeitskämpfen im Betrieb**, z.B. wegen einer befürchteten kalten Aussperrung, zu informieren.[78] Sollten im Einzelfall unzulässige Themen diskutiert werden, ist jedenfalls ein »unwesentliches«

75 BAG 5.5.87 – 1 AZR 292/85, NZA 87, 853.
76 LAG Baden-Württemberg 12.12.85 – 14 TaBV 22/85, AiB 86, 67.
77 BAG 5.5.87 – 1 AZR 665/85, DB 87, 1945; 5.5.87 – 1 AZR 666/85, DB 87, 1947.
78 LAG Baden-Württemberg 17.2.87 – 8 (14) Sa 106/86, DB 87, 1442; 25.9.91 – 10 Sa 32/91, AiB 92, 96.

Überschreiten der gesetzlichen Vorschrift unschädlich. Für »unwesentlich« wird beispielsweise in der Rechtsprechung eine viertelstündige »sachfremde« Diskussion gehalten.[79]

- Die **Dauer von Betriebsversammlungen** ist im Gesetz nicht begrenzt, sondern richtet sich nach dem Umfang der zu behandelnden Themen, der Länge der zu erstattenden Berichte, dem Informationsbedürfnis der Teilnehmer und der Anzahl der Wortmeldungen. Grundsätzlich ist zu beachten, dass der ungestörten und freien Aussprache im Rahmen der Betriebsverfassung ein hoher Stellenwert zukommt und dass daher die Tagesordnung vor Beendigung der Betriebsversammlung erschöpft sein muss. Dies kann zwei oder drei Stunden, aber auch einen ganzen Tag oder länger in Anspruch nehmen.[80]
- Der Betriebsrat muss **den Arbeitgeber** so frühzeitig über die beabsichtigte Betriebsversammlung **informieren**, dass dieser in Bezug auf den Arbeitsausfall seine Vorkehrungen treffen kann. Eine gesetzliche Frist hierfür gibt es nicht. Aus dem Anlass der Betriebsversammlung kann sich durchaus ergeben, dass eine kurzfristige Unterrichtung ausreicht. Bei einem spontanen Informationsbedürfnis der Belegschaft wird der Betriebsrat nämlich nur kurzfristig zur Betriebsversammlung einladen können.

Boykott 469

Unter Boykott wird jede Form der Absperrung von Personen, Unternehmen oder von Gruppen zur Durchsetzung wirtschaftlicher, sozialer, politischer, gesellschaftlicher oder sonstiger Ziele verstanden. Der Boykott zeichnet sich durch folgende **Dreierbeziehung** aus: Der Boykottinitiator, der Aufrufer, ruft andere Personen, z.B. Verbraucher oder sonstige Kunden von Unternehmen, dazu auf, wirtschaftliche Beziehungen zu einem Dritten, z.B. dem boykottierten Unternehmen, abzubrechen oder nicht aufzunehmen.

Der **arbeitsrechtliche Boykott** ist als überkommenes Kampfmittel **rechtmäßig**[81] und kommt heute vor allem in der Seeschifffahrt vor.

Beispiel: Aufforderung an die Hafenarbeiter, solche Schiffe nicht zu be- oder entladen, deren Reeder einen Tarifvertragsabschluss mit den Seeleuten verweigert.

Der **Verbraucherboykott** ist ebenfalls grundsätzlich anerkannt. Er kann auch arbeitsbezogene Themen aufgreifen, z.B. Boykottaufruf gegen eine Bank, die Tarifflucht begangen hat und sich grundsätzlich weigert, Tarifverträge abzuschließen.[82] Er kann auch als **streikbegleitendes Kampfmittel** eingesetzt werden, um den durch den Streik, möglicherweise nur unzureichend, erzeugten wirtschaftlichen Druck auf die Arbeitgeberseite zu erhöhen. Näheres vgl. Rn. 204ff.

79 LAG Düsseldorf 10.3.81 – 11 Sa 1453/80, DB 81, 1729.
80 LAG Baden-Württemberg 12.12.85 – 14 TaBV 22/85, AiB 86, 67.
81 BAG 19.10.76 – 1 AZR 611/75, AuR 77, 235.
82 LG Düsseldorf 14.6.00 – 12 O 556/99, AuR 01, 194.

470 Demonstration und Versammlung

Die **Demonstrationsfreiheit** und die Freiheit der Meinungsäußerung sind **elementare politische Grundrechte**. Nach Art. 8 GG besteht »das Recht, (sich) ohne Anmeldung oder Erlaubnis friedlich und ohne Waffen … zu versammeln«. Dieses Grundrecht wird für Versammlungen unter freiem Himmel (Demonstrationen) durch das Versammlungsgesetz konkretisiert. Das BVerfG hat in der Brokdorf-Entscheidung[83] die grundlegende Bedeutung der Versammlungsfreiheit unterstrichen und auf die Notwendigkeit einer »fairen Kooperation« zwischen Veranstalter und Polizeibehörde zur Bewältigung unvorhergesehener Konfliktsituationen hingewiesen.

Art. 8 GG bildet nach h. M. **keine Rechtsgrundlage** für eine **Arbeitsniederlegung**. Hierzu bedarf es eines Streikaufrufs der Gewerkschaft (zum Demonstrationsstreik vgl. Rn. 471). Ruft die Gewerkschaft lediglich zur Teilnahme an einer **Kundgebung während der Arbeitszeit** auf, können sich die Arbeitnehmer durch Nutzung etwaiger betrieblicher oder vertraglicher Handlungsmöglichkeiten »von der Arbeit befreien« (z. B. durch Inanspruchnahme von Urlaub oder bestehender Gleitzeitregelungen mit Aus- und Einstempeln; vgl. Rn. 460, 482).

Anmeldung: Geplante Versammlungen, Demonstrationen und vergleichbare Aktionen sind spätestens 48 Stunden vorher bei der zuständigen Behörde (Ordnungsamt, Amt für öffentliche Sicherheit und Ordnung, Polizei o. ä.) **anzumelden**. In der Anmeldung sind der Gegenstand und der verantwortliche Leiter der Versammlung oder Demonstration zu benennen. Bei der Anmeldung sind die Demonstrationsroute und der Kundgebungsplatz mit der Behörde abzusprechen. **Kurzfristig angesetzte und spontane Versammlungen und Demonstrationen** sind jedoch auch ohne Anmeldung zulässig. Sie können nicht deshalb verboten oder aufgelöst werden, weil die 48-Stunden-Frist für die Anmeldung nicht eingehalten wurde.[84] Ist eine Anmeldung nicht möglich, z. B. weil ausgesperrte Arbeitnehmer ihre Empörung spontan kundgeben, ist das auch ohne vorherige Anmeldung zulässig.[85] Soll aus einem besonderen Anlass kurzfristig eine Demonstration oder Versammlung abgehalten werden, sollte die Polizei informiert werden, um einen reibungslosen Ablauf zu sichern. Solche vertrauensbildenden Maßnahmen »erhöhen« die Schwelle für behördliches Eingreifen wegen Gefährdung der öffentlichen Sicherheit.[86]

Ansammlungen von Streikposten oder **Streikenden vor dem oder in der Nähe des bestreikten Betrieb/s**, die die arbeitskamptypischen **Aufgaben von Streikposten** (vgl. dazu Rn. 258 ff.) wahrnehmen oder die Kunden, Passanten und die Öffentlichkeit vom Anliegen der Streikenden informieren, gehören inzwischen zum typischen Erscheinungsbild von Tarifauseinandersetzungen (»Streik im öffentlichen Raum«).[87] Sie genießen den Schutz der Koalitionsfreiheit (Art. 9 Abs. 3 GG) und der Versammlungsfreiheit (Art. 8 Abs. 1 GG). Sie brauchen in analoger Anwendung von § 17 VersG **nicht angemeldet** wer-

---

83 14. 5. 85 – 1 BvR 233/81, 1 BvR 341/81, NJW 85, 2395.
84 BVerfG 14. 5. 85, a.a.O.
85 Zu nicht anmeldepflichtigen Spontanversammlungen, die sich typischer aus dem Streikgeschehen ergeben, vgl. eingehend Donat/Kühling, AuR 09, 1, 2 f.
86 BVerfG 14. 5. 85, a.a.O.
87 Barzcak, DVBl 14. 758.

den[88] und setzen **keine straßenverkehrsrechtliche Genehmigung** voraus.[89] Meldet die Gewerkschaft dennoch im Zusammenhang mit einem Streik eine koalitionsrechtliche Demonstration oder Versammlung der Streikteilnehmer an, ist die zuständige Behörde, schon wegen des Gebots der Neutralität des Staates, zur **Geheimhaltung der Veranstaltung verpflichtet** (§ 30 VwVfG).[90] Im Zusammenhang mit der Verlagerung der **versammlungsrechtlichen Gesetzgebungskompetenz** vom Bund auf die **Länder** im Zuge der sog. Föderalismusreform zeichnet sich in den letzten Jahren die Gefahr ab,[91] dass einige Landesgesetzgeber versuchen, auch das typische Arbeitskampfgeschehen vor den bestreikten Betrieben **versammlungsrechtlich zu kontrollieren und zu disziplinieren.**[92] Landesversammlungsgesetze wurden bisher erlassen in Bayern, Berlin, Niedersachsen, Sachsen und Sachsen-Anhalt. In den übrigen Bundesländern gilt noch das Versammlungsgesetz (VersG) des Bundes.

Demonstrationsstreik/Politischer Streik 471

Ein Streik, bei dem es nicht um den Abschluss von Tarifverträgen geht, sondern um den nachhaltigen und kollektiven **Ausdruck von Meinungsfreiheit** i.S.d. Art. 5 GG sowie um – an die Politik gerichtete – **Forderungen** insbes. im Bereich der Arbeits- und Wirtschaftsbedingungen i.S.d. Art. 9 Abs. 3 GG (**Demonstrationsstreik/Politischer Streik**), ist nach h.M. mangels Tarifbezogenheit und unzulässiger Druckausübung auf Regierung und Parlament unzulässig.[93] Diese Auffassung verkennt die Reichweite des **Schutzes der Koalitionsfreiheit aus Art. 9 Abs. 3 GG** und ist **unvereinbar mit Art. 6 Nr. 4 der Europäischen Sozialcharta (ESC)**, der eine umfassende Streikgarantie enthält (vgl. Rn. 191ff.). Das Ministerkomitee des Europarats hat im Februar 1998 festgestellt, dass die Beschränkung von Streiks auf tarifliche Ziele – wie sie der Rechtsprechung zum Demonstrationsstreik zugrunde liegt – nicht mit der Europäischen Sozialcharta zu vereinbaren ist. Das Ministerkomitee hat die Bundesrepublik Deutschland wegen dieser restriktiven Rechtslage gerügt und der Bundesregierung »empfohlen«, das auf geeignetem Wege zu ändern[94] (vgl. dazu Rn. 194; eingehend zum politischen Demonstrations- und Proteststreik Rn. 188ff.).

---

88 Barzcak, a.a.O., 763f.: Donat/Kühling, a.a.O., 1ff.

89 Barzcak, a.a.O., 764.

90 Barzcak, a.a.O., 764.

91 Dazu und auch zum besonders problematischen Beispiel des Bayerischen Versammlungsgesetzes Hahnzog, ZRP 09, 57f.; Wächtler, AuR 09, 179; sowie BVerfG 17.2.09 – 1 BvR 2492/08, NJW 09, 1481 (Einstweilige Außerkraftsetzung bzw. Einschränkung der Anwendung von Teilen des Bayerischen Versammlungsgesetzes) und BVerfG 21.3.12 – 1 BvR 2492/08, DVBl 12, 835 (Nichtannahmebeschluss der Verfassungsbeschwerde gegen eine geänderte Fassung des Bayerischen Versammlungsgesetzes).

92 Dazu Wächtler, AuR 09, 179, gleichzeitig kritische Anm. zur der ebenfalls in diese Richtung weisenden Entscheidung des AG München 26.1.09 – 845 Cs 113 Js 11159/08, AuR 09, 178 (Verurteilung eines Gewerkschaftssekretärs zu einer Geldstrafe wegen angeblich rechtswidriger Unterlassung der Anmeldung einer Streikversammlung); vgl. dazu die dem AG München Beifall spendende Polemik von Rieble, NZA 09, 298.

93 Vgl. ErfK-Linsenmaier, GG Art. 9 Rn. 122.

94 Vgl. Däubler, AuR 98, 154.

472 Dienstordnungsangestellte

Sog. Dienstordnungsangestellte sind bei Versicherungsträgern der gesetzlichen Unfallversicherung tätig (vgl. §§ 144ff. SGB VII). Auch wenn für sie aufgrund der dort geltenden Dienstordnungen beamtenrechtliche Vorschriften zur Anwendung kommen, sind sie dennoch **Arbeitnehmer.**[95] Ihnen steht wie den anderen Arbeitnehmern das **Streikrecht** zu. Zum Streikrecht der Beamten vgl. Rn. 462.

473 Einstweilige Verfügung der Arbeitgeber

Die Arbeitgeber versuchen häufig durch einstweilige Verfügung, möglichst ohne mündliche Anhörung, im Eilverfahren der Gewerkschaft einen Streik oder bestimmte Streikmaßnahmen gerichtlich untersagen zu lassen. Schwerpunkt von entsprechenden Anträgen der Arbeitgeber sind folgende Gebiete: **Generelle Streikverbote** z.B. wegen angeblicher Verletzung der **Friedenspflicht** oder **fehlender tariflicher Regelbarkeit**; ferner **»Gassenverfügungen«** gegen Streikpostenstehen (Breite, Höhe und Beschaffenheit der Streikbrechergasse) bzw. **sog. Betriebsblockaden** (vgl. dazu Rn. 225ff.).
Gerichtet sind die Anträge gegen die Gewerkschaft, zum Teil gegen einzelne Gewerkschaftssekretäre bzw. Streikleitungen und/oder einzelne Streikende. In der Regel haben die Arbeitgeber die Auswahl unter mehreren Arbeitsgerichten für die Stellung des Antrags (örtlicher Sitz des bestreikten Betriebs oder z.B. Sitz des Vorstands der Gewerkschaften). Während der ersten Streiks der Gewerkschaft Deutscher Lokomotivführer (GDL) hat die Bahn – teilweise mit Erfolg – Anträge auf einstweilige Verfügung gezielt bei solchen Arbeitsgerichten eingereicht, bei denen sie eine für sie günstige Entscheidung vermutete (vgl. Rn. 169ff., 444). Ggf. kommen auch Amtsgerichte in Frage (z.B. an Wochenenden, wenn bei den Arbeitsgerichten kein Notdienst eingerichtet ist).
Einstweilige Verfügungen können nur unter **engen Voraussetzungen** erlassen werden (vgl. auch Rn. 439).[96] Werden sie ordnungsgemäß zugestellt, müssen sie zunächst beachtet werden. Zur Vermeidung derartiger Entscheidungen ohne mündliche Verhandlung und ohne Berücksichtigung des Sachverhaltes und der Rechtslage aus Sicht der Gewerkschaften wird dringend empfohlen, **rechtzeitig** zu prüfen, ob zu Beginn der Auseinandersetzungen **Schutzschriften** bei den Arbeitsgerichten und im Ausnahmefall auch beim zuständigen Amtsgericht hinterlegt werden müssen (vgl. Rn. 438f.).
Zur Möglichkeit der **Untersagung rechtswidriger Eingriffe der Arbeitgeber** in das Streikrecht im Wege der einstweiligen Verfügung vgl. Rn. 443f.

474 Elternzeit und Elterngeld

Während der **Elternzeit** nach § 15 des am 1.1.07 in Kraft getretenen BEEG **ruht das Arbeitsverhältnis** in der Regel,[97] es sei denn, der Arbeitnehmer geht trotz Inanspruchnahme der Elternzeit (weiter) einer Teilzeitbeschäftigung nach (vgl. § 15 Abs. 4, 5 BEEG).

95 BAG 26.9.84 – 4 AZR 608/83, DB 85, 343.
96 ErfK-Linsenmaier, GG Art. 9 Rn. 228; Henniges, S. 85; Steinbrück, S. 183ff.
97 BAG 24.5.95 – 10 AZR 619/94, NZA 96, 31 (zum Erziehungsurlaub).

Das Ruhen des Arbeitsverhältnisses hat für die Dauer der Elternzeit die **Suspendierung der gegenseitigen Hauptpflichten** zur Folge.[98] Ein Arbeitskampf wirkt sich daher auf die Elternzeit nicht aus, wenn diese zum Ruhen des Arbeitsverhältnisses führt.

Gem. §§ 1 ff. BEEG besteht Anspruch auf **Elterngeld** (als staatliche Entgeltersatzleistung) für Kinder, die nach dem 31. 12. 06 geboren wurden (für vor dem 1. 1. 07 geborene Kinder besteht weiterhin Anspruch auf **Erziehungsgeld** nach dem Bundeserziehungsgeldgesetz in der bis zum 31. 12. 06 geltenden Fassung). Die Höhe des Elterngeldes ist im Unterschied zum Erziehungsgeld, das in Höhe von 450 Euro bzw. 300 Euro monatlich als pauschalierter Festbetrag gezahlt wird, von der Höhe des Entgelts des Arbeitnehmers abhängig und beträgt in der Regel 67 % des vor der Geburt bezogenen Entgelts, mindestens aber 300 Euro und höchstens 1800 Euro (§ 2 Abs. 1 und 5 BEEG).[99] Die Berechnung des Elterngeldes erfolgt nach dem durchschnittlichen Entgelt in den letzten zwölf Kalendermonaten vor dem Monat der Geburt des Kindes (§ 2 Abs. 1 Satz 1 BEEG). Kalendermonate ohne Entgelt werden dabei grundsätzlich mit dem Betrag Null in die Berechnung aufgenommen,[100] mit der Folge, dass sich das für die Berechnung maßgebliche durchschnittliche Entgelt und damit auch das Elterngeld verringern.[101] Der Mindestbetrag in Höhe von 300 Euro monatlich (§ 2 Abs. 5 BEEG) steht jedoch allen Anspruchsberechtigten unabhängig von ihrem vor der Geburt erzielten Entgelt zu.

Führen **Zeiten der Beteiligung an einem Streik** oder der Betroffenheit durch eine Aussperrung in dem zwölfmonatigen Berechnungszeitraum wegen der Suspendierung der Entgeltzahlungspflicht des Arbeitgebers zu einer Minderung des für die Berechnung des Elterngeldes maßgeblichen durchschnittlichen Entgelts, kann dies zu einer erheblichen Reduzierung des Elterngeldes und wirtschaftlichen Schlechterstellung von Arbeitnehmerinnen und Arbeitnehmern führen, die sich an einem Streik beteiligt haben. Nach hier vertretener Auffassung ist dies mit dem Verbot der Behinderung der Koalitionsbetätigung bzw. der Wahrnehmung des Streikrechts (Art. 9 Abs. 3 Satz 2 GG) nicht vereinbar. Die im Zusammenhang mit einer Streikbeteiligung drohende Kürzung des Elterngeldes schränkt die Streikfreiheit der betroffenen Arbeitnehmer unvertretbar ein. Das **BSG ist dieser Auffassung nicht gefolgt**, sondern hält die möglichen streikbedingten Kürzungen des Elterngeldes nach dem BEEG für gesetzes- und verfassungskonform. Insbesondere hat das BSG einen rechtswidrigen Eingriff in die Streikfreiheit und einen **Verstoß gegen Art. 9 Abs. 3 GG verneint.**[102]

---

98 Zu den Einzelheiten und den individualrechtlichen Folgen vgl. HK-ArbR-Reinecke, BEEG § 15 Rn. 7, 47 ff.

99 Dazu HK-ArbR-Birk, BEEG, Vorbemerkungen Rn. 3, § 2 Rn. 21 ff.

100 HK-ArbR-Birk, a.a.O., Rn. 2.

101 HK-ArbR-Birk, a.a.O., Rn. 6.

102 BSG 17. 2. 11 – B 10 EG 17/09 R, ArbuR 11, 130.

475 Feiertage

Gesetzliche Grundlage der Feiertagsbezahlung ist § 2 EFZG. Während eines Arbeitskampfes besteht **grundsätzlich kein Anspruch** auf Feiertagsbezahlung. Ein Anspruch ist jedoch dann gegeben, wenn der Arbeitskampf unmittelbar vor dem Feiertag endet oder nach einem Feiertag beginnt.[103]

Schließt ein Feiertag unmittelbar an das Ende eines Streiks/Warnstreiks an,

- besteht **Anspruch auf Feiertagsbezahlung**, wenn die Gewerkschaft dem Arbeitgeber das Ende des Streiks – aus Beweisgründen am besten schriftlich – mitgeteilt hat. In einem Konflikt um einen Verbandstarifvertrag kann die Mitteilung auch gegenüber dem Arbeitgeberverband erfolgen. Die Mitteilung muss klar zum Ausdruck bringen, wann, wo und inwieweit der Streik beendet ist.[104] Bei einem Warnstreik oder befristeten Streik kann die zeitliche Beschränkung der Dauer des Streiks bereits im Streikaufruf deutlich gemacht werden. Dies gilt auch, wenn unmittelbar nach dem Feiertag eine Arbeitsaufnahme erfolgt und danach, etwa am Tag nach der Arbeitsaufnahme, der Streik weitergeführt wird;[105]
- besteht **kein Anspruch auf Feiertagsbezahlung**, wenn dem Arbeitgeber bzw. in einem Verbandskonflikt dem Verband eine Erklärung über das Ende des Streiks vor dem Feiertag nicht zugeht und der (Warn-)Streik nicht von vornherein befristet ist.[106] Erklärt die Gewerkschaft den Streik nur für den Feiertag (oder für den Feiertag und diesem vorausgehende bzw. sich anschließende freie Tage) für unterbrochen, soll nach Auffassung des BAG[107] kein Anspruch auf Feiertagsbezahlung bestehen. Anders sei es, wenn für den Arbeitstag nach dem Feiertag entweder der einzelne Arbeitnehmer seine Arbeitsleistung wieder anbietet oder die kampfführende Gewerkschaft ihre Mitglieder zur Arbeitsaufnahme auffordert.

Feiertag, »Brückentage« und Urlaub: Nach Auffassung des BAG besteht bei Streik oder Aussperrung kein Zahlungsanspruch für Feiertage vor oder nach »Brückentagen« – wenn also für den Werktag vor oder nach einem Feiertag (Betriebs-)Urlaub vereinbart worden ist.[108] Es besteht aber Anspruch auf Urlaubsvergütung für den »Brückentag«. Die Betriebsvereinbarung über »Brückentage« kann die Feiertagsbezahlung für den Fall eines Arbeitskampfes vorsehen – so das BAG.

Der Arbeitgeber muss dagegen in folgenden Fällen bezahlen:

- Der Feiertag fällt in einen schon vor Beginn des Arbeitskampfes bewilligten Urlaub;[109]
- der Feiertag fällt in eine Kurzarbeitsphase; der Arbeitgeber muss Arbeitsentgelt in Höhe des Kurzarbeitergeldes zahlen. Das gilt auch bei arbeitskampfbedingter Kurzarbeit.[110]

---

103 BAG 1.3.95 – 1 AZR 786/94, DB 95, 1819.
104 BAG 23.10.96 – 1 AZR 269/96, AuR 97, 218.
105 BAG 11.5.93 – 1 AZR 649/92, DB 93, 1724.
106 BAG 31.5.88 – 1 AZR 589/86, DB 88, 2260.
107 1.3.95 – 1 AZR 786/94, DB 95, 1819.
108 BAG 31.5.88, a.a.O. 2261.
109 BAG 31.5.88, a.a.O., 2262.
110 BAG 20.7.82 – 1 AZR 404/80, DB 83, 2575.

Firmentarifverträge 476

Firmentarifverträge haben einen auf das Unternehmen bezogenen räumlichen und fachlichen Geltungsbereich sowie eine vom Flächentarifvertrag meist unabhängige Laufzeit und (wenn es sich nicht um Anerkennungstarifverträge handelt, Rn. 449) einen eigenständigen Regelungsinhalt hinsichtlich der Lohn- und Arbeitsbedingungen. Die Friedenspflicht (Rn. 59ff., 480) endet mit Ablauf des jeweiligen Tarifvertrags (bei Bestehen einer Schlichtungsvereinbarung entsprechend den dortigen Bestimmungen, vgl. Rn. 417ff.).
Betriebe mit Firmentarifvertrag können **in die Flächenauseinandersetzung** unter **drei Voraussetzungen einbezogen** werden:
- die Friedenspflicht aus dem Firmentarifvertrag ist abgelaufen;
- dem Unternehmen wurden Forderungen mitgeteilt, es wurde zu Tarifverhandlungen aufgefordert und
- die Verhandlung wurde entweder abgelehnt oder ist ohne befriedigendes Ergebnis geblieben.

Flashmob-Aktionen 476a

Sogenannte Flashmob-Aktionen kommen als überraschend einsetzbare streikbegleitende Arbeitskampfmaßnahme insbesondere dann in Frage, wenn Arbeitgeber durch den organisierten Einsatz von Leiharbeitnehmern und sonstigen Streikbrechern versuchen, den Streik zu bekämpfen und den ungestörten Geschäftsbetrieb (weitgehend) aufrechtzuerhalten. In der Regel sind sie nur in Unternehmen und Dienststellen durchführbar, die über Betriebsräume oder betriebliche Einrichtungen verfügen, die für Bürger, Kunden und/oder Lieferanten und andere Geschäftspartner öffentlich zugänglich sind (»Publikumsverkehr«).
Im Einzelhandel werden Flashmob-Aktionen beispielsweise zur Störung des Streikbrechereinsatzes durch den Arbeitgeber durchgeführt. Sie zielen darauf ab, z.B. durch den Einkauf von Pfennig-Artikeln, das Füllen und Stehen lassen von Einkaufswagen oder Gespräche mit Kunden den Geschäfts- und Kassenbetrieb befristet zu stören und/oder bei den Kunden und arbeitswilligen Arbeitnehmern demonstrativ Aufmerksamkeit für das gewerkschaftliche tarifliche Anliegen zu erzeugen.
Derartige Flashmob-Aktionen sind nach **neuerer Rechtsprechung des BAG** im Rahmen von Arbeitskämpfen **rechtmäßig**, wenn sie gewerkschaftlich getragen und streikbegleitend und befristet durchgeführt werden (vgl. dazu AKR Rn. 216ff.).[111]
Der Arbeitgeber kann – so das BAG – eine Flashmob-Aktion abwehren, in dem er gegenüber den an der Aktion Beteiligten von seinem **Hausrecht** oder von seinem Recht auf **»Betriebsstilllegung«** (vgl. AKR Rn. 316) Gebrauch macht.

---

111 BAG 22.9.09, NZA 09, 1347; die gegen die BAG-Entscheidung gerichtete Verfassungsbeschwerde der Arbeitgeberseite wurde vom BVerfG durch Nichtannahmebeschluss verworfen, BVerfG 9.4.14 – 1 BvR 3185/09, NZA 14, 493.

477 Flucht in den Arbeitgeberverband

Manchmal **tritt** ein Unternehmen **während des Streiks zur Durchsetzung eines Firmentarifvertrags** in einen **tarifzuständigen Arbeitgeberverband ein**, der mit der streikführenden Gewerkschaft Tarifverträge mit niedrigeren Standards abgeschlossen hat. Sein Ziel ist es, von weitergehenden Forderungen und dem Streik verschont zu bleiben. Ob diese Rechnung aufgeht, hängt u.a. davon ab, ob mit dem Eintritt in den Verband sofort die Friedenspflicht aus den Verbandstarifverträgen gilt.[112] Das ist bislang höchstrichterlich nicht geklärt. Man wird wohl danach differenzieren müssen, ob für einen reinen **Anerkennungstarifvertrag** (= unveränderte Übernahme der Verbandstarifverträge) gestreikt wird oder ob **Forderungen zu Gegenständen** erhoben werden, die **durch die Verbandstarifverträge nicht geregelt** sind. In letzterem Fall dürfte die Friedenspflicht der Fortführung des Streiks nicht entgegenstehen.
Friedenspflicht besteht auch nicht, wenn das – verbandsgebundene – Unternehmen z.B. jahrelang mit der Gewerkschaft Firmentarifverträge abgeschlossen hat und sich dann in einem laufenden Tarifkonflikt um den Neuabschluss gekündigter Firmentarifverträge auf die Verbandsmitgliedschaft beruft.[113]
Keine Friedenspflicht besteht in folgenden Fällen des Verbandsbeitritts (Neueintritt oder Arbeitgeberverbandswechsel):

- Der Arbeitgeberverband hat mit der Gewerkschaft **keine Tarifverträge** abgeschlossen.
- Das Unternehmen fällt **nicht unter den Geltungsbereich** der von dem Arbeitgeberverband abgeschlossenen Tarifverträge.
- Der Arbeitgeberverband ist für das Unternehmen **nicht tarifzuständig**.

478 Freischichten

Fällt ein Arbeitskampf mit einer (z.B.) in einer Betriebsvereinbarung vor Beginn des Arbeitskampfes festgelegten **Freischicht** (z.B. AZV-Tag, Brückentag usw.) zusammen, behalten die Arbeitnehmer insoweit ihre **Entgeltansprüche**, unabhängig davon, ob sie sich am Streik beteiligen oder nicht (das Arbeitszeitguthaben mindert sich um die Stunden der »genommenen« und bezahlten Freischicht). Etwas anderes würde gelten, wenn dem Arbeitgeber in der Betriebsvereinbarung ausdrücklich das Recht eingeräumt worden ist, die Freischicht kurzfristig mit sofortiger Wirkung zu **widerrufen**. Ist eine Freischicht rechtmäßig widerrufen, entfällt der Entgeltanspruch, wenn der Arbeitnehmer ausdrücklich oder konkludent seine Streikteilnahme erklärt (allerdings mindert sich das Arbeitszeitguthaben dann nicht, weil die Freischicht nicht »genommen« wurde). Vgl. zur entsprechenden Rechtslage bei Gleitzeit und Urlaub Rn. 482 und 521.

112 So etwa ArbG Köln 26.6.64 – 8 Ca 2/64, BB 64, 844; Konzen, ZfA 75, 425 ff.
113 Vgl. LAG Köln 14.6.96 – 4 Sa 177/96, AuR 96, 410; ArbG Bremen 24.6.99 – 7 Ga 41/99, AiB 00, 119.

Fremdfirmen 479

Arbeitnehmer von Fremdfirmen, die nicht unter den Geltungsbereich des umkämpften Tarifvertrags fallen, behalten bei einem Streik im aufnehmenden Betrieb die **Lohnansprüche gegen ihre Firma**, wenn sie nicht beschäftigt werden können.[114] Sie können u.U. der Friedenspflicht aus einem anderen Tarifvertrag unterliegen. Arbeitnehmer von Fremdfirmen sind darauf hinzuweisen, dass sie unter bestimmten Voraussetzungen **Streikarbeit ablehnen** können (Rn. 506, 507). Arbeitnehmer von Fremdfirmen können von der zuständigen Gewerkschaft zu einem **Solidaritätsstreik** (vgl. Rn. 181ff., 499) aufgerufen werden.
Zu Leiharbeitnehmern vgl. Rn. 488.

Friedenspflicht 480

Allgemeines:
Mit jedem (Verbands- oder Firmen-)Tarifvertrag ist – auch ohne ausdrückliche Vereinbarung – die Pflicht verbunden, während der Laufzeit keinen Arbeitskampf zur Veränderung der Tarifinhalte zu führen. Es sind nur solche Kampfmaßnahmen untersagt, die sich auf die vereinbarten Gegenstände beziehen. Für nicht geregelte Inhalte kann dagegen gestreikt werden (»relative Friedenspflicht«; Näheres Rn. 59ff.).
Beginn und Ende der Friedenspflicht:
Die Friedenspflicht beginnt mit dem **Inkrafttreten** des Tarifvertrags und dauert i.d.R. bis zu seinem **Ende** (z.B. durch Kündigung oder Ablauf einer Befristung); ein nur noch nachwirkender Tarifvertrag begründet **keine** Friedenspflicht (Rn. 78). In **Tarifbereichen mit Schlichtungsvereinbarung** verlängert sich evtl. die Friedenspflicht (Rn. 65f. und 419).
Sonderfälle:
Gegenüber **Außenseiterarbeitgebern** (nicht tarifgebundene Unternehmen) oder (z.B. **neuen**) **Arbeitgeberverbänden**, mit denen die jeweilige Gewerkschaft (bisher) noch keine Tarifverträge abgeschlossen hat, besteht keine Friedenspflicht (Rn. 70ff., 120ff. und 456).
Beim **Austritt eines Unternehmens** aus dem Arbeitgeberverband oder beim Wechsel von einer ordentlichen Mitgliedschaft in eine sog. **OT-Mitgliedschaft** (Rn. 492) während der Laufzeit eines Tarifvertrags endet die Friedenspflicht zum Zeitpunkt der Beendigung der (ordentlichen) Mitgliedschaft (Rn. 125ff. und 492).
Bei **Anerkennungstarifverträgen** (vgl. TVG § 1 Rn. 26) hängt die Beendigung der Friedenspflicht vom Inhalt der in Bezug genommenen (anerkannten) Verbandstarifverträge ab (Rn. 449). Sie endet auch, wenn der Anerkennungstarifvertrag als solcher z.B. aufgrund einer Kündigung endet.
Ein **Solidaritätsstreik** (Unterstützungsstreik; vgl. Rn. 181ff., 499, 519) verstößt nicht gegen die Friedenspflicht.[115]

---
114 BAG 7.11.75 – 5 AZR 61/75, DB 76, 776.
115 BAG 19.6.07 – 1 AZR 396/06, NZA 07, 1055.

481 Gewerkschaftliche Information und Werbung im Betrieb

Wichtiger Bestandteil der verfassungsrechtlich geschützten Betätigungsfreiheit der Gewerkschaft ist die **Werbung neuer Mitglieder**, die ohne entsprechende **Information und Selbstdarstellung einer Gewerkschaft im Betrieb** nur schwer verwirklicht werden kann. Geschützt ist die **Informationstätigkeit** für **Mitglieder** und **andere Arbeitnehmer** über Aufgaben, Ziele und Tätigkeiten der Gewerkschaft,[116] auch in **tarifpolitischen Fragen** und zur **Vorbereitung von Tarifauseinandersetzungen und Streiks.**
Die **Informations- und Werbetätigkeit der Gewerkschaft** findet insbesondere **im Betrieb** statt. Hierzu hat sich das BAG[117] folgendermaßen geäußert:

> »*Eine effektive Werbung ist nur dort möglich, wo die Werbung auf Aufmerksamkeit und Aufgeschlossenheit stoßen kann. Das ist der Betrieb. Hier werden diejenigen Fragen, Aufgaben und Probleme deutlich, auf die sich das Tätigwerden einer Gewerkschaft bezieht, an die die Werbung um neue Mitglieder anknüpfen kann. Deshalb gehört es zum Kernbereich der verfassungsrechtlich gewährleisteten Betätigung der Koalitionen, auch und gerade im Betrieb neue Mitglieder zu werben.*«

»Der damit verfassungsrechtlich gewährleisteten Werbetätigkeit der Gewerkschaften im Betrieb stehen jedenfalls dann, wenn diese Werbetätigkeit durch Aushang von Plakaten entfaltet wird, Belange des Arbeitgebers, insbesondere sein Recht am eingerichteten und ausgeübten Gewerbebetrieb und sein Hausrecht nicht entgegen.«
Das Gleiche gilt für **alle** anderen **Arten gewerkschaftlicher Informationen im Betrieb** (**»schwarzes Brett«, Handzettel, Zeitungen** usw.). Die Gewerkschaft ist auch berechtigt, gewerkschaftliche Informationen **per E-Mail** an die ihr bekannten **betrieblichen E-Mail-Adressen der Arbeitnehmer** zu versenden.[118] Diesbezüglich bestehen auch für **tarifpolitische Informationen** keine Einschränkungen. Es ist auch zulässig, dass **betriebsangehörige Gewerkschaftsmitglieder** von ihrem **dienstlichen PC** aus gewerkschaftliche Informationen (auch mit tarifpolitischem Inhalt) per E-Mail an andere Arbeitnehmerinnen und Arbeitnehmer im Betrieb versenden.[119] Die Zulässigkeit der **Verbreitung eines Streikaufrufs der Gewerkschaft durch Arbeitnehmer** über das innerbetriebliche Intranet hat das BAG neuerdings allerdings **verneint**[120] (vgl. dazu auch Rn. 253).
Als Bestandteil der **individuellen Koalitionsfreiheit** ist es anerkannt, dass Gewerkschaftsmitglieder berechtigt sind, »**innerhalb des Betriebs**, am gemeinsamen Arbeitsort, sich werbend und unterrichtend zu betätigen, in zulässigem Umfang Plakate auszuhängen, Prospekte auszulegen und zu verteilen und mit den Arbeitnehmern zu sprechen«.[121]

---

116 BAG 23.2.79 – 1 AZR 172/78, AuR 1979, 90.
117 BAG 30.8.83 – 1 AZR 172/78, DB 1984, 462.
118 BAG 20.1.09 – 1 AZR 515/08, DB 09, 1410.
119 Hessisches LAG 20.8.10 – 19 Sa 1835/90, AuR 11, 129.
120 BAG 15.10.13 – 1 ABR 31/12, NZA 14, 319; keine Einschränkung für einen Streikaufruf: Hessisches LAG 20.8.10, a.a.O.; ArbG Dortmund 9.10.08 – 4 Ga 102/08.
121 BVerfG 17.2.81 – 2 BvR 384/78, AuR 1981, 320.

Gewerkschaftsmitglieder sind auch berechtigt, sich durch **Werbemittel** (Aufkleber, Anstecknadeln usw.) **an ihrer eigenen (Berufs-)Kleidung** zu ihrer Gewerkschaft zu bekennen.[122] Schließlich ist die **gewerkschaftliche Information** und **Mitgliederwerbung für eine Gewerkschaft** im Betrieb durch betriebsangehörige Gewerkschaftsmitglieder grundsätzlich **auch während der Arbeitszeit** zulässig, soweit der Arbeitgeber nicht dadurch verursachte nachhaltige Störungen des Arbeitsablaufs oder des Betriebsfriedens darlegen kann.[123]

Gleitzeit 482

Für die Streikdauer **entfällt** zwar der **Entgeltanspruch**, gleichzeitig **vermindert** sich aber auch das **»Zeitsoll« um die Streikzeiten.**[124] Beteiligt sich ein Arbeitnehmer an einem Streik, ist er **nicht verpflichtet**, die Zeit der Streikteilnahme **vor- oder nachzuarbeiten.**[125] Der Arbeitgeber darf also **nicht einseitig** Streikzeiten vom Gleitzeitguthaben abziehen. Streik und Aussperrung haben nur dann Einfluss auf Gleitzeitstände, wenn dies **zwischen Arbeitnehmer und Arbeitgeber vereinbart** wird (z. B. bei einem Warnstreik Fortzahlung des Entgelts bei Minderung des Gleitzeitguthabens um die Streikzeit) oder in einer **Betriebsvereinbarung oder Dienstvereinbarung** gesondert geregelt ist.[126]

Jugend- und Auszubildendenvertretung (JAV) 483

Hinsichtlich persönlicher Stellung der Jugend- und Auszubildendenvertreter und Amtsführung gilt grundsätzlich das Gleiche wie für den Betriebsrat und Personalrat (Rn. 465, 494): Die JAV bleibt im Amt, ihre Aufgaben bleiben, eine Einschränkung ihrer Rechte erfolgt nicht. Die Mitglieder der JAV können sich – wie andere Auszubildende und Beschäftigte – am Streik beteiligen, auch in führender Position. Vgl. auch Rn. 461 »Auszubildende«.

Kirchen 484

Die **Zulässigkeit von Streiks** der ca. 1,3 Millionen Beschäftigten **im kirchlichen Dienst** ist **umstritten.**[127] Einerseits ist die über Art. 140 GG i. V. m. Art. 137 Abs. 3 WRV garantierte Eigenständigkeit und das Selbstbestimmungsrecht der Kirchen in eigenen Angelegenheiten zu berücksichtigen, andererseits garantiert Art. 9 Abs. 3 GG ein effektives Koaliti-

---

122 BAG 23. 2. 79 – 1 AZR 172/78, AuR 1979, 90.
123 BVerfG 4. 11. 95 – 1 BvR 601/92, AuR 1996, 151.
124 BAG 26. 7. 05 – 1 AZR 133/04, DB 06, 393.
125 BAG 26. 7. 05, a.a.O.
126 Auch letzteres hält das BAG grundsätzlich für zulässig: 30. 8. 94 – 1 ABR 10/94, AP Nr. 132 zu Art. 9 GG Arbeitskampf = AiB 95, 136 mit Anm. Mayer; a.A. LAG Frankfurt 3. 10. 84 – 2 Sa 310/84, DB 86, 178; Buschmann, AuR 95, 38, 40.
127 Vgl. etwa die Zusammenfassung der gegensätzlichen Standpunkte bei Hengsbach einerseits und Robbers andererseits, ZMV 09, 286 f.

onsrecht und Tarifvertragssystem, das ohne Arbeitskämpfe praktisch nicht funktionieren kann.[128]

Nach zutreffender Ansicht sind jedenfalls **Streiks in diakonischen Einrichtungen zulässig**, da die innerkirchlichen arbeitsrechtlichen Regelungsmodelle (»Dritter Weg«) keine wirkliche Verhandlungsparität unter Beteiligung der Gewerkschaften und Respektierung deren Autonomie gewährleisten. Hinzu kommt, dass die diakonischen Werte die »unternehmerische« Praxis der diakonischen Einrichtungen immer weniger prägen, sondern dass diese durch Lohndumping, Leiharbeit und Outsourcing ökonomisiert wurde.[129] Vor diesem Hintergrund hat ver.di in den vergangenen Jahren zur Durchsetzung von Tarifverträgen für die Beschäftigten derartiger Einrichtungen zu Streiks aufgerufen.[130] Die daraufhin u.a. gegen die **Streiks von ver.di** gerichteten Unterlassungsanträge kirchlicher Einrichtungen blieben vor dem BAG erfolglos.[131] Das BAG hat allerdings in den beiden neuen Grundsatzentscheidungen das **Verbot gewerkschaftlicher Streiks im Kern bestätigt**, dieses aber an Voraussetzungen geknüpft, die von den Kirchen bei der zukünftigen **Ausgestaltung des sogenannten zweiten und dritten Weges** zur Regelung der Arbeitsbedingungen berücksichtigt werden müssen[132] (s. dazu auch Grundl. Rn. 93). **Ver.di** hat zwischenzeitlich gegen das Urteil des BAG **Verfassungsbeschwerde** eingelegt.[133] Ver.di hat zwar vor dem BAG formal obsiegt, ist aber einerseits in ihrer grundrechtlich geschützten Streikfreiheit durch die Entscheidungsgründe unzumutbar eingeschränkt und hält andererseits die Annahme, der Schutzbereich der kirchlichen Dienstgemeinschaft werde durch Streiks nennenswert beeinträchtigt, für unzutreffend. Fraglich ist auch, ob die fortbestehenden Einschränkungen des Streikrechts in kirchlichen Einrichtungen mit den Vorgaben der Europäischen Sozialcharta (ESC) und von Art. 11 der Europäischen Menschenrechtskonvention (EMRK) vereinbar sind.

Auch wenn **ver.di in kirchlichen Einrichtungen streiken darf**, solange die Kirchen nicht die für die Geltung des Streikverbots vom BAG festgelegten Bedingungen geschaffen haben, wird das **gewerkschaftliche Streikrecht** für den Fall der Ausgestaltung des zweiten und dritten Weges entsprechend der Vorgaben der höchstrichterlichen Rechtsprechung vom BAG nach wie vor **grundsätzlich verneint**. Wegen der umstrittenen Rechtslage ist jeder Streik in kirchlichen Einrichtungen gesondert rechtlich zu prüfen. Vorsorglich sollten bei geplanten Arbeitskämpfen in der Regel die Hinterlegung von **Schutzschriften** (vgl. Rn. 442) veranlasst werden. Seit dem Jahr 2013 ist es zum **Abschluss erster Tarifverträge** im Bereich der Diakonie gekommen.[134]

---

128 ErfK-Schmidt, GG Art. 4 Rn. 50, 54f.

129 Vgl. dazu Schubert/Wolter, AuR 11, 420.

130 S. dazu das Positionspapier von ver.di unter http://www.streikrecht-ist-grundrecht.de/sites/streikrecht-ist-grundrecht.de/files/Positionspapier-ver.di-Streikrecht-Kirchen.pdf

131 BAG 20.11.12 – 1 AZR 179/11, NZA 13, 448; 1 AZR 611/11, NZA 13, 437.

132 Zur Kritik dieser Rspr. Kocher/Krüger/Sudhof, NZA 14, 880; Schubert/Wolter, AuR 13, 285; s. auch Eder, ZTR 15, 122; Richardi, RdA 14, 42; Melms/Wiegelmann, DB 13, 2504.

133 BVerfG – 2 BvR 2292/13; siehe dazu näher Schubert/Wolter, a.a.O., 289.

134 Schubert/Wolter, a.a.O., 289f.; Übersicht zu den Tarifverträgen unter http://www.streikrecht-ist-grundrecht.de/node/237

Krankenversicherung/Pflegeversicherung

485

Pflichtversicherte bei einer RVO-Kasse oder Ersatzkasse bleiben bei Teilnahme an einem rechtmäßigen Arbeitskampf (Streik, Aussperrung heiß oder kalt) ohne zeitliche Begrenzung bis zu dessen Beendigung Mitglieder ihrer Krankenkasse (§ 192 Abs. 1 Nr. 1 SGB V). Diese **faktisch beitragsfreie Mitgliedschaft** umfasst den vollen Leistungsanspruch für den Versicherten selbst und seine Familienangehörigen (§ 10 SGB V). Pflichtversichert sind Beschäftigte mit einem Entgelt unterhalb der jeweiligen Beitragsbemessungsgrenze der Krankenversicherung.
Freiwillig versicherte Beschäftigte, die bei einer RVO-Kasse oder Ersatzkasse versichert sind und deren Arbeitsentgelt über der Beitragsbemessungsgrenze der Krankenversicherung liegt, bleiben während des Arbeitskampfes bei ihrer Kasse versichert. Anders als bei Pflichtversicherten besteht für sie **Beitragspflicht** für die Dauer des Arbeitskampfes. Entsprechendes gilt für Personen, die nach Befreiung von der Versicherungspflicht (§ 8 SGB V) Mitglied einer **privaten Krankenversicherung** sind. Der Beitrag wird ggf. von der Gewerkschaft als Sonderunterstützung übernommen.
Eintritt von Arbeitsunfähigkeit nach Beginn des Arbeitskampfes:
Wer während fortbestehender Mitgliedschaft nach § 192 Abs. 1 Nr. 1 SGB V arbeitsunfähig erkrankt, muss sich sofort **bei der zuständigen Krankenkasse** melden und die ihm zustehenden Leistungen (auch Krankengeld) beantragen. Wird trotz bestehender Arbeitsunfähigkeit die Zahlung von Krankengeld verweigert, ist die Kasse aufzufordern, die Gründe schriftlich mitzuteilen. Für die Dauer des Anspruchs auf Krankengeld bleibt die Mitgliedschaft bei der bisherigen Kasse als beitragsfreie Mitgliedschaft gem. § 192 Abs. 1 Nr. 2 SGB erhalten.
Krankengeld:
Anspruch auf Krankengeld besteht grundsätzlich vom Tag nach der ärztlichen Feststellung der Arbeitsunfähigkeit an. Er ruht für die Zeit der Entgeltfortzahlung. Falls keine Entgeltfortzahlungspflicht des Arbeitgebers besteht – wie bei Streik, Aussperrung und kalter Aussperrung –, ist Krankengeld zu zahlen. Auch dann, wenn der Lohnanspruch umstritten ist, muss Krankengeld gezahlt werden, weil es nur auf die tatsächliche Zahlung des Arbeitsentgelts ankommt und nicht auf den Anspruch.
Pflichtversicherte Sondergruppen:
Arbeitsunfähige, die bei Beginn des Arbeitskampfes Krankengeld beziehen, bleiben nach § 192 Abs. 1 Nr. 2 SGB V Mitglied ihrer Krankenkasse. Diese beitragsfreie Mitgliedschaft (§ 224 Satz 1 SGB V) sichert dem Versicherten und den familienversicherten Angehörigen einen umfassenden Leistungsanspruch. Mitgliedschaft und Leistungsdauer bestimmen sich in diesem Fall nach der Dauer des Anspruchs auf Krankengeld (längstens bis zu 78 Wochen – § 48 Abs. 1 SGB V).
Schwangere, BezieherInnen von Mutterschafts- oder Elterngeld:
Schwangere, bei denen bei Beginn des Arbeitskampfes das Beschäftigungsverbot gem. § 3 Abs. 2 MuSchG (sechs Wochen vor der voraussichtlichen Entbindung) noch nicht begonnen hat, bleiben für die Dauer des Arbeitskampfes gem. § 224 i.V.m § 192 Abs. 1 Nr. 1 SGB V beitragsfreie Mitglieder. Schwangere, die sich bei Beginn des Arbeitskampfes in der Schutzfrist (nach der Entbindung oder sechs Wochen vor der voraussichtlichen Entbindung befinden; § 6 Abs. 1 MuSchG) und Anspruch auf Mutterschaftsgeld gem. § 200 RVO

haben, bleiben für die Dauer des Mutterschaftsgeldbezuges beitragsfreie Mitglieder ihrer Krankenkasse nach § 192 Abs. 1 Nr. 2 SGB V. Das Gleiche gilt für Beschäftigte, die Elterngeld beziehen oder sich in Elternzeit befinden.
Beschäftigte mit Rentenanspruch: Bezieher bzw. Antragsteller von Erwerbsminderungs-, Berufsunfähigkeits-, Erwerbsunfähigkeitsrenten und Altersruhegeld sowie Bezieher von Hinterbliebenenrenten (Witwen- und Waisenrente) bleiben beitragsfrei Mitglied gem. § 192 SGB V. Allerdings: Versicherungspflichtige Beschäftigte, die neben dem Arbeitsentgelt eine Rente der gesetzlichen Rentenversicherung oder Versorgungsbezüge beziehen, bleiben in Höhe des Rentenzahlbetrages beitragspflichtig (§ 226 Abs. 1 Nr. 3 SGB V).
Teilnehmer an Maßnahmen der medizinischen Rehabilitation: Pflichtversicherte Arbeitnehmer, die vor oder nach Beginn des Arbeitskampfes wegen einer Reha-Maßnahme Versorgungskrankengeld (Bundesversorgungsgesetz), Verletztengeld (gesetzliche Unfallversicherung) oder Übergangsgeld (gesetzliche Rentenversicherung) beziehen, bleiben für die Dauer des Bezuges dieser Leistungen beitragsfreie Mitglieder ihrer Krankenkasse mit vollem Versicherungsschutz für sich und ihre familienversicherten Angehörigen (§ 192 Abs. 1 Nr. 3 SGB V). Diese Grundsätze gelten entsprechend für die **Pflegeversicherung** (§ 49 Abs. 2 SGB XI).

486 **Krankheit (Entgeltfortzahlung)**

Arbeitsunfähigkeit vor Arbeitskampfbeginn: Wer arbeitsunfähig erkrankt und sich nicht am Streik beteiligt, hat Anspruch auf **Entgeltfortzahlung**, wenn er trotz des Streiks hätte beschäftigt werden können. Ob der Kranke am Streik bei Nichterkrankung teilgenommen hätte, ist unerheblich. Dies gilt sowohl für den Fall, dass Arbeitsunfähigkeit bereits vor dem Streikbeginn gegeben war, als auch dann, wenn sie nach Streikbeginn eingetreten ist. Verweigert ein Arbeitgeber die Entgeltfortzahlung im Krankheitsfall, ist er darlegungs- und beweispflichtig dafür, dass die Krankheit nicht die alleinige Ursache für den Ausfall der Arbeitsleistung gewesen ist, dass sich vielmehr der Erkrankte am Streik beteiligt – etwa durch Streikpostenstehen.[135]
Wer während des **Urlaubs**, der vor Beginn des Streiks gewährt wird, arbeitsunfähig erkrankt, behält Anspruch auf Entgeltfortzahlung, solange er sich nicht am Streik beteiligt.[136] **Arbeitsunfähigkeit nach Arbeitskampfbeginn:** Wird ein **streikender Arbeitnehmer** krank, hat er keinen Anspruch auf Entgeltfortzahlung gegen den Arbeitgeber. Offen gelassen hat das BAG[137], ob ein Streikteilnehmer, der arbeitsunfähig erkrankt, seine Streikteilnahme durch Erklärung gegenüber dem Arbeitgeber beenden und anschließend Entgeltfortzahlungsansprüche geltend machen kann.
Endet der Streik und ist der Arbeitnehmer weiterhin krank, besteht ab Streikende (Wiederaufnahme der Arbeit) Anspruch auf Entgeltfortzahlung. Streik- und Aussperrungszeiten sollen nicht den **sechs Wochen** dauernden Entgeltfortzahlungszeitraum verlän-

135 Zu alledem BAG 1.10.91 – 1 AZR 147/91, DB 92, 43.
136 BAG 1.10.91, a.a.O.
137 BAG 1.10.91, a.a.O.

gern.[138] Für arbeitsunfähig Erkrankte, die keine Entgeltfortzahlung erhalten, kommt **Krankengeld** in Frage (Rn. 485). In allen Fällen ist es **zur Sicherung des Krankengeldanspruchs** notwendig, dass sich kranke Arbeitnehmer **sofort bei ihrer Krankenkasse melden**. Dieses muss am ersten, spätestens am dritten Tag, nach der Arbeitseinstellung im Beschäftigungsbetrieb geschehen. Die Meldung kann auch durch Familienangehörige erfolgen.
Die für den Streik geltenden Grundsätze gelten im Fall der **kalten Aussperrung** entsprechend. Bei der **heißen Aussperrung** soll nach Auffassung des BAG der Lohnzahlungsanspruch jedoch entfallen.[139]

Kurzarbeit 487

Viele Tarifverträge sehen **Ankündigungsfristen (Ansagefristen) für Kurzarbeit** vor (vgl. Rn. 376). Sie sind **auch bei arbeitskampfbedingter Kurzarbeit** einzuhalten.[140] Wenn der Arbeitgeber Kurzarbeit vor Ablauf der tariflichen Ankündigungsfrist »anordnet« bzw. nicht mehr beschäftigt, haben die »kalt ausgesperrten« Arbeitnehmer Lohnansprüche aus Annahmeverzug (§ 615 BGB). Sie können ihr Entgelt (Differenz zum Kurzarbeitergeld) geltend machen und einklagen[141] (zu den Möglichkeiten des Betriebsrats vgl. Rn. 199).
Bei einem **Arbeitsausfall durch einen Arbeitskampf** ruht der Anspruch auf Kurzarbeitergeld unter den Voraussetzungen der §§ 146, 174 SGB III (vgl. Rn. 389ff.). Kalt Ausgesperrte im gleichen fachlichen Geltungsbereich erhalten regelmäßig kein Kurzarbeitergeld. Stellt die Arbeitsagentur fest, dass der Arbeitsausfall nicht die Folge des Arbeitskampfes ist, zahlt die Arbeitsagentur ausnahmsweise Kurzarbeitergeld (§ 174 Abs. 2 und 3 SGB III; vgl. Rn. 405f.).
Ist **Kurzarbeit bereits unabhängig vom Arbeitskampf eingeführt** oder angekündigt, fällt der Anspruch auf Kurzarbeitergeld wegen nachfolgender Arbeitskampfmaßnahmen oder -folgen nicht weg. Unabhängig vom Arbeitskampf besteht für die in einer Betriebsvereinbarung zur Kurzarbeit vorgesehene Zeit keine Arbeitspflicht, sodass auch keine Arbeit durch Streik ausfallen kann.
Wird in einem Betrieb **unabhängig vom Arbeitskampf** Kurzarbeit eingeführt, haben die betroffenen Arbeitnehmer nach den allgemeinen Vorschriften der §§ 169ff. SGB III Anspruch auf Kurzarbeitergeld.
Nach § 170 Abs. 4 Satz 2 Nr. 3 SGB III ist der **Arbeitsausfall nur dann nicht vermeidbar**, wenn vorher in bestimmtem Umfang **Urlaub** und im Betrieb zulässige Arbeitszeitschwankungen für die Vermeidung von Kurzarbeit eingesetzt worden sind. Dazu gehört auch die **Auflösung von Arbeitszeitkonten**, soweit diese nicht zweckbestimmt angespart werden

138 BAG 8.3.73 – 5 AZR 491/72, AuR 73, 349 m. abl. Anm. Herschel; LAG Brandenburg 14.7.00 – 5 Sa 773/99.

139 BAG 7.6.88 – 1 AZR 597/86, DB 88, 2104.

140 DKKW-Klebe, § 87 BetrVG Rn. 120; Kittner, AuR 81, 302; Schwitzer/Unterhinninghofen, AiB 90, 5, 8; LAG Baden-Württemberg 8.2.80 – 7 TaBV 4/79; ArbG Nienburg 25.6.85 – 2 Ca 624/84; LAG Berlin 25.9.85 – 5 Sa 4/85; a.A. LAG Niedersachsen 14.8.87 – 15 Sa 161/85, NZA 88, 408; differenziert Kissel, § 33 Rn. 215.

141 BAG 12.10.94 – 7 AZR 398/93, DB 95, 734.

(z. B. für vorgezogenes altersbedingtes Ausscheiden und Qualifizierung) oder den Umfang von 10 % der Jahresarbeitszeit übersteigen.
Die Einführung von Kurzarbeit bedarf der **Zustimmung des Betriebsrats** gem. § 87 Abs. 1 Nr. 3 BetrVG. Lehnt die Arbeitsagentur den Antrag auf Kurzarbeitergeld ab oder widerruft sie rückwirkend den Bewilligungsbescheid, haben die Arbeitnehmer Entgeltansprüche gegen den Arbeitgeber in Höhe des Kurzarbeitergeldes.[142] Die Arbeitnehmer behalten den vollen Entgeltanspruch, wenn die Betriebsvereinbarung den ausdrücklichen Vorbehalt enthält, dass Kurzarbeitergeld gewährt wird. Zu eingeschränkter Mitbestimmung bei »arbeitskampfbedingter« Kurzarbeit vgl. Rn. 376 ff.
Fallen **Feiertage** in den Kurzarbeitszeitraum, muss der Arbeitgeber Arbeitsentgelt in Höhe des Kurzarbeitergeldes zahlen (§ 2 Abs. 2 EFZG). Dies gilt auch dann, wenn die Einführung der Kurzarbeit arbeitskampfbedingt ist, etwa weil im Zuliefererbetrieb gestreikt wird[143], zumindest wenn für die Tage vor und nach dem Feiertag Kurzarbeitergeld gezahlt wird.

488 **Leiharbeitnehmer**

Wenn Leiharbeitnehmer unter die von der **DGB-Tarifgemeinschaft** mit dem BZA und der iGZ **abgeschlossenen Leiharbeits-Tarifverträge** fallen, ist deren **Einsatz in bestreikten Entleiherbetrieben** – unabhängig von der Bereitschaft des Leiharbeitnehmers, die Arbeit zu verweigern – **tarifvertraglich ausdrücklich untersagt** und damit **unzulässig** (vgl. § 17 Abs. 1 MTV BAP und Protokollnotiz § 12 MTV iGZ). Das gilt auch für Leiharbeitnehmer, die **bereits vor Beginn des Streiks im Betrieb eingesetzt** werden. Tarifgebundene Verleiher, die Leiharbeitnehmer in Streikbetrieben einsetzen, sollten daher abgemahnt und unter Fristsetzung aufgefordert werden, die Leiharbeitnehmer aus den Streikbetrieben abzuziehen. Ersetzen Leiharbeitnehmer streikende Arbeitnehmer, sind sie als **Streikbrecher** (vgl. Rn. 507) anzusehen.
Davon unabhängig sind Leiharbeitnehmer nicht verpflichtet, in einem Betrieb, der unmittelbar von einem Arbeitskampf (Streik oder Aussperrung) betroffen ist, zu arbeiten. Sie haben ein **Leistungsverweigerungsrecht** gem. § 11 Abs. 5 AÜG (wegen der Verweigerung als Streikarbeit vgl. Rn. 506). Der **Verleiher ist verpflichtet**, die Leiharbeitnehmer auf ihr Leistungsverweigerungsrecht hinzuweisen (§ 11 Abs. 5 Satz 2 AÜG). Unabhängig davon sollten sie von der Gewerkschaft und dem Betriebs- oder Personalrat auf ihr Leistungsverweigerungsrecht hingewiesen werden.
Der Verleiher muss bei der Wahrnehmung des Leistungsverweigerungsrechts oder beim Bestehen des tarifvertraglichen Einsatzverbotes entweder das **Entgelt weiterzahlen**[144] oder den Leiharbeitnehmer **in einem anderen Betrieb einsetzen**. Das gilt auch für Leiharbeitnehmer, die erst während des Arbeitskampfes eingesetzt werden sollen. Dabei sind die Mitbestimmungsrechte des Betriebsrats/Personalrats zu beachten (§ 99 BetrVG, § 14 Abs. 3 AÜG; vgl. Rn. 460, 494). Der Verleiher trägt gem. § 11 Abs. 4 AÜG das Risiko, wenn Leiharbeiter im Einsatzbetrieb wegen Streik nicht beschäftigt werden können und muss den Lohn zahlen. Ein arbeitsvertraglicher Ausschluss der Lohnfortzahlungspflicht ist

142 BAG 11.7.90 – 5 AZR 557/89, AiB 91, 94.
143 BAG 20.7.82 – 1 AZR 404/80, DB 82, 2575.
144 BAG 1.2.73 – 5 AZR 382/72, AuR 73, 117.

nichtig (§ 134 BGB).[145] Die Leiharbeiter haben keinen Anspruch auf **Kurzarbeitergeld.**[146] Leiharbeitnehmerinnen und Leiharbeitnehmer können sich in der Regel nicht an einem **Streik der Stammbelegschaft des Entleihers** beteiligen, da der umkämpfte Tarifvertrag für sie nicht gilt. Werden sie bei einem tarifgebundenen Verleiher beschäftigt, gelten für sie die **Leiharbeitstarifverträge**.
Leiharbeitnehmer können allerdings zur **Unterstützung eines Streiks der Stammbelegschaft des Entleihers** zu einem **Solidaritätsstreik** aufgerufen werden (vgl. dazu auch Rn. 187).[147]

Maßregelungsverbot 489

Auch der erfolgreiche Streik kann nicht immer verhindern, dass Arbeitgeber nach Beendigung des Arbeitskampfes versuchen, Arbeitnehmer für ihre Streikbeteiligung zu maßregeln. Denkbar sind Kündigungen, Abmahnungen und Gehaltskürzungen bzw. Nichtzahlung der sog. **Streikbruchprämien** (Rn. 301, 508).
Die wirksamste Absicherung kann im Streik selbst erwirkt werden. Üblicherweise wird nach Streikende eine **Maßregelungsklausel** vereinbart. Sie schützt vor Abmahnung, Versetzung, Kündigung, Kürzung von Sonderzahlung, Verfall von Urlaub, Schadensersatz und macht schon erfolgte Sanktionen rückgängig (vgl. Rn. 268f.).

Mutterschutz 490

Der Anspruch auf **Mutterschaftsgeld gegenüber der Krankenkasse** innerhalb der Schutzfristen (§ 13 MuSchG, § 200 RVO) bleibt während des Arbeitskampfes erhalten. Ein Anspruch auf den **Zuschuss zum Mutterschaftsgeld gegen den Arbeitgeber** (§ 14 Abs. 1 MuSchG i.V.m. § 200 RVO) besteht nicht, wenn Schwangere am Streik teilnehmen[148] oder ausgesperrt werden.[149] Deshalb sollte bei der Krankenkasse Mutterschaftsgeld in Höhe des Krankengeldes nach § 200 RVO beantragt werden. Nach Ansicht des LAG Hamm[150] besteht bei kalter Aussperrung ein Anspruch auf den Arbeitgeberzuschuss.

Notdienst 491

Die Arbeitgeber versuchen häufig, in Streiks über sog. »Notdienstarbeiten« den Geschäftsbetrieb oder die Produktion teilweise aufrechtzuerhalten. Einer derartigen Praxis muss zur Sicherung des Streikziels entschieden entgegengetreten werden. **Der Notdienst** dient nicht dazu, Beschäftigungsmöglichkeiten für Streikbrecher (»Arbeitswillige«) zu schaffen.[151] Es ist deshalb nicht zulässig, Notdienstarbeiter mit Streikbrecherarbeit (vgl. Rn. 506f.) zu beschäftigen.

---

145 LSG NRW 30.8.06 – L 12 AL 168/05, NZA 07, 84.
146 BSG 21.7.09 – B 7 AL 3/08 R; LSG NRW 30.8.06, a.a.O.
147 Berg, AuR 11, 418, 419.
148 LAG Berlin 28.7.92 – 11 Sa 114/90, AuR 93, 85.
149 BAG 22.10.86 – 5 AZR 550/85, DB 87, 1363.
150 24.10.85 – 8 Sa 691/85, NZA 86, 199-Ls.
151 BAG 11.7.95 – 1 AZR 161/95, AiB 96, 310.

1. Was ist Notdienst?

Unter Notdienstarbeiten fallen sog. **Erhaltungsarbeiten** und sog. **Notstandsarbeiten.**

- **Notstandsarbeiten** sollen die Versorgung der Bevölkerung mit lebensnotwendigen Diensten und Gütern während eines Arbeitskampfes sicherstellen,[152] wobei es sich wohl nur um eine Notversorgung handeln kann.
- **Erhaltungsarbeiten** sind erforderlich, um für die Dauer des Arbeitskampfes die Betriebsanlagen vor Schäden zu bewahren oder um diese ohne Schaden stilllegen zu können.[153]

Nach Auffassung des BAG[154] soll zu den Erhaltungsarbeiten auch der Schutz sonstiger »sächlicher Betriebsmittel« gehören. Hierunter versteht das BAG nicht nur die Anlagen, sondern auch Rohstoffe oder Produkte. Sie sollen durch Vorenthaltung der Arbeitskraft nicht »selbst in ihrer Substanz geschädigt werden«. Das BAG hält es deshalb für möglich, dass zu den Erhaltungsarbeiten auch »Abwicklungsarbeiten gehören, die erforderlich sind, um den endgültigen Verderb von Halb- oder Fertigerzeugnissen zu verhindern«.
Angesichts dieser recht weiten und unbestimmten Rechtsprechung muss besonders darauf geachtet werden, dass der **Notdienst nicht dazu missbraucht wird, die normalen Produktionsabläufe in Teilbereichen aufrechtzuerhalten**. Beim Notdienst geht es nur um die Verhinderung von Substanzschäden an den Betriebsmitteln. Zweifelsfälle sind restriktiv (einschränkend) zu behandeln.
Schließlich ist nach dem genannten Urteil des BAG auch denkbar, dass zu den während eines Streiks sicherzustellenden Arbeiten auch solche gehören, welche dem Arbeitgeber aufgrund **öffentlich-rechtlicher Vorschriften** zwingend aufgegeben sind; Beispiele: Arbeiten zur Vermeidung unzulässiger Immissionen (Umweltschutz) sowie im Rahmen des Arbeits- und Gesundheitsschutzes.
Nach Auffassung des BAG kommt es nicht darauf an, welcher **Schaden** dem Unternehmer beim Unterlassen bestimmter Arbeiten im Einzelfall entstehen kann. Sogar eine drohende Existenzvernichtung des Betriebs rechtfertigt für sich genommen nach Auffassung des BAG noch nicht, dass bestimmte Arbeiten als Notdienstarbeiten anzuerkennen sind. Welche Arbeiten als Erhaltungsarbeiten erforderlich sind, ist nur aufgrund der allgemeinen **branchen-spezifischen und speziellen betrieblichen Gegebenheiten** für jeden einzelnen Betrieb zu beantworten.[155] »*Keine Erhaltungsarbeiten sind danach solche Arbeiten, die nur deswegen erforderlich werden, weil nicht streikende, arbeitswillige Arbeitnehmer weiterbeschäftigt werden sollen. Erhaltungsarbeiten dienen nicht dazu, die Fortführung des Betriebs mit arbeitswilligen Arbeitnehmern zu ermöglichen*«, so wörtlich das BAG.[156]

2. Umfang des Notdienstes

Da der Notdienst nicht dazu missbraucht werden darf, die Fortführung des Betriebs mit arbeitswilligen Arbeitnehmern bzw. den vom Arbeitgeber organisierten Streikbruch zu ermöglichen, muss für den Umfang von Notdienstarbeiten bezogen auf den einzelnen bestreikten Betrieb ein **strenger Maßstab** angelegt werden.

---

152 BAG 30.3.82 – 1 AZR 265/80, AuR 83, 251.
153 BAG 30.3.82, a.a.O.
154 BAG 30.3.82, a.a.O.
155 BAG 30.3.82, a.a.O.
156 BAG 30.3.82, a.a.O.

Allgemein lässt sich sagen, dass der **Umfang des Notdienstes** in der Regel an den personellen und organisatorischen Vorkehrungen orientiert werden kann, die außerhalb der Arbeits- bzw. Dienstzeit und bei Schließung der Dienststelle bzw. des Betriebs üblich sind oder – etwa in Krankenhäusern – beim Nacht-, Wochenend- oder Feiertagsdienst für erforderlich gehalten werden.

Unter Umständen sind außerdem die Erfordernisse zu berücksichtigen, die sich aus dem **Übergang von normalem Dienstbetrieb zur vollständigen Betriebsruhe** oder zum streikbedingten »Notdienstbetrieb« ergeben. Das gilt nicht, wenn der Arbeitgeber durch die Organisation von Streikbrucharbeit den Dienstbetrieb (teilweise) aufrechterhält bzw. aufrechterhalten will.

Wegen der **Verschiedenartigkeit der Betriebe und Dienststellen** ist die Frage der Erforderlichkeit und des Umfangs des Notdienstes unter Berücksichtigung der besonderen Umstände in den jeweils streikbetroffenen Branchen **einzelfallbezogen** zu treffen.[157]

Schließlich ist bei der Festlegung des für Notdienstarbeiten in Frage kommenden Personenkreises zu berücksichtigen, dass die Anordnung des Einsatzes **von Beamten** auf (von Arbeitern und Angestellten) bestreikten Arbeitsplätzen rechtswidrig ist (Rn. 462).

3. Vereinbarung/Organisation des Notdienstes

Die Festlegung der Notdienstarbeiten (Art und Umfang sowie Zahl der Notdienstarbeiter) erfolgt **durch die Gewerkschaft.** Sie gibt entsprechende **Notdienstausweise** aus. Notdienstarbeiten sind nur nach Festlegung durch die Gewerkschaft zu leisten.

Nach gefestigter Rechtsprechung müssen sich die **Arbeitskampfparteien** über die Organisation des Notdienstes einigen.[158] So heißt es etwa wörtlich:

> *›Bei der Bestimmung von Art, Umfang und Personaleinsatz des Notdienstes müssen Arbeitgeber und die den Streik führende Gewerkschaft zusammenwirken, weil nur ein solches gemeinsames Handeln der Lage gerecht wird. Bei einer einseitigen Festlegung durch den Arbeitgeber wäre es diesem freigestellt, in das Streikrecht einzelner Arbeitnehmer einzugreifen.«*[159]

Das BAG stellt in seinem Urteil vom 31. 1. 95[160] fest:

> *›Die Regelung der Modalitäten eines arbeitskampfbedingten Notdienstes ist – zumindest zunächst – gemeinsame Aufgabe des Arbeitgebers und der streikführenden Gewerkschaft. Dies gilt in den Grenzen des allgemeinen Willkürverbots auch für die Auswahl der zum Notdienst heranzuziehenden Arbeitnehmer. Ein Arbeitnehmer hat nicht allein deshalb einen Anspruch auf Einsatz im Notdienst, weil er sich nicht am Streik beteiligen will«.*

157 Vgl. etwa LAG Berlin-Brandenburg 24. 10. 07 – 7 SaGa 2044/07, AuR 08, 66f. (Ersatzfahrplan zur teilweisen Aufrechterhaltung des Zugverkehrs bei der Deutschen Bahn kein Notdiensterfordernis); LAG Hamm 16. 1. 07 – 8 Sa 74/07, AiB 07, 685 mit Anm. Walter (zum Umfang des Notdienstes bei einem Blutspendedienst).

158 LAG Frankfurt 22. 4. 69 – 5 Sa 627/68, AuR 70, 349; LAG Niedersachsen 1. 2. 80 – 10 Sa 110/79, AuR 81, 285 (nachgehend BAG 8. 6. 1982 – 1 AZR 464/80, DB 1982, 1827); 22. 10. 85 – 8 Sa 32/85, DB 86, 1023.

159 LAG Niedersachsen 22. 10. 85, a.a.O.

160 BAG 31. 1. 95 – 1 AZR 142/94, AuR 95, 374.

Die vom Arbeitgeber mit der Gewerkschaft zu treffende Vereinbarung hat sich nicht nur auf die **Art**, den **zeitlichen Umfang** und die **Anzahl der zum Notdienst verpflichteten Arbeitnehmer** und Arbeitnehmerinnen zu erstrecken, sondern auch auf die **personelle Auswahl.**[161] Die mit der Vereinbarung eines Notdienstes verbundene Verpflichtung zur Arbeitsleistung stellt sich als **Einschränkung des Streikrechts** der davon betroffenen Arbeitnehmer und personelle **Einschränkung des Streikaufrufs** der Gewerkschaft dar. Insofern ist es nicht sachgerecht, dem Arbeitgeber bei der personellen Auswahl ein einseitiges Bestimmungsrecht zuzugestehen. Ansonsten hätte der Arbeitgeber die Möglichkeit, einzelne streikwillige Arbeitnehmer aus sachfremden Gründen von der Teilnahme am Streik auszuschließen und damit auch mittelbar den Umfang des gewerkschaftlichen Streikaufrufs zu beeinflussen. Hinzu kommt, dass bei der Auswahl der Arbeitnehmer wegen des mit der Notdienstverpflichtung verbundenen Eingriffs in das Streikrecht der **Verhältnismäßigkeitsgrundsatz** zu beachten ist. Stehen beispielsweise in ausreichendem Umfang Beschäftigte für den Notdienst zur Verfügung, die arbeitswillig sind, vom Streikaufruf von vorneherein nicht erfasst werden oder sich aus sonstigen rechtlichen Gründen nicht am Streik beteiligen dürfen, ist es nicht erforderlich, gerade streikwillige Arbeinehmer zum Notdienst einzuteilen. Bei längeren Streiks ist zu prüfen, ob streikwillige Arbeitnehmer und Arbeitnehmerinnen nur rollierend zum Notdienst eingesetzt werden können.

In jedem Fall ist die **einseitige Anordnung von Notdienst durch den Arbeitgeber rechtswidrig.**[162] Sie kann auf Antrag der streikführenden Gewerkschaft durch eine **Unterlassungsverfügung** arbeitsgerichtlich untersagt werden.

Bietet die Gewerkschaft rechtzeitig den Abschluss erforderlicher Notdienstvereinbarungen an und weigert sich der Arbeitgeber grundsätzlich, entsprechende Vereinbarungen abzuschließen bzw. hält er Notdienstarbeiten nicht für erforderlich, trägt der Arbeitgeber das Risiko, wenn bei Streikbeginn die streikwilligen Arbeitnehmer den Betrieb verlassen, ohne dass eine möglicherweise erforderliche Notdienstvorsorge getroffen werden konnte.[163]

Kommt eine Einigung über den Notdienst mit dem Arbeitgeber nicht zustande, kann die Gewerkschaft ihren Verpflichtungen dadurch genügen, dass sie dem Arbeitgeber die Namen der von ihr zum Notdiensteinsatz für erforderlich gehaltenen Arbeitnehmer mitteilt und diesen Arbeitnehmern entsprechende Notdienstausweise ausstellt.

Gem. § 74 Abs. 2 BetrVG ist der **Betriebsrat** (bzw. der **Personalrat**, vgl. § 66 Abs. 2 BPersVG) **auf keinen Fall berechtigt**, mit dem Arbeitgeber Notdienstregelungen zu treffen.[164] Jede **Ausweitung des Notdienstes** bedarf der ausdrücklichen Zustimmung der Gewerkschaft.

---

161 Brox/Rüthers, Rn. 293.

162 So auch LAG Berlin-Brandenburg 24.10.07 – 7 SaGa 2044/07, AuR 08, 66; ArbG Emden 2.6.08 – 2 Ga 4/08; ArbG Berlin 6.5.08, AuR 08, 227; ArbG Mainz 23.2.06 – 8 Ga 5/08; ArbG Essen 24.7.03 – 8 Ga 50/03 – juris; ArbG Stuttgart 25.3.92 – 12 Ga 7/92; ArbG Gießen 7.3.95 – 2 Ga 3/95.

163 ArbG Essen, a.a.O.

164 LAG Niedersachsen 1.2.80 – 10 Sa 110/79, AuR 81, 285 (nachgehend BAG 8.6.1982 – 1 AZR 464/80, DB 1982, 1827).

OT-Mitgliedschaft/OT-Verband

492

Zahlreiche Tarif-Arbeitgeberverbände bieten im Rahmen der Strategie der »Flucht aus dem Tarifvertrag« eine **»OT«-Mitgliedschaft** an (»ohne Tarifbindung«; sog. Stufenmodell; vgl. TVG § 3 Rn. 45). Damit können Unternehmen Mitglied im Arbeitgeberverband bleiben bzw. werden, ohne unter die Tarifbindung der vom Arbeitgeberverband abgeschlossenen Tarifverträge zu fallen.
Es gibt auch rechtlich eigenständige **»OT-Verbände« (sog. Aufteilungsmodell).** Sie nehmen die gleichen Aufgaben wie Tarif-Arbeitgeberverbände wahr – allerdings ohne die Regelung der Arbeitsbedingungen (vgl. TVG § 3 Rn. 45ff.; § 2 Rn. 80).
Arbeitskampfrechtlich sind »OT-Unternehmen« in beiden Varianten wie **Außenseiterarbeitgeber** (vgl. Rn. 456) zu behandeln.
Beendet ein bisher verbandsangehöriger Arbeitgeber seine Mitgliedschaft in einem Tarif-Arbeitgeberverband und **tritt in einen OT-Verband ein** oder wechselt er innerhalb des Verbands von der Vollmitgliedschaft zu einer **OT-Mitgliedschaft**, bleibt der Arbeitgeber an die Verbandstarifverträge bis zu deren Ablauf nach § 3 Abs. 3 TVG gebunden (vgl. TVG § 3 Rn. 70ff.). Nach Auslaufen der Verbandstarifverträge **wirken** diese gem. § 4 Abs. 5 TVG **nach** (Näheres zur Nachwirkung vgl. TVG § 4 Rn. 293ff.). Die aus dem Verbandstarifvertrag resultierende Friedenspflicht entfällt aber bereits mit **Wirksamwerden des OT-Wechsels.**
Ist der – ggf. kurz vor oder während einer Tarifauseinandersetzung auf Verbandsebene »blitzartig« durchgeführte – OT-Wechsel (»**Blitzwechsel**«; vgl. TVG § 3 Rn. 49) **vereins-/satzungsrechtlich unwirksam** (vgl. TVG § 3 Rn. 49 und AKR Rn. 125ff.), bleibt der tarifflüchtige Arbeitgeber Vollmitglied des Tarif-Arbeitgeberverbands. In vorstehendem Beispiel gilt der neue Entgelttarifvertrag für ihn gem. § 3 Abs. 1 TVG (kraft Mitgliedschaft).
Wenn der OT-Wechsel zwar satzungsrechtlich wirksam, aber wegen Verletzung des Transparenzgebots **tarifrechtlich unwirksam** ist (vgl. TVG § 3 Rn. 49), besteht zwar keine »mitgliedschaftsrechtliche« Tarifbindung mehr nach § 3 Abs. 1 TVG. Dennoch bleibt der tarifflüchtige Arbeitgeber tarifrechtlich an den nach dem Wechsel vereinbarten neuen Verbandstarifvertrag weiterhin gebunden. Eine Friedenspflicht aus diesem Tarifvertrag besteht allerdings nicht mehr. Diese gilt nur zugunsten der Vollmitglieder des Tarif-Arbeitgeberverbands (vgl. TVG § 1 Rn. 422; AKR Rn. 125). Der Arbeitgeber und der Arbeitgeberverband können unter Fristsetzung schriftlich aufgefordert werden, der Gewerkschaft zur Mitgliedschaft im Arbeitgeberverband und der Bindung an die Verbandstarifverträge **Auskunft** zu geben. Die Gewerkschaft kann gleichzeitig darauf hinweisen, dass sie bei Verweigerung der Auskunft davon ausgeht, dass keine die Tarifbindung und die Friedenspflicht begründende Mitgliedschaft im Arbeitgeberverband besteht. Nach hier vertretener Auffassung hat die tarifschließende Gewerkschaft dem Arbeitgeberverband gegenüber einen entsprechenden Auskunftsanspruch, ebenso der Betriebsrat/Personalrat gegenüber seinem Arbeitgeber.[165]
Steht der OT-Status eines Unternehmens fest, kann wie gegenüber einem anderen Außenseiterarbeitgeber ein Firmen- bzw. Anerkennungstarifvertrag durchgesetzt und das Un-

165 Vgl. Blanke, AiB 00, 260.

ternehmen auf diesem Weg **in die allgemeine Tarifbewegung einbezogen** werden (vgl. Rn. 449, 456, 476, 480).

493 **Partizipationsstreik**

Wenn in einem **Anerkennungstarifvertrag** (vgl. Rn. 449) mit einem nicht verbandsangehörigen Arbeitgeber **dynamisch** auf die Bestimmungen des **Verbandstarifvertrags verwiesen** wird, können die von dieser tarif- oder arbeitsvertraglichen Verweisung erfassten Arbeitnehmer **in den Streik** (Verbandsarbeitskampf) zur Durchsetzung des Verbandstarifvertrags **einbezogen** werden.[166] Das gilt grundsätzlich auch für die Arbeitnehmer, für die die Geltung des Verbandstarifvertrags auf einer **dynamischen arbeitsvertraglichen Bezugnahmeklausel** (vgl. TVG § 3 Rn. 245ff.) beruht.[167] Wenn mit einer derartigen Bezugnahmeklausel nur für eine Minderheit der beschäftigten Arbeitnehmer die Geltung des Verbandstarifvertrages begründet wird, können nur diese und **nicht alle** Beschäftigten des Arbeitgebers zur Beteiligung am Verbandsarbeitskampf aufgerufen werden.[168] Dies ist bei der inhaltlichen Ausgestaltung eines entsprechenden Streikaufrufs zu berücksichtigen.
Durch die **tarif- oder arbeitsvertragliche Verweisung** auf den Verbandstarifvertrag (vgl. dazu das Beispiel einer entsprechenden Tarifvertragsklausel in Rn. 449) ist die **Partizipation** der Arbeitnehmer an den Ergebnissen der Tarifauseinandersetzung um den Verbandstarifvertrag **rechtlich gesichert**. Da der Arbeitgeber durch die Verweisung die Arbeitsverhältnisse der bei ihm beschäftigten Arbeitnehmer dem Verbandstarifvertrag unterstellt, macht er sich die Betätigung der Parteien des Verbandstarifvertrags zunutze und profitiert von der Stärke des am Verbandsarbeitskampf beteiligten Arbeitgeberverbands. Er ist bezogen auf die Verbandstarifauseinandersetzung kein unbeteiligter Dritter. Aus diesem Grund ist die Streikbeteiligung der Arbeitnehmer gerechtfertigt (vgl. dazu auch Rn. 133f., 449).[169]
Die **Friedenspflicht** aus dem Anerkennungstarifvertrag steht dem nicht entgegen. Sie endet mit dem Auslaufen des in Bezug genommenen Tarifvertrags.[170] Allerdings dürfen gegenüber dem Außenseiter-Arbeitgeber keine Forderungen aufgestellt werden, die von den in der Verbandstarifauseinandersetzung erhobenen Forderungen abweichen.
Der Zulässigkeit einer Streikbeteiligung unter dem Gesichtspunkt der Partizipation steht auch nicht entgegen, dass im Verbandsarbeitskampf auch um Tarifvertragsinhalte gestritten wird, die von der tarif- oder arbeitsvertraglichen Verweisung nicht erfasst werden. Es ist ausreichend, wenn im Verbandsarbeitskampf auch **Hauptforderungen** verfolgt wer-

166 BAG 19.6.12 – 1 AZR 775/10, NZA 12, 1372; 18.2.03 – 1 AZR 142/02, AiB 04, 246 (mit Anm. Reim) = AuR 04, 151; die gegen das Urteil des BAG v. 18.3.03, a.a.O., vom betroffenen Arbeitgeber eingelegte Verfassungsbeschwerde wurde vom BVerfG nicht zur Entscheidung angenommen: BVerfG 10.9.04 – 1 BvR 1191/03, NZA 04, 1338; ErfK-Linsenmaier, GG Art. 9 Rn. 167; Otto, § 6 Rn. 21; kritisch Thüsing, Anm. zu BAG 18.2.03 – 1 AZR 142/02, AP Nr. 163 zu Art. 9 GG Arbeitskampf.
167 BAG 18.2.03, a.a.O.; ArbG Würzburg 11.1.10 – 8 Ca 874/09; ArbG Ulm 10.3.06 – 7 Ca 348/05.
168 BAG 19.6.12, a.a.O.; enger wohl Willemsen/Mehrens, NZA 13, 79.
169 BAG 19.6.12, a.a.O.; 18.2.03, a.a.O.
170 BAG 18.2.03, a.a.O.

den, deren Erfüllung den von der Verweisung erfassten Arbeitnehmern **unmittelbar und rechtlich gesichert** zugute kommt.[171]
Eine Streikbeteiligung aufgrund der **Partizipation** ist ggf. auch zulässig durch eine **tarifvertragliche Revisions- bzw. Meistbegünstigungsklausel** (vgl. § 1 Rn. 402).[172]

Personalrat 494

Bezüglich der **persönlichen Stellung von Personalratsmitgliedern** in gewerkschaftlichen Arbeitskämpfen gelten die gleichen Grundsätze wie für Betriebsratsmitglieder nach dem BetrVG (vgl. Rn. 465). Auch Personalratsmitglieder dürfen sich in ihrer Eigenschaft als Arbeitnehmer und Gewerkschaftsmitglied an Arbeitskämpfen aktiv beteiligen, z.B. in der Streikleitung tätig sein und Streikposten stehen (vgl. §§ 66 Abs. 2 Satz 3, 67 Abs. 2 BPersVG).
Das **personalvertretungsrechtliche Arbeitskampfverbot** (§§ 66 Abs. 2 BPersVG) verbietet dem Personalrat nur, Arbeitskampfmaßnahmen in seiner Funktion und unter Ausnutzung seines Amtes als Personalrat durchzuführen.
Wie der Betriebsrat bleibt der **Personalrat während eines gewerkschaftlichen Arbeitskampfes voll funktionsfähig**, auch wenn sich die Personalratsmitglieder selbst am Streik beteiligen. Er kann ggf. **Personalversammlungen** abhalten (vgl. Rn. 468).
Die **Beteiligungsrechte des Personalrats** bestehen auch im Arbeitskampf weiter, sind aber nach höchstrichterlicher Rechtsprechung eingeschränkt, wenn ihre Ausübung Einfluss auf den Arbeitskampf haben könnte bzw. die vom Arbeitgeber durchgeführten Maßnahmen arbeitskampfbedingt sind. Es kommen die zu den Beteiligungsrechten des Betriebsrats im Arbeitskampf geltenden Grundsätze zur Anwendung (vgl. hierzu Rn. 465).

Polizei 495

Obwohl rechtmäßige Streiks durch Art. 9 Abs. 3 GG geschützt werden und eine »private Angelegenheit« der Tarifvertragsparteien zur Durchsetzung gerechter Arbeitsbedingungen sind, ist die Polizei bei Arbeitskämpfen oft in Sichtweite. Nach allgemeiner Ansicht hat sich die Polizei in Arbeitskämpfen **neutral** zu verhalten (»Der Streik ist nicht die Stunde der Polizei«). Nur wenn anlässlich von Streiks objektiv die **öffentliche Sicherheit und Ordnung** gefährdet wird, ist die Polizei berechtigt, einzugreifen. Aber auch dann liegt es im **»polizeilichen Ermessen«**, ob sie überhaupt und ggf. wie sie tätig wird.
Vor allem bei sog. **»Streikexzessen«**, d.h. bei Streikmaßnahmen, die von der Rechtsprechung nicht mehr als rechtmäßige Arbeitskampfmittel angesehen werden (z.B. **lang andauernde Betriebsblockade oder Betriebsbesetzung;** vgl. Rn. 225ff.), wird von Arbeitgebern immer wieder die Polizei gerufen. Oft ist es auch für die Polizei schwierig, die Grenze zwischen der zulässigen Ansprache von Streikbrechern und der unzulässigen Behinderung zu erkennen. Gelegentlich kommt es auch zu unberechtigten Polizeieinsätzen, wenn die streikenden Arbeitnehmer sich vor dem bestreikten Betrieb versammeln. Von

171 BAG 18.2.03, a.a.O.
172 LAG Köln 19.3.07 – 19.3.07, LAGE Nr. 77 zu Art. 9 GG Arbeitskampf m. krit. Anm. Thüsing/Burg; LAG Hamm 24.7.06 – 8 Sa 741/06; s. dazu auch Bepler, Schriftenreihe DAI, S. 109 Fn. 34.

der Polizei wird dann gelegentlich z. B. zu Unrecht ein Verstoß gegen Straßenverkehrsrecht oder gegen das Versammlungsgesetz behauptet.
Vor diesem Hintergrund sollte in jedem Fall vor länger andauernden intensiven Streikauseinandersetzungen mit der Polizei **Kontakt aufgenommen und die geplanten Arbeitskampfmaßnahmen erläutert werden**. Ebenso wichtig ist es, dass die Streikposten bei evtl. Rechtsverletzungen durch Streikende für die Polizei erkennbar unmittelbar einschreiten. Zumindest sollte aber der Polizei eine Kontaktperson genannt werden. Da es dennoch gelegentlich zur Strafverfolgung von während des Arbeitskampfes angeblich verursachten Straftaten kommt, ist es wichtig, den Polizeieinsatz zu dokumentieren und Zeugenaussagen zu sichern.

496 Rentenversicherung

Die Rentenversicherung der Arbeiter und Angestellten setzt ein Beschäftigungsverhältnis gegen Entgelt voraus. Nach der Rechtsprechung[173] ist das **rentenversicherungspflichtige Beschäftigungsverhältnis** während Streik und Aussperrung **suspendiert**. Für die Dauer des Streiks sind daher keine Pflichtbeiträge zur Rentenversicherung zu entrichten.
Jeder Kalendermonat wird als Versicherungsmonat bewertet, der zumindest teilweise mit Beiträgen aus der versicherungspflichtigen Beschäftigung belegt ist (§ 122 Abs. 1 SGB VI). Die Wertigkeit der Beiträge wird durch die geringere Beitragszahlung vermindert. Dies hat allerdings auf die Höhe der Rente nur minimale Auswirkungen. Diese Einbußen könnten zwar durch einen freiwilligen Beitrag (Arbeitgeber- und Arbeitnehmeranteil) ausgeglichen werden. Der Aufwand steht aber in keinem Verhältnis zu den zu erwartenden Leistungen.
In seltenen Fällen kann der Ausfall ganzer Streikmonate die Entstehung des Rentenanspruchs hindern, weil ausgerechnet diese Monate bei der rentenrechtlichen »**Wartezeit**« fehlen. Bei Streiks, die einen Kalendermonat und länger dauern, kann deshalb die Entrichtung eines freiwilligen Beitrags notwendig werden.

497 Schlichtung

Die Schlichtung dient der **Lösung von Konflikten** zwischen den Tarifvertragsparteien. Ziel ist ein Tarifvertragsabschluss. Sie kann von den Vertragsparteien bei festgefahrenen Verhandlungen angerufen werden. Tarifliche, vereinbarte Schlichtungsverfahren haben Vorrang (Rn. 417 ff.). Daneben besteht in einigen Bundesländern eine freiwillige staatliche Schlichtungsmöglichkeit (Rn. 420 ff.). Eine staatliche Zwangsschlichtung existiert nicht. Sie wäre verfassungswidrig.
Branchen mit tariflicher Schlichtung: z. B. Baugewerbe, Chemische Industrie, Druckindustrie, Metallindustrie (West), Öffentlicher Dienst, Holzwirtschaft, Miederindustrie, Schuhindustrie.
Keine Schlichtungsvereinbarungen gibt es u. a. bei Banken, im Einzelhandel und Großhandel, den meisten Handwerksbereichen, Stahlindustrie, Textil- und Bekleidungsindus-

173 BSG 11. 12. 73 – GS 1/73, BB 74, 740.

trie, Versicherungen. Nach einigen Abkommen besteht **Einlassungszwang**: Wenn eine Tarifvertragspartei die Schlichtung anruft, muss sich die andere darauf einlassen (u.a. nicht in der Metallindustrie).
Friedenspflicht bis zum Abschluss des Schlichtungsverfahrens besteht nur, wenn sie ausdrücklich vereinbart wurde. In der Metallindustrie (Westdeutschland) und in der Druckindustrie besteht Friedenspflicht nur für einen Zeitraum von vier Wochen bzw. einem Monat nach Ablauf des Tarifvertrags.
Die Schlichtung ist **nicht Rechtmäßigkeitsvoraussetzung für einen Arbeitskampf** (Rn. 164), es sei denn, ein Schlichtungsabkommen oder der auslaufende Tarifvertrag selbst sieht zwingend eine Schlichtung vor Einleitung von Streiks vor.

Schulung 497a

In allen Fällen, in denen der Arbeitnehmer vor Beginn des Arbeitskampfes von dem Arbeitgeber von der Arbeitspflicht freigestellt war, kann sich die Pflicht zur Lohnfortzahlung nicht auf die Arbeitskampfparität auswirken.[174] Dies gilt auch für den Entgeltfortzahlungsanspruch des Arbeitnehmers, der an einer Schulungsveranstaltung nach Maßgabe eines Bildungsurlaubsgesetzes teilnimmt.[175] Denn der Bildungsurlaubsanspruch wird ohne Rücksicht darauf verbraucht, ob der Arbeitgeber während des Arbeitskampfes überhaupt eine Beschäftigungsmöglichkeit für den Arbeitnehmer gehabt hätte. Etwas anderes soll nach Ansicht des BAG nur dann gelten, wenn der Arbeitnehmer aktiv an dem Streik teilnimmt oder der Arbeitgeber aussperrt und dabei ausdrücklich auch die Arbeitnehmer einbezieht, deren Arbeitspflicht vorübergehend schon aus anderen Gründen suspendiert ist.[176]

Schwerbehinderte Menschen 498

Die persönliche Stellung und Amtsführung der **Schwerbehindertenvertretung** entspricht im Arbeitskampf grundsätzlich der des Betriebsrats (vgl. Rn. 465).
§ 91 Abs. 6 SGB IX ist bedeutungslos, da aus Anlass eines rechtmäßigen Streiks eine Kündigung nicht zulässig ist.[177] Das BAG hält die suspendierende **Aussperrung** schwerbehinderter Menschen für zulässig (vgl. Rn. 326ff., 347).[178]
Die persönliche **Stellung** und **Amtsführung der Schwerbehindertenvertretung** entspricht im Arbeitskampf grundsätzlich der des Betriebsrates.

Solidaritätsstreik 499

Aktive **Solidarität mit streikenden und ausgesperrten Kolleginnen und Kollegen** ist unverzichtbar. Arbeitgeber und Öffentlichkeit müssen nachhaltig vermittelt bekommen, dass eine kämpfende Gewerkschaft und ihre Mitglieder nicht allein stehen. Bei vorberei-

174 BAG 7.4.92 – 1 AZR 377/91, AP Nr. 122 zu Art. 9 GG Arbeitskampf.
175 BAG 7.12.93 – 9 AZR 514/91, AuR 94, 198.
176 BAG 7.12.93, a.a.O.
177 BAG 21.4.71 – GS 1/68, AuR 71, 353.
178 BAG 7.6.88 – 1 AZR 23/87, DB 88, 2104.

tenden Diskussionen über gewerkschaftsübergreifende Aktionen ist der **DGB** mit dem Ziel gemeinsamer Aktivitäten einzubeziehen.

Bei einem **Solidaritäts-** oder **Unterstützungsstreik** (missverständlich auch als »Sympathiestreik« bezeichnet, vgl. dazu Rn. 181) unterstützen Arbeitnehmer durch eigene Streikmaßnahmen den (»**Haupt**«-)**Streik** anderer Arbeitnehmer (in einem anderen Tarifgebiet oder bei einem nicht tarifgebundenen Arbeitgeber) zur Durchsetzung eines Tarifvertrags. Ein Solidaritätsstreik hat in der Regel das Ziel, durch die Erhöhung des wirtschaftlichen, psychologischen und politischen Drucks auf die beteiligten Arbeitgeber die Durchsetzungsfähigkeit der streikführenden Gewerkschaft im Hauptstreik zu steigern und in kürzerer Zeit ein besseres Tarifergebnis zu erzielen (oder überhaupt Tarifverhandlungen und/oder einen Tarifabschluss durchzusetzen).

Ein **gewerkschaftlicher Solidaritätsstreik** ist im Rahmen der durch die Verfassung (**Art. 9 Abs. 3 GG**) garantierten gewerkschaftlichen Betätigungsfreiheit grundsätzlich **rechtmäßig.** Dies hat das BAG in seiner neueren Rechtsprechung zur **Rechtmäßigkeit von Unterstützungsstreiks**[179] klargestellt. Eine Ausgestaltung des Arbeitskampfrechts dahingehend, dass Solidaritätsstreiks rechtswidrig sind, wäre eine verfassungsrechtlich nicht gerechtfertigte Beschränkung der durch **Art. 9 Abs. 3 GG** geschützten **Betätigungsfreiheit der Gewerkschaften** und auch mit der **Garantie des Streikrechts** in Teil II **Art. 6 Nr. 4 der Europäischen Sozialcharta (ESC)** nicht vereinbar (zu den Einzelheiten vgl. Rn. 184ff.).

Ein Solidaritätsstreik ist **vor allem zulässig,** wenn zum Solidaritätsstreik und zum Hauptstreik die **gleiche Gewerkschaft aufruft** (dies ist allerdings **keine zwingende Voraussetzung**) und/oder eine oder mehrere der folgenden Voraussetzungen vorliegen:[180]

1. **Verletzung der Neutralität**
   Ein an einem Tarifkonflikt nicht oder nicht unmittelbar beteiligter Arbeitgeber (oder ein Arbeitgeberverband) mischt sich in den Tarifkonflikt bzw. Hauptstreik ein und verletzt seine **Neutralität,** etwa durch **Übernahme der bestreikten Dienstleistung/Produktion, Überlassung von arbeitswilligen Arbeitnehmern** oder sonstige Unterstützungsaktivitäten für den oder die bestreikten Arbeitgeber.
2. **Enge Verflechtung zwischen den beteiligten Arbeitgebern oder Arbeitgeberverbänden**
   Zwischen dem oder den Arbeitgebern/Arbeitgeberverbänden im Hauptstreik und einem anderen Arbeitgeber/anderen Arbeitgebern oder Arbeitgeberverbänden besteht eine **enge räumliche, branchenmäßige, personelle, verbandspolitische und/oder wirtschaftliche Verflechtung.**
3. **Enge wirtschaftliche und/oder gesellschaftsrechtliche Verflechtung**
   Das Unternehmen im Hauptstreik gehört zu einem **Konzern**[181] oder einer **Unternehmensgruppe** an oder ist durch **Produktions-, Dienstleistungs- oder Lieferbeziehungen** mit anderen Unternehmen wirtschaftlich eng verbunden.

Ein zulässiger Solidaritätsstreik setzt die Durchführung eines **rechtmäßigen Hauptstreiks** voraus.

Die zulässige **Dauer und der Umfang** eines Solidaritätsstreiks muss in einem angemessenen Verhältnis zur Intensität des Hauptstreiks stehen. Beginn und Ende des gesamten

179 BAG 19.6.07 – 1 AZR 396/06, NZA 07, 1055.
180 BAG 19.6.07, a.a.O.
181 Vgl. z.B. ArbG Berlin 17.4.02 – 79 Ga 9757/02 – »Klinikkonzern«.

Hauptstreiks bilden den äußersten zeitlichen Rahmen eines Solidaritätsstreiks und der Schwerpunkt der Tarifauseinandersetzung bzw. des gesamten Arbeitskampfes darf nicht signifikant vom Hauptstreik auf den Unterstützungsstreik verlagert werden (vgl. dazu im Einzelnen AKR Rn. 186ff.).[182]
Ein Solidaritätsstreik **verstößt regelmäßig nicht gegen die Friedenspflicht** aus Tarifverträgen, die für die an einem Solidaritätsstreik teilnehmenden Arbeitnehmerinnen und Arbeitnehmer gelten.[183]

Sonderzahlung/Weihnachtsgeld 500

Ob eine **Sonderzahlung** (z.B. Weihnachtsgeld) aus Anlass eines Arbeitskampfes **gekürzt** werden kann, hängt maßgeblich vom Rechtscharakter der Leistung ab (entscheidend sind die jeweiligen vertraglichen, betrieblichen oder tariflichen Regelungen). Zu unterscheiden sind folgende **Varianten:**

- Ist der Anspruch auf Sonderzahlung (z.B. Weihnachtsgeld) allein vom **rechtlichen Bestand** des Arbeitsverhältnisses am **Auszahlungsstichtag** abhängig, dann handelt es sich um eine **Leistung zur Belohnung der Betriebstreue (Gratifikation)**. Es findet keine Kürzung für solche Zeiten statt, in denen das Arbeitsverhältnis **wegen eines Arbeitskampfes geruht** hat.[184]
- Ist die Sonderzahlung eine Leistung mit **reinem Entgeltcharakter** (= Monat für Monat **»auflaufendes Arbeitsentgelt«**), führen Zeiten im Bezugszeitraum (z.B. Januar bis Dezember) ohne Anspruch auf Arbeitsentgelt (wie z.B. Zeiten des Arbeitskampfes) zu einer zeitanteiligen Kürzung der Sonderzahlung (Beispiel: Im Bezugsjahr wurde einen Monat lang gestreikt, es besteht Anspruch auf 11/12 der Sonderzahlung).
- Bei **Sonderzahlungen mit Mischcharakter** (sowohl stichtagsbezogene »Gratifikation« als auch »auflaufendes Arbeitsentgelt«) ist eine anteilige Kürzung wegen Zeiten des Arbeitskampfes nur zulässig, wenn dies ausdrücklich vereinbart bzw. geregelt ist. Sieht ein Tarifvertrag die anteilige Kürzung einer Jahressonderzuwendung für alle Zeiten vor, in denen das **Arbeitsverhältnis »kraft Gesetzes oder Vereinbarung oder aus sonstigen Gründen« ruht**, erfasst eine solche Regelung mangels anderer Hinweise auch das Ruhen während eines Streiks. Da eine solche Kürzung nur die im Tarifvertrag vorgegebene Ordnung vollzieht, liegt in ihr **keine unzulässige Maßregelung** wegen der Teilnahme am Streik.[185]

Inzwischen hat sich aus Anlass dieser Rechtsprechung eine Tarifpraxis entwickelt, **Kürzungen** von Jahressonderzahlungen wegen arbeitskampfbedingten Arbeitsausfalls durch Maßregelungsklauseln (Rn. 268ff., 489) **ausdrücklich auszuschließen.**[186]
Bei allen Varianten gilt: Der Anspruch auf die Sonderzahlung entfällt nicht dadurch, dass der **Auszahlungsstichtag** in eine **Arbeitskampfphase** fällt.

182 BAG 19.6.07, a.a.O.
183 BAG 19.6.07, a.a.O.
184 BAG 13.2.07 – 9 AZR 374/06, DB 07, 1255; 20.12.95 – 10 AZR 742/94, NZA 96, 491.
185 BAG 3.8.99 – 1 AZR 735/98, NZA 00, 487.
186 Vgl. BAG 3.8.99, a.a.O.; 13.2.07, a.a.O.

501 **Sozialtarifvertrag**

Ein meist aus Anlass einer Betriebsstilllegung geforderter Sozialtarifvertrag kann Regelungen enthalten, die die Umsetzung der Unternehmerentscheidung **verzögern** (z.B. lange Kündigungsfristen) und Regelungen, die auf eine **Abmilderung** der Folgen für die Beschäftigten gerichtet sind (z.B. Qualifizierungsmaßnahmen, Abfindungen). Ein »Sozialtarifvertrag« ist erstreikbar, es sei denn die relative Friedenspflicht aus einem Tarifvertrag steht einem Streik entgegen (vgl. Rn. 59ff., 105).[187]
Ob eine Forderung nach einem **Verzicht** auf die Betriebsschließung tariflich regelbar und erstreikbar ist, ist umstritten (vgl. Rn. 27ff.).[188]

502 **Steuerfragen**

Nach dem Urteil des Bundesfinanzhofs[189] sind **Streikunterstützungen steuerfrei**. Daraus ergibt sich auch, dass Aufwendungen, die durch die Streikteilnahme entstehen (z.B. Fahrten zum Streiklokal, Verpflegungsmehraufwand usw.), nicht als Werbungskosten steuerlich abgesetzt werden können.

503 **»Stilllegung« des Betriebs**

Der Arbeitgeber kann beschließen, den gesamten bestreikten Betrieb bzw. Betriebsteil **im Rahmen des gewerkschaftlichen Streikbeschlusses** stillzulegen. Er kann also den Kampfrahmen zeitlich, räumlich und personell nicht ausweiten. Das trifft u.a. Beschäftigte, die entgegen dem gewerkschaftlichen Streikaufruf nicht am Streik teilnehmen, also »Streikbrecher« (vgl. Rn. 507). Der Arbeitgeber kann somit auch die Arbeit und Entlohnung von »Arbeitswilligen« verhindern[190] (näheres vgl. Rn. 316ff., zum sog. »Wellenstreik«[191] vgl. Rn. 525).
Die Stilllegung **unterscheidet sich** von anderen Handlungsmöglichkeiten:
Die **Aussperrung** ist eine Arbeitskampfmaßnahme. Sie muss beim Flächentarifvertrag vom Arbeitgeberverband beschlossen werden. Die Arbeitnehmer werden planmäßig von der Arbeit ausgeschlossen, die Entgeltzahlung wird eingestellt. Der Kampfrahmen kann erweitert werden (vgl. Rn. 322ff., 458).
Bei der **kalten Aussperrung** beruft sich der Arbeitgeber darauf, dass die Arbeit wegen fehlender Zulieferteile oder Abnahme nicht möglich oder nicht zumutbar ist, dies muss er im Einzelnen belegen. Davon können auch nicht Streikende im Betrieb, in anderen Betrieben und Tarifgebieten betroffen sein (vgl. Rn. 354ff., 459).

---

187 BAG 24.4.07 – 1 AZR 252/06, DB 07, 1924 = AiB 07, 732 mit Anm. Schoof.
188 Ausdrücklich offen gelassen von BAG 24.4.07, a.a.O.
189 BFH 24.10.90 – X R 161/88, DB 91, 259.
190 Vgl. BAG 22.3.94 – 1 AZR 622/93, AiB 95, 134; 27.6.95 – 1 AZR 1016/94, AiB 96, 308; 11.7.95 – 1 AZR 161/95, AiB 96, 310.
191 BAG 12.11.96 – 1 AZR 364/96, DB 97, 158; 17.2.98 – 1 AZR 386/97, DB 98, 1566.

Strafbare Handlungen 504

Im Arbeitskampf kommt es gelegentlich zu **rechtswidrigen Handlungen**, die nach dem **Strafgesetzbuch** verfolgt werden können. Sobald dies erkennbar wird, muss die **Streikleitung** unverzüglich eingreifen. Oft bestehen jedoch berechtigte Zweifel, ob die mit Strafanzeige verfolgten Handlungen überhaupt gegen Strafgesetze verstoßen. Stellt z.B. die Ansprache und das Aufhalten von arbeitswilligen Arbeitnehmern eine **Nötigung** dar? Ist das vorübergehende Schließen eines Zugangs von mehreren Zugängen zum Betrieb eine unter Strafe gestellte Nötigung oder nicht? Ist das für das erfolgreiche Durchführen eines Wellenstreiks (vgl. Rn. 525) notwendige **Verbleiben im Betrieb** ein Hausfriedensbruch oder nicht? In allen diesen Fällen ist es wichtig, im Zweifel den genauen Ablauf des Streikgeschehens festzuhalten (Zeugen!), um den Geschehensablauf später beweisen zu können. Das gilt besonders auch dann, wenn es um rechtswidrige Handlungen des Arbeitgebers oder von am Arbeitskampf nicht beteiligten Personen geht.
Eventuelle **Notwehrhandlungen** von Arbeitnehmern sind zur späteren Entlastung zu dokumentieren. Nach h.M. werden eventuelle Straftaten von der i.d.R. mit Abschluss des Arbeitskampfes vereinbarten Maßregelungsklausel (Rn. 268ff., 489) nicht erfasst. Folglich muss bei einem strafrechtlichen Ermittlungsverfahren die Auseinandersetzung notfalls mit Unterstützung anwaltlicher Hilfe geführt werden.

Streik 505

Streik zielt darauf, durch kollektive Niederlegung der Arbeit oder andere Formen Forderungen Nachdruck zu verleihen. Er findet in Deutschland fast ausschließlich zur **Lösung von Tarifkonflikten** statt, ist aber – entgegen der restriktiven BAG-Rechtsprechung – darauf nicht beschränkt (so auch Art. 6 Nr. 4 der Europäischen Sozialcharta; vgl. Grundl. Rn. 112; AKR Rn. 21f.). Er ist das letzte Mittel der Arbeitnehmer und ihrer Gewerkschaft, um Verhandlungen mit den kraft ihres Eigentums und ihrer Verfügungsbefugnis über den Betrieb strukturell überlegenen Arbeitgebern und ihren Verbänden zu erzwingen und Tarifabschlüsse zu erzielen. Das Recht zum Streik ist eine der **Grundfreiheiten und -rechte der sozialen Demokratie** und wird als eine Form **gewerkschaftlicher Betätigungsfreiheit** durch Art. 9 Abs. 3 GG garantiert. Der Streik ist u.a. erforderlich, um eine funktionierende Tarifautonomie sicherzustellen. Tarifautonomie ohne Streikrecht wäre – so hat es das BAG einmal ausgedrückt – nichts anderes als **»kollektives Betteln«**.[192] Die Arbeitgeber würden das »ob« von Verhandlungen und das »wie« des Verhandlungsergebnisses »diktieren« (vgl. Grundl. Rn. 26).
Das Streikrecht ist allerdings nur nach Maßgabe einiger – durch Richterrecht festgelegter – **Voraussetzungen** gewährleistet:

- Nach abzulehnender Ansicht des BAG ist nur der **gewerkschaftlich geführte** Streik für **tariflich regelbare Ziele** geschützt (vgl. Rn. 21ff.); das hat Auswirkungen auf nicht gewerkschaftlich getragene und politische Streiks sowie Streiks zur Durchsetzung von Rechtsansprüchen; nicht erstreikbar ist ein Tarifvertrag mit einem rechtswidrigen In-

192 BAG 10.6.80 – 1 AZR 690/79, DB 80, 1694.

halt; eine **gerichtliche Kontrolle des Umfangs von Streikforderungen** findet aber nicht statt, da sie nicht mit Art. 9 Abs. 3 GG vereinbar ist (vgl. Rn. 159).

- Der Streik darf nicht gegen die **Friedenspflicht** aus einem bestehenden Tarifvertrag verstoßen (vgl. Rn. 59ff.).
- **Zeitpunkt und die Art der Durchführung** des Streiks unterliegen dem Grundsatz der **Verhältnismäßigkeit** (vgl. Rn. 137ff.). Der Streik muss zum Erreichen des Streikziels geeignet und sachlich erforderlich sein; dabei steht der streikführenden Gewerkschaft ein weitgehender Beurteilungsspielraum zu. Er darf erst als letztes Mittel nach Ausschöpfen der Verhandlungsmöglichkeiten eingesetzt werden (**Ultima-Ratio-Prinzip**, Rn. 516); im Aufruf zum Streik liegt die freie, nicht nachprüfbare Entscheidung der Gewerkschaft, dass sie die Verhandlungsmöglichkeiten ohne begleitende Streiks als ausgeschöpft ansieht. Der Streik muss nach den Regeln eines **fairen Kampfes** geführt werden (vgl. Rn. 166f.).

Fazit: Der **gewerkschaftliche Streik für tariflich regelbare Ziele nach Ablauf der Friedenspflicht** ist im Kern rechtlich problemlos. Zu den **Streikarten und -formen** vgl. Grundl. Rn. 39.

506 Streikbrucharbeiten

Ist ein Arbeitgeber von einem Streik betroffen, versucht er regelmäßig, den **streikbedingten Arbeitsausfall** dadurch **abzumildern**, dass er nicht am Streik beteiligte Arbeitnehmer anweist, andere (nämlich die streikbedingt ausfallenden) Tätigkeiten auszuführen, und sich dabei auf sein Direktionsrecht beruft. Die damit verbundene Übernahme der Arbeitsaufgaben streikender Arbeitnehmer zur (teilweisen) **Aufrechterhaltung des Geschäftsbetriebs** stellt **Streikbrucharbeit** dar (und wird rechtlich als **Streikarbeit** bezeichnet; zum anders liegenden Fall der Verpflichtung zur Ableistung von **Notdienstarbeit** vgl. Rn. 256f., 491; zum Leistungsverweigerungsrecht von **Leiharbeitnehmern** vgl. Rn. 488; zum Verbot des Streikbrucheinsatzes von **Beamten** vgl. Rn. 462).

Erstreckt sich der Streikaufruf der Gewerkschaft auch auf die von derartigen Anweisungen betroffenen Arbeitnehmer, können sich diese **dem Streik anschließen** und sind damit generell nicht mehr verpflichtet, ihre Arbeitsleistung zu erbringen und entsprechende Anweisungen des Arbeitgebers zu befolgen (vgl. dazu Rn. 276f.).

Scheidet diese Möglichkeit aus (z.B. wegen eines persönlich oder räumlich eingeschränkten Streikaufrufs), gilt folgendes:

- Ist die **andere Tätigkeit im Rahmen des Arbeitsvertrags des Arbeitnehmers nicht geschuldet**, kann der Arbeitgeber sie im Rahmen seines Direktionsrechts nicht einseitig anordnen. Der Arbeitnehmer ist bereits aus diesem Grund nicht verpflichtet, der Anweisung des Arbeitgebers Folge zu leisten.
- Liegt die **andere Tätigkeit noch im Rahmen der arbeitsvertraglich geschuldeten Arbeitspflichten** des Arbeitnehmers, dient sie aber dem Zweck, den streikbedingten Arbeitsausfall zu kompensieren, ist es dem Arbeitnehmer **unzumutbar**, der Anweisung des Arbeitgebers zu folgen und damit seinen streikenden Kollegen in den Rücken zu fallen. Das BAG geht davon aus, »*dass die Solidarität der Arbeitnehmer untereinander und namentlich in einem bestimmten Betrieb auch von der Rechtsordnung berücksichtigt werden muss.* ***Es ist dem Arbeitnehmer nicht zuzumuten, den Streikenden in den Rü-***

***cken zu fallen.** Es würde sich bei der direkten Streikarbeit um eine unmittelbare Beeinträchtigung der Aussichten des Streiks handeln, die den in den Kreisen der Arbeitnehmer mit Recht herrschenden Anschauungen widerspricht«.*[193] **Unzumutbare Streikbrucharbeit kann vom Arbeitnehmer verweigert werden** (vgl. auch Rn. 305 f.).[194]

Die Unzumutbarkeit von Streikbrucharbeit liegt nach hier vertretener Auffassung **auch bei betriebsübergreifenden Konstellationen** vor: Übernimmt ein Arbeitgeber als Drittunternehmen von einem bestreikten Unternehmen die bestreikte Produktion/Dienstleistung, um dem Streik in einem anderen Unternehmen die Wirkung zu nehmen, greift er auf Seiten des bestreikten Arbeitgebers aktiv in den Arbeitskampf ein. Die Arbeitnehmer des »streikbrechenden« Drittunternehmens können sich nach den Grundsätzen unzumutbarer Streikbrucharbeit weigern, die entsprechenden Tätigkeiten zu verrichten[195] (zur Zulässigkeit eines Aufrufs zum Solidaritätsstreik in derartigen Fällen vgl. Rn. 186c f., 499).

Eine **berechtigte Verweigerung von Streikbrucharbeit führt nicht zum Verlust des Arbeitsentgeltanspruchs**, jedenfalls dann nicht, wenn die vertraglich geschuldete Arbeitsleistung trotz des Streiks noch erbracht werden kann. Wer seine Rechte auf Verweigerung von Streikbrucharbeit ausübt, darf **vom Arbeitgeber nicht gemaßregelt** oder in sonstiger Form benachteiligt werden (§ 612 a BGB). »*Soweit zur Streikarbeit herangezogene Arbeitnehmer Mitglied der kampfführenden Gewerkschaft sind, sind sie dieser gegenüber regelmäßig rechtlich verpflichtet, Streikarbeit zu verweigern*«.[196] In vielen betrieblichen Konstellationen ist es für die betroffenen Arbeitnehmer wegen deren **struktureller Unterlegenheit im Arbeitsverhältnis** schwierig, ihr **individuelles Leistungsverweigerungsrecht** auszuüben. Es ist deshalb von großer Bedeutung, dass der **Betriebs- oder Personalrat** die Arbeitnehmer über ihr Recht zur Verweigerung unzumutbarer Streikbrucharbeit aufklärt und seine Informations- und Beteiligungsrechte nutzt, um die Ableistung unzumutbarer Streikbrucharbeit zu unterbinden (zu den nach h.M. gegebenen Einschränkungen der Beteiligungsrechte des Betriebs- und Personalrats im Arbeitskampf vgl. Rn. 432 ff., 465). In der Regel wird es sinnvoll sein, dass möglichst viele der betroffenen Arbeitnehmer ihr **Leistungsverweigerungsrecht** in Abstimmung mit entsprechenden Aktivitäten der betrieblichen Interessenvertretung **kollektiv bzw. gebündelt** (vgl. dazu Rn. 230) **wahrnehmen.**

Die **streikführende Gewerkschaft** kann die Ableistung unzumutbarer Streikbrucharbeit dadurch direkt unterbinden, dass sie bei drohender Anweisung von Streikarbeit durch tarifgebundene Arbeitgeber im umkämpften Tarifgebiet den **Streik** entsprechend **ausweitet**. Geht es um die Unterbindung von Streikarbeit in nicht oder anders tarifgebundenen Betrieben, vor allem außerhalb des umkämpften Tarifgebietes, kann die streikführende (oder eine andere zuständige) Gewerkschaft die betroffenen Arbeitnehmer unter dem Ge-

193 BAG 25.7.57 – 1 AZR 194/56, AuR 58, 125.

194 BAG 10.9.85 – 1 AZR 262/84, DB 85, 2354; ErfK-Linsenmaier, GG Art. 9 Rn. 175; Kissel, § 42 Rn. 91; Otto, § 12 Rn. 32.

195 LAG Baden-Württemberg 31.7.13 – 4 Sa 18/13 rkr., AuR 13, 455; Löwisch-Rieble, AKR, S. 146; vgl. eingehend dazu Büchner, DB 88, 393.

196 BAG 10.9.85, a.a.O.

sichtspunkt der **Neutralitätsverletzung** (und eventuell unter weiteren Gesichtspunkten) zum **Solidaritätsstreik** aufrufen (dazu eingehend Rn. 181 ff., 499).[197]

507 **Streikbrechereinsatz**

Trotz aller Bedenken ist der Einsatz von Streikbrechern üblich und weit verbreitet. Arbeitgeber versuchen immer wieder, Streiks durch **Umsetzung von Arbeitnehmern** oder den **Einsatz betriebsfremder Streikbrecher** zu unterlaufen (vgl. Rn. 295 ff., 303 ff.). Leider geben sich immer wieder Menschen dazu her, ohne besondere Not ihren um gerechtere Arbeitsbedingungen kämpfenden Kolleginnen und Kollegen in den Rücken zu fallen. Allerdings wird auch nicht selten auf Arbeitnehmer in vom Arbeitskampf betroffenen Betrieben Druck ausgeübt, sich am Arbeitskampf nicht zu beteiligen. Dann gilt Folgendes: **Niemand ist verpflichtet**, weder aus dem Arbeitsvertrag noch aus anderen Rechtsgründen, Streikarbeiten zu übernehmen und seinen streikenden Kolleginnen und Kollegen in den Rücken zu fallen (vgl. dazu eingehend Rn. 506). **Umsetzungen** auf bestreikte Arbeitsplätze, um dort Streikbrucharbeiten zu leisten, brauchen **nicht akzeptiert** zu werden. **Auszubildende** dürfen in **keinem Fall** zu Streikarbeiten herangezogen werden (vgl. auch Rn. 461).[198] Auch **Beamte** dürfen nicht auf bestreikten Arbeitsplätze eingesetzt werden (vgl. Rn. 462). Zu den Beteiligungsrechten des Betriebsrats bei Einstellungen und Versetzungen von Arbeitnehmern aus Streikbetrieben vgl. Rn. 432 ff. und 465; zur Verpflichtung der Ableistung von Notdienstarbeit vgl. Rn. 256 f., 491; zur Unverhältnismäßigkeit der Einstellung von Streikbrechern vgl. Rn. 306, 311.

508 **Streikbruchprämie**

Zahlungen des Arbeitgebers an Streikbrecher (»Streikbruchprämien«) sind ein Angriff auf das Streikrecht und die Solidarität der Arbeitnehmer. Das BAG hält sie grundsätzlich für zulässig, zumindest wenn sie vor oder während des Arbeitskampfes ausgelobt werden. Durch eine tarifliche Maßregelungsklausel (Rn. 270, 489) kann der Arbeitgeber gehalten sein, die Prämie an alle Beschäftigte zu zahlen[199] (näheres vgl. Rn. 301).

509 **Streikposten**

Um die Streikpostentätigkeit (vgl. Rn. 259 ff.) gibt es regelmäßig während der Arbeitskämpfe gerichtliche Auseinandersetzungen. Streikposten stehen im Spannungsfeld zwischen der Fähigkeit der Gewerkschaft, einen wirkungsvollen Arbeitskampf zu führen und rechtlich geschützten Interessen des Arbeitgebers, anderer Beschäftigter und Lieferanten.[200]

---

197 BAG 19.6.07 – 1 AZR 396/06, NZA 07, 1055.
198 BAG 12.9.84 – 1 AZR 342/83, DB 84, 2563.
199 BAG 28.7.92 – 1 AZR 87/92, DB 93, 232; 11.8.92 – 1 AZR 103/92, NZA 93, 39; 13.7.93 – 1 AZR 676/92, DB 94, 148.
200 BVerfG 19.2.75 – 1 BvR 418/71, AP Nr. 50 zu Art. 9 GG.

Streikposten haben sich »**friedlicher Mittel**« zu bedienen. Sie haben das Recht, mit Mitteln des »gütlichen Zuredens« und des Appells an die Solidarität, Streikbrecher von der Aufnahme der Arbeit in dem bestreikten Betrieb abzuhalten.[201] Dieses Recht gilt auch gegenüber betriebsfremden Beschäftigten, Kunden und den Menschen, die mit dem Zu- und Abgang von Waren beschäftigt sind. Sogar **Absperrmaßnahmen**[202] können im Einzelfall möglich und als **vorübergehende Behinderungen** hinzunehmen sein, z. B. durch Verwicklung in ein Gespräch über den Streik, Streikziele, Solidarität, Leistungsverweigerungsrecht von Leiharbeitnehmern. Nach der Rechtsprechung des BAG ist allerdings die **Verhinderung** des Zu- und Abgangs von Waren und Kunden sowie die Hinderung »Arbeitswilliger« am Betreten des Betriebs durch Maßnahmen, die über **bloßes Zureden hinausgehen**, unzulässig.[203] Auch unzulässig sind nach den **gewerkschaftlichen Streikrichtlinien** Angriffe auf die körperliche Unversehrtheit und die Beschädigung von Sachen. Kommt es zu derartigen Angriffen oder zur Beschädigung von Sachen, können sie durch einstweilige Verfügungen untersagt werden. Nachträglich kann es zu Schadensersatzprozessen und im Einzelfall auch zu strafrechtlichen Ermittlungsverfahren kommen.[204]

Strittig sind z. B. folgende Betätigungsformen:

- **Versperren eines Tores**, wenn andere Zutrittsmöglichkeiten bestehen[205],
- **durchlässige Streikpostenketten**, wenn sie nach Aufforderung geöffnet werden. Viele Arbeits- und Landesarbeitsgerichte sehen darin eine nicht hinzunehmende Einschränkung und verlangen eine bis zu **3 m breite Gasse** für Arbeitswillige, Lieferanten, Kunden usw.[206]
- die **Dauer der** durch Gespräche mit Arbeitnehmern, »Arbeitswilligen«, Lieferanten, Auslieferungsfahrern usw. hinzunehmende **Zeitspanne**,[207] nach hier vertretener Auffassung müssen die Betroffenen Zeitverzögerungen von bis zu 30 Minuten hinnehmen (vgl. Rn. 264).

Streikunterstützung 510

Während des Streiks **entfällt** der Anspruch auf Arbeitsentgelt bzw. Ausbildungsvergütung. Gewerkschaftlich organisierte Arbeitnehmer erhalten von ihrer Gewerkschaft eine **Streikunterstützung**, sofern die satzungsmäßigen Voraussetzungen vorliegen (z. B. dreimonatige Mitgliedschaft). Entsprechendes gilt für Gewerkschaftsmitglieder im Fall der

---

201 BAG 21. 6. 88 – 1 AZR 651/86, DB 88, 1952.

202 BAG 20. 12. 63 – 1 AZR 157/63, DB 64, 625.

203 BAG 21. 6. 88, a.a.O.

204 Vgl. BAG 8. 11. 88 – 1 AZR 417/86, DB 89, 1087; Kissel, § 42 Rn. 86.

205 Nicht zulässig: Otto, § 12 Rn. 9; zulässig: Däubler-Wolter, AKR, Rn. 280a: Einige Minuten Umweg sind hinzunehmen.

206 Z.B. LAG Köln 2. 7. 84 – 9 Sa 602/84, DB 84, 2095, das im Übrigen die 3 m mit einer feuerpolizeilichen Verordnung über die Breite von Nottüren begründet; vgl. ferner Otto, § 12 Rn. 10; Kissel, § 42 Rn. 79; a. A. Däubler-Wolter, AKR, § 16 Rn. 46 ff.; Steinbrück, S. 135 ff.

207 Däubler-Däubler, AKR, § 31 Rn. 12 (bis zu 30 Minuten); Gamillscheg, S. 1017 (bis zu 10 Minuten); LAG Hamburg 6. 2. 13 – 5 SaGa 1/12, BB 13, 1140, (bis zu 15 Minuten); ArbG Bielefeld 24. 9. 97 – 2 Ga 37/97 (bis zu 7 Minuten).

(»heißen«) **Aussperrung** (vgl. Rn. 322ff., 458). Streikunterstützung ist **steuerfrei** (vgl. Rn. 502)[208] und damit auch **beitragsfrei** in der gesetzlichen **Sozialversicherung**. Gewerkschaftlich nicht organisierte Arbeitnehmer, die streiken oder (»heiß«) ausgesperrt werden, ggf. auch »kalt« ausgesperrte Arbeitnehmer können bei Hilfsbedürftigkeit Arbeitslosengeld II (vgl. Rn. 450) beantragen.

511 **Streikziele**

Streikziele sind die Tarifforderungen, für die gestreikt wird. Sie werden – nach gewerkschaftsinterner Meinungsbildung (Mitgliederversammlung, Tarifkommission) – i.d.R. vom Vorstand der Gewerkschaft beschlossen und liegen auch der Streik-Urabstimmung zugrunde (Rn. 245, 252). Streiks dürfen nach dem BAG nur zur Durchsetzung **tariflich regelbarer Ziele** geführt werden (Darstellung und Kritik in Rn. 19f., 21ff. und TVG § 1 Rn. 154ff.). Maßstab für die Bestimmung der Streikziele und ihre Rechtmäßigkeitsprüfung ist ausschließlich die vom dafür **zuständigen Organ der Gewerkschaft** beschlossene Streikforderung (vgl. auch Rn. 256).[209] Die Beschränkung des Streikrechts auf die Durchsetzung tariflich regelbarer Ziele hat Auswirkungen u.a. Solidaritäts-, nichtgewerkschaftliche und politische Streiks (Rn. 181ff., 188f., 201ff., 499). Der Europarat sieht in der Rechtsprechung einen Verstoß gegen die Europäische Sozialcharta (Grundl. Rn. 109f.). Den **Solidaritäts-/Unterstützungsstreik** hält das BAG grundsätzlich für zulässig (vgl. Rn. 181ff., 499, 519).

512 **Tarifeinheit und Tarifpluralität**

Streiks konkurrierender Gewerkschaften unterliegen **keinen besonderen Rechtmäßigkeitsvoraussetzungen** (zu weiteren Einzelfragen vgl. Rn. 20 mit weiteren Verweisen, zu den arbeitskampfrechtlichen Folgen des im Jahr 2015 neu in das TVG eingefügten § 4a TVG vgl. TVG § 4a Rn. 107ff.; zu streikeinschränkenden rechtspolitischen Vorschlägen vgl. Grundl. Rn. 222a, 241).

Die Frage der **arbeitskampfrechtlichen** Zulässigkeit von **Streiks konkurrierender Gewerkschaften** hängt nach hier vertretener Auffassung nicht davon ab, nach welchen Grundsätzen eine bestehende **Tarifkonkurrenz** (vgl. TVG § 4 Rn. 60ff.) oder **Tarifpluralität** (vgl. TVG § 4 Rn. 82ff.) **tarifrechtlich** zu beurteilen ist. Wenn die Gewerkschaft B für ein Tarifgebiet einen Tarifvertrag mit einem Streik durchsetzen will, für das bereits die Gewerkschaft A einen Tarifvertrag abgeschlossen hat, ist dieser Streik nicht deshalb von vorneherein rechtswidrig, weil der Tarifvertrag der Gewerkschaft B möglicherweise von dem der Gewerkschaft A nach dem **Grundsatz der Tarifeinheit** verdrängt wird; in der Regel wird man auch bei Geltung des durch die **neue Vorschrift des § 4a TVG** (zur Frage ihrer Unvereinbarkeit mit Art. 9 Abs. 3 GG und zu den Einzelheiten s. die Kommentierung zu § 4a TVG) gesetzlich geregelten Grundsatzes der Tarifeinheit zum Zeitpunkt des Streiks noch nicht mit der erforderlichen Sicherheit feststellen können, ob der Tarifvertrag der Gewerkschaft A oder der Gewerkschaft B im Betrieb ausschließlich zur Anwendung

208 BFH 24.10.90 – X R 161/88, DB 91, 259.
209 BAG 24.4.07 – 1 AZR 252/06, AiB 07, 732 = DB 07, 1924.

kommt. Ein Streik zur Durchsetzung des Tarifvertrages B wäre auch zulässig, wenn der angestrebte Tarifvertrag nach dem Prinzip der **Tarifmehrheit** neben dem Tarifvertrag A angewendet würde (vgl. Rn. 114, 156ff.).

Für die Gewerkschaft B besteht auch **keine Friedenspflicht** aus dem bereits bestehenden Tarifvertrag der Gewerkschaft A; Friedenspflicht besteht nur zwischen den tarifschließenden Parteien (vgl. dazu Rn. 114ff., 154ff.). Die Gewerkschaft B kann im Rahmen ihrer Tarifzuständigkeit **alle Arbeitnehmer** im Tarifgebiet einschließlich der Mitglieder der Gewerkschaft A und die unorganisierten Arbeitnehmer zum Streik **aufrufen** (vgl. Rn. 255, 272ff.).

Tarifflucht 513

Tarifflucht, d.h. der Ausstieg aus dem Tarifvertrag oder die Verschlechterung der tariflichen Arbeitsbedingungen, geschieht aus unterschiedlichen Gründen: persönliche Motive, Senkung von Personalkosten, Ablehnung des Verhandelns über Lohn, Arbeitszeit etc. oder des Tarifsystems. Teils geschieht sie durch Verbandsaustritt oder OT-Wechsel, teils auf kaltem Weg durch Betriebsübergang, Ausgliederung etc. (vgl. Grundl. Rn. 159ff., 177; TVG § 1 Rn. 191ff.; TVG § 3 Rn. 28ff., 42ff., 99).

Es geht jetzt darum, Verschlechterungen der Arbeitsbedingungen abzuwehren, eine neue Tarifbindung zu erreichen und ggf. mit Streik durchzusetzen. Nachfolgend ein **Überblick über die gewerkschaftlichen Handlungsmöglichkeiten** in den häufigsten Fällen.

- **Betriebsverlagerung** (ins Ausland): Es kann ein Sozialtarifvertrag gefordert und ggf. erstreikt werden, es sei denn die Friedenspflicht aus einem etwaig geltenden Tarifvertrag steht entgegen (vgl. Rn. 59ff., 105, 501).
- **Betriebsübergang zu einem nicht tarifgebundenen Betriebserwerber**: Es kann Wiederherstellung der Tarifbindung an die bisher geltenden Tarifverträge z.B. in Form eines Anerkennungstarifvertrags (vgl. TVG § 1 Rn. 191ff.; AKR Rn. 37ff., 132, 467) gefordert und ggf. erstreikt werden.
- **Betriebsübergang zu einem anders tarifgebundenen Betriebserwerber, die »übergehenden« Arbeitnehmer sind an diese Tarifverträge nicht gebunden** (weil sie nicht Mitglied der Gewerkschaft sind, die diese Tarifverträge abgeschlossen hat): Es fehlt an »beiderseitiger kongruenter Tarifbindung« an die beim Betriebserwerber geltenden Tarifverträge. In diesem Fall kann von der Gewerkschaft, die die beim Betriebsveräußerer geltenden Tarifverträge vereinbart hat, die Wiederherstellung der Tarifbindung an diese Tarifverträge z.B. in Form Anerkennungstarifvertrag gefordert und ggf. erstreikt werden. Friedenspflicht besteht nicht.
- **Betriebsübergang zu einem anders tarifgebundenen Betriebserwerber, auch die »übergehenden« Arbeitnehmer sind an diese Tarifverträge gebunden** (weil sie Mitglied der Gewerkschaft sind, die diese Tarifverträge abgeschlossen hat): Es besteht »beiderseitige kongruente Tarifbindung« an die beim Betriebserwerber geltenden Tarifverträge. In diesem Fall kommt es gem. § 613a Abs. 1 Satz 3 BGB zu einem »Tarifwechsel« (vgl. TVG § 3 Rn. 166). Liegen die neuen Tarifverträge unterhalb des Niveaus der bisherigen Tarifverträge, kann ein tariflicher Nachteilsausgleich (etwa eine »Ausgleichszulage«) gefordert und ggf. erstreikt werden (zur Frage, ob dem die Friedenspflicht entgegensteht, vgl. AKR Rn. 37ff.).

- **Verbandsaustritt**: Es kann Wiederherstellung der Tarifbindung an die bisher geltenden Tarifverträge z. B. in Form eines Anerkennungstarifvertrags gefordert und ggf. erstreikt werden. Die Friedenspflicht aus den bisher geltenden Tarifverträgen endet mit Wirksamwerden des Austritts (vgl. Rn. 120ff.).
- **OT-Wechsel**: Es gelten die gleichen Maßgaben wie beim Verbandsaustritt. Die Friedenspflicht aus den bisher geltenden Tarifverträgen endet mit Wirksamwerden des OT-Wechsels (vgl. Rn. 125ff., 492).
- **Verbandswechsel**: Es gelten die gleichen Maßgaben wie in beiden Fallgestaltungen des Betriebsübergangs zu einem anders tarifgebundenen Betriebserwerber.
- **Änderung des »arbeitstechnischen Zwecks«** (z. B. von Industrie zu Handwerk; vgl. TVG § 4 Rn. 27f.): Es gelten die gleichen Maßgaben wie beim Betriebsübergang.

514 Tarifzuständigkeit

Die Tarifzuständigkeit der streikführenden Gewerkschaft für das Unternehmen/den Betrieb, das/der bestreikt werden soll (vgl. TVG § 2 Rn. 104ff.) ist eine der **Rechtmäßigkeitsvoraussetzungen** für Arbeitskampfmaßnahmen zur Durchsetzung eines Tarifvertrags. Das Unternehmen/der Betrieb muss daher von den in der Gewerkschaftssatzung (Organisationsbereich) aufgeführten Wirtschaftszweigen bzw. Branchen erfasst werden. Von praktischer Bedeutung kann dies z. B. bei Außenseiterarbeitgebern (vgl. Rn. 456) und bei **Ausgliederung von Betrieben und Betriebsteilen** aus tarifgebundenen Unternehmen sein.

515 Überstunden

Wenn ein Arbeitgeber in zeitlicher Nähe zu einer anstehenden Tarifauseinandersetzung – vor allem bei einem Streik – **vermehrt Überstunden anordnen** will, sollte der Betriebsrat im Rahmen seiner Mitbestimmung nach § 87 Abs. 1 Nr. 3 BetrVG genau prüfen, welche Absichten der Arbeitgeber verfolgt. Wenn Anhaltspunkte dafür sprechen, dass dem zu **erwartenden Streik** durch Überstunden **die Wirkung genommen** werden soll, sollte der Betriebsrat dem entgegentreten und die Zustimmung verweigern. Er sollte dabei darauf hinweisen, dass die beantragten – über das normale Maß hinausgehenden – Überstunden eine unvertretbare, mit dem Gesundheitsschutz und den Freizeitinteressen nicht vereinbare Sonderbelastung für die Arbeitnehmer darstellen. Im Fall der Zustimmungsverweigerung müsste der Arbeitgeber die Einigungsstelle (§ 87 Abs. 2 BetrVG) anrufen, wenn er an seinem Vorhaben festhalten will.
Arbeitnehmer sind nicht verpflichtet, die Zeit der Streikbeteiligung, z. B. auch durch die Ableistung von Überstunden, **vor- oder nachzuarbeiten.**[210]
Zur eingeschränkten Mitbestimmung des Betriebsrats während eines **laufenden Arbeitskampfes** vgl. Rn. 432ff., 465 (dort Ziff. 5).

---

210 BAG 26.7.05 – 1 AZR 133/04, DB 06, 393.

Ultima-Ratio-Grundsatz 516

Der Grundsatz besagt, dass ein Streik nicht um des Arbeitskampfes willen geführt werden darf. Er bestimmt den **Zeitpunkt** für den Streik.
Notwendig sind vor Streikbeginn: Mitteilung von Forderungen, mindestens eine erfolglose Verhandlung oder grundsätzliche Ablehnung von Verhandlungen durch den Arbeitgeber(-verband) und Streikbeschluss der Gewerkschaft. Rechtlich **nicht notwendig** sind: förmliche Erklärung des Scheiterns, Urabstimmung, Ankündigungsfrist. (Warn-) Streiks sind auch während laufender Tarifverhandlungen zulässig. Die Gewerkschaft entscheidet autonom über Streikbeginn und -umfang.[211] Näheres vgl. Rn. 160 ff.

Unfall/Unfallversicherung 517

Allgemeiner Grundsatz
Bei Teilnahme am Arbeitskampf (Streik und Aussperrung) besteht kein Versicherungsschutz in der gesetzlichen Unfallversicherung bei der Berufsgenossenschaft (BG) des Beschäftigungsbetriebs. Es kann jedoch für Streikhelfer Versicherungsschutz bei der Verwaltungs-BG (für die Gewerkschaften zuständige BG) geben.[212]

Versicherungsschutz bei der Verwaltungs-BG
Es muss sich regelmäßig um solche Tätigkeiten handeln, die üblicherweise auch von hauptamtlich Gewerkschafts-Beschäftigten während eines Arbeitskampfes verrichtet werden. Für diesen Fall ergibt sich der Versicherungsschutz aus § 2 Abs. 2 SGB VII (= »*vorübergehender Eintritt in den Betrieb der Gewerkschaft*«).

Welche Personen kommen in Frage?
Z.B. wer im Streiklokal Registrierungsarbeiten macht, Streikunterstützung auszahlt, für Ordnung sorgt usw.; wer die Streiknachrichten von der Druckerei holt und ausliefert; wer gemeinsam mit einem hauptamtlich Beschäftigten Mobilisierungs- und Werbungs-/Informationsarbeit betreibt (z. B. Flugblätter verteilt).

Umfang des Versicherungsschutzes
- **Tätigkeit im Streiklokal**, Weg von der Wohnung und zurück; notwendige Wege zur Materialbeschaffung im Streiklokal, zur Bank usw.
- **Mobilisierung und Werbung/Information:** alle damit zusammenhängenden Tätigkeiten und Wege, z. B. Weg zur Druckerei und notwendige Wege bzw. Fahrten zur Verteilung von Flugblättern, Streiknachrichten usw.
- **Streikposten** (vgl. Rn. 258 ff., 509) genießen nach der bisherigen Rechtspraxis keinen Unfallversicherungsschutz. **Grund:** Diese Tätigkeit werde regelmäßig nur von ehrenamtlichen Kollegen verrichtet. Für Streikposten besteht natürlich die **Leistungspflicht der Krankenkasse** (Rn. 485).

---

211 BAG 18.2.03 – 1 AZR 142/02, AuR 04, 151.
212 Vgl. Schaub-Treber, § 194 Rn. 34.

518 **Unorganisierte**

Streikaufrufe der Gewerkschaft richten sich nicht nur an ihre Mitglieder, sondern auch an unorganisierte Arbeitnehmer. Diese können sich jederzeit dem Streik anschließen (Rn. 255, 272 ff.) oder der Gewerkschaft beitreten. Arbeiten sie trotz Streikaufruf in einem bestreikten Betrieb, sind sie Streikbrecher.

519 **Unterstützungsstreik**

Das BAG verwendet den Begriff **Unterstützungsstreik** für den **Solidaritätsstreik**. Mit dem **grundsätzlich rechtmäßigen**[213] Unterstützungsstreik unterstützen Arbeitnehmer durch eigene Streikmaßnahmen den (Haupt-)Streik anderer Arbeitnehmer in einem anderen Tarifgebiet oder bei einem nicht tarifgebundenen Arbeitgeber (zu den Einzelheiten vgl. Rn. 181 ff. und Rn. 499).

520 **Urabstimmung**

Die Urabstimmung ist eine Befragung und Abstimmung der Gewerkschaftsmitglieder, ob die Forderung mit Streik durchgesetzt werden soll. Nach den Gewerkschaftssatzungen ist eine **qualifizierte Mehrheit** der Mitglieder nötig; z. B. IG Metall: Zustimmung von 75 %. Auch das nach einem Streik erzielte Tarifergebnis wird nach vielen Satzungen den Mitgliedern in einer zweiten Urabstimmung vorgelegt.
Zu den **Einzelheiten** vgl. Rn. 245 ff. und 267.

521 **Urlaub**

Der Urlaubsanspruch ist nicht an Arbeitsleistungen des Arbeitnehmers gebunden. Dies gilt auch für den Fall des Streiks. Das heißt: Durch die Teilnahme an einem rechtmäßigen Streik wird der Urlaubsanspruch nicht gekürzt.[214]
Bereits angetretener oder bewilligter Urlaub wird durch Streik oder Aussperrung nicht berührt. Als bewilligter Urlaub gilt auch der in einer Betriebsvereinbarung geregelte Betriebsurlaub (z. B. auch an Brückentagen). Der Arbeitgeber kann den Urlaub auch nicht wegen des Streiks oder der Aussperrung widerrufen.[215] Er bleibt zur Zahlung des Urlaubsentgelts (einschließlich tariflichen zusätzlichen Urlaubsgeldes) trotz des Arbeitskampfes verpflichtet.
Ist bei Streikbeginn der Urlaub weder bewilligt noch bereits angetreten, kann der Arbeitgeber einem Streikteilnehmer die Erfüllung des Urlaubanspruchs verweigern. Nach Beendigung des Arbeitskampfes kann der Urlaub in vollem Umfang geltend gemacht werden.[216]

213 BAG 19. 6. 07 – 1 AZR 396/06, NZA 07, 1055.
214 BAG 15. 6. 64 – 1 AZR 303/63, DB 64, 1158; ArbG Bielefeld 24. 2. 99 – 4 (3) Ga 3/99, AiB 99, 479.
215 BAG 31. 5. 88 – 1 AZR 200/87, DB 88, 2262.
216 BAG 15. 6. 64 – 1 AZR 303/63, DB 64, 1158.

Wenn ein streikender Arbeitnehmer Urlaub beantragt, gerät der Arbeitgeber mit der Erfüllung des Urlaubsanspruchs nur dann in Verzug, wenn der Arbeitnehmer seinen Urlaubsanspruch ihm gegenüber wirksam geltend macht. Eine wirksame Geltendmachung liegt nur dann vor, wenn der Arbeitnehmer sich, zumindest vorübergehend, zur Wiederaufnahme der Arbeit bereit erklärt.[217] Ob ein Arbeitnehmer berechtigt ist, einen bereits bewilligten Urlaub nicht anzutreten oder zu unterbrechen, um sich an einem Streik zu beteiligen mit der Folge, dass der Urlaub zu einem späteren Zeitpunkt zu gewähren ist, ist bislang ungeklärt.[218]

Feiertage, die in einen vor Beginn des Arbeitskampfes bewilligten Urlaub fallen, sind vom Arbeitgeber zu bezahlen, auch wenn der Arbeitnehmer in der fraglichen Zeit ausgesperrt wurde (Rn. 475).[219]

Wer während des Urlaubs arbeitsunfähig erkrankt, behält den Anspruch auf Entgeltfortzahlung – auch für die Krankheitszeit nach Urlaubsende –, solange er sich nicht am Streik beteiligt (Rn. 486).[220]

Für neu eingestellte Arbeitnehmer verlängert sich die regelmäßig sechsmonatige Wartezeit für die Entstehung des vollen Urlaubanspruchs nicht dadurch, dass sie in diesem Zeitraum am Streik teilgenommen haben oder ausgesperrt wurden.

Bei der Berechnung des Urlaubentgelts bleiben nach § 11 Abs. 1 Satz 3 BUrlG Verdienstkürzungen außer Betracht, die im Berechnungszeitraum infolge von Streik oder sonstiger Arbeitsausfälle eintreten. Tarifvertragliche Sonderregelungen sind zu beachten.

Der Urlaubsanspruch muss zwar grundsätzlich im laufenden Kalenderjahr (bis 31. 12.) gewährt und genommen werden. Er kann aber auf das nächste Kalenderjahr übertragen werden, wenn dringende betriebliche oder in der Person des Arbeitnehmers liegende Gründe dies rechtfertigen. Die Streikbeteiligung stellt einen Grund in der Person des Arbeitnehmers dar, der zur Urlaubsübertragung auf das Folgejahr führt.[221] Der übertragene Urlaub muss bis zum 31. 3. gewährt und genommen werden, andernfalls verfällt er.[222]

Nach neueren Urteilen des EuGH und des BAG erlischt der Urlaubsanspruch nicht, wenn der Arbeitnehmer aus Gründen, die von seinem Willen unabhängig sind (im konkreten Fall Krankheit), keine Möglichkeit hatte, den Urlaub zu nehmen.[223] Diesen Grundsatz wird man entsprechend anwenden können, wenn aufgrund von Streik der (Rest-)Urlaub nicht realisiert werden kann. Allerdings ist die Rechtslage ungeklärt. Deshalb sollte versucht werden, das Thema in eine bei Tarifabschluss zu vereinbarende Maßregelungsklausel aufzunehmen: »*Soweit (Rest-) Urlaub wegen der Beteiligung am Arbeitskampf nicht genommen werden konnte, wird dieser über den … übertragen und kann bis zum … genommen werden*«.

217 BAG 24. 9. 96 – 9 AZR 364/95, NZA 97, 507.
218 BAG 31. 5. 88, a.a.O.
219 BAG 31. 5. 88, a.a.O.
220 BAG 1. 10. 91 – 1 AZR 147/91, DB 92, 43.
221 LAG München 15. 2. 95 – 7 Sa 325/94.
222 BAG 24. 9. 96 – 9 AZR 364/95, NZA 97, 507.
223 EuGH 20. 1. 09 – C-350/06, AiB 09, 238; BAG 24. 3. 09 – 9 AZR 983/07, AiB 10, 56.

522 Verbandsflucht

Es kommt vor, dass ein Unternehmen kurz vor bzw. während eines **Arbeitskampfes um einen Verbandstarifvertrag aus dem Arbeitgeberverband austritt** oder kurzfristig in den **OT-Status** wechselt (Rn. 492; TVG § 3 Rn. 28ff., 42ff.). Wird die Gewerkschaft darüber nicht informiert, kann der Streik begonnen/fortgesetzt werden. Das gilt auch wenn der Verbandsaustritt oder der OT-Wechsel unwirksam ist[224] (vgl. dazu TVG § 3 Rn. 39f., 49). Informiert das Unternehmen die Gewerkschaft entsprechend, wird die Fortsetzung des Streiks (zur Durchsetzung eines Verbandstarifvertrags) in diesem Unternehmen erst zu dem Zeitpunkt rechtswidrig, zu dem die Tarif-Verbandsmitgliedschaft des Unternehmens unter Berücksichtigung der Satzung des Arbeitgeberverbands endet.
Spätestens ab diesem Zeitpunkt ist das Unternehmen arbeitskampfrechtlich wie ein Außenseiterarbeitgeber (Rn. 456) zu behandeln. Von ihm kann der Abschluss eines Firmen- bzw. Anerkennungstarifvertrags gefordert werden (Rn. 476 bzw. Rn. 449).

523 Vermögens- und altersvorsorgewirksame Leistungen

Nach vielen Tarifverträgen muss der Arbeitgeber monatlich vermögenswirksame Leistungen nach dem Vermögensbildungsgesetz an die Arbeitnehmer zahlen. Oft setzt die Zahlung voraus, dass der Arbeitnehmer für eine bestimmte Zeit (z.B. zwei Wochen je Kalendermonat) Entgeltansprüche hat. Die Regelungen sind unterschiedlich. Also ist immer anhand des jeweiligen Tarifvertrags zu prüfen, ob der Arbeitgeber ggf. keine vermögenswirksamen Leistungen zu zahlen hat. In solchen Fällen müssen die betroffenen Arbeitnehmer die monatlichen Beträge bis spätestens zum Jahresende selbst auf das Konto des jeweiligen Instituts einzahlen. Bei einer eventuellen Entgeltklage ist der Anspruch auf vermögenswirksame Leistungen mit geltend zu machen.
Entsprechendes gilt für **altersvorsorgewirksame Leistungen** nach dem Tarifvertrag Metall- und Elektroindustrie.

524 Warnstreik

Stocken die Verhandlungen, werden ggf. Warnstreiks durchgeführt. Sie zielen darauf, vertretbare Ergebnisse auf dem Verhandlungsweg zu erreichen. Sie dauern meist eine begrenzte Zeit, feste rechtliche Grenzen für Dauer oder Wiederholung gibt es nicht.
Funktionen des Warnstreiks sind: breite Beteiligung der Mitglieder an der Tarifbewegung, Demonstration der Entschlossenheit; Druck auf die Arbeitgeber, um deren Kompromissbereitschaft zu erhöhen.
Warnstreiks sind **nach Ablauf der Friedenspflicht** (Rn. 59ff., 480) **rechtlich zulässig.** Näheres vgl. Rn. 237ff.

---

224 BAG 22.4.09 – 4 AZR 111/08, NZA 10, 105.

Wellenstreik 525

Wellenstreiks haben bisher hauptsächlich in der **Zeitungs- und Zeitschriftenproduktion** eine Rolle gespielt. Sie werden **überraschend** während **laufender Produktion** in einzelnen Abteilungen begonnen (z.B. durch die Drucker während des Zeitungsdrucks) und ebenso kurzfristig beendet, wenn die Arbeitskampfmaßnahme nichts mehr bewirkt (z.B. Fortsetzung der Produktion durch Streikbrecher oder Beendigung der Produktion durch Verlagerung). Bei Bedarf wird der Streik dann in einer **anderen Abteilung fortgesetzt** (z.B. in der Weiterverarbeitung oder im Versand). **Ziel** dieser Streiktaktik ist es, die mit Hilfe der modernen Techniken und unter Einsatz nur weniger Führungskräfte zumindest vorübergehend aufrecht erhaltene Zeitungsproduktion durch **Überraschungseffekte** »wellenartig« in **verschiedenen Abteilungen** zu stören und so ansatzweise **Kampfparität** herzustellen.

Die **Rechtsprechung** sieht in Wellenstreiks vorrangig das Ziel, mit einer möglichst kleinen Anzahl von Arbeitnehmern mittelbar möglichst große Schäden für die Arbeitgeberseite zu verursachen. Daher beurteilt das BAG diese Streiks und die **Reaktionsmöglichkeiten des Arbeitgebers** nach der sog. Arbeitskampfrisikolehre. Diese habe zur Folge, dass der Arbeitgeber z.B. bis zum Ende einer Schicht nicht verpflichtet sei, die angebotene Arbeitskraft nach Beendigung des Streiks anzunehmen und zu vergüten. Er könne mit einer Ersatzmannschaft von Streikbrechern eine reduzierte Zeitungsausgabe drucken lassen, was als zulässige Abwehrmaßnahme zu werten sei. **Entgeltansprüche der Arbeitnehmer,** die nach Beendigung des Wellenstreiks ihre Arbeitskraft angeboten haben, entfallen allerdings nicht, wenn es sich um **vorbeugende Maßnahmen** des Arbeitgebers handelt, die über die reine Gegenwehr hinausgehen und den Rahmen des Arbeitskampfes erweitern. Der Arbeitgeber soll sich der **Lohnzahlungspflicht nicht dadurch entziehen** können, dass er »vorsorglich« eine Ersatzmannschaft beschäftigt, um Arbeitsniederlegungen einer »streikanfälligen Belegschaft« vorzubeugen[225] (s. auch Rn. 335, 366).

Zugangsrecht von Gewerkschaftsbeauftragten 526

Das **betriebsverfassungsrechtliche Zugangsrecht von Gewerkschaftsbeauftragten aus § 2 Abs. 2 BetrVG**[226] unterliegt auch **vor** und **während** eines **Arbeitskampfes** keinen Beschränkungen.[227] Die Gegenmeinung übersieht, dass Arbeitskämpfe tariffähiger Parteien vom Gebot der vertrauensvollen Zusammenarbeit und der Wahrung des Friedens des Betriebs ausdrücklich nicht berührt werden (§ 74 Abs. 2 BetrVG), dass das Amt als Betriebsrats im Arbeitskampf uneingeschränkt fortbesteht (vgl. Rn. 465, 494) und dass auf den Be-

225 Vgl. ausführlich BAG 12. 11. 96 – 1 AZR 364/96; 17. 2. 98 – 1 AZR 386/97; 15. 12. 98 – 1 AZR 289/98; 15. 12. 98 – 1 AZR 216/98, AP Nrn. 147, 152, 154, 155 zu Art. 9 GG Arbeitskampf; krit. Platow, JArbR 37, S. 73, 80ff.; zum Hintergrund Wißmann, JArbR 35, S. 115, 119.

226 Zu den Einzelheiten vgl. DKKW-Berg, § 2 Rn. 78ff.

227 ArbG Frankfurt 24. 3. 99 – 2 BVGa 12/99, AuR 99, 412; Däubler, GewR Rn. 242a; DKKW-Berg, § 2 Rn. 91ff.; ErfK-Koch, BetrVG § 2 Rn. 6; Fitting, § 2 Rn. 71; Gamillscheg, S. 1277; differenzierend Richardi-Richardi, § 2 Rn. 121: Ruhen des Zugangsrechts, wenn der Betrieb bereits in den Arbeitskampf einbezogen ist.; a.A. GK-Franzen, § 2 Rn. 78; HWGNRH-Rose, § 2 BetrVG Rn. 232f.

triebsrat gerade im Arbeitskampf vielfältige Aufgaben zukommen, für die er erhebliche Zeit aufbringen muss[228] (vgl. auch Rn. 465; zur Zulässigkeit von Betriebsversammlungen vgl. Rn. 468), die für ihn den Rückgriff auf die Gewerkschaft in ihrer betriebsverfassungsrechtlichen Unterstützungsfunktion in besonderem Maße erforderlich machen können. Gerade in der **Ausnahmesituation eines Streiks** kann die rechtlich **kompetente Beratung des Betriebsrats** von besonderer Bedeutung sein.[229] Die Wahrnehmung betriebsverfassungsrechtlicher Aufgaben durch eine streikführende Gewerkschaft ist durch das Gesetz nicht eingeschränkt. Die in der Literatur geäußerte Befürchtung der rechtsmissbräuchlichen Ausübung des Zugangsrechts ergibt sich weder zwingend aus dem Charakter eines Arbeitskampfes, noch ist sie als rechtlich durchgreifendes Argument zur vorsorglichen Einschränkung des Zugangsrechts geeignet.[230] Entsprechendes gilt im Rahmen der Personalvertretung, vgl. § 2 BPersVG.

Das vom BAG[231] grundsätzlich anerkannte, aber in seinem Umfang umstrittene **koalitionsrechtliche Zugangsrecht der Gewerkschaftsbeauftragten aus Art. 9 Abs. 3 GG**[232] besteht nach hier vertretener Auffassung **auch in Vorbereitung einer Tarifrunde**, z.B. zur Information über die Tarifforderungen oder den Stand der Tarifverhandlungen[233] (zur Durchführung einer Betriebs- bzw. Personalversammlung in diesem Zusammenhang vgl. Rn. 468).

Umstritten ist das Zugangsrecht zum Zweck des **Aufrufs zum gewerkschaftlichen Streik**[234] (zum Streikaufruf im Betrieb durch Arbeitnehmer und Vertrauensleute vgl. Rn. 253). Wenn das gewerkschaftliche Streikrecht von der Rechts- und Verfassungsordnung anerkannt und garantiert ist, kann die Ausübung dieses Rechts mit Unterstützung außerbetrieblicher Gewerkschaftsbeauftragter nicht von vornherein für den Arbeitgeber unzumutbar bzw. unverhältnismäßig sein. Unmittelbar vor und während eines Streiks sind die Arbeitnehmer vielfältigen und gesteigerten **Bemühungen des Arbeitgebers** ausgesetzt, seinen Standpunkt durch direkte Ansprache und Information, mit Hilfe der Vorgesetzten unter die Leute zu bringen, zu locken und zu drohen (vgl. Beispiele Rn. 295ff.). Diesen Versuchen der Indoktrination muss die Gewerkschaft etwas entgegenzusetzen haben. Im Sinne einer »**intellektuellen Waffengleichheit**« und der **effektiven Grundrechtsausübung** muss das Zugangsrecht Vorrang vor den Geschäftsinteressen des Arbeitgebers haben.[235]

Das gilt insbesondere für **Betriebe auf weit verstreutem Gelände** (z.B. Universitätskliniken), in denen nur bestimmte Beschäftigtengruppen informiert und ggfs. zum Streik aufgerufen werden sollen; ebenso für Betriebe mit dezentralen oder Filialstrukturen, in

---

228 BAG 25.10.88 – 1 AZR 368/87, AP Nr. 110 zu Art 9 GG Arbeitskampf; a.A. wohl Fitting, a.a.O.
229 ArbG Frankfurt 24.3.99, a.a.O.
230 So aber GK-Franzen, § 2 Rn. 78.
231 BAG 28.2.06 – 1 AZR 460/04, NZA 06, 798.
232 Vgl. dazu DKKW-Berg, § 2 Rn. 105ff.
233 Däubler-Wolter, AKR, § 16 Rn. 15.
234 Bejahend ArbG Mainz 18.4.96 – 8 Ga 1014/96; Däubler, GewR Rn. 501; DKKW-Berg, § 2 Rn. 119; a.A. Otto, § 12 Rn. 21; ähnlich LAG Hamm 23.4.97 – 18 Sa 164/97, BB 97, 1537 (lediglich in Ausnahmefällen denkbar); LAG Bremen 14.1.83 – 1 Sa 117/82, 1 Sa 235/82, DB 83, 778; ArbG Bamberg 30.6.75 – Ga 6/75, BB 76, 978-Ls.
235 Däubler, GewR Rn. 501.

Industrieparks, Einkaufszentren oder Gewerbegebieten; für Fremdfirmen, deren Beschäftigte in anderen Betrieben zu Produktions-, Service-, EDV-, Dienstleistungs- oder Instandhaltungsarbeiten eingesetzt sind. In all diesen Fällen können die Beschäftigten nur angesprochen und motiviert werden, wenn das Gelände des Betreibers/Haupt-Unternehmers genutzt werden kann.[236]

236 Vgl. zu den vielfältigen Fragen und Schwierigkeiten Däubler, GewR Rn. 373aff.; DKKW-Berg, § 2 Rn. 117ff.; Kittner, AuR 98, 98; Zachert/Binkert, NZA 98, 337.

Stichwortverzeichnis

Die **fett gedruckten Ziffern** beziehen sich auf die Paragraphen des **TVG** (Teil 2), die Abkürzung **Grundl.** bezieht sich auf Teil 1 Grundlagen, **Anhang TVG 1–4.4** bezieht sich auf den Anhang zum TVG (Teil 2), die Abkürzung **AKR** auf Teil 3 Arbeitskampfrecht. Die **mager gedruckten Ziffern** beziehen sich jeweils auf die Randnummern.